# 中国大百科全书

邓小平

# 中国大百科全书

（第三版）

## 海洋科学

中国大百科全书出版社

**图书在版编目 (CIP) 数据**

中国大百科全书：第三版．海洋科学 / 中国大百科全书（第三版）总编辑委员会著．-- 北京：中国大百科全书出版社，2024. 10. -- ISBN 978-7-5202-1631-9

Ⅰ. Z227；P7-61

中国国家版本馆 CIP 数据核字第 202436QL46 号

审图号：GS（2021）3595 号
GS 京（2022）0771 号

**中国大百科全书**
**（第三版）**
**海洋科学**

**中国大百科全书出版社出版发行**
（北京阜成门北大街 17 号　邮编：100037）
http://www.ecph.com.cn
北京雅昌艺术印刷有限公司印制
2024 年 12 月第 1 版　2024 年 12 月第 1 次印刷
开本：889×1194　1/16　印张：46.75　字数：2181 千字
**ISBN 978-7-5202-1631-9　定价：680.00 元**

# 中国大百科全书（第三版）
# 总编辑委员会

# 中国大百科全书（第三版）
# 海洋科学编辑委员会

**主　编**　管华诗

**常务副主编**　管长龙

**副主编**（按姓氏笔画顺序）

于志刚　孙　松　李巍然　吴立新　秦蕴珊

**顾　问**（按姓氏笔画顺序）

冯士筰　苏纪兰　汪品先　胡敦欣　袁业立　徐　洵　唐启升

## 分支编写组

**综论**

主　编　管长龙

**物理海洋学**

主　编　吴立新

副主编　王　凡　王东晓　林霄沛　周　朦　赵进平　管长龙

**海洋气象学**

主　编　刘秦玉

副主编　黄　菲　端义宏

**海洋化学**

主　编　戴民汉

副主编　刘春颖　李骁麟　俞志明

**海洋生物学**

主　编　孙　松

副主编　方建光　包振民　邵宗泽

**海洋地质学**

主　编　李铁刚

副主编　李广雪　李家彪　杨作升　何起祥　张训华

**海洋环境科学**

主　编　李永祺

副主编　丁平兴　王保栋　李培英　周名江　高会旺

**海洋技术**

主　编　陈　鹰

副主编　连　琏　张大海　陈　戈　相建海

**海洋工程**

主　编　李华军

副主编　史宏达　郑金海　唐友刚

**海洋人文社会科学**

主　编　杨金森

副主编　刘曙光　张海文　修　斌

学术秘书　赵广涛

数字传媒技术助理　张永胜

事务秘书　刘海波

# 前　言

党的十八大以来，以习近平同志为核心的党中央高度重视文化建设，把坚定文化自信，推动社会主义文化繁荣兴盛，建设社会主义文化强国，提到前所未有的战略高度。《中国大百科全书》第三版作为新时代中国一项重大文化工程，编纂出版适逢其时。习近平总书记对《中国大百科全书》第三版编纂出版工作高度重视，作出重要指示，寄予殷切期望，勉励学术界、出版界将《中国大百科全书》第三版打造成一个有中国特色、有国际影响力的权威知识宝库。

国运兴则文化兴。《中国大百科全书》的编纂出版，与时代发展、科技进步、文化繁荣密不可分，体现了中华文明与时俱进的创新精神。1978年，中央决定编纂出版《中国大百科全书》，并为此项工作的开展，专门成立了中国大百科全书总编辑委员会和中国大百科全书出版社。《中国大百科全书》第一版按学科或知识门类分卷编纂，总计74卷，选收条目7.8万个，共1.3亿字，1993年出齐。《中国大百科全书》第一版是中国第一部大型现代综合性百科全书。它的出版结束了中国没有百科全书的历史，被誉为"中华文化的丰碑"。

1996年，《中国大百科全书》第二版开始编纂，总计32卷，选收条目6万个，共6000万字，2009年出版。《中国大百科全书》第二版在第一版的基础上，充分反映了中国改革开放后各方面取得的巨大变化和最新成果，在体例上按条目标题的汉语拼音字母顺序统一编排，使读者更加便于寻检查阅。

2014年，顺应互联网技术新变革、出版融合发展新趋势，《中国大百科全书》第三版正式启动编纂工作，同步编纂出版网络版、纸质版，并适时推出外文条目。《中国大百科全书》第三版，以马克思列宁主义、毛泽东思想、邓小平理论、"三个代表"重要思想、科学发展观、习近平新时代中国特色社会主义思想为指导，认真贯彻落实习近平总书记重要指示精神，以社会主义核心价值观为引领，坚持守正创新、实事求是、开放包容，汇聚科技界、社科界等各方面专家，系统总结国际国内各领域科学文化最新成果，力求构建有中国特色、有世界影响力的权威知识宝库。在《中国大百科全书》第三版总编委会主任委员陈奎元同志和总编委会的组织协调下，近3万名专家、学者和研究人员精心编制、倾力奉献，于2021年7月完成首批条目编纂出版并公开发布，实现纸网同步。网络版最终上线条目将达到50万条，纸质版、外文条目依托网络版陆续出版，并不断创新传播方式，改善读者体验，更好满足读者高品质、多方面、个性化的知识需求。

《中国大百科全书》第三版纸质版以科学知识体系分类为基础，其条目从网络版专业版块条目中精选，按学科分卷的形式编纂加工，分批出版。每卷按各学科的体系、层次设计框架，以条目的形式编写。所收条目力求详尽地叙述和介绍各学科的专业基本知识，适合于高中以上文化程度的广大读者使用。每个学科卷前设置概观性文章，介绍该学科的历史，描述现在的发展状况，展望该学科的发展前景。同时配以适当的图片和地图，以期达到图文并茂的效果。

在党中央的关怀下，《中国大百科全书》第三版的编纂工作得到国家各有关部门、科研机构、学术团体、大专院校等单位的大力支持，全国各学科、各领域、各部门专家、学者积极参与，凝聚了各方面的智慧与心血，在此谨致以诚挚的感谢，并衷心希望广大读者对书中疏漏之处给予批评指正。

**《中国大百科全书》编辑部**

# 凡　例

## 一、编　　排

1. 全书按学科（知识门类）分类分卷出版。一个学科（知识门类）辑成一卷或数卷，或几个学科合为一卷。

2. 条目是全书的主体，一般由条目标题、释文和相应的插图、表格、扩展阅读等组成。

3. 条目按条目标题的汉语拼音字母顺序并辅以汉字笔画、起笔笔形顺序排列。第一字同音时按声调顺序排列；同音同调时按汉字笔画由少到多的顺序排列；笔画数相同时按起笔笔形横（一）、竖（丨）、撇（丿）、点（丶）、折（包括乛、𠃍、乚、く等）的顺序排列。第一字相同时，按第二字排列，余类推。条目标题中夹有外文字母或阿拉伯数字的，依次排在相应的汉字条目标题之后。以拉丁字母、希腊字母和阿拉伯数字开头的条目标题，依次排在全部汉字条目标题之后。

4. 各学科（知识门类）卷在条目分类目录之前，都有一篇介绍本学科（知识门类）内容的概观性文章。

5. 各学科（知识门类）卷均列有本学科全部条目的分类目录，以便读者了解本学科的全貌。分类目录还反映出条目的层次关系，例如：

**海洋地质学**……………………………………231

　海岸……………………………………………110

　　海岸带………………………………………111

6. 学科（知识门类）与学科（知识门类）之间相互交叉的知识主题在有关学科中均设有条目，例如“潮流”在海洋科学和电气工程学科均设有条目，但释文内容分别按各学科的要求有所侧重。

## 二、条目标题

7. 条目标题一般为词或词组，例如“热带气旋”“碳泵”“海岸工程”。

8. 条目标题一般由汉语标题和与汉语标题相对应的外文两部分组成，例如：

**潮汐预报**　tide prediction

9. 条目标题有两个以上对应外文的，中间用分号（;）隔开，例如：

**北极熊** polar bear; *Ursus maritimus*

10. 条目标题外文主要为英文，例如“板块构造说 plate tectonics theory”，少数为法文、德文、西班牙文、意大利文等，或与其相应的拉丁字母转写。

## 三、释　文

11. 释文力求使用规范化的现代汉语。条目释文开始一般不重复条目标题。

12. 释文一般依次由定义和定性叙述、词源、简史、基本内容、研究状况、插图、表格和扩展阅读等构成，视条目的性质和知识内容的实际状况有所增减或调整。

13. 条目释文较长时，设置层次标题，并用不同的字体和排式表示不同的层次标题。

14. 一个条目的内容涉及其他条目并需由其他条目的释文补充的，采用“参见”的方式。所参见的条目标题在释文中用楷体字排印，例如“海洋技术中常见的供能技术包括长程高效动力传输技术、长效高密度电池技术、水下电能节能管理技术和水下原位供电技术等”；所参见的条目标题未在释文中出现的，另用括号加“见”字标出，例如“通常与大洋表层埃克曼输送（见埃克曼漂流）的辐合区有关”或“潮汐分潮的振幅和迟角。见潮汐调和分析。”

15. 释文中的外国人名，在姓的前面加上外文名字的缩写，即名字的第一个字母，例如M.H.C. 克努曾。

## 四、插　图

16. 条目释文中配有必要的随文插图，包括照片、线条图等。

17. 插图附图题、图注等说明文字。

## 五、扩展阅读

18. 在重要条目的释文后附有扩展阅读书目，供读者选阅。

19. 附设纸网关联方式，读者使用媒体终端扫描二维码或登录网址，可以扩展查阅网络版的内容。

## 六、大事年表

20. 条目正文后附有学科大事年表。表中内容设为“参见”的，以楷体字表示。

## 七、索　　引

21. 各学科（知识门类）卷均附有条目标题汉字笔画索引、条目标题外文索引和内容索引。

## 八、其　　他

22. 全书所用汉字，除必须用繁体字和异体字的以外，以国务院 2013 年 6 月公布的《通用规范汉字表》为准。

23. 全书所用科学技术名词以各学科有关部门审定的为准，未经审定和尚未统一的，从习惯。

24. 全书所用数字，执行国家标准 GB/T 15835—2011《出版物上数字用法》。

25. 全书所用地名，除历史地名外，一般以中国地名委员会审定的为准（含中国地名、外国地名）。历史地名后一般括注今地名。

# 目　录

# 海洋科学

曾呈奎　甘子钧　侍茂崇　管长龙

研究海洋的自然现象、性质、变化规律以及与开发利用海洋有关的学科。是一门以观测为基础的学科，是地球系统科学的重要构架之一，具有很强的综合性和学科交叉性。海洋科学旨在研究海洋系统的结构和功能，揭示海洋在多时空尺度上的变化机理及其在地球系统中的作用，构建预测海洋未来变化趋势的能力，从而认识、开发和利用海洋，为人类社会可持续发展提供海洋环境与资源保障。

## 发展简史

人类认识海洋的历史，是在沿海地区和海上从事生产活动开始的。古代人类已具有关于海洋的一些地理知识。但直到 19 世纪 70 年代，英国皇家学会组织的“挑战者”号完成首次环球海洋科学考察之后，海洋学才开始逐渐形成一门独立的学科。20 世纪 50 年代后，海洋学获得大发展，形成一门综合性很强的海洋科学。海洋科学的发展史大体可分为三大阶段：萌芽时期（18 世纪以前）、奠基与形成时期（19 ～ 20 世纪中叶）、现代海洋科学时期（20 世纪中叶至今）。

**萌芽时期**　在科学不发达的古代，人们对海洋自然现象的认识和探索，主要依靠不充分的观察和简单的逻辑推理来直观、笼统地认识海洋，但其中也提出了不少精彩的见解。例如，公元前 4 世纪，古希腊思想家中知识最渊博并被誉为古代海洋学之父的亚里士多德在《动物志》中已描述和记载 170 多种海洋动物。公元 1 世纪，中国东汉王充在《论衡》中指出了潮汐运动和月球运行的对应关系。2 世纪中叶，《托勒密地图》绘有海洋，指出了大西洋、印度洋和地中海一样，是闭合的大洋，并认为地球东西两点彼此十分接近，如果向西航行，则可以抵达东端。这一观念在 1300 多年后，启发了意大利航海家 C. 哥伦布向西远航的设想。

自 15 世纪到 18 世纪末，自然科学和航海事业的发展促进了海洋知识的积累，一系列中外航海探险活动加深了人类对全球海陆分布和海洋自然地理的了解。1405 ～ 1433 年，中国明代郑和率领船队 7 次横渡印度洋；1492 ～ 1504 年，哥伦布 4 次横渡大西洋，并到达美洲；1519 ～ 1522 年，葡萄牙航海家 F.de 麦哲伦等完成了人类历史上第一次环球航行；1768 ～ 1779 年，英国 J. 库克的环南极航行探险开启了最早的海洋科学考察，获取了第一批关于大洋深度、表层水温、海流及珊瑚礁等资料。

这一时期的许多科技成就，有的直接推动了航海探险活动，有的则为海洋科学分支的建立奠定了基础。前者如计程仪、墨卡托投影法、测定船位纬度磁倾针的发明等，后者如海水浓度与成分的研究、*海洋原生动物*的发现、潮汐理论的建立等。在这一时期，一些人类历史上伟大的科学家致力于对海洋的探究，如 1596 年中国明代屠本畯写出地区性海产动物志《闽中海错疏》；1670 年，英国化学家 R. 玻意耳研究海水含盐量和海水密度的变化关系，开创了海洋化学研究；1674 年，荷兰科学家 A. van 列文虎克在荷兰海域最先发现原生动物；1686 年，英国 E. 哈雷系统研究主要风系与主要海流的关系；1687 年，英国物理学家 I. 牛顿用引力定律解释*潮汐*，奠定了潮汐研究的科学基础；1740 年，瑞士物理学家 D. 伯努利提出一种*潮汐静力学理论*——平衡潮理论；1770 年，美国发明家 B. 富兰克林制作并出版了墨西哥湾流图；1772 年，法国化学家 A.-L. 拉瓦锡首先测定海水成分，1775 年，法国数学家 P.-S. 拉普拉斯创立*潮汐动力学理论*等。

**奠基与形成时期** 在此时期，海洋探险逐渐转向海洋综合考察，对海洋的研究得到深化，取得了众多的研究成果，逐步形成了理论体系。在海洋调查方面，英国科学家、生物进化论的创始人 C.R. 达尔文在 1831～1836 年随“贝格尔”号环球考察；英国 J.C. 罗斯 1839～1843 年环南极考察；1872～1876 年，英国“挑战者”号考察被认为是现代海洋学研究的真正开始。“挑战者”号考察船在大西洋、印度洋、太平洋和南极海域的几百个站位进行了多学科综合性的海洋观测，在海洋气象、海流、水温、海水化学成分、海洋生物和海底沉积物等方面取得大量成果，使海洋学从传统的自然地理学领域中分化出来，逐渐形成独立的学科。这次考察的巨大成就激起了世界性的海洋调查研究热潮，很多国家相继开展大规模的海洋考察，建立临海实验室和海洋研究机构。1925～1927 年，德国“流星”号考察船在南大西洋科学考察，第一次采用电子回声测深法，揭示出大洋底部像陆地地貌一样变化多端。“流星”号考察船的成就又引发挪威等国家的先后环球航行考察。这些大规模的海洋考察，不仅积累了大量的海洋资料，而且观测到许多新的海洋现象，为海洋观测方法革新做了充分的准备。

在海洋研究方面，取得了很多重要成果。英国生物学家 E. 福布斯于 19 世纪 40～50 年代出版了第一幅海产生物分布图和《欧洲海的自然史》，美国海洋学家 M.F. 莫里 1855 年出版了《海洋自然地理学》，达尔文 1859 年出版了《物种起源》，它们分别被誉为海洋生态学、近代海洋学和进化论的经典著作。同时，海洋科学各基础分支学科的研究也取得显著进展，发现和证实了一些海洋自然规律。例如，海洋自然地理要素分布的地带性规律、海水化学组成恒定性规律、大洋风生漂流和热盐环流的形成规律、海陆分布和海底地貌结构的规律以及海洋动、植物区系分布规律等。这一时期的研究成果，由挪威海洋学家 H.U. *斯韦尔德鲁普*等合著的《海洋》（1942）做了全面、系统而深入的总结，被誉为海洋科学建立的标志。专职研究人员增多和专门研究机构的建立，也是海洋科学独立形成的重要标志。例如，1925 年和 1930 年，美国先后建立了斯克里普斯海洋研究所和伍兹霍尔海洋研究所；1946 年，苏联建立了苏联科学院海洋研究所（今俄罗斯希尔绍夫海洋研究所）；1949 年，英国建立了国立海洋研究所（今国家海洋研究中心）。

**现代海洋科学时期** 1957 年，联合国海洋研究科学委员会（SCOR）和 1960 年政府间海洋学委员会（IOC）的成立，促进了海洋科学的迅速发展。现代海洋科学发展成为一个相当庞大的体系。一方面是学科分化越来越细；另一方面是学科的综合化趋势越来越明显，海洋科学各分支学科之间以及海洋科学同其他科学门类之间相互渗透、相互影响，往往萌生一些新的边缘学科。与此同时，海洋研究的国际合作也大大加强。这一时期的代表性著作为美国 M.N. 海尔主编的《海洋》（1962 ～ 1981）和苏联 A.C. 莫宁主编的《海洋学》（1977 ～ 1980）。这个时期海洋科学的发展有如下几个基本特征。

动态化　对于具体的海洋自然现象或特定海区的研究，普遍地从传统的静态定性描述和简单的因果分析向着动态定量分析发展。海洋科学的各个分支学科，都力图将其研究对象作为具有动态变化的统一体系来考察，从而揭示新现象，发展新概念、新方法和新理论。例如，关于全球规模的大洋中脊和超深海沟系统、海底扩张和板块构造、大洋深层环流和赤道潜流系统、中尺度涡和海水层化结构的细微结构、热带大洋和全球大气年际变化、全球大洋环流结构以及海洋生态系统和超深海的生物生理等问题的研究，都反映了这种趋势。

跨学科　海洋科学各分支学科之间、海洋科学和相邻基础科学之间相互结合、相互渗透，并逐步形成了一系列跨学科的、有高度综合性的研究课题。例如，海 – 气相互作用和长期气候预报、海洋生态系统、海洋中的物质循环和转化、洋底构造以及有关海洋与地球的起源、海洋生命起源这样一些根本问题。研究这些问题，使许多学科的研究工作超出了自身的传统领域。

现代化立体化　海洋调查方法向现代化和立体化方向发展。无人浮标站的应用可以取得全天候的连续资料，特别是海洋卫星遥感资料问世，开创了空间海洋学与海洋立体化调查。海洋立体观测系统是应用卫星、飞机、调查船、浮标、岸边测站、潜水器、水下装置等作为观测平台，通过各种测量仪器和传输手段，实现资料的同步（或准同步）采集、适时传递和自动处理。海洋立体观测系统可以获取多参数完整的海洋资料，实现对海洋大面积、多层次监测，是人类深入了解海洋现象、掌握海洋时空变化规律的重要技术手段。

国际合作　海洋调查方法现代化和海洋科学国际合作取得巨大进展。20 世纪 60 年代以来，海洋科学中所有的重大进展都同新的观测仪器、研究手段和方法的研制成功，以及广泛而密切的国际合作有关。1950 ～ 1958 年，美国斯克里普斯海洋研究所发起并主持了包括北太平洋在内的一系列调查，是联合调查的先声。随后，1957 ～ 1958 年国际地球物理年（IGY）、1959 ～ 1962 年国际地球物理合作（IGC）的联合海洋考察，1959～1965年国际印度洋调查（IIOE），1963～1965年国际赤道大西洋合作调查（ICITA），1965～1972年黑潮及其毗邻海区合作调查（CSKC），1968～1983年深海钻探计划和1985～2003年大洋钻探计划，已经在全球大部分海域1700多个位置取得了海洋沉积物和地壳的岩芯，并验证了如海底扩张说等一些重要的假说，得到了来自深海海底以下包括洋壳的组成和演化方面等由其他方法无法获得的数据，并使得追溯1.8亿年前的更为详细的全球古海洋历史成为可能。这一时期，海洋国际合作调查研究更大规模地展开，1971～1980年国际海洋考察为期十年，1985～1994年热带海洋与全球大气计划（TOGA），1986～1992年中日黑潮开展合作调查，1990～2002年世界大洋环流试验（WOCE），1993～2014年海岸带陆－海相互作用计划（LOICZ），2003～2013年综合大洋钻探计划（IODP）。2017年12月，联合国教科文组织宣布了“海洋科学促进可持续发展十年计划（2021—2030）”，旨在扭转海洋健康衰退的趋势并召集全球海洋利益相关方形成共同框架，并提出了一系列大科学计划。由于海洋研究的时－空谱段宽广，状态变量众多，门类复杂和综合性强等特点，新技术手段的引进和广泛的国际合作研究，能以最经济、有效的方式迅速获得大量的海洋自然信息，为现代海洋科学的发展开辟了广阔的前景。

**中国的海洋科学** 中国在人类早期认识海洋的历史中做出了巨大的贡献，如公元前《诗经·尔雅》中就记有海洋动物和海藻，公元766～779年成书的窦叔蒙的《海涛志》制成了中国现存最早的《涛时推算图》，明代《郑和航海图》绘出846个中外岛屿、分出11种地貌类型，撰写于1596年的《闽中海错疏》为区域性海产动物志。明清以来，中国民间流传的《更路簿》详细记载了南海诸岛岛礁名称、位置和航行指南以及水流、风向、暗礁情况。当西方国家进入海洋科学奠基与形成时期，中国由于封建社会生产力发展水平的制约和长期闭关锁国政策，海洋科学的发展受到严重阻碍。进入20世纪，一些科学团体开始宣传海洋知识、开展一些海洋研究，政府部门设立了少量与海洋有关的机构，组织了有限的海洋科考活动。1946年，山东大学、厦门大学和台湾大学分别创立了海洋研究所，厦门大学还建立了海洋系。

中华人民共和国成立后，1950年设立了中国科学院水生生物研究所青岛海洋生物研究室，1959年扩建为中国科学院海洋研究所；1952年，厦门大学海洋系理化部北迁青岛，与山东大学海洋研究所合并成立了山东大学海洋系；1959年山东海洋学院成立；1964年建立国家海洋局（今自然资源部）。此后，建立了一大批海洋科学研究机构，分别隶属于中国科学院、教育部、国家海洋局等。1981年，山东海洋学院的物理海洋学和厦门大学的海洋生物学首批设立为博士点。1988年，青岛海洋大学的物理海洋学成为国家首批重点学科。2006年，中国海洋大学和厦门大学的海洋科学成为国家首批一级重点学科。截至2023年，全国已有7所专门的海洋大学，有50多所高校设有海洋科学类本科专业，设置有海洋科学研究生专业的高校 35 所、科研机构 7 所，其中博士点有 18 个、硕士点有 29 个。

中国于 1958～1960 年进行了近海较大规模的综合调查，1964 年出版了《全国海洋综合调查报告》（10 册）、《全国海洋综合调查资料》（10 册）和《全国海洋综合调查图集》（14 册），这是中国首次系统地整理、编绘和出版的海洋调查资料和海洋环境图集。1984 年，中国首次组织赴南极考察，1985 年在南极建立第一个极地科学考察站——长城站。20 世纪 90 年代，中国参加了 WOCE 和海–气耦合响应实验（TOGA-COARE）国际观测计划，完成了历时 7 年的中日黑潮合作调查。1995 年首次赴北极考察，2004 年在北极建立第一个科学考察站——黄河站。2002 年成功发射中国第一颗海洋观测卫星“海洋一号 A”（HY-1A）。中国正在推进“两洋一海”“透明海洋”等计划，主导实施西北太平洋海洋环流与气候实验（NPOCE）、黑潮及延伸体海域海–气相互作用机制及其气候效应等大型国际观测计划，以及多个联合国“海洋十年”科学计划，中国从以往的国际计划参与者成为引领者。

## 研究对象

海洋科学的研究对象为占地球表面 71% 的海洋，包括海水、溶解和悬浮于海水中的物质、生活于海洋中的生物、海底沉积和海底岩石圈，以及海面上的大气边界层和河口海岸带。海水是一种含有多种溶解盐类的水溶液，其中水占 96.5% 左右，其他主要是各种溶解盐类和矿物，还有氧、二氧化碳和氮等溶解气体，对海洋生物的生存极为重要。海洋作为物理系统，其中发生着各种不同类型和不同尺度的海水运动和过程，对于海洋中的生物、化学、地质过程，以及海洋工程和海上军事活动等有着显著的影响。海洋中的生物栖息范围很广泛，从近海到远海，从表层海水到深部水体、海底沉积物，深度超过 1 万米的海沟、深海沉积物以下超过 2000 米的岩芯中都有生物存在，形成一个独特的复杂海洋生态系统。大洋地壳作为全球地壳的一个结构单元，具有不同于大陆地壳的一系列特点，地球之所以存在着如此深广的海洋，与洋壳的物质组成有关。海洋作为地球水圈的重要组成部分，同大气圈、岩石圈相互依存、相互作用，成为控制地球表面环境和生命特征的一个基本环节，是全球生命支持系统的基本组成部分，也是维系人类可持续发展的资源宝库。现代海洋科学的研究领域，大体可以分为海洋中的物理、化学、生物和地质过程以及与地球其他圈层耦合作用的基础研究，面向海洋资源开发利用、海洋工程和海上其他人类活动等的应用研究。

## 学科体系

海洋科学的学科方向可归纳成 3 个层面：①属于基础性科学的分支学科体系。包括**物理海洋学**、海洋化学、海洋生物学、海洋地质学、海洋环境科学、海洋气象学等。②涉及应用与技术研究层面的学科方向。包括海洋地球物理学、卫星海洋学、渔场海洋学、军事海洋学、航海海洋学、海洋声学、海洋光学、海洋技术、海洋环境预报、海洋工程等。③与海洋资源管理与开发和海洋环境保障有关的学科方向，包括海洋资源、海洋环境功能区划、海洋人文社会科学、海洋监测与环境评价、海洋污染治理、海洋防灾减灾、海域管理和军事海洋环境保障等。海洋科学的主要理论包括大洋环流、海－气相互作用、海洋生物地球化学循环、海洋生物多样性、海洋生态系统动力学、海底构造与成矿作用、海洋探测原理、海洋环境保护与管理等。

海洋中发生的自然过程，按照内秉属性，大体上可分为物理过程、化学过程、地质过程和生物过程四类，每一类又是由许多个别过程所组成的系统。对这四类过程的研究，相应地形成了海洋科学中相对独立的四个基础分支学科：物理海洋学、海洋化学、海洋地质学和海洋生物学。其后又陆续产生各种交叉学科。

**物理海洋学** 以物理学的理论、技术和方法研究发生于海洋中的各种物理现象及其变化规律的学科。主要研究海水各种时空尺度的运动形式及其演变规律，海洋的动力和热力过程导致海洋中各种物理场的形成、分布和变化规律及机制，海洋中的能量与物质输运，海洋物理过程与其他海洋过程之间的相互作用，以及海洋与其他地球圈层的相互作用。

**海洋化学** 研究海洋各部分的化学组成、物质分布、化学性质和化学过程的学科。主要研究海洋水层和海底沉积以及海－气边界层中的化学组成、物质的分布和转化，以及海洋水体、海洋生物体和海底沉积层中的化学资源开发利用中的化学问题等。海洋化学包括化学海洋学、生物地球化学、海洋生物地球化学、海洋有机化学、海洋物理化学等。

**海洋地质学** 研究地球被海水淹没部分的特征和变化规律的学科。主要研究海岸和海底地形，海洋沉积的组成和形成过程，洋底岩石的岩性和矿物，海洋地层学，海底地壳构造和大洋地质历史，海底的热流、重力异常、磁异常和地震波传播速度等。海洋地质学研究的重大课题是海底矿产资源的分布和成矿规律，大陆边缘（包括岛弧－海沟系）和大洋中脊为主的板块构造，以及古海洋学等。

**海洋生物学** 研究海洋中一切生命现象和过程及其规律的学科，主要研究海洋中生命的起源和演化，海洋生物的分类和分布、形态和生活史、生长和发育、生理和生化、遗传，以及海洋生物与环境的关系。揭示海洋中发生的各种生物学现象及其规律。以海洋生物学为基础发展起来的海洋生态学和生物海洋学已经逐渐成为独立的学科，三者之间的分工日渐清晰：海洋生物学专注海洋生物自身的研究，海洋生态学专注生物与环境相互关系的研究，生物海洋学则是通过海洋生物研究海洋中的各种现象和规律。

**海洋气象学** 海洋科学与大气科学相交叉的分支学科。主要研究海洋上各种尺度大气现象的成因、变化规律和机制，研究这些大气现象与海洋的相互作用及其对海洋的影响，从而不断提高预报海洋天气和预测海洋气候的能力。海洋气象学既涉及大气又涉及海洋，是大气科学和海洋科学共同研究的领域。由于地球表面的绝大部分为海洋所覆盖，而海水又具有和陆地迥然不同的物理、化学性质，这就决定了海洋在海洋气象学研究中的重要地位。海洋气象学的研究与海洋开发、海上工程、渔业、海上运输、海洋污染、盐业、国防建设等有密切的关系，其研究领域既包括一定高度的大气层，也包括一定深度的海域，所以它不仅是气象学的一个分支，同时也是海洋科学的一个分支。

**海洋环境科学** 以河口、海湾与近海为主要对象，研究人类活动和全球变化对海洋环境与生态系统的影响，并探讨海洋环境保护对策，促进海洋环境可持续发展的学科。主要研究海洋污染物的来源、物质组成、迁移转化规律、净化机制与生态环境效应，以及陆海统筹、生态修复、海洋环境综合管理等。随着与其他学科的交叉与融合，海洋环境科学逐渐形成了其分支学科体系，包括海洋环境动力学、海洋环境化学、海洋环境生态学、海洋环境法学、海洋环境经济学、海洋环境管理学、海洋环境监测等。

**海洋技术** 一门面向海洋领域的综合技术学科，支撑海洋科学研究的开展和海洋工程的实施。主要研究海洋自然现象及其变化规律、开发利用海洋资源、保护海洋环境以及维护国家海洋安全所使用的各种技术的总和，支撑研究海洋、开发利用海洋和保护海洋所形成的一切系统、设备、工程的实现。海洋技术以现代科学为基础，由海洋基础技术、海洋通用技术、海洋智能技术和海洋应用技术四大部分组成。

**海洋工程** 一门伴随海岸带开发而起源并逐渐扩展至深远海资源开发的综合性应用学科。作为整个海洋科学学科的重要组成部分，海洋工程是人类认识海洋和经略海洋的关键基础，是开发利用海洋空间、油气、能源、矿产以及渔业等资源的核心支撑，对经济可持续发展、海上国防安全等至关重要。随着现代科学技术的飞速发展，海洋资源开发技术与日俱新，促使海洋工程逐渐分化出众多技术性强的研究领域。主要研究海岸防护、海涂围垦、海港建筑、河口治理、海洋石油和天然气开采、深海采矿、经济生物的增养殖、海水淡化和综合利用、海洋能的开发利用、海洋水下工程、海洋空间开发和海洋安全保障等。深海和极地是海洋工程未来发展的重要方向。

**海洋人文社会科学** 研究人类与海洋互动关系的学科，是人文社会科学在海洋领域的体现。它主要运用历史学、社会学、经济学、管理学、政治学、法学、文化学等学科的理论和方法，通过学科交叉来研究与海洋相关的各种人文社科现象、问题和规律。具体分支学科领域包括但不限于海洋文化、海洋民俗、海洋社会、海洋考古、海洋文学、海洋艺术、海洋法律、海洋政策等。中国的海洋人文社会科学作为综合性、交叉性学科形成发展的过程，是海洋的人文性和社会性逐渐被认识、逐步被发掘并参与国家和全球海洋发展的过程。

海洋科学各分支学科之间是彼此依存、相互交叉、相互渗透的，而每一门分支学科只有在整个海洋科学体系的相互联系中才能得到重大发展，从而出现了现代海洋科学研究以及海洋科学理论体系的整体化趋势。这不仅打破了各分支学科的传统界限，而且突破了把研究对象先分割成个别部分，然后再综合起来的传统研究方法。海洋科学研究要求从整体出发，从部分与整体、整体与外部环境的联系中，揭示整个系统的特征和发展规律。例如，研究海洋中沉积物的形态、性质及其演化，就必须了解海流、生物和化学等因素对沉积物的搬运及影响过程；研究海洋生态系统的维持、发展或被破坏的过程，必须了解海洋中有关的物理过程、化学过程和地质过程。

**与其他学科的关系** 海洋科学的理论体系，既涉及支撑其分支学科的基础学科，如力学、物理学、化学、生物学、地质学等，也涉及相关地球科学学科，如大气科学、地理学、地球物理学、水文科学、测绘学等，加之人们越来越关注人类活动对海洋环境的影响，海洋科学的理论体系还涉及环境科学、管理科学和法学等。

## 研究方法

从学科角度而言，研究方法可分为基础学科研究方法在海洋科学中的应用和海洋科学因自身发展需要而产生的方法和手段。前者主要服务于研究海洋中的科学，以实验室实验为主，更多呈现出实验科学的属性，注重研究成果的精确性；后者则主要服务于研究关于海洋的科学，以观测为主要研究手段，更多呈现出观测科学的属性，在精确性的基础上，还更加注重研究成果的可变性。从研究手段类型角度而言，研究方法可分为观测研究、实验室研究和数值模式模拟。

在自然条件下对海洋中各种现象进行直接观测是基本研究方法。世界海洋是一个庞大而又复杂的自然客体，其中发生着各种尺度不一、性质不同的运动。它们的空间尺度可以从几厘米至几千千米，时间尺度从数秒到几个月甚至几年，深层环流的时间尺度可长达数千年。影响海洋气候状态的一些天文因素，如地球轨道参数随时间变化的尺度可达 1 万年至 10 万年的量级，至于大洋海盆形态变化的时间尺度，则长达几百万年至几千万年。这些不同尺度的运动现象之间存在着复杂的相互作用。由于质量运动连续性原理，海水的垂直运动总是和水平运动共存的，即使是同一种运动，也可以由不同的力学原因而引起。海洋科学还具有明显的区域性特征，即使是同一区域，海洋、水文、化学要素及生物分布也是互相各异、多层次性的。因此，很难在实验室里对各类海洋现象和过程以及它们之间的相互作用进行精细的实验，也不能只靠数学分析和数学模拟来进行研究。而是要充分利用科学调查船等设备在自然条件下进行观察研究。直接的观察研究，既为实验室研究和数学研究的模式提供确切的可靠资料，又可以验证实验室和数学方法研究结论的可靠性。因此，在自然条件下进行长期的、周密的、系统的海洋考察是海洋科学研究的基本方法。

海洋观测涉及观测平台和搭载其上的观测仪器，所获取的资料是数据、水样、生物样本、地质样本等。按照观测平台的不同，海洋观测可分为现场（直接）观测和遥感观测，前者是标定和校准后者的基础。海洋现场观测手段主要有：海洋考察船、浮标（如处于海面上锚系浮标、可在水中自行移动的 Argo 浮标）、潜标、水下自航设备（如**自治式无人潜水器**、**遥控式无人潜水器**）、**载人潜水器**、**海底观测网络**等。海洋遥感观测主要有：卫星遥感、航空遥感、岸基遥感等。海洋观测趋向于立体化、网络化、多尺度，在空间尺度上趋向全球化和微尺度化，在时间尺度上趋向准同步化和同步化。

实验室研究可分为两大类，一类是研究可在实验室中模拟的海洋现象，探讨现象的形成机制，如风浪、内波、地转效应，以及一些海洋生态系统等；另一类是在实验室中分析处理海洋观测所获取的数据、水样、生物样本、地质样本等。

随着计算机的迅速发展，数值模式模拟已成为越来越重要的研究手段，在物理海洋学、海洋气象学和海洋生态系统动力学等方面的研究以及海洋环境业务化预报中发挥举足轻重的作用，但数值模式模拟的准确性仍然依赖于所使用观测数据的数量和质量。随着大数据分析与人工智能在各个科学领域的迅速发展，也日益成为海洋科学的一个重要研究方法。影响海洋现象与过程的因素非常复杂，海洋观测数据具有很大的可变性和不确定性，采用多种研究方法从多方面、多角度来研究，才能确保研究成果的可信性。

## 发展趋势

人类社会发展面临着资源枯竭和环境恶化的严重问题，海洋科学的主要发展趋势是为解决这些问题提供科学和技术支撑，将围绕海洋在气候系统中的作用、海洋的储碳能力、海洋酸化、海洋生态系统与生物多样性的变化、海底资源开发、海洋灾害预测、海洋能开发利用、海洋长期观测与预测等方面开展研究。此外，从地球系统科学的角度认识海洋与其他圈层的相互作用已成为海洋科学关注的前沿性课题，综合运用多学科知识来认知海洋系统的结构、功能与变化已成为学科发展的必然要求。

# 条目分类目录

## 说　明

1. 本目录供分类查检条目之用。

2. 目录中凡加〔××××〕的名称，仅为分类集合的提示词，并非条目名称。例如：〔世界海洋研究〕〔海岸分类〕。

**〔海洋人文社会科学〕**

# A

**阿加西，A.E.R.** Alexander Emmanuel Rodolphe Agassiz（1835-12-17～1910-03-27） 美国海洋动物学家。生于瑞士纳沙泰尔，卒于由英返美途中。瑞士博物学家J.L.R.阿加西之子。1849年随父移居美国，1855年毕业于哈佛大学。早年研究棘皮动物，发表过《海星胚胎学》(1865）等著作。专著《海胆的重新分类》(1872～1874）在系统动物学上有重要意义。后期主要从事珊瑚礁的研究。1875年，他在北大西洋海岸发现环状珊瑚礁比平均海平面高出915米，与C.R.达尔文关于珊瑚礁的形成与海平面上升相一致的论点有矛盾，提出了环礁成因的新见解。在加勒比海、南太平洋及澳大利亚堡礁等海域，他持续进行了25年的调查研究，极大地丰富了海洋动物区系和海底构造方面的知识，著有《信天翁号调查报告（1904～1905)》等。

阿加西还是一位优秀的采矿工程师，曾任苏必利尔湖附近一个铜矿的总经理。他把从矿山得到的百万财富贡献给了海洋科学事业。阿加西死后，他的儿子编辑出版了《A.阿加西生活与工作的书信和著作选》(1913)。（刘瑞玉）

**阿拉斯加海流** Alaska Current 北太平洋的一支海流。该海流沿加拿大不列颠哥伦比亚省海岸和美国阿拉斯加的狭长地带向西南流动，具有**暖流**的特征。当北太平洋洋流抵达北美大陆西海岸时，北太平洋洋流的一部分向北转移，从而形成了这支位于阿拉斯加角的逆时针环流。与典型的太平洋北回归线附近海水相比，阿拉斯加海流的温度高于4℃，盐度低于32.6‰。在水下5米深度，该海流南端流速可达0.8米/秒，每秒流量为$1\times10^7$～$2\times10^7$立方米。（宋德海）

**埃克曼，V.W.** Vagn Walfrid Ekman（1874-05-03～1954-03-09） 瑞典物理海洋学家，物理海洋学研究的先驱者之一。又译艾克曼。

生于斯德哥尔摩，卒于戈斯塔德。早年就读于乌普萨拉大学，1902年获得博士学位。后加入奥斯陆国际海洋研究室，在挪威气象学家、物理学家V.皮耶克尼斯和挪威探险家、海洋学家F.南森的指导下从事风应力及海面涡动黏滞效应的研究。1910～1939年任瑞典隆德大学力学、数学物理学教授。1905年，埃克曼发表了著名的埃克曼螺旋理论，解释了海洋中的黏性应力和科里奥利力之间的动力平衡机制。该成果也是20世纪初流体力学领域的重要发现之一。由此，埃克曼进一步建立起海洋风生流和梯度流的基础理论。埃克曼也研究过融冰形成的死水现象、海水压缩率、坡度流、密度流、深层流、混浊流等，并取得了许多重要的研究进展。此外，埃克曼还设计制造了能同时测量流速和流向的埃克曼海流计，以及埃克曼颠倒式采水器等海洋观测设备和仪器。由于在物理海洋学研究领域取得了诸多开创性研究成果，埃克曼于1935年被选为瑞典皇家科学院院士。为纪念埃克曼在物理海洋学研究发展过程中的突出贡献，以他的姓氏命名了多个学术术语，如埃克曼层、埃克曼输送、埃克曼漂流等。（徐丰 刘念）

**埃克曼漂流** Ekman drift current 理想化的无边界、无限深和密度均匀的海洋，因海面受稳定的风长时间作用，吹动表层海水运动。通过湍流黏性力，动量逐层向下传递，引起各层海水运动，在运动过程中，同时受到地转偏向力的作用而改变方向和大小，当两者达到平衡时出现的稳定海流。又称风漂流。最早是由挪威物理海洋学家V.W.埃克曼推算出来的，因此称之为埃克曼漂流。1893～1896年，挪威海洋调查船“前进”号横越北冰洋时，挪威探险家、海洋学家F.**南森**观察到冰山不是顺风漂移，而是沿着风向右方20°～40°的方向移动。1905年，埃克曼研究了这种现象，得出了著名的埃克曼漂流理论。

海面风应力作用于表层海洋，并通过湍流黏性力向下传递。由于地转偏向力的作用，在北（南）半球，埃克曼漂流的表面流速，偏向于风向右（左）方45°。表层以下的海水随着深度的增加，流向不断右（左）偏，流速也不断减小，直至某深度处流向和表面流向完全相反时，流速便约为表面流速的4%，此深度称为摩擦影响深度。从海面至此深度处的水层称为埃克曼层，摩擦影响深度又称埃克曼层深度。埃克曼漂流的流速矢端在空间所构成的曲线称为埃克曼螺旋，其在水平面上的投影便称为埃克曼螺线。

在北（南）纬10°以外的海区，漂流的表面流速$V_0$，与风速$W$间的经验关系为：

$$V_0=\frac{0.0127}{\sqrt{\sin|\phi|}}W$$

代入埃克曼漂流理论的表面流速公式中，便可求得埃克曼层深度的经验式：

$$D=\frac{4.3}{\sqrt{\sin|\phi|}}W$$

埃克曼漂流的流速，虽然随深度的增加而改变其方向，但在埃克曼层中总流量的方向，在北（南）半球则位于风向的右（左）侧并与风向垂直。

埃克曼漂流虽然是一种理想海流，但它能近似地反映出大洋近表层的海水在行星风系作用下的风海流，且能近似地反映出大洋深厚的下层海水中有密度流和地转流的存在。由于大洋表面的行星风系随纬度而改变其方向和大小，风应力旋度的强弱，也随纬度变化，这就产生了埃克曼漂流总流量的辐聚或辐散。此过程在埃克曼层底部产生向下或向上的铅直流动，这就是埃克曼抽吸作用。

由密度分布不均匀所产生的，流速的大小随深度而改变的地转流，或由海面增水所产生的，流速的大小不随深度而改变的倾斜流，在接近海底处，流速会因海底摩擦力和地转偏向力的作用，而产生和埃克曼漂流相似的底埃克曼漂流、底埃克曼层、底埃克曼螺旋和底埃克曼螺线。底埃克曼层的厚度和埃克曼层相同，但底埃克曼螺旋和底埃克曼螺线的转向则正好分别与埃克曼螺旋和埃克曼螺线相反，其转向在北（南)半球偏于地转流流向的左（右）方。

海洋深度等于或超过2$D$时的埃克曼漂流，称为无限深海漂流，反之称为有限深海漂流。后者的表面流速，由于水深的不同，其流向在北（南）半球偏于风向的右（左）侧，但偏角小于45°，甚至几乎可以平行于风向。总流量的方向不与风向垂直，但有与风向垂直的分量，导致产生沿岸的升降流和平行于海岸的倾斜流。后者在近海底处受底摩擦的影响，产生底埃克曼漂流。（张荣华）

**岸滨雾** coastal fog 与岸滨下垫面的动力热力作用有关，出现（往返）于海岸附近的**海雾**。

形成 海岸附近(几十千米距离以内)春夏季陆上暖湿空气流到海上，受海面降温增湿作用凝结而成的雾。岸滨雾夜间随陆风漂移蔓延到海上；白天借海风推动，可漂入海岸陆区，形成海陆轻风雾。另外，海岸附近陆面上夜间产生的辐射雾，借微弱陆风吹到海上，与海上空气水平混合，增加空气水汽量使雾变浓，日间又借助海风作用吹回到陆地，也具有岸滨雾的特征。

以上两种成雾过程不尽相同，海陆轻风雾生成于海上，而且限于春夏季节；辐射雾生成于陆上，再转移到海上，兼有辐射冷却和水平混合两种生成过程，没有明显的季节限制。

海陆热力差异强迫的边界层次级环流作用　海陆热力差异在海岸线附近强迫出边界层内次级环流，海面向岸气流使水汽在岸滨汇聚；同时次级环流中的下沉气流加强海面上大气层结稳定性，逆温层高度降低，有利于暖湿空气在冷海面上凝结成雾。

分布　岸滨雾常发生在海岸附近。如梅雨期间，由于水汽充足和海陆热力差异，在杭州湾会形成岸滨雾；春夏季山东半岛雨后，离岸风将陆地暖湿空气带到黄海冷海面上，也会形成岸滨雾；北美东岸新英格兰外海夏季6月盛行这种海雾。

影响　岸滨雾的范围狭小，仅限于海岸附近，但其常造成岸滨地区大气水平能

码头上的雾

见度降低，从而导致封闭港湾，影响船只的正常通航。　（张苏平）

**岸基站技术**　shore station technology　对集海底观测网络的系统运行和监控、电能传输和管理，以及数据管理与科研应用三大功能为一体的岸基站进行功能设计、结构布局、运营维护等技术的统称。岸基站是整个海底观测网络系统的运行、管理和控制中枢。它是**海底观测网络**必不可少的一个重要组成部分。岸基站系统一般位于附近的海岸陆地上或就近的海岛上，是联结研究人员和海底各种观测设备的桥梁。

岸基站系统中的系统运行监控子系统时时刻刻监视着海底观测网络的运行状况，当海底观测网络出现问题时，岸基站系统会及时发出警示，自动诊断问题的所在并给出系统的恢复方案。海底各种观测设备实时采集的原始数据，都要被输送到岸基站系统，通过数据处理系统中不同的应用软件系统处理后，供有关人员进行使用。海底观测网络中大量接驳盒和观测设备所需要的电能，也由岸基站系统的电能子系统负责供给，岸基站电能子系统还同时负责对其供给电能的管理和分配工作。

岸基站系统主要配置有电能供给设备、信号传输设备、数据分析计算处理设备和数据存储设备等。为了使岸基站高效地运行，岸基站系统必须具备开放式的体系结构、分布式的应用软件系统、灵活的硬件系统配置和可靠的系统管理技术。岸基站还可以通过网站服务器，把海底观测网络观测设备采集到的原始数据以及分析处理后的最终结果，一起放到互联网上，让世界各地的科学家和人们通过互联网，在任何地方都能了解到海底千变万化的奇妙世界。　（黄豪彩）

**岸礁**　fringing reef　海洋中沿大陆或岛屿边缘生长、与陆地相连的**珊瑚礁**。又称边礁、镶边礁、裙礁、边缘礁。岸礁直接沿着岩石海岸生长，顶平，由于向海岸一侧斜坡常很陡，故发育陡峭的海岸峭壁或陡坡，呈曲线状。岸礁生成后，其外侧成为**海岸线**，而内侧成为原生海岸的边缘，有时在岸礁与岸之间有狭小平底水道相隔，宽度不大，深度0.2～1.5米。岸礁宽度一般数十米至数百米，最宽达数千米。退潮时可以见宽度不一的礁平台。现代最长的岸礁发育于红海沿岸，断续绵延2700余千米，分布水深约36米。中国海南岛东岸、雷州半岛南部、台湾岛南部恒春半岛沿岸及其附近岛屿均有岸礁分布，最宽处可达千米。　（刘世东　李广雪）

**暗礁**　submerged reef　海洋中潜没于水下的各种礁石。常紧贴大陆或岛屿边缘发育，接近海面，但在低潮时依然位于海面之下，包括岩礁和**珊瑚礁**等。岩礁主要是火山岩或大陆岩石在水下的延伸，珊瑚礁则主要是由珊瑚虫骨骼群体组成。

中国暗礁数量众多，分布范围广，类型复杂。各类暗礁是海上航行的天然障碍物，危害较大。通常把对航行安全有威胁的、位于海面之下10米以内的暗礁标注在海图上，在航道附近者甚至需要设置航标或灯塔，以避免航行事故发生。暗礁的数字注记指的是深度基准面以下的深度。

被暗礁环绕的格朗德特尔岛

海上暗礁的形成原因一般有4种：地壳隆起、海底火山爆发、珊瑚礁、海平面上升将原来连接大陆的部分淹没。

（刘世东　李广雪）

# B

**巴西海流** Brazil Current 大西洋南赤道暖流的分支。属于南半球副热带洋流，方向为逆时针，沿南美洲巴西海岸向西南流动。从巴西的圣罗克角沿东岸流至南纬30°～40°，于此处受向北流动的福克兰洋流的阻隔而转向东。巴西海流具有暖流特征，海水温度、盐度均较高，温度为19～27℃，盐度为35‰～37‰；该海流位于水下100～200米深度，流速为0.25～0.5米/秒，流量约为$1\times10^7$米$^3$/秒。

（宋德海）

**白令海底峡谷** Bering Canyon 在白令海中，全长440千米，是世界上最长的海底峡谷。谷首位于阿留申群岛中段乌姆纳克岛以北的陆架边缘。其上半段由许多支谷汇合而成，向西南延伸，随着深度增大而逐渐折向西北，在其下游72.4千米的一段又突然转为向北延伸，直到位于3578米深处陆隆上的谷口。峡谷横剖面不对称。北段西侧谷壁坡度为13°，东侧谷壁坡度仅为2°～3°。最大起伏至少为886米。峡谷的容积估算为4293.25立方千米，远超大多数峡谷的容积（一般不到312.62立方千米）。白令海底峡谷形成的重要营力是新近纪和更新世期间由阿拉斯加和西伯利亚河流挟带大量沉积物向下倾泻而形成的浊流，但这不是唯一的因素。（仲 佰）

**板块构造说** plate tectonics theory 20世纪60年代兴起的当代地球科学中最有影响的全球构造学说。该学说认为地球的岩石圈分裂成为若干巨大的板块，以重力均衡的方式漂浮于塑性软流圈之上，并在地球表面发生大规模水平运动；板块与板块之间或相互分离，或相互汇聚，或相互平移，引起了地震、火山和构造运动。板块构造说囊括了大陆漂移、海底扩张、转换断层、大陆碰撞等概念，为解释地球地质作用和现象提供了极有成效的模式。

简史 1912年，德国气象学家A.L.魏格纳提出了**大陆漂移说**。1960～1962年，美国学者H.H.赫斯、R.S.迪茨在大陆漂移和地幔对流说的基础上创立**海底扩张说**。随后F.J.瓦因和D.H.马修斯等通过海底磁异常的研究证实了海底扩张说。1965年，加拿大学者J.T.威尔逊提出**转换断层**的概念，并首先指出，连绵不绝的活动带网络将地球表层划分为若干刚性板块。1967～1968年，美国W.J.摩根、D.P.麦肯齐、R.L.帕克与法国X.勒皮雄将转换断层概念外延到球面上，定量地论述了板块运动，确立了板块构造说的基本原理。1968年，美国B.L.艾萨克斯、J.奥利弗和L.R.赛克斯进一步阐述了地震与板块活动之间的联系，并将这一新兴理论称作“新全球构造”。常用的术语“板块构造”，是麦肯齐和摩根在1969年提出的。20世纪70年代以来，板块构造学说逐步渗透到地球科学的许多领域。

板块划分 固体地球上层在垂向上可分为物理性质截然不同的两个圈层，即上部具一定刚性的岩石圈和下垫的略具塑性的软流圈。岩石圈包括地壳和一小部分上地幔，厚度不一，从几十千米至200千米以上。软流圈大体相当于上地幔低速层，或电导率较高的高导层（低阻层），$Q$值（介质品质因素，与地震波衰减程度成反比）较低，表明其物质较热、较轻、较软，具一定塑性。可以缓慢蠕动的软流圈的存在，是上覆岩石圈发生大规模运动的基本前提。

板块是由地震带所分割的内部地震活动较弱的岩石圈单元。由于板块的横向尺度比厚度大得多，故称板块。狭长而连续的地震带勾画出了板块的轮廓，它是划分板块的首要标志（见**海洋地震**）。全球岩石圈可分为六大板块，即欧亚板块、非洲板块、美洲板块、印澳板块（即印度-澳大利亚板块）、南极板块和太平洋板块。有人将美洲板块分为北美板块和南美板块，则全球有七大板块。根据地震带的分布及其他标志，进一步划出纳斯卡板块、科科斯板块、加勒比板块、菲律宾海板块等次一级板块。板块的划分并不遵循海陆界线（海岸线），也不一定与大陆地壳、大洋地壳之间的分界有关。大多数板块包括大陆和洋底两部分。太平洋板块是唯一基本上由洋底岩石圈构成的大板块。

板块边界 两个板块之间的接触带，而板块边缘则是指一个板块的边缘。板块边界是构造活动带。根据板块的相对运动状态，边界可分为三种：①分离型板块边界；②汇聚型板块边界；③转换型板块边界（图1）。震源机制表明，这三种边界的主导应力状态分别是引张、挤压和剪切。

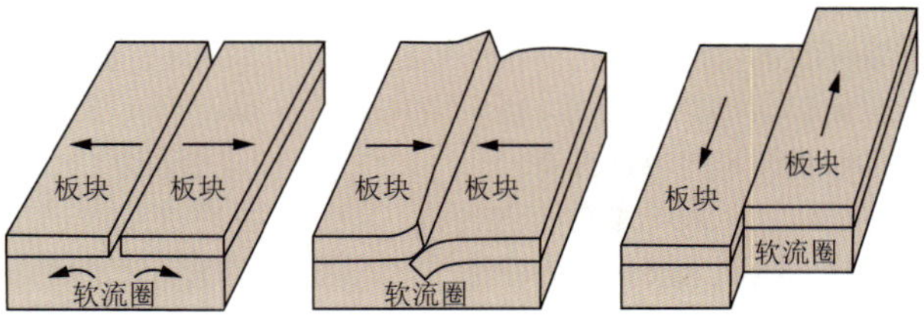


a 分离型板块边界　　b 汇聚型板块边界　　c 转换型板块边界

图1 三种板块边界类型

分离型板块边界 两个相互分离的板块之间的边界，见于大洋中脊轴部或裂谷带，以地震、火山活动、高热流和引张作用为特征。随着两侧板块分离张开，软流圈的地幔物质沿脊轴上涌，在地球磁场作用下，相继形成一系列正向、反向磁化相间排列的洋底岩石圈条带。由于新生岩石圈较为薄弱，故下一次张裂通常仍发生在中脊轴部，使新生岩石圈分裂为二，各有一半洋底条带添加于两侧板块的后缘。这种边界又称增生板块边界或建设型板块边界。洋底岩石圈沿分离型边界的增生作用通常两侧是对称的，致使中脊地形也具有对称性。

汇聚型板块边界 两个相互汇聚的板块之间的边界，相当于**海沟**和活动造山带。鉴于地球表面积基本不变，因而分离型边界岩石圈的增生必然为某些地方岩石圈的破坏所补偿。岩石圈的破坏或压缩就发生在汇聚型边界。汇聚型边界有两种亚型，即俯冲边界和碰撞边界。

俯冲边界。在地形上表现为海沟，相邻板块相互叠覆。由于大洋板块较之大陆板块往往具有密度大、厚度小、位置低的特点，故大洋板块一般俯冲于大陆板块之下。也有大洋板块俯冲于另一大洋板块之下的情况（如沿马里亚纳海沟）。俯冲边界主要展布于太平洋周缘，包括岛弧-海沟系与安第斯型大陆边缘。前者有边缘海与大陆相隔，后者海沟直接濒临大陆。通常，在海沟附近出现浅源地震，向陆侧依次出现中源、深源地震，构成一倾斜的震源带，称贝尼奥夫带，其倾角变化在15°～90°。贝尼奥夫带标出了板块俯冲的形迹。贝尼奥夫带具有很高的$Q$值，接近于岩石圈，证明岩石圈板块确是沿贝尼奥夫带向下俯冲的。在俯冲过程中，上覆的大洋沉积物可能随板块潜入地下；有时，部分沉积物剥落下来，添加于海沟陆侧坡，构成增生楔形体。增生的混杂岩体逐渐成长并受挤而隆起，组成非火山性外弧，在一定程度上导致大陆增长。当板块俯冲至一二百千米深处，摩擦增热，导致下插板块或上覆地幔物质产生熔融，从而有岩浆上升并喷出地表，形成与海沟平行延伸的火山弧（见**岛弧**）。火山弧与外弧之间发育弧前盆地。弧后拉张作用则形成**弧后盆地**（又称边缘盆地）。在板块俯冲作用下，形成统一的**沟弧盆系**。

碰撞边界。表现为活动造山带，又称地缝合线。随着大洋板块俯冲殆尽，大规模俯冲活动停息，两侧大陆相遇汇合而开始碰撞。在汇聚碰撞作用下，原大陆边缘和洋底的沉积物发生紧密褶皱和逆冲推覆，加之一系列地壳楔沿深部近水平的层间滑脱面（多为岩石圈内部低速带）析离，相互冲掩叠覆，导致地壳压缩增厚，地面大幅度抬升，形成宏伟的褶皱山系。喜马拉雅山系便是始新世末期以来印度与欧亚大陆主体碰撞的产物。明显的均衡正异常表明，碰撞造山带地壳均衡状态遭到破坏。碰撞边界伴有浅、中源地震，地震带甚宽。陆上的板块边界，特别是碰撞边界，常构成一条宽阔而复杂的板块相互作用地带。沿汇聚型板块边缘，可出露蛇绿岩套，自下而上包括超镁铁质岩、辉长岩、辉绿岩，直至覆有深海沉积层的玄武质熔岩。一般认为蛇绿岩套是大洋岩石圈的残片，原生成于大洋盆地或边缘盆地，后在板块汇聚和洋盆关闭的过程中被逆冲至陆上。

**转换型板块边界** 相当于转换断层。板块的运动方向大致平行于边界，两侧板块或相互剪切错动，或以不同速率向同一方向推移。可以连接洋脊与海沟，也可以连接洋脊与洋脊，海沟与海沟。转换型边界两端，与洋脊或海沟相接处，剪切错动骤然终止。沿这种边界，通常既没有板块的生长，也没有板块的破坏，但伴有频繁的地震活动，可发生构造形变与动力变质作用。

**板块运动的一般模式** 海底扩张是板块运动的核心，板块从大洋中脊轴部向两侧不断扩张推移（见**海底扩张说**）。就板块的相对运动方向而言，海沟和活动造山带是板块的前缘，大洋中脊则是板块的后缘。脊轴是软流圈物质上涌，岩石圈板块生长的地方，热流值很高，岩石圈极薄（厚仅数千米），水深较浅（平均在2500米左右）。随着板块向两侧扩张，热流值与地温梯度降低，岩石圈逐渐增厚，密度升高，洋底冷缩下沉。大洋边缘的古老洋底岩石圈的厚度约100千米，水深可达6000米左右。洋底水深是洋底年龄的函数。新生的洋底岩石圈下沉最快，下沉作用随时间或移动距离呈指数衰减，这解释了以下事实：大洋中脊斜坡在靠近脊顶处较陡，远离脊顶坡度逐渐减缓；快速扩张的洋脊边坡较缓（如东太平洋海隆），慢速扩张的洋脊边坡较陡（如大西洋中脊）。

若大陆与洋底组成同一板块，这时陆－洋过渡带构成稳定（或被动）**大陆边缘**；若大洋板块在洋缘俯冲潜入地幔，则形成活动（或主动）大陆边缘。周缘广泛发育被动大陆边缘的大洋逐渐扩张展宽，周缘广泛发育活动大陆边缘的大洋则收缩关闭。在面积不变的地球上，一些大洋的张开必然伴随着另一些大洋的关闭。因此，大洋的开合与大陆漂移都是板块分离和汇聚的结果。

**板块运动几何学** 全球所有板块都在移动。板块运动通常指一板块相对于另一板块的相对运动。鉴于板块内部变形与板块之间的大幅度水平运动相比，仅具有次要意义，故从全球角度考察板块运动时，可以近似地将板块当作刚体来处理。球面刚体板块沿地球表面的运动，遵循球面几何学中的欧拉定律，环绕某一通过地心的轴做旋转运动（图2）。板块运动的旋转轴（或扩张轴）与地球表面的交点，称为旋转极或扩张极。围绕平行于旋转赤道的同轴圆运动的板块都有一个共同的旋转极。正因为板块的运动是一种旋转运动，板块上不同地点的运动线速度随远离旋转极而增大，至旋转赤道线速度最大。板块的旋转运动由旋转极的位置和旋转角速度确定。转换断层的走向平行于邻接板块之间相对运动的方向。采用求转换断层垂线交点的方法，不难得出以转换断层为界的各对板块之间相对运动的旋转极。据线速度的递变也可以得出旋转极的位置。已知板块任何一点的线速度，同时求出该点相对于旋转极的纬度，便可以换算出旋转角速度。

三个板块或三条板块边界相会合的点或一个小区域，称三联接合点（简称三联点）。任何一对板块间的边界总是以三联点作为端点。围绕三联点的三对板块之间相对运动的向量之和等于零。根据已知的两对板块的相对运动向量，就可以确定第三对板块之间的相对运动向量。两个背离板块之间的扩张运动向量一般是已知的，利用一系列三联点，已经求出了全球所有主要板块之间的相对运动向量，包括汇聚型边界处的相对运动向量。板块运动的速率多为每年数厘米。

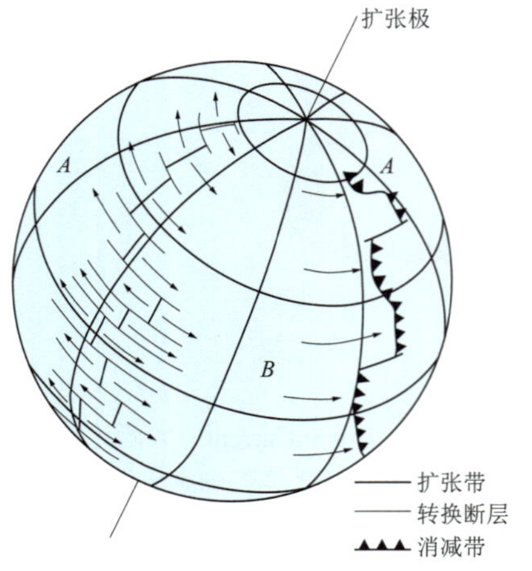


图2 板块旋转运动示意图

**地幔柱与热点** 在板块运动的研究中，地幔柱或热点可作为重要的参考系统。地幔柱是发育于软流圈之下的地幔深部并涌升至岩石圈底部的圆柱形上升流。热点的含义与地幔柱相近，也可将热点视为地幔柱在地表的反映。地幔柱导致地表穹形隆起，重力和热流值增高。一般认为热点－地幔柱的位置大体固定。当岩石圈板块跨越于热点之上，板块仿佛被“烧穿”了，地幔物质喷出地表，形成火山。先形成的火山随板块运动移出热点，逐渐熄灭成为死火山，在热点处又会喷发形成新的火山。这样不断地“推陈出新”，便发育成由新到老的一列火山链（图3）。皇帝－夏威夷海岭就是近8000万年来太平洋板块越过夏威夷热点的产物，火山年龄向西北方向变老。这些火山链标示出板块移过热点的轨迹，记录下板块的运动方向。北北西向皇帝海岭与北西西向夏威夷海岭之间走向的转折，显示距今约4000万年前太平洋板块的运动方向从北北西转变为北西西向。热点还可能成为分析板块绝对运动的参照系统，但热点位置不动这一推论还有待证实。

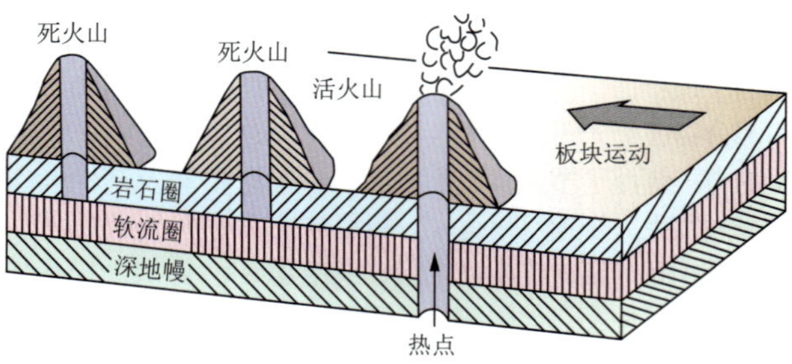


图3 热点活动与火山链的形成示意图

**驱动机制** 引起板块运动的机制是当前尚未解决的难题，许多学者提出不同的看法，主要有：①主动驱动机制，认为下插板块因温度较低和相变导致密度增大，可以把整个板块拉向俯冲带；或设想上侵于大洋中脊轴部的地幔物质能把两侧板块推出去；板块还可以沿中脊侧翼倾斜的软流圈顶面顺坡滑移。在这些机制中，板块与下伏软流圈相互脱离，板块的移动是主动的，而不是由软流圈地幔流所带动；板块的持续运动导致地幔中产生反方向的补偿回流（图4）。主动驱动机制的弱点是，岩石圈必须先通过另种机制破裂成板块，它难以解释联合古陆的破裂，也难以解释大洋中脊和俯冲带开始是如何形成的。②板块由地幔对流所驱动，可称被动驱动机制。但是，还缺乏地幔对流的直接证据，也不了解对流的确切性质、涉及范围和具体形式（见**地幔对流说**）。

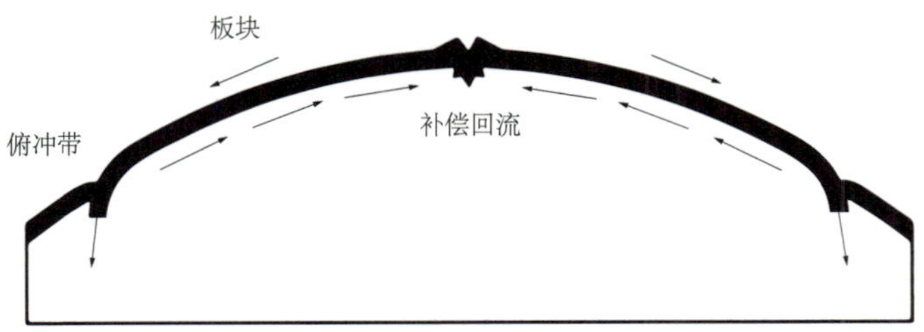


图4　在下插板块的拉力作用下，板块滑向俯冲带

意义与问题　板块构造说以极其简洁的形式（最基本的就是板块的生长、漂移、俯冲和碰撞），解释了地震和火山分布、地磁和地热现象、岩浆与造山作用；阐明了全球性大洋中脊和裂谷系、环太平洋和地中海构造带的生成和演化等重大问题。地球科学第一次对全球地质作用有了一个比较完善的总的理解。板块构造研究所阐明的地质构造背景和岩石圈活动规律，对于寻找金属矿、石油等矿产资源，以及预测地震、火山等地质灾害，都有一定指导意义。

板块构造说还存在一些有待解决的难题。除驱动机制这一最大难题外，现有的板块构造模式不能有效地解释板块内部的地震、火山和构造活动，包括水平变形、隆起和陷落。有些学者试图将板块构造模式远溯至古生代以至前寒武纪，将大陆边缘和大洋与地槽相类比，进而运用大洋开合的发展旋回解释地槽造山带的演化，追索消逝于山脉中的古海洋。但有关古板块的研究，仍有一些分歧意见。板块构造模式尚不能圆满地解释大陆岩石圈的成因和演化。需要进一步研究的课题还可举出：板块的生长、漂移和俯冲是连续的还是幕次性的，板块俯冲如何开始，俯冲过程中沉积物的结局，边缘盆地的形成机制等。板块构造说仍在不断修正和发展中。

（刘光鼎　金性春）

**板桩码头**　sheet pile wharf　由进入地基一定深度的连续板形构件构成靠泊岸壁的码头。主要由板桩墙、导梁、帽梁、锚碇系统和码头设施组成，小型码头可不设置锚碇系统，称为无锚板桩码头。

板桩墙是码头的主体，有连续打入或沉入地基的钢板桩、钢筋混凝土板桩和现场浇筑的地下连续墙等结构型式。导梁是在设拉杆锚碇系统的板桩墙外侧设置的水平连续梁，使拉杆力通过导梁传递给每根板桩。帽梁是现场浇筑在板桩顶端的钢筋混凝土连续梁，它将各板桩连成整体共同工作。

锚碇系统是为减小板桩墙的跨中弯矩和顶端的水平位移而设置的，一般由导梁、拉杆和锚碇结构组成。锚碇结构有锚碇板、锚碇墙、锚碇桩、锚碇板桩等型式，设单层拉杆的称为单锚板桩码头，设双层拉杆的称为双锚板桩码头。另一种锚碇系统是在板桩墙内侧打一斜桩，通过帽梁把斜桩顶端和板桩顶端固结在一起进行锚碇，这种结构称为斜拉桩板桩码头。

带板桩的码头

板桩码头依靠板桩墙在地基中的嵌固作用和锚碇结构保持稳定，为降低工程造价，板桩可隔几根加长一根，构成长短板桩组合型式，长板桩受力大，可适当加厚，这种结构常称为主桩板桩式板桩码头。将短板桩进一步减短设计成挡板型式，就形成主桩挡板式板桩码头。

（鲁子爱）

**半导体照明技术**　semiconductor lighting technology　利用发光二极管（LED）作为光源的照明技术。又称固态照明技术。发光二极管是一种特殊的二极管，通过半导体PN结中电子和空穴的复合发光。发光二极管所发射出的光的波长（颜色）是由组成PN结（PN junction）的半导体材料的禁带能量决定，因此选用不同的半导体材料可以使LED发出不同波长和颜色的光。例如，红光（波长610～760纳米）LED通常由铝砷化镓、砷化镓磷化物、磷化铟镓铝、磷化镓（掺杂氧化锌）等材料制成；黄光（波长570～590纳米）LED通常由砷化镓磷化物、磷化铟镓铝、磷化镓（掺杂氮）材料制成；绿光（波长500～570纳米）LED通常由铟氮化镓、氮化镓、磷化镓、磷化铟镓铝、铝磷化镓材料制成；蓝光（波长450～500纳米）LED通常由硒化锌、铟氮化镓、碳化硅材料制成。

发光二极管具有体积小、能量转换效率高、寿命长、不易破损、反应速度快、可靠性高等优点，因此在水下照明和成像系统中应用广泛。采用卤钨灯、金卤灯等光源的传统水下照明，由于存在供电电压高、寿命短、抗震性差等缺点，已多为LED所替代。然而，由于LED光源发射的光谱带宽较窄，与太阳光在可见光波段内的光谱能量分布差异较大，因此其显色性与卤钨灯、金卤灯相比稍逊色。在水下应用场景下，水体对长波（如红光）吸收尤为明显，而一般白色LED灯的能量主要分布在蓝色和黄色波段，而红色波段能量较少，因此水下采用普通白色LED照明时图像的颜色会有明显失真，图像一般偏蓝绿或者显得较为苍白，而红色色调较少。这种情况下可以通过荧光粉对LED光源的光谱进行补充扩展，或者采用不同波长的LED光源合成宽谱光源进行水下照明，提高图像的色彩质量。

（宋　宏）

**半潜式平台**　semi-submersible platform　大部分浮体没于水面下的一种小水线面的移动式平台。由坐底式平台演变而来。又称立柱稳定式平台。

发展概况　从1961年世界上首座半潜式平台诞生到现在，半潜式平台经历了六个发展阶段，最新的第六代深海半潜式平台的工作水深已超过3000米，钻井深度超过12 000米，甲板可变载荷达10 000吨，配置了双井架或一个半井架，并且钻井作业系统高度自动化、智能化。如韩国三星船厂于2000年3月建成的“海军勘探者1”号，工作水深为3048米；北爱尔兰Harland & Wolff船厂建造的“GLOMAR CR.LUIGS”号，工作水深为3658米，具有受负载大、静载制动、应急释放锚链和走锚定位等特点和功能；中国于2014～2018年建造的“海洋石油982”半潜式平台，最大钻井深度9144米，是全球最先进的第六代钻井平台之一。

技术组成及特点　该平台由平台本体、立柱和下体（或浮箱）组成。此外，在下体与下体、立柱与立柱、立柱与平台本体之间由水平杆件与斜撑连接。在下体间的连接支撑，一般都设在下体的上方，这样，当平台移位时，可使它位于水线之上，以减小阻力。平台本体高出水面一定高度，以免受波浪的冲击。下体或浮箱提供主要浮力，沉没于水下以减小波浪的扰动力。平台本体与下体之间连接的立柱具有小水线面的剖面，主柱与主柱之间相隔适当距离，以保证平台的稳定性。

中国“海洋石油982”半潜式平台

半潜式平台抗风能力强，适应的水深范围广泛，装载量大，广泛应用于海洋油气资源的钻探、开采等。（刘利琴）

**半日潮** semi-diurnal tide 周期大约是半个太阴日（12小时25分）的潮汐。常见的半日分潮包括：①太阴主要半日分潮（用M2表示）。半日潮的主要组成之一，通常也是潮汐现象中最重要的组成分潮，周期为12.421小时，代表了月球引潮力对地球潮汐的影响。②太阳主要半日分潮（用S2表示）。半日潮的主要组成之一，周期为12.000小时，代表了太阳引潮力对地球潮汐的影响。（张召儒 钟贻森）

**半深海沉积** hemipelagic sediment 主要分布在**大陆坡**，水深在200～2000米范围的海底沉积。又称陆坡沉积。大陆坡是一个分开大陆和大洋的全球性巨大斜坡，是大陆和洋盆之间的过渡地带。陆坡沉积物也具有明显的过渡性质，它既不同于**浅海沉积**，又有别于**深海沉积**。滑坡所造成的影响是它的显著特点。其物质来源以陆源碎屑为主，生物与化学作用形成的沉积多见于浅海区，少见于深海区。在有些地区，碳酸盐沉积的比重明显增加。

陆坡沉积物的粒度小于浅海沉积，沉积物中约60%是泥，25%是砂，10%是岩块和砾石，其余的5%是贝壳和生物沉积。越过陆架坡折线后，沉积物往往从砂变成泥。粗粒沉积只呈斑块状分布，有些海区基岩裸露，它们常与崎岖的海底形态有关。

滑坡沉积物在陆坡沉积中占有突出地位。其形成与陆坡的不稳定性有关，坡度过陡或沉积速率过大常导致滑坡。滑坡沉积体后缘遭受拉张，导致断裂；前端遭受挤压，形成冲断层、褶皱和拱起的小丘。在地形和地震剖面上显示为岗丘状、杂乱的坡面，不连续的反射层。在沉积物岩芯剖面中可见到扭曲层理。

大陆坡上广泛发育**海底峡谷**。它虽为侵蚀地形，但有的谷底堆积有大量沉积物，其主要特征是：沉积物主要为泥质，夹有少量粗碎屑物质；峡谷出口处往往是**浊流沉积**分布区；沉积物中普遍含有浅水有孔虫及海绿石；峡谷中常有更新世末期和冰后期的沉积物。

第四纪冰期低海位时，河流穿过当时的滨海平原（现在的**大陆架**），将大量物质直接搬运到陆坡上堆积。沉积速率增大，沉积粒度变粗，滑坡沉积物尤其常见，在陆坡，特别是它的下部形成了巨厚的沉积。

濒临中国大陆的南海和东海的陆坡上，沉积物虽以陆源为主，但生物和自生成因沉积也占显著地位，如南海北部陆坡上形成了自生海绿石砂；东海陆坡出现有孔虫等生源沉积物，并有浊流沉积分布。

在一些大陆斜坡上蕴藏着**天然气水合物**。天然气水合物是一种由天然气（甲烷）和水共同形成的冰状固态晶体，又称可燃冰。它是在一定的压力和温度下形成并保持稳定状态的，当温度和压力等条件发生变化时，甲烷就会以不同形式释放出来，释放出来的甲烷通过其上覆的沉积物时，便会产生一些白色的自生矿物，如碳酸盐矿物、钙质结核，甚至石膏结晶体等。（秦蕴珊）

**半索动物** Hemichordata 具口索、鳃裂和背神经索以及身体由吻、领、躯干三部分组成的蠕虫状后口动物。代表动物是柱头虫，又称隐索动物（Adelochorda）。

分类 已知约130种现生种。通常分为肠鳃纲（Enteropneusta）和羽鳃纲（Pterobranchia）二纲。中国沿海已发现7种肠鳃纲动物，如多鳃孔舌形虫（*Glossobalanus polybranchioporus*）。羽鳃类领部特化出数目不等的触手，消化管U形，鳃裂不呈U形，群体生活，具栖管，是其与肠鳃类的主要不同特征，如纤细头盘虫（*Cephalodiscus gracilis*）。

主要特征 柱头虫身体呈圆柱形、蠕虫状，两侧对称，全长10～50厘米，由吻、领、躯干三个体区组成。吻（前体区）短圆锥形，位于体前端，富肌肉。其背中线的基部具吻孔，海水可由此出入吻腔、调节其液压以利于在泥沙中钻穴，吻后部以吻柄与领相连。领即中体区为圆柱形围领状，后部腹面具口并以一环形收缩与躯干分开，表面常具环沟。躯干部（后体区）为虫体主要部分，其背腹中线具脊，因环肌的收缩常呈环轮状。又可分为三区：①鳃区或鳃生殖腺区，位于躯干前部，背面两侧具很多成对的鳃孔（外鳃裂），与咽背侧的U形内鳃裂相同。薄而扁平的生殖翼常向背中部弯曲并将鳃孔遮蔽。②肝区，位于中部，背侧具许多肝盲囊。③肝后区（腹区、尾区）柔软细长，肛门开口于后端背面。

体壁自外及内由表皮、基膜、环肌层、纵肌层和体腔膜组成。其中，表皮层为单层柱状纤毛上皮，具腺细胞，能分泌黏液和碘（因而有碘臭味）。表皮层基部具神经层。体腔宽大，分为前、中、后三部。前体腔为吻腔，1个，由吻孔与体外相通。中体腔为领腔，1对，位于口腔两侧，常被腹系膜分开。后体腔称躯干腔，1对，位于躯干体壁与肠之间，亦为背腹系膜分开，无对外开口。

消化管为完整的直管。口位于吻柄和领之间的腹面。肛门开口于躯干部的后端。消化管又可分为口管、咽、食道和肠四个部分。口管位于领区，其背壁形成一短硬而中空的盲囊、突入吻腔。咽位于鳃区，其背侧具成对的U形鳃裂，与体表鳃孔相通。食道背部管壁加厚并呈皱褶状称鳃后管。肠具肝盲囊。柱头虫为纤毛摄食者，水及沉积物中的微小生物和有机颗粒靠吻壁纤毛驱动随水流入口。

柱头虫以鳃和皮肤呼吸。在咽部的鳃裂和体表鳃孔之间具鳃囊。循环系统为开管式，主要包括背纵血管、腹纵血管、中央窦（位于吻部口盲囊上方，小而长，无收缩力有助于血液循环）和心囊（位于中央囊上方，具肌肉有节律收缩力）。血液无色，含少量变形细胞，在背血管由前往后、在腹血管由后往前流动。排泄器官是位于吻腔中的脉球（又称血管球、吻腺），其排泄物可能进入吻腔，由吻孔排出体外。神经系统具背、腹神经索。在领部，背神经索脱离上皮穿过领腔形成中空的领索，无明显的脑。雌雄异体，生殖腺位于消化管两侧生殖翼中，呈几个纵排的囊状体。以生殖孔与体外相通。精、卵通过生殖孔排于水中，体外受精，经辐射等全裂、囊胚球形有腔、内陷原肠胚后，生成原体腔。胚后发育既有直接发育也有间接发育，间接发育者初孵个体为具纤毛的柱头幼虫（tornaria larva）。

分布与习性 半索动物全部海产。肠鳃类自潮间带至深海分布较广，羽鳃类多生活于深海。绝大多数营底栖、穴居生活，但最近发现的肠鳃纲类在深海底质表面匍匐生活，且能暂时浮起并漂流到他处觅食。此外，肠鳃类多栖于吻前部腺体分泌的有机质栖管内。

系统发育 半索动物的口盲囊和领部中空的背神经索分别相当于脊索动物的脊索和背神经管，且二者皆具鳃裂，因此有人认为半索动物（肠鳃类）与脊索动物较为接近。然而，很多研究表明口盲囊并非脊索，脊索与背神经管也不同源。另外，半索动物体腔分区现象在脊索动物中不存在，而脊索动物常见的身体分节现象在半索动物中不存在。分子系统学研究结果也不支持半索动物与脊索动物呈姊妹群关系或后者起源于前者。

比较形态学、发育生物学、分子系统学等方面的证据均显示半索动物是棘皮动物的姊妹群。二者的共同之处：有后口，胚孔演变成肛门，三部肠体腔，半索动物的柱头幼虫与海星的羽腕幼虫有相似的纤毛带等。它们共同组成步带动物分支，有一个共同的祖先，可能起源于一个假想的对称幼虫。步带动物与脊索动物为姊妹群，共同组成后口动物。

（张士璀 孙世春）

**饱和潜水技术** saturation diving technology 潜水员在水下某一深度或者相当于该深度水压的高气压环境中，持续停留到惰性气体在机体各类组织中达到完全饱和，然后开展潜水工作，待全部结束后再进行减压的技术。按照国际惯例，在潜水作业深度超过120米、作业时间超过1小时的情况下，一般都需要饱和潜水技术进行作业。英、美等发达国家的饱和潜水技术研究起步较早，英国、美国、瑞士、挪威、法国、德国、日本、俄罗斯等国已经突破了400米饱和潜水深度；中国的饱和潜水技术研究始于20世纪60～70年代，到2014年已经突破了300米饱和潜水深度。

饱和潜水技术是在美国海军潜水生理学家G.F.邦德提出的饱和潜水理论的基础上发展起来的。饱和潜水理论是指潜水员在高气压环境下长时间暴露，使其体内各组织中的气体达到完全饱和，在此基础上，只要环境压力不发生改变，不论暴露时间多长，其减压时间是相等的。例如，在100米深度停留作业24小时和长时间停留24天，最后可以用完全相同的减压时间一次性安全地减压出水。这样就使潜水员每次水下作业不受时间限制，继而可以完成大量的水下作业任务，提高潜水作业效率。相对于常规潜水，饱和潜水技术的主要优势如下：①增加潜水作业的深度，提高水下作业灵活性。②延长水下作业时间，提高潜水作业效率。③潜水受环境影响较小，安全性高。饱和潜水在海洋工程中的应用极其广泛，例如海底石油管道和海底电缆的铺设、检测和维护，海洋救援、打捞、应急抢险和环境救助等。

潜水员进行饱和潜水训练

（司玉林）

**保守性元素** conservative elements 在一定时间、空间尺度中保持其基本量、性质、特征不变并与特定指标存在恒定比值的元素。如海洋中某些元素（或者物质）的浓度与海水的盐度或者氯度存在恒定的比值关系。盐度主要受到蒸发和雨水的稀释作用所影响，其中海水的迁出或加入不会改变海洋中盐的总量，因此海水中的主要离子组分之间的比值不受影响，被认为具有保守的行为。相比**非保守性元素**，保守性元素通常具有很低的“活性”，即在海洋的循环过程中不参与生物化学和短暂的地质化学循环过程，因此在海洋中具有非常长的停留时间（见表）。海水中的主要成分之间保持着恒定的比例，如氯离子、钠离子、镁离子、钾离子、钙离子、硫酸根离子等的浓度可以通过跟盐度的恒定比值计算得出；此外，一些痕量金属离子和物质，如锂离子、铷离子、铯离子、钼酸根离子、钨酸根离子等，也在海洋中呈现保守性的分布特征。海洋中物质的循环过程，如风化、生物活动、海底热液等，对保守元素的稳定状态影响基本可以忽略，但是，通过高精度的分析方法可以研究古海洋中一些偏离保守行为的过程。“保守”是在特定的时空尺度下定义的，即是在大洋热液环流这个时间尺度下的保守性元素。

**部分保守性元素的形态、浓度和停留时间**

| 元素 | 海水中的形态 | 平均浓度 | 停留时间/年 |
|---|---|---|---|
| 钠 | $Na^+$ | 0.468 M | 68 000 000 |
| 镁 | $Mg^{2+}$ | 53.2mM | 13 000 000 |
| 钾 | $K^+$ | 10.2mM | 12 000 000 |
| 氯 | $Cl^-$ | 0.546 M | 100 000 000 |
| 锂 | $Li^+$ | 25 μM | 12 000 000 |
| 铷 | $Rb^+$ | 1.4 μM | 6 100 000 |
| 钼 | $MoO_4^{2-}$ | 0.11 μM | 2 150 000 |

（李骁麟）

**堡礁** barrier reef 在距岸较远的浅海中，平行海岸呈带状延伸的大型**珊瑚礁**。又称堤礁、离岸礁。堡礁的礁体与海岸之间隔着一条带状的浅海潟湖，深度一般不超过100米，宽度一般几十千米。

澳大利亚大堡礁是现代规模最大的堡礁，位于澳大利亚东北部，是3000多个珊瑚岛礁的总称。位于从托雷斯海峡南部到弗雷泽岛北端的珊瑚海上，南北断续绵延达2000余千米，宽16～161千米，分布水深达30米。与昆士兰海岸之间由潟湖分开，其南端离海岸241千米，北端仅16千米。总面积共达34.5万平方千米，涨潮时礁石全部没入水中，低潮时部分露出海面，是世界上最大的珊瑚礁群。是数百万年来由珊瑚虫的钙质硬壳与碎片堆积，并经珊瑚藻和群虫等生物遗体胶结而成。

澳大利亚昆士兰州大堡礁

大堡礁的北部陆架窄（南纬16°以北），礁体呈线状或带状分布在陡峭的陆架边缘，水深一般不到40米。礁体可长达25千米，但宽不足500米，由窄小的水道分开。多为台礁，而内陆架多为红树林覆盖的小型礁体。大堡礁中部（南纬16°～20°）水深一般30～60米，陆架变宽，礁体占据陆架外部约1/3的面积，礁体间距离增加，但礁坪不发育，多呈补丁状或新月形。在大堡礁南部（南纬20°以南），陆架可增宽至300千米，潮差大，潮沟发育，切割礁体，深者达70米。陆架边缘分布着一系列沉没礁体。在南回归线水道以南，陆架又变窄至不足100千米，分布着中等规模的礁体。

大堡礁所在水域受到东澳大利亚暖流和南太平洋赤道暖流的影响，水温常年维持在22～28℃，加上海水较浅，极有利于珊瑚虫和其他海洋生物的发育繁衍。水域内海洋生物种类繁杂，数量众多，约有珊瑚虫350种，海绵1万种，软体动物4000多种，鱼类1500种，棘皮动物150多种，海洋哺乳动物23种。海洋植物以海藻类为主，尤以红藻居多。岛礁上的植物有30～40种，大的岛礁浅滩上分布着红树林。

大堡礁地层厚度可达400米。最新研究表明，大堡礁是在距今60万年前开始发育的。大堡礁已被澳大利亚列为国家海洋公园和海洋自然保护区，是世界上具有吸引力的旅游胜地之一。

（刘世东　李广雪）

**鲍马序列** Bouma sequence　荷兰地质学家A.H.鲍马在研究阿尔卑斯复理石时总结出的典型浊积岩沉积相序。又称鲍马层序。鲍马序列在垂向上常为砂质层、粉砂

浊积岩

质层和泥质层交替的沉积构造，一般认为它是鉴别古代浊积岩的证据。

完整的鲍马序列厚几十厘米至2米，代表一次浊流事件，但完整的鲍马层序较少见，经常缺失一个或几个层段。完整的鲍马序列由5个沉积构造单元组成，自下而上为：A段，块状层理或粒序层理段，位于浊流沉积层序的最下部，由砂岩或含砾砂岩组成，有粒序层理，底部有冲刷面、底模构造；B段，平行层理段（或下部平行纹层段），由中—细粒砂岩组成，具平行层理；C段，沙纹层理段，由粉砂岩组成，有沙纹层理或爬升沙纹层理，有时有包卷层理；D段，水平纹层段（或上部平行纹层段），由泥质粉砂岩和粉砂质泥岩组成，具有断续水平纹层；E段，远洋泥质岩段，由页岩和泥岩组成，含有半深水、深水的浮游生物化石及生物扰动构造。

（于晓果　边叶萍）

**北大西洋流** North Atlantic Current　北大西洋中沿顺时针方向流动的洋流，是北大西洋副热带涡旋环流的一个组成部分。位于大西洋北部，系湾流的延续，从加拿大纽芬兰岸外的格兰德浅滩处转折东北，流向欧洲西北岸的挪威海。流速约为0.2节（1节＝1.852千米/时），而相邻的墨西哥湾流的流速为1～6节。

特征　北大西洋流具有如下特征。①属**暖流**，水温高、盐度大。②在东海岸附近，由于流速小，表面常被无一定规律的西风漂流所掩盖。③在西北欧的海岸和岛屿附近，则与来自北极的冷水混合，形成优良渔场（东北大西洋渔场）。北大西洋流在北纬50°，西经30°附近海域与许多逆流相混杂，分散成许多支流，不再有明显的海流界限。在欧洲海岸附近，北大西洋流分为3支：①南支沿欧洲海岸向南，有部分汇入加那利海流。②北支流向冰岛南方，成为伊尔明厄海流。③中支越过冰岛－苏格兰海脊，进入挪威海和巴伦支海，形成挪威海流。

作用　北大西洋流将大量的高温高盐的海水输送到北冰洋，对北冰洋海区的水文状况产生重要影响。

（张荣华）

**北大西洋深层水演化** evolution of North Atlantic Deep Water　北大西洋深层水受到海洋通道开闭以及北大西洋海水温盐变化控制的过程。是影响新生代气候变化的重要因素之一。现代北大西洋深层水是形成于北大西洋1500～4000米深度的低温、低营养物、高密度、高盐度和高溶解氧的**深层水团**。朝向大气的热损失和冷北极水的混合在内的几个过程增加了格陵兰、冰岛和挪威海（北欧海）区域的表层水密度，导致热对流下沉，最终形成向南流动的北大西洋深层水。北大西洋深层水可分为上部北大西洋深层水和底部北大西洋深层水。上部北大西洋深层水位于西北大西洋，主要由来源于拉布拉多海的海水和亚北极模态水组成；底部北大西洋深层水由来自冰岛－苏格兰盆地和伊尔明厄盆地的深水以及拉布拉多海的海水和亚北极模态水混合而成。

北大西洋深层水在新生代早期（约5500万年前），大洋深层水主要形成于南大洋。直到渐新世早期（约3300万年前），格陵兰－苏格兰海岭的构造运动将格陵兰－挪威海从北大西洋分离，北欧海表层水下沉，北大西洋深层水初步形成。约420万年前巴拿马地峡的闭合导致了北大西洋深层水的完全形成，此后全球大洋深水循环的两极模式建立，湾流将盐度较高的暖水带到北半球高纬形成北大西洋深层水。现代北大西洋深层水主要由来自北欧海和拉布拉多海的深层水组成。

在第四纪冰期，北极圈冰盖扩张会影响格陵兰－挪威海，并抑制北大西洋深层水生成。其间，北大西洋深层水生成减弱成为冰期北大西洋中层水（GNAIW），位于2000米水深以上。古海洋研究显示冰期时北大西洋深层水的流量可能下降了50%，这一变化导致当时深部大洋被南大洋深层水占据。并没有确凿证据证明北大西洋深层水的减弱是引起轨道尺度冰期—间冰期旋回的主导因素，但是在千年尺度上，北大西洋深层水驱动的温盐环流的改变导致了一系列快速气候变化。北大西洋深层水生成在D-O旋回的间冰阶表现出峰值，而在D-O旋回的冰阶（海因里希事件）表现为谷值。另外在末次冰消期，北大西洋深层水的生成在冰融水输入北大西洋的情况下近乎停止，温盐环流的减弱使北大西洋难以获得来自低纬度的热量，导致新仙女木事件发生。

（熊志方）

**北大西洋涛动** North Atlantic Oscillation; NAO　北大西洋对流层大气环流变化最显著的海－气耦合模态。冰岛低压与亚速尔高压的气压变化之间存在一种南北向"跷跷板"的现象，即当亚速尔地区气压偏高时，冰岛地区的气压偏低；反之亦然。

早在20世纪20～30年代，英国科学家G.沃克就提出了北大西洋涛动（NAO），最传统的NAO指数是基于亚速尔地区和冰岛地区的站点资料建立的，使用站点之间的气压差来表征NAO变化。也有研究将NAO指数定义为直布罗陀与冰岛西南部海面气压距平之差，后来随着观测资料和气象分析方法的发展，人们逐渐开始使用再分析资料来计算NAO指数。较常用的是针对大西洋海区的海平面气压距平进行经验正交函数分解法（EOF），第一模态得出的即NAO空间模态，其对应的时间序列即为NAO指数。由于气压场观测资料时间的局限性，人们开始利用树木年轮、冰芯等各种代用资料以尽可能地往前延长NAO的时间序列。

特征　当NAO为正位相时，气压场表现为较强的副热带高压中心和较深的冰岛低压。气压差的增大导致冬季风暴更多更强，且从更北的位置穿过大西洋。这导致了冬季欧洲和美国东部的气候温暖潮湿，加拿大北部和格陵兰岛的气候则寒冷干燥。当NAO为负位相时，气压场表现为较弱的副热带高压和较弱的冰岛低压。冬季，气压梯度的降低导致风暴偏少偏弱，主要以偏南且自西向东的路径穿过大西洋。把潮湿的空气带到地中海，把冷

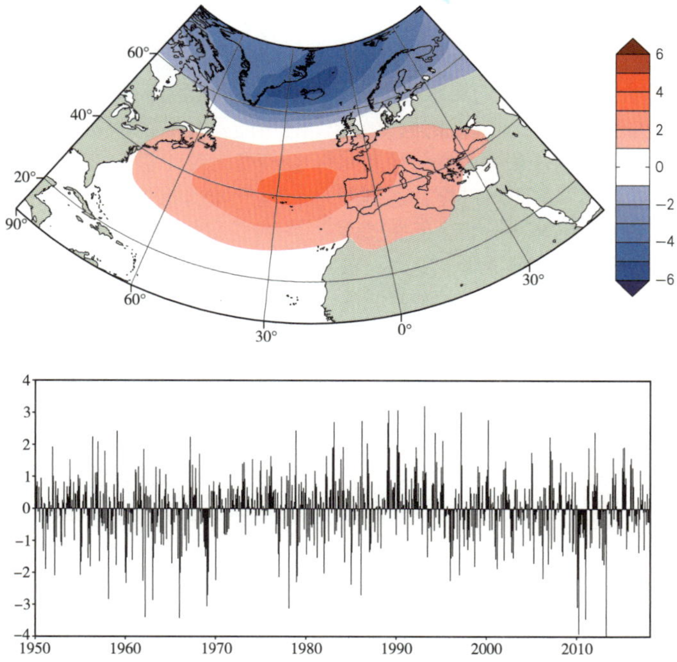


GS（2021）3595号

图1　大西洋海区的海平面气压距平进行经验正交函数分解第一模态的空间分布（上）和时间序列（下）

空气带到北欧，美国东海岸冷空气爆发增加，因此天气多雪，而格陵兰岛的气温更温和。

NAO具有明显的季节变化，冬季特征更为显著。1900～1930年主要为正位相，1931年至20世纪70年代中期为负位相，50年代至90年代北半球西风和NAO指数的上升，以及19世纪末至20世纪90年代太平洋沃克环流的减弱，基本上已被近期的变化所抵消（图1）。自20世纪以来观测到的NAO冬季振荡指数的年代际和多年代际变化具有很高的置信度，在过去500年的历史背景下并非没有先例。

机制　NAO的变化不仅与气候的自然变率有关，也与一些外强迫如太阳辐射、温室气体（主要为$CO_2$）的增加有关系。模式模拟研究也表明，1960～2000年冬季NAO强正位相的趋势更可能是自然变化而不是人为的影响。21世纪初的观测和模拟研究确认了平流层底层在解释近期冬季的NAO负位相变化和NAO长期变化方面有着重要作用。在对NAO进行季节预测时考虑平流层准两年振荡时效果会得到改善，这从另一角度证实了平流层的重要影响。可以确定，对NAO的准确预测依赖于如何在模式中表示平流层过程及对流层与平流层之间的相互作用。

影响　在全球气候系统中，NAO占有重要的位置。NAO可以直接影响欧洲大陆地区以及北美地区的气候；NAO与大西洋到欧洲西风的波动相对应，且与热

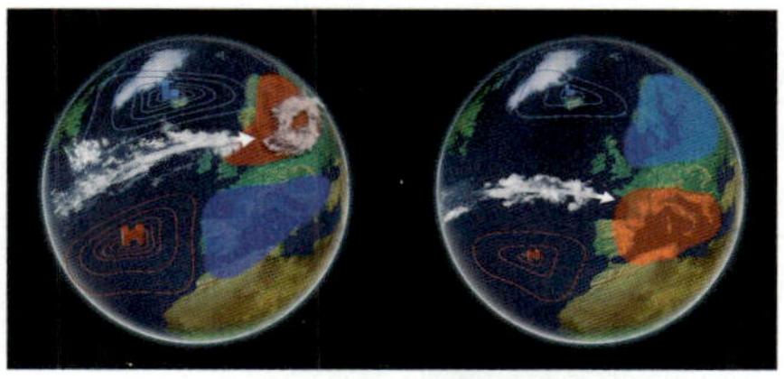

图2　北大西洋涛动影响欧洲冬季气温的计算机绘图

带气旋及中高纬度的锋面系统有紧密联系（图2）。具体表现为，NAO影响北大西洋急流、风暴路径、阻塞形势，从而进一步影响北大西洋及周边陆地上冬天的气候。研究也显示，NAO甚至可以通过各种遥相关作用对亚洲地区气候产生重要影响。

（苏　洁）

**北极航道**　Arctic route　穿过北极地区海域的航线。北极航道包括“东北航道”“西北航道”和“中央航道”。其中，“中央航道”冰情恶劣，还没有商船通过的记录。“东北航道”又称北海航道，它由巴伦支海的摩尔曼斯克沿着西伯利亚海岸，到达白令海峡和远东的北极水域，是连接大西洋和太平洋的海上捷径，也是联系欧亚两地海上的最短航线，该航道商业运输较成熟。“西北航道”以白令海峡为起点，向东沿美国阿拉斯加北部离岸海域，穿过加拿大北极群岛直到戴维斯海峡，该航道已尝试商业运输。“东北航道”和“西北航道”在19世纪和20世纪先后被打通，但由于恶劣的气候条件和冰情限制，并不具备商业航运价值。随着全球气候变暖，“北极航道”上的海冰逐渐消融，“北极航道”重新回到人们的视线之中，成为世界关注的焦点。

“东北航道”和“西北航道”更接近地球表面上两点的最短连线，是连接太平洋北部和大西洋北部最短的航线。与绕道苏伊士运河相比，从东北亚地区驶往欧洲的货船取道“东北航道”可节省约20%的燃料费，避免海盗风险，无须缴纳运河通行费，并可缩短近10天的运输时间。从中国上海到荷兰鹿特丹港的集装箱船，若经马六甲海峡和苏伊士运河，航程约12 500海里，需22天；若取道“东北航道”，航程仅约7500海里，15天即可到达。北极航道一旦全面贯通，全球海上运输格局将面临重大变革。

2008年，一艘货船从加拿大东蒙特利尔出发，于当年9月抵达努奴瓦特西部的剑桥湾镇、库格鲁克图克、约阿港和塔拉约克等地村落，成为第一艘成功通过“西北航道”的商业船舶。2009年7月，德国布鲁格航运公司的两艘货船“布鲁格友爱”号和“布鲁格远见”号冰区加强船从韩国装货出发，向北航行途经符拉迪沃斯托克（海参崴），穿越“东北航道”，途经俄罗斯西伯利亚扬堡港，最后抵达荷兰鹿特丹港，在一定程度上宣告了一条新商业航道的诞生。2013年，中国中远集团在交通部、外交部、国资委和海洋局的大力支持下，试水北极航道。中远集团旗下“永盛”轮满载16 740吨钢材和设备于8月15日从中国江苏太仓港出发，8月27日穿过白令海峡进入北极圈，借助俄罗斯冰区引航员和破冰船，由东向西通过北极“东北航道”，经过27天的航行，于9月10日成功抵达荷兰鹿特丹港，实现了中国商船首次穿越北极“东北航道”的航行。北极航道的开通有助于中国减少对常规航线的依赖，减少航运成本，降低航运风险，确保运输航行安全，具有重大的战略意义。

（田育丰）

**北极涛动**　Arctic Oscillation; AO　北半球热带外地区大气环流变化的主导模态。表现为北半球中纬度地区和高纬度极区的气压或位势高度异常呈反向“跷跷板”结构的变化。通常用北半球（北纬20°～90°）月平均海平面气压场或1000百帕位势高度场进行经验正交函数分解法（EOF）分解第一模态的空间分布和时间序列来刻画。1998年，D.汤普森和美国大气科学教授J.M.华莱士首次提出北极涛动（AO）的概念。在空间结构上，AO存在三个活

动中心，分别位于中纬度北大西洋、中纬度北太平洋和北极地区，其中北大西洋地区的活动中心具有与**北大西洋涛动**（NAO）类似的空间型。AO这一名称常常会使人误解为该模态只存在于北极地区，实际上AO所呈现的特征具有明显的正压结构，表现在自由大气整层的特征又称为北半球环状模（NAM），该名称突出了它具有半球尺度的特征。

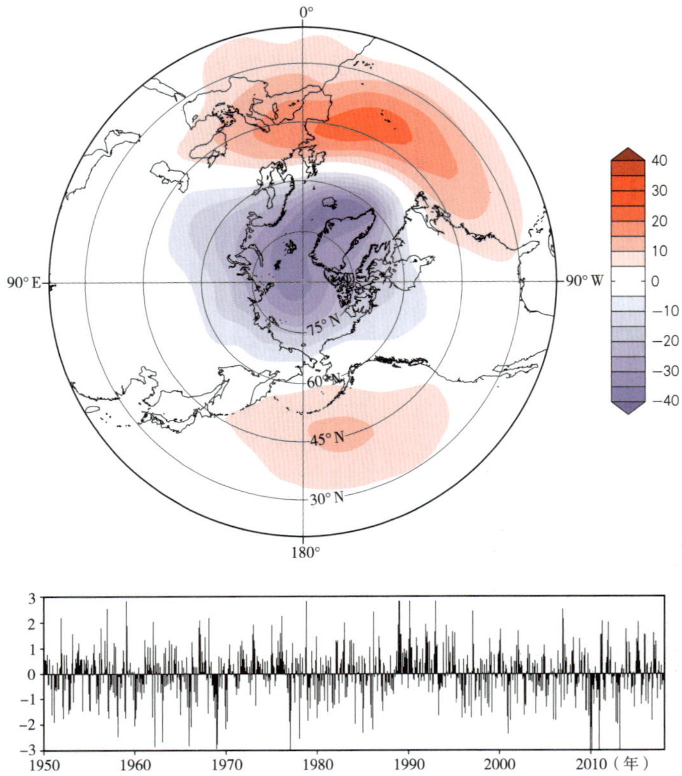


GS（2021）3595号

图1　北半球（北纬20°～90°）月平均1000百帕位势高度异常场的经验正交函数分解第一模态的空间分布（上）和时间序列（下）

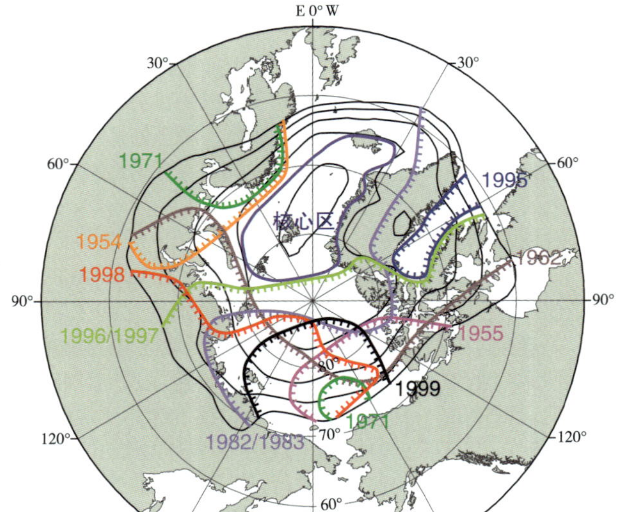


GS（2021）3595号

图2　北极涛动核心区（蓝色线之内）

特征　AO的空间分布都呈现出大致的纬向对称结构。当AO为正位相时，中纬度地区会产生异常高的海平面气压，高纬度地区则会产生异常低的海平面气压，使中纬高压加强，极地低压也加强，导致西风加强。同时，海洋表面风暴路径向北移动，将暖湿空气从较低的纬度输送到苏格兰和斯堪的纳维亚半岛一带，而美国西部和地中海带则变得比较干燥。这时，极区平流层偏冷，冷空气被限制在高纬度地区，来自极地的冷空气不会像在AO负位相时那样大举侵入北美洲的中部区域，使美国落基山脉以东的大部分区域比往常要温暖，但格陵兰和纽芬兰却比以往更冷。当AO为负位相时情况相反，西风减弱，极区的冷空气更容易侵入中纬地区，风暴路径偏南，给地中海带来温暖潮湿的空气（图1）。

AO有明显的季节变化，冬季强，夏季弱。在20世纪70～90年代中期的时段内，AO基本保持在正位相。之后，它在正负位相之间交替，在2009～2010年冬季AO指数达到了创纪录的负值。中国学者指出，在格陵兰岛以西存在一个与AO的相关最强的北极涛动核心区（AOCR，图2）。在这个区域内海平面气压（SLP）的变化总能与AO保持一致，不受各个年份发生的特殊事件的影响。

机制　研究表明，平流层水汽变化是热带海洋大气过程对中高纬大气环流变化施加影响的一个重要通道。观测和模式模拟证实，平流层底层对近期AO负位相的趋势以及长期的变化趋势都有重要影响。AO的变化也可能受太阳活动和火山喷发的影响。耦合模型比对计划5（CMIP5）模拟研究表明，温室气体影响下AO趋于增强。臭氧变化影响下AO也趋于小幅度增强，春季尤为明显。

影响　AO是气候变化的强信号之一，对冬、春季北半球近地面许多气候要素的年际变化都有显著影响，但其影响机制尚在不断研究中。研究指出，AO对北极海冰的分布有重要影响，AO通过影响中纬度西风的强度和位置，使天气型发生变化，若这种变化维持的时间足够长，就会造成气候变化。AO通过调节北半球中纬度的风暴强度影响北半球大部分地区的气温和降水，并且与极端天气事件的频率和强度关系密切；北半球的臭氧损耗问题也逐渐引起人们的注意，当AO强时，纬向环流加强，平流层极涡加深，气温降低，有利于臭氧的损耗。（苏　洁）

**北极熊**　polar bear; *Ursus maritimus*　食肉目熊科熊属的一种。

形态　现存体形最大的食肉动物（见图）。雄性头体长240～260厘米，体重300～600千克；雌性头体长190～210厘米，体重200～400千克。普遍肩高可达160厘米，尾长8～13厘米。毛很密，纯白色，换毛后夏季有时呈现发黄的颜色，有时因为季节和光照的原因还可能呈现灰色甚至棕色。相比于其他熊科动物，头的比例小，颈部明显更长。前掌较大呈船桨状，适应游泳，但脚趾之间没有蹼。较长且强壮的爪可以产生“冰镐”的作用，掌上有凹凸结构可以产生“吸盘”的作用，两者都可以提高动物在冰上行走时的稳定性。

分布　因为分布区域在北极圈内而得名。主要活动区是北极地区的海洋环境，因此被认为是一种海洋哺乳动物。分布最北的记录在北纬88°，南部边界主要取决于浮冰的分布。分布涉及北极圈周边的国

北极熊

家，包括加拿大、挪威、俄罗斯、丹麦、美国和冰岛。

生态习性 最适宜的栖息地类型是陆地海岸线或者岛屿周边的海冰或者浮冰，因为这些区域有大量的主要食物物种——环斑海豹。在夏季海冰减少的时候，也会有较大数量的个体聚集到陆地上。

主要食物是环斑海豹，另外还有髯海豹。超强的嗅觉能力能够让它们在1千米以外探测到躲在冰雪下面的猎物，然后在食物浮出水面换气的时候进行捕猎，有时也会在海豹育幼的洞穴中捕猎。在食物充足的时候，可以在短时间内大量进食并储存能量，而一旦食物缺乏，无论什么季节，又可以很快地转入类似于冬眠的状态，降低代谢率。有研究显示，在海冰融化食物匮乏的情况下，怀孕的母熊可以8个月不进食，而依赖体内储存的脂肪。一些个体在取食上也会采取机会主义策略。海象、白鲸、独角鲸、水禽和海鸟都可以通过捕食或者食腐的过程成为北极熊的食物。近些年更多记录到它们取食植物性食物。除了交配季节和母幼家庭的状态下，北极熊在一年的大部分时间里营独居生活。它们的巢域面积差异很大，从数百到数万平方千米不等。个体间巢域重叠很大。

繁殖 交配季节是每年的3月下旬到5月下旬。在这期间，雌性个体必须与同伴多次交配以保证成功受精，所以雌雄个体在一起会保持一到两周的时间。雌性个体也有可能在一个季节与多个雄性个体交配。与很多熊科动物一样，北极熊的受精卵会延迟着床，着床时间在每年的9月中旬到10月中旬，经过2～3个月，幼仔在冰雪覆盖下的洞穴里出生。2/3的情况一胎生两只幼仔，其余情况下是1只或者3只。母亲与幼仔共同生活2.5年。幼仔独立后雌性个体再次交配繁殖。因此雌性的繁殖间隔至少为3年，导致雄性个体在繁殖方面面临更大竞争压力，需要很大的活动范围，可以随着浮冰迁移上千千米。尽管繁殖率较低，但是寿命较长，野外有记录到寿命超过30岁的个体。

种群状况和受威胁因素 生态学和遗传学研究结果表明，北极熊分布全境可以划分成19个局域种群。这些地方种群之间的个体交流有限，但是没有任何数据显示其中有被分隔出来的独立小种群，全境仍然是一个种群。尽管种群调查和统计的技术日渐成熟，但是由于北极熊的密度很低，准确获得全面的种群数量信息的代价十分昂贵。根据现有的针对各个地方种群研究信息的汇总，认为2014年全球北极熊种群数量在22 000～31 000（95%的置信区间）。而各个局域种群数量的变化趋势各异，有1个局域种群显示了上升的趋势，有6个局域种群稳定，还有3个局域种群数量下降。其余9个种群信息不足以做出评估。研究还显示各个局域种群的变化趋势是相互独立的。

面临威胁 包括污染、偷猎、工业开发和气候变化。不可分解的有机污染物已经对其造成了威胁，如环境中的有机氯化合物一旦积累，最后会富集在处于食物链顶端的物种体内，影响其神经系统、繁殖系统和免疫系统，导致抗病力的下降和繁殖成功率的下降。北极熊一直是北极圈周边土著居民传统的狩猎资源，脂肪、肉和皮毛都是当地人的生活资源，另外还可以产出工艺品出售。但是从20世纪初开始的商业狩猎曾经伤及野外种群，这种情况一直持续到1972年。北极地区的油气开发会直接破坏一些动物冬眠穴居的地区，同时开发活动有可能刺激当地人增加对动物的猎杀。气候变化对于动物的影响研究还在进行当中，但是多变的气候对于极地区域以及北极熊的影响已经显现出来了。首先在气候变暖的年份和地区，海冰的面积和存在时间都有所减少，直接影响对海豹的捕食。在分布区南部加拿大的哈得孙湾地区，北极熊夏季已经显示出在营养方面的困境。其次在多雪的年份，由于海豹洞穴被覆盖较深，影响北极熊的洞穴捕食，会造成幼仔存活率降低，而在少雪多雨的年份，会影响海豹的穴居和育幼，也会间接影响北极熊的捕食和营养。

保护措施 基于北极熊的种群现状和面临的威胁，《世界自然保护联盟濒危物种红色名录》对其评级为易危（VU），《濒危野生动植物种国际贸易公约》（CITES）将其列入附录二中，其活体和相关制品的国际贸易受到监管。

20世纪60～70年代，国际社会认识到长期的过度捕猎造成了北极熊数量的显著下降，由加拿大、美国、挪威、丹麦和苏联5个国家共同签署了北极熊保护国际协议，一致同意禁止无序的北极熊狩猎，禁止使用飞机或者破冰船狩猎北极熊，同时要求每个国家采取措施保护冬眠穴居地和迁移路线，以及在科学研究上充分交流分享信息。21世纪到来之后，通过对北极熊种群恢复的评估，可以评价这是野生动物保护国际合作最早的和最成功的案例。人类认识到气候变化可能带来的新的威胁，而且这个威胁对这个物种影响的速度和程度让人始料不及，这就必须有一个新的国际合作来共同应对。

（王大军）

**《北京海洋宣言》** *The Beijing Declaration on the Oceans* 第24届世界海洋和平大会上通过的宣言。世界海洋和平大会是由国际海洋学院发起、具有广泛影响力的探讨全球海洋问题的国际会议。第24届世界海洋和平大会于1996年11月19日在中国北京召开，会议围绕“海洋管理与21世纪”的主题，探讨了全球海洋面临的法律、资源、环境和管理等问题，并通过了《北京海洋宣言》。《北京海洋宣言》主要包括前言、原则、行动、措施、结论等几部分内容，共24条。其宗旨是：在公正、和平的基础上，对海洋资源实现共同管理、进行科学合理开发，实现海洋的可持续发展。《北京海洋宣言》既是对过去历届世界海洋和平大会的成就和经验的总结，也是对今后世界海洋和平大会活动的设计与展示。《北京海洋宣言》所阐述的原则、行动、海洋与人类的关系，特别是倡导建立21世纪海洋新秩序，建立公正、平等、合作的海洋管理制度等，有利于人们正确对待和处理全球海洋事务。

时任全国政协主席李瑞环代表中国在会上强调了海洋事业对人类的生存和发展至关重要、发展海洋事业是中国的长期战略任务，以及要积极开展海洋事业的国际合作；在发展海洋事业方面，他提出了中国政府遵循的三条原则：合理利用、加强保护和维护权益；他还指出21世纪将是海洋事业大发展的世纪，也是海洋管理进一步强化的世纪。

（管长龙）

**北太平洋环流振荡** North Pacific Gyre Oscillation 东北太平洋海面高度异常的经向“跷跷板”式的偶极子振荡。北太平洋环流振荡是仅次于**太平洋年代际振荡**的海–气耦合模态，是E.迪·洛伦佐等于2008年提出的，可以用来解释阿拉斯加湾和加利福尼亚沿岸营养盐的年代际变化。北太平洋环流振荡模态是东北太平洋海面高度（SSH）异常的经验正交分解的第二模态。该模态与之前邦德等人在2003年基于北太平洋海表温度（SST）异常的经验正交分解第二模态在时间系数上高度相关。也有人将这两个第二模态通称为北太平洋环流振荡模态。北太平洋环流振荡模态具有10～20年的主周期，其空间特征表现为南北偶极子型海面高度异常。

机制 有关北太平洋环流振荡形成机制的研究较太平洋年代际振荡要少得多。北太平洋环流振荡模态主要形成机制为，在太平洋年代际振荡强迫下，通过埃克曼抽吸引起海洋上涌和下降流，进而使北太平洋海面高度呈现出南北“跷跷板”式的偶极子变化，并对应局地气旋式、反气旋式异常海洋环流。

影响 北太平洋环流振荡模态不仅可以解释阿拉斯加湾和加利福尼亚沿岸的海洋营养盐的年代际变化，而且还可以解释黑潮延伸体区海流流速的年代际变化。研究指出，北太平洋环流振荡可以诱导中部型厄尔尼诺（El Niño）事件的发生，对厄尔尼诺类型有显著影响，进而引起气候异常有别于传统厄尔尼诺事件造成的气候异常。（李 春）

**北太平洋流** North Pacific Current 太平洋中纬度海域在盛行西风的作用下，海水几乎终年都向东运动形成的西风漂流。黑潮在北纬40°～50°、东经160°附近汇入，加强了西风漂流运动，于是人们将中纬度自西向东运动的海流统称为北太平洋流。该海流在到达美洲海岸附近时，又分成两支：①沿美洲海岸向北成为阿拉斯加海流，加入亚北极海区的气旋式副极地环流中。②沿海岸向南汇入加利福尼亚海流，到赤道附近，变成北赤道流，从而构成反气旋式太平洋副热带环流。（王 凡）

**贝德福德海洋研究所** Bedford Institute of Oceanography; BIO 加拿大开展包括地质、物理、化学和生物等多学科研究的现代海洋研究机构。由加拿大联邦政府（前矿业和技术调查部，现为加拿大自然资源部）于1962年建立，位于新斯科舍省达特茅斯的贝德福德盆地海岸，已成为世界一流的海洋学多学科研究机构之一。贝德福德海洋研究所在50多年的时间里已经成长为加拿大最大的海洋研究中心，拥有600多名研究人员、工程师、技术人员、自然资源和环境管理人员。

战略目标 该研究所执行加拿大政府授权的有针对性的研究，为政府在广泛的海洋问题上的决策提供“同行”审查的建议和支持，包括主权、安全与安保、环境保护、海洋健康、安全无障碍水道、自然资源（渔业、矿产、石油和天然气）的可持续利用以及综合管理大型海洋管理区域。

组织机构 贝德福德海洋研究所服务于4个联邦部门：加拿大渔业和海洋部（DFO）、加拿大自然资源部（NRCan）、加拿大环境部（EC）和加拿大国防部（DND）。

加拿大渔业和海洋部在贝德福德海洋研究所有许多不同的分支机构。最大的是科学分支机构，区域科学主任也是贝德福德海洋研究所主任。贝德福德海洋研究所有5个科学部门：加拿大水文局（CHS），海洋科学，人口生态学，生态系统研究，战略规划、咨询活动和推广。加拿大海岸警卫队（CCG）在贝德福德海洋研究所有一个技术服务部门，为他们的远洋和沿海船队提供广泛的支持。渔业和水产养殖管理部门在贝德福德海洋研究院设有地区水产养殖协调办公室。

工作任务 为了提升加拿大政府服务和管理海洋的能力，贝德福德海洋研究所的主要任务包含4个方面：①对海洋数据和信息资产进行管理和使用，构建加拿大海洋观测数据库，这些数据库包括大西洋西北部的温度-盐度剖面、卫星的海表温度和叶绿素、洋流和其他系泊仪器的每月统计数据，以及海岸温度图的每日温度观测等，也包括一些数据软件和海冰观测数据。②海洋监测是海洋科学的核心功能之一，是一系列持续、系统的海洋观测计划，包括大西洋区域观测计划、贝德福德盆地监测计划、海洋水质监测计划等。③对海洋测量技术进行创新、升级，并对新技术及时地加以吸收利用，如构建波浪能观测浮标、极地海冰观测系统等。④开展包含海洋科学、渔业与水产养殖、生态系统和海洋地质调查等科学研究。

研究领域 海洋科学研究：主要开展近岸和大洋海洋环流模型的研制，主要包括加拿大东海岸海洋模型（CECOM）、WaveWatch Ⅲ波浪模型、西北大西洋数据同化潮汐模型和加拿大北极群岛潮汐模型的研制，海-气相互作用、海洋气候及其变化研究；极地及海冰研究。

海洋渔业与水产养殖：渔业管理；不同鱼类的种类、生长环境、生活史等系统研究，特别是鲨鱼、魟和鳐等鱼类的研究。

生态系统研究：应用分子生物学和基因技术研究水生生物学；了解和管理化学污染对海洋环境及其渔业资源的影响，评估当前和过去的海洋环境质量，根据当前的污染率预测未来的变化；识别生物效应和评估潜在的补救措施。

海洋地质调查研究：主要开展海洋资源的调查、海底地质地貌的调查以及相关科学研究。

调查船 调查船由加拿大海岸警卫队统一管理，有大小几十艘调查船，其中大型的破冰船和调查船有多艘，包括“莫莉·科尔船长”号破冰船、“威廉·亚历山大爵士”号综合调查船等。

“莫莉·科尔船长”号破冰船，名字来自北美第一位女船长M.科尔，2018年投入使用，排水量是3382吨，83.7米长，18米宽，拥有2部导航雷达，续航能力达42天。

“威廉·亚历山大爵士”号综合调查船，名字来源于出生于苏格兰的W.亚历山大爵士。1987年开始投放使用，排水量是3727吨，83米长，16.2米宽，拥有3部导航雷达，两部海航起重机，续航能力达120天。（何宜军）

**贝毒** shellfish toxin 贝类或鱼类因摄食水体中的有毒微藻或微生物而在体内积累的毒素。又称贝类毒素。根据人体中毒后所产生的症状及染毒媒介，贝毒可分为麻痹性贝毒、腹泻性贝毒、记忆缺失性贝毒、西加鱼毒、神经性贝毒和氨代螺旋酸贝毒。

可产生贝类毒素的海洋微藻主要为甲藻和硅藻，如亚历山大藻、原甲藻、拟菱形藻、冈比藻、短裸甲藻和多原甲藻，细菌和部分淡水微藻也可产生贝毒。

贝毒通常对携毒的贝类或鱼类的毒性较低，但对人体具有很强的致毒作用，严重影响海产品的食用安全。不同种贝类对贝毒的积累、代谢和排除能力存在很大差别，贝体内毒素含量也存在显著的地域性和季节性差异，可通过贝毒监测和管理，减轻其对消费者生命健康的威胁。

（江天久 周名江）

**贝壳堤** shell beach ridge 海岸平原上由海生贝壳碎屑和细砂、粉砂组成的一种沿岸堤。

分布 贝壳堤广泛分布于受细颗粒泥沙供应的潮滩，如北美、墨西哥湾沿岸、苏里南海岸平原、新西兰泰晤士河、澳大利亚布洛特海湾、越南湄公河三角洲等地。中国渤海西岸贝壳堤、美国路易斯安那州贝壳堤、南美苏里南贝壳堤并称为世界三大古贝壳堤。

形成发育 贝壳堤的形成需要具备4个条件：适当的海滩坡度和泥沙粒度，泥沙补给量减少，岸线侵蚀后退或相对稳定，以及丰富的贝壳物源。

贝壳堤的形成发育和演变反映了近岸生源物质迁移和现代沉积过程。从贝壳堤形成的动力作用（潮汐和波浪）与贝壳堤的形成关系分析，贝壳堤的演化分为3个阶段：①条带状贝壳砂堆积体的形成阶段。这时的动力主要包括浪蚀作用、涨潮流和向岸风浪搬运及沉积作用。主要表现为含软体动物壳体的底质起动，同时软体动物壳体产生推移质迁移，进而形成平行海岸的高潮滩条带状贝壳砂堆积体。

②岛链的形成阶段。条带状贝壳砂堆积体在潮流冲刷作用和潮浪冲刷切割作用下冲蚀切割形成弯曲的岛链。③贝壳堤形成阶段。潮浪侵蚀作用减弱而高潮滩淤积作用增强，贝壳砂堆积体组成滨岸贝壳堤，沿海岸线内侧陆地呈沙丘状断续分布。

意义 贝壳堤主要形成在平均高潮线附近，可作为古岸线遗迹的标志，是岸线变迁及海面变化的有力佐证。贝壳堤沉积是激浪流作用形成的，为具有双层斜坡的上凸形堆积体，是海岸动力塑造的地貌类型，反映历史时期的海岸动力。贝壳堤在海岸地貌、海平面变化及气候变化规律的研究等方面占有较重要地位。

（牛建伟 李广雪）

**背风槽** lee trough 在对风几乎起垂直障碍作用的山脉的背风坡或下风方所形成的一种低压槽。又称动力槽、地形槽。海洋上也有对风几乎起垂直障碍作用的岛屿上的山脉，背风槽也常在海上出现。

可从热力学或动力学上解释背风槽的形成。背风槽形成的热力学解释是，在山脉背风坡向下运动的气流，由于绝热增温而使地面气压下降，从而形成背风槽。

还可以用位涡守恒原理从动力学上解释背风槽的形成。过山气流在山脉背风坡向下运动时，由于气柱垂直伸展使得相对涡度增大，气流轨迹的气旋式曲率增大。由于背风槽是气流爬越山脉时为保持位涡守恒而形成的槽（不是上游移来的槽），因此，又称地形罗斯贝波。

如一均匀西风基本气流遇到一南北向山脉。起始气柱的相对涡度很小；爬坡时，由于气柱厚度减小，纬度不变，为保持位涡守恒其相对涡度也要减小，气柱具备负的相对涡度，从而气柱会以反气旋式（顺时针形式）向南运动；在向南运动的过程中越过山顶、纬度减小，所以在行星涡度减小和气柱厚度增大的下坡时，气柱必须具备正的相对涡度才能保持位涡守恒。这样一来，在背风一面形成背风槽（见图）。

（高山红）

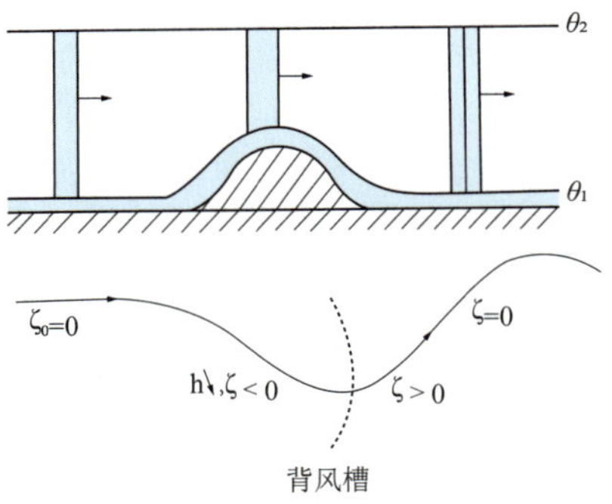


背风槽形成示意图

**被动大陆边缘** passive continental margin 位于板块内部，无强烈地震、火山和构造变形的大陆边缘。又称大西洋型大陆边缘、稳定大陆边缘、离散大陆边缘、拖曳大陆边缘。见**大陆边缘**。

**本格拉海流** Benguela Current 大西洋南半球西风漂流的分支，位于大西洋东部边界流南部，在南大西洋沿南非西岸向北流，远达南纬15°，然后与向东流的大西洋南赤道洋流汇合。又称本格拉寒流。其表层海水因信风作用离岸远去，而盛行的南风和西南风则将下层富有营养的海水向水体上层输运。该海流水温低、盐度低、浮游生物丰富，因而形成世界著名的渔场。海流流经的南部非洲地区一向以盛产鳕鱼、凤尾鱼和金枪鱼等鱼类以及龙虾、螃蟹等海洋生物而著称。本格拉海流对沿岸气候有降温减湿作用，其沿岸地区的海风湿度低、温度低，是世界上降雨量最少、气候十分干旱的区域，在纳米比亚出现一边是海水、一边是沙漠的奇特现象。

（边昌伟）

**秘鲁海流** Peru Current 由德国自然科学家A.von洪堡自1799年起乘“皮萨罗（Pizarro）”号历时5年的考察期间发现，是寒流中较强大的一支。又称洪堡海流、秘鲁寒流。在东南太平洋中沿南美洲西海岸向赤道方向流动，宽约900千米，水层浅，流速慢。它是**南极绕极流**在太平洋东岸的分支，向东流向南纬40°以南的南美洲，其中大部分海流继续穿越德雷克海峡，绕过南美洲南端进入大西洋。但有一股水深较浅的海流转向北，平行于南美大陆，流到南纬4°后折转向西，汇入太平洋赤道海流。秘鲁海流的重要影响在于：①寒流导致沿岸附近相对低温、降水量减少，致使南美东岸成为世界干旱地区之一。②由于东南信风和地球自转偏向力的作用，引起该寒流深部海水涌升，将丰富的营养盐带到海面，经阳光照射，有利于浮游生物繁殖，从而使秘鲁、智利和厄瓜多尔沿岸外海形成世界上最大的鳀鱼和金枪鱼渔场，而以鳀鱼为食的鸟群所产的鸟粪也是具有经济价值的肥料。当出现厄尔尼诺现象时，该寒流形成的渔场将遭到破坏。③寒流导致海岸附近容易形成浓雾。

（边昌伟）

**秘鲁－智利海沟** Peru-Chile Trench 位于太平洋东南边缘，南美洲西海岸外的一条深海沟。在南纬3°～39°、西经71°05′～82°范围。由北部秘鲁海沟和南部智利海沟组成，两者分界大约在南纬15°处。洋底有一条与之斜交的海岭把海沟截成两段。秘鲁－智利海沟总体呈南北走向，全长5900千米，平均宽度100千米，最大深度位于南纬23°18′，西经71°21′处，深8064米。海沟陆侧斜坡平均坡度2°42′～6°，斜坡较窄。洋侧斜坡坡度相对较缓，最陡部位平均达5°，具有纵向裂谷地形。秘鲁－智利海沟向陆地一侧不存在**岛弧**，整个海沟与南美大陆的海岸山脉（安第斯山脉）平行。在海沟轴部靠陆一侧具有重力负异常带，陆侧斜坡具有浅源地震。再向陆到海岸山脉，具有中深源和深源地震以及新近纪至第四纪火山带。因此海沟与山弧（指存在火山列的海岸山脉）构成安第斯型大陆边缘构造体系。在此，海沟成为太平洋东南部纳斯卡板块与美洲板块的分界线。

（李广雪）

**边缘波** edge wave 海浪由外海向近岸传播的过程中，因波浪的折射和反射作用，波浪的能量被斜坡海底地形俘获于离海岸一定距离的带状海域内的海洋波动。**陆架拦获波**的一种。边缘波仅存在于近岸海域，传播方向沿着岸线方向；其振幅在岸线处最大，沿着离岸向海方向呈指数规律减小，边缘波的振幅减小到最大振幅的1/e（约36.8%）时所需的距离与波长成正比。也存在驻波形式的边缘波，即某些边缘波局限于某一区域而不向外传播。研究表明，边缘波对近岸环流流形和形态有调制作用，并可能与近岸新月形沙坝的形成有关，证明边缘波对近岸海底地貌可起到影响作用。

（管长龙 王东晓）

**标准海水** standard seawater 海水盐度测定的参考标准。由采自大洋表层的天然海水，经过滤和灭菌后，通过稀释或蒸发浓缩调整盐度，再作均化和稳定处理，灌装密封并进行电导比定值制成，标注批号、盐度、电导比和有效日期。国际标准海水（IAPSO Standard Seawater）是唯一在国际上被认可的海水盐度参考标准。一些国家根据国际标准海水制备的本国标准海水，称为二级或次、副标准海水。

发展概述 海洋观测中海水盐度最初是通过测定氯度间接得到的。1899年，M.H.C.**克努曾**在斯德哥尔摩举行的国际海洋考察理事会（ICES）会议上首次建议在盐度测定中使用标准海水。为保证海洋观测资料的一致性，消除不同来源的误差，海水氯度滴定以标准海水为基准。原始标准海水参考氯化钾标准溶液进行氯度定值；此后制备的标准海水直接或间接与原始标准海水进行比对确定其氯度值，分发给各国海洋观测与研究机构使用。原始标准海水到1936年接近用完，克努曾建议并指导制备了“1937年原始标准海水”。由于考虑到原始标准海水长期贮存对于保持其连续性不是最佳标准，而且相对原子质量的修改会引起氯度测定值的改变，因此在1940年采用纯银作为氯度的永久标准，并对海水氯度进行了重新定义。海水样品的氯度在实际测定中仍以标准海水为工作标准，以每隔数年参考纯银确定氯度值的标准海水作为实用原始标准，对普通标准海水的氯度进行测定。20世纪40年代美国、苏联和日本等国开始制备本国的标准海水。50年代中后期中国研制并开始生产中国标准海水。随着电导测量技术的发展，50～60年代盐度定义和测定方法被修改，标准海水被用作电导的参考标准。1978年实用盐度标度建立，海水的实用盐度以在15℃（1968年国际实用温标）、101 325帕条件下的电导比（$K_{15}$，相对于35.4356克/千克的氯化钾标准溶液）定义，标准海水成为实用盐度测定的工作标准，用于盐度测量仪器的标定。自1981年起每批标准海水参考氯化钾标准溶液测定电导比，标准海水的标签上标注电导比和实用盐度值。

国际标准海水　由标准海水服务所（Standard Seawater Service）负责，用采自北大西洋表层的海水制备，最初由ICES后来由国际海洋物理科学协会（IAPSO）监督。1902年，在F.南森的指导下于奥斯陆新成立的“中心实验室”生产了第一批标准海水；1908年，由克努曾接管并迁移至哥本哈根生产。1974年，标准海水服务所迁移至英国海洋科学研究所（IOS）。1989年，经IAPSO同意，标准海水服务所转移到一家英国私营公司海洋科学国际有限公司（OSIL）生产。

标准海水的封装要求避免蒸发和防止玻璃成分溶解，在长达90余年时间里用硬质玻璃安瓿烧结封装。1994年开始改为以细口硼硅玻璃瓶用胶塞和金属盖冷封装，体积约为200毫升，盐度稳定性变化小于0.001，有效期为3年。标准海水的盐度点为35（P系列，实际盐度值略低于35.000），也提供盐度点为10、30和38系列的标准海水（标签上标注盐度和不同温度下的电导比）用于不同盐度范围的观测。

除了作为盐度测定的工作标准外，国际标准海水也是海水热力学性质、主要成分化学组成以及新盐度标度研究中的参考对象或模型基础。

中国标准海水　中国于1954年由中国科学院海洋研究所试制，1956年与山东大学海洋系和化学系合作，并于1958年7月开始大量生产中国标准海水，成立了山东海洋学院标准海水厂（后改名为中国标准海水厂）。1964年通过了专家组鉴定。1988年，国家海洋局海洋技术研究所研制了盐度为5～40的系列标准海水，以上均为二级标准海水。2003年，国家海洋标准计量中心研制了中国一级标准海水，以氯化钾标准溶液为参考标准，达到了国际同等水平。经国家市场监督管理总局批准，国家海洋标准计量中心生产中国一级标准海水（盐度点为35，标注$K_{15}$和盐度值，盐度的不确定度为0.001），主要用于高精度盐度测量仪器的定标；生产中国系列标准海水（盐度点为5、20、30、35和40，标注$R_{15}$和盐度值，盐度的不确定度为0.003），在不同范围的海水盐度观测中使用。两者有效期均为2年，与国际标准海水相同用细口玻璃瓶封装。　（李　铁）

**表层海洋－低层大气研究计划**　Surface Ocean-Lower Atmosphere Study; SOLAS　聚焦于海－气耦合研究的国际大型核心科学计划。原称上层海洋－低层大气研究计划。表层海洋－低层大气研究计划于2004年正式启动，由国际海洋研究科学委员会（SCOR）、未来地球计划（Future Earth）、世界气候研究计划（WCRP）和国际大气化学与全球污染委员会（iCACGP）共同资助。首任科学指导委员会主席是英国的P.利斯教授，现任共同主席（2021～2023）是中国戴民汉教授和法国C.吉厄博士。

SOLAS计划研究海洋与大气间的关键生物地球化学与物理过程，揭示海－气耦合体系对气候与环境变化的影响和反馈。SOLAS计划根据科学研究进展及社会发展需求的变化适时调整其长期的科学规划和短期的项目实施方案，使其成为大型国际计划的成功典范。SOLAS第一个十年科学计划“SOLAS Science Plan and Implementation Strategy”发布于2004年，包括3个焦点议题，分别为：①海洋与大气之间生物地球化学相互作用及反馈。②海－气界面交换过程及传输与转化在海－气边界层中的作用。③二氧化碳及其他长寿命辐射活性气体的海－气通量。第一个十年科学计划有效地推动了国际学术界对海－气过程及其在气候系统中的重要性等核心科学问题的认识，如整合了全球海洋碳数据集并改进了对全球海－气二氧化碳交换的估算；首次通过涡度协方差直接测定了海－气二氧化碳通量继而推动了气体交换模式的发展；为包括氮在内的海洋营养盐循环提供了新的见解并修正了全球生物地球化学收支；促进了关于海洋凝胶对初级海洋气溶胶贡献的认识；加深了关于海洋边界层碘化学的见解；对高敏感性、高优先级环境的整合研究打下了认知基础；通过不同海洋环境的铁施肥实验深化了对于其作为气候变化缓解手段的局限性的理解。

在第一个十年科学计划和中期战略讨论的基础上，SOLAS于2016年发布了第二个十年科学计划“SOLAS 2015—2025：Science Plan and Organisation”，其中包括5个核心研究主题和3个交叉研究主题。5个核心主题分别为：①温室气体与海洋。②海－气界面及其物质与能量通量。③大气沉降与海洋生物地球化学。④气溶胶、云和海洋生态系统之间的相互作用。⑤海洋生物地球化学过程对大气化学过程的控制作用。3个交叉主题包括：①关键环境的整合研究。上升流系统、极地海洋和近岸水域。②地球工程的环境影响。③科学与社会。2020年，印度洋被纳入交叉主题①，交叉主题②更名为气候干预的环境效益和影响。2021年，SOLAS 2015～2025中期进展报告通过项目评估委员会验收。该报告总结了SOLAS 2016～2020年的工作进展及2021～2025年的工作计划，强调了SOLAS科学的社会影响力和政策决策相关性，如通过提供海洋酸化、海洋缺氧、蓝碳、海洋气溶胶、基于海洋的二氧化碳去除技术和太阳辐射管理技术、营养盐和污染物大气沉降等相关的研究数据，服务于渔业、粮食安全生产、航运业、大气污染防治、气候变化缓解等领域，贡献于政府间气候变化专门委员会第6次评估报告、《联合国气候变化框架公约》及《巴黎协定》《伦敦公约96议定书》海洋地球工程修正案、联合国海洋科学促进可持续发展十年（2021—2030）等。

至2022年，来自全球28个国家的70名曾任或现任SOLAS科学指导委员会委员的科学家，为全球SOLAS计划的发展和实施提供科学指导。SOLAS设有国际项目办公室，作为常设机构，协助科学指导委员会管理、协调和执行科学计划，促进全球在该领域的科研交流和能力建设。项目办公室先后设立于英国东英吉利大学（UEA）和德国亥姆霍兹海洋研究中心（GEOMAR），联络办公室设在爱尔兰高威大学（UOG）和中国厦门大学近海海洋环境科学国家重点实验室（MEL）。

SOLAS科研网络遍布全球31个国家和地区；发起并资助了4个大型国际研究计划，包括SOLAS-海洋生物圈整合研究海洋酸化工作组（SIOA）、海洋碳整合研究工作组（IOC-R）、海-冰界面生物地球化学交换过程计划（BEPSII）及冰冻圈和大气化学计划（CATCH）；认证了全球33个国家级、地区级或全球性的研究计划和科研项目，以及3个海-气整合观测时间序列站。

至2022年，SOLAS举办了8届开放科学大会、8届国际暑期学校和上百场研讨会，发布了超过100期的新闻通讯和活动报告。SOLAS的主要出版物包括图书、研究报告、期刊论文、政策简报等。

（李　黎）

**表层水团**　surface water mass　位于海洋表层厚度不大的**水团**。全称大洋表层水系诸水团。专指区域性具体的表层水团时，多在其前冠以区域性前缀，如东海表层水团。

大洋中、低纬度海域表层海水直接受太阳辐射、降水、蒸发、风及环流的作用，再通过海水内部的混合，使海面至季节性温跃层之间的水体趋于相对均匀，以致显著区别于其下的水体而形成了表层水系的诸多水团。海区气候及环流的区域性差异，导致不同区域的表层水团局地特征明显，气象及环流的季节变化也使各水团衍生明显的季节性特征，如水团的水平范围、垂直厚度、温盐化学生物特征均有相应变化。

地中海的表层水团

在各大洋的表层水团中，太平洋的赤道-热带表层水团不仅面积大，而且对全球气候变化有巨大影响。特别是其西部的西太平洋暖池（水温高于28℃），其年际变化或异常与厄尔尼诺-拉尼娜（El Niño-La Niña）有密切的关联。印度洋热带表层水团范围次之，对南方涛动甚至太平洋和全球气候变化的影响也越来越受重视。大西洋的热带海域面积较小，但海水盐度高，可达35‰～37‰，对大西洋北部直至北冰洋的海况和气候都有显著影响。

（李凤岐　李　磊）

**表观耗氧量**　apparent oxygen utilization; AOU　在标准大气压（101.325千帕或1大气压）和空气饱和湿度（100%）条件下，海水的溶解氧饱和浓度与实际测量的海水溶解氧浓度之间的差值。这个差值有助于理解海水中溶解氧的状态。当AOU接近零或为负值时，说明海水富含溶解氧，呈现过饱和状态；而当AOU大于零时，说明溶解氧相对不足，处于氧亏损状态。AOU的计算公式如下：

$$AOU = DO^{s} - DO$$

式中$DO^{s}$为1标准大气压、100%相对湿度、指定温度和盐度下氧气的理论溶解度；DO为海水中实际测量的溶解氧含量。AOU的单位通常是微摩/千克（μmol/kg）。需要说明的是，“表观”耗氧量并不完全准确反映氧气的利用程度。表层海水的溶解氧并不总是与标准大气压的大气完全处于平衡。例如，海表面的溶解氧通常比理论饱和值高出3%，而在上升流区域，溶解氧的浓度低于饱和值20%。此外，海水中氧气的溶解度与温度的关系是非线性的，这些因素都可能导致AOU与实际氧消耗情况的偏差。尽管如此，与氧的实际利用相比，这些因素导致的变化相对较小，使AOU成为接近真实氧利用情况的一个有效指标。

采用AOU比直接使用溶解氧含量更能有效区分影响溶解氧分布的物理过程和生物过程，并且可以结合海洋有机物的元素组成，估算水体运动过程中消耗的有机物数量。通过监测AOU，还可以评估富营养化的严重程度及其对水生生物的潜在影响。

根据全球深海（4000米）AOU的空间分布，北大西洋深层水的AOU较低，大约为50微摩/千克，而相对较老的北太平洋深层水的AOU较高，达到200微摩/千克。这表明从北大西洋到北太平洋，深层水的AOU逐渐增加，反映了沿着深海热盐环流路径，由上层海洋下沉至深层的颗粒有机物不断经历氧化降解过程，导致溶解氧逐渐减少，AOU增加。

（刘　茜）

**滨海地下卤水**　littoral underground brine　指在第四纪地质时期滨海环境下形成的高矿化度（总溶解性固体含量大于50克/升）的地下水。一般赋存于现今滨海地带的沉积地层或基岩裂隙中。

成因　在地质历史时期的海退阶段，大量残留于海岸潮滩或潟湖环境的海水被蒸发浓缩，矿化度逐渐升高，形成超咸的卤水；密度相对较大的卤水在赋存环境中下渗、迁移，或在后期的海陆变迁过程中被沉积物埋藏，形成地下卤水矿床。现代海岸潮滩沉积物中的海水经过退潮期间的强烈蒸发浓缩作用也可形成矿化度较高的咸、卤水，但其地球化学组分的$Cl^-/Br^-$、$Ca^{2+}/Mg^{2+}$、$rNa^+/rCl^-$、$rMg^{2+}/rCl^-$、$rCa^{2+}/rCl^-$等特征离子比值与地下卤水相比有明显差异。滨海地下卤水来源于海水，其在富集和埋藏于地下的过程中还经历一系列的地球化学变质作用，并非海水简单浓缩后的产物。另外，一些学者还提出陆架平原“冰冻生卤”假说，认为第四纪冰期时的寒冷条件可将海退后残留在中国北方陆架平原上的海湾或咸水湖中的海水冰冻起来，通过结冰析盐过程将残留海水中的盐分不断浓缩富集，形成咸、卤水，被陆相沉积地层埋藏后形成地下卤水矿床。尽管“冰冻生卤”假说在理论上是可行的，但是因为液态的地下卤水具有一定的迁移性，使得在自然界利用赋存的围岩环境对卤水成因机制进行判别存在不确定性。地下卤水中氢稳定同位素值（δD）可以作为判别卤水是蒸发成因还是冰冻成因的重要水化学标志。

分布　滨海地下卤水通常分布于滨海平原或基岩港湾海岸的第四纪沉积地层中，在滨海平原区可形成规模巨大的成矿带，在基岩港湾区则以斑块状的卤水富集区为主。滨海地下卤水作为一种新型非金属矿产资源，随着在中国北方沿海地区被大规模开发利用而为人熟知。中国北方沿海地区的地下卤水资源主要分布在渤海沿岸和部分黄海岸段，以渤海莱州湾沿岸的分布区最广，储量最大，矿化度最高。莱州湾沿岸滨海地下卤水生成于晚第四纪，所形成的巨大卤水矿带沿现代海岸展布，已探明的资源量达到74亿立方米；该海岸区地下卤水的矿化度一般为50～150克/升，最高有217克/升；含卤水层的埋藏深度一般在0～60米，深者达70～80米，分为潜水型地下卤水和承压型地下卤水，由3～4个含卤水层构成。渤海辽东湾沿岸的地下卤水资源也比较丰富，其中盘锦海岸的地下卤水资源区面积约510平方千米，高含量区的面积约360平方千米，卤水总储量约15.9亿立方米；卤水埋藏深度多在30～100米，矿化度30～60克/升。另外，黄河三角洲地区已探明地下卤水储量至少有3.4亿立方米，黄河三角洲西部岸段的地下卤水储量约为4.6亿立方米。在黄海岸段，地下卤水主要赋存于胶东半岛和辽东半岛的基岩港湾海岸的小型沉积盆地中，矿体呈斑块状分布；地下卤水形成于全新世，多为潜水型，一般矿化度为50～80克/升，最高达100克/升。

开发利用　莱州湾沿岸是中国最早进行大规模滨海地下卤水开发利用的地区。20世纪50年代，莱州湾羊口盐场开始探索“井滩晒盐”技术，利用抽取高浓度的地下卤水制盐，极大地提高了生产效率和产品质量。此后，“井滩晒盐”技术在中国北方沿海盐区广泛推广，引领了海盐生产的技术革命。随着综合利用技术的不断提高，地下卤水资源被进一步应用于生产有高附加值的溴素、纯碱等盐化工产品，在近海环境污染重的地区还被用作海水养殖的替代水源，创造了巨大的经济效益，实现了对地下卤水开发利用的跨越式发展。但是，多年来对地下卤水资源的超量开采也导致了卤水资源量急剧减少，在部分场区甚至引发地面沉降、咸水入侵等环境问题。合理地开发利用滨海地下卤水资源需要进一步提升技术创新能力，提高资源利用效率，同时兼顾社会效益，实现矿产资源开发利用的效益最大化。　（王珍岩）

**滨海湿地生态系统**　coastal wetlands ecosystem　陆地（包括河流）和海洋交错过渡地带的生态系统。根据《国际湿地公约》要求，每一湿地的界线应精确记述并标记在地图上，所以在管理上有清晰的界限。在海洋一侧（下限），通常简单地以低潮时6米等深线为界。陆地一侧（上限）以海水无法对地下水和大气过程产生影响为限，即大潮线之上以及海水沿入海河流上溯的最远处。在科学研究中，特定滨海湿地的界限会根据研究目的适当调整，如以海底光照强度能满足底栖大型藻类光合作用为下限。

滨海湿地类型　根据陆海毗连的方式划分为陆海直接相交的浅海湿地、河海相交的河口湿地、四面环海的岛屿湿地等。根据其在地形、底质和生物组成的特点可划分为潮沟湿地、泥炭沼泽湿地、红树林湿地等。生态系统结构和功能也随湿地类型的差异而不同，可直接根据滨海湿地类型进行命名，如浅海湿地生态系统。

结构特征　与其他典型生态系统相似，该生态系统的组成成分也包括非生物的物质和能量、生产者、消费者、分解者。受环境影响，一个典型的特征就是在生态系统结构和功能上兼具海洋和陆地生态系统的特点。湿地初级生产者虽然也有一部分与海洋中相同，但是主要的还是湿生植物。根部间歇性或长期浸泡在海水中，叶子在空气中，这样的环境特征决定了它们独特的生态习性。多数能通过调节细胞渗透压和发达的通气组织等耐受缺氧、盐度波动等生理胁迫。湿地生态系统的消费者种类繁多，主要有鱼、贝类等本地种群，以及昆虫、鸟类、哺乳动物等迁徙种群。湿地分解者包括水体中的细菌、真菌、霉菌和放线菌等，它们通过对物质转化和能量流动的作用制约着湿地的类型和演替。一方面，充沛的水分使得分解过程加速。另一方面，泥土中富集的有机物和有毒有害物质也依赖它们降解净化。

生态功能　因其在涵养水源、调节气候、维持生物多样性等方面的重要作用，湿地被誉为“地球之肾”。滨海湿地的生态功能主要来自高生物多样性和生产力。它是很多珍稀和濒危物种的栖息地，还是迁徙鸟类的掠食场。也就是说，湿地损失不仅对本地物种不利，甚至会影响跨国界迁徙的鸟类。湿地植被的存在可以使海岸带免受陆地径流的侵蚀，同时也过滤、吸附其中携带的大量有机物、营养盐和有害物质。同时，湿地还具有巨大经济、文化、科学及娱乐价值，其损失将不可弥补。

保护方式　滩涂围垦、人工填海等造成了滨海湿地面积持续减少，现存湿地也受到日益严重的威胁。直接的影响包括湿地破碎化和人工海岸线导致的水交换阻隔，而湿地面积和物质交换是保障生态系统健康的关键。间接的影响包括陆源输入过度增加、资源过度开发、海平面上升等。

滨海湿地保护需要加强湿地生态研究，而湿地生态研究需要多方面、多学科协作。滨海湿地生态系统包含陆生生物、海洋生物和淡水生物，调查手段需要综合船基的海洋调查手段和陆基手段，任何偏废都会影响研究的完整性和可行性。在典型滨海湿地生境建设基础研究平台，长期持续开展基础生物学和生态学研究是一个很好的选择。　（张光涛）

**滨线**　shoreline　泛指水边线，是陆地和海水面的交界线，是一条瞬时的等时线。由于*潮位*的升降、风暴增水和减水、海面气压的急剧变化等作用，水边线随时会移动。在常用的卫星遥感图片中，所见到的水陆交界线就是一条瞬时线，需要通过当地地形和潮差或景观线测量来确定*海岸线*位置。

特征水边线经常形成独特的海岸景观，所以特征水边线又称海滨线或海滨景观线，是很重要的旅游资源，在*海岸带*研究和管理中也有重要的标志性价值。常见的海滨线有平均大潮高潮线、平均高潮线、平均海岸线、平均低潮线、低低潮线等，在这些位置上会形成明显的地形地貌或植被界线，在这些特征水边线附近常见到植被界线、沉积物界线、地形坡度转折、海蚀崖、侵蚀陡坎、贝壳堤、沙坝沙堤、水面痕迹线等景观特征。

海上的彩虹与滨线

（李广雪　丁　咚）

**冰筏沉积**　ice-rafted debris; IRD　负载碎屑物质的冰筏进入冰缘海域或深海盆地融化后，冰体中的碎屑物沉降形成的海底沉积物。冰筏即负载碎屑物质的浮冰（冰山或海冰），因形状如筏得名。形成冰筏的沉积物从巨大漂砾到细小黏土均有分布，大小相差悬殊，分选差。碎屑颗粒多呈棱角状，磨圆度差，粒度分布显示为在细粒沉积环境中出现含量较大的粗粒沉积物。冰筏沉积形成于海拔较高，具有明显气候垂直分带的低纬度地区或是高纬度地区。根据浮冰的来源，冰筏沉积物分为两种：①海水结冰时冻结的浑浊海水中的物质以及风尘沉积，主要为黏土和粉砂等细颗粒物质。②入海冰川裹挟的物质，可能包含*海岸带*和浅海环境里的粗颗粒物质。后者是研究古冰川、古气候演化和进行古地理重建的重要依据。

冰筏沉积最初是在米兰科维奇时间尺度的第四纪古海洋调查中发现的。1988年，德国海洋地质学家H.哈因里奇首先在西班牙和葡萄牙西部的深海钻孔中发现了6个富含砂的冰筏沉积层，将其命名为哈因里奇地层。哈因里奇地层中较高的碳酸盐含量与北大西洋的冰筏沉积带一致，所记录的加拿大东部哈得孙湾古劳伦泰德冰盖在过去69 000年来至少发生了6次破碎并漂入北大西洋的事件，都说明冰筏沉积与大量千年尺度的冰川卸载密切相关。哈因里奇地层沉积物的内部结构主要为大量的冰筏沉积、少量的有孔虫类和浮游生物、20%～25%的碎屑碳酸盐成分，其中浮游生物的氧同位素千分偏差的递减显示在沉积过程中海表面盐度的减少。哈因里奇地层的成因机制主要存在3种解释：①冰川学说认为，冰川在形成过程中会达到一个阈值（主要受地热通量、冰盖表面的水平对流和热张力控制），之后冰面就开始解冻至融化状态，造成冰体的快速流动。②哈得孙湾的反复洪水暴发，注入大量淡水至北大西洋，使得哈得孙海峡的冰堤崩塌所致。③由古劳伦泰德冰盖边缘冰架大规模的破碎造成。 （黄海军）

**冰盖形成** ice sheet formation 广大地区的陆地开始覆盖极厚冰层的过程。冰盖并不拘泥于地理特征，如并不一定要在山峰的顶端，但是它们的圆顶一般以山丘的最高点为中心。

地球上冰盖的形成并不是一蹴而就。在地质历史的新生代，气候逐渐变冷，两极冰盖开始生长，古新世和早始新世延续了白垩纪的温暖气候，并在古新世和始新世之交（约55Ma，1Ma为100万年）达到顶峰；这种罕见的温暖适宜期在巅峰状态延续了300万～400万年之后，地表气候始逐渐变冷；直至始新世和渐新世之交左右，变冷仍是一个渐变的过程，而距今3400万～3300万年的骤然变冷标志着南极冰盖的形成，地球从此由两极无冰过渡到单极有冰。之后，地表气候保持相对稳定，并在晚渐新世出现了比较快速的回暖；从晚渐新世开始，地表气候经历了迅速的反弹并逐渐恢复到了始新世这个温暖而适宜的状态中，这个状态延续直到中新世的开始；渐新世和中新世之交，地表气候又一次经历快速变冷事件，气候在早中新世进入温暖适宜期；到了中中新世，气候转型事件开始发生，地表气候急剧转冷，形成完整的东南极冰盖；此后，一系列阶段性变冷事件开始发生并调整，地表气候慢慢在中新世晚期过渡到相对稳定期，南极冰盖在地表成为主要冰盖；在不考虑新观点的情况下，在距今700万年北极冰盖开始形成，

格陵兰冰盖景观

至此，地球两极发育冰盖代替了单极发育冰盖；距今700万～270万年，地球变冷速度加快；直到270万年前，北极冰盖完全形成。从此，地球开始了新生代以来的冰室状态，幅度变化明显的冰期—间冰期旋回开始主导地表气候。

晚更新世末次冰期最盛期也是冰盖发育的最盛时期，除南极冰盖和格陵兰冰盖外，还形成北美的劳伦泰德冰盖、北欧的斯堪的纳维亚冰盖及南美的科迪勒依冰盖。 （王琳淼）

**冰面辐射雾** ice surface radiation fog 冷季高纬度冰雪覆盖的海面，由于冰雪面上的辐射冷却形成的海雾。

形成 冰面辐射雾形成过程和地面辐射雾有些近似，即由于地表面辐射冷却作用使近地面气层中水汽凝结而形成的雾。高纬度冰雪覆盖的下垫面对太阳短波辐射的反射率比较高，同时发射长波辐射，冷却作用显著，因而所形成的雾具有辐射雾的性质。视海区和季节不同，冰面辐射雾中有水雾也有冰雾，但由于冷却作用主要由冰雪表面造成，在低温条件下多冰雾而少水雾。

冷季高纬度水域（覆盖冰雪水域）面上的雾，也不一定都是辐射雾的性质，因冰雪表面的升华作用，也可以形成平流蒸发雾。暖季海冰融化，海雾往往出现于冰水相间的下垫面上，这种情况下，海面的蒸发作用不能忽视，可以形成暖季平流蒸发雾。

格陵兰北冰洋冰川上的冰面辐射雾

分布 冷季高纬度地区雾的出现频率与冰雪覆盖面的关系颇为密切。并且不同性质的雾出现在不同的温度条件下，高于－10℃时为水雾，－15～－10℃基本上没有水雾。约在－25℃附近雾的频率有所增大，为冰水混合雾。温度再下降则雾减少。随着温度降低，冰雾的频率逐渐增大，在低于－30℃以后都为冰雾。因而冰面辐射雾多发生在冷季高纬度地区和极地的覆冰海面或巨大冰山面上。

（张苏平）

**冰期** ice ages 气候寒冷导致强烈冰川作用的地史时期。又称冰川期。冰期有广义和狭义之分，广义冰期称大冰期，狭义冰期是指比大冰期低一层次的冰期。大冰期是指地球上气候寒冷，极地冰盖增厚扩张，中、低纬度地区有时也有强烈冰川作用的地质时期。大冰期中气候较寒冷的时期称冰期，较温暖的时期称**间冰期**。大冰期、冰期和间冰期都是依据气候划分的地质时间单位。

地史时期的冰期 在地质史的几十亿年中，全球至少出现过3次大冰期，公认的有前寒武纪晚期大冰期、石炭—二叠纪大冰期（晚古生代大冰期）和第四纪大冰期。

前寒武纪晚期大冰期 距今约9.5亿～6.15亿年前的一次影响广泛的大冰期。其遗迹除南极大陆尚未发现外，世界各大陆的许多地方都有保存，并多被非冰川沉积岩层所隔开，表明该大冰期是多阶段性的。最早发现于苏格兰、挪威，此后在中国、澳大利亚、非洲、格陵兰和北美相继发现。以挪威北部芬马克的冰碛岩为其代表。在中国则为南华系南沱冰碛层，主要分布在长江中游等处。

石炭—二叠纪大冰期 发生在石炭纪中期至二叠纪初期的一次大冰期。当时全球气温普遍下降，形成大面积的冰盖与冰川，持续时间长达8000万年，是地球历史上影响最为深远的一次大冰期。见于印度、澳大利亚、南美、非洲及南极大陆的边缘。澳大利亚东南部和塔斯马尼亚岛是这次大冰期冰川作用最强的地区。

第四纪大冰期 冰碛物是冰川活动遗留的产物，是冰川研究的主要对象。第四纪大冰期冰碛层保存最完整，研究最详细，分布也最广。冰期最盛时，南、北两极均有大冰盖；北半球的格陵兰、冰岛、整个加拿大至纽约、斯堪的纳维亚南延至欧洲北半部以及西伯利亚北部均为冰体覆盖；海平面下降达130米，致使英吉利海峡和白令海峡消失。中国第四纪冰川沉积分布在东北、西北和西南的山区及高原地区，东部山前平原是否有冰川沉积和中国是否有大陆冰川还有争议。

在第四纪，依冰川覆盖面积的变化，可划分为一系列的冰期和间冰期，其冰盖地区面积约分别占陆地表面积的30%和10%。但各大陆冰期的冰川发育程度有很大差别，如欧洲大陆冰盖曾达北纬48°，而亚洲只达到北纬60°。持续最近200万年的第四纪经历了大约30个冰期—间冰期旋回。

成因 大冰期及冰期的形成，与地球表面气温下降有直接关系。气温升降受大气成分和太阳辐射能量变化等因素的影响，也受到地球和太阳的运行轨道上各种因素的制约。大冰期的形成，一些研究者

认为与太阳在银河系中的运行周期有关。有的认为太阳运行到近银心点区段时的光度最小，使行星变冷而形成地球上的大冰期；有的认为银河系中物质分布不均，太阳通过星际物质密度大的地段时，降低了太阳的辐射能量而形成地球上的大冰期。第四纪大冰期中冰期的形成，M.米兰科维奇认为夏半年日照量减少是主要原因。夏半年日照量的变化与地球轨道的偏心率、黄道面与赤道面交角和岁差3个参数的变化有关。这些轨道参数的周期性在海洋沉积、黄土沉积和冰芯记录中也有明显的表现，因此，轨道参数的天文变化也被称作“冰期起搏器”。（沈才明）

**冰下观测** observing under ice 采用各种传感器对海冰物理、冰下水文、冰下光学、冰下生物、冰下化学等领域需求进行的观测。地球上有大片的海域被厚厚的冰层覆盖，如南极海洋和北极海洋。这些海域常年被冰层覆盖，无法获得太阳的直接照射，表现出与其他海域不同的性质。但在冰下的海域同样存在着大量的生物和丰富的资源，具有很高的科研价值。常见的冰下观测方法有冰下冰站观测、冰下潜水器观测和冰下浮标观测。

冰下冰站观测是在冰面建立永久或临时的冰上海冰观测站，冰站集成各类型观测传感器对冰下环境持续长时间定点观测。冰下潜水器观测是利用遥控式无人潜水器（ROV）、水下直升机（AUH）或混合式无人潜水器（ARV）等，搭载相应传感器，短时间内移动式观测冰下环境。冰下浮标观测是在冰下释放固定式或漂浮式浮标，浮标上集成多种观测用传感器用于冰下观测，浮标式观测多用于长时间观测。（黄豪彩）

**波多黎各海沟** Puerto Rico Trench 中大西洋西部西经59°～68°、北纬17°～20°范围的一条海沟。大致与波多黎各岛北部海岸平行，实际从海地海岸外开始，走向东略偏南，南达安提瓜岛以东300千米处。长1550千米，平均宽度120千米，最深点位于西经68°20′、北纬19°36′处深9218米。在波多黎各岛圣胡安以北获得的地形剖面表明，海沟的两坡都非常陡峭，在海沟底有海山或海丘存在，但也有较窄的平坦面。在海沟北坡采集到未固结的含有浅海有孔虫的沉积物与赤黏土互层，并向南倾斜。这一事实可能反映了海底沉降的过程。在波多黎各岛弧上有浅源和中深源地震发生。地球物理测量表明，在海沟处莫霍面深度为20千米，向两侧逐渐变浅，最小变为10千米，而波多黎各岛莫霍面则加深到17～30千米。因此，波多黎各海沟在构造上成为加勒比板块（小板块）与北美板块的一段分界线。（仲佰）

**波轨速度** wave orbital velocity 在一定条件下，波浪的波峰和波谷随着水深变化循环运动而形成的圆形轨迹。也被称为波浪的轨道流速。当波浪传播到一个位置时，在水面以下的流速是独特的，由于波峰下的水流沿波浪传播方向受波浪的影响，波谷下的水流受波浪沿传播方向相反的影响，所以流向是变化的。有关轨道流速的描述，一个比较重要的特性是它随着水深增加和波浪波长的减小而成指数次衰减。这意味着短周期波在深水域不会产生轨道流。很多近岸问题需要计算近海底层的波浪轨迹速度。（王东晓）

**波浪传播变形** wave transformation 波浪由深水进入浅水过程中，出现的折射、绕射、反射以及破碎等现象。波浪从深水进入浅水的传播过程中，由于受水深变浅、海底摩擦、水流作用以及障碍物（岛屿、建筑物等）等的影响，波高、波长、波速以及波浪的剖面形状都将不断发生变化。波浪由此出现的浅水变形、海浪折射、海浪绕射、海浪反射以及波浪破碎等现象，是近岸浅水波的重要特征。

随着数值计算技术的迅猛发展，涌现出了许多波浪数值计算模型：①基于布西内斯克型方程的波浪模型。②基于缓坡方程的波浪模型。③基于能量平衡方程的波浪模型。其中，布西内斯克型方程在时域内求解质量和动量的守恒方程，从而给出波浪传播过程中波面的变化、波浪引起的增水以及波浪破碎引起的近岸水流等信息。因为受限于计算时间和计算机内存，因此布西内斯克型波浪模型只能应用于小尺度海区的波浪数值模拟。基于缓坡方程的波浪模型是根据波浪要素在波浪周期和波长的时空尺度上缓变的事实，描述海浪波动能量、波高、波长、频率等要素的变化。由于缓坡方程依赖于势波理论，所以在处理风能输入、底摩擦能量损耗、波浪破碎、波-流相互作用等物理过程时理论依据不够充分，用于大范围计算时不太合适；基于能量平衡方程的波浪模型则多是在频域内利用能量谱研究波浪的传播变化，在处理风能输入、波-波相互作用、波-流相互作用、波浪破碎能量耗散和底摩擦耗散等物理过程时比较合理，可以应用于较大尺度海区的波浪数值模拟，波浪预报和后报模型WAM与SWAN就是这类模型的典型代表。上述模型不能反映由近岸海底地形和建筑物引起的波浪绕射和反射效应。因此，局部区域波浪的计算精度亟待提高。（李华军 董胜）

**波浪滑翔机** wave glider 基于波浪驱动的水下滑翔机。波浪滑翔机通过单纯的机械设计，将波浪能转化为前进的动力，克服了常规潜水器需要自带能源的弊端。波浪滑翔机利用波浪能推动，推进系统由机械结构完成，此过程不消耗电能。利用波浪的上下运动，通过浮体牵引水下翼板做上下运动，给波浪驱动的滑翔机提供前进的动力，从而实现波浪驱动水面滑翔机的前进。

在波浪滑翔机上搭载有多种类型的传感器，能够得到各种海洋数据，并实时与岸上基站进行数据传输，完成对指定海域的观测任务。波浪滑翔机上安装有太阳能电池，为其控制、通信系统提供电源，能够实现系统的长时间作业。

发展简史 2005年，R.海因提出了第一台波浪滑翔机的设想，主要应用于了解海洋生物的生活作息规律。由此，海因成立了液体机器人公司，开始进行更深入的研究。波浪滑翔机在海洋领域的应用越来越广。2007年的一次海试证明波浪滑翔机不仅能够在飓风中工作，还能完好无损保存下来，展示出其在恶劣环境中的生存能力以及适应能力。2009年10月，液体机器人公司与美国的斯克里普斯海洋学研究所在普阿克海滩进行合作测试，利用波浪滑翔机和高频声学记录仪检测海洋生物的相关情况，成功记录了75小时的声学数据，为后续的海洋生物研究提供了基础。2010年10月，美国海军研究局在加利福尼亚州蒙特雷湾进行了测试波浪滑翔机在不同环境中对所传达指令执行能力的试验。2012年3月，液体机器人公司在夏威夷基亚拉凯库亚湾进行了一系列研究海洋生物的分布和迁移模式的试验。2012年，该公司宣布波浪滑翔机经过一年多的航行，首次完成横渡16 668千米的太平洋之旅，刷新无人潜水器最长航行旅程的世界纪录。2012年，《自然》杂志报道了上述自主航行历程。

系统构成 波浪滑翔机在结构构成上主要由水面浮体、水下滑翔体和绳缆组成。波浪滑翔机的波浪推进系统是由纯机械结构组成的，不需要其他的推进结构和能量。

水面浮体 由玻璃纤维制成，有两块高度集成的模块，搭载太阳能板及电池系统为工作载荷提供电能。根据能量守恒定律，波浪滑翔机在前进运动中克服阻力所需的能量应该和在波浪中获取的能量相等，由此便可以预估出波浪滑翔机在不同海况下达到的速度。水面浮体的外形设计影响整体系统的阻力特性，对于低速航行的波浪滑翔机来说尤为重要，因此低阻力是水面浮体的首要设计要求。水面浮体是冲浪板形的母船，是整个装备的能量捕获装置，并且为整个系统提供浮力。为了使波浪能的利用效率达到最大，要求水面浮体在随波浪运动时迅速做出反应，因此水面浮体在设计上应该更加趋近于冲浪板的结构设计。在水面浮体的后面装有直线型的固定片，一方面能够保证浮体沿直线运动，另一方面是在方向发生改变、水下滑翔体发生转动时产生扭矩，联合完成方向的转动。其表面安装有太阳能电池板，为密封舱内的锂电池和光伏控制器构成光伏电源系统，以及为整个设备的电气装置提供电能。浮体密封舱内的电子系统，包括罗盘、加速度计、全球定位系统（GPS）与数据通信模块、控制器以及各类传感器。控制器与通信系统使得波浪滑翔机能够在实现自主航行基础上，完成对海洋环境数据的采集和传输。

水下滑翔体　是波浪滑翔机的整体动力生成器，可将利用浮体捕获的波浪能转换为前进的驱动力。水下滑翔体是纯机械结构，没有电动控制系统。在被绳缆带动上下运动过程中，其上的翼板在水的作用力下，向上或向下翻转，而且在运动过程中必须确保翼板的翻转角度是一致的。翼板的数量越多，所获得的推进力就越大，但由于翼板之间存在相互的作用力，数量越多所产生的绕流影响就越大，反而致使得到的推进力减小，所以基于综合考虑，一般选取六对翼板。翼板能在一定范围内进行上下偏转，通过降低水下滑翔体的重心，使其保持平衡。

绳缆　是水面浮体和水下滑翔体的连接器，它将水面浮体的上升和下降运动传递到水下滑翔体，同时将水下滑翔体产生的推力传递到水面。在绳缆中安装有电缆，通过电缆将太阳能电池板所产生的电能传递到水下，给各个传感器提供电能支持。因此对绳缆的要求就比较高——其电气性能、耐腐蚀性等性能要好，并有较高的抗拉机械强度，单位长度质量小。

发展趋势　波浪滑翔机可以对海洋进行长时间观测，以实现观测评估鱼类种群、监控海洋生态环境及预测海啸等用途。波浪滑翔机是海洋观测技术发展的一项前沿核心技术，能够实现长时间的海洋实时观测。在未来，更高的生存能力、更大的载荷能力、更灵活多变的运行模式、更广泛的工程应用是波浪滑翔机持续发展的目标。人工智能、深度学习、先进仿生等科学技术将打破波浪滑翔机的传统模式，为波浪滑翔机在未来的发展提供有力支撑。（张大海）

图1　一种太阳能波浪滑翔机

图2　一种小型波浪滑翔机

图3　波浪滑翔机漂浮在澳大利亚昆士兰大堡礁附近

**波浪玫瑰图**　wave rose diagram　用于表示海洋某工程所在地各向各级波浪出现频率及其大小的图。绘制方法为先将波高或周期分级，波高一般可每间隔0.5～1.0米为一级，周期每间隔1秒为一级，从月报表中统计各向各级波高或周期的出现次数，利用公式来计算各向各级波浪出现的频率：

$$P=m/n\times 100\%$$

式中$n$为所有方向的所有各级波浪在统计期间出现的总次数；$m$为某一方向某一级波浪在该期间出现的次数。

常选取有代表性的年份来进行统计分析，以减少计算量。为了得到比较可靠的结果，一般需要1～3年的资料。波浪玫瑰图也可以根据工程施工、营运等需要，分别按月或季节绘制。（李华军　董　胜）

**波浪能发电**　wave power generation　利用波浪的动能和势能为动力生产电能的技术。波浪发电系统的能量俘获系统从波浪流动中获得机械能，再由能量转换装置转换为气动的、液动的、液压的和机械的能量，然后通过汽轮机、水轮机、液压马达或传动机构驱动发电机发电。发电系统主要由波浪发电装置、系留系统和输电系统组成。

波浪发电装置　由波浪能俘获系统和能量转换系统组成。波浪能俘获系统将波浪能转换成往复机械能，能量转换系统将往复机械能转换成电能。

波浪能俘获系统　分为振荡水柱式、机械振动式、越浪式、柔性4类。

振荡水柱式波浪能俘获系统由气室实现能量收集，经气动式能量转换装置与发电机组相连。受波浪作用，气室（分前开口、后开口和下开口）内的水柱往复振荡，迫使气室内的空气形成往复气流，驱动气动式能量转换装置发电。

机械振动式波浪能俘获系统由浮子实现能量收集，经液压式或机械式能量转换装置与发电机连接。当波浪作用使得浮子运动，向液压式或机械式能量转换装置施加往复力（矩），便可产生电能。

越浪式波浪能俘获系统由斜坡波道、高位水库实现能量收集，经液动式能量转换装置与发电机相连。波浪在逐渐升高的波道上爬升，越过水库门槛，汇聚于高于平均水位的集水池中，将波浪的动能转化为水的势能；再利用水的势能，推动液动式能量转换装置发电。

柔性波浪能俘获系统由柔性波浪收集体实现能量收集，波浪流动使柔性波浪收集体发生体积变化，收集体内的气体或水流动产生动能，驱动能量传动装置产生机械能驱动发电机发电。

能量转换系统　分为气动式、液动式、液压式和机械式4种。

气动式能量转换装置由空气叶轮和发电机组成。在往复气流作用下，空气叶轮单向旋转，带动发电机旋转，产生电能。

液动式能量转换装置由水轮机和发电机组成。在水流作用下，水轮机单向旋转，

东京大学生产技术研究所进行波浪能发电装置测试

带动发电机旋转，产生电能。

液压式能量转换装置由液压缸（泵）、蓄能器、液压马达和发电机组成。在往复力（矩）作用下，液压缸（泵）往复运（转）动，吸入低压油，输出脉动的高压油，脉动的高压油经过蓄能器平滑，变成较稳定的高压油，再通过液压马达驱动发电机转换成电能。

机械式能量转换装置由机械传动机构和发电机组成。机械传动机构可分为转动型和平动型两种，分别用于驱动普通的旋转发电机和直线发电机。转动型机械传动机构有原动轴、逆止器、增速器、惯性轮等，在往复力矩作用下，原动轴往复双向转动，通过逆止器，将其中之一的单向转动传递给增速器，增速器将该低速单向转动增大到高速单向转动，经惯性轮获得高速单向稳定旋转，驱动发电机发电。平动型机械传动机构含驱动杆、滑（轨）道及滑块（滚轮）等，在往复力作用下，通过驱动杆驱动滑块沿滑轨往复运动。将直线电机的动子安装于滑块侧，将定子安装于轨道侧，实现往复机械能到电能的转换。

系留系统　对波浪发电装置的整体位移提供约束力的系统。依据系留方式的不同，可将波浪能装置分为漂浮式和固定式两类。其中，漂浮式波浪发电装置的系留系统由锚、重块、锚链、浮子等组成，为其提供水平方向的约束力；固定式波浪能装置可以通过打桩或抛石等方法，为其提供水平和铅垂方向的约束力。

输电系统　通过海底电缆、逆变器、稳压系统等，将波浪发电装置产生的电力输送到用户的系统。

评价　波浪能具有能流密度高、分布面广等优点，是一种取之不尽、用之不竭的清洁可再生能源。但是，波浪能是可再生能源中最不稳定的能源，需要重点解决其独立发电、稳定性、控制性等问题。为偏远海岛、海上作业平台等供电，发展波浪能与其他能源利用的多能互补系统等，是波浪能发电的重要发展方向。（史宏达）

**波浪破碎**　wave breaking　波浪的振幅达到一定的高度突然发生的破碎。是导致海浪波面不稳定的物理机制，也是海浪能量的主要耗散途径。波浪破碎可分为两种类型，一种主要发生在深水，称为白冠破碎；另一种发生在近岸，称为浅水破碎。波浪破碎概念的提出可追溯至深水极限斯托克波的研究。

白冠破碎　由于波陡太大导致的波面不稳定现象。由极限斯托克波的性质，可给出波浪破碎的判据。当波浪的性质达到判据的条件时，波浪将发生破碎。破碎判据可分为：①运动学判据。即波峰处的水质点速度超过波速。②几何学判据。即波高与波长之比大于0.142。③动力学判据。即波面水质点的垂向加速度与重力加速度之比大于0.5。原则上，3种判据是相互协调的。衡量波浪破碎强度的物理量为破碎发生率和白冠覆盖率，二者分别从时域和空域的角度刻画了波浪破碎发生的概率，原则上二者是等价的。观测和理论分析表明，白冠覆盖率与风速的幂次成正比。这也为根据白冠覆盖率遥感测量海面风速提供了可能性。海面上的飞沫和海面下的气泡是白冠破碎的主要衍生物，前者能显著地加强海气之间的交换，后者有利于近海面的海水混合。观测表明，白冠破碎产生气泡的强度正比于海面风速，这也为从海面下进行声学遥感测量海面风速提供了可能性。

浅水破碎　是由于波高相对于水深之比太大而导致的波面不稳定现象。近岸破碎波还可细分为溢波、卷波、振波和崩波破碎，破碎波类型与海底坡度及外海入射波波陡有关。最常用的浅水破碎判据为波高与水深之比大于0.73，此判据被常用的

图1　波浪在岩石上破碎

图2　新西兰南岛西海岸的奥卡里托的波浪破碎

第三代海浪模式之一——SWAN模式所采用。浅水破碎会在近岸形成破碎带，这是近岸区域海浪导致的海水流动的主要动力因素，也是近岸泥沙运动和岸滩冲刷的重要动力因素。（管长龙）

**波罗的海富营养化修复**　environmental restoration for eutrophication of the Baltic Sea　波罗的海沿岸国家以合作的方式进行保护和修复海洋环境的模式。波罗的海是欧洲北部斯堪的那维亚半岛与欧洲大陆之间的内海，通过斯卡格拉克海峡、厄勒海峡、卡特加特海峡、大贝尔特海峡、里加海峡等与北海及大西洋连通，长约1600千米，平均宽度190千米，水域面积42万平方千米，平均深度55米。

污染起因　波罗的海处于瑞典、俄罗斯、丹麦、德国、波兰、芬兰、爱沙尼亚、拉脱维亚、立陶宛9个国家的陆地之间。第二次世界大战后，波罗的海沿岸国家及城市发展很快，赫尔辛基、圣彼得堡、塔林、里加、斯德哥尔摩、格但斯克等城市及郊区的人口达到8500多万，农业、工业、交通、生活等方面产生大量营养盐和有毒物质，这些物质随河流、排水口、大气沉降等排入波罗的海，其中氮排入量达98万吨/年、磷5万吨/年。大量的营养盐和有毒物质的输入，使波罗的海生态系统中固氮蓝绿藻大量繁殖、水中溶解氧急剧降低，导致底栖生物和鱼类因缺氧而大规模死亡。

修复措施　为消除陆源污染物质向波罗的海排放引起的藻类大量繁殖等富营养化问题，1974年，波罗的海沿岸国签署了《波罗的海海洋环境保护公约》(以下简称《赫尔辛基公约》)，提出波罗的海沿岸国家禁止和限制使用多氯联苯（PCBs）和滴滴涕（DDT），目的是通过消除陆源污染物向波罗的海的排放，严格限制和控制波罗的海的海洋环境污染。赫尔辛基委员会（HELCOM）是《赫尔辛基公约》的区域性执行机构，具体负责实施波罗的海富营养化修复的政策、战略制定与实施。1992年，HELCOM第十三次会议上9个缔约国签署了新公约，确定了包括工业、市政和农业排放共132个“污染热点”的减排措施，主要包括：①加强农业面源污染治理。积极发展生态农业，推广化肥、农药减少施用的技术措施，控制土壤侵蚀，减少农业面源污染负荷，缓解农业活动带来的富营养化对波罗的海的影响。②提高城市污水处理率。加强污水处理厂和管网建设，提高污水处理能力，定期检查和维修下水管道，保障污水处理厂高效运营，减

少城市污水入海排放。③严格污染排放标准。通过制定法律，规定不同类型产业的最大污染物允许排放量。将污染物排放总量削减指标落实到每一个污染物排海企业，做到污染物排放总量有计划地稳定削减。④建立有效的税收调控措施。通过征收农药税、化肥税等手段，限制化肥和有毒农药使用。同时通过营养盐处理立法，限制农场养殖动物密度和规范动物粪便储存，减少营养盐流失。

1993年，波罗的海沿岸各国部长会议通过了波罗的海综合行动合作计划（JCP)，对废物处置设施调查、公众监督和环境教育等措施达成共识。1996年，波罗的海环境部长会议提出："要特别提高警惕对化学品（包括杀虫剂）的非控制使用和处理，要不断减少危险物质的排放、扩散和流失，在一代人（5年）的时间内达到终极目标。"

效果及评价　1988年，HELCOM在缔约国环境部长会议声明中指出，工业和市政排放等点源污染的减少取得了显著成效，这对于波罗的海沿岸环境的改善，提高沿岸休憩娱乐价值十分重要。根据HELCOM第十次会议决定，每三年报告一次建议的执行情况。由于波罗的海沿岸国家当时正处于经济的快速增长期，仅有波兰和俄罗斯被认为农业部门营养物排放减少近50%，其他国家都没有达到营养盐减排目标。2000年，HELCOM通过第三份关于执行赫尔辛基委员会陆源污染提案的报告，指出丹麦、芬兰、德国和瑞典等欧共体国家已经执行了关于限制农业和林业污水排放建议的绝大部分，爱沙尼亚、拉脱维亚、立陶宛、波兰和俄罗斯等国家正在过渡执行其中的一部分。波罗的海周边国家沿岸地带，环境卫生状况有显著改善，因水质不良或因盐度原因关闭浴场的数量在减少。

《赫尔辛基公约》是针对陆源污染源制定的第一个区域性政府间条约，主要通过管理合作、支持科研、制定环境标准和采取防治措施等保护波罗的海环境，控制波罗的海污染，成为政府间保护和改善海洋生态环境的成功模式。（索安宁）

**钵水母**　*Scyphozoa*　刺胞动物门（又称刺细胞动物门）的一纲。又称真水母。与水螅纲（Hydrozoa)、立方水母纲（Cubozoa)、十字水母纲（Staurozoa）一起组成刺胞动物门（Cnidaria）的水母亚门（Medusozoa)。

绝大多数的钵水母生活史，包括营有性生殖的浮游水母阶段和营无性繁殖的底栖水螅阶段，少数缺失或不发育水螅阶段。水母体体型较大，消化循环系统较水螅纲的水母体复杂，具有口道和胃囊，发育司感觉的平衡棒。水螅阶段可营独立生活，以多盘横裂方式产生蝶状幼体，进而发育成水母成体。

钵水母类的现生类型包括冠水母目（Coronatae)、根口水母目（Rhizostomeae）和旗口水母目（Semaeostomeae）3个目。已灭绝的锥石类一般也被视作一类钵水母。而传统上归入钵水母纲的立方水母类和十字水母类随着分子生物学研究的深入先后被分出来单独成纲。

具体而言，钵水母类化石稀少；锥石类的化石记录相对较丰富，最早出现于埃迪卡拉纪晚期，可一直延续至三叠纪；其他类群化石记录零星。最早的钵水母出现在寒武纪，此后零星见于石炭纪、侏罗纪等。（詹仁斌）

**《渤海碧海行动计划》**　*Blue Sea Action Plan for the Bohai Sea*　中国"十五"期间制定的以改善渤海海域水环境质量为目标的海洋环境保护计划。

该计划由国务院于2001年批准实施。《渤海碧海行动计划》以整治陆源污染为重点，以恢复和改善渤海的水质和生态环境为立足点，突出对海岸带的有效管理，坚持陆海兼顾、河海统筹，以达到遏制海域环境的不断恶化、促进海域环境质量改善的目的。计划的编制原则是：突出重点，兼顾一般；污染防治和生态保护并重，陆地环境保护和海洋环境保护统筹；与重点流域水污染防治工作协调衔接；依靠科技进步，加强环境监测，强化环境管理。

《渤海碧海行动计划》的执行期限为2001～2015年，分为近期（2001～2005)、中期（2006～2010）和远期（2011～2015）三期实施。近期目标是海域环境污染得到初步控制，生态破坏的趋势得到初步缓解；中期目标是海域环境质量得到初步改善，生态破坏得到有效控制；远期目标是海域环境质量明显好转，生态系统初步改善。关注的重点污染物是氮、磷、化学需氧量和石油类，重点控制的区域是沿海陆域和近岸海域。

《渤海碧海行动计划》采用"纵""横"两条线的管理模式：一方面是中央政府和地方政府间的垂直管理，另一方面是中央各部门的横向管理。首先，隶属中央政府的国家环境保护总局（今生态环境部)、国家海洋局（今自然资源部)、交通部、农业部、海军等各部门，根据管理对象的不同形成各部门间的合作体系。其次，在具体计划的执行方面，根据计划实施范围划分山东、河北、辽宁、天津三省一市的具体责任，计划实施目标和具体任务由各省、市、县的负责人承担，实行目标责任制。

《渤海碧海行动计划》是中国"十五"期间重点环保工作"33211"的重要组成部分，在中国最早提出了联合治理"陆源污染"和"近海污染"的纲领，也是国务院首次联合各省市、各部门，从区域的观点针对区域海洋污染治理和生态保护编制的海洋环保规划，提出了实施化学需氧量、氮、磷和石油类物质的较全面的总量控制，并体现了污染防治和生态保护并重的思想。（高会旺）

**渤海环境综合整治**　comprehensive management and control for environmental restoration of the Bohai Sea　为解决渤海突出的海洋生态环境问题，在渤海全海区与环渤海的辽宁省、河北省、山东省和天津市开展的综合治理行动。渤海是中国唯一的半封闭型内海，仅东部以渤海海峡与黄海相通，由辽东湾、渤海湾、莱州湾和中央海盆组成，水域面积约7.8万平方千米，大陆海岸线长2796千米，平均水深18米，最大水深85米，20米以下的海域面积占一半以上，有黄河、辽河、滦河、海河等50余条河流注入。

渤海的主要生态环境问题　半封闭内海的地理特性，导致渤海水交换周期长，污染自净能力差，环境承载能力有限等问题。随着环渤海地区工、农业的发展和城镇化的快速推进，渤海生态环境严重恶化。

导致渤海生态环境问题的主要原因是陆源污染物的大量输入，特别是高密度的人口聚集、高强度的资源开发和重型化的产业结构。环渤海地区仅占中国总陆域面积的5.4%，却集中了中国总人口的18.5%、国民生产总值的22%。主要生态环境问题表现为：①近岸海域污染严重。2018年，渤海未达到第一类海水水质的海域面积为21 560平方千米，较上年同期增加15%；劣于第四类海水水质的海域面积为3330平方千米，较上年同期减少10%，主要分布于渤海湾、莱州湾、辽东湾北部等近岸海域，主要污染物为无机氮和活性磷酸盐。②河流排污总量维持高位。渤海主要河流携带的污染物包括化学需氧量、氨氮、总磷、石油类、重金属等，2009～2017年，污染物年均入海总量约85万吨。③入海排污口整体超标严重。2009年之后，环渤海三省一市实施监测的陆源入海排污口中，超标排污的比例均在60%以上，其中2018年环渤海实施监测的84个排污口中超标排放比例为67%，主要超标污染物为化学需氧量、总磷、悬浮物和氨氮。④2004年之后，典型海洋生态系统均处于亚健康或不健康状态。由于陆源排污以及海洋工程建设的影响，双台子河口、锦州湾、滦河口－北戴河、渤海湾、黄河口、莱州湾等典型生态系统健康状况不佳，海洋生物产卵场、索饵场、越冬场和洄游通道退化严重，渔业资源衰退，重要经济渔业资源大幅减少。⑤大量填海造地侵占海域空间，破坏生物栖息地和海洋生态环境。2000～2010年，渤海填海造地773平方千米，占用自然海岸线88千米；2010～2013年，填海造地533平方千米，占用自然海岸线58千米；2013～2018年，受政策管控影响，填海造地明显减少，为146平方千米。⑥海上溢油事故和**赤潮**灾害频发，环境风险突出。2006～2019年，渤海共发生了132起不同规模的溢油事件，其中蓬莱19-3油田溢油事件对渤海生态环境造成了严重影响；2010～2016年，渤海年均发生赤潮10次，年均发生面积2266平方千米，其中2010～2015年，秦皇岛海域暴发的抑食金球藻褐潮，为当地养殖业带来巨大损失。

**已开展的管控行动和整治成效** 渤海污染问题由来已久，中国已经开展并实施了多项管控措施和整治行动。

*《渤海碧海行动计划》* 2001年10月，国务院批准实施*《渤海碧海行动计划》*。该计划旨在促进渤海近岸海域海洋环境质量的改善，努力实现海洋生态环境良性循环，是中国最早实施的国家级“陆源污染及近岸海域保护”计划，由427个项目构成，主要包括城市污水处理、海上污染应急、海岸生态建设、船舶污染治理等内容，总投资555亿元。

该计划实施后，2001～2005年渤海沿岸一、二类海水比例由38.5%上升到66%，四类和劣于四类海水比例由44.9%下降到19.2%，水质情况较2001年有较大幅度提高，但到“十五”末期，仍有40%的规划项目未得到有效实施，已完成的治污项目运行效率较低，已建成的城镇污水处理设施的运行负荷率在60%以下的项目占22%，垃圾无害化处理率仅为28.8%，氮入海削减量完成度为88.4%。

计划实施过程中也暴露出重要缺陷，即渤海环境保护工作缺乏系统性，缺乏海陆一体、综合治理的机制，缺乏陆域、海域和流域联动的部门、地方间协调机制和工作合力。

*《渤海环境保护总体规划》* 2008年11月，国务院批准实施《渤海环境保护总体规划（2008—2020年）》。主要任务是建立渤海海洋污染防治与生态修复、陆域污染源控制和综合治理、流域水资源和水环境综合管理与整治、渤海环境保护科技支撑、渤海海洋监测系统等。

规划目标为：2012年，初步建立流域污染控制和综合整治系统，使13个沿海市主要污染源得到有效控制，降低海上溢油风险，减少赤潮发生频次，建立陆海统筹的污染防治体系和统一高效的协调机制；2020年，基本形成从山顶到海洋环境保护与污染治理的一体化决策和管理体系，使海洋污染防治与生态修复、陆域污染源控制和综合治理、流域水资源和水环境综合管理与整治、环境保护科技支持、海洋监测五大系统全面发挥作用，初步实现海洋生态系统良性循环，人与海洋和谐相处。

*主要河流流域水污染防治计划* 由于渤海的环境问题主要来自陆源污染排放，21世纪之后，中国以五年为阶段，连续实施了数次主要河流流域的水污染防治计划，防治对象包含注入渤海的黄河、海河、辽河三条大型河流。2003年，国务院批准先后实施《辽河流域水污染防治“十五”计划》和《海河流域水污染防治“十五”计划》；2008年4月，国务院批准实施《淮河、海河、辽河、巢湖、滇池、黄河中上游等重点流域水污染防治规划（2006—2010年）》；2012年5月，国务院批准实施了《重点流域水污染防治规划（2011—2015年）》；2015年4月，国务院印发实施《水污染防治行动计划》；2017年10月，国务院批准实施《重点流域水污染防治规划（2016—2020年）》。这一系列计划包含黄河、海河和辽河的水污染防治规划的实施，逐步改善了流域水质，在渤海陆源污染减排中发挥了重要作用。

**重要措施及预期成效** 2018年4月2日，习近平总书记主持召开中央财经委员会第一次会议，研究打好污染防治攻坚战的总体思路，明确要求打好渤海综合治理攻坚战在内的七场标志性战役。5月18日，党中央召开全国生态环境保护大会，习近平总书记再次强调要打好渤海综合治理等标志性战役，集中力量攻克老百姓身边的突出生态环境问题。2018年11月，生态环境部、发展改革委、自然资源部联合印发《渤海综合治理攻坚战行动计划》，要求环渤海三省一市开展陆源污染治理行动、海域污染治理行动、生态保护修复行动和环境风险防范行动四个重要行动，共18项重点任务，并明确了量化指标和完成时限，渤海环境综合整治正式拉开帷幕。

坚持陆海统筹、河海联动、标本兼治，系统推进渤海综合治理，主要治理措施包括：①加快实施陆源污染治理行动。包括入海河流污染治理、直排海污染源整治、散乱污企业清理整治、农业农村污染防治、城市生活污染防治、水污染物排海总量控制、严格环境准入与退出七项任务。以入海河流、入海排污口两大污染入口为治理重点，开展入海河流“消Ⅴ专项行动”，坚持“把入口、控超标、治散乱”的工作思路，大幅降低陆源污染物入海量，开展入海排污口排查整治专项行动，对入海排污口实行“查、测、溯、治”（排查、监测、溯源、整治），形成“天地一体、人机互补”的排查模式。②深入开展海域污染治理。包括海水养殖污染治理、船舶污染治理、港口污染治理、海洋垃圾污染防治、建立实施湾长制等五项任务。在辽东湾、渤海湾、莱州湾加快建立湾长制，并逐步分解落实到沿海城市，构建陆海统筹的责任分工和协调机制，着重健全完善港口、船舶、养殖活动及海洋垃圾污染防治体系，做好非法和不符合分区管控要求的海水养殖、相关垃圾堆放点等清理整治工作。③统筹实施生态保护修复。将生态保护红线区占比目标、自然岸线保有率目标、滨海湿地整治修复目标、岸线整治修复目标分解到三省一市，从海岸带生态保护、生态恢复修复、海洋生物资源养护三个方面入手，抓住岸线岸滩作为生态保护修复关键区域，严守渤海海洋生态保护红线，实施最严格的围填海和岸线开发管控，加强河口海湾综合整治修复和岸线岸滩综合治理修复，并逐步恢复渤海渔业资源，切实提升生态功能。④强化环境风险防范。从防范陆源突发环境事件和海上溢油风险着手，及时摸清风险源分布情况，持续开展环境风险评估，制定实施突发事件预案，强化专项执法检查。同时，加快赤潮灾害监测、预警、应急处置及信息发布体系建设，加强海洋生态灾害预警与应急处置。

渤海综合治理攻坚战计划通过三年综合治理，大幅降低陆源污染物入海量，明显减少入海河流劣Ⅴ类水体；实现工业直排海污染源稳定达标排放；完成非法和设置不合理入海排污口的清理工作；构建和完善港口、船舶、养殖活动及垃圾污染防治体系；实施最严格的围填海管控，持续

山东东营首艘海洋垃圾收集处理船在东营广利渔港水域作业

改善海岸带生态功能，逐步恢复渔业资源；加强和提升环境风险监测预警和应急处置能力。 （王 鹏 王菊英）

**渤海环流** Bohai Sea circulation 由外海进入的黄海暖流余脉和渤海沿岸流系组成。渤海环流的流速较小，一般只有几厘米/秒，比潮流至少小一个量级。冬季，黄海暖流余脉经渤海海峡北部进入渤海，向西偏北而行，至接近西岸时分为南、北两支。北支沿辽东湾西岸北上，会同**辽东沿岸流**，构成湾内的顺时针环流；南支进入渤海湾，沿岸南下，又经过莱州湾后，由渤海海峡南部流出渤海，形成一个逆时针的大环流。夏季，环流流型与冬季相近，渤海海峡北部入流在海峡西北口即产生分支，一支同冬季一样西行，形成渤海南部的逆时针环流，一支沿辽东湾东岸北上，在辽东湾内形成逆时针的环流。有研究表明，夏季的逆时针环流并不稳定，环流多较为复杂，呈现多涡旋结构；除了某些年夏季的个别月份，辽东湾沿岸的环流总是沿顺时针方向流动。 （荣增瑞）

**渤－黄海混合水团** Bohai Sea and Yellow Sea mixed water mass 渤海与黄海地区的混合**水团**。又称渤海底层冷水。盘踞于渤海中央海域，在辽南以及山东半岛沿岸水外侧水域的水团。冬季该水团的温度为 −1～2℃，盐度为 31.0‰～31.9‰。夏季该水团大部分增温显著，夏季可达 25～27℃，变性较大以致与黄海水团几乎无差别而融入后者。小部分变形较小得以保留，仅存在于渤海底层深度较大的洼地内，因其水温较表层明显偏低。 （鲍献文）

**渤莱沿岸流** Bolai Coastal Current 流动在渤海南部、渤海湾、莱州湾一带的海流。是渤海的另一支沿岸流，与**辽东沿岸流**一样主要受到季风、**黄海暖流**以及入海径流的影响。黄海暖流余脉在渤海西岸受阻分出的南支，沿渤海西岸南下，与渤莱沿岸流相接，构成渤海南部环流。渤莱沿岸流的流向十分稳定，终年皆为东向流，在渤海海峡南部流出渤海，沿山东半岛北岸继续东流。渤莱沿岸流的流速6月稍大，平均为10厘米/秒，3月较小，平均为5厘米/秒。渤莱沿岸流对黄河入海的泥沙有向黄海搬运的作用。 （边昌伟）

# C

**采油树**　christmas tree　位于油井顶端开口处的一个组件。它将来自井下的生产管道与出油管连接在一起，同时作为油井顶端和外部环境隔绝开的重要屏障。原称十字树、X型树、圣诞树。采油树包括用来测量和维修的阀门、安全系统和一系列监视器械，还包括多个控制阀门，可以调节或阻止所产生的原油蒸气、天然气和液体从井内涌出。采油树通过海底管道连接到生产管汇系统。

冬季采油树晚景

主要作用　①连接井下各层套管，密封各层套管的环形空间，承挂套管部分重量。②悬挂油管及下井工具，承托井内全部油管柱的重量，密封油管、套管间的环形空间。③控制和调节油井的生产。④保证各项井下作业施工，便于压井作业、起下作业等措施施工和进行测压、清蜡等日常生产管理；录取油压、套压资料。

分类型式　①按各种阀门是整体或相互独立部件，分为整体式和分体式。②按安装位置，分为水上采油树和水下采油树。③按安装形式，分为立式采油树、水平采油树、插入式采油树。④按结构形式，分为干式采油树、湿式采油树以及干/湿式采油树。⑤按井的布置，分为卫星井采油树和底盘井采油树。⑥按生产井别和完井方式，分为自喷井、电潜泵井、气举井、螺杆泵井、注水井、气井采油树等。⑦按出油管布置形式，分为单翼采油树和双翼采油树。（万德成）

**残留沉积**　relict sediment　晚更新世低海面时堆积下来的尚未被现代沉积物覆盖的浅海沉积。美国海洋地质学家K.O.埃默里于1952年首先提出这一术语，现已被广泛采用。泛指与现代海洋沉积环境下形成的沉积物截然不同的早期沉积环境下形成的沉积残留物，现在处于不平衡状态。如外陆架海区出现砂质沉积、浅海底出现淡水环境的沉积物等。

残留沉积主要出现在外陆架，在全世界大陆架上的分布面积达$19\times10^6$平方千米。已知世界上最大的残留沉积是自中国黄海向南延伸至马来西亚沿外陆架形成的一条长达4000千米的连续地带，沉积物以细砂为主，分选性和磨圆度均好，其中含有大量钙质结核。大面积残留沉积的陆架还有：巴伦支海、喀拉海、白令海、美国太平洋岸外南部、墨西哥湾北部、美国大西洋岸外部、南美北部、尼日利亚滨外等地的大陆架地区。

残留沉积物由砾石、砂和介壳等组成，往往含有许多指示原沉积环境的生物化石。在显微镜下观察，残留砂粒表面往往被氧化铁污染以及因溶解而出现凹坑。由于残留沉积物与现代沉积环境不同，因此，对残留沉积物进行研究分析可以重建当时的沉积环境，从而为环境和气候演变提供证据。在中纬度的一些大陆架区，出现冰积碎屑的残留沉积；美国东北部、法国、以色列、波多黎各和澳大利亚等地滨外浅水区，出现风成沙丘的残留沉积；美国东南滨外深水区，出现浅水的钙质鲕粒碳酸盐的残留沉积；西欧滨外、墨西哥湾、日本和马六甲海峡出现盐沼泥炭、淡水泥炭等残留沉积；尼日利亚滨外还出现淹没了的土壤等。这些残留沉积体都体现了环境变迁的历史。（于晓果　边叶萍）

**测波仪**　wave gauge　观测波浪时空分布特性的仪器。

类型　按照工作原理可分为以下几种。

视距测波仪　又称光学测波仪。观测者在固定观测点通过专用望远镜观测随波浮动的浮标。既可用望远镜中的网格估测波高，也可以通过传动装置把望远镜对浮标的跟踪运动传输给记录器，记录波浪运动的轨迹。视距测波仪是一种岸用测波仪，望远镜与浮标的最大距离为1500米。

测波杆　借助于桩柱、支架或中性浮标垂直固定于海中的测波标杆。用目测的方法跟踪波面在标尺上的高低变化，称为目测测波杆。利用海水的导电性，通过电测方法测量测波杆浸泡于海水中的高度来测量波高的，称为电测测波杆，又称电接触式测波仪。电测测波杆根据测量元件的不同，又可分为电阻丝式、电容式、分段电阻式等几种。

压力测波仪　通过安放在水下或海底的压力传感器测量海水压力的变化，再换算成波高。通常用在浅海区，主要是记录长周期波。

声学测波仪　一种倒置的回声测深仪，利用置于海底的声学换能器垂直地向海面发射声脉冲，通过接收回波信号，测出换能器至海面垂直距离的变化，再换算成波高。

重力测波仪　工作原理是用随波运动的浮体内加速度计测量海水质点沿重力方向的加速度，经二次积分后求得波高。有的重力测波仪还可根据其摇摆和方向给出波浪的方向。重力测波仪的记录方式分为自记式和信号发送式，信号发送式又分为模拟信号发送式和数字信号发送式。

遥感测波仪　根据其向海面发射的无线电信号回波信息进行波浪的反演。使用遥感测波仪进行波浪测量又称波浪遥感。波浪遥感主要分岸基波浪遥感和卫星波浪遥感。岸基波浪遥感典型的代表就是岸基高频地波雷达；卫星波浪遥感又分为高度计波浪遥感、SAR波浪遥感。

应用　视距测波仪和测波杆准确度较低，受主观因素影响较大，但结构简单、使用方便。压力测波仪和声学测波仪安装在水下或海底，可避免海面大风浪的破坏，但压力测波仪受海水滤波作用的影响，不能准确地测量短周期波；声学测波仪又受浪花和气泡的干扰，测量破碎波的准确度受到影响。重力测波仪能较真实地测出表面波参数。遥感测波仪具有测量面积大、空间准同步、全天候等特点。（王东晓）

**测流装置**　current measurement device　测量海流的速度和方向的仪器或装置。分定点海流计、漂浮测流装置和遥感测流装置。

定点海流计　根据流速传感器的工作原理，可分为旋转式海流计和非旋转式海流计两种。

旋转式海流计　利用海流的动能推动机械式流速传感器旋转，根据流速传感器的转速与流速成正比的原理测定流速，并用随流定向的尾翼和磁罗盘确定流向。常见的机械式流速传感器有旋桨、萨沃纽斯转子、螺旋推进器式转子、埃克曼海流计等几种。常见的流向传感器有埃克曼式小球落入流向盒不同方位记录流向，还有利用尾翼与磁罗盘南北方向之间的夹角与电阻成正比的原理调制惠斯登电桥电势（或电流）输出来记录流向等。

非旋转式海流计 种类很多，分别利用声、光、电、磁的原理测量海流，流速传感器中没有随流旋转的部件。①声学海流计。利用声波在顺流和逆流传播时速度不同的原理而设计的测流仪器。海流计的换能器同时向正反两个方向发射高频声脉冲，由于海流的影响，声脉冲到达接收换能器的时间（或相位、频率）不同，测出这一时间差（或相位、频率差）即可求出流速。②多普勒海流计。根据多普勒频移效应，利用随海水流动的悬浮粒子所散射的信号来测定海流的仪器。如利用波束声学换能器所发射的声脉冲在随流运动的水体悬浮物质中产生的回波多普勒效应，测量定点或者一定深度范围内海流三维流速和流向剖面的设备就是最典型和常用的一类，主要类型有测量垂向剖面的平面相控阵流速剖面仪、活塞式（三波束、四波束和五波束）流速剖面仪，测量水平流速分布的水平双波束流速剖面仪以及测量单点的单点海流计等常用类型。利用激光光束的多普勒频移测流的仪器称为激光多普勒海流计。③电磁海流计。根据海流在磁场中运动所产生的电动势的差异测量海流的仪器。其中测量海流在地球磁场中运动所感生的电动势的地磁场电磁海流计（GEK），测量时两个电极装在长电缆末端，适用于走航测流；测量海流在人工磁场中运动所感生的电动势的人工磁场电磁海流计，是用电极间的海水做导电体，通过固定在传感器上的电极测量，适用于定点测流。④热线海流计。利用加热电阻丝的热损耗随海流流速不同而变化的特性测量流速的仪器。一般用镀铂钨丝做电阻丝，恒温式地测出电阻丝上电流的变化，恒流式地测出电阻丝上电压的变化，再求出流速。⑤应变片海流计。利用海流对应变片压力的变化换算成流速的仪器。非旋转式海流计不设尾翼，而是采用矢量测量的方法，即利用罗盘的测值，直接把互相垂直的两个流速传感器的测值换算成流速的东西分量和南北分量，进而求出合成流速和流向。

旋转式海流计结构简单，成本低，但其流速传感器的惯性较大，不适用于表层和波浪区海流的测量。此外，它的转动部件易磨损，且受海洋生物附着的影响较大，测量准确度较低，但仍然是用途最广的常规测流仪器。非旋转式海流计的电路和结构较复杂，造价较高，但它没有机械惯性，响应较快，测量精确度较高，且对被测流场的干扰甚小，适用于准确度要求较高的场合。特别是激光多普勒海流计、热线海流计和应变片海流计更适用于海流微结构的测量，如近底层流、水－气交界处的表面流、小尺度湍流和切变流的测量。此外，声学多普勒海流计还适用于走航测流，在航行过程中能测出不同水层的流速。

漂浮测流装置 利用海中漂浮物体随流移动的现象，通过对漂浮物体时空变化的测量来确定流速和流向的装置。一般用漂流瓶、漂流卡、漂流绳和表面浮标等测量表面流，用漂流伞、漂流板和中性浮标等测某特定水层的海流。最原始的观测方法是根据放出的漂流绳长度和秒表测得的时间计算流速，目测流向，或者根据漂流瓶（卡）的投放与实到时刻的时间差和距离计算流速、流向。通常采用无线电定位技术或声学定位技术，从船舶、飞机和卫星上跟踪浮标的轨迹，从而测定海流。在特殊情况下，还可用特殊染料作示踪物质，用荧光计测量或彩色照相等方法测定该物质的运动轨迹，从而计算流速和流向。

遥感测流装置 利用电磁波在运动水体表面发生布拉格后向散射时产生的多普勒频移原理来探测海洋表面动力学参数，根据实际测量的1阶布拉格峰相对于标准布拉格峰的偏移程度获得测量点的径向流大小，雷达扫描获得大面积的海洋表面的径向流流速。由于单台设备只能获得测量点与雷达连线方向的径向流分量大小，无法测量连线垂直方向上的切向流分量大小，通常需要2台以上的设备联合才能获得二维矢量流速度。根据天线制式不同，可以分为阵列式天线雷达和集成便携式天线雷达，其中阵列式天线雷达由于天线口径比较大，测量精度较高，同时也能够提供波浪场测量。随着地波雷达反演理论的发展，出现了利用远程天波发射，多点地波接收观测的制式雷达。

美国得克萨斯州奥康纳港的测流装置

应用 定点海流计的测量准确度较高，一般悬挂在海上固定的平台（如抛锚的船舶、锚碇浮标、石油平台等）上，测量局部海区某固定点的海流。用几台海流计同时悬挂在潜标系统上，还可测量海流随深度变化的规律。漂浮装置的测量准确度较低，却具有大面积快速测流的能力，特别适用于大、中尺度涡旋的测量。随着地波雷达技术发展以及天波雷达的出现，大面积海流同步测量已经越来越受到推广应用。

21世纪初出现的综合自返式测流装置，利用电磁或声学原理，既在自动升降过程中测量不同深度层海流的瞬时值，又根据探头漂移的距离测量海流的平均水平流速，可以快速测流。（王东晓）

**层序地层学** sequence stratigraphy 在年代地层的框架内，将沉积岩层的相互关系与全球海平面升降、地壳沉降联系起来进行研究的学科。是地层学分支学科。层序地层学主要以“层序”作为基本单元。1948年，美国学者L.L.斯洛斯将不整合面划分的地层单元称为层序。20世纪80年代，综合了生物和年代地层学、沉积学、构造地层学等近代各地质分支学科的最新成果，并在拓展了地震地层学的基础上产生了层序地层学，其在油气勘探应用中获得成功。此种研究方法后又被生物地层学家用于地层学研究和地质填图。

层序地层学的发展一直与全球海平面变化研究紧密结合。美国学者B.U.哈克和P.R.韦尔等在被动大陆边缘盆地层序地层研究中，根据地震反射的上超现象，结合微体古生物资料编制了海平面变化曲线，发现每个基本层序都代表了一个海平面的旋回，层序界面的不整合是由于海平面下降、陆架沉积暴露并被侵蚀形成的，整个层序地层序列是海平面周期性变化的反映。此后的研究发现层序的形成受控于构造、海平面变化、物源补给和古气候等综合因素影响。

层序地层学属于成因地层学的范畴，是一种划分、对比和分析沉积岩的新方法。当它与生物地层学和构造沉降分析相互结合时，便可提供一种更为精确的地层时代对比、沉积相制图和钻前预测生、储、盖层分布的年代地层格架。从本质上讲，层序地层学分析成果提供了层序和体系域的成因地层单位的、以不整合面或与之相对应的整合面为界的年代地层格架。这些层序、体系域与特定的沉积体系类型、岩性分布和油气产出具有密切的联系，是由与海平面相对变化有关的基准面变化引起的。这些基准面变化表现在地震反射剖面上的不同类型地震反射的终止关系以及露头、钻井、测井资料上的沉积相带叠置方式的变化，可利用生物地层学和其他年代地层学的方法确定基准面变化处的地质年代。因此，层序地层学的地层单位是由物理界面所限定的等时岩石组合，从而提高了岩相古地理再造、盆地地质历史分析和资源评价的科学性和准确性。

层序地层学方法在有地震反射波资料的情况下可快速建立等时地层格架，并在此基础上研究各种相及沉积体系的分布和编制高精度的以体系域为单元的沉积体系分布图，在油气储集体预测上也有很大的实用价值。层序地层的研究，增强了全球不同地区、不同时代地层间的可比性，但层序界面年龄的确定还必须与古生物学、同位素地层学研究紧密结合。（李思田）

**长程高效动力传输技术** long distance and high efficiency power transmission technology 通过升压方式把电能远距离地从陆地或船上，高效率地输送到水下的海洋装备上并支撑其作业的技术。以**海底观测网络**为例，把低压380伏交流电升压变流为10千伏高压直流电。然后，采用单极金属回路方式，通过海底电缆把10千伏高压直流电远距离输送到海底接驳盒中。最后，通过接驳盒内部的高压－低压DC/DC转换器，把10千伏高压直流电的电压降低，转换成48/24/12伏低压直流电，供各种水下设备工作使用。

高压交流输电和高压直流输电是现今两种较为成熟的远距离输电方式。对于布设在水下数千米的水下装备来说，由于海水是导体，若采用交流输电方式，电缆具有大容量的容性充电无功功率，需要在线路中间设置并联电抗器补偿，因此交流输电是不切实际的。直流线路虽然也存在着对地电容，但由于其电压波形纹波较小，所以稳态时电容电流很小，沿线电压分布平稳，没有电压异常升高的现象，也不需要并联电抗补偿。因此，水下长程高效电力传输多采用高压直流输电方式。

（杨　柯）

**长基线定位** long baseline localization 利用水下目标到海底应答器的时延信息来计算目标位置的一种高精度**水下声学定位技术**。时延信息的准确性决定了目标定位结果的准确性。长基线定位系统主要由海底应答器阵和定位目标上的问答机组成，定位目标上的问答机发送不同频率的询问信号，海底应答器检测到对应的询问信号后发送应答信号给问答机，利用声波传播的往返时间可以解算出定位目标相对于海底应答器阵的位置，通过海底应答器阵的已知位置，可以得到定位目标的绝对位置。

长基线定位的基线长度可以达到几百米至几千米，定位精度较高，主要用于实现局部海域中的水下航行器或水面船舰的精确定位和导航，也是海洋测绘中常用的一种定位方式。长基线定位最大的优点在于在较大范围内和较深海水的情况下，导航定位具有较高的精度。但是由于基线长，导致海底布放和回收应答器阵所需的时间较长，且校准过程也较复杂。此外，对于深海定位导航，由于深度和距离的原因，长基线定位数据更新较慢。

（瞿逢重　魏　艳）

**长江冲淡水** Changjiang River diluted water 长江巨量淡水入海，与东海海水交汇、混合，产生盐度低于31‰的水体。它的盐度比东海外陆架盐度34.4‰低，比长江口门内盐度高得多，其低盐水体对东海海洋动力和生态环境具有重要影响。长江冲淡水扩展具有显著季节性变化。在夏季，长江冲淡水向东北方向扩展，可远达济州岛海域，是东海和黄海一个特殊的水文现象。长江冲淡水出口门后，受科氏力的作用，似乎应沿岸向南输运扩散，但向东北扩展是个饱受关注的科学问题。冲淡水向东北方向扩展的原因主要是长江口海区夏季盛行东南风，受风生埃克曼输运的影响，使之偏向东北方向扩展。另一个原因，是东海陆架存在朝东北方向流动的**台湾暖流**，阻碍了长江冲淡水朝南扩展。夏季长江入海径流量大，7月和8月多年平均值约为45 000米$^3$/秒，造成冲淡水扩展范围巨大。长江冲淡水比中下层水体轻，浮在海洋的表层，深度约为10米。若有大风，受表面风应力产生的混合作用，会导致在垂向上冲淡水增深，水平方向上改变冲淡水扩展方向。

在秋季，长江冲淡水出口门后受科氏力和北风的共同作用，沿岸向南扩展。一般在9月下旬季风已为北风，其产生的埃克曼水体输运向岸，迫使冲淡水沿岸向南扩展。

在冬季，偏北季风增强，长江冲淡水沿岸在更窄的范围内继续向南扩展，最远可达台湾海峡。受海表面冷却和大风混合的影响，冬季长江冲淡水在垂向上盐度和海温基本一致。冬季1月和2月多年平均长江入海径流量约为12 000米$^3$/秒，远比夏季小，其携带的泥沙在闽浙海岸形成高浊度水体，沿岸的泥沙沉积主要来自长江。

在春季，长江口及邻近海区主导风为东风，长江冲淡水从冬季的沿岸向南扩展逐渐转为向东扩展。长江冲淡水携带大量的营养盐入海，经过秋季和冬季的累积，随着春季太阳辐射的增强，海洋升温，容易发生藻类暴发。长江冲淡水扩展与其携带的泥沙、营养盐输运扩散和藻类生长关系密切，是研究长江口外海域生态动力学的物理基础。（朱建荣）

**长链烯酮** long chain alkenones 链长为$C_{35}$～$C_{42}$的带有2～5个碳碳双键的直链甲基或乙基脂肪酮化合物。具有独特的反式构型和双键间距。$C_{37}$～$C_{39}$烯酮是最常见的长链烯酮组分，此外还包括少量$C_{35}$、$C_{36}$、$C_{40}$和$C_{41}$烯酮。长链烯酮不易遭受生物或化学作用的破坏，能较完整地保存于沉积物中，在海洋沉积物中广泛分布。已知产生长链烯酮的类群可分为三组：Ⅲ组包括赫氏艾密里藻（*Emiliania huxleyi*）和大洋桥石藻（*Gephyrocapsa oceanica*）；Ⅱ组包括的物种属于等鞭金藻科（Isochrysidaceae），如球等鞭金藻（*Isochrysis galbana*）和皱边金藻（*Chrysotila lamellosa*），其典型代表是在沿海地区和盐湖等环境中发现的物种；Ⅰ组由未能分离纯化的定鞭藻（*haptophyte*）组成。赫氏艾密里藻是第一个被发现产生长链烯酮的定鞭藻，且被认为是现代海洋沉积物中长链烯酮的主要来源。除来源外，长链烯酮组成还受温度、盐度、光照、营养盐和水体化学性质（如硫酸盐－碳酸盐比）等环境因素的影响。由于长链烯酮分布广泛，化学性质稳定，因此建立了一系列基于长链烯酮的指标，用于水体温度、盐度等环境参数的重建。其中，基于$C_{37}$长链烯酮比值的$U^{K}_{37}$和$U^{K'}_{37}$作为常用的古温度重建指标，已被广泛应用于海水表层温度的重建（见**化学古海洋学**）。（邢　磊）

**长效高密度电池技术** long-term high density battery technology 为深海作业的水下装备，如**自治式无人潜水器**、**载人潜水器**、混合型遥控潜水器、深海钻机、各种深海底取样和原位测量仪器、海底长期观测站等进行供电的技术。在海洋仪器装备上广泛使用的电池中，锂离子电池的整体性能较其他电池好，具有如下突出优点：①单体电池端电压高。锂离子电池的公称电压值为3.6伏，是镍氢电池的3倍。工作电压高，意味着在提供相同能量的前提下，电池使用的数目会减少，这样也可降低电池组的故障率。②能量密度高。锂离子电池的体积能量密度可达到300瓦时/升（Wh/L），是镍氢电池的1.5倍，镍镉电池的2倍；重量能量密度可达125瓦时/千克（Wh/kg），是镍氢电池的2倍，镍镉电池的2～3倍。③电池工作的温度范围广。锂离子电池能够在－20～60℃正常工作，并且电池的实际容量不会有明显变化。④自放电率低。自放电率低的电池适合用于长时间备用电源。在室温下，锂离子电池的自放电率为0.5%/日，而镍氢电池为3%/日，镍镉电池为1%/日。⑤循环使用寿命长。正常使用情况下，锂离子电池的循环次数能达500次，此时电池的输出容量约是全新电池的80%。⑥无记忆效应、无污染。锂离子电池在循环使用中不存在记忆效应，且不含重金属物质，不会造成环境污染。（杨　柯）

**超大型浮式海洋结构物**　very large floating structures; VLFS　尺度以千米计的浮式海洋结构物。区别于尺度以百米计的船舶和海洋工程结构物，如海洋平台等。一般而言，超大型浮式海洋结构物可以海岸、岛屿和岛屿群为依托，带有永久性或半永久性，具有综合性、多用途的功能。它的设置将对某一区域的社会、经济活动乃至政治、军事格局发挥极其重要的影响，对超大型浮式海洋结构物的研制需许多学术领域和工程领域共同完成。

对于VLFS研究最早和较深入的国家是日本和美国。VLFS主要有3个方面的用途：①大量开发和利用海洋资源，就必须要在合适的海域建立资源开发和科学研究基地、海上中转基地、海上机场等。②当沿海城市缺乏合适的陆域时，可以把一些原本应建在陆地上的设施，如空港、核电站、废物处理厂等，移至或新建在近海海域，降低城市噪声和环境污染。③在国际水域建立合适的军事基地，对某地区的政治、军事格局产生战略性的影响。

基本特征　VLFS的结构形式与一般的海洋结构物有很大的不同，最主要的特点是其长（宽）度与高度的比值非常大。下表给出了超大型浮式结构物与大型船舶主尺度的比较。由于它是一个扁平的柔性结构物，其结构是细长的，弹性变形十分显著，因此它在海洋环境中的弹性响应必须考虑。这一特点使得过去通常将海洋工程结构物的流体与结构响应分开处理的方法不再适用，而必须将两者耦合起来。结构变形将改变环境中的流场，产生明显的流体和固体的动力耦合作用，可用20世纪70年代末发展起来的水弹性理论进行分析。

由于结构的超大化，VLFS面临着更复杂的海洋环境，风浪流条件恶劣，而且相对于浮式结构物各部分而言将不是均匀的。当超大型浮式海洋结构物面临极其恶劣的气候和海况条件，在生存条件下的弹性结构物受力、运动响应及结构物可靠性等则需要考虑。此外，与一般的海洋工程结构物不同，VLFS要求的寿命一般要在百年以上。

**超大型浮式结构物与大型船舶主尺度的比较**

| 类别 | 长/米 | 宽/米 | 高/米 | 长/高 |
|---|---|---|---|---|
| 400 000DWT 油轮 | 350 | 70 | 29 | 12.1 |
| 海上储油轮 | 390 | 97 | 27.6 | 14.1 |
| 超大型浮式结构物 | 4770 | 1714 | 7 | 681 |

主体结构　从建造方案看，VLFS一般采用单元模块组合体的技术方案，其主体结构分为两类：①箱式（pontoon type）。浮体构造简单，建造成本和维护费用较低，一般可用于靠近海岸的平静水域，日本的浮式机场就是采用这种结构型式。而它在波浪中的运动特性，可以通过在其外围建造防波堤减小波浪来解决。至于防波堤的形式，一般来讲，浅水水域用传统的防波堤来保护，较深水域用半潜式防波堤来保护。②半潜式（semisubmersible type）。结构复杂，水动力性能更好，适宜恶劣的海洋环境。组合体在垂直方向是单层的，在水平方向是单列或多列的，模块之间采用具有一定挠性的连接装置未连接。

动力特性研究　VLFS的柔性非常大，需要对浮式结构物的流体和结构响应进行耦合分析，而水弹性理论（hydroelasticity theory）是研究流体与固体相互作用的理论。完整的三维理论对计算要求更高，因此出现了一些简化模型。为解决其流固耦合问题，有人将VLFS简化为两端自由的梁，采用二维势流理论分析，但仍然只能采用数值计算方法，数值计算方法有有限元法、边界元法、有限元－边界元混合法、模态或特征函数展开法、特征函数一致展开法和B样条伽辽金法。有学者基于有限元－边界元混合法建立了三维水弹性响应的分析方法，可以在时域中直接求解，也可以在频域中用模态展开法进行求解。对于箱式VLFS可以将其简化为一块弹性平板。

超大型海洋浮体在波浪中的运动其四周的运动响应大于中间，为改进其水动力性能，有学者提出在浮式主体周围设置半潜式消波堤，在流体域中采用速度势连续，将VLFS当作一个弹性薄板，板的挠度是用自由梁振动时模态展开来近似得到。

数值计算方法　VLFS是一个模块化结构，可能有数百个模块用柔性连接拼成，需要开发出高效的数值求解方法。国内外学者提出以下几种有效计算方法：一是利用结构的对称性，只计算浮体的二分之一或者四分之一，称为复合奇异点分布法；另一种是将其划分为几个较小的子结构进行求解，然后采用某种“自由度凝聚技术”，缩小整个系统的求解规模；还有就是忽略距离很远的通过流体作用的两点之间的相互作用求解。

根据VLFS的特点，其水动力特性预报是国际上讨论研究的重点问题，对于其设计准则并没有现成规范可循，需尽可能多地收集数据和结构专业知识，加强对超大型浮式海洋结构物的研究。（董　胜）

**超短基线定位**　ultra short baseline localization　采用超短基线，结构简单、方便灵活的水下定位技术。与长基线定位、短基线定位的不同之处在于，超短基线尺度通常在1米以下，定位先根据信号到达各个基元的时延差或相位差进行测向，再根据差值计算距离。超短基线定位系统基线长度在几厘米至几十厘米，既可布放在船底也可布放在海中或海底。超短基线定位也需要通过配合罗经、方位姿态仪、全球定位系统等设备得到大地坐标。工作方式可分为同步方式和应答方式，同步方式时基阵被动接收应答器（信标）发送的信号，通过传播时间计算单程距离；应答方式时海底应答器接收到信号后发送应答信号，利用声波传播的往返距离再根据信号的相位差计算出距离。

超短基线定位优点是体积小、操作简便、可连续跟踪定位；缺点是定位精度较低、使用前需要进行多次校准、对基阵安装精度要求高。超短基线定位适合于对精度要求不高的定位，主要用于潜水器跟踪。主流的商用超短基线产品的定位距离通常为1000～8000米，距离精度可达0.8%，浅海型的定位距离通常较短。

（瞿逢重　魏　艳）

**超声波防护技术**　ultrasound protection technology　利用超声波防除海洋污损生物的技术。超声波是指振动频率大于20千赫的声波，超声波防除海洋污损生物主要是应用其空化效应（存在于液体中的微气核空化泡在声波的作用下振动，当声压达到一定值时发生的生长和崩溃的动力学过程）。超声波空化效应与超声波的频率及强度有关。超声波频率越低，在液体中越容易产生空化效应，即空化效应随着频率的升高而降低。超声波强度是指单位面积上的超声波功率，空化作用的大小与超声波强度有关。对于一般液体，超声波强度增加时，超声波空化强度也随之增大，但达到一定程度后，空化会趋于饱和，此时再增加超声波强度则会产生大量无用气泡，从而增加了散射衰减，降低了空化强度。在防除海洋污损生物方面运用超声波技术具有简单、经济、有效、环保等优点，可以有效防止海洋生物进入海洋装备或在装备外表附着。（杨　柯）

**朝鲜沿岸流**　Korea Coastal Current　由大同江、汉江等入海的径流组成的沿岸流。起源于西朝鲜湾南部，沿朝鲜半岛西岸终年南流。它与**黄海暖流**构成一个弱的反气旋式环流。因朝鲜半岛西岸无太大的江河入海，朝鲜西岸沿岸流的势力一般不强，仅局限于离岸20～30海里（37.04～55.56千米）的范围。当它到达朝鲜半岛西南端时，一部分被黄海暖流牵引北上，一部分经济州海峡流入朝鲜海峡。（荣增瑞）

**潮差**　tidal range　一个**潮汐**周期内，最高潮与最低潮水位之间的落差。根据经典的平衡潮理论，太阴平衡潮的潮差最大可达0.657米，太阳平衡潮的潮差最大可达0.258米，两者之和应为0.915米，这是平衡潮的潮差能够达到的最大值。大洋里许多岛屿的大潮差和这个值接近。如中国台湾东岸火烧岛附近的潮差约为1米，夏威夷群岛火奴鲁鲁一带的最大潮差约为0.9米。但通常海湾中的潮差比临近海洋的潮差大。例如，中国杭州湾的澉浦，最大潮差为8.93米；北美洲的芬迪湾是世界上潮差最大的地方，比杭州湾约大一倍。（周　磊）

低潮时岸边植物位置显示的潮差

**潮间带**　intertidal zone　平均大潮高潮线至平均大潮低潮线之间的地带。潮间带随潮汐的涨落而淹没或露出，其宽度受海岸坡降的控制。海岸坡降越平缓，潮间带宽度越大；反之，潮间带狭窄。潮间带上部出露水面时间较长，干燥泥裂作用与**潮上带**相似，其下部常被海水淹没，受潮流和波浪的冲刷，海底的泥沙被改造和重新分配，具有较好的分选性和磨圆度。潮间带浅滩在地貌上具有明显的分带性（特别是在粉砂淤泥质海岸），如渤海湾西岸的潮间带浅滩由陆向海可分龟裂带、内淤积带、滩面冲刷带和外淤积带。沉积物自低潮线向岸，由粗变细。沉积物中富含蛤、蚶和蛏等软体动物，生物贝壳被激浪冲刷，常被水流带至岸边堆积成贝壳滩或**贝壳堤**。

潮间带分区特征　根据潮汐活动的规律，潮间带有4条特征水边线：大潮高潮线、小潮高潮线、小潮低潮线、大潮低潮线。根据这4条潮线，将潮间带分为3个区：高潮区（带），又称上区，该区被海水淹没的时间短，只有在大潮高潮时被海水淹没；中潮区（带），又称中区，占潮间带的大部分，其上界是平均小潮高潮线，下界是平均小潮低潮线。该区每日可一次或两次干露和被海水淹没；低潮区（带），又称下区，位于潮间带下部，其上界是平均小潮低潮线，下界是平均大潮低潮线。该区大部分时间淹没在水中，只有在大潮落潮期短时间内露出水面（见**潮坪**）。

意义　潮间带是大气圈、水圈、生物圈和岩石圈相互作用最活跃的界面，是海-陆相互作用的过渡地带，也是滨海湿地重要的组成部分，其物质和能量的转化远比其他地域迅速、剧烈。它不仅是大批濒危野生动物的栖居场所，也是河口和近海鱼类的索饵和繁殖场所；同时还是净化污水，消减陆源污染物入海通量的一道天然屏障。潮间带又是一个典型的环境脆弱带和敏感带，极易受到人类活动的破坏。沿岸排污和入海河流携带的污染物使潮间带成为化学需氧量（COD）、营养盐、重金属等的重要归属地之一。潮间带重金属除了直接对潮间带生物及通过食物链的生物富集和放大作用直接影响人类健康外，还会由于该区域水动力和生物活动的影响，造成重金属的重新分布和释放，产生重金属的“二次污染”，直接危害近岸环境。

一些研究表明：滨海城市污水的大量、长期排放在不同程度上对潮间带生态环境造成了很多负面影响，一些难降解的有害、有毒物质，如重金属、苯胺、多氯联苯等在潮间带沉积物和生物体中不断积累，对潮间带生态系统、海水养殖业以及近海环境构成了直接或间接的危害。同时，潮间带又将最先接纳来自陆源的污染物向浅海和远海扩散，是影响周边海域环境优劣的关键区域。

因此，研究潮间带环境质量，将直接关系到海洋资源的保护、开发和利用及海洋生态系统的平衡。选择潮间带对其环境质量状况进行分析，是研究海洋生态环境变化的一种有效方法，并以此作为治理海洋环境的依据之一，为港口建设、滩涂养殖业发展提供生物学依据，同时对渔业等海洋经济的可持续发展、海洋生态环境的保护以及人类的健康都有重要意义。（权永峥　李广雪）

**潮间带生物监测**　biological monitoring in the intertidal zone　对**潮间带**生物的个体数量、群落特征及生物体内污染物含量等进行的采样和测定。潮间带生物监测在近岸环境灾害早期预警、突发事件防控、环境标准的制定，以及解释环境变化过程及变化程度等方面均具有重要作用。

潮间带位于海-陆相互作用带，是典型的环境脆弱带和敏感带。生活于其中的潮间带生物具有两栖性、节律性、分带性等生态特征，昼夜、月、季节和年际周期性变化明显，其种类组成及数量变动能灵敏反映所在地及周围环境的变迁，潮间带生物对痕量污染物具有富集作用和指示作用。由于潮间带同时受到自然和人类活动的影响，潮间带生物监测能够反映多种污染物对环境的综合效应与危害，且反映的是一个较长时间尺度内的污染累积效应。因此，潮间带生物监测具有综合性、长期性、连续性、灵敏性、直观性、非破坏性、经济性和操作简便等特点。

潮间带生物监测的主要内容包括生物群落监测和生物质量监测。①生物群落监测。底栖生物是潮间带及毗邻海域和陆域生态环境质量的良好指标生物，能显示污染物对生物种群动态和群落结构的影响。因此，潮间带生物群落监测的重点是对潮间带大型、中型、小型底栖生物的生物量、种类数、优势种及优势度等的监测和评估。此外，还可包括浮游生物、叶绿素a、粪大肠菌群等的监测。潮间带生物中的某些种类，如多毛类小头虫、原生动物和底栖硅藻等对环境质量变化的反应极为敏感，并能迅速地反映出区域环境质量状况和污染对生物个体生长、繁殖或存活的影响，常被用于潮间带生物监测和环境污染评价。②生物质量监测。对生物体内重金属、石油烃等的监测，也可包括对粪大肠菌群、多氯联苯（PCBs）、多环芳烃（PAHs）、*麻痹性贝毒*等项目的监测。监测的生物种类以贝类为主，并根据海区特征增选鱼类、甲壳类和藻类。潮间带无脊椎动物群落的优势种或常见种对某些重金属污染反应直接且敏感，因此可从中筛选出对近海和潮间带污染具有指示意义的生物。对潮间带重金属的监测大多选用底栖固着型滤食性双壳类软体动物，如贻贝和牡蛎，以其体内污染物残毒量评价潮间带环境中污染物的时空分布和污染物的毒性作用。已有100多种双壳类软体动物被用于不同潮间带的生物质量监测。

在利用传统方法进行潮间带生物监测的同时，一些新的生物监测方法，如分子生物学指标、生物活性等也逐渐用于生态环境变化的监测。污染物对生物机体的作用从生物大分子开始，之后才到微观细胞再到宏观生物群落，因此分子水平的生物监测更为直接和有效。在溢油对潮间带生物影响的监测中，已有研究将褶牡蛎的DNA链完整性与其体内石油烃含量相联系，以评价潮间带受石油污染的严重程度，也有通过分析生物标志物活性（或含量）的变化幅度与沉积物、软组织中污染物含量的关系，筛选出潮间带环境污染的敏感标志物，用于评价潮间带生态环境质量。（白　洁）

**潮控三角洲**　tide-dominated delta　潮汐作用远大于河流和波浪作用发育而成的*三角洲*。一般发育于潮汐作用较强、波浪能量较弱、*沿岸流*较小的狭窄湾区。由于强潮流的侵蚀与改造，注入港湾内的河流沉积物只能在港湾内堆积成小型三角洲。河流沉积物常被潮流和河流洪水改造成线状潮汐沙坝，这些沙坝常平行于潮流方向，在河口的前方呈放射状分布，它们充填于潮沟之内或其两侧。巴布亚湾弗莱河三角洲、南美洲亚马孙河三角洲、北美洲科罗拉多河三角洲、中国辽河三角洲、钱塘江三角洲等均为潮控三角洲。

潮控三角洲沉积可划分为三个亚相：①潮控三角洲平原亚相。河流携带的泥沙在河道内沉积形成的地形主要为沙丘；分流间地则以潮坪沉积为主；而分流河道的下游以潮流沉积为主，形成平行于河道走向排列的线状砂脊。②潮控三角洲前缘亚相。存在着许多从分流河口呈放射状分布的长几千米的潮流砂脊，砂脊之间的潮道内常发育许多浅滩和河心岛。③潮控前三角洲亚相。浅海相沉积，细粒沉积层夹有季节性变化的薄砂层。

潮控三角洲的沉积特征，从垂向层序看，底部是含生物扰动的前三角洲；其上主要是以潮流砂脊为特征的三角洲前缘沉积，向上粒径变粗；再向上主要为三角洲平原的潮坪和潮道沉积；最顶部常发育沼泽和分支河道沉积。（徐继尚　李广雪）

**潮流**　tidal current　潮波内水体的水平流动。通常把*潮位*上升过程中发生的海水水平流动称为涨潮流，而把潮位下降过程中发生的水平流动称为落潮流。海洋中处处都有潮流，但在海峡、水道或湾口等处的潮流，由于沿岸和海底地形等因素的影响，流速较大。以中国浙江杭州湾乍浦西南为例，可达7～8节（1节=1海里/时）。潮流和潮位变化，是潮波运动过程的两个方面。在一般情况下，潮流与潮位变化相对应；但在个别地点的潮流与潮位的变化并不对应。例如，在全日潮的*无潮点*附近，潮流为全日潮流，而潮位却是半日潮类型。然而，大多数地点，潮位为半日潮，潮流也是半日潮；潮位为全日潮，潮流也是全日潮，并有类似的各种不等现象（见*潮汐*）。

*旋转潮流和往复潮流*　因为潮波的每一分潮（见*潮汐调和分析*）的水质点轨迹都为椭圆，所以在广阔海区的潮流，既有流速的变化，也有流向沿一定方向的不断旋转，这种潮流称为旋转潮流。但是在海峡、水道和狭窄港湾的潮波，受地形的限制，椭圆变得很窄，因而水体大致在一个水平方向往复运动，这种潮流称为往复潮流。对于往复潮流来说，当涨潮流和落潮流交替时，海水在短时间内几乎停止流动（流速小于0.1节），称为憩流。无论半日潮流或者全日潮流，都可能有旋转潮流和往复潮流。

实际的潮流甚为复杂。有些海域的潮流，速度矢量端点的连线（速矢端迹）与椭圆相近。矢量端点的数字为从格林尼治的月中天时刻算起的小时数，负的代表在月中天时刻之前，正的代表在月中天时刻之后。有些海域的潮流速矢端迹与椭圆相差甚大。

对于半日潮流，周期平均为12时25分。在每半个月中，潮流以朔望后约两天最强，上下弦后约两天最弱。对于全日潮流来说，周期平均为24时50分，流速随月球赤纬而改变：在赤纬达最大值后约两天，流速最大；在赤纬为零时，流速最小。

从岸边看到的潮流

*潮流和潮汐的对应关系*　通常指潮流的流向转换（转流）及最大流速同高潮和低潮时刻的关系。若潮波呈前进波性质，则转流发生在高潮和低潮的中间时刻，最大流速出现在高潮和低潮时刻附近，如中国浙江舟山定海附近，在高潮和低潮之后约两小时出现转流。若潮波呈驻波性质，则转流发生在高潮和低潮时刻附近，最大流速出现在高潮和低潮的中间时刻。中国的很多港口，如塘沽新港和连云港等，其潮流都属于这种类型。

*潮流垂直分布*　在大多数海区，除近底层外，潮流速度的垂直梯度比较小，不同深处的流向也比较接近，尤其是水道和海峡的潮流，上下层的流向几乎相同。但是有些地点，潮流的各层流速和流向不同，特别是流速的差异更为明显，其最大流速常出现在海面下约3米处，而最小流速则出现在底层，这是由于海底摩擦作用的结果。潮流的最大流速出现的时刻，以底层为最早，这也是底层摩擦最大的缘故。（周　朦）

**潮流能发电**　tidal current power generation　利用潮汐的动能发电的技术。潮流发电需要在海上安装潮流能转换装置，用水轮机组发电，一般无须筑坝。潮流能利用的海洋工程结构和机电设备的总和，称为潮流能发电站。

潮流能发电装置包括海上支撑结构和发电机组。

*海上支撑结构*　根据海上支撑结构安装方式不同，主要分为：①桩基式。桩基式潮流发电装置即打桩至海底形成牢固的桩基础，在与基础连接的桩柱上安装潮流发电机组。②座底式。座底式潮流发电装置即发电机组安装在与基础底座相连的支撑结构上，装置整体下沉并坐于海底，依靠装置自身结构和附加压载的重力及其海底摩擦力抵抗潮流的水平力矩和倾覆力矩，稳定在海床上。③漂浮式。漂浮式潮流发电装置是发电机组安装在漂浮式载

浙江舟山群岛的大型海洋潮流能发电机组

体平台上，平台由锚链和锚固定于海床。

发电机组　根据获能方式不同，主要有：①水轮机式。水轮机式潮流发电是将海水水平流动冲击水轮机叶轮的动能转换为水轮机的旋转机械能，经机械传动系统驱动发电机发电。是潮流能发电实际应用中常用的获能方式。②摆动式。摆动式潮流发电是将海水水平流动冲击机翼形或圆柱形摆体往复运动形成的机械能转换为电能。摆体受水流作用沿垂直于水流的方向做直线往复摆动，或经连杆铰支沿圆弧线做往复摆动，所产生的机械能推动直线发电机直接转换为电能，或者推动液压缸将机械能转换为液压能，然后通过液压马达转换为旋转机械能，再驱动发电机发电。

（史宏达）

**潮流椭圆**　tidal current ellipse　在一个潮周期内，分潮流矢量端点的连线呈椭圆形。潮汐分解为周期或频率不同的若干分潮后，每个分潮的流矢量均随时间不断变化。潮流椭圆的长轴和短轴分别代表潮流能够达到的最大流速和最小流速。潮流椭圆可以形象地描述分潮潮流的特点。

（张召儒）

**潮坪**　tidal flat　形态多呈带状延伸的、具有明显潮汐周期作用的海岸坪地。潮坪由被潮道和潮沟所切割的潮滩组成，可分为**潮上带**、**潮间带**和**潮下带**。潮坪区地形坡度极为平缓，潮坪上潮汐水位升降的幅度（潮差）一般为2～3米，最大可达10～15米，故在平面上可出现相当宽阔的潮间带，又称潮间坪。在潮间坪的高潮线附近，是一个低能环境，以泥质沉积为主，称为泥坪或高潮坪；低潮线附近能量高，以砂质沉积为主，称为砂坪或低潮坪；两者之间的过渡地带，能量中等，具砂泥质沉积，称为混合坪或中潮坪。潮坪的潮上带部分称为潮上坪，可发育沼泽和盐坪。潮坪的潮下带部分主要被潮汐水道、水下沙坝和沙滩所占据。潮坪上由于潮汐水位的升降而形成潮流。潮流的运动和冲刷使潮坪出现大量的潮渠和潮沟，它们向陆地出现分叉，形如树枝状。潮流的流速一般为30～50厘米/秒，在潮渠或潮汐水道内流速可达1.5米/秒，这是潮坪环境中能量最高的地区。潮流的运动和冲刷作用是潮坪上层理、波痕等各种沉积构造形成的重要原因。

亚洲最大的潮坪——中国秦皇岛鸽子窝大潮坪

潮坪的层理类型多样，泥坪上多见水平纹层或水平波状纹层；混合坪上多具有脉状、波状、透镜状层理，是由涨落潮时形成的沙波与平潮期的泥质沉积组合而成；砂坪上常出现由多次涨落潮造成的羽状或人字形交错层理和双黏土层，这是潮坪沉积的重要标志之一；在潮下带的潮汐水道内可见中－大型流水交错层理、羽状交错层理等。

（丁　咚　李广雪）

**潮上带**　supratidal zone　位于平均大潮高潮线以上，特大潮汛或**风暴潮**时海水可到达的范围。潮上带宽度很大，可达数十至数百千米，很少受到海水的作用，沉积物主要是细粒物质和一些生物碎屑，如藻类、有孔虫、介形虫、软体动物和植物根等；又因水浅，蒸发作用强，含盐度较高，在沉积物表面常产生白云石、石膏、盐等蒸发产物。未固结沉积物在风吹日晒作用下脱水收缩使其表面形成泥裂（或干裂）；沉积物具薄层纹状层理。

潮上带暴露于空气中的时间每年达90%以上。潮湿型的潮上带包括潮沟、天然堤、藻类沼泽等亚环境。该带间歇性受风暴潮水淹没，形成表面一层厚达数厘米的壳，并由于干缩而破裂成为不规则的多角形状，有时可以缩圈起来，有时可以形成锥状构造，或者完全被剥离而成为扁平卵石角砾铺成的“地面”。潮上带向陆地的部分可能逐渐过渡成各种陆地环境。

雨季时被淡水淹没的藻类沼泽是藻垫生长的理想环境。藻垫周期性地被特大风暴冲来的沉积物所埋藏，因此保存下来的记录是于风暴层交互成层的结果。在排水好的地带，潮上带环境是一个风蚀面，偶尔被潮水沟的上游段所切割，有时被上升的毛细管水侵入，并被薄膜状藻垫所覆盖。冲刷过的和有波浪作用的沉积物很常见，碎屑外皮有时裹着藻类，形成小的藻灰结核。

（权永峥　李广雪）

**潮位**　tidal elevation　某点**潮汐**海面相对于某一基准面的垂直高度。潮汐和波浪都会造成水位的变化，因此在实际观测中某些验潮仪的工作原理与相应的**测波仪**十分相似，其主要区别在于验潮仪中要有消波装置，才能测出水位的缓变分量——潮位。

潮位是潮汐在垂直方向上的主要表现形式，也是描述潮汐特征的一个重要物理量。人们的多种活动与潮位的升降有密切的关系：船只航行和进港出港，舰艇活动，沿海地区的农业、渔业、盐业、港口建设，大地测量，环境保护等，都必须掌握潮位变化的规律。此外，利用潮汐能发电也是能源开发的一个重要方面。

（周　磊）

**潮汐**　tide　因月球和太阳对地球各处引力不同所引起的水位、地壳、大气的周期性振荡现象。海洋水面发生周期性的涨落现象称为海洋潮汐，地壳相应的现象称为陆潮（又称固体潮、地潮），在大气则称为大气潮汐（又称气潮）。上述三种潮汐中海洋潮汐最为明显。中国古代对海潮早就做过细致的观测。东汉哲学家王充在他的《论衡》一书中提出“涛之起也，随月盛衰”，指明潮汐与月相变化有关。17世纪，英国物理学家I.牛顿用引力定律科学地说明海潮是月球和太阳对海水的吸引所引起的。

在天文学中，潮汐这一概念已被延伸到对其他天体的研究中，成为研究某些天体的形状、距离、运动和演化等不可缺少的因素。

大潮和小潮　由月球的引力所引起的潮汐称为**太阴潮**。一个太阴日（月球连续两次上中天的时间间隔）长约24小时50分，在这期间地球表面上同一点发生两次涨潮，两次落潮，因此连续两次涨潮的间隔时间约为12小时25分。太阳和月球一样，也会引起潮汐，称为**太阳潮**。地球上单位质量物体，受到的月球引力和地球绕地月公共质心运动的惯性离心力的向量和，就是该物体所受到的月球引潮力。同理，地球上单位质量物体受到的太阳引力和地球公转的惯性离心力的向量和，就是该物体所受到的太阳引潮力。太阳或月球对地球上同一点所产生的引潮力，与太阳或月球的质量成正比，而与它们同地球之间的距离的立方成反比。因此，太阳的质量虽然是月球质量的2700万倍，但月球同地球的距离只有太阳同地球距离的

1/390，所以月球的引潮力约为太阳引潮力的2.17倍。在朔日和望日发生大潮，因为那时月球、太阳和地球几乎在同一直线上，太阴潮和太阳潮彼此相加，以致涨潮特别高，落潮特别低。上下弦的时候发生小潮，因为那时月球和太阳的黄经相距90°，太阴潮被太阳潮抵消了一部分。

潮汐与地球自转变慢　潮汐对地球自转有一种制动作用，能使地球自转逐渐变慢。对古代日食记录的分析研究表明，地球的自转周期每个世纪变长1～2毫秒。这个变化虽然很小，可是经过长期积累，便颇为可观。从对古珊瑚化石生长线的研究得知，在37 000万年前，每年有400天左右。

潮汐对天体的作用　一个小天体（伴星）围绕一个大天体（主星）运行，若伴星的轨道逐渐缩小到临界半径以内，伴星就会被主星的引潮力分裂为碎片。这个临界半径值是法国天文学家É.A.洛希于1848年求出的，所以称为洛希极限。位于洛希极限内的土星光环，系由许多小块物质组成，这一光环很可能是土星的一颗卫星进入洛希极限后分裂形成的。

许多双星都有潮汐干扰的迹象。双星成员的形状一般是椭球，而不是正球。通常用扁率定量地表示这种椭球体的形状。一般说来，一颗星绕另一颗星运动的周期愈短，扁率愈大。这种现象至少一部分是由双星之间的引潮力造成的。密近双星，彼此间由于潮汐作用常常还会发生质量交流。

对于星团而言，银河系的较差自转和银河系对星团的引潮力，是导致星团逐渐瓦解的重要因素。

有些河外星系是双重星系或多重星系。在距离很接近的双重星系之间往往存在着物质“桥”，天文学家认为这可能是彼此之间的起潮力引起的。通过中性氢21厘米谱线的射电观测，已经发现有伴星系的旋涡星系形状不对称，一个显著的例子便是旋涡星系M101（NGC5457）；反之，对无伴星系的旋涡星系来说，则未发现形状上的畸变。前者很可能是由于潮汐造成的。（周　朦）

**潮汐表**　tide table　预报沿海某些地点在未来一定时期每天的潮汐情况。全称潮汐预报表。在航运方面，有些水道和港湾须在高潮前后才能航行和进出港；在军事方面，有时为了选择有利的登陆地点和时间，就必须考虑和掌握潮汐的情况；在生产方面，沿海的渔业、水产养殖、农业、盐业、资源开发、港口工程建设、测量、环境保护和潮汐发电等，都要求掌握潮汐变化的规律。潮汐表就是为这些方面服务的。

中国唐代窦叔蒙在《海涛志》一文中提出了根据月相推算高潮时刻的图表法，大约比英国的《伦敦桥潮候表》早400年。19世纪60年代末，英国开尔文勋爵和G.H.达尔文等提出了潮汐调和分析方法，后来还设计和制造了机械的潮汐推算机，使潮汐表的编算工作得到迅速发展。自20世纪60年代末以来，电子计算机已广泛应用在潮汐推算工作中。

潮汐表一般包括主港逐日预报表（通常有高潮和低潮的时间和潮高，有的港还有每小时的潮高）、附港差比数、潮信和任意潮时或潮高的计算等内容。

主港逐日预报表　潮汐现象可视为由许多不同周期的分潮叠加而成，应用已求出的该港的潮汐调和常数，就能算出该港的高潮和低潮的潮时和潮高以及每小时的潮高，做出逐日预报表。

附港差比数　差比数包括潮时差、潮差比和潮高比，是根据主港和附港的潮汐资料统计得到的，也可由主港和附港的潮汐调和函数算得。差比法是利用主港的潮汐预报来预测附港潮汐的方法。欲求得某附港的高潮和低潮的时间，只需将主港的高潮或低潮的时间加上此附港的潮时差即得；欲求得附港的高潮和低潮的潮高，可利用潮差比或潮高比进行计算。

潮信　港口的潮汐信息。在半日潮占优势的港口，潮信列有各港的平均高潮间隙、平均大潮升（大潮平均高潮高）、平均小潮升（小潮平均高潮高）等潮汐特征值；在全日潮占优势的港口，一般列出回归潮和分点潮的潮汐特征值，可用以计算各港口大概的潮时和潮高，并了解附港的潮汐特征等。

任意潮时或潮高的计算　在潮汐表中，通常附有便于计算的图卡和表，应用于已知高潮和低潮的情况下，计算高潮和低潮之间任一时刻的潮高或出现任意潮高的时刻。

此外，有的潮汐表还附有各港口主要分潮的调和常数，或概略介绍附近海区的潮流。（周　朦）

**潮汐动力学理论**　dynamic theory of tide　根据流体动力学的原理和方法，研究海洋中的潮波，即由引潮力所引起的长波运动的一种潮汐理论。这个理论一直是围绕着拉普拉斯潮汐方程的求解问题而发展起来的。

英国物理学家I.牛顿最早认识到海洋潮汐实质上应作为流体动力学问题来考虑。在牛顿之后，法国天文学家、数学家P.-S.拉普拉斯于1775年首创大洋潮汐动力学理论。他忽略流体运动方程中的非线性项和摩擦项，得到用球坐标表示的拉普拉斯潮汐方程：

$$\frac{\partial u}{\partial t}-2\omega v\cos\theta=-\frac{g}{a}\frac{\partial\zeta}{\partial\theta}$$

$$\frac{\partial v}{\partial t}-2\omega u\cos\theta=-\frac{g}{a\sin\theta}\frac{\partial\zeta}{\partial\lambda}$$

$$\frac{\partial\zeta}{\partial t}+\frac{1}{a\sin\theta}\left[\frac{\partial(hu\sin\theta)}{\partial\theta}+\frac{\partial(hv)}{\partial\lambda}\right]=0$$

式中$u$和$v$分别为南北方向和东西方向的潮流速度分量从海面到海底整个深度的平均值，它们都是极距$\theta$和经度$\lambda$的函数；$a$为地球的平均半径；$\omega$为地球的自转角速率；$\zeta$为从平均海平面算起的潮位高度，是平衡潮的潮高；$g$为重力加速度；$t$为时间；$h$为从平均海平面到海底的平均深度。

此方程一直是研究大洋潮汐的基本方程。但在求其准确解时却遇到很大的数学困难，不得不把海洋理想化而求其近似解。为此，拉普拉斯曾假定地球表面全被海水包围，然后分别考虑几种具有特殊深度分布的理想海洋。虽然计算结果与实际海洋不甚一致，但却使人看到海洋的深度分布，特别是大洋的形状和海底地形，对海洋潮汐有重要的影响。（刘海龙）

**潮汐静力学理论**　static theory of tide　从静力学平衡的角度研究潮汐周期变化的理论。又称平衡潮理论。假设地球为均一水深的水球，并能够对天体引潮力的作用迅速响应，忽略陆地分布、底地形、摩擦与惯性效应的影响，在重力和天体引潮力的作用下海水不断达到新的平衡位置，结合地球的自转，从而引起地表固定地点海面水位的周期性变化。

英国物理学家I.牛顿在《原理》一书中用引潮力来描述被均匀海洋覆盖行星的潮汐。1740年，瑞士物理学家D.伯努利从静力学平衡的角度假设地球表面都被海洋覆盖，且海面永远与重力和引潮力的合力垂直，这种理想的海洋潮汐称为平衡潮。平衡潮理论虽能定性地说明潮汐的周期变化和不等现象，但实际海洋受地形、地球旋转、摩擦等各种因素的影响，潮汐往往呈现出更加复杂甚至与平衡潮理论相反的变化。（钟贻森）

**潮汐能发电**　tidal power　利用海水面昼夜间涨落中的势能发电的技术。潮汐能电站通常建于潮差大的海湾入口或在河口筑堤以构成水库，安装水轮发电机组于坝内或坝侧，利用堤坝两侧潮汐涨落的水位差驱动水轮发电机组发电。

潮汐电站包括单库单向式、单库双向式、双库式、发电结合抽水蓄能式等。①单库单向式。只筑一水库，安装单向水轮发电机组，在落潮或涨潮时发电。因落潮发电可利用的水库容量和水位差比涨潮大，故一般采用落潮发电方式。在一个潮汐周期内，电站依充水—等候—发电—等候4个工况运行。②单库双向式。只筑一水库，安装涨落潮均可发电的机组，或在水工布置上满足双向发电。一般以落潮发电为主。在一个潮汐周期内，电站依等候—涨潮发电—充水—等候—落潮发电—泄水6个工况运行。③双库（高低库）式。筑两个互相毗连的水库，双向水轮发电机组安装在两水库之间进行发电。其中一水库设有进水闸，在潮位较库内水位高时引水入库。另一水库设有泄水闸，在潮位比库内水位低时泄水出库。前者总是保持较高水位，称为高库；后者总是保持较低水位，称为低库。高、低库之间终日保持水位差，

中国自行设计的第一座双库全潮电站——海山潮汐电站

水轮发电机组可连续发电。④发电结合抽水蓄能式。在电站水库水位与潮位接近，而且水头小时，用电网的电力抽水蓄能。涨潮时将海水抽入水库，落潮时将库内水往海中抽，以增加发电时的有效水头，增加发电量。 （史宏达）

**潮汐日不等** tidal daily inequality 凡是一天之中两个潮的潮差不等，涨潮时和落潮时也不等的现象。潮汐的最主要周期是半日周期，除此之外还有很多其他周期的分潮，使得实际的潮位曲线出现潮汐日不等现象。 （刘海龙）

**潮汐调和常数** tidal harmonic constant 潮汐分潮的振幅和迟角。见*潮汐调和分析*。

**潮汐调和分析** tidal harmonic analysis 把任意地点的潮位变化按展开式的谐波项分解为许多分潮，并根据潮位变化观测数据计算各分潮的振幅和相位的方法。是潮汐分析和预报的一种经典方法。又称潮汐谐波分析。

分潮 就天体引潮力所引起的潮汐（天文潮）而言，其潮高$\zeta$可视为各种分潮的潮高之和。1883～1886年，G.H.达尔文首先计算出主要分潮的上述各要素，给出其中一些重要分潮的名称和符号。1921年，A.T.杜森给出更精确的结果，列出的分潮共300多个。英国D.E.卡特赖特等于20世纪70年代初期，利用最新天文数据重新计算的结果中，列入了400多个分潮。

海洋中的潮汐，主要包括这些周期不同的振动，其振幅和相位因地而异，对某一定的地点来说，大多数的分潮是由引潮力所产生的。其余的分潮，按其成因可分为两类：①由太阳辐射的周期变化引起的分潮，其中最主要的是太阳年分潮$S_a$，其圆频率为0.041 07°/时，周期为1年。②由浅水非线性效应引起的分潮，其圆频率是天文分潮频率的倍数、和数或差数。这些分潮只对浅海潮汐起着比较重要的作用。

调和分析 实际潮汐中所包含的分潮虽然数目很多，但实际上考虑的分潮通常只有几十个至一二百个。假设考虑有$m$个分潮，应计算的未知数是平均海面高度$S_0$、各分潮的振幅$H_i$和迟角$g_i$共$2m+1$个，所用的观测资料一般是按一定的时间间隔（常用1小时）测定的潮位$\zeta(t_1)$，$\zeta(t_2),\cdots,\zeta(t_\omega)$。每个分潮的振幅和迟角只和观测点的位置有关，故称为潮汐调和常数。依照观测数列的长度，大体上可将调和分析分为3种类型：①短期，序列长度为一天至数天。②中期，半个月至数月。③长期，1年以上。

调和分析中所采用的一般方法是设计一组数字滤波器$F_i^{(j)}$，这些滤波器的特征是它们的谱具有狭窄的以$\sigma_j$为中心的峰部，以便把圆频率为$\sigma_j$的分潮分离出来。然后求解一些联立方程组，并把滤波不完全所造成的偏差消除。滤波器峰部的宽度，总是受观测时间的长度所限制，如果观测时间不够长，频率很接近的分潮就分离不开，这时必须在这些分潮调和常数之间引入预先给定的关系，如假设它们的迟角相等，振幅之比等于相应的天文分潮振幅之比，然后把分潮分离。 （周 朦）

**潮汐预报** tide prediction 对未来某一时刻天文潮潮位的预报。相对而言，潮汐是较为容易预报的海洋现象之一。传统预报潮汐的方法主要是基于以往观测数据的调和分析方法。对于没有历史观测数据的地点，基于全球卫星高度计观测资料进行经验调和分析也可对开阔海域有较好的预报结果。另外，当今数值模式与数据同化技术的发展也为潮汐预报提供了另一种技术手段，该方法也可以实现对潮流的预报。广义的潮汐预报还包括对气象潮、海洋内潮的预报。

潮汐预报的频率和预报方式多种多样，潮汐预报通常是每天或者一天多次，这取决于位置和用户的具体需求。预报方法主要是各种方法生成的，包括调和分析和准调和分析方法等。调和分析方法是潮汐分析和预报中采用的一个基本的方法。潮汐预报通常用于很多方面，如沿海地区港口和海洋作业，以规划航运、捕鱼、能源利用、港口工程建设、海上救援、打捞作业和军事等活动，确保海上活动的安全和效率。 （钟贻森）

**潮汐月不等** tidal monthly inequality 随着月球绕地球的运动，各次潮的潮差不相等，潮差逐渐改变，变化周期大约是一个月的不规则现象。潮高与月地距离的三次方成反比，因此月球近地点时潮差较大，远地点时潮差较小，这就出现潮汐的月周期变化，产生月不等现象。 （刘海龙）

**潮下带** subtidal zone 平均大潮低潮线以下、浪蚀基面以上的海洋浅水区域。潮下带水浅，阳光充足，氧气充分，波浪活动频繁，从潮坪及陆架地区带来丰富的养料，有大量鱼类、虾、蟹、珊瑚、苔藓动物、棘皮动物、海绵类、腕足类及软体动物等，钙藻也大量繁殖。

泰国斯米兰岛潮下带的生态景观

沉积物以细砂为主，分选良好，磨圆度高，自低潮线向海，沉积物由粗逐渐变细。根据此带内海底地形特征，可分两种类型：①局限潮下带。又称闭塞潮下带或低能潮下带。海底微微下凹，波浪振幅较小，水流较弱，沉积物较细。②开阔潮下带。又称潮下高能带。与外海直接相连，海底地形微微凸起，波浪和潮汐对海底沉积物搅动强烈，并充分地筛选。因此沉积物较粗，分选及磨圆度均较高。

（李广雪 权永峥）

**潮余流** tidal residual current 潮汐在一个周期内的平均流速或流量。全称潮汐余流。

因底摩擦、地形、边界诸多因素的作用和相互影响，导致的周期性潮汐的潮余流不等于零，它与其他海洋环流一样是物质输送的途径之一。所以，研究潮余流对海洋环境和污染事件的预报和评估有重要影响。

在海洋潮汐的周期中，**潮位和潮流**是两个随时空不断变化的物理量，潮位指的是海平面高度的变化，潮流则指的是流速矢量（包括大小和方向）的变化。一般说来，在开阔海域，潮流水质点在一个周期内沿着椭圆轨道运动，称之为旋转潮流。但在海峡、水道、狭窄港湾中，潮流的水质点则是做往复运动，称之为往复潮流。

根据以上分析，可以在海上某固定点，间隔一小时或半小时连续测量海流的速度和方向，达到一个太阴日以上，即可获得瞬时潮流和平均潮流，求出余流。

矢量图法。以$O$为原点，依次绘出实测流速矢量，连接矢端得到潮流椭圆，其中心在$C$点。如果不存在余流，则$C$点应与原点重合。显然，矢量$OC$代表余流。

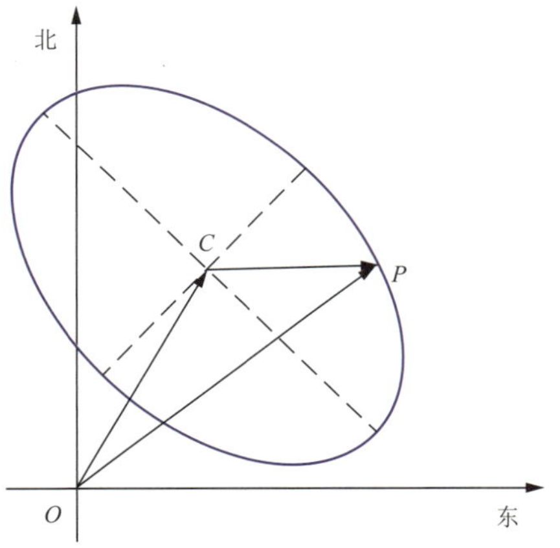


矢量图法

计算法：假定在一个太阴日进行了$n$次海流观测，每次观测流速的南北和东西向分量分别为$u_{Ni}$、$u_{Ei}$，则余流的南北和东西向分量分别为：

$$u_N = \frac{1}{n}\sum_{i=1}^{n} u_{Ni}$$

$$u_E = \frac{1}{n}\sum_{i=1}^{n} u_{Ei}$$

则余流的速度为：

$$V = \sqrt{u_N^2 + u_E^2}$$

余流的方向角为：

$$\theta = \tan^{-1}\frac{u_N}{u_E}$$

（周济福）

**砗磲**　giant clams; *Tridacnidae*　双壳纲帘蛤目的一科。

形态　贝壳中等大或特大，壳质重厚，两壳同形。壳面粗糙，具有隆起的放射肋，有的种螺肋上生长有粗大的鳞片或棘刺。贝壳边缘呈波浪状或具齿。铰合部每壳各有1个主齿和1～2个侧齿。足丝孔大或小，位于壳顶的前方。

砗磲贝壳方位识别与其他双壳类相反，壳顶和足丝孔朝下为腹面，壳缘向上为背面。

分布　分布于印度–西太平洋热带海域，中国台湾、海南岛、西沙群岛和南沙群岛等岛礁均有分布。全世界已报道砗磲科动物2属，共12种。中国沿海发现2属（砗磲属和砗蚝属），共6种。

生态习性　生活状态壳顶向下，由足丝孔伸出坚硬的足丝固着在珊瑚礁或其他物体上。通常是从幼体时附着，终生不再移动；而有的种幼体时用足丝附着，成体时足丝脱落，可缓慢移动，在珊瑚礁或礁坪上的珊瑚砂环境中生活。有的栖息于一些死的珊瑚内，仅露出背缘。砗磲动物是双壳类中一群高度特化的种类，它们的外套膜非常发达，膜中有一种特殊的结构，称为玻璃体，能聚合光线。生活状态下的砗磲，其外套膜伸展，有蓝、黄、紫、粉红、翠绿、棕红等颜色和各色花纹，五彩缤纷，非常漂亮。外套膜边缘厚，大部分愈合，仅留有足孔、鳃孔和肛门孔。外套膜边缘有颗粒状突起，这些突起的内部有水晶体构造，通常称为“眼”，能散射光线，使在砗磲组织深处共生的单细胞藻类虫黄藻迅速生长。据报道，砗磲科动物有85%～90%的食物来自虫黄藻，而10%～15%食物通过滤食方式获取。

繁殖　雌雄同体。生殖腺发育过程中，精巢先发育成熟，随后卵巢发育成熟。砗磲繁殖时，利用贝壳的收缩和张开，每一次收缩或张开都是一次排放精子或卵子的过程，通常是先排放精子，然后再排放卵子。精卵在海水中相遇，完成受精和胚胎发育过程。

意义与价值　闭壳肌和外套膜等可食用，其味道鲜美，也可加工成干制品，都是非常好的食材，是日本、新加坡及中国台湾、香港和海南等地居民的传统美食。而那些体形小、色彩鲜艳的活体砗磲如番红砗磲是水族市场热销的品类，主要用于观赏。

此外，砗磲的贝壳很大，壳质优良，是非常好的贝雕工艺的原材料。还可以烧制成石灰用于建筑等。砗磲科中最有代表性的是大砗磲，贝壳特大壳质重厚，壳长可达1米多，体重上百公斤。贝壳内面呈白色、淡橘色，有的个体呈紫褐色，富有光泽，刨光后形似美玉，可加工雕刻成各

图1　大砗磲贝壳

种工艺品或装饰品（图1）。

大砗磲是佛教中七宝（金、银、琉璃、珊瑚、砗磲、赤珠、玛瑙）之一，也被认为是最珍贵的一种。常用砗磲贝做成手串佩戴（图2）。

图2　白色砗磲手串

根据《国家重点保护野生动物名录》，大砗磲为国家一级重点保护动物。根据《濒危野生动植物种国际贸易公约》，砗磲科所有种类都属于二类保护动物。

（张素萍）

**沉积体系域**　depositional systems tract　由一系列具有内在成因联系的、同时代的沉积体系组成的地层单元。沉积体系域的形成受控于全球海平面变化、构造沉降、沉积物供给速率以及气候变化四者之间的相互关系。沉积体系域是一个三维沉积单元，体系域的边界可是层序的边界面、最大海泛面或初次海泛面。可以通过地震反射终止关系，如削蚀、顶超、上超、下超，以及沉积相的组合序列、体系域内部几何形态来识别体系域类型。体系域是进行有利地层预测的基本作图单元。在一个海平面升降旋回中，在旋回的不同阶段发育了不同的体系域，即不同的体系域类型发育于某一沉积层序的特定部位。一个沉积层序通常由3个体系域组成，Ⅰ型层序通常由低位体系域、海侵体系域和高位体系域组成，Ⅱ型层序通常由陆架边缘体系域、海侵体系域和高位体系域组成。　（朱筱敏）

**沉积物捕获器**　sediment trap　在海底采集海水中悬浮物的装置。海洋颗粒物质记

录了海洋物理、化学和生物过程的有关信息。对水柱中不同深度的沉降颗粒进行时空尺度上的高分辨率通量测定，最初使用的是单一样品收集器，而最早的自动化沉积物捕获器出现于1982年。之后，由卫星定位和监视的在海面自由漂浮的沉积物捕获器和大孔径时间系列沉积物捕获器的广泛应用，不仅能得到输出真光层的物质通量的数据，同时还可以同步获得**海洋真光层**温度、盐度、营养盐与浮游生物消长的情况以及海面物理、化学条件变化与颗粒通量的关系。

Honjo-Mark Ⅵ型沉积物捕获器属于大孔径时间系列沉积物捕获器，主要由三部分组成。第一部分是带有蜂窝状水流调节盖的圆锥形集样漏斗，采集面积0.509平方米。一般深海颗粒物质的通量为50～200毫克/(米$^2$·天)，用此类型捕获器收集0.5克样品需5～20天，能满足高分辨率采样和多学科研究的要求。第二部分由样品杯（13个样品杯固定于样品盘上）和控制其自动转换的微处理单元、马达及相应的附件组成，固定于一个0.509平方米的圆盘上。这部分是沉积物捕获器的关键设备，其主要功能是把各个样品杯在预先设定的时间内自动放置到集样漏斗下面，采样完毕后分别给予封存，确保它们在回收之前尽量保持原状。其中核心部件是带有微处理器的电源控制器被密封放置于经特殊热处理制成的铝合金罩壳内，其最大耐压深度可达5500米。第三部分是支架，即由6根不锈钢柱和上下两个钢环组成的圆柱形框架，可与锚系相连。这种类型的沉积物捕获器的放置与回收在一般科学考察船上即可作业。

研究表明，全球变化的核心是碳循环。海洋吸收和调节大气$CO_2$浓度主要是通过浮游生物生物泵的过程来实现。从大的时空尺度来看，由海-气界面进入真光层的碳和真光层输出到深海的碳应当是相等的。在真光层之下的不同深度的水层中设置沉积物捕获器，就可以测量碳及相关元素输向海底的物质通量，同时运用多学科综合研究来考察高分辨率时间尺度上颗粒物质来源、通量的季节性变化及控制因子，这对于理解海洋调节大气$CO_2$浓度的机制和中国海洋领域的全球变化研究具有十分关键的意义。（莫恭政）

**柽柳生态修复** tamarisk ecological restoration 根据滨海地区或盐碱地柽柳的生物学和生态学特征，以其为建群种构建群落，恢复受损生态系统结构和功能的植物修复技术。柽柳科（Tamaricaceae）柽柳属（*Tamarix*）植物，统称柽柳。

分布范围 全世界约有90种柽柳，主要分布于亚洲大陆和北非，部分分布于欧洲的干旱和半干旱区域、沿盐碱化河岸滩地到森林地带，间断分布于南非西海岸。中国约有20种柽柳，主要分布于西北、内蒙古及华北。中国滨海地区分布的柽柳有甘蒙柽柳（*T.austromongolica*）和中国柽柳（*T.chinensis*），这两种柽柳形态相似，在野外常难以区分。

生物特征 柽柳是一种多年生泌盐盐生植物，为落叶灌木或小乔木，是干旱、半干旱沙漠和盐碱化土地上的重要树种，在适应盐渍化生境过程中，进化出独特的生物学特征。柽柳是深根性灌木，具有明显的向下直伸的主根，以保证与地下水迅速建立联系。当地下水位较高时，主根有时发育成好几根，斜向生长以增加吸收面积；主根与密集的侧根、细根相互交错，组成复杂的根系，具有极好的水土保持作用。柽柳的根系具有强大的根压，可以在土壤盐溶液浓度很高时继续吸收水分，保证正常的生长发育，同时在鳞片状叶及当年生绿色营养枝上，长有较多的盐腺，可分泌体内多余的盐分。

生态价值 柽柳对滨海生境具有很好的适应性，是唯一可在中国北方粉砂淤泥质滩涂上成林的木本植物，发挥着重要的生态价值：①可以有效削弱风、潮对海岸的冲刷和侵蚀。②具有很强的滞留泥沙、固结土壤、促淤造陆的作用。③枝叶和发达的根系，可增加土壤有机质的积累，促进团粒结构的形成，为其他耐盐植物群落繁衍创造适生环境条件。④可以吸收污染物质、吸附海雾和尘埃。⑤柽柳群落景观价值突出，如昌邑海洋生态特别保护区的柽柳林，总面积2070公顷，是中国北方暖温带海岸线上一道靓丽的风景。

修复成效 由于柽柳突出的生态价值，柽柳在暖温带滨海生态修复工程中备受重视，北方沿海各省市（辽宁、河北、天津、山东和江苏等）均有引种栽培的经历。柽柳一年生长枝上密布芽眼，是进行无性繁殖的优良材料，因此在实践中，常采用以扦插繁殖为主、播种为辅的技术方案，具有很高的成活率。

在滨海生态修复实践中，常以盐地碱蓬、獐毛、补血草、罗布麻、盐芥、芦苇、白茅等当地原生的草本植物为伴生种构建柽柳群落。科技工作者在品种和修复技术方面取得突破，使柽柳生态修复的成效大幅提高。如“鲁柽1号”，就是从中国柽柳中选育出的柽柳新品种，经过苗期和区域化试验证实具有育苗及造林成活率高、速生、抗逆性强等特性，是优良的生态及薪炭林树种，特别适宜重盐碱地栽植。此外，应用容器苗技术，极大地提高了滨海滩涂柽柳造林的成活率。（王 炜）

**赤潮** red tide 一些浮游微藻在适宜环境条件下迅速增殖或聚集引起海水变色的现象。赤潮包括所有能改变海水颜色的有毒藻或无毒藻引发的藻华，以及那些虽然生物量低又未改变海水颜色，但却因含有藻毒素并通过食物链传递而造成危害的藻华事件。赤潮是全球海洋多发的生态灾害。

成因 **有害藻华**现象自古就有，《圣经》中就有对尼罗河下游发生赤潮的记载，中国古代也有关于赤潮现象及其后果的记述。20世纪以来，许多沿海国家随着工农业的迅速发展，沿海地区大量的工业废水和生活污水排入海洋中，造成内湾、河口和沿岸水域的严重有机污染和富营养化，进而导致赤潮发生的频率不断升高，持续时间增长且赤潮高发区不断扩大。中国海区的有害藻华原因种发生了向小型化与有害化方向的显著演变，这与多种人类活动（富营养化、远洋运输压舱水的排放、水产养殖、过度捕捞等）及气候变化密切相关。

原因种 自20世纪30年代起，中国沿海已记录800余次赤潮，特别是70年代以来，赤潮发生频率呈现明显上升趋势，中国有明确记录的赤潮平均每年约60次，主要赤潮高发区在长江口及邻近海域、珠江口与渤海湾，引发藻华的常见原因种有40种左右。重要的有害藻华藻类有如下几种：①东海原甲藻（*Prorocentrum donghaiense*）。是中国东海最为引人注目的高生物量藻华原因种，该种在中国大部分海域均有分布。在长江口以南与福建北部以北的浙江近海，成为每年重复循环出现的有害藻华，发生的时间主要在4月下旬和6月上旬，藻华的规模可达到上万平方千米，对海洋生态系统危害极大，造成海洋食物链中的次级生产者（浮游动物，如中华哲水蚤）产卵率显著降低、死亡率严重升高等。②米氏凯伦藻（*Karenia mikimotoi*）。是另一种中国海域重要有害藻华种，广泛分布于中国各海区。米氏凯伦藻种群动力学及大规模藻华的发生似与异常气候事件有关联，但确切的机制仍然不清楚。③伴随中国生态环境的变化，在中国沿海还出现了新的藻华种类。自1999年以来，球形棕囊藻（*Phaeocystis globosa*）在中国南方和北方均引发过藻华，在东海的层化水体中数次出现先前从未有的剧毒卡尔藻（*Karlodinium veneficum*）和多环旋沟藻（*Cochlodinium polykrikoides*）藻华，在珠江口连续几年发生了双胞多沟藻（*Polykrikos geminatum*）藻华，更为值得关注的是在中国北方的秦皇岛附近海域连续发生了由微型藻类引发的大规模藻华，一次性藻华面积可超过3000平方千米，但单个细胞大小仅2微米，经多种科学分析手段证明其原因种是隶属于海金藻门的**抑食金球藻**（*Aureococcus anophagefferens*），由于其引发藻华时不同其他类别的藻华，表观上呈现黄褐色而被称为**褐潮**，全球由该种引发的有害藻华先前仅在美国东海岸和南非有过记录，褐潮的主要危害在于引发贝类特别是扇贝的大量死亡，同时也给滨海风景休闲旅游景观造成影响。

主要危害　在许多海域，有害藻华问题一旦出现就会持续很长一段时间，对海水养殖、生态安全和人类健康构成威胁。有害藻华不仅严重破坏海洋渔业资源和生产、恶化海洋环境、破坏海洋生态平衡、损害滨海旅游业，而且食用被赤潮生物污染的海产品还会造成人体中毒，对人类健康构成威胁，甚至导致死亡。因此，有害藻华已成为世界沿海国家所面临的一种严重的海洋环境问题，引起国际上的普遍关注。

防治措施　为有效防控有害藻华，要加强针对有害藻华的基础研究，阐明藻华原因种的多样性状况、藻华发生与生态系统健康的关系、藻华的演变趋势及其驱动因子、藻华演变可能造成的生态效应等问题，加强对藻华的观测预警和控制防范能力。　（陆斗定）

**赤潮治理技术**　mitigation technology of red tides　针对海域可能发生或已经发生的**赤潮**灾害采取的一系列应对技术措施。通过治理赤潮，可以最大限度地降低赤潮灾害发生的风险或产生的危害，达到保护海域生态系统健康、生态环境安全的目的。

技术分类　赤潮治理技术通常可以分为预防性治理技术和应急性治理技术两大类。

预防性治理技术　针对某个海域可能暴发的赤潮风险，通过一系列的预防性措施的实施，最大限度地降低赤潮灾害发生的风险。又称间接性治理技术。

赤潮预防性治理技术主要包括：①通过构建赤潮监控系统（包括监控设备、监测技术、监测频次等），建立灵敏有效的赤潮预测预警体系，达到赤潮预测预报的目的。②通过陆源营养盐减排控制策略、海域营养盐生物调控技术等，达到预防赤潮发生的目的。③通过船舶压舱水控制等技术，防止赤潮藻的引入和扩散等。

应急性治理技术　在海域已经发生赤潮的情况下，采取一系列应急处置措施，消除赤潮灾害，降低或消除其产生的危害。又称直接性治理技术。

赤潮应急性治理技术的原理是赤潮灾害发生后，应用一种行之有效的方法对高密度、大规模的藻细胞进行抑制和消杀，达到减小赤潮的规模、控制赤潮的蔓延、降低赤潮的危害等目的。主要方法包括：①利用化学药物消杀藻细胞的化学方法。②利用隔离、超声等技术抑制藻细胞生长的物理方法。③利用生物种间竞争、生物质相互作用控制藻细胞的生物学方法，以及通过絮凝沉降技术消除赤潮的絮凝沉降法等。

技术应用　从原理上说赤潮应急性治理方法很多，但是能够现场应用得很少，大都停留在实验室阶段。其难点在于海域赤潮发生的藻种性质、规模不尽相同，现场治理需要同时满足对海域其他生物无毒害作用、对环境无二次污染、成本低、可操作性强等要求。国际上较为广泛采用的赤潮应急性治理技术是天然黏土絮凝法，该方法利用天然矿物无毒、无害、无二次污染，以及成本低、使用方便等特点，通过絮凝赤潮生物的原理，达到消除赤潮的目的。该方法已在很多国家推广应用，其最大的缺点是天然黏土矿物絮凝效率低、使用量大，每平方千米需要几千吨黏土。针对该缺陷，中国科学院海洋研究所科学家研发出改性黏土技术与方法。该方法以天然黏土矿物为原料，通过表面改性，大大提高其对赤潮生物的絮凝能力，治理效率提高几十到几百倍。改性黏土技术已多次成功应用于中国近海的赤潮应急治理，保障了一些沿海重大工程、重大活动以及敏感海域免受赤潮的危害，并被智利、美国等采用。　（俞志明）

**赤道开尔文波**　equatorial Kelvin wave　被限制在赤道附近的行星尺度非频散波。该波动向东传播，经向速度分量为零，纬向速度的最大值出现在赤道，在赤道变形半径范围内纬向速度随纬度升高在南北半球对称衰减。

赤道开尔文波在赤道附近的海洋和大气中普遍存在。由于赤道上不存在科氏力，赤道本质上起到了一个波导的作用，把波动限制在赤道附近。赤道开尔文波把赤道作为一个边界，与沿岸开尔文波相似沿赤道向东传播。海洋的赤道开尔文波的出现通常与表面风应力的强迫有关。例如，赤道上的风异常造成的海面风辐散（辐合）会导致太平洋次表层海温异常，该异常信号会以海洋赤道开尔文波的形式向东传播。而大气的赤道开尔文波的强迫源主要是大气对流的潜热释放。

赤道开尔文波对热带的大尺度海－气相互作用有重要的作用。例如，**厄尔尼诺－南方涛动**中，海洋和大气的赤道开尔文波都扮演着重要的作用。在厄尔尼诺发展阶段，赤道西风异常造成太平洋中部次表层海温暖异常信号，此信号会以海洋开尔文波的形式向东传播到东太平洋温跃层较浅处，引起当地海温暖异常信号。同时，在赤道外形成的冷异常信号以海洋罗斯贝波的形式传播到西海岸，并以**沿岸开尔文波**的形式传播到赤道，反射为赤道冷开尔文波，东传到赤道东太平洋导致厄尔尼诺向拉尼娜转换。此外，厄尔尼诺发展过程中在中东太平洋形成的大气异常对流向对流层释放潜热，会以大气赤道开尔文波的形式向东传播，引起大西洋和印度洋等其他赤道地区的气候异常。　（郑小童）

**赤道流**　equatorial current　赤道两侧受东南信风和东北信风的作用，形成自东向西流动的海流。势力强大，流向稳定，宽约1000千米，由北赤道流和南赤道流构成。中间夹有一条宽约480千米的赤道逆流。北赤道流范围在北纬10°～25°，流速20～30厘米/秒，输送量约为$45\times10^6$米$^3$/秒；南赤道流范围在北纬4°～南纬20°，流速40～60厘米/秒，输送量约为$50\times10^6$米$^3$/秒。

赤道流影响的深度为100～300米，在赤道附近最浅，特别是在赤道的东部仅影响到数十米。赤道流之下有强大的温跃层，把温暖的表层水与下面的冷水分开，在海面由于稳定而强劲的信风、干燥的空气和强烈的太阳辐射，造成该地区正的热量平衡和负的水量平衡，加上强烈的湍流混合，形成了高温、高盐和营养盐贫瘠的表层水。因此这里的浮游生物量很低，海水有高水色、大透明度的特征。

（王　凡）

**赤道逆流**　equatorial counter current　赤道附近向东流的海流。海水流动方向与**赤道流**方向相反。又称反赤道流。在赤道南北低纬度海域的西边界处，南赤道流和北赤道流的一小部分向赤道汇合，从而在南北两个赤道流之间形成了自西向东的赤道逆流。位于北纬4°～10°，宽约480千米，流速为40～60厘米/秒，最大流速可达

150厘米/秒。赤道逆流有季节变化，在北半球冬季时南移，夏季北移。赤道逆流是赤道流系的普遍现象，各大洋赤道逆流不尽相同。在太平洋和大西洋，有一支南赤道逆流存在于南纬7°～12°，与北赤道逆流大致对称，但较为完善和强大。印度洋的赤道逆流只在北半球的冬季（11月至翌年3月）时流动，仅位于赤道以南。

赤道逆流区有充沛的降水，因此相对赤道流区而言具有高温、低盐的特征。它与北赤道流之间存在着海水的辐散上升运动，把低温而高营养盐的海水向上输送，致使水质肥沃，有利于浮游生物生长，因而水色和透明度也相对降低。

受西风爆发的影响，赤道逆流的流速和水通量增强，赤道逆流与南北赤道流运动密切相关，是多国合作研究计划：世界大洋环流实验计划（WOCE）、热带海洋与全球大气计划（TOGA）、海－气耦合响应实验（TOGA-COARE调查）中的重要研究内容。研究表明，发生在秘鲁沿岸的厄尔尼诺现象也与赤道逆流密切相关。

（王 凡）

**赤道潜流** equatorial undercurrent 出现在赤道附近海域次表层中（赤道下方的温跃层内）的**海流**。它处在赤道流之下、中层水上部，与其表层南北赤道流的流向相反，自西向东流动。它的流速比表层流速大，分布在几乎对称于赤道的海域，潜流所在的次表层处位于一个温跃层范围里。

1952年，美国科学家C.T.克伦威尔首次在太平洋赤道附近海域发现了赤道潜流，命名为克伦威尔海流。1961年，苏联“罗蒙诺索夫”号海洋调查船在大西洋发现的赤道潜流，被称为罗蒙诺索夫海流。后来在印度洋赤道附近海域也发现了赤道潜流。太平洋赤道附近海域，从海面至深度为50～100米的表层是温度均匀的暖水层，其下至深度约300米为温跃层，即赤道潜流所在的次表层。赤道潜流的厚度约200米，流幅（宽度）约300千米，介于南北纬度2°之间，最大流速高达150厘米/秒，流量估计为$4.0\times10^7$米$^3$/秒。流轴与所在的温跃层大体一致，流长约为14 000千米，几乎横跨了太平洋。它在大洋东部位于50米以浅的深度，而在大洋西部约位于200米或更深的深度上。大西洋里赤道潜流的特点与太平洋里的相似。

由于在太平洋和大西洋的赤道附近，行星风系有一个自东向西的分量，驱使海水向西流动，遇到大陆的阻挡就堆积，而使水位升高，海面便向东倾斜，出现向东的水平压强梯度力。在表层海水中，因赤道处的科里奥利力趋于零，故水平压强梯度力与自东向西的风应力平衡。可是在表层之下的温跃层中，密度梯度大，不易发生垂向的涡动，故阻拦着风的动量向下传递。因此在这层中，水平压强梯度力驱动着次表层的海水向东流动。随着流速增加，水平湍流摩擦力增大，当它与水平压强梯度力平衡时，在赤道的次表层里便形成了稳定的赤道潜流。在离开赤道的海域，随着纬度的增加，科里奥利力变大。在表层的北赤道流和南赤道流中，由于埃克曼输运（见**埃克曼漂流**），使赤道附近的海水辐散，从而靠水的连续性使次表层的海水向赤道辐聚。这种情况下，在赤道南北海域的次表层中，都产生向西的科里奥利力，阻碍赤道潜流的形成。这说明只有在科里奥利力比较弱，即在紧邻赤道附近的海域里，才有可能形成赤道潜流。其实赤道潜流的位置并非固定不变，而是在离平均位置南北各100千米范围内摆动。当流轴偏离赤道向南时，在南半球偏左的科里奥利力便迫使它向左返回赤道；当它偏离赤道向北时，在北半球偏右的科里奥利力又迫使它向右返回赤道，故使向东流动的赤道潜流集中在赤道两侧。

印度洋面的风主要受季风所控制，在赤道处的风主要是东西向的，且随季节更替而改变其方向：每年从11月至次年3月吹北风，5～9月吹南风，因此不能产生稳定的赤道潜流。只有在3～4月时，才发现次表层中有微弱的向东的水平压强梯度力，在它的驱动下，产生了印度洋的赤道潜流。

（王 凡）

**赤道上升流** equatorial upwelling 出现在赤道各大洋稳定的海水从次表层到表层的铅直上升运动，在热带海－气相互作用中充当重要角色。

形成 赤道上升流产生的必要条件是赤道东风以及科氏力。在赤道太平洋和大西洋海区在赤道上及两侧都盛行东风（信风），由于南北半球的科氏力方向相反，在赤道外东风造成的表层埃克曼流在北半球为北向流，在南半球为南向流。因此表层海水在赤道辐散，导致下层冷水上升。正常情况下，一年之中北半球冬季（11月、12月和1月）赤道上升流最强，赤道太平洋海表温度（SST）最冷。这是由于信风在这个季节最强，因此，温跃层最浅。

影响 赤道上升流引起了赤道太平洋和大西洋，特别是海盆东侧的海水变冷，以及温跃层的抬升，形成了热带太平洋和大西洋冷舌。热带太平洋和大西洋冷舌区此处温跃层浅、海温变化幅度大，是海洋动力过程影响生态系统和影响大气的最重要海域，也是**热带海－气相互作用**的重要海域区域。热带太平洋海温变化年际主模态**厄尔尼诺－南方涛动**最强大信号就出现在太平洋冷舌区。此外，赤道上升流还将次表层富营养水体带到表层，使得赤道太平洋赤道表层存在高浮游生物区。秘鲁的地理学家发现：在有些年份赤道上升流减弱，冷舌区SST上升的幅度较大，秘鲁的渔业严重受损，而且伴随着某些气候异常事件的出现。学者们将其称之为厄尔尼诺现象。

（郑小童）

**赤道西风爆发** equatorial westerly wind burst 赤道中西太平洋天气尺度上出现西风的现象。一般持续几天到几周时间。西太平洋赤道附近的西风爆发会与赤道太平洋盛行的东风在中、西太平洋辐合造成温跃层下沉，并通过海洋赤道开尔文波传到赤道东太平洋，可能导致厄尔尼诺事件的发生。因此，西风爆发常被认为是厄尔尼诺事件重要的触发机制。

现象 西风爆发并没有严格的定义，通常指连续数天内在赤道中西太平洋海区突然出现显著西风的现象。西风爆发现象每年都会出现，但在厄尔尼诺年出现的频率要显著增加，而在拉尼娜年有时会消失。**热带气旋**（台风）、中纬度地区的寒潮爆发以及热带印度洋季节内振荡向东传到西太平洋等现象都可以导致西风爆发。

影响 赤道西风爆发可以造成一系列海洋的**赤道开尔文波**，并触发厄尔尼诺事件的发生。观测发现，1950年之后的主要厄尔尼诺事件发生之前都出现了西风爆发现象。西风爆发现象与**厄尔尼诺－南方涛动**（ENSO）现象相关，其发生频率与赤道中太平洋的海温，特别是暖池的边界之间存在显著联系。

此外，西风爆发事件还会影响热带气旋（台风）的发生。特别会导致太平洋双热带气旋的形成，在2014～2016年厄尔尼诺事件中有两次类似事件发生。反之，赤道两侧的双气旋现象也会加强赤道上的西风爆发，从而加强厄尔尼诺事件。

（郑小童）

**冲积岛** alluvial island 河流挟沙搬运至河口的拦门沙地带时，由于流速减低、水流扩散和潮流顶托等方面影响，泥沙不断沉积抬高，形成海上陆地。又称堆积岛、沙岛、河口沙坝。冲积岛在世界上广泛分布，多形成于河流入海口。中国最大的冲积岛是崇明岛。冲积岛浅滩的自然演变过程体现了河口的演变规律。泥沙沉积导致水下浅滩逐渐淤高，浅滩表面起伏不平。某些较突起的地形可以促进水下横向环流的发育，表层流束向两岸，底流流束聚向浅滩突起处。这一方面可以造成河岸的坍塌后退，另一方面促进浅滩突起处迅速淤高，逐渐露出水面成为河口沙坝；河口沙坝露出水面之后，水流分为两个汊道，这两条新河道又按照河口发育规律在口门附近的适当位置发育新的河口沙坝，使汊道再度分流，形成次一级汊道。长江南支的长兴岛就是继崇明岛之后向下发育的第二级沙岛。沙岛不断淤高增长，**三角洲**不断向海伸长，汊道不断增多，这一过程多次重复后形成多汊道的三角洲。被沙岛分隔的各个汊道之间的水量分配和输沙特征，

上海外海的九段沙沙岛

以及侵蚀和沉积的不均匀性必然使得某些汊道发育成主河道，而另一些汊道由于水流不畅而淤塞消亡，导致了沙岛的联合并岸，致使三角洲平原不断扩展。长江河口发育了崇明岛、长兴岛、九段沙和铜沙浅滩等数个沙岛和浅滩，每个沙岛的分流造成南支发育而北支淤塞的规律。

冲积岛主要由沙、黏土等松散沉积物组成，影响其发育的动力因素有径流、**潮流**、盐水与淡水混合、**沿岸流**和风浪等。受流路的平面摆荡的影响较大，常表现为洪季淤积、枯季冲刷、小潮淤积和大潮冲刷的特点。由于河口及其三角洲地区是人类活动频繁的地区之一，冲积岛的演变在一定程度上是自然演变和人工控制的结果。人类活动对流域来沙量的影响以及工程建设对浅滩演变的影响已经越来越大。

（刘世东　李广雪）

**冲绳海槽**　Okinawa Trough　位于东海大陆架外缘与琉球岛弧之间，大体上呈北一北一东向展布的长条带形舟状海盆。南起台湾岛东北部，北至天草海盆，沿东海陆架延伸，南北长1200千米，宽平均160千米。海槽水深自北向南逐渐增大，南段水深最深达2334千米，中段水深为1000千米，北段水深为800千米。海槽两侧与陆坡、岛坡界线弯弯曲曲，海槽宽窄不一，中部大两端窄。海槽地形由于海槽不断扩张、断裂和岩浆活动，形成海山、海丘、槽谷、洼地等复杂的地貌。

地质特征　冲绳海槽的主要地质特征是：①地壳、岩石圈急剧变薄。地壳为14～25千米，南部最薄14千米，岩石圈变化与地壳一致，最薄为55千米。关于冲绳海槽地壳的研究尚无统一的认识，但多数人认为，冲绳海槽地壳可能是大陆地壳和大洋地壳的过渡带，属过渡壳性质。②深部重力异常高。重力异常最高处恰与海槽中轴线对应，为170毫伽（mGal）；东西两侧较低，约100mGal。重力异常与海槽地壳厚度从中部约20千米向两侧逐渐增大到24千米的情况吻合，表明冲绳海槽为从大陆型地壳逐渐向大洋型地壳转变的过渡型地壳。③强烈的磁异常。从东海陆架到冲绳海槽，磁异常大体上沿着构造延伸的北东—南西方向分布，磁异常带磁性基底可能为5～8千米，推断发育有厚的沉积层。在海槽主体部位11处的海底山高差变化显著，沿着海槽的南北向连成一体形成链状的山脉。随着山体形状变化，磁异常变化剧烈，具有玄武岩磁场的特征。④热流值异常极高且各地相差悬殊。据215个测量值的计算，热流值最高的是10 109毫瓦/米$^2$，最低值为9毫瓦/米$^2$。平均热流值为458毫瓦/米$^2$，远大于大洋中脊及其他边缘海的热流值，高出东海陆架平均值6倍多。在冲绳海槽中，高热流（大于217毫瓦/米$^2$和大于300毫瓦/米$^2$）出现在海槽的中部和南部，主要集中在海槽中轴10千米宽的中央裂谷里，低热流也和高热流对应或成对出现在海槽中部、南部和海槽最南端。冲绳海槽南、北和中段热流分布的差异特征可能与海槽裂谷的发展阶段有关，南段可能处于较早的扩张阶段，北段处于扩张的前期，而中段处于出生态的扩张断裂阶段。⑤热液活动频繁。在冲绳海槽多处发现有热液喷出点或热液场。⑥海槽中段、北段分布有火山和岩浆岩。火山岩以中、酸性为主，基性玄武岩仅有局部性分布；岩石类型有安山岩、流纹岩、英安岩、玄武岩等和拉斑玄武岩系列。岩浆活动有从酸性向基性演化的趋势。冲绳海槽至少有3个岩浆活动期，分别和海槽晚中新世、晚上新世和早更新世三次构造运动的时代对应。

形成演化　板块构造理论认为，冲绳海槽是扩张的**弧后盆地**。大多数学者认为冲绳海槽是一个发展到高级裂谷阶段，南段正向初始海底扩张阶段转化的弧后盆地。①晚中新世，由于菲律宾吕宋岛与中国台湾岛碰撞，顺时针旋转45°～50°，冲绳海槽第一次拉张在晚中新世到早更新世。②由于琉球弧的火山作用的传播，海槽南部地壳在晚上新世到早更新世被拉开，使得南冲绳海槽自190万年至当代一直进行强烈的弧后扩张。③第四纪初，菲律宾海盆板块的运动从北北西转为西北西，随着这种变化的岛弧横切型右旋断层，产生后弧侧的拉张运动。随板块向西方向收敛（汇聚），菲律宾海盆板块俯冲到西琉球弧之下，或作几乎平行于海沟轴的相对运动，海洋板块更加俯冲下去，使得岛弧被拉张起来，弧沟系整体向南移动，加速了冲绳海槽的扩张。

研究意义　冲绳海槽是位于西太平洋边缘海的典型的弧后盆地，作为大陆和大洋之间复杂的过渡带，构成大陆边缘的**沟弧盆系**的重要组成部分，其形成演化不仅直接制约着矿产资源的形成和分布，而且深刻影响着地质环境和自然灾害的形成演化。

（许东禹）

**穿时性**　diachronism　在持续地海侵或海退的情况下，一个岩石特征一致或岩石组合特征接近一致的岩石地层单位，在其分布范围内的不同地点，其地质年龄不同时的现象。穿时性是英国地质学家在研究兰开夏郡磨石粗砂岩时，发现地质年龄在空间上因地而异时提出来的。1964年，美国地质学家A.B.肖把**浅海沉积**的岩层作为二元环境系统的产物，提出同一特征的岩石地层单位能够广泛分布并能长距离追索，都是由于同一种沉积环境随时间的推进在空间上连续迁移造成的。全部侧向可以在大范围内识别和追溯的非火山成因的陆表海沉积的岩石地层单位都必然是穿时的。也就是说，除火山灰沉积和深海软泥沉积外，其他沉积岩石地层也都是穿时的。所以，穿时具有普遍性，穿时性并不是一种特殊情况。

穿时性地提出，为人们正确认识岩石地层单位和时间地层单位的区别奠定了理论基础。也为建立穿时地层单位在不同部位沉积作用开始和结束的时间，以及探讨沉积过程在空间上变化的速率提供了依据。地层的穿时性说明用岩石对比代替时间对比是错误的。这与传统地层学中关于岩石地层单元界面与时间面是平行的，重合的或统一的观点形成了尖锐的对立，成为现代地层学与传统地层学主要分歧之一。

（王秀娟）

**船舶压载水处理技术**　ballast water treatment technology　利用物理、化学、生物等方法，处理为控制船舶横倾、纵倾、吃水、稳性或应力而加装到船上的水及其中

所含物质的方法。2004年2月9～13日，关于船舶压载水管理的外交大会在伦敦国际海事组织（IMO）总部召开。大会最终通过了《国际船舶压载水和沉积物控制与管理公约》(以下简称《压载水管理公约》)，为压载水管理和控制提供了国际上具有法律约束力的规定公约要求。其主要内容为：航行时，船舶应在深海、开阔水域尽可能远离海岸处进行压载水更换，需距离最近陆地至少200海里和水深至少200米以上；从2009年起新造船舶必须安装压载水处理装置，并对现有船舶执行追溯；在2017年所有远洋船舶均需要安装压载水处理装置，否则将不能驶入IMO成员国港口。

处理方法　依据处理原理的差异，压载水处理方法可以划分为物理处理、化学处理和生物处理3种类型。

物理处理　通过不同手段分离、排除或灭杀海水中的危害性生物与物质的方法。主要手段包括过滤、气旋分离、热处理、紫外线处理等。物理方法的优点是：①设备简单，易操作。②占用空间较小，实用性强。③不会产生有害的副反应。缺点是：①不能处理小型微生物。②对水质要求较高。③可能导致低等生物的遗传变异等。

化学处理　通过改变压载水中某些化学物质或元素的含量，以创造压载水内有害细菌与微生物抑制环境来进行压载水处理的方法。化学处理的实现手段有两种，一种手段是通过添加特定的化学物质来改变压载水成分，另一种手段是通过催化手段快速改变压载水自身的成分组成。其中，前者可使用的添加物质包括氯或氯化物、臭氧（$O_3$）、过氧化氢（$H_2O_2$）以及羟基物质等，后者主要是通过海水催化反应产生类似于前者的一些强氧化、具有杀菌效能的物质。化学处理包括氯化法、双氧水法、臭氧法、高级氧化法、电解法、高压脉冲技术、羟基自由基法、磁化法等。化学方法的优点是：①处理方法简单。②反应速率快。③无二次污染。缺点是：①费用高。②对设备要求较高。③药品存储与操作存在安全隐患。

生物处理　通过引入食肉动物、病原体和被控生物的竞争者或利用现代生物技术的方法，改变被控生物基因来实现的处理方法。应用基因工程和生物技术进行压载水处理的研究还只停留在实验阶段，这些措施对压载水中的微生物存活情况的影响尚未清楚，并且存在新加入物种的再次入侵问题。生物处理的优点：针对性强，处理效果明显；缺点：方法复杂，费用高，易产生新物种。

工艺特点　压载水处理技术日渐成形，其形成的两大技术类型包括主要采用“物理分离＋氯化灭活”的二阶段处理工艺和“物理分离＋紫外灭活＋电解”的三阶段处理工艺。①二阶段处理工艺。该工艺采用的是直接投加药剂实现生物灭活；但储存药剂和发生器的装置占地面积较大，需要经常更换药剂，且有的药剂还会造成船舱钢板的腐蚀，同时后期的维护费用较高，管理比较麻烦。②三阶段处理工艺。该工艺采用的是不投加药剂，通过对压载水进行电解实现微生物灭活；处理装置占地面积小，后期维护管理比较方便，但是紫外消毒的持久性需要进行改进和研发。两种主流处理工艺各有其特点，同时其他类型的组合工艺也逐渐崭露头角，应根据船舶自身和水域的不同选择合适的工艺设备。

技术评价　一种真正可行的压载水处理方法，必须同时满足安全、实用、便于操作、不会破坏船舶现有压载舱的设备，且成本低，效率高，对环境和人类的健康不会造成危害。但还没有任何一种单一技术能完全符合IMO的标准，所以现在国际上开发的产品，多数是上述技术的联合应用。

（雷　坤）

**船载岩芯保压转移及测试技术**　shipboard core pressure retention transfer and testing technology　在船上将深海采集的岩芯样品在保持其原始压力条件下安全转移至实验室，并进行岩芯切割以及相关的物理、化学性质测试，以获取准确的地质数据和科学信息的技术。“十三五”期间，为打破国外技术封锁，国内包括浙江大学、广州海洋地质调查局在内的多家单位进行了船载岩芯保压转移及测试技术的研发，其主要功能包括保压钻具脱管，岩芯保温保压，岩芯推送、切割、存储，岩芯声波监测、CT扫描成像。在此基础上浙江大学等经过后续研究，增加其他现场测试功能，进行集成创新，研发了适用于可燃冰原位储层物理、化学性质和力学参数现场表征、原位分解关键参数获取及现场产能数字模拟与评价的技术和装备。其关键技术如下：

可燃冰储层保压岩芯转移切割技术　主要包括开展装置传热机理的研究、对引起压力波动因素进行分析，设计介质压力维持与温度控制系统，保证转移过程中装置内压力与温度稳定；开展岩芯长行程平稳转移、岩芯无损切割技术的研究，设计岩芯长行程转移装置和岩芯切割装置；设计保压转移测控系统，在转移过程中采集温度、压力、电机转速和扭矩等数据并实时显示，根据监测数据及时做出补偿或调整，同时记录执行元件的工况信号，保证保压转移过程的安全。最终集成为可燃冰储层保压岩芯转移切割装置，具备在原位温压条件下对可燃冰储层保压岩芯进行转移、切割、存储等功能。

保压岩芯测试分析技术　主要包括开展可燃冰储层保压岩芯电阻率、导热系数、P波速度、饱和度、剪切强度、孔隙度、渗透率、颗粒密度等测量技术的研究，最终集成为保压岩芯测试分析系统，能够在岩芯处于原位压力时，采用多功能探针传感器对岩芯物理、力学参数进行连续测量，建立保压前后岩芯特征参数之间的内在联系，建立保压岩芯特征参数预测模型，为天然气水合物等矿产资源的储层评估及高效安全开采提供重要理论基础。

保压岩芯现场原位参数表征技术　主要包括研制适用于船载的可燃冰储层物性表征的测试装置，对保压岩芯样品进行原位温压下的快速物性测试。同时对切割和转移的保压岩芯在储层温压条件下快速测试关键物性参数，建立可燃冰岩芯物性参数与可燃冰岩芯表征的关系（电阻率、热传导率、孔隙度、渗透率、颗粒密度、水合物饱和度、力学性质等），进而表征可燃冰现场储层真实和准真实情况，为可燃冰产能评价提供关键参数。

保压岩芯原位分解实验技术　主要针对水合物岩芯在分解过程中伴随能量转换和相态的变化，该过程会直接改变反应体系的热物理性质。根据先导区测井数据、岩芯表征数据，开展保真原位分解的模拟开采实验，快速获取可燃冰分解速率、产气产液速率、力学性质变化、沉积物形变量等开采关键技术参数；通过后端测试模块获取沉积物粒度和分解气体组分等关键产能评价参数。通过对保真可燃冰岩芯原位分解的物性快速测试，实时表征可燃冰现场开采的真实和准真实情况。

（陈家旺）

**垂直剖面观测技术**　vertical profile observing　利用一定的海洋技术对某一海域垂直剖面进行观测的技术。实现垂直剖面观测的方法与技术有很多，既可以通过海基观测实现，也可以通过水下海洋观测实现。可以利用船载传感器进行海洋要素垂直剖面的测量。该方法是由海洋科考船载着观测设备抵达所要观测的海域，由甲板绞车拉动观测设备沿水体上下运动，并在运动过程中采集观测要素数据，这样的方法在快速海洋要素采集上具有独特优势。

布放分层敷设传感器组的浮标锚系，也可以实现垂直剖面测量。浮标位于海面以上，水下挂载延伸到水底的锚系，通过沿锚系每隔一定的间隔悬挂各种海洋要素传感器以观测垂直剖面海洋水文要素数据，收集海面以下定点剖面监测资料。

Argo浮标是实现垂直剖面观测的重要手段之一，通过定时调节浮标的浮力，使之作有规律的上下运行，带着安装其上的传感器进行垂直剖面观测，并通过卫星通信手段，把观测数据传回陆上数据中心。

沿海声层析技术作为一种新型观测技术，也可以被用来进行垂直剖面观测。该技术可以观测目标海域垂直剖面的速度、温度信息，且具有连续、长期、大范围等特点，在21世纪将会有越来越多的应用。

（黄豪彩）

**磁流体推进技术**　magnetohydrodynamic-propulsion technology　利用海水中电流和磁场间的相互作用力，使海水运动产生推力的一种推进技术。磁流体推进技术将海水作为导电体，利用磁体在通道中建立磁场，当海水中通过电流时（电流由电极或变化的磁场产生），载流海水就会在与它垂直的磁场中受到电磁力的作用，其方向按照左手定则确定，而海水所受的反作用力——推力，推动潜水器运动。

最早的磁流体推进装置由美国J.B.弗里奥夫于1961年首先发明。1965年，S.韦设计了一个应用超导磁体的外部式磁流体推进装置，随后和他的学生一起在加州大学制造了一台外部式普通磁体的磁流体推进装置，并将它安装在一台潜艇模型上。这是有史以来人类首次将磁流体推进的构想付诸实践。1970年以后，随着超导技术的快速发展，磁流体推进装置进入了实用化研究阶段。日本于1991年建成了“大和”号磁流体推进试验船。美国则对磁流体推进系统进行了系统的理论研究，并致力于研发能将磁流体推进系统实用化的超导技术，取得了多项成果。俄罗斯重点研究了螺旋管道式磁流体推进装置的效率。在中国，中国科学院电工研究所建成了一个小型的螺管超导磁体闭环磁流体推进装置，用于研究磁流体推进系统的一些重要性能指标。同时建成的还有一艘磁流体推进模型船，为超导磁流体推进装置的实用化研究奠定了基础。

磁流体推进可分为外部式和内部式。前者所产生的磁场和电流场均在推进装置外部，后者则在内部。其中，内部式推进又可分为直管式和螺旋管式两种方式，外部式推进则分为直流和交流两种方式。与外部式推进方式相比，内部式推进方式在磁场泄漏、推进速度以及整体推进效率方面均占有优势。

磁流体推进装置的优点在于，用固定的磁体和导管代替了传统的机械装置，在降低噪声和提高推进速度方面有很大潜力，在实用化后有望应用于军舰、潜艇和潜水器的推进。

（樊　炜　张祝军）

**次表层水团**　subsurface water mass　季节性温跃层与大洋主温跃层（永久性温跃层）之间次表层水系的诸多水团。次表层水团属于大洋的暖水系。专指区域性具体的次表层水团时，常冠以区域性前缀，如东海黑潮次表层水团。依据水团形成过程和特征的不同，可把次表层水团分为中央水团和亚极地水团。

中央水团是在亚热带辐合带由表层水下沉后混合形成的，盐度高是其典型特征，其核心对应于盐度铅直向分布的最大值。太平洋的南北各有相应的中央水团，其间横亘着赤道水团。它们的厚度均为西大东小，但赤道水团在厄尔尼诺-拉尼娜（El Niño-La Niña）期间会出现异常变化，且能影响到南太平洋西部中央水团。北太平洋中央水团的高温高盐部分对应于亚热带模态水，在其100～300米的水层内水温为16～19℃；其下部则显现出与中层水混合的影响，有人将之称为温跃层水。大西洋南、北也各有中央水团，但没有识别出赤道水团；印度洋有赤道水团，但中央水团只有一个；它们的共同特点是盐度都显著高于太平洋的相应水团。

亚极地水团在南、北极海域性质各有特点。亚南极水团是在亚热带辐合带由表层水下沉后向南散布并与当地海水混合而形成的，故其盐度低于中央水团，但仍高于当地的表层水及中层水，因而对应于盐度铅直分布的一个极大值。亚南极水团的南界为南极辐合带，向北扩展则可达南纬40°；在南太平洋东部，部分亚南极水团沿南美大陆西岸向北扩展，甚至可达南纬20°。在大西洋西南部亦可北达南纬40°以北，但在南印度洋大多止步于南纬40°。亚北极水团以太平洋的势力最强，东部向低纬扩展，影响可达北纬25°。它源于在西北辐合带的表层水下沉混合，盐度尽管比当地的表层水高，但明显低于中层水团。大西洋的亚北极水团，盐度比太平洋的亚北极水团高但势力范围小，而印度洋则没有亚北极水团。

（李凤岐　李　磊）

D

**大堡礁潜流** Great Barrier Reef Undercurrent; GBRUC 在南纬20°附近，存在的一支次表层北向流。太平洋南赤道流沿着约南纬15°在大堡礁附近分叉，形成向北的北昆士兰海流（NQC）和向南的**东澳大利亚海流**（EAC），其中北昆士兰海流沿岸向东然后继续向北加入新几内亚沿岸海流（NGCC）。由于南赤道流分叉纬度随深度逐渐向南移动，300米以下的分叉纬度很快向南移到南纬20°，并形成次表层北向流的大堡礁潜流。大堡礁潜流位于300～900米深度，具有高溶解氧特点，该潜流向北加入**新几内亚沿岸潜流**。

（胡敦欣）

**大海洋生态系** large marine ecosystem; LME 毗邻大陆的、初级生产力远高于大洋且面积相对较大（约20万平方千米或更大）的特定沿海区域。大海洋生态系的概念最初由美国生物海洋学家K.谢尔曼和海洋地理学家亚历山大于1984年正式提出。大海洋生态系的主要特点有：①世界海洋中的一个较大的区域，一般20万平方千米以上。②具有独特的海底地形、海洋学和生产力特征。③生物种群具有适宜的繁殖、生长、摄食策略和营养依赖关系。④受共同因素的作用，如污染、人类捕捞、海洋环境条件等。

大海洋生态系的概念有所扩展，包括从河流盆地的沿岸区域、海湾到陆架边缘或到近海环流系统边缘的相对较大的海洋空间，具有独特的地形、水文、生产力和营养依赖的种群等特征。该定义不再强调20万平方千米的面积。事实上有少数大海洋生态系的面积不到10万平方千米。根据以上生态学标准，在全世界沿海地区划分出66个大海洋生态系。

全球66个大海洋生态系（见表）所占的面积不到全球海洋面积的10%，但是承担了世界80%的海洋捕捞量和100%的海水养殖产量。同时遭受着沿岸大量污染、生物栖息地大量丧失等压力，大海洋生态系研究计划强调生态系统的管理，倡导长期的、大尺度的管理。管理目标不仅包括大海洋生态系的产品（如鱼、虾、贝等）的可持续生产，还要使大海洋生态系的服务功能持续发挥（如营养盐循环、氧气生产、碳固定等）。大海洋生态系出现的问题不是靠短期的、局部的努力就能解决的，甚至不是一个国家单独能解决的。联合国开发计划署（UNDP）、联合国环境规划署（UNEP）、世界银行（World Bank）和世界自然保护联盟（IUCN）等国际组织以及美国国家海洋大气局（NOAA）一直在推动大海洋生态系国际计划。

中国沿海分布有3个大海洋生态系，分别为黄海大海洋生态系（范围包括黄海和渤海）、东海大海洋生态系和南海大海洋生态系。其中，黄海大海洋生态系是位于中国大陆和朝鲜半岛之间的一个半封闭

**大海洋生态系名录**

| 序号 | 英文 | 中文 | 序号 | 英文 | 中文 |
|---|---|---|---|---|---|
| 1 | East Bering Sea | 东白令海 | 34 | Bay of Bengal | 孟加拉湾 |
| 2 | Gulf of Alaska | 阿拉斯加湾 | 35 | Gulf of Thailand | 泰国湾 |
| 3 | California Current | 加利福尼海流 | 36 | South China Sea | 中国南海 |
| 4 | Gulf of California | 加利福尼亚湾 | 37 | Sulu-Celebes Sea | 苏鲁－西里北斯海 |
| 5 | Gulf of Mexico | 墨西哥湾 | 38 | Indonesian Sea | 印度尼西亚海 |
| 6 | Southeast U.S. Continental Shelf | 美国东南陆架 | 39 | North Australian Shelf | 北澳大利亚陆架 |
| 7 | Northeast U.S. Continental Shelf | 美国东北陆架 | 40 | Northeast Australian Shelf | 东北澳大利亚陆架 |
| 8 | Scotian Shelf | 斯科舍陆架 | 41 | East-Central Australian Shelf | 中东澳大利亚陆架 |
| 9 | Newfoundland-Labrador Shelf | 纽芬兰－拉布拉多陆架 | 42 | Southeast Australian Shelf | 东南澳大利亚陆架 |
| 10 | Insular Pacific-Hawaiian | 太平洋岛屿－夏威夷 | 43 | Southwest Australian Shelf | 西南澳大利亚陆架 |
| 11 | Pacific Central-American | 太平洋中美洲 | 44 | West-Central Australian Shelf | 中西澳大利亚陆架 |
| 12 | Caribbean Sea | 加勒比海 | 45 | Northwest Australian Shelf | 西北澳大利亚陆架 |
| 13 | Humboldt Current | 洪堡海流 | 46 | New Zealand Shelf | 新西兰陆架 |
| 14 | Patagonia Shelf | 巴塔哥尼亚陆架 | 47 | East China Sea | 中国东海 |
| 15 | South Brazil Shelf | 南巴西陆架 | 48 | Yellow Sea | 黄海 |
| 16 | East Brazil Shelf | 东巴西陆架 | 49 | Kuroshio Current | 黑潮 |
| 17 | North Brazil Shelf | 北巴西陆架 | 50 | Sea of Japan/East Sea | 日本海 |
| 18 | Canadian Eastern Arctic-West Greenland | 加拿大北极东－西格陵兰岛 | 51 | Oyashio Current | 亲潮 |
| 19 | Greenland Sea | 格陵兰海 | 52 | Sea of Okhotsk | 鄂霍次克海 |
| 20 | Barents Sea | 巴伦支海 | 53 | West Bering Sea | 西白令海 |
| 21 | Norwegian Sea | 挪威海 | 54 | Northern Bering Sea | 北白令海 |
| 22 | North Sea | 北海 | 55 | Beaufort Sea | 波弗特海 |
| 23 | Baltic Sea | 波罗的海 | 56 | East Siberian Sea | 东西伯利亚海 |
| 24 | Celtic- Biscay Shelf | 凯尔特－比斯开大陆架 | 57 | Laptev Sea | 拉普捷夫海 |
| 25 | Iberian Coastal | 伊比利亚海 | 58 | Kara Sea | 喀拉海 |
| 26 | Mediterranean | 地中海 | 59 | Iceland Shelf and Sea | 冰岛陆架和海 |
| 27 | Canary Current | 加那利海流 | 60 | Faroe Plateau | 法罗海台 |
| 28 | Guinea Current | 几内亚海流 | 61 | Antarctic | 南极 |
| 29 | Benguela Current | 本格拉海流 | 62 | Black Sea | 黑海 |
| 30 | Agulhas Current | 阿古拉斯海流 | 63 | Hudson Bay Complex | 哈德逊湾综合体 |
| 31 | Somali Coastal Current | 索马里沿岸海流 | 64 | Central Arctic Ocean | 北冰洋中心海域 |
| 32 | Arabian Sea | 阿拉伯海 | 65 | Aleutian Islands | 阿留申群岛 |
| 33 | Red Sea | 红海 | 66 | Canadian High Arctic-North Greenland | 加拿大极地－北格陵兰岛 |

美国阿拉斯加白令海景观

性浅海，沿岸包括中国、韩国和朝鲜3个国家。夏季，黄海深底层的中央部分出现冷水团，以低温为主要特征，如北黄海冷水团中心表层水温可达28℃，而底层水温可低至4～5℃，是中国近海温跃层最强的海域之一。（王守强）

**大连斑海豹国家级自然保护区** Dalian Harbor Seal National Nature Reserve 以斑海豹及其生境为主要保护对象的国家级自然保护区。位于辽东湾海域大连市西北20千米的复州湾长兴岛附近，包括大连市的旅顺口区、甘井子区、金州区，以及瓦房店市沿渤海附近海域。地理坐标为东经120°50′～121°57′、北纬38°55′～40°05′。面积672 275.00公顷。

发展简史　是中国唯一以斑海豹为主要保护对象的保护区。于1992年建立，1997年晋升为国家级自然保护区。2002年被列入《国际重要湿地名录》。

自然环境　保护区地处辽东半岛南端的大连市西部沿岸，包括岸线、海域、海底岩基和几十个大小岛屿。大连复州湾长兴岛冰面宽阔，结冰时间长，鱼虾十分丰富，自然条件优越，是斑海豹繁衍生息的天然港湾。大连斑海豹国家级自然保护区是根据斑海豹的迁移规律和栖息地的生态环境设立的物种专项保护性区域，是斑海豹最南端的一个繁殖区。每年秋季随着气温降低、水温下降，由日本海进入中国海区的斑海豹于11月后自南向北洄游，12月穿越渤海海峡陆续进入保护区。斑海豹进入保护区后即分散选择配偶，成对栖居于浮冰上开始繁殖期生活，次年2～3月到达渤海北部沿海冰面生育。随着水温的上升，斑海豹随流南下，到5月中旬以后全部离去。斑海豹的分布范围较小，是唯一能在中国海域进行繁殖的海兽，渤海辽东湾结冰区是斑海豹在中国海域唯一的繁殖区。

生物资源　保护区内有鱼类100余种，经济甲壳类5种，头足类3种，贝类10余种；还有虎头海雕、白尾海雕、白肩雕、黑尾鸥等珍稀鸟类；尤其有斑海豹、小鲸、虎鲸、伪虎鲸、宽吻海豚、真海豚、江豚7种海兽。保护区斑海豹资源数量仅剩千余头，属濒危物种，被列为国家Ⅱ级重点保护动物。保护区植被包括沿海滩涂植物、浅海植物及北温带海岛植物，有维管束植物426种。

重要作用　由于斑海豹具有较高的经济价值，长期以来遭到过量猎杀，致使其种群数量急剧减少。另外，城市化的扩张、滩涂养殖业和航运的发展、油田的开采及近海排污等，对斑海豹繁殖的生境质量也造成较大的破坏。大连斑海豹国家级自然保护区的建立，对于保护辽东湾斑海豹种群及其繁殖栖息地，保持海域生态环境的多样性，促进斑海豹研究，提高人们的环保意识具有非常重要的作用。（张朝晖）

**大连海洋大学** Dalian Ocean University 由中国辽宁省与国家海洋局共建的多科性高等院校。是中国北方地区唯一一所以海洋和水产学科为特色，农、工、理、管、文、法、经、艺等学科协调发展的高等院校。学校创建于1952年，前身为东北水产技术学校。1958年，升格为大连水产专科学校。1978年，升格为大连水产学院。2000年，由农业部划转辽宁省管理。2010年，经教育部批准更名为大连海洋大学。学校位于中国辽宁大连。校训“海纳百川，行稳致远”。

学校有黑石礁校区、大黑石校区和瓦房店校区3个校区，占地面积80万平方米，教学、科研使用海域面积67万平方米，总建筑面积42万平方米。截至2024年7月，学校设有15个学院、1个教学部。有一级学科硕士学位授权点12个、二级学科方向47个，硕士专业学位授权类别7个、领域22个，本科专业53个。2024年，在册各类学生2万余人，教职工1200余人，其中专任教师824人。有双聘院士2人，国家杰出青年基金获得者1人。

“十三五”以来，学校承担了国家重点研发计划、国家自然科学基金等各级各类科研项目3109项，其中国家级170项、省部级864项。有57项科研成果获市级及以上奖励，其中省部级奖励29项，2019年、2020年先后获得辽宁省科技进步一等奖。获批3个水产新品种：菲律宾蛤仔“白斑马蛤”、虾夷扇贝“明月贝”、菲律宾蛤仔“斑马蛤2号”。（王　君）

**大陆边缘** continental margin 大陆与深海洋盆之间的过渡带，即厚而轻的陆壳与薄而重的洋壳之间的接触过渡地带。又称大洋边缘。它与大陆、洋盆组成地球上一级构造地貌单元。狭义大陆边缘主要指淹于海下的大陆延续部分，即**大陆架**和**大陆坡**。常用的广义大陆边缘还包括滨岸陆地、**大陆隆**、**海沟**、**岛弧**和**弧后盆地**（边缘盆地）等。

类型　根据大陆边缘的地形和构造特征，通常将大陆边缘划分为**被动大陆边缘**和活动大陆边缘，有时还划出转换型大陆边缘。

被动大陆边缘　由大陆架、大陆坡和大陆隆组成，地形宽缓，无海沟发育。被动大陆边缘位于板块内部，其邻接的大陆和洋盆属于同一板块，故构造上相对稳定，缺乏地震和火山活动。主要分布在大西洋周缘（小安的列斯岛弧、斯科舍岛弧除外）、印度洋周缘（印度尼西亚岛弧除外）、北冰洋和南极洲周缘。

作为扩张新生大洋（大西洋和印度洋）的边缘，被动大陆边缘是在大陆分裂、新洋张开的过程中发育起来的。它的前身是联合古陆内部的裂谷边缘，随着大陆裂开，在红海型幼年洋两侧形成窄陡的新生大陆边缘；在海底扩张、洋盆展宽的过程中，大陆边缘逐渐远离中央裂谷，冷却下沉，经长期侵蚀沉积作用塑造成宽缓的陆架-陆坡-陆隆地形（图1）。

被动大陆边缘的地壳自陆向洋逐渐减薄，**莫霍面**向上抬升。引张和沉陷构造是被动大陆边缘的显著特征。地壳的引张变薄始于大陆张裂阶段。上部脆性地壳通过上陡下缓的犁形正断层活动拉张变薄，下部地壳则可能呈塑性拉伸变薄。地壳变薄和冷却收缩伴随着向下陷落。大多数被动大陆边缘在稳定沉陷的背景下接受了基本连续的巨厚沉积，沉积层下部可埋藏着大陆裂谷和幼年洋阶段形成的蒸发岩、陆源粗碎屑及滑塌沉积等。沿剖面向上，沉积物粒度变细，成熟度升高，过渡为陆架-陆坡-陆隆沉积相组合。被动大陆边缘的沉积层记录了大陆裂离、大洋扩张演化的信息。由于巨厚地层的覆盖，被动大陆边缘的深部构造、陆-洋地壳过渡的性质尚待深入探讨和研究。

活动大陆边缘　又称太平洋型大陆边缘、主动大陆边缘、汇聚型大陆边缘等。大陆架狭窄，陆坡较陡，陆隆被深邃的海沟所取代。地形复杂，高低悬殊。与被动大陆边缘位于漂移着的大陆的后缘相反，活动大陆边缘是漂移大陆的前缘，属于板块俯冲边界，地震、火山活动频繁，构造运动强烈。主要分布在太平洋周缘、印度洋东北缘等地。

俯冲作用既形成海沟，也形成与海沟

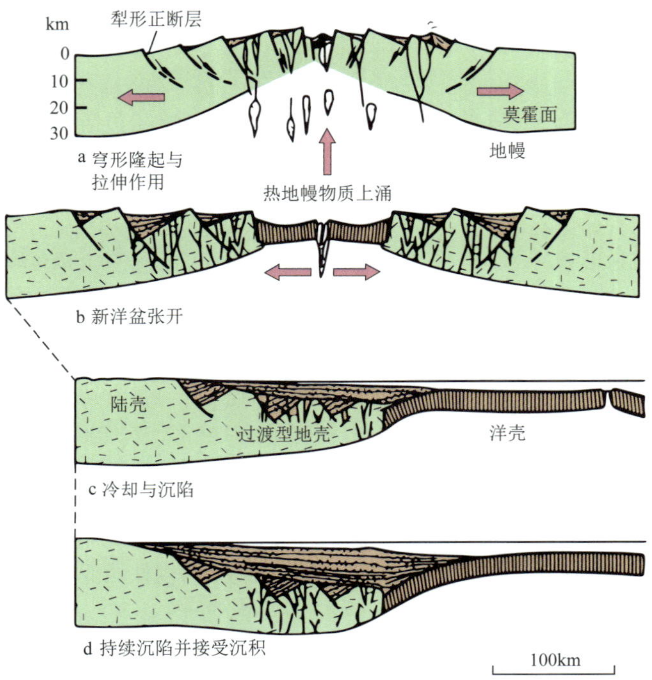

图1 被动大陆边缘的形成和演化

共轭的火山弧（如包括与火山岩同源的侵入岩，又称岩浆弧），统称弧沟系。火山弧可以是**岛弧**，有边缘海与大陆隔开，构成海沟－岛弧－弧后盆地；也可以是陆弧（陆缘弧），呈陆缘山系形式，缺乏边缘海，又称安第斯型大陆边缘。边缘海弧后盆地为大洋中脊以外次一级的洋壳生长和扩张带，弧后盆地陆侧可视为次一级的被动大陆边缘，如南海、日本海靠大陆一侧。因此，活动大陆边缘不仅有挤压构造，也包含引张构造和被动大陆边缘的要素。

活动大陆边缘是地球上构造运动最活跃的地带，有最强烈的地震、火山活动和区域变质作用，也是地球上地形高差最大的地带，热流值变化最急剧的地带和最显著的负重力异常带。通常认为，板块俯冲作用是造成这些特征和导致海沟、山系、弧后盆地发育的统一的深部根源（图2）。

研究表明，活动大陆边缘和俯冲带形式繁多，十分复杂。俯冲带有陡有缓，深浅不一；俯冲速度有快有慢；大洋板块可以俯冲于大陆地壳之下，也可以俯冲于过渡型地壳之下；上覆板块前缘有的因大洋沉积物的刮削添加而增生，有的则遭受俯冲作用的磨蚀而破坏，有的表现为挤压抬升，有的表现为引张陷落。日本的上田诚也将俯冲方式划分为智利型（高应力型）和马里亚纳型（低应力型）。前者俯冲带平缓，上覆板块与俯冲板块之间耦合紧密，大地震常见，弧后区以挤压应力占优势；后者俯冲带陡倾，板块之间耦合不紧，大地震少见，有活跃的弧后扩张作用。另一些学者则提出了增生型和非增生型，压性和张性汇聚边缘的概念。这些类型的划分，反映了人们已经认识到俯冲带具有多种结构和形成机制。但对于这种复杂性的本质、弧后扩张的机理及岩浆活动的起源等问题，仍在继续探讨中。

转换型大陆边缘 又称剪切型大陆边缘。其形成与沿转换断层的走向滑动有关。这种边缘可以是被动的，其陆架狭窄，如几内亚湾北缘；也可以是活动的，以浅源地震为标志，常构成海脊与盆地间列的大陆边缘地，如加利福尼亚沿岸。

演化阶段 大陆边缘的演化可分为幼年期、成年期和老年期3个阶段。幼年期相当于沉积甚薄的新生大陆边缘。成年期为沉积巨厚、发育成熟的被动大陆边缘。至老年期，在俯冲作用下形成海沟，沉积层遭受褶皱、逆掩和叠覆，显示被动大陆边缘转化为活动大陆边缘。随着大洋关闭、大陆碰撞。老年期大陆边缘将留存于陆内。许多学者将大陆边缘类比于现代地槽，将板块俯冲和碰撞当作造山作用的动力。这样，大多数地槽褶皱山系可能由挤压变形的古大陆边缘沉积物构成。

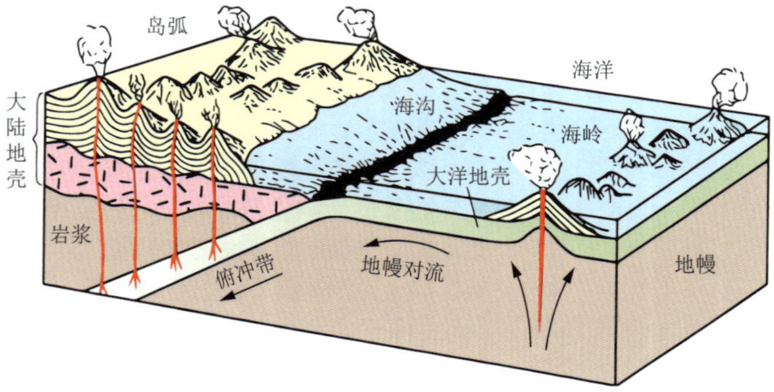

图2 活动大陆边缘与俯冲带

研究意义 通过大陆边缘的沉积作用、岩浆活动、变质作用和构造挤压等，大陆地壳逐渐增长。大陆边缘是各种地质作用最活跃的场所，也是联系大陆地质和大洋地质的重要环节。大陆边缘的研究可以为大陆和洋盆的形成与演化提供大量信息，在海洋地质学与地球动力学研究中占有突出地位。大陆边缘（尤其是被动大陆边缘）又是全球最重要的沉积物聚集区，占海洋沉积物总量一半以上，富含油气等矿产资源。巨大的经济价值也加快了大陆边缘的研究。

（金性春）

**大陆架** continental shelf 环绕大陆的浅海地带。简称陆架。又称大陆浅滩、陆棚。**大陆边缘**的一个重要地貌单元。其范围自**海岸线**（多指低潮线）开始以极缓的坡度延至海底坡度显著增加的陆架坡折处（见图）。陆架坡折的水深变化在20～550米，平均约130米。有人将200米等深线当作陆架的下限（特别是陆架坡折不明显的地区）。陆架平均坡度0°07′，平均宽度75千米，总面积2710万平方千米，占全球面积5.3%，约占海洋总面积7.5%。

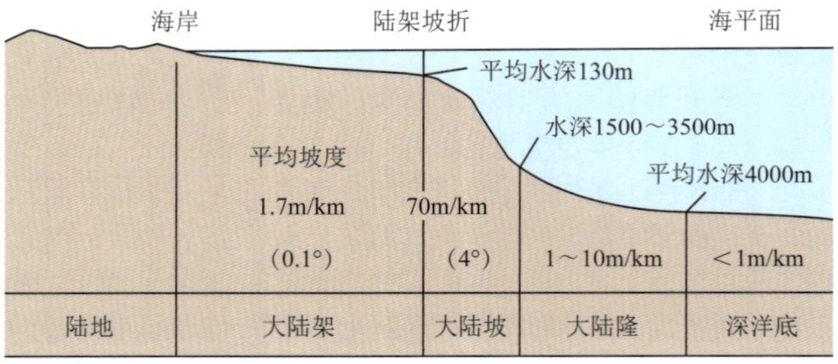

大陆架、大陆坡和大陆隆剖面示意图

陆架可分为邻近**海岸**的内陆架和远离海岸的外陆架，二者之间并无明确的界限。有时可按陆架中间水深的等深线来划分，也有按沉积物性质划分的。通常，内陆架的坡度稍大于外陆架。大多数岛屿也被类似的平缓浅海区所环绕，一般宽度较小，称为岛架。

分布 几乎所有大陆岸外均有陆架发育，但各地陆架的宽度相差悬殊，约在数千米至1500千米之间。濒临**海沟**的大陆架（属活动大陆边缘）较窄，如太平洋西缘。沿年轻的大陆边缘（如红海两缘）、与**转换断层**有关的转换型大陆边缘（如几内亚湾北缘），陆架也较窄。构造上稳定的**被动大陆边缘**，陆架一般较宽，如南、北美洲东缘。北冰洋周缘陆架极宽，欧亚大陆北缘陆架最宽达1500千米。**岛弧**后边缘海的大陆架大多较宽，南海南部巽他陆架（面积1850平方千米）是世界上最宽的陆架。中国的大陆架相当宽广，渤海和黄海完全属于陆架；东海大陆架向东南延至冲绳海槽西北侧斜坡顶部，长江口外陆架最宽处达560千米；南海大陆架北缘和南缘较宽，北部大陆架在珠江口外最宽，达330千米。

地形特征　陆架地形总的来说比较平坦，但也有起伏20米左右的丘陵、盆地和谷地等。波浪、**潮汐**和海流可掀起泥沙，形成沙丘和沙脊。河流将其**三角洲**推展至陆架上。长江口外海滨发育了大型水下三角洲。苏北岸外浅水区分布着一系列放射状槽沟、沙堤和沙洲。陆架外缘常有浅滩或岛屿发育。陆架上展布着多级水下阶地。阶地面宽窄不一，前后缘为明显的坎坡。阶地的形成与第四纪期间海面一度停留于各级深度上有关，但由于各地区地壳运动的差异，难以作全球性对比。陆架上的水下谷地最引人注目，高纬度地区多见底部宽阔平坦的槽谷，是更新世冰蚀作用的产物；海峡附近及岛屿等潮流强劲处，有潮流冲刷而成的水下谷地，谷底出露基岩或有粗粒物质充填；最突出的是沉溺的古河谷，在加里曼丹、马来半岛之间的巽他陆架上，有典型的树枝状水下谷地。因此，陆架区的地形像海岸平原一样复杂，尤其是珊瑚繁生的热带海域，陆架上礁滩星罗棋布；冰蚀陆架也极坎坷。

地质特征　陆架上除局部基岩裸露外，广大地区被泥、粉砂和砂等沉积物覆盖。陆架上的沉积物有的是现代沉积物，也有的是第四纪低海面时形成于海岸环境的砂质残留沉积物。现代沉积多分布于内陆架上，近岸以砂质为主，远岸以泥质占优势；而在陆架的中部和外部，早期形成的残留砂一般未及现代沉积物所埋藏，而出露于海底。不同气候带的陆架沉积物也有差异，在极地寒带常见砾石，也多见基岩；其余地带以砂较为常见，尤其是中纬地带；在湿热的低纬地带多见淤泥及钙质沉积。

大陆架是相邻大陆在水下的延伸部分，下伏大陆型地壳，但通常较正常的陆壳略薄，尤其是外陆架。陆架区的褶皱、断裂、隆起和凹陷等构造特征可以是陆上构造的直接延续；有的陆架的构造走向则与陆上构造相互平行。陆架既可发育于古生代或中生代、新生代褶皱基底上，也可下伏前寒武纪稳定地块。狭窄的陆架一般沉积盖层甚薄；一些宽阔陆架区遭受可观的沉降，而沉积作用与沉降作用同时进行，可形成沉积物巨厚的陆架盆地。中国大陆架有一系列大型沉积盆地，其间为沉积盖层较薄的隆起带隔开，盆地内中、新生代沉积层厚达数千米，乃至上万米。一些陆架未遭受显著的沉降，泥沙物质常越出陆架导致陆缘向外推展，陆架逐渐展宽。由于海蚀作用移走的物质通常远少于河流挟带来的物质，故多数陆架处于向上堆积或向外推展的过程中。

陆架的形成　地形和地质构造特征表明，大陆架是大陆的自然延伸。除上述沉溺河谷、阶地和残留沉积外，许多陆架还采集到**潮间带**和淡水的泥炭、牡蛎、文蛤、陆上哺乳动物的牙齿和骨骼，足见陆架在不久前尚属海岸平原，1.5万年以来的冰后期海面上升才沉溺于水下，形成今日所见的浅海陆架环境。

但有的陆架的形成与构造断陷或挠曲有关，原先的海岸平原陷落入海变成大陆架；陆架外侧地块的下挠可形成明显的陆架坡折。另一些陆架的形成则可能与堆积作用有关，尤其当陆架外缘有基底脊、**珊瑚礁**、盐丘底辟和火山脊等构成边缘堤坝时，沉积物被拦截于陆架内，有利于填积成平坦的陆架。

塑造陆架地形的因素众多，除海面升降、构造运动和沉积作用外，还受到浪潮流运动、河流和冰川等侵蚀作用，生物活动和骨骼堆积，以及水量变化和沉积负载引起的均衡调整作用等影响，在不同时期和不同地区有不同的主导因素。在低海面时，河流、冰川等营力施加重要影响；随着海面上升，浪潮流活动常起主导作用。鉴于陆架坡折的平均水深为130米，十分接近于冰川极盛期的低海面，可以推断大部分陆架表面和陆架坡折，主要是第四纪海面频繁升降过程中侵蚀堆积作用的产物。在大部分地质时期，由于缺乏频繁的冰川型海面升降，因而陆架和陆架坡折的发育可能不像现代这么典型。

资源　大陆架拥有富饶的资源，以石油和天然气资源最为丰富。海底石油储藏量约占全球石油总储量的25%，一些国家从陆架油气中获得的收益已超过了该区的渔业。陆架区的生物资源也极丰富，其渔获量占世界海洋总渔获量的90%以上。陆架上尚有锡、钛铁矿、金、锆石等海滨砂矿，以及煤、磷灰石、建筑用沙砾等可供开采利用。在中国宽广的陆架上，生物、矿产资源极其丰富，已相继在渤海、南海和东海诸陆架上发现油气资源，已有一些重要油气田进入工业开采。

海洋法中的大陆架　由于陆架上有富饶的资源，对陆架的划分和主权就成为国际上十分重视和有争议的问题。继1958年联合国第一届海洋法会议通过《**大陆架公约**》之后，1982年4月30日，联合国第三次海洋法会议通过了《**联合国海洋法公约**》。该公约中关于大陆架的含义比它的地理概念还要宽。它规定沿海国的大陆架包括陆地领土的全部自然延伸，其范围扩展到大陆边缘的海底区域。如果从测算领海宽度的基线起，到大陆边缘外界的距离不到200海里，陆架范围扩展到200海里（约合370千米）的距离；如果到大陆边缘外界的距离超过200海里，陆架范围最多可扩展到距领海基线350海里（约合650千米）。大陆架上的自然资源主权，归属沿海国家所有。但在各相邻和相对沿海国家之间，尚存在着如何具体划界的复杂问题。（严钦尚　金性春）

**《大陆架公约》** *Convention on the Continental Shelf*　有关大陆架概念、范围、法律地位等问题的规定和制度的第一个国际多边条约。1956年在第11届联合国大会上，国际法委员会针对各国在大陆架等问题上的分歧提出海洋法提案。该提案在承认沿海国对**大陆架**拥有权利的同时，规定这一权利并不影响大陆架上覆水域作为**公海**的法律地位。1958年，联合国第一届海洋法会议通过了以国际法委员会海洋法提案为基础拟订的《大陆架公约》。公约于1958年4月29日开放签字，1964年6月10日起生效。至2008年7月23日，获批准或加入的有58个国家。中国不是该公约缔约国。

《大陆架公约》共有15条，规定了大陆架的定义，沿海国的权利和义务，大陆架上覆水域的法律地位，大陆架的划界，公约的生效及修订等。《大陆架公约》主要内容有：①大陆架是邻接海岸但在领海范围以外、深度达200米或超过此限度，而上覆水域的深度容许开发其自然资源的海底区域的海床和底土或邻近岛屿海岸的类似的海底区域的海床和底土。②沿海国为探测大陆架及开发其天然资源之目的，对大陆架行使的主权权利为专属权利，沿海国如不探测大陆架或开发其天然资源，非经其明示同意，任何人不得从事此项工作或对大陆架有所主张；沿海国对大陆架之权利不以实际或观念上之占领或明文公告为条件。③沿海国对于大陆架之权利不影响其上覆水域为公海之法律地位，亦不影响上覆水域上空之法律地位。④沿海国除为勘探大陆架及开发其天然资源有权采取合理措施外，对于在大陆架上敷设或维持海底电缆或管线不得加以阻碍。勘探大陆架及开发其天然资源不得使航行、捕鱼或海中生物资源之养护受任何不当之妨害，亦不得对以公开发表为目的而进行基本海洋学研究或其他科学研究有任何妨害。⑤同一大陆架邻接两个以上海岸相向国家领土时，其分属各国部分的界线由有关各国以协议定之。倘无协议，除因情形特殊应另定界线外，以每一点均与测算每一国领海宽度基线上最近各点距离相等的中间线为界线。

《大陆架公约》取代了早期国家仅对其周围非常狭窄的海域拥有主权的做法，在国际法上首次确立了大陆架法律制度，对大陆架制度的发展有重要推动作用。

（黄　豪）

**大陆隆** continental rise 位于**大陆坡**与**深海平原**之间的向海缓斜的巨大楔状沉积体。简称陆隆。又称大陆裙。常由许多**海底扇**复合、改造而成。大陆隆一词是1959年由美国海洋地质学家B.C.**希曾**等研究北大西洋海底地形时首次提出，并把它作为**大陆边缘**的组成单元之一。

大陆隆上部坡角稍陡，下部较缓，平均坡度为0.5°～1°，水深在1500～5000米。除有树枝状海底谷及少数海山外，地形起伏和缓。大陆隆主要展布于**被动大陆边缘**，如大西洋、印度洋、北冰洋和南极洲的大部分周缘地带；沿西太平洋边缘海盆陆侧，如南海海盆的部分边缘也有分布。**主动大陆边缘**，如太平洋周围的**海沟**附近，通常缺失大陆隆。在有堤坝阻止沉积物向海方搬运的大陆边缘，陆隆也不甚发育。陆隆宽狭不一，约在一百千米至数百千米，宽者达1000千米以上。总面积约2500万平方千米，约占全球面积的4.8%。

大陆隆通常位于大洋型或过渡型地壳之上，但组成物质主要源自**大陆架**。沉积物厚2000米以上，粒级多属黏土至细砂，以中粉砂最为典型。沉积物的搬运方式，主要是沿坡而下，另还有沿陆隆而行和垂直下沉。沉积物沿坡而下的搬运，由重力驱动，以浊流搬运为主，还有滑塌、砂流及碎屑流等。流速较高，可达200厘米/秒，能将源地及沿途被侵蚀的物质带到陆隆沉积。浊流沉积物的分选程度一般较差，具有自下而上由粗变细的递变层理，单层厚度大多为几十厘米，因浊流反复活动可形成巨厚的浊流沉积层。

等深流沿陆隆而行，与地球自转有关，由海水温度、盐度差异引起，沿海底等深线连续流动。等深流遇到大陆边缘或海底高地时，多顺地形轮廓线，沿大陆隆流动。如大西洋有密度较大的底水被驱离南极和北极，在科里奥利力影响下分别沿南、北美洲东岸外向低纬区流动。等深流的流速不高，约20厘米/秒，变动幅度不大，主要搬运粉砂和黏土（偶有细砂），使沿坡而下和垂直下沉的物质发生再搬运，并可产生小至流痕大到波长数千米的底形，构成下部陆隆丘陵；甚至通过再沉积作用形成与等深流平行延伸的巨大沉积脊。等深流沉积物粒度细、分选好、有明显纹层，微体生物残骸和植物碎片较少。

生源物质和其他细粒碎屑物质自上覆水层缓慢下沉，停积于陆隆表层，为结构均一的沉积。因其为陆源沉积和远洋沉积的混合，故称半远洋沉积。其中陆源沉积有细粒碎屑和生物碎屑，远洋沉积主要是钙质微体生物（颗石藻、有孔虫等）、硅质微体生物（放射虫、硅藻等）残骸和大气尘埃（宇宙尘、火山尘和大陆尘埃）。

现代大陆隆一般沉积速率可达每千年4～10厘米。更新世时，其沉积速率至少增加一倍。与陆架沉积物相比，陆隆沉积物富含长石、云母和泥质，石英较少。陆隆沉积物在许多方面可与古生代复理石沉积相类比。由于陆隆沉积厚度极大，常富含有机质，陆隆沉积体系中的海底扇沉积及与之相连接的海底峡谷沉积可作为油气运移通道和储层，因此大陆隆具有良好的含油气远景。

（严钦尚　金性春）

**大陆漂移说** theory of continental drift 解释地壳运动和海陆分布、演变的一种假说。大陆之间以及大陆相对于大洋盆地之间的大规模水平运动，称大陆漂移。大陆漂移的思想虽然萌发已久，但到1912年才由德国气象学家A.L.魏格纳系统地提出。魏格纳基于地质、古生物和古气候方面的证据认为，侏罗纪以前（距今约2亿年前）地球上只存在一个统一的大陆，称为泛大陆，又称联合古陆，环绕泛大陆有一个统一的泛大洋。从侏罗纪开始，泛大陆分裂并相互漂移，逐渐到达目前的位置。

魏格纳等提出大陆漂移的证据主要有：①大陆岸线的相似性。南大西洋两岸（非洲与南美）的海岸轮廓相互匹配，可以拼接成一个整体，说明这两个大陆曾相互连接。②褶皱系的延续性。南大西洋两岸，即非洲南端与南美布宜诺斯艾利斯之南的二叠纪褶皱山系同是东西走向，且地质情况相当，可以相连；欧洲挪威、苏格兰、爱尔兰与北美纽芬兰的加里东褶皱带也是可连接的。③古冰川的分布。南方诸大陆（南美、南非和南澳大利亚）和印度南部广泛分布着晚古生代的冰川痕迹，若将分布地拼合在一起，能较好地解释冰川分布规律。④化石。在南方诸大陆和印度南部的晚古生代冰碛层上，普遍覆盖有具舌羊齿植物群化石的含煤地层，证明南方诸大陆与印度过去是一个整体。

魏格纳将地球旋转所产生的离极力和潮汐摩擦力当作大陆漂移的驱动力，并认为硅铝质大陆块在硅镁层上漂移。但是，因为离极力和潮汐摩擦力太弱，不足以驱动陆块运动，硅铝质的陆块也不能在坚硬的硅镁层上漂移，这就成为大陆漂移说的薄弱环节，加之当时许多证据得自南半球，因而这一思想没有能被北半球的欧美学者所接受。直到20世纪50年代中期，新出现的古地磁证据才使大陆漂移说复苏。60年代**海底扩张说**和**板块构造说**相继提出，许多地质学者开始在新的基础上认真接受大陆漂移思想。

大陆漂移思想是一种活动论，它的提出促进了地质科学的发展，是对固定论的挑战。固定论认为大陆形成于原地，从未移动过，但这不符合事实。大陆漂移的活动论思想为海底扩张、板块构造说的兴起准备了思想基础。大陆漂移说较好地解释了如下几个问题：①美洲西岸的经向山脉是由于美洲大陆向西移动时，因硅镁层抵抗而褶皱起来形成的。②阿尔卑斯-喜马拉雅纬向山脉是由离极运动造成的。③各大陆东侧的岛弧可能是由于大陆向西漂移时，黏附于硅镁层之上的大陆碎片脱离大陆而形成的。但是，由于不能解释大陆漂移的驱动力及深源地震等问题，大陆漂移说开始受到其他学者们的质疑和反对。后来，美国学者H.H.赫斯和R.S.迪茨经过地质和地球物理研究分析，提出**海底扩张说**之后，才得到地学界的赞赏和发展。

（金翔龙　许东禹）

**大陆坡** continental slope **大陆架**向海一侧，从陆架外缘较陡地下降到深海底的斜坡。简称陆坡。它展布于所有大陆周缘，为全球性海底地形单元。大陆坡上界水深多在100～200米；下界往往是渐变的，在1500～3500米水深处，但在邻近**海沟**地带，大陆坡下延至更深处。大陆坡宽度为20～100千米以上，总面积计2870万平方千米，占全球面积的5.6%。

特征　大陆坡坡度多为3°～6°，1800米深度以上的平均坡度为4°17′。在大西洋型大陆边缘，大陆坡常随水深增大而变缓，下延为**大陆隆**；在太平洋型大陆边缘，大陆坡常随水深增大而变陡，下延至海沟。太平洋陆坡平均坡度5°20′，大西洋陆坡平均坡度3°05′，印度洋陆坡平均坡度2°55′。大型**三角洲**外侧的坡度最小，平均仅1°18′。珊瑚礁、岛外缘的大陆坡最陡，最大坡度可达45°。大陆坡可以是单一斜坡，也可呈台阶状，形成深海平坦面或边缘海台。大陆坡被**海底峡谷**和沟谷刻蚀，加上断层崖壁，滑塌作用形成的陡坎及底辟隆起等，其坡形十分崎岖。

大陆坡底质以泥为主，还有少量沙砾和生物碎屑。沉积物比相邻的陆架和陆隆沉积物细，但在冰期海平面下降期间，大部分大陆架出露为陆，河流向前推进到大陆坡顶部附近入海，使大陆坡上粗粒沉积物增多。在与山脉海岸相邻的狭窄陆架外的陆坡上，常见岩石露头。大陆坡沉积物主要是陆源碎屑，也有生物与化学作用形成的沉积物。

大陆坡基底为变薄的大陆型地壳。拖网和钻探在陆坡区发现了花岗岩；地震测量显示，大陆坡下部花岗岩层向大洋一侧逐渐变薄以至尖灭；大陆坡上还有褶皱断裂构造，一些陆上构造线可延伸至陆坡。

成因　大陆坡是轻而浮起的大陆和重而深陷的洋底之间的接触过渡地带。随着大陆裂开，其间形成狭窄的幼年海洋。根据地壳均衡原理，新生洋壳的高程应明显低于两侧大陆，在大陆与新洋底之间必然形成陡峭的新生陆坡。大西洋型大陆边缘的陆坡，就是中生代联合古陆破裂形成的地块的边壁，是在海底扩张、大陆漂开和边缘下沉的过程中，经长期侵蚀沉积作用逐渐塑造而成。生成不久，尚未为外力作用强烈改造的陆坡，沉积盖层微薄，构造地形与火山地形十分显著，坡度较陡。发育成熟的大西洋型陆坡，不规则的原始地形已被巨厚的沉积层覆盖，坡度平缓。在太平洋型大陆边缘，大陆坡的发育与板块的俯冲和仰冲作用有关，大陆坡下部有俯冲刮削作用形成的增生混杂岩体，褶皱、断裂明显，地形十分复杂。

类型　板块的分裂和聚合运动奠定了大陆坡形态和构造的基本格架。大陆坡的进一步发育视控制因素的差别，可塑造成多种不同的陆坡类型：①断裂型或陡崖型陆坡。主要受断裂作用控制，而侵蚀堆积的改造作用较弱，多见岩阶、陡崖，如伊比利亚半岛西北侧陆坡。②前展堆积型陆坡。陆源物质供应充分，大陆坡在强烈沉积作用下逐渐向洋推进，有的大陆坡下部沉积层厚达10千米左右，美国大西洋一侧陆坡多属这种类型。③侵蚀型陆坡。沉积作用较弱，浊流和滑塌等侵蚀作用导致基岩裸露，地形复杂，如在海底峡谷和滑坡发育的地区。④礁型陆坡。与珊瑚礁生长有关，陆坡陡峭，如尤卡坦半岛的陆坡。⑤底辟型陆坡。低密度的蒸发岩或泥层在深埋后，因上覆沉积物压力的不均衡而发生上涌，形成底辟构造，大陆坡沉积层因而变形，海底呈不规则形态，如墨西哥湾一带。

资源　由于河流径流和海洋上升作用，大陆坡沉积物中可含有丰富的有机质，陆坡上有巨厚沉积层的地方具有良好的含油气远景。陆坡区尚有锰结核、磷灰石、海绿石等矿产。大陆坡一些上升流区是很好的渔场。　　（严钦尚　金性春）

**大麻哈鱼**　chum salmon; *Oncorhynchus keta*
脊索动物门（Chordata）硬骨鱼纲（Osteichthyes）鲑形目（Salmoniformes）鲑科（Salmonidae）大麻哈鱼属（*Oncorhynchus*）一种。又称大马哈鱼、大发哈鱼、秋鲑等。

分布　分布于北纬40°以北的太平洋水域及其沿岸河流。在俄罗斯、日本、朝鲜及北美洲北部等北太平洋沿岸河流均有分布。在中国，分布于黑龙江中、上游及其支流乌苏里江，松花江，以及绥芬河和图们江等水域；上溯可达黑龙江上游支流呼玛河、乌苏里江上游松阿察河及松花江支流汤旺河、牡丹江等。

形态特征　体长形，侧扁。头侧扁。吻突出，微弯，形如鸟喙。生殖期雄鱼吻端显著突出，弯曲如钳形，上下颌不能吻合。鼻孔2个，孔间具发达瓣膜。鳞细小，除头部外，周身被鳞，侧线明显。胸鳍位低，腹鳍短小。尾鳍浅叉状或内凹。海洋生活时，体色银白。溯河产卵期，体侧出现10～12条橙红色横斑条。雄鱼体色浓艳，斑块较大。吻端、唇部、腮部和腹部为黑色或暗苍色，臀鳍和尾鳍为灰白色。

生活习性　大麻哈鱼为冷水性溯河洄游鱼类，即为江里生、海里长，又回原产地河流产卵繁殖的鱼类。大麻哈鱼有两个生态类群，即夏季溯河回归的夏鲑和秋季溯河回归的秋鲑，进入中国境内的仅有秋鲑。幼鱼主要摄食昆虫、桡足类和圆虫类，以摇蚊幼虫为主。在海洋生活阶段以捕食鱼类为主，溯游到淡水中的成鱼则不摄食。

生长与繁殖　大麻哈鱼出生于河流中，孵化后降河入海，主要在海洋中生长发育，性成熟后溯河洄游至出生地产卵繁殖，产卵后亲鱼逐渐死去。太平洋两岸大麻哈鱼生长无明显差异，不同年份溯河洄游产卵群体的平均叉长、体长有所变动，生长速度随着年龄的增加而逐渐递减，且3龄前生长速度较快。性成熟与其各年龄段生长情况有关，性成熟年龄较小组的生长速度要快于性成熟年龄较大的组。雌雄个体间生长无显著差异。

产卵亲鱼一般为3～5龄，以4龄为主。个体怀卵量为2800～5400粒，平均4000粒。成熟卵呈橙红色、沉性卵，卵径为5.4～7.4毫米。产卵在10～11月。产卵水温为4～14℃。产卵场多在水质清澈、水流较急、砾石底质处，水深1米左右。产卵时，雄鱼挖坑；交配后，将卵用沙石覆盖，并在卵坑周围守护；产卵后，亲鱼相继死去。溯河产卵时不摄食。一生只繁殖一次。

资源概况　大麻哈鱼作为江海洄游鱼类，北太平洋沿岸鱼源国均进行增殖放流，以期增大或恢复资源量，保护大麻哈鱼地理种群生物多样性。1956年以来，中国先后进行了大麻哈鱼的人工繁殖、孵化、放流，增殖保护大麻哈鱼资源。21世纪初，中国首次在大麻哈鱼产卵河流进行其种群恢复和栖息地保护与修复工作，恢复河流生态和生物多样性，养护大麻哈鱼资源，对产卵场加以保护，对产卵场和洄游通道提出繁殖期禁捕的建议。

意义与价值　大麻哈鱼为中国珍稀溯河冷水性鱼类，栖息地连系海洋、海湾、河流和流域等生态系统，具有较高科学价值和生态意义。大麻哈鱼为水生生物养护及其增殖放流主要物种，利用其高度溯河洄游习性增殖放流，发展海洋放牧鲑渔业，具有很高的经济效益、社会效益及生态效益。此外，大麻哈鱼是多种野生动物的食物，也是海洋与陆地物质循环的载体。保护大麻哈鱼种群资源，对生态系统平衡与稳定起重要作用。

大麻哈鱼也是名贵的大型经济鱼类，体大肥壮，肉味鲜美，营养丰富，尤其是其鱼子为上佳补品，在渔业经济中占有重要地位。肉可鲜食，也可腌制、熏制，加工罐头，都有特殊风味。盐渍鱼卵即闻名的“红鱼子”，营养价值很高，在国际市场上享有盛誉。　　（刘　伟）

**大气埃克曼层**　atmospheric Ekman layer
大气边界层中水平气压梯度力、科氏力和湍流切应力三力基本上平衡的一层大气。是大气边界层的重要组成部分。大气边界层可分为3层：①底层为贴地/海层或黏性副层，是贴近地/海面的一个薄层，其范围一般在离地/海面2米以内，温度与湿度等变量的垂直变化剧烈。②贴地层之上的数十米至百米为近地面层或常通量层，湍流动量通量（湍流切应力）、热通量和水汽通量近似不随高度变化，风速随高度呈对数分布。③近地层之上为埃克曼层，高度可达数百米至数千米，在该层中，湍流切应力和科里奥利力、水平气压梯度力三者基本维持平衡。

研究历史　埃克曼层最早由瑞典物理海洋学家V.W.埃克曼提出。1902年，埃克曼发表了博士论文并于1905年提出了描写边界层内风矢随高度变化的一种模式分布，按此模式风向随高度增大而向右转（北半球），风速随高度增加而增大，不同高度的风矢末端的连线为一螺线。他提出的经典解法，给出了埃克曼层风速随高度分布方程的分析解，并且根据分析解绘制出了埃克曼螺线示意图。

**机制及影响**　在自由大气中，水平气压梯度力与科氏力二者基本平衡，形成地转风，且与等压线平行。而在大气边界层中，必须考虑湍流摩擦力（湍流切应力）的作用。埃克曼层中的空气运动是水平气压梯度力、科氏力与湍流摩擦力三者之间平衡的结果，因此，风向会偏离等压线，且偏向低压（图1）。

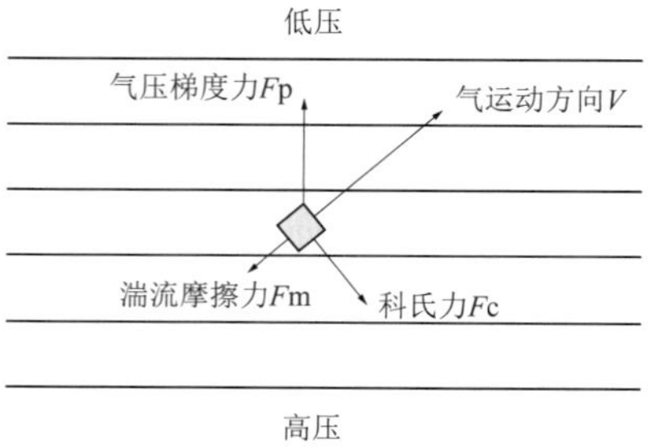


图1　埃克曼层中力的平衡示意图

埃克曼层的平衡风场结构可由如下方程描述：

$$-fv=-\frac{1}{\rho_0}\frac{\partial p}{\partial x}+K_m\frac{\partial^2 u}{\partial z^2} \quad (1)$$

$$fu=-\frac{1}{\rho_0}\frac{\partial p}{\partial y}+K_m\frac{\partial^2 v}{\partial z^2} \quad (2)$$

式中$u$为$x$方向的速度；$v$为$y$方向的速度；$f$为科氏力参数；$K_m$为湍流黏性系数；$p$为气压；$\rho_0$为密度。

假设水平气压场不随高度变化，且令$x$轴沿等压线方向，利用地转风关系：

$$-\frac{1}{\rho_0}\frac{\partial p}{\partial y}=fu_g \quad (3)$$

$$\frac{1}{\rho_0}\frac{\partial p}{\partial x}=fv_g \quad (4)$$

取地表面上水平速度为零，而远离地表面的高度上水平风趋于地转风$u_g$，边界条件为：

$$z=0\text{时 } u=0, v=0 \quad (5)$$

$$z\to\infty\text{时 } u\to u_g, v\to v_g \quad (6)$$

利用以上边界条件可得到方程的解：

$$u=u_g[1-e^{-z/\delta}\cos(z/\delta)] \quad (7)$$

$$v=u_g e^{-z/\delta}\sin(z/\delta) \quad (8)$$

式中$\delta=\left(\frac{2K_m}{f}\right)^{\frac{1}{2}}$（其中$K_m$假定为常数）常称之为埃克曼层标高，是边界层高度的特征量。这个解称为埃克曼螺线解。图2给出了风速矢量端迹，由图可见，平均风随高度而增加，风矢量随高度顺时针旋转而呈螺旋状，逐渐趋近于地转风。当$z=\pi\delta$时，$v=0$，风向与地转风方向重合，此时风速略大于$u_g$。而后随高度增加，风速向围绕地转风做螺旋式摆动，这条端迹称为埃克曼螺线。严格地说，埃克曼螺线是在中性大气层结中，湍流黏性系数$K_m$为常数，大尺度运动处于气压梯度力、科氏力和湍流摩擦力三力平衡，且水平气压梯度力不随高度变化（因而地转风不随高度变化）的条件下，风速随高度的一种理想分布。

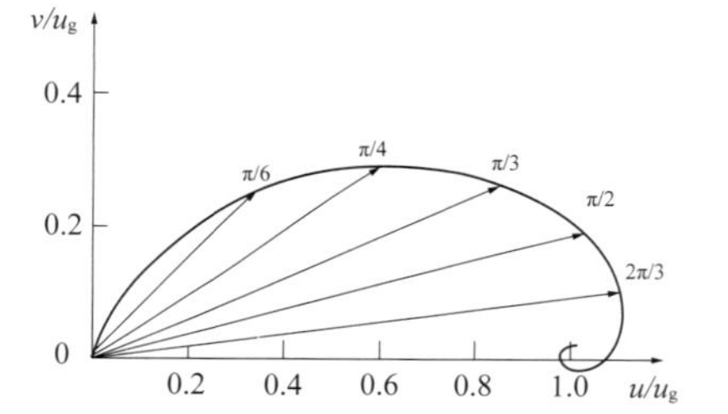


图2　埃克曼螺线的风速矢量端迹图

应该指出的是：①埃克曼螺线是一种非常理想的风廓线，实际大气要复杂得多，它并不能总是满足定常、水平均匀和正压条件，因此实测的风廓线往往与埃克曼螺线有偏差。②图2中最后的小螺旋在物理上是没有意义的，这是因为在推导公式时用了不合理的假设，设定边界条件$z\to\infty$。

平均风的风向与地转风方向第一次重合时的高度为：

$$Z_m=\pi\delta=\pi\sqrt{\frac{2K_m}{f}} \quad (9)$$

此高度通常被规定为行星边界层的近似高度。假如$f=10^{-4}$/秒，$K_m=10$米$^2$/秒时，可得此高度大于1千米，这相当于中纬度白天的情况；$K_m=1$米$^2$/秒时，可得此高度小于500米，相当于中纬度夜间的情况。在$z<Z_m$的行星边界层中空气有穿越等压线的运动，向低压方向辐合；根据质量连续方程，幅合会导致上升运动，这就是埃克曼抽吸现象。

埃克曼抽吸是由于湍流摩擦作用，在埃克曼层中风有指向低压一侧的分量，在低压上空产生辐合上升运动，同理在高压上空产生辐散下沉运动，从而形成一种上升或下沉运动在边界层顶达到最强的现象。由此可见，埃克曼抽吸效应大大增强了自由大气与边界层之间的动量、热量和水汽交换。有两个重要概念与埃克曼抽吸相关。

二级环流　在准地转涡旋流场中，由于湍流摩擦效应将会在埃克曼层中造成强迫的铅直环流，它叠加在准地转水平环流之上，称之为二级环流。其湍流摩擦作用一方面通过二级环流直接输送到自由大气，另一方面通过二级环流使自由大气与边界层进行质量和动量等物理量的垂直交换。则自由大气中质量大的空气通过被吸入边界层，而边界层中动量小的空气被抽入自由大气。因为二级环流是由行星边界层摩擦所驱动的，所以产生此种二级环流的机制称为埃克曼抽吸，或埃克曼泵，其实质上是穿越边界层顶的二级环流的垂直分支（图3）。

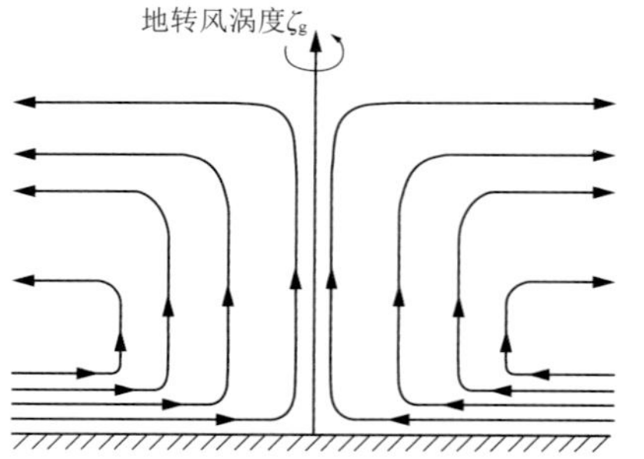


图3　埃克曼抽吸示意图

旋转减弱　即使自由大气中湍流黏性力可以忽略不计，行星边界层的湍流摩擦也可以通过二级环流直接影响自由大气中的运动。二级环流可使准地转涡旋强度减弱，这种作用常称之为旋转衰减作用。其中，埃克曼抽吸强度（速度）与自由大气的地转风涡度成正比。

旋转衰减的时间尺度远比湍流扩散的时间尺度要小得多，即自由大气的运动并不是间接地通过黏性扩散那样的慢过程而受地面摩擦的影响，而是通过埃克曼抽吸作用而强烈地受边界层的影响。因此在旋转大气中，由摩擦辐合强迫造成的二级环流与一般湍流扩散过程相比，是使地转涡旋衰减得更有效的机制。（高山红）

**大气沉降通量**　atmospheric deposition flux　地球大气中的有机、无机物质在一定时间内降落到地球表面单位面积上的量。大气中有机、无机化学物质可以通过干沉降和湿沉降两种方式向地球表面的陆地和水域转移。大气作为载体能够将其中的氮、磷、铁等营养元素，铅、汞、镍、锌、镉等重金属元素，以及其他陆源污染物进行远距离输送，并最终沉降进入陆地、近岸，甚至开阔海洋。这些物质的沉降通量与其来源、理化性质以及它们在大气中的清除机制密切相关。

形态和来源　大气沉降物的化学成分主要以气溶胶和气态形式存在。沉降进入海洋的气溶胶和气体组分有天然和人为两个来源：天然来源包含沙尘、火山喷发物、土壤释放、海盐等，人为来源包括化石燃料燃烧、废物焚烧、化工材料生产、农业生产活动等。气溶胶颗粒由于来源和形成原因的差别，其粒径的变化范围主要在0.01～10微米。一般情况下，这些颗粒组分在大气中的停留时间决定其影响范围，如大颗粒的停留时间相对较短（数天至几周），主要造成区域性影响；而小颗粒或者气态物质可能对全球区域产生影响。

沉降通量计算　在传输过程中，气溶胶或者吸附于其上的气态物质会经由湍扩散、分子扩散或大颗粒的重力作用（干沉降）和雨雪冲刷（湿沉降）沉降下来。根据不同的沉降方式，沉降样品的采集主要通过干沉降、湿沉降和总沉降采样器。对于干沉降来说，某种元素（或组分）的沉降通量（$F_d$）取决于其在该区域大气中的浓度（$C_a$）和平均沉降速率（$V_d$）：

$$F_d = C_a \times V_d$$

海洋气溶胶中不同元素的浓度变化范围在空间上可以相差几个数量级，由陆源输入的物质呈现近岸浓度最高、离岸递减的分布特征。沉降速率则与多种因素有关，如气象条件（风速、湿度、空气黏度），颗粒特征（尺寸、形状和性状）等。干沉降速率与干沉降通量的估算还存在较大的不确定性。湿沉降通量（$F_w$）主要与雨雪中元素（或组分）的浓度（$C_w$）和降水速率（$P$）有关，受雨雪特性（酸碱度、温度、雨滴谱等）和气象条件显著影响：

$$F_w = C_w \times P$$

影响、效应和意义　从全球尺度上看，由大气沉降进入海洋的化学物质已经与由河流输入的量级相当，是外源物质输入海洋最重要的途径之一。不同于河流局限于近岸水域的影响，大气沉降往往能够影响至几千千米外的开阔大洋。由于人为活动影响，北半球的大气沉降通量远高于南半球。这些外源物质一方面可能造成近岸海域的水体富营养化、重金属和毒性物质污染以及海水酸化等有害现象；另一方面，也为广阔的寡营养盐海域提供了丰富的营养物质，有助于提高海洋初级生产力和吸收大气中二氧化碳的能力，对减缓温室效应有正面作用。21世纪以来，人为活动的影响持续增强，大气沉降可能对整个海洋环境和生态系统，乃至全球气候产生深远影响。因而，研究大气沉降对海洋生态系统的影响至关重要。

（杨进宇）

**大气开尔文波**　atmospheric Kelvin wave　当不存在经向风速而只有纬向风速切变时，赤道附近大气中存在的一种向东传播的大尺度重力波。其波长为20 000～40 000千米。开尔文波最先是指海洋中沿着海岸传播的大尺度浅水重力波，其垂直于海岸的扰动速度分量为零。

在大气中，赤道南北两侧的科里奥利参数（$f=2\omega\sin\varphi$，$\omega$为地球自转角速度，$\varphi$为纬度）的符号相反，于是，赤道在一定程度上类似于南北半球大气的海岸线，使得大气扰动被截限在赤道附近地区，其垂直于赤道的南北向扰动速度近乎为零。图中所示为这种波动的气压场（或高度场）和水平流场的理论特性：风压场都对赤道呈对称分布，在高、低压环流中心所在经度附近，风压场满足地转关系，而在高、低压环流的交界处，风压场不满足地转关系，甚至风速垂直于等压线。

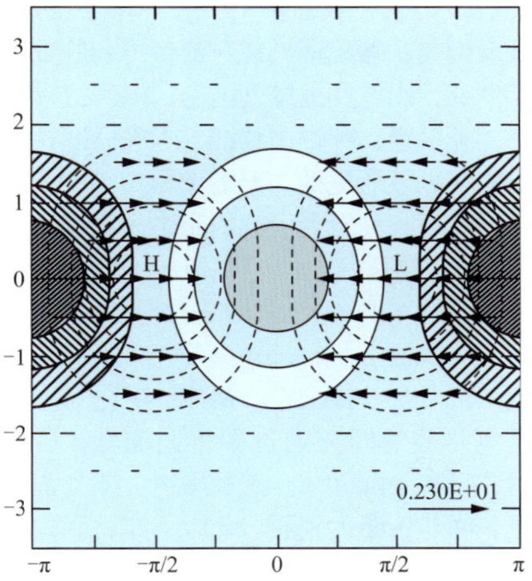


开尔文波的扰动位势场（无阴影等值线）和流场分布示意图

一般认为大气开尔文波是由赤道附近对流层中大规模对流加热的振荡而激发起来的。大气开尔文波是非频散波，是热带大气中重要的波动之一，在*厄尔尼诺-南方涛动*（ENSO）的发展演变、热带气旋的形成以及平流层纬向风的准两年振荡中均有重要作用。

（陈隆勋　撰　方　娟　修订）

**大气桥**　atmospheric bridge　通过大气环流或大气中的“驻波”将一个海区异常信号传递到其他海区，将不同海盆的变化联系在一起的能量传递过程。早期通过大气环流对赤道海温异常的响应，通过大气环流异常影响到全球其他海区。将两个不同海区海温异常通过大气联系在一起，大气起到了联系不同海盆之间的“桥梁”作用，称之为大气桥。

机制　赤道海温异常激发大气遥相关、改变经向哈得来环流和纬向沃克环流，进而影响北太平洋、南太平洋、大西洋、印度洋海洋异常。*厄尔尼诺-南方涛动*（ENSO）事件激发太平洋-北美型大气遥相关影响北太平洋和北大西洋海温，激发太平洋-南美型大气遥相关影响南太平洋和南大西洋海温。ENSO事件通过沃克环流异常影响热带大西洋和热带印度洋海温，通过哈得来环流异常影响热带外海区。北大西洋与北太平洋可以通过北极涛动互相传递两海盆间海-气耦合信息。

分布　大气桥广泛分布在全球不同海盆或海区之间，如太平洋-北美遥相关（PNA）、太平洋-南美遥相关（PSA）、太平洋-日本遥相关（P-J）、环太平洋遥相关、东亚-太平洋遥相关（EAP）等。

影响　海洋异常可以通过大气桥造成其他区域的气候异常。如厄尔尼诺（El Niño）事件，热带中东太平洋暖海温异常通过激发太平洋-北美（PNA）大气遥相关波列影响北太平洋和北美气候异常；通过西北太平洋异常反气旋影响中国气候；通过沃克环流影响印度洋和大西洋等。印度洋海盆尺度异常通过激发吉尔型大气响应，通过开尔文波影响东亚气候，通过罗斯贝波影响欧亚气候。暖池异常通过哈德莱环流和沃克环流影响全球气候。

（李　春）

**大气深对流**　deep convection in atmosphere　垂直尺度具有和均质大气高度同样量级的对流。也有科学家认为，大气深对流是热力驱动的大气垂直运动，可以把空气微团从低层大气输送到500百帕以上。大气深对流通常发生在大气的锋面系统、切变线、热带气旋、热带波动等天气系统里。发生大气深对流通常需要低层辐合、高层辐散、不稳定层、500百帕以上大气相对湿度超过70%等条件。海面上发生的对流，常因为水汽充足，更容易出现深对流。

深对流系统指发展深厚的对流云，多发生在热带、副热带地区，能够将大气边界层的水汽及污染物等物质快速地垂直输送到对流层上层，甚至突破对流层顶直接进入平流层，从而影响平流层水汽及污染物的含量。从全球能量和物质循环来看，发生在热带、副热带地区的深对流活动不仅对全球能量和物质的交换与重新分配十分重要，而且在对流层和平流层之间的物质交换中同样有着至关重要的作用。

（傅　刚）

**大王鱿**　giant squid　世界上已知最大型无脊椎动物。隶属软体动物门（Mollusca）头足纲（Cephalopoda）鞘亚纲（Coleoidea）管鱿目（Teuthida）大王鱿科（Architeuthidae）大王鱿属（*Architeuthis*）。又称大王乌贼、

巨型乌贼、首席乌贼、霸王乌贼、巨型鱿鱼等。大王鱿这一学名源于最近的文献记录：为了避免中文名称使用上的混淆，卢重成等建议将惯用的鱿类中文名中含“乌贼”字样的种类统一改为“鱿”，而“乌贼”名称仅限于“乌贼科”成员。大王鱿胴体长可达3米，全长可达18米，体重超过500千克，眼睛大如餐盘，胴体体长增长率2.62～5.06毫米/日。已知的样品记录大王鱿全长大多数为6～13米。

研究简史　最早的相关记载可以追溯到1639年大王鱿的搁浅事件。1857年，丹麦生物学家J.斯滕斯特鲁普发表了关于大西洋“大王鱿”的文章，首次将其命名为*Architeuthis dux*。1880年，德国博物学家F.M.希尔根多夫博士在日本江户博览会观察到外套膜长1.86米的大王鱿，并测量其鳍长（宽）、腕长及全长。19世纪末，不少文献都描述了“新种”的特点，但这些描述仅仅依靠零碎的组织，包括触腕穗、颚片和不完整的腕。1991年，M.A.C.罗利夫和M.R.利平斯基对南非海域的三只大王鱿样本的外部形态和内部结构进行了比较研究，结果显示这些样本很可能属于同一种。2002～2013年，日本等国研究人员利用水下拍摄设备对大王鱿行为学进行观察，美国动物学家C.罗珀等对大王鱿的系统分类、分布、习性及形态学等进行了详细阐述。

1986年，卢重成首次揭示了大王鱿的幼体标本（胴体长42.2毫米）。1991年，他研究了大王鱿幼体（澳大利亚）耳石的微观结构，结果表明这一胴体长42.2毫米的幼体年龄约为153日，平均增长率2.76毫米/日。1996年，参与了大王鱿（澳大利亚塔斯马尼亚岛）耳石的同位素研究，暗示大王鱿生存的海域水深125～250米，最大水深500米，所在海域水温10.5～12.9℃（根据以往捕获记录，大王鱿活动的深度可达1000米）。1997年，诺曼和卢重成在《自然》上首次揭示了雄性大王鱿的性征，发现一胴体长2.4米的雌性腕腹侧皮肤下方（未进入肌肉）镶嵌着精荚，表明雄性可能通过强壮的阴茎达到注入精荚的目的。2016年，中国台湾地区宜兰外海捕获胴体长0.8米、全长4米、重达180千克的成熟雄性大王鱿，这与此前保存于台湾自然科学博物馆胴体长0.8米、全长8.84米、重达240千克的雌性大王鱿标本相比（来自南半球的新西兰海域），体型较小，但样本新鲜完整。台湾中兴大学相关科研者对首次在中国海域捕获的这只大王鱿进行了形态学测量及取样保存，已成为国际相关研究的重要实验材料。

形态　胴部近圆锥形，胴体末端瘦狭，胴体长约为胴宽的4倍，胴背具大小相似的暗红色近圆形色素体，腹侧表面银白色。肉鳍短，鳍长约为胴长的1/3，两鳍后部相接处略呈桃形，无前鳍垂，鳍与胴体相连，口膜连接肌丝与第4对腕背缘相连。第1对腕较短，其他3对较长，且长度相近；第2～4对腕长约为胴长的4/5，腕吸盘2行，吸盘内角质环具齿；成熟雄性个体交接器（阴茎）明显，为肌肉质，可伸出体外；触腕长约为腕长的2.5～4倍；触腕穗细长，吸盘4行，可分成明显的腕骨部、掌部和指部；掌部中间两列吸盘扩大，吸盘具尖齿；腕骨部具密集的吸盘簇，吸盘6～7列，其间点缀半球形肉突；触腕柄具成对交替排列的吸盘和球突，由近及远排列渐密。内壳披针叶形，叶轴粗，叶轴边肋细，内壳后端具中空的狭纵菱形尾椎。无发光器。

种类　关于大王鱿的命名一直较为混乱，先后报道过18个种，认可的有效种有大王鱿（*Architeuthis dux*），圣保罗大王鱿（*Architeuthis sanctipauli*），日本大王鱿（*Architeuthis japonica*）。最新研究显示，温克尔曼等对来自世界不同海域（新西兰、日本、西班牙、佛罗里达、加利福尼亚、南非、澳大利亚、北太平洋、南太平洋和马尔维纳斯群岛）的43只大王鱿样品的线粒体基因组进行了分析，结果显示所谓的3个有效种均为大王鱿。造成命名混乱的主要原因有：①很少有保存完整的大王鱿样本，并且这些样本分布世界各地。②大多“新种”形态上的描述都源于样本的一部分或者是残缺的样本，并且局限于一个个体。③相关的文献描述来自不同的国家，语言多样化，造成交流上的障碍。④早期的文献常常出现不同的研究者对同一样品重复报道。

分布范围　大王鱿为全球性分布，主要在太平洋（日本、新西兰和澳大利亚）和北大西洋（尤其是纽芬兰、挪威、北海、大不列颠群岛、亚速尔群岛和马德拉群岛）的深海水域有发现，其分布区域与大陆架和岛屿相关，在热带低纬度和极地高纬度海域极少出现。成年个体一般栖息于水温10～25℃海域的中下层［（370～620米，南非）、（450～1000米，澳大利亚）和（400～600米，870～1000米，新西兰）］。种群之间处于分散状态，无集群行为。

生物学特性　耳石分析显示，与其他头足类相比较，大王鱿的生长速度更快。通常2～3年内即可长成（可达500千克）。然而，同位素研究结果显示，大王鱿的寿

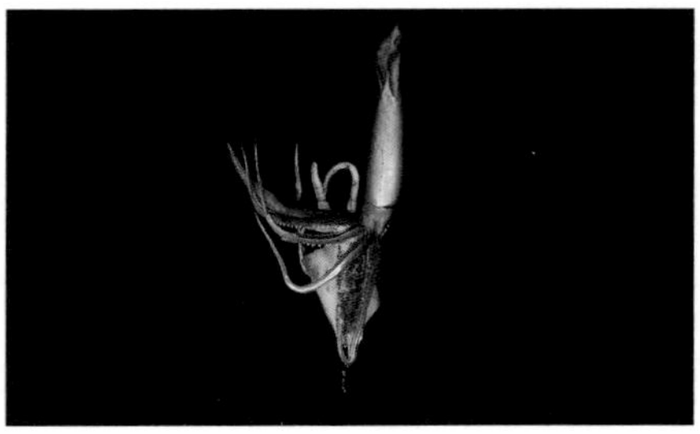

大王鱿

命可能达14年。雌性个体产卵体积较小，1.4～1.7毫米，数量巨大，可超过一百万枚。成熟雄性大王鱿胴体通常1米左右，远比雌性小。雄性交接器（阴茎）从胴体延伸到头部前端，伸出体外，性成熟时可产出成百上千的精荚，长约50厘米，并储存于交接器中，直到开始交配。虽然未发现大王鱿的交配行为，但研究发现由精荚挤压出的精子可植入雌性个体腕或者胴体部的皮下组织。成年大王鱿通常被抹香鲸或睡鲨捕食，幼体常常作为海洋中层鱼类如帆蜥鱼的猎物。

生态习性　大王鱿一般生活在大洋深处，昼伏夜出型。并非食物链中的顶级捕食者，在营养级上位于4.7。根据重金属和稳定同位素追踪分析，大王鱿是高水平的捕食者，捕食高营养水平的鱿鱼和鱼类。主要有南洋力士钩鱿（*Moroteuthis ingens*）、新西兰鱿鱼（*Nototodarus sloanii*）、帆乌贼（*Histioteuthis bonnellii*）和其他鱿鱼、长尾鳕科（Macrouridae）、大西洋胸棘鲷（*Hoplostethus atlanticus*）和其他鱼类，平均寿命2～3年，最长约5年。

意义与价值　和部分鱿鱼一样，大王鱿头部、胴部和腕部含大量铵离子，这些离子以氯化铵溶液的形式存在于肌肉中，使其肉具酸味，不适合人类食用。大王鱿在生物多样性丰富度上起着重要的作用，也是水生生态系统退化、海洋环境和气候变化的重要指标。（郑小东　方建光）

**大西洋多年代际振荡**　Atlantic Multidecadal Oscillation; AMO　发生在北大西洋海区的海表温度在几十年尺度上的准周期变化。拉玛古迪于1994年提出大西洋多年代际振荡概念，主要指去掉线形趋势后北大西洋海表温度的多年代际振荡，该振荡的特点是北大西洋海盆尺度一致的变化（见图）。

机制　关于大西洋多年代际振荡的机制主要有以下3种观点：①大气的随机强迫机制。大气强迫场随机白噪声的输入和大西洋自身的低频选择相结合导致大西洋多年代际振荡的变化，海洋只是对大气“噪声”的被动响应。②海-气相互作用。

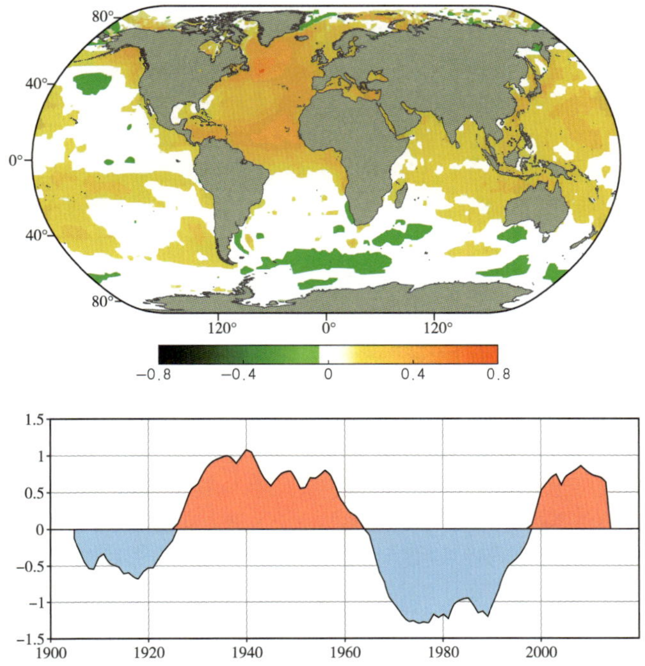


GS（2021）3595号

大西洋多年代际振荡的空间分布（上）和时间序列（下）

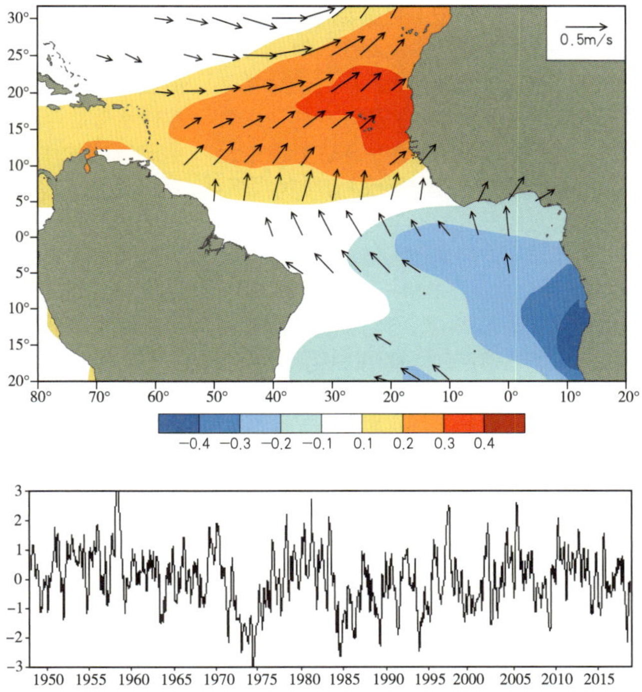


GS（2021）3595号

大西洋经向模的空间分布（上）和时间序列（下）

大西洋中纬度海洋调整对大气的反馈起很重要的作用，海洋自身变化，特别是大西洋经向翻转流的热输送决定了大西洋多年代际振荡的时间尺度。③**热带海－气相互作用**。热带大西洋的海－气相互作用和热带太平洋海－气相互作用也均对AMO变化起到了重要的作用。另外还强调AMO是北极海冰强迫的结果或者冰－海－气相互作用的结果等。总之，对AMO变化的机制尚未定论。

影响　大西洋多年代际振荡对海气系统的影响是全球性的。大西洋多年代际振荡通过**大气桥**影响北半球温度和降水，特别是北美和欧洲的夏季气候（如高温热浪等）。还能调节阿尔卑斯山上的春季降水和冰川的异常变化。巴西东北部和非洲撒哈拉地区的降水也受大西洋多年代际振荡影响，这与北美干旱频率和大西洋超级飓风活动频次有关。古气候研究表明，过去3000年中非洲撒哈拉地区在大西洋多年代际振荡暖位相时降水增加，而冷位相时降水减少。有研究表明，美国中西部和西南部地区过去发生的主要干旱与大西洋多年代际振荡有关。当大西洋多年代际振荡处于暖位相时，干旱发生的频率和持续的时间均增加，如1925年和1965年的大干旱均处在大西洋多年代际振荡的暖位相。

（李　春）

**大西洋经向模**　Atlantic Meridional Mode　热带大西洋赤道两侧的热带海区海表温度跨赤道（热带辐合带）的“跷跷板”反位相变化的现象。又称热带大西洋海表温度偶极子。大西洋经向模主要表现在年代际时间尺度上，主周期大约为12年。大西洋经向模也有季节变化，北半球春季最强。

机制　热带辐合带偏向暖的一侧，当热带辐合带随季节北移，南大西洋信风跨越赤道后在地球旋转作用下向右偏转，转向为西南风，与北大西洋的东北信风风向相反，减弱了北大西洋的信风，在“风－蒸发－海表温度”海气－耦合正反馈机制的作用下，北大西洋海表温度升高，而东南大西洋海表温度降低，增强了热带辐合带两侧海平面气压梯度，进一步增强了“风－蒸发－海表温度”海－气耦合正反馈机制，形成北大西洋暖而南大西洋冷的海表温度经向梯度，形成并维持了大西洋经向模（见图）。

影响　大西洋经向模在气候动力学和气候的年代际预测中具有重要意义，主要影响巴西东北部、撒哈拉等周围毗邻大陆区域气候。大西洋经向模引起热带辐合带向北（南）偏移，导致巴西东北部降水异常，造成显著干旱（湿润）。大西洋经向模对北大西洋**热带气旋**和飓风的频率与强度也有影响，其机制主要有：东风波增强、湿静力稳定度和垂直风切变、**北大西洋涛动**。

（李　春）

**大西洋尼诺**　Atlantic Niño　发生在赤道东大西洋上的海温异常升高的现象。该现象与赤道太平洋上的厄尔尼诺很相似。大西洋尼诺现象对应赤道海温的异常也是在纬向（东西方向）上有差异（见图），因此该模态又被称为赤道大西洋纬向模。

热带大西洋的海洋大气平均状态与热带太平洋很相似，赤道上盛行东风（信风）和向西的海流，暖池位于热带西大西洋，而东大西洋存在上升流和冷舌，温跃层西深东浅；这导致大西洋尼诺的发生发展与厄尔尼诺在动力上有些相似，也存在海洋热量的“充放电”现象。但是，大西洋尼诺的季节锁相与厄尔尼诺不同，接近八成的大西洋尼诺是在夏季达到最强。研究指出，异常的海洋大气动力过程在形成和维

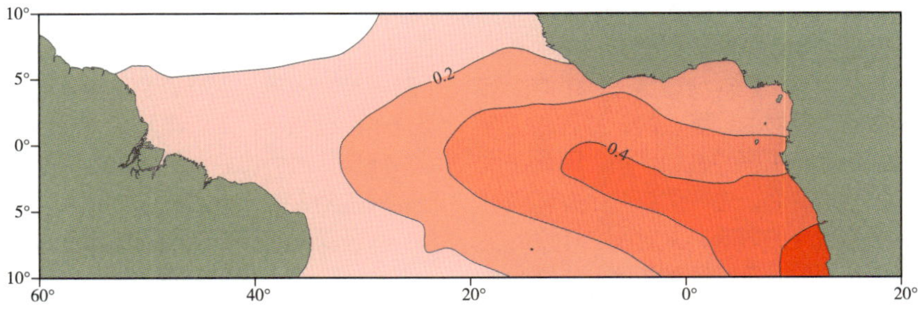


GS（2021）3595号

大西洋尼诺的海表温度异常（等值线间隔：0.2℃）

持大西洋尼诺的形态上起重要的作用，可使增暖中心位于赤道东大西洋，但是海表面的热力过程才是维持大西洋尼诺海温有较大振幅的主要因素。需要注意的是，大西洋尼诺强度远小于厄尔尼诺，赤道东大西洋夏季海温的标准差仅仅为赤道东太平洋冬季海温标准差的一半。

大西洋尼诺的周期不稳定，平均周期为30个月左右，在1961～2000年的40年间发生了13次。再者，其与厄尔尼诺之间没有显著且稳定的同期相关性，一部分大西洋尼诺可以与厄尔尼诺同时发生并且同时与冬季达到最强，一部分大西洋尼诺发生厄尔尼诺年份但在夏季达到最强，另一部分大西洋尼诺在非厄尔尼诺年份发生且在夏季达到最强。（谢瑞煌）

**大型水利工程的海洋环境影响** effect of large hydraulic engineering on marine environment 大型水利工程建设及运行过程中改变浅海水动力环境条件、海岸地质地貌形态与海水的化学组成等，使生境丧失或破碎化，进而影响海洋生态系统的物种组成与功能，改变生态系统生物多样性与生态系统的服务能力。河流上建坝等大型水利工程可导致河流入海淡水及悬浮颗粒量减少，造成河口盐水入侵、地下水咸化、三角洲流失等。如印度的法拉卡大坝建成后，恒河进入孟加拉湾的水量减少了75%，使恒河平原下游的三角洲面临海水倒灌、土地盐化的威胁；罗马尼亚的卡特拉克塔峡谷上铁门大坝的建设导致多瑙河60%～70%的泥沙通量被截留；中国三峡水库建成以后，径流的季节分配明显改变，入海泥沙量减少了近70%。同时，当河流入海流量减少时，不但影响营养盐浓度及其比例以及水体的初级生产力，还可导致渔业资源大幅度减产，并使冲淡水与海水的交汇区上移，冲淡水的面积变小，某些特定种类的水生生物的生活空间被压缩。例如，埃及的阿斯旺大坝截流了尼罗河90%的径流量，直接导致地中海渔业生产的崩溃；因为河流上游建设大坝，葡萄牙瓜迪亚纳河口的浮游植物群落组成由硅藻为主转变为以鞭毛藻和蓝细菌为主，鱼的种类也发生了相应的变化。

大型水利工程对河口生态环境的影响是长期的、缓慢的、潜在的，并且往往存在上游各水利工程的叠加作用。因此在水利工程建设前后，应评估海洋生态环境可能或已经遭受的影响，并对生态环境的变化进行长期的跟踪、监测和评价，进而为今后大型水利工程建设和海洋生态环境保护提供理论依据。（田伟君 高会旺）

**大型水母暴发** large jellyfish bloom 体型较大（可达1～2米）的钵水母如海月水母、海蜇等在短时间内暴发性繁殖或聚集的现象。水母是浮游动物的一大类群，包括刺胞动物门的水螅水母、管水母、钵水母、立方水母以及栉水母门的栉水母5大类。

不同种类的大型水母在全球许多生产力较高的海域，如白令海、黑海、地中海、墨西哥北部湾及南大洋等，均不同程度地出现了数量增加甚至暴发的现象。

水母生长快，食谱广，其暴发会对水体中浮游生物群落结构、食物网的能流过程、生源要素循环乃至整个海洋生态系统产生巨大影响，同时还可能对暴发区域的经济造成巨大损失。首先，由于水母和许多鱼类及其仔鱼存在摄食竞争关系，水母大量出现时可能造成仔、稚鱼饥饿甚至死亡，使海洋渔业资源得不到及时补充。其次，如果水母增多发生在富营养化的水体中，水母过多地摄食了植食性的浮游动物，释放了浮游动物对其饵料浮游植物的捕食压力，因此会增加该水体赤潮形成的概率。再者，水母的暴发可造成核电站、火力发电站、海水淡化厂和滨海化工厂等近海工业设施的冷却水口堵塞，从而对这些工厂的经济效益造成严重影响。另外，当大型水母数量增多时，人们在进行渔业、养殖生产或游泳时会被水母蜇伤而导致中毒或死亡，从而迫使很多海水浴场和滨海游乐设施关闭，给旅游业造成严重影响。因此，水母增多或暴发被认为是一种由于海洋动物暴发而形成的非常严重的海洋生态灾害。

自20世纪90年代中后期起，中国渤海、黄海和东海北部海域也相继出现了大型水母数量增多的现象。在中国近海暴发的大型水母种类主要包括海月水母、霞水母和沙海蜇。其中，沙海蜇是一种巨型水母，它的伞径最大能够达到2米，重量可达100～200千克，是东亚水域（包括渤海、黄海、东海、日本海、韩国近海海域等）的主要大型水母，对渔业资源产生严重影响，也是造成“水母蜇人事件”的主要种类之一。海月水母主要暴发在富营养化的近岸海域，如烟台、青岛近岸，它的数量增多可能会对沿海和核电工业设施造成安全隐患。霞水母（主要是白色霞水母）主要分布在渤海、黄海近岸及东海沿岸，它能够捕食其他种类的水母，也是影响滨海旅游的主要灾害水母之一。

水母暴发的可能原因归纳起来主要有以下5个方面：①过度捕捞。过度捕捞导致渔业资源的减少，降低了水母被捕食和食物竞争的压力，给水母的暴发提供了机会。此外，捕捞活动中频繁的底拖网可直接捕获大量和水母存在潜在竞争和捕食关系的生物，另外底拖网会带走软质底质，留下不容易被拖走的硬质底质，为水母水螅体附着提供适合基质。②富营养化。由于富营养化导致的浮游藻类增多，特别是小型和微型浮游生物的增多，藻类的沉降和分解导致水体底部缺氧，这样的环境不适合其他生物的生存，但水母具有耐受这些恶劣环境的能力，因此水母的数量急剧增多。③气候变化。一些研究显示，水母数量变化与海水温度变化具有很好的对应关系；另外，由气候变化引起的**海洋酸化**不利于钙质浮游生物生存，可能为水母提供了生态空间。④外来种入侵。水母能够随着船舶的压舱水进入其他海区，水螅体可以附着在船体上被带入沿途海域。⑤生境改变。人类在近海和沿岸建造船坞、码头、人工鱼礁、防浪堤等建筑设施，造成了生境的改变，适宜附着的底栖环境增加可为水螅体扩增提供更多的栖息地。大型水母的数量增加或暴发是全球气候变化和人类活动共同作用下海洋生态系统演变的一个综合反应。（李超伦）

**大洋传输带** great ocean conveyor belt 由全球海水密度梯度驱动的全球尺度的海水流动现象，在全球范围内输送热量和盐量。密度梯度主要由海面热通量和淡水通量导致的温度和盐度变化所引起。1987年，美国哥伦比亚大学的古海洋和古气候学家W.S. 布洛克在《自然历史》（*Natural History*）期刊发表了一篇科普文章，介绍了**热盐环流**系统，首次给出了大洋传输带的概念图。尽管该图并不准确，但出人意料地得到了海洋学界的广泛采用。在实际应用中，很难区分温度和盐度变化引起的环流和动力因素（如风应力和潮汐）引起的环流，故大洋传输带又称经向翻转环流（meridional overturning circulation; MOC），常用AMOC表示大西洋的经向翻转环流。大洋传输带是根据深层水体的年龄测定发现的，从北大西洋表层下沉至海底到北太平洋再次涌升至表层，大约需要1000年的时间，完成一个循环则需要大约2000年的时间。

大洋传输带的输送过程 大洋传输带是一种全球性的温度、盐度循环系统，分为代表**暖流**的上传送带和代表冷流的下传送带。高盐低温海水在北大西洋北部下沉，形成北大西洋深层水（NADW），NADW自深海沿海盆向南流动，到达南极绕极流海区后扩展至三大洋深层，然后在南大西洋、南印度洋及南太平洋上升至海水表层。与此同时，南极附近低温高盐水下沉至海底，形成南极底层水（AABW），AABW自深海向北进入三大洋后上升至表层。上升至太平洋表层的海水，自热带太平洋向西经印度尼西亚进入印度洋，称之为印尼贯穿流。印尼贯穿流与上升至表层的印度洋大洋深层水汇合后，继续向西绕过非洲南部进入南大西洋，与在南极绕极流区域上升至表层的北大西洋底层水汇合，形成一支温暖且盐度低的表层洋流，沿大西洋一直向北流动，返回到北大西洋再次下沉，从而形成一个闭合的环流。在此传输过程中，在北大西洋海域，海水表层向北、深层向南的传送有着特别重要的意义，它不断地将低纬度地区赤道附近的高温低盐的海水带到中高纬度的海域，改变那里的温度和盐度，维持着全球气候系统的平衡。

*深层水体的形成* 大洋传输带的驱动力主要是NADW和AABW以及南大洋深层水的上升。在全球尺度上，海水密度并不是均匀的，而是存在显著和不连续的变化区域，构成不同水体的边界。正如木块会漂浮在水面上，较轻的海水总是位于较重的海水之上，这就形成所谓的“稳定层结”。与之相反的是“非稳定层结”，即较重的海水位于较轻的海水之上，此时较重的海水下沉，直到到达与其密度相对应的深度为止，这种运动称为垂向对流。由密度差引起的驱动力是深海流的主要驱动力。高密度水体下沉至深海海盆发生在北大西洋和南大洋的特定海域。在北大西洋，冬季来自加拿大的强劲冷空气吹送到格陵兰岛附近海面上，表层海水以感热和潜热（蒸发）方式失热而变冷，同时海面蒸发和海水结冰使海洋失去水分，导致海水盐度增大，形成低温高盐海水，表层海水密度增大。表层海水密度增大导致海洋层结不稳定，在格陵兰岛附近海域下沉形成NADW，下沉之后沿着大西洋深海平原，非常缓慢地向南扩展到南大洋。NADW的特征是低温、高盐、低营养盐和高碳同位素比（$^{14}C/^{12}C$）。在南大洋，强劲的下沉气流从南极大陆吹向海洋，使得新结成的海冰漂离南极大陆，海洋大量蒸发失热变冷。与此同时，部分海水形成新冰，结冰时盐水被释放，表层水变得盐度更高，盐度增大使海水冰点温度降低，从而使海水温度更低、盐度更大，这些低温高盐的高密度海水在南极大陆周围下沉至海底，形成AABW，其密度大于NADW。生成于威德尔海的AABW主要流向大西洋和印度洋，生成于罗斯海的AABW主要流向太平洋。因此，NADW和AABW广泛分布于南大洋洋底。

*深层水体的上升* 因为水体必须是连续的，高纬度海区大量高密度海水下沉一定要与其他地方的等量海水上升相平衡。人们注意到两个高纬度海区的冷水下沉发生在一个较小区域，下沉速度较快，而海水上升很慢，并且发生在一个广阔的海域。在中低纬度海区，正是由于深层水持续不断地上升，维持了永久性温跃层的存在。如果上升运动停止，则热量的向下传递会使温跃层下降，同时降低温跃层强度。

关于深层水如何上升到海面，人们认为潮汐引发的海洋内波混合起着至关重要的作用。潮汐作用下，在海底和海山附近形成内波，内波破碎引起强烈的混合，从而使深层海水在广大的海域上升至表层。另外，在南大洋西风带和极地东风共同作用下，表层水体分别向南和北方向输送，产生强烈上升流，形成辐散区，有利于深层水的上升。事实上，现在人们认为NADW主要在南大洋上升至表层。

*表层水体的运动* 最终返回到北大西洋的上传送带三支表层流在南大西洋形成汇合体。由于大西洋洋底广泛存在冷而咸的海水，使得大西洋海平面比太平洋稍低，从而产生一个巨大且缓慢的从太平洋向大西洋的上层海水流动，构成第一支表层流。第一支表层流始自热带太平洋表层水，穿越印度尼西亚进入印度洋，与在印度洋上升的表层流汇合后，绕过非洲大陆南端进入南大西洋。第二支表层流则来自在南极大陆附近的印度洋和太平洋海域上升至表层的海水，向东跨过南极大陆和南美大陆之间的德雷克海峡进入南大西洋。第三支表层流则直接来自南极大陆附近南大西洋中层水的上升。三者汇合后，形成一股温暖且盐度低的表层洋流，沿大西洋向北流动，最终返回到北大西洋的格陵兰岛附近海域再次下沉，从而形成一个闭合的环流，构成一个持续的大洋传输带。

*流量估计* 大洋传输带的流量估算可采用两种方法，分别基于碳同位素比值的测量，以及基于直接观测的流速计测量和地转流计算。第一次综合直接观测始自2004年，英国和美国在北大西洋北纬26°断面开展的一项联合观测计划，通过流速计和水下电缆测量方法相结合，利用温度和盐度数据得到的地转流进行估算，最终确定AMOC的流量。两种方法给出的AMOC流量大体一致，约为20Sv（$1Sv=10^6$米$^3$/秒）。

*大洋传输带对气候的影响* 通过大洋传输带，海水会在全球范围内，同时输送能量（热量）和各种物质（如盐量、溶解氧、二氧化碳等）。因此，大洋传输带对地球气候系统起着至关重要的调节作用，且可能是触发气候突变的因素之一。例如，向北移动的表层传送带带来的暖水和大西洋深层水生成时的温度变化，均会给北大西洋上方的大气提供大量热量和水汽，在盛行风的影响下，使处于北大西洋东岸的北欧比同纬度其他地区的气候要温和，与北大西洋西侧的加拿大的冬天形成了鲜明的对比。大洋传输带越强，输送的热量越大，北大西洋地区的气候越温和，否则，北大西洋地区的气候变冷。大洋传输带的运转依赖于海洋温度和盐度的差异，因而全球变暖将会威胁到它的运转。全球变暖会直接导致北半球中高纬度地区冰川融水和降水的大量增加，使得北大西洋海水增温变淡，不利于NADW的形成，进而减慢大洋传输带的运行，甚至完全停滞。这种情况一旦发生，庞大的世界大洋流循环系统就会崩溃，北半球中高纬度地区将急剧变冷，并导致整个地球气候发生紊乱。

*大洋传输带的停滞和运行* 研究认为，大洋传输带并不是以恒定速度运转，而是运行和停滞交替进行，构成全球气候的冷暖循环。只要格陵兰和欧洲的气温变化5～8℃，就足以引起大洋传输带的停滞和运行。大洋传输带停滞时，对应地球的寒冷时期，北大西洋表层被低盐度海水所覆盖，无法下沉形成NADW。随着时间推移，海水不断结冰以及蒸发，海水盐度增大，使得北大西洋表层海水密度持续增大。当表层海水密度超过某临界值时，深层对流开始，形成NADW，大洋传输带再次启动，大量热量向北极地区输送，地球开始进入温暖时期。初期时，北大西洋表层水密度显著大于深层水密度，导致大洋传输带的运行速度非常快。随着气候变暖、盐度输出和海水淡化，大洋传输带的运行速度逐渐减慢，直至停滞。一旦停滞，地球再次进入寒冷时期，依次循环往复，构成地球气候系统的冷暖时期不断更替。新仙女木事件时期气候变化记录被认为是大洋传输带交替进行的一个例证。根据古气候学记录，冰河世纪结束后，地球气候于大约1.7万年前开始变暖，气温逐渐回升。两极、北美和北欧的冰川开始消融，海平面逐渐上升。但到了1.3万年前，气温骤降，直到1.15万年前，气温又突然回升。这就是地球历史上著名的新仙女木事件。研究发现，在新仙女木事件初期，北半球大陆地区的平均温度曾剧降7℃，而在此时期末陡升10℃。很多科学家认为，新仙女木事件初期的增温过程，导致

了大洋传输带的停滞，使北半球经历了1000多年的寒冷期，之后大洋传输带再次运行，导致气温的再次升高。

现代大洋传输带是否会停滞　人们对全球气候正在变暖已经达成共识，并且发现北极地区气温升温为全球平均的两倍，北极海冰正在加速融化，使北大西洋海水盐度降低，这势必影响NADW的生成，减缓大洋传输带的运转，已有的研究也证实了这一点。根据2004年以来的直接观测，研究者认为2008～2012年的AMOC流量，比2004～2007年减小了2.7Sv。通过重构1870～2016年的海表温度记录，有研究者指出自20世纪中叶，AMOC开始减弱，已经减弱15%（3.0Sv），并归咎于人类释放二氧化碳形成的温室效应。其理由是变暖导致格陵兰岛海冰融化，淡水进入海洋使海水密度降低，深层对流减弱。通过1600年的海底沉积物记录反推底层流速，有研究者认为自1850年，AMOC开始减慢，至今减慢了15%。两者给出的AMOC减慢幅度相近，但起始时间点相差了100年。

展望　很多证据表明现代大洋传输带正在减弱，但究竟是人类大量排放温室气体所致，还是地球气候系统自我调节的结果尚无定论。另外，现代大洋传输带的减慢，最终是否会完全停滞，重现当年的新仙女木事件还未可知。研究认为，只要全球气温上升4～5℃，就足以导致大洋传输带完全停滞。因此，控制全球气候变暖已经成为国际社会共同关心的问题，2015年，195个缔约方在巴黎达成了一项全球气候协议——《巴黎协定》，其目标是：将全球平均气温较工业化前水平升高控制在2℃，努力将升温控制在1.5℃之内，以避免灾难性气候事件的发生。　（赵栋梁）

**大洋岛**　oceanic island　地质结构上与大陆没有联系，从深海洋盆中升起的岛屿。它们远离大陆，而且在地质时期，也从未成为大陆的组成部分。年龄不超过中生代。

分类　大洋岛包括火山岛和珊瑚岛。①火山岛主要由海底火山熔岩构筑而成，也就是耸立于深海底之上的大型火山的顶部（图1）。火山岛大小不一，但一般面积不大。可由单个火山构成，也可由多个火山连接而成为规模较大的岛屿，如夏威夷岛冒纳罗亚火山高出海面4170米，高出洋底将近万米。由于火山物质的负载引起地壳下陷，有的火山岛周围被海底沟槽所环绕。还有的火山岛周围被火山碎屑物质覆盖，形成自岛屿向外侧倾斜的平滑的岛裙（图2）。②在热带海域，珊瑚礁生长于

图1　意大利西西里岛伊奥利亚群岛火山岛的格兰火山口

图2　意大利西西里岛莱万特港和瓦卡内洛景观

图3　热带海域的珊瑚岛

火山岛周缘，随着火山岛下沉，珊瑚礁不断上长，可演化成为珊瑚岛（图3）。大洋珊瑚岛上的钻探揭示，在数百乃至千余米厚的珊瑚礁物质之下垫伏着原火山岛的熔岩基底。

分布　大洋岛多呈线状排列或成群出现，主要分布在**大洋盆地**的线形**无震海岭**或海底高地上，如土阿莫土、吉尔伯特群岛；也见于大洋中脊顶部附近，如亚速尔群岛、复活节岛；还有发育于大洋断裂带上，如雷维亚希赫多群岛。大洋岛在太平洋中分布最广。

岩石组成　大洋岛主要由拉斑玄武岩和碱性玄武岩组成，有的尚有少量中、酸性岩石。与一般大洋中脊的拉斑玄武岩相比，大洋岛拉斑玄武岩中碱和大离子亲石元素的含量较高，说明大洋岛的岩浆源地不同于一般大洋中脊的岩浆源地。许多大洋岛的形成可能与**热点**活动有关。

大洋岛与大陆岛的区分　与大洋岛相对应，那些在地质结构上与大陆相似或有联系的岛屿，称大陆岛。大陆岛多分布在**大陆边缘**，与大陆之间仅有浅海相隔，如台湾岛、海南岛；也有因陆块的分裂漂移，大陆岛与原先的大陆之间被较深、较广的海域隔开，如马达加斯加岛、塞舌尔群岛。西太平洋及其他地区一系列岛弧的情况比较复杂。现代板块构造的研究表明，日本列岛等边缘岛弧可能是从亚洲大陆裂离出来的，具有典型的大陆型地壳，应属于大陆岛。远离大陆，在大洋地壳基底上发育起来的洋内**岛弧**，则可置于大洋岛之列，如马里亚纳群岛。　（金性春）

**大洋环流**　ocean circulation　大洋中的海水在海面风应力的驱动下，以及在太阳辐射、结冰融冰、降水和蒸发等产生的热盐效应作用下，形成大范围的海水密度分布不均匀，便产生水平压强梯度力，使海水由某个海域向另一海域流动，形成首尾相接的独立环流系统或流旋。大洋环流分为主要由海表面风应力驱动的**风生环流**和主要由海表面热盐通量驱动的**热盐环流**。大洋环流除水平流外，还有垂直流动的升降流。

大洋表层环流　大洋表层的环流与全球风应力的分布有着密切的关系。在临近赤道的低纬度海域，由于东南信风和东北信风的作用，形成了自东向西的南赤道流和北赤道流，它们遇到大洋的西海岸，便堆积而抬升西边的水位（每100千米可升高4厘米）。南赤道流和北赤道流的主要支流，在西岸海域分别向南和向北流去，形成**西边界流**。两股小支流则分别向北和向南流动，在赤道附近汇合，使水位更抬升，在南北两个赤道流之间形成了一股自西向东的**赤道逆流**。

在北半球的中纬度海区里，海上强盛的西风带驱动着海水自西向东流动，形成了**北大西洋流**和**北太平洋流**。它们抵达海洋的东岸，也各自分成向南和向北的两个支流。在南半球的中高纬度海区里，由于西风盛行，加上南大洋没有海岸的阻挡，而形成环绕地球一周的**南极绕极流**。在南半球的高纬度海区，由于东风的吹刮，驱使海水向西流去，这便是极地东风流，又称**东风漂流**，它向西遇到大陆后折向北。所有这些海流，在大洋中构成了一个个环流系统，称为风生环流。

这些大洋环流所处位置不同，海水状态不同，其盐度和温度也高低不一：在低纬度海区有水温高的热带环流；在中纬度

海区则有水温高、盐度大的温水环流系统，又称副热带环流；在高纬度海区形成了水温低的副极地环流。在温水环流和寒带环流交界的海区，由于海水的温度和盐度有显著的差别，形成了海水的性质迥然不同的不连续面，在它和海面相交处，便形成了辐聚带极锋线。此外，还有副热带辐合带和赤道逆流界线，它们是由方向相反的两支海流相遇而形成的，但由于它们都位于温水环流系统里，故不连续线（面）两边的温度差和盐度差不十分显著。

在太平洋和大西洋里，北赤道流和南赤道流并不与地理赤道对称，而几乎与稍偏于地理赤道之北的热赤道对称。介于南赤道流和北赤道流之间的海流是赤道逆流。北赤道流和赤道逆流位于北半球，即使是南赤道流，其一小部分也处在赤道之北。

在印度洋里，由于北方大陆的限制及强劲季风的影响，北赤道流发展不明显。每年11月到翌年3月盛行东北季风，印度洋赤道附近海流向西流，其他季节则受西南季风影响而向东流动，故印度洋的北赤道流呈现周期性的转向；而赤道逆流和南赤道流则终年位于南半球。

大洋环流西向强化　在大洋低、中纬度的副热带流旋中，西边界处海流有流幅变窄、流层加厚和流速增大的现象。例如，在北大西洋和北太平洋的副热带流旋中，自东向西的北赤道流分别抵达北美洲东岸和亚洲东岸后，向北分别成为强大的湾流和**黑潮**，这便是大洋环流西向强化的典型实例。在大洋西边界处存在着的热盐环流，其上层部分从南半球流向北半球。在南半球，热盐环流因与大洋环流西向强化流的流向相反，从而部分地抵消了南大西洋和南太平洋的西向强流，因而巴西海流和**东澳大利亚海流**显得不如北半球的西边界流强大；在北半球，热盐环流因与大洋环流西向强化的流向相同，从而增强了西向强化流的流速，因此形成了著名的湾流和黑潮。1948年，美国物理海洋学家H.M.施托梅尔在假定海面上有正弦式的行星风系作用，海底有底摩擦存在，科里奥利参量随纬度只作简单的线性变化的情况下，研究了一种平底矩形大洋里的全流（单位时间通过单位宽度内从海面到海底的海水体积或质量输运）模式，他首先证明了大洋环流西向强化现象是由于科里奥利参量随纬度发生变化而造成的。

东边界流　太平洋的**加利福尼亚海流**、**秘鲁海流**，大西洋的**加那利海流**、**本格拉海流**以及印度洋的**西澳大利亚海流**都属于大洋东边界流。它们都是从高纬度流向低纬度，都属**寒流**。与西边界流相比，它们的流幅宽广，流速较小，其影响深度也较浅。

大洋深层环流　由温、盐变化所引起的环流一般称作**热盐环流**，它主要在大洋中下层发展，是造成大洋中下层温、盐分布特征和海洋层化结构的主要原因。地处辐聚带的海水，因辐聚而下沉；位于极地海洋中的海水，因表层冷却而下沉，在不同深度处又会重新变成水平流动的中层流、深层流和底层流。大洋深处的流速一向被认为是很缓慢的，但随着深海观测技术的发展，发现即使在海洋深处（甚至5千米深处），流速仍可达到10厘米/秒以上，但相对于风生流还是缓慢的。

大洋深层水主要是在北大西洋格陵兰南部上层海洋中形成。在该海域，东格陵兰流与**拉布拉多海流**输送的极地冷水与湾流混合后下沉（盐度约为34.9、温度近3℃），并开始向整个洋底散布。在大洋西部接近北纬40°的地方，与来自南极密度更大的底层水相遇，它们向南流去，直到南大洋。在它向南流动时与上层由地中海溢出的高盐高温中层水相互混合，形成南大洋深层水，并在南纬40°附近加入绕极环流，继而被带入印度洋和太平洋。

大洋中尺度涡　是叠加在海洋平均流场上的、尺度几十千米至几百千米的水平涡旋。世界大洋中尺度涡场的动能分布极不均匀。例如，在北太平洋和北大西洋的西边界强流区的表层，其动能约为东边界流区和弱流区的10倍。涡场的动能主要集中在表层，从海面至1千米深度处的能量减到表层的1/1087。中尺度涡所影响的深度是极大的，在黑潮区可达6千米，在湾流强流区可达5千米深，可见中尺度涡是一个深厚的系统。此外，由于海流的不稳定，能形成其他种类的中尺度涡。这些中尺度涡集中了海洋中很大一部分能量，形成了叠加在大洋气候式平均流场之上的各种高频变化的涡旋，这使得大洋环流更加复杂。

大洋环流的作用　来自赤道附近温暖海区的北赤道流抵达大洋西岸时，大部分折向北成为沿西岸强劲的**暖流**。在大西洋的湾流流速可达200～300厘米/秒，表面流幅最窄处介于100～150千米之间，厚度最大可达4千米左右，流量可高达150×10$^6$米$^3$/秒；在太平洋的黑潮流速最大时可达200厘米/秒，表面流幅窄处约150千米，厚度最大可达3千米左右，流量可高到65×10$^6$米$^3$/秒。如此巨大的西边界暖流给北半球送来了大量的热量，这将对沿岸流域的气候发生巨大的影响。例如，处于北纬55°～70°的欧洲西部海岸，年平均气温高达0～10℃，而地处同纬度的加拿大东岸，年平均气温只有−10～0℃。另外，暖流区域是大气的温暖的下垫面，加上蒸发较强，空气潮湿而不稳定，所以雨量充沛，使流域沿岸的农作物得益很大。东边界流是来自高纬度海区的寒流，其透明度小，水色低，形成大气的冷下垫面，造成其上稳定的大气层结，有利于生成海雾，因而干旱少雨。这与气候温暖、雨量充沛的西边界流海区形成明显的差异。

湾流和黑潮向北流到较高纬度处，除了折向东方流入盛行西风带所产生的北大西洋流和北太平洋流之外，还在那里遇到向南流动的拉布拉多海流和**亲潮**，形成大洋西北部的辐聚带，发生海水强烈的垂直交换混合，海洋生产力高，有利于浮游生物繁殖，对鱼群栖息特别有利，形成著名的渔场。这正是世界著名的纽芬兰渔场和北海道渔场所在的海区。

当北大西洋流和北太平洋流自西向东流到东岸，而后从较寒冷的海域折向南方流入较低纬度处，形成较大的寒流，即加那利海流和加利福尼亚海流。而在南半球对应于北大西洋流和北太平洋流的，却是贯通整个大洋的南极绕极流。对应于上述两支寒流的，将分别是本格拉海流和秘鲁海流。当这些寒流流向赤道进入信风带时，表层海水将因风的作用而离岸远去，这时，下层富有营养盐的海水将不断上升，使浮游生物丰富，鱼虾富集，形成世界闻名的渔场。这些寒流区域，是其上大气的冷下垫面，故这里的大气特别稳定，空气中的水汽得不到相应的补充，湿度减小，成为世界上降雨量最少的区域。

在南北半球西风漂流区里，频繁出现气旋大风，海况恶劣，特别是在南半球的冬季，海上的风和海浪更大，故这里有“风暴45°”和“咆哮好望角”的名称，经过的船舶须倍加小心。（王　凡）

**大洋环流西向强化**　western intensification of ocean circulation　在大洋低、中纬度的副热带流旋中，西边界处海流有流幅变窄、流层加厚和流速增大的现象。见**大洋环流**。

**大洋环流演化**　evolution of ocean circulation　大洋环流的变迁受到板块运动和陆块间各海水通道开闭支配的过程。是控制古气候变化（特别是新生代气候变冷）的基本因素之一。二叠纪、三叠纪期间（距今约2亿多年前），地球上仅有一个联合古陆，周围是统一的泛大洋（古太平洋），当时南、北半球大洋中分别存在单一的巨大环流。泛大洋西缘较暖，东缘较冷，南北向的温度梯度反而不及东西向的梯度大。晚三叠世，联合古陆开始解体。侏罗纪，北美开始与南美、非洲分裂，形成北大西洋，在闭塞环境中接受了蒸发岩沉积。晚侏罗世至白垩纪，北大西洋东通特提斯海，西南经中美海道连接太平洋，形成了自东向西环绕全球的赤道环流。当时太平洋在南、北半球均发育亚热带反气旋环流和副极地气旋环流。早白垩世，南大西洋和印度洋张开，但初期南、北大西洋并不连通，南大西洋形成大量蒸发岩。直到早白垩世晚期（1.1～0.9亿年前），南、北大西洋之间出现表层水交流，并在晚白垩世（0.7亿年前）进一步出现深层水交流。当时北大西洋与北冰洋仍然彼此隔绝，直至新生代初期，北大西洋才开始与北冰洋连通。随着北美大陆西漂与亚洲靠拢，自晚白垩世开始，北冰洋与太平洋之间的深水交流终止。

新生代以来大洋环流的变迁，主要表现在以下3方面。

赤道环流的减弱和中断。①4000万年前印度与亚洲主体汇合，使赤道环流局限于从阿拉伯以北的狭窄水道通过；1800万年前，非洲－阿拉伯与欧亚板块的碰撞和中东造山运动使特提斯海道最终封闭，大西洋－地中海与印度洋之间的交流终止。②新生代晚期，随着澳大利亚北移，印度尼西亚海道关闭，赤道印度洋与赤道太平洋之间的深水交流受阻。③上新世晚期（约350万年前）巴拿马地峡形成，切断了赤道太平洋与赤道大西洋之间的水体交流。

环南极洋流的形成。①渐新世最早期，随着澳大利亚与南极洲进一步分离（最初分裂在始新世初），塔斯马尼亚以南的南塔斯曼隆起与南极大陆分开，沿新裂开的塔斯马尼亚海道，印度洋海水流入太平洋。②渐新世晚期或中新世初期，南美洲与南极洲之间的德雷克深水通道张开，完整的环南极洋流最终形成。

南极底层水的形成。渐新世最早期，随着南极地区冰川和海冰的发展，寒冷的高盐度表层海水下潜，形成南极底层水（冷水圈环流），从而导致大洋底层水富氧，海底侵蚀作用增强，沉积间断及再沉积作用盛行。至晚第三纪，统一的赤道环流已不复存在，环南极洋流十分强劲，开始出现类似于现代的大洋环流特点。

第四纪以来，世界大洋环流的格局基本形成，其中北大西洋经向翻转环流是世界大洋环流最主要的组成，因而北大西洋径向翻转环流的变动基本代表了大洋环流的演化。加深的、旺盛的北大西洋经向翻转环流一直持续于末次冰期的绝大多数时期，而冰期最盛期变浅的南极底层水充填了深部北大西洋，导致了变浅的大洋环流模式。而北大西洋经向翻转环流的减慢，主要发生在海因里希冰阶，而在丹斯戈－厄施格尔旋回（简称D-O旋回）的间冰阶，北大西洋经向翻转环流一直比较活跃。末次冰消期以来，北大西洋经向翻转环流在新仙女木事件和海因里希事件期间急剧降低，甚至在海因里希事件期间完全终止，而在温暖的博林－阿勒罗德间冰期明显增加。 （熊志方）

**大洋科学钻探** ocean scientific drilling 研究全球变化古环境与古气候、地质构造与岩石圈、深部生物圈、海底热液活动、发现黑烟囱和块状金属硫化物和天然气水合物的重要手段。从1961年4月，“莫霍计划”的作业船“CUSSI号”在墨西哥湾瓜德罗普岛海域水深3800米之下首钻，钻穿200米厚的沉积物（时代为距今2500万年）以及其下的14米玄武岩。1968年8月，美国“**格洛玛·挑战者**”号**钻探船**进行的**深海钻探计划**（DSDP）。1985年1月，美国“**乔迪斯·决心**”号**钻探船**实施的**大洋钻探计划**（ODP）。2004年6月，“乔迪斯·决心”号、日本“地球”号和欧盟的“钻探平台”（MSP）共同实施的**综合大洋钻探计划**（IODP）。2014年1月，继续开展**国际大洋发现计划**（IODP）新十年计划。

大洋科学钻探取样的思想，可以上溯到20世纪50年代末。1957年，美国加州大学斯克里普斯海洋研究所的物理海洋学家W.H.蒙克和普林斯顿大学的地质学家H.H.赫斯率先提出了壳/幔界线的深洋底取样计划——钻穿洋底之下约10千米的**莫霍面**（通常位于陆壳之下30～40千米深度），这一思想便是稍后推出的美国多样性协会莫霍计划。20世纪60年代末，开始的DSDP及后续的ODP不仅吹响了地学革命的号角，使板块学说的建立有了牢固的实际基础，获得了源源不断的推动力；还促使了古海洋学的正式建立，并使其在高精度生物地层层序及相应绝对地质年代的确立、各大洋**碳酸盐补偿深度**历史的变化、海底高有机碳含量沉积的发现及中白垩世缺氧事件的认识等获得了巨大进展。DSDP/ODP在全球变化古环境与古气候的研究（第四纪古全球变化的海洋记录）、地质构造与岩石圈研究、深部生物圈，特别是对海底热液活动研究，发现“黑烟囱”和块状金属硫化物和天然气水合物（如ODP第164航次997站位A孔中取出的水合物样品取自海底下方331米，ODP第204航次1249站位F孔取出的水合物样品也取自海底深处）以及海洋成矿理论研究等方面做出的重大贡献。 （莫杰致）

**大洋裂谷** ocean rift 沿洋中脊轴线分布，伴有地震和火山活动的巨型凹地。是地球上最大的张裂带。见**洋中脊**。

**大洋盆地** ocean basin 大洋底的地形单元，约占海洋总面积的45%。见**海底地形**。

**大洋钻探计划** Ocean Drilling Program; ODP 通过在大洋底部钻探进入地球内部采集洋底沉积物和岩石样本进行基础研究的国际合作项目。是继**深海钻探计划**（DSDP）之后，于1983年末由国际地球科学家在美国制定的一项计划。该计划于1985～2003年分四个阶段实施。

研究领域 通过对大洋底盆地、海脊、**岛弧**和**海沟**等不同海域的钻探，特别是对玄武岩层的钻探，调查研究大洋盆地的形成、地球与海洋的起源、洋壳结构及其物质组成、陆架边缘的构造、海底沉积物的层序、沉积动力、沉积模式与成岩作用，中生代以来海洋古环境、古气候、古地磁的演变、板块构造与成矿作用和海底矿产资源的分布等。

组织机构 大洋钻探计划国际合作单位有美国、加拿大与澳大利亚联合体、法国、德国、日本、英国和欧洲大洋钻探联合体的12个国家组成（芬兰、挪威、瑞典、比利时、瑞士、西班牙、丹麦、意大利、冰岛、希腊、荷兰、土耳其）。经费由美国国家科学基金会（NSF）和上述参加国共同出资。后来又吸收新的合作国家成为“参与成员”。新成员只需向ODP交纳一定会员费（相当于成员国的1/6）就可成为参与成员。中国于1998年春作为“参与成员”参加了ODP国际大合作，并享有正式成员国同等权利。

实施概况 该计划所用钻探船由一艘石油钻井船改制，并命名为“**乔迪斯·决心**”号**钻探船**。船长143米，宽21米，钻塔高出水面61.5米，钻探能力9150米。具有先进的动力定位系统和升沉补偿系统、可钻取无扰动岩芯的钻探取芯装置。船上配有12个先进完备的科学实验室。ODP每个航次约用2个月，船上24位科学家（含古生物、岩石、地磁、地球物理、地球化学和钻探工程）。1985～2003年，“乔迪斯·决心”号钻探船航行世界各大洋，钻探了669处站位，在1797个钻孔中采取岩石样品3.5万段，累计岩芯长度22万米。

大洋钻探的特点除了在风浪险恶的海洋上施工，并且要通过深水到达海底沉积层并钻入玄武岩基岩。为满足研究古环境、大陆边界和大洋壳的需要，要求采取非扰动原状样品和定向岩芯。无论是DSDP还是ODP都对钻探取岩芯技术与工具研究给予了高度重视，根据海底地层设计制造了多种类型取芯器，包括能采取天然气水合物样品的恒压取芯管，已取得良好效果。

中国加入ODP　ODP184航次首次由中国科学家汪品先院士担任首席科学家，并有9位中国科学家参加，选择中国海区并以“东亚季风演变”为目标的南海大洋钻探计划，旨在取得深海沉积的连续记录，以研究气候演变，尤其是东亚季风的演变与地质构造关系。

执行184航次的“乔迪斯·决心”号于1999年2月18日从澳大利亚弗里曼特尔港口启航，历时两个月，在南海南北水深200～3300米的6个站位完成17个钻孔。最深的钻入海底以下850米。共连续取得高质量岩芯5500米，取芯率达95%。

此航次的主要成果是：取得南海张裂以来3000多万年的深海沉积记录，可用来揭示1000万年以前季风变迁的历史，为了解中国宏观环境变迁、气候变化、地壳运动、青藏高原隆升，特别是南海演变历史提供了条件。钻探所获信息丰富了板块构造理论和大陆漂移学说，证实大陆沿中脊向两侧扩张，加深了对印度次大陆北移和喜马拉雅山不断隆起的认识。ODP184航次报告于2000年出版。

综合大洋钻探计划（IODP）　大洋钻探计划于2003年10月转入综合大洋钻探计划的阶段。IODP的钻探范围扩大到全球所有海区（包括大陆架浅海和极地海区），研究领域从地球科学扩大到生命科学，手段从钻探扩大到海底深部观测网和井下试验。

（耿瑞伦　莫恭政）

**玳瑁**　hawksbill sea turtle; *Eretmochelys imbricata*　龟鳖目海龟科玳瑁属的一种。别称十三鳞、瑁、文甲、瑇玳。

形态　通常所见的壳长仅60厘米左右，重9～14千克。背甲共有13块，作覆瓦状排列，所以得名“十三鳞”。有扁平的躯体、保护背甲，以及适于划水的桨状鳍足。成体甲壳为鲜艳的黄褐色，平滑有光泽。尾短，前后肢各具2爪。头、尾和四肢均可缩入壳内。背甲和头顶鳞片为红棕色和黑色相间。颈及四肢背面为灰黑色，腹面几乎都为白色。

背及腹部均有坚硬的鳞甲。头部具前額鳞甲两对。鼻孔近于吻端。上须钩曲，嘴形似鹦鹉，颌缘锯齿状。玳瑁雄性体长相若，体形较大者可达1米，而体形最大者甚至可达1.7米。平均体重一般可达45～80千克，历史上曾经捕获的最重的玳瑁达到210千克。玳瑁最明显的特点是其上颚钩曲尖锐，这也是其俗名之一——“鹰嘴海龟”得名的原因。玳瑁的头较长，前额具两对深红棕色或黑色鳞甲，鼻孔离嘴较近，吻侧内收扁平，前鳍足端各有2爪，后鳍足端各有1爪，前足大，较窄长。背面鳞甲，早期呈覆瓦状排列，随年龄增长而变成平置排列，表面光泽，有褐色与浅黄色相间而成的花纹。中央为脊鳞甲5枚，两侧有肋鳞甲4对；缘鳞甲25枚，边缘呈锯齿状。腹面由13枚鳞甲组成，呈黄黑色。四肢均呈扁平叶状。前肢较大，具两爪，后肢有两爪。尾短小，通常不露出甲外。

分布　主要分布在热带的印度洋、太平洋和大西洋的海礁附近。已知两个大的种群分布于大西洋和印度洋—太平洋（见图）。

生态习性　主要以**珊瑚礁**为食，也捕食一些甲壳类、藻类和鱼类。爬行是步态交替的，留在沙滩上的痕迹是不对称的。相比之下，绿海龟和棱皮龟的步态更为对称。玳瑁生命中的大部分时间都是独居的，它们相遇只是为了交配。玳瑁具有较强的迁徙能力，生活环境的范围较大，从开阔的海洋到咸水湖，甚至到港口的红树林地区。天敌为大型鱼类、鲨鱼、鳄鱼和章鱼。

繁殖　每年交配两次。交配后雌性会在夜间游到沙滩上，用后肢清理出一片干净的场地并挖出一个用来产卵的巢穴，产完卵用沙子覆盖。每窝卵在140枚左右。经过数小时的产卵后，雌性个体将返回海洋。生长到20年后才能达到性成熟。

经济价值　角板可以入药，有清热解毒，镇心平肝的功效。主治热病发狂、谵

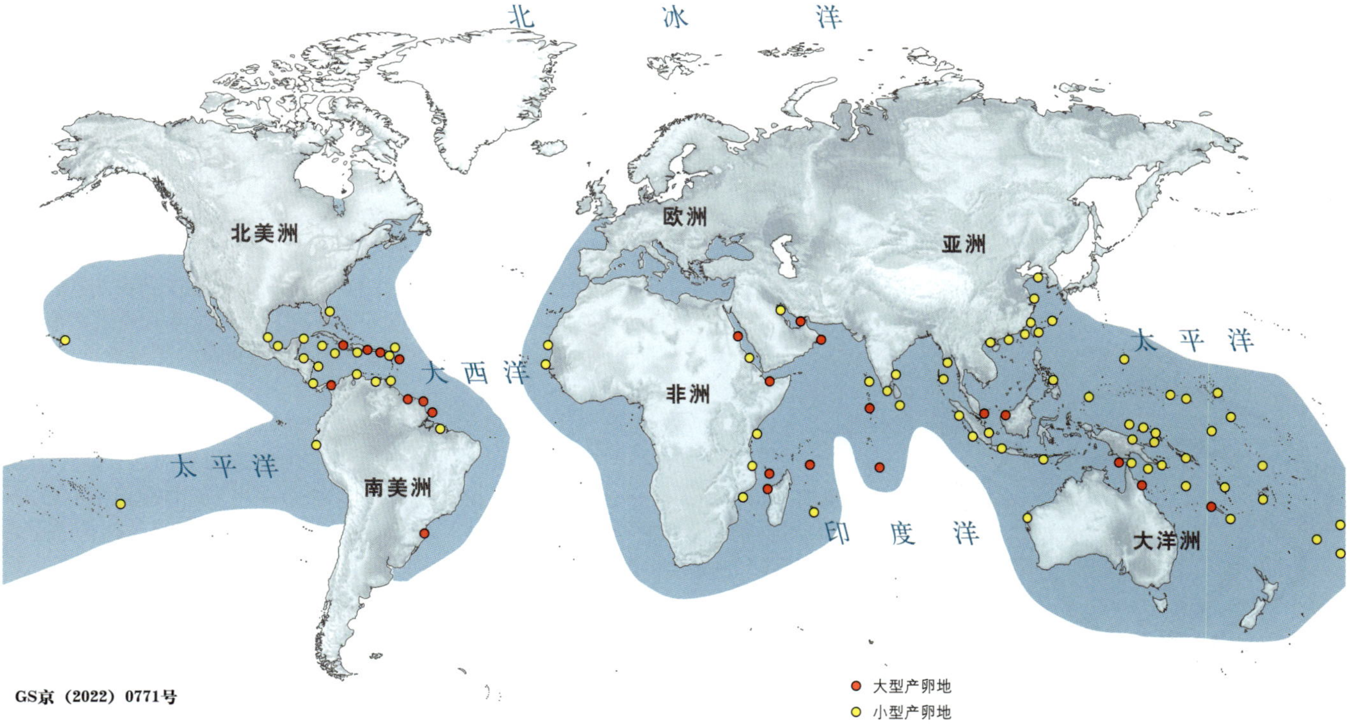


玳瑁分布图

语惊痫、小儿惊厥及痘毒发斑等症。

种群动态　为极危种。玳瑁的爬行速度较慢，极易被人类捕杀，作为玳瑁巢穴区的沙滩也经常被破坏。性成熟所需年限较长，繁殖率较低，因此种群数量极难恢复。

保护措施　立法禁止人类对于玳瑁的捕杀，保护玳瑁现有的产卵巢穴区。增进玳瑁保护和研究的国际合作，在全球范围内对其进行保护和研究。（杜　宇）

**担轮幼虫**　trochophore larva　环节动物门多毛纲、软体动物门、螠虫动物门、星虫动物门中多数动物发育过程中所经历的幼虫阶段。多毛类动物少数无性生殖，大多数雌雄异体，有性生殖。体外受精，胚胎到原肠胚时期后迅速发育为担轮幼虫。该幼虫身体呈梨形，前端称顶板或感觉板，其顶端有一束纤毛和眼点。身体中部通常有2个纤毛环，分别称为口前纤毛环（prototroch）和口后纤毛环（metatroch），口在两环之间（见图）。有口的一侧为腹面。虫体后端有肛门。担轮幼虫纤毛环上的纤毛摆动，使其在水中浮游生活，通常能够摄食；也有些种类的担轮幼虫生活在卵鞘内，借助于胶质卵鞘漂浮在水中。担轮幼虫通常分为3个时期，即前担轮幼虫期、担轮幼虫期和后担轮幼虫期。担轮幼虫进一步发育，成为后期幼虫（post-larva）或疣足幼虫（nectochaeta）。此时虫体伸长，并在两侧长出许多刚毛，故又有刚毛幼虫之称。随着身体继续伸长就出现体节，体节逐渐增多又可划分为若干不同的发育期，发育为多数营底栖生活的多毛类幼体。

软体动物的许多种类在发育中首先形成的幼虫期也是担轮幼虫，与多毛类的形态基本相似，不同的是随后再发育为面盘幼虫。

因为担轮幼虫存在多个动物门类，对于了解这些动物的亲缘关系、探讨动物演化具有重要意义。（朱丽岩）

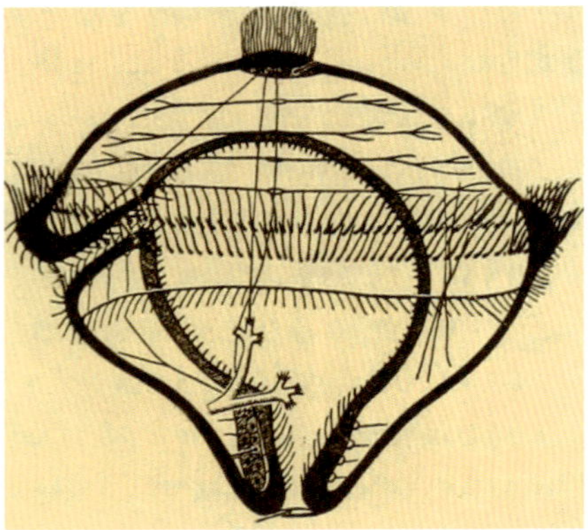

担轮幼虫手绘图

**单波束测深系统**　single beam bathymetric survey system　利用海底反射回波进行深度测量的水声测深设备。常用于近海浅水域测量。单波束测深仪是利用发射声脉冲从目标界面返回的波束参数的一种较高精度的测深声呐仪器。其原理是通过换能器向水下发射声波，再经换能器接收回波。根据声速及往返的时间计算水深，但潮汐校正是必不可少的内容，校正方法有校对法、水文资料计算法、水文统计法、马林斯法等。对于海岸带浅水区域的近海区域环境地质调查，则需要高精度、大范围的潮汐校正。20世纪80年代，单波束测深仪从传统的模拟机走向数字化和智能化，在解决模拟机型固有缺陷的同时还具备许多其他优点，如采用复杂的信号处理技术，可提高系统检测能力。由于工艺、技术水平等方面，中国与西方发达国家还存在一定的差距，普遍存在抗干扰性能差以及自动化程度低等问题。同时，单波束测深仪作为一种水声设备，受水下复杂条件及安装平台的影响，尤其是声场环境的非理想性，从而大大限制了设备的可靠性和稳定性。

在浅水域中仍大量使用单波束测深仪，这是由于*多波束测深系统*在浅水域覆盖范围小，全覆盖作业区工作量大。另外，浅水多波束测深数据量大、室内处理工作量也大，而单波束测深则要简单得多，而且费用成本也更低。芬兰Meridata公司的MD500单波束测深系统较先进，是一种黑盒回声测深仪，用在内陆河道、沿海以及近海浅水域水文、地理、地质、工程等调查中。它在10～200千赫的范围内提供单频或双频的操作方式，因此非常适合于高分辨率的水深测量以及海底沉积物剖面测量。该系统由回声测深单元、一个或多个换能器以及计算机控制和显示软件组成。双频单波束测深仪工作频率为10～200千赫，采用先进的数字处理技术，性能优异，可靠性高，探测精度±（0.02米+0.2%深度）、深度范围0.5～200米，分辨率0.01米（200千赫）。（莫恭政）

**单点系泊**　single-point mooring　将浮式生产储油卸油装置（FPSO）等船舶通过一可自由旋转的固定点定位于预定海域，同时具有输送井流、电力和通信等功能的系泊装置。可以使FPSO等船体具有风向标效应，即允许所系泊的船体围绕系泊点作360°的风标旋转，从而使得船体始终迎向风、浪、流的合力方向，处于最小受力状态，另外也减小了船体的运动响应及船体所受的系泊载荷。单点系泊系统是海洋石油开发工程中的重要设置之一，主要有两种作用：一种是用于定位系泊FPSO等船体；另一种是用于外输原油终端。单点系泊系统的水深适应范围大，可系泊超大型FPSO或油轮，抵抗海洋环境能力强，在一定条件下具有良好的经济性。

发展概况　世界上首座单点系泊系统于1958年由美国IMODCO公司（今SBM Atlantia公司）设计和建造，其目的是为瑞典皇家海军在北欧的瑞典达拉罗港装配一个用途特殊的、可系泊3000吨载重船的系泊系统。20世纪后叶，为了适应海上油田的开发和深海恶劣环境条件的要求，单点系泊技术日新月异，得到了很大的发展。世界上单点系泊系统的类型不断增加，技术越来越先进，并已被纳入规范，美国船级社（ABS）1975年颁布了单点系泊系统建造入级规范，其他船级社也出台了相应的规范。

单点系泊结构种类　单点系泊系统的设计种类很多，常见的系泊形式有软刚臂单点系泊（soft yoke mooring system）、内转塔单点系泊（inner turret mooring system）、单锚腿式单点系泊（single anchor leg mooring）等。①软刚臂单点系泊。中国渤海海域的软刚臂单点系泊主要分为水上软刚臂式单点系泊和水下软刚臂式单点系泊两种。其中，水上软刚臂式单点系泊系统主要包含导管架式单点系泊塔、软刚臂、系泊腿、旋转接头以及由立管、跨接软管等组成的输送系统。水下软刚臂式单点系泊系统主要包含孤立塔柱式单点系泊塔、水下旋转软刚臂、系泊链系统以及由跨接软管、电缆等组成的输送系统。水下软刚臂式单点系泊系统减小了单点系泊塔的弯矩，节省钢材。②内转塔单点系泊。这种系泊形式带有配重块的系泊线，其下端连接到锚固基础，上端连接到系泊内转塔，塔内安装滑环。油通过油管先进入滑环，然后经滑环进入FPSO的储油舱。油轮具有风标效应，可以360°旋转，但系泊线不转。③单锚腿式单点系泊。单锚腿式单点系泊在中国还没有应用，在英国北海有几座FPSO采用了这种单点系泊形式。典型的单锚腿式单点系泊系统包含锚固基础（重力锚、桩锚、吸力锚等）、浮筒、万向接头、旋转轴承和漂浮软管等。该系泊系统在水线面附近的浮筒有很大的浮力，立管整体作用类似一个倒置的钟摆，摆锤在系统发生侧移时会产生回复力。（唐友刚）

**单体同位素分析** compound-specific isotope analysis; CSIA 以有机化合物分子为研究单位，分析该目标化合物中特定元素的同位素组成特征及其变化规律，进而鉴别物质来源，阐明有机物在自然环境中迁移转化过程的技术方法。全样有机质的组成和来源复杂导致同位素比值的测定结果不易解析，而生物标志物具有来源明确、指示性强等特点，因此针对来源特异性的生物标志物进行单体同位素分析是研究古海洋学和物质循环理论的重要手段之一。单体稳定同位素分析是20世纪90年代发展成熟的一门现代分析技术，通常又称单体同位素分析。自然科学研究中常测定的单体稳定同位素包括$^{13}C$、$^{15}N$、$^{2}H$（D）、$^{34}S$和$^{18}O$等，利用同位素比质谱仪进行测定。随着加速器质谱仪和色谱分离技术的发展，单体放射性碳同位素分析成为广泛关注的国际前沿技术，对海洋环境演变和碳循环相关研究具有重要意义。

单体放射性碳同位素分析（CSRA）是利用制备气相色谱、高效液相色谱等将所需的单体分子（生物标志物）从复杂的环境样品基质中分离并富集，再进行加速器质谱仪的放射性碳（$^{14}C$）测定。这种分子水平的放射性碳同位素测定技术能够揭示总有机质同位素组成的异质性，为解释有机碳的来源、迁移和转化等提供了新的手段。T.I.埃格林顿等在1996年发展了制备毛细管气相色谱技术，并首次将CSRA应用于海洋沉积物中生物标志物的$^{14}C$研究。此后，该技术发展迅速，广泛应用于海洋科学、环境科学、生物地球化学和古气候学等研究领域。CSRA技术发展的最大限制是如何从复杂的自然环境样品中分离和富集高纯度的目标化合物，同时减少样品处理过程中外源碳的污染。

（于 蒙）

**疍民** tanka 世代从事渔业、水上运输业，以船为家的水上居民，是个相对独立的族群，主要分布在中国广东、广西、福建、海南等省区的沿海港湾或河道上。又称疍家、蜑民等。

名称演变 “蜑”的最早记载见于《华阳国志·巴志》：“其地东至鱼复，西至僰道，北接汉中，南极黔涪……其属有濮、賨、苴、共、奴、獽、夷、蜑之蛮。”唐宋以后，散居闽、粤、浙沿海各地以船为家、漂泊水上的疍民，最早被称为“游艇子”，此时“蜑”已被写为“蛋”或“疍”。《北史·杨素传》载：“泉州王国庆杀刺史刘弘，据州为乱……素泛海奄至，国庆弃州走。时南海先有五六百家居水为亡命，号曰游艇子，智慧、国庆欲往依之……”唐宋时，开始出现“白水郎”之称。宋乐史（930～？）《太平寰宇记》载：“东海上有野人，名曰庚定子……土人谓之白水郎……音讹亦谓之卢亭子也。”宋以后，改白水郎为蜑，这一称呼最早记于宋乐史《太平寰宇记》：“蜑户，县所管，生在江海，居于舟船，随潮往来，捕鱼为业。”又有《元史·食货志》载：“福建蜑户差税一年。”清代《侯官县乡土志》《闽县乡土志》皆沿用此名以称福州本地的水上人家。近代，闽江口沿海地区岸上的汉人对这些水上人家出现了一些歧视性的称呼，如诃黎、曲蹄、裸蹄、乞黎、曲喜婆、舸底婆等。

族源 学术界关于疍民的起源，说法不一。①闽越人后代。②东晋时期，孙恩（？～402）、卢循（？～411）起义军失败之后散落在民间的残部。③元朝灭亡后为避汉人报复而下水的蒙古人后裔。④元末明初兵败下水的陈友谅余部。⑤龙蛇族。⑥瑶族。⑦其祖先乃自印度支那半岛或从印度尼西亚海上闯进中国南方和东南沿海各水系的一个大群体等。中华人民共和国成立后，通过系统的民族识别工作，确认疍民是汉族。学术界对疍民族源问题已有共识，即疍民最初由南方土著居民越族构成，在长期的民族交往中不断与汉族发生同化融合，最终在近代形成汉族的一支民系。

分布 据《华阳国志·巴志》所载，晋代时四川、广东一带已有疍民。自晋永嘉（307～313）至隋朝（581～618），其分布已北至甘肃，南至广东，西至四川之西，东至湖北。唐代，广西也出现了疍民。宋代疍民所聚居的地方，多在两广一带。元明清三代，疍民活动地域已趋于稳定，主要在广东、广西、福建。大致说来，随着时间的流变，疍民主要分布在中国珠江三角洲以及东南沿海各省的江河湖海沿岸，直至南洋群岛各处。

职业 疍民的职业主要有捕捞、采珠、水上运输等，也有从事煎盐、农耕、充当水军者，甚至还有沦为海盗者。随着社会经济的发展，他们的经济活动呈现出越来越多元化的趋势。

习俗 ①居住习俗。其建筑形态经历了从疍家艇、窝棚、水栏、茅草房、砖木房到水泥楼、房的演变过程，在聚居形式上有群居、杂散、陆上杂居等特点，体现了疍民从水居到陆居的过程。②信仰习俗。信奉蛇神、蛙神、“白马王”“妈祖”“拿公”“螺女”“五灵公”等，有些地方还信奉玄天上帝、文武太平王、五灵公等，也有疍民是天主教的信徒。③婚姻习俗。疍民婚俗虽然有区域差异，实则大同小异。以福州疍民的婚俗为例，有“雅贼”“骂亲家”“讨新妇尿”“游月殿”之俗。

疍民歌谣 疍民的音乐来源复杂，种类不一，主要有：珠江三角洲和北部湾海域一带的“咸水歌”、广西内地沿海一带的“海边歌”、福建东南一带的福建疍歌和海南黎话疍歌等。其中用广州方言所唱的“咸水歌”较为典型，是南方水上文化精华的高度凝练。“咸水歌”，又称疍歌、蜒歌、蛮歌、咸水叹、白话渔歌、后船歌等，在疍民社会生活中占有十分重要的地位。第一个把“咸水歌”的名称记载于典籍的是明末清初的著名学者屈大均，其《广东新语·舟语》载：“诸疍以艇为家，是曰疍家。其有男未聘，则置盆草于梢，女未受聘，则置盆花于梢，以致媒妁。婚时以蛮歌相迎，男歌胜利则夺女过舟。”此所指的“蛮歌”就是“咸水歌”，亦称“疍歌”。明末清初，疍歌已为人们所传唱，成为疍民婚嫁生活的重要内容。到清代，“咸水歌”已相当盛行。如今会唱“咸水歌”的疍家人越来越少。2006年5月，“中山咸水歌”经国务院批准列入第一批国家级非物质文化遗产名录。

现状 20世纪50年代起，政府陆续安排疍民上岸，到了90年代，他们中的绝大部分已定居陆上。随着改革开放和中国城镇化的不断推进以及渔业资源的衰竭，各地疍民纷纷上岸、转业，但仍有极少数人保持水上生活的习惯，学者称其为“最后的疍民”。随着老一辈疍民的离世，这一群体将很快完全消失，“疍民”将成为远去的历史。

（马树华 景菲菲）

**导堤** diversion dike 在河口治理、河势保持、海岸防护、航道维护、防潮防洪等工程中引导水流，用以改变水流流向或调整流量分配的建筑物。又称导流堤。在河口拦门沙航道的治理工程中，导堤是最常用的建筑物，布置在航道的一侧或两侧，用以集中与归顺水流，增大水流输沙能力，刷深航槽，并能防止外海漂沙进入河口。如中国长江口航道治理工程采用了在北槽建设分流口、南北双导堤（总长97.2千米）、长丁坝群（19座总长34.7千米）等建筑物加疏浚（3亿多立方米）的综合治理方案，治理后通航水深达到12.5米，满足5万吨级船舶全天候进出长江口，10万吨级船舶可乘潮进出。

对于先汇入潟湖，再经潟湖口入海的间接河口（又称第二河口），径流和潮流挟沙都经潟湖口进出，故潟湖口内外都可能出现拦门沙，整治时口内外都需要布置

葛洲坝下游导堤

导堤。

在海岸防护、河道整治工程中，导堤也是常用的建筑物，用以调整水流动力的作用方向，保护或冲刷海岸、河槽。导堤在水利、防洪等工程中也广泛应用。

导堤的布置与水流、沿岸流、风向、泥沙来源和方向有关，采用时应进行多方案技术经济比较论证，一般需经物理模型试验验证后实施。导堤一般采用重力式实体结构，如混凝土、浆砌石等。

（郑金海）

**导管架平台** jacket platform　通过空间框架式钢结构，支撑上部甲板模块的海上固定式油气开采设施。海洋工程领域应用最为广泛的结构型式之一。

发展概况　1947年在美国墨西哥湾成功安装了世界上第一座设备齐全的钢制导管架平台。中国于1966年在渤海海域成功安装了中国第一座导管架平台。随着中国海洋工程领域不断发展，已陆续建造了近百座海上平台，其中以导管架平台为主。在国际海上油气开发中，导管架平台在5～200米水深海域应用最多，占90%以上。导管架平台有的带栈桥（图1），将

图1　带有栈桥的导管架平台

采油和油气处理分为两个部分，适用于地基承载力较差的地基；但大部分导管架没有栈桥（图2）。

主要组成　导管架平台主要由两部分组成：一部分是由导管架和钢管桩组成，用于支撑上部设施与设备，通常称为支撑结构。另一部分是由甲板及其上面的设备组成，用于油气收集与处理、生活及其他用途，统称为上部结构。钢管桩通过腿柱

图2　没有栈桥的导管架平台

打入海床支撑导管架。上部结构是由一系列模块组成的，包括钻井模块、气涡轮、发电设备、泵、压缩机、燃气台、转式起动机、救生筏、直升机平台和包含居住与餐饮设施的起居单元等。

结构特点　在海上油气开发中，导管架平台具有以下特点：①支撑结构是以圆钢管为主要构件的钢制空间框架，结构受力状态较好。②钢管桩通过导管架腿柱打入海床，在恶劣海洋环境下可以保证打桩的准确性和有效性。③简化打桩作业，保证平台的整体稳定性。④平台可以在陆上分块预制，在海上进行组装，从而有利于保证施工质量和节约成本。⑤导管架平台设计、制造和安装技术最为成熟，实践经验丰富，适用性强。

（田育丰）

**岛弧** island arc　**主动大陆边缘**呈花边状延展的弧形列岛。主要分布在西太平洋的边缘，是分隔**大洋盆地**和边缘盆地的重要构造地貌单元，也是全球最壮观、最活跃的构造活动带。岛弧向大洋方向外凸的一侧是与之平行的深海沟，凹入一侧为**弧后盆地**（边缘盆地），它们与岛弧共同构成**沟弧盆系**。日本学者上田诚也等认为岛弧要有三项基本条件：①有现代火山活动。②伴有深度大于6000米的深海沟。③有深于70千米的地震震源。因此他认为岛弧不限于海洋中的弧形列岛，也应包括如中美、南美西海岸的弧形山脉（山弧）。全球岛弧（包括山弧）总长度达40 000千米。除小安的列斯群岛弧和斯科舍岛弧位于大西洋，巽他岛弧位于印度洋外，其余都在太平洋周缘。

类型　一个岛弧纵长一千千米至几千千米，宽200～300千米。按地貌特征岛弧可分单弧型、双弧型和多弧型。单弧型岛弧由一条平行于**海沟**的弧形火山列岛组成（如克马德克）。双弧型岛弧由平行于海沟的外弧和内弧组成，外弧无火山活动，内弧主要由中、基性火山岩组成，现代火山活动活跃（如汤加、阿留申群岛等）。有的岛弧部分为双弧型，部分为单弧型（如伊豆－小笠原群岛、千岛群岛等）。多弧型岛弧是在双弧型的陆侧还有一条残留弧，残留弧没有现代火山活动，可能为前一期的火山弧，现在已停止活动，或是弧间盆地扩张而从火山弧中分裂出来的一部分（如西马里亚纳海岭）。

西太平洋沟弧盆系的横剖面结构和排列顺序的模式是（从大洋到大陆）：外缘隆起－海沟－弧沟间隙（包括外弧和弧前盆地）－火山深成弧（内弧）－弧间盆地－残留弧－不活动边缘盆地（见图）。海沟位于大洋盆地与火山岛弧之间的结构或排列顺序，称岛弧的正常极性；海沟位于弧后盆地与火山岛弧之间的结构或排列顺序，称岛弧的倒转极性。弧沟间隙的宽度150～200千米，其中外弧主要为增生杂岩体，构造复杂，发育一系列逆冲断层，属强烈挤压带，是研究大陆增生的重要地区，有蛇绿岩套和低温高压变质带的形成和发育。至于火山深成弧、弧间盆地、残留弧和边缘盆地，发育以正断层为主的块断构造，属地壳伸张带，伴有中酸性岩浆活动和玄武岩前沿的喷溢及高温低压变质带。

火山活动与火山岩　岛弧是剧烈的火山活动区，地球上有800多个活火山。在新近纪至第四纪期间，成千上万座火山曾经一度活动过，其中2/3与岛弧相伴。一般以喷发或喷溢形成的层状熔岩、熔结凝灰岩和火山碎屑岩为特征。火山一般平行于岛弧轴向分布；通常在海沟陆侧200～300千米的地方突然开始喷发，此界线称为“火山前锋”，可能反映俯冲带之中（或之上）熔融作用的开始，前锋是火山活动最频繁的地区。靠海沟一侧，无火山活动；向大陆方向，火山活动迅速减弱。火山带之下有同源侵入岩。

岛弧火山岩以安山岩和玄武岩为主，安山岩属于大陆型地壳的岩石，有别于大洋盆地内岛屿上的基性玄武岩。由于这种

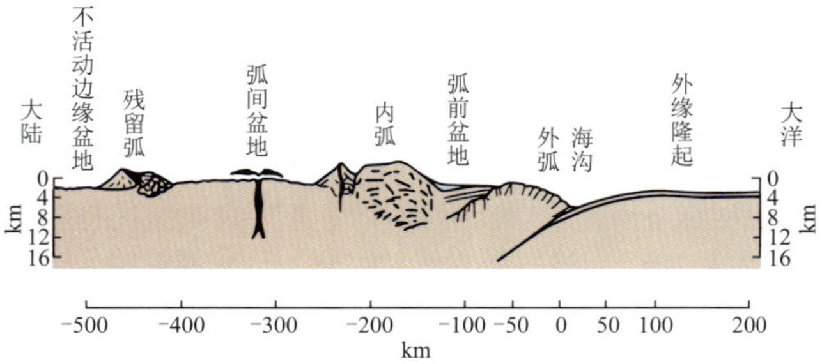


沟弧盆系横剖面结构模式

差异，早在1912年，P.马歇尔就提出了“安山岩线”的概念，认为该线是岛弧外缘的边界线。

岛弧的火山岩有分带性，这种分带性与岛弧地震活动带有紧密联系。邻近海沟有拉斑玄武岩系列火山岩的产出，其物质来源相对比较浅，位于浅源地震震源带地区；离海沟更远的是高钾（K）的钙碱性和碱性火山岩系列，位于中、深源地震震源地区。火山岩中的含钾量以及铷（Rb）、锶（Sr）等大离子亲石元素的含量与下伏震源带的深度密切相关，K、Rb、Sr等含量向着震源带倾斜方向增多，表明板块俯冲带可能是岛弧地区岩浆的重要源地，各类岩浆源的形成与震源深度有关。

沉积和变质作用　火山岛弧不断上升，遭受强烈剥蚀作用，碎屑物质被输送到周围海盆与深海沟，形成浊积岩及其他粗碎屑岩。岛弧区还常有变质岩带出现，岛弧外侧为高压低温型区域变质带，内侧为高温低压型区域变质带，前者以蓝闪石、硬玉、硬柱石为代表，后者以红柱石为代表，两条变质带相互平行，称双变质带。

地震活动　全球的深源地震几乎都发生于岛弧（山弧）地带，环太平洋地震带所释放的地震能量占全球总量的3/4以上。浅源地震多位于靠近海沟一侧，中、深源地震则位于火山岛弧之下和靠近大陆一侧。浅、中、深源地震构成贝尼奥夫带。

重力异常　岛弧本身为重力正异常，相邻海沟为重力负异常，两者相差超过400毫伽（1毫伽$=10^{-3}$厘米/秒$^2$），反映地壳处于不均衡状态。重力负异常反映高密度岩石下移至较深部位，而水层或沉积层在原位增厚；重力正异常反映那里分布着源于地幔的深成岩和火山岩。沟弧盆系所测得的重力异常可用以解释地壳内部密度和构造的变化。

热流　沟弧盆系有显著的热流异常。在海沟一侧，热流低于正常值；在火山岛弧一侧和弧后盆地，热流高于正常值。低热流是由于冷而致密的地壳物质沉潜于上地幔造成，高热流是由于上地幔物质（岩浆）向上流动所引起。

成因　板块构造理论对岛弧的成因，进行了全面解释：大洋岩石圈随着地幔对流从大洋中脊生长扩张，而在相应的主动大陆边缘俯冲潜没，岛弧就是大洋板块潜没过程中的产物。当大洋板块潜没于陆侧板块之下时，两个板块的摩擦作用使地幔物质增温，发生分熔，岩浆上涌喷出地表形成火山，组成内弧。在靠近大洋一侧，由于大洋板块俯冲作用，将海底拖曳向下，形成深海沟。在俯冲过程中，大洋沉积物在岛弧靠海沟一侧增生，使岛弧展宽，形成外弧。弧后地区由于次生扩张，形成弧后盆地。

从岛弧的地壳结构来看，岛弧有两种不同成因类型。一类岛弧下伏典型大陆型地壳，有花岗岩质基底。它们通常由较老的大岛构成，邻近大陆展布，一般认为是由于弧后扩张作用从大陆分裂出来的碎块，如日本列岛；另一类岛弧下伏大洋与大陆的过渡型地壳，一般由年轻的小岛组成，远离大陆，展布于洋内，如马里亚纳群岛。当一大洋板块俯冲于另一大洋板块之下，岛弧便在洋壳基础上发育增长，由于岩浆和沉积物的累积，使这类洋内岛弧的地壳逐渐增厚向陆壳转化。

研究意义　岛弧理论的发展，引起地质学家在大陆地区内寻找古岛弧的尝试，这对寻找古边缘海及有关的油气资源具有重要意义。已有不少学者分别圈出中生代、新生代、古生代甚至前寒武纪的岛弧带。通过对岛弧的研究，在理论上可以探索大洋地壳向大陆地壳的转化和大陆的成长机制，可以阐明大陆边缘含油气盆地的形成机理，以及沉积环境的变迁。

岛弧是地球上一个重要矿产资源区，内弧为主要的成矿带，该带有强烈的岩浆活动，有斑岩铜矿、斑岩钼矿、黑矿型硫化物矿床等。外弧主要矿产为与蛇绿岩套有关的黄铁矿型铜矿以及铬镍矿床等。弧后盆地区多层控铜、铅、锌等矿床。

（成国栋　郭令智）

**岛弧玄武岩**　island arc basalt　产出于**岛弧**上的低碱拉斑玄武岩。又称岛弧拉斑玄武岩。岛弧玄武岩的氧化钾（$K_2O$）、氧化钠（$Na_2O$）和二氧化钛（$TiO_2$）含量低，钾/铷（K/Rb）比值（500～1000）介于海洋岛（500左右）和洋脊拉斑玄武岩（600～2000）之间，$^{87}Sr$（锶）/$^{86}Sr$为0.703～0.705，二氧化硅（$SiO_2$）含量为45%～70%，钍（Th）为$0.5\times10^{-6}$，铀（U）为$0.3\times10^{-6}$。在岛弧，由于其处于大洋与大陆连接地带而与大洋环境不同，岛弧玄武岩中，拉斑玄武岩至花岗岩几乎都有产出，岛弧区产出的火山岩及侵入岩有拉斑系列火山岩拉斑玄武岩（体积分数约70%），其分异作用产生安山岩（体积分数25%～27%）及英安岩（体积分数3%～5%）。钙碱性系列火山岩有玄武岩（体积分数约25%）、安山岩（体积分数约70%）、英安岩和流纹岩（体积分数约5%），但其中最具特征的岩石类型是钙碱性系的安山岩——I型花岗岩。从火山岩时空分布情况来看，拉斑玄武岩系列多半出现在岛弧发育早期阶段，分布在靠近海沟的部位，随着板块汇聚速度的减小及地壳厚度的增大拉斑系列的比例减少，钙碱系列增多。这一岛弧岩石组合表示出板块构造运动的过程和结果：洋内岛弧常常是不成熟的岛弧，代表初始俯冲作用的产物，其典型的岩石组合是方辉橄榄岩、岛弧拉斑玄武岩和高镁安山岩，随岛弧成熟度增加，钙碱性玄武岩增多，地壳厚度增加。

（许东禹）

**岛架**　island shelf　岛或群岛周围坡度较缓的海底地带。曾称岛棚。含义与**大陆架**相似。从低潮线向深海方向坡度由小到大，直到倾斜急剧增大的**岛坡**处（坡折线）为止。一般大陆岛的岛架比较宽广，有的和大陆架连成一片。而**大洋岛**由火山活动或珊瑚礁堆积物形成，通常岛架较窄或缺失。部分宽阔的岛架上还发育有海底阶地，如台湾岛东西两侧各有20米和50米水深的两级阶地。东侧阶地较窄，50米等深线距岸为10～20千米；西侧阶地向外延伸宽度较大，50米等深线距岸达40～50千米。位于北大西洋**洋中脊**上的冰岛，岛架宽度通常超过100千米，岛架边缘水深150～300米。而位于加勒比地区由珊瑚礁堆积而成的波多黎各岛，岛架宽度大多不足100米。

红海与亚喀巴湾之间蒂兰海峡的岛架和离岸珊瑚礁

（仲　佰）

**岛链**　island chain　链状分布的岛屿，特指位于东亚大陆外的链状分布的群岛与岛屿。岛链是由美国前国务卿J.F.杜勒斯于1951年在朝鲜战争时明确提出的一个特定概念，它既有地理上的含义，又有政治与军事上的意图。

岛链又分为第一岛链、第二岛链和第三岛链。第一岛链，指北起阿留申群岛，向南到千岛群岛、日本列岛，中接琉球群岛和中国台湾岛，南至菲律宾群岛、大巽他群岛的链形岛屿带。美苏冷战期间第一岛链的北部主要用来封锁苏联海军舰队由白令海、鄂霍次克海和日本海进入太平洋。位于第一岛链中部的台湾岛地处东海与南海要道，同时台湾岛也是连通“第二岛链”内海域的有利航道及通向太平洋远洋的便捷航路，战略地位十分特殊。第二岛链，北起千岛群岛南部，经小笠原诸岛、火山列岛（又称硫黄列岛）、北马里亚纳群岛、雅浦群岛、帕劳群岛，延至哈马黑拉岛，是阻止东亚大陆边缘国家海军进入太平洋的第二道屏障，其中心为关岛。第三岛链，主要以太平洋上的夏威夷群岛为主。

在板块构造位置上，第一和第二岛链均属板块边缘的沟（海沟）弧（岛弧）盆（海盆）体系，位于板块边缘的俯冲带，构造活动频繁且复杂。

第一岛链北部的阿留申群岛位于太平洋板块与白令–育空板块边界，属阿留申海沟–阿留申群岛弧和白令海盆体系；千岛群岛位于太平洋板块与鄂霍次克板块边界，属千岛海沟–千岛岛弧和鄂霍次克海盆体系；日本列岛、琉球群岛、台湾岛，以及菲律宾群岛和大巽他群岛，位于菲律宾板块与欧亚板块边界，发育南海海槽、琉球海沟、马尼拉海沟、菲律宾海沟和爪哇海沟，与海沟平行的岛弧有日本岛弧、琉球岛弧和菲律宾群岛弧，海盆则有日本海、东海和南海。沿着南海海槽、琉球海沟和马尼拉海沟，菲律宾板块俯冲至欧亚板块之下。

第二岛链东部的小笠原诸岛、火山列岛和北马里亚纳群岛位于太平洋板块和菲律宾板块边界，太平洋板块沿小笠原–马里亚纳海沟向菲律宾板块下俯冲。东南部的雅浦群岛、帕劳群岛和哈马黑拉岛位于菲律宾板块和加罗林板块边界，加罗林板块沿帕劳海沟和雅浦海沟向菲律宾海板块下俯冲，沿海沟发育有大角度逆断层，并引发相关的地震活动。（于晓果 边叶萍）

**岛坡** island slope 岛架外缘地形由缓变陡的坡折线至岛坡下部地形由陡变缓深的坡脚线之间的地带，是岛屿中地形陡峭的海域。含义与大陆坡相似。岛坡多属过渡性地壳，地形起伏变化大。宽度较大陆坡窄，平均坡度大于大陆坡。岛坡起始处的深度变化较大，可从10余米，到300余米。如位于加勒比海的波多黎各岛东南部的岛架坡折处水深仅10余米，而冰岛岛架坡折处水深最深可达300米。岛坡可依据地形与岩性特征进行分带，如波多黎各岛岛坡可分为上、下两部分。上岛坡，主要由成岩较好的岩石组成，坡度最大可达86°，水深10～160米。下岛坡，水深大于160米，主要由沉积物覆盖的堆积物组成。上岛坡进一步分为两个亚带：亚带Ⅰ，岛架坡折处，水深由10～20米陡然加深至90米，地形较为平缓；亚带Ⅱ，水深由90米陡降至160米，地形陡峭。成岩较好的上岛坡礁体与下岛坡边界清楚。（仲 佰）

**岛屿文化** island culture 人类缘于海岛地域特点创造和传承的文化，是海洋文化重要而有机的组成部分。自古以来，岛屿是渔民劳作的场所，是海洋针路的航标，是海上交通的驿站，也是航船躲避风浪的港湾。在远古，岛屿甚至还是人类迁徙以及文明传播的“陆桥”和“天之浮桥”。岛屿以它静态的存在促进了人、物、信息的交流，并因此形成了多彩且富有个性的岛屿文化。

岛屿文化的特点：①相对封闭的自然条件，使岛屿文化比起沿海区域的海洋文化更具有显著的海洋性。②在航海史上，岛屿还起到了大陆和海洋间的桥梁和纽带的作用。从人类文化发展的历史进程看，岛屿一直是大陆文化的接受者和被传播者，即岛屿文化具有较强的外源性特征。③岛屿文化因在历史发展进程中，受到不同时期科技发展水平、交通工具、社会稳定程度、与大陆的远近、原生土著文化，以及岛屿自身地理环境等因素的影响，往往会表现出既与大陆文化有渊源和联系，又具有自身鲜明的特征。

外源性 从人类文化发展的历史进程看，随着社会经济不断发展和延伸，大陆文化也不断移入海岛，即岛屿文化具有较强的外源性特征。如在山东长岛所属的海岛中，已经发现上万件文物，既有旧石器时期的打制石器、新石器时期的彩陶、龙山文化时期的蛋壳陶、商周的青铜器，又有汉代的漆器、唐代的三彩、宋代瓷器及明清文物。这些文物按历史发展进程有序排列，说明海岛与大陆传统文化一脉相承。在中国台湾及其附属海岛上也是如此，台湾岛的几处新石器时代遗址，也都与大陆上发掘的文化遗址相似，说明台湾早期文化主要是从大陆东南沿海传过去的。

海洋性 海岛居民长期以海为伴、靠海为生，因此他们的日常生活方式、生活习惯深受海的影响，在吃、穿、行、住、礼仪、节令等多方面形成了富有“海味”特色的生活习俗。以饮食为例，早年的海岛交通不便，岛内缺乏新鲜的蔬菜，于是主要利用海鲜制作料理和酱菜。如山东省长岛县渔民，每年春季鲜鱼上市，家家都要吃“腥腥锅”（以鱼虾等海鲜为主的料理），除熬鱼吃之外，多喜欢大如拳头的大鱼饺子、鱼包子、鱼丸子和鲜鱼面。当地还习惯制作鱼干、鱼米、咸鱼、鱼酱、鱼肠酱、鱼子酱、蟹子酱、虾酱等。浙江嵊泗群岛的民俗风情、宗教信仰习俗、渔业生产工具、饮食、民居、服饰、装饰、民间传说、戏曲歌舞等文化内容，也都是或以鱼为符号，或与渔业生产密切相关。可以说显著的海洋性是岛屿文化最普遍和最主要的特征。

独特性 以民俗为例，岛屿民俗是海洋民俗最基本的内容，是文化人类学研究的重要对象，许多至今还作为文化遗产被保留着，蕴含着其原始的信息和形态，也是人类认识自身海洋文明演进的活化石。例如，拥有上千年悠久历史传承的韩国民间圆圈舞“强羌水越来”，保存于韩国西南部几个岛屿上，2009年入选世界非物质文化遗产名录。另外，由于受文化传播延续性的影响，岛屿往往具有文化博物馆的作用。许多在大陆上已经消失的文化现象和文化景观反而在海岛得到很好地保存。坐落于山东长岛大黑山岛北庄村的北庄遗址，于1996年被国务院公布为第四批全国重点文物保护单位。这是一处原始村落遗址，其规模大、保存完整、遗存丰富，在中国实属罕见，它是继西安半坡临潼姜寨之后的又一个重大发现，被考古学界誉为“东半坡”。再如，20世纪初在地中海克里特岛发现的、存在于约公元前20世纪前后的克里特文明，揭开了古希腊文明的源头。（赵成国）

**岛屿雾** island fog 海面吹向岛屿的暖湿空气在迎风面上被迫抬升，因绝热冷却而生成的海雾。夜间，岛屿表面的辐射冷却作用，增加了成雾概率，也加大了雾的浓度，使岛屿雾具有日变化性质。

形成 沿海岛屿比其邻近的内陆的雾总要多些，特别是海雾盛行季节。在中国沿海，一方面，岛屿地形的抬升作用增加水汽凝结机会；另一方面，春夏季节岛屿周围的表面海水温度，一般比其邻近内陆的岸滨气温（近地层气温）要低些，即使空气的属性（主要是温湿属性）相同，在岛屿附近比内陆岸边更容易凝结，从而使得岛屿雾多于其邻近内陆的雾。

岛屿比其所在海区的雾也要多些。其中一个原因是，秋冬季节岛屿比海面更易形成辐射雾。另一个原因是，在春夏季节，特别是晴天白昼，由于受太阳辐射影响，岛屿地面气温比其周围海面上的气温要高，产生从岛屿向外海逐渐递减的水平温度梯度。在这种温度梯度影响下，形成岛屿向外海逐渐递增的水平气压梯度，从而导致从海面吹向岛屿的风，把四周空气带向岛屿，当气流接近岛屿时，底部受热，在近水层内稳定度有所减小，空气沿岛屿

岛屿雾现象

爬升，有可能围着岛屿形成雾带，甚至全部岛屿都是海雾，或者底部为雾，其上覆以层云。这样因岛屿受热影响所构成的小低压区引起的空气沿岛屿斜升运动，增加了岛屿成雾机会。

分布　普遍分布在岛屿附近，如东海西岸、白令海东岸、马六甲海峡的岛屿附近。（张苏平）

**德凡特，A.**　Albert Defant（1884-07-12～1974-12-24）　奥地利海洋学家、气象学家。生于奥匈帝国特林特（今意大利特伦托），卒于奥地利因斯布鲁克。早年在维也纳中央气象台从事气象研究工作，1909年任因斯布鲁克大学副教授讲授气象学，1928年任柏林大学教授兼附属海洋研究所所长、海洋博物馆馆长。继A.梅尔茨之后，指挥德国“流星”号考察船完成了南大西洋的考察工作（1925～1927），与G.A.O.伍斯特等整理发表“流星”号考察报告16卷（1932～1944），为大西洋的海洋与气象研究奠定了基础。第二次世界大战后，曾在美国斯克里普斯海洋研究所工作。回国后，再任因斯布鲁克大学教授兼附属气象和地球物理研究所所长。在海洋研究上的贡献：①与伍斯特、G.迪特里希等完成了大西洋环流调查，证实了梅尔茨的推论。②考虑地球自转偏向力的影响，完整地提出了两层间的自由内波和强制内波理论，发展了大西洋潮汐研究。③认为海洋与大气一样具有平流层和对流层，并与伍斯特共同提出海洋分层结构论。④在赤道逆流、世界大洋环流理论上也有贡献。主要著作有《海洋力学》（1929）、《海洋学》（1949）、《物理海洋学》（2卷，1961）。（刘安国）

**德国“流星”号考察**　German Meteor Expedition　由德国“流星”号船于1925～1927年对南大西洋进行历时两年零三个月的考察，这是继英国“挑战者”号考察之后的又一次划时代的科学考察。

这次考察以海洋物理学为主，采用了各种电子技术和近代科学方法，以观测精确著称。它首次使用电子回声测深仪，获得了7万个以上的海洋深度数据；首次清晰地揭示了大洋底部起伏不平的轮廓；揭示了海洋环流和大洋热量、水量平衡的基本概况。出版了16卷考察报告，包括海底、海洋物理、海洋化学、海洋生物、海洋气象，以及内波观测等内容。

1929～1935年和1937～1938年，“流星”号考察船还分别在冰岛海域和东北大西洋进行了考察，弄清了极峰带的复杂海况。通过几个国家反复的同步考察，清楚地绘制出墨西哥湾流的续流。

（胡敦欣　周秋麟）

**灯塔水母**　*Turritopsis nutricula*　隶属于水螅水母纲（Hydromedusae）花水母目（Anthomedusae）棒螅水母科（Clavidae）灯塔水母属（*Turritopsis*）的一类小型水母。灯塔水母身体呈钟型，高与宽几乎相等，直径4～5毫米，身体透明，能够看见红色的消化系统，因形如灯塔而得名（见图）。该水母胃大，横切面呈十字形，有80～150条缘触手。生活史有世代交替现象。生殖腺来自外胚层，位于垂管或胃壁上，很少延伸至内伞的主辐位置。广泛分布于中国沿岸水域。

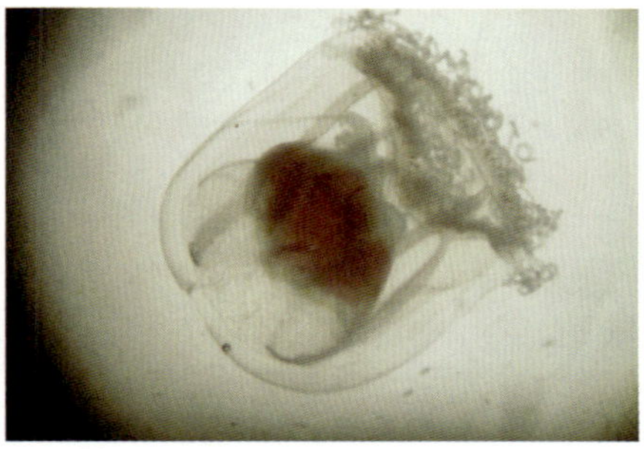

灯塔水母

灯塔水母在达到性成熟阶段之后，又会重新回到年轻阶段，并开始另一次生命过程。而且从理论上讲，这种过程是周而复始、可以永远循环下去的。也就是说，灯塔水母只要不被天敌袭击、不染疾病，就会永远活下去，所以也被人称为“长生不老的水母”。它们依靠的是一种叫作转分化的能力，转分化指生物体内一种类型的已分化细胞转变成为另外一种分化细胞。其实细胞的转分化在水母中是一种很常见的现象，科学家在受伤的水母体内看到，在器官修复过程中，水母横纹肌细胞经转分化可形成神经细胞、平滑肌细胞、上皮细胞，甚至可形成刺细胞，也就是说，一般水母可以在身体有限的部位进行细胞的转分化。但是，灯塔水母将这种能力无限放大，在完成生殖之后，灯塔水母即作为一个整体开始进行转分化。研究这一生理机制可以为延长人类寿命做出贡献。（张　芳）

**低碳型港口**　low-carbon port　运营安全高效、能源消耗低、与自然和谐发展、碳排放量达到特定标准的现代化港口。规划建设中通过推广应用节能新技术、开发能源替代技术、促进产业转型、投资环保设施建设、加强装卸运输设备及其工艺改造、完善管理体系等多种手段，达到节能减排、可持续发展的目标。

低碳是对生态环境方面的考虑，是以可持续发展理念为指导，要求现代港口尽量减少含碳废物的排放量，尽量减小对环境造成的负面影响，坚决避免无法挽回的生态环境破坏。港口是对建筑物功能层面的定义，它的主要职能是运营贸易，自然环境是它获取利益而消耗的资源之一，所以港口的正常运作必然会对生态环境产生负面的影响。低碳型港口的宗旨是在生态环境承载能力范围内获得最大的社会经济生态效益，且合理控制碳排放。

低碳型港口具有很多的自身潜在优势，能够比较合理地解决经济、环境、社会的复杂矛盾，促进经济繁荣的同时达到保护环境的目的，实现经济发展与环境保护的可持续发展，兼具社会性、经济性和技术性等特性：①社会性。低碳型港口是当代社会的产物，不能脱离社会生活而独立存在，必须考虑当代社会的思想潮流、道德价值观、经济发展模式等因素。低碳型港口能否顺利发展在很大程度上取决于人的观念，因为低碳化的具体实现往往是由人的选择所决定的，是人们在工作和生活过程中自由意志的体现。②经济性。低碳型港口与常规港口相比，建设运行成本可能会有所提高；但从可持续发展的角度出发，考虑到生态环境效益和社会效益，低碳型港口无疑是有益于社会和谐发展的，应充分认识低碳型港口的潜在优势和长远价值。③技术性。现有技术水平决定了低碳型港口发展的步伐，应在现有技术支持与环境条件下实现最优化。低碳型港口需要大量新技术的支持，需要在众多方面进行变革或优化。

从1997年的《京都议定书》到2007年的《巴厘路线图》，各国都在积极为减少碳排放的责任和目标寻求途径和方法。2008年G8峰会上，八国表示将寻求与《联合国气候变化框架公约》的其他签约方一道，共同达成到2050年把全球温室气体排放减少50%的长期目标。发展低碳经济已在全球达成共识，英美等发达国家已经将低碳型港口的发展作为低碳经济中的重点发展内容。

在中国，2011年，交通运输部颁布了《关于印发〈建设低碳交通运输体系指导意见〉和〈建设低碳交通运输体系试点工作方案〉的通知》以及《公路水路交通运输节能减排“十二五”规划》，规划给出了与2005年相比港口生产单位吞吐量$CO_2$排放下降10%的指标。2012年，交通运输部下发了《关于组织开展交通运输节能减排专项资金区域性和主题性管理试点的通知》，天津港、连云港、青岛港和蛇口港等港口被确定为“低碳港口建设”主题性管理试点单位。2014年，交通运输部组织制定了《交通运输行业贯彻落实〈2014—2015年节能减排低碳发展行动方案〉的实施意见》，港口工作目标拟实现“2014—2015，节能量21万吨标准煤，减少二氧化碳排放量34万吨”。2016年，交通运输部印发交通运输标准化“十三五”发展规划，节能环保为重点领域之一，港口方面重点关注港口用能设备能效等级及评价方法、港口能耗在线监测技术规程、港口能源计量器具配备与管理规程、船舶污染物排放标准及监测技术规范、港口企业碳排放核查技术导则等，着力推进交通运输规范产品能效和排放管理的标准制修订。（封学军）

**低位体系域**　lowstand system tract　相对海平面缓慢下降到最低点，然后又开始缓慢上升阶段的沉积。是三级层序中位置最低、最老的体系域。在具有陆架坡折和深水盆地沉积的背景中，低位体系域是由海平面相对下降时形成的盆底扇、斜坡扇和海平面开始相对上升时形成的低水位前积楔状体以及河流深切谷充填物组成。其中，盆地扇的形成与海底峡谷进入陆架的下切作用密切相关。盆底扇底面是层序界面，其顶面是下超面。盆底扇主要是砂，由浊积岩或浊流的（部分）**鲍马序列**组成。盆底扇可能沉积在峡谷口处，也可能远离峡谷出口而广泛发育。峡谷也可能不明显。盆底扇在陆坡上或陆架上没有同期的岩石。斜坡扇由具天然堤的浊流沟道和漫滩沉积物组成。上覆于盆底扇之上，并被上覆的低水位楔状体所下超。以斜坡中底部浊流沉积为特征，其沉积作用可与盆底扇或低位楔状体早期部分同期。低位前积楔状体常上超在层序界面之上、下超于盆底扇或者斜坡扇之上，其顶面也是低位体系域的顶界面——初次海泛面。楔状体仅发育在陆架破折的向海一侧。楔状体的近源部分由深切谷充填沉积物及其陆架或陆坡上伴生沉积物组成；远源部分由厚的多为页岩成分的楔状沉积单元组成，该单元下超在斜坡扇上。深切谷是下切的河流体系，通过下切作用使河（沟）道向盆地延伸并切入地层，与海平面的相对下降相对应。通过地震层序分析体系域分析及高分辨率的岩芯和测井地层分析，可以帮助发现油气储集层、烃源岩盖层在时间和空间范围内的发育过程，导致了油气勘探从构造圈闭向复合圈闭和岩性圈闭的转变。（王秀娟）

**迪肯，G.E.R.**　Sir George Edward Raven Deacon（1906-03-21～1984-11-16）英国海洋学家、地理学家。生于英格兰的莱斯特，卒于米尔福德的萨里。早年在伦敦皇家学院攻读化学。1927～1939年参加“发现”号南大洋调查，出版了《发现号调查报告》（1933、1937）。该报告迄今仍是研究南大洋水文学的经典著作。1939年以后参加皇家海军科研工作，主要从事和领导了波浪和水声的研究，他与同事合作第一次分析了海浪谱，证实了波谱概念的价值。1944年当选为英国皇家学会会员。1949～1971年任英国国立海洋研究所首任所长，使该所成为世界上著名的海洋研究所之一。发表了约200篇论文，内容主要涉及南大洋的环流。主编或撰写有《南极冰及水团学术讨论会论文集》（1971）、《南极海洋学》（1984）等著作。曾任国际海洋物理科学协会（IAPSO）主席，以及其他一些海洋学国际组织、委员会等的主席或成员。荣获过极地奖（1942）、A.阿加西奖（1962）、皇家学会奖（1969）、苏格兰地理学奖（1971）、摩纳哥阿尔贝一世亲王奖章和航海协会铜质奖章等。（管秉贤　刘安国）

**底层水团**　bottom water mass　位于海洋底层及近底层的**水团**。全称大洋底层水系诸水团。专称区域性具体水团时则冠以区域性前缀，如黄海底层冷水团。

盘踞世界大洋近底层的水团主要是南极底层水团和北极底层水团，均以低温、高密为特征。其中以南极底层水团最重要，其主要源地在威德尔海。威德尔海陆架水下沉后，在大西洋西部可沿海盆底北上，甚至散布达北纬45°；由于鲸鱼海岭的阻滞，进入大西洋东部海盆者较少，且升温较明显。南极底层水团伴随**南极绕极流**进入印度洋后亦向北扩展，西路北至索马里海盆可达北纬10°，并散布于阿拉伯海盆；东路经澳大利亚海盆可扩展至中央印度洋海盆。南极底层水团在太平洋的散布更广，主支沿汤加－克马德克海槽北上可抵近赤道，后又分支向北，影响可达北纬50°海域。

罗斯海陆架水沿坡下沉也能形成底层水团，但其盐度稍高，可达34.72‰。因受其影响，导致太平洋西南部的底层水团盐度相应升高。研究表明，普里兹湾也能形成部分底层水。

关于北极底层水团的形成，早期认为扬马延附近海域的低温高盐水因为密度大而下沉，后经挪威海盆再入亚欧海盆，越过罗曼诺索夫海岭或可进入加拿大海盆。调查资料增多，已进行了更深入的研究。

北极底层水团生成量少，范围也不大。由于白令海峡所限，较难进入太平洋。在大西洋北部诸多海槛阻滞下，虽可溢入向南散布，但势力亦弱，相比于北上的南极底层水团，其密度小，只能散布于后者之上，然而这对形成北大西洋深层水则有所贡献。（李凤岐　李　磊）

**底栖生物采样器**　benthos sampler　对海洋底栖生物进行采样的装置。底栖生物采样器包括底拖网、沉积物采样器和柱状采样器。底拖网由长方形或三角形的架子和袋形网构成，用船拖曳在海底采集底栖生物样品，主要用于采集生活在海底表层的生物样品。对于生活在沉积物内部较浅位置的生物，通常采用沉积物采样器进行采样。对于生活在沉积物内部较深位置的生物，则需要使用柱状采样器进行采集。（王杭州）

**底质采样技术**　sediment sampling technology　利用采样工具对海洋底质样品进行采集的技术。海洋底质沉积物泛指各种海洋沉积作用下形成的海底沉积物，主要由泥、沙、砾石、岩石、生物沉积物、化学沉积物以及壳体碎屑等组成，且不同地区底质沉积物的成分、硬度等不尽相同。通过采集到的底质样品，能够获得诸如底质类型、性质、组成成分、变化规律等要素，是开展海洋底质调查研究的重要技术手段。在进行海洋底质采样时需要根据不同的底质情况选用相应的采样技术。

底质采样技术可以分为表层采样、柱状采样、拖网采样以及钻孔采样等采样技术。①表层采样分为箱式采样和抓斗采样两种方法，前者能够较好地保留海底沉积物原始的状态，对原位样品的破坏或者扰动较小；后者能够抓取海底的结核、结壳、硫化物以及岩石等样品。②柱状采样主要分为大型重力活塞采样和重力柱采样。大型重力活塞采样器通常由采样器、活塞、平衡杆和重锤等组成，取得的样品长度取决于采样器能够贯穿到海底的深度。重力柱采样器是基于采样器本身的重力进行采样，采样长度相对于前者大大减短，一般不超过2米，但是采样器本身结构组成以及操作方式较前者大大简化。③拖网采样通常分为生物拖网采样和岩石拖网采样，分别可以实现对海底生物样品以及岩石样品的采样。④钻孔采样主要用于对底层岩芯进行采样，所获采样品的硬度、长度以及运用技术的复杂程度是前几种采样技术无法比拟的。（王杭州）

**地幔对流说** mantle convection theory 解释地壳和岩石圈板块运动机制的一种假说。认为地幔中由于不同部位温度差异或物质成分差异所造成的密度差，引起轻者上浮、重者下沉的大规模的对流现象，成为岩石圈运动的动力。1929年，英国地质学家A.霍姆斯首先比较完整地阐述了地幔对流说。他认为地球内部处于极其缓慢的热对流状态，以至形成巨大的对流体，其平均流向只有当距离超过地球半径和相当于地质时代的时间内才发生变化。他提出玄武岩层具有传送带的作用，位于其上的大陆将被运送到对立体下降的地方，新洋壳将由玄武质岩浆侵入洋壳而生成。对上述理论，荷兰地球物理学家F.A.韦宁·迈内兹做了补充，认为**海沟**是由同一类型的对流地幔流的向下拖曳形成的。20世纪60年代初期，H.H.赫斯和R.S.迪茨在地幔对流说基础上创立**海底扩张说**。随着海底扩张说的迅速发展，对流说备受人们的重视。60年代晚期，**板块构造说**问世以来，国内外的多数学者都将地幔对流当作板块运动的驱动力之一。

通常认为，地幔对流的能量来自地球内部放射性物质蜕变产生的热能，以及地球内部物质重力分异释出的重力能。尽管地幔基本上是固体，但在高温及长期应力作用下会产生一定的塑性，可发生缓慢蠕动。地幔对流的一般模式为：上升流在岩石圈底部向外分散，形成背驰的水平流；相向而行的水平流汇聚而向下，形成下降流；下降流在地幔深处分散，形成反向水平流，而后补给上升流，构成封闭的环流。对流速度约为每年数厘米。在霍姆斯早期的对流模式中，首先提出地幔发散上升流可使大陆裂开，形成新的洋盆，但认为洋盆中仍保留着残留陆块。在海底扩张和板块构造模式中，对流上升处形成新的洋壳，岩石圈板块（包括大陆和洋底）驮伏在地幔对流体上发生大规模水平运动；板块分离边界——大洋中脊和裂谷系，与发散上升流有关；板块汇聚边界——俯冲带和碰撞带，则与汇聚下降流有关。

地幔对流说合理地解释了地壳既有垂直运动，也有水平运动；既存在着拉张，也存在着挤压。然而，对流究竟是限于地幔软流圈还是涉及整个地幔（见图），或者上地幔的对流与下地幔的对流是分隔开的，这些迄今未取得一致认识。现还缺乏地幔对流的直接证据，也有人认为地幔中不可能产生对流。（刘光鼎 许东禹）

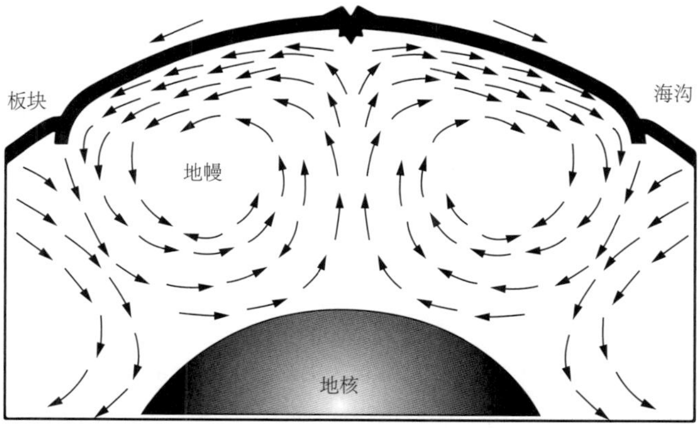

a 涉及整体地幔的对流

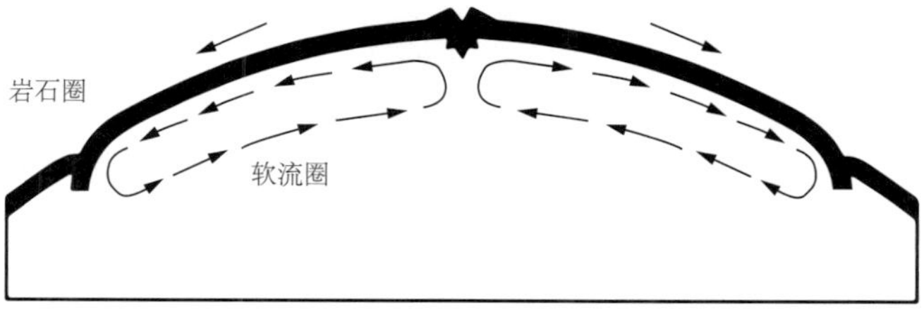

b 限于软流圈的对流

地幔对流说示意图

**地幔柱** mantle plume 发源于软流圈之下的地幔深部并涌升至岩石圈底部的圆柱形上升流。地幔柱在地表或洋底出露时就表现为**热点**。热点上的地热流值大大高于周围广大地区，甚至会形成孤立的火山，如非洲大陆板块内的东非阿法尔区和太平洋板块内的夏威夷火山区。

地幔柱概念是由美国学者W.J.摩根于1972年提出。地幔柱理论所根据的事实是，洋底有一系列**海山**或平顶海山，呈链状的死火山脉，它一端连接着现代活火山，且沿此链越远离活火山其年龄越老。这被认为是岩石圈板块运动时，固定不动的地幔柱在板块表面留下的热点迁移的轨迹，如夏威夷-皇帝海岭火山链分布。

地幔柱估计至少来自700千米或更深处，直径大致在100～250千米，上升速率约每年几厘米，由此导致地幔顶部成直径达上百千米的穹状隆起高出四周1～2千米。地幔柱活动区以高热流、低地震波速、大地水准面正异常和活跃的火山活动为特征。由柱头熔融生成的大体积镁铁质火山岩及其底侵层状岩体在非常短的时间内大规模产出。如位于孟买附近太古宙克拉通上面的德干暗色岩，约800万立方千米的拉斑玄武岩是在白垩纪—第三纪界线上的100万年内喷发的。地震层析图像表明地幔柱源于核-幔界面上面的D层，柱头直径500～3000千米，柱尾100～200千米，在抵达岩石圈底部后就侧向扩散。全球包括海台在内的大火成岩曾被认为是地幔柱和岩石圈相互作用的产物。K.康迪（2001）认为，大陆壳的幕式生长、超大陆旋回以及生物大规模灭绝事件等也都可能与地史期间的地幔柱活动有关。（马文璞 许东禹）

**“地球”号钻探船** The Chikyū 日本制造的世界上第一艘采用竖管钻探方式的深海钻探船。船长210米、宽38米，基准排水量为5.75万吨，中央部竖立着高出海面121米的大高台，船首部分用于可供大型直升机起降的甲板，大高台周围安装数台升降机。2006年首次试钻探，它的钻探系统控制钻管先行深入海中，并与防止海水和泥浆喷射的防喷装置连接，钻头便可顺着钻管直达海底地层。2012年4月15日，在宫城县近海域探测日本大地震起因，在水深6883.5米的海底钻进，向下钻探了856.5米，总深度达到7740米。同年9月6日，“地球”号钻探船在青森县八户市近海域（水深1180米）钻探到海底下2132米，创造了全球最深海底科考钻探纪录。

该钻探船在2500～3000米水深海域能钻探到海底地壳下约7000米处的地层。船上配备有先进的设备，如Deep Tow（4000米级、6000米级）深海拖曳航照相/声呐系统，可进行海底地形、地质、热液、环境、生物、资源等走航探测；液压活塞取样系统从海底钻取的岩芯，可以现场分析测试岩芯的内部结构。“地球”号钻探船除了帮助科学家探究地球起源、形成演化和大地震发生的机理，通过分析地壳（幔）物质成分来预测地震外，它还担负着研究地下生物圈以探索生命起源以及追踪过去气候变化痕迹的任务。

"地球"号钻探船使用了被称为"竖管钻探"的新技术，它依靠封闭在管道中的特殊液体来防止钻孔因压力而破损。日本海洋研究开发机构计划使用"地球"号钻探船把青森县下北半岛附近的海底煤田作为二氧化碳（$CO_2$）封存场所。试图开发出将煤层中$CO_2$转化成甲烷（$CH_4$）的"产甲烷菌"，提高其转化能力，使转化周期缩短到100年以内。如能够实用化，可将日本年均排放量100倍的$CO_2$封存海底，并转换成巨大的天然气资源。

2013年3月12日，"地球"号钻探船在日本爱知县附近海域成功地从海底蕴藏的甲烷水合物中分离出甲烷气体，试采6天，共产气12万立方米，使其成为世界上第一个掌握海底可燃冰开采技术的国家，也使日本在**天然气水合物**研究领域走在世界前列。　　　　　　　　　　（莫恭政）

**地热开发**　geothermal development　对海底地热能源进行开采、利用的过程。海底地热能属于海洋能源的一种，它是由于构造板块之间的运动，使岩浆热沿洋壳裂谷向洋底传输，当冷海水通过裂隙进入洋壳后被加热形成热海水，通过含硫化氢的热水出口向上喷涌而产生，是一种可持续发展的清洁能源。海底地热储集层蕴含着巨大的地热能，其储量远超陆地地热能，人们开始考虑开发并利用这部分能源。国际能源署（IEA）曾在2012年做出预测：未来20年内国际能源的需求量将会倍增，而石油等化石燃料的产量将无法满足需求。同时，为了避免温室气体的大量排放，新型清洁能源的开发迫在眉睫，因此海底地热能的开发势在必行。

*海底地热能分类*　可分为两大类：①深海资源。主要位于水下1000～4000米的构造板块。②浅海资源。位于近海岸线，深度在1～50米的构造板块。著名的墨西哥湾海底地热系统就包含有这两类资源。

*开发优势*　相比于陆上地热资源开发，海底地热资源开发有以下3点优势：①不需要占用土地资源。因为许多陆上地热资源都位于各国的保护区内而无法开发，如美国、东非、日本等国的国家公园。②不需要地面系统所必需的盖层来保证密封性。③海底地热系统不存在陆上地热开发所需考虑的地热田补充问题。

*发展趋势*　环太平洋沿岸都蕴含着丰富的海洋地热资源，中国沿海部分地区可以在未来进行海洋地热能的开发利用。海底地热资源的开发急需发展的技术是深海钻探技术，该技术在海洋油气资源开发领域中已经得到了一定程度的发展。根据设备的耐高温、高压性研究及大量的调查表明，海底地热田周围温度可达400℃，因而迫切需要开展相关设备耐高温、高压性能的研究。　　　　　　　　　　（万德成）

**地形罗斯贝波**　topographic Rossby wave　地形β效应下产生的一种低频涡度波。简称TRW。其底层强化特征受底边界层层结的调制，主导着深海环流的低频变化。沿着地形罗斯贝波相速度，浅水在其右手边。

当地形坡度较大时，假设$f|\nabla h|/H \gg \beta$，线性地形罗斯贝波的频散关系可以写为：

$$\omega = -k|\nabla h|N/K \cdot \coth(NHK/f) = -|\nabla h|N(\sin\theta)\cdot\coth(NHK/f) \quad (1)$$

式中$f$为科氏参数；$\nabla h$为地形坡度；$H$为水深；$\beta$为科氏参数$f$在经向方向上的梯度；$\omega$为地形罗斯贝频率；$K$为波数矢量的大小；$k$为波数在沿地形方向上的分量；$N$为浮性频率；$\theta$为波数矢量与地形梯度之间的夹角，也是速度与等深线之间的夹角。

对于短波而言：$\coth(NHK/f)\approx 1$，

$$\omega = |\nabla h|N(\sin\theta) = N_T\sin(\theta) \quad (2)$$

这说明短波长的地形罗斯贝波，其最大频率为：

$$N_T = |\nabla h|N(\sin\theta) \quad (3)$$

地形罗斯贝波具有底层强化特征，其振幅自近底层往上逐渐衰减，称之为地形捕获罗斯贝波（topographic trapped Rossby wave），其垂向捕获深度$\lambda$可表示为：

$$\lambda = f/NK \quad (4)$$

一般认为陆坡或者岛屿等区域，海洋中上层的强扰动（如湾流、**黑潮**、**中尺度涡**等）激发了深层地形罗斯贝波。

地形罗斯贝波被广泛应用到陆坡区域、深海低频流变异的研究中。例如，在墨西哥湾观测和模拟均证实深海环流的低频（次潮尺度）变化主要来自地形罗斯贝波；在南海多年地观测也揭示了在复杂地形区域，地形罗斯贝波发生时深水区近底层水体的速度具有与潮流大小相当的振幅。　　　　　　　　　　（王东晓）

**地形雾**　orographic fog　海面暖湿空气在向岛屿和岸滨爬升的过程中，冷却凝结而形成的雾。见**海雾**。

**地震波探测技术**　seismic sensing technology　通过观测、分析海洋和大地对天然或人工激发地震波的响应，推断地下岩石层性质、形态及海洋水团结构的探测技术。又称地震勘探技术。由于海洋这一特殊的勘探环境，海上地震波探测作业与陆地上有所区别，主要表现在定位导航系统、震源激发和对地震波的接收排列方面。

*发展简史*　海上地震波探测技术的发展分为两个阶段。第一阶段为20世纪30年代初至50年代末。开始只是将陆地地震勘探的方法设备简单地应用到海上地震勘探。到40年代，得益于海上无线电技术的发展和压电式检波器的应用，施工开始摆脱陆上方法，作业海域可以离岸相对更远，但是所使用的还是炸药震源，观测系统也不够精准。50年代开始，海上地震波探测形成了一套连续作业的方法，但是排列较短，效率较低。在此期间，开始使用电火花作为震源勘探浅层岩层。第二阶段从20世纪60年代至21世纪初。20世纪60年代起，海上地震波探测技术发展异常迅速。首先，在震源方面，气枪震源和气爆代替炸药震源，快速占据了主导地位。其次，计算机导航与全球定位系统（GPS）逐步得到应用，增加了地震探测作业的导航精度。再次，电缆和检波器的性能得到了极大提高，地震波探测技术逐步向三维和多次覆盖以及多波探测发展。

*基本原理*　地震波在传播过程中，当介质的弹性参数发生变化时，会引起地震波场发生变化，并产生反射、折射和透射现象。地底岩层由于组分和结构的不同存在弹性与密度上的差异，不同深度的海水由于温度和盐度的不同，同样存在波速和密度的差别。通过人工接收经过反射或折射后的地震波，经数据处理、解释，即可反演出地下岩层的结构、岩性或者水体的结构分布，达到地质或者水体勘测的目的。

*系统构成*　海上地震波探测系统一般由震源和采集设备组成。由于海洋环境的特殊性，地震信号的激发一般以非爆炸性震源为主。20世纪60年代以来，陆续发展出气枪震源、电火花震源、水枪震源和套筒枪震源等。地震信号的接收一般依赖于组合的检波器（水听器）阵，每个组合为一个地震接收道，若干个地震接收道构成一条海洋地震拖缆，将接收到的信号通过电线或光纤传递至采集系统的记录储存部分。作业时，由船只拖着拖缆在海上航行，完成地震波信号的接收。

海洋地震波探测是获取海底岩性和构造的主要手段，也是研究海水水体温盐结构的新方法，在海洋油气资源勘探、海洋工程地质勘查和地质灾害预测等方面也得到了广泛应用。　　　　　　　　　　（樊　炜）

**地震反射波法** seismic reflection method 利用地震反射波进行海洋地质勘查的人工地震测量方法。

测量原理　可参考地震波在介质中传播的物理模型（见图）。从震源O激发出的弹性波投射到反射界面上产生反射波，其入射角$\alpha$等于反射角$\beta$。能够形成反射的界面，必须具备这样的条件，即在弹性波垂直入射时，界面$R$上的反射系数不等于零。

$$R=\frac{\rho_2 v_2-\rho_1 v_1}{\rho_2 v_2+\rho_1 v_1}$$

式中$\rho$、$v$分别为地层的密度和弹性波的传播速度，它们的乘积称为波阻抗，角标1、2分别表示界面上下的地层。因此，反射界面存在的条件为：$\rho_2 v_2 \neq \rho_1 v_1$。所以，反射界面又称波阻抗界面。反射波返回地表，由检波器($s_1, s_2, s_3\cdots$)接收，并由地震仪记录下来。反射地震记录内包含着多种信息，其中反射波的旅行时间和震源到检波器之间距离的关系，称为反射波时距曲线$t(x)$。用时距曲线可反演出地下反射界面的几何形态（地质构造）；而在地震反射信息中，还包含有地震波的振幅、相位、频率、速度、极性以及其他一些参数，表现出反射波的动力学特点，它能给出地层岩性的特征，有助于判断沉积环境，甚至还能给出油气的直接指示。

仪器设备　地震反射波法需用的仪器设备包括震源、接收装置和记录系统3个

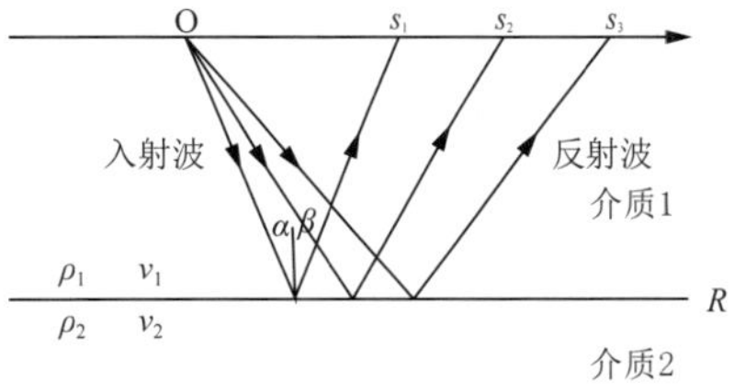


地震反射波传播示意图

组成部分。①震源。早期使用炸药激发地震波。现在广泛使用非炸药震源，有空气枪震源、蒸汽枪震源和电火花震源。此外，利用电磁脉冲，甚至压电效应，也可以造成震源装置如电磁脉冲器和压电换能器，只是它们的能量较小，仅适用于浅层调查。②水下接收装置。主要使用压电换能器组成的检波器，在水中接收地震波。将压电换能器按一定间距串、并联组成阵，放置于塑料管内并充油液，使之在海水中具有中性浮力，即组成一个地震记录道接收段。多道剖面测量时，则使用由多个（如24、48、96等）地震记录道接收段组成的接收装置。接收装置必须在水面以下一定的深度上才能达到最佳的接收效果。③地震反射记录系统。该系统使接收到的反射波经过放大、滤波和增益控制来实现地震资料的采集。单道观测可以用电敏纸或热敏纸的机械记录器，或用检流计的照相装置，将地震波的模拟信号记录下来。多道观测先后经历了光点照相记录、模拟磁带记录和数字磁带记录等阶段。广泛使用瞬时浮点增益数字地震仪，由信号采样所得的瞬时值控制其放大增益，具有宽达84分贝以上的动态范围和高达4200分贝/秒的跟踪速度，使地震信号能在无畸变的情况下迅速恢复其真振幅，如实地将反射波记录于磁带上。

观测方法　观测方法主要采用单道连续剖面法和多道连续剖面法。为了提高信噪比，在多道连续剖面法中还广泛采用共深点反射技术。①单道连续剖面法。又称连续海底反射地震剖面法，是一种高分辨率的反射波法，主要用于了解海底地形，浅层疏松沉积及基底情况。主要使用电火花作震源，有时也用电磁脉冲器或空气枪。这种观测具有经济、高效的特点。②多道连续剖面法。用于区域地质调查，特别是近海油气资源调查。地震多道组合接收装置应放置于水中最佳接收深度，并处于中性等浮状态，组合空气枪应从船尾一侧或两侧沉放于水中最佳激发深度上。观测船以5节左右的速度沿测线航行，每行进一定距离（或时间）使组合空气枪激发一次，所产生的地震波穿透海底地层，并在不同界面上反射返回海水层，由多道等浮接收装置接收，再由数字地震仪进行放大、采样、增益控制、模数转换并记录于磁带上，从而完成对海底反射界面的一次覆盖观测，并要求观测船在测线上持续航行，依次激发并取得连续覆盖反射界面的地震资料。在多道连续剖面法中，为了提高反射波能量并压制地震观测中的干扰（尤其是多次反射），提高其可靠性和精度，普遍采用多次覆盖技术，即共深点反射技术，又称共深点水平叠加技术。它要求在一次覆盖观测系统的基础上，缩短震源激发间距并增加激发次数，来实现对海底反射界面的多次覆盖观测。多次覆盖技术使具有共同反射点的信号得到加强，其他干扰则受到压制，从而提高了反射地震资料采集的质量。现代海洋地震勘探船上，大都将导航定位系统与震源和地震仪连接起来，而通过电子计算机来实现对其工作的配合和控制。21世纪以来，在多道连续剖面观测的基础上进行三维地震观测，使震源和接收点都处于同一个面积内，依次取得共深点反射的观测资料，再经过电子计算机的专门处理，可以获取反射层位在三维空间内展布的立体图件。

应用范围　地震反射波法是大陆架油气勘探的首要手段。测量结果能较准确地确定界面的深度和形态，圈定局部构造，判断地层岩性。在经过真振幅恢复处理所得的亮点剖面上，将那些特别强的反射波判作烃类存在的显示，提供直接找油的标志；反射地震资料用于揭示海洋沉积层的结构和厚度，并作为深海钻探的依据；单道连续剖面普遍应用于水下三角洲、海底工程地质和滨海砂矿勘查等。浅层地震剖面能划分海底疏松沉积物类型，圈出基底起伏，再结合浅钻岩芯资料确定它们的岩性参数。（刘光鼎　莫恭政）

**地震折射波法** seismic refraction method 利用地震折射波进行海洋深部结构探测的测量方法。是大洋地壳及研究中最重要的手段之一。

原理　从震源O激发出的地震波投射到折射界面上成临界角$i$时，产生沿界面$R$滑行的首波。临界角$i$存在的条件为：$i=\arcsin(v_0/v_1)$。式中$v_0$、$v_1$分别为地震波在界面上下介质中的传播速度。因此，只有满足$v_0<v_1$才有折射界面存在。首波在沿折射界面$R$滑行时引起上部介质质点振动并返回地面，这种波称为地震折射波。由检波器($s_0, s_1, s_2\cdots$)接收。折射波的旅行时间和震源到检波器之间距离的关系，称为折射波时距曲线$t(x)$。在水平界面的情况下，它是从$s_0$开始的一条直线。震源O到$s_0$之间观测不到地震折射波，称为盲区。只有在盲区之外才能进行地震折射波观测。由于$v_2>v_1$，较深层位上的折射波在离开震源的某个距离时，会超过浅层折射波而先到达检波器，称为此层位上折射波的初至区$s_0s_1$，而浅层折射波此时将在干扰背景上出现，称为它的续至区$s_1s_2$。因此，在折射波法中，不同层位上的折射波时距曲线为彼此相交的直线（见图）。

应用　早期应用折射波法主要在初至区内进行观测，称为折射波初至法。后来，反射波法的技术在续至区内也能观测折射波，称为折射波对比法。将折射波对比法用于地壳深部研究，在观测折射波的同时，还利用广角反射波（入射角大于临界角）进行观测，称为深地震测深。它是现代在海区内研究地壳并获得深部地震资料的重要手段。

由于盲区的存在，在海上进行折射波法观测时通常使用两条船作业，一条船激发地震波，另一条船接收地震波。震源可以用大容量的组合空气枪，但在研究地壳深部结构，要获取莫霍面资料的深地震测

深中，组合空气枪的能量不足，而仍需使用炸药震源。对折射波的接收，有时用漂浮组合接收装置做多道观测，但更广泛地使用地震声学浮标（包括地震水听器、前置放大器），对其输出信号进行放大和调制而后发射出去的天线装置。作业时，将地震声学浮标投放于水下某个深度上，以

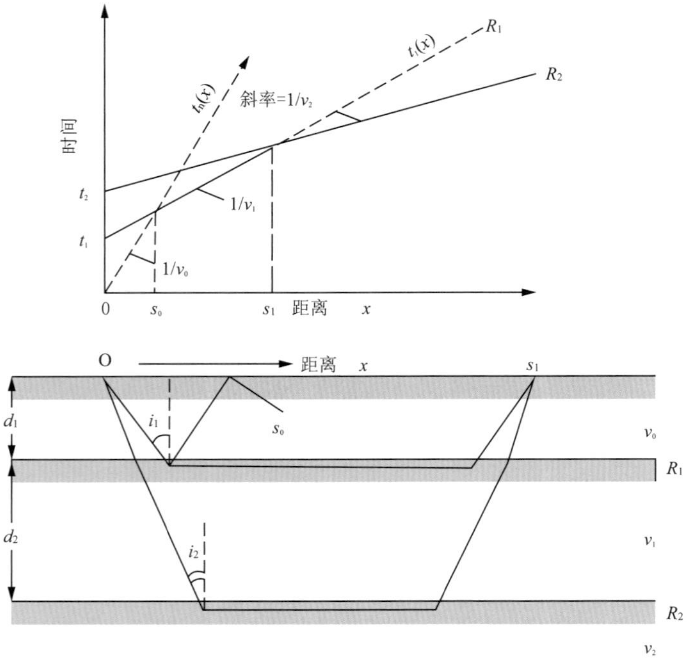


三层地层的时距曲线（上）和地震折射波（下）（$d_1$、$d_2$表示地层厚度）

尽量减小海浪扰动和海水对地震波的吸收作用。投放后，观测船（震源船）沿测线行进中用强大的空气枪或炸药在海水中做等间距的激发。声学浮标接收到包括莫霍界面在内的深部折射波和广角反射波信号，通过无线电发送到观测船上进行记录。双船作业时有两种方式：①一船作震源，一船作接收，一般采用定爆炸点法，即移动观测点（接收船）。②两船互为震源船和接收船，同时相背而行，按预先设计好的观测系统工作。地震波的穿透深度越大，所记录到地震波的频率越低、分辨率也越低。为此，只能进行波组对比，并根据其时距曲线的斜率求取速度值，以判断折射层位的性质。

应用　利用地震折射波法已经基本查明世界大洋盆地的地壳有三层结构：层Ⅰ为松散沉积层，地震波传播速度约为2千米/秒，平均厚度为0.5千米；层Ⅱ速度为5.07±0.63千米/秒，平均厚度1.71±0.75千米；层Ⅲ速度为6.69±0.26千米/秒，厚度4.86±1.42千米。层Ⅲ之下，为上地幔，地震波传播的平均速度为8.13±0.24千米/秒。深地震测深是现代在海洋地区内获取地壳深部资料的主要手段，对于研究地壳深部构造，认识沉积盆地的形成和演化与油气勘探都具有重要的意义。

（刘光鼎　莫恭政）

**地转流**　geostrophic current　当由海水密度分布不均匀所产生的水平压强梯度力与水平地转偏向力平衡时所产生的理想海流。这种地转平衡近似在忽略湍流摩擦力作用的较深的海洋内区广泛存在。虽然它和**埃克曼漂流**都是理想化的海流，但都能近似地反映海水的一些运动规律。例如，较厚的大洋下层水中的海流，近似于地转流；较薄的大洋上层水中，同时存在着地转流和埃克曼漂流。这两种流动同为大洋的基本流动。

要直接测量海洋的水平压强梯度力存在很大困难，但是可以引进地势的概念，间接加以计算。设想在较深海洋中的某水层，其等压面和地势面重合，则在这个面上的地转流的速度为零。称这个面为无运动面。在它上方的其他等压面上，任何点的地势为：

$$\Delta D=\int_{P_2}^{P_1}\alpha_{STP}\,dp$$

式中$\alpha_{STP}$为海水的现场比容，角标S、T、P分别为盐度、热力学温度、压强；$P_1$为无运动面上的海水的压强；$P_2$为所考虑的等压面上海水的压强。等压面上相邻两点间的地势差，称为动力高度差。

海兰-汉森公式：

$$v=\frac{(\Delta D)_1-(\Delta D)_2}{fl}$$

式中$v$为地转流的流速，米/秒；$(\Delta D)_1$和$(\Delta D)_2$分别为在同一等压面上，水平相距$l$米两点上的动力高度，动力米；$f=2\omega\sin\varphi$为科里奥利参量，$\omega$为地转角速度，$\varphi$为纬度。这个计算过程称为海洋动力计算。

实际上，要测定大范围海域中各点的流速是困难的，但要测定海域中各点的海水比容是办得到的，而且由这些比容按动力计算法求得的地转流，又与较深海洋的下层海水的流动近似，故可以用这种海流的动力计算，代替较深层海流的直接测定。具体应用时，将某个等压面（如海面）上相对于无运动面的动力高度相等的点连成等动力高度线，制成动力高度图。这样，地转流将沿这种等动力高度线流动。在北半球，绕高值中心（等压面上凸处）的流动方向为顺时针的，绕低值中心（等压面下凹处）的流向为逆时针的。在南半球则相反。等动力高度线密集处的流速大，稀疏处的流速小。海流动力计算方法虽然简便，但无运动面的深度很难确定。通常人为地设定较大深度处的流速为零。如在开阔大洋中，这个深度通常取2000米。

（张荣华）

**点头鸭式波浪发电装置**　nodding duck wave power generator　漂浮在海上的凸轮在波浪作用下产生摇摆式运动，通过液压储能设备吸收凸轮的运动能量并转换为电能的装置。20世纪70年代至80年代早期，英国爱丁堡大学的S.索尔特教授发明的点头鸭为该类装置的首创。21世纪以来，该装置的改进设计也在不同国家得到发展。中国科学院广州能源研究所研发了10千瓦漂浮式点头鸭装置。

点头鸭的主体是一个做纵摇运动的凸轮，早期的设计是将一系列凸轮形浮子通过一个细长的脊连接并沿波峰方向依次排开，通过一套液压系统集中实现能量转换。索尔特教授后期又提出改进式的点头鸭装置，由一个装有回转仪的凸轮形浮子构成，装置相对回转仪做纵摇。尽管点头鸭的研发经历了漫长的过程，其中包括各种比尺的物理模型试验，但原型的海试并未取得令人满意的进展。

根据索尔特的研究结论，得出一个漂浮物体在两个维度上产生的波浪辐射的传播不对称，入射波的能量有可能被漂浮物体全部吸收。中国科学院广州能源研究所研发的10千瓦漂浮式点头鸭装置对英国著名的鸭式装置进行了改进，以适应中国的海况条件。为实现装置能量吸收的最大化，其外形设计为轴不对称体。

点头鸭式波浪发电装置由带有液压电力输出系统的脊柱以及在波浪作用下发生摇摆的水平柱组成。点头鸭式装置在波浪作用下产生摇摆式的诱发运动被液压储能设备吸收，其泵起的高压油通过液压马达实现平稳输出。

（史宏达）

**电导率探测技术**　conductivity sensing technology　对水体环境的电导率进行测量，分析电解质含量的技术。电导率探测技术根据测量原理与方法的不同，可以分

为电极型电导率传感技术、电磁感应型电导率传感技术以及超声波电导率传感技术。①电极型电导率传感器技术根据电解导电原理采用电阻测量法，对电导率实现测量，其电导测量电极在测量过程中表现为一个复杂的电化学系统。②电磁感应型电导率传感器技术依据电磁感应原理实现对液体电导率的测量。③超声波电导率传感器技术根据超声波在液体中的变化对电导率进行测量。前两种传感技术应用最为广泛。

电导率探测技术广泛应用于电力、化工、环保、食品、半导体工业、海洋研究开发等工业生产与技术开发中。在海洋环境中，设计耐高压的电导率（盐度）传感器是研制深海水文测量系统的关键技术之一。中国大部分现场剖面仪电导率的测量都是采用的电磁感应型电导率传感器。随着电导率测量技术的发展，多电极、微电极、微结构已经成为电导率传感器的发展方向，并与单片机、微系统等技术相结合，实现电导率测量的自动化、精密化。

（林 渊）

**电动机械手** electrical manipulator 以电动机为动力源的机械手。电力驱动分直流电力驱动和交流电力驱动两大系统，传统的直流电力驱动性能较优。电力驱动是电动机械手使用最多的一种驱动方式，其特点是电源供给方便、响应快、驱动力较大(关节型的持重已达400千克)，信号的检测、传输和处理方便，并可采用多种灵活的控制方案。驱动电机一般采用步进电机、直流伺服电机。由于电机速度高，通常须采用减速机构(如谐波传动、旋转矢量摆线针轮传动、齿轮传动、螺旋传动和多杆机构等)。有些机械手已开始采用无减速机构的大转矩、低转速电机进行直接驱动，这既可使机构简化，又可提高控制精度。

（孙 丹）

**电化学传感技术** electrochemical sensing technology 能感应（或响应）生物、化学量，并按一定规律将其转换成电信号输出的技术。电化学传感技术是化学传感技术的一种，也是现代化学分析测定中的一类特殊传感技术，主要应用在对海洋环境中水下化学量和金属离子检测等场合。

电化学传感技术按照其输出信号的不同可以分为电流型电化学传感技术、电导型电化学传感技术和电势型电化学传感技术。

电流型电化学传感技术是当在两电极间施加一定的外加电压时，被检测的电活性物质在电极表面就会发生氧化还原反应，产生一定的氧化还原电流，此电流的大小在一定范围内与待测物质的量呈线性关系。该技术是三种电化学传感技术中最易实现、研究最多和应用最广的一种，它为微尺寸范围内电活性物质的测定提供了一种高灵敏度的方法。

电导型电化学传感技术是一种建立在双电层理论上的传感技术，物质的吸附和表面电荷的改变对双电层结构都会产生明显影响。当两电极放置在电解质溶液中，电极-溶液界面可被近似认为是一个平行板电容器。在两个电极上加上一定电压时，溶液中的离子在电场作用下发生迁移，从而产生电流，而此电流的大小与溶液的电导率成正比，电导率与离子浓度、离子所带电荷、温度等因素有关，当离子电荷和温度等参数恒定时，通过检测溶液的电导率，可以实现对离子浓度的测定。电导型电化学传感器适用于对迁移速度快的无机离子和某些有机物质进行分析。

电势型电化学传感技术主要是采用了离子选择性电极，其核心部件是传感器的离子选择性敏感膜，敏感膜把待测溶液和电极内充液分隔开，它能对溶液中被测离子进行选择性响应，从而引起膜电势的变化，当达到平衡时，膜电势的变化与被测离子活度的关系符合能斯特方程，即电势差与溶液中待测离子活度的对数在一定范围内呈线性关系，通过此关系可实现对待测物质的检测。

电化学传感器具有灵敏度高、选择性好、成本低、易微型化和集成化、样品消耗少、不受光程和样品浑浊度影响等优点，在水下原位、实时、连续监测等方面拥有巨大的应用潜力和良好的发展前景。

（林 渊）

**丁德文** Ding Dewen(1941-02-07～ ) 中国海洋环境工程与冻土热学专家。辽宁省辽阳人。1965年毕业于大连工学院应用物理专业。国家海洋环境监测中心暨国家海洋局海洋环境保护研究所研究员、主任暨所长。1994年当选为中国工程院院士。任中国工程院环境委员会副主任。

主要从事寒区环境科学与工程研究，是中国冻土热学创始人和冻土工程热工的奠基者之一。创造性地解决了高原冻土路基稳定性、超深人工冻结凿井热土工艺、冻土区埋地管线优化工艺和合理埋深、高原冻土区第一条长距离供水管线热水回流技术等问题。开辟了中国工程海冰学的研究方向。提出和率先开展中国海洋生态环境的复杂性与非线性问题研究工作。1992年至今从事海洋生态环境科学与工程的基础理论、技术科学和工程技术工作。在海洋环境保护、海洋资源开发利用、海洋产业与经济发展、海洋减灾防灾、海洋综合管理等多个领域提出了新的发展方向，是海岸带资源环境利用关键技术研究项目首席科学家。

先后参加或主持省部级以上的基础和技术科学及重大工程实施等科学研究20余项，获省部级以上自然科学奖、科技进步奖12项。在国内外公开发表论文100余篇，出版专著（编、译）6部。1993年被评为“国家有突出贡献的中青年专家”。

（仲 佰）

**顶张力立管** top tensioned riser; TTR 用于油气资源的钻探与输运的导管。它是一种细长的、弹性的垂直圆形导管，连接水面浮式生产设施和海底井口。

组成 顶张力立管主要由张力系统、标准立管节、张力节、伸缩节、龙骨节、应力节、回接连接等组成，其底部与井口铰接，顶部通过张紧器提供的张力来限制立管在环境荷载作用下所形成的角度。顶张力立管是由各段立管节连接起来的，每段立管节长约十几米，其主体结构由中级别的高强度钢建造，一些关键部位使用力学性能、机械性能优越的钛、铝或者复合材料建造。顶张力立管易受到海流和波浪作用，常以成组的矩形或者圆形排列布置。

类型 顶张力立管分为钻井立管和生产立管，其典型的横截面有所不同。

用途 20世纪50年代顶张力立管首次应用于固定式平台海底钻探工程，1984年开始在浮式生产设施上使用，如今被广泛用于**张力腿平台**（TLP）和**立柱式平台**的干式采油树生产平台。顶张力立管多用于1500米以内水深，超过时需优化其结构。

（郭海燕）

**东澳大利亚海流** East Australian Current 西南太平洋塔斯曼海中靠近澳大利亚东海岸气旋式环流的一部分**暖流**。系南赤道流的南分支进入珊瑚海后形成，向东南流动过程中穿过大堡礁和切斯特菲尔德礁之间，并沿澳大利亚东海岸流入塔斯曼海。东澳大利亚海流到达南纬25°时流幅变窄，在新南威尔士北部的拜伦湾流动最强，向南越过南纬32°后流动减弱，但其继续向南流动，到达塔斯马尼亚后向东偏移，并开始向北流动形成塔斯马尼亚海流。东澳大利亚海流表层盐度超过35‰，在200米深度处盐度达到最大值35.8‰。该海流流动深度超过1000米，每秒流量约为$3\times10^7$立方米。（宋德海）

**东澳大利亚潜流**　East Australian Undercurrent　在东澳大利亚海流之下向北紧贴陆架和陆坡，流动相对弱的一支海流。太平洋南赤道流沿着约南纬15°在大堡礁附近分叉，形成向北的北昆士兰海流（NQC）和向南的东澳大利亚海流（EAC）。由于东澳大利亚海流与东澳大利亚潜流之间存在强的垂向剪切，在上述两支海流之间产生小的理查森数。模拟结果表明，东澳大利亚潜流可长期存在于南纬22°附近。（胡敦欣）

**东风漂流**　east wind drift　围绕南极大陆沿岸的一支向西的海流。南太平洋的亚南极海区因无大陆阻挡，只有环绕南极大陆的南极绕极环流。绕极流靠近南极大陆部分，出现向西流动的极地东风漂流。因为它是沿岸向西吹的东风所造成的，往北的南大洋其他部分，就是流向东方的*南极绕极流*，因此，英国海洋学家G.E.R.迪肯称之为东风漂流。东风漂流对南极的海水有重要的运输作用，对于南极和南大洋海冰的分布意义重大。（王　凡）

**东格陵兰海流**　East Greenland Current　源自北冰洋，具有低温、低盐特性，表层水温0～2.4℃，春季多冰山和浮冰。受大气环流影响，沿格陵兰岛东岸向南流的*寒流*。向北转入大西洋的拉布拉多海。宽达175～200千米，流速较缓，最大流速为8～10厘米/秒。寒流强弱变化直接受北冰洋海冰生成和融化的影响。东格陵兰海流是形成极地环流的五条主要洋流之一，并为北冰洋的冰冻水源流往大西洋提供主要途径。每年春、夏两季，此寒流不仅带走北冰洋8000～10 000立方千米的浮冰和冰山，而且带走北极海域过剩海水的2/3。（荣增瑞）

**东海次表层水**　East China Sea subsurface water　夏季位于东海陆架区底层的冷水*水团*，是一季节性水团，属混合水系。冬季该水团与东海表层水团混为一体，散布于*台湾暖流*、*对马暖流*及其临近海域；夏季表层增温较快，而底层升温较少，底层相对于表层显现出低温的特征，故有“东海冷水”之称。东海次表层水团比其上的东海表层水团更偏向西北方。在东海西北部，它在楔入高温低盐的*长江冲淡水*之下，可达长江口以北；在闽浙近海则被认为是上升流。东海次表层水的成因主要包括两点：①局地的跃层屏障作用。②黑潮次表层水的爬升入侵。

*跃层屏障作用*　它是东海次表层水形成的局地原因，其形成机制与黄海冷水团有相似之处。春、夏季，东海上层水不断增温出现温跃层，从而阻碍了海面热量的下传，使得底层水仍保留着冬季的低温特征，导致东海次表层水与表层水相分离，成为两个独立水团。因此，东海次表层水只在4～9月的暖季出现，此时它的温度为15.5～24.5℃，盐度为33.4～34.4，其垂向深度在50～150米；冬季，由于偏北风的增强和垂向混合的加强，温跃层消失，东海次表层水与其表层水混为一体。

*黑潮次表层水的爬升入侵*　它是维持东海次表层水低温高盐的重要原因。东海次表层水团在侧向与黄海冷水团及黑潮次表层水团时有角逐互侵，研究表明，黑潮水在整个东海陆架底层中占主导地位，并且东海底层水的水文特征接近黑潮次表层水。在东海陆架底层冷水中，存在黑潮入侵的离岸分支和近岸分支，它们都起源于台湾东北的黑潮，离岸分支在东海陆架上基本上沿着100米等深线流动，而近岸分支则从250米深度逐渐向西北涌升到60米等深线，在北纬27.5°、东经122°处转向东北，而后则沿着60米等深线流向东北。黑潮次表层水入侵的强度有着明显的季节变化：在春末夏初开始加强，夏季最强，秋季开始减弱，冬季最弱。入侵的黑潮次表层水起源深度也随季节变化有所不同。但也有研究发现，东海次表层水团与黑潮次-中层混合水团溶解氧含量差距明显，东海次表层水团不是黑潮次-中层混合水团爬升后的变性水体，而是冬季通过对流混合而形成的富氧水体的余留。（兰　健）

**东海黑潮变性水**　East China Sea Kuroshio denatured water　水温、盐度接近于黑潮次表层水的东海水团。冬季对流混合强烈，黑潮表层水、对马暖流水向西向北扩展中因强烈冷却而变性显著。冬季的东海黑潮变性水团，地理位置介于东海表层水团和东海黑潮表层水团之间。就水团性质而言，它与东海黑潮次表层水团相当接近，故以往有人将其划入东海黑潮次表层水；但就其形成机制而言，却完全应予分开，因为二者存在着相当大的差异。东海黑潮次表层水团属于外海水系，东海黑潮变性水团却应划归混合水系，因它不仅大量地混入台湾暖流水、对马暖流水与东海陆架混合水，而且又因为冬季海面降温伴随垂直向对流混合而导致进一步地变性。冷却效应在12月份先始于北部对马暖流源区附近海域，到1～3月份南部台湾暖流区也明显起来，在水深50～100米的海域内，由表至底温、盐、密几乎均匀分布。然而，即使在该季节，它不仅与其东面均匀而高温的东海黑潮表层水团有明显的差异，而且与以高盐核心为指示性特征的东海次表层水团也是容易区分的，两者溶解氧含量及酸碱度的差异也是明显的，特别是经判别分析计算，其间差异已达显著性要求。春暖之后，上层海水增温，该水团逐渐变性，尤其南部更明显，只有北部九州附近海域尚可维持到5月份。至夏季，其上层完全变性而融入东海表层水团，下层凭借跃层屏障虽变性较慢，但最终也蜕变而归入东海次表层水团。（兰　健）

**东海冷涡**　East China Sea Cold Eddy　位于东海北部陆架和济州岛西南海域，由*黄海暖流*、*黄海沿岸流*和*台湾暖流*组成的常年存在的气旋式封闭*中尺度涡*。东海冷涡直径100～200千米，中心大致位于北纬32°、东经125°并随季节变动。从夏季、秋季至冬季，冷涡中心位置逐渐自北向南移动，从冬季、春季至夏季逐渐自南向北移动。经向变化方面，仅有冬季冷涡中心明显偏西。以上变化主要是由冷涡周边流场的季节性变化引起的。冷涡中心在秋初和冬末春初表现不明显，这应是由环流场的季节转换引起的。冬季，东海冷涡区的海水温度、盐度等要素垂向分布均匀，因而冷涡的结构比较简单；夏季，东海冷涡仅存在于季节性温跃层以下，其中心温度低于背景温度5℃左右。

由于北半球海洋中的气旋式涡旋会导致冷水从底层涌升，东海冷涡是东中国海北部环流的一个重要组成部分，其存在和变动不但会影响局部海域营养盐的垂向输送，而且还在海洋环流的能量分配和转化过程中有重要的作用，从而影响海-气界面的热通量，进而对区域的气候产生影响。（丁　杨）

**东海气旋**　East China Sea Cyclone　中国东海海域内发生、发展起来的锋面气旋，是南支锋区上的波动。又称东海低压。也有人把移入东海海域才发展的江淮气旋叫作东海气旋。

东海是大陆到太平洋的过渡地带，海陆分布使这一海域具有明显的季风气候特点，春夏过渡季节，干寒的冬季风和温暖的夏季风在东海海域交汇频繁，又多高空槽活动，有利于气旋的发生发展。因此，东海气旋在春季和初夏发生最多，冬季次之，盛夏最少。这是因为春季大陆上冷高压的强度将减弱，而西太平洋副热带高压却逐渐增强北进，这两个高压的强度几乎相当，致使东海和日本海一带处于两个高压之间的低压带里，而且在这一季节里，高空西风带低槽活动频繁，南方的暖湿空气也开始活跃，特别有利于东海气旋的发生和发展。而在夏、秋两季，正是西太平洋副热带高压控制中国大陆和沿海地区的时期，不利于东海气旋的生成。

东海气旋对中国东部沿海及台湾地区，还有朝鲜和日本的天气影响很大，常形成强风和降水天气。它会时常引起江苏、上海、浙江、福建等省、市沿海地区和台湾地区的偏北大风，其中台湾海峡的风力尤强，由于其突发性，预见期短，难以防范，常常造成海上严重灾害。

东海气旋的生命周期从几小时到几天不等，长者超过十天。其中心的移动速度每小时几千米至几十千米。东海气旋一般具有明显的冷暖锋结构，在卫星云图上呈“逗点”形状。东海气旋移动的主要路径是东北，其次是偏北，再次是偏东，也有少数不规则路径。（傅　刚）

**东海原甲藻** *Prorocentrum donghaiense* 属于甲藻门(Dinophyta)、甲藻纲(Dinophyceae)、原甲藻目（Prorocentrales）、原甲藻属(*Prorocentrum*)，是中国沿海常见的一种赤潮生物。细胞长形壳面不对称，前端一侧轻微突起，细胞长16～25微米，宽9～14微米，大部分细胞后端圆状，右壳鞭毛区V形，鞭毛孔周围具领状结构，细胞壳面有密集的微小球形突起，刺丝胞孔主要分布在细胞边缘，成熟细胞的生长带会变宽，细胞核球形至椭圆形位于后端，叶绿体不规则分布于细胞体内。

为世界广布种，在太平洋、大西洋、中国东海和南海等均有记录。在中国东海赤潮高发区，是21世纪前20年来最为引人注目的高生物量**有害藻华**原因种，引发大规模藻华现象，基本发生在长江口以南与福建北部以北的浙江近海，成为每年重复循环出现的有害藻华，发生的时间主要在4月下旬和6月上旬之间，藻华的规模可达到上万平方千米，其发生机理与这一海区独特的地理与物理海洋过程密切相关，尽管这一种类是无毒种类，但海上现场和实验研究的证据已充分证明东海原甲藻是对海洋生态系统危害很大的藻华种类，主要表现在东海原甲藻重要营养成分的缺失，发生藻华后会造成海洋食物链中的次级生产者（浮游动物）如中华哲水蚤产卵率显著降低和死亡率严重升高等。

（陆斗定　周名江）

**东京海洋大学** Tokyo University of Marine Science and Technology 由东京商船大学和东京水产大学于2003年合并而成的日本唯一一所以海洋为特色的国立大学。东京海洋大学海洋工学部的前身是1875年建立的私立三菱商船学校，1925年改组为东京高等商船学校，1957年改称东京商船大学。其海洋科学部的前身是1888年建立的大日本水产学会水产传习所，1949年改制为东京水产大学。

此校的本部和海洋科学部所在的品川校区主要从事海洋环境学科、海洋生物资源学科、海洋食品科学学科、海洋政策文化学科等学科领域教学和研究，而海洋工学部所在的中越岛校区主要从事海事系统工学科、海洋电子机械工学科、流通情报工学科等学科领域教育与研究。此校拥有实习船6艘，即“海鹰丸”号（总吨位1886吨)、“神鹰丸”号（总吨位649吨)、“汐路丸”号（总吨位425吨)、“青鹰丸”号(总吨位170吨)、“鹎”号(总吨位19吨)和“弥生”号（总吨位19吨)。

此校培养了日本劳务大臣米洼满亮、内阁总理大臣铃木善幸、京都府知事蜷川虎三、通商产业大臣高碕达之助和外务省副大臣小野寺五典等日本政界人士。

（董双林）

**东京湾环境修复** environmental restoration of Tokyo Bay 日本政府为快速粗放式经济发展对东京地区半封闭海湾造成的严重环境影响而实施的长时间综合整治工程的总称。东京湾是位于日本首都圈中心位置的半封闭海湾，岸线总长度1650千米，海域面积1320平方千米。东京湾流域及其沿岸地带是日本经济文化的核心，流域面积仅占国土面积的2%，但分布的人口占日本总人口的23%，工业总产值高达40多万亿日元（2003)，主导日本的城市和产业发展。

污染起因　第二次世界大战后，随着东京湾沿岸经济社会的快速发展，人口高度集中、产业密集，大规模填海造地等严重破坏了东京湾生态环境，产生了水环境污染、海岸带生境丧失、人与海亲近受阻等诸多环境问题，在20世纪70年代尤为突出。东京湾大部分为临港工业用地及港口用地的人工海岸，自然海岸占比低于8%，藻场、滩涂丧失，潮间带生物生存环境退化，市民亲近海洋的空间极其有限。由于陆源生产生活污染的排放，东京湾水体有机污染急剧增加，1970年前后达到污染物的峰值，磷日排放量达到约20万千克、氮日排放量达到约300万千克，水中化学需氧量达到1500万千克，导致近海水质恶化，赤潮和青潮（因海水底层贫氧水团上升，硫化物被氧化而使水体呈青绿色，对渔业有危害作用）频发。

修复措施　从20世纪60年代开始，日本把环境管理内容纳入行政管理范围。随着主要环境问题的变化，环境治理的对策和措施也经历了诸多变化。1967年，日本制定了《公害基本对策法》，开启了综合治理的第一步。而后制定了《东京湾整治行动计划》和《东京湾环境恢复与建设规划（2006～2015)》，确立了东京湾生态环境保护的基本战略框架。该框架明确了东京湾环境修复的目标，确立了恢复人类与海洋的自然接触、恢复水环境、恢复与建设生物栖息地3个基本方向：①人-海自然接触的恢复与建设。在恢复和建设过程中，加强市民对东京湾的关注程度，积极推进滨海美丽景观的创建，形成与自然环境和现有设施相和谐的景观，发挥其作为环境教育场所的作用，唤起对“美丽富饶的东京湾”恢复、建设的社会共鸣与认同感，依靠市民、居民、渔民、非营利组织、企业、学者等多种形式的主体联合协作，共同推进对策措施的实施，对预期目标达成共识。开展环境调查与监测，开发环境保护与生态建设新技术，把水环境建设作为具有相当吸引力的商业行为，促进民间技术开发，共享环境信息与技术成果。②良好水环境的恢复。实施一系列的下水道污水处理、河流净化及其他污水处理措施与对策，开展城市绿化和水土保持工程以防止热岛效应；依靠滩涂、藻场、浅滩、沙滩的整治，以及污泥疏浚、覆沙、填埋等措施，建立大范围和综合的泥沙管理系统，考虑河流—东京湾（内湾、外湾）—外海相互影响，推动东京湾水环境的恢复和建设。实施漂浮垃圾回收、海滩清扫、溢油紧急回收等环保措施，推动东京湾的水环境改善。③生物栖息地的恢复与建设。针对东京湾淡水—半咸水—内湾—外湾的多种环境，恢复和建设适宜的生物栖息地，提高生物多样性。

改善内容　①水质改善计划。通过对排水进行限制、下水道整治、建设净化槽等措施来消减河流污染物，控制污染物排放总量；通过污泥疏浚、覆盖改善水质；回填海底疏浚洼地防治青潮；开发赤潮灾害防治技术；改善含有二噁英等有害化学物质的底质环境。②生物生存环境改善计划。建造自然河道；普及环境友好型工程设施；保护、恢复和建设滩涂、藻场和浅滩；建造岩礁和鱼礁改善已有的设施功能；预防压载水外来生物入侵。③清洁计划。漂浮垃圾和溢油回收；海岸和河道垃圾清理；阻止非法丢弃垃圾和废旧汽车，规范游艇存放。④水环境的连带协作计划。制定宏观目标计划；强化相关行政机关的联合协作；建立灵活的管理体制；推动东京湾水环境的利用；建设良好的亲水河岸；建设良好的海岸景观；开放和利用海岸亲水空间。⑤调查监测计划。收集、存储、分析与发布海洋环境信息；海洋环境的调查与监测；河流环境的调查与监测。

效果及评价　《东京湾环境恢复与建设规划（2006～2015）》从3个基本方向，制定了18项评价指标，全面综合评价东京湾环境修复效果。①恢复、建设人－海的亲近与接触。人－海接触的亲水空间和地点增加；近海公园和绿地面积增加；公众海岸线长度增加；与环境相关的非营利组织（NPO）数量增加；参加环境学习次数的增加；参加公众清洁活动的次数增加。②良好水环境的恢复与建设。化学需氧量、总氮、总磷的环境基准值达标率提高；夏季东京湾顶部的透明度提高；夏季底层溶解氧浓度增加；赤潮、青潮的年发生次数减少；环境报告的收集和公开能力得到提高；东京湾流域下水深度处理的普及率得到提高。③生物生存环境的恢复和改善。生态保护区的增加；滩涂、藻场、浅滩面积的增加；人造自然形状河道数量的增加。2013年，日本海洋环境监测调查发现东京湾海水和沉积物的污染已处于较低水平。2019年4月，在东京湾“三番濑”海滩发现了曾经几乎消失的“疣蚶螺”，说明东京湾北部的环境已得到一定的改善。

（孙家文）

**东太平洋厄尔尼诺**　Eastern Pacific El Niño　海水升温的最大值位于赤道东太平洋冷舌区的现象。其海水增暖中心一般位于Niño3区（南纬5°～北纬5°，西经150°～90°），亦即秘鲁渔民发现的导致渔获量下降的厄尔尼诺现象。简称东太型厄尔尼诺。由于观测记录中20世纪的绝大多数厄尔尼诺都是东太型厄尔尼诺，因此又称传统型厄尔尼诺或冷舌型厄尔尼诺。

发展轨迹　在20世纪80年代之前，东太型厄尔尼诺的海温异常最先于春末夏初（4～6月）出现在南美赤道沿岸，同时，信风、赤道海流和沿岸上升流减弱。在夏秋季节（7～11月），该异常海温向西扩展并逐渐增强，信风和海流也相应地进一步减弱，热带东太平洋温跃层变深且海平面上升，同时热带辐合带向赤道移动，海平面气压降低，降雨增加。至冬季时（12月至次年2月），异常海温达到最强且充满整个日界线以东的热带太平洋（见图），最大增温可达4.5℃。此时，整个热带太平洋的海洋大气环流被显著改变，信风和海流被极大地削弱，赤道中太平洋甚至出现西风和向东的海流，热带东太平洋的热带辐合带此时位于赤道上，局地海平面气压最低，海面风最小，降雨最强，同时局地的温跃层达到一年中最深的位置。一般情况下，东太型厄尔尼诺在次年的春夏季节（4～6月）会迅速减弱消亡，与之伴生的热带海洋大气环流逐渐恢复至其气候平均状态，但往往伴随着一个拉尼娜的发展。总体来说，东太型厄尔尼诺的持续时间一般为8～12个月。80年代之后，东太型厄尔尼诺的发展与之前年代的发展轨迹大致相似，唯一不同的是春末夏初季节初始的海温异常不只出现在南美沿岸，还出现在日界线附近的赤道中太平洋上，并且显著地向东扩展并且增强。所以，80年代之前的东太型厄尔尼诺呈现向西发展的趋势，而80年代之后则呈现向东发展的趋势。按现今普遍认同的分类标准，历史上的1963/1964、1969/1970、1972/1973、1976/1977、1979/1980、1982/1983、1986/1987和1997/1998的厄尔尼诺事件归类为东太型厄尔尼诺。

发展机理　东太型厄尔尼诺的发展与局地温跃层的加深密切地联系在一起。东太型厄尔尼诺现象出现会导致局地海表温度升高，赤道东西太平洋温度梯度减小，信风减弱，不能再维持东浅西深的温跃层分布，赤道东太平洋的温跃层于是变深，原温跃层处的海水温度升高，并随上升流输送至海表面，增强海表温度的升高趋势，进一步减弱信风并使温跃层变得更深，次表层海水温度得以进一步升高，这个海面风－温跃层－海表温度之间的正反馈过程正是J. 皮耶克尼斯提出的与温跃层的变深是息息相关的正反馈过程，因此被称为温跃层反馈。当然，其他的过程也会促进东太型厄尔尼诺的发展。例如，高温暖水在信风的支撑下聚集在热带西太平洋，且由于海水的堆积而产生西高东低的海平面高度的配置，并产生向东的压强梯度力，信风减弱将导致暖池区的高温海水在压强梯度力的作用下向东扩展并加热赤道东太平洋较冷的海水，促进东太型厄尔尼诺的发展，这一过程与暖池边缘的纬向海流有关，因此被称为纬向平流反馈。其次，信风的减弱也会导致赤道东太平洋的上层海水的辐散减弱，上升流减弱，次表层的冷水上翻的效果也随之减弱，这也能促进海面温度的升高，这一过程被称为埃克曼反馈。温跃层反馈、纬向平流反馈和艾克曼反馈是促进东太型厄尔尼诺发展的主要动力。其中，温跃层反馈的贡献最大且能作用于整个赤道东太平洋，纬向平流反馈的贡献次之且主要作用于赤道中太平洋暖池边缘处，艾克曼反馈的贡献最小且局限于靠近南美沿岸的海区。

值得一提的是，在东太型厄尔尼诺暴发前一年的冬季，信风往往会有增强的现象，有利于增强向赤道地区的斯韦尔德鲁普输运，导致海洋次表层有异常多的暖水的聚集，使温跃层变深，此即“充电”过程；而在东太型厄尔尼诺的发展年，由于

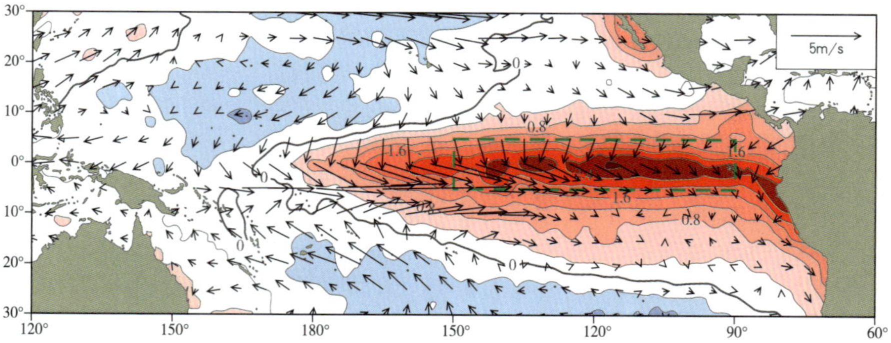


GS（2021）3595号

绿色方框表征Niño3区（南纬5°～北纬5°，西经150°～90°）；等值线间隔0.2℃

历史上东太平洋厄尔尼诺事件中12月至次年2月平均的海温异常

信风减弱，也削弱了向赤道地区的斯韦尔德鲁普输运，相当于产生了向赤道外的异常斯韦尔德鲁普输运，导致次表层的异常暖水向赤道外地区转移，温跃层随之变浅，此即“放电”过程。由此可见，所谓的“ENSO充放电”理论是基于信风张弛导致的海洋温跃层以上的海水向赤道辐合及辐散的理论。（谢瑞煌）

**动力海洋学模型实验** dynamic oceanographic simulation test 利用相似原理把复杂的海洋动力现象，单一地或复合地在实验室进行的模拟实验。海洋动力现象模拟实验的研究发展很快，不仅能模拟海浪、海流、**风暴潮**、潮流、成层流和上升流，而且对海洋温度场都可以在实验室内进行模拟，观察其变化规律。

模型的相似性　按照相似理论，必须使模型上各种基本物理量和原型上相对应的物理量都相似，才能有效地在模型上模拟海洋的动力现象。

海洋中的流体动力学方程可由下式描述：

$$\frac{dv}{dt} = 2\omega \times v - \frac{1}{\rho}\nabla P + g + F \qquad (1)$$

式中$t$为时间；$\rho$为密度；$v$为速度；$\omega$为地转角速度；$P$为压强梯度力；$g$为重力加速度；$F$为单位质量水体的摩擦力。由公式可见，海洋中单位质量的水体所受的作用力有5种：

①惯性力$\frac{dv}{dt}$。②科里奥利力$2\omega \times v$。③压强梯度力$-\frac{1}{\rho}\nabla P$。④重力$g$。⑤摩擦力$F$。其中任意两项的比值都是无量纲数，如①、④两项之比为弗劳德数：

$$Fr = \frac{v^2}{lg} \qquad (2)$$

式中$l$为特征长度；$v$为特征速度。

当模型实验中的压强梯度力在海洋动力现象中起主要作用时，考虑欧拉数，即压强梯度力与摩擦力的比值：

$$Eu = \frac{P}{\rho v^2} \qquad (3)$$

当模拟较深和较广的水域中的海洋动力现象时，固定模型台的误差较大，如果使用具有科里奥利力的旋转模型台，并运用旋转角速度$\omega$的相似律，就能得到更接近实际的研究结果：

$$\omega_M = \frac{\omega_H \sin\phi}{\frac{t_M}{t_H}} \qquad (4)$$

式中$\phi$为模型相似区域的地理纬度；$t$为运动的时间；M和H分别表示模型和原型；$\frac{t_M}{t_H}$是变态模型律所决定的时间比值。旋转模型台已得到普遍应用。通常在旋转模型台上，还安装送风、发生潮汐及产生预定温度的设备，以模拟海域中各种动力因素的影响；但应当严格地保证旋转模型台的消震作用。

当模拟研究海水中的能量损失和能量转化时，必须考虑英国力学家O.雷诺的相似准则：

$$Re = \frac{vl}{\nu} \qquad (5)$$

式中$Re$为雷诺数；$v$为特征速度；$\nu$为运动黏度；$l$为特征长度。

当研究环球海洋环流的模拟时，要使模型和原型相似，应满足两者的罗斯贝数$Ro$相等的条件：

$$Ro = \frac{v}{fl} \qquad (6)$$

式中$f = 2\omega\sin\phi$为科里奥利力；$\phi$为地理纬度。

在旋转模型台上模拟风吹海流的运动时，必须保持模型和原型间的埃克曼数$Ek$恒等：

$$Ek = H\sqrt{\frac{f}{2\nu^*}} \qquad (7)$$

式中的$H$为垂直尺度；$\nu^*$为涡动黏度。

海洋动力现象的物理模型研究与计算机的数值模型相结合，技术上简易，费用低，实验周期短，已成为研究海洋动力及其在工程中的应用的主要手段。

海浪模拟　H.杰弗里斯于1925年利用风浪水槽模拟风浪发生的机制，后来许多国家也利用大型的风浪水槽模拟风浪的生成和发展，取得了实验室内和实际海洋上的风浪要素的相似关系，如风浪谱的相似关系和风速在水面上按对数分布规律的相似关系，从而导出模型律，把模拟的成果，用于风浪预报、沿岸波对泥沙的输送、风浪对水工建筑物的作用力等方面的研究。由于实验室中普遍应用微型计算机和程序控制，用随机造波机模拟海浪要素，使模型实验的研究结果为海洋工程的设计和施工提供了良好的依据。

潮汐模拟　因为潮汐涨落的现象很有规律，所以模拟潮汐的设备比较简单，在小的港域或海域内，科里奥利力可以忽略不计，故可用重力模型相似原理研究潮汐模拟实验，在实验室内取得与原型相符合的数据。通常使用的潮汐发生设备，有空气箱式、尾门式和管路闸阀自控设备等。

海流模拟　在20世纪20年代，日本海洋学家**日高孝次**首先对太平洋沿日本海岸的海流，进行了简单的模拟实验，以研究**黑潮**、**亲潮**的一些特征。1952年，W.S.von阿尔克斯利用旋转模型研究大范围的海流。从实验上验证了科里奥利力对于海流的效应。**伍兹霍尔海洋研究所**的一些学者，也在旋转模型上进行大比尺的北半球和南半球海洋环流的模拟实验研究，证实了美国物理海洋学家H.M.施托梅尔的**大洋环流西向强化**的结论。施托梅尔本人也由简易的旋转模型证明：由于地球旋转而使经向深层海流趋向大洋的西岸。（王东晓）

**逗留时间** residence time 海洋中某元素的总量与该元素每年向海洋输入的量或从

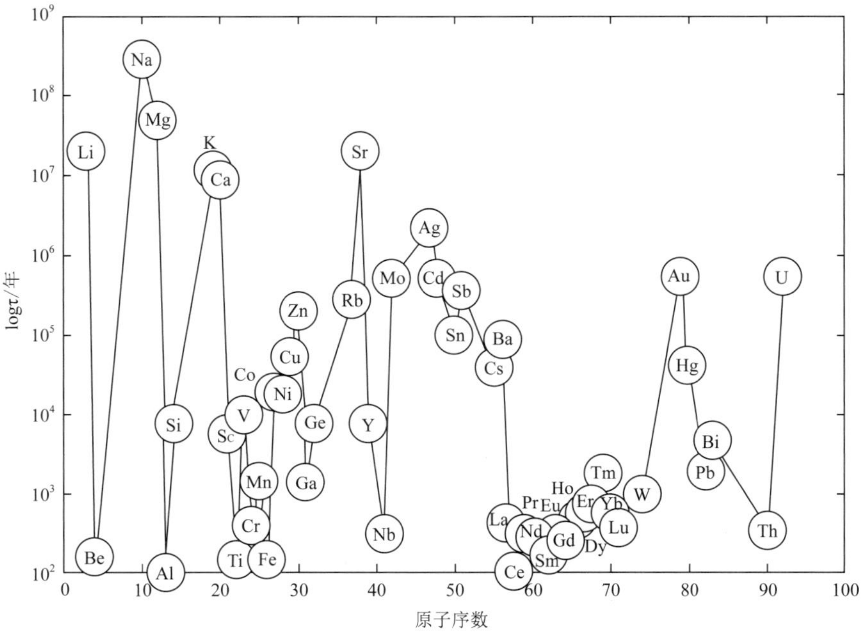


海水元素的逗留时间与原子序数的关系

海水中输出的量之比。稳态条件下，海水元素的逗留时间等于海水中该元素的储量除以其从海水中的迁出速率或输入速率。为了表示不同元素在海水中停留的时间和转移速率，T.F.W.巴尔特于1952年提出海水中元素逗留时间（又称存留时间）的概念，假设元素以固定的速率向海洋输送，将海水中该元素全部转换出来所需的平均时间即逗留时间。

图中给出了海洋中多种元素的逗留时间τ。海水中各成分的逗留时间差异显著，变化范围由$2.6\times10^8$年（钠）到$10^2$年（铝）。海水主要成分的逗留时间大于$10^6$年。通常海水中浓度高的主要成分逗留时间长，这些离子反应活性较低，得以在海水中积累至较高浓度。逗留时间短的元素则由于反应活性较高，很快被去除。逗留时间长的元素，多次参加海水的混合过程，其在海水中的分布比较均匀。随着化学海洋学观测数据的积累，科学家们对元素通过不同途径的输入和输出速率进行了再评估，如海底热液是海洋中许多元素的重要来源，有关该过程如何影响元素逗留时间的认识也在不断进步。

（任景玲）

**窦叔蒙**　Dou Shumeng　中国唐代潮汐学家。浙东人，生卒年不详。他的《海涛志》（又称《海峤志》）约成文于大历（766～779）年间，全文保存在清代俞思谦的《海潮辑说》中，是中国现存最早的潮汐专篇。全文分成因、涛历、涛日时、涛期、朔望体象和春秋仲涛涨解六章。他继承东汉王充的“涛之起也，随月盛衰”理论，明确提出“潮汐作涛，必符于月”的同步原理；直接利用中国古代天文历算方法进行潮时的推算，推得28 992 644日中潮汐次数为56 021 944。由此可见潮汐周期为12小时25分12秒（强），这个数字与现在通用的半日潮周期数字相差很小；为使理论潮时推算的成果便于运用，绘制了《涛时推算图》，依据旧历日期和推算图，即可查出当天的高潮时辰。这个潮汐图表比现存欧洲最早的《伦敦桥潮候表》（1213）早400多年；论述了正规半日潮区的潮汐日、月、年周期：一日之内有两个潮汐周期（“一晦一明，再潮再汐”），一朔望月内有两次大、小潮（“一朔一望，载盈载虚”），一年内也有两次大潮和小潮（“一春一秋，再涨再缩”）；根据日、月在天球视运动的差异，推算出春季大潮和秋季大潮发生的时间，从而实际上阐述了分点潮。他是使月球影响潮汐的理论具有一定科学内容的先驱。

（宋正海）

**短基线定位**　short baseline localization　使用短基线、精度较高的水下定位技术。短基线定位的最早研制开始于第二次世界大战后对船载定位系统的需求。20世纪90年代，佛罗里达亚特兰大大学海洋工程系研制出的便携式短基线跟踪系统精度可达15厘米。

短基线定位系统接收基阵长度在几米到几十米，基元数量一般大于3个，增加基阵数目可扩大跟踪范围，通常布放在船底或船舷。系统组成包括定位目标上的问答机、海底接收应答器阵。定位目标上的问答机接收来自应答器（信标）发出的信号，根据信号达到各个基元的传播时延或时延差，依据几何原理可计算出船相对于应答器（信标）的位置，再配合罗经、方位姿态仪、全球定位系统等设备可以得到大地坐标。

短基线定位的主要优点在于其基线长度较小，水听器阵列无须布放海底，系统组成结构简单，回收方便；主要缺点在于定位精度易受船体噪声、基元安装误差、船姿测量误差等因素影响，尤其当基元不可避免地安装在高噪声区时将严重影响其性能。短基线定位适合于母船附近水下机器人定位、鱼雷靶场等水下近程目标的测量。

（瞿逢重　魏　艳）

**对马暖流**　Tsushima Current　东海陆架向日本海方向的暖流。因流经日本九州岛和朝鲜半岛间的对马海峡而得名。对马暖流源自东海，在济州岛东南分为两支，右支通过对马海峡向东北流动进入日本海，左支在济州岛的西北部插入南黄海，称为黄海暖流。对马暖流和台湾暖流构成东中国陆架海的主要环流。对马暖流平均流速25～30厘米/秒，平均流量$2\times10^6$～$4\times10^6$米$^3$/秒，流层较深，在朝鲜海峡东、西水道最强。对马暖流流速存在明显的季节变化，夏季最大，其次为秋春季，冬季最小。在对马暖流主流两侧，均有逆流存在。对于对马暖流，早期的观点认为它是黑潮的一个分支，也有研究分析表明，台湾暖流是对马暖流的主要来源。但是后来的研究分析表明，对马暖流的水是多源的，既有来自黑潮的水，也有来自东海陆架的水。冬季，来自黑潮入侵的对马暖流水比较多，而夏季来自东海陆架的较多。

对马暖流作为东海北部、黄海以及日本海最主要的热量和盐分供应来源，其所携带的高温高盐水对于这几个海域的海洋和大气环流格局都存在着深刻的影响。

（边昌伟）

**对虾**　*Penaeus*　十足目对虾科对虾属动物的统称。又称明虾。

形态　个体大，通称大虾。雌性个体体长一般为16～22厘米，重50～80克，最大的可长30厘米，重250克；雄性较小，体长13～18厘米，重30～50克。体侧扁，腹部发达。头胸甲有胃上刺、触角刺和肝刺；有明显的触角脊、额角后脊和侧脊，有些种还有肝脊，额角后脊上有中央沟。额角侧沟向后延至后缘附近，额角长，呈剑形，上缘具8～11枚齿，下缘具1～5枚齿。雄性第三颚足末端两节变形，末端第二节有丛毛。第一、二、三对步足有螯，第四、五对步足爪状。腹部发达，雄性第一对内肢变形为交接器，呈倒钟形。大多数种的雌性交接器呈圆盘状，中央有纵裂口，前端有小圆室；个别呈袋状，前端横裂（日本对虾）；有些种的雌性交接器为开放型，无纳精囊，仅胸部腹甲上有突出板和凹陷。

分布　全世界有30余种，分布在美洲大西洋沿岸、太平洋沿岸，印度洋、西太平洋和地中海。中国有12种，栖于中国沿海地区。

生态习性　根据生态习性可分定居型（如日本对虾、宽沟对虾、欧洲对虾等）和洄游型（如中国明对虾、墨吉对虾、长毛明对虾）。前一类栖于沿岸浅海，白昼常潜入沙底内，不做大范围的移动；后一类栖于河口沿岸混浊海域，常作大范围的移动和洄游。主要以底栖无脊椎动物为食，如多毛类、小型甲壳类和双壳类软体动物等，有时也捕食浮游动物。

繁殖　最特殊的一种是中国明对虾，分布于亚热带海域的边缘区，对环境的适应能力较强，有长距离洄游习性，在低于10℃和高于30℃的温度条件下尚能生存。产卵场所在河口附近及沿岸的低盐度海区。在黄渤海5月前后繁殖产卵，受精卵孵化成为无节幼虫，体呈卵圆形，不分节，仅有3对附肢，与成虾毫无相似之处。经6次蜕皮，变为溞状幼体，再蜕皮3次变为糠虾幼体，再经3次蜕皮变为仔虾，形态构造与成体相似，体长不过5毫米，再经几次蜕皮才下沉到海底生活。

仔虾常大量密集于河口低盐水域和潮间带。它们能进入河口内生活，到体长30毫米以后返回浅海。幼虾生长迅速，到10月底即可成长交配。雄性将精荚塞入雌性交接器内，经过冬季5个多月，到翌年5月繁殖产卵时受精发育。对虾是暖水性种，不能适应过低水温，经过长距离越冬洄游到黄海南部较深水域越冬，秋末集结洄游前大量成群，形成有利的捕捞条件和鱼汛期。

经济价值 2016年世界对虾年产量达400万吨，在海洋渔业中占重要地位。全世界养虾生产发展很快，主要养殖种有中国明对虾、斑节对虾、墨吉对虾、褐对虾、凡纳对虾、细角对虾、长毛明对虾、短沟对虾及白对虾等。2008～2012年，中国明对虾养殖产量逐年上升，从2008年的年产量127万吨上升到2012年的158万吨，以南美白对虾为主。2012年以后，产量有所下降，2016年产量不足100万吨。厄瓜多尔主要养殖凡纳对虾，产量也很高，正在迅速发展之中。

（刘瑞玉　李新正　马　林）

**多波束测深技术** multibeam sounding technology 采取广角度发射和多信道定向接收，获得水下高密度条幅式海底地形数据的技术。又称条带测深技术。该技术提高了海底地形勘探的精度、分辨率和工作效率，在测深原理、系统构成、射线几何学、误差来源、校正技术和勘探方法等方面形成了鲜明的特点。

多波束测深技术的扫海宽度可以很大，因此其扫海测量的效率很高。多波束测深技术极大地推动了海底地形的测量，现已成为世界各国海洋测绘方面的一个重要研究领域，在海洋资源开发、海洋工程建设、海洋科学发展、海洋权益维护等方面都发挥着极其重要的作用。

测量时，声音信号的发射和接收由两个方向互相垂直的发射阵和接收阵完成。换能器发射阵向母船的正下方发射扇形脉冲声波，该扇形沿母船航行方向角度为$\theta$，垂直于航向的角度为$\alpha/2$。换能器接收阵以多个接收扇区接收来自水底的回波。忽略波束射线弯曲等因素，测点的深度为水中声速、声波双行程时间和入射角的函数。通过对回波进行多波束行程、能量累积、幅度检测等处理，便可提取出回波中与地形起伏等有关的信息。由于波束的入射角自中央到两侧逐渐增大，中央部分的回波信号主要为反射波，两侧的回波信号则主要为散射波。在多波束系统中，随着波束入射角的不断增大，回波的波幅迅速减小，波形呈尖脉冲形态。检波一般使用振幅检波法，较弱的回波可以采用变振幅的方法检测。但当入射角很大时，回波非常微弱甚至完全被海洋的背景噪声淹没，此时使用相位检测方法。相位检测方法通过比较给定接收单元之间的相位差来检测波束的到达角。由于相位差随入射角的增大而增大，故相位检测法是检测大入射波束的有效手段。

（杨　柯）

**多波束测深系统** multibeam sounding system 能获得全覆盖、高密度水深点，通过数据后处理绘制测区水深等值线图、海底地形三维立体图、海底地貌图等，精细描绘海底地形地貌特征的传感组合测量设备。又称多波束测深仪、条带测深仪、多波束测深声呐。该系统是一种传感复杂组合系统，是现代信号处理技术、高性能计算机技术、高分辨显示技术、高精度导航定位技术、数字化传感技术及其他高新技术等多种技术的高度集成。它是20世纪70年代中期发展起来的一种具有高测量效率、高精度、高分辨率的海底地形测量设备，特别适用于大面积的扫海底测绘作业。多波束探测能获得一个宽幅条带覆盖区域内多个测点的海底深度值，实现了从“点—线”测量到“线—面”测量的跨越。

1976年，美国通用仪器公司（GIC）研发实现16个波束的同时处理、显示与记录，测量波束最大覆盖角达到42°、扫海底宽度为0.8倍海深，可以提供实时海图，正式生产了海波速测深产品Sea Beam测深系统。由于该系统使大面积的扫海底作业成为可能，很快被全世界接受并得到广泛应用。随后，另一种条带测深仪水深剖面测量系统（BSSS）采用了两套“扇形”基阵分别安装在船的左、右舷。每套基阵的发射换能器形成5°×90°的波束，接收换能器形成11个5°×30°的波束。因此，整个系统共形成21个5°×5°的波束。系统的工作声频率为36千赫，发射脉宽分0.5毫秒、1毫秒、2毫秒和5毫秒四档，扫海底宽度为2.6倍海深，设计测深范围3～610米，测深精度为海深的0.5%。该系统采用了无线电导航和定位技术进行导航和定位，还配备了专门的垂荡横摇纵摇（HRP）姿态传感器，用于对测量船实时姿态进行测量与修正；利用3个以上的岸站测量潮汐数据并通过无线电通信进行实时潮汐改正。20世纪80年代末到90年代初，多波束条带测深仪的研发在世界各海洋国家得到了飞速发展，而且形成了多种系列产品，可分别适应浅海、中深海和深海的海底地形测量。

20世纪80年代，中国科学院声学研究所和海军测绘研究所联合研制出中国第一套多功能水深测量自动化系统（工作频率100千赫，波束25个，最大工作水深200米，海底覆盖宽度680米）。1996年，哈尔滨工程大学研制成功中国首台多波束条带测深仪；2006年研制成功首台便携式多波束测深仪，主要用于近海浅水域。“十一五”期间，国家“863”计划资助，于2008年又成功研发浅水多波束测深系统，其测量扇面可达水深6～8倍，波束数量超过256个。但技术产品与发达国家相比仍存在较大差距。

（莫恭政）

**多传感信息融合技术** multi-sensor information fusion technology 通过多类同构或异构传感器数据进行集成或融合获得比单一传感器更多的信息，形成比单一信源更可靠、更完全的融合信息的技术。多传感信息融合技术突破单一传感器信息表达的局限性，避免单一传感器的信息盲区，能提高多源信息处理结果的质量，有利于对事物的判断和决策。信息融合是多维信息综合处理的一项新技术，广泛应用于海洋原位观测、水质检测、水下机器人自主导航等领域，其为信息领域的研究热点问题。

信息融合的结构模型分为以下3种：①集中式结构。各传感器获取的信息未经任何处理，直接传送到信息融合中心进行组合和推理，完成最终融合处理。这种结构适用于同构平台的多传感器信息融合，其优点是信息处理损失较小，缺点是对通信网络带宽要求较高。②分布式结构。在各传感器处完成一定量的计算和处理任务之后，将压缩后的传感器数据传送到融合中心，融合中心再将接收到的多维信息进行组合和推理，最终完成融合。这种结构适合于远距离配置的多传感器系统，不需要过大的通信带宽，但有一定的信息损失。③混合式结构。兼有集中式结构和分布式结构的特点，既有经处理后的传感器数据送到融合中心，也有未经处理的传感器数据送到融合中心。混合式结构能够根据不同情况灵活设计多传感器的信息融合处理系统，但是系统性能的稳定性较差。

（林　渊）

**多点系泊** multi-point mooring 通过锚链、钢索或纤维绳等材料连接多个系泊点（多为对称分布），在各个方向上为系泊船舶提供回复力，从而约束船舶运动的系泊装置。多点系泊是扩展式系泊，由于船体所受的风浪可能来自任何方向，因此系泊索链需呈辐射状对称分布于船体周围。系泊系统由系泊索链和锚固设备组成，系泊索链可以是锚链、钢索、合成纤维绳或这些材料的组合。其中，锚链由有档链环与无档链环连接而成。锚链制造简单、应用广泛，具有大质量、高强度、低伸长率的特性。钢索由钢丝和芯组成，芯一般是钢丝或纤维，发挥支撑作用，一般用润滑剂实现内部润滑，避免内部磨损。钢索需要将大量钢丝缠绕在一起形成复杂结构，还需要内部钢丝芯或纤维芯的制作，工艺复杂，成本较高，易磨损，易发生腐蚀和疲劳，但钢索重量远小于锚链。合成纤维绳密度小，耐磨损和抗疲劳性能良好，但强度小于同直径的钢索，常用材料有聚酯纤维、高强聚乙烯和芳香族尼龙等。多点系泊发展时间很长，是船舶工程中最常见的系泊形式之一，适用于水深较大、环境恶劣、地质条件较差的海域。

较常见的多点系泊系统有悬链线系泊系统、张紧式系泊系统和半张紧系泊系统等。①悬链线系泊系统。又称展开式系泊系统，已广泛应用于海洋工程领域。该系泊系统包含锚链、钢索和锚等部分，其中锚链和钢索呈悬垂状态，部分锚链与海底接触并通过锚固定于海底。悬链线通过自身重力和几何形式对系泊船舶产生回复力，从而实现船体定位。②张紧式系泊系统。该系泊形式最早出现在20世纪80年代，随着纤维材料在海洋工程领域的应用而逐渐发展起来。张紧式系泊系统通过钢索或纤维绳将船体固定在海底，系泊缆索与海底的夹角一般在30°～45°，依靠缆索轴向刚度产生的张力提供船体需要的回复力，从而实现船体的定位。③半张紧系泊系统。该系泊系统常采用高强度锚链与钢缆作为系泊材料，通过施加预张力使水中缆绳呈半张紧型。半张紧系泊系统的海底锚链长度很短，通常不超过400米，从而使得系泊水平辐射距离得到有效控制。安装在墨西哥湾的Na Kika半潜式生产平台作业水深为1936米，使用16根链-缆-链系泊缆进行定位，系泊水平辐射距离仅为2500米，与水深的比值为1.29∶1；而传统悬链线系泊系统的水平辐射距离与水深的比值多在2∶1以上。　　（田育丰）

**多功能钻探平台**　multi-functional drilling platform　由经过改装的美国“乔迪斯·决心”号钻探船、带隔水管系统的日本“地球”号钻探船和欧洲特定任务平台（MSP）组成的钻探平台。国际大洋发现计划（IODP）的科学目标要求在世界大洋的任何位置进行钻探和采芯，科学家们需要联合使用隔水管、无隔水管和特定任务平台等进行作业。

经过改装的“乔迪斯·决心”号无隔水管钻探船，是使用海水作为主要的钻井液，其从钻杆柱中泵入海水，清洗和冷却钻头，并将岩屑携带出井眼，在井口处形成圆锥形堆积物。该船升级改造后，IODP作业可以在不需要隔水管的广泛水深和不同岩性中进行钻探。既可以在水深小于20米浅水环境下作业，也可以在全球范围内对大陆架、大陆坡中深海域的沉积剖面进行采样。

日本隔水管钻探船“地球”号的特殊技术使得IODP具有进入地壳深部新地层的能力。隔水管从海底（钻孔的顶端）一直延伸到钻探平台，其内径大到足够可以

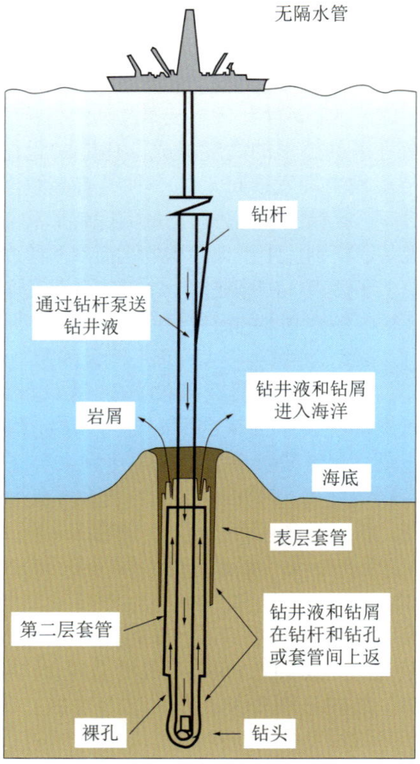


图1　无隔水管钻探原理示意图

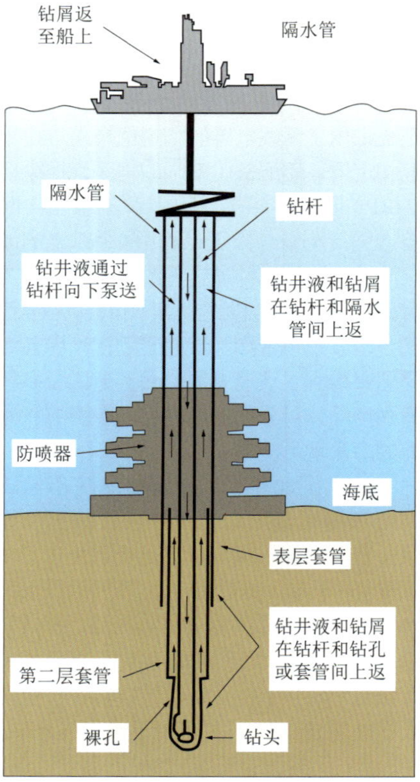


图2　隔水管钻探原理示意图

使钻杆、钻头、测井工具等仪器设备通过。当下完套管，隔水管下放与套管紧锁在一起，并把防喷器（BOP）置放于套管和隔水管之间，这样可以防止高压流体或天然气导致的井喷。隔水管和钻杆之间的环空提供了钻井液和岩屑从钻孔回返到钻探船的通道，使得钻井液能够重复加以利用，同时增大了钻速。钻井液的密度和黏度比无隔水管钻探船所使用的海水大，有利于进行平衡钻进，并避免岩屑在钻孔中的积聚，从而能增强井壁的稳定性，防止卡钻事故的发生。

特定任务平台（MSP）可进入“乔迪斯·决心”号和“地球”号无法到达的北冰洋地区。通过设计独特的钻探船，可以在深水区和冰盖区进行钻探。此外，该钻探平台还提供了流动实验室，当IODP的主力钻探船从洋底钻获沉积样品和孔隙流体样品时，就可以通过这些实验室对样品的瞬时性特征进行测试。这种钻探平台还可满足科学家对岩芯的初加工及实地科学分析研究需求。　　（莫恭政）

**多金属结核**　polymetallic nodule　分布于沉积速率较低（约10厘米/千年）的深海盆地中的富含铜、镍、钴和锰等有用元素的海底矿产资源。又称铁锰结核、锰结核、锰矿球、锰矿团、锰瘤。大小从几微米的颗粒到几十厘米的块体，呈球状、椭球状、马铃薯状、菜花状、扁平状或块状等形态产出，由核部和壳体两部分组成，核部由生物碎屑、老的多金属结核碎片、岩石或沉积物碎屑等构成，壳体主要由铁和锰的氧化物、氢氧化物组成。

发展简史　1868年，瑞典地质学家A.E.诺登舍尔德率领的“索菲亚”号船在临近西伯利亚的北冰洋喀拉海中首次发现了多金属结核。随后，在1872～1876年，海洋学家使用“挑战者”号船进行环球考察航行时，在大西洋、印度洋和太平洋又先后采集到多金属结核样品。20世纪60年代开始，美国、法国、德国、苏联、日本和新西兰等国对深海多金属结核开展了大量的调查研究工作，并于70年代，进行了海底多金属结核开采试验。

中国于20世纪70～80年代在太平洋北部开始了多金属结核调查。经过多年调查，1991年3月5日，国际海底管理局正式批准了中国大洋矿产资源研究开发协会（简称中国大洋协会）的申请，获得15万平方千米的多金属结核开辟区。2001年5月，中国与国际海底管理局签订了《国际海底多金属结核资源勘探合同》，以法律形式明确了中国对太平洋克拉里昂-克利

珀顿区（CC区）中7.5万平方千米的合同区内海底多金属结核具有勘探权和优先商业开采权。2015年7月20日，国际海底管理局通过决议，核准了中国五矿集团公司提出的多金属结核资源勘探矿区申请，使中国五矿集团公司获得了位于太平洋CC区中7.274万平方千米的多金属结核矿区专属勘探权和优先开采权。2016年，国际海底管理局批准了中国大洋协会提出的延长中国大洋协会与国际海底管理局多金属结核勘探申请。中国在2017年启动了国家重点研发计划项目“深海多金属结核采矿试验工程”，计划于2020年前在南海完成1000米水深系统试验。

一般特征　多金属结核的颜色通常为黑色、黑褐色或棕褐色，具光滑、粗糙或葡萄状表面，分为暴露型、半埋藏型和埋藏型，重量十几至上百千克，一般直径为5～10厘米，干密度约1.35克/厘米$^3$，孔隙率约60%，主要形成于富含氧的深海盆地，生长极其缓慢，其生长速率的变化范围为1～30毫米/百万年，平均为5毫米/百万年，内部构造主要为波状层纹状、鲕状、花瓣状、柱状、叠层状、斑杂状、裂隙充填构造以及平行间断、角度间断和交代构造。

矿物及化学组成　金属结核的矿物种类繁多。其中，锰矿物有水羟锰矿、钙锰矿、钡镁锰矿、布塞尔矿、钠水锰矿、软锰矿、拉锰矿、恩苏锰矿、硬锰矿和黑锌锰矿等，铁矿物有针铁矿、赤铁矿、四方纤铁矿、水铁矿和磁铁矿，层间和层内含有黏土矿物（蒙脱石和伊利石）、沸石矿物（钙十字沸石和斜方沸石）、石英、长石、蛋白石和重晶石等。多金属结核主要由锰和铁元素组成，其次含硅、铝、钙、镁、钠、钾、钛、镍、铜、钴、稀土元素、铀、钍、铌、金和银等70多种元素。

分布及储量　多金属结核主要分布在太平洋，其次是印度洋和大西洋，位于4000～6000米水深的**深海黏土、钙质软泥和硅质软泥**等现代沉积物的表层。据统计，世界洋底15%的面积被多金属结核所覆盖，在太平洋、印度洋及大西洋的分布面积分别高达2300万、1500万、850万平方千米，其资源量超过$3\times10^{12}$吨，仅太平洋海域的多金属结核资源量就达$1.6\times10^{12}$吨。中国在太平洋CC区获得的7.5万平方千米多金属结核勘探矿区的资源状况是：干结核量4.2亿吨，锰（Mn）、镍（Ni）、铜（Cu）和钴（Co）金属量分别为11 175.20、514.42、406.40和98.49吨。

形成机制　海底多金属结核通过锰和铁围绕核部物质的积累而不断增长，可为

太平洋多金属结核样本

水成成因（海山区）、成岩成因（Peru海盆）以及少量热液成因的多金属结核。多金属结核的物质主要来自：①陆地、大陆或岛屿的岩石；②海底火成岩；③生物；④宇宙降尘。多金属结核的形成与南极底层水（AABW）及其氧含量有关。氧含量高的地方，多金属结核富集；反之，多金属结核贫乏。（曾志刚　马　瑶）

**多金属软泥**　polymetallic mud　在**海底热液**作用下形成的分布在热液活动区附近（洋中脊轴部或翼部、弧后盆地、裂谷海渊等地区）的富含铁、锰、铜和锌等微量元素而相对亏损铝和钛的含金属沉积物。多金属软泥包括热液柱物质沉降、热液-沉积物相互作用以及热卤水环境形成的含金属沉积物。由于混合了来自热液流体和/或热液柱、热卤水的物质，记录了热液活动的信息。

在红海，热卤水沿裂谷轴部低洼处逸出海底，形成热卤水池及其底部的多金属软泥，并沉淀出闪锌矿、黄铁矿和黄铜矿等矿物。迄今，在红海已发现24个热卤水池及多金属软泥分布区，主要分布于中央裂谷北段转换断层与裂谷的交切部位。在海渊底部分布的多金属软泥，由砖红色软泥与白色、黑色、绿色的薄层沉积物相间构成，主要为细粒的铁蒙脱石、针铁矿、水锰矿、锰菱铁矿以及各种硫化物矿物。其中，在亚特兰蒂斯Ⅱ海渊2000米水深处，高温（达60℃）、高盐度（达250‰）的卤水层厚达200米，并富含铁（29%）、锌（1.5%）、铜（0.8%）、铅（0.1%）、银（54ppm，ppm为百万分比浓度）、金（0.5ppm）等有用元素，其中铁、锌和铜含量分别为正常海水的8000、500和100倍，仅40平方千米的多金属软泥分布区中，就蕴藏着9400万吨的多金属资源（含银约4000吨和金50吨）。

一般认为，红海热卤水是由海水蒸发浓缩而成，但也有学者认为此热卤水来自地下，且地下热卤水（达100℃以上）从周围的蒸发岩和玄武岩中将盐类和重金属元素交代出来。因此，在红海促使蒸发岩形成的高温干燥气候环境也是形成多金属软泥的一个必要条件，且热卤水的形成受控于红海在大陆背景下所经历的海底扩张过程。

在红海，2000米水深处的采矿试验已证明，人类可以成功开采该多金属软泥。在全世界范围内，多金属软泥的分布面积约为1亿平方千米。据估计，多金属软泥的规模正以每4年增长5毫米的速度积累着，这意味着，全球每年多金属软泥中的铜会净增5万吨。（曾志刚　国　坤）

**多鳃孔舌形虫**　tongue worm; *Glossobalanus polybranchioporus*　属半索动物门（Hemichordata）肠鳃纲（Enteropneusta）柱头虫目（Balanoglossida）殖翼柱头虫科（Ptychoderidae）。虫体柔软细长，呈蠕虫状，成体长35～60厘米。身体分吻、领和躯干三部分。吻为短圆锥形或尖锥形，具有发达的肌肉，是挖掘泥沙的器官。领的后面是延长的蠕虫状的躯干，躯干分为鳃、生殖翼、肝和尾4个区。鳃区中有130～160个鳃孔（因此而得名），成对地排列在背侧，呼吸时水流从鳃孔排出体外。另外，肝区特别长和肝囊数目多（110～130个）也是本种的特征之一。虫体穴居于潮间带泥沙中，体表黏液与泥沙结合在一起，以底质中的有机物质为食。它可以依靠吻腔和领腔的充水和排水，使吻部和领部发生伸缩，在泥沙中掘穴和活动。当它向前掘进时，水和富含有机质的泥沙便被摄入消化管。多鳃孔舌形虫为中国特有物种，1965年由中国生物学家**张玺**等发现，分布区域从渤海北部到黄海南部的潮间带，但呈现零星分布，分布于河北的北戴河，山东青岛胶州湾内的薛家岛、黄岛、沧口、楼山和前海的栈桥、汇泉浴、石臼所，以及江苏的大丰、东川等地，数量很少，被列为国家Ⅰ级保护动物。该种在分类上介于无脊椎动物和脊索动物之间，对研究动物的系统进化具有重要的价值。因数量稀少，加之自20世纪80年代后加剧的人类经济活动如港口建设、海水养殖、环境污染等，使得多鳃孔舌形虫赖以生存的潮间带栖息地环境受到严重破坏，野外已很难采到该物种，多鳃孔舌形虫处于严重濒危状态。（包振民）

**惰性立管**　inert riser　海洋油气输送中使用的一种特殊线型结构导管。其材质可以是刚性或柔性材料。惰性立管一般分为惰性波浪立管和惰性S立管。

惰性波浪立管是通过在部分立管上分散布置浮力模块（浮筒），立管在重力、

浮力的作用下呈现出两弯曲段，与波形相似，因此称为惰性波浪形线型。它改善了船体运动与立管触地点间的耦合关系，与陡峭波浪立管相比，需要的海底基础设施更少，但当立管作业期间管内流体密度发生改变时，惰性波浪立管的布置形状也易发生改变。浮力模块多由合成泡沫制成，需夹紧于立管上，以避免滑脱而改变立管的线型。

惰性S立管是在其中间管段上靠重力链固定或浮力筒拖曳的中水浮拱支撑而形成S形线型。由于浮拱段的存在，其外形与S形相似，且对浮体运动有较好的顺应性，还具有保护立管触地段、减小触地点张力变化幅值、削弱管内流体密度变化的影响等作用。此外，中水浮拱可以限制立管的侧向位移，进而有效地避免立管间的干涉、缠绕。惰性S立管需设计中水浮拱，故成本高，安装难度大。

（郭海燕）

**惰性溶解有机碳**　recalcitrant dissolved organic carbon; RDOC　海洋中难以被微生物分解利用的那部分可溶性有机物质。属于溶解有机碳的一种。其碳含量约占海洋中溶解有机碳总量的95%。由于其难以被分解的特性，在海水中不断积累并形成了一个巨大的碳库，构成了海洋的长期储碳库，在调节气候变化中有重要作用。

研究历史及进展　20世纪30年代，科学家认识到地球上的有机物质包括活的生物体以及它们的排泄产物和死后残余物，也可以是惰性的或是无生命的（难分解的），后者存在于大量堆积物中（燃料矿床、土壤），也以分散状态存在于大部分的岩石和海水中。许多科学家认为惰性有机物质来源于生物而且其储量高于“活的”有机物质。20世纪60年代末，美国科学家R.T.巴伯在《自然》杂志论述了海洋巨大溶解有机碳库的空间分布，发现巨大的碳库难以被生物降解，称其形成机制为未解之谜，并引起广泛关注。之后，海洋化学家不断研究海洋溶解有机碳库的化学组成和空间分布。

海洋中溶解有机碳（DOC）占总有机碳的比例超过95%，其中约有95%是生物难以利用的惰性溶解有机碳。惰性溶解有机碳库巨大（约650吉吨），可与大气二氧化碳总碳量相媲美。$^{14}C$测定表明海洋中的惰性溶解有机碳年龄可达4000～6000年，构成了海洋的长期储碳。地史数据表明这个海洋惰性溶解有机碳库在距今8.5亿～5.42亿年前的新元古代中晚期曾一度是当今海洋溶解有机碳库的100～1000倍以上，且碳的周转时间远大于$10^4$年。由此，惰性溶解有机碳库是怎么形成的就成为人们关注的核心科学问题。海洋生物及生态学、海洋化学、物理海洋学领域的科研工作者均尝试从各自角度解释该巨大碳库的成因，但均未取得重大的突破。海洋“微型生物碳泵”储碳机制对此问题给出了一个解答——微型生物生态过程是惰性溶解有机碳的主要来源。对惰性溶解有机碳的研究仍在不断推进中，更深入的研究对于海洋碳循环乃至全球变化的研究将有重要意义。

种类　海洋中的惰性溶解有机碳主要由高分子量和结构复杂的化合物组成，海洋生物很难利用，主要可以分为以下几类：①碳水化合物。大分子如酰化低聚糖，小分子如L型葡萄糖。②氨基酸类。如来源于海洋细菌细胞壁的D型氨基酸。③蛋白质类。如原生动物摄食细菌时排放的用于消化的酶。④脂质类。如原生动物摄食细菌时释放的细菌脂质。⑤烃类化合物。如烷烃、多环芳烃类和高度芳香族化合物。⑥海水腐殖质。⑦陆源输入物质。如木质素或花粉。⑧其他。如病毒裂解宿主时释放的组分复杂的细胞物质，包括单体、寡聚体和多聚体、胶体物质和细胞碎片等。

（杨红梅）

# E

**俄罗斯希尔绍夫海洋研究所**　Shirshov Institute of Oceanology of Russian Academy of Sciences　俄罗斯最大的综合性海洋研究所。成立于1946年。原名苏联科学院海洋研究所，由1939年苏联科学院海洋学委员会首任主席P.P.希尔绍夫组建的苏联科学院海洋研究室扩建而成。为纪念首任所长P.P.希尔绍夫，1968年该所正式改为苏联科学院希尔绍夫海洋研究所（后改为现名）。总所设在莫斯科，另设有加里宁格勒大西洋分所、格林瑞克设南方分所、圣彼得堡分所、阿尔汉格尔斯克西北分所和阿斯特拉罕设里海分所。莫斯科总部内设4个研究部（海洋物理学、海洋地质学、海洋生物学、海洋工程），下辖若干研究室和研究组。

该所拥有“勇士”号、“库尔恰托夫院士”号、“门捷列夫”号、“宇航员加加林”号等十多艘海洋调查船，有5个有人驾驶的水下考察载运工具——两艘“MIR”（米尔）潜水艇能够潜到6000米深度，两艘“PISCES”（双鱼座）潜水艇（潜水深度2000米）和一艘“Argus”（阿耳戈斯）考察载运器（潜水深度600米）。

该所主要任务主要是研究海洋物理学、海洋地质学和地球物理学、海洋生物和生态学、海洋与大气的相互作用及海洋对气候的影响，开发和测试世界海洋新技术，综合研究世界海洋重点区域，以及海洋中的极端危险现象、自然和人为灾难。该所对调查工具、试验方法和水下技术以及海底矿床的研究也很重视。他们从事的海洋探险和科学活动范围，包括从北极区到南极洲的全世界的海洋和大部分海底盆地。调查了洋底锰结核矿、金属软泥及稀有元素的分布，确定了大洋生物分布基本规律，发展了全球海洋与潮汐的数值模式、全球海-气相互作用的数值模式、海洋生物群落作用的数学模式，充实了岩石圈运动的理论，提高了水下观测技术等。研究所的论文集已编出100多卷，出版《太平洋》《海洋学》(10卷集)、《世界大洋图集》等专著。主要刊物有《海洋学》和《海洋水文物理文集》。　（侍茂崇）

**厄尔尼诺-南方涛动**　El Niño-Southern Oscillation; ENSO　热带中东太平洋每2～7年发生一次的海水温度异常升高的现象（厄尔尼诺），同时在热带东、西太平洋海平面气压之间也存在跷跷板式的异常升降现象（南方涛动）。厄尔尼诺和南方涛动是同一个大尺度的海-气相互作用分别在海洋和大气中的表现，简称ENSO。按照美国国家海洋与大气管理局的定义，通常使用Niño3.4区（南纬5°～北纬5°，西经120°～170°）的平均海温异常作为监测厄尔尼诺和拉尼娜的指数，若Niño3.4指数连续6个月高于0.5℃（低于−0.5℃），则定义为一次厄尔尼诺（拉尼娜）事件的发生。南方涛动强度的衡量方法是塔希提岛与达尔文岛海平面气压之差，称为南方涛动指数。正因为厄尔尼诺和南方涛动是紧密联系的，Niño3.4指数与南方涛动指数之间存在很好的负相关关系（见图）。黑色曲线为海面气压异常与南方涛动指数的相关系数分布（等值线间隔：0.2℃），表征南方涛动。绿色方框代表Niño3.4区域，紫色点分别代表太平洋塔希提岛（Tahiti; T）和澳大利亚城市达尔文（Darwin; D）。

研究简史　南美洲西岸的渔民在19世纪末就注意到每隔几年的冬季海水温度升高，捕鱼收获减少，因该现象在圣诞节前后最为明显，渔民就称之为厄尔尼诺（El Niño，西班牙语“圣婴”的意思）。20世纪20年代，英国气象学家G.沃克爵士发现，赤道东西太平洋的海平面气压呈现反相关性的变化。具体表现为，热带大气上升区（降水多的区域，如印度尼西亚）的海平面气压的变化总是伴随着热带大气下沉区（降水少的区域，如东南太平洋）的海平面气压的反位相变化，他将这一现象称为南方涛动。在50年代伯尔拉赫绘制了热带海平面气压与印度尼西亚首都雅加达的气压的相关图，才让大家第一次较完整地看到南方涛动的全貌。60年代，挪威籍美国气象学家J.皮耶克尼斯利用沃克爵士多年的海平面气压观测数据指出：与南方涛动相关的长期连续的气候异常其实与赤道中东太平洋海面温度的缓慢变化是紧密地联系在一起的，后人的工作才逐渐将厄尔尼诺和南方涛动当作一个完整的耦合现象加以研究，并将二者合称为ENSO。后来，菲兰德提出用一个新词“拉尼娜”（La Niña，含义为“小女孩”），来命名与厄尔尼诺现象相反的热带中东太平洋海水异常降温的现象。

季节锁相　无论是厄尔尼诺还是拉尼娜，都倾向于在春末夏初发展并于冬季达到最强状态，这种与季节有关的现象称为ENSO的季节锁相现象。研究认为，该现象与热带太平洋海洋大气本身的季节循环及其衍生的海洋大气之间的耦合不稳定性有关：在春季时，太阳直射赤道，热带东太平洋海水和大气温度最高，大气层结最不稳定，海洋大气之间的耦合不稳定性最强，有利于初始的小扰动发展，进而改变局地的海洋大气环流并激发更强的海洋大气异常响应，导致厄尔尼诺或拉尼娜的爆

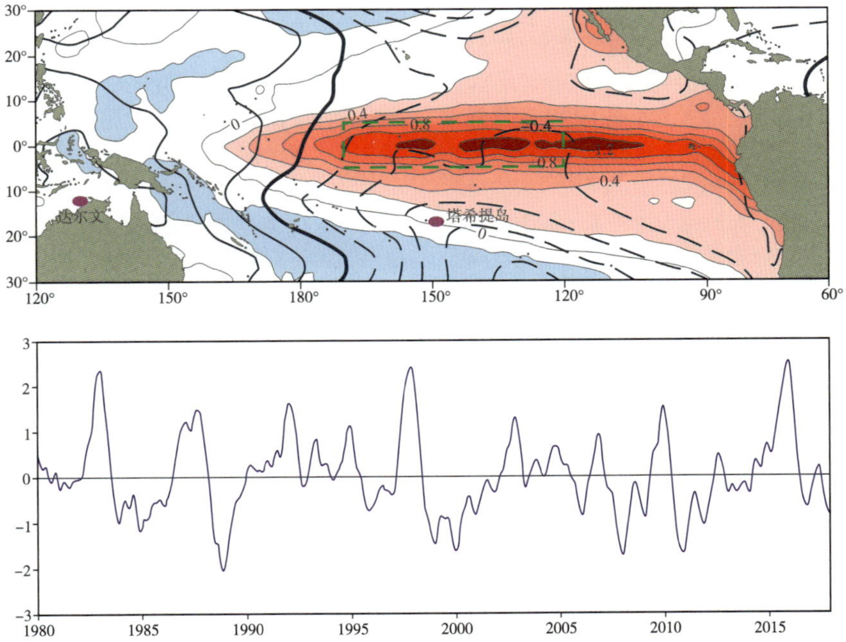


GS（2021）3595号

厄尔尼诺-南方涛动海温异常第一模态的空间分布（上）和时间序列（下）

发；在夏季（秋季），由于太阳直射点越过赤道并位于北（南）半球，东（北）南信风加强，赤道东太平洋冷舌逐渐发展，受温度降低且大气层结逐渐增强的影响，海洋大气之间的耦合不稳定性逐渐减弱，局地异常海温的上升趋势逐渐减弱；冬季时，海洋大气之间的耦合不稳定性达到最弱，不再支持异常海温的进一步升高，于是厄尔尼诺或拉尼娜达到最强。

理论机理　皮耶克尼斯最先系统地解释了热带中东太平洋的初始小扰动为何能发展成ENSO。在有限的观测资料中，他观察到：赤道东太平洋海温升高将会减小东西太平洋的海温梯度，进而减弱西向的信风和海流，赤道东太平洋上升流随之减弱、温跃层变深，又加剧了赤道东太平洋海面温度的升高。因此，他提出了海温、信风、上升流和温跃层的变化之间存在一种永不休止的相互促进的关系，但他并不清楚厄尔尼诺如何转变为拉尼娜。后人不断地验证和丰富了皮耶克尼斯猜想，并称之为**“皮耶克尼斯正反馈”**，使之成为ENSO的重要基础理论。

后人利用逐渐丰富的观测资料，发展了4种线性ENSO循环理论来解释厄尔尼诺与拉尼娜之间的位相转换，分别是延迟振子理论、充放电振子理论、平流反射振子理论和西太平洋振子理论。在这4种ENSO循环理论中，皮耶克尼斯正反馈是解释海温异常增长的共同理论，但对异常海温发展的动力细节各有侧重点（以厄尔尼诺的发展为例）：延迟振子理论和西太平洋振子理论都强调赤道中西太平洋异常西风激发的下沉性**赤道开尔文波**向东传播引发海水辐合和温跃层加深所导致的海温上升效应，充放电理论侧重于赤道海洋次表层异常热含量随上升流向上输送对海面温度的改变过程，平流反射理论则强调赤道中西太平洋异常西风激发的赤道开尔文波及其在东边界发射而成的**罗斯贝波**所伴随的异常海流将暖池高温海水向东输送共同导致的赤道中东太平洋海温上升。对于厄尔尼诺转换为拉尼娜所需的负反馈，延迟振子理论认为，赤道中太平洋异常西风激发的赤道外温跃层上升的罗斯贝波向西传播到达西边界后，反射为温跃层上升的赤道开尔文波向东传播，将减弱之前温跃层下沉的开尔文波导致赤道中东太平洋的海温升高效应，该负反馈的持续作用并最终使厄尔尼诺减弱并转换为拉尼娜，由于赤道外罗斯贝的波速比赤道开尔文波速传播速度慢，该负反馈需要延迟一段时间起效果，因而该理论被称为延迟振子理论；充放电振子理论则不关注海洋波动的效果，该理论认为赤道中太平洋的西风异常导致太平洋内区正的风应力旋度异常，产生向赤道外的斯韦尔德鲁普输运，将赤道地区的异常热含量向赤道外输送，减弱赤道地区的热含量异常供给，从而导致厄尔尼诺减弱并转变为拉尼娜；平流反射振子理论则关注赤道西风异常激发的海洋开尔文波到达东边界后反射成罗斯贝波，并伴随着向西的海流异常，叠加在向西的背景流上，增强向西的冷水输送，从而减弱并终结厄尔尼诺并诱发拉尼娜。西太平洋振子理论所提供的负反馈与延迟振子理论相似，但认为延迟振子理论所涉及的赤道外罗斯贝波在西边界的反射效率不足，热带西太平洋局地的东风异常可以直接激发温跃层上升的开尔文波向东传播，从而导致厄尔尼诺的终结。以上4种理论所描述的负反馈过程，在现今的观测中都有体现。由于它们是在观测资料相对匮乏的年代被提出来的，又因其简洁性和有效性，因此被后来的学者高度评价并沿用至今。

影响　当厄尔尼诺发生时，赤道中东太平洋海水温度异常上升，东西太平洋海温和气压梯度减小，沃克环流减弱，信风和西向的海流随之减小，暖池区的高温海水和深厚对流及降水向东扩展。而当拉尼娜发生时，上述耦合系统的发展几乎相反。ENSO发生后将首先改变局地的海流和海水温度，从而引发大气热源位置和强度的变化，进一步致使北太平洋高压、阿留申低压和北美大气环流异常；另外，与沃克环流异常对应的西北太平洋副热带高压的强度和位置也会发生变化，从而影响中国华南、长江流域的降水以及热带西北太平洋台风的生成位置、频次和移动路径。ENSO还影响西风急流的位置和强度，并影响北美冬季的天气和气候，也可以通过改变热带大西洋大气环流来影响欧洲的气候。同时，ENSO激发的异常环流也会改变印度洋上空的大气环流，进而影响印度季风降水。可见，尽管ENSO现象是发生在热带中东太平洋的，但它对气候的影响是全球性的，实际上，ENSO是影响全球气候年际变化最主要的异常能量来源。21世纪，科学家将ENSO分为**东太平洋厄尔尼诺**和**中太平洋厄尔尼诺**两类。

（谢瑞煌）

**厄加勒斯海流**　Agulhas current　南印度洋西边界表层**暖流**。又称阿古拉斯海流。该海流位于非洲东南岸附近，由莫桑比克海流和马达加斯加海流汇合而成，沿莫桑比克东南海岸和南非海岸向南流动，然后从非洲向东流向澳大利亚。其中部分海流继续向西绕过好望角进入大西洋。这支海流流速取决于**赤道流**的变化，而赤道流又随着纬度、深度和季节的变化而变化。其平均流幅宽约100千米，流速0.2～0.6米/秒，在南非东南海岸最高流速可达2.6米/秒，是大洋中流速最快的海流之一。海流表层温度为14～26℃，靠近南极的区域平均温度较低，盐度为34.4‰～35.6‰。该海流大致在南纬38°潜入海洋深处。

（宋德海）

**厄加勒斯潜流**　Agulhas undercurrent　位于南非东岸的大西洋，在西南向流动的厄加勒斯海流之下。厄加勒斯潜流于1995年第一次被观测到，其最大速度位于1200米深度，平均流量约4.2Sv（$1Sv=10^6$米$^3$/秒），其中北大西洋深层水流量2.3Sv。厄加勒斯潜流主要是由厄加勒斯海流或传来的罗斯贝波与地形相互作用而局地产生的，有研究提出厄加勒斯潜流携带中层水和北大西洋深层水从东南大西洋陆坡流通过莫桑比克海峡进入印度洋，贡献了印度洋翻转环流的40%。厄加勒斯潜流主要的变化信号和位于其上面的厄加勒斯海流变化相似，为50～70天周期性变化的弯曲模态，称为纳塔尔脉动，该变化模态呈现高度正压化的特征。

（胡敦欣）

**耳状幼虫**　auricularia larva　棘皮动物门海参纲（Holothuroidea）多数动物发育过程中形成的幼虫。耳状幼虫身体左右对称，口位于腹面中央，肛门位于末端，具有口前纤毛环和口后纤毛环，由纤毛环在一定部位突出形成若干短小的腕，与海星的羽腕幼虫（Bipinnaria larva）形态相似，只是比海星幼虫的腕更为短小，且两个纤毛环没有完全分开。耳状幼虫根据发育期不同，又可细分为初耳幼虫、中耳幼虫和大耳幼虫几个时期。耳状幼虫浮游生活一段时间后，腕缩短发育成桶状的樽形幼虫（doliolaria larva）。

全世界的海参纲动物有1000多种，中国有140多种。它们多数雌雄异体，体外受精，胚胎发育几天后形成耳状幼虫。但瓜参科（Cucumariidae）海参的发育相对简单，受精卵发育为原肠期后，没有耳状幼虫期，直接变态为五触手幼体期，再发育称为稚参。

另外，与海参的耳状幼虫形态结构相似的还有半索动物门（Hemichordata）肠鳃纲（Enteropneusta）柱头虫（Balanoglossus）的柱头幼虫（tornaria larva），这也是人们认为棘皮动物与半索动物亲缘关系较近的依据之一。

（朱丽岩）

**二氧化碳海底封存** carbon dioxide seabed storage 将捕集的二氧化碳（$CO_2$）以超临界状态（气态及液态的混合体）安全注入并封存在深海（1000米以上）海底的过程。海洋封存$CO_2$主要实施途径包括：①使用陆地上的管道或移动的船舶，将$CO_2$注入水下1500米处。这是$CO_2$具有浮力的临界深度，在此深度下$CO_2$将得到有效地溶解和扩散。②使用垂直管道，将$CO_2$注入水下3000米。③由于超临界状态$CO_2$的密度比海水大，$CO_2$不能溶解，只能沉入海底，形成$CO_2$液态湖。

$CO_2$封存方式的选取，主要考虑成本低、对环境影响小和封存长久等因素。海洋封存成本不仅包括捕集$CO_2$并将它运输（如通过管道）到海岸所需的成本，还包括沿海管道和使用船舶的成本。固定管道适宜于短距离运输，$CO_2$以压缩的超临界流体通过管线输送。长距离运输则适宜将$CO_2$冷冻成液体后，用船舶运输到海洋平台上进行注入。

美国、加拿大、澳大利亚和一些欧盟成员国等发达国家，开展了$CO_2$海底封存研究与实践，证实$CO_2$海底封存具有技术可靠性和经济可行性。但$CO_2$海底封存的渗漏，具有沉积环境改变及局部海洋酸化的风险。由于海水酸碱度变化对海洋生物有重要影响，$CO_2$泄漏将引发海水酸化，并进一步影响海洋的生物多样性，甚至影响海洋生态系统的稳定性。中国也开展了$CO_2$海底封存研究，评估了近海11个大型沉积盆地$CO_2$封存适宜性、封存容量及封存潜力。中国近海的渤海盆地、珠江口盆地、东海陆架盆地均具有较好的封存适宜性。 （厉丞烜）

**二氧化碳溶解度及分压** carbon dioxide solubility and partial pressure（$pCO_2$） 在一个标准大气压、一定温度和盐度下，溶解在单位体积海水里达到饱和状态时的二氧化碳（$CO_2$）体积。假设为理想气体，根据亨利定律，在一定温度和平衡状态下，$CO_2$在液体里的溶解度（物质的量分数）和$CO_2$气体的平衡分压成正比，进而可计算出海水中$CO_2$气体的浓度，通常用二氧化碳分压（$pCO_2$）表示。但是，实际气体与理想气体有偏差，需进行校正，校正后的$CO_2$分压用逸度（$fCO_2$）表示。

概念 海水$pCO_2$可以通过海水碳酸盐体系中的其他参数计算，但精密度不如直接测定。国际海洋学调查测定$pCO_2$大多采用水－气平衡法，其原理基于测定一定温度、盐度和压力下海水样品水－气平衡后的气相$CO_2$的混合比，可由非色散红外、气相色谱或气相质谱、光腔衰荡光谱进行测定。

海水$pCO_2$数值受控于海水温度变化、生物过程（如光合/呼吸作用、钙化/溶解作用）、海－气交换以及物理混合等。当海水$pCO_2$高于大气时，海洋表现为大气$CO_2$的源，反之则为汇。高桥太郎等集成了全球海水$pCO_2$调查资料，又根据气候水温将数据扩展到未观测的海区，从而绘制了全球海洋海－气二氧化碳分压差（$\Delta pCO_2$）分布图。尽管在厄尔尼诺年，赤道太平洋海－气$\Delta pCO_2$较小，甚至表现为大气$CO_2$的汇，但总的来说，赤道太平洋是全球海洋中最大的$CO_2$源区；温带和极地海洋均是重要的碳汇区域。从各大洋对海洋吸收$CO_2$的贡献量来看，南纬50°以北的大西洋占60%，印度洋和南大洋各占20%，南纬50°以北的太平洋基本上源、汇相抵。

意义 工业革命以来，化石燃料使用等人类活动已经显著地改变了全球碳循环，突出表现为大气$CO_2$浓度已由工业革命前约280微摩尔/摩尔增至约410微摩尔/摩尔；而海洋作为一个重要的碳汇，迄今为止已从大气中吸收了约30%的人为$CO_2$。查明大洋、近海系统的大气$CO_2$源/汇格局、量级及其控制机制，有助于理解人为$CO_2$在当前全球变化背景下的归宿，具有重大科学意义。

（郭利果）

**二氧化碳－碳酸盐体系缓冲因子** Revelle Factor; RF 在仅受海－气交换影响的情况下，与海水溶解无机碳浓度（即游离二氧化碳、碳酸氢离子和碳酸根离子的浓度之和）相对改变量对应的海水二氧化碳分压的相对改变量。即为在海水温度、盐度和碱度等条件一定时的同质缓冲因子。可表达为偏微分的形式：$(\partial pCO_2/pCO_2)/(\partial DIC/DIC)_{T,S,Alk}$，式中$pCO_2$和DIC分别表示二氧化碳分压和海水溶解无机碳浓度，$\partial$是数学上偏微分的符号，$\partial pCO_2$和$\partial$DIC分别表示二氧化碳分压和海水溶解无机碳浓度的微小改变，而下标T, S, Alk表示海水温度、盐度和碱度等条件保持一定的条件。

概念和内涵 若该缓冲因子的数值比较小，说明海洋新吸收的二氧化碳大部分与碳酸根离子等碱性成分发生中和反应，转化为碳酸氢根离子，不引起海表二氧化碳分压的显著升高，海水碳酸盐体系对大气二氧化碳变化的缓冲作用强；而当该缓冲因子的数值比较大时，则说明海洋新吸收的二氧化碳比较多地以游离二氧化碳的形式存在，这将引起海表二氧化碳分压的显著升高，阻碍海洋从大气进一步吸收二氧化碳，海水碳酸盐体系对大气二氧化碳变化的缓冲作用弱。

早在1899年，C.F.托尔曼就讨论了海洋中的二氧化碳与大气中二氧化碳的关系问题。1957年，R.瑞维尔和H.E.苏斯定量分析了海水碳酸盐体系对大气二氧化碳变动的化学缓冲作用，指出全球平均的大气二氧化碳浓度若增加10%，仅需要海表溶解无机碳增加1%就可达到新的平衡，即全球海洋上层水体的二氧化碳－碳酸盐体系缓冲因子平均为10左右。根据20世纪最后10年的调查结果，大洋表层的二氧化碳－碳酸盐体系缓冲因子主要分布在8到13之间，赤道附近的热带海洋该缓冲因子比较低，海水碳酸盐体系对大气二氧化碳变化的缓冲作用比较强，而高纬度海域的二氧化碳－碳酸盐体系缓冲因子则比较高，甚至在最冷的极区海域其二氧化碳－碳酸盐体系缓冲因子可高达15，相应的海水碳酸盐体系对大气二氧化碳变化的缓冲作用就比较弱。

在开阔大洋通常的pH7.5～8.1条件下，海水中的溶解无机碳有88%～95%是碳酸氢根离子，有3%～12%是碳酸根离子，而游离二氧化碳一般只有0.5%～1.9%，因此，二氧化碳－碳酸盐体系缓冲因子主要受控于碳酸氢根离子和碳酸根离子组成的缓冲对。当大气中的人类来源二氧化碳不断溶入海水时，海水中的碳酸根离子将逐步被中和为碳酸氢根离子，海洋通过碳酸盐体系化学缓冲的方式从大气吸收人类来源二氧化碳的能力将趋于衰竭。

意义 据估算，21世纪初海洋上层通过碳酸盐体系化学缓冲的方式每年增加相当于4亿吨碳的人类来源二氧化碳储量，占同时期全球因化石燃料使用产生的人类来源二氧化碳排放量的5.6%，相当显著。但是，工业革命以来海洋持续吸收人类来源二氧化碳，导致海洋上层的水体二氧化碳－碳酸盐体系缓冲因子有所升高。

（翟惟东）

# F

**法国海洋开发研究院**　Institut Français de Recherche pour L'Exploitation de la Mer; IFREMER　法国国家海洋研究机构。1984年6月由原在布雷斯特的法国国家海洋开发中心（CNEXO）和南特海洋渔业科学技术研究所（ISTPM）合并而成。研究院受法国工业科研部和海洋国务秘书处双重领导。

该研究院是法国唯一的专门从事海洋开发研究和规划的重要部门。它同法国科研部协作，是法国海洋环境资源及海防方面科研政策的对外发言人。组织和控制海洋资源的开发（主要是捕捞业和海贝养殖）、环境监测和水质量的检查；负责指导海洋资源开发有关科技项目，并协助确定实验室的主要研究手段和发展方向；负责建造、规划和实施法国海洋船队设施；使用法国或欧洲海洋科学考察船，同欧洲或国际的对口单位合作。此外，还同法国国家空间中心和国家气象局共同使用海洋卫星观测设备进行综合性海洋观测。

该研究院在海洋领域具体从事以下工作：①在地学、生物学、化学、水产养殖学、海洋生物学、数学模拟和捕鱼、海洋工程、海洋社会经济学、海洋气候学、全球变化等方面同大学进行广泛合作，进行基础性研究。②深海勘探与水下机器人应用，改进机器人工艺水平。③环境监测、研究与保护。通过法国国家观测网，对法国沿海进行物理化学、海洋生物资源及水质的监测。④管理海洋船队和法国海洋学计划项目，协调国内外海洋科学考察船使用。⑤了解、评估、优化利用海洋资源，通过科研活动促进海洋产品的应用；承担科研成果的社会化传播，向公众传播海洋科学知识。⑥参与制定国际海洋合作协议。⑦组织技术和管理方面的人员培训。

21世纪初研究院共有1700名科研、工程技术和行政管理人员，分布在法国沿海地区和海外省的24个工作站或研究中心（位于法国的布洛涅、布雷斯特、南特、土伦和太平洋上的塔希提岛），建有72个实验室和科研辅助中心。研究院拥有7艘考察船（其中有4艘远洋船）、2艘潜艇、1套6000米深海作业船和试验装置（据2000年资料）。（仲　佰）

**法显归航**　Faxian's Voyage Home　中国东晋时期高僧法显从斯里兰卡乘船经海路返回中国的事件。法显（约337～422），俗姓龚，东晋平阳郡武阳（今山西临汾西南）人，3岁出家，20岁受大戒。东晋隆安三年（399），与同学慧景、道整、慧应、慧嵬等从长安出发，取道西域陆路，西行前往天竺求法。先后于北、西、中、东天竺获《方等般泥洹经》《摩诃僧祇律》《萨婆多部钞律》《杂阿毗昙心论》《摩诃僧祇阿毗昙》等梵本；于师子国（今斯里兰卡）获《弥沙塞律》《长阿含经》《杂阿含经》《杂藏经》等梵本。

至义熙七年（411），法显已遍历30多个国家，收集了大批梵文经典，思乡归国之情日渐强烈。当年八月，法显乘坐商人大船，得好信风循海路东归。船东行两天后遭遇大风，船破水入，幸而10多天后遇到一座岛屿，船补好漏处得以继续前行，又海行了90多天后到达婆罗门兴盛的耶婆提国（今印度尼西亚爪哇），在这里法显住了5个月。义熙八年（412）四月十六日，继续随商人大船东北行向广州，后遇大风暴，最终在青州长广郡牢山（今青岛市崂山）登岸，时为七月十四日。法显历尽风涛艰辛，终海航而归，受到长广郡太守李嶷的欢迎驻留。义熙九年（413），法显从青州经彭城、京口，到达东晋首都建康（今南京），住道场寺，与印僧佛陀跋陀罗（即觉贤）共同翻译带回的一些经籍。

法显归航是中外海洋交通与交流史中的著名事件，生动反映出该时期中国与印度洋区域海上交通已经比较频繁的事实。法显归国根据其经历见闻著成《佛国记》一书，对归航过程中所涉及的船舶、商人、信风、航线、航行时间、船上人员等信息构成了中国最早的此类记录，为当时和后世的人们了解西域、印度、斯里兰卡、东南亚当时的历史、文化及彼此之间的交通交流提供了重要资料，对于了解东晋时期海上丝绸之路状况有珍贵的史料价值。法显归航还促进了中外海路文化的交流：①法显归国后致力于翻译著述，共译出了经典六部六十三卷，计一万多言，对后来中国佛教的发展产生了深远的影响。②法显海路归来本身也具有示范意义，此后海路往来的高僧明显增多。（朱建君）

**方宗熙**　Fang Zongxi（1912-04-06～1985-07-06）　中国海洋生物学家。生于福建云

霄，卒于山东青岛。1936年毕业于厦门大学。曾在厦门大学、印度尼西亚和新加坡等处任教。1947年赴英留学，1950年获伦敦大学博士学位。1950年底回国，历任人民教育出版社编审，山东大学教授，山东海洋学院（今中国海洋大学）教授、系主任和副院长，中国海洋湖沼学会、中国海洋学会、中国遗传学会和中国科普创作协会副理事长，《中国大百科全书·大气科学 海洋科学 水文科学》海洋生物学分支副主编、《遗传》主编、《海洋学报》和《山东海洋学院学报》副主编等。他主持的海藻遗传研究小组对海带遗传育种进行了研究，培育了"海青"一、二、三号海带新品种，推动了海带养殖业的发展，开创了对多细胞海藻遗传的研究。在海藻单倍体遗传育种的实验中，他和同事首次发现海带的雌性生活史，培养出若干海带单倍体细胞系，摆脱了海带遗传育种受季节性的限制，培育了海带"单海"一号、"单海"十号新品种。在对多细胞海藻进行的原生质体的制备和培养研究中，使原生质体在一定条件下形成细胞，并发育为完整的个体，为海藻遗传研究提供了新方法。对裙带菜孤雌生殖的研究和利用"微核"作为环境污染监测指标的研究也取得一些成果。与合作者发表论文百余篇。撰写了很多中学、大学的生物学教材和参考书以及100多万字的科普著作和大学教材。（陈家鑫　刘安国）

**防波堤**　breakwater　为防御波浪、泥沙，冰凌入侵港区水域而修建的水工建筑物。港口的重要组成部分。防波堤平面布置要根据波浪、流、风、泥沙、地形、地质等自然条件，船舶航行、泊稳和码头装卸等营运要求及工程投资等，经技术经济论证后确定，必要时需要通过物理模型试验验证，保证港内水域平稳，面积足够。

防波堤按结构一般分为重型和轻型两类。

重型防波堤　是常用的结构型式，包括：①斜坡堤。结构断面为梯形，通常采用天然石料或袋装沙等筑成堤芯，用分层分级块石进行护坡，最外面常用自身稳定性强、消波效果好的大块石、异形块体护面。②直墙堤。内外两侧均为直立或接近

直立的墙面，堤内侧可兼作码头使用。直墙堤主要有重力式和桩式两种类型，重力式直墙堤一般下设抛石基床，墙身常采用钢筋混凝土沉箱或混凝土方块，上部多采用现浇混凝土平台和挡浪墙。桩式直墙堤上部与重力相同，下部不设抛石基床而采用桩基础，一般用于软弱地基。③混合堤。分竖向混合堤和水平混合堤两种。竖向混合堤上部为混凝土直墙，下部为斜坡式抛石突基床，又称高基床直墙堤，与直墙堤的区分不存在明显界限。水平混合堤的迎浪侧为斜坡式，背浪侧为直墙式，是为减小波浪力在直墙堤前放置块石或人工块体形成的。

轻型防波堤　根据波能集中于水表层的特点，结合工程的特殊需要而研究发展起来的，包括：①透空堤。堤身支撑在桩或柱上，下部透水的防波堤。在水深大、波浪不大，又无防沙要求的条件下尤为适用。②浮堤。由浮体和锚链系统组成的防波堤。利用浮体反射、吸收、转换和消能以减小堤后波浪。浮堤不受水深和地质条件的限制，应用范围较广。③喷气堤。利用敷设在水中的带孔管道释放压缩空气，形成空气帘幕来达到降低堤后波浪的目的。④射水堤。利用在水面附近的喷嘴喷射水流，形成与入射波逆向的水平表面流，以达到降低堤后波浪的目的。

每种防波堤都各有优缺点，设计中要根据自然条件、防护要求等进行分析、论证、比较，择优选用。（鲁子爱）

**防喷器**　blow-out preventer　用于试油、修井、完井等作业过程中关闭井口，防止井喷事故发生的装置。它将全封和半封两种功能合为一体，具有结构简单、易操作、耐高压等特点，是油田常用的防止井喷的安全密封井口装置。

功能特点　在井内油气压力很高时，防喷器能把井口封闭。从钻杆内压入重泥浆时，其闸板下有四通，可替换出受气侵的泥浆，增加井内液柱的压力，以压住高压油气地喷出。防喷器除了控制井下石油和天然气的压力和流量外，还能防止油管、工具和钻井泥浆在发生井喷时被吹出钻井孔。防喷器对于机组人员、钻井设备和环境的安全，以及油井完整性的监控和维护至关重要。

结构组成　典型的深水防喷器系统包括电线、液压管、控制槽、液压蓄能器、测试阀、压紧和截流管线及阀门、立管接头、液压连接器和支持框架等组件。按结构划分，防喷器可分为以下3类。

环形防喷器　又称万能防喷器，其功能是既能控制井口内各种尺寸管柱的环形空间，又能在井口无管柱时全部封闭井口。

闸板防喷器　从结构上可分为单体式和双体式两种。根据不同作业的要求，可在闸板防喷器腔内换装不同闸板总成。闸板防喷器有三种：控制井口内环形空间管柱的半封闸板防喷器；全封闭井口的全闭闸板防喷器；根据特殊井控作业需要，剪断井口内管柱的剪切闸板防喷器。

旋转防喷器　又称旋转控制头，其功能是能在钻具旋转钻进和钻具上下移动等动态条件下，防喷器自封头（胶芯）既能跟随钻具旋转，又能有效密封井口内钻具及其环形空间。也有用环形防喷器改装为旋转防喷器，使之具有双重功能。

环形防喷器和闸板防喷器的工作均靠液压推动防喷器内的活塞打开或关闭防喷器，统称为液压防喷器。旋转防喷器主要由固定不动的壳体和可旋转的旋转总成及胶芯组成。壳体通过与下面井口装置相连接而固定，壳体内的旋转总成通过其方卡总成将插入在旋转总成内的方钻杆卡住，通过胶芯将方钻杆及环形空间封住，使防喷器既能旋转，又能同时密封承压。

（万德成）

**仿生推进技术**　bionic propulsion technology　模拟水中生物的运动模式推进潜水器运动的技术。仿生推进技术包括仿鱼水下推进、仿生喷射推进、仿多足爬行动物水下推进、仿蠕虫水下推进等。

仿鱼水下推进方式根据鱼类推进使用身体部位的不同，主要分为身体/尾鳍（BCF）推进模式和中央鳍/对鳍（MPF）推进模式。BCF推进模式是鱼类最常见的推进模式，通过波动或摆动身体的某部分或尾鳍，向后推动身体周围的水，借助反作用力产生推进运动。BCF推进模式是较优的推进模式，它可以产生较大的推进力，具备较优的加速和起动性能，能长时间以较高的速度巡游，有约85%的鱼类以BCF推进模式作为主要的推进方式。MPF推进模式以背鳍、臀鳍、胸鳍和腹鳍作为主要的推进部位，依靠多种柔性鳍产生不同方向的推进力。与BCF推进模式相比，虽然游动速度一般不高，但在低速场合下它具有较高的推进效率，优良的机动性和稳定性，抗干扰能力强，非常适用于对环境机动性要求较高的复杂应用场合，如在海洋极端环境下进行资源探测等。

仿生推进技术的研究可以追溯至19世纪初期。19世纪20年代左右就有学者针对鱼类游动机理开展研究。1952年，英国物理学家G.I.泰勒针对水生动物游动的流体动力学进行了定量分析。英国应用数学家J.莱特希尔于1960年提出细长理论，首次将空气动力学理论引入鱼类游动过程的研究中，建立了用于分析鱼类鲹科模式游动的数学模型。吴耀祖于1960年提出二维波动板理论，之后童秉纲等又建立了三维波动板理论，揭示了鱼类外形演化与游动方式之间的形态适应关系。上述理论主要适用于BCF推进模式的分析。而受到非定常流体动力学理论发展的制约，对MPF模式的研究开始相对较晚，在20世纪90年代流体可视化技术和生物实验测量技术迅速发展后才有明显进展。

仿生推进技术克服了传统螺旋桨推进技术所无法避免的空泡以及噪声问题，具备高推进效率、高机动性、低噪声等特点，有望在军事领域和海洋资源勘探领域得到应用。仿生推进技术依然处在技术研究阶段。（樊　炜　张祝军）

**仿生无人潜水器**　bionic unmanned underwater vehicle　一种基于仿生学方法设计的新概念无人潜水器。仿生无人潜水器是通过模拟自然界中生物的结构、功能来改进工程系统的设计而出现的。例如，水中的鲸目动物身体呈纺锤形或流线型，以鲸最具代表性。鲸的尾鳍退化，与脊柱一起完成摆动运动，前鳍则具有水平舵功能，配合尾鳍改变身体姿态，并保持平衡。通过模拟鲸的这一特点设计仿生无人潜水器，可具有优异的水动力特性，且相较传统的无人潜水器，具有更小的阻力和噪声，能够大幅提升无人潜水器的性能和隐蔽性。

仿生无人潜水器是潜水器技术一个新的研究方向，预计可以被广泛应用于探查浅水区域的沉底水雷、执行观测任务、收集水底观测站的信息、水下环境照明、支撑事故救援搜索工作、与潜艇等水下技术设施实现水声通信等场合。

2016年7月，中国具有完全自主知识产权的仿生无人潜水器“海斗一号”研制项目启动，2019年完成实验室总装联调、水池试验、千岛湖湖试和南海4500米阶段性海试。2020年4月23日“海斗一号”搭乘“探索一号”科考船奔赴马里亚纳海沟，成功完成了首次万米海试与试验性应用任务，最大下潜深度10 907米，刷新中国潜水器最大下潜深度纪录，同时填补了中国万米作业型无人潜水器的空白。

（张大海）

**放射性同位素测年**　radiometric dating　利用放射性同位素对地层沉积年龄进行测

定。放射性同位素在沉积物（或沉积岩）中随时间衰变，通过测定其现存的活度（与浓度和自身衰变特性相关）可计算得到沉积物（或沉积岩）形成的年龄。

分类　放射性同位素测年方法可大致分为5类：同位素地质年代学法、辐射成因测年法、铀系测年法、宇生核素测年法和人工放射性核素测年法。从时间尺度来看，对于20世纪50年代以来的沉积物测年常使用过剩$^{210}$Pb测年法和人工放射性核素（如$^{137}$Cs、$^{239}$Pu和$^{240}$Pu）测年法。5万年内的地质年龄测定常使用宇宙射线成因的$^{14}$C。更长时间尺度（如百万年以上）的定年常使用U-Pb、K-Ar等超长半衰期的放射性核素。

$^{210}$Pb测年法　$^{210}$Pb是$^{238}$U放射性衰变链中天然存在的放射性核素，半衰期为22.3年。沉积物中的$^{210}$Pb有两种来源，分别是沉积物中由衰变母体产生的$^{210}$Pb和沉积过程中被颗粒物吸附的$^{210}$Pb，后者也被称为过剩$^{210}$Pb（$^{210}Pb_{ex}$）。如果沉积物积累通量和$^{210}Pb_{ex}$沉降通量处于稳态，并且沉积后不发生沉积层扰动，那么沉积物中的$^{210}Pb_{ex}$剖面将符合指数衰减曲线，借此可计算沉积速率。在这两个假设成立的前提下，$^{210}$Pb是百年尺度上理想的地质测年方法。当沉积环境相对复杂、理想前提假设受到挑战时，基于$^{210}$Pb的更复杂的测年模型可供选择，如稳定沉积通量模型、恒定初始浓度模型等。

放射性碳测年法　又称碳-14测年法。利用放射性$^{14}$C的性质来确定含碳物质年龄的方法。$^{14}$C是宇宙射线成因的放射性同位素，半衰期5730年。在活体生物体内，$^{14}$C与$^{12}$C的相对活度与外界保持一致。而在生物体死亡并封闭后，由于得不到新的$^{14}$C补充，生物体内的$^{14}$C随时间逐渐衰变。通过测定古生物体内的$^{14}C/^{12}C$比值，可以计算得到生物体死亡的时间。随着$^{14}$C测年方法得到广泛应用，人们对诸多影响因素和校正方法进行了研究，以提高方法精度，如同位素分馏校正、库效应校正、苏斯效应、大气$^{14}$C浓度变化等。

同位素测年的意义　放射性同位素测年是研究人类和地球历史的有力工具。通过建立不同时空尺度的年代学框架，可以更好地理解地球和人类的演变历程。通过对极地和高原冻土中碳同位素测定，可以了解地质年代尺度的气候变化规律。通过对古人类考古样品进行研究，完善了对人类演化与迁徙过程的认识。通过对深海锰结核生长速率的测定，深化了人们对这一重要且有待开发的矿产资源形成机制的理解。（许博超）

**飞马哲水蚤**　*Calanus finmarchicus*　节肢动物门（Arthropoda）甲壳动物亚门（Crustacea）桡足纲（Copepoda）哲水蚤科（Calanidae）哲水蚤属（*Calanus*）的一种。

形态　通常2～4毫米长，第5胸足基节内缘具锯齿，雄性左足比右足长大，是北大西洋生态系统的关键物种，在冬季主要聚集在大西洋的深层水进行越冬，整个冬季处于休眠状态。春季由底层向表层扩散，此过程受到物理过程的影响，由于飞马哲水蚤是许多经济鱼类的重要摄食对象，引起其种群变动会影响到鳕鱼和其他经济鱼类别的种群补充。

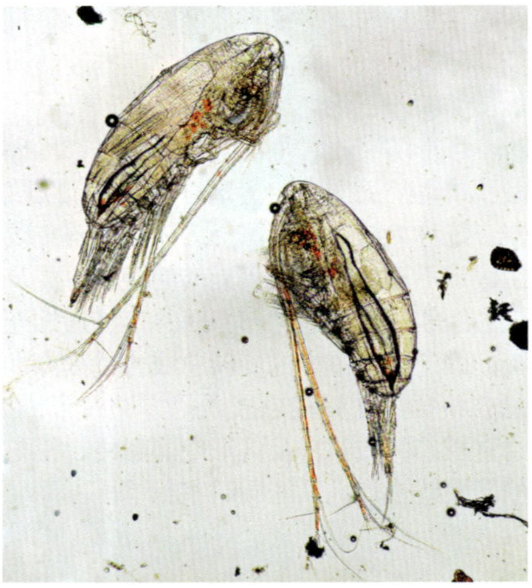

图1　飞马哲水蚤形态图

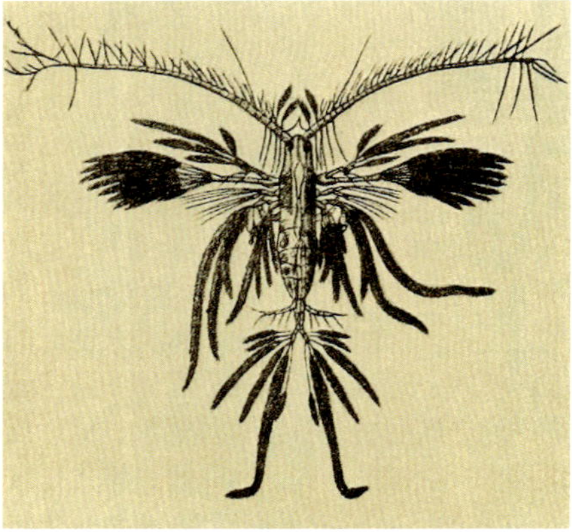

图2　飞马哲水蚤手绘图

分布　飞马哲水蚤是北大西洋海域亚北极最常见的浮游动物之一，在北海和挪威海最常见。同时，它也存在于北大西洋冰冷的海水中，尤其是从毗邻缅因湾的加拿大海岸到西部和北部斯瓦尔巴群岛。

生活习性　飞马哲水蚤虽然喜欢生活在上述环境中，但有研究表明，飞马哲水蚤能够在不同的环境条件下生存。飞马哲水蚤可以在海洋表面以下4000米左右的任何地方生存。它也可以存活于−2～22℃的水域之中。其他的环境条件如盐度（18‰～36‰）、氧（1～9毫升/升）、硝酸（0～45微摩尔/升）、磷酸盐（0～3微摩尔/升）和硅酸盐（1～181微摩尔/升）。

飞马哲水蚤以硅藻、甲藻和其他浮游生物为食。因为飞马哲水蚤身体内含有丰富的蛋白质，还有ω-3脂肪酸和大量的抗氧化剂，所以它是北大西洋的食物网的重要组成部分，为各种海洋生物包括鱼（鳕鱼、鲱鱼、红鱼）、虾和鲸鱼提供食物来源。

飞马哲水蚤经历了气候激烈变化的时期。在上一个冰河时期（约18 000年前），大量飞马哲水蚤种群迁移到北方。飞马哲水蚤的冬眠策略使得它们在长期食物短缺的典型的温带和高纬度地区的具有很强的生存能力。冬眠的6个月期间，飞马哲水蚤大多存活于500～2500米的海水范围内。许多科学家认为，飞马哲水蚤使用这种冬眠策略，来降低生理消耗和捕食风险，使它们能够更好地存活下去。这种能力使科学家相信，通过研究飞马哲水蚤的生活习性，可以追踪气候的变化。飞马哲水蚤采用的越冬策略有助于其度过紧张的饥饿时期，并在其生命周期中起着重要的作用。在饥饿时期，它们能够保持持续产卵，也能保证腺苷三磷酸（ATP）与碳之比是常数。所以即使在浮游植物（飞马哲水蚤的主要食物来源）含量很低时，飞马哲水蚤仍能有较高产卵率。

经济价值　2017年12月14日，欧盟委员会公报发布2017/2353号文件，授权飞马哲水蚤油作为新资源食品配料在食品补充剂中使用，在食品补充剂中使用的最大限量为2.3克/日。（杨　光）

**非保守性元素**　non-conservative elements　相对于保守性元素，海洋中参与生物化学循环或者短暂的地质化学循环过程的元素（或者物质）。非保守元素通常具有相对短暂的停留时间，一般小于海洋混合的平均时间（约1600年），按照在海水中的不同垂直分布特征非保守性元素可分为如下6类。①类营养盐型——同生物活动相关的非保守性元素。此类元素或物质参与表层海水的生物活动，如浮游植物的吸收、生源颗粒物的吸附等过程，在深海则由于细菌对生源颗粒的矿化作用而重新释放到水体，因此呈现表层消耗，随水深的增加而逐渐增加的分布特征，如磷酸盐、硝酸盐、硅、镉、锌、钡、镍、硒等。②表层富集深层消耗型。此类元素通常受到大气、河流和陆架沉积物释放等输入源的影响，并且在海水中因为沉淀、吸附和生物过程导致的氧化还原反应等过程，而快速地去除，因此呈现表层浓度高，随水深增加而逐渐减少的分布特征，如铅、锰（$Mn^{2+}$）等。③中层极小型。此类元素通常受到表层大气和河流输入与近底层沉积物溶解扩散作用的共同控制，而形成中层极小值的分布特征，如铜（$Cu^{2+}$）、锡（$Sn^{4-}$）、铝（$Al^{3+}$）等。④中层极大型。此类元素的主要来源是大洋中脊海底热液的水平输送，呈现中层极大值的分布特征，如$^{3}He$，此类元素可用以示踪海底热液对深层大洋元素循环的贡献。⑤中层低氧层（约1千米）极大或极小值分布。此类元素受到大洋低氧层氧化还原反应的控制，造成元素还原形态，如铁（$Fe^{2+}$）、$Mn^{2+}$和钴（$Co^{2+}$）表现出极大值分布，以及由于还原形态水溶性降低而产生的极小值分布，如铬（$Cr^{3+}$）。⑥无氧层的极大或极小值分布。在某些环流受到限制的边缘海区域，如黑海和卡里亚科海沟，水体中可以发生氧气耗尽并伴随着硫化氢（$H_2S$）的产生，由此伴随着某些对氧化还原反应敏感的元素形成无氧层的极大或极小值分布，如$Fe^{2+}$和$Mn^{2+}$。

（李骁麟）

**非相干水声通信** noncoherent underwater acoustic communication　采用非相干解调方式，即在解调时无须载波相位信息的水声通信方式。对于水声通信中的调制解调技术，可以分为相干通信与非相干通信，其中相干通信需要相位信息，非相干通信不需要相位信息。在水声通信系统中，常见的数字调制方式有振幅键控调制、频移键控调制、相移键控调制；在这些调制方式下，接收端可采取的解调方式分为相干解调和非相干解调，常见的非相干解调方式有分路滤波包络检波法、能量检测法和差分法等。

在振幅键控调制方式下，接收端常见的非相干解调方式为分路滤波包络检波法。在频移键控调制方式下，根据水声信道的传播特性，接收信号的频率成分大部分在原始信号的带宽里面，其幅值和相位变化较大，因此接收端常采用的非相干解调方式为能量检测法。在相移键控调制方式下，接收端常见的非相干解调方式为差分法。

非相干通信信道利用率一般较低，传输比特速率小于信道带宽，即信道利用率小于1比特每秒每赫兹。与相干解调相比，非相干解调的算法不用进行信道估计，相对简单，易于实现，稳定性好。非相干水声通信在对速率要求不高、对稳定性要求高或是远距离水声通信需求的场景下依然有着广泛的应用。

（瞿逢重　魏　艳）

**非质量相关分馏** mass-independent fractionation; MIF　一种同位素的分馏效应与质量差异无关，而与其他因素如光化学反应、核体积效应等有关的现象。同位素分馏的一种类型。一般来说，同位素的质量差越大，其分馏效应也越大，即同位素交换反应服从质量相关定则。但是，在一些特殊条件下，会出现同位素组成偏离质量相关定则的情况，即非质量分馏。例如，平流层中的一些光化学反应可引起氧同位素的非质量分馏，导致$\delta^{17}O \neq 0.52 \cdot \delta^{18}O$。一个常见的氧同位素非质量分馏的例子是大气中的臭氧（$O_3$）。臭氧由氧气（$O_2$）在紫外线作用下形成，这个过程会导致臭氧中含有异常高的$^{17}O$同位素。这种异常不是由于质量差异引起的，而是由光化学反应中分子对称性的破坏造成的。因此，臭氧的$^{17}O$同位素异常可以看作一种非质量分馏效应。

同位素非质量分馏的重要应用是研究古代大气组成和演化。例如，古代岩石中的氧同位素组成可以提供有关大气氧气历史的信息，这些氧气受到光合作用和臭氧形成等过程的影响。硫同位素中的MIF也被用来推断地球早期大气中氧气的存在。此外，碳、氮和铁等其他元素中的MIF可以提供有关陨石起源和影响其同位素组成的过程的解释。研究同位素MIF的意义在于可以示踪一些特殊的物理、化学或生物过程，如光化学反应、核体积效应、放射性衰变等。例如，硫同位素的MIF可以用来判断大气氧气浓度的变化和“大氧化事件”的起始时间；氧同位素的MIF可以提供一些关于古大气、古海洋、古生物和古气候等方面的信息。

1973年，R.N.克莱顿等在陨石中首次发现氧同位素分析数据不符合质量分馏规则。随后，1981年，K.毛厄斯贝格尔发现地球大气平流层上部臭氧富集重同位素超出预期值；在若干大气圈分子（$O_3$、$CO_2$、$NO_2$、CO）和硫酸盐气溶胶中都观测到类似现象。对以上现象可以从光化学反应动力学角度提出机制，解释陨石和地球平流层中的非质量分馏，这为研究行星大气圈和早期地球中各种物理化学过程提供了有力武器。2019年，《科学》杂志曾报道西非济米冲积平原的六颗金刚石中的硫化物包裹体含有MIF硫特征，为限定西非克拉通板块构造启动时间提供了关键约束条件。

（辛　宇）

**菲律宾海盆** Philippine Basin　西太平洋最大、最深的**弧后盆地**。呈北北东—南南西方向延伸的菱形海盆，其边缘全都被活动的**岛弧**和**海沟**所环绕，由东侧的伊豆－小笠原海沟、马里亚纳海沟、雅浦海沟，西侧的菲律宾海沟，西北侧和北侧琉球海沟、**冲绳海槽**环绕的边缘海构成独立的菲律宾海板块或菲律宾板块。

地质构造　菲律宾海有两条近南北方向的向东凸出的弧形海岭（九州－帛琉海岭和伊豆－小笠原海岭），把菲律宾海划分为3个盆地，分别为西部的西菲律宾海盆、中部的四国海盆和帕里西维拉海盆、东部的小笠原－马里亚纳海沟。3个盆地，由西到东，面积由大变小，水深由浅变深。西菲律宾海盆水深3000～4000千米，中部海盆水深5000～6000千米，东部海沟水深大于6000千米。盆地内分布有长条或圆形的大东海岭、冲大东海岭、加瓜海岭、奄美海岭、本哈姆海岭构造地形。菲律宾海板块在东－西－北部构成小笠原－马里亚纳岛弧、菲律宾岛弧、日本岛弧和琉球岛弧等一系列岛弧，在西菲律宾海盆、四国海盆、帕里西维拉海盆及马里亚纳海盆上，发育有南北向巨大断裂带。菲律宾海很少发生地震和火山活动，其地壳可能是大洋型地壳或过渡型地壳，地壳厚度一般在17千米左右。在菲律宾海中，西菲律宾海盆的岩石圈厚度最大，约为60千米。

演化过程　根据磁异常带分析，有学者将菲律宾海盆的形成划分为两个阶段：①距今6000万～4500万年（26～20磁异常）时，扩张轴方向为北西—南东向，扩张半速率为4.4厘米/年。②距今4500万～3000万年时（20～13磁异常），扩张轴方向转为东—西向，扩张半速率减慢为1.8厘米/年。由于菲律宾板块岩石圈向西北俯冲于琉球海沟之下，海盆最老的洋底已遭潜没，而难于追溯到海盆扩张最老的历史。从深海钻探取样的玄武岩进行测年分析，其放射性年龄与海底磁异常年龄基本一致。1984年以来，很多学者详尽研究了菲律宾海盆，重新确定了菲律宾海盆的形成演化史，提出扩张发生在距今5400万～3000万年，指出扩张脊跃移和西部微板块复杂。在距今3000万～2600万年时，为非岩浆活动短期扩张作用期，由于活动期间扩张**地幔柱**的存在，扩张体系被肢解了。

（许东禹）

**风暴潮** storm surge　由于强烈的大气运动（强风和气压骤变）引起的海面异常升高现象。又称风暴增水、风暴海啸。风暴潮、天文潮和具有数秒或者十几秒周期的**风浪**、**涌浪**的叠加，往往引起沿岸水位暴涨，甚者海水漫溢上陆、堤岸决口、农田淹没、房屋摧毁，吞噬码头、工厂、城镇和村庄，使财物不得转移、人畜不得逃生，酿成巨大灾害，统称为风暴潮灾害。在中国历史文献中，多称风暴潮为海溢海侵或者大海潮等，把风暴潮灾害称为潮灾。

成因类型　风暴潮通常分为热带风暴潮和温带风暴潮两类。热带风暴潮是由热带气旋（包括台风、强热带风暴和热带风暴）引起，主要发生在北太平洋西部（东海、南海）、北大西洋西部（墨西哥湾），印度洋的孟加拉湾、阿拉伯海和南印度洋西部，南太平洋西部等沿岸地区和岛屿。这类风暴潮以发生在夏秋季节（北半球）居多，频率高、强度大。温带风暴潮则是由温带气旋（温带风暴）或者与之相关的冷锋类天气系统所致，主要出现在中纬度沿海地区，如中国渤海、黄海及日本沿岸，北大西洋东岸和北海、波罗的海，北大西洋西岸的美国东海岸等处，通常发生在秋至冬、冬至春等过渡时期，强度一般比热带风暴潮弱。

成长过程　风暴潮的空间范围一般由几十千米至千余千米，时间尺度（或周期）由1小时至100小时不等，风暴潮波属于海洋长波，介于地震海啸波和低频天文潮波之间。典型的热带气旋引起的风暴潮变化过程大致经历3个阶段：当热带气旋还在较远的海面移动时，由于它的移动速度小于当地自由长波的速度，便有“先兆波”先于风暴到达岸边，引起海面的缓慢上升或下降，一般增水幅度只有20～30厘米，持续时间通常有十几个小时。这是热带气旋来临的前兆，即初振阶段。而后，随着热带气旋逐渐向海岸移动，风暴潮位急剧上升，并在热带气旋登陆或者过境前后达到最大值（高达数米），持续时间数小时，即主振阶段。最后是余振阶段，它是激振之后遗留下来的，为一种振幅越来越小的潮位振动，这种振动有时在海湾内可持续一天以上。此外，当强热带气旋在海面活动时，可在大陆架或者半封闭的海湾中产生由外海风暴潮以自由波形式传入的谐振风暴潮，这种风暴潮也能造成灾害。

世界性灾害　风暴潮灾害居海洋灾害之首，世界上绝大多数因风暴引起的特大海岸灾害都是由风暴潮造成的。孟加拉湾1876年10月29日至11月1日发生了一次强热带风暴潮，最大增水13.6米，直接导致20万人死亡，其中一半是因为风暴潮导致的溺水，还有一半死于风暴潮过后的瘟疫。孟加拉湾1970年11月13日发生的一次强热带风暴潮，最大增水7.2米（有仪器验潮以来记录到的世界第二位风暴潮），夺去了恒河三角洲一带30万人的生命，溺死牲畜50万头，100多万人无家可归。

日本是西太平洋沿岸风暴潮灾害比较严重的国家，自1900年以来，袭击日本的风暴潮多达100多次，其中风暴潮增水超过2米的多于15次。1959年日本“伊势湾台风”风暴潮最大增水3.45米，名古屋最高潮位5.81米。此次风暴潮共毁坏民房55.3万户，死亡和下落不明者5180人，受灾人口达150万人。

美国也是一个频繁遭受风暴潮灾害的国家，并且与中国一样，既有热带风暴潮又有温带风暴潮。1969年美国墨西哥湾沿岸“卡米尔”飓风风暴潮最高增水达7.5米，这是自有仪器验潮以来记录到的世界第一位风暴潮。（王东晓）

**风暴沉积**　tempestite deposit　在风暴影响下在海洋和水盆地中形成的沉积。风暴沉积的主要特点：具有粒序递变，反映悬浮状态沉积物快速沉积过程；具波浪、涡流作用形成的底磨构造和交错层理，特别是丘状层理，其中平行层理和丘状交错层理是风暴沉积中最具特色的层理类型，分别是由底部强烈的剪切水和浪生振荡流形成的；所含砾石、生物化石都是原地的或浅海环境的；内部可能见到遗迹化石。

典型风暴沉积与*浊流沉积*的区别是：①流态。浊流是单向的，风暴流是双向或多向的，局部也可呈单向。②层序组合。浊流沉积属深水沉积组合，而风暴沉积则为浅水组合。③垂向层序及层内沉积构造。风暴沉积与浊流沉积具有相似的鲍马层序，但风暴沉积具有典型的丘状交错层理，而浊流沉积则没有。④层面构造。风暴沉积中常见特殊的渠槽和钵模，而浊流沉积常见槽模和重荷模。⑤生物标志。风暴沉积中化石组合标志着浅水陆架环境，而浊流沉积中既有浅水生物化石，也有深水生物化石，表现为原地和异地生物混杂。此外遗迹化石也有不同，风暴沉积中以叶迹、针迹为主，浊流沉积中以弯曲及网状觅食迹为特征。（于晓果　边叶萍）

**风潮**　wind surges　由于台风、温带气旋、冷锋的强风作用和气压骤变等强烈的天气系统引起的水面异常升降现象。它和相伴的狂风巨浪可引起水位上涨。又称风潮增水。如由中国北方的寒潮或冷空气所引起的渤海风潮，属于超浅海风暴潮类型。开始，东南风将黄海水经海峡吹入渤海，分别向渤海湾和辽东湾运移。同时，背风的东南沿岸海水也被迁往对岸，造成整个渤海西北岸增水、东南岸减水的势态，而辽东湾和莱州湾又各自独立地形成一类似系统，唯渤海湾处于增水状态。强东北风吹起后，一面因柯氏力的作用继续将黄海水迁入，一面又使渤海内部海水自东北向西南转移。因而，辽东湾内的海水迅速倾出，逐渐变为全湾减水，而渤海湾和莱州湾则迅速灌入，变为全湾增水，渤海湾尤为强烈。因为增水强烈，水面坡度逐增，以致渤海湾内局部地区的倾斜流较快地发展而强于风海流，出现了表层流的辐聚和水平环流，并在柯氏效应下使进入渤海湾的海水一部分又转入了莱州湾。同样，辽东湾由于猛烈减水，倾斜流也在局部地区首先占据优势，出现了表层流的辐散。风停之后，倾斜流逐渐使水量返回，渤海西南部海水逐渐向东北回迁，一部分经海峡返回黄海，另一部分回灌入辽东湾，水面逐渐复原。但由于渤海湾倾出的水一部分继续进入莱州湾，因而莱州湾的复原较渤海湾缓慢，致使风停后莱州湾的水位转而高于渤海湾，直至整个渤海全部复原。

（王东晓）

图1　英国西威尔士海岸阿伯里斯威斯的风潮

图2　英国兰开夏郡布莱克浦的风潮

**风浪**　wind wave　在风直接作用下产生的海面波动。风浪的生成和成长的机制是海浪研究中最基本的问题。

基本特征　风浪中同时出现许多高低长短不等的波，波面较陡，波峰尖峭、线短，周期短。当风大时常常出现破碎现象，波峰附近通常有浪花或大片泡沫，此起彼伏，瞬息万变，可视为随机量。故可用统计学的方法研究风浪的运动规律，计算风浪特征量，如部分大波的平均波高和平均周期等。这些代表风浪强度的特征量，决定于风速、风作用区域（风区）的大小和风作用时间（风时）的长短。

在一定风速下，风浪随风区的扩展和风时的增加而成长。在离风区上侧边界很远的地方，风浪只随风时成长，处于过渡状态；在风区上侧边界附近，风浪只随至此边界距离的增大而成长，处于定常状态。如果风速一定，则风浪成长至一定的大小时，内部消耗的能量和从风摄取的能量达到平衡，风浪便不再成长，而处于充分成长的状态。

生成和成长的机制　风在水面吹起波浪，波浪出现后又改变波面附近气流的流场，因此风浪是风和水面相互作用的产物。这是一个极度复杂的过程，要严格加以定量分析是十分困难的。早在19世纪中后期，物理学家开尔文和H.von亥姆霍兹利用平行气流和气-水界面的不稳定性解释风浪发生的原因。20世纪初，物理学家H.杰弗里斯指出，在风作用下波峰两侧的压力不对称，并依此计算了风浪的成长。直到40年代初，挪威海洋学家H.U.斯韦尔德鲁普和美国海洋家W.H.蒙克将经典液体波动理论和观测资料结合起来，通过能量平衡计算出风浪的成长。1957年，美国O.M.菲利普斯和J.W.迈尔斯分别提出各自的模型，以较严格的力学方法处理风浪的生成和成长的问题。

菲利普斯共振机制。菲利普斯假定，当风吹行于水面时，气流中的涡以平均风速移动，这时水面因所受压力不均匀而产生起伏，形成波动；气流中的压力和产生的波动，均由频率（或波长）不同的波动成分所构成，当压力和波动中同一频率的成分之间发生共振时，该频率的波动能量就随时间线性地增大，风浪即通过此过程生成和成长。他认为生成的波对气流中的涡和压力的结构不产生影响，气流和波动是非耦合的。对于初生的小波，这个假定尚可接受，故上述的共振机制，理论上适用于风浪的生成和成长的初始阶段。但测量出的共振理论所需的风中的压力起伏，难以产生实际的风浪。有的实验还表明，初生风浪的能量随时间按指数律成长且有可能采用其他机制取代菲利普斯的共振机制。

迈尔斯切流不稳定理论。在利用两种流体的界面不稳定性来探讨风浪的生成和成长机制的种种尝试中，最重要的为迈尔斯的切流不稳定理论。他根据风的湍流性质，假定水面上的平均风速随高度依对数律分布，然后引入水面的小振幅波动（见**海浪**），它使原来的平行气流受到干扰，而产生和波动相联系的运动及相应的应力。因此，在理论上可证明风在临界层（位于平均风速等于波速的高度）损失的能量和动量，是通过这种应力向下传递，最后由压力传输给波浪的。风传给波浪的能量，随时间按指数律成长。这种理论适用于解释较大风浪的成长。菲利普斯共振机制和迈尔斯切流不稳定机制被用来描述风浪生成和成长的两个阶段，迈尔斯还将它们纳入一个联合的模型中。

风浪计算方法　在20世纪50年代各国提出的许多风浪要素计算方法中，除早期的特征波方法和谱方法仍被采用外，主要的趋势是发展数值方法。数值模型虽然很多，但其共同的困难是，方程中包含的能量摄取和消耗的源函数难以准确计算。因此，一部分学者转而使谱参量化，并就谱中参量建立方程以求其数值解。但是，这些理论方法都存在困难。由于观测技术的改进，累积了丰富的资料，使经验的风浪计算公式和谱方法仍然受到重视。

理论发展趋势　多数观测表明，迈尔斯的不稳定机制提供的能量，远小于风浪成长的实际需要。为了改进这个理论，曾进行大量的观测工作和理论工作，主要内容为：①引入波动和气流湍流间的相互作用（这是在迈尔斯模型中所未考虑的）。②在使用的方程中保留非线性项，用数值方法求解。

（王东晓）

**风生环流**　wind-driven circulation　海洋中由海表面风应力驱动的大尺度环流，它与由海表面热盐通量驱动的**热盐环流**构成了海洋大尺度运动的两种主要形态。风生环流是海洋中主要的流动形态，主要分布在1000米以上的海洋上层。由于地球上太阳辐射的不均匀性及地球自转原因，形成了行星尺度的东西向风系，如在北半球，赤道附近盛行东北信风，中纬度地区盛行西风，而极地地区盛行东风。行星风系作用在海面的风应力使表层海水产生运动。海水一旦运动起来，随之产生几种效应：①运动的表层海水在侧向和垂向产生湍流应力（摩擦力）。②表层海水的辐合和辐散使海水密度重新分布，而产生水平压强梯度力。③受地球自转的影响而产生的转偏向力（又称科氏力）。海水在摩擦力、压强梯度力和地转偏向力的作用下达到平衡，形成稳定的水平流动，就是风生环流。挪威海洋学家H.U.斯韦尔德鲁普1947年的大洋内区环流理论、H.M.施托梅尔的大洋环流西向强化理论及美国海洋学家W.H.蒙克1950年的大洋环流理论，共同奠定了现代大洋风生环流的理论基石。

在上述行星风系的驱动下，在全球大洋中形成了南北方向以全球高（低）气压带为中心，东西方向则跨越整个洋盆的结构较为明确的环流结构。在太平洋和大西洋的北半球均分布着副热带环流和副极地环流，南半球均分布着副热带环流。而在印度洋则仅在南半球存在着印度洋副热带环流。例如，北太平洋副热带环流沿顺时针方向流动，其由东北信风驱动的、西向的北赤道流（北纬8°～20°）与由西风驱动的、东向的**北太平洋流**（北纬30°～50°），及北向的西边界流黑潮和南向的东边界流加利福尼亚流构成。北太平洋副极地环流则沿逆时针方向流动，其由东向的北太平洋流，东北边界附近、先北向后西向的阿拉斯加流，以及西北边界附近、西南向的堪察加流及亲潮构成，而西向的阿拉斯加流、堪察加流等受到极地东风的驱动。再如，南印度洋副热带环流沿逆时针方向运动，它由西向的南赤道流、非洲东岸南向的阿古勒斯海流，一部分东向的**西风漂流**和北向的澳大利亚海流组成。印度洋南赤道流是由南纬10°以南相对稳定的东南信风所形成的风生漂流，而阿古勒斯海流是南印度洋的西边界流。

而在南半球中高纬度，由于缺少大陆边界的阻挡作用，形成了环绕南极大陆的、自西向东流动的**南极绕极流**。南极绕极流的流层可超过2000米，成为世界海洋中最强的海流，也是最典型的西风漂流。在南极绕极流的南部，则存在着狭窄的、西向流动的**东风漂流**。

（王　凡）

**风-蒸发-海表温度正反馈**　wind-evaporation-SST feedback　海面风速加强（减弱）影响蒸发潜热释放的增加（减少）而导致海表温度的降低（升高），海表温度的降低（升高）又会导致局地或邻近海域海面风的进一步加强（减弱）的正反馈机制。该机制用来解释赤道东太平洋和大西洋的热带辐合带为何终年处于赤道以北和热带太平洋经向模、**大西洋经向模**等重要海-气相互作用现象。

由于热带东太平洋南北陆地分布的差异，赤道以北的海温要比赤道以南相同纬度的海温更高，由此造成赤道南北之间的海面气压差，形成向北的越赤道气流；气流越过赤道后受科氏力的作用向右侧偏移，形成西南风，减弱局地的东北信风，导致海面蒸发减弱，海温进一步升高；而在赤道以南，向北的越赤道气流受科氏力作用向左偏移，形成东南风，加强局地的东南信风，导致海面蒸发加强，海温降低；赤道南北两侧的海温和气压差异由此进一步增大，赤道以北的海温不断升高达到激发大气对流的阈值，形成稳定的云区和雨带，此即为热带辐合带。因此，该机制可

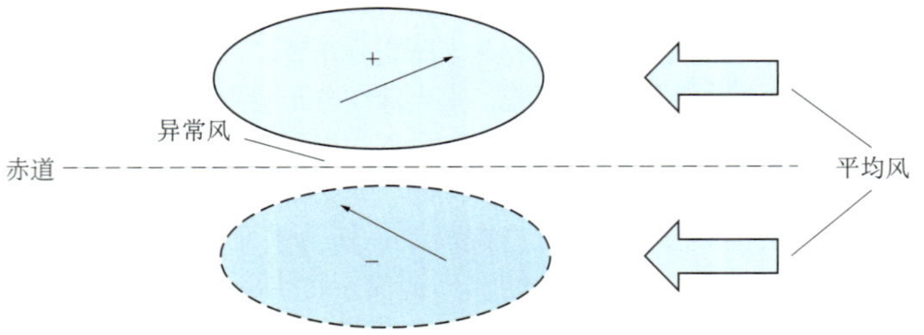


风－蒸发－海表温度正反馈示意图

以将热带东太平洋的热带辐合带维持在赤道以北。同理，该机制也可以解释大西洋的热带辐合带维持在赤道以北的现象（见图）。（谢瑞煌）

**浮浪幼虫**　planula larva　腔肠动物门薮枝螅（*Obelia*）、海月水母（*Aurelia aurita*）、海蜇（*Rhopilema esculentum*）、海葵（sea anemone）等海洋腔肠动物在发育过程中经历的幼虫阶段。这些腔肠动物胚胎发育到原肠胚阶段时，表面遍生纤毛，能在海中浮游生活一段时间，因此称为浮浪幼虫。浮浪幼虫呈长圆柱形，两端钝圆，前端比后端略宽。由两胚层组成，内胚层细胞集中于体内，无空腔，故又被称为实囊幼虫。浮浪幼虫在自由生活一段时间后，沉落到水底，在固体物质上附着，失去纤毛，发育成水螅体（polyp）。

薮枝螅又称薮枝虫，是生活在海洋中的腔肠动物门（Coelenterata）水螅虫纲（Hydrozoa）动物的典型代表。它们生活在浅海，生活史中有水螅型和水母型两个世代。水螅型为树枝状的群体，固着生活在海藻、岩石或其他物体上，群体中有不同的个员：具触手和口，专门捕食的为营养个员，又称水螅体；没有口和触手，负责出芽生殖的为生殖个员，也叫生殖体。生殖体经出芽产生水母芽（无性生殖），水母芽长成水母体后脱离生殖体在水中自由生活。水母体有雌雄之分，产生的精、卵结合（有性生殖）后，以内移的方式发育成实心的原肠胚，在其表面生有纤毛成为浮浪幼虫，在海中游动一段时间后，固着下来，以出芽的方式形成水螅型群体，表现出世代交替现象。

*海月水母*属于腔肠动物门钵水母纲（Scyphozoa），广泛分布于世界各海区，伞径最大可达400毫米。其生殖腺产生精、卵结合发育到囊胚后，以内陷的方式形成原肠胚，胚胎表面长出纤毛，成为浮浪幼虫。浮浪幼虫在海水中游动一个时期后，附着于海藻或其他物体上，发育成小的螅状幼体（hydrula），再通过横裂（无性生殖）产生碟状体（ephyra），进而发育成水母体。

腔肠动物门珊瑚虫纲（Anthozoa）的海葵只有水螅型，没有水母型。固着生活与海中岩石或其他物体上。海葵多为雌雄异体，在雌体内或海水中受精，多数发育经浮浪幼虫期。（朱丽岩）

**浮力材料性能指标**　performance index of buoyancy material　衡量浮力材料在水下环境中提供浮力、抵抗压力和环境影响的能力的关键参数。根据浮力材料不同的具体工作场合，在设计和使用时一定要注意的性能指标要求。

海洋浮力材料性能指标主要包括以下8个方面：①浮力系数。一般可以用浮力材料的排水量与其质量之比表征，也可用海水密度与其自身密度之比表征。浮力材料越好，材料单位体积可提供的浮力越大，从而提高材料的有效载荷能力。②抗压强度。在单向受压力作用破坏时，单位面积上所承受的最大荷载。抗压强度越高，材料的工作深度越深。③吸水率。一般可采用材料浸入水中在一定时间内（如24小时）所吸收水的质量，占其浸水前实测质量的百分率来表征。材料吸水率越低，浮力系数越稳定，可更好地保证深海设备的安全性和可靠性。④体积弹性模量。一般指材料在三向应力作用下，平均正应力与相应的体积应变之比，如果在材料弹性范围内则称为体积弹性模量。可见，体积弹性模量越大，则浮力材料性能越稳定。⑤耐磨性。一般指材料在一定摩擦条件下抵抗磨损的能力，以磨损率的倒数来评定。深海环境是一个动态的环境，要求浮力材料具有较高的耐磨性。⑥耐腐性。一般指浮力材料抵御大气和海水腐蚀的性能。固体浮力材料一般要具有较高的耐腐性。⑦刚度。一般指结构或构件抵抗弹性变形的能力，用产生单位应变所需的力或力矩来量度。浮力材料要具有较高的刚度。⑧机加工性。浮力材料有时具有良好的可机加工性能，以满足各种安装和应用的需求。（黄　滨）

**浮膜辐射雾**　floating film radiation fog　在海滨、港湾和高纬度内海，由于油污或杂质覆盖在海面上而生成的雾。

*形成*　有时某一小范围海区内，海面像是漂浮着一层薄膜。这层薄膜或来自海面上油污或腐烂的有机物，抑或来自海洋内部固体杂质（如微细泥沙和生物残体等所形成的悬浮体）的上浮。这种薄膜，俨然似海面上一层固体表面，起着辐射冷却作用。静稳天气条件下，无风或微风的晴夜，浮膜的辐射冷却作用，比其周围无浮膜的海水表面辐射冷却作用强，黎明前便有可能在浮膜上形成浮膜辐射雾。这种下垫面辐射冷却导致的成雾过程在物理实质上与陆地辐射雾是类似的。

*海面浮膜的辐射冷却作用*　浮膜由海面油污或表层腐烂有机物构成，油比水的红外辐射率更高，浮膜吸收太阳辐射并将该辐射的一部分转化为热能，以长波辐射的形式向上发射辐射，使浮膜表面温度降低。在晴夜黎明前，辐射冷却后的浮膜容易使得暖湿空气在其上凝结成雾。在卫星红外监测中，浮膜中心温度表现比海水更冷，常常与低云、海雾等难以区分。

*分布*　浮膜辐射雾很淡薄，范围也小，出现在海面上似层青烟，多见于内海、岸滨或港湾水域的黎明前后，日出后常趋于消失。

*危害*　形成浮膜的油污和腐烂有机物对海洋造成污染，同时形成海雾，更不易被发现，容易影响海上作业。（张苏平）

**浮式生产储油卸油装置**　floating production, storage and offloading system; FPSO　漂浮于海面同时具有生产、加工、储油和卸油等功能的综合性海上油气生产装置。FPSO是全海式油田开发工程中的核心单元。从油井中生产的原油流经海底管道、单点被送到FPSO上的油、气、水处理工艺模块，经脱水、脱气处理后达到稳定的合格商用原油储存于FPSO的原油储存舱中。运油轮定期（一般为5～10天）系靠FPSO，将储存在原油储存舱中的商用原油运送至炼油厂，以保证FPSO在海上油田的连续作业。

*发展概况*　FPSO作为一种专用的油气生产装置出现在20世纪70年代。早期的FPSO均是由旧油轮改造而成。1976年壳牌石油公司用一条5.9万载重吨的旧油轮改造成了世界上第一条FPSO，1977年应用在地中海卡斯特利翁油田。自90年代以后，FPSO成为海上油气生产的主要手段，并得到迅速发展，吨位达到十几万载重吨，有的甚至达到40万载重吨级。

浮式生产储油卸油装置

世界上共投产FPSO上百条。

中国的FPSO出现于20世纪80年代末，1986年在中国北部湾油气开发中首次采用了FPSO“南海希望号”，是由一条17万载重吨的旧油轮改造而成。中国最大的FPSO为渤海蓬莱19-3油田作业的30万载重吨级的FPSO“海洋石油117”，其船长323米，宽63米，设计寿命25年，上海外高桥船厂建造，2007年4月命名交付中海油，2009年3月安装成功，储油200万桶，每天处理原油19万桶，作业人员140人。

主要组成　FPSO主要由巨型浮体和单点系泊系统组成，通过单点系泊定位在海上，浮体围绕单点可以360°转动，这可以减小作用在FPSO系统上的载荷。系泊方式包括软钢臂系泊和内转塔系泊。浮体上配备有完善的保船设备与系统，如压载系统、舱底水系统、扫舱、洗舱系统、海水系统、淡水系统、燃油系统、滑油系统、消防系统、救生系统及航行信号系统等。

FPSO上配备大功率的电站与热站，为油田开采和油、气、水处理提供电能和热能；FPSO上的生活模块为油田管理人员与生产作业人员提供舒适的生活、办公与娱乐设施；FPSO是海上油田开采的指挥中心，因此FPSO上设有高度自动化的中央控制室，同时还配备有无线电通信、光纤通信（或微波通信）设备、自动电话系统和火气探测系统等，以保证油气生产的正常操作与安全作业。（田育丰）

**浮式液化天然气储存装置**　floating liquefied natural gas storage system; FLNG　置于海上的浮式液化天然气处理平台，主要适用于偏远海上气田。采用该技术可以根据海上天然气田的生产状况，灵活配置FLNG船，把天然气加工和液化的装置放到海上，在海上作业，不必建设天然气压缩平台和长距离海底管道，而且具有开发成本低、对环境影响小、附属工程量小、生产周期短、设施可重复使用等优点。借助创新的FLNG装置，可以开发过去由于成本过高而无法开采的海上边际气田。

结构特点　由于深海天然气田开发要求开发平台具备较大的储存能力，因此通常采用船形设计。FLNG因具有与浮式生产储油卸油装置（FPSO）相同的船型及定位方式而具有如下特点：投资相对低、建造周期短、可重复使用、机动性和运移性较好，具有适应深水采气的能力、较大的抗风浪能力、大产量的油气水生产处理能力和LNG储存能力。FLNG可以与导管架井口平台以及自升式钻采平台组合成为完整的海上采气、油气处理、LNG储存和卸载系统，也可以与海底采气系统和LNG运输船组合成为完整的深水采气、油气水处理、天然气液化、LNG储存和卸载系统。

浮式液化天然气储存及再气化装置

主要组成　浮式液化天然气储存装置主要有液化天然气储罐、液化石油气储罐等。相当于将岸上天然气液化工厂安置于FLNG船体的甲板上。但是，甲板面积仅有岸上天然气液化工厂面积的1/4，使天然气液化系统工艺流程十分紧凑。流程中主要包括制取制冷剂的氮膨胀机循环系统、液化及冷凝抽提系统、气体处理系统等。整个系统具有结构紧凑、安全性好、对船体运动的敏感性低等特点。（张若瑜）

**浮式钻井生产储油卸油装置**　floating drilling production storage and offloading system; FDPSO　漂浮于海面具备钻探、生产、储油和外输等功能的综合性海上油气生产装置。传统深水油气开发需要两套功能各自独立的系统，即钻井系统和生产储油系统，需要较大的投资和较长的建设周期。FDPSO是在浮式生产储油卸油装置（FPSO）的基础上配置了钻井设备，使其既具备FPSO良好的生产储油功能，又具备钻探和完井功能，从而降低成本，缩短生产周期，在修井时可以不停产。

发展概况　FDPSO在20世纪90年代首次提出，引起海洋工程界的广泛关注。2009年8月，世界上第一条FDPSO在西非海域的Azurite Marine油田投入使用。该FDPSO由新加坡吉宝船厂将一条超大型油船（VLCC）改造而成，船东是Murphy石油公司。世界上第二条FDPSO是“塞旺钻井”（SEVAN DRILLER）号，2010年2月开始在巴西国家石油公司的油田钻井作业。该FDPSO由中国南通中远船务工程有限公司建造，为世界首座圆筒形超深水海洋钻探储油平台。

主要组成　FDPSO通常由上部甲板、船体、钻井系统、定位系统和立管系统5部分组成。①上部甲板。一般包含油气生产系统、污水处理系统、供电供热系统、泥浆循环系统、生产控制系统以及生活区和直升机平台等。直升机平台是为海上人员交通和应急使用。②船体。一般包含储油舱、压载水舱、燃油舱、淡水舱、机舱、锚链舱和与生产相关的工艺舱等。③钻井系统。位于船体中部，一般包含井架、提升系统、转动系统、钻杆、升沉补偿系统、井控系统等。升沉补偿系统用于补偿船体垂荡。井控系统是对井压进行控制，及时对事故进行预防、监测、控制和处理。④定位系统。FDPSO的定位系统一般采用动力定位和系泊定位两种方式。动力定位系统是一种闭式循环控制系统，不断自动校对船体位置，检测出位置偏移量，再根据外界作用力计算出所需推力的大小和方向，对各推力器进行推力分配，从而使船体回复到所要求的位置。系泊定位系统包括导缆器、系缆和锚等。⑤立管系统。一般包括生产立管和钻井立管两种。其中，生产立管将海底的油气资源传输到船上，一般采用柔性立管或悬链式立管。钻井立管一般采用张紧式立管，通过自带的浮力罐提供张紧力。（田育丰）

**浮游生物采样器**　plankton sampler　对海洋中的浮游生物进行采样的装置。浮游生物采样器主要包括浮游生物网、浮游生物连续记录仪和浮游生物泵等。

浮游生物网分为简式浮游生物网和复合式浮游生物网两类。简式浮游生物网主要由网口、网衣和取样瓶组成。网口用于收集浮游生物样品，使样品进入网的通道，通道呈圆形、方形或者三角形。网衣与网口相连，通常有多个不同网眼规格的网衣可以连接到网口，以采集不同尺寸的浮游生物样品。取样瓶位于网衣的末端，用于将采集到的浮游生物样品收集到瓶中。复合式浮游生物网是在网架的不同位置安上多个网，用于采集水中不同层位的浮游生物样品。

浮游生物连续记录仪是一种在固定深度快速、连续地采集浮游生物样品的仪器。记录仪的前端有一个进水孔，是样品进入的通道，内部是样品采集装置。进行样品采集时，水流推动记录仪自带的螺旋桨驱动齿轮装置转动，卷在卷轴上的两卷筛绢随着齿轮的转动而展开，这样浮游生物会被过滤在下层的筛绢上。而上层的筛绢覆盖到下层的筛绢上起到保护作用。之后它们被卷到一个含有福尔马林的卷轴上进行固定保存。

浮游生物泵是泵与筛绢的结合，被泵抽取的海水经筛绢过滤从而获得浮游生物样品。（王杭州）

**浮游植物甾醇** phytoplankton sterol 存在于浮游植物体中的具有特定化学结构和生物活性的天然甾体化合物。甾醇是以环戊烷多氢环为基础结构的脂类化合物，通常含有17～30个碳原子，属于四环三萜类化合物。由于在3号位碳上连接一个羟基，又称固醇类化合物。甾醇广泛存在于动植物的细胞膜结构中，对细胞膜的流动性和渗透性具有重要作用。已报道的植物甾醇种类超过200种，其中浮游植物产生的甾醇种类约30种，如菜籽甾醇、甲藻甾醇和链甾醇等。

指示生产力和群落结构 一些甾醇由特定类型的浮游植物产生且能够稳定在沉积物中保存。在海洋有机地球化学的研究中，常被作为指示沉积物中海洋有机质来源、浮游植物生产力及群落结构变化的生物标志物。如菜籽甾醇主要来自硅藻，被用作指示硅藻生产力/丰度的生物标志物；甲藻甾醇则可以作为指示甲藻的生产力/丰度变化的生物标志物。在长时间沉积记录中，由浮游植物甾醇的含量变化所指示的浮游植物生产力及群落变化可以进一步反映海洋环境的变化。此外，依据甾醇来源的不同，在河口近岸区，浮游植物甾醇与陆源植物甾醇的比例变化可以指示海陆源有机质的贡献。随着色谱技术及同位素质谱技术的发展，浮游植物甾醇的氢同位素可以被准确测定。例如，在海洋、湖泊沉积物中，甲藻甾醇中氢同位素氘的丰度（$\delta D$），可以反映浮游植物细胞生长速率，进一步能够反演水体的盐度变化，重建降雨强度等自然与海洋环境的变迁。

应用 由于甾醇具有来源专一性和结构稳定性，其在**有害藻华**的研究中也具有应用前景。自20世纪70年代起，中国近海以及诸多河口和海湾有害藻华频发，对海洋生态系统的平衡、渔业资源的可持续发展以及沿海经济都带来了严重危害。利用浮游植物甾醇在有害藻华暴发海区的浓度及相对比例，结合浮游植物生长习性及生理生态与海洋水体环境的关系，可以判断和预测有害藻华暴发的类型变化和时间变化。例如，培养实验揭示了甲藻甾醇和菜籽甾醇含量与甲藻和硅藻在水体中的细胞丰度具有明显相关关系，因此，测定海洋环境中甲藻甾醇和菜籽甾醇的浓度变化可以判断有害藻华的暴发类型。但全球许多海域的有害藻华暴发区还未建立专属的有害藻华甾醇数据库，也未形成统一的行业标准品，因此无法实现对藻类的定量估算，从而限制了甾醇在海洋生态和环境中的应用。

浮游植物甾醇的化学结构与胆固醇存在细微差异，某些浮游植物甾醇具有利于人体健康的生理活性与药理作用。因此，浮游植物甾醇也具有一定商业前景与医学健康的应用价值。例如谷甾醇在抗癌、降血脂、抗菌消炎、抗糖尿病及抗神经性退化等方面具备良好的药理作用。同时，谷甾醇对皮肤具有很高渗透性，能促进皮脂分泌，保持皮肤湿润和柔软，是良好的护肤物质，已被广泛应用于功能食品、保健品、制药等行业。（李大伟）

**辐射雾** radiation fog 夜间地面因辐射而冷却，使贴近地面的空气降温，导致水汽凝结而形成的雾。见**海雾**。

**福布斯，E.** Edward Forbes（1815-02-12～1854-11-18） 生于马恩岛的道格拉斯，卒于爱丁堡附近。英国博物学家，海洋生态学的开拓者。曾在爱丁堡大学学医，后转向自然科学。

1842年任伦敦地质学会博物馆馆长，同年成为伦敦国王学院植物学教授，1844年为英国地质勘探队的古生物教授，1851年任皇家矿业学院博物学教授，1853年任英国地质学会会长，1854年成为爱丁堡大学博物学教授。

福布斯大半生从事软体动物和海星研究，先后在爱尔兰海、法国、瑞士、德国、阿尔及利亚、奥地利和地中海从事海洋探险和生物学考察。他指出生物的种类有随海洋深度增加而减少的趋势，发现了海洋生物垂直分布的分带现象，按深度将爱琴海的生物划分为8个带；将欧洲海域划分为若干个生物地理省，于1850年发表了《英国海产生物分布图》，开创了海洋生物地理学的研究领域。他和R.戈德温-奥斯汀合著的《欧洲海的自然史》（1859），被公认为海洋生态学的第一部论著。他提出海深550米以下是无生命带，后来被证实是错误的，但推动了深海生物的考察与研究的进程。其主要著作还有《不列颠海星类生活史》（1841）、《不列颠软体动物生活史》（4卷，1852）等。（孙关龙 刘安国）

**福建深沪湾海底古森林遗迹国家级自然保护区** Shenhu Bay Submerged Forest Remains National Nature Reserve, Fujian 以具有7000多年历史的海底古森林遗迹和距今25 000～9000多年的古牡蛎礁遗迹为主要保护对象，同时保护湾内的海岸自然地质地貌，以及其他名胜古迹和防风林带的国家级自然保护区。位于福建中部晋江半岛南东端深沪湾潮间带，北至龙湖衙口，东濒台湾海峡，地理坐标为东经118°34′18″～118°40′54″、北纬24°30′49″～24°41′27″，总面积3100.00公顷。深沪湾海底古森林遗迹于1986年首次发现，1992年10月被列为国家级自然保护区（图1）。

图1 福建深沪湾海底古森林遗迹国家级自然保护区标识

深沪湾海底古森林是由陆变海最明显的标志，主要分布于距海岸100～200米外土地寮一带低潮区的潮滩上，退潮时可见分布约1平方千米的古森林，通常位于水深2～3米的潮间带，呈三片分布，已发现有60余株以上。其中22株在中潮区、2株在低潮区。最大树桩面直径达100厘米，最小为30厘米。树桩露出滩面1～30厘米，有些被沙淹没，据地震仪测定，古树桩埋藏部分的长度可能为20～25米。其原始直立状态保存良好，在沙滩上不规则地集中排列，均呈黄褐色，树皮则呈黑褐色，为罕见的“古树化石”，极具科学研究价值（图2）。据多家单位鉴定，这些海底古森林遗迹以裸子植物油杉为主，夹有皂荚树、桑树、南亚松等多个属种。据多个品种碳-14（$^{14}C$）同位素年龄测定，其年龄在距今6761±193年至距今7620±130年。

在与海底古森林遗迹相距约300米的潮间带海滩上，横卧着方圆约5000平方米的古牡蛎礁，它是大量古牡蛎死亡后胶

图2 保护区退潮后裸露出来的古木

结成礁的古遗迹。礁体长约500米、宽约300米、厚20～40厘米。从壳体分析，主要以长牡蛎、僧帽牡蛎和近江牡蛎为主，直接附着于基岩上，呈原生直立双瓣俱存完整保存下来。据测定，生长年代为距今25 800～9355年，且大部分样品测得距今20 000～15 000年，因此深沪湾大片古牡蛎生长年代可追溯至25 000～9000年前及晚更新世的末次盛冰期。

深沪湾海底古森林遗迹与生长环境迥然的古牡蛎礁遗迹共存同一海域，是中国唯一发现的，也是世界上唯一的地质奇观。保护区的建立，对于研究闽东南沿海地区的地质、古地貌、古气候、古生物、地震、新构造运动、海平面升降等，均具有极为重要的价值。（张朝晖）

**福建厦门珍稀海洋物种国家级自然保护区** Xiamen Rare Marine Species National Nature Reserve, Fujian 以中华白海豚、文昌鱼等珍稀海洋生物及黄嘴白鹭等鸟类为主要保护对象的中国国家级自然保护区。位于福建省厦门市，地理位置为东经117°27′～117°52′、北纬24°22′～24°44′，总面积7588.00公顷。保护区于2000年批准建立，由原有的厦门中华白海豚省级保护区、厦门大屿白鹭省级保护区和厦门文昌鱼市级保护区合并而成。

保护区保护12种珍稀物种，分别是国家Ⅰ级保护动物中华白海豚，国家Ⅱ级保护动物文昌鱼、黄嘴白鹭和岩鹭，以及（小）白鹭、大白鹭、中白鹭、夜鹭、池鹭、中背鹭、苍鹭和小杓鹬8种鸟。其中，有6种是国际双边候鸟协定的物种；白鹭是厦门市鸟，也是原省级保护动物。

保护区是中华白海豚的两个主要分布区之一（另一个为珠江口海域）。中华白海豚现有种群数量约40头，种群结构尚能保证其繁衍后代，具有极为重要的保护和研究价值。保护区还是文昌鱼的主要栖息地之一，由于其在进化系统中位于无脊椎动物到脊椎动物的过渡类型，是五亿年前脊椎动物的始祖，素有“活化石”之称，在动物进化研究和动物学教学方面具有重要的意义。此外，区内大屿岛、鸡屿等岛屿上还分布有黄嘴白鹭、岩鹭、白鹭等10种滨海鸟类，种群数量近3万只，为黄嘴白鹭的模式种产地，在动物分类学上具有特殊的意义。在厦门东海岸（隔海与金门、澎湖岛相望）一带所发现的岩鹭为灰黑羽色，与中国大陆其他地方及港台所见的岩鹭羽色相同，具有亚热带地区的代表性。

厦门猴屿海域的中华白海豚

保护区的建立有利于中华白海豚、文昌鱼、鹭鸟等海洋珍稀生物的保护、研究、管理和开发，同时对保护厦门市的生态环境，促进厦门市的经济发展具有重要意义。（张朝晖）

**福建漳江口红树林国家级自然保护区** Zhangjiang Esturay Mangrove National Nature Reserve, Fujian 以红树植物、湿地水鸟、东南沿海优良经济水产种质资源为主要保护对象的湿地类型国家级自然保护区。位于福建省漳州市云霄县境内，漳江出海口石矾塔以西的广阔滩涂上，地理坐标为东经117°24′07″～117°30′00″、北纬23°53′45″～23°56′00″。总面积2360.00公顷。建于1992年，2003年晋升为国家级自然保护区，2008年被列入《国际重要湿地名录》。

福建漳江口红树林国家级自然保护区湿地景观

漳江口红树林是福建省种类最多的红树林天然群落，也是北回归线北侧面积最大、种类最多、生长最好的红树林天然群落。保护区内现有天然红树林200多公顷，主要树种有秋茄、木榄、白骨壤、桐花树、老鼠簕5种。是东亚水鸟的重要栖息地和停歇地，旅鸟在此中转和休憩，候鸟在此越冬或度夏。鸟类共15目38科154种，有反嘴鹬、红嘴鸥、大白鹭、小白鹭、褐翅鸦鹃、绿翅鸭等多种稀有鸟类，包括被列入《国家重点保护动物名录》的Ⅰ级保护动物《世界自然保护联盟濒危物种红色名录》中的黑脸琵鹭。保护区还是许多水产资源的优良种质资源库，重要的经济鱼类种质资源有黄鳍鲷等，重要经济软体动物种质资源有泥蚶、多纹巴非蛤、长竹蛏、缢蛏等，重要经济种质资源有二色桌片参、黑斑口虾蛄、方格星虫等。主要的养殖品种有泥蚶、锯缘青蟹、缢蛏等，这些海产品味道鲜美、营养丰富，远近闻名，也是周边群众重要的经济收入来源。

红树林是生长在海岸潮间带并适应其独特生境的树木群落，具有防潮护堤、减缓径流、防洪蓄旱、保持水土、降解污染物等生态功能，被誉为海岸卫士。保护区的建立，保存了中国天然分布最北大面积天然红树林，具有很高的保护研究价值。（张朝晖）

**俯冲带** subduction zone 邻近两个岩石圈板块之间发生俯冲作用的地带。又称消减带、消亡带、隐没带。

类型 根据构造特征，将俯冲带可分为陆–陆俯冲的A型俯冲带和洋–陆俯冲或洋–洋俯冲的B型俯冲带两种类型。A型俯冲这一术语是为了纪念奥地利阿尔卑斯山地质学家O.安普费勒而命名的，B型俯冲是以美国地震学家V.H.贝尼奥夫之名命名的。

现代B型俯冲带多数分布在环太平洋海沟和地震带，也分布于印度洋东北缘爪哇海沟、大西洋波多黎各海沟及南桑威奇海沟区。根据弧后区的应力状态及其他特征，将B型俯冲带进一步划分为两种类型：智利型俯冲带，即高应力、弧后挤压的缓倾俯冲带；马里亚纳型俯冲带，即低应力、弧后扩张的陡倾俯冲带。俯冲带以发育海沟、岛弧及强烈地震、火山活动而形成地震带及火山弧为特征。俯冲带地震贝尼奥夫带的厚度为20～30千米，以30°～70°的角度倾斜插向大陆，贝尼奥夫带内部的地震分布不均匀，从海沟地表到深度为40千米是一个地震密集带，深度200～500千米是第二个地震密集带，最深可达700千米。俯冲带的重力异常受到地壳不均匀、地形的控制。据千岛–堪察加海沟5条测量值，海沟轴部自由空间重力异常最低值为$-228$毫伽（1毫伽$=10^{-3}$厘米/秒$^2$）；带火山弧最高值可达到$+229$毫伽。

结构 从西太平洋活动大陆边缘地质特征来看，俯冲带的结构包括海沟洋侧挤压隆起带、洋侧斜坡、海沟底、海沟陆侧斜坡下部和增生楔、洋壳的剥离与加积、前弧与火山弧。

研究意义 俯冲带是地球上地壳活动最强烈的地带，对这里的地质作用进行研究，对全球和成矿作用的研究具有重要科学意义。这里多发火山、地震和海啸，造成人类的灾难；但俯冲带的热液和火山作用等可以形成多金属硫化物等金属矿产，因此，俯冲带的研究不仅有地质科学意义，而且对预测自然环境、保护人类经济生活有实际意义。（许东禹）

**俯冲工厂** subduction factory 把大洋板块汇聚边缘的俯冲系统比拟为一个工厂进行的研究。把俯冲系统比拟为工厂，是想象俯冲的大洋板块，包括海底沉积物、火成岩洋壳和上地幔部分，是输入工厂的原料，从弧前区溢出的流体、挥发物及蛇纹岩底辟、从弧与弧后区喷出的岩浆以及生成的矿体和建造的陆壳物质等是工厂的产品，俯冲带所产生的脱水、变质和熔融等过程是工厂内部的工艺流程。

研究内容 主要研究岩石圈板块的俯冲再循环过程。岩石圈板块在主动大陆边缘俯冲过程中，地表沉积物、流体和岩石连同来自岩石圈内部的火成岩、岩浆被潜入上覆岩石圈之下，俯冲的板片（slab）随着温度和压力升高释放出流体和气体挥发物，一部分在弧前返回到水圈和大气圈，部分流体、沉积物及岩石进入到火山弧之下的岩浆并作为火山弧和弧后盆地，火成岩返回陆地上，而经过俯冲工厂加工后残留的大洋板片下潜返回到地幔深处。这样，来自大陆、大气圈、水圈和地幔的物质，经过俯冲工厂的运作再循环返回大陆、大气圈、水圈和地幔。

研究意义 俯冲工厂既是地球上岩石圈、水圈、大气圈、地幔之间相互作用最活跃的场所，又是这些圈层之间物质交换和能量交换的焦点地区，而且与早先对俯冲带的地震、火山活动、岩浆活动、变质作用等现象分门别类地进行研究不同，俯冲工厂和再循环研究加强了对俯冲再循环各种组分行为、去向的追踪和定量分析，对俯冲全过程进行跨学科综合的研究。因此，全面、系统地研究俯冲工厂对预测或预防地震、海啸、火山和水灾等的研究有实用意义，而且对成矿背景的探讨有理论意义。（许东禹）

**附着生物采样器** attached organisms sampler 对海洋中附着在岩石、沉积物或其他硬质表面上生物进行采样的装置。根据目标生物的类型、大小等不同而不同，常用的附着生物采样器有挂板、刮取器、网笼等。①挂板。具有特定形状的板状物，将其悬挂或者固定在水体中预测地点，以供附着生物在其表面上生长，并按规定时间取回以获取附着的生物样品。挂板材料常见的有塑料、玻璃、陶瓷以及金属材料，规格分为年板、季板和月板。②刮取器。用于从水下硬质物体表面刮取附着生物样品。常见的刮取器有手动刮取器和电动刮取器，前者采用手持方式，手动刮取样品；后者配备有电机，可以更加高效的刮取样品。③网笼。用于诱捕或捕获海洋附着生物的采样工作，常用于捕捉甲壳类以及其他大型无脊椎动物。网笼在设计上允许水流通过，减少对生物的应激，提高捕获生物概率。（王杭州）

**副热带逆流** Subtropical Countercurrent; STCC 在大洋副热带环流之内形成的表层东向流动，通常位于南、北纬18°～28°。其流动方向与信风主导的西向赤道流相反。副热带逆流速度较慢，最大流速不足0.1米/秒。有的副热带逆流由多支狭窄的东向表层分流组成。在副热带环流腹地，表层的副热带逆流与次表层的西向赤道流之间形成了强大的垂直剪切，造成较强的斜压不稳定，是该海域大量中尺度涡产生的主要原因。副热带逆流并非直接由风场驱动，而是由多种复杂的物理过程共同作用形成，包括风场和热通量随纬度的变化、海洋锋面形成和副热带模态水等。在世界大洋中，已经发现的副热带逆流包括北太平洋副热带逆流、南太平洋副热带逆流和南印度洋副热带逆流等。

北太平洋副热带逆流 位于北纬19°～26°、东经130°～西经157°，150米以上的表层海洋，平均强度为2～4厘米/秒，其流轴在向东流动的过程中向北偏移。北太平洋副热带逆流由三个分支组成，分别出现在北纬19°～21°、21°～25°和26°左右。北太平洋副热带逆流的形成与次表层的温度锋面有关。总体上，北太平洋副热带逆流的流速在北半球夏季（7月）最强，冬季（1月）最弱。

南太平洋副热带逆流 位于南太平洋南纬21°～29°，在从新西兰以北海域向东流动到南太平洋海盆中部，主体位于200米以上的表层海洋，平均强度为2～5厘米/秒。

南印度洋副热带逆流 位于南印度洋的南纬22°～30°，发源于马达加斯加岛南端。其东向流动可横跨整个印度洋海盆，达到澳大利亚西海岸，与当地的南向沿岸流相连接。南印度洋副热带逆流也伴随有次表层的温度锋面。南印度洋副热带逆流也由多个分支组成。主要的两个分支分别出现在南纬26°和22°左右。（王 凡）

**富钴结壳** cobalt-rich crust 生长在海山和海台的斜坡与顶部，富含锰、铜、钴、镍、铂、稀土元素的壳状物质。又称铁锰结壳、多金属结壳、富钴铁锰结壳。主要由δ-$MnO_2$和针铁矿组成，其次含硅酸盐、碳酸盐、磷酸盐和黏土矿物，是古海洋学研究的理想“化石”，可弥补由于沉积物中存在沉积间断引起的古海洋环境信息的缺失。

分布 富钴结壳主要分布于全球三大洋最低含氧带之下、碳酸盐补偿深度（CCD）之上，水深一般为300～3000米的海洋环境中。

成因 控制富钴结壳形成的因素较多。例如，地质因素、气候因素、古海洋因素、微生物作用、最低含氧层中的锰通量、最低含氧层之下锰氧化速率、受方解石溶解速率控制的铁通量、微量元素（钴、镍、铜、锌、铂）通量、钴的表面化学富集作用以及锰、铂的共沉淀作用等。这致使富钴结壳是多成因的，有水成型、热液型和成岩型富钴结壳，其成矿物质可来源于海水、热液流体和沉积物孔隙水。

经济价值 富钴结壳富含有用元素钴，其可广泛应用于航空航天、交通运输、纳米材料的开发、含重金属离子工业废水净化、电化学等重要领域。在化工和高新技术产业中用于生产光电电池和太阳能电池、超导体、高级激光系统、催化剂、燃料电池和强力磁以及切削工具等产品。由于陆地钴资源量有限，且主要以铜、镍矿的伴生矿形式出现，独立钴矿很少，所以在世界金属市场上钴属短缺品种，而海山上的富钴结壳资源丰富，约为陆地钴资源量的几百倍。全球大洋富钴结壳中钴的平均含量为0.6%。其中，太平洋中富钴结壳的钴平均含量为0.77%，最高达2.5%。在太平洋西部火山构造隆起带上，富钴结壳资源量达10亿吨，钴金属量达百万吨，经济总价值已超1000亿美元，仅莱恩–库克群岛附近海域，富钴结壳的分布面积就达7.5万平方千米，估计资源量为$1.12\times10^8$吨，其中含钴达$1.46\times10^6$吨，铂为97吨。

勘探开采 早在20世纪50年代，美国就在太平洋发现了海山上存在着铁锰质壳状氧化物。从20世纪70年代开始，富钴结壳才从多金属结核中区分出来，成为了单独的一类海底多金属矿产资源。德国于1981年首次对莱恩群岛进行了富钴结壳资源的系统调查，随后美、日、俄、法、韩等国也进行了一系列富钴结壳的地质调查，主要的调查活动集中在中、南太平洋的专属经济区，少量集中在中、西太平洋的国际海底区域，并对采样、勘探、开发等关键技术进行了系统研究。

1998年，中国大洋协会开始在西太平洋进行富钴结壳调查研究工作。国际海底管理局2014年7月19日核准了中国大洋协会提出的西太平洋富钴结壳矿区勘探申请，中国成为世界上首个就多金属结核、硫化物和富钴结壳3种主要国际海底矿产资源均拥有专属勘探矿区的国家，获得位于西太平洋海山区约3000平方千米专属勘探权。2013年，“蛟龙”号在西北太平洋成功采集了一块富钴结壳样品，标志着中国在大洋富钴结壳探测、深潜及采样技术方面进入了“机器人时代”。

（曾志刚　李晓辉）

**富稀土软泥**　REY-rich mud　稀土元素总含量（ΣREY）大于400ppm（parts per million，百万分比浓度）的深海沉积物。其广泛分布于东南太平洋、中北太平洋、东印度洋和北大西洋，尤其在北太平洋西部南鸟岛附近区域，其稀土元素总含量［稀土（RE）和金属钇（Y）总量=ΣREY］最高可达7000ppm，远高于陆地上稀土矿和其他海区含量。

分类　富稀土软泥主要分为两种类型：①含金属沉积物。主要分布在靠近热液区或受热液活动影响较大的表层沉积物中，ΣREY含量高、成矿层较薄。②远洋黏土或沸石黏土。主要分布在远离热液区或受热液活动影响较小的沉积柱状样的浅表层和中下层，ΣREY含量普遍偏低。

特征　与陆地稀土矿相比，富稀土软泥具有5个特征及优势：①高稀土元素含量，尤其是重稀土元素（ΣHREE）含量明显高于华南离子吸附型稀土矿床（ΣREY＝500～2000ppm；ΣHREE＝50～200ppm）。②广泛分布于全球三大洋的海底中，资源量丰富。③主要分布在海底表层、浅表层以及中下层，易于勘探和开发。④富稀土软泥中放射性元素铀、钍含量较低。⑤稀土元素易被酸淋滤提取，提取流程简单，提取率较高。

成因　日本科学家加藤康弘等于2011年根据深海沉积物的不同类型，认为富稀土软泥的成因有两种。对于受海底热液活动影响的含金属沉积物，认为其是热液活动产生的铁-锰羟基氧化物等悬浮颗粒物在沉降时吸附海水中的稀土元素，进而使得含金属沉积物中含有丰富的稀土元素；而对于远洋黏土或是沸石黏土中富稀土元素的成因则认为是由于其沉积速率相对较低，生物成因磷灰石（鱼牙骨）可以充分地从海水中累积稀土元素，导致稀土元素富集。此外，沸石黏土中稀土元素含量相对较高，但其中钙十字沸石与ΣREY之间的关系尚不清楚。

影响因素　影响海底软泥中稀土元素丰度的因素主要包括：①沉积物岩性。沸石黏土和含沸石磷酸盐黏土中稀土元素含量相对较高，而在**钙质软泥**和**硅质软泥**中稀土元素含量相对较低。②沉积速率。沉积速率越低，越能充分地吸附海水中的稀土元素，致使软泥中的稀土元素含量就越高。③元素含量。稀土元素与五氧化二磷（$P_2O_5$）呈明显的正相关关系，而与钙（Ca）表现出明显的负相关关系。④海底热液活动。热液流体中的稀土元素会随流体喷出直接形成含金属沉积物；其次，热液柱上升过程中，其颗粒物会吸附海水中的稀土元素，随后沉降到沉积物中，进而影响沉积物中的稀土元素含量。

研究意义　稀土元素被广泛应用于新能源、国防科技、电子信息等领域，以及永久性磁铁和医疗技术等方面。2011年，加藤康弘等报道了太平洋中分布的富稀土软泥，引起了全球对深海沉积物中稀土资源的广泛关注。中国大洋协会在2015～2017年，使用“大洋一号”等科考船，先后执行了大洋34、39和42航次任务，多次在中印度洋海盆进行了富稀土沉积物调查，证实中印度洋海盆存在大面积的富稀土沉积物。通过对南太平洋东部和北太平洋夏威夷岛附近的2037个沉积物样品中的稀土元素含量进行统计分析，估计在稀土含量最高的一个站位附近，其1立方千米的沉积物就可供应全球稀土年消耗量的五分之一，是继**多金属结核**、**富钴结壳**和**热液硫化物**之后，发现的又一种**海底矿产资源**。

（曾志刚　杨娅敏）

**腹泻性贝毒**　diarrhetic shellfish poisoning; DSP　由有毒藻类产生的一类脂溶性多环醚类生物活性物质，易积累于贝类中，因误食后能引起人体胃肠部疾病，如腹泻、腹痛、呕吐等而得名。2004年，联合国粮食及农业组织（FAO）、政府间海洋学委员会（IOC）和世界卫生组织（WHO）按化学结构将贝类毒素分为8组，即石房蛤毒素组（saxitoxin; STX）、多莫酸毒素组（domoic acid; DA）、大田软海绵酸毒素组（okadaicacid; OA）、原多甲藻酸毒素组（azaspiracid; AZA）、短裸甲藻毒素组（brevetoxin; BTX）、蛤毒素组（pecenotoxin; PTX）、虾夷扇贝毒素组（yessotoxin; YTX）和环亚胺类毒素（cyclic imine; CI）。其中，STX和DA为水溶性的，其他毒素组均为脂溶性的，具热稳定性，易溶解于甲醇、乙醚等非极性有机试剂中。从此，腹泻性贝毒这一概念逐步被脂溶性贝毒（lipophilic phycotoxins; LPs）所代替。由于假阳性问题严重，小鼠生物法已不再适用于脂溶性贝毒的检测；液相串联质谱法现被认为是成熟的脂溶性贝毒检测方法。在中国沿岸海域，原甲藻属（*Prorocentrum*）产生OA毒素，鳍藻属（*Dinophusis*）产生OA及其衍生物DTX和PTX毒素，网纹原角藻（*Protoceratium reticulatum*）、多边舌甲藻（*Lingulodinium polyedrum*）、底刺膝沟藻（*Gonyaulax spinifera*）及库利亚藻属（*Coolia*）产生YTX毒素，腹孔环氨藻（*Azadinium poporum*）产生AZA毒素。全球只有欧盟规定了各类脂溶性贝毒的食用安全限量标准，要求OA+DTX+PTX小于160微克/千克，AZA小于160微克/千克，YTX小于3.75毫克/千克。

（梁玉波　周名江）

**腹足类**　gastropods　软体动物门腹足纲动物的统称。因足位于身体腹侧而得名。为软体动物中最大的一个类群，广泛生活于海洋、淡水及陆地，少数营寄生生活。

多具一枚螺旋形外壳，头部发达。口腔内具齿舌，用以摄食和钻孔。足位于身体腹部，用以爬行等。心脏具一心室。神经系统由脑、足、侧及脏4对神经节组成。大部分类型的内脏团发生扭转而呈螺旋形，失去对称。雌雄同体或异体，卵生。用鳃（水生）或肺（陆生）呼吸。

在分类问题上一直争论不休。传统上主要依据呼吸方式、鳃的位置及神经索是否交叉等形态特征，将其分为前鳃亚纲（Prosobranchia）、后鳃亚纲（Opisthobranchia）和肺螺亚纲（Pulmonata）。分子生物学的新进展极大地改变了这一传统，如结合宏体形态及分子生物学特征，P. 布歇和J. 罗克鲁瓦在2005年提出了腹足类的全新分类方案。他们在纲和超科之间引入支序（clade）的概念，将腹足纲重新划分为6个主要支序：即笠形腹足类支序（Patellogastropoda）、古腹足类支序（Vetigastropoda）、科库螺腹足类支序（Cocculiniformia）、蜒螺腹足类支序（Neritimorpha）、新进腹足类支序（Caenogastropoda）和异螺腹足类支序（Heterobranchia）等。这一新方案仍在不断修订完善之中。

腹足类的化石记录从寒武纪一直延续至今。

（詹仁斌）

# G

**钙质软泥** calcareous ooze 钙质生物组分大于30%的*深海软泥*。常见的为有孔虫软泥、白垩软泥（颗石软泥）和翼足虫软泥。钙质生源碎屑主要包括有孔虫、翼足类壳体以及颗石。根据主要的生源碎屑类型将钙质软泥细分为有孔虫软泥（或抱球虫软泥）、翼足类软泥和颗石软泥。

大洋中，钙质软泥的分布占主导地位，其覆盖面积约占世界大洋海底面积的48%，深海黏土占38%，而硅质软泥占14%。钙质软泥主要出现在温暖的大洋浅水区域（深度小于碳酸盐补偿深度的海域）。钙质软泥的高含量（甚至超过80%）区主要是在大洋中脊，而在深度超过碳酸盐补偿深度的海盆中很少发现现代钙质软泥的分布。在碳酸盐补偿深度下发现的钙质软泥，有可能是海底扩张后被其他沉积物覆盖形成的。

影响钙质软泥分布的因素主要来自3方面：钙质生物生产力、陆源碎屑物质的冲淡作用、碳酸盐溶解。受此影响，钙质软泥分布一般不深于3500米，在此深度以下，钙质沉积物溶解速率就会加快，变得难以保存。 （于晓果 边叶萍）

**甘油二烷基甘油四醚** glycerol dialkyl glycerol tetreather; GDGT 古菌和某些未知细菌细胞膜的主要成分之一。简称四醚膜脂类脂物。

分类 根据其来源和分子结构分为两种类型，即类异戊二烯四醚膜脂类脂物及支链四醚膜脂类脂物。四醚膜脂类脂物的分子结构稳定性高、能够在沉积载体中长时间保存，由其衍生的环境指标在不同时间尺度的古环境、古气候研究中被广泛应用。

类异戊二烯四醚膜脂类脂物 分子结构中具有典型的类异戊二烯结构，是古菌普遍具有的膜脂分子。有机地球化学研究中常涉及的类异戊二烯四醚膜脂类脂物（isoprenoid GDGT; iGDGT）一般具有0～4个环戊烷基。如图1所示，按照分子中含有0～3个环戊烷基的数量分别命名为iGDGT-0、iGDGT-1、iGDGT-2及iGDGT-3。另外，奇古菌特有的一个iGDGT分子中包含4个环戊烷基以及1个环己烷基结构，被命名为泉古菌醇（Crenarchaeol）与其异构体（Crenarchaeol′）。除此之外，根据碳链长度及环戊烷基数量的变化，iGDGT还有其他的分子类型，如iGDGT-7、iGDGT-X1等。产甲烷古菌、奇古菌门以及广古菌门的古菌都能产生类异戊二烯四醚膜脂类脂物，其生活范围广泛，包括陆地土壤、湖泊及海洋，甚至包括热液及冷泉等极端环境。

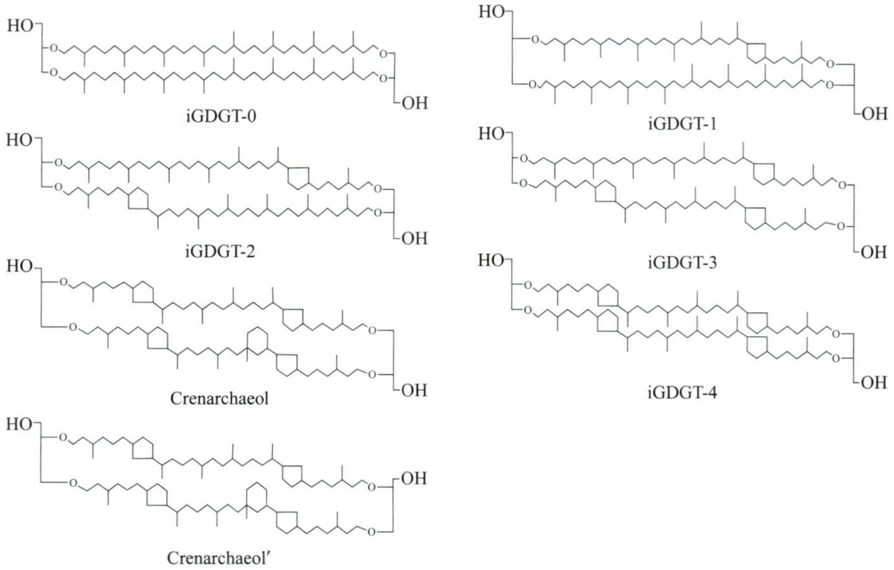


图1 有机地球化学研究中常用的iGDGT分子的碳骨架结构

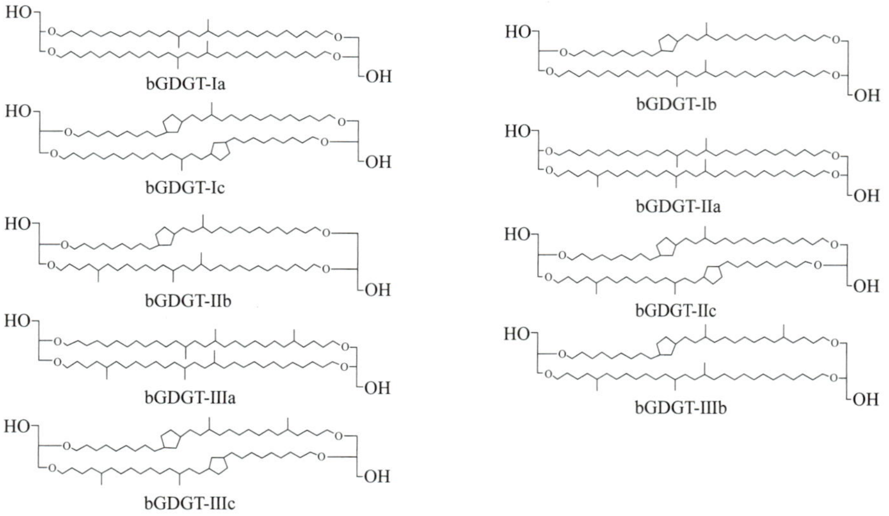


图2 有机地球化学研究中常用的bGDGT分子的碳骨架结构

支链四醚膜脂类脂物 分子结构中含有非类异戊二烯结构单元的甲基支链，主要来自未知的土壤细菌。有机地球化学研究中常涉及的支链四醚膜脂类脂物（branched GDGT; bGDGT），根据其分别含有4个、5个和6个甲基支链以及含有环戊烷基数量的差异被细分为9种。如图2所示，bGDGT-Ⅰa由两个13,16-二甲基辛烷骨架组成，在此基础上，分别由1或2个环戊烷基替代甲基构成新的分子结构，被命名为bGDGT-Ⅰb与bGDGT-Ⅰc。bGDGT-Ⅱa由一个13,16-二甲基辛烷骨架及一个5,13,16-三甲基辛烷骨架组成。在此基础上，分别由1或2个环戊烷基替代甲基构成新的分子结构，被命名为bGDGT-Ⅱb与bGDGT-Ⅱc。bGDGT-Ⅲa由一个5,13,16-三甲基辛烷骨架及一个13,16,24-三甲基辛烷骨架组成，在此基础上，分别由1或2个环戊烷基替代甲基构成新的分子结构，被命名为bGDGT-Ⅲb与bGDGT-Ⅲc。尽管最早发现于土壤细菌，支链四醚膜脂类脂物的确切生物源尚未有定论。随着研究深入，在河流及海洋水体中的自生细菌被发现也可能生产支链四醚膜脂类脂物。

指标 主要有四醚指数$TEX_{86}$温度指标、甲基化指数（MBT）/环化指数（CBT）

和BIT指标。

四醚指数$TEX_{86}$温度指标 古菌细胞膜上的类异戊二烯四醚膜脂类脂物中存在醚键，使得这类化合物具有良好的热稳定性。通过室内培养实验研究发现，古菌能够通过增加环戊烷基和环己烷基的相对数量来调节细胞膜的流动性，从而响应其生存环境的温度变化。根据这个原理，S. 斯考滕等通过采集并测定不同海域的表层沉积物样品中iGDGT相对丰度[iGDGT]，构建了海洋浮游奇古菌的四醚指数TEX86（tetra ether index of tetraethers consisting of 86 carbons），用以表征古菌细胞膜中环戊烷基和环己烷基相对数量的变化，并建立了$TEX_{86}$与海表温度（SST）之间的线性关系：

$$TEX_{86}=\frac{[iGDGT-2]+[iGDGT-3]+[Crenarchaeol']}{[iGDGT-1]+[iGDGT-2]+[iGDGT-3]+[Crenarchaeol']}$$

$$TEX_{86}=0.015\times SST+0.28$$

随着调查区域的扩大，$TEX_{86}$与海表温度之间不再呈现简单的线性关系，基于此，有学者对$TEX_{86}$进行了变形，分别建立$TEX_{86}^{L}$和$TEX_{86}^{H}$以适用于海水温度低于15℃和高于15℃的SST重建。

甲基化指数(MBT)/环化指数(CBT) 支链四醚膜脂类脂物中的甲基相对数量与年平均大气温度（MAAT）和土壤酸碱度存在相关关系，而其环戊烷基相对数量只与土壤酸碱度相关，可以分别用甲基化指数（MBT）和环化指数（CBT）来表征：

$$MBT=\frac{[bGDGT-Ⅰa]+[bGDGT-Ⅰb]+[bGDGT-Ⅰc]}{[bGDGT-Ⅰa]+[bGDGT-Ⅰb]+[bGDGT-Ⅰc]+[bGDGT-Ⅱa]+[bGDGT-Ⅱb]+[bGDGT-Ⅱc]+[bGDGT-Ⅲa]+[bGDGT-Ⅲb]+[bGDGT-Ⅲc]}$$

$$CBT=-\log\left(\frac{[bGDGT-Ⅰb]+[bGDGT-Ⅱb]}{[bGDGT-Ⅰa]+[bGDGT-Ⅱa]}\right)$$

通过统计分析，土壤中环化指数CBT与酸碱度呈很好的线性关系，而甲基化指数MBT与土壤酸碱度、MAAT三者之间具有线性关系。通过土壤酸碱度，进而建立MBT与CBT之间的关系：

$$CBT=3.33-0.38\times pH$$

$$MBT=0.122+0.187\times CBT+0.02\times MAAT$$

随着色谱技术的发展，研究发现在支链四醚膜脂类脂物中甲基支链相同的化合物中存在甲基支链位置不同的同分异构体。甲基位置的变化也被发现与大气温度及土壤酸碱度存在不同的相关关系，使其影响了MBT与CBT指标的应用。

BIT指标 最初研究认为，细菌支链四醚膜脂类脂物主要来源于土壤和泥炭等陆地环境，因此河流、海洋与湖泊环境中的支链四醚膜脂类脂物主要来源于土壤或泥炭的输入，而海洋水体中能产生大量的奇古菌标志物泉古菌醇，因而将支链四醚膜脂类脂物与泉古菌醇分别作为陆地和海洋有机质的两个端元，其比值（branched and isoprenoid tetraether; BIT）即可以表征海陆源有机质输入的相对量：

$$BIT=\frac{[bGDGT-Ⅰa]+[bGDGT-Ⅱa]+[bGDGT-Ⅲa]}{[bGDGT-Ⅰa]+[bGDGT-Ⅱa]+[bGDGT-Ⅲa]+Crenarchaeol}$$

在BIT建立之后，已发现存在诸多影响指标可靠性的因素。其中，来自水体自生的支链四醚膜脂类脂物是该指标面临的最大挑战。若水体自生支链四醚膜脂类脂物存在的情况下，BIT指示的陆源输入可能会被高估。此外，随着同位素质谱技术的发展，经过分离后四醚膜脂类脂物可以进行放射性碳同位素的测定，进而探究在各种沉积环境中四醚膜脂类脂物的周转时间、保存条件等问题。 （李大伟）

**刚果海底峡谷** Congo Canyon 从非洲西侧刚果河切入大西洋陆架和陆坡上的大型**海底峡谷**。谷首向内陆伸入刚果河三角洲上游28千米处，深度为21米。海底峡谷横贯整个陆架，向西延伸到岸外85千米的陆架边缘，并继续下伸到**大陆坡**上，向右弯曲，然后终止在于坡麓2654水深处**海底扇**的上谷地中。到此点为止的峡谷总长度约为282千米。峡谷轴线处的深度为1830米。“V”形峡谷两侧谷壁的高度为1098米，两壁之间的宽度为14.5千米。刚果海底扇上的谷地至少长217千米。相对起伏沿扇向下游减小，从183米减至30.5米。该海底峡谷是刚果河沉积物自陆架输送到深海底的渠道。 （仲 佰）

**钢悬链线立管** steel catenary riser 自由垂放海底，与海床在触地点接触的用于输送油气等资源的导管。钢悬链线立管由若干标准长度的钢管焊接而成，下端连接海底管道，顶部以规定的角度（与垂向夹角一般在20°以内）连接浮式生产系统，用于输送油气资源等，结构形式比较简单。

发展简史 20世纪90年代中叶，美国壳牌公司在墨西哥湾872米水深的张力腿平台Auger上安装了世界上第一条钢悬链线立管。钢悬链线立管以其成本低、对浮体运动及高温高压环境的适应性强等优点，现已广泛应用于**张力腿平台**（TLP）、**立柱式平台**、半潜式平台、浮式生产系统和浮式生产储运系统，在墨西哥湾、坎普斯盆地、北海和西非等大型海上油气田均有使用，水深已经超过3000米，成为深水开发的首选立管。

材料等级 钢悬链线立管根据具体成本、抗侵蚀能力、重量要求、可焊接性等因素，选用合适的材料等级，等级越高，单位体积（重量）的价格越高，可焊接性越差。工程中最常用的材料等级是X60、X65、X70。

基本形式 钢悬链线立管主要有4种基本形式：简单悬链线立管、浮力波或缓波悬链线立管、陡波悬链线立管和“L”形立管。陡波型和缓波型的隆起部分通过浮力实现，可有效减少顶部张力，比简单悬链线型适用水深更深。 （郭海燕）

**港池** harbor basin 供船舶安全靠离码头和停泊作业的毗邻码头的水域。港池有天然形成的、人工建筑掩护而成的，还有人工开挖成的。港池要有足够的水域面积和水深，水面稳静，水流平缓。

港池一般为矩形水域，可分为船舶停泊水域和船舶靠离码头的航行水域，两部分的水深可以不同。船舶停泊的港池，必须保证船舶全天候安全停泊作业；船舶靠离码头的航行港池，只需保证船舶安全靠离码头，可以乘潮。港池长度与码头相适应，取决于码头泊位的等级和数量，泊位长度由船舶长度加必要的富余量确定。港池宽度与船舶的大小、靠离码头的作业方式、码头的平面布置形式，以及港池的波浪、水流条件等因素有关，按船舶能够安全靠离港池内任何一个泊位的原则确定。 （鲁子爱）

**港口共振** harbor resonance 外海波浪从港口防波堤口门入侵，引起港内水域形成长周期驻波的强迫震动。又称假潮。港口共振是一种低频水面波动，严重影响港内水域平稳，并可能造成船舶与码头相撞事故。

港内水域自振频率与入侵波浪频率重合或相近是诱发港口共振的根本原因，因此避免港口共振的发生一般可以从两方面考虑：①分析、研究港外波浪特性，获得波浪频率谱范围。②合理布置港口水域，尽量使水域的自振频率处于港外波谱范围以外。

港外波浪特性研究主要针对长周期波，如**海洋地震**或火山爆发引起的**海啸**、

英格兰某港口的防波堤

台风与风暴潮期间气压波动所产生的波浪，以及在近岸由于波浪非线性作用产生的次重力长波等。港内水域自振频率与水域面积、水域边界的几何形状等因素有关，因此港口平面布置时，应使水域自振频率处于港外长周期波的频率谱范围以外，且码头、防波堤等建筑物应避免使用反射较大的结构形式。（王 岗）

**港口结构物** port structure 港口工程中为完成港口功能而建造的各类建筑物及设施的总称。可分为陆域结构物和水工建筑物。陆域结构物主要有道路、铁路、管道、堆场、仓库及辅助配套建/构筑物；水工建筑物主要包括码头、水域、外堤等。

陆域结构物 道路、铁路、管道是港口的集疏运设施，根据港口货种、吞吐量等进行设置。

港口道路分为疏港道路和港内道路两部分，港区与区域公路网、城市等衔接的对外道路称为疏港道路，港区内部的道路系统称为港内道路。根据港区的性质、规模、车流密度等确定港口道路的设计等级，等级越高，道路的技术指标和结构安全要求也越高。

对于货源地比较集中、腹地纵深大的港口宜采用铁路运输的集疏运方式，完善的港口铁路系统一般包括港口车站、分区车场、码头和库场的装卸线，以及将这些部分连成整体的港口铁路区间正线、联络线和连接线等。港口车站承担列车到发、交接、解编、集结并向各分区车场或装卸线取送车辆等作业；分区车场承担本分区内的列车到发、取送及调车等作业；装卸线供货物车辆装卸作业；港口铁路区间正线是路网接轨站与港口车站之间的衔接线路；联络线是港口车站与分区车场间的衔接线路；连接线是分区车场与码头、库场间的衔接线路及其他连接线路。港口铁路设计等级根据铁路设计能力确定，所承担重车方向的货运量在500万吨以下时按Ⅳ级铁路设计，超过500万吨时按Ⅲ级铁路设计。

管道运输是液体货、气体货港区主要的集疏运方式，集疏运管道的敷设要与各类建筑物协调，尽量避免或减少与铁路、道路的交叉。港外管道一般采用直埋敷设，港区内管道可采用地上、直埋或管沟敷设。

堆场、仓库是港口货物的临时存储设施，可露天存放的货物在堆场堆存，不可露天存放的货物堆放在仓库。库场规模根据堆存货物的种类、数量、堆存期以及消防安全等要求确定。

辅助配套建/构筑物包括办公用房、候工用房、机械库、工具库、机修车间、材料供应站、加油站、消防站、供水站、配电站、污水处理站、食堂、浴室、宿舍、医务室、门卫、地磅房和厕所等，设计中根据港区的功能、规模、营运方式等要求以及实际情况需要进行设置。辅助建/构筑物根据各结构物的重要等级进行设计，结构型式根据实际要求可采用钢筋混凝土结构、钢结构和砖混结构等。

水工建筑物 码头是供船舶系靠、货物装卸和旅客上下的水工建筑物，按平面布置分顺岸式码头、突堤式码头和墩式码头等，按断面轮廓分直立式码头、斜坡式码头和混合式码头，按结构型式分重力式码头、高桩码头和板桩码头等。码头必须有足够的长度、宽度和合适的高度，结构设计要求安全可靠、经济合理。

港口水域包括港池、回旋域、航道和锚地。港池是供船舶停泊和靠离码头作业的水域，回旋域是供船舶掉头或改变航向的水域，航道是船舶航行和进出港口的通道，锚地是供船舶检疫、待泊、候潮、水上装卸作业等的场所。各水域均要求有足够的面积和深度，且浪小流缓，保持水域平稳。港池中的停泊水域和锚地的水深要满足船舶全天候安全停泊，其他水域可根据船舶的航行时间考虑乘潮。

外堤包括防波堤、防沙堤和导流堤。防波堤主要是防御波浪入侵，保持港内水域平稳，兼有防沙堤功能，防御泥沙、冰凌等入侵。防沙堤主要是防止或减少泥沙侵入导致的港口或航道淤积，以保障正常的水运交通。导流堤是以束水导流、防冲、防淤为主要功能的水工建筑物，引导水流向所希望的方向流动而达到工程目的。外堤的布置要通过对工程处的地貌特征、泥沙运动规律、动力条件、冲淤演变等资料进行分析、研究，经技术经济论证后确定，必要时通过物理模型试验验证。外堤的结构型式有直立式、斜坡式和混合式，应根据自然条件和使用要求确定。（郑金海）

**港口疏浚工程** dredging engineering of port 为满足港池、航道、锚地等港口水域的水深要求，保证船舶安全航行、锚泊、停泊作业，用人力、水力或机械方法进行的水下土石方开挖工程。按工程性质可分为基建性疏浚和维护性疏浚，前者是新建港口或提高港口等级进行的疏浚，在较长时期内从根本上改善港口的水深条件；后者是在港口营运期间为保持港口水深条件而进行的疏浚。疏浚工程的规划、设计包括确定疏浚范围、挖槽断面尺度、疏浚土处理、选择浚深方式和机具等。

疏浚范围取决于港口水域的平面布置，以满足船舶安全航行、停泊作业为原则，充分考虑风、浪、流对船舶的影响和区域内泥沙运动规律，通过物理模型或数学模型研究确定。

挖槽断面尺度包括疏浚深度和疏浚边坡坡度，疏浚深度取决于港口水域的水深要求，根据船舶类型和大小以及保证船舶航行或停泊的安全和操作要求确定，并根据水域的泥沙淤积强度和维护性疏浚周期考虑合适的备淤深度。疏浚边坡坡度确定主要考虑疏浚水域的土质条件和波浪、水流条件，保证港口在营运过程中疏浚边坡的稳定。

疏浚泥土的处理主要是抛泥地点的选择，如果选择不当，在水流作用下部分泥土又被带回挖槽，造成回淤，水中抛泥还可能造成水质污染。因此，挖泥土的处理方法尽量结合港口陆域形成、岸滩保护等，采用吹泥上滩或吹泥上岸。选择水上抛泥区时，应充分考虑周围水域的水动力条件、水产养殖业的发展等，尽量避免或减轻对环境、生态和其他工程的影响。

疏浚方式和机具的选择应考虑疏浚规模、土质、风浪和水流条件等诸多因素，通常使用挖泥船进行，有时也使用高压水冲等方式。用于港口疏浚工程的挖泥船主要有机械（斗）式和水力（吸扬）式两大类。

机械（斗）式挖泥船是用挖泥斗挖掘海底泥沙，有自航和非自航两类，按其泥斗的形式和工作方式，主要有链斗式、铲斗式和抓斗式3种。①链斗式挖泥船。利用装在斗桥滚筒上连续转动的链斗挖取水下泥沙并提升卸入泥驳，然后拖至抛泥区卸掉。链斗式挖泥船对土质的适应能力较强，可挖除岩石以外的各种泥土，且挖掘能力大，挖槽截面规则，误差小。②铲斗式挖泥船。利用吊杆及斗柄将铲斗伸入水中，插入河底、海底进行挖掘，然后由绞车牵引提升至适当高度，由旋回装置转至预定点（或泥驳）将泥卸掉。铲斗式挖泥

铲斗式挖泥船在港口进行疏浚作业

船适用于挖掘珊瑚礁、卵石、石、大小块石和黏土、粗砂及混合物。③抓斗式挖泥船。利用旋转式吊杆及钢索悬挂抓斗，在抓斗本身重量的作用下，放入海底抓取泥土，然后开动绞车，吊斗钢索通过吊杆顶端的滑轮将抓斗关闭、升起，再转动挖泥机到预定点（或泥驳）将泥卸掉。抓斗式挖泥船适用于挖取黏土、淤泥、卵石、细砂、粉砂。大面积范围的疏浚多采用链斗式和铲斗式，狭小区域的挖泥采用抓斗式更加合适。

水力（吸扬）式挖泥船是用泥泵形成的真空吸取海底泥土，按其松碎泥土的设备分为铰吸式和耙吸式两种。①铰吸式挖泥船。在吸泥管口装有铰刀以进行松土的吸扬式挖泥船，泥土铰松后，用泥泵吸取并通过排泥管道把它输送到数千米以外的浅滩或岸上。它适用于各种土质。②耙吸式挖泥船。备有耙头、吸泥管、泥泵、泥舱等装置，是能在航行中耙吸泥土的吸扬式挖泥船。泥舱装满后，可通过泥舱侧面的溢流门或底部的泥门排泥，也可利用自身的泥泵将泥舱内的泥浆吹送到岸上。适用于淤泥、黏土和沙土质。装有边抛设备的耙吸式挖泥船，即边抛挖泥船，在要求迅速挖通航槽的情况下，可以发挥较高的疏浚效率。（鲁子爱）

**港口淤积** harbor siltation 航道和港池内产生泥沙沉积的一种现象。海港淤积的部位是由港口原有泥沙流与海港工程建成后引起新的泥沙流共同决定的。

淤积机制 泥沙运移的主要动力是波浪和潮流。对于平直的沙质、淤泥质海岸和潟湖、河口、岛屿间港口的泥沙，淤积作用各不相同。①沙质海岸。斜向波可产生沿岸漂沙，同向潮流或海流能加强沿岸漂沙的作用。漂沙遇突堤式防波堤时产生的淤积，呈三角棱体状。淤积后期，沿岸漂沙将绕过防波堤的堤头，淤积于附近和航道，部分可扩散至港池后淤积。如果岛堤式防波堤的波影区伸展入沿岸漂沙带，将促使泥沙沉积而形成沙嘴，并不断往深水处和来沙一侧发展，使航道和港池淤塞。在潟湖口门附近，沿岸漂沙可沉积而成拦门沙。②*淤泥质海岸*。波浪主要起掀沙作用，潮流主要起输沙作用。涨潮流将泥沙带入港池和航道，部分沉积下来，可造成港口严重淤积。③河口和河口附近。径流挟带的泥沙，部分可直接进港或由潮流辗转输送进港。④多沙海域的岛屿间的海峡。峡口会形成拦门沙，增加过峡水流的阻力而加速所挟带的泥沙淤积。

灾害案例 港口淤积会减小水深、妨碍航行，严重时甚至使港口报废。港口防淤减淤工程，疏浚维护费耗费巨大。但不宜孤立地用淤积量大小来评价建港的合理性，从营运经济而言，用淤积量与货物吞吐量的比值来表明海港淤积的严重性，更具有实际意义。中国海港淤积非常普遍，如天津塘沽新港在20世纪50年代建港初期，就发生严重淤积，港区淤积速度4.54米/年，码头前沿淤积速度8.1米/年，后经泥沙运移规律研究，经半个世纪治理，已经变成轻淤港。上海港是河口港，拦门沙是限制港口深水航道发展的重要因素。根据长江口地貌特点，专家提出稳定分流，充分利用退潮输沙和科学合理的疏浚工程，成功地扩大了深水航道。浙江沿海入海河流曾一度大修防潮闸，闸下河道或外港部分都发生了不同程度的淤积。最典型的是1959年建的宁波市姚江大闸，宁波到镇海22千米长的甬江河道淤高1.87米，降低了下游通航能力，原来5000吨级轮船可候潮进出，3000吨级轮船可以自由进出，现虽经每年疏浚，也只能达到3000吨级轮船候潮进出。历史上的东方大港福建泉州港，因淤积严重，已经难以恢复到历史通航水平。

英国沃切特萨默塞特港疏浚淤泥

港口建设 淤积问题在多泥沙活动的海岸常是建港成败的关键之一。在港址选择、港口设计，直至建成后的维护阶段，始终需要密切注意淤积问题，甚至在建港之初就应预见后期的淤积趋势，考虑可能采用的防淤减淤措施。（刘锡清）

**高低潮** high tide and low tide *潮汐*的状态。高潮指潮汐水位达到最高处的状态。低潮指潮汐水位达到最低处的状态。在实际观测中，规定平潮的中间时刻为高潮时，当时的潮位高度为高潮高；停潮的中间时刻为低潮时，当时的潮位高度为低潮高。

中国唐代*窦叔蒙*在《海涛志》一文中提出了根据月相推算高潮时刻的图表法，大约比英国的《伦敦桥潮候表》早400年。19世纪60年代，英国开尔文勋爵W.汤姆孙和G.H.达尔文等提出了*潮汐调和分析方法*，随后编制的*潮汐表*一般包括逐日的高潮和低潮的时间和潮高等内容。

同一地点高（上）低（下）潮差别

（周　磊）

**高位体系域** highstand system track 相对海平面升高和下降时期形成的体系域。是层序发育晚期的沉积区域。又称高水位体系域。通常分布于陆棚之上，其内部准层序组在向陆方向上超于层序底界面之上，而在向盆方向则下超于海进体系域或低水位体系域之上。当上升速率小于沉积速率时，就产生了正常海退。因此，沉积趋势和叠置方式是由加积和进积过程的混合作用所控制的。高位体系域下界为下超面，上界为下一个层序边界。高位体系域内部又可分为早期高水位进积复合体、晚期高水位进积复合体以及末期高水位近陆表复合体。早期高水位进积复合体，以向上向盆构筑的反S型进积地层形式为特征；晚期高水位进积复合体，则以向盆构造倾斜进积地层形式为特征；末期高水位近陆表复合体，则以在海平面相对停滞时期形成的河流沉积为特征，多发育暴露和剥蚀等沉积构造。高水位体系域对应于浊积扇的外扇－中扇前缘沉积，其中早期高水位体系域对应于浊积扇外扇沉积，代表海平面相对稳定条件下的加积作用，晚期高水位体系域则对应于中扇前缘沉积，代表了早期相对海平面下降，物源供给再次相对加强，浊流向盆进积作用的再次发生。在许多硅质碎屑岩层序中，高位体系域明显地被上覆层序边界所削蚀，如果被保存下来，其厚度较薄且富含页岩。

（王秀娟）

**高盐水团** high-salinity water mass 外部与周围海水相比具有相对高盐的水团。按照挪威海洋学家H.U.斯韦尔德鲁普的提法，着眼于水团所处的深度不同，世界大洋可以分为5个水系：表层水、次表层水、中层水、深层水和底层水。每个水系包含不同的水团，其中，典型的高盐水团主要分布在次表层水系和中层水系。

亚热带次表层水（STUW） 又称热带水（tropical water; TW）。深度100～200米，属于次表层水系。形成源地是在回归线附近海域，形成机制是回归线附近海面冬季强烈蒸发增盐导致海水下沉，随着海流进入赤道附近较淡的表层水之下。在赤道的西部海域，又可以进入**赤道潜流**中，从而形成温跃层中的最高盐度层。

地中海水团（MW） 又称地中海溢流水（MOW）。广泛分布于亚热带北大西洋，属于中层水系（1000～1500米），其形成源地在亚欧非三大洲之间的陆间海——地中海，形成机制是中纬度地区的强烈蒸发和冬季冷却。位于中纬度地区的地中海由于被陆地包围，蒸发异常强烈，表面盐度很高，可以达到39.1‰。冬季海水降温导致密度增加，内部发生强烈的对流混合。当地中海海水通过平流作用向西运动溢出直布罗陀海峡时，盐度仍可达37.0‰～38.4‰。由于密度大，即沿大陆坡"下滑"，同时与周围的大西洋水强烈混合，大约到1200米深度与周围海水的密度相当，并向其他海域散布扩展。

红海水团（RSW） 又称红海溢流水（RSOW）。广泛分布于印度洋中层，属于中层水系，其形成源地是红海，形成机制与地中海水团形成机制相同，即陆间海的强烈蒸发和冬季冷却。红海内部水体的盐度高达42.0‰。从红海流出的高盐水与印度洋的海水混合，形成厚度相当大的高盐中层水，并向南散布。在500～700米深层，盐度仍然可以达到36.5‰。

（李　涛）

**高营养盐低叶绿素海区** high-nutrient, low-chlorophyll region 硝酸盐浓度较高但浮游植物浓度较低的稳定海洋区域。简称HNLC海区。高营养盐低叶绿素海区占海洋面积的20%，主要分布于亚北极太平洋、东赤道太平洋的上升流区和南大洋的海区。大洋表层海水中浮游植物所必需的一些无机盐（如硝酸盐）的浓度通常很低，甚至达到限制浮游植物生产力的水平。但在HNLC海区，表层水的无机盐浓度较高，而且不会被浮游植物消耗到很低水平。

关于HNLC海区的形成，主要有铁假说和摄食控制假说。

铁假说认为是铁限制了海区中浮游植物的生长，控制藻华的形成。铁是合成氨基酸所必需的微量元素，在硝酸盐和亚硝酸盐降解、叶绿素合成以及光合作用中起着重要作用。由于海洋中铁的来源主要是大气沉降和深层水通过上升流带到海表，远离大陆而又相对稳定的大洋中的铁和其他一些微量元素的浓度非常低，从而限制了浮游植物对硝酸盐的吸收能力，进而抑制光合作用和初级生产力。铁限制对个体较大的浮游植物（如硅藻）的生长的影响明显，而个体较小的鞭毛藻由于比表面积较大有利于对铁的吸收利用而成为HNLC海区的优势种。从1993年开始，13个在不同HNLC海区进行的铁加富现场实验均发现，铁的添加可以促进浮游植物的生长，形成藻华。这些结果表明，铁限制了海洋的生产力，同时铁假说也为缓解温室效应提供了一个新途径。

摄食控制假说认为，个体较小的浮游植物通常被小型浮游动物（原生动物）所摄食，而原生动物的生长速率与其饵料藻相当，甚至更高。因此原生动物能控制浮游植物的大规模增长乃至藻华的形成。大型桡足类浮游动物也在春季大量繁殖，对硅藻等个体较大的浮游植物形成摄食压力。由于浮游植物的生物量一直受到控制，营养盐不会被消耗殆尽，也就导致了HNLC海区高硝酸盐水平。

缺铁导致的生理学限制、摄食压力以及海水的物理作用共同导致了HNLC区域的低生产力。各个因素对低生产力的贡献因各HNLC区域而不同。铁限制导致适应低铁环境的较小的浮游植物快速生长，而小型浮游动物摄食使这些微小的浮游植物的数量处在平衡状态。另外高纬度HNLC区域强烈的海水混合也可能把浮游植物带入生长必需的临界深度以下，导致浮游植物受光的限制而无法生长。

（刘红斌）

**高支链类异戊二烯** highly branched isoprenoids; HBIs 由特定硅藻合成的一类基于异戊二烯的脂质化合物。广泛存在于海洋、湖泊的水体和沉积物中，是硅藻的专属生物标志化合物。由于某些高支链类异戊二烯与单个硅藻物种（或属）之间的关联以及环境因素对其存在和分布的调控作用，高支链类异戊二烯具有作为标志物反演古环境变化的潜力，受到广泛关注。

来源　高支链类异戊二烯最早在墨西哥湾沉积物中被发现，后来被确定为由硅藻在各种不同环境下产生。硅藻生长的海水、底栖微生物群落以及实验室培养的硅藻体系中都检测出了高支链类异戊二烯，它是特定硅藻合成的次级代谢产物。现代生物化学揭示，能够产生高支链类异戊二烯的硅藻主要有*Haslea*、*Navicula*、*Rhizosolenia*和*Pleurosigma* 4个属，包括浮游藻和底栖藻。

应用　高支链类异戊二烯的结构和碳链长度各不相同，较为常见的是含有20、25和30个碳原子的高支链类异戊二烯，又以2,6,10,14-四甲基-7-（3-甲基戊基）-十五烷为骨架的$C_{25}$-高支链类异戊二烯在研究中应用最多。海洋环境中的$C_{25}$-高支链类异戊二烯的结构相对稳定且具有海冰特异性，在极地海冰和海底沉积物中发现的$C_{25}$-高支链类异戊二烯能够记录海冰的历史变化，因而可作为有机生物标志物类指标，用于极地海冰变化的重建。

在不同的$C_{25}$-高支链类异戊二烯海冰指标当中，由北极冰藻（主要是硅藻）产生的单不饱和高支链类异戊二烯$IP_{25}$是研究最频繁的。由于$IP_{25}$仅存在于季节性海冰及其覆盖区域的沉积物中，而不存在于开阔水域和永久冰盖及其下方沉积物中，因此可以利用其指示北极季节性海冰的变化。在南极海冰和沉积物中尚未发现$IP_{25}$，但发现了另一种二不饱和高支链类异戊二烯$IPSO_{25}$（见图）。

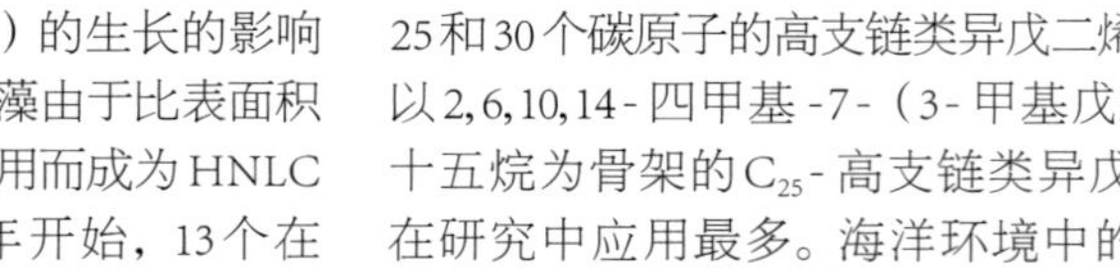


高支链类异戊二烯$IP_{25}$和$IPSO_{25}$的结构

$IPSO_{25}$在南极海冰和海冰覆盖区域的表层沉积物中广泛存在，而在无冰区藻类暴发时的海水样品中则没有检测到，因此，可以利用$IPSO_{25}$来指示南极海冰的变化。

（张洪海）

**高桩码头** open type wharf on piles 由桩基和上部结构（桩台或承台）构成靠泊岸

壁的码头。主要由上部结构、基桩、接岸结构和码头设施组成。上部结构将各基桩连成整体构成码头地面，直接承受作用在码头上的各种荷载，并将它们传给基桩。上部结构还用于固定码头设施。基桩支撑上部结构，并将上部结构的荷载和外力传到地基中。接岸结构连接桩台和陆域，挡住陆域填土以防流失。码头设施主要包括防冲设施、系船设施、系网环、爬梯等。

按上部结构的型式进行分类，主要有承台式、无梁板式、梁板式、高桩墩式和桁架式等。①承台式。由水平承台、胸墙和靠船构件组成，承台上回填砂石料，承台一般采用混凝土、少筋混凝土或钢筋混凝土现浇结构。②无梁板式。主要由面板、桩帽和靠船构件组成，面板直接安设在桩帽上，一般采用装配式钢筋混凝土构件。③梁板式。主要由面板、纵梁、横梁、桩帽和靠船构件组成，是使用最广的结构型式。多采用装配式钢筋混凝土构件，一般面板搁置在纵梁上，纵梁搁置在横梁上，横梁搁置在桩帽上或直接现浇与基桩连接。④高桩墩式。主要由工作平台、靠船墩、系船墩、引桥和人行桥等组成，各墩台一般采用混凝土或钢筋混凝土现浇结构，引桥和人行桥采用钢筋混凝土结构或钢结构。⑤桁架式。主要由面板、纵梁、桁架和连杆组成，通常采用钢筋混凝土结构，大多构件采用现浇。

高桩码头的基桩有钢管桩、钢筋混凝土方桩、钢筋混凝土管桩、预应力钢筋混凝土方桩、预应力高强度钢筋混凝土管桩（PHC桩）、钢筋混凝土灌注桩等类型，设计中根据使用要求和实际条件确定使用类型。

接岸结构一般采用独立的重力式挡土墙或板桩墙，采用板桩墙时可与码头桩台合在一起，设置在桩台的前沿或后沿，分别称为前板桩高桩码头和后板桩高桩码头。（鲁子爱）

**哥伦比亚深海平原** Colombian Abyssal Plain 构成加勒比海中南部海底的海底平原。为哥伦比亚海盆最深和最平坦部分。东南部隆起形成哥伦比亚的加勒比海岸，西与克拉克海盆和中美洲大陆架连接，向北延伸到牙买加岛。东面与委内瑞拉海盆以贝塔海脊相隔。哥伦比亚深海平原最深达4347米。浊流将**大陆架**上沉积物搬运至平原上，使其地势平坦，坡度小于1/1000。（仲 佰）

**“格洛玛·挑战者”号钻探船** Glomar Challenger Drilling Vessel 美国的深海钻探船。美国全球海洋公司建造，船长121米，宽19米，深8米，船中部竖立着43.3米高的钻井塔，塔顶高出海面61米。排水量10 500吨，设计最大工作水深6096米，设计最大钻探深度7615米。

“格洛玛·挑战者”号钻探船外观

“格洛玛·挑战者”号船于1968年3月下水，8月正式执行**深海钻探计划**。从1968年8月11日到1983年11月8日的15年中，共完成96个航次的作业，总航程约60万千米，在624个站位进行钻探取样，共钻了1092个钻孔；并钻入洋底的最大深度为1740米，钻入玄武岩洋壳最大深度为1080米，钻探的最大水深为7049米，是人类历史上的一项伟大创举。该船于1983年11月退役后已被拆毁。

“格洛玛·挑战者”号船能出色地完成钻探取岩芯任务是因为在船上采用了先进的钻探技术设备——动力定位设备和再进钻孔装置等。

动力定位设备。一种在6000多米的深海，不用抛锚，而由船载计算机自动调节和固定船位的先进装置。除了在船后安装2个主推进器外，还在船两侧各安装了前推进和后推进器，使船只可前后左右移动。船底部装有4个水听器，海底钻孔周围安装声呐信标。船只到达钻探地点后，船上的水听器能接收声呐信标发回的信号，通过计算机可随时得知船只偏离井位的距离，同时自动向有关推进器下达指令，调整船位，使船始终保持在钻孔上方钻探活动允许的范围内。这样，可在风速9级，表层流速3节时保持船位，进行正常钻井作业。

再进钻孔装置。是在钻孔的再进钻孔漏斗上安装了几个声呐反射器。当钻探过程中钻头磨损后，可把磨损的钻头提到船上换上新钻头。钻头前端装有一个声呐扫描器，它能接收声呐反射器的回波，寻找钻孔位置，依靠钻杆上的液体喷嘴喷射水流，使钻杆向再进钻孔漏斗上的声呐反射器的中部移动，对准漏斗的中心，钻头和钻探管便巧妙地再次进入原有钻孔，继续作业。整个操作过程，可通过在船上安装的钻杆柱定位指示器清楚地显示出钻头和钻孔的相对位置。再进钻孔装置于1970年12月25日在加勒比海委内瑞拉海盆水深3662米的海上首次进行实际作业，并获得成功。已能在任何需要的地方进行再进钻孔作业，并能在同一个钻探地点十多次更换磨损的钻头。这项先进技术的应用，使钻探的深度有了很大提高，深海钻探进入了一个新时代。

液压活塞取芯装置。指液压活塞取芯器和延伸式取芯筒等取样装置。美国拉蒙特-多尔蒂地质研究所经过多次改进研制成功的一种取未扰动沉积物岩芯的装置。由于未扰动的深海沉积岩芯完整地记录了各个地质时期的沉积历史、洋流模式、气候变迁、生物演化、水深变化等，有了这种取样工具就为恢复古海洋环境提供了可能性，并使取芯长度比用常规的取芯器增加了一个数量级。液压活塞取芯器的顶部是液压马达的活塞和阀门，中间是岩芯重锤和提升器，左、右分别为蓄液器和低压室。取芯前重锤被提升器提起，当取样器到达海底时，机器上端锁存器被挤压向外弹开，被它钳制的凸轮连同重锤便砸在钢板上，迫使下面的取芯器进入沉积层。同时，活塞上部低压室里的低液压与深海底高液压之间产生的液压差，迫使活塞上升，这样就带动取芯管内的岩芯一同上升。为了使进入到取芯管中的岩样与下面的沉积物分离，岩芯管上的切割器把岩样与下面的沉积物切开，并封闭取样管的底部，使取芯器在上提过程中岩芯不会损失。1980年用这种取样器取得了近300米长的未扰动岩芯。第90航次中又研制成功一种延伸式取芯筒，在这次取样中液压活塞取芯器与延伸式取芯筒联合使用，取得了长575米的岩芯。

起伏补偿装置。由于钻探船在海面受风浪的影响上下运动，对钻井作业带来影响。1974年船上安装了起伏补偿系统后，大大减小了波浪对钻杆的影响，从而提高了船只钻探时抗风浪的能力。（艾万铸 莫恭政）

**公海** high seas 不包括国家的专属经济区、领海和内水或群岛国的群岛水域内的全部海域。公海的概念产生于16世纪末17世纪初。1609年，H.格劳秀斯在《海洋自由论或属于荷兰人从事东印度公司的权利》中提出，公海如同公路，根据自然法，人人都可以自由地通行。公海一词由此产生。到了19世纪，公海的概念与领海概念同时获得了国际社会的普遍承认。

传统国际法认为，领海以外的海面便是公海，公海对所有国家开放，任何国家不得在公海上主张权利。随着国际海洋法的发展，公海的范围出现了变化，呈现逐渐缩小的趋势。1982年《联合国海洋法公约》第86条规定，公海是指不包括在国家的专属经济区、领海或内水或群岛国的群岛水域内的全部海域。

公海的法律性质完全不同于领海，前者属于“共有物”的范围，不受任何国家单独支配，不能先占但可使用并享有收益；后者属于国家领土的一部分，被置于一国主权的管辖之下。

法律地位　公海自由被看作公海制度的法律基础。1958年，联合国第一次海洋法会议通过了《公海公约》，较全面地编纂和制定了公海制度。公海的法律地位在《公海公约》中有较为详细的规定，主要有：①公海对所有国家开放。②公海应只用于和平目的。任何国家不得有效地声称将公海的任何部分置于其主权之下。③每个国家均有权在公海上行驶悬挂其旗帜的船舶。船舶具有船旗国国籍，但该国船舶之间须有真正的联系。④每个国家应对悬挂该国旗帜的船舶有效地行使行政、技术及社会事项上的管辖和控制，并采取为保证海上安全所必要的措施和保证有关国际规章、程序及惯例得到遵行所必要的任何步骤。⑤遇有船舶在公海上碰撞或任何其他航行事故及船长或任何其他为船舶服务的人员的刑事或纪律责任时，对此种人员的任何刑事诉讼或纪律程序，仅可向船旗国或此种人员所属国的司法或行政当局提出。⑥每个国家应采取措施，防止和惩罚本国船舶贩运奴隶。所有国家均应尽最大可能进行合作，以制止在公海上从事海盗行为、麻醉药品或精神药物的非法贩运和未经许可的广播。⑦所有国家均有权在大陆架以外公海海底铺设海底电缆和管道。⑧所有国家均有权允许其国民在公海上捕鱼，并有义务为该国国民采取或与其他国家合作采取养护和管理公海生物资源的必要措施。

公海自由是海洋法上的习惯国际法原则，早已被各国普遍接受。《公海公约》规定，公海自由对于有海岸国和无海岸国包括：①航行自由。②捕鱼自由。③铺设海底电缆和管道的自由。④公海上飞行自由。在1982年通过的《联合国海洋法公约》中，公海自由增加了两项自由，即建造国际法所容许的人工岛屿和其他设施的自由和科学研究的自由。同时，公约还增加了限制部分，而且规定在行使这些自由时，要适当顾及他国行使此项权利的利益和与“区域”内活动有关的权利。但同时，由于《联合国海洋法公约》建立起诸如专属经济区、大陆架、群岛水域等一系列新的海洋制度和规则，大大扩展了沿海国的专属管辖空间、缩小了公海的范围，故而实质上从广度上削弱了公海自由。

公海自由　其基本含义是：①公海对所有国家开放，不论其为沿海国或内陆国。②在《联合国海洋法公约》和其他国际法规则所规定的条件下，各国均有行使公海自由的权利。③违背公海自由原则被认为是违反国际法的行为。

公海自由不是绝对的和无限制的。《联合国海洋法公约》对各国行使公海自由做出了原则性限制规定：①公海自由是在本公约和其他国际法规则所规定的条件下行使的。②各国在行使公海自由时，须适当顾及其他国家行使公海自由的利益，并适当顾及本公约所规定的同“区域”内活动有关的权利。③公海应只用于和平目的，而不应把公海变成进行军事活动、侵略和战争的场所。

公海管辖权　公海上的管辖权是对海上的船舶、人和货物的管辖权。船旗国在公海上对悬挂本国国旗的船舶享有专属管辖权。为了维护公海上的航行安全和公海上的正常秩序，各国对于在公海上发生的危害人类利益的国际犯罪行为以及某些违反国际法的行为，可以行使公海上的普遍管辖权。这种管辖一般由军舰或经授权的国家公务船舶行使。

根据《联合国海洋法公约》的规定，公海上的普遍管辖主要包括：①制止在公海上从事海盗行为。②禁止贩卖奴隶。③禁止非法贩运麻醉药品或精神药物。④禁止在公海上从事未经许可的广播。公海上的普遍管辖可以说是船旗国管辖的补充，当船旗国不能或者不愿管辖之时，普遍管辖就将得到适用。《联合国海洋法公约》仅规定了部分需要受到普遍管辖的国际犯罪行为，随着构成国际犯罪行为的增多，相关的国际习惯和其他国际条约会做出更多的规定，故而公海上普遍管辖事项也会日益增多。　（周忠海　罗国强）

**沟弧盆系**　trench-arc-basin system　大洋板块向大陆板块俯冲过程中形成的一套具有成生联系的构造地貌体系。又称沟－弧－盆体系。

结构构造　典型的沟弧盆系由下列构造地形单元组成：由洋向陆依次分布有海沟外缘隆起带、海沟、海沟坡折、海沟间隙（包括外弧和弧前盆地）、火山弧、弧后海盆、残留弧、不活动的边缘盆地。主要分布在西北和西南太平洋、印度洋东北边缘及加勒比海等地。

海沟外缘隆起带　位于海沟洋侧的低缓宽广隆起带。洋侧坡缓、陆侧坡陡。是大洋板块向大陆板块俯冲挤压拱起的产物。拱起顶部引张产生张性断裂、浅源地震及岩浆活动。

海沟　由大洋板块向大陆碰撞俯冲下沉形成的、水深达10 000米的、狭长的海底凹地。具有洋壳和陆壳混合的过渡性地壳，显出负重力异常、热流值低、具浅源地震等特征。沉积物呈楔形体。可见玄武岩、辉长岩、蛇绿岩化的橄榄岩、深海软泥及高压低温变质岩，是板块俯冲过程中形成的混杂堆积。

海沟坡折　位于海沟陆侧大陆板块最前缘地带，在板块俯冲过程中受强烈挤压而构成的一条褶皱挤压带。在这里形成与海沟平行的脊岭和无火山的非火山弧，即外弧。外弧主要为增生杂岩体，构造复杂，发育一系列逆冲断层及其引发的浅源地震。热流值低。在板块俯冲作用下，非火山弧上形成各种岩石混杂堆积体。

火山弧　又称内弧或第二弧，是两个板块碰撞俯冲过程中由于板块之间摩擦生热、岩浆上涌，导致的大规模的火山及侵入活动而形成的火山弧，分布于距海沟150～200千米处。火山弧主要由钙碱性火山岩和深成岩组成，包括拉斑玄武岩、安山岩、流纹岩或部分深成岩等。

弧沟间隙　从火山弧到海沟坡折之间的地带称弧沟间隙，宽度为150～200千米。弧沟间隙内往往发育弧前盆地，具有来自火山弧和海沟坡折的巨厚沉积物。弧沟间隙地带无地震活动。

弧后盆地　是火山弧与大陆之间的深水盆地，以具有典型大洋地壳结构及高热流值为特征。洋壳年龄非常年轻，年龄不老于第三纪。板块构造说认为，弧后盆地是通过板块扩张作用，由火山弧劈开而成的。

残留弧　又称第三弧，是在弧后扩张作用下由火山弧分开而成的脊岭。

特征　沟弧盆系属典型的过渡性底壳，往往大陆型地壳与大洋型地壳交替出现，以海沟为界，洋侧属大洋型地壳，陆侧属大陆型地壳，多数海沟莫霍面深10～20千米，岛弧（火山弧）至海沟坡折具大陆型地壳，岛弧地壳增厚，一般在10～40千米。沟弧盆系的外弧是大陆增生的主要地区，发育有蛇绿岩套和低温高压变质岩。而火山弧、弧间盆地、残留弧和陆缘盆地上则以正断层为主的断块构造，属地壳伸张点，伴有中酸性岩浆活动和玄武岩浆的喷溢及高温低压变质带。岛弧是剧烈的火山活动区，分布有数百座火山，火山一般以喷发或喷溢形成的层状熔岩、熔结凝灰岩和火山碎屑岩为主要特征，火山岩以安山岩和玄武岩为主；靠近海沟一侧的火山活动较少，岩石以拉斑玄武岩为主。全球大部分地震发生在沟弧盆系地区，其中环太平洋地震带所释放的地震能量占全球总量的四分之三以上。浅源地震多发生于靠近海沟一侧，中、深源地震则产于火山弧之下和靠近大陆一侧。沟弧盆系重力异常和热流异常很不均匀：岛弧为正重力异常，自由空间异常幅度为100～200毫伽（1毫伽=$10^{-3}$厘米/秒$^2$）；相邻海沟为负重力异常，自由空间异常幅度为−200毫伽；海沟热流量低于正常值，而火山弧和弧间盆地的热流量高于正常值，地球平均热流量值为1.5HFU，HFU（heat flow unit）为热流量单位，即热流量$Q$为岩石的热传导率$K$和温度梯度grad$T$的乘积，其单位为微卡/（厘米$^2$·秒），1HFU=41.87毫瓦/米$^2$。

成因　关于沟弧盆的成因有不同的假设。其中**板块构造说**是对全球有重要影响的学说。该学说认为，大洋岩石圈在地幔对流作用下，随着从地幔不断上涌的岩浆生成大洋中脊并扩张，到大陆边缘处与大陆板块碰撞、俯冲、下沉，在大洋板块向大陆板块俯冲过程中，两个板块在摩擦作用下引起地幔物质增温和岩石圈部分熔融，导致岩浆上涌喷出火山弧；在俯冲过程中，将海底拖曳向下形成海沟，由于板块挤压而形成非火山性岛弧-外弧；在弧后区，由于次生扩张，形成弧后盆地。

研究意义　沟弧盆系是全球地震、火山活动剧烈的构造活动带，是大洋中脊生长扩张和俯冲消亡两个截然不同的构造活动区，因此对其进行研究，对大洋的形成演化直至全球构造及环境预测有较重要的科学理论意义。而且，沟弧盆系地区分布有边缘海盆，岛弧是地球上重要矿产资源产区。如中国南海是世界重要的含油气盆地分布区。在智利、日本和印尼等岛弧区产有斑岩铜矿、斑岩钼矿、黑矿等硫化物矿床，而且在弧后盆地多处产有热液硫化物矿铜、铅、锌等。因此，沟弧盆系的研究，对油气和金属矿产地质背景和成矿机制的研究有实际意义。　（许东禹）

**孤立波**　solitary wave　在传播过程中波形保持不变、波面全部在静水面以上的推移波。1834年，苏格兰土木工程师J.S.罗素首先在试验中观察到孤立波的存在，并进行了研究。其后，经法国物理学家J.V.布西内斯克、第三代瑞利男爵J.斯特拉特及麦考文等研究，获得了有关孤立波理论的一些重要成果。1949年，美国海洋学家W.H.蒙克对前人的研究成果进行了系统总结。又有学者对孤立波的数学处理做了详细论述，并提出了不同阶次的高阶近似解。孤立波是一种推移波，水质点只朝波浪传播方向运动而不向后运动，其绝大部分能量都集中在波峰附近（波高与水深之比为0.4时，90%能量集中于波峰前后1.7倍水深范围）。在近岸地区，对于波长大于6倍水深的浅水波列，可近似地作孤立波来对待。当海浪进入浅水区后，波峰变得越来越陡，波谷变得越来越平坦，最后波长逐渐接近于无穷大，于是可以把这种波浪当作一系列的单个孤立波（图1、图2）。实际上，孤立波的波形与近岸浅水区的波浪很相似，又由于它比较简单，所以在近岸区的研究工作，特别是在**波浪破碎**、近岸泥沙运动等的研究过程中，孤立波得到了广泛应用。　（李华军　董　胜）

图1　海滩的孤立波破裂

图2　大型孤立波

**古船**　ancient ships　过去使用的船舶，特别是现代船舰使用之前的古代与近代早期形制船舶，包括世界各地不同材质、形制和动力多样的独木舟、舟、筏、桨船、帆船和早期轮船等。古船是历史上人们涉水浮海的重要交通工具，是海上人群开展生产生活的重要物质基础，能够反映出特定历史时期的生产力水平和社会状况。

中国是古代世界造船能力发达的国家之一，古船制造工艺先进，具有水密隔舱出现早、带有船尾舵，航速快、抗沉性强的特点。中国古船形制丰富，其中福船、沙船、广船和鸟船被认为是最有名的四大类型，尤以福船、沙船驰名中外：①福船。上平如衡，下侧如刃，底尖上阔，首尖尾宽两头翘，适合远洋航行，著名的“南海一号”就是福船船型。②沙船。方头平底，甲板面宽敞，型深小，干舷低，善于行沙涉浅，在沿海航运中发挥了重大作用，也可远航。③广船。小巧，首低尾高，上宽下窄，瘦尖底，用材珍贵，比福船坚固，多帆少桅，装备有多孔舵和中插板，适航性能和续航能力较好，适合在南海和大洋航行。④鸟船。一种小型快船，《浙江海运全案》称其“头小身肥，船身长直，除设桅、篷（帆）外，两侧有橹二只，有风扬帆，无风摇橹，行驶灵活，而且篷长橹快，船行水上，有如飞鸟”，在明末清初曾被用来作为新型战舰。此外中国还发明过车轮舟。古代世界其他地方也有许多知名的船型，如地中海中桨帆并用的加莱船、维京人的诺曼长船、汉萨同盟的柯克船、阿拉伯人的三角帆船、波利尼西亚人的双体船、15世纪出现的克拉克帆船等。

一些古船在历史上具有很高的知名度，如**郑和下西洋**乘坐的郑和宝船、明朝使臣赴琉球乘坐的封舟、哥伦布航行美洲时乘坐的“圣玛利亚”号、瑞典对华贸易使用的“哥德堡”号、最早使用螺旋桨和铁甲壳的“大不列颠”号蒸汽船、初航即沉没的豪华邮轮“泰坦尼克”号等，其中距现在时间相对较近的“大不列颠”号在沉没后已被打捞出水，在布里斯托展览。有些古沉船则因海洋考古发掘而引起世人瞩目并得以命名，如“南海一号”“黑石”号、“南澳一号”“华光礁一号”、蓬莱古船、新安沉船等。古船为人们了解古代造船技术、海洋历史乃至社会生活提供了直观和宝贵的资料。例如，“黑石”号及该船上的出水文物就不仅生动呈现出公元9世纪阿拉伯的造船技术和“海上丝绸之路”上的贸易盛景，而且唐青花、江心镜等罕见文物还丰富了人们对唐代社会生活的认识。

瑞典仿古木帆船“哥德堡”号

因此古船研究是了解船舶发展史、海洋文化史的重要途径，对于了解国家、区域及全球经济、政治、社会、文化的历史变迁也具有重要价值，沉船考古已成为海洋考古中的重要领域，因古船而建的博物馆也日益增多，如为保护展览“南海一号”而建的广东海上丝绸之路博物馆，为保护展览蓬莱古船而建的登州古船博物馆等。

（朱建君）

**固定浮标观测**　fixed buoy observation　通过浮体及其携带的相关传感器，对海面或海面之下进行观测的观测技术。固定浮标观测具有实时、长期、连续、大范围准确收集海洋水文环境和气象资料的特点，在海洋调查观测中发挥了巨大作用。按布放的空间位置，其主要分为浮标和潜标两种观测形式。

海洋观测浮标具有全天候、全天时稳定可靠地收集海洋环境数据的能力，并能实现数据的自动采集、自动标示和自动发送。它主要由浮标体和观测系统组成。浮标体是海上仪器设备的载体，有圆盘形、船形、圆球形、圆柱形等多种式样，其上通常安装卫星通信系统、电源和系留设备等；观测系统主要由传感器、支持系统和载体组成。海洋观测浮标的研制以美国为首，始于第二次世界大战结束之后，仅用于海洋科学专业研究试验；到20世纪70年代，对它的应用已达到业务化使用程度；80年代，浮标开始成为海洋环境观测的一种常规手段。

海洋观测潜标的工作模式是潜在水中作业，工作一段时间后定时浮出水面向卫星发送数据，或者数据完全自容，回收后再获得数据。在系统结构上，浮标设计成零浮力，并通过调节浮力实现上浮传送数据，其他方面与水面浮标差别不大。一般采用电池来解决电能需求。随着海洋浮标技术的不断完善以及应用的逐步扩大，采用先进技术、低成本、高可靠度、功能增强、工作寿命延长、方便布放和回收成为近年来海洋观测浮标技术发展的总趋势。

在固定浮标观测的研究过程中，还有不少技术难点要去攻克，主要包括海水腐蚀问题、疲劳问题、抖动问题、海洋生物引起的污损破坏问题和浮标的精确定位问题。

（黄豪彩）

**固体浮力材料**　solid buoyancy material　应用在海洋环境中具有浮力的由无机轻质填充材料填充到有机高分子材料中，经物理化学反应得到的固态化合物。从宏观上看，该材料是一种低密度、高强度、少吸水、耐腐蚀、可进行二次机械加工的聚合物基固体材料，能够满足水下不同的应用要求。基于其密度低、耐压高的特性，该材料主要为水下作业装备提供所需的浮力，根据需要可对其表面进行喷刷涂层或保护层处理，常制作加工成浮体、浮标等配重产品，也可直接进行机加工成形为产品零部件，具有既能满足产品结构的力学要求、又能大大降低产品重量等多种功能。该材料的应用实现了金属结构件难以实现的功能。

深海高强度固体浮力材料一般采用浮力介质（空心微球）与高强度树脂复合而成。国际上可达到的材料密度为0.4～0.6克/厘米$^3$，耐压强度则在40兆～100兆帕，已经在海洋装备中得到广泛的应用。空心微球是一种内部充满气体的特殊结构材料，根据其材料不同，主要分为有机质复合微球和无机质复合微球两类。对有机质复合微球的研究比较活跃，如聚苯乙烯空心微球、聚甲基丙烯酸甲酯空心微球等。无机质复合微球的制备材料主要有玻璃、陶瓷、硼酸盐、碳、飞灰漂珠、三氧化二铝、二氧化硅等。空心玻璃微珠有很多优异性能，如质量轻、密度小、导热率低、强度高。此外，轻质合成复合塑料是由复合泡沫与低密度填料（如中空塑料或大直径玻璃球）组合改性而成；化学泡沫塑料复合材料是利用化学发泡法制成的泡沫复合材料。这两类材料在深海固体浮力材料中也有重要应用。

从20世纪60年代末，美国、日本、俄罗斯等国家就开始研制固体浮力材料，形成了系列化、标准化产品，广泛地应用于深海海底的开发事业中。例如，在潜水器技术中已得到应用，并能在水下数千米的深度下安全使用。在国家高科技计划的组织支持下，中国一些单位开展了固体浮力材料的研制工作。中国已具备较好的深海浮力材料制造能力，如4500米级“深海勇士”号载人潜水器的浮力材料就是中国单位生产提供的，这表明中国具备了大深度低密度浮力材料制造的能力。

（黄　滨）

**寡营养盐**　low-nutrient; oligotrophy　浮游植物赖以生长的营养盐浓度水平非常低，海洋表层的主要营养盐如硝酸盐、磷酸盐和铁等常低于检测限，其浓度在纳摩尔水平（$10^{-9}$mol/L）。“寡营养盐”一词，自1907年韦伯提出一直被沿用。

全球海洋约30%属于寡营养盐海域，北太平洋副热带流涡区，海洋100米以浅的硝酸盐含量<5纳摩尔/升，磷酸盐含量10～100纳摩尔/升，表层铁的浓度<0.2纳摩尔/升；南太平洋副热带流涡区，海洋表层硝酸盐含量约10纳摩尔/升，上层100～160米的硝酸盐含量常低于检测限（<3纳摩尔/升），表层磷酸盐含量约100纳摩尔/升；北大西洋副热带流涡区，表层磷酸盐含量<1纳摩尔/升，表层硝酸盐含量约100纳摩尔/升。

营养盐浓度究竟低于多少开始限制浮游植物生长，各种说法不一。在寡营养盐海域，提高氮营养盐含量能够刺激非固氮生物利用溶解有机磷和碱性磷酸盐，提高生物量；提高磷营养盐含量能够刺激固氮生物如束毛藻生长，提高生物量；视为氮和磷共同限制。一些浮游植物是多种营养元素共同限制，而另一些浮游植物是某种营养元素单独限制；不同粒级不同类型浮游植物对营养元素的需求比例也是不同的（如N：P需求，固氮束毛藻的氮磷比约为40：1，硅藻约为10：1）。寡营养盐海域的营养盐限制问题非常复杂，关键是厘清海洋中营养盐来源、供应比例和不同浮游植物对不同营养元素的需求比例。

基于SeaWiFS和MODIS卫星遥感资料，过去十年“海洋荒漠”面积正在以越来越快的速度逐年增加，且海表温度逐年升高（0.02～0.04℃/年）；海水变暖加剧海水的层化，阻止了深层水体中高浓度的营养盐向上层输送，使得表层营养盐浓度常年都非常低。

（许艳苹　王丽芳　戴民汉）

**寡营养盐低生产力海域**　low-nutrient, low-production region　海洋表层常年呈现低营养盐低初级生产力[primary production, PP<100克碳/（米$^2$·年）]特征的海域，又称海洋荒漠。相对于初级生产力，叶绿素a（Chl a）更易于测量，因此Chl a<0.07毫克/米$^3$也作为表征低生产力海域的指标。

全球寡营养盐低生产力海域主要分布在5个亚热带流涡区（北太平洋流涡区、南太平洋流涡区、北大西洋流涡区、南大西洋流涡区、印度洋流涡区）、赤道大西洋、赤道印度洋等，约占全球海表总面积的30%。虽然单位面积的生产力很低，但是由于其巨大的覆盖面积，它对全球碳汇具有潜在的重要贡献。以北太平洋流涡区为例，其面积近$30\times10^6$平方千米，占全球海洋面积的8.2%，表层营养盐浓度极低，其硝酸盐储量仅为全球海洋的1.7%，表层叶绿素浓度的年平均值在0.1毫克/米$^3$以下。然而，北太平洋流涡区却是全球海洋二氧化碳的主要汇区之一，年吸收量约为$250\times10^{12}$克碳，占全球海洋的12.5%。

地处热带亚热带的海域，常年光照较强，受大洋环流和风驱动的影响，流涡区的营养盐跃层和混合层深度都较深，海水层化显著（没有垂向混合），富含营养盐的次表层水不能到达表层，限制了浮游植物的生长，故常年呈现低营养盐低生产力特征。已有研究表明，随着全球变暖的加剧，上层海洋层化增强，环流形态发生改变，海洋荒漠正在不断扩大。这一方面可能降低初级生产力和碳汇，但同时又可能增强固氮作用，进而增加碳汇。

人们对寡营养盐低生产力海域的认识主要基于卫星遥感和模型数据，缺少现场调查数据；随着调查技术手段的提高，人们对广袤的寡营养盐低生产力海域的研究也将逐步深入。（许艳苹　戴民汉）

**观测网络组网**　underwater observation networking　用于实现海洋观测网络中不同节点间相互通信、数据传输、电能管理、水下接驳等的技术方案。观测网络组网主要包括海底观测网络设备的布放连接组网和潜水器移动观测组网。

布放连接组网　包括浅海光电复合缆敷设、接驳盒布放、观测设备投放以及观测设备与接驳盒的连接。光电复合缆为双层甚至三层铠装的浅海光电复合缆，重量极大，而布放区域为浅水岸边区域，出于防止船锚勾拽的事故，还需要深埋海底基三米到四米深，故需要特殊的布放船只。主接驳盒与光电复合缆是硬连接，需要和光电复合缆一起布放，先投放主接驳盒到预定位置，然后按照规划的线路敷设光电复合缆。科学仪器插座模块（SIIM）和观测仪器为扩展性质的连接方式，实施时，只需要将SIIM或者仪器投放在预定的位置，然后通过潜水员或者遥控式无人潜水器（ROV）进行水下组网连接。

潜水器移动观测组网　以各型潜水器为核心装备，或可涵盖潜标系统、浮标系统、水下传感器、水面舰艇、卫星等装备组成的单类或多类观测与探测网络平台，具有良好的可拓展性，能够执行更复杂、持续时间更久、覆盖范围更广的任务，是近海、远海观测与探测的重要手段。

潜水器移动观测组网技术的关键核心在于网络的构建技术和潜水器的多机协同编队技术。网络的构建技术综合利用水下滑翔机、长航程潜水器、波浪能滑翔机等，并与海上的浮标、潜标、固定传感器等装备组成传感网络。潜水器的多机协同编队技术指在不确定的复杂海洋环境中，通过潜水器间的信息交换并采用反馈控制以协调它们的行为，形成一个移动的、可重构的传感器队列，用于对变化的信号、尺度、环境的有效响应。

观测网络组网已在海洋观测、军事应用、紧急救援、重大突发事件、工程应用等领域进行了规模性或代表性应用，体现了组网观测的优势与应用价值。（黄豪彩）

**管状蠕虫**　tube worm; *Siboglinidae*　一类海洋无脊椎动物。隶属于环节动物门（Annelida）多毛纲（Polychaeta）。又称管栖蠕虫、管蠕虫。管状蠕虫主要由34个属构成。管状蠕虫多栖息在富硫化氢和氢气等还原性物质的环境中，是热液冷泉生态系统代表性物种，并依赖其滋养体中的化能自养共生菌提供营养和能量。

形态结构　位于前端部位的鳃状"羽"，通常呈鲜红色，是管状蠕虫与外界环境进行物质交换的重要器官。"羽"下方为前庭，其主要功能是支配蠕虫的伸缩运动。管状蠕虫躯干部分主要由滋养体构成，并富集了大量的化能自养微生物。滋养体底部为后体，是蠕虫收缩进入几丁质管的锚定区域。几丁质管是管状蠕虫的重要组成部分，是其与外界进行可溶性物质（如硫化物或有机质）交换的关键通道（见图）。

墨西哥湾冷泉处的管状蠕虫

代谢机制　管状蠕虫能从环境中摄取硫化氢等还原性物质，并通过血红蛋白运输到体腔滋养体中供化能自养微生物使用，进而产生生存所需的营养物质。已知管状蠕虫的共生菌多为伽马变形菌纲（γ-proteobacteria）的硫氧化菌。这些微生物能氧化硫化氢等底物产生能量，并利用卡尔文循环或还原三羧酸循环，产生葡萄糖等营养物质进一步供自身及宿主使用。（王敏晓）

**惯性流**　inertial current　漂流在脱离风力强制作用海区后，以惯性力维持的海流。是地转偏向力与加速度平衡情况下的海流。当漂流离开风应力作用的海区后，便转变为自由流动。如果只考虑地转偏向力与加速度的平衡情况：

$$du/dt - f_v = 0$$

$$du/dt + f_v = 0$$

水质点沿半径为$V/f$的圆周做匀速运动，其中$V$为流速，大小是$\sqrt{u^2+v^2}$；$f$为科氏参数。这个圆称之为惯性圆，对应的流动称之为惯性流。惯性圆半径随纬度的增加而减小，在赤道附近，水质点的运动轨迹是平直的。水质点的运动周期为$2\pi/f$，与半摆日周期相同，在高纬度地区，由于科氏参数增加的原因，运动周期更短。在北（南）半球，地转偏向力使运动向右（左）偏移，其结果使惯性流中的海水质点沿顺（逆）时针方向在惯性圆圆周上运动。当有外加海流时，海水质点的运动则是惯性圆周运动与外加海流的合成。

当静止海面突然受到风强迫时，海水首先产生惯性流动。同时，由于湍流黏性力的作用，惯性圆的半径随时间逐渐变小。经过数个惯性周期后，湍流黏性力使流动方向与风向形成固定的夹角，流动趋于稳定，形成**埃克曼漂流**。（张荣华）

**惯性重力波**　inertial gravity wave　考虑地球旋转效应的重力波。惯性重力波与纯重力波性质相近，其波动特征的表达式要复杂得多。例如，考虑地球旋转效应的重力外波称为惯性重力外波。

二维惯性重力外波的频散关系式为：

$$\omega = \pm\sqrt{gH(k^2+m^2)+f^2} \quad (1)$$

相速：

$$c = \pm\frac{\omega}{k^2+m^2}\boldsymbol{K} \quad (2)$$

群速：

$$c_g = \pm\frac{gH}{\omega}\boldsymbol{K} \quad (3)$$

式中$k$和$m$分别为$x$和$y$方向上的波数；$\boldsymbol{K}=k\boldsymbol{i}+m\boldsymbol{j}$，为波矢（$\boldsymbol{i}$和$\boldsymbol{j}$分别为$x$和$y$方向上的单位矢量）。

可见，惯性重力外波为频散波，其相速和群速不同，但均与波矢同方向。惯性重力内波和纯重力内波是中、小尺度大气运动过程中的主要波动，许多中小尺度的天气现象都和这两类重力内波的活动密切相关。（仇　欣）

**光纤传感技术**　fiber-optic sensing technology　利用光纤中光波特征参量的变化来探测物理量的技术。当光波在光纤中传输时，表征光波的特征参量（振幅、相位、偏振态、波长等），由于被测参量（温度、压力、加速度、电场、磁场等）对光纤的作用而发生变化，从而引起光波的强度、干涉效应、偏振面发生变化，使光波成为被调制的信号光，经过光探测器和解调器即获得被测参量的参数。应用该技术的光纤传感器具有抗电磁干扰、电绝缘性好、灵敏度高、重量轻、能在恶劣环境下工作等优点。传感器有光纤陀螺仪、光纤水听器、光纤电流传感器等。

根据工作原理，光纤传感器可分为光强调制型、相位调制型和偏振态调制型。①光强调制型传感器。利用被测量的变化，引起光纤中的光强发生变化进行测量，如光纤报警器、光纤辐射传感器、光纤液体浓度传感器等。②相位调制型传感器。光纤传感利用被测参量对光学敏感元件的作用，使敏感元件的折射率、传感常数或光强发生变化，从而使光的相位发生变化进行测量，基于该原理制成的光纤干涉仪可测量地震波、水压（包括水声）、温度、加速度、电流、磁场等，并可检测液体、气体的成分。③偏振态调制型传感器。利用被测参量使光纤中光波的偏振态发生变化进行测量，最典型的为基于法拉第效应的光纤电流传感器。（林　渊）

**广东海洋大学**　Guangdong Ocean University　中国广东省人民政府和国家海洋局共建的省属以海洋和渔业为特色、多学科协调发展的一所综合性大学。是广东省现代海洋渔业教育的发端地。学校位于广东省湛江市，创建于1935年。最初的校名为广东省立汕头高级水产职业学校，位于汕头市；后依次更名为广东省立高级水产职业学校（1937）、广东省立汕尾高级水产职业学校（1945）、广东省立高级水产技术学校（1950）、广东水产技术学校（1952）、广东省水产学校（1953）、广东水产学校（1956）、广东水产专科学校（1960）、湛江水产专科学校（1963），至1970年，更名为湛江水产学院。1997年，由具有62年办学历史的湛江水产学院和39年办学历史的湛江农业专科学校实质性合并组建成为湛江海洋大学。2001年，湛江气象学校并入湛江海洋大学。2005年，湛江海洋大学更名为广东海洋大学。校训“广学明德，海纳厚为”。

学校现辖湖光校区、霞山校区、海滨校区，设有20个学院。截至2024年6月，有3个一级学科博士点，11个一级学科硕士点，12个硕士专业类别。拥有5个广东省高水平大学重点建设学科，6个省级重点学科。有83个本科专业，其中有11个国家级一流本科专业建设点、1个国家级综合改革试点专业；10个省级一流本科专业建设点、28个省级以上优势特色专业。

建校以来，学校为国家及地方输送了超过30万各类高素质专门人才，如中华人民共和国成立以来第一位远洋船长陈宏泽、中国四大家鱼全人工繁育之父钟麟等。学校承担包括国家重点研发计划、国家自然科学基金、国家社会科学基金等科研项目1900余项，主持国家自然科学基金重点项目和广东省自然科学基金杰出青年项目各1项。（林晓敏）

**广东惠东港口海龟国家级自然保护区**　Huidong Harbor Sea Turtle National Nature Reserve, Guangdong　以海龟及其产卵繁殖地为主要保护对象的国家级自然保护区。是亚洲大陆唯一的海龟自然保护区。位于广东沿海，惠东县稔平半岛最南端，大亚湾与红海湾交界处的大星山脚下。地理坐标为东经114°52′50″～114°54′33″、北纬22°33′15″～22°33′20″。总面积1800.00公顷，其中陆地约200.00公顷、海域面积约1600.00公顷。

发展简史　始建于1985年。1992年晋升为国家级自然保护区。1993年加入中国人与生物圈保护区网络。2002年被列入国际重要湿地名录。2016年被评选为“广东十大最美湿地”。

自然环境　保护区三面环海，环境僻静。东自大星山老虎坑，西于戍堡东侧的南澳（素称贼澳）25米以下坡地及低潮水位线的延伸海域。近岸海底沙质，有少量礁石，水深5～15米，水质清澈，常年夏秋水温28℃左右，海水盐度约为32‰；海湾呈半月形，沙滩为东西走向，长约1千米，宽40～140米，坡度平缓，沙粒细小，适合海龟爬行、挖掘和产卵繁殖。由于这里常年能见到雌海龟上岸产卵的壮举，当地人称之为“海龟湾”，它也是中国大陆上海龟的最后一张“产床”。

生物资源　海龟属国家二级重点保护野生动物，保护区的主要保护海龟物种为绿海龟。世界上现存海龟共7种，在中国海域栖息的有绿海龟、玳瑁、螺龟、太平洋丽龟和棱皮龟5种。绿海龟是珍贵的海洋动物，栖息于热带、亚热带的广阔海洋中，是海龟中数量最多的种群。每年的6～9月，海龟会回到保护区进行产卵繁殖，绿海龟每次产卵50～150枚，龟卵在温暖潮湿的沙滩里自然孵化，经过49～60天，幼海龟便会破壳钻出沙来，爬入大海。

保护区湿地类型为浅海、潮间沙石海滩和岩石海岸，沿岸海域以马尾藻、石莼及赤藻等湿地藻类为主，是鱼类、贝类等海洋生物繁殖与栖息的良好场所。

重要作用　保护区建成后，坚持以海龟资源保护为中心，同时大力开展环保教育与科研工作，并取得了丰硕成果。有效地保护了海龟安全上岸产卵、龟卵顺利孵化，使幼龟得以平安入海，为拯救濒临灭绝的海龟资源做出了重要贡献。（张朝晖）

**广东雷州珍稀海洋生物国家级自然保护区**　Leizhou Rare Marine Life National Nature Reserve, Guangdong　以珍稀濒危海洋生物及其栖息地为主要保护对象的中国国家级自然保护区。位于广东省雷州市西部海域，即企水港与乌石港之间，地理坐标为东经109°30′～109°48′，北纬20°32′～20°44′，总面积46 864.67公顷。保护区前身是1983年广东省政府设立的白蝶贝自然保护区，是广东省最早设立的海洋与渔业类型的自然保护区，2008年升级为国家级自然保护区。

保护区自然环境优越，生物资源丰富，珍稀水生动物多样，生物群落结构、生态系统保存较完好。区内记录海洋动物超过600种，包括国家Ⅰ级重点保护动物儒艮、中华白海豚；国家Ⅱ级重点保护动物大珠母贝（白蝶贝）、文昌鱼、绿海龟、棱皮龟、玳瑁、江豚、宽吻海豚、热带点斑原海豚、真海豚、灰海豚、斑海豹、布氏鲸等；保护区海域的珍珠贝类有8种，其中大珠母贝（白蝶贝）、珠母贝（黑蝶贝）、马氏珠母贝、长耳珠母贝、企鹅珍珠贝等是重要的珠母贝资源，特别是白蝶贝所产的白珍珠和黑蝶贝所产的黑珍珠是国际珠宝市场上最名贵的珍珠。在保护区的潮下带以玄武岩等为基底的海区，分布有典型的珊瑚礁生态系统、海草床生态系统和白蝶贝生物群落等；在以泥沙为主的软底质海区，则有长竹蛏生物群落和其他软底质生物群落；潮间带具有礁石相潮间带生物群落和泥沙相潮间带生物群落等。保护区沙砾海底与成片的珊瑚礁、海藻场等，为许多鱼类提供了良好的栖息环境，是鱼类的重要繁殖、生活场所。保护区的鱼类超过200种，可列为主要种质资源的有20种左右，主要为石斑鱼类、鲷鱼类等名贵鱼类或经济鱼类。

雷州珍稀海洋生物国家级自然保护区是中国大陆沿海保护完好、生态类型丰富的热带典型生态系统之一。保护区的建立，为热带近海珍稀水生动物提供了避难所，对典型生物群落的保护及当地的经济发展具有重要的意义。（张朝晖）

**广东徐闻珊瑚礁国家级自然保护区**　Xuwen Coral Reef National Nature Reserve, Guangdong　以珊瑚礁及其生态系统为主要保护对象的中国国家级自然保护区。位于广东省雷州半岛的西南部，地处徐闻县境内，分布在角尾、迈陈、西连的西部海区，地理坐标为东经109°50.12′～109°56.24′，北纬20°10.36′～20°27.00′，总面积14 378.50公顷。始建于1999年，2003年升级为省级自然保护区，2007年晋升为国家级自然保护区。

珊瑚礁生态系统是地球上最复杂、生物种类最丰富的生态系统，是与陆地的热带雨林齐名的海洋生物物种资源宝库，对维持生物多样性和资源生产力具有特殊价值。徐闻的珊瑚礁全为原生礁，形成于约1万年以前，是中国大陆沿岸唯一发育和保存的现代珊瑚岸礁，是中国连片面积最大、种类最多、保存最完好的珊瑚礁自然资源。保护区海域已查明腔肠动物门珊瑚虫纲共3目19科82种，其中软珊瑚目7科27种，在软珊瑚目中，有柳珊瑚类5科23种，软珊瑚类2科4属4种；群体海葵目1科1属1种；石珊瑚11科54种，这54种石珊瑚全部为国家Ⅱ级重点保护动物，并列入世界《濒危野生动植物种国际贸易公约》(*Convention on International Trade in Endangered Species of Wild Fauna and Flora*; CITES)附录Ⅰ和附录Ⅱ。滨珊瑚科、蜂巢珊瑚科、木珊瑚科、鹿角珊瑚科为徐闻珊瑚礁的绝对优势种，表现出独特的北缘珊瑚礁生态系统。

区内珊瑚礁礁栖资源丰富。浮游植物主要有中肋骨条藻、奇异菱形藻、菱形海线藻等，多样指数较高。浮游动物呈斑块状分布，以中小型种类和底栖动物的幼虫群落为主，桡足类的种类最多、密度大，其次为浮游幼虫。软体动物和节肢动物为主要的底栖优势类群，占总底栖生物种类的近80%。珊瑚礁区拥有丰富的经济生物资源，有鱼类2纲13目55科135种，其复杂的生境和丰富的营养，为鱼类的生存创造了条件，是鱼类繁殖和栖息的最佳场所。 （张朝晖）

**广东湛江红树林国家级自然保护区** Zhanjiang Mangrove National Nature Reserve, Guangdong 以热带红树林湿地生态系统及其生物多样性（包括红树林资源、邻近滩涂、水面和栖息于林内的野生动物）为主要保护对象的国家级自然保护区。位于中国大陆最南端，广东省湛江市雷州半岛沿海滩涂上。地理坐标为东经109°40′～110°35′、北纬20°14′～21°35′。总面积20 279.00公顷。

发展简史 始建于1990年。1997年晋升为国家级自然保护区。2002年被列入《国际重要湿地名录》，并成为中国生物多样性保护的关键性地区，以及国际湿地生态系统就地保护的重要基地。

生物资源 保护区有天然红树林面积约9000公顷，约占全国红树林总面积的33%，占广东省红树林总面积的79%，是中国大陆沿海红树林面积最大的自然保护区。保护区自然资源丰富，有真红树和半红树植物15科24种，主要的伴生植物14科21种，是中国大陆海岸红树林种类最多的地区。其中分布最广、数量最多的为白骨壤、桐花树、红海榄、秋茄和木榄，沿海滩内陆依次分布着白骨壤、桐花树、秋茄、红海榄、木榄、榄李、角果木、卤蕨、老鼠簕、海漆、假茉莉、黄槿等树种，林分郁闭度在0.8以上。

丰富的红树林资源为林内的海生动物提供了良好的生境。保护区有贝类3纲41科76属130种，以帘蛤科种类最多，达20种；在中国大陆沿海首次记录的有皱肋文蛤、绿螂、鼬耳螺3种；鱼类有15目60科100属139种。此外，保护区既是留鸟的重要栖息繁殖地，又是候鸟迁徙的主要停留觅食地。记录鸟类达194种，是广东省重要鸟区之一。区内除了众多的鸥形目、雀形目等留鸟外，每年秋冬季有大量的候鸟（包括鹬类、鹳类、鹭类、猛禽类等）从日本、西伯利亚或中国北方飞往澳大利亚的途中在保护区停留。

广东湛江红树林国家级自然保护区景观

重要作用 红树林湿地具有抗御台风、减缓潮水流速、促淤造陆、保护堤岸、吸收转化污染物、净化海水等功能，湛江红树林国家级自然保护区是中国现存红树林面积最大的一个自然保护区，在控制海岸侵蚀、保持水土和保护生物多样性等方面发挥着重要的作用。 （张朝晖）

**广东珠江口中华白海豚国家级自然保护区** Pearl River Estuary Chinese White Dolphin National Nature Reserve, Guangdong 以中华白海豚及其生境为主要保护对象的中国国家级自然保护区。位于广东省珠江口北端，北至内伶仃岛，南至牛头岛，西至淇澳岛，东至香港大屿山，与香港中华白海豚自然保护区接壤，东界线为粤港水域分界线，西界线为东经113°40′，南界线为北纬22°11′，北界线为北纬22°24′，总面积46 000.00公顷。始建于1999年，2003年升级为国家级自然保护区，2007年加入中国生物圈保护区网络。

珠江是中国华南地区最大的河流，年径流量达3124亿立方米。珠江口水域水温和盐度条件适中、鱼类丰富，适宜中华白海豚的生存繁衍。中华白海豚有“美人鱼”和“海上大熊猫”之称，粤、闽、港、台、澳的渔民以海上女神妈祖婆之名，誉称它为“妈祖鱼”，1988年被列为国家Ⅰ级重点保护濒危野生动物。1997年，香港特别行政区确定中华白海豚作为香港回归祖国的吉祥物。

广东珠江口中华白海豚国家级自然保护区的中华白海豚

保护区适宜的生态环境，给鱼类生物提供了良好的产卵和繁育场所。珠江口伶仃洋水域属热带和亚热带河口区，水产资源十分丰富。在周年调查中鉴定出鱼类154种，枪乌贼类15种，甲壳类30余种。大铲岛以南、万山群岛以北一带水域中丰富的游泳生物，为中华白海豚的栖息繁衍提供了充足的饵料。中华白海豚习惯于在热带和亚热带河口地区生活，保护区为其生存繁衍提供了优越的环境。保护区内有1000条左右的中华白海豚活动，是中国现存数量最大的中华白海豚群体，种群世代比较完整。 （张朝晖）

**广西合浦儒艮国家级自然保护区** Hepu Dugong National Nature Reserve, Guangxi Zhuang Autonomous Region 以儒艮、中华白海豚、海草床生态系统为主要保护对象的国家级自然保护区。位于广西壮族自治区北海市合浦县境内，东起合浦县山口镇英罗港，西至沙田镇海域，地理坐标为东经109°38.5′～109°46.5′和109°34.5′～109°44′，北纬21°18′～21°30′，总面积35 000.00公顷。始建于1986年，1992年晋升为国家级自然保护区，是中国唯一以儒艮为主要保护对象的自然保护区。2005年保护区内及附近的海草床已被联合国环境规划署/全球环境资金（UNEP/GEF）列为“UNEP/GEF合浦海草示范区”。

保护区内及其附近沿岸生态类型丰富，包括红树林、海草床、泥滩和沙滩等，海底地形复杂，海底地貌类型有潮间浅滩、潮流深槽、潮流沙脊和海底平原等。保护区拥有生产力最高的三个海洋生态系统中的两个——海草床、红树林生态系统。保护区及其附近海域主要海草床有淀洲沙、北暮盐场海堤外、英罗港、英罗港口门外、淡水口、高沙头、山寮九合井底7个。发现有四种海草：喜盐草（俗称龟蓬草）、二药藻（俗称茜草）、贝克喜盐草、矮大叶藻。

保护区及周边水域是儒艮、中华白海豚和江豚等海洋哺乳动物的重要栖息地，而且也是鱼类、贝类和蟹类等重要水生生物的繁殖场和索饵地。保护区海域内珍稀海洋生物的种类较多，国家Ⅰ级重点保护野生动物有儒艮和中华白海豚。儒艮是世界上古老的海洋动物之一。保护区海底深槽可供儒艮栖息，是儒艮的理想活动家园。有国家Ⅱ级保护动物绿海龟、中华鲎、文昌鱼、江豚；儒艮、中华白海豚、江豚被列入《中国濒危动物红皮书》；此外，还有浮游植物67种，浮游动物56种，底栖生物79种，鱼类223种。

保护区建立以来，以儒艮和中华白海豚为主的珍稀海洋动物及其栖息环境得以保护，促进了儒艮、中华白海豚种群的恢复和发展，区内生物多样性也不断增加，这对于保护珍稀海洋动物和生物多样性及开展科学研究具有十分重要的意义。

（张朝晖）

**广西山口红树林生态国家级自然保护区** Shankou Mangrove National Nature Reserve, Guangxi Zhuang Autonomous Region　以**红树林生态系统**为主要保护对象的国家级自然保护区。位于广西壮族自治区合浦县沙田半岛东西两侧，南临大海，是北部湾东侧沙田半岛的沿海滩涂。地理坐标为东经109°37′00″～109°47′00″、北纬21°28′22″～21°37′00″。总面积约8000.00公顷。

发展简史　1990年获得批准建立，是中国首批5个国家级海洋类型自然保护区之一，是中国第二个国家级的红树林自然保护区。1993年加入中国人与生物圈组织。1994年被列为中国重要湿地。1997年与美国佛罗里达州鲁克利湾国家河口研究保护区建立姐妹保护区关系。2000年加入联合国教科文组织世界生物圈保护区。2002年被列入《国际重要湿地名录》。

自然环境　保护区地处亚热带，海岸线总长50千米，由沙田半岛东侧和西侧的海域、陆域及全部滩涂组成。东侧是火山灰发育的土壤，滩涂淤泥肥沃，红树林生长特别茂盛。西岸滩涂全为淤泥质，适宜红树林生长。保护区所处地理位置光热条件较好，冬季低温影响小，海湾侵入内陆，封闭性好，风浪、潮汐和余流的作用较弱，岸滩比较稳定，水质洁净，是红树林大面积分布和生存的理想区域，构成良好的生态系统。

生物资源　保护区位于广西沿海“三最”（海水盐度最高、降雨量最少、地表温度最高）的地方，这里的红树林包括6个群系：红海榄群系、秋茄群系、白骨壤群系、海漆群系、桐花树群系、木榄群系。

保护区是著名的动物栖息地，包括多种海洋生物和鸟类，具有重要的科学价值。鸟类有国家Ⅱ级保护动物白琵鹭、凤头鹰、松鹊鹰、雀鹰、黑脸琵鹭、燕隼、红脚隼、红隼、小鸦鹃、斑头鸺等13种，还有白鹭、大白鹭、池鹭等鹭科鸟类，青脚鹬、白腰杓鹬、叽鹬、红颈滨鹬等适合观鸟爱好者观察的鸟类；保护区内的黑脸琵鹭，是中国继朱鹮之后的最濒危的鸟类，是世界上濒于灭绝的动物之一。保护区不时还有儒艮出现，海草是其主要食物。此外还有昆虫167种，鱼类95种。保护区红树林底栖动物和鱼类多为广温性亚热带、热带种类。

重要作用　保护区集中分布有红树林、盐沼草和海草生态系统，具有典型的大陆红树林海岸生态系统特征，是中国大陆海岸发育较好、连片较大、结构典型、保存较好的天然红树林分布区。保护区的建立，不仅有利于红树林养护，而且能改善保护区生态系统，带动当地社会经济的发展。

（张朝晖）

**硅质软泥** siliceous ooze　硅质生物组分大于30%的深海软泥。常见的为放射虫软泥和硅藻软泥。组成硅质软泥的硅藻和放射虫都生活在表层海水中，他们死亡下沉过程中绝大部分被溶解，到达海底时不足1%。硅质软泥中还富含海绵骨针、钙质生物碎片或矿物碎片。

由于硅质生物残骸常被快速堆积的钙质软泥分散，所以只有在碳酸盐堆积较少或被分解较快（$CaCO_3$的溶解速度快于非晶$SiO_2$而使硅质的含量相对增高）的海域才出现硅质沉积。同时要求沉积海域的富硅质有机体生产力特别高。

现代大洋中，硅质软泥形成三带，即太平洋赤道带、环北极不连续带和环南极连续带。其中，环南极连续带沉积量最大，沉积速率最高，大洋硅质软泥的75%沉积在这里。此外，各大洋东侧上升流分布区，也是硅质软泥发育区。

（于晓果　边叶萍）

**国际大洋发现计划** International Ocean Discovery Program; IODP　通过地球科学领域的国际科学合作，为海洋和全球环境变化提供政策指南的国际科学计划。**综合大洋钻探计划**（IODP）于2013年9月结束后，更名为国际大洋发现计划，英文缩写仍为IODP。该计划是一个新的10年钻探计划（2013～2023），仍使用3种类型的钻探平台。

根据新的科学计划，2013年后的IODP包括4大科学主题和14个挑战。

气候和海洋变化主题。了解过去、预知未来。海底的沉积岩芯提供了过去气候变化的记录，可以帮助在空间和时间尺度上更好解释地球系统过程。过去的记录可以帮助检验将来气候变化预测的模型。这一主题包括的挑战为：①地球气候系统会对大气二氧化碳浓度升高做出怎样的反应？②气候系统对化学扰动影响海洋的情况下的适应是怎样的？③冰原和海平面如何对气候变暖做出响应？④什么因素控制区域降水，它与季风或厄尔尼诺现象是否有联系？

生物圈前沿主题。深部生命及生物演化的环境和生命演化的作用尚不清楚。这一主题包括的挑战为：⑤深海生物群落的组成、起源和生物化学机制是什么？⑥什么限制深海生物的生命？⑦生态系统和人类社会对环境变化的敏感程度如何？

地球的相关性主题。深部过程及其对表层环境的影响。洋壳、俯冲带、构造成因的沉积和火山地层蕴含了深部地球动力过程的记录，这一过程控制了地球表面的形态和环境。这一主题包括的挑战为：⑧地幔的组成、结构及活动状态情况是怎样的？⑨地幔融化与控制洋中脊结构的板块构造有何相互作用？⑩大洋地壳和海水间化学交换的机制、程度和历史？⑪俯冲带如何产生周期性的不稳定状态及如何生成大陆地壳？

地球在运动主题。人类时间尺度上的过程和灾害。原位、现场的观测实验对于理解很多短时间尺度的地球系统过程至关重要。这一主题包括的挑战为：⑫什么机制控制毁灭性地震、火山爆发及海啸的发生？⑬什么特性和过程控制深海碳的储存和流动？⑭洋流怎样将深海构造、热力学过程和地球生物化学过程联系在一起？

2014年1～3月，IODP首个航次（IODP 349），中国有13位科学家参加，同济大学李春峰任首席科学家。在中国南海共完成5个站位，在水深4000米的中央海盆钻探总进展4517米，其中沉积岩取芯1503米、基底玄武岩取芯100米，最大井深1008米。

首次在南海海底打下了5颗“金钉子”；根据沉积物分析，首次获得了南海形成年龄，将南海停止扩张的年代范围缩小到1700万～1600万年前；发现南海形成过程中有多期次的大规模火山喷发活动，为研究海山的成因以及海底扩张乃至西太平洋演化史提供了宝贵证据。2014年的IODP 350、351、352航次，中国共有7名科学家参加调查研究工作。（莫恭政）

**国际海底管理局** International Seabed Authority 联合国管理国际海底区域及其资源的组织。1983年3月成立筹委会，1994年11月16日在牙买加首都金斯敦成立。国际海底管理局现有成员国159个。中国是正式成员国，1995年3月确立了中国为第8个最大海底投资国之一的地位。管理局由总务委员会、全权证书委员会和4个特别委员会组成。4个特别委员会依序分别负责陆矿国与国际海底采矿生产有关的补偿和经济调整问题；负责制定管理局企业部规则、规章；负责制定海底采矿规则；负责制定国际海洋法庭规约。自1987年以来，国际海底管理局以筹委会名义，先后审查批准了法国、日本、苏联、印度、中国和东欧等国及地区申请国际矿区的登记，并相继解决了申请者有关义务的履行问题。（刘安国）

**国际海底区域** international seabed area 国家管辖范围以外的海床和洋底及其底土，一般包括**领海**、**毗连区**、**专属经济区**和**大陆架**以外的（即**公海**）深海洋底及其底土。传统国际法认为，国际海底区域是不属于任何一国的、不能先占但可使用并享有收益之物，但随之而来的问题是，由于各国经济实力和科技力量的不同，在利用国际海底区域的问题上呈现两极分化的现象。一方面，广大发展中国家无力开发国际海底区域；另一方面，发达国家可以大量地开发国际海底区域，从而实际上获得更多的资源。基于此，国际社会确立了国际海底区域作为人类共同继承财产的原则，**《联合国海洋法公约》**创设了国际海底区域的新概念。

《联合国海洋法公约》第11部分“区域”规定了国际海底区域的法律地位：①国际海底区域及其资源是人类的共同继承遗产。②任何国家都不能对国际海底区域及其资源主张或行使主权或主权权利。③任何国家或自然人或法人都不能把国际海底区域及其资源的任何部分占为已有。对资源开发的一切权利属于全人类，由国际海底管理局代表全人类进行管理。④国际海底区域对所有国家开放，各国都有公平地享受海底资源收益的权利。国际海底区域的开发要为全人类谋福利，区域应专为和平目的使用。要照顾到发展中国家和未取得独立的国家的人民的利益。

依据1994年《关于执行1982年12月10日〈联合国海洋法公约〉第十一部分的协定》，国际海底区域实行平行开发制。平行开发制承认国际海底区域内资源的开发活动应在国际海底管理局的控制下进行，但主张具体的开发活动分为两方面：一方面，海底管理局可以通过其企业部直接进行开发；另一方面，缔约国或由其担保的具有其国籍的或由这类国家或其国民有效控制的自然人和法人，可以与海底管理局进行协作开发。平行开发制的具体做法是，在勘探了某一海底区域后，申请者应向海底管理局提供两块具有同等估算商业价值的矿区之有关资料，海底管理局在45天内指定其一为其保留区，留给企业部直接开发或同发展中国家联合开发，另一块则为合同区，由申请者与海底管理局签订合同后自己开发。（周忠海 罗国强）

**国际海底区域环境保护** environmental protection of the international seabed 为减少和避免人类活动对国际海底区域内的环境和生态系统造成损害，对区域内环境状况进行研究和评估，以及在此基础上采取的规范区域内人类活动等行为。国际海底区域是指国家管辖海域范围（**领海**、**专属经济区**和**大陆架**）以外的海床和洋底及其底土，由联合国授权成立的国际海底管理局进行管理。国际海底区域属于深海的范畴，构成了深海海底的主要部分。国际海底区域内蕴藏着丰富的金属、能源和生物资源，其中具有商业开发前景的资源包括：多金属结核、富钴结壳、多金属硫化物和稀土等金属矿产资源，以及天然气水合物资源和生物基因资源。国际海底区域将是21世纪高新技术发展和应用的重要领域，并在地球科学、生命科学、环境科学等许多领域具有重大的科学研究价值。作为全人类的共同财产，国际海底区域的研究、开发和管理受到所有沿海国家和内陆国家的关注。已有30多个国家开展了深海底的矿产资源勘探活动，有些民间企业已着手进行矿物开采前的准备。虽然深海底矿床的实际开采很可能要在几十年之后，但越来越多的人类活动可能对深海底环境（包括地形地貌、化学和生物生态）产生不良影响。深海底环境都是经历了数百万年甚至上亿年的演化形成的，一旦受到损害，需要花费很长的时间才可能得到恢复，有些损害甚至是不可逆的。基于深海底环境的脆弱性，必须摒弃过去先开发后治理的模式，才能有效保护和更好地利用国际海底区域这一全人类的共同财产。

国际海底区域环境保护必须遵循“预防原则”，即在制定行动方案时，优先考虑和明确以下问题：海底勘探活动可能造成何种程度的环境影响？使用哪些环境基线来定量人类活动前的环境状况？如何监测和评估人类活动影响发生后的变化？国际海底区域环境保护要着重开展以下涉及环境问题的研究：①海底和采矿废渣预定排放点的水文环境变化，包括海流、温度和浊度（悬浮沉积物）等。②海水化学组成及其可能的变化。③未来矿址的沉积物性质，包括确定采矿活动如何影响沉积物的力学性质。④海底表面及邻近区域的生物群落，包括小至微生物、大到哺乳动物的各种海洋生物，以及在结核内部和表面生活的生物等。⑤海底沉积物的生物扰动。⑥上层水体到深海的物质沉降。

尽管对国际海底区域内矿业活动可能造成的环境影响尚缺乏充分了解，但国际社会将国际海底区域的环境保护置于优先考虑的位置，国际海底管理局制定的《“区域”内多金属结核探矿和勘探规章》修正案第五部分“保护和保全海洋环境”明确规定：如果某些拟议的勘探活动会对脆弱海洋生态系统造成严重有害影响，则对这些活动加以严格管理以防出现不良影响，或不核准从事这些活动。中国于2016年2月26日发布的《中华人民共和国深海海底区域资源勘探开发法》第三章“环境保护”中规定：承包者应当在合理、可行的范围内，利用可获得的先进技术，采取必要措施，防止、减少、控制勘探、开发区域内的活动对海洋环境造成的污染和其他危害。（陈 颗）

**国际海事组织** International Maritime Organization; IMO 联合国处理海上安全事务和发展海运技术方面的专门机构之一。见**国际海洋科学组织**。

**国际海洋法法庭** International Tribunal for the Law of the Sea 根据**《联合国海洋法公约》**成立的、解决有关《联合国海洋法公约》解释和适用的争端的司法机关。1996年10月成立，设在德国汉堡。设有海底争端分庭、简易程序分庭、渔业争端分庭、海洋环境争端分庭和临时分庭。《联合国海洋法公约》（以下简称《公约》）附件6《国际海洋法法庭规约》和《国际海洋法法庭规则》规定了法庭的组织、权限等事项。法庭由21名法官组成，法官任期9年，可连选连任。第一次选出的法官中，有7人任期3年，7人任期6年，具体人选通过抽签决定。法官的选举由《公约》缔约国大会以秘密投票的方式举行，得票最多并获得出席、参加表决的缔约国2/3多数的候选人即当选为法官，但该项多数应包括过半数的缔约国。1996年8月，《公约》第6次缔约国大会举行了第一次法官选举，选出全部21名法官。自法庭成立以来，先后在法庭任职的中国籍法官有赵理海、许光建和高之国。2020年8月24日，段洁龙当选新一任法官。

根据《公约》规定，法庭的管辖权及于下列案件：①有关《公约》的解释或适用的任何争端。②关于与《公约》的目的有关的其他国际协定的解释或适用的任何争端。③如果同《公约》宗旨事项有关的现行有效条约或公约的所有缔约国同意，有关这种条约或公约的解释或适用的争端，也可提交法庭。法庭海底争端分庭对涉及国际海底"区域"内活动的争端有强制管辖权。同时，一缔约国可在任何时候以书面声明的方式将以下争端排除在法庭的管辖权之外，即：有关划定海洋边界的《公约》条款的解释或适用的争端，涉及历史性海湾或所有权的争端，关于军事活动的争端，关于行使主权权利和管辖权的法律执行活动方面的争端，以及正由联合国安理会执行《联合国宪章》所赋予的职务的争端等。根据《公约》第11部分的规定，法庭的管辖对《公约》缔约国以外的实体开放，即法庭可以接受自然人、法人和国际海底管理局提交的案件。迄今，国际海洋法法庭已受理29起案件，涉及迅速释放、临时措施、海域划界、环境保护等诉讼案和海底活动中担保国的责任问题咨询案。　（刘振民　杨泽伟）

**国际海洋科学组织**　international marine science organizations　在海洋科学方面开展合作活动的两国或多国组织的总称。1902年成立的国际海洋考察理事会，是第一个国际海洋科学组织。其他组织绝大多数成立于第二次世界大战后，包括政府间组织（受两国或多国政府间签订的有关海洋条约或协定的约束）、非政府间组织（通常由共同关心海洋某一专题的组织或个人组成）、国际政府间和非政府间的混合组织。

政府间国际海洋科学组织　全面关心海洋科学的组织，以联合国教科文组织下属的政府间海洋学委员会为代表，参与许多重要的世界性海洋科学活动。

国际海洋考察理事会　国际海洋考察理事会（ICES）致力于满足社会对海洋和海洋可持续利用的需求，于1902年在丹麦哥本哈根成立。ICES的目标是推进和分享对海洋生态系统及其提供的服务的科学理解，并利用这一知识为实现保护、管理和可持续发展目标提供最新的建议。

ICES由来自20个成员国以及其他国家的700多个海洋研究所的近6000名科学家组成，每年有超过2500名科学家参与ICES的活动。通过战略合作伙伴关系，在大西洋的工作也扩展到北冰洋、地中海、黑海和北太平洋。

ICES包括8个领域的指导小组，分别为水产养殖、数据科学和技术、生态系统观察、生态系统过程和动态、渔业资源、人类活动的压力和影响、人文、综合生态系统评估。

2019年，ICES制定了战略和科学规划。通过战略规划，更新了其致力于更好地理解海洋生态系统并确保人们从中获益的承诺。"2020年及以后的海洋生态系统与可持续性科学"描述了ICES的科学优先事项和目标，以及实现这些目标的路径。

政府间海洋学委员会　政府间海洋委员会（IOC）是隶属联合国教科文组织（UNESCO）的政府间职能自治组织，是联合国系统中负责海洋科学研究、观测和服务及能力建设的专门职能机构。于1960年成立，致力于推动国际合作，改善海洋、海岸和海洋资源的管理。IOC以推进联合国教科文组织的工作为使命，即促进科学的进步及其应用，以发展知识和能力；其为经济和社会进步的基础，也是和平与可持续发展的基础。IOC负责协调联合国海洋可持续发展科学十年（2021～2030），即"海洋十年"的工作。

IOC的目的是促进国际合作，并协调研究、服务和能力建设方案，以更多地了解海洋和沿海地区的性质和资源，并将这些知识应用于改善管理、可持续发展、保护海洋环境以及其成员国的决策过程中。工作目标：①健康的海洋和持续的海洋生态系统服务。②有效的海啸预警系统和与其他海洋相关的灾害的准备工作。③对气候变化的适应能力和减缓气候变化的贡献。④基于科学的可持续海洋经济服务。⑤对新兴海洋科学问题的前瞻性。

IOC由来自全球各地的150个成员国组成（中国是成员国之一）。成员国通过两个治理机构，即IOC大会和执行理事会。IOC大会每两年举行一次，执行理事会每年举行一次；其目的是审查委员会的工作，包括成员国和秘书处的工作，并为未来两年制定共同的工作计划。执行理事会监督IOC的工作，审查正在进行的工作计划并为大会做准备；执行理事会最多由40个成员国组成，包括主席和五位副主席代表的六个成员国。

国际海事组织　其宗旨和任务是促进各国间的航运技术合作；鼓励各国在促进海上安全、提高船舶航行效率、防止和控制船舶对海洋污染方面采用统一标准；处理与上述事项有关的法律问题。前身为政府间海事协商组织，简称海协。

1948年2月，在日内瓦召开的联合国国际海运会议上通过了《政府间海事协商组织公约》。公约是海协的组织章程，自1958年3月17日生效。根据公约规定，1959年1月13日正式成立政府间海事协商组织，总部设在英国伦敦。1975年11月举行的第九届大会通过了公约修正案。根据公约修正案，海协自1982年5月22日更名为国际海事组织。截至2017年年底，国际海事组织共有172个正式会员和3个联系会员（中国香港特别行政区、中国澳门特别行政区、法罗群岛）。中国香港特别行政区、中国澳门特别行政区分别于1967年和1990年成为联系会员，中国于1973年3月1日成为这个组织的会员。

国际海事组织设有大会和理事会，以及海上安全、法律、海上环境保护、技术合作、便利运输5个委员会和一个秘书处。大会为最高权力机构，每两年召开一次，其任务是选举理事国，制订工作计划和财务预算，讨论本组织职权范围内的技术和法律问题。大会休会期间，由理事会行使上述职权。理事会由24个理事国组成，每年召开两次会议。根据组织公约1979年修正案规定，理事国增为32个，分3类：①A类理事国。包括8个在提供国际航运服务方面具有最大利害关系的国家。②B类理事国。包括8个在国际海上贸易方面具有最大利害关系的国家。③C类理事国。包括不属于前两类的16个地区代表的国家。1983年11月召开的国际海事组织第十三届大会上，上述修正案达到了生效的条件。会上除选举原定的24名理事外，还补选了8名理事，他们于1984年11月修正案正式生效时参与理事会的工作。各类理事国的权力相当，可连选连任。中国曾在第九届、十届、十一届和十三届大会上4次当选为B类理事国。自1989年起至2019年12月，中国已经连续16次当选国际海事组织A类理事国。秘书处负责保存国际海事组织制定的公约、规则、议定书和记录、文件等，并负责处理日常事务。

秘书处内设有法律司、行政司、会议司、技术合作司、海运安全司、海运技术司和对外关系司。秘书长为国际海事组织的行政负责人。

制定和修改有关海上安全、防止海洋受船舶污染、便利海上运输、提高航行效率及与之有关的海事责任方面的公约；交流上述有关方面的实际经验和海事报告；为会员国提供本组织所研究问题的情报和科技报告；用联合国开发计划署等国际组织提供的经费和捐助国提供的捐款，为发展中国家提供一定的技术援助。

海洋污染科学问题专家组　海洋污染科学问题专家组（GESAMP）为咨询机构，成立于1969年，负责就海洋环境保护的科学问题向联合国系统提供建议。GESAMP由负责海洋环境的10个联合国组织联合发起，作为它们之间的协调与合作机制。GESAMP的职能是开展和支持海洋环境评估，对特定主题进行深入研究、分析和审查，并确定有关海洋环境状况的新问题。

北太平洋海洋科学组织　北太平洋海洋科学组织（PICES）是依据北太平洋海洋科学组织公约而设立的政府间国际海洋科学组织，旨在促进对北太平洋及其生态系统的科学理解，并提供科学建议，支持该地区的海洋资源管理和政策制定。成立于1992年，总部位于加拿大。截至2023年，共有6个成员国，分别是加拿大、中国、日本、韩国、俄罗斯和美国。

PICES的目标是：促进与协调有关北太平洋北部及相邻海域的科学研究，发展有关海洋环境、全球天气与气候变化、生物资源与生态系统、人类活动影响的科学知识。宗旨是提高对北太平洋区域及其生物资源的认识，促进该地区内海洋科学研究、情报资料的收集与交流。决策机构为理事会，各缔约国派两名代表参加理事会。理事会下设2个委员会、4个专业委员会和6个工作组。中国积极参加了该组织的各项活动。

南太平洋区域环境规划署　南太平洋区域环境规划署（SPREP）是致力于促进南太平洋地区国家和地区之间的合作与协作，负责保护、管理其环境和自然资源政府间国际组织。成立于1982年，总部位于萨摩亚首都阿皮亚。

SPREP旨在为太平洋岛国和地区应对环境挑战和实现可持续发展提供领导和援助。关注各种环境问题，包括生物多样性保护、适应和减缓气候变化、废物管理、污染控制和可持续发展。SPREP开展一系列活动来支持其成员国和地区，包括：①能力建设。提供技术援助、培训和能力建设计划，以加强太平洋岛国和地区的环境管理能力。②政策制定。支持国家和地区层面环境政策、法律和法规的制定和实施，以解决优先环境问题。③研究和监测。开展研究和监测活动，以评估南太平洋地区的环境状况，包括生物多样性调查、气候变化监测和污染评估。④宣传和提高认识。通过教育、外展和宣传活动提高人们对环境问题的认识并促进可持续实践。⑤区域合作。促进太平洋岛国和地区之间、区域和国际组织的协作与合作，以应对共同的环境挑战并实现共同目标。

国际海底管理局　国际海底管理局（ISA）是根据1982年《联合国海洋法公约》（UNCLOS）和1994年《关于执行联合国海洋法公约第十一部分的协定》而设立的国际组织。总部位于牙买加首都金斯敦。主要任务是管理、保护国际海底区域及其资源，核心职能为规范、控制在公海区域进行的矿产资源勘探和开采活动（立法与环境科学研究）；致力于确保海底矿产资源的开发利益得到公平分享，特别是考虑到发展中国家的利益。随着深海矿业和相关技术的不断进步，ISA在全球海洋管理和环境保护中的作用变得日益重要。

ISA的主要职能为：①处理请求核准勘探工作计划的申请并监督已核准勘探工作计划的履行。②执行国际海底管理局和国际海洋法法庭筹备委员会所做出的关于已登记先驱投资者的决定。③监测和审查深海底采矿活动方面的趋势和发展。④研究深海底矿物生产对生产相应矿物的发展中陆地生产国的经济可能产生的影响。⑤制定海底开发活动及保护海洋环境所需要的规则、规章和程序。⑥促进和鼓励进行海底采矿方面的海洋科学研究。

非政府间国际海洋科学组织　非政府间国际海洋科学组织以国际科学联合会理事会下属的海洋研究科学委员会为代表，参与许多重要的世界性海洋科学活动。

海洋研究科学委员会　海洋研究科学委员会（SCOR）是国际科学理事会（ICSU）下属的常设科学委员会。是国际科学联合会理事会成立的第一个跨学科机构。是一个国际非政府非营利组织，秘书处设在特拉华大学（美国）。来自32个国家的科学家组成了国家SCOR委员会，作为国际SCOR的基础。有来自近60个国家的约600名科学家参与SCOR活动。成立于1957年，前身为美国的伍兹霍尔海洋研究所。

职能是促进和组织海洋各分支学科的国际科学研究活动，制定国际海洋研究规划，促进海洋资料的交换，建立各种资料标准。其目的是促进所有海洋研究分支的国际科学活动。

活动重点是促进规划和开展海洋学研究的国际合作，并解决阻碍研究的方法和概念问题。活动范围涵盖海洋科学的所有领域，并与其他有共同利益的组织合作开展活动。还开展了多项不同的活动来提高发展中国家的海洋科学能力，SCOR开展的每项活动都包括来自发展中国家的成员。

SCOR具有以下功能：①审查海洋研究中的问题并确定可从加强国际行动中受益的要素。为此，SCOR组织了广泛关注和对海洋科学进步具有重要意义的科学会议，还适当地为国际行动制订计划并促进其实施。②SCOR单独或与其他组织联合设立工作组、其他类型的附属机构。这些机构对与国际海洋活动和海洋环境研究有关的问题进行详细审查，包括改进科学方法、设计关键实验和测量计划、科学政策等相关方面。③促进对个别海洋科学家和实验室贡献的认可，提醒他们需要考虑的具体问题，并对其活动提供足够的支持。④寻求海洋科学家和感兴趣的ISC机构对国际海洋活动的意见，并在国际讨论中表达，为国际海洋研究项目提供海洋科学家的支持。⑤与关注海洋科学事务方面的国家和国际组织合作，对国际海洋计划的科学方面进行审查和评论。

南极研究科学委员会　南极研究科学委员会（SCAR）是ISC的专题组织。成立于1958年。拥有30多个小组，致力于南极研究的各个方面。有46个成员国（包括34个正式成员和12个准成员）和9个ISC联盟。

负责发起、发展、协调南极地区（包括南极南部）的高质量国际海洋科学研究及南极地区在地球系统中的作用。就影响南极洲和南大洋管理的科学和保护问题、南极地区在地球系统中的作用，向南极条约协商会议和其他组织提供客观和独立的科学建议。

国际海洋物理科学协会　国际海洋物理科学协会（IAPSO）是国际大地测量与地球物理学联合会（IUGG）的八个协会之一，而IUGG又是ISC的成员。

IAPSO执行委员会的首要目标是通过使用数学、物理和化学，促进与海洋、海底、沿海、大气边界相互作用相关的科学问题的研究。实现这一目标的途径为：①组织、主办和共同主办正式及非正式的国际论坛，为世界各地的海洋科学家提供方便的沟通手段。②设立委员会、小组委员会并组织相应的研讨会，以鼓励、激励和协调先进的国际研究活动。③提供对海洋物理科学研究具有重要意义的基本服务。④出版会议和研讨会的论文集，以及有关海洋物理科学当前最新技术和知识的基本参考资料。

国际生物海洋学协会　国际生物海洋学协会（IABO）是国际生物科学联合会（IUBS）下设的协会之一，而国际生物科学联合会（IUBS）又是ISC的成员。1966年，在第二届国际海洋学大会上成立于苏联莫斯科，其目标是为海洋生物学家之间交流提供机会来增进对海洋生物学的了解。

**国际政府间和非政府间的混合组织**　国际政府间和非政府间混合组织的科学活动范围都比较小，多限于某一地理区域或专题。

海洋学联合大会　海洋学联合大会（JOA）是由SCOR承办的国际海洋学大会。始于1959年，约每6年举办一次。目的是召集全球海洋科学家，交流海洋学领域内的最新进展。已分别在美国纽约（1959）、苏联莫斯科（1966）、日本东京（1970）、苏格兰爱丁堡（1976）、加拿大哈利法克斯（1982）和墨西哥阿卡普尔科（1988）举办。1988年后，JOA被其他科学协会会议替代，如美国地球物理学会每两年举办一次的海洋学科会议。

江河输入海洋系统联合工作组　江河输入海洋系统联合工作组（RIOS）是SCOR下设的工作组。主要关注江河—河口—海洋耦合系统中的基本物理、化学和生物过程。1974～1979年曾召开三次会议。今已停止活动。

世界海洋数据库　世界海洋数据库（WOD）是世界上最大的、格式统一、质量受控、可公开获得且不受使用限制的海洋剖面数据集合，是进行海洋、气候和环境研究的强大工具。WOD是经过20多年协调努力的最终结果，将组织、机构、个人研究的数据及数据恢复计划的数据整合至一个数据库中；涵盖从J.库克船长1768年航行到当代地转海洋学实时观测阵（Argo）时期的数据，使其成为长周期和历史海洋气候分析的宝贵资源，并且可通过美国国家环境信息中心存档获得WOD中2万多个数据集的原始版本。

WOD数据中的内容是由海洋剖面组成的，其中包含从一个位置的不同深度获取的单个变量（温度、盐度、含氧量、营养物、示踪剂、生物变量等）的测量值，或者从海洋表面获取的水平读数；其剖面包含多个深度及多个变量对，这种海洋学资料是通过在同一地点使用同一套仪器采集的多个剖面构成的。WOD包含定期的主要版本和这些版本的季度更新；每个主要版本都与同时发布的《世界海洋地图集》相关联，并在WOA中进行最终质量控制标记；每个季度更新版本都包含其他历史和最新数据，以及初步质量控制。最新的版本是2018年世界海洋数据库（WOD18），其中包括由35.6亿个个人剖面测量值组成的超过1570万个海洋学资料。

国际海啸情报中心　国际海啸情报中心（ITIC）由UNESCO-IOC设立。职责包括监测太平洋和其他海洋的国际海啸预警活动，并提出通信、数据网络、获取和处理、海啸预报方法和信息传播改进建议；向会员国和非会员国提供关于海啸预警系统、IOC和IOC事务，以及如何积极参与国际海啸预警系统/海啸预警系统的信息；协助会员国建立国家和区域预警系统，并通过综合减灾方案减少海啸风险；作为教育和准备材料的开发、事件数据收集，以及促进研究及其应用以防止生命损失的信息交流中心。在IOC的协调下，已建立太平洋、印度洋、加勒比海、东北大西洋和地中海海啸预警和减灾系统。

（林复旦　余　静　柯樸山　郭　萍）

**国际海洋生物普查计划**　Census of Marine Life; CoML　为评估和解释海洋物种的不断变化的多样性、分布和丰度，从而了解海洋生命的过去和现在，并预测其未来的发展趋势的计划。该计划有三大主要任务，包括海洋动物种群历史研究（HMAP）、海洋动物种群预测研究（FMAP）和海洋生物地理信息系统（OBIS）；有14项子计划，结合海洋研究科学委员会（SCOR）的观测新技术，利用最先进的仪器技术来进行实地考察。

这项计划和过去著名的“人类基因组计划”（HGP）或“世界大洋环流实验”（WOCE）等大计划的主要不同之处在于：以上这些计划只用了单一的技术和工具去回答一个大问题，而该普查计划所使用的工具与方法则复杂得多，从橡皮筏到潜水器，从分子生物学到卫星遥测等各种工具，去探索小到微生物大到鲸鱼等各种海洋生物的多样性、分布极其丰富，从渔民所关心的资源匮乏到多样性保护人士所担心的物种灭绝及栖息地丧失等。因此，海洋生物普查计划所动员的人力物力，以及不同人员之间协调与分工合作也是前所未有的。

该计划设有国家和区域执行委员会，由跨学科的360多位国际知名学者组成；澳大利亚、加拿大、中国、日本、印度尼西亚、韩国、南非、美国、加勒比海区域、欧洲、南美、印度洋区域、非洲13个国家或地区组成了CoML的国家或区域委员会来配合推动此工作。

10年间，全球有80多个国家、2700多位科学家参与了该研究计划，投入总经费达6.5亿美元。在原有23万种海洋生物基础上新增加了2万多种，包括6000多个新种，且搜集整合了迄今8万个物种的描述信息数据及19万种3000多万个地理分布原始数据，成功构建了全球最大的海洋生物地理信息系统数据库（OBIS）。该计划及其丰硕的研究成果被全球约57国（50种语言）和超过千个新闻媒体广为报道，10年间共发表了2600多篇报告，对于海洋生物多样性保护和教育也起到了很好的宣传作用。

（刘光兴）

**国家海洋研究中心**　National Oceanography Centre; NOC　英国最重要的综合性海洋研究机构，主要致力于海岸带到深海大洋的综合性海洋科学研究与技术研发，为英国海洋科学与技术发展提供服务。国家海洋研究中心是英国开展大型海洋研究的国家机构，该中心隶属英国自然环境研究委员会，长期维持英国的国家核心海洋科研能力是其研究基础。作为英国政府和欧洲项目的合作伙伴，国家海洋研究中心活跃在众多国际论坛舞台上，是世界顶级海洋研究机构之一，是世界三大顶尖海洋研究机构。

历史简介　国家海洋研究中心于2010年2月1日成立，由南安普顿国家海洋中心与利物浦普劳德曼海洋实验室整合而成。国家海洋研究中心的总部位于南安普顿市，利物浦分部位于利物浦大学的校园内；利物浦分部的前身是利物浦普劳德曼海洋实验室。2004年，利物浦普劳德曼海洋实验室从威勒尔的比德斯顿天文台搬迁到利物浦大学的校园内。

国家海洋研究中心的历史可以追溯到1949年组建的国家海洋协会。当时协会的组建是为了研究波浪运动对两栖登陆的影响。1996年，爱丁堡公爵促使南安普顿大学的海洋和地质学部与海洋科学协会合并，组建了南安普顿海洋中心。2005年，爱丁堡公爵将南安普顿海洋中心改名为南安普顿国家海洋中心。2010年之前，南安普顿大学和英国自然环境研究委员会联合管理南安普顿国家海洋中心。国家海洋研究中心南安普顿总部拥有520名科研工作人员，以及超过700名本科生和研究生。

组织机构 该中心设有海洋设施咨询委员会，委员会的任务是针对未来海洋研究对仪器设备的需求提出中长期综合战略，为当前和未来的研究基金申请提供支持。

战略目标 形成一套探索整个地球系统科学的集成手段，来认识海洋在地球系统中至关重要的作用；提供高质量的科学和前沿技术；能够平衡被动式研究和问题导向型研究；维持基础核心学科，同时加强多学科交叉研究；投资基础研究设施，支撑整个海洋界的研究；在相关研究基金的规划中努力创造影响，使海洋科学问题得到充分重视；开展研究转化和知识交流，保证基础科学能有效、及时地造福社会；维持和加强国际影响力和参与度；维持英国海洋研究的吸引力，使之成为年轻科研人员向往而又能够取得进步的地方。

研究任务 通过进行世界一流、多学科的研究，提升对海洋系统的认知，特别是那些在全球或区域尺度上具有深远意义的研究领域；对海洋测量技术进行创新、升级，并对新技术及时地加以吸收利用；通过创造新的商机和为市场提供最好的决策，促进新成果和新技术尽快转化并为英国的社会和经济服务；对海洋数据和信息资产进行管理和使用，对大型科研基础设施（科考船和其他主要海洋研究设施）进行管理、运行和使用，使其更好地为英国科学研究服务；为英国海洋研究界及相关团体提供其所关心的国内和国际海洋问题的热点。

研究领域 研究分为4个主要领域。

海洋生物地球科学。主要开展海底和水下环境中的多学科海洋研究，范围从两极到赤道，从海岸带到海沟。通过运用尖端的测绘和观测技术，解决全球海洋的重大环境问题。主要研究生物群落在海洋中的生长规律和方式，以及它们在全球气候系统中的角色，探索全球变化对它们的影响。

海洋系统模拟。海洋系统模拟的研究水平在全球海洋和陆架海的数值模拟方面世界领先，包括海洋环流和热传输、海洋生态系统、海冰、湍流、表面波、泥沙输运、潮汐和风暴潮的模拟。

物理海洋与海洋气候。主要研究海洋环境的基本物理过程及其对地球其他系统的影响。研究尺度涵盖微观到全球范围，从浅海到深海大洋，并考虑大气和海底边界层的相互作用。

海洋技术与工程。主要是发明、设计、制造和部署海洋传感器和海洋仪器设备。

调查船 “发现”号皇家研究调查船，2013年7月8日开始投放使用，拥有单波束和多波束测深、数据日志记录集成、地震测量、清洁海水采样、远程遥控操作设备，以及温盐深测量仪（CTD）测量、深海取样、拖网、疏浚和仪器拖带。

“詹姆斯·库克”号皇家研究调查船，名字来自著名的英国皇家海军J.库克船长，2006年8月31日投入使用，拥有单波束和多波束测深，数据日志记录集成，地震测量，清洁海水采样，远程遥控操作设备，CTD测量，深海采样、拖网、疏浚和仪器拖带。 （陈学恩）

**过度捕捞的海洋生态风险** marine ecological risk of overfishing 因过度捕捞使一定区域内的海洋生态系统存在不确定性的事故或灾害，对海洋生态系统及其组成部分可能产生不利影响，由此导致海洋生态系统结构和功能的损伤，从而危及生态系统的安全和健康。

风险分析 过度捕捞的海洋生态风险具体可以分为以下几个方面：①对目标种的风险。捕捞活动会影响目标种的资源量，商业性捕捞已经使一些目标种的资源量大幅下降甚至枯竭。据调查，自商业捕鱼活动开始以来，世界海洋大型鱼类的资源量已减少了90%。目标种资源量的大幅下降会使资源的群落结构发生变化。②对非目标种的风险。由于海洋生物间的捕食与竞争关系，对目标种资源的大量捕捞必然会因捕食与竞争关系影响其他生物资源。当过度捕捞使某一目标种的资源量下降到不能自我恢复时，会引起非目标种资源量的剧烈变化，从而影响群落的稳定性，导致生态系统的失衡。海洋捕捞过程中的兼捕和弃鱼也会对非目标种产生影响。海洋哺乳动物或鸟类大多处于海洋生态系统食物链的顶端，数量较少，由于直接捕捞或兼捕造成的物种衰退甚至枯竭会对海洋生物多样性和生态系统产生很大危害。大量的兼捕和弃鱼对非目标种的种群数量和自我修复能力会产生很大的影响。③对渔业资源栖息地和海洋环境的风险。一些捕捞作业方法对渔业资源栖息地会产生严重影响，代表性的是拖曳式的捕捞渔具，如拖网和采贝耙等。在东北大西洋，几乎所有能观测到的冷水珊瑚礁都受到底拖网的破坏。拖曳式的网具还会扰动海底的底泥等物质，使沉积物悬浮造成对水体的污染，同时破坏正常的底栖生态过程，包括碳固定、营养物质循环等。一些捕捞方式如毒鱼、电鱼和炸鱼等，会直接破坏水域环境。

防治措施 过度捕捞的海洋生态风险不容忽视。为减少或杜绝此类海洋生态风险，最根本的方法是改变过度捕捞的海洋资源利用方式，遵循可持续发展的原则，科学捕捞、适度捕捞，从而维持海洋生态系统的平衡和稳定。 （汝少国）

**过洋牵星术** measure method of pulling stars 通过观测天体判断船只位置，进而进行定位导航的航海技术。

观星导航在汉代即已出现，刘安《淮南子·齐俗训》中记载：“夫乘舟而惑者，不知东西，见斗极则寤矣。”《汉书·艺文志》中记有《海中星占验》《海中五星杂事》等书目，通过观测天体辨别船舶的航向。观星定位法即通过观察北极星的高度以判别南北距离变化，唐代天文学家一行发明了一种仪器——复矩，可以用来测量北极星的高度。宋代出现了一种称为望斗的仪器，英国科学家李约瑟认为望斗是可以测量大熊星座的位置与高度的北斗七星观测仪。明代郑和下西洋时，郑和船队使用“牵星板”进行天体测量，现存的《郑和航海图》中有4幅《过洋牵星图》。

过洋牵星术需要测量所在地的星辰高度，然后计算出该处的地理位置，以此测定船只的具体航向。一种比较原始的方法是“裸掌测星”，即直接用手掌来衡量星斗高低。牵星板发明后，航海者主要使用牵星板来测量星体距离水平线的高度。根据明人李诩《戒庵老人漫笔》的记载，牵星板由12块方木板组成，最大一块边长约24厘米，其次大的一块边长约22厘米，依次递减，最小的一块边长约2厘米；牵星板的中心穿有一根绳子，绳长大约72厘米。测量时，观测者左手执板朝向星体，右手持绳，将穿在板中心的绳子拉直靠近眼睛，顺着牵星板上缘观测星体，下与水平线对齐，根据所需木板属于几指，就可以测出星体的高度。

过洋牵星术是观星定位技术的发展，是海船航行中重要的测向定位技术，天文导航与指南针导航的应用相结合大大提高了航行的科学性和安全性，在历史上曾大大促进了远洋航行的发展。 （朱建君）

# H

**哈得孙海底峡谷** Hudson Canyon 从哈得孙河口延伸进入大西洋陆坡上的大型*海底峡谷*。长约93千米。两侧“V”形谷壁的高度为1220米。谷口以下切入大陆坡形成哈得孙海底扇谷地。*海底扇*上两侧谷壁高549米，谷地至少长370千米。哈得孙海底峡谷是向海底扇输送来自陆棚的沉积物的渠道。（仲 佰）

**海岸** coast 海洋和陆地相互接触和相互作用的地带。包括遭受波浪为主的海水动力作用的广阔范围，即从波浪所能作用到的深度（波浪基面），向陆延至暴风浪所能达到的地带。世界海岸线长约44万千米。中国海岸线长1.8万余千米，岛屿岸线1.4万余千米。在漫长的海岸带蕴藏着丰富的生物、矿产、能源、土地等自然资源。还有众多深邃的港湾，以及贯穿内陆的大小河流。它不仅是国防的前哨，又是海、陆交通的枢纽。自古以来，海岸一直是人类经济活动频繁的地带。

研究简史 19世纪以前，海岸研究处于地形描述和资料积累的初始阶段。1909年，美国W.M.戴维斯在构造、营力、时间三要素的基础上，提出上升、下沉海岸的侵蚀轮回学说，建立了海岸发育的系统概念。1919年，D.W.约翰孙的《海岸过程和海岸线发育》一书问世，使海岸地貌学成为一门独立的学科。20世纪40年代以来，随着军事和海岸工程建设的需要，海岸地貌学进入动力机制的研究阶段。苏联V.P.津科维奇在《海岸发育的基本理论》一书中，从动力学观点，阐明了海岸堆积地貌的形成机制。D.L.英曼通过海滩观测，阐明了近岸带的泥沙运动和海滩地貌特征。C.A.M.金的《海滩和海岸》（1959）一书，系统地论述海岸发育的动力过程。随着科学技术的发展，运用新技术并结合物理和数学模型，海岸研究正向半定量和定量方向发展。

中国于20世纪50年代中期逐步开展了海岸动力过程的研究。1964年，在温州进行了中国海岸带第一次试点调查。1979年，在温州开展全国海岸带和海涂资源综合调查试点，1980年后，逐步在沿海各省市开展“全国海岸带和海涂资源综合调查”。中国海岸研究已经积累了大量资料，对海岸发育过程和海岸演变规律，特别是对淤泥质海岸研究已取得不少成果。

海岸的组成 在垂直于岸线的海岸横剖面上，有下列组成部分（见图）。

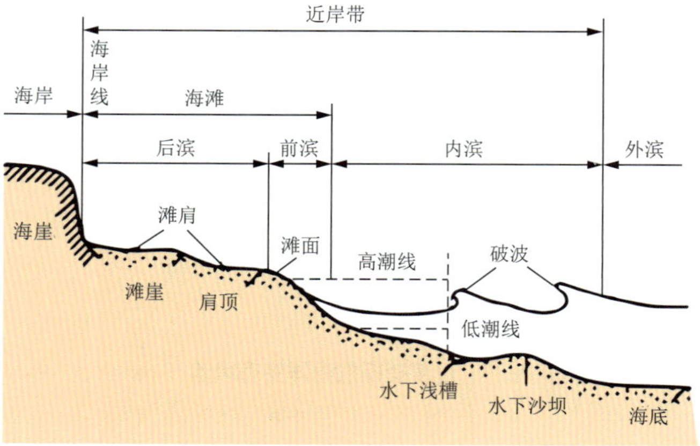

海岸的组成

海岸（狭义） 紧邻海滨，在海滨向陆一侧，包括海崖、上升阶地、海滨陆侧的低平地带、沙丘或稳定的植被地带。

海滨 又称海滩。从低潮线向上直至地形上显著变化的地方（如海崖、沙丘等），包括后滨和前滨。有人认为海滩尚应包含与海滩发育过程密切相关的水下部分。①后滨。由海崖、沙丘向海延伸到前滨的后缘，其上发育暴风浪所形成的滩肩，有高度不大的陡坎或陡坡。滩肩向海一侧的边界为海滩坡度突变处，称肩顶或滩肩外缘。②前滨。肩顶至低潮线之间的滩地。邻近肩顶的前滨部分，通常坡度较陡，又称滩面。

内滨 自低潮线向海直至破波带的外界。有些内滨存在水下沙坝和水下浅槽。

外滨 破波带外界向海一侧的底部较平缓地带（也有人认为外滨从破波带外界起延伸至陆架边缘为止）。但有些学者未划出内滨，而将自低潮线开始的向海延伸部分（包括上面的内滨）统称为外滨。

近岸带 包括海滩和水下泥沙活动的地带，在水深10～20米。

**海岸发育的因素** 地质构造和地壳运动奠定了海岸发育的基础。但在第四纪时期，冰期和间冰期的更迭，引起大幅度的海面升降变动，导致海侵和海退，使海岸处于不断变化之中。直至距今7000～6000年，海面上升到接近于现代海面的高度，构成现代海岸的轮廓。自此，进入现代海岸发育阶段。

海浪作用 海浪在塑造海岸中是最积极、最活跃的动力因素。它具有巨大能量，对海岸或海岸建筑物产生巨大冲击力；在近岸物质搬运和堆积方面也起重要作用。在波浪作用下，通常粗颗粒物质向岸搬运，细颗粒物质向海搬运；自岸向海，海岸带泥沙由粗变细，较陡的海岸剖面在波浪侵蚀堆积作用下逐渐变缓。

近岸流作用 斜向入射的波浪逼近海岸时，在破波带内产生平行于海岸的沿岸波流。由向岸的水体输移和由此产生的离岸水流（裂流），波浪破碎造成的激浪流，加上潮流，构成了复杂的近岸流系。海水流动所产生的泥沙运动，形成一系列海滨堆积地貌。

潮汐作用 潮汐引起的海水周期性升降运动以及随之产生的海水水平方向运动，对塑造海岸有重要影响。不同岸段潮差有较大差别，潮差大小直接影响海水动力所能作用到的范围。相应的潮流水平流动，在有的水域，流速不足一节；而在中国杭州湾，涌潮通过最大潮流流速可达12节以上。尤其对细颗粒物质组成的海岸，潮流是泥沙运移的主要营力。

生物作用 在热带和亚热带生物作用较为明显。在珊瑚和珊瑚礁发育地区，构成珊瑚礁堆积海岸。在红树林和盐沼植物广泛分布的海湾、河口潮滩上，形成平静、隐蔽的海岸环境，利于细颗粒物质迅速堆积。但在有些海岸生物作用对海岸岩石产生一定的分解和破坏作用。

气候因素 在不同气候带，因温度、降水、蒸发、风等因素不同，风化作用的表现有所差异，进而影响到海岸的发育演化，并使海岸发育具有一定的地带性。

**海岸类型** 海岸地貌类型众多复杂，千差万别。许多研究者试图将海岸划分为各种类型。如约翰孙把海岸分成上升海岸、下沉海岸、中性海岸和复式海岸；H.瓦朗坦从上升与下沉、侵蚀和堆积的概念出发，按各种组合进行分类；F.P.谢泼德则将海岸分为原生海岸和次生海岸以及若干亚类。对于海岸的分类，至今未取得一致的认识。由于海岸环境因素十分复杂，制定统一的海岸分类，还有待于实际知识的积累。根据塑造海岸的主导因素和海岸的物质组成，可将海岸分为*海蚀夷平岸*、*海积夷平岸*、*淤泥质海岸*、*砂质海岸*、*基岩海岸*、*三角洲海岸*等。（陈吉余 王宝灿）

**海岸波生流** wave-induced longshore current 波浪传至近岸地区，由于水深变浅而发生破碎，波浪运动的动量转化为分布于波浪破碎区域及邻近水域的水流运动。波浪非线性移动也会产生水流（质量输移流）。海岸波生流系主要由3部分组成：①向岸的水体质量输移。②平行岸边的沿岸流。③流向外海离岸流或裂流。三者同时存在时形成海岸环流。

发展概述 海岸波生流的研究在20世纪初叶就已经开始，1919年人们已认识到沿岸流是波浪引起的并且对近岸泥沙运动有重要作用。1950年，美国海洋地质学家F.P.谢泼德和英曼等通过现场观察，提出了近岸环流的概念。但波生流产生的机理直到英国M.S.朗古特-希金斯等在1962年提出辐射应力的概念才得以彻底解决。波生流本质上是短波波高变化引起的短波动量向周围流体的转移，辐射应力是描述这一短波和周围流体相互作用的物理量。此后，学者们建立并发展了基于波浪辐射应力作为近岸波生流的主要驱动力的数值模型、基于布西内斯克方程的数值模型。对于波浪及近岸流数值模型方面的研究较为丰富，考虑的影响因素也在逐渐增多。

产生机理及特点 波浪在向岸传播的过程中，水质点的运动轨迹是不封闭的，在波向上存在着净的水体质量输送，致使波浪传至近岸，形成水体堆积，自由水面升高，从而形成沿岸方向的补偿流，重新进行水体的分配。离岸流是近岸流系中最显著的部分，它是一束集中于表面的、狭窄的水流，穿过波浪破碎区流向外海。流速一般超过1米/秒；最狭窄处称为“颈”

沿岸流

部，此处流速最大；离岸流的外端可能达到破波线以外500米，并产生扩散现象，称为“头”部，此处流速变小。离岸流靠沿岸流来维持，二者衔接之处称为“补偿流”。沿岸流沿着岸线流动，平均流速可达0.3米/秒，有时超过1米/秒。沿岸流和离岸流的流量是由向岸传播的波浪提供的。

作用及意义 近岸海域是各种水动力因素复杂的地区之一，特别是平缓海岸。波浪在向近岸传播的过程中，由波浪破碎作用引起的近岸流系对近岸区域的污染物清除以及泥沙输移等方面起着重要作用。

污染物清除 随着沿海经济的快速发展，愈来愈多的工业和生活污染物被排入沿海海域，给近岸海域带来严重的污染，近海海域环境明显下降，对沿岸人类的生产、生活活动造成了很大的负面影响。近岸波流体系对近岸污染物的运动起着非常重要的影响作用。中国学者唐军结合数值模型，对污染物在近岸斜向入射波浪破碎产生的波流场中随时间运动分布的过程进行了数值模拟。结果表明，在波浪以一定角度斜向近岸传播破碎产生的沿岸波流场中，随着斜向入射波浪波高和沿岸底坡的增加，污染物运动的速度明显加快，近岸缓坡区域波浪向近岸传播中破碎所产生的波流场对污染物的运动分布起着重要的影响作用。

泥沙输移 海岸上斜向入射的波浪会产生沿岸流。在沿岸流的作用下，破波带内被破碎波浪搅动起来的泥沙会随沿岸流一起沿海岸输移。这一泥沙运动称为沿岸输沙，它是海岸重要的泥沙搬运形式。海岸上许多堆积地貌的发育过程，都同沿岸输沙有密切关系。如海岸上沙嘴及连岛沙洲的形成、河口或潮汐通道口的迁移都是沿岸输沙引起的。

（李华军 董 胜）

**海岸带** coastal zone 海洋与陆地之间的交接、过渡和相互作用的地带。海岸带通常有狭义和广义之分。狭义的海岸带包括波浪为主的海水动力作用所达到的范围。向陆的界限是暴风浪作用的上限，向海一侧是波浪所能作用到的深度（波浪基面），即水深相当于1/2波长的地方。海岸带由3个基本单元组成：①海岸，平均高潮线（海岸线）以上的沿岸陆地部分，通常又称潮上带。②潮间带，介于平均高潮线与平均低潮线之间的地区。③水下岸坡，平均低潮线以下的浅水部分。中国在20世纪80年代初执行的“全国海岸带和海涂资源综合调查”中，把海岸带的外界规定为向海延伸至−15～−10米等深线，其内界规定为向陆地延伸10千米左右，实际上是狭义的海岸带。

广义的海岸带其范围更加广阔，包括沿岸陆地部分及水下岸坡，范围自滨海平原至外陆架坡折带，大致相当于晚第四纪海平面波动时期淹没和出露的区域。按国际地圈-生物圈计划（IGBP）提出的概念，海岸带的范围从正200米到负200米，即大陆侧的上限是200米等高线，海洋侧的下限是大陆架的边坡，大致与负200米等深线相当。

在实践中，海岸带的定义经常根据管理的目的来确定。国际上对海岸带的划分主要有4个标准：①自然标准。②行政边界。③指定距离。④选择环境单元。在海岸带的划分中，没有任何单一的标准是普遍适用的，也不可能用一个标准来满足海岸带划分所要求的全部条件。从地球系统科学的角度，采用IGBP海岸带概念划分海岸带，更能充分反映海岸带在地球系统中所处的特殊位置，突出海陆交互作用这一重要的地球系统过程。

影响因素 第四纪以来，冰期和间冰期的更迭，引起海面大幅度的升降，产生海侵和海退，海岸处于不断移动之中，直至距今7000～6000年，海面上升接近于现代海面的高度，构成现代海岸的基本轮廓。波浪、潮汐、沿岸流是作用于海岸带的三大主要动力，它们冲积海岸，输移泥沙，造成海岸带的侵蚀或堆积，并由此产生各种海岸地貌形态。此外陆地输入、生物作用及气候因素也对海岸的发育有着重要的影响。

价值 海岸带具有极大的社会、经济和资源环境价值。世界海岸线长约44万千米，110个国家和地区拥有海岸带，世界人口的2/3左右居住在海岸带及其邻近区域。它不仅具有自然属性，而且具有社会属性，是与人类生存及社会发展关系最为密切的地带。海岸带是海上交通的门户，国际贸易货运量的大部分是通过世界2300个海港进行的。随着各国经济的发展，海港数量及吞吐量还将继续增长。海岸带汇聚着种类繁多的自然资源，包括能源资源、矿产资源、水土资源、海洋生物资源、海水化学资源。此外，海岸带各种地貌景观类型丰富，有海岸平原、河流、海滩与沙丘、三角洲、河口、潟湖、红树林、基岩海岸、珊瑚礁和海岸湿地及其他地理单元，风景秀丽的海滩还可以被辟为旅游胜地。它兼有海陆两个生态系统的特征，对于维持区域乃至全球的生态平衡具有重要意义。海岸带又是地球上最富生产力的地区，有很高的生物多样性和生物量。海岸带水域饵料丰富，是鱼类生长和孵化的场所，在海洋捕捞中占有重要的地位，世界90%的海洋渔获量在海岸地区。从海岸带中提取的海盐，是重要的工业原料，也是人类生活用盐的主要来源。全球河流入海悬浮物质、生源要素及污染物的75%～90%归宿于海岸带，海岸带环境演化直接关系到人类的生存空间、生存质量和社会、经济的可持续发展。

海岸带是地球岩石圈、大气圈、水圈和生物圈四大圈层交会的地带，物理过程、化学过程、生物过程及地质过程交织耦合，加上高强度人类活动的影响，使得各种过程更趋复杂。海岸带与全球变化有着密切关系，是研究全球变化的关键区域。为了深刻认识海岸带系统对全球变化的响应及其在全球物质循环中的作用，1992年12月，作为国际地圈-生物圈计划的核心子计划之一的**海岸带陆-海相互作用计划**（LOICZ）开始实施，集中研究陆地、海洋、大气的相互作用。自1993年以来，先后在世界范围内选择了10余个重点区域建立核心计划以推动全球陆海相互作用的研究，其中包括中国所在的东亚海岸带陆海相互作用计划（EALOICZ）。与此同时政府间海洋学委员会（IOC）发起“海岸带综合管理”计划。2014年海岸带陆海相互作用计划已完成了第二个十年计划，取得了如下主要科学成就：①海岸带营养物质的生物地球化学通量和类型学，近海生态系统中环境变化影响的评估和预测。②沿海大城市和都市化与海岸带的动态变化关系及风险评估。③全球变化下的适应生存。④高纬度气候变暖所产生的广泛而可识别的影响评估。2014年是LOICZ发展的一个重要里程碑，也是一个新的起点，LOICZ科学委员会及区域中心负责人决定其科学规划向未来地球计划方向的转变，相应地将LOICZ名称改为未来地球海岸计划（FEC）。2015年6月提出新的10年（2016～2025）科学规划框架，确定了3个主题：①以提高认识海岸带状态为目标的动态海岸，认识自然海岸是如何造就海岸文明的。②以加深了解生态系统产品及服务功能开发对人类安康影响为焦点的全球发展与海岸关系，认识人类是如何治理和改造自然海岸的。③通过鉴别决策转变中的监管途径和程序，实现向全球海岸带可持续性发展的转变。

问题　海岸带具有多方面的开发利用价值，但海岸带生态环境脆弱，环境灾害频繁，在开发过程中经常会遇到开发项目互相牵制的问题，如大片土地的围垦，难免给港口建设带来不利的影响；采油和排污工程污染海岸带环境等。充分开发与合理利用海岸带自然资源，治理海岸带环境灾害，实现海岸带的可持续发展是一项重要而长期的任务。面对海岸带的资源与环境压力，亟须加强海岸带的综合管理。为此，建立统一的管理法规和科学的监测与评价方法，成为当前海岸带可持续发展决策中迫切需要解决的问题。

图1　中国山东日照阳光海岸带

图2　中国台湾岛最南端的蜂窝状海蚀裙礁海岸带

中国有十几个省（自治区、直辖市）濒临海洋，大陆岸线长达1.8万千米，岛屿岸线超过1.4万千米。20世纪50年代开始在全国部分地区进行海岸带普查，70年代末至80年代中期，在大陆沿岸进行了大规模的海岸带和海涂资源综合调查，并掀起了开发海岸带的热潮，对海岸带的环境保护和海岸带科学管理也普遍引起了重视。中国海岸带主要面临三大方面的问题：①生态环境问题。沿海滩涂湿地、红树林和珊瑚礁均遭受严重破坏，海底沉积环境受到污染。②地质灾害问题。海岸侵蚀、港湾河口淤积、海平面上升等缓发性海洋地质灾害，已呈恶性发展趋势；另外，近海海底滑坡、风暴潮和风暴浪每年也给中国造成近百亿元的经济损失。③非合理性海岸带资源开发与海岸工程建设。主要包括因地下水开发而诱发的包括地面沉降、海水入侵、土地盐碱化等环境地质问题，海砂开采导致的海岸侵蚀、海水倒灌等，以及未经综合环境评价进行大面积围填海导致的海湾环境恶化问题。

（李建超　李广雪）

**海岸带陆-海相互作用计划**　Land-Ocean Interactions in the Coastal Zone; LOICZ　国际地圈-生物圈计划（IGBP）和国际全球环境变化人文因素计划（IHDP）的核心子计划之一。海岸带区域是岩石圈、大气圈、水圈和生物圈多圈层交汇的地带，物理、化学、生物和地质过程交织耦合，人类活动影响强烈，是全球变化研究中的关键区域。LOICZ计划旨在研究海岸带区域陆-海界面之间的物质和能量交换过程以及多圈层的相互作用，深刻认识海岸带系统对全球变化的响应及其在全球物质循环中的作用，为海岸带管理和区域环境与经济可持续发展提供科学支撑。

LOICZ计划自1993年开始实施，其第一个十年计划（1993～2003）着重回答海岸带物质通量变化及其驱动力、河流物质在海洋的输运、迁移和转化等循环过程以及海岸带系统的响应等基础科学问题，第二个十年计划（2004～2014）则转向海岸带管理与生态经济等社会层面，强调自然科学与社会科学的有机结合，重视海岸带的可持续发展，其科学主题包括：①海岸带系统的脆弱性与灾害。②全球变化对海岸带生态系统和可持续发展的影响。③人类活动对流域-海岸带相互作用的影响。④海岸带和陆架水体的生物地球化学循环。⑤基于陆-海相互作用管理的海岸带系统可持续性。LOICZ计划自实施以来，集成了学术群体在局地和区域层面上的科学认识，构建了全球海岸带物理、化学和生物过程及其与人类活动相互作用的整体图景，对维持海岸带可持续发展发挥了重要作用。中国积极参与LOICZ计划，1993年成立陆-海相互作用项目中国委员会，2007年成立东亚区域办公室（East Asia Regional Node），旨在推进和协调中国与东亚国家在海岸带陆-海相互作用领域的科学研究和合作交流。

2015年开始，LOICZ计划更名为未来地球海岸（FEC）计划，成为未来地球（Future Earth）计划的核心科学计划之一，其使命是通过研究全球环境变化对海岸带社会-环境的影响，集成不同尺度的科学认识，建立自然科学和社会科学的有机链接，支撑全球海岸带可持续发展、提高海岸带系统对全球变化的适应能力。

（王厚杰）

**海岸带演变** coastal zone evolution 在波浪、潮汐、海流与海岸的相互作用下海岸带形态的变化。海岸带是海岸线向陆、海两侧扩展一定宽度的带型区域，是陆地与海洋的交界地带。中国在进行海岸带调查时，规定海岸带范围为由海岸线向陆方向延伸10千米左右，向海至10～15米等深线的区域。

海岸带自然资源丰富，具备优越的港口开发和水路运输等地理环境条件，自古以来一直是人类活动频繁和社会经济最发达的地带。另外，世界人口的2/3居住在沿海地区，高强度的人类活动会给海岸带生态系统和环境带来不同程度的影响。同时，海岸带物理过程众多，生态环境脆弱，水沙运动强烈，地形地貌演变机制复杂，海啸、飓风和台风侵袭海岸和海滩，会对沿海的工业、农业和服务业造成危害。因此，研究海岸带演变过程，可以为海岸带资源利用、保护修复和综合管理提供重要科学依据。

中国于20世纪50年代中期，逐步开展了海岸带演变及动力过程的研究工作。1964年在温州进行了中国海岸带第一次试点调查。1979年在温州开展**全国海岸带和海涂资源综合调查**试点。1980年后，逐步在沿海各省市开展全国海岸带和海涂资源综合调查。2004年起，又实施了中国近海海洋综合调查与评价专项。通过持续对海岸带的调查研究，积累了大量资料，对海岸发育过程和海岸演变规律已取得不少成果。

海岸带地形地貌演变主要是由于海岸水沙运动引起的（见**海岸水沙运动**）。泥沙在波浪、**潮流**、波生流等多种水动力要素驱动下的输运过程，引起不同地区的海床冲刷或淤积，改变了海岸地貌形态。根据岸滩沉积物质的组成，海岸类型主要可分为沙质海岸、淤泥质海岸、**基岩海岸**和**生物海岸**。不同类型的海岸演变具有不同的演化特征、时空尺度和动力因素。

*沙质海岸*是由沙、砾、粗砾、卵石等粗颗粒物质组成的海岸。影响沙质海岸演变的动力以波浪作用为主，泥沙颗粒间无黏着力，泥沙运动主要发生在波浪破碎带内，兼有悬移质和推移质的运动形式，在波浪破碎带附近常出现一条或几条平行于海岸的沙坝。沙质海岸演变包括两种时间尺度明显不同的过程：①长期演变。沿岸输沙引起的海岸线长期后退或前进，历时可达数年至数百年。在岸边建造丁坝等垂直于岸线的建筑物，会部分或全部截断沿岸输沙通道，引起建筑物上游淤积和下游冲刷。②短期演变。向、离岸方向的横向输沙引起的海滩剖面季节性变化，历时为数天至数月。风暴季节，台风大浪强烈侵蚀岸滩，泥沙向海输运并在破波点附近堆积形成沙坝，滩肩冲刷，岸滩坡度变缓；常浪季节，泥沙在非线性波浪作用下逐渐向岸推移，沙坝消失，滩肩恢复，岸滩坡度变陡。现实中的沙质海岸演变是上述长期演变和短期演变相互耦合叠加的结果。沙质海岸演变对于岸滩保护、海岸防灾减灾和滨海旅游资源可持续利用等都有重要影响。

*淤泥质海岸*是由粉砂和黏土等细颗粒物质组成的海岸。一般来说，淤泥质海岸海底坡度平缓，潮滩发育好，水下地形无明显起伏；潮流、波浪作用显著，常以潮流作用为主；泥沙颗粒间存在较强的黏着力，在盐水中絮凝现象明显，运动方式以悬移质为主，潮滩冲淤变化频繁，潮沟周期性摆动明显。中国的长江、黄河、珠江等河流每年有巨量泥沙入海，使中国的淤泥质海岸广为发育。根据成因，淤泥质海岸大体可以分为两种：①在河口三角洲基础上形成的，如渤海西部和江苏北部的海岸。②沿岸水流搬移的细颗粒泥沙在隐蔽的海湾堆积，如杭州湾以南至闽江口以北的淤泥质海岸。淤泥质潮滩及近岸沙洲面积较大，宽大潮滩上的复杂潮沟体系是潮滩上动力最强、演变最为活跃的地貌单元。另外，淤泥质海岸演变还与细颗粒黏性泥沙上的污染物吸附、水沙运动与潮滩植被的相互作用等化学和生物过程有着密切关系。淤泥质海岸演变还关系到滩涂资源与滨海湿地保护、港口航道的水深维护和海上能源利用等问题。

（张 弛）

**海岸丁坝** coastal groyne 为改善水流条件、稳定岸滩而修筑的一种整治建筑物。坝体与岸线成丁字形布置，坝根与堤、岸衔接，坝头伸向海中。丁坝对斜向朝岸边推进的波浪和顺着岸边的水流起阻碍作用，一方面减弱了波浪、水流对岸边的冲击力，同时又阻碍了泥沙的沿岸运动，促使泥沙落淤，助滩地淤长，巩固堤、岸。

丁坝的平面布置有与水流正交、上挑和下挑3种方式。上挑时挑流效果最好，但坝头附近冲刷剧烈；下挑时水流较规顺，挑流效果则较差。双向水流或波浪方向不定时，以采用正交布置为宜。丁坝长

中国上海崇明岛的丁坝

度直接影响挑流效果，对上下游甚至对岸都会产生影响，设计时要慎重研究确定。为保滩护岸、防止主流逼岸，常采用多道短丁坝组成的丁坝群。丁坝群伸出岸边不远，挑流较和缓，不会剧烈改变流场，只要间距适当，坝田（两座丁坝间的空间）内也会有一定淤积。丁坝的间距与坝长和滩地的泥沙特性有关，一般根据实际经验或水力模型试验确定。海岸保滩丁坝根部的坝顶高程一般取平均高潮位以上，但不高于相连或附近的海堤顶或护岸坡顶，坝身顶的高程随着向海延伸逐步降低。

丁坝坝头附近水流集中，底床易被冲刷，影响坝头稳定，需采取防冲加固措施。一般情况下，堆石丁坝可采用柴排护底、抛石或人工块体等，在强潮流作用的河口地区，坝头冲刷剧烈，往往形成较深的冲刷坑，可使用沉箱或沉井结构等进行加固。用板桩、沉箱等构筑的直立式丁坝，可采用加大坝头部分的入土深度进行加固。

（鲁子爱）

**海岸防护工程** coastal protection engineering 保护沿海城镇、农田、盐场和岸滩，防止风暴潮的泛滥淹没，抵御波浪、水流的侵袭与淘刷的各种工程设施。包括**海堤**、**护岸**和保滩工程。海堤是为了防止大潮、高潮和风暴潮的泛滥以及风浪的侵袭和造成土地淹没，在河口、海岸地区沿海岸修筑的挡水建筑物，在一些地区又称海塘。海堤的平面布置应使堤线平顺，尽可能避开强风和水流的正面袭击。海堤一般不容许波浪、水流越顶，堤顶高程在波浪爬升高度以上，并留有一定的安全超高。设计水位和设计波要素的标准一般根据海堤的工程规模、重要性、实际经济效益来确定。海堤的顶宽根据堤身结构、交通运输、防汛抢险及施工等需要来确定。海堤断面型式及其尺寸根据当地水深、动力因素、地基特性、材料来源和施工条件等因素确定。

护岸是在河口、海岸地区，对原有岸坡采取的砌筑等加固措施，用以防止波浪、水流的侵袭、淘刷和在土压力、地

下水渗透压力作用下造成的岸坡崩坍。护岸分为斜坡式和陡墙式（包括直墙式）岸壁两种型式，斜坡式护岸一般采用块石填筑，陡墙式岸壁可采用砌筑石墙、混凝土重力墙、钢筋混凝土扶壁式挡土墙或板桩墙等结构。护岸承受波浪、水流以及来自岸侧地下水渗透压力的作用，陡墙式岸壁还要承受土压力作用。沿海城镇的护岸工程除保证岸坡稳定外，还应考虑城镇防汛、交通、环境绿化等要求。

保滩工程是保护沿海滩涂，防止滩面泥沙被波浪、水流淘刷的工程设施。淤泥质或沙质海滩的泥沙被波浪掀起、悬浮并随水流输移，致使滩面发生剥蚀，海堤、护岸的坡脚逐渐受到淘刷，甚至引起海堤或护岸坍塌。一般的保滩工程除能保护滩涂外，还间接地有护堤、护岸的功能，并有促使泥沙在滩面落淤的作用。可采用修筑建筑物（如丁坝、顺坝、护坦、护坎等）、种植植物、人工沙滩等措施。人工沙滩是采用人工填沙的方法恢复原来沙滩或抛填成新沙滩的保滩措施，一般在附近有大量廉价沙源时采用，或结合疏浚工程吹填。

中国的海岸防护工程历史悠久，规模宏大。其中抗御台风风浪和杭州湾涌潮袭击的钱塘江海塘久有盛名。钱塘江海塘始建于两汉时期（前206～220），五代（907～960）时用竹笼填石作塘，以后开始筑石塘，清代乾隆（1736～1795）年间大多改为石塘。著名的钱塘江鱼鳞大石塘出现于明代（1368～1644），清代又有改进。鱼鳞塘全部采用条石建造，相邻条石用铁件嵌固。塘脚前滩地上用排桩夹石构筑成坦水，实际上塘身是岸坡防护工程，坦水是护脚或保滩工程。另一种石塘为条块石塘，只在临水一侧用条石砌筑，内侧堆填块石。明、清时期修建的海塘，经历了数百年浪潮的侵袭和淘刷，至今仍有部分基本完好，发挥着良好的作用。鱼鳞塘、条块石塘都是直墙岸壁式海塘，后采用了带平台的斜坡式海塘，建造经济方便，防护效果良好。钱塘江两岸仍用传统的丁坝群保护滩地，主丁坝头部成功地采用直径达20米的巨型沉井来抗御涌潮。20世纪50年代之后，中

中国钱塘江海宁鱼鳞塘

国沿海多数土堤增加了块石或草皮护坡，不少滩地采用工程或生物措施防浪促淤。

荷兰、美国、日本在海岸防护方面比较先进，有着丰富的经验。荷兰著名的须德海工程，海堤超过30千米；三角洲开发工程，海堤断面大、标准高，施工机械化程度高，堤身沙土用水力冲填，混凝土或沥青护面用机械浇筑。美国系统地研究海岸演变与防护设施50余年，提出了完整的海岸防护规划、设计标准和方法，在世界上得到广泛的应用。日本在第二次世界大战后的40年间，为保护海岸线兴建的海岸防护工程长度约占其海岸线总长的一半。（郑金海　杨正己）

**海岸防护结构**　coastal protection structure　为海岸防护工程而建造的各种结构物。包括海堤、护岸和丁坝、顺坝、护坎等保滩设施。

海堤　沿海岸修建的挡潮防浪、防止田地被淹没的堤防，结构型式主要有斜坡式、陡墙式（含直墙式）和两者结合的混合式。海堤型式的选择涉及地形、地质、水文、材料、施工条件等多方面因素，必须因地制宜、扬长避短，经多方案研究比较后确定。

斜坡式　海堤的迎海面为斜坡，堤身一般采用土或沙石料填筑，迎海坡面（外坡）直接承受波浪、水流的作用，其结构稳定性关系到堤身的安全，常采用保护堤身的防浪抗冲材料，称为人工护面或护坡。护坡可采用干砌块石或条石、浆砌块石、抛石、混凝土块或异形块体、混凝土板等结构型式，在水浅、浪小、滩地较高的地段，也可采用水泥土护坡或草皮等植物护坡。斜坡式海堤的外坡可分为单坡、折坡和复坡三种，整个坡面坡度相同的为单坡断面，上下坡度不同的为折坡断面，在坡面中部某高程处设置平台（戗台）的为复式断面。斜坡式海堤背海侧的内坡一般采用植物护面。斜坡堤消浪性能较好，对地基沉陷变形适应性强，施工简便，但土石方量和占地面积都较大。在堤顶设置防浪胸墙可有效地减少土石方量，在堤脚处设置抛石棱体、大方脚、丁砌条石、护底块石等，可提高堤脚抵御波浪、水流冲刷的能力，增强海堤的稳定性。

陡墙式　海堤外侧采用块石砌筑成陡墙或直墙，墙顶设置挡浪胸墙，墙后堆填土或沙石料，陡墙也可用混凝土方块砌筑，或用沉箱建造。陡墙后填土的内坡一般与斜坡堤的内坡相同。陡墙堤占地面积较小，工程量小，但陡墙受到的波压力比较大，地基应力比较集中，堤身沉陷量大，因而要求有较坚实的地基，在软基上修建时，往往需要进行地基处理。为防止水流、波浪淘刷堤脚，常采用在坡脚抛石、抛混凝土块，或修筑块石棱体等加固措施。

混合式　海堤的迎水面由陡墙和斜坡组成，有上部斜坡下部陡墙和上部陡墙下部斜坡两种组合方式，上下分界设在平均高潮位附近。混合堤兼有斜坡堤和陡墙堤的特点，若上下适当组合，应用得当，可发挥两者的优点。

护岸　对原有岸坡采取砌筑等加固措施，用以防止波浪、水流的侵袭、淘刷和在土压力、地下水渗透压力作用下造成的岸坡崩坍。

护岸分为斜坡式护岸和陡墙式（包括直墙式）岸壁两种型式。斜坡式护岸的护面结构、护面范围基本上与斜坡堤相似。在滨海城镇或兼有系靠船只需要的岸段常建造陡墙式岸壁，采用砌筑石墙、混凝土重力墙、钢筋混凝土扶壁式挡土墙或板桩墙等结构。护岸工程除承受波浪、水流作用外，陡墙式岸壁还要承受土压力作用。由于护岸工程的顶标高度与地面平齐，还将受到来自岸内侧地下水渗透压力的作用。为了减小岸壁内侧水压力，可在内侧采取排水措施，包括在护岸壁后填筑排水滤层、护岸壁上开排水孔。内侧回填土尽可能采用排水性能好的沙质土，护岸坡脚的加固措施一般与海堤的护脚措施相同。

混凝土蜂巢式海堤

丁坝、顺坝、护坎　保滩工程中常用的结构物。丁坝和顺坝的断面有直立式和斜坡式两种。斜坡式用松散块体堆筑，直立式用板桩、木桩或沉箱等构筑。坝体可以透水或不透水。挟沙水流可以穿过的木桩编篱坝、拦栅坝和网坝等轻型透水坝，水流与波浪所受的阻碍较小，同时坝体承受的荷载也较小，一般坝脚冲刷程度轻微。挟沙水流不能穿过坝体的有沉箱坝、板桩坝、砌石坝等重型不透水坝。抛石坝和抛方块坝虽然容许部分水流穿过坝体，但坝周围水流特性与不透水坝相似。护坦是海堤、护岸前面的局部保滩采用的护底措施，又称坦水。堤前滩地有阶梯状地势起伏时，在高、低滩间构筑的陡护坦称护

坎。护坦和护坎一般采用块石填筑。

（鲁子爱）

**海岸防护林建设** coastal protection forest construction 为防风固沙、涵养水源、抵御海啸和风暴潮侵袭，在沿海地带进行的人工森林建设。海岸防护林的规划建设不仅应考虑其海岸防护作用，还应与各城市总体规划建设同步，将造林绿化与森林美学、景观生态学相结合，注重林带结构和景观配置，融滨海城市人文景观和自然景观为一体，增强沿海防护林的整体景观效果。

防护林体系 中国沿海防护林体系由沿海基干林带和纵深防护林组成。沿海基干林带分为一、二、三级3个建设梯级。一级基干林带指海岸线以下的浅海水域、潮间带、近海滩涂及河口区域营造的以红树林、柽柳等为主的防浪消浪林带。二级基干林带指位于最高潮位以上、适宜树木生长的海岸内侧陆地，由乔灌木树种组成的、具有一定宽度的防护林带。其中，泥质岸段，从海岸能植树的地方起，向陆地延伸，林带宽度达到200米以上；沙质岸段，从海滩能植树的地方开始，向陆地延伸，林带宽度不小于300米，具备条件的地段可加宽到500米以上；岩质岸段，为自临海第一座山山脊开始，面向大海坡面的宜林地段所营造的全部防护林。三级基干林带指从海岸能植树的地方开始，沙质、泥质海岸向陆地延伸1千米范围内，除一、二级基干林带外的全部防护林；岩质海岸，从第一座山脊延伸至第一重山脊间的全部防护林。纵深防护林指从沿海基干林带后侧延伸到工程区范围内广大区域的全部防护林。

营造要求 针对海岸土壤和地貌类型，海岸防护林的建设需综合考虑海岸林带土壤调查分析与改良、造林树种选择及配置和造林方法等多个方面。其中，沙质海岸的特征是土壤肥力较差，主要是有机质含量及氮、磷、钾等元素含量较低，采用绿肥压青、根际覆盖和施用有机肥的方法，可以有效改善海岸沙地土壤肥力较低的状况。泥质海岸的盐碱化严重，选择豆科、非豆科固氮树种及绿肥等生物改良综合配套措施可以使得土壤含盐量和酸碱度降低，改善盐碱化状况。基岩海岸的土壤较少，土壤的改良空间不大。防护林树种的选择要根据适地适树的原则，同时考虑防护效益，树种要进行常绿和落叶、乔木和灌木的合理搭配，并应选择抗风强、生长快、寿命长、根深、根幅小，并不易引起感染病虫害的经济价值高的树种。

综合效益 海岸防护林建设的综合效益，主要体现在生态效益方面、社会效益方面和社会效益方面。

生态效益方面 沿海防护林体系建设工程具有改善沿海地区生态状况、维护生态安全的重要功能：①保护了基础设施，发挥了防灾减灾作用。②改善和调节小气候，减少台风和风暴潮等自然灾害给工农业生产和人民生命财产安全带来的危害。③保育土壤，有效地减少水土流失和保持土壤肥力。④涵养水源，净化空气，改善沿海地区生态环境。⑤固碳释氧，增加碳循环等。据估算，中国沿海防护林体系工程建设年生态效益价值近9000亿元。

经济效益方面 ①增加了木材储备和非木质林产品产量。②不仅改善了沿海地区的生态状况，而且美化了生态环境，吸引了大量的游客，直接带动了当地森林旅游产业的发展。据估算，中国沿海防护林体系工程建设产生的年经济效益价值近5000亿元。

社会效益方面 在社会效益方面，①为生态文明建设做出了重要贡献，海岸防护林建设内容与城镇一体绿化、美丽乡村和生态文明建设等有机结合，极大地改善了沿海城乡人民居住环境，促进了人与自然和谐。②海岸防护林建设增加了就业机会，缓解了社会就业压力。据估算，中国沿海防护林体系工程建设产生的年社会效益价值达20余亿元。

（张晓娜）

**海岸工程** coastal engineering 为海岸防护、海岸带资源开发和利用所采取的各种工程措施，主要包括围海工程、海港工程、河口治理、海上疏浚、浅海采油采矿、潮汐电站和海岸防护工程等，是**海洋工程**的重要组成部分。1950年在美国召开的第一届海岸工程会议上首次提出"海岸工程"这个术语。

海岸是陆地和海洋交界的地带，是人类频繁活动的区域。这里资源丰富，交通便利，自古以来，人们就以海岸为基地，"兴渔盐之利，行舟楫之便"。早在公元前1000余年，腓尼基人就在地中海沿岸建立了船舶停泊区，采用砌石堤防护。中国在公元前306～前200年就在渤海、黄海之滨建成碣石、转附、琅玡等海港，至公元1027年所建海塘、海堤长达数千千米。在近代和现代，随着海洋运输业和海洋渔业的发展，沿海国家和地区陆续兴建了众多的港口及相应的修造船工程设施，通过整治大河河口的治理工程和海上疏浚获得通海深水航道，如中国长江口治理工程、荷兰莱茵河口治理工程等。

随着人们对海岸带深入开发利用的生产实践及相关学科的发展，把海洋能利用、沿海生态平衡、环境保护问题等一并纳入海岸工程研究领域，逐步形成了一门系统的技术学科——海岸工程学，研究海岸建筑物、海岸沉积物与海岸水力学的相互作用及其对海岸生态的影响。

海岸工程是自然科学和工程技术在海岸带开发规划、设计与工程建设上的应用，与海洋工程水文、海洋工程地质、海岸动力地貌、土木工程、水利工程等学科以及生态学、环境科学有密切联系，海岸动力学是其主要专业基础。

海岸工程的建设往往改变海岸带的自然状态，使海岸动力环境发生变化，进而影响海岸演变。因此，海岸工程建设必须本着可持续发展的原则进行。

（郑金海 董国海）

**海岸工程环境影响评价** environmental impact assessment of coastal engineering 开展**海岸工程**建设项目对海洋环境和海洋资源影响的综合分析、预测和评估研究，并提出预防或减轻不良环境影响的对策和措施的工作。海岸工程指位于海岸或者与海岸连接，工程主体位于海岸线向陆一侧，对海洋环境产生影响的新建、改建、扩建工程项目。

主要内容 海岸工程环境影响评价主要内容包括：①工程概况。②工程所在地及其附近海域的环境状况。③工程建设过程中和建成后可能对海洋环境和海洋资源造成影响的分析、预测和评估。④工程对相邻区域功能和其他开发利用活动影响的分析、预测。⑤工程对所在地及附近海域环境影响的经济损益分析和环境风险分析。⑥拟采取的环境保护措施及其技术、经济可行性论证。⑦公众参与情况。⑧环境影响评价结论。

工作步骤 ①准备工作。研究有关环境保护与管理的法律、法规、政策以及与环境影响评价有关的文件，对建设项目进行初步工程分析和环境现状踏勘，筛选主要环境影响因素，确定环境影响评价内容和评价等级。②编制环境影响报告书（表）。对环境质量现状进行调查、分析和评价；对建设项目可能造成的环境影响进行分析、预测和评估；对工程所在地、附近海域的环境影响经济损益分析和环境分析，给出建设项目环境影响的综合结论，从环境角度给出建设项目选址、空间布局、规模是否可行的结论，提出环境保护措施和建议等。③工作总结。主要内容为编制和报批海岸工程环境影响报告书（表）。

中国评价工作 为加强中国海洋工程建设项目的环境保护管理、严格控制新的污染、保护和改善海岸环境，1990年6月25日国务院公布了《中华人民共和国防治海岸工程建设项目污染损害海洋环境管理条例》，并于2007年和2017年对该条例先后进行过两次修订。2004年10月1日，发布实施了《海洋工程环境影响评价技术导则》(GB/T 19485—2004)；2006年11月1日，颁布实施了《防治海洋工程建设项目污染损害海洋环境管理条例》；2017年，国家海洋局（今自然资源部）印发了实施了经修订的《海洋工程环境影响评价管理规定》。

由于海岸工程涉及诸多脆弱的海岸带生态系统和海洋自然保护区，环境影响复杂，评价技术难度高；由于评价工作涉及管理部门众多，因此要尽快完善相关法律法规和技术导则，加强对中国的海岸带保护。（孟庆佳）

**海岸工程水力模型** coastal engineering hydraulic model 为进行海岸工程研究，根据相似原理，采用物理模型复演，或按流体力学理论运用数学手段，仿照天然海洋环境中波浪、水流等海岸动力因素的运动状态，按照一定比例而建立的模拟系统。用于研究海岸波浪、水流动力因素与岸滩、海工建筑物相互作用的规律，预测海岸工程设施的实际效果和影响，论证工程方案的技术合理性和实施可行性，是研究海岸工程的一种重要方法。

物理模型按一定的相似条件建立，确定原型与模型各个物理量的比值（又称模型的比尺）。水力模型相似条件，主要包括模型与原型的几何相似、运动相似、动力相似。常用的海岸工程水力模型有河口、港湾潮汐水流模型和港口、海岸波浪模型。

河口、港湾潮汐水流模型复演天然潮汐水流运动，用以研究河口、港湾的水位变化、水流流场分布和泥沙冲淤等问题，一般按动力相似设计，模型与原型水流相似的必要条件是重力相似和阻力相似。在研究泥沙冲淤变化时，还要考虑泥沙运动相似，其必要条件是原型与模型中泥沙起动流速、沉降速度和含沙量等物理量的相似。河口、港湾水下地形一般宽而浅，设计水流模型时，常采用不同的水平与垂直比尺（其比值称为变率），这种模型称为变态模型（变率等于1时为正态模型）。模型床面在水流作用下不发生变形的称为定床模型，用于研究水流流场分布和水位变化等。在定床模型基础上进行泥沙淤积试验时，称为定床浑水模型。模型床面在水流作用下可发生变形，则称为动床模型，用于研究河口、港湾泥沙冲淤变化。

港口、海岸波浪模型复演天然波浪运动，用以研究港口防浪掩护、港口淤积、海岸演变、波浪与工程建筑物的相互作用、水流波浪作用下浮体系泊系统问题等。

港口防浪掩护试验，一般采用正态定床的整体模型，按重力相似设计，主要研究工程建筑物的平面布置和结构型式、航道走向及其尺度等对港内波高分布的影响。

港口淤积和海岸演变模型，除保证波浪运动相似条件外，还需考虑泥沙运动的相似，研究港口的淤积规律、工程建成后的冲淤变化以及天然海岸岸滩的冲淤变化等。

波浪与建筑物相互作用试验一般采用断面模型，按重力相似设计，研究作用在建筑物上的波浪力、建筑物的稳定性、建筑物的消浪特性等。

水流、波浪作用下浮体系泊系统问题的试验，一般需用空间模型。除波浪运动相似外，还需考虑船舶的质量相似和惯性相似、码头建筑物自身的重力相似（重量相似）、自振频率相似、码头防冲系统相似、锚链系统弹性模量相似等。

数学模型根据流体力学、海岸动力学等理论，用一定数学物理方程描述水体运动，在给定的边界条件和初始条件下，采用数值计算方法求解其水力要素。海岸工程数学模型主要包括波浪数学模型、潮流数学模型和泥沙数学模型。

波浪数学模型一般求解相位平均的波作用量守恒方程或相位解析的布西内斯克方程等，前者主要研究大范围水域的波浪场分布和台风浪过程，后者主要研究港内波高分布和海工建筑物周围的复杂波浪传播变形。

潮流数学模型一般求解浅水潮波方程，计算海岸地区的潮流速和流向的时空分布，并可通过动量方程中的波浪辐射应力项描述波生流的影响，主要研究海岸工程建设对流场结构的影响情况和港口航道内部的流速分布等。

泥沙数学模型一般求解泥沙对流扩散方程，并借助挟沙力、临界切应力等经验公式处理泥沙源汇项，可计算波浪和水流作用下的悬沙、底沙运动以及地形变化，主要研究港口航道淤积和岸滩冲淤演变等。

数学模型中采用的数值计算方法主要包括有限差分法、有限单元法和有限体积法。影响计算结果的因素还包括计算域选取、网格布置、计算步长和开边界条件给定等。在实际应用中，需针对工程区域的水文条件和地形特征，选取合理计算参数，进行模型率定、验证和预报。数学模型具有速度快、节省人力物力等优点，已成为海岸工程规划设计阶段的重要研究手段。

（郑金海 黄 胜 过 达 姚国权）

**海岸工程现场测验** coastal engineering field investigation 在海岸工程建设中，对现场和建筑物进行的测验。用以探索海岸工程设施的可能性和合理性，探究有关海洋动力因素运动特征和岸滩演变规律，以及它们与海岸工程建筑物或其他设施之间相互作用的规律，为海岸工程的实施提供科学依据。这是研究海岸工程的一种重要方法。

在海岸带建造各种工程设施时，常需进行工程前期的环境调查、理论分析研究和模型试验研究，确定各种动力因素对工程设施的作用，搞清工程设施对岸滩演变和环境、生态的影响。此外，对重要的或有代表性的海岸工程还需进行单项或局部工程设施的现场试验，以提供必要的科学论证。有些海岸工程建成后，仍要进行长期的现场测验。为此，在工程施工阶段，需将有关量测传感器预装在建筑物的测试部位，工程竣工后就能开始测试。理论分析和模型试验的成果，常需通过现场原型的测验进行验证，而海岸工程现场测验又常为海岸工程的理论研究和模型试验提出新的课题和提供论证资料。现场测验的主要内容有以下6个方面。①海岸动力因素与岸滩相互作用的现场测验。在现场量测波浪、潮汐、水流、泥沙在近岸运动的基本特征资料，以及这些动力因素同各种类型的岸段（平直海岸、海湾、河口、潟湖通道、岛屿等）、各种岸滩（沙质、砾质、淤泥质等）相互作用的基本资料。根据上述资料，进一步分析研究浅海区的波浪谱、波浪变形，破波带的波浪、水流与泥沙运动规律，以及岸滩的演变规律等。②海岸动力因素与海岸工程建筑物相互作用的现场测验。在现场量测波浪、水流等因素与海岸工程建筑物相互作用的基本资料，根据这些资料分析各种动力因素对建筑物的作用荷载，建筑物附近的水位变化、流速场，建筑物的平面布置及其结构型式对波浪、水流、泥沙运动的影响等。如关于海港淤积、波浪对斜坡堤和直墙堤的作用、采油（气）平台桩柱上的波压力、丁坝和顺坝的平面布置及其尺度对于保滩促淤效果的现场测验。③海岸工程建筑结构型式、工程材料、地基基础问题的现场试验。通常需要在现场测定新型海岸工程建筑物和新型材料的使用特性、天然地基和人工地基的承载能力、材料防腐耐久性能和防止生物附着的技术措施等，还包括在现场进行新技术和新材料的中间试验，如钢桩防腐技术的现场测验、聚烯烃材料在海水中的老化试验等。④海岸工程施工方法、施工技术及施工机械的现场试验。如围海工程中堵口合龙的程序、筑堤、堵口技术以及机具的试验，新型打桩、挖泥机具的试验等。⑤海岸工程观测仪器及装置的现场试验。现场测验用的仪器、装置的性能和精度直接影响研究成果。新仪器研制成后，为了确保其精度和稳定度，往往需要经过一定时期的现场测试考验。⑥为了某些特定的目标，如水产养殖、能源开发、环境保护等需要，进行专门的工程设施现场测验，作为大面积推广前的中间试验。

海岸工程现场测验常需设置专门的台站进行工作，按其测验内容和范围的不同，可分为单项试验站和综合试验站；按其观测期限又可分为临时试验站和长期试验站。欧洲北海沿岸、美国东西两岸、苏联黑海、日本沿海建立的试验站，对浅水区风浪谱、破波带水流和泥沙运动规律、波浪对直墙式防波堤和透空式建筑物作用力等方面进行了大量的测验和研究。中国在20世纪50年代之后，先后在天津港、长江口、福建莆田、浙江慈溪和海盐、山东沿海如渤海等地，建立了海港淤积研究站、海堤试验站、丁坝保滩促淤观测站、网坝促淤现场试验点、直墙上和孤立柱上波压力现场观测点、钢桩防腐现场观测点等现场测验台站。

（过　达　杨正己　潘少华）

**海岸侵蚀**　coastal erosion　在自然（包括风、浪、流、潮）或人为因素作用下，海岸带泥沙支出大于输入，沉积物发生净损失的现象。沿岸泥沙亏损和海洋动力加强，是导致海岸侵蚀发生的直接原因。

趋势　海岸带的侵蚀与淤积是两种方向相反的地质过程，它们互相交织、互相制约。由于河流供沙、海洋动力等条件经常发生变化，海岸冲淤过程在时空上也会不断变换。冰后期高海平面之后的近一万年的时间里，海岸淤积和侵蚀处于自然调整状态，河流丰富的泥沙供应，使海岸线总体处于缓慢的淤积过程中，陆地不断扩大，造就了大面积三角洲与滨海堆积平原。但是，进入20世纪以来，海岸过程的方向发生了逆向变化，特别在全球海平面上升的大背景下，海岸侵蚀已经成为全球化的趋势。例如，1968～1971年美国13.5万千米的岸线，有25段海岸属于严重侵蚀，占岸线总长24%；日本的66个岸段线侵蚀速率超过1米/年；中国有70%左右的砂质海岸线以及开阔的淤泥质岸线均存在海岸侵蚀，全国发生侵蚀的岸段多达64个。

影响因素　引起海岸侵蚀的因素很多，其中自然因素包括：①河流改道，使原来河口岸段入海泥沙减少。②降水量减少，使河流输沙量减少。③海平面上升或地面沉降，使海水深度加大，海洋动力作用增强。④全球气候变化，风暴潮加强。人为因素包括：①岸滩大量挖砂、开采珊瑚礁、滥伐红树林。②入海河流拦河坝、水库的建造，拦截泥沙，植被保护加强等使河流输沙减少。③不适当的海岸工程设置、滩涂围垦等。

发育阶段　海岸侵蚀发生初始阶段，往往海滩粒度粗化，坡度变陡，宽度变窄。进一步发展阶段，沙滩上出现侵蚀陡坎，中国海滩冬季侵蚀严重，海滩形成下凹剖面，夏季涌浪为主，剖面恢复凸形，陡坎可能降低，甚至消失。灾害严重阶段，沙源亏损严重，海滩出现永久性陡坎，甚至海岸陡坎不断后退，海岸线向陆地移动，大片海滨低地被海水淹没。

案例　海岸侵蚀可能使土地大量损失，海岸构筑物破坏，海滨浴场退化，海滩生态环境恶化，海岸防护压力增大，从而影响到国计民生，威胁人的生命财产安全。如：英国诺福克郡海岸饱受海岸侵蚀，到21世纪初岸边的公路已支离破碎，海边附近20多间住房和1条道路已遭淹没。美国加利福尼亚州的太平洋沿岸由于多年遭遇大浪侵蚀，到2016年，某地海滨公寓岌岌可危，居民已全部疏散。中国海岸侵蚀造成沿岸土地流失、海岸工程设施被破坏，有的严重影响海堤、沿海公路、港口码头的安全，每年造成的直接和间接损失超过几亿元。秦皇岛陆地上原来有16个碉堡，距离高潮线约170米。江苏废黄河口海岸1855～1970年，陆地后退速率达147米/年，70年代以来仍保持20～40米/年水平。黄河三角洲钓口至神仙沟岸段，每年后退达350米以上，1947～1989年，失去土地533平方千米。据2009年海洋灾害公报显示，秦皇岛沙质海岸，平均侵蚀速率为11米/年。连云港至射阳河口淤泥质海岸，平均侵蚀速率10.4米/年，崇明东滩平均侵蚀速率22.1米/年。2016年，辽宁、山东、广东和海南四省重点海岸侵蚀岸段，灾害损失评估表明，造成土地流失25.54公顷，房屋损毁11间，海堤护岸损毁249米，道路损毁1113米，直接经济损失3.49亿元。

图1　泰国曼谷大坝保护海岸不被侵蚀

图2　西欧海岸被侵蚀

防治措施　海岸侵蚀灾害防治措施有：①减少温室气体排放，减缓海平面上升趋势。②加强河流流域治理，控制合理的入海泥沙供应量。③加强海岸侵蚀研究，开展海滩坡面监测。④加强海岸线管理，用法律手段制止采砂等各种破坏海滩的行为。⑤构筑必要的防护工程，对侵蚀严重岸段采取海滩养护，进行“人工海滩喂养”，加大海滩宽度，消减海水波能。

（刘锡清）

**海岸沙堤**　coastal barrier　海岸地貌形态之一。是由与海岸平行的狭长沙质堆积体构成的一种海岸堆积地貌。有的沙堤沿海岸分布在高潮线以上，称为滨岸沙堤，是波浪将侵蚀物质向岸搬运，堆积于海岸的产物。有的沙堤呈连续或间断地分布在岸外海滨，被潟湖与陆地隔开，称为岸外沙堤。有的位于波浪破碎带内的水下斜坡上，系不出露水面的堆积体发育，称为水下沙坝，常有数列平行于岸线展布。

成因　关于岸外沙堤的成因，法国学者E.de博蒙（1845）认为是波浪把岸外侵蚀物质搬移到岸边堆积而成；美国学者G.K.吉尔伯特（1885）认为是由沿岸输沙形成的沙嘴组成；英国学者J.A.斯蒂尔斯和美国学者F.P.谢泼德分别研究了英国南部切瑟尔海滩和墨西哥湾的沙堤，认为沙堤主要是全新世海侵时，大陆架堆积物被波浪和水流冲卷到岸边堆积而成。总之，海岸沙堤的形成，需要得到来自岸外海滨或沿岸泥沙的大量供应，它是在平缓的水下岸坡由建设性波浪作用形成的。

水下沙坝的形成机制有所不同。德国学者G.哈根1863年认为，向海的底部回流与向岸运动的波浪相遇时，它们所搬移的一部分泥沙沉积下来，可形成水下沙坝。近几十年来，更多的研究者认为，破波是形成水下沙坝的重要因素。美国学者G.H.科立根（1948）通过波浪槽试验发现，沙坝的位置受波高和波陡控制：波高增大，沙坝向海一侧摆动；波陡增大，沙坝向岸摆动。进入21世纪，物理模型和数学模型的应用也完善了海岸沙堤的形成和作用理论。

图1　海滩上的沙堤

图2　泰国岛屿上的潮汐沙堤

意义　由于海岸沙堤的演变影响到沿海航行的安全，并与海滨旅游和砂矿富集有着密切的关系，且位于海岸各处的沙坝可以使波浪在相应位置破碎，减少波浪对海岸侵袭，防止海岸的冲刷淤积，所以对海岸沙堤塑造机理的研究具有十分重要的意义。（李建超　李广雪）

**海岸沙丘**　coastal dune　浪控海岸环境中风成堆积形成的地貌。形成需要充足的沙源和风能，主导风向并非必须是向岸的，但是需要一段很长的时间使沉积物向岸输运。通常在气候比较温和的地方发育较好，在高纬和低纬地区发育较少。在干燥气候、温带以及年降雨3000毫米以下的湿润海岸都有沙丘分布。在干旱、半干旱地区尤其明显。

海岸沙丘的沉积物由细到中等大小的泥沙颗粒组成，并含有破碎的生物贝壳和有孔虫壳体。在有利的气候条件下，沙丘可以全部由碳酸盐岩颗粒或碎屑组成，并含典型的海相生物，如西沙群岛的风成沙丘。在干旱地带，海岸沙丘可含有石膏颗粒。

美国加州海岸沙丘

海岸沙丘的沉积构造主要是交错层理，并有许多小型不整合面。与海滩和河流沉积相比，构成纹层的粒径变异较小，倾角不稳定，有时高达30°以上，低角度交错层理和水平层理也很常见，它们的组合和分布受古地形和沙丘本身的控制。

加积性海滩在波浪作用下常形成多条海滩脊，露出水面的海滩脊受风的作用而改变其形状并增加高度，特别是在其上长有植物时，拦挡了风沙，逐渐发育成一条狭窄的、由不规则沙丘与洼地组成的沙丘带，称为水边低沙丘或海岸前丘，它们形成一条高出高潮水位若干米的屏障。风暴潮可冲击这些沙丘。如有植物则经一定时间沙丘脊又可恢复。当植被遭破坏，沙丘形状改变，发展为加积性横向沙丘，而向内陆移动，沙丘分布范围随之扩大，由此可造成沙埋灾害。

海岸沙丘在防止海岸侵蚀方面具有重要意义，海岸沙丘的维持是防止海滩遭受侵蚀的重要部分和治理方式。而且，海岸沙丘的形成和演化研究是揭示海岸变迁和全球变化的一个重要途径。（于晓果　边叶萍）

**海岸沙嘴**　coastal spit　海岸地貌形态之一。是从陆地突入海水中的前端尖的沙滩。沿岸漂移的沙砾绕过突然转折的岸段，一部分沙砾逐渐沉积下来，形成一端衔接海岸，一端沿着漂移方向伸延入海的狭长堆积地貌。

形成　波浪作用下的沿岸沙砾流，由波能较高的岸段向波能较低的岸段运移，可形成沙嘴。如岬角与港湾相连的岸段，因波浪折射，岬角被侵蚀的碎屑物质向港湾移动，在沙砾流容量减小的地点，沙砾沉积而形成沙嘴。苏联学者V.P.津科维奇（1962）认为，沙嘴的形成及其延伸方向，主要取决于沿岸泥沙的供应量和波峰线与海岸线的夹角。夹角为45°时，波浪对泥沙的搬运能量最大；夹角偏离45°时，波能对泥沙的搬移能力随之减小，泥沙沉积形成沙嘴。在不同的岸段上，沿岸漂移的沙砾数量不同，则分别在湾口、湾中或湾顶形成沙嘴。沙嘴向海伸长的速度随水深增大而变慢。它的末梢因受来自外海的波浪作用，向陆地弯曲。在岬角被侵蚀和后退过程中，伴生复合状的弯曲沙嘴。此外，在河口也常有沙嘴发育。

分类　沙嘴开始延伸的时候，由于近岸水域较浅，沙嘴延伸迅速。当沙嘴伸长到一定程度以后，由于水深逐渐增大，又受其他水流的影响，沙嘴伸长速度变慢。有时在弯曲沙嘴形成后，水流条件改变，将沙嘴内侧的侵蚀物质堆积成为新的堆积地貌。它在形态上表现出独立性，并与原沙嘴之间不吻合，而是形成显著的交角。这种不吻合的沙嘴，成因不同，称为复杂沙嘴。沿岸流和导致沙嘴弯曲的水流二者的流动方向不同，其中可能是因为它的间歇性。在某一时期，以促使沙嘴直线延伸的沿岸流占优势；而另一时期，则以促使沙嘴弯曲的水流占优势。在它们的反复交替作用下，使沙嘴内侧出现一系列反映交替作用的弯曲尖嘴，这种沙嘴称为复合弯曲沙嘴。

在陆地与岛屿之间的波影区内，波浪绕射，泥沙在波影区内堆积，形成由陆朝向岛屿、由岛屿朝向陆地，或者由两者结合的单、双连岛沙嘴（又称连岛沙洲），如中国山东芝罘岛、香港的马屎洲的连岛沙洲。

加拿大不列颠哥伦比亚省悉尼岛沙嘴

海岸沙嘴的指向和大小显示了该岸段泥沙流的方向和强度。对这些地形的研究，可为确定海岸工程和岸外防护工程的位置，预测工程建设后岸线冲淤趋势等提供依据。（李广雪　丁　咚）

**海岸水沙运动**　coastal water and sediment movement　海岸地区波浪、潮流、大洋环流、河川径流、波生流、风生流等水动力要素变化及其驱动的泥沙运动过程。是引起海岸带地形地貌演变的主要动力机制。在不同类型的海岸区域，起主导作用的水动力因素和泥沙运动机制会有很大不同，水沙运动的时空尺度多变，塑造了形态各异的海岸特征。例如，沙质海岸泥沙运动主要受波浪作用，运动方式兼有推移和悬移；而在淤泥质海岸，潮流和波浪均对泥沙运动有重要影响，运动方式以悬移为主。掌握海岸地区的水沙运动机制，对于预测海岸地形演变和促进海岸带资源的合理开发利用等具有十分重要的意义。

斜向入射的波浪进入海岸地区后，由于海底地形的变化，会发生折射、绕射、反射、浅水变形、破碎等一系列传播变形现象，引起波高、波长、波陡等波浪参数的变化，产生近底波浪水质点的周期性往复振荡运动和一定的水体紊动。随着水深变浅，波高逐渐增大，当近底水质点对泥沙颗粒的作用力超出其临界起动力时，海底泥沙就会发生起动、推移、悬浮和输运。当*波浪破碎*后，破波水体具有很大的紊动，促使较多泥沙起悬，含沙量要比破波带外大很多。特别是在台风暴潮期间，大浪携带巨大能量，具有很强的掀沙能力，往往在较短时间内造成大量的岸滩泥沙冲刷和港口航道淤积等灾害。

近岸波浪的传播变形还会引起波生流，主要包括质量输移流、沿岸流、裂流、底部离岸流，构成近岸环流系统。波浪非线性引起的向岸质量输移流会引起沿岸的波浪涌水，同时产生水体下方的底部离岸回流。底部离岸流会引起泥沙向海运动，是风暴期间海岸侵蚀与岸滩剖面演变的重要机制。波浪破碎引起剩余动量流在垂直于海岸方向上的变化梯度，形成一股与岸线平行的沿岸流，破波带内的泥沙在沿岸流作用下做沿岸输运，是岸线变化的主要动力机制。特别在海岸工程建筑物的影响下，沿岸输沙会引起建筑物两侧的冲刷或淤积。沿岸输沙率与波浪要素、岸滩坡度、破波角等有关。质量输移流和沿岸流会在局部水域形成流体质量的汇聚，引起向海方向的裂流。裂流有时是沿岸离岸分布的，流速很快，会带动强烈的向外海输移的泥沙运动，塑造滩角或滩尖等韵律形地貌。

海岸地区的潮流也是海岸泥沙输移和扩散的重要动力。由波浪掀动而悬浮的泥沙和由潮流对岸滩底部的剪切应力作用所起动的泥沙，被旋转潮流挟带而向周围的水体扩散，在平静的海域环境下沉降和堆积，或由往复潮流来回搬移，在潮流的流速小于挟沙流速时沉降下来。潮流的作用在由粉砂或黏土组成的淤泥质海岸上最为明显。淤泥质海岸的泥沙颗粒在潮流的流速增大到泥沙的止动流速时，泥沙尚不能起动，直到流速超过起动流速以后始进入运动状态；当流速减小到沉降流速时，泥沙颗粒并不立即沉降到底部，仍由潮流挟带，经过一段时间，继续运移一段距离之后才降到底部。泥沙颗粒的这种冲刷滞后效应和淤积滞后效应，因潮流的流速随离岸距离的减小而减小，故泥沙被挟带到海岸，发育了宽浅平缓的淤泥质海滩。

河川径流挟带着大量的泥沙在河口外扩散和沉积，是海岸淤涨的主要物质来源之一，使得河口外发育河口三角洲或三角港。在以径流为主的河口，径流输出的淡水和潮流向河口方向输入的咸水呈高度成层型，有盐水楔逆径流方向伸展，在楔面处有絮凝作用，造成泥沙集中沉降，形成水底隆起的河口拦门沙。

海岸上观测的水沙运动

海洋的大尺度流动如*墨西哥湾流*、*黑潮*、*赤道流*等，其水体的体积虽然非常巨大，但它们远离海岸，不是影响海岸变化的重要因素。浅海的风生海流流动太弱，仅叠加在潮流作用之上，使泥沙定向输移，可造成局部淤积。（张 弛）

**海岸潟湖** coastal lagoon 海岸地带由沙坝或沙嘴的增高和延长形成的、与外海呈半隔绝状态的海域，常有一条或几条水道与外海沟通。由于潟湖地处海陆相交的特殊地带，受河流和海水的共同影响，因而在水文特征和沉积作用上都具有特殊性。

分布 潟湖海岸占世界*海岸线*的13%以上，是由沙坝、潟湖、潮汐通道三大地貌单元组成的有机整体。在中国主要分布于河北、山东、广东、海南和台湾等省沿岸，黄河夺淮前的江苏海岸也属于潟湖海岸。

类型及演化 潟湖沉积在很大程度上受所在地区气候的影响，而在同一地区，潟湖沉积特征则取决于其封闭程度及发育阶段。根据封闭程度，潟湖可分为开阔潟湖、半封闭潟湖和封闭潟湖，同一地区不同类型的潟湖沉积差别很大。沙坝-潟湖体系发展的最终归宿之一是转变为陆地，发育顺序为开阔潟湖—半封闭潟湖—封闭潟湖最后转化为陆地。但这只是海退情况下沙坝-潟湖体系的发育模式。中国东部长江、滦河三角洲地区以及黄、东海大陆架资料表明，海进时沙坝-潟湖体系发展的方向则与此相反，其发育顺序为封闭潟湖—半封闭潟湖—开阔潟湖，最后转化为海域。

地貌特征 堤岛和沙嘴构成潟湖的屏障。它们主要由分选良好的沙组成，通常高出平均海面1～1.5米。但风成沙丘可使它们的前缘堆积到较大高度。典型的潟湖外形，呈狭长带状平行于沙堤延伸，从而有别于深凹入海岸的河口湾。潟湖水深各地不一，美国得克萨斯的潟湖一般深度为1.25～3.5米，澳大利亚维多利亚的吉普斯兰湖区的里维潟湖一般深度为1.2～1.5米，而其内侧的维多利亚湖则为3.6～8.5米。潟湖内侧的滨海低地，常有盐沼分布，热带潮湿地带多为红树林沼泽；温带湿润地带多为茂密的*互花米草*和狐尾草组成的盐沼，如美国大西洋沿岸。

潮汐通道 为潟湖和外海水体交换的水道。潮流在通道中进出，对潟湖的水下地形有显著影响。涨潮流所带泥沙经通道进入潟湖，由于水流扩散，泥沙沉积，形成涨潮三角洲；相对应的，落潮流挟带泥沙在通道口外沉积，形成落潮三角洲。一般而言，弱潮的潟湖通道形成的落潮三角洲较小，而中等强度潮汐通道形成的落潮三角洲较大。风和波浪对弱潮潟湖有显著作用。在波浪作用下，有与岸线平行，延伸甚长的堤岛发育，使潟湖呈半封闭状态。被堤岛或沙嘴分隔的潟湖水体，波浪作用微弱。狭长形的潟湖对波谱起滤波作用，只有大角度的波列线对潟湖海滩发生作用。波向相反的风浪对沿岸泥沙流起方向相反、能力相同的作用，因而形成一系列的尖角沙嘴，此现象在弱潮海岸尤为显著。潟湖通道断面积和潟湖内湾面积之间存在敏感的协调关系，这种关系是由潮周期内进出潟湖的水体体积即纳潮量决定的，当潟湖围填海面积较大造成纳潮量大幅度降低后，口门通道会急剧萎缩，造成潟湖封闭、死亡。

沉积特征 潟湖是短暂的地质现象。现代潟湖是末次冰消期海侵的产物，其形成仅6000～7000年历史。潟湖沉积物的来源既有陆源物质，也有海域来沙，同时还有风吹物质沉积于潟湖之中。近陆一侧多为有机物丰富的泥质细沙，深水部分和河口为分选较好的泥质粉沙，靠近堤岛部分为纯净的细沙。在潮汐通道和水流强的水下槽中，物质较粗，涨落潮三角洲和冲越扇沉积物也较粗。潟湖被沉积物质填满，便转化成潮滩或低平陆地。

中国山东胶州湾畔一个较浅的潟湖

潮湿气候条件下，淡水补给量大于蒸发量，潟湖淡化，湖水出现密度分层现象。上层为淡水，下层为海水，上下层缺乏对流，湖底处于封闭静止状态，上淡水层有利于生物繁殖，生物死亡沉入湖底，有机质分解，使得湖底为还原环境，生成如黄铁矿、菱铁矿等典型的还原矿物。由于大量陆表淡水注入，淡化潟湖还是以碎屑沉积为主。（丁　咚　李广雪）

**海岸线**　coastline　陆地表面与海洋表面的交界线。对于测绘学而言，有潮海海岸线为多年平均大潮高潮位的水陆分界线，无潮海海岸线为平均海面的水陆分界线。而航海图为了保证航海安全，经常用理论深度基准线、最低低潮线等作为海图岸线。如此一来，实际水深一般比航海图上表示的水深更深，以避免舰船搁浅。

在国际政治领域中，海岸线是指海水面与陆地接触的分界线。由于此分界线会因潮水的涨落和不定期风暴潮的影响而变动位置，大多数沿海国家规定以海水大潮时连续数年的平均高潮位与陆地（包括大陆和海岛）的分界线为准，也是官方公布的海岸线数据的测算依据。海岸线包括大陆海岸线和岛屿海岸线两种。大陆海岸线只统计一地区大陆部分的海岸线长度；岛屿海岸线则统计其全部岛屿的海岸线；二者相加就是该地区的总体海岸线。

分类　海岸线可按人类利用情况分为自然岸线与人工岸线两个一级类；按照海岸的物质组成，又可将自然岸线划分为砂质岸线（图1）、基岩岸线（图2）、淤泥质岸线、生物岸线等二级类；而人工岸线则可根据用途差异分为填海造陆、丁坝与突

图1　砂质岸线

图2　基岩岸线

堤、港口码头、养殖与盐田围堤、交通围堤、防潮堤等。

影响因素　海岸线变化的影响因子可归纳为3类：①外部影响因素。新构造运动、海平面升降等大尺度环境过程是构筑海岸轮廓和骨架、决定海岸沉积/侵蚀方向和速率的作用力，是较长时间尺度海岸发育和变化的背景要素。②内部影响因素。浪、潮、流等海洋动力是海岸形态的主要内部营造动力，其与海岸的作用方向、作用强度会造成海岸冲淤变化，进而影响海岸带地形、地貌及岸线形状、岸线走向等状态。③人类活动。人类活动对岸线的直接改变（如以海岸防护为目的的防潮堤、丁坝突堤的修筑等）具有较强且不可逆性的影响。人类活动通过干扰海岸带环境过程，也可能间接地影响海岸的变迁。例如，采沙、补沙等活动改变波、浪、潮与海岸作用的方向、能量，影响海岸带侵蚀与堆积过程，从而改变海岸线形状。

意义　海岸线不仅标识了沿海地区的水陆分界线，而且蕴含着丰富的环境信息，其变化直接影响**潮间带**滩涂资源量及海岸带环境，将引起海岸带多种资源与生态过程的改变，影响沿海人民的生存发展。

中国海岸线　中国海岸线总长度达3.2万多千米，其中大陆海岸线，北起鸭绿江口，南至北仑河口，长达1.8万多千米。中国海岸形势大体以杭州湾为界，杭州湾以北，海岸线穿过几个隆起带及沉降带，表现为上升的山地港湾海岸与下降的平原海岸线交错的格局；杭州湾以南，海岸线基本处于同一隆起带，具有较一致的特点，多为海蚀海岸，特点是曲折陡峭，地形险要。

中国沿海地区构造升降的不同及其引起的入海河流沉积物的分配不均是产生海岸线变化情况不同的主要原因。中国构造下降地区平均每千米获得的河流沉积物为上升区的40多倍。在接纳大量河流沉积物的构造下降地区，海岸线快速向海推进，造成宽广的三角洲平原、滨海平原及淤泥质潮间浅滩，如渤海沿岸、江苏沿岸和黄河、长江及珠江等三角洲。构造上升地区接纳的河流沉积物有限，全新世最大海侵以来海岸线虽然向海推进，但速度要小得多，如胶辽半岛、闽粤桂海岸等，均以砂质海岸为主。（李建超　李广雪）

**海岸养滩**　beach nourishment　通过人工补沙来养护海滩的一种海岸防护措施。通常用于海滩自然供沙不足或正在遭受侵蚀的海岸，或者用于建造旅游性人工沙滩。将异地一定粒级的砂石通过水力或机械搬运填补到海滩的一定部位，以恢复原来被侵蚀的沙滩或填造成新的沙滩。补沙后的海滩每年仍会流失一定沙量，需注意补沙后的监测，若干年后需再适量补沙。为了最大程度减少沙量流失，常辅以丁坝促淤或离岸潜堤掩护。在淤泥质海岸填造人工沙滩，需要注意泥沙相容性及其带来的泥化等问题。该方法始于美国，后推广至欧洲、日本、中国等国家，不仅可以减缓海岸侵蚀，而且具有显著的环境亲和性和旅游业促进作用，已成为当前重要的柔性海岸防护手段。中国的海岸养滩工程主要分布在大连、秦皇岛、天津、青岛、上海、厦门、三亚等海滨城市。

人工育滩

根据补沙位置的不同，可分为沙丘补沙、滩肩补沙、剖面补沙和近岸补沙。沙丘补沙将补给泥沙堆放在平均高潮位以上的沙丘附近，通过加固沙丘来抵御风暴潮对海岸的侵袭。滩肩补沙将补给泥沙堆放在平均潮位以上形成宽而高的滩肩，能快速拓宽干滩。剖面补沙将补给泥沙堆放在整个海滩剖面上，旨在快速形成新的平衡剖面，提高剖面稳定性。近岸补沙将补给泥沙堆放在岸滩的平均低潮位以下的附近区域形成人工沙坝，一方面可依靠自然波浪的作用将泥沙逐步向岸输移以拓宽干滩，另一方面可起到消减波能、控制后方岸滩侵蚀的作用。（张　弛）

**海百合**　crinoidea　棘皮动物门海百合纲动物的统称。

形态　茎由多数环状骨板构成，常有称为根卷枝或卷枝的附属物。茎的固着端有的扩大为盘状，有的为指状、叶状或锚

状，借此固着于海底。

冠包括萼和腕两部分。初发生时，萼由2环骨板构成，每环有板5个，下面1环称基板，上面1环称口板。以后口板变成瓣状，并在2环板之间出现1环支持腕的5个辐板。具有这种结构的萼称为单环萼。如在基板之下再分化出1环下基板，则称双环萼。现生的海百合绝大多数都是单环萼。

萼的上面有口、肛门和步带沟。口和肛门均朝上，步带沟和口相通，沟随腕而分，沟侧富有纤毛，能输食物入口，故步带沟又称食沟。

原始腕数为5个，常再分枝成多个，因此，有第一次（原腕板）、第二次（双列板）和第三次（掌板）之分。与分歧点相当的腕板称分歧轴。从1个分歧轴到次1个分歧轴之间的腕板数目常随种而异。在描述海百合时，常用符号来表示腕板数目和不动关节的位置。如Ⅱ Br4（3+4）表示第二次腕板共4块，第三到第四板间为不动关节。

腕的两侧有一系列羽枝，交互出现在各腕节的一侧，因此，除不动关节靠下边的1节外，每节有一羽枝。羽枝由羽枝节构成，其节数和形状在分类上很重要，描述时常用P1、P2、P3…表示不分枝腕外侧的第一、二、三羽枝，Pa、Pb、Pc…表示内侧的第一、二、三羽枝。用PC、PD、PP表示第一次腕、第二次腕和第三次腕分出的羽枝。

分布　现存的海百合纲分为两个类型，即柄海百合类和海羊齿类。从北极到南极，从浅海到深海都有分布。

生态习性　底质多半都是硬的石底、贝壳底或沙底，少数种生活在软泥底中。卷枝的长短和粗细同栖息的底质常有密切关系：生活在粗底质中的种类，卷枝强壮而且长大；抓住其他物体作为附着基的种类，卷枝短而粗壮；生活在软泥底中的种类，卷枝细长而直。

多为滤食性，食物主要为浮游生物，有机质碎屑也占重要部分。用触手捕捉食物，借步带沟内的纤毛运动产生的水流把食物送入口中。在海洋里几乎没有什么动物会吃海百合。

多具特别鲜艳和美丽的体色。再生能力很强，受损伤或被保存在不适宜的条件下，常将腕等断落，以后再生。

吸口虫是寄生于海百合类的特殊多毛类，种类很多。它们能伸出长吻徐徐匍行于寄主的腕上或盘上，有的能形成类似虫瘿或胞囊的构造，躲在里边。与海百合类共栖的动物很多，如蛇尾纲的板蛇尾、甲壳类的假鼓虾、铠甲虾和浪漂水虱等。

繁殖　雌雄异体。生殖腺位于生殖羽枝内，成熟的生殖细胞破羽枝壁而放于水中，或仍附于羽枝上。胚有纤毛，在破卵膜后即获得海百合纲所特有的纤毛环。海百合类的幼体呈桶形，故名樽形幼体。樽形幼体进一步发育为有柄幼虫。

生态价值　在底栖动物群落中，海百合类很少为优势种。在条件适宜时，有时在局部海区大量出现，为其他海洋生物提供栖息地。

（廖玉麟　肖　宁）

**海表铁施肥**　ocean iron fertilization　人为地向缺铁海域施加铁肥，以促进浮游植物的生长，最终通过浮游植物的死亡和沉降，将碳元素带进深海的技术。海表铁施肥的主要目的是降低大气中二氧化碳含量，缓解全球性气候问题。海洋对大气中二氧化碳的吸收主要通过真光层中浮游植物的光合作用，将其转化为颗粒态有机碳，然后经由“海洋生物泵”作用使得部分颗粒有机碳离开真光层下沉进入深海，实现海洋固碳。在上述过程中，可溶性痕量铁起到了非常重要的作用。1993～2009年的海洋铁施肥研究表明，铁元素可影响浮游植物的生长和群落结构，是大洋初级生产力的主要限制因子。在特定水域进行铁补给可以促进浮游植物的生长，从而消耗大气中的二氧化碳。海表铁施肥是一项重要的**海洋地球工程技术**。

对于铁施肥的研究，起源于对海洋初级生产力的认识。1988年，美国海洋学家J. 马丁通过海水加富实验来研究浮游植物生产力的限制因素，研究中发现铁施肥可以增加部分海域的初级生产力，并通过在近海的收获上岸和深海的海底封存使二氧化碳离开地球化学循环。1993～2005年，P.W. 博伊德等在高营养低叶绿素区进行了12次中尺度大洋实验。研究表明铁施肥的确能够提高初级生产力，并影响生物地球化学循环。

海表铁施肥一般通过在目标海域抛撒铁粉实现。尽管已有研究证实了铁元素的补给能够促进浮游生物的生长，从而缓解全球变暖。但大规模的铁施肥实验可能存在不可逆的环境效应与生态风险，因此在实施上尚存争议。例如，铁施肥过程中消耗的大量营养物质可能导致长期、大面积的生物量降低，会对海洋渔业产生显著的负面作用。此外，海洋铁施肥引发的低氧、厌氧条件有利于甲烷以及氧化二氮等其他温室效应气体的产生，从而抵消二氧化碳降低的影响。海表铁施肥作为缓解全球气候变化的潜在策略，正日渐受到重视。但其实际实施效果和对生态系统的长期影响依然在进一步研究中。

（樊　炜　张祝军）

**海表温度再现**　sea surface temperature reemergence　海洋表面温度异常在连续几年冬季内具有相同符号的现象。美国气象学家J. 纳米亚斯和博恩分别于1970年与1974年发现中纬度某些海域冬季海表温度（SST）异常倾向于在下一年冬季重现，但是并不在之间的夏季出现，且该现象往往持续几年。

特征　在中纬度太平洋海域发现了西、中两个出现海表温度再现的海区，该海域海洋平流作用较弱，且混合层深度冬夏季差别较大。这两个海区3月SST异常的时间序列也表明，SST异常均有很好的持续性：1976～1990年基本上都是负异常，1960～1976年基本上都是正异常，在北大西洋也出现该现象。

形成　中纬度海表温度再现的形成机制如下：由于冬季海表温度异常信号（异常暖或异常冷）存在于混合层内，而在接下来的夏季，季节性温跃层的迅速变浅，可以导致某些冬季海表温度异常信号保存在季节性温跃层之下，被季节性温跃层与表层海-气相互作用过程隔离，因而得以保持前一年冬季海表温度异常的性质。秋、冬季混合层又加深时，位于夏季季节性跃层以下的水体有机会通过夹卷作用重新进入海洋上混合层影响此时的海表温度。在某一海域，当该机制存在时，会出现晚冬SST持续异常的现象。

（刘秦玉）

**海滨**　seashore　大潮低潮线到暴风浪能够作用到的内陆位置，基本上是从大潮低潮线向陆直至地形上显著变化的地方。又称海滩。

组成　海滨可分为后滨和前滨。①后滨是平均大潮高潮线之上的部分，向陆延伸到自然地理要素明显改变的地方，如**海蚀崖**或沙丘等，一般只有在**风暴潮**期间才被海水淹没。由于沉积物堆积作用和波浪作用是从后滨逐渐向海方向推移的，并形成一种近于水平的堆积面，有的海滩具有多个堆积面。②前滨界于平均大潮高潮线和平均大潮低潮线之间，是高潮时波浪上冲流达到的界线和低潮时回冲流所达到的下线之间的斜坡。

以滩的概念划分，海滨亦称海滩，可以划分为滩肩、滩面和**水下岸坡**。①滩肩是**平均海平面**以上在海滩上部近于水平的部分，属于后滨的范围，有的海滩不止一个滩肩，有的海滩则没有滩肩。滩肩上常常可见滩坎，是指波浪在海滩剖面上侵蚀留下的近于垂直的小陡崖，高度通常小于1米。②滩面是海滩位于高低潮线之间的斜坡，斜坡底部常常堆积较粗的沉积物。③水下岸坡是指从滩面转折处向海伸展的一个缓的坡面，一直到达有效波浪作用的深度，这里常发育沿岸沙坝和沿岸槽。

物质来源　组成海滩的物质多来自邻近陆地，主要为河流自流域内搬运来的风化产物。海岸侵蚀是海滩物质的最直接来源，许多海滩往往由基岩岬角的侵蚀产物所组成。冰川漂积物是高纬度区海滩的重要物质来源。另一物源是内陆架沉积物的向岸搬运，这在全新世海侵时有特别重要的意义。

沉积构造　海水、风、生物的作用使海滩沉积物产生多种沉积构造。

后滨的主要营力为风，常见的表面构造具有大波痕指数的风成波痕。由于风向常变，可出现多组干涉波痕。层理构造为与后滨表面平行的薄平行层理，是由向岸风、大潮或风暴潮形成的越过滩肩的冲越流生成的，称为后滨层理。

前滨表面受到波浪和潮汐频繁作用，在这个冲洗带上形成的特征构造是冲流痕。冲流痕是在每一波浪形成的冲流末端堆积的弧形线状小沙脊，线弧凸向岸，凹面向海，高度不大于2毫米。海滩前滨上的水流往往是往返流，在冲洗带主要形成冲洗交错层理，当水流冲向海滩时，对原先的沉积物将进行冲刷；当回流时，由于能量减低，将所携带的沉积物在冲刷面上沉积下来，冲刷面上部沉积层理与冲刷面平行。这种往返流形成的交错楔形层理就是冲洗交错层理。

影响因素　影响海滨发育的因素很多，如波浪、潮流、物质组成和物源，以及原始地形和改造方式等。但波浪是控制海滩发育的主要作用力：冲刷海岸形成了各种侵蚀地貌形态；*波浪破碎*产生的冲流及回流塑造了海滩剖面；波浪及其派生的沿岸流、裂流带动沉积物使底形发生变化，同时造成沉积物不断地再分布。由于

图1　中国青岛海滨迎来大浪

图2　意大利撒丁岛卡布拉斯海滩的石英砂砾

潮汐引起海面发生周期性的升降，从而使波浪作用带的范围比较宽。

意义　海滨地处海洋与陆地的交会地带，接受海陆各种物质的补给，生态资源丰富，许多矿产资源在此富集，同时又是重要的旅游资源，为人类带来众多经济利益。但不合理的开发利用给海滨环境带来了不可逆转的破坏，研究和评估海滨地区的地形地貌与生态环境演化及发展规律，对海滨的合理、可持续利用和综合管理有重要意义。　（丁　咚　李广雪）

**海滨砂矿**　beach placer　在沿海和大陆架区分布的砂矿。见*海底矿产资源*。

**海草**　seaweed　生长于温带、热带海域沿岸浅水中的一类单子叶草本植物。见*海洋种子植物*。

**海草床生态系统**　seagrass ecosystem　由被子植物在海水或半咸水下聚集生长形成的海底草甸生境及生存其中的生物组成的生态系统。因为蕴含了非比寻常的生物多样性和生产力，它们都具有与其面积不相匹配的生态重要性，能够为更广泛海域内的关键种群和生物过程提供能量来源。与*红树林生态系统*、*珊瑚礁生态系统*等一起被称为海洋里的“小型自然特色”。

海草的种类组成和分布　该生态系统的特殊性在于只有少数高等植物能够在海洋环境中生存，且仅分布于沿岸浅水区。已知的海草全部属于单子叶植物纲泽泻目，全球有12个属70多种，中国南海近岸有8属20多种。大多数海草生长在潮下带，只有大叶藻属、虾海藻属和喜盐草属的部分种可以生活在*潮间带*。因为海草的生长需要较高的光照，所以海草的生长区域水深一般不超过20米（图1、图2）。蔓草（俗称大叶藻）是最常见的海草，它具有真正的根、能产生种子，能同时进行无性繁殖和有性繁殖，在水文条件稳定的海湾和河口区从低潮带到水深6米都有分布。在温带，海草床通常由一种或少数几种海草占优势，而在热带种类组成更加复杂。

图1　健康的海草床

图2　海水下清澈见底的海草床

海草床生态系统的功能　传统上认为海草只是为其他生物提供理想的栖息地，其营养价值比较低，但是现在的研究表明很多动物摄食海草，例如海龟、儒艮、天鹅、海胆等。海草床的初级生产力水平在1000～3000克碳/（米$^2$·年），与红树林和珊瑚礁生态系统相当，平均而言是上升流区的4倍，陆架区的5～6倍，大洋区16倍。这些初级生产力并非全部来自海草，依附海草生长的蓝细菌、底栖硅藻和大型藻类也是重要贡献者，水体中的光合浮游生物也有一定的贡献。海草固定的有机碳一部分经植食性动物进入当地的食物网，其余的输出到临近的海洋生态系统中或者埋藏在沉积物中。

海草叶子不像陆地植物秸秆中有很多寄生虫，而且具有抗腐蚀和保温耐用的特点，所以历史上曾用作床垫填充物、编织材料，甚至是屋顶。西班牙和中国荣成还有这样的房子。尽管如此，海草床最大的作用仍然是生态服务功能（固碳、渔场、保护海岸免受侵蚀等），并非其自身的经济价值。海草叶子可以减缓水流，增加沉积，而根则能够加固海床。更加重要的是，海草床生态系统占了全球海洋碳储量的15%，由海洋生物所捕获的碳被联合国和世界自然保护联盟（IUCN）称为“蓝色碳汇”（蓝碳）。全球海草生态系统所封存的蓝碳在各类滨海生态系统中仅次于滨海盐沼，高于红树林。

海草床生态系统保护　海草本来具有很强的环境适应性，抵御捕食、风暴、干旱等自然变化，但是仍然面临很大的威胁。全球范围内约有1/3的海草种类出现

数量和覆盖面积下降，约14%的海草种已经被联合国和世界自然保护联盟归入濒危物种红名单。富营养化、渔业生产活动和生境破坏是主要原因。高水体营养盐浓度本身对海草生长不利，由此激发的微藻水华又会降低太阳辐射。而一旦发生主导初级生产者由海草向微藻的稳态转化，海草便很难再通过人工措施进行恢复。因此要想有效保护海草床生态系统，最有效的方法是降低营养盐输入和环境污染，建立保护区，并通过人工移植对受损生境进行生态修复。

中国对海草床生态系统的保护工作主要有：①国家和地方政府的保护战略和行动。例如，海南省政府于2007年批准建立陵水新村港—黎安港省级海草特别保护区，2014年发布了《海南省海草床生物多样性保护战略与行动计划》。②其他的保护区在保护目标生态系统的基础上也同步保护了海草床。广西合浦营盘港—英罗港儒艮国家级自然保护区的保护对象儒艮及其海洋生态系统，也包括海草床。广东湛江红树林国家级自然保护区内也发现有海草床分布点新纪录。另外，山东等省也有针对蔓草的人工修复计划。

（张光涛）

**海草床生态修复** seagrass ecological restoration 采取科学措施，恢复海草床生态系统的结构和功能或建造新海草床的过程。海草是生长于温带、热带近海水下的单子叶高等植物，成片的海草形成海草床。海草床具有稳定底泥沉积物、改善水体透明度及净化海水的作用，还是许多海洋动物重要的产卵场、栖息地、隐蔽场所及直接的食物来源。海草床生态系统具有很高的生产力和固碳能力，在全球碳、氮、磷循环中具有重要作用。20世纪以来，全球的海草床出现严重的衰退，一些地区的海草床已经完全消失。为了保护和恢复海草床生态系统，许多国家进行了相关研究和实践工作。

海草床生态修复的主要目的是：①提高海草的覆盖度。②增加海草床面积。③提高海草床生态系统的生物多样性和服务功能。

海草床生态修复的主要方法是：①生境恢复法。生境的污染、破碎化或丧失是海草床衰退的重要原因，因此海草床生态修复可以从生境恢复开始。通过保护、改善或修复生境，借助海草的自然繁衍，促进海草床的自然恢复。生境恢复法投入少、代价低，但恢复周期长。②种子法。一种方式是将采集的种子直接散播在海滩上或埋在底质中发芽，另一种方式是将种子在适宜环境中发芽后移栽。种子法是有性繁殖方式，可以提高遗传多样性。种子法具有低成本、高效率特点，可大规模恢复海草床，因此是当前海草床生态修复的研究热点，但需要克服种子难收集、易丧失、萌发率低等问题。③移植法。移植海草是一种无性繁殖方式，是海草床恢复和扩展的重要机制。移植的基本单位有草块、草皮和根状茎，移植过程分为采集和栽种两步。草块法和草皮法成活率高，但对原海草床具有一定的破坏作用；根状茎法节约种源，但固定困难。

（蒲新明）

**海带** kelp; *Saccharina japonica* 异鞭毛藻门（Heterokontophyta）褐藻纲（Phaeophyceae）海带目（Laminariales）海带科（Laminariaceae）海带属（*Saccharina*）一种。是北太平洋西部特有的冷温性大型褐藻。自然生长在低潮线以下的岩礁上，自然分布于日本本州的金华山以北至俄罗斯千岛群岛南部、鄂霍次克海沿岸，以及日本海北部沿岸周边，包括日本北海道、俄罗斯萨哈林岛（库页岛）及鞑靼海峡沿岸至朝鲜半岛元山附近。中国人工养殖的海带，以及中国北方的辽宁大连和山东烟台、威海近岸后发的野生海带最早均源于日本。

形态 海带的生活史是典型的异型世代交替生活史。生活史分为大型孢子体和微型配子体两个世代。孢子体成熟后，单室孢子囊群产生游孢子。游孢子在基质上附着后，萌发成为单倍的雌、雄配子体，其中雌配子体为一个细胞，雄配子体多为数个细胞。配子体产生卵和精子，两者结合后萌发成为两倍的叶状体，即海带孢子体。海带孢子体主要分为固着器、柄和叶片。固着器由数次叉状分枝的假根组成。柄部往往较短，下部一般呈圆柱形，上部呈扁压状。叶片光滑呈革质，单条，片状且不分枝，具波状褶皱，基部宽圆，顶部较窄。叶片中央即称中带部，厚度一般为3～4毫米，沿中带部两侧各有一条线形纵沟。体长一般2～3米，宽20～30厘米。体色为浓褐色或黄褐色，且有光泽。海带孢子体叶片和柄部的组织结构大致相同，主要分为表皮、皮层和髓部3种组织。其生长方式为居间生长，生长点位于叶片基部及柄部上端之间的区域。

养殖概况 海带是中国首先进行人工大规模养殖的海产经济物种。主要采用中国首创的夏苗培育法及筏式养殖法进行人工栽培，其主要工序一般分为育苗、海上幼苗暂养、分苗和海上养成、收割（图1）等几个步骤。育苗在每年的8月上旬至10

图1 养殖工人在收割海带

月中旬期间进行，种海带选择并育成后，用棕帘等育苗器采集种海带释放的游孢子，在人工控制低温的育苗池中进行育苗。当秋季海面水温降至20℃以下时，海带幼苗出库，将苗绳移到海面浮筏上进行幼苗暂养，待体长长至12～15厘米时可进行分苗，分苗后在浮筏上进行养成。

经济价值 海带主要做食品，是一种重要的海洋蔬菜，可晒干加工（图2），也可加工鲜品（图3）。海带由于能够从海水

图2 养殖户在晾晒海带

图3 鲜海带加工

中高效的富集碘，在中国曾作为碘的主要来源，用于治疗甲状腺肿及各种碘缺乏症。工业上，海带是提取褐藻酸钠、甘露醇和碘的重要原料。以海带作为原料的海藻肥有助于农业的增产增收。此外，海带也是某些海洋药物的重要来源之一。

（王秀良）

**海胆** sea urchin 棘皮动物门的一纲。

形态 内部器官包含在由许多石灰质骨板紧密愈合构成的一个壳内。壳上布满了许多能动的棘。管足多排列10纵行。

体呈球形、半球形、心形或盘形。壳板上每对管足孔相当于一个管足。肠管长

而弯曲。口在下面，中央有5个白齿，为咀嚼器官——亚氏提灯的一部分。棘除去后，露出精致的馒头形壳。石灰质骨板由口到肛门排列为10个纵带，很有规则。每个带又由2列多角形小板组成，其中有10列（5带）具管足孔，称为步带；同步带相间排列的10列（5带）称间步带。一个海胆壳由约3000块小板愈合而成。壳的反口端有一组自成一系的骨板，称为顶系。顶系包括围肛部、5个生殖板及5个眼板。口在围口部中央。正形海胆围口部多为膜质。

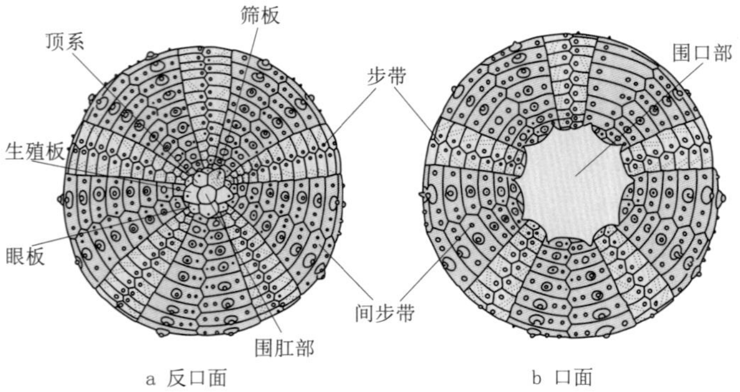

正形海胆壳的外形模式图

头帕类海胆围口部盖有复瓦状骨板。心形海胆口不在口面中央，移向身体前方，呈现出一定程度的两侧对称。正形海胆肛门都在顶系之内，但心形海胆和楯形海胆的肛门偏离顶系，移到壳的后缘，或移到口面，靠近口部。

海胆的叉棘有4种形式：球形叉棘、三叉叉棘、蛇首叉棘和三叶叉棘。有的海胆球形叉棘有毒腺。球棘是小的玻璃球状体，仅见于海胆。

分布　分布在世界各海洋，其中以印度洋—西太平洋海区种类最多。垂直分布于从潮间带到水深5000米处。现生种800种左右，中国已知有93种。

生态习性　栖息于各种底质中，包括硬的石底、贝壳底和珊瑚礁底，软的沙底、泥沙底及软泥底。珊瑚礁内有少数种类营钻石生活。楯形海胆多潜伏在沙滩表面。心形海胆穴居在沙底或泥沙底，行底内生活。

正形海胆靠管足运动，靠叉棘保持壳面清洁。在棘长的种类（如冠海胆）中，棘司运动，管足司感觉。心形海胆和楯形海胆的管足形态分化，呈触手状，司感觉或摄食，棘短而细，能掘泥沙，但移动能力不大。

正形海胆和歪形海胆的食性不同，前者多数吃海藻碎片和动物，后者吞食沉积物。正形海胆是杂食性动物，有的种类以草食为主。海胆的食物主要取决于它所处的特定环境，常见的海胆食物有附着动物、有机碎屑或底质，甚至腐肉和粪便。

繁殖　雌雄异体，除少数种外，外形上难辨雌雄。正形海胆一般有5个生殖腺，歪形海胆通常只有2～4个生殖腺。卵和精子在水中受精。在发育过程中经过海胆幼体。海胆幼体和蛇尾幼体相似，但其后侧臂伸向侧面或后方。有些海胆产卵时常聚在一起，若有1个雄海胆或雌海胆放出生殖细胞，先是附近的海胆，然后是全部的海胆，都受到“传染”，全放出生殖细胞，这时附近的海水呈乳状。

经济价值　大型正形海胆的生殖腺（卵）可供食用。海胆壳留下的化石种类很多，在地质学上有一定意义。海胆卵在实验胚胎学、细胞结构和受精机理等基础理论研究方面好的实验材料。海胆卵的发生变化情况还可用来检验水质的污染程度。

危害　有的种类喜吃藻类，能损害海带和裙带菜等经济藻类的幼苗。

（廖玉麟　肖　宁）

**海岛保护规划**　island protection planning
在一定时期内对海岛环境保护实现分类、分区管理所做出的规定。其目的在于保护和改善海岛及其周边海域生态系统，促进海岛经济社会的可持续发展。《中华人民共和国海岛保护法》将海岛保护规划以法律形式确定为海岛管理的基本制度，是从事海岛保护、利用活动的依据。

编制海岛保护规划应当遵循有利于保护和改善海岛及其周边海域生态系统，促进海岛经济社会可持续发展的原则。

海岛保护规划的主要内容包括：海岛保护与利用的现状、存在的问题和面临的形势，海岛保护的主要目标，海岛保护的分类、分区，海岛保护利用的重点工程，规划实施的管理与政策保障等。

中国现行的海岛保护规划划分为国家、省（自治区、直辖市）两级编制和实施管理。中国海岛保护规划对中国海岛开发与保护的战略与格局进行总体部署，提出海岛开发利用和保护的总体目标，明确海岛分类、分区保护的具体要求。省（自治区、直辖市）海岛保护规划落实细化国家海岛保护规划确定的目标和要求，对其依法管理的海岛进行分类、分区并提出对应的管理措施。

2012年4月19日，《全国海岛保护规划》（简称《规划》）由国家海洋局（今自然资源部）正式公布实施，该规划是引导全社会保护和合理利用海岛资源的纲领性文件。《规划》全面分析了当前海岛保护与利用的现状、存在的问题和面临的形势，提出到2020年实现“海岛生态保护显著加强、海岛开发秩序逐步规范、海岛人居环境明显改善、特殊用途海岛保护力度增强”等规划目标，明确了海岛分类、分区保护的具体要求，确定了海岛资源和生态调查评估、偏远海岛开发利用等十项重点工程，并在组织领导、法制建设、能力建设、公众参与、工程管理和资金保障等方面提出了具体保障措施。依据《全国海岛保护规划》的相关要求，辽宁、山东、广东、福建、广西、海南、浙江等沿海省份相继制定了省级海岛保护规划。

（于永海　黄　杰）

**海岛生态破坏**　island ecology destroying
因自然因素或人为原因，造成海岛消失、海岛的脆弱生态系统受损、海岛沿岸水体污染等现象。特殊的地理位置使得海岛生态系统具有海陆二相性特征。海岛生态系统实际上是海岸带生态系统的一种典型类型，位于海洋—陆地—大气—生物等圈层强烈交互作用的过渡带，边缘效应明显，环境变化梯度大，自我恢复能力较弱。区域范围的狭小使得海岛地域结构简单，土地和淡水资源缺乏，土壤贫瘠，限制了岛上物种的多样性。

原因　导致海岛生态破坏的原因主要分为自然扰动和人为干扰两大方面。

自然扰动　气候变化和海平面上升是海岛生态系统面临的重要自然背景和趋势，不但可能直接导致海岛消失和面积萎缩，更多的是通过引发或加剧其他自然灾害作用于海岛生态系统，如气候变化带来极端天气现象的增多，海平面上升可能带来海水入侵程度的加剧和风暴潮频率的增加。自然灾害不仅是海岛生态脆弱性的重要驱动因子，也是系统受损的表征。一方面海岛生态系统可能为自然灾害提供孕灾环境，另一方面也是自然灾害的承灾体。海岛的自然扰动主要包括气象灾害、海洋灾害、地质灾害等。如在大风的作用下，海岛往往形成以剥蚀丘陵为主的地貌类型，再加上长期缺水，海岛土层较薄，土壤贫瘠；岛陆原生植被也因受到大风和干旱的影响而发育不良，植被的缺失又造成海岛防风和蓄水能力减弱，进而加剧了大风和干旱对海岛的影响。

人类干扰　海岛生态系统是自然－人文复合生态系统，随着人类活动类型的增加、范围的增大和强度的增强，海岛生态系统受到的人类干扰日渐增多，加剧了海岛的生态脆弱性。①城乡建设。海岛城乡建设直接改变海岛地表形态，侵占原生生物栖息地，造成生物量和生产力的损失，割裂自然景观。城乡建设间接带来不同类型和程度的污染物排放，可能会对大气环境、水环境、声环境、土壤环境等造成影响。②海洋和海岸工程。海洋和海岸工程直接改变海岛岸线和海底地形，占用生物栖息地，显著影响环岛近海的水动力和泥沙冲淤环境，并可能带来生态服务价值的丧失。③农田开垦。农田开垦直接改变海岛地表形态和生物栖息地，影响海岛生物群落结构和生物多样性，也可能间接导致水土流失，引发农业污染，对岛陆土壤及环岛近海造成影响。④旅游。海岛独特的自然风光和人文气息成为全球重要的旅游地。海岛旅游在推动海岛社会经济发展的同时也对海岛生态系统带来影响。游客在旅游过程中可能通过破坏生境、排放废弃物等行为对环境产生影响。此外，海岛各类旅游设施的兴建直接改变海岛地表形态，侵占生物栖息地。⑤养殖与捕捞。围海养殖直接改变海岛岸线和海底地形，占用生物栖息地并排放污染物，影响海洋水动力环境和泥沙冲淤环境。一些距离大陆较近的海岛，周边大规模的养殖池将其直接与大陆相连，对海岛生态属性带来了深刻的影响。开放式养殖的环境影响主要表现在改变群落结构和排放部分污染物，影响与围海养殖相比较小，海洋捕捞同样是海岛渔民的重要收入来源，其直接改变环岛近海群落结构，减少海洋生物量。过度的捕捞是破坏海洋生态平衡、损害海洋资源的重要因子。⑥其他人类干扰。影响海岛生态环境的其他人类干扰主要包括航运、矿产与能源开发等。航运是海岛与外界沟通的重要方式，航运过程中产生的污染物如不加以适当处理会带来负面影响，同时航运也是外来生物入侵的主要途径之一。海岛矿产与能源开发包括岛陆、岛滩和环岛近海范围内的金属矿、非金属矿、可燃有机物等各类矿产以及太阳能、风能、海洋能等新能源的开发。其中，矿产开发不仅占用空间资源，直接破坏生境，还可能排放污染物对周边环境带来影响。矿产开发和运输过程中的突发事故（如溢油）会对海岛生态系统造成严重破坏。

修复策略　海岛生态系统遭到了较大的破坏，风暴潮、陆源污染、赤潮、过度捕捞、非法爆破等自然与人为干扰对海岛生态造成严重破坏。为了消除和改变海岛面临的一系列生态环境问题，充分合理地利用海岛资源，实现社会经济的可持续发展，应采取如下策略：①调动广大群众的积极性，提高他们的海岛保护意识；建立热带海岛社区管理体系，促进社区居民参与海岛的保护与管理；加快海岛立法，强化法律责任，对于严重破坏海岛生态的行为，依据法律的有关规定，设立相应的法律责任条款；加强海岛的科学规划和统一管理，使海岛的开发与管理处在有度有序的状态。②加强流动污染源对海域污染的管理，建立船舶污染管理机构，要求较大吨位船舶的各类含油舱水必须经过油水分离处理，达国家标准才允许向海域排放。小吨位的船不得排放含油污水，返港后统一收集机舱水，经设置在港口的油水分离器处理，并缴纳排污费和处理费，利用法律和经济手段加强海上流动污染源的环境管理。③控制岛源污染，保持海岛周围优良水质，制定海岛生态环境保护规划和生物多样性保护规划，加强海岛自然保护区建设。在进行具体项目特别是海岛旅游景观的开发活动时，要进行环境预防管理和环境影响评价，采取能够控制或者减少海洋环境污染，以及破坏海岛地形、岸滩、植被和海岛周围海域生态环境的开发方式及措施，以切实保护海岛及其周围海域的生态环境。把海岛管理纳入海洋功能区划和海域使用规划范围，实行海岛有偿使用制度。④珊瑚仅限于生计性利用，禁止商业性利用，保护珊瑚礁生物，禁止破坏型捕捞方法的使用，禁止无限制的捕捞，在珍稀动物的产卵期严格禁止捕捞，制定允许捕捞物种的最小和最大限度，以保护繁殖产卵物种的资源量。⑤为了减弱全球气候变化对海岛的影响，应该加强热带海岛海岸带环境工程建设，进行海岛沿岸防护林体系工程建设、护岸工程建设，减弱风暴潮、台风、海岸侵蚀和海水入侵所带来的危害。（汝少国）

**海岛生态修复**　island ecological restoration　通过生物技术和工程技术，在遵循自然规律的基础上，促使遭到破坏或退化的海岛生态系统逐步恢复其结构和功能的过程。海岛生态修复包括海岛的岛陆、潮间带和周边海域3个相关区域的生态修复。根据海岛受损的情况，生态修复可分为以工程措施为主的生态修复和以生态环境修复为主的生态修复两类。

工程措施修复　对于某些生态破坏较为严重的海岛，如海岸侵蚀、沙滩退化等，需要借助一定的工程措施对其进行生态修复，如岛陆护坡、沙滩修复和湿地营造等技术。①岛陆护坡。在裸露的山体，利用三维网垫等技术来柔化山体，并在网垫上种植绿色植物，在改善景观的同时减少山体的水土流失。②沙滩修复。在原有沙滩遭侵蚀或人为破坏的情况下，通过人工手段对原有沙滩进行修复，主要措施有海滩养护和海滩修复。沙滩修复既营造了旅游景点，又减少了海浪对岸线的直接侵蚀。③湿地营造。在浅海区域修建缓坡状湿地，促使泥沙沉积和保护海滩，可以减少海浪冲蚀，同时可以为海洋生物提供栖息地。

生态环境修复　应用较多的有植被修复、人工鱼礁生物修复、重金属污染生物修复、水体富营养化生物修复和有机污染物生物修复等。①植被恢复。通过人工的方法，遵循自然规律，创造良好的环境，恢复天然的生态系统，主要是植被自然化的过程，植被恢复应尽量增加海岛物种的遗传多样性，增加海岛生物的抗逆性，植被恢复的关键是选择适生的植物种类。②人工鱼礁生物恢复。人为地在海岛周围部分水域中设置构造物，以改善修复和优化水生生物栖息环境，为鱼类等生物提供索饵、繁殖和生长发育等场所，从而达到海岸带生物物种恢复和保护海岸的目的。③重金属污染生物修复。通常包括植物修复和微生物修复技术。植物修复技术主要包括植物萃取、根系过滤、植物挥发和植物固定，通常把植物萃取和根系过滤统称为植物富集。微生物修复技术可以分为微生物转化和微生物吸附两种。④水体富营养化生物修复。水体富营养化的关键是降低水体中的营养元素，常用的方法有物理法、化学法和生物法。其中，生物修复法是水体富营养化修复的首选。海水富营养修复主要是利用大型藻类对富营养化水体进行治理，应用较多的大型藻类主要包括龙须菜、紫菜等。⑤有机污染物生物修复。利用细菌、藻类、植物、微生物的生命代谢活动，对水体中的有机污染物进行转移、转化和降解，从而降低水体中的有机物浓度，使水体得到净化。有机污染物植物修复技术包括促进根际微生物对有机污染物的降解、植物直接吸收去除有机污染物、植物分泌酶等物质降解有机污染物。有机污染物微生物修复技术，是利用污染环境中的土著生物或人为投加的外来微生物对污染环境中的有机物进行转化和降解。（孙家文）

**海盗**　pirate　出没在海洋上的强盗。海盗，在人们的惯常理解中，通常与抢劫、杀戮、人类公敌以及骷髅旗联系在一起。1958年《公海公约》从近现代海洋争夺的角度对海盗做了概念界定，但历史上的海盗行为并不都是现代国际法论点下的违法行为，其由来、成分、名称及从事的活动有更加丰富的含义。在海盗成为特定名称之前的许多世纪里，海洋上就有暴力抢劫的海盗行为了。在人类历史早期阶段，海盗行为曾被视为一种有利可图、值得夸耀的事业。海盗行为在西方海洋国家民族中盛行了许多世纪，文艺复兴以后，海盗人数不断增加，往往与海洋贸易活动相关联，“捕敌私船船主”“劫敌船船主”“海上走私者”等，都是海盗的同义词。在中国历史上，沿海地区居民多依靠海洋谋生，他们在经营海洋生产和贸易活动的同时，也进行反抗官府与地主富豪、抗击侵略者的武装斗争，常被称为“海盗”“海贼”。随着海盗活动日趋活跃，其名称也更加繁杂，除了中外通称的“海盗”和“海贼”外，还有“海寇”“洋匪”“岛寇”“澳贼”“槽贼”“沙贼”“钓艇盗”等。

世界历史上的海盗　世界历史上先后出现过几股大的海盗势力，多是海洋贸易发展的产物。①古代地中海海盗。腓尼基人、希腊人、罗马人及迦太基人都从事亦商亦盗的海上活动，参加这种活动的人有商人、奴隶主贵族、自由民、穷人，还有国王和王子，他们航海到别的国家去抢劫财物和捕捉活人，希腊人称这些从事海上抢劫活动的人为“海盗”。②中世纪北欧海盗。包括住在北欧斯堪的纳维亚半岛及附近岛屿上的丹麦人、瑞典人和挪威人等，他们的势力遍布欧洲，包括英格兰的丹麦区、基辅、罗斯、法国的诺曼底等。③16～18世纪的海盗。西班牙、葡萄牙、尼德兰（荷兰）、英国、法国等在向海外扩张的过程中，都曾利用海盗势力争夺海上霸权，开拓殖民地，地中海、波罗的海、北海、英吉利海峡、加勒比海、北美东海岸、非洲西海岸、印度洋等海域的海盗活动进入高峰期，加勒比海一度成为海盗的“天堂”。④东海海盗。主要包括日本海盗和中国海盗等。

中国的海盗　早期　中国的海盗活动始于夏商周时期，激烈的社会矛盾以及各部族和诸侯国间的征战迫使滨海居民常常以海洋为避难所，从事反抗活动。秦朝南征百越，越人也曾依托海洋进行持续而顽强的抵抗。这一时期的海盗主要是没有人身自由和权利的奴隶、农人及东夷、南蛮族人。从东汉末年至隋唐五代数百年间，海盗正式登上历史舞台，重要的海盗首领有张伯路、曾旌、孙恩、卢循、吴令光、王郢等人，他们揭竿海滨，反抗官府，发动和领导大规模武装起义，对后世海盗活动影响很大，孙恩、卢循被后世称为海盗“祖师”。这一时期的海盗成员多是来自遭受残酷压迫与剥削的沿海农民、盐丁以及部分叛兵。

活跃期　宋元时期，随着东南地区社会经济的发展、工商业繁荣、海商兴起，海盗活动进入活跃时期，活动规模和范围扩大，出现新动向，有的海盗集团在进行抢劫与反抗官府的同时，也从事海上及跨国商业活动。

高涨期　明代中后期，随着海洋贸易的不断发展，亦商亦盗的暴利活动吸引着沿海商民趋之若鹜，海盗活动进入高涨期，连绵不断，海盗成分更加复杂，包括破产农民、流民、渔民、沙民、蜑民、手工业者、小商贩、船户与海商，以及奴仆、“亡命”“无赖”“凶徒”、罢吏和儒士等，并与“倭寇”相勾连。这一时期的海盗常与海商形成联盟，开展大规模亦商亦盗活动，涌现出许多实力强大的海盗海商集团，主要首领为：徽州许二（栋）等许氏四兄弟和王直（？～1559）、徐海（？～1556）、林碧川；南直隶萧显（1431～1506）；福建金纸老、李光头、沈南山、邓文俊、谢和、严老山、洪迪珍、张维、吴平、李旦、颜思齐与郑芝龙；广东何亚八、郑宗兴、许栋与许朝光、林国显、林道乾、林凤等。他们或“通番”海外，同日本、葡萄牙、西班牙和荷兰商人互市；或驾船载货兴贩日本、暹罗、占城、交趾、柬埔寨、旧港、渤泥、彭亨、吕宋等国。这些海盗集团不仅统领武装船队及部众，用武力在海上及沿海抢劫财货，同时也进行反官府与抗官兵的武装活动，明清易代之际，还开展过反清武装斗争，并在抗击葡萄牙、荷兰等侵略者的过程中发挥了重要作用，如郑成功、郑经父子领导东南军民驱逐荷兰殖民者，收复台湾。

衰落期　到了清代，海盗活动逐渐走向衰落。嘉庆年间，浙、闽、粤虽然爆发过规模较大的海盗武装活动，如参与抗击英国侵略的郑一嫂（石氏）领导的粤洋旗帮海盗，以及联合台湾人民反抗官府的蔡牵、朱濆率领的福建海盗等。但在清王朝的军事攻剿与招抚利诱下，这些海盗集团先后败亡。1840年鸦片战争后，海上形势遽变，中国古代海盗活动转变为近代海盗活动。

当代海盗　一般来说，现今海盗有五大主要活动区域，分别是西非海岸、索马里半岛附近水域、红海和亚丁湾附近、孟加拉湾沿岸和整个东南亚水域。其中，东南亚水域曾经最为危险，世界上有超过半数的海盗抢掠案发生于此，而印尼水域是海盗最集中的地方，现在海盗活动主要集中在西非的尼日利亚与东非的索马里。

（马树华　景菲菲）

**海道针经**　Hai Dao Zhen Jing　中国古代航海者记录航路针位和里程、用以导航的航海指南工具书。又称针经、针路簿、针谱等。中国古代航海者在发明航海罗盘之后，使用其指示航向，把指南针指示的航向方位用字符表示，称作针位，把通往目的地的航行中针位情况、航程和山形水势等因素记录下来，就形成针路，记载航海针路的工具书就被称为海道针经，一般会配有针路图。海道针经最晚在宋代已经出现，明清时期在航海中普遍使用，近代以后随着海图与轮船的流行而渐渐退出了航海活动。但某些地方的老渔民在出海捕鱼航行中还仍旧会使用针经，如南海渔民保留至今的《更路簿》。海道针经是中国古代航海人群在航海实践中所积累创造出的著名发明之一，体现了中国古人航海经验的总结，蕴含着丰富的航海文化和历史地理信息，有其独特的科学价值、历史价值及现实价值。

中国古籍中保存的《郑和航海图》其实就是一本海道针经，明吴朴（1500～1570）的《渡海方程》则是代表性的海道针经。1935年，中国学者向达（1900～1966）在牛津大学图书馆整理中文书籍，发现了明针路簿钞本《顺风相送》，是现存针路簿中保存最完整、内容最丰富的一本，点校后与另一本《指南正法》合编为《两种海道针经》出版。海道针经一般都写明船只始发港、航向、航程和前方船到地名。航向由罗盘指针方位确定，还结合过洋牵星术和水深测量纪录等使用。航程则用更计算。船到前方目的地后，或平、或取、或见、或收。平即并靠，取即经过，见即望见，收即到达。如《顺风相送》中“福建往琉球”条下曰：“太武放洋，用甲

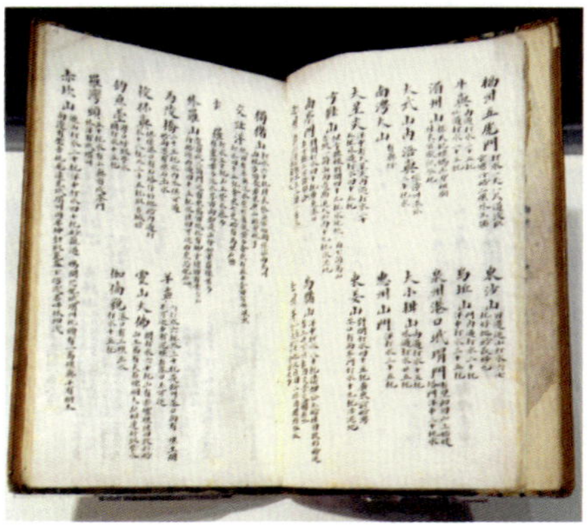

钞本《顺风相送》书影

寅针，七更，船取乌垢（丘）……用甲卯取彭家山（今彭佳屿），用甲卯及单卯取钓鱼屿；……正南风梅花开洋，用乙辰取小琉球（即台湾），用单乙取钓鱼屿南边，用卯针取赤坎屿（赤尾屿），用艮针取枯美山（即冲绳久米岛）。"

作为海道针经的一种类型，《更路簿》形成于明代初年，是海南渔民世世代代在南海区域从事捕鱼、航运和其他生产活动的实践中积累而成的记载南海航海路线、岛礁名称和海况、气象等航海知识的一种手抄本小册子，是海南渔民去往南海海域的航海手册，与罗盘、航海图、计量尺等工具配套使用。《更路簿》因其蕴含的海洋历史文化价值，已于2008年入选国家级非物质文化遗产保护名录，《更路簿》以南海岛礁地名作为航海标志还进一步证明了中国在南海的主权权益。（朱建君）

**海堤** sea dyke 在河口、海岸地区，为防止海潮、风浪的侵袭和淹没土地，在沿岸地面上修筑的挡水建筑物。又称海塘。海堤堤线规划与布置应结合海岸带的综合开发利用，与围垦、水产养殖、防洪排涝、航运交通、生态保护、河口治理等相互协调，统筹兼顾。堤线尽量顺直，避免曲折过多、凹凸多变而导致局部波能集中，同时尽可能避开强风浪和水流的正面袭击。

海堤设计按规定的设计标准进行，海堤设计标准是海堤能够安全承受和防御的潮位和波浪值，根据海堤保护对象的重要性和人口或土地规模等确定。潮位标准以设计重现期（平均多少年出现一次）表示，用年最高潮位为样本进行频率分析求得。波浪标准以波列重现期（某特定波列的波浪平均多少年出现一次）和波列累积频率（某一波要素在波列中的出现概率）表示，前者反映海堤的使用年限和重要性，根据波浪要素的长期统计分布规律推求；后者反映波浪对不同类型海堤或不同部位作用的不同特性，由波浪要素的短期统计分布规律确定。

图1　中国台湾七星潭海堤

图2　美国得克萨斯州加尔维斯顿的海堤

海堤一般用土石方填筑，结构型式按照迎水坡坡度分为斜坡式、陡墙式（含直立式）及由两者组成的混合式。斜坡式海堤迎水坡用砌石、块石、混凝土块体等保护。陡墙式海堤迎水面用块石、条石砌筑成陡墙。混合式海堤的迎水坡由陡墙和斜坡混合构成，分上陡下斜和上斜下陡两种。

海堤一般不容许波浪、水流越顶，堤顶高程在波浪爬升高度以上，并留有一定的安全超高。海堤的顶宽根据堤身结构、交通运输、防汛抢险及施工等需要来确定。海堤型式的选择涉及地形、地质、水文、材料、施工条件等多方面因素，必须因地制宜、扬长避短，经多方案研究比较后确定。（鲁子爱）

**海底采矿技术** undersea mining technology 开采海底矿产资源所使用的方法、装备和设施。海底矿产资源种类繁多、状态各异、分布广阔、埋深悬殊，人类可以利用的海底矿物资源主要包括多金属结核（锰结核）、海底"黑烟囱"、富钴的铁锰结核壳、多金属硫化矿、石油、天然气等，开采的方法和使用的装备也不尽相同。在开采海底矿产之前，需查明所采矿床的分布范围、面积、埋深、储量、品位以及当地自然条件和海陆运输能力等。在此基础上，根据矿产的形态，选择合适的开采方法、装备和设施。

发展概况　海底采矿已有一段历史，如英国从1620年起就开始了海底采煤。但在20世纪60年代以前，海底采矿的规模小、范围窄、离岸近。60年代以后，受到了人们的重视，特别是海底石油和天然气的开发有了较快发展，深海锰结核和热液矿床的开发也有迅速发展的趋势。全世界从海底开采出来的矿物产值以石油和天然气占首位，达总产值的90%上；其次是煤占3%～5%，沙砾和重砂矿占2%左右。中国开采的海底矿物有建筑用的沙砾和钛铁矿、锆石、独居石、磷钇矿等重砂矿以及石油和天然气等，也已从太平洋底取得了一定数量的锰结核。

技术分类　海底采矿技术一般分表层矿开采和基岩矿开采两大类。

海底表层矿开采　主要用于表层矿产的开采，又可根据深海与浅海采矿技术的难度不同分为以下两种：①海滩、近海底矿的开采。露出水面的海滨砂矿，通常采用露天开采方法。陆地上使用的挖掘机械，如拉杆电铲、钢索电铲、推土机等都可用于海滨砂矿的开采作业。水面以下砂矿床的开采，作业水深大多在30～40米，使用的采矿工具有链斗式采矿船、吸扬式采矿船、抓斗式采矿船和空气提升式采矿船。前三种的构造和工作原理与挖泥船类似。空气提升式采矿装置由气管、气泵和吸砂管等组成，气管与吸砂管的中部或下端相连通，作业时将吸砂管下端靠近砂矿床，启动气泵，压缩空气，使吸砂管内产生向上流动的掺气水柱，从而带进砂矿固体颗粒，连续压气就可达到采矿的目的。这种装置的缺点是作业水深增加时，压缩空气的成本费呈指数倍增长。此外，20世纪70年代之后还发展了一种海底爬行式采掘机，可以载人潜到海底作业，所需空气和动力由海面船只供应。如意大利制造的C-23型潜水挖砂机的作业水深达70米，能在海底挖掘宽5米、深2.5米的沟，每小时前进140米，挖砂230立方米。②深海矿开采。最有开采前景的深海底表层矿是深海锰结核和多金属软泥。深海锰结核已被公认为是一种具有商业开采价值的矿产资源，其开采的关键在于研制低成本、高效率的采矿装置。由于锰结核松散地分布于深海大洋底表层，关键问题是需要找到一种合适的垂直提升装置。公认最有希望的有链斗式采矿装置、气压式采矿装置和水泵式采矿装置。链斗式采矿装置是在高强度的聚丙二醇酯绳上每隔25～50米安装一个采矿库斗（索斗），开采时船首的牵引机带动绳索，使库斗不断在海底拖过，挖取锰结核并提升到船上。1970年8月，日本在太平洋水深4000米处成功地进行了试验。气压式采矿装置是将集矿头置于洋底，开动船上的高压气泵，高压空气沿输气管道向下，从输矿管的深、中、浅三个部分注入，在输矿管中产生高速上升的固、液、气三相混合流，将经过筛滤系统选择过的结核提升至采矿船内，提升效率30%～35%。水泵式采矿装置是将高效的离心泵放在输送管道中间的浮筒内，浮筒内充以高压空气，支撑离心泵和管道浮在水中。由于高效离心泵的作用而产生高速上升的水流，使锰结核和水一起沿管道提升至采矿船内。多金属软泥也是一种具有开采价值的深海底矿产资源。德国已研制成功一种开采红海多金属软泥的装备，即在采矿船下拖曳一根2000米长的钢管柱，柱的末端有一个抽吸装置。装置内的电控摆筛能搅动像牙膏状的软泥，通过真空抽吸装置、吸矿管，把含有海水的金属软泥吸到采矿船上来，然后经过处理并除去水分，即可获得约含有32%锌、5%铜和0.074%银的浓缩金属混合物。

*海底基岩矿开采* 用于海底基岩处矿藏开采，根据矿产种类不同有5种方式：①非固态的石油和天然气开采。使用的开采工程设施主要为固定式平台，在平台上钻井采集到油（气）后，通过输运系统送往岸上；水深较浅处也有用填筑人工岛进行钻井采油（气）的；而在水深较大的海域，多应用浮式平台或海底采油（气）装置进行开采（见**海上平台**）。②固态的煤、铁、锡等基岩矿开采。开采一般都从岸上打竖井，通过海底巷道开采；也有利用天然岛屿和人工岛凿井开采的。使作业巷道与海水隔绝，从而与开采陆地同类矿藏的方法基本相似，所用机械设备也完全一样。不同之处是海底硐、坑采掘多采用非爆破掘进法，因此影响采矿速度。但自20世纪70年代后，非爆破掘进速度已提高到每小时4.6米，使采矿作业有可能向远离海岸的海区发展。③海底硫黄矿开采。通常采用井下加热熔融提取法，先把加热到177℃的海水用泵从边导管注入硫黄矿层，使融化的硫黄液从内套管上升至一定高度，然后用空气提升法采收。④海底钾盐矿和岩盐矿开采。由于钾盐和岩盐也是可溶性矿物，也可用溶解采矿法。其技术原理与开采硫黄矿相同，但一般都采取竖井开采。⑤海底重晶石矿开采。美国阿拉斯加卡斯尔海滨矿离海岸1.6千米，矿脉在海底表土下15.2米。由于覆盖层较薄，所以采取水下裸露开采法进行水下爆破，然后用采矿船采集炸碎的岩石。

**关键技术** 包括海底固体矿产资源的采集技术、海底采矿车行走技术、矿物输送技术、深海采矿水面支持技术。

**技术挑战** 主要有：①人类尚不足以对海洋矿产资源的形成进行完全的解释，对海底矿藏进行定位存在困难。②海底地貌复杂，主要是海底山丘和峡谷的矿床位于深海，不少海底资源位于海平面以下3000～5000米；海底岩性变化复杂，包括软泥、脆性岩壳以及坚硬岩体；海水压力随海洋深度增加而增加，海底资源的开发要克服巨大的海水压力。③海底矿床基础地质资料缺乏，在一片漆黑的未知世界里开发海底矿物有许多基础问题需要解决。

**环境影响** ①对海底产生巨大影响。采矿器械进行矿物采集时会严重破坏海底表面，并产生巨大的涡流，对海底的动植物产生灭顶之灾。②采矿船排放废水。当将矿石从海底提升到水面装船时，不可避免地将大量的泥浆带入海洋表面，这将产生一些金属离子进入到海洋中造成污染。海底矿物的开采，会将大量的海底泥浆带入海洋表面，使海水的透光性变差，直接影响到海洋植物的光合作用；同时，温度较低的底层海水被带到上层海面，也会使海水的温度发生变化。③对海岸产生的影响。近岸海底采矿可能破坏海岸水下天然的“防波堤”，导致波浪及潮汐等海洋运动直接作用于海岸，易引起海岸蚀退、海水入侵等地质灾害。砂质岸基受影响更为明显，特别是沙滩等资源会因近岸开采海砂遭到破坏，使平坦宽阔的沙滩下蚀、缩窄。特别是入海口区域的近岸，海底采矿行为还会影响河床及岸基的稳定，危及堤防的稳固性，易引起海水上溯倒灌，导致土地盐碱化、影响淡水资源。近岸海底采矿活动会造成海水非常规搅动，引发的上升水流中含有大量营养盐沉积物，可能造成范围内的赤潮，也会严重影响该区域内底质生态环境。

（艾万铸　邢至庄　万德成）

**海底磁异常条带** striped magnetic anomalies in sea floor 由于洋底岩石磁化方向不同所引起的呈条带状分布的磁异常带。大洋盆地中广泛存在的一种磁异常。它常沿洋脊轴的两侧对称分布，相互平行，正负相间。条带磁异常的发现和解释为海底扩张说提供了重要的观测证据，是建立板块构造说的基础之一。

20世纪50年代中叶前，人们对大洋盆地磁异常的特征几乎一无所知。1958～1961年，美国学者V.瓦奎尔、R.G.梅森和A.D.拉夫等发现东北太平洋底的磁异呈现条带状特征。1963年，英国学者F.J.瓦因和D.H.马修斯运用**海底扩张说**解释海底磁异常条带的成因。1968年开始的深海钻探计划中，证实了瓦因-马修斯模型的正确性，有力地促进了海底磁异常的测量和研究工作。

磁异常条带广泛分布于太平洋、大西洋、印度洋和北冰洋，也见于边缘海弧后盆地，如菲律宾海和南海。条带状磁异常以大洋中脊附近最为典型，除西南印度洋中脊之外，各大洋中脊上几乎都有平行于中脊延伸的磁异常带，正异常和负异常相间排列。单个异常的宽度为数千米至数十千米，纵向上绵延数百千米以上。在有些断裂带整体错开时，断裂带两侧被错开的地磁异常剖面，相对仍可追踪对比，据此可以推算出错开的幅度。如东北太平洋的条带状磁异常，正、负磁异常的幅度约为400伽马，单个磁异常宽约30千米，近南北向延伸，长达1000多千米；大西洋冰岛以南的雷克雅内斯洋脊的磁异常，平行于大西洋中脊延伸，磁场强度达3000伽马，宽约40千米，在脊两侧见到12条宽约15千米、强度为600～1000伽马的磁异常。在远离洋中脊的洋盆区，有些磁异常方向不规则，比较复杂。如西北太平洋，在洋盆内有些地段缺失条带状磁异常，称为磁静带。在西太平洋的有些无震海岭和海山、海底高原上，局部性的磁异常扰乱了条带状磁异常的展布。

（石效超　许东禹）

**海底地下水排放** submarine groundwater discharge; SGD 陆架边缘海中所有流动水体从海底沉积物通过海床进入上覆水的过程。不考虑驱动力、来源和流体成分等因素。全球海岸带普遍存在的陆-海界面关键过程，对海岸带的生物地球化学循环的影响尤为重要。发生在近岸海域的SGD过程通常具有较高的陆源物质（如营养盐、有机/无机碳、痕量元素、污染物等）向海输运通量，继而可能引发严重的海洋生态环境问题。但由于SGD过程发生在海底和地下含水层，对其监测和量化较为困难，故其在之前的海洋元素收支等研究中通常被忽视。

广义的SGD既包括从近岸地下含水层进入海洋的陆源淡水地下水，即传统水文学定义的地下水（fresh submarine groundwater discharge; FSGD），也包括在海床上不停倒灌排放的再循环海水（recirculated submarine groundwater discharge; RSGD）。

*研究历史* 有关的研究最早可追溯至20世纪80年代，在研究澳大利亚西海岸区域时发现地下水排放过程在海岸带区域广泛存在。1996年，W.S.穆尔在《自然》杂志上发表“借助$^{226}$Ra示踪美国东南部大陆架地下水排放”的文章，使人们认识到研究地下水排放的重要性。随后，SGD的广义定义由W.C.伯内特在2003年提出。2010年，W.S.穆尔对SGD的定义又做了补充，将SGD的动力作用范围限制在米到千米的空间尺度内。2021年，J.加西亚-奥雷利亚纳将厘米级的间隙水交换也纳入SGD的范畴内，并根据其时空尺度特征总结出5个不同的SGD过程。

自SGD的明确定义提出以来，SGD的被关注度显著提高。在全球范围内不同区域开展了SGD有关的调查研究，不仅包括湖泊、潟湖、珊瑚礁、河口、海湾、红树林、盐沼湿地、海草床等近岸生态系统，也包括空间尺度较大的陆架边缘海乃至全球大洋。SGD已成为多学科交叉的热门研究领域，其研究广度和深度不断增加。对SGD的定义、驱动力类型、示踪量化技术、模型假设、物质贡献、生物地球化学效应等方面的研究更为深入，使SGD逐渐发展为一门“相对独立”的完整学科。

驱动力　SGD的驱动力一般主要包括5个方面：①陆地水力梯度。陆源淡水地下水（FSGD）流向近海的重要控制因素，它主要反映FSGD的输出速率，但同时也受降水、蒸发和地质条件的影响。②陆地地下水水位的季节性波动。它影响海水再循环至陆地含水层以及地表水对地下含水层的季节性补偿，从而导致地下水水位以及淡水－咸水界面深度的变化。③潮汐、波浪、海平面变化、风暴潮等。这些过程通过改变海平面的高度进而影响海水渗透进入含水层。当海平面较高时，会有更多的海水进入含水层中成为地下水。而在海平面高度较低时，含水层中的地下水又会排放至海洋，这往往能够引起海水再循环量的变化。④穿越可渗透性屏障的水位同样能引起地下河口水流变化。这类现象主要发生在隔离沿海水体的砂质屏障，如沿海的海湾、潟湖。当海湾或潟湖水平面与海平面之间存在差异时，这两种系统之间的水力梯度差异会引起间隙水的输送通量发生变化。⑤含水层间隙水与上覆海水之间的盐度或温度差异导致的密度差。这可引起间隙水与上覆海水之间的对流，从而影响淡水地下水的输出及其与海水的再循环，例如河口地区季节性的盐度变化、退潮期间对潮间带沉积的热传递等。

量化示踪技术　定量研究SGD的方法主要包括物理测量法、数值模型计算法和地球化学示踪技术等几类。①物理测量法。包括热成像法、电导率成像法、渗流仪法等。热成像法是基于地下水和沿岸海水温度的差异，利用无人机携带红外温度探头对目标海域的表层水体温度进行扫描观测，并根据水温异常现象对SGD进行定位及定量研究。电阻率成像法是根据潮水涨落影响下的地下河口中的咸淡水交互现象，刻画含水层中间隙水的盐度变化引起的电阻率变化，继而达到定量研究SGD的目的。渗流仪是一种可以直接测定单点SGD通量的仪器，它的原理是沉积物的水体渗透到容器中，将其中的空气挤压到收集袋，通过测量收集袋的体积变化来估算SGD的通量；这种方法只能获得测试点的SGD值，若想获得大尺度的SGD通量需要增加布设站位密度。②数值模型计算法。如水量平衡法。基于研究区域内水体的收支平衡，通过计算所有水体的输入或输出通量，剩余的即为SGD的通量。主要用于计算FSGD。③地球化学示踪法。主要基于地下水和近岸海水中地球化学成分（如镭、氡等天然放射性同位素，钡、锶等稳定元素以及甲烷等气体）的含量差异，通过建立质量平衡模型评估除地下水外的其他源汇量，进而结合该成分在地下水端元中的含量求得SGD通量。优势在于可以评估整个研究区域内的SGD通量，避免了由SGD空间分布差异对计算结果造成的影响。该技术最大的不确定度源自地下水端元的选取，由于地下水端元中的成分含量差异极大，如不能获得有代表性的端元结果，则会给SGD通量的量化带来较大误差，因此需要广泛采集研究区域内的地下水样品以获得有代表性的端元数据。在诸多地球化学参数中，镭、氡同位素的应用最为广泛，而镭、氡同位素的联用也能实现对不同来源SGD的区分量化。

研究意义　越来越多的研究结果已经证实，SGD是全球海岸带普遍存在的陆海界面关键过程，循环往复的SGD像“传送带”一样持续地影响着海洋中的水量平衡和物质收支。有研究发现，尽管全球淡水地下水的排放量不足河流贡献量的1%，但由其携带入海的物质通量却高达河流径流贡献的25%以上。可见，SGD对沿岸海域的物质贡献和对生物地球化学循环的影响不容忽视。

不同类型的地下水体在滨岸地下沉积层中发生混合，形成生物地球化学反应非常活跃的“地下河口”。在不同的时空尺度上，SGD过程强烈改变着地下河口中的理化特性（氧化还原环境、离子活度、pH等），影响着微生物的丰度和群落结构，促进了有机物的矿化分解，对碳、氮、磷等诸多生源要素的迁移转化和源汇收支具有至关重要的贡献。有研究发现，仅红树林型滨海湿地的SGD携带入海的碳通量即可达全球河流输送碳通量的29%～48%。在某些盐沼区域，SGD贡献的二氧化碳甚至超过地表径流，由SGD向近岸海域中输入的总碱度并不足以抵消海水酸化的进程，同时SGD携带$CH_4$等温室气体进入海洋，也在一定程度上削弱了蓝碳生态系统的碳埋藏能力。考虑到SGD中的物质浓度一般都远大于沿岸水体，因此即使小体积的SGD也会带来较高的物质通量，从而可能对近海生态系统造成不利影响，如水体富营养化、低氧、海水酸化等。由SGD输入的营养盐可以维持甚至改变近岸水体中的初级生产力和浮游植物的生物群落结构，从而引发浮游植物大量繁殖，甚至导致**有害藻华暴发**，进而会对水产养殖和渔业资源管理产生不利影响。因此，深入研究SGD及其对近海生态环境的影响，有助于全面了解人类活动影响下的陆海相互作用，为海岸带的科学管理提供依据。（许博超）

**海底地形**　submarine topography　海水覆盖之下的固体地球表面形态。由于海水的掩盖，海底地形起伏难以直接观察。早期的铅锤测深法费时多、精度低。20世纪20年代之后，船舰在航行途中运用了电子回声测深仪，能够快速地测出海底深度，结合精确定位，得以揭示海底地形原貌。1925～1927年，德国“流星”号考察船对南大西洋进行考察，首次揭示了大洋底地形的起伏不亚于陆地。1953年以来，使用精密的电子回声测深仪获得越来越多的洋底地形剖面。1967～1969年，大西洋、太平洋和印度洋的立体地貌图相继问世。20世纪60年代初开始，多波束技术的应用，使海底地形的研究成为可能。

洋底有海山、海丘、海岭、海沟、深海平原等地形。纵贯大洋中部的大洋中脊，绵延8万千米，宽数百至数千千米，总面积堪与全球陆地相比，其长度和广度为陆上任何山系所不及。大洋最深点深11 034米，位于太平洋**马里亚纳海沟**，这一深度超过了陆上最高峰珠穆朗玛峰的海拔高度（8848.86米）。太平洋中部夏威夷岛上的冒纳罗亚火山海拔4170米，而岛屿附近洋底深五六千米，冒纳罗亚火山实际上是一座拔起洋底高约万米的山体。

基本单元　在地球表面上大陆和洋底呈现为两个不同的台阶面，陆地大部分地区海拔高度在0～1千米，洋底大部分地区深度在4～6千米。整个海底可分为三大基本地形单元：大陆边缘、大洋盆地和大洋中脊。“大洋盆地”一词有两种含义：广义的泛指大陆架和大陆坡以外的整个大洋，狭义的指大洋中脊和大陆边缘之间的深洋底。这里所用为后一种含义。三大地形单元又可进一步划出一些次一级的海底地形单元（图1）。

大陆边缘　为大陆与洋底两大台阶面之间广阔的过渡地带。约占海洋总面积的22%，通常划分为大西洋型大陆边缘（又称**被动大陆边缘**）和太平洋型大陆边缘（又称活动大陆边缘或**主动大陆边缘**）。被动大陆边缘由**大陆架**、**大陆坡**、**大陆隆**3单元构成，地形宽缓，见于大西洋、印度洋、

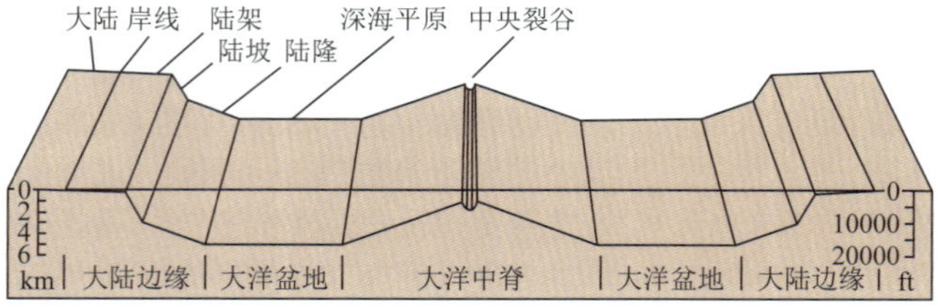


图1　海底地形主要单元

北冰洋和南极洲的大部分周缘地带；活动大陆边缘陆架狭窄，陆坡陡峭，大陆隆不发育，而被**海沟**取代，可分为两类：海沟-岛弧-边缘盆地系列和海沟直逼陆缘的安第斯型大陆边缘，主要分布于太平洋周缘地带，也见于印度洋东北缘等地。

大洋盆地　位于大洋中脊与大陆边缘之间，它的一侧与中脊平缓的坡麓相接，另一侧与大陆隆（大西洋型大陆边缘）或海沟（太平洋型大陆边缘）相邻。约占海洋总面积的45%。大洋盆地被海岭等正向地形所分割，构成若干外形略呈等轴状，水深在4000～5000米的海底洼地，称海盆（图2）。宽度较大、两坡较缓的长条状海底洼地，称海槽。海盆底部发育**深海平原**、**深海丘陵**和海底高地等地形。

图2　大西洋盆地卫星图

深海平原是起伏的玄武岩基底被巨厚沉积物披盖而成，坡度小于千分之一。除赤道生物高产带外，深海平原的形成多与源自大陆或岛屿的浊流沉积物的大面积铺盖有关，通常分布于邻接大陆隆处。若盆底沉积物无几，则为熔岩流或岩盖组成的深海丘陵，有的个体呈小型盾状火山，起伏为几十米至几百米。深海丘陵常分布于深海平原向大洋中脊一侧。太平洋边缘展布着海沟，浊流沉积等陆源的物质难以越过海沟输送到洋盆区，来自上覆水层的远洋沉积一般通量有限，不足以铺覆成深海平原，故太平洋中深海丘陵占洋底面积的80%～85%，而大西洋中深海平原却十分发育。

长条状的海底高地称海岭或海脊。洋盆中的海岭几乎没有地震活动，称**无震海岭**。海山是孤立或比较孤立且坡度较陡的海底高地，多属火山成因，规模巨大露出水面的构成**火山岛**。还有些海山出现平坦的顶面，称**平顶海山**，顶面水深数百米至2000余米不等，是火山岛被海蚀作用削平后沉没而成。三大洋内还散布着宽缓的海底高地，称**海隆**，如百慕大海隆。一些顶面平坦，四周边坡较陡的**海台**（又称海底高原），或由熔岩堆积形成，或具有花岗岩基底，海台又称微型陆块，如印度洋中塞舌尔群岛所在的马斯卡林海台。海台在印度洋中最为发育。

大洋中脊　地球上最长最宽的环球性洋中山系，占海洋总面积的33%。太平洋内，山系位置偏东，起伏程度小于大西洋中脊，称东太平洋海隆。大西洋中脊呈“S”形，与两岸轮廓平行。印度洋中脊歧分三支，呈“入”字形。三大洋的中脊南端在南半球相互连接，北端分别经浅海或海湾潜伏进大陆。大洋中脊轴部高出两侧洋盆地底部1～3千米，脊顶水深一般为2～3千米，有的甚至露出海面，如冰岛。大洋中脊被一系列与山系走向垂直或稍斜交的大断裂错开，沿断裂带出现狭长的沟槽、海脊和崖壁，断裂带两侧海底被分割成深度不同的台阶。

大洋中脊分脊顶区和脊翼区。脊顶区由多列近于平行的岭脊和谷地相间组成。脊顶为新生洋壳，上覆沉积物极薄或缺失，地形十分崎岖。沿大西洋和印度洋中脊轴部，一般有深1～3千米的裂谷夹峙于两侧裂谷山脊之间。脊翼区，随着洋壳年龄增大和沉积层加厚，岭脊和谷地间的高差逐渐减小，有的谷地可被沉积物充填呈台阶状，远离脊顶的翼部可出现较平滑的地形。

形成机制　海底地形与陆地地形一样，是内营力和外营力作用的结果。不过，海底大地形通常是内营力作用的直接产物，与海底扩张、板块构造活动息息相关。大洋中脊轴部是海底扩张中心，大洋中脊地形实际上是上涌的热膨胀地幔物质的反映。海底在向两侧扩张的过程中伴随着冷却下沉。海底扩张慢，有充分时间冷却沉陷，中脊两坡较陡，如大西洋中脊；海底扩张快，则两坡较缓，如东太平洋海隆。自中脊轴带向两侧，随着海底年龄变老，水深加大，沉积层加厚；相应的，大洋中脊过渡为大洋盆地，中脊顶部崎岖的地形被深海丘陵以至深海平原所代替。深洋底缺乏陆上那种挤压性的褶皱山系，海岭和海山的形成多与火山、断块作用有关。自大洋盆地向大陆一侧，出现两种情况：一是未发现板块俯冲活动，形成宽缓的大西洋型大陆边缘；二是板块的俯冲形成深邃的海沟与伴生的火山弧（太平洋型大陆边缘），地形高低悬殊，火山弧陆侧可因弧后扩张作用形成边缘盆地。

图3　美国蒙特雷湾海底三维图像

外营力在塑造海底地形中也起一定作用。较强的沉积作用可改造原先崎岖的火山、构造地形，形成深海平原。深海平原和深海丘陵地貌上的差异实际取决于沉积厚度的大小。**海底峡谷**则是浊流侵蚀作用最壮观的表现（图3）。波浪、潮汐和海流对海岸和浅海区地形有深刻的影响。海底滑坡、深海底流等也会造成海底陡崖、流痕等小地形或微地形。但除大陆边缘地区外，在塑造洋底地形的过程中，侵蚀作用远不如陆上重要。　　（严钦尚　金性春）

**海底地形地貌调查**　submarine topography and geomorphology investigation　测量海底起伏形态和地物的工作。它是陆域地形地貌测量在海域的延伸，按照测量区域可分为海岸带、大陆架/陆坡和深海大洋（海盆、海脊、海隆、大洋中脊、海台、海沟等）三种海底地形地貌大单元。其特点是测量内容多，精度要求高，显示内容详细。是按一定程序和方法，将海水覆盖下的海底地形地貌及其变化记录在探测仪的测绘工作。其内容包括水深测量、海上定位测量、海洋底质探测和海底地形图、地貌图绘制等。

海底地形测量的定位，可用岸上目标，无线电双曲线定位系统和卫星定位系统定位的方法，也可以利用海底控制点（海洋大地测量）来定位。测深大多采用回声测深仪，也可同时采用侧扫声呐或多波束测深系统。此外，还可用辅助船增测平行断面。辅助船对于主船的位置用电磁波测距仪测定。这样，主船和辅助船形成一个多声束的回声测深系统，以测取海底的一条宽带。现已开始使用海底摄像测量、海洋遥感测深和机载激光测深等方法测量海底地形地貌，但只限于浅海域。深度较大时，可从潜艇超声波断面测量海底微地形地貌，潜艇的位置则由海面的测量船或海底控制点来测定。海底地形图一般采用统一的测量基准点、坐标格网和投影。海底地形图的分幅、编号、比例尺方案按统一规定，并常与同地区的陆地地形图取得一致，以利海、陆地形图的衔接使用。海底地形图的比例尺视各海域的重要而定，一般为1:2.5万～1:25万成套出版。海底地貌用等深线或负等高线来表示。

美国“复仇者”号防雷舰上的海底扫描声呐设备

在中国，由国家海洋局（今自然资源部）组织实施的中国近海海洋综合调查与评价专项（908专项）首次实现了对中国约60万平方千米海域的全覆盖勘测，全面更新了中国近海海底环境基础数据和资料，首次编制了大比例尺（1:5万）海底地形图和地貌图。编制出版了海陆一体化的《中华人民共和国地貌图集（1:100万）》，填补了该领域国内外空白。除了近海海底地图外，中国已完成了对200海里（1海里≈1.852千米）范围内专属经济区和大陆架的勘测，并绘制出海底地形地貌图。（莫恭政）

**海底地震观测** ocean bottom seismic observation 利用海底地震仪投放于海底来观测海洋底的地震现象，确定震源参数，以研究海洋底地震产生机理、活动规律，并作地质构造分析的一种海洋地震测量新技术。20世纪60年代后，此项观测技术随着深海大洋调查的发展而应用起来。海洋发达国家率先在不同海底区（如大洋洋脊、岛弧、海沟、深海洋盆等），利用海底地震仪发现洋脊区的微地震活动规律和海沟区震源深度的分布特征（见海洋地震）。

海底地震仪（OBS） 主体包括拾震器（又称传感器、地震检波器）、放大器、记录器、石英钟和电源等。仪器主体被密封在耐压容器中，放置海底进行全自动记录，借助浮标和系留系统或自动控制系统升浮而获取监测数据。

海底地震仪分为单分量和三分量两种。单分量地震仪记录垂直分量，频率范围为2～20赫，动态范围可达65分贝，石英钟精度为$10^{-6}$秒，功率为0.5瓦/时，记录时间为30天。三分量地震仪，一般是由两个水平分量和一个垂直分量安置的单分量地震仪和一个水听器组成，前者在海底直接测量地震波的纵波（P波）和横波（S波），后者测量水中传播的地震波（P波）。海底地震仪投放、回收或观测采用3种方式：①锚定浮标式。用尼龙缆绳将地震仪与浮标连接起来，便于寻找回收。②自由下落自动升浮式。将海底地震仪同带有分离装置的锚连接好，投入海中后自由下落海底，预定的观测时间一过，仪器内的定时器或船上发出的信号指令使仪器与锚自动分离，升浮海面，打捞回收。③海底电缆式。用海底电缆把海底地震仪和陆上观测站连接起来进行半永久的观测，此法仅能用于离岸较近的浅海地区。

应用范围 海底地震观测主要应用于：①研究大洋中脊、海盆、海沟等地区的地震活动和构造活动特点。②通过微震观测，监视大地震的发生，为地震预报和海底工程服务。③调查大陆—大洋过渡带的地壳结构，揭示板块俯冲作用的机理。④在海底进行大范围地震观测，有助于了解地球内部构造与结构。

中巴考察队员在“实验3”号科考船上施放海底地震仪

中国应用 中国OBS的研制和应用相对于其他国家较晚。自1993年起，中国通过对外合作方式在南海北部开展了多次OBS深地震剖面探测。进入21世纪，随着中国国产OBS研制成功，OBS调查进入快速发展阶段，相继在南海南部陆缘海盆，渤海和南黄海等海区开展了OBS深地震探测实验，取得了一批良好的数据资料。

由于海底地震活动频繁，一般采用多点的长期连续观测，深度可达6000米。中国“南海深海过程演变”项目中“海底天然地震台阵观测实验”，在南海中央海盆的黄岩–珍贝海山链的两侧布放了18台OBS（15台为英法合作生产的Goralp CMG-40T型，3台为自主研发的国产I-4C型），其中16台OBS的站位水深都>4000米，最大水深为6000米。2013年4月再次出海科考进行回收（11台成功回收，未回收7台），从回收的11台OBS观测到的地震波形记录图谱进行挑选后发现，过半设备的数据质量良好，其中多半设备都记录到了六七次震级>6.0的中强震。此外还发现地震记录和海洋活动之间存在很大的相关性。如观测时间与南海的台风季节重合，记录的很多台风信号可能会掩盖地震信号，但都可以用来揭示洋流活动的规律。（宋仲和　莫恭政）

**海底地震探测技术** ocean bottom seismic exploring technology 通过海底地震仪探测海底的地震现象，以研究海洋底地震活动并进行海底地质构造分析的一种海洋地震测量技术。海底地震探测技术是海底深部构造研究、海上四维油气勘探、天然气水合物勘探研究必不可少的手段。主要由震源和采集系统组成，大都采用非炸药震源（以空气枪为主），震源漂浮在接近海面位置，由海上调查船拖曳，采集器陈放在海底接收震源发出的、经过海底底层反射的纵横波信号。海底地震探测技术可分为海上拖缆（TS）探测技术、海底电缆（OBC）探测技术和海底地震仪（OBN）探测技术。

海上拖缆探测技术是将检波器按不同需要排布在拖缆上，工作船拖曳拖缆按测线方向前进，形成边行驶、边激发、边接收的工作方法。其相对其他海洋地震探测方法成本最低、效率最高，是传统工业生产中经常采用的一种探测方法。但海洋环境使拖缆只能接收到纵波信息，同时受海水流动和风浪的影响，施工拖缆通常会产生位置偏移并且受噪声影响严重。

海底电缆探测技术是将采集电缆放置于海底，调查船拖曳震源在海面上放炮的方法，这很大程度上降低了海水流动及风浪对于数据采集时的影响，并且可以同时接收纵波信息和转换横波信息。

海底地震仪探测技术是将海底地震仪陈放于海底，调查船拖曳震源在海面上放炮的方法。与海底电缆探测技术相比具有更加灵活的采集方式，更适用于地形复杂的海底区域。可以长期放置在海底进行多次测量，使四维海上地震探测成为可能，

具有宽方位、全方位、噪音小、宽频、高信噪比、超长偏移距等优点。（林 渊）

**海底地质采样** submarine geoloical sampling 使用取样工具采集海底沉积物和岩石样品的方法。又称海底地质取样。由于海水的覆盖和海底沉积物较松散，海底地质采样与陆上有所不同。

海底地质采样有多种采样工具可供使用。在常规调查中一般使用下列采样器：①采泥器。用于采取海底表层沉积物样品。按其张口面积的大小分0.025平方米、0.1平方米和0.25平方米等不同规格。②采样管。用于采取柱状（岩芯）样品。主要有重力采样管和活塞式采样管两种类型。采芯长度数米至20米，与沉积物类型有关，通常在泥质沉积区采芯较长，在砂质沉积区较硬的海底上采芯较短。③箱式采样器。用于采取不受扰动的沉积样品及其上覆底层海水，样品可用于沉积物结构构造分析、铅-210（$^{210}Pb$）测年、碳-14（$^{14}C$）测年和沉积物与海水之间的地球化学交换以及锰结核的定量研究等。④振动活塞采样器。用于钻取砂质沉积物而设计的采样设备。在采样管的顶端，装置有密封的电动马达并由此产生向下的振动，使采样管不断向下钻进以达到采样的目的。使用的水深范围不超过200米。⑤深海采样。1968～1983年实施的**深海钻探计划**（DSDP）和其后的**大洋钻探计划**（ODP），可在深海洋底钻穿数百米厚的沉积层达到玄武岩基底，少数钻孔钻进洋底达1000余米，从而获得了比较完整的深海岩芯剖面。21世纪以来，在深海大洋钻探中采用了先进的液压活塞采岩芯技术，可取得未扰动岩芯，为大洋地层学和古海洋学研究提供了极有利条件。2014年，中国大洋第32航次科考，“海洋六号”在中太平洋进行大型重力活塞采样，从6000米深的海底收获样品长度达13.7米，打破采样长度的历史纪录。

此外，为了取得特定研究用的样品可使用多管采样器；用拖网技术可采集海底**多金属结核**、岩石等块状样品；用全液压浅层岩芯采样钻机获取**富钴结壳**样品（2013年中国大洋第29航次，“海洋六号”从1000余米的水下某平顶山钻获一段长28厘米的结壳岩芯样品，在9个站位钻获结壳样品厚度普遍超过8厘米）。

（秦蕴珊 莫杰政）

**海底电缆** submarine cable 铺设在海底的电缆。是一种有线电通信电缆，用于传送电报、电话、数据、图像、广播、电视节目等。简称海缆。

发展概况 1850年，盎格鲁-法国电报公司在英法之间铺设了世界上第一条海底电缆，只能发送莫尔斯电报密码。1876年A.G.贝尔发明电话后，海底电缆具备了新的功能，各国大规模铺设海底电缆的步伐加快了。中国第一条海底电缆是在1886年铺设的，由台湾台南安平通往澎湖，长53海里（约98.16千米），主要用作发送电报。中国第一条现代海底电缆在1988年建成，连接福州川石岛与台湾淡水，长177海里（约327.80千米）。

用于在海洋中铺设光纤电缆的设备

主要组成 海底电缆线路主要由电缆、海底增音机和海底均衡器组成。在浅海区和大陆架区，其铺设方式为用海缆敷设船铺设，海底电缆埋设在海底土层之下。在深海区，一般不采用埋设方式，海缆布放后随海底的起伏紧贴在海底。

性质特点 海底电缆处在水深1000米以下的海域，其温度基本不变，传输质量稳定。同时海缆电路的信噪比较低，寿命较长，传输延时也较小，适合高速数据传输。但海缆易受外力损坏，修理较为困难。

发展趋势 光导纤维由于具有造价低、通信容量大、抗干扰、耐高温、易弯曲等一系列优点，开始在海缆通信领域中崭露头角。1988年，美国与英国、法国之间铺设了越洋的海底光缆（TAT-8）系统，全长6700千米，是第一条跨越大西洋的通信海底光缆，标志着海底光缆时代的到来。包括中日海底光缆、亚欧海底光缆、跨太平洋海底光缆等国际洲际海底光缆项目均已建成使用。2014年，中国参与新跨太平洋（NCP）国际海底光缆工程建设，设计总容量为60太字节/秒（Tb/s），光缆全长13 618千米，2018年正式投产。

（万德成）

**海底电视抓斗技术** submarine TV grab technology 利用摄像头和液压系统的水下机械装置，通过科考船操作，实现海底目标区域的精确采样和视觉勘探的海洋地质勘探技术。

海底电视抓斗技术是一种海底勘探采样技术，它通过科考船上的铠装电缆将抓斗下放至海底，以程序指令控制抓斗的开合来实施勘探作业。这种装置主要用于海底浅表层的勘探采样，其驱动型式为水下液压驱动，控制方式为甲板操作与自动控制相结合。抓斗上还装有海底电视摄像头、光源和电源等辅助装置，使得操作人员可以通过船上的显视器寻找采样目标，并通过控制电视抓斗水下作业状态，实现海底目标样品的准确采集。海底电视抓斗技术的主要组成部分和工作原理如下。

电视摄像系统 一种集成在抓斗上的高科技设备，通过海底电视摄像头捕捉海底图像，并将视频信号通过铠装电缆实时传输到科考船上，使操作人员能够清晰地观察海底情况，精确控制抓斗进行采样作业。这一系统通常包括高清摄像机、照明设备、传感器和实时数据传输组件，是实现深海精确采样的关键技术之一。

机械抓斗装置 一种设计用于深海环境的采样工具，它通过遥控操作实现开合动作，以抓取海底的岩石、沉积物等样品。该装置通常由坚固耐用的材料制成，配备有液压或电动驱动系统，以及精密的控制系统，确保即使在极端的水下条件下也能稳定高效地完成采样任务。

遥控平台 一套集成的控制系统，允许操作人员在科考船的甲板上通过监控设备实时观察海底情况，并远程控制抓斗的开合以及移动，以精确地定位和采集海底样品。该平台通常包括操作界面、控制软件、传感器数据接收和处理单元，以及与水下抓斗通信的电子设备，是实现海底电视抓斗技术高效作业的神经中枢。

控制系统 一套精密的远程操作界面，它结合了实时视频反馈、传感器数据和精确的动力驱动机制，通过实时数据采集、信号传输、视频监控、操作指令输入、电液信号执行、反馈调节以及安全监控等环节，实现对水下机械抓斗的动作，包括开合、定位和移动，同时确保操作人员能够在甲板上安全、有效地进行海底采样作业，从而高效完成深海采样任务。

（孙瑜霞 陈家旺）

**海底断裂带** submarine fracture zone 海底不同时期和不同水深上形成的具有带状特征的断裂组合。又称海底破碎带。大洋大体可分为两个断裂系统：一是沿洋中脊轴部延伸的中央裂谷及与其平行的一系列断层构成的中央裂谷系；二是横切**洋中脊**或**海隆**的**转换断层**或横推断层系统。中央裂谷系主要分布在大西洋中脊和印度洋中脊轴部，其长度与洋中脊相似，而转换断层或横推断层系则分布在大西洋中脊及印度洋中脊和东太平洋海隆。在东太平洋海隆已发现有13条与之垂直的转换断层带：门多西诺断裂带、默里断裂带、莫洛凯断裂带、克拉里翁断裂带、克利珀顿断裂带、加拉帕戈斯断裂带、马克萨斯断裂带、美诺阿纳断裂带等，它们长达2000～3000千米，宽100～200千米，地形起伏达2000～3000千米，且断裂带延伸几乎平直，水平错动距离达150～1170千米。在断裂带两侧，地壳厚度及密度有较大差异，地磁异常有明显的错动现象，这可能被认为是由不均匀地幔对流造成的。

（许东禹）

**海底多金属矿产资源** submarine polymetallic mineral resource 分布在深海盆地、海山、海渊、洋中脊、弧后盆地和岛弧地区富含锰（Mn）、钴（Co）、铜（Cu）、锌（Zn）、金（Au）和银（Ag）等多种有用金属元素的统称。海底多金属矿产资源尚未得到商业性的开采和利用。

分布 海底多金属矿产资源的分布与地形、水深、古海洋环境、沉积物类型、底流、生物、流体、构造以及岩浆活动等有关。其中，多金属结核在太平洋、大西洋和印度洋均有分布，且主要分布在东北太平洋克拉里昂-克利珀顿断裂区、东南太平洋秘鲁海盆和北印度洋中部。

富钴结壳在三大洋均有分布，且主要分布在太平洋，包括皇帝海岭、中太平洋海山群、夏威夷海岭区、莱恩群岛海岭区、麦哲伦海山区、吉尔伯特海岭、马克萨斯海台以及马绍尔群岛海岭、北马里亚纳群岛附近海域等的水下平顶海山的上斜坡及顶面边缘。其中，在中太平洋，沿赤道两侧分布的海山区，分布于1000～1500米水深范围内的富钴结壳，其厚度最大，钴等有用元素的含量最高。此外，在中国南海海盆和陆坡区1500米水深的海山区也分布着富钴结壳。

热液硫化物在全球的洋中脊、岛弧、弧后扩张中心、板内热点或大陆裂谷等构造环境中均有分布，且洋中脊和弧后盆地中的热液硫化物分布区最多。例如，太平洋胡安德富卡洋脊、东太平洋海隆、大西洋洋中脊、中印度洋脊、西南印度洋脊以及西太平洋弧后盆地的冲绳海槽、马里亚纳海槽、马努斯海盆、北斐济海盆和劳海盆。

含金属沉积物主要分布在洋中脊两翼、弧后盆地的热液区及其邻域以及地中海和红海的海渊中。其中，红海中的含金属沉积物是具经济价值的海底多金属矿产资源。

调查研究现状 20世纪50年代之前，人们对海底多金属矿产资源的调查处于探索、发现阶段。例如，1873年3月7日，“挑战者”号船进行环球考察时，船上的英国海洋学家首次在北大西洋采集到了多金属结核样品，在随后的考察中，他们在印度洋和太平洋中也均发现并采集到了多金属结核。1948年，瑞典“信天翁”号船在深海考察过程中，在红海中央的海渊底部发现温度和盐度均较正常海水高而含氧量却显著偏低的海水。在相当长一段时间内，人们之所以一直没有真正认识到海底多金属矿产资源（以多金属结核为代表）的经济价值，究其原因是海底多金属矿产资源的勘探和开采技术要求高、成本高，短期内难以实现商业性开采及利用。

1963～1965年，美国伍兹霍尔海洋研究所（WHOI）在红海“阿特兰蒂斯”2号海渊2000米水深处，发现了金属含量极高的热卤水及海渊底部富含重金属的杂色软泥。1969年，联合国大会通过宣言，宣布海床、洋底及其资源是人类共同继承的财产。为此，美国、英国、日本、法国、联邦德国和苏联等国在中、东太平洋进行了有计划、大规模的海底多金属矿产资源调查，发现太平洋北纬7°～15°、西经114°～158°及北纬7°～14°、西经165°～180°之间的深海区为多金属结核富集带，且于1970～1980年陆续圈定了多金属结核富矿区。

20世纪70年代，海底多金属矿产资源具有了历史性、突破性的发现。1974年7月，美国和法国的海洋学家在大西洋洋中脊进行联合调查，当载人潜水器驶入幽暗的大洋深处时，观察到在洋中脊的一些裂隙中溢出了许多像打破的鸡蛋黄状的物质——含金属沉积物。随后，1979年，在东太平洋海隆北纬21°又发现了热液喷口及其喷出的温度高达380±30℃、富含金属元素（铁、锌、铜等）的热液流体以及伴生的热液硫化物堆积体。紧随其后，1981年，美国又先后在胡安德富卡洋脊和加拉帕戈斯裂谷发现了巨型的热液硫化物堆积体。这些发现不仅为人类开辟了新的资源领域，而且为揭示陆上多金属矿产资源的成因提供了可借鉴的现代模式。此外，1978年，美国根据多年的考察、探测结果，综合了大量的研究资料，正式出版了《海底沉积物和锰结核分布图》，进一步使世界各国对各大洋特别是太平洋海域的多金属结核情况有了一个较全面、正确的了解。

中国开展海底多金属矿产资源调查起步相对较晚。20世纪80年代中国首航太平洋，开始了国际海底多金属矿产资源调查。1982年，联合国第三届海洋法大会通过了《联合国海洋法公约》，建立了国际海底采矿登记制度。1983年，中国国家海洋局（今自然资源部）首次派船到中太平洋海盆东部进行了多金属结核试验性调查。1986年，地矿部“海洋四号”科考船首航太平洋进行了多金属结核调查。“七五”期间，中国在太平洋中部CP区（北纬7°～12°、东经176°～西经173°）和CC区（北纬7°～14°、西经139°～153°），共进行了8个航次的多金属结核调查，调查面积达200万平方千米以上，在此基础上，圈定出30万平方千米可供采矿作业的多金属结核矿区。“八五”“九五”期间通过多金属结核调查和研究，中国对太平洋多金属结核开辟区的地形地貌，重磁场特征，地层层序，洋壳起伏，沉积物类型、年代及分布，多金属结核的生成环境、赋存规律，结核类型、丰度、覆盖率、品位和矿床类型等均有了进一步的认识。在多金属结核的勘探研究（如局部区域详查）、勘探设备及技术方法配套等方面也取得了新的进展。此外，2003年中国大洋协会组织实施了首次东太平洋海隆热液硫化物调查航段，该航段获得了海底热液硫化物等一批样品和数据资料，使中国海底热液活动及其硫化物调查研究工作迈进了一步。

勘探开采 海底多金属矿产资源的开采难度较大。开采富钴结壳的技术难度大大高于开采多金属结核。多金属结核形成于松散沉积物基底之上，而富钴结壳却或松或紧地附着在海山顶部或斜面的基岩上。在开采富钴结壳时要避免采集过多基岩，否则会大大降低矿石质量。日本提出的富钴结壳开采技术系统包括：以水力喷射将富钴结壳与基岩分离；对海山上的富钴结壳进行原地化学沥滤，以声波分离富钴结壳等。尽管人们提出了各种用于开采海底多金属矿产资源的想法，但相关技术的研究和开发尚在初期阶段。

新发现的海底多金属矿产资源大多是在国家管辖范围之外的国际海底，多金属结核资源比任何陆地矿床都更丰富。开采、利用海底多金属矿产资源将有望缓解社会发展对资源需求的压力，取得经济收益，国际海底管理局已先后制定并通过了“区域”内多金属结核、多金属硫化物和富钴铁锰结壳探矿和勘探规章。

西方发达国家基本拥有了实现多金属结核开采的技术储备，重点开展兼顾环境保护的多金属矿产资源基础研究。中国需要抓住时机，掌握海底多金属矿产资源的基础研究及调查、开发、利用主动权，兼顾环境调查研究，发展多金属结核、富钴结壳、热液硫化物和含金属沉积物等海底资源的开采技术，为开发与利用海底多金属矿产资源提供工作基础及技术支撑，引领国际海底多金属结核、富钴结壳、热液硫化物和含金属沉积物资源等未来新兴海洋矿业的发展。（曾志刚　赵玉婷）

**海底工程**　submarine engineering　为开发利用海底资源而兴建的各项工程。地球表面有71%的面积被海水覆盖。在浩瀚的大洋深处，蕴藏着丰富的矿产与资源，具有巨大的经济潜力，在人口膨胀、陆上资源日益减少的情况下，海洋的经济价值越来越引起人们的重视。与此同时，随着人类政治经济军事活动的增强，海洋的战略意义也日益凸显其重要性。在此背景下，海底工程应运而生。

**形式分类**　海底工程主要分为以下几方面。

海底隧道　至2014年，世界上已建成和在建的海底隧道有100余座，主要分布在美国、欧洲、日本、中国大陆和香港九龙等地区。横越英吉利海峡的海底隧道、从九龙到香港的海底隧道等均已建成，并投入营运、发挥效益。中国兴建的第一条海底隧道为2010年通车的厦门翔安海底隧道。在白令海峡兴建隧道联结亚洲和美洲，还有连通中韩、日韩的海底隧道项目，以及中国的渤海隧道项目等正在构想之中。

海底隧道工程

海底储油库　利用海底建立石油、天然气贮存体系，不仅可达到在自然条件下分类贮存、管理的目的，而且还具有占地少、安全、环保、储量大、寿命长等优势，并能在海上为潜艇、舰船加注和供给燃料，符合战备需要。有些国家的一些大公司已分别在大洋中的几个水域建立了海底储油库，并将海底开采的石油贮存于海底油库。中国已经攻克建设海底储油库的相关技术，海底储油库的建设正稳步推进。

海底公寓　为满足人类居住要求的新变化而兴建的新型海底设施。它除采用先陆上预制建筑、再沉底就位外，还可因地制宜进行建造。这种设施可以设在大陆架、大洋底和水下山脊的任何地方。位于斐济群岛共和国的“海神海底度假村”(The Poseidon Undersea Resort）是世界上第一个海底度假村，游客可在水下12米处体验海底住宿。日本发布了一项名叫“海洋螺旋”的移动海底城市建筑构想，预计2030年完工，人类或许将能实现住在海底的梦想。

其他海底工程有用于引水和泄水的隧洞，用于通信的海底电缆、光缆，用于油气开采的海底管道等。有些国家的军事工程也建在海底，包括固定式和可移动式，以进一步增强其机动性和隐蔽性。此外，有些国家在海底建造核电站和用于掩埋核废料的海底洞库。

**研究意义**　海底工程能够体现一个国家的科技实力和经济实力，反映出一个国家的综合国力，同时也能推动一个国家的科学技术进步，对促进国民经济发展具有深远的战略意义。海底工程的建造加大了人类开发和利用海洋的力度，但同时也产生了一系列问题，如海洋环境遭到破坏、各国安全受到更大威胁等。

（万德成　王金宝）

**海底构造**　submarine tectonic　海底地质体或岩石形成过程中产生或形成之后发生变形变位所显现的形迹。关于海底构造的研究主要有两种学说：“固定论”大洋化作用说和“活动论”板块构造说。其中，板块构造说是20世纪60年代兴起的全球构造学说。按板块构造论，海底地形构造可分为大陆边缘、深海盆地或洋盆和大洋中脊或洋隆。大陆边缘，包括主动大陆边缘和被动大陆边缘，这里有大陆架、陆坡、陆隆或海沟及岛弧等构造。深海盆地或洋盆是指水深4000～6000米（平均水深3310米）的自大陆坡到洋中脊之间的深海底，其上分布有海盆、深海丘陵、深海平原、海山、海台、海隆、海岭等。大洋中脊或中央海岭是贯穿大洋呈线性延伸的巨大山岭，总长达7800千米，其上发育有中央裂谷及其与之平行延伸的岭脊和谷地和与横切的中脊转换断层。海底主要由洋壳组成，层1沉积岩、层2沉积火山岩层和层3大洋层（见表）。大洋构造与大陆之间有主要差异：洋壳厚度较薄，只有平均7千米，而陆地地壳则平均厚度为35千米；大洋地壳主要由玄武岩及超镁铁质岩石组成而缺失花岗岩层，而大陆地壳则以巨厚花岗岩层为特点；大洋地层年代较年轻，现代大洋缺失老于侏罗纪地层，褶皱等不发育而构造简单，而大陆则从太古代至现代岩石、地层都发育并断层、褶皱等构造很复杂。按照板块构造，大洋可分为大小不同的板块，太平洋板块、印度洋板块、欧亚板块、南极板块、美洲板块和非洲板块等。

**太平洋地质构造**　太平洋是世界最大最深的大洋，位于亚洲、美洲、大洋洲及南极大陆之间，南北长约15 900千米，东西宽约19 900千米，总面积17 968×$10^4$平方千米，占世界大洋总面积的49.8%，全球总面积的35.2%，平均水深4028米，最深达11 034米。通常以南、北回归线为界，分为北太平洋、中太平洋和南太平洋，或以赤道为界，分北太平洋和南太平洋，以东经160°为界，分西太平洋和东太平洋。太平洋洋底，按地质特征可分为大陆边缘、深海盆地或洋盆和东太平洋海隆。太平洋构造与大西洋及印度洋不同，其周缘构造活动强烈，地震及火山活动频繁，形成环太平洋地震带和环太平洋火山带，并发育有西部沟弧盆系和东部沟弧系；东太平洋海隆包括南太平洋海隆分布在太平洋偏东部和南部而并不分布在太平洋中部，而且海隆不发育裂谷但发育一系列与之垂直横切的转换断层和丘陵；在大陆边缘与东太平洋海隆之间分布有广阔的深海盆地。

东太平洋海隆地质构造　东太平洋海隆是由德国“信天翁”号海洋考察船（1888～1920）首先发现的。它和大西洋中脊及印度洋中脊连接成全球洋中脊系统。东太平洋海隆地壳结构是：层1是松

**太平洋、大西洋和印度洋洋壳结构和厚度（J.L. 沃泽尔，1974）**

| 项目 | 太平洋 | | | | 大西洋 | | | | 印度洋 | | | |
|---|---|---|---|---|---|---|---|---|---|---|---|---|
| | 地震速度/$km \cdot s^{-1}$ | 测数 | 厚度/km | 测数 | 地震速度/$km \cdot s^{-1}$ | 测数 | 厚度/km | 测数 | 地震速度/$km \cdot s^{-1}$ | 测数 | 厚度/km | 测数 |
| 海水 | 1.5 | | 4.8 | | 1.5 | | 4.8 | | 1.5 | | 4.8 | |
| 层1 | 2.0 | | 1.0 | | 2.0 | | 0.7 | | 2.0 | | 0.5 | |
| 层2 | 4.93 | 21 | 2.28 | 21 | 5.13 | 14 | 1.26 | 14 | 5.23 | 29 | 1.42 | 28 |
| 层3 | 6.66 | 65 | 4.75 | 35 | 6.80 | 18 | 4.44 | 16 | 7.79 | 35 | 5.07 | 22 |
| 地幔 | 8.00 | 35 | | | 8.02 | 16 | | | 8.78 | 22 | | |

散沉积层，厚度薄或缺失，$V_p$（纵波速度，下同）<3千米/秒；层2是固结沉积层及火山岩层，$V_p$为4.35～6千米/秒；层3不明显，$V_p$为6.8～7.3千米/秒。东太平洋海隆发育有一系列转换断层，它们是门多西诺断裂带、默里断裂带、莫洛凯断裂带、克拉里翁断裂带、克里班顿断裂带、加拉帕戈斯断裂带、马尔萨斯断裂带、复活节岛断裂带、智利断裂带、费尔南德断裂带和埃尔塔宁断裂带等。这些断裂带延伸长度达2000千米以上，宽度为100～200千米。断裂带在地貌上表现为狭长的山脊、断崖和槽谷，构造上形成一系列地堑和地垒，高差可达1000～2000米。在东太平洋海隆以东与南美大陆之间有一系列次一级海岭，自北向南依次出现特旺特佩海岭、科克斯海岭、加拉帕戈斯海岭、纳兹卡海岭、智利海岭等，这些海岭把海底分成几个海盆，如智利海盆、秘鲁海盆等。根据地震和磁条带分析，认为智利海盆和加拉帕戈斯海岭也是一个海底扩张中心，实际上它们是东太平洋海隆的侧向分支，因而在智利海岭与加拉帕戈斯海岭之间形成纳兹卡板块，在加拉帕戈斯海岭北面形成了科克斯板块。东太平洋海隆在一些地方热流值高达330毫瓦/米$^2$，平均值为130毫瓦/米$^2$，在多处发现有海底热液活动，有“黑烟囱”和“白烟囱”形成的多金属硫化物。海隆从轴部下方2千米深处附近收到微弱的地震信号，但在从其下方到50～100千米深处收不到地震信号，可推断在海隆2～3千米之下存在*岩浆房*。

太平洋深海洋盆和海山区　位于大陆边缘与东太平洋海隆之间，分布有中太平洋海盆、东北太平洋海盆和西南太平洋海盆以及一系列海山、大洋岛。这些海盆一般特征是水深在4000～6000米，热流值与大陆相仿，地壳厚度较薄，一般小于6千米。地壳结构层1为沉积层，厚度1.3千米；层2为沉积层和火山层，厚度1.3千米；层3为大洋层或玄武岩层，厚度5.2千米。在海山区，分布有沙次基海台、天皇－夏威夷海岭、马尔库斯－威克海岭、麦哲伦海山、加罗林岛、马绍尔－吉尔伯特海岭、土布艾海岭、土阿莫土海岭、莱恩群岛海岭、查塔姆海岭等和大洋岛如天皇－夏威夷岛链、复活节岛、萨摩亚群岛、皮特凯恩岛等，这些海岭和海台是热点/地幔柱的产物。现在，这些海山和海台都有地震或微弱地震，因而叫作*无震海岭*。其中天皇－夏威夷岛链西北端的火山形成于7500万～8000万年前，自西北向东南方向火山岩的年龄越来越新，最年轻的为80万年前，这是*热点*上产生的火山随海洋板块自东南向西北方向迁移的结果。

太平洋大陆边缘构造　太平洋大陆边缘构造特征与大西洋及印度洋不同，构造活动强烈，地震及火山活动频繁，构成具有贝尼奥夫带（又称和达－贝尼奥夫带）的环太平洋地震带及环太平洋火山带，发育沟－弧－盆或沟－弧系。太平洋周缘东西南北分布有32条深海沟，北部有阿留申海沟、千岛－堪察加海沟；西部日本海沟、伊豆－小笠原海沟、雅浦海沟、帕劳海沟、琉球海沟、马里亚纳海沟、马尼拉海沟、菲律宾海沟；南部有麦夸里海沟、班达海沟、基里瓦纳海沟、新不列颠海沟、新赫布里底海沟、托雷斯海沟、圣克里斯托瓦尔海沟；东部有秘鲁－智利海沟、塞德罗斯海沟、中美海沟等。岛弧与海沟大体平行延伸，岛弧与海沟地形高度差很大，如马里亚纳群岛比邻近的马里亚纳海沟高约11 500米。沟弧盆系的海盆，分布在岛弧与大陆之间、岛弧与岛弧之间，其深度一般比相邻洋盆浅一些。

**大西洋地质构造**　大西洋是世界第二大洋，总面积约10 650×10$^4$平方千米，约占世界大洋总面积的1/4，平均深度为3310米。大西洋地形构造特征是，大洋中脊沿着大西洋中部呈“S”字形延伸，把大西洋分割成东西对称的地形构造格局，从大西洋中脊向两侧伸展出一系列无震海岭把洋盆分割成一系列深海盆；大西洋中脊发育有中央裂谷和垂直横切中脊的一系列转换断层。

大西洋中脊地质构造特征　层1为松散沉积层，厚度0～0.4千米；层2为沉积岩和基地玄武岩层，厚度2.8千米，$V_p$=5.1千米/秒；层3为大洋玄武岩层，$V_p$=7.3千米/秒；中脊发育有沿与之平行延伸的中央裂谷，裂谷长度达数百千米，宽度在25～50千米，裂谷从顶部到谷底的深度一般大于1800米。在裂谷中常有高达数百米的火山，有些火山至今仍在活动，如爱尔兰火山。大西洋中脊热流值比全球洋底的高，裂谷带平均值高达120毫瓦/米$^2$，斜坡带逐渐降为55毫瓦/米$^2$；中脊重力自由空间异常为30～50伽（1伽=1厘米/秒$^2$），比两侧海盆的高20～30伽，中央裂谷为重力负异常，而裂谷两侧则出现重力正异常。大西洋中脊轴部显出磁力正异常。中脊轴部有宽200千米的浅源地震带，震源深度一般为30～70千米。在大西洋中脊发育有一系列垂直或斜切中脊的转换断层，形成断裂带，它们是查里－吉布斯断裂带、亚速尔断裂带、维码断裂带、圣保罗断裂带、罗曼什断裂带、阿森松断裂带、圣海伦断裂带、里奥格兰德断裂带、特里斯坦－达库尼亚断裂带等。

大西洋无震海岭地质构造　大西洋中脊东西两侧广泛分布有与中脊垂直或斜向的无震海岭，它们是沃领海台、发落海台、罗卡尔海台、波丘派恩浅滩、马德拉海台、百莫大海台、布莱克－巴哈马海台、阿韦斯海岭、巴拉库达海岭、巴巴多斯海岭、佛得角海台、里约格兰德海岭、鲸鱼海岭、福克兰海台、北斯科舍海岭和南斯科舍海岭等。其主要特征是海岭上不发生地震，地壳比一般洋壳厚，如罗卡尔海台地震速度为6.3千米/秒的地壳厚度在8～22千米，地震速度7.1千米/秒的厚度在30～32千米。

大西洋海盆地质构造特征　在大西洋中脊两侧，各海岭或海台之间分布有多海盆，在西部自北向南有北美海盆、奎亚那海盆、巴西海盆、阿根廷海盆、斯科舍海盆，在东部自北向南有加那利海盆、佛得角海盆、安哥拉海盆和开普海盆等。这些海盆地质构造特征是，各海盆地壳具有大洋地壳性质，而且相当的均一性，重力场十分平稳，自由空间异常值趋于零，布格异常为＋400毫伽，热流值不高，平均值为1.2微伽/（厘米$^2$·秒）厚的沉积，形成沉积盆地。

**印度洋地质构造特征**　印度洋海底构造格局明显的特征是洋中脊呈倒“Y”字形分成三支洋脊展布，其北支为中印度洋洋脊、西南分支为西南印度洋洋脊和东南部为东南印度洋洋脊；上述洋脊和南北向或近南北向几支无震海岭将印度洋分割成几个海盆。

印度洋中脊构造特征　中印度洋中脊、西南印度洋中脊及东南印度洋中脊构造特征各不相同。①中印度洋中脊，在该洋脊北段有一个卡尔斯伯格海脊，位于欧文断裂带和韦马断裂带之间，具有典型的洋中脊性质。在中印度洋洋脊轴部发育有复杂的中央裂谷，在裂谷带浅源地震集中，热流值很高，地磁场强度剧减。地壳结构：层1在裂谷底缺失或很薄；层2为火山岩层，厚度2～2.5千米，$V_p$=5.0～5.1千米/秒，在层2之下，地震纵波速度为明显升高，$V_p$=7.0～7.2千米/秒，显示有，未见明显的莫霍面，可能表明在卡尔斯贝格海脊之下有“壳幔混合层”存在。②西南印度洋洋脊，这里发育有中央裂谷，沿着裂谷轴部有浅源地震，顶部缺失沉积层或沉积很薄，多处产出热液硫化物沉积“黑烟囱”和“白烟囱”。在洋脊发育有一系列北南向和北北东—南南西向断裂带，如罗德里格斯断裂带、莫桑比克断裂带、爱德华断裂带和马尔加当斯断裂带等。③东南印度洋洋脊，这里不发育中央裂谷，但频繁发育浅源地震和火山活动强烈，在洋脊两侧对称分布有地磁条带，表明有南北扩张的中心，发育有南北向断裂带，如阿姆斯特丹断裂带。东南印度洋洋脊东端直接与南太平洋海隆连接。

印度洋无震海岭　在印度洋东部分布有马尔代夫海岭、东经90°海岭；西部有马达加斯加海岭、塞舌尔海岭和留尼旺海岭等无震海岭，它们的特征是无地震，具有洋壳性质。

印度洋深海盆构造特征　印度洋东部有东印度洋海盆，西澳大利亚海盆，中部有中印度洋海盆，南部有南印度洋海盆，这些海盆的构造特征是地质构造稳定或活动微弱，具有大洋地壳性质，平均厚度一般小于10千米。　（许东禹）

**海底观测网络**　seafloor observatory network　用基于海底的光电缆将放在海洋中的各种原位观测传感器和实验仪器设备连接起来构成的一套系统。海底光电缆连接海边的岸基站，由岸基站向该系统提供电能，并交互式远程控制系统的运行、实时获取采集的数据。因为这类系统解决了大量原位观测设备在海底长期运行面临的持续电能供给和海量数据传输两大难题，是人们能够对海洋特定区域的物理、化学、生物和地质地球物理等过程直接进行全天候的高分辨率原位实时长期综合观测的先进平台。海底观测网络不仅能进行海底观测，还可以联合观测井向下观测海底以下的世界，通过锚系和观测塔向上观测海洋水层，甚至通过水下接驳坞连接自治式无人潜水器（AUV）、自治式水下滑翔机（AUG）等各种活动观测平台，实现对海底、水体，甚至海–气界面等全方位的立体观测，摆脱了传统海洋研究方式的种种局限，使人类可在岸上实时监测深海实验，远程监测海底风暴潮、火山喷发、地震、海啸、滑坡和赤潮等各种突发事件，研究地球内部、海洋与大气等的全球变化，从根本上改变人类认识海洋的途径。因此，海底观测网被称为是继海面船舶、空中遥感遥测之后，人类建立的第3种地球科学观测平台，将成为未来全球海洋探测与研究的主要方式。

海底观测网络一般由各类原位观测传感器/仪器/机器人、科学仪器插座模块[（SIIM），即次接驳盒]、海底主基站（主接驳盒）、光电复合通信海缆（安装有海底中继器和海底分支器）、海岸基站和远程控制中心等部分组成，其主干基础设施按功能可分为电力系统和通信系统两大部分，具有供电、通信、监控和授时四大功能。其中，SIIM与各类传感器和仪器可组成观测仪器平台，通常针对特定的观测需求，代表一个较为集中的海底观测节点。

海底观测网络的核心技术包括海底高压直流输配电、海底高压高频直流变换、海底远程电力监控、海底远距离信息传输和海底原位科学实验等。观测网的运行周期通常要求在25年以上，且主干网核心部件基本要求免更换和免维护。而观测网主要位于海底，特殊的地理位置加上天气、海况和人类活动的限制，导致其研制、布放、保护和维修的难度大、周期长、成本高。

海底观测网络是20世纪末才发展起来的一项新技术。按总体结构可分为开放式和封闭式两类。开放式海底观测网可根据科学需求不断升级，在水下机器人协助下灵活更换或扩展各种科学仪器，甚至连接浮标、潜标以及AUV、AUG等移动观测平台，从而有针对性地开展各类海底原位实验，科学用户多、科学应用广；封闭式观测网的科学仪器较为单一，不具有扩展性或具有极为有限的扩展性，功能升级难、应用面较窄。用于多学科综合海洋观测的科学网为开放式，如美国海洋观测计划–区域尺度节点观测网（OOI-RSN）、加拿大“海王星”海底观测网（NEPTUNE）和欧洲多学科海底观测网（EMSO）等；用于国防的军事网和用于防灾减灾的专用网则为封闭式，如日本的地震和海啸密集海底网络系统（DONET）观测网和日本海沟海底地震海啸观测网（S-net），其中DONET具有一定的扩展性。总体上，开放式海底观测网络较封闭式海底观测网络的实现难度更大，技术风险和工程风险更高。　（周怀阳）

**海底观测网络输电技术**　power transmission technology for seafloor observatory network　将岸基电能源源不断地输送到海底观测网络，支撑海底观测网络运行、为水下观测设备供电及维持各个观测设备正常运行的技术。电能是海底观测网络的血液，每一个设备运行都离不开电能。在海底拥有充足的电能，是海底观测网络较其他海底系统的一个重要优势。在整个海底观测网络建设中，电能供给系统的设计和建造占有重要的地位，其中的关键技术包括电能输送网络、电能输送回路和输电系统组成。

电能输送网络　是由输电电缆采用高压电缆输电方式在海底连接成的一个网络。网络中有一根主电缆，主电缆连接接驳盒，通过观测设备插座模块连接到观测设备上，给观测设备供电。总体的输电方案为：在岸基站中，先把陆地供给的三相交流电转变为适合电缆高效输送的高压直流电，而后通过水下铠装电缆把电能输送到海底。并非直接用高压直流电给观测设备供电，而是将电能从电缆分叉点输送下来后，首先输入海底安置的接驳盒，通过接驳盒的能量变换模块把高压直流电压降为工作电压，通过观测设备插座模块，转换成观测设备能使用的电能，再引出变换后的电能驱动观测设备。

电能输送回路　电能输送回路通常有3种方式：①采用一路电缆以海岸站点为始末点，围成一个回路。②采用双缆输电或多缆输电。③在海岸站点和海底接驳盒上安置电极，一路输电，另一路通过海水为介质形成整个回路（单极回路）。

输电系统组成　输电系统主要组成为岸基站能量转换模块、接驳盒中的能量控制与转换模块、接驳盒中的能量管理和控制模块及接驳盒中的末端低电压分配模块。　（黄豪彩）

**海底观测网络水下布缆技术**　cable laying technology for seafloor observatory network　对海底观测网络中位于海床上的光电复合缆进行布置的技术。海底观测网络中主干光电复合缆的布设是海底观测系统安全、可靠运行的前提。在整个海底观测网络建设过程中，分为光缆路由的设计选择和敷设工程两个方面。

光缆路由设计选择具体分4步进行：①查看地形地貌，走访海洋相关部门，收集工程相关资料进行分析，初步确定光缆登陆点和路由方案。②按满足水深、旁侧声呐和浅地层剖面探测等要求布设测线及测站。③详细调查路由区附近海洋开发活动，特别注意易遭受船锚和渔网破坏地段的调查。④测量岸滩和登陆点。以上述步骤设计选择安全可靠的光缆登陆点和路由，选用相应光缆和施工方式进行布放。

光缆登陆点应满足以下条件：与岸基站距离较近。避免有裸露岩石，选择登陆潮滩较短及有盘留余缆的地点。全年风浪平稳，潮流较小的岸滩。沿岸流砂石少，自然灾害不易波及的地段。避开其他设施或海底障碍。便于登陆作业和维护的地点。不会再开发的地点。

海底观测网络光电复合缆的敷设工程分为直接敷设和埋设两种。直接敷设即直接将光电复合缆布放在海底层的表面，一般用于深海地区。埋设需用专用海缆埋设犁或冲埋设备将光电复合缆埋设在海底淤泥层内，以增强光电复合缆安全性，一般用于浅海地区。埋设深度按照缆线需保护程度、工程要求和海底地质决定，在中国大陆架，一般要求100米水深内不小于3米，100～200米水深不小于2米。登陆部分在登陆施工结束后再进行，一般深度不小于2米。 （黄豪彩）

**海底管道** submarine pipeline 铺设在海底或其下的沟槽内的各种管线的合称。又称海洋管道。

发展概述 海底管道的直径通常从运输气体的76毫米到高容量管道的1800毫米不等，管壁厚度通常在10～75毫米的范围内变化。1954年，在墨西哥湾美国海域，Brown & Root海洋工程公司铺设了世界上第一条海底管道。1973年，中国首次在山东黄岛铺设了3条500米长、从海上系泊装置至陆上的海底输油管道。世界上最长的海底管道是挪威到英国的Langeled管道，全长1200千米，2007年投入运营。管道所处海域的深度世界纪录是2775米，是由“Solitaire”号铺管船创造的。中国铺设的海底油气管道超过了6000千米，最长的海底管道是崖城13-1气田，输气管道长778千米。

组成成分 海底管道是海上油气开发系统的重要组成部分，通常由钢管、保温层、配重层、加热系统、防腐系统等组成，主要用于运输石油、天然气、化学药剂等，有时也做运输水使用，是大量、连续地输送油气产品最安全、快捷、可靠的运输方式。海底管道通常分为流线和管线。流线是一种特定区域内的管道，通常固定在海底特定区域，用于连接该区域内的海底井口、支管和平台等。管线又称出口管线，用于将资源带到岸边，也就是常说的立管系统。大型海底管道建设项目需要考虑大量因素，如海洋生态、地质灾害和环境负荷等。

使用特点 海底管道投产后不受水深、地形条件限制，可连续输送油气，效率高。海底管道使用技术条件与陆地上相同。由于修理困难，在设计时要考虑原油性质，并根据管道周围的气象、海况、地形、地质等资料，合理选择管道的走向、规格和结构，以确保安全使用。

分类 海底管道的类型，按照管道工作范围可分为以下4种：①出油管道。连接井口与平台的管道。②油（气）集输管道。用于输送、汇集石油、天然气等能源。③油气外输管道。用于平台与陆上处理终端之间的连接。④装卸管道。连接平台与装油设施的管道。

按照管道横截面的结构可分为以下2种：①单壁管。单壁管是最普通的海底管道，在海洋和岸上都有广泛的多用途应用，能用于输出、油田生产和检验、注水等。②管中管和集束管。管中管和集束管结构类似，主要特征是管道具有同心的内管和外管，内管或套管内的管道运输生产的流体并且绝热，同时外管（或承载、外套管管道）提供机械保护。

海底管道的铺设 海底管道的铺设方法可分为以下3种：①海底拖曳法。管道在陆上预制后下水，沿管道布置一定数量的浮筒，使管道浮离海底，再用绞车或拖船把管道拖到铺设位置。此法适用于铺设浅海短距离及穿越狭窄水道的管道。如北海一些油田用这种方法铺设平台与平台间的管道。②漂浮法。管道先在陆地焊成许多长管串，用浮筒拖到海上铺设位置，用驳船接长后撤掉浮筒，使管道下沉到预定位置。优点是拖力小，设备简单。但受气候影响太大，而且一旦开始工作就无法中断，只能用于铺设工期短、规模小的管道。③铺管船铺设。船上设有锚泊系统、焊接站、探伤站、张紧器及托管架等设备。铺管时，船按铺设线路就位并抛锚定位。预制好的管段在船上接长后从托管架上进入水中，铺管船靠锚泊系统逐步前移，焊完一段前进一段。这是通行的铺管方法。

管道埋设 为防止海流冲刷、保证管线的稳定、船舶抛锚和渔船捕鱼对管道造成的损害，需将管道埋入泥面以下3倍管径或2米深处。常用的方法是用骑在管道上的水下挖沟机以高压水冲开管道下的泥土，靠管道自重沉入沟内，再用高压水冲泥回填埋上。有时仅靠海流冲刷自然埋填。 （万德成）

**海底管道冲刷** submarine pipeline scouring 海洋工程构筑物改变了原来水动力条件，底流速度和剪切力增大，输沙率增加，工程构筑物附近地形平衡状态破坏，发生局部侵蚀的现象。海底管道作为一种从近岸平台向陆地输送油气的载体，由于其输送连续、输送量大、管理方便等优点，在海洋工程中得到了广泛的应用。

发展过程 从1985年中国第一条海底输油管道建成之后，中国海域累计已铺设海底管道数十条，总长度数千千米。典型的管道直径一般在20～100厘米，长度数百米到数百千米，水深变化从几米到2000米。它们有的掩埋在人工槽内，有的放置在海床表面。裸露的管道下方可能被水流掏出坑，使管道悬空。然而，海底管道在波浪、潮流等水动力作用下，管道附近底沙极易发生冲刷掏蚀，从而导致部分海底管道段悬空，失去依托。悬空部分在重力作用下发生弯曲下沉，当冲刷坑发展到一定深度，冲刷坑会发生回填和自埋。

引发灾害 由于涡激振动等作用，管道悬跨段会产生疲劳损伤或断裂，引发原油外漏等重大安全事故。1958～1965年，美国密西西比河三角洲海底管道失效事故中，有36.2%属于冲刷悬空引起的。中国东海平湖油田海底管道登陆段，多次出现裸露和悬空，最大悬空段长达41米，最大悬空高度达7米。2000年发生两次管道疲劳断裂，造成溢油事故和数亿元经济损失。南海北部湾一条输油管道，由于台风过境海底沙丘移动，产生十几处裸露悬空，最大悬空距离达20米，不得不采取紧急潜水加固。随着全球气候变化和中国入海泥沙急剧减少（如长江由20世纪70年代的5亿吨降到2000年的314吨），中国海岸和近海海底侵蚀日益严重。海底管道因冲刷悬空非常普遍，冲刷露管后，不但导致输油热损失增大，而且严重影响管道的安全运行。海底油气管道的安全与否，直接影响着海洋石油工业的发展和海洋环境的保护。

防治措施 管道冲刷状态可以进行原位检测，即通过单波束、多波束、浅地层剖面、侧扫声呐等探测手段判断。还利用多种冲刷物理模型试验，以及数学模型和数值模拟进行研究。对某海域特定水动力和底质条件下对最大可能冲刷深度，及管道在共振不折断时允许的最大悬跨度计算，以预测可能出现的风险。管道防护的措施主要包括：合理选择管道路由、合理的埋深以及水工保护。在管道工程的路由选择上，尽量避开海底侵蚀严重地段，特别是海底活动沙丘区。对海底管道也有多种工程防护措施，如护坦保护、抛石、沉排垫层、挖沟深埋、填充沙袋、设消能装置等。这些措施主要是为了加固基础、增强抗冲能力、改善局部流畅。一些国外管道保护公司使用人工水草、人工网垫、阻流板等措施来使泥沙回淤。 （刘锡清）

**海底滑坡** submarine landslide 在海底斜坡失稳情况下，由于重力作用导致的沉积物或岩石块体，在结构基本保持不变情况下，沿斜坡中的软弱结构面发生的滑动。

形成机制 影响海底滑坡的因素主要有3个方面：①斜坡岩性。海底滑坡主要出现在松散沉积中，往往具亲水性、胀缩性和崩解性高、抗剪性差的黏土夹层，成为极好的滑动界面。一些具有软弱结构面的岩石也可能发生滑坡。②地形坡度。一般正常固结度的泥质沉积物，在坡度＜4°时就可以发生大规模块体滑动。而三角洲快速沉积物，由于抗剪强度小，在＜0.01°（约0′36″）的很小的海底斜坡上也可以产生滑塌。③诱发因素。斜坡失稳诱发因素很多，如地震、断裂活动、快速沉积、海浪、浅层气、**天然气水合物**、**潮汐**、海平面变化、盐底辟、海啸、侵蚀作用、火山活动、人为活动等。据N.R.莫根施特恩于1978年用极限平衡法所做的海底斜坡稳定性分析，在坡度1°时，仅需要相当于重力6%的水平地震加速度，就可以导致坡体失稳。

地貌特征　旁侧声呐图像、浅层剖面或单道地震剖面，皆可显示海底滑坡地貌单元。海底滑坡体系一般由3个部分组成：①上部的滑坡源区。由张裂构造发展的许多阶梯状陡坎，在滑动面与滑落块体之间出现小凹坑。②中部的滑坡物质输送区。滑动块体称为滑动席，滑动席有时呈旋转运动，但沉积物构造不受扰动。③尾部的滑坡体堆积区。滑坡体因受到挤压形成一些褶皱和冲断层，滑坡体边缘形成上凸的陡缘，外侧有从滑坡体分离出来的小碎块及变形的碎屑流。

物质沿斜坡向下运动，根据物质块体的变形和崩解方式可以分5类：蠕变、岩崩、滑坡、碎屑流和泥流。按滑坡体体积可分为：超大型滑坡，体积＞$300\times10^4$立方米；大型滑坡，体积$50\times10^4$～$300\times10^4$立方米；中型滑坡，体积$3\times10^4$～$50\times10^4$立方米；小型滑坡，体积＜$3\times10^4$立方米。

分布　海底滑坡分布非常广泛，有些规模相当大，如南非厄加勒斯角外**大陆坡**的大滑坡体长750千米，宽106千米，体积估计达20 331立方千米，面积是中国台湾地区的2.2倍。冲绳海槽西侧的东海大陆坡上，有的滑坡是重力和构造断层结合的产物。在南海北部大陆滑坡成群分布，可以称滑坡区。在中国渤海、东海、南海的岸滩水域和内陆架浅水区，特别是三角洲前缘泥质沉积区，虽然坡度不大，但都有大量的海底滑坡发生。

灾害　海底滑坡可以直接使钻井平台、油气管道、海底电缆、港口、码头等设施发生损坏，大型海底滑坡有时会引起巨浪甚至海啸，造成严重的破坏。1929年，大西洋大浅滩地震导致海底滑坡，块体运移范围水深650～2800米，移动距离超过850千米，使海底电缆遭到严重损坏。1969年8月，墨西哥湾遭遇了卡米尔飓风，3座钻井平台很快覆没，损失超过1亿美元。平台原设计完全达到抗飓风的水平，调查发现飓风触发的海底滑坡和泥流，是造成这场灾难的主要因素。中国渤海因海底滑塌发生输油管道切断事故，南海也发生过海底滑动引起的石油钻井平台倾覆。

防治　为了保障海洋工程免遭海底滑坡灾害，对作业海域和工程场地要进行海底滑坡调查，对失稳的触发条件，发生海底滑坡可能性进行评价。已经有多种评价模型和数理方法，并开发出一些计算机应用软件。

（刘锡清）

**海底环境监测**　submarine environmental monitoring　为了解、评估海底环境和资源状况提供依据，通过特定的监测技术，对海底水动力环境、地球化学环境及生物环境等开展的监测。

技术发展　20世纪初，彼德森采泥器的发明，拉开了从海面做短暂的海底沉积环境和生物环境考察的序幕。传统的海底环境监测主要利用船只进行海底的地质地球物理调查，获取海底地形、海底地层结构等信息，但调查船只能进行短暂的考察，难以获取海底连续变化的信息。而卫星遥感和海面浮标虽然能监测海洋表面变化，但难以穿透海水层观测海底环境。

海底观测网主要由光电复合海缆、海底观测节点、科学仪器节点和岸边控制基站等设施组成。国际上比较知名的海底观测网有北美的海王星海底观测网计划、海王星海底网实验、欧洲海底观测网及日本的地震和海啸海底观测密集网。海底观测网的出现翻开了海底环境监测崭新的一页，它具有长期、动态、实时的优势，已逐渐成为观测海洋和地球过程的第三个平台。海底观测网可应用于海底天然气水合物、海底地震监测和海啸预警、海底热液活动等方面的研究，为人类认识海洋变化规律，提高对海洋环境和气候变化的预测能力提供了技术支撑，在海洋减灾防灾、海洋生态系统保护、资源/能源可持续开发利用、海洋权益维护和国防安全等方面具有重大意义。

中国监测技术　中国于2006年开始海底观测技术的科技攻关，于2009年4月在东海浅水区建成小衢山海底观测实验站，2011年4月开始与美国蒙特里加速研究系统（MARS）海底观测网并网运行，持续获取各种海底环境数据。由中国研发的海底环境原位监测数据采集系统实验样机于2014年在青岛研制成功，该系统是一项复杂的多传感器集成并进行数据获取的系统，可对海底水动力环境、地球化学环境及生物环境等开展原位监测。国务院于2013年1月16日讨论通过《国家重大科技基础设施建设中长期规划（2012—2030年）》，将“国家海底长期科学观测系统”项目列为国民经济和社会发展第十二个五年（2011～2015）规划纲要，位于优先安排的16个国家重大科技基础设施建设项目的首位。海底观测网已成为人类探测海底环境的重要平台，而中国尚处于起步阶段。因此，须紧密结合传统海底环境监测，同时积极建设中国的海底观测网络，为国家深海能源与资源开发、环境监测、海洋灾害预警预报等研究提供有力支撑。

（雷　坤）

**海底活动沙波**　seabed active sand wave　砂质沉积物在海水动力作用下，产生的脊线与主水流方向垂直、波浪起伏的地貌形态。实际上，在沙粒充足、水动力较强的海域，波状底形一般包括沙波与潮流沙脊两类。其中，沙波脊线垂直主水流方向，空间上呈丘状或者新月状，规模比较小，波长（$L$）可从几米至数百米，波高（$H$）可从十几厘米至数米。而潮流沙脊顺着主水流方向延伸，呈垄状，规模比较大，一般脊高几米至30米，宽几千米，长几千米至上百千米，往往潮流沙脊上还叠加有沙波。海底床的砂质沉积物为适应水流剪切力，产生这种规则的沙波和沙脊波状形态，是松散沉积物与流体动力系统相互调整的产物。

术语　国内外学术界关于海底沙波的术语并不统一，除海底沙波（seabed sand wave）外，还有水下沙丘（subaqueous dunes）、波痕（ripples）等称谓。1987年，在美国召开的沉积学专业会议上曾建议统一采用水下沙丘之名。但是，中国多数学者对不同尺度的沙波使用不同称谓。例如，1996年在珠江口盆地工程与灾害地质勘查中将其分为5类：沙纹（$L$为小于3米，$H$为小于0.3米）、小型沙波（$L$为3～20米，$H$为0.3～1米）、中型沙波（$L$为20～50米，$H$为1～2米）、大型沙波（$L$为50～150米，$H$为2～3米）和沙丘（$L$为150～500米，$H$为4～5米）。

形成机制　海底沙波在侧扫声呐影像上显示为黑白条带相间的图案，根据影像校正可以计算出真实波高、波长和沙波走向等几何数据。沙波的产生及活动与水动力、沉积物粒度等有关。细沙、中沙是陆架沙波主要组成粒级。水槽试验表明底流速度25～30厘米/秒可出现小型沙波，50～75厘米/秒可出现大型沙波，流速再大到100～150厘米/秒时沙波将被侵蚀掉，出现平床。沙波的形成及迁移机制至今仍没有公认的成熟理论。20世纪50年代有人提出海底大型沙波是由单向潮流形成的；60～70年代以来一些人认为沙波是由波浪作用而成的，还有人认为水面波是诱发床面沙波的直接原因；另一部分研究者则认为海底沙波是由波、流联合作用而成的。实际上海底沙波的出现、活动规律与多种因素有关，砂质沉积物供给、海洋水动力条件、特殊天气、海平面变化等都是重要因素。

分布　海底沙波分布非常广泛，美国东部陆架，英国、法国及澳大利亚近岸都有海底活动沙波分布。中国东海与南海北部的外陆架、莺歌海等海域，海底沙波比较发育。台湾浅滩、琼西南海区有海底沙丘分布。台湾浅滩总面积8800平方千米，沙丘密集，南北向穿过浅滩剖面上可遇到90～155个沙丘。单个沙丘宽度1～2千米，高度6～20米，坡度1.5°～10°，沙丘活动性很强。北方海区沙波较少，但辽东浅滩、海州湾、扬子浅滩也有沙波出现。

活动性　海底沙波活动性的评价和预测方法还在探索中，有的根据实测图谱上沙波的对称性和坡度，定性推测沙波的稳定性；也有利用重复水深测量和旁侧声呐扫描等方法来跟踪沙波的长期变化；也有采用定点锚泊定位系统测量沙波变化；还有采用平衡域谱分析法评价沙波的稳定性。在莺歌海工程与灾害地质调查中，曾根据海区实测波浪波高（$H$）、周期（$\tau$）数据，用柯马尔-米勒公式和佐藤公式计算波浪作用海底临界水深，来判断海底沙波的活动性。一般近岸浅海区波浪和潮流的作用强，沙波规模较大，活动性也比较强。深水区海底波浪作用弱，底流较弱，沙波高度和坡度都相对较小，对短期施工的钻井平台等不会造成危害。但在非正常动力条件下（如风暴潮与海啸），沙波的移动速度可以与底流流速的5次幂方成正比，即流速增加一倍，沙波移动速度将增加32倍。因此对于长期的海底设施，尤其是修建海底管道时，深水沙坡体也应予以考虑。

灾害　海底沙波的水流侵蚀与堆积活动非常活跃，通过沙丘区的海底输油气管道，常常被砂粒磨穿，管线底部掏空，管道弯曲变形甚至断裂，造成油气泄漏；在沙丘区的钻井平台桩基稳定性同样可能受到威胁。海南东方岸外、山东东营岸外海底工程皆遭受过活动沙波的危害。预防和减少海底沙波灾害，在海洋地质调查中要求圈定海底沙波分布区，并根据海区气象水文条件、水动力状况，进行稳定性初步评价。对海洋工程现场、管线路由必须进行详细声呐测量和必要的观测进行定量的评价，提出工程防御措施方案。（刘锡清）

**海底火山**　submarine volcano　形成于浅海和大洋底部的各种火山。包括死火山和活火山。

分布　地球上的火山活动主要集中在板块边界处，大多分布于大洋中脊和大洋边缘的**岛弧**处，板块内部也有一些火山活动。海底火山可分3大类，它们在地理分布、岩性和成因上都有显著的差异。

大洋边缘火山　沿大洋边缘的板块俯冲边界，展布着弧状的火山链。它是岛弧的主要组成单元，与深海沟、地震带及重力异常带相伴生。岛弧火山链中，有些是水下活火山。这类火山主要喷发安山岩类物质，安山岩的分布与岛弧紧密相关。由于安山质岩浆比玄武岩浆黏性大，且富含水分，巨大的蒸汽压力一旦突然释放便形成爆发式火山，易酿成巨大灾难。因安山岩黏性大，熔岩可堆砌成陡峭的山峰，突出水面，但逸出的气体又常使它生成火山灰和浮石。安山质火山的剥蚀产物可组成杂砂岩相沉积。

洋脊火山　大洋中脊是玄武质新洋壳生长的地方，海底火山与火山岛顺中脊走向成串出现。据估计，全球约80%的火山岩分布于大洋中脊，中央裂谷内遍布从海水中迅速冷凝而成的枕状熔岩。中脊处的大洋玄武岩是标准的拉斑玄武岩。这种拉斑玄武岩是岩浆沿中脊裂隙上升喷发而生成的产物，它组成了洋底岩石的主体。

洋盆火山　散布于深洋底的各种**海山**，包括平顶海山和孤立的大洋岛等，是属于大洋板块内部的火山。洋盆火山起初只是沿洋底裂隙溢出的熔岩流，以后逐渐上长加高，大部分海底火山在到达海面之前便不再活动，停止生长。其中高出洋底1000米以上者，称海山；不足1000米者，称海丘。少数火山从深水中升至海面附近，波浪等剥蚀作用会不断抵消它的生长。一旦火山锥渐次加宽并升出于波浪作用线之上，便能形成火山岛，几个邻近的火山岛可连接成较大的岛屿，如夏威夷岛。海面附近停止活动的火山，将被剥蚀作用削为平顶。各大洋，特别是太平洋中，发现许多平顶的水下死火山，称为平顶海山。尽管它们的顶部可能冠有珊瑚礁，但其主体皆是火山锥。洋盆火山的活动一般不超过几百万年。洋盆各海山或大洋岛屿的火山岩以碱性玄武岩较常见，极少数岛屿有硅质更高的熔岩，如冰岛及其附近有大量粗面岩和钠质流纹岩。碱性玄武岩组成的洋盆火山可能与**热点**或地幔柱的活动有关。

灾害　火山灾害有两大类，一类是直接灾害（火山碎屑流、火山熔岩流、火山喷发的火山碎屑和火山灰的危害）；另一类是间接灾害（火山喷发引起的泥石流、滑坡、地震、**海啸**等）。实际上两类灾害常常同时兼有。据统计，全球大约1/4的人口生活在火山活动区的危险地带，在近400年的时间里，火山喷发已经夺去了大约27万人的生命。公元79年意大利维苏威火山喷发，6条炽热的火山碎屑流很快埋没了繁华的庞贝城。1815年4月，印尼坦博拉火山喷发，火山碎屑流夺去了1万余人的生命，火山喷发带来的食物短缺和疫病蔓延又造成8万多人随之死亡。印度尼西亚巽他海峡中的喀拉喀托火山历史上多次喷发，1883年8月的爆发声响震动远至3200多千米外的澳大利亚，喷发出的岩浆达18立方千米。爆发引起40米高巨浪的海啸，使附近岛屿上3.6万余人死亡。1951年1月，巴布亚新几内亚的拉明顿火山爆发，炽热的火山灰毁坏的土地面积大约90平方英里（约233.1平方千米，1平方英里≈2.59平方千米），大量房屋倒塌，2900多人丧生。1963年印尼阿贡火山爆发时，直接死于火山灰云的人数就达1670余人之多。1980年美国圣海伦斯火山爆发，炽热的火山碎屑和熔岩使山地冰雪大量融化，形成了汹涌的泥石流，从山顶倾泻而下，并引起洪水泛滥，造成24人死亡，46人失踪。1985年哥伦比亚华鲁伊斯火山爆发，火山碎屑流融化了山顶冰盖，形成大规模的泥石流，造成2万多人丧生，7700余人无家可归。2010年3～4月，冰岛南部的艾雅法拉火山接连两次爆发，岩浆融化冰盖引发的洪水以及火山喷发释放出的大量气体、火山灰使航空运输、气候和人体健康均受到长期影响。中国海洋火山灾害较少，台湾岛东北的彭佳屿1916年、1922年有过火山喷发，花莲东北近海1853年、1854年发生过海底火山喷发，但没有灾害的详细记载。

**应急预案**　火山喷发是世界严重的自然灾害之一，有关各国政府都有灾害应急预案，及时发布信息，组织火山灾害预防、救援及转移居民。中国火山灾害比较少，但对少数有喷发可能的活火山（如云南腾冲活火山）也在不断地监测，并做好应急预案。（仲　佰　许东禹）

**海底军事基地**　submarine military base　修建在海底，能够满足一定战略、战术使用要求的军用设施。海底军事基地具有隐蔽性强、安全性好、不易被敌方发现、不易受到攻击的优点。如海底导弹和卫星发射基地、水下指挥控制中心、潜艇水下补给基地、海底兵工厂、水下武器试验场等。现代军事理念与军事科技的迅猛发展，使得未来的战争格局不可避免地成为“四维空间战”，即在海、陆、空和外层空间同时展开，与此同时，海洋将成为人类战争的主战场之一，并在战争的胜负中起着极为重要的作用。在这种背景下，海底军事基地应运而生。

类型 海底军事基地按修建位置分有4种类型：①海底山脉型基地。海底山脉跌宕起伏，建在海底山脉上的基地具有很强的隐蔽性。②海底地下型军事基地。受到海水及海底地层的双重阻隔，更加难以被敌方发现。③海底悬浮基地。大多利用锚索固定在海底，使武器装备悬浮于水中。这种基地要考虑海底地质和海流等因素对武器装备冲移的影响。④活动的海底基地。具有机动性强，利于隐蔽、安全作战的特点，也可以坐落于海底，但要注意坐落稳定，起浮迅速。

功能 海底军事基地具有5类功能：①补给。海底基地不受海面状况影响，能方便地向潜艇或其他作战舰艇提供武器、燃料、食品、装备等的补给，可以大大延长舰艇的续航能力，从而提高其战斗力。②侦听及预警。主要利用水声设备，探测跟踪敌舰特别是潜艇、核动力潜艇的活动情况，并向指挥部门做出报告。在海底布设次声波接收器，监视敌方海底武器试验，如水下爆炸等，获取敌方的军事动向，及时向指挥部门做出战斗预警。还可利用海底侦听站搜集海洋水文情报等。③武器制造及试验。把陆上的武器装备制造厂、试验场等重要的战略设施建在海底，具有良好的隐蔽性、安全性和保密性，并能减少对陆上居民生活的影响。④发射基地。在海底可布设各种武器，如导弹、水雷、鱼雷、导弹集装箱等，并通过遥控进行海底导弹、卫星等的发射。⑤军事指挥中心。军事指挥中心作为指挥战争的中枢机构，它的安全与否直接决定着战争的胜负，因此是极为重要的战略目标，极易受到敌方的攻击。海底军事指挥中心具有良好的隐蔽性、安全性，常常成为锁定胜局的关键。

发展状况 美国海底军事基地的建设走在世界前列。现已建成可容纳几千人的海底军事隧道和与陆地隔绝的浅海地下基地。在加利福尼亚州南110千米的圣克利门蒂岛附近海底建有核武器的试验场，供北极星、海神等导弹试验及水下居住实验使用；在佛罗里达州迈阿密东南90千米的海底建有潜艇及水下武器试验场等。中国也已开始建造庞大的水下监控与作战网络。这一网络最终将覆盖渤海、黄海、东海及南海水域，形成完整的中国沿海水域水下侦察与防御作战体系。 （万德成）

**海底可燃冰开采的环境影响** environmental impacts of submarine natural gas hydrate mining 在对深海沉积物中的可燃冰进行开采时，因开采不当可能造成海底滑坡、温室效应加剧、海洋生态失衡等环境影响。

全球海底可燃冰资源储量 可燃冰是深海沉积物中的天然气与水在高压低温条件下形成的类冰状结晶物质，作为一种绿色能源，可燃冰同时也是人们公认尚未开发的规模最大的新型石油替代能源。截至2014年，全世界已有包括中国在内的79个国家发现了可燃冰。可燃冰的储量非常可观，根据国际能源网提供的数据，全球可用可燃冰资源储量大约是$2\times10^{16}$立方米，约为剩余天然气储量（$1.56\times10^{14}$立方米）的128倍，因此成为许多国家和国际组织关注的热点。2017年，国土资源部中国地质调查局在南海宣布，中国正在南海北部神狐海域进行的可燃冰试采获得成功，标志着中国成为全球第一个实现了在海域可燃冰试开采中获得连续稳定产气的国家。

开采可能造成的环境影响 全世界对可燃冰的研究大都处于科学勘探和试开采层面上，一方面是因为可燃冰的开发和利用本身就十分困难；另一方面海底可燃冰的开采可能对环境造成巨大影响，也成为可燃冰开发利用的障碍。其影响涉及3个角度：①地质角度。由于可燃冰分布在海底和永久冻土层内，且本身稳定性较差，一旦汽化，其“容器”海底沉积物会失去稳定，不仅对海底管道、通信电缆和开采平台等造成损害，而且还有可能造成大陆架边缘动荡从而引发海底滑坡，甚至引发大规模海啸。②自然环境角度。可燃冰的主要成分是甲烷，还有一部分丙烷，以及二氧化碳等其他物质和水的混合物。可燃冰矿藏一旦受到破坏，会导致大量的甲烷气散失。而甲烷气进入大气，会加速全球变暖的进程，对全球气候变化产生严重影响。③海洋生态平衡角度。如果甲烷气体大量排入海水会发生较快的微生物氧化作用，其氧化作用会消耗海水中大量的氧气，形成缺氧环境，进而降低局部地区海水水质、威胁海洋生物的生存。此外，由于开采过程对海底的扰动，底栖生物的生存环境也受到威胁。

（汝少国 赵 飞）

**海底矿产资源** submarine mineral resource 海底的各类矿产资源，包括*海滨砂矿*在内，统属海底矿产资源。海底矿产资源丰富，从海岸到大洋均有分布。海滨砂矿床很早已被人类开采利用。浅海的石油勘探已遍及世界各个海域，现已扩展到半深海区域。海上产油量约占世界总产量的1/4，所占比重今后还会增长。深海锰结核和*海底热液*矿床等储量巨大，含金属品位高，随着开采技术日趋成熟，将进入开发深海底矿产资源的新阶段。

根据矿床的成因、赋存状况等，海底矿产资源可分为以下几种类型。

海滨砂矿 海滨砂矿主要来源于陆上的岩矿碎屑，经过水的搬运和分选，最后在有利于富集的地段形成矿床。在某些地区，冰川和风的搬运也起一定作用。河流不但能把大量陆源碎屑输送入海，而且在河床内就有着良好的分选作用。现在陆架上被海水淹没的古河床，便是寻找砂矿的理想场所。海滩上的水动力作用对碎屑物质的分选作用亦强，经波浪、*潮汐*和*沿岸流*的反复冲洗，可使比重大的矿物在特定的地貌部位富集起来。冰期低海面时形成的海滨砂矿，已淹没于浅海之下。砂矿中的重矿物一般是来自陆上的火山岩、侵入岩和变质岩。这类基岩在陆地上的展布状况，对寻找海滨砂矿矿床具有一定的指导意义。

砂矿分布广，在许多国家的沿海和陆架区都有广泛的分布，但巨大矿床不多见。由于砂矿的开采和分选易于进行，有很多国家都在开采，有的开采量很大，如世界上96%的锆石和90%的金红石就产自海滨砂矿。

中国海滨砂矿丰富，辽东半岛、山东半岛、广东和台湾沿岸均有分布，且多属复矿型砂矿，主要有金、钛铁矿、磁铁矿、锆石、独居石和金红石等。

常见的主要砂矿有金、铂、锡、钍、钛、锆、金刚石等。①砂金矿。主要产于美国的阿拉斯加、新西兰和俄罗斯西伯利亚东部海滨等处。②砂铂矿。产于美国的俄勒冈州和阿拉斯加、澳大利亚以及塞拉利昂。俄勒冈州西南部海滩上的铂和金矿，早在19世纪中叶就享有盛名。阿拉斯加古德纽斯湾的砂铂矿延伸入白令海中。③金刚石砂矿。非洲南部大西洋沿岸纳米比亚、南非和安哥拉境内有世界上最大的金刚石砂矿。水上开采始于1961年，产量不多，但质量很高。④砂锡矿。海滨砂锡矿在东南亚地区分布甚广，从缅甸经泰国和马来西亚到印度尼西亚被称为亚洲锡矿带。最有工业价值的是水下古河谷和平缓的分水岭砂矿。这些砂矿，广泛分布在勿里洞岛、邦加岛和新格岛附近，由陆向海延伸达15千米，水深可达35米。印度尼西亚和泰国已对水下砂矿进行大量开采，开采水深已超过40米。⑤砂铁矿。日本、菲律宾、印度尼西亚、澳大利亚、新西兰等国均有开采，一般为磁铁矿。日本明湾大型砂铁矿的主要有用组分为钛磁铁矿，其中含铁56%，钛氧化物12%，钒0.2%，为日本铁矿的重要来源。⑥复矿型砂矿。在很多砂矿中，不是含一种而是含多种有用矿物，如钛铁矿、锆石、金红石和独居石等经常共生，构成复矿型砂矿床。这种矿床在世界许多国家中都有发现，以澳大利亚、印度、斯里兰卡、巴西和美国所产者经济意义最大。澳大利亚东部、西部和北部一系列地区分布着富含锆石、金红石、钛铁矿和独居石的巨型海滨砂矿，其中提取的金红石砂矿占世界总产量的90%。在印度西海岸南部的特拉凡哥尔砂矿，从科摩林角到科钦延伸达250千米以上，为世界上大的黑砂矿床之一，以产铬铁矿和独居石为主。斯里兰卡海滨沉积物中富含钛铁矿、锆石、独居石和石榴石。到20世纪70年代初，斯里兰卡就已成为世界上很大的钛和锆原料输出国之一。⑦贝壳砂。由贝壳破碎、冲刷、磨蚀并富集而成，可作为水泥原料。美国在路易斯安那州岸外及墨西哥湾沿岸等地区进行开采，1969年路易斯安那州的产量已超过900万吨。冰岛在法赫萨湾内采贝壳砂的水深达40米。⑧砂砾矿。作为建筑材料，陆架区的砂砾矿也在加速开采，从1960～1970年，美国从陆架区开采的砂砾矿增加了1倍，每年开采量近4000万立方米。英国有30余家公司开采海底砂砾矿。将来靠近海区的陆上砂砾矿采尽或被建筑物覆盖后，海底砂砾矿的价值还会增长。

海底自生矿产　这类矿产资源不是来自陆源碎屑，而是由化学作用、生物作用和热液作用等在海洋内生成的自然矿物，或直接形成，或经过富集后形成。①磷灰石矿。浅水和中等水深海底较常见的一种矿物资源，大都分布于低纬度缺少碎屑沉积物的陆架外缘附近，尤其是富含营养盐的上升流区。磷酸盐通过生物作用和化学作用发生沉淀，再经过改造和富集等复杂过程才能成为有经济价值的矿床。磷灰石主要呈结核状，还有板状、块状等。结核的大小不一，通常为几厘米，大者可达80厘米，这种结核中常含有长石、石英等矿物碎屑和生物碎片；小的如沙粒状，质较纯，呈淡褐色，组分以胶磷石和细晶磷灰石为主。可作磷肥。②海绿石。一种浅海区常见的绿色硅酸盐，化学组分上属结晶很差的云母，富含钾（7%～8%）和铁（20%～25%）。有的呈小丸状，这些小丸的外形通常像有孔虫等生物的残骸或粪粒，可见其生成与腐烂的有机物质有关。其颜色随含钾量的增高而加深，粒径一般小于1毫米，集合体和杂质较多的颗粒可达几毫米。可作为钾肥的来源。③重晶石。在**大陆边缘**、赤道附近生物软泥分布区以及有热液活动的洋底常可见。20世纪70年代末还在美国圣迭戈岸外圣克利门蒂断裂带水深1800米处发现了一个大型热水重晶石矿，沿断层崖的下部，重晶石板状小晶体成网状堆成10米高的矿柱。在阿拉斯加岸外也有具经济价值的重晶石呈结核和小晶体状产出。美国约以每天1000吨的产量进行开采。④海底多金属结核。已知的世界上储量最大的深海底矿产资源。主要含锰、铁、镍、铜、钴等，已被确认为"人类的共同财富"。对其成因的研究也具有极大的科学意义（见**多金属结核**）。⑤海底多金属热液矿。最早发现于红海，后来又在各大洋的中脊处相继有所发现。由于大洋中脊有的地方热液仍在活动，所以那里的热液矿物仍在继续生成。红海内的**多金属软泥**早已肯定具有开采价值，东太平洋海隆上发现的块状硫化物矿床更引人注目。由于这类矿床锌和铜的含量很高，有人认为其经济价值甚至在深海锰结核之上。

大西洋布莱克高原形成的多金属深海结核

海底固结岩层中的矿产　这类矿产资源大多是陆上矿床向海底下的延伸。①石油。为最重要的海底矿产资源。自中、新生代，特别是自新生代以来，陆架和陆坡区比之陆地有着优越的沉积环境和良好的保存条件，因而成为生、储油气的理想场所。②硫矿。常赋存于盐丘顶部。当盐丘穿过上覆沉积物缓缓向上移动时，逐渐接近水层，盐开始溶解，硫酸钙因难溶被保存下来，再经石油和细菌的作用释出钙和氧，就形成了硫。美国路易斯安那州岸外已在开采。③煤。海底以下可供开采的煤矿赋存量不大，但在一些陆上贫煤的国家和地区具开采价值，如英国、日本以及中国台湾地区等。（曾志刚　国坤）

**海底扩张说**　seafloor spreading hypothesis

海底地壳生长和运动扩展的一种假说。是对**大陆漂移说**的进一步发展，板块构造说的基本思想之一。海底扩张说认为大洋中脊顶部是地幔物质上涌，形成新的大洋岩石圈的地方。形成的大洋岩石圈沿着远离脊顶方向，向两侧扩张推移；洋底处在不断运动和更新的过程中。

简史　1956年，美国地质学家B.C.希曾和W.M.尤因首先提出，世界大洋纵贯着一条张性的、地震频繁的大洋中脊体系。1960～1962年，美国科学家H.H.赫斯与R.S.迪茨分别提出了海底扩张说。1963年，英国学者F.J.瓦因和D.H.马修斯提出解释**海底磁异常条带**的成因，为海底扩张提供了重要依据。1965年，加拿大学者J.T.威尔逊提出转换断层的概念，证明岩石圈板块水平位移的可能性。1968年开始的深海钻探计划又给予海底扩张有力的支持。70年代初，海底扩张说获得广泛承认，许多学者已将海底扩张当作一项基本事实。

基本观点　海底扩张与地幔对流、大陆漂移密切相关。一般认为，高热流的大洋中脊位于对流上升发散区，低热流的洋缘海沟则处在对流下降汇聚区。沿中脊两侧，背驰的地幔流带动大洋岩石圈相背移动。在不同海域，如大西洋和太平洋，海底扩张有不同表现。大西洋是形成于联合古陆内部的新生大洋，扩张着的洋底推动邻接大陆向两侧漂移，大西洋不断展宽。太平洋原来是联合古陆以外的古老大洋，岩石圈一边在脊顶生长，一边沿海沟俯冲潜没，不断地更新。因此，古老的太平洋具有年轻的洋底。联合古陆的分裂与大陆四散漂移，实际上是大西洋、印度洋新生和扩张的结果。大陆不是独立地沿着洋底漂移，洋底与大陆一样也在移动。海底扩张是大陆漂移的新形式。

证据　洋底广泛发育的条带状磁异常为海底扩张提供了重要证据。瓦因和马修斯认为，在地幔物质沿脊轴上涌并冷凝成新洋底的过程中，新生岩石圈会按照当时地球磁场的方向被磁化。在地磁场极向频繁倒转的背景下，形成于中脊轴部、随后向两侧扩展的洋底就会遭受正反向交替的磁化。大量调查表明，洋底正、负磁异常条带的宽度与地磁场转向年表中正极向、反极向期的时间间隔成正比关系，从而证实了海底扩张与瓦因-马修斯模式的正确性（见**海底磁异常条带**）。将海底磁条带与地磁极性年表相互对比，可得出磁条带的年龄。磁条带的界线构成了洋底等时线。磁条带至脊轴的距离除以该磁条带的年龄，即可求出相应中脊段落的平均扩张速率。各大洋海底扩张速率不同，为1～15厘米/年。

深海钻探进一步验证了海底扩张。钻探得出的海底年龄与根据磁异常条带预测得出的年龄大体相符，海底年龄自洋中脊向两侧对称地变老。在中脊顶部的新生洋底上，沉积层极薄或缺失，向大洋两侧，随着沉积物的年代增加，海底沉积层对称地增厚。深海钻探又发现，洋底沉积层的年龄不老于1.7亿年，证明海底处于不断扩张和更新的过程中。

意义　海底扩张说较好地解释了一系列海底地质地球物理现象。海底扩张说的确立，导致大陆漂移说衰而复兴，主张地球表层存在大规模水平运动的活动论取得稳固的地位，从而为进一步建立板块构造学说奠定了基础。但在洋底岩石圈增生的具体过程和扩张机理等方面，海底扩张说也存在一些有待解决的难题。

（仲　佰　许东禹）

**海底浅层气**　seabed shallow gas　海底面以下1000米以上沉积物中所聚集的气体。浅层气的成分主要是甲烷，其次还有二氧化碳、硫化氢、乙烷等。它们的来源有的是沉积物中有机物分解形成的沼气，有的是通过断裂上升的深部石油天然气。

赋存状态　浅层气在地层中有4种赋存形式：①层状浅层气。主要发育在埋藏古湖泊、古河道、古三角洲沉积物中，深度不大。②团块状浅层气。主要由于沉积物中有机质含量不均造成的。③羽状或柱状、“烟囱状”浅层气。主要是深部天然气沿断层、底辟及孔隙等通道，向浅部运移形成的。④高压气囊。较深的天然气向浅部运移时，如果盖层较好，气体不断聚集，是压力越来越大造成的。

声学图像　在地震波和声波探测剖面上可以识别浅层气，其主要特征是：①造成地层反射波相位在对比追踪中骤然中断。②其顶部以上的地层反射波清晰可辨，可连续追踪，而下部地层反射波被部分或全部屏蔽。③低速屏蔽与正常地层交界处的内侧，因相位下拉而形成“低速凹陷”特征。有的浅层气可能泄漏到海底，在剖面上可明显显示出来。

分布　中国近海内陆架泥质区浅层气分布比较广泛，如渤海黄河三角洲、南黄海中部、长江三角洲、杭州湾、浙江岸外都存在大量浅层气。这些浅层气多发育在第四纪地层中，埋深一般不大于100米。泥质沉积是主要生气层，气体含量并不大，但它们是很好的盖层，而泥质中的砂质夹层含气量更大。南海珠江口盆地、北部湾、莺歌海也发现大量浅层气分布区。北部湾浅层气顶部埋深大部分在海底以下5～15米，成因上有的是浅层沼气，有的是来源于深部天然气。南海南部万安盆地发现浅层气，而且沿南北向断裂分布，可能是下部气体运移上来的，一般埋藏在厚约20米的淤泥层下，呈气囊状或烟囱状气道。在深海底部由于温度降低和压力加大，海底天然气和水可以形成一种似冰状固态物质，称为可燃冰或天然气水合物。天然气水合物分解可释放大量甲烷，成为温室气体，对环境造成严重影响，同时天然气水合物分解也可能引起海底滑坡。中国已在南海北部陆坡发现了天然气水合物，并于2017年在南海北部神狐海域试采可燃冰成功。

危害　海底浅层气作为资源，大多数由于储量小而分散，开采成本高，不具有开采价值。但作为一种海洋地质灾害因素，要引起高度重视。含浅层气的海底土是处于固、液、气三态的特殊非饱和土，封闭的气泡使土体压缩性增加，土体正常骨架结构受到改变，当受到外荷时抗剪强度降低，可能引起海底基础承载力瞬间下降，在气体大量释放情况下甚至发生地层塌陷。在石油钻探、跨海大桥桩基、海底隧道施工过程中，常常遇到浅层气工程地质灾害。在钻探遇到浅层气时，可能发生平台桩腿突然下沉，发生井喷，引起火灾，甚至导致整个平台烧毁，造成人员生命及财产损失。1975年，墨西哥湾一个钻井在孔深300米遇到浅层气囊，发生火灾，使平台和价值不菲的仪器毁于一旦。中国渤海、大港、胜利油田都曾钻遇高压浅层气，发生井喷事故，造成井眼报废，井喷着火，甚至钻机埋没。2001年，中国杭州湾大桥工程勘探初期，有7个钻孔遇到了浅层气，其中有2个钻孔在钻进50米时，发生浅层气强烈喷发，造成钻探船只倾覆沉没。

预防　在海洋工程施工之前要充分了解浅层气发育状况，浅层气地球物理探测的主要方法是地震波、声波探测法，声波图像处理及识别各种浅层气是关键技术。海底声呐图像也可根据麻坑地貌识别浅层气的存在。在施工中采用适当的钻探防护措施，进行有效控制气体释放，可以避免事故的发生。

（刘锡清）

**海底浅钻**　seabed shallow drilling　通常指采样器长度小于30米的采取海底坚硬岩芯的钻探设备。它与一般钻机相同，由钻架、钻杆、钻头和动力装置构成。常见有3种钻探方式：①将钻机沉放到浅海底，由母船上人工遥控操作。②将钻探设备安装在潜水器上，由母船或潜水器上遥控操作。③潜水员在海底直接操作钻机采取岩芯。世界各沿海国家普遍使用这种浅钻进行大陆架地质测绘和对深海大洋底矿产资源进行勘查和取样。

2011年，中国大洋第22航次“大洋一号”在东沙海域1740米海底，使用中深钻孔岩芯取样机，钻获15.7米的纪录。2013年，中国大洋第29航次“海洋六号”使用深海全液压浅层岩芯取样钻机进行“深海浅钻”，从1000余米的水下某平顶山钻获一段长28厘米的结壳岩芯样品，在9个站位钻获富钴结壳样品，厚度普遍超过8厘米。2014年3月，中国大洋第30航次在西南印度洋中脊多金属硫化物合同区，使用海底中深钻“进取者”首次在硫化物区钻探作业，成功钻取硫化物、碳酸盐和下覆基岩（作业水深4000米，适应于海底硬岩，钻进深度可达20米，最大取芯直径50毫米）。

2015年6月14日，由湖南科技大学海洋矿产资源探采装备与技术工程实验室主任万步炎带领的团队，自主研发的首台重型装备海底60米多用途“海牛”号钻机，在南海深海域海试成功。实现了在水深超过3000米的深海海底对海床进行60米钻探。拥有超过50米的深海钻孔深度的装备，就拥有国际先进的深海钻探能力。“海牛”号直径10米、重8.3吨、配备24根钻杆（每根长2.5米），钻进中接卸钻杆速度很快，约3分钟。钻头由金刚石和硬质合金制成，分为3种类型：一种专门针对硬岩地层，一种针对沉积岩软岩地层，还有一种是根据需要全面钻进不取（岩）芯的钻头。具有5个特点：①整机自动控制水平高。②整机重量小于国际上的10吨。③可原位探测岩石的电阻率、孔隙率，以及给孔内周边岩石拍照，不仅可钻硬岩，还可以用来钻取稀软的沉积物。④拥有“绳索取芯”关键技术，打60米孔以往需要4～5天，现可缩短为20多小时，效率高。⑤价格比进口设备降低一半甚至2/3。中国拥有的“海牛”号，使中国成为继美国、德国、澳大利亚后第4个掌握海底重型钻探设备研发技术的国家。

（莫恭政）

**海底热流**　seafloor heat flow　通过传导方式自地球内部输送到海底表面的热量。其表达式为：

$$Q=-K\mathrm{grad}T$$

式中$Q$、$K$和$T$分别为热流量、热导率和温度。热流是一矢量，其大小与热导率和地温梯度成正比，方向与地温梯度相反，负号表示热从地球内部向地表传输，即高温区流向低温区。海底热流是地球散热的主要方式，也是研究和了解地球内部热状态、海底岩石圈热历史及其演化的重要参数。

世界各大洋的海底热流值具有明显的分区特征，而且地壳热流值的分带性与海洋岩石圈演化模式相一致，显示出自洋中脊轴部向两侧随海底年龄增加热流值由高而低的变化规律。年轻洋中脊轴部平均热流值为120～147毫瓦/米$^2$，峰值几乎都集中在中脊轴部宽200～500千米的狭长地带内。

从海底热流的变化规律可以看出，海底热流的分布特征显示了海底洋中脊、洋盆和大陆边缘的构造特征和演化，因此，海底热流的调查和研究是研究海洋地质学的重要手段之一。（许东禹）

**海底热流测量** seafloor heat flow measurement 对*海底热流*从地球内部穿过地壳到达海底的热流量的测量。用每秒钟通过单位面积的热量来表示热流量。它是向量，可以表示成：$Q=K\mathrm{grad}T$，即热流量$Q$为岩石的热传导率$K$和温度梯度$\mathrm{grad}T$的乘积，其单位为毫伽/(厘米$^2$·秒)，简写成HFU。1HFU＝41.87毫瓦/米$^2$。在地球表面，由于海陆有很大差异，在海洋地区和大陆地区，所使用的测量手段和方法也不同，从而有海底热流测量和陆地热流测量之分。深海底层水的温度不随季节变化，所以在洋底测定热流值，没有必要穿透太深。而且海底沉积物的热传导率$K$可以看成各向同性的，因此，上式可简化为：

$$Q=k\frac{\partial T}{\partial z}$$

式中$z$为垂直深度。这样，只要在海底表层不同深度上测定温度差，并取得海底沉积物样品以测定热传导率$k$，就可以求得热流量$Q$。

研究简史　海底热流测量较陆地热流测量晚。1950年，A.马克斯韦尔在3米长尖头钢管（直径4.2厘米）的不同部位放置温度传感器并用采样器取得海底沉积物样品测定$k$。1954年，英国地球物理学家E.C.布拉德制作成的海底温度梯度探针长3～5米，直径2.5～4.0厘米，用热电偶测量。1962年，R.杰勒德等设计出采样器与温度梯度探针联合在一起的热流测定器，也称为尤因型热流测定器，使测量工作趋于简便。海底热流测量虽较陆地晚，但现在世界上的热流测定数据中，来自大洋底的却占90%以上。

分布特征　海底热流值不仅与地球的热活动有关，而且也是构造活动的一个指标。海底大地形是构造运动的直接反映，因此不同的海底地形单元有着不同的热流值特征。

①大洋的热流量。在世界大洋地区热流的平均值为1.64±1.11HFU。太平洋的平均热流值（1.78±1.15HFU）高于大西洋（1.34±0.88HFU）和印度洋（1.54±1.18HFU），这说明太平洋的热活动性和构造活动性强。

②大洋洋脊的热流量。大洋中高热流值区分布于大洋洋脊附近。东太平洋洋脊的热流平均值为2.26±1.71HFU，其脊轴两侧存在着两个宽50～90千米的异常高热流带，其间被宽100～150千米的高热流带所隔开，再向外为低热流带。高热流的大洋洋脊有浅源地震活动和条带磁异常的存在。不伴有地震活动的海岭如皇帝海岭等处（热流值为1.15±0.32HFU）则没有发现高热流带。大西洋中脊上有高于两侧盆地的热流值。雷克雅内斯洋脊上有两个热流峰值，与脊峰上的中央裂谷两侧地形相对应，并有条带状磁异常伴生。印度洋洋脊的热流值也高于平均值。

③海沟的热流量。海沟地区的热流值一般为低值（小于1HFU），例如秘鲁—智利海沟、千岛海沟、汤加—克马德克海沟、新赫布里底海沟、日本海沟、琉球海沟、伊豆—小笠原海沟和马里亚纳海沟等。但在雅浦海沟和帛琉海沟却观测到高热流值，而中美海沟和爪哇海沟则是既有高热流值，又有低热流值的混合型。阿留申海沟的中部呈低热流值，而东部为高热流值。因此，一般认为，低热流值与俯冲带直接有关，而高热流值则受到新生代火山活动的影响。

④深海盆的热流量。比各大洋的平均值低，太平洋为1.59±1.01HFU，大西洋为1.24±0.36HFU，印度洋为1.41±0.79HFU，其中以太平洋为高。深海盆自由空间重力异常近于零，几乎没有地震活动，与大洋洋脊和海沟相比属于构造活动稳定的地区。

尽管已经取得相当数量的海底热流数据，但海底热流测量的资料毕竟有限，而且在一些具有重要构造意义的地区，如海沟地区（数十个测点）的测量还进行得很不够。这是因为海沟形状狭长，水深很大，对设备和技术的要求较高。随着观测和研究的深入，海底热流量的设备和技术将会进一步改进完善。（刘光鼎　莫恭政）

**海底热液** submarine hydrothermal solution 在洋壳高温条件下形成的海底高温液体。又称海底热水、热液流体。最早是在印度尼西亚班努勿胡海底火山发现了热泉，后来在红海发现了56℃的热卤水。1971～1974年，在法摩斯计划（FAMOUS）中，于大西洋发现了温泉。1977年之后，通过"阿尔文"号潜水器的探索，陆续在加拉帕戈斯海岭、东太平洋海隆、大西洋中脊以及西南印度洋中脊、太平洋弧后海盆—冲绳海槽等地发现了海底热液及其"黑烟囱"和"白烟囱"堆积物或热液丘。

组成　海底热液组成包括喷口流体和海底下的流体、海水、沉积物中的孔隙水、岩石中的结晶水及孔隙水以及岩浆释放的流体等。

形成与循环　1972年，C.B.利斯特提出了海底地壳内可能存在有热液循环的设想。喷口流体又叫热泉，温度可与海水接近，也可达300℃。海底温泉是在与海水相对封闭的通路上喷出的。在洋中脊，当海底热水与周围渗入冷海水相遇时，两者相互作用下形成热液柱，热液柱与周围海水的界限主要通过温度、浊度、氧化还原电势和化学元素组成（甲烷、氦-3、铁和锰等）指标来确定。海底热液通过地壳内裂缝或裂谷进行循环并喷出温泉和矿"烟囱"。

产物　指所有海底热液活动过程中形成的物质和液体，包括温泉，热液柱，富含铜、锌、金、银等的多金属硫化物，含金属沉积物和热液生物。

研究意义　研究证明海底热液的循环与洋中脊轴部裂谷、断层及微地震关系密切，因此，它的研究成果不仅合理地揭示了洋中脊的异常现象，而且对揭示地壳内正进行的构造变动具有重要意义。海底热液的产物——多金属硫化物主要以"黑烟囱""白烟囱"、热液丘形态出现，这对热液矿床的研究非常重要。高温极端环境下产生的热液生物，为生物学的研究开辟了新的领域。（许东禹）

**海底砂土液化** submarine liquefaction of sand 海底饱水的粉砂、细砂土在振动作用下，孔隙水压力上升，有效应力减小，导致砂土突然破坏而从固态变化到液态的现象。

形成机制　砂土在固体状态时，同时具有抵抗体变（体积应变）和形变（剪应变）能力。理想液体只具有抗体变能力，没有抗形变能力。砂土抗剪强度主要依靠颗粒间的摩擦阻力。在外加振动荷载作用下，海底饱和性砂土孔隙水压力骤然增加，砂土颗粒接触点所传递的有效压力减小，颗粒间摩擦阻力也等于或接近于零，抗剪强度趋于消失，沙粒呈悬浮状态，砂土出现液化现象，砂土的结构亦遭到破坏。

影响因素　海洋环境比陆地环境复杂，影响海底砂土液化的因素更多，包括土质条件（颗粒粒级、密度、压缩性、透水性等）、初始应力状态（土单元受动载荷前的应力状态、应力历史等）、动载荷条件（波浪或地震引起的载荷幅值大小、频谱特征、持续时间、传递方式、方向等）。外加荷载可以来自地震，也可来自海啸、波浪、潮汐等周期性因素。

分布　浅海区域容易液化的砂体分布非常广泛。现代潮流沙脊、沙波、浅滩沉积物都是易液化砂体，地层中的古河道沉积、古沙坝、古沙脊等具有高角度交错层理（或斜层理）的堆积体，也都有发生液化的可能性。特别是在地震强度大、风浪大的浅海区，如中国黄河现代河口水下三角洲、长江水下三角洲，沙体沉积含水量高，结构松散，受地震或其他外力触发，极易发生液化。在三角洲的前缘斜坡上，沉积层的液化很容易导致海底泥流和滑坡的发生。南海北部陆架砂土液化危险是普遍存在的，特别是陆架东北部地震烈度Ⅷ、Ⅸ级的区域尤甚。

砂土可液化性评价　对海底砂土液化进行确定性分析与评价，主要方法有3类：①经验和统计法。该方法以现场液化调查资料为基础，给出判别实际液化与不液化的条件与界限，并且可以给出液化程度。这类方法直观、简单，较容易被工程人员接受，在许多抗震设计中应用，但不能从物理本质和机理上对液化问题进行深入探讨。在珠江口工程与灾害调查中，曾利用标准贯入击数法（SPT）、静力触探评价法（CPT），确定了砂土液化程度的抗液化差的上限及下限、潜在液化界限和最易液化界限的粒级含量百分比，其中最易液化的粒度组合是30%的粗粉砂与70%的细砂。②简化分析法。以试验和土体反应计算分析为基础，用稳态线的液化估算，判别饱和砂土能否液化。如CPT-动强度试验评价法、抗液化临界剪切应力判断法、横波速度法、能量分析法等。③数值分析法。考虑砂土与结构动力的相互作用，给出应力、应变、孔压、渗流以及变形发展的全过程。对波浪诱发的砂土液化可能性评价，在于计算海底波浪的压力，并计算无限土层受谐振波浪荷载的瞬态反应获得不同水深的超孔隙水压力。当超孔隙水压力超过土层上覆有效自重应力时，土层极限平衡状态被破坏，土层将发生液化。在评价砂土液化时已有一些国家标准可以遵循，以及一些国际标准和计算方法参考。在评价时常常选用几种方法所获得的结果进行比较，称为综合评价法。

危害及预防措施　海底砂土液化对海洋工程造成巨大破坏，往往构筑物基础外围砂土首先液化，地基下边因土体应力重新分布，支撑能力锐减或者消失，导致构筑物塌陷。海底砂土液化还可能导致滑坡、碎屑流、不均匀沉降等现象，导致钻井平台歪斜、海底油气管线破坏。海洋工程可通过如下方法预防海底液化灾害：①通过海洋地质调查，搞清楚区域沉积条件、地震背景、海洋气象条件、海洋动力条件。②必须对工程场区进行海底砂土液化试验。③利用综合方法对砂土液化进行判别。④采取可行的工程施工设计对策方案。

（刘锡清）

**海底扇**　submarine fan　发育于大陆坡麓，被沉积物覆盖，向海缓斜的扇形地。又称深海扇。旧称海底三角洲。海底扇多展布于海底峡谷前缘，主要由峡谷运来的大量沉积物在峡谷口外堆积而成。

海底扇可分为4个单元：①上部扇带。其剖面呈上凹形，坡度陡（1/100），表面有一条具天然堤的深切的沟谷。②中部扇带。剖面呈上凸形，坡度较缓（1/500），平面呈放射形，是海底扇沉积最厚的部分，又称叠覆扇。海底谷弯曲，汊道众多，天然堤发育较差。③下部扇带。其剖面呈上凹形，坡度更缓（1/1000），表面光滑而微有起伏，发育了许多辫状宽浅的谷系。④末端扇缘。为扇的外部与深海平原交接处，表面平整，被一些窄小的缓斜沟谷所穿切（见图）。

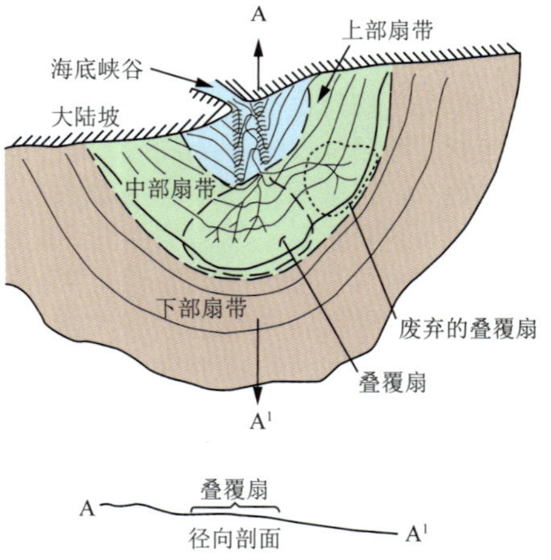


海底扇示意图

海底扇有多种沉积物类型：①碎屑流堆积。为杂乱、分选差的砂和砾，见于峡谷出口和上部扇带的谷中。②液化流或碎屑流堆积。为分选较好，有少量杂基的砂和砾，主要见于上部扇带的谷中。③浊流沉积物。浊流序列（**鲍马序列**）中的递变层理段（A层）和平行层理段（B层）常发育于中部和下部扇带的谷中；而波状层理段（C层）和水平层理段（D层）则发育于扇谷内部和扇谷外侧（包括天然堤）。④半远洋沉积。为呈悬浮状的陆源泥和粉砂，以及生源物质堆积而成，分布在扇谷间、下部扇带和扇缘。扇谷内沉积物粒度较粗，扇谷间沉积物粒度较细；顺坡而下，碎屑物的最大粒径、砂的含量及浊流底部层序的厚度均逐渐减小。泥和粉砂质泥以夹层形式见于所有环境，其中常含有植物和浅水生物的残骸。浊流是最主要的搬运和沉积营力。

浊流流经上部扇带的谷道，有时可溢出天然堤发生沉积。至中部扇带浊流四散，流速降低，便发生大规模的沉积。之后，一些细粒物质可被漫流挟至下部扇带和扇缘沉积下来。在旧的扇谷被堵塞时，强烈的浊流可使原先的天然堤溃决，形成新的具有天然堤的扇谷和新的叠覆扇。在此过程中，小型扇谷汊道频繁地发生迁移，老的谷道被废弃，形成新谷道，海底扇逐渐向上和向海加积，最终形成较均一的半圆锥形沉积体。海底扇是大洋中最庞大的陆源沉积体。一个中等大小的海底扇，沉积厚度0.5～3千米。世界上最大的海底扇是**孟加拉海底扇**。孟加拉海底扇有曲流和辫状的扇谷网络，扇谷规模巨大，内部构造复杂，在两侧的天然堤范围内，可有数条活跃的次一级扇谷。

海底扇的大小、厚度和形态主要与输入沉积物数量的多少有关，在大河外侧常有大型海底扇发育。第四纪冰期低海面时，大量陆源物质直接进入海底峡谷，形成了许多规模巨大的海底扇。构造运动和地理环境对海底扇的发育也有影响。山系和物源区抬升，剥蚀速度增大，会导致海底扇沉积速度加快，孟加拉海底扇的快速增长即与喜马拉雅山的强烈隆升有关。

（严钦尚　金性春）

**海底实验室**　submarine laboratory　为科学家进行科学研究和日常生活而在海底建立的实验室。由于在陆地实验室模拟海底环境进行科学实验存在很大的局限性，无法完全模拟海底环境，因此有必要通过在海底建设实验室，来满足科学实验研究需求。

发展简史　海底实验室的设想是在20世纪20年代提出来的。1962年，美国“海中人-1号”和法国“大陆架-1号”海底实验室首次在地中海进行试验。初期的海底实验室固定于水下，依靠补给船的起重机吊放海底。后来的海底实验室可以通过压载水舱注、排水，做沉浮的垂直运动，并向作业水深大、自持力强和机动性能好的方向发展。如苏联1977年1月下水的“底栖生物-300号”，作业深度达300米，自持力14天，可容纳12名乘员。由于通信联络、保暖措施、安全减压等方面仍有难以解决的问题，加上造价昂贵，海底实验室仍处于实验研究阶段。世界上仅存的海底实验室位于美国佛罗里达州拉哥礁海域海底，名字叫作“宝瓶座”。它位于海面下20米深处，外观好似一艘潜水艇，总重量81吨，体积不大，但可容纳6人居住并在海底工作7～30天。科学家们主要在这里研究珊瑚、海草、鱼类等生物和水质等生态环境的变化，并记录自身在海底生活的各种生理状况。通常情况下，科学家可在实验室连续住上数星期，所需食物和工具都被装在防水的罐子里由潜水员定期送往实验室。中国正在进行的“深海空间站”研发，也是海底实验室的一种具体实践。

位于美国佛罗里达群岛国家海洋保护区的海底实验室“宝瓶座”

系统组成　海底实验室通常配有水面补给系统、人员运载舱和工作室3部分，外部一般附有高压气瓶、压载水舱和固体压载等，通过压载水舱注水或排水使实验室下潜或上浮。实验室的电力、氧气、淡水和食物，都是由陆上、补给船或补给浮标等通过“脐带”供应。当实验室内外压平衡时，海水不会进入室内，人员可以通过闸室自由出入。实验室内压力、温度、湿度和气体成分由仪表自动监控。

（孙　丹）

**海底疏浚土资源化利用**　resource utilization of seabed dredged soil　将海底疏浚土直接或采用某种方法处理后作为资源材料加以科学利用的系统工程。海底疏浚土是在港口、航道建设及维护工程中，利用专用设备从海底开挖产生的土颗粒和海水的混合物。海底疏浚土具有含水量大、含盐量高的特点，且一次工程产量巨大，这为疏浚土资源化利用带来了充足的资源，但也带来了一定的困难。

**主要问题**　据《中国海洋环境状况公报》，2016年向海洋倾倒的清洁疏浚物（含海底疏浚土）达15 922万立方米。海洋倾倒会对海洋环境产生一定的污染，而且疏浚土的存量日积月累，也可能超出海洋的接纳和自净能力，导致对海洋的污染和对生态环境的破坏，造成海洋环境和生物资源重大损失。堆场存放则占用大量的土地资源，而且海底疏浚土中的盐分还可能导致土壤盐碱化。

**利用方式**　常用的海底疏浚土处置方式是海洋倾倒和堆场存放。为了缓解海底疏浚土带来的系列问题，以及促进资源的循环利用，人们对于海底疏浚土开展了大量的资源化利用研究和实践，将海底疏浚土直接或经过物理、化学、热处理等方法处理后作为材料，应用于相关领域。

用于土工材料　将疏浚土作为围海造陆工程的填料（直接吹填），既可解决填料不足的问题，又可消化大量的疏浚土，可谓一举两得。但是，疏浚土独特的工程性质，可导致新形成的陆域（吹填土地基）强度低、沉降量大。要解决这一问题还有赖于填土技术的改进和后续的地基处理。这种疏浚土利用方式，需要疏浚工程与围海造陆工程同步进行。在疏浚土中添加一定量的水泥、石灰等固化材料，可在短时间内有效降低疏浚土中的含水量，使其成为良好的填方或填筑材料。在疏浚土中添加少量的固化剂，可使疏浚土呈半固化状态，既易于碾压夯实，又便于储存备用；若添加足够的固化剂，则可形成固化土，直接用于填方或填筑工程。

用于建筑材料　将疏浚土作为主要原料，掺入适量添加剂制备免烧砖，可用于对泛霜限制不严或无要求的人工鱼礁等海洋工程建筑，这将减轻对土地资源的消耗，有效保护耕地。疏浚土也可作为主要原料烧制成瓷砖用于建筑工程。黏粒含量高的疏浚土，可通过制陶工艺烧制成陶粒，作为轻型建筑材料的骨料使用。

用于其他材料　海底疏浚土含有丰富的次生矿物、有机质和植物生长所需要的营养成分，是滨海湿地沉积物理想的替代材料。利用高压泵将疏浚土送达并直接覆盖目标湿地，可快速有效修复滨海湿地。砂粒含量较高的疏浚土可被烧制成日常生活使用的陶瓷和工艺品。从海底疏浚土中提取硫化物等矿物元素，再经过精细加工，可制成具有美白、保湿、除皱、对皮肤病和关节炎有疗效等功能的海泥护肤品。

**发展趋势**　海底疏浚土资源化利用是一项系统工程。一方面，相关企业应进一步致力于降低资源化利用成本；另一方面，需要政府的统筹管理，包括制定法律法规、技术标准及产业导向和扶持政策，为海底疏浚土的规模化利用建立长效机制。

在中国，海底疏浚土资源化利用仅限于围海造陆的吹填工程。虽然在土工材料化技术方面取得了一系列的研究成果，但尚未大规模工程应用。用于滨海湿地生态修复及用作建筑、陶瓷、护肤品等技术，仍处于研究试验阶段。

（杨俊杰）

**海底峡谷**　submarine canyon　两侧斜坡陡峭，底部向下倾斜，深而狭的海底谷地。发育于**大陆边缘**，主要在**大陆坡**上。其谷轴蜿蜒弯曲，支谷汊道众多，横剖面呈“V”形，形似陆上的峡谷。

特征和分布　海底峡谷的头部多发育于陆坡上部或陆架上，有的甚至直逼**海岸线**，峡谷头部的平均水深约100米。多数峡谷可延伸至大陆坡麓部。其末端水深多在2000米左右，深者可达3000～4000米。峡谷口外通常是缓斜的**海底扇**，在海底扇区，峡谷被带有天然堤的扇谷所取代。海底峡谷的水深由头部向海变深。其纵剖面大多呈上凹形或出现数个转折裂点，也有呈上凸形或比较平直者，长大峡谷的坡度较缓。世界上著名的**哈得孙海底峡谷**，从哈得孙河口开始一直延伸进入大西洋。世界上最长的海底峡谷为**白令海底峡谷**，长400多千米。海底峡谷两壁高陡，一般坡度约40°，有的谷壁状若悬崖。切割最深的巴哈马海底峡谷，其谷壁高差达4400米、最宽处37千米，是陆上大峡谷难以相比的。一般海底峡谷谷壁有许多不同时代的基岩露头，谷底沉积物有泥、粉砂、砂以至砾石等。来自浅水的具递变层理的砂和粉砂层常与深海的泥质沉积物交错出现，有时也有滑塌沉积物穿插其间。

全世界所有的大陆坡几乎都有海底峡谷分布。但在倾角小于1°的平缓陆坡，以及有大陆边缘地、**海台**或**堡礁**与陆架隔开的陆坡上，海底峡谷比较罕见。有些海底峡谷与陆上河谷（或古河谷）相邻接，但也有不少海底峡谷尚未发现与陆上河谷有任何联系。

成因　关于海底峡谷的成因，主要有两种解释：①被淹没于海下的古河谷。由于某些海底峡谷形状类似陆上河蚀峡谷，故一些学者认为海底峡谷是地质时期河流切割形成的陆上峡谷，随着地壳下沉或海面上升淹没于海下而成的。如地中海地区科西嘉岛的海底峡谷，它与相邻陆上河谷的坡度连续一致，可以认为这种峡谷是受淹的河谷。但有些海底峡谷处于海面以下一二千米甚至更深之处，而海平面抬升的幅度不可能达到这样大，并且海底峡谷又广泛地见于构造上升地区，故河谷被淹没在海下这种形成方式，不能作为海底峡谷的普遍成因。有一些与陆上河谷相延续的海底峡谷，二者相接处的坡度突然发生转折，海底峡谷的坡度比邻接的陆上河谷的坡度陡得多，可见它们也不是被淹没的河谷下段。②浊流侵蚀作用。是大多数海底峡谷的成因。1936年，美籍加拿大地质学家R.A.戴利首先提出，海底峡谷是浊流侵蚀作用的结果。尽管多年来并未在峡谷中直接测到高速的浊流，但有大量的间接证据，如峡谷顶部陡峭乃至倒悬的谷壁，谷底的波痕和流痕，不时向下游移动的沙砾，具粒级递变层理的谷底沉积岩芯，峡谷口外发育巨大的海底扇，谷底及海底扇中有砂、浅水生物和陆上植物的碎屑等均表明峡谷中必定有较强的流体通过；特别是1929年纽芬兰大浅滩地震后，向着陆坡下方的海底电缆依次折断，这证明有强大浊流存在。人们推断在第四纪低海面时，由于河流挟带着大量沉积物在大陆坡顶部附近入海，浊流作用特别强烈，故有许多海底峡谷主要在此时发育。

海谷　除海底峡谷外，尚有其他一些海底谷（简称海谷）。在大型三角洲前缘，常有横剖面呈“U”形，谷身平直，分支稀少的谷地，称三角洲前缘槽，其成因可能类似于海底峡谷。海底扇上的扇谷，又称深海谷，其深度一般较小，谷底比较平坦，谷壁缺乏基岩露头，通常是海底峡谷或三角洲前缘槽的向海延续。一些深海谷可延展到深海平原上，其延伸走向往往平行于海岸线，例如自巴芬湾向南延入北美海盆的中大西洋深海谷。大陆坡上还有一些微微弯曲、支谷较少的浅小海谷，称为坡沟，其形成主要与块体滑塌作用有关。断裂下陷常形成谷壁平直，底部宽阔的槽形谷。（严钦尚　金性春）

**海底溢油量估算**　estimation of submarine oil spill volume　对发生在海底附近因溢油事故或自然过程导致的油品泄漏量大小进行的估计和推算。见海洋溢油量估算。

**海底油气输送立管**　submarine oil and gas transportation riser　连接平台甲板设施与海底设备（如井口、总管），用来输送石油、天然气等海洋资源的导管。海洋油气输送立管作为海面与海底的一种联系通道，既可用于浮式海洋平台，又可用于固定式海洋平台及钻探船舶。一般情况下，海洋油气输送立管上端与平台或船舶底部的滑移节配合，下端通过万向节与海底井口连接。

发展简史　20世纪50年代，海洋油气输送立管第一次应用于美国加利福尼亚的离岸钻井驳船上。伴随着海洋油气资源的开发，海洋油气输送立管已经逐步从浅水海域向深水海域发展。

形式　海洋油气输送立管本质上分为刚性立管和柔性立管，主要有4种形式：顶张力立管（TTR）、钢悬链线立管（SCR）、柔性立管和混合立管。

顶张力立管　一种较长且带有弹性的环形圆筒立管，依靠顶端张紧器提供足够的张力来保持稳定，一般直接连接在平台井口和油田井口之间。顶张力立管的主体结构由中级别的高强度钢建造，一些关键部位使用钛合金建造。顶张力立管具有生产、注入、钻井和输出的功能。顶张力立管与平台间的相对运动较小，性能相对稳定，多用于张力腿平台和立柱式平台。

钢悬链线立管　以简单的悬链方式悬挂在平台上，顶端与垂向多成20°以内角度，底部水平敷放于海床。钢悬链线立管主要用于海洋油气资源的输出，常用的钢材等级为X60、X65、X70。钢悬链线立管出现于20世纪90年代中期，以其成本低、无须顶张力补偿、对浮体运动及高温高压的环境适应性强等优势，在墨西哥湾、坎普斯湾、北海和西非海域的张力腿平台、立柱式平台、半潜式平台和浮式生产系统上得到成功应用，使用水深超过3000米。

柔性立管　由金属和聚合物材料构成的多层复壁管道，可以从水下生产系统向浮式生产系统输送油气资源。20世纪70年代，柔性立管开始应用于巴西加罗帕、北海邓肯油田。柔性立管具有自由悬链线形、懒惰波浪形、陡峭波浪形、懒惰S形、陡峭S形等多种布局形式，对极端海流、波浪具有良好的整体顺应性。

混合立管　利用柔性跨接软管连接刚性立管与浮式结构，并允许二者之间发生一定的相对位移，可以合理地安排海下布局。1988年，卡梅隆库伯公司最早将混合式立管应用于工作水深469米的绿色峡谷29区油田。其后，混合立管在墨西哥湾的花园银行388油田和安哥拉的吉拉索尔油田中得到应用。

类型选择　海洋油气输送立管类型的选择要考虑环境、总体覆盖范围、工程施工能力、经验、技术/性能、安装能力等参数。

安装　海洋油气输送立管的安装通过铺管船等专用安装设备进行，最常用的安装方法包括“S”形铺设、“J”形铺设、卷筒铺设、拖曳铺设等。

设计　海洋油气输送立管的工程步骤大致分为概念设计、前端工程设计、详细设计、建造、试运行和检测以及运营6个部分。海洋油气输送立管设计除应满足结构的功能要求外，还应满足生产率、压力、腐蚀、侵蚀和温度的要求。（郭海燕）

**海底油气输送设施**　submarine oil and gas transportation facilities　将开采的海底石油或天然气进行输送的海底设备装置。陆地油气开发逐步步入开发利用的中后期，勘探开发难度不断增加，成本升高，而海洋油气资源潜力巨大，勘探开发前景良好。开发海洋油气资源，海底油气输送设施是必不可少的开采设备。

海底油气输送设施主要包括海底油气管道和海洋立管两类。

海底油气管道　海上油气田开发生产系统的主要组成部分。它是连续地输送大量油气最快捷、最安全和经济可靠的运输方式。通过海底管道能把海上油气田的生产集输和储运系统联系起来，也使海上油气田和陆上石油工业系统联系起来。随着海上油气田的不断开发，海底输油气管道已经成为广泛应用于海洋石油工业的一种有效运输手段。海底管道按输送介质可划分为海底输油管道、海底输气管道、海底油气混输管道和海底输水管道等。从结构上看，也可划分为双重保温管道和单层管道。海底管道的铺设方法有：浮游法、悬浮拖法、离底拖法、铺管船法及深水区域的“J”形铺管法等。

海洋立管　连接海面浮体和海床井口的导管，是深水油气开发的重要设备，同时也是深水生产系统最为复杂的结构之一。一般来说，海洋立管主要完成以下功能：外输、输入或循环流体，钻井或修井机工具到井口的导向，支撑辅助线。在钻井和采油阶段，作为生产部件的立管系统的功能包括生产和回注、输出/输入或循环流体、钻井、完井和修井。立管的类型众多、分类复杂。按立管的外形划分，有整体式立管和非整体式立管，这两种立管又可以进一步分为筒内立管和筒外立管两种。从立管本质上划分，有刚性立管和柔性立管两种，混合立管是这两种立管的组合。从油田开发不同阶段的功能上讲，可以分为钻井立管和生产立管两种。从立管本身的特点和适用性讲，又可以分为钢悬链线立管、顶部张紧立管、柔性立管、混

合立管。（万德成）

**海底油气资源**　submarine oil and gas resource　埋藏于海洋底层以下的沉积岩及基岩中由地质作用形成的具有经济意义的海底烃类矿物聚集体。

分布　据不完全统计，海底蕴藏的油气资源储量约占全球油气储量的1/3。21世纪，海底油气开发已从浅海大陆架延伸到千米水深的海区。据预测，全球陆上的油气可采年限为30～80年。随着对石油需求的快速增加，世界步入了石油匮乏的时代，也就是所谓的“后石油时代”。根据国际上流行的浅海和深海的划分标准，水深小于500米为浅海，大于500米为深海，1500米以上为超深海。全球海洋油气资源主要分布在大陆架，占60%，深水和超深水占30%，全球的海上油气资源形成了一个“三湾两海两湖”的格局（“三湾”即波斯湾、墨西哥湾和几内亚湾；“两海”即北海和南海；“两湖”即里海和马拉开波湖）。

中国海底油气资源主要分布在东海、南海、渤海和台湾海峡。根据中国勘探成果预测，在渤海、黄海、东海及南海北部大陆架海域，石油资源量就达到275.3亿吨，天然气资源量达到10.6万亿立方米，尤其是中国南海，占中国油气总资源量的1/3，被称为“第二个波斯湾”。中国石油资源的平均探明率为38.9%，海洋仅为12.3%，远远低于世界平均73%的探明率；中国天然气平均探明率为23%，海洋为10.9%，而世界平均探明率在60.5%左右。中国海洋油气资源在勘探上整体处于早中期阶段。近海大陆架上的渤海、北部湾、珠江口、莺琼、南黄海、东海六大沉积盆地，都已发现了丰富的油气资源。

勘探与开发　海底油气的开采始于20世纪初，但在相当长时期内仅发现少量的海底油田。随着深水钻井及深水开发设施建造安装能力的提高，使世界上可勘探、开发的深水区范围也随之扩展到水深3000米以上。尤其是在巴西坎波斯盆地发现大型油气田以后，深水勘探更是不断升温，已成为世界上最热的勘探领域。世界上已形成3个深水勘探的热点地区，均位于大西洋两岸，它们是西非、坎波斯盆地和墨西哥湾。世界很多国家已对深水区的油气进行了勘探，包括在大西洋两岸国家；在地中海沿岸国家；在亚太地区如印度、澳大利亚、印尼等，都在积极开展深水油气勘探开发活动。深水油气勘探是当前油气勘探的前沿领域，与浅水和陆上油气勘探相比，深水油气勘探技术要求高、风险高（包括石油地质风险、勘探技术风险、商业经济风险、环保风险等），作业难度高而且与陆上油气勘探相比勘探工艺差异大，当然深水区勘探也有回报高、储量大等特点。

世界深水勘探在过去十几年里迅速发展，同时也形成了一套独特的勘探模式，世界深水勘探具有5个特点：①当前深水油气勘探效益较好的地区多位于被动大陆边缘盆地或与被动大陆边缘相关的裂谷盆地，且往往是浅水区及陆上勘探的延伸。②油气储层常为白垩纪或第三纪，且多为第三纪深水浊积砂岩。③深水油气勘探常以发现大中型油气田为目标和寻找大中型圈闭。由于深水油气勘探投资巨大，成本高昂，油气田的经济可采储量门槛高，因此必须以发现大中型油气田为目标，以使投资获得较好回报，降低勘探开发风险，勘探也往往以寻找大中型圈闭（且多为构造圈闭或构造-岩性复合圈闭）为钻探目标，因为大中型构造圈闭油气资源巨大，资源丰度高，一旦被发现，便能带来丰厚的回报。④深水区开发和发现的多为油藏。据有关机构统计，在已发现的深水储量中，石油占64%，在待发现储量中，估计石油约占63%。深水区的发现以油为主，主要原因是在深水区开发天然气难度很大，不如开采原油容易，并且还没有在深水区开发天然气的较经济可行的生产装置。⑤勘探热点地区均具有一套与油气成藏密切相关的盐岩及和盐有关的构造已成为当前构造及油气成藏研究的热点。同时，深水油气勘探形成了一些新的应用技术，包括精细构造解释技术、深水储层预测技术、烃源岩评价技术、盖层评价技术、无井或少井区烃类检测技术、深水有利区带和目标地质评价技术和深水油气勘探综合评价技术。

储层　通过海洋油气勘探评价、研究工作实践，不仅掌握了大量的基础成果资料，也积累了一些海洋油气地质研究经验，特别是在深水沉积体系理论和深水油气勘探应用技术方面取得了较大的进展。深水沉积体系指代海洋深水区（现代水深大于500米）沉积物重力流作用、环境和沉积物。与之相似的术语有浊流沉积体系、浊流沉积复合体和*海底扇*。深水沉积体系的形成条件是足够的水深、足够的坡度角和密度差、充沛的物源和一定的触发机制，主要控制因素包括构造、沉积物供应、海平面变化和气候等。从沉积物输送过程的影响因素来讲，盆地排水系统、陆架的坡度、沉积物重力流性质等也会对深水沉积体系造成一定的影响。

被动陆缘盆地的储集层分布十分广泛，时代从裂陷期到裂后期，陆上或浅水盆地发现的浅水碳酸盐岩或三角洲沉积等储层在深水盆地中同样能发现，形成于浅水环境，只是现在处于深水盆地中，岩性有玄武岩、介壳灰岩、海相台地碳酸盐岩、河流-三角洲相砂岩、滨浅海相砂岩以及前三角洲-半深海相浊积砂岩。对于深水区而言，最有意义的储集层是晚白垩-第三纪浊积砂岩储层（见表）。浊积砂岩储

**世界主要深水盆地储层条件对比表**

| 盆　地 | 年　代 | 类　型 | 孔隙度/% | 渗透率/md | 厚度/m |
|---|---|---|---|---|---|
| 坎波斯 | 渐新世 | 浊积砂岩 | 25～30 | 5400 | 30～100 |
| | 晚白垩世 | 浊积砂岩 | 20～30 | 1000 | >100 |
| | 晚白垩世 | 灰岩和浊积砂岩 | 33 | 1000～4000 | 115 |
| 美国墨西哥湾 | 第四纪-上新世 | 深水浊积扇和水道砂 | 30 | 50～1350 | 单层3～21 |
| | 中新世 | 深水浊积扇和水道砂 | 15～30 | 40～716 | 单层3～23 |
| | 渐新世 | 海相砂岩 | 11～37 | 1～9000 | 单层2.1～4 |
| 西非（加蓬） | 中新世 | 浊积水道砂 | 30 | 1000 | 60 |
| | 晚白垩世 | 浊积砂岩 | 30 | 800 | 200 |
| | 早白垩世阿普第阶 | 河流、滨面砂 | 30 | 5000 | 50 |
| | 早白垩世巴列姆阶 | 湖相-三角洲砂 | 29 | 1000 | 200 |
| 尼日尔三角洲 | 上新世 | 海陆交互相砂岩（滩-坝-水道砂、浅海陆架砂） | 40 | 1000～2000 | 100（单层12.2～15.2） |
| | 中新世 | | 18～26 | 480 | |
| 库太 | 晚中新-上新世 | 浊积砂岩 | 20～30 | 2000～3000 | 100 |
| 西北巴拉望 | 晚渐新-早中新世 | 灰岩 | 13～34 | 2000～7000 | 200 |

图 1 海底油气资源开采平台

图 2 工人在南海北部海域的钻井平台上进行海底油气资源开采作业

层中发现的地质储量越来越多，所占的比例越来越大，如坎波斯盆地浊积岩储量占所发现储量的93.4%。西非安哥拉近海下刚果盆地也发现与浊积岩相关的大型油气田如安哥拉的吉拉索尔、达利亚等，占盆地总储量的57%。大型浊积岩油气田发现高峰主要是20世纪70年代以后，主要分布在坎波斯、墨西哥湾、西非、北海等地区，分布的时代主要依次是上第三纪、下第三纪、白垩纪，多数浊积体都有构造背景，占总数的65%，单纯浊积体组成的岩性圈闭仅占10%。以浊积体为目的层的探井越来越多。深水浊积体的类型主要包括盆地扇（复合舌状体）、斜坡扇水道－天然堤和漫滩沉积。 （王秀娟）

**海底原位观测** seabed in-situ observation 为研究岩土的工程地质性质，在现场岩土体中对不脱离母体的试件进行岩土体的物理力学性质指标的各种测量或测试。主要项目有岩体现场变形试验、直剪试验、三轴试验、岩体应力测试（表面应力、孔壁应力、孔底应力测试）等。此外还有静力荷载试验，这是研究在静力荷载下岩土变形性质的一种原位试验方法——主要用于确定地基的允许承载力和变形模型，研究地基变形范围和应力分布规律等。其方法是在试坑或钻孔内放一荷载板在其上依次分级加压，并测得各级压力下最终沉降值，最后一级荷载应超过建筑物设计荷载。根据每一级压力（$P$）和相应沉降值（$S$），绘出荷载曲线（$PS$曲线），并按一定公式计算岩土的变形模量及确定地基允许承载

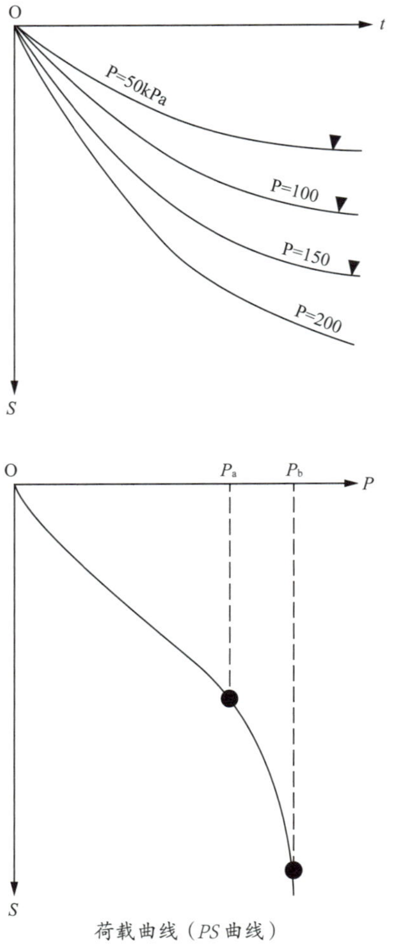


荷载曲线（$PS$曲线）

力（见图）。

另一种测压试验又称旁压试验，是测定岩土体水平向压缩性的原位测试方法。它又分钻孔测压和自钻测压两种：前者是将可膨胀的圆形筒（旁压器）置于试验孔预定深度，用压缩空气（或压液）使孔隙岩土体受水平压力，随水平压力的变化，记录测压器中部的膨胀量（岩土体变形），从压力－变形曲线变化可确定岩土的变形模量、弹性抗力系数等参数；后者是把钻探和原位测试结合起来，即将一个圆柱形刃具压入岩土中，刃具上安装能径向扩张的侧压器及必要的传感器，连接自动记录仪，在压到一定位置后，不改变岩土的原始应力状态和含水率，测得压力－变形曲线，求出变形模量。

在海洋工程地质勘查中广泛使用一种静力触探原位测试。采用压入装置将探头压入被试验的海底表层，用电阻应变仪测量出表层土的灌入阻力。阻力触探装置包括加压装置：液压加载系统、支承架、触探杆；反力系统：地锚、拉杆。测量系统：探头、电缆、电阻应变仪等。静力触探的电阻读数可以与野外荷载试验测得的容许承载力、变形模量建立相关关系，从而计算得出测试土层的容许承载力和变形模量并进行土层分类。另一种动力触探又称冲击触探，是利用标准质量、落距的重锤功能，将一定尺寸、形状（如圆锥形等）的探头打入海底表层沉积物中，根据打入土层一定深度的难易程度（以所需锤击数表示），来判断土层的性质和确定承载力。

原位分析又称现场分析。主要是指采用一些现代技术对物质选定区域进行包括成分、含量和分布在内的微区分析。如激光光谱（LAES）、激光等离子体质谱（LA-ICP-MS）、二次离子探针质谱（SIMS）、电子探针（EMPA）和各类电镜如扫描电镜（SEM）、透射电镜（TEM）与分析电子显微镜（AEM）、扫描质子探针（SPM）或扫描核探针（SNM）和同步辐射X射线探针（SR-XRMP）。微区分析是利用各种微束或探针技术来直接（原位）分析在光学显微镜下所选的微区物质的化学成分分析。许多微区分析手段可同时进行形貌观察和结构测定。微区分析的空间分辨率在微米级，检出限在$1\times10^{6}$～$500\times10^{6}$水平。 （莫恭政）

**海底浊流** submarine turbidity current 挟带大量泥沙等悬浮固体颗粒的、密度远大于周围水体的、在重力驱动下沿海底流动的束状水流。

形成机制 大河口附近的大陆架前缘、大陆坡上，大量不稳定性的沉积物堆积，是产生浊流的物质基础。在强烈地震、**海啸**、**风暴潮**等因素的触发下，松散的泥沙可能被搅动、掀起，呈悬浮状态，形成浊流源头。一旦流动开始，浊流能够自己维持悬浮状态。在水体中形成的密度差促进流体的运动，而流体的运动又引起了沉积物悬浮，形成完全的海底浊流既混浊又涡动，具有强大的搬运和侵蚀能力，是海底的一种重要地质营力。它能将砂、砾等粗粒物质以及生物化石碎片搬运到深海平原，也可将海底刻蚀成很深的峡谷，同时又沿海底峡谷流动。其携带的物质最后在峡谷出口堆积成浊积扇（又称**海底扇**或深海扇）。若干个浊积扇可联合成更大的复合扇体，称**大陆隆**。大陆隆沉积体向大洋方向变薄成为楔状体。浊流沉积成岩后称浊积岩，具有**鲍马序列**，即垂直向上有砂质、粉砂、泥质层交替（由下向上分为a、b、c、d、e五个层序，沉积物由粗变细）。浊流按悬浮物密度可分为高密度浊流（50～250克/升）和低密度浊流（0.025～2.5克/升），悬浮物粒度大于0.05毫米的一般属于高密度浊流。

灾害 海底浊流以高速流动，能量大、破坏力强，造成的重大地质灾害屡

见不鲜。如1929年11月18日纽芬兰岸外格兰德浅滩发生7.2级地震，引起**海底滑坡**和浊流，把位于震中的跨大西洋海底电缆折断，进而又把铺设在480千米内的5条电缆在16小时54分钟内，由北向南依次切断，推算浊流平均流速为19米/秒；1954年在阿尔及利亚近海也发生过浊流折断海底电缆和输油管道事件；据统计，1964年伊莱飓风引发海底滑坡和浊流，将摩根城附近6座海上钻井平台毁坏；1969年卡米尔飓风，引起密西西比河口海底滑坡与浊流，有3座钻井平台被毁，其中1座还被沉积物掩埋；1975年仅墨西哥湾浊流就至少造成125起海底管道折断事故；1980年挪威“格兰德”号钻井平台的一条桩脚底部被浊流侵蚀掏空，导致平台瞬间倾倒，123位作业人员丧生；1983年“爪哇海”号平台在中国北部湾作业，遇16号台风引发滑坡与浊流，把一桩脚底部掏空，平台倾倒沉没导致219人遇难。

预防　中国南海、东海大陆坡浊流活动非常广泛，在陆架泥质岸坡、三角洲前缘区也有浊流（或者称泥流）活动。在海洋区域地质调查中，根据滑坡体、海底峡谷、海底扇的地貌体系分布情况，以及浊积岩分布情况，可以基本确定浊流多发区。在海底管道、缆线路由选择中，要避开浊流多发区。在钻井平台选址、设计和施工中，对浊流发育基础条件、触发条件必须进行全面勘查，对浊流做出影响评估，制定必要的防灾减灾措施。

（刘锡清）

**海豆芽**　*Lingula*　海豆芽目海豆芽科海豆芽属种类的统称。海豆芽的触手冠属裂冠型，双叶状，背腹两壳呈扁平的鸭嘴形。背壳较小，后部较圆；腹壳较大，后部较尖。壳表光滑，生长线明显，外套沿壳缘生有刚毛伸出体外。肉茎粗而长，圆柱形，由壳后端伸出。角质层半透明，具环纹。肌肉层肌肉丰富，收缩力强。壳质为磷酸钙。

狭适应性海洋生物。仅栖居在潮间带细沙质或沙质滩涂底内，借肌肉收缩作用，以其舌形外壳挖掘泥沙而营穴居生活。在中国已发现两种海豆芽，即个体较小的鸭嘴海豆芽和个体较大的亚氏海豆芽。

有性生殖，多雌雄异体，生殖细胞成熟后经肾孔排出体外。胚胎发育成自由游泳的幼虫。幼虫为浮游营养型，具1对外套叶、封闭幼虫体躯的壳瓣、深入外套腔的纤毛触手冠，柄由外套衍生且盘旋在外套腔背部。以后壳加重加厚，幼虫沉于水底，以柄吸附于底质内。

中国某些地区有食用海豆芽的习惯，海豆芽也被列为中药药材。据报道，海豆芽体内含较多的不饱和脂肪酸。由于人为或自然因素使潮间带滩涂发生较多的环境变化，海豆芽日渐减少，特别是个体较大的亚氏海豆芽更为少见。

（刘锡兴　刘会莲）

**海泛面**　marine flooding surface　一个分开新、老地层，有海水突然变深及海底存在小规模的侵蚀或沉积间断证据的界面。它可能呈现为岩相突变的平面，或微起伏，其上常见薄的海底侵蚀滞留沉积的海底侵蚀面。可以分为初次海泛面和最大海泛面。①初次海泛面。其上覆为**海侵体系域**的海相沉积，其下不是层序边界就是**低位体系域**的陆棚沉积。海侵形成的海相沉积可以直接位于早先体系域的最后沉积表面上。但其下不是冲刷面或不整合面的情况更为常见。②最大海泛面。是一个层序中海侵最大形成的界面，对应于湖泊层序中的最大洪泛面。是海侵体系域的顶界面，并被上覆的**高位体系域**下超，在盆地内分布范围最大，为划分海侵体系域和高位体系域的一个界面。在海进过程中，海泛面上升到最高水位时，水深和可容空间达到最大，沉积速率最低，代表了较长地质间隔内深水盆地的饥饿沉积，称为凝缩层。该层是厚度很薄的一个海相地层单位，它由深海相、半深海相和远洋沉积物组成。

（王秀娟）

**海港工程**　harbour engineering　为沿海兴建水陆交通枢纽——海港所修造的各种工程设施。海港工程主要包括**码头**、**防波堤**等水工建筑物，航道、锚地等水域设施，以及货物装卸、运输、储存和生产辅助等陆域设施。

海港主要承担海上运输和内陆运输的转载、货物和旅客的集散，可分为海岸港和河口港。海岸港位于开敞海滨或有掩护海湾内，为海上运输服务。河口港位于河口段内，既为海运服务，又为河运服务，是海-河联运的枢纽，具有不受海浪侵袭、集疏运条件好等独特优势，易发展成为大港，如中国上海港、荷兰鹿特丹港等。

海港水工建筑物主要是码头、防波堤和修造船建筑物。码头是停靠船舶、装卸货物和上下旅客的场所，是港口生产活动的中心，是一切港口不可缺少的建筑物。防波堤是抵御波浪侵袭的建筑物，以保证港内水域平稳。修造船建筑物是船舶在建造或修理期间供船舶停靠及离开水体的设施，又称船厂水工建筑物，按移船的工作

中国上海港集装箱码头

方式，有船台-滑道、干船坞、浮船坞等类型。

海港水域设施主要包括：①**港池**。一般指码头前水域，供船舶靠离码头和停泊。②航道。船舶进出港口的通道。多数情况下，近岸自然水深不能满足船舶吃水要求，需要疏浚形成港池、航道等。③回旋水域。供船舶掉头或转向。④锚地。供船舶等待靠泊码头、检疫、水上装卸及避风等。⑤导航设施。导引船舶安全航行，有卫星导航、雷达导航、航标等类型。

海港陆域包括生产区、辅助区及预留发展区。生产作业区设有堆场、仓库、道路等，辅助作业区设有机械车库、工具房、变电站、修理厂、办公室、消防站、通信设施等。

（鲁子爱）

**海港淤积**　siltation of coastal harbour　在海港的航道和**港池**内产生的泥沙沉积现象。世界上大小港口均有不同程度的淤积，其后果是减小水深，妨碍航行，淤积严重的港口甚至成为废港。因此，解决淤泥沉积是在多泥沙活动的海岸建港成败的关键问题之一，在港址选择、港口设计，直至建成后的维护阶段，均需密切注意淤积问题，在建港之初就应预见后期的淤积趋势，考虑可能采用的防淤减淤措施。

对沙质海岸，斜向波可以产生沿岸漂沙，同向的潮流或海流使沿岸漂沙加强。沿岸漂沙遇突堤式防波堤拦阻，在来沙一侧将发生淤积。淤积后期沿岸漂沙绕过防波堤堤头，在其附近和航道内淤积，部分泥沙扩散至港池。如果在潟湖内建港，潟湖口门附近波浪动力减弱，沿岸漂沙发生沉积而形成拦门沙。潟湖的纳潮量对拦门沙的水深有显著影响，任何原因造成纳潮量减少，都可能导致拦门沙处水深变浅，影响船只通行。

对淤泥质海岸，波浪主要起掀沙作用，潮流主要起输沙作用，但也有一定的掀沙作用，泥沙呈悬浮状随涨潮流进港。由于港内流速减小和平潮时的憩流，泥沙发生沉降，落潮流不可能将涨潮流带进

的泥沙全部带出港，从而造成港池和航道淤积。

在河口和河口附近建港，河流径流挟带的部分泥沙可直接进港或由潮流辗转输送进港。在多沙的海峡内建港，由于峡口的特殊水流条件，也会形成拦门沙。拦门沙和海峡两侧的障碍物可以增加峡口水流阻力，迫使部分含沙水流绕岛他流，以致海峡内流速减缓，加速淤浅。

海岸建港首先应搞清沿岸输沙的特性和岸滩演变的趋势，研究淤积强度的分布，从而估算淤积量。一般情况下，应避免在沿岸输沙量较大的淤积海岸建港；但即使在稳定海岸建港，由于建筑物破坏了输沙平衡，也可能导致强烈的淤积。

（鲁子爱）

**海沟** trench 邻接**大陆坡**，两壁陡峭、狭长的深海凹地。水深大于5000米。又称边缘海沟。一般与**岛弧**相伴。二者大致平行，存在着明显的共轭关系。是岩石圈板块的汇聚型边界（消亡边界）和大洋岩石圈板块俯冲、消亡的场所。

地形特征 边缘海沟通常长500～4500千米，宽40～120千米，水深多为6～11千米，横剖面呈不对称的“V”形。沿纵轴的凹陷部分呈窄而平缓的底部，宽1～2海里（1海里≈1852米），有时甚至不到1千米，呈地堑结构。坡面平均陡度在5°～7°，陆侧的斜面陡，海侧的斜面稍缓。沟坡的上部较缓，下部较陡。汤加-克马德克海沟的沟坡陡达45°。海沟斜坡地形复杂，切割强烈，多见有峡谷、台阶、地滑、断层、堤坝、洼地、剥蚀的基岩露头等。其中，阶梯的倾斜度很大，而阶梯间的平台倾角则很小，显现了由张力引起的正断层作用的特点。海沟与洋盆之间，常有宽缓的海底高地，随海沟走向延伸，高出洋盆底部300～500米，称为外缘隆起。海沟底可被沉积物充填，沉积物厚度大多不超过1千米，有红黏土和硅质沉积，也有来自相邻大陆或岛弧的**浊流沉积**和滑塌沉积。

环太平洋边缘海沟的基岩，与岛弧地区的基岩差异甚大。在汤加海沟采集到了沸石化了的碱性玄武岩、玄武岩、玄武质凝灰岩、凝灰块集岩、绿岩化了的辉长岩、蛇纹石化的橄榄岩和纯橄榄岩，亦曾采到安山岩、玄武岩和火山沉积岩。在**马里亚纳海沟**采集到的基岩，亦属基性和超基性岩性质，其海沟底部发现有侵入的基性和超基性岩（橄榄岩和纯橄榄岩）岩屑。这些从玄武岩到超基性岩岩石在海沟的直接显露，显然是这里深断裂深切岩石圈的结果。

分布 海沟分布在**主动大陆边缘**，主要见于环太平洋地区。在太平洋西部，海沟与岛弧平行排列；在太平洋东缘，海沟与陆缘火山弧相伴随。大西洋和印度洋也有少数海沟。

海沟与岛弧紧密共生构成统一的弧沟系。大多数海沟位于岛弧向洋一侧；也有少数海沟见于岛弧陆侧的边缘盆地中，如南海东缘的马尼拉海沟、所罗门海的新不列颠海沟和珊瑚海的新赫布里底海沟等。这些海沟除长度较小外，其他形态特点与一般海沟无异。

地质特征 ①地壳结构。海沟靠洋一侧是**大洋盆地**岩石圈的直接延续，地壳结构一般属于正常的大洋地壳。有的海沟轴部**莫霍面**的深度超过海面之下20千米，如**千岛-堪察加海沟**和汤加海沟。但也有轴部地壳无明显增厚的，如**琉球海沟**和阿留申海沟。②地震活动。海沟及其伴生的火山弧有强烈的地震活动。地震源深度通常自洋侧向陆侧增加，构成海沟附近向大陆方向倾斜的震源带，即贝尼奥夫带。海沟本身主要为浅源地震带，发生于海沟陆侧坡一带。其震源机制多数显示为逆断层。中、深源地震则主要分布在火山弧及**弧后盆地**。③重力与磁异常。海沟是明显的重力负异常带。其外缘隆起伴有重力正异常。空间异常与均衡异常最低值位于海沟轴部或略偏陆侧。空间异常低达－200毫伽（1毫伽＝$10^{-3}$厘米/秒$^2$）以下，即显示出海沟地区的地壳均衡状态遭到剧烈破坏。有的海沟未发现磁异常，或仅有微弱的正或负的磁异常。有的海沟（如阿留申海沟或日本海沟）已发现条带状磁异常与海沟轴斜交，条带状磁异常越过海沟轴，延伸入海沟内壁下数十千米，异常幅度向陆侧逐渐降低。④热流。海沟的热流值低，在1微卡/（厘米$^2$·秒）以下。而海沟向火山弧的方向，热流值却显著升高。海沟本身缺乏火山活动，海沟深部可出现高压低温变质作用。

根据上述特征，可以在造山带中识别古海沟。蛇绿岩套、高压低温变质带和混杂堆积，是古海沟的重要鉴定标志。

成因 荷兰地球物理学家F.A.韦宁·迈内兹根据海沟的重力负异常，提出海沟是地幔对流下降流导致地壳下弯的结果。即密度较小的大陆地壳受地幔对流的影响而向下弯曲，在海沟靠陆的一侧聚集了很厚的轻物质，因而造成了重力不足的地壳。20世纪40年代前后提出的岛弧与海沟演化理论，概括起来大部分是“向下弯曲”的观点与V.H.贝尼奥夫的冲断层的观点相结合的产物。俯冲作用说是这一见解的进一步发展。

20世纪50年代以后，M.塔尔沃尼根据海底地球物理新资料，经大量计量后，也认为下拉作用可能是存在的。但是要使大陆地壳下弯，不得不设想在地球内部存在一种拉力。**地幔对流说**认为这种拉力是地下深处的下降流产生的。这就是说，海沟是冷却的岩石圈板块俯冲的结果。但是，也有人主张，在海沟地区主要的不是压缩力而是张力。这样就使海沟成因论复杂化了。因此，海沟的成因问题仍待进一步研究。

（范时清 金性春）

**海龟** sea turtle; *Chelonia mydas* 龟鳖目海龟科绿蠵龟属的一种。别称绿海龟。

形态 身体的大部分由壳保护。龟壳被分为两部分：甲壳（背部）和腹甲（腹部）。壳是由较小的板，即鳞甲组成。一般来说，海龟的纺锤形壳比淡水龟或者陆生龟相对都要小。纺锤形壳的减小意味着海龟不能将其头部，腿部和臂收回到其壳中，像其他海龟一样进行保护。然而，这种流线型的体形减少了在水中的阻力，使得海龟更善于游泳。

分布 分布于除了极地的海域。

生态习性 通常在大陆架的水域中被发现。在前三到五年的生活中，海龟大部分时间都漂浮在海藻垫的浮游区。一旦达到成年，它就会靠近岸边。捕食水母和其他凝胶状浮游生物。海龟保持对海洋低渗的内部环境，为了维持低渗，必须排出过量的盐离子。与其他海洋爬行动物一样，海龟依靠专门的腺体去除身体过多的盐离子，因为爬行动物肾脏不能产生离子浓度高于海水的尿液。所有种类的海龟在眼眶腔中均具有泪腺，能够产生比海水盐浓度更高的眼泪。海龟大部分时间在水下，但是由于用肺呼吸，必须能够长时间保持呼吸。潜水时间主要取决于活动，觅食的时候在水下活动5～40分钟，而睡着的海龟可以在水下保持4～7小时。值得注意的是，海龟绝大多数自发式潜水是有氧的，但是当海龟被迫淹没（例如缠结在拖网中）时，其潜水耐力显著降低，因此更容易溺水而亡。幼体在前三到五年生活在远洋海域。在广阔的海洋中，小海龟在进入近海的草场成为专性草食动物前，以浮游动物和更小的自游性生物为食。海龟死亡率在生命的早期发生，幼仔可能会被浣熊、狐狸、海鸟或者其他海洋型食肉动物吃掉。纤维血管病导致海龟肿瘤。

繁殖 达到性成熟需要几十年的时间。性成熟的海龟可能迁移数千英里（1

英里≈1.61千米）从而到达繁殖地。在海上交配后，成年雌性会游到岸边，选择一个合适的沙滩，用后脚蹼挖一个40～50厘米深的巢穴用来产卵。

经济价值　海龟板与掌有滋阴潜阳、柔肝补肾、清火明目的功效。主治阴虚内热、阳亢眩晕、目赤及肝硬化、气管炎、风湿性关节炎等。

种群动态　受威胁或濒危的物种。

保护措施　制定相关法律限制海龟和海龟产品的国际贸易。海龟的性成熟时间较长，致使种群的恢复具有很大的难度，所以不仅要对海龟进行保护，还得保护海龟生活的草场和产卵的沙滩。但是海龟的保护不能进行易地保护。科学研究发现，人类对海龟生存环境的过度干涉，同样也会对它们产生较大的影响。（杜　宇）

**海积阶地**　marine deposition terrace　由堆积作用形成的呈阶梯状地貌的海滩。

由于海平面的相对升降运动，被抬升的或者沉降的海滩则成为水上或水下的海积阶地。海积阶地在古海岸上又有上升阶地和水下阶地之分，阶地表面残留着滨海相沉积或者磨蚀痕迹。

海积阶地是海滩地貌呈阶梯状分布形成的，所以它首先需要具备海滩地貌的形成条件，即充足的泥沙供应、合适的地形条件、波浪。在此基础上，海滩上升或下沉，形成海积阶地。海积阶地的成因和演化过程较为复杂，有水动型和地动型之说。水动型反映全球性水体积变化造成的海平面升降，通常由气候变化引起。地动型产生于区域性构造升降运动，只代表局部地区的相对海平面变化。由于波浪、潮差、新构造运动幅度等的差异，同一时期的阶地有可能分布在不同的高度上，故在研究时应予以综合分析。

海积阶地的位置、规模、形态、高度变化、物质组成等，可以提供现在或者历史时期地质环境条件变化的原始记录，由于它同时受构造运动和气候条件的影响，它的研究对于海岸地区的地壳运动、海陆变迁具有较重要意义。（牛建伟　李广雪）

**海积平原**　marine deposition plain　主要由粉砂和淤泥质组成的，多发育于低缓平坦海岸的一种堆积地貌。地势平坦，地貌单元单调，近岸河流外有废河道、牛轭湖、天然堤、沙丘等残留形态，近海处为盐沼洼地平原，土壤碱性，植物稀疏，仅有一些耐盐碱植物。沿岸常有贝壳堤。海积平原作为堆积地貌的一种，需具备堆积地貌形成的基本条件，即具有丰富的物资供应、适宜的地形条件和水动力条件。海岸带砾石滩、沙滩及泥滩等，在适宜条件下，扩展延伸为广大平坦地面而形成海积平原。海积平原是近代形成的平原，处于滨海地，属于堆积平原范畴，海拔一般不超过10米。海积平原并不是主要平原类型。中国境内海积平原面积并不是很大，包括福州平原、泉州平原、莆田平原等少数几处。在世界上其他地区也有少数海积平原分布，如格陵兰岛沿岸、加拿大哈得孙湾沿岸、里海沿岸低地等滨海地区。

（牛建伟　李广雪）

**海积夷平岸**　coast planation by marine deposition　在海水淹没的平原上，由于海岸带物质来源多，水下岸坡平缓，海岸海湾地区以堆积作用为主，在水下岸坡下部会发生冲刷，冲刷产物沿岸坡上移，形成水下堤、离岸堤、海滩等，最终使海岸因堆积而夷平。浪波的作用能引起近岸带沉积物的搬运和再沉积。当激浪进击海岸时，形成向陆地前进的水流，称为进流。如波浪的前进方向与海岸垂直，则进流的前进方向也同海岸垂直，进流就将水下的沙、砾向岸上搬运。随着进流能量的耗散，部分沙砾留在岸上，部分沙砾随退回外海方向的回流又搬回水下。在进流与回流的往返作用下，砂、砾被磨圆而且得到分选，一部分留在海岸形成砾滩、沙滩或沙坝；另一部分在离岸一定距离的水下沉积，成长为平行海岸的沙堤或沙坝。如果波浪斜击海岸，波浪便发生弯曲和折射，形成平行海岸流动的水流，称为沿岸流。沿岸流携带沉积物沿岸搬运。如遇海岸线（水、陆交界线）弯曲或遇海湾，沿岸流的动能降低，流速减小，搬运物即逐渐沉积下来，成为向海湾方向尖型的沉积体，称为沙嘴。沙嘴或沙坝常将近陆的一部分水域与外海隔离开来使其转变成湖泊，称为潟湖。随着潟湖逐渐被海水所携带的碎屑物质填充，岸线逐渐平直。上述作用最终结果是推动堆积海岸向海积夷平岸发展。

（丁　咚　李广雪）

**海疆**　coastal areas and territorial seas　一个国家范畴的地理概念和政治概念，指沿海国家的海洋国境，包括沿海地区陆地、领海、大陆架和管辖海域。海疆概念的产生与沿革，与人类从认识陆地到认识海洋、进而经略海洋的客观进程相一致，是海陆关系、人海关系不断演进的产物。

现代海疆概念的产生　从世界范围来看，公元前5～前4世纪，在古希腊各城邦国家的同盟条款中，已开始出现“统治海洋”的表述，有了向海洋扩展的海疆观念。中世纪欧洲临海国家的海疆概念，主要是指具有国家主权意义的沿海领土。15世纪以后，以“地理大发现”为契机，西方国家开始分割争夺海洋。1782年，意大利法学家加利安尼根据荷兰法学家C.van宾刻舒克在《海上主权论》中阐述的理论，以当时大炮平均射程为基准，正式提出沿海国家拥有3海里领海的主张。从此，世界海洋被划分为领海和公海两个部分，海洋与国家主权相联系，“海疆”具有了“海上国界”的含义。第二次世界大战后，经过联合国三次海洋法会议，特别是1982年的《联合国海洋法公约》为标志的现代海洋制度，给予沿海国以专属经济区和大陆架的专属管辖权，海疆成为一个具有现代内涵的概念。

中国海疆的形成与发展　与陆地疆域的形成与发展一脉相承，中国的海洋疆域同样经历了古代历史上由无疆无界到有疆无界，直到近代最终确立以断续线为标志、有疆有界的海疆范围。中国历代史书中有不少关于海疆的记载，它的形成与发展是一个漫长的历史过程，其中蕴含着中国历代王朝传统的疆域观向近代国际法之下的领土观渐趋转变的发展脉络，深受古代疆域观、王权领土象征、藩属观念等思想的浸染。从范畴上讲，它包含了由古至今从海洋疆域到海洋领土主权、管辖权演进的全部历史；从内容上讲，涉及历代海洋政策、海洋制度、海洋管辖、海洋管理、海洋开发等，具有丰富的历史内涵与外延。

19世纪末，中国开始接受国际社会通行的3海里领海主张。1931年，由中华民国政府行政院发布政令，明确宣布中国领海宽度为3海里。20世纪50年代，中华人民共和国公布了12海里的领海。20世纪90年代，全国人民代表大会常务委员会批准了《联合国海洋法公约》，通过了《中华人民共和国领海和毗连区法》和《中华人民共和国专属经济区和大陆架法》，使海疆范围合法延伸至中国的领海、毗连区、专属经济区和大陆架的海洋上。

自秦汉至近代以来，中国在海洋疆域之内最早开展了海洋渔业生产，最早开辟了海洋航道，最早实行了海洋监测与保护，最早开展了海洋科学研究。中国在海洋区域享有的历史性权利来自两千多年的历史发展和主权管辖权实践，而中国对专属经济区与大陆架的主权权利，则来自1982年的《联合国海洋法公约》。前者反映了政府继承和国家权力的延伸，后者反映了现代海洋法律制度。作为沿海国，中国在海疆区域内享有的主权权利和以断续线为标志的历史性权利，互寓其中，并行不悖，是一个完整性的体系，共同构成了中国在海疆内的主权权利。

中国现代海疆的范围　包括内水、领海、毗连区、专属经济区及大陆架，其面积约近300万平方千米，为中国可管辖海域。中国的内水，指领海基线向陆一侧的海域，有渤海、琼州海峡。中国的领海，基本制度规定如下：关于中国的领海为邻接中华人民共和国陆地领土和内水的一带海域。中华人民共和国的陆地领土包括中国大陆及其沿海岛屿、台湾及其包括钓鱼岛在内的附属各岛、澎湖列岛、东沙群岛、西沙群岛、中沙群岛、南沙群岛及其他一切属于中华人民共和国的岛屿。中国的领海宽度从领海基线量起为12海里。中国对领海的主权及于领海上空、领海的海床及底土。中国的毗连区，为领海以外邻接领海的一带海域，毗连区的宽度为12海里，中国毗连区的外部界限为一条其每一点与领海基线最近点距离等于24海里的线。中国专属经济区，为领海以外并邻接领海的区域，从领海基线量起延至200海里。中国的大陆架，为领海以外依陆地领土的全部自然延伸，扩展到大陆边外缘海底区域的海床和底土，从领海基线至大陆边外缘的距离不足200海里的延至200海里。（修　斌　马树华）

**海葵**　sea anemone　腔肠动物门珊瑚虫纲六放珊瑚亚纲海葵目无脊椎动物。

形态　大型单体，一般高1.5～10厘米，直径1～5厘米，不具有骨骼，身体呈圆柱状，也是世界上分布最广的珊瑚纲动物，1300多种，包括爱氏海葵科、细指海葵科、海葵科、绿海葵科等。常见类群有细指海葵、绿海葵等。

通常以它的基部（足盘）附着在岩石上或其他某些坚硬的地基上。在另一端有一圈触手，围绕着口，口通向中央的胃腔。这个腔由放射状的隔膜不完全地隔开。触手和隔膜通常为6的倍数。体壁在口处向里褶进形成咽，一些或全部隔膜附着在咽以及外面的体壁上。体壁仅仅由两层细胞形成，即外面的表皮层和里面的胃皮层。在它们中间是一层胶状的中胶层。中胶层内只有很少的细胞，在使海葵变硬而又不妨碍其大小和形状改变方面起着重要的作用。有两个口道沟，沿着咽部纵行。它们的细胞带有纤毛。隔膜沿着它们游离的边缘变厚（隔膜丝），有些海葵有线状的枪丝，它们是隔膜丝的延续。

彩色海葵

繁殖　腔肠动物的海葵是有性生殖，在隔膜上形成生殖腺。卵子和精子释放到胃腔内，它们从此处能够通过口排放到大海中，通常在那儿发生受精作用，合子形成一个纤毛幼虫。它们落到岩石上或其他适合的场所，并在一定的时期内长成为成虫形态。但也有一些种类是无性生殖，靠分裂成两半或者由弄断的足盘碎片发育成为完整的海葵。（张　芳　李　阳）

**海浪**　sea wave　发生在海洋表面的一种波动现象。可分为风浪、涌浪和近岸浪3种。这里指的海浪是由风产生的波动，其周期为0.5～25秒，波长为几十厘米至几百米，一般波高为几厘米至20米，在罕见的情况下波高可达30米以上。从远古以来，海浪就和人类的海上活动有密切的关系。在航海、海港建筑和造船等实践中，人类累积了大量的经验和知识。19世纪有很多杰出的数学家和力学家，曾企图利用液体波动理论说明海浪现象。至于系统的海浪研究，在第二次世界大战期间才兴起。当时美国和英国有少数海洋科学工作者利用气象和地形资料预报海浪的大小，为欧洲和太平洋战场某些登陆作战提供情报。战后这种研究继续受到重视，逐步发展成为一个分支学科，它为航运、海岸工程、造船工程、海上平台建设和海洋遥感等提供了重要的海洋环境资料。海浪研究是物理海洋学的一个重要方向，是海水运动、海水混合和小尺度海-气相互作用等研究中的一个重要环节。

小振幅波和有限振幅波　利用流体动力学原理可导出种种形式的液体波动，其中振幅对波长之比为小量的称为小振幅波，否则称为有限振幅波。这些波动理论能说明一部分较简单的海浪现象，可作为进一步研究海浪的基础。

小振幅波具有正弦曲线形式的波面，故又称正弦波。小振幅波的波速与无因次水深（水深和波长之比）有关：当水域的深度大于半个波长（通常视为深水）时，波速几乎只决定于波长；当水深小于半个波长、大于1/10波长时，波速同时决定于波长和深度；当水深小于1/10波长时（通常视为浅水），波速几乎只决定于水深。在深水的情形下，水质点的轨迹为圆，半径随至水面的距离按指数律减小。对于中间深度的水域，质点轨迹为椭圆，其长、短半轴随深度的增大而减小，但是两焦点间的距离不变。正弦波中的水质点速度远小于波速，波动的动能和势能相等，单位切面积的铅直水柱内的平均波动能量与振幅的平方成正比。波动能量沿波向传播，其平均能流与单位切面积的铅直水柱内的总能量和波速的乘积成正比，在深水中的正比系数为0.5，在浅水中的正比系数为1。这种波动的特征和外形与规则而平缓的涌浪相近。利用正弦波的叠加，还可解释一部分海浪在传播过程中发生的变化。

有限振幅波的波面在波峰附近较陡，在波谷附近较平缓，这和实际海浪更加接近。对于浅水来说，海浪具有某些其他理论所描绘的波动（如孤立波和椭圆余弦波）特征。

海浪的随机性　实际的海浪和理论的液体波动不同，它的特点之一是有随机性。因为海面的风速和风向都随时随地变化，并具有随机性，海浪既然由风产生，势必反映出这种特点，故外观通常是杂乱无章的，其波高、波长和周期等物理量都可视为随机量。同样，海浪的内部结构也是复杂的。按照广泛应用的线性海浪理论基本概念（假定海浪为振幅、频率、波向和相位不同的许多正弦波叠加的结果，各组成波都具有独立的随机相位和振幅），海浪的内部结构可由海浪谱描述。从海浪谱可以计算波高和周期等。如果已知海浪谱，就可以说明海浪的内外结构和统计特征。

根据线性海浪理论，波面相对静止的水面高度为随机量并遵从正态分布。但是理论和观测都表明，由于非线性的影响，海浪的波面高度概率分布不是正态的。如海浪由一狭频率带内的正弦波所构成，可证明波高遵从瑞利分布，最可能值约等于平均值的0.8倍。故海面上虽同时出现各种高低不等的波，其中大多数的波高都集中在平均值附近。观测到的海浪波高接近瑞利分布，但是对大波的高值部分，则出现差异。海浪周期的概率分布更为集中，且几乎对称于平均周期。此外，观测表明，海浪的波长分布，接近于波高的分布。

研究的内容和方法　海浪研究的目的，可归结为寻求海浪的生成、发展和消衰的规律。广泛研究的问题有：①风浪的生成和成长机制。这个很复杂的问题，经过二三十年的探索，虽然有所进展，但远未得到满意的解决。②海浪的计算方法。与海浪有关的应用问题，通常涉及巨大的投资，而投资额随波高的增大而急剧增加，故在勘测和设计工作中需要可靠的海浪数据。海浪的计算多以经验或半经验方法为基础的图表统计、数值模拟等方式进行。③观测方法和资料处理。观测资料的分析，既可为改进理论提供线索，还为海浪计算提供所需的经验公式和海浪谱。

现代的海浪观测工作，要求高精度的设备和有严格理论根据的观测方案。为了处理观测资料，应不断引入新的处理方法，如各种谱的估计方法和各种特征量的计算方法。

中国青岛西海岸新区银沙滩上的海浪

海浪研究所依靠的主要理论手段：①流体动力学。事实上，液体波动理论是海浪分析的基础。例如，海浪研究中的非线性问题，必须通过流体运动基本方程组加以探讨。但是要进一步探索实际海浪的规律，还必须了解波面附近的气流和海水中的湍流运动和海底的摩擦等。②随机过程理论。许多海浪现象可视为随机过程。③数值模型和数值模拟。海浪研究涉及的非线性方程和条件，必须用数值方法求解，故可利用计算机对海浪进行数值模拟，以探索其统计特性和规律。（王东晓）

**海浪反射**　wave reflection　海浪在传播过程中遇到障碍物时，被障碍物影响所产生的反向传播现象。海浪的反射波和原来的入射波叠加在一起，有时可以在障碍物前面形成驻波，其振幅可达原入射波振幅的两倍。因此，在决定这些建筑物的高程和强度时，必须考虑反射现象。另外，港内海浪的反射，可增加港内水面的振动，不利于船舶的停靠和作业，因此决定港内建筑物的布局和结构时，也应考虑到海浪的反射，以便尽可能减少反射的影响。

当海浪遇到理想的光滑铅直平面障壁时，会发生全反射，这时入射波与反射波的振幅相等，入射角等于反射角；但当海浪遇到实际障碍物而发生反射时，一部分能量可能以渗透波的方式渗入有孔隙的结构物内，一部分能量可能因摩擦作用，发生波面破碎等非线性效应而消耗，只有一部分能量以反射波形式反射回来，故反射波的实际波高比入射波小。如果把反射波的波高对入射波的波高的比率定义为反射系数，则反射系数的大小决定于障碍物表面的坡度、粗糙度、障碍物的结构和透水性、入射波的要素和入射角。反射系数和这些因素的关系是复杂的，还难以从理论上完善，只有一些经验成果制成图表，供实际工作者使用。

折射、绕射和反射常常同时出现，如将海底地形和岸边反射物作为边界条件引入，直接求解所关心的区域内的流体动力学方程，所得结果即可体现这三者的综合作用。也有单独研究其中一种现象的，但对这三种现象的研究未达到完善的程度，仍然是今后的重要课题。（王东晓）

**海浪模型**　wave model　用数值、数据或图形等方法建立的海浪的抽象结构或系统海浪数值模型早在20世纪50年代就已经开始研究和完善。法国在1956年基于海况谱分解建立了北大西洋海浪的数值模型，称为第一代海浪模型。第一代海浪模型的特点是没有明确地考虑非线性项，而是将非线性项隐含在强迫和耗散过程中。进入20世纪70年代后第一代海浪模型发展为半全球的海浪模型，模型的缺点是过高估计风的强迫，低估了非线性传播的增长。随着海浪谱观测研究的进一步深入和海浪谱型的发现，人们发展了第二代海浪模型，如美国海洋空气相互作用实验室（SAIL）的海浪模型，与第一代海浪模型相比，第二代海浪模型采用限定谱型，如JONSWAP谱的参数化方式处理非线性相互作用项。尽管在第二代海浪模型中考虑了非线性海浪传播的参数化，但是第二代模型仍然不能很好地模拟风场异常改变引起的风浪复杂增长过程，难以处理风浪和涌浪之间的过渡问题。针对第一和第二代海浪模型存在的诸多问题，由美国、英国、德国、荷兰和日本等海洋学者在1980～1983年组成了海浪模拟项目研究组（SWAMP），针对世界各国的代表性海浪模型，进行系统的分类、试验和评估。

1983～1986年，德国、荷兰、英国、法国和挪威等欧洲国家的40多名海洋学者研究发展了适用于全球深水和浅水的海浪数值计算模型，称为第三代海浪模型。与前两代海浪模型相比，第三代海浪模型最大的不同在于显式地描述了非线性相互作用项，其优点是对谱形不加任何限制，而是通过基本谱的传输方程积分计算浪谱，将影响浪谱发展的物理过程通过源函数的方式明显地描述出来，极大地方便数值计算和对波浪谱增长物理过程的理解。国际上流行的海浪模型WAM（Wave Model）、WAVE WATCH Ⅲ 和模拟近岸波浪（SWAN）等都是基于第三代海浪模型建立的。

WAM海浪模型是由世界各国联合组织的波浪模型开发和实施小组（WAMDI）共同研发的第一个二维谱空间传播的海浪模型，它分为浅水和深水模型两类，在深水模型计算中考虑风强迫项、非线性作用项、白冠耗散项，浅水模型中还增加了海底摩擦项。WAVE WATCH Ⅲ（简称WW3）是由美国环境预报中心（NCEP）研发的第三代海浪模型，它与WAM模型最大的不同体现在风强迫项的计算，在WW3模型中风强迫项有多种方案，包括WAM3、WAM4风输入函数计算方案及杜尔曼和查理计算方案。SWAN模型是荷兰代尔夫特理工大学基于第三代海浪模型进行研发和应用，与WAM、WW3相比，SWAN主要是针对近岸环境研发的海浪模型，其坐标系包括球面直角坐标和无结构网格，更多考虑了浅水区物理过程如波浪浅化、折射、绕射、破碎等。

还有一些国家基于第三代海浪模型研发了具有自主特色的海浪模型，如日本气象厅研发的适用于深水的海浪模型MRI-Ⅲ，中国的袁业立等改进了国际盛行的WAM模型，发展了基于正交笛卡儿平面下的LAGFD-WAM海浪模型，以及后来在此基础上建立了球坐标系下的海洋科学与数值模拟重点实验室（Key Laboratory of MArine Science and NUmerical Modeling; MASNUM）海浪模型。（王东晓）

**海浪爬高**　wave runup　波浪沿沙滩和结构物爬升时，距离静水面的最大垂向距离。波浪爬高是一个非常复杂的现象，受到当地的水位（包括海浪拍打或者重力波的影响）、入射波况（包括波高、周期、波陡和波向）和海洋或者构筑物的自然属性（坡度、反射率、高度、渗透率和粗糙度等）的影响。波浪爬高是影响海堤等海洋构筑物设计的重要因素，对城市内涝、海洋结构物的腐蚀、沙丘侵蚀等有重要影响。

波浪爬高计算需考虑波浪增水影响，总的波浪爬高$R$应包括3部分：①静态波浪增水，$\bar{\eta}$。②动态增水，$\hat{\eta}$。③入射波增水，$R_{inc}$：

$$R=\bar{\eta}+\hat{\eta}+R_{inc}$$

式中$\bar{\eta}$和$\hat{\eta}$分别为波浪增水的平均值和振荡值；$R_{inc}$为有入射波引起的爬高部分。

波浪爬高的确定除了已有的一些经验算法之外，主要通过数值模拟和野外观测的方法来分析。利用激光扫描和图像提取等新技术观测波浪爬高成为新的研究方向。 （王东晓）

**海浪谱** ocean wave spectrum 描述海浪内部能量相对于频率和方向分布的图谱。是研究海浪的重要概念。又称能量谱、功率谱、方向谱。海浪谱能够描述海浪能量相对于各组成波的分布，是随机海浪的一个重要统计性质。

海浪谱不仅表明海浪内部构成，还能给出海浪的外部特征。可由海浪谱计算特征波高、平均周期，以及概率密度分布，推断海浪外观上由哪些高低长短不同的波所构成。

通常假定海浪由许多随机的正弧波叠加而成。不同频率的组成波具有不同的振幅，从而具有不同的能量。设有圆频率$\omega$的函数$S(\omega)$，在$\omega$至（$\omega+\delta\omega$）的间隔内，海浪各组成波的能量与$S(\omega)\delta\omega$成比例，则$S(\omega)$表示这些组成波的能量大小，它代表能量对频率的分布，故称为海浪的频谱或能谱。同样，设有一个包含组成波的圆频率$\omega$和波向$\theta$的函数$S(\omega,\theta)$，且在$\omega$至（$\omega+\delta\omega$）和$\theta$至（$\theta+\delta\omega$）的间隔内，各组成波的能量和$S(\omega,\theta)\delta\omega\delta\theta$成比例，则$S(\omega,\theta)$代表能量对$\omega$和$\theta$的分布，称为海浪的方向谱。将组成波的圆频率换为波数，可得到波数谱；将$\omega$换为$2\pi f$（频率$f$为周期的倒数），得到以$f$表示的频谱$S(f)$数。以上各种谱统称为海浪谱。

获取海浪谱的主要途径主要有：①利用观测得到波高、周期的推导，得出半理论、半经验形式的海浪谱。②利用某一固定点测得的波面随时间变化情况来推算相关函数，然后求谱。③建立能量平衡方程式来求谱。但由于尚缺乏精确的风和海浪长期系统的观测资料，因此，尽管已经提出了一些广泛使用的海浪谱，如文氏谱、JONSWAP谱等，但给出普适的海浪谱还任重道远。 （王东晓）

**海浪绕射** wave diffraction 当海浪在传播过程中遇到防波堤或岛屿等障碍物时，可以“绕”过这些障碍物而传到它们的几何掩蔽区内的现象。研究海浪的绕射现象，对于海港的设计和建筑有重要的意义，因为港内的泊稳条件同海浪的绕射有着密切的关系。研究绕射时常借用光学、声学、电磁学中处理绕射现象的手段，即通过求解满足绕射边界条件的液体波动微分方程，而求得掩蔽区内部和外部的波动要素。如把海浪看作由许多组成波构成的波动，则需要通过各组成波绕射的计算，求得绕射后的谱和绕射后的统计性质。另外，也可通过模型试验和现场观测来研究绕射规律。

在实际工作中，常对几种典型的掩蔽物（如单堤、双堤等）绘制出绕射图解。借助于这种图解，可以方便地计算出海浪在掩蔽区内部和外部任意点绕射后的波要素。对于形状复杂的掩蔽物，利用电子计算机数值求解掩蔽区内的绕射是一种行之有效的手段。 （王东晓）

**海浪预报** wave forecasting 根据影响海浪的生成、发展和消衰的外界条件，结合海区内的初始海浪状态，对海区未来的海浪状态做出计算和预报。海浪预报为海上的船舶运输、渔业生产、海上石油开发和军事活动等提供环境资料，以保障海上活动的安全。海浪状态的预报就是预报海浪要素，即预报在统计意义上的特征波高、周期、波向等，有时也要预报作为海浪内部结构的谱（见*海浪谱*）。预报海浪，必须了解下面3个要素：①气象条件。从进行预报的时刻到被预报的未来时刻的间隔内，海面上的风速和风向在有关海区内的空间分布和时间变化。②海区的地理环境。主要包括水平方向上的陆界分布和铅直方向上的深度分布。这些可根据海图而求得。③海区内海浪在预报时刻的初始分布。一般，这些初始分布是根据现场观测或先前做出的预报结果而得到的。

发展和现状　古代从事海上活动的人，早已积累了估计未来海浪状态的经验。但是真正对海浪预报进行系统的研究，却始于第二次世界大战期间。当时由于军事上的需要，美国空军气象局海洋部委托斯克里普斯海洋研究所的挪威海洋学家H.U.斯韦尔德鲁普和美国海洋学家W.H.蒙克探索海浪预报的方法。他们得到了根据风要素预报海浪要素的半经验半理论的方法，被同盟国应用于欧亚等战区。后来，由于航运、海上生产活动和军事活动的需要，海浪预报的研究得到了迅速的发展。自20世纪60年代起，各海洋国家的科学工作者提出的预报方法，已达数十种之多。随着电子计算机的广泛应用，进一步促进了海浪预报的发展，产生了海浪的数值预报方法，使得在预报时可以考虑到更复杂、更符合实际的风场条件和初始海浪状态，而不必像早期的预报那样对风场条件和初始条件做过多的简化。国际上广泛使用的海浪数值预报模式有第三代海浪数值预报模式（WAM）、结构网格海浪模型（WAN）、非结构网格海浪模型（SWAN）等。中国自60年代初期，文圣常提出“普遍风浪谱”理论后，就在此理论基础上，由有关单位共同合作，开始发展自己的海浪预报方法和模式。已建立了具有业务化预报功能的Wen模式，以及袁业立等发展的LAGFD-WAN系列模式等。

预报方法　大致可分为两类：①把实际出现的复杂海浪，按统计观点抽象成一种简单的特征波，并在风要素和这种特征波的波要素之间建立直接的函数关系，根据这种关系，由风要素可求得波要素的数值。斯韦尔德鲁普和蒙克提出的方法即属于这种类型。他们以“有效波”作为特征波，利用能量平衡方程：

$$\frac{\partial E}{\partial t}+\frac{\partial}{\partial x}\left(\frac{1}{2}cE\right)=R_A-R_D$$

和无量纲量波陡（波高和波长之比）与波令（波速和风速之比）的经验关系求得了预报图解。式中$x$为距离；$c$为波速；$t$为时间；$E$为单位面积水柱内的能量；$R_A$、$R_D$为单位表面积水柱内获得的能量和消耗的能量。②把实际出现的海浪看作由振幅不等、频率不等、波向不同且具有随机初相位的正弦波叠加而成。在这种意义上，海浪状态可用海浪谱来描述。预报时，通过风要素可计算出未来时刻的海浪谱，进而求得各种统计意义上的波要素值。W.J.皮尔逊、G.诺伊曼和R.W.詹姆斯提出的预报方法，即属于这种类型。③海浪数值预报方法。20世纪50年代后期出现的方法。此方法可大致分为两类：a.对组成波分量建立能量平衡方程，方程中包括能量的局部变化、对流变化、地形引起的变化、反映能量输入和消耗的源函数。这一类方法的主要困难在于源函数项难以精确地确定。b.将海浪谱参量化，建立参量方程，从而避免对每一组成波进行计算，而直接用数值法求解谱中的参量，进而得到海浪要素。

发展　已提出的海浪预报方法，虽能初步满足实际工作的需要，但仍需进一步改进和发展。海浪预报主要存在3方面的困难：①海浪是一种极其复杂的现象，它的生成、发展和消衰的规律，仍是探索研究的课题。②海浪预报时需要预先知道海面上的风速、风向的空间分布和变化，因此，如何提高海上风场预报的精度，是改进海浪预报的另一个重要课题。③缺乏完善的观测系统。海浪监测可提供海浪预报时所需的初始浪场资料，可以检验预报结果的准确性，有助于不断改进预报方法。

（王东晓）

**海浪折射** wave refraction 海浪传播时因水的深度变化而不断改变传播方向的现象。这种现象主要发生于近岸浅水中。当海浪在深度小于其波长的一半的水中传播时，波速$c$随深度的减小而降低：

$$c=\sqrt{gH}$$

式中$g$为重力加速度；$H$为深度。对周期一定的简单波动来说，其波速随着深度的增大而增大。当波峰线和等深线不平行时，同一波峰线上各点的水深不同，位于较深处一端的波峰的移动速度，大于较浅处一端的移动速度，使波峰线弯转，其弯转的方向有使波峰线逐渐和等深线平行的趋势，与波峰线垂直的波向线也随之发生弯转。

折射是一种复杂的波动现象，除地形的影响外，许多其他因素，如摩擦、水流、风、非线性效应等，都能影响海浪的折射。研究海浪的折射现象，有许多实际意义，因为近岸带波高的计算、波浪破碎带的确定、泥沙输送的研究和海岸防护措施的制定等，都和近岸带的海浪折射现象有密切关系。

研究海浪折射时，一般采用两种不同的途径：①把实际的近岸海浪抽象成某种规则的特征波，利用液体波动理论的结果分析此特征波的折射。②把实际海浪看作由许多组成波叠加而成，通过分析各组成波的折射，求得折射后的谱或折射后的统计性质。对于频率单一的规则波动，折射时所遵循的规律和光折射时所遵循的规律类似。海浪总是沿着需时最短的路径传播的。根据这一原理，可以导出确定波向线变化的微分方程。在实际工作中，常常需要绘制海浪折射图，即对于深度分布已知的近岸水域，给定水域外缘处波浪的周期和方向，然后根据折射理论绘出水域内的波向线和波峰线图。如果把海浪看成由许多组成波叠加而成，则折射的问题就归结为如何求得折射后的图谱。一般可先分析各组成波折射后的方向和能量，进而求得折射后的谱；也可以从能量平衡方程出发，直接解出折射后的谱。这种谱决定了折射后的海浪的统计性质。

（王东晓）

**海流** ocean current 海水在一定空间范围内相对稳定的流动，是海水运动的普遍形式之一。其中“一定空间范围”指海流的空间尺度可以很大，可在数千米甚至全球范围内流动。“相对稳定”指海流的路径、速率和方向，可以在数月、一年甚至多年的较长时间尺度内基本保持不变。海流既有水平方向的二维流动，又有垂直方向的三维流动。一般将发生在大洋中的海流称为洋流。

成因 引起海水流动的因素可以是风，也可以是由温、盐差异造成的海水密度分布不均匀（热盐效应）。前者表现为作用于海面的风应力，后者表现为海水中的水平压强梯度力。同时由于地转偏向力、湍流黏性力、海岸以及海底的阻挡与摩擦作用，海水的运动形式既包括水平方向的流动，也包括垂直方向的流动。大洋上层200～300米为风漂流层，当行星风系作用在海面的应力和水平湍流应力的合力，与地转偏向力平衡后，便生成风漂流。风应力的大小和方向，都随纬度变化，导致上层海水的辐聚和辐散。一方面，它使海水密度重新分布而出现水平压强梯度力，当它和地转偏向力平衡时，形成水平方向的地转流。另一方面，在赤道地区的风漂流层底部，海水从次表层向上流动，或从表层下降进入次表层水，形成了赤道地区的升降流。

大洋海气和陆气界面上的加热和冷却、结冰、融冰、降水和蒸发等热盐效应，会造成海面海水密度在大范围内分布不均匀。极地和高纬度某些海域表层生成的高密度海水，可以下沉到海洋深层和底层。在水平压强梯度力的作用下，主要沿水平方向流动，并可通过上升流等过程回到海洋上层，这就是大洋的**热盐环流**。

命名和分类 海流的命名和分类主要依照其成因、所在的地域和水文特征。例如，由风引起的海流称为**风生环流**，由温、盐变化引起的海流称为热盐环流。从受力情况分又有地转流、密度流等。从海流发生的海域不同又可分为洋流、陆架流、**赤道流**、东西边界流、海峡海流和浅海海流等。海流按其水温低于或高于所流经海域的温度，可分为**寒流**和**暖流**两种，前者通常来自水温较低的高纬度海区，后者通常来自水温较高的低纬度海区。

表层海流的水平流速变化较大，从每秒几厘米至每秒300厘米，深层海流的水平流速则通常在每秒10厘米以下。垂直流速很小，通常只有每秒5～10米的量级。海流以海水流去的方向作为流向，恰好与风向（风吹来的方向）的定义相反。

描述方法和影响 描述海流的方法主要有欧拉方法和拉格朗日方法。欧拉方法较为通用，是描述同一时间里不同地方流动状况的方法，通常在海洋里布设一些监测站，同步进行海流实地监测，用矢量的大小和方向表示各测点海流测量的结果，

加拿大东部海岸海流

用流线图来描述海流速度的分布。拉格朗日方法则是通过跟踪水质点来研究它的时空变化，可用漂流瓶或中性浮子等方法来追踪海流的轨迹。

海流对海洋中多种物理过程、化学过程、生物过程和地质过程，以及天气和气候变化都产生深刻的影响，故了解和掌握海流的规律、长期变化以及与大气的相互作用，对海洋渔业、航运、沿海排污和海洋倾废的污染物迁移以及军事活动等都有重要意义。

（张荣华）

**海流计** current meter 测量海流的速度和方向的仪器。见**测流装置**。

**海龙** seadragon; *Syngnathidae* 动物界（Animalia）脊索动物门（Chordata）硬骨鱼纲（Osteichthyes）辐鳍鱼纲（Actinopterygii）刺鱼目（Gasterosteiformes）海龙科（Syngnathidae）中一类小型海洋鱼类的统称。又称杨枝鱼、管口鱼。海龙科已知至少有58个属和307个种。海龙和海马均为海龙科鱼类，其中海龙是中国沿海渔获习见种，可入药。分布在大西洋、印度洋和太平洋，主要在暖温带至热带。

海龙因形似传说中的龙而得名，种间表型变异丰富。体高大于体宽，长20～40厘米，体侧扁，中部直径2～2.5厘米。头部前位具管状长嘴，口裂小，无牙齿；眼睛较大，圆形，眼距较宽，眼眶突出；鼻孔每侧两个，较小，不明显。体表没有鳞片，无腹鳍；躯干部有骨环包被，呈七棱形，由躯干向尾端渐细，尾部骨环呈四棱形，尾巴卷曲。鳃盖突出，鳃孔窄小。

带状多环海龙

常见种类有叶海龙、粗吻海龙、刁海龙、拟海龙等。

海龙属于近海暖水性小型鱼类，多栖于海洋近岸与岛礁区域的海藻丛中。海龙游动缓慢，以管状长嘴吸食水生生物。海龙善于伪装和藏匿，常常通过模拟生存环境中海草或大型藻类的形态，或躲在洞穴或缝隙中，或通过其坚硬的骨环来避免被捕食。

海龙全年皆可繁殖。繁殖时，雌鱼将成熟的卵排入雄鱼腹部或尾部的囊状育儿袋，卵在囊袋受精孵化，待胚胎发育成熟后由雄鱼“分娩”出来，刚出生的仔鱼即可自由活动，但它们不马上离开亲鱼，一直由雄鱼照料至可以自主觅食。若遇可能的危险，仔鱼可钻入雄鱼的育儿袋躲避，确保其生命安全。（温彬 吉钰）

**海隆** oceanic rise 深海底上宽广和缓的隆起区。呈长条状或近等轴状，地形起伏不大。有的海隆上镶嵌着**海山**或**火山岛**。它不属于**大陆边缘**组成部分，通常位于板块内部的洋盆区，一般无震。有一些海隆的基底是变厚或抬升的**洋壳**，其形成多与洋底基性火山活动有关。呈块状山形状的大洋隆起，如太平洋的沙特斯基隆起和马尼基隆起及大西洋的百慕大隆起、佛得角群岛隆起和里欧－格兰德隆起等。沙特斯基隆起是标准的大洋隆起之一，位于西北太平洋盆地东南部，呈北东—南西走向，长达1800千米；距千岛－堪察加海沟约1200千米；具有削平的顶面，顶面宽5～9海里（约9.3～16.7千米），最小水深1342米，沿5000米等深线高地宽400千米；隆起的相对高度约为4000米，高地斜坡的陡度在它上部达到30°，在平坦的顶面也分布有一些不大的小山。

海隆一词也用于比较宽缓的大洋中脊，如东太平洋海隆。这种海隆位于板块边缘，地震活动频繁，构造活动强烈，与板块内部的洋盆中的无震海隆迥然不同。东太平洋海隆与南美洲海岸大致平行，并同北美大陆成一角度相交，其南端约位于南纬60°、东经130°，分布在水下1447～4200米水深范围，最小水深为878米，相对高度为2000～3000米，宽1000～2000千米，长度达15 000千米；被许多横断裂依次错开，是一个很宽但不高的穹隆，横断面呈等腰三角形；在结构上与中大西洋海岭类似，在隆起轴部亦发现有断裂纵谷，隆起侧翼常常为断阶和深断裂复杂化，并耸立着若干年轻的（新生代的）火山组合。深海钻探表明，东太平洋隆起基岩上沉积层的年代不老于晚白垩世，是一条比较年轻的洋底地壳活动带。

（范时清）

**海马** sea horse; *Hippocampus* 动物界脊索动物门硬骨鱼纲刺鱼目海龙科海马属鱼类统称。珍贵海产药用鱼类。因头部如马头而得名。

形态 体侧扁，较高。腹部凸出。躯干部横断面七棱形，由10～12节体环组成，各体环愈来愈连在一起，以致不能弯曲；有些种类的各环节上尚有特别突出的棘状突起；也有些种类的体环上还生有枝状的皮质突起。尾部四棱形，尾端渐细，常卷曲，尾环32～42个。头部的位置在鱼类中，甚至在海龙科中也是最特殊的，不是和身体的纵轴在同一水平线上，而是与躯干部呈直角，顶部具突出头冠，冠顶有数个尖锐或短钝小棘。每节体环具6个突起或小棘。眼眶上方及颊部均有小棘。吻细长，管状。口小，前位，无牙。鳃部隆起，鳃盖上常有放射状的峭纹；鳃孔小，呈圆孔状，位于头后侧上方。眼中等大，圆形；眼眶突出，常有骨质棘，头顶部一般突出，形成头冠。无侧线。各鳍均无鳍棘，鳍条一般均不分枝。背鳍位于躯干及尾部之间的背方。臀鳍短小。胸鳍扇形。无腹鳍及尾鳍。雄鱼腹部具育儿囊，开口近肛门。体无鳞，由骨质体环所包。体呈淡黄色至黑褐色。海马有些种类的眼上方具有放射状带纹，背鳍上或有暗色纵带。海马体环和尾环的数目、背鳍和胸鳍的鳍条数目、头冠的大小，以及吻管的长短，通常是分类学上从外部形态来鉴别海马种类的特征。

种类 全世界海马种类约有25种，中国有6种。即：①日本海马（*Hippocampus japonicus*）。分布于中国渤海、黄海、东海和南海北部海域以及朝鲜和日本。②冠海马（*Hippocampus coronatus*）。偶见于中国黄海和渤海，在朝鲜和日本是常见种。③刺海马（*Hippocampus histrix*）（图1）。偶见于广东沿海海域，但在印度洋和太平洋分布颇广，东非、红海、印度、新加坡、印度尼西亚、朝鲜和日本均有分布。④克氏海马（*Hippocampus kelloggi*）。主要分布于印度洋和太平洋内，夏威夷群岛亦有分布。⑤库达海马（*Hippocampus kuda*）（图2）。体型较大，经济价值极高，一般中药店都采用此种海马，中国台湾地区、粤东海域和海南岛均有分布，也见于朝鲜和日本海域。⑥斑海马（*Hippocampus trimaculatus*）。与库达海马相似，体形较大。其中，养殖数量最多的是斑海马、库达海马、日本海马和刺海马。

图1 刺海马

图2 库达海马

分布 广泛分布于热带、亚热带及温带海域北纬52°～南纬45°，其中70%分布于印度洋－太平洋和西大西洋。自印度洋非洲东岸、印度、印度尼西亚、澳大利亚、中国、菲律宾、日本至太平洋中部诸岛沿海海域均有分布，也见于大西洋非洲沿岸和地中海、黑海等。中国沿海均产。

生态习性 栖息于风浪平静、水质澄清、藻类繁茂的暖温性沿海内湾低潮区。有时以尾部缠绕在漂浮的海藻上，随波逐流。主要靠胸鳍和背鳍的扇动而游泳，身体伸直，接近水面，水平游动时速度较快，有时尾部卷曲做直立游泳，速度较慢。依靠骨板、保护色及拟态避害和诱食饵料。在海藻中体色为黄绿色和绿褐色，在黄红色沙底中体呈黄棕色。适温10～33℃，最适温度26～28℃，40℃时死亡。长时间在10℃条件下也会死亡。但日本海马在5℃和36℃的水温条件下，尚能耐受相当时间。海马能在较高盐度的海水中和咸淡水中发育生长。但盐分过低时会引起死亡。喜栖于含氧量较高的水中。一般要求溶解氧在3毫克/升以上。当水中的含氧量降至2～2.3毫克/升时食欲减少，浮头，呼吸加快，时间长或进一步缺氧则窒息死亡。在水质恶劣、氧气不足或受敌害侵袭时，会收缩咽肌，发出咯咯的声音。在傍晚至清晨间光线较弱时，一般不活动、不摄食，夜晚有趋光性。幼海马更喜趋光集群。白天光线过强时则隐蔽于阴处。在黑暗中生活数天后会失明。养殖场的光照度以1000～10 000勒克斯为宜。

幼海马主要摄食桡足类的无节幼体。成体主要摄食糠虾、毛虾、磷虾、钩虾和对虾的幼体等虾类。喜食活饵，也食死饵。水质不良时食欲减退或停食，水温降至18℃时摄食量显著减少，12℃时完全停食。

繁殖 斑海马和大海马长至120～140毫米时性成熟，并开始繁殖。25～28℃为产卵期最适水温。雌雄个体常在凌晨发情。雄鱼追逐雌鱼达高峰时，雌、雄鱼体紧靠，腹部相对，直立游泳，雄鱼张开育儿囊，与雌鱼生殖乳突相接。此时雌鱼将卵产于雄鱼育儿囊中，并在此刻受精。受精卵在育儿囊内发育。仔鱼在28～30℃水温时经10～12天孵出。海马每年能繁殖数胎至10余胎，每胎产仔数百尾至1200余尾，最多达1900多尾。寿命2～5年。

养殖概况 斑海马和大海马因有个体大、生长快、适温范围广、寿命长、产仔多、药用价值高等优点，为养殖的好品种。1957年，中国开始养殖海马并取得成功。后许多沿海省份开始养殖。养殖场一般选在有淡水流入、饵料来源丰富、糠虾大量繁殖、与海马生活环境相近的港湾。最好在风浪小、水质清、海水比重为1.006～1.025的低中潮浅海边。养殖池一般是水泥池，分为育苗池、幼鱼池和成鱼池3种。

种苗来源依靠天然捕捞和人工繁殖。亲海马经精养发育成熟后，在水温20℃以上时，将雌、雄海马按1∶1混养，以便交配。雄海马经10～20天的孕育期即开始产仔。仔鱼移至育苗池饲养，以防亲鱼吞食。30天后幼鱼长至体长50～60毫米时逐渐分养至幼鱼池。两个多月后，体长达100毫米时移至成鱼池。日水温差不宜超过2℃。夏季需每天换水。饵料为活虾、桡足类、端足类、幼糠虾、无节幼体等。一般在11月中旬开始越冬。越冬海马要选择健壮、活泼、体长在120毫米以上的1～2年生的种海马越冬。雌、雄比例基本相等。越冬水温控制在15～16℃。人工养殖过程中常见的肠炎病可用土霉素灌注治疗；车轮虫病可用硫酸铜和高锰酸钾混合液浸泡病鱼治疗；气泡病可通过经常换水、遮阳、病鱼用针刺破气泡等方法防治。海马饲养1年以后，通常在越冬前或繁殖季节采收。洗净、晒干、防潮保藏。

价值 海马素有“南参”之称。性温，味甘无毒，用作中药时功能补肾壮阳、镇静安神、散结消肿、舒筋活络、止咳平喘、强心、催生。用于治疗阳痿、不育、虚烦不眠、哮喘、腰腿病、跌打损伤、外伤出血、腹痛、难产及神经衰弱效果显著。还可用于治疗结核性瘘管。

（魏　东　伍汉霖）

**海绵** sponges; *Porifera* 一类结构简单的多细胞后生动物。营底栖生活，多为海生。分类学上属动物界多孔动物门。这类生物只具有简单的细胞分化，无真正的组织和器官的分化，代表一类演化上较为原始的生物类群。

海绵体一般由简单的中央腔和出水孔组成，常具有不同形态的钙质或硅质骨针形成的骨骼结构。它主要通过领细胞鞭毛的摆动驱动水流进入体内，经出水孔排出体外，在此过程中摄取水体中的营养物质和氧气，满足生物体的需求。

依据海绵骨针的成分、形态特征等，R.M.芬克斯等于2003年出版的《古无脊椎动物论丛》中将多孔动物门划分为钙质海绵纲（Calcarea）、普通海绵纲（Demospongia）、六放海绵纲（Hexactinellida）、异射海绵纲（Heteractinida）及硬骨海绵纲（Sclerospongiae）5个类群。钙质海绵具有钙质骨针形成的骨骼结构，而普通海绵和六射海绵的骨骼则由硅质骨针组成，但以骨针形态及其他一些特征的不同而相互区分。异射海绵代表一个已经灭绝的海绵类群（化石记录从寒武纪早期到二叠纪早期），以其独特的骨针形态为鉴别特征。硬骨海绵既有现生类群，也有化石类群，如早前被归入其他动物门的层孔虫类及刺毛类都属于这类海绵。

海绵动物化石记录较为丰富。前寒武纪地层中就有报道，之后各纪地层均有产出，还经常丰富多样，是某些关键层段的标志化石之一，也是许多生物礁的重要组分，具有重要的古生物学、宏演化、古生态、古生物地理意义。海绵在现今海洋中仍有一些代表类群。

（詹仁斌）

**海面长波辐射通量** sea surface long-wave radiation flux 海洋表面日夜不停地向外以红外方式向上辐射，同时也接收来自大气的向下红外辐射的现象。入射到海面的向下长波辐射来自整层大气，称为大气逆辐射，它取决于大气层的温度、湿度以及云况；海面向上长波辐射包括海面发射的长波辐射和海面反射的部分向下长波辐射，主要取决于皮温，皮温越高，海面向上长波辐射越大。

海洋在吸收太阳短波辐射的同时，也向大气以红外形式辐射能量。世界大洋表层的平均温度为17.4℃，根据维恩定律，它向大气辐射最强的波长：

$$\lambda=2898/(273+17.4)\approx10(\text{微米})$$

因此称为长波辐射。海洋辐射的能量90%以上集中在4～80微米。

发生过程 温度高于绝对零度的任何物体，都要向外放射辐射能。海水也向外辐射能量，由于海面海水的温度较低，一般不超过30℃，其辐射波长在3～80微米。海面辐射大部分被大气中的水汽吸收，大气吸收了这种辐射能后，使温度增高，与此同时，大气也向外界辐射长波辐射，其中一部分进入太空，另一部分返回海面。辐射达到海面的大气逆辐射，几乎全部被海水吸收。因为海水表层对长波辐射的吸收能力很强，所以在表面几毫米的薄层内，便吸收了其中的绝大部分，可见，大气与海洋进行着长波辐射的热交换，其净辐射量是海面辐射与大气逆辐射之差，这个差值称为海面有效回辐射。一般海面长波辐射比大气逆辐射略大，其变化趋势与海表面红外温度相一致。

影响因素 影响海面长波辐射的因子包括太阳高度角、云量、海面相对湿度与气温、海水皮温等。

（高山红）

**海面短波辐射通量** sea surface short-wave radiation flux 太阳光以较短波长的形式穿过大气到达海面的向下辐射。在大气物理学中，常称太阳辐射为短波辐射。在入射太阳辐射中，一部分经空气分子、云以及海表面反射回太空，称为向上短波辐射；另一部分被平流层臭氧、对流层水汽和气溶胶、云以及海表面所吸收，称为向下短波辐射。被海洋表面吸收的短波辐射，一部分以长波辐射的方式进入大气，另一部分则通过湍流和对流以感热和潜热的形式传输给大气（见图）。

短波辐射 根据普朗克定律，自然界的各种物体向外辐射的波长与其温度成反比，一般温度愈高其最强辐射的波长愈短，温度愈低辐射的波长愈长。太阳的光球表面温度约6000开，太阳辐射中约有一半的能量分布在0.4～0.76微米的可见光区（44%），其余一半大多在近红外区（48%），少量在紫外区（8%）。与地球辐射相比，太阳辐射的波长短得多，故把太阳辐射称为短波辐射。又由于海表温度不超过30℃，在这样温度条件下，海平面辐射能主要集中在4～80微米的波长范围内，故海洋表面不能自发地向外放射短波辐射。

影响因子 到达海面的向下短波辐射主要由太阳高度角和大气透过率决定。太

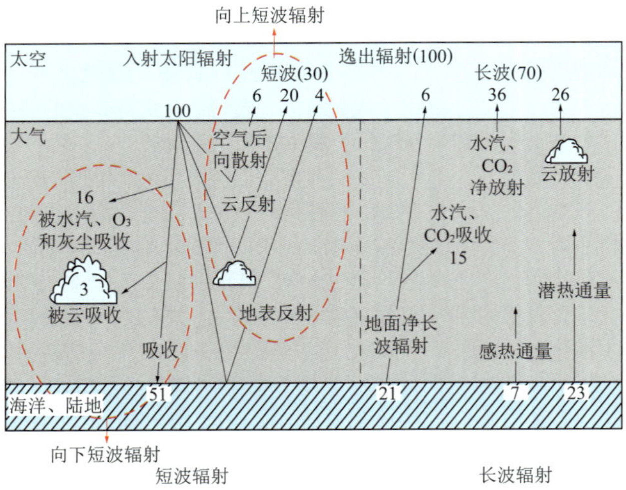


地（海）气系统总的辐射平衡框图（数字单位为百分率）

阳高度角越大，到达海面的短波辐射越多，而大气透过率主要取决于水汽和云量，低云越多、云层越厚，向下短波辐射越少。经海面反射的向上短波辐射与海面反照率有直接关系。由于水面反照率比陆地小，一般不超过10%，故到达地球表面的太阳辐射大部分被海洋吸收和贮藏。其中，影响反照率的大气透过率、太阳高度角和海面粗糙度等也是影响向上短波辐射的重要因子。

传输过程以及意义　到达海表面的短波辐射可以穿透一定深度的水体。短波辐射在传输过程中被水体吸收，加热它穿过的水体，使其温度升高。短波辐射在上层海洋热量传输及垂直热量结构的变化中起着重要作用，水中太阳辐射传输变化主要依赖于短波辐射衰减系数。短波辐射的衰减系数不仅与水分子吸收有关，还与水体光学成分浓度有关。水体越清澈，短波辐射衰减越慢，可穿透更深水体，辐射能量可对更深的水体加热。相反，水体越混浊，短波辐射衰减越快，其穿透水体更浅，辐射能量仅对较浅的水体进行加热。

进入海洋内部的太阳辐射大小和时空变化，将会引起上层海洋热量结构在垂直方向上的变化：在不同时间尺度上影响上层水体混合层的深度和强度，进而通过海－气相互作用影响全球气候变化。

（高山红）

**海面感热通量**　sea surface sensible heat flux　海表面海水与其上大气之间存在温差的情形下，通过湍流从高温侧向低温侧垂直输送导致温度改变而原有相态不变的热通量。热通量是一个矢量，大小等于沿着所规定方向，在单位时间单位面积通过的热量。其方向为等温面的法向方向，由高温指向低温，单位为功/米²（w/m²）或焦耳/（厘米²·分钟）[J/(cm²·min)]。

发生过程　在近海面，海洋表面与其上的空气如果存在温度差，那么热量就会从温度较高的一方流向温度较低的另一方。这个过程不是通过热传导的方式来进行，而是通过近海面的大气湍流运动来实施的。例如，相对较暖的气团流经较冷的海面，冷海面将获取感热而变热，导致海面蒸发增强，而气团底部会丧失热量而温度降低，这会导致在近海面形成稳定的大气层结；而相对较冷的气团流经较暖的海面，海面向上输送感热，会破坏近海面的大气层结，有时甚至会形成不稳定（对流）的近海面大气层结。

影响因素　感热通量$Q_s$可用类似于分子热传导的公式来描述，即：

$$Q_s=-\rho C_P K_T\frac{\partial T}{\partial Z}$$

式中$\rho$为空气密度，标准状态下$\rho$=0.001 29克/厘米³(g/cm³)；$C_P$为定压比热，$C_P=1.0\times10^3$焦/（千克·℃）[J/(kg·℃)]；$\frac{\partial T}{\partial Z}$为近海面空气垂直温度梯度；$K_T$为湍流交换系数。其中定压比热$C_P$是指在等压情况下，单位质量空气温度升高1℃所需要吸收的热量。$K_T$的单位为厘米²/秒（cm²/s）或者米²/秒（m²/s），表示近地层湍流发展强烈程度，它随高度的增加而增大，因为在近海层，高度愈高，下垫面对湍流减弱影响愈小，有利于湍流混合的加强。由公式可以看出，温度垂直梯度和湍流交换系数的值越大，感热通量值越大。在海气温差给定的情形下，由于湍流交换系数$K_T$取决于近海面的湍流强弱，因此海面感热通量同时也与海面风速及海表面粗糙程度密切相关。而海气温差主要由海温的分布与冷暖气团的移动来决定，因此，海面感热的高值区经常出现在海面洋流、海洋中尺度涡旋以及天气系统变化剧烈的海域。

（高山红）

**海面潜热通量**　sea surface latent heat flux　海面的水分蒸发或近海面大气水汽凝结过程中所吸收或释放的热量，通过近海面湍流运动垂向输送的热通量。热通量是一个矢量，大小等于沿着所规定方向，在单位时间单位面积通过的热量，方向为等温面的法向方向，由高温指向低温，单位为功/米²或焦耳/（厘米²·分钟）。潜热通量是水的相变过程中所吸收或放出的热量通量。

潜热通量是海－气界面能量收支的一个重要组成部分，通常用波文比方法或涡度相关法进行测量。它与海面的水分蒸发和近海面的水汽凝结以及近海面的湍流强弱密切相关。大气与海洋在海－气界面通过动量、热量和水汽交换产生相互作用。在近海面这个薄层里，热量和动量的垂向通量几乎是常数（常通量层）。根据对界面之间由于湍流产生的动量和热量交换的参数化表达方式，海－气界面上的潜热通量可参数化为以下形式，即：

$$Q_E=\rho_a C_L L_E|\overline{V}|(q_s-q_a)$$

式中$\rho_a$为空气密度；$V$为海面10米处风速；其他变量与参数的含义见表。

计算潜热通量的变量与参数

| 符号 | 变量或参数 | 取值与单位 |
|---|---|---|
| $C_L$ | 潜热交换系数 | $1.35\times10^{-3}$ |
| $L_E$ | 蒸发潜热 | $2.5\times10^6$J·kg$^{-1}$ |
| $q_s$ | 海面大气的比湿 | Kg（水蒸气）·kg（空气）$^{-1}$ |
| $q_a$ | 10m处大气的比湿 | Kg（水蒸气）·kg（空气）$^{-1}$ |

（高山红）

**海面湍动能**　sea surface turbulent kinetic energy　海面处的大气湍流所具有的动能。大气科学中，湍动能是大气湍流动能的简称。人们常用的风速与风向，是大气平均水平流动的宏观度量，具有局地水平空间分布均匀、时间上变化较慢的特点；而阵风，是大气微观流动叠加在平均水平流动之上的一种直观体现，具有局地空间分布差异大、时间上瞬变的特点。简单而言，空间上尺度很小的不规则大气流动称为大气湍流。运动的物体会具有动能，因此大气湍流所具有的动能即为大气湍流动能，简称湍动能。

机制　大气之所以存在宏观流动，是大气气压的空间不均匀性（气压梯度）所直接导致的；而气压的空间不均匀性，则是因为空气受热不均匀使其密度发生变化所造成。由于空气分子具有黏性摩擦（紧靠地面/海面的大气薄层还会受到地面/海面的摩擦作用与加热作用），大气宏观流动（又称平均运动）在空间上的差异（切变）或者下垫面热力作用产生水平不均匀的热泡运动，导致在宏观流动的“间隙”产生空间尺度很小的、杂乱无章的湍流运动。在大气边界层中，平均风的垂直切变与下垫面加热产生浮力热泡，分别称为湍流产生的动力机制与热力机制。在海面上，由于海面的摩擦作用，动力机制产生的湍流常称为机械湍流，而暖海面上由于热力机制产生的湍流则习惯称为浮力湍流。

湍流运动的强弱，会强烈影响湍流运动的输送能力。湍流运动是大气中动量和物质垂直输送的主要方式；湍流运动越强（湍流动能越大），其潜在输送能力也越大。

理论与应用　英国科学家G.I.泰勒是最早关注大气湍流及其作用的研究者。在著名的“泰坦尼克号”灾难（1912）发生后不久，他受命调查灾难发生时的海洋天气状况。他分别于1915年与1917年各发表了两篇堪称里程碑的论文——《大气中的涡动》（*Eddy Motion in the Atmosphere*）与《雾和轻雾的成因》（*The Formation of Fog and Mist*），从而创立了大气湍流输送理论。基于海温与大气低层探空数据，利用他创立的湍流输送理论首次解释了导致“泰坦尼克号”灾难的海洋气象因素——纽芬兰海域海雾。

海－气界面的物质与能量的交换，主要靠近海面大气湍流的垂直输送来完成。因此，要精确刻画海－气之间的相互影响与作用，离不开精确刻画近海面的大气湍流过程，其中大气湍流动能的计算与运用必不可少。（高山红）

**海面蒸发**　sea surface evaporation　海面的液态水变成水蒸气进入大气的过程。因为地球上的海洋、大气、土壤、生物等无一不为水、水汽或冰所充斥，所以地球有时被称作“水行星”。在地球的自然环境（常温、常压）下，水是三相（液态、气态和固态）共存的唯一物质。水的三相既共存，又随时随地不断变化，构成自然界中的水循环。水循环在天气和气候变化中扮演着重要角色，如云、雨、旱涝等。为了做好水循环的监测和预报，重要的一环就是做好蒸发的监测，发生在广阔无垠的大洋上的海面蒸发的监测则是其中最重要也是最困难的。

海水蒸发时从海洋吸收了热量，而大气则获得了海洋所损失的这部分热量。因此，海面蒸发不仅是海洋和大气之间进行水分交换和热交换的重要手段，而且是决定海－气界面的水分、热量和盐度平衡的主要因素。因此，了解海面的蒸发，有助于阐明海水的含盐量和洋流的关系，揭示海上气团变性和大气环流等现象的内在规律。

海水的蒸发与空气中水汽的饱和程度有关。在邻接水面的空气中，只要水汽未达饱和状态，海水就不断蒸发。由于饱和水汽压随温度的升高而迅速增大，因此，气温愈高，空气愈能容纳更多的水汽。已经被水汽饱和了的空气，当它流经较暖的海面时，因接触海水而升温，就处于不饱和的状态，有利于海水的蒸发；相反，当暖空气流经冷水面时，遇冷而呈过饱和状态，其中一部分水汽便凝结而形成雾，不利于海水的蒸发。从年平均的情况来看，海面的蒸发量大大超过了凝结量。

海面蒸发的定量表征　海面蒸发量的确定，大体上有4种方式：

①应用船舶蒸发皿和蒸发计测量。因仪器受船体的影响，皿中的水面结构和周围的条件与实际的海况很不相同，所得的蒸发量缺乏代表性。

②根据气象观测寻求蒸发率与气象要素的经验关系，获得蒸发率。例如：

$$E=K_a(e_w-e_a)V_a \qquad (1)$$

式中$E$为海面蒸发率，毫米/年；$K_a$为经验系数，由试验确定，通常取$K_a=0.142$；$e_a$为距水面6米处的空气中的实测水汽压，百帕；$e_w$为气温相应于海面水温的饱和水汽压，百帕；$V_a$为海面风速，米/秒。还有人把$K_a$表示成风速和大气稳定度的函数。这表明，海面蒸发率可以由海－气之间的水汽压差、风速和稳定度等大尺度观测量计算得出。这一经验关系又称块体公式，是大尺度理论模式常用的关系式。

③借助于水汽湍流扩散理论。1936年，挪威海洋学家H.U.斯韦尔德鲁普首先应用大气湍流扩散理论求得海面蒸发率的表达式。1939年，美国气候学家C.W.索恩思韦特和B.霍尔茨曼根据海面以上两个高度的湿度差和风速计算蒸发率，误差较大。1940年，R.B.蒙哥马利考虑到海浪的影响，根据近海面气层的特征，把近海面气层分为3个副层：底层为层流层，风速随高度作线性变化；中层为过渡层，风速具有光滑面对数廓线形式；上层为湍流层，风速具有充分粗糙面对数廓线形式。这样做对考虑近海面层空气动量的输送可能是合理的，但用来讨论水汽输送则不尽适宜。因为动量在输送过程中有一部分被消耗在海浪的产生和破碎上，而水汽输送则无此类损失。根据近海面气层的特征，可把海面蒸发率写成下列的一般表达式：

$$E=\rho(q_s-q)\left[\int_0^z\frac{\mathrm{d}z}{D+k_g}\right]^{-1} \qquad (2)$$

式中$D$和$k_g$分别为水汽的分子扩散系数和涡动扩散系数；$\rho$为空气密度；$q$和$q_s$分别为比湿和水面的饱和比湿。

④从海面的热量平衡来分析。即从气候学的观点，根据海面的热量平衡方程估算海面蒸发量。一般结果表明，世界大洋的年蒸发量按气候带分布：在赤道海区因空气的湿度高和海风较弱，蒸发量最小；在副热地区的暖海面上，有较干燥的空气的平流，蒸发量最大；在较高纬度地区因温度低，饱和水汽压小，空气容纳水汽的能力低，故纬度愈高蒸发量愈小。根据1977年中国科学院海洋研究所和中国地理研究所对渤海、黄海和东海的热平衡所做的分析和计算，这些海区的年平均蒸发量绝大部分大于1.25米/年，并呈现从东南向西北降低的趋势。

海面蒸发的全球分布　美国伍兹霍尔海洋研究所（WHOI）基于全球再分析资料和块体公式整编计算的一套客观分析海－气通量资料表明，全球蒸发率的分布与气候带分布较为一致。世界大洋的年平均蒸发量约为1米。此外，大洋西侧的蒸发量高于大洋东侧，在向极地的暖流输运区显得更加突出，如黑潮和湾流区的年平均蒸发量最高达3米以上，东澳大利亚海流、厄加勒斯海流和巴西海流等海域次之。

由于海－气温度差、湿度差和风速等因素都有季节性的变化，蒸发量也有季节性的变化，并以中纬度大洋西侧最为明显。暖季海面蒸发量偏低，冷季则偏高。中国沿海也是如此。（黄　菲）

**海南东寨港红树林国家级自然保护区**　Dongzhaigang Mangrove National Nature Reserve, Hainan　位于海口市美兰区东北部。地理坐标为东经110°30′～110°37′、北纬19°51′～20°01′。总面积为3337.60公顷。

发展简史　始建于1980年。1986年晋升为国家级自然保护区。1992年被列入《国际重要湿地名录》。

自然环境　保护区是1605年琼州大地震陆地下陷而形成的浅水港湾，位于海南岛东寨港，海岸线迂回曲折，沟壑纵横交错，潟湖滩面缓平，与陆地大小河流相连成为天然的黄金水道。属于典型的海洋性热带季风气候，水文条件优越。保护区拥有中国面积最大的红树林，面积为2180公顷。

生物资源　保护区共有红树林16科52种，占世界已知红树林种数的39.5%。其中，水椰、红榄李、海南海桑、卵叶海桑、拟海桑、木果楝、正红树、尖叶卤蕨等为珍贵树种。海南海桑和尖叶卤蕨为海南特有。主要红树林群落有木榄群落、海莲群落、角果木群落、白骨壤群落、秋茄群落、红海榄群落、水椰群落、卤蕨群落、桐花树群落、榄李群落等，郁闭度达0.8以上。

保护区动物资源十分丰富。有底栖动物92种，主要有沙蚕、泥蚶、牡蛎、蛤、螺、对虾、螃蟹等，具有较高的经济和食用价值；有鱼类103种，大多鱼类具有较高的经济价值，如鳗鲡、石斑鱼、鲈鱼、鲷鱼等；有鸟类111种，包括国家Ⅱ级重点保护16种，如黄嘴白鹭、黑脸琵鹭、白琵鹭和黑嘴鸥、小苇千干鸟等。《中日候鸟保护协定》中鸟类50种，《中澳候鸟保护协定》中鸟类33种。保护区拥有的黑脸琵鹭和黄嘴白鹭，属于《世界自然保护联盟濒危物种红色名录》中的极度濒危种。

重要作用　保护区成立以来，坚持把保护红树林及其生态环境放在首位，充分利用红树林“天然养殖场”和独特的自然景观的优势，发展水产养殖业和旅游业，增加了保护区的收入，使保护区逐步实现了保护与开发的良性循环。

（张朝晖）

**海南热带海洋学院**　Hainan Tropical Ocean University　以海洋、旅游、民族、生态学科为特色，是国内唯一位于热带、毗邻南海的祖国最南端的公办本科高校。由自然资源部、海南省人民政府、中国海洋石油集团有限公司、三亚市人民政府“四方共建”，致力于建设成为国内有影响力、国际有知名度、热带特色鲜明的高水平应用型海洋大学。校训是“明德、励志、博学、笃行”。

学校始建于海南省五指山市，前身是广东省1954年创办的海南黎族苗族自治州师范学校和1958年创办的海南黎族苗族自治州师范专科学校，之后经历琼州大学（1993）、琼州学院（2006）等办学时期，2015年更名为海南热带海洋学院。

学校拥有三亚、五指山两个校区，校园总面积145余公顷，海域使用面积106余公顷，在海口曲口、琼海长坡、文昌潭牛、三亚崖州湾科技城等地设有规模型科研试验及教学实训基地。设有20个二级学院，2个硕士学位授权一级学科点、9个硕士专业学位授权点，62个本、专科专业。学校有8个省级重点学科，设有30个部省级科研平台，含4个院士工作站（院士团队创新中心）、7个国家级水产试验场，拥有1个国家大学科技园。截至2024年4月，教职工1500余人，其中专任教师980余人，“双聘”院士4人，“南海名家”等各类高层次人才570余人，海南省“双百”人才团队6个。

学校在海洋、水产科研应用和海南黎、苗族本土文化研究方面成果丰硕；连续主办4届“全国水产南繁种业发展论坛”，在业界产生广泛影响；开展的全国性海龟救护保育工作得到国家部委和省政府充分肯定；《黎族通史》实现了海南省高校国家社会科学基金重大项目零的突破。培养出一批深海探测与研究的科教工作者，如“深海勇士”号载人潜水器主驾、中国第5位和全球第8位完成万米下潜任务女科学家、中国高校首位在南太平洋深渊下潜科研人员。学校主办的《海南热带海洋学院学报》被评为RCCSE中国核心期刊、全国高校民族类特色科技期刊、全国高校质量进步社科期刊。

（符成彦　欧阳焱）

**海南三亚珊瑚礁国家级自然保护区**　Sanya Coral Reef National Nature Reserve, Hainan　以造礁珊瑚、非造礁珊瑚、**珊瑚礁**及其生态系统、生物多样性为主要保护对象的国家级自然保护区。位于海南省三亚市南部近岸及海岛四周海域，地理坐标为东经109°20′50″～109°40′30″、北纬18°10′30″～18°15′30″，总面积8500.00公顷。于1990年建立，是中国首批5个国家级海洋类型自然保护区之一。

保护区由3块区域组成，即亚龙湾片区、鹿回头半岛—榆林角沿岸片区、东西瑁岛片区。亚龙湾片区主要包括西排、东排与野薯岛及其之间的海域；鹿回头半岛—榆林角沿岸片区主要包括鹿回头湾、鹿回头岭、小东海、大东海等区域；东西瑁岛片区属典型的海岛地貌，中部岬角、海湾多。

保护区地处低纬度，属热带海洋性季风气候，水文条件适宜珊瑚群落的生长发育，是珊瑚礁发育的理想场所。造礁珊瑚的建造者为珊瑚虫，珊瑚虫属热带海洋腔肠动物。区内珊瑚种类繁多，已查明有117种（包括5个亚种）造礁珊瑚，分别属于13科33属和2亚属，10种最常见的造礁石珊瑚是丛生盔形珊瑚、澄黄滨珊瑚、秘密角蜂巢珊瑚、中华扁脑珊瑚、多孔鹿角珊瑚、梳状菊花珊瑚、同双星珊瑚、疣状杯形珊瑚、标准蜂巢珊瑚、繁锦蔷薇珊瑚。在成礁建造中有积极意义的珊瑚有苍珊瑚、笙珊瑚、多孔螅，还有多种非造礁珊瑚——软珊瑚、柳珊瑚。在珊瑚礁生态系统中，有多种密切依赖珊瑚礁的共栖海洋生物，包括底栖生物海葵、102种珊瑚礁鱼类等。

保护区海域与三亚市几处主要著名旅游海湾——亚龙湾、大东海海湾、三亚湾及天涯海角相邻，构成了三亚滨海景区的生态内涵。

（张朝晖）

**海南万宁大洲岛海洋生态国家级自然保护区**　Wanning Dazhou Island Marine Ecology National Nature Reserve, Hainan　以海岛生态、金丝燕及其生态环境、岛屿周围海域的重要海洋生态系统为主要保护对象的中国国家级自然保护区。位于海南省万宁市东南部，地理坐标为东经110°26′50″～110°32′06″、北纬18°37′06″～18°43′54″，总面积7000.00公顷。1988年建立大洲岛省级保护区，1990年升级为国家级自然保护区，是中国首批建立的5个国家级海洋类型自然保护区之一。

大洲岛由南岭、北岭两岛构成，南岭面积2.7平方千米，海拔289米；北岭面积1.5平方千米，海拔136米，地势较平坦，沿海一带有较长的沙滩。大洲岛是海南沿海离岸最大的岛屿，具有典型的海岛海洋生态系统。岛上植被郁郁葱葱，乔木、灌木、藤类和草本植物纵横交错，植物种类繁多，有名贵的中草药金不换、金银花等。动物资源丰富，有蜥蜴、蛇、猴、穿山甲、狐狸、野兔、四脚蛇等爬行、哺乳类动物和鹧鸪、老鹰、海燕、鹭、金丝燕等鸟类，这些生物群落及其环境构成了大洲岛特殊的海岛海洋生态系统。除此之外，岛周围海域海洋生物种类丰富，太阳河等入海径流带来大量有机物和饵料，生物量高，形成著名的大洲渔场，盛产马鲛鱼、鱿鱼、龙虾、鲍鱼等名贵海珍品；还有澄黄滨珊瑚、二异角孔珊瑚等珊瑚礁资源，泰莱草、海神草等海草资源。

大洲岛是金丝燕在中国唯一的长年栖息地，花岗岩构造的岛岸，经海水长年剥蚀而成形状各异的陡峭岩洞，为金丝燕提供了良好的栖息场所。金丝燕是濒危保护物种，是中国唯一可以营造白色可食燕窝的珍稀鸟类，所产燕窝是十分名贵的食品和药品，素有“东方珍品”和“稀世名药”之名。

保护区原始状态的热带海岛海洋生态系统在中国极为稀少，具有很高的保护价值。

（张朝晖）

**海女**　Ama　不带辅助呼吸装置、只身潜入海底，从事捕捞龙虾、扇贝、鲍鱼、海螺等海产品工作的女性，是古代海洋族群的后裔，历史悠久，曾经广泛分布于东亚、东北亚及东南亚各地，尤以日本、韩国的海女最为著名。在日本民间传说中，海女起源于“太古”，即公元4世纪之前。此后，有关“海女”的记述出现在众多日本史学、文学作品中。但公认的是，海女在19～20世纪上半叶才真正壮大发展。

日本海女　日本海女比较集中的地方

有千叶县的房州、静冈县的伊豆、山口县的大浦、福冈县的钟崎等。在古代日本，由于没有先进的生产工具，渔民为生活所迫，所以采用这种作业法。但在今天的日本，它是作为一种“特技”而被渔民们继承下来的。海女捕捞的水产物主要有鲍鱼、蝾螺、淡菜等贝类，石花菜、裙带菜、海带等食用海草以及像鹿角菜这种能制糨糊和肥料的海草。海女的作业时间一天一般为三次，每次劳动时间约为两小时。在这两小时中间，要连续潜入海里十几次，每次浮出水面后，只是靠在船边休息片刻。因为在海里的工作时间较长，所以不管春夏秋冬，海女在完成一次作业后，总要到船上的火炉边，或到岸上点起篝火来取暖。海女在工作时，头上扎布毛巾，穿上衣和短裤，带潜水眼镜，颈上挂一只能装捕捞物的网篮。捞取贝类时，使用的是一种铁制的橇。海女也建立了自己的工会组织，在海女比较集中的地区还有一种叫“海女村”的村庄。在“海女村”中，男人只为妇女做一些辅助工作，主要工作都由妇女担任。海女们认为，以自己的劳动收入来养育孩子和维持家庭，是自己的崇高职责。

韩国海女　朝鲜半岛从公元前就有了“海女”这一职业。不过，发现有文字记录的文献还是1629年李健的《济州风土记》和《葵窓集》，书中将海女称作“潜女”。在金春泽（1670～1717）《北轩先生文集》第13卷的《潜女说》中有关“潜女”的记载则更加具体。直到19世纪，徒手潜水还是男人的专职。但由于政府的税收政策重男轻女：男人做工税重，女人做工税轻。渐渐地，丈夫们开始在家煮饭看孩子，而妻子则每天外出捞海物赚钱。日久天长，潜水成了女人们代代相传的本事，“海女”这个称呼应运而生。1932年1月，济州岛海女抗日独立运动在济州岛旧左邑一带展开。济州岛17 000多名海女在此后的两年间开展了230次运动，堪称韩国历史上规模最大的女性抗日运动，有着不同寻常的意义。

韩国济州岛的海女数量最多。济州岛的“海女”，身穿黑色紧身潜水衣，脸带护目镜，脚穿鸭蹼，腰上绑着的绳子连着一个白色的浮漂作为休息时的依靠（作用类似于救生圈），圆形的浮漂上系着一个网状口袋，那是专门放捕捉到的海鲜的，手腕上拴着一个铁铲（钩），深深地吸足一口气纵身海底，用铁铲（钩）沿着峻峭的礁石采集贝类、鲍鱼、海参和海螺等海产品。最开始，海女们只在距海岸近的浅海中捕捞，后来则不得不潜入深达20米的海底。济州岛修建了以传承海女文化为主题的海女博物馆。博物馆内共分三层，博物馆第一层的“海女生活”重现了海女曾居住的房屋，并陈列着海女们吃过的食物和使用过的工具等。第二层为“海女的劳作”，主要展放着海女在海中使用的工具和服饰等，向游人介绍海女下海捕捞的过程。此外，该展厅也系统介绍了海女在抗日运动中的业绩。博物馆第三层为休息厅，设有观景台可眺望大海美景。此外，博物馆建筑外的草地上还散放着雕塑作品，济州海女抗日运动纪念碑也竖立于此。

海女的现状　海女作为一种古老的职业和文化现象，正在逐渐消亡。过度捕捞等造成的渔业资源枯竭和海女工作的高强度、高风险等因素，使年轻女性不愿成为“海女”，海女队伍逐渐趋于高龄化，后继乏人。日韩政府为保护这一古老职业和文化，近年来加大了对“海女”的支持和推广力度，不仅建立了“海女”博物馆，出版了相关书籍，邀请各国媒体采访。还大力发展“海女”旅游业，希望把“海女文化”打造成新的旅游增长点。此外还定期举办“海女峰会”，并准备向联合国教科文组织申请将“海女文化”列为人类非物质文化遗产。（马树华）

**海鸥**　seagulls　鸥形目鸥科的一属。中型水禽。分布几乎遍布全球水域。嘴直而尖。背羽以灰色为主，少数有褐、黑色；前3趾具蹼，后趾短。栖息于海洋、河流、湖泊、沼泽等水域。主要以小鱼、甲壳类、软体动物、昆虫等水生无脊椎动物为食。营巢于海边的小岛上、内陆湖边缘地带、

图1　黑尾鸥

图2　遗鸥

沼泽区域或河岸附近。巢主要由枯草和芦苇构成，巢大多紧靠水边。繁殖期为每年的4～7月，每窝产卵2～5枚，孵化期为22～28天。

中国沿海常见种类有黑尾鸥（*Larus crassirostris*）、银鸥（*Larus argentatus*）、红嘴鸥（*Larus ridibundus*）等。黑嘴鸥（*Larus saundersi*）仅繁殖于中国东部和韩国南部的沿海区域。遗鸥（*Larus relictus*）仅繁殖于蒙古、俄罗斯贝加尔湖和中国内蒙古草原的湖泊区域。黑嘴鸥和遗鸥均被列入世界濒危鸟类名录。（郑光美）

**海平面**　sea level　在某一时刻假设没有潮汐、波浪、海涌或其他扰动因素引起的海面波动，海洋所能保持的水平面。受引潮力、风、气压、径流及水文等因素影响，海水高度不断变化的水面。每个地点的海平面在短期内随着潮汐、大气压力和风等因素而不断改变，较长期的海平面变动则受海洋热容量、冰川融化等与地球气候变化相关的因素影响。由于牵涉到一些复杂且困难的测量，使得精确确定海平面成为一个困难的工作。一般微风所导致的海面的波浪可以通过平均的方法消除掉，潮汐所导致的海平面的升高和跌落也可以通过长时间的观测后取平均值的方法消除掉。海平面的测量总是相对于陆地的测量，因此海平面的变化可以是真正由于海面的变化导致的，也可以是由于陆地的变化导致的。海平面在地理测量中经常作为高度的标准，如中国海拔高度采用青岛港验潮站的长期观测资料推算出的黄海平均海面作为零点。（张召儒）

**海平面变化**　sea level change　海水量、水圈运动、地壳运动和地球形态变化的综合反应过程。是地球演化的一个重要方面。这种变化有短期的，如日变动、季节性变动、年变动和偶发性变动等，其升降幅度小，且常是局部的；也有长期的，即地质历史期间的海平面变化，其变动幅度大，是大区域性甚至是全球性的。长期海平面变动引起的最直接后果是海进或海退，导致海岸线移动，海陆变迁，改变海陆之间的物质平衡。对大陆架和海岸地貌的基本特征、浅海与近岸沉积物和沉积矿产的形成产生很大影响。使海岸工程或港湾建筑被淹没、侵蚀乃至废弃，河道由于基准面的变化或淤或冲。因此研究海平面变化规律、预测其发展趋势，对研究第四纪地质、新构造运动、探索气候变化规律以及对于人类社会、经济的可持续发展都较为重要。

变化原因　海平面变化受多种因素的控制和影响，主要有：地球运行轨道参数周期性变化所引起的冰川－海平面变化、构造－海平面变化、大地水准面－海平面变化、水压均衡作用、冰川均衡作用和流变均衡作用等。这些因素中，全球性构造运动对整个地史时期的海平面变动起决定性作用。①冰川－海平面变化。地球绕日运行，轨道偏心率、黄赤道交角和岁差分别具有10万年、4万年和2万年的周期性变化，从而影响地球接受太阳辐射的能量，引起气候的周期性变化。在气候寒冷的地质时期，极地周围形成冰盖，海洋中的海水量减少，海平面降低。当气候转暖时，冰盖融化、冰水流回大洋、海平面升高。不同学者估计全球现代冰川体积在$20\times10^6$～$34.75\times10^6$立方千米，如果全部融化，将使海面升高50～85米（未考虑因海水增多而发生的海底均衡下沉）。按第四纪末次冰期冰盖的体积估算，当时的海平面比现在低135米。对这种海面升降幅度的估计各学者不尽相同，主要看如何估计南极大陆的冰盖厚度。尽管如此，第四纪以来海平面变化主要是由冰川消长所引起的论点已基本上得到公认。②构造－海平面变化。因构造运动而引起的海平面变化。有的是全球性的，有的是局部的、地区性的。引起全球性海平面升降的构造作用是洋盆容积的变化、洋底下沉或新洋盆形成。世界洋盆的总容积增大，导致海平面降低。相反，洋底抬升，某些洋盆消失，可使海平面升高。板块构造学说认为海平面变化与海底扩张速率有关。大洋中脊上增生的物质是热的，随着时间推移而逐渐冷却，变得致密，因而**洋底岩石圈**在横向扩张移运过程中随时间而下沉。如果海底扩张速率很快，距中脊顶部一定距离的洋底没有足够时间以冷却到“正常”程度，洋底就比正常情况下高，因而即使海水量不变，由于洋盆容积减小，海面也会升高。相反，海底扩张速率很慢，海面降低。海底扩张速率变化引起的海平面变化，周期长达数百万年，变化幅度可达300～500米。另外，还有人认为大洋中脊系长度变化会影响洋盆的容积。在大陆分裂期大洋中脊发展，导致世界范围的海侵，而在大陆汇聚形成超大陆时，则造成海退。局部性的地壳升降运动，引起区域性的海平面变化。这种变化不是海平面与地心之间的距离变化，而是由于地壳升降而引起的海面相对于陆面之间的距离的变化。这种变动往往叠加在全球性海平面变化之上。③大地水准面－海平面变化。大地水准面受地球重力控制。由于地球内部物质分布不均匀，引起重力的变化，大地水准面的形态也随之变化。这种海平面变化表现为有些海区海平面升高，另一些海区海平面降低，从而使全球各地海平面升降既不一致，也不规则。据N.A.默纳尔1976年的资料显示，新几内亚的高海面与马尔代夫群岛附近的低海面高差达180米。④水压均衡作用。当冰盖融化，冰水回流入海，海底因水负载增加而下沉，直到新的平衡建立为止。有人估计近7000年来因负载影响洋盆下沉了8米，大陆上升了16米。其对陆架区的影响更显著。⑤冰川均衡作用。在覆冰区巨大的冰盖使下伏的地壳下沉，因岩石圈具有弹性，下沉范围远超过覆冰区；而在冰前沉陷区外侧，地壳向上弹性隆起。当冰盖消融后，地壳又因弹性恢复到原来的状态。末次冰期以来，在斯堪的纳维亚地区均衡上升了约300米，现仍以每百年一米的速度继续上升。⑥流变均衡作用。地球流变论认为黏弹性地球和其上的水体处于多种因素的作用下，并不断调整以达到平衡状态。因此上浮的冰川及水压的均衡影响不是局部性的，它波及全球，形成若干海面上升区和下降区。J.A.克拉克提出全新世（距今1.5万年）以来全球海平面变化的数学模式，把世界大洋分为6个海面升降各不相同的地带，指出由冰川作用引起的海平面变化，在各地是不一致的。这一模式已得到全球13个地点观测资料的证实。

第四纪海平面变化　连续的第四纪海平面变化重建是基于有孔虫的氧同位素$\delta^{18}O$或者浮游有孔虫的氧同位素$\delta^{18}O$和Mg/Ca-海表温度（SST），可追溯到大约50万年前。由于第四纪海平面变化的控制因素是冰川作用，因而重建的50万年来海平面曲线都表现出冰期低间冰期高的特征。深海氧同位素阶段（MIS）5.5、MIS7.1和MIS7.5的高海平面几乎与现代海平面高度一致，而MIS9.1则比现代稍低。MIS2.2、MIS6.2、MIS8.2和MIS10.2的低海平面高度几乎相似（约－120米），而在MIS6.5海平面处于中等高度（约－30米）。3.5万年以前，海平面大致接近现在位置，末次盛冰期（距今2万～1.5万年），海平面比现代海平面低130米左右，随后迅速上升到现代位置。末次盛冰期以来尤其是末次冰消期，出现了几次冰雪融水脉冲（MWP），海平面快速上升打断了冰消期海平面缓慢的增长趋势。尽管对这些冰雪融水脉冲事件的定时、幅度以及融水的来源问题还存在争议，但这些快速变化过程对于理解冰盖动力学以及气候驱动机制非常重要。

全新世海平面变化　对于全新世海平面变化的过程，大致有以下3种意见：①在距今6000年时，海平面比现代海平面高3～4米，此后海平面上下波动，最后达到现代位置。②海平面持续上升，但在距今15 000～5000年时迅速上升，之后缓慢上升到现代位置。③认为在距今5000～3000年时，海平面已升至现代位置，以后无大变化。很多人认为现在海平面正以每年1毫米的速度在上升。但是考虑到大地水准面－海平面变化等因素，不同地区的海平面变动过程应有所差异。

古海岸线变化　中国海洋地质学者在东海陆架边缘发现了古海岸线，用碳-14（$^{14}C$）法测出其中生物残骸的年龄为1.5万年左右，陆架上发现有阶地和古河谷。学者们几乎一致认为，当时东海的海平面处于最低位置，比现代海平面低130～160米，古海岸线在东海冲绳海槽西坡的陆架外缘。距今15 000～6000年时海面迅速上升到现代位置，至于是否曾高出现代海平面，认识不一。5000年以来海平面变动不大。中国沿海的**大陆架**就是因冰川消融、海面上升而使滨海平原被海水淹没而形成的。

海平面变化影响　根据调查得知，在冰期低海面时，大片陆架浅海出露成陆，从而使日本与中国、亚洲与美洲（沿白令海峡）、英国与欧洲大陆、澳大利亚与新几内亚等相互连接，这对植物群和动物群（包括古人类）的迁移有着深远的影响。近百年来海平面呈上升趋势，被认为是大气中温室气体增加、全球变暖所致，在沿海低地和大河三角洲地区尤为明显。相对海平面上升加剧了洪涝灾害、风暴潮的威胁和河口盐水的入侵，使排洪、排涝、排污难度加大，水质变坏，供水困难，生态环境恶化，已引起科学界和各国政府的高度重视。

（熊志方）

**海－气交换**　air-sea exchange　海洋和大气间各种物质的跨界面迁移（能量、动量的双向交换见**海－气相互作用**）。海洋与大气的接触面积广大，因此海洋必然会把大气中的某些成分溶解进去，这些气体组分在海洋和大气之间发生交换，存在着动态平衡。有的气体组分，如氧气和二氧化碳，既可能被海洋吸收，也可能从海洋释放到大气中去；而有的气体，如一氧化碳和二甲基硫，则一般只能从海洋向大气输送。

概念和内涵　海－气交换包括气体交换和气溶胶交换两种类型。海洋和大气之间的气体交换是一种动力学过程，取决于气体在海洋和大气之间的分压差，以及气体分子在海－气界面上的传输速率。当气体在海水和大气之间达到平衡时，海水中溶解气体的浓度取决于气体在海面的分压、海水的温度和盐度，浓度单位是微摩尔每立方分米海水或者微摩尔每千克海水，以前也曾用每立方分米海水或每千克海水中所含的标准状态下的气体体积。海洋和大气之间的气溶胶交换则包括海洋接受大气传输来的沙尘和海洋飞沫向大气补充气溶胶颗粒。前者向海洋上层补充一些关键的痕量金属（如铁），从而刺激浮游植物生长和生物固氮等过程；后者以氯化物和硫酸盐为主，可作为云的凝结核发挥散射和吸收太阳辐射的作用。

海－气交换的范畴不仅仅限于海－气界面，还涉及海洋深层的环流，以及海面上一定高度范围内的大气化学反应。以氧气为例，表层海水与大气接触，溶解有充足的氧气，而几千米以深的海底通常也不缺乏氧气，这是因为深海环流把富含氧气的表层水带到海洋深处的缘故。在一些海洋环流弱的海域，氧气补充不足，就容易出现缺氧或无氧的现象。另一方面，海洋输送到大气中的二甲基硫通常并不会停留，而是迅速发生大气化学反应转化为二氧化硫和甲基磺酸盐，最终形成非海盐硫酸盐气溶胶，可作为凝结核促进云的形成。

意义　21世纪，随着大气中温室气体浓度持续升高，人们对大气化学成分改变可能引起全球气候变化的问题越来越担心，因此海洋与大气之间的气体交换作用也受到重视。只有充分掌握海－气交换的机理和速率，才有可能正确理解气体的生物地球化学循环过程。（翟惟东）

**海－气交换系数**　air-sea exchange coefficient　海－气间气体物质的交换通量与界面上分压差之间的比例系数。

概念和内涵　基于海－气界面膜扩散的理论，海洋与大气之间的气体交换不仅取决于气体在这二者之间的分压差，还取决于海－气交换系数，而海－气交换系数与大气扰动、温度、海浪等因素相关。通常用水平风速的幂函数来表征大气扰动的强弱，用气体分子在海水中施密特数平方根的倒数来表征温度的影响。多数情况下，海－气交换系数与水平风速和温度都呈现正相关，但是海浪的影响也很重要，同样的水平风速作用于波浪状况不同的海面，海－气间的气体交换可能不同。一般而言，在同样的中强风速条件下，持续时间较长的中强风对海－气间气体交换的效应远胜于持续时间很短的瞬时强风。这是因为，持续时间很短的瞬时强风可能不一定引起**波浪破碎**，海面依然保持平整，而持续时间较久的中强风会增加海上的白浪覆盖度，从而显著增大海－气接触面积，提高海－气间气体交换的效能。

海水中的颗粒物质与海面上的气溶胶之间也存在物质交换，但是一般不以海－气交换系数来表征，因为海－气间的颗粒物质交换并不符合界面膜扩散的理论前提。

意义　海－气交换系数是影响海－气间气体物质交换通量的重要因素，也是海－气交换通量评估不确定性的主要来源，吸引了众多研究者的关注。（翟惟东）

**海－气界面**　air-sea interface　海洋与大气相接的面，在此面上发生能量、动量、化学物质和微生物的双向交换，也发生固－液相转变过程和复杂的化学反应。

概念和内涵　按照滞膜传质理论的假设，海－气两相界面两侧分别存在着一层液膜和气膜，膜内没有法向流动，只有扩散和传递。又假设膜外的流体主体中因湍流的作用而不存在浓度梯度，传质阻力完全集中于膜内。通常，海－气界面上的液膜厚度只有十到几十微米量级，而气膜就更薄。实际的海－气界面受到风、浪、潮、流，以及生源有机物等各种因素的影响，处在不断变化和快速更新之中。有时在生物活动剧烈或者发生人类排污的海域，海－气界面上出现比较致密的有机质薄膜，从而进一步降低了海－气界面的气体交换速率，但这并不影响界面传质理论和模型的有效应用。

意义　海－气界面是海洋与大气间直接发生热量和水汽交换的场所，因而其水温可能与海水本体的温度不尽相同。海－气界面对海水中的许多生源有机物都有富集作用，在近岸水域还富集有多氯联苯和氯代烃等持久性有机污染物。

海－气界面对于氮气、氧气、二氧化碳、一氧化二氮、二甲基硫等气体物质的海－气交换而言，起到传质阻力的作用。而海－气界面的气泡破裂和气溶胶形成过程则加速化学物质和微生物在海洋和大气之间的迁移。对于远距离输运过来的陆源大气颗粒而言，海－气界面可起到捕集器的作用。此外，在太阳辐射比较强的海域，海－气界面还是各种光化学反应的主要场所，一些有机物在海－气界面吸收太阳辐射的能量，转化成一氧化碳、甲烷等小分子气体物质，参与海－气物质交换。（翟惟东）

**海－气界面热通量**　air-sea heat flux　单位时间与单位面积上海－气界面热量交换的量度。海－气界面热通量由**海面潜热通量**、**海面感热通量**、**海面长波辐射通量**和**海面短波辐射通量**四部分组成，是衡量海洋与大气进行能量和水汽交换的重要指标。其中，潜热通量与水分蒸发／凝结密切相关，感热通量与海－气温差有关，短波辐射通量主要来源于太阳的短波辐射，而长波辐射通量则取决于海－气的红外长波辐射。计算海－气界面热通量收支方程如下：

$$Q=Q_{SW}+Q_{LW}+Q_S+Q_L$$

式中$Q$为进入海面的净热通量，正值代表海面从大气吸收热量，负值代表海面向大气放出热量，$W/m^2$；$Q_{SW}$为太阳短波辐射通量，$W/m^2$；$Q_{LW}$为长波辐射通量，$W/m^2$；$Q_S$为感热通量，$W/m^2$；$Q_L$为潜热通量，$W/m^2$。

概括而言，以上4项的影响因素分别为：①潜热通量。主要受风速和相对湿度影响。大风和干燥空气条件下，蒸发强度要比弱风及高湿度时强；在极地地区，冰覆盖区域的蒸发强度比外海小。②感热通量。潜热通量主要受风速和海气温差影响，大风和大的海气温差会引起潜热通量的增加，风速对其的影响与感热通量一样。③短波辐射通量。太阳辐射主要取决于纬度、季节、时间和云量。极地地区得到热量比热带少，同一区域，冬季得热比夏季少，清晨得热比中午少，阴天得热比晴天少。影响短波辐射通量的影响因子有太阳高度角、纬度和季节的日时间长短、吸收太阳光的表面横断面的面积以及海面粗糙度。④长波辐射通量。影响海面长波辐射的因子包括太阳高度角、云量、相对湿度、气温等。

海洋吸收太阳短波辐射能量除了可以驱动海水自身的运动以外，还以蒸发潜热通量、长波辐射通量和感热通量等形式传输给大气来驱动大气环流。与此同时，海洋拥有13.4亿立方千米的水体，也是大气水分和陆地水分的主源地。海洋蒸发量约为地球表面总蒸发量的84%，提供了海洋降水量的85%和陆地降水量的89%。大气主要利用海洋蒸发的水汽，在地球上成云致雨。因此，海－气界面热通量不仅对理解全球大气能量循环、大气环流和全球降水等有重要的作用，而且对人类的生产、生活有重要的实际意义。（高山红）

**海－气通量**　air-sea flux　单位时间单位面积上海洋和大气之间发生的物质和能量的交换量。在相互制约的海－气系统中，海－气界面通量是实现海洋和大气相互作用的重要途径，海－气界面通量描述了气候的形成和变化，显示海洋与大气能量交换幅度，是影响全球气候变化的重要机制，是海洋学和气象学等学科领域共同研究的内容。

**研究历程**　海－气通量的研究早在20世纪30～40年代就引起了关注。80年代以来，大西洋季风试验（ATFX）、热带海洋与全球大气计划（TOGA）、全球海洋通量联合研究计划（JGOFS）、全球海洋生态系统动力学研究计划（GLOBEC）和海岸带陆－海相互作用计划（LOICZ）将海－气通量的观测和研究作为主要内容。2000年，国际地圈－生物圈计划（IGBP）、国际海洋研究科学委员会（SCOR）、世界气候研究计划（WCRP）和国际大气化学与全球污染委员会（iCACGP）又联合提出了国际合作*表层海洋－低层大气研究计划*（SOLAS）。SOLAS的目标是获得海－气之间主要生物化学－物理过程作用及反馈的定量认识，核心任务是测定海－气界面和穿过界面的通量。*海洋生物地球化学和生态系统综合研究计划*（IMBER）是由国际地圈－生物圈计划和国际海洋研究科学委员会共同支持的国际科学研究计划，致力于研究全球变化对海洋生物地球化学循环及生态系统影响，其将二氧化碳（$CO_2$）等物质的生物地球化学循环作为研究的重要内容。

**研究内容**　海－气通量的主要研究内容有以下几个。

海－气$CO_2$通量　海－气界面$CO_2$交换通量（简称海－气$CO_2$通量）表征海洋从大气吸收$CO_2$或释放$CO_2$至大气的能力。海洋约占地球表面积的71%，其碳储量约为38 000吉吨。海－气$CO_2$通量根据水气平衡法实测、碳酸盐体系计算以及数值模拟等方法获得。海－气$CO_2$通量的监测方式多样，主要包括船载走航式监测、浮标监测、岸基定点监测及卫星遥感监测。

海－气$CH_4$通量　甲烷（$CH_4$）是大气中仅次于$CO_2$的重要温室气体，海洋是大气中$CH_4$的重要自然排放源。每年通过海－气界面交换向大气中释放的$CH_4$占大气总来源的4%～22%。海－气$CH_4$通量用于描述单位时间单位面积上海洋吸收或释放的$CH_4$数量。

海－气$N_2O$通量　氧化亚氮（$N_2O$）是一种重要的温室气体，其变暖效应比$CO_2$强265倍，通过光化学反应破坏大气中的臭氧，对全球气候变化产生重大影响。作为大气$N_2O$的第二大自然来源，海洋$N_2O$排放的年平均总通量为3.4（2.5～4.3）$\times10^{12}$克氮/年，约占全球$N_2O$排放量的20%。海－气$N_2O$通量用于描述位时间单位面积上海洋释放的$N_2O$数量。

海－气DMS通量　二甲基硫（DMS）是一种挥发性含硫化合物，在大气中容易被氧化形成硫酸盐气溶胶，进一步生长为云凝结核而减少光辐射，从而在浮游植物与地球接收热量之间建立一个负反馈循环。与大气相比，海洋表面的DMS浓度更高，全球大气中约有一半的生物硫来自海洋。海－气DMS通量用于描述单位时间单位面积上海洋释放的DMS数量。

海－气动量通量　海－气界面的动量通量是水平动量的垂向输送，等于单位面积上的应力强度，反映了海洋与大气这两种流体之间的摩擦拖曳作用，又称为风应力。在海－气动量通量观测中，大多采用自上而下的方法，即在海面上方进行测量，其中涡动相关法和惯性消耗法是自上而下观测方式的两种基本手段。前者通过雷诺分解将风速分解为平均项和脉动项，然后计算脉动项协方差，它作为一种直接的湍流观测方法有着坚实的数理基础；后者建立在湍流动能方程的基础上，利用湍流惯性区间（2～5赫）观测数据反推海－气通量，由于湍流高频远在浮标、船体晃动范围之外，因此较多应用在移动平台上。此外，也有研究采用自下而上的方法，利用海面下方的海流和温盐数据反推海面风应力，该方法适用于高风速情形。

海－气热通量　表征海洋和大气之间热量和水汽交换的重要指标，其长期变化对理解地球系统的能量循环和水循环具有重要意义。海－气热通量对海洋上层热结构的直接作用表现在对混合层深度及层内平均温度、海表面温度季节性变化的影响。

湍流热通量　海洋向大气释放热量的主要形式和过程。湍流热通量主要包括两个分量：①与海表面蒸发过程紧密相关的潜热通量，潜热主要与蒸发过程有关。②与海－气界面热对流相关的感热通量，感热主要与海－气热对流有关，其存在的前提是海洋与大气之间存在温度差。影响湍流热通量的关键因子主要为海表风速、海表温度、空气温度和空气湿度等。海－气湍流热通量一般是利用近表层海洋和气象变量进行块体通量参数化估算获得，这些变量可来自浮标、船舶、卫星遥感、数值天气预报模型或这些来源的任何组合。

（何　真）

**海－气相互作用**　air-sea interaction　海洋与大气之间热量、动量和物质的交换以及对大气和海洋各种物理、化学特性影响的过程。就物理过程而言，海洋占地球表面积的71%左右，到达地球表面的太阳辐射能量有2/3以上被用于加热海洋上层水体，再由海洋向大气输送热量和水汽，转变为大气的动能和热量；运动大气以动量形式（风应力）驱动海洋表层流动，并进而引起海水的垂向翻涌运动，产生海洋热状况的二次分配，再以热量和水汽反馈给大气，如此往复相互作用。就物质交换过程而言，大气输运的沙尘、营养物质、人类来源二氧化碳等在海洋上空以干、湿沉降等方式进入海洋，是引起海水酸碱度改变、浮游植物藻华等海洋学现象的重要因素，而海洋的物理和生物地球化学过程引起海洋表层的氧气、二氧化碳、一氧化二氮、二甲基硫等溶解气体成分发生变化，进而通过海－气交换影响大气化学，引起大气化学和能量平衡的改变。此外，海浪破碎形成海水液滴进入大气也是海－气相互作用的重要方面。

**概念**　海－气相互作用发生在海洋与大气耦合系统的整个时空尺度谱中，包括大气和海洋边界层中的微尺度，与风暴、季风系统有关的天气尺度，以及从几年到冰期的气候尺度，甚至贯穿地质年代。人们对海－气相互作用的认识最早可追溯到17世纪末E.哈雷开展的关于信风与洋流结构的研究。1920年B.海兰－汉森和F.南森发表了关于北大西洋海洋和大气中温度变化的研究，首次从海－气相互作用的观点来解释长期天气记录的变化。1957～1958年冬季秘鲁沿岸异常发展的厄尔尼诺现象，引起人们对赤道太平洋东部海域气象状况的重视，在分析该厄尔尼诺现象的成因时，人们发现赤道太平洋中、东部海面温度与降水、云量之间有密切关系，这种海温变化还能对中纬度区域的大气环流产生某种遥相关作用。随着海上观测技术改善及相应的资料积累，以及相关研究的不断深入，这一假设已经不断被观测事实和理论分析所验证。现在，海－气相互作用研究已经成为气象学和海洋学中较活跃的一个领域。特别是热带海洋，由于其接受太阳辐射能量最多，在全球能量收支中具有特殊的地位，因此低纬度地区海－气相互作用问题备受关注。

21世纪，海洋和大气间的物质交换研究日趋活跃，并推动了国际“上层海洋与低层大气科学研究计划”的实施。

**内涵**　海洋和大气既有各自不同的属性和运动体系，又是在地球运动统一影响下的相互作用着的耦合系统。海－气相互作用是相互调整和相互制约的反馈过程，只要海洋和大气任何一方出现异常，就有可能影响另一方，后者又反馈到前者，如此往复循环。例如，当海面温度受到扰动，海洋向大气输送的感热和潜热就会发生改变，从而影响到大气环流和云量，反过来又会通过辐射和风造成海水混合、平流、辐聚和辐散的改变，进而影响到海面温度。这些过程的相互影响，有的使海面温度的初始异常增大（正反馈），有的使其减小（负反馈）。对海-气复杂系统而言，任何正反馈机制都会在某一阶段受内部调节过程的作用而抵消，达到相互适应。这种调节的作用机制仍不清楚。归纳起来，海-气相互作用的概念包括以下3方面基本内涵。

**大气对海洋的动力影响** 突出地表现在海洋的流场、温度场和盐度场中，它们均受到低层大气的风和温湿层结的影响，其中以动力性的作用为主。海洋在大气的影响下，由于动量和动能的下传，直接产生漂流、倾斜流、海浪和增水减水现象，配合地形与海岸效应形成上升流、沿岸流和风暴潮等。这种影响不仅表现在海洋表层，还可以传到海洋深处。海面风应力使风的动量通过海面传给表层海水，其后因海水的黏滞性，依次传给下一层的海水，使后者也流动起来。由于地转偏向力的作用，在北（南）半球，海表面海水的流动偏于风向右（左）方45°，表层以下的海水随着深度的增加，流向不断右（左）偏，流速也不断减小。大量现场观测和数值模拟都已证明大尺度风场对海洋环流的作用相当显著，如**西风漂流**、信风环流和季风环流等，都是与大气环流相对应的海洋环流。而异常的大气环流则可以导致异常的海洋环流。至于海温的高低、海面蒸发的强弱及海冰的生成和移动等，也都与天气过程和气候系统有着密切的关系。

**海洋对大气的热力影响** 在不同海区，由于所处纬度和海陆配置的差异，海洋对大气发生热力影响的程度和特征不尽相同。其中最为突出的是赤道太平洋海区海温的东西差异，这对海洋上空大气环流、云和降水等均有显著作用。

全球赤道某些地区存在着冷水带，其中赤道太平洋东部的冷水带最冷，也伸展得最远，它自南美沿岸向西伸展约85个经度，秘鲁沿岸海表温度比同纬度其他海域平均值低8℃。而西太平洋海面温度总是相当高。这种东西向的海温梯度形成了赤道海面上经常出现的一种大气环流格局：空气在秘鲁冷水区辐散下沉，在印尼岛屿区附近辐合上升，低层为东风，高层为西风。在赤道印度洋上，由于同一类型的东暖西冷的海温分布，存在着另一个相反方向的热成大气环流。这两个赤道大气环流圈被称为“沃克环流”，它与S.T.沃克早年提出的南方涛动相联系。后者的含义是，赤道太平洋冷水西伸范围有显著的年际变化，影响大气东西向的温度梯度、气压梯度，进而影响沃克环流的强度，产生印尼和太平洋热带地区大气环流和水分循环强度的变化，最终影响全球气候。

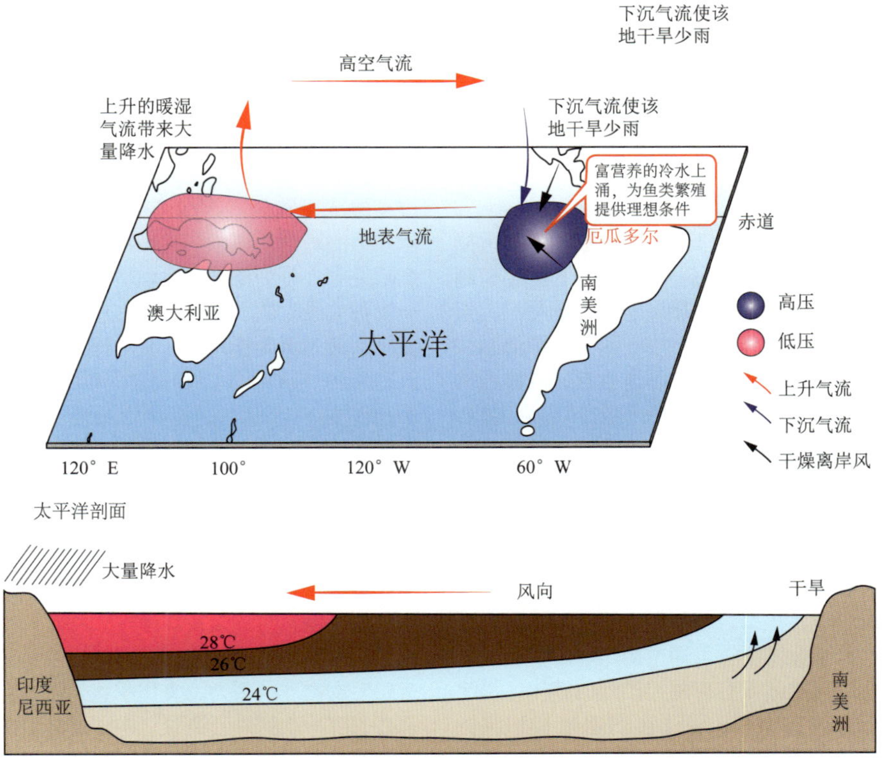


正常年份赤道太平洋的海-气相互作用模式图

此外，海表温度对于台风和温带气旋的生成和发展、频率及移动路径，均有显著的影响。

**海洋与大气之间的物质交换** 包括气体成分和颗粒态物质在海洋和大气之间的迁移、转化。海洋总体上是吸收大气二氧化碳的，平均每年有22亿～26亿吨碳通过海-气界面进入海洋，从而有效缓解了大气二氧化碳浓度升高的趋势。海洋吸收或释放二氧化碳主要受制于海洋环流、海表温度、风场、海水垂直交换和生物活动，前几个因素受到大气动力过程的调制，而生物活动则需要大气干、湿沉降、陆源输入、海水垂直混合、生物固氮等过程输送或引入的氮、磷、痕量金属元素等营养物质的滋养。此外，人类来源的二氧化碳进入海洋，引起上层海洋酸化和二氧化碳-碳酸盐体系缓冲容量衰退等问题，从而影响海洋进一步吸收大气二氧化碳的能力。

海洋还是大气气溶胶的主要来源。在海上风的作用下，海浪得到风输入的动量使风浪的波高和波陡不断增大，直至发生破碎，破碎将空气卷入水中形成气泡，气泡上浮到海面破裂生成大量的海水滴，同时风还直接将波峰撕裂而产生海水滴。因此，在风和浪的共同作用下，海面附近空气中存在各种大小不同的海水滴，飞散到空中的海洋飞沫在重力和湍流的共同作用下，较大的海水滴会在短时间内重新落回海面，在此过程中通过热量和动量交换会对海-气界面过程产生影响，特别是海水液滴输送给大气的热量有助于热带气旋的生成和发展。较小的海水滴在大气湍流的作用下，可上升到高空而长时间悬浮在大气中，成为海洋气溶胶。此外，**波浪破碎**和海水滴形成也促进海洋与大气的气体交换。

**意义** 海-气相互作用显著影响大气环流的形成、分布和变化，从而对全球气候起到重要的调节作用，而海洋和大气之间的热量、水汽和动量传输一直是海-气相互作用研究的主要内容。大量研究表明，上层海洋温度场具有低频变化的特性，海面温度距平变化的振幅大，持续时间长，影响范围广而深。海洋温度变化和由此而引起的气候变动之间，存在着密切的相关性。现在已经基本明确，厄尔尼诺现象主要是由热带海洋的年际变化驱动，而其他以年为时间尺度的大气变动，很可能也都与海洋的缓慢变动有关。因此预测大气年际变化的问题，就转换成预测海洋年际变化的问题。在大范围长期天气预报中，利用海面温度作为预报因子，已经取得一定的效果。此外，从缓解大气中温室气体升高及其相关的气候变化角度讲，海洋作碳储库比大气二氧化碳储库大得多，仅海洋冬季上混合层以内的无机碳储库就与大气二氧化碳储库相当，因此，海洋碳循环发生任何微小变化，都可能对大气二氧化碳浓度造成深远影响。而受海洋排放物质和微生物影响的海洋气溶胶占据全球气溶胶的一半，它们作为云的凝结核，对太阳辐射发生强烈散射和吸收，也对海上层积云的形成和发展有非常大的影响，这是气候预测中不确定因素之一。

（王彬华　翟惟东）

**海鞘**　ascidian　典型的滤食性海洋污损生物。已存活4.5亿年，是进化程度最高的无脊椎动物。海鞘属于脊索动物门尾索动物亚门，为被囊动物，可分为单海鞘和复海鞘。海鞘幼体营浮游生存，成体通常固着生存。海鞘成体大小在20厘米以内，表面黏滑透明，或粗糙皱缩。分布广泛，从潮间带到大洋深处均有生存。通常附着在船体、码头，或岩石等硬基质上，也可附着在贝类、蟹类等具有硬质外壳的生物的表面。海鞘可以通过与贻贝、牡蛎等经济贝类发生饵料竞争和空间竞争，影响水产养殖业发展；可通过提供附着基而成为水母水螅体或有害藻类扩散的载体，影响近海生态安全；可通过附着生长和腐蚀改变附着基表面微环境，威胁海洋人工设施。（孙　松　藏文潇）

**海侵体系域**　transgressive systems tract　在海相沉积环境的一个海侵－海退旋回中海平面快速上升期所形成的体系域。这一时期可容空间体积的增加超过沉积物的供给速率，沉积作用主要表现为退积，海水不断向陆地浸入。海侵体系域的下界为海侵面（初次海泛面），上界为下超面或最大海泛面。以**海泛面**或与其相应的界面为边界内在联系的相对整合的岩层或岩层组序列，称为准层序。海侵体系域内的准层序逐次向陆退积。其水体向上逐渐变深。与海侵体系域中最新准层序的上界相一致的下超面最大海泛面，即上覆高水位体系域的斜坡角沉积合并在最大海泛面上且厚度非常薄，形成缓慢沉积层段。缓慢沉积层段由薄层的半远洋或远洋沉积物组成。这类沉积物是在准层序逐步向陆退积，而陆棚区又缺少陆缘沉积物的时候沉积的。由于是在沉积速率极其缓慢条件下形成的连续沉积，尽管沉积层段很薄，但是代表了很长的沉积时间，且该层段内的沉积作用是连续的。海侵体系域在陆相湖泊层序中对应于湖侵体系域。活跃的沉积作用主要发生在河流、滨海平原和宽广的陆棚沉积体系中。在此体系域中沉积物供给不足，各类滨岸沉积、潟湖、沼泽和湖泊广布，沉积物中一般含煤。（王秀娟）

**海区生态承载力**　marine ecological carrying capacity　一定时期内，特定海洋区域的生态系统在保持其正常功能的前提下所能承受的人口数量和经济活动规模的最大支撑能力。

承载力原为力学概念，指物体在不产生任何破坏时所能承受的最大负荷，可通过实验或经验公式方法进行度量。此后，承载力的概念逐渐被引入生物学和区域系统研究中，分别指某一生境所能支持的某一物种的最大数量和区域系统对外部环境变化的最大承受能力。承载力理论最早可以追溯到1798年的T.R.马尔萨斯人口论。20世纪60～70年代，随着资源耗竭和环境恶化等全球性问题的爆发，人们逐渐意识到生态系统与人类之间的相互矛盾与依存关系。迄今已经历了从人口承载力、资源承载力、环境承载力到生态承载力的演进过程。承载力研究在人口、城市、自然资源、生态系统以及环境规划和管理等领域都得到了广泛的应用，同时也催生了诸如生物物理承载力、文化承载力和社会承载力等一系列外延概念。中国海洋资源环境或生态承载力的研究起步较晚，2015年，国家发展和改革委员会启动了“建立资源环境承载能力监测预警机制”工作，这标志着中国承载力研究正式由分类走向综合、由理论走向实践。2016年，国家发展和改革委员会等13部委联合下发的《资源环境承载能力监测预警技术方法（试行）》中对海域承载力评价内容和评价方法进行了详细阐述。

生态承载力在人类生态学领域的研究包括资源（生物）承载力和环境承载力两类。其中，资源（生物）承载力侧重于研究资源所能供养人口数量，环境承载力则是指环境所能容纳某一活动或污染物排放的最大幅度。然而，由于生态系统中资源与环境很难进行严格区分，故单独基于某一视角的生态承载力研究并不完整。海区生态承载力通过对海洋生物资源消耗、环境损害及生态变化的评价，表征海洋生态环境承载能力的状态趋势。海区生态承载力主要由三个要素构成：①承载体。海洋系统所能提供的生物资源条件、环境条件等自然要素。②承载对象。最大人口数量和经济规模以及相关社会活动等相关社会因素和经济因素。③承载率。承载体的承载状况与承载能力之间的比值。此外，由于区域生态环境承载能力往往具有系统性、开放性、动态性和综合性等特点，除受其物质基础、区域资源环境条件制约外，还受区域发展水平、产业结构特点、科技水平、人口数量与素质以及人民生活质量等多种因素的影响。

海区生态承载力是指导沿海地区可持续发展和制定规划的基础。①海区生态承载力是衡量区域经济社会可持续发展水平的重要指标。②海区生态承载能力限定了沿海地区未来人口数量和经济发展规模的上限，从而为区域规划的制定提供了限制性要求和指导。但由于海洋系统的开放性、水体流动、生物迁徙、能力转移、陆海衔接等因素，海区生态承载力并非确定不变的，人类可以通过开展有效的生态保护、保育、恢复及修复等措施来提升承载能力。承载力研究逐渐实现了由分类到综合、由静态到动态、由定性到定量、由基础到应用的转变，但海区生态承载力的阈值界定与关键参数率定、标准化评价与综合计量等仍是综合研究的热点与难点。未来应进一步研究海区生态承载力测度方法并建立监测预警机制，科学客观评估测度可持续发展水平，探寻疏解沿海地区承载压力、增强承载能力的有效途径。

（刘胜浩）

**海山**　seamount　孤立或比较孤立的坡度较陡的海底高地。其横截面呈圆形或椭圆形。自洋底隆起的相对高度在1000米以上，坡度多在5°～15°。海山在世界大洋底部星罗棋布，总计约2万座，是**海底地形**中令人瞩目的类型。

海山通常呈圆锥形，酷似陆上的火山。实际上所有圆锥形的海山都是死火山或活火山，遍布洋底。海山有尖顶的，也有平顶的。美国海洋地质学家**H.H.赫斯**在第二次世界大战期间，通过回声测深发现太平洋海底存在众多的平顶海山。1946年，他以瑞士出生的美国地质学家A.H.盖奥特的姓命名平顶海山为盖奥特。平顶海山又称桌状山，水深在200米以上（小于200米者称为滩）。平顶海山在三大洋中都有发现，但主要分布在太平洋（约有220座）。在一些平顶海山顶部曾采集到磨圆的玄武岩砾石及浅水环境化石（如珊瑚），因此认为平顶海山是一度露出海面的古代火山锥，其顶则是被波浪削平的。但现在，平顶海山却没于海面下数百至2000余米水深处，可见洋底曾发生过可观的下沉，而海山平顶的水深反映了下沉的幅度。资料表明，不少平顶山是早白垩世末之前的火山山峰，其山顶遭受侵蚀而被削平，并从早白垩世末开始下沉。在西太平洋，对16座海底平顶山进行钻探的结果，证实了在白垩纪以前有一个火山喷发期，造成了这些平顶山的基础，白垩纪与始新世间沉积了浅水珊瑚礁灰岩，其上为由深海生物遗骸组成的石灰岩所覆盖。在太平洋中部地区，海山顶上的珊瑚环礁和珊瑚灰岩层均甚发育。在太平洋盆地弗齐环礁和皆京环礁钻探至300米尚未打到珊瑚层基底，据物探资料，岩浆岩的埋藏深度达3900米。形成这样厚的**珊瑚礁**，反映了太平洋基底的沉陷。在位于加里曼丹岛东北的一个环状珊瑚礁上，钻孔钻到500米深度还没有打到珊瑚沉积基底。捷基格附近另一圆形珊瑚环礁几乎高出基底900多米。

板块构造的研究表明，大洋板块在扩张过程中伴随着冷却沉降。故平顶海山一边随着板块作侧向移动，一边垂直下沉（见图）。

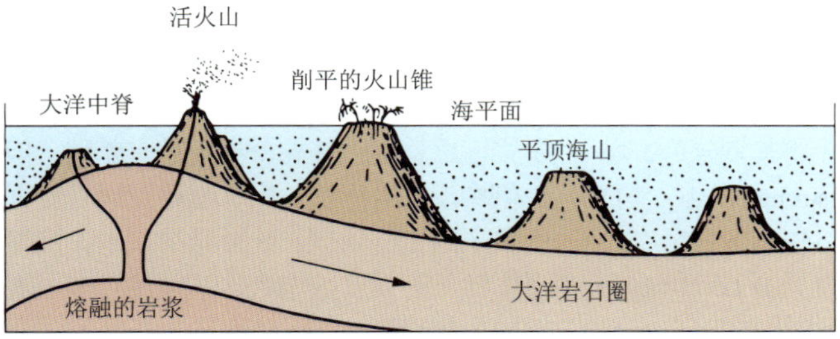

平顶海山的形成

海山几乎遍及各大洋所有的地形单元。其中有一些呈杂乱散布，但更多的是成群或成列展布。它们在**无震海岭**、**海隆**、断裂带及火山弧附近尤为多见；在深海盆地和大洋中脊上也可见到。太平洋的海山分布最广，估计多达1万座。海山大小相差悬殊。高1～2千米的小海山数量众多，坡度较陡（可达35°）。例如，夏威夷群岛的一些岛屿，呈纬度方向伸延形成“中太平洋海堤”，在**海堤**上就发现有许多海底山峰和位于1300～1600米水深处的平顶山峰。又如在南海中央深海盆范围内，水深4000多米的深海平原上矗立着众多海山，部分海山上发育了珊瑚环礁，如处于低潮面的黄岩岛环礁。有些海山上发育了塔礁，如水深18米以下的宪法暗沙。

（范时清）

**海山生态系统** seamount ecosystem 海山周围生物及环境的总体。海山通常指深海大洋中位于水面以下、高度大于1000米的隆起地形。广义的海山还包括海底中相对高度小于1000米的海丘。海山生态系统则是由海山周围生物及所在环境构成的统一整体。由于海山顶部距离海平面的距离几百至几千米不等，因此也常把海山生态系统归于深海生态系统。大多数海山是火山活动形成的，板块构造运动通常使海山呈链状分布或细长形集群出现。海山生态系统往往具有独特的分布、地形和环境等特征，并对生物分布、海水流动、海洋渔业、矿产资源和气候变化等产生重要影响。

海山的分布　海山在世界各大洋均有分布。全球大约有20万座海山，其中高于1000米的海山超过3万座。调查发现，超一半（53%）的海山分布于太平洋，剩余海山则主要分布于印度洋（26%）、大西洋中（21%）。

海山生物区系和物种多样性　尽管对海山的调查仍不全面，已有证据仍表明海山栖息着大量微生物及几乎所有门类的动物。例如，“海山在线”（Seamounts Online）网站中收录了已知246座海山中逾1.7万条生物的记录，上述生物隶属于近2000种。鉴于在几乎所有调查的海山中都有新种的报道，海山生态系统存在的物种数可能要远超现有认知。

海山大部分为岩石底质，主要由滤食性、附着或固着生活的物种构成，其中海绵、珊瑚、海葵、海笔、水螅、海百合等为优势生物。海山的底内生物群落则主要包括多毛类、甲壳动物、软体动物、纽虫、星虫等大型底栖动物，线虫、桡足类、铠甲动物和动吻动物等小型底栖动物。另外，海山也是鱼类大量聚集的地方。

海山的生态功能　海山高出海底，易干扰海流，导致涡流和相关的水文现象产生，进而改变稳定的海洋深层流。海山产生的上升流能促进浮游生物的生物繁衍，从而引来鱼类等更高级的捕食者，因此海山有着重要的生态学意义。研究进一步发现，海山区的高生物量主要通过上升流输送、地形诱捕和海流水平输送三种机制维持。海山为大型动物，特别是鱼类提供生活环境和产卵场。黑异海鲂（*Allocyttus niger*）和黑带天竺鲷（*Apogon nigrofasciatus*）经常出现在海山周围，海洋哺乳类、鲨鱼、金枪鱼和头足类也聚集在海山附近进食。

对海山生物多样性的研究发现，海山中存在大量的特有种。研究认为海山的水文条件如泰勒柱等，能使物种幼虫在海山区域滞留聚集，进而将海山种群与邻近区域种群隔离，使海山如同海洋中的岛屿，拥有与周围海区不同的生物区系，形成海山独特的物种多样性。这被称为“孤岛隔离假说”。但有的少量的遗传学研究不支持种群隔离的观点。其中，“绿洲假说”认为，突出的地貌特征和水团的相互作用使该海域营养物质丰富，使得这一区域的物种较多、种群密度较大，但没有与非海山区的种群形成隔离。

海山的保护　海山生态系统因巨大的渔业资源量而成为外海渔业经济的重要目标。同时海山有富钴锰铁矿石、锰结核、多金属硫化物等，也被看作采矿业的目标区域。因此，海山生态系统易受海洋开发等人类活动的影响。对海山的认知与保护也日益受到人们关注。然而调查区域有限、取样设备落后、采样不足及分类研究程度不够等因素仍限制了对人们对海山的认知。

随着海洋强国战略的提出，中国对海山等海洋系统的探测逐渐加强。包括“蛟龙”号载人潜水器、“发现”号无人潜器和“科学”号综合科学考察船等的成功应用，有力保障了在南海的蛟龙海山、太平洋的魏源海山和采薇海山获得了大量新发现和宝贵的生物样品，中国的海山研究也逐渐达到世界先进水平。（王敏晓）

**海上爆发性气旋** explosive cyclone over ocean　气旋中心气压加深率大于1百帕/时［定义为1个伯杰龙（Bergeron）］的快速发展的气旋。又称气象炸弹（meteorological bomb）。多发于冬半年中高纬度的洋面上，水平尺度为2000～3000千米，生命周期为2～5天，风速可达到30米/秒以上，常常会伴随着大风、强降水等恶劣天气，被认为是危险的天气系统之一，对海上航行安全及沿岸人民生产生活具有重要的影响。

研究简史　早在20世纪40～50年代，挪威卑尔根学派（Bergen School of Meteorology）的一些气象学家就开始非正式地称一些在海上发展起来的风暴（storms that grew over the sea）为“炸弹”（bombs），因为这些风暴在海上往往会以在陆地上罕见的凶猛程度迅速发展。70年代，美国麻省理工学院的F.桑德斯教授在20世纪50年代卑尔根学派著名大师T.伯杰龙建立的工作基础上开始使用术语爆发性气旋（explosive cyclogenesis）和气象炸弹（meteorological bombs）。1980年，桑德斯和同事J.加库姆在国际著名学术刊物《每月天气评论》(*Monthly Weather Review*)上发表了一篇具有划时代意义的文章《"炸弹"的天气-动力气候学》(*Synoptic-Dynamic Climatology of the "Bomb"*)，他们正式把"气象炸弹"定义为"在24小时之内中心气压降低至少为24sin60°/sin$\varphi$（$\varphi$表示纬度）百帕"的"温带气旋"。

当气旋的发展速度达到24小时降压24百帕或12小时降压12百帕时，就定义为爆发性气旋。

中国学者张树钦等2017年使用6小时间隔的FNL（Final Analysis）格点资料，可以更细致地刻画爆发性气旋的时间变化，选择采用12小时降压时间间隔来定义爆发性气旋，但将气旋中心所处的纬度调整到北纬45°，这是因为对2000～2015年北太平洋的爆发性气旋进行了统计，分析发现761个气旋中心的平均纬度为北纬42.7°，因此采用北纬45°是合理的。基于以上分析，气旋的中心气压加深率$R$为：

$$R=[\frac{P_{t-6}-P_{t+6}}{12}]\times[\frac{\sin 45^\circ}{\sin\frac{\varphi_{t-6}+\varphi_{t-6}}{2}}]$$

式中$P$为气旋的中心气压；$\varphi$为气旋的中心纬度；下标$t-6$和$t+6$分别为6小时前和6小时后变量。

图1为2011年1月16日18UTC位于北太平洋上北纬42°、东经163°附近的一个正在发展的爆发性气旋，中心气压值为942百帕，后继续向东北偏北方向移动，并仍在加深。

分类　对爆发性气旋的研究发现，不同区域、不同强度的爆发性气旋的移动路径、生命史等特征及其爆发机制有明显差异，为了对爆发性气旋开展更加深入的研究，学者们在强度和区域方面对其进行分类。

强度　桑德斯1986年在对1981年1月至1984年11月发生在北大西洋中西部爆发性气旋的研究中，首次依据爆发性气旋中心气压最大加深率的大小将其划分为3类，分别为"强炸弹"(strong bomb，>1.8 Bergeron)、"中等炸弹"(moderate bomb，1.3～1.8 Bergeron)和"弱炸弹"(weak bomb，1.0～1.2 Bergeron)。王(Wang)和罗杰斯(Rogers)于2001年对1985年1月至1996年3月发生在北半球（北纬15°～90°）的爆发性气旋进行了统计，依据爆发性气旋中心气压最大加深率的大小将其划分为3类，分别为"强爆发性气旋"(strong，≥1.80 Bergeron)、"中等强度爆发性气旋"(moderate，1.40～1.79 Bergeron)和"弱爆发性气旋"(weak，1.00～1.39 Bergeron)。王和罗杰斯的分类标准与桑德斯稍有不同，主要是在弱和中等强度爆发性气旋的分界上稍有差别，但他们均没有给出弱、中、强爆发性气旋强度界限的划分依据。统计结果显示，随着爆发性气旋强度的增大，其发生频率呈现出减少的趋势。

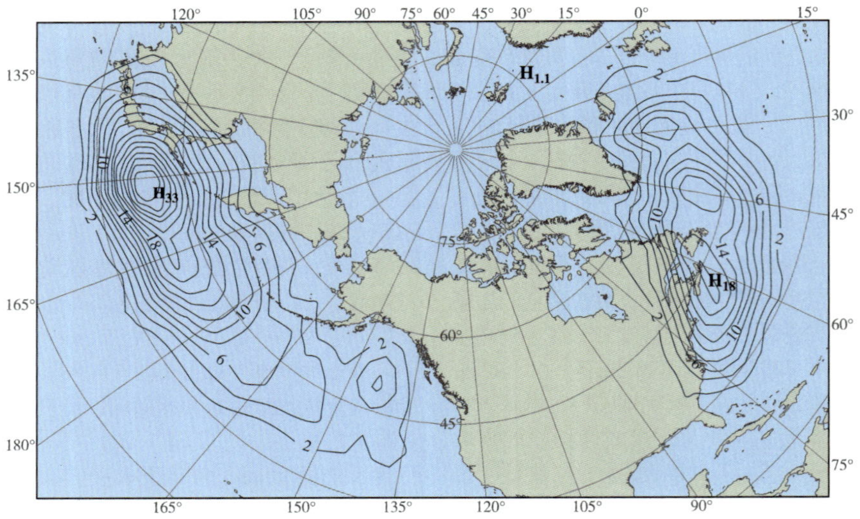
GS（2021）3595号

图2　1976～1982年所有爆发性气旋24小时最大加深率的位置分布图

区域分布　王和罗杰斯于2001年分析了北大西洋爆发性气旋最大加深位置（在最大加深率时刻气旋中心的位置）的空间分布特征（图2），发现有3个爆发性气旋高发生频率中心，因此在空间区域上可把爆发性气旋划分为3类，分别为NWA（Northwest Atlantic）、NCA（North-Central Atlantic）和NEA（Northeast Extreme Atlantic）类爆发性气旋。吉田和阿斯玛于2004年根据爆发性气旋生成和爆发地点的位置，将西北太平洋爆发性气旋在空间区域上也划分成3类，第一类是生成于大陆、在鄂霍次克海或日本海发展的爆发性气旋（OJ型）；第二类是生成于大陆、在太平洋发展的爆发性气旋（PO-L型）；第三类是生成于太平洋、在太平洋发展的爆发性气旋（PO-O型）。王和罗杰斯依据爆发性气旋最大加深位置的空间分布，对北大西洋的爆发性气旋进行了分类，而吉田和阿斯玛根据爆发性气旋生成和爆发点的位置，对西北太平洋区域的爆发性气旋进行了分类。虽然他们的分类依据有一定差异，但都将最大加深位置作为分类的重

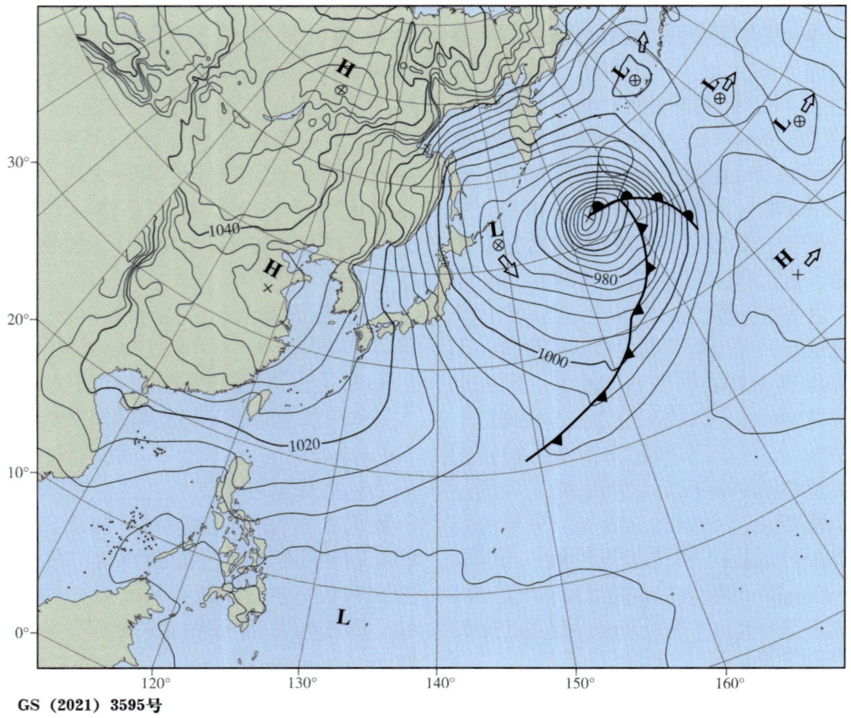
GS（2021）3595号

图1　2011年1月16日18UTC日本气象厅天气图

要依据。

气候学特征 区域分布特征 桑德斯和加库姆1980年对1977～1979年冷季北半球爆发性气旋的气候学特征进行了分析，发现爆发性气旋多发生在海洋上空，且频发于太平洋和大西洋的西北部。罗贝、罗杰斯和伯萨特的统计分析也发现西北太平洋和西北大西洋为爆发性气旋的频繁发生地。利姆和西蒙斯指出，西北太平洋是全球爆发性气旋发生最密集的区域。李长青和丁一汇（1989）对1984年8月至1985年8月发生于西北太平洋的爆发性气旋进行了统计分析，发现大部分气旋爆发集中在北纬35°～55°、东经140°～165°的海域。中国学者1992年对东亚地区的爆发性气旋进行了统计分析，指出东亚地区有两个爆发性气旋的主要生成地：亚洲大陆山区下游、东中国海和日本海。前者与山区气旋生成机制相关，后者则与靠近亚洲大陆东部沿海的气旋生成带有关。吉田和阿斯玛于2004年分析认为，西北太平洋地区爆发性气旋的爆发区域主要集中在北纬20°～60°、东经120°～180°的洋面上。

季节变化特征 学者们发现爆发性气旋主要在冷季发生。桑德斯和加库姆1980年发现北半球冷季发生的爆发性气旋其频数峰值处在1月份，平均每3天就会发生2例爆发性气旋，且11月、12月和2月均有较多的爆发性气旋生成，而9月、10月、3月和4月发生个例较少。1992年，中国学者对1958～1987年东亚地区发生的363例爆发性气旋进行统计，发现只有13例爆发性气旋发生于暖季，其余爆发性气旋均发生于冷季。他们又对东亚地区爆发性气旋发生频数的季节变化特征进行了分析，发现其频数存在两个峰值，分布在1月和3月，爆发性气旋主要发生在12月至3月，其他月份发生个例较少。吉田和阿斯玛2004年分析了西北太平洋三类爆发性气旋发生频数的季节变化特征，结果表明各类爆发性气旋的季节变化特征存在明显的差异，OJ爆发性气旋频数峰值分布在11月，多发生于晚秋；PO-L爆发性气旋频数峰值分布在12月和2月，多发生于早冬和晚冬；PO-O爆发性气旋频数峰值分布在1月，多发生于中冬。

（傅 刚）

**海上城市** floating city 在漂浮于海上或坐落于海底基床的大型钢筋混凝土基础上建造而成的集居住、娱乐、休闲、教育、医疗、交通于一体的建筑群。海上城市最先在日本提出。20世纪60年代，以丹下健三、菊竹清训等人为代表，提出了漂浮在海洋上的城市的设想，这就是海上城市的雏形。其基础可通过三种方法建造：填海、海底建设基地、浮动式结构。其中，经济灵活的浮动式结构成为未来的主要发展方向。建设海上城市是未来解决人类居住问题的重要途径。全球已有的海上城市多是通过填海造陆的方式实现的，如荷兰。但填海的挖泥、堆泥会对海水水质产生严重破坏。填海工程对现有海床造成永久性的损害，直接影响海洋生物的食物链，而且填海形成的土地很容易出现地面沉降的现象。因此，人们开始探索不需填海即可增加海上用地的新技术。

人们设计了一种锥形的四面体，高20层左右，漂浮在浅海和港湾，用桥与陆地相连，这就成为海上城市。它实际上是一种特殊的人工岛。这种海上城市每一座可容纳3万人左右。它通常是在漂浮于海上或坐落于海底基床的大型钢筋混凝土基础上建造而成的集居住、娱乐、休闲、教育、医疗、交通于一体的建筑群。

“百万浮舟”是其中的一种新方法，它把很多钢板在海上连接起来形成庞大的海上浮台，并用稳定器固定其位置。简单来说，一块土地就好像一艘平底船浮在海中，这样便可以增加沿海的土地或海中心的土地而不用填海。“百万浮舟”除了不用破坏海床和水质外，它所填出来的土地还是可以移位的，因为“百万浮舟”只是浮在水上，并不像填海般没有弹性。

“百万浮舟”共分为4部分：防波堤、稳定器、钢板主体和连接岸上的桥。先在一般船坞上建第一个300米长、60米宽、2米深钢板主体的基本组件，然后用运输船送至海上，再用卫星定位仪调整位置，并与另一基本组件以海底烧焊方式连接，所以每千米只有数十毫米的误差。另外，钢板主体亦镀上钛金属，在得到防波堤保护的同时，使用稳定器调整水平位置。“百万浮舟”可以在很多方面增加海上用地，如机场、人工岛、大型码头、货运码头、工业园等。

海上城市的建立是有充分科学依据的构想，很可能在不久的将来变为现实。那里有办公大楼、住宅大厦；有宽阔的街道和繁华的商场；有旅馆和饭店、图书馆和电视台、会议中心和娱乐中心；有银行和邮局、国际机场和海港码头。当然，还有陆地城市所难以企及的“海域风光”。夜晚，辉煌的灯火与周围的海面交相辉映，“海市蜃楼”真的不再是虚幻了。那里是城市的缩影，却是更加现代化的新型城市。

（杨树桐）

**海上大风** strong wind over seas 发生在海上的、不包括因热带气旋引起的6级以上大风。长期以来发布海上大风预警基本上是按照世界气象组织（WMO）的要求进行，即海上8级大风作为海洋天气警报标准，但中国部分省（市）级海洋气象台站根据海上渔业需求，降低了预警发布标准，即海上6级强风作为海洋天气预警标准。中央气象台于2006年正式发布海洋天气预警，主要依据WMO海洋天气预警要求，即海上8级大风作为海洋天气预警标准。2007年中国气象局发布文件，规范了海上大风预警的发布标准。2010年中国气象局再次发布文件对海上大风预警的发布标准进行了修订。

为了更好地规范海上大风预警的发布标准，加强中国海洋气象预报服务工作，更好地适应中国海洋资源的开发利用，由中国气象局国家气象中心负责起草的推荐性国家标准《海上大风预警等级》（GB/T 27958—2011）经国家标准化管理委员会批准，于2011年12月30日发布，2012年3月1日起正式实施，标志着中国近海海上大风预警等级分级和发布有了规范性的标准，对于做好海上防灾减灾工作具有重要意义。主要内容如下。

发布等级 海上大风预警分为三个等级，分别为海上大风蓝色预警、海上大风黄色预警和海上大风橙色预警。①预报海区未来48小时内可能出现7～8级风力（或阵风9～10级）时，或者已经出现并将持续时，发布海上大风蓝色预警。②预报海区未来48小时内可能出现9～10级风力（或阵风11～12级）时，或者已经出现并将持续时，发布海上大风黄色预警。③预报海区未来48小时内可能出现11级及以上风力（或阵风达13级及以上）时，或者已经出现并将持续时，发布海上大风橙色预警（见表）。

**“海上大风预警等级”对应风力等级表**

| 海上大风警报等级 | 风力/级 | 阵风风力/级 |
|---|---|---|
| 海上大风蓝色警报 | 7～8 | 9～10 |
| 海上大风黄色警报 | 9～10 | 11～12 |
| 海上大风橙色警报 | ≥11 | ≥13 |

必须指出，以上标准适用于中国海洋气象业务，相关涉海部门的业务可参照本标准执行。但不适用于因热带气旋所引起的海上大风。

大风的形成 引发中国近海大风的主要因素有冷空气、温带气旋、海上爆发性气旋以及海上对流天气。

冷空气活动在地面气压系统上表现为

北方冷性高压的积聚生成，向南侵袭，最后入海变性的过程。冷空气活动是引起中国沿海大风的主要天气系统之一，特别是对中高纬度沿海及海区，在冬半年作用更为显著。

导致中国近海出现海上大风的气旋主要包括如下气旋：①蒙古气旋。多发于春秋季节，东移进入中国后常在东北地区发展加深，造成内蒙古和东北地区大风。②东北气旋。多发于春秋季节，是中国气旋中发展最强的一类，其影响与蒙古气旋类似。③渤海气旋。在渤海中发生的气旋，产生后可迅速加深造成大风，对海上船舶影响重大。④黄河气旋。下半年居多，常影响黄河下游、辽东半岛、山东半岛、渤海、黄海北部和中部海面。常出现较强大风，风力可达8级以上，当其向渤海移动时，渤海和辽东半岛一带常出现5～7级大风。⑤江淮气旋。春夏季偏多，入海后常能迅速发展产生较强的大风，暖锋前为偏东大风，冷锋后则为偏北大风，主要影响黄海南部和中部海面，有时也会影响到黄海北部及渤海一带。⑥东海气旋。多发于春季，常会影响东海和黄海南部海域。气旋后部常有偏北大风。向东北方向移动后对朝鲜日本一带海区影响很大，带来大风和降水等恶劣天气。

大风的分布　全球主要海上大风区主要分布在北太平洋、北大西洋、北印度洋和南半球咆哮西风带。北太平洋冬季除部分地区外，北纬30%以北6级以上风出现概率高于30%；夏季除热带气旋活动外，整个洋面风力较小；春秋介于冬夏之间。北大西洋与北太平洋类似，大风主要出现在中高纬海域。北印度洋主要受强盛西南夏季风影响，全年7级大风频率超过20%。南半球中高纬常年吹偏西风，南大洋冬季7级以上大风频率为10%～30%，夏季为5%～10%。部分地区受地形影响（好望角、合恩角）风力常可达11级。

（傅　刚　王　海）

**海上导航定位**　marine navigation and positioning　利用仪器设备测定船舶在海上的位置并引导船只航行的过程。定位的方法主要有推算航法、光学仪器测定法、声呐法、无线电定位法及卫星导航全球定位系统。其中，卫星导航全球定位系统有美国的GPS、俄罗斯的“格洛纳斯”、欧盟的“伽利略”和中国的“北斗”。在海洋地质调查中，主要使用的定位系统为卫星导航全球定位系统。用仪器测定的位置称实测位置，用航迹和测程仪计算求得的位置称推测位置，对推测位置进行风压流、海流、潮流校正求得的位置则称推定位置。测定的位置（定位）应标在海图或作业图上。

在调查作业中，地球物理测量和海底地质采样都要求调查船沿一定航向或测线走航，同时要求及时确定调查船或观测点所在的位置。任何海上导航定位设备所确定的位置都有一定的精度范围，因而海洋地质、地球物理和地球化学测量必须选择适合于测量比例尺要求的导航定位设备作为技术保证，来满足测量的需要。

现代的海上导航定位主要有无线电定位、卫星导航定位和综合卫星导航定位。

无线电定位利用陆地已知无线电发射台站发射的无线电波进行船只定位导航的方法。它是利用电磁波沿直线传播和被障碍物反射的特性来确定物体位置的一种测量方法。海洋地质地球物理测量广泛使用无线电导航定位系统，并要求它具有较高的精度、良好的重复性和尽可能宽广的控制范围，为观测点位提供准确的经纬度数据。这种定位系统不受气象条件的限制，能够在短时间内精确定位，但受岸台发射功率的影响，只能在岸外一定距离内保持精度。

卫星导航定位利用人造地球卫星进行导航定位。调查船上的卫星接收机具有与卫星发射机频率严格同步的参考振荡器，并用高信噪比的锁相放大器来接收信号。在卫星从出现到消失的18分钟内，接收机将接收到多个相位差。两个相邻相位差之差能够确定一个在地球表面呈双曲线状的位置线。所有位置线的交点，即所要求的船位。这种定位系统是全球覆盖的，不受地球上任何地域的限制，不受天气、风浪等条件的影响，全天候24小时内提供精确的位置数据。但是，它必须根据卫星出现的时间来定位。船只的速度误差对定位精度的影响较大。

综合卫星导航定位可弥补卫星导航定位的不足。它利用电子计算机将卫星接收机、多普勒声呐、陀螺罗经和无线电定位系统联结起来。在卫星出现时，接收卫星信号进行定位；在没有卫星出现时，用多普勒声呐追踪海底，求取调查船相对于海底运动的速度数据，用陀螺罗经提供航向数据，再由电子计算机实时进行计算。连同卫星数据校正并内插，其精度可达±5～10米，或更高。中国沿海地区共布设了22套差分北斗卫星导航系统。该系统能为周边300千米的海上用户，提供“米级”精度的差分定位服务，重要海区实现“厘米”级的精度定位。在大洋地区，由于水深超过200米，多普勒声呐难以追踪海底，可以使用卫星导航与某种无线电定位台链（如在太平洋海区的劳兰C系统）相结合，互相补充。此时定位精度一般为20～50米。

（刘光鼎　陈邦彦　莫　杰）

**海上风力发电的环境影响**　environmental impact of offshore wind farm　在浅海或深海区域进行风力发电场的开发、运行等对工程海域的生态系统和水文地质条件等环境因素产生的影响。海上风力发电是技术成熟、成本较低的可再生能源，也是一种清洁能源。在丹麦、英国、荷兰、瑞典、爱尔兰及北美等欧美地区发展迅速。据统计，至2009年底，欧洲水域中共安装、并网的风力涡轮机达到828台，遍布9个欧洲国家的38个风电场，总计安装容量为2056兆瓦。2020年《全球海上风电报告》显示，2019年中国新增装机量连续第二年位居全球第一，达到2.4吉瓦。

海上风电场相比陆上风电场对环境的影响较小。但海上风电场规模较大，海上风电场的施工及运行过程会侵占一定范围的海底环境，产生噪声、悬浮泥沙、灯光、磁场等，会对海洋生态环境造成一定的影响。其影响包括：①对迁徙鸟类的影响。海上风电场施工期间，机器噪声、灯光、磁场等均会对鸟类的迁徙、觅食和繁殖等产生影响。位于迁徙路线上的风机运行期还可能造成迁徙鸟类的碰撞伤亡。近海的风电场还可能侵占湿地鸟类的生境。②对海洋生物资源的影响。海上风电场风机的桩基铺设范围内底栖生态环境会被全部破坏，栖息于此的底栖生物全部丧失。施工时产生的悬浮泥沙、一些含油废水的不慎泄漏会污染水质，影响浮游生物生存。施工期产生的水下噪声会导致部分鱼类逃离施工水域，甚至造成部分鱼类昏迷、死亡。风机在运行期会产生机械噪声和气流噪声，也会影响海洋生物的生存。如许多海洋哺乳动物通过回声定位来寻找食物，但更多的是通过声音信号。风力发电场所产生的巨大噪声，尤其是打桩期间的噪声，对海豚会造成严重影响，甚至造成海豚的听力损失。③对自然景观的影响。海上风机规则分布，随风转动，成为人为景观，但也对海域的自然景观造成了影响，可能会成为视觉污染。

此外，海上风电场风机群间距过小时可能会影响渔船捕鱼活动，影响近海的渔业养殖空间，海上风电场还存在少量的电

国电舟山普陀6号海上风电场

磁辐射。

为了把海上风电开发对海洋环境的影响降到最低，应加强海上风电项目的规划、选址和管理。在规划布局上避开**海洋生态敏感区**，遵循深水远岸，趋向外海规划的原则；在建设施工阶段，要采用科学、合理的施工方法，减少因大型设备运输等对滩涂的破坏和影响。

（汝少国　王　蔚）

**海上风能利用**　offshore wind energy utilization　在海上建立风电场进行风能资源开发。海上风能具有安全、无污染、可再生、储量大、分布广、不占用陆地资源等优点。中国拥有绵长的海岸线和丰富的海上风能资源，可供支持和推动海上风能的利用。

发展概况　2010年，国家气候中心模拟给出了中国近海70米高度资源分布，分析表明，中国近海海域风能资源丰富，四大海区中以东海的风能资源最为丰富，然后依次是渤海、南海和黄海。在各个海域中，台湾海峡的风能资源最为丰富，平均风速达8.5米/秒以上，局部超过9米/秒；其次是浙江沿海、广东东部沿海和渤海辽东湾，平均风速在8米/秒以上；其他海域的平均风速大都在7.5米/秒以上；南海北部湾北部和黄海中部的风能资源相对较差，平均风速在7.0米/秒左右。

中国海岸线长，有近500万平方千米的海域，近海风能资源十分丰富，初步估算中国海上风能资源为7.5亿千瓦，为陆地风力资源的3倍。随着海水水深的增加，风能资源也相应大幅增加。《国家中长期科学和技术发展规划纲要（2006～2020年）》将“风能、太阳能、生物质能等可再生能源技术取得突破并实现规模化应用”与“沿海与陆地风电场和西部风能资源密集区建设技术与装备”列为“重点领域与优先主题”。因此，发展海上风电技术，对于保证中国社会、经济健康持续发展，确保国家能源安全，具有重要战略意义。

海上风能利用的装备是不同形式的风力发电机（简称风力机），根据风力机的基础不同可以分为桩基础风力机和浮式基础风力机。影响海上风力机基础类型的因素包括水深、土壤和海床条件、环境载荷、建设方法、成本。水深小于50米通常采用桩基础风力机，水深大于50米则采用浮式基础风力机。

特点　与陆上风能相比，海上风能具有以下优势：①海上风力资源丰富，比陆地风力发电量大。通常离岸10千米的海表风速比沿岸陆地大25%左右，且受环境影响小，可利用风力资源为陆上的3倍，更有利于风能资源的采集与转换，且海上风能资源开发不需要移民，对人类活动没有大的干扰，降低了投资成本。②海水表面粗糙度低，海平面摩擦力小，下垫面光滑，风速随高度的变化小，即风切变小，不需要很高的塔架，可降低风电机组成本。

海上风能发电装置

③海上风的湍流强度低，风作用在风电机组上的疲劳载荷减少，从而延长风电机组的使用寿命。风电技术已经较为成熟，具有大规模开发和商业化发展条件，部分欧洲国家的海上风电在2001年以后进入商业化阶段，技术逐渐完善。④全球大部分海域的风能开发可利用的风速出现频率基本都在60%以上，也就是说全球大部分海域全年至少有一半的时间可开展风力发电；而太阳能等受白昼的限制，可用时间不会超过50%。⑤在海上开发利用风能，受噪声、景观、鸟类、电磁波干扰等问题的限制较少。⑥海上风能的开发利用不会造成大气污染和产生任何有害物质，可减少温室效应气体的排放，环保价值可观。正是由于海上丰富的风能资源和当今技术的可行性，海洋风电市场将迅速发展。

（张若瑜）

**海上浮式风电机组基础**　floating foundation for offshore wind turbine　允许风电机组结构在海上一定范围内运动的顺应式结构形式。主要用于50米以上水深海域。风电机组塔柱安装在浮式基础上，浮式基础通过系泊系统连接到海底。由于浮式基础上部载有一个巨大塔柱和塔柱顶部的发电系统，导致海上浮式风电机组基础的动力特性十分复杂。一方面，高耸的风电机组使系统的重心位置大大提高，导致整体结构很难满足稳性标准。另一方面，在系统正常工作状态下，浮式基础除了承受一般的海洋环境载荷外，还要受到来自风电机组的巨大推力和倾覆力矩。

发展概况　2008年，意大利采用荷兰“蓝色H技术BV”（Blue H Technologies BV）公司提出的一项应用于油气产业的解决方案，开创性地将风电场建造于远离海岸的深水位置。2009年，挪威在斯塔万格新建了世界上第一台浮在海面上的风力发电机组“海风”，可为深海的轮船或潜艇提供能源。海风风机与陆地上的风机用的材质大致相同，不同的是，其在海水下的部分被安装在一个100多米的浮标上，并通过3根锚索固定在海下120～700米深处，以便它随风浪移动，迎风发电。世界上第二座漂浮式海上风机是葡萄牙的2兆瓦“浮动之风”风机，2011年11月投入使用，所发电量可供1300户家庭使用。该风机不仅是葡萄牙国内首台海上风机，也是首台在海上不使用重型吊船或桩基设备进行安装的海上风机。风机和底座的所有组装、安装和预调试工作均在陆上完成，整个系统安装完毕后用拖船拖到了海上。挪威的“影响”漂浮式风机是由挪威可再生能源技术公司Sway设计建造的，装机容量10兆瓦，风机叶片直径145米。该风机重心低，不但可以防止翻倒，还能够让风机倾斜5°～8°，并自由旋转，可以利用任何风向的风力进行发电。2015年一款由日本三菱重工（MHI）开发的7兆瓦风力涡轮机已被安置在距海岸20千米的福岛示范区域，是全球最大的浮式风机。中国同样对浮式风机项目开展了大量的研发工作。2010年12月，山东长星风电成功自主研发了海上组合式漂浮风力发电专用技术，为海上风力发电提供一种八边形组合式支撑结构漂浮平台。这种漂浮平台不受水深和离岸距离的限制，可以放置在海面任何一个角落。2013年5月，长星风电自主研发的9台3兆瓦海上组合式漂浮风力发电机组在滨州无棣进行安装、调试，随后投入运行。

分类　海上浮式风电机组基础主要有单柱型浮式基础、张力腿型浮式基础和半潜型浮式基础。

单柱型浮式基础　通过压载舱使得整个系统的重心压低至浮心之下以保证风机的稳定，通过辐射状布置的系缆来保持风机的位置。下部可以采用桩基基础或吸力式基础。该结构基础的主体一般是一个钢制圆筒，在下部舱室内填充岩石用于压载，在中上部舱室灌水压载。

张力腿型浮式基础　通过剩余浮力提供给张力筋腱一定的预张力来保持风电机组的稳定。下部可采用桩基基础或吸力式基础，在比较平坦的海底，还可以采用混凝土重力式基础。该结构基础由中央柱和3个或4个矩形截面的浮筒组成。

半潜型浮式基础　是由海上半潜式平台结构发展而成，依靠自身重力和浮力的平衡以及系缆回复力来保证风电机组的稳定。下部可以采用大型抓力锚、桩基基础或吸力式基础。该结构基础主要由立柱、浮箱、压水板等组成。

一般来说，单柱型浮式基础的垂荡性能比半潜型浮式基础好，因为单柱型浮式基础吃水大，而且垂向波浪力小；但由于单柱结构基础水线面小，其横摇和纵摇较大。张力腿型浮式基础具有良好的垂荡和转动特性，但是其系泊系统的复杂性以及昂贵的安装成本、流速对张力筋腱的影响、上部结构和系泊系统的耦合成为张力腿型浮式基础发展的三大障碍。半潜型浮式基础吃水小，在运输和安装时具有良好的稳性，相应的费用比单柱和张力腿结构基础低。但是半潜型浮式基础水线面的面积大，垂向波浪力大，引起半潜型浮式基础垂荡较大而且难以控制。

（张若瑜）

**海上固定式风电机组基础**　fixed foundation for offshore wind turbine　风电机组采用固定式支撑结构与海底直接相连的基础结构型式。海上固定式风电机组基础设计除了要考虑风电机组荷载、海床的岩土工程性状、离岸距离、水深和海上风、浪、流、冰环境特性之外，还要考虑运输、安装施工方法和条件、建造成本等因素的影响。

发展概况　20世纪90年代，丹麦开始了海上风力发电的尝试。1991年，丹麦建成了重力式基础海上风电场，机组容量4.95兆瓦，风机台数11台，水深2.5～5米。随后，荷兰、瑞典、英国也相继建成重力式、单桩等形式的桩基础风力发电场。在海上风电场的建设方面，丹麦在风力发电领域居主导地位，有世界上最大的海上风电场之称，各国海上风电场使用的风机大部分由丹麦生产。在世界海上风电进入大规模开发利用阶段的背景下，中国海上风电场建设也拉开了序幕。2004年，广东南澳海上2万千瓦风电场项目获得批准立项，是中国首个海上风电场建设项目。2005年，河北省沧州市黄骅港开发区管委会与国华能源投资有限公司签署协议，合作建设总装机容量约100万千瓦的国内第一个大型海上风力发电场。2007年11月，中海油在绥中36-1油田以废弃的“明珠号”浮式生产储油卸油装置单点系泊导管架为基础，建造了中国第一座1.5兆瓦的海上风力发电机组。2010年上海东海大桥10万千瓦海上风电场建成，34台机组全部并网发电，为中国海上风电发展积累了技术和经验，标志着中国风电发展取得新突破。

上海东海大桥海上风电场俯瞰

分类　海上固定式风电机组基础包括单桩基础、多桩承台基础、导管架基础、重力式基础以及筒型基础等。①单桩基础。一般适用于水深不大于30米的海域，工程中常采用的钢管单桩直径多为4～8米。单桩基础的施工过程为：首先将桩体沉桩在海底，在完成沉桩后，将风机机组塔柱固定安装在桩顶。如果风电场内的地基形式为黏性或砂性土，一般采用锤击沉桩法；若风电场的地基形式为岩石，一般采用钻孔方式进行沉桩。②多桩承台基础。一般适用于水深不大于30米的海域，是由3根以上直径为1.5～3.0米的小直径斜钢管桩和承接上部风电机组结构的钢筋混凝土承台组成的基础型式。③导管架基础。一般适用于水深20～50米的较深海域。导管架基础的特点有：对打桩要求较低，可以进行整体的运输安装，方便施工，但其施工作业周期长，建造费用高。④重力式基础。一般适用于水深不大于10米的海域，是通过基础自身的重力和地基抗力实现对风电机组的固定。重力式基础一般采用可进行压载的混凝土空心结构，体积较大。重力式基础是在陆上预制完成后通过驳船或湿拖运输至海上施工，其要求海床必须平整，因此需要对海床进行预先处理，并铺设碎石作为基础垫层。⑤筒型基础。一般适用于水深不大于30米的海域，分为单筒型和多筒型基础结构型式，是利用吸力下沉的原理使倒扣筒体安装在指定位置，在一定程度上，这种结构可以加固海床土体。

当水深大于30米时，随着水深增大和大容量风电机组的使用，固定式基础承受的力矩大幅度增加，为了抵抗巨大弯矩和风浪力，固定式基础结构尺寸需要加大，材料成本及施工难度也随之大幅增加，将显著加大施工建造成本。因此，水深大于50米的海域一般不采用固定式风电机组基础。

（张若瑜）

**海上平台**　offshore platform　在海上设置或建造的具有高出海面的水平台面的空间结构物。按其结构特点和工作状态可分为固定式平台和浮式平台。

**固定式平台**　在整个使用期内位置固定不变。常见的结构型式有桩式平台、重力式平台和系索塔式平台等。

桩式平台　由上部甲板和桩基础构成。按照桩腿材质可分为木桩平台、钢桩平台和钢筋混凝土平台等。桩式平台广泛应用于海底油气资源开发，建造海上码头、灯塔、雷达台、水文气象观测站等。桩式平台中最常见的是导管架平台，建造时首先在陆地用钢管焊接成棱台形空间框架，随后驳运或浮拖运输至现场，就位后将钢桩从导管架腿内打入海底，最后在导管架顶部安装甲板等。桩式平台的优点是受到的波浪和海流载荷较小，但其造价随水深指数倍增长，使其适用的水深范围受到限制。

重力式平台　由一个或多个钢筋混凝土沉箱组成基座，在基座上由钢立柱或钢筋混凝土立柱支撑上部甲板，依靠自重稳定坐在海底坚实土层上。重力式平台整体结构较大，一般先在岸边开挖的泥坞中建造基座，随后拖运至有掩护的深水区继续建造立柱和甲板，最后浮拖至现场压载下沉。重力式平台一般用作生产平台或储油平台，主要特点包括抵抗风暴和波浪袭击的能力很强，抗腐蚀性能强，维护费用低，但重力式平台建造过程需开挖岸边泥坞，并需要近岸深水施工水域，从而限制了结构高度。

系索塔式平台　又称绷绳式平台，主要用于水深较大海域。系索塔式平台将一个预制钢塔安放在海底基础块上，周围用钢索锚固拉紧固定。

**浮式平台**　一般具有大型浮体结构。常见的浮式平台可分为两种类型。

可迁移的浮式平台　又称移动式平台，可以满足勘探、生产、维修等海上作业经常更换地点的需要，常用于海底油气资源的勘探和开发。移动式平台主要有坐底式、自升式、半潜式和钻井船4种类型。

不迁移的浮式平台　在整个使用期或较长使用期内固定系泊于海上作业位置。常见的结构型式包括张力腿平台和立柱式平台等。不迁移的浮式平台适应水深范围较大，可用于海底油气资源开发、建造海上浮式工厂（如发电厂、天然气液化厂等）和海上浮式储藏库（如储油平台、毒品及危险品储藏平台等）等，从而将一些近岸经济活动转移至海上，改善生活环境。

海上浮式钻井平台

建造安全、经济的海上平台，必须综合考虑海洋环境载荷、结构响应、海洋环境保护、生产作业安全等因素，进行全面细致的研究和论证。海上平台结构理论与建设实践的发展必将促进人类对海洋的合理开发和利用。（田育丰）

**海上气团变性**　air mass transformation over sea　气团离开源地后在海上移动的过程中受海洋影响而产生的气团属性的变化。气团是指温度和湿度等气象要素的水平分布相对均匀的大范围的空气团。在同一气团中，各处气象要素的分布几乎相同，天气现象也大致一样。气团的水平范围可达几千千米，垂直高度可达几千米到十几千米，常常从地面伸展到对流层顶。

特征　气团的属性包括其温度、湿度和层结稳定度，变性的物理过程主要为增暖或冷却、蒸发或凝结、垂直运动或层结稳定度的变化等。通过这些过程，可使气团增暖或变冷、增湿或变干，趋于稳定或不稳定。在极地海洋或大陆上形成的干冷气团入海时，可通过上述过程增暖和变湿，使气团趋于不稳定，出现对流云，甚至降水。在北半球热带洋面上空形成的气团在向北移动时，逐渐冷却变干，并趋于稳定。

海上不同性质气团的变性快慢是不同的，与所经海面的性质与气团性质差异的大小有关。冷气团移到暖的海面变性较快，这是由于冷气团低层变暖，趋于不稳定，乱流和对流活动容易发展，能很快地将低层的热量传到上层。而暖气团移到冷的海面则变冷较慢，其原因在于低层变冷趋于稳定，乱流和对流活动不易发展，其冷却过程主要靠辐射作用进行。

研究方法　研究海上气团变性的方法包括天气学分析、诊断分析、理论研究及观测实验等四个方面。天气学分析，即使用各种天气学图表和热力学图表，分析气团的各种属性的变化称之为气团分析；诊断分析和理论研究，是定量或半定量研究气团变性的方法，前者侧重于分析变性的物理过程，计算和分析有关的物理量，后者通过对流体力学方程的数值求解，研究气团的变性问题；观测实验是利用船舶、浮标、飞机、雷达和卫星等手段，同时在水下、大气边界层和空中进行三维空间的立体观测和理论分析等。

海上气团变性的观测研究　对海上气团变性的系统观测、分析和研究始于20世纪70年代，虽有一些初步研究成果，但许多工作有待于进一步深入。据分析，在北半球中纬度大洋西部暖流上空，冬季的气团变性极为强烈。1974年2月和1975年2月，在世界气象组织的统一协调下，日本、韩国、澳大利亚、美国等国家和地区两次在东海以琉球岛为中心的六边形海区进行了气团变性实验，目的是弄清自海面通过大气边界层到自由大气中的能量和动量的输送过程，研究大气扰动的发生和发展。分析表明，气团变性在云、降水和气团结构上都有明显的反应：云的分布和变化，表现在大陆和近海区低云量少，黑潮上空低云量多，大陆低云几乎全为层云，海上低云为对流云，黑潮上空的低云则为发展强烈的积云。（傅　刚）

**海上试验场**　ocean test bed　开展海洋技术装备试验的海上专用场所，承担海洋物理、地质、生物、化学等科学研究以及完成海洋技术装备研发与功能、性能测试的重要试验平台。同时，海上试验场也可供海洋科学研究使用。海上试验场具有开展长期海洋科学观测、海洋观测技术装备测试、海洋可再生能源装备测试、军事海洋装备测试等功能。可实现特定海域的物理、化学、生态等参数的长期观测，可为海洋技术装备提供试验、检验与评价条件，支撑海洋技术装备研发与成果转化。

系统构成　海上试验场一般由3部分构成：海上试验平台、通信与监控系统、岸（岛）基支持系统。海上试验平台是海上试验场的主体部分，承载着海洋科学观测与海洋装备测试的重任，可由浮标平台、海上漂浮平台、水下试验平台、海床基平台等构成，平台配备有海上布放回收等作业系统。通信与监控系统是实现海上试验场各个子系统间互联互通的媒介，它能将不同观测平台采集的监测数据传输到试验场的数据中心，并实现各个平台数据的实时交互，由岸基数据中心统一管理。岸（岛）基支持系统是海上试验场的后勤保障系统，海上试验场的通信保障、能源供给、设施维护等均要依靠岸（岛）基支持系统来支撑。该系统包括岛上海洋试验大厅、高压试验舱、走入式冷房、振动台、作业水池与水槽、码头、机加工车间等，全方位支持海上试验场的运作。

发展现状　国外的海上试验场主要集中在欧、美、日等发达国家地区，如美国蒙特雷湾海上试验场、加拿大海洋技术试验场和英国海洋能试验场等。美国蒙特雷湾海上试验场位于美国加州蒙特雷海湾西北部，主要是为海底观测网络的装备仪器提供试验与测试平台，为海洋物理、化学、生物科学研究提供观测数据。加拿大海洋技术试验场是加拿大维多利亚大学海洋技术发展计划的组成部分，该试验场位于萨尼奇湾与维多利亚大学布置的金星海底观测系统相连，旨在帮助从事海洋研究的科研人员开展海洋技术装备研究、海洋观测系统开发和海洋科学探索。

中国已经建成的海上试验场有浙江大学摘箬山岛海上试验场、珠海万山无人船海上测试场、中船重工第750试验场、海军海上靶场试验场等。浙江大学摘箬山岛海上试验场是以舟山摘箬山岛为岸基基地，基于海底工程网络实现的海洋技术通用试验平台，已建成海洋能试验平台、海洋观测网络试验系统、海洋工程试验平台、海洋材料试验场等。

发展趋势　全球对海洋的关注度不断提高，对海洋技术装备的需求不断提升，这使得对试验流程合规、评价体系完整、试验设备完善的海上试验场的诉求越发迫切，所以海上试验场将朝着标准化、专业化、智能化的方向发展。随着海上试验场如雨后春笋般建立起来，标准不健全的问题日益突出。不同的海上试验场采用不同的试验体系、评估体系，可能导致对装备仪器性能的误判，所以标准化的试验与评估体系有利于海洋技术装备水平的提高。专业的海上试验平台应该具有功能齐全的软硬件基础设施和完善的结构功能，只有不断升级发展专业的试验设备，才有利于减少试验时间、降低试验成本、提高试验质量。随着智能化的不断普及，海上试验场逐步迈入智能化、数字化的行列，减少人为因素在试验过程中导致的偏差，同时智能化和数字化有利于各个试验场间的信

息交互，有利于节省海上试验场的运营成本。因此海上试验规范的建立变得愈发重要。 （司玉林）

**海上试验规范** sea trial specification 海上试验过程中的操作要求和规章流程。为提高海上试验的科学性、操作过程的规范性以及评价结果的客观性，中国21世纪议程管理中心颁布了《海洋仪器设备海上试验管理规范》（国科议程办字〔2017〕4号）。通过科学严谨、程序规范的海上试验，检验和评价研发的仪器设备是否达到了海试指标要求，为科研成果的后续推广应用奠定了基础。

规范化海上试验主要包括4个环节：规范化海上试验需求征集及航次申请，海上试验大纲（方案）编制与评审，海上试验准备及组织实施和第三方见证、评价。海上试验结束后，应整理海试相关文档、数据和试验记录，编制海试总结报告。

海上试验是在完成海洋仪器设备集成调试、实验室检测、水池试验/湖试等工作的基础上开展的试验工作。海上试验之前，需认真拟订海试计划、编制海试大纲（方案）。海试大纲（方案）主要内容应包括：①海上试验性质和目的。②海试大纲的编制依据。③参试仪器设备（含备品备件）及其技术状态。④海试考核指标、试验方法。⑤海上试验时间、海区和环境条件（含极限条件要求）。⑥海上试验人员及责任分工。⑦试验进度要求和组织措施。⑧数据获取和评价方案（包括比测方法和程序、试验数据和比测数据的处理方法，海上试验结果的评定准则等）。⑨海上试验保障条件及特殊要求。⑩海上试验安全方案、应急措施。⑪作业现场技术文件、记录表格。⑫达到海上试验条件的证明材料（包括基本环境试验结果评价报告、实验室测试结果报告、水池或湖泊试验报告、前期海试报告等）。

（黄豪彩 孙 丹）

**海上疏浚** dredging on sea 用挖泥船和其他疏浚机具进行海上的开挖、吹填和采掘等作业。通常用于河口航道疏浚、港口疏浚、海堤和海滩吹填，是海岸工程和近海工程的重要技术措施。海上开挖作业主要有：运河、河口航道、港口河道和港池的开挖、疏浚和维持；各种海工建筑物基坑、海底输油管线或电缆沟的开挖。海上吹填作业包括海岸、堤坝、人工岛、人造海滩的吹填和天然海滩的养护等。海上采掘作业包括清除污染物质，改良海底土壤以及采集海底矿产、建筑用沙等。

河口拦门沙通常是河口出海航道的主要碍航浅段，一般通过疏浚取得或维持航道的通航水深。港口疏浚包括取得或维持港口所需的水域面积及其泊地和各航行作业区的控制水深、清理水工建筑物基坑、吹填泥土上岸形成陆域等，一般应力求使开挖与吹填密切结合。岸滩吹填一般与海上疏浚作业同时进行。吹填应根据当地的海况、土质和岸滩演变特点，选择合适的吹填泥沙粒径和稳定边坡，尽量避免采用专门的护坡。为了促进植物在新滩上生长，应尽可能用淤泥质覆盖滩面。

海上疏浚常采用中转设备。为提高疏浚效率，减少水质污染，在岸滩边专设有掩护的泥池，用自航式挖泥船到池中开底门抛泥，再用铰吸式挖泥船吸泥土上滩或上岸。海上疏浚常常需要扫床、设标等辅助作业配合，有时还需要凿岩、爆破等辅助作业来清理礁石和排除障碍物。进行海上吸填作业时，还需设置围埝和排泥管架等辅助设施。围埝可以形成一个静水沉淀池，促使吹填泥沙沉降，并能防止泥浆漫流散失和影响周围环境。 （鲁子爱）

**海上污染源** marine pollution source 海上生活和生产活动直接或间接向海洋输入过量物质或能量，造成海水利用价值降低、海洋生态破坏、海洋活动（捕鱼等海洋资源利用）受阻的各种污染物来源。海水养殖、港口船舶、海洋油气勘探等可能产生污染物的海洋产业和经营活动，是海洋污染物的主要来源。

**污染源种类** 按照污染问题发生的原因，海上污染源可分为操作性污染源和事故性污染源两类。

**操作性污染源** 主要包括底泥疏浚和倾倒、海洋运输和海洋开发活动。

*底泥疏浚和倾倒* 港口和航道疏浚出的底泥大多向海洋倾倒。如果底泥未受污染，其倾倒产生的影响较为短暂，主要是悬浮物遮蔽阳光而抑制海藻光合作用；如果底泥中含有高浓度的重金属、有机卤素化合物、氰化物、氟化物、强放射性等有害物质，其海上倾倒将增加倾废区海域污染程度，故应被禁止。

*海洋运输* 通常指散杂货、件货、集装箱等在港口间的海上运输。船舶正常航行期间产生的污染物以石油类数量最大。①防污涂料污染。船舶表面使用防污涂料（有机锡、吡啶硫酮锌、吡啶硫酮铜等）的生态危害也不容忽视，这些涂料可溶解并释放到海水中，对海洋中的其他非污损物种产生急性、慢性毒害。②压载水污染。进港船舶排放的压载水中含有大量外来生物（浮游生物、细菌以及许多物种的卵、幼体或孢子），排入港口海域后易造成生物入侵。③船舶尾气污染。海上船舶排放的尾气中污染物数量很大，一艘中大型集装箱船在使用含硫量3.5%的船用燃料油并以最大功率的70%行驶时，其一天排放的细颗粒物大约相当于50万辆达到中国国Ⅳ标准排放的货车一天的排放总量。美国国家海洋大气局（NOAA）研究发现，海上船舶每年排放的颗粒污染物约为1000吨，相当于全球汽车所排放颗粒污染物总量的50%，而全球每年排放的氮氧化物约30%来自海上船舶。国际航运业每年的二氧化碳排放量约占全球总排放量的3%。这些气体污染物不仅造成沿海大气环境质量下降，还会加剧全球温室效应。

*海洋开发活动* 人类对海洋资源开发力度日益增强，由此造成的海洋污染也日趋严重，主要有非生物资源（石油、天然气等）开发和海水养殖等海洋生物资源开发两个方面。石油勘探开发产生的钻井泥浆中含有对海洋生物具有潜在毒性的砷、钡、铬、镉、铜、铁、铅等重金属；油田生产产生的废水数量巨大，主要污染物为石油类；钻井设施机舱、机房内也会产生含油污水，这些废水的随意排放造成局部海域严重污染。海水养殖形成的鱼虾贝粪便及残饵易在养殖区底部聚集，不仅会向水体释放氮、磷营养盐而导致富营养化，还能因大量消耗溶解氧造成海域中大多数海洋生物窒息死亡；因消毒、治疗、防腐而投加的石灰、高锰酸钾、抗生素等化学药剂则通过换水方式入海并造成非靶标生物大量死亡。

**事故性污染源** 主要指海上航行事故（碰撞、搁浅、触礁等）、勘探开发事故（井喷、爆炸、输油管破裂等）、港口作业事故（泄漏、失火、爆炸等）导致原油或化学品大量泄漏入海，其污染往往会造成海洋生态的毁灭性破坏。随着原油和化学品海上运输量不断增加，其发生直接或间接泄漏入海的风险性也不断增大。中国沿海发生的危险化学品泄漏入海事件（2018年“桑吉”轮东海溢油事故、2015年天津港“8.12”危险化学品仓库特大火灾爆炸事故等）均给海洋生态安全带来严重隐患。

**防治措施** 对于操作性污染源而言，污染大都发生于作业期间，因此将海洋污染预防融入开发过程之中，制定并实施严格的技术规范和管理，是防范此类污染的有效方法。中国通过实施《中华人民共和国海洋倾废管理条例》及其实施办法，已形成一套行之有效的海洋倾废管理制度，包括倾废区划定与管理、海洋倾废许可证管理、倾倒物质分类管理、倾废行为监管等。对于海运活动，船运公司应加强防污法规宣传教育，提高船员对船舶排污的海洋生态环境危害性认识，并严格遵守国家法律中关于禁止排放、有限制排放的规定；环保部门应加强港口、码头项目的竣工验收力度，确保其环保设施符合"三同时（建设项目需要配套建设的环境保护设施，必须与主体工程同时设计、同时施工、同时投产使用）"要求。对于海洋资源开发利用，应根据海洋功能区划进行合理布局；科学确定海水养殖密度，合理投放饵料和使用药物；按照《中华人民共和国海洋石油勘探开发环境保护管理条例》及其实施办法，固定式、移动式平台应配备防污设备，禁止含油污水直接或稀释后排放，残油、废油、油基泥浆、含油垃圾必须回收，不得排放或弃置入海。

对于事故性污染源而言，欧洲国家经过多年实践和探索已建立了一套较为有效的危化品泄漏入海应急响应方案；《中华人民共和国国民经济和社会发展第十三个五年规划纲要》明确提出，要求提高海洋防灾减灾能力、加强海上救援战略预置、提升海上突发环境事件应急能力。为了最大程度降低事故性泄漏造成的海洋污染和生态灾难，迫切需要完成的工作有：构建危化品应急基础信息与技术数据库，建立综合性快速应急反应机制；协调整合各部门的污染防治力量和资源，形成完整的应急处置体系。（孟范平）

**海上溢油回收** spilled oil recovery at sea 处理或回收在海上运输或开采过程中流失的石油，防止其对海洋及沿岸环境造成破坏的过程。通常一吨石油可在海上形成覆盖12平方千米范围的油膜，将阻隔正常的海-气交换过程，导致气候异常，影响生物链的循环，从而破坏海洋生态平衡，造成海洋及滩涂严重污染，而且也浪费了宝贵的石油资源。

海洋表面油污染的处理大致可分为以下3种：物理处理法、化学处理法和生物处理法。

**物理处理法** 利用物理方法和机械装置消除海面和海岸带的油污染是最有效的办法，但对消除乳化油一般不适用。

清污船回收 要把溢油回收起来，必须有作业船和回收装置。回收装置的种类很多，有吸引式、斜板式、堤堰式、转筒式、旋转圆板式、离心式、附着式、可变堤堰流入式、皮带式、流入式等。究竟采用哪种回收装置，要视溢油量、溢油类别、溢油时间的长短、海况、作业船的功能等因素而定。

围油栏防扩散 石油泄漏到海面后，应首先用围栏将其围住，阻止其在海面扩散，然后再设法回收。围栏应具有滞油性强、随波性好、抗风浪能力强、使用方便、坚韧耐用、易于维修、海洋生物不易附着等性能。围栏既能防止溢油在水平方向上的扩散，又能防止原油凝结成焦油球在海面垂直方向上的扩散。

吸油材料 可使用亲油性的吸油材料，使溢油黏在其表面而被吸附回收。制作吸油材料的原料有高分子材料（聚乙烯、聚丙烯、聚酯等）、无机材料（硅藻土、珍珠岩、浮石和膨润土等）和纤维（稻草、麦秆、木屑、草灰、芦苇等）。

磁性分离 美国辉瑞公司研究出一种能清除海面油污的新方法，其特点是利用一种溶于石油而不溶于水的特殊磁性"液体"（如粉末状三氧化二铁，$Fe_2O_3$）。"液体"是由如人发直径千分之一那样小的磁铁微粒构成的，当"液体"在水表面雾化后，漂浮的石油就会被磁铁吸住而移去。

**化学处理法** 燃烧法 需采用各种助燃剂，使大量溢油能在短时间内燃烧完，无须复杂装置，处理费用低。但是考虑到燃烧产物对海洋生物生长和繁殖的影响，对附近船舶和海岸设施可能造成损害，而且燃烧时产生的浓烟也会污染大气，因此只能在离海岸相当远的公海才使用此法处理。

油处理剂 油处理剂一般有乳化分散剂、凝胶剂、集油剂、沉降剂等。沉降剂会把溢油污染带到水域底部，危害底栖生物的生长，一般不予采用。

**生物处理法** 某些天然存在于海洋或土壤中的微生物有较强的氧化分解石油的能力，可以利用微生物的这一特性来清除海上溢油。在外海深海区发生溢油后，可用沉降型凝油剂使之沉入海底，由海底生物消化吸收和在底泥中降解、净化。

美国D1B8XC型溢油回收驳船

（张若瑜）

**海上溢油量估算** estimation of marine oil spill volume over sea surface 对发生在海面附近的溢油事故导致的油品泄漏量大小进行的估计和推算。见海洋溢油量估算。

**海上油气开发** offshore oil and gas exploration 在内海、大陆架和深海海域开采石油和天然气。开发过程包括地质研究、可行性分析、工程设计、钻井、采集、储输等作业。其中，地质研究的基本理论和方法、工艺流程设计原理与陆上油气田开发大致相同，但钻井、采集、储输等作业过程与陆上有根本区别。海上油气开发涉及海洋学、气象学、土力学、流体力学、结构力学等学科，以及造船、航海、环境保护、材料、水声工程等专业技术。

发展概况 21世纪初，已探明的海上石油储量占世界总储量的25.2%，天然气储量占26.1%。海上石油储量中有55%～70%在水深小于200米的大陆架范围内。海上油气开发大致经历了3个阶段。①初期阶段。1897年美国最先在加利福尼亚州西海岸用木栈桥打井。20世纪40年代前，海上油气开发主要使用常规土木工程技术搭建木栈桥、木平台、筑长堤和人工岛，只能在几米水深的海滩和内海开采石油。②探索阶段。20世纪40～60年代，随着焊接技术和钢铁工业的发展，相继出现了钢质导管架平台、坐底式平台、自升式平台等油气开发装备，使海上油气开采范围扩大到30米水深的海域。③发展阶段。20世纪60年代后，随着电子计算机技术和造船、机械工业的发展，建成了各种大型、复杂的海上钻井、采集、储输设施，促进了海上油气开发的迅速发展。至80年代，除南极外，世界各地的大陆架都已进行油气勘探和开发，有30多个国家共建成海上油气田430多个。其中，最大的海上油田是沙特阿拉伯的塞法尼耶油田，可采储量达42亿吨。海上油气开发范围已扩展至几千米水深的海域。

中国沿海大陆架面积占世界大陆架面积的5.2%，油气资源丰富。1958年在南海莺歌海浅海区用顿钻打井发现原油。1966年在渤海用导管架平台钻探了第一口探井，获得有开采价值的油流。1974年在黄海钻探发现含油构造。1982年在东海钻探

自升式钻井平台——“TZ301-1”

发现多层高压天然气层和油砂层。1982年2月中国海洋石油总公司成立，标志着中国海上油气开发进入新时期。2014年，中国渤海海域年产石油达到2611万吨。同年，中国南海荔湾3-1气田投产，成为中国第一个深水气田。

海上油气采集系统　按水深、油田类型和开发方式可分为水上常规采集系统和水下采集系统。

水上常规采集系统。使用固定式平台采油，在井口安装与陆上油气采集相同的采油树进行生产。与陆上油气采集设备相比具有以下特点：①采油速度快。②工艺流程和设备布置紧凑，要求设备小型化、高效耐用。③安全措施严格。④对人员技术要求高。⑤人员组成不同，维护人员远多于生产操作人员。

水下采集系统。20世纪60年代初发展，由水下采油井口装置、井内测试设备、井口监控系统、浮式或固定式集油站组成。水下采集系统能遥控操作，采集井口流出的油气进行处理，测试各井油气生产参数，必要时向井内注入化学药剂以保证正常生产。水下采集系统适用于水深300米以上的油气田。

水下采集系统主要形式有：①单井水下采集系统。采油树安装在水下井口上，通过管线连接到水面集油站。使用钻井船钻井，完井后即投产，以取得足够的油层资料数据，油田进入开发阶段后即可转为正式生产。②卫星井采集系统。有一个中心管将周围的水下井口进行集中，水面集油站与中心导管连通。优点是：实行分片采集可减少管线数量，可将勘探井纳入采油系统，并便于监控。

水下采油井口装置是水下采油系统中最基本的部分。1943年在加拿大伊利湖安装了第一个水下井口装置。1960年在美国路易斯安那州的大陆架第一次不用潜水员安装了水下井口装置，所有安装工作都在钻井船上遥控进行。随后，在圣巴巴拉海峡安装了5个这样的井口装置。水下井口装置分为两种：①湿式。井口设备与海水接触。②干式。用金属封闭罩保护井口，罩内保持一个大气压，维修人员可乘潜水器进入罩内检修，比较方便。

海上油气储输系统　对海底开采的油气进行收集、处理、计量、储存和运输所需设施的总称。海上油气储输系统在总投资中占很大比例，维持费的百分比占比也较大，必须根据油气储藏性质、油气消费点位置、环境条件和经济效益等合理选择储存和输送方式。按照处理和储油所在的位置可分为：①全陆式。在油气田与海岸的距离非常近时使用。②半海半陆式。即部分或全部处理设备在海上，储油中转站在陆上。一般高产海上油田采用这种油气储输系统比较灵活。1938年在墨西哥湾建成一套半海半陆式油气储输系统。③全海式。适于海上小油田采用。1966年在波斯湾建成第一套全海式油气储输系统。

海上储油方式主要有：①海上平台储油，只适用于离岸较远产量不大的油田。②海面单点系泊储油装置，储量可达30万吨以上。③海底油罐。

海上油气输送方式主要有两种：①管线输送。输送稳定，维持费用低，适用于近岸或油气产量大的油田。②油轮输送。在航道及港口允许的条件下，油轮愈大，运输成本愈低。（唐友刚　田育丰）

**海上油污染清理技术**　marine oil pollution cleanup technology　利用物理、化学、生物等手段清除海洋溢油污染的技术。海洋油污染主要来自海洋溢油事故，而海洋溢油事故发生频率不断提高，溢油污染损害和潜在危害加剧，溢油堪称海洋环境的“超级杀手”。

污染起因　2010年，墨西哥湾深海地平线平台爆炸溢油事故被称作“生态911事件”，溢油量达8亿升，墨西哥湾的生态恢复需要数十年甚至上百年的时间。2010年“7.16”中国大连新港管道爆炸漏油事故，造成中华人民共和国成立以来最严重的石油污染。2011年6月，蓬莱19-3油田海底原油泄漏，引发国内外的高度关注。

清理方法　用于海上油污染清理的方法主要有物理修复法、化学修复法、自然风化降解、生物修复法和燃烧法。

物理修复法　在不改变石油的物理化学性质的情况下，采用物理手段围堵和回收海上溢油的方法。在溢油事故处置实践中常用的物理修复方法有：①围栏法。用围栏将泄漏到海面的原油围住，防止其在海面进一步扩散，然后再设法回收。②撇油器法。利用油水不同的物理特性使用机械将二者分离开来，达到回收海上溢油的效果。③吸油材料法。使用亲油性的吸油材料，将溢油粘在其表面而被回收，主要用在靠近海岸和港口的小规模溢油海域。物理修复法的处理效率受天气、海洋状况及溢油类型的影响较大。

化学修复法　通过改变石油的物理化学性质从而降低海上溢油污染危害的方法。化学修复法可以直接应用于溢油处理，也可以作为物理修复法的后续处理方法，通常有使用溢油分散剂和凝油剂以及其他化学制品的处理方法。①溢油分散剂。可以使溢油在水面乳化形成乳状液，从而分散成细小的油珠，加速化学反应，达到对海洋的净化。②凝油剂。可使石油胶凝成黏稠物或坚硬的果冻状物。③其他化学制品。主要是破坏油水混合物，加速石油的微生物修复。

自然风化降解　不采取任何主动的行动，通过海洋中的物理、化学、生物等自然过程使得海上溢油得到净化。

生物修复法　通过添加生物表面活性剂、可高效降解石油的微生物菌剂或者氮磷等营养盐，增强海洋中的微生物氧化分解石油的能力，清除海上溢油的方法。与化学、物理方法相比，生物修复法对人和环境造成的影响小，且修复费用仅为传统物理和化学修复的30%～50%，但是这种方法治理的周期较长。

燃烧法　采用助燃剂，使大量溢油在短时间内燃烧，无须复杂装置，处理费用低。因为燃烧产物对海洋生物的生长和繁殖、海岸生态环境的损害，而且燃烧时产生的浓烟污染大气，所以处理对象一般为大规模的溢油和北冰洋水域的石油污染，处理地点一般为离海岸相当远的公海。

（包木太）

**海蛇**　sea snake; *Hydrophiidae*　蛇目海蛇科的统称。

形态　都具有一系列适应海水生活的特征，如躯干侧扁，尾扁如桨，鼻孔具瓣膜，皮肤渗透性低等。

分类　包括海蛇亚科（剑尾海蛇属、龟头海蛇属、海蛇属、杆尾海蛇属、达尔文海蛇属、裂鳞海蛇属、异鳞海蛇属和异海蝰属）和扁尾海蛇亚科（仅1属，即扁尾海蛇属）。

分布　大多局限于温暖热带水域的印度洋和西太平洋，以及大洋洲。从非洲东海岸延伸，从北部吉布提，到南方开普敦横跨印度洋、太平洋，南到新西兰北部海岸，东到美洲西部海岸，北到秘鲁北部（包括加拉帕戈斯群岛）加利福尼亚湾。大西

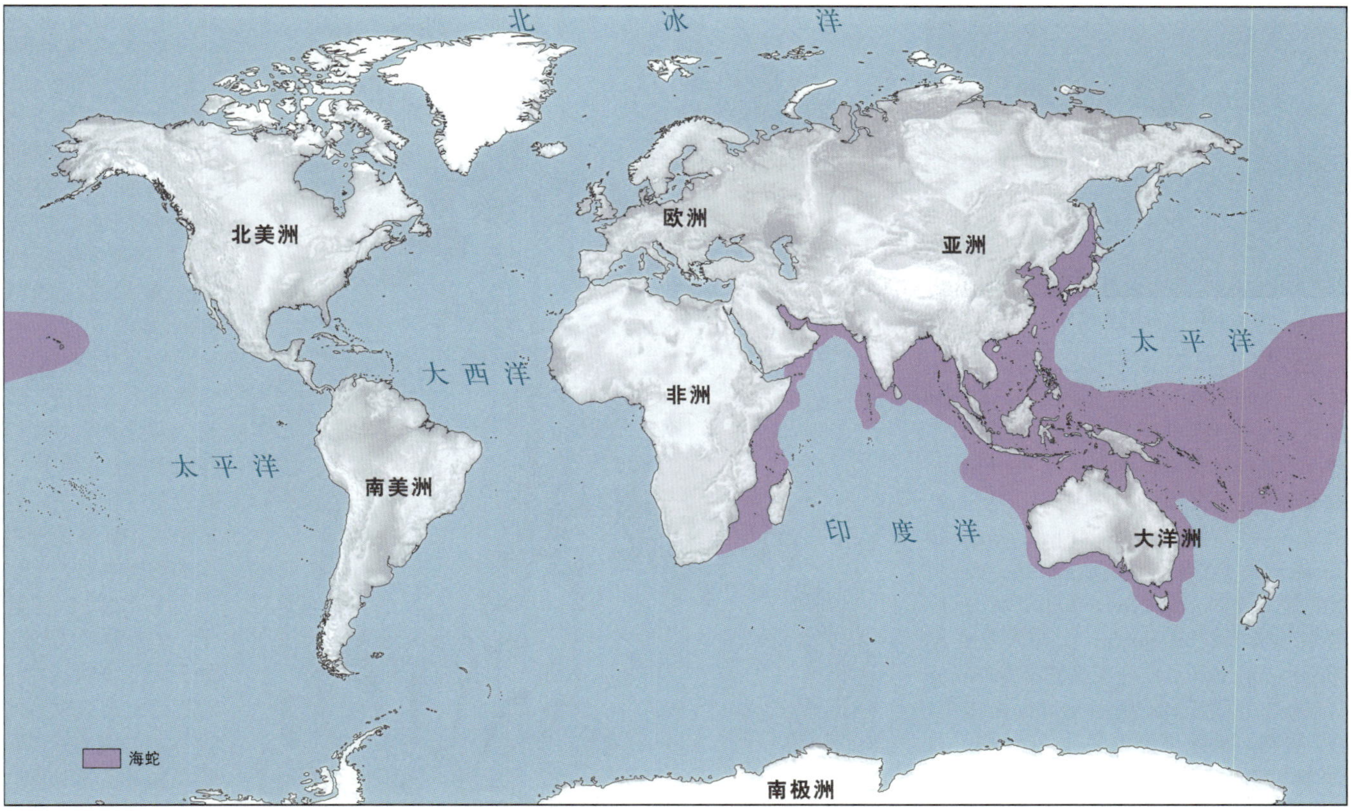


GS京（2022）0771号

海蛇分布图

洋没有分布（见图）。

生态习性　尽管适应海洋环境，但大多数海蛇喜欢距陆地不远的浅水域，例如岛屿周围，特别是隐蔽水域，或河口附近。有的海蛇可溯河口而上一定距离。以鱼类，主要是不太活动的或栖居洞隙中的鱼类为食物，较少捕食活动性强的鱼类。

相对陆生的蛇，海蛇舌头的嗅觉功能在水中更容易实现。鼻孔是一个除水阀，由专门的海绵组织组成，可通过短鼻通道通向顶部的嘴。可以当其头部部分淹没在水里时，露出的表面仍能呼吸。肺变得非常大，几乎沿整个身体的长度延伸，后面的部分被认为用于调节浮力而不是气体交换，扩展的肺可以在潜水时存储空气。

大多数海蛇亚科物种能够通过皮肤呼吸。后舌下的腺体位于舌头下面和周围鞘，在舌头行动的同时，能够排出盐分。视觉对于其捕捉猎物和选择配偶的作用有限的，声音（如振动）和化学感受可能更重要。蛇类的蜕皮与生长有关。蜕皮次数视食物丰歉而定。

海蛇一般不愿意咬人。通常被认为性情温和，毒液似乎更多时候是用来防御的。寿命约20年。许多海鱼、海鹰和某些海鸟捕吃海蛇，白胸海鹰就经常捕吃海蛇。据报道，菲律宾裸胸鳝和鲨鱼内容物中都有海蛇，都是海蛇的天敌。扁尾海蛇经常感染螨类和蜱类。

繁殖　除了扁尾海蛇属卵生外，所有海蛇均是卵胎生的。幼体出生于水中，并终身生活于水中。某些物种的幼体较大，相当于母体长的一半。海蛇的繁殖数量少于陆生眼镜蛇亚科的蛇类。

经济价值　和陆生蛇一样，海蛇也有较高的经济价值。皮可用来做乐器和手工艺品；蛇肉和蛇蛋可食，味道很鲜美，某些内脏可入药。以海蛇体为主要原料开发的制剂有复方海蛇胶囊、复方海蛇胶囊、海蛇祛风胜湿胶囊、复方海蛇酊和复方海蛇注射液等。

种群动态　大多数海蛇未列入保护名单。然而，根据《世界自然保护联盟濒危物种红色名录》，伦内尔扁尾海蛇被列为易危（VU），灰刺剑尾海蛇被列为濒危（EN），叶鳞剑尾海蛇和短鼻尖尾海蛇被列为极危（CR）。

保护措施　即使在最好的情况下，海蛇也很难被人工养殖。被人工养殖的海蛇变得精神紧张、身体孱弱，拒绝进食，只喜欢躲在黑暗的角落。可用的食物来源限制了人工饲养数量，因为某些物种的饮食过于专业化。

危害　海蛇都是具有前沟牙的毒蛇。蛇的毒器（包括分泌毒液的毒腺、输出毒液的导管和将毒液注入被咬对象体内的毒牙）是蛇类演化过程中发展起来的捕食工具，对防御敌害也有重要的作用。实验证明，海蛇毒的毒素主要成分是肌肉毒，可致神经—肌肉接头麻痹，如引起膈肌麻痹导致呼吸停止而窒息死亡。临床证实，海蛇毒也可直接破坏肌肉，出现肌红蛋白尿。所幸被海蛇咬伤的病例并不多见，若被海蛇咬伤，应视为严重病例对待。

（王湘君）

**海蛇尾**　brittle stars　棘皮动物门（Echinodermata）游走亚门（Eleutherozoa）蛇尾纲（Ophiuroidea）动物的统称。

形态　海蛇尾外形似海星，但体盘与腕的分界明显（图1、图2）。蛇尾纲的主要特征是体扁平，星状，体盘小，腕细长，两者分界明显，无步带沟，管足退化，呈触手状，无运动功能，司呼吸和感觉。

分类　全球海域的海蛇尾有2000余种，是棘皮动物中种类最多的一纲。海

图1　海蛇尾形态

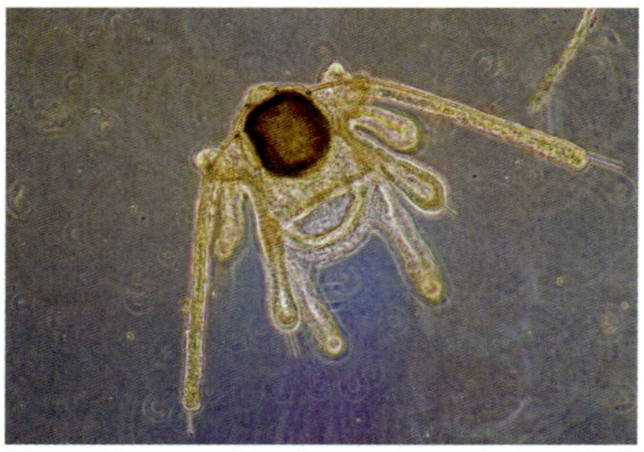

图2　海蛇尾幼虫

蛇尾依据外部形态的不同，可分为真蛇尾目（Ophiurida）、蔓蛇尾目（Euryalidae）2目。中国沿海的海蛇尾种类分布很丰富，常见的种类有滩栖阳遂足（*Amphiura vadicola*）、柯氏双鳞蛇尾（*Amphipholis kochii*）、日本鳞缘蛇尾（*Ophiophragmus japonicus*）、近辐蛇尾（*Ophiactis affinis*）、紫蛇尾（*Ophiopholis mirabilis*）、马氏刺蛇尾（*Ophiothrix marenzelleri*）、司氏盖蛇尾（*Stegophiura sladeni*）、金氏真蛇尾（*Ophiura kinbergi*）和萨氏真蛇尾（*Ophiura sari*）等。

繁殖　海蛇尾绝大多数为雌雄异体，从外形上很难区别，也有极个别种类的雄性个体很小，附着在雌性的中央盘上。海蛇尾的生殖腺呈葡萄状，一般附着于呼吸盲囊周围，其附着位置及数目因种而异。极少数海蛇尾种类为雌雄同体，这些种类的雌、雄性腺相分离或是雄性先成熟，蛇尾类的无性生殖很普遍。

生态　海蛇尾从潮间带到数千米的深海地带都有分布，以有机质为食，有群居习性，常常集群出现。例如，爱尔兰西海岸的脆刺蛇尾的密度可高达每平方米1000个左右，中国黄海的紫蛇尾密度也可达到每平方米380个左右。海蛇尾的自切现象和再生现象常有发生。

（常亚青　方建光　湛垚垚）

**海参**　holothuroids　一类常见的海生动物。分类学上属于棘皮动物门海胆动物亚门海参纲。因形似黄瓜，又称海黄瓜。

形态　身体延长，呈蠕虫或腊肠形（图1）。没有游离腕。一端为口，另一端为肛门。口周围有1圈触手。围绕食道有石灰环。骨板不发达，变成许多很小的石灰质骨针或骨片，埋没于皮肤之下。

腹面朝地，管足常排列成3纵带，即包括3个步带，称为三体道区。同腹面相反的一面称背面。背面包括2个步带，称二体道区。这与其他纲的背面是反口面，腹面是口面的情况不同。某些海参呈现出一定程度上的两侧对称。

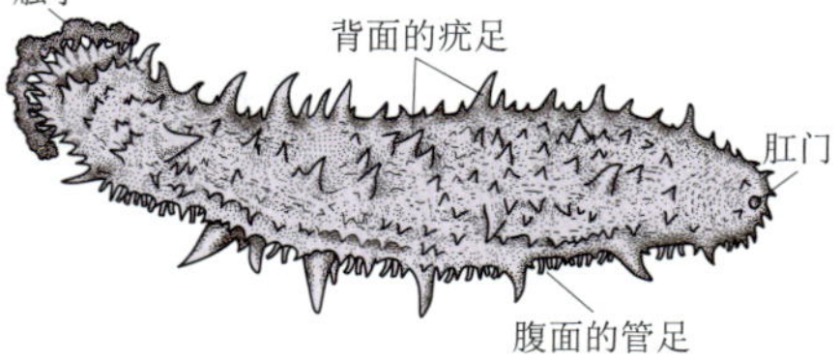


图1　海参的外形

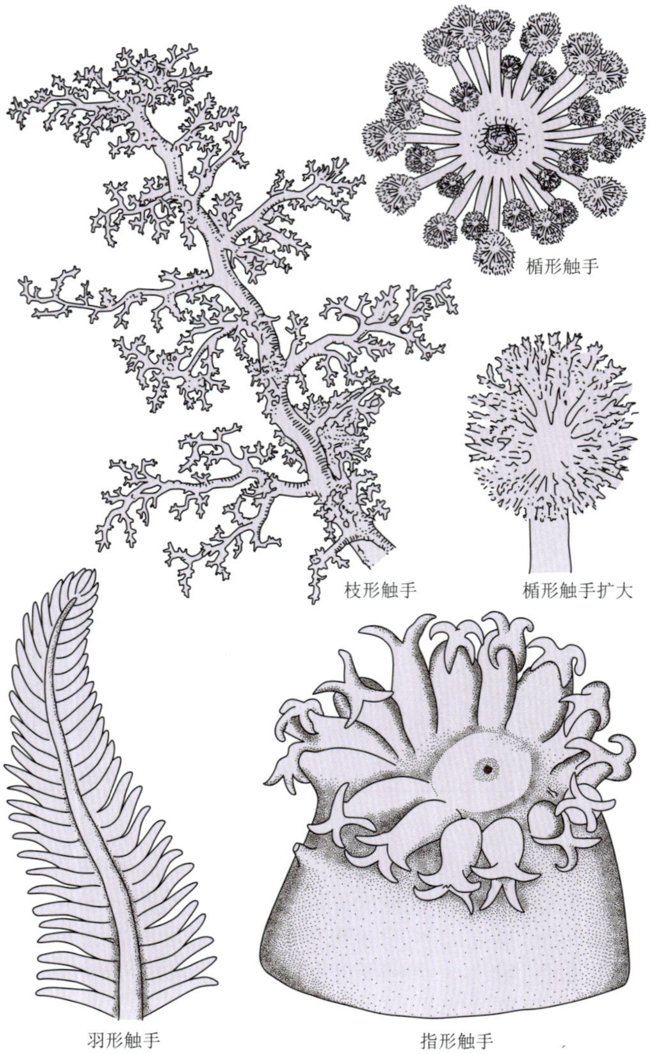


图2　海参类的触手

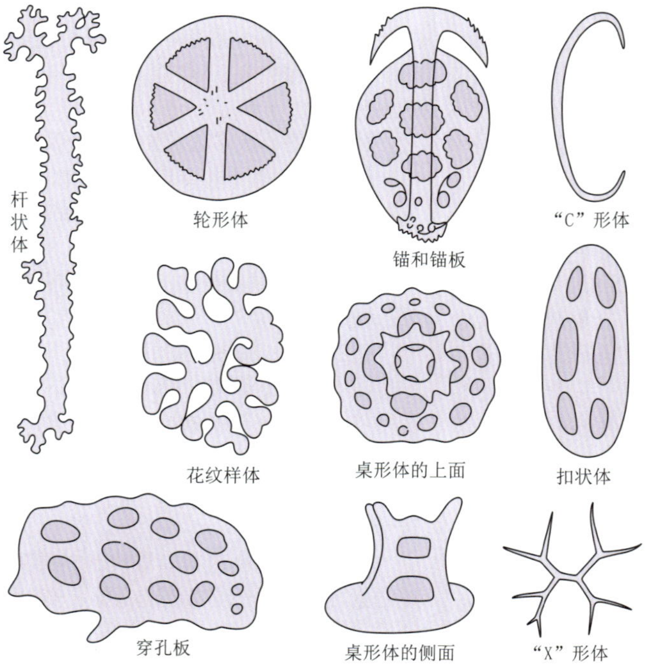


图3　海参的各种骨片

触手是海参的摄食器官，有楯状、枝状、羽状和指状4种（图2）。触手由第一对管足变化而来，它的形状和数目是分类上的重要依据。

多数海参有管足，也有的无管足，如无足目和芋参目。背面管足常形成不具吸盘的疣足或肉刺。疣足和管足界限有时并不十分清楚，疣足和肉刺末端的端板常缺或不发达，管足的端板则很发达。

骨片形态多样，随种类而异，是海参分类最重要的依据（图3）。骨片根据形状有桌形体、扣状体、杆状体、穿孔板、花纹样体、轮形体、锚形体、笼状体、“C”形体和“X”形体等。绝大多数海参都有骨片，但数量不一，1个丑海参约有2000万个骨片，而海地瓜有时完全没有骨片。骨片多的海参触感粗涩，骨片少的海参触感光滑。骨片是单晶的内骨骼，与其他纲的骨板没有本质的区别。有几种海参（如箱海参科）为全体披甲状骨板，板上有垂直的棘，这充分说明骨片是变小了的骨板。

石灰环是海参类所特有的器官，同海

胆的咀嚼器官——亚氏提灯可能同源，对于支持咽部、神经环和环水管等器官有重要作用，形态和大小常因种而异。简单的石灰环由5个辐片和5个间辐片构成。某些枝手目海参的石灰环很复杂，由多数小片镶嵌而成，各辐片向后端伸出叉状延长部。无足目的石灰环常多于10片。

消化道在体内回折两次，靠肠系膜连于体壁，开口于肛门，肠末端扩大为泄殖腔，泄殖腔旁常分出1对枝状器官，称为呼吸树或水肺。有的种类在呼吸树基部附近有由许多细盲管构成的居维叶氏器，具有黏性，是海参特有的防御器官。生殖腺1个，不呈辐射对称，位于肠系膜的一侧或两侧，有1条总管通向前方，开口于背中线触手间或稍后方。

分布　海参类分布于世界各海，种类最多的是印度—西太平洋区域。垂直分布于从潮间带到万米深的海沟中。全世界现存约1400种，中国已知有146种。

生态习性　栖息于各种底质中，包括硬的石底、珊瑚礁底或贝壳底，软的沙底、泥底或泥沙底。有的种类行底上生活，有的行底内生活。在海底匍匐、潜伏或附着在石头或贝壳上，少数种终生营浮游生活。多为沉积食性，食物是混在沉积物里的有机碎屑和微小生物，如硅藻、有孔虫、放射虫、桡足类、介形类和小型贝类等，同沉积物一并吞入口内。粪便排出量大。枝手目海参以浮游生物为食。海参类的再生力很强，受到刺激或在不良环境下，常强力收缩，压迫内脏从肛门排出，这种现象称为排脏现象。内脏排出后能再生。有少数种海参的身体被横切为几段后，各段也能够再生。还有少数种海参能用自切或分裂法增殖。

经济价值　体壁厚的大形种类可食用，世界重要经济海参约有58种，其中绝大多数属于楯手目的刺参科和海参科。中国食用海参约20种，其中10种有较高的商品价值。　（廖玉麟　肖　宁）

**海神信仰**　sea god belief　涉海民众对于掌管海洋事物神灵的崇敬信仰。海神是涉海民众想象出来的掌管海洋事物的神灵。它是涉海民众在涉海生活中创造、发展出来的，是涉海民众海洋观念的表现。自古以来中外渔民就有海神信仰，中国主要的海神形象有四海海神、观音菩萨、海龙王以及妈祖。西方主要的海神为波塞冬。

信仰起源　中国最早的海神是人面鸟身，始见于《山海经》。而最早的海神和方位名词有密切联系。见**四海海神**。

主要海神　观音菩萨。观音菩萨原本是印度佛教的神灵，但是传入中国后很快中国化，成为一个慈爱的女子形象。而在观音的众多形象中，南海观音的道场在南海普陀山，常在海上救死扶伤，有大慈悲，是沿海渔民崇拜的海神。

海龙王。中国民间自古就有对龙的崇拜，同时随着佛教的传播，龙开始被人格化，而本土宗教道教面对佛教的压力，开始大力丰富发展龙的形象和职能。创造出各种龙王，同时也出现了东海龙王敖广、西海龙王敖闰、南海龙王敖钦、北海龙王敖顺。海龙王掌管四海，并管理民间雨水，于是掌管四海的海龙王自然而然地就成为涉海民众中的海神。

妈祖。妈祖信仰是中国具有代表性的民间信仰之一，是以中国东南沿海为中心，播布于28个国家和地区的海神信仰。妈祖原名林默娘（960～987），出生于北宋时期的福建，因熟识水性，经常救助遇难船只，因此传说其能渡海救人，成为人们尊敬的“神女”。后林默娘在一次海上救人中不幸去世。人们感念其恩德，传其羽化升仙，成为在海上保护渔民安全的海神。后来从宋朝到清朝，历朝皇帝36次褒封她，从“夫人”到“天妃”“天后”“圣妃”。历代皇帝的尊崇和褒封，使妈祖由民间神提升为官方的航海保护神。

波塞冬（希腊语：Ποσειδῶν、英语：Poseidon）。波塞冬是古希腊神话中的海神，奥林匹斯十二主神之一。传说波塞冬愤怒时海中就会出现海怪，当他挥动三叉戟时，不但能轻易掀起滔天巨浪，引发风暴和海啸来使大陆沉没、天地崩裂，还能将万物打得粉碎，甚至引发大地震。当他的战车在大海上奔驰时，波浪会变得平静，并且周围有海豚跟随。因此爱琴海附近的希腊海员和渔民对波塞冬极为崇拜。

古代涉海渔民面对险恶的航海环境，缺乏良好的技术和船只，便将出海的平安主要寄希望于海神。因此海神的最大作用就是保护出海安全，能够使渔民出海有好的收获。同时海神也有为大地普降甘霖的作用，旱时，及时降雨。涝时，及时停雨。保证风调雨顺。　（赵成国）

**海蚀台**　wave-cut platform　基岩海岸**海蚀崖**前形成的微微向海倾斜、稍上凸的基岩平台。又称浪蚀台、磨蚀台。

形成发育　海蚀台是由于海岸受海蚀，海蚀崖不断后退而形成。其宽度随海蚀崖的后退而加大，与波浪作用强弱有关。一般在岬角处波浪作用较强，海蚀台宽度也较大。由特大暴风浪作用形成的平台，为现代海岸的组成部分，而正常风浪作用下形成的海蚀台，一般位于平均海平面附近，为潮浸带的组成部分。

英国威尔士格拉摩根纳什角海滩的海蚀台

美国地质学家D.W.约翰孙认为，陆地下沉时，受海浪作用首先形成浪蚀龛，浪蚀龛逐步加深的同时，近岸斜坡崩塌形成海蚀崖，海蚀崖逐步后退，波浪逐步向前推进，台地面积扩展而形成海蚀台。这种地形是在岩石对海蚀营力的强大抗蚀力与海蚀强度微妙平衡的条件下形成的。

地貌特征　海蚀台表面很不平坦，其上常覆有沙、砾等海积物，或残留有较硬岩石形成的**海蚀柱**或海蚀残丘等，还常存在海蚀沟、瓯穴以及海水溶蚀形成的洼地等微起伏形态。中国基岩海蚀崖前大都有海蚀台出现。

海蚀台连同海蚀柱、礁石、浪蚀沟、溶蚀洼地等地貌形态，构成奇丽的海岸风景。由于陆地上升或海面下降，海蚀台有的位于现代海岸线以上，称为水上阶地，有的完全淹没在海面以下水下阶地，可依此判断海岸上升或下降的幅度。

（牛建伟　李广雪）

**海蚀穴**　sea cave　海岸受波浪及其挟带的岩屑的冲蚀和掏蚀所形成的面向海方的凹穴。深度较大者称为海蚀洞，深度小于宽度的称为海蚀龛或浪蚀龛。

形成发育　海蚀穴形成的驱动力是波浪。波浪对海岸岩石的侵蚀是持续的，但是岩石的薄弱地带，侵蚀速度更快，形成裂缝。当波浪进入裂缝时，有限空间内将产生极其巨大的力量（既包括波浪及其挟带的碎屑产生的力量，也包括内部空气挤压产生的力量），使裂缝不断加深拓宽，逐渐形成海蚀穴。海蚀穴形成之后，更有利于波浪挟带岩石碎屑在里冲刷掏蚀，以致凹穴不断里凹，规模逐渐扩大，结果使得上部岩石因为失去支持而崩塌、倒落，形成外形陡峭的**海蚀崖**。然后，海浪会在海蚀崖底部挖出新的海蚀穴，再垮塌，形成新的海蚀崖，日积月累，使得海岸不断后退。

分布　因波浪对海岸的冲蚀作用主要集中在海面与陆地接触处，故海蚀穴沿海平面或在海蚀崖坡脚处呈断续分布。海蚀穴在较松软岩石构成的海岸发育不明显，在较硬的海岸则发育良好，在岩石节理及抗侵蚀较弱的地方，海蚀穴特别发育。

影响因素　影响海蚀穴发育的因素有几方面。首先是基岩薄弱带的性质，这是一个较难量化的因素。另一个相对容易观测的因素为洞穴入口附近的海洋环境。还有，主岩类型也是一个相关因素。美国西部海岸及夏威夷的很多海蚀穴发育于玄武岩中，这是一种硬度相对较强的主岩，可以发育非常深的海蚀穴。而在相对较弱的岩石中，岩石侵蚀速度相近，海蚀穴的规模有限。此外，海平面变化和区域抬升影响海蚀穴发育时间，进而决定着它的发育规模。

爱尔兰海岸附近的海蚀穴

海蚀穴的形成与海平面的关系密切。古海蚀穴可以作为海面升降变化的一种依据，表征海平面间断下降或发生突发性垂直构造运动，是海岸抬升的标志之一。

（牛建伟　李广雪）

**海蚀崖**　sea cliff　*基岩海岸*受海蚀及重力崩落作用形成的陡壁悬崖。在近岸*水下岸坡*有较大倾斜和风浪盛行的地带，击岸浪挟带岩石碎屑或沙砾石不断拍击、冲刷、掏蚀陡崖，在崖脚常形成浪蚀龛，经击岸浪不断冲刷、掏蚀，凹穴不断向内扩展，规模逐渐扩大，最后导致上部岩石崩塌，形成陡峭崖壁；继续冲刷、掏蚀、崩塌，海岸则进一步后退。海蚀崖在崖麓的碎屑物未被波浪冲刷改造时，崩塌作用可在一定时段里阻止海岸进一步遭受破坏，当崖麓碎屑物被波浪挟去，海岸侵蚀作用再度恢复。但随着*海蚀台*宽度的增加和水下堆积地形的发育，波浪作用受到极大抑制，这时海蚀崖后退的速度逐渐减缓，甚至停止后退。人们把已经不再受波浪冲刷的海蚀崖叫死海蚀崖。死海蚀崖可以告诉人们以前*海岸线*的位置，也可以作为海面

英国苏格兰萨瑟兰汉达岛的托里多尼亚海蚀崖

升降变化的一种依据。

海蚀崖侵蚀后退速度还会受到海蚀崖高度的影响。海蚀崖高度较大的地段给崖麓提供大量的碎屑物质，波浪对崖脚的掏蚀作用就受到碎屑堆积物的阻挡，只有当崖脚的堆积物被搬走时，才能进行掏蚀。但是，大量碎屑物质的搬移就必须消耗相当长的时间。根据这种情况，可以认为海蚀崖较高的地段，它的侵蚀速率小于海蚀崖较低地段的侵蚀速率。

（马妍妍　李广雪）

**海蚀夷平岸**　coast planation by marine erosion　蜿蜒曲折的山地海湾型*基岩海岸*在波浪长期作用下，凹凸不平的岬角部分被侵蚀夷平，最后趋于直线形分布，而在剖面形态上呈现侵蚀型平衡剖面的*海岸*。激浪对由基岩组成的海岸造成强烈的侵蚀破坏，激浪施加于海岸岩石的压力，有时达每平方米几千千克以上。海水挤进岩石的裂缝以后，压迫裂缝中的空气，促进岩石崩裂瓦解。强大的激浪还可以抛掷岩屑甚至巨大的石块撞击海岸，加速海岸基岩的破坏过程。此外，海水有溶解能力，如海岸由可溶性岩石组成，更易于受到溶蚀。在机械破坏与化学溶蚀的双重作用下，海岸的破坏就更为快速。其中坚硬的以及断裂不发育的岩石抵抗海蚀的能力较强，软弱的或断裂发育的岩石抵抗海蚀的能力较弱，前者常突出成为海岬，后者常凹入成海湾。伸入海中的岩石可侵蚀成桥状的海蚀拱桥、直立水面的海蚀柱。坚硬岩石组成的海岸因受海蚀而崩塌，可形成陡峭的*海蚀崖*。海蚀崖的下部因受激浪及其挟带的石块撞击可以形成*海蚀穴*。海蚀穴可以发展为平行海崖的凹槽，称为海蚀凹槽。当海蚀凹槽的上部岩石发生崩塌时，海蚀崖便后退。海蚀作用沿基岩裂隙带发展可形成海蚀沟谷。

随着海蚀崖后退，原海蚀凹槽的底变成*海蚀台*或浪蚀台。在激浪的持续作用下，海蚀台逐渐加宽。在地壳稳定或海平面无明显升降的条件下海蚀台发展到一定宽度后，波浪的能量全部消耗在沿宽阔平坦海底之上而不再引起侵蚀，海蚀崖的后退停止，这时的海岸横剖面称为海蚀平衡剖面。此时，海蚀崖的后退停止且呈直线形分布的海蚀台岸线即为形成的海蚀夷平岸。

（丁　咚　李广雪）

**海蚀柱**　sea stack　耸立在基岩海岸*海蚀崖*前的柱状岩石。

形成发育　海蚀柱一般是基岩海岸尤其是海岸岬角遭受海浪冲击掏蚀，完全与基岸分离，残留在水下*海蚀台*上的石柱。海蚀柱的形态直立而陡峭（见图）。当岬角两侧裂隙都受到海浪的强烈冲蚀，首先形成海穹（海蚀桥），然后海浪继续冲蚀，海穹的规模越来越大，最后导致海穹顶部

世界最高海蚀柱——澳大利亚柏尔金字塔岛

崩塌，形成一些奇特的、棱状的或塔状的海蚀柱。因此某些地方的同一海岬方向上，会出现两个以上的海蚀柱，一般高出海面数米或数十米。此外，岩石结构和构造的差异，使得较坚硬部分孤悬水面，也会形成海蚀柱。

分布特征　中国辽宁省大连及河北省山海关、北戴河，山东省烟台一带基岩海岸的海蚀平台上常有海蚀柱分布，或形如“蘑菇”，或状似“老人”，千奇百怪、形态各异，构成优美的海滨游览胜景，如大连“将军石”、山海关“美女坟”、青岛“石老人”等。

意义　作为海蚀残留地貌的一种，海蚀柱在一定程度可以反映当地气候变化和构造运动。海蚀柱与水下海蚀台地一起，往往成为*海岸带*的天然屏障。在一定时期内起到消浪护岸的作用。

（牛建伟　李广雪）

**海水标准缓冲溶液** standard buffers for seawater 与海水等离子强度，稍加水稀释或加入少量酸或碱时，pH不发生显著变化的溶液（通常指pH改变小于0.1）。常用的海水标准缓冲溶液是将2-氨基-2-羟甲基-1,3-丙二醇（三羟甲基氨基甲烷）及其盐酸盐配制在相应盐度的人工海水中而成的缓冲溶液，又称Tris缓冲液。可用于海水pH的测定，应用该缓冲溶液测定的是海水中总氢离子浓度的负对数，包括$HSO_4^-$的贡献。

配制　针对常规缓冲液测定海水pH时液接电位无法消除的问题，I.汉松于1973年建议使用人工海水配制标准缓冲溶液，即将缓冲剂配制在与样品海水等离子强度的人工海水中。附表是盐度为35的海水标准缓冲溶液的组成。

**海水标准缓冲溶液组成（$S$=35，1000g$H_2O$）**

| 试剂 | 摩尔数 | g/1000g $H_2O$ |
|---|---|---|
| NaCl | 0.387 62[a] | 22.6446 |
| KCl | 0.010 58 | 0.7884 |
| $Na_2SO_4$ | 0.029 27 | 4.1563 |
| $CaCl_2$ | 0.010 75[b] | — |
| $MgCl_2$ | 0.054 74[b] | — |
| HCl | 0.040 00[c] | — |
| 2-氨基-2-羟甲基-1,3-丙二醇 | 0.080 00 | 9.6837 |
| 溶液总质量 | 1044.09 | |

注：a NaCl的摩尔数为(0.427 62−0.04)，即盐度为35的人工海水中加入的NaCl为0.427 62 mol，配制Tris缓冲液时，用0.04mol HCl代替0.04mol NaCl（1000g $H_2O$）。

b $CaCl_2$和$MgCl_2$预先配制储备液（浓度约0.1mol/L），用$AgNO_3$溶液标定准确浓度后，根据摩尔数计算加入的体积。

c HCl先将盐酸稀释到约0.1mol/L，用$Na_2CO_3$标定准确浓度后，根据摩尔数计算加入的体积。

当人工海水的盐度$S$不是35时，则按下式计算人工海水的组成：

$$m_S = m_{35} \times \frac{25.5695S}{1000 - 1.0019S}$$

先按$m_{35}$=0.427 62计算出$m_S$，则实际加入 的NaCl为$(m_S-0.04)$摩，HCl 和2-氨基-2-羟甲基-1,3-丙二醇分别为0.04摩和0.08摩。

pH计算　海水标准缓冲溶液的pH与温度和盐度有关，其pH的计算公式为：

$$\mathrm{pH}=(11\,911.08-18.2499S-0.039\,336S^2)\frac{1}{T}-366.270\,59+0.539\,936\,07S+0.000\,163\,29S^2+(64.522\,43-0.084\,041S)\mathrm{In}T-0.111\,498\,58T$$

式中$S$为盐度；$T$为温度，单位K。

注意事项　①海水标准缓冲溶液可以减小电位法测定海水pH的液接误差，因此缓冲溶液的盐度和海水样品的盐度相差不能超过10%。②海水标准缓冲溶液温度系数大，对温度较为敏感，因此，使用时温度应控制在0.1℃范围之内。③使用海水标准缓冲溶液测定海水pH，一般先用Tris缓冲液和2-氨基吡啶溶液（人工海水配制）测定电极的响应值。要求该响应值和能斯特方程的理论响应值$(RT\ln10)/F$（$R$为摩尔气体常数，$F$为法拉第常数）相差小于3%，否则，需更换电极至符合要求。④海水标准缓冲溶液保存时应装满试剂瓶，且保持密闭状态，不能与外界$CO_2$进行交换，此条件下，可保存数周。

（韩秀荣）

**海水采样技术** seawater sampling technology 利用采样工具或器具对海水样品进行采集的技术。在传统的海水采样分析中，一般是采用温盐深采水器进行水样采集。可分为非气密采样和气密采样两种，与前者相比后者能够实现对海水中气体样品的采集。对采水器的研究始于20世纪初，到21世纪得到迅速发展。

非气密海水采样技术　1910年挪威探险家、海洋学家F.南森发明了南森采水器，它是一种用于采集预定深度水样和固定颠倒温度计的器具，也称为颠倒采水器或南森瓶。1962年美国迈阿密大学的S.J.尼斯金发明了一种用于海洋微生物研究的采水器，也即常见的尼斯金采水器，有卡盖式和球阀式两种形式。美国特拉华大学研制了一种名为“Sipper”的小容量采水器，它是一种注射管式采水器。美国伍兹霍尔海洋研究所研制了一种用于一氧化碳（CO）无污染采样的钛材采水器，它还可用于其他气体、有机物、痕量金属和悬浮物的采样。

气密海水采样技术　根据采样过程中是否能够保持海水的原位压力又可以分为气密海水不保压采样技术和气密海水保压采样技术两种。前者是指只保证采集海水中没有气体损失，但是不保持压力；而后者既能保证没有气体损失，又能保持原位压力。气密不保压采水器一般是通过压力补偿/平衡措施，使采水器内外压力基本一致，再通过一定的密封技术保证样品不泄漏。气密保压采水器除了要求采集到的液相样品和气相样品都完整保存，还要求海水样品的压力与采样时的压力值一致。浙江大学研制的气密海水采样器（CGT）已广泛应用于国际科学考察活动，包括美国的“阿尔文”号载人潜水器和“杰森Ⅱ”号遥控式无人潜水器、中国的“蛟龙”号载人潜水器和“深海勇士”号载人潜水器等。

（王杭州）

**海水-沉积物界面通量** seawater-sediment interface flux 海水-沉积物界面的质量转移速率。

扩散通量　表示溶质沿浓度梯度从沉积物间隙水向上覆水柱扩散的瞬时通量。海洋海水-沉积物界面间化学物质频繁地进行交换，交换过程分为五类：①固体颗粒（包括矿物、骨骼和有机颗粒物等）的沉积通量。②由于沉积柱的增长，溶解物质进入沉积物中的通量。③由于海水的压力梯度，溶解物质和间隙水向上流动的通量。④间隙水中分子扩散通量。⑤沉积物与海水在界面的混合交换通量。在上述交换通量中，①～③为对流通量，就一般情况而言，①～③及⑤的通量远小于④的扩散通量，所以海水-沉积物界面的交换过程以扩散为主。另外，由于化学反应（矿物的溶解与沉淀、离子的吸附与交换、有机质的矿化作用等）过程引起元素的释放与吸收，改变了间隙水中组分的组成，造成间隙水中的浓度梯度，所以化学反应的通量已经包括在扩散转移通量中。一般平流通量比扩散通量小得多，可以忽略不计。

采用菲克第一定律计算通量：

$$F=-\varphi_0 D_s \frac{\partial C}{\partial X}|X=0$$

式中$F$为通过海水-沉积物界面的扩散通量；$\varphi$为表层沉积物的孔隙度；$\frac{\partial C}{\partial Xx}|X=0$为海水-沉积物界面的浓度梯度，一般可近似用界面附近的浓度差$\Delta C/\Delta x$代替；$D_s$为考虑了沉积物颗粒排列不规则的弯曲效应在内的分子扩散系数。当$\varphi \leqslant 0.7$时，$D_s=\varphi D_0$；当$\varphi>0.7$时，$D_s={}^2D_0$；$D_0$为离子在溶液中的扩散系数。并规定，$F$为正值表示物质扩散方向是由沉积物向上覆海水中扩散，$F$为负值则相反。

研究意义　界面间物质转移通量大小和方向反映了沉积物元素早期成岩作用的信息和表层沉积物环境，对海水-沉积物界面通量的研究不仅有助于深化对海洋生物地球化学循环的认识，而且对于海洋资源的合理利用、海洋环境的保护以及应对气候变化等全球性议题都具有重要的科学价值和实际意义。

（林贤彪）

**海水-沉积物界面作用** seawater-sediment interface reaction 海水与海底沉积物之间液-固界面上发生的物理、化学和生物学过程。海水与沉积物界面是海洋生态系统中一个极其重要的部分。这个界面区域由于其独特的物理、化学和生物特性，成为海洋生物群落和地质过程发生与变化的关键地带。

作用 ①联系海底沉积物与上覆水物质转移的重要媒介。例如，营养物质会通过海水－沉积物界面转移。海水－沉积物界面是分开固体沉积物与间隙水和上覆海水的界面，在界面上，由于固体颗粒的沉积和海水向颗粒孔隙侵入，沉积物增加，这种平流过程与界面上下浓度梯度引起的扩散转移过程，是营养物质通过海水－沉积物面质量转移的主要过程。②沉积物－间隙水－海水体系中的早期成岩作用。通过研究间隙水中的化学成分变化，可以揭示早期成岩作用的速率、过程和环境影响，为理解古海洋环境和地质历史提供重要信息。③参与海洋沉积资源的形成。对海底铁锰结核、重金属软泥沉积等研究表明，界面环境的变化会影响重金属的迁移和沉积。重金属软泥沉积物中的重金属离子，如铅、锌、铜等，也是通过复杂的化学过程在界面附近迁移和沉积的。④海水－沉积物界面过程影响生态系统的碳循环。研究表明，间隙水交换可能是河口碳动力学的重要驱动因素，影响河口$CO_2$排放并有助于溶解无机碳和溶解有机碳向沿海水域的输出。

研究意义 通过对海水－沉积物界面的研究，可以了解沉积物的成因，估计物质在海底液－固界面上的收支状况，加深对海洋化学平衡的认识，查明海洋金属沉积资源的成因。此外，海水－沉积物界面在碳循环中扮演着重要角色，界面作用影响了溶解有机碳和无机碳的转化，进而影响到大气中的二氧化碳浓度和全球气候变化。（林贤彪）

**海水淡化** seawater desalination 除去海水中的盐分以获得淡水的工艺过程。海水淡化技术是实现水资源利用的开源增量技术。又称海水脱盐。海水淡化可以增加淡水总量，且不受时空和气候影响，可以保障沿海居民饮用水、农业用水和工业锅炉补水等稳定供水，有时食用盐也会作为副产品被生产出来。

世界上有10多个国家的100多个科研机构在进行海水淡化的研究，有数百种不同结构和不同容量的海水淡化设备在运行。一座现代化的大型海水淡化厂，每天可以生产几千、几万甚至近百万吨淡水。水的成本在不断地降低，有些国家已经降低到和自来水的价格差不多。某些地区的淡化水量达到了国家和城市的供水规模。

发展概述 海水淡化技术的大规模应用始于干旱的中东地区，但并不局限于该地区。由于世界上70%以上的人口都居住在离海洋120千米以内的区域，因而海水淡化技术迅速在中东以外的许多国家和地区得到应用。

早在400多年前，英国王室就曾悬赏征求经济合算的海水淡化方法。但直到16世纪，人们才开始努力从海水中提取淡水。当时欧洲探险家在漫长的航海旅行中，就用船上的火炉煮沸海水以制造淡水。加热海水产生水蒸气，冷却凝结就可得到纯水，这是日常生活的经验，也是海水淡化技术的开始。

现代意义上的海水淡化则是在第二次世界大战以后才发展起来的。战后由于国际资本大力开发中东地区石油，使这一地区经济迅速发展，人口快速增加，这个原本干旱的地区对淡水资源的需求与日俱增。而中东地区独特的地理位置和气候条件，加之其丰富的能源资源，又使得海水淡化成为该地区解决淡水资源短缺问题的现实选择，并对海水淡化装置提出了大型化的要求。1953年，美国的C.E.里德建议美国内务部将反渗透研究列入国家计划。1958年，石松等首先在中国开展离子交换膜电渗析海水淡化研究。20世纪50年代以后，海水淡化技术随着水资源危机的加剧得到了加速发展，在已经开发的20多种淡化技术中，蒸馏法、电渗析法、反渗透法都达到了工业规模化生产的水平，并在世界各地广泛应用。60年代初，多级闪蒸海水淡化技术应运而生，现代海水淡化产业也由此步入了快速发展的时代。

1967年，中国组织全国在水处理和分析化学、材料化学、流体力学等各个学科的专家学者，会战海水淡化。1970年，会战主力汇集浙江杭州，组织了全国第一个海水淡化研究室。在此期间，他们一直用电渗析技术进行海水淡化，成功研制海洋监测专用微孔滤膜，建成了世界最大的电渗析海水淡化站——西沙永兴岛海水淡化站。一度在海水淡化方面世界领先。1982年，中国海水淡化与水再利用学会在杭州成立。此时，美国的全芳香聚酰胺复合膜及其卷式元件已经问世。1984年，以海水淡化研究室为主体组建国家海洋局杭州水处理技术研究开发中心，中国开始重视膜技术。然而，美国海水淡化用复合膜及其卷式元件已经大面积商业化并已投入民用。1992年，以杭州水处理技术研究开发中心为依托，组建国家液体分离膜工程技术研究中心，开始研制国产反渗透膜，并于20世纪90年代末期掌握了反渗透膜的生产技术。

截至2003年，世界上海水和苦咸水淡化厂的生产能力达到日产淡水3600万吨。海水淡化已遍及全世界125个国家和地区，淡化水大约养活世界5%的人口。海水淡化事实上已经成为世界许多国家解决缺水问题普遍采用的一种战略选择，其有效性和可靠性已经得到越来越广泛的认同。

常用技术 全球海水淡化技术超过20余种，包括反渗透技术、反渗透膜、低温多效蒸馏技术、多级闪蒸技术、电渗析技术、压汽蒸馏、露点蒸发法、水电联产、热膜联产以及利用核能、太阳能、风能、潮汐能海水淡化技术等，还有微滤、超滤、纳滤等多项预处理和后处理工艺。从大的分类来看，主要分为蒸馏法（热法）和膜法两大类，其中反渗透膜法、低温多效蒸馏技术和多级闪蒸技术是全球主流技术。一般认为，低温多效蒸馏法和反渗透膜法是未来方向。预计“十四五”期间（2021～2025），中国海水淡化将达到250万～300万吨/日，投资规模将达到500亿元左右。

反渗透技术 反渗透是渗透的逆过程。正常的渗透是稀溶液中的溶剂通过半透膜进入浓溶液的自发过程，而反渗透则是浓溶液中的溶剂受压而通过半透膜的反自发过程（图1）。海水的渗透压约为25大气压，要使海水反渗透，施于海水的压力必须高于此渗透压。实际上为提高单位膜面积的水通量，通常采用的操作压力为海水渗透压的2～4倍。反渗透脱盐过程的机制非常复杂，已有的各种不同的解释，都无法阐明此过程的所有现象。

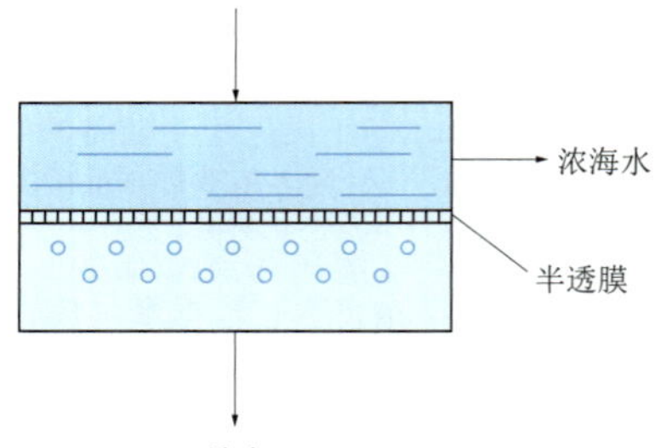

图1 反渗透技术原理

反渗透膜 反渗透淡化器的核心部件。它要求透水率和脱盐率高，抗压实性能好等。研究得比较成熟且应用最多的反渗透膜材料，主要有醋酸纤维素和芳香聚酰胺。为使膜材料适应反渗透的脱盐要求，已制成了超薄复合膜。它是在一层机械性能较强的多孔基底上，敷上一层可抑制甚至于阻止进料流中的溶质透过、只容许水分子透过的薄膜。这样的反渗透组件和预处理系统，不但可用来从地面水源（苦咸水或海水）制取饮用水，还可除去水中的化学污染物和放射性污染物。

反渗透装置　有各种不同型式：①平板式。膜以微孔板支撑；单位体积的产水量低，已不再发展。②管式。把制好的管膜紧贴在多孔管的内壁，适于处理食品工业中黏度较高的溶液。③卷式。把平板膜和支撑体（网）一起卷在多孔管上，放入高压容器内，黏合密封，使透过膜的产品水汇集到中心多孔管而不使海水混入。④中空纤维式。所用的纤维细如发丝，中间成孔，具有很高的耐压强度，无须另加支持体。把数百万或数千万根纤维装入耐压的圆柱状容器内，使一端的纤维周围密封。透过纤维壁进入内孔的产品水能从周围密封的纤维开口端流出。卷式和中空纤维式装置的单位体积膜面积大，产水量高，是最有发展前途的两种反渗透装置。

低温多效蒸馏技术　低温多效海水淡化技术是指盐水的最高蒸发温度低于70℃的蒸馏淡化技术，特征是将一系列的水平管喷淋降膜蒸发器串联起来，用一定量的蒸汽输入首效，后面一效的蒸发温度均低于前面一效，然后通过多次的蒸发和冷凝，从而得到多倍于蒸汽量的蒸馏水的淡化过程。

多效蒸发是让加热后的海水在多个串联的蒸发器中蒸发，前一个蒸发器蒸发出来的蒸汽作为下一蒸发器的热源，并冷凝成为淡水。其中低温多效蒸馏是蒸馏法中节能的方法之一。低温多效蒸馏技术由于节能的因素，发展迅速，装置的规模日益扩大，成本日益降低。主要发展趋势为提高首效温度，提高装置单机造水能力；采用廉价材料降低工程造价，提高操作温度，提高传热效率等。设备包括供汽系统、布水系统、蒸发器、淡水箱及浓水箱，供汽系统的生蒸汽入口置于中间效蒸发器上。工作方法为：①布水系统对海水进行喷淋。②输入生蒸汽到中间效蒸发器的蒸发管内部。③蒸汽在蒸发管内冷凝传出热量，蒸发管外吸收热量产生蒸发。④新蒸汽输送至其两侧的蒸发管内，管外吸收热量、产生蒸发。⑤各效蒸发器重复蒸发和冷凝过程。⑥蒸馏水进入淡水箱。⑦浓盐水进入浓水箱。

多级闪蒸技术　闪蒸指一定温度的海水在压力突然降低的条件下，部分海水急骤蒸发的现象。多级闪蒸海水淡化是将经过加热的海水，依次在多个压力逐渐降低的闪蒸室中进行蒸发，将蒸汽冷凝而得到淡水。闪蒸室的个数称为级数，最常见的装置有20～30级，有些装置可达40级以上（图2）。全球海水淡化装置仍以多级闪蒸技术产量最大，技术最成熟，运行安全性高、弹性大，主要与火电站联合建设，适合于大型和超大型淡化装置，主要在海湾国家采用。多级闪蒸技术成熟、运行可靠，主要发展趋势为提高装置单机造水能力，降低单位电力消耗，提高传热效率等。

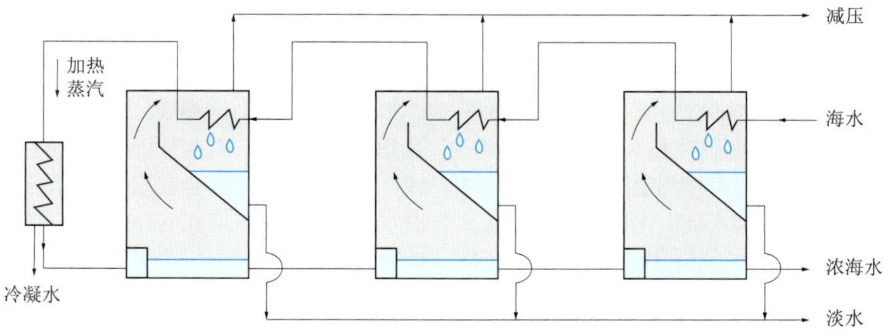

图2　多级闪蒸技术流程

电渗析技术　该法的技术关键是新型离子交换膜的研制。离子交换膜是0.5～1.0毫米厚度的功能性膜片，按其选择透过性区分为阳离子交换膜（阳膜）与阴离子交换膜（阴膜）。电渗析法是将具有选择透过性的阳膜与阴膜交替排列，中间衬以隔板（其中有水流通道），组成多个相互独立的隔室，在两端加上电极（图3）。在直流电场的作用下海水在隔室被淡化，而在相邻隔室海水被浓缩，淡水与浓海水得以分离。电渗析法不仅可以淡化海水，也可以作为水质处理的手段，为污水再利用做出贡献。此外，这种方法也越来越多地应用于化工、医药、食品等行业的浓缩、分离与提纯。

（石　松　徐　佳）

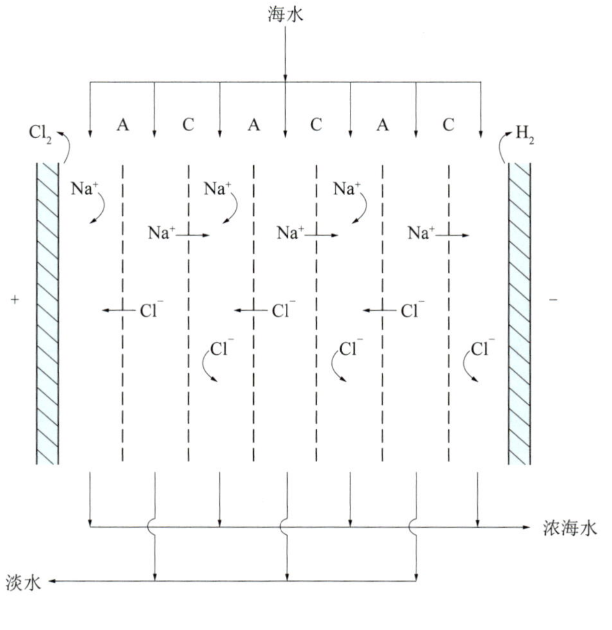

A　阴离子交换膜　　　C　阳离子交换膜

图3　电渗析技术原理

**海水分析化学**　analytical chemistry of sea water　研究海水中各种组分分析方法的学科。海水分析化学不仅是**海洋化学**的一个重要分支，而且对于研究和发展其他海洋学科也起着重要作用。其分析对象主要是海水，但在实际应用中也涉及海洋生物、海底沉积物、大气（干湿沉降）等的分析测定。其内容包括样品采集及预处理、分析测定方法。

发展概述　海水分析化学的早期工作，是从建立海水中主要成分的分析方法及其含量的测定开始的。17世纪，英国科学家R.玻意耳在研究海水中盐度与密度关系的基础上发表《海水盐度的观测与实验》（*Observations and Experiments on the Saltiness of the Sea*），开启了海水分析化学的研究。1819年，A.M.马塞特通过测定不同海区的样品，提出马塞特规律：世界海水含有相同成分，各成分之间比例基本恒定。1865年，J.G.福希哈默尔利用恒定性定律，选用氯作为直接测定量，由它计算总含盐量，首次使用“盐度”一词，并给出由含氯量乘以1.812来计算盐度的关系式。1884年，W.迪特马尔测定了采集自世界各大洋的77个海水水样的主要成分，进一步证实了海水组成恒定性（各主要成分含量之间具有恒定比关系）这一重要规律。1902年，M.H.C.克努曾提出了氯度和盐度的概念，建立了海水氯度的分析方法，并提出了通过氯度计算海水盐度的计算公式。20世纪开始，由于对海洋生物生产力研究的需要，开展了海水中微量营养成分的分析，特别是在20世纪前半叶最为活跃。在此期间，海水中有机组分的分析方法也逐渐有些报道。对海水微量元素的分析，虽然从50年代前就已经开始，但直到60年代后期和70年代初，由于应用了分析化学中的新方法和新技术，特别是物理化学技术的发展和富集分离技术的提高，才得到迅速的发展。70年代海洋环境科学的崛起，促进了海洋中痕量污染物，如有毒金属、农药和烃类等的分析方法的发展。70年代以后，能够分析和必须分析的海水中元素，几乎涉及了自然界存在的所有元素。随着现代分析技术的发展，抗生素、持久性有机污染物、微塑料等新型污染物测定技术有了较大的发展，并成为海水分析化学研究的热点。

中国的海水分析化学研究起始于20世纪50年代初。1954年开始以苏联标准海水为标准进行标准海水的试制工作，1958年7月开始大量生产。1965年，陈国珍编著出版《海水分析化学》，总结了海水分析化学领域的相关工作，主要对海水中常量元素的分析方法进行了总结。70年代以后，痕量元素的分析有了发展，同时也开始了对海水其他要素如氮磷的形态、海水有机物的研究。80年代以后，开始引入碳氮元素分析仪及氮磷等营养盐自动分析仪，1982年陆贤昆等翻译出版《海水分析化学》，1986年韩舞鹰等编著出版《海水化学要素调查手册》，1990年陈国珍编写出版《海水痕量元素分析》。90年代以来，随着分析仪器及分析方法的引入和改进，中国海水分析化学有了更快的发展，各要素的分析方法日渐成熟和完善，《海洋调查规范》(GB/T 12763—2007)、《海洋监测规范》(GB 17378—2007)、《海洋监测技术规程》(HY/T 147—2013)、《近岸海域环境监测技术规范》(HJ 442.3—2020)等标准也相继发布。海水分析化学为中国海洋科学研究的深入开展提供了重要的基础。

**样品采集及预处理** 海水是一个复杂的多组分、多相体系，包括多种有机和无机的、溶解态和悬浮态的物质，各组分的含量相差悬殊，除了11种主要成分外，其中大多数成分的含量都在痕量或超痕量的水平。海水平均盐度约为35，离子强度约为0.7，盐误差的存在，使很多成熟的淡水分析方法不能直接用于海水的测定。由于颗粒物吸附及生物活动会导致待测组分浓度发生变化，样品需要提前进行分离或者富集。且受船上工作条件限制，有些样品不能采样后立即分析，需要选择合适的固定处理方式进行贮存。因此，样品的采集和预处理过程，是海水分析化学保证数据质量的重要环节。

测试方式 主要测试方式有现场测试、船上实验室测试及陆地实验室测试。①现场测试。是将传感器等测定装置直接置于现场海水中，感应测定相应的参数。该方式可以及时反映海洋环境状况，但由于技术层面的问题，只有少数要素可直接进行现场测定。②船上实验室测试。是样品采集后直接在船上实验室完成分析测定。该方式是海水分析化学最主要的测试方式，可以避免海水样品保存不当引起的误差。③陆地实验室测试。由于船上条件及分析方法限制，有些分析不能在船上完成，需要带回陆地实验室完成测试，这是海水分析化学测试方式的补充，但对样品的贮存条件和贮存方法要求较高，需防止待测组分发生变化。

样品采集 海水样品采集的方式有3种：①用采水器采样。②用泵抽取水样。③利用吸附、离子交换或共沉淀等方法使待测的元素或化合物在现场富集采样。其中以采水器法较为通用。

使用采水器采样，要根据待测成分的性质和浓度，选择最适宜的采水器。对采水器的一般要求是：采水器冲刷性能良好，采水器内外的水交换迅速而充分，关闭系统密封可靠，材料有抗腐蚀性，不玷污水样，也不吸附待测成分，采水器不宜太重等。分析微量/痕量金属时，不能用金属采水器采样，防止采水器表面、钢丝缆绳等的玷污。不可避免的金属部件，必须涂有塑料层。在进行深层采水时，要避免钢丝缆绳的铁锈和油脂等带来的玷污。

泵采水一般不受采水体积限制，可实现大体积水样的采集，但采水深度有限。为减少泵对水样的玷污，多采用塑料潜水泵。这类采样方式可和多种参数（温度、盐度、深度、溶解氧、酸碱度等）的传感器相结合，可连续走航剖面采样，也可组成海上走航的连续自动调查系统。

对于浓度低的水样，如放射性核素和痕量金属的采样，需要现场进行富集和分离。常用的富集方式有离子交换、共沉淀或吸附在特殊材料上。这类取样一般需要的样品量较多，多采用泵采水，然后通过吸附剂（螯合树脂或表面键合有螯合物的多孔玻璃微粒等吸附剂）进行富集，也可通过电沉积的方法进行富集。

样品固液分离 海水中的悬浮颗粒物质的粒度和组成会影响待测组分的浓度和性质，而生物的生长及细菌的分解也会改变水样中待测组分的浓度，因此样品采样后，需进行固液分离。习惯上将0.45微米作为海水颗粒态和溶解态的划分标准，此孔径可截留全部的浮游植物和大部分细菌，因此被国际所公认。固液分离的方式有减压抽滤、压滤、离心分离和切向超滤。无论抽滤或压滤，均应注意使用适当的真空度和压力，防止浮游植物细胞破裂，导致溶解有机物和金属的含量增加。当样品量较少时，可用离心分离法，此方法可避免样品的多次转移，分离效率和所分离物质的状态决定于离心速度、离心分离时间和悬浮物颗粒大小。切向超滤技术主要用于胶体的分离，该方法不产生渗透压，可在较低压力条件下进行，不破坏胶体结构。

用于过滤的滤膜种类很多，海洋上常用的滤膜有纤维素酯滤膜（微孔滤膜）、玻璃纤维滤膜、聚碳酸酯滤膜（核孔滤膜）、聚四氟乙烯滤膜（特氟龙滤膜）等。一般是根据待测组分的性质选择合适的滤膜。微孔滤膜先用稀盐酸洗涤，再用蒸馏水冲洗至中性，浸泡在水中备用，可用于金属样品、营养盐样品、悬浮颗粒物样品的过滤；玻璃纤维滤膜450℃灼烧后，可用于海洋有机物的过滤、碳参数的过滤，也可用于汞的过滤。

样品贮存 样品采集后，假如不能马上分析，在样品贮存过程中，可能会引起待测组分的变化。如样品仍具有生物活性，悬浮颗粒物发生吸附/解吸过程，温度和压力的改变打破了原有的物理化学平衡，环境和容器的玷污，挥发性组分的变化等。因此，必须采取一些适宜的措施，正确贮存样品。

常用于贮存海水样品的容器，大致分为两类：①硬质玻璃容器，可用于贮存测定有机成分、磷酸盐、硝酸盐、汞等的水样。②高密度聚乙烯或聚丙烯容器，用于贮存测定主要成分、营养盐（分析磷酸盐和硝酸盐水样时不用聚乙烯容器）和微量金属的水样。

贮存盐度和常量元素的水样时，容器以不漏气和防蒸发为主，贮存不会明显改变成分，只需选用密封良好和渗透性低的容器，如硬质玻璃或高密度聚乙烯容器即可；贮存营养盐的水样，由于生物和酶的作用，采样之后浓度变化很快，所以采样后应马上过滤，并且快速冷冻，使微生物停止活动。微量金属的水样，因待测成分的含量低，其浓度和形态在贮存期间的变化更为显著，采样后应立即过滤，加硝酸酸化后，常温或者低温（4℃）条件下保存。气体样品一般保存在玻璃容器中，防泄漏和吸附，且气体样品不宜长时间保存。

**分析测定方法** 主要成分分析 海水

中的主要成分通常遵守海水组成的恒比关系。由于这些元素主要形成盐类而溶存于海水之中，故必须了解海水的含盐量，它可用**海水盐度**来表示。盐度有实用盐度和绝对盐度之分，均是基于电导法的原理测定的，其中绝对盐度的测定是建立参考盐度和实用盐度的关系式，并通过盐度修正值进行计算。

钠、钙、镁、硫等其他常量元素的测定方法有重量法、容量法及为提高精密度和准确度所采用的电位滴定法和光度滴定等。为提高海水中的钙、镁、硫酸根等的测定方法的准确度，可采用离子交换树脂除去干扰离子，然后测定。应用示差色谱法可分辨钙、镁、钠、钾的氯度比值之间的微小差别。用同位素稀释法可研究锶的氯度比值。

此外，在对准确度要求不高的情况下，可用火焰分光光度法、原子吸收分光光度法和离子选择性电极测定钠、钾、钙、镁、锶等，还可用离子选择性电极法测定氟。海水的pH可用电位法和分光光度法进行测定，碱度的测定可用电位滴定法。

营养盐分析　海水中的营养盐包括亚硝酸盐、硝酸盐、氨氮、磷酸盐和硅酸盐，普遍采用光度法进行分析。

亚硝酸盐的测定方法是使亚硝酸盐与磺胺反应形成重氮化合物，再与α-萘乙二胺偶联形成偶氮染料，然后进行光度测定。硝酸盐的测定方法是用镉-铜还原剂或者锌-镉还原剂将硝酸盐还原到亚硝酸盐进行测定，其中镉-铜还原法的还原率高，仪器简单，操作较简便，而且没有盐效应存在。测定氨-氮的方法有次溴酸钠氧化法和靛酚蓝法，前者是用次溴酸钠氧化剂将氨氧化成亚硝酸盐，通过测定亚硝酸盐来测定氨。后者是在弱碱性介质中，氨被次氯酸钠（NaClO）氧化成氯胺（$NH_2Cl$），在催化剂硝普钠和过量NaClO存在下与苯酚反应形成靛酚蓝，最大吸收波长640纳米。

海水中的磷酸盐测定用锑盐抗坏血酸钼蓝法，即海水中的磷酸盐在酸性条件下和钼酸铵形成磷钼黄杂多酸，在锑盐存在下，被抗坏血酸还原，形成蓝色的络合物。该方法自1962年提出后，由于具有结果稳定、还原时间短，而且不需要校正盐误差等优点而被广泛采用。

海水中硅酸盐的测定通常采用硅钼黄和硅钼蓝两种方法。其中硅钼黄的检出限较高，所以一般推荐使用硅钼蓝法，即海水中硅酸盐与酸性钼酸铵反应形成硅钼黄杂多酸，在适宜条件下可被米吐尔和亚硫酸盐的酸性混合试剂还原为硅钼蓝。

微量元素分析　一般海水中微量元素的含量大都在$10^{-12}$～$10^{-10}$克/毫升，甚至更低。灵敏度足够高的海水微量元素的直接测定法不多，加上海水中有大量基体盐类存在，不易得到可靠的结果，常先用分离富集方法消除干扰，并提高待测微量成分的浓度，然后进行测定。富集分离法常用的方法有溶剂萃取法、离子交换法、共沉淀法和冻干法等。

海水中微量元素常用的分析方法有：①分光光度法。常用于测定海水中微量营养盐，海水中的氰化物、硫化物、挥发性的酚类、油类等污染物，也曾用于海水中微量铀、铝、钨等重金属的测定。方法简便，精密度较好，仪器简单。缺点是灵敏度不够高，一般只在$10^{-6}$克/毫升左右。②原子吸收光谱法。海水样品经螯合树脂交换或溶剂萃取，除去基体盐类和富集待测元素之后，可用此法测定镉、钴、铜、铁、锰、镍、铅、锌等元素的含量。用无焰原子吸收法直接测定这些元素，也取得了一定的进展。冷原子吸收法可用于测定海水中汞的含量。此类方法的灵敏度高，选择性好，仪器设备较简单，尤其是无焰原子吸收分光光度法，灵敏度更高，一般达$10^{-9}$克/毫升，应用更加广泛。③等离子体发射光谱法。以电感耦合高频等离子体焰炬为光源，试样通过该焰炬时，可被加热至10 000K的高温，实现较完全的原子化和有效地激发。此法具有十亿分之一级或更高一些的灵敏度，且可用于多元素同时测定，方法简便快速，是海水微量元素分析的一种好方法，可用于砷、锑、铁、镉、镍、锰、铜、锌、铅、稀土金属等多种元素的分析。④溶出伏安法。预先在恒定的电位下将被测物电解富集在电极上，然后在变动电位的条件下使富集的物质反向溶出，并通过伏安曲线进行测试。此法设备简单，灵敏度高，是能用于对海水中微量元素进行直接测定的少数几种方法之一。在适当的条件下，可同时测定多种元素，也可进行形态的分析。此法可测定海水中的铜、锌、镉、铅、铊、铟、铋、锑、银、砷等多种元素的含量，还可测定海水中的碘、溴、硫和NO等离子的含量。⑤放射化学分析法。通过对海水中存在的放射性同位素或其子体的特征放射性强度的测量，来测定它们的含量。这种方法的灵敏度很高，仪器设备不太复杂。试样经过共沉淀和溶剂萃取分离富集后，可用此法测定海水中的总β射线和钴-60、锶-90、钌-106、铯-137、镭-226等核素的含量。⑥中子活化法。让入射中子在选定的条件下和待测元素的稳定同位素发生反应，生成放射性元素，用锗（锂）等探测器和多道分析器测定后者的特征放射性强度，可测定待测元素的含量。用此法之前，试样必须经过共沉淀法、冻干法或萃取法进行富集分离。此法的灵敏度很高，个别元素可达$10^{-12}$毫克/毫升，并可同时测定多种元素。⑦质谱同位素稀释法。向海水样品中加入一定量的同位素组分已知的待测元素化合物，即加入一定量的同位素标记原子或标记化合物，在样品达到平衡后，富集并分离出待测元素，再用质谱法测定其同位素组分。样品中待测元素的浓度可由同位素比值的变化而计算得出。此法的方便之处是不需要富集分离出纯净的待测元素，也不要求定量回收。曾用此法测定过海水中的锂、铷、锶、钡、铅、铜、铀、钍等元素的含量。

有机物分析　海水中的有机物含有氨基酸、碳水化合物等来自生物的天然存在的物质和石油烃、氯代烃类、杀虫剂等人为的环境污染物。它们的浓度一般都很低。因此在大量无机盐存在下分析有机物时，必须预先用蒸发、溶剂萃取、电泳脱盐和离子交换树脂分离等方法加以浓缩。常用的分析方法有分光光度法、色谱法、荧光分析和红外吸收光谱法等。在研究海洋有机物在元素地球化学平衡中的作用和它们对无机盐类和氧的循环所起的作用时，常讨论总有机碳、总有机氮和总有机磷的含量。

总有机碳分析有湿氧化法、光化学氧化法和高温燃烧法。湿氧化法是在水样中加入氧化剂进行氧化，使有机碳生成二氧化碳。光化学氧化法是用汞弧灯管照射水样，使有机碳进行光化学氧化而生成二氧化碳。高温燃烧法是将少量水样直接注入燃烧管，在催化剂存在下通入氧气进行高温燃烧，使有机碳转化成二氧化碳，然后用电导法、气相色谱法或非色散红外法测定。这3个方法中，湿氧化法比较简便易行，高温燃烧法应用最广，尤其是伴随着总有机碳分析仪的使用和推广。

总有机氮分析可用总有机氮分析仪进行测定。也可在碱性条件下，使用过硫酸钾氧化剂将其氧化成硝酸盐，然后用镉-铜法还原成亚硝酸盐，按常规方法测定。

总有机磷分析在加压下将有机磷分解，生成无机磷酸盐，然后用磷钼蓝光度法测定。也可用光化学氧化法和过硫酸盐氧化法进行分解，然后测定。后面这两种方法，因适合连续自动化测定，已被推荐为标准方法。碱性过硫酸盐氧化法一般可同时测定有机氮和有机磷。

碳水化合物分析 可测定其总量，也可测定个别单糖的含量。总量的测定是用浓硫酸将碳水化合物脱水，再使其与某些芳香族化合物形成有色化合物，进行比色法测定。常用的试剂有苯酚、蒽酮、N-乙基咔唑、5-甲基-1,3-苯二酚、1-色氨酸等。个别单糖的测定可以在分离富集后用色谱分析、分光光度法分析、酶分析或荧光分析法检测。

氨基酸分析 常用配位交换法富集海水中的氨基酸，即用亚氨基二乙酸系阳离子交换树脂与某些重金属离子（如铜离子），结合而成的金属–树脂交换剂选择吸附氨基酸，然后用自动氨基酸分析仪进行测定。还可将分离富集后的氨基酸制成甲基或乙基衍生物，再进行气液色谱分析。此外，荧光分析法和高效液相色谱法已得到较广泛应用，如用邻–苯二醛和氨基酸生成荧光产物后进行检测。

脂肪酸、羟基酸和脂类化合物分析 通常在酸化条件下进行萃取浓缩，再制成衍生物或荧光化合物，然后用气相色谱法或高效液相色谱法。还可用间接的方法测定总脂肪酸的浓度。如用氯仿萃取浓缩后，使其形成铜络合物，再用原子吸收光谱测定络合物中的铜。

光合色素分析 主要是进行叶绿素的分析。样品过滤后的滤膜用90%丙酮萃取后，用分光光度计依次在664纳米、647纳米、630纳米波长下测定吸光度，应用SCOR/UNESCO方程式或其他3色分光光度方程式计算，可分别得出叶绿素a、b、c的浓度，也可用丙酮溶液提取浮游植物色素进行荧光测定，根据提取液酸化前后的荧光值，分别计算叶绿素a及脱镁色素的含量。

维生素分析 通常分析维生素$B_{12}$、维生素$B_1$和生物素。用生物鉴定法检测其浓度。

烃类化合物分析 有天然存在的和因石油污染而进入海洋的。其测定方法首先用有机溶剂萃取，分离之后，再根据测定总量或测定个别组分而选择分析的方法。对一般污染监测，可测定其总量。萃取后或用色谱分离法除去其他有机化合物后，用紫外吸收光谱法测定，也可用红外吸收光谱分析法对烃类进行定性分析或定量分析。个别组分的挥发性烃，可先用有机溶剂萃取浓缩，通入惰性气体，用吸附剂或冷阱收集，解吸后进行气相色谱分析。高效液相色谱法有连续定量检测的优点，应用较广。还可用气相色谱–质谱联用分析法，它有较高的灵敏度。

氯化烃类化合物分析 人类活动造成的海洋污染物，如DDT、DDD、狄氏剂、多氯联苯类等各种氯代烃类化合物，在海水中的浓度一般较低。常用液–液萃取法和吸附剂分离法，先分离、富集，然后用气相色谱法进行分析。

酚类化合物分析 在沿岸海域的海水中，酚类化合物的浓度较大，它主要是工业污染物，少量是由潮间带的固着藻类分泌出来的，可用比色法分析。例如，从酸性溶液中用水蒸气蒸馏法分离出酚类化合物之后，加入4-氨基安替比林，生成有色衍生物，用光度法测定。也可用荧光法和极谱法测定酚类化合物。个别酚类化合物可用大孔阴离子交换树脂进行分离，然后用气相色谱法或气相色谱–质谱联用法测定。用液相色谱法可分析某些具有天然荧光的酚类。沿岸水中的腐殖质、木质素等多酚类物质，可用荧光分光光度法检测。

有机汞、砷化合物分析 对人类有直接毒害的化合物，如有机汞化合物，一般先将其破坏分解或氧化为无机汞然后测定。还可用萃取法将有机汞预先分离，或将其转化为碘化物或氯化物后再分离，最后用气相色谱法测定。分子量较低的有机砷化合物因易于挥发，可用气相色谱法或原子吸收法。为鉴别各种形式的砷，可用硼氢化钠将其还原成相应的胂类化合物，以冷阱收集后缓慢升温，然后用色谱法或原子吸收法测定。

表面活性物质分析 在海水中有自然存在的和人类活动引入的表面活性物质，它们集中于海–气界面，必须用特殊的采样器采样。人为的阴离子表面活性剂，可用亚甲蓝分光光度法测定，也可在水样中加入过量的阳离子表面活性剂，酸化后用四苯硼化钠标准溶液滴定。此外，还可应用金属化合物如双–乙二胺铜（Ⅱ）与阴离子表面活性剂生成络合物后，用有机溶剂萃取，再用原子吸收法测定金属的含量。对人为的阳离子表面活性剂，可在试样中加入过量的阴离子表面活性剂后，用与上面相似的方法测出其含量。若需鉴定各组分，可用液相色谱法分离后加以测定。海水中自然存在的表面活性物质，可用极谱法或分光光度法测定。

**发展趋势** 为了适应海洋调查的需要，当面对大批海水样品，能够实现样品的自动分析是海水分析化学的发展趋势。海水自动分析系统主要由取样器、蠕动泵、分析线、延迟和反应系统、流动式比色计记录装置等部分所组成。同时，提高传感器的灵敏度，实现更多参数的连续走航测定，也是海水分析化学发展的目标。

海洋科学的发展给海水分析化学提出了许多有待解决的课题。例如，保持现场状态不同种类水样的采样方法、超痕量无机组分的分析及其分析准确度的提高、不同组分的形态分析方法、超痕量有机组分的分析、新污染物的采样和分析方法、快速的现场自动分析方法、保证和提高分析可靠性和可比性的方法学的研究、有关标准参考物质的制备等。

（林 彩 刘莲生 张正斌 韩秀荣）

**海水腐殖质** humic substances in seawater 动植物的代谢产物和残体在水体、沉积物中经过长期的物理、化学、生物作用转化而形成的具有复杂结构的高分子化合物。海洋环境中，腐殖质占溶解有机碳的5%～25%。关于腐殖质的研究最初起源于对土壤腐殖质的研究。土壤腐殖质是土壤中的一种棕色有机物质，1804年由N.-T.de索叙尔首次命名为“腐殖质”。由于检测技术限制，对于海水腐殖质的研究100多年后才开始。1938年，K.卡勒等认为海水产生颜色的物质是“黄色物质”，由此海水腐殖质研究才开始得到关注。根据腐殖质在酸碱溶液中的溶解性，可将海水腐殖质分为腐殖酸、富里酸、胡敏素。海水腐殖质化学组成复杂，含有多种官能团，如羟基、羧基、羰基等。

腐殖质的光化学反应包括直接光解、间接光解和光催化氧化。直接光解指腐殖质分子中大量的发色团直接吸收光子能量而降解为小分子化合物。间接光解指腐殖质在含有活性氧的物质存在时发生光降解。光催化氧化指半导体催化剂在光照下会使水分子生成羟基自由基，羟基自由基会氧化腐殖质。另外，腐殖质可以作为光敏化剂，影响有机物降解过程中的活性中间体和能量转移方式，进而影响有机物的降解速率。腐殖质还能络合金属离子，在自身光解的同时改变金属离子的氧化还原能力。

（毕 蓉）

**海水缓冲容量** seawater buffer capacity 加入酸或碱调节海水使其pH不发生明显变化的能力的量度。用于衡量海水在加入酸或碱情况下pH变化的状况。海水的酸碱缓冲能力用缓冲容量来表示，其操作定义指的是使1升溶液的pH改变1所需加入强酸或强碱的量，表达式为：

$$\beta=\frac{dc_b}{dpH}\text{或}\beta=-\frac{dc_a}{dpH}$$

式中$\beta$为海水的缓冲容量；$c_b$和$c_a$分别为单位体积溶液中加入强碱或强酸的量（毫摩/升或毫摩/千克）；负号表示加酸导

致溶液pH降低。海水缓冲容量是一个重要的海洋环境参数，反映了海水对外界酸碱变化的适应能力和稳定性。海水pH的变化范围通常维持在7.5～8.2，其范围较小，是因为与淡水相比，海水具有较大的缓冲能力。海水中起缓冲作用的成分为海水中的弱酸盐与弱酸构成的共轭酸-碱体系，主要是二氧化碳-碳酸盐体系（贡献率约97%），其浓度较大（以溶解无机碳衡量）；硼酸-硼酸盐体系也有少量贡献（约3%）。其他弱酸盐如磷酸盐和硅酸盐等浓度较低，对海水缓冲容量的贡献通常可忽略不计。当海水的pH接近于6或9时，出现最大缓冲容量，其值为：$\beta_{max}\approx0.576DIC$，式中DIC为海水中溶解无机碳的浓度。实际上，自然条件下由强碱或强酸引起海水pH变化的情况极其少见，而海水与大气$CO_2$交换以及光合或呼吸作用引起海水pH的变化却是每时每刻都在发生。研究海水的缓冲作用对于了解海水的缓冲能力以及吸收大气$CO_2$所导致的海洋酸化及其影响具有重要意义。

（谭丽菊）

**海水氯度** seawater chlorinity 每千克海水中，以氯置换溴和碘后当量氯离子的总克数。海水中卤素离子（$Cl^-$、$Br^-$及$I^-$）含量的标度。符号为Cl‰，单位为克/千克。使用银盐容量滴定法测定海水中氯离子时，除氯离子与银离子生成氯化银沉淀外，溴和碘离子也同时生成溴化银和碘化银沉淀。实用上把海水中能与银离子发生沉淀的离子全部当作氯离子。

定义的修订　氯度和盐度的定义及盐度和氯度的关系式（见海水盐度），是在1902年同时建立的。当时因为盐度的测定方法复杂而费时，无法应用于实际海洋调查中，而氯度的测定方法简便快速，又可得到较准确的结果，适用于船上分析，所以通常先测定氯度，然后根据盐度公式，将氯度的测定值换算成盐度。1966年后，此法已为电导法所代替。在1978年建立实用盐度标度之后，才使盐度和氯度分别成为海水的两个独立参数，它们在海洋水域中的分布和变化的规律是一致的，但氯度是保守性更优的化学要素。

化学方法测定氯度，从定义本身来看，含有氯的量的概念，原子量修改时，氯度值相应变化，这使得同一海水的氯度测定值会失去永恒性。1937年，J.P.雅科布森和M.H.C.克努曾制备了一批基准标准海水，称为“1937年原始标准海水”。用它标定原子量银（已准确测定原子量的纯银），建立两者之间的当量关系。在测定海水的氯度时，用原子量银代替标准海水。因此，于1940年对氯度重新定义如下：沉淀0.328 523 4千克海水中全部卤素所需纯银的克数，其值等于海水氯度值。与此同时，制备了部分“原子量银”作为海水氯度的基本标准。

1979年，国际海洋物理科学协会所属的物理海洋学符号、单位及术语工作组建议将上述定义改写为“海水样品的氯度为：沉淀海水样品中含有的卤化物所需纯标准银（原子量银）的质量与海水质量之比值的0.328 523 4倍”，以符号Cl表示氯度，用$10^{-3}$代替‰符号。上述建议已为国际海洋物理科学协会采纳。

测定方法　为了使各国测定氯度的标准统一，在建立氯度定义时，规定摩尔-克努森法为海水氯度的标准测定法。此法用克努森设计的专用滴定管和移液管，采用已准确测定过氯度值（准确度为0.001Cl‰）的一种天然海水为标准海水，用它标定硝酸银标准溶液，制成数据换算表。滴定到终点时，从滴定管的读数，可查表求出样品的氯度。

标准海水封装在安瓿（后改为细口瓶）中保存，由国际专门机构制备并分送各国海洋研究机构使用。一些国家为满足本国海洋研究工作的需要，根据国际标准海水，又制备了本国的标准海水，中国也已生产出“中国标准海水”（见标准海水）。

摩尔-克努森法使用的铬酸钾指示剂由于沉淀吸附、包藏等会造成负测量误差，且指示剂灵敏度不高，此外各国使用指示剂浓度也不相同，终点判断经验性强。法扬斯法用吸附指示剂指示滴定终点，解决了这些问题。该方法基于AgCl沉淀有强烈的吸附性质，能选择性吸附溶液中离子。滴定终点之前，$Cl^-$过量，沉淀表面吸附$Cl^-$，胶粒带负电荷。滴定终点之后，沉淀表面吸附银离子，胶粒带正电荷。采用荧光黄作为吸附指示剂，滴定终点溶液由黄绿色突变为粉红色（荧光黄银盐），变色明显。后来电位滴定法用于海水氯度测定，更方便准确。

（李雁宾）

**海水气体饱和度** saturation degree of dissolved gases in seawater 溶解气体在海水中的相对饱和度，是海水中的溶解气体浓度与在该海水的温度、盐度及一个大气压下该气体的饱和浓度的比值。用百分比表示，100%表示刚好饱和，<100%表示不饱和，>100%表示过饱和。海水气体饱和度是衡量气体在海水中相对丰富程度的重要指标。表层海水中过饱和的溶解气体可通过海-气界面相互作用释放到大气中；相反，不饱和的溶解气体可从大气得到补充。

理解海水气体饱和度的空间分布，首先要知道海水中溶解气体的来源和消耗过程。一般地说，来源于大气的气体，例如氧气，饱和度的垂直分布特征是在表层水中高（饱和或过饱和），而在深层水中低（不饱和，北大西洋和南大洋等全水柱混合的区域除外）。浮游生物产生的气体，例如二甲基硫，也是在表层水中高而深层水中低。对于氧化亚氮等在低氧条件下通过硝化作用和反硝化作用产生的气体，则在中层的溶解氧极小层上下出现饱和度最高值（高度过饱和）。

由于大部分气体在海水中的溶解度随温度发生变化，因此在海表温度季节变化最大的中纬度海区，气体的饱和度发生有规律的季节变化。例如，在东海，冬季表层海水的二氧化碳饱和度约为90%，二氧化碳从大气进入海洋（海洋从大气吸收二氧化碳，海洋是大气二氧化碳的汇）；夏季表层海水的二氧化碳饱和度为102%～105%，二氧化碳从海洋进入大气（海洋向大气释放二氧化碳，海洋是大气二氧化碳的源）。对于氧化亚氮、二甲基硫等海洋生源气体，表层海水中的气体饱和度一般高于100%，因此这些气体通常从海洋释放到大气中。总之，海水气体饱和度的变化影响气体在海洋与大气之间的交换，进而影响大气化学和气候变化。

受人类活动影响，在近岸海域，大量陆源碳、营养盐等物质输入海洋，导致近海的光合作用、呼吸作用、硝化作用、反硝化作用等生物化学过程强烈，消耗氧气，产生二氧化碳、氧化亚氮、二甲基硫、甲烷等溶解气体，因此近海经常出现溶解氧不饱和，而二氧化碳、氧化亚氮、甲烷等气体高度过饱和的现象。在人口密集城市的周边海域，二氧化碳和氧化亚氮的饱和度可能高达>500%，甚至>1000%，使这些区域成为上述温室气体的强源。

（郭香会）

**海水气体溶解度** dissolved gases solubility in seawater 在一定条件（温度、盐度和压力）下，气体在海水中能溶解的量。海水气体溶解度服从亨利定律，即在等温等压下，某种气体在海水中的溶解度与海面上该气体的平衡压力成正比。为方便获得气体的溶解度，科学家通过在实验室的受控实验测定气体在一个标准大气压下海水中的溶解度，并参数化成海水温度和盐度的函数，因此只要知道海水的温度和盐度即可计算出该气体在一个标准大气压下的溶解度。海水气体溶解度一般用微摩尔每千克海水、微摩尔每升海水、毫克每升海水，或毫升每升海水等单位表示。后者指在标准状况（0℃，1个标准大气压）下的体积，可通过标准状况下气体的摩尔体积（22.4升每摩尔）与其他单位进行换算。摩尔每千克海水与摩尔每升海水通过海水的密度进行换算。例如，在一个标准大气压下，氧气在20℃、盐度35的海水中的溶解度为225微摩尔每千克海水、230微摩尔每升海水、7.38毫克每升海水、5.16毫升每升海水。

有的溶解气体在海水中的分压时空变化非常大，如二氧化碳和氧化亚氮。为了便于这类气体溶解度的获取，科学家把气体的溶解度系数参数化成海水温度、盐度和该气体分压的函数。气体的溶解度等于该气体的溶解度系数乘以该气体的分压。例如，在20摄氏度、盐度35的海水中，二氧化碳的溶解度系数为0.0392摩尔每千克海水每大气压，如果海水的二氧化碳分压为400和800微大气压，则在该条件下二氧化碳的溶解度分别为15.7和31.3微摩尔每千克。

大部分气体的溶解度系数随海水温度的变化而变化，氪气、氩气、氧气、氮气的溶解度系数随温度的升高而降低；氖气的溶解度系数随温度的升高略降低；氦气在海水中的溶解度系数基本不随温度发生变化（见图）。溶解度系数随温度的变化

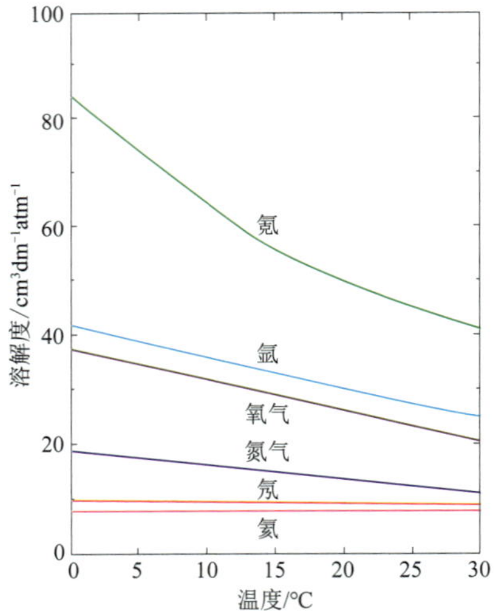


部分气体在海水中随温度变化的溶解度曲线

趋势不同的溶解气体可以用来研究海洋中不同的物理过程，或解析物理过程对生物活性气体浓度的影响。例如，氩气的溶解度系数随温度的变化幅度与氧气基本相同，因此同时测定海水中的氧气和氩气可以用来区分物理过程和生物地球化学过程对氧气浓度的影响，进而研究海洋中生源要素的循环过程。（郭香会）

**海水溶解气体** dissolved gases in seawater 溶解在海水中的气体。从生物活性与否的角度，海水中的溶解气体分成生物活性气体（氧气、二氧化碳等）和惰性气体（氮气、氦气、氖气、氩气、氪气、氙气等）。海水中溶解的生物活性气体受海洋中的物理和生物地球化学过程影响，而惰性气体不受生物地球化学作用影响，只受水团混合、温度变化、海－气交换等过程影响。此外，还有放射性气体。海水中的大部分溶解气体直接或间接来自大气。海底火山喷发也是深海水中部分溶解气体的来源之一，如氦气。此外，放射性元素衰变也是部分气体的来源之一，如海水中的镭-226衰变产生氡-222气体。还有些气体是海洋浮游生物或微生物产生的，如二甲基硫（DMS）、氧化亚氮（$N_2O$）。由于不同气体在海水中的溶解度不同，因此虽然上层海洋的大部分溶解气体来源于大气，但他们在海水中的相对比例却与大气不同，在海水中溶解度大的气体在海水中的相对比例高于在大气中的比例（如氧气，见表），而溶解度小的气体的相对比例小于该气体在大气中的比例（如氮气，见表）。

大气和表层海水中不同气体的摩尔分数

| | 氮气 | 氧气 | 氩气 | 二氧化碳 | 氖气 | 氦气 | 氪气 | 氙气 |
|---|---|---|---|---|---|---|---|---|
| 大气 | 0.78 | 0.209 | 0.009 | 0.0003 | $18.2\times10^{-6}$ | $5.2\times10^{-6}$ | $1.1\times10^{-6}$ | $0.09\times10^{-6}$ |
| 海水 | 0.626 | 0.343 | 0.016 | 0.014 | $9.7\times10^{-6}$ | $2.3\times10^{-6}$ | $3.8\times10^{-6}$ | $0.54\times10^{-6}$ |

在海洋科学中受关注较多的溶解气体是能用来研究海洋中的物理和生物地球化学过程的气体，及通过海－气界面与大气进行交换，影响大气环境和气候的气体（如$CO_2$、DMS、$N_2O$等）。

氧气和二氧化碳是海洋中两种重要的溶解气体。它们的重要性是因其对海洋里的生物地球化学过程具有指示作用。在上层海洋普遍存在的光合作用消耗二氧化碳，产生氧气；整个海洋都存在的呼吸作用消耗氧气，产生二氧化碳。因此二者经常用来研究海洋里发生的生物过程。从化学性质上，二氧化碳是类特殊的溶解气体。二氧化碳在海水中只有极小的部分以二氧化碳的形式存在（约0.5%），大部分与水发生化学反应，生成碳酸、碳酸氢根和碳酸根，形成一个动态平衡的复杂体系，且影响海水的pH，因此海水中的二氧化碳被称为海水碳酸盐系统或无机碳系统。海水碳酸盐系统对促进海洋从大气吸收二氧化碳，缓解海洋酸化具有重要作用。

惰性气体的浓度变化可以用来研究海洋中的物理过程。例如，氦气的溶解度（系数）受空气注入的影响，但不受温度影响，因此氦气可以用来研究空气注入对气体溶解度（系数）的影响；而氙气和氪气不受空气注入影响，因此这两种气体可以用来研究海水溶解气体的温度效应。氩气的溶解度（系数）随温度的变化幅度与氧气基本相同，因此可以用来区分物理过程和生物地球化学过程对氧气浓度的影响，进而研究海洋中生源要素的循环过程。

（郭香会）

**海水入侵** seawater intrusion 滨海地区由于地下水动力条件发生变化，使淡水和海水之间的平衡遭到破坏，引起咸、淡水界面向陆地移动，地下水的矿化度增高和水质恶化的现象。又称海水倒灌。海水入侵源于人为超量开采地下水造成水动力平衡的破坏，自然因素只是对海水入侵起一定的影响和控制作用。

入侵机制 海岸带地下水的咸、淡水界面在一定时期可保持相对稳定状态。在地下水超采情况下，地下淡水水位下降，咸、淡水界面抬升，海水与淡水之间的水动力平衡被破坏，导致咸淡水界面向陆地方向移动，咸水伸向陆地的范围扩大，即发生了海水入侵。引起海水入侵的因素有自然的和人为的，主要是：①含水层导水性等水文地质特征是基础条件。②全球气候变化引起海平面上升，干旱少雨、水资源不足是背景条件。③沿海地区人口高度集中、城市化进程加快和经济高速发展，地下淡水不合理开发，超采量过大是重要诱发条件。三者共同作用的结果导致了沿海地区出现大范围的海水入侵。

灾害案实例 海水入侵使地下水水质变咸，土壤盐渍化，灌溉机井报废，导致水田面积减少，旱田面积增加，农田保浇面积减少，人畜饮用水质变差。严重的会导致工厂、村镇整体搬迁，海水入侵区成为不毛之地。全世界已经有美国、墨西哥、日本、澳大利亚等50多个国家和地区发生海水入侵灾害。20世纪80年代以来，中国辽宁、河北、天津、山东、江苏、上海、广西、海南和台湾等地区，均发生不同程度的海水入侵。其中环渤海地区比较严重，据国家海洋局（今自然资源部）监测结果显示，辽东湾北部及两侧的滨海地区，海水入侵的面积已超过4000平方千米，其中严重入侵区达1500平方千米，海水入

侵最远距离达68千米。山东莱州湾东岸，海水入侵始于20世纪70年代，80年代不断加剧，至2002年已经形成宽1.5～12.0千米的连续入侵带，总面积达696.8平方千米，造成40多万人吃水困难，8000余眼农田机井报废，400多平方千米耕地失去灌溉能力，粮食年减产达3亿公斤。海水入侵还导致工业设备锈蚀，工业水源地破坏，引起一些地方病暴发，影响了人的健康，给沿海地区带来严重的经济损失。至2009年，监测显示莱州湾海水入侵总面积已达2500平方千米，其中莱州湾东南岸入侵面积约260平方千米，莱州湾南侧海水入侵面积已超过2000平方千米，其中严重入侵面积为1000平方千米。莱州湾南侧海水入侵最远距离达45千米。

灾害防治 海水入侵是一种进程缓慢而难以治理的灾害。应对海水入侵最重要的是预防，限制地下水开采，减少水资源开发力度，合理布设水源地，是防止和控制海水入侵的有效措施。对于经济发达、人口密集的滨海城市地区，应对海平面上升与海水入侵，要重点采取防潮排涝、供水安全和控制地面沉降等措施。在滨海低地、湿地地区，拥有多样的生态系统、丰富的滩涂资源和漫长的自然海岸，应从生态保护、滩涂利用和海岸防护上采取措施。应对已经发生的灾害：①要尽可能适应现状，如利用微咸水培养耐盐作物，进行咸淡水混合利用。②要防止事态扩大，可采取实体帷幕或者水利帷幕工程，以阻挡咸水。实体帷幕用喷灌水泥浆、乳状沥青、膨润土泥浆、硅胶、丙烯酸钙等修建。水利帷幕是在内陆一侧打成排钻孔，注入中水或者适当的废水，抬高水位，形成阻挡海水的帷幕。 （刘锡清）

**海水入侵监测** seawater intrusion monitoring 对滨海地区地下水氯离子浓度、矿化度和水位等要素开展短期或长期监测。海水入侵是指在人为和自然因素影响下滨海地区含水层中淡水与海水（咸水）平衡状态破坏，导致海水（咸水）向内陆侵染的现象。海水入侵是人为活动强烈干扰自然生态系统而诱发的缓慢发生而又具有长期危害的人为自然灾害，具有隐蔽、多变、难治理的特点。海水入侵已成为中国20世纪后叶、21世纪初叶比较突出的环境灾害，其中以山东省最为突出，河北、辽宁、江苏、天津、上海、广东等省市均有发生，严重制约着沿海地区的经济发展。因此，加强海水入侵的监测，对制定海岸带地区合理的地下水开发利用与管理方案，减轻和防止海水入侵的危害，具有重要的理论意义和广泛的应用前景。

海水入侵监测目的是确定海水入侵的规模和程度，为防灾减灾提供依据。海水入侵监测手段主要分为人工监测和自动监测。人工监测需要人工测量地下水位和采集水样进行实验室分析；自动监测主要通过各种传感器自动采集各类数据，具有监测频率高、监测周期长等优点。此外，地球物理和同位素示踪等方法在海水入侵监测中也得到应用，但这些监测手段具有技术复杂、成本高昂，通常应用于小面积或断面研究。

2014年1月7日，国家海洋局（今自然资源部）发布《海水入侵监测与评价技术规程（试行）》，适用于中华人民共和国管辖的海岸带、海岛地区海水入侵监测和评价。该规程规定了海水入侵监测方案设计、监测内容、监测手段以及评价方法。监测网的布设应兼顾科学性、经济性、可操作性。海水入侵常规监测内容包括地下水的氯离子浓度、矿化度和水位，监测频率为每季度监测1次，即每年1～3月、4～6月、7～9月、10～12月各监测1次。考虑实际情况，1年内至少应保证在丰水期（8～9月）和枯水期（3～4月）各监测1次。自动监测内容包括地下水的电导率、水位和水温。地下水自动监测仪的监测频次应根据监测目的和要求确定，采样频率应以1次/小时至1次/天为宜。国际上尚没有统一标准用于判定海水入侵区域，中国将地下水氯离子浓度大于250毫克/升的区域划定为海水入侵区。

（徐兴永 陈广泉）

**海水水质标准** marine water quality standard 在一定时空范围内，按照海水用途所规定的海水介质中容许的污染物浓度或含量的法定指标体系。制定的原则为综合考虑社会、经济、技术发展水平，环境保护需求，国家环境政策等因素，为防止和控制海水污染，保护海洋生态系统和人体健康，有利于海洋资源的可持续利用。它是海洋环境保护法规的执法依据之一，是判断海水是否受到污染的尺度，也是进行海洋环境质量评价、制定污染物排海标准和实施规划管理的依据。

海水水质标准是以海水水质基准为基础，是海水水质基准的科学性与海洋管理的功能性之间的纽带，是社会经济与自然环境相互妥协的结果。海水水质标准是一多值体系：不同的海洋功能区，适用不同的海水水质标准；同时，海水水质标准也需随着国家环境政策的变动和经济技术的发展而变化。虽然世界各国有关海水水质标准概念、制定原则、方法和科学依据，以及形式和内容方面均有较大差异，但其目的都是保护生态平衡和人体健康。

一般认为，制定海水水质标准应分为两个阶段：①在现有的实验研究和现场调查基础上，以各种水质要素（包括污染物）对靶系统（人体、生态系统或生物资源等）影响的剂量与效应定量因果关系为主要依据，通过经验性的“评价因子定值法”及基于数理理论支持的“模型外推定值法”等方法，先行评定海水水质基准。②以海水水质基准为基础，结合考虑制定保护海域的自然条件和社会条件，以代价与效益或代价与分析结果为主要依据，弥合基准与标准间时间上的异同，考虑空间环境功能因素的差异，纳入社会经济的考量，再行制定海水水质标准。“基准”和“标准”是两个不能混淆的相关概念。“基准”是决定和判断有关环境是否适用于预期用途的科学依据，本身无法律约束力；“标准”在特定水域或污水排放方面具有法律效力，一经发布实施即应强制执行。

中国《海水水质标准》于1982年4月6日发布，并于同年8月1日起实施，适用于中华人民共和国管辖的海域。1997年进行了修订，修订后的《海水水质标准》（GB 3097—1997）于1998年7月1日起实施，并代替原标准。修订后的标准将海水水质由三类改为四类，补充和调整了污染物项目，增加了海水水质监测样品的采集、储存、运输和预处理的规定，增加了海水水质的分析方法。还规定了各类海域使用功能的水质要求。按照海域的不同使用功能和保护目标，海水水质分为4类：第一类适用于海洋渔业水域、海上自然保护区和珍稀濒危海洋生物保护区。第二类适用于水产养殖区、海水浴场、人体直接接触海水的海上运动或娱乐区，以及与人类食用直接有关的工业用水区。第三类适用于一般工业用水区、滨海风景旅游区。第四类适用于海洋港口水域、海洋开发作业区。该标准对漂浮物质、色、嗅、味、悬浮物质、大肠菌群、粪大肠菌群、病原体、水温、酸碱度、溶解氧、化学需氧量、无机氮、活性磷酸盐、生化需氧量、非离子氨、汞、镉、铅、六价铬、总铬、砷、铜、锌、硒、镍、氰化物、硫化物、挥发性酚、石油类、六六六、滴滴涕、马拉硫磷、甲基对硫磷、苯并[a]芘、阴离子表面活性剂放射性核素等30多项水质要素按上述4种水质类型分别做出具体规定。并规定污水集中排放形成的混合区，不得影响邻近功能区的水质和鱼类洄游通道。

（孙 霞）

**海水水质基准** marine water quality criteria 海水中污染物对海洋生物、人群或生态系统不产生有害影响的最大浓度水平或限度。其中的海洋生物指所有需保护的生物，不是单一的生物种。海水水质基准是海洋环境质量基准的重要组成部分，是制定海水水质标准的依据。水质基准的确定关键在于建立海水介质中各种污染物浓度/剂量与海洋靶系统（海洋生物、人群和生态系统）响应（或反应）间的定量关系。确定海水水质基准的主要依据是毒性试验研究或现场调查得出的环境毒理学数据资料。

海水水质基准的定值方法有两种：非理论支持的经验性的评价因子定值法和基于数理理论支持的模型外推定值法。①评价因子定值法。将敏感生物的毒性数据乘/除以相应的评价因子或代入相应的经验公式中推导出水质基准的方法。该方法基于对化学物质效应评价的长期经验，在毒性数据量偏少的情况下，该方法被广泛应用，但该法在某种程度上强烈依赖于敏感生物的毒性值，不确定性较大。②模型外推定值法。一种数理统计方法，其理论基础为物种的敏感性分布（SSD）理论。描述物种敏感性分布差异的函数被称为物种敏感性分布模型，主要内容包括：通过最大似然估计或其他方法，将污染物对生物的效应浓度拟合为未知参数的频数分布模型；由求出的频数分布模型定义危害浓度。该方法利用多种受试生物的毒性数据，不确定性较小。

国际上比较成熟的海水水质基准方法体系有美国环境保护署（EPA）的双值型水质基准体系、欧盟的海水水质基准方法体系《FHI导则》、荷兰的海水水质基准方法体系《RIVM导则》、加拿大的海水水质基准方法体系等。有关中国海水水质基准体系的研究正在开展中。 （孙 霞）

**海水水质监测** marine water quality monitoring 使用可靠的采样和检测手段，监视和测定海水质量要素的代表值。海水水质监测的主要任务是：判断海水水质是否符合国家标准，检验和评价海洋环境保护政策与防治措施的区域性效果，为制定环境管理规划、维护海洋健康和早期预警提供依据。同时，海水水质监测是了解和掌握海水水质时空分布状况的最直接手段。

海水水质监测是海洋监测工作的重要组成部分，受海洋监测规范的指导和制约。1978年6月，中国建立了“渤海、黄海污染监测网”。1984年5月，中国建立了“全国海洋环境污染监测网”，开始对沿岸海域实行全面的监测。

海水水质监测的过程一般包括监测方案制定、优化布点、现场调查、样品采集、运送保存、分析测试、数据处理和综合评价等。通过周密设计监测海域的采样断面、采样站位、采样时间、采样频率和样品数量，在整个海洋水质监测过程中实施全面的质量保证和质量控制，包括使用统一的、可比的采样和检测手段，从而取得有代表性的水质样品，获得准确可靠的海洋水质监测数据。

海水水质的监测要素主要包括重要理化参数、营养盐类及有毒有害物质。重要理化参数主要包括水色、透明度、阴离子洗涤剂、嗅和味、水温、酸碱度、悬浮物、氯化物、盐度、浑浊度、溶解氧、化学需氧量、生化需氧量、总有机碳；营养盐类主要包括无机氮、氨、亚硝酸盐、硝酸盐、无机磷、总磷、总氮；有毒有害物质主要包括汞、铜、铅、镉、锌、总铬、砷、硒、镍、油类、六六六、滴滴涕、多氯联苯、狄氏剂、活性硅酸盐、硫化物、挥发性酚、氰化物等。

海水水质监测方法包括常规监测和遥感遥测。常规监测是指现场采样、观测、化学分析测试及某些相关项目的现场自动探测等。遥感遥测指利用遥感技术对监测海域的水质进行实时、连续的观测。现代传感技术、计算机技术和通信技术已广泛应用于海水水质监测，实现了部分海域海水水质的全自动远程监测。中国已实现了将无线传感器网络技术应用于海洋环境实时监测的测试，完成了各类海水水质指标的检测。

中国与海水水质监测相关的规范包括《海洋监测规范》（GB 17378—2007）和《海水水质标准》（GB 3097—1997）。

（李 瑾）

**海水水质评价** assessment of seawater quality 以海水中物理性、化学性、生物性指标的监测结果为基础，根据相应标准，对某一海域水质的优劣给出定量结果的过程。在海洋环境的监测分析和科学研究中，海水水质一直是反映海洋环境状况的重要因素。依据海水水质评价结果，可确定目标海域的海水污染现状及超标的环境因子，为海洋环境规划和管理提供科学依据。海水水质评价方法，总体上可归纳为单因子评价法和多因子综合评价法两类。

单因子评价法 又称单因子污染指数法。该方法通过计算污染物实测值与其评价标准的比值，确定海水中的主要污染因子及其超标程度。在近岸海域环境质量例行监测中，一般选取酸碱度（pH）、溶解氧（DO）、化学需氧量（COD）、石油类、活性磷酸盐、无机氮、非离子氨、汞、铜、铅、镉、锌、砷13项因子进行评价，也可根据不同研究目的和实际需要适当调整。在实际工作中，中国根据目标海域使用功能，采用国家标准《海水水质标准》（GB 3097—1997）中相应类别的标准限值作为评价标准。对于国内尚无相应标准的某些指标，可参考国际相关标准进行评价。

单因子污染指数的计算公式为：

$$P_i=\frac{C_i}{S_i} \tag{1}$$

式中$P_i$为污染因子$i$的污染指数；$C_i$、$S_i$分别为污染因子$i$的实测值和评价标准值。

pH的标准是一个范围而非固定数值，其污染指数（$P_{pH}$）应按公式（2）计算：

$$P_{pH}=\frac{|pH-pH_{SM}|}{D_s} \tag{2}$$

式中$pH_{SM}=\frac{1}{2}(pH_{su}+pH_{sd})$，$D_s=\frac{1}{2}(pH_{su}-pH_{sd})$。其中，pH为海水酸碱度的实测值；$pH_{su}$为海水pH标准的上限值；$pH_{sd}$为海水pH标准的下限值。

与大多数污染因子不同，海水的DO越大，表明水质越好。因此，DO的污染指数值（$P_{DO}$）也需采用特定公式计算：

$$当DO \geqslant DO_s时，P_{DO}=\frac{|DO_f-DO|}{DO_f-DO_s} \tag{3}$$

$$当DO<DO_s时，P_{DO}=10-9\frac{DO}{DO_s} \tag{4}$$

式中$DO_f$为现场水温条件下，海水中溶解氧饱和浓度（单位毫克/升）；DO为溶解氧实测值（单位毫克/升）；$DO_s$为DO的评价标准（单位毫克/升）。

当海水中某指标的$P_i$值大于1即超标。单因子评价法的优点是简便易行，可迅速直观得到各水质因子的污染状况；缺点是只注重污染最严重的因子，忽略了各污染物之间的相互关系和综合影响，无法反映整体污染情况。

多因子综合评价法 多因子综合评价有多种计算方法，如内梅罗指数法、富营养化指数法、灰色评价法、基于矩阵运算的评价方法、人工神经网络法、模糊综合评判法等，较常用的是内梅罗指数法和富营养化指数法。

内梅罗指数法 内梅罗指数（$P_I$）是一种兼顾极值（或称突出最大值）的计权型多因子环境质量指数。计算公式为：

$$P_I=\sqrt{[(P_{i-max})^2+(P_{i-ave})^2]/2} \tag{5}$$

式中$P_{i-max}$为海水中所有污染因子的污染指数最大值；$P_{i-ave}$为所有污染因子的污染

指数平均值。当$P_i \leqslant 1$时，表明综合水质达标；否则，综合水质超标。该方法通过简单的数学计算即可得到综合指数，既考虑了污染最严重的因子，又顾及单因子指数的平均值，因而能够更好地反映海水的综合污染程度。

富营养化指数法　是中国学者邹景忠等人提出的基于营养盐浓度的评价方法。该方法在中国渤海等近海海域的富营养化状况评价中得到了应用。计算公式为：

$$E=\frac{C_{COD}\times C_{DIN}\times C_{DIP}\times 10^6}{4500} \qquad (6)$$

式中$E$为富营养化指数；$C_{COD}$为化学需氧量浓度，毫克/升；$C_{DIN}$为无机氮浓度，毫克/升；$C_{DIP}$为活性磷酸盐浓度，毫克/升。在2010～2016中华人民共和国国家海洋局发布的《中国海洋环境质量公报》中，根据$E$值的大小，对中国近海的富营养化状态分级如下：$1 \leqslant E \leqslant 3$为轻度富营养化；$3 < E \leqslant 9$为中度富营养化；$E > 9$为高度富营养化。（孟范平）

**海水微量元素**　minor element in seawater　海水中含量小于1毫克/升或50微摩/千克的元素。海水是一个多组分、多相态的复杂体系，除水和占所有溶解成分总量的99.9%以上的11种常量元素之外，其他都属于微量元素，但通常不包括溶解气体、主要营养盐和放射性核素。海水中痕量元素的含量通常小于100纳摩/千克，化学海洋学中痕量元素通常特指海水中的金属和类金属元素。它们广泛参与海洋的生物地球化学循环，存在于海水的一切物理过程、化学过程和生物过程之中，并且参与海洋环境各相界面，包括海水-河水、海水-大气、海水-海底沉积物、海水-悬浮颗粒物、海水-生物体等界面的交换过程。在这些过程中，微量元素的化学反应是十分复杂的。虽然它们从环境输入海水体系的速率和输出到环境中去的速率基本相当，但不同的微量元素有不同的输入或输出的速率；它们有一定的存在形式，并且不断通过各相界面迁移。这些都是海洋化学研究的重要内容。

研究历程　20世纪50年代以前，为了研究海洋生物和发展海洋渔业，曾对碳、氮、磷、硅、铁、锰、铜等营养元素在海水中的含量及其分布进行了一些调查。从50年代开始，才对海水微量元素进行地球化学研究。1952年，T.F.W.巴尔特提出并计算了元素在海水中的**逗留时间**；1954年，E.D.戈德堡发表了微量元素从海水向海底沉积物转移的研究结果；1956年，K.B.克劳斯科普夫对海水中13种微量元

**海水中微量元素含量及其逗留时间估算表**

| 元素 | 化学形式 | 总浓度 | | 逗留时间/年 | | |
|---|---|---|---|---|---|---|
| | | $mol\cdot kg^{-1}$ | $\mu g\cdot L^{-1}$ | 巴尔特（1952） | 戈德堡和阿伦尼乌斯（1958） | 戈德堡（1971） |
| He | He（气体） | $1.7\times10^{-9}$ | $6.8\times10^{-3}$ | — | — | — |
| Li | $Li^+$ | $2.6\times10^{-5}$ | 180 | $1.2\times10^7$ | $1.9\times10^7$ | $2.3\times10^6$ |
| Be | $BeOH^+$ | $6.3\times10^{-10}$ | $5.6\times10^{-3}$ | — | — | — |
| N | $N_2^-$，$NO_5^-$，$NO_2^-$，$NH_4^+$ | $1.07\times10^{-2}$ | $1.5\times10^6$ | — | — | — |
| Ne | Ne（气体） | $7\times10^{-9}$ | $1.2\times10^{-1}$ | — | — | — |
| Al | $Al(OH)_4^-$ | $7.4\times10^{-8}$ | 2 | $3.1\times10^3$ | $1\times10^2$ | $1\times10^2$ |
| Si | $Si(OH)_4$ | $7.1\times10^{-5}$ | $2\times10^6$ | $3.5\times10^4$ | $1\times10^4$ | $1.8\times10^4$ |
| P | $HPO_4^{2-}$，$PO_4^{3-}$，$H2PO_4^-$ | $2\times10^{-6}$ | 60 | — | — | $1.8\times10^5$ |
| Ar | Ar（气体） | $1.1\times10^{-7}$ | 4.3 | — | — | — |
| Sc | $Sc(OH)_3^0$ | $1.3\times10^{-11}$ | $6\times10^{-4}$ | — | — | $4\times10^4$ |
| Ti | $Ti(OH)_4^0$ | $2\times10^{-8}$ | 1 | — | — | $1.3\times10^4$ |
| V | $H_2VO_4^-$，$HVO_4^{2-}$ | $5\times10^{-8}$ | 2.5 | — | — | $8\times10^4$ |
| Cr | $Cr(OH)_3^0$，$CrO_4^{2-}$ | $5.7\times10^{-9}$ | 0.3 | — | — | $6\times10^3$ |
| Mn | $Mn^{2+}$，$MnCl^+$ | $3.6\times10^{-9}$ | 0.2 | — | — | $1\times10^4$ |
| Fe | $Fe(OH)_2^+$，$Fe(OH)_4^-$ | $3.5\times10^{-8}$ | 2 | — | — | $2\times10^2$ |
| Co | $Co^{2+}$ | $8\times10^{-10}$ | 0.05 | — | — | $3\times10^4$ |
| Ni | $Ni^{2+}$ | $2.8\times10^{-8}$ | 1.7 | $1.5\times10^4$ | $1.8\times10^4$ | $9\times10^4$ |
| Cu | $CuCO_3^0$，$CuOH^+$ | $8\times10^{-9}$ | 0.5 | $4.3\times10^4$ | $5\times10^4$ | $2\times10^4$ |
| Zn | $ZnOH^+$，$Zn^{2+}$，$ZnCO_3^0$ | $7.6\times10^{-8}$ | 4.9 | — | — | $2\times10^4$ |
| Ga | $Ga(OH)_4^-$ | $4.3\times10^{-10}$ | 0.03 | — | — | $1\times10^4$ |
| Ge | $Ge(OH)_4^0$ | $6.9\times10^{-10}$ | 0.05 | — | — | — |
| As | $HASO_4^{2-}$，$H_3AsO_4^-$ | $5\times10^{-8}$ | 3.7 | — | — | $5\times10^4$ |
| Se | $SeO_3^{2-}$ | $2.5\times10^{-9}$ | 0.2 | — | — | $2\times10^4$ |
| Kr | Kr（气体） | $2.4\times10^{-9}$ | 0.2 | — | — | — |
| Rb | $Rb^+$ | $1.4\times10^{-6}$ | 120 | $6.1\times10^6$ | $2.7\times10^5$ | $4\times10^6$ |
| Y | $Y(OH)_3^0$ | $1.5\times10^{-11}$ | $1.3\times10^{-3}$ | — | — | — |
| Zr | $Zr(OH)_4^0$ | $3.3\times10^{-10}$ | $3\times10^{-2}$ | — | — | — |
| Nb | | $1\times10^{-10}$ | $1\times10^{-2}$ | — | — | — |
| Mo | $MoO_4^{2-}$ | $1\times10^{-7}$ | 10 | $2.1\times10^6$ | $5\times10^5$ | $2\times10^5$ |
| Ag | $AgCl_2^-$ | $4\times10^{-10}$ | 0.04 | $2.5\times10^5$ | $2.1\times10^6$ | $4\times10^4$ |
| Cd | $CdCl_2^0$ | $1\times10^{-9}$ | 0.1 | — | — | — |
| In | $In(OH)^{2+}$ | $0.8\times10^{-12}$ | $1\times10^{-4}$ | — | — | — |
| Sn | $SnO(OH)_3$ | $8.4\times10^{-11}$ | $1\times10^{-2}$ | — | — | — |
| Sb | $Sb(OH)_6$ | $2\times10^{-9}$ | 0.24 | — | — | $7\times10^3$ |
| Te | $HTeO^{3-}$ | | | — | — | — |
| I | $IO_3^-$，$I^-$ | $5\times10^{-7}$ | 60 | — | — | $4\times10^5$ |
| Xe | Xe（气体） | $3.8\times10^{-10}$ | $5\times10^{-2}$ | — | — | — |
| Cs | $Cs^+$ | $3\times10^{-9}$ | 0.4 | — | — | $6\times10^5$ |
| Ba | $Ba^{2+}$ | $1.5\times10^{-7}$ | 2 | $5\times10^4$ | $8.4\times10^4$ | $4\times10^4$ |
| La | $La(OH)_3^0$ | $2\times10^{-11}$ | $3\times10^{-3}$ | — | — | $6\times10^2$ |
| Ce | $Ce(OH)_3^0$ | $1\times10^{-10}$ | $1\times10^{-3}$ | — | — | — |
| Pr | $Pr(OH)_3^0$ | $4\times10^{-12}$ | $6\times10^{-4}$ | — | — | — |
| Nd | $Nd(OH)_3^0$ | $1.9\times10^{-11}$ | $3\times10^{-3}$ | — | — | — |
| Pm | $Pm(OH)_3^0$ | | | — | — | — |
| Sm | $Sm(OH)_3^0$ | $3\times10^{-12}$ | $0.5\times10^{-4}$ | — | — | — |
| Eu | $Eu(OH)_3^0$ | $9\times10^{-13}$ | $0.1\times10^{-4}$ | — | — | — |
| Gd | $Gd(OH)_3^0$ | $4\times10^{-12}$ | $7\times10^{-4}$ | — | — | — |
| Tb | $Tb(OH)_3^0$ | $9\times10^{-13}$ | $1\times10^{-4}$ | — | — | — |

续表

| 元素 | 化学形式 | 总浓度 | | 逗留时间/年 | | |
|---|---|---|---|---|---|---|
| | | $mol \cdot kg^{-1}$ | $\mu g \cdot L^{-1}$ | 巴尔特（1952） | 戈德堡和阿伦尼乌斯（1958） | 戈德堡（1971） |
| Dy | $Dy(OH)_3^0$ | $6\times10^{-12}$ | $9\times10^{-4}$ | — | — | — |
| Ho | $Ho(OH)_3^0$ | $1\times10^{-12}$ | $2\times10^{-4}$ | — | — | — |
| Er | $Er(OH)_3^0$ | $4\times10^{-12}$ | $8\times10^{-4}$ | — | — | — |
| Tm | $Tm(OH)_3^0$ | $8\times10^{-13}$ | $2\times10^{-4}$ | — | — | — |
| Yb | $Yb(OH)_3^0$ | $5\times10^{-12}$ | $8\times10^{-4}$ | — | — | — |
| Lu | $Lu(OH)_3^0$ | $9\times10^{-13}$ | $2\times10^{-4}$ | — | — | — |
| Hf | | $4\times10^{-11}$ | $7\times10^{-3}$ | — | — | — |
| Ta | | $1\times10^{-11}$ | $2\times10^{-3}$ | — | — | — |
| W | $WO_4^{2-}$ | $5\times10^{-10}$ | 0.1 | — | — | $1.2\times10^5$ |
| Re | $ReO_4^-$ | $2\times10^{-11}$ | $4\times10^{-3}$ | — | — | — |
| Au | $AuCl_2^-$ | $2\times10^{-11}$ | $4\times10^{-3}$ | — | — | $2\times10^5$ |
| Hg | $HgCl_4^{2-}$，$HgCl_2^0$ | $1.5\times10^{-10}$ | $3\times10^{-2}$ | — | — | $8\times10^4$ |
| Tl | $Tl^+$ | $5\times10^{-11}$ | $1\times10^{-2}$ | — | — | — |
| Pb | $PbCO_3^0$，$Pb(CO_3)_2^{2-}$ | $2\times10^{-10}$ | $3\times10^{-2}$ | $5.6\times10^{-2}$ | $2\times10^3$ | $4\times10^2$ |
| Bi | $BiO^+$，$Bi(OH)_2^+$ | $1\times10^{-10}$ | $2\times10^{-2}$ | — | — | — |
| Po | $PoO_3^{2-}$，$PoO(OH)_3^0$ | | | — | — | — |
| Rn | Rn（气体） | $2.7\times10^{-21}$ | $6\times10^{-13}$ | — | — | — |
| Ra | $Ra^{2+}$ | $3\times10^{-16}$ | $7\times10^{-8}$ | — | — | — |
| Th | $Th(OH)_4^0$ | $4\times10^{-11}$ | $2\times10^{-2}$ | — | — | $3\times10^2$ |
| Pa | | $2\times10^{-16}$ | $5\times10^{-8}$ | — | — | — |
| U | $UO_2(OH)_3^-$，$UO_2(CO_3)_3^{4-}$ | $1.4\times10^{-8}$ | 3.2 | — | — | $3\times10^6$ |

注："0"表示离子对，如$CuCO_3^0$。

素的浓度和影响因素，进行了实验室模拟试验。但是早期测定的数据有一些是不可靠的，只有在P.G.布鲁尔于1975年总结并发表了海水微量元素的含量、可能的化学物种溶存形式和逗留时间的估算表之后，微量元素的测定才有一些准确度较高的结果。随后，E.博伊尔和T.M.埃德蒙于同年提出了判断测定数据是否真实可靠的标准：它们必须具有海洋学的一致性，即海洋中经过相同的物质循环过程的微量元素，应有较好的相关关系，它们在海水中的含量应有类似的分布。例如，铜如果参加生物循环，则它的分布应与参加生物循环的氮、磷或硅等营养元素相类似。

随着对海水痕量元素分析及洁净采样技术的发展，痕量元素及其同位素的海洋生物地球化学研究取得了长足的进步。2010年正式启动了国际海洋科学**痕量元素及其同位素海洋生物地球化学研究计划**（GEOTRACES），旨在研究痕量元素及其同位素在海洋不同边界（海–气界面、陆–海界面、沉积物–水界面）的通量及其在大洋中的内部循环转化过程和对古海洋环境变化的示踪。已经有35个国家参与了GEOTRACES的相关工作，截至2024年2月，已完成150个航次研究。2014年、2017年和2021年分别正式发布了基于项目执行以来大西洋、太平洋观测断面痕量元素及其同位素研究结果的数据集产品。

含量和逗留时间　表中列出了海水中微量元素的含量、可能存在的化学形式和在海水中的逗留时间。逗留时间的数值只反映不同化学元素的海洋地球化学反应活性。逗留时间越短，说明该元素的地球化学反应活性越高，反之亦然。化学反应活性较差的元素，如钠、钾、钙、镁等，逗留时间长达$10^6$～$10^8$年。而钍、铝、铁等，只有$10^2$年的量级。

影响分布的过程　微量元素在海水中的分布及其变化，都受其来源和海洋环境中各种过程的影响。这些过程称为控制过程，包括各种化学过程、生物过程、物理过程、地质过程和人类活动等，其中最突出的是生物过程、吸附过程、海–气交换过程、热液过程、海水–沉积物界面交换过程等。

海洋生物生长过程中所需要的全部元素大多来自海水。其中有些元素，如碳、钾、硫等，在海水中的含量大大超过生物的需要量。另外一些元素，如氮、磷、硅等，则仅能满足生物的需要，而又是海洋生物必不可少的，故通常称为营养元素。浮游生物通过光合作用，从海水中吸收营养元素而放出氧，其残骸在分解过程中消耗氧而释放出所含的营养元素。这种生物过程控制着营养元素的分布及其变化。

有一些微量元素在海水中的分布，分别与某种营养元素十分相似。例如，铜和镉的分布与氮和磷相似，钡、锌、铬的分布与硅相似，镍的分布介于磷和硅之间。这都说明，生物过程很可能是控制海水中的铜、镉、钡、锌、铬、镍等元素的浓度的因素之一。部分痕量元素可以作为微量营养元素影响浮游植物的初级生产并最终影响海洋碳循环（如铁、铜等）。例如，铁假说的提出及大洋铁施肥实验的开展证明了铁作为微量营养元素对大洋初级生产的限制作用。

吸附过程　悬浮在海水中的黏土矿物、铁和锰的氧化物、腐殖质等颗粒在下沉过程中，大量吸附海水中各种微量元素，将它们带到海底，使它们离开海水而进入沉积物中，或反之，海底沉积物将它们解吸，引起二次污染。这也是影响微量元素在海水中浓度的因素。

海–气交换过程　大气沉降是开阔大洋表层微量元素的重要来源。例如，铅在表层海水中浓度最大，在1000米以下的海水中，浓度随深度的增加而迅速降低。由氡衰变而得的铅-210在海水中也有类似的垂直分布。这说明表层的铅主要来自大气沉降，因而它在海水中的分布受海–气界面的交换过程所控制。

热液过程　海底地壳内部的热液，常常通过地壳裂缝注入深层的海水中，形成海底热泉，它含有大量的微量元素，因而使附近深海区的海水组成发生很大的变化。例如，1965年在红海中央裂缝区域深达2000米的海水中，出现了热盐水，其最深处的温度达到59.2℃，其中微量元素的组成与一般海水有很大差异；东太平洋的加拉帕戈斯裂缝有海底热泉喷射，向海水输送了大量的各种元素；东太平洋海隆和加拉帕戈斯裂缝附近的观测站处海水中溶解态锰的总含量，明显地随深度的增加而升高。这些热液的输入过程，很可能是断裂带区域的海水中微量元素组成的一种控制机制。

海水–沉积物界面交换过程　在海洋沉积物间隙水中，钡、锰、铜等微量元素的浓度高于上覆的海水。浓度的差异促使这些微量元素从间隙水向上覆水中扩散。因此，即便在远离海底热泉的深层海域，这些微量元素的浓度有随深度的增加而升高的垂直分布。（刘莲生　任景玲）

**海水盐度**　seawater salinity　每千克海水中在碳酸盐转化为氧化物、溴和碘被等当量的氯置换、有机物全部被氧化后，所含固体物质的总克数。海水中含盐量的标度。海水含盐量是海水的重要特性，它与温度和压力都是研究海水的物理过程和化学过程的基本参数。海洋中发生的许多现象和过程，常与盐度的分布和变化有关，因此海洋中盐度的分布及其变化规律的研究，在海洋科学上占有重要的地位。根据大洋中盐度分布的特征，可以鉴别水团和了解其运动的情况。在研究海水中离子间的相互作用及平衡关系，探索元素在海水中迁移的规律和测定溶于海水中的某些成分时，都要考虑盐度的影响。此外，因为实际工作中往往难以在现场直接准确测定海水的密度，通常测定盐度、温度和压力，再根据海水状态方程计算密度。

**定义的修订** 自1902年首次建立了盐度定义之后，随着海洋科学的发展，对盐度值准确性的要求越来越高，因此对盐度的定义做了几次修订。

**首次定义** 19世纪末，欧洲一些国家为了统一观测资料，成立了以M.H.C.克努曾为首的专家小组，研究了海水的盐度、氯度（见**海水氯度**）和密度等有关问题，提出了一种测定盐度的方法，即取一定量的海水样品，加盐酸酸化后，再加氯水，蒸干后继续升温，最后在480℃条件下烘至恒重，称量剩余的盐分。根据这种测定方法，海水盐度的定义为：1千克海水中的溴和碘全部被等当量的氯置换，而且所有的碳酸盐都转换成氧化物之后，所含无机盐的克数。以符号S‰表示，单位为克/千克。这种测定方法操作繁杂，需要较长的时间，不适用于海洋调查。为了应用方便，在海水组成恒定的基础上，自北海、波罗的海、红海等海区采集了9个表层水样，测定了它们的盐度和氯度，从这些数据归纳出盐度和氯度的关系式：

$$S‰ = 0.030 + 1.8050\mathrm{Cl}‰$$

这样就可以通过测定海水样品的氯度，按上式计算盐度。此法使用了65年。

**重新定义** 盐度与氯度的上述关系式是不严格的，由于海水组分不符合恒比关系导致盐度误差可达0.04‰，氯度滴定技术还会产生不可忽略的误差。况且当时所取的水样，多数为波罗的海表层水，难以代表整个大洋水的规律。实际上，关系式中的常数项0.030，不符合大洋海水盐度变化的实际情况。1950年以后，电导盐度计的研究和发展，使盐度的测定方法得到简化，精密度也提高，比测定氯度后计算盐度的方法更加准确和方便。因此，1966年联合国教科文组织（UNESCO）与英国国立海洋研究所出版《国际海洋学常用表》，提出了盐度与氯度的新关系式和由电导率比计算盐度的关系式：

$$S‰ = 1.806\,55\mathrm{Cl}‰$$

$$S‰ = -0.089\,96 + 28.2970K_{15}^{1} + 12.808\,32K_{15}^{2} - 10.678\,69K_{15}^{3} + 5.986\,24K_{15}^{4} - 1.323\,11K_{15}^{5}$$

式中$K_{15}$为1标准大气压和15℃条件下海水样品与$S=35.000$的标准海水电导率的比值，称为相对电导率或电导比。

**1978年实用盐度标度** 上述重新定义存在如下问题：①无法保证量值溯源，缺乏严格统一的35‰盐度基准。②这一定义受海水离子组成的影响，不能精确确定海水盐度的相对变化，因而对深层海水、近岸海水及其他离子组成有明显差异的海水难以得到可靠的结果。③与此电导盐度相应的国际海洋学常用表的适用温度范围是10～31℃，低于10℃就不能满足使用要求。因此，海洋学常用表和标准联合专家小组（JPOTS）决定使用标准氯化钾溶液标定标准海水，并推荐1978年实用盐度标准。对盐度做出如下定义：①绝对盐度。海水中溶质质量与海水质量之比，以符号SA表示。②实用盐度。以温度为15℃，1标准大气压下的海水样品的电导率与相同温度和压力下，质量比为$32.4356\times10^{-3}$的氯化钾溶液电导率的比值$K_{15}$来确定。当$K_{15}$精确等于1时，则实用盐度$S_P$正好等于35。以如下方程确定实用盐度：

$$S_P = a_0 + a_1K_{15}^{0.5} + a_2K_{15} + a_3K_{15}^{1.5} + a_4K_{15}^{2} + a_5K_{15}^{2.5}$$

式中$a_0=0.0080$，$a_1=-0.1692$，$a_2=25.3851$，$a_3=14.0941$，$a_4=-7.0261$，$a_5=2.7081$，$\sum a_i=35.0000$，$2\leqslant S_P\leqslant42$。实用盐度值为过去盐度值（绝对盐度）的1000倍。例如，过去盐度值为35.12‰，实用盐度值则为35.12。联合国教科文组织、国际海洋物理科学协会（IAPSO）等4个国际组织采纳了海洋学常用表和标准联合专家小组的推荐，通报建议于1982年1月1日起采用1978年实用盐度标度，并出版了《国际海洋用表》，此表中还规定了计算实用盐度的方法。

**参考盐度标度及绝对盐度估算** 上述实用盐度标度存在如下问题：①基于海水组成恒定性原则，而实际上海水的某些成分比例是有轻微差别的。②实用盐度是通过测量海水的电导率获得，因此它无法反映海水中不导电的中性溶质，而中性溶质对密度等海水性质显然有影响，且在海洋中的分布也不均匀，如果盐度不能反映出其含量，则无法适应较高精度要求的研究。③实用盐度是一个无量纲数，并不是一个真正的物理量，只是为了方便海洋学应用而建立的。它与国际标准不一致，在与其他学科联合应用时有较多的不便之处。为修补这些缺陷，海洋研究科学委员会（SCOR）和IAPSO于2005年共同组建了关于海水状态方程的第127工作组（WG127）。旨在确立一个国际承认的海水标准和新的海水状态方程，为海洋科学研究和应用提供更好的标准与理论基础。2009年6月，在法国巴黎举行的政府间海洋学委员会（IOC）第25次会议通过了由WG127提出的新方程，并要求与会各国尽快在本国宣传和推广这一新方程。新方程命名为海水热力学方程2010（TEOS-10）。2009年7月，在加拿大蒙特利尔召开的IAPSO事务会议上，TEOS-10获得一致通过。新方程采用绝对盐度来代替实用盐度。绝对盐度为海水中溶质的质量分数，采用国际标准单位克/千克，可以表示从0至海水饱和时的任意盐度。绝对盐度体现的是海水中的所有溶质，包括中性溶质，所以它能更加真实地描述海水物理性质以及与之相关的海洋现象。

作为一个质量分数，绝对盐度是无法直接测量的，因此，F.J.米勒罗等定义了参考盐度作为对绝对盐度的一个估计。米勒罗等首先通过分析标准海水组成定义了一个海水的参考组成模型，具有该参考组成的海水称为参考海水，参考盐度定义为与样品有相同电导率的参考海水的溶质质量分数。从参考海水的定义不难发现，参考海水各成分的比例与标准海水相同，由于其成分比例固定，因此参考盐度与氯度是严格成比例的，而实用盐度与氯度也是相关的，因此参考盐度与实用盐度之间是可以转换的。为了保证旧资料的延续性并与现有测量数据衔接，米勒罗等建立了参考盐度$S_R$与实用盐度$S_P$以及氯度Cl‰的转换关系。之后，R.法伊斯特尔又定义了转换系数$u_{PS}$和$u_{Cl}$。根据两者的工作，这一转换关系可以表达为：

$$S_R‰ \approx u_{PS}\times S_P‰ \approx u_{Cl}\times \mathrm{Cl}‰$$

式中$u_{PS}=35.165\,04/35\approx1.004\,715$（克/千克），$u_{Cl}=1.806\,55\times u_{PS}$。

如上所述，通常定义下，绝对盐度无法直接测量。WG127为此选取密度盐度来间接表征，定义为与样品有相同密度的参考海水的溶质质量分数，也将其称为绝对盐度。这样，绝对盐度$S_A$就可以通过与参考盐度的关系计算得到。对于参考海水的样品，参考盐度与绝对盐度相同，即$S_A=S_R$。对于一般的海水样品，其组成成分不符合参考组成，样品的参考盐度仍可以近似地表示绝对盐度，但需要进行修正：$S_A = S_R + \delta S_A(\lambda, \varphi, p)$。式中$\delta S_A$为盐度修正量，是经度、纬度和压强的函数，它表征不同地区和深度的海水所进行的盐度修正是不同的，即海水组成恒定性原则并不完全适用。为了计算$\delta S_A$，WG127在全球范围内采集了811个深海海水样品，通过分析这些海水样品的密度，发现$\delta S_A$与海水硅酸盐含量有确定的关系，从而通过硅酸盐建立了$\delta S_A$与经度、纬度和压强的函数。有了上述各项关系，海水的绝对盐度$S_A$就可以通过电导率计算得到。

盐度的分布　世界大洋盐度平均值以大西洋最高，为34.90；印度洋次之，为34.76；太平洋最低，为34.62。但是空间分布极不均匀。世界各大洋表层的海水，受蒸发、降水、结冰、融冰和陆地径流的影响，盐度分布不均。两极附近、赤道区和受陆地径流影响的海区，盐度比较小；在南北纬20°的海区，海水的盐度则比较大。深层海水的盐度变化较小，主要受环流和湍流混合等物理过程所控制。

（李雁宾）

**海水养殖容量**　carrying capacity of mariculture　在保护环境、节约资源和保证应有效益等方面都符合可持续发展要求的最大海水养殖量。海水养殖容量受到**海洋环境容量**、养殖方式、养殖条件、养殖品种、养殖技术和经验以及市场等因素的综合影响。

从生态学角度理解，海水养殖容量是一个有限的随时间变换的参数。对于每个特定海域，其环境条件不可能适合海水养殖生物无限地生长，且由于环境中各理化因子的相互作用、相互制约，使得某特定养殖海域的“容量”只能处在一定的承载限度内。在进行海水养殖容量的确定时，应该考虑海域环境以及养殖生产本身的可持续性，需要从环境保护的角度，根据特定海域的水动力条件，在综合考虑海域的物理、化学特征以及充分利用海域的可利用环境容量前提下，防止养殖生产对环境的过度污染，使所产生的污染物负荷量控制在环境的容纳量范围内。海水养殖容量的概念还必须考虑经济因素，即确保在特定时间养殖群体中的个体达到一定的商品规格。

海水养殖容量不是固定不变的，而是能随着养殖方式与养殖技术的改进而提高。提高海水养殖容量的常规途径有：合理布局养殖区、选择适宜的养殖品种、强化养殖区水质管理、优化养殖生态系统结构等。合理利用养殖容量就是要形成一个

牡蛎养殖池

结构优化和功能高效的养殖生态系统，使所投入的物质得到反复循环、初级生产力得到充分利用，从而提高生产效益和养殖效益，避免物质浪费及环境污染。

（姜　峰　于永海）

**海水有机物质**　marine organic matter　存在于海水中不同形态的有机物质。由碳、氢和其他非金属元素，如氧、氮、硫等，以共价键形成的化合物，是具有不同粒径、不同极性、不同电荷、不同化学特征及不同环境行为的各种分子。海水中的有机物主要是海洋生物的代谢物（见**海洋天然产物**）、分解物、聚合物、残骸和碎屑等，这部分是海洋原地生物合成的（本地有机物）。还有一部分是通过河流和大气由陆地输入的（外来有机物），包括陆地天然产物和人类活动造成的有机污染物输入。

起源　海洋中的有机物质以及它与无机物质之间相互转化的历史几乎与海洋本身的历史一样长，生命起源于有机分子，从热带到两极，生命遍及整个海洋。关于海洋中有机物的起源众说纷纭。例如，太阳系星云中可能已经含有有机物，地球也不例外，这已被星际尘云、彗星和陨石中存在有机物的事实所证明。

研究历史　早期海洋有机物研究开始于19世纪末科学家对海水脂肪酸含量的测定。现代海洋科学发展过程真正的起点是20世纪30年代，丹麦科学家A.克罗伊提出，海洋溶解有机物具有生物化学惰性，不能被移除和被生物作为食物来源，被排除在有机循环之外，且可能具有累积的特点。随后关于海水溶解有机碳和溶解有机磷的工作，使得海洋有机化学在深度和广度上有了新的进展。60年代，由于分析测定技术的发展，对海洋中一些有机物做了鉴定，并开始用生物地球化学观点对海洋有机物的分布做初步研究。70年代初期，海洋化学家开始注意到，海水中的有机物质含量虽然少，但对无机成分的影响却较为显著。有机物参与海洋中各种物理、生物和化学过程并起到了重要作用。70年代开始，尤其1977年在爱丁堡“海洋有机化学概念”讨论会之后，海洋科学工作者逐渐认识到海洋有机物质与海洋生命起源、生物活动、元素的化学物种溶存形式和运移规律、水团运动、沉积和成岩等都有密切关系。90年代，随着溶解有机物各种分析方法的建立和完善，对海水中有机物质的研究蓬勃发展。同时，由于切向超滤技术的发展，胶体有机碳也从传统意义上的溶解有机碳中分离出来，作为单独的对象进行研究。进入21世纪以来，海洋中有机物对海洋生物的作用和影响，对海洋生物地球化学及其过程机理和反应研究中的关键作用，已成为海洋化学研究的前沿和新的学科生长点。

分类　就有机物质在海水中的存在状态而言，可分为4类：①溶解有机物（DOM）。②颗粒有机物（POM）。③挥发性有机物（VOM）。④胶体有机物（COM）。通常以孔径为0.7/0.45微米的玻璃纤维滤膜或银滤膜过滤海水，滤液中所含的有机物称为溶解有机物，留在滤膜上的有机物为颗粒有机物。由于大部分海水有机物的化学组成尚不清楚，在研究海水有机物分布时多以溶解有机碳（DOC）、颗粒有机碳（POC）分别代表溶解有机物和颗粒有机物。

海洋中有机物质主要来自海洋生物，特别是浮游生物，对海洋有机物质的研究是海洋生物地球化学研究的重要组成部分。海洋中的有机物质就组成而言，分为无氮有机物、含氮有机物、类脂化合物和复杂有机物4类：①无氮有机物。主要是死亡的海洋植物在分解过程中形成，其中最重要的是碳水化合物及其分解产物，按其分解过程依次为木质素、纤维素、淀粉、葡萄糖和有机羧酸。②含氮有机物。主要为海洋植物和动物蛋白质及其分解产物，其分解过程的主要产物有蛋白质、蛋白胨、多肽、氨基酸、胺等。③类脂化合物。主要有脂肪酸、甘油及其脂族醇、固醇等，与其他有机物相比，其含量少，且分解困难。④复杂有机物。主要包括腐殖酸在内的腐殖质。根据分解实验、碳同位素分析、有机碳垂直分布特征及其他间接证据，海水中溶解有机物的大部分分解为能抵抗微生物降解或化学氧化的稳定化合物，这是一类结构复杂的水腐殖质。由于性质复杂，对其组成还了解不多。

另外，随着近代工业和农业的发展，从陆地及大气输入大量人工合成有机污染物到海洋中。农药DDT在海水中的分布也很广泛，经由大气传播，在南极海域中都能测到。随着对DDT的使用量减少，

海水中DDT的含量一般低于$10^{-3}$微克/升。此外，海洋还受到石油烃类的污染。

特点 ①浓度低。大洋表层水溶解有机物的浓度的变化范围为65～90微摩/升，深层水中平均浓度不到50微摩/升，比溶解无机碳浓度低得多。颗粒有机物浓度更低，在大洋表层海水中的浓度介于1～17微摩/升，平均为8微摩/升，在大洋深层水的浓度介于0.2～1.3微摩/升，平均仅为0.8微摩/升。②组成复杂。尽管过去1个世纪以来对全球海洋溶解有机质的分析超过了1万次，但对溶解有机质分子组成的理解仍然以糖类、氨基酸、脂类、维生素、色素等能够从海水中分离出来的溶解物质的总量为基准。从这个角度来讲，只有不到10%的溶解有机质的结构得到确定和表征。大洋中总有机碳的平均含量约为1毫克碳/升，因而整个海洋中的有机碳总量达$1.5\times10^{12}$吨，与陆地上煤、泥炭和表层土壤（0～30米深）的有机碳总量处于同一个数量级，超过海洋生物总量的500倍，而且所含有机物种类之多，远超海洋中的无机物。③时空变异明显。受来源和去除的影响，海洋有机质在海洋中呈现明显的空间分布不均匀性，且随季节变化而变化。近岸海域颗粒有机质的含量可比大洋水高1～2个数量级。一般在初级生产力高的海域，颗粒有机质含量也较高。河口区生物生产力高，近海海水中有机物含量普遍高于大洋，尤以POM为甚。④易与金属形成有机络合物。溶解有机质是海水中痕量金属的主要载体，可以与金属进行多种形式的配合或吸附，如海水中98%的锌、99%以上的铁和铜以有机络合物的形式存在，深刻影响了金属的迁移转化和生物可利用性。

研究意义 海水有机物质直接构成海洋生命，并对各种海洋生物活动产生影响，在探索地球生命起源的研究中具有重要意义。有机物质构成了所有生物的组织，同时也是异养生物的主要食物来源。海洋生物除了将有机物质作为生长所需的物质与能量来源外，还利用其作为相互联系的中介，如信息素、毒素、解毒剂等。海洋中有机质尽管占总含盐量的比例非常小，但是有机质可以通过络合和吸附作用与许多元素结合，从而影响了这些元素的地球化学行为与生物活性，同时对海洋生源要素的生物地球化学循环也有明显影响。海洋沉积物中的有机质会影响海洋沉积物的性质，如增加颗粒之间的黏性，限制其再悬浮，从而为底栖生物提供充足的食物来源。另外，它们也提供了化石燃料形成以及古海洋学事件的信息，为反演海洋演化历史提供了极佳的示踪剂。

海水有机物参与了海洋中许多化学变化和生物地球化学作用，是海洋化学、海洋生物学和海洋有机地球化学共同关注的重要研究内容，对认识海洋环境中所发生的各种过程具有重要意义。海水有机物质的研究最大的挑战在于如何鉴别、定量每一种有机组分。溶解在海水与保存在沉积物中的有机物质至少有一半尚未被鉴定出来。另外，海洋的有机物质通常以痕量、复杂的混合物形式存在，它们是不同来源、不同年龄、不同反映历史的集成产物，而通常所采用的分子水平的化学分析方法仅仅是特定地测定其中某一组分，往往不能代表混合物的整体。

（杨红梅）

**海水中液－固界面三元络合物** ternary complexes at liquid-solid interfaces in seawater 海水中一类比较复杂的液－固界面体系。由固体粒子－有机或无机配体－金属之间的相互作用生成的三元络合物，海水中重要的元素化学存在形式。

研究历程 液－固界面三元络合物的研究始于20世纪70年代。P.W.欣德勒等最早提出将液－固界面三元络合物分类为Ⅰ型和Ⅱ型两类（图1），图中S为固体；O为有机物；M为金属；L为配体。

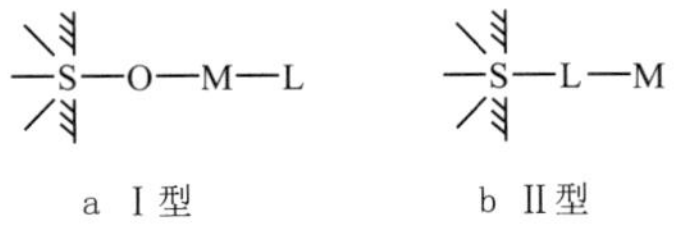


图1 液－固界面三元络合物分类（P.W.欣德勒等提出）

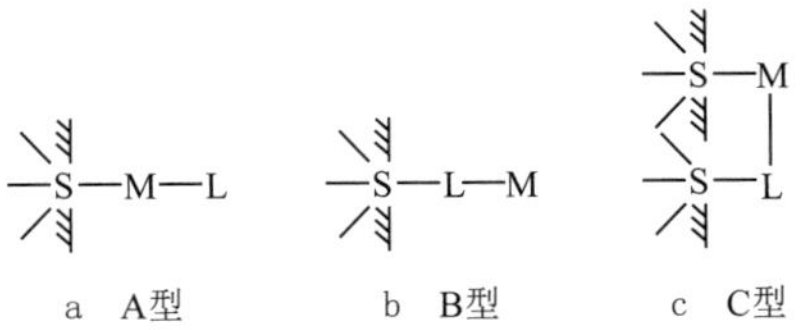


图2 液－固界面三元络合物分类（J.O.莱基等提出）

J.O.莱基等提出可能生成A型、B型、C型三种（图2）。其中Ⅱ型类同B型，称为类配位体三元络合物；Ⅰ型不同于A型，称为类金属三元络合物，A型其实难以生成；C型还没有实验证明存在。

张正斌等提出液－固界面三元络合物分类（图3），并提出一种判断液－固界面三元络合物的生成及其生成类型的新方法——E(%)-pH曲线法。4种具体的E(%)-pH曲线类型（见表）分别为S型曲线左—右摆动规律、V型曲线、单向移动的曲线、X型曲线。

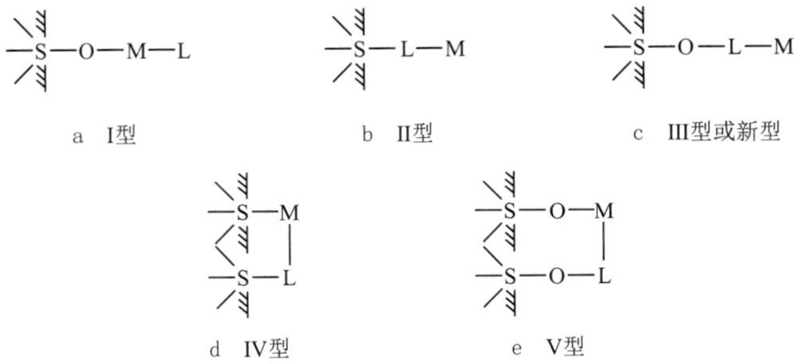


图3 液－固界面三元络合物分类（张正斌等提出）

稳定常数估算和实验测定方法 主要有3种：①申德勒等的估算方法。②计算

**E（%）-pH曲线法研究三元络合物**

| E (%)-pH曲线 | 实验体系 | 三元络合物类型 | 实验特征 |
|---|---|---|---|
| S型曲线左—右摆动规律 | (氨基酸，FA等)－金属－黏土矿物约十个体系 | 1（新类型）或2（Ⅱ类） | 曲线为S型并左—右摆动，固体粒子为黏土 |
| V型曲线 | (磷酸根、砷酸根等)－(水合氧化物、黏土等)－($Cu^{2+}$)等金属离子约十个体系 | 3（Ⅰ类） | M具体为$Ca^{2+}$，可用天然海水实验，用于离子强度效应实验。M还可以是$Ca^{2+}$以外的其他金属 |
| 单向移动的曲线 | ① α-FeOOH-Cu-色氨酸体系、α-FeOOH-Cu-酪氨酸体系 | 3（Ⅰ类） | 曲线为峰型，并单向上移 |
| | ② β-$MnO_2$-Cu-色氨酸体系 固体粒子还有γ-AlOOH；金属还有Zn（Ⅱ）；有机物还有苯二酸等共7个体系 | 3（Ⅰ类）1（新类型）或2（Ⅱ类） | 曲线反S型，并单向上移 在高pH范围，曲线呈V型 |
| X型曲线 | 酪氨酸-Cu-β-$MnO_2$体系 | 2（Ⅰ类） | 曲线有多条，分别为阴离子交换和阳离子交换，每条曲线复合成X型 |

模拟估算法。③张正斌和刘莲生等的实验测定方法。求算液－固界面三元络合物稳定常数的理论模式的假设和主要化学反应如下：①金属离子与固体粒子的分级离子/配位子交换作用。②n元有机酸HnA与固体粒子界面交换作用。③液－固界面三元络合物的生成反应。④有机酸在溶液中的解离反应。⑤溶液中金属离子与有机酸的配位作用。

波谱研究　研究三元络合物的结构要应用现代波谱分析技术。主要有以下几类：①核磁共振（NMR）技术。核磁共振可测定含有多种核（如C、F、H、N、P等）的吸附，但NMR的检测限低，限制了其应用。②X射线吸收光谱技术。③电子自旋共振（ESR）和电子自旋回波包络调制（ESEEM）。④漫反射红外光谱技术。

（刘春颖）

**海水状态方程**　equation of state for seawater　联系海水密度与海水状态参数温度、盐度、压力之间关系的数学表达式。一般可写为$f(\rho,S,t,p)$。式中$\rho$为海水的密度；$S$、$t$、$p$分别为海水的盐度、温度和压力。可见海洋中水的密度依赖于3个量：①温度$t$。因为水的热膨胀，通过系数$\alpha_E$表达。②盐度$S$。因为盐溶于水，由于盐水的电缩作用，改变了水的比重，通过系数$\varkappa$表达。③压力$p$。因为上层水的压力下海水的压缩性质，通过压缩系数$\beta$表达。

研究意义　海水状态方程是海洋科学（特别是在海洋化学和物理海洋学）的基础方程式，对其进行研究具有重要的理论和实际意义。例如，可以根据已测定的海水状态参数计算出未知的海水状态参数。海水密度的测定多限于实验室条件下，要在海洋现场进行精密测定是困难的。但是，根据海水状态方程中密度与温度、压力和盐度的关系，就可从较易得到的海洋现场温度、盐度和压力观测资料计算出海水的密度。而海水密度又可直接用于动力高度和地转流等的海洋学计算。由海水状态方程可以导出热力学函数，如海水压缩系数和热膨胀系数。等温压缩系数可用于计算高压海水声速和海水垂直稳定度，热膨胀系数在绝热温度梯度的计算中是必需的。海水状态方程的较高次导数可用于计算其他的热力学常数，如定压海水比热的压力相关性。另外，由海水状态方程所导出的精密度很高的密度资料有助于分析大洋水团的运动和分层现象，还可用来确定作为温度、压力和盐度函数的偏摩尔体积。偏摩尔体积对海洋环境中许多重要的化学平衡研究至关重要。

发展概述　M.H.C.克努曾和V.W.埃克曼分别于1901年和1908年提出计算海水条件密度的公式，合并称为克努森－埃克曼经典状态方程。1910年，V.皮耶克尼斯和J.W.桑德斯特勒姆将经典状态方程用泰勒级数展开，编算了成套表格以供查用。1962年，J.克里斯建立了由海水声速导出的海水状态方程。1970年，一个大气压条件下的考克斯－麦卡特尼－卡尔金海水状态方程式被发表。以上都是通过多项式表达的海水状态方程，建立之后在海洋学中得到了广泛应用。1973年，F.J.米勒罗等通过测定标准海水的相对密度，提出了“一个大气压下的海水状态方程式”。1976年，陈镇东和米勒罗通过实验测定，建立了任意压力下的海水状态方程式，称为陈镇东－米勒罗状态方程。用该式计算海水的比容、热膨胀系数和等温压缩系数，与文献结果较为一致，既能适用于较广的温、盐、压范围，且较其他状态方程精确。1977年，陈镇东和米勒罗又提出具有24个参数的简化状态方程式，同样可得到相似的结果。这两种方程是通过热力学基础方程式近似表达的。鉴于海水中声速可以精确测定，而声速与海水密度又有密切关系，因此，米勒罗在克里斯在1962年建立的声速海水状态方程的基础上进行改进，得到了更好的结果。用热力学基础方程形式表达的海水状态方程有泰特－吉布森海水状态方程、图姆利兹状态方程等。1980年，联合国教科文组织（UNESCO）、国际海洋考察理事会（ICES）、海洋研究科学委员会（SCOR）和国际海洋物理科学协会（IAPSO）等单位组织的“海洋学常用表和标准联合专家小组（JPOTS）”在第10次报告中，公布了新的1980年国际海水状态方程，推荐采用1978年实用盐度标准（PSS-78）和1980年海水状态方程（EOS-80），并在全世界进行推广。这一标准的实施给海洋学带来了一次变革，海水盐度定义从此与氯度无关，海水密度测量与计算的精确度提高了几乎一个量级，极大地推进了海洋科学研究的发展。但EOS-80仍然存在没有更新温标、没有对新的海洋标准进行更新、使用的仍然是实用盐标、使用范围不够广泛等缺点。基于此，SCOR和IAPSO于2005年共同组建了关于海水状态方程的第127工作组（WG127），旨在确立一个国际承认的海水标准和新的海水状态方程，为海洋科学研究和应用提供更好的标准与理论基础。2009年6月，在法国巴黎举行的政府间海洋学委员会（IOC）第25次会议通过了由WG127提出的新方程，并要求与会各国尽快在本国宣传和推广。新方程命名为海水热力学方程2010（TEOS-10）。2009年7月，在加拿大蒙特利尔召开的IAPSO事务会议上TEOS-10获得一致通过。EOS-80和TEOS-10这两个方程在海洋学上并行使用。

表达形式　主要表达形式有3种：①通过状态参数的幂级数多项式来表达，或用接近于多项式的经验公式表达。②通过具有热力学基础的方程式近似表达。如图姆利兹方程式、泰特－吉布森方程式和范德瓦耳斯方程式等。③可近似地用确定溶液密度的物理化学公式表达。

另外，从实验测得的数据的性质来看主要分成3类：①由直接测定海水的温度、盐度、压力和密度的数据来确定海水状态方程式，绝大多数海水状态方程式是通过这一类途径得到的。②测定海水声速来建立海水状态方程式，如EOS-80。③通过热力学方程获得，已广泛使用的TEOS-10就是通过热力学公式推导而来。

EOS-80联合国教科文组织推荐的1980年国际海水状态方程。通过海水状态参数温度、盐度、压强计算密度的一个经验公式，求解其他函数时，需要先借助热力学关系进行推导，再将密度代入进行计算。共推荐了三个方程，分别为“一个大气压国际海水状态方程”、高压国际海水状态方程和完整的国际海水状态方程。其中，第三个为通用方程，可以用该方程计算海水的密度。公式的形式为：

海水比容$v(S,t,p)$与压强关系为：

$$\frac{pv(S,t,0)}{v(S,t,0)-v(S,t,p)}=K^0+Ap+Bp^2=K$$

则

$$v(S,t,p)=v(S,t,0)\left(1-\frac{p}{K}\right)$$

或

$$\rho(S,t,p)=\rho(S,t,0)\frac{1}{1-p/K}$$

式中$p$为压强；$K$和$K^0$分别为压强为$p$和0巴时海水的割线体积模量；$\rho(S,t,p)$和$\rho(S,t,0)$分别为压强为$p$和0巴时的海水密度。

$\rho(S,t,0)$是纯水密度$\rho_W$和实用盐度$S$的函数，$K^0$是纯水$K_W$和$S$的函数：

$$\rho(S,t,0)=\rho_W+bS+cS^{3/2}+d_0S^2$$

$$K^0=K_W+fS+gS^{3/2}$$

$$A=A_W+iS+j_0S^{3/2}$$

$$B=B_W+mS$$

式中$\rho(S,t,0)$为标准大气压项；$\rho_W$、$K_W$、$A_W$、$B_W$为纯水项；与盐度$S$相关的为盐度项；$K^0$、$A$、$B$为高压项；各项系数是温度的函数；$d_0$、$j_0$为常数。适用范围：温度$-2\sim40$℃，盐度2～42克/千克，压力0～1000巴。

EOS-80的优点是比已有其他形式的海水状态方程更准确；可适用于深海高压的海水；方程式的结构比较简明，能清晰地刻画出决定海水体积弹性模量的“纯水项”“标准大气压项”和“压力项”，这给理论研究和实验计算带来很大方便。

TEOS-10 海水热力学方程2010。由联合国海洋研究科学委员会和国际海洋物理科学协会组建的第127工作组对海水状态方程式进行了充分的研究后，于2009年在国际标准化组织第25次会议上提出，以代替EOS-80。TEOS-10的核心思想是利用海水的吉布斯函数来求解海水的各种性质。在热力学上，知道了吉布斯函数，就可以通过微积分和代数运算，推导出海水的各种热力学性质，也就是状态方程。对海水来说，用来计算密度等性质的首选变量是盐度、温度和压力，这三个变量和海水吉布斯函数之间存在定量关系：

$$g(S_A, t, p) = g^W(t, p) + g^S(S_A, t, p)$$

式中$g$为海水的比吉布斯能；$S_A$为海水的绝对盐度；$t$为海水的摄氏温度；$p$为海水的压强。有了海水的比吉布斯能后，就可以通过微积分和代数运算求解各种派生函数，从而得到各种海水性质。工作组编写了海水吉布斯函数程序包（GSW）和软件包（SIA）。海洋工作者使用该程序包即可求得海水的吉布斯函数，从而求得海水的各种性质。该方程规定TEOS-10采用绝对盐度代替EOS-80采用的实用盐度，采用保守温度代替位温。TEOS-10采用海水吉布斯函数求算海水的各种热力学参数，除密度、声速等海水性质外，还可求算海水的焓、熵和热容等参数。

TEOS-10的适用范围得以扩大，绝对盐度（见**海水盐度**）为0～120克/千克；海水温度为−12～80℃；海水压力为−0.1～100兆帕，涵盖了高盐、高温、低压等特殊条件。TEOS-10的计算使用的是绝对盐度，因此，绝对盐度的概念重新重要起来。由于海洋上通常测定的盐度为实用盐度，而实用盐度和绝对盐度之间的换算存在一定的误差，因此，TEOS-10的使用受到限制，在国际上使用并不普遍。

（王江涛）

**海水资源化学** chemistry of seawater resource 研究从海洋水体中开发利用化学资源的学科。海洋蕴藏着极为丰富的化学资源，包括淡水、溶解的常量无机盐、有机物、微量元素、稀土元素以及核能物质等。这些资源不仅对人类生产生活具有重要意义，同时也是海洋生态系统稳定运转的基础。研究主要集中在3个方面：①从海水中提取淡水。②从海水中提取常量成分，如食盐和溴等。③从海水中提取稀缺的元素、有机活性物质和核素等。

发展概述 人类从海水中获取盐类的工艺，可追溯到新石器时代。中国海水制盐历史悠久，从福建省出土的古物熬盐工具表明，早在仰韶文化时期，当地已用海水煮盐；春秋时期，管仲为齐国宰相时，专设盐官管理盐务。据《天津府志》记载，汉代塘沽一带的制盐实况：“近海之区，预掘土沟，以待海潮浸入，注满晒之。”《宁河乡土志》中也有“用八尊风车，将潮水车入沟中，使之入池，曝晒即成盐”的记载。利用太阳能对海水进行浅池蒸发制盐，是人类实现的第一个物理化学过程。这个方法的特点是赶走大量的水，而留下海盐。海盐的生产，致使近代氯碱工业的建立，如氯气、盐酸、烧碱、纯碱等基本化工原料，都是先从海盐出发进行制备且达到了工业生产规模。从19世纪中叶到20世纪30年代，出现了盐田卤水综合利用的化学流程和工艺，制得泻盐、芒硝、氯化钾、氯化镁、溴等多种产品。虽然盐田卤水的数量有限，分散且难于集中，不利于发展生产，但在这些经典工作中，比较系统地发现了盐类在溶解和结晶过程中的平衡条件，指导了各种产品的分离。1930年前后，重点研究了直接从海水中提取化学品的问题，发展了海水提溴的空气吹出法和海水提镁的化学沉淀法，分别建立了海水制溴和海水制镁的工业化生产。1935年，开展了用二苦酰胺法从海水中提钾的实验。1952年后，海水淡化技术已得到广泛应用。从20世纪60年代以来，海水资源化学的研究引入了一些精密度较高的分析方法以及富集和分离的新技术。液–固交换–吸附理论和方法被应用于海水微量元素的开发利用中，该方法的特点是从海水中把海盐或微量元素“抓（即交换–吸附）”出来，与传统海盐工业相比，是一重大技术革新。

海水无机资源的利用 海洋水体是地球上最大的连续矿体，覆盖着地球表面的71%，总量约为$1.413\times10^9$亿吨。其中，水的储量为$1.318\times10^9$亿吨左右，约为地球上总水量的97%；溶解的盐类，平均浓度可达35克/千克，也就是说，每1立方米海水中含有约35千克的无机盐类物质。各种天然存在的元素存在于海水中，它们在海水中的总量非常大，即使是某些痕量元素，如锂（0.17克/千克）、铷（0.12克/千克）、碘（0.06克/千克）、铀（0.003克/千克）、钴（0.0001克/千克）等，在海水中的总储量也分别以亿吨、百亿吨甚至千亿吨计算。因此，从海水中提取无机化学资源，是补充人类对资源需求的重要途径之一。对无机资源的利用包括提取淡水、海盐、溴、镁、钾和核素等。

海水淡化 利用海水脱盐生产淡水的技术。海水淡化是20世纪50年代迅速兴起的一门实用科学，是实现水资源利用的开源增量技术，可以增加淡水总量，且不受时空和气候影响，可以保障沿海居民饮用水和工业锅炉补水等稳定供水。海水淡化主要经历了太阳能蒸发、多级闪蒸、多效蒸馏和反渗透等多种方法的发展历程，反渗透的海水淡化方法由于效率较高、能耗较低、无环境污染等优点，已成为主流技术。在全球范围内，海水淡化产业发展迅速，产量持续提升。据统计，截至2022年，全球海水淡化产量已达到约9000万吨/天。其中，中东地区的产量占全球总产量的近一半，这主要得益于该地区的干旱气候和丰富的海水资源。中国的海水淡化规模自2012年起持续增长，2022年已达235.7万吨/天。根据《海水淡化利用发展行动计划（2021—2025年）》，到2025年全国海水淡化总规模预计将达到290万吨/天以上。随着技术的不断进步和成本的降低，预计未来海水淡化产量还将继续增长，特别是在沿海缺水地区，海水淡化将发挥更加重要的作用。然而，海水淡化技术的发展和应用也面临一些挑战。一方面，虽然反渗透膜等核心技术的效率和性能不断提升，但仍需进一步降低成本、提高能源利用效率。另一方面，海水淡化过程中产生的浓盐水等废弃物也需要得到有效处理和利用，以避免对环境造成负面影响。

海水制盐及卤水综合利用 海水制盐是一种古老而有效的从海水中提取食盐的方法。该方法利用阳光、风力和自然蒸发过程，通过构建盐田系统将海水引入，经过多级蒸发和浓缩，最终析出晶体盐。这一技术最早可追溯至古代文明时期，至今仍在全球范围内广泛应用。现代海水制盐工业已经实现了技术升级和规模化生产。通过精确的工程设计和先进的设备，盐田法的效率得到了显著提升，同时减少了对环境的影响。为了提高单位蒸发面积的蒸发效率，有的盐场采用了枝条型或网型立体蒸发工艺。有的沿海国家因地理、气象等条件不适于盐田法制盐，研究发展了蒸馏法、电渗析法或冷冻法制盐。在全球范围内，海盐产量持续增长，成为满足人类食盐需求的重要来源。据统计，世界海盐年产量已达到数千万吨级别，其中亚洲、非洲和美洲的一些沿海国家是主要的海盐生产国。在中国，海盐生产历史悠久，沿海地区拥有丰富的盐田资源。随着盐业体制改革和技术进步，中国海盐产业得到了快速发展。中国海盐年产量已位居世界前列，成为国际海盐市场的重要供应国之一，主要有长芦汉沽盐场、布袋盐场和莺歌海三大盐场。中国的海盐产品仅有10%用作餐饮食盐，其他均用于工业原材料。在盐田制盐过程中形成的高浓度盐水称为盐田卤水，其化学成分复杂，主要包括氯化钠、氯化镁、氯化钙、硫酸镁等盐类，以及硼、碘、溴等元素。由于具有较高的浓度，使得从卤水中回收镁化合物、卤化物和其他盐类的成本较海水低。经过近一个世纪的研究发展，盐田卤水的工业化利用已相当成熟。然而，盐田卤水也带来了一些环境问题。由于其盐分浓度高，如果直接排放到环境中，会对土壤、水体和生态系统造成破坏。因此，在制盐过程中需要采取一系列措施，如循环利用、处理达标后排放等，以减少对环境的影响。

中国天津长芦汉沽盐场

海水制镁　海水中镁（Mg）的总储量约为$2.1\times10^{15}$吨。海水含镁0.13%，仅次于氯（Cl）和钠（Na），具有开发的经济价值。除大规模的NaCl生产外，镁和镁的化合物是海洋化工产品中的主要品种。镁是重要的金属结构材料，具有轻金属的各种用途，可作为飞机、导弹的合金材料，还可用于制造科学仪器、烟火、闪光粉、镁盐和照明弹等。镁的氧化物MgO俗称镁砂，是一种重要的工业材料，因其熔点高，在高温下仍能保持大的机械强度和耐熔渣侵蚀，故是炼钢和其他金属冶金工业的重要材料。1885年，在地中海沿岸法国塞特港附近有少量的海水制镁，这是最早的海水制镁。第二次世界大战前，金属镁大部分从海水中制得。早在1979年，世界上海水制取镁砂的年产量就已超过200万吨。海水镁砂生产已占全部镁砂生产的80%，年产量300多万吨。

从海水中提取镁，可以分为几个关键步骤：首先，将海水中的溶解镁转化为可以沉淀的形式，一般通过向海水中加入石灰乳（氢氧化钙）来实现，石灰乳与海水中的镁离子反应，生成氢氧化镁沉淀。接下来，将产物过滤，将生成的氢氧化镁从海水中分离出来。分离后的氢氧化镁需要进一步处理以去除杂质，提高纯度。然后，将纯净的氢氧化镁高温煅烧转化为氧化镁。最后将氧化镁与碳或一氧化碳反应生成金属镁，这一步是在高温下进行的，通常需要在电炉中进行。生成的金属镁可以通过冷凝收集，得到最终的镁产品。

海水提镁虽然是一种从海水中提取镁的环保方法，但它也会对环境产生一定的影响。首先，海水提镁过程中需要使用石灰乳等化学物质，这些化学物质可能会对海洋生态系统产生负面影响。其次，海水提镁过程中产生的废水可能含有镁的残留物、未反应的化学物质以及其他杂质。如果直接排放到海洋中，可能会对海洋环境造成污染，影响海洋生物的生存和繁衍。另外，海水提镁需要消耗大量的能源，如电力和燃料等。这些能源的消耗不仅增加了生产成本，还可能加剧全球气候变化等环境问题。因此，在进行海水提镁时需要采取一系列环保措施，如减少化学物质的使用、妥善处理废水、提高能源利用效率等，以减少对环境的影响。

海水提溴　溴是化学合成工业的重要原料，由于溴大量用于制备抗震添加剂、高效灭火剂和一系列溴精细化工产品，其需用量日益增加。溴在海洋水体中的总藏量达95万亿吨，约占地球上总储溴量的99%。据统计，截至2022年，溴素（单质溴）的生产能力约60万吨/年，近几年的年产量在40万吨左右。制溴工业主要分布在美国（占世界溴总产量的36%）、以色列（27%）、中国（19%），以及约旦、日本等国（合计18%）。溴化学品相关产业主要有医药、农药、染料、阻燃剂、灭火剂、制冷剂、感光材料等系列。从海水提溴的生产方法有：水蒸气蒸馏法、空气吹出法、连续双真空提溴法、树脂法、半透膜法、溶剂萃取法等。其中，水蒸气蒸馏法和空气吹出法的应用最为普遍。死海是世界上溴元素含量最丰富的地区之一，湖水中溴的浓度高达（2000～12 000）$\times10^{6}$克/克海水，远高于海水的$65\times10^{6}$克/克海水，该海区主要应用水蒸气蒸馏法提溴。在中国，用水蒸气蒸馏法进行溴素生产仅占全国溴素生产能力的10%左右，空气吹出法约占全国溴素生产能力的90%。由于工艺技术等问题，中国溴素的提取率仅为75%～80%，导致溴资源的大量浪费。溴具有挥发性，会对人类的皮肤和呼吸道黏膜造成刺激和腐蚀，有灼伤和神经衰弱等危害，因此海水提溴需要加强对环境的保护。

海水提铀　海洋水体中铀的总储量约为40亿吨，较陆地储量多2000倍左右，是巨大的潜在核能资源。海水中铀的含量很低，首先需要进行富集，然后再从富集液中提取铀化合物。采用过的富集技术包括水合氧化钛、碱式碳酸锌、硫化铅、黏土、泥炭、沸石、树脂等铀吸附剂和某些藻类及生物浓集剂。其中，以水合氧化钛吸附剂效果最好，每克钛吸附剂平均可富集500～600微克铀，接近陆地上某些贫矿的含铀品位。此外，某些特异结构的树脂和纤维物质也可作为海水提铀的吸附剂，其富集效率甚至可达到陆地上某些富铀矿的品位。有的国家已着手建立略具规模的海水提铀实验工厂，但由于成本高，还难以实现工业化生产。

海水提钾　钾作为植物生长所必需的三大营养元素之一，对于现代农业和食品生产具有重要意义。然而，世界绝大多数国家钾矿贫乏，陆地钾矿资源的有限性和分布不均性使得钾资源的可持续利用面临挑战。因此，从海水中提取钾成为解决钾资源短缺问题的重要途径之一。海水中钾的总藏量达500万亿吨左右，但全球海水提钾的规模仍然较小。20世纪40年代海水提钾技术开始研究，英国、日本、挪威、荷兰、意大利等许多国家都建立了海水提钾工厂。中国自20世纪70年代开展海水提钾研究，发展了以天然无机交换剂为富集剂提钾工艺流程。80年代发展了“半冠醚”型有机分子海水提钾工艺，大大降低了生产成本，后又发展了天然沸石叠加吸附工艺流程。21世纪20年代初，世界上钾的供应仍然依赖固体钾矿，海水提钾的产量较低。

海水提碘　碘是应用已久的药用元素和化工原料，又是近代用于人工降水和火箭添加剂中不可缺少的物质。海水中碘的总藏量约800亿吨，但由于其浓度处于痕量（0.06克/千克）水平，从海水中提取碘是一个具有挑战性的过程。从海水中提取碘主要采用的方法包括：溶剂萃取法、离子交换法、吸附法以及电渗析法等。这些方法的选择主要依据海水中碘的浓度、提取成本以及后续碘产品的纯度要求等因素。随着材料科学和工艺技术的不断进步，从海水中提取碘的效率和纯度得到了显著提升。例如，新型吸附材料的开发，使得碘的吸附容量和选择性都得到了增强。同时，离子交换树脂和膜技术的改进也有效提高了碘的回收率。尽管海水中碘的储量丰富，但由于提取成本和技术限制，从海水中提取碘的产量仍然有限。随着全球对可再生能源和环保材料的需求不断增加，碘作为重要的化工原料和新能源材料（如碘化银用于太阳能电池等）的需求也在持续增长。据估计，2022年全球碘的年产量大约为10 000吨。其中，日本是全球最大的碘生产国，年产量约为6500吨，占据了全球产量的65%。紧随其后的是智利，年产量为1800吨，占据了全球产量的18%。美国和俄罗斯则分别占据了约10%的全球碘产量。这些国家主要通过提取地下卤水和盐田卤水中的碘来进行生产。

其他元素提取　除了以上工业化提取海水化学资源，还有用“液-固交换-吸附”的富集方法提取海水中金和锂的探索性工作。另外，海水中含有约200万亿吨的重水，其中所含的氘是一种有前途的热核能资源。由于单项提取微量元素的费用比较高，可以结合海水淡化和海水制盐，从浓盐水和盐田卤水综合提取多种化学元素，以期充分利用物质和能量，达到降低成本的目的。充分开发利用海水，提取对人类有重要作用的稀缺资源，一直是海洋科学面临的重大命题。

海水有机化学资源的利用　自古以来，人类便依赖海洋生物作为重要的食品来源。然而，人们的研究主要聚焦于海藻多糖、氨基多糖和甘露醇等相对丰富的化学成分，这些物质因其显著的存在量和潜在的应用价值而备受关注。相比之下，海洋生物体中的微量物质则被忽视，其潜在价值尚未得到充分的挖掘。自20世纪60年代起，随着分离技术、结构分析手段的快速发展，海洋天然有机物的化学研究迎来了前所未有的发展机遇。这些先进的技术手段提高了人们对海洋生物化学成分的认知深度，拓展了人类对海洋生物资源利用的宽度和广度。这些物质虽然数量稀少，但往往具有独特的生物活性和重要的生态学意义，可以在多个层面为人类提供服务。它们的发现和研究，不仅为科学界带来了新的研究热点，也为人类社会的可持续发展提供了新的资源和可能。

（谭丽菊）

**海水总碱度**　total alkalinity of seawater　海水中弱酸离子的电荷量，是海水碳酸盐体系主要参数之一，表示符号为Alk、TA或$A_T$，单位为微摩尔/千克。国际通用总碱度定义是1994年由A.G.迪克森修正的精准的可测量的操作定义：中和1千克海水中，质子受体减去质子供体的余量所需$H^+$摩尔数。迪克森建议质子受体参考p$K$>4.5（25℃，零离子强度下；$K$为解离平衡常数）的弱酸形成的碱，提出总碱度表达式为：

$$A_T=[HCO_3^-]+2[CO_3^{2-}]+[B(OB)_4^-]+[OH^-]+[HPO_4^{2-}]+2[PO_4^{3-}]+[SiO(OH)_3^-]+[NH_3]+[HS^-]+\cdots-[H^+]_F-[HSO_4^-]-[HF]-[H_3PO_4]-\cdots$$

$[HCO_3^-]$为碳酸氢根所贡献的碱度，$[CO_3^{2-}]$为碳酸根所贡献的碱度，两者相加即为碳酸盐碱度；依次类推，$[B(OH)_4^-]$、$[HPO_4^{2-}]+2[PO_4^{3-}]$、$[SiO(OH)_3^-]$等分别表示硼酸、磷酸、硅酸等所贡献的碱度；$[H^+]_F$表示自由氢离子浓度；“…”表示海水中其他未知或非常微量的酸或碱所贡献的碱度，一般可忽略不计，如天然海水中个别有机物所贡献的碱度。但也有例外，如受红树林生长影响的河口或高生物量培养水体中，有机物所贡献的碱度可能很高，不能忽略；$[NH_3]$和$[HS^-]$在开阔大洋中浓度极低，其所贡献的碱度可以忽略，但在缺氧环境中两者浓度显著增加，对总碱度的贡献也相应提高。对天然海水来说，碳酸盐碱度贡献占90%～96%，硼酸碱度占0～5%，其余为其他弱酸贡献的碱度如磷酸硅酸等。

总碱度测定方法包括电势滴定法和光度法，而电势滴定法又可在敞开体系或封闭体系中进行，国际通用方法为敞开体系电势滴定法。天然海水的总碱度浓度范围约2000～2500微摩尔/千克，其变化主要受控于蒸发/降雨、水团混合和碳酸钙沉淀/溶解过程，而基本不受温度、压力、海-气界面二氧化碳（$CO_2$）交换的影响；但生物吸收和释放$CO_2$（即光合/呼吸作用）的过程中由于消耗和产生质子（与营养盐的利用和生成相关）会略微改变总碱度。总体而言，总碱度具有“准保守性”，在特定海区或不同水团混合时一般与盐度呈现良好的正相关关系，因而常用作物理混合的示踪因子。但从全球尺度看，随着大洋环流由北大西洋至南大洋再至印度洋和太平洋，深层水（1～4千米）的总碱度浓度逐渐增大，主要缘于上层海洋沉降的碳酸钙颗粒溶解导致总碱度不断累积。

另外，碳酸盐碱度定义为碳酸根离子（$CO_3^{2-}$）与碳酸氢根离子（$HCO_3^-$）对总碱度的贡献，表示符号为$A_C$，表达式为：

$$A_C=[HCO_3^-]+2[CO_3^{2-}]$$

对于天然海水，碳酸盐碱度对总碱度的贡献通常达到90%以上，是总碱度的最主要部分。

（郭利果）

**海水组成恒定性**　constancy of seawater composition　海水中主要溶解成分离子浓度之间的比值几乎恒定的性质。含盐量不同的海水中常量元素之间存在含量比值相近的现象。

提出及其验证　1819年，A.M.马塞特根据世界各大洋不同海域的海水分析结果，提出“全世界所有的海水水样都含有同种类的成分，这些成分之间具有非常接近恒定的比例关系，而这些水样之间只有含盐量总值不同的区别。”1884年，W.迪特马尔对“挑战者”号环球海洋调查中采集到的77个海水样品进行了分析和研究，以精准的结果证实了马塞特论述的可靠性。因此海水组成恒定性也被称为马塞特-迪特马尔原理。

应用　附表给出可供参考和研究的海水主要成分的组成与参考组成。

**海水主要组成**

| 元素 | 主要存在形式 | 质量分数/$g\cdot kg^{-1}$ | 浓度/$mol\cdot kg^{-1}H_2O$ |
|---|---|---|---|
| Na | $Na^+$ | 10.781 45 | 0.486 057 3 |
| Mg | $Mg^{2+}$ | 1.283 72 | 0.054 741 9 |
| Ca | $Ca^{2+}$ | 0.412 08 | 0.021 313 3 |
| K | $K^+$ | 0.399 10 | 0.010 579 6 |
| Sr | $Sr^{2+}$ | 0.007 95 | 0.000 188 1 |
| Cl | $Cl^-$ | 19.352 71 | 0.565 761 9 |
| S | $SO_4^{2-}$、$NaSO_4^-$、$MgSO_4$ | 2.712 35 | 0.029 264 2 |
| C | $HCO_3^-$、$MgCO_3$、$CO_3^{2-}$、$CO_2$ | 0.119 57 | 0.002 353 9 |
| Br | $Br^-$ | 0.067 28 | 0.000 872 7 |
| F | $F^-$、$MgF^+$ | 0.001 30 | 0.000 247 7 |
| B | $B(OH)_3$、$B(OH)_4^-$ | 0.027 39 | 0.000 430 4 |

影响因素　①物理过程。河流、海底火山、海底热液、冷泉、盐卤水的输入，这些水体所含有的化学成分同海水有着明显差异，其输入会造成局地海水偏离海水组成恒定性的现象。②化学环境。严重缺氧水体的氧化还原电位偏低，会导致部分元素发生还原反应，如$SO_4^{2-}$被还原为$H_2S$，导致$SO_4^{2-}$占比减小。③生物过程。某些生物结合Ca和Sr，用于生成生物结构或维持正常生命活动，在受这些生物活动影响明显的海域，Ca和Sr的比值会下降。④痕量元素。痕量元素在天然海水中含量低，它们在海水中易受其他生物、化学过程的影响，因而其含量一般不符合海水组成恒定性原理。

（郭肖伊）

**海水pH**　seawater pH　海水中氢离子活度的负对数［$pH=-\log(a_{H^+})$］，表征海水

酸碱性强弱的程度。常温常压下（通常指温度为25℃，压强为一个标准大气压），pH<7为酸性，pH=7为中性，pH>7为碱性。由于氢离子活度无法单独测量，海洋学上pH均为操作定义，并分为4种不同的标度。

①游离氢离子浓度标度$pH_F$。

$$pH_F=-\log\,[H^+]_F$$

式中$[H^+]_F$为游离氢离子浓度。

②NBS标度$pH_X$。

基于电极法测量海水样品与美国国家标准技术研究院（NIST）标准缓冲溶液间的电势差以获得pH。

$$pH_X=pH_B+\frac{(E_B-E_X)F}{RT\ln 10}$$

式中$E$为电动势；$R$为气体常数，8.314/千焦·摩尔；$T$为温度，开尔文（K）；$F$为法拉第常数，96 484.6库仑/摩尔；$X$为海水样品；$B$为标准缓冲溶液。

③总氢离子浓度标度$pH_T$。

NBS标度无法消除液接电势影响，哈森将标准缓冲溶液配制在不同盐度的三羟甲基氨基甲烷（2-amino-2-hydroxy-1,3-propanediol; TRIS）缓冲溶液中，同时引入$HSO_4^-$的作用。

$$pH_T=-\log[H^+]_T=-\log\,([H^+]_F+[HSO_4^-])$$

④海水氢离子浓度标度$pH_{SWS}$。

Dickson(1979)又将$F^-$引入缓冲溶液中：

$$pH_{SWS}=-\log\,[H^+]_{SWS}$$
$$=-\log\,([H^+]_F+[HSO_4^-]+[HF])$$

同一份海水样品参照不同标度的pH差别可达0.10～0.15，相对于测定精度或其他常数引入的误差，该差异不可忽略。因此，使用pH时需注意统一标度。海洋研究中常用总氢离子浓度标度，测定方法包括电极法和光度法。

海水呈弱碱性，表层海水的pH变化范围一般为7.9～8.4。海洋中许多物质的物理化学性质、存在形态及转化都受pH的调控或影响，如痕量元素的存在形态、矿物质的溶解度、化学分解和吸附，生源要素生物可利用性和平衡动力学等。海洋pH的变化在千年时间尺度上主要受控于海水碳酸盐体系，与碳酸（$H_2CO_3$）的二级解离平衡以及碳酸钙（$CaCO_3$）的沉淀/溶解平衡密切相关。此外，海洋生物的光合/呼吸作用因吸收/释放$CO_2$可影响海水碳酸盐体系的平衡，从而使海水的pH升高或降低。工业革命以来，大气$CO_2$浓度急剧升高，海洋吸收了部分人类释放的$CO_2$后，海水的pH逐渐下降，碳酸氢根（$HCO_3^-$）浓度升高，碳酸根（$CO_3^{2-}$）浓度和$CaCO_3$饱和度下降，这种现象被称为海洋酸化。海洋酸化对海洋的各类生物活动，尤其是长有碳酸钙介质的生物乃至整个海洋生态系统会产生深远的影响。

（郭利果）

**海獭** sea otter; *Enhydra lutris* 食肉目鼬科海獭属的一种。别称海虎。

形态 一般成年雄性体长1.47米左右，重45千克；雌性体长仅1.39米，重约33千克。牙齿宽大，齿尖短钝，适于咬碎猎物的硬壳。前肢短小，专门取食和梳刷绒毛。后肢宽厚，第一趾到第五趾依次延长，趾间有蹼，5趾连成鳍状。游泳时用后肢交替地扒水，产生向前的力。尾巴呈扁平状，较长，约占身体的1/4，游泳时可以当舵用。尾与后肢均已进化成专供游泳的器官。

分布 稀有动物，只产于北太平洋的寒冷海域，由日本北部至堪察加半岛沿岸，往东经阿留申群岛与阿拉斯加湾南岸，沿北美洲太平洋海岸至美国加利福尼亚州，常见于多岩石的海边。中国的海域中没有这种动物。

生态习性 栖息于多种海岸栖地，其范围由岸石海底和海岸线至沙或泥质的海底。多生活于水深40米以内的范围，但经常会移动至更深的海域以觅食或进行季节性移动。食物大部分是海底生长的贝类、鲍鱼、海胆、螃蟹等，有时也吃一些海藻和鱼类。

性喜群栖，白天常常几十只甚至几百只在海里嬉闹、觅食，到了晚上，有时睡在岩石上，但更多的时间躺在漂浮于海面的海藻上。遇到海面刮大风暴时就成群地到岸边躲起来。海獭一般不作大范围的洄游，喜欢过定居生活。

繁殖 实行“一夫多妻制”。雄性会在雌性与幼仔附近的水域建立自己的势力范围，在一次繁殖季中可能会与数只雌性交配。交配过程中，雄性经常会咬雌性的鼻子。性成熟的雌性在繁殖季期间鼻子会充血，较老的雌性会有明显的伤痕。雌性终年可生产。海獭的繁殖比较缓慢，5年才有1胎，通常1胎只有1仔，双胞胎和三胞胎是极为罕见的。在美国加利福尼亚州，大多数幼仔在12月至隔年2月间生产，而阿拉斯加族群的产期多半为5～6月，怀孕期9～10个月。雌性哺育幼仔约6个月（有时可达1年之久），之后便会突然断奶并遗弃它们。哺乳期间雌性会照常觅食，幼仔约6个星期大时即开始在浅水域学习如何觅食。

图1 沙滩上的海獭

图2 游泳的海獭

保护措施 被列入《美国濒临绝种动物条例》，为受威胁种；被列入《海洋哺乳类保护条例》，为枯竭种。

（姜广顺）

**海台** submarine plateau 具有比较平坦、宽阔顶面的海底高地。又称海底高原。通常高出邻近海底1千米以上。顶面比较平坦，局部有不大的起伏。侧面的坡度一般甚陡，但有的也较平缓。海台可分以下两种类型：①洋中海台。指洋盆中孤立的台地。大多数位于**碳酸盐补偿深度**（CCD）之上，上覆较厚的以钙质为主的沉积物。通常无明显的地震活动。有些洋中海台具有陆壳性质，认为是从大陆裂离出来的沉没的碎块，又称微型陆块，其地壳比周围洋底厚，但仍小于正常的陆壳。如印度洋的马斯克林海台（**塞舌尔-毛里求斯海台**）。其北部的基底，属大陆型地壳性质，厚度达31.95千米；其南部的基底则属大洋型地壳性质。②边缘海台。指发育于**大陆边缘**上的台地。多分布在500～4000米水深处，为**大陆坡**或**岛坡**上的平坦面，坡度在1/100以下。边缘海台一般有花岗岩基底，是沉没至不同深度的地块，如美国东南岸外的布莱克海台，大西洋边的福克兰台地、巴西岸外的边缘台地、欧洲的伊比利亚台地、新西兰东岸外的坎贝尔台地，以及环绕澳大利亚陆岸外的埃克斯茅斯台地等。

在中国南海北部陆坡，由于受南海北部拉张陆缘控制，在上陆坡和中陆坡出现三级断落的台阶和张裂式的东沙海台。南海南部陆缘陆坡地貌相对于**深海平原**而言，是厚达4000米以上的南沙海台。南海西部陆缘的陆坡区以过渡壳地堑带基础上发育的构造地貌为特征，其中有由断裂控制而逐级下降的五级台阶，有以地垒为基础并以台阶面为基座发育成的西沙和中沙海台，高原上珊瑚礁地貌发育并形成西沙群岛和中沙群岛。

（仲 佰）

**海滩岩** beach rock 产于热带或亚热带潮间带的一种固结岩石。亦见于潮坪的其他部位或潮沟中，甚至可见于相邻的小溪。组成海滩岩的碎屑颗粒一般为砂或砾，尚未见到过细粒的海滩岩。碎屑成分可为火山碎屑、陆源碎屑或碳酸盐碎屑。胶结物为碳酸盐。在海滩岩中曾经见过10年或20年前的人造的物品，说明潮间带的胶结作用过程极其迅速。海滩岩可呈结核状或单层状，有时整个海滩剖面都由海滩岩组成。一般微向海倾斜，并与典型的海滩层理相一致。

海滩岩胶结作用始于孔隙充填。首先是在碎屑颗粒的周围形成文石或高镁方解石的包壳，然后是垂直壳壁生长的文石或高镁方解石的纤维状或板状晶体，最后的残留孔隙则为等粒的高镁方解石所充填。在古老的海滩岩中亦有低镁方解石的胶结物，是成岩作用的结果。

关岛麦纳北岸的海滩岩

海滩岩形成于热带、亚热带海滨。与雨量无关。美国矿物学家J.D.丹纳认为其成因与低潮时海水的蒸发作用有关。亦有人认为咸淡水的混合作用有利于海滩岩的形成。迄今发现的最老的海滩岩距今约3500年。印度洋岛屿的某些原住居民有“种植”海滩岩的习惯。每年“收获”一次，用作建筑石材。

（仲 佰）

**海图** chart 以海洋及其毗邻的陆地为描绘对象的地图。按一定的数学法则把不可平展的地球球形表面描绘为地图平面；采用特殊的图形符号体系，描绘地球上复杂的自然、社会和经济现象；根据确定的原则和规律，对制图现象进行取舍和概括，反映出制图区域的本质特征和相互联系。海图是海洋测量和调查研究的成果，又是海洋开发和利用的重要工具。

发展简史 海图起源于石器时代古人类制作的简陋而原始的“立体海图”，它基于某种载体的简单图形表示世界海陆分布状况，而对海陆分布的真实情况尚处于知之甚少状态。这一时期的海图，以太平洋塔希提人用木桩做成的与其所住岛屿相互关联的立体模型，马绍尔群岛土著人用椰子的叶柄、椰页纤维和贝壳制作的立体海图，以及爱斯基摩人用漂木雕刻成的涂色海图最为典型。航海、贸易、殖民和战争丰富了希腊人的地理知识，公元前9～公元8世纪出现了以地中海和黑海为中心的海图。古希腊天文学家喜帕恰斯提出了在地图上用经纬度表示地面上点位置和地图投影方法，并在海图上绘制了航线。中世纪时期海图仍处于缓慢的发展中，此时出现了密克罗尼亚的“棒海图”、波托兰海图、中国明代编制的《郑和航海图》等。其中，13世纪出现的波托兰海图被认为是世界上真正意义并绘制在纸上的最早海图，在海图发展史上具有特殊重要的意义，它标志着海图从地图中分离出来，成为地图一个重要的独立分支。图上详细描绘海岸线，注记海湾、岛屿和海滩等名称，对有的山峰、教堂等陆标夸大表示，并在图中适当位置绘有罗盘。14世纪，罗盘、测星盘的改进以及欧洲从中国引进了唐代就已盛行的刻版印刷术，使海图成批复制成为可能，为大规模航海探险奠定了基础。

15～16世纪航海探险事业的发展，进一步推进了海图及海图制图技术的发展。海图表示的内容逐步增加，表示的范围不断扩大，表示的方法进一步精细。其间出现了海域符号、水深注记、方位圈、水深基准面、墨卡托投影海图等概念。16世纪，荷兰地图学家G.墨卡托首次把等角正圆柱投影用于航海图的编制，使海图编制具有更强的科学性，更便于航海应用。从18世纪开始，法国、丹麦、英国等国家相继成立海道测量机构，开始系统的海道测量工作，并利用实测资料编制了海图，促进了海图事业的发展。19～20世纪，海图表示方法和生产工艺有了多方面的改进，出现了许多海洋专题海图，如海流、风向、潮汐、水温、地磁图等。在世界海图的系统生产中，美国首先制定了正规的海图图式，规范了海图内容的表示方法，1840年，出版了图式符号标准参考图。1919年，在伦敦召开了有24个国家参加的国际海道测量大会，成立了国际海道测量组织，进一步协调了各成员国海道测量机构的关系，促进了海图和航海资料的统一。随着计算机技术和信息技术的飞速发展，20世纪后期，出现了电子海图、数字海图以及海图应用系统等。

内容要素 海图内容要素由数学要素、地理要素和辅助要素三个部分组成。①数学要素。海图使用的投影系统和控制基准等数学基础要素。包括海图投影、比例尺、高程和深度基准面、坐标系等，在海图上用经纬网、图形或数字比例尺，以及相关的文字说明来表示。②地理要素。海图上的自然和人文要素。包括海岸、干出滩、水深、海底地貌、海底底质、石油平台和沉船等人工地物（航行障碍物）、导助航标志、航道、锚地、各种区域和界线、水文要素等，毗邻陆地的水系、陆地地貌、居民地、交通线、境界线及各种地物等。③辅助要素。辅助识图、度量和图幅整饰要素。包括图廓、图名、图号、图例、接图表，航海图上的方位圈、对数尺，以及图面的文字说明、资料说明、出版机构和出版时间等。

技术特征 海图主要技术特征为：①没有固定的比例尺系列。比例尺往往根据海图用途和制图区域而定。②编号和图幅设计灵活。按用途和区域自行编排，编号通常由区号和地理顺号组成，依海岸地理走向顺序编排。图幅设计沿海岸、航路或地理区域进行。③表示内容以海域航行要素为主。突出表示海域要素，如海岸、水深、海底地貌、航行障碍物、导助航标志、水文和海上界线等。④有特殊的符号系统和对海域要素的特殊制图综合原则。⑤存在多个垂直基准面。海图上水深采用理论最低潮面作为深度基准面起算；跨海桥梁或管线净空高则采用平均大潮高潮面起算；陆地高程采用1985年国家高程基准。⑥定期改版与更新。为保证航行安全，通过航海通告发布海域要素变更事项，用户或相关机构直接在航海图上改正有关内容，以保持海图的现势性。

分类 海图可按用途和表示内容、服务对象、制作标准、出版形式和承载介质等多种方法分类。

按用途和表示内容通常分为：①航海图。表示海洋地理要素和海上航行安全信息的海图。是海图的主要品种。主要供船舶航海和锚泊使用。按用途分为海区总图、航行图和港湾图。海区总图供研究海区特点、制订计划、选择航线等用，比例尺一般为1∶300万或更小，以包全完整海区为原则。航行图供海上航行使用，可细分为远洋航行图、近海航行图、沿岸航行图和狭水道航行图，比例尺为1∶5万～1∶299万。港湾图供船舶进出港湾、选择锚地，登陆/抗登陆作战和港湾建设施工使用，比例尺一般大于1∶10万。②普通海图。表示海洋空间各种自然和社会现象及其相互联系与发展的海图。供分析地理形势，制订计划，确定部署等使用。包括海区形势图和海底地形图等。海区形势图比例尺较小，以某一完整的海洋地理区域或海战区为制图范围，全面而概括地反映区域的地理形势，常以图组和挂图形式出版。海底地形图是陆地地形图在海域的延续，表示内容包括海底地形起伏、海底浅层底质、自然与人工物体等。③专题海图。突出表示海洋空间的某种或几种海洋专题要素的海图。分为自然现象海图和社会经济现象海图两类。自然现象海图可细分为海洋水文图、海洋生物图、海洋重力图、海洋磁力图等。社会经济现象海图则细分为航海历史图、海上交通图、海洋水产图、海洋区划图等。

按服务对象分为：①专用海图。按用户的特定使用需求而编制的海图。专为从事海上某种职业的人和专业机构、部门或团体使用，或为解决海上特定活动的某些问题而编制的海图。单一用途和服务专一用户。如军用海图、渔业用图、海洋划界图、海上搜救用图和游艇用图等。②通用海图。为广大对象编制的海图。其内容表示全面，服务对象广泛。

按制作标准可分为：①国际海图。按照国际海道测量组织（IHO）相关标准出版的海图。在IHO协调下，由部分成员国分别设计、编绘和出版。其规格和表现方法基本一致，有纸质海图和数字海图两种形式。编制出版国际海图是IHO倡导航海图国际化的措施之一。②非国际标准海图。不符合国际海道测量组织相关标准的海图。

按出版形式分为：①单张海图。按照地理区域单元完整、单独发行和使用的海图。②成套海图。具有相同比例尺和基准纬度可拼接使用的一组海图或同一海区构成大、小比例尺系列的海图。③海图集。按某种主题统一设计的一定数量海图的系统汇编。着重表示海洋环境，能形象、直观地反映海洋的各种要素和现象。按制图区域，可分为世界海洋图集、大洋图集和海区图集。

按承载介质分为：①纸质海图。按照海图出版要求将海图要素图形印刷到纸张上的海图。②数字海图。按照一定的数据组织方式、带有坐标位置和属性标志，以描写海域地理信息和航海信息为主的海图数据集合。按数据的组织形式和特点，分为矢量海图、栅格海图和数字海底地形模型三种。③特质海图。利用特种材料制作的海图。如转印在有机玻璃上的海图、塑料模压立体海图等。

（孙万民）

**海湾生态系统**　bay ecosystem　海岸线曲折形成的、陆域与海域相接的半封闭海洋生态系统。海湾通常是很多重要海洋生物产卵场、育幼场或索饵场，也是受人类活动影响最显著的海域。

海湾环境特征　湾口两侧一般有两个对应的、距离不等的明显岬角，其连线就是海湾的外边界。海湾面积不等，形状不一，湾口可以是狭窄海峡也可以与内部基本等宽，但是受海水冲刷作用一般在湾口处水最深。这也是与高纬度峡湾的主要区别，后者经冰川蚀刻海洋侵入陆地形成，口门处一般有隆起的脊。

生物组成特征　海湾生态系统在物种组成上与外海保持着很高的相似性，但受水交换和陆源影响，其相对丰度和多样性会有所不同。有些海湾也有不同于外海的特有种。受陆源输入影响，海湾生态系统最大的特点是营养盐供应充足，初级生产力水平高。在浮游生物组成上，近岸种和半咸水种比例高于外海。丰富的饵料生物使其成为重要的海洋生物产卵场、育幼场和索饵场。海湾与毗连海洋生态系统在物种组成上的差别主要与海湾的封闭程度和水交换周期有关。一般浮游生物相似度会高于底栖生物，水交换越强相似度越高。生产力的水平主要与陆源输入有关，淡水输入较多的海湾，生产力和生物多样性一般也更高。

生态环境保护　海湾和其他生态系统一样，经受着气候变化的影响，但是最直接、最明显的影响还是来自人类活动。首先是污染，多个海湾的研究都表明，污染物的分布是以河流入海口为起点向外扩散的，而且人口、工业密集的区域污染也最严重。其次是填海造陆和海岸线人工改造，导致滩涂和湿地面积减少，潮间带对污染物的缓冲能力大大减弱。其他的影响还包括养殖活动引进的外来物种和人工设施，造成局地富营养化和污损生物大量繁殖。

海湾生态系统在资源服务和景观价值利用之间的矛盾更加尖锐。陆地的遮挡保护了船舶、养殖设施、工业建筑免受台风和巨浪正面袭击，因此海湾的周边密集分布着港口、工厂、居住区、养殖区。山海

秦皇岛市海港区金梦海湾美景

相依的美景也受到众多游客的喜爱。然而，这些活动又反过来影响着海湾生态系统的健康，同时海湾对人类活动影响的自净能力也因相对封闭而大大降低，远不及开放海域。

要实现海湾资源可持续利用，不仅要避免自然生境的人为破坏，还要充分认知生态系统的物质循环规律，在生态系统承载力科学评估的基础上适当开发。另外，还要区分不同海湾的具体情况。根据《中国海湾志》记载，中国海湾面积在100平方千米以上者有50多个，10平方千米以上者则多达150个。既要研究通行规律和开发技术，又必须针对具体海湾开展生态环境监测，记录生态系统演变历程，及时发现退化征兆。

（张光涛）

**海雾**　sea fog　在海洋影响下出现在海面和洋面上（包括岸滨和岛屿）的雾。雾是在水汽充足、大气边界层稳定的条件下，相对湿度达到或者接近100%时，空气中的水汽凝结成细微的水滴悬浮于空中，使近海面大气水平能见度下降至小于等于1千米的天气现象（见图）。如果近海气层

有海雾的挪威峡湾

温度很低，一般多在$-40$℃以下，使空气中的水汽凝华而形成冰晶，导致地面大气水平能见度下降至雾的标准，则称为冰雾。海洋条件下，高于$-10$℃时多为水雾，$-15$～$-25$℃时多为冰水混合雾，$-30$℃以下都为冰雾。因过冷水滴冻结而形成的雾又称冻雾。如果空气中的水滴不足以使能见度下降至雾的标准（大于1千米小于1万米），称为轻雾。根据世界气象组织的有关规定，也可以将雾定义为垂直厚度大于10米的云触及地面，并使得大气水平能见度低于或者等于1千米。如果触及地面的云厚度不足10米，称为浅雾。雾与云的区别在于，雾的底部在地面，而云的底部在海面上空，在适当条件下，两者可以相互转化。

形成　海雾的生成是在有凝结核存在的条件下，通过一定途径使空气达到饱和甚至适当过饱和而完成的。空气饱和有两个途径，一是增湿，二是降温。在海雾的发生、发展过程中，有的以增湿为主，有

的以降温为主，也有海雾是增湿和降温共同影响的结果。稳定的大气边界层是形成海雾的重要条件，当近海面有凝结发生时，逆温层阻碍雾滴向上扩散，有利于成雾，而低空的湍流混合可导致形成有一定厚度的雾层。

对于海雾来说，增湿和降温须通过必要的物理过程。增湿常常来自海面蒸发和空中雨滴（降水过程中）蒸发。含水汽较多的湿空气与较干燥的空气混合，其结果是一部分空气减湿，另一部分空气增湿，导致蒸发过程得以持续。降温物理过程较多，空中水汽和雾滴（雾顶）向上的长波辐射，温度平流，低空空气垂直湍流混合、海–气界面的感热交换等都可以产生冷却作用。

**分类** 按海雾生成的物理过程和原因，可把海雾分成**平流雾**、**混合雾**、**辐射雾**和**地形雾**等。按照相态分可以有水雾和冰雾。海雾有不同类型，增湿降温也有多种物理过程。不同物理过程在海雾的生成、维持中往往同时存在，不能截然分开。只不过在不同类型海雾形成过程中，起主导作用的物理过程有所不同。

**平流雾** 平流雾是最常见的海雾类型，是因空气平流作用在海面上生成的雾。它包括两种。

**平流冷却雾**，又称冷海雾，即海表面水温低于海表面气温条件下成雾。当暖湿空气平流到比较冷的水面时，受冷海面影响，导致较低层空气降温至露点温度以下而形成雾。这种雾比较浓，雾区范围大，持续时间长，能见度低，是海雾的主要类型。

**平流蒸发雾**，又称暖海雾，即冷空气流经较暖海面而成雾。由于暖水面蒸发比较大，在其上方近海面形成暖湿空气团。较冷的未饱和空气平流到暖水面，与原来在暖水面上的暖且饱和或者接近饱和的空气混合而成雾。冷季在美国加利福尼亚州沿海的暖海面，在浮力作用下也可能有低云形成，云顶长波辐射冷却和垂直混合导致云底高度下降至海面，形成暖海雾。

蒸汽雾。平流过来的干冷空气（一般来自大陆）比海面温度低很多条件下形成的雾。由于空气温度相对于海表温度低很多，导致海面强烈蒸发，使空中的水汽达到饱和状态而形成的雾。从两极区域流出的冷空气到达其邻近暖海面上，或来自巨大冰山或者大范围冰面的冷空气到达附近较暖水域上，均可生成蒸汽雾，常见于极地浮冰区。深秋初冬，开阔的有一定深度的湖面上也容易出蒸汽雾（见**平流蒸发雾**、**冰面辐射雾**）。

**混合雾** 在空中水滴蒸发导致低空水汽含量增大的条件下，再与平流来的空气发生混合而成雾。是蒸发和混合两种物理过程作用下的产物。混合雾分为冷季混合雾和暖季混合雾。冷季平流混合雾。冷空气与海面暖湿空气混合成雾。暖季平流混合雾。暖空气与海面冷湿空气混合成雾。

**辐射雾** **浮膜辐射雾**。漂浮在港湾或岸滨的海面上的油污或悬浮物结成薄膜，晴天黎明前后，因辐射冷却而在浮膜上产生的雾。**盐层辐射雾**。风浪激起的浪花飞沫经蒸发后留下盐粒，借湍流作用在低空构成含盐的气层，夜间因辐射冷却，就在盐层上面生成了雾。**冰面辐射雾**。高纬度冷季时的海面覆冰或巨大冰山面上，因辐射冷却而生成雾。

**地形雾** 岛屿和岸滨常常形成海雾，均与地形所产生的动力和热力作用有关，属于地形雾。**岛屿雾**。空气爬越岛屿过程中冷却而形成的雾。**岸滨雾**。产生于海岸附近，夜间随陆风漂移蔓延于海上。白天借海风推动，可漂入海岸陆区。

**分布** 广阔大洋上，北大西洋的纽芬兰岛附近、北太平洋千岛群岛附近及其以东洋面海雾发生频率都比较高，其次是西南大西洋的马尔维纳斯群岛附近、环绕极地外缘的洋面上海雾比较多。边缘海和沿岸近海，如鄂霍次克海、英国北海、日本海、黄海、东海、南海西岸、太平洋东岸的加利福尼亚–俄勒冈沿海、秘鲁和智利沿海海雾发生频率比较高。

海雾类型虽然有多种，但其中范围大、影响严重的，首推平流冷却雾。广阔洋面的海雾发生频率有明显的季节变化特征。北半球夏季盛行偏南风，暖湿气流向北流经冷水面，容易形成平流冷却雾，所以海雾以夏季为最多。海雾发生频率高的区域多在冷暖海流形成的海表温度锋（海表水温等值线密集区）的冷水一侧或者海表温度冷水中心。同理，南半球的海雾最盛季节在南半球的夏季。这类雾的特点是雾浓，持续时间长，甚至可持续1个月以上。

平流蒸发雾多见于冷季的副极地或冰山和流冰的外缘水域，雾层薄，形似炊烟。但当它在春秋季节与平流冷却雾在中、高纬度海域交替出现时，也常构成大片浓雾区。

中国沿海自南向北有5个相对多雾区：雷州半岛和琼州海峡、福建沿海、舟山群岛附近海域、青岛–潮连岛附近海域和成山头附近海域。自南向北多雾区范围增大，年雾日数增加。雷州半岛和琼州海峡年雾日数20天左右，福建沿海年雾日数20～30天，厦门附近的多雾中心为39.5天，而且多雾区面积较华南沿海明显扩大。浙江的大陈岛海域年平均雾日数可达50多天。山东的青岛–潮连岛附近，年平均雾日数50多天，黄海北部的成山头为83天。渤海的雾区域较小，年雾日数不足20天。

**影响** 海雾无论在海上还是在沿岸地带，因水平能见度低，对港口作业、交通运输、海洋捕捞和海洋开发工程以及海上军事活动等造成不良影响。据统计，海上船舶之间的碰撞事故80%与海雾有关。东海2008年1月7～12日的大雾造成上海洋山港港口关闭数日，经济损失上亿美元。雾水中的盐分对建筑物的侵蚀也是不可忽视的。

海雾发生时，往往会出现水汽垂直梯度大值区，有利于形成海面波导，对海上通信有重要影响。

在干旱半干旱的沿海和岛屿，海雾是一种重要的水资源。人们用特制的材料做成网，收获雾水。在秘鲁沿岸，雾水被称为“甘露”。此外，由于气候变化导致海雾入侵内陆和岛屿的程度发生变化，从而导致依赖雾水的植物死亡，对生态产生影响。

在沿海地区，如果陆地排放的酸性气溶胶作为凝结核形成海雾，则成为酸雾。对人类健康、农作物和建筑物寿命有不良影响。

**扩展阅读**

王彬华.海雾.北京：海洋出版社，1983.

（张苏平）

**海雾预报** sea fog forecast 利用科学技术手段，对未来**海雾**可能出现的区域和时间、海雾维持和消散时间进行预报。

**意义** 海雾无论是在海上还是在沿岸地带，都因其恶劣的能见度对海上和沿岸的社会经济活动产生严重影响，或造成经济损失。海雾预报不仅对安排港口作业、海上交通、海上生产，减轻经济损失有很重要的指导意义，对海上国防建设、军事活动也有十分重要的意义。因此，海雾预报是海洋气象预报的重要内容。

**预报方法** 海雾预报的方法包括以下4种：天气学方法、统计学方法、数值预报方法和人工智能方法。

**天气学方法** 把海雾作为一种天气现象，根据促成雾的生成、持续和消散的天气学条件，并考虑到各种气象要素的作用及演变，进行预报。由于海雾的局地性强，对水文气象环境十分敏感，用天气学方法预报雾，各地沿海气象台有自己方法。这种方法的优点在于可以充分利用预报员的经验，综合考虑多种资料，是应用最广泛的一种预报方法。其缺点是主观性强，不同预报员可能给出不同的预报结论，同时难以做到精细化。

统计学方法　应用统计方法把海雾与各种影响因素从空间分布和时间变化上相联系，寻找出其中的统计规律，建立统计预报方程，据此做出预报。它不仅考虑到各种必然因素，也考虑到偶然因素的作用，这种方法做出的预报可以实现定点、定时、定量（如能见度）。但是由于海上观测很少，预报模型往往比较简单，主要利用少量观测和模式输出结果进行统计分析。

数值方法　21世纪初，数值天气预报已经发展成为一种重要的很有潜力的天气预报方法。该方法不仅能作大气环流形势场预报，也能作天气和气象要素的预报。数值预报是客观的，可以实现定量化、精细化预报。主要利用数值模式提供的气象要素预报结果，结合经验公式，给出海上能见度和雾区预报。

然而，由于海雾的发生、维持、消散过程十分复杂，涉及天气尺度（如平流、下沉等）、次天气尺度/中尺度（如海陆风、海表面水温及其水平梯度、海洋上升流等）、小尺度（如辐射、海表面热通量、边界层湍流等）到更微小尺度（如雾滴和气溶胶等），而且海雾对环境气象水文条件十分敏感，想用一种模式比较好地反映海雾的生消过程是比较困难的，可以说，海雾数值预报充满挑战性。随着大气科学的发展，计算机技术、数据同化技术的进步，海雾数值预报的准确性已经有了较大提高。

人工智能方法　21世纪初，统计学与计算机科学飞速发展，针对复杂的非线性问题，催生了一系列依托于大量样本数据和高性能计算的解决方案，如深层全链接神经网络、循环神经网络、卷积神经网络等。这些方案可以通过计算机深度学习软件，自动从原始数据中提取特征，并建立预测模型。此方法对样本质量和数量高度敏感，在大样本条件下，该方法有独特的优势。

（张苏平）

**海啸**　tsunami　由海底地震、火山喷发或海底塌陷、滑坡等所激起的海水剧烈波动，是移行于海洋上的具有超常波长和周期的系列巨波。海岸巨大山体滑坡、小行星溅落地球海洋、水下核爆炸也可以引起海啸。在中国历史文献中，把风暴潮和海啸混称为“海溢”“海侵”“海啸”“大海潮”等。1980年中国风暴潮及海啸研究会成立，对统一名词做了专门研究，决定将风暴原因引起的海面异常定名为风暴潮，而将主要由海底地震原因引起的海面异常称为海啸，并与国际名称相互衔接。日本人称海啸为津波，其意思为涌向海湾和海港的破坏性大浪。尽管海啸的发生与潮汐或引潮力并无关系，在较早的英文文献中把海啸称为潮浪，在许多文献中，也使用地震海浪一词，及至20世纪60～70年代，由于这些英文词汇均不能表达海啸的本意，故开始逐渐采用日文中津波的译音tsunami。

传播与能量　海啸是一种频率介于天文潮波和涌浪之间的重力长波，其波长在深海大洋一般为200千米以上，周期15分钟至1小时。在大洋中，海啸波的传播速度$c$只与水深$h$有关，即$c=\sqrt{gh}$，式中$g$为重力加速度。在大洋中，海啸波速每小时可达几百千米至1000千米以上。理论研究和对卫星观测结果的分析均表明，大多数海啸在震源附近的海面升高（或降低）幅度都只有数十厘米至1米左右。所以这种波陡（波高与波长之比）极小的大洋波不会被正在航行的船只所感觉到和观测到。但当它移行至浅水区域时，其波速则与波长$L$有关。

至近岸更浅的水域，海水会堆积成高达10多米以上的“水墙”。海啸在滨海地区的表现形式是海水陡涨，骤然形成“水墙”，伴随着隆隆巨响（这一点与世界著名河口涌潮之一的钱塘江涌潮极其相似），瞬时侵入滨海陆地，吞没良田和城镇村庄，然后海水又骤然退去，或先退后涨，有时反复多次。也正是在这些地方，海啸才成为危害生命最可怕的自然现象，因为它的波高可骤增至35米以上，而且具有巨大无比的能量和破坏力。历史上最大的地震海啸波高达51.8米，1964年发生在美国阿拉斯加的瓦尔迪兹港。虽然海啸能量一般只为引起海啸的地震能量的1%～10%，但因为引起海啸的地震能量极其巨大，因此海啸能量也极其可观，一般为$10^{14}$～$10^{17}$焦耳。学者们对2004年12月26日印度洋海啸总能量的计算结果不尽相同，但一般认为相当于数百乃至数千颗1945年在日本广岛投下的原子弹的总能量。另外，地震导致的岸边巨大山体滑坡，可以激起岸边局部区域激浪。1958年7月9日晚10时，在阿拉斯加的利鲁亚湾，由于山体滑坡原因引起的超级巨浪，或称巨啸，它的波高达525米，曾把两条小艇、岸边的泥土和树木推到海拔500米高的山顶上。

产生条件　产生破坏性海啸的主要条件是：①引起海啸的海底地震震源较浅，一般要浅于50～70千米；震级一般在里氏震级6.5以上。②必须有海底的大面积（一般大于10万平方千米）垂直运动（量值在数米以上）。③发生海底地震的海区要有一定的水深，尤其是横跨大洋的大海啸，一般水深都在1000米以上。历史上也曾经发生过极少数破坏力很强的本地海啸，它们的产生也许并不具备上述条件，然而那些灾害范围极广的越洋大海啸，必须具备上述产生条件。

分类　海啸在广义概念上可以分成许多种类，并且在理论研究和海啸预报警报实践中得到广泛应用。海啸可以按产生的原因、破坏力和能量、信度、影响范围和灾害发生区域等分类。

按产生的原因分类。由海底地震引起的海啸称为地震海啸，或简称海啸。1498年9月20日在日本东海道8.6级海底地震引发的最大波高达10～20米、死亡41 000人的大海啸，1960年智利大海啸、1964年阿拉斯加海啸、1983年日本海海啸、2004年12月26日印度洋大海啸等都属于这一类；少数海啸由岸边或水下滑坡原因所形成，故又称滑坡海啸，如1792年日本有明海大海啸、1958年美国阿拉斯加利鲁亚巨型海啸等，但这类海啸源相对稀少；海底火山喷发引发的海啸称火山海啸，则更为稀少，如1883年印度尼西亚巽他海峡喀拉喀托火山喷发引起的大海啸；大型陨石（或小行星）溅落地球海洋形成巨型海啸称陨石海啸，但发生概率微小。此外，还有人为原因，如核爆炸等形成的人造海啸等，并已用于海啸的研究。

按海啸破坏力和能量分类（分级）。可分成若干级别，国际海啸历史研究中被普遍应用的是由日本学者渡边伟夫提出的海啸级别表。1级以上的海啸属于破坏性海啸，3、4级以上一般称为巨型海啸。

按海啸信度分类（分级）。在全球海啸灾害历史研究中，还经常需要判断灾害是否属于海啸所造成的等问题，因此引入了信度的概念，这是一种根据太平洋海啸历史研究中普遍采用的海啸信度分类方法。按照该分类方法，可以把类似海啸的灾害分为海啸、可能是海啸、可疑海啸、非常可疑海啸和非海啸5级。

按海啸影响范围和灾害发生区域分类。可分为：大洋尺度海啸、遥海啸、远距海啸和区域海啸、局地（当地、本地）海啸、近源海啸等。大洋尺度海啸，能够造成海啸生成区以外大洋全区破坏的海啸。对于远离海啸源地而受到海啸灾害的海岸来说，上述海啸则构成了遥海啸或远距海啸。1960年，位于智利海岸外的海底地震引发的大海啸，曾导致整个太平洋区域沿岸的人员伤亡和破坏。除智利海岸外，海啸给在夏威夷以及远在大洋彼岸的日本都造成了严重的生命和财产损失。而2004年印度洋大海啸，死亡人数已经超过了全球历次海啸灾害伤亡人数的总和，灾害主要发生在印度尼西亚的班达亚齐，斯里兰卡，印度的东南部海岸，泰国的普吉等地，并且影响印度洋几乎所有的国家。这些都属于大洋尺度海啸，对于海啸源地彼岸的地区来说，就是越洋海啸。区域海啸是指海啸的破坏程度只局限于特定的地理区域，如海啸源地周围1000千米范围的海啸。区域海啸对该区域以外地区的影响极为有限，如果海啸的破坏只涉及海啸源地附近，也可称为近源海啸。

此外，在研究海啸历史过程中，将史前发生的海啸称为古海啸；将海啸波在海洋*温度跃层*中以内波的形式体现，并沿温度跃层移行的海啸称内海啸。

灾害　海啸是许多国家滨海地区最猛烈的自然灾害之一。全球各大洋均有海啸发生，但因全球90%的海底大地震发生在太平洋，所以太平洋沿岸是海啸灾害多发区。此外，地中海沿岸和印度洋、大西洋的一些海岸也是海啸的多发区。一般认为世界的下述地区是海啸灾害最危险的区域：日本、堪察加半岛、萨哈林岛（库页岛）、千岛群岛、阿留申群岛；阿拉斯加、夏威夷群岛、南美洲西海岸、美国及加拿大西海岸；新西兰、澳大利亚、法属波利尼西亚、印度尼西亚和菲律宾；地中海沿岸的亚平宁半岛、西西里岛、爱琴海岸、亚得里亚海岸、第勒尼安海岸、希腊、北非东地中海海岸、大西洋沿岸加纳；中东地区、印度；加拿大东海岸、波多黎各、维尔京群岛、多米尼加共和国、哥斯达黎加、亚速尔群岛和葡萄牙。但各地的海啸强度、发生频率和灾害程度差别极大。

几乎所有的海啸灾害都是由传入岸边最初的2～3个波所造成，且常发生在第一个波到达岸边后的几小时之内，并与海湾型式有关。因波传播到大陆架后，水深急剧变浅，能量集中，引起振幅增大，波高骤然增大，特别是在V形（三角形或漏斗形）的湾口更是如此，这时湾顶的波高通常为海湾入口处的3～4倍。在U形海湾，湾顶的波高约为入口处的2倍。在袋形湾口，湾顶波高可低于平均波高。由于海啸在湾口和湾内反复发生反射，从而会诱发湾内海水的固有振动，致使波高激增，导致灾害加重。

太平洋区域已有近1400年的海啸记载，仅据1900～1983年的统计，该地区共发生405次海啸，其中造成伤亡和显著经济损失的有84次，即平均约每年1次，共有20多万人丧生。还有学者认为，该地区平均每18个月就要发生一次破坏性海啸。

印度尼西亚附近的印度洋区域是全球海啸灾害最严重的区域。截至1983年，该区共发生30次破坏性海啸，有5万人丧生。这里绝大多数海啸都是由火山活动直接造成或伴生而来，因而独具特点。1883年8月27日喀拉喀托火山爆发，产生40米波高的海啸，导致巽他海峡两岸3.6万人丧生。但在过去的研究中，印度尼西亚群岛以西的印度洋区域很少有海啸灾害的记载，尽管国际海啸警报系统已运行了近40年，但一直没有注意到印度洋区域。2004年12月26日波及印度洋几乎所有海岸的大海啸死亡人数超过30万，其中印度尼西亚23.43万、斯里兰卡3.10万、印度1.07万、泰国0.54万，这次海啸的死亡人数突破了全球历次海啸灾害的纪录，并且超过历史海啸灾害死亡和失踪人数的总和。

中国是一个多地震的国家，其中不少强震发生在中国海域的海底。例如，进入20世纪以来的8次8级以上大地震，就有2次发生在台湾附近的海底。另据统计，1950～1990年，中国发生的49次7级以上地震中，发生在海底和台湾的就达19次，占1/3强，有些也引起了一定强度的海啸。但1975年辽宁海城大地震和1976年唐山大地震，尤其是发生在渤海的若干次较强海底地震（如1969年7月渤海大地震）均未引起大陆沿海破坏性海啸。这是因为中国大陆沿海有宽广大陆架和岛屿链为屏障，致使发生在太平洋海盆的众多次大海啸，在通过岛屿链和陆架区域过程中能量大大衰减。据对验潮资料的分析，1960年智利大海啸、1964年阿拉斯加海啸、1983年5月日本海海啸，都只在中国大陆沿海引起了10～30厘米的具有海啸波周期的潮位异常。2004年印度洋大海啸，经马六甲海峡传入南海，在南沙和广东海岸的验潮站上只显示有3～8厘米的具有海啸波周期的潮位异常。根据中国和国外学者对中国海啸地震和海啸灾害历史的研究，认为中国也是一个多地震海啸的区域，尤其是发生于浅海的多次本地海啸，造成的损失可能是世界瞩目的。因此必须在注意防范经常性的风暴潮灾害的同时，结合研究和防御地震海啸灾害。

海啸警报系统　海啸灾害严重的国家，首先是太平洋国家，要求能有效地预测和防御海啸灾害。但是迄今为止，人们尚不能准确预报地震，因此就更无法在海啸发生前预测海啸的到来。这还因为，并不是所有的海底强地震都能激起海啸，而只是那些伴有强烈海底运动的海底地震才能产生海啸。这类地震大约占太平洋区域地震的1/4。然而，一旦地震海啸发生，只要在震中附近的验潮站首先发现海啸，则依托海啸传播时间图和现代通信技术，就能迅速地发布海啸警报，包括海啸发生源地、海啸波到达影响岸段的时间，并估计它的强度和破坏力。以上述技术为依托，美国首先于1948年在火奴鲁鲁附近的地震观测台组建了地震海洋波警报系统。初期，该系统的主要业务仅限于夏威夷州。政府间海洋学委员会成立后，于1966年决议促请美国提供条件成立国际海啸执行机构——国际海啸情报中心（ITIC）。与此同时，海委会设立了太平洋海啸警报系统国际协调组。根据该协调组的建议，认定美国在火奴鲁鲁的警报机构执行“太平洋海啸警报中心（PTWC）”的职能。鉴于海啸区域警报业务的特殊作用，以后还组建了若干区域或国家的海啸警报中心，它们是夏威夷区域海啸警报中心（HTWC）、阿拉斯加海啸警报中心（ATWC）、日本海啸警报中心（JTWC）（包括札幌、仙台、东京、大阪、福冈等分区域海啸警报中心）、俄罗斯海啸警报中心（RTWC）等。

现行海啸警报业务的实施过程如下：当前承担太平洋范围内海底地震及海啸监视业务的分属于24个成员国的100多个地震和验潮站，一旦测到大于6级的海底地震，即把情报实时传到PTWC。这时有关国家和地区对这次地震能否产生海啸的研判，还必须等待靠近震中最近的验潮站水位观测报告，当水位观测证实有海啸发生，各警报中心即可根据观测到的海啸波参量，用海啸传播时间计算模式或图表计算出海啸波到达全太平洋和各个海区内各岸段的时间、波高、预计破坏力等，并立即通过警报系统的电信网络发布海啸警报。如果预计海啸灾害足够严重，就可使用包括广播、电视、电话、电报、通信卫星等的一切发布手段。这时，当地的民防机构将根据预先已经制定的海啸灾害防御规划方案，组织人员撤离危险区和抢救重要物资等。海啸波对航行或漂泊于外海的船只没有影响，因此要组织停港船舶和停留在港湾锚地的船舶迅速撤离港湾，向外海疏散。这一点与抗御海浪、大风、风暴潮等灾害的办法正好相反，后者是回港湾规避。

2004年印度洋大海啸灾害发生后，有关国际组织已经计划把太平洋海啸警报系统的业务扩展至印度洋和全球各大洋，其中印度洋海啸警报系统在联合国

教科文组织的领导下于2006年6月下旬开始运行。（王东晓）

**海啸监测技术** tsunami monitoring technology 能够及时监测海啸，评估其影响范围和危险等级的技术。又称地震与海啸监测技术。该技术主要由地震监测系统和水位监测系统组成。地震监测系统监测定位在海洋中潜在的可能引起海啸的地震，如果地震发生的区域和地震震级符合判定的海啸发生准则，就会对相关的地区发布临近海啸灾害预警报；如果布设在海洋的水位监测仪器也同时观测到海啸，则警报会发布到整个地区（如太平洋地区）。

地震监测系统　在地震发生的前后，对地震活动及其主要前兆现象进行监测和数据收集。地震监测系统由固定台网和流动台网组成。固定台网由一定数量的、建立在固定地点的地震台和一个专门负责地震业务管理的部门组成，实行对目标区域地震活动情况的长期监测。流动台网是为了满足地震预报研究和地震学的需要，或者在某处区域内发生地震以后，为了监视地震区域以及相邻区域内的地震情况，临时建立的地震台和地震处理中心。

水位监测系统　传统的水位监测系统主要由验潮站构成，是在选定的地点设置**验潮仪**或水尺，记录水位升降变化，进而研究潮汐性质和掌握该区域潮汛变化规律。此外，海啸浮标也被广泛应用于海啸业务化预警，利用海啸浮标数据可推算出震源信息，并利用海啸数据库得到海啸预警，具有较快的预警速度和较高的预报精度。

国际海啸预警系统（ITWS）由地震与海啸监测系统、海啸预警中心和信息发布系统构成，由太平洋海啸预警中心（PTWC）和美国、澳大利亚、加拿大、智利、中国、日本、法国、俄罗斯、朝鲜、墨西哥、新西兰等26个国家和国际组织组建，太平洋海啸预警中心是国际海啸预警系统的运行中心，中国于1983年加入国际海啸预警系统。该系统的主要任务是测定发生在太平洋海域及其周边地区能够产生海啸的地震位置及其大小，如果地震的位置和大小达到了产生海啸标准，就要向各成员国发布海啸预警信息。（林　澜）

**海星** starfish 棘皮动物门的一纲。通称海星。别称星鱼。

形态　体扁平，多呈星形。口在下面中央。从体盘伸出腕，腕数一般为5个。腕下面有开放的步带沟与口相通，沟内具管足。整个身体由许多钙质骨板借结缔组

海星

织结合而成，体表有突出的棘、瘤或疣等附属物。

体形大多是五角形或星形，身体中央为体盘，从体盘向外伸出5个或5个以上的腕，体盘和腕之间没有明显的界线，这点和蛇尾类有很大的区别。身体分为口面和反口面，贴在海底那一面称为口面，口在体盘口面的中央；相对的一面称为反口面。从口向每个腕伸出1条敞开的沟，称为步带沟，沟内有2列或4列管足，为海星的运动器官。步带沟的两侧各有1列侧步带板。很多种海星的腕和盘的边缘有显著的上缘板和下缘板。这几种板上所生的棘、疣、颗粒或叉棘常随种类而异，是海星分类的重要依据。

运动器官是管足，管足从腕下步带沟顶的步带板间伸出，多数末端具吸盘。管足伸缩，吸盘固定，借此以推动身体前进。但生活在沙底的种类，如槭海星和砂海星等，管足缺吸盘，靠向后撑体前进。呼吸器官是皮鳃，为从骨板间伸出的膜状突起，内面和体腔相通。皮鳃简单或具分枝，单个分散或集合成皮鳃区。消化系统简单。胃大，呈囊状，充满整个体盘，并能翻出体外，能吃比口大的食物。各腕有1对发达的消化腺，称为幽门盲囊。肛门小，不发达，多开口于背面中央。食物废渣并不从肛门排出，而从口排出，所以肛门实际作用很小。生殖腺多分枝成丛状，附着在腕基部两侧，也有的生殖腺沿着腕边排成1列，成熟或接近成熟的生殖腺常伸入腕内。生殖孔小，开口于腕基部背面，通常每腕有2个生殖孔。辐神经很发达，位于步带沟，看去像1条凸起的脊，具有神经分泌细胞，分泌具有内分泌作用的物质。感觉器官简单，腕末端有“眼点”的构造。

分布　世界现存约1900种，中国已知84种。广泛分布在世界各大洋，以北太平洋区域种类最多。

生态习性　生活在各种底质中，但软泥底上很少见。海盘车属对底质要求不严，常随所摄食的双壳类的多少而移动。垂直分布于从潮间带到水深6000米处。食性在种间差异较大，在种内也有区别。例如，海盘车科既有高度的专一性，吃贻贝，也有相对的随机性，吃尸体或碎屑。海燕科的少数种以活的或腐烂的植物为食，但也以小的底上生物为食，属随机性。砂海星科完全是食肉动物，以大形底上动物为食，特别喜欢吃棘皮动物。棘冠海星是以珊瑚为食的食肉动物。

繁殖　雌雄异体。生殖细胞释放到海水中受精。

经济价值　中国黄海有的海区海星数量很多，渔民常用海星做肥料，肥效甚高。辽宁省利用海星制胃药。

危害　最普通的海盘车以大型双壳类为食，对贝类养殖业危害很大，有的国家（如美国）的牡蛎养殖场每年要进行海星的防除工作。（廖玉麟　肖　宁）

**海洋氨氧化古菌** marine ammonia-oxidizing archaea 一类分布于海洋环境，能氧化氨并固定二氧化碳进行无机化能自养生长的古菌。主要归属于奇古菌门（Thaumarchaeota）亚硝基球藻纲（Nitrososphaeria）亚硝基球藻目（Nitrosopumilales）。生长温度为中温至中等嗜热，适宜酸碱度中性，运动或不运动，自由生活或共生。细胞呈杆状或球状。专性好氧，有些能利用尿素或氰酸盐作为能源和氮源。自养生长，通过3-羟基丙酸/4-羟基丁酸途径固定$CO_2$，有些可能需要有机质来支持生长。能合成维生素$B_{12}$，细胞膜脂主要成分为泉古菌醇（Crenarchaeol）。

研究简史　长期以来，人们普遍认为古菌是专性极端微生物，主要生活在高盐、高温、低pH或严格厌氧等环境中。然而，1992年，海洋古菌类群Ⅰ（Marine Group Ⅰ; MG Ⅰ）和海洋古菌类群Ⅱ（Marine Group Ⅱ; MG Ⅱ）在中温和有氧海水中的发现颠覆了人们对传统古菌的认识。之后证明，MG Ⅰ是海洋中分布最广泛、数量最多的原核生物之一，在中层水体和深海区中可达到浮游细菌总量的40%。2004年，Venter等对大西洋马尾藻海浮游生物进行宏基因组测序，发现MGI具有类似于细菌编码氨单加氧酶（AMO）的关键基因*amoA*。2005年，Könneke等从西雅图水族馆成功分离到第一株海洋氨氧化古菌（*Nitrosopumilus maritimus* $SCM1^T$），证实了古菌也能够催化氨氧化过程。氨氧化古菌（AOA）的发现从根本上改变了上百年来人们对氨氧化过程由细菌主导驱动的传统认识。随后的大量分子证据表明，古菌氨单加氧酶基因*amoA*广泛存在于海洋环境中，暗示AOA在海洋硝化过程中发挥着重要作用。

种类组成和系统进化　已知的氨氧化古菌基本可以分为4类：Group Ⅰ.1a、Group Ⅰ.1b（SCG）、Group Ⅰ.1a-associated（SAGMCG-1）和HWCG Ⅲ（ThAOA）。根据16S rRNA基因的系统进化地位，它们分别属于Thaumarchaeota门Nitrososphaeria纲的4个目，即Nitrosopumilales、Nitrososphaerales、Candidatus Nitrosotaleales以及Candidatus Nitrosocaldales。海洋氨氧化古菌几乎全部属于Group Ⅰ.1a（Nitrosopumilales）。常见的一些海洋AOA种属包括*Nitrosopumilus*、*Candidatus Nitrosoarchaeum*、*Candidatus Nitrosopelagicus*等。已有4个海洋AOA获得纯培养，包括*Nitrosopumilus maritimus* SCM1$^T$、*Nitrosopumilus ureiphilus* PS0$^T$、*Nitrosopumilus cobalaminigenes* HCA1$^T$、*Nitrosopumilus oxyclinae* HCE1$^T$，其中*Nitrosopumilus maritimus* SCM1$^T$是研究海洋AOA的模式菌株。此外，至少有14个海洋AOA从大洋、近海、北极、河口等表层水和沉积物中成功富集，另有超过50个海洋AOA的基因组数据得到公开，并且这个数目还将持续增加。然而，绝大部分可培养的海洋AOA仅局限于*Nitrosopumilus*和*Candidatus Nitrosoarchaeum*属，已描述的AOA并不代表海洋中最优势的进化分支。尽管*Nitrosopumilus maritimus* SCM1$^T$作为研究海洋AOA的模式菌株，但以其为代表的进化分支仅占到海洋AOA的8%，而海洋中最主要的AOA进化分支仍缺乏可培养菌，其功能作用尚不清楚。

生理和遗传特性　氨氧化古菌都有独特的氨单加氧酶，通过该酶将氨氧化为羟胺（$NH_2OH$），再进一步氧化为亚硝酸根。然而与氨氧化细菌（AOB）不同的是，古菌的基因组中一直未能找到与细菌类似的羟胺氧化酶（HAO）同源体，古菌如何进行羟胺的氧化仍然是未解之谜。此外，海洋AOA都编码第四个氨单加氧酶基因*amoX*。除了能氧化氨获得能量，部分海洋AOA如*N. ureiphilus* PS0$^T$、*Ca. N. piranensis* D3C还能利用尿素，而*N. maritimus* SCM1$^T$能代谢利用氰酸盐（cyanate），将其转化为铵以供给自身进行氨氧化作用。由于缺少氰酸酶编码基因，海洋AOA的氰酸盐代谢机制异于土壤菌株如*Nitrososphaera gargensis*。AOA能直接或者间接利用海洋环境中广泛存在的尿素和氰酸盐作为能源和氮源，进一步驱动海洋氮循环过程。

不同于AOB通过卡尔文循环固定碳，AOA通过最节能的好氧3-羟基丙酸/4-羟基丁酸途径（3HP/4HB）固定$HCO_3^-$进行自养生长。除自养代谢外，AOA还含有有机碳代谢途径，可进行混合营养型生长，能直接利用有机碳源。从海洋中分离的三株专性混合营养型的氨氧化古菌PS0$^T$、HCA1$^T$和HCE1$^T$在进行氨氧化时需要添加少量有机质如丙酮酸、草酰乙酸或a-酮戊二酸来维持生长。海洋氨氧化古菌同时营化能自养固碳并耦合同化吸收海水中的有机物质，以及它们对尿素、氰酸盐的代谢能力揭示了其生理代谢方式的多样性及其在海洋生态系统食物网中的重要作用。

海洋氨氧化古菌对氨具有很高的底物亲和力。氨氧化动力学的半饱和常数（*K*m值）为0.13～0.61微摩尔/升（μmol/L）（$NH_3^+NH_4^+$）。其中，SCM1$^T$对底物铵的亲和力高达68 7001每克细胞每小时（$g^{-1}\cdot cells\cdot h^{-1}$），最大的氨氧化速率可以达到飞摩尔每细胞每天（12.7fmol·$cell^{-1}\cdot d^{-1}$），最低的氨氮利用浓度为10纳摩尔/升（nmol/L），氨氧化*K*m值仅为0.133微摩尔/升（μmol/L），远低于已知最低的硝化细菌*K*m值（1.9～4.2微摩尔/升），其氨氧化动力学规律与原位海洋硝化过程较为吻合。AOA极高的底物亲和力和利用效率，很好地揭示了其适应极端寡营养海洋环境的机理。

已知的海洋氨氧化古菌适宜生长温度范围在22～32℃，适宜酸碱度范围在6.8～7.3，盐度范围在25‰～37‰。AOA适应于海洋环境并且在氮循环中发挥重要作用，一方面得益于其高效的氨氧化和碳固定系统，另一方面在于其富含铜的呼吸系统，在铁受限的海洋环境中可以减少对铁的依赖。此外，AOA的膜脂组成为GDGT（crenarchaeol作为特征性组分），膜脂的低渗透性也是AOA适应于寡营养环境的重要机制之一。

分布范围　氨氧化古菌的生态位非常广，包括土壤、海洋、河口、湖泊、热泉等。在海洋生态系统中，它们广泛存在于海洋透光层、深海低氧区水柱、沉积物、热液羽流、河口近岸、珊瑚礁以及海绵等，是海洋环境中数量最多、分布最广的原核生物之一，可以占到海洋原核生物总量的20%～40%。尽管AOA广泛分布并且系统进化多样性很高，但是它们在全球的分布和丰度极不均匀，海洋中90%以上的AOA属于Group Ⅰ.1a，而土壤和陆地中主要的AOA为Group Ⅰ.1b。尽管全球AOA几乎平均分布在Group Ⅰ.1a和Group Ⅰ.1b中，但其中一半又集中于少数几个进化分支，在大多数生态系统中极少数高丰度的进化分支占据了主导地位。海洋中不同生境的AOA呈现明显的生态位分化，通常存在截然不同的特定的生态型，如沉积物分支、海水分支、共生分支、河口近海分支等。海水和沉积物中的AOA几乎属于几个相互独立的系统进化分支，并且沉积物的AOA多样性更高，而河口近海环境中AOA多样性最高。可能受到底物浓度、光抑制等的影响，海水AOA在不同水深也分化出特定的浅水柱和深水柱分支，然而这种区分并不是绝对的。

生态地位与作用　在寡营养的海洋环境中，AOA对硝化作用的贡献率通常大于AOB。对低浓度底物的适应性以及对底物亲和力的差异是AOA和AOB生态位分化的主要影响因子。此外，盐度、温度、溶解氧水平、光照等都是影响AOA生态分布的重要因素。海洋AOA还倾向于生活在低溶氧水平的环境中，它们对$O_2$的高亲和力，使其在海洋环境中经常与厌氧氨氧化（Aanammox）或反硝化作用耦合。在一些大洋氧最小层（OMZ），AOA和AOB可以为厌氧氨氧化提供30%～40%的亚硝酸盐。最近还发现AOA也是$N_2O$排放的主要贡献者，AOA、AOB和反硝化菌可能贡献了全球70%的$N_2O$。AOA除了在硝化作用过程中产生释放$N_2O$外，它们可能还通过亚硝酸盐还原酶NirK广泛参与了反硝化作用。

意义　氨氧化古菌在海洋中广泛存在，它们的发现改变了人们对传统海洋氮循环的认识。现在普遍认为，氨氧化古菌是海洋硝化过程的主要驱动者，在海洋碳、氮元素循环中发挥重要作用。氨氧化古菌不仅影响海洋环境中氮的形态及其可利用性，并且是大洋上层水体中温室气体$N_2O$的主要贡献者以及甲烷的可能间接来源。它们对海洋酸化和其他与气候变化有关的物理化学变化的响应也具有全球意义。

对海洋氨氧化古菌生理代谢、遗传特征和生态功能的认识仅仅是冰山之一角。仅得到约18个海洋氨氧化古菌纯培养株或富集物，而海洋中最优势的AOA仍然缺少可培养菌，其功能作用仍不清楚。进一步分离培养AOA，并借助新一代高通量测序、宏转录组学和单细胞分析技术，并结合各种原位分析手段（SIP和二次离子质谱技术）和其他地球化学研究方法，将有助于更深入探索AOA在海洋生态系统元素循环和物质转化中的功能和作用。

（王丽萍）

**海洋白冠**　oceanic whitecaps　当风速达到某一临界值时，**波浪破碎**并在波峰处产生大量的水沫和水滴，在波动水体内部和表面产生大量的气泡，在波面上形成的清晰可见的白色水体。它是空气和海水湍混合的结果，其由波峰处直接生成的白冠泡沫和被下卷进入水中的气泡上升到海表面滞留形成的沫流带组成。白冠是直接由海洋上随机风浪的破碎形成的。白冠的间歇性由深水表面波的弥散性质决定，白冠的寿命很大程度上由波群的长度与波群的传播所控制。白冠对海－气界面的物质、动量和热量的交换过程有着重要影响，是海洋气溶胶形成的主要途径之一，对海－气相互作用、海洋遥感、物质输运和风浪理论的研究和发展都有着重要的影响。

对海洋白冠的研究开始于20世纪40年代末。美国海洋学家W.H.蒙克提出了一个极限风速，他认为风速超过6米/秒时，海表面出现白冠，并且它的覆盖率将随风速急剧增长。布兰查德通过观测最早对白冠覆盖率与风速进行了定量的描述，提出白冠覆盖率正比于海表面的风应力。

海洋白冠

卡尔多内则利用不稳定风浪成长机制理论和成长谱计算了风浪的成长率，将白冠覆盖率与风传输的能量联系起来，得出一个由风速和波谱函数计算淡水白冠覆盖率的半经验公式。后续的研究将这一公式推广到海洋并进行了一系列的修订。对海洋白冠的研究受到观测手段的限制，例如，如何在高海况下进行海洋白冠的现场观测，而理论分析也多是在各种理想假设下取得的，仍需要继续完善和改进。

（王东晓）

**海洋保护区** marine protected areas 以保护海洋生态系统、海洋珍贵物种、自然遗迹和自然景观、海洋生物多样性等为目标，按照相关法律法规划定并实施管理的区域。又称海洋保护地。主要包括海洋类国家公园、**海洋自然保护区**、海洋公园、**海洋特别保护区**、海域内的水产种质资源保护区等类型。

发展概述 1962年，世界国家公园大会首次提出海洋保护区的概念。在渔业资源保护上，海洋保护区并不是一个新概念，许多传统的渔业社区就是以保护渔业资源而设立的保护区。但作为一种海洋环境综合管理工具，海洋保护区于20世纪后叶才逐渐被一些国家所接受。1982年，第三届世界国家公园大会召开，并出版《海洋保护区指南》；1991年，世界自然保护联盟（IUCN）出版了《海洋保护区建设指南》；1992年，第四届世界国家公园大会，通过了《加拉基斯计划》，发起旨在建立沿海和海上保护区计划；1993年、1994年，《生物多样性公约》《联合国海洋法公约》相继正式生效，明确了各国为保护海洋环境而创建海洋保护区的权利和义务；1995年，IUCN出版了《全球有代表性的海洋保护区系统》，详尽地介绍了全世界18个海洋区域的状况，并概述了需要进一步建设的海洋保护区；2002年，可持续发展世界首脑会议（WSSD）呼吁在2012年以前建立全球海洋保护区网络系统；2003年，第五届世界国家公园大会呼吁建立全球范围的海洋保护区网络系统。2004年，《生物多样性公约》缔约方大会就建立和维护海洋保护区以形成全球化的网络达成一致。已建立地中海海洋保护区管理者网络（MedPAN）、西印度洋海洋科学协会（WIOMSA）、东北亚海洋保护区网络（NEAMPAN）、北美海洋保护区网络（NAMPAN）等。

实践证明，建立海洋保护区可以增加保护区内的生物资源量和周边区域的渔获量，并具有科学研究与教育意义。保护区建设受到广泛重视，建立海洋保护区成为国际海洋生物多样性保护的新趋势，尤其是21世纪以来，世界各国纷纷设立各种形态的海洋保护区，包括自然保护区、海洋公园、公海保护区等。

分类 海洋保护区的类型很多，分类标准主要包括保护目的、保护水平、保护地位、保护时限及保护生态尺度等。中国的海洋保护区包括《中华人民共和国海洋环境保护法》规定的海洋自然保护区和海洋特别保护区，以及《中华人民共和国渔业法》规定的水产种质资源保护区（海域范围内）等3种类型。在2019年中共中央办公厅、国务院办公厅印发的《关于建立以国家公园为主体的自然保护地体系的指导意见》中，与陆域保护地相对应的海洋保护地分为国家公园、自然保护区和自然公园等3种类型。按海域属性，可分为近岸海洋保护地和公海保护区两种，按大小可分为中小型海洋保护地和超大型海洋保护地（指面积大于10万平方千米）两种类型。按保护对象，可分为海洋生态系统保护地、珍贵海洋物种保护地、海洋自然遗迹保护地、特殊海洋资源保护地、海洋景观保护地等类型。按保护时效，可分为临时性海洋保护地、季节性海洋保护地和永久性海洋保护地。

目的 其主要作用包括保护海洋生物多样性、保护重要海洋生态过程、养护渔业资源、提供海洋科学研究基地、公众海洋教育基地和休闲游憩亲海场所。IUCN 1994年明确指出：通过创建全球性的海洋保护区代表系统，实施与人类海洋开发战略相一致的管理战略，用以保护、恢复、利用和享受世界海洋遗产。海洋保护区建设的主要目的包括：①生态目的。保全有代表性的海洋生态地理区域和生态系统、保护关键生境类型、保全生物多样性热点、保持基因多样性与保护珍稀和濒危物种及其生境。②社会和经济目的。管理和增强渔业，保全和管理重要的游憩、教育和研究区域。③文化目的。保护传统的利用方式、历史沉船遗址及其他文化属性。

中国的海洋保护区 中国是世界海洋大国之一，也是海洋生物多样性最丰富的国家之一，海岸线漫长、海域辽阔、岛屿众多、资源丰富，形成了丰富的海洋生态系统和生物物种种群。在世界近岸海域66个大海洋生态系统中，中国近海有4个，即黄海大海洋生态系、东海大海洋生态系、南海大海洋生态系和黑潮流系大海洋生态系。中国近岸海域分布滨海湿地、红树林、珊瑚礁、河口、海湾、潟湖、岛屿、上升流、海草床等典型海洋生态系统。除此之外，还分布着具有较高的科研、教育、文化娱乐价值的古贝壳堤、海底古森林、海蚀与海积地貌等自然景观和自然遗迹。

随着1982年《中华人民共和国海洋环境保护法》正式颁布实施，中国的海洋保护区建设开始起步。1995年，国家海洋局（今自然资源部）发布了《海洋自然保护区管理办法》，2000年修订的《中华人民共和国海洋环境保护法》中明确规定："国务院和沿海地方各级人民政府应当采取有效措施，保护红树林、珊瑚礁、滨海湿地、海岛、海湾、入海河口、重要渔业水域等具有典型性、代表性的海洋生态系统，珍稀、濒危海洋生物的天然集中分布区，具有重要经济价值的海洋生物生存区域及有重大科学文化价值的海洋自然历史遗迹和自然景观；国务院有关部门和沿海省级人民政府应当根据保护海洋生态的需要，选划、建立海洋自然保护区。"推动了中国海洋保护区的建设进程。2010年，国家海洋局发布了《海洋特别保护区管理办法》，进一步健全了开发与保护相协调的海洋生态保护法规制度。除此之外，还制定了《海洋自然保护区类型与级别划分原则》（GB/T 17504—1998）、《海洋自然保护区管理技术规范》(GB/T 19571—2004)、《海洋特别保护区选划论证技术导则》(GB/T 25054—2010)等国家标准和《海洋特别保护区分类分级标准》(HY/T 117—2008)、《海洋特别保护区功能分区和总体规划编制技术导则》(HY/T 118—2010)等海洋行业标准。2014年10月，国家海洋局印发了《国家级海洋保护区规范化建设与管理指南》，进一步加强海洋保护区的规范管理水平。在2018年的《深化党和国家机构改革方案》中，海洋保护地的建设和管理职能整合到新组建的国家林业和草原局。

截至2023年，中国各级各类海洋保护区已达271处。其中，海洋自然保护区160处、海洋特别保护区111处，保护面积约12.4万平方千米，约占中国管辖海域总面积的4.1%。截至2023年，农业部共发布11批、535处国家级水产种质资源保护区，例如，海州湾中国对虾国家级水产种质资源保护区、崆峒列岛刺参国家级水产种质资源保护区以及黄河口半滑舌鳎国家级水产种质资源保护区等。沿海11个省、自治区、直辖市均有国家级海洋保护区分布，初步形成了以海洋自然保护区和海洋特别保护区相互结合的海洋保护区网络体系。各保护区成立后，在国家和当地政府、民间的资金、政策支持下，相继开展了基础设施建设、宣传教育、生态旅游开发、海洋生态修复等活动，并取得显著效果，海洋保护区建设得到广泛认可。

《国家海洋局海洋生态文明建设实施方案（2015—2020年）》中明确提出："加大海洋保护区选划力度，新建10个自然保护区、40个海洋特别保护区，到2020年海洋保护区面积占中国管辖海域面积比例达到5%。"海洋保护区建设是落实中国共产党第十八次全国代表大会提出的生态文明建设的重要体现，积极规划建设海洋保护区体系是海洋生态文明建设的一项重要举措。随着2019年中共中央办公厅、国务院办公厅印发的《关于建立以国家公园为主体的自然保护地体系指导意见》的落实和实施，海洋保护地的建设和管理将迎来新的发展契机，实践证明海洋保护地是保护海洋生态和资源的有效途径。

（张朝晖）

**海洋保护生物学** marine conservation biology 研究人类活动或其他因子对海洋物种、群落和生态系统产生的影响，并根据实际情况开展一系列保护海洋生物多样性、恢复海洋生态系统的一门学科。

20世纪70年代，伴随着越来越多的海洋生物趋于灭绝，世界自然保护联盟（IUCN）、美国等将海洋保护的工作重点转移到保护海洋生物多样性与恢复海洋生态系统。1992年制定了《全球生物多样性保护计划》。1997年，在保护生物学学会会议期间首次开展了海洋保护生物学研讨会，海洋保护生物学随之诞生。2005年出版的《海洋保护生物学：一门保护海洋生物多样性的科学》被称为是海洋保护方面最全面的书，第一次详细阐述了海洋保护的基本原则。

研究内容 过度捕捞、海水理化属性的改变、环境污染、外来物种入侵和气候变化是威胁海洋生物多样性的主要因素，其中过度捕捞是最大威胁。过度捕捞不仅导致一些鱼类种群的灭绝，同时导致以这些鱼类为食的鸟类、哺乳类等捕食者的濒危；海水理化性质，如酸碱度和温度的改变，使得珊瑚大面积死亡白化；环境污染物会造成生物大面积死亡，有的还会造成局部海域富营养化，导致本土生态系统失衡；外来物种入侵会导致本地物种多样性逐渐丧失；气候变化直接导致了海洋变暖、海水酸化、海平面升高和严重风暴增加等一系列问题。

基本体系 海洋保护生物学最重要的就是保护海洋生物多样性。生物多样性是物种种质资源适应多变的生存环境而得以维系生存、发展、进化的基础，包含物种多样性、遗传多样性和生态系统多样性3个层次，它主要评析的问题有：①功能丰富度、物种多样性和群落乃至生态系统的稳定性。②地域性生物地理学和区域种类丰盛度。③人类活动和环境退化对生物群落结构的影响。

基本方法 在保护濒危物种和特有种、挽救关键生境的基础上，同时也要注意未受威胁的物种及其群落和生境的保护，基本方法包括：①减少人类活动的影响。如禁止过度捕捞和不合理的海洋开发活动，严格控制污染物的入海量，控制养殖种群的扩散，合理发展旅游业。②就地保护——建立海洋自然保护区。在海域、岛屿和海岸带对选择的保护对象，依法划出一定面积予以特殊保护和管理的区域，是最有效的一种保护。③异地保护。把物种及其种群迁移到原栖息地外的人工环境下的适当区域，以达到保存遗传基因的目的，如建立水族馆。④离体保护。保存有机体的一部分，如细胞、卵子、胚胎、精液或其他繁殖体等，并通过建立现代化离体保存基因库，保护遗传基因。这是保护海洋生物多样性的最后手段。

发展及展望 海洋保护生物学逐渐成为国际上研究的热点。作为《联合国海洋法公约》缔约国之一，中国率先签署了《生物多样性公约》，并编制了《中国生物多样性保护行动计划》，同时制定了许多有关保护海洋生物多样性的法规，主要有《中华人民共和国海洋环境保护法》《中华人民共和国野生动物保护法》《中华人民共和国渔业法》《中华人民共和国自然保护区条例》《海洋自然保护区管理办法》等。

海洋保护生物学在中国的发展以黄海地区为例，其包含各级海洋自然保护区21个。这些保护区的保护对象主要包括典型滨海湿地、海岛等海洋生态系统、濒危海洋生物及其生境和典型海洋地质地貌等。同时结合各类海洋保护区的工作开展濒危物种的保护，包括江豚、斑海豹、棱皮龟等9类共29种动物。在此基础上，也对近24种外来入侵生物开展调查与治理。

（汝少国 王 军）

**海洋扁形动物** marine platyhelminthes 身体为两侧对称、三胚层、无体腔、背腹扁平、有口无肛门、出现了原始的排泄系统（原管肾系）和梯形神经系统的真后生动物。

是最原始的三胚层动物，动物界演化中的一个新阶段，在动物演化史上占有重要地位。从扁形动物开始，首次出现了两侧对称、三胚层、原肾管和梯式神经系统等进步性特征，为动物从水生过渡到陆生奠定了必要的基础。扁形动物的出现，标志着动物界的演化发展已开始由水生向陆生，由固着或漂浮生活向自由爬行生活过渡。

结构及功能 扁形动物身体的结构特点有：①身体背腹扁平，首次出现了两侧对称体型。即通过动物体的中轴，只有一个切面可将动物体分成左右对称的两部分。②三胚层，无体腔。从扁形动物开始，在外胚层和内胚层之间首次出现了中胚层，且中胚层形成的实质组织充满体内各器官之间，具有贮存养料和水分等多种功能。③形成皮肤肌肉囊。它是由外胚层形成的表皮与中胚层形成的肌肉相互紧贴而组成体壁，如囊状，包裹虫体整个体表，主要有保护及运动功能。④具有不完善的消化系统，消化道末端为盲管，有口无肛门。寄生性种类消化系统趋于退化（如吸虫）或完全消失（如绦虫）。⑤原肾管的排泄系统。原肾管是身体两侧外胚层内陷形成，由焰细胞、排泄管和排泄孔组成，主要是调节体内水分的渗透压，同时也排出一些代谢废物，其含氮废物主要通过体表排出。⑥梯式神经系统。神经细胞向前端集中，形成"脑"，从"脑"向后发出若干纵神经索。高等种类纵神经索减少，仅一对腹神经索发达，其间有横神经相连，形如梯状。与腔肠动物网状神经系统相比，扁形动物的梯式神经系统在结构和功能上具有显著的进步性，出现了脑，神经传导具有明显的方向性，传导速度加快。⑦生殖系统比较发达。大多数为雌雄同体，异体受精，少数种类雌雄异体。由于中胚层的出现，形成了固定的生殖腺和生殖导管以及卵黄腺、梅氏腺等附属腺体。⑧呼吸系统及循环系统尚未分化。自由生活种类通过体表进行有氧呼吸；寄生种类由于寄生部位不同，种类不同而进行厌氧呼吸、有氧呼吸或兼性厌氧呼吸。

两侧对称体制的出现和中胚层的产生在动物进化中具有重要意义：①两侧对称体制的出现使动物体有了明显的前后、左右和背腹之分。背面司保护，腹面司运动和摄食。神经系统和感觉器官向前集中，逐渐出现了头部，运动有了定向，不但可以在水中游泳，而且可以在水底爬行，为登陆创造了条件。②中胚层的产生使动物出现了固定的生殖腺和生殖导管，减轻了内外胚层的负担。中胚层分化出肌肉组织增强了动物的运动机能，提高了动物的应激性。中胚层形成的实质组织储藏着丰富的水分和养料，使动物可以抗干旱、耐饥饿，为适应陆地生活创造了条件。中胚层的出现，使动物新陈代谢的机能加强，促进了动物组织、器官和系统的分化，使动物达到了器官、系统水平。因此，两侧对称体制的出现和中胚层的产生是动物从水生进化到陆生的基本条件。

分布及分类　大部分为寄生生活，自由生活的种类分布于海水、淡水或潮湿的土壤中。全世界已发现扁形动物近2万种，中国约有1800种。扁形动物身体一般较小，有的在1毫米以下，特殊的可长达10～15米（如绦虫）。根据其形态结构和生活习性的不同分为3个纲：①涡虫纲。多数营自由生活（极少数过渡到寄生生活），体表有纤毛，表皮细胞中有杆状体，神经系统、感觉器官和消化系统比较发达，生活史简单。如中华多目涡虫（*Polycelis sinensis*）。②吸虫纲。全寄生，体表无纤毛，无杆状体，神经、感官和消化系统趋于退化。适应于寄生生活，出现了吸盘和小钩等附着器官以固着。外寄生种类生活史简单，内寄生种类生活史复杂，如日本血吸虫（*Schistosoma japonicum*）等。③绦虫纲。全寄生，体一般呈带状，由许多节片构成，少数种类不分节片。体表无纤毛和杆状体，感觉器官完全退化，消化系统消失，依靠体表吸收营养。小钩、吸盘、吸沟等附着器官一般都在体前端。幼虫具钩，也营寄生生活，生活史复杂。如猪带绦虫（*Taenia solium*）等。

再生　涡虫实质组织内含有大量的成新细胞，是一种全能干细胞，可以分化出各种组织及器官，因此，涡虫具有极强的再生能力。如将三角涡虫（*Dugesia*）切割成多段，每一段均能再生出一个完整的新个体。用不同的切割方法，还能产生双头、双尾、双头双尾和双头无尾涡虫等。涡虫的再生表现出明显的极性，再生的速率由前向后呈梯度递减，即前端生长发育最快，后端最慢。此外，当涡虫饥饿时，内部的一些器官（如生殖系统等）通过自噬等而逐渐被吸收消耗，但唯独神经系统不受影响，一旦获得食物后，各器官又可重新恢复，变成正常体型。这也是一种再生方式。研究涡虫的再生具有重要的生物学意义。

（陈广文）

**海洋表面波**　ocean surface wave　海洋水面的波动。海洋中的波动在水面上最为显著，其恢复力主要是重力。又称海洋表面重力波。表面波在工程上有着广泛的应用。例如，在沿海工程方面，海港设施（堤坝等）与海浪有密切关系，波浪冲击引起的大量沙子的运动（海滨冲沙）对海岸有直接影响；在深海工程方面，浮式或固定式钻井平台的设计、海底建筑的建造、海底管道的铺设，都必须考虑海浪压力的传播和作用，不然有可能造成重大事故。海浪研究在造船工程方面的应用更是不言而喻。

海洋中的各种波动

| 波动类型 | 物理机制 | 典型周期 | 存在区域 |
|---|---|---|---|
| 声波 | 可压缩性 | $10^{-9}$～$10^{-2}$秒 | 海洋内部 |
| 毛细波 | 表面张力 | <$10^{-1}$秒 | 空气与水的界面 |
| 风浪和涌浪 | 重力 | 1～25秒 | |
| 地震波 | 重力 | 10分钟～2小时 | |
| 内波 | 重力和密度分层 | 2分钟～10小时 | 密度剧变的水层 |
| 风暴潮 | 重力和地球自转 | 1～10小时 | 海岸线附近 |
| 潮波 | 重力和地球自转 | 12～24小时 | 整个大洋层 |
| 行星波 | 重力、地球自转以及纬度或海洋深度变化 | $O$（100天） | |

海洋中存在各种各样的波动，各种波动必定与某种恢复力有关，因此可以按恢复力对海洋中的波动加以粗略地分类。

在自然界中，几种恢复力事实上可能同时存在，因此上表中列出的各种波动的界限不一定总是很明显。日常中最常见的是波长较短的风浪和涌浪，它们由当地的或远处的风暴产生。不大常见的却会带来严重后果的是地震津波（地震海啸），通常指海底地震或滑坡引起的长周期振动（周期约为1小时）。海洋中的波荡还可能由人类的活动（如船舶运动、爆炸等）产生，时间尺度大致与上述波动相同。

（李华军　董　胜）

**海洋表面微层**　sea-surface microlayer　海–气界面上几十微米至几百微米的表面薄层或表面膜。又称海洋微表层。海洋微表层的厚度与取样方法有关，大多数取样装置实际上收集的是邻近并包括海–气界面本身的水的薄层。海洋微表层是海洋与大气之间物质、能量交换的边界层，也是一个独特的生态系统，许多浮游生物栖息于此。

海洋表面微层的特性　海洋微表层在全球海洋物质循环中起着关键的作用。在海洋微表层中，物质上升和气泡破裂形成气溶胶而进入大气，大气中的物质因沉降作用或随降水而经海洋微表层进入海洋；浮游生物的生物作用和光化学过程，也会在海洋微表层中产生各种无机物或有机物。在海洋微表层中还同时可能发生氧化–还原作用、酸–碱作用、溶解–沉淀和溶解–挥发作用等。海洋微表层的化学组成和理化性质与海水次表层（一般指表层以下10～20厘米）和海水本体不同。通过对微表层中物质组分的分析，微表层对许多化学物质，尤其是对具有表面活性的物质，如营养盐、有机物（包括氨基酸、蛋白质、脂肪酸、类脂、酚类及其他有机物质）、痕量金属等具有不同程度的富集作用，尤其是在颗粒相，富集现象更加显著。微表层对物质的富集程度可用富集因子（*EF*）来表示：

$$EF=C_M/C_S$$

式中$C_M$为物质在微表层中的浓度；$C_S$为物质在次表层中的浓度。$EF>1$时，表示物质在微表层中得到富集；$EF<1$时，表示物质被消耗，没有富集现象。海洋微表层是研究海–气相互作用和计算物质海–气通量的关键。

采样和测定方法　常见的微表层采样方法包括平板玻璃法、筛网法、转鼓法、棱镜浸没法以及漏斗采样法。由于采样方法不同，所采集微表层厚度不尽相同。有时候所取得的微表层样品可能被次表层水所稀释，或者由于次表层水中的物质没有富集，可导致EF值偏低。但是这些采样方法，均可取到厚度100微米左右的微表层的样品。例如，用锗制成的棱晶吸附的表面膜，薄至0.01微米，可直接用红外光谱法测定膜中有机物的基团。筛网法所采集微表层厚度大于其他几种采样方法，为150～400微米，此种方法最显著的优点是它具有较高的采集效率（单位时间内采集海水的体积），非常适合对大量海水样品的分析需求。

实验测定海洋微表层组成和性质及微表层厚度的方法可分成两种：①异位测定法。按海－气界面表面张力（表面能）原理，应用海水微表层取样器，将海水微表层水样异位，经封闭装置引入样品瓶中，立即测定其“物理－化学性质”。以采样厚度为纵坐标，海水物理－化学性质为横坐标，绘出两者的关系曲线。用异位法取样测海水物理化学突变层，由此测定海水微表层厚度为50±10微米。②原位测定法。不将海洋微表层水样从海水体系采样分离，而直接把测量传感器自下而上（或自上而下）地经海水本体→海水次表层→海水物理化学性质突变层→海水微表层→海－气界面→大气层，逐层测定。原位法要求的测量传感器及其移动装置达微米级精确度。其显著优点是整个测定过程只是“微扰”，基本上不破坏海水体系的平衡，因此测定的热力学和化学动力学数据比较可靠。原位法测定的海水微表层厚度约为60微米。

研究意义　海洋微表层是海－气间物质和能量交换的重要界面，其性质将影响到交换过程，从而对全球变化和元素生物地球化学循环产生重要的影响。此外，海洋微表层还可以看作为一个特殊的微生态系，一些重要的环境调控因子如络合容量、胶体物质等需要开展研究，这对深入认识海洋微表层的生物地球化学过程及其环境生态意义十分必要。海洋微表层研究是一系列国际重大研究计划的重要内容。例如，海洋微表层研究是全球变化为核心的**全球海洋通量联合研究计划**（JGOFS）、国际全球大气化学计划（IGAC）、**表层海洋－低层大气研究计划**（SOLAS）的核心内容。（杨桂朋）

**海洋病毒**　marine viruses　生活在海洋环境中的各类病毒的总称。海洋病毒是海洋环境中个体最小，也是数量最多，多样性最为丰富的生命粒子。海洋病毒的平均丰度为$3\times10^6$个/毫升，海洋中病毒颗粒总数可以达到$4\times10^{30}$个。其个体微小（平均100纳米）、结构简单，主要由蛋白质外壳和包裹在壳内的核酸组成，部分病毒的结构中还含有少量的糖类或者脂类化合物。海洋病毒是一类严格的寄生性有机体，其自身不能独立进行遗传复制，必须通过将遗传物质注入宿主体内，并借助宿主的遗传代谢系统来完成子代病毒的复制。

研究简史　海洋病毒的研究开始于20世纪50年代。1955年，斯潘塞报道了第一株从海洋环境中分离出来的病毒。此后的20多年间陆续有研究者分离到新的海洋病毒，并对病毒大小、形态等生物学特性进行了研究。然而，由于受到可培养微生物数量以及技术上的限制，当时人们并没有意识到海洋中病毒的巨大数量。1979年，托雷利亚与同事利用透射电子显微镜观察到海洋中的病毒具有非常高的丰度（$>10^4$/毫升），并指出这一观察值可能还远远低于其实际丰度。1989年，伯格等报道了病毒在海水中的大量分布。随后，关于病毒在海洋环境中的巨大数量和生态作用的报道接踵而至。一系列的研究成果使人们对海洋病毒在生态环境方面的重要性有了重新的认识，同时也激发了全球科学家对海洋病毒的密切关注。由此，海洋病毒逐渐成为海洋生态学研究的前沿热点。20世纪90年代至21世纪初，海洋病毒学的研究进入一个高速发展的阶段，发现了海洋病毒在调节生物群落结构和多样性、促进生物进化以及推动生物地球化学循环中的重要贡献。同时，随着交叉学科和生物技术日新月异的发展，高通量测序技术与环境组学的结合使得海洋病毒研究进入“宏组学”时代，不断拓宽了人们对环境中病毒丰富多样性的认识。

种类　国际上对病毒的分类与命名尚未统一。根据宿主类型的不同，可将海洋病毒分为细菌病毒（包括蓝细菌病毒）、古菌病毒、真核藻类病毒、动物病毒等。其中，细菌和古菌的病毒又称噬菌体。根据病毒的形态，可以分为有尾病毒、丝状病毒、纺锤状病毒等；根据尾部形态结构特征可将有尾病毒划分为肌尾病毒（Myoviridae），长尾病毒（Siphoviridae）和短尾病毒（Podoviridae）。根据病毒遗传物质的种类，可将病毒分为DNA病毒和RNA病毒；又可根据核酸分子结构的差异，将病毒分为双链或单链病毒。海洋中含量最高的有尾病毒属于双链DNA病毒。根据病毒对宿主细胞的裂解情况，可将海洋病毒划分为裂解性感染、溶原性感染和慢性感染病毒。同时还可以根据海洋病毒生存层位的不同分为浮游病毒和底栖病毒，或根据生活方式的不同分为浮游生活的病毒以及吸附在颗粒物上的病毒。浮游病毒是海洋病毒的主要存在方式，其分布广泛且多样性丰富。对海洋病毒的研究也主要集中在浮游病毒上，但越来越多的研究表明底栖或颗粒物上的病毒也具有重要的生态意义。

生活方式　海洋病毒缺乏细胞生活所具备的细胞器（如核糖体、线粒体等）以及代谢必需的酶系统，其生存必须通过侵染到特定的宿主体内，控制宿主的代谢系统，依赖宿主提供的营养物质和遗传信息来完成生命周期。不同病毒与宿主的感染和增殖方式不同。海洋病毒的生活周期主要包括以下三种基本类型。

裂解性感染（lytic）　发生裂解性感染的病毒又称烈性病毒。烈性病毒感染宿主的过程包括病毒吸附到宿主细胞表面、病毒核酸的侵入、宿主DNA的分解和病毒核酸的合成、病毒衣壳和尾部的合成、病毒粒子的装配、宿主细胞的裂解和病毒颗粒的释放。裂解性感染在短时间即可引起宿主细胞的裂解，释放出大量子代病毒，是海洋病毒的主要繁殖方式，同时也是造成宿主细胞死亡的重要原因之一。

慢性感染（chronic）　病毒侵染宿主细胞后在宿主细胞体内复制，宿主细胞以泌出或出芽方式释放出子代病毒粒子，但病毒不会引起宿主细胞的死亡，即侵染宿主的病毒对宿主是非致死性的。

溶原性感染（lysogenic）　溶原性（或称温和性，temperate）病毒在侵入宿主细胞后，并不会马上引起宿主细胞的裂解，而是将其基因组整合到宿主基因组上，并随着宿主细胞基因组的复制而复制，在宿主细胞内形成前噬菌体或前病毒（prophage or provirus）。溶原性感染是病毒应对不利生存条件的一种生活策略，如在环境中宿主丰度很低的情况下，往往会发生溶原性感染而不是裂解性感染。溶原性细菌也可以获得由病毒基因组编码的新的功能，从而有利于宿主在不利环境下的生存。普遍存在的溶原现象对海洋微生物遗传信息交换以及生物进化等具有重要意义。在一定条件下，溶原性感染能够被一些物理化学或生物诱导因子（如$H_2O_2$、紫外线、丝裂霉素C、低pH等）所刺激，进入裂解性感染周期。（张　锐）

**海洋病原体污染**　marine pathogenic contamination　致病性细菌、真菌、病毒和寄生虫等病原微生物经各种途径进入海洋，并对海洋生物或人体健康产生不利影响的过程。

来源与传播　海洋环境中的病原体主要来源于未经消毒处理的人畜粪便等排泄

物、城市生活及医院污水、工农业及养殖业废水等。进入海洋环境的病原体，大部分因不适应外界环境条件的改变而很快死亡，但有一部分能存活一段时间，条件适宜时甚至可以繁殖，成为疾病传染源。此外，海洋中一些天然存在的微生物可因环境条件变化而大量繁殖，成为危害海洋生物或人类的病原体。海洋病原体进入人体的途径是生食或食用烹调不当的染菌海产品，或在海水浴时接触了受病原体玷污的海水。至于病原体进入海洋生物体内，除接触传染外，摄食也是一个重要途径。病原体的致病作用主要取决于病原微生物的致病能力、机体的抵抗力及环境条件等因素。

**种类与危害** 海洋病原体主要有如下几类。

细菌 能够引起海洋生物或人类疾病的细菌有很多种，常见的有副溶血性弧菌、创伤弧菌、鳗弧菌、溶藻弧菌、哈维氏弧菌、假单胞菌、嗜水气单胞菌、迟钝爱德华氏菌、鲇鱼爱德华氏菌等，可寄生在浮游动物、鱼类和贝类等生物体内或附着在体表，适宜条件下可大量繁殖，从而引起海洋生物病害或大量死亡。人们食用受污染的海产品后可导致腹泻、急性痢疾、急性肠胃炎、头痛、发烧等症状，直接接触也可感染伤口，甚至引发原发性败血症。

病毒 已发现感染海洋生物的病毒有对虾的杆状病毒、球形病毒、皮下造血组织坏死病毒等，海洋鱼类的虹彩病毒、弹状病毒、球形病毒等多种类型的病毒，有时这些病毒会给水产养殖业造成严重的经济损失。能感染人体的病毒有甲肝病毒、轮状病毒等，它们会对人体健康造成严重危害。

寄生虫 寄生于鱼、虾、贝类的寄生虫种类很多，能致病的主要有单孢子虫、帕金氏虫、腰鞭毛虫、肾形球虫、双滴虫、变形虫、单殖吸虫、隐孢子虫、微孢子虫、贾第鞭毛虫、线虫、纤毛虫、轮虫等。它们可寄生于海洋生物的各组织器官而引发多种疾病。有研究表明，寄生虫感染也是海洋渔业资源减产的重要原因之一，隐孢子虫、微孢子虫、贾第鞭毛虫等还能引起人类疾病。

其他种类的病原微生物 真菌、立克次氏体、衣原体、支原体等也是海水养殖生物暴发疾病的不可忽视的病原体之一。

**监测与防治** 海洋病原体污染监测常以生化培养鉴定法、最大可能计数法为主，总大肠杆菌、粪大肠菌群数是指示海洋环境可能被病原体污染的指标，大肠杆菌噬菌体可作为病毒污染的指标。免疫学鉴定技术、分子生物学技术、流式细胞仪技术，以及电化学发光传感器技术等也用于病原体污染的检测，特别是这些技术与传统检测技术相结合，正在成为海洋病原体污染监测和鉴定技术的未来趋势。

海洋病原体污染应以预防为主，对含病原体的医疗污水、生活污水和养殖废水等进行严格消毒处理后再排放入海。改善海洋生态环境质量和海水养殖环境也是防止海洋病原体污染和致病的有效途径。鱼类疫苗的研发和逐步应用，是提高海洋生物免疫力、预防病原体感染的最新手段。不吃生的或未煮熟的海产品，对含有病原体的海产品按食品卫生法进行检疫和处理，对渔业区、海滨风景区及海水浴场等进行定期卫生监督与监测，都是防止海洋病原体对人体健康影响的必要措施。

（汝少国）

**海洋哺乳动物** marine mammals 海洋中胎生哺乳、肺呼吸、恒体温、流线型且前肢特化为鳍状的哺乳动物。约100种哺乳动物终生或一生中大部分时间生活在海洋。现存的海洋哺乳动物分属于哺乳纲的3个目：须鲸类和齿鲸类属于鲸偶蹄目；鳍足类（海豹、海狮、海象）、海獭和北极熊属于食肉目；海牛和儒艮属于海牛目。海洋哺乳动物不同程度地适应于海洋生活。鳍足类、海獭和北极熊为两栖性，在陆地上生活部分时间用于产仔和换毛。须鲸类、齿鲸类和海牛类则完全在水中生活。海洋哺乳动物皮下的厚脂肪层或紧密毛皮加强了隔热。循环系统通过逆流换热系统的调节减少热量散失，有助于防御寒冷。眼、鼻、耳和四肢也发生适应水生环境的改变。感觉器官最突出的适应是一些鲸类发出高频声波用于水下声通信和回声定位。鳍足类的前肢和后肢变成桨状，可在水中或陆上划行。鲸类和海牛类的后肢完全消失，借尾的垂直摆动完成运动。

（周开亚）

**海洋采样技术** marine sampling technology 利用采样工具对海洋的水质、沉积物、生物和岩石等对象进行样品采集的技术。一般可分为水质采样技术、底质采样技术、沉积物采样技术、生物采样技术和岩石采样技术等。通常情况下，针对不同的采样对象，使用的采样工具以及技术手段也不尽相同。

目标 是在海洋采集运输方便可行、船载或岸上实验室易于处理、能表征特定海洋环境特性的样品。采取切实可行、可靠的技术与措施，实现原位无损采样，使所采样品中相关组分的比例和浓度与其在海洋环境中相同，在处理、分析之前样品组分不发生改变，保持采样时的相同状态。

要求 一般来说，海洋采样有如下要求：正确性、代表性、原位性、完整性、防污染性及保真性等。代表性原则对于海洋采样来说非常关键，要使所采集的样品具有代表性，应周密考虑作业海域的采样剖面、采样站位、采样时间、采样频率和样品的质量与数量等，使得所采样品的分析数据能够客观地表征水下环境的真实情况。需要确保所采样品不仅代表原来的水下环境，而且在采样及后处理过程中不变化、不添加、不损失。在某些高要求情况下，还希望样品具有保真性，即物理保存条件不能改变，如压力、温度等。

一般过程 在实施海洋采样前，通常要先制订采样计划，一般包括以下几个方面：确定在何地如何进行采样；海洋采样设备及其校验；海洋采样的支撑条件，包括船舶、吊机、回收装置、样品处理条件等；样品容器准备，包括清洗、加固定剂等；样品的取舍；样品预处理；样品分样；样品记录；样品贮存与运输；样品质量保证与质量控制措施等。

（王杭州）

**海洋层结** ocean stratification 因海水的密度、温度、盐度等状态参数随深度变化的均匀性差别而形成的层次结构。通常指垂直尺度不小于常规海洋学观测层次间距（一般在深海大洋的上层为米、深层为百米的量级）的大尺度层次结构。海洋是处于旋转地球上受重力作用的广袤的含盐水体，在海面受到太阳辐射加热而形成的热力强迫，以及因蒸发、降雨以及海冰融化和冻结而形成浮力强迫。在不同气候带的大气的动力学和热力学作用下，各海区海水的温度、盐度和密度都有显著的差异，但其铅直分布却呈现出某种有规律的宏观层次结构。观测表明，在中低纬度海域，被太阳辐射加热的海洋上层，温度较高，形成海水的温度有着随深度下降的变化特征；在极地海域，由于降水量大于海面的蒸发量，又有径流和冰川融水注入，再加上海冰冻融过程的影响，海洋的表层盐度降低，形成海水盐度随深度增加的变化特征。上述两种类型的垂直分布均导致海水的密度随深度增加，而重力的作用则使其处于流体静力学平衡的稳定状态，即形成稳定的海洋层结。这种因密度随深度增加而形成的稳定结构又称层化。上述两种类型分别称为温度层化和盐度层化。通常，中低纬度海洋的上层为温度层化，极地海洋的上层为盐度层化。海洋层结有强弱之分，*跃层*与*海洋混合层*分别对应着最强和最弱的层结。

度量海水层结的最常用特征参数，即在稳定层结的流体中，受扰动的流体在浮力作用下，相对于平衡位置作上下振荡的固有频率。浮力频率（buoyancy frequency）又称浮性频率、布伦特－维萨拉（Brunt-Väisälä）频率，用$N(z)$表示：

$$N^2(z)=-\frac{g}{\rho}\frac{\mathrm{d}\rho}{\mathrm{d}z}$$

式中$g$为重力加速度；$\rho$为海水密度；$z$为垂直坐标，原点和海面重合，以向上为正。当$N^2(z)>0$时，层结是稳定的；当$N^2(z)=0$时，层结是中性的；当$N^2(z)<0$时，层结是不稳定的。在大多数情况下，海洋中观测到的是稳定层结。观测结果表明，在海洋上混合层和深层，$N$值最小，其量级为$10^{-4}\sim10^{-3}$/秒（相应的周期约为1.7～17小时）；在密度跃层处，$N$值最大，其量级为$10^{-2}$/秒（相应的周期约为10分钟）。

（甘子钧　史久新）

**海洋产电细菌**　marine electrogenic bacteria　海洋中一类能够将胞内代谢产生的电子传递到胞外的微生物。这类微生物氧化基质释放电子，然后通过电子传递链将电子传递给最终电子受体（电极）。微生物在产生电能的同时获取生长所需的能量。

种类　产电微生物的研究最早可以追溯到20世纪初。1911年，英国杜汉姆大学植物学家M.C.波特将铂电极浸泡在酵母和大肠杆菌培养液中进行试验，首次发现利用微生物可以产生电流。

产电微生物主要为厌氧或兼性厌氧细菌，已发现的产电细菌主要来自细菌域的变形菌门（a-,β-,γ-,δ-,e-变形菌纲）、厚壁菌门、酸杆菌门和放线菌门，少数真菌和古菌也具有产电功能。与其他产电细菌相比，变形菌门的产电细菌大多为金属氧化物还原菌，它们具有比较高的产电效能。从微生物代谢的能量角度分析，革兰氏阳性菌的细胞壁厚度大于阴性菌，由于细胞壁对电子传导的阻隔，故电子穿过革兰氏阳性菌细胞壁到体外的过程滞后于革兰氏阴性菌。

产电细菌研究较多的模式菌是地杆菌属、希瓦氏菌属和红螺菌属（*Rhodospirillum*）。地杆菌属是一类严格厌氧的产电菌。有研究对海底沉积物微生物燃料电池阳极表面细菌群落结构进行分析，结果表明地杆菌属细菌占据优势地位，如硫还原地杆菌（*G.sulfurreducens*）、金属还原地杆菌（*G.Metallireducens*）和嗜冷地杆菌（*G.Psychrophilus*）等。这类细菌代谢产生的电子直接传递到阳极表面，经外接电路传递到阴极形成电流。希瓦氏菌属是一类呼吸类型多样的产电细菌。其中腐败希瓦氏菌（*Shewanella putrefaciens*）在无须氧化还原介质条件下，能够氧化乳酸盐产生电流，从而可以设计出无介质的高性能微生物燃料电池。红螺菌属中的铁还原红螺菌（*Rhodoferax ferrireducens*）是一种氧化铁还原微生物，它无须催化剂就可将电子直接转移到电极上。该菌能够代谢糖类转化为电能，且转化效率高达80%以上，第一次实现了利用纯培养单一微生物转化糖类为电能。对海洋产电细菌的研究还较少，除上述类群细菌外，还有研究发现海洋沉积物中的海生孢子虫属（*Thalassospira*）细菌也具有产电能力。

特性　产电细菌与阳极间的电子转移主要有3种途径：①通过直接表面接触的电子传递。某些地杆菌属（*Geobacter*）、希瓦氏菌属（*Shewanella*）和脱硫单胞菌属（*Desulfuromonas*）产电细菌通过与细胞膜表面或周质空间中的电子载体（如细胞色素C）接触，将胞内电子传递到胞外。该方式只是紧靠电极表面的一单层微生物具有电化学活性，可传递电子给电极，故电池性能受限于电极表面这一单层微生物的最大细菌浓度。当使用高浓度细菌和大表面积的电极时会产生相对高的电量，但由于电极面积有限，因此该传递方式的产电效率较低。②利用纳米导线传递。奥奈达湖希瓦氏菌（*Shewanella oneidensis*）和硫还原地杆菌（*Geobacter sulfurreducens*）等产电细菌在能够在金属氧化物、金属矿物以及电极等固态电子受体表面形成生物膜。除直接依附在电子受体表面的一层产电微生物可以通过直接接触传递电子，生物膜中离表面较远的外层产电微生物，会通过一种可导电的纳米级的纤毛或菌毛（又称纳米导线）向电极传递电子。纳米导线宽仅3～5纳米，但长度是宽度的1000倍。纳米导线的存在摆脱了菌体直接接触电极的限制，可使电子传递到离细胞表面更远处，进行较远距离的电子传递，从而可形成较厚的具有产电活性的生物膜，提高电池性能。纳米导线的电子传递能力与多种细胞色素C（MtrC、OmcA等）有关，据推测，纳米导线在电子传递过程中可能从细胞膜中的细胞色素C处接收电子，或者纳米导线本身含有细胞色素C，使其具有导电能力。③利用中介体传递。微生物细胞膜没有导电性，不能直接传递电子，因此需要通过电子中介体实现电子转移。氧化态的电子中介体被产电细菌吸收后，在细胞内从细胞呼吸链中截获电子变为还原态。还原态电子中介体再穿过细胞膜，到达电极表面并发生反应，将电子转移给电极，同时自身又变为氧化态。电子中介体可由人工添加（如硫堇、亚甲基蓝、中性红等），也可由微生物自身合成。微生物自身合成的电子中介体又可分为初级代谢产物（如$H_2$、$H_2S$等）和次级代谢产物（如绿脓菌素、吩嗪类等）两类。人工添加的电子中介体价格昂贵而且需要经常补充，同时大多数氧化还原中介体具有毒性，污染环境。而由微生物自身合成的电子中介体（次级代谢产物）可以多次循环使用，因此即使产生的中介体量很少也能获得较高的电子传递效率。

（史晓翀　张晓华）

**海洋产甲烷古菌**　marine methanogenic archaea　与海洋中甲烷的产生、释放及天然气水合物的形成等密切相关的微生物类群。

研究简史　1974年，C.S.马滕斯在海洋潮间带低硫酸盐浓度的沉积物中发现大量的甲烷。1979年，J.A.罗梅瑟等分别从卡里亚科海槽和黑海表层沉积物中分离出两株产甲烷古菌（*Methanogens*），海洋环境中的产甲烷古菌首次被报道。随后，科学家在海洋环境中分离出多种不同类型的产甲烷古菌，并且对其代谢和生态功能进行了研究。随着宏基因和测序技术的发展，科学家可以利用基于宏基因组的方法来探索产甲烷古菌的底物代谢和能量代谢方面的研究。在新命名的古菌门韦斯特古菌门（Verstraetearchaeota）、深古菌门（Bathyarchaeota）的基因组中都发现了甲烷代谢的关键基因——甲基辅酶M还原酶（methyl coenzyme M reductase; MCR）的编码基因*mcr*基因（*mcr*基因是产甲烷最后一步的关键基因，所有产甲烷菌都具有的功能基因）。这些研究表明产甲烷古菌可能并不是只属于广古菌门（Euryarchaeota），其他古菌类群中可能也有产甲烷古菌。这些发现对此前有关产甲烷古菌起源进化的认识形成了

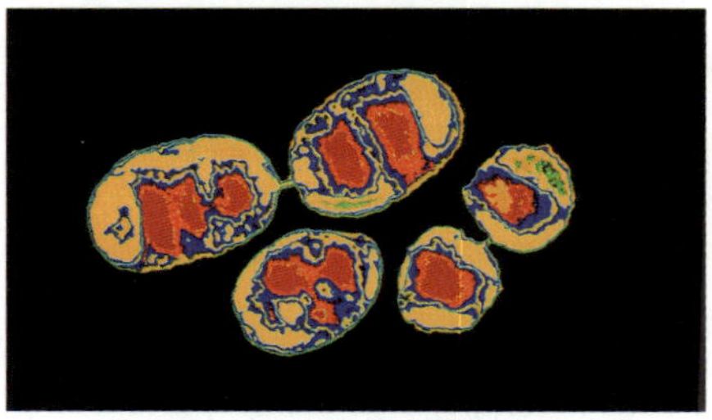

透射电子显微镜下的海洋产甲烷古菌
（经彩色化处理）

挑战。不同环境中产甲烷古菌所利用的底物，以及产甲烷古菌与其他微生物的相互作用和起源进化仍然是研究热点。

种类　绝大多数已知的产甲烷古菌属于广古菌门。产甲烷古菌共分为7个目：甲烷球菌目（Methanococcales）、甲烷火菌目（Methanopyrales）、甲烷杆菌目（Methanobacteriales）、甲烷八叠球菌目（Methanosarcinales）、甲烷微菌目（Methanomicrobiales）、甲烷胞菌目（Methanocellales）和甲烷马赛球菌目（Methanomassiliicoccales）（旧称Methanoplasmatales）。在新命名的韦斯特古菌门古菌类群中发现了*mcr*基因，是新发现的可能具有产甲烷功能的古菌。

代谢特性和分布　海洋产甲烷古菌在海洋中分布非常广泛，主要分布在厌氧沉积物中。海洋水体、沉积物以及深海洋壳的玄武岩中都发现有产甲烷古菌，高温热液环境中也发现有产甲烷古菌的存在。

产甲烷古菌能够利用不同的底物产甲烷。根据利用底物的不同可分为不同的产甲烷代谢类型，主要分为3类：二氧化碳和氢气利用型、乙酸盐利用型和一碳类化合物利用型。进化地位不同的产甲烷古菌类群可能具有相同的产甲烷代谢类型，而进化地位相似或相同的产甲烷古菌类群可能具有不同的产甲烷代谢途径。

甲烷球菌目、甲烷火菌目、甲烷胞菌目、甲烷杆菌目和甲烷微菌目类群中大部分产甲烷古菌，它们主要是利用氢气和二氧化碳产生甲烷。其中也有些产甲烷古菌能够利用氢气和甲基化合物产生甲烷。例如，甲烷球菌目类群可以利用二氧化碳作为电子受体，氢气或者甲酸盐作为电子供体产甲烷。这类产甲烷古菌多分布在海洋环境，它们需要海水中的盐离子为其生长提供帮助。甲烷杆菌目中某些类群也可以利用甲酸盐、一氧化碳或者仲醇类化合物为电子供体产甲烷。其中，甲烷球形菌属古菌（*Methanosphaera*）仅能利用氢气还原甲醇。甲烷微菌目中有很多产甲烷古菌能够利用甲酸盐和仲醇代替氢气作为电子供体产甲烷。甲烷微菌目在海洋沉积物中广泛分布，在冷泉、硫酸盐-甲烷转换带（SMTZ）、大陆架沉积物、热液生态系统中都有分布。甲烷杆菌目主要分布在大陆架和冷泉沉积物中。可以利用甲酸盐产甲烷，甲烷胞菌目对低氢气浓度环境具有耐受性，在此环境中能够利用氢气产甲烷。海洋环境中第七产甲烷古菌目主要分布在海洋热液环境中。

甲烷火菌目中仅包含*Methanopyrus kandlerin*，是能够利用二氧化碳和氢气产甲烷的产甲烷古菌，这类产甲烷古菌能够适应高温环境（84～110℃），主要分布在海底热液生态系统中。

甲烷马赛球菌目是氢气依赖型产甲烷古菌，能够利用氢气和甲醇或者甲胺产生甲烷，分布在各种不同的环境中，包括垃圾填埋场、稻田、海洋热液生态系统、动物或者人体消化道等环境。海洋中的第七产甲烷古菌目主要分布在海洋**热液生态系统**中。

甲烷八叠球菌目中包括的产甲烷古菌代谢类型复杂，能够利用多种不同的底物，例如氢气和二氧化碳、乙酸盐、一碳甲基化合物产生甲烷。甲烷八叠球菌科（Methanosarcinaceae）和甲烷鬃菌科（Methanosaetaceae）两科属于甲烷八叠球菌目。甲烷八叠球菌科中所有的产甲烷古菌都能够通过歧化反应利用甲基化合物（甲醇，单双三甲胺和甲基硫化物）产甲烷，而甲烷鬃菌科中的产甲烷古菌仅能够利用乙酸盐裂解的途径产甲烷。南极海洋有机质含量高的沉积物中乙酸盐利用型甲烷鬃菌科丰度很高，一般与奇古菌门（Thaumarchaeota）和异养细菌共存，对沉积物中的甲烷产生有重要的作用。海洋环境中甲烷八叠球菌目分布非常广泛，主要分布在厌氧、有机质丰富的大陆架沉积物（冷泉）中，在深海沉积物及热液环境中也有分布。（王风平）

**海洋沉积**　marine sediment　由各种**海洋沉积作用**形成的海底沉积物的总称。海洋沉积作用一般可分为物理的、化学的和生物的3种过程，由于这些过程往往不是孤立地进行，所以沉积物可视为综合作用产生的地质体。研究海底沉积物的类型、组成、分布规律、形成过程和它的发育历史，是海洋沉积学的主要内容，也是海洋地质学的重要组成部分。

研究简史　海洋沉积物的系统研究，即现代海洋沉积学开始于1872～1876年的英国“挑战者”号考察。对这次考察所采集的样品进行室内分析后，英国海洋学家**J.默里**和比利时地质学家A.F.勒纳尔于1891年发表了《深海沉积》（*Deep-Sea Deposits*）一书，论述了各类软泥、红黏土、铁锰沉积的成分、成因及分布规律等。该书是现代海洋沉积学的基石。以后，美国的“信天翁”号、“卡内基”号，德国的“流星”号和荷兰的“斯内卢斯”号等调查船在20世纪末至21世纪初相继做了广泛的调查，推动了海洋沉积学向前发展。

第二次世界大战后，随着军事的需求和海底石油等矿产资源的勘探开发，海洋沉积物的研究获得长足进展。人们开始对特定海域和重大理论课题开展专题调查研究。20世纪40年代末，美国海洋地质学家**F.P.谢波德**和苏联M.V.克列诺娃的海洋地质学专著相继问世，系统地总结了当时对海洋沉积的认识。1950年，**P.H.奎年**进行了低密度、高密度水流的一系列水槽实验后，结合现场观察提出了浊流理论，引起了沉积学理论的重大变革。

50年代末和60年代初，由于大规模国际合作的实施和新技术、新方法的运用，海洋沉积物的研究提高到一个新水平。尤其是海底沉积矿产、浊流沉积、现代碳酸盐沉积和陆架沉积模式的研究取得了不少新认识。荷兰A.H.鲍马（1963）提出的砂质浊积岩标准层序的模式，迄今仍作为浊积物判断根据。但在对浊积物开展广泛研究后仅10年，又发现这一模式并非万能，如在同一浊积层序内，从底到顶古流向不一致，甚至相互垂直。美国地质学家B.C.希曾等于1966年总结了沿陆坡坡麓等深流的特征及对陆隆的塑造作用，等深流和等深流沉积的识别也像浊流理论一样，引起了对深海沉积作用认识的飞跃。

60年代末开始实施的**深海钻探计划**（DSPP），使海底沉积的研究进入新的阶段，特别是在深海沉积物的类型与分布以及成岩作用的研究方面获得了大量重要资料。而且板块构造的兴起，冲击着地学领域的各学科，也为海洋沉积学理论增添了新概念。不同构造环境下的沉积相模式、板块运动造成的远洋沉积物的配置规律等，开拓了沉积学成果服务于全球构造研究的新方向。

70年代之后，海洋沉积的研究更加深入全面。结合深海钻探大量的实际资料，海洋沉积学的新思潮、新学说不断涌现；向海洋深处和地球深部扩展；各学科相互渗透、交叉，并与宇宙、天文科学相结合，将海洋沉积学推进到一个新阶段，并派生出一些新的研究方向。沉积动力学的研究普遍受到重视，对碎屑物质在不同水动力条件下的搬运过程以及海底的沉积和侵蚀机制，强调现场观测，有了新的认识。在海上使用沉积动力球，可同时测定含砂量、底层流速、流向等多种参数，使研究从静态描述走向动态分析，由定性到定量，由区域性研究到全球模式，精度已逐渐达到毫米-毫克-年级。

20世纪后半叶海洋沉积学领域所取得的突出进展主要有以下几个方面。

沉积作用与全球构造活动的关系　板块构造理论对海洋沉积学产生了深远的影响，一方面，板块构造理论解释了洋底古沉积分布异常的原因；另一方面，也可运用沉积作用特征来查明板块运动的演化历史。在此基础上发展了构造沉积学，建立了一些判别陆源碎屑成分与板块构造环境关系的标准。美国地质学家W.R.迪金森等（1979）建立了根据砂岩组分判断物源区和沉积盆地构造环境的三角形模式图。1981年，又有科学家提出了鉴别构造环境的深海砂矿物成分特征值：a.被动边缘，$Q_{12}F_{26}L_{12}$（Q为石英，F为长石，L为岩屑）；b.活动边缘俯冲带，$Q_{16}F_{53}L_{31}$；c.转换断层型活动边缘，$Q_{34}F_{39}L_{27}$；d.弧后盆地，$Q_{20}F_{29}L_{51}$；e.弧前盆地，$Q_{8}F_{37}L_{750}$。

事件沉积学　事件沉积作用是指由于某种事件（包括生物、化学、气候、地震、火山、宇宙等）引起的偏离正常沉积过程的地质作用，包括正偏离和负偏离两类。前者形成各类事件沉积物，后者形成特殊的界面，如硬底、冲刷面等，若干个沉积事件的系列称为沉积幕，沉积幕将沉积盆地的演化划分为几个不同性质的演化阶段。因此，沉积幕、沉积事件是盆地分析的基础。为解释地层上的一些主要界线，特别是白垩系－第三系界线、始新统－渐新统界线时，常使用宇宙事件来解释，如大陨星碰击地球、微玻陨石雨等。事件沉积学的发展对事件地层学、天文地质学、海底沉积矿床（如锰结核、石油）的勘探有重要意义，因而也得到了迅速发展。

沉积动力学　是从动态的观点来研究沉积物的形成过程、沉积物与海洋间发生的各种物理、化学和生物作用。它具有多学科相互渗透、相互补充和以现代科学技术为基础，对沉积过程的各项参数进行定量测定的特点，起初是以河口和陆架为主要工作对象，现已发展到研究深海沉积动力学和**全球海洋通量联合研究计划**（JGOFS）。

历史沉积学　是在远洋采样技术进步的基础上发展起来的，70年代使用的液压活塞采样器（HPC）可以采集300米长未扰动的岩芯，延伸式采芯器（XCB）可采取575米长的高质量岩芯，运用精确的技术测定各种参数，从而能恢复数千万年的沉积历史。古海洋学在查明的2亿年来特别是第三纪以来海洋环境的演变历史，包括环流、水温、盐度、生物生产力的分布模式方面取得了重大进展。近年来又取得下列成果：古构造事件、古海洋学事件的确立；区域古海洋学的研究；冰期海洋的研究及气候变化的预测；古海洋学标定和研究方法的进展。

浊流、等深流沉积　通过近年来的研究，逐渐认识到不同类型的重力流在**大陆隆**、**海沟**、**深海平原**等环境中的突出作用。等深流沉积的发现（1966）大大充实丰富了海洋沉积学理论。近年来对雾浊层的定量观测，认识到雾浊层对形成等深流沉积的控制作用。

碳酸盐沉积学　50年代发生了革命性进展。50～60年代对现代浅水碳酸盐进行了大量的工作，并从岩类研究逐步转移到岩相学、古地理学领域，同时，沉积后作用（各阶段成岩作用）的研究，特别是白云石化的研究发展到全新的水平，形成了许多新概念。现代浅水碳酸盐沉积学的发展也推动了古碳酸盐岩的研究。近十年来提出的关于台地碳酸盐、浅水碳酸盐的沉积模式有多种。研究重点也转移到陆坡、陆隆及边缘盆等深水环境，开展了大量调查，提出了深水碳酸盐的沉积模式，并使之不断完善。相信这些成果必将有助于该环境中石油的勘探和开发。

中国在20世纪50年代末开展了大规模的海洋调查，这是中国海洋沉积研究的开端。60年代以来，又先后对渤海、黄海、东海、南海的沉积类型，物质组成，沉积速率以及陆架沉积模式和沉积发育历史进行了深入的专题调查。在海岸和海底沉积物的搬运及其动力过程的研究方面也有很大进展，同时还开展了深海远洋沉积的调查研究。

来源、搬运和沉积　是影响沉积作用和沉积类型的重要因素。

物质来源　海洋沉积物的来源分为以下3类：①陆源。主要是陆地岩石风化剥蚀的产物，如砾石、砂、粉砂和黏土等，是典型的陆源沉积物。②海洋组分。主要是从海水中由生物作用和化学作用形成的各种沉积物，如海洋生物的遗体，海绿石、磷酸盐、二氧化锰等自生矿物及某些黏土等。③火山作用形成的火山碎屑。大洋裂谷等处外溢出的来自地幔的物质，以及来自宇宙的宇宙尘等。

蚀源区的性质决定了陆源物质的原始特征，从而对沉积物的性质产生深刻影响。如黄河径流所携带的固体物质有70%左右沉积在河口区。其特点是碳酸钙含量较高，含有角闪石、白云母、绿帘石等重矿物组合，粒径以0.01～0.05毫米占优势。这些特点不同于长江物质形成的沉积。

在缺少陆源物质的海域，来源于生物和化学作用的产物占有重要地位。在某些海域，特别是较深的海域，生物作用的产物和生物遗体可成为主要的物质来源，如南海外陆架、东海冲绳海槽的有孔虫细砂以及大洋中的生物软泥等。自生矿物也主要见于陆源沉积速率低的海域，如南太平洋中部的沸石沉积等。

物质搬运　在不同海域，物质搬运的动力条件不同。

陆源物质入海主要是河流的搬运，其次是浮冰和风力等地质作用的搬运。

由河流搬运入海的陆源碎屑很少到达深海，主要是在近岸河口区和内陆架沉积下来，只有少量细粒物质被带到外陆架及更远处。在高纬度海域，由于冰川作用和浮冰搬运，形成了大量粗碎屑沉积。

在**大陆边缘**，特别是陆架海的物质搬运主要受潮流、密度流、风海流和风浪等作用控制。如欧洲北海，潮差达3米以上，潮流的表面流速可超过2米/秒。沉积物的搬运受潮流作用控制。有的陆架沉积作用主要受风海流与暴风浪控制，天气好时风海流悬移细粒物质散布到陆架各地，风季时暴风浪对粗粒物质进行搬运。但是，陆架水流往往是由综合因素形成的，在同一陆架的不同部位，其流场也不相同。在近岸带一般以波浪和潮流的作用为主。在内陆架往往是由温、盐、密度差与风形成的海流所控制，它们常沿海岸或向外海流动，致使某些大河搬运入海的细粒物质沿海岸扩展或被搬运至远海区，这种模式在中国东海和南海较为典型。外陆架及大陆坡处往往是由与海岸平行的洋流所控制，如黑潮暖流。**上升流**对物质搬运所起的作用虽属局部性的，但具有特色，一些磷酸盐沉积往往与上升流活动有关。

在**大陆坡**，沉积物可因滑坡作用向深海运动；或由于碎屑物质与水混合形成高密度水流即浊流，浊流是将沉积物从陆缘搬运到深海区的主要机制，特别是在冰期低海位时，由河流输送到陆架外缘的沉积物随即以浊流形式进入深海。切割陆架外缘和陆坡的海底峡谷，是输送沉积物的重要通道。另外，底层流（包括等深线流）在深海区沉积物的搬运中起着重要作用。它可以搬运黏土、粉砂甚至细砂，在海脊、海山和深海平原上造成侵蚀。

在高纬度地区，浮冰是搬运沉积物的重要方式。它们主要分布在极地至南、北纬55°左右；在更新世冰期曾远达南、北纬35°左右。正是由于物质搬运营力的特殊性而使高纬度地区的沉积类型别具一格。

风对海洋沉积物的搬运也有一定作用，如沿大西洋东岸的撒哈拉沙漠一带，热带风可搬运大量微尘入海。某些深海和浅海沉积物中的黏土和火山灰等也与风的搬运作用有关。

搬运海洋沉积物的营力虽然复杂多变，但就整体来说，起主导作用的仍然是海水的动力条件。

沉积速率　海洋沉积物的沉积速率，即**海洋沉积速率**在海底不同的部位相差甚大。沉积速率的不均一性反映了沉积环境的差异性，从而在沉积类型和沉积厚度上表现出很大的差别。影响沉积速率的主要因素有物质来源状况、气候、构造作用等。在物质来源充足、海洋生物作用产物十分丰富的海域，沉积速率很高，反之则低。由于快速沉积期常与慢速沉积、无沉积或侵蚀期相互交替，故通常使用平均值来表达不同环境中沉积速率的大小。

世界大型**三角洲**和河口区的沉积速率，最高可达到50 000厘米/千年左右。在陆坡和陆隆最高可达100厘米/千年。而深海区一般只有0.1～10厘米/千年。由于深海沉积速率低，加之洋底年龄不老于侏罗纪，故深海洋底的沉积厚度小，平均不过0.5千米。各大洋的沉积速率也有所不同。大西洋沉积速率较高。太平洋不少海域距陆甚远，大洋周缘被海沟环绕，陆源物质难以越过海沟到达大洋区，故沉积速率较低。北冰洋由于覆冰，沉积速率也较低。

现代浅海环境中有时会出现无沉积区，可看作是短期的沉积间断；深海钻探揭示，深海沉积中沉积间断十分常见。这就为某些海洋组分，如自生矿物的大量形成提供了有利条件。

沉积类型　传统上，按深度将沉积物划分为：**近岸沉积**（0～20米），**浅海沉积**（20～200米），**半深海沉积**（200～2000米），**深海沉积**（大于2000米）。概括地说，可以将海洋沉积划分为大陆边缘沉积和**深海沉积**，陆隆沉积介于两者之间。在大陆隆处常见到具有交错纹层的粉砂沉积物，呈透镜体分布，可能由等深线流形成，所以称为“等深线流沉积”，为在陆隆处发现的一种新的沉积类型。

大陆边缘的沉积物主要来自陆源碎屑，可根据沉积物的粒度大小及级配状况划分出砾石、砂、粉砂和泥等沉积类型。生物作用在深海沉积物中居重要地位，因此，可根据生物种类及其含量将深海沉积物划分为有孔虫软泥、颗石软泥、硅藻软泥、放射虫软泥等类型。此外尚有浊流沉积物、火山沉积物、褐黏土以及自生沉积物等非生源沉积物。

沉积分带　海洋沉积物的分布受气候、距陆地远近和深度等的控制，从而呈现出纬度分带、环陆分带等分带现象。海洋沉积物的分带性是一种具全球规模的宏观现象。各种分带同时存在，相互交织在一起，加以存在有浊流、上升流以及火山活动等区域性现象，致使海洋沉积物呈现出十分复杂的分布格局。

纬度分带　在极地冰带，广泛出现冰川海洋沉积。在干燥亚热带，褐黏土十分发育。在湿润的温带和赤道带，生物沉积作用极其旺盛，除有钙质软泥外，硅藻软泥主要见于纬度较高的温带海域，放射虫软泥富集于赤道带。在两极高纬度地带，沉积物富含长石、岩屑等易风化物质，黏土矿物以绿泥石和伊利石为主。在化学风化强盛的赤道带，石英含量升高，黏土矿物以高岭石和蒙脱石为主。深海区最低的沉积速率（小于1毫米/千年）和最小的沉积厚度见于亚热带，最高的沉积速率（1～10厘米/千年）和最大的沉积厚度则出现于赤道带和北温带、南温带。

濒临中国的各个海域，沉积物的纬度分带亦有其特点。例如，渤海沉积物中的重矿物组合以不稳定矿物占优势，如角闪石、绿帘石等。随着纬度的降低，稳定矿物大量出现（与物源也有一定联系）。从北向南，沉积物的“石英化”程度和自生碳酸盐沉积都有明显增高，在南海出现了自生文石等。

环陆分带　在陆缘浅海，以陆源碎屑沉积为主；在半深海海域，既有陆源物质，也有生物和化学作用形成的沉积；至深海区，则主要是生物和化学作用形成的深海沉积。自陆缘向远洋方向，沉积速率和沉积厚度明显降低；沉积物从偏灰绿色逐渐过渡为红褐色。

垂直分带　因为碳酸盐沉积主要见于水深小于**碳酸盐补偿深度**（CCD）的海域，所以在水深较小的**海山**和海岭的顶峰处经常覆盖着近于白色的钙质沉积物。由于钙质沉积物的沉积速率大出相邻的深海黏土十倍左右，海底高地上的沉积厚度反而超过了周围的深海盆地。并且海底高地上底流比较活跃，其沉积物的粒度往往较粗。因此，垂直分带主要由介壳保存完好的钙质沉积物（溶跃面以上）、介壳被溶蚀破碎的钙质沉积物（溶跃面以下）和非钙质沉积物（碳酸盐补偿深度以下）等三个相带组成。

构造分带　新的大洋地壳一旦从中脊轴部新生出来，便开始了边扩张、边沉降、边接受沉积的过程。在中脊顶部，构造因素起主导作用，其上沉积层缺失或充填于凹地中。随着洋底年龄增大沉积厚度也逐渐向两翼增加。

丹麦富尔岛上由硅藻和黏土矿物组成的古新世—始新世时期海洋沉积物

在水深较浅的中脊顶部，通常覆盖钙质沉积物；中脊轴部是热地幔物质上涌的地方，在水热作用下形成了特有的重金属软泥；再加上海底火山活动可形成玄武岩质玻璃组成的火山碎屑夹层；由于这里构造破碎强烈，还可能有海底侵蚀产物组成的底蚀沉积物。随着海底向两翼扩张，水深增大，逐渐过渡为**硅质软泥**或**深海黏土**。再往陆缘方向，在海底俯冲的岛弧－海沟系附近，可出现火山灰层等中酸性火山碎屑沉积物。从海底扩张中心到海底俯冲带，不同的洋底沉积物类型依次更替。由于洋底在边扩张边沉积，中脊轴部的沉积物最先沉积埋藏（直接覆于新生的玄武岩基底上），中脊两翼、大陆边缘所接受的沉积物依次覆盖在上，上述洋底沉积物在侧向上的岩相变化也会在沉积物的垂直层序上表现出来。它们都是构造分带的反映。

研究意义　海洋沉积物及其土力学性质的研究可为海底电缆和输油管道的铺设、石油钻井平台的设计和施工等海洋开发前期工程提供重要科学依据。对海底沉积物形成环境的研究，可为石油等海底沉积矿产的生成和储集条件提供重要资料，有关现代三角洲和碳酸盐沉积相的研究，日益受到重视。海底沉积物是地质历史的良好记录，运用“将今论古”原则对它加以研究，对认识海洋的形成和演变具有重要意义。（秦蕴珊）

**海洋沉积环境**　marine sedimentary environment　**海洋沉积**形成时的自然地理环境。1976年，英国科学家R.C.塞利指出：沉积环境乃是“在物理学、化学和生物学上均有别于相邻地区的一块表面”。它强调了自然地理景观和地貌特征，可根据物理、化学、生物等三项环境参数来划分和鉴别。海洋沉积环境与海水的物理、化学条件（包括海水温度、盐度、密度、压力、酸碱度、海区氧化还原能力等方面），海洋的水动力状况（如波浪、潮汐和海流），海底地形和海水深度，以及海洋生物作用等有关。

沉积环境对沉积岩和沉积矿床的形成具有重要的影响和控制作用，不同的沉积环境可形成不同类型的沉积岩和沉积矿床。

海洋沉积环境根据**海底地形**和海水深度，可分为海滨（海岸或海滩）、浅海（陆棚）、半深海和深海。根据海洋沉积物性质，可分为陆源碎屑沉积环境和碳酸盐沉积环境。

滨海环境　是海洋与陆地之间以波浪作用和潮汐作用为主要地质营力的狭长地带，是**三角洲**与河口湾之间的**海岸带**。滨海环境向陆达到暴风浪或特大高潮到达的区域及有滨海风成沙丘分布的内岸区；向海包括水下岸坡带正常（良好天气下）浪基面以上的区域及其狭长的海域。以潮汐作用为主的海岸带可分为平均高潮面以上的**潮上带**、平均低潮面以下的**潮下带**以及高潮滨线与低潮滨线之间的**潮间带**，后者是狭义的滨海环境。但坡度低于1‰的潮汐滨海环境则称**潮坪**。此外，滨海环境中在潮汐作用较弱的弯曲的缓海岸带，如有**沿岸流**带来或其他来源的充分的泥沙供给，在波浪作用下可发育成沙嘴、沿岸沙坝或障壁沙坝和**障壁岛**，后者又称堡坝和堡岛。障壁可使沿岸水体与广海有阻隔，在障壁后狭长水体或内湾中成半封闭或限制流通环境，潮湿气候可淡化，干旱蒸发条件可咸化，这种环境称边缘潟湖（见**近岸沉积**）。

浅海环境　是由正常浪基面以下的岸坡带到－200米深的海域；可有陆棚、海湾、海峡等不同地貌区。**大陆边缘**常有大量沉积物沉积的海域称陆缘海，属陆棚浅海区（见**浅海沉积**）。

近岸沉积和浅海沉积环境中，不但广泛沉积陆源碎屑和黏土物质，还常发育碳酸盐质、硅质、铁质和磷质等沉积物，其中碳酸盐沉积物分布很广。这一环境的沉积作用很多是有生物参加的，因而还有主要由生物生长形成的生物礁、叠层石等。此外，在干热蒸发条件下还形成超盐度的潮坪和潟湖的蒸发沉积物，如石膏、石盐、钾镁盐岩等。陆棚中广泛分布的沙砾质沉积物，可能和地质历史上冰期时海平面降低有关。陆棚海床上常有底流因风暴浪作用而形成的沙砾沉积。

半深海环境　位置和深度相当于**大陆坡**，是浅海陆棚与深海环境的过渡区，底界水深一般为2000米（见**半深海沉积**）。

深海环境　分布于水深在2000米以下的大洋盆地，平均水深为4000米（见**深海沉积**）。

（于晓果　边叶萍）

**海洋沉积生物**　marine sedimentary organisms　体形较小、具有坚硬的介壳或骨骼（形态学鉴定的主要依据），并构成海洋生源沉积的海洋生物。海洋沉积生物是一个包括多个门类的海洋生态类群的统称，其主要成员为原生动物的有孔虫、放射虫、鞭毛虫，软体动物的翼足类、异足类，节肢动物的介形类，以及苔藓虫、颗石类、硅藻。它们中有的终生营浮游生活，也有的营底栖生活。浮游种类大部分是远洋性的，种类虽少，但数量巨大，是构成世界各大洋钙质软泥和硅质软泥的主要生源成分；营底栖生活的种类繁多，自滨岸潟湖至深海盆均有分布，主要集中于大陆架区，但对构成海洋沉积所起的作用远逊于浮游类群。

研究简史　大致可分为3个阶段：①萌芽阶段。公元前5世纪，希腊哲学家希罗多德就注意到用以筑成金字塔的岩石，主要由货币虫（*Nummulites*）组成。到了18世纪中叶，瑞典科学家C.von林奈记述了15种有孔虫。19世纪上半叶，学者们确定有孔虫为原生动物，做了系统分类，首次描述了放射虫，随后发表了一些著作。19世纪下半叶，科学家们建立了现代介形类的分类系统，发表了研究有孔虫、放射虫等一系列报告。为海洋沉积生物的形态分类描述奠定了基础。②应用阶段。自20世纪20年代至第二次世界大战，石油勘探事业的需要促进了有孔虫、介形类以及其他沉积生物（如硅藻）研究的迅速发展。在形态描述、分类、亲缘关系等方面的研究更加深入，进一步建立和完善各类沉积生物的分类系统，并应用于石油地质工作上。③综合阶段。50年代下半叶以来，随着对世界各大洋大规模调查工作的进行，沉积生物研究发展很快，尤其是深海钻探计划的实施，使海洋沉积生物研究与现代海洋学、生态学、生物地层学、古海洋学和古气候学等学科紧密结合。电镜的使用，扩大了对沉积生物超微结构的认识。分子生物学技术的应用，也为古环境研究提供更加精确的替代性指标。因此，海洋沉积生物研究有了新的发展。21世纪初期，利用有孔虫氧同位素重建古海平面变化的研究和深海沉积生物的研究也陆续开展。

主类群和生态特性　可分为钙质沉积生物和硅质沉积生物两大类群。

钙质沉积生物　构成海底钙质软泥的有机体。主要有浮游有孔虫、翼足类和超微的颗石类（藻），另外还有介形虫和苔藓虫等。如果主要成分为浮游有孔虫壳，则称为抱球虫软泥；如果主要成分为翼足类－异足类壳，则称为翼足类软泥。颗石类普遍与浮游有孔虫或翼足类－异足类壳共存于远洋沉积物中，而且其数量远远超过前两类壳体。因此，上述两类软泥又分别称为浮游有孔虫－颗石软泥和翼足类－颗石软泥。

钙质沉积生物绝大部分为暖水性种类。在北纬45°与南纬45°之间的暖水带远洋底部，钙质软泥最厚。估计世界三大洋海盆中浮游有孔虫－颗石软泥覆盖面积达1.2亿平方千米。翼足类－异足类介壳为文石质，一般在水深超过2000米就溶解了，故三大洋海底翼足类－异足类软泥覆盖面积估计仅有200万平方千米。主要分布于中大西洋隆脊、地中海、加勒比海、湾流系（北纬25°～35°）、印度洋西部和东南太平洋。

有孔虫（Foraminifera）少数种类为淡水种外，其余全部生活于海洋。有浮游和底栖两大生态类群，种类繁多，已记录的约50 000种。其中现代种约10 000种，主要是底栖种，浮游的约40种。

底栖有孔虫自滨岸潮间带至深海盆均有分布，以中、外陆架区的种类和数量最多。它们在陆架碳酸盐沉积的组成上，有时可占一定分量，但在深海沉积物的组成上则不及1%。随着深度的变化，底栖有孔虫的种类和数量有明显的差异，能指示不同的深度，成为很好的海深指示生物。

浮游有孔虫均是大洋性种类，它们的分布受大洋环境和水团的制约，其中在低纬度海域种类和数量最多。浮游有孔虫软泥分布在北纬45°与南纬45°之间的洋底，浮游有孔虫占这类软泥组成的30%以上，平均分布深度约3600米。浮游有孔虫的动物地理区系与太平洋、大西洋各大水团的分布范围颇为一致，两大洋的区系基本相对应，只在区系的种类组成上略有差异，如现在仍分布于印度洋－太平洋热带区的紧格方球虫（*Globoquadrina conglomerata*）和六萃方球虫（*Globoquadrina hexagona*），在最近一次冰期从大西洋消失了。浮游有孔虫能指示海流的方向和位置，是很好的海流指示生物。有的学者曾用以判别阿根廷沿岸流、巴西暖流与马尔文寒流的大致界限，以及南大西洋亚热带水与亚寒带水辐聚区的地理位置。根据浮游有孔虫壳体的旋向、壳壁孔的大小和密度等形态特征，可阐明海洋古气候的变化。

翼足类（Pteropoda）和异足类（Heteropoda）细小的浮游软体动物，属腹足纲（Gastropoda）。翼足类是后鳃亚纲（Opisthobranchia）的一个目，包括真壳类（Euthecosomata）和假壳类（Pseudothecosomata）等。真壳类的壳体为文石质，能保存为化石。异足类则属前鳃亚纲（Prosobranchia）。现代真壳翼足类约有38种，现代异足类约有32种，大多数为暖水种，主要分布于热带和亚热带。冷水种和深水种很少，蜕螺（*Limacina helicina*）是典型的两极种。后弯蜕螺（*Limacina retroversa*）是亚寒带种。中国近海共发现翼足类35种和6个变种，异足类有20种，都是暖水种，分布在南海和东海暖流区。

颗石类（Coccolithophorida）超微单细胞生物，是自养性生物，有一对金褐色色素体和两根活动鞭毛，依靠鞭毛活动。现代颗石类约有200种，除极少数种生活于淡水或半咸水外，都是大洋性浮游种，主要分布于大洋水体的真光层。在0～50米水层密度最大，每升可达5万～50万个。它们繁殖迅速、产量甚高，是海洋生态系中的初级生产者。细胞体分泌极其微细的钙质盾板，称为颗石（coccolith），大小仅1～15微米。这些颗石全部或部分地包裹在细胞表面，形成一个颗石球，平均直径10～100微米。细胞死后，颗石球在沉降过程中解体成颗石，沉积于海底。颗石的形态多样，有十多种基本类型。颗石非常微小，但因其数量浩大，是堆积成大洋底钙质软泥的主要成分。颗石类多数生活于暖水区（南纬40°～北纬40°），热带和亚热带的种数约比南、北亚寒带多3倍。20世纪70年代初以来，对颗石类的研究迅速发展，颗石类化石被有成效地运用于新生代地层的划分。

介形类（Ostracoda）。属于节肢动物的甲壳动物亚门（Crustacea），其介壳一般呈长卵形、肾状或豆状，大小一般为0.15～2毫米，少数现代浮游种长达25毫米，多数为具钙质介壳的底栖种。主要分布于近岸、内陆架浅海，少数种生活于深海，在淡水、半咸水也有分布。浮游的种类不多，介壳为几丁质，在一定水深即被溶解，不能保存于大洋沉积中。半深海－深海介形虫动物群，常被认为是世界性深海冷水圈动物群，一般分布于1000～1500米海底，水温在4～6℃。介形虫在地层学上可指示深水环境。

苔藓虫（Bryozoa）。苔藓虫的虫室多为钙质组成，虫体很微小，群体则结联成片，其骨骼在个别陆架区沉积中占一定比例。如在澳大利亚南岸外海苔藓虫骨骼是钙质砂沉积的主要成分。

硅质沉积生物　构成硅质软泥的有机体。主要有硅藻和放射虫，还有硅质鞭毛虫类。在北纬40°以北的北太平洋亚寒带，水深4000～7000米的洋底，和南纬50°～60°的南亚寒带、水深约4000米的洋底，都覆盖着硅质软泥。其中南亚寒带海域沉积物所含的硅藻壳量比北太平洋高。三大洋硅藻软泥的覆盖面积约为3100万平方千米；放射虫软泥的覆盖面积约为700万平方千米，主要分布在太平洋和印度洋赤道海域水深4000～5000米的海盆。

硅藻具硅质藻壳的单细胞藻类，容易保存。现已经鉴定的生硅藻有10 000～12 000种，预计有100 000种。硅藻壳大小差异很大，从几微米至近2毫米，大多数在10～100微米。依藻壳的形状可分为辐射硅藻和羽纹硅藻两大类。辐射硅藻的纹饰呈辐射对称，绝大多数为浮游种；羽纹硅藻的纹饰沿中线两侧对称，多数为底栖种。在深海沉积中的硅藻壳，最主要的是圆筛藻（*Coscinodiscus*）、弯角藻（*Eucampia*）和根管藻（*Rhizosolenia*）。暖水性硅藻壳体大而薄，冷水性硅藻壳体则小而厚。硅藻的数量在赤道区远少于寒带、亚寒带。在世界许多白垩纪和第三纪油田地层中，常发现丰富的硅藻化石群。

放射虫（Radiozoa）属于原生动物界，包括等幅骨虫目（Acantharia）、多孔虫纲［Polycystina，包括泡沫虫目（Spumellaria）、罩笼虫目（Nassellaria）等］、稀孔虫纲（Phaeodaria＝Tripylea）和分类地位尚未十分确定的棒矛虫（*Sticholonche*）等类。等幅骨虫骨骼的成分为硫酸锶，稀孔虫骨骼为硅和有机质的混合物，两者的遗骸在深水中均易于溶解；泡沫虫和罩笼虫骨骼成分为二氧化硅蛋白石，可保存在大洋沉积物中。已记录的放射虫现代种及化石种达7180种。从大洋表层至几千米深水层均有分布，分广深性种和狭深性种；其种类和数量在热带和大洋环流区最为集中，尤以水深25米到数百米的水层数量最多，可达820万个/米$^2$。表层种骨骼壳棘刺多、饰物繁杂；深层种棘刺和饰物都较简单，骨骼壳较坚实。放射虫是海流、水团和水层深度的良好指示生物。60年代末以来，新生代放射虫地层学研究有了新的发展。在热带大洋区从古新世至更新世可划分出若干放射虫带。

硅质鞭毛虫（Silicoflagellata）。微小的（20～100微米）单细胞生物，前端有一活动鞭毛，由圆盘形或半圆形的空心硅质骨架承载整个细胞质团，含有金褐色素体，能进行光合作用，但其线状伪足亦可摄食，是自养性兼异养性的混养性生物。主要生活于大洋0～300米水层，分布广，在高纬度大洋中数量较多。现代有118种。暖水性的网络硅质鞭毛虫（*Dictycha*）与冷水性的光端硅质鞭毛虫（*Distephanus*）的比率，可用以研究古气候的变化。

（郑执中　郑守仪　马　林　李新正）

**海洋沉积速率**　marine deposition rate　海洋沉积物一定时间内在单位面积上堆积的厚度。通常以毫米/千年为单位，其大小主要取决于沉积物的类型和所处的地貌形态单元。粗粒沉积速率大于细粒沉积速率，海陆过渡相沉积速率大于海相沉积速率，浅海相和半深海相沉积速率大于深海相沉积速率，**大陆架**的沉积速率大于**大洋盆地**的沉积速率。根据同位素地质年代测定结果：深海大洋中的沉积速率最小，如太平洋的沉积速率为4.5毫米/千年，大西洋的沉积速率约为10毫米/千年，其中又以褐色黏土的沉积速率为最小，每千年的沉积厚度仅有2～3毫米。

（于晓果　边叶萍）

**海洋沉积物化学**　marine sediment chemistry　关于海底沉积物的化学（或矿物学）组成、来源、性质、分布和化学变化的科学。是海洋化学、海洋地质学和海洋生物学交叉的学科。又称海洋沉积物地球化学。通过采集海洋沉积物样品，经处理后进行化学分析，研究与海洋中物质来源和归趋、元素生物地球化学循环以及与气候和环境变化等相关的科学问题。研究对象既包括沉积物固相组分，也包括流体组分（孔隙水和气体）等。研究方法上经常与同位素技术相结合。

海洋沉积物的组成与分布　海洋沉积物主要由碎屑物、生源物质和自生物质3种基本无机组分以及有机质组分构成。其中，碎屑物是海洋沉积物最主要的组分，而自生物质则是含量最少的组分。

碎屑物主要由陆源碎屑物构成，也含有少量火山物质和地外物质。陆源碎屑物由大陆物质通过化学风化和剥蚀作用（又称物理风化）形成，随后经河流、冰筏和大气沉降传输至海洋，并沉积于海底。陆源碎屑物主要由黏土矿物、长石、石英等硅酸盐矿物以及一些金属氧化物构成。其中，黏土矿物和金属氧化物是海洋沉积物的活性组分。在近海沉积物中，这些组分的相对含量较高。随着离岸距离的增加，陆源碎屑物的含量会因生物物质的稀释而降低。然而，在生物物质沉积量低的远洋深海，沉积物则主要由富含铁氧化物的红色黏土构成。

生源物质由表面海洋的生物矿化作用形成，主要包括生源碳酸钙（方解石、文石）和生源二氧化硅（蛋白石）。它们在海洋沉积物中的含量和分布主要受生物生产、水深、水体以及沉积物中的溶解等因素的影响，在海洋沉积物中的空间分布复杂多变。在生物生产较高的开阔大洋，生源碳酸钙和蛋白石总量可超过30%，此类沉积物被称为生源沉积物软泥。

自生物质是在水体或沉积物中直接沉淀形成或由已有物质通过化学反应转化形

成。尽管过去认为自生物质是化学过程形成，但后来认为生物过程在某些自生矿物的形成中起着直接或间接的作用。海洋沉积物中常见的自生矿物包括自生碳酸盐、铁锰结核（结壳）、磷酸盐、磁铁矿、铁硫化物等；在一些超高盐度的海底可形成卤化物和硫酸盐矿物。虽然自生矿物在海洋沉积物中的含量不高，但它们的矿物学、含量及分布可为元素地球化学循环和古海洋学提供重要信息。

海洋沉积物中的有机质有陆源输入和表面海洋初级生产两个主要来源，虽然其含量仅占沉积物质量的百分之几，却是海洋沉积物早期成岩作用中的重要活性组分。

海洋沉积物中的化学作用　包括酸碱、配位、氧化还原、沉淀溶解、吸附解吸等化学作用。其中，最主要的化学作用是微生物介导的有氧呼吸、反硝化、锰异化还原、铁异化还原、硫酸盐还原以及产甲烷等有机质氧化作用。这些作用是海洋沉积物中诸多元素地球化学循环的驱动力。（朱茂旭　李　铁）

**海洋沉积物间隙水**　marine sediment pore water　海洋沉积物沉积时，捕获在沉积物颗粒间孔隙中的海水。又称孔隙水。海底表层沉积物间隙水在扩散交换作用的影响下，保留了海水组分的基本特征，其阳离子主要包括$Na^+$、$K^+$、$Ca^{2+}$、$Mg^{2+}$、$Sr^{2+}$，阴离子主要包括$Cl^-$、$SO_4^{2-}$、$Br^-$、$HCO_3^-$、$CO_3^{2-}$等。在沉积物早期成岩过程中，发生了各种物理、化学和生物反应，包括溶解、沉淀、吸附、解吸、扩散转移等，导致沉积物间隙水组分发生显著变化。沉积物间隙水各组分的垂向变化特征不仅反映了被埋藏的原始溶液性质，还反映了早期成岩过程中沉积物固液相间的化学反应和物质交换过程。

间隙水采样方法　常见的间隙水采样方法有以下5种：①贯入点剖面采样法。一种从沉积物中直接原位采集间隙水的方法。将不锈钢或其他惰性材料制成的封闭管道插入沉积物中，管道在预定的取样间隔处设置有被筛网包覆的开口。通过使用低流量地下水采样技术、蠕动泵或注射器抽取流经筛网进入管道的间隙水。②抽滤采样法。将抽滤采样器直接插入沉积物中，利用真空泵或弹簧驱动的活塞在原位抽取孔隙水，通常在浅水区使用。③埋藏容器采样法。该法的采样器是装有少量蒸馏水（通常为1～100毫升）的惰性容器，上面盖有半透膜。其采样方式是将采样器埋藏在沉积物中数天至数周，沉积物间隙水中的化学物质（通常是无机物）会通过半透膜扩散到容器中。经过一段时间后，采样器中的液体与间隙水达到化学平衡。④薄膜扩散梯度采样法。一种原位被动采样分析技术，可采集存在于间隙水中的金属，以及与沉积物固相结合较弱的金属等，其部署时间可从几天到几个月。薄膜扩散梯度采样法装置使用针对目标分析物的吸附材料，可测定每层凝胶中待测物的浓度，进而可以检测并绘制待测物在不同深度地层的剖面分布图。⑤非原位采样方法。将沉积物和间隙水一起收集，而后在实验室进行间隙水提取。当需要大量间隙水或无法进行间隙水原位采样时使用。沉积物可使用箱式采样器或其他类型的沉积物采样器收集。间隙水可以通过真空抽滤、离心或压榨等操作从沉积物中提取。根据待分析组分的氧化还原敏感性，过滤或离心操作可在惰性气体环境下进行，以避免受到空气影响。

研究意义　间隙水研究的应用包括矿物稳定性的计算、反应位点的识别和反应化学计量比的确定、沉积记录的解释、底栖通量的估算、深层间隙水的回收等方面。这些研究有助于揭示早期成岩等诸多海底边界过程，对于深入认识生源要素海洋生物地球化学循环、评估成岩作用对固相沉积记录的影响等至关重要。

（许博超）

**海洋沉积物氧化还原作用**　redox reaction in marine sediment　海洋沉积物中发生的有电子转移的化学反应。可分为非生物氧化还原反应和微生物介导的氧化还原反应两大类。非生物氧化还原过程无须生物参与，氧化剂与还原剂之间直接进行电子转移，而微生物介导的反应则是微生物利用电子受体进行氧化反应或利用电子供体进行还原反应。

在海洋沉积物中，最重要的氧化还原作用是微生物介导的有氧呼吸、反硝化、锰异化还原、铁异化还原、硫酸盐还原以及产甲烷等有机质氧化过程，被称为海洋沉积物的氧化还原主反应。其中，硫酸盐还原通常是陆架区沉积物中最重要的有机碳氧化过程。上述反应按照各自吉布斯自由能变化（$\Delta rG$）从大到小的顺序进行，形成随深度变化的氧化还原梯度。从近岸到远岸，随着沉积物中活性有机质含量逐步降低，氧化还原反应从以硫酸盐还原为主逐渐转变为以有氧呼吸为主。

氧化还原主反应产生的铵（$NH_4^+$）、二价铁（$Fe^{2+}$）、二价锰（$Mn^{2+}$）、硫化物（如$H_2S$）、甲烷（$CH_4$）等主要还原产物可被氧气、硝酸盐、锰氧化物、铁氧化物、硫酸盐等氧化剂再氧化。这些次生氧化还原反应在海洋沉积物的元素循环中起重要作用，尤其是硫酸盐或铁锰氧化物对甲烷的厌氧氧化，可显著减少甲烷向大气的释放，对全球气候变化产生重要影响。上述主反应和次生反应之间的耦合构成相互联系的氧化还原网络，驱动元素复杂多样的地球化学循环。（朱茂旭　李　铁）

**海洋沉积物质量评价**　marine sediment quality assessment　按照一定的标准和方法，对目标区域内海洋沉积物质量状况进行定性说明和定量评定。作为海洋生态系统的一个重要组成部分，海洋沉积物主要由矿物质和有机质碎屑组成，是众多底栖水生生物的栖息地。同时，海洋沉积物也是水环境中持久性和有毒化学污染物的主要存贮地。

污染指标　人类活动产生的不易降解的化学废弃物最终都将归于沉积物中，因此沉积物被称为污染物的“终极沉降地”。沉积物中的这些污染物既能在底栖生物体内富集致毒，还能在一定条件下释放到上覆水中威胁海洋浮游生物、游泳生物的生存，并通过食物链进入人体产生毒害。沉积物质量评价已成为海洋环境领域的热点问题之一。

根据中华人民共和国国家海洋局发布的《海洋沉积物质量综合评价技术规程（试行）》（2015），沉积物评价指标分为理化性质指标、一般污染指标和特殊污染指标。其中，理化性质指标包括硫化物和有机碳；一般污染指标包括汞、铜、镉、铅、锌、铬、砷、石油类、六氯环已烷（六六六）和多氯联苯；特殊污染指标为《海洋沉积物质量》（GB 18668—2002）中无对应标准的有毒物质（多环芳烃、酞酸酯类和酚类化合物等）。

评价方法　对海洋沉积物进行质量评价时，主要使用理化性质指标和一般污染指标，而特殊污染指标只根据被检样本的污染程度和含量高低分析污染状况。①单项指标的质量分级。当某指标的含量优于《海洋沉积物质量》（GB 18668—2002）第一类标准值、介于第一类和第三类标准值之间、劣于第三类标准值时，其质量级别分别为良好、一般、较差。②单站位沉积物质量分级。首先分别对某站位的理化性质指标和一般污染指标进行质量分级。理化性质指标分为三级：良好（至少一项指标为良好，另一项不为较差）、一般（一项指标为较差或者两项指标为一般）、较差（两项指标均为较差）；一般污染指标也分为三级：良好（最多一项指标为一般，没有一项指标为较差）、一般（一项以上指标为一般，没有一项指标为较差）、较差（有一项或更多指标为较差）。按表1对该站位沉积物质量进行分级。③区域沉积物质量综合评价。依据表2确定。

**表1 单个站位的沉积物质量分级原则**

| 等级 | 分级原则 |
| --- | --- |
| 良好 | 一般污染指标为良好，理化性质指标不为较差 |
| 一般 | 一般污染指标为一般，理化性质指标不为较差 |
| 较差 | 一般污染指标或理化性质指标为较差 |

注：如缺失一般污染指标应不给出评价结论。

**表2 区域沉积物综合质量分级原则**

| 等级 | 分级原则 |
| --- | --- |
| 良好 | 低于5%的站位的沉积物质量等级为较差，且不低于70%的站位的沉积物质量等级为良 |
| 一般 | 5%～15%的站位沉积物质量等级为较差；或低于5%的站位为较差且高于30%的站位沉积物质量等级为一般和较差 |
| 较差 | 15%以上的站位的沉积物质量等级为较差 |

评价方法的基本应用　上述评价方法完全是依据沉积物中污染物和理化因子的总量进行评价，具有应用方便、直观等优点，但是也存在着一定不足或缺陷：①化学分析法只能测得某种化学污染物的总量，并不代表其生物有效性，因为重金属等污染物在沉积物中以多种形态存在，而不同形态的生物有效性差异很大。②某种污染物超标与否，并不能直接说明环境中生存的海洋生物所受毒性大小；同样，以超标污染物种数多少确定的沉积物综合质量也无法真实反映沉积物对海洋生物的综合效应。1980年，瑞典学者提出的潜在生态风险指数法对各种重金属赋予了不同的毒性响应系数，但是仍以污染物总量作为基础参量。随着海洋生态毒理学特别是生物监测技术的发展，生物标志物（金属硫蛋白、溶酶体膜稳定性、某些抗氧化酶等）被证明对污染响应灵敏并具有“早期预警”功能，欧洲学者提出利用多种生物标志物的同步响应联合指示海洋沉积物污染水平，并建立了多种基于标志物响应的综合指数法，成功用于某些海域的污染诊断。化学评价法与生物学评价法的联合应用，将大大改善海洋沉积物质量评价结果的客观性。（孟范平）

**海洋沉积作用** marine sedimentation　陆源碎屑、海水溶解物质、海洋生物遗体、火山物质和深部热液等物质形成沉积物的一系列复杂的物理化学作用。沉积物的形成过程实质上是其组成物质与外界条件之间寻求物理和化学平衡的过程。海洋占地球总面积的71%，是一个巨大的储水盆地，是产生沉积作用的主要场所。

影响因素　海洋沉积作用主要受到气候、大地构造、海平面变化、沉积物供给、生物及其活动、火山活动、化学作用等的影响。

气候　气候是控制沉积作用的基本因素之一，它的影响从风化作用开始，贯穿于沉积物或沉积岩形成的全过程。气候是多种因素，如气温、雨量、风力及其变化的综合，主要表现在温度和降雨量两方面。在局部地区和特殊天气条件下，风的作用也是沉积作用的影响因素。气候通过控制陆地岩石的风化、侵蚀的类型和速度来控制沉积物的类型和搬运方式，通过影响海洋中的洋流体系来影响陆架沉积物的类型及分布。气候对化学、生物化学和生物沉积作用的影响甚为明显。

大地构造　大地构造是沉积作用最重要的外部影响因素。沉积作用与大地构造的关系，是地质界长期关注的一个地球科学的根本问题，沉积岩的形成过程与沉积区的大地构造位置和构造活动特点密切相关。在全球范围内，岩石圈板块的分布和运动决定了物源区的规模和性质、沉积物的搬运途径、大洋和陆地沉积物的分布变化。

海平面变化　海平面变化是控制沉积作用和沉积地层形成发育的直接因素。海平面的变化对滨岸地区的沉积和地形影响最为明显。在海平面降低时，可有大量的碎屑沉积从**大陆架**延伸到深水区；海平面上升后，海底峡谷被细粒沉积物充填起来。同时，海平面的变化也对深水沉积产生重大影响。当全世界范围内海平面上升时，陆地范围减小，气候变暖，有利于碳酸盐岩的形成。相反，当世界范围内海平面下降时，陆地面积扩大，地表径流最发育，于是**陆架碎屑沉积**就替代了**陆架碳酸盐沉积**。

沉积物供给　沉积物供给能力是影响沉积物分布的重要因素，它还可以影响沉积环境和水深。沉积物供给主要来源于陆源碎屑、内源、火山物质和深部热液，也可以来源于生物、化学沉积物质。沉积物供给与海平面变化、大地构造相互作用，可以造成沉积物类型和沉积序列的变化。

生物及其活动　在海洋环境中，陆架是底栖生物活动最强烈的区域，沉积物不断地受到生物作用和生物化学作用的改造。底栖生物的许多形式和生理适应性与底质沉积物的物理化学性质有关，两者是一种互相依存的关系。一般来说，底栖生物的丰度随着底质粒度的变细而增大，因此泥质沉积区经受的生物作用往往较强烈。生物遗骸可以是海洋沉积的直接堆积体。生物还可以参与金属元素的富集，生物死后分解生成硫化氢（$H_2S$）、甲烷（$CH_4$）等气体，改变了区域内海水或河水的酸碱度等化学条件。

火山活动　火山（包括海底火山）等喷发会带来大量的物质，如**海底热液**，部分物质将作为沉积物直接或间接沉积下来；部分物质会影响化学性质，进而影响沉积作用；部分物质会影响温度等气候条件，进而影响沉积；部分物质会作为某些生物的食物，间接影响沉积作用。

化学性质　海洋沉积物的来源除了陆源、生物、火山物质和深部热液，还有内源物质，即溶于海水中的物质和陆源输入的溶解物质经复杂的物理化学作用而形成的沉积物，这部分沉积物是通过物质之间的复杂化学变化结固而沉积的。

（于晓果　边叶萍）

**海洋持久性有机污染物** marine persistent organic pollutants; MPOPs　海洋中持久存在的、能在生物体内累积，并通过食物链富集而对海洋生物造成有害影响的人工合成有机化学物质。

**主要来源**　用于工业、农业、疾病控制、制造业等的人工合成有机化学物质，如海上船舶防污损的有机锡和在变压器和电容器中作为液压和热传导液体使用的多氯联苯（PCBs）以及仍在世界一些国家驱蚊使用的滴滴涕（DDT）等；非有意生产的化学物质，如市政、医疗垃圾焚烧产生的二噁英等。以上持久性有机污染物（POPs）可通过海上生产过程、地表径流、大气沉降和污水排放等途径进入海洋，成为海洋持久性有机污染物。

**特征**　①POPs半衰期长，难以降解。某些POPs半衰期长达一个世纪。许多国家禁止这些化学物质的使用，但因为其半衰期长，长时间降解后它们仍在环境中存在。在《斯德哥尔摩公约》中对POPs筛选标准持久性的要求是：在水体中半衰期大于2个月或在沉积物中半衰期大于6个月。②生物积累和生物富集系数高。POPs易在海洋生物内的脂肪组织中蓄积，易随着海洋食物链营养级的升高而产生生物富集作用。由于这一作用，处于高营养级的海洋哺乳类承受着更大的POPs威胁，如全氟辛基磺酸（PFOS）在鱼类中的生物浓缩因子（BCFs）为10 000以上，而从鱼类到海豚的营养级放大因子（BMFs）为12.1～33.7，PFOS会在海豚体内富集十万倍以上。③污染范围广，甚至是全球性的。POPs已经被证明可以通过风和洋流从源头进行长距离的迁移，如深海沉积物中已经发现陆源的多氯联苯，甚至迁移到南极和北极区域；在南极企鹅血液中检出了滴滴涕。

**对海洋生物的影响** 主要有以下两个方面。

**致死性** 作为毒性强的有机化学物质，海洋生物在暂时或短时间范围内接触高浓度的POPs时会直接导致死亡，如辛硫磷对虾夷扇贝96小时的半数致死浓度为4.916微克/升。

**非致死浓度下对海洋生物的有害或潜在有害影响** 除泄漏或者安全事故等，正常情况下海洋环境中很少有直接引起海洋生物死亡的POPs浓度存在。但是海洋生物长期暴露在非致死浓度下，也会对其产生有害或潜在有害影响，并可能有世代毒性效应，甚至对种群、群落以及生态系统产生毒性效应。这种有害或潜在有害影响包括如下情况。

*干扰内分泌系统* 大多数POPs可以通过影响激素的合成、功能发挥、代谢等干扰内分泌系统的正常功能，已经认知的作用靶点主要有下丘脑-垂体-生殖轴、下丘脑-垂体-甲状腺轴、下丘脑-垂体-肾间腺轴线的某些酶和调控基因。如对鲈鱼的体内实验证明类二噁英多氯联苯具有显著的抗雌激素活性，可以抑制雌二醇诱导的卵黄原蛋白的合成。

*导致畸形* 发育关键时期的海洋生物暴露于POPs下会导致其发育畸形，严重影响个体的生存和种群数量的稳定。如微克/升浓度水平的芘暴露于马氏珠母贝（*Pinctada martensii*）D型面盘幼虫24小时后，幼虫壳缘内凹、绞合线内凹等形态异常的比例会显著增加。

*诱发心血管疾病和癌症* POPs作为亲脂性的环境污染物，大量的研究表明其可诱发大鼠和人体的心血管疾病和癌症。

*导致遗传物质突变* 海洋生物暴露于POPs时会导致其遗传物质发生质变并引起生物性状的改变。例如，用0.11～1.1微克/毫克2, 2′, 4, 4′-四溴联苯醚暴露于桡足类动物，24天后将导致其种群内基因的杂合率降低和基因型发生变化。

*危害免疫系统* POPs会抑制免疫系统的正常反应、降低巨噬细胞的活性、降低生物体的病毒抵抗能力。研究表明，滴滴涕的富集可降低海豚的胸腺细胞淋巴球增殖能力；海豹食用了被PCBs污染的鱼会导致维生素A和甲状腺激素的缺乏而易感染细菌。

**应对策略** 在联合国环境规划署（UNEP）主持下，2001年5月23日包括中国政府在内的92个国家和区域经济一体化组织签署了《关于持久性有机污染物的斯德哥尔摩公约》，以禁用或限制生产POPs，公约于2004年5月17日生效。

2006年，中国环境保护部（今生态环境部）开展了中国持久性有机污染物调查。2007年，举办了中国持久性有机污染物调查工作培训班。2009年，禁止生产、流通、使用和进出口滴滴涕、氯丹、灭蚁灵及六氯苯，再次启动中国持久性有机污染物调查，并举办中国持久性有机污染物更新调查工作培训。2010年，中国环境保护部等9部委出台《关于加强二噁英污染防治的指导意见》。2014年，发布《关于〈关于持久性有机污染物的斯德哥尔摩公约〉新增列9种持久性有机污染物的〈关于附件A、附件B和附件C修正案〉和新增列硫丹的〈关于附件A修正案〉生效的公告》。2016年，中国环境保护部等11部委发布《〈关于持久性有机污染物的斯德哥尔摩公约〉新增列六溴环十二烷修正案》公告并生效。

**治理方法** 人们对海洋持久性污染物污染问题应保持持续关注，如支持生产不含POPs的产品，尽可能不用杀虫剂，清洁和洗涤时使用环境友好型清洁用品，积极寻找POPs的替代品等。 （汝少国）

**海洋初级生产力** marine primary productivity 海洋自养生物通过光合作用或化能合成制造有机物的速率和固定能量的能力。海洋初级生产的主要贡献者包括浮游植物、底栖植物、化能自养微生物等。其中浮游植物通过光合作用吸收太阳光能量，以$H_2O$、$CO_2$（以及氮、磷等营养盐类）为原料，把无机碳还原成植物体有机碳（包括蛋白质、脂肪等物质），而化能自养生物依靠甲烷（$CH_4$）和硫化氢（$H_2S$）等无机化合物制造合成有机物，并为异养生物提供所需的能量。

海洋初级生产力常以单位时间（日或年）、单位面积（米$^2$）生产的有机碳量［毫克碳/（米$^2$·日）］或固定的能量来表示。文献中使用的生产力、生产量或生产率等术语都特定时间、空间内产量的内涵，因此这些术语本质上是同义的。

总生产力是指自养生物固定的全部有机碳或能量。不过，海洋浮游植物与其他生产者昼夜都进行连续不断的呼吸作用，在初级生产过程中，自养生物固定的能量有一部分被其自身的呼吸消耗掉，剩下的可用于自养生物自身的生长和繁殖，这部分剩余的生产力称为净初级生产力。净初级生产力表示可供各类异养生物直接或间接利用的有机物质（或能量）的总量。

海洋中最主要的初级生产过程是光合作用。光合作用包括光反应阶段和暗反应阶段，是一个非常复杂的化学反应过程。影响浮游植物光合作用的因素包括温度、光照、海水营养盐含量等，尤其是限制性营养盐的含量。阳光的辐照度及光照时间主要作用于光合作用的光反应阶段。在最适光照强度的条件下，光合作用的反应效率最高。浮游植物在初级生产过程中需要吸收海水中的营养物质，光合自养生物需要吸收海水中的常量和微量营养盐，如氮、磷、硅、铁、锰等。所以在营养盐贫乏的时候，海洋的初级生产力就低。海洋初级生产力的测定方法主要包括$^{14}C$示踪法、叶绿素荧光测定法、黑白瓶测氧法和水色遥感扫描法。 （李超伦）

**海洋磁力测量** marine magnetic survey 通过磁力仪测量海底地磁场强度的工作。它是以岩石的磁性差异为前提，根据磁异常场的特征及其分布规律可以了解海底岩石磁性不均匀性，进而推断地壳结构和构造、形成与演化历史，以及勘查大陆边缘地区的矿产资源分布。

早期海洋磁力测量是使用陆地上的磁测仪器和方法在非磁性的木帆船上进行的，由于速度慢、精度低，没有大规模的应用。1956年研制出用于海上测量的质子旋进式磁力仪，其测量方法简便、精度高、传感器不用定向，从而奠定了海上磁测的基础。20世纪60年代以来，海上磁力测量蓬勃发展，至今航迹已遍布各大洋，尤其是在大陆架区，为发现和圈定大型含油气盆地做出了贡献。在各大洋区所发现的条带磁异常十分壮观，为**海底扩张说**提供了重要依据。

**测量仪器** 海洋磁力测量广泛使用质子旋进磁力仪，它是利用氢质子磁矩在地磁场中自由旋进的原理来测量地磁场总向量的绝对值。煤油、水、酒精等都含有不停“自旋”的氢质子，并产生一个“自旋”磁矩，称质子磁矩。这些质子在没有外磁场作用时，其指向毫无规则，宏观磁矩为零。当含氢液体处在地磁场中，经过一段时间，磁矩的方向就趋于地磁场的方向。如果加一个垂直于地磁场$\boldsymbol{T}$的强人工磁场$\boldsymbol{H}_0$（大于100奥斯特），则迫使质子磁矩趋于$\boldsymbol{H}_0$的方向。当人工磁场突然消失，质子磁矩受地磁场的作用，将逐渐回到$\boldsymbol{T}$的方向上去。因为每个质子具有“自旋”磁矩，同时受地磁场$\boldsymbol{T}$的作用，就产生了质子磁矩绕地磁场$\boldsymbol{T}$的旋进现象，即所谓质子旋进。旋进的圆频率$\omega$与地磁场总强度$T$的绝对值$\boldsymbol{T}$成正比，即旋进的频率越高地磁场越强。

$$\omega=\nu_p T$$

式中$\omega=2\pi f_p$，$f_p$为旋进频率；$\nu_p$为磁旋比，$\nu_p=26\ 751.3$(奥斯特·秒)。经换算：$T=23.4874f_p$(伽马)(1伽马$=10^{-5}$奥斯特)。

由此可见，地磁场的测量可以转化为旋进频率的测量。在电路中采用放大、倍频和控制电子门开启时间的方法，可将测量结果直接以伽马示出。

由于大气受太阳辐射的影响，引起电离层的变化，致使磁场发生短周期的变化，这种现象称为日变。由于海水和岩石之间，不同岩性的岩石之间有电导率的差异，致使大地电磁场在海陆和不同岩石之间的边界发生畸变。这种畸变是一种不规则的磁扰，因地而异，尤其是在海沟和岛弧地区更为明显，这种现象称为海岸效应。

为了消除日变和海岸效应的影响，在海洋质子旋进磁力仪的基础上研制了海洋质子磁力梯度仪。它的基本结构是由两台高精度的同步质子旋进磁力仪、微分计算器、双笔记录器和由同轴电缆拖曳船后两个一前一后的传感器组成，传感器间的距离大于100米。磁扰动场的影响可由两个相同传感器获得的总磁场强度差值中消除，实际上得到的是总磁场强度的水平梯度值。然后对水平梯度值进行积分，得到消除了日变和海岸效应的总磁场强度值。这样，海洋质子磁力梯度仪作大洋磁测就无须再设置日变观测站，即可消除日变和海岸效应的影响，因而比质子磁力仪更适合于海上测量。

**测量方法** 海洋磁力测量可分为面积测量和路线测量。在大陆架区油气勘查中，为查明区域构造和局部构造的特征，采用面积测量。大洋油气勘查中，多采用宽间距的路线测量和小范围的面积测量，以查明条带状磁异常的展布方向和磁性海山的磁场特征。

为消除船体感应磁场和固定磁场对传感器的影响，除加长拖曳电缆外还需进行方位测量，测量值经日变改正后得出方位曲线，提供船磁改正之用。由于不同纬度海区的磁倾角不同，同一条船在不同纬度海区的方位曲线也不相同。因此，应尽量采用与测区纬度相近地区所做的方位曲线。

地磁日变观测站应选设在平静磁场区，日变的基线值采取海上工作前某一天的静磁日24小时平均值。根据观测值做出日变曲线，供日变改正之用。

**测量校正** 质子磁力仪在实际测量中的地磁场总强度值$T$，包括均匀磁化球体引起的磁场、大陆异常，区域和局部异常、船磁影响和日变磁场。为了得到反映地壳上部结构和构造的磁异常，对观测值须进行正常场校正、船磁校正和日变校正。

正常场校正 正常场包括均匀磁化球体引起的磁场和大陆异常，它们的起因与地球的外核有关。在海洋磁测中，国际上广泛采用国际地磁参考场（IGRF），此时地球的磁位为：

$$V=a\sum_{n=1}^{8}\sum_{m=0}^{n}\left(\frac{a}{r}\right)^{n+1}(g_n^m\cos m\lambda+h_n^m\sin m\lambda)P_n^m(\cos\theta)$$

式中$g_n$和$h_n$为高斯系数；$P_n(\cos\theta)$施密特形式的缔合勒让德函数；$a$为赤道半径；$r$为球心半径；$\theta$为从北极起算的余纬度；$\lambda$为从东起算的经度。公式中所用的8阶球谐函数的系数以及年变化率每10年公布一次。令$\mu=\cos\theta$，式中$P_n(\cos\theta)$为：

$$P_n^m(\mu)=\frac{1}{2^n n!}\left(\frac{\varepsilon_m(n-m)!(1-\mu^2)^m}{(n+m)!}\right)^{1/2}\times\frac{d^{m+n}(\mu^2-1)^n}{d\mu^{m+n}} \quad (1)$$

当$m=0$时$\varepsilon_m=1$；$m\geqslant1$时$\varepsilon_m=2$。而国际地磁参考场的北向、东向和垂直分量分别为：

$$X=\frac{1}{r}\frac{\partial V}{\partial\theta},Y=-\frac{1}{r\sin\theta}\frac{\partial V}{\partial\lambda},Z=\frac{\partial V}{\partial r} \quad (2)$$

参考场的总向量为：

$$T=\sqrt{X^2+Y^2+Z^2} \quad (3)$$

将计算的结果以等值线的形式绘在定位图板上，再根据位置求得该点正常场值。或者将公式和系数编为程序储存在计算机内，用计算机来做正常场校正。

日变校正 根据地磁日变站或地磁台的日变曲线进行日变校正。若出现复杂的磁扰或磁暴而无法进行校正时，要在测线上注明，以免给解释推断带来错误。

船磁校正（方位校正） 船磁校正是根据方位曲线进行的。通常以主测线方向的校正值为零，对其他航向上的观测值减去相对零线的方位偏离值。

经过上述校正所得到的磁异常值$\Delta T$加以图示，做出海洋磁力测量的基本图件：剖面图、平面剖面图和等值线图。同时对磁异常进行定性或定量的解释，估算磁性体的最小埋藏深度和视磁化率，进而揭示地壳的磁性结构和构造。

**海洋磁异常特征** 在大陆架和大陆坡上的磁异常属大陆性的，它与磁性体的产状关系密切，形成较为复杂的磁异常图像。通过对磁异常的分析和解释，可以进行构造分区，确定沉积盆地的范围和次一级的隆起和凹陷、大断裂带的展布和火成岩活动区，进而推断矿产的分布。大洋盆地的磁异常特征与大陆架、陆坡截然不同，它表现为正负相间互相平行的条带状磁异常或由磁性海山、海山链引起一系列高幅度的尖峰状磁异常和由它组成的链状磁异常。通过对条带状磁异常的分析，可以推断大洋盆地的形成和年代。

（石效超 莫恭政）

**海洋次级生产力** marine secondary production 消费者直接或者间接利用初级生产所制造的物质和贮存的能量进行新陈代谢，经过同化作用转化形成自身的物质和能量的能力。海洋生态系统消费者（主要是异养动物）初级生产以外的生物有机体的生产力。二级生产者又称初级消费者，处于食物链的第二环节，一般是浮游动物、植食性底栖动物和植食性游泳动物。三级生产力指以二级生产者为营养来源的生物生产能力。三级生产者（又称次级消费者）主要是一些肉食性鱼类和大型无脊椎动物。各级消费者的生产能力统称为次级生产力。海洋次级生产力的计算方法有多种，一般可以根据同化量和呼吸量计算，也可以通过个体体重的增加来估算。

海洋生态系统中所有消费生物的同化过程均属次级生产过程，动物和异养微生物生长、繁殖和营养物质的贮存均是同化过程的表现形式。单位时间、单位空间内，通过动物和异养微生物生长、繁殖而增加的生物量或贮存的能量称为次级生产量，次级生产量不强调毛产量与净产量之分。次级生产力的研究内容包括各营养层次异养生物的消费、转化和利用过程与速率。当异养生物直接利用初级产量时，便形成二级产量（植食动物的产量）；植食动物被食后形成三级产量，以此类推，处于食物链最终环节的产量称终级生产力。但由于海洋动物摄食的复杂性，往往难以确定其究竟是第几级生产力。

海洋生态系统的单位面积初级生产量比陆地低得多，但是海洋的次级生产力却略高一些，这是由于海洋植物不像陆生植物那样有很多“不可食”的部分（如根、茎等支持结构），而且海洋中较高级层次的肉食者多是冷血鱼类，不像陆地鸟类、哺乳动物有那样高的呼吸消耗，不过人类只能直接利用海洋次级产量的一部分。

温度、食物、个体大小等都是影响海洋次级生产力的因素。物质和能量在海洋生态系统中沿着食物网流动和传递，营养级的数目越多，次级生产力就越小。生态效率是对次级生产力有重要影响的另一重要因素。大洋性的群落食物链的平均生态效率比沿岸上升流区的低，就与后者的营养关系中浮游植物和植食性动物占优势有关。（李超伦）

**海洋大气污染物监测** marine atmospheric pollutant monitoring 对海洋大气中污染物成分及浓度开展的监测活动。海洋大气污染物监测的目的是了解和掌握海洋上空有害物质的分布和迁移规律，跟踪污染源和评价污染物入海通量，为海洋环境保护和管理提供资料和科学依据。海洋大气污染物监测项目有总悬浮颗粒物、气态污染物、颗粒态重金属、颗粒态营养盐、二氧化碳（$CO_2$）通量和氮、铜、铅的干湿沉降通量等。

海洋大气污染物监测主要通过设立岛基、岸基及内陆大气监测站（主要是区域本底站）进行连续监测，结合船基走航观测获得海洋大气中气态、蒸气态和颗粒态污染物的监测资料。海洋大气污染物监测中采样站位要具有代表性，采样口离基础地面应大于1米，船上采集样品应避开船甲板环境污染物，应使用风速风向传感装置自动控制采样，避开船体自身排放的烟尘污染。

空气/海洋污染监测浮标

由于海上大气样品采集的困难性，中国海洋大气污染物监测业务化工作起步较晚，远远落后于海水水质和沉积物监测工作。1994年，中国国家海洋环境监测中心在大连老虎滩建立了中国第一个海洋大气连续监测站，开展了海洋大气业务化试点监测工作。2002年4月国家海洋局（今自然资源部）发布了《海洋大气监测技术规程》。2002年国家海洋局正式启动海洋大气监测业务化工作，并于2009年起《海洋环境质量公报》对海洋大气干湿沉降和$CO_2$海－气交换通量进行评价。2005～2008年开展了**中国近海海洋综合调查与评价专项**（908专项），首次较全面开展了对海洋大气中气体污染物和大气颗粒态污染物的走航监测，为了解海洋大气环境质量提供了科学、可靠的监测数据。

通过海洋大气污染物监测，人们对中国重点海域大气污染物基本情况及变化趋势已有一定了解，并粗略估算了部分海域氮和重金属的大气沉降通量，但仍存在不足。如监测数据不足以全面评价中国海洋大气质量现状，也无法预测大气污染物的变化趋势，造成这种现象的原因有主观和客观两方面。主观上，对大气污染物质对海洋环境的重要影响认识不足；客观上，由于采样站点布设困难，海洋大气监测站点严重不足，污染物数据严重缺乏。岛基和沿海站点可以长时间定点连续监测，但只能反映近海海洋大气污染情况，用以代表远海区域误差较大；船基采样的样品具有良好的区域代表性，但监测成本高，获得的结果只能代表走航期间航线区域上大气污染物的混合水平，因此也具有很大的局限性。缺乏海洋上空大气污染物质的浓度数据，就无法有效应用沉降模型和源解析模式进行大气污染物质入海通量估算和污染源来源解析，也无法满足管理者根据入海通量及负荷确定污染控制对策的需求。大气沉降是海洋中污染物的主要来源之一，尤其是在没有大的河口径流输入的海域，对海洋环境具有重要影响，对于全面评价海洋环境现状及发展趋势必不可少。因此，海洋大气污染监测任重道远，还需要长期的建设和发展。后期可进一步增加岛基站点，增加船基走航监测频次，在客观条件允许的情况下，可以借助已有的海洋油气开发平台增设采样点，并可开发自动监测仪器，结合浮标开展重点海域大气污染的自动监测。（祁建华）

**海洋大气污染源** marine atmospheric pollution sources 通过海洋大气向海洋环境排放污染物或者对海洋环境产生有害影响的设备、场所或活动。海洋大气环境指在海洋和大气之间相互作用的空气环境，其范围有浅海近岸环境、远海大气环境和海洋内部大气环境。

污染物来源　自然过程和人为排放的大气污染物质通过干沉降和湿沉降的方式进入海洋，对海洋（特别是表层海水）中的污染物质分布有较大影响。干沉降指大气物质在湍流输送和重力作用下与海面接触而被捕获的过程，湿沉降指大气物质通过降水而进入海洋的过程。污染物来源主要有3个方面：①船舶废气排放。船舶在运输生产过程中，向海洋大气环境排放了二氧化碳、氮氧化物、硫氧化物和烟尘等污染物。燃用高含硫量劣质燃油且尾气处理措施不当是船舶污染物排放的最大影响因素。②海洋资源开发废气排放。海洋油田开发等过程中向海洋大气排放的污染物，主要包括碳氢化合物、氮氧化物和悬浮颗粒物等。③内陆大气污染物向海洋的输送。陆地传输到海洋大气中的污染物，包括陆地的自然源和人为源排放的一次或二次污染物，如含硫化合物、含氮化合物、含碳化合物、光化学氧化剂、持久性有机物、颗粒物等，化石燃料燃烧、工业排放、生物质燃烧、固废焚烧、森林大火、农业生产、沙尘等。

主要危害　①海水富营养化。大气沉降向海洋输入大量营养物质（如氮、磷），加剧了近岸水体的富营养化；在全球尺度上，多年平均的大气氮沉降入海量已与河流氮输入量相当。在欧洲的波罗的海、地中海，美国的切萨皮克湾及中国黄海的局部海域，大气氮沉降入海量已超过河流输入量。②造成海水重金属和污染物累积。大气沉降向海洋输入重金属和有毒有机污染物，这些污染物化学性质稳定，能在环境中长久存在，并可通过富集效应对海洋生物与生态系统产生不利影响。在许多近岸海域，大气沉降是表层海水中重金属（如镉、锌、铅等）的主要来源。例如，在英吉利海峡，海水中有高达65%的锌和58%的铅来自大气沉降；在地中海东北部，大气沉降带来的镉占其总外源输入量的80%以上。在离岸较远的开阔大洋，大气沉降是海水中多环芳烃的最主要来源。③影响海洋生态系统。主要表现为营养物质（氮、磷等）能够促进浮游植物的生长，改变浮游植物的种类组成、代谢速率，而重金属（如铅、铜、镉、汞等）和有毒有机污染物对浮游植物的生长具有抑制作用。海洋初级生产过程（浮游植物生长、优势种更替等）可能与营养物质的大气沉降量具有明显的相关性，也可能对大气沉降中不同物质的组成比例更为敏感，或者受控于营养物质与重金属之间存在联合作用。

防治措施　海洋大气污染已成为全人类不可忽视的重大环境问题，与人类命运息息相关。为监测治理海洋大气污染，世界多个区域制定了研究方案，如欧洲的监测和评估计划（EMEP）、地中海区域的CNRS和EROS-2000计划、西北大西洋海域综合大气监测计划（CAMP）等，均评估了海洋污染的大气来源及其重要性。自2004年开始，中华人民共和国国家海洋局在中国海岸线设立观测站点进行大气干沉降观测；2010年，国家海洋局在北隍城、龙口、东营、塘沽、京唐港、秦皇岛、葫芦岛、鲅鱼圈、旅顺等地建立了渤海大气干湿沉降监测站网，开展了渤海区域硝酸盐、铵盐和金属元素的干湿沉降评价。

（刘晓环）

**海洋大气物理学** marine atmospheric physics 研究海－气物质、动量和热量交换以及海洋上空大气中发生的物理现象、物理过程和演变规律的学科。属于海洋气象学的一个分支。

意义 穿过大气层的太阳辐射约40%被海洋吸收，海洋吸收的太阳短波辐射是大气吸收的2倍和陆地吸收的3倍。海洋吸收了太阳辐射的短波辐射后，一方面通过长波辐射的形式加热大气，另一方面通过局地海－气交换以热量的形式返回大气，对大气加热，并给大气提供水汽。由于大气受热的地理不均匀和随时间变化，驱动了大气环流和与之有关的风场，风向海洋传输动量产生波浪和驱动海洋环流，较强的海洋环流将热量由低纬度向高纬度输送。在较高纬度，海洋向大气的热通量对气候有较大的改善。因此，海洋大气物理学中研究的海洋表面的动量和热通量在地球气候系统中起到重要的作用。

研究历史 20世纪40年代，机械切变湍流和密度驱动（浮力）通量公式就被提出，特别是针对中等风速条件下海－气界面通量交换研究非常深入，包括海浪对海－气界面动量通量影响的理论工作和现场实验工作，提出了海面拖曳系数随风速增大而增大的理论。如果湍涡内向上运动的空气比向下的空气平均更暖更湿，则感热通量、水汽通量和潜热通量向上。这些计算基本上是基于水平平均风速，称为块体公式法，它由英国气象学家H. 查诺克于1955年根据莫宁－奥布霍夫相似性理论导出。通过测量状态变量的平均值，用迭代法计算获得湍流通量。60年代，莫宁－奥布霍夫理论和实验观测得到了快速发展，塔内里等利用垂直风速表的观测获得了动量通量，因此许多工作转向利用高分辨率的垂直风速和水平风速的脉动值来计算通量，这就是后面被越来越广泛应用的涡度相关法，即通过水平和垂直风速脉动的相关求得通量。

20世纪后半叶，虽然涡度相关法在湍流动量通量方面获得了很好的应用，但是在海洋上观测水汽通量却应用较少，主要是因为湿度传感器容易被海盐飞沫腐蚀。所以在大多数时间里采用最多的还是块体公式法。这个方法需要海面10米高度上的风速。一般认为，对蒸发有重要作用的波浪成长的风速是20米/秒，所以蒸发的观测也局限在18米/秒以内。但是飞沫源函数还不能被观测，在沫滴充分成长状态下的蒸发也缺少观测技术。未来一段时间块体方法很可能还是估计蒸发的最主要的方法。但是海上近表面处温度和风速的垂直梯度比陆地上要小得多，这降低了通量计算的准确度。除了不清楚波浪的物理过程和作用，对拖曳系数达到最大值的风速阈值、拖曳造成的动量消耗与飞沫产生的热量传递也都缺乏一致的结论。根据已有的观测结果，深水区拖曳系数达到最大值的风速阈值在30～33米/秒，浅水区约为17米/秒。飞沫传递的海上观测很少，基于数值模拟和水槽实验获得的结果差异较大。

20世纪70年代以前海－气界面处的气体传输研究主要是由化学工程界所推动，80年代以后由于国际社会对全球环境和全球气候问题的关注，水－气界面处的气体传输研究（特别是$CO_2$）出现了新的高潮。光滑水面上气体传输可以等同于光滑固体面的质量传输，已经有很成熟的理论，$CO_2$的传输速率可以与理论值吻合得很好，但在风浪状态下，$CO_2$传输速率增加很快，远超过理论预测值。因为气泡的产生加强了海洋和大气之间的气体交换过程。当空气中气体的溶解度很小时，气泡对气体交换过程的影响就更为明显，这增加了海－气间气体交换的复杂性。但是还不清楚小尺度波破碎对观测到的气体传输速率的加强有多大程度的作用。

研究内容 海洋大气物理学中研究的主要内容之一是海－气边界层的热量、水分、质量和动量交换的物理机制和确定这些交换过程的方法，以及这些交换对海洋和大气中所发生过程的作用。海洋和大气的响应时间或惯性差别很大，在理论研究和实际业务中通常分开处理，但是无论是研究大气还是海洋，都需要考虑二者的耦合。这个耦合基本上依赖于海－气界面处的物质和能量交换。风驱动环流的主要动力是大气向海洋的动量输送，海－气界面的感热和潜热交换是大气热量来源和海洋热盐驱动的一个原因，而海面蒸发是大气中最重要的水汽来源。除了热力作用，运动海面对海－气交换和海洋大气边界层的影响很大，海洋大气边界层中的湍流运动特征、风温湿廓线分布等都是海洋大气物理学的研究内容。海洋中的岛屿与局地大气也有重要的影响，如海洋上空大气的背风槽。

影响海－气交换的物理过程 海洋与大气间的交换通过其界面处的湍流交换而产生。湍流是流体的一种运动状态，它的基本特征是随机性，就是在海洋和大气中任意点运动速度的大小和方向都是紊乱变动的。湍流的形成机理包括热力湍流和机械动力湍流，热力湍流由温度梯度造成，而机械动力湍流由于风切变引起。由湍流引起的动量、热量和物质的分散转移比分子扩散的效率高得多，并导致能量从较大尺度的涡旋运动向较小尺度的涡旋运动转移，最终耗散。一般用交换系数来描述由湍流引起的海－气交换，例如，对动量交换和热量交换分别使用运动黏性系数和热扩散系数。影响海－气交换的物理过程包括：微尺度的海浪破碎，海洋中小尺度和大尺度的湍流过程，海上风、波浪、气泡、浪花、雨和表面薄层等。由于摩擦消耗，海表面处风速为零，因此风速从海面处向上增加。在海－气界面附近，风速廓线随高度呈对数分布，可以通过速度的垂直切变直接产生湍流，也可以通过波浪及其破碎间接产生湍流。当风速大于10米/秒，表面破碎产生浪花，海洋飞沫大量出现，即白冠。白冠的出现表明，海洋与大气之间的分界面不固定，而是一个气体和液体共存的过渡区，会促进海水蒸发，影响海－气界面的各种交换过程。另一方面，海面上方的海洋飞沫可以从风中得到能量，通过水体挟卷重新进入海洋，从而将动量传输给表层海流。在这个海洋与大气之间强烈的湍流涡动过程中，海－气界面间的热量交换、动量和能量的交换等都与没有白冠出现时的情形相比发生了根本性的变化。如果风速很小，没有产生明显的白冠，依旧会出现微尺度波破碎现象，即微尺度的风浪破碎，则没有空气挟卷出现。这种现象在海洋上非常普遍。在将表层流体直接输送到其下的湍流控制层方面，微尺度风浪破碎起着很重要的作用。海表面冷却会产生大尺度浮力涡旋，由它引起的对流可以达到混合层底，通常在这个深度上湍流会受到稳定度的抑制。

除了动量、热量和水汽交换，海－气间也同时发生气体交换。海洋与大气间惰性和部分可溶性气体，包括二氧化碳（$CO_2$）、甲烷（$CH_4$）和氧气（$O_2$）等的交换是受海表面以下20～200微米厚的海洋黏性边界层以及海表面以上100～1000微米厚的大气边界层控制的。穿过海－气界面的物质通量可以用传输速率来描述（又称气体交换率或交换系数），通过海洋黏性边界层的气体传输速率通常是$10^{-6}$～$10^{-5}$米/秒，对于约100米厚的**海洋混合层**而言，这个速度是很慢的，混合层中的溶解气体的浓度需要10～100天的时间才能与大气中的浓度达到平衡。

因为海洋表面的上下两侧都有边界层，气体的传输方向取决于它在液相中的传输速率（kw）和在气相中的传输速率（ka）之比。相对不可溶的气体，液相时传输阻力大，称为液相控制的气体传输；而水溶性气体的气相阻力大，称为气相控制的气体传输，通常kw比ka小100～1000倍，因此，溶解度达30克/100克的中度水溶性挥发性化学物质的传输也是由水体一侧控制的。高水溶挥发或化学活性气体由空气一侧的传输过程所控制，类似于水汽的传输。

除了气体性质本身的影响，气体传输受到动力、热力和生物甚至化学过程的影响很大，因此可以用一个简化的$CO_2$传输模式描述海－气交换过程（见图）。

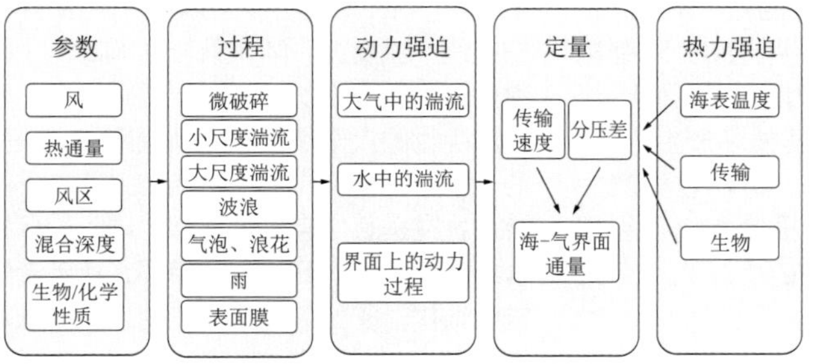


影响海－气二氧化碳通量因子的简化描述

*受海洋影响的大气边界层*　大气边界层是能直接感受到下垫面产生的热力和动力影响的大气层。海洋大气边界层的结构和特征受海－气界面温度、波动状态和海－气交换过程影响。在黑潮和湾流的暖水与陆架冷水之间会形成显著的海表温度锋（**海洋锋**），海洋锋暖水侧的海洋与大气热力对比显著，海－气界面强不稳定，使边界层内部垂直混合和海表面风的天气尺度扰动增强。因为风驱动了洋流，在海－气模型中通常只假定动量下传，即从大气传向海洋。然而当远距离**涌浪**的传播速度快于风速时，动量也可以向上传递。波动会导致气流的振荡，并与湍流大气中的平均流相互作用，使近海面处的风速增大，在波致扰动的界面附近，莫宁－奥布霍夫相似理论不再适用。尽管由波动引起的动量通量只能穿透大气边界层的一小部分深度，但会影响整个大气边界层内的风廓线。

海洋边界层顶部常常有低云存在，它们与边界层存在着不同程度的相互作用。通过边界层气流的摩擦辐合，水汽从边界层顶进入对流层自由大气，抬升过程中可凝结成云。云滴蒸发和凝结所产生或消耗的潜热通过湍流输送和卷夹进入大气边界层，湍流夹卷和云尺度的下沉运动将干暖空气带入云下层，造成边界层结构的改变。云也通过辐射强迫和降水影响边界层结构。

由于信风逆温，在赤道东太平洋和副热带大洋东侧经常形成大范围的云顶较低、云体紧密的层云或层积云。在这个区域，云顶夹卷、海表热通量与层云（层积云）边界层演变表现出复杂的关系。相对而言，在热带西太平洋暖水区，浅对流云活跃，逆温层大多不与云层耦合。另外，受季风的影响，西太平洋低纬地区积云对流活动存在明显的季节性位移。

*展望*　了解海－气物质、动量和热量交换不仅有助于解释自然环境中许多复杂有趣的现象，同时也有助于理解低层大气结构变化以及相应的许多大气物理现象。因为海－气界面的动量和热量交换直接影响了海洋大气边界层的结构，决定了热带气旋、海雾等天气系统的发生和发展，而与海上天气系统变化相伴随的是大气物理现象、光学现象和电磁波现象的变化。电磁波在自由空间中是以直线传播的，当大气中温度、压力、湿度的垂直分布发生变化，电磁波就容易被陷获传播，这种现象称为大气波导传播。当近海面存在强逆温层或当暖干的空气移入冷海面时容易出现表面波导。它的高度一般出现在300米以下。其中，蒸发波导就是海洋大气中常出现的一种表面波导，是近海面小范围内大气湿度随高度锐减而形成的，高度一般在6～30米。与海－气界面通量估计面临的困难一样，虽然大气波导的形成机理已经比较清楚，但是由于缺乏海上高时空分辨率的观测资料，对波导的准确估计依然存在很多困难，多借助参数化方法。

过去几乎所有的有关气体传输的基本知识都是通过实验室实验获得的，包括发现波浪对水－气间气体交换的影响以及气体传输速率公式中施密特指数的变化等。在海洋上进行的气体交换实验最先是通过地球化学示踪剂的方法实现的，如$^{14}C$、$^{3}He/T$或$^{222}Rn/^{226}Ra$方法。但是这种质量平衡的方法不能用来研究水－气间气体交换机制。由于具有很高的时间分辨率，海－气通量的直接观测比质量平衡法具有更大的吸引力，尤其是在气体边界层内经常使用的涡度相关技术。但是在液相边界层内，由涡度相关法得到的实验结果差别很大。经过20多年的研究，这种方法已经获得了许多很有用的结果。未来光学和图像处理技术将发挥重要作用，因为成像技术可以直接观测水－气界面两侧黏性、热量和质量边界层内发生的过程，所有的参数，包括流场、浓度场和波浪都会被具有足够高的时空分辨率的成像技术捕获，由这些技术获得的实验数据将会促进产生新的理论和模拟方法。（盛立芳）

**海洋氮循环**　marine nitrogen cycle　在海洋生物，特别是某些特殊微生物的作用下，海水中不同形态的氮在海洋环境和生态系统中发生的一系列复杂传输、转化过程的总称。海洋环境中的氮以多种价态（−3～+5）形式存在，主要包含以下6种化学形态：氮气（$N_2$）、硝酸盐（$NO_3^-$）、亚硝酸盐（$NO_2^-$）、铵盐（$NH_4^+$）、颗粒态氮（PN）和溶解态有机氮（DON）（图1）。常见的转化过程包括如下过程。

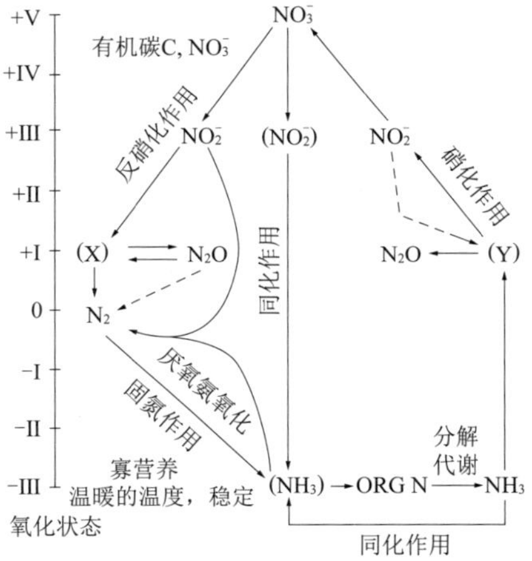


图1　氮循环路径示意图

*生物固氮过程*　氮气（$N_2$）在海洋固氮生物固氮酶的作用下还原为$NH_3$、$NH_4^+$或有机氮化合物的过程。由于$N_2$是一种双氮原子构成的三键结构稳态气体分子，因此在海洋中仅少数含有固氮酶的生物种类才能直接利用这一气体分子。已知主要的固氮生物种类有蓝藻类、异养细菌类和光合细菌类，其中蓝藻类（cyanobacteria）在海洋中分布最广的是束毛藻属（*Trichodesmium* spp.）。由于固氮生物固氮酶的活性与海水中铁（Fe）、磷（P）等元素有关，因此海水中铁、磷的浓度是影响海洋生物固氮作用的重要环境因子。

*氮的同化过程*　海水中生物可利用氮被生物体吸收、合成为有机氮化合物，成为生物体一部分的过程。从组分的价态变

化上看，氮的同化过程往往是个还原过程。例如，海水中$NO_3^-$被浮游植物吸收后，在硝酸盐还原酶作用下转化为$NO_2^-$，再进一步受亚硝还原酶作用转化为$NH_4^+$，进而被同化为有机质。海水中生物可利用氮的形态有多种，浮游植物在同化吸收不同形态的氮组分时，本着消耗能量最低的原则，往往优先利用$NH_4^+$、尿素等价态更低、耗能较少的还原态组分。

氮的矿化过程　有机氮化合物经微生物分解产生$NH_3$或$NH_4^+$的过程。通常情况下，氨基酸中的氨基经非自养过程被移除并生成$NH_3$，在海水pH条件下往往以$NH_4^+$的形式存在，这一产物随后被多细胞生物利用进一步产生尿素等物质。矿化过程在海洋氮循环中具有重要意义：其一，这是氮循环过程中对无机氮库的必要补充；其二，减少有机氮的保存，促使N重新回到循环体系中，被有机体反复利用。

氮的硝化过程　在硝化生物类群作用下，$NH_3$或$NH_4^+$氧化为$NO_2^-$或$NO_3^-$的耗氧过程。硝化过程存在两步氧化过程。第一步，$NH_4^+$在氨氧化微生物介导下被氧化为$NO_2^-$；第二步，$NO_2^-$在亚硝酸盐氧化细菌的催化作用下氧化为$NO_3^-$。在大部分开放大洋中，$NH_4^+$和$NO_2^-$的浓度（<0.2微摩/升）远低于$NO_3^-$（真光层以下1～40微摩/升）从而限制了硝化反应的进行；而在一些具有高浓度$NH_4^+$的富营养化河口或海岸带水域，低浓度溶解氧（DO）又成为限制硝化反应的另外一个因素。

氮的反硝化过程　指的是$NO_3^-$在脱氮细菌作用下，还原为气态氮组分（$N_2$或$N_2O$）的过程。反硝化过程发生的环境条件为：足量的$NO_3^-$、较低的DO环境以及充足的有机质。所以，海洋中反硝化反应大多发生在低氧中层水和陆架边缘的沉积物中。全球海洋水体内部的反硝化过程主要集中在3个区域：阿拉伯海、东热带太平洋北部墨西哥上升流区（ETNP）以及东热带太平洋南部智利上升流区（ETSP）。在一些沿岸沉积物和污染的河口水体中，适宜的条件同样会促使反硝化过程发生。

氮的厌氧氨氧化过程　指的是在缺氧环境下，厌氧氨氧化细菌用$NO_2^-$将$NH_4^+$氧化为$N_2$的过程。这一反应释放约357千焦/摩的热量。厌氧氨氧化是全球氮循环系统中的重要组成部分，该过程于1995年在酵母工厂的流化床反应器中被首次发现，随后逐渐应用于污水处理等。该过程在海洋缺氧区域，如南太平洋东区、秘鲁上升流区、本格拉上升流区、黑海等海域

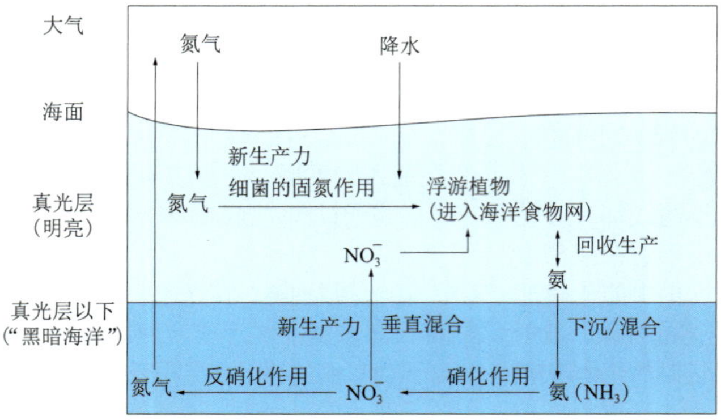

图2　海洋氮循环图解

也有发现。

综上所述，海洋氮循环就是海水中不同形态的氮组分通过以上过程而构成的一个生物媒介网（图2）。其中，系统中以颗粒态、溶解态或者气态氮等形式的净去除会导致氮循环减慢甚至终止，除非从外部来源输入新的氮。所以海洋中的氮又分为新氮和再生氮，新氮指的是从周边环境进入海洋系统的氮（如从深层海洋涌升进入真光层的$NO_3^-$、大气沉降的氮）或者是原位产生的氮（如固氮产生的$NH_4^+$和有机氮），其所支持的生产力称为新生产力；再生氮指的是海洋内部再循环产生的氮，如矿化过程产生的$NH_4^+$、硝化过程产生的$NO_2^-$和$NO_3^-$以及动物摄食和病毒裂解产生的DON，其所支持的生产力称为再生生产力。（俞志明）

**海洋低氧现象**　marine hypoxia　通常指水体中溶解氧（DO）的含量低于2毫克/升的现象。海水中的DO是海洋重要的环境参数，与海洋动植物生长密切相关。对大多数海洋生物而言，当DO含量低于2毫克/升时，其生存能力将下降甚至死亡，所以通常将DO低于2毫克/升的状态定义为低氧。海洋中的DO浓度取决于植物的光合作用、呼吸作用、海-气交换及海水的扩散输运。当水体出现层化，表层DO向底部的输运被切断，而底层生物的呼吸作用及有机物的分解消耗作用会使DO持续下降，形成海洋低氧现象。

成因　海洋低氧现象的形成是一种复杂的物理和生物地球化学过程，受自然和人类活动的共同影响。尤其是在气候变化和高强度人类活动等多重压力下，海洋低氧现象日益突出。低氧现象现已扩展到世界范围内的许多河口和海岸地区，甚至在大洋底层也发现了阶段性海水低氧现象。其形成的因素主要与气候变化、水体层化、生物呼吸作用、有机质降解、水体富营养化、海底地形和区域环流等有关。在造成低氧的影响因子中，河流径流量、营养盐及气候的变化等均与人类活动有关。

一般认为，人类活动导致入海营养物质增加，使河口及近海富营养化程度加剧，促使海洋植物过度繁殖，生物死亡后，其残骸发生沉降，被好氧细菌分解，降低了底层水体的DO浓度。另外，由于全球变暖、河流径流等影响，很容易形成较强的温盐跃层，强烈的层化限制了表层水和底层水的DO交换，从而促使形成海洋低氧区，产生低氧现象。

危害　海洋低氧现象的存在必然会对海洋底栖生态系统乃至生源要素的生物地球化学循环产生较大影响：①低氧会改变对氧化还原环境比较敏感的元素的行为，从而将一些有毒、有害的物质从底层水体中释放出来，造成二次污染，并对海洋生态系统产生反馈。②低氧会影响海洋生物的生理代谢和生长发育，严重缺氧会引发海洋生物的大面积死亡，从而造成大面积的"水下沙漠"。③低氧会改变鱼类及浮游生物在垂直方向上的迁移，同时破坏掠食动物与猎物之间的互动模式，扰乱食物链的结构。④低氧现象的发生还会降低海洋物种多样性，改变海洋生物群落结构，减少鱼类和底栖动物的丰富度，甚至导致海洋渔业资源的崩溃。

总之，海洋低氧问题已成为重大海洋生态环境灾害发生的诱因，并被认为是制约河口和海岸地区生态环境健康和海洋经济，乃至人类社会可持续发展的关键问题之一。（韩秀荣）

**海洋底栖动物**　marine zoobenthos　生活在自潮间带至大洋超深渊带（深海沟底部）的表面或沉积物中的动物。见海洋底栖生物。

**海洋底栖生物**　marine benthos　生活在自潮间带至大洋超深渊带（深海沟底部）的表面或沉积物中的生物。又称海底生物。海洋底栖生物是海洋生物中种类最多、生态学关系最复杂的生态类群。这类生物包括了大多数海洋动物、海洋植物以及原生动物门类。

研究简史　"底栖生物"一词源于希腊语βενθος，意指生活在水底（底内和底上）的生物，由德国生物学家E.H.哈克尔于1891年首先提出。早在18世纪，欧

洲科学家就对海岸带的底栖生物进行了观察研究。18世纪40年代，英国海洋生物学家E.福布斯在爱琴海发现底栖生物的种类组成随水深而变化，形成不同的分布带。后来，他根据底栖动物的种类组成和地理分布特点，将欧洲海域划分为若干个动物地理省。英国博物学家E.福布斯常被誉为近代海洋生物学的奠基人。他曾认为"海底500米以下不可能有生命存在"，这是第一个关于深海海洋生物学的假说，尽管这种观点后来被证明是错误的。1860年，J.弗莱明在地中海2160米深处海底电缆上发现双壳类、腹足类、水螅虫、八放珊瑚和蠕虫等动物，促进了深海底栖动物的调查研究。C.W.汤姆孙领导的"挑战者"号考察（1872～1876）和19世纪末进行的其他考察，发现了大量海底动物。现代底栖生物生态研究奠基人丹麦C.G.J.彼得森于1908～1913年，对北欧海域的底栖生物进行了定量研究，并划分了生物群落，估算了水域生物量。此后，各国海洋生态学家对不同硬底（岩底）和软底（泥、沙底）的底栖生物群落作了大量调查研究。20世纪60年代，已积累大量世界海底生物分布的资料。20世纪60年代以前，海洋底栖动物的研究对象主要是大型底栖生物。20世纪60年代以后，对沿岸和沉积物颗粒间生存的大量小型底栖生物（后者又称间隙动物）和微型底栖生物的研究受到重视。20世纪70年代起，人们较广泛地利用数学手段、现代化仪器研究海洋底栖生物群落中各营养层次间的能量流动和物质转换过程，进而研究特定海域的整个生态系统，开始计算、预测生物群落结构在环境参数改变后的变化，其主要成员特别是经济种资源的数量变化趋势，以及它们与环境因子间的动态关系。20世纪70年代末，海底热泉生物群落的发现，为海洋底栖生物研究提出了新课题。进入21世纪，中国对深海底栖生物的调查也不断开展起来，海山、热液、冷泉和深渊生物不断地被发现。

**种类组成** 海洋底栖生物种类繁多，其中海洋底栖植物种数较少，海洋底栖动物种类繁多、构成多样。

*海洋底栖植物* 包括几乎全部大型藻类，如**海带**、**石莼**、紫菜等，以及海草和红树等种子植物。它们大多营定生生活，固着于底表，主要分布在透光的**潮间带**和**潮下带**。有些种类，如红藻类的海萝和红树，可以生活在**潮上带**，退潮后能长时间经受太阳的酷晒。另外，还包括浒苔、水云等附着于物体或船底的种类。

*海洋底栖动物* 包括海洋动物的大多数门类。有埋栖于底内的多种蛤类、梭子蟹、蝉蟹等，穴居于底内管道中的美人虾、多种蟹、多毛类、肠鳃类等，上述两类统称为底内动物。有固着或附生于岩礁、坚硬物体和沉积物表面的海绵动物和苔藓动物，腔肠动物的珊瑚虫类和水螅虫类，软体动物的牡蛎、**贻贝**、**扇贝**、金蛤等，以及匍匐爬行于基底表面的螺类、海星、寄居蟹等，这两类统称为底上动物。另外，还有一些能在近底的水层中游动，但又常沉降于底上活动的对虾类、鲽形类等动物，称为游泳性底栖动物。有附着生长于船底、浮标、水雷或其他水下设施表面的底栖生物，如牡蛎、**藤壶**、苔虫、水螅、海鞘和一些藻类等，称为**海洋附着生物**。有穿孔穴居于木材或岩礁内的底栖生物，如船蛆（*Teredo*）、海笋（*Pholas*）和甲壳类的蛀木水虱（*Limnoria*）、团水虱（*Sphaeroma*）等，称为**海洋钻孔生物**。

根据体形大小的不同，海洋底栖生物分为3类：①大型底栖生物（macrobenthos），指分选时能被孔径为0.5毫米网筛留住的底栖生物，如**海绵**、**珊瑚**、虾、蟹、多毛类、**海星**、**海胆**、贝类、螺等。②小型底栖生物（meiobenthos），指分选时能通过0.5毫米孔径网筛而被42微米孔径网筛留住的，主要有自由生活的海洋线虫、海洋甲壳动物的猛水蚤类和介形类、动吻类等。③微型底栖生物（microbenthos），指分选时能通过42微米孔径（近海）或31微米（深海）网筛的，主要有**海洋原生动物**、细菌。

**对底栖生活的适应** 底上生物和底内生物这两类底栖动物在其幼虫阶段绝大多数营浮游生活。它们随海水而流动，只在适于成体发展的海底环境中下沉定居。如底内埋栖的泥蚶、蛤仔和固着生活的牡蛎、藤壶，其浮游幼虫需在找到适宜成体栖息的环境后才下沉定着；在浮游期结束（变态）前，若找不到适宜的底质环境，则决不下沉。所以，一些底栖动物的幼虫分布范围很广，而其成体却局限于一定性质的底质区内。

*底上生物* 它们都栖于硬质海底，有特殊的固着器官。大型定生藻类以吸附根固着；茗荷儿和柄海鞘等以柄部固着于基质表面；牡蛎、藤壶等以石灰质外壳直接黏附于基质表面；贻贝、扇贝等用足丝束固着于基质上。一些海洋底栖生物当环境不适时，能脱离原固着基，迁移至新地点重新固着。固着动物常具保护身体的外壳和自海水中获取食物的过滤网或触手丛，多栖于水流通畅的环境。藻类、水螅和苔藓动物常常大量丛生，在群体丛中栖息有各种自由移动的动物（如小型螺类、蟹类、蠕虫等），形成丰富多彩的附生生物群落。

*底内生物* 它们都生长于软质海底，有两种栖息方式：①沙内的埋栖种。其体形呈筒状、带状，具有伸缩能力，如沙蚕、沙海葵、星虫；有的体型平扁，具有适于掘沙的扁平状附肢或尖的足和头部，如蝉蟹（*Hippa*）、针涟虫（*Diastylis*）。埋栖种都有从海底表面获取新鲜海水和食物的水管系统或附肢。②栖于特殊巢穴或管道内的穴居种和管栖种。穴居种如虾蛄（*Squilla*）等，管栖种如海蚯蚓（*Arenicola*）等，其管道由动物的分泌物或由分泌物黏结沉积颗粒而成。巢穴和管道的构造各有特点，有的相当精巧，完全适应所栖动物的生活方式。许多学者利用现生海洋动物管道和巢穴的特征，研究古代生物遗留下来的管穴化石（称为遗迹化石）。

软质海底的沉积物对底栖生物影响很明显：美人虾（*Callianassa*）、文昌鱼（*Branchiostoma belcheri*）等，只在粗颗粒的沉积物中大量出现；而凹裂星海胆（*Schizaster lacunosus*）、栗色管螺（*Siphonalia spadicea*）等，则仅在细颗粒沉积物中大量生存。某些底内动物，如棘皮动物的海地瓜（*Acaudina*）和凹裂星海胆、星虫、螠虫等，能吞食和排出沉积物，它们的大量繁殖能改变海底沉积物的层理结构和性质。这种现象称为生物扰动，20世纪70年代以来对它的研究受到重视。

**营养类型** 分为自养型生物和异养型生物。

*自养型生物* 海洋底栖植物营光合作用制造有机物，同时为自身提供营养，是生产者，为自养型生物。

*异养型生物* 海洋底栖动物绝大多数是消费者，为异养型生物。海底热泉动物群落的成员，有的能进行化合作用，在无阳光和缺氧的条件下，与自养细菌共生，以无机物为生。

底栖动物按食性和方式可划分为4种类型。①滤食性动物。又称悬浮食性动物。它们依靠各种过滤器官滤取水体中的悬浮有机碎屑或微小生物。如许多双壳类通过出入水管系统形成水流，以体内黏液膜获取食物；甲壳类用肢体活动吸入海水，以附肢刚毛网滤取食物颗粒。②沉积食性动物。它们吞食沉积物，在消化道内摄取其中的有机物质，如芋参（*Molpadia*）、心形海胆（*Echinocardium*）。多数种是无选择地吞食海底沉积，少数种则是有选择地摄食。③肉食性动物。它们捕食小型动物和动物幼体，如对虾、龙虾、海葵和鲽形鱼类等。浅海、深海中都有其代表，它们都有较强壮的捕食器官。深海种还常借发光来诱捕食物。④寄生性动物。它们吸取寄主体内的营养，多缺乏捕食器官。在海洋底栖动物中，以前三类食性和方式为主。

**生物群落** 海洋底栖生物的分布主要受底质、水温、盐度等海洋环境因子的影响。生活在同一环境（海底）的底栖生物，各个种之间不仅有一定的数量比例关系，而且在生物学上有一定的依赖关系。它们形成相对稳定的组合，称为生物群落。其中数量较多的种叫优势种。C.G.J.彼得森曾将丹麦附近海域的底栖生物划分为8个群落，并用优势种的种名作为群落的名称。

G.托尔森认为，生态条件相似的不同海域，存在着种类组成类似的生物群落。如在环北极浅海区（水深10～60米）普遍存在几种白樱蛤（*Macoma*）群落。北大西洋、北太平洋温带区（水深10～100米）有细长阳遂足（*Amphiura filiformis*）-卡亚阳遂足（*Amphiura chiajei*）等群落；在南半球的新西兰海域为玫瑰阳遂足（*Amphiura rosae*）群落；在日本海域则为艾氏阳遂足（*Amphiura aestuarii*）群落。环北极的萨氏真蛇尾（*Ophiura sarsii*）群落，在日本浅海区早已发现。在它们分布区的边缘——黄海超过40米深的水域，由于有冷水团存在，这种冷水性群落得到大量发展。

**在海洋生态系中的地位** 在海洋食物链中，底栖生物分别处于不同的营养层次。底栖植物为生产者，处于食物链的第一级。植食性底栖动物，有的（如藻虾、鲍）以大型藻类为食；有的（如双壳类、毛虾、桡足类等）以浮游植物或有机碎屑为食，在食物链中处于第二级。许多肉食性底栖种类（如螺类和许多虾、蟹）以植食性浮游动物和底栖动物为食，属于食物链的第三级。有些底栖动物是人类食用的对象（如经济虾、蟹、贝类和一些底栖鱼）；有些种类（如小型虾、蟹、贝类、多毛类）是鱼类及其他动物捕食的对象。因此，阐明底栖生物的数量变动规律及其与海洋生物生产力和资源的关系，对水产生产的发展有重要意义。

底栖生物生物量的资料表明：大陆架浅海区，尤其是深度约在50米内的近岸带，底栖生物现存量和生产力最高，密度也最大。在大陆架以外的海域，其生物量和密度随深度的增加而显著减少；在大陆架范围内，则随纬度的降低而减少。高纬度海区生物量较高，密度较大，但生物的种数较少，生命周期一般较长，生长速度也慢，往往几年才能长成。在低纬度的热带海域，生物量和密度都较低，但种数较多，生命周期较短，一年或几个月即可长成。在北温带和寒带浅海，每平方米海底的生物量有几十克或几百克（暖温带的黄海、渤海平均为34克/米²），甚至可超过1000或数千克。但在热带海域一般每平方米海底的生物量仅有几克到十多克（南海北部平均约10克/米²）。在大陆架以外的深海带，底栖生物数量显著降低，到大洋深渊底一般每平方米只有1克或不到1克。

**意义和危害** 海洋底栖生物同人类的关系十分密切，许多底栖生物可供食用，是渔业捕捞和养殖的对象，具有重要的经济价值。其中最重要的是虾蟹类、双壳类、鲆鲽类和各种经济海藻等，是人类重要的食物来源。在中国，20世纪70年代以来海水养殖生产发展很快，进入21世纪后，对虾的养殖产量逐年增长。

更多的底栖生物是经济鱼类、虾类的天然饵料。它们在海洋食物链中是相当重要的一环，其数量的多少影响着经济鱼、虾资源的数量和渔业的发展。如底栖的海洋原生动物、海洋线虫、海洋甲壳动物的猛水蚤类和介形类、原环虫类，以及稀见门类的腹毛动物、动吻动物、缓步动物、颚咽类，和一些小型多毛类、纽虫、腹足类、腕足类、棘皮动物等。它们的数量很大，个体虽小，但其总生物量却几乎与大型底栖动物相等。它们的世代寿命较短，产量与生物量的比率显著地高于大型底栖动物。它们在一定海域内是大型底栖动物的主要食物来源，在海洋食物链中占相当重要的地位。不少底栖生物是提取药物的原料，如柳珊瑚类中可提取前列腺素，鲍、珍珠、海人草等是传统的中药原料。

许多底栖生物是经济鱼、虾、贝、藻的病敌害生物，一些污损和钻孔生物对人类直接或间接有害。

（刘瑞玉　崔玉珩　李新正　马　林）

**海洋底栖藻类** marine benthic algae 多指栖息在海底，主要营固着或附着生活，肉眼可见的多细胞藻类。固着的基质常有岩石、沉船、绳索等，**绿藻**、**褐藻**、**红藻**是海洋底栖植物的主要种类。此外，还包括单细胞的硅藻和甲藻等。中国的底栖海藻多为暖温带、亚热带和热带海洋植物种类，但也有少数冷温带及极少数的北极海洋植物种类，从潮间带到水深40米均有分布。

**研究简史** 早在2000年前，人类就有关于大型经济海藻的记述。在《本草纲目》和中国各沿海县的县志中记载了许多种经济海藻，如食用的紫菜、药用的鹧鸪菜、制胶用的石花菜、工业用的海萝等。最早开始分类学研究的是英国藻类学家D.特纳。他在著作《墨角藻》(*Fuci*) 一书中发表了中国福建和浙江生长的一种红藻——鹿角海萝（*Fucus tenax*），福建本地称之为赤菜。之后，外国科学家相继对中国的海藻进行报道。中国最早开始海藻标本采集的是钟心煊。最早开展底栖海藻分类研究的是曾呈奎，他从1930年开始采集海藻标本，并于1933年初发表第一篇论文。20世纪50年代后，其他科学家相继加入到底栖海藻的研究中。20世纪60年代，《中国经济海藻志》的出版为以后的海藻研究奠定了基础。20世纪90年代开始至今，多卷《中国海藻志》的出版成为后来海藻研究的有力工具书。

**种类组成和形态特征** 底栖藻类在退潮时能适应暂时的干旱和冬季暂时的“冰冻”等环境。只要海水一涨潮，它们便又开始正常的生长发育。底栖藻大部分是肉眼能看见的多细胞海藻。小的种类成体只有几厘米长，如丝藻；最长的可达200～300米，如巨藻。底栖藻的形态奇形怪状，有的像带子，如**海带**；有的像绳子，如绳藻；有的是片状，如**石莼**、紫菜；有的像树枝状，如马尾藻。多细胞底栖藻的颜色鲜艳美丽，有绿色、褐色和红色。根据它们的颜色，把海藻分为绿藻类、褐藻类和红藻类。

绿藻　藻体呈草绿色。绿藻约有6000种，其中90%产于淡水，只有10%生活在潮间带或潮下带的岩石上。绿藻有单细胞的，有群体的；有丝状的，还有片状的。最常见的底栖绿藻有石莼、礁膜（中国沿海渔民称之为海菠菜或海白菜），它们是人们喜爱的海洋经济蔬菜；还有浒苔、羽藻、刺海松、伞藻等。

褐藻　藻体呈褐色，多细胞，有丝状、片状或叶状，还有的呈囊状、管状、圆柱状或树枝状，一般都有圆盘状或分枝状的固着器或假根。假根上面有柄部及叶部，通称为假茎和假叶。褐藻中的大型种类如海带，可长到7～8米长；巨藻可长到300米长，素有“海底森林”之称。它们多数生长于低潮带或低潮线下的岩石上。中国常见的褐藻除了海带、裙带菜、巨藻之外，还有水云、网地藻、团扇藻、马尾藻、鹿角菜、海蒿子、海黍子、羊栖菜等。

红藻　藻体呈紫色或紫红色，大多数为多细胞，有丝状、片状和分枝状。形态多姿，有圆形、椭圆形、带形。红藻多数喜居深海，生长在低潮线附近和低潮线下30～60米处，少数种类可在200米的海底生长。红藻类有2500多种，其中最为常见的种类有紫菜、石花菜、红毛藻、鸡毛藻、黏管藻、海萝、蜈蚣藻、海头红、多管藻、鹧鸪菜等。紫菜呈紫红色，片状，鲜食或制成干品，干紫菜是市场上畅销的高级副食品。

微型底栖藻类主要是单细胞的底栖硅藻。底栖硅藻主要是羽纹硅藻，纹饰沿中线两侧对称，种类主要是圆筛藻、辐环藻等。暖水性硅藻壳体大而薄，冷水性硅藻壳体则小而厚。硅藻的数量在赤道区远少于寒带、亚寒带。

**生态作用** 海藻具有很高的初级生产力，为海洋植食性动物提供相应的食物。大型底栖海藻还为海洋生态系统提供了特殊的生境，是许多海洋生物栖息、产卵、孵化、索饵、育成的重要场所。还可以减缓水流，为群落中海洋生物特别是幼体提供了稳定的生活空间。微型底栖藻类是一些底栖生物幼体的饵料，在维稳底栖生态系统中具有重要的作用。

**意义与价值** 海藻不仅是海洋鱼、虾、蟹、贝、海兽等动物的天然“牧场”，而且是人类的绿色食品，是人类的一大自然财富，可食用的海洋藻类有100多种。有的藻类还具有药用价值。褐藻中的海带和裙带菜是人们喜爱的食品。海带被称为“海上庄稼”，海洋中有40多种，其含碘量为0.3%～0.7%（这个数字是海水中碘含量的10万倍），可以用来治疗因缺乏碘而引起的各种疾病。它还是提取碘、甘露醇和氯化钾等化学药品的重要原料，广泛应用于国防和医药工业。红藻不仅能食用，还常用来生产琼胶、琼胶素和卡拉胶。它们是食品、医药、化妆品等工业领域的重要原料，有望开发成抗癌、美容、抗衰老等保健食品，也是农业肥料的提供者，还是制造海洋药物的重要原料。紫菜是市场上畅销的高级副食品，石花菜是制造琼胶（俗称冻粉）的主要原料，海萝可提取海萝胶，用于纺织工业。中国沿海地区将鹧鸪菜入药，用作驱除蛔虫。有些海藻，如巨藻还可以作为能源的替代品。海藻中可提炼的物质还被广泛用于调味料、冰激凌的制造，甚至轮胎也含有从海藻中提炼的成分。

（刘瑞玉　崔玉珩　李新正　马　林）

**海洋底质环境监测** marine benthic environment monitoring 对海洋底部的表层沉积物质的理化性质指标和污染特征指标进行取样、分析，并记录其动态变化的过程。海洋底质环境监测是*海洋环境监测*的重要内容，可以为海区纳污能力确定、评价海底沉积污染物对水体和海洋生物的潜在危害提供依据。

监测断面的设置应与水质监测断面一致，以便将沉积物的组成、理化性质和受污染状况与水质污染状况进行对比研究；底质采样站位应与水质采样站位在同一垂线上，若采样站位有障碍物影响采样时，可适当偏移。所布设站位在监测海域应具有代表性，且沉积条件稳定。选择站位时，应考虑水动力状况、沉积盆地结构、生物扰动、沉积速率、沉积结构（地貌、粒径等）、历史资料和沉积物的理化特征等因素。因海洋底质相对比较稳定，采样频次与水质采样相比较少，通常每年采样一次，并同时采集水质样品。

采样的顺序是：先测水深，再进行表层采样，最后进行柱状采样，采集的样品应尽量保持其原始状态。样品采集至甲板后，应立即记录其表观特征，包括颜色、气味、厚度、稠度、黏性、沉积物类型和生物现象等，之后立即采样，现场测定酸碱度（pH）、氧化还原电势（Eh）。采样和处理样品时，应注意层次、结构和代表性，采集的样品一般应及时低温保存。

底质表层样品采集一般用箱式采样器（底质为砂质沉积物时可用蚌式采样器），当底质为基岩、砾石或粗碎屑物质时用拖网采样。用作表层样的样品需选用上部0～10厘米以内的样品，采样量一般应>2000克，对于砂质沉积物采样量应>1000克，若一次采样量达不到规定重量，应进行第二次采样。底质柱状样一般使用重力、重力活塞、振动活塞等设备进行采样，当底质为基岩或粗碎屑沉积物时，不能进行柱状采样。柱状样的岩芯长度一般应>1米，采取的样品应及时做好层次标记，柱状样一般分割为两份，一份样品用于分析研究，一份样品用于保存备用。

底质监测指标分为理化性质指标、一般污染指标和特殊污染指标。理化性质指标包括pH、Eh、含水率、硫化物、有机碳、沉积物粒度和沉积物矿物组成等；一般污染指标包括汞、铜、铅、镉、锌、铬、砷、硒、石油类、六六六、滴滴涕、多氯联苯和狄氏剂等；特殊污染指标是指监测海域的特殊污染物，如多环芳烃、酞酸酯类和酚类化合物等。

（石金辉）

**海洋地球工程技术** marine geo-engineering technology 利用工程技术手段人为调节海洋环境，旨在改变气候系统以应对气候变化的技术。为了应对地球气候变化的影响而采取的有计划、大规模改变海洋环境的行动，属于地球工程的一部分。较为热门的海洋地球工程技术有*碳的深海封存*、*海表铁施肥*、太阳辐射管理等。

碳的深海封存　利用人工技术手段将工业产生的或自然环境中的二氧化碳封存到海底地质结构或深海中。捕获后的二氧化碳经过压缩，以气态、液态、固态或水合物的形式释放到深层海水或海底地质结构中，利用海水压力或海底岩石盖的阻隔实现二氧化碳的封存。经实验观察发现，封存的二氧化碳能够在长时间内保持稳定。海洋碳封存正逐步发展为控制温室气体排放的一种可行手段。

海表铁施肥　人为地向缺铁海域施加铁肥，以促进浮游植物的生长，最终通过浮游植物的死亡和沉降，将碳元素带进深海的方法。海表铁施肥的主要目的是降低大气中二氧化碳含量，缓解全球性气候问题。

太阳辐射管理　是一种在不减少大气中二氧化碳含量的情况下通过减少到达地面的太阳辐射来缓解地球升温的方法。较为容易实现的手段是平流层气溶胶注入法，即在平流层注射硫酸盐气溶胶等颗粒物以达到反射太阳辐射的目的。

尽管海洋地球工程技术在缓解气候变化方面有成本低、见效快等优势，但同时也存在着许多的不确定性和环境风险，对海洋地球工程的实际实施效果和其对生态系统的长期影响尚未完全掌握。考虑到生态风险以及国际环境治理机制的公平性，国际上对于大规模海洋地球工程的实施持怀疑态度，但部分国家已经开始了各种层面的探索性实验研究。未来，随着全球气候问题压力的增加以及人们对地球环境工程研究的深入，海洋地球工程技术依然具有潜在的应用价值。（樊　炜　张祝军）

**海洋地球物理测量** marine geophysical survey 利用物理学的理论、方法和技术，研究海底各种地球物理场和地球物理性质、结构、形态及其中发生的各种物理过程的学科。又称海洋地球物理勘探。它分为重力测量（勘探）、磁力测量（勘探）、电法测量（勘探）、地震测量（勘探）、地热测量、放射性测量和遥感探测等技术。其应用各种物理学方法和仪器，探测海底地球物理场的性质及其变化特征，根据所获信息数据，经过资料处理，推断解释海/洋底的沉积地层、地质构造和矿产分布等。它在促进海洋地质科技发展中起了重要的作用。其成果不仅有助于获得海底地质构造的特征和展布，而且为探查海底油气等矿产资源以及海底工程地质条件、潜在地质灾害因素等提供必需的基础资料。它为在20世纪60年代“地学革命”创建和验证**海底扩张说**（磁异常条带）和**板块构造说**提供了有力的依据。

海洋地球物理测量的几种方法是从陆上向海上移植，并加以改进。如海洋地震测量的发展和用于海洋重力测量的海洋摆仪等测量仪器的试验，精密回声测深仪，双船地震折射的观测，尤其是用回声测深数据绘制海底地形图，揭示了海底的各种地貌形态；使用双折射地震法获得大洋地壳结构的资料，证明大洋地壳结构与大陆地壳有明显的不同。

大洋底条带状线性磁异常（海底“斑马线”）的发现及其成因的解释，计算出不同海区海底扩张速率，为海底扩张说提供强有力的证据。多道地震带剖面揭示了大洋地壳层向大陆下俯冲的现象和对岛弧海沟系地震震源机制的观测研究，加深了对俯冲带的认识。随着电子信息技术和计算机技术广泛应用于海洋地球物理测量中，其测量技术方法、仪器设备和资料处理解释、测量精度、分辨率都大大得到了提高。

海洋地球物理测量使用最广的有海洋地震测量、**海洋重力测量**、**海洋磁力测量**和**海底热流测量**4种方法。这些方法是以海底岩石和沉积物的弹性、密度、磁性、导热性、导电性和放射性等地球固有的物理性质的差异为基础，用不同的物理方法和仪器探测并研究天然的或人工激发的地球物理场，来查清场的分布特征和变化规律。

（刘光鼎　莫恭政）

**海洋地震**　marine earthquake　板块沿边界的相对运动和相互作用，地下岩石突然断裂而发生急剧运动，从而产生地震波向周围传播，并在相当范围内引起大地震动，震中位于海底、岛屿及海岸带的现象。

**地震带**　海洋地震主要分布在活动大陆边缘和大洋中脊地带，分别相当于洋壳的俯冲带和中脊扩张新生地带。

*活动大陆边缘地震带*　位于板块俯冲边界，主体是环太平洋地震带，此外还包括印度洋爪哇海沟附近，大西洋波多黎各海沟及南桑威奇海沟附近的地震带。既有浅源地震，也有中源地震和深源地震。全球几乎所有的深源地震，以及大多数的中源、浅源地震都发生在板块俯冲边界。环太平洋地震带释放的地震能量约占全球总量的80%。地震带较宽。震源深度通常自洋侧（海沟附近）向陆侧加深，构成一倾斜的震源带，称贝尼奥夫带。贝尼奥夫带与海平面的角度上部为5°～10°，向下变为30°，有的达60°，甚至近乎垂直。少数贝尼奥夫带向大洋一侧倾斜。板块构造理论认为，贝尼奥夫带是太平洋板块俯冲到大陆板块下面造成的。在这种板块汇聚带里，由于板块相互挤压、碰撞和摩擦，使岩石变形而造成地震。贝尼奥夫带的震源最深不超过700千米。这是因为在700千米以下深处，岩石圈因高温而软化，物体不会发震，因而在700千米以下没有震源。活动大陆边缘的地震活动大致可分为：①海沟及洋侧的少量浅源地震，多属正断层型。②海沟陆侧坡附近频繁的浅源地震，多属逆断层型。③火山弧附近的少量浅源地震，在不同情况下，震源机制或为正断层型，或为逆断层、走向滑动断层型。④构成贝尼奥夫带的中源和深源地震，主要位于火山弧与弧后区之下。

*大洋中脊地震带*　此处为分离型板块边界，只有浅源地震，地震带连续，宽度仅数十千米，释放的震能占全球总量的5%。大洋中脊的地震活动包括：①沿大洋中脊轴部（或中央裂谷）分布的地震，震级一般不超过7级，大地震很少，属正断层型，显示张应力垂直于中脊走向。②沿断裂带分布的地震，仅限于被错开的中脊轴之间的断裂带段落，震源机制显示为走向滑动的转换断层。大洋中脊上最强烈的地震均见于断裂带，最大震级8.4级。大洋中脊地震带纵贯大西洋、北冰洋、印度洋和太平洋，在各大洋之间首尾相连，并与环太平洋地震带、阿尔卑斯－喜马拉雅地震带相连接。大洋中脊两侧的大洋盆地，位于板块内部，是全球地震活动最平静的区域。但在出现火山活动的局部地区，可有一些地震，如夏威夷群岛一带火山地震活动比较显著，这些火山地震是由导致火山喷发的地下岩浆的运动引起的。

**震害**　因为海水不能传播横波，只能传播纵波，海底地震本身造成损害较小，但对海底工程也可造成直接破坏。许多海底地震可能引发的海啸，会对海岸带地区人们的生命和财产造成巨大的损失和破坏。地震还可能引起海底砂土液化、滑坡、浊流等，对钻井平台、石油天然气管道、海底光缆造成损坏。海底地震发生的同时，难免会从海底冒出大量有害气体，会对海洋生物有严重的危害。历史上海洋地震震害不胜枚举，如1923年日本东京7.9级地震，造成14万人死亡；1957年美国阿拉斯加海域里氏9.1级大地震，导致休眠火山喷发，引发15米高的大海啸，波及远至夏威夷岛；1960年智利里氏9.5级海域大地震，引发海啸及火山爆发，造成5000人死亡，200万人无家可归。2004年印度尼西亚里氏9.0级海底大地震引发的海啸席卷斯里兰卡、泰国、印度尼西亚及印度等国，导致约30万人失踪或死亡。2011年日本东北9.0级特大地震，造成上万人死亡，引发海啸和核泄漏。中国历史上也有110多次6级以上的海域地震记录。8级以上海域地震记录3次，1次在福建泉州外海，2次在台湾东部海域。1969年7月18日，渤海7.4级地震造成10人死亡，数百人受伤，造成大量建筑破坏，经济损失5000万元。1994年9月16日，福建台湾海峡7.3级地震，死亡5人，上千人受伤，破坏建筑物超过20万间，经济损失1.9亿元。1994年12月31日，广西北部湾6.1级地震数百人受伤，经济损失245万元。中国是多地震国家，造成特别重大灾害的主要是陆地地震，1975年2月4日海城大地震（7.3级）、1976年7月28日唐山大地震（7.8级）都波及海岸带。

**防震减灾**　国际上已采用海底地震仪进行**海底地震观测**，建立海洋地震观测网，对海底地震机制、海底地震预报进行研究。中国对海洋地震构造背景等进行了大量研究，并做了海底观测试验，陆地地震网也可以监测部分海域地震。随着沿海经济的高速发展，海上工程建设力度不断加强，海洋地震灾害防治工作也在加强。

（仲　佰　许东禹）

**海洋地震调查**　marine seismic survey　利用天然地震或人工激发所产生的弹性波（地震波）在不同介质中的传播规律，来探测海底地壳和地球内部结构的地球物理方法。又称海洋地震测量。

**简史**　早期采用光点式地震仪在调查船（见图）行进中采集数据，其后由于多次覆盖技术的出现和数据的重复处理，导致了震源、接收和记录装置的更新，以模拟磁带地震仪取代光点式地震仪，并普遍采用非炸药震源（压缩空气枪、电火花震源），用漂浮组合电缆在水下接收。20世纪60年代开始用地震声学浮标和双船地震测量技术接收深部的折射波和广角反射波，研究地壳的深部结构。

挪威卑尔根港多肯码头的海洋“天狼星”号地震研究调查船

随着电子计算机和计算技术的发展，20世纪70年代初数字地震仪逐步代替模拟磁带地震仪，由于采用多次覆盖技术和覆盖次数的增加，使水下接收装置由24道发展到96道，从而要求提高震源的能量与效率。数字处理技术的不断完善提高了地震信息的利用率（地震波动力学特点），并促使地震地层学和直接找油的烃类检测技术的建立。80年代之后，海洋地震向高的接收道数（240）和震源的大容量发展，能获取深部地震信息；在局部地区的测量中使用三维地震技术详细研究含油气构造，提高了找油的命中率。

原理　地球是一个非均质弹性体，当发生地震或人工爆炸时，一部分能量以弹性波动的形式向四周传播出去，地震波在传播中遇到弹性不同的介质分界面时，一部分能量反射回到原来的介质中，形成反射波；另一部分能量透过界面继续向前传播形成透过波（相当于光学中的折射波）。当入射角大于临界角的反射波称广角反射波。当界面下层的波速大于上层波速，且当入射角达到临界角时，透过波将沿界面滑行称首波，或滑行波，又引起界面上部地层质点振动并返回地面，这种波称为折射波。地震波在传播过程中，质点振动所存在的空间范围和传播时间的关系称为波的运动学特点，而波的振幅、频率、波形等的变化称为波的动力学特点，波的这些特点受地层的岩性、结构和厚薄的影响，是地震资料解释的依据。

分类　通常将人工地震测量分为反射波法和折射波法两大类，以反射波法应用最广泛。采用多次覆盖技术的多道连续地震剖面测量，是查明海底沉积层构造、寻找油气资源的首要手段（见**地震反射波法**）；浅层高分辨率反射波法可用于了解海底地形、疏松沉积和基底。用折射波法和广角反射波法，包括单船加声学浮标和多船（双船、三船）几种作业形式，是探测海洋地壳深部构造和结构的主要方法（见**地震折射波法**）。此外，利用海底地震仪（OBS）记录天然地震纵横体波和微震来研究大范围内的地壳结构及其活动性的方法称为海底地震观测。

（刘光鼎　莫恭政）

**海洋地质调查**　marine geological survey　以海底地质现象为对象，以地质学及其相关学科为指导，以探测研究为基础的调查工作。根据调查对象的不同，可分为区域地质调查、油气地质调查、矿产资源调查、环境地质调查等。海洋地质调查一般以不同比例尺（小比例尺1∶100万、中比例尺1∶25万、大比例尺1∶5万）的调查为主要手段。国家对不同比例尺的调查精度有明确的规范要求，因此不同比例尺的调查精度代表了该项地质调查的详细程度。其基本任务是使用先进的调查船，采用各种现代化手段和综合性技术方法查明海域各种重要的区域地质现象，研究这些现象的成因、演化及其分布规律，并在此基础上编制一系列基础地质图件、调查研究报告和建立资料数据库，为国民经济建设和社会发展提供服务。海洋地质调查成果，是制订国家和沿海地区海洋地质工作计划，满足矿产资源预测、勘查，工程地质、环境地质、灾害地质等社会需求，以及综合开发利用海洋等提供重要依据。

海洋地质调查范畴包括：①采用不同方法，包含不同内容的各种比例尺的地质调查工作。②区域海洋地球物理调查工作。③区域地球化学调查工作。④战略性油气资源调查。⑤区域工程地质、环境地质、灾害地质调查工作等。

海洋区域地质调查是海洋地质工作的先行步骤，又是海洋地质的基础工作，具有重要的战略意义。其主要任务是通过区域地质调查、矿产资源勘查和综合研究，阐明海区内的水深、底质、地形、地貌、沉积物类型、岩石、地层、构造、矿产资源分布等基本特征及其相互关系，研究各类矿产的形成条件和分布规律，为经济建设、海防建设、海底工程建设、科学研究和进一步的地质找矿工作，提供基础地质资料。同一海区一般先进行小比例尺区域地质调查，然后进行中比例尺或大比例尺的区域地质调查。在沿岸经济区和近海域，也可按实际需要在选定海区内直接进行中比例尺或大比例尺区域地质调查。

中国从1999～2014年，历经15载，采用高精度综合探测技术——多波束测深、侧扫声呐、浅地层剖面、单道/多道地震、**海底地质采样**等先进探测技术和统一的技术标准，完成了1∶100万海洋区域地质调查16个国际标准分幅，首次实现中国管辖海域约300万平方千米的区域地质调查覆盖，这标志着海洋基础地质工作实现新的跨越。已完成青岛示范图幅1∶25万海洋区域地质调查，正在实施的图幅有：锦西—营口、日照—连云港、霞浦县、钓鱼岛、福州、莆田、泉州、厦门、乐东、三沙市等。

（莫恭政）

**海洋地质学**　marine geology　探索和研究固体地球被海水淹没部分的地质特征及其演变规律的综合性学科。其研究对象是被海水覆盖的岩石圈，主要包括海岸与海底地形、海洋沉积、洋底岩石、海底构造、大洋地质演变、海底矿产资源和海洋灾害地质等。海洋地质学是地质学研究的重要领域，也是海洋科学的基础学科。

海洋覆盖面积约占地球表面积的71%，蕴藏着丰富的矿产资源，是人类未来的重要资源基地。海底资源开发、海港和海底工程建设等都离不开海洋地质研究。另外，海洋环境地质和灾害地质的研究直接关系到人类的生产和生活。因此，无论在理论上或实践中，海洋地质学都有重要意义。

学科简史　海洋地质学的发展大致分为三个阶段。

第一阶段　19世纪后半期至20世纪40年代，是积累资料、探索和改进技术方法，使海洋地质学逐步形成独立学科的时期。

1872～1876年，**英国“挑战者”号考察**，标志着近代海洋地质研究的开始。这次调查发现了**深海软泥**和锰结核，由英国的**J.默里**和比利时的A.F.勒纳尔整理研究，编制了第一幅世界大洋沉积分布图，写成《深海沉积》(1891）一书，标志着近代海洋地质研究的开始。

20世纪20～30年代，电子回声测深仪用于海底地形调查。1925～1927年，德国“流星”号考察船远航南大西洋，凭此技术发现了纵贯整个大西洋的**洋中脊**；又用柱状取样器取样成功，并首次推算了深海区的沉积速率。

同一时期，荷兰地球物理学家F.A.韦宁·迈内兹等使用潜艇在**爪哇海沟**和**波多黎各海沟**进行海洋重力测量，发现了与**海沟**有关的显著的重力负异常。这对海底构造研究，乃至全球构造理论的发展具有重大意义。

1936年，美籍加拿大地质学家R.A.戴利用浊流解释**海底峡谷**的成因，推动了海底地貌学和沉积学的研究。

第二次世界大战期间，由于战争的需要，许多国家致力于海底地形研究，绘制了一批详细的海底地形图，并大力开展声在水中传播规律的研究，为发展海洋地震勘探技术打下了基础。战后，海底油田开发的需要，促进了海洋地质调查的蓬勃发展，技术方法有了长足的进步。1947～1948年，瑞典国立海洋研究所所长H.彼得森率领瑞典“信天翁”号作环球深海考察，用重力活塞采样器取得长达23米的沉积物柱状样，借此研究了大洋沉积物的结构、厚度和沉积速率，并采用人工地震法研究海底构造。

到20世纪40年代中后期，已经积累

了有关大西洋和太平洋的海底地形、海底沉积物以及大陆边缘地质构造的大量资料。40年代末期，美国F.P.谢泼德的《海底地质学》(1948)，苏联M.B.克列诺娃的《海洋地质学》(1948)和荷兰P.H.奎年的《海洋地质学》(1950)先后问世。海洋地质学成为一门独立学科。

第二阶段 20世纪50～60年代后期，是大规模海洋地球物理调查促进海洋地质理论蓬勃发展的时期。这一时期所有大规模的海洋调查和研究都纳入了国家计划，世界上所有的海底陆架都由发达国家不同程度地研究过。此外，还开展了大规模的国际合作联合调查。海洋地质学的重要科学发现和理论上的解释使地质学取得了划时代的进步，各分支学科蓬勃发展。

在海洋地貌方面，1949～1959年，苏联"勇士"号调查船考察太平洋，通过测深改进了太平洋水深图，在**马里亚纳海沟**发现了大洋最深点，用采集到的海底沉积物长柱状样品研究了1000万年来的地球气候和地质演变历史。1952～1953年，美国地质学家H.W.梅纳德和R.S.迪茨，发现了东北太平洋的大型断裂带，此后发现这种断裂带在世界各大洋有广泛的分布，这一发现成为提出转换断层概念的重要依据。1956年，美国地质学家B.C.希曾和W.M.尤因总结海底地貌资料，共同提出了存在贯穿整个大洋的大洋中脊和裂谷体系。希曾和M.撒普合作于1967～1969年分别编制了印度洋、大西洋和太平洋的彩色立体地貌图，并广为地质学和地理学著作引用。1971年，B.C.希曾又与C.霍利斯特合作完成《深海地貌》一书。

在海洋沉积领域，1952年，K.O.埃默里提出陆架残留沉积物的概念。荷兰地质学家A.H.鲍马在1962年提出了著名的浊积层沉积序列(**鲍马序列**)。1963年，尤因采用海底摄影浊度仪对洋底雾浊层进行研究。1966年，希曾等在北美东岸外海大陆隆上发现了沿等深线流动的海流(等深流)对沉积物的搬运作用。这一时期海洋沉积学的发展极大地丰富了沉积学的内容。

海洋地球物理探测技术飞速发展，20世纪50年代初期，回声测深技术大为改进，高分辨率的精密声呐投入使用，测程达万米，为编制各大洋洋底地形图提供了高效可靠的技术手段。同时，重力、磁法和地震探测等地球物理仪器也获得较大改进。在各大洋进行了广泛的重力、地磁、地震和地热测量。

1949年，尤因创建了著名的拉蒙特地质研究所(今拉蒙特-多尔蒂地质研究所)，进一步发展了海洋地震测量技术，用于探测海底沉积层和洋壳结构，获得了丰硕成果。

1957～1958年，国际地球物理年(IGY)对地球大气圈、水圈和岩石圈进行了综合性的考察。

50年代后期，美国海洋学家W.H.蒙克和H.H.赫斯等发起"莫霍计划"，试图通过洋底钻探钻穿**莫霍面**。1961年在加利福尼亚湾外试钻，为**深海钻探计划**(DSDP)打下了基础。

60年代又组织了系列国际海洋合作活动，如国际印度洋调查(IIOD)、国际赤道大西洋合作调查(ICITA)和上地幔计划(UMP)等。

大规模的海洋地球物理调查不仅提供了大量资料，同时也促进了海洋地质学理论方面的重大突破。人们发现，洋底沉积层极薄，大洋地壳的结构与大陆地壳截然不同，特别是环绕全球的大洋中脊体系与磁异常条带的发现具有深远意义。20世纪60年代初期，赫斯和迪茨在上述发现的基础上分别提出**海底扩张说**。1963年，英国F.J.瓦因和D.H.马修斯用海底扩张说解释**海底磁异常条带**的成因。1965年，加拿大J.T.威尔逊提出**转换断层**的概念。上述发现使一度衰落的**大陆漂移说**重新复活，大陆漂移的活动论思想在地学界逐渐取得主导地位。以此为基础，美国W.J.摩根、英国D.P.麦肯齐和法国X.勒皮雄等于1967～1968年提出**板块构造说**。板块构造理论是海洋地质研究结出的硕果，它从根本上动摇了以固定论哲学为基础的地槽论的统治，被称为地学的一场革命。

在这一时期，海底油气资源进入大规模开发阶段，并于1963～1965年国际印度洋调查期间发现了海底热液矿床。

第三阶段 20世纪60年代后期至21世纪初，是开展深海钻探、验证板块构造理论、开辟海洋地质研究新领域的时期。

"莫霍计划"因经费和技术原因于1966年被迫终止，科学家们对大洋地壳下的世界依然不解和着迷，于是有了后来的深海钻探计划。1964年，美国一些研究单位发起成立地球深层取样联合海洋研究机构(JOIDES)，1968年组织了深海钻探计划。深海钻探的目标是在世界各大洋海底进行钻探，采集岩芯样品，获取洋底地壳上层的资料。迄今，深海钻探计划先后经历了4个阶段：**深海钻探计划**、**大洋钻探计划**、**综合大洋钻探计划**和**国际大洋发现计划**。

深海钻探计划(DSDP)的任务是研究位于玄武岩层之上的海底沉积层。至1983年深海钻探计划结束，共完成96个航次，航程逾60万千米，在全球624个站位钻井1092口，取芯累积长度98千米，最大钻探水深7049米，单孔钻探深度1740米，钻进玄武岩地壳最大深度1080米。利用液压活塞取芯技术，获得长达数百米连续的未扰动样品。其近百卷的钻探报告成为地球科学的宝库，更重要的是国际大洋钻探计划的研究成果证实了海底扩张的存在，同时促进了古海洋学新学科的诞生，为地球科学带来了一场革命。

1981年，JOIDES召开大洋钻探科研会议(COSOD)，并据此会议结果制定了大洋钻探计划(ODP)。1985～2003年的近18年，ODP共完成111个航次，在全球669个站位钻井1797口，取芯累积长度222千米，最大钻探水深5980米，最大钻探深度2111米，单孔钻进玄武岩层1350米。1998年4月中国正式加入大洋钻探计划，1999年2～4月在南海成功实施了首次由中国科学家作为首席的深海钻探航次。该航次揭示了南海演变历史、发现了3000万年前海底扩张、2000万年前地质和气候突变等的科学证据。ODP于2003年9月结束，是迄今为止历时最长、成效最大的国际科学合作计划。ODP的研究成果揭示了洋壳结构和海底高原形成的原因，证实了气候演变的轨道周期和地球环境的突变事件，分析了汇聚大陆边缘深部流体的作用，发现了海底深部生物圈和天然气水合物，取得了地球科学的重大突破。

2003年10月，大洋钻探计划正式更名为综合大洋钻探计划(IODP)。IODP以"地球系统科学"思想为指导，计划打穿大洋地壳，揭示地震机理，查明深部生物圈和天然气水合物，理解极端气候和快速气候变化过程，为国际学术界筑起新世纪地球系统科学研究平台，同时为深海资源勘探开发、环境预测和防震减灾等实际应用目标服务。2004年，中国以参与成员国身份正式加入IODP。

2013年10月起，国际大洋发现计划(IODP)开始实施，中国也正式成为"新十年国际大洋发现计划"的全额成员。IODP发布的2013～2023年科学计划提出了四大科学主题，包括：气候与海洋变化、生物圈前沿、地球表面环境的联系和运动中的地球。总科学目标是：理解海洋和大气的演变，探索海底下面的生物圈，揭示地球表层与地球内部的连接，研究导致灾害的海底过程。2014年1～3月首航在中国南海开展的IODP 349航次钻探，该航次由"决心"号执行，是中国在南海地区实施的第二次大洋钻探。2015年12月，"决心"号在西南印度洋脊开展IODP 360航次，执行IODP"SloMo"（慢速扩张脊下地壳和莫霍面的性质）计划第一阶段的第一次钻探工作。"SloMo"计划致力于在人类历史上首次钻穿壳幔边界，但再次以失败告终。

大规模的国际合作是这一时期的一大特点。通过国际海洋考察十年、法摩斯计划、地球动力学计划和国际岩石圈计划，以及深海钻探计划、大洋钻探计划等项目的实施，对大洋裂谷、洋壳构造、板块俯冲带及大陆边缘的演化有了进一步的认识。

在技术方法方面，除深海钻探和取样技术外，这一时期还广泛采用深潜观察、海底摄像、海底电视、海底着陆器及深海拖曳装置等观测手段和自动化装置。据1981年资料，仅美、苏、法、联邦德国、日、加等国就有无人潜器49艘，最大下潜深度6500米，最大速度7海里/时。1991年日本建成世界第一台万米无人探测器。2012年7月中国**"蛟龙"号载人潜水器**，在马里亚纳海沟创造了载人下潜7062米的世界纪录。20世纪70年代开始广泛利用卫星观测海洋，可以从遥感数据中提取海底地形、海平面、重力、悬浮物质等信息。卫星可以实现对地球大面积遥测，用以研究地球的演化和地质构造特征。此外，卫星遥测对研究海岸带历史演变、沿岸泥沙运动和陆海相互作用也具有独特应用价值。

21世纪海洋科学调查进入连续、系统观测时代。美国已建成的"海王星"观测网、欧洲的"欧洲海底观测网计划"（ESONET）、日本的"新型实时海底监测网络"（ARENA）等海底观测系统，所获得的对大洋水层及海底流体、微生物和各种地质过程等的长期连续观测数据将推动海洋地质学迈入崭新的阶段。

**学科内容** 海洋地质学作为海洋科学的四大支柱学科之一，它既是海洋科学的重要分支，也是当代地质学发展的三个主要前沿学科之一。其研究内容十分广泛，涉及众多学科领域，具有极大的综合性和交叉性，而且与技术方法的研究，特别是测深技术、地球物理、海洋钻探、海底观测和取样技术的进步有十分密切的关联。其研究领域主要有以下内容。

*海底地貌* 研究海底的地貌景观及其空间分布和成因，是海洋地质学的经典内容之一。

海底有三个最主要的地貌单元，即**大陆边缘**、**大洋盆地**和大洋中脊。大陆边缘是大陆和海洋的过渡区域，同时受海洋和陆地的影响；大洋盆地以深海平原和深海丘陵为主体，其上分布着长条状海岭和孤峰状的海山；大洋中脊是地球上最长的山系，多位于大洋中部，是洋壳裂开、地球深部物质上涌的场所。

海底地形是研究海底构造的钥匙，对航海、军事及海洋工程均有重要的现实意义。海底地形的调查主要靠回声测深、侧扫声呐及多波束扫描测量。应用现代高精度的多波束测深技术和定位技术，已能准确查明深海底的微地形。

*海底沉积* 主要研究海底沉积物的类型、形成作用、时空分布及其与海洋演化历史的关系。海底的大部分面积都被沉积物覆盖，沉积物主要源于陆源碎屑、海洋生物遗骸及海水本身的化学和生物化学作用，也有来自火山和宇宙的组分。见**海洋沉积**。

在海底的不同区域，影响沉积作用的主要因素不一。濒临陆地，陆源沉积作用居主导地位，受波浪、潮汐、海流的影响，其分布具有多样性的特点；远离陆地，总的趋势是沉积物粒度逐渐变细，来自上覆水层的细粒悬浮物和生物遗骸的垂向沉落，即远洋沉积作用居主导地位。但海洋环流和微地貌对沉积物的分布有很强控制作用，浊流和其他偶发事件也有影响。气候和纬度带对沉积作用的影响十分显著。与陆相沉积物相比，海洋沉积物在时间上多具有较强的连续性，因此可较完整保存物理海洋、海洋化学、海洋生物，以及气候和海洋环流演变的记录。根据深海钻探岩芯所提供的信息，已能描绘中生代以来海洋演化的历史图景及90万年以来详细的海洋温度史。

海底沉积物的形成年代是研究沉积史的基础。常用的测年方法有相对年代学方法和绝对年代学方法，前者有古生物地层学法、古地磁法、稳定同位素地层学法，后者有各种放射性同位素测年法。现在已经建立起海底沉积物的年代地层系统，以及研究海底沉积地层的划分、对比方法。

海洋沉积学的研究成果极大地丰富了沉积学的内容，并革新了传统沉积学的理论，现已建立的各种沉积相模式大多来源于海洋沉积学的研究。海洋沉积学已经发展成为一个涵盖更广的学科领域，海洋沉积矿物学、海洋沉积地球化学、海洋沉积动力学、碳酸盐沉积学、构造沉积学等分支已趋于成熟。全球气候环境变化影响下的海洋沉积过程研究，大大促进了层序地层学的发展，在油气盆地分析中发挥了重要作用。

*海底构造* 研究海洋地壳的结构，主要海底构造单元及其相互关系，以及海底岩石圈的演化历史。

海底地壳具三层结构，自上而下为沉积层、玄武质熔岩和岩墙、辉长岩等。洋壳厚5～10千米，比陆壳薄得多，也年轻得多。**洋壳**在空间上也有很大变化，在大洋中脊轴部，厚仅2～6千米，玄武岩常直接出露海底；在**无震海岭**或海底高地，地壳厚度显著增大，常可达20千米以上，有的海台还有残存的花岗岩质陆壳。

海底主要构造单元包括大洋板块和板块边缘。大洋盆地是大洋板块的主体，那里的地层平整，除断裂构造外，一般没有褶皱。板块边缘有三种类型，即以板块俯冲消亡为特点的汇聚边缘；以海底扩张、洋壳增生为特点的分离边缘；以水平错动为特点的转换断层边缘。

海底构造的研究对解决地壳起源、演化等地质学根本问题的意义极大，与海底成矿作用也有密切关联。

海底构造地质学是海洋地质学中发展最光辉的领域，板块构造模式不仅是海洋地质构造模式，同时也是全球地质构造的模式。在20世纪60年代发生的地学革命中，地质领域的对许多重大基础科学问题，诸如海底扩张、板块构造模式、板块内火山活动规律、板块活动引发的古洋流改造及地球历史上的突发事件等的探究和理论阐释，使海底构造地质学成为全新的领域，其影响已远超海底构造本身。

*洋底岩石* 研究洋底岩石的组成、产状、分布和成因，是深海钻探技术发展起来之后蓬勃兴起的一个研究领域。

与陆壳岩石相比，洋底岩石有两个显著特点：①年轻。至今尚未发现年龄大于1.7亿年的洋壳岩石。②其化学成分高铁镁而低硅碱，与陆壳岩石高硅碱而低铁镁恰好相反。

尽管在洋底也发现了变质岩和中性、酸性火成岩，但数量上均不能与玄武岩相比。洋底玄武岩有不同类型，大洋中脊玄武岩，分布最广，以大离子亲石元素和轻稀土元素含量低为特征。板块内部火山活动形成的玄武岩构成海山，成分上以富轻稀土和大离子亲石元素为特征。

洋壳岩石主要是地幔岩浆活动的产物，也是许多海底矿产的物源，与成矿的关系十分密切。它们在时间和空间上的变化，记录了洋壳形成和演化的历史，是深海钻探中引人注目的研究领域。

海底岩石学的研究涉及下地壳及上地幔的化学成分、海底扩张及板块的新生和消亡过程、弧后盆地的成因及发展演化等一系列重大课题，其研究成果大大扩展了人类对全球地质作用过程和地球深部性质的认识，涉及地球科学重大理论，且与海底矿产资源有着密切关系，是20世纪60年代以来一直备受关注的研究领域。

古海洋学　主要通过海洋沉积记录中的环境替代指标，恢复和研究地质历史时期的地球气候、物理海洋环境、海洋化学环境和海洋生物生态环境等的演变过程和规律。

古海洋学是深海钻探计划的产物，是一种以综合手段探讨地球气候环境效应的新型学科。它是以海洋沉积物为主要研究材料，从有机界的生物残留物和无机界的矿物颗粒入手，应用古生物、地球化学、矿物和年代等现代化的测试分析手段从中提取高精度的气候环境信息，研究在太阳辐射作用下岩石圈、水圈、大气圈、生物圈响应及相互作用，揭示地球气候环境演变历史。

通过对古生物的分析，可以恢复古水深及古海洋的温、盐等信息，从而推断古水团、古海流、古气候等信息。地球化学分析可以获取古海洋水温、盐度和水团性质。通过对海洋沉积物的矿物、化学成分、沉积学特征及其空间分布的分析，可以判断古海洋环境。

古海洋学作为综合大洋钻探计划、全球变化研究等重大国际研究计划的重要内容，是20世纪末地球科学中发展最快的分支，也是21世纪通过气圈、水圈、地圈探索地球历史的重要领域。

海底矿产资源　研究各种海底矿产，包括有机矿产的形成、富集规律、赋存状态、开采条件及其经济价值。

海底矿产资源的重要性正与日俱增。在滨岸带，由陆源有用矿物富集形成的砂矿床已被广泛利用。在近岸浅水区，砂和卵石作为建筑材料也已大力开发。在大陆架，丰富的油气资源已进入大规模工业开发阶段，产量已达全球石油总产量的1/4，大陆坡和大陆隆是潜在的油气资源基地。深海锰结核储量大，富含锰、铁、铜、镍、钴、铅等多种有用元素，在诸大洋均有分布，尤以太平洋为最多。富钴结壳及块状硫化物矿床的调查和研究正在深入，中国是世界上首个在国际海底区域拥有上述三种深海矿产专属勘探矿区的国家。其他如磷酸盐、海绿石等也有经济价值。

对海底矿产资源的研究主要侧重在分布规律和工业评价等方面，成因研究也日益受到重视。随着技术的进步和陆上资源储藏量的减少，海底矿产资源在人类资源结构中的比例将逐渐增大。

海洋灾害地质　研究和揭示海岸与海底地质灾害分布与规模、灾害因素、形成演化机制以及灾害预测与防治。

对各种海洋工程具有直接危害或潜在性危害，或者能够产生障碍的各种地质因素统称海洋灾害地质。导致海洋灾害地质的因素有很多，包括：致灾地质体如可液化的砂层、底辟、浅层气囊、断层和水下三角洲等；地质作用如海岸侵蚀、浊流、地震和海平面上升等。具体的灾害地质类型包括：地震、海啸、断裂活动、地面沉降、海底滑坡、砂土液化、海底刺穿、工程软弱层、海岸侵蚀、海面上升、海水入侵、滨海湿地退化等。

海洋灾害地质最大的研究领域是海底不稳定性问题，其研究涉及海底构造学、海底地貌学、海洋沉积学、海洋动力学及海洋工程地质学等多学科领域的交叉与综合。各交叉学科的发展和现代化探测技术的应用使得海洋灾害地质研究发展迅速。

海洋工程地质　研究与人类工程活动有关的海洋水文、地质和地貌特征及其变化，以及工程地基性质；分析、预测和评价可能存在和发生的海洋工程地质灾害和危害。

海洋工程包括海岸防护工程、港口建设工程、海洋矿产资源开发工程、海底通信和交通工程等所有海洋和海岸的水上和水下的军事和民用工程。由于海洋工程种类繁多，加之工程地质条件复杂多变，海洋工程地质研究也逐渐成为21世纪关注的热点。它不仅要评价工程场址的地质条件，还必须预测施工过程中和工程建设后工程地质条件的变化和对环境产生的影响，并借此规避风险。

海洋工程地质学是陆地工程地质学的延伸，由于海洋环境的特殊性，所以海洋工程地质与海洋灾害地质学，特别是海底不稳定性的研究紧密关联。由于海底沉积物具有高含水性、活动性强、海洋动力条件周期性变化等特点，20世纪70年代以来，松散介质孔隙水压力理论和流变理论逐渐取代弹性理论的线性计算成为海洋工程地质学的理论基础。利用计算机建立复杂情况下的土力学计算程序来解释土的应力、应变、强度及其与时间的关系和海洋工程数值模型，正深刻影响着海洋工程地质学的未来发展。

**学科展望**　未来的海洋地质学研究将向深度和广度两个方向发展，大规模的国际合作将进一步促进海洋地质学的高速发展，技术方法的进步将成为海洋地质学发展优先考虑的条件。

图1　在深海热泉喷口附近形成的断裂枕状熔岩

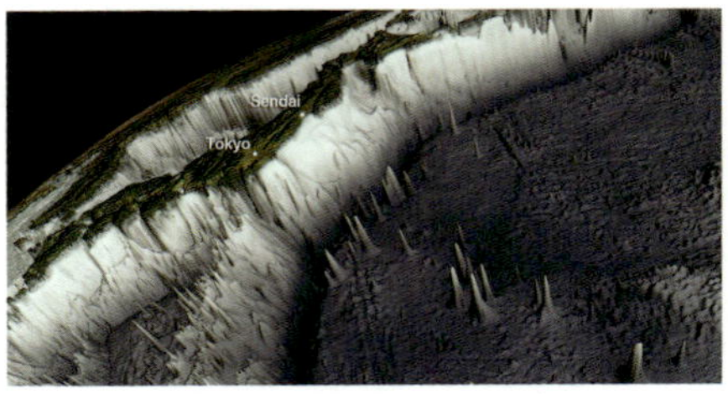


图2　日本沿岸海底地形的计算机模型

更加重视地球系统科学基础理论研究。对洋壳结构，尤其是深部结构，洋壳生长、扩张和俯冲消亡机制以及地球动力学的研究，沉积动力学和古海洋学将得到进一步的发展，最终解决海洋的起源与地球演化问题。

更加重视深海、深地的空间和矿产资源开发利用研究。海底资源的调查和开采技术试验将进一步加强。海底油气和天然气水合物在人类能源结构中的比例将继续维持较大比例，海底稀有和贵重金属的开采也会逐步提到议事日程，一个综合开发海底资源的时代已为期不远。

（马妍妍）

**海洋地质灾害**　marine geological disasters
海洋地质作用（自然的、人为的或者综合的）使地壳物质、能量的相对平衡状态被打破，造成突发的破坏性事件或者缓慢的变异，从而出现人类生命、财产损失，生活生产活动破坏，或危害人类赖以生存与发展的资源、环境的现象或过程。海洋地质灾害分布广、类型多，研究海洋地质灾害的海洋灾害地质学是与人类社会及其生存环境相互关系的学科，是**海洋地质学**的分支学科，海洋地质学与灾害学之间的边缘学科。海洋灾害地质学综合性强、学科交叉广、尚未形成独立的方法、理论体系，是一门处于起步阶段的新兴学科。其主要研究内容包括：①海洋地质灾害成灾机制。②海洋地质灾害类型。③海洋灾害致灾因子（地质因素）发育规律。④海洋灾害地质调查与风险评估。⑤海洋地质灾害灾情评估。⑥海洋地质灾害防治、监测及预报等。

成灾机制　海洋地质灾害成灾机制和影响因素并不一致，大体可以从自然因素（海洋地质）和社会因素两方面分析。自然因素（环境与致灾因子）包括：①构造运动。地处活动大陆边缘的板块俯冲带，是火山、地震最集中的地方，特别是环太平洋地震带释放的能量占全球地震总能量的80%以上。这是造成沿海地区地震、海啸与火山等灾害频发、破坏巨大的内动力因素，同时也是海啸、海底不稳定的触发因素。②圈层叠加。**海岸带**是岩石圈、水圈、大气圈、生物圈、人类圈交会地带，物理过程、化学过程、生物过程及地质过程交织在一起，使海洋地质灾害动力因素更加复杂，也使海洋地质灾害具有更大的耦合性、连锁性。如地震可能导致海啸，海啸可以直接摧毁建筑物，也可导致**海岸侵蚀**、海水入侵；地震也可触发**海底滑坡**、砂土液化、**海底浊流**；海洋气象、水文灾害也都能触发海岸侵蚀，海水入侵等，从而使灾情不断扩大。③海洋动力。波浪、海流、**风暴潮**，以及河流泥沙供应、地下水的咸淡水水力平衡的变化，都可能出现海岸侵蚀、**港口淤积**、海水入侵等，同时也促使海底砂波活动、海底侵蚀等灾害发生。④沉积、地貌。海底砂土处于饱和状态、含大量气体、固结程度低，在非常态动力条件下，如地震、海啸、风暴潮发生时，沉积物载荷骤增，土层孔隙水压力加大，将使土体突然发生液化、滑坡、浊流等，从而酿成地质灾害。海底地形地貌也与滑坡、浊流、侵蚀灾害的分布密切相关。⑤全球变化。20世纪以来，全球气候变化引起的海平面上升已经成为海洋地质灾害发生的重要背景，使海洋地质灾害呈不断扩大趋势。

社会（承载体）因素包括：①社会发展。世界人口、经济布局不均衡，海岸带所占比重约占总量的80%，使其成为海洋地质灾害受灾最集中的地带。②海洋开发。21世纪是海洋世纪，海洋开发力度增加，海岸抽水、采砂过渡，海岸及海底工程迅速扩展，人工地质作用增大，打破原有海洋动力平衡，使海洋地质灾害频度增加。③调查难度。海洋地质灾害调查难度大、成本高，预报、预警及整治困难，许多地区海洋地质灾害研究程度较低，也是灾害损失严重的重要因素。

灾情案例　历史上曾有大量惨重的海洋地震、海啸、火山喷发灾害事件记录。如1923年9月1日，日本关东地震海啸，造成8000余艘船只沉没，5万多人淹死，并使沿岸大小港口瘫痪；1960年5月22日智利地震海啸，波高25米，导致5万多人死亡，沿岸的码头全部瘫痪；1978年7月17日，巴布亚新几内亚西北海岸7.1级地震，海啸巨浪10米高，7000多人丧生；2004年12月26日印度尼西亚苏门答腊岛附近地震海啸，波及印度、斯里兰卡、缅甸、泰国、马尔代夫等国及东非索马里海岸，造成20多万人死亡；2011年3月11日，日本发生9.0级海底地震，引发巨大海啸，死亡近3万人。海岸带地质灾害常使海港码头、工农业设施、城乡建筑遭到破坏，土地丧失，环境变异，使经济和社会蒙受巨大损失。如20世纪70～90年代，中国山东莱州湾沿岸由于过量开采地下水，导致海水入侵，面积达970万平方千米，造成8000多眼机井报废，4万公顷土地丧失灌溉能力，出现盐渍化，粮食大幅减产，40万人饮水困难，68万人患上地氟病。

随着海洋开发与产业的飞速发展，海底地质灾害也越发凸显。海底滑坡、浊流、海底砂土液化等，使大量石油钻井平台、海底油气管道、通信缆线遭到灭顶之灾。如1969年8月，墨西哥湾遭遇了卡米尔飓风，使设计本来达到抗风标准的3座石油钻井平台，竟因风暴诱发的海底滑坡与浊流而倾倒覆没。1980年挪威某钻井平台一条桩脚底部被浊流掏空，使平台瞬间倾倒，123个工作人员丧生；1983年美国“爪哇海”号平台在中国北部湾作业遭遇16号台风，台风引发的浊流把一桩脚底部掏空，导致平台沉没，219个工程人员遇难。在海底工程施工中遇到浅层气、软土层、活动沙丘等因素，造成钻井倾覆、井喷、失火、管道断裂、油气泄漏等地质灾害也屡见不鲜。

致灾因子分类　对海洋地质灾害的致灾因子进行分类，是海洋地质灾害分类的基本要素。这种分类不考虑灾害性质和强度，也不考虑是否已经酿成了灾害，这种分类是灾前海洋环境地质调查工作必须进行的。海洋地质灾害致灾因子大体可以从4个角度进行分类：①根据地质作用动力性质，划分为构造的、重力的、海洋动力的、岩土的、地下水的、人为的等。②根据灾害危险性，划分为灾害因素和限制性地质因素。前者如浅层高压气、活动断层、海底滑坡等；后者如埋藏古河道、浅层气、海底沙丘、海底侵蚀等。③根据灾害发生位置划分为构造的、海岸的、海底表面的、海底浅层的等。④根据几种灾害地质因素的综合分类，如根据动力成因与危险性结合的地质分类（表1）。在一些海洋地质著作中，把海岸带与海底的地质灾害统称为海洋地质灾害，一些与海洋无关的纯陆地地质灾害也被囊括其中，如泥石流、崩塌、塌陷等也列在分类表中。

**表1　海洋灾害地质分类表**

| 灾害地质因素类型 | | 灾害地质因素动力 | | | | | |
|---|---|---|---|---|---|---|---|
| | | 构造活动 | 重力 | 海水动力 | 地下水动力 | 特殊地质体 | 人为地质作用 |
| 灾害地质危险性 | 活动的灾害地质因素 | 海洋地震<br>海洋活火山<br>海洋活断层<br>地震海啸 | 海底滑坡<br>海底浊流<br>海岸滑坡<br>海岸崩塌<br>泥石流 | 潮流沙脊<br>活动沙波<br>海岸侵蚀<br>港口淤积<br>海底管道冲刷 | 海水入侵<br>盐渍化<br>地面沉降 | 海底浅层气<br>泥底辟<br>海底砂土液化<br>海洋软土 | （海面上升）<br>海岸侵蚀<br>海水入侵<br>地面沉降 |
| | 潜在灾害地质因素 | 断层崖<br>断层陡坎<br>休眠火山 | 陡坎 | 海底峡谷<br>冲刷槽 | | 古河道<br>古三角洲<br>浅埋基岩<br>麻坑 | 易损湿地 |

灾害等级分类　对已发生的海洋地质灾害，根据其灾变指标和危害程度做出的分类，称为海洋地质灾害分类，属于灾害

**表2　海洋地质灾害灾变强度等级表（据叶银灿，2012）**

| 灾害种类 | 灾变指标 | 灾变等级 | | | |
|---|---|---|---|---|---|
| | | 特大型 | 大型 | 中型 | 小型 |
| 海岸侵蚀 | 后退速率/$m \cdot a^{-1}$ | >50 | 50～10 | 10～2 | <2 |
| 海水入侵 | 入侵面积/$km^2$ | >500 | 500～100 | 100～10 | <10 |
| 地面沉降 | 沉降面积/$km^2$与<br>累计沉降量/cm | >500<br>>200 | 500～100<br>200～100 | 100～10<br>100～50 | <10<br><50 |
| 海底滑坡 | 滑坡体积/$10^4m^3$ | >1000 | 1000～100 | 100～10 | <10 |
| 港口淤积 | 淤积速率/$cm \cdot a^{-1}$ | >200 | 200～100 | 100～10 | <10 |
| 海啸 | 波高/m<br>能量/erg | >20<br>$>8\times10^{21}$ | 20～6<br>$8\times10^{21}$～$3.2\times10^{20}$ | 6～1<br>$3.2\times10^{20}$～$1.3\times10^{19}$ | <1<br>$<1.3\times10^{19}$ |
| 风暴潮 | 增水/m | >1.5 | 1.5～1 | 1～0.5 | <0.5 |

学分类。包括如下分类：①按灾害的持续时间，可以分为突发型的（如地震、滑坡等）、渐变型的（如海岸侵蚀、海水入侵等）。②按灾害的连锁关系，可分为原生的（如地震、火山等）、次生的（如海啸、砂土液化等）。③根据地质灾害的规模、频次、危害程度可进行灾变强度分级（表2）。④根据灾害造成的死伤人数、经济损失数字进行灾度等级划分。

调查与评价　海洋地质灾害调查包括海岸、海上及海洋火山地震三部分。对海岸的，采用陆地地质调查方法手段，如：海水入侵、地面沉降需要进行水文地质调

海啸的形成作用示意图

查、监测；海岸侵蚀、海平面上升等，需要开展海滩断面测量，利用遥感技术对海岸线变化进行监测。海洋地震、活火山、海啸设立专门的监测、预警系统。对海上部分（包括港口淤积、海底稳定性等），必须利用船只和专门设备进行地质、地球物理调查。包括以下工作：①海洋地质灾害填图，内容包括地质构造、新构造运动、第四纪沉积、水文地质、海底地貌、海底沉积等，还有补测或者收集海洋气象水文、历史地震等资料。利用回声探测仪、多波束探测仪进行水深、地形测量；利用旁侧声呐获得海底声呐图像，查清滑坡、沙波、海底谷等活动地貌因素；利用浅层剖面仪测量海底地层、沉积构造、判断物质组成、浅层气囊、活动断层等埋藏地质灾害因素；利用单道地震及多道地震，了解深部构造、断裂活动、底辟等。②采用钻探船进行工程地质钻探及地质采样，采用十字板剪力试验、静力触探试验（CPT）、原位锥探（PCPT）、载荷试验等方法进行原位测试；采用柱状采样器、箱式采样器、浅钻等方法采集海底土样，要保证岩芯样品未扰动。③在室内进行原状土样基本的物理力学性质测试，如含水率、密度、塑性指数、液性指数等，可得出基础重要参数指标，如强度、压缩性、渗透性等。④模拟试验，建立理论和数学模型，力图从定性和定量两个方面解决海底不稳定性的触发机制和相关阈值，最后对海底稳定性做出评价。松散介质孔隙水理论和流变理论比较好地解释了海底沉积物变形问题。但由于沉积物变形与载荷呈非线性关系，变形模数不是常数，而与载荷大小相关。不同学者可能提出不同理论和经验公式，都需要在实践中不断修正和完善。

灾情评估及防治　根据区域海洋灾害地质环境及其人类社会生活、生产经营活动、生存环境与资源条件等方面建立海洋地质灾害灾情网络，进行海洋地质灾害评估。内容包括危险性评价、易损性评价、破坏性评价、防治工程评价。有多种评估模型，主要有人工神经网络（ANN）模型、模式灾情识别模型、区域灾情数字模型、地理信息系统技术灾情评估模型等。根据国家防灾减灾总体部署，建立海洋地质灾害服务系统。海洋地质灾害许多研究还处于初级阶段，特别是海洋地质灾害监测、预警和预报等工作还需要不断加强和完善。（刘锡清）

**海洋点源污染**　marine point source pollution　以点状形式排放污染物进入海洋而引起的海洋污染。海洋点源污染包括污水直排口、排污河、污水海洋处置工程排放口、养殖排水口、排涝泄洪口以及入海河流等。其中污水直排口的类型根据污染源或排污主体所属的类型可划分为工业排污口和市政排污口。对于工业排污口，不同行业排放的污染物的组成和性质差别很大；对于市政排污口，一般情况下排放的主要是生活类污水。海洋点源污染有其基本特点，如入海口混合区的污染较为严重，而随离开入海口距离的增加污染程度会明显降低等。

利用地理信息系统（GIS）、经验排污系数法和经验模型法等多种数学模式可估算海洋点源污染物入海通量和污染负荷，并结合水质、沉积物和生物评价指标，可较好评价和预测污染物通过海洋点源入海造成的环境影响。

实施海洋点源污染控制，应开展以下工作：①入海排污口布局应避开生态敏感区，防止对生态敏感区产生不良影响，同时尽可能将入海排污口设置在水质交换能力较为活跃的区域，以充分利用*海洋环境容量*。②对入海河流和入海排污口进行现场定位及监测，了解入海河流、排污口的数量、分布、排污状况及主要污染物的种类和组成。③利用溯源追踪技术明确海洋点源污染途径，提高对重点污染源的监管能力和控制力度。④严格执行重点海域污染物总量控制制度和排污申报制度。提出切实可行的点源污染控制管理策略和方案，及时准确掌握点源污染物排海通量动态变化，建立健全点源污染物排海通量监测和预报预警体系。（郎印海）

**海洋调查**　oceanographic survey　按照确定的方案，通过某些观测平台，使用仪器和相应设备技术手段，获取海洋水文、气象、物理、化学、生物、地质等资料并分析、处理的完整过程，是海洋科学研究的主要内容之一。其基本目的是运用各种方法和方式，了解海洋中发生的各种现象及其变化。具体任务是探索海洋现象的特性及其变化规律，阐明产生这些现象及引起它们变化的原因，为航海安全保证、海上军事活动、海洋资源开发、海洋工程建设、海洋环境保护和科学研究提供必要的现场资料。作为一个完整系统，涵盖了被测对象、传感器、平台、施测方法和数据信息处理等方面。海洋调查的范围、项目和时间通常根据调查目的和具体任务设定。

研究历史　海洋调查是随着海上生产活动和航海事业的发展而发展的。大体经历了3个时期。①早期人们从事沿海生产活动，最先对潮汐现象进行观测。15世纪开始进行海洋探险活动，使人们对海洋环境有了一定了解。1768～1779年，英国J.库克完成了环南极航行，为了航海的安全，在航路中获取了第一批关于大洋深度、表层水温及珊瑚礁等的资料。真正的海洋科学调查是从1872～1876年英国“挑战”号环球科学考察开始。考察了全球三大洋水文状况，探索南极冰圈范围，取得大量表层水温、海流及水深资料，采集到大量海洋生物标本、底质标本和海水样品，先后发现了拉布拉多海流、墨西哥湾暖流等。②19世纪到20世纪50年代，随着海洋科学建立和海洋调查仪器的发展，海洋调查从范围、技术和调查内容等方面得到迅速的进展。在方法上，由单一的航线发展到横贯大洋的断面调查。温度-深度仪的使用，能连续记录海洋上层几百米内温度垂直分布，电磁海流计的使用能在航行时测量海流。不仅对大洋温度和盐度的水平和垂直分布规律有比较多的认识，并先后发现*海洋内波*、海水跃层、大洋声道和*赤道潜流*等。③50年代后期以来，海洋调查进入国际合作的新阶段，技术、手段和方法发生深刻的变革。建立起以海洋卫星、飞机、调查船、浮标阵及潜水器等一整套立体调查技术与系统，先后组织海洋调查活动有国际地球物理年、国际印度洋考察、热带大西洋国际合作调查、黑潮及其邻近水域合作研究及国际海洋考察十年等。发现世界夏季最强的索马里海流，红海底的高温（52℃）、高盐（250‰）的热点及遍布全球海洋的大洋中尺度涡旋等。

中国大规模海洋调查始于20世纪50年代中期，先后组织了黄、渤海水文调查，全国海洋普查、海洋标准断面调查、南沙群岛综合考察及**中国近海海洋综合调查与评价专项**（908专项）等。从20世纪70年代后，中国先后开展了双边及国际统一组织的调查活动，如中美长江口联合调查、中日黑潮合作调查、中韩黄海调查、TOGA-COARE调查等。

被测对象　指要测定的各种海洋学过程以及决定于它们的各种特征量的场。一般分为基本稳定、缓慢变化、变化、迅变、瞬变5类被测对象。①基本稳定。指在几年或十几年的时间里通常不发生显著的变化，如各种岸线、海底地形等。②缓慢变化。一般对应海洋中的大尺度过程，空间上可以跨越几千千米，时间上可以有季节性的变化，如“黑潮”“湾流”等。③变化。一般对应海洋中的中尺度过程，空间跨度可以达几百千米，寿命约几个月，如区域性水团（中国的**黄海冷水团**）以及大尺度过程的中尺度涡旋等。④迅变。一般对应海洋中的小尺度过程，空间尺度在十几千米至几十千米，生存周期在几天至十几天，如水团边界（锋）的运动等。⑤瞬变。一般对应海洋中的细微过程，空间尺度在米的量级以下，时间尺度在几天到几小时至分、秒的范围内，如海洋中的湍流运动和对流过程等。

传感器　指能获取各海洋水文数据信息的仪器和装置。一般分为点式、线式和面式3种传感器。点式传感器感应海洋中某一点的要素值，提供离散的观测数据，如温度、盐度、流速等；线式传感器可同时连续地感应要素值，提供某要素在垂直方向上的分布，如温盐深测量仪（CTD）、水平方向的分布（拖曳CTD）或在固定点随时间变化过程（测温链）等；面式传感器可直接提供测量要素在水平海面或垂直断面上的分布。

平台　是观测仪器的载体和支撑，也是海洋调查工作的基础。一般分为固定平台和活动平台两种。固定平台有沿岸海洋观测站（极地科考站）、海上固定平台和锚锭测站等；活动平台有海洋调查船、海洋卫星、飞机、自由漂浮浮标和水下潜水器等。

施测方法　对于一定的被测对象，以所掌握的传感器和平台来选定合理的施测方法是海洋调查工作关键的一步。施测方法一般有随机施测、定点施测、航行施测和轨道扫描施测。①随机施测。一种早期调查方式。没有固定地点的观测，多用于商船和渔船等，是正规调查的一种补充。测点不固定，大多是将多次的随机观测数据，经过订正，统计出有用的信息。②定点施测。是调查的基本方法。又分为大面观测、断面观测和定点连续观测。将调查海区依需要布设若干观测站，于一定时间内在各测站观测一次，称为大面观测；若在调查区内布设若干条断面，断面上布设测站，于同一时间内断面上各观测一次，称为断面观测；若在一个站点上连续观测25个小时以上，则称为定点连续观测。特别是多点同步观测和观测浮标阵列所取得的海洋要素，在时空上的分布比较合理，可提供调查范围内同一时刻的不同空间点的要素变化。③航行施测。船只走航时，用安装在船体或拖体上的仪器感应航线上温度、盐度、流速、浊度等要素，然后用现代数据信息处理系统加工，获得调查海区海洋信息。④轨道扫描施测。利用海洋卫星等航天遥感设备对全球海洋进行轨道扫描，获取包括水温、海冰、海面高度、波高、涡旋、叶绿素等大面积同步观测资料。在观测精度和空间分辨率等方面还有待于进一步提高。

数据信息处理　数据信息处理技术大致可分为初级数据处理、进一步的数据处理、初级信息处理、进一步的信息处理4种。海洋调查的初始观测读数，经过初级数据处理，订正为观测值；再经过空缺数据的插补，密度、比容、声速及跃层等资料的求取，进行的数据加工处理，得到可供使用的资料。从直接观测值或间接计算要素资料中，再经一系列信息处理过程，绘成大面、断面分布图或过程曲面图等直观的时空分布、水团界面等信息。随着海洋技术的发展，海洋调查数据和信息的数量、种类的猛增，科学处理这些数据和信息已成为一个重要课题。数据信息处理技术的发展，反过来也促进了传感器和施测方法的改进。（鲍献文　侍茂崇）

**海洋动力环境预测**　ocean hydrodynamic prediction　通过模型方法描述海洋中浪、潮、流等动力要素未来的时空变化规律。多时空尺度的海洋动力过程是海洋系统的重要组成部分，也是泥沙、有毒物质和营养物质等输运的基础。海洋动力环境预测是评价**海洋工程**、陆源排污、水产养殖、溢油事故等环境影响的重要内容。

预测方法　海洋动力环境的预测方法主要是模型实验法，包括物理模型实验法、数值模拟方法和复合模型实验法。物理模型实验法可依据研究现象的尺度选择相应的比例模型，一般多用于复杂的海洋工程，缺点是费用高。对于一般预测项目可采用数值模拟方法，复合模型实验法是物理模型和数值模型的综合应用。

海洋动力要素的变化遵循流体动力学和热力学规律，并满足物质守恒方程组（包括连续方程、运动方程、温盐输运方程、状态方程以及描述湍流运动的湍流封闭方程等）。驱动因素包括潮汐、潮流、海面风场、河口径流、密度流以及科氏力等。控制方程组一般没有解析解，可通过有限元、有限差分、有限体积等方法进行数值求解，进而对海洋动力环境做出预测。

在实际应用中，应该根据研究需要和获得资料的难易程度，对坐标系、方程的维数以及外部驱动力进行选择，以便对方程组进行简化。模型预测结果精度取决于模型的初值、边界条件和模型的关键参数，因此需要合理选取初、边界条件，根据实测的数据对模型的关键参数进行率定，调整模型参数，优化模型结果，使之与实测数据相吻合。

预测内容　海洋动力要素包括波浪、潮汐和潮流等。波浪要素是表征波浪运动性质和形态的主要物理量，预测内容包括波高、波长、周期、波速等变量。潮汐是海洋水位的涨落，预测内容包括主要分潮的振幅和位相等。潮流是海水的周期性运动，预测内容包括潮流流速、流向等。

发展趋势　随着超级计算机计算能力的提高，海洋动力环境预测的模式将向更复杂更精细的方向发展，海洋与大气耦合的海洋动力预测模式是发展的主要方向。中国的海洋动力环境预测形成了一个由监测、数据传输、分析预报、产品分发等多环节组成的业务化系统，建立了包括海浪、风暴潮、海啸、海温、海冰、海面风场、台风、厄尔尼诺等的研究多要素的海洋环境业务化预报系统。在模式研发方面，浪-流耦合等数值模式方面的研究也已经取得了丰硕的成果。（张学庆）

**海洋动物**　marine animals　生活在海洋中的动物的总称。是生物界的重要组成部分。它们不进行光合作用，不能将无机物合成为有机物，只能以摄食植物、微生物和其他动物及有机碎屑物质为生。

研究简史　人类很早就开始探索研究海洋动物。公元前4世纪，古希腊的亚里士多德在《动物志》中记述了170多种海洋动物；19世纪以来，由于航海技术的发展，海洋动物学研究也得到了极大的进展。1834～1837年法国动物学家H.米尔恩-爱德华兹的《甲壳类自然史》（*Histoire Naturelle des Crustaces*）问世。被称为“海洋生物学之父”的英国E.福布斯在地中海航海探险中采集一系列海洋生物，提出了世界上第一个海洋生物学的假说“海底300英寻（548.64米）以下为无生命区”。1850年挪威的G.O.萨尔斯描述了生活于300英寻以下的19种生物，从而推翻了上述假说。1872年12月至1876年5月，在C.W.汤姆孙的领导下，著名的“挑战者”号考察船进行了环球海洋多学科的综合调查，仅生物部分就陆续发表了《挑战者号报告》(*Challenger Report*）50卷专著，获得并描述了4717种海洋生物新种，是人类第一次全球尺度的海洋生物学研究，该报告至21世纪仍是海洋动物分类学研究的重要参考文献。

中国对海洋动物的认识最早可以追溯到先秦时代，但缺乏系统研究，真正对海洋动物的科学研究开始于20世纪20年代。中国科学社生物调查所（1922）、静生生物调查所（1927，今中国科学院植物研究所）、北平研究院动物学研究所（1929）等相继成立，开始清查中国动植物种类，其中包括近海调查。中华人民共和国成立以后，在中国科学院、国家科学技术委员会、国家海洋局（今自然资源部）等领导下，开展了多次全中国性的海洋调查、渔场调查，并开展了水产动物养殖工作和实验动物学基础理论的研究，取得了许多高水平的研究成果。

**形态** 海洋动物形态多样，体型差别非常大。主要营寄生生活的粘体动物门（Myxozoa）为单细胞生物，大小只有几十微米，而哺乳动物（Mammalia）中的蓝鲸（*Balaenoptera musculus*）体长可达30多米，体重足有150吨。

从内部结构来看，不管是消化系统、呼吸系统、循环系统还是神经系统都涵盖了从简单到复杂多个阶段。

*神经系统* 多孔动物门细胞间缺少协调，器官尚未分化；刺胞动物门（Cnidaria）开始具有网状或者扩散式神经系统，扁形动物门（Platyhelminthes）进化为梯形神经系统；环节动物（Annelida）进化为链式神经系统；半索动物门（Hemichordata）开始出现神经索；头索动物门（Cephalochordata）神经系统有了脑的雏形。到哺乳动物时，神经系统已经非常发达，脑分化为5个部分，这样使动物能够更好地适应环境，对外界刺激做出迅速且完善的应对。

*排泄系统* 多孔动物与刺胞动物门有口无肛门，通过体表排泄。扁形动物开始出现原肾管，环节动物开始出现真体腔，体腔的出现使细胞代谢产物先分泌入体腔，再排出体外，因此产生了后肾管。节肢动物（Arthropoda）则通过马氏管、触角腺或者颚腺等多种排泄器官进行排泄。脊椎动物的主要排泄器官是肾脏，肾脏在进化过程中分为前肾（pronephros）、中肾（mesonephros）和后肾（metanephros）三种类型。

*循环系统* 多孔动物、刺胞动物等通过消化循环腔起循环作用。从环节动物开始，真体腔的出现促进了循环系统的产生。除环节动物为闭管式循环系统外，其余大多数无脊椎动物的循环系统均为开管式循环系统。而脊椎动物的循环系统是由简单的单循环演化为结构复杂的双循环。

**种类** 海洋动物现知约有20万种，包括从低等的多孔动物门（Porifera）到高等的脊椎动物门（Craniata），种类丰富而复杂。从门类或种类上看，海洋动物较之陆地动物更为丰富。例如，在动物界包含的三十几个门类中，只有有爪动物门（Onychophora）生活在陆地上，微颚动物门（Micrognathozoa）只生活在泉水中，其余动物门类都能在海洋动物中找到代表。而腕足动物门（Brachiopoda）、棘皮动物门（Echinodermata）、毛颚动物门（Chaetognatha）和半索动物门（Hemichordata）等多个门类为海洋动物特有。

**生态习性** 海洋动物分布非常广泛，从赤道到两极海域，从海面到深海海底，从海岸到超深渊的海沟都有其代表种类。按照生活方式将海洋动物划分为**海洋浮游动物**、海洋游泳动物和**海洋底栖动物**三个生态类群。

海洋浮游动物是漂浮在水层中，游泳能力很弱甚至没有游泳能力只能随波逐流的动物。它们通过扩大身体表面积、结成群体、多油滴、外壳或者骨骼退化、分泌黏液或胶质等方式增加浮力。浮游动物种类极多，如栉水母（*Euchlora*）、甲壳动物亚门（Crustacea）中的哲水蚤（*Calanus*）、被囊动物门（Tunicata）中的海樽科（Doliolum）等。浮游动物多是海洋动物的食物来源，也有不少种类可作为水污染的指示生物。

海洋游泳动物是生活在水层中体大、游泳力强的动物，主要包括鱼类、头足类和甲壳类中的部分种类，以及爬行类和鸟类的少数种。它们多具有发达的游泳器官、平衡器官、肌肉系统以及神经系统，在体型上也趋向于流线型以减少水流阻力。此外有些种类还具备特殊的适应性功能和习性。如头足类动物具有喷墨功能，遇到敌害能迅速逃离；海豚科动物（Delphinidae）真皮层中具有许多充满液体的小嵴，可以借此适应不同水流的压力变化；须鲸科动物（Balaenopteridae）有灵敏的声呐系统，可以回声定位及导航。

海洋底栖动物是栖息在海底区的底内或者底面，不能长期在海洋水层做较长距离游泳的动物。是海洋生物中种类最多的一个生态类群，包括了大多数海洋动物门类，如多毛纲（Polychaeta）、腹足纲（Gastropoda），以及棘皮动物门的大多数种类等。

**研究内容** 对于海洋动物的研究多集中在以下几个方面。

*海洋动物的分类和区系分布* 分类学包括对动物个体外部形态和内部结构的细致观察及准确描述，这需要通过解剖学和细胞学工作，确定动物个体的分类地位。因此，此方面研究内容包括了形态学、解剖学和细胞学等有关内容。由于大多数后生生物的分布范围具有明显的地域特点，其区系的种类组成和地理分布特点是生物地理学、多样性和系统演化，以及生物资源量变动等基础生物学研究的主要内容。

*生态学* 海洋动物的生存与海洋密不可分，不同的生物种类有各自特定的生活环境，并与周围环境相互依存相互影响。要全面了解海洋动物，必须研究海洋动物之间及其与周围环境的相互关系。

*海洋动物的生理生化学* 了解海洋动物个体的生长发育过程中，蛋白质、核酸、多糖类以及脂肪类等生物大分子的生化反应和组成变化，探索其变化规律。

*海洋动物生殖、发育和遗传学* 海洋动物包括从单细胞的黏体动物到高等的脊椎动物，其生殖发育和遗传方式也多种多样。从低等动物的无性生殖到兼具无性生殖和有性生殖的世代交替种类，再到完全的有性生殖，从体外受精到体内受精，从卵生到胎生，这都是海洋动物生殖生物学的研究内容。

**意义与价值** 海洋动物与人类经济生活以及工农业生产的关系非常密切。很多种类可供人类食用，是味道鲜美的食物；有些可以加工成动物蛋白质或者鱼虾等养殖生物的饲料。因为海洋动物永久或者半永久地栖居浸没在海水中，其基本构造（如细胞渗透压、氧气交换形式、骨骼支撑系统等）、生物学和生态学特点与暴露在空气中的陆生生物有很大区别。有些种类体内能产生具有特殊功能的代谢物，已经提炼出多种酶、激素、多肽类等海洋药物；海洋鱼类和哺乳动物的游泳能力、回声定位及体温调节，是现代仿生学的重要研究内容；另外，有些海洋动物活体和外骨骼具有观赏价值，珍珠、红珊瑚等海洋动物次生产品是名贵的装饰品。也有些海洋生物对人类经济生活是有害的，如藤壶、贻贝等海洋污损生物会侵蚀码头、船底或者堵塞管道，还有船蛆、蛀木水虱能破坏海洋设施。（于海燕）

**海洋动物洄游** marine animal migration 海洋游泳动物周期性的定期、定向地从一个水域到另一个水域集群迁移的现象。

洄游是生物运动的一种特殊形式，同时也是一种周期性运动，具有主动、定期、定向、集群等特点。洄游是生物长期以来对外界环境条件变化的适应结果，通过洄游完成各重要生命活动。

海洋动物洄游根据其在生命活动过程中的作用可划分为生殖洄游、索饵洄游和越冬洄游。①生殖洄游，又称产卵洄游。有些鱼类因为繁殖产卵的需求，每年定期从大洋进入浅海，或由外海向沿岸进行产卵。这些鱼类为了寻求适宜的产卵条件，保证鱼卵和幼鱼能在良好的环境中发育，常常集群移动至最佳产卵场。马哈鱼就是一个典型例子，它们生活在太平洋北部和北冰洋中，长大后便成群结队返回江河，一路上遇到各种阻碍都不退却，直到抵达合适的产卵地。马哈鱼生殖洄游过程中，除了要翻越瀑布等阻碍，还要面临来自捕食者的威胁。②索饵洄游，又称觅食洄游或肥育洄游。生物为寻找必要的食料，随着水中各种食料生物的变化而移动的行为。金枪鱼是索饵洄游距离最长的生物之一，它们通常横跨大洋，辗转数千千米去追逐饵料。鲸类动物中如长须鲸、座头鲸等夏季也会洄游到冷水海域索饵。③越冬洄游，又称季节洄游。有些海洋动物随着海水温度的变化或洋流而做的洄游。冬季水温的变化成为影响生物生存的主要因素，某些海洋动物会集群游向水温适宜的栖息场所过冬。越冬洄游主要见于暖水性鱼类。鳀鱼广泛分布于中国的渤海、黄海和东海，是一种生活在温带海洋中上层的小型鱼类。每到冬天，鳀鱼就会从渤海向南移动至黄海南部或东海北部的栖息地过冬，是中国最为典型的越冬洄游鱼类。

研究并掌握海洋鱼类洄游规律，对于

加拿大多伦多的亨伯河上，三文鱼跃出水面跳过水坝洄游

探测渔业资源量及其群体组成的变化状况，预报汛期、渔场，制定鱼类繁殖保护措施，提高渔业生产和资源保护管理的效果及放流增殖等具有重要意义。另外，掌握海洋动物洄游规律，对于制定海洋珍稀动物保护规划也具有重要的科学意义。（李超伦）

**海洋多毛类** marine polychaete 一类具疣足和成簇刚毛、无环带、头部分化较好的蠕虫状动物。隶属环节动物门多毛纲。

海洋多毛类

研究简史 中国海洋多毛类研究历史最早可追溯至19世纪。早期研究主要是少数国际学者针对中国近岸采集标本所做的零星记录，多为沙蚕科种类。如德国动物学家A.E.格鲁贝报道了采自中国广东省的中华疣吻沙蚕（*Tylorrhynchus chinensis*），记录了采自广东省稻田可食用的中华沙蚕（*Chinonereis edestus*）。中国海多毛类动物分类学研究真正开始于20世纪30年代，高哲生发表了首篇海洋多毛类研究文章《青岛近岸之多毛目环节动物》。此后，多毛类分类学研究伴随着一系列海洋生物调查逐步开展。从具体研究内容来看，沙蚕目和叶须虫目研究得较为透彻，此两目种类在中国已以动物志形式发表。从研究海域来看，黄、渤海底栖样品采集量较大，分类学研究相应的较为深入。然而，针对海洋浮游多毛类动物的研究相对起步较晚。沈寿彭和吴宝铃、孙瑞平和吴宝铃分别对中沙群岛和中国南海诸岛的浮游多毛类进行了分类学和生态学等研究；吴宝铃等均以专著的形式确立了中国沿海多毛类的分类系统。后来，徐兆礼和张凤英、黄梅玲和徐兆礼先后对东海的浮游多毛类进行了时空分布以及数量分布与环境的关系研究。

形态 尽管多毛类动物形态各异，但均具有共同的主要特征，即体长形，具有真体腔，由同律体节分化为异律体节，分成头部、躯干部和尾部，或分成头、胸、腹、尾等部分。大多呈蠕虫状，身体分多个节，每节有疣足，疣足上生刚毛，因而被称为多毛类动物。海洋多毛类动物形状千差万别，个体大小不一，最小者仅几毫米，大者可长达数米。例如，体型最长的海洋多毛类动物博比特虫，体长可达3米，拥有673个环节，生活在温暖海域。根据初步统计，多毛类动物全球共有近万种，主要生活在海洋中，是海洋生物中最为常见的类群之一，中国已发现800多种。

种类 多毛类，学名为多毛纲（Polychaeta），是环节动物门中最大的一纲，又可分为游走亚纲和隐居多毛亚纲两个亚纲。

分布范围 多毛类动物全球共有近万种，主要生活在海洋，在潮间带到5000多米的深海均有分布，是海洋生物中常见的类群之一。

生态学习性 按照海洋多毛类的生活方式，主要分为两大类：游走类和定居类。游走类是一些自由活动的穴居、浮游、爬行者或在生活史一定阶段的管居者，常捕食各类小型无脊椎动物或摄食藻类；定居类，成体多为永久性的穴居或管栖者，很少离开栖管或出穴外，为用口吞食泥沙的沉积食性者，有些是滤食者。

生态地位与作用 多毛类动物的出现是动物进化史上一个重要里程碑。首先，多毛类动物是近海生物群落的重要组成部分，在长期进化过程中，它们产生了适应于不同环境的形态特征和生活史策略。因此，研究该类群的意义首先体现在它是海洋生物多样性研究的重要内容。其次，多毛类是一群古老生物，幼体浮游期较短，成体多底栖生活且活动和扩散能力很弱，所以也是探讨生物地理亲缘关系的适合对象。此外，从多毛类在海洋生态系统食物网所处位置来看，多毛类位于地球生命金字塔底部。多毛类摄取底质中的营养物质，同时也为鱼虾等海洋经济动物提供了丰富饵料，在物质循环和能量流动中起到承上启下的关键作用。

意义与价值 多毛类是海洋中非常常见的动物，而且种类多，生长速度快，生命周期短，在海洋生物食物链中有重要作用。海洋多毛类的一些种类是特效的对虾亲虾的营养强化食物，能够增加对虾产量，促进养殖鱼类的育肥等。多毛类的群浮生殖能够引起鱼类的集群追捕，对渔场的分布、鱼类对产卵场的选择有较密切的关系。以经济型海洋多毛类——沙蚕为例，其生物量高且补充恢复能力强，还含有大量的蛋白质等营养成分，是软体动物、甲壳类和鱼类等各种经济海产动物的优质天然饵料。另外，沙蚕还可以作为优质的钓饵，具有一定的药用和食疗价值，因而其人工养殖也逐渐兴起。但是，有些多毛类也有一定的危害。例如，华美盘管虫、螺旋虫等泌石灰质管的管栖多毛类是重要的污损生物，能够危害水下设施的运

作和其他海洋生物的生存等。（陶振铖）

**海洋二号卫星** HY-2 Satellite 中国海洋动力环境卫星。海洋二号卫星（HY-2）集主、被动微波遥感器于一体，属于中国海洋系列遥感卫星，具有高精度测轨、定轨能力，以及全天候、全天时、全球探测能力。

卫星的主要使命是监测和调查海洋环境，获得包括海面风场、浪高、海面高度、海面温度等多种海洋动力环境参数，直接为灾害性海况预警预报提供实测数据，为海洋防灾减灾、海洋权益维护、海洋资源开发、海洋环境保护、海洋科学研究以及国防建设等提供支撑服务。HY-2A和HY-2B卫星分别于2011年8月16日和2018年10月25日发射升空。HY-2B卫星是中国海洋动力环境卫星全球组网的首发星，其成功发射标志着中国自主研制的海洋动力环境监测卫星正式进入业务运行阶段。

HY-2卫星具有全球连续观测能力，实时观测区域为南纬5°～北纬50°，东经100°～150°。卫星前期采用回归周期为14天的轨道，后期变轨至回归周期为168天的轨道。重复周期为14天的太阳同步、冻结轨道，其主要参数为半长轴7341.732千米，倾角99.34 015°，相邻轨迹间距207.64千米，降交点地方时6∶00；重复周期为168天的太阳同步、冻结轨道，其主要参数为倾角99.340 15°，相邻轨迹间距17.31千米，降交点地方时6∶00。HY-2卫星的主载荷包括微波散射计、雷达高度计、扫描微波辐射计、校正辐射计和船舶识别系统。

Ku波段散射计作为海洋动力环境的主要载荷1～2天在全球海域的覆盖率不小于90%，获取主要要素为海面风场，分辨率为25千米，幅宽优于1350千米（H极化）和1700千米（V极化）。Ku波段和C波段双频雷达高度计主要测量海面高度、有效波高和重力场参数；扫描微波辐射计主要测量海面温度、海面水汽含量、液态水和降水强度等参数；校正辐射计主要为雷达高度计提供大气湿对流层路径延迟校正服务。船舶识别系统（AIS）主要功能为侦收、解调并转发AIS报文，可监测幅宽≥1000千米。（宋清涛）

**海洋二甲基硫** marine dimethyl sulfide 海洋中最丰富的挥发性生源有机硫化合物。二甲基硫（DMS）在海水中普遍存在，在全球物质循环中发挥着重要作用。每年以DMS形式从海洋释放至大气中的硫15～40太克，占全球海洋天然硫排放总量的90%，大气中DMS的氧化产物随干湿沉降方式返回海洋及陆地，完成全球硫循环过程。

在海洋环境中，DMS主要来源于浮游植物生产并释放的二甲基巯基丙酸内盐（DMSP）代谢转化，极少部分由二甲基亚砜（DMSO）还原而来。DMSP降解主要通过去甲基化和裂解两种途径进行。去甲基化为主要途径，约占DMSP降解过程的75%，产物甲硫醇可被生物消费或进一步同化为氨基酸。裂解仅占DMSP降解过程的10%，但却是DMS产生的重要途径，同时产生丙烯酸。海洋中的浮游植物可分为DMSP高产藻种（>50毫摩/升细胞）和低产藻种（<50毫摩/升细胞），前者包括甲藻、定鞭藻、颗石藻等，后者包括硅藻、蓝藻等。研究发现，海洋中珊瑚共生体、部分细菌、大型海藻以及盐沼植物也具有DMSP生产能力。

海洋中的DMS主要存在3种迁移转化途径，分别为微生物消耗、光化学氧化和海-气交换。微生物消耗是最主要途径，在有氧或无氧条件下均可进行，主要受细菌种类及丰度影响。微生物可将DMS作为硫源和碳源分解获能，并产生甲硫醇和甲醛，也可在酶作用下将其氧化成DMSO。光化学氧化也是DMS转化的重要途径，受DMS浓度、光辐射强度、溶解有机物浓度及温度影响，主要氧化产物为DMSO。海-气交换释放的DMS仅占海洋内部DMS循环总量的10%，但却是连接海洋和大气硫循环的关键桥梁，其通量由表层海水DMS浓度和海-气传输速率共同决定。

海洋DMS生产释放对气候及环境有重要影响。CLAW假说提出，大气中由DMS氧化而来的非海盐硫酸盐气溶胶，不仅能直接反射太阳辐射，还能成为云凝结核来增加云层反射率从而减少地球接收的太阳辐射，对全球气候有“冷却效应”。研究发现这些气溶胶的辐射效应为$-2.3$～$-1.7$瓦/米$^2$，与人为排放的二氧化碳辐射效应（$1.83\pm0.2$瓦/米$^2$）量级相当。另外，大气中由DMS氧化产生的二氧化硫显酸性，能降低大气沉降物酸碱度，是硫酸型酸雨产生的重要条件，对人体健康、生态系统、建筑设施等多有危害。（杨桂朋）

**海洋发光生物** marine bioluminous organisms 自身具有发光器官、细胞（包括发光的共生细菌），或具有能分泌发光物体腺体的海洋生物的统称。海洋中能发光的生物种类丰富。从细菌到脊椎动物几乎每一门类都有发光的种类。其中以细菌、甲藻、水母、头足类、甲壳类、被囊类和鱼类较为多见。

在海洋中，鱼类、甲壳类和头足类发出的光最明亮，这些动物具有特化的发光器。据报道，深海鱼类约有2/3能发光，头足类约有一半能发光。全世界已发现能发光的生物约有30纲538属。其中24纲461属是海洋生物，约占85%，分别属于从海洋细菌到海洋鱼类的许多门类。但甲藻以外的各类海藻和海洋动物的扁虫类、帚虫类、腕足类、毛颚类、须腕类、爬行类、哺乳类等没有发光的种类。海洋发光生物广泛分布于世界各海域（图1），特别是温带和热带海域。一般认为，在水深超过700米的水层中，90%以上的动物是能发光的。

图1 英国威尔士海岸聚集的海洋发光生物

海洋生物发光可分为细胞内发光和细胞外发光两类。细胞内发光是细胞发光，较为普遍，夜光藻（*Noctiluca scintillans*）是最常见的代表。当细胞受刺激时，细胞质中丝状排列的发光颗粒（一种拟脂蛋白）收缩，发出淡蓝色闪光。单细胞的甲藻和放射虫类，以及许多具有特化的发光器的多细胞动物（如水母、栉水母、多鳞虫、磷虾、樱虾、头足类、棘皮动物、被囊类和鱼类），都属于细胞内发光。细胞外发光是由生物的腺体分泌排放出的内含物发光。其中海萤（*Cypridina*）为最著名的代表。桡足类、齿裂虫（*Odontosyllis*）、波叶海牛（*Phyllirrhoe*）、海笋（*Pholas*）、柱头虫（*Balanoglossus*）等，都是细胞外发光的动物。细菌的发光是一种呼吸现象的连续发光。其他生物一般都是受刺激后才发光，其情况因种类而异：发光细胞或发光物质贮存器被邻近的肌肉纤维挤压，使分泌物外流发光（如海萤），这是一种神经肌肉现象。腺细胞本身受刺激而排放其内含物发光，这是控制腺体分泌的神经调节的结果，如鳞沙蚕（*Chaetopterus variopedatus*）、游水母。激发作用引起细胞变化，导致发光物质的活化，如夜光藻。发光器发出的光，如磷虾、头足类和鱼类。

现有的研究认为海洋发光生物存在着两种不同的发光系统：①需要在酶和氧的参与下才能发出光来，属于“荧光素-荧光酶系统”，如海萤的发光是较简单的酶促反应。细菌的发光是由于二氢黄素单核苷酸的醛复合物的酶氧化作用，发的光是连续的。②不需要酶的参与，受$Ca^{2+}$的触发而发光，属于“发光蛋白系统”，如多管水母（*Aequorea*，图2）、鳞沙蚕、海笋（*Pholas dactylus*）、磷虾（*Euphausia*）等海洋动物，其特点是生物发光的总量（能力）和发光蛋白的数量成比例，整个过程中缺少酶的直接参与。发光蛋白的结构及作用机制又因种类而异。

图2　维多利亚多管水母

海洋发光生物可以通过发光进行种类识别、照明、引诱食饵、惊吓敌害等。如许多深海鱼悬摆发光的诱饵物，以吸引饵料生物。有些虾类常分泌光雾，迷惑和逃脱敌害。齿裂虫等在繁殖季节，以其发光能力寻求配偶。生物性冷光有多种用途，如发光菌灯可作为火药库的安全照明。生物发光监测磷酸酶、腺苷三磷酸的技术也被广泛应用。生物发光不仅具有经济的和生态学的意义，同时也是生物化学和生物物理学研究的对象。（刘晓收）

**海洋发光细菌**　marine bioluminescent bacteria　能够通过化学反应将化学能转化为光能从而发射光线的细菌。

种类　已发现的发光细菌除淡水或陆地中分离的青海弧菌（*Vibrio qinghaiensis*，1985年分离自中国青海湖裸鲤体表）、发光光杆状菌（*Photorhabdus luminescens*，原名发光致病杆菌*Xenorhabdus luminescens*）以及霍乱弧菌（*Vibrio cholerae*）的某些淡水种以外，绝大多数来自海洋。已经分离和培养的海洋发光细菌大多归于g-变形菌纲，主要来自5个属，分别是弧菌属（*Vibrio*）、另类弧菌属（*Aliivibrio*）、发光杆菌属（*Photobacterium*）、希瓦氏菌属（*Shewanella*）和光杆状菌属（*Photorhabdus*）等。常见发光细菌包括费氏弧菌（*Vibrio fischeri*）（又称费氏另类弧菌*Aliivibrio fischeri*）、哈维氏弧菌（*Vibrio harveyi*）、坎贝氏弧菌（*Vibrio campbellii*）、鳆发光杆菌（*Photobacterium leiognathi*）、明亮发光杆菌（*Photobacterium phosphoreum*）和发光光杆状菌等。

分布范围　广泛分布于自然界中，如海水、海洋沉积物、海洋生物体表以及大型海洋生物的发光器官等。

特性　海洋发光细菌依其生态位，可分为浮游、附存（含附着、寄生、腐生）和共生等几种类型。而同一种发光细菌可能有多个生态位，即不同生态位并非截然分立，而是互有关联。浮游海洋发光细菌以哈维氏弧菌、费氏弧菌、鳆发光杆菌等最为常见。如加利福尼亚州沿岸表层水所含发光细菌中，哈维氏弧菌和费氏弧菌合计占比99%以上；夏季时哈维氏弧菌占60%～70%，但冬季时哈维氏弧菌几乎完全消失，剩下的几乎全部是费氏弧菌。发光性海洋弧菌常与海洋中特定鱼类或头足类（如夏威夷短尾鱿鱼）形成紧密的共生关系。它们密集生存于宿主的发光器官内，借此获得比较安全且营养丰富的环境；宿主可借助于共生细菌的发光，获得惊吓、驱退捕食者、诱捕饵料生物及呼朋引伴、求偶等效果。

海洋发光细菌的发光机制如图所示。起作用的荧光素酶是一种具有混合功能的氧化酶。最早于1954年由A. 克罗伊等从哈维氏弧菌中提取并纯化，并由弗里德兰于1967年对费氏弧菌荧光素酶的结构进行了解析。已发现的荧光素酶都是由α(约40千原子质量单位）和β（约35千原子质量单位）亚基组成的二聚体。该酶催化发光的反应公式如下：

$$FMNH_2 + RCHO + O_2 \xrightarrow{\text{荧光素酶}} FMN + RCOOH + H_2O + \text{光}$$

荧光素酶催化黄素单核苷酸（flavin mononucleotide）由还原态（$FMNH_2$）转化为氧化态（FMN），将长链脂肪醛（RCHO，如十四醛）氧化为长链脂肪酸（RCOOH），同时发出波长为450～490纳米的蓝绿光，整个过程还需要腺苷三磷酸（ATP）和还原态烟酰胺腺嘌呤二核苷酸（$NADPH^+$）参与。已发现很多发光细菌的发光行为受到密度感应系统（QS）的调控，该系统通过感知周围环境中由其自身在生长过程中释放的自诱导分子的浓度，来协调整个细菌群体的诸如发光等各种行为。

以弧菌为例，其发光所需的荧光素酶在基因组中由LuxCDABE基因簇编码。其中LuxA和LuxB基因分别编码荧光素酶的α和β亚基，其余基因分别编码还原酶（LuxC）、合成酶（LuxE）和硫酯酶（LuxD），用于合成荧光素酶所需脂肪醛底物。此外还有*LuxI*和*LuxR*基因产物构成密度感应调节部件。对不同的发光细菌而言，其发光强度和启动发光所需的细胞密度差异较大，这可能是受到培养温度、盐度、营养物浓度等生长条件以及各自Lux系统共同作用的结果。

意义与价值　已有研究表明，发光细菌的发光强度与环境中存在的有毒物质浓度在一定范围内呈现相关性，因此发光细菌毒性检测（LBT）技术已经广泛应用于土壤、水环境、食品等领域中的有毒物质检测和环境污染评价，中国也于1995年将此列入国家标准《水质急性毒性的测定发光细菌法》(GB/T 15441—1995)，用于环境毒性检测。传统的水环境污染物化学分析方法步骤烦琐，且由于化学物质间的相互作用影响检测结果，而动物毒性试验以哺乳类、鱼类、水蚤等作为受试对象，费用高、试验周期长且步骤复杂，无法满足快速灵敏的环境检测和毒性评价要求。采用发光细菌的检测系统则具有灵敏度高、速度快、靶点广泛、价格低廉的特点，适合对各种化学制剂如毒素、致突变物、致癌物（如外源代谢物、重金属、烃类等）以及物理因素（如紫外线辐射和其他类型的辐射）的检测，被认为是针对土壤、水环境中除草剂、杀虫剂、重金属污染以及毒素生物转化与降解监测的最有效手段。商品化的发光细菌检测系统有很多，

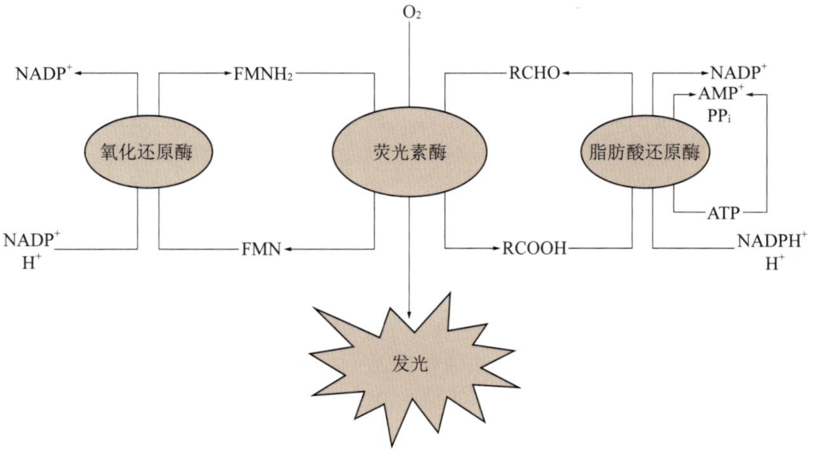


细菌的发光机制

如美国默克公司（Merck）的Toxalert系统、美国Azur Enviromental公司的Microtox系统等。 （史晓翀 张晓华）

**海洋防灾减灾** marine disaster prevention and mitigation 为减少、减轻海洋灾害（如风暴潮、海啸、灾害性海浪、海冰、海平面上升、厄尔尼诺、海岸侵蚀、海洋溢油、赤潮、绿潮及其他生态灾害等）造成的人员伤亡、经济损失和资源环境破坏而采取的有效措施。主要涵盖以下4个方面内容：①海岸防灾工程建设。建设海岸生态防护网，加固和修建海岸防灾工程设施，提高海岸工程防灾标准，增加海岸防灾工程的防护能力。②灾害过程的监测与预警报。包括海洋灾害监测系统和海洋资料信息收集、传输和处理系统以及预报预警系统等，利用浮标、监测船及卫星遥测等技术手段并结合精细化的灾害过程模拟数值模式，实时监测和模拟并及时发布灾情预警预报信息，有效地指导防灾和救灾工作。③综合风险评估系统与风险区划。基于致灾因子危险性评价，结合当地的孕灾环境、土地利用和承灾体脆弱性评价，形成的综合风险评估系统及其风险区划，为防灾减灾策略制定与辅助决策提供服务。④应急预案及响应程序和灾后恢复重建等。包括制定和健全海洋灾害防御规划方案和应急防控决策服务产品、灾前或灾中人员物资转移、救灾指挥与信息发布等，灾后恢复重建以及公众防灾减灾科普宣传等。

中国是世界上海洋灾害较为严重的国家之一，灾害种类多、分布范围广、发生频率高、灾害损失重。国家系列防灾减灾措施的有效实施和技术进步有效减轻了海洋灾害所造成的人员伤亡和财产损失，然而在全球变化背景下，海洋灾害的群发性、难以预见性和灾害链效应日益突出，带来的损失呈逐年上升趋势，也为国家防灾减灾提出了新的需求和挑战。

（侯一筠）

**海洋放射虫** marine radiolarians 原生动物门辐足纲中的等辐骨亚纲、稀孔亚纲和多囊亚纲种类的通称。个体大小由数微米到数厘米，单体或群体，常呈球状。细胞质由囊膜分为内质和外质，囊膜具孔，以供内质和外质沟通。外质向外形成伪足（如粒网伪足和轴足），内质中包含细胞核、油滴、晶体及共生的虫黄藻等。某些种类伪足具有肌纤丝，可通过身体伸缩的调节实现在水中的沉浮。绝大部分放射虫具有骨骼。骨骼结构的形式是放射虫分

巴巴多斯岛附近不同种类放射虫的光学显微图

类的重要依据。

研究简史　有关该生物的研究始于20世纪70年代的深海钻探计划（DSDP）、大洋钻探计划（ODP）和综合大洋钻探计划（IODP）。中国对放射虫现代生态学的研究还比较薄弱。

种类组成　放射虫的现生种与化石种现记录共约7180种，分为等辐骨虫类、多囊虫类、稀孔虫类和捧矛虫类。中国沿海记录有400多种。

分布　放射虫广泛分布于世界各个海域，尤其是热带海区和大洋环流中（如离岸较远的海域），近岸分布较少，甚至没有。

特性　通常以辐状或网状伪足营浮游生活。体型较大的种类通常分布于水体表层，而体型较小的则广布于各个水层及深海沉积物中。其硅质骨骼是构成海洋沉积物的第二大贡献者。无性繁殖方式为均二分裂，有性生殖通过产生单倍体配子完成。

在海洋生态系中的作用　放射虫在大洋生态系中扮演着十分重要的角色，其主要食物有鞭毛虫、纤毛虫、硅藻、细菌及悬浮有机颗粒，许多种类与藻类共生。放射虫仅生活于海洋中，可作为海洋环境的指示生物。化石自寒武纪到第四纪都有分布，其中蕴涵着丰富的古生态、古海洋学信息，对于研究气候和环境变化具有重要意义。

意义　放射虫多产于热带海洋中，种类多且是诊断化石的重要依据，可从寒武纪开始。 （包振民）

**海洋放射化学** marine radiochemistry 研究海洋中放射性核素的含量、分布、存在形态及其时空变化的学科。通过分析海水中放射性核素的来源、归宿和迁移规律，以及评估在海洋各储库的储量，运用天然和人工放射性同位素作为示踪剂，揭示海洋中的物理、化学和生物过程。作为应用放射化学在海洋学领域的一个分支，海洋放射化学既深入探讨了天然放射性核素，也追踪了人工放射性核素的轨迹，成为海洋学中一个重要的分支学科。

1908年，J.乔利在深海沉积物中发现了镭同位素，开启了海洋放射化学的先河。20世纪50年代，全球核试验引起的人工放射性核素广泛沉降，极大促进了该领域的发展。特别是60年代，研究人员不仅对人工放射性核素进行了深入探讨，还扩展到了对铀、钍同位素及其他天然放射性核素的广泛研究。海洋断面地球化学研究计划（GEOSECS）是这一时期具有代表性的研究项目之一，通过在全球各大洋的断面采样，对海水中的天然放射性核素（如$^{226}$Ra、$^{228}$Ra、$^{222}$Rn、$^{210}$Pb、$^{210}$Po）及人工/宇生放射性核素（如$^{3}$H、$^{14}$C、$^{32}$Si、$^{239}$Pu、$^{240}$Pu）进行了详细调查。90年代以来，随着核试验次数的减少，全球人工放射性核素的增加速度减缓，人们开始关注人工放射性核素在全球海洋中的分布和变化趋势，尤其是在极地等高敏感海区、放射性废物处置海区及核试验海区进行了深入的人工核素调查与评估。

海洋放射化学的应用极其广泛，从物理海洋学的海洋环流和海水混合示踪，到海洋生物地球化学循环的研究，再到海洋放射性年代学及海洋生态系统的探索，都离不开放射性核素的示踪。例如，利用$^{14}$C追踪大洋热盐环流的路径并估算环流周期，证实大洋环流模式是放射性核素示踪海洋学研究的标志性成果。利用$^{222}$Rn/$^{226}$Ra不平衡估算海-气界面气体交换速率，$^{234}$Th/$^{238}$U不平衡法估算海洋真光层颗粒有机物输出通量等，都是海洋放射化学研究的典型应用。在海洋放射性年代学方面，通过测定沉积物中的放射性核素含量并利用放射性衰变规律，可以精确计算沉积物形成的时间，为研究不同沉积环境提供了重要手段。随着测定技术的进步，海洋放射化学在近海沉积物-水界面物质通量、海底地下水排放以及海洋古生产力等方面取得了重要进展。此外，放射性同位素的应用还有助于提高人们对海洋中生物污染物转移的了解，进而更准确地评估海洋生态系统状况，如利用放射性同位素$^{203}$Hg示踪甲基汞在海洋生态系统中的循环。

尽管海洋放射化学取得了显著成就，但该领域面临的挑战是研究人员数量减少，这在一定程度上由放射化学相关操作技能和培训的相对缺乏所致。为了更深入地利用放射性同位素示踪海洋学过程，更好地监测海洋生态系统状况，并应对气候变化及人为活动带来的挑战，迫切需要培养新的科学家，能够综合利用新兴技术，持续推进海洋放射化学的研究，为海洋研究和保护提供坚实的支持。 （刘 茜）

**海洋放射性污染** marine radioactive contamination 人类活动产生的放射性物质进入海洋环境而造成的污染。海洋既有天然放射性核素，也有人类活动产生的人为放射性核素。前者是海洋固有的或宇宙射线辐射产生的，主要有$^{40}$K（钾-40）、$^{87}$Rb（铷-87）、$^{14}$C（碳-14）、$^{3}$H（氚）、Th（钍）、Ra（镭）、U（铀）等60余种核素，通常不作为海洋污染研究的范畴。

1944年，美国汉福特原子能工厂通过哥伦比亚河把大量人工核素排入太平洋，从而开始了海洋的放射性污染。

污染源 海洋的放射性污染主要来自以下两个方面：①在大气层和海洋进行核武器试验。原子弹和氢弹爆炸产生的裂变核素和诱生（中子活化）核素共有200多种，其中$^{90}$Sr（锶-90）、$^{137}$Cs（铯-137）、$^{239}$Pu（钚-239）、$^{55}$Fe（铁-55）以及$^{54}$Mn（锰-54）、$^{65}$Zn（锌-65）、$^{95}$Zr（锆-95）、$^{95}$Nb（铌-95）、$^{106}$Ru（钌-106）、$^{144}$Ce（铈-144）等最受关注。据估算，1945～1970年，主要由于美国、苏联大规模核爆试验，注入海洋的$^{3}$H约为$3.7\times10^{10}$贝克（Bq）、裂变产物为$7\times10^{18}$～$22\times10^{18}$贝克。其中，$^{90}$Sr约为$30\times10^{16}$贝克，$^{137}$Cs约为$44\times10^{16}$贝克，使全球海洋都受到污染。②核设施向海洋排放。沿海核电厂、核动力船只、放射性核素的应用，在正常情况下都有少量放射性物质排入海中。但污染海洋最严重的是核燃料再生工厂排污和核电厂事故。自20世纪50年代起，英国谢拉菲尔德核燃料厂向爱尔兰海、法国拉海格核燃料再生厂向英吉利海峡排放大量放射性废物，使局部海域严重污染。1986年切尔诺贝利核事故和2011年福岛核事故，又将大量放射性核素通过大气沉降或直接排入海中。前者严重污染了波罗的海、黑海和地中海，后者成为北太平洋新的污染源。除此之外，美国、英国、日本等国，从1946年起曾先后向太平洋和大西洋海底投放不锈钢桶包装的固化放射性废物，到1980年为止，共投放约$10^{16}$贝克，有少数容器已开始出现渗漏，成为潜在污染源。上述来源中，据统计已进入大气和海洋的主要放射性核素见表1。

**表1 大气和海洋人为放射性核素的来源（$10^{15}$Bg）**

| 核素 | 半衰期 | 全球降落灰 | | 切尔诺贝利核事故 | | 福岛核事故 | | 核燃料再生厂* | 到2010年海洋存量 |
|---|---|---|---|---|---|---|---|---|---|
| | | 大气 | 海洋 | 大气 | 海洋 | 大气 | 海洋 | | |
| $^{131}$I | 8.02天 | | | 1760 | | 150～160 | | | |
| $^{137}$Cs | 30.17年 | 950 | 600 | 85 | 16 | 13～15 | 2.7～3.5 | 42 | 195 |
| $^{90}$Sr | 28.78年 | 600 | 380 | 1 | | 0.01～0.14 | 0.1～2.2 | 7 | 105 |

* 仅估算英国和法国的2个厂。

分布 放射性核素进入海洋后，由于污染源、海流等海洋环境的不同，其在海洋中的浓度分布有较大的时空变化。

例如，福岛核事故后邻近海域表层海水$^{90}$Sr的浓度曾高达200～40 000贝克/米$^3$，而在离岸15千米的表层海水中经稀释、扩散降至10～9000贝克/米$^3$。

$^{137}$Cs在海水中主要是离子态，随海流而改变在海洋中的分布。日本金泽大学猪股弥生等2009年对1957～2005年近50年间日本气象研究所全球海洋放射性数据库中表层海水$^{137}$Cs数据进行分析，结果表明：①西北太平洋，由于20世纪50～60年代大规模核试验，在1957年海水中$^{137}$Cs达115±11贝克/米$^3$，1970年后$^{137}$Cs浓度逐渐降低，1990年维持在0.9～3.6贝克/米$^3$的水平；但福岛核电事故后两年，夏威夷附近海水$^{137}$Cs又明显增高2～3倍；经监测中国近海$^{137}$Cs的浓度处于正常水平。②在东北太平洋、赤道太平洋和印度洋，1970～1980年海水$^{137}$Cs的浓度逐渐增高，1990年后大致恒定在1.6～3.7贝克/米$^3$；在东南太平洋，1966年的海水$^{137}$Cs浓度最高达12±6.7贝克/米$^3$，1970年后恒定在2.6～4.8贝克/米$^3$。③在北大西洋及其邻近海域，受切尔诺贝利核事故和核再生工厂排废的影响十分显著。1986年4月，切尔诺贝利核事故曾使波罗的海的表层海水$^{137}$Cs的最高浓度增至2410±506贝克/米$^3$，比事故前提高了2个数量级。据日本中野政尚对$^{137}$Cs在海洋中扩散的计算机模拟，结果显示在福岛核事故后5年到达北美，10年后又会回到亚洲东部，30年后几乎扩散到整个太平洋。

**表2 表层海水中的放射性核素浓度分布**

| 核素 | 表层海水核素浓度/Bg·m$^{-3}$ | 来源 |
|---|---|---|
| $^{40}$K | 11 000～12 000 | 原生核素 |
| $^{87}$Rb | 110 | 原生核素 |
| $^{3}$H | 70 | 人工、宇生核素 |
| $^{234}$U | 48 | 原生核素 |
| $^{234}$U、$^{234}$Th | 44 | 原生核素 |
| $^{134}$Cs、$^{137}$Cs | 10 | 福岛核事故 |
| $^{14}$C | 6 | 人工、宇生核素 |
| $^{235}$U | 2.2 | 原生核素 |
| $^{7}$Be | — | 宇生核素 |
| $^{210}$Po、$^{210}$Pb、$^{222}$Rn | 1～10 | 原生核素 |
| $^{223}$Ra、$^{224}$Ra、$^{226}$Ra、$^{228}$Ra | — | |
| $^{90}$Sr、$^{137}$Cs | 1～10 | 人工核素 |
| $^{32}$P、$^{33}$P | $10^{-1}$ | 宇生核素 |
| $^{227}$Ac、$^{228}$Th、$^{230}$Th、$^{231}$Pa | $10^{-3}$～$10^{-2}$ | 宇生核素 |
| $^{99}$Tc、$^{239+240}$Pu、$^{241}$Am | — | 人工核素 |
| $^{232}$Th | $10^{-4}$ | 原生核素 |
| $^{10}$Be、$^{35}$S、$^{39}$Ar | — | 宇生核素 |
| $^{129}$I | $10^{-5}$ | 人工核素 |

除局部海域外，世界海洋表层海水中天然和人为的主要放射性核素浓度大致见表2。

沉积物对大多数核素有较强的吸附能力，其富集系数因其组成、粒径、环境条件有较大的差异。据室内试验，沉积物对$^{45}$Ca、$^{90}$Sr、U、Pu、$^{137}$Cs的吸附能力较强。核工厂低水平放射性废物排放，大部分沉积在离排污口几千米至几十千米的沉积物中。

海洋放射性污染状况 中国自20世纪60年代开始对沿海进行了放射性污染调查。1963年沿海表层海水$^{90}$Sr平均为9.99贝克/米$^3$，1964年平均为3.70贝克/米$^3$，高值出现在渤海、黄海一带，但比北太平洋中部表层海水的$^{90}$Sr浓度（1962～1964年为12.21～15.91贝克/米$^3$）低。据80年代初对东起福建东山岛、西至广东雷州半岛（东经110°27′～117°30′）的近岸海域（80个站位）表层海水$^{90}$Sr的调查，其浓度在1.10～6.00贝克/米$^3$，平均为2.40贝克/米$^3$，总的趋势是从南海东部向南海西部近海逐渐减少。东海及邻近大洋，表层海水$^{137}$Cs的浓度，除在60年代较高外，70年代末已降至1.74～9.03贝克/米$^3$，多数测站在5.00贝克/米$^3$左右，90年代初长江口到福建东山岛的近海表层海水$^{137}$Cs为2.60～4.80贝克/米$^3$，浓度进一步降低。

1983年，中国原子能出版社出版了《海产食品放射性调查》，比较全面报告了20世纪80年代初以前采自渤海、黄海、东海和南海的鱼、虾、贝和藻类几十种重要海产经济生物体内的$^{3}H$、$^{14}C$、$^{59}Fe$、$^{55}Fe$、$^{60}Co$、$^{65}Zn$、$^{90}Sr$、$^{137}Cs$、$^{144}Ce$、$^{210}Po$、$^{210}Pb$、$^{226}Ra$、$^{229}Pu$等核素的测定结果，生物体内的人工放射性核素自60年代中期后呈逐渐降低的趋势。在所测定的生物种，褐藻（裙带菜、海带）$^{90}Sr$含量较高，有些鱼类$^{137}Cs$的含量也比较高。

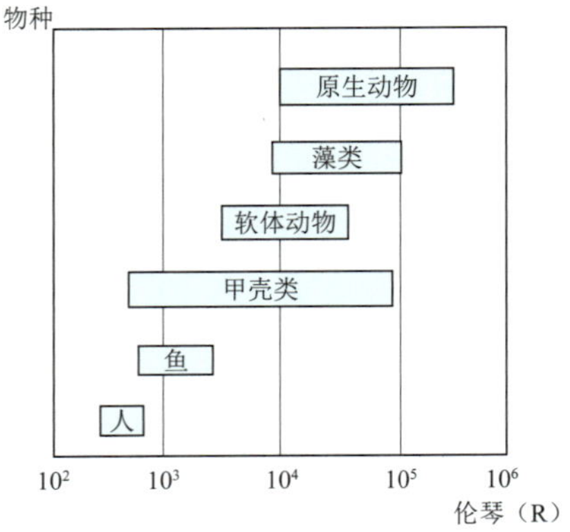


不同进化水平生物的辐射致死剂量

影响　一些物理半衰期长的核素，如$^{90}Sr$、$^{137}Cs$，一旦进入海洋，要经过数百年才能消除其影响。

海洋受人工放射性核素的影响，主要是海洋生物直接从海水或通过摄食的途径吸收和累积核素，其累积能力通常用生物浓缩系数（CF）表示。CF值的大小因核素的理化特性、生物种类和环境条件的不同有较大差异，波动在$1\sim10^6$。如牡蛎对$^{65}Zn$的CF值可达$10^5\sim10^6$。有的核素被累积后，还能沿着食物链转移和扩大。

对核素的射线辐射的抗性，低等生物通常高于高等生物，胚胎和幼体比成体弱。

放射性污染可能对海洋生态系统造成影响。据日本国立环境研究所研究发现，在福岛第一核电站事故后，附近30千米内的荔枝螺已完全不见踪影。

海洋放射性污染对人体的影响，主要是通过人类吃了受污染的海产食品。而在受污染水中作业，工作人员将受到射线的直接辐射。已有的监测结果表明，核电站排污海域虽然受到污染，但食用该海域海产食品所受到的辐射剂量，在正常情况下要低于国际辐射防护机构规定的容许剂量。

防治措施　为了满足能源需求，减轻煤电的大气污染，多数沿海国家正着力发展核电。截至2023年，全世界现有443个核电机组在运转，装机容量约为9471.8万千瓦。中国包括高速炉实验堆在内，正在运转的核电站有55座，装机容量为57吉瓦，另有26座核电站在建设中，容量约为3030万千瓦。

日本福岛核事故再次向世人敲响警钟，在发展核电的同时应高度重视核安全。为此应：①研发安全性更高的新一代反应堆。如中国自主设计的“华龙一号”反应堆，俄罗斯在建的快中子堆等。②加强对核设施的严格管理，包括规划、布局、环境风险评价、环境监测、人员培训、事故应急处理等。③加强海洋放射性监测。自20世纪50～60年代起，中国和许多沿海国家都开展了海洋（包括水体、生物和沉积物）人为核素的监测，并制定了相关的环境标准。迄今，国际原子能机构（IAEA）和日本气象研究所分别建立了全球海洋放射性数据库（GLOMARD）和海洋放射性信息系统（MARIS）。④应深入进行海洋放射性污染对海洋生态系统和人体健康影响的研究。（李永祺）

**海洋放线菌**　marine actinomycetes　海洋中隶属于放线菌门（Actinobacteria）的细菌。其主要特征是革兰氏阳性、遗传物质中鸟嘌呤和胞嘧啶（GC）所占的比率高（>55%）。因其在固体培养基上呈辐射状生长而得名。大多数有发达的分枝菌丝，并以孢子繁殖。

种类　海水浮游放线菌也是海洋放线菌的重要组成部分，已有研究从中国东海海水中分离到多株海洋放线菌新菌。已发现的海洋放线菌主要包括链霉菌属（*Streptomyces*）、小单孢菌属（*Micromonospora*）等常见类群以及诺卡氏菌属（*Nocardia*）、红球菌属（*Rhodococcus*）等稀有种属。

以前人们普遍认为海洋放线菌来源于陆地，这是由于很多分离自海洋的放线菌在无氯化钠的培养基中也可以生长。但随着众多海洋特有放线菌的发现，这一观点逐渐被推翻。如盐水孢菌属（*Salinispora*，原名*Salinospora*）和海孢菌属（*Marinospora*）这两个属的菌种只能在含有氯化钠的培养基中生长。1984年发现的海生红球菌（*Rhodococcus marinonascene*）是分离到的第一个严格意义上的海洋放线菌。2006年发现的盐水孢菌是第一个海洋专一性的放线菌属，对海洋放线菌的研究具有里程碑式的意义。根据放线菌对盐、压力、温度的要求，已经可以将许多种属确定为海洋特有的放线菌，除盐水孢菌属和海孢菌属外，还包括迪茨氏菌属（*Dietzia*）、气微菌属（*Aeromicrobium*，如海生气微菌，*Aeromicrobium marinum*），以及海生疣孢菌（*Verrucosispora maris*）和海生红球菌（*Rhodococcus marinonascens*）等，此外还有如盐地杆菌属（*Salinibacterium*）可以耐受10%浓度的氯化钠，但生长不需要氯化钠。

分布范围　海洋放线菌广泛分布于各种海洋环境中，如近海和深远海的海水、海雪、海洋沉积物、海洋动植物体内以及深海结核矿区和海底冷泉区等。放线菌可以共附生方式生活在海洋无脊椎动物（如海绵、海鞘、珊瑚、贝类、甲壳类）和植物（如红树林和海草）的体表或体内。已有研究表明，海绵产生的生物活性物质中很多都是由共附生放线菌贡献的。海底沉积物也是放线菌的重要栖息地，浅海区（占海洋总面积的7%～8%）比深海区的放线菌丰度和多样性更高。已有研究表明，在超过6000米的海底沉积物中仍有放线菌的存在，甚至在深达10 898米的马里亚纳海沟海底沉积物中仍然分离到了小单孢菌属和链霉菌属放线菌。

生态地位与作用　海洋放线菌在海洋生态系统中具有重要作用，通过产生各种酶类促进几丁质、纤维素等的降解，参与碳、氮等元素循环。如在海雪等有机颗粒中，放线菌可以占到9%以上，通过分泌抗生素等活性物质影响海雪微生物群落结构，通过分泌各种水解酶调控海雪有机质的降解和矿化。

放线菌是生物活性物质的重要来源。已发现的微生物来源的天然产物有50%来自放线菌，尤其是天然抗生素中有70%来源于放线菌。与陆地相比，海洋环境变化多样，高压（最高达到1100个大气压）、低温（海底在0℃左右）、高温（热液喷口附近超过100℃）、高酸性（pH小于2.8）等极端环境使海洋放线菌在进化过程中可能产生更高的遗传多样性和代谢多样性，赋予其不同于陆生放线菌的特征，能产生多种具有不同生物活性的化合物，包括抗肿瘤活性物质、抗生素、免疫抑制剂、酶抑制剂、毒素等，尤其以抗肿瘤活性物质最多。有研究对40 000株来自全球不同海域的海洋放线菌进行了抗肿瘤活性研究，结果表明能够产生抗肿瘤活性物质的放线菌中，31%来自链霉菌，其余多来自稀有放线菌。从海泥中分离的天神海链霉菌（*Streptomyces tenjimariensis*）分泌的氨基糖苷类抗生素天神霉素（istamycins）对革兰氏阳性菌和阴性菌都具有极强的抑制作用。与陆地放线菌类似，已发现的生物活性物质仍主要来自海洋中的链霉菌属放线菌，而对其他海洋放线菌如糖多孢菌属、拟无枝菌酸菌属、小单孢菌属和游动放线菌属的生物活性物质研究还较少。在陆生放线菌资源日渐枯竭的今天，海洋放线菌有望成为开发生物活性物质的新资源。

（史晓翀　张晓华　李文均）

**海洋风暴探测**　marine storm detection

测定海洋风暴（热带风暴、海洋温带气旋、海龙卷等）的发生、发展、结构、强度、位置以及路径的手段。海洋风暴不仅是航海的“拦路虎”，而且一旦靠近陆地（岛屿）也会带来狂风、暴雨和风暴等重大灾害。因此，及时掌握海洋风暴的动向，做好预测预报是防灾减灾对策中最关键的一步。然而，茫茫大海很少有气象观测站点。作为补救措施，将有条件的商船配备海面观测仪器，进行常规海面气象观测，并纳入世界天气监测网（WWW），以填补大洋上气象观测的空缺。这种商船只进行海面观测，不进行高空观测，海面观测资料的精度也较差。不仅如此，船舶观测的分布也极不均匀，大部分集中在主要航线上，特别在有风暴活动的海域，所有船舶都避开航行，因此，获取海洋风暴的资料用常规方法十分有限。进行海洋风暴探测，必须采用以下一些特殊的手段。

气象卫星　为观测海洋风暴活动最有效的手段之一。所有海洋风暴从它发生之初都伴有深厚的积雨云，如果这种云持续存在、不断集中并伴有螺旋形结构的出现，将预示着可能有海洋风暴在发展。从气象卫星发回的云图辨认这一过程，对于经验丰富的气象预报员来说不再困难。极轨卫星分辨率高，能获取全球资料，是观测中高纬度海洋风暴的有效手段；同步卫星静止在赤道上空与地球同步旋转，可以连续监测海洋风暴。随着遥感技术日新月异的发展，气象卫星对海洋风暴监测的内容以及分辨率都在不断提高。

气象探测飞机　热带风暴一旦被辨认，气象探测飞机可以立即飞往目的地对风暴进行跟踪定位，并对风暴的强度、结构及海面状况进行探测。通常情况下，对风暴进行飞机探测一日4次，与地面观测同步。这类飞机携带大量下投式探空仪，并载有雷达、激光和红外灯观测设备，分别从3千米左右和10千米左右穿越台风中心，飞航多个剖面，进行机上观测，并释放探空仪，准确测定温、压、湿、风、眼区、海面最大风速及其半径，海面最低气压，台风中心所在的经、纬度以及台风移动方向、移动速度等信息，并以特定“台风报”形式及时发往世界各地气象台。这是台风分析和预报中不可多得和最可信赖的资料之一。

天气雷达　与气象卫星从视野开阔的高空监测以及气象探测飞机钻入内部探测大尺度海洋风暴相比，天气雷达则是固定在岛屿、岸边台站或者是安装在航行中的船舶（飞机）上，可以随时扫描，长时间跟踪、定位，探测对风暴系统有示踪作用的强对流系统的发生、发展及其细微结构，因此，它对于生命史很短、发展很快的龙卷风、飑线等中小尺度海上风暴的探测有着独特的作用。雷达的平面显示可以检测在以雷达站点为中心、半径400～600千米范围内的强对流系统的存在，并确定其强度以及水平范围。它的距离-高度则用以显示对流发展高度和细致结构等，这些资料对于海龙卷的发现、研究是十分重要的。此外，当台风移入内海而气象飞机不再跟踪的情况下，沿海雷达网成为台风准确定位的有效工具。

岛屿自动观测站　在海洋中的岛屿岸边设置自动水文和气象观测站，有海洋风暴经过其附近海域时，就会有相应的记录，岛屿自动观测站的优势在于只要维护良好，不用担心风暴期间资料缺失，且资料连续，能够较好地记录风暴经过前、后大气和海洋的状况变化，对海洋风暴的预警和研究都有着重要的作用。例如，设置在西沙的自动观测站，自2008年以来连续记录了经过西沙站的热带气旋，相应的水文和气象观测资料可以有效地分析海洋大气边界层结构。

海洋浮标自动观测站　从一般意义上讲，在观测站很少的茫茫大洋中增加几处海面自动观测站（浮标）对海洋天气预报是十分重要的。由于浮标的布设代价十分昂贵，因此站位都选择在海洋风暴经常活动的关键海域。在风暴临界站位时，可以进行加密观测，以求在风暴的分析预报中发挥更大的作用。

研究性探测　从对海洋风暴的特定专题进行深入研究的目的出发，由一国或者多国共同制订研究计划，在特定时段、特定海域，派出多艘海洋气象调查船、气象探测飞机，布设海上浮标自动气象站网，加上气象卫星和气象雷达网，甚至气象和海洋联合观测，对其进行大范围、长时间的立体、加密观测，可以得到更为详尽的海洋风暴探测资料，依次对特定专题进行深入研究。如由台风委员会成员国组织的《台风转向和异常运动特别实验》就是海洋风暴研究性探测的典型个例。

（王东晓）

**海洋锋**　ocean front　海洋中特性明显不同的两种或几种水体之间的狭窄过渡带。它们可用温度、盐度、密度、速度、颜色、叶绿素等要素的水平梯度，或它们的更高阶微商来描述，即一个锋带的位置可以用一个或几个上述要素的特征量的强度来确定它。在锋区附近具有明显的水平辐合（辐聚）运动，存在着逐渐变性的过程。

类型　海洋锋的规模短至几分之一米，长至上千千米，可以存在于海洋的表层，也可以出现在中层和近底层，一般可分为以下6类。

行星尺度锋　通常与大洋表层埃克曼输送（见埃克曼漂流）的辐合区有关，与全球海洋环流和大气环流有密切的关系。如大西洋中的亚热带辐合锋、南极锋和南极辐合锋，太平洋中的赤道无风带盐度锋、亚热带锋和亚北极锋，都属于这种类型。

强西边界流的边缘锋　热带的高温高盐水向高纬度流动时（如黑潮、湾流）与周边冷水之间形成的温度锋。西边界流锋主要是其靠陆地一侧的暖锋，其靠海一侧的锋不明显，因为西边界流的大量回流形成了大范围的暖水，降低了温度场的水平梯度。这个锋的斜压性很强，随着流轴的弯曲及其季节变化，经常导致锋面形态的变化和位置的摆动。

陆架坡折锋　低密度大陆架沿岸水和高密度的陆坡水之间的过渡带，延伸方向与陆架边缘平行。陆架坡折锋主要为盐度锋，有显著的季节变化，在陆架表层物质向外输送的季节更加明显。

上升流锋　上升的冷水与海区原有上层水体之间的锋面。在有利于上升流的风力作用下，下层水体上升并向外输运。上升的水体通常是低温高盐的水体，因此上升流锋是温度锋和盐度锋，同时也是密度锋。虽然近岸上升流是海面辐散的结果，但上升流锋区仍然是辐聚的，是向外埃克曼输送与外海海面堆积产生的向内运动辐聚的结果。

羽状锋　江河径流入海时形成的在淡水与河口外海水之间的锋面。锋生的驱动机制是由较轻的水在海面堆积，并产生倾斜的界面，从而产生向外的压强梯度，和被挤压的外海水体在反方向上发生界面倾斜产生向内的水平压强梯度共同引起的。各种径流量的河流都有羽状锋存在，羽状锋的形状会随着外海潮流的运动而不断改变。

浅海锋　一个锋系，是发生在浅海的一系列锋的统称，主要包括沿岸锋、基底锋和岬角锋。沿岸锋是近岸潮混合垂向均匀水体与其外非均匀水体之间的锋面，又称潮混合锋。基底锋是近岸低盐水与入侵的外海高盐水之间的锋面，有时不出现在海表面。岬角锋是由于潮流在绕过岬角和岛屿时流速增强，潮混合导致岬角和岛屿附近水体与周边水体之间的差异产生的锋。

特性 海洋锋的持续时间为数小时至数月。大尺度锋带附近的海流处于地转平衡状态，而小尺度锋附近的海流还受到非线性惯性效应和摩擦效应的影响。

海洋锋的重要性在于，锋区的海面辐合能有效地聚集漂浮物质，这种特性有利有弊。海洋锋区首先是易污染区。近海锋区中重金属的浓度，比沿岸水域中本底浓度大2～3个数量级；海上溢油的油膜等漂浮性污染物质常常聚集到锋区。此外，在以温度锋为主的锋区易产生海雾，对航海有不利的影响。同时，海洋锋区也是高生产力区。在锋带附近的特定水团中，常有浮游植物大量繁殖，从而为浮游生物和动物提供丰富的饵料。许多鱼类的活动规律与海洋锋的时空尺度有关，形成以锋区作为主要特征的生态模式。此外，锋区的辐聚特性有利于遇难的小船和遗体聚集在那里，对海上搜救有重要意义。水声学家通过实地观测和理论研究，证实了海洋锋起着声学透镜的作用，对于水声信号的传播有重要意义。

较大尺度的海洋锋可以通过穿越锋区的断面水文数据确定，也是早期海洋锋的重要观测手段。而近海的海洋锋尺度小，时空变化显著，断面数据难以准确确定其位置和强度。对海洋锋的有效观测是在遥感卫星问世之后，卫星的红外辐射仪可以探测温度梯度，可见光的成像仪可以确定水体颜色的差异，可以时空同步地观测海洋锋形态和尺度。然而，由于盐度尚没有高分辨率的遥感手段，对盐度锋尚不能遥感探测。因此，进行海洋锋的研究需要卫星和常规手段的联合观测。（赵进平）

**海洋浮力材料** ocean buoyancy material 为海洋装备提供浮力的材料。在海洋应用中常用的浮力材料主要有3种：聚氨酯泡沫材料、共聚物泡沫材料和复合泡沫材料。聚氨酯泡沫材料成本较低，但这种泡沫具有较差的吸水性，使用中需要有其他材料完全包覆以保证与水完全隔离，其强度和可靠性不佳，一般只用在水面或深度小于100米的水下。共聚物泡沫材料能承受海水的静压力，能被加工成块状和片状，但长期应用在静水压力中会产生塑性蠕变，影响浮力材料的功能，该材料一般应用在深度小于600米的水中。复合泡沫材料由填充材料和黏结剂组成，一般选用玻璃微珠和环氧树脂。具有高压缩强度质量比、低蠕变和低吸水率的特性，很适合用于深海高压环境中。且这种材料容易成型，可加工，可以通过浇注和机械加工制成需要的形状。复合泡沫材料的制备可采用的技术途径包括以下3个方面：①基本形式为树脂基空心玻璃微珠，优选高强度低比重的耐压空心玻璃微珠与高强度的树脂，不限于环氧树脂，包括改性环氧体系。②选择在制备条件下具有良好的流动性和较好的适用期的固化体系，固化剂本身应具有较低的黏度，以利于增加填充量。③经大量实验和分析，调节组分比例，控制固化反应，保持材料较低的吸水率。

深海装备中使用的浮力材料往往与陆地或浅水处的不同，如深海潜水器使用的浮力材料密度要尽可能的小，使其单位体积提供尽可能大的浮力，同时还要保证其有足够的耐压性能。（黄 滨）

**海洋浮游动物** marine zooplankton 水体生活的一类异养海洋生物。它们或者完全没有游泳能力，或者游泳能力微弱，因为不足以抵拒水的流动力而不能自主地作远距离移动。从分类地位上包括从原生动物到脊索动物的多个门类；从生活史上包括终生浮游动物和阶段性浮游动物。

研究简史 浮游动物的研究可以追溯到19世纪初期，19世纪70年代之后逐渐发展成一门学科。在近200年的研究过程中，浮游动物研究主要经历了多个阶段。第一个阶段是1860～1930年，该阶段集中在海洋考察、浮游动物采集、分析方法及命名，以经典形态学、分类学为研究核心。第二阶段是1930～1980年，英国海洋生物学家A.哈迪等以浮游生物连续采样器（CPR）对北大西洋和北海浮游生物进行长周期调查，取得观测资料，而且这项工作也在持续进行。随着观测技术和研究方法的进步，1980年以来浮游动物可视记录仪、光学浮游生物计数器、声波扫描观测技术、遥控潜水器等应用有效促进了浮游动物研究的高速发展，科学家将大尺度海洋生态系统动力学过程和全球变化作为关注焦点。2000年以来分子生物学又逐渐应用到浮游动物研究中。国际上对浮游动物的研究主要集中在浮游动物生境及种群的分布和扩散动力学、浮游动物群落结构及多样性、浮游动物实验生态和现场受控生态研究、浮游动物对全球气候变化的响应、特殊生境（深海、极地、低氧区）浮游动物生态学研究及浮游动物研究新技术的应用等方面。

外形特征 海洋浮游动物是漂浮的或游泳能力很弱的小型动物。随水流而漂动，与浮游植物一起构成浮游生物。几乎是所有海洋动物的主要食物来源。从单细胞的放射虫（图1）和有孔虫到鲱、蟹和龙虾的卵或幼虫，都可见于浮游动物中。终生浮游生物（如原生动物和桡足类）以浮游生物的形式度过全部生命，暂时性浮游生物或季节浮游生物（如幼海星、蛤、蠕虫和其他底栖生物幼虫）在变成成体而进入栖息场所以前，以浮游生物形式生活和摄食。

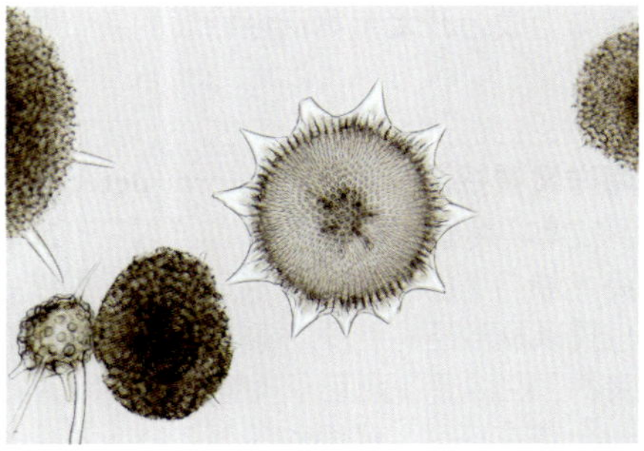
图1 光学显微镜下的放射虫

种类 海洋浮游动物的种类极多，从低等的微小原生动物、*腔肠动物*、栉水母、轮虫、甲壳动物、腹足动物等，到高等的*尾索动物*，几乎每一类都有永久性的代表。浮游动物重要的类别如下。

原生动物 原生动物是浮游动物类群里最原始和最低等的一类单细胞动物，约有3万种。原生动物一方面具有一般细胞所具备的细胞质、细胞膜和细胞核，另一方面又具有一般动物所具有的完整的新陈代谢的生理机能，包括运动、消化、呼吸、排泄、感应、生殖等。海洋原生动物的重要纲有鞭毛纲、肉足纲和纤毛纲。鞭毛纲通常身体长鞭毛，并以鞭毛作为运动器。肉足虫通常身体裸露，以伪足为运动器，伪足有运动和摄食的机能。肉足虫中的有孔虫是古老的动物，从地质史上的寒武纪到现代都有它们的踪迹，而且数量巨大。纤毛虫周身生着许多纤毛，以纤毛作为运动器。纤毛的结构与鞭毛相同，不过长度较短，数目较多（图2）。

图2 光学显微镜下的纤毛原生动物的光显微图

腔肠动物 腔肠动物为辐射对称、具有两胚层、有组织分化、原始的消化腔及原始的神经系统的低等动物。腔肠动物约有9000种，分为水螅水母纲、钵水母纲和珊瑚纲。水螅纲一般个体小，生活史过程中由固着的水螅型和漂浮的浮浪幼虫阶段，最后变为水母型。钵水母纲大多数是大型的水母类，形状很像打开的降落伞，最为人们熟悉的是海蜇。海蜇是沿岸浅海暖水性大型水母，适宜生长温度16～20℃，从盐度5‰到30‰都可生存。海蜇游泳能力差，往往顺流移动。海蜇也有浮浪幼虫阶段，终生以硅藻、桡足类、原生动物、浮游幼体和小鱼虾为食（图3）。

图3　沙滩上的海蜇

甲壳类　浮游甲壳类中的桡足类是海洋浮游动物群落中分布最广，种类最多，地位最重要的一个类群。枝角类、桡足类、端足类、糠虾、磷虾等一起构成了水域食物链中的重要环节。它们大多以浮游植物为食，同时又作为经济鱼类、虾类，尤其是中上层鱼类及其他鱼类幼鱼阶段的主要饵料。浮游甲壳类的分布和变动状况又可作为探索鱼群的位置和寻找渔场的线索。中国海洋中常见的浮游甲壳类有哲水蚤、剑水蚤、猛水蚤、糠虾、磷虾和毛虾等。这些甲壳类是鲐鱼、鲱鱼、沙丁鱼等鱼类和鲸类的主要饵料，鱼群常常追逐它们而游动。所以从甲壳动物的群落组成和丰度，也可判断鱼群的大小或种类，给捕获鱼群提供参考。

毛颚动物　又称箭虫，身体略透明，体长不超过4厘米。毛颚类由于头部两侧有成排的颚毛，故得此名。毛颚类是凶猛的肉食性动物，主要捕食小型甲壳动物（尤其是桡足类）、仔、幼鱼和其他毛颚动物等，有时也捕食被囊类和水螅水母类。毛颚动物种类不多，但数量很大，是海洋浮游动物的重要组成部分。中国海域已知的毛颚动物有40余种，最常见的是百陶箭虫、强壮箭虫和肥胖箭虫。毛颚类大多是“伏击”捕食者。当毛颚动物明显地检测到搅动，便急速地向前冲击，头巾缩回，借助头部肌肉的收缩，把颚刺展开，并用列齿抓住饵料动物，颚刺关闭，围住饵料动物，在极短的时间内完成捕食活动。

被囊动物　是一群以单体或群体生活的低等脊椎动物，又称尾索动物。被囊动物常见种类有住囊虫、海鞘、尾海鞘、菊海鞘、樽海鞘等。被囊动物有其特有的被囊，这是具有分泌作用的一个保护层，内含纤维素。多数被囊动物为雌雄同体，但群居类也有无性生殖。在较冷区域，于春季和夏季产卵，而在热带则全年均有产卵发生。

浮游幼虫　浮游幼虫的种类多，数量大，是海洋浮游生物的重要组成部分。海洋中的许多低等动物在生活史中有变态发育的过程，经过浮游幼虫阶段，再变为成体。浮游幼虫是鱼、虾、贝类幼体的主要饵料之一，在海洋食物链中意义巨大。许多无脊椎动物及脊索动物都有浮游幼虫阶段，如海绵动物的两囊幼虫，腔肠动物的浮浪幼虫，桡足类的无节幼虫，脊索动物的柱头幼虫等，甚至刚孵化出来的仔鱼，因缺乏发达的游泳器官，也只能在海中漂浮，成为浮游幼虫的成员。

生态地位与作用　海洋浮游动物在海洋生态系统中起着承上启下的关键作用。首先浮游动物是初级生产者的主要摄食者，同时浮游动物又是高营养级游泳动物的饵料，所以浮游动物是海洋食物网物质循环和能量流动的关键环节。浮游动物是海洋中重要的蛋白质来源，是鱼类、海鸟、鲸鱼等海洋动物的主要食物。很多浮游动物夜间到海面觅食，白天回到海底并避开掠食者，他们脱落的外骨骼、粪便及呼吸作用可以将碳带到深海，在全球海洋生态和碳循环中起着重要的作用。（杨　光）

**海洋浮游生物**　marine plankton　生活在水体中，运动能力弱，随波逐流的海洋生物。包括***海洋浮游植物***和***海洋浮游动物***两个类群。浮游植物以硅藻为主（图1），还包括甲藻、蓝藻、金藻、黄藻、隐藻等生物。浮游动物包括原生动物、***腔肠动物***（图2）、轮虫动物、甲壳动物（图3）、腹足类、毛颚动物、低等脊索动物（浮游有尾类和海樽类），以及各类动物的浮性卵和浮游幼体等。

研究简史　因为海洋浮游生物多数无法肉眼直接观察，一般认为真正意义上的研究始自浮游生物采样网具的发明和应

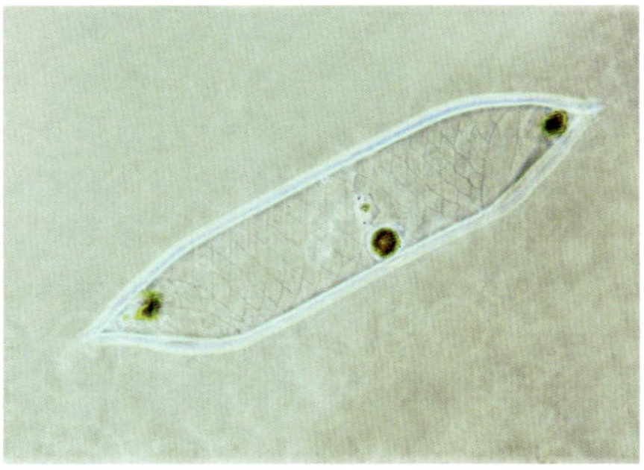

图1　光学显微镜下的硅藻

图2　沙滩上的罗盘水母

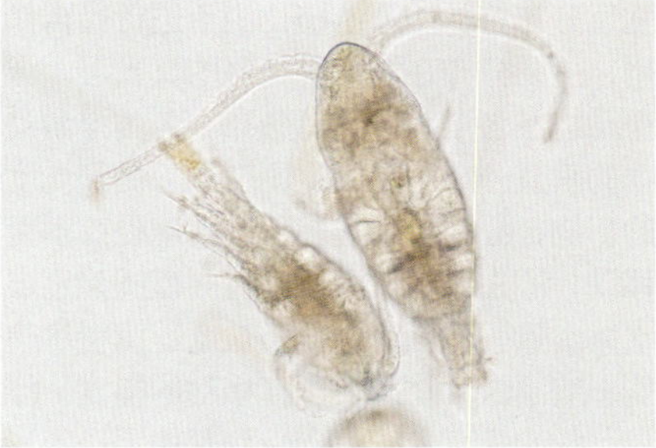

图3　光学显微镜下的桡足类动物

用。自1828年英国J.V.汤普森和1845年德国J.米勒制作第一顶浮游生物网算起，迄今已有近200年的历史。海洋浮游生物的研究在初期聚焦于浮游生物群落本身。其中1889年德国北大西洋浮游生物调查及随后形成的《浮游生物调查成果》，为海洋浮游生物的研究奠定了基础；意大利那不勒斯（那波利）海洋生物研究所的《那波利湾动植物志》和摩纳哥海洋研究所的《摩纳哥王子科学调查成果》，对海洋浮游生物的分类和形态研究做出了重大贡献。从20世纪20年代起，浮游生物在生态系统物质循环和能量流动中的作用逐渐受到人们的关注。1921年，英国海洋生物学家A.哈迪开始通过浮游动物来研究以其为食的鲱鱼的资源变动。同时，越来越多的研究发现，浮游生物对海洋水团具有指示作用。

中国自20世纪50年代开始，对海洋浮游生物进行研究。从传统的以描述性为主的分类、形态研究阶段，到现代的以实验性为主的生态研究，以及生理、生化乃至渔业，取得了一定的研究成果。

主要生活习性和分布特征　浮游生物最重要的特点是能在水中保持悬浮状态，具有多种多样适应浮游生活的结构和能力，如扩大个体表面积或结成群体增加浮力、减轻比重增加浮力。

浮游生物的水平分布会受到温度、盐度、湍流、营养盐等理化因子的影响。受到温度的影响，浮游生物可分为寒带种（分布于北冰洋和南大洋）、温带种（分布于北、南温带海域）和热带种（分布于热带海域）。在水温较低的海域，浮游生物

的种类少，每个种的数量大；而在水温较高的热带海域，浮游生物的多样性高；温带海域浮游生物的多样性介于前两类之间。受到盐度的影响，浮游生物可分为广盐性和狭盐性两大类群。其中近岸海域一般是广盐性种类，而外海海域一般是狭盐性种类。受到风力、湍流以及水的富营养化的影响，浮游生物数量的平面分布并非均匀，常有密集成斑块状的分布现象。

浮游生物同时在整个水体呈现一定的垂直分布特征。浮游植物由于进行光合作用，主要分布在海洋有光照的真光层。浮游动物在各个水层均有分布。各类浮游动物的垂直分布不是固定不变的。受到光度的影响，浮游动物存在节律性地昼夜垂直移动，即白天在较深水体，而夜间到上层水体。除了光度，温度、盐度、饵料等也能影响浮游动物昼夜垂直移动的幅度。浮游动物的垂直分布也会受到其他因子的影响，如源自生物的生殖、发育、摄食等因素及源自环境的海流等因素。

在生态系统中的地位与作用　浮游生物在海洋生态系的结构和功能中占有极为重要的地位。在物质循环中，浮游植物通过光合作用制造有机物成为食物链的第一环节，浮游植物的产量影响着植食性浮游动物以及高营养级生物的产量。在能量流动中，浮游植物把吸收的太阳能转变为化学能，植食性浮游动物摄取浮游植物后获得能量，并通过食物链的各个环节将能量传递下去。因此，浮游生物在海洋生态系统的物质循环和能量流动中起着重要的作用。

研究意义和展望　浮游生物是经济鱼类的饵料，其数量分布有助于寻找渔场、确定渔期，所以浮游生物研究对渔业生产和海洋科学基础理论都有重要意义。有些浮游动物种类（如海蜇、毛虾和磷虾等）其自身可作为渔业资源。有些浮游生物（如骨条藻、褐指藻、轮虫、桡足类等）可以人工培养作为水产动物育苗的饵料。有些浮游生物对环境的污染物具有净化和富集的能力。此外，浮游生物研究在海流指示、海底石油资源勘探、古海洋环境、赤潮预测治理等方面起着重要的作用。

（杨　光　郑　重　郭玉洁）

**海洋浮游植物**　marine phytoplankton　具有色素或色素体能吸收光能和二氧化碳进行光合作用制造有机物，营浮游生活的微小藻类的总称。是水域的初级生产者。海洋浮游植物是非常多样化的类群，为结构简单的真核或原核生物。它们大多单细胞并具有光合色素，其个体颜色取决于色素及其浓度。繁殖结构相对简单，非繁殖细胞不分化，没有真正的根、茎和叶。

研究简史　对海洋浮游植物的研究，自1828年英国J.V.汤普森和1845年德国J.米勒算起，迄今已近200年历史。第一阶段偏重于采集观察、形态分类。第二阶段是20世纪20年代以后，海洋浮游植物自然生态的研究成为主要内容，着重研究它们的时空分布及其与海洋环境的关系，以及各种环境因子对各类海洋浮游植物生长、发育及繁殖的影响等。第三阶段是20世纪60年代以来，海洋浮游植物自然生态的研究密切结合实验生态进行，并发展到现场围隔生态系统的实验研究。

种类　海洋浮游植物大多是单细胞藻类，其中硅藻最多，还有甲藻、绿藻、蓝藻和金藻等。另外，根据细胞粒径的大小，可以把海洋浮游植物分为3类：小型浮游植物（20～200微米）、微型浮游植物（2～20微米）和微微形浮游植物（0.2～2微米）。

海洋小型和微型浮游植物包括了几乎所有门类的浮游植物，主要有硅藻类、甲藻类、金藻类、定鞭金藻类、蓝藻类、绿藻类和隐藻类等。海洋微微型浮游植物又分为海洋微微型原核浮游植物和海洋微微型真核浮游植物。海洋微微型原核浮游植物主要包括聚球藻（Synechococcus）与原绿球藻（Prochlorococcus）等。海洋微微型真核浮游植物主要包括硅藻、甲藻、青绿藻（Prasinophyceae）和定鞭金藻（Haptophyta）等。

分布　海洋浮游植物按照空间、时间特点如下分布。

平面分布　按照纬度的不同，海洋浮游植物可分为寒带种（分布于北冰洋和南大洋）、温带种（分布于北、南温带海域）和热带种（分布于热带海域）。造成上述分异现象的主要因子是温度。这3类在种类和数量上都有很大差异：一般来说，寒带浮游植物的种类少，丰度高；热带浮游植物的种类多，丰度较低；温带浮游植物的种类和丰度，介于两者之间。盐度也影响海洋浮游植物的平面分布。广盐性物种分布较广，一般生活在近海；狭盐性种类分布较窄，大多生活在外海。浮游植物的平面分布还与海流密切相关，其分布能为探索不同水团、海流的流向和分布等提供参考，如鸟尾藻属（*Ornithocercus*）在东海可作为黑潮暖流的指示种。浮游植物的平面分布并非均匀，常有密集成斑块状（patchness）的分布现象，多是由于受风力、湍流以及海水的富营养化等影响所致。

不同粒径的浮游植物在海洋中的分布规律是不同的。海洋小型浮游植物的生物量一般在营养盐含量较高的近岸海域、上升流区以及外海的营养盐跃层较高。在营养盐丰富的海域，小型浮游植物对营养盐的吸收速率和生长速率都占有优势；而在营养盐较贫瘠的海域，粒径较小的微型和微微型浮游植物对营养盐的吸收效率则更好。

垂直分布　浮游植物由于需要进行光合作用，仅分布在海洋有光照的上层（0～200米，称为真光层）。蓝藻多分布于真光层的上部，硅藻则可分布在整个真光层。浮游植物的垂直分布受光照、湍流和生物体自身垂直运动所调控。

季节分布　在北温带海域的春季，因为表层水温升高、光照增强、营养盐（氮、磷等无机盐类）增多，浮游植物得以大量繁殖，形成一年中的第一次数量高峰，称为春季藻华。春季高峰之后，由于营养盐大量消耗，浮游植物的繁殖受到限制，加上植食性浮游动物的大量捕食，使浮游植物的数量在夏季急剧减少。秋季，营养盐含量经积累又复增多，浮游植物再度大量繁殖，从而形成一年中的第二个高峰。在冬季，浮游植物又复减少。上述变动是浮游植物季节变化的一个方面；另一方面是种类的季节交替，如春季硅藻衰退后，甲藻起而代之。因为甲藻在适宜的温度和营养盐贫乏的环境下能大量繁殖。上述的北温带海域浮游植物季节分布模式，由于一年中出现春、秋两个数量高峰，称为双周期型；在寒带海域，一年中只在夏季出现一个短暂的高峰，称为单周期型；在热带海域，由于环境因子整年比较稳定，所以浮游植物的分布没有明显的季节变化。

特性　浮游植物最重要的特点是能在水中保持悬浮状态，具有多种多样适应浮游生活的结构和能力，主要有两种类型。①扩大个体表面积或结成群体增加浮力。这类现象在浮游植物中很普遍，如角毛藻有细长的角毛；等片藻、直链藻结成带状，海链藻结成链状，星杆藻连成星状、棕囊藻形成圆球状等。②减轻比重增加浮力。常见的方式有：产生气体或贮存油脂，如束毛藻在藻丝之间形成气泡，浮游硅藻类进行光合作用时产生油脂或脂肪酸。

生态地位与作用　海洋浮游植物在海洋生态系统的结构和功能中，占据着极为重要的位置。在海洋食物链中，浮游植物是初级生产者，通过光合作用，制造有机物，成为食物链的第一环节（又称第一营养阶层）。浮游植物的产量（初级生产）影响着植食性浮游动物的产量（次级生产），而后者又影响着肉食性小型动物的产量（三级生产）和肉食性大型动物的产量（终级生产）。这四级生产的数量逐级减少，构成数量或生物量的金字塔。因此，海洋浮游植物是海洋生物生产力的基础，在很大程度上决定着鱼类和其他经济水产动物的产量。

一些狭温、狭盐性的浮游植物，可作为不同海流的指示种。发光浮游植物（如夜光藻）的大面积密集，可引起海水发光，俗称"海火"，影响海军作战。一些海洋浮游植物，特别是甲藻和蓝藻，在海域富营养化时会发生过度繁殖，使局部水域变色，形成赤潮，对鱼、虾、贝类及其他经济海产动物危害很大。

对海洋浮游植物的研究，以下方面有待深入：①浮游植物光合作用的生理、生化机制。②浮游植物生态系统的现场观察实验（包括提高生产力方法，浮游植物在氮、磷和碳循环中的作用及能量的流动）。③赤潮浮游植物分泌毒素的生理机制和生化组成，以及预测和防治赤潮的方法。④浮游植物对污染物质的吸收、富集、解毒、净化的生理、生化过程。⑤利用浮游植物作为捕捞经济鱼类及勘探海底石油资源的标志。⑥浮游蓝藻的固氮作用等。

（孙晓霞）

**海洋附着生物** marine fouling organisms 附着在船底和其他海中设施表面上的海洋生物。又称海洋污着生物、海洋污损生物。这类生物一般是有害的，且附着在人工设施的表面上，不同于海洋岩礁上的固着生物以及养殖的贝类、藻类和**海洋钻孔生物**。

研究简史　随着对海洋的开发和利用，特别是第二次世界大战期间由于战舰防污的需要，人们对生物附着的研究逐步地开展起来。美国**伍兹霍尔海洋研究所**（WHOI）1952年出版的《海洋污着生物及其防除》一书，奠定了海洋污着生物研究的基础。其后，各国相继进行了大量的污着生物调查和研究。1972年苏联出版的《苏联各海的污着生物》、1984年中国出版的《海洋污损生物及其防除》（上册）和2008年出版的《海洋污损生物及其防除》（下册）等著作，反映了20世纪60年代以来的新成果。

种类组成　至1947年，世界已经记录约有2000种海洋附着生物。估计已发现有4000～5000种，在中国沿岸已经记录有650种左右。这些种类分别隶属于海洋菌类、藻类以及海洋动物的各个主要门类。由于船只携带的结果，许多适应力较强的附着生物种属广泛分布于世界海域。中国海域辽阔，有渤海、黄海、东海和南海。由于环境条件的影响和生物的固有特性，污损生物的群落在不同的海区呈现不同的种类组成，即存在区域性差异。

黄渤海　种类组成主要以**海洋藻类**、**腔肠动物**、苔藓动物、多毛类、软体动物、甲壳动物和被囊动物为主。海洋藻类主要是浒苔（*Enteromorpha*）、**石莼**（*Ulva*）、水云（*Ectocarpus*）等。腔肠动物主要是水螅和**海葵**等。苔藓动物主要是草苔虫（*Bugula*）、三胞苔虫（*Tricellaria*）、膜孔苔虫（*Membranipora*）和琥珀苔虫（*Electra*）等。多毛类主要是盘管虫（*Hydroides*），如华美盘管虫（*Hydroides elegans*）。软体动物主要是紫贻贝、牡蛎类。甲壳动物主要是**藤壶**（*Balanus*）和钩虾。被囊动物主要是柄瘤鞘类（*Styela clava*）和菊海鞘（*Botryllus*）。

东海　近岸区以低盐广布种为主，如肠浒苔、石莼、泥藤壶、牡蛎、水螅和海葵等。内湾区以甲壳动物、苔藓动物和软体动物为主，主要种类是网纹藤壶、翡翠贻贝、僧帽牡蛎、太平洋侧花海葵和中胚花筒螅等。远岸区以暖水性高盐种为主，主要种类有三角藤壶、红巨藤壶等。

南海　种类组成主要以藻类、海绵动物、苔藓虫、软体动物、甲壳动物和多毛类环节动物为主。苔藓动物主要是有膜孔苔虫科（Membraniporidae）的种类。软体动物主要是僧帽牡蛎（*Saccostrea cucullata*）、翡翠贻贝等。甲壳动物主要是网纹藤壶、钟巨藤壶和三角藤壶等。多毛类环节动物以管栖多毛类华美盘管虫为主。

生物群落　附着生物群落的成员通常都要经历由少到多、个体由小到大的发展过程。浸在海水中无毒物体的表面，一般经过1～2小时就会有细菌和硅藻附着。它们分泌黏液，连同原生动物、小型线虫、轮虫、海藻孢子及其他有机碎屑等，形成一层微生物黏膜，然后是开始肉眼可见的大型生物附着。经过发展和演替，大约在1～2年后，群落达到相对稳定的阶段。附着生物群落中的生物是相互依存和制约的。按生活方式的不同，分为永久性附着生物、非永久性附着生物和活动性附着生物3种类型。前两类是群落的主体，后一类随前两类的变动而增减。按个体大小，又可分为微型附着生物和大型附着生物两类。

环境影响　主要有以下3个方面的影响。

附着基　①不同材料的附着基对附着的程度影响很大：黄铜、紫铜及含铜65%以上的某些铜合金组成的附着基，基本上不长附着生物。已试验过几百种其他工程材料的附着基，几乎都受生物附着。但附着的强度有差别，如银板、镀锌板仅在浸没于海水的初期有防污能力。②附着基的平滑度也影响生物的附着量，如藤壶在有机玻璃上的附着密度远远少于石棉板上。③附着基的色泽不同，附着密度也不同，一般是附着基颜色愈深，附着量愈大。这是因为附着生物的幼体，对各种波长的光的适应力不同，如藤壶的无节幼体是向光的，其金星幼体却是背光的。

水流影响　相对于物体表面的水流速度超过1海里/时，污着生物幼体一般就不会附着。即是说只有在船只泊港期间，才会附上污着生物的幼体。但是幼体附着以后，便可以在流速较大的情况下继续附着，并变态发育。在自然海域，水流畅通的环境因有利于摄食，所以污着生物的生长特别旺盛。

附着季节　会直接影响群落演替的程序。按附着的季节分为3种类型4种形式：①一年中附着一段时间，可分为暖季附着和凉季附着两种形式。这种类型在水温年变化大的海域最普遍。②全年都附着，但各月的数量不同。这种类型主要发生在热带和一些亚热带海域。③一年中有两个相间的附着期。这种类型一般发生在亚热带海域。

危害　增加船舰航行的阻力；使海水冷却管道和热交换器的冷凝管管径缩小，甚至完全堵塞；加剧腐蚀和导致隙缝腐蚀；使海中的仪表和机械失灵；吸收声能，使声学仪器减效或失效；增加海中建筑物桩、柱的截面积，加大波浪和海流的冲击力；改变水雷等水中浮体的定深；堵塞网孔；与养殖的贝、藻类争夺附着基和饵料；附着在滨海核电站取水口格栅上，影响冷源取水。

防治措施　船舶的防污基本上都用防污涂料，有效期一般为1～3年。冷却管道的防污，在20世纪30年代是注入氯，60年代以来已经用电解海水的方法制氯。海中换能器和热交换器，则直接用紫铜管防污，还有用电脉冲、超声波、淡水、热水、毒物释放器、毒性阳极电解、含毒橡胶包覆、喷镀铜、包覆铜板、对物体表面通以气泡或煤油、去除水中的溶解氧等方法，进行防污试验。氧化铜用作防污剂已经有100多年历史，至今仍然是应用最广泛的无机防污剂。现在开始使用有机锡等有机化合物做防污剂。电解海水产生次氯酸钠和部分初生态氧，对污着生物的幼体有毒杀作用。

（黄宗国）

**海洋复合污染**　marine composite pollution　多种污染物（多元素或多种化学品）对海洋环境造成的联合污染。按照污染效应划分为独立作用、协同作用、相加作用以及拮抗作用。按照污染物类型分为有机复合污染（如海上溢油及持久性有机物共同造成的污染）、无机复合污染（最典型的是多种重金属离子的复合污染）、有机-无机复合污染等。

主要危害　化学产品在生产、消费和废弃过程中，必然会将污染物释放到水环境中，最终汇入海洋环境，继而发生溶解、团聚、沉降、再悬浮等一系列的物理化学行为，从而对海洋环境造成影响，并对海洋生物造成严重威胁。首先，一些污染物会占据生物体所需营养物质的吸附位点，影响生物对营养物质的摄取，对生物体产生危害。其次，一些污染物会干扰生物体酶的活性，从而影响生物体的新陈代谢；还有一些污染物会干扰生物大分子的结构和功能、抑制基因的扩增等，从而影响生物遗传物质的合成。

与单一污染物不同，当多种海洋污染物进入海洋后，污染物之间可能会发生直接或间接相互作用，从而产生不同的污染效应，造成不同的危害。主要分为以下4种：①多种海洋污染物作用于海洋生物的不同受体以及靶器官，产生各自的影响，这类似于单一污染物造成的效应，即独立作用。②多种污染物对海洋生物造成的危害，等于这些污染物造成的单独危害之和，即为相加作用。③对海洋生物造成的危害，大于多种污染物造成的单独危害之和，即为协同作用。④多种污染物对海洋生物造成的危害小于任何一种污染物造成的单独危害，即为拮抗作用。

防治措施　①控制污染物的排放。污染物要从源头控制，才能有效降低污染物释放到环境中的总量。海洋污染最大的来源是陆源排放，陆地在向海洋排放污水时，应当对多种混合污染物进行分离、降解，达标后才能排放。②海上养殖场的肆意扩建，使得滩涂湿地面积严重萎缩，鱼虾失去栖息场所而大量死亡，有机物含量骤然升高并发生复合污染。同时海洋工程修建过程中使用的材料会溶出大量有害的有机或者无机污染物，使得海洋复合污染的概率增高。因此，应该遵循可持续发展的要求，杜绝不合理的海洋开发和海洋工程的兴建，健全法制，加强民众海洋环境保护意识。③杜绝溢油造成的海洋复合污染。首先是减少海上油田在勘探过程中造成的污染，其次是设置应急方案来应对突发泄漏事故，再者是推广环保型海洋船舶，减少航行过程中含油污染物的排放等。

（赵　建）

**海洋工程**　ocean engineering　应用海洋基础科学和有关技术学科，开发利用海洋所形成的一门新兴的综合技术科学，也指开发利用海洋的各种建筑物或其他海上设施。海洋开发利用的内容主要包括：海洋资源开发（生物资源、矿产资源、海水资源等）、海洋空间利用（沿海滩涂利用、海洋运输、海上机场、海上工厂、海底隧道、海底军事基地等）、海洋能利用（潮汐发电、波浪发电、温差发电等）、海岸防护等。“海洋工程”这一术语是20世纪60年代开始提出的，其内容也随着海洋石油、天然气等矿产的开采逐步发展充实起来。按海洋开发利用的海域，海洋工程可分为**海岸工程**、**近海工程**和**深海工程**，但三者又有所重叠。

海洋工程始于为海岸带开发服务的海岸工程。地中海沿岸国家在公元前1000年已开始航海和筑港。中国早在公元前306～前200年就在沿海一带建设港口，东汉时开始在东南沿海兴建海岸防护工程。荷兰在中世纪初期也开始建造海堤，并进而围垦海涂，与海争地。长期以来，随着航海事业的发展和生产建设需要的增长，海岸工程得到了很大的发展，其内容主要包括**海岸防护工程**、**围海工程**、**海港工程**、河口治理工程、海上疏浚工程、沿海渔业工程、环境保护工程等。但“海岸工程”这个术语到20世纪50年代才首次出现。随着海洋工程水文学、海岸动力学和海岸动力地貌学以及其他有关学科的形成和发展，海岸工程学也逐步形成一门系统的技术学科。

从20世纪后半叶开始，世界人口和经济迅速膨胀，对蛋白质、能源的需求量也急剧增加，随着开采大陆架海域的石油与天然气，以及海洋资源开发和空间利用规模不断扩大，与之相适应的近海工程发展迅速。其主要标志是出现了钻探与开采石油（气）的海上平台，作业范围已由水深10米以内的近岸水域扩展到了水深300米的大陆架水域。海底采矿由近岸浅海向较深的海域发展，深海工程现已能在水深1000多米的海域钻井采油，在水深6000多米的大洋进行钻探，在水深4000米的洋底采集锰结核。海洋潜水技术发展也很快，已能进行饱和潜水，**载人潜水器**下潜深度可达1万米以上，还出现了进行潜水作业的水下机器人。大陆架水域的近海工程（或称离岸工程）和深海水域的深海工程均已远远超出海岸工程的范围，所应用的基础科学和工程技术也超出了传统海岸工程学的范畴，从而形成了新型的海洋工程。

海洋工程的结构型式很多，常用的近海工程结构主要包括：重力式建筑物、透空式建筑物和浮式结构物。重力式建筑物适用于海岸带及近岸浅海水域，如海堤、护岸、码头、防波堤、人工岛等，以土、石、混凝土等材料筑成斜坡式、直墙式或混成式的结构。透空式建筑物适用于软土地基的浅海，也可用于水深较大的水域，如高桩码头、岛式码头、浅海海上平台等。其中海上平台以钢材、钢筋混凝土等建成，可以是固定式的，也可以是活动式的。浮式结构物主要适用于水深较大的大陆架海域，如钻井船、浮船式平台、半潜式平台等，可以用作石油和天然气勘探开采平台、浮式储油库和炼油厂、浮式电站、浮式飞机场、浮式海水淡化装置等。深海工程结构主要包括1000米级海上油气钻采平台（**张力腿平台**、**半潜式平台**、**立柱式平台**）。无人潜水器包括**遥控式无人潜水器**（ROV）和**自治式无人潜水器**（AUV），潜水器可以用于大洋海底资源勘探和开发，在军事上也有重要用途。

海洋环境复杂多变，海洋工程常要承受台风（飓风）、波浪、潮汐、海流、冰凌等的强烈作用，在浅海水域还要受复杂地形，以及岸滩演变、泥沙运移的影响。温度、地震、辐射、电磁、腐蚀、生物附着等海洋环境因素，也对某些海洋工程有影响。因此，应在进行建筑物和结构物的外力分析时考虑各种动力因素的随机特性，在结构计算中考虑动态问题，在基础设计中考虑周期性的荷载作用和土壤的不定性，在材料选择上考虑经济耐用等，这都是十分必要的。海洋工程耗资巨大，事故后果严重，对其安全程度严格论证和检验是必不可少的。海洋资源开发和空间利用的发展，以及工程设施的大量兴建，会给海洋环境带来种种影响，如岸滩演变、水域污染、生态平衡恶化等，都必须给予足够的重视和进行环境评价。除进行预报分析研究、加强现场监测外，还要采取各种预防和改善措施。

（严　恺）

**海洋工程地质**　marine engineering geology　对与海洋开发和海洋工程建设有关的地质问题进行的研究。

形成与发展　1947年，美国在着手开采墨西哥湾海洋石油时开始围绕钻井灾害和海洋结构物场地进行研究。20世纪50年代，各国开始重视海洋工程地质工作，特别是20世纪末以来得到突飞猛进的发展。许多国家对海洋工程地质的研究已从近岸浅海扩展到深海，涉及的主要问题是深水勘探设备、采样技术和船只的发展。为了查清深海海底地形和沉积物物理力学性质以及解决海洋工程的实施问题，通常利用海洋调查船、深潜艇、有人和无人控制的深潜设备、水下实验室以及海底电视、海底照相等先进设备和仪器进行海洋调查和直观测试。但随着海洋地质科学的迅速发展和海底矿物资源的开发利用以及深入了解地球洋壳各种特征的需要，上述手段已经不能满足工作上的需要，深海钻探和原位测试与观测成为海洋工程地质能否取得重大突破和迅速发展的关键技术手段。

基本任务　查明建设地区或建筑场地的地质条件，分析、预测和评价可能存在和发生的海洋工程地质问题，提出不良地质条件的防治措施，并研究人类工程活动与地质环境之间的相互制约和关联，以合理开发和妥善保护海洋和地质环境，为保证工程建设的合理规划和建筑物的正确设计提供可靠的地质科学依据。

研究内容　海底沉积物的工程特性是海洋工程地质的主要研究内容。它对建筑物的稳定和变形有直接影响，是工程成败的关键之一。海底沉积物的来源与沉积环境不同于陆地，其工程性质比陆地复杂，沉积层强度和压缩性的变幅很大。沉积物的抗剪强度、变形性质以及有关的物理、力学性质，是选择建筑物位置、基础持力层和建筑物结构选型的必要资料。持力层以上覆盖层的工程性质对基础布置的合理性及其实施的可行性也很重要。海洋工程地质研究需要分析海洋工程地质条件的区域分布特征和规律，评价其对工程建设的适宜性和可行性。

海上建筑物与陆地不同，要承受风浪、潮流的强烈作用，某些海区还有地震、海啸、台风、海冰、泥沙运移等因素影响建筑物的稳定。所以，在环境荷载作用下海底表层土和海底持力层及其覆盖土层的物理、力学性质（包括砂性土的液化性质）变化及其对海洋工程的影响也是应予研究的内容。另外，工程建设会改变海洋环境，海洋工程地质学需要对上述工程活动与地质环境之间的相互作用做出必要的评价、预报并提出防治措施。

研究方法　研究方法和它的研究内容是相适应的，为了解决海洋工程地质学的问题，需运用各种综合的研究方法，其中主要有自然历史分析法、试验方法、计算方法、宏观与微观研究相结合的方法以及工程物探方法等。

海洋工程地质的调查研究主要通过现场勘探、现场试验以及取样后进行室内试验、综合分析等。现场勘探可获得海底岩土层地质条件的可靠资料。现场勘探一般分初勘和详勘两个阶段。初勘阶段获得大范围的海水深度、海底地形、地层剖面以及深层基岩构造和岩性等资料。选定工程地点后，在较小范围内进行一系列钻孔、静力触探等现场试验和取原状土样等详勘工作，具体核定其工程地质剖面和各土层的物理、力学指标。

海洋底质采样一般采用重力采样器、重力活塞采样器和振动活塞采样器等，但对土层结构扰动较大，采样深度范围较小。鉴于高质量采样很困难，往往要进行现场试验，最普遍的是静力、动力触探试验、旁压仪测试和十字板试验，作为钻孔取样试验的对比资料。采样后有些物理、力学性质的指标应尽量在船上测定，样品还要妥善密封包装运回陆上试验室进行测试，室内试验与一般土工试验相同，并进行动力性质等特殊试验，以满足工程设计的要求。

研究意义　随着社会经济的迅速发展，大型海洋工程建设越来越普遍。工程地质学分析和预测在自然条件和工程建筑活动中可能发生的各种地质作用和工程地质问题，及其发生的条件、过程、规模和机制，评价它们对工程建设和地质环境造成的危害程度，这对避免工程事故及其造成的经济损失、保护海洋环境具有重要指导意义。

虽然中国在海洋工程地质调查研究方面起步较晚，但已经取得了较大的成绩，国家有关部门已考虑全方位加强海洋工程地质工作，有望在短时间内使中国工程地质研究上一个新台阶。（马妍妍）

**海洋工程环境影响评价**　marine engineering environmental impact assessment　开展海洋工程建设项目对海洋环境和海洋资源影响的综合分析、预测和评估研究，并提出相应的生态保护措施，预防、控制或者减轻工程对海洋环境和海洋资源的影响和破坏的工作。海洋工程环境影响评价是海洋工程建设项目对海洋环境造成影响的一种评价方式，对人类合理开发利用海洋资源、保护海洋生态系统具有重要意义。

主要内容　海洋工程指以开发、利用、保护、恢复海洋资源为目的，并且工程主体位于海岸线向海一侧的新建、改建、扩建工程。海洋工程环境影响评价的主要内容包括：①工程概况。②工程所在海域环境现状和相邻海域开发利用情况。③工程对海洋环境和海洋资源可能造成影响的分析、预测和评估。④工程对相邻海域功能和其他开发利用活动影响的分析及预测。⑤工程对海洋环境影响的经济损益分析和环境风险分析。⑥拟采取的环境保护措施及其经济、技术论证。⑦公众参与情况。⑧环境影响评价结论。可能对海岸生态环境产生破坏的海洋工程，其环境影响报告书中应当增加工程对近岸自然保护区等陆地生态系统影响的分析和评价。

工作步骤　①准备工作。主要内容包括：编制和报批海洋工程环境影响评价大纲，研究有关环境保护与管理的法律、法规、政策和与建设项目环境影响评价有关的其他文件，搜集历史资料，开展建设项目的初步工程分析和环境现状踏勘，筛选出主要环境影响要素、环境敏感区、环境敏感目标和主要环境保护对象，确定建设项目的环境影响评价内容和评价等级，确定主要环境影响评价要素和评价因子，同时明确下阶段工作的主要内容和环境影响报告书的主体内容等。②正式工作。主要内容包括：按照已批复的海洋工程环境影响评价大纲，进行详细的工程分析，按照已明确的环境评价内容、评价范围和重点评价项目，组织开展环境现状调查和公众参与调查，依据环境质量要求，分析所获数据、资料，进行环境影响预测和环境影响评价。③工作总结。为报告书编制阶段，其主要内容包括：依据环境质量现状调查和预测分析结果，依照环境质量要求，给出建设项目环境影响综合评价结论，给出建设项目的选址、规模和布局是否可行的明确结论，给出环境保护的建议和措施，编制和报批海洋工程环境影响报告书（表）。

中国评价工作　中国政府重视海洋工程环境影响评价工作。为防止和控制海洋工程对海洋环境的污染、保护海洋环境、维持海洋生态平衡，1990年6月25日，国务院公布了《中华人民共和国防治海岸工程建设项目污染损害海洋环境管理条例》；2004年10月1日，发布并实施了《海洋工程环境影响评价技术导则》（GB/T 19485—2004），提出了海洋工程环境影响评价应遵循的原则、技术方法和技术要求；2006年，国务院公布并实施了《防治海洋工程建设项目污染损害海洋环境管理条例》；2017年，国家海洋局（今自然资源部）印发了经修订的《海洋工程环境影响评价管理规定》，该规定从多个方面进一步加强和改进海洋工程环境影响评价管理，使海洋工程环境影响评价更为规范。

随着中国海洋工程环境影响评价机制的建立和不断完善，海洋工程环境影响相关工作已得到公众认可，但因其发展历程短，在实践、经验方面均有不足。

（张晓娜）

**海洋工程水文** ocean engineering hydrology 研究与海洋开发和利用工程建设中有关海水的运动、物理性质及其他问题的变化规律和推算方法。如研究海水运动（波浪、*潮汐*、*海流*、*海啸*、*风暴潮*等）、海水物理性质（温度、盐度、密度等）以及其他水文现象（泥沙运动、冰凌等）的变化规律和推算方法。为规划与设计工程建筑物、研究工程建造后对所在海域水文条件的影响提供基础数据。

海洋工程水文研究的范围主要在海岸带和近海。浅海区域的海洋水文条件十分复杂，常给海洋工程建设带来很大困难。其中防浪掩护和泥沙淤积等问题，常成为建设中的技术关键。

波浪是海洋环境最突出的动力因素，常给海洋工程环境建筑物带来很大的荷载，有时每平方米可达3万～5万牛，甚至可把千吨以上的混凝土块移动若干米。因此，布置和设计建筑物时，必须首先确定波浪要素的尺度。波浪要素的确定与以下3个方面有关：①通过波浪理论研究，建立波浪要素（波高、波长、波速、波周期）和水深之间的内在联系，揭示波浪的质点运动、压力变化、能量传递等基本规律。②通过风浪资料的统计分析，建立波浪要素与风场要素（风速、风时、风区及水深）之间的关系，揭示风浪的统计特征，研究风浪的推算方法。③研究波浪传入近岸浅水区域内的变化，搞清波浪折射、绕射、反射、破碎的机理，探求波浪变形后波浪要素变化的计算方法。在进行科学研究和工程设计时，常采用某种特征波浪要素，如有效波高（波浪观测序列中三分之一大波波高的平均值）、平均波周期或其他特征波要素作为依据。

潮汐引起的海面周期性升降幅度一般为几米，最大达十几米；风暴引起的增水最高可达5～6米；海啸引起的异常增水值可达10米以上，甚至几十米。在确定海洋工程建筑物设计高程时必须予以考虑。通过现场观测和理论分析，研究潮汐、风暴潮、海啸的变化规律，可获取平均海平面与深度基准面、最高潮位、平均大潮高潮位、平均大潮低潮位、最低潮位等各种特征潮位、风暴潮增水值以及海啸的壅水高度和周期等资料。对潮汐理论和推算方法的研究已经基本完善，能根据一年（或更短时间）的潮汐观测记录，用调和分析法确定工程设计所需的潮汐要素。随着计算机技术的进步，有关风暴潮特别是海啸理论的数值模拟得以迅速发展，风暴增、减水值和海啸要素的设计参数可以通过延长资料序列，进而利用长期统计分析来确定。

沿岸*波浪破碎*区内的泥沙在波浪和海流等动力因素的共同作用下常发生运移，使岸滩发生冲淤演变，直接影响海岸工程的实际效益。因此，在海岸工程选址和确定平面布置方案时，还必须研究沿岸泥沙输移问题，泥沙来源和输沙动力因素，泥沙运移速度、方向和数量，沙质和淤泥质海岸的淤积特点等。其中，输送泥沙的沿岸流和其他海流的变化很复杂，这种水流运动的机理还在探索之中。海岸工程设计常根据现场实测资料，来确定所需要的海流特征值。

在高纬寒冷海区，海湾和河口都有封冻现象。封冻后的冰凌特别是流冰，对海洋工程有显著影响和强烈的破坏作用。建造海洋工程时必须考虑冰凌的荷载，了解海冰的冰期、冰型、冰的形态、冰块大小和厚度、冰的密集度和冰量、流冰方向和速度等状况及特征。

海洋工程水文的研究，主要通过现场观测、理论分析和物模试验等手段进行。现场观测是研究的基础，用于累积原始资料，阐明各水文要素随时间的变化过程和空间分布状况。为此，观测需在不同天气条件、不同季节和不同潮汐情况下进行。理论分析是用流体力学和数学的基本原理来研究水文现象的变化规律，并提出理论模式和计算方法。物模试验则是模拟天然情况，复演历史变化过程并推演未来可能的发展过程。

（谢金赞）

**海洋功能区划** marine functional zoning 根据海域区位、自然资源、环境条件和开发利用的要求，将海域划分为不同类型的海洋基本功能区的一种海洋空间规划。海洋基本功能指依据海域自然属性和社会需求程度，以使海域的经济、社会和生态效益最大化为目标所确定的海洋功能。海洋基本功能区则是指具有特定海洋基本功能的海域单元。海洋功能区划兼具区划与规划的双重特性，它以海洋自然属性为基础，兼顾社会属性，在内容上以安排海洋开发保护的空间布局为主，基本不做时序安排，目的是规范海域使用和海域审批，是海域管理的具体依据。

海洋功能区划是《中华人民共和国海域使用管理法》《中华人民共和国海洋环境保护法》共同确定的中国海洋管理的一项基本制度，是海洋空间开发、控制和综合管理的整体性、基础性、约束性文件，经过实践，已形成了完备的技术方法与实施管理体系。

现行的海洋功能区划分为中国、省（自治区、直辖市）、市（县）三级编制和实施管理。中国海洋功能区划为宏观指导型区划，主要侧重于对国家重要海洋资源的开发利用方向和开发保护格局做出战略性安排，不为具体海域确定功能区类型，也没有明确的功能区坐标位置和面积；省（自治区、直辖市）级区划分解落实中国海洋功能区划对本地区海域的相关要求，划分一级类海洋基本功能区，明确每个一级类功能区的范围和管理要求；市（县）级区划为微观操作型区划，在省（自治区、直辖市）级区划确定的一级类海洋基本功能区中，划分二级类海洋基本功能区，明确每个功能区的范围和管理要求，为具体审批用海项目、编制和协调相关规划等提供操作依据。

2012年中国国家海洋局（今自然资源部）公布了《全国海洋功能区划（2011～2020年）》，其按照科学分类原理，结合海洋开发保护活动的现实特征，对《海洋功能区划技术导则》（GB/T 17108—2006）规定的海洋功能区划分类体系做了重新审视和进一步的优化调整，把海洋功能区调整为农渔业区、港口航运区、工业与城镇用海区、矿产与能源区、旅游休闲娱乐区、海洋保护区、特殊利用区和保留区8个一级类，22个二级类。

《全国海洋功能区划（2011～2020年）》设计了三级分区方案。一级分区，为全国海域范围内战略性的海洋功能大区。依据传统的海洋自然地理区划，将中国海域划分为渤海、黄海、东海、南海及台湾以东海域。二级分区，为区域性海洋综合功能区。主要考虑中等尺度海域的综合自然条件和经济地理因素，在全国和省级区划中划分为若干个重点海域。三级分区，为具体的海洋功能类型区。在省、市、县级区划中划分一级类和二级类海洋基本功能区单元。

自1989年以来，中国先后开展过三轮全国海洋功能区划编制工作。1993年完成了《中国海洋功能区划报告》和《中国海洋功能区划图集》的编写和编绘，比例尺为1∶20万～1∶40万，称为小比例尺海洋功能区划。这次海洋功能区划工作初步揭示了中国管辖海域固有的自然属性及其与社会、经济发展因素的关系，基本确定了各个具体海区的优势功能。因为缺乏法律效力，区划结果只被看成是一项科研成果，没有可操作性方面的要求。为了提高功能区划的实用性和可操作性，2000年国家海洋局在全国开展大比例尺海洋功能区划（即第二次海洋功能区划），把区划的比例尺扩大到1∶5万～1∶1万，甚至更大，开始建立国家、省、市、县四级海洋功能区划体系。该次区划工作于2003年基本结束。2009年开始，基于对中国海洋资源环境的进一步认识，同时考虑海洋经济转型发展的战略需求，中国启动了第三轮的海洋功能区划编制工作，同时也对海洋功能区划体系做了较大调整和完善。至2012年11月，中国和沿海11个省（自治区、直辖市）新一轮海洋功能区划已全部经国务院批准并实施。

（黄　杰　于永海）

**海洋功能区监测**　marine functional zone monitoring　根据海洋功能区的性质及有关规范和标准，调查和检测海洋功能区环境指标，掌握其动态变化特征和发展趋势，进而评价和判断功能区的生态环境状况和功能适宜性。2002年，中华人民共和国国务院批准了中国第一个《全国海洋功能区划》，各省市自治区和部分地市据此陆续发布了地方性海洋功能区划，用以指导、约束和管理海洋开发与保护活动；国家海洋局（今自然资源部）及其下属监测部门据此陆续开展了海洋功能区监测工作。2015年，国务院发布了《全国海洋主体功能区规划》，推动了海洋主体功能区监测工作的开展和实施。

中国海洋功能区监测范围包括中国的内水、领海、专属经济区、大陆架及其他管辖海域（香港、澳门特别行政区和台湾地区毗邻海域除外），分为八大类功能区开展监测，即农渔业区、港口航运区、工业与城镇用海区、矿产与能源区、旅游休闲娱乐区、海洋保护区、特殊利用区和保留区。其中，对敏感海洋功能区的监测是海洋功能区监测的重点，主要面向对环境质量要求较高的海洋保护区、养殖区、旅游度假区和捕捞区开展监测，以及时掌握环境变化和人为活动影响功能区退化或丧失等问题。海洋主体功能区监测是依据资源环境承载能力、现有开发强度和未来发展潜力，对产业与城镇建设、农渔业生产、生态环境服务三种“主体”功能的监测。

海洋功能区监测主要过程和内容是：①根据自然环境特征、人文需求目标和海洋功能区性质，明确监测目标和设置监测方案。②通过普查、调查统计、现场监测、遥感监测和科学计算等方式，获取监测指标数据；根据数据类型，对数据进行综合分析、空间化处理等。③参照相关海水、沉积物和生物质量等标准，评估海洋功能区的生态环境质量状况，以文字、图表或模型等方式表达出来。④判断功能区是否满足海域使用要求，保护对象是否稳定，环境质量是否良好等。

（邹　立）

**海洋汞循环**　marine mercury cycle　汞在海洋不同介质中的迁移转化。

*海洋在全球汞循环中的重要性*　海洋是汞的重要储库，储存了大量自然来源和人为排放的汞。观测数据显示，自工业革命以来，全球表层海水汞平均浓度增加了约两倍。深海沉积物能够储存大量的汞，是人为源汞最终的汇，在抵消人为源汞排放的影响方面发挥着关键作用。海洋在全球汞收支中也起着重要作用，它既是大气汞重要的“源”，也是其重要的“汇”。此外，无机汞一旦沉降到海洋生态系统中，由于微生物对无机汞的甲基化作用，甲基汞会大量形成，并在高营养级水生生物中累积到很高浓度，对水生生态系统和人类健康产生巨大威胁。人类关注汞污染问题始自20世纪50年代日本的“水俣病”事件，该事件的起因是居民食用了被污染的海洋鱼类而导致甲基汞中毒。海产品消费是人类甲基汞的主要暴露途径。

*海洋中汞的主要赋存形态*　海洋环境中的汞主要以元素态汞（$Hg^0$）、二价汞（$Hg^{2+}$）和甲基汞［包括单甲基汞（MMHg）和二甲基汞（DMHg）］几种形态存在。$Hg^0$在海水总汞中仅占一小部分，但是在海洋汞循环过程中起到了重要作用。从表层逸散的溶解气态汞可以降低水体汞的浓度，并随之限制甲基汞的产生。据估计，超过80%的汞在进入海洋后会转化成$Hg^0$再次进入大气中。$Hg^{2+}$是海洋中汞的最主要存在形式，$Hg^{2+}$同时也是甲基化过程的底物和去甲基化过程的产物。甲基汞是海洋中毒性最强的汞赋存形态，是主要引起生态健康风险的汞形态。

*海洋汞的主要源汇*　海洋汞的最主要来源是大气沉降，每年输送了大约3800吨的汞到海洋环境。河流输入是海洋汞的另一个主要来源，每年的输送通量大约为1000吨。*海底热液*也是海洋汞的来源之一，但其通量（100吨/年）要比大气沉降和河流输入低一个量级以上，不是海洋汞的最主要来源。其他来源（海岸侵蚀、地下水输入、海水养殖、企业和污水处理厂直排）的贡献更低，但对近海海域有一定影响。海-气界面$Hg^0$挥发是海洋汞最主要的汇，每年释放了大约3400吨的汞到大气中。与之相比，沉积物埋藏对于汞循环的贡献较小，占总通量的不到10%。

*海洋汞循环关键过程*　大气沉降（干沉降和湿沉降）和海-气界面$Hg^0$挥发是海洋汞最重要的“源”和“汇”，因此海-气界面汞的交换是海洋汞循环的一个重要过程。其他关键过程还包括汞的氧化还原和甲基化/去甲基化。$Hg^{2+}$可以通过还原过程转化为$Hg^0$，而$Hg^0$可以通过氧化过程变成$Hg^{2+}$。氧化还原过程是控制海水$Hg^0$水平的重要过程，并进而影响到汞的海-气交换过程及汞的区域性乃至全球范围内的迁移与转化。海水中汞的氧化还原过程包括光化学过程、非光化学过程和生物过程3个途径，各个途径的相对贡献尚不明确。

海洋中汞的甲基化和去甲基化过程是控制甲基汞水平及其生态风险的关键过程。海洋甲基汞主要来源于沉积物与水体中汞的原位甲基化。汞的甲基化过程主要存在生物和化学两种途径，微生物甲基化被认为是海洋环境中甲基汞原位生成的主要途径。汞的微生物甲基化过程一般是由携带hgcAB基因簇的微生物在乙酰辅酶A的作用下将$Hg^{2+}$转化成甲基汞。主导汞甲基化的微生物主要包括硫酸盐还原菌、铁还原菌、产甲烷古菌等厌氧微生物。此外，一些兼氧型微生物如硝化菌、河流弧菌、巨大芽孢杆菌和黏质沙雷氏菌等在有氧环境下也会发生汞甲基化作用。与此同时，甲基汞也可以通过微生物去甲基化作用转化为无机汞。微生物去甲基化过程指甲基汞通过微生物作用分解为甲烷（$CH_4$）和$Hg^0$或$CO_2$和$Hg^{2+}$的过程。与汞的甲基化作用不同，微生物去甲基化过程存在还原去甲基化和氧化去甲基化两种机制。在利于好氧微生物活动的高溶解氧环境中，还原去甲基化过程是其主要途径，主要降解为$Hg^0$和$CH_4$。而在有利于厌氧微生物活动的低溶解氧环境中，甲基汞的微生物去甲基化主要通过氧化途径发生。此外，光化学过程也是甲基汞去甲基化的主要过程，在浅层海水去甲基化过程中起着重要作用。该过程主要包括活性氧/自由基介导的间接降解和甲基汞-溶解有机质络合物的直接光解两种途径。

（李雁宾）

**海洋古菌**　marine archaea　生活在海洋环境中的一类原核单细胞微生物。个体体型微小，一般有长杆状、梭状和圆球形等。长杆状的古菌长度一般在3～30微米，而球形的古菌细胞大小一般为0.2～3微米。

海洋古菌一般分布在海洋水体、沉积物或者洋壳的岩石中。严格地说，海洋古菌指那些只能在海洋环境中生长与繁殖的古菌。

研究简史 1977年，C.R.伍斯和同事将古菌分类为不同于细菌和真核生物单独的一个进化分支，正式确定了古菌界，从此针对古菌的研究陆续展开。嗜盐古菌和产甲烷古菌作为海洋中首先被分离纯培养的古菌类群，其生理代谢特征和生态功能等方面被大量研究，但是可分离纯培养的古菌种类非常少。1992年E.德隆设计了针对古菌16S rRNA基因的引物，并且首先在海洋水体中发现了大量的古菌。基于DNA测序技术，利用针对古菌的引物，科学家们能够通过非培养手段研究古菌的多样性和分布，这大大促进了古菌的多样性和分布特征的研究，为古菌的分类和分布研究提供了重要的方法。随着深海采样技术和高通量测序技术的发展，在全球不同的海洋环境中发现大量不同种类的古菌，扩展了人们对古菌多样性和分布的认知。通过利用纯培养技术和宏基因组技术，科学家基于基因组分析，进一步对古菌的代谢功能和遗传进化进行探索，在古菌代谢机制和对极端环境的适应机制方面有了突破性的进展。同时根据不同古菌类群基因组的差异，将古菌分成了一些新的门和超家族如DPANN、TACK和Asgard超家族。通过纯培养技术和多种组学技术相结合的手段，科学家进一步对生活在海洋环境中的古菌的代谢功能和遗传进化机制进行探索，在古菌代谢特征和对海洋环境的适应机制研究方面有了突破性进展。海洋古菌的研究还有很多未解之谜，例如，海洋古菌在不同环境中的生态功能，适应不同海洋环境的机制以及海洋古菌的进化方式等。通过对这些问题的研究和探索，有助于人们进一步了解地球早期生命的形成与演化。

种类 海洋古菌的分类十分复杂，已有近30个门被提出，至少包括3个超家族—— DPANN、TACK、Aagard，以及一大门类——广古菌（Euryarchaeota），大部分古菌尚无法在实验室实现纯培养。广古菌门（Euryarchaeota）以包含甲烷代谢类古菌著称，是最早被提出的古菌门类之一，包括盐古菌（Haloarchaea）、甲烷微菌纲（Methanomicrobia）、甲烷杆菌纲（Methanobacteria）、甲烷球菌纲（Methanococci）、甲烷火菌属（*Methanopyri*）、热原体纲（Thermoplasmata）、Aciduliprofundi、Hadesarchaea、Thermococci、古丸菌纲（Archaeoglobi），还有一些未培养和命名的古菌类群，如Anaerobic Methanotrophic archaea 1（ANME-1）、Marine Group Ⅱ（MG Ⅱ）、Marine Benthic Group D（MBG-D）等。

分布和特性 海洋古菌广泛地分布在海洋中各种环境。高温，高压，高盐，厌氧与好氧海水和沉积物环境中，都发现有古菌分布。古菌是海洋中不同生态系统的重要组成部分。深海的热液、冷泉生态系统中都发现有大量不同类型的古菌类群。热液区环境中主要分布的古菌是嗜热古菌，包括热球菌目（Thermococcales）、热变形菌纲（Thermoprotei）、古球菌目（Archaeoglobales），奇古菌门（Thaumarchaeota）、甲烷球菌目（Methanococcales）和甲烷火菌目（Methanopyrales）。这些微生物主要参与热液生态系统中的硫代谢、氨氧化、甲烷代谢等。热液生态系统中还包括很多未培养古菌类群，它们的生态功能现在还不清楚。

参与甲烷代谢的古菌是**冷泉生态系统**中主要的古菌类群，包括甲烷厌氧氧化古菌（Anaerobic Methanotrophic archaea; ANME）和产甲烷古菌（Methanogens）。ANME主要分布在沉积物的硫酸盐甲烷转换区，与硫酸盐还原菌共同作用厌氧氧化甲烷，而产甲烷古菌主要分布在硫酸盐较低的沉积物中，利用小分子化合物（二氧化碳/氢气，乙酸盐，一碳类化合物）产甲烷。

不同的海洋动物体内也发现大量的古菌，这些古菌与海洋大型生物共生。例如，在海洋水体中的藻类和海绵体内发现有共生的古菌，还有些古菌能够与沉积物表层的贻贝、蟹类等生物共生。

由于古菌的不同生理功能特性，海洋古菌的分布具有差异。不同的环境中分布有特异的海洋古菌类群，特征各异。

海洋中有嗜冷、嗜温、嗜热古菌。嗜冷古菌（Psychrophilic archaea）适宜在温度0～20℃的环境条件生存。嗜温古菌（Mesophilic archaea）能够在温度为20～45℃的环境中适宜生存。能够在温度为45～80℃的环境中适宜生存的古菌称为嗜热古菌（Thermophilic archaea）。生活在海底热液喷口周围的古菌，能够耐受更高的温度（80～122℃的环境），这些古菌称为超嗜热古菌（Hyperthermophilic archaea）。科学家通过高温高压培养装置，已经分离出了许多超嗜热古菌。例如，日本海洋地球科学与技术研究院的科学家在印度洋中脊“黑烟囱”样品中分离出能够在122℃高温环境中生存的产甲烷菌；中国科学家分离了一系列嗜热嗜压古球菌属（*Palaeococcus*）、火球菌属（*Pyrococcus*）和热球菌属古菌（*Thermococcus*）。

海洋平均水深3800米。深海古菌能够耐受很大的静水压力，甚至能够在超过40兆帕的环境中生存。有些古菌只能够在较高的压力下适宜生长，这类古菌称为嗜压古菌（Piezophilic archaea）。其中典型的代表包括詹氏甲烷球菌（*Methanocaldococcus jannaschii*）、古球菌属（*Palaeococcus*）、高温球菌属（*Thermococcus*）和火球菌属（*Pyrococcus*）。

海洋盐田中生长的古菌，能够耐受非常高的盐离子浓度（3～5摩尔），这类古菌被称为嗜盐古菌（Halophilic archaea）。代表种属有*Haloquadratum waslbyi*，*Halobacterium litoreum*等，广泛分布在海洋盐田环境中。

海水中生活着大量的浮游古菌，它们在海洋的碳、氮等元素循环中起到重要作用，其中主要的类群为氨氧化古菌奇古菌门（Thaumarchaeota），广古菌类群Ⅱ（Euryarchaeotal group Ⅱ）。奇古菌类群中的海洋类群Ⅰ（Marine group Ⅰ）和海洋类群Ⅱ（Marine group Ⅱ）是海洋水体中的主要古菌类群。同时在海洋沉积物中也生活着大量的古菌，代表类型为在全球海洋沉积物中广泛分布的深古菌（Bathyarchaeota）类群，能够代谢沉积物中的有机质，并且利用二氧化碳固定产生乙酸。

深海环境中的古菌代谢比较缓慢，平均细胞倍增时间或代时较长。如甲烷厌氧氧化古菌的代时是2～9个月，据估算有些生活在寡营养环境中的古菌代时可长达数年甚至上百年。 （王风平）

**海洋固氮** marine nitrogen fixation 海洋微生物在固氮酶的催化下将氮气（$N_2$）还原成氨（$NH_3$）的过程。又称海洋生物固氮作用。海洋固氮微生物都是原核生物，存在多种生态类型、营养方式和固氮模式，其固氮能力受多种环境因子的调控。基于现场观测和模型计算，海洋固氮量$100\times10^{12}$～$200\times10^{12}$克氮/年，约占全球生物固氮总量的40%。

1961年，R.C.达格代尔在北大西洋马尾藻海的束毛藻（*Trichodesmium*）中首次观测到海洋固氮现象。直到20世纪90年代，预测表明海洋固氮量要远高于先前的估算，自此科学家才对其展开大量的研究，包括发现新的海洋固氮生物种和调控海洋固氮过程的因子。

海洋固氮生物的种类和分布 固氮蓝藻是经研究发现的最主要的海洋固氮生物类群，包括自生固氮蓝藻如束毛藻（*Trichodesmium*）、鳄球藻（*Crocosphaera*），共生固氮蓝藻如与硅藻共生的内胞植生藻（*Richelia*）和眉藻（*Calothrix*）等。海洋中还有丰富的非蓝藻固氮生物（non-cyanobacterial diazotrophs; NCDs），它们主要是异养细菌，如α-、β-、γ-、δ-变形菌。海洋固氮生物分布广泛，其栖息环境包括：远洋环境，如（亚）热带表层海水、真光层、中层和深层海水、**海底热液**；底栖环境，如（河口和海底）沉积物、珊瑚礁、海底微生物垫、海草、盐碱滩。对于光合产氧的蓝藻，为了避免氧气（$O_2$）对固氮酶的不可逆损伤，它们会产生不同的固氮模式，将固氮和光合作用在空间或时间上分离，如束毛藻固氮作用和光合作用在不同的细胞内进行，鳄球藻白天进行光合作用、夜晚进行固氮作用。

海洋固氮的影响因素　包括多种物理、化学和生物因子，其中研究比较多的主要有：①营养盐。常见的有氮、磷和铁，海洋固氮生物会优先选择利用环境中的溶解态无机氮营养盐［硝酸盐（$NO_3^-$）、亚硝酸盐（$NO_2^-$）和铵盐（$NH_4^+$）］作为氮营养源，而减少甚至不进行固氮。磷和铁是构成生命活性物质的重要元素，而且固氮酶（含38个铁原子）是已知的含铁最丰富的蛋白酶，因而寡营养海域磷、铁的缺乏常限制海洋生物固氮。②人为活动引起的海洋环境变化。如海洋酸化和海水暖化，能够影响某些海洋固氮生物的生长，或改变表层海水中磷和铁的生物可利用性，从而直接或间接的影响海洋固氮。③海洋内部的物理过程。如上升流通过改变海域的温度、盐度和营养盐的浓度来影响该地区的固氮。

意义　海洋固氮在海洋碳、氮生物地球化学循环中发挥着重要作用，影响着海洋生态系统结构和功能。全球海洋环境中有约50%海域的初级生产力受氮营养盐的限制，而海洋固氮是海洋氮循环的重要环节，它不仅能为固氮生物自身提供必要的氮源，还能通过分泌、分解、被摄食等过程将固定的氮释放到环境中供其他生物利用，从而缓解环境中氮的限制，是海洋生态系统中新氮的重要来源。海洋固氮能通过调控初级生产力，进而影响海洋碳循环。（张福婷　史大林）

**海洋固碳**　marine carbon fixation　海洋自养生物利用太阳能或化学能同化无机碳和其他无机元素，合成有机质的过程。自养生物固定的碳能被海洋异养生物所利用，是全球碳循环的核心部分。在海洋生态系统中，大多数初级生产过程发生在真光层，最主要的初级生产者包括蓝藻和真核藻类。海洋藻类（包括真核、原核种类）的光合固碳占全球光合固碳量的一半。这些藻类利用卡尔文循环进行光合固碳并释放氧气。随着科技的发展，科学家们不仅发现了新的二氧化碳（$CO_2$）固定途径，而且阐明了卡尔文循环以外的其他代谢途径的重要性。

光合作用固碳　浮游植物、大型藻类、底栖植物以及光能自养细菌利用太阳光能进行光合作用，是海洋生态系统中最重要的初级生产过程之一。

浮游植物固碳　海洋中营浮游生活的藻类，大多为单细胞藻类。海洋浮游植物初级生产力与全部陆生植物相当。根据现行的藻类分类系统，一般可分为12～16个浮游植物类群。蓝藻是地球上最早出现的光合固碳放氧生物。硅藻是浮游藻类中研究最详尽的类群，约贡献了海洋初级生产力的40%。甲藻在多数海洋环境中的丰度仅次于硅藻。只有一部分甲藻是严格自养的，约有50%的甲藻是严格异养的，还有一部分甲藻是兼氧营养型。颗石藻通过光合作用合成大量颗粒有机碳，并通过钙化过程生成颗粒无机碳，这一过程释放的$CO_2$又回到大气中。浮游植物的光合固碳受多种因素的影响，包括温度、光照、垂直混合、营养盐、$CO_2$浓度、金属离子等。

大型藻类及海草固碳 大型藻类是多细胞藻类，主要包括红藻、褐藻和绿藻类，是近岸生态系统中的主要初级生产者之一。大型藻类年均固碳量约占全球海洋年均净固碳量的35%。褐藻的光合活性、相对电子传递速率和实际光能转换效率均高于绿藻和红藻。大型褐藻如羊栖菜、鼠尾藻均具有较强的光合能力和固碳潜力。海草床初级生产力与红树林、珊瑚礁相近，表现出极高的固碳能力。海草年均固碳量高达每平方米数百克，约占海洋年均固碳量的10%。波西多尼亚海草是一种代表性海草，具有特殊的垂直生长方式和难以分解的组织，可形成较厚的植物残骸层，这层植物残骸可在沉积物中长时间保存，形成大规模的碳储。

化能固碳　某些微生物可利用化学能进行碳的固定，称为化能自养生物。化能自养生物可进一步根据其化学能的来源进行分类，来源为有机物的称为化能有机自养生物，来源为无机物的称为化能无机自养生物。细菌和古菌是常见的多重代谢类型生物，称为混合营养型自养生物。混合营养型自养生物同时利用多个代谢途径，或者根据环境条件选择性利用某些代谢途径。化能无机自养生物，尤其是厌氧菌，可能是地球上出现的第一类生物，首次发现于深海热液喷口。它们可以利用多种无机物，如$H_2$、$SO_4^{2-}$、S等进行碳固定。除此之外，深海热液喷口的营共生生物、海洋深渊微生物、海洋最小含氧区微生物等都具有特异性的化能固碳代谢途径。（毕　蓉）

**海洋观测**　ocean observation　对特定海域的部分海洋要素进行测量（测定、分析）和定性定量描述（鉴定），将结果汇总成数据文档（报表）的过程。通常部分海洋要素包括有关水文、气象、物理、化学、生物和海洋灾害等海洋环境要素。

海洋观测依托设施主要包括站（点）站房、海上平台、观测井、调查（监测、观测）船、浮标、潜标、Argo剖面浮标、卫星、飞机、通信线路等及附属设施，以空基、天基、海基、底基为载体，利用多种仪器设备及技术，对海洋环境进行全方位、全天候、全时空综合观测，形成立体观测系统，为海洋生态保护、海洋防灾减灾、应对海洋气候变化、保障海洋经济安全、参与全球海洋治理等方面提供重要技术支撑和资料保障。海洋观测系统包含**全球海洋观测系统**和区域海洋观测系统。

全球海洋观测系统（GOOS）是全球地理观测系统（GEOSS）的一部分。在世界气象组织（WMO）、联合国环境规划署（UNEP）和国际科学理事会（ICSU）的协助下，由政府间海洋学委员会（IOC）执委会正式提出建立，其目标旨在建立一个统一、协调、能够实现资料和产品共享的国际系统，从而提供海洋资料和信息，使人们能安全、有效、合理、可靠地利用和保护海洋环境、进行气候预测和海岸管理。联合国政府间海洋学委员会于1993年牵头组织和实施了全球海洋观测系统，该系统包括气候、海洋生物资源、海洋健康、海岸带环境和海洋服务5个模块。已发展十多个区域性观测系统，全球海洋观测能力稳步增强。经过多年发展，中国已基本拥有包括海洋站（点）、雷达、海洋观测平台、浮标、移动应急观测、志愿船、标准海洋断面调查和卫星等多手段的海洋观测能力，形成了以覆盖近海为主的中国近海海洋观测网。此外，通过卫星遥感观测和科考调查逐步向大洋、极地区域拓展，初步具备了全球海洋立体观测能力。与海上丝绸之路沿线国家合作建设和维护海上丝绸之路沿线观测系统，保障海上通道安全，为沿线国家提供海洋环境保障服务；与“雪龙探极”“蛟龙探海”等重大工程互相衔接、互相支持、互相保障，集成成果，提升极地和深海深渊探测能力。此外，正在计划建成太平洋和印度洋观测系统，进一步参与国际观测计划和数据共享，与国际社会共同建设和维护覆盖太平洋和印度洋重点关注区的长期观测系统，提升对**大洋环流**、台风生成和传播、厄尔尼诺/拉尼娜现象、印度洋季风、**海洋酸化**等重要海洋、气候和环境变化过程的实时观测和预测能力。

中国海洋观测系统是按照国家和沿海省（自治区、直辖市）年度计划，利用卫星、飞机、船舶、台站、浮标、海床基等海洋观测平台，使用海洋观测仪器设备及有关技术手段，在一定空间范围内对海洋气象、水文、化学、生物和海洋灾害等海洋环境要素，实施观测、数据处理和分发的国家海洋业务化观测系统。

全球海洋观测系统的现场支柱就是Argo剖面浮标网，将为人类提供一个全球海洋次表层数据库。Argo剖面浮标网将由3000个自动仪器组成，每个浮标每隔10天发送一组取自2000米到海面的温度和盐度剖面资料。在全球大洋内每隔大约3个经纬度布设一个浮标，其数据通过卫星快速转送到气候（或海洋）预报中心，以供业务使用。 （鲍献文）

**海洋观测技术** ocean observation technology 利用传感器及其支撑平台技术，对海洋环境各量在一段时间内的感知分析技术。目的是观测未知海洋世界、研究海洋特定区域、获取海洋或海底特定区域的时间序列数据来研究和认识海洋。海洋探测技术与海洋观测技术的区别在于：从测量时间上来讲，海洋探测是瞬间、单点的测量，海洋观测是一段时期、连续的测量。从测量对象上看，海洋探测的测量对象是不变化的或是变化缓慢的，并且通常是固定的；海洋观测的测量对象在时域中是发生变化的。

海洋观测主要可以通过海洋观测系统实现。海洋观测系统通常有3个组成部分：海洋传感器、支撑平台和观测数据处理模块。海洋传感器用于海洋中各类信息的感知和获取；支撑平台，如潜水器等将传感器系统带入观测位置，实施对海洋的观测；观测数据处理模块是对获得的观测数据进行存储、处理和传输。海洋观测系统可分为天基海洋观测系统、海基海洋观测系统、水下海洋观测系统和陆基海洋观测系统。

天基海洋观测基于航天和航空遥感技术，包括卫星遥感观测、航空海洋观测；海基海洋观测主要是基于海洋测量船、浮标等进行观测；水下海洋观测系统是基于**载人潜水器**、**无人潜水器**、**水下观测网络**进行观测；陆基海洋观测系统主要基于海洋站、监测车等进行观测。 （林 渊）

**海洋观测链** ocean observation chain 用于观测海洋垂直剖面数据的技术。在海里垂直布置一个传感器阵列，每隔一定间距布置传感器构成观测链，或者是漂浮在海面抑或横放在海底的一串传感器，不断地获得一个剖面上的相关海洋数据，这样的系统称为海洋观测链。海洋观测链一般有两种形式：一种是从海面自上而下地布置传感器，称为海面观测链；另一种是传感器自下而上地布置，称为海底观测链。

海面观测链通常连接一个海面浮标，由海面浮标提供电能，并把数据发送到卫星上去。

海底观测链通常由锚系固定在海底。这种情形下，电池是布放在海底的。自底而上的观测链通常采取自容式方式存储一段时间内的观测数据，实现该海域的间接观测任务。完成观测工作后，可通过声学释放技术回收观测链。海底观测链的传感器阵也可以横放在海底，对海底一个区域进行某些特定现象的观测。海底观测链可实现深达数千米的深海海底长期观测，支持如海底热液区、深海冷泉和其他重点海底观测区域的长期科学观测，获取海洋环境、沉积物数据和各种海底地球物理场数据，实现间接海洋观测。比较著名的如美国新世纪天文台（NeMO）海底观测链。 （黄豪彩）

**海洋观测信息系统** ocean observation information system 包含海洋信息获取、海洋信息处理与管理、海洋信息应用服务的综合平台，是人类社会认识海洋、开发海洋、经略海洋的重要工具。海洋信息获取方面，主要是通过有效整合各类海洋数据观测系统，形成天空、大气、海面、海底的全时空覆盖，多学科要素的综合性海洋数据获取一体化网络。通常结合台站、船只等传统观测手段和卫星、浮标、雷达等新型观测手段构成综合的信息获取系统，以提升海洋数据获取能力。海洋信息处理与管理方面，对获得的海洋数据进行处理、整合集成和综合管理。海洋信息应用服务方面，通过信息的整合与应用，提升海洋数据信息交换与共享的效率和水平。海洋观测信息系统提供的海洋综合信息可作为海洋活动的重要决策依据，是海洋资源开发、海洋环境保护、战略要道保证等的重要信息基础。

海洋观测信息系统将通过建立立体、连续、实时、原位、大范围的观测体系，提高信息获取能力，通过发展数据处理、解释、反演技术，来实现精准建模从而提高对海洋信息的处理，利用观测数据进行精细化预测，对海洋灾害精细化预警预报并结合大数据技术，提高海洋信息服务水平。 （黄豪彩）

**海洋管理** marine management 在特定环境条件下，为达其一定目的，国际或国家权力机构根据授权，通过一定手段，对海洋、海洋事务及其所涉及的团体、单位或个人进行的各种有序组织行为。

任务 有效保护海洋资源、生态、环境；促进和推动人类合理开发利用海洋；有效维护合法的海洋权益。

目标 海洋资源的合理开发和持续利用、海洋经济的健康发展、海洋生态平衡、海洋权益的有效保障，实现海洋和人类的可持续发展。

*行动* 海洋管理的发展是随着人类的社会经济发展而发展的。工业文明时期以来，人类干预海洋的能力有了很大提高，在大力使用海洋环境、大量开发海洋资源的同时，也把各种人造污染物质排放至海洋，对以渔业资源、海岸带资源、海洋旅游资源和湿地资源为代表的海洋资源进行了破坏性的、掠夺性的开发，给海洋资源、海洋环境和海洋生态带来很大伤害。为抑制人类活动给海洋带来的伤害、保护海洋、维持海洋在人类可持续发展中的作用，人类开始前所未有地海洋管理。

20世纪中叶以来现代海洋管理主要面对的是人与海洋、人与人的矛盾。人与海洋的矛盾是人类在开发海洋资源、使用海洋环境中，存在的过度粗放开发、污染破坏使用等问题，对海洋资源、海洋环境和海洋生态带来了极大破坏。人与人的矛盾是在海洋利益、海洋权益问题上，人之间、地区之间、国家之间的矛盾。

为了化解这些矛盾，世界各国做出了很大努力，采取了一系列措施。1958年联合国在瑞士日内瓦召开第一届海洋法会议，并就**领海**与毗连区、**公海**、公海渔业与生物资源养护、大陆架等问题制定了4个公约。1960年联合国继续召开第二次海洋法会议，专门讨论领海宽度和渔区问题，却未能达成更新的决议。1972年6月5～16日在瑞典斯德哥尔摩，联合国人类环境会议举行。世界各国政府共同讨论包括海洋在内的当代环境问题，探讨保护全球环境战略，通过了《联合国人类环境会议宣言》，提出和总结了7个共同观点、26项共同原则。1973年12月3日至1982年12月10日的第三次联合国海洋法会议通过了《**联合国海洋法公约**》，包括领海、毗连区、大陆架、专属经济区、国际海底（即区域）、公海、群岛制度、岛屿制度、海洋环境保护、海洋科学研究以及发生争端的解决方法等一系列有关海洋的法律制度。1984年10月成立“世界环境与发展委员会”，负责审议环境与发展问题，提出解决的途径和建议，推动有关的合作与交流。1987年2月世界环境与发展委员会东京会议，通过了《关于环境保护和持续发展法律原则建议》和《东京宣言》，并出版了由委员会组织编写的《我们共同的未来》。1992年6月3～14日在巴西里约热内卢召开的世界环境与发展会议。会议签署了5个文件：《关于环境与发展的里约热内卢宣言》《21世纪议程》《关于森林问题的原则声明》《联合国气候变化框架公约》《联合国生物多样性公约》，对继续发展中的环境保护、改善做出了长远安排。

发展　海洋管理的发展经历了一条从无到有，从简单到综合，从传统到现代的海洋管理道路。在人类生产力水平低下的时候，人类对海洋的影响几近于无，海洋管理亦不存在；到了工业文明时期，人类的生产力水平有了很大提高，对海洋的影响也随之加大，特别是到了20世纪中叶，对海洋资源、海洋环境和海洋生态的影响前所未有，甚至影响到人类的可持续发展，海洋管理也随之而产生。

在海洋管理的初期，海洋管理还是简单的。简单海洋管理是指单一海洋要素、单一海洋行业、单一行政区域的海洋管理；综合海洋管理是指对海洋要素、海洋行业和海洋行政区域的综合管理，也是多种手段和方法的综合管理。

传统海洋管理是相对于现代海洋管理而言的海洋管理模式。传统海洋管理是职能条块、海洋行业、海洋要素、分洋行政区域分割的管理，主要包括海洋生产管理、海洋行业管理、海洋行政管理、海洋资源管理、海洋环境管理等。

现代海洋管理破除了传统的条块管理模式的局限，倡导和实现跨行政区域的海洋管理、跨自然要素系统的海洋管理、跨陆地与海洋界限的海洋管理、跨人类代际的海洋管理、跨自然物种的海洋管理。现代海洋管理涉及海洋综合管理、海洋权益管理、海域使用管理、海岸带综合管理、海洋标准化管理、基于生态的海洋管理等。

（管长龙）

**海洋光合细菌**　marine photosynthetic bacteria　海洋中能够进行光合作用的细菌统称。传统的海洋光合细菌主要指紫色细菌和绿色细菌，即具有原始光能合成体系的原核生物，在厌氧条件下能进行不产氧光合作用以合成自身物质。光合细菌的形态多种多样，呈球形、杆状、椭圆形、半环形、螺旋状等，是一类没有形成芽孢能力的革兰氏阴性菌。在海洋的碳、氮、磷、硫循环中起着重要作用。

研究简史　现在普遍认为最早的光合生物起源于30亿年前的一类厌氧不产氧的具有原始光能合成体系的原核生物，能在厌氧条件下进行不产氧的光合作用。大约在27亿年前，由于产氧的蓝细菌出现，大气层中才渐渐地充满了氧气，直到6亿年前。大气层氧气的浓度达到稳定。最早出现的厌氧原核光合生物为了适应逐渐有氧的新环境，沿着产氧光合作用和不产氧光合作用分别进化。产氧光合细菌主要是蓝细菌，不产氧光合细菌主要包括紫色细菌和绿色细菌。厌氧不产氧光合作用是将光能转化为横跨光合膜的电化学质子梯度，用于ATP的产生、主动运输、运动以及其他耗能过程。不产氧光合细菌于1836年被埃伦贝格发现，1883年被恩格尔曼证实能进行光合作用。好氧不产氧光合异养细菌（AAPB）是相对较近发现的一个生理类群，它能在有氧条件下利用光能，作为其异养代谢的能量补充。AAPB对于二氧化碳的固定能力还没有得到确认，卡尔文循环的关键酶没有在任何分离到的AAPB中被发现。尽管有实验证明光可以刺激许多AAPB对二氧化碳的吸收，但由于量很低而不能独立维持其自养生长。AAPB的光合系统与电子传递载体的组成，连同光反应中心的核酸序列和光捕获系统Ⅰ的多肽序列，与厌氧的光合紫细菌都很相似，但是只有在有氧条件下AAPB才能进行有效的光诱导电子传递。蓝细菌和AAPB的发现拓宽了人们对光合细菌的认识。这里只讨论传统的海洋光合细菌，即紫色细菌和绿色细菌。

种类　传统的海洋光合细菌的代表是紫色细菌和绿色细菌。前人的研究综合考虑生理和生态特性，对紫色细菌和绿色细菌进行分类，分成4个科对应于4个主要的生态生理类群，包括绿色细菌中的绿硫细菌科（Chlorobiaceae）和绿弯菌科（Chloroflexaceae）；紫色细菌中的着色菌科（Chromatiaceae）和红螺菌科（Rhodospirillaceae）。韦克塞尔等研究者通过对红螺菌科几个种和属的脂多糖的详细研究，证实脂多糖对识别一个属或不同属之间的关系或差异是非常重要的。迪克森通过对红螺菌科与其他细菌和真核生物细胞色素c的氨基酸序列的研究，发现了这些微生物有4种不同的细胞色素c分子（长链、中链和两种短链）。其中，红螺菌科的3个亚类群，每个亚类群各含有这三类细胞色素c（长链、中链和短链）之一，这与这些细菌的16S rRNA的分类结果完全一致。而基于16S rRNA的分类方法同时也揭示了一些化能营养细菌，包括硝化细菌，它们与某些紫色细菌的亲缘关系甚至比紫色细菌中的不同种之间的关系更为密切，说明它们可能是从同一个光合祖先进化来的。21世纪以来，不产氧光合细菌的研究将传统的4个科发展为7个类群，分别为着色菌科（Chromatiaceae）、外硫红螺菌科（Ectothiorhodospiraceae，曾经被归为着色菌科Chromatiaceae）、紫色非硫细菌（Purple nonsulfur bacteria，即红螺菌科Rhodospirillaceae）、绿色硫细菌（Green sulfur bacteria，即绿硫细菌科Chlorobiaceae）、多细胞丝状绿细菌（Muhicellularfilamentous green bacteria，即绿弯细菌科Chloroflexaceae）、螺旋杆菌科（Helicobacteraceae，严格厌氧光合异养生长，主要存在于土壤）和含细菌叶绿素的专性好氧菌（即AAPB）。

分布范围　光合细菌在海洋、江河、湖泊、沼泽、池塘及活性污泥和土壤中广泛分布，且主要分布于水生环境中光线能透射到的缺氧区。其中，着色菌科、紫色非硫细菌和绿色硫细菌多水生，外硫红螺菌多存在于海洋和含有硫化物及中性或高酸碱度（pH）的极端盐环境中，绿弯菌科多存在于温泉中。在极端缺氧并光照不足的黑海145米的深处发现了绿色硫细菌，其光合作用不活跃且维持生命所需能量很低。

特性　光合细菌是一类以光作为能源、以二氧化碳或有机物为碳源，利用还原性的硫化物、氢分子或者简单有机质作为电子供体进行不产氧光合作用的微生物，其在不同环境条件下的营养类型会发生变化。光合细菌细胞内含有各类细菌叶绿素和各类胡萝卜素，光合内膜多样。紫色细菌含有不同类型的类胡萝卜素。这些类胡萝卜素使它们的颜色呈紫色、红色、橙褐色和黄褐色等。光合细菌的形态多种多样，如球形、杆状、椭圆形、半环形、螺旋状等，菌落边缘整齐，有突起。光合细菌在10～45℃均可生长繁殖，最适生长温度在30～40℃。绝大多数光合细菌的最适酸碱度范围为7～8.5。

着色菌科是人们认识最早的一类光合

细菌，许多种都是严格厌氧专性光养，但有个别种也可以在黑暗微好氧或好氧条件下化能自养或化能异养生长。在厌氧条件下，其所有种都能以硫化物或元素硫作为电子供体进行光能自养生长。多数种能利用分子氢作为电子供体。所有种都能混养生长，可光合同化一些简单的有机物，如醋酸盐和丙酮酸。紫色细菌中的外硫红螺菌，曾经归为着色菌科，可利用还原性硫代物做电子供体进行厌氧光合作用。红螺菌科是光合异养菌，微好氧或者厌氧生长，其很多菌株也可以光合自养代谢。在厌氧条件下，有些种能利用硫化氢或硫代硫酸钠作为电子供体进行光自养生长。

绿色硫细菌，即绿硫细菌科（Chlorobiaceae），严格厌氧专性光养，以硫化物或元素硫作为唯一的电子供体进行光自养生长。所有的属都可以混养生长，可以在硫化物和碳酸氢盐存在时光合同化一些简单的有机物。与紫色细菌不同的是（紫色细菌是通过卡尔文循环进行二氧化碳固定），绿色硫细菌通过还原性三羧酸循环进行二氧化碳的固定。绿弯菌科与绿硫细菌不同的是，该菌群均是兼性好氧菌，在其光养或化氧代谢中可以利用多种有机物质，也可能光能无机生长。而且，绿弯菌属（*Chloroflexus*）既无卡尔文循环，也无还原性三羧酸循环，而是采用其特有的羟基丙酸途径进行自养固碳。

生态地位与作用　光合细菌通过光合磷酸化获得能量，在水中利用降解有机质和硫化氢使自身得以增殖，同时起到净化水质的作用。如紫色非硫细菌可以去除水体中的氨态氮，绿硫细菌可以去除水体中的硫化氢等。此外，光合细菌在水产养殖中也有重要的应用，如作为饲料添加剂和污水处理等。以下分别从碳利用和代谢、含硫化合物代谢、氮代谢、磷代谢以及其他代谢等方面阐述光合细菌在海洋生态系统中的作用。

碳利用和代谢　光合细菌生长的碳源包括二氧化碳和有机物。光合细菌对有机物利用的能力按照绿色硫细菌、紫色硫细菌（着色菌科和外硫红螺菌科）、紫色非硫细菌的顺序依次增强。绿色硫细菌主要依靠氧化硫化合物和固定二氧化碳进行自养生长；紫色硫细菌在含有二氧化碳和无机供氢体的厌氧光照环境下同化有机物，其某些种甚至可以在微好氧到好氧的条件下利用有机物；紫色非硫细菌兼有多种获能方式，其有机物利用范围非常广泛。

含硫化合物代谢　光合细菌以不同的硫化合物，如硫化物、硫单质、硫酸盐及硫代硫化物等，作为电子供体同化二

海洋光合细菌正在分裂

氧化碳。

氮代谢　光合细菌能直接利用铵盐或通过固氮作用将氮气转变为铵盐作为其生长的氮源。大多数紫色硫细菌、绿色硫细菌和紫色非硫细菌在微好氧或黑暗条件下都能固氮。另有部分种类可以脱氮，如深红红螺菌（*Rhodospirillum rubrum*）能利用硝酸盐。这类脱氮光合细菌的脱氮作用主要依靠硝酸盐、亚硝酸盐、一氧化氮、一氧化二氮的还原酶等一系列还原酶，利用$H^+$来进行还原反应。

磷代谢　部分光合细菌具有较强的利用磷的能力，其能力高低与光照强度、酸碱度以及溶液中的阳离子量有关。这些光合细菌对于磷酸盐的吸收和积累特性能够净化有机物和磷污染的海湾污泥。

其他代谢　光合细菌氢代谢包括氢吸收和产氢。某些光合细菌能够在氢酶的参与下，在光合同化二氧化碳的过程中利用氢气作为电子供体。另外，紫色硫细菌、紫色非硫细菌和绿色硫细菌均有产氢的报道。

意义　光合细菌是一类能以光作为能源的有益细菌，具有灵活的代谢途径及重要的生态意义，对海洋初级生产力及碳、氮、磷、硫等生命基本元素的生物地球化学循环都具有重大贡献。（张　瑶）

**海洋光化学**　marine photochemistry　研究光与海水物质相互作用引起的永久性化学效应的海洋物理化学分支学科。主要研究内容包括参与光化学反应的物质、反应速率、反应历程、生成产物及其对环境的影响等方面。海洋光化学所涉及光的波长范围一般为290～700纳米。海水中的吸光物质主要有溶解有机物、硝酸盐、亚硝酸盐、过氧化氢、过渡金属配合物等。海水物质分子吸收光子后会引发初级光化学过程和次级光化学过程。初级过程是分子吸收光子使电子激发，分子由基态提升到激发态，激发态分子的寿命一般较短。光化学主要与低激发态有关，激发态分子可能发生解离或与相邻的分子反应，也可能过渡到一个新的激发态上去，这些都属于初级过程，其后发生的任何过程均称为次级过程。通常引起次级反应的光过程包括光敏反应、分子内电子转移、分子间电子转移、光离子化、解离成自由基等。

（杨桂朋）

**海洋硅循环**　marine silicon cycle　硅元素在海洋环境和生态系统中的运动、传输及其受复杂生物地球化学过程调控的迁移转化过程。

概念　硅是地球表层最主要的元素之一，是组成海洋硅质生物细胞壁或骨架的主要元素，也是维持海洋生态系统最重要的物质基础之一。海洋中的硅主要以溶解态和颗粒态形式存在，溶解态硅主要来自地表河流、地下水和极地冰川输入，沉积物间隙水扩散和海底热液作用等。其中，河流是陆地硅进入海洋最主要的途径。颗粒态硅包括生源颗粒硅（生物硅）和岩源颗粒硅，其中生物硅主要由硅藻、放射虫等硅质生物的细胞壁或骨骼组成，岩源颗粒硅则指含硅的无机矿物颗粒。

海洋硅循环主要由物理过程、化学过程、生物过程和沉积过程驱动。物理过程主要包括河流输入、上升流等洋流输送以及水－沉积界面的扩散作用等。化学过程主要包括颗粒硅的溶解、吸附、解析和沉淀作用。生物过程主要包括海洋上层硅藻等浮游植物的光合作用，以及参与生物硅溶解的微生物活动，前者是把溶解硅酸盐转化为生物硅的同化作用，后者则是将生物硅转化为硅酸盐的再生过程。沉积过程主要包括颗粒硅在水柱中的沉降、沉积物的埋藏等，沉积过程中会伴随着物理、化学和生物过程的发生。

内涵　硅酸盐是海洋硅质浮游生物必需的营养盐。硅藻是海洋中最重要的初级生产者之一，贡献了全球海洋约40%的初级生产力，在近岸和富营养水域贡献高达75%。硅藻利用海洋上层水体中的硅酸盐，构建细胞壁，形成生物硅，同时产生颗粒有机碳，不仅开启了海洋硅的生物地球化学循环，也启动了碳的生物泵过程，从而将硅循环与碳循环紧密结合在一起。因此，以硅藻为代表的硅质生物的生长、死亡、溶解、沉积、埋藏等过程在硅循环和碳循环中都发挥着重要作用。

由于硅藻的吸收利用，大部分开阔海域表层硅酸盐浓度都很低，但有部分海域例外（如南大洋），这主要是由于这些海域水体中缺乏铁等微量元素，限制了硅藻

的生长。对于生物硅来说，所有的海水硅酸盐都是不饱和的，因此，硅质生物死亡后，其硅质外壳在沉降过程中在微生物的参与下不断溶解，使得硅酸盐在垂直方向上具有显著的浓度梯度，深层水中硅酸盐浓度通常高出表层水几个数量级。深层海水硅酸盐的分布与全球温盐环流密切相关，由于沿途生物硅溶解的累积效应，全球海洋深层水的硅酸盐浓度沿全球温盐环流的路径逐渐增加。

沉积物中生物硅主要分布在环南极带、北太平洋、赤道太平洋以及南北美洲西海岸等营养盐丰富、生产力较高的上升流区域。不同海域往往具有不同的生物硅保存效率，其中沉积速率是影响生物硅保存的重要因素，生物硅的保存效率随沉积速率的增加呈明显的指数型增长。

意义　海洋硅循环与碳循环、氮循环和磷循环紧密结合在一起，在全球海洋生物地球化学循环中扮演着重要的角色。由于全球气候变化引起的陆地风化作用和海洋层化作用的增强，筑坝修建水库以及河流改道工程等人类活动的加剧，以及海洋酸化对硅质生物光合作用和溶解作用的影响，全球海洋硅循环正在发生显著改变。在全球气候变化背景和多重环境压力共同影响下，海洋硅循环会因地理空间不同和主导影响因子不同而呈现出不同的变化趋势。硅循环将仍然是海洋生物地球化学研究的前沿领域。（陈建芳）

**海洋硅藻**　marine diatom　一类具有色素体的单细胞植物。可单细胞生活，也可由若干细胞形成各式各样的群体。硅藻是海洋浮游植物的主要类群，也是海洋生态系统中的主要初级生产者，其种类数和生物量在近岸海域浮游植物中一般都占80%以上，其盛衰直接或间接地影响着整个海洋生态系统的生产力，并最终影响到渔业产量。海洋硅藻具有种类多、数量大、繁殖快等特点，在海洋生态系统的物质循环和能量流动中起着极其重要的作用。

研究简史　自1703年荷兰科学家A.van列文虎克发现第一种硅藻肘状针杆藻至今已有300多年的历史。硅藻分类系统经历了较长的历程，至今仍存争议。19世纪20年代开始，硅藻研究者通过显微形态观察，提出了不同硅藻的分类系统。例如，瑞典J.G.阿加德于1824年首次把硅藻（Diatomeas）单独作为一目，根据细胞形状将硅藻分为3科9属。之后，德国藻类学家F.T.库钦、法国植物学家L.A.de布雷比松等分别于1833年、1838年、1853年和1861年也提出了自己的系统。1872年，史密斯根据无壳缝、有拟壳缝和有壳缝将硅藻分为3大类和15小类。此后，G.B.de托尼、V.亨克、舒特、曼、卡斯滕、莱布尔和赫斯特德基本上都是根据史密斯的系统略加修改，并没有很大变化。1930年，赫斯特德的分类系统将硅藻定为一个门，下设硅藻纲，分为2目7亚目。1979年，中国学者金德祥在赫斯特德分类系统的基础上，提出独特的硅藻分类系统，将硅藻分为2纲9目，2纲为中心纲（Centricae）和羽纹纲（Pennatae）。

类别　海洋中生活着多种多样的浮游植物，其中种类多样化程度最高的浮游植物就是硅藻。估测海洋硅藻种类有20多万，已被发现记录的约有11 200种。细胞大小从几微米到几毫米不等，存在形式包括单细胞或多细胞群体。

根据硅藻壳面上花纹排列的方式，将硅藻划分为中心纲（Centricae）和羽纹纲（Pennatae）是广泛采用的分类体系。中心纲硅藻又可分为盘状硅藻目（Discoidales）、管状硅藻目（Rhizosoleniales）、盒形硅藻目（Biddulphiales）和舟辐硅藻目（Rutilariales）。羽纹纲硅藻又可分为无壳缝目（Araphidiales）、单壳缝目（Monoraphidinales）、双壳缝目（Biraphidinales）和管壳缝目（Aulonoraphidinales）。

组成和结构　硅藻物种主要包括单细胞和群体两大类。单细胞藻体的形态由于细胞壳面形态、细胞断面形态、细胞直径、贯壳轴的长短等的不同而有各种不同的形态。群体是依靠细胞分泌胶质、细胞壁或细胞壁的衍生物直接连接而成。

细胞壁。硅藻细胞壁的主要成分：内层为果胶质，外层为硅质（$SiO_2 \cdot xH_2O$）。细胞壁由两个似培养皿那样的半壁套合而成。

细胞核。硅藻细胞单核。硅藻细胞内通常具有一个中央大液泡，而液泡中央往往被原生质团所通过，使液泡呈环状，通过液泡、位于细胞中央的原生质团称之为原生质桥，细胞核位于原生质桥中央；如果细胞的大液泡没有原生质桥，细胞核则靠近细胞壁边缘分布。

色素体。色素体片层由3条或更多条类囊体组成。所含色素成分为叶绿素a、叶绿素$c_1$、叶绿素$c_2$，α-胡萝卜素、β-胡萝卜素、ε-胡萝卜素，岩藻黄素、硅甲藻素和硅黄素等。因此，大多数生活时的硅藻呈黄绿色、黄褐色、黄色或绿色。

淀粉核。只有少数羽纹纲硅藻物种的色素体的中心或边缘具有小型的球形或透镜形的淀粉核。通常一个色素体内有一个淀粉核，但有的物种一个色素体内含有多个小型淀粉核。有些中心类硅藻物种，如角毛藻属的单色体亚属物种，细胞内含有一个大型片状色素体，色素体中央有一个没有淀粉粒包被（鞘）的蛋白核。

同化产物。硅藻的光合作用产物为金藻昆布糖、油和异染小粒。

性质　硅藻最显著的特点是它们具有美丽的硅质细胞壁或硅质壳（见图）。硅藻通过吸收溶解在海水中的硅酸盐来建立自己的细胞壁，控制了全球海洋中的硅生物循环。可以说，平均每一个进入海洋的硅原子都会被硅藻吸收到细胞壁上39次，之后才会沉降海底。

扫描电镜下的海洋硅藻

地理分布。硅藻是一类最重要的浮游植物，在海洋中分布极其广泛。在世界大洋中，只要有水的地方，一般都有硅藻的踪迹，尤其是在温带和热带海区。因为硅藻种类多、数量大，因而被称为海洋的“草原”。

繁殖方式。硅藻的繁殖方式有营养生殖、复大孢子生殖和小孢子生殖等。

营养生殖为硅藻最普通的一种生殖方式。分裂初期，细胞的原生质略增大，然后核分裂，色素体等原生质体也一分为二，母细胞的上、下壳分开。新形成的两个细胞各自再形成新的下壳，这样形成的两个新细胞中，一个与母细胞大小相等，一个则比母细胞小。这样连续分裂的结果，个体将越来越小。这在自然界和室内培养的硅藻可见到。

复大孢子生殖。硅藻细胞经多次分裂后，个体逐渐缩小，到达一个限度，这种小细胞不再分裂，而产生一种孢子，以恢复原来的大小，这种孢子称为复大孢子。复大孢子的形成方式有无性和有性两种。①无性方式。是由营养细胞直接膨大而成，如中心纲的变异直链藻（*Melosira varians*）。②有性方式。通过接合作用，借助运动或分泌胶质使个体接近，然后包围于共同胶质膜内，进行接合。

小孢子生殖。多见于中心硅藻的一种

生殖方式，细胞核和原生质多次分裂，形成8、16、32、64、128个不等小孢子。每个小孢子具1～4条鞭毛，长成后成群逸出，相互结合为合子，每个合子再萌发成新个体。

作用　海洋硅藻是海洋浮游植物的主要组分，是海洋初级生产力的主要贡献者。中国沿海贝类（如牡蛎、蛙、蛤）的饵料中，硅藻占首要地位，海洋浮游甲壳动物及对虾以及其他经济虾类的幼体也以硅藻为主要饵料。随着海洋渔业的发展，人工大量培养硅藻，如中肋骨条藻、三角褐指藻、牟氏角毛藻、新月拟菱形藻等，解决经济海产动物人工育苗幼体的饵料问题，已成为提高产量必不可少的关键技术。

硅藻死亡后的硅质外壳大量沉积海底，形成的硅藻土可开采用于吸附剂、造纸、橡胶、化妆品和涂料以及保温材料等的生产。化石硅藻对石油勘探有关的地层鉴定及古海洋地理环境的研究也有重要价值。

释放氧气。浮游植物每年制造的氧气有360亿吨，占地球大气氧含量的70%以上。其中硅藻数量占浮游植物数量的60%以上。

硅藻在碳循环中的作用。硅藻是海洋有机物的主要生产者，地球上大约1/5的光合作用是由硅藻来完成的，而海洋中每年500亿～550亿吨的有机碳固定中，海洋硅藻贡献了40%。海洋硅藻光合作用每年产生的有机碳和地球上所有的雨林产生的有机碳相当。因此硅藻在全球碳循环中起着非常重要的作用。

硅藻生物活性物质。海洋硅藻细胞本身富含具有重要营养和医疗保健作用的不饱和脂肪酸、多糖、类胡萝卜素等生物活性物质，已被认为是生物活性物质的最佳生产者。已发现的生物活性物质包括抗菌物质（如脂肪酸EPA、多糖、肽类等）、酶抑制剂、毒素等。硅藻是产多不饱和脂肪酸的主要类群，有望代替深海鱼油。因此，硅藻在医药、食品、水产养殖等领域是重要资源生物，具有很大的开发潜力。

有害方面。海洋环境如果受到富营养污染或其他原因，常使某些硅藻如拟菱形藻属、骨条藻属、圆筛藻属、佛氏海毛藻、菱形海线藻、角毛藻属、根管藻属、海链藻属等种类繁殖过盛，恶化水质，给渔业及其他水产动物带来严重危害。一些种类如拟菱形藻（*Pseudo-nitzschia*）还可以产生藻毒素，对海洋生态环境、水产养殖和人类健康造成危害。

有些硅藻（如根管藻）繁殖太盛并密集在一起，可阻碍或改变鲱鱼的洄游路线，对渔业是有害的。有些角毛藻物种因具有粗大坚硬的角毛，也可刺穿养殖鱼类的鳃，导致经济损失。　（孙晓霞）

**海洋化能自养细菌**　marine chemoautotrophic bacteria　海洋中通过氧化还原性无机物获得能量，并利用无机碳作碳源合成有机物的细菌。主要有硫氧化菌、氢氧化菌、甲基营养菌、硝化菌、亚硝化菌、铁锰氧化菌等细菌。

研究简史　1977年，美国“阿尔文”号载人潜水器于太平洋隆起首次发现以硫氧化、氢氧化细菌化能自养为主要初级生产力的深海热液区化能自养生态系统。1983年，以甲烷氧化化能自养细菌为基础的海底冷泉化能自养生态系统于墨西哥湾首次发现。除了这两个典型的化能自养生态系统外，在近海、大洋水体乃至海底岩石、矿物等各种环境与样品中，都有不同种类化能自养细菌的发现。1983年，纳尔逊等在近海沉积物表面发现化能自养的丝状菌席，细胞巨大，经鉴定为硫氧化细菌*Beggiatoa*，属于γ-变形菌纲。随后发现，*Beggiatoa*细菌在全球近海、深海有硫化氢的海底环境中广泛分布，可以进行有氧及厌氧硫氧化。2003年，爱德华兹等发现了深海铁氧化菌；2007年，爱默生等首次报道了一个新的细菌纲，即ζ-变形菌纲，作为严格好氧铁氧化菌分离自夏威夷海底火山金属矿床，其代表菌株为*Mariprofundus ferooxydans*。

海洋氨氧化细菌主要包括硝化菌与亚硝化菌两类，也是重要的化能自养细菌。1971年，S.W.沃森与J.B.沃特伯里从南太平洋与南大西洋水体中分别分离到两个亚硝化细菌新属新种，分别命名*Nitrospina gracilis*与*Nitrococcus mobilis*。通过宏基因组调查与单细胞分析发现，硝化螺菌目（Nitrospinae）细菌在全球黑暗深海的化能自养过程中非常重要，是丰度最高、分别最广的亚硝化菌。2017年报道了第一个γ-变形菌纲的SUP05类群的氨氧化细菌的纯菌*Thioglobus autotrophicus*。

种类组成　已报道的海洋化能自养细菌主要属于变形菌纲的β-、γ-、ε-、ζ-变形菌纲。海洋化能自养硫氧化菌主要属于弯曲菌科（Campylobacteraceae），在属水平上，主要有硫单胞菌（*Sulfurimonas*）、硫卵菌（*Sulfurovum*）、弓形菌（*Arcobacter*），也有少量的其他属，如嗜酸性氧化亚铁硫杆菌（*Acidithiobacillus*）。ε-变形菌也有很多氢氧化细菌，如来自高温黑烟囱的*Hydrogenimonas*。属于γ-变形菌纲的SUP05类群细菌是低温海洋环境重要的一类硫氧化菌。产水菌门产水菌纲（Aquificae）是高温热泉环境中的重要细菌类群，它可以在高温厌氧环境下氧化硫化氢与氢气，进行化能自养。

而海洋铁氧化菌研究较少。已报道的铁氧化细菌以变形菌门细菌为主，主要有α-变形菌纲中的*Hyphomona*，β-变形菌中的*Gallionella*，γ-变形菌中的*Marinobacter*以及ζ-变形菌中的*Mariprofundus*；还有更多的铁氧化菌等待发现与验证，如从自大西洋中脊与马尼拉弧后深海热液区弥散流中分离到了ζ-变形菌新属新种*Ghiorsea bivora*。

分布　海洋化能自养细菌在全球海洋环境中广泛分布，在近海、深远海水体、沉积物以及海底硫化物矿物以及玄武岩中都有存在，尤其是在深海热液区、浅海热液区、海底冷泉区环境中，硫氧化、氢氧化、甲烷氧化细菌丰度特别高。它们有的自由生活，有的作为海洋动物共生体不可缺少的一部分在细胞内或表皮与贻贝、管状蠕虫等动物共生。在海底沉积物与上层水体低氧区的氧化还原界面上，硫氧化等化能自养菌也比较广泛分布。可以说，全球海洋环境中，哪里只要有可氧化无机物的存在，哪里就可能有化能自养菌的存在，无论是有氧还是厌氧海洋环境。即使在一般的近海环境中，通过硫化物、铁硫矿物富集，也能得到化能自养细菌。硝化、亚硝化自养细菌在全球海洋环境中也广泛分布。

生理特性　化能自养细菌生长所需要的能量来源于还原性无机物、以$CO_2$为碳源合成有机物。氢气、硫化氢、甲烷、还原性金属等还原性物质可来自地球深部或海底，是典型暗能量生态系统的能量来源。与其他微生物相比，化能自养细菌更原始、更古老，是地球上最古老的生命形式，可耐受高温、高压、酸碱等极端环境，它们是深部生物圈的初级生产者。

在海洋生态系统中的作用　在深海热液区，化能自养细菌生长所需要的电子供体包括还原性硫化合物，如单质硫、硫化氢、金属硫化物、多硫化物和硫代硫酸盐，以及氢气、甲烷、氨和还原性金属离子等。在海底黑烟囱热液区，化能自养硫化细菌相对较多，包括ε-变形菌纲*Arcobacter*、*Caminibacter*和*Sulfurimonas*以及γ-变形菌纲的SUP05。与“黑烟囱”热液区不同的，发现于北大西洋中脊的深海“白烟囱”热液区，没有硫化物。这里的化能自养细菌主要是氢氧化细菌，如硫微螺菌*Thiomicrospira*。氢与硫氧化和甲烷氧化细菌是化能自养生态系统的主要初级生产者，是深海贻贝、管状蠕虫、热液盲虾等化能自养共生生物的化能合成者。例如，深海冷泉贻贝依靠甲烷营养共生细菌合成有机物，能在没有光合作用产物的深海中大量繁殖。

这些硫氧化微生物很多也可以氧化氢。在海洋水体的氧最小层（oxygen minimum zone; OMZ），γ-变形菌纲的SUP05是重要的化能自养硫氧化菌，同时参与氨的氧化，能将氨转化为硝酸盐。

海洋富铁环境是化能自养铁氧化细菌的富集之地。在海底玄武岩、海底黑烟囱硫化物以及热液区沉积物中，还原性铁较多，铁氧化菌通过氧化铁获得能量、固定二氧化碳合成有机物。铁氧化细菌参与了海底矿物的氧化、岩石的风化；通过铁的氧化还原，驱动了海洋沉积物中物质与能量循环，包括有机物的氧化、碳的固定以及氮、硫元素的循环。铁氧化菌，往往也可以氧化硫与氧化氢，进行化能自养，如嗜酸性氧化亚铁硫杆菌属（*Acidithiobacillus*）的某些细菌。

意义　海洋化能自养细菌多样性对于认识深海生命起源与深海深部生物圈与生命过程具有重要意义。此外，其独特物质与能量代谢机制以及环境作用对于认识海洋生态系统中有机碳的来源以及海洋碳氮硫铁等元素循环有不可或缺的作用。

（邵宗泽）

**海洋化学**　marine chemistry　研究海洋各部分的化学组成、物质分布、化学性质和化学过程，以及海洋化学资源开发利用和海洋工程建设中的化学问题的学科。海洋学的一个分支。与**海洋生物学**、**海洋地质学**和**物理海洋学**等有密切的关系。

发展概述　1670年，英国化学家R.玻意耳研究了海水的含盐量和密度变化的关系，标志着海洋化学研究的起步。1819年，A.M.马塞特发现世界大洋海水中主要成分的含量之间有几乎恒定的比例关系。1884年，W.迪特马尔发表了对英国“挑战者”号考察船在1873～1876年所采集的77个海水样品的分析结果，进一步证实了世界大洋海水中各主要溶解成分之间的恒比关系。1900年前后，丹麦M.H.C.克努曾等学者建立了测定海水氯度、盐度和密度的方法。20世纪30年代，芬兰K.布赫提出了计算海水中不同存在形式碳酸盐浓度的方法。英国H.W.哈维系统地研究了海水中氮、磷、硅等元素的无机盐对浮游生物的营养作用，并于1955年出版了《海水的化学与肥度》一书，成为当时研究海洋生物生产力的重要著作。1958年，E.D.戈德堡利用稳态原理研究了海水中元素的逗留时间。1959～1962年，瑞典物理化学家L.G.西伦和美国地球化学家R.M.加勒尔斯等先后运用物理化学原理，对海水中各类化学平衡进行了定量研究。20世纪60～70年代，W.S.布鲁克等提出了在海洋化学中广泛应用的箱式模型，用于研究$CO_2$的海-气交换和温室效应。20世纪70～80年代，海水活度系数理论和皮策尔公式的应用进一步推动了海洋化学的发展。海水中元素的物种溶存形式的定量计算日臻成熟，海水中胶体粒子与金属、有机物的“液-固界面分级粒子或配位子交换理论”在海水界面化学上的应用，使海洋化学研究从定性描述阶段逐步过渡到定量理论研究阶段，初步建立了海洋物理化学的理论体系。同时，随着对一些元素的地球化学问题的深入研究，逐渐形成了生物地球化学；通过研究海洋中各种元素的化学过程，并进一步考虑到海洋生物的作用，发展成海洋生物地球化学。20世纪60～70年代，对海洋中总有机碳以及各种有机物如氨基酸、糖类、脂类、腐殖质等的研究全面发展，逐步建立了海洋有机化学体系。研究海洋中的各种组成成分，促进了分析手段和分析设备的进步，逐步形成了海水分析化学。它们都是海洋化学的重要分支。在1971～1980年国际海洋考察十年（IDOE）期间，开展了海洋断面地球化学研究计划（GEOSECS）国际合作研究。20世纪80年代以来，研究全球变化的国际地圈-生物圈计划（IGBP）及其所包含的**全球海洋通量联合研究计划**（JGOFS）、**海岸带陆-海相互作用计划**（LOICZ）、全球海洋真光层计划（GEOZS）、**热带海洋与全球大气计划**（TOGA）、**全球海洋生态系统动力学研究计划**（GLOBEC）、**表层海洋-低层大气研究计划**（SOLAS）以及海洋瞬时示踪剂（TTO）研究等一系列国际合作研究，查明了海洋中许多物质的时空变化，提出了调控海洋化学特征的全球模式，使化学海洋学得到新的发展，更深入地揭示了海洋的内在规律。

另外，在20世纪40年代之后，随着海洋化学资源的开发和利用，出现了一系列新的化学问题，并逐步形成了海洋化学的另一个分支，即海水资源化学。

研究内容　包括**化学海洋学**、**生物地球化学**、**海洋环境化学**、**海水分析化学**、**海水资源化学**、**海洋有机地球化学**、**海洋有机化学**、**海洋物理化学**、**同位素海洋学**、**海-气相互作用**等。此外，开发海洋的工程设施，存在一些亟待解决的化学问题，诸如金属在海水中的腐蚀、防止生物对设备或船体的污损等，也是海洋化学的研究内容。

发展趋势　由于已积累了大量的调查资料，并且不断地引入新思想、新技术和新方法，如遥感、基因测序和高分辨率分析技术等，为海洋化学研究创造了更多的机会和突破口。海洋化学已不像早期仅限于为海洋水文学、海洋生物学和海洋地质学服务，而更加注重了其本身所特有的任务，即研究海洋环境中化学物质的相互作用和变化规律，促进海洋资源的开发利用和为海洋工程建设保驾护航，以及为“碳达峰”和“碳中和”提供支持等。从研究方法来看，也从单纯的定性描述，深入到从离子、分子理论的角度，综合运用统计学、机器学习、人工智能、数据库技术等多种方法进行定量模拟分析，揭示海洋生态系统与化学过程之间的内在联系。研究范围正日益扩大，已逐渐形成若干分支学科，如海洋无机化学、海洋分析化学、海洋有机化学、海洋物理化学、海洋环境化学、同位素海洋学等。同时，海洋化学作为一门综合性学科，与海洋科学各分支学科相互关联、相互渗透，促进了学科间的交叉融合。例如，利用化学示踪剂（放射性核素等）解决海洋环流问题；研究与气候变化密切相关的气体（如$CO_2$、$CH_4$、$N_2O$、DMS等）在海-气间的通量以及相关的源汇过程；各种化学物质对海洋生态系的影响以及海水与海底间物质的输送及其过程等。未来的海洋化学研究，将继续关注全球气候变化和人类活动对海洋环境的影响，海洋碳循环及海洋碳汇研究以及如何保护和可持续利用海洋资源等方面。

海洋化学正处于由定性描述向定量推理，由宏观向微观，由可逆平衡态热力学方法向不可逆、非平衡态、统计化学方法，由过程描述向内在机理探讨，由局部海区向全球循环，由海洋化学单学科向与海洋生物、海洋地质和海洋物理和大气科学等多学科交叉和渗透的方向发展的变革之中。它已经建立了较完备的理论体系和实验方法，成为海洋学中的一门严格而系统的分支学科。

**扩展阅读**

MILLERO F J. Chemical oceanography. 4th ed.Boca Raton: CRC Press/Taylor & Francis, 2013.

（张正斌　杨桂朋）

**海洋化学自净能力**　marine chemical self-purification capacity　在化学作用下，

使海洋环境中的污染物浓度下降、毒性减轻或者消失的能力。影响海洋化学净化的主要因素有海水的酸碱度、盐度、温度和污染物自身性质等。

海洋化学净化过程较为复杂。例如，有机污染物可通过光降解转化为无机污染物，最终也可被氧化生成二氧化碳和水等；重金属在海水酸碱度和盐度变化影响下，离子价态可发生改变，从而改变毒性或由胶体物质吸附凝聚沉淀于海底；海水中各种螯合剂与污染物发生络合反应，改变污染物的存在状态和毒性。

评价海洋化学自净能力的主要方法有环境现状评价法和数值模拟预测法。环境现状评价法主要分析水体中溶解氧和化学污染物的浓度。溶解氧高，能加快有机污染物的分解速率及水体中的物质循环，自净能力强。化学污染物浓度较高，表明该海域污染较严重，水体化学自净能力较差。数值模拟预测法是根据化学污染物在海洋环境中的迁移、转化规律，建立海洋水质模型计算污染物的化学自净能力。两者相比，环境现状评价法简单直观，数值模拟预测法复杂精准，基于海洋环境现状评价进行数值模拟和预测，能为海洋污染控制和规划管理提供多层次的科学依据。（张越美　高会旺）

**海洋环节动物**　marine annelids　身体两侧对称、开始出现分节和真体腔但无附肢的，多具疣足和刚毛的三胚层蠕虫状体腔动物。

世界性分布，栖息于陆地、淡水、海洋各种生境。包括环带纲和多毛纲两大类。环带纲具独特的环带结构，雌雄同体且生殖腺仅出现于少数体节。多毛纲无环带结构，多为雌雄异体。有系统分类方案将环节动物划分为两个主分支（游走类和隐居类）和五个基部分支（包括星虫、仙虫、磷虫、长手沙蚕、欧文虫）。环节动物门为真分节、裂生真体腔、多具疣足和刚毛的蠕虫，是软底质生境中最成功的潜居者。陆生的蚯蚓、淡水的蚂蟥、海栖的沙蚕，即常见的环节动物。分子系统学研究表明，须腕动物、吸口虫、螠虫、星虫等均归于环节动物门。环节动物有以下几个重要共同特征：两侧对称（bisymmetry）、具分节现象（metamerism, segmentation）、为裂生真体腔（schizocoel）、多具闭管式的循环系统（closed vascular system）、具链式神经系统（clain nervous system）、多为螺旋式定型卵裂（spiral and determinant cleavage），海生者多经担轮幼虫期（trochophora）。（吴旭文）

**海洋环境保护**　marine environmental protection　人类为维护海洋生态环境健康和资源可持续利用，运用法律、行政、经济、技术和国际合作等手段，解决海洋环境污染和海洋生态破坏问题，预防和减轻各种海洋环境灾害的一切活动的总称。

保护内容　海洋环境保护内容繁多，主要包括污染控制、生态保护、海岛生态保护、海洋生态灾害防治、海岸带资源可持续利用和海洋环境保护能力建设等6个方面：①污染控制。主要开展陆源污染、海岸与海洋工程污染、海洋污废倾倒、海洋石油天然气勘探开发、船舶及作业活动等污染物入海排放管理，减轻与控制其对海洋水体、底质等环境的污染。主要管理制度有污染物总量控制制度、水质达标制度、排污许可与收费制度等。②生态保护。主要开展海洋保护区建设与保护、海洋生物多样性保护、海洋渔业资源保护、典型海洋生态系统保护等保护活动。主要保护制度有海洋保护区制度、海洋生态红线制度、海洋生态补偿制度等。③海岛生态保护。主要开展海岛植被保护与恢复、海岛岸线与湿地保护、海岛地形地貌保护、海岛污染控制等活动。主要保护制度有海岛使用环境影响评价制度、海岛生态修复制度等。④海洋生态灾害防治。包括海洋赤潮灾害防治、海洋绿潮灾害防治、海洋富营养化防治、外来物种入侵防治等。⑤海岸带资源可持续利用。包括海岸线、潮间带滩涂、滨海湿地、滨海旅游等资源的可持续利用与管控。⑥海洋环境保护能力建设。包括海洋环境监测能力建设、海洋环境整治能力建设、海洋生态修复能力建设、海洋污染控制能力建设等。

主要种类　海洋环境保护的目标主要是维护海洋生态环境健康，为人类持续利用海洋资源和环境创造最大的可能。另外，从空间上，海洋环境保护可以划分为海岸带环境保护、浅海环境保护、河口环境保护、海湾环境保护、海岛环境保护、大洋环境保护等；从保护对象上，海洋环境保护可以划分为海水环境保护、海洋沉积物环境保护、海洋生态环境保护、海水浴场环境保护、海水养殖区环境保护等。

基本原则　海洋环境保护的基本原则主要有：①可持续发展原则。海洋环境保护应以持续发展的需求和环境与资源的持久支撑为目标，根据国家、地区和国际的政治、经济客观情况，针对不同区域范围海洋环境问题的特点，确定保护对策和管理方式，达到海洋环境保护的目的。②预防为主、防治结合、综合治理原则。海洋环境保护要通过一切措施办法，预防海洋污染和其他损害事件的发生，防止海洋环境质量下降和生态平衡破坏，对于受到能力（包括技术的、经济的）的限制，不可避免的海洋环境污染损害，要采用技术、法律、行政、经济等多种手段综合控制和治理其污染损害的范围和程度。③谁开发谁保护、谁污染谁负担原则。开发海洋的一切单位和个人，既拥有开发利用海洋资源和环境的权利，也有保护海洋资源和环境的义务和责任，污染海洋环境的单位和个人，必须负担污染海洋环境的治理。④环境有偿使用原则。海洋资源和环境属于国家所有，单位和个人开发利用海洋资源和环境，必须向国家交纳一定的海洋资源环境使用费用，用于保护、维护和修复海洋资源环境。⑤全过程控制原则。海洋环境保护是一个复杂的系统过程，既包括生活劳动过程控制和生产劳动过程控制，又包括海洋污染过程控制和陆地污染过程控制，既包括工程前、工程中和工程后的控制，又包括工艺、技术、方法、计量等方面的控制。⑥陆海统筹原则。海洋是许多河流径流、泥沙，以及其携带的物质的最终归宿，多年监测结果表明海洋污染物多来自陆地，海洋环境保护必须从陆地源头治理，以海定陆，陆海统筹，根据**海洋环境容量**和承载能力，统筹确定陆海各类污染排放数量和强度。

中国海洋环境保护　根据《中华人民共和国海洋环境保护法》，国务院环境保护行政主管部门、国家海洋行政主管部门、国家海事行政主管部门、国家渔业行政主管部门、军队环境保护部门，以及沿海县级以上人民政府，对中国的海洋环境保护具有指导、协调、监督、调查及处理等权利。为使各级政府和社会公众及时了解中国海洋环境状况，生态环境部、自然资源部自每年发布《中国海洋环境状况公报》和《中国海洋灾害公报》，全面报道中国管辖海域的环境质量状况及变化趋势，以及风暴潮、海浪、海冰、赤潮和绿潮等灾害的基本情况。

针对日益严重的海洋污染和生态破坏，中国在海洋环境保护方面开展了卓有成效的工作，已经形成以《中华人民共和国宪法》为基础、以《中华人民共和国环境保护法》为主体的环境法律体系。1982年全国人大常委会通过了《中华人民共和国海洋环境保护法》，并于1999年和2013年进行了两次修订；2002年，实施了《中华人民共和国海域使用管理法》；2004年国务院印发了《关于进一步加强海洋管理工作若干问题的通知》，对海洋环境保护工作的职责分工和重点工作提出明确了要求；2006年国务院印发了《中国水生生物资源养护行动纲要》，对海洋渔业资源和珍稀濒危物种的保护制定了一系列保护措施；2010年环境保护部和国家海洋局联合签署了《关于建立完善海洋环境保护沟通合作工作机制的框架协议》。政府还制定了《全国海洋功能区划》《近岸海域环境功能区划》，并以局长令的形式颁布了《近岸海域环境功能区划管理办法》等。此外，先后发布和实施了《防治船舶污染海洋环境管理条例》《海洋石油勘探开发环境保护管理条例》《防治倾废管理条例》《防治陆源污染物污染损害海洋环境管理条例》《防治海岸工程建设项目污染损害海洋环境管理条例》和《防治拆船污染环境管理条例》等。

国家海洋局在20世纪60年代就开始对中国的海洋环境实施监测，70年代起逐步建立了海洋环境监测业务体系。按照陆海兼顾和河海统筹的原则，将陆源污染防治和海上污染防治相结合，重点海域污染防治规划与其沿岸流域、城镇污染防治规划相结合，采取一切措施防止、减轻和控制陆上活动和海上活动对海洋环境的污染损害。实施以海洋环境容量为基础的陆源污染物排海总量控制制度。依据各海域环境容量确定各海域污染物允许排入量和陆源污染物排海削减量，制定各海域允许排污物排放总量，全面实施排污许可证制度。采取多种措施，控制海上生产、运输等活动对海洋环境的污染，主要措施包括：制定港口、海上船舶溢油和有毒化学品泄漏事故应急计划；防止和控制海上石油平台对海洋环境的污染；防止、减轻和控制海上养殖污染；严格管理和控制向海洋倾倒废弃物，禁止向海上倾倒放射性废物和有害物质。针对河口、海湾、近海的环境污染和生态破坏，实施了《*渤海碧海行动计划*》和长江口及其毗邻海域碧海行动计划等专项治理工作。

中国的海洋环境保护坚持污染防治与生态保护并重，加强海洋自然保护区建设，保护海岸和海洋生态系统的多样性，开展“国家级海洋自然保护区”“海洋特别保护区”建设相关工作，建立海岸带综合管理试验区，加强海岸带生态环境的保护。国家提出了生态文明建设的思路，在海洋环境保护方面，重点推进了“海洋生态红线制度”，正在建立和完善“海洋生态补偿机制”。

中国是历届联合国环境署的理事国，与联合国环境署进行了卓有成效的合作。中国已缔结和参加与环境保护、生态安全有关的国际环境条约50多个，其中涉及海洋环境保护的主要有：《国际油污损害民事责任公约》(1969)、《防止倾倒废弃物和其他物质污染海洋公约》(1972)、《国际防止船舶造成污染公约》(1973颁布，1978议定书修订)、《1982年联合国海洋法公约》(1982)、《国际油污防备、反应和合作公约》(1990)和《生物多样性公约》(1992)等。同时，中国积极参与保护海洋环境的全球性和区域性合作计划，如“保护海洋环境免受陆上活动污染影响全球行动方案”“西北太平洋海洋和沿海地区环境保护、管理与开发行动计划西北太平洋行动计划”和“东亚海可持续发展战略实施计划东亚海行动计划”等。

（索安宁　高会旺　李建伟）

**海洋环境保护规划**　marine environmental protection planning　国家或沿海地方政府在一定时期内对于海洋环境保护目标和措施所做出的规定。为海洋环境管理提供切实可行的最佳方案，以便控制环境污染，改善海洋环境质量，达到预期的环境目标。

编制海洋环境保护规划的基本原则是：①统筹兼顾原则。统筹协调污染防控和产业发展，统筹协调陆海污染防治。②污染防治与保护并重原则。以环境功能要求的环境质量标准来判断防治水平，减少或防治污染对环境功能的危害和损害，对已经造成的海洋损害，通过规划制度进行一定程度的弥补。③生态环境健康与区域经济协调发展原则。以沿海可持续发展的生态安全需求指导海洋环境保护和生态建设，坚持开发与保护并重，修复与保护并举，发展与生态相和谐，坚持生态、经济与社会效益的协调统一。

主要内容包括：海洋环境保护的现状调查与存在问题分析，海洋环境保护目标，海洋环境保护的主要任务，对各部门和沿海各地区的要求，改善海洋环境的重大工程或项目，海洋环境保护主要措施等。

《全国海洋环境保护“九五”(1996—2000年)计划和2010年长远规划》是中国制定的时间跨度为15年的专门性的海洋环境保护规划。该规划以保护海洋环境为主旨，并坚持以预防为主、防治结合，谁污染谁治理，强化环境管理三大政策为原则，在制定中国国内全流域的水质目标，对海洋环境污染源采取加强控制，并严格依据排海指标，对主要污染物限制数量排放；加强海洋环境保护规划基础环节和管理环节，认真对待海洋污染调查与监测环节，建立健全立体监视体系，对污染监测网、卫星、传播、岸站进行统一监视等方面展开行动。在地方海洋环境保护规划中，2006年，中国第一个省（自治区、直辖市）级海洋环境保护规划——《天津市海洋环境保护规划》发布实施。在这之后，许多省市都相继制定了海洋环境保护规划，如辽宁省、福建省、广东省、东莞市、江门市、厦门市、威海市等，标志着中国的海洋环境保护规划工作在不断发展中。

（于永海　黄　杰）

**海洋环境保护技术**　marine environmental protection technology　解决海洋环境污染和海洋生态破坏、维持人类与环境协调发展的技术。是防止或减少海洋环境污染、保持海洋生态平衡的各项技术的总称。1992年联合国环境与发展会议通过并签署的《21世纪议程》提出，要综合运用经济、技术手段，以及有效的经常性监督工作保证海洋环境的良好状况。伴随着人们对海洋环境保护认识的不断深入，海洋环境保护技术也逐渐丰富，突破了狭义的海洋环境技术的概念。已从一般的海洋污染防治技术，拓展为与整个海洋环境相适应的支持海洋资源可持续利用的技术。海洋环境保护技术主要包括海洋污染防治技术，海洋生态保护与恢复技术，海洋灾害防治与应急处置技术，海洋资源可持续利用技术，海洋环境观测、预报与信息技术等。

海洋污染防治技术　主要包括入海污染物防治技术和海洋污染治理技术。①入海污染物防治技术。重点针对的是陆源污染防治，主要包括入海污水处理技术、倾废技术、离岸排放工程技术、污染物入海排污口设置和入海排放管控技术。②海洋污染治理技术。主要包括海洋污染的物理治理技术、化学治理技术、生物治理技术及污染物总量控制技术，研究利用物理、化学、生物等手段消解、处理海洋污染问题。技术研究重点集中在海洋石油污染防治及应急方面，包括海面油污染探测技术、海上石油污染防治技术等海上污染防治及应急技术。

海洋生态保护与恢复技术　是对重要或敏感的海洋生态系统进行特殊保护或抢救性恢复的技术统称，包括海洋生态修复整治技术、海洋生态保护技术。①海洋生态修复整治技术。研究目的是研究恢复策略和技术方法，通过开展海洋生态系统恢复与建设，恢复重要经济鱼类的产卵场与孵育场等敏感生态系统，修复受损、破碎的湿地生态系统和其他敏感海洋生态系统的功能，恢复海洋生物资源。海洋生态修复整治技术包括以石油的生物降解技术、卤代烃的生物降解技术、微生物活性检测技术、降解微生物制品开发技术等为主体构成的生物修复技术体系，以及以废水处理生态工程技术、废物构件人工鱼礁工程技术、海滩生态工程技术等为主体构成的海洋生态环境工程技术体系。具体有红树林、珊瑚礁和滨海湿地等典型海洋生态系统的生物修复技术、海水养殖区和污染海域环境的生物修复技术、受石油和重金属等污染的海底沉积物净化技术、濒危海洋生物物种恢复和保护技术，以及外来有害生物物种清除技术等。②海洋生态保护技术。研究的目的是对滨海湿地、红树林和珊瑚礁生态系统等重要或典型的海洋生态系统进行特殊保护，如重要海洋生态区域选划与保护技术。具体包括海洋生态系统健康监测评价与生态重要区域选划评估技术、海洋保护区保护成效评估与规范化建设技术、海洋生物多样性价值评估技术、海洋保护区或海洋生态红线选划与评估技术等。

海洋灾害防治与应急处置技术　海洋灾害是由自然变异和人为因素所造成的损害海洋和海岸生态系统的灾害，包括赤潮、外来物种入侵、病原生物暴发，还包括由于石油污染、环境污染或失误海洋工程建设等人为原因引起的生态灾害。

海洋灾害防治与应急处置技术既包括海洋灾害应急防治技术，也包括用于反演和预测灾害的数值模拟技术、遥感反演技术等。①海洋灾害应急防治技术。包括赤潮跟踪监测与应急处置技术、溢油应急响应技术、病毒监测与处置技术、化学品泄漏应急处置技术等。②数值模拟技术。运用数学建模手段对污染物进行数值模拟和计算分析，预测污染物的扩散范围和影响程度。③遥感反演技术。通过遥感反演手段反演海洋灾害的成因，为后期进行生态灾害防治提供技术支撑。

海洋资源可持续利用技术　包括海洋资源综合利用技术、环境无害化技术或清洁生产技术。①海洋资源综合利用技术。包括海洋资源循环利用技术及综合利用技术，旨在研究通过海洋资源的循环利用及综合开发，采取有别于海洋倾倒的其他海洋处置方式或陆地安全处置，实现资源的永续利用。②清洁生产技术。清洁生产技术是以预防污染为原则的少废、无废的工艺技术和产品技术，旨在研究尽量减少废弃物产生量。

海洋环境观测、预报与信息技术　海洋环境观测、预报与信息技术包括海洋环境观测技术、海洋环境预报预测技术、海洋环境信息技术。①海洋环境观测技术。是运用海洋卫星遥感技术、海洋声学技术、自动观测技术、常规海洋勘测和水下观测技术等海洋观测手段，实现全天候、高分辨率海洋立体观测的技术总称。海洋观测的关键技术包括传感技术、遥感信息反演技术、各种方法取得数据的融合技术、观测系统集成技术、观测载体研制技术等。②海洋环境预报预测。是对未来海洋环境的变化和海洋灾害预先做出公示所用的技术，是运用卫星遥感跟踪预报、统计预报及数值预报等手段，以实现大范围、长时效、高精度的预报技术的总称，具体包括气象预报、海流预报、海浪预报、风暴潮预报、海冰预报等技术。③海洋环境信息技术。是海洋信息化、数字化和信息共享技术的统称。其关键技术包括"数字海洋"相关标准与规范研究、海洋环境信息的提取与融合技术，海量数据存储、压缩与管理技术，海洋环境数据的同化与复合技术，分布式的空间数据库技术，"数字海洋"虚拟现实技术，"数字海洋"应用模型及网络地理信息系统技术。

（袁道伟）

**海洋环境背景值**　marine environmental background value　海洋环境各介质，如海水、沉积物、海洋生物和海面上空大气，在没有受到人为污染影响的情况下，其环境要素的自然含量及环境要素分布的正常值。又称海洋环境本底值。由于社会经济的发展，海洋环境中累积了越来越多的数量巨大且危害深远的人为污染物，如富营养化物质、重金属、持久性有机污染物、农药、饲料添加剂（抗生素、激素、防腐剂等）、新型污染物（微塑料、微纳米颗粒、新型有机物）和高盐物质等。因此，客观、正确地评估海洋污染物的自然水平（背景值）和人为污染水平至关重要，是海洋环境保护的基础研究工作之一，为海洋环境质量评价、管理，海洋资源开发和利用提供科学依据。

随着人类活动对环境影响的加剧，全球海洋环境中很难找到不受污染影响的海域，因此海洋环境背景值，实际上是相对不受直接污染情况下海洋环境要素的基本组成和状态。受各海域气候、地质条件、水文状况、生物活动等多种因素的影响，海洋环境背景值具有很强的地域性特点。

环境背景值，作为比较明确的概念是20世纪70年代提出的，世界各国开始对岩石、土壤、植物及水环境背景值进行研究。自1976年起，中国先后对珠江、长江、黄河口及近海沉积地球化学展开系统的调查和研究工作，从此海洋环境背景值的调查研究工作全面展开。

为了确定海洋环境背景值，应在未受直接人为污染影响的海域采集样品，分析测定环境要素的含量。并运用数理统计等方法，检验分析结果，然后取分析数据的平均值（或数值范围）作为背景值。

（王　艳）

**海洋环境标准**　marine environmental standards　为防止和控制海水污染、保护海洋生物资源和其他海洋资源、促进海洋资源的可持续利用、维护海洋生态平衡、保障人体健康而制定的海洋水质、沉积物和生物标准。又称海洋环境质量标准。海洋环境标准具有法律的约束力，是海洋环境质量评价、规划和管理的重要依据。

确定过程　制定标准时通常要经过两个过程。①确定海洋环境质量的"基准"。经过调查研究，掌握环境要素的基本情况，一定阶段内海水、沉积物中污染物的种类、浓度和生物体中各种污染物的残留量；考察不同环境条件下，各种浓度的污染物的影响，并选取适当的环境指标，在此基础上才能确定基准。②确定海洋环境质量的"标准"。要考虑适用海区的自净能力或环境容量，以及该地区社会、经济的承受能力。

海洋环境标准包括国家标准和地方标准。《中华人民共和国海洋环境保护法》规定，国家根据海洋环境质量状况和国家经济、技术条件，制定国家海洋环境质量标准。沿海省、自治区、直辖市人民政府对国家海洋环境质量标准中未做规定的项目，可以制定地方海洋环境质量标准。沿海地方各级人民政府根据国家和地方海洋环境质量标准的规定和本行政区近岸海域环境质量状况，确定海洋环境保护的目标和任务，并纳入人民政府工作计划，按相应的海洋环境质量标准实施管理。

标准构成　中国的海洋环境质量标准主要由《海水水质标准》(GB 3097—1997)、《海洋沉积物质量》(GB 18668—2002）和《海洋生物质量》(GB 18421—2001）构成。①《海水水质标准》。按照海域的不同使用功能和保护目标，将海水水质分为4类：第一类适用于海洋渔业水域、海洋自然保护区和珍稀濒危海洋生物保护区；第二类适用于水产养殖区、海水浴场、人体直接接触海水的海上运动或娱乐区，以及与人类食用直接有关的工业用水区；第三类适用于一般工业用水区、滨海风景旅游区；第四类适用于海洋港口水域和海洋开发作业区。②《海洋沉积物质量》。按照海域的不同使用功能和环境保护目标，将海洋沉积物质量分为3类：第一类适用于海洋渔业水域、海洋自然保护区、珍稀与濒危生物自然保护区、海水养殖区、海水浴场、人体直接接触沉积物的海上运动或娱乐区，以及与人类食用直接有关的工业用水区；第二类适用于一般工业用水区和滨海风景旅游区；第三类适用于海洋港口水域和特殊用途的海洋开发作业区。③《海洋生物质量》。按照海域的使用功能和环境保护的目标将生物质量划分为3类：第一类适用于海洋渔业水域、海水养殖区、海洋自然保护区、与人类食用直接有关的工业用水区；第二类适用于一般工业用水区、滨海风景旅游区；第三类适用于港口水域和海洋开发作业区。

（雷　坤）

**海洋环境法**　marine environmental law　国家制定或认可的，并由国家权力机关强制执行的有关保护海洋环境和资源，防治污染损害的法律规范的总称。

产生与发展　海洋环境法是环境法的重要组成部分，包括国际海洋环境法和国家海洋环境法。国际海洋环境法指调整国家之间在海洋环境保护领域中的行为关系，对各国有约束力的海洋环境保护原则、规则和规章、制度的总称，包括各类有关海洋环境保护与保全的法律文件——海洋环境保护条约、公约、协定和议定书；国家海洋环境法是某一国家制定的、适合本国管辖海域的环境保护法律法规的总称。

国际海洋环境法　19世纪中叶起，一些国家陆续制定防治污染的法规，其中不少与海洋环境保护有关。20世纪50～60年代以后，日趋严重的海洋污染问题引起沿海国家和国际组织的广泛关注，纷纷制定并颁布保护海洋环境和资源的法律、法规和国际公约。例如，1954年在伦敦通过了第一部国际性海洋环境法《防止海洋石油污染国际公约》，1969年在布鲁塞尔签订了《国际干预公海油污事故公约》（又称“公法公约”）和《国际油污损害民事责任公约》（又称“私法公约”）。其他比较典型的还有：1972年国际海上倾废会议通过的《防止倾倒废物及其他物质污染海洋的公约》，1973年联合国政府间海事协商组织通过的《国际防止船舶造成污染公约》等。

1982年，第三次联合国海洋法会议最后通过了《联合国海洋法公约》，并于1994年正式生效。该公约提出海洋保护的国际性合作，把海洋环境作为整体加以保护，标志着海洋环境保护的条约体系基本建成，被誉为当今世界的“海洋宪章”。同时，各沿海国家也签署了相应的区域性公约或协议，如波罗的海、地中海、北大西洋、南太平洋等水域环境保护公约；美国、苏联、日本、英国、加拿大等国家也相继制定了国家级或地区级的海洋环境法规。1992年联合国环境与发展大会通过《21世纪议程》，对海洋环境和海洋生物资源保护做出若干规定，促进了海洋环境的综合管理与可持续性发展。国际海洋环境法趋于成熟，已形成以《联合国海洋法公约》为核心的海洋环境法律体系。

中国海洋环境法　中国的海洋环境立法工作起步较晚，20世纪70年代才开始制定海洋环境保护相关法律法规。1974年国务院批准《中华人民共和国防止沿海水域污染暂行规定》。1978年修改通过的《中华人民共和国宪法》中，有保护环境和自然资源、防治污染及其他公害的规定，1982年通过的新宪法对环境保护问题做了专门规定。1979年颁布的《中华人民共和国环境保护法（试行）》对海洋环境保护做出了相关规定。1982年第五届全国人民代表大会常务委员会通过了中国现代海洋管理的第一部法律——《中华人民共和国海洋环境保护法》（1999年、2013年、2016年、2017年、2023年修正或修订），集中强调五大污染源的防治措施和海洋自然保护区的管理，标志着中国海洋环境立法进入新的历史阶段。

此后，中国的海洋环境法围绕《中华人民共和国海洋环境保护法》，形成多部配套的法律法规，如《中华人民共和国海洋石油勘探开发环境保护管理条例》（1983）、《中华人民共和国防止船舶污染海洋环境管理条例》（1983）、《中华人民共和国海洋倾废管理条例》（1985）、《中华人民共和国防止拆船污染环境管理条例》（1988）、《中华人民共和国防治陆源污染物污染损害海洋环境管理条例》（1990）、《中华人民共和国防治海岸工程建设项目污染损害海洋环境管理条例》（1990）、《防治海洋工程建设项目污染损害海洋环境管理条例》（2006）、《中华人民共和国海岛保护法》（2009）等。中国形成了以《中华人民共和国宪法》为根据，《中华人民共和国环境保护法》为基础，《中华人民共和国海洋环境保护法》为主体，相关行政法规、地方性法规、政府规章和海洋环境标准为补充，与国际公约相协调的综合性海洋环境法律体系。

中国的海洋环境法属于综合性的法律体系，具有国家意志性，由国家制定、认可并保证实施，适用于中国内海、领海以及管辖区内一切其他海域。在管辖海域内从事航行、勘探、开发、生产、旅游、科研及其他活动，或者在沿海陆域内从事影响海洋环境活动的任何单位和个人，都必须遵守中国的海洋环境法。

内容与特点　海洋环境法的主要内容包括以下方面：①防治海洋污染损害法规。防治陆源污染物、海岸工程建设项目、海洋工程建设项目、倾倒废弃物、船舶及有关作业活动等对海洋环境的污染损害。②海洋生态保护法规。包括整治和恢复已遭破坏的海洋生态，建立海洋自然保护区，发展生态渔业建设等。③海岛保护法规。包括对有居民岛、无居民岛以及特殊用途海岛等的保护。④海洋资源保护法规。包括对海底矿产资源、海洋渔业资源、海洋生物等的保护。⑤关于导致海洋环境污染与生态破坏的法律责任和赔偿制度规定等。⑥海洋环境管理法规。

基本原则　海洋环境法除了遵循环境保护法中保护优先、预防为主、综合治理、公众参与、损害担责的基本原则外，还需要遵循以下两个原则。①海洋环境保护促进经济社会可持续发展原则。经济建设与社会发展应当与环境和资源承载力相适应，促进环境、经济、社会的协调可持续发展，实现经济、社会、环境效益的统一。②海洋污染防治与生态保护并重原则。采取有效措施，保护具有典型性、代表性的海洋生态系统，保护珍稀濒危海洋生物和重要经济海洋生物的聚集区，以及有重大科学文化价值的海洋自然历史遗迹和自然景点，对已遭破坏的海洋生态进行整治和恢复。

意义　海洋环境法是海洋环境管理最根本的依据，对开发海洋资源、保护海洋生态环境、全面发展海洋事业具有重大意义，主要体现在以下3个方面：①防治海洋污染。海洋环境法为人类提供保护海洋环境的行为准则，通过立法的形式约束和规范人类的行为，减少或防止人类活动对海洋环境的污染和破坏，维持海洋生态系统的平衡，从而保障人体健康。②保护海洋资源。海洋环境法的实施有利于合理地开发、利用海洋资源，保护海洋生物的多样性，建立良性海洋生态环境，促进经济和社会可持续发展，实现环境效益、经济效益和社会效益的统一。③促进海洋经济发展。海洋环境的污染与破坏会对海洋经济的发展产生直接或间接的影响。因此，建立完善的海洋环境法对于促进海洋经济的发展，进而促进国家的经济社会发展具有重要作用。

（于　格）

**海洋环境浮标自动监测**　automated monitoring by marine environment buoys　以浮标为载体开展的海洋环境要素的在线自动监测。监测要素通常包括风速、风向、气温、气压、湿度、能见度、海水温度、盐度、海流、波浪等水文气象要素，以及酸碱度（pH）、叶绿素、溶解氧（DO）、营养盐等水质生态要素。

用于海洋环境自动监测的浮标，通过包括大中型综合浮标、波浪浮标、表层漂流浮标及Argo浮标等。其中，大型综合浮标以直径10米的浮标为主，可开展海表温度、盐度、垂向海流剖面、波浪等海洋环境要素的监测，有时还可搭载水质生态传感器，浮标上方10米处建有气象观测平台，可开展风速、风向、气温、气压、湿度等气象要素的观测。中型综合浮标主要包括6米和3米直径的浮标，观测要素与大型综合浮标类似，但气象观测平台通常在7～8米的高度。波浪浮标可监测海洋波浪参数，主要用于海洋站常规海浪观测业务和重大海洋工程项目周期的海洋动力环境监测，也可以用于特定项目，与海洋调查船配合使用。表层漂流浮标一般用于观测表层示踪物的轨迹信息；Argo浮标是一种可以通过调节自身重力而实现海洋要素垂直剖面观测的浮标，主要用于温、盐剖面观测，有时也搭载溶解氧传感器开展溶解氧的同步观测。

在众多海洋环境观测的方法和手段中，浮标凭借其原位性监测、全天候监测、综合监测等优势，发挥着海洋环境观测的主力军作用。浮标监测的意义主要体现在以下4个方面：①服务海洋防灾减灾。浮标监测技术的发展使中国对台风、风暴潮的预警报从24小时提前至48小时，甚至更早，也大大提高了国家对海洋地质灾害的预警、预报、预防能力。②促进海洋科学研究。浮标观测可连续为科学家提供第一手海洋环境数据，推动中国海洋科学向纵深、前沿发展。③保障海洋经济发展。海洋资源开发、海洋渔业、海洋交通运输、海洋旅游、海洋环境治理、海洋重大工程等，都离不开浮标监测提供的全面、及时、准确的海洋环境数据。④维护海洋权益。浮标监测站位可以覆盖海洋争议区和敏感区，为满足海洋维权提供全方位的海洋环境监测数据的需求。

浮标监测作为离岸观测的主要手段，数据通信以无线传输为主。通信系统的功能是把浮标采集到的数据实时发送到岸上数据中心，岸上主管部门也可以对浮标的观测要素、频次实现远程遥控操作。浮标通信方式呈现多样性，基本可以满足不同

图1　双簧管1浮标

图2　海洋资料浮标

用户对浮标数据的需求。主流通信方式有以下4种：①北斗卫星通信。北斗系统日臻成熟完善，已可满足中国全部海域内浮标的全天候实时通信需求。②码分多址（CDMA）/通用分组无线服务（GPRS）。无线信号基本能够覆盖沿海10～20千米，大型海岛网络信号辐射范围则能达到30～50千米，但有基站信号不稳定、基站维修不方便等缺点。③高频电台通信。在无遮挡的情况下，电台信号辐射范围一般能达到10～15千米，电台通信的优势是不受地面基站和网络服务商限制，但是浮标和岸站之间不能有障碍物。④C站（全球海上遇险与安全系统设备）海事卫星和铱星通信。这些通信方式是基于国际上卫星系统提供的通信服务，缺点是通信费用昂贵，随着中国北斗卫星通信系统的发展和成熟，它们正逐步退出历史舞台。

（赵　鹏）

**海洋环境化学**　marine environmental chemistry　广义上是研究海洋水体、沉积物、生物体等介质中化学物质的特性、存在状态、化学转化过程及其变化规律、化学行为与化学效应的学科。狭义上是研究海洋及相关环境中和环境质量密切关系的物质，特别是化学污染物的来源、迁移、分布、反应、转化、效应、归宿以及人类活动对这些过程可能产生的作用和影响的学科。海洋化学的一个分支学科，也是环境科学的一个重要组成部分。

海洋环境化学研究内容主要包括5个方面：①研究海洋水体、沉积物、生物体等介质中污染物分析测试方法。②研究污染物在海洋环境中的来源、赋存形式、浓度、迁移转化过程、归宿。③研究污染物的生物毒性、生态风险、环境效应。④研究海洋环境基准、标准和评价海洋环境质量。⑤研究海洋化学污染物的预防、控制和削减技术方法。化学污染物主要包括重金属、放射性物质、温室气体、氮、磷、高盐物质（如浓盐水）、微纳米颗粒、塑料（包括微塑料）、农药、抗生素、激素、生物毒素、防腐剂、阻燃剂、增塑剂、环境雌激素及其他持久性有机污染物。随着工业化进程的不断推进，人类生产生活过程中产生的污染物种类不断增加，进入海洋环境中的污染物种类也不断增多。

（梁生康）

**海洋环境监测**　marine environmental monitoring　在设定的时间和空间内，使用统一、可比的采样和检测手段，重复获取海洋环境要素资料，并在此基础上阐明各环境要素的时空分布、变化规律及与人类活动关系的全过程。

**发展简史**　20世纪60年代末，许多国家逐渐意识到海洋污染的严重性，开始开发海洋环境监测技术。70年代末，国际和区域间已经进行过多项海洋环境调查和监测计划，传感器和环境监测技术有了较大进展，环境监测自动化技术已达到较高水平。美国、日本、法国、挪威、俄罗斯等国家相继研制了用于现场环境监测的温度、盐度、酸碱度（pH）、溶解氧（DO）、浊度等的传感器，并发展了多种传感器（如叶绿素a、营养盐、放射性、有机物、重金属等）用于监测海洋环境。美国、挪威、俄罗斯等国家也已发展了水文气象浮标、水质污染监测浮标等来监测海洋环境状况。

随着计算机技术和通信技术的发展，国际海洋监测体系尤其是自动化监测系统发展迅速，世界各沿海发达国家已纷纷建立或正在建立各类海洋生态环境监测站，初步形成了包括卫星遥感、无人机、浮标阵列、海洋水文气象观测站、水下剖面、海底观测网络和科学考察船等全球性陆海

空天一体化海洋生态环境监测系统，为全球提供实时或准实时的基础信息和产品服务。多个国家相继发布了海洋监测规划与战略，在其关键海区建立了多参数、长期、立体、实时的海洋立体监测网络，形成了实时监测—模式模拟—数据同化—业务应用的完整链接，为海洋生态与环境研究、生物资源研究和军事海洋学研究提供了资料，并形成了相关产品服务公众。

从60年代开始，中华人民共和国国家海洋局采取自建的方式，陆续在沿海省份设立了海区监测中心、监测总站、监测中心站和监测站，开展水文气象及海洋水质污染监测工作。1978年6月，中国组建了“渤海、黄海污染监测网”。1983年3月1日《中华人民共和国海洋环境保护法》正式生效。1984年5月，召开了“全国海洋环境污染监测网”成立大会。该监测网由4个海洋环境污染监测网组成，包括渤海区网、黄海区网、东海区网和南海区网，共设海上测点232个，覆盖约150万平方千米海域。1995年国家海洋局提出《海洋站网建设发展总体方案》，完成了中国海洋环境监测系统—海洋站和志愿船观测系统的建设，改变了长期以手工操作为主的观测手段，使监测（观测）数据能够及时、安全、自动传输，实现海洋观测自动化的历史性跳跃。2003年，在原有监测网络基础上，利用卫星、飞机、船舶、浮标（包括锚定浮标、Argo浮标、漂流浮标）、岸基监测站、平台、志愿船等手段，构成了海洋环境立体监测系统，组建了全国海洋环境立体监测网，在近岸、近海和远海监测区域及主要海洋功能区全面开展海洋环境质量和海洋生态监测，并对海洋赤潮、风暴潮、海上巨浪、海冰及海上溢油等海洋环境问题进行监测监视。同时，加强沿海省（区、市）海洋环境监测体系的建设，形成国家与地方相结合的全国海洋环境监测网络，已形成由沿海省级—地市级—县级机构组成的地方海洋环境监测体系。

监测目的　海洋环境监测是海洋科学研究、海洋资源开发利用、海洋环境保护与管理的基础性工作。其主要目的是获取海洋生态环境状况信息、主要入海污染源的状况、海洋生态环境现状及演变趋势，建立人为压力与监测的海洋生态环境效应及其他环境变化间的相关关系，为海洋污染防治、海洋生态保护与建设、海洋开发活动的科学管理提供科学支撑。

监测方式　主要监测方式有岸基监测、海基监测和空基监测。

岸基监测　根据监测要求，在岸边、岛屿等陆海交界处设置海洋环境监测站，利用海洋监测仪器设备等手段对海洋环境要素进行观测和测量活动。

海基监测　以浮标、海床基、海洋调查船、志愿观测船和海上固定平台等为载体，根据监测要求，安装不同功能的监测仪器设备，对海洋环境要素进行长期定点、走航监测。①浮标监测。以锚定在海上的或自动剖面观测浮标为主体组成的海洋水文气象自动观测系统，包括海上测量和数据通信系统。中国自70年代开始利用浮标监测海洋环境要素，在赤道太平洋西部投放了Argo浮标，进行温盐垂直分布的观测，并已纳入国际Argo浮标观测系统。Argo如同陆地上气象站组成的天气预报观测网一样，单个的自动剖面浮标相当于一个探空气球，而世界大洋上分布广泛的Argo剖面浮标就组成了覆盖全球的实时海洋观测系统。②海洋调查船监测。利用海洋调查船在调查海区若干条具有代表性标准断面上布设若干测点，按预定时间定期在各测站进行监测。③志愿观测船观测。利用海上运输船舶、渔船等非专业观测平台，在其生产时按国家的要求和制定的规范定时观测海洋水文气象要素，并及时发报。中国有5个船舶测报管理站负责多艘志愿观测船的技术指导，观测资料的审查和汇集。④无人船观测。依托小型船舶，装载定位、导航与控制设备，可搭载多种海洋监测传感器，以遥控或自主的工作方式，在走航过程中进行连续性海洋监测。采用无人船不会增加成本和环境负担，使24小时收集数据成为可能。⑤自主水下航行器观测。通过自主水下航行器上搭载的各种传感器，可对复杂的海洋环境进行长时续、大范围的观测与探测，在全球海洋观测与探测系统中发挥着重要作用。中华人民共和国自然资源部第一海洋研究所北极科考团队于2018年9月10日成功回收了在白令海公海区执行白令海盆和陆坡区连续、高密度观测任务的水下滑翔机，这在中国极地考察中尚属首次，标志着中国具备了在极区海洋采用无人平台开展自主长期业务化监测的能力。

空基监测　利用海洋卫星、飞机（包括无人机）、宇宙飞船、气球等载体，安装不同功能的监测仪器设备和传感器，对海洋环境状况进行监测，获取海洋环境要素的图像或数据资料。这类监测活动具有快速、同步，大范围地实时获取海洋环境资料的能力，是海洋监测的发展方向。

主要任务　中国国家海洋环境监测方案包含海洋生态环境监测、海洋环境监管监测、公益服务监测、海洋生态环境风险监测四大类共23项主要监测任务，并对各项监测任务规定了严格的技术要求。

海洋生态环境监测　为准确把握、客观评价全国海洋生态环境质量整体状况和变化趋势，安排部署了海水和沉积物质量监测、生物多样性及典型海洋生态系统状况、海-气二氧化碳交换通量监测三大类监测内容。

海洋环境监管监测　涉及海洋开发项目的环境影响监测以及陆源污染物入海监测，为海洋环境监督管理工作服务。监测对象涵盖海洋倾倒区、海洋石油勘探开发区、海洋工程建设项目，陆源入海排污口及邻近海域、入海江河、海洋垃圾监测，海洋保护区、海洋生态文明建设示范区等。

公益服务监测　为服务公众民生需求，开展了海水增养殖区和滨海休闲娱乐区监测。对海水增养殖区实施监测，掌握中国海水增养殖区环境质量现状和变化趋势，保障中国海水增养殖区环境质量，促进海水增养殖业的可持续发展；开展海水浴场和重点滨海旅游区监测工作，为滨海旅游区经营部门的管理决策和公众滨海旅游出行提供指导。

海洋环境风险监测　针对海洋灾害和突发海洋环境事故，设立**赤潮**监控区，通过对赤潮监控区养殖生物、沉积物、生物贝毒监测，掌握中国管辖海域赤潮灾害发生风险，提高风险预警能力；开展赤潮和绿潮生态灾害发生发展过程的动态跟踪监测，及时掌握赤潮/绿潮发生源头、漂移路径、影响范围，为灾害应急响应提供决策依据；通过对海水入侵监测区监测，掌握中国海岸侵蚀、海水入侵和土壤盐渍化现状和变化趋势；针对溢油、危化品等海洋环境突发污染事故开展应急监测和跟踪监测，为事故应急处置、生态环境影响和损失评估等提供依据。　（王　鹏　王菊英）

**海洋环境经济学**　marine environmental economics　运用经济学的相关理论与方法，研究海洋经济发展与海洋资源可持续利用及海洋环境保护之间的关系，从而为合理保护和利用海洋资源、制定经济社会发展战略提供决策依据的学科。海洋环境经济学是由经济学与海洋科学、环境科学相互渗透而形成的交叉科学。

产生和发展　海洋环境经济学的产生可以追溯到20世纪60年代，随着海洋开发从传统开发阶段转向现代化开发阶段，有序地管理海洋成为迫切需要。顺应这种需要，1967年美国学者N.霍姆运用投入产出法提出了一些衡量海洋产业经济影响的尺度，并首次指出海洋经济要可持续发展。1977年苏联学者布尼奇出版了专著《世界大洋经济学》，并提出海洋经济协调发展的理论和海洋经济空间组织方案。随后，1984年美国国家海洋与大气局生物海洋学家K.谢尔曼和罗得岛大学海洋地理学家L.M.亚历山大首次提出了“大海洋生态系”的概念，作为海洋资源和环境评估的优化管理单元，这个概念很快被海洋科学界、政策法律界和管理者所接受，“大海洋生态系”的观点，也使海洋资源综合管理从狭义的行政区划管理走向以生态学和地理学边界为依据的生态系统管理。

而海洋可持续发展思想的形成是以1992年联合国环境与发展大会通过的《21世纪议程》为标志，该议程指出海洋是全球生命支持系统的基础组成部分，是人类可持续发展的重要财富，标志着海洋经济可持续发展理论的正式形成，同时引发了海洋经济可持续发展研究的热潮。

为合理发展海洋经济，中国也较早地提出海洋综合管理战略，海洋经济与环境领域的专家们也对海洋环境与海洋经济发展之间的关系进行了较多的研究。中国学者张德贤在2000年出版的《海洋经济可持续发展理论研究》一书中，运用经济和系统生态理论，在阐述可持续发展基本理论的基础上，研究了海洋经济可持续发展与海洋资源、海洋环境等之间的关系；2003年徐质斌等出版了《海洋经济学教程》，建立了海洋生态经济的初步理论框架，并详细分析了海洋资源环境的可持续利用问题；2007年李珠江等主编了《21世纪中国海洋经济发展战略》，亦对中国海洋环境保护与可持续发展战略进行了重点关注；2010年朱坚真出版了《海洋环境经济学》，丰富了海洋环境经济学理论体系，在海洋经济理论发展沿革、海洋经济的概念与特点、海洋经济学的研究对象、海洋经济学的研究内容和研究方法、海洋经济学对经济社会发展的重要作用等方面提出了一系列新观点。

研究内容　海洋环境经济学是研究海洋环境保护与资源利用以及同经济发展之间的关系，探求合理调节经济再生产与自然再生产之间的物质交换，使人类经济活动既能得到最佳的经济效益，又能促进海洋环境与资源的合理保护和有效利用。海洋环境经济学是以环境经济学为基本框架，同时结合海洋环境的特点和内容建立起来的，其研究内容主要包括以下3个方面：①海洋环境经济基本理论。全面分析海洋环境与经济发展的对立统一关系，进一步完善海洋环境经济的若干基本理论，如环境经济系统理论、海洋环境资源价值理论、效益理论、公共物品理论、产权与外部性理论、环境成本理论和可持续发展理论等。②海洋环境经济分析与评价。通过分析海洋环境经济系统内部的关系，使经济活动符合海洋自然规律，减少经济活动对海洋环境造成的压力。海洋环境经济分析主要包括产权分析、生物多样性分析，以及海洋环境保护产业和市场分析；海洋环境价值评估主要包括海洋环境价值评估理论，海洋环境资源的定价方法，以及环境问题引起的经济损失计算和参数选择；海洋环境经济系统分析主要包括海洋环境经济系统的理论概述，如海洋环境经济系统的组成、分类等，海洋环境在经济发展中的作用、两者之间的关系，以及海洋环境再生产等内容；海洋污染与损害的经济评估主要包括海洋环境污染与破坏状况分析，海洋环境污染与损害的经济损失评估方法，以及控制环境污染与破坏所需费用与效益等内容；涉海建设项目的环境经济评价主要包括涉海建设项目环境经济评价指标体系，涉海建设项目环境经济评价方法；海洋循环经济，主要包括海洋循环经济定义，以及海洋循环经济分类、海洋循环经济模式等内容；海洋绿色经济，主要包括海洋绿色经济核算体系，海洋绿色经济核算方法，如实物核算方法、价值核算方法、福利核算方法等，以及海洋绿色国内生产总值（GDP）核算。③海洋环境经济政策。海洋生态系统是实现海洋环境可持续发展的核心，必须不断完善保障海洋生态安全政策体系。作为政府治理海洋环境的经济工具，经济政策是保障海洋生态安全政策体系的重要组成部分。由于海洋环境属性与公共属性存在冲突，海洋环境经济政策体系仍不够完善，需要引入更多的经济策略来弥补海洋环境经济政策工具的不足。这些经济政策主要包括海洋环境保护投资政策；海域评估制度；排污许可证制度、海洋排污权交易以及庇古-海洋环境污染治理等。

发展趋势　海洋环境经济学是一门新兴学科，其理论与方法必将随着海洋经济和环境保护事业的发展而不断补充和完善。①发展海洋环境经济学理论是海洋环境经济学的主要研究任务之一，是分析经济发展和海洋环境保护与利用之间的辩证统一关系，寻求经济活动与海洋环境之间的协同作用机制，以最小的环境代价实现海洋经济发展的途径。因此，在已有相关研究基础上，继续梳理现有的海洋环境经济内涵，进一步解释海洋经济的产业发展变化，不断丰富和完善海洋环境经济，特别是产业视角下海洋环境经济理论。②推动海洋产业的新旧动能转换的核心在于各种海洋资源的价值及其产生的效益。以可持续理念为原则、以科技为推动力、以各种海洋资源为开发和利用对象，促进海洋产业合理健康发展，是海洋经济可持续发展的总体思路。因此还需进一步探索海洋产业生态系统理论，培育壮大海洋经济的新动能、改造提升海洋经济的传统动能，从而推动海洋经济转型升级，优化海洋经济区域布局，提升海洋产业结构和层次。把作为物质生产过程主要内容的海洋产业活动纳入海洋环境系统的循环中，把产业活动对自然资源的消耗和对环境的影响置于生态系统物质能量的总交换过程中，以实现产业活动与生态系统的良性循环和可持续发展。③开展海洋环境经济政策的深入研究。对海洋环境政策的相关研究成果较少，且主要集中在海洋环境政策供给及选择模式，选择、运用及如何完善海洋环境政策工具，海洋环境政策体系中的具体政策的专项研究以及中西方沿海国家海洋环境政策执行比较等方面。这些研究成果肯定了海洋环境政策的研究意义，但大多的研究仅停留于定性分析和理论探讨之中，不能体现研究的实际应用价值，因此海洋环境经济政策研究还需进一步深化。如根据海洋环境政策的历史嬗变轨迹，分析当前及未来一段时间内政策的演变趋势及对海洋经济及环境的影响；构建海洋环境保护政策的评价指标体系；并尝试构建“协商-合作”型的政策决策模式和决策机制等，从而实现海洋环境经济的可持续发展。（田伟君）

**海洋环境科学**　marine environmental science　以河口、海湾与近海为主要对象，研究人类活动和全球变化对海洋环境与生态系统的影响，并探讨海洋环境保护对策的学科。海洋科学与环境科学交叉研究的学科领域。主要利用海洋科学和环境科学相关的理论和方法，研究海洋污染物的来源、迁移转化规律、净化机制及其生态环境效应，并探讨海洋环境综合管理对策。随着海洋环境科学的不断发展，逐渐形成了其分支学科体系，包括海洋环境动力学、海洋环境化学、**海洋环境生态学**、海洋环境工程学、海洋环境法学、**海洋环境经济学**、海洋环境管理学等。

发展历史　海洋环境科学是伴随着海洋环境问题的不断出现而逐渐发展起来的。第二次世界大战之后，许多沿海国家工农业生产和海洋开发迅猛发展，海洋污染事件多有发生，海洋环境问题开始引起人们的关注。1969年，成立了全球性的海洋环境保护顾问委员会——海洋污染科学问题专家组（GESAMP），主要服务于联合国系统海洋环境保护的相关科学事项。1971年，联合国政府间海事协商组织［IMCO，1982年5月22日后更名为国际海事组织（IMO）］提出了全球海洋环境污染调查计划，并将其列为“国际海洋考察十年”的重要内容。1972年，联合国人类环境会议第一次把环境问题列入各国政府和国际政治事务的议程。大会通过了《人类环境宣言》，唤起了各国政府对环境问题，尤其是对环境污染的反思、觉醒和关注。1976年，联合国教科文组织政府间海洋学委员会（IOC）执行理事会通过了“全球海洋环境污染研究综合计划”。作为环境科学的重要组成部分，以研究海洋污染为重点的海洋环境科学得到沿海各国的广泛重视，其学科框架也基本形成。随后，由于大规模无序、无度开发海洋资源，尤其是过度捕捞、近海围垦和油气资源开发，导致海洋生态破坏日趋严重，加之全球变化的影响，使人们进一步认识到不仅要重视海洋环境污染，而且还应重视生态破坏、生态建设及其长期影响。1992年，联合国环境与发展大会通过了《21世纪议程》，提出了实现可持续发展的基本原则和行动计划，进一步丰富了环境科学的内涵，海洋环境科学也逐渐将海洋环境管理与可持续发展的相关内容纳入其学科体系。

全球性海洋环境问题研究计划的出现，对海洋环境科学发展成为一个成熟的学科具有显著的推动作用。由联合国环境规划署（UNEP）倡导的“保护海洋环境免受陆源污染全球行动计划”（GPA），于1995年在美国华盛顿召开的政府间会议上获得通过，该计划旨在应对人类陆地活动所引起的对海洋及沿海环境的健康、生物繁殖及生物多样性的威胁。1998年，制定了**全球有害藻华的生态学和海洋学研究计划**（GEOHAB），其总体目标是：加强赤潮生物学、赤潮化学、赤潮物理学的综合研究，阐明赤潮藻种群动力学机制，提高和改善赤潮的预报能力。2005年，为了推动“可持续海洋”，世界海事组织、联合国粮食及农业组织、联合国环境规划署等机构联合成立了“新的海洋环境保护科学问题联合专家组”，主要对特定海洋环境问题和全球海洋环境现状开展评估。2006年，通过了《关于推动执行〈保护海洋环境免受陆源污染全球行动计划〉的北京宣言》，该宣言已成为促进海洋、沿海地区和岛屿可持续发展的有效工具。

海洋环境问题　主要有海洋污染和生态破坏两方面。

海洋污染　人们曾经把各种废物直接或间接地排入海洋，但早期排入总量少，对海洋环境不足为害。随着工农业发展和沿海区域的城市化进程，大量氮、磷等营养物质，以及石油、重金属、农药、放射性物质和有机污染物等通过河流、直排口、大气沉降、海洋倾废等途径进入海洋。与此同时，海上生产活动，如油气开发、交通运输、海水养殖、码头建设等也向海洋排放污染物。污染物的输入速率和输入量大大超出海洋的自净能力，使海洋环境遭到了与日俱增的污染损害，如富营养化、重金属污染、有毒有机物污染等。进入21世纪后，在人类活动和全球变化的共同作用下，出现了低氧、酸化、微塑料污染等新型的全球性海洋环境问题。

早在20世纪中叶，西方发达国家向海洋倾倒核工业放射性废物，是最早引人关注的海洋环境污染。同一时期，富营养化在全球多个海区同时出现，如欧洲的波罗的海和日本的濑户内海，它们在60年代后期均因严重污染而被称为“死海”。个别海域污染极其严重，如被列为20世纪“八大环境公害”的日本水俣湾汞污染事件，在阿拉斯加海域和西班牙东北部海域，因油轮事故造成的严重油污染事件。70年代初，欧洲各主要国家、美国、日本等基本查清了其沿海污染的基本状况。80年代至90年代末，随着世界经济的发展，陆源污染物入海量剧增，全球范围内河口、港湾及近海污染日趋严重，新兴污染物的种类和数量不断攀升。塑化剂（如邻苯二甲酸酯）成为近海环境中普遍存在的有毒污染物，近岸海域中抗生素的分布呈现复杂多样的特点，沉积物中抗生素种类和检出率均比水中的高。进入21世纪，一些新的区域性或全球性海洋污染问题备受关注，如海洋塑料污染、海洋垃圾污染、低氧区等。大型海洋污染事故增多，对海湾环境造成了严重污染，如2010年美国墨西哥湾原油泄漏事件，2011年中国渤海蓬莱油田溢油事故，2013年日本福岛核泄漏事件等。

生态破坏　海洋环境被污染的同时，海洋生态系统也遭受了不同程度的损害。海洋污染是造成生态损害的原因之一，如陆源输入的营养盐积累导致的富营养化会引起藻类生物量增大和浮游植物种类组成的改变，并进一步导致**赤潮**、**绿潮**、水母等生态灾害的暴发；河口区有机物的积累，会导致缺氧区的发生，进而影响鱼类生物的生存以及底栖生物多样性的变化。不适当的用海活动，则是生态破坏的另一个原因，如盲目围海造田，大规模毁滩建造养殖池塘，掠夺式采砂、采油等，对渔业资源、珊瑚礁、红树林过捕、过采和过伐，以及不合理的海岸、海底等海洋工程活动。这些用海活动，对海洋生态的损害可以表现为对生物栖息地的直接破坏，也可间接表现为对生物个体、群落以及生态系统的影响。

生态破坏的直接后果是海洋生态环境服务功能下降，生物资源和生物多样性锐减，有些海域甚至出现荒漠化。受全球气候变化和人类生产活动的影响，全球约80%的滨海湿地资源丧失或退化。联合国粮食及农业组织2016年的一份报告指出，全球捕鱼数量已经逼近渔业可持续发展的极限值，大约90%的野生鱼类正面临过度捕捞。有毒赤潮频繁发生，在全球范围内已成为公害，不仅对海水养殖造成重大损害，而且威胁人体健康；海水入侵，不少良田盐碱化，大大降低抵御海洋自然灾害能力；滨海湿地损坏严重，降低海洋的自净能力、影响海滨旅游价值等。中国的生态破坏严重，如赤潮大规模频繁发生，红树林面积锐减，近海渔业资源严重衰退等。中国的海洋污染主要集中在近岸局部海域，典型海洋生态系统多处于亚健康状态，局部海域赤潮仍处于高发期，绿潮影响范围有所增大。

研究内容和任务　海洋环境现状　21世纪初，联合国环境规划署（UNEP）发布《海洋环境状况》报告，对全球海洋环境保护的现状进行了全面分析和评估。报告指出，全球海洋环境保护在3个方面的污染控制是有效的，包括持久性有机污染物（POPs）、放射性物质和石油污染。但一些强污染事件的影响不可忽视，如2011年的墨西哥湾溢油和2013年日本福岛核泄漏，均造成了区域性的海洋污染，且其影响是长期的。全球海洋环境保护在重金属污染控制方面喜忧参半。大多数发达国家已经采取措施控制重金属污染，但由于工业化、采矿和为电力、交通而燃烧矿物燃料，一些重金属正危及海洋环境的健康。进入欧洲北海的铅、镉和汞已经降低了70%，东北大西洋和地中海地区的重金属污染物浓度也有明显降低。然而在北极某些地区，环斑海豹和白鲸体内的汞浓度要比25年前高2～4倍。海洋环境的四大指标正在呈恶化趋势，即污水指标、富营养化指标、海洋垃圾指标和海岸开发和生物栖息地破坏。大量污水未经有效处理直接入海，可能是全球行动计划框架内最严重的问题，也是取得进展最小的领域。由于海水富营养化从发达国家向发展中国家的扩展，自1960年以来，沿海“死亡区”的数量每10年增加1倍。尽管沿海各国和国际社会采取措施努力控制海洋垃圾，但海洋垃圾问题正在逐步恶化。

海洋自净能力与海洋环境容量　巨大的海洋空间是净化处置废物的场所，而且利用海洋净化和处置废物，一般来说是经济的，但海洋已不能满足日益增加的排污需求。在多数海湾和近岸海域，污染物的入海量已远远超出**海洋自净能力**和**海洋环境容量**。海洋自净能力是一项特殊的宝贵资源，排污量必须严格控制在其净化能力、容纳量范围内，以防止因污染物的累积而造成污染问题和生态破坏。由于不同海区自然条件的差异，自净能力强弱不一，因此要对各海区的物理自净、化学自净和生物自净的过程、机制和效能进行研究，为合理规划和利用海洋净化能力提供理论依据。

20世纪80年代至今，国内外相继开展了海洋环境容量的研究，随着研究的深入和监测资料的逐渐丰富，海洋环境容量经历了从定性描述到定量计算的发展阶段。海洋环境容量的计算，需要充分考虑水动力过程对污染物的作用，以水动力模型为基础而建立起来的方法，有分担率法、最优化法和模型试算法等。关于海洋环境容量的计算主要考虑物理自净过程，而往往忽视生物自净和化学自净等作用。因此，综合考虑物理、化学和生物等自净过程对环境容量的贡献，是全面了解海洋环境容量的基础，也是更加科学地评价污染负荷对海洋环境影响的基础和关键。

人类活动对海洋环境变化的影响与反馈　人类活动对近海海洋环境乃至全球海洋环境的变化节律、规模和方向均产生了重要影响。在多种人类活动的影响中，陆源排污、围填海工程、渔业活动、油气开发最具代表性，它们对海域的水质环境、底栖环境、生态系统演变等产生了明显影响。陆源排污是近海富营养化的主要物质基础，在某些海域，无机氮浓度居高不下，出现了氮磷比（N/P）严重失衡，持久性有机污染物（POPs）成为海湾水体和沉积物中普遍检出的重要污染物，其种类数量和浓度水平在不少河口区域均呈增加趋势。多种形式的围填海活动，持续不断地改变着岸线的属性，自然岸线比例与岸线形态发生变化，导致局部区域水交换能力明显降低、污染物累积等。海水养殖、捕捞等渔业活动，不仅通过投饵和养殖废水排放增加了污染物的入海量，也通过对自然生态系统的扰动而对海洋生态系统的结构和功能产生影响。油气开发作为人类开发海洋的重要活动之一，在施工期悬浮泥沙及钻井液钻屑排放、运营期含油生产废水排放、溢油事故环境风险等方面对海洋环境具有潜在影响。

海洋生态环境受干扰、破坏，势必反作用于人类本身。这包括对海洋资源、海洋经济的损害，对人类生存环境的影响，直至危害人体健康和生命。因此，研究海洋生态受破坏的起因、途径、效应，研究各种污染物在海洋生态系统中的迁移转化，对各种生物和人体的影响，保证海产食品安全，是制定各种海洋环境标准和有效管理海洋环境的必要基础。

气候变化对海洋环境的影响　当今的气候变化以温度升高为基本特征，全球平均海水表层温度上升的速率约为陆地气温的50%。从1979年开始，地表温度平均每10年上升0.27℃，海水表层温度每10年平均上升0.13℃。海洋温度的改变能够影响海水流体物理过程和一些海洋生物的生理学过程，如海水密度与温度之间具有非线性关系，海水表层温度升高能够导致冷水的下沉和海冰融化；温度每上升10℃，海洋生物生化反应速率提高1倍。此外，温度还能够影响海洋生物的生理速率和物理耐受限度。一些海洋生物的物种分布会因温度的变化而改变，而对于一些定栖性生物和一些狭温性的地方种，温度升高对它们的影响可能是致命性的。

气候变化通过对海水流体物理过程的影响，可以改变污染物在水体和沉积物中的分布，更重要的是通过对海水温度分布的影响，而改变海洋生态系统的自然演变。气候变化对世界各海区的影响并不相同，对温度敏感的北冰洋地区，自20世纪50年代以来，水温升高了4℃以上，而南极一些地区也呈变暖的趋势。**潮间带**是最易受气候变化影响的区域，气温的升高可能会威胁到这里生物的生存。一般认为，人类活动导致的大气$CO_2$浓度升高是气候变化的主要原因。大气$CO_2$浓度升高的同时，海水$CO_2$分压升高，海水酸碱度（pH）下降，从而产生**海洋酸化**现象，这对一些海洋生物和生态系统构成了严重的威胁。一些海洋生物，如球石藻、部分软体动物、海星、海胆、珊瑚等，碳酸钙是构成其骨骼的重要成分，海水酸化将影响这些生物结构的完整性、威胁其生存。近岸海域碳酸盐离子一般处于饱和状态，其溶解度随着深度的增加而增加，溶解面（碳酸盐开始溶解的深度）可能会因海洋的酸化而变浅，这将导致这些具有钙质结构的海洋生物的栖息地缩小。

海洋环境监测技术与方法　自20世纪60年代以来，各海洋国家相继开展了海洋污染监测。区域性海洋污染调查和监测较为系统，其中最活跃的区域是北大西洋、波罗的海、地中海、加勒比海及毗邻水域和西太平洋等。南北极及开阔大洋的海洋污染状况也得到了广泛关注。世界上多个国家和组织陆续在南极、北极开展了持久性污染物的调查与监测，并发表了一些相关的研究成果。

在海洋环境监测技术方面，要特别强调自动监测平台和监测系统的研发，开展海洋生态监测技术、赤潮监测技术、海洋大气监测技术、污染源监测技术等研究，开展以生化指标，如营养盐、油类、重金属等为主要指标的自动监测仪器以及便携式现场监测仪器的研制，特别重视应急监测技术的研究开发，大力发展遥感技术在海洋环境监测中的应用，发展基于物联网技术的海洋环境监测系统。

海洋环境综合管理　其目标是改善海洋环境和维护海洋生态系统平衡，综合运用科技、经济、法律和行政等手段对海洋环境进行综合管理和整治，包括对海洋环境进行科学区划、规划，制定环境法规和标准等。为加强海洋环境管理而进行的理论、技术、法规等研究得到了更多的关注，海洋环境管理更加重视对海洋生态系统的保护，海洋生态损害补偿/赔偿制度也正逐渐得到完善和落实。

海洋环境的综合管理是对海洋生态系统的管理，要以对海洋生态系统结构、功能及演变规律的认识为前提。基于海洋健康指数和服务价值，不少学者开展了区域和全球海洋健康评价和生态系统服务价值评估。基于生态系统的海洋管理（MEBM）成为海洋环境管理的一种潮流，即在充分了解和尊重海洋生态系统结构与功能的基础上，对海洋开发活动进行全面管理，以保护海洋健康和维持其生态系统服务功能。1998年，《澳大利亚海洋政策》出台，其核心是倡导在决策过程中贯彻MEBM；2004年，《美国海洋行动计划》将MEBM作为21世纪美国海洋管理的基本方针。海洋环境综合管理，也是规范人类行为的管理，保证有序、有度开发海洋是持续利用海洋资源的前提，是防治海洋污染和生态破坏的主要措施。

**中国海洋环境科学的发展**　中国海洋环境科学的发展是从现场调查入手，并在不断融合物理、化学、生物等多学科知识的基础上逐渐发展起来的。中国近海海域综合调查始于20世纪50年代末，60年代末即进行了近海放射性稀释因子的测定，而海洋污染首次调查始于1972年，完成于1983年，调查海域包括黄海、渤海、东海和南海，通过这次调查基本掌握了中国近海海域的污染状况。国家海洋局（今自然资源部）牵头，1978年制定了《海洋污染调查规范》，这是中国第一部关于海洋污染物调查和检测的规范性文件；70年代末，开展了海水中小尺度涡动扩散实验的研究。1980年初，中国环境科学学会与中国海洋学会在北京召开座谈会，讨论了中国海洋环境科学发展的目标和工作重点；1981年，召开了中国第一次海洋污染研究学术交流会。1982年颁布了《中华人民共和国海洋环境保护法》。这些前期的调查、研究、学术交流及法律规范，对中国海洋环境科学的形成和发展具有非常重要的意义。

20世纪末，中国近海的环境污染与生态破坏逐渐凸显并整体呈快速恶化趋势，相关问题成为各海洋研究机构的重点研究方向，海洋环境科学得到了快速发展。随着中国沿海经济的腾飞，工农业废水和生活污水入海量与日俱增，同时在海洋石油的开发、油港和沿海炼油厂建设的影响下，近海营养盐污染、石油类与有机污染并存，局部区域污染严重、底质重金属超标，出现了大量生物灭绝。渔业资源捕捞过度，各海区均超出了最适可捕量，整个渤海鱼类资源呈现退化趋势，从而改变了自然生态系统的结构，影响了生态系统服务价值的发挥。这一时期，国家相关部门建立了海洋环境常规观测断面和观测站，各类研究项目针对不同的海洋环境问题开展了深入研究，包括污染物的来源与迁移转化规律、赤潮灾害的发生特点、海洋生态系统动力学模式等。逐渐建立了海洋环境的研究体系和管理体系，沿海一些大学设立海洋环境专业，培养研究生，专业研究队伍逐渐扩大。

21世纪以来，中国近海的环境问题呈现波动趋势，污染物陆源入海量得到了一定程度的控制，但在某些海区的富营养化有加重趋势，新兴污染物在海湾、河口等海域普遍检出，近海生态系统多呈亚健康与不健康状态，赤潮、绿潮、水母等生态灾害呈恶化趋势，海洋溢油污染事故、化学品泄漏事故时有发生，滨海湿地丧失严重。针对这些海洋环境与生态问题，中国政府将海洋环境保护纳入生态文明建设的一项重要内容，中国学者加强了营养盐循环过程、有机污染物迁移转化、生态灾害的防控、海洋环境保护、修复与治理等方面的研究；在海洋环境保护立法、红线划定、生态系统健康评估、生态损害补偿等方面取得明显进展；提出了海湾综合整治、“碧海行动计划”、陆源总量控制、“渤海综合治理攻坚战”等海洋环境保护行动与措施。但中国在海洋环境质量标准、基准建设，海域环境预测等方面与发达国家仍有差距。

随着人类活动的“趋海化”，海洋开发强度将进一步加大，海洋环境科学也将与之相适应，研究内容不断充实，研究方法不断更新。随着近岸海域环境监测系统和网络的不断完善，以大数据为基础的海洋环境预测和预报，以及海洋生态系统的修复和恢复将是未来的海洋环境科学研究重点。同时，随着大洋和深海资源的探测和开发，如大洋底矿产、生物资源、天然气水合物的开发，这些人为活动的环境效应将被纳入海洋环境科学的研究范畴。因此，海洋环境科学的发展，将会更加依赖于多学科的交叉与融合，更加趋向于国际化和全球化。

（高会旺）

**海洋环境内分泌干扰物** marine environmental endocrine disruptors; marine EEDs 汇集于海洋中的一类具有改变动物内分泌系统功能，干扰动物内源激素的合成、释放、转运、代谢、结合、效应及消除的外源性化学物质。又称海洋环境激素。

来源 ①陆源污染。海洋环境内分泌干扰物主要源于陆地，如陆地上施用农药的残留；农药厂的废水、钢铁厂大量含酚的废水、石油化工厂和电池厂大量氰化物的废水等各种工业废水；富含营养物和表面活性剂的生活污水等都含有多种环境内分泌干扰物（EEDs），会随着排污、降雨冲刷等随地表径流进入海洋。②大气沉降。大气中的EEDs可沉降至海洋表面，某些沿海区域经由大气输入的EEDs的总量几乎相当于河流的输入量，有些甚至更多。③海上污染。包括海上排污、石油渗漏及污染物在海上的溶渗。海上运输量的增加及海洋石油勘探开发的加速使海洋石油污染事件频繁发生，石油和石油制品含有大量致癌物质多环芳烃；作为防附着涂料进入海洋中的有机锡等类似的EEDs在海洋环境中的溶渗。

分类及危害 海洋环境中存在数百种已知或疑似对人类和野生动物的内分泌系统具有干扰效应的合成或天然化合物。根据这些化合物的理化性质及其应用领域，将海洋环境内分泌干扰物分为12个类别，其对部分海洋生物均有危害效应（见表）。

控制对策 中国在EEDs的环境管理领域还处于起步阶段，2015年国务院印发的《水污染防治行动计划》中提出“到2017年底前完成EEDs生产使用情况调查，

**12类海洋环境内分泌干扰物**

| 种类 | 代表物质 | 对海洋生物的危害效应 |
|---|---|---|
| 多氯联苯（PCBs）类化合物 | PCB126、PCB混合物Aroclor 1254 | PCB导致海豹子宫肌瘤以及肾上腺功能异常，海狮生殖器癌等<br>Aroclor 1254暴露扰乱了褐牙鲆的甲状腺内分泌系统并影响其变态过程<br>Aroclor 1254暴露降低大西洋鲑鱼的三碘甲腺原氨酸和皮质醇水平并影响其行为发育 |
| 多溴联苯醚（PBDEs）类化合物 | BDE-47、BDE-99、PBDEs混合物DE-71 | BDE-47暴露降低菲律宾蛤仔体内甲状腺激素水平<br>BDE-99导致大菱鲆早期发育形态学异常<br>多溴联苯醚导致北极野生动物的甲状腺功能减退以及海洋哺乳动物的种群数目减少 |
| 多环芳烃类化合物 | 苯并[a]芘、苯并[a]蒽、芘、蒽等 | 苯并[a]芘能够影响海参的生长、存活、抗氧化酶以及免疫功能系统 |
| 卤代酚类化合物 | 2, 4-二氯苯酚、五氯苯酚、羟基多氯联苯、羟基多溴联苯醚、四溴双酚A、2, 4, 6-三溴苯酚、三氯生等 | 三氯生导致地中海贻贝（*Mytilus galloprovincialis*）血细胞溶酶体稳定性降低、水解酶释放 |
| 非卤代酚类化合物 | 双酚A、壬基酚、辛基酚等 | 双酚A对海洋中脊椎动物具有雌激素效应，升高雌激素水平 |
| 全氟烷基化合物 | 全氟辛烷磺酸、全氟辛酸、全氟十二烷酸 | 全氟辛烷磺酸对海洋青鳉具有免疫毒性<br>全氟辛烷磺酸能够影响许氏平鲉的渗透压调节能力<br>全氟辛酸会引起日本青鳉的过氧化物酶体脂肪酸氧化和肝脏毒性 |

续表

| 种类 | 代表物质 | 对海洋生物的危害效应 |
|---|---|---|
| 日常用品中的增塑剂和其他添加剂 | 邻苯二甲酸酯类、磷酸三苯酯等 | 邻苯二甲酸二乙基己酯会影响牙鲆腮细胞系的活性，抑制生长、损伤细胞膜和诱导凋亡等 |
| 农药类化学物 | 滴滴涕、阿特拉津、农利灵、毒死蜱、利谷隆等 | 滴滴涕也能引起海豹肾上腺增生和库欣病的表型<br>毒死蜱对凡纳滨对虾属于剧毒农药，亚致死剂量的毒死蜱可激活凡纳滨对虾的免疫系统的某些免疫反应，使免疫相关基因表达获得上调 |
| 药物、生长促进剂和个人护理品中的成分 | 己烯雌酚、炔雌醇、他莫昔芬、左炔诺孕酮、氟西汀、环状甲基硅氧烷等 | 氟西汀导致海洋蠕虫体重和进食率降低、改变了海洋蠕虫的代谢活性 |
| 金属和有机金属化合物 | 砷、镉、铅、汞、甲基汞、三丁基锡等 | 三丁基锡会导致一些海洋雌性腹足类软体动物的性畸变，导致种群性比偏移，最终致使海洋腹足类种群的下降 |
| 天然激素 | 17β-雌二醇、雌酮、睾酮 | 17β-雌二醇对双齿围沙蚕雌雄比例、个体生长、死亡率及卵母细胞发育具有影响 |
| 植物雌激素 | 金雀异黄酮、大豆异黄酮、拟雌内酯、玉米烯酮、类胡萝卜烯酮类等 | 植物雌激素和天然雌激素相同，对海洋生物也具有雌激素效应 |

监控评估水源地、农产品种植区及水产品集中养殖区风险，实施EEDs淘汰、限制、替代等措施”的管控要求。因此，在参考欧美等国经验的基础上，需加强海洋环境EEDs的基础研究，从中国化学品环境管理的实际情况出发，研究制定国家层面的海洋环境EEDs战略计划、评估框架和管理制度等。加强海洋环境EEDs的生态风险评价和生态风险管理工作，通过海洋环境EEDs风险评价，确定可接受风险度和可接受损害水平，按照适当的法规条例，选用有效的控制技术。此外，民众对EEDs的认知有限，不具备自我保护意识和能力，应广泛开展EEDs科普，促进民众自发参与环境保护。从身边小事做起，从源头减少EEDs向海洋环境中的排放，如尽量减少一次性用品和塑料袋使用，多用肥皂、少用洗涤剂，慎用激素类药物等。

（汝少国　张晓娜）

**海洋环境容量**　marine environmental capacity　在不给海洋环境造成不可承受之影响的前提下，海洋所能容纳某种污染物的能力。海洋环境容量是海洋环境的特性，具有时间和空间属性。按照时间属性划分，包括日海洋环境容量、年海洋环境容量等；按照空间属性划分，包括河口环境容量、海湾环境容量等。

概念释义　海洋环境容量属于环境容量概念范畴，是在20世纪50年代环境问题成为全球性重大问题后逐渐形成的。特别是1972年在瑞典斯德哥尔摩召开的联合国人类环境会议上通过《联合国人类环境会议宣言》之后，国际上海洋环境管理从“三废”限制排放和治理阶段进入了综合防治阶段，日本和美国等国学者对环境容量概念进行了许多有价值的探讨。他们分别从不影响生态系统或者遵循环境质量标准等前提出发，将其定义为在一定范围内环境所能承纳的最大的污染物负荷总量。在经历了10年左右的探讨后，1986年联合国海洋污染科学问题专家组（GESAMP）给出了国际上普遍接受的海洋环境容量概念。海洋环境容量概念是根据海洋环境管理的需求提出的，它不仅是污染物排海总量控制的一个极为重要的概念，还是海洋生态环境保护与生态灾害防控研究的一个重要基础。

影响因素　海洋环境容量概念包括3层含义：①在一定的阈值范围内，污染物是不会对海洋环境或海域使用造成不可承受影响的。②海洋环境只能容纳有限数量的污染物。③海洋环境容量可以定量化。根据上述含义，为量化海洋环境容量，可将其表述为在维持海洋生态健康或使用功能所要求的海水质量基准或标准条件下、在一定时间内，目标海域所能容纳污染物的最大数量。海洋环境容量是污染物随海水输运扩散和污染物自身转化等多种**海洋自净能力**的综合体现，其大小与海域环境空间的大小、位置、地形（岸线、海底形状等）、形态（如海湾、河口）等地理条件，潮流、温度、盐度、光照、径流等环境要素特征，以及污染物本身的物理和化学性质有关。海域环境空间越大，环境对污染物的稀释净化能力就越强，海洋环境容量也就越大。水交换能力越强，海域对污染物的迁移净化能力就越大，海洋环境容量也就越大。对某种污染物而言，它的物理和化学性质越不稳定，环境对它的容量也就越大。

评估环节　海洋环境容量评估即是获得海洋环境容量的过程，主要包括以下几个环节。①水质基准确定。水质基准主要根据海域生态系统健康确定，对于特定海域环境功能，也可采用一定的海水水质标准。②污染物种类区分。污染物按照污染特征可分为营养盐、天然有机物等生源要素，细菌、病毒等病原体，铅、镉等重金属，以及某些合成有机物、放射性元素等有毒污染物。③环境自净能力分析。污染物进入目标海域后，主要分布在海洋环境多介质（水、海面大气、悬浮物和沉积物、海洋生物等）中，通过光化学降解、生物降解和代谢、沉降和沉积埋藏、挥发迁移到大气、水动力迁移到外海等过程而自净。④边界条件设定。边界条件主要包括海域边界和生态系统边界。海域边界主要与海域特征（封闭型、半封闭型、开敞型等）、地形有关，并受海水动力过程影响；生态系统边界主要通过污染物（如汞、持久性有毒污染物等）在生态系统的富集与放大，范围由水圈扩大到生物圈，它主要取决于污染物性质、生物地球化学循环。同时，边界条件也与污染物排放形式有关，如连续排放、间歇排放、偶然或事故泄漏等。

研究意义　海洋环境容量主要应用于陆源污染物排海总量控制。全球一半以上的人口生活在沿海地区，实现沿海地区人类活动与海洋环境相和谐，既是全球可持续发展战略的焦点，又是21世纪海洋科学发展战略计划的核心主题，也是中国海洋生态文明建设的重要内容。然而在高强度人类活动影响下，海洋生态灾害频发，近海生态安全面临着前所未有的挑战。为此，各重要沿海国家及区域性国际组织都制定了相关陆源污染物排海总量控制计划。例如，美国的最大日负荷总量（TMDL）计划、欧盟的海洋战略框架指令（MSFD）计划、日本的污染物负荷总量控制系统（TPLCS）等，这些计划应用于切萨皮克湾、墨西哥湾、波罗的海、东京湾、濑户内海等海域，均取得了一定的效果。

（李克强）

**海洋环境生态学**　marine environmental ecology　研究在人类活动干扰条件下，

海洋生态系统内在变化的机制、规律、特征及效应，探求*受损海洋生态系统*恢复、重建和保护对策的学科。

*产生背景与发展历史*　海洋环境生态学的产生和发展大致分为3个阶段：产生于20世纪60年代，80年代后步入发展期，21世纪得到全面发展。

1962年，美国海洋生物学家R.卡森的《寂静的春天》是一部划时代的环境科学经典之作，也是环境生态学的启蒙之著。联合国1972年6月5～16日在斯德哥尔摩人类环境会议上通过了《联合国人类环境会议宣言》，向全球呼吁：人类在决定世界各地的行动时，必须更加审慎地考虑它们对环境造成巨大的、无法挽回的损失。1973年1月，成立联合国环境规划署。

20世纪80年代起，沿海国家人口加速向海岸带集聚，海洋经济较快发展，沿海地区受到前所未有的污染和生态损害双重压力，主要体现在近海富营养化加剧，海洋生态灾害严重；围填海规模过大，沿海海洋生态服务功能严重受损；渔业开发利用过度，资源种群再生能力下降；陆源入海污染严重，海洋生态环境持续恶化；流域大型水利工程过热，河口生态环境负面效应凸显等。1982年12月10日第三次联合国海洋法会议上通过*《联合国海洋法公约》*，于1994年生效。该公约的实施使海洋可持续发展和海洋综合管理成为世界沿海国家解决海洋资源开发和环境保护问题的主流思想。1995年起，在国际《生物多样性公约》缔约方每两年举办的会议上，海洋生物多样性利用和保护成为大会固定讨论的议题之一。2002年在南非约翰内斯堡召开的第三次联合国环境大会，再次强调了海洋和海洋生态系统对人类生存和发展的极端重要性。

20世纪末之后，沿海国家掀起了向海洋要空间、要资源的新高潮，对海洋生态带来了巨大的压力，促进了海洋环境生态学的全面发展。

*研究内容*　①人类活动干扰条件下海洋生态系统内在变化机制和规律研究。海洋生态系统受人类活动干扰后，将产生一系列的反应和变化，海洋生态系统有其内在变化机制和演化趋势及其规律。②海洋生态系统受损程度及危害性的判别研究。受损后海洋生态系统结构和功能的退化特征，海洋生态系统健康和生态系统服务功能受损的判断和评估，退化的效应和规律以及危害程度。③受损海洋生态系统的修复与保护研究。各类海洋生态系统保护、修复的生态措施和基于生态系统的海洋综合管理和海洋资源可持续利用。④解决海洋环境问题的生态学对策研究。为实现海洋环境保护与海洋经济协调发展，满足人类生存和为经济、社会持续发展做出积极贡献是海洋环境生态学的根本目的和主要任务。

*任务及发展趋势*　①人类活动干扰的方式及强度。随着人类活动干扰空间的扩大和强度的增加，人类活动干扰的方式及强度的研究越来越被人们所关注。人类活动干扰对海洋生态系统产生的效应和表现形式是多样的，包括干扰的类型、损害强度、作用范围和持续时间，以及发生频率、潜在突变诱因等方面。海洋环境生态学最关注的是人类活动干扰及强度与海洋生态响应的关系，通过诊断和排除消极干扰，把危害性控制到最低程度。②退化海洋生态系统的特征判别。各种干扰的方式和强度不同，对海洋生态系统危害性和产生的生态效应也不同。如何判别一个海洋生态系统是否受到人类活动的干扰、干扰程度如何？受损海洋生态系统的结构和功能变化的特征如何？尚未有一个公认的标准体系。因此，受损海洋生态系统特征判别的方法和标准仍是今后研究的重点之一。③人类活动干扰条件下的生态演替规律。生态演替规律是受损海洋生态系统恢复和重建的重要理论基础。已有的研究表明在人类强烈活动干扰条件下，近岸海域大型底栖动物已远离近岸分布。因此，受损海洋生态系统的恢复和重建需要以生态演替规律为支撑。④受损海洋生态系统恢复和重建技术。在海洋环境生态学领域，人-海、陆-海复合生态系统的构建方法已有了大量的实践，多地生态整治和修复效果明显，海洋生态环境呈明显改善和整体趋稳向好的积极态势。然而这个领域的研究仍不能满足实践的需要，一些恢复技术还不能实现生态、社会和经济效益的统一，个别技术还缺乏整体考虑。因此，海洋生态系统修复和重建技术的研究仍然是海洋环境生态学中颇具吸引力和最有作为的领域。⑤海洋生态系统服务功能与评价。海洋生态系统服务功能指海洋生态系统及其生态过程所提供的、人类赖以生存的自然环境条件及其效用。海洋生态系统服务功能的正确评价，能较好地反应海洋生态系统和自然资本的价值，可为一个国家、地区的决策者、计划部门和管理者提供资料背景，也有利于建立环境与经济综合核算新体系和制定合理的自然资源价值体系。但是有关海洋生态系统的价值体系评估方法的建立还不够完善，尤其是关于其价值体系的研究还主要从整体上估算，对海洋生态系统动态性研究亟待改进。⑥基于海洋生态系统的管理。它是一种跨学科的管理方法，该方法以科学理解生态系统的关联性、完整性和生物多样性为基础，结合生态系统的动态特征，以海洋生态系统而不是行政范围为管理对象，以达到海域资源的可持续利用为目标，对社会、经济和生态效益进行耦合以达到最大化的管理体系。建立基于生态系统的海洋管理符合可持续发展和生态文明建设的管理理念。因此，加强海洋生态系统管理的研究，也是海洋环境生态学的重要任务。⑦全球气候变化条件下海洋资源预测。随着气候的变化，海洋生态系统作为全球环境系统的重要组成部分，海洋资源的保护已经越来越受到人们的重视。由气候变化所引起的全球变暖和极端天气变化，对世界海洋资源产生极大的影响。同时，由气候变化引起的海洋生态系统和物种分布的巨大变化也将对人类社会产生严重后果。为此，提高对全球环境和生态过程重大变化的预测能力，也将是海洋环境生态学今后一段时间内必须努力探索的重要课题。⑧海洋生态文明建设。海洋在国家战略中越发占有举足轻重的地位，海洋生态文明建设事关海洋强国战略的全局，同时对整体推进生态文明建设起着至关重要的作用。必须紧紧抓住海洋事业蓬勃发展的历史机遇，把海洋生态文明建设摆在更加突出的位置，为实现海洋经济协调发展、海洋产业整体布局、海洋生态和谐美好注入强劲力量。海洋生态文明建设已经成为海洋环境生态学的重要组成部分，是人与自然可持续发展的必然选择。

（汝少国　于　淼）

**海洋环境损害司法鉴定**　forensic expertise of marine environmental damage　在诉讼活动中，运用海洋环境科学的技术或者专门知识，采用监测、检测、现场勘查、实验模拟或综合分析等技术方法，对海洋环境污染或者生态破坏诉讼所涉及的专门性问题进行鉴别和判断，并提供司法鉴定意见的活动。海洋环境诉讼中需要解决的专门性问题包括：确定海洋污染物的性质，确定海洋生态环境遭受损害的性质、范围和程度，确定评定因果关系，评定海洋损害成本及防止损害扩大、修复生态环境的措施或方案等。

*主要特点*　①鉴定证据的易逝性。在时间上，由于海洋环境条件的易变性，获取第一手证据有着严格的要求，一旦错过，则无法再收集到证据或证据不具有证明力。②鉴定程序的专业性。由于海洋环境污染损害案件的复杂性和隐蔽性，受害方一般无法做出判断，因此鉴定证据的

采集、固定、检测必须由专业机构在特定的时间内按照特定规程完成。③鉴定意见的局限性。海洋环境损害司法鉴定，包括确定损害范围及程度、进行损害价值评估等多方面，由于现有科学发展水平、仪器设备条件和海洋损害事件的复杂性，以及尚无完备的损害界定与量化的技术标准体系，使得海洋环境损害的事实判断和价值评估都存在科学上的不确定性。

基本类型　海洋环境损害司法鉴定包括海洋环境污染司法鉴定、海洋生物质量司法鉴定、海洋资源损害司法鉴定、水产养殖损害司法鉴定、海洋生态环境损害司法鉴定。①海洋环境污染司法鉴定。运用海洋环境科学和（或）专门知识对直接或间接向海洋环境排放超过其自净能力的物质或能量，使海洋环境质量降低、损害海水使用素质等污染问题进行的调查、勘验、分析和评价。②海洋生物质量司法鉴定。运用海洋产品、毒性科学技术和（或）专门知识，对涉及海洋生物质量变化的原因、污染物含量、特性变化等事项进行的分析、检验、鉴别和评估。③海洋资源损害司法鉴定。运用海洋科学与资源评估的专门知识，对涉及海洋资源损害原因、程度、种类、数量、价值（当期损失和中长期损失），恢复措施和费用等事项进行的调查、鉴别、评估。④水产养殖损害司法鉴定。运用海洋水产科学技术和（或）专门知识，对涉及水产养殖损害受损原因、种类、数量、价值等事项进行的调查、鉴别和评估。⑤海洋生态环境损害司法鉴定。运用海洋科学与生态学的专门知识，对涉及海洋生态要素损害变化的原因、程度和损失等事项进行的调查、勘验和评估。

（马启敏）

**海洋环境信息系统**　marine environmental information system　一切涉及海洋环境管理、海洋环境科学研究，与海洋环境保护相关的信息系统。海洋环境信息系统具有数据获取、存储、管理、分析、发布和共享等功能，其中的数据涵盖海洋生物、化学、水文、气象、地质等多学科的多源、多尺度、多时相的属性和空间数据，主要来源于现场观测、实时监测、卫星遥感等多种数据获取方式。

可按照不同的空间尺度或行政区域构建海洋环境信息系统，主要包括全球海洋信息系统、区域海洋信息系统、国家海洋信息系统、省级海洋信息系统、地市级海洋信息系统、区县级海洋信息系统等。也可按照主题要素构建专业性的海洋环境信息系统，如生态、地质或综合性海洋环境信息系统。

海洋环境信息系统的构建主要采用浏览器/服务器（B/S）和客户端/服务器（C/S）的混合系统结构，两者互联互通。B/S系统是面向轻型应用，用户通过浏览器可以实现海洋环境数据的快速浏览查询，同时给C/S业务处理系统提供数据支持。C/S系统主要面向专业人员，进行复杂的海洋环境数据处理和分析，生成海洋环境信息产品，供B/S体系查询浏览与检索。系统结构通常包含三层架构，即表示层、业务逻辑层和数据访问层。海洋环境信息系统逐步向基于物联网、大数据和云计算技术的综合智能化信息服务平台发展，体现海洋环境海量数据的实时快速获取、智能分析、分发和决策。

（夏　涛）

**海洋环境影响评价**　marine environment impact assessment　对海洋工程建设项目可能对海洋环境造成的影响进行科学分析、预测和评估，提出预防或减轻不良环境影响的对策和措施的工作。通过海洋环境影响评价，可以从经济、社会、环境方面综合考虑，协调人们的短期行为和长远利益，从而达到合理开发利用自然资源、保护环境、实施可持续发展的目标。

发展简史　海洋环境影响评价是环境影响评价的一部分。1964年，在加拿大召开的国际环境质量评价学术会上提出环境影响评价这一概念。1969年，美国率先颁布了《国家环境政策法》，并于1970年1月1日起正式实施。继美国建立环境影响评价制度后，先后有100多个国家建立了这一制度。

中国海洋环境影响评价的法律依据是《中华人民共和国环境保护法》《中华人民共和国海洋环境保护法》和《中华人民共和国环境影响评价法》。中国于1979年颁布了《中华人民共和国环境保护法（试行）》，标志着环境影响评价制度正式确立和实施。1982年8月颁布的《中华人民共和国海洋环境保护法》规定，海岸工程建设、海岸石油开发以及河口、海湾、海域排污等建设项目必须作海洋环境影响评价。自2000年4月1日修订后的《中华人民共和国海洋环境保护法》正式实施后，海洋主管部门逐步推进海洋工程海洋环境影响评价工作。2002年10月28日，第九届全国人民代表大会常务委员会第三十次会议修订通过《中华人民共和国环境影响评价法》，自2003年9月1日起施行；2016年7月2日，第十二届全国人民代表大会常务委员会第二十一次会议对《中华人民共和国环境影响评价法》第一次修正；2018年12月29日，第十三届全国人民代表大会常务委员会第七次会议对《中华人民共和国环境影响评价法》第二次修正。

主要任务　海洋环境影响评价是海洋环境保护工作的一个重要工作环节，是海洋生态文明建设的重要组成部分。其目的是评价项目用海的环境可行性。若经过评价，确认海域环境容量不许可或经济损益分析后不合适，可否定该建设项目，因此海洋环境影响评价对于保护和改善海洋环境、防止污染损害、维护海洋生态平衡、保障人民健康生存具有重要的意义。与此相对应，建设项目对海洋环境可能造成影响的分析、预测和评估，环境保护措施及其技术、经济论证，对环境影响的经济损益分析及实施环境监测的建议是海洋环境影响评价的主要任务。

评价内容　主要包括海洋环境现状调查与评价、海洋环境影响预测、公众参与以及根据环境结果提出技术先进、经济合理、操作安全、行之有效的防治对策等。具体如下。

环境调查　海洋环境现状调查的方法主要有收集资料法、现场调查法、遥感监测法等，环境调查内容主要包括8个方面：①海域自然环境概况调查。例如，地理位置、地质地貌和沉积物类型等。②沿岸社会环境概况调查。例如，城市规模、行政区划和社会经济状况等。③污染源调查。例如，入海点源、入海非点源和养殖污染源等。④海洋环境调查。例如，现状调查评价范围、调查断面和钻孔设置等。⑤海洋生物调查。例如，根据《全国海岸带和海涂资源综合调查简明规程》，调查微生物、浮游动植物、底栖生物及其生物体内污染物含量测定等。⑥水质及底质调查。⑦潮间带调查。⑧评价区域内保护目标的认定。

按要素划分，海洋环境影响评价分为水质评价、底质评价和生物影响评价。评价方法主要采用单因子指数法$p_i=C_i/C_0$，即以环境中污染物浓度超过标准值的倍数来表示污染严重程度。

预测方法　预测方法通常采用模拟实验法和近似估算法。海洋环境影响预测常用的水质数值模型包括水动力学数值模型、近岸海域余流模型、平流-扩散输运模型、悬沙输入物预测模型、温排水预测模型、溢油预报数值模型等。在环境影响预测的基础上，对环境影响程度进行分析和评估。

参与对象　中国国家标准《海洋工程环境影响评价技术导则》（GB/T 19485—2004）和2006年国务院公布的《防治海

洋工程建设项目污染损害海洋环境管理条例》，将公众参与明确列入海洋工程环境影响报告书的内容。海洋环境影响评价的公众参与对象主要考虑个人、单位、专家结合的模式，包括根据调查范围内人员结构状况、数量分布等确定调查对象，对建设项目所在地的乡镇、县、地市的政府、企业及其他单位进行调查，采用专家会议和专家个人咨询等方法。

治理措施　包括减少排污量、充分利用海域自净能力划定混合排放区、提出最佳排污方式和时段、提出合适的选址意见及环保建议等方式。（张晓娜）

**海洋环境预报**　marine environment forecast　以海洋观测系统收集和处理的数据为基础，通过数值模式、数据同化等技术对多种时空尺度上的海洋状况和海洋现象进行模拟、分析和预测，并将形成的各类预报产品及时分发给决策部门、涉海行业、科研院所和社会公众等用户。海洋环境预报的要素主要包括海温、盐度、*海流*、*海浪*、*潮汐*、*风暴潮*、*海啸*、海冰、风场和*海雾*等动力环境要素和营养盐、溶解氧、叶绿素等生态环境要素，预报范围已覆盖河口、近岸到全球大洋和两极地区，天气尺度预报时效1～7天；海洋环境预报还包括海洋灾害预警和海洋气候预测等。中国海洋环境预报产品已达到几十类，服务于海洋经济发展、海洋防灾减灾、海上重大活动、海洋权益维护、国防安全等领域，为经济社会的发展做出重要贡献。

海洋环境预报始于第二次世界大战，为满足作战需求，美国、英国开始了对海洋预报的系统研究。1965年，随着国家海洋预报台的成立，中国也开始了海洋环境预报领域的探索，最初主要聚焦于海洋气象和*海浪预报*。1977年7月，国家海洋预报台正式发布每月一次的东海及邻近水域的月平均表层海温预报，在海洋环境预报领域跨出了坚实的一步。1984年国家海洋预报台更名为国家海洋环境预报中心，中国海洋环境预报事业经过几十年的发展，在预报技术、要素、精度、范围、时效、传输和分发等方面均取得了长足进步。面对多变量、多尺度和高度时空属性的复杂海洋过程的要素分析和预报，以统计学为基础的预报技术已经被数值模式技术所取代。针对不同海洋环境要素以及不同的海域，世界上已经有40多个海洋模式，其中最主流的业务化海洋环境预报系统多采用混合坐标大洋环流模式（HYCOM）、欧洲海洋模型中心（NEMO）、模块化海洋模式（MOM）、区域海洋建模系统（ROMS）和普林斯顿大学海洋模式（POM）等模式。历史上，由于海洋环境观测数据获取有一定难度，海洋数据往往是稀缺的、不连续的，但随着卫星和雷达等观测技术的发展，将大量观测数据直接应用于数值预报模式的数据同化技术已经成为当前海洋环境预报系统的一大支柱。自20世纪90年代之后，数据同化技术诞生以来，特别是在全球海洋数据同化实验（GODAE）的推动下，三维变分、四维变分、卡尔曼滤波、集合卡尔曼滤波等同化方法大量应用于各国海洋环境数值预报模式中，大大提高了预报精度。海洋灾害预警也向着精细化、网格化、智能化方向发展；海洋气候预测向着多模式集合预测方向发展。随着通信技术、互联网和新媒体的发展，海洋环境预报产品的制作形式、传输和发布方式也发生了翻天覆地的变化，更多个性化和精细化的预报产品为资源开采、水产养殖、滨海旅游、科学考察、突发事件应急处置、海洋权益维护等活动提供技术支撑和安全保障。

海洋环境预报未来的发展离不开海洋科学基础理论、海洋观测、数值模拟和数据同化技术的发展。海洋环境预报的发展趋势主要有以下5点：①高分辨率高精度数值模式，将为涡旋、锋面等中小尺度现象的模拟和预报提供可能。②海洋观测系统特别是卫星遥感的发展将为业务化预报系统提供更加丰富准确的观测数据。③数据同化技术的进步会带动海洋环境数值预报精度的进一步提高。④随着地球物理、化学、生物多学科交叉发展，海洋环境多学科多要素预报是必然趋势之一。⑤人工智能技术为海洋环境预报的发展提供了新思路。（王　辉　任湘湘）

**海洋环境预测**　marine environment prediction　以观测数据为基础，利用统计学、水动力学模型、大数据分析等方法，预测海洋环境要素的未来变化。海洋环境要素包括水文要素，如水温、盐度、流速、流向、波高、浊度等；气象要素，如气温、气压、风速、风向、湿度、台风强度、台风路径等；化学要素，如氮、磷等营养盐浓度，典型污染物的浓度、溶解氧、酸碱度等；生物要素，如叶绿素浓度、海洋生物群落结构、微生物丰度、初级生产力等。根据时间尺度，可将海洋环境预测分为短期预测（从天到周）和长期预测或气候预测（从月到年）。

以预测污染物浓度变化为例，早期以建立在已有资料基础上的统计学方法为主，但随着海洋动力学模型的发展，已发展了多种海洋环境预测的模型方法。海洋环境要素的可预测性和定量化预测水平主要取决于：①污染物的入海通量（源强）是否可以定量预测。②海水中污染物的迁移转化行为是否具有确定性。③预测方法是否科学。

源强（单位时间内污染物的入海通量）的准确计算和预测是实现污染物准确预测的基本条件。海洋中的污染物来源复杂，既包括河流入海、城市排放口等点源，也包括地表径流、农田退水等流域面源，还包括大气沉降的直接输入（直接沉降入海）和间接输入（沉降至陆地然后随径流入海）。来自流域面源的污染物往往也通过河流入海，在入海口表现为点源式的集中排放，对于流域面源强度的核算是一个难点。虽然已有一些模型方法可以定量模拟流域水文和水质的主要变化过程，但需要大量输入资料，包括流域的土地利用和土壤类型、植被覆盖状况、农作物生长状况、农业灌溉、施肥情况等，而这些资料往往不够精细，或缺乏时空连续性。因此，模型对流域面源强度的预测，只能在一定的时空尺度和一定的精度范围内得到解决。同样，海洋溢油、大气沉降等源强的核算方法仍有待完善，也是海洋环境预测不确定性的重要来源。

污染物入海后，其迁移转化受控于复杂的物理、化学和生物过程，并因污染物的种类和性质而不同。物理过程包括污染物的混合和输运过程，生物和化学过程包括污染物的吸收、代谢、絮凝、沉淀等，这三种过程同时发生并相互影响。例如，海面溢油受海面风应力和海流的共同作用而发生位置的变化，与此同时，油膜的面积和厚度受扩展、蒸发、降解、乳化、沉降等复杂过程的影响。再如，氮、磷等物质作为海洋浮游植物生长所需要的营养盐，在海水中会发生对流、扩散、迁移、转化等物理、化学过程，以及被浮游植物吸收、食物链传递等生物过程，死亡的浮游植物和动物在细菌的作用下会再生为氮、磷等物质，从而形成一个复杂的循环过程。

从理论上讲，统计方法利用的是经验模型，以观测事实为依据，对重复出现的现象具有预测的可能性，但对条件变化或结果变化较大的情景预测能力弱。而动力学模型是依据质量守恒的基本原理，描述污染物在水体中的混合、迁移和转化规律，以及在陆海、海气、海底等界面的交换过程等，以此为基础就可以通过求解数学方程而给出污染物浓度的未来变化及其区域分布。在实践中，动力学模型中的许多参数无法精确获得，或者对某些复杂过程的认识不足，为此在现有海洋环境预测模型中，对湍流过程和生物过程进行了大量简化。例如，有的不考虑由于气象、水文条件及内陆径流所引起的海洋温度、盐度和密度的变化；有的不考虑污染物的沉降与再悬浮、吸附和解吸等过程的作用；有的不考虑复杂的化学和生物转化过程等，这就影响了对海洋中污染物迁移转化的预测精度。随着在线监测技术的不断发展和资料的不断积累，以及对污染物迁移转化过程的认识的不断深入，特别是对各类海洋生物地球化学过程的定量数学表达的不断完善，未来海洋环境预测的精度也会越来越高。21世纪初叶迅速发展的大数据分析方法，在海洋环境预测中也将逐渐得到应用。（高会旺　张学庆）

**海洋环境指示种**　marine environment indicator species　海洋环境中，在一定的自然地理范围内，因对环境变化敏感而能够反映并指示环境或其中某一因子特征变化的生物。并非所有生物都对环境有指示作用，只有一种生物的存在给人们指示某种特定环境条件的存在，而其不存在又指示某种特定环境条件不存在，这种耐受环境范围非常狭窄的生物才能作为环境条件的指示种。指示种对特定环境的反应和表征即是生物的指示作用。

研究简史　自1902年起，科尔克威茨和马森陆续发表了水质污染的指示动物和植物物种名录，并以某种生物在环境中的出现（或不出现）为环境污染状况的判断标准，开创了污水生物体系（saprobic system），即后来的“指示生物”研究。之后，环境指示种的研究陆续开展起来，而“生物指示”的定义最先是1980年由穆勒提出的。早期的指示种研究主要利用大型底栖无脊椎动物作为环境污染指示种。20世纪20年代以后，对浮游生物与海洋环境关系的研究陆续开展起来。60年代末至70年代，针对小型底栖生物作为环境指示种的研究也陆续开展。随着认识的加深，生物环境指示作用的研究方式向多样化发展。

主要种类　环境指示种可以是单种或物种集群，但无论何种情况，使用者都应对其生活史过程，特别是影响种群增长速率的生态因子有深入的了解，所选择的环境指示种的种群变化应能与特定的环境因子相偶联。另一方面，选择环境指示种也常常是为了降低监测的费用，因此这些物种还应该是易于被观察、计数或采集。如研究者较容易接近它们的繁殖地，从而有利于进行监测等。

当环境指示种具有较大的种群规模时，较容易被监测。特别是当它们还具有广泛的地理分布时，其有关存活和繁殖的信息将涉及较大的地理区域，则这类指示种可以提供较完整的关于环境变化及扰动的信息。反之，如环境指示种仅局限分布于一定区域，则它们只能提供关于这些特殊生境中环境变化的信息。总之，一个有效的环境指示种应对人类干扰有强烈的敏感性，以便对人为因素引起的环境变化进行早期的预警。

巴顿将与特殊的环境条件密切相关的生物定义为环境指示种。这些指示种能接受环境污染持续的影响和具有对污染的效应非常敏感的特性，故用于评估和测定环境变化。面对纷繁多样的指示生物，如何选择最合适的指示种，一直是海洋生态学家关注的热点。早在20世纪70～80年代，菲利普就总结了指示种应该满足的一般条件。随后，霍金森等在前人研究的基础上，指出指示种需满足以下条件：①分类阶元稳定，易于辨认。②生物学研究透彻，能响应环境压力及栖居地状态。③栖息密度高，易于采集和实验室培养。④同一尺度上有不同层级的分类阶元，符合研究的时空需求。⑤对整个群落具有明显的代表性。而随着认识程度的加深，人们对指示种的选择越来越注重专一性、单调性、变化性等。常用的海洋环境指示种类有底栖生物、浮游生物和微生物。

底栖动物　早在20世纪初，德国人就开始利用环节动物寡毛类的出现及种群数量来指示淡水水域的污染状况。与此同时，小头虫也被用来指示海洋有机污染。20世纪60年代以后，美国开始利用牡蛎科（Ostreidae）、贻贝科（Mytiloidea）等双壳类动物来监测合成有机物，贻贝基本成为监测海洋重金属、有机污染物等的模式生物。总体来看，底栖动物环境指示作用研究包括组织水平上的生物残毒分析、个体水平上的指示生物及群落水平上的群落结构指标变化等。

浮游生物　除底栖生物外，浮游生物也可作为海洋环境污染的指示种。如近海水域发生的赤潮现象就是一些浮游生物在有机污染（富营养化）条件下暴发性繁殖而引起海水变色的现象。如夜光藻可以指示海水富营养化，是形成赤潮的主要生物之一。浮游生物还可以指示黑潮流径，如美丽新角藻（*Neoceratium pulchellum*）、楔形鳍藻（*Dinophysis cuneus*）和优美梨甲藻（*Pyrocystis elegans*）3种狭高温高盐种可作为黑潮主干径指示种。而海洋真刺水蚤的数量分布可指示黑潮表层水的影响程度。

海洋微生物　一般来说，海洋微生物通常在种群（细菌总数和粪大肠杆菌计数）或群落水平上（原生动物）指示环境中有机污染物、重金属等的污染程度。随着DNA和电泳技术的发展成熟，微生物对环境的指示作用已进入到个体和分子水平。

研究意义　选择环境指示种监测环境可以降低监测的费用。与传统的理化监测方法相比，指示种监测的优越性表现在：①在环境中，生物接触到的污染物不止一种，而几种污染物混合起来，有可能发生协同作用，使危害程度加剧，生物监测能较好地反映出环境污染对生物产生的综合效应。②一些低浓度甚至是痕量的污染物进入环境后，在能直接检测或人类直接感受到以前，生物即可迅速做出反应，显示出可见症状。因此，可以在早期发现污染，及时预报。③对于那些剂量小、长期作用产生的慢性毒性效应，用理化方法很难进行测定，而生物监测却可以做到。④生物监测克服了理化监测的局限性和连续取样的烦琐性。（李新正　马　林）

**海洋环境质量评价**　marine environmental quality assessment　对海洋环境质量的优劣进行的一种定量描述。海洋环境质量评价要明确回答目标海域内环境是否受到污染和破坏，程度如何；海域内何处海洋环境质量最差，污染最严重；何处海洋环境质量最好、污染较轻；造成污染严重的原因何在，并定量说明海域环境质量的现状和发展趋势。可根据海洋功能区划和海域使用目的，按照一定的环境质量标准、评价原则和方法，对海域生态环境要素（水质、沉积物、生物及生态状况）的质量进行说明、评价和预测，为掌握海洋环境健康状况和海洋环境管理、污染防治、海洋生态建设提供科学依据。海洋环境质量评价的重点主要是近岸受人为活动影响的海域，如海岸、潮间带、海湾、港湾、河口、排污区、养殖区、油田开发区、海水浴场等。海洋环境质量评价分为基于海洋污染状况的现状评价和基于生态系统的海洋生态状况综合评价。

现状评价　对海域环境质量状况进行一定目的的评价，回答污染的现状。按要素分为水质评价、沉积物质量评价和生物质量评价。评价方法采用指数法，该方法概念明确、简便，被国家海洋局（今自然资源部）在《中国海洋环境质量公报》中采用。指数法是以污染物实测浓度与该污染物标准值相比，得无量纲值，以环境中污染物浓度超过标准值的倍数来表示污染严重程度，以便进行不同污染物和不同海区的比较，可分为单因素指数法和综合指数法。指数法现状评价的程序如下：

①监测数据及调查资料的质量控制、统计、分析和整理。海洋环境质量评价是建立在海洋污染状况的调查、监测、研究基础上的一项工作内容。

②确定评价因子、评价标准。评价因子是指用于评价的污染物参数，如溶解氧（DO）、化学需氧量（COD）、氮、磷、石油类、重金属、有机污染物等。根据海域不同的功能，选用相应的质量评价标准。中国已经公布的《海水水质标准》（GB 3097—1997）、《海洋沉积物质量》（GB 18668—2002）和《海洋生物质量》（GB 18421—2001）中，将海水水质标准分为四类，海洋沉积物质量标准和海洋生物质量标准分为三类。《中国海洋环境质量公报》中评价标准采用上述三个标准。这三个标准中没有明确规定的污染物，其评价标准可以参照国际上有关的环境标准和中国相关技术规程。

③污染指数计算。单项污染要素的污染指数计算公式如下：

$$A_i = C_i / S_i \quad (1)$$

式中$A_i$为单项污染要素的评价指数；$C_i$为某污染物实测浓度；$S_i$为该污染物标准值。

对多种污染物一般采用下式计算综合评价指数：

$$A = \frac{1}{n} \cdot \sum_{i=1}^{n} W_i A_i \quad (2)$$

式中$A$为综合评价指数；$n$为因子数；$W_i$为权重系数；$A_i$为单项污染要素的评价指数。

也可用内梅罗指数公式计算综合污染指数：

$$A = \sqrt{\frac{(\max A_i)^2 + (\mathrm{ave} A_i)^2}{2}} \quad (3)$$

式中$A$为综合评价指数；$\max A_i$为单项污染评价指数最大值；$\mathrm{ave} A_i$为单项污染评价指数的平均值。

④污染等级划分。一般根据水质、沉积物和生物体国家标准的等级划分为清洁、较清洁、轻度污染、中度污染和重度污染5个级别。单因素指数法采用“一损俱损”原则，即污染等级决定于污染指数最大的那项污染物的等级。

⑤绘制评价图。有两种方法：一种是勾绘指数等值线，按污染等级划分污染类型，绘制成图；另一种是以渔区图为基础，每一个小渔区（即经纬度10′×10′）为一评价单元，将每单元内指数值按污染等级划分污染类型，绘制成图。

⑥提出评价结论。最终根据综合评价指数和划分的污染等级对调查海区生态环境进行评价。

海洋生态环境状况综合评价　随着人们对海洋生态环境认识的发展，国际上的海洋环境质量管理已经从以往单纯的海洋环境污染评价转变为海洋生态环境综合管理，并建立了海洋生态环境质量综合评价指标体系和相应的管理监测体系。国际上有代表性并被广泛应用的是欧盟的生态状况评价综合方法和美国的沿岸海域状况综合评价方法。生态状况评价综合方法选择生物学质量要素、物理化学质量要素和水文形态学质量要素作为3类主要评价要素，以未受干扰的水体状况参数值（即原始状态）作为要素的评价参考基准，根据3类质量要素偏离参考基准的程度将生态状况划分为优、良、中、差、劣5个级别。沿岸海域状况综合评价方法选择水清澈度、溶解氧、滨海湿地损失、富营养化状况、沉积物污染、底栖指数和鱼组织污染7类指标，按照现有导则、标准或科技文献划分7类指标的状况标准，根据海域状况的分布程度对7类指标进行好、一般、差3级赋分，7类指标的平均值即为评价海域的总状况分值，并据此划分为相应等级。借鉴国际方法，结合中国近海的生态环境特点和现有的海洋环境质量评价标准及资料状况，有些专家选取生物学质量要素、水质要素、沉积物质量要素和生物体质量要素4类评价指标，参照美国“河口营养状况评价”，中国现行的《海水增养殖区监测技术规程》《海水水质标准》《海洋沉积物质量标准》和《海洋生物质量标准》等制定评价标准，建立了适合中国近海特点的生态环境质量综合评价方法。

（孙　霞）

**海洋环境综合调查**　comprehensive marine environment survey　利用多种技术手段，对海洋生态环境要素和环境污染要素进行多学科、多项目的联合调查。海洋环境综合调查可以对海洋环境现状做出准确判断，确定环境污染因子，制定并采取有效措施控制和解决海洋环境污染问题。

发展历程　海洋调查最早始于欧洲的单船走航，如19世纪70年代，英国“挑战者”号首次环球科学考察，奠定了近代海洋学调查的基础；1925～1927年和1937～1938年，德国“流星”号前后两次大规模考察，获得了代表性的海洋学资料；1947～1948年，瑞典“信天翁”号对赤道无风带的考察，被誉为“近代海洋综合调查的典型”。20世纪50年代，海洋调查进入多船联合调查时期，比较典型的有北太平洋联合调查计划（NORPAC）、国际地球物理年（1957～1958，IGY）和国际地球物理合作年（1959～1962，IGC）的联合海洋调查、国际印度洋调查（1959～1965，IIOE）、国际赤道大西洋合作调查（1963～1965，ICITA）等。80年代以后，海洋调查发展为多船同步的专项研究，如1986～1990年中美西太平洋**热带海-气相互作用**联合调查和1986～1992年中日黑潮合作调查等。

中国于1958～1960年开展了第一次大规模的**全国海洋综合调查**，80年代又相继开展**全国海岸带和海涂资源综合调查**和**全国海岛资源综合调查**。2004年，国家海洋局（今自然资源部）组织实施**中国近海海洋综合调查与评价专项**（908专项），这是中华人民共和国成立以来规模最大、学科最全、投入最多、技术最先进的海洋调查，完成近海海洋综合调查、综合评价和“数字海洋”信息基础框架构建三大任务。2012年，国家海洋局成立国家海洋调查船队，共有远洋（22艘）和近海（24艘）调查船46艘，调查海区覆盖了渤海、黄海、东海、南海、西太平洋、印度洋和南极海域等。

目的与意义　①促进海洋环境研究。系统全面地掌握各种海洋环境要素的分布及其变化规律，编绘海洋环境图集、图志，撰写学术论文、调查报告，制定海洋环境保护方案，为海洋灾害预防、渔情预报、海上交通和工程建设等提供海洋环境基础资料。②服务海洋经济建设与海洋综合管理。摸清海洋环境资源家底，优化现行海洋功能区划，制定海洋保护规划，为海洋经济建设、行政管理、综合评价及宏观决策提供支撑和服务，促进海洋开发战略的实施和海洋经济的可持续发展。③保障海洋环境安全。发展海洋环境立体观测/监测和海洋环境变化预测/预报技术，提高风暴潮、海啸等海洋动力环境灾害，赤潮、浒苔绿潮、水母暴发等海洋生态灾害，以及海上溢油、危化品泄漏等突发环境事件的预警和应急处置能力，保障海洋自然环境、资源开发环境以及维权保障环境等的安全。

内容与方法　调查方式通常分为定点监测、大面调查、断面调查等，涉及现场取样、航空观测、卫星观测、船舶观测、浮标观测等多种技术手段。调查内容包括以下方面：①水文要素。水深、水温、海浪、海流、透明度、水色、海发光、海冰等。②气象要素。海面气象（风、云、能见度、气温、气压、湿度、天气现象等）和高空气象（气压、气温、湿度）。③物理要素。水声、光学、电场和磁场等。④化学要素。盐度、氯度、溶解氧、酸碱度、碱度、硅酸盐、磷酸盐、硝酸盐、亚硝酸盐、氨（含氨基酸）和示踪元素等。⑤海洋生物。浮游生物、底栖生物、微生物和附着生物。⑥海洋地质。底质、地貌和地质灾害等。⑦海洋资源。渔业资源、生物资源、化学资源、矿产资源、海洋能资源、海洋空间资源等。

发展趋势　未来发展在于如何科学规划海洋调查工作，加快现代技术的推广应用，建立综合三维空间观测系统，推进资料的同步采集、实时传递、自动处理，实现海洋环境综合调查的立体化和自动化。主要发展方向如下：①建立常态化海洋调查机制。从近海向远洋扩大调查范围；同时，对重点海区，设立调查专项，筛选关键指标，进行长期持续的时间序列监测，以便获取精细化、多层次、长时间的海洋环境基础资料。②开展"数字海洋"服务工程建设。中国数字海洋信息基础框架建设仍在试验阶段，覆盖范围不够广，数据采集、处理能力不够强，信息产品不够多，难以满足社会多样化、多层次、多领域发展的需求。需要在现有框架的基础上，开展数字海洋服务工程的建设，实现全方位采集、标准化处理、协同性分析和多元化服务，形成长效性、权威性的国家海洋信息基础服务平台。　　（于　格）

**海洋环流数值模拟**　numerical simulation of ocean circulation　把表示海洋流体特征的基本方程（质量、动量、热量和盐量守恒的方程）离散化成差分方程，在一定的初始条件和边界条件下，按一定的步长，利用计算机来数值求解方程组以模拟出海洋环流的方法。这是研究实际海洋环流的一种重要方法。所有用来数值求解的方程，如平均运动方程、连续方程、湍流盐量扩散方程和湍流热量传导方程或湍流密度扩散方程，都可根据需要通过有限差分、有限元或者有限体积方法加以离散。所有的项（包括非线性项）及外加的驱动力因子，都可以在求解中加以考虑，这就是它比解析法优越之处。计算中先用某种二维的或三维的适当网格，把所有微分方程离散化为差分方程，再把边界条件（如表面应力、温度、盐度和侧向开边界上的流速）内插到网格上。计算的初始条件是指计算起始时刻的流速、温度及盐度等的初始分布：流速通常从全域为零的静止状况开始计算，而温度和盐度等则需要给定初始状态值。这样模拟通过向前的时间步长而逐步进行计算，即所谓"时间积分"。

数值模拟方法的优点，在于可以考虑方程中几乎所有的项极接近真实的地形和海岸线，比经过简化后的解析解更为"逼真"。

国际上使用较多的海洋环流数值模式包括MITgcm（MIT General Circulation Model）、ROMS（Regional Ocean Modeling System）、POM（Princeton Ocean Model）、HYCOM（HYbrid Coordinate Ocean Model）、MOM（Module Ocean Model）、FVCOM（Finite Volume Community Ocean Model）等。这些模式对流体基本微分方程采用不同的离散方式、时间积分方式、垂向网格以及参数化方案。在计算效率、稳定性以及对不同海洋物理过程的模拟等方面各有优缺点。

随着高性能计算机的快速发展，海洋环流数值模式的空间分辨率得到了大幅度提高，已可实现全球涡分辨率模拟。垂向湍混合系数的参数化方案仍然是海洋环流模式进一步发展的重要课题。　　（王东晓）

**海洋挥发性有机物**　marine volatile organic compounds　海洋环境中存在的挥发性有机物。即在20 ℃条件下蒸气压大于或等于10帕，或者特定适用条件下具有相应挥发性的全部有机化合物。挥发性有机物在不同国家或组织中存在不同定义。例如，美国环境保护署（EPA）定义为：挥发性有机物是除CO、$CO_2$、$H_2CO_3$、金属碳化物、金属碳酸盐和碳酸铵外，任何参与大气光化学反应的含碳化合物。世界卫生组织（WHO）定义为，熔点低于室温而沸点在50～260℃的挥发性有机化合物。海水中含有极其复杂且大部分未经鉴别的挥发性有机物混合物。J.W.斯温纳顿和V.J.林嫩博姆于1967年首次测定了北太平洋表层海水中$C_1$～$C_4$碳氢化合物含量。相关研究者已在不同地理区域对二甲基硫（DMS）、二甲巯基丙酸盐（DMSP）、烷烃、烯烃、芳香烃、萜类化合物、挥发性卤代烃（VHCs）等多种海洋挥发性有机物的分布和生物地球化学过程进行了研究。海洋挥发性有机物可从海洋中通过海-气界面扩散作用进入大气，进而影响全球气候与区域环境变化。

来源　海洋挥发性有机物有广泛的来源，包括天然来源和人为来源。

天然来源　海洋挥发性有机物主要包括DMS、异戊二烯、萜类化合物和VHCs等。这些有机物通常作为海洋环境中重要的化学信号被海洋生物合成，在各种生物过程中发挥作用，包括防御、生长、竞争和环境应激反应。例如，DMS可参与细胞渗透调节、冷冻保护等过程，并作为抗氧化剂和生物体之间的信号化合物；异戊二烯可通过抑制一氧化氮和活性氧（ROS）的生成，以控制非生物胁迫下有害化合物的形成；萜类化合物可由高光照强度、高温等不利胁迫诱导产生，表明萜类化合物有利于藻类细胞抵抗胁迫。此外，部分芳香烃可通过海底天然油气田的自然渗漏以及海底沉积物再释放的方式进入海洋环境中。

人为来源　人为释放是海洋挥发性有机物的另一重要来源，其主要过程包括工业排放、船舶排放、海上石油开采和输运、污水处理、农业活动、港口作业等。例如，在地表径流和地下水的协同作用下，沿岸污水中大量的芳香烃等挥发性有机物进入海洋环境；某些海上事故也会造成原油泄漏，使得大量挥发性有机物进入海洋环境。

预处理和测定方法　由于海洋挥发性有机物通常浓度较低，在测定前通常需要对样品进行预处理。主要方法包括顶空法、吹扫-捕集法和膜萃取法等：①顶空法。挥发性有机物样品从海水扩散到样品瓶顶部空间并达到平衡状态后，将顶部空气抽出测定的方法，仅用于极易挥发的物质预处理。②吹扫-捕集法。使用惰性气体（如氮气或氦气）吹扫海水样品至捕集器，吹扫完成后加热捕集器以将挥发性有机物送入检测器的方法，可用于浓度很低的挥发性有机物分析。③膜萃取法。利用选择性薄膜分离分析物的方法，分析物可从样品侧穿过薄膜到达渗透物侧，并随后被载气或载液送入检测器。

大部分海洋挥发性有机物均可使用基于质谱的各种技术进行分析，如气相色谱-质谱联用（GC-MS）、质子转移反应质谱（PTR-MS）、膜进样质谱（MIMS）、大气压化学电离质谱（APCI-MS）和单光子电离质谱（SPI-MS）等。部分海洋挥发性有机物也可直接通过气相色谱仪测定，如DMS、VHCs等。

环境效应　海洋挥发性有机物的环境效应主要体现在对水体和对海洋气溶胶两个方面：①部分海洋挥发性有机物可对水生生物产生毒性效应，破坏生态平衡，如单环芳香烃类化合物通常具有一定的生物毒性，对海洋环境中的动植物正常生命活动产生负面影响。这些有机物不会直接危害人体健康，但其危害会通过食物链和食物网的生物富集作用放大，最终可能威胁到整个海洋生物圈乃至人类健康。②海洋挥发性有机物可参与大气光化学反应，促进臭氧（$O_3$）和二次有机气溶胶（SOA）等的生成，进而影响大气氧化平衡、大气能见度和空气质量。此外，VHCs进入大气后光解产生的卤素自由基会破坏$O_3$。由于氯氟烷烃不活泼等特点，易被传送到平流层从而消耗平流层$O_3$，对臭氧层产生破坏。（张洪海）

**海洋恢复生态学** marine restoration ecology 以研究海洋生态系统受人类活动影响而退化的原因及过程为基础，重点研究退化生态系统的评价、修复和管理的理论与技术的一门学科。

发展概述 第二次世界大战以后，西方发达国家的污染和生态破坏率先引起重视，这一问题逐渐扩大到发展中国家。为了修复受损的草地、林地、农田和河、湖水域，欧美和日本等国先后开始进行生态修复，并取得了较好成绩。在此基础上，两位英国学者J.D.阿贝和W.R.乔丹于1985年首先提出了恢复生态学，认为恢复生态学是一门研究生态恢复的学科，是应用生态学的一个分支。同年，美国成立了“恢复地球”组织，该组织成立后先后开展了森林、草地、海岸带、矿地、流域、湿地等生态恢复实践，并出版了一系列专著。国际恢复生态学会（SER）于1987年在美国成立，由其主办的《恢复生态学》（*Restoration Ecology*）期刊创刊，以及国际学术会议频繁召开，这些大大促进了恢复生态学的发展。海洋恢复生态学作为恢复生态学的重要组成部分，尤其是20世纪90年代之后，随着许多沿海国家对近海生态修复的实践，得到逐渐发展并建立。

中国政府重视生态恢复，提出实施重要生态保护和修复重大工程，并将其纳入生态文明建设的重要内容。在海洋生态修复方面，陆续开展了滨海湿地修复、红树林保护、岸线整治修复、海岛保护、海湾综合整治等工作，尤其在南海珊瑚礁的生态修复和北方沿海海藻的生态修复以及海岸线、沙滩修复等方面均取得了明显的成绩。

研究内容 海洋恢复生态学的研究内容主要围绕3个体系展开。①构建海洋恢复生态学理论体系。在建设理论体系方面，应当充分借鉴陆地恢复生态学的理论研究成果，结合海洋生态系统的特点，先建立理论体系框架，然后再逐步充实、完善海洋恢复生态学的理论体系。②构建海洋恢复生态学的方法和技术体系。在实际应用中涉及恢复的目标、原则、模式、对象、时间和空间尺度，修复程序、修复方法和技术优选，监测和评估方法、模式等。除此之外，还应加强相关的海洋工程技术研发和生态工程规划和设计。③构建海洋生态恢复的管理体系。发挥政府和修复主体单位的主要管理作用，同时广泛吸收公众参与并管理，是海洋生态恢复成功与否的一个重要环节。

发展建议 ①海洋生态修复（恢复）工作是发展海洋恢复生态学的基础。理论来源于实践，科学理论对实践起指导作用。海洋恢复生态学作为应用生态学的一个分支学科，包括科学理论基础和应用技术两个方面。在理论层面，致力于构建和发展相关的理论，总结生态修复实践成功和失败的经验、教训和规律，为生态修复提供科学支撑；在技术、方法层面，致力于形成生态修复的技术体系，包括生态修复的目标、原则、方法、时间、评估指标和标准、检测和管理等。在生态修复的原则方面，应坚持保护优先、自然恢复为主，坚持统筹兼顾、突出重点难点，坚持系统治理、推进整体施策；坚持深化改革，创新体制机制。②在发展海洋恢复生态学进程中，要向陆地、淡水生态修复学习，要根据海洋环境和海洋生态系统的特点，加强实践和理论创新。由于海洋的流动性、海洋环境的复杂性和多变性，海洋生态系统退化往往具有潜在性，海洋生态系统一旦受到破坏恢复具有艰巨性，加之人们对海洋认知水平的有限性和气候变化、未来人们生产和生活活动的许多不确定性。因此，必须在生态修复的实践中不断充实、发展海洋恢复生态学的理论和技术。（汝少国 王 军）

**海洋混合** ocean mixing 某种或某几种动力过程使得具有不同性质（如温度、营养盐等）的海水微团紧密结合，进而通过分子扩散消除它们之间的差异，最终使海水性质趋向均匀的过程。混合是海水的一种普遍运动形式。海洋混合主要包括沿等密度面混合（水平方向）和跨等密度面混合（垂直方向）两种形式。通常情况下，海水性质的垂向梯度显著大于水平梯度，因而人们更加关注海洋的垂向混合过程。

影响垂向混合的物理过程 ①表面波。海表波浪的破碎可向海面以下注入气泡和湍流，进而增强混合。②对流。通常夜间海表失热冷却引起对流，冷水下沉，混合增强，混合层加厚。③朗缪尔环流。朗缪尔环流能使海水发生垂向上的快速运动，进而增强混合。④双扩散。双扩散是由于海水的分子热传导系数约为分子盐扩散系数的100倍而导致的现象，它包括垂向的盐指（暖而咸的海水位于冷而淡的海水之上）、扩散对流（冷而淡的海水位于暖而咸的海水之上）和水平方向的热盐入侵（两侧温度和盐度差显著）。双扩散是海洋中不同水团在交汇处触发混合的重要过程。⑤内潮。层结海洋中，正压潮与陡峭、粗糙的地形相互作用可以产生内潮。高模态内潮在源地附近发生耗散为混合提供能量。低模态内潮可向外传播较远距离，并在传播过程中通过波-波相互作用等过程发展成具有强剪切、极易耗散的高模态内波，从而为海洋内部混合提供能量。内潮是大洋深层混合的重要能量来源。⑥近惯性内波。近惯性内波重要的生成机制包括海面风强迫、非线性波-波相互作用、背风波机制以及因地转失衡而自发辐射等。近惯性内波相比内潮在时空方面都有较大的不确定性，尽管如此，它具有相对较强的垂向剪切，因此是触发混合的一个重要过程。⑦内背风波。正压潮、地转流等近底的强流与特定小尺度粗糙地形相互作用可产生内背风波。内背风波是在某些海域（如南大洋）触发近底层海水混合的一个不可忽视的过程。⑧内孤立波。内潮在传播过程中由于非线性增强可演变为具有大振幅、强流速和强剪切的内孤立波，这些内孤立波在陆架等浅水区域破碎，为局地混合提供能量。⑨亚中尺度运动。亚中尺度运动以涡旋、涡丝以及锋面等形式广泛存在于海洋中，其生成机制包括锋生作用、混合层不稳定以及地形诱导等，亚中尺度运动可通过离心不稳定、对称不稳定等不稳定机制将能量传递到混合过程。

海洋混合的测量方法 使用高精度的剪切探头和快速温度探头测量海洋内部速度和温度的高频时间变化，并在泰勒冻结假设下将其转换为微尺度速度剪切和温度梯度，据此计算速度剪切谱和温度梯度谱并在特定波数范围内积分可得到湍动能耗散率$\varepsilon$和热方差耗散率$\chi$。但实际观测中由于探头的响应时间不可能无限短且受高频噪声的影响，观测的速度剪切谱和温度梯度谱并不能有效分辨整个湍流耗散子域，而只能分辨其中一部分。因此需分别

地中海西西里岛附近海域的海洋混合

用普适速度剪切谱内史密斯谱和普适温度梯度谱巴彻勒谱对观测谱进行拟合，再通过积分得到湍动能耗散率$\varepsilon$和热方差耗散率$\chi$。（田纪伟）

**海洋混合层** oceanic mixed layer 出现在海洋上层的典型*海洋层结*现象。由于海－气通量变化过程和海浪搅拌作用等使海洋近表层在一定厚度上产生海温均一的水层。

海浪搅拌

海洋混合层内的海水密度沿垂直方向的分布比较均匀，但在上混合层底部的海水密度随深度的增加而突然变大，称为*跃层*。由于海－气通量的时空变化，海洋混合层具有典型的区域特征和季节特征，对大气与海洋之间的动量、热量和水汽交换起着重要的作用，海洋表面的海浪对混合层的性质具有重要的影响。海洋混合层通过海面感热和蒸发量的变化影响低层大气，随着海洋向大气的潜热和感热输送，海洋混合层中热贮存量也随之变化。海洋混合层是海洋中混合最强烈的区域，包括分子混合、湍流混合和对流混合等。海洋上层的海浪运动、海洋跃层附近的内波运动对湍流生成及混合具有重要的作用，海浪和内波对海洋内部混合的影响研究成为海洋数值模拟的重要研究方向。通过考虑海浪导致的混合过程，海洋数值模式中普遍存在的海表温度偏高和混合层偏浅等问题可以得到显著改善。海洋混合层深度是刻画海洋上混合层的一个非常重要的物理参量，对人们了解上层海洋动力学、热力学等具有重要的科学意义和实用价值。MLD的计算方式主要包括两种，其一为差值法，采用与参考深度处的温度或密度相差一定数值的深度；其二为梯度法，采用温度梯度或密度梯度达到一定阈值的深度。（杨永增 尹训强）

**海洋活动断层** marine active fault 分布在海底及海岸、岛屿上的，近期正在活动或者近万年以来有过强烈活动的断裂带。又称活动断裂。学术界对活动断层的活动时限有不同说法，大体有：①第四纪（或晚第四纪）以来活动的断层。②距今10万年（或3万年）以来有充分的活动证据，或者现今还在活动，并在未来一定时期内仍有可能活动的断层。③在石油天然气管道、建筑工程、核电站选址等，重大工程场地地震安全评价或岩土工程勘察中，系指近期正在活动（蠕变速度达0.1毫米／年），或者距今1万年以来有过强烈活动的断层。规模较大的断层往往是多条断层聚合在一起，称为断层带（断裂带）。

分类分级 活动断层可以按所处活动部位、力学性质、位移方式、运动形式（分黏滑与蠕滑）、活动时间、切割深度、活动速度等不同因素进行多种分类。日本活动断层研究会（1980）以断层滑动平均速度S（毫米／年）划分4级：AA级（100>S≥10）；A级（10>S≥1）；B级（1>S≥0.1）；C级（0.1>S≥0.01）。有人也将其依次称为超强活动、强活动、中等活动、弱活动断层。

调查方法 海底活动断层调查方法通常有：①对海岸带、海岛活动断层，进行向海底方向的追索。②海底地形调查，寻找活动断层标志，判断断层的位置及活动性质等。③使用精密重力、磁力测量及解释技术，调查海底隐伏断层。④浅层地震勘探法，可以从反射波图像上准确、快速识别海底断层。⑤使用钻探方法对推断的海底活动断层进行验证，查明断层产状、岩层错动情况，采取年代分析样品等。⑥对海底断层充填物、断层泥样品，进行$^{14}C$、热释光、光释光（OSL）、电子自旋共振（ESR）定年法等方法测年，确定断层活动时间。还有一些新方法，如日本东京大学曾在相模湾、横须贺近海进行γ射线测量，根据射线强度确定海底活动断层位置。

世界海底活动断层分布非常广泛，大洋的海沟俯冲带、大洋中脊上都有大规模的活动断层存在，特别是环太平洋地震带更为突出。许多海底地震海啸后，都观测到海底断层活动情况。中国近海活动断层也非常发育，属于超强活动的板块边缘活动断层有：①台湾—琉球群岛断裂带。该断裂带由若干海底和岛弧陆地的活动断裂组成，其活动对台湾岛、台湾海峡、东海东部影响较大。②马尼拉海沟断裂带。属于菲律宾海沟－岛弧断裂带的一部分，其活动对南海东部有影响。上述两个活动断层带是环太平洋火山地震带的一部分。中国大陆架、冲绳海槽与南海盆也有许多板内活动断层。属于强活动的主要有：①郯庐断裂带穿过渤海部分，即潍坊—营口断裂，呈北东走向，记录其出现海底7级以上地震2次，6级以上1次。人工地震剖面也显示该断裂已切入第四纪地层。②北京—天津—渤海断裂，走向呈北西305°，与郯庐断裂带交会的渤中海域发生多次强震。③粤闽滨海断裂带，在广东近岸西起鉴江河口，东到南澎列岛，呈北东东走向，发生6级以上地震多次，大于等于7级地震2次。进入台湾海峡走向转为呈北东40°，经福建一直延伸到浙江南部岸外，发生过7～7.5级地震3次，6～6.5级地震多次。此外，中国近海海底还有大量中等和弱活动断层。

灾害 海底活动断层（包括海岸带活动断层）是海洋地质灾害的重要致灾因子。不仅活动断层的错断作用可导致建筑物被直接破坏，更严重的是可能引发地震、海啸，还有砂土液化、滑坡、陷落、火山等多种自然灾害。

评估 在海洋工程场地稳定性评价时，必须进行活动断层评价。可以包括以下4方面：①确定断层准确度，可分四级，即A级证据确凿，位置误差≤100～200米；B级有一定证据，位置误差≤0.5～1千米；C级证据较少，位置误差≤2～3千米；D级证据不足，是否存在尚需查证。②活动年代测定。③确定断层长度（$L$/km）、最大水平错动距离（$D$/m）和可能发生地震震级（$M$），可以根据公式$M=0.81\lg L+5.9$或$M=0.851\lg D+5.53$计算。④对断层在地震中分段活动特征进行研究，对小的断层集群研究，有利分析未来地震发生情况。（刘锡清）

**海洋极端环境观测** ocean extreme environment observation 利用特定潜水器及各种观测设备对海底极端环境等进行原位观察及探测，并采集样品进行实验室研究的技术手段。海洋极端环境主要指海底的高压、高温（如热液喷口）或低温的环境条件，在此发生大量活跃的地质、地球化学和生物现象。科学家有时在实验室里模拟深海极端环境，与原位研究（在原来的、自然的部位或位置现场进行探测的研究）相互印证。海底极端环境观测是针对有关深海资源、构成物、现象与特征等资料和数据的采集、分析及显示的技术，是深海开发前期工作的重要技术手段。

自1977年美国科学家在东太平洋洋中脊海底发现热液喷口及周边附属生物圈以来，与深海极端环境相关的地质、地球化学、生物等学科相关的科学问题引起了科学家们极大的兴趣，极端环境的观测也成为持续的研究热点。其中的科学问题涉及地球系统进化和演化、热液地区长期原位观测、全球气候和环境变化、海洋生物技术开发利用等。特别引人关注的问题还包括深海热液及生物圈的发现，对深海热液及生物圈的研究是探索地球生命起源的重要途径，也成为火星或其他类地行星可能存在（或曾经存在）生命系统的类比研究对象。中国海洋大学研发了中国首套深海自容式激光拉曼光谱（DOCARS）探测系统，中国科学院海洋研究所开发了拉曼光谱插入式探针（RiP）测量系统。中国科学院大连化学物理研究所研发了国际上首台以紫外激光作为激发光源的深海拉曼光谱仪，成功通过了马里亚纳海沟进行的7000米海试验证。为解决深、远海长时间序列的海底原位观测技术难题，中国科学院海洋研究所研制了“海洋之眼”深海着陆器和深海长期多通道拉曼光谱原位探测系统。中国科学院沈阳自动化研究所研制了“天涯”“海角”“万泉”及“冷泉”等着陆器。中国科学院深海科学与工程研究所研制了深海原位实验室搭载有多套高性能传感探测设备，包括深海微电子机械系统（MEMS）气相色谱仪、深海光谱仪、深海质谱仪等。

“十一五”期间，在“863”计划的资助下，同济大学等高校开展了海底长期观测网络试验节点关键技术研究。“十二五”期间，中国科学院南海海洋研究所、中国科学院声学研究所、中国科学院沈阳自动化研究所联合研制了“南海海底观测实验示范网”。2012年，在“863”计划的支持下，由中国科学院声学研究所牵头，正式启动了“海底观测网试验系统”建设，分别在南中国海和东海建设海底观测网试验系统。（黄豪彩）

**海洋脊椎动物** marine vertebrates 生活于海洋中的脊椎动物的总称。属于脊索动物门（Chordata）脊椎动物亚门（Vertebrata）。

脊椎动物是脊索动物门中进化地位最高的一个亚门。脊索动物虽然从形态结构和生活方式上表现出千差万别，但是，都具有脊索、背神经管和咽鳃裂三个主要特征。脊索是一条支持身体纵轴的棒状结构，细胞内富含液泡，使脊索既有弹性又非常的结实。脊椎动物亚门的脊索只在胚胎发育阶段出现，随后或多或少被脊柱所代替。脊柱由单个脊椎连接而成，是只属于脊椎动物的特征。背神经管是位于脊索动物身体背中线上的管状中枢神经，分化为脑和脊髓，脊椎动物的脑和各种感觉器官集中在身体前端，形成明显的头部，所以也称有头类。咽鳃裂位于低等脊索动物消化管前端咽部的两侧，原生的水生种类用鳃呼吸，次生的水生种类及陆生种类只在胚胎期间出现鳃裂，成体则用肺呼吸；除圆口类外，出现了成对的附肢和上下颌，加强了动物主动摄食和消化的能力。

**研究简史** 早在公元前4世纪，古希腊科学家亚里士多德在《动物志》中就记述了170多种海洋生物，其中海洋鱼类就有110多种。中国在殷墟出土的商代甲骨文中就出现了虫、鱼、鸟等动物的文字；《山海经》中记述了数十种鱼类；《尔雅》中生物被分成草、木、虫、鱼、鸟、兽、畜。明代屠本畯的《闽中海错疏》是中国第一部海产动物志，记述了200余种海洋动物和少数淡水种。中华人民共和国成立后，进行了全中国海洋综合调查（1958～1960），20世纪70～80年代又开始进行了一系列的海洋调查，如全中国海岛调查（1988～1992），**中国近海海洋综合调查与评价专项（908专项）**等，新技术的应用使得海洋脊椎动物研究进入一个新阶段。

**种类组成** 海洋脊椎动物包括圆口类、鱼类、爬行类、鸟类、两栖类和哺乳类中的海洋种类，如盲鳗、鲨鱼、金枪鱼、海龟（图1）、海蛇、信天翁、企鹅和鲸鱼、海豹等。

图1 海龟

**圆口类**（圆口纲Cyclostomata） 圆口类身体呈鳗形，无上下颌，无成对的附肢，单鼻孔，脊索终生存在，又名无颌类。有一部分生活在海洋，如蒲氏黏盲鳗（*Eptatretus burgeri*）。

**鱼类** 鱼类体表被鳞，用鳃呼吸，出现了上、下颌和成对的附肢（胸鳍和腹鳍），包括软骨鱼纲（Chondrichthyes）、肉鳍鱼纲（Sarcopterygii）和辐鳍鱼纲（Actinopterygii）。海洋软骨鱼类包括鲨鱼、鳐鱼、魟鱼和银鲛等；肉鳍鱼类多为化石种类，现存的海洋种类有矛尾鱼（*Latimeria chalumnae*）；海洋硬骨鱼类包括的种类非常多，如褐牙鲆（*Paralichthys olivaceus*）等。

**两栖类**（两栖纲Amphibia） 两栖类大部分时间在陆地上生活，但是通常回到淡水里繁殖。皮肤裸露湿润。幼体用鳃呼吸，成体用肺呼吸，有四肢因无法调节渗透压限制了其在海洋的分布，海洋中几乎没有两栖动物。

**爬行类**（爬行纲Reptilia） 爬行类已完全适应陆地生活。它们皮肤干燥，外被角质鳞、盾甲或骨板，产带壳的卵，成为羊膜动物。绝大多数爬行类生活在陆地，但有些爬行类返回海洋成为海洋爬行类。海洋爬行类包括龟鳖目棱皮龟科的棱皮龟（*Dermochelys coriacea*）；海龟科的玳瑁（*Eretmochelys imbricata*）、太平洋丽龟（*Lepidochelys olivacea*）、绿海龟（*Chelonia mydas*）、大西洋丽龟（*Lepidochelys kempii*）、蠵龟（*Caretta caretta*）、平背海龟（*Natator depressus*）；有鳞目海蛇科的各种海蛇，如青环海蛇（*Hydrophis cyanocinctus*）和青灰海蛇（*Hydrophis caerulesceris*）等。

**鸟类**（鸟纲Aves） 鸟类体表被羽，前肢特化成翼，恒温，卵生。海洋鸟类的种类不多，仅占世界鸟类种数的3%。它们以海洋为生存环境、全部食物或主要食物是从海里获得。典型的海洋鸟类包括企鹅目的企鹅，鹱形目的各种鹱、信天翁和海燕，鹈形目的鹈鹕，鹲形目的鹲鸟，鲣鸟目的鲣鸟、鸬鹚和军舰鸟，以及鸻形目中的贼鸥、鸥、燕鸥（图2）、剪嘴鸥和海雀等。

图2 燕鸥

**哺乳类**（哺乳纲Mammalia） 哺乳类身体被毛、恒温、胎生、哺乳。海洋哺乳类指哺乳类中依赖海洋生态环境的特殊类群，简称海兽。一般包括鲸目的各种鲸鱼、海豚，海牛目的海牛、儒艮（*Dugong dugon*），食肉目鳍足类的海狮、海象（图3）、海豹、海狗以及熊科、鼬科的部分物种，如北极熊（*Thalarotos maritimus*）和海獭（*Enhydra lutris*，图4）等。

**分布** 广泛生活于各大海洋及沿岸。

**特性** 海洋圆口类和海洋鱼类一般具有流线型体型。海洋鱼类体表被鳞片，鳃部有氯细胞可以排出多余的盐分。海龟的龟壳下方是盾片。它们连着脊椎骨和肋骨，形成一个完整而坚固的匣子。与陆龟不同的是海龟的头部和四肢不能缩回到壳里，

图3 海象

图4 海獭

前肢桨状。海龟的游泳速度不是很快，一般是以游泳缓慢的小动物或海草为食。用肺呼吸。因为海龟是变温动物，不活动的时候消耗很少，所以能够潜水很长时间。海蛇与陆地蛇有很大的不同，尾部侧扁如桨，是在海水中运动的主要器官。海蛇的鼻孔朝上，有瓣膜可以启闭，不让水进来；海蛇有很大的肺，同时皮肤也能进行呼吸，可潜入水中长达半小时；又因为特殊的心血管系统，所以在水中血流速度减慢。海洋鸟类与一般鸟类相比形态变化不大，但在鼻孔附近有特殊的盐腺可以分泌多余的盐分。企鹅因为高度适应海洋游泳和潜水生活，身体变化较大。海洋哺乳动物中除了北极熊和海獭的体型没有太大的改变，其他海洋哺乳动物的身体均发生了重大的改变，如鲸鱼、海豚和海牛后肢的消失，海豹、海象等的适应水中推进的附肢和共同的流线型的身体等。不管是哪一类海洋脊椎动物，均可以从海洋获得食物，并能够顺利进行繁殖。

意义　海洋脊椎动物是海洋生物的重要生态类群，特别是海洋鱼类的种类数量均居于首位，是海洋生态系统的重要组成部分。海洋鱼类可以食用、生产鱼粉、鱼油和作为中药材等。海龟祖先早在2亿多年前就出现在地球上，和恐龙共同经历了一个繁荣时期，而海龟借助腹背甲的保护，经历了从海上登陆，又从陆地返回海洋的演变历程，顽强地生活到现在，是名副其实的“活化石”，对于研究地球演变和生物进化具有重要的科学价值。所有海龟都是受保护动物，禁止买卖。蛇类是爬行动物中最后进化出来的一支，它们先在海洋，后来到了陆地。在白垩纪末期到第三纪早期，蛇类向两个方向发展，一支留在陆地，另一支返回海洋，成为海蛇。海蛇均有剧毒。海洋鸟类种类虽少但数量巨大，是海洋生态系统的重要组成部分，与海洋渔业等关系密切。海洋哺乳类鲸鱼和海豹的肉皮油脂均是宝，抹香鲸的龙涎香特别珍贵。在中国《国家重点保护野生动物名录》中，儒艮、白鱀豚（*Lipotes vexillifer*）、中华白海豚（*Sousa chinensis*）为Ⅰ级保护动物，其他鲸类和所有的鳍足类均被列为Ⅱ级保护动物。国家采取了一系列保护措施，如严禁捕杀和建立保护区，但它们在洄游、觅食途中与船只相撞，人类捕鱼过程中的附带性杀伤是造成其受伤和死亡的重要因素。（刘　云）

**海洋技术**　marine technology　研究海洋自然现象及其变化规律、开发利用海洋资源、保护海洋环境以及维护国家海洋安全所涉及的各种技术的总和。海洋技术是实现海洋活动和海洋工程的使能技术。在人类历史上，很早就有征服海洋、利用海洋和开发海洋的记载。如古代航海技术，为人类通往外界、加强交流、了解世界，提供了有效的工具，推动了人类文明的进步。在人类活动中，对海洋的认识是从海面开始的，然后深入水下，直至海底。因此，海洋技术的发展，也是自水面至水下，直到海底。在现代科技世界中，海洋工程活动比比皆是，海洋技术在支撑形形色色的海洋工程活动中，发挥着巨大的作用。

发展简史　人类的祖辈从远古时代就懂得在大海中通过捕捞获得物质资源，维持生存。在人类征服海洋、利用海洋、开发海洋的漫长历史过程中，海洋技术逐步发展，在支撑人类的海洋活动中，发挥重要作用。海洋技术的发展与完善，并不是一蹴而就的。最先的海洋技术萌芽，是从人类航海、捕捞开始产生的。尽管航海与捕捞乃至随之出现的海洋战争，与人类所关注的面向海洋观测的海洋技术没有直接关系，但正是上述这些人类活动孕育了海洋技术。尤其是海洋军事活动，从古至今，对海洋技术的发展起着巨大的推动作用。现代海洋战争，由于要求掌握海洋作战环境的大量数据，对海洋观测技术提出了越来越多的要求，推动了海洋技术的快速发展。与其他常规技术一样，海洋技术也经历了机械化（装备化）、自动化和智能化三个阶段。系统地说，海洋技术的发展历史可划分成史前海洋技术、机械化海洋技术、自动化海洋技术和智能化海洋技术四个阶段。

海洋技术在“史前”，主要是围绕船舶技术的发展，人类使用船只，进行海洋捕捞以支撑生计，通过航海认识世界，并进行货物运输开展商品交易。这时出现了天文定向、地理定位、水文气象测量、造船技术、精确时钟、导航罗盘等相关海洋技术，这些技术对世界航海史的发展产生了巨大的影响。

机械化海洋技术时代，也就是海洋仪器设备产生的时代。指南针、精确时钟等，应该是机械化海洋技术发展的肇端。就海上船舶技术而言，18世纪英国J.瓦特发明的蒸汽机技术，同样对先进的船舶制造产生了深远的影响。在“挑战者”号科考船完成的人类史上第一次海洋科学考察中，一些简单的水文调查、深度测量、深水拖网、温度测定等技术已经发明（或出现）并应用，照相机也第一次应用在海洋调查工作中。这些海洋技术装备与海洋科学考察成果，为现代海洋科学研究，奠定了坚实的基础。同时，第一次世界大战时期出现的军事潜艇标志着人类在海洋技术方面取得了重大突破，使人类能够在水下较大深度“工作”。潜艇技术对后来的海洋技术发展影响深远。

20世纪40年代，J.冯·诺伊曼发明了计算机。这一伟大发明，把海洋技术带入了自动化时代。自动化的海洋技术装备，大大推动了海洋科学研究与海洋事业发展。可以举两个典型的事例：一是水声技术的发展，二是潜水器的出现，二者都是自动化海洋技术发展的重要标志。那时的水声技术，带动了回声测深仪、侧扫声呐（海底地貌仪）、多普勒声呐、声学多普勒流速剖面仪（ADCP）、鱼探仪、水声通信、水下导航等海洋技术的发展，成为当今海洋技术中不可或缺的重要组成部分。20世纪30年代，在瑞士出现了世界上第一台名为“FNRS-1”号的潜水器，开创了潜水器技术的历史。潜水器中的**遥控式无人潜水器**（ROV）、**自治式无人潜水器**（AUV）和**载人潜水器**（HOV）三种，分别适用于不同的应用场合。后来又出现了自治式水下滑翔机（AUG），以及同时具有ROV和AUV功能的**混合式无人潜水器**（ARV）、AUV的一种——**水下直升机**（AUH）等。潜水器是海洋技术最重要的研究方向，可称之为海洋技术的“皇冠”。

随着信息技术的进步，特别是人工智能技术的飞速发展，海洋技术进入了智能化时代。同时，随着海洋事业的不断推进，在海洋资源开发、海洋能源利用、海洋环境保护和海洋科学研究等各个方面，都对海洋技术提出了更高的要求。智能化，则是海洋技术应对现代世界需求的重要手段。海洋技术的智能化，历史上是从AUV的发明开始的。智能化已经成为许多海洋技术的重要特征。除了AUV之外，AUG也是海洋技术智能化的重要产物，在当今的海洋事业中尽显风采，俨然成为海洋科学研究、海洋工程开发、海洋军事应用等领域中不可或缺的重要角色。海洋观测，则是智能化海洋技术的另一个重要舞台。走向深海进入深渊，自动化智能化的意义更是不言而喻。海底万米深处，是人类鞭长莫及的区域，在那里作业的各种海洋技术装备，都是靠自动化尤其是智能化的武装，完成一项又一项艰巨而富有挑战的任务，特别是那些需要智能决策方面的任务。进入21世纪之后，物联网、云计算、大数据、移动互联、超大规模计算等技术的发展，为海洋技术的智能化发展注入了新的活力。“智慧海洋”(或称“透明海洋”)是海洋技术领域的一个新的热词，也是海洋技术智能化重要发展方向。通过各种海洋技术手段，尽可能多地获取自海面至海底的各种水上水下信息，使得海洋“透明化”，从而更好地达到“认识海洋，经略海洋，管控海洋”的目标，这就是赋予“智慧海洋”技术的任务。

技术范畴　广义的海洋技术，由基础性、支撑性和应用性三个方面技术组成。海洋基础技术主要包括水下声学技术、水下光学技术、水下电磁技术等。海洋支撑技术的范畴与广义的海洋技术一样，包括海洋材料技术、海洋通用技术等通用性较强的技术。海洋应用技术包括直接面向海洋探测观测应用的技术，如海洋传感器技术、海洋采样技术、海洋遥感技术，以及支撑海洋探测观测应用的平台技术，如潜水器技术等。

人们对海洋的认识，是通过海洋科学研究展开的。海洋技术在支撑海洋科学发展的过程中，也带动了自身的发展。如果主要考虑面向“海洋科学研究”的支撑，那么就产生了一个海洋技术的狭义定义与范畴。在这个狭义的海洋技术范畴中，海洋技术主要涉及海洋传感器技术、海洋探测技术、海洋观测技术等领域。其中，海洋观测技术涵盖了卫星遥感技术，同时也覆盖了海洋采样技术以及作为载体支撑海洋观测技术的潜水器技术。对海洋的探测和观测，是一切海洋活动的基础，地位十分重要。由于海洋科学的研究和调查中，主要采用海洋探测、海洋观测技术，所以在很长的一段时间里，海洋科学界通常认为应用于海洋的探测与观测技术，就是海洋技术的全部内容。因此，可以这样认为，狭义的海洋技术是广义的海洋技术在海洋探测与观测领域的子集。

技术特点　海洋技术是人类探测与观测海洋活动的技术基础。它基础性强、综合性强，涉及面广，是实现各种海洋工程的基本保障。它与许多相关学科领域联系密切。

海洋技术最重要的特点，是深刻体现海洋的特征。海洋最大的特征就是庞大的海水水体，这一水体赋予了海洋技术的基本特点，就是与一个庞大的水体相关。这种水体不是一般的水体，而是一种富含盐度的水体，是一种腐蚀性很强的水体。同时，因为海洋技术常常会应用于海洋的深处，海洋技术还与很高的水压有关。在海洋这样特殊的环境下，海洋技术的应用有以下六个特点：①海水（气）具有很强的腐蚀性，海洋技术的一个重要特质是材料防腐。②海水具有浸没性和压力，水下海洋技术装备的强度、结构、密封设计上需要重点关注海水压力。③海水与技术装备之间存在相互作用，对装备结构与强度方面提出了特殊要求。④海水对光线、电磁波等具有屏蔽性。这些特殊的因素，对海洋技术装备的供电、通信、控制等提出了与陆地不同的要求。⑤离岸作业的特殊性，对技术装备的维护甚至整体设计理念提出了新要求。⑥针对不稳定、不可预知的复杂海上作业状况，海洋技术一定要具备高可靠性要求。

发展趋势　纵观国际上的海洋技术发展与研究，海洋技术的发展趋势主要体现在以下4个方面：①海洋技术向更深、更远方向发展，是海洋技术装备在深度和广度两个维度上的发展。全海深的海洋技术将是主旋律，大范围的覆盖将是海洋技术发展的必然。②先进的深海技术装备支撑科学发现。各类潜水器、海底钻探计划、海洋观测平台，是现代海洋科学研究不可或缺的保障。③海洋技术与信息技术的结合，使得大范围海洋的可信观测成为现实。④海洋通用技术等发展支撑海洋技术进步直接促进了海洋资源的开发和经济建设海洋技术与海洋科学的联系和互动更加密切。海洋技术产品在中国全面国产化，支撑中国海洋科学事业进步和国防建设。海洋技术智能化发展，将成为海洋技术发展的主要脉络。

（陈　鹰）

**海洋甲壳动物**　marine crustaceas　体躯分节、具几丁质（甲壳质）外壳、头部有5对附肢（前两对为触角）、以鳃或皮肤呼吸的海洋动物。甲壳动物属节肢动物门（Arthropoda），因多具坚硬如甲的外壳而得名。全世界共有67 000余种，中国海域已记录4000余种。绝大多数是海生种，如哲水蚤、水虱、藤壶、对虾、青蟹等。

研究简史　公元前4世纪，亚里士多德在其著作中记载了一些甲壳动物。1777年，威尔士博物学家T. 彭南特首先使用“甲壳动物”一词，作为节肢动物门的一纲。1806年，法国动物学家P.A. 拉特雷耶将甲壳动物分为切甲类（Entomostraca）和软甲纲(Malacostraca)两个亚纲。1837年，法国自然学家H. 米尔恩-爱德华兹在《甲壳类自然历史》中，将剑尾类（Xiphosura）和三叶虫类（Trilobita）包括在甲壳类中。1883年，博亚斯在甲壳纲下，设立鳃足类（Branchiopoda）、介形类（Ostra-coda）、桡足类（Copepoda）、蔓足类（Cirripedia）和软甲类五个亚纲。这是现代甲壳动物分类的雏形，并一直沿用下来。1960年，T. 沃特曼主编的《甲壳动物生理学》较全面地总结了20世纪60年代以前的研究成果。60年代后，甲壳动物的研究进展迅速，尤其在生理学、生物化学和实验生态方面。随着许多新的现生种和化石种的发现，比较形态和生活史研究论文的大量发表，以及对甲壳动物起源、演化和分类系统的深入研究，许多学者认为甲壳动物的分类地位应该提高到总纲、亚门或门。T.E. 鲍曼和L.G. 艾贝尔于1982年在《现代甲壳动物分类》中全面总结了相关研究成果，提出了一个新的分类方案。J.W. 马丁和G.E. 戴维斯主编的《最新甲壳动物更新分类》(*An Updated Classification of the Recent Crustacea*）中将甲壳纲提升为甲壳动物亚门，为后来作者广泛接受。

形态　甲壳动物体躯呈长筒形，或缩短为豆形或蟹形；一般分节明显，但部分体节常有愈合现象，寄生类型常失去分节和附肢。①体躯。少数种类由头、胸、腹部组成。头部一般较小，由6节构成。除第1节外，其余5节各有1对附肢（口前2对为触角，口后1对为大颚，2对为小颚）。大部分甲壳动物头部和胸部体节常愈合成头胸部，整个身体分为头胸部、胸部和腹部。头部后缘常有一片背甲，称为头胸甲。低等甲壳动物（如鳃足类）的胸、腹部分界不明显，称为躯干部或胴部。高等甲壳动物（如软甲类）身体分节数目基本固定，胸部为8节，腹部为7节。②附肢。由三部分构成：柄部为原肢，末部双叉，分内肢和外肢。除软甲纲外，其余各纲动物的腹部都无附肢。头部和胸部附肢不同程度特化。头部第1、2对附肢特化为触角，在游泳生活的种类中较发达；第3、4对特化为大颚和第一小颚，其形态变化很大，为咀嚼器官，一般只有原肢和内肢，后者变为触须；第5对附肢特化为第二小颚，高等类群（十足目）其外肢发达，称为颚舟片，借其摆动能使水流进入鳃室。躯干肢（口后附肢）的形状、数目及功能在不同类群中有很大变化。基本结构为双枝型，即在原肢上分出内肢和外肢，如虾类的腹肢。鳃足类的躯干肢为叶足型，呈叶片状，无内外肢之分。介形类中可少到2对，鳃足类中可多到60对以上。软甲类的躯干肢已分化为胸肢（8对）和腹肢（6对）；游泳生活种类的尾肢和尾节常形成宽的尾扇，游泳时保持平衡，借腹部的突然屈曲可使体躯迅速后退。

**分类** 甲壳动物长期以来被作为节肢动物门的一纲，现已从纲提升为亚门。J.C.雷吉尔等学者2010年的研究认为原颚足纲（Maxillopoda）不是有效的单系群，原颚足纲的种类被重新划分到多甲总纲（Multicrustacea）和寡甲总纲（Oligostraca）中，新建立六蜕纲（Hexanauplia）和鱼介形纲（Ichthyostraca）。

甲壳动物亚门现分为头虾纲、鳃足纲、桨足纲、多甲总纲和寡甲总纲。

头虾纲（class Cephalocarida）。海生，有5属12种。

鳃足纲（class Branchiopoda）。躯干附肢呈叶片状。多为淡水种；海生种很少，如卤虫（*Artemia salina*）等。共约820种，中国250余种。

桨足纲（class Remipedia）。海生，30种。

多甲总纲。又被划分为六蜕纲和软甲纲。六蜕纲（class Hexanauplia）下分3个亚纲：①微虾亚纲（subclass Tantulocarida）海生，营寄生生活，有33种。②鞘甲亚纲（subclass Thecostraca）多为海生，少数淡水生，1300余种，主要是蔓足下纲的种类。③桡足亚纲（subclass Copepoda）主要为海生，占海洋浮游动物的大部分，如哲水蚤；猛水蚤的种类是第二丰富的小型底栖生物。少数淡水产。共21 000余种。软甲纲（class Malacostraca）高等大型甲壳动物，头胸甲有或无。躯干部有15～16节，除尾节外均具附肢。有成对的复眼（少数种退化），28 000余种。下分3个亚纲：①叶虾亚纲（subclass Phyllocarida），头胸甲双瓣，介壳形，腹部7节，尾节具尾叉。全为海产，如叶虾（*Nebalia bipes*）。共约10种。②掠虾亚纲（subclass Hoplocarida），胸部附肢有颚足5对，步足3对。全为海生。共约350种。③真软甲亚纲（subclass Eumalacostraca），下属种类甚多，是甲壳动物中经济价值最大的一类。

**真软甲亚纲分类表**

| 总目 | 目及目内种数 |
|---|---|
| 合虾总目 | 山虾目，淡水生，21种 |
| | 地虾目，多为淡水生，少数海生，256种 |
| 囊虾总目 | 端足目，多为海生，少数淡水生，约9900种 |
| | 突口目，海生，6种 |
| | 涟虫目，海生，约1800种 |
| | 英高虫目，多为海生，少数淡水生，50余种 |
| | 等足目，海生，淡水生，陆栖，约10 000种 |
| | 疣背糠虾目，海生，53种 |
| | 混足目，海生，5种 |
| | 糠虾目，海生，淡水生，1160余种 |
| | 洞虾目，淡水生，4种 |
| | 暗糠虾目，淡水生，16种 |
| | 异足目，多为海生，少数淡水生，约940种 |
| | 温泉虾目，海生或淡水生于温泉中，34种 |
| 真虾总目 | 十足目，如虾、蟹、龙虾、虾蛄等，多数海生，少数淡水生，约15 000种 |
| | 磷虾目，海生，86种 |

寡甲总纲。又被划分为鱼介形纲、介形纲和须虾亚纲。鱼介形纲（class Ichthyostraca）下分2个亚纲：①舌形动物亚纲（subclass Pentastomida）寄生生活，海洋、淡水和半咸水均有分布。②鳃尾亚纲（subclass Branchiura），多为淡水种，少数海生。共有约157种。介形纲（class Ostracoda）身体不分节，体外包有两枚介壳。有相当数量的种生活在海洋中，少数营浮游生活，如海萤（*Cypridina*），大多为底栖种；淡水种不少。共13 000余种。须虾亚纲（subclass Mystacocarida），海生，共13种。

**生物学特性** 主要有以下几个方面。

**繁殖发育** 甲壳动物大多数为雌雄异体，但固着生活的（如蔓足类）、寄生的和少数自由生活的低等甲壳动物常为雌雄同体或具矮雄，以适应不能移动的生活方式。低等甲壳动物（鳃足类、枝角类、介形类）中，少数种能行孤雌生殖，以孤雌生殖与有性生殖相互交替，适应变化较大的栖息环境。

某些端足类如跳钩虾（*Orchestia*），少数虾类如长额虾属（*Pandalus*）中的某些种，有雌雄同体、雄性先熟现象，即在生活史上先发育为雄性（精巢先发育成熟）后转变为雌性（卵巢后发育成熟）。

甲壳动物受精卵发育孵化后，大多数有明显的幼体变态。最基本的构造是无节幼体，桡足类、介形类、蔓足类、磷虾类、对虾类和部分鳃足类的种，都有无节幼体期。无节幼体经过不同次数的变态，才发育为与成体基本相似的幼后期。

**生长和蜕皮** 甲壳动物体外有几丁质外骨骼（许多种有很厚的石灰质外壳），所以必须经过蜕皮（壳），体长才能增长。蜕皮后，胃内积累的钙质用于充实新外壳。幼期的甲壳动物蜕皮频繁，年老变慢。

**发声、发光和变色** 有些甲壳动物能发出音响。如鼓虾，其大螯的不动指与可动指骤然合拢时，可发出响亮的爆音，用以御敌或招引异性。部分甲壳动物能发光。有的具有构造复杂的发光器，如磷虾、樱虾等；有的只有简单的发光腺体，如海萤等（见**海洋发光生物**）。绝大多数甲壳动物身上都有一定色彩的斑纹，能随栖居环境而改变颜色。这是由于动物体的真皮层中散布着不同的色素细胞（主要有红、蓝、黄、黑等色，也有绿色、褐色）。

**生态类型** 许多甲壳动物营浮游生活，是海洋浮游生物中占优势的类群。其中常见的有桡足类、端足类、磷虾类和十足类的毛虾（*Acetes*）、樱虾（*Sergestes*）、莹虾（*Lucifer*）等。它们常大量密集，在表层和深层水体中都居优势。

大多数甲壳动物是底栖种。从潮间带到近万米的大洋深沟，栖息着不同的甲壳动物。在潮间带有大量成群的蟹类、寄居蟹类等足类、端足类和固着的藤壶；在潮下带和陆架浅海底生活并占优势的有多种虾蟹、虾蛄、钩虾、端足类、猛水蚤类、介形类等；在深海及大洋深沟底占优势的是涟虫类、异足类和部分端足类。有些种潜居海底泥沙内营穴居生活，如栖居热带红树林沼泽地的异形海蛄虾（*Thalassina anomala*），洞穴深度可达1米以上。

许多甲壳动物营寄生生活，如桡足类的鱼虱类、颚虱类和蔓足类的根头类等。还有营共栖或共生生活的。许多陆栖种，如椰子蟹，虽然在陆上生活，但繁殖时需进入海水，其幼体阶段也要在海水中度过。

**意义与价值** 许多甲壳动物可供食用。重要的是十足目的虾和蟹，虽然其产量在海洋渔业中所占比例不大，但由于肉质鲜美，营养丰富，故经济价值很高。尤其是对虾类，20世纪70年代末以来，世界温暖海域沿岸带对虾的人工养殖生产正在高度增长，是最受欢迎的优质海产品之一。边远海域及深海的甲壳动物资源，也受到世界的重视，尤其是**南极磷虾**（*Euphausia superba*）。

许多甲壳动物是海洋鱼类等的天然饵料，如海洋浮游甲壳类（桡足类、糠虾类、某些端足类及十足类等）是海洋上层鱼类的重要食物。底栖的小型甲壳动物猛水蚤类不仅是海洋中下层鱼类和虾类的重要食物，也在用于指示沉积物的质量状况方面具有很大的潜力。它们的数量多少往往影响经济鱼类的生长和发育，也影响渔业的资源和生产。

许多甲壳动物对人类是有害的，如等足类的蛀木水虱和团水虱（*Sphaeroma*）（见**海洋钻孔生物**）、蔓足类的藤壶（见**海洋附着生物**）、体内有毒的熟若蟹（*Zozymus*）等。

（刘瑞玉　李新正　马　林）

**海洋甲壳类浮游动物**　marine crustacean zooplankton　生活在海洋中的一类身体外具有几丁质（甲壳质）外壳的浮游动物。

研究简史　海洋甲壳类浮游动物的研究是同甲壳类和浮游动物研究同时和同步进行的。它们同时隶属于甲壳类动物，又是一类浮游动物。对海洋浮游动物的研究，最早起始于18世纪20年代。1828年英国J.V.汤普森和1845年德国J.米勒开始了浮游生物最早期的采集观察、形态分类工作。后来，1889年德国北大西洋浮游生物调查队编写了《浮游生物调查成果》，为海洋浮游动物的研究奠定了研究基础。

形态　海洋甲壳类浮游动物，身体结构上大体都是体躯分节、具几丁质的外骨骼、头部有5对附肢（前两对为触角）、以鳃或皮肤呼吸的海洋动物，如哲水蚤等。海洋甲壳类浮游动物实际上是属于甲壳类动物，在生物分类学上主要隶属于节肢动物门（Arthropoda）类，不能制造有机物，属于异养型，种类组成有无脊椎动物和脊索动物幼体等。

种类　海洋浮游动物数量大、种类繁多，若将所有浮游幼体及其他类型统计在内，粗略估计海洋浮游动物约有36 000种。海洋浮游动物涵盖种类有11个门类，仅其中的桡足类浮游动物（均属于甲壳类浮游动物）就多达1.15万种。根据国家海洋局（今自然资源部）**中国近海海洋综合调查与评价专项**（**908专项**）2006～2007年统计结果，仅中国近海就记录到的浮游动物约有1316种。甲壳动物的种类则更多，大约有6.7万种。这些甲壳类动物尺寸有小到0.1毫米的微型浮游动物，也有长达3.8米的巨型螃蟹。其中最小的海洋甲壳类动物是一种学名为*Stygotantulus stocki*的桡足类猛水蚤浮游动物。

分布范围　海洋浮游动物属于全球分布类群，分布广，是海洋生态系统中不可缺少的组成部分。

生物学特性　海洋甲壳类浮游动物从生物学特征上可以归结为以下两点：①它们本身身体外具有几丁质（甲壳质）的外壳，属于甲壳类动物。②它们在水中是随水流而漂动的营浮游性生活，本身完全没有游泳能力，或者游泳能力微弱，不能作远距离的自我游动，亦不足以抵拒水的流动力而游动，但是绝大多数浮游动物都有着昼夜垂直移动的习性。例如，南极磷虾群体大、集群性强，且具有显著的昼夜垂直移动习性，通常栖息于海水上层至250米的水域，白天栖息于50～60米处，夜间浮于表层。

生态地位与作用　浮游动物是生态系统中重要的基础环节，其种群的组成和数量的变化，反映着整个生态系统的动态，也影响着生源要素的生物地球化学循环，尤其是少数关键种又起着控制全局的作用。浮游动物在海洋食物链中处于中枢地位，大多数浮游动物摄食浮游植物，自身又是鱼类等高级摄食者的饵料，在食物链中起着承上启下的关键作用。微型浮游动物又是微食物环的重要组成部分。海洋甲壳类浮游动物是海洋浮游动物群落中分布最广，种类最多，地位最重要的一个类群。它们大多以浮游植物为食，同时又作为经济鱼类、虾类，尤其是中上层鱼类及其他鱼类幼鱼阶段的主要饵料。例如，南极磷虾和其他几种浮游动物就是南大洋生态系统的关键种，它还是世界海洋中最大的单种渔业资源，现存量约十亿吨，支持着最庞大的须鲸海豹和企鹅等高层捕食者的种群。

南极磷虾

意义与价值　海洋甲壳类浮游动物的分布和变动状况又可作为探索鱼群的位置和寻找渔场的线索。中国海洋中常见的浮游甲壳类有哲水蚤、剑水蚤、猛水蚤、糠虾、磷虾和毛虾等。这些浮游动物是鲐鱼、鲱鱼、沙丁鱼等鱼类和鲸类的主要饵料，鱼群常常追逐它们而游动。所以从它们的种群丰度和分布，也可判断鱼群的大小或种类，给捕获鱼群提供参考。同时，由于很多甲壳类浮游动物的分布与气候有关，因此也可用作暖流、寒流等海洋环境的指示生物。

此外，有很多甲壳类浮游动物本身就具有很高的营养价值和开发利用价值。如毛虾、磷虾等，营养丰富，味道鲜美，具有很高的经济价值，每年有超过1000万吨的海洋甲壳动物被人类所消费。南极磷虾作为地球上储量最大的单种生物，其每年的可捕获量相当于全球每年渔获量的总和。

（陶振铖）

**海洋甲藻**　marine dinoflagellate　海洋中甲藻门植物的统称。在海洋浮游植物中，甲藻分布广泛，几乎遍布世界各大海域。种类和数量仅次于硅藻，是海洋生态系统中重要的生产者，占有重要的地位。基因组特别的大，是人类基因组的几倍。

研究简史　国外对甲藻的研究开展较早。第一阶段是简单描述阶段（1753年到19世纪末）。这是一个发现并开始认识甲藻的阶段，所发现甲藻种类较少，主要通过藻体外形来分类，还没有形成较为系统的分类体系。1753年贝克首次对甲藻进行了描述，1773年Müller正式用“dinoflagellate”一词命名甲藻。1883年，斯坦首次出版了包含甲藻图片和形态描述的专著，标志着甲藻研究的真正开始。第二阶段（20世纪初至80年代），甲藻新种被大量发现，甲藻的形态学分类快速发展，分类体系逐渐完成。在这一阶段，几次大的海洋调查发现了大量甲藻物种，使甲藻种类极大丰富，为甲藻分类提供了厚实的基础。1904～1905年，美国组织了西太平洋考察，报道了5个新属87个新种，共计甲藻132种。第三阶段（80年代至今），伴随甲藻赤潮在世界范围内的大规模暴发，学者们开始对有毒有害甲藻的形态和生理特性及其所产毒素进行研究；一些学者利用分子生物学手段对甲藻的分类体系提出了一些新观点。

形态　甲藻单细胞，少数群体；多数有2条不等长、排列不相称的鞭毛，极少数无鞭毛作变形虫状运动或不能运动。细胞核大而明显，有念珠状色质线，有核仁和核内体，原生质中央为1个大的液泡，有的还有搏动，有的有1个眼点。色素体1或多个，黄绿色或棕黄色，偶为红色；色素体中除了含叶绿素a、c和β-胡萝卜素外，还有几种特有的色素，如硅甲藻素（diadinoxanthin）、甲藻黄素（dinoxanthin）、新叶黄素（neoxanthin）及甲藻所特有的多甲藻素。贮存养分为淀粉、淀粉状物质或脂肪。

种类 甲藻的营养类型差异很大，有自养型（autotrophic）、混合营养型（mixotrophic）和异养型（heterotrophic）3种：①自养型细胞营光合作用。②混合营养型细胞是自养型细胞在特定的情况下摄取溶解有机物或吞噬营养的生活方式。③异养型具有特殊的细胞结构，如捕食胞（peduncle），它们可以用来吞噬其他的有机体。不是所有的甲藻都营自养型生活方式，大约有一半的甲藻是营异养型生活方式的，在海洋中营浮游生活的一些属，如原多甲藻属（*Protoperidinium*）和鳍甲藻属（*Dinophysis*）等，均属异养型营养类型。

根据甲藻横沟与纵沟的有无及鞭毛的着生位置不同可将其分为横裂甲藻（Dinokontae）和纵裂甲藻（Desmokontae）两大类。横裂甲藻具有横沟与纵沟，两条鞭毛着生在腹面，由横沟与纵沟交界处的鞭毛孔伸出；纵裂甲藻无横沟与纵沟，两条鞭毛生于细胞顶端。

甲藻的细胞壁又称壳（theca）或表质膜（amphiesma）。有些种类表质膜完整但较薄，藻体裸露；有些种类表质膜比较厚。因此，根据表质膜的特征，甲藻又可分为具甲甲藻和裸露甲藻两大类。两者表质膜的基本构造相似，都是由质膜、囊体和微管组成的。

分布范围 海洋中的甲藻是漫长进化过程中成功生存下来的古老间核生物，它们能适应不同的生态环境。从浮游生活到底栖生活，从极地到热带海洋，从淡水到高盐水都有甲藻的存在。很多物种是广布种，有些物种甚至有很多的生态类型。许多甲藻趋光性强，只分布于一定光强的水层中，有些甲藻则喜生于河口或沿岸海区，少数可生于浅海沙滩上，呈绿色或棕色。有些种为寄生种，寄生在鱼、桡足类或其他无脊椎动物上，有些则可与腔肠动物等共生。总的来说，甲藻在暖海种类多，寒海种类少，但数量大。

个别的异养型甲藻可以达到很高的细胞丰度，如扁压原多甲藻（*Protoperidinium depressum*）和海洋尖尾藻（*Oxyrrhis marina*）在河口和近岸常常达到很高的细胞丰度，某些底栖甲藻也能够达到很高的细胞丰度。但它们的分布、丰度、基础生物学和生态学的研究还很不够。甲藻水华种常在特定的区域再现，表明它们对特定环境因子的适应。这些环境因子包括水温、盐度、光照、水团运动方式和营养盐等。例如，光照可以影响甲藻的垂直分布、光合作用速率和效率、颜色和色素改变、细胞内营养盐库和代谢途径等；温度可以影响光合作用和细胞分裂速率、吸收和呼吸速率、细胞大小和种间竞争适应而引起的群落演替模式等。甲藻有对应不同资源吸收和存储的策略。这些资源包括有机氮、有机磷、维生素、痕量元素和其他生长因子。甲藻也可以分泌一些分泌物以抑制其他种类的生长。

特性 发光。除细菌、腔肠动物、甲壳动物、被囊类等生物能发光外，甲藻是藻类中唯一能发光的类群。海洋生物发光，俗称海火，在国防、海运、交通及渔业上均有重大的实用价值。例如在战争时，舰艇在发光生物密集的海区夜间航行时，就有暴露目标的危险；在渔业上，可利用渔火来寻找鱼群；在航运交通上，海火可帮助航海人员识别航行标志及障碍物，但海火也会刺激人的眼睛，降低视力，致使航行发生危险，对航行不利。因此，了解和掌握甲藻发光的时空分布和变化规律，在国民经济和国防建设上具有重要意义。

甲藻最普遍的生殖方式是细胞分裂。纵裂甲藻亚纲和横裂甲藻亚纲的翅甲藻，以纵分裂生殖，横裂甲藻纲的其他种类为横裂生殖，如多甲藻属，或斜分裂生殖，如角甲藻。此外，也有少数种类产生动孢子或不动孢子。夜光藻等具有同配生殖现象，三角角藻等具有异配生殖现象。

生态地位与作用 甲藻与硅藻同为海洋浮游动物的主要饵料，它们的产量也是海洋生产力的指标。此外，甲藻对**海流**、**水团**的调查也有重要的指标作用。对海洋污染的自净也起一定作用。由于从古至今每年都有大量甲藻死亡后沉积到海底，所以是古代生油地层中的主要化石。在世界各国的石油勘探中，常常把甲藻化石当作地层对比的主要依据。又由于甲藻的生态适应性范围较小，便可用甲藻的化石推测古代地貌或古地理，如古代的水体形态、水的含盐量以及水深、水温、光照强度等。

自然海水中如果甲藻过量繁殖，往往使水体变色，发生腥臭的气味，形成**赤潮**。赤潮发生后，由于溶解氧的突然减少，或由于其产生的毒素会使动物窒息中毒。许多甲藻物种是赤潮形成的主要原因种，

海洋甲藻（右）

如凯伦藻属（*Karenia*）、裸甲藻属（*Gymnodinium*）、亚历山大藻属（*Alexandrium*）及原甲藻属（*Prorocentrum*）等的某些种类。有些有毒甲藻可以产生各种毒素。当甲藻生长或繁殖时，这些毒素在其细胞内累积，当海洋动物摄食有毒甲藻后，有些动物如鱼类和贝类直接毒害致死。还有一些如浮游动物、滤食性贝类和鱼类等摄食这些有毒的甲藻后，甲藻毒素能够在动物体内富集。当脊椎动物，如海洋哺乳类、鸟类及人类摄食这些染毒生物时会中毒，甚至致死。在已知的2000多种海洋甲藻中，有60余种是有毒的。

（孙晓霞）

**海洋胶质浮游动物** marine gelatinous zooplankton 缺乏硬的骨骼支持、身体主要由凝胶组织组成、生活在海洋中的一类透明的、脆的、易碎的海洋动物。这类浮游动物通常包括：水母类（jellyfish）、被囊类（tunicate）、毛颚类（chaetognatha），以及腹足类（gastropods）中的翼足虫（pteropods）和异足虫（heteropods）等。几乎所有的海洋动物所属的门类，包括环节动物门、软体动物门和节肢动物门等都含有胶质状的物种，但是这些物种中有许多生活在开阔的海洋和深海中，阻碍了人们的认识和发现。该类动物也被称为“凝胶剂”（Gelata）。

在胶质浮游动物中，水母类和毛颚类是两个重要的类群，两者与鱼类之间竞争摄食浮游动物及其生产力。毛颚类也是高营养层次的一种食物来源。背囊类是一类被动的滤食性浮游动物，与饵料浮游动物竞争摄食浮游植物，但其本身的物质和能量不能被有效地传递到高营养层次。

在全球一些近岸高生产力海湾或海区，由于越来越多的人类活动包括富营养化、海水养殖、港工建设、生物入侵等，抑或气候变化使海洋生态环境发生了很大的变化。胶质浮游动物中的水母类在全球许多海域中数量增加甚至出现暴发的事件，使得能量从先前的鱼类传递到了水母类。这类胶质动物的暴发或增多给海洋生态系统带来严重的灾害，也会给人类带来经济和社会方面的问题。例如，水母暴发可造成很多国家的核电站、火力发电站、海水淡化厂和滨海化工厂的冷却水口堵塞，从而对这些工厂的经济效益造成影响。另外，当水母暴发时，人们在进行渔业、养殖生产或游泳时被水母蜇伤而导致中毒或死亡的事屡有发生，甚至迫使很多海水浴场和滨海游乐设施关闭，给旅游业造成严重影响。水母暴发是继赤潮灾害之

后最重要的动物性生态灾害。

另外，被囊类在海洋生态系统中具有特殊生态作用。如因其具有很高的摄食率、较大的种群数量以及下降快速的粪便颗粒，使它们在碳的生物地化循环中起着比其他浮游动物更大的作用。如在某海区纽鳃樽暴发2个月时，其粪便颗粒或尸体提供的碳通量相当于沉积物捕捉器测量得到的年有机碳通量的1/2。胶质浮游动物以粪便和黏液的形式在有机物的垂直传递过程中起着重要的作用，而这些物质下沉到深海为底栖生物提供了丰富的食物来源。

随着海洋浮游生态学自身的发展，以及人类活动或全球变化对海洋生态系统的影响，对胶质浮游动物的研究已受到全球生态学者越来越多的重视。（张　芳）

**海洋酵母菌**　marine yeasts　分离自海洋环境，并在海水培养基中生长得比在淡水培养基中更好的酵母菌。这些酵母菌为单细胞真核生物，细胞呈椭圆形，多数通过出芽进行无性繁殖、好氧。实际上所有海洋酵母菌在没有海水成分的培养基中也能生长良好。

研究简史　海洋酵母菌最早研究开始于J.W.费尔等人，2001年前主要对分离海洋酵母菌的培养基、分布和种类进行研究。后来，日本长滨孝彦等和法国G.比尔戈等对深海酵母菌的种类进行了研究。中国海洋大学海洋微生物学实验室从2005年开始对海洋环境的酵母菌资源、种类、生理特征、遗传学、代谢途径、代谢工程和潜在应用进行了广泛系统的研究，取得许多重要进步。现已对多种海洋酵母菌基因组进行了测序、建立了遗传操作系统和基因编辑技术。

种类组成、分布和特性　海洋酵母菌广泛分布在各种天然海洋环境，如海水、海洋沉积物、沿海、海洋植物、海藻、海洋无脊椎动物与其他海洋动物和红树林生态系统中。甚至它们也发现在6400米到11 000米的深海极端环境，如深海动物和深海海底沉积物中和极地海洋低温环境中。深海无光、缺氧、有机物营养物极其匮乏、高压、高盐、大部分深海环境温度在5℃左右，但是在深海热液区附近温度高。南极99%的面积终年被冰雪覆盖，属于极端冷环境，并且非常干燥、多风、具有强烈的紫外太阳光辐射、高盐和寡营养。这些极端环境决定了海洋与极地酵母菌可以产生特殊活性物质并可适应这些逆境。尤其，这些酵母菌特别适合用来研究真核生物适应低温环境的机理。某些嗜冷酵母菌，如*Mrakia frigida*和*Guehomyces pullulans*广泛分布在南极海洋沉积物中。在高盐海洋环境中酵母菌的一个重要的特性就是可以抗高盐，在海水培养基中还可以合成和分泌各种酶和活性物质。在深海和极地海洋低温环境中，许多酵母菌是低温酵母菌，最适生长温度在15℃左右，并可以产生嗜冷酶和蛋白质。

在海洋生态系中的作用　在海洋生态环境中，海洋酵母菌可以为其他生物提供营养和免疫，参与碳、氮、硫、铁等物质的循环，参与海洋环境的污染物净化。在海洋动物体内和体表与病原微生物进行竞争，拮抗病原微生物的生长。作为有益菌与海洋动物和植物的发生各种种间相互作用，对海洋动物和植物起保护作用。所以它们在海洋生态系统中具有重要的作用。

潜在应用　21世纪初，研究表明，许多海洋酵母菌还可以合成和分泌各种具有潜在应用的化合物、活性物质和各种酶，如胞外多糖、多聚苹果酸、生物表面活性剂、柠檬酸；生物燃料，如乙醇、生物柴油、生物烷烃；各种工业用酶，如菊粉酶、淀粉酶、蛋白酶、乳糖酶、植酸酶、脂酶、漆酶等；生物活性物质，如铁载体、嗜杀因子、海藻糖、各种维生素等；单细胞蛋白和纳米颗粒。所有这些生物分子在食品、化工、农业、生物燃料、化妆品、纳米材料和医药工业中具有广泛的用途。海洋酵母菌合成这些生物分子的代谢途径、遗传调控、代谢工程引起了广泛重视。（池振明）

**海洋界面化学**　marine interface chemistry　研究海洋中各种界面上发生的化学反应和生物地球化学过程的学科。海洋与其他介质或环境存在较大差异，在界面往往发生物质的形态结构、分布特征和迁移变化等方面的显著变化。海洋中许多重要的化学反应是在若干无机体（如水合氧化物和黏土矿物等）和有机物（如腐殖质等）乃至生物（如浮游植物、浮游动物、细菌等）的表面发生的。海洋界面发生的主要反应有酸碱平衡、沉淀溶解平衡、氧化还原平衡、络合平衡和液－固界面交换－吸附平衡等。此外，海洋界面上会发生吸附、催化、物质交换和迁移、扩散、聚沉、起泡、乳化等作用。

界面类型　界面共有5种：①液－固界面。如海水－沉积物界面、海水－悬浮物界面、海水－生物界面、海水－胶体粒子界面等。②液－气界面。即海水－大气界面，还包括海雾、气溶胶等，有时还会形成酸雾等灾害性现象。③液－液界面，即海水－河水界面（即河口处）。此外，还包括上升流－正常海水、海底热（冷）泉－正常海水等界面，不同密度、不同盐度、不同物理化学性质海水之间的界面等。在这些界面上存在**密度跃层**、**盐度跃层**等。④固－气界面。如烟雾、沙尘暴等。沙尘暴对近海生态系统可产生不可忽略的作用。⑤固－固界面。如黏土矿物，它本身常是高岭石、伊利石、蒙脱石等的混合体，它们也常是与金属氧化物的混合体。不同海底矿物固－固界面作用知之甚少。

应用　海洋界面化学在海水化学资源综合利用等方面有重要应用。例如，它开创了海水化学资源提取的新方法，由传统的把海水中的水蒸发掉而获得海盐，变成通过交换－吸附剂从海水中“捞出”海盐或“微量成分”；在方法上发生根本改变，如沸石提钾、海水提铀等。又如，赤潮治理、沙尘暴对近海生态系统的影响，在物质全球循环中重要地位的评估等。（刘春颖）

**海洋界面作用**　marine interface interaction　海洋界面上发生的吸附、催化、物质交换和迁移、扩散、聚沉、起泡、乳化等作用。影响海洋物质的化学作用主要包括沉淀－溶解平衡、络合平衡和液－固界面的交换－吸附平衡等。在生物作用下，同时存在氧化还原作用和酸－碱作用等。海洋中的化学反应，在很大程度上受到发生在界面上的各种现象所制约。海洋与其他介质或者环境存在较大差异，在界面往往发生物质的形态结构、分布特征和迁移变化等方面的显著变化。海洋界面化学的界面主要有5类：①液－固界面，如海水－沉积物界面、海洋悬浮粒子－海水界面。②液－气界面，如海水－大气界面。③液－液界面，如海水－河水、海水－海底热泉界面。④固－气界面，如溶解气体－沉积物界面。⑤固－固界面，如沉积物－沉积物界面。

液－固界面作用　海洋中固体粒子的无机组分主要是黏土矿物、金属氧化物和碳酸钙等，有机组分主要是腐殖质和海洋浮游生物及其分解和排泄物等。吸附指被吸附物与吸附剂之间的作用发生在吸附剂表面。吸收指被吸附物与吸附剂之间作用而进入吸附剂内。不能确定界面过程是吸附或吸收时，统称吸着。可以把吸着或吸附分成三种基本类型：物理吸附、化学吸着及静电吸附。

海－气界面作用　大气和海洋之间的气体交换是一种动力学过程。当气体分子以同样速率进入或离开大气或海洋时，即表示该气体分子在大气与海洋之间处于平衡状态，此时气体在海洋中达到了饱和。海－气界面吸附用吉布斯吸附定理来描述。

液－液界面作用　河口区河水与海水不断交汇过程中各种物质的交换、相互作用、物质变化，使得河口区域成为一个特殊的生态系统。河水与海水的界面作用继而会影响下游的海洋生态系统。溶解态物质在河－海界面的混合可以分为保守型混合和非保守型混合。保守型混合指溶解态物质仅发生了简单的稀释过程。非保守型混合是指溶解态物质发生了清除或添加。

固－气界面作用　在固－气界面能够发生气体吸附及固相对气相催化现象。气体在固体表面的吸附是指气体分子在固体表面发生浓集的现象，固体表面通过吸附来降低表面能。海洋是大气中活性气体如 $CH_4$、$N_2O$、二甲基硫（DMS）等的重要自然源，而海水中的悬浮颗粒物作为碳、氮、磷、硅等生源要素的载体在海水中发生一系列的吸附与解析、溶解与沉淀、转化与吸收等生化过程参与到海洋物质循环中。例如海洋沉积物中储存着大量以甲烷为主的短链烷烃，它们以游离态或溶解态的形式存在于孔隙水中，在高压低温等特定环境下，则会形成天然气水合物。

固－固界面作用　不同固相间的界面称为相界。两个相互接触的固体，界面上的分子或原子在相互靠近到一定的距离时将产生跨越两相界面的相互作用。例如早期成岩作用，是指沉积物在温度较低（＜25℃）的环境沉积至浅埋藏过程中，在孔隙水完全充填的情况下，沉积物颗粒、孔隙水及沉积环境水介质之间发生的一系列物理、生物及化学变化。在海洋沉积物早期成岩过程中，随着一系列氧化还原反应的进行，在沉积物中会形成硫化物和自生碳酸盐矿物，同时沉积物和孔隙水中元素会发生扩散和迁移及同位素分馏，改变了沉积物中的原始地球化学记录，产生新的地质信息。（何　真）

**海洋近岸波**　nearshore wave　由外海的风浪或涌浪传至海岸附近，受地形作用改变波动性质而成的一种海浪。近岸波在向岸的传播过程中，波动要素发生较迅速的变化。首先，波动传播速度随海水变浅而变小，致使波峰线发生弯转，渐渐和等深线平行。其次，波速和波长也随海水变浅而减小，所以，近岸波的波速和波长分别比远离海岸的外海的波速和波长小。由于海浪的折射可引起波向线的辐散或辐聚，加上波速的变化，即使忽略摩擦、渗透和破碎的影响，波高也要发生变化。除上述波动性质的变化外，近岸波在传播过程中还会发生波形的变化：波峰前侧不断变陡，后侧不断变平，波面变得越来越不对称，达到一定程度时，便发生近岸波的卷倒破碎现象，同时形成水体地向前流动。由于辐射应力的作用，在破碎线向海和靠岸的两侧，还会出现平均水面的降低和升高。近岸波在传播过程中，如遇到障碍物，还会发生绕射和反射现象。

近岸海域是人类活动频繁的区域，此处水域的环境状况与人类有着密切的关系，而近岸海浪则是影响近岸水域环境状态的重要动力因素。因此，对于海港建筑、海岸防护、近岸航运、海洋养殖和军事活动等，近岸波的分析和研究非常重要。例如，在设计防波堤时，必须应用近岸波的理论，计算出可能出现的各种波高；在海岸防护和海港建筑中，必须了解海中的泥沙运动，对于沙质海滩，近岸波是引起泥沙运动的主要动力因素，要想了解泥沙运动的规律，就必须对当地的近岸波加以分析。

研究近岸波，就是研究在地形和其他因素作用下的波动性质的变化规律，同时研究近岸波所产生的一系列作用。和风浪、涌浪一样，近岸波有复杂性和随机性的特点，其研究方法一般可分为两类：①把复杂的、随机的近岸波抽象成某种统计意义上的简单规则波动，并利用流体动力学的方法研究其运动规律。②从随机函数的观点出发，把近岸波看作由许多组成波叠加而成，并用谱的概念来研究近岸波的统计性质和变化规律。把近岸波抽象成规则波动时，就可以把它当作流体动力学方程的边值问题而求解。还可以直接引用等深度水域中的各种波动理论，如线性波动理论，非线性的斯托克斯波、椭圆余弦波、孤立波等理论。引用不同的波动理论而求得的近岸波的波长、波速、波高的变化规律，具有不同的精度，但总的趋势都是一致的。

除了水深的变化会影响近岸波的波动性质以外，许多其他因素，如海底摩擦、海底渗透等，都会产生影响。特别是许多非线性效应，起着不可忽略的作用。

（王东晓）

**海洋抗生素污染**　marine antibiotic pollution　人类生产生活中使用的抗生素，通过河流等环境介质及生物体自身，或者由于人类在海洋中的活动直接进入海洋，使海洋生态系统受到不利影响的现象。海洋环境中的抗生素主要包括：四环素类（TCs）、大环内酯类（MLs）、磺胺类（SAs）、喹诺酮类（FQs）和氯霉素类（CPs）等。

产生原因　抗生素进入海洋环境主要通过以下途径：①在抗生素生产过程中，未经彻底处理的制药工业废水会携带抗生素进入海洋。②在海水养殖业中，为预防和治疗感染性疾病而使用的抗生素，只能部分地被养殖的水产品吸收并在食物网内传递；另外一部分则存留在养殖水体中，并随着养殖废水进入海洋环境。③在医用和畜禽养殖业中使用的抗生素会被人体或动物排泄出体外，然后通过非点源污染的方式进入海洋。由于海洋水体稀释作用强，水体中所含抗生素含量较低，浓度数量级为1～1000纳克/升，但沉积物中含量相对较高，沉积物作为抗生素的天然储存库，储存了海洋中的大部分抗生素，因此海底沉积物是海洋中抗生素潜在的二次污染源。进入海洋的抗生素，存在着迁移、转化的过程，甚至可以与其他污染物联合产生复合污染，对海洋生物及人类产生潜在的毒性效应。

主要危害　抗生素对海洋环境的危害主要有以下4种：①影响海洋生物生长。抗生素可抑制特定细菌的生长，同时也可对其他海洋生物的活性产生影响。海洋中的抗生素对藻类、大型溞和鱼类具有急性毒性效应，其中土霉素会引起斑马鱼脱氧核糖核酸（DNA）损伤。同时，抗生素在沉积物中富集量较大，且流动性较小，因此会导致底栖生物体内抗生素积累，生理活性受到抑制甚至死亡。②海洋生物产生抗药性。当病原微生物长时期暴露于低剂量抗生素后，会出现药效减弱或完全消失的现象，这就是产生了生物抗药性。抗药性基因可以在代与代之间传递，又可以在不同细菌间传递，因此往往存在交叉耐药和多重耐药现象。③影响海洋生物地球化学循环的影响。海洋中存在的有益微生物，在维持海洋生态系统的稳定性中起着关键性的作用，是海洋生物体内外微生态平衡的重要组成部分。海洋抗生素在抑制有害微生物活性时，也可能会抑制某些有益微生物的活性，进而导致微生态环境恶化，干扰甚至阻断碳、氮、硫的生物地球化学循环，进而影响生态系统的物质循环和能量流动。④影响人类健康。人类可以通过食物链或食物网摄取海洋中抗生素，由于抗生素本身就是一种在低浓度即能抑制或影响其他微生物活性的化学物质，因此海洋抗生素污染严重威胁人类健康。

防治措施　中国是抗生素生产和使用大国，抗生素生产量达23万吨/年，使用量达13.9万吨，其中兽用抗生素为3.25万吨（截至2022年）。但在中国执行的《海水水质标准》(GB 3097—1997)、《生活饮用水卫生标准》(GB 5749—2022)、《地表水环境质量标准》(GB 3838—2002)、《污水综合排放标准》(GB 8978—1996)等相关标准中未规定抗生素类浓度限值。为加强抗生素滥用管控、降低抗生素环境风险，应加强抗生素水质基准研究，在相关标准中补充抗生素类污染物限值，减轻抗生素对海洋造成的污染。（李锋民）

**海洋考古** maritime archaeology 对人类从事海洋活动的物质文化遗存进行调查、发掘和研究的考古学分支学科，包括水下沉船考古和海港考古、海洋聚落考古等主要实践环节。人们很早就对水下沉船与考古产生了兴趣，但由于打捞工具和研究手段的落后，作为一门系统、严密科学的海洋考古，是在第二次世界大战期间水肺被发明以后才正式产生的。20世纪60年代，美国G.F.巴斯教授及其考古队在土耳其格里多亚角海域开展古典时代沉船发掘，开创性地在水下实践了考古学方法。此后，巴斯带领海洋考古队又进行了多年地中海海域沉船的水下考古，1966年出版了《水下考古》一书，并面向多国考古学家进行了水下考古技术培训，被称为“水下考古之父”。20世纪70年代，K.麦克洛利特别关注对人类海洋活动遗存的考古，1978年出版了《海洋考古学》一书，是较早系统思考海洋考古的代表之作。90年代初，该书经邱克、戴开先翻译，中译本由海洋出版社出版。发展到今天，海洋考古已经成为考古学中一个备受关注的活跃领域，与水下考古存在着密切的交叉关系，但又有所不同，除了海洋里的水下遗存，也关注海港、海洋聚落遗存等的考古。

海洋考古界在世界各海域已经取得了包括泰坦尼克号沉船发掘等许多成果。英国成立的航海考古学会先后调查、发掘、打捞了大西洋海域的一系列古代沉船，该学会编辑出版的《国际航海考古与水下探索杂志》，是高水平的世界性航海和水下考古学术交流平台。中国于1987年成立了中国历史博物馆水下考古研究中心，1989～1990年与澳大利亚阿德莱德大学东南亚陶瓷研究中心联合在青岛举办第一届海洋考古专业人员培训班，标志着当代海洋考古方法传入中国，并在福建连江定海沉船遗址进行调查、发掘。随后在南海一号水下调查、整体打捞出水、室内发掘的过程中，中国的海洋考古水平得到了巨大提升。2012年，国家文物局成立了水下文化遗产保护中心。截至2020年，中国海洋考古队已在辽宁、山东、浙江、福建、

考古中发现的带有“经远”文字的木质签牌

广东沿海先后开展了多处沉船遗址的水下调查和发掘，包括福建定海“白礁一号”、广东“南海一号”、西沙“华光礁一号”、甲午海战北洋水师沉舰等沉船遗址的重大发现与发掘，范围涉及渤海、黄海、东海、南海四大海区。

海洋考古加深了人们对造船技术与航海技术、海上贸易、海战状况、船上社会、海上交通、经济文化交流等方面的认识，这一新兴学科日益得到中国和其他沿海国家的重视。（朱建君）

**海洋可再生能源供电技术** marine renewable energy power supply technology 采用海洋风能、太阳能和各种海洋能等发电的技术。

海上风电技术是把海上风能转变为电能的技术。海上风力发电技术与陆上风力发电技术差不多，但安装方式差别很大。利用风力带动风车叶片旋转，再透过增速机将旋转的速度提升，来促使发动机发电。风力发电机一般由风轮、发电机、调向器、塔架、限速安全机构和储能装置等构件组成。风力发电技术成熟、实现简单、建设周期短、装机规模灵活、后期运维成本低。风力发电技术根据装机规模，可分为大型风电技术和中小型风电技术。根据实际运行经验可知，中小型风电技术更适用于风、光联合发电系统。

太阳能发电是利用光电效应进行发电。太阳能发电系统由太阳能电池组、太阳能控制器与蓄电池组成，将太阳的辐射能力转换为电能，或送往蓄电池中存储起来，或推动负载工作。太阳能电池板的质量和成本将直接决定整个系统的质量和成本。太阳能发电独具许多优点，如安全可靠、寿命长、无噪声、无污染、不受地域限制、无须消耗燃料、无机械传导部件、故障低、维护简便、可以无人值守、建设周期短、规模大小随意、无须架设输电线路等。太阳能有光电转换和光热转换两种应用方式，光伏发电可以与风力发电形成互补，提高供电可靠性。海上应用时，只能在海面上进行太阳能发电，或供给海面上的海洋装备使用，或通过电缆传输到水下供水下海洋装备使用。

海洋能是一种蕴藏在海洋中的可再生资源，包括潮汐能、波浪引起的机械能和热能等。海洋能来源于太阳辐射和天体间的万有引力，因此海洋能是一种几乎取之不尽、用之不竭的可再生清洁能源。较稳定的海洋能有温度差能、盐度差能和海流能；不稳定的海洋能有潮汐能和波浪能。其中潮汐能发电技术较为成熟，已应用于商业开发。（杨　柯）

**海洋空间规划** marine spatial planning 以海洋特征和规律为依托，从时空角度对海洋空间保护和利用结构进行调整、合理布局进行规划设计，从而协调人与海洋空间之间的关系，实现海洋地区的人类活动生态、经济和社会协调发展目标。海洋空间规划源于20世纪70年代澳大利亚大堡礁国家海洋公园实施的分区保护体系。欧盟在2002年提出《欧盟海岸带综合管理建议》，确定了海洋空间规划是整体区域资源管理的重要组成。2006年，联合国教科文组织召开第一届海洋空间规划主题研讨会，提出“应用基于生态系统的方法制定海洋空间规划，管理和规范海洋开发行为，保护生态环境，以保障生态系统支持社会经济发展的能力”的观点。此后，各国政府积极采纳会议成果，编制并实施海洋空间规划，将其作为多用途用海管理、协调开发与保护之间矛盾的重要措施。

海洋空间规划并未形成国际统一技术标准。世界各国依据各自国情，编制实施了具有海洋保护区的划定、海域海岸带分区管理和海洋生态系统服务等不同侧重点的海洋空间规划。

中国基于不同海洋空间管理需求，先后提出**海洋功能区划**、**海洋主体功能区规划**、海岸保护和利用规划等多种海洋空间规划类型。其中，海洋功能区划是中国海洋空间开发、控制和综合管理的整体性、基础性、约束性文件，具有统领作用。2019年1月中共中央、国务院印发的《关于建立国土空间规划体系并监督实施的若干意见》，将主体功能区规划、土地利用规划、城乡规划等空间规划融合为统一的

国土空间规划。海洋空间规划是海洋空间合理利用和生态保护的有效工具，海洋空间规划体系作为国土空间规划体系的重要组成部分，纳入统一的规划编制审批体系、实施监督体系、法规政策体系和技术标准体系。 （李滨勇）

**海洋空间利用** marine space utilization 人类为了生存和发展，在海面以上和海面以下所进行的运输和各种设施的建设工程。随着世界人口迅速增长，陆地空间显得越来越拥挤，海洋空间的开发利用问题越来越令人关注。《联合国海洋法公约》的生效实施使约1/3的世界海洋依法划归沿海国，沿海国的管辖范围得到了扩大。因此，海洋势必成为沿海国家经济和社会可持续发展的机遇和新的空间，对全人类来讲，海洋是生存与发展最后的地球空间。

海洋空间利用包括海上、海中、海底三个部分空间的利用，截至21世纪初，人类利用海洋空间的项目包括海上人工岛、海上桥梁、海上机场、海上娱乐场、海上城市、海底隧道、海底光（电）缆、海底仓库等。海洋空间的利用已从传统的交通运输扩大到生产、通信、电力输送、储藏、文化娱乐等诸多新兴领域。海洋空间利用的主要方式有以下几种。

海上运输 海上运输历史悠久，早在公元前1000年时，地中海沿岸国家就已开始航海。公元1405～1433年，中国郑和7次率船队下“西洋”，曾到达非洲的马达加斯加附近，与东非、印度、南洋30多国进行交往。到19世纪末，世界大洋的主要航道都已开辟。20世纪前期，又开辟了通往南极的航道，开凿了连接太平洋和大西洋的巴拿马运河，开始了北极航道的定期航行。第二次世界大战以来，海上货运量已由1938年的4.7亿吨增长为40亿吨；海上运输船队由1935年的29 071艘6372万总吨，增长为1982年的7.5万艘4.3亿总吨。海上交通运输包括海港码头、海上船舶、航海运河、海底隧道、海上桥梁、海上机场、海底管道等。海洋交通运输的优点是连续性强、成本低廉，适宜对各种笨重的大宗货物作远距离运输，如粮食、矿石、石油等。缺点是速度慢，航行受天气影响较大。

海上城市和海上机场 海上城市指在海上建立的具有新城市机能、新交通体系的大型居住区，可容纳几万人。世界上已建成的最大海上城市是日本神户人工岛（图1）。神户人工岛有两个，即港湾人工岛和六甲人工岛。两岛各有一座大桥同陆

图1 建在人工岛上的日本神户机场

地相连。港湾人工岛始建于1966年，用了15年时间，造地436公顷，填土石8000万立方米，耗资2300亿日元。有泊位27个，可以停泊万吨巨轮，还有一座直升机场。岛上有住宅、学校、医院、商业设施、宾馆饭店以及国际会议场所。1987年第二期填海工程开始，造地390公顷，兴建水深15米的码头和一座起落大型飞机的机场。六甲人工岛是神户港第二大人工岛，1972年开工，1992年填海工程完成，用了20年时间，造地580公顷，耗资5400亿日元。岛的周边修建了泊位，而腹地则将成为一座容纳3万人口、适应国际化、高度信息化和老龄化社会的新型城市。海上机场是把飞机的起降跑道建筑在海上固定式建筑物或漂浮式构筑物上的机场。如日本的长崎机场、英国伦敦的第三机场建在人工岛上；美国纽约拉瓜迪亚机场是用钢桩打入海底建立的桩基式海上机场；日本已建成的关西机场则是漂浮式海上机场（图2），位于大阪湾东南离泉州5千米的海面上，它是将巨大钢箱焊接在许多钢制浮体上，浮体半潜于水中，钢箱高出海面作为机场，用锚链系泊于海上，机场面积

图2 日本关西国际机场

设计为1100公顷。海上城市和海上机场属于超大型浮式结构（VLFS），中国大型海洋浮式结构物关键技术研究已取得一系列突破性进展。大型浮式结构物可以布设在海岸附近，作为陆地的延伸，扩大原来设施的功能和用途。例如，原来建设在海边的机场，可以将新建跑道或原有跑道利用大型浮式结构物向海中扩展，从而加长跑道或增加跑道。

海上工厂 是将生产装置安放在海上漂浮的设施上，就地开发利用海洋能的工厂。日本等国建的“海明”号波浪发电厂、美国建的温差发电厂都是建在船上的海上发电厂。美国在新泽西州岸外大西洋东北11英里（约17.71千米）处建立的海上原子能发电厂被安置在两只漂浮的大平底船上，周围环有马蹄形防波堤，发电能力为115万千瓦。巴西在亚马孙河口建的海上纸浆厂被安置在一艘钢制大平底船上，可日产纸浆750吨。另外，日本还建有日处理垃圾达10 000吨的海上废弃物处理厂以及日产5000立方米淡水的浮式海上淡化厂。

海底隧道 世界上已建成数条海底隧道。日本修建的青函海底隧道是世界上最长的海底隧道，它穿过津轻海峡，全长53.85千米。其中海底部分长23.3千米；最深部分在海底100米以下，隧道顶部离水面的距离为240米。工程于1964年5月正式动工，先导坑道于1983年1月全部打通；可并行两列火车的主坑道也于1985年3月打通，整个隧道在1987年正式通车。之后修建的有长51千米的英吉利海底隧道，1994年通车，以及长39千米的直布罗陀海底隧道等。

海底军事基地 是指建在海底的导弹和卫星发射基地、水下指挥控制中心、潜艇水下补给基地、海底兵工厂、水下武器试验场等用于军事目的的基地。它们大体上可分为两类：①设在海底表面的基地，由沉放海底或在海底现场安装的金属构筑物组成。②在海底下面开凿隧道和岩洞作为基地。

通信和电力输送空间 主要是海底电缆。通信电缆包括横越大洋的洲际海底通信电缆、陆地和海上设施间的通信电缆；电力输送电缆主要用于海上建筑物、石油平台等与陆地间的输电。

储藏空间 有海底货场、海底仓库、海上油库、海洋废物处理场等。利用海洋建设仓储设施，具有安全性高、隐蔽性好、交通便利、节约土地等优点。

文化娱乐设施空间 包括海洋公园、海滨浴场和海上运动区等。随着现代旅游业的兴起，各沿海国家和地区纷纷重视开发海洋空间的旅游和娱乐功能，利用海底、海中、海面进行娱乐和知识相结合的旅游中心综合开发建设。 （田育丰）

**海洋扩散** marine diffusion 物质在海洋中扩大分散的现象。

狭义的海洋扩散 狭义的海洋扩散现象是指物质扩散现象。当流体中物质浓度不均匀时，该物质从高浓度向低浓度传

输，称为物质扩散现象，由菲克定律描述。扩散现象是不可逆的过程，任何物质都不能自发地从低浓度向高浓度扩散。扩散过程使海洋中物质的浓度趋于均匀。

物质扩散现象是分子现象，扩散率由流体的性质决定。而实际海洋大都处于湍流运动状态，湍流运动会形成类似的物质扩散现象，称为湍流扩散。湍流扩散率远大于分子扩散率，因而在实际海洋中的扩散要用湍流扩散来描述，分子扩散可以忽略不计。

广义的海洋扩散　在流体中，有3种类似的具有不可逆过程的现象，即黏滞现象、热传导现象和物质扩散现象。这3种现象分别描述了动量、热量和物质浓度的变化规律。如果将动量、热量都看作是不同的物质，则都可以用扩散来表征，是为广义的海洋扩散。因此，海洋扩散事实上可以表征动量扩散、热量扩散和物质扩散，在分析海洋扩散时要了解扩散物质的种类。

扩散系数　湍流的扩散系数不是物质的属性，而是运动的结果，取决于湍流运动的强度，不同运动状态的流体湍流扩散率差异很大。对于同样的湍流运动状态，不同物质的湍流扩散率也不相同，动量的扩散率最大，热量的扩散率大约小1个量级，而物质的扩散率小2～3个量级。

分散　在环境研究中，实际物质扩展的空间范围更大，用扩散过程的实际参数不足以描述物质的扩散速度。因而，人们往往用更大的扩散系数来表达实际的物质扩展，将其称为分散。这种为适应实际情况被高估的扩散系数实际表达的是输运过程与扩散过程的联合作用，即输运过程将物质输送到更远的地方，而扩散将其融于周边环境，形成了物质在更大范围的扩展。有人认为，分散是湍流除了黏滞、热传导和扩散之外的第4种作用，体现了湍流中的负串级过程。

海洋扩散与能量　扩散过程是海洋中机械能转换为热能的过程，扩散通过将较大尺度的运动能量向较小尺度的能量迁移，最终达到湍流的最小尺度，然后通过分子扩散而转换为热能。

海洋扩散与熵　一个系统总是自发地从有序状态向无序状态转变，也就是从熵值较小的状态向熵值较大的状态转变，这就是熵增加原理。海洋扩散是不可逆过程，是使孤立系统内物质浓度趋于均匀的过程，因此满足熵增加原理。（丁平兴）

**海洋垃圾**　marine litter　有意或无意丢弃或遗失到海滩或海洋中的固体废弃物。海洋垃圾包括从内陆河流和排污系统、由风带入海洋环境或海上活动产生并丢弃到海洋中的固体废弃物，如塑料、木头、金属、玻璃、橡胶、衣物和纸张等。

种类及来源　一般包括海上和陆地两大来源。海上来源主要包括海上作业过程中产生的生产、生活垃圾。陆地来源主要包括生活污水、工农业废水排放的垃圾，旅游者和沿岸居民的排放物质或丢弃物。根据海洋垃圾在海洋中分布位置的差异，通常分为海面漂浮垃圾、海滩垃圾和海底垃圾。海洋垃圾中，塑料成分的比例为60%～80%。

主要危害　由于海洋垃圾来源广泛，并且会随着潮汐等海水运动不断漂移，最终在海洋中长时间积聚，海洋垃圾会带来负面环境效应，影响海洋生态环境以及海洋经济发展。1995年，联合国环境规划署公布的《保护海洋环境免受陆源污染全球行动计划》将海洋垃圾认定为九种海洋污染物之一。海洋垃圾能够使海洋中很多生物意外受伤或死亡。如海洋垃圾会影响航海的正常运行，塑料类海洋垃圾中含有多种毒性化学物质，会使海洋生物致畸致死，对海洋生物和生态系统有严重影响，甚至通过食物链的循环影响人类健康。

清除海滩垃圾和海洋漂浮物的成本较高，使解决海洋环境问题的成本增加。另外，海洋垃圾还会破坏海洋的美学价值，从而会导致旅游业收入的下降，对国民经济造成重大损害。

处理和利用方法　由于对海洋垃圾的科学认知不足和海洋垃圾处理的资金缺乏以及法制法规的不完善，海洋垃圾问题依然突出。对于海洋垃圾，主要是开展海洋垃圾检测以及对海洋垃圾的打捞清除等。但由于清除海洋垃圾的成本很高，因此尚缺乏有效的处理处置措施，从源头上减少海洋垃圾的产生是当务之急。另外，要全面开展普及教育活动，进一步完善海洋垃圾防控的法律法规，加大对海洋垃圾偷排者的惩处力度，建立环保诚信档案等。

除了在源头上控制海洋垃圾的产生，许多国家已经通过对海洋垃圾的回收利用

海洋垃圾

来减轻海洋的垃圾污染：①焚烧发电。将海洋垃圾进行收集、分类，然后通过焚烧而发电，从燃烧后的灰烬中提取重金属用于制作电池、电路板等元件，剩下的灰烬经压缩成型后可作为新型的建筑材料。②直接回收再利用。海洋垃圾中有大量的塑料瓶、玻璃瓶等，可以收集、分类回收，部分可经过处理再次使用，其他部分也可经处理后用作工业生产的原材料。③造人工岛。将海洋垃圾无害化处理后，建立浮动的人工岛屿，如澳大利亚的“垃圾旅游岛”。（赵　建）

**海洋拉斑玄武岩**　mid-oceanic ridge basalt; MORB　产在洋中脊或海岭的拉斑玄武岩。又称洋中脊拉斑玄武岩。在大西洋中脊、印度洋中脊和东太平洋海隆上都有产出。除有一般拉斑玄武岩的性质外，还有下列元素含量特征：氧化钾（$K_2O$）含量少，含量为0.1%～0.4%；代之以氧化钠（$Na_2O$）较多，含量为1.7%～3.1%；五氧化二磷（$P_2O_5$）和氧化钛（$TiO_2$）含量比碱性玄武岩低，一般$P_2O_5$含量小于0.25%，$TiO_2$含量在0.8%～2.0%；大离子亲石元素（LILE）钡（Ba）、铅（Pb）、锶（Sr）、钍（Th）、铀（U）、锆（Zr）等微量元素含量较少，钾/铷（K/Rb）比值高，在500～2000；稀土元素含量低。与大洋岛拉斑玄武岩相比，$K_2O$和$TiO_2$含量很低；铁、$P_2O_5$及LILE（Ba、Rb、Sr、Pb、Th、U和Zr）含量低，氧化钙含量高；稀土元素通过球粒陨石标准化后，在海洋拉斑玄武岩中呈现轻稀土（LREE）弱亏损；大洋岛碱性玄武岩轻稀土富集，重稀土（HREE）弱亏损。20世纪80年代之后，在**深海钻探计划**（DSDP）和**大洋钻探计划**（ODP）报告中，根据斑晶的矿物成分及结晶顺序，对海洋拉斑玄武岩进行了划分：①橄榄斜长辉石斑状玄武岩。②橄榄斜长斑状玄武岩。③橄榄辉石斑状玄武岩。④斜长辉石斑状玄武岩。⑤无斑玄武岩，斑晶含量小于1%。拉斑玄武岩主要由斜长石和辉石组成；次要矿物有橄榄石、尖晶石；副矿物常见有铁钛氧化物。（许东禹）

**海洋蓝细菌**　marine cyanobacteria　一类含叶绿素a、叶黄素和胡萝卜素及藻胆素（藻红素和藻蓝素的总称），并能进行光合作用的单细胞生物。因早先发现的个体多呈蓝绿色而得名。又称蓝藻、蓝绿藻（blue-green algae）、蓝绿细菌（blue-green bacteria）。

研究简史　蓝细菌（Cyanobacteria）在35亿～33亿年前的地质化石中被发

现，是已知的地球上最早的光合自养产氧生物。早期蓝细菌的出现逐渐改变地球当时的厌氧环境，并促使了当今的大气成分的形成。海洋蓝细菌是地球上数量最多的光合微生物，已知的海洋蓝细菌中最重要的两个属为超微型的原绿球藻属（*Prochlorococcus*）和聚球藻属（*Synechococcus*）。20世纪50年代早期，艾伦开始分离培养蓝细菌，截至20世纪60～70年代，科学家们培养并认识了大量蓝细菌，并通过落射荧光显微镜与透射电子显微镜观测到它们的细胞结构。海洋聚球藻发现于1979年，而原绿球藻是1988年被发现、1992年才被正式命名的。之后随着基因组学的发展，现已经有超过20株原绿球藻与聚球藻的全基因组得到了分析，而且通过这些分析，人们逐渐认识原绿球藻与聚球藻分别占据不同生态位的适应性的遗传基础。例如，海洋原绿球藻根据其对光的适应能力分为高光适应型（High-light adapted ecotype）和低光适应型（Low-light adapted ecotype）两个生态类型；聚球藻先进化为低光型的原绿球藻，然后再进化为高光型的原绿球藻。

**种类**　蓝细菌一般是指原核生物中细菌的蓝细菌门，又可分为色球藻纲和藻殖段纲。人们熟知的蓝细菌主要包括以下类群：色球藻目（Chroococcales）、念珠藻目（Nostocales）、颤藻目（Oscillatoriales）、宽球藻目（Pleurocapsales）、原绿藻目（Prochlorales）、真枝藻目（Stigonematales）。海洋中主要的蓝细菌代表有聚球藻和原绿球藻，它们是由共同的祖先进化而来，都是单细胞浮游生活的原核藻类，细胞粒径一般小于1微米。

**分布范围**　已发现的蓝细菌有2000多种，可分布于淡水、海水、潮湿和干旱的土壤、岩石、盐卤池、树干及树叶。有些蓝细菌还可穿入钙质岩石或土壤深层。部分蓝细菌与真菌共生形成地衣，或内共生于植物体内。少数种类能生活于85℃以上的温泉或终年积雪的极地。

海洋原绿球藻在自然海区的丰度非常高，最大记录达到$7×10^5$细胞/毫升，主要分布在北纬45°～南纬40°的热带和温带寡营养大洋海区。在极地和亚极地区域丰度相对较低，这主要是由于原绿球藻在温度低于15～18℃时生长速率受限。原位观察和实验室研究数据都表明，原绿球藻的丰度随着温度和光照强度的升高而升高，由于对光的适应性不同，高光型原绿球藻一般分布在真光层100米以内浅层，而低光型原绿球藻主要生长在真光层的100～200米。截至2018年，人们只发现铜离子和铁离子对原绿球藻的分布有影响，铜离子对其生长有抑制作用，而铁离子则有促进作用。聚球藻比原绿球藻更古老、多样性更高、分布更广泛，遍及赤道到两极、淡水到高盐湖泊、高原到热液。相比原绿球藻，聚球藻与环境因子之间的关系还了解不多。已知磷酸盐、硝酸盐和光照是影响聚球藻丰度和分布的主要因素，而温度发挥的作用则相对较小。此外，聚球藻在富营养的环境中比在寡营养的环境中丰度高。在高纬度和近岸的中富营养海域，聚球藻是微型蓝细菌的主导优势类群，而在寡营养海区，原绿球藻的丰度大约为聚球藻的10倍。

**特性**　超微型蓝细菌是单细胞生物，无细胞核，细胞中央含有核物质，具有典型的原核生物细胞结构特征。具有类囊体，是光合作用发生的场所，不含叶绿体、线粒体、高尔基体、中心体、内质网和液泡等细胞器。

**形态**　蓝细菌的藻体有单细胞体、群体和丝状体三种形式。其中色球藻纲藻体为单细胞体或群体，藻殖段纲藻体为丝状体，有藻殖段。海洋聚球藻细胞一般呈球状，细胞的粒径一般为0.9微米左右，略大于原绿球藻。

**繁殖方式**　蓝细菌繁殖方式分营养繁殖和无性生殖。营养繁殖包括细胞直接分裂（即裂殖）、群体破裂和丝状体产生藻殖段等几种方法，无性生殖包括产生内生孢子或外生孢子等方式的生殖。

**色素组成**　蓝细菌含叶绿素a（Chl a），一般无叶绿素b（Chl b），具有数种叶黄素和胡萝卜素，还含有藻胆素（藻红素和藻蓝素的总称）。其中，聚球藻含有叶绿素a和藻胆素，藻胆素包括3种蛋白：别藻蓝蛋白（allophycocyanin; AP）、藻青蛋白（phycocyanin; PC）以及藻红蛋白（phycoerythrin; PE）。这样的色素组成是其最重要的生理特征。原绿球藻含有独特的光合色素二乙烯基叶绿素，是迄今在环境中发现的唯一一种不以常见叶绿素a为主要光合色素的自养生物。

**运动性**　蓝细菌不含鞭毛或者菌毛，运动方式只有滑行运动。近1/3的海洋聚球藻具有这种运动功能。滑行运动的机制可能有两种，一种是由细胞壁中的蛋白纤丝收缩引起的，另一种是细胞分泌的胞外多肽黏液引起的。

**其他**　许多蓝细菌可以厌氧生长，有些蓝细菌还可以利用硫化氢、氢气或还原性有机物作为电子供体。

**生态地位与作用**　海洋蓝细菌是地球上数量最多的光合微生物类群。原绿球藻和聚球藻是海洋中主要的初级生产者，它们在海水中的丰度一般为$10^3$～$10^5$细胞/毫升，可贡献高达50%的海洋初级生产力。尤其在寡营养的环流区，原绿球藻贡献了高达13%～48%的初级生产力，因此它们在微生物食物网、海洋氮循环、海洋物质的垂直输送及全球碳的生物地球化学循环中发挥着至关重要的作用。

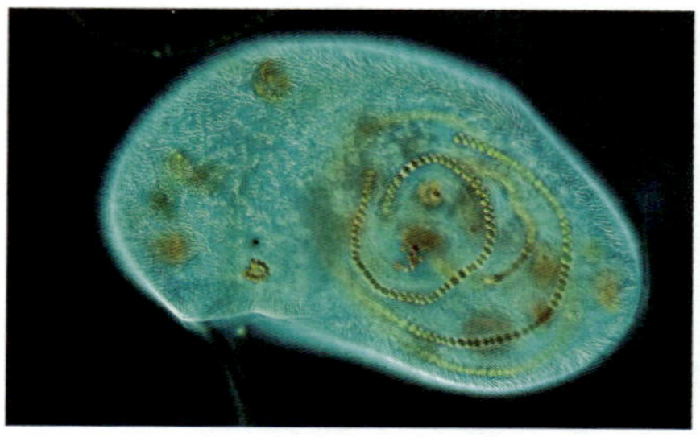

变形虫吞食了蓝细菌

**在海洋氮循环中的作用**　海洋中一部分蓝细菌具有固氮（nitrogen fixation）功能，为氮营养限制的海水提供了非常重要的氮营养补充。其中束毛藻是现在认识到的最主要的海洋固氮蓝细菌，其次还有单细胞蓝藻（UCYN-A、UCYN-B和UCYN-C）及与硅藻共生的异型蓝藻（DDA）。此外，淡水生态系统中的鱼腥藻也是一种具有固氮能力的蓝细菌。聚球藻可以利用包括硝酸盐、亚硝酸盐、氨盐、尿素和氨基酸在内的几乎所有氮源，因此其生长需要比原绿球藻更加丰富的氮源。基因的表达和原位观察的结果都显示，聚球藻的生物量与氮源相关，对硝酸根（$NO_3^-$）的利用有利于聚球藻适应近岸与河口的环境，并且在营养条件充裕的情况下产生爆发式繁殖。原绿球藻缺乏硝酸盐还原相关的基因，不能利用硝酸盐，可以利用铵盐（$NH_4^+$）与少量的尿素，低光适应型的原绿球藻可以利用亚硝酸盐。

**在海洋磷循环中的作用**　原绿球藻能够同化磷酸盐。高光型原绿球藻可以利用有机磷，而低光型则不能利用有机磷。

**意义**　蓝细菌是地球上最早的光合自养产氧生物。早期蓝细菌的产生逐渐改变了地球当时的厌氧环境，促使早期不能忍受氧化环境的物种灭绝，并促进好氧生物产生。海洋超微型蓝细菌原绿球藻和聚球藻是海洋中主要的初级生产者，可贡献高达50%的海洋初级生产力，在全球生物地球化学循环中发挥着至关重要的作用。

（张　瑶）

**海洋冷水种生物**　marine cold water species　生长生殖适温不高于4℃并且其自然分布区平均水温不高于10℃的海洋生物。包括寒带种（cold zone species，生长生殖适温范围为0℃左右的冷水种）和亚寒带种（subcold zone species，生长生殖适温范围为0～4℃的冷水种）。一些分布在南北极的生物就是典型的冷水种，如南极的戈式长腹水蚤、尖角似哲水蚤、南极路虫戎、徘徊组蛇尾、**南极磷虾**。中国近海没有寒带、亚寒带和冷温带海区，也没有强大的寒流。但冬季受大陆气候和沿岸流的影响，渤海和黄海近岸水温很低，北部还有结冰现象；夏季在黄海较深水域广大范围内，近底层存在强大的冷水团，因而有些冷水性种类存在，如浅水萨氏真蛇尾等。冷水种发源于极地海洋及邻近寒冷海区，主要依靠寒流侵入中纬度地区。由于环境的变化，一些海洋冷水种生物的分布区发生了变化。在全球气候变化影响下，一些浮游生物冷水种的分布范围缩小。海水温度升高使黄海冷温性和冷水性的鱼类得不到冷水团的保护进而出现衰退的迹象。在中国黄海，由于海水增温，冷水性底栖生物的分布范围缩小，数量减少。

两极同源和热带沉降现象：南北两半球中、高纬度的生物在系统分类上表现有密切的关系，有相应的种、属、科存在，这些种类在热带海区消失，如曳鳃虫属的尾曳鳃虫（*Priapulus caudatus*）分布于北极－北温带海区，而刺管曳鳃虫（*Priapulus tuberculatospinosus*）则栖息于南极－南温带海区；又如浮游动物裸海蝶（*Clione limacina*），可同时分布在北冰洋和南极海域。某些广盐性和广深性的冷水种，其分布可能从南北两半球高纬度的表层通过赤道区的深水层而成为一个连续的分布，如拟长腹剑水蚤等小型桡足类，具有全球分布特征。

（李新正　马　林）

**海洋磷循环**　marine phosphorus cycle　陆地来源的磷元素经由地表径流输入和空气沉降作用进入海洋后，在生物和非生物介导的合成与矿化作用下，多种化学价态和不同形态的磷化合物之间进行相互转化，被生物循环吸收利用，并伴随输出和沉降的过程。是磷元素在地球系统各圈层中的生物地球化学循环过程的重要环节。

磷化合物的不同类型和相互转化　海洋中的磷元素以溶解态无机磷（DIP）、溶解态有机磷（DOP）和颗粒磷（PP）的形态存在，在这些不同类型的化合物中，磷具有的化合价分别是+5、+3、+1以及−3。海水DIP中含量最为丰富的是以+5价态存在的正磷酸盐（$PO_4^{3-}$），在真光层中，它们会被细菌和光合浮游植物快速消耗，被细胞吸收同化用于合成生命活动所需要的脂类、核酸、蛋白和糖类等有机化合物（+5、+3、+1价态），进而通过细胞死亡、裂解、摄食排泄等途径以有机磷化合物形式释放到海水中。当表层海水中正磷酸盐含量匮乏时，DOP成为细菌和光合浮游植物可利用的另一类主要磷源，在多种生物酶的作用下被分解矿化进行再循环利用。海水中的无机磷还包括多聚磷酸盐（+5）、亚磷酸盐（+3）以及次磷酸盐（+1），而还原态的磷化氢（−3）普遍存在于沉积环境中。在海洋中，光化学分解作用和生物的氧化还原作用共同参与了海水中的磷在+5价态和其他价态（+3、+1和−3）之间的转化过程。其中，细菌、古菌和光合浮游植物的生物转化过程是海洋磷循环中最活跃的环节，生物介导的磷循环通量（$>10^{11}$摩尔磷/年）大约可相当于大气（$10^{10}$～$3\times10^{10}$摩尔磷/年）和陆地（$3\times10^{10}$～$15\times10^{10}$摩尔磷/年）输入通量的总和。生物过程联结海水中磷的双向通量，向上流动的通量形式为再生磷酸盐，向下流动的通量则主要以颗粒磷的形式为主，其周转时间为几天到几个月。磷从海水中移除的唯一途径，是伴随着各类生物代谢的颗粒物缓慢沉降，海底沉积物中的磷以磷化氢、颗粒有机磷，铁－磷复合物和碎屑磷灰石为主要形式，据估算海洋中磷元素的停留时间为10 000～20 000年。

分布特征　因为不同形态的磷的相互转化主要依赖于生物过程，因此在开阔大洋以及近岸海域中，溶解态无机磷和溶解态有机磷的浓度呈现垂直和水平分布差异。受季节性降雨和人为活动影响，经由地表河水径流输入近岸海水中的溶解态无机磷浓度会随之波动。在开阔大洋的垂直分布中，表层海水中的溶解态无机磷因生物快速消耗而非常的匮乏，但随着海水深度的增加，其浓度会逐渐增加，真光层以下富含溶解态无机磷的海水可以通过垂直涡流扩散、混合运动以及上升流的方式对上层海水进行补充，是大洋表层海水中溶解态无机磷的最重要的来源。溶解态有机磷在海水中的垂直分布趋势与溶解态无机磷相反，在深度较浅的真光层富集了大量的有机磷，而随着海水深度的增加，溶解态有机磷的浓度逐渐减少。在全球大洋中低纬度的水平分布上，溶解态有机磷在总溶解态磷（TDP）的占比普遍表现为近岸海域小于开阔大洋。

意义与展望　磷是海洋初级生产力的主要限制因子之一，海洋磷循环通过联结营养盐－光合固碳作用，在全球气候变化中扮演着重要角色。科学家们期望通过深入探索海洋生态系统中磷在生物体内的代谢循环，以及磷与碳、氮和金属耦合的生物地球化学循环过程，进而以新视野和新角度，如耦合铁－磷－氧循环过程，探讨磷在调节大气中的氧浓度的作用机制。

（林　昕）

**海洋硫循环**　marine sulfur cycle　硫元素在海洋环境和生态系统中运动、转化和往复的过程。硫元素循环主要包括硫在海洋圈、生物圈、岩石圈、海底沉积物圈以及大气圈中的循环，其中海洋硫循环是重要的科学研究问题，其中包含了海洋化学、海洋生物、海洋物理和海洋地质等综合而成的海洋生物地球化学过程，该循环不仅是全球物质循环的重要组成部分之一，也是生态系统的基础循环。

概念　硫循环主要包括两个过程的驱动：①由微生物驱动的生物地球化学过程。在土壤和海水中，硫酸盐容易被生物体同化吸收利用，在此过程中会生成一系列具有挥发性、还原性的硫化物，该过程是陆地和海洋硫元素进入到大气的重要途径。②大气中的物理化学过程。还原性硫化物以及人为排放的含硫物质进入大气后会发生化学氧化反应最终生成硫酸盐，大气中的硫酸盐又会通过干湿沉降的方式回到陆地和海洋。海洋面积占到了全球面积的70%，海洋是自然硫源的主要部分，据估算全球海洋向大气释放的硫通量为$6\times10^{7}$吨/年。

因为海水中硫酸盐向硫化物转化的过程主要是通过细菌的降解作用实现的，不同的微生物在硫化物的转化过程中起到不同的作用，微生物参与的氧化还原反应可以促进水体与沉积物中硫化物之间的相互交换，一些硫化物在海洋生物体的生命活动过程中转化为含硫气体进入大气，硫循环过程将大气、水体和沉积物联系在一起。因此，海洋硫循环有两个显著的特征：①该循环过程包括若干个氧化还原反应；②微生物和细菌在海洋硫循环过程中起着非常重要的作用。

知识内涵　海洋硫循环与多种元素的地球化学循环之间存在密切的关系，是一个非常复杂的体系。海水中无机硫主要有硫酸盐、硫化氢（$H_2S$）等，硫酸盐是海洋无机硫的主要存在形式，会被海洋生物吸收利用，在生物体内经过一系列生物化学反应最终被同化还原成有机硫。$H_2S$主要来源于海底沉积物矿化物质以及冷泉和热液物质。全球大陆边缘海底沉积界面之下存在上千个冷泉活动区，冷泉活动会喷涌或渗漏$H_2S$等到水体中。在大洋中脊和断裂活动带上，海水侵入海底裂缝，受地壳深处热源加热，溶解地壳内的多种金属，形成富含$H_2S$、硫黄铁矿、黄铁矿、闪锌矿和铜、铁的硫化物等物质的炽热溶液，以“黑烟囱”形式喷出，$H_2S$进入水体，硫化物和硫酸盐矿物则沉积在海底，形成几千吨至上亿吨的块状海底矿床，再经一系列微生物的氧化还原作用在沉积界面实现硫元素的迁移转化。由于$H_2S$具有较强的还原性，在天然海水中常以重金属硫化物形式沉入海底，在海水中不占主要成分。海洋有机硫循环在海洋硫循环中占有重要地位，海洋生物体内的生物活性物质中，有许多属于含硫有机化合物。海洋中重要的有机硫化物包括二甲基硫（DMS）、二甲基巯基丙酸内盐（DMSP）、二甲亚砜（DMSO）、二甲基二硫（DMDS）、二硫化碳（$CS_2$）、羰基硫（COS）、甲硫醇（$CH_3SH$）等，其中二甲基硫气体则被认为是连接海洋和大气最重要的生源硫化物。二甲基硫不仅对全球硫收支平衡有重要贡献，更重要的是其排放与气候变化之间可能存在负反馈作用。海洋中二甲基硫主要来源于藻类细胞代谢化合物二甲基巯基丙酸内盐的降解。海水中二甲基硫的去除途径主要包括微生物降解、光化学氧化和海－气交换。海水中的二甲基硫通过海－气交换进入大气后会被氧化生成非海盐硫酸盐（nss-$SO_4^{2-}$），形成气溶胶，使云凝结核（CCN）的数量增加，进而提高云层对太阳光的反射率，使全球热量收入减少，因而对温室效应有一定的减缓作用。此外，二甲基硫在大气中的氧化产物大多具有较强的酸性，对天然沉降物的酸度也会产生较大的影响。

研究意义　全球硫循环研究是国际重大研究计划（如*表层海洋－低层大气研究计划*）的重要组成部分。海洋硫循环不仅在全球物质循环中起到重要作用，对全球环境变化也有非常重要的意义。海洋有机硫循环是海洋物质循环的基本机制之一，关于海洋有机硫循环机制的研究，尤其是二甲基硫气体在海水和大气间的联系与反馈，对于预测未来气候变化具有重要意义。关于海水－沉积物间的通量、海－气耦合模式以及海洋硫循环预测模型的研究还相对较少，在一些生物泵作用以及有机硫水平、垂直通量作用比较强烈的边缘陆架海海域有较大研究价值，将对定量评价海洋硫循环在全球气候变化和人类生存环境中的贡献以及全球硫收支平衡具有重要意义。

（杨桂朋）

**海洋面源污染**　marine non-point source pollution　农药、氮磷等营养物质、重金属及泥沙颗粒等污染物，通过土壤侵蚀、农田排水或径流冲刷作用汇入海洋而引起的海洋污染。又称海洋非点源污染。海洋污染面源可分为沿海城市面源、沿海乡镇农业面源和海水养殖面源等。

海洋面源污染具有随机性、广泛性、滞后性、模糊性、潜伏性、治理和控制难度大等特点，已经成为海洋污染的主要来源，日益引起人们的关注。海洋面源污染物入海的途径有大气沉降、地下渗透及地表径流等，其中以地表径流为主要途径。随地表径流大量入海的氮、磷等营养盐，是造成近岸海域富营养化甚至出现*赤潮*的主要原因。来自农业、林业及渔牧业生产的残留农药，对近岸海洋环境和生态健康构成威胁。畜禽粪便直接用作肥料以及沿海城市生活污水处理不当，使得海洋中病原微生物数量增多。海洋面源污染涉及范围广，易受到自然环境和社会环境等因素的影响，其对海洋生态环境的破坏力较大，对人体健康有潜在危害。

为控制海洋面源污染，首先应综合利用遥感技术、地理信息系统技术、空间数据库技术和网络技术等，建立海洋面源污染监测指标体系和评价模型，全面掌握面源入海污染物的基本信息，确定目标海域主要面源污染物的产生量、排海量及其与海洋环境质量的响应关系，为海洋面源污染治理提供基础和依据。

对海洋面源污染控制和治理的方式有：①加强对工业、生活和农业等各种源头污染的控制。②通过实施流域综合整治，在污染物向海洋输送迁移的过程中加以截留和净化。③加强海洋面源污染的末端治理，加强对近岸海域的生态修复，改善受损的水环境条件，提高海域的环境容量。

针对不同类型的海洋面源污染，需采取不同的治理措施。①沿海城市面源污染治理措施。包括下凹式绿地、透水铺装、缓冲带、生态护岸、路边植被浅沟、植被截污带、雨水沉淀池、氧化塘和人工湿地系统等。②农业面源污染的治理需考虑污染源头控制和污染物迁移途径控制。源头控制包括保护性耕作、等高线耕作、保护性轮作、生态施肥、营养物管理、梯田建设和水渠改道、水土保持等。污染物迁移途径控制措施有泥沙滞留工程、缓冲带、人工湿地和人工水塘等。③海水养殖面源废水的处理一般采用调节海水酸碱度、臭氧杀菌、膜集成技术、泡沫分离技术、海洋生物技术、沙床截留、混养法等方法。通常将两种或两种以上技术方法结合起来，以取得更佳的处理效果。

此外，海洋面源污染治理还需加强环境宣传教育工作，普及环境科学知识，增强公众保护海洋环境的观念和法制意识，形成全社会关心和支持海洋环境保护的强大舆论和自觉行动。

（郎印海）

**海洋民俗**　maritime folklore　居住在沿海地区和海岛的民族或社会群体在长期涉海的生产实践和社会生活中逐渐形成并世代相传、较为稳定的习俗。海洋民俗的产生、传承和变异都与海洋有着密切的关系。可主要概括为3类：海洋物质习俗、海洋制度习俗和海洋精神习俗。

海洋物质习俗　主要指涉海民众集体和社区普遍认同的生产生活资料的获取和运用，也就是人们常说的“衣食住行”。如就其“食”而言，海洋物产是其重要的来源，构成了“海鲜”特色。

海洋制度习俗　即沿海民众以及涉海群体和社区因涉海生活而产生的民俗制度，主要包括其海上作业制度、婚丧嫁娶制度、节日行事制度、行业帮会制度以及更为普遍、广泛的日常生活行事制度等。

以海上作业习俗来说，由于行船捕鱼由多人合作集体完成，因此必须用组织和纪律维系，从而出现了明确而细密的分工。这种分工只有责任明确，各尽其职，实际操作才有条不紊。船长与经验丰富的舵手是核心，其他人要绝对听从船长的指挥，他掌握着渔情鱼汛，决定什么时候、什么地点下网，一天的收获多少就决定在船长的经验和判断上。大副的职责是看稳船，伙夫专门做饭，其他人负责撒网收网等，各司其职。船上还有很多禁忌规定，如船上禁止喝酒；父子不同船出海；船头柱子是船主的象征，任何人不许坐到上面等。

海洋精神习俗　主要包括：①心理信仰。包括海洋神灵信仰和俗信与禁忌。②文艺娱乐。包括广场表演艺术（如酬神赛会）、音乐歌唱艺术（如渔村锣鼓、渔歌、踏潮曲）、手工造型艺术（如面鱼、年华、剪纸艺术）等。③口头语言艺术。包括海洋以及涉海神话传说、海洋以及涉海故事、打油诗、俗语、歇后语等。

（赵成国）

**海洋内波**　marine internal wave　密度稳定层结的海水内部产生的波动。是一种重要的海水运动。内波和表面波不同，最大振幅发生在海面以下，频率局限于惯性频率$f(=2\omega\sin\phi)$（科里奥利参量）与浮力频率$N=|(-\frac{g}{\rho}\frac{d\rho}{dz}-\frac{g^2}{c^2})^{\frac{1}{2}}|$之间。$\omega$为地转角

速率；$\phi$为地理纬度；$g$为重力加速度；$\rho$为局地时间平均密度；$c$为声速；$z$为垂向坐标，向上为正。频率较高的内波，其恢复力主要是重力与浮力之差，频率较低时主要是地转惯性力（或叫科里奥利力）。所以这种内波也是一种重力波或者叫作内惯性重力波。由于实际海水密度的层间变化很小（跃层上下的相对密度差也仅约0.1%），所以只要很小的扰动就会在内部产生轩然大波。这种波动很缓慢，相速仅为相应表面波的几十分之一，即不足1米/秒。由于内波具有很强的随机性，因而其振幅、波长和周期分布在很宽的范围内，一般分别为几米至几十米、近百米至几十千米、几分钟至几十小时。只要海水密度处于稳定层结状态（$N^2$为正值，或通俗地说是上轻下重地分布着），就能观测到脉动现象。虽然它们并非全是内波所致，但频率介于$f$和$N$之间的脉动，可能主要是内波的表现。

内波是一种重要的海水运动，是转移大中尺度运动能量的重要环节，也是引起海水混合、形成细微结构的重要原因。它将海洋上层能量传至深层，也将深处较冷的海水连同其中的营养物质带到较暖的浅层，从而促进生物的生长。内波导致的等密度面的波动，使声速的方向和大小都发生脉动，因而极大地影响着声呐的功能，故有利于潜艇的隐蔽而使监听遇到困难。在海洋开发中发现内波对海上设施也有影响。

研究简史　在1893～1896年北极探险过程中，挪威海洋学家F.W.-J.南森发现船只莫名其妙地减速。经研究得知，船只航行在很浅的密度跃层上方时，其动力造成了跃层处产生内波，船只的动能因此被消耗而显著减速，这种现象称为"死水"。对密度跃层波动的理论研究，可回溯到19世纪。爱尔兰物理学家G.G.斯托克斯在1847年就研究过两层均匀流体界面处的界面波（内波的一种特殊情况），接着J.W.S.瑞利研究了连续层结的情况的界面波。至于实际的内波研究，由于观测困难，在很长时期内很少有进展。自20世纪40年代起，温盐深仪的发明及各种快速密集取样调查仪器与方法的相继出现，对内波的调查迅速开展起来。由于使用了资料的随机处理方法，尤其是谱分析的技术，使内波的研究进入一个新阶段。60年代后期至70年代前期，为大洋内波研究的迅猛发展时期，G.加勒特和美国海洋学家W.H.蒙克提出了大洋内波谱模型（GM模型）。此模型与远离边界、表面和海底，且流速梯度不大的区域的实测资料非常符合。但它只是现象的统计描述，未能揭示出内波的物理机制。尽管如此，它仍是内波资料分析的准绳，也是进一步开展理论研究的出发点，因而被誉为内波研究的里程碑。

现在研究的重点已从情况较简单的大洋主温跃层上下的内波，向情况复杂的上层、底层及大陆坡等处的内波转移，并从单纯对现象的描述，转入从海洋的整体运动过程的角度，来研究内波能量的产生、传递和耗散机制，以及内波与其他海洋运动的相互关系。同时开展与生产和军事紧密相关的应用研究。

非随机特性　内波的频率和波数必须满足一定的关系，即弥散关系。波数为一向量，其方向与相速度一致，量值等于沿此方向$2\pi$间隔内所含的波长的数目。由内波引起的质点运动的水平速度、垂向速度和垂向位移之间，也存在一定的关系。密度的垂向分布对内波的特性有很大的影响。最简单的内波为界面波，它沿界面传播，群速与相速方向一致。最大振幅出现在界面处。在不同深度的内波的振幅，随该处至界面的距离的增大而按指数律减小。界面上质点运动的水平速度和界面下质点运动的水平速度方向相反。在紧贴界面上下的质点，当其处于波峰或波谷时，有最大的水平速度。此处质点的水平速度随深度的变化极快，即存在很强的速度剪切。界面处的质点恰好通过界面平衡位置时，具有最大的垂向速度，峰前向上，峰后向下。这样，在浅跃层处的界面波可能在表面形成相间的辐聚带和辐散带，在海面呈现明暗清晰的条带图案。（王东晓）

**海洋能利用**　marine energy utilization　对于海洋中所蕴含的**潮汐**、波浪等能源加以利用的过程。早期人类对于海洋能的利用，主要是直接利用潮汐和潮流来推磨、行舟。到20世纪70年代，由于受石油危机的刺激和人类逐步开始重视环境污染问题，西方工业国家加强了对海洋能开发利用的研究。中国从80年代之后，开始加强对海洋能利用的研究和工程示范。海洋能利用主要集中在潮汐能发电、潮流能发电、波浪能发电、温差能和盐差能发电等。开发方向通常是将海洋能转换为电能，即海洋发电；也可以转换成其他形式的能量加以利用，如淡化海水、取暖、直接动力驱动等。通过装置或方法，将海洋能转换为电能或其他形式的能量加以利用，如淡化海水、取暖、直接动力驱动等。

研究内容　①资源分布及蕴藏量的勘查、估算和统计。②各种转换机理及转换方法的研究。③能量的传输、利用和储存。④与海洋能转换装置的结构、设置、系留有关的海洋工程技术。⑤对海洋环境影响的研究。⑥开发过程中海洋资源的综合利用。

发展趋势　在有条件的地方建设岸式大型电站，以获得低成本的电力，替代一部分常规能源；与现有海洋工程实施相结合，作为补充能源；着眼于解决岛屿用电和海洋开发的就地用电，以减少电力输送环节。

海上风力发电厂

展望　由于海洋能的集能与转换装置比较庞大，有的海洋能不够稳定，需要一定的调节和蓄能措施，因而开发投资比常规能源高出很多，再加上处于海洋环境，工程技术上难度大，对防腐蚀、防生物附着都有特殊要求，对设备材料的要求也比较高，因而海洋能电站尚不能与常规能源电站相竞争。（史宏达）

**海洋鸟类**　seabirds　脊椎脊索动物门（Chordata）脊椎动物亚门（Vertebrata）鸟纲（Aves）中以海洋为生存环境、以海洋生物为食的鸟类。如**海鸥**、海燕、**信天翁**、军舰鸟、海雀等，均为具有蹼足的游禽。海洋鸟类必须生活在海洋沿岸，或者长年生活在海洋上，只有在筑巢时才返回陆地（主要是岛屿）。人们在研究海洋鸟类时，又细分为两大类：①海岸鸟类。即在内陆取食、休息，也在沿海岸取食的种类，与内地联系密切，属于"半海洋性"海洋鸟类，如各种海鸥、燕鸥等。②大洋性海洋鸟类。除繁殖期外，与内陆完全失去联系，它们大部分时间在海上，在海上取食，是真正的海洋鸟类，如信天翁、鹱、军舰鸟、鲣鸟等。

形态　海洋鸟类是在长期进化过程中适应海洋环境的类群，其形态特点主要表现在具有盐腺可以排出多余盐分、较高的飞翔或潜水力、良好的防水性或保温性等方面。许多海洋鸟类有一种特殊的结构——盐腺，用来排出体内多余的盐分。盐腺位于眼眶上部，通过长管开口于鼻孔附近，海水顺管流到鼻孔外甩掉（图1）。

海洋鸟类具有强大的飞翔能力，肌肉运动扇动翅膀产生能量用以维持持续的飞行活动。海洋鸟类全部食物或主要食物从海里获得，喙的形状也和食物高度适应，同时具有特殊的体温调节和取食方式等。海洋鸟类有较厚的羽毛，尾脂腺能分泌油脂，起到保护和润滑作用。然而**企鹅**是个例外，不能飞翔但善于潜水。

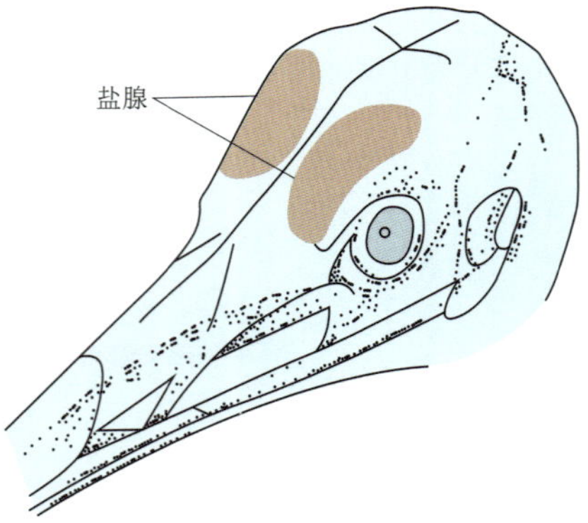


图1 海洋鸟类的盐腺

**种类** 已知典型的海洋鸟类大约295种，约占世界鸟类总数的3%。关于海洋鸟类到底应该包括哪些种类尚无明确的划分。狭义上的海洋鸟类包括企鹅目（Sphenisciformes）的企鹅，鹱形目（Procellariiformes）的鹱、信天翁和海燕，鹈形目（Pelecaniformes）的鹈鹕，鹲形目（Phaethontieiformes）的鹲，鲣鸟目（Suliformes）的鲣鸟、鸬鹚和军舰鸟，以及鸻形目（Charadriiformes）中的贼鸥、海鸥、燕鸥、剪嘴鸥和海雀等。除此之外，鸻形目的瓣蹼鹬、䴙䴘目（Podicipediformes）的一些䴙䴘、潜鸟目（Gaviiformes）的潜鸟以及雁形目（Anseriformes）的一些鸭类也因部分时间在海岸栖息，也常被包括在海洋鸟类之中。

**分布范围** 海洋鸟类广泛分布于世界各大洋。

**生物学特性** 对天气的适应性 海洋鸟类具有强大的飞翔能力。**信天翁**长有长而窄的翅膀，可以借助上升气流进行滑翔；海燕的翅膀尖而窄，适合快速飞行，甚至可以在暴风雨中顶风前进。由于海洋鸟类绝大多数时间在海上飞行，热量散失较快，大多数海洋鸟类体羽很厚，防水性强；在特别冷的条件下，鸟类可以抖动羽毛以增加厚度。在行为上，冬季的海洋鸟类一般会迎风站立，以防羽毛被吹散。冬季集群也是一种保温的好办法。除此之外，刚出生的雏鸟常常藏在亲鸟体羽下。巢位选择也与温度调节有关，海洋鸟类经常挖洞做巢，就是用以抵抗天气和敌害的一种保护措施。

取食方式多样性 不同大小、体型的海洋鸟类有不同的获得食物的方式。有的在飞行过程中在海面寻找食物，有的在游泳时寻找水表面食物，有的追逐食物潜水，有的俯冲到很深的水中觅食，有的在空中追逐。特别善于潜水的海洋鸟类，腿经常位于体后，羽毛的防水性能特别强，蹼也很发达，该类鸟不善于陆地行走。有时企鹅会用肚皮贴着冰面滑行。企鹅、鸬鹚、海雀等潜水深度可达10～15米，帝企鹅甚至可潜入265米深处，但其他鸟类的潜水深度不超过10～15米。特别善于飞行的海洋鸟类，它们不善于潜水或完全不潜水，但因善飞而能在较大范围内寻找食物。大部分信天翁、鹱、海燕、海鸥、剪嘴鸥喜欢在飞行中抓捕食物或从海面啄取食物（图2），它们从水中捕捉活鱼和猎获浮游无脊椎动物，同时还吃渔业废弃物，有的也会在潮间带寻找食物。另一些鸟类，如鲣鸟、燕鸥等喜欢利用收拢双翼下落时的惯性，从空中垂直潜入水中，但深度一般不超过1米。还有一类和小偷一样，偷吃其他鸟类的卵或者直接在空中“打劫”，如贼鸥、军舰鸟。

图2 海鸥在捕食

繁殖习性 与陆地鸟类相比，一般来说，海鸟的寿命较长，性成熟到达繁殖的年龄较晚，每窝所产的卵数量较少。绝大多数海洋鸟类在远离大陆的无人岛屿上繁殖，多数种类集群营巢，集群数目少则10多只，多的达数百万只。它们的巢多很简陋，大多直接把蛋下在岛屿的地面上或者草丛之中。许多种类具有长途迁徙的习性。部分远洋种类，如信天翁、军舰鸟等，全年大部分时间都在外海活动，只有在繁殖季节才在繁殖岛屿上停栖下来。绝大多数海洋鸟类繁殖时具有占区或领域行为，一般由雄鸟负责，在领域内鸟类会积极防御。由于海洋鸟类常会集群繁殖，只有那些在竞争中年龄较大，经验丰富的鸟类才会占有最佳的位置。当雄鸟占区之后，通过求偶炫耀来吸引雌性注意且前来交配，鹱等绝大多数都是这样，但成熟的军舰鸟是先求偶后寻找巢位。鸟类求偶炫耀过程丰富多彩，鲣鸟会进行飞行“表演”；燕鸥会带些见面礼——小鱼，送给雌鸟。许多鹱求偶行为相对安静些；鹲主要利用视觉；褐鹈鹕（*Pelecanus occidentalis*）在吸引雌性时，行为比较复杂，如鞠躬、转头等；雄性军舰鸟，站在潜在巢位上抖动翅膀，显示其膨胀的红色喉囊，当雌鸟接受了，它们之间会摆头并缠绕颈部。接下来就是筑巢。巢位选择很关键，必须保证有较好的小气候条件且能够防御敌害。有的在悬崖上，一些海雀直接将卵产在岩石的突出部，比较简陋；有的鲣鸟会筑巢；一些鹱、鹲繁殖于岩隙或自然洞；还有一些海洋鸟类在树上筑巢，如鲣鸟、贼鸥、鸬鹚等。

绝大多数海洋鸟类产卵数极少，一般为1～3枚，这与其远距离取食消耗能量较多有关。卵一般为椭圆形，白色或带有斑纹，营洞巢的海洋鸟类卵通常白色，在开阔地筑巢的海洋鸟类产带颜色的卵。除了帝企鹅（*Aptenodytes forsteri*）之外，几乎所有的海洋鸟类都是由双亲共同孵卵。沿岸海洋鸟类孵卵期较短，真正的海洋鸟类孵卵期很长，鹱平均40～60天，信天翁平均79天，雄性帝企鹅大约64天，小型企鹅只需33～40天。

海洋鸟类的雏鸟多为晚成雏。亲鸟需要不断取食喂养直至其长大。当海洋鸟类雏鸟出壳后，许多成年海鸥和燕鸥便将壳移走。育雏期间，取食活动频繁，每天亲鸟都要饲喂雏鸟。燕鸥用喙叼啄食物，鹈鹕雏鸟将喙伸入亲鸟喉囊，吸食亲鸟的半消化食物。这个时期长短不同，王企鹅（*Aptenodytes patagonicus*）和大型鹱育雏期最长，接近1年；漂泊信天翁（*Diomedea exulans*）雏鸟需要38～43天才能飞行，因其取食距离远，条件不好时还必须忍受较长时间的饥饿。军舰鸟的育雏期大约6个月，沿岸海洋鸟类需时少些，燕鸥通常23～28天，绝大多数鸥类为35～45天。

海洋鸟类成熟期长于陆地鸟类，成熟期长短与食物供应、取食技巧等有关。刚成熟的鸟类育雏力较弱，雏鸟经常死亡。首次繁殖年龄，鹱为10年以上，鹲5～8年，企鹅、军舰鸟也需5～10年，其他一些海洋鸟类需要3～6年。在年份差时，海洋鸟类也会选择不繁殖。由于海洋鸟类繁殖力较低，作为补偿，一般海洋鸟类的寿命都较长，每年调查的种中只有10%～15%的死亡率，鹱死亡率更低，只有3%～

5%，它们寿命可达20～30年，甚至40～50年。

迁徙　在海洋鸟类中，留鸟不超过5%且都为海岛种类，如加拉帕戈斯企鹅。绝大多数海洋鸟类是属于留鸟当中的游荡鸟，占整个区系的85%。它们游荡范围可达数千海里，远远超过其繁殖分布区，是以获得充分的食物为目的，游荡没有方向性。能进行迁徙的鸟类为候鸟，但真正的迁徙种类并不多，大约占10%。迁徙时间因种而不同，在北温带，海洋鸟类迁徙时间，春季在4月末至6月初，秋季在9月至11月。

关于鸟类迁徙的原因，众说纷纭。对于海洋鸟类来说，觅食条件的恶化、浮游生物的减少及鱼类迁往深水层等因素，首先会促使在海洋表层取食的鸟类的迁徙。鸌、燕鸥、三趾鸥等迁徙的距离最远，而潜水种鸬鹚和大型海雀迁徙范围较小。

**生态地位与作用**　海洋鸟类是海洋的一个重要组成部分，它们分布于各大海洋，虽然种类不多但数量庞大，它们在海洋动物生态系统中占据重要的生态位，是鱼类、鱿鱼和海洋无脊椎动物的捕食者。它们胃口惊人，饵料丰富的地区往往集聚大量的海洋鸟类。当然，它们也是其他大型海洋哺乳动物的食物。海洋鸟类的粪便作为可消化的有机质参与到生物物质循环，是海洋生态系统中不可或缺的组成部分。由于海鸟多以鱼类为食物，与海洋渔业、鱼类养殖等关系密切，面临栖息地丧失、渔业资源减少、海洋污染以及猎杀、捡卵等威胁。　（刘　云）

**海洋农药污染**　marine pesticide pollution　农药及其降解产物在海洋环境中造成的污染。农作物在生长过程中需要施用农药，而这些农药往往会通过雨水或水体渗透进入水源，最终流入海洋。海洋农药污染的危害程度因数量、毒性及化学稳定性不同而有较大的差异。

产生原因　陆地上农业、工业废水中残留的农药，包括无机汞、无机砷、无机铅等重金属农药，以及有机氯、有机氮、有机磷、拟除虫菊酯类等有机农药，通过江河径流、大气沉降等途径进入海洋环境，构成了海洋农药污染的主要部分。通过河流等途径进入海洋的农药，是海洋中农药的主要来源，故海洋环境中的农药污染一般呈现出近岸水体高于远岸水体的态势。从20世纪40年代开始使用的有机氯农药（主要是滴滴涕和六六六）是污染海洋的主要农药。有机氯农药进入海洋环境后残留期长、不易降解，易聚积在海洋表面的微表层内，而沉降到沉积物中的农药又会缓慢地释放入水体从而造成水体的持续污染。从70年代起，西方国家陆续开始禁止使用有机氯农药，中国则于1983年起停止有机氯农药的生产，开始使用有机磷和拟除虫菊酯类农药作为有机氯农药的替代品。有机磷农药虽对生物毒性较大，但因其化学性质较不稳定，易在环境中分解，主要对河口等近岸水域造成污染。

此外，随着近海养殖业的不断发展，在海水养殖过程中所使用的渔药，如三氯异氰尿酸、氯氰菊酯和苯扎溴铵等，也成为海洋农药污染的组成部分。海洋船舶运输泄漏等也会造成一定程度的海洋农药污染。

主要危害　农药进入海洋生物体内主要是通过生物的吸附和吸收，以及摄食含有农药的饵料生物和碎屑物质。有些农药在海洋环境中会沿食物链传递，尤其会富集于鱼类和贝类的脂肪组织中，最终被人类食用，对人体造成危害。

进入生物体内的农药所造成的危害是多方面的，包括影响其生长发育、造成代谢紊乱、影响生殖和摄食行为、扰乱神经系统等。例如，有机磷农药对鱼虾类等海洋动物的危害主要是对其神经系统，尤其是对乙酰胆碱酯酶活性的抑制作用，从而导致神经传导的阻断，引起机体的损伤和死亡。有机氯农药对生物的影响包括：能够干扰海鸟的钙代谢，使蛋壳变薄，降低孵化率；能够抑制某些海洋单细胞藻类的光合作用；能够直接杀死某些种类的浮游动物或幼鱼。20世纪60年代，日本长崎、福冈、佐贺和熊本四县沿岸海域曾发生因陆源有机氯农药大量进入海洋而导致贝类全部死亡的灾害。

防治措施　研制高效、低毒、易在环境中分解的生物性农药（如外激素性农药），科学施用农药，以及采取生物防治等综合性防治病虫害措施，是减少海洋农药污染的有效方法；建立健全海域监测体系，也是防治海洋农药污染的重要举措。　（田　华）

**海洋暖水种生物**　marine warm water species　生长生殖适温范围为20～25℃、其自然分布区月平均水温高于15℃的海洋生物。包括亚热带种（subtropical species，生长生殖适温范围高于20℃）和热带种（tropical species，生长生殖适温范围高于25℃）。中国东海西部海域、东北部海域和南海北部海域的近岸水域都是亚热带海区；南海南部、东海东部和台湾地区东岸水域都是热带海区，暖水种占主导，如宝贝、鹦鹉螺、珊瑚等，属于印度太平洋区的印尼—马来亚区。由于*黑潮*及其分支的影响，东海远岸部分冬季水温较高，热带和亚热带的动、植物区系占了主导地位，同低纬度的南海北部基本相同。海南岛以南水域，暖水种占主导地位。暖水种发源于赤道上下的热带海区，主要依靠暖流分布到中纬度地区。中国海洋生物种类以暖水种为主，广布种和暖温种其次，冷水种较少。在全球气候变化的影响下，中国海区浮游生物暖水种分布范围扩大；一些主要分布在南海海域的鱼类暖水种分布区扩大，在台湾海峡也能发现。同样，全球鱼类的分布也将发生大规模的变化，海洋鱼类每10年会偏离它们的传统栖息地40千米以上，如一些主要分布在南海海域的暖水种在台湾海峡也能监测到。暖水种北移现象在很多类群的生物上都有体现。除海洋动物外，海藻藻类也存在很多暖水种，主要分布在南海海域，如蕨藻属、皮壳藻属、乳节藻属和江蓠属的一些种类。在分布上，热带和亚热带性藻类有自南向北逐渐减少的趋势。

（李新正　马　林）

**海洋爬行动物**　marine reptiles　返回海洋的爬行动物。见*海洋脊椎动物*。

**海洋气候地层学**　marine climatostratigraphy　运用气候变化的记录划分和对比地层的学科。大洋沉积的相对连续性及所含化石良好的保存条件，使之成为研究古气候的最佳史料之一。利用古生物和稳定同位素等方法重建过去大洋气候，从而确定地层层序及其相互间时间关系。

古生物法　运用微体化石反映大洋古气候旋回的方法很多，简单的如用敏纳圆辐虫在浮游有孔虫化石群中的百分含量来标志加勒比等海区第四纪的古温度旋回，用达氏带环虫在放射虫化石群中的百分含量来标志南大洋的古温度旋回等。而比较复杂精确的是用转换函数法，从全化石群的属种定量数据求取古温度。此外，也可以用厚壁新方球虫等浮游有孔虫的左旋壳与右旋壳比例等形态特征求古气候旋回。

氧同位素法　大洋地层中的古气候记录以稳定同位素分析最为精确。地层剖面中有孔虫壳体氧同位素$\delta^{18}O$值的记录反映了海水中氧同位素成分的变化，而后者又主要受全球冰盖大小等古气候因素控制，因此有孔虫氧同位素曲线在各大洋均可对比，成为第四纪大洋地层对比最有用的手段之一。20世纪50年代，C.埃米利亚尼对加勒比海第四纪地层进行氧同位素古温度测定时，采用了自新而老用数码分期的办法：氧同位素奇数期表示暖期，偶数期表示冷期。20世纪60年代末，N.J.沙克尔顿建立了微量氧同位素分析方法，分期更加精确，如氧同位素第5期以内又自上而下分为5a～5e等五个亚期。氧同位素曲线揭示的气候周期性，正符合塞尔维亚地球物理学家M.米兰科维奇用天文因素解释地表温度变化的理论，证明古气候旋回主要受天文周期控制，因而具有严格的规律性和高度的时间分辨率。氧同位素古气候分期有可靠根据的至少有90万年以来的23期，以后有望推溯到整个新生代以致白垩纪，成为测定地质时期里时间间距的“音叉”。

碳酸盐含量分析　由于洋底碳酸盐补偿深度受古气候旋回影响，深海地层中的碳酸盐含量也呈现出和古气候相应的周期性变化。在大西洋海区，碳酸盐含量曲线和氧同位素古温度曲线十分一致，同样是地层对比的可靠根据。随着碳酸盐溶解作用的加强，深海沉积物中有孔虫壳体破碎而使沉积物中“粗粒物”（主要为浮游有孔虫壳）减少，因此深海沉积物中“粗粒物”的百分含量曲线和碳酸盐含量曲线一样可用于气候地层的研究。　（王琳淼）

**海洋气候学**　marine climatology　主要研究海洋上大气的长期平均状态及其时空变化特征，包括海洋气候要素的气候平均态、变率、极端事件发生频率等的学科。海洋气候学既是海洋科学的一个分支也是气候学的分支，是**海洋气象学**的重要组成部分。海洋气候学与海洋动力学、海－气相互作用、气候变化等大气科学、海洋科学的分支联系紧密，随着人们对地球气候系统理解的深入，海洋气候学在气候学研究中的位置越来越重要。

研究内容　作为研究海洋上气候特征及变化规律的气候学分支学科，海洋气候学研究内容涉及的范围很广。研究空间范围覆盖全球海洋，研究时间尺度涵盖气候态特征、季节内振荡、季节变化、年际变化、年代际及更长尺度的长期变化信号等。通过对包括海温、降水、湿度、气压、风场、盐度、海洋流速、海面高度、热通量等海洋大气场的各种基本变量要素的分析，研究上层海洋和海洋上大气运动以及二者之间相互作用的动力学特征和机理。除了与动力气象学、大气物理学、天气学等气象学分支有紧密联系外，海洋气候学还与海洋学、地理学、地质学、植物学、动物学等也有密切联系，同时涉及生态学和社会科学等多学科。通过对相关内容的研究，可以对全球气候进行准确预测，理解气候变化的规律，为人类充分利用气候资源，改善气候环境提供重要的理论指导。

研究意义　海洋占据全球表面积的70%以上，是气候系统的一个重要组成部分。由于海洋有较大的热容量，其调整过程相对缓慢，它在很大程度上决定着地球对太阳辐射的吸收以及与大气之间的热量交换，具有较长的“记忆”功能。因此，海洋气候学的研究不仅对海洋动力、环境和资源的认识有重要意义，还对全球气候的分布、变化及其可预测性有重要的指导意义。随着人们对其认识的不断加深，海洋气候学作为气候学的一个分支在气候动力学，特别是气候预测及长期预估中发挥着越来越重要的作用。例如，**厄尔尼诺－南方涛动**（ENSO）作为海洋气候学中重要的现象和研究对象，对全球气候有重要影响，同时也是气候预测的重要影响因子。

研究历史　海洋气候学早期的发展源于航海事业，早在公元前5～前4世纪，人们即开始利用季风、信风等来服务于航海。随着15～16世纪航海时代的来临，航海记录逐渐丰富，人们根据航海日志开始绘制海面风场和海流分布图，讨论海洋气象和气候问题，成为海洋气候学科发展的基础。

进入20世纪，气象和海洋观测手段的不断进步，特别是70年代后卫星遥感技术的广泛应用，让海洋气候学的研究进入全球化的时代。伴随着观测的增多，人们对海洋在气候学研究中作用的认识也不断地加强，海洋及其气候特征逐渐成为气候学研究的重点。随着20世纪60～80年代海－气耦合动力学的突破（如ENSO的动力学解释和成功预报），海洋气候学的研究从局地逐渐扩展到海盆尺度及其对全球气候的影响。伴随着大气、海洋和海－气耦合数值模式的研发，海洋气候学研究从定性的描述性研究逐步向定量的试验和预测性研究阶段发展。国际上发起的世界气候研究计划（WCRP）以及下属的气候变率及可预测性计划（CLIVAR）和政府间气候变化专门委员会（IPCC），让这门学科成为短期气候预测和长期气候预报的重要组成部分。

研究方法　在一般气候学研究观测、理论和模拟研究的基础上，海洋气候学拥有自己独特的研究方法，例如，大规模海上观测、海－气耦合模式模拟研究等手段。在观测方面，早期研究受到技术水平的限制主要依赖于船舶观测，观测的时空分辨率较低，误差较大。随着观测技术的提升，特别是卫星遥感技术的广泛应用，以及浮标观测阵列的大量布防，使得海洋观测的覆盖全球化。这极大提高了气候研究的观测水平和范围。

在气候模式模拟研究方面，随着高速计算机的广泛应用，利用大型计算设备进行海－气耦合数值试验模拟的研究方法成为海洋气候学研究的另一主要手段。使这一学科的研究从描述性的定性研究过渡到定量化的试验研究阶段，成为气候短期预测和长期预估的重要理论工具。

观测和模式研究不是独立而是相辅相成的。海洋观测水平的提高有助于模式的改进，反之，模式的准确模拟有利于对观测订正和指导。结合观测数据和数值模式的数据同化方法，是数据产品格式化、产品化的主要途径。

发展方向　气候是影响人类社会的重要自然因素，气候系统的变化造成的温度改变、雨带迁移和极端事件的发生是人类社会需要应对的重大问题。如何正确理解气候系统的物理机制，准确预测气候的变化成为气候学研究的重点和难点，这其中，海洋气候学的研究至关重要。随着研究的深入，海洋气候学的内涵和外延不断地发展。空间上，从之前的简单局地的描述性研究，海盆尺度的动力学研究发展到各海盆之间、热带和热带外的相互作用的全球尺度研究；时间上，从短期的季节预报，年际预测逐渐向更长期的年代际预测和长期气候预估延伸；方法上，从低分辨率的海－气耦合模式向更高分辨率的考虑更多动力学过程的气候系统模式发展。除了大气和海洋科学外，海洋气候学在未来将与地球科学的其他组成部分如地球生物化学、地质学、地理学、水文学等进行融合，同时也将与动植物学、农学、环境科学等自然科学以及社会科学等进行交叉，其研究将更好地服务于人类社会。

**扩展阅读**

PHILANDER S G. El Niño, La Niña and the Southern Oscillation. Cambridge: Academic Press, 1990.

（郑小童）

**海洋气象学**　marine meteorology　研究海上大气的物理信息（尤其是天气、气候现象）和海洋与大气相互作用的学科。主要研究海洋上各种尺度的大气现象的成因、变化规律和机制，以及大气现象与海洋的相互作用及其对海洋的影响，从而不断提高预报海洋天气和预测海洋气候的能力，是海洋科学与大气科学相交叉的分支学科。它既涉及大气又涉及海洋，是大气科学和海洋科学共同研究的领域。研究范围包括海洋上的天气现象和天气系统、海－气相互作用、大洋气象波浪、冰山漂浮，以及为海洋事业提供的气象服务。其中，海洋与大气间主要的相互作用是热量、水汽、动量通量的交换和传输。能量最后可传到海洋最深处及大气最外边缘处去。大洋波浪、海冰、海雾、海上风暴与商船运输、海军操练、石油勘探、海上加油等作业密切相关，因而要研究风浪、长浪、激浪、海雾、海上风暴等项预报技术以便提供服务。海洋气象学的研究与海洋开发、海上工程、渔业、海上运输、海洋污染、盐业、国防建设等有密切的关系，而研究领域既包括一定高度的大气层，也包括一定深度的海域，所以它不仅是气象学的一个分支，同时也是海洋学的一个分支。

海洋气象学不仅有助于大气科学工作者深刻理解海洋上的天气系统的生消及演变的动力学和热力学机制，了解海洋气象灾害过程和海洋在全球天气和气候变化中的作用，同时也有助于海洋科学工作者了解海洋内部对海上天气现象和气候变化的响应特征，以提高日益增多的海上航运和海上作业的安全保障能力。

*研究内容* 海洋气象学包括**海洋天气学**、**海洋大气物理学**和**海洋气候学**等分支学科的研究内容。由于海水又具有和陆地迥然不同的物理、化学性质，海上发生的各种尺度大气运动及其对能量的传输又成为驱动海洋运动的主要能源，这就决定了海洋气象学的研究内容必定与物理海洋学的研究内容有关，也决定了海洋气象学在海洋科学和地球科学研究中的重要地位。

*发展历史* 海洋气象学与海洋资源的开发和利用、船舶航行与运输，以及沿海人们的生活和生产息息相关。海洋气象学早期发展渊源于航海事业的需要。航海首先要考虑的问题是海上航行安全，这与海上的诸多气象要素，如海上的天气状况、风向和风速、大气能见度、气温、大气湿度、气压、降水量、云状和云高、大气对流活动等密切相关；其次考虑如何迅速抵达目的港，以提高海运经济效益。对于海洋航线上的风向和风速、海水流向和流速以及海上大气能见度等的掌握至关重要，其他如海洋生物的繁衍和演化等也与海洋气象环境条件密切相关，因此，海洋相关业者对于海洋气象学都十分重视。

海洋气象学被正式作为一门分支学科始于20世纪50年代。1959年，世界气象组织（WMO）对海洋气象学的定义如下：它是气象学的一个分支，主要研究海洋上的各种大气现象，这些大气现象对海洋深处和浅处的影响，以及海洋表面对大气现象的影响。

早在公元前5～前4世纪，希腊人就已利用地中海特有的季风，往返于爱琴海和埃及之间。后来不仅利用季风张帆航海，而且把季风和陆上的天气变化联系起来。15世纪末，C.哥伦布几次横渡大西洋时注意到大西洋上信风和海流的存在。17世纪中叶，德国传教士A.基歇尔绘制了全球海流图，指出了大洋环流和信风的关系。英国W.丹皮尔观察太平洋台风，提出了台风是有静稳中心的旋转性风暴等见解。此后他们整理了全球航海记录，编写出了有关海洋气象的专著。18世纪，英国G.哈得来提出南北两半球的信风理论。19世纪初，英国海军中将F.蒲福根据其长期航海的经验，总结出蒲氏风级表（Beaufort Wind Force Scale）。1847年，美国海洋学家M.F.莫里根据航海日志编制了风和海流图，1855年写出《海洋自然地理学》（*The Physical Geography of the Sea*）一书，专论海洋气象问题，为海洋气象学勾画了初步轮廓。

前人从19世纪中叶至20世纪中叶约100年的工作积累为海洋气象学的发展奠定了基础。1853年，在比利时布鲁塞尔召开的国际气象会议决定，航行于海上的船只必须定时进行气象观测并做出气象观测报告。从此，海洋气象资料有了一定的制度保障。1872年12月7日至1876年5月26日，英国“挑战者”号考察船进行环球海洋考察，这是世界上首次环球海洋考察，也是近代海洋科学的开端。德国汉堡的海洋气象台建立并发布了北海沿岸的风暴警报。20世纪初，挪威气象学家V.皮耶克尼斯及其合作者提出气旋生成的极锋学说，形成独树一帜的挪威学派。20世纪50年代，美国海军编印的《全球海洋气候图集》（*U.S.Navy Marine Climatic Atlas of the World*），为研究海洋气候提供了依据。

第二次世界大战以后，海洋气象观测技术和手段不断进步，联合国还专为海洋气象设立了政府间的协商机构和国际气象中心，世界气象组织也设立了海洋气象委员会。这些组织措施有效地保证了国际间的大力协作，促使海洋气象学得到迅速发展。海洋气象的观测和实验包括海洋气象观测方法的研究、海洋气象观测仪器和装置的研制、局部或大范围海域海洋气象的调查研究。海洋观测分常规观测和非常规观测两种。前者按国际统一规定的时间和内容进行观测并发布天气报告，后者包括海洋调查、海上观测实验和其他非特约船只的观测。常规观测中以商船气象观测数量最多，已积累了近百年的记录，但这种观测在时间上不连续，在空间上分布不均匀。第二次世界大战以后，在北大西洋和北太平洋先后设立了十多个定点天气船，加上日益增多的自动浮标气象站，可以获得较高质量的连续观测资料，但还不能满足海上天气分析和预报的需要。

20世纪60年代以来，海洋气象探测技术有了很大进步，进行了海上定点和非定点观测，开展了大规模的海洋气象现场实验，虽然如此仍不能满足需要。如对大尺度海－气相互作用的研究多半停留在揭露基本现象的阶段，缺乏完善的理论分析。随着气象和海洋卫星的发射并投入业务使用，人们可以在外层空间的不同高度上对大气和海洋进行大范围的、均匀的实时观测，直接或间接地获得海洋上空各层上的大气温度、湿度、风速、风向、云雾、降水、海面温度、海面风速、海浪、海流、水位和海冰等各种要素的观测值，能够对海上龙卷、热带风暴、温带气旋等灾害性天气系统进行严密的监测，为海洋气象的研究和业务工作提供了良好的条件。与此同时，相继由一国和多国联合组织了多次大规模的海上立体观测实验，包括巴巴多斯海洋学和气象学实验（BOMEX）、全球大气研究计划（GARP）、气团变性实验（AMTEX）、世界气候研究计划（WCRP）等，并开展了海洋环流、大气环流和海洋与大气的相互作用的数值试验研究，使海洋气象学从以描述为主的定性阶段过渡到定量的试验研究阶段。特别是在20世纪80年代，卫星遥感技术和大型电子计算机问世并广为应用，开创了海洋气象学发展的新纪元。人们认识到，热带海洋大气相互作用导致的一些海－气耦合模态（如热带太平洋的**厄尔尼诺－南方涛动**）可以影响全球气候的年际和年代际变化，从而极大地提高了全球气候季节预测的水平，引起了气候学家和物理海洋学家对海洋气候的共同关注。海－气相互作用以及海洋动力学在气候变化中的作用已经成为最热门和最具活力的研究领域。

*发展前景* 在海洋气象业务领域方面，观测系统实现遥感、遥测、连续、自动化，信息处理系统实现综合、宽带、高速、数字化，预报系统实现定时、定点、定量、可视化，以及长、中、短、临无缝隙预报，服务系统实现全程、滚动、个性、多媒体化，是未来的发展方向。

海洋气象学的未来发展方向，一方面要继续改进和完善观测系统，特别是卫星观测系统，通过进一步加强现场调查和实验，不断地提高观测的精度，根据获得的信息资料，继续研究探索海洋与大气间尚没有被发现的一些现象，进而从理论上阐明其内在本质，将结果应用到实际的海上天气现象和海况的分析及其预报；另一方面要在观测资料的基础上，不断改进和完善海－气耦合的地球系统模式，从理论上揭示海洋和大气相互作用的物理过程，阐明海洋在大气环流的形成、演变和气候变迁过程中所起的重要作用。

中国是海陆兼备的国家，海洋是中国国土空间的重要组成部分，是经济社会可持续发展的重要战略空间。中国地处典型季风气候区，海洋的能量、水分循环等在很大程度上决定了中国的气候和环境变化。2016年1月，国家发展改革委会同中国气象局、国家海洋局（今自然资源部）完成了《海洋气象发展规划（2016～2025年）》的编写工作。该《规划》在分析海洋气象发展现状、面临形势、存在问题的基础上，明确了海洋气象发展的指导思想、目标、总体布局和主要任务，对海洋气象统筹布局、共建共享做了安排，是中国海洋气象发展的基本依据。

（傅　刚）

**海洋倾废的环境影响**　environmental impact of ocean dumping　人类以各种方式、途径有意识地向海洋处置、弃置废弃物和其他物质对海洋环境的作用及导致的环境变化。人类向海洋倾废已有上百年历史。早期的海洋倾废活动始于欧洲工业革命之后，欧美国家向海洋倾倒城市垃圾和港口疏浚物质。第二次世界大战以后，随着全球工业化进程的推进，海洋倾废的数量和种类也不断增多。在中国，随着海洋开发力度的加大，沿岸工程建设及航道建设的增多，海洋倾废规模逐步扩大，倾倒频率及数量也随之升高。《2018年中国海洋生态环境状况公报》显示，2017年中国海洋倾废总量达到15 771万立方米，2018年总量约20 067万立方米。其中疏浚物是主要的废弃物，占每年海洋倾废总量的80%～90%。

疏浚物是海洋倾废的重点，疏浚物大部分是天然沉积物，约10%受到人类活动污染，污染程度的不同造成疏浚物倾倒入海对环境的影响不同。其环境影响包括暂时性影响和长期性影响两个方面。暂时性影响包括海水悬浮物、浑浊度的增加，海水质量的下降及污染物的迁移、扩散，甚至危害某些经济鱼类，造成短期内的重大经济损失。长期性影响则包括海底地形的变化、底部沉积物特性局部改变、邻近地区沉积速率增加，以及对生物的影响。长期性影响一般要在几年甚至十几年后才能观察到。

据研究，疏浚物倾倒短期内会对倾倒区的底栖生物、浮游生物等的数量和种类多样性造成影响，但经过一段较长时间，常常能恢复到与周围海域相当的水平。

长期监测数据表明，青岛胶州湾外三类疏浚物海洋倾倒区附近无机氮、磷酸盐及重金属（如铜、镉、汞）含量的持续增长，沉积物中的有机碳、油类及硫化物等污染物也呈现缓慢累积的趋势。此外，该区域的生物多样性及生态结构也发生了明显变化，浮游动物群落经历了种类组成与生物量的显著波动，底栖生物种类与数量持续增多。更令人瞩目的是倾倒物的堆积作用直接改变了倾倒区附近的海底地形地貌，大、小桥岛之间形成了明显的坡度陡峭的凸起地形，与基线数据相比，海域平均水深减少了约6.7米，最大减少幅度达到了14.5米。

对于海洋倾废环境影响的防治措施如下：①合理安排倾倒季节与频率。由于夏季水质较差，因此要减少夏季的倾倒量；同时，避免鱼虾繁殖期进行倾倒。②改进倾倒作业方式。为了降低泥团在水中的扩散和停留时间，减轻对倾倒区及邻近周边水体的影响，建议采用开舱式船舶作业，泥浆水溢流口设置成从船底溢出。③加强对倾倒区的跟踪监测。应建立全面的海洋环境监测网络，对倾倒物扩散范围、浓度变化以及生态系统响应等关键指标进行重点定期监测。④加强对倾倒活动监督管理。建立健全倾倒活动审批制度，严格把关倾倒物的种类、数量、倾倒位置及方式等关键要素，并加大对倾倒活动的现场监督力度以及倾倒活动的后续监管和评估工作。

（汝少国）

**海洋趋磁细菌**　marine magnetotactic bacteria; MMTB　一类海洋中能够沿着地球磁力线做定向运动的特殊细菌的统称。

研究简史　1963年，意大利学者贝利尼首次在淡水中发现了磁敏感细菌，将研究结果以意大利文发表在其所在单位的内部刊物上，未引起大家的关注。1975年，美国生物学家布莱克默在《科学》(*Science*)杂志上报道海泥中发现趋磁细菌后，才引起不同领域科学家的广泛关注。1988年，第一株海洋趋磁弧菌Magnetovibrio blakemorei MV-1被成功分离。由于其生存条件很难模拟，有8株海洋趋磁细菌被分离纯化出来，另外还有5株分离自咸水区域。多数研究侧重于磁小体合成的机制以及趋磁细菌的生态学方面。

形态　本身无分类学意义，其共同的特征为：革兰氏染色阴性（G－）；有端生或丛生鞭毛；细胞内含有膜包裹的单磁畴纳米颗粒——磁小体（magnetosomes），成分是四氧化三铁（$Fe_3O_4$）或者/和四硫化三铁（$Fe_3S_4$）；具趋磁趋氧性等。

趋磁细菌形态多样（图1），可分为单细胞（unicellular）和多细胞聚集体（multicellular）两种形式。其中单细胞MTB中常见的形态为球形、螺形、杆形、弧形；而多细胞聚集体一般是由10～100个不等的革兰氏染色阴性细胞经不同的排列方式聚集而成的球体，称为多细胞趋磁原核生物（multicellular magnetotactic prokaryotes; MMPs）或趋磁球体（magnetoglobules）。磁小体的大小、形态和排列方式也多种多样。大小在10～200纳米不等；形态有棱柱状、立方八面体、子弹头状、齿状等；多数以单链、双链、多链的方式排列，也有无序的。趋磁细菌多为微好氧生物，其在胞内磁小体的导向下，借助自身鞭毛的推动，进行趋磁-趋氧运动，到达适宜的生境。

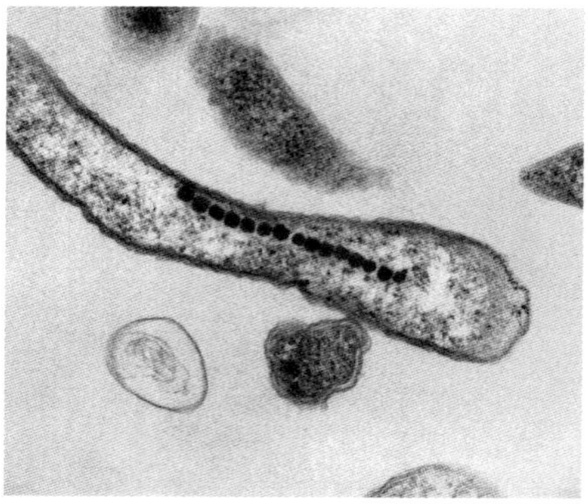

图1　电子显微镜下的海洋趋磁细菌

种类　海洋趋磁细菌多数为化能自养或异养型，微好氧或者厌氧呼吸。已知的海洋趋磁细菌分属α-变形菌纲（Alphaproteobacteria）、γ-变形菌纲（Gammaproteobacteria）、δ-变形菌纲（Deltaproteobacteria）和η-变形菌纲（Etaproteobacteria）。最常见的有：趋磁球菌属（Magnetococcus）、趋磁螺旋菌属（Magnetospira）和趋磁弧菌属（Magnetovibrio）。多数趋磁细菌属于不可培养的未鉴定的新属。在海洋潮间带区域，趋磁球菌属占多数；深海远洋沉积物中，趋磁螺旋菌属的分布似乎较广。而在大陆架区域，也观察到趋磁细菌存在。

分布范围　海洋趋磁细菌广泛分布于沉积物的有氧－无氧过渡区。一般位于表层沉积物0～10厘米，沙土底质中的趋磁细菌密度一般高于泥土底质，潮间带丰度高于深海远洋，丰度最高可占细菌总量的10%以上。其分布地理格局受环境因子影响，如温度、盐度等。

特性　海洋趋磁细菌由于体内包含磁性纳米颗粒物质，又位于有氧无氧过渡区，因此在生理、生态特性方面与其他细菌有所不同。多细胞趋磁原核生物仅在海洋环境中发现，可能是海洋趋磁细菌的特殊种类。

趋磁性　海洋趋磁细菌最普遍的特性。一般来说，趋磁细菌的趋磁性可分为极向趋磁（polar magnetotaxis）和轴向趋磁（axial magnetotaxis）。极向趋磁行为适用于非对称生鞭毛的趋磁细菌，如趋磁球菌（magnetococci），只能沿着磁力线方向朝一个方向运动。在北半球分离到的趋磁细菌能够顺着地球磁力线的方向朝着地理的北极（地磁的S极）运动，称之为趋北型（North-seeking; NS）；在南半球发现的趋磁细菌多数逆着地球磁力线的方向朝向地理的南极（地磁的N极）运动，称之为趋南型（South-seeking; SS）；在赤道附件NS和SS两种都存在。而具轴向趋磁的趋磁细菌能沿着磁力线方向前后泳动，并无NS和SS之分。

趋磁－趋氧性　大多数观察到的海洋趋磁细菌都遵循趋磁性规律，但实际观察和研究也发现南北半球有相反趋性的趋磁细菌存在。根据趋磁细菌对氧气浓度的反应，提出了趋磁－趋氧性，即氧气浓度主导了趋磁细菌的趋磁方向，在高氧状态下，趋磁细菌表现为NS极性；而在低氧或无氧状态下，表现为SS极性。

避光性　多数MTB表现出对于白光与波长小于480纳米的短波光线很强的避光性。有的单细胞海洋趋磁细菌暴露在330～550纳米的短波长下也同样表现出避光性。

趋化性　趋磁细菌游动受鞭毛驱动，具有化学趋向性。趋磁细菌通过鞭毛感知周围化学环境，从而调整转动方向（顺时针或逆时针），确定游动方向。如趋磁细菌可以感知氧化还原电位的变化从而改变趋磁行为。

虽然趋磁细菌具有不同的趋性，但多数人认为趋磁性与其他趋性的协同作用都是为了趋磁细菌能够更准确、更快速地到达其最适宜的生存环境中去。

生态地位与作用　趋磁细菌的生长，磁小体的形态、合成及成分与外部生长环境有一定的相关性，因此被认为具有环境指示的作用。

在海洋生物地球化学循环中，趋磁细菌同样扮演着重要角色。由于它在海洋环境的广泛分布，以及很高的丰度和多样性，因此作为初级生产力的生产者，被认为在铁循环中起着重要作用。尤其趋磁细菌吸收环境中的铁，形成磁小体。铁在一般细菌中占细胞干重的0.025%，而趋磁细菌中铁可占细胞干重的3.8%，是一般细菌的百倍以上。部分趋磁细菌可被原生动物摄食，然后溶解磁小体中的铁，形成可被其他物种（如浮游植物）利用的可溶性二价铁，从而进入食物链。部分趋磁细菌死亡后，磁小体沉积到沉积物中，一部分形成磁小体化石，可进一步溶解回到环境中去，也可沉积在沉积物中进一步被生物矿化（图2）。除了合成$Fe_3O_4$的磁小体之外有的海洋趋磁细菌还能合成$Fe_3S_4$的磁小体，这也是海洋趋磁细菌的特点之一。另外，趋磁细菌体内还能合成大量其他成分的致密颗粒物，如硫颗粒和磷颗粒等。很多δ-变形菌纲中的趋磁细菌都属于硫酸盐还原菌，因此，趋磁细菌也被认为在硫和磷的生物地球化学循环中起着重要作用。

意义与价值　海洋趋磁细菌由于能合成磁小体，是研究生物矿化的最好模式生物；同时它们对环境的指示作用，又被认为是研究微生物响应气候和环境变化的模式种群。菌体死亡后，磁小体沉积到沉积物中形成磁小体化石，被认为是沉积物磁学特性的主要来源，而磁小体化石中携带的古地磁和古环境信息为重构古气候环境提供了重要依据。另外

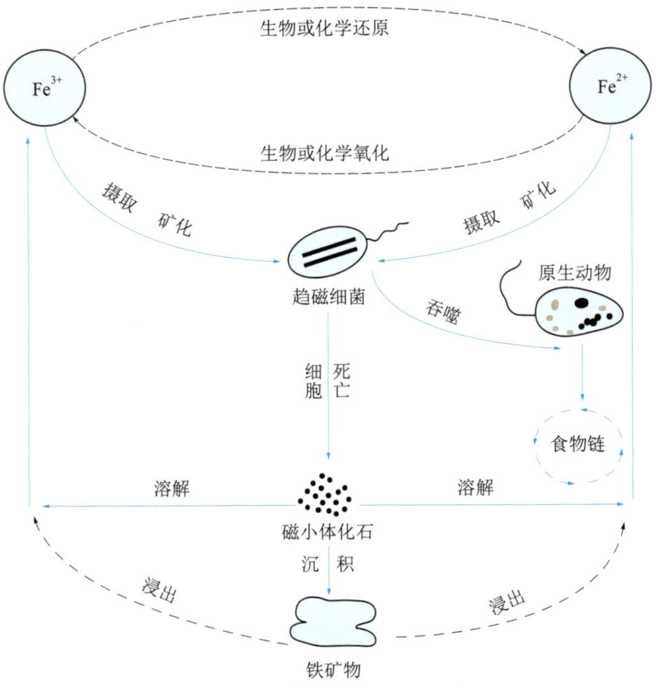


图2　趋磁细菌驱动的铁循环示意图

由于提纯的磁小体毒性低，生物相容性好，还可作为多种药物和大分子化合物的载体而应用于定向治疗肿瘤。

（潘红苗　肖　天　吴龙飞）

**海洋缺氧区**　marine hypoxia zone　海洋水体中溶解氧小于2毫克/升的区域。1925年首次发现开阔大洋中层水中存在缺氧现象。随后，科学家们陆续发现大陆架近岸海域和河口区等底层海域也存在缺氧现象。

形成原因　低氧的形成受两种过程的影响：①自然物理过程。即水体层化阻止表底层水体交换和复氧；物理过程控制着溶解氧的水平和垂直输运，水平输运主要受沿岸流、锋面、潮流等过程影响，垂直输运主要包括上升流、水体层化等。②生化过程。即海洋中有机物质分解、元素形态转化等过程消耗溶解氧导致水体缺氧。生化过程控制着溶解氧的产生和消耗，主要包括光合作用产氧、大气复氧，有机物分解耗氧、硝化作用耗氧、底泥耗氧。物理和生化过程共同控制着水体溶解氧的变化，低氧是这两大过程相互作用的结果。

海洋中的低氧水体可分为两类：①最低含氧带（OMZ）。通常是永久性低氧，是海水中的天然低氧水域。其形成主要受控于水文环流动力学过程，如冲淡水、沿岸流、暖流及黑潮等各大流系，及其与温度等理化因素相互作用下形成的水体层化、锋面过程、气旋式冷涡等。②近岸海域低氧区。海洋低氧区通常出现在河口及近海海域，它与近岸水体富营养化程度和营养物质的输入密切相关，并且它的分布符合人类生活足迹。这些缺氧区主要分布在西欧、北欧沿海，美国东、西部海岸，中国东部沿海，以及日本沿海等人口密集、经济发达的海岸带区域；近岸海域低氧的出现对人类生产、生活的影响更为直接。近岸海域低氧区的形成原因更为复杂，是物理和生物、化学共同作用的结果，受温度、盐度、水体层化、浮游植物的生物量及

有机物等诸多因素的影响，但其形成受富营养化影响较为显著。富营养化是造成近海水体缺氧重要的“原始驱动力”。富营养化为浮游植物的生长提供有利的物质基础，而这些生物的暴发性繁殖通过呼吸作用来消耗水体溶解氧，而其死亡残体沉降到水体底层被细菌分解，也会消耗大量溶解氧，加剧低氧状态。河流及沿岸输入的陆源有机物，局地浮游植物死亡，以及底泥再悬浮等使近岸海域富营养化程度不断加重，富营养化水域面积不断增加，导致缺氧出现的频率、范围、持续时间、强度都有明显上升的趋势。同时，自然物理过程能够加剧近岸海域的耗氧，促进低氧的形成，并且通常表现出较为明显的季节性缺氧特征。如长江口，长江冲淡水的扩散为该区域水体的缺氧提供了营养盐，冬、春季*台湾暖流*水入侵和上升流为缺氧水体提供了较小的溶解氧背景值，而夏季强烈的水体层化阻止了底层氧和上层高氧带的垂直交换，使得底层分解消耗的溶解氧得不到及时补充，促使底层低氧区的形成。

*分布地区* 长时间的海洋缺氧将会引发“死海”的形成。海洋缺氧会给海洋生态系统造成严重影响，甚至威胁到人类所使用的海洋资源。在全球变化和人类活动影响双重背景下，海洋缺氧成为一个全球性问题，发生缺氧的海域数量以每年5.54%的指数速率迅速增长。西大西洋墨西哥湾北部、密西西比河入海口处、波罗的海、地中海海湾、秘鲁近海、美国新泽西州海岸、弗吉尼亚州的切萨皮克湾、大西洋西海岸、韩国南部海湾均存在低氧区。中国珠江口和长江口海域也明显存在底层水体缺氧现象。

*主要危害* 海洋缺氧区的形成是一系列自然和人为因素共同作用的结果，缺氧的存在和缺氧程度的恶化，必然会严重威胁生态系统的健康，威胁到全球海洋资源的开发利用。海洋中大多数生物都需要溶解氧来维持。缺氧对海洋中底栖生物的影响最为显著，当溶解氧浓度小于2毫克/升，且持续时间较长时，海洋中的大多数鱼类、浮游动物，特别是运动能力较弱的底栖生物群落将面临大规模死亡。缺氧还会降低海洋物种多样性，改变海洋生物的群落结构，减少鱼类和底栖动物的丰富度，从而影响渔业生产，带来直接或间接的经济损失。（雷　坤）

**海洋热污染** marine thermal pollution 海水异常增温对海洋生物生长和发育造成危害的现象。海洋热污染主要来源工业冷却用水。据统计，美国工业冷却用水中81.3%来自发电厂，6.8%来自冶金工业，6.2%来自化工产业，此外还包括造纸、纺织和机械制造等过程产生的热污染等。

*产生原因* 由于人类生产活动中排放的高温水，会使海水温度急剧升高，海洋生物的生存环境及新陈代谢受到影响，进而危害其生存和繁衍。水体热污染区域可分为强增温带、适度增温带和弱增温带。热污染的有害效应一般局限在强增温带，在其他两带的不利影响较小，有时还会产生一定的有利效应。热污染对水体影响程度取决于热排放工业类型、排放量、受纳水体特点、季节和气象条件等。

*主要危害* 海洋生物对水温都有特定的适应范围，且不同生物对水温的敏感性差异较大。当水温超过33～35℃时，大多数生物的生存受到威胁。排放的高温水体对生态环境的危害主要为：①高温水体不仅降低海水中的溶解氧，同时增加水生生物的新陈代谢效率，使其耗氧量增加，进而阻碍海洋生物的生长和发育。②由于水体温度对海洋生物生长、发育和代谢强度的干扰，使海洋生物的数量、种类和分布发生改变，进而加速局部海域生态系统的演替，甚至破坏其生态结构和功能。③水温升高会加速水体和沉积物中有机物的生物降解和营养物质的循环，导致藻类过度生长繁殖，水体富营养化；有机物降解又加速了水中溶解氧消耗。④影响某些生物的洄游路线和繁殖率。例如，1965年澳大利亚流行的一种脑膜炎，是因高温水体排放导致附近水温升高，致使病细菌大量滋生。⑤水温升高导致氰化物等污染物的毒性增强，同时减弱海洋生物对污染物的耐受性。

*防治措施* 世界各国对水热污染及其影响进行了多方面的研究，并制定了冷却水温度的排放标准。美国、俄罗斯等国家按不同季节和水域，制定了冷却水温度的排放标准；德国以不同河流的最高允许增温幅度为依据，制定了冷却水温度排放标准；瑞士以排热口与混合后的增温界限为最高允许值，确定排放标准。中国在《海水水质标准》（GB 3091—1997）中针对不同的四类水质规定了人为造成的海水温升的控制范围，对海洋热污染进行了控制。另外，《核电厂温排水环境影响评价技术规范等行业规范》（NB/T 20299—2014）或标准中对排放的冷却水的温度也有明确的规定。

海洋热污染的防治措施主要包括：①废热的综合利用。充分利用工业生产过程产生的废热，将其转化为二次能源。②改进冷却设备和方法。例如，依据海洋特征，将废热水体排放到远海区域，利用海水的扩散作用降低热废水的影响；取深海水体作为冷却水，降低排放水体的温度，减少对海洋生物的干扰。③采用清洁能源。大力发展风能、潮汐能等绿色能源，减少高热废水排放。（雷　坤）

**海洋软体动物** marine molluscs 一类身体柔软、不分节、一般左右对称、通常具有石灰质外壳的海洋动物。俗称贝类。

*形态* 软体动物多具贝壳、头、足、内脏囊、外套膜。

*贝壳* 大多数种类有1个贝壳，如腹足纲、掘足纲；也有不少种类有2个贝壳，如双壳纲；少数种类有8个贝壳（壳板），如多板纲；也有一些种类贝壳退化，如后鳃亚纲中的一些裸鳃类。贝壳由外套膜分泌的碳酸钙和少许有机质构成。一般分3层：①角质层，系由贝壳素构成。②壳质层，又称棱柱层，占贝壳的大部分，由角柱状的方解石构成。③壳底层，又称珍珠层，由叶状的霰石构成，随动物的增长而加厚，富有光泽。贝壳的形态和构造因种而异，变化很大，但每一种都有比较固定的形态，是形态分类学研究的重要特征。

*头部* 位于身体的前面，包括口、触角和眼等器官。一些原始的种类头部只在身体的前部有一个开口，与整个身体并没有明显的界限，如无板纲动物。有一些种类躯体完全包被于外套膜和贝壳之内，头部退化，如双壳纲动物，又称无头类。一些比较进化的种类头部发达，生有触角和眼等器官，如腹足纲和头足纲动物。腹足类一般头部呈圆柱状或稍扁平，上面生有1～2对触角，眼1对，通常有1对触角的种类，眼位于触角的基部；有2对触角的种类眼位于触角的顶端。口位于头部腹面的前部。头足类为软体动物中进化最高等的一个纲，它们的头部为圆筒形或近球形，头的两侧各有一个非常发达的眼，眼的外方有角膜，角膜有孔与外界相通。

*足部* 位于身体腹侧的运动器官，随生活方式不同而呈现出不同的形式：有的种类足部跖面平滑，适于在海底爬行，如腹足纲。有的种类足部侧面扁，呈斧刃状，有利于挖掘泥沙，如双壳纲。有些营固着生活的种类足部退化，如牡蛎科、海菊蛤科等。也有的种类足萎缩，但生有足丝腺，能分泌足丝，用以在附着物上生活，如贻贝科、扇贝科等。在头足纲中足特化成腕环绕头部，上面生有许多吸盘，并有一部分变态成漏斗，适于游泳生活。足部通常

生有平衡器，有些种类在足的上部生有许多触手。

内脏囊　位于身体背部，包括胃、肠、消化腺、心脏、肾脏、生殖腺等内脏器官，为外套膜和贝壳所包被。

外套膜　身体背部皮肤褶皱向腹面延伸形成的一种保护器官，由内、外表皮、中间的结缔组织和少数肌肉纤维组成。可分泌碳酸钙等来满足贝壳的生长所需。外套膜和内脏之间有外套腔，外套腔内有鳃和口、肛门、肾脏、生殖腺的开口。外套膜的边缘构造很复杂，常具各种形状的触手，有的种类有外套眼。外套膜的颜色常随着栖息环境而变化，起到保护色的作用。此外，外套膜还具有呼吸作用。

软体动物门依据形态与身体构造的不同，现生种类通常被划分为7个纲：无板纲（毛皮贝、新月贝）、单板纲（新蝶贝）、多板纲（石鳖）、腹足纲（螺类）、掘足纲（角贝）、双壳纲（贻贝、蛤类等）、头足纲（乌贼、蛸）。有学者根据形态和内部构造，把无板纲中的尾腔类和沟腹类提升为纲。

**分布**　软体动物门是无脊椎动物中种类最多的门类之一。据不完全统计，世界上已知软体动物11万余种，除陆生和淡水贝类外，约有一多半是生活在海洋中，广泛分布于世界各大洋。中国的南北沿海均有分布，北自辽宁沿海，南至中国的南沙群岛各岛礁，跨越温带、亚热带、热带三个气候带的广阔海域。据统计，中国沿海已报道海洋软体动物达4000余种。

**生态习性**　软体动物从**潮间带**至浅海，直至数千米的深海中均有分布。它们的生活方式各种各样，因种类而异，但绝大多数的海洋软体动物是营底栖生活。它们有的在海底匍匐爬行，有的挖掘泥沙营埋栖或半埋栖生活，有的在底质上营附着或固着生活，包括在岩石、石砾、珊瑚礁或动、植物体上生活的种类，营附着和固着生活。如石鳖、鲍鱼、笠贝用发达的足部吸附在岩礁上或缝隙间生活；贻贝、扇贝等用足丝附着在海底岩石或其他物体上；牡蛎、猿头蛤、海菊蛤等用贝壳固着在海底外物上生活，它们通常是幼体时固着，终生不再移动。

自由生活　有的种类营底上自由生活，这类动物能自由活动，退潮后常隐藏在岩石、石块下或珊瑚礁缝隙间，喜欢群居。还有一些种类如汇螺科（Potamididae）、蟹守螺科（Cerithioidea）、织纹螺科（Nassariidae）等在岩石、泥沙滩和海底表面爬行。

埋栖和半埋栖生活　有的种类营底内生活，如很多双壳类动物中的蛤类和蛏类等靠发达的足部挖掘泥沙，把身体整个身体埋栖或半埋栖于底内生活，靠水管与底表沟通。

凿穴生活　还有许多穿孔贝类可在木材、岩石、贝壳、珊瑚礁等坚硬的底质中凿穴生活，如石蛏、海笋、开腹蛤等。马特海笋和船蛆能穿凿木材和港口木质建筑物和船只，幼虫时钻入穴内，终生不再移动。

浮游生活　营这种生活的软体动物都是随波逐流地在海洋中过着漂浮生活。一般个体较小，贝壳薄而轻或没有贝壳。有的种类足特化成鳍，如后鳃亚纲中的翼足类和异足类中的许多种。有的种类由足分泌一个浮囊携带身体在海洋中漂浮，如海蜗牛。由于它们是随波逐流的，所以分布范围与海流有密切关系。例如，中国近海浮游软体动物的分布受**台湾暖流**的影响很大，暖流势强时分布靠北，暖流势弱时则分布靠南。有的浮游软体动物作为指标种，对海水团或海流有指示作用。

游泳生活　营游泳生活的种类能和鱼类一样在海洋中做长距离洄游，如头足类的乌贼、枪乌贼、鱿鱼等。它们的足特化成腕和漏斗，胴部两侧产生鳍，靠漏斗喷水和鳍的作用可以迅速平稳的游动。某些双壳类（如扇贝、日月贝、锉蛤等）虽然不营游泳生活，但必要时，可凭借贝壳的急剧开闭和外套触手的作用在海中做蝶式游泳。

寄生生活　有的为外寄生，如光螺常寄生于棘皮动物腕的步带沟中；有的为内寄生，如内壳螺寄生在锚海参的食道内。

**繁殖**　软体动物主要分为雌雄异体和雌雄同体，营体内受精或体外受精。双壳类受精卵是典型的螺旋型卵裂，由外包或内陷或由二者形成原肠胚。原肠胚形成后，很快发育为自由游泳的担轮幼虫。个别种类从担轮幼虫直接发育成成体，但大多数种类从**担轮幼虫**发育成面盘幼虫，然后才发育成幼体。大多数海产腹足类的担轮幼虫在卵袋中度过，一些前鳃类、肺螺类的担轮幼虫和面盘幼虫都在卵袋中度过。有些营寄生生活的海贝，其幼虫从寄主身体获取营养，逐渐发育成成体，破囊而出，沉落海底营底栖生活。头足类的受精卵分裂属于不完全分裂的盘状分裂类型，直接发育。

**意义与价值**　以腹足纲、双壳纲、头足纲种类最多，经济价值最高。这些生物的生存时代自约6亿年前的寒武纪起一直到现代。它们与人类关系密切：①可供食用。海产的鲍、螺类、蚶、扇贝、蛏（图1）、牡蛎（图2）、蛤类、乌贼等。②可供

图1　沙滩上的竹蛏

图2　野生牡蛎

药用。如石决明（鲍的贝壳）、甲香（蝾螺的厣）、海巴子、贝齿（宝贝的贝壳）、海螵蛸（乌贼的贝壳）等常用药材，现已从牡蛎、凤螺、蛤、海蜗牛、乌贼等生物中提取抗生素和抗肿瘤药物。③农业用。许多小型软体动物可做农肥或饲料，随着中国养殖业的快速发展，许多种类已成为养殖品种。④工业用。包括工艺或装饰所用，它们的贝壳是烧制石灰的重要原料，可用于建筑和铺路等，珍珠已进行工业化生产。⑤观赏用。由于许多贝壳造型美观，已成为广大贝类爱好者喜爱的收藏品和观赏品等。⑥有些种类可危害人类，如船蛆、海笋等钻孔生物，贻贝、沼蛤等附着生物危害海洋船只和海港设施等。　（张素萍）

**海洋软土**　marine soft soil　滨海、潟湖及海底沉积的天然含水量高、孔隙比大、压缩性高、抗剪强度低的细粒土。软土层承载力低，易触动流变，稳定性差，是***海岸带***、浅海常见的工程不利因素，在工程地质上称软土地基。

性质　软土在工程上一般包括淤泥和淤泥质土。凡是天然含水量大于液限，孔隙比大于1.5的黏性土都称为淤泥，孔隙比大于1.0、小于1.5的黏性土称为淤泥质土。其具体名称要根据黏土颗粒组成确定，如淤泥质黏土、淤泥质亚黏土等。软土处于流塑状态、固结时间长，并具有触变性、流变性和不均一性，内部结构变形，揉皱成波状、团絮状，甚至呈液态，土层层状分布复杂、各层之间物理力学性质相差较大等特点。软土作为地基，其承担荷载的能力非常低。

分布　在全新世中期海进范围最大，那时滨海地带的河口、海湾、潟湖、沼泽往往沉积了大量海相、沼泽相淤泥及淤泥质黏土，还有些泥炭。后来随着海岸不断淤积，这些海湾、潟湖成为陆地，海相沉积被陆相沉积覆盖，成为软土夹层。软土在中国东南沿海的小型河口、海湾平原分布较广。如珠江三角洲、潮汕平原，软土分布面积达9300平方千米，厚度一般在5～36米。除海岸带外，软土在海区也有广泛分布，渤海的黄河口等三角洲前缘地区，南黄海西南部的陆架堆积平原上非常发育。东海长江口、浙闽近岸泥质堆积区，都存在软土地层。泥质堆积体浅层气也比较富集，也增加了它的不稳定性。

灾害　由于软土层承载力非常低，对软土地基处理不当，可能致使建筑物歪斜或沉陷，路基、管道破坏。20世纪80年代，珠三角地区几乎每年都有多起软土地基事故发生，经济损失达数千万元，成为工程地质领域一个比较重要的问题。广州黄埔开发区选址于软土地段，许多开挖的边坡不稳，严重影响施工，有些已经埋好的管线被地基流塑变形错断，甚至导致建筑物下沉。有一座12层大楼施工到9层就出现地基严重下沉，楼体开裂。东莞雷州市海康大楼刚建好就因地基软弱而倒塌。在珠江口盆地早期勘探中，珠七井钻遇淤泥质夹层，使隔水管下陷6米，造成被迫移位事故。

防治措施　为了防治软土地质灾害，在海岸道路工程、建筑工程、海洋钻井工程等施工之前必须查清软土发育情况。对软土物理参数测定、分布特征、处理方法等，都必须严格按规范执行。如在滨海陆地和海底工程中遇到软土，工程上已经有许多成功的人工加固地基承载力的处理方法，如载预压法、换填垫层法、软土地基静压注浆、深层水泥拌和法等。

（刘锡清）

**海洋弱光层**　marine disphotic zone　介于海洋真光层和无光层之间的水层。又称暮光区、大洋中层。海洋弱光层深度在200～1000米的区域，有极少量的光线能达到该深度，植物的光合作用量少于其呼吸消耗。

物理条件　由于温跃层往往分布在海洋弱光层，所以在温暖的海域，海水温度的分布范围从上部至与无光层（bathyal zone）的边界可由20℃降至4℃，出现较大温差。尽管在海洋弱光层海流运动缓慢，仍有各种动物每天垂直穿梭于这一区域，并有各种碎屑在相对较短的时间内不断下

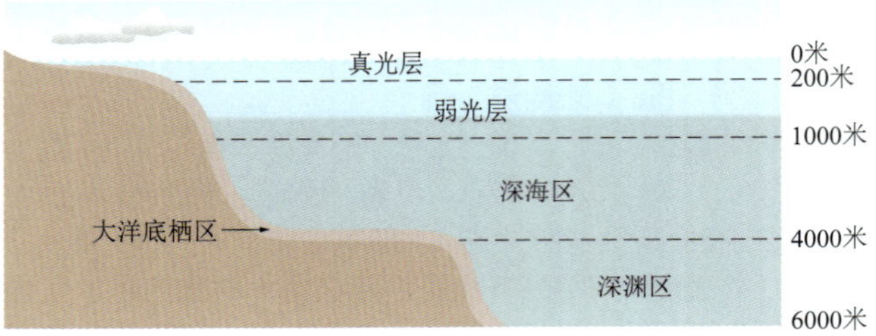

海洋中的光区分层

沉。因此该区域在海洋地化循环中具有重要作用。据估算，90%的颗粒有机碳（POC）在这里再矿化，而低氧区也通常存在于该区域。

生态价值　虽然海洋弱光层的光线不足以支持光合作用，藻类无法在此生存。但其有限的光线却足够动物对其产生反应。该区域的生物主要是由食植物的浮游动物，食碎屑和粪团的食腐动物以及捕食前两种动物的捕食者组成，典型生物主要有钻光鱼、剑鱼、鱿鱼、狼鳗、乌贼和其他半深海生物。钻光鱼是世界上数量最多的脊椎动物。2002年，联合国粮食及农业组织（FAO）的报告称，海洋弱光层的生物量足以支撑渔业和鱼油工业。2015年的一项研究发现这一区域的生物量高至以前估计值的10倍，总生物量达100亿吨。

海洋弱光层的生命数量巨大以至于在全球碳循环中发挥重要作用。鱼类等消费者通过食物链获取从水表层吸收二氧化碳而转化的有机碳源。它们死后，碳又被转移至海洋底层或被返回至沿岸海域。据估计，每年海洋弱光层能够循环高达50亿到120亿吨从大气中吸收的二氧化碳，因此，海洋弱光层在全球气候变化中起到了重要作用。

（王敏晓）

**海洋生产力**　marine productivity　海洋生物通过同化作用生产有机物的能力。海洋生产力是海洋生态系统的基本功能之一，通常以单位时间（年或天）内单位面积（或体积）所生产的有机物的重量（或有经济价值的水产品的数量）来表示。海洋生物同化有机物在多数情况下需经过初级生产、二级生产、三级甚至四级生产，达到终级生产等不同的环节，才能转化为人类食用的各种水产品。其中肉食性鱼类一般要经过三、四级的转化。各级生产力的转化通常是通过海洋食物链和海洋食物网的渠道来完成的。

海洋生物生产力包括**海洋初级生产力**和海洋动物生产力。海洋初级生产力指浮游植物、底栖植物及自养细菌等通过光合作用制造有机物的能力，一般以每日（或每年）单位面积所固定的有机碳或能量来表示，其大小首先受光照强度的制约，其次同海水中氮和磷的含量、使富含营养盐的深层水与表层水起混合作用的上升流的特征和季节有关。不同海域的初级生产力并不相同，其中沿岸海域最高，平均为1000毫克碳/(米$^2$·日)，其次为近海海域[340毫克碳/(米$^2$·日)]、赤道辐散区与亚极区间过渡海域[200毫克碳/(米$^2$·日)]和亚热带与亚极区间过渡海域[140毫克碳/(米$^2$·日)]，亚热带贫营养海域最低[70毫克碳/(米$^2$·日)]。世界三大洋中，印度洋平均初级生产力最高[80克碳/(米$^2$·年)]，大西洋次之[69克碳/(米$^2$·年)]，太平洋最小[46克碳/(米$^2$·年)]。

1927年，挪威科学家T.戈德尔和H.H.格兰首先应用测氧法，即黑白瓶法，测定了海洋初级生产力。该法用黑、白瓶分别测定光合生物进行呼吸作用所消耗的氧和进行光合作用所释放的氧，根据其差别计算出初级生产力。1952年，丹麦科学家E.S.尼尔森提出碳-14（$^{14}C$）测定方法。该法灵敏度比测氧法高约100倍，且不需要长时间曝光培养，尤其适合于测定贫营养的大洋区的初级生产力，因而被海洋学家选用为测定初级生产力的常规方法。但测氧法和$^{14}C$法只能测定不连续水样中的光合作用速率，很难了解海洋浮游植物初级生产力全貌。鉴于浮游植物中的光合色素直接参与光合作用，通过叶绿素a、b、c含量比例的测定，可以分析样品中的种类组成，根据叶绿素a的含量，可以间接地推算出初级生产力。因此，国际上现已广泛采用叶绿素含量测定法。20世纪70年代以来，随着遥感技术的发展，加快了海洋初级生产力的调查研究步伐。一些学者根据海洋生态系的平均生产力值，绘出了全球海洋初级生产力图。不少学者还根据生物的和非生物的参数，对初级生产力进行了数学模拟研究。

海洋动物生产力包括海洋生物二级、三级、四级生产力（合称为**海洋次级生产力**）和海洋终级生产力。其中二级生产力以植物和细菌等初级生产者为营养来源。二级生产者处于海洋生物食物链的第二个环节，主要包括浮游动物、大部分底栖动物和幼鱼、小虾等。三级生产力以上述二级生产者为营养来源。三级生产者处于食物链的第三个环节，主要包括一些肉食性鱼类和大型无脊椎动物，其中一部分成为

海洋水产资源。四级生产力在三级生产者的基础上重复循环。终级生产力处于食物链末端，不再被其他海洋生物所摄食。主要包括凶猛的鱼类（如金枪鱼）和其他大型、特大型海洋动物，其中绝大多数为海洋渔业的捕捞对象。海洋生物的数量不仅同浮游生物的数量多少相关，而且同食物链的级次紧密联系。通常，食物链级次每升高一次，海洋生物数量减少4/5～9/10。由于大洋区的食物链一般为5级，沿岸区为3级，上升流区为1.5级，故上述海区的鱼类生产量和单位面积的鱼类生产力差异悬殊。据推算，大洋区鱼类生产量仅为上升流海域和沿岸区的1/75，上升流海域和沿岸区单位面积鱼类的生产力，分别较大洋区高6万和680倍。在热带大洋区，生物生产力和陆地上的沙漠一样低。

海洋动物种群产量的测定方法有股群法、积累生长法和碳收支法等。对于体型较大的游泳动物，常用某一生活周期前后量（现存量）的增加称为净生产量，将该周期内所测定的呼吸量和死亡量加以修正可得出总生产量。（李超伦）

**海洋生境损害** marine habitat damage 因自然因素或人类活动造成海洋生物栖息环境中的海流、波浪、沉积物等环境要素和海洋植物、动物、微生物等生物要素发生结构和功能性改变，从而无法满足生活于该生境的原有物种生存的过程或现象。海洋生境指海洋生物或生物群落的栖息地环境，具有栖息于其中的生物所必需的各种生存条件（食物、活动空间和生物适应的其他生态因素）。

形成原因 海洋生态系统的构成极其复杂，栖息地环境要素的变化往往导致整个生态系统的生物群落结构发生变化。海洋生境是地球海洋在特定环境和历史条件下形成的，并且不断演变形成自己的特色，是全球自然长期演变的结果。同时，海洋生境也受人类活动（如海洋溢油、海洋矿产开发、危险化学品泄漏、海洋倾废、海洋与海岸带工程、过度捕捞等）的影响，如果人类活动频繁无度，会对海洋生境造成极大破坏。随着人类对海洋资源开发的不断加剧和全球变化，近海生境发生了急剧的变化，对海域的生物产生了极大的胁迫作用。

主要分布 全球海洋生境的恶化备受关注，海洋生物栖息地的破坏是导致生物多样性衰退的最主要原因，并且严重地影响了海洋生态系统功能和结构的完整性。受威胁最严重的海洋生境包括沿海河口区、红树林、珊瑚礁和海草床。

沿海河口区 河口生境具有很高的资源生产力，是许多重要经济鱼种的洄游必经之地，由于河口区也是重要的港区和口岸，因此河口生境极易受到人类活动的影响。人类活动所导致的河口自然生境破碎化，是河口生境破坏的主要方式，在入海河流上修建大坝将阻断或降低溯河洄游鱼类的洄游通道，建造水库会改变河口区原来的盐度结构，改变原有生物的生存条件。河口大型工程建设和航道疏浚将改变河口地貌、沉积物分布与水动力条件，导致潮流改变、海水中悬浮物浓度变化，可能引起水交换变差、透明度降低，对河口的景观格局具有显著影响，加剧了河口区的生境破碎化效应。

红树林 红树林生境主要分布在热带、亚热带区域的入海口及沿海岸线的海湾内，也是最容易受到人类破坏的生态系统。一方面，由于城市的扩张和不适当的海滩经济开发，导致红树林资源毁坏的问题愈演愈烈。例如，人们为了获得木材和燃料，或为了扩大耕地面积，或建造养殖场而破坏红树林，使得红树林生境严重退化。另一方面，污染、旅游、海水养殖和红树林区的资源动物采捕等人类活动，也是造成红树林生境退化的原因之一。许多国家已严令禁止围垦和砍伐红树林，并进行了恢复性人工造林，对红树林的直接破坏减小了。但是人类活动造成的污染，如垃圾、生活污水、石油和工业污水、固体和有毒废弃物等，导致海洋近岸和河口的富营养化、油污和重金属毒害等多种环境污染，已成为对红树林生境的主要威胁。

珊瑚礁 孕育了海洋中丰富的生物多样性，构建了最具生产力和能流物流效率的生态系统，对全球的碳循环和气候变化也具有非常重大的意义。但是，珊瑚礁正面临着严峻的，甚至是毁灭性的威胁。据全球珊瑚监测网络2004年的统计，全球热带海洋中的珊瑚礁已遭到破坏的约占20%，处于危急状态的约占24%，明显受到威胁的占26%，受威胁较轻和未受威胁的占30%，也就是说全球约有70%的珊瑚礁处于已退化或正在退化的状态，珊瑚已经处于严重的危机之中。中国海南省珊瑚礁的退化率高达95%，整个南海地区有超过80%的珊瑚礁正遭受威胁。导致珊瑚礁破坏的原因有自然因素，也有人为因素。人类活动对珊瑚礁的影响主要表现在过度捕捞、环境污染和直接挖掘等方面。20世纪60年代发生在大堡礁的长棘海星疯长事件，导致珊瑚灾难性死亡就是与过度捕捞有关。珊瑚礁的污染主要来自未经处理的浅层水的排放和油气污染等，尤其是浅层水直接排放会导致浅海水域的富营养化，引起大型海藻茂盛生长，使对珊瑚生存意义重大的共生藻受到排挤，甚至死亡。海岸开发建设及港湾疏浚、开辟航道等人类活动会造成浅海水域悬浮物浓度增加，这也是对珊瑚礁生境的损害，因为悬浮物增多引起珊瑚虫窒息，也会造成光照减弱，从而影响珊瑚虫共生藻类的光合作用，使珊瑚的生长受限。

海草床 沿岸重要的海洋生境之一，在净化海水水质、护岸减灾、提供食物、提供栖息地和避难所等方面扮演着非常重要的角色。然而，据联合国环境规划署2003年出版的《世界海草地图集》报道，全球海草资源的生长环境日益恶化，有些地区海草已经绝迹，并威胁到其他海洋生物的生存。导致海草床大面积丧失的原因虽然很多，但对其破坏最为严重的还是人类活动。另外，全球变暖、外来物种入侵等也会导致海草床的衰退。（衣晓燕）

**海洋生态安全** marine ecological security 海洋生态系统的健康和为人类提供生态服务的功能不受威胁和损害的状态。健康的海洋生态系统是基础，良好的生态服务功能是人类的需求，不仅造福于当代而且还应惠及子孙后代是生态安全的目标。

生态安全的提出是和“安全”概念的演化、全球生态环境问题的日益凸显分不开的。1977年，美国学者L.布朗提出应重新定义国家安全。1981年，他在《建立一个持续发展的社会》一书中，进一步指出“自第二次世界大战以来，‘国家安全’几乎完属于军事性质，国家安全的定义即是假定对安全的主要威胁来自其他国家。可是对安全的威胁，来自国与国关系的较少，而来自人与自然关系的可能较多……土壤侵蚀，地球基本生物系统的退化和石油储量的枯竭，目前正威胁着每个国家的安全。”1987年，世界环境与发展委员会（WCED）在《我们共同的未来》报告中指出：“安全的定义必须扩展，超出对国家主权的政治和军事威胁，而要包括环境恶化和发展条件遭到破坏。”1993年，国际应用系统分析研究所认为，生态安全在全球安全中占据相当重要的地位。2000年中国国务院发布《全国生态环境保护纲要》，首次明确提出“维护国家生态环境安全”的目标，认为保障国家生态安全，是生态保护的首要任务。中国将生态安全列为国家安全体系的一项重要组成部分。

海洋生态安全的研究内容包括海洋生态系统健康的诊断、海洋生态安全的监控、海洋生态灾害的预测和预警、海洋生态风险分析与评价、海洋生态服务功能的评估、区域海洋生态安全分析、海洋生态安全管理、海洋生态灾害的防治等。海洋生态安全的一个显著特点是其影响或损害具有隐蔽性、积累性、多样性和不确定性，对此应重视长期的生态监测和系统分析。

进入21世纪之后，人类的涉海活动导致许多海洋生态系统发生显著变化，生态灾害频发，影响到生态系统自身的功能、健康及其提供的服务价值。在中国近海，海洋生态安全形势也十分严峻。近海氮、磷等营养盐过量输入导致的富营养化不断加剧，有害藻华和底层水体缺氧问题日益突出；海上溢油频发，近海亚健康和不健康的海域面积不断增加；受大型河流沿线水库建设的影响，入海淡水和泥沙量显著变化，危及河口区重要生物资源的产卵场和育幼场等重要生境；在海岸带人口聚居、港口建设、围海造地及沿海养殖无序发展的影响下，珊瑚礁、红树林及滨海湿地丧失问题突出，以上这些问题对沿海生态安全构成了威胁和损害。这些问题已引起政府的高度关注。2010年，中国科学院设立了“中国海洋与海岸工程生态安全中若干科学问题及对策建议”咨询项目，由**苏纪兰**院士牵头，组织中国20多位海洋科学院士和教授，进行了两年多时间的调查和研究，并于2013年向国务院提交了研究报告。报告对中国2013年前十多年的大规模围海工程、沿海产业集聚、河口和港湾大型航运工程、大规模海水养殖、海洋石油开发与储运、海岛开发等或潜在的生态安全问题进行了全面剖析，提出了维护中国海洋生态安全的对策建议。

（于仁成）

**海洋生态补偿** marine ecological compensation 在合法利用、开发海洋资源与生态环境保护中，依据海洋生态系统服务价值与相应法定补偿标准，通过由特定主体（海洋生态环境破坏者、海洋资源开发受益者等）直接支付相应费用给生态资源所有权人及生态环境保护的贡献者，或运用政府调控、市场交易、社会资本参与等方式，实现海洋生态损害修复与环境保护、平衡相关者利益关系的制度及机制安排。海洋生态补偿机制是以保护海洋生态环境、促进人与自然和谐为目的，根据海洋生态系统服务价值、生态保护和发展机会成本，综合运用行政和市场手段，调整海洋生态环境保护和建设相关方面之间利益关系的一种管理手段。

概念内涵 海洋生态补偿是以保护海洋生态环境为宗旨，基于公平性、权利和义务相对等原则，依据生态环境价值论、公共性、外部性及平等与均衡性理论，对因保护建设海洋生态环境而放弃发展机会的行为主体予以奖励性补偿；对因海洋开发活动造成海洋资源与生态损害的行为主体责其进行补偿性赔偿，从而调整海洋生态环境保护建设和开发利用利益相关者之间的关系，有效解决环境权与生存权、发展权之间的冲突，是促进海洋区域经济与资源、环境可持续、协调发展的一种重要环境经济手段。

补偿形式 海洋生态补偿可以分为政府补偿、市场补偿和社会资本参与补偿三种补偿形式。①政府补偿。通过政府界定产权、制定法律法规、确定技术标准等方式，借助财政转移支付、建立专项海洋生态保护基金、补贴新兴海洋产业研发创新、开征海洋生态环境税等手段实施的补偿。②市场补偿。由于海洋生态保护或破坏行为而出现利益增损的经济双方之间，通过市场的支付及交易，使海洋生态服务的价值功能得以兑现的经济补偿。③社会资本参与补偿。原本不直接负有海洋生态补偿责任的组织或社会公众，通过购买海洋生态社会保险、海洋生态补偿彩票、直接捐赠等方式积极参与的海洋生态补偿。

管理模式 建立以政府主导、市场调节、社会参与的海洋生态补偿管理模式，是有效推动中国海洋生态补偿工作顺利开展的保障。①政府主导。政府在海洋生态补偿中充分发挥组织者和管理者的作用。②市场调节。以市场调节作为补充，可以克服政府包揽管理事务的弊端，提高生态补偿管理的效率与效益，为生态补偿顺利有效推进提供必要支持。③社会参与。是生态补偿落到实处的重要保障，社会公众是生态补偿的基础细胞，公民社会组织能够在确保政府和市场的责任性、透明性和回应性等方面起到积极的作用。

2016年实施的《山东省海洋生态补偿管理办法》和《用海建设项目海洋生态损失补偿评估技术导则》是中国首个海洋生态补偿管理地方规范性文件，是海洋生态文明建设的一项制度创新。（索安宁）

**海洋生态工程** marine ecological engineering 为改善海洋环境状况、维护海洋生态功能，应用海洋生态系统物质循环、能量流动、物种共生、分级利用等原理，结合系统工程最优化设计思路实施的各类海洋生态工程的总称。海洋生态工程是一种保护海洋生态系统和非再生资源的全新工程，不仅有助于解决污染问题和避免污染物转移，而且能够将污染物转化为人类可利用的再生资源。

基本原理 海洋生态工程主要利用物质循环再生原理、多级利用原理、物种多样性原理、系统工程原理等，设计的能耗最低、物质利用最充分、工序组合最优化的生态工程工艺流程。可以保证系统在较少能量投入的情况下，多层级地将污废物质转化为可利用的再生资源，达到高效利用海洋资源、变废为宝、保护海洋生态环境的目的，同步实现海洋生态、经济和社会效益共赢。

主要优点 海洋生态工程的主要优点有：①不需要使用化学物品，避免二次污染。②不需要投入大量能量，所需要的能量主要来自太阳能。③所用的工具或设备多是自然界存在的生物种群、群落和生态系统。④投资少，运转费用低，既可形成生态效益，又可得到一定的经济效益。

工程种类 海洋生态工程主要包括**海洋生态系统修复工程**、海洋生态养殖工程、海洋生态保护工程等。其中，海洋生态系统修复工程有**红树林生态修复**、**珊瑚礁生态修复**、**海草床生态修复**等；海洋生态养殖工程有人工鱼礁工程、海水立体多层级养殖工程、海洋牧场工程等；海洋生态保护工程有海洋保护区建设工程、海洋生态监测工程、海洋生态保护红线工程等。

实施效果 中国国民经济和社会发展“十三五”规划（2016～2020）时期，实施了“蓝色海湾”“生态岛礁”等重点工程，推进海洋生态建设和整治修复。实施“蓝色海湾”海洋生态工程，主要结合陆源污染治理，实施环境综合整治、退堤还海、清淤疏浚等措施，恢复和增加海湾纳潮量，因地制宜建设海岸公园，人造沙质岸线等海岸景观，推动污染严重的重点海湾综合治理。“生态岛礁”海洋生态工程，开展了受损岛体、植被、岸线、沙滩及周边海域等修复，开展海岛珍稀动植物栖息地生态调查与保育、修复，恢复海岛及周边海域生态系统的服务功能。同时，实施领海基点海岛保护工程，开展南沙岛礁生态保护区建设等。（索安宁）

**海洋生态红线** marine ecological red line 依法在重要海洋生态功能区、海洋生态敏感区、海洋生态脆弱区等区域划定的边界线及管理指标控制线。海洋生态红线是海洋生态安全的基本保障和底线，必须严守，不得突破。依据海洋自然属性以及资源环境特点，划定对维护国家和区域生态安全及经济社会可持续发展具有关键作用的海洋生态红线区域，旨在为区域海洋生态保护与生态建设，优化区域开发与产业布局提供合理边界，实现人口、经济、资源、环境的协调发展。

发展概述　生态红线是中国在区域生态保护和管理中的一项创新举措，国外尚无相同概念。2011年，“生态红线”概念在《国务院关于加强环境保护重点工作的意见》中首次以规范性文件形式被提出。2013年，《中共中央关于全面深化改革若干重大问题的决定》提出了“划定生态保护红线”。2019年，中国共产党第十九次全国代表大会报告中再次强调要完成生态保护红线的划定工作。划定生态红线是国家保护生态环境的一项重要制度，中国生态环境保护已实现由污染治理向系统保护、从事后治理到事前预防的战略性转变。

管控措施　海洋生态红线区实行分区划定、分类管理。根据海洋生态系统的特点和保护要求，将重要海洋生态功能区、敏感区和脆弱区划为海洋生态红线区域，制定差别化管控措施，实施针对性管理。从法律、经济、行政和技术等层面出台生态红线区配套管控措施，保障生态红线制度的落实。基本内容包括：①效力强制。以强制目标和手段在红线区域内明确禁止或限制进入的产业和行为，以刚性约束体现权威性。②协调可行。在生态红线划定过程中，充分征求各相关部门、地区的意见，妥善协调区域之间、经济发展与环境约束之间的关系。③差异设计。分类、分区及分级设计，针对不同生态系统、不同地理区位和不同保护需求设定不同管理政策。④陆海统筹。充分考虑与其相关的陆域活动，实现综合统筹和全程管理。

划定流程　①范围识别。识别生态保护的重点区域，确定生态保护红线划定的重点范围。②生态保护重要性评估。对生态保护区域进行生态系统服务重要性评估、生态敏感性与脆弱性评估，明确生态保护目标与重点，确定生态保护重要区域。③方案确定。对不同类型生态保护红线进行空间叠加，形成生态保护红线建议方案。④海洋功能区划及相关规划协调性分析。分析拟划定海洋生态红线区域与已发布的海洋功能区划、海洋主体功能区规划及相关国家战略性规划的协调性和衔接性。⑤边界确定。根据步骤④中的协调性、衔接性分析结果，决定将拟划区域划定为海洋生态红线区或进行调整。⑥管控措施确定。根据海洋生态红线区的不同类型，分区、分类制定相应的管控措施。

工作进展　2012年，国家海洋局在渤海率先组织开展海洋生态保护红线试点工作。2014年，环渤海三省一市发布实施海洋生态保护红线。在总结渤海试点工作的基础上，2016年4月国家海洋局组织开展全国海洋生态保护红线划定工作。截至2018年1月，全国11个沿海省份（直辖市）完成了中国首次海洋生态保护红线划定。例如，广东省政府2017年9月批复并正式对外印发《广东省海洋生态红线》，划定了13类、268个海洋红线区，确定了全省大陆自然岸线保有率、海岛自然岸线保有率、近岸海域水质优良（一、二类）比例等控制指标。（李滨勇）

**海洋生态监控区**　marine ecosystem monitoring and regulation region　依据海洋生态特征和重要性、通过生态监测和评价而划定的保护管理和开发利用的海洋区域。海洋生态监控区设立的原则主要包括：①属于近岸海域典型生态系统类型，有较高的代表性或特殊性。②承受社会、经济压力大的生态系统。③监控区有可实施调查研究的相应机构及相关的历史资料。④对监控区的监测和管理可以与中国海洋环境监测、赤潮监控、海洋科研和实践项目等相衔接。

2004年开始，中国国家海洋局（今自然资源部）在全国近海范围内实施生态监控区制度，主要生态类型包括河口、海湾、滨海湿地、珊瑚礁、红树林、海草床等典型海洋生态系统。监控内容主要包括：生境状况，即动力环境、地质环境、完整性、营养状况；生态结构，即生产力、生物多样性、种群、群落、景观；生态功能，即重要生物资源状况、海洋功能区服务能力；生态压力，即污染输入、工程建设破坏、过度开发利用；生态安全，即外来物种、病害、食品安全等。

通过业务化的高时空密度监测，对近岸海域有代表性的典型海洋生态系统和重要生态功能区域实施有效监测，建立并维护近岸海域海洋生态数据库与信息系统；评价海洋生态环境状况，评估开发活动对海洋生态环境的影响；建立和完善生态监测技术体系，为各级政府调控海洋开发利用活动和维护海洋的可持续利用提供决策依据。（蒲新明）

用于测量海洋状况的设备

**海洋生态敏感区**　marine ecologically sensitive area　对人类生产、生活等活动具有敏感性，容易受到潜在自然灾害和人类不当行为活动影响而产生生态负面影响的海洋区域。海洋区域生态环境敏感性的判定一般采用实地考察和调研的方式，或采用先进的遥感技术和地理信息系统等手段，以获取更丰富的资料和数据。其判定标准如下：①唯一性或稀有性。该区域或生态系统是唯一的或稀有的。②重要栖息、产卵或繁殖地。该区域生存着稀有和濒危海洋物种或是海洋洄游物种极为重要的产卵或繁殖或成长地。③依存性。该区域具有对生态过程高度依存的生物群落系统，如珊瑚礁、海藻、红树林、海草等系统。④代表性。该区域具有显著代表性的物种多样性、生态系统、生态或自然地理过程，或生态群落或栖息地类型或其他自然特性方面。⑤多样性。该区域具有特殊的物种多样性或遗传多样性，或有着差异很大的生态系统、栖息地和生物群落。⑥多产性。该区域有着特别高的自然生物资源产量，且这种多产性处于海洋风区、上升流区及环流区，由于生物和自然过程而导致的生物数量增加的净结果。⑦完整性。该区域具有一个完整的生物功能单位，是一个高效、平衡的生态统一体。⑧脆弱性。该区域极易因自然灾害或人类活动影响而恶化。⑨生物地理学上的重要性。该区域具有罕见的生物地理学特性，或者是一种或几种生物地理学类型的代表，或者具有生物学、化学、物理学或地质学上的独特或不寻常的特性。

2015年，根据中国行业标准《海洋生态保护红线划定技术指南》对沿海11个省（区、市）进行了海洋生态敏感区的划定工作。以山东省为例，划定海洋生态敏感区73个（其中禁止开发区23个、限制开发区50个），总面积6534.42平方千米，有效期限为2013～2020年。主要包括自然保护区的实验区、海洋特别保护区的适度利用区和生态与资源恢复区、重要河口生态系统、重要滨海湿地、重要渔业海域、特殊保护海岛、自然景观与历史文化遗迹、砂质岸线与邻近海域、沙源保护海域及重要滨海旅游区等。（田　华）

**海洋生态损害**　marine ecological damage　因自然变化或人类活动，直接、间接改变海岸带和海域的自然条件或者向其中排入污染物质、能量，从而造成海洋生态系统结构失衡、功能衰退的现象。海洋生态环境是海洋生物生存和发展的基本条件，生态环境的任何改变都有可能导致生态系统和生物资源的变化。海水任何海域某一要素的变化都有可能对邻近海域或者其他要素产生直接或者间接的影响和作用。

**主要表现** 海洋生态系统的结构和功能受损主要表现为海洋环境因子改变、生境改变甚至丧失、海洋生物种群和群落结构改变、生物多样性下降以及由此造成的生态系统功能的损失。①海洋环境因子改变。主要包括水文、气象、地质、地形、环境质量等的改变。排污入海导致海洋污染加剧，海水富营养化严重；海洋工程开发导致海洋自然系统改变，如挖沙和海防工程建设所导致的海底地质条件改变、气候变化导致海水温度上升和海平面上升等。②栖息地破坏。海洋环境因子改变随之会造成多种海洋生物栖息地的破坏。如在某些海域，沿海城市化进程所引发的污染物排放加剧，严重威胁着当地潮间带生物栖息地。海岸工程和海洋工程项目的大量开展会导致海洋生物栖息地水文条件遭到改变。③生物多样性下降。海洋污染、过度捕捞、栖息地破坏、外来生物入侵等因素影响了海洋生物物种的分布、丰度和多样性，导致敏感物种消退、生物群落结构受到扰动，进一步影响了生态系统的结构和功能基础。如过度捕捞不仅导致渔业资源的下降，还打破了海洋生态系统食物链的平衡，致使食物链危机或断裂，影响了海洋生物的分布，最终导致生物多样性的降低。④海洋生态系统功能的损失。主要包括海洋资源供给能力下降、**海洋环境容量**降低、气候调节能力下降、海洋灾害风险增高、海洋休闲旅游文化价值降低等。例如，溢油污染、过度捕捞、栖息地破坏等都会导致海洋渔业产品供给功能损失；滨海湿地破坏造成碳储存损失，影响海洋的生态调节功能，一定程度上加速了全球气候变暖的进程。

**影响因素** 造成海洋生态损害的原因包括自然因素和人为因素。

自然因素 主要包括风暴潮灾害、海浪灾害、海冰灾害、海雾灾害、海啸灾害等海洋灾害。引发海洋灾害的原因主要有大气的强烈扰动，如热带气旋、温带气旋等；海底地震、火山爆发及其伴生之海底滑坡、地裂缝等。但上述自然因素在自然环境中并不时常发生。

人为因素 主要有：①海洋溢油。在海洋环境污染造成的海洋生态损害中，油污是最普遍、数量最大的污染物。自全球开始大规模的石油海运以来，海上溢油事故的发生频率和溢油量均呈增长趋势。滞留于海洋中的溢油，除少量分子量较低的油分通过蒸发进入大气，经光化学氧化作用被分解外，绝大多数将继续存留于海洋及其周边海岸带，从而对受污海域的浮游生物、贝类、鱼类、无脊椎动物、海鸟、红树林和大型哺乳动物等产生毒害，乃至最终通过食物链危害人体。溢油对海洋生态系统的影响，不仅包括原油本身的毒性危害，还包括与原油相关的二次污染和间接危害效应。②海洋矿产开发。海洋矿产资源是海洋资源的重要组成部分，包括油气资源、可燃冰、大洋锰结核、滨海矿砂资源和砂石矿等。在海洋矿产开发过程中，由于管理或者技术上的原因，都会对海洋生态造成损害。③危险化学品泄漏。危险化学品运输过程中的泄漏事故已成为当今世界普遍关注的环境和安全问题之一。水路运输的危险化学品多为散装液体化学品。危险液体化学品本身通常具有易燃、爆炸、毒性等危害特性，这些特性既可能导致事故的发生，又可能扩大事故的后果和加重事故的危害。这些物质一旦泄漏到海上将会造成严重的生态破坏。④海洋倾废。是造成海洋生态损害的一个重要原因，倾倒入海的固体废弃物会将污染物带入海洋中，对生态系统造成损害。⑤海洋与海岸带工程。随着社会生产的发展，人类改造和利用海洋环境的能力不断提升，但同时深海采油采矿、填海造陆、海洋垃圾填埋等活动均直接破坏了海洋生物群落赖以生存的海洋环境。⑥过度捕捞。海洋过度捕捞和误捕均对海洋生态造成了巨大的损害。全球的渔获能力已经远超过渔获量，在竞相捕捞、违规作业的情况下，导致鱼体的小型化和大型鱼种的数量愈来愈少；而在捕捞过程中使用的许多非法渔具，包括底拖网、流刺网和围网等，都严重破坏了海洋生物的多样性，直接或间接地破坏海洋生态。⑦海洋外来物种入侵。由于早期缺乏科学的认识引进外来物种，或者船舶运输带入的外来物种，有些物种凭借其超强繁殖力，能够改变当地的海洋生态结构、引发生态灾害。

**基本特征** 由于海洋的流动性和海洋生态系统的复杂性，海洋生态损害主要具有以下特征。①海洋生态损害的侵害利益具有普遍性。海洋生态损害不局限于某一个国家或地区，而是会对人类整体的生存构成威胁，侵害的是全人类的生态利益。②海洋生态损害的价值评估具有不确定性。海洋生态损害具有短期效应和长期效应，很多损害都难以直接量化评估。人们试图用海洋生态系统服务价值损害、环境功能损害、生物生境损害、海洋环境容量损失等来衡量和评估海洋生态损害的价值，但这一方法在海洋生态损害的司法索赔中还存在一定争议。③海洋生态损害具有难恢复性。海洋生态损害一旦发生就难以消除和恢复，甚至是不可逆的。因环境污染和生境破坏而导致退化的海洋生态环境，在自然条件下可通过海洋生态系统的自我调节机制自然恢复，但是自然恢复的速度极为缓慢，所以常用的方法是进行人工生态修复。包括减少污染物入海量和改善水质、进行生境修复和生物修复等。但人工修复成本巨大，见效比较缓慢。有研究表明，人工恢复1公顷滨海湿地的平均费用需要8万～160万美元。

**治理措施** 保护海洋生态环境必须在生态损害发生前进行预防，应按照先保护后修复的原则进行。①海洋生态保护。从源头入手，采取相应的保护措施。合理开发利用海洋资源，鼓励发展生态渔业建设，推广各种生态渔业生产方式；禁止毁坏海岸防护设施、沿海防护林、沿海城镇园林和绿地的活动；改善海洋生态状况，新建、改建、扩建海水养殖场应进行环境影响评价，进行科学养殖，防止造成海洋环境的污染；建立健全有效的预防和控制外来海洋物种入侵的国家体系等。②海洋生态修复。利用自然的自我修复能力，在适当的人工措施的辅助作用下，使受损的生态系统恢复到原有或与原来相近的结构和功能状态，使生态系统的结构、功能不断恢复。按照生态修复措施中的人工干预程度，一般将海洋生态修复划分为自然生态修复、人工促进生态修复及生态重建三大类。其中，自然生态修复是利用相应的措施消除压力，降低生态系统退化的速度，从而使生态系统恢复；人工促进生态恢复是在生态系统自我修复能力的基础上，结合物理、化学、生物等人为干扰措施促进生态系统的恢复；生态重建则是当生态系统完全退化或丧失时，采用相应的措施重建新的生态系统的过程，也包括重建某区域没有的生态系统的过程。在生态修复过程中，生态系统的结构及其群落由简单向复杂、由单功能向多功能转变。生态修复是对生态系统的结构、功能、生物多样性和持续性等进行的全面有效性恢复，因此生态修复过程应该尽可能减少人为的干扰措施，让生态系统的自然调节、恢复和进化功能充分发挥。

（衣晓燕）

**海洋生态损害赔偿** marine ecological damage compensation 对人为因素导致海洋生态系统受到的破坏及经济遭受的损失进行合理的经济赔偿。

赔偿范围 根据中华人民共和国《最高人民法院关于审理海洋自然资源与生态环境损害赔偿纠纷案件若干问题的规定》，海洋自然资源与生态环境损害赔偿范围包括：①预防措施费用。为减轻或者防止海洋环境污染、生态恶化、自然资源减少所采取合理应急处置措施而发生的费用。②恢复费用。采取或者将要采取措施，恢复或者部分恢复受损害海洋自然资源与生态环境功能所需费用。③恢复期间损失。受损害的海洋自然资源与生态环境功能部分或者完全恢复前的海洋自然资源损失、生态环境服务功能损失。④调查评估费用。调查、勘查、监测污染区域和评估污染等损害风险与实际损害所发生的费用。

法律法规 《中华人民共和国海洋环境保护法》规定，造成海洋环境污染损害的责任者，应当排除危害并赔偿损失；完全由于第三者的故意或过失造成海洋环境污染损害的，由第三者排除危害，并承担赔偿责任；对破坏海洋生态、海洋水产资源、海洋保护区，给国家造成重大损失的，由行使海洋环境监督管理权的部门代表国家对责任者提出损害赔偿要求。2014年，国家海洋局（今自然资源部）印发的《海洋生态损害国家损失索赔办法》，对《中华人民共和国海洋环境保护法》第九十条第二款规定进一步细化，重点围绕海洋生态损害国家索赔的目的依据、适用范围、索赔内容、索赔主体、索赔途径、保全措施、信息公开、赔偿金用途等方面提出了明确的规定和要求。

赔偿程序 海洋生态损害索赔不应仅考虑诉讼程序，还可以通过谈判、协商等方式实现诉求，一般过程包括：①海洋行政主管部门在察知海洋生态损害事件发生后准备向责任方提出索赔；或在收到公众或有关组织报告后，及时开展调查，若海洋生态损害事件确实发生，根据海洋生态损害评估鉴定结果，由相应层级的海洋行政主管部门向责任者发送生态损害国家损失索赔函。②如责任者对索赔函无异议，海洋行政主管部门及时与其签订海洋生态损害赔偿协议，责任者按照协议规定的方式、程序和期限履行赔偿责任；如若责任者对赔偿协议有异议，海洋行政主管部门可与其进行协商，在不损害海洋生态利益、国家利益的前提下修改赔偿协议的内容，重新达成协议。③责任者不承担赔偿责任或者责任者愿意承担赔偿责任，双方当事人无法就海洋生态损害赔偿协议达成一致时，海洋行政主管部门通过法律途径寻求救济，向法院提起诉讼请求责任者赔偿生态损害。 （汝少国 张晓娜）

**海洋生态损害评估** marine ecological damage assessment 按照规定的程序和方法，综合运用海洋科学和相关专业知识，调查污染海洋环境、破坏海洋生态行为与海洋生态环境受损害的情况，评估损害的范围和程度，确定恢复和补偿措施，量化海洋生态环境损害数额的过程。

评估范围 海洋生态损害评估工作的时间范围是以污染环境或破坏生态行为发生日期为起点，持续到受损生态环境及其生态系统服务恢复为止。损害评估工作空间范围的确定，可以综合利用现场调查、环境监测、遥感分析和模型预测等方法，依据污染物的迁移扩散范围或破坏生态行为的影响范围确定。

基本内容 海洋生态损害评估的基本内容包括：调查环境污染、生态破坏行为及海洋生态环境损害情况，鉴定污染物性质，分析环境污染或生态破坏行为与海洋生态损害之间的因果关系，确定海洋生态损害的性质、类型、范围和程度，计算海洋生态损害实物量，筛选并给出推荐的海洋生态恢复方案，计算海洋生态损害价值量，开展海洋生态恢复效果评估。

主要方法 海洋生态损害评估的主要方法包括替代等值分析方法和海洋环境价值评估方法。替代等值分析方法包括资源等值分析方法、服务等值分析方法和价值等值分析方法；海洋环境价值评估方法包括直接市场价值法、揭示偏好法、效益转移法和陈述偏好法。资源等值分析方法和服务等值分析方法是常用方法。如果受损的海洋生态环境以提供资源为主，采用资源等值分析方法；如果受损的海洋生态环境以提供生态系统服务为主，或兼具资源与海洋生态系统服务，采用服务等值分析方法。如果不能满足资源等值分析方法和服务等值分析方法的基本条件，可考虑采用价值等值分析方法。如果恢复行动产生的单位效益可以货币化，考虑采用价值–价值法；如果恢复行动产生的单位效益的货币化不可行（耗时过长或成本过高），则考虑采用价值–成本法；同等条件下，优先采用价值–价值法。 （马启敏）

**海洋生态系统** marine ecosystem 海洋中的所有生物及其生存的环境共同组成的复合系统。海洋生态系统是地球上最大、最复杂的生态系统，占据了地球表面积的三分之二。最深处的深度超过珠穆朗玛峰的高度，并且海底分布着无法准确知道数量的热液和冷泉。

海洋环境和生态系统类型 海洋环境包括海水和海底环境。海水环境从海岸向外海方向，以200米等深线为界，分浅海区和大洋区。大洋区在垂直结构上又可分为光合作用带（表层到200米）、中层带（200～1000米）、深层带（1000～4000米）和深渊带（超过4000米的所有部分），或者根据太阳光辐射多少分成真光层、弱光层和无光层。与海水环境的浅海区和大洋区相对应，海底环境划分为海底区（从高潮线到水深200米处）和洋底区（水深200米以下的海底环境）。从陆地到高潮线以上的过渡区域称为岸上带，通常又称溅浪带，它仅在高潮期间或海啸和大浪席卷海岸时才会被海水覆盖。

海洋生态系统的类型可以根据环境分为**滨海湿地生态系统**、**陆架生态系统**、**深海生态系统**等，也可以根据独特的生物组成分为**红树林生态系统**、**海草床生态系统**、**珊瑚礁生态系统**等。

海洋生物组成 全球范围内已知的约180万种生物，其中只有14%生活在海洋中。在25万种已知的海洋生物中，仅2%（约5000种）生活在水层环境的水体中，其余的98%则栖息于底栖环境。海洋中的初级生产者包括高等植物（如大叶藻）、大型藻类、微型藻类（硅藻、颗石藻和甲藻）和细菌。消费者则包括原生动物和13个门的后生动物。

海洋生态系统的特征 海洋中营养物质的流动依赖生物地球化学循环。有机物质的化学成分通过光合作用进入生物系统（热液口的生态系统也可通过化能合成作用实现）。这些化学成分通过摄食作用传递到动物种群（消费者）中。这些生物死亡后，一部分物质在真光层中被重复利用，还有一些物质以碎屑的形式下沉到海底。这些碎屑在沉降到深层海水或海底时，有一部分会成为其他生物的食物，另一些则被微生物或其他分解过程再次转化成可被植物利用的无机营养盐（硝酸盐或磷酸盐）。这一循环过程是在几千米深度下和全球海洋中进行的。例如，沉降到北大西洋底的营养物质可能通过大洋环流在南极海域涌升到上层，并再次被光合作用利用。

与淡水生态系统相比，全球的海洋是连通的，而河流湖泊是流域性空间隔离。海洋通过潮汐、洋流等复杂动力过程多维度混合，而淡水系统多是随地势单向流动。与陆地生态系统相比，海洋中的初级生产者体型小且多数随波逐流，有以溶解态有机物为基础的微食物环，传统捕食食物链也比较长。

具体到陆地和海洋生态系统的对比，它们的物质循环都是从生产者的光合作用开始的，生态系统的结构差异也是从这里开始的。与陆地的初级生产者主要是高等植物不同，海洋里主要是单细胞的浮游植物。后者因为缺乏组织和器官分化，生活史周期极短，生物量随环境变化的幅度也更大。因此陆地生态系统一般严格遵守生物量的金字塔模式，但海洋中则会变化甚至逆转。

海洋生态系统的另一个特点是陆源物质的输入。地表和地下径流携带的营养物质最终都会到达这里，因此营养物质供应比陆地生态系统要多。即便陆地上可以人工添加化学合成肥料，但其中很大的一部分最终也会进入海洋。但是，这种输入受气候和地形等因素控制，其时空变化规律与生物利用的实际需求之间并没有联系。因此，陆源输入既是营养来源，也是环境风险隐患。

陆地生态系统的矿物质营养元素主要在生物和土壤之间直接传递和循环，而海洋中则是在海水、沉积物和生物“三相”之间循环和利用。第一，从营养盐供给的角度来看，陆地植物从土壤吸收，而海洋植物（除极少数海草类维管束植物外）都是从水体中吸收。作为固态的营养库，营养盐可以在土壤中循环和保藏，而水体中营养盐是无法留存的。因此，土壤可以很容易地进行肥力调控，而海水中的难度要大得多。其次，陆地植物所需的大量营养盐是氮、磷和钾，而海洋浮游植物中则是氮、磷和硅。前两种元素的化学循环规律基本相似，但钾是轻金属，离子态的溶解度极高，而硅酸盐形态复杂，溶解度不高。第三，陆地植物的肥力缺乏主要表现在绝对浓度低于植物吸收阈值或者生长需求，而海洋中三种营养盐的化学计量学比例改变也会导致营养盐限制。

海洋生态系统不仅是重要的食物库和碳库，还具有很多经济价值，如景观价值等。对海洋的开发利用也一定要以不破坏生态系统结构和功能为前提，否则就会招致类似赤潮、缺氧、资源枯竭等严重后果。

（张光涛）

珊瑚礁的水下景观

**海洋生态系统服务** marine ecosystem service 由海洋生态系统及其生态过程所提供的、人类赖以生存的自然环境条件及其效用。海洋生态系统的每一项服务都由其生态系统的内部结构或生态过程所支持，都可以在生态系统内部找到其来源及其实现的途径。生态系统服务概念的提出已有40余年的历史。1981年，美国人口生态学家埃利希夫妇在《灭绝：物种消失的原因和后果》一书中，首次提出了“生态系统服务”这一概念。海洋生态系统服务是这一概念在海洋中的应用，指人类从海洋生态系统获得的效益。

概念内涵　生态系统服务是针对人类的需求而言的，是生态系统提供的能满足人类需要的各种产品和服务。海洋生态系统服务价值是特定海洋生态系统在特定时间内为人类提供的产品和服务的效用。因此，学者一般从海洋服务产生的载体、实现的途径和对人类的效应三方面来界定海洋生态系统服务的内涵。即由海洋生态系统及其生物多样性所产生的、通过一定的生态过程实现的、对人类具有益处的各种效应集合。因此，海洋生态系统服务具有以下内涵：①海洋生态系统服务具有时空尺度，是特定时间特定生态系统提供的。②海洋生态系统服务的提供者为海洋生态系统及其组分，不是其他生态系统。③海洋生态系统服务是针对人的需求而一言的，能够提高人类福利。④海洋生态系统服务的提供是通过一定的生态过程实现的，是生物成分和非生物成分共同作用的结果，是海洋生态系统的整体表现。⑤海洋生态系统服务包括物质产品和服务两个方面。

服务评估　为维持与优化海洋生态系统服务的过程，实现生态系统服务价值的最大化，更为有效地组织相关信息帮助管理决策，需要开展海洋生态系统服务的评估。海洋生态系统服务评估过程是基于生态系统的海洋管理过程，可以极大地促进海洋生态学与经济措施、管理政策相结合，是保证对海洋可持续利用的过程。

海洋生态系统服务功能评估的理论基础是根据可持续发展理论、生态经济学理论和环境经济学理论基础而提出的。海洋生态系统服务评估是海洋生态资本评估的内容之一，是根据海洋生态系统服务的开发与利用情况，建立评估海洋生态系统服务的物质量和价值量的技术框架，基于物质量可量化、价值量可货币化、数据可获得性评估原则，筛选出定量评估海洋生态系统服务的物质量和价值量的指标体系，从海洋的供给服务、调节服务、文化服务、支持服务4个方面来综合评估海洋生态系统服务的价值。其中，供给服务评估主要包括养殖生产、捕捞生产、氧气生产3个指标；调节服务包括气候调节、废弃物处理等；文化服务主要包括休闲娱乐、科研服务；支持服务主要包括物种多样性维持、生态系统多样性维持等。海洋生态系统服务评估可为海洋主管部门的生态资本核算、生态补偿业务、环评审批提供关键技术手段，也可为海洋生态资本服务的精确评估提供科学基础。

（雷　坤）

**海洋生态系统关键种** marine ecosystem keystone species 在海洋生态系统中，对生态系统过程的影响远大于它的丰度或者生物量的物种。一个关键种在其生态系统中扮演的角色类似于拱门中拱石的作用。虽然拱石在组成拱门的所有石头中受到压力最小，但如果没有拱石，拱门就会崩塌。同样地，如果一个生态系统中的关键种被清除掉，那么生态系统就会经历一个戏剧性的转变，即使关键种在此生态系统中仅占有一小部分生物量或生产力。

研究简史　美国华盛顿大学的R.T.潘恩首先明确了关键种的思想。关键种的概念源于捕食者对群落中物种多样性的控制。1962～1964年，潘恩在北美太平洋沿岸华盛顿州的木卡海湾及加利福尼亚等地的岩石**潮间带**中研究海洋生物群落的捕食关系及物种多样性时发现并提出这一术语，并于1969年将术语关键种应用于海洋群落。他们去除群落中的捕食者海星（关键种）后，原为被捕食者的贻贝随即占据了大部分领域，其空间占有率由60%增加到80%。但9个月后，贻贝又被牡蛎和藤壶所排挤。底栖藻类、附生植物、软体动物由于缺乏适宜空间或食物而消失，群落系统组成由15个物种降至8个物种，营养关系变得简单化。当时，关键种概念的提出在生态学界引起巨大反响，并被大量文献资料引用。

生态地位与作用　关键种的个体数量可能稀少，但也可能较多，其功能可能是专一的也可能是多样的。它能够影响生态系统中的其他物种，并且能够帮助确定其他物种的种类和数量。关键种的消失或削弱能引起整个群落和生态系统发生根本性的变化，在维持海洋生态系统群落结构中

某一生态系统中的关键种海星

起着重要作用。

意义与价值　物种在生态系统功能过程中并不是同等重要的。由于关键种通常被认为在生态系统功能方面中有重要作用，因此有人认为，假如人们能够甄别生态系统中的关键种及其多方面影响的作用机制，人们就有可能得到整个或大部分生态系统功能过程的信息。因此，在考虑海洋生物多样性保护，尤其是为了有效保护它们所产生的生态系统功能过程时，生态学家和保护生物学家们引入了关键种的概念。通过对关键种的保护，更有效地保护其所在生态系统的功能过程。（陶振铖）

**海洋生态系统健康评价**　marine ecosystem health assessment　按照一定的原则和方法，对海洋生态系统的健康状态进行评价。作为一种新兴的生态系统评价技术，海洋生态系统健康评价能较客观地反映海洋生态系统的总体特征，准确把握生态系统的结构、功能现状，评估生态系统各个层次存在的问题和隐患，为海洋生态系统管理提供决策参考信息。

发展过程　“生态系统健康”一词来源于生态系统医学，出现在20世纪80年代晚期。生态系统健康的概念提出以后被广泛地应用于水生生态系统中，特别是淡水湖泊生态系统。在2001年以后，生态系统健康评价逐渐被应用于河口、海湾、沿岸等海洋生态系统中，如美国切萨皮克湾、加拿大芬迪湾、香港吐露港、澳大利亚莫顿湾、亚得里亚海（包括意大利和阿尔巴尼亚海域）等。

评价标准　在政府组织机构层面上，海洋生态系统健康评价方法主要有2000年《欧盟水框架指令》提出的欧盟近岸海域生态质量状况评价法、2005年美国环境保护署发布的美国近岸海域状况评价法和中国的《近岸海洋生态健康评价指南》（HY/T 087—2005）。

欧盟近岸海域生态质量状况评价法主要选取生态、物理化学和水文形态参数3类指标，采用所有要素中的最低等级作为综合评价的等级（OOAO）原则，来指导欧盟成员国河口与近岸水体生态系统健康评价工作。

美国近岸海域状况评价法主要选取水质、沉积物、底栖生物、沿岸生境、鱼/贝类体内污染物5类指标对美国近岸海域、五大湖、墨西哥湾水体状况进行了评价，并定期发布《全国近岸状况报告》。

中国《近岸海洋生态健康评价指南》主要选取水环境、沉积环境、生物残毒、栖息地和生物五类指标，将海洋生态系统分为健康、亚健康和不健康3个级别：①健康。生态系统保持其自然属性，生物多样性及生态系统结构基本稳定，生态系统主要服务功能正常发挥，环境污染、人为破坏、资源的不合理开发等生态压力在生态系统的承载能力范围内。②亚健康。生态系统基本维持其自然属性，生物多样性及生态系统结构发生一定程度变化，但生态系统主要服务功能尚能发挥，环境污染、人为破坏、资源不合理开发等生态压力超出生态系统的承载能力。③不健康。生态系统自然属性明显改变，生物多样性及生态系统结构发生较大程度变化，生态系统主要服务功能严重退化或丧失，环境污染、人为破坏、资源的不合理开发等生态压力超出生态系统的承载能力。

中国海域状况　为掌握中国近岸典型海洋生态系统的健康状况及变化趋势，从2005年开始国家海洋局（今自然资源部）对18个海洋生态监控区的河口（5个）、海湾（7个）、滩涂湿地（1个）、珊瑚礁（4个）、红树林（2个）和海草床（2个）生态系统开展监测，并采用《近岸海洋生态健康评价指南》中的方法对其健康状况进行评价。2012～2016年，这18个海洋生态监控区大部分处于亚健康状态，但随着时间的推移，亚健康比例正在逐渐改善，从2012年的71%逐渐变为2016年的66%，而健康的海洋生态系统比例从2012年的19%逐渐提升为2016年的23%。

（田　华）

**海洋生态系统能量流动**　energy flow through the marine ecosystem　初级生产者通过光合作用固定的太阳能、化能自养型生物通过化学能改变生产的能量，通过食物链和食物网的渠道，从低营养级向高营养级传递的过程。能量是生态系统的动力，是一切生命活动的基础。一切生命活动都伴随着能量的变化。没有能量的转化，就没有生命和生态系统。

流入生态系统的总能量主要是生产者通过光合作用所固定的太阳能的总量。能量再通过海洋生态系统中的食物链和食物网逐级传递到不同的营养级中。一个营养级的生物同化量一部分通过呼吸以热能的形式消耗掉，另一部分能量用于生物的生长、发育和繁殖，也就是贮存在构成有机体的有机物中。流入一个营养级的能量是指被这个营养级的生物所同化的能量。例如小鱼吃虾米，流入小鱼体内的能量应是虾米被小鱼消化吸收后转变成小鱼自身的组成物质中所含的能量，而未被消化吸收的食物残渣的能量则未进入小鱼体内，不能算流入小鱼内的能量。在海洋生态系统内，能量流动一般与物质循环是紧密联系在一起的。

能量经过海洋食物网的各个环节所进行的转换与流动，是海洋生态系中能量流动的一个基本过程。不同层次的消费者（个体、群体或种群直到群落）在其不同的生态位发挥着作用。贮存在生产者体内的能量沿着食物链传递时会大量消耗，能流越来越细，其消耗量视不同的摄食者对所摄食食物的实际利用效率而定，营养级间的能量转移效率平均只有10%～15%左右。一般说来，食物链每升高一个层次，有机物质量能量就要损失一部分，食物链的层次越多，总体效率就越低。能量沿着食物链传递过程中的消耗便形成了能量的金字塔。

研究海洋生态系统流量流动的主要方法是生态通道模型。该模型假设生态系统由一系列生态关联的生物功能组成，这些功能组在营养上的相互联系体现了整个生态系统的能量流动过程，每一功能组能量输入与输出保持平衡，从而使得整个系统的总输入和总输出相等。

特点　海洋生态系统能量通过食物链和食物网逐级传递，能量流动具有单向流动和逐级递减的特点。一般情况下，越向食物链的后端，生物体的数目越少，这样便形成一种金字塔形的营养级关系。与陆地生态系统相比，海洋生态系统中的植食性动物有更高的摄食效率，从而使得能量从初级生产者向消费者传递时周转时间短并且利用率高。

研究意义　海洋生态系统层次的能量流动包括初级生产者固定的太阳能以及这些能量在各营养级的输入与输出的全过程。根据热力学定律，总的能量输入（净初级生产力）与各营养级消费者（包括微生物）的总呼吸消耗是平衡的。在确定相关生态效率参数时，有些数据是在现场调查中获取的（如生物量、生产力），有的则必须根据实验室测定结果（如摄食率、同化率、呼吸率等）或参考应用过去的相关研究数据。

研究能量流动规律有利于帮助人们合理地调整生态系统中的能量流动关系，使能量持续高效地流动向对人类最有益的部分。在海洋生态系统中，根据能量流动规律建立的人工生态系统，就是在不破坏生态系统的前提下，使能量更多地流向对人类有益的部分。（杨 光）

**海洋生态系统上行控制** bottom-up control of marine ecosystem 海洋生态系统中营养盐及较低营养层次（如浮游植物）的种类组成和生物量对较高营养层次（如植食性浮游动物和鱼类）的种类组成和生物量的控制作用。上行控制即资源控制，是生态系统中的一种作用关系，强调物理化学环境与低营养级生物对高营养级生物的决定作用。海洋生态学中通常所说的上行效应主要指的是营养盐供给对浮游植物种群数量变动的影响。与上行控制相对应，**海洋生态系统下行控制**是指较高营养层次（捕食者）的种类组成和生物量对较低营养层次（被捕食者）的控制作用，即捕食者控制。这两种控制都对系统的动态起作用，只不过有时是资源控制为主，有时是捕食者控制为主。

在解释不同营养层之间的相互作用时，通常采用上行控制效应和下行控制效应理论。同时食物网中生物之间的相互制约和调控有两种途径，分别为上行效应和下行效应。上行控制效应理论是指较低营养阶层的密度、生物量等（资源限制）决定较高营养阶层的种群结构。上行控制是自下而上的行为，又称上行效应。简单的或不成熟的生态系统主要受上行效应所控制，上行效应及下行效应也反映了生态系统中各成分之间的反馈与负反馈机制，也正是这种机制决定了生态系统的稳定与平衡。

在海洋生态系统动态变化研究中发现，不管是上行控制还是下行控制，浮游动物都起着重要作用，主要表现在以下几个方面。

对初级生产力的控制　初级生产者（浮游植物）的生命周期短、繁殖快。初级产品如不迅速被次级生产者（浮游动物）利用将形成积累，产生水华，严重时将形成赤潮。初级产品通过浮游动物迅速转化是维持高初级生产力和高生态转换效率的重要条件。

对营养级间生态转换效率的调控　浮游动物通常对初级生产力的高低做出反应。当初级生产力高时，为了提高转换效率经常是大型桡足类占优势，相应的浮游动物捕食者的粒径也加大。这种加大粒径、减少营养级的响应称为功能响应。或者当大型浮游动物的种群数量不能做出及时响应时，迅速增加小型浮游动物（如小型枝角类）的个体数量，以达到迅速转化的目的，即数量响应。

对高层捕食者的控制作用　对高层捕食者的控制作用主要包括3个方面。①浮游动物是鱼类（特别是上层鱼类）的食物。对于经济鱼类来讲，资源变动主要取决于补充群体的大小，即幼鱼的存活率。而幼鱼的存活率在很大程度上取决于食物保障。不管是上层鱼类还是底层鱼类，它们的幼鱼多以浮游动物为食。帕森斯等也证实，浮游动物数量变动与北太平洋鲑鱼幼鱼的生长和成活有着直接的关系。②某些肉食性浮游动物（水母、毛颚类）又是幼鱼的竞争者，甚至捕食鱼卵和仔、稚鱼。③由于人为和自然原因，浮游动物种群会发生结构变化，如地中海和黑海都报道过浮游动物从甲壳动物占优势转换为栉水母和钵水母占优势。如果发生这种情况，鱼类等经济动物所需能源将大部分被截留。

对水层－底栖耦合关系的控制作用　底栖动物所需能量来自水层，即水层的初级生产。在大洋，初级产品绝大部分在真光层被消费，即便有剩余也在未到达底层时即被利用或分解。浮游动物的粪便颗粒和一些大的有机聚集体（**海洋雪**）是底栖动物能获得的主要能源。在浅海，由于有较强的垂直混合，相当一部分初级产品可以到达底层直接被底栖滤食性动物利用，而这个份额的大小就是由浮游动物所控制。反之，沉积有机颗粒的再悬浮在某些场合也为水层内的浮游动物提供了补充能源。

中国学者金显仕和唐启升2002年总结了1959～1998年渤海食物网营养动力学及资源优势种交替的研究，认为近海食物网各营养层次的上行和下行控制作用还受环境变化和人类活动的影响。1959～1998年渤海生态系统从初级生产到次级生产再到顶级生产表现出一种下降趋势。渤海营养结构呈现氮增加而磷、硅下降的趋势，这种营养盐比例的失衡使得浮游植物生产受到限制，从而影响初级生产，并在生态系统的生产中产生连锁反应，使得次级生产和顶级生产下降，从而表现出上行控制的效应。但是过度捕捞使得顶级生物量减少或优势种更替，进而产生下行控制的效应。例如，1998年捕食浮游动物的小型中上层鱼类鳀鱼数量非常少，浮游动物承受的捕食压力小，剩余产量高。浮游动物生物量的上升一方面可能制约初级生产力，另一方面又可向上提供更多食物，提高高营养层次消费者的补充量。这两方面的变化又同时对浮游动物数量产生制约作用，即浮游动物在生态系统生物生产中起到“蜂腰控制”作用。（李超伦）

**海洋生态系统试验站** marine ecosystem experimental station 为研究特定海洋生态系统的结构、功能、演变特征等而设立的具有监测、实验、研究等功能的现场工作平台。海洋生态系统试验站通常设立在某一海洋生态系统的代表性区域，如河口、海湾、红树林、珊瑚礁、海岛等，可以对这些生态系统中的关键生态学指标进行原地取样和长期监测，从而对这些典型生态系统的维持机理和演变机制进行研究。

海洋生态系统试验站的建设，应以实现野外观测和科学研究为宗旨，以海洋学、生态学、环境科学理论为指导，以认识、保护和修复海洋生态系统等为目标，配置先进的观测和分析仪器，实现多学科数据的观测和资源共享，并可依托所代表的典型海洋生态系统，开展有特色的观测或实验研究。

列入中国国家生态系统观测研究网络的海洋生态系统试验站有胶州湾海洋生态系统国家野外观测研究站、大亚湾海洋生态系统国家野外观测研究站和海南三亚海洋生态系统国家野外科学观测研究站等，分别地处温带、亚热带和热带，这些试验站均为集观测、研究与示范为一体的综合性海洋生态系统研究站。（蒲新明）

**海洋生态系统下行控制** top-down control of marine ecosystem 海洋中较高营养级的物种结构（多度、生物量、物种多样性）对较低营养级物种结构的控制作用。见**海洋生态系统上行控制**。

**海洋生态系统修复工程** marine ecosystem restoration engineering 在大自然自我修复能力和适当人工措施辅助的作用下，受损的海洋生态系统在结构和功能上得到恢复且能自我维持的过程。由于过度捕捞、海洋污染、气候变化等影响，海洋生态系统遭受到严重破坏和退化。为了保护海洋生态系统，许多修复技术和保护措施被提出并得到广泛应用。

分类　按照生态修复措施的人工干预程度，可将生态系统修复划分为三大类：自然生态修复、人工促进生态修复、人工生态重建。海洋生态系统破坏较轻时，以大自然的自我修复为主，主要是利用相应的措施消除海洋生态系统压力，降低生态系统退化的速度，从而使生态系统得以恢复。海洋生态系统破坏较为严重时，需要人工促进生态修复，即在生态系统自我修复能力的基础上，结合物理、化学、生物等人为干扰措施促进生态系统恢复。海洋生态系统完全退化或丧失时，需要采用相应的措施重建新的生态系统。海洋生态系统修复过程应尽可能地减少人为的干扰措施，充分发挥海洋生态系统的自然调节、恢复和进化功能。

修复技术　海洋生态系统修复是个复杂的系统工程，涉及的内容包括海洋生态系统退化诊断、生态修复技术措施、生态修复监测及修复效果评价、生态修复管理等方面。生态修复技术措施是海洋生态修复技术体系的核心，海洋生态系统修复主要是人工促进生态修复，侧重于对生态退化的末端治理。修复技术包括物理修复、化学修复和生物修复，从生态系统退化的源头出发进行生态修复的研究尚少。随着认识和实践的发展，海洋生态系统修复技术体系逐步从生态修复技术措施单方面转向系统化研究，拓展到海洋生态系统退化诊断、生态修复监测及修复效果评价、生态修复管理等方面。

保护措施　中国国务院2012年印发的《国家海洋事业发展“十二五”规划》提出，保护与修复滨海湿地、盐沼、红树林、珊瑚礁和海草床等重要海洋生态系统。其技术措施主要为：①滨海湿地。建立湿地自然保护区，针对滨海湿地环境污染进行治理，及时清理淤泥，逐步恢复被破坏掉的生态平衡。②盐沼。通过符合生态学原理的工程技术手段，减小盐沼的受损程度，减缓甚至逆转盐沼的退化趋势，使之恢复正常的生态系统结构和功能，主要技术手段包括湿地受损基底修复技术、水动力修复技术和植物引种技术。③红树林。在适宜地区大面积造林，但又不是单纯营造人工红树林，更重要的是提高造林质量，恢复多层次、多种类、立体防护效能的红树林。④珊瑚礁。主要包括珊瑚移植、园艺式养殖珊瑚、人工鱼礁、底质稳固、幼体附着等，珊瑚移植成本较低且可以较快增加珊瑚的数量，是运用最为广泛的修复技术。⑤海草床。主要依靠散播海草种子或者移植幼苗和成体植株。

中国政府高度重视生态修复，实施重要生态系统保护和修复重大工程，编制生态修复规划，大力推进生态修复工作，从理论、实践、管理等方面构建海洋生态修复体系，为加快建设海洋人类命运共同体奠定坚实生态基础。（蔡悦荫）

**海洋生态系统优势种**　marine ecosystem dominant species　具有控制群落和反映群落特征的种类。优势种是群落中数量或者生物量所占比例最多的种。海洋生态系统中各个物种的数量虽然保持平衡，却不是相等的，总有某些物种的数量比其他物种多些，甚至多很多。如果这个物种不仅数量多，而且生物量大，在整个群落结构中起着主要作用（如在物质能量循环中，对维持生态系统起着主要作用），那么它就被认为是海洋生态系统的优势种。在海洋生态系统中，不同的群落中由于其结构和组成不同，其优势种也是不相同的。

研究简史　优势种通常是那些个体数量多、投影盖度大、生物量高、体积较大、生活能力较强，即优势度较大的物种。它包括群落每层中在数量、体积上最大、对生境影响最大的种类。海洋生态系统中的优势种可以不止一个。它们通常是那些个体数量多、投影盖度大、生物量高、体积较大、生活能力较强，占有竞争优势，并能通过竞争来取得资源的优先占有地位，即优势度较大的种。常用的优势度（$Y$）测定方法是：

$$Y=(n_i/N)\times f_i$$

式中$n_i$为第$i$个物种的个体数；$f_i$为该物种在各站位中出现的频率；$N$为每个物种的总个数。为了把优势种的数目控制在一定范围内，一般将$Y>0.02$的物种认为是优势种。

生态地位与作用　生态学上的优势种对整个群落具有控制性影响。如果把群落中的优势种去除，必然导致群落性质和环境的变化。但若把非优势种去除，只会发生较小的或者不显著的变化，因此不仅要保护那些珍稀濒危物种，也要保护群落中那些优势种生物，他们对生态系统的稳态起着举足轻重的作用。

在没有出现关键种和功能群概念之前，优势种是评判一个生态系统中或者群落中某个物种贡献度、竞争力或者影响力的主要指标。但是，一个生态系统中的优势种可能往往并不是该生态系统中的关键种或者功能群的主要组成物种。以黄海生态系统为例，小拟哲水蚤（*Paracalanus parvus*）和中华哲水蚤（*Calanus sinicus*）都是黄海生态系统的优势种。中华哲水蚤一直是黄海桡足类，也是整个浮游动物群落中最主要的优势种，同时它也是黄海生态系统的关键种和大型浮游动物功能群的主要组成物种。然而，小拟哲水蚤虽然在黄海数量丰富，分布广泛，但并不是黄海生态系统中的关键种。（陶振铖）

**海洋生态学**　marine ecology　研究海洋生物自身、海洋生物之间，以及它们与海洋环境间相互关系的科学。早期海洋生态学是作为海洋学的分支，而现代海洋生态学是生态学的一个分支。通过研究海洋生物在海洋环境中的繁殖、生长、分布和数量变化，种间相互作用，以及生物与环境相互作用，阐明海洋生态系统及其各个组成部分的运行规律，可以为海洋生物资源可持续利用、海洋环境保护和维持生态平衡等经济社会活动提供科学依据。

研究简史　创始阶段（1900年之前）早在古希腊亚里士多德的著作和中国的《吕氏春秋》中，就有海胆产卵和潮汐周期关系的描述。从生物和环境之间关系的角度，已经可以称之为现代意义上的海洋生态学研究了。但通常将英国海洋生物学家E.福布斯作为海洋生态学和生物海洋学的奠基人。他首创了挖泥采集底栖动物的方法，提出海洋生物分布的分带现象，并将欧洲海域划分成几个生物地理区划。作为全球第一部海洋生态学论著，他的《欧洲海的自然史》是在他去世后出版的。而他更为人熟知的是无生命假说，错误地认为550米以下的海域不会有生物生存。从这个角度说，他在爱丁堡大学的继任者C.W.汤姆孙更有资格作为奠基人。他领导了享誉全球的英国“挑战者”号考察，发现了大量深海动物和新的生物种属，综合研究了生物与海洋环境的关系。

之所以说早期海洋生态学是海洋科学的分支，因为当时仍然是一门描述性的科学，工作都是基于考察和采样。当时虽然借用了生态学的概念，却很难将生态学的理论应用到海洋中。因此，一般认为18世纪末至19世纪末是海洋生态学研究的创始阶段，也就是认知阶段。这一阶段的主要成就，除了前面提到的英国的工作，还包括一系列概念的提出。1877年和1883年，莫比乌斯提出了广温性生物、狭温性生物、广盐性生物和生物群落（biocoenosis）等生态学的重要概念，并限定“community”与“biocoenosis”有相同的意义（生物群落）。1887年，德国V.亨森首先使用了“浮游生物”(Plankton)一词；1891年，德国E.H.哈克尔首先提出底栖生物（Benthos）和游泳生物（Nekton）两个名词。

把这一阶段定义为创始阶段的另一个原因，在于当时在生态系统水平上的理解与自然规律之间还存在很大的偏差。除了福布斯关于深海无生物的错误，还反映在对拖网渔业的态度上。1813年，英国政治家H.舒尔茨提案扩大商业捕捞规模，理由是海洋的生产力是取之不尽的。从1850年开始，爱尔兰和英国的渔民开始抗议拖网破坏了资源。1863年，英国皇家调查委员会的优秀研究员得出结论支持舒尔茨，理由是同样面积的渔场可以一周产出比陆地一年更多的食物（1英亩≈4047平方米，可产出1吨玉米或者100～150千克肉）。其中的一位委员就是动物学家T.H.赫胥黎。

这一阶段后期开始建立的一系列岸基海洋实验室（站）为海洋生态学的发展奠定了重要基础。囿于当时的条件，早期的实验研究不可能在船基基础上进行，而必须依托岸基设施开展受控研究。1872年建立的德国德那波利海洋动物研究站开创了为其他国家研究人员共享科学设施的先河。1888年，英国海洋生物联合会开始运行普利茅斯海洋实验室。1906年，法国摩纳哥建设了海洋博物馆和水族馆。这些都为基于长期观测和受控实验研究海洋生物与环境的关系提供了条件。

理论成熟阶段（1900～1960） 进入20世纪，关于海里的鱼是否捕之不尽的争论仍在继续。20世纪初，英国发表了第一份关于过度捕捞的研究报告，承认能从海洋中取得的资源是有限的。1955年，美国出版了一本名为《取之不尽的海洋》的书，仍然认为海洋能提供的东西远远超出人们的想象，只要加一点点干预，就可以获得更多。作者不是政客，而是伍兹霍尔海洋研究所和纽约自然历史博物馆的学者。与他们不同，另一些学者则投入真正的海洋生态学研究中，把鱼的资源量和浮游生物量定量地联系在了一起。英国海洋生物学家A.哈迪在1921年接受了解释鲱鱼产量波动原因的任务。他并没有从鱼类而是从鱼类的饵料——浮游生物的变化出发，设计了一个连续采样设备，也就是现在海洋生态学领域享誉全球的浮游生物连续采样器（CPR）。谢菲尔于1954年所描述的剩余产量模式使得最大可持续产量的估算成为可能，也带动海洋生态系统进入可量化管理的阶段。

这一阶段的另一个重大发现，是丹麦“铠甲虾”号和苏联“勇士”号调查取得大量的深海资料，证明在6000米到10 000多米深的水层、洋底和深海沟都有生物生存。虽然这项工作仍然带有探险的性质，但同步提供的环境参数足以支持其生态学属性。也是在这个阶段，人们将海洋作为一个特殊的生态系统来和陆生生态系统进行比较。1942年，林德曼最早开始从初级生产者构成和营养物质补充的角度阐释海洋生态系统的独特性。这充分说明，不仅从生态系统组成上，而且从规律认知上，海洋生态学已经可以与传统生态学接轨了。

可以说这一阶段是海洋生态学的成熟期，几乎所有关于海洋生态学的概念和基本理论都已经形成或初步形成。比较明显的例外是雷德菲尔德比值和微食物环，分别到1963年和1983年才正式形成。前者将化学计量学比例引入到浮游植物吸收营养盐的动力学过程中，而后者补齐了海洋生态系统物质循环途径中缺失的部分，即溶解态有机物如何进入食物链。

全球变化生态学阶段（1960年至21世纪初） 进入20世纪下半叶，发现新生态系统类型的工作仍然在继续。1977年，世界上第一个载人潜水器“阿尔文”号在墨西哥湾加拉帕戈斯裂谷发现了热液生态系统。1983年，C.K.保罗及其同事在墨西哥湾佛罗里达陡崖3200米处首次发现了冷泉生态系统。但是，海洋生态学进入新阶段的真正驱动力来自这样一个现实：人们的海洋生态系统正变得不再“自然”。

1961年夏天加利福尼亚蒙特雷湾出现了非常著名的鸟类怪异行为，后来被证实与赤潮引发的软骨藻酸中毒有关。这种失忆性贝毒毒素经浮游生物和鱼类最终传递到灰鹱，随后灰鹱出现飞行方向错乱的问题，撞向建筑物和车辆，并且啄伤了8个人。这种现象虽然在当时无法理解，但因为A.希区柯克取材于此的经典悬疑电影而广为人知。另一个崭新的命题是全球变暖，推动海洋生态学开始从全球尺度上展开工作。在这一阶段，海气、陆海相互作用和人类活动的影响开始纳入海洋生态学的研究范畴，本领域的学者开始考虑传统海洋学之外的宏观环境变化。

从全球海洋生态系统动力学研究计划（GLOBEC）开始，海洋生态学家开始以传统生态学的物质循环和能量流动为理论框架，量化评估海洋生态系统的动态变化。全球科学家以各自海域的优势种为研究对象，将它们的摄食率、代谢率、生殖率、死亡率等参数化，以期整合到数值模型中实现动态模拟。黄海的中华哲水蚤和乔治滩的飞马哲水蚤及伪哲水蚤研究是相对封闭陆架生态系统动力学的典型案例。上述努力不仅使得这门学科彻底变成生态学的分支，也使得海洋生态学的细分领域像陆地生态学一样完善起来。当前，不仅有种群、群落和生态系统层级上的生态学研究，也衍生出生态修复、污染治理、增殖放流和保护区规划等应用生态学领域的研究方向。

**基本内容和研究方法** 海洋生态学的研究对象是生物的个体、种群、群落，以及整个海洋生态系统。研究各类海洋生物在分布、繁殖、生长过程中通过竞争、捕食、共生等与其栖息环境中的生物和非生物因子的相互作用，以及在群落和生态系统水平上的组成、分布、类型演替等。

海洋生态学研究与陆地生态学一样，主要依赖现场调查、受控实验和数学模型3种研究方法。由于海洋生物随海水流动迁移的范围因生活习性和运动能力而异，同时人类无法肉眼直接观测，3种研究方法的侧重与陆地生态学有着显著的不同。

野外调查可以发现所有的生态学现象和生态过程，但由于海洋面积广阔，大都是通过抽样调查的方式进行的。野外考察以固定站点的调查为主，而定位观测尤其是长期定位观测，还很难在生态系统层面上开展。当代的遥感手段实际上是一种新的观察手段，极大地拓展了人类的感知范围，但在海洋中仅限于上层Ⅰ类水体的温度、叶绿素浓度等少数指标。

实验方法是研究生物之间、生物和环境因子之间关系的常见方法，分为原位实验和人工模拟实验两类，可以作为野外调查手段的有效补充。在海洋中，原位实验只能在小水体中进行，人工受控实验只能模拟简单的相互作用。同时，由于已知多数的海洋生物还无法人工培养，实验的方法只能选择代表生物或者模式生物进行。

数学模型是从20世纪50年代起，随着计算机的应用，将系统概念和计算数学的方法渗入生态学研究领域的结果。越来越多的学者采用数学模型来描述生态现象，预测未来趋势。计算结果与实测数据相互印证，这有助于检验理论的有效性。在海洋生态学研究中，除了传统的种群和生态系统模式，尤为重要的是生物–物理耦合模型。将生物和生源要素的迁移转化整合到海水动力模型中，有效解决了海洋水团无法人为跟踪的难题，极大地推动了海洋生态学研究的发展。营养盐和初级生产过程已经可以较好地耦合到物理模式中，但次级生产和沉积过程的模拟精度还有待提高。

**学科发展的驱动力** 海洋生态学的早期积累，是海洋霸权争夺过程中的副产品。1741年，V.J.白令（白令海峡的命名者）代表俄国凯瑟琳女皇探险美洲，随船的自然科学家格A.斯特拉在堪察加外面的岛屿上发现了后来以他名字命名的大海牛。这种寒带草食动物是海牛目中体型最大的，也是唯一以海藻为食的，但遗憾的是它并没有被当作科学素材，而是成为财富源泉，在1768年斯特拉非正常死亡后不久即宣告灭绝，甚至没有留下模式标本、等到林奈的双名法给它一个正式的拉丁名。纵观海洋生态学的发展历史，早期英国的贡献是不容忽视的（这与海洋霸主的实力有关，不管正确的还是错误的）。

后来的海洋探险和渔猎活动虽然对很多鱼类和海洋哺乳动物造成了灭顶之灾，但客观上也促进了对海洋生态现象的认知。1790年，在东太平洋寻找抹香鲸的J.科内特就描述了秘鲁上升流区聚集的鱼群和大量的棱皮龟。直到1969年J.H.赖瑟才系统解释了上升流生态系统高生产力的原因。同样是美国海洋探险家和自然学家的C.W.毕比20世纪初在太平洋的马尾藻海发现了一条奇怪的线，它像一座墙使所有的漂浮物在此停留堆积。1992年的太空照片也发现了同样的线并指引海洋学家前往调查，发现是南北赤道流的辐合带，因浮游生物（硅藻）聚集而具有了明亮的绿色。

全球变化时代，驱动海洋生态学发展的是日益严重的环境问题。富营养化、赤潮、水母等生态灾害给海洋经济和人类生命安全造成巨大威胁，推动各国学者投入发生机制和应对策略的研究中，形成的共识就是生态系统水平的管理。20世纪60年代，美国切萨皮克湾的环境问题已经到了无法忽视的程度，资源严重衰退，缺氧频繁发生。关于发生机制的争论推动了海洋生态系统演变研究，最终得出结论：牡蛎（可以滤食水体中的悬浮颗粒物）的过度捕捞加剧了富营养化的影响。同样，恢复牡蛎种群能否修复环境的争论和研究仍然在同步进行，相信最终会找到解决环境问题的生态修复方案，进一步推动海洋生态学研究的发展。

还有一个驱动因素就是政府对海洋经济和海洋权益的关注度在提升，尤其是1982年《**联合国海洋法公约**》界定了**内水**、**领海**、**临接海域**、**大陆架**、**海洋专属经济区**、**公海**等重要概念之后。中国没有参加到早期海洋霸权的争夺中，加上近代社会的动荡，不管是探险时代自然科学素材的原始积累还是海洋生态学理论的发展都起步较晚。中华人民共和国成立前，一批海外归来的学者开始针对珊瑚礁、浮游动物的海洋生态学进行研究。中华人民共和国成立后，20世纪50年代的海洋普查一举缩小了与世界海洋生态学研究的差距。进入全球变化的大海洋学时代，中国已经与世界一起，同步开展有害藻华、生物资源可持续利用等方面的研究，甚至在一些细分领域，如养殖生态学，已经走到了世界前列。

技术进步也是推动海洋生态学发展的重要因素。这门学科的发展依赖于调查船和调查仪器的不断革新，新型破冰船可以帮助科学家研究海冰覆盖之下的海洋生态系统，遥控或者自动控制的观测设备则可以进入冰下甚至冰架下的海腔中带回图像和实物样品以及监测数据。从而更好地掌握各类海洋生物的时空分布规律，这是自然生态研究的必要资料。另一方面是实验室分析技术和实验仪器的不断更新。不仅新的仪器帮助科学家更加精确地测定生物、环境参数，分子技术还可以在基因表达和调控的水平解释生物对环境胁迫的响应。

发展方向　海洋生态学的学科主旨是合理开发和利用海洋资源以及保护海洋环境，维持生态系统的平衡，契合联合国可持续发展目标，保护和可持续利用海洋和海洋资源，以促进可持续发展。学科发展的目标是根据生态学的规律建立评估、预测和治理的理论、方法或技术。以环境污染为例，不仅要研究污染物影响生态系统的机理，还要提出生态系统承载力、预测未来迁移转化趋势、建立生态修复的技术。就像《全球海洋科学报告——世界海洋科学现状》中指出的，对于海洋及其资源和生态系统服务，没有测算就无法管理。

食物产出　渔业资源是贯穿在海洋生态学发展历程中的根本问题之一。在确定了其有限性和可持续捕捞的问题之后，未来的挑战是人类的食物供给。为全球增加的人口提供食物资源增量，海洋是最有潜力的场所。首先，增加海洋食物产出无须耗费同样会随人口增加变得日益宝贵的淡水资源。更重要的是，海洋生产力和食物产出现状表现出的潜力。全球海洋和陆地生态系统的总初级生产力水平接近，但由于海洋生物生产方式远远落后于陆地，食物产出只有陆地的不到2%。能否、如何通过“驯化”海洋，提高食物产量/总初级生产力比，是未来海洋生态学发展的重要课题。

健康海洋　是平衡资源和环境问题，实现可持续发展的根本依据。人类每年从海洋中收获1亿吨（需求还在增加）的海产品，而世界范围内被过度捕捞的海洋鱼类资源的比例从1974年的10%增加到2013年的31%，63个大型海洋生态系统中16%的沿海富营养风险级别为“高”或“最高”。人类活动每年排放的二氧化碳有30%被海洋吸收，而吸收的二氧化碳也导致海水的酸度增加，使如珊瑚等许多海洋物种的壳和骨架变得十分脆弱。在诸如此类的矛盾中寻找一个平衡点，在保证海洋生态系统健康的基础上增加人类福祉，是一个重要发展方向。

（张光涛）

**海洋生态灾害**　marine ecological disasters　由于人类活动直接或者间接导致海洋生态系统异常变化所引发的危害。

包括一些种类的海洋藻类、低等无脊椎动物种群数量暴发性增殖形成的**赤潮**、**褐潮**、**绿潮**、金潮和白潮（大型水母）等的灾害，生境恶化（如严重污染事件、底层水缺氧等）导致海洋动、植物大批死亡，以及病毒、细菌引起的天然或养殖生物大量死亡等。

致灾原因　海洋污染（尤其是水质富营养化）、过度捕捞、栖息地破坏、外来物种入侵，以及全球气候变化是致灾的主要原因，这些原因经常相互交叉、综合作用，导致海洋生态灾害的发生。

主要危害　海洋生态灾害不仅损害海洋生态系统的健康，造成重大海洋经济损失，而且还能直接危害人体健康。如**塔玛亚历山大藻**是世界广布性有毒赤潮种类，该藻是产生**麻痹性贝毒**的主要藻类之一，其产生的PSP毒素可通过贝类的滤食在体内富集，进而通过食用带毒贝类使人体中毒或致死。2012年，福建省沿海暴发的大规模**米氏凯伦藻**藻华，造成养殖鲍大量死亡，经济损失达20多亿元。一些科学家警告说，人类过度捕杀大型海洋动物，持续干扰海洋生态系统，有可能导致地球上大型海洋动物，如蓝鲸、金枪鱼、大白鲨等灭绝。2016年，由于水温异常，北太平洋的一种海鸟——崖海鸦（又称海鸽），因饵料鱼（毛鳞鱼和鳕鱼等）缺乏，导致约50万只死亡。世界自然基金会在2015年发出警告，由于过度捕捞、污染和气候变化，自20世纪70年代之后全球海洋生物数量大约减少了一半，有一些种类的数量甚至下滑75%。该会总干事M.兰贝蒂尼指出，人们正在集体把海洋推向危险，海洋生态系统的崩溃有可能引发严重的经济危机。

不同种类海洋生态的致灾原因、成灾过程、规模、持续时间、造成的危害程度不一。成灾的原因十分复杂，既有其内在的生物学因素，也有所处环境的外在因素，有时人为因素和自然因素又交错在一起。一些低等生物往往是暴发性增殖和高度聚集而成灾，而有些高等无脊椎动物，如扇贝、对虾、海参等，以及脊椎动物鱼和海兽，又往往在短时间内大量死亡。虽然人们对海洋生态灾害的认知已有较大的进步，但对各种海洋生态灾害的生物学、生态学、毒理学等的知识还很有限，在灾害的预测、预报，防灾和减灾措施，灾害损失的生态、经济评估等方面尚处于探索阶段。

防治措施 防止和减轻海洋生态灾害的主要途径有加强生态灾害的生物学、生态学、海洋科学的基础研究，持续开展海洋生态灾害监测，强化海洋环境保护和海洋环境综合管理，以及加强国际有关海洋生态灾害的科学技术交流和合作。

（于仁成 周名江）

**海洋生态灾害应急监测** marine ecological disaster emergency monitoring 在海洋生态灾害发生后，立即对事发海区的生态灾害性质和强度、灾害作用持续时间、空间范围、资源损害程度等进行的一定时间的连续观测。海洋生态灾害应急监测包括赤潮应急监测、绿潮应急监测、水母暴发应急监测、病害生物暴发应急监测等。

海洋生态灾害应急监测的目的是及时、准确掌握和通报事件发生后的生态灾害动态、范围和强度，为善后治理和生态修复提供依据，为执法管理和经济补偿索赔提供客观公正的损害评估。

海洋生态灾害应急监测的主要方式包括遥感监测和现场监测。其中，遥感监测利用飞机、卫星等遥感设备对生态灾害分布的区域、面积、水色、生物量等进行监测。现场监测利用船舶和各种专业设备对生态灾害发生区进行取样和分析。应急监测站位布设原则是：以获取事发海区总体环境状况的代表性样品为目的，一般可根据生态灾害发生的范围和漂浮状态，在生态灾害中心区和附近对照区设站采样。监测内容包括气象要素、水文要素、水质、底质、生物指标、生物毒素等。可根据生态灾害发生过程进行跟踪监测和多次监测，以查明海洋生态灾害发生的原因、过程、后果等。要重视现场实际调查和对公众的调访。应急监测应根据生态灾害的面积和程度启动不同等级的应急监测预案，并及时向有关部门通报生态灾害动态并预测其发展趋势。

（蒲新明）

**海洋生物泵** marine biological pump 海洋生态系统中由有机物生产、消费、传递、沉降和分解等一系列生物地球化学过程构成的碳从表层向深层的转移。海洋生物泵是以一系列的生物作为介质，通过光合作用将大气中的无机碳转化为有机碳，之后在食物网内转化、输送及沉降从而将碳从海洋真光层转移到深海底中的过程。

另外，某些海洋生物的细胞壁或外壳中的不溶解性碳酸钙成分在被摄食消化后形成的残留物会沉降、堆积到海底，形成碳酸盐泵。

大气$CO_2$在海水中的溶解吸收是通过海洋浮游植物的光合作用而进行的。海洋中的浮游动物吞食浮游植物，食肉类的浮游动物吃食草类浮游动物。这些过程所产生的植物和动物碎屑沉降在海洋中，某些沉降物将被细菌分解并作为营养物回到海水中，但也有一些（大约1%）到达深海或海床，在那里被沉积而不再进入碳循环。

海洋生态环境中，在海水处于垂直稳定状态下，碳要实现从表层向深层的垂直转移需完成两个步骤：①从无机碳转化为有机碳。②有机碳的沉降输出。正是一系列的生物学过程完成了这两个步骤：首先是生活在真光层内的大量的浮游植物进行光合作用吸收$CO_2$将其转化为颗粒态，即有生命的颗粒有机碳，大多为单细胞藻类，粒径几微米至几十微米。然后，通过食物链（网），逐级转化为更大的颗粒（浮游动物、鱼等）。未被利用的各级产品将死亡、沉降和分解。转化过程中产生的粪便、蜕皮等也构成大颗粒沉降，即非生命颗粒有机碳的沉降。生活在不同水层中浮游动物的垂直移动也构成了有机物由表层向深层的接力传递。由于沉降速度低，小颗粒有机物如单细胞藻类在离开真光层不远即被分解，只有大颗粒有机物才能抵御微生物的分解活动得以到达深层乃至沉积物中，进入长周期循环。还有一部分很难降解的有机物可能长期埋藏在那里，沉积成为化石能源。光合作用产品中有相当一部分是以溶解有机碳的形式释放到海水中，动植物的代谢活动也产生大量溶解有机碳。它们的一部分将无机化进入再循环，也有相当一部分被异养微生物利用再次转化为颗粒态（微生物自身生物量），并通过微食物网再进入传统食物网。

海洋生物泵的效率表征生物过程对大气$CO_2$的去除能力，影响生物泵效率的物理、化学过程很多，就生物生态过程来说，如生物量、初级生产力、群落结构、食物链与微食物环、呼吸过程等过程均会影响其对有机碳的输出效率。总的来说，影响生物泵效率的因素主要有营养盐的限制、铁的作用、生物固氮作用即生态系统结构。

海洋生物泵是全球碳循环的重要组成部分，调节海洋上层有机碳颗粒向海洋下层的传输，对维持大气$CO_2$浓度具有重要作用。海洋生物泵的净化效果是减少表层海水中的碳含量使得它可以从大气中吸收更多的$CO_2$以恢复表层平衡。一般来说，**海洋初级生产力**越高，大气$CO_2$浓度越低。

（李超伦）

**海洋生物地层学** marine biostratigraphy 研究海洋生物化石的时空分布，并根据地层中所含化石的特征分成若干地层单元，以确定地层相对地质时代的学科。海洋生物地层学是大洋地层学重要的研究方法之一，也是生物地层学在海洋领域的分支。

研究途径 海洋生物地层学最常用的化石门类是浮游型微体化石群，包括有孔虫、钙质超微、放射虫、硅藻、沟鞭藻等化石。生物地层表是以生物演化的一些不可逆事件，如首现面（FAD）和末现面（LAD）等为基础，按不同生物种类组合（化石带）建立起来的。如第四纪深海沉积层中至少有各类浮游微体化石的事件35个（FAD9个，LAD23个，其他事件3个）。将这些事件用放射性或古地磁测年技术标定年龄，就可以建立以生物演化事件为基础的地质年代序列。这种研究途径可以使中生代、新生代各阶和各化石带界线的年龄定量化，是地层学发展的新方向。一般在低纬度地区化石群演化比较迅速，事件较多，可鉴别的化石较完整，所以可用“标准化石带”进行地层对比；在中高纬度地区，由于化石种类有异，分异度较低，常需用不同生物事件与化石带或者冷水生物如硅藻划分地层。研究重点是利用放射性测年、古地磁测年、同位素地层测年等方法，标定常见生物化石事件的绝对年龄，不断修正生物地层年代表，以求进行更精确的远距离地层对比。微体化石个体细小且分布广泛，早在20世纪50年代就被运用于海底地层划分。随着**深海钻探计划**（DSDP）的发起和实施，研究人员发现钙质超微化石中有大量属种在全球地层中的FAD或LAD具有相当的同时性，依据它们可以进行全球性对比。

地层划分 在地层群中认定化石带，以地层中化石带的重叠顺序代替时代的前后关系。一个化石带可看作代表一定的地质年代，用以划分和对比地层的年代。

浮游有孔虫化石带 在各类微体化石中，浮游有孔虫在大洋地层学中最为重要。1969年，W.H.布洛提出的数码编号方案中化石带代号最为简单，应用较广。古生物学家经过多年的研究，已有新生代古近纪、新近纪至第四纪42个化石带。1977年，法国学者J.西嗄尔于提出了白垩纪分带方案。浮游有孔虫分带是建立在低纬度地区的基础上，高、中纬地区的建带和化石带的经向对比问题尚待解决。此外，如圆辐虫（*Globorotalia*）、普林虫（*Pullenitatina*）等浮游有孔虫壳体旋向在剖面中的变化规律明显，红拟抱球虫（*Globigerinoides ruber*）红色壳体在印度洋和太平洋消失于距今约12万年前，都具有地层意义。

钙质超微化石带　钙质超微化石由于个体更加细小，演化十分迅速，分析过程简单，在深海钻探的地层工作中发挥了重大作用。1977年，美国学者W.W.海用钙质超微化石分为86个化石带。其中，侏罗纪21个、白垩纪19个、新生代46个。

放射虫化石带　在深海**碳酸盐补偿深度**以下，或在高纬度区浮游有孔虫和钙质超微化石一类钙质壳材料不足的海区，需要依靠放射虫、硅藻等硅质微体化石进行分带。在热带洋区，新生代已分出26个放射虫化石带，定出80多个放射虫事件。

硅藻化石带　在高纬度海区，硅藻化石的地层意义比较重要。虽然由于研究程度的限制，在大洋地层上的应用不及上述诸门类来得广泛，也缺乏世界性的对比方案，但是硅藻生物地层研究已经有重大进展。例如，在北太平洋中新世以来的地层中分出25个硅藻化石带；1978年，美国学者L.H.伯克尔在早中新世至更新世初的地层中定出43个硅藻化石的时间面。此外，硅鞭藻、沟鞭藻等浮游微体生物化石在大洋地层学研究中都有一定作用。

（段佰川）

**海洋生物地理学**　marine biogeography　研究生物在海洋中的地理分布及其规律，阐明不同海域生物区系的组成及生态特点、形成过程，及其与地理规律相关的环境因子关系的学科。它是**生物海洋学**的一个重要研究领域和分支学科。海洋生物地理学的研究涉及海洋生态学、物理海洋学、生物海洋学、生态生理学、遗传学、地理学、地质学、古生物学和宏观生态学等多个学科的研究成果。

研究简史　海洋生物地理的研究已有100多年的历史。美国科学家J.D.达纳首先对世界珊瑚和甲壳动物的分布做了调查。英国海洋生物学家E.福布斯和R.戈德温－奥斯汀在1859年发表第一部综合性著作《欧洲海的自然史》，对海洋生物地理学做出了重要贡献。20世纪30年代开始了海洋生物地理的综合分析研究。瑞典科学家S.埃克曼总结过去的研究成果，于1935年和1953年先后发表德文版和英文版《海洋动物地理学》。他根据海洋环境的特点和各生态类群地理分布的不同，提出浅海和深海、浮游和底栖生物分别进行区划的方案。50年代以后，开始进行生态单元（生物群落）生物地理的研究。1974年，美国的布里格斯出版《海洋动物地理学》，对埃克曼的海洋动物地理区系进行修改，并对动物地理和生物进化之间的关系作了探讨。70年代后期，美国“阿尔文”号等潜水器在东太平洋海底热泉口周围，发现有丰富的动物群，对深海动物地理研究产生重大的影响。进入21世纪以来，深海生物的生物多样性及其地理分布的研究有了很大的进步，不断有冷泉、热液及深海平原的大量新物种被发现，不仅有大型生物如海绵、棘皮动物、虾和铠甲虾等，同时，小型底栖生物如线虫、桡足类等也被大量发现，丰富了海洋生物地理学的研究资料，开阔了研究视野和思路。此外，分子生物学的手段也逐渐用于生物地理学的分析，进一步促进了生物地理学研究的发展。

研究对象　现今生活在海洋中的动、植物种数虽大大少于陆上生物，但其门类的多样性却明显地超过陆上。据不完全统计，已知动物界37个门类中，至少有34门动物有海生种，其中栉水母动物、星虫动物、棘皮动物、毛颚动物等门完全由海生种类组成，而出现在淡水和陆地环境的分别为17门和15门动物。在植物界的16门中，生活于海洋中的也达13门。一个种或较高分类单元的生物，由于遗传性和适应能力不同，在海洋中具有不同的分布区域。确定和解释种的分布区是研究海洋生物地理的基础。

按分布区的大小，海洋生物有广域分布和狭域分布之分。前者分布广阔，有遍布世界各洋的世界种；有广布热带或极地海域的环热带种、环极地种。狭域分布的生物局限于一定海域，此类生物繁多，其中仅分布在某一有限海域的种，称为地方特有种。系本海域原先就有的称固有种，该海域内原先没有、由它区迁入的，为迁入种。

依据生物对分布区水温的适应能力，可分为**海洋冷水种生物**、**海洋温水种生物**和**海洋暖水种生物**。

海水生物分布区有连续分布和间断分布两类：前者是完整的分布区，包括世界性广布区、环极分布和环热带分布区等，属广域分布类型；后者是不完整分布区又称隔离分布区，一般在海洋中被分割成两个或多个孤立的部分。最著名的不连续分布有两种方式：①两极同源，即两极分布。②北方两栖，指分布于北半球温带海区，即北太平洋和北大西洋东西两岸的动植物。它们出现于欧亚大陆北部和北美北部两岸，而不见于北极水域。如鳕鱼、北方鲜等动物，褐蠕藻、黏管藻等植物。

现存种的分布中心不一定是它的起源处，在漫长的地质时期中可能发生多次变迁。某些活动性较强的海洋动物，由于产卵、索饵、越冬等需要，进行非周期性的迁移和周期性的移动洄游，便会改变其原有分布区的面貌。

海洋生物分布区的扩大常与人类活动有关。如中华绒螯蟹在20世纪30年代，被法国商船从青岛带至西北欧，现成为西北欧沿海海域的优势种。海带过去只分布在日本海，经引进养殖，现已在中国海域定居。

在自然情况下，海洋生物种群繁殖个体数量过大时，就要向分布区外迁移、扩散，扩大其分布范围。但在迁移过程中常会遇到各种障碍。

对大陆架浅水区底栖生物来说，广阔的深海是一种巨大的阻碍。虽然不少底栖生物有浮游幼虫阶段，但浮游期一般不长，在未越过阻碍之前就夭折了；对深海底栖动物来说，大洋中的海脊则是重大的障碍，如著名的威维尔－汤姆森海脊是大西洋和挪威海深海动物区系之间的一个阻碍，两海区内只有12%的动物是相同的。对海洋游泳生物和海洋浮游生物来说，地峡是个不可逾越的障碍。如美洲太平洋和大西洋热带动物区系被巴拿马地峡所隔开，只有少数种是两个区系所共有的；陆地也是海洋生物扩大分布区的阻限。

生存在某海域内各个种、属和科等生物的自然综合被称为海洋生物区系，它是在一定地理条件下、在历史上经历了一定时间后形成的。可以按自然地理区域、栖息地的共性和温度性质等原则来进行划分。海洋动物区系分为北极冷水区、北太平洋温水区、北大西洋温水区、印度洋－太平洋暖水区、大西洋暖水区、南方温水区和南极冷水区。中国海洋动物区系属于印度－西太平洋区。海洋植物区系比海洋动物区系要贫乏得多，结构较简单，分为北方海洋区、热带海洋区和南方海洋区。

鉴于大陆架浅海和深海自然条件的差异很大，浮游生物和底栖生物对温度、海流、水团等环境因子的反应很不相同，要做出一个统一的海洋生物区系方案几乎是不现实的。因而，现在流行的方案是按各自的特点分别进行区划。

研究意义　一些海洋生物具有药用价值，搞清其分布区有利于更好地开发海洋药物。红树林和海草具有护堤防浪等作用，它们的生长区是理想的海洋水产生产农牧化的基地，一些海洋生物是人类食品的重要来源。另外，海洋生物的起源和演化研究也需要以生物地理学为基础。

（李新正　马　林）

**海洋生物地球化学** marine biogeochemistry　生物地球化学以海洋为主题的一个分支，主要聚焦与生物活动相关的元素和组分在海洋环境中的分布、迁移、转化和循环过程，以及海洋生态系统对这些化学物质变化的响应和反馈机制。生物在地球上具有超过35亿年的历史并且遍布地球的各个角落，科学家在研究地球表面的化学过程中发现无法忽视生物对地球化学过程的影响，因此提出了生物地球化学这一概念。

发展概述　与生物地球化学有关的研究可以追溯到19世纪，但直至1971年，美国生态学家E.P.奥德姆才对生物地球化学循环提出了比较清晰的解释："化学元素包括原生质内的所有基本元素，在生物圈中往往以从环境到生物体再回到环境的特征路径进行循环，即生物地球化学循环。"而海洋生物地球化学则强调海洋环境及其界面上的生物地球化学研究，是由**海洋化学**、**海洋生物学**、**物理海洋学**和**海洋地质学**等学科构成的交叉学科。

20世纪80年代以来，随着分析方法和观测技术的快速发展，以及海洋学家对大尺度表层和深层环流的深入了解，海洋生物地球化学的研究更加系统和全面，并且通过模式将全球尺度的过程予以刻画（如**全球变暖**和**海洋酸化**等）。国际大型研究计划的兴起推动了海洋生物地球化学研究的发展，其中最具代表性的是1990年正式实施的国际地圈－生物圈计划（IGBP），其目标是了解调控地球系统及其演化的物理、化学和生物过程，研究不同过程之间的相互作用，以及人类活动在其中所扮演的角色，为定量评估全球生物地球化学循环和预测全球变化建立科学基础。IGBP的核心计划之一，**全球海洋通量联合研究计划**（JGOFS）主要聚焦于海洋中碳等生源要素的通量研究，目的是提升对碳循环和全球气候变化的理解。JGOFS建立了两个著名的时间序列观测站：ALOHA（A Long-term Oligotrophic Habitat Assessment）和BATS（Bermuda Atlantic Time Series Study），在季节和年际尺度上进行了海洋生物地球化学过程变化的研究。在联合国海洋研究科学委员会（SCOR）支持下，2010年正式启动**痕量元素及其同位素海洋生物地球化学研究计划**（GEOTRACES），该计划是国际海洋学界的一个重大合作研究计划，旨在从全球尺度上研究控制海洋中关键痕量元素及同位素分布特征的主要过程与循环通量，并揭示其对环境变化的响应。

基本理论和研究方法　海洋生物地球化学涵盖了广阔的空间和时间尺度，涉及众多学科的交叉，如海洋生物学，海洋化学，地球化学，分子生物学，生理学，海洋生态学，海洋地质学，大气和遥感科学等，并且更加关注气候变化与人类活动共同作用下的海洋生态环境变化，是一个具有挑战性的新兴学科。海洋生物地球化学家面对的是一个非常复杂的巨系统，但是仍有一些基本的规律和方法可以辅助他们的研究。

热力学定律　生物化学过程需要遵循热力学的基本定律，即能量可以从一种形式转化成另外一种形式，并且环境中的化学反应将自发地向产生最低自由能的状态进行。这种最低的自由能状态指示了化学反应的平衡状态，在由不同化学组分组成的系统中往往表现为最大化的化学键能和最大化的无序状态。然而，同样遵循热力学定律的生命系统则处于非平衡状态，即生命体不断获取能量去抵抗这种自发的、向无序状态进行的反应趋势。在不同的环境中，这种规律决定了生命系统的能量流动、物质组成、化学键类型和元素的氧化还原状态。一个典型的例子是植物通过光合作用获取能量，把二氧化碳中键能相对更强的碳－氧键转化成有机分子中相对更弱的碳－碳键。而异养生物，如食草动物则通过摄取植物获得能量，即利用这种还原态价键自发地转化回氧化态价键的趋势，将有机物中的碳－碳键氧化至二氧化碳中的碳－氧键。因此，由热力学定律控制的电子的流动和能量的转换，调控了生物地球化学循环过程。

化学计量学　生物地球化学研究中的另外一个定律就是构成生物体的化学元素之间的耦合关系。早在20世纪30年代，美国海洋学家A.C.雷德菲尔德就指出海洋浮游生物中有机碳:氮:磷（C：N：P）和深层海水中无机C：N：P的平均比例均趋近于106：16：1，这一比例关系被广泛认可并冠以其名。在此之后，化学计量学被推广到更多生物圈环境中，从而可以通过分析生态系统中一种元素的行为来预测另一种元素的行为，同时用以研究和评估不同元素对生态系统结构和功能的调控作用。虽然生物质的化学计量学能够用于预测生物的元素含量，但生物质中元素比例并不是绝对恒定的。例如，不同浮游植物的N：P比值可能存在差异，但加权物种相对丰度后的平均比值则接近雷德菲尔德比值。同样的，一个大的有机体含有的代谢化合物（如大分子蛋白）和结构性化合物（如树木、骨头）的元素组成也是不同的。从某种意义上讲，生物所食为其所是，但分解者可以调整其代谢和产酶活动以吸收和分解底物，即使生物质本身保持一个稳定的化学计量关系。

在某些海洋环境中，痕量元素作为酶合成和反应的控制因子（如铁和钼存在于固氮酶中），可能是决定生态系统结构和功能的关键因素，从而控制常量元素的循环。研究表明，在海洋中受氮限制的区域，铁通过沙漠土壤的风蚀作用输送到表层水体，调控着海洋生产力。因此，一些生态系统的生产力既会因添加限制性元素本身而升高，也会因添加可促进常量营养盐吸收的痕量元素而受到促进。不同海洋浮游植物体内痕量元素与碳的比例存在较大变化，如铁与碳的摩尔比为$3\times10^{-6}$～$40\times10^{-6}$（见**海洋生物可利用痕量元素**）。

大尺度生态系统模拟实验　海洋生物地球化学家已经通过大尺度的模拟实验，来评估自然系统对人类干扰的响应。例如，20世纪90年代初美国海洋学家J.马丁提出铁假说后，海洋学家先后在赤道太平洋、北太平洋和南大洋等高营养盐低叶绿素海区开展了10多次现场铁添加实验。大多数的实验证实了铁假说的主要内容，即加铁区的浮游植物的生长和初级生产力得到了显著增强，水体中的硝酸盐和磷酸盐被消耗，降低了海洋上层的$CO_2$分压；但也表明加铁对促进颗粒碳从海洋上层向深层的输出效果有限。另一方面，加铁潜在地影响海洋生态系统的群落结构和食物链（网）结构，增加其他温室气体（如二甲基硫）的释放，可能对生态系统造成无法预估的影响。

此外，许多国家开展了海洋围隔实验，即人为地把自然海水围起来以形成相对封闭的生态系统，继而研究富营养化、污染、海洋酸化对生态系统的影响等问题。

模式　海洋生物地球化学模式是定量认识物质循环、理解其控制机制以及预测系统变化趋势的重要手段。20世纪90年代以来，海洋生物地球化学模式在模拟物理过程、生态动力学过程以及年际变动等方面进展显著。在寡营养海区上层海水营养盐的供应机制问题上，通过模式模拟发现在经典的上升流、垂直扩散之外，涡旋可能是一种重要的物理输入过程；90年代开始兴起的包含真光层食物网结构的生态动力学模式，能够较好地模拟区域性的叶绿素、初级生产力和营养盐的季节变化；

90年代后期，开始在模式中考虑铁、硅营养盐限制，以及不同粒级浮游生物的营养来源和摄食作用。此外，关于年际变化的生物地球化学模式，主要围绕*厄尔尼诺-南方涛动*（ENSO）事件对海洋初级生产的影响及其机制问题展开。

**发展趋势** 海洋生物地球化学家正在整合现有的认知并建立与其他地球科学分支的交叉与联合，揭示的规律对保护地球和人类资源具有指导性的意义。在海洋生物地球化学的研究中，观测手段正在由短时间尺度的、基于调查船小范围采样的方式向连续的、长期的同步监测以及全球范围的大面积观测转变。研究中的挑战包括海洋环境中的非稳态体系、更高级反应（非一级反应）的存在、无机化学和有机化学间的耦合与非耦合等方面。未来，海洋生物地球化学的发展趋势主要表现在如下几个方面：更加趋于微量分析和分子水平的研究，旨在揭示微观的海洋学过程与机理；趋向审视全球尺度的过程及其与气候系统的相互影响，关注地球系统中海洋的作用；日益重视人类圈层活动和海洋体系的互作关系。（李骁麟）

**海洋生物地球化学和生态系统综合研究计划** Integrated Marine Biogeochemistry and Ecosystem Research; IMBER 21世纪初，国际地圈-生物圈计划（IGBP）和国际海洋研究科学委员会（SCOR）发起的一项关注海洋生物地球化学循环和生态系统的科学研究计划。IMBER的前身为*全球海洋生态系统动力学研究计划*（GLOBEC）。IMBER旨在从几年到几十年不等的时间尺度上探究海洋生物地球化学循环和生态系统对于全球变化的敏感性，从而提高人们对日益加剧的全球变化对海洋乃至地球和人类社会影响的综合认识和精确预测能力。2016年，随着IGBP渐近尾声，IMBER成为“未来地球”全球变化研究计划及SCOR共同资助项目。在总结过去10年所取得的成就的基础上，IMBER推出未来10年新的实施计划，并更名为国际海洋生物圈整合研究（IMBeR）计划，其将未来10年（2016～2025）的研究方向定位于“在全球变化下如何实现海洋与人类社会的可持续发展”，致力于海洋圈、大气圈以及陆架生物圈间跨学科的研究。

新IMBeR框架在保持其对海洋生物地球化学与生态系统基础研究的同时，强调海洋食物网间的联系，特别引入基于基础科学研究的海洋管理和政策制定这一研究领域。IMBeR提出了3大目标挑战：定性和定量认识海洋的变化；准确预测未来海洋的变化；了解人类活动对海洋变化的影响以及两者相互制约的关系。IMBeR以区域研究项目、工作组、学术研讨会以及暑期班等形式积极推动相关领域对上述目标问题的探讨。伴随着GLOBEC向IMBER再向IMBeR的过渡，中国在海洋生物地球化学领域的研究做出了国际性贡献。中国结合自身海洋生态系统的特点并深化理解国际海洋生态系统研究发展趋势，逐渐形成了由海洋生态系统基础、结构性研究向服务功能、交叉与整合相结合的综合管理研究的传承与创新。

IMBeR以其科学指导委员会为核心，位于加拿大达尔豪斯大学（Dalhousie University）和中国华东师范大学的国际项目办公室为行政机构，部署并开展其主要活动。中国华东师范大学张经（2004～2009）、中国海洋大学刘素美（2010～2015）及中国华东师范大学吴莹（2016～2022）先后为其科学指导委员会成员。（许 一）

**海洋生物多样性** marine biodiversity 栖息于海洋环境的动物、植物和微生物物种所拥有的全部基因以及它们与生存环境所组成的生态系统的总称。生物多样性包括物种多样性、遗传多样性和生态系统多样性3个层次。

研究简史 19世纪70年代，英国皇家学会组织的“挑战者”号完成首次环球海洋科学考察，是海洋生物多样性研究的一个重要里程碑。调查结果中对海洋生物的形态描述、分类鉴定是物种多样性的基石。20世纪50、60年代以后为多船联合调查时期。世界沿海国家相继开展了多次大规模的全球调查工作。20世纪70年代中期，深海生物多样性的研究取得了重大进展。

中国生物多样性的系统研究始于1949年中华人民共和国和中国科学院成立后。20世纪50、60年代，中国近海海洋普查和北部湾调查奠定了海洋生物多样性研究的基础。各生物标本馆和研究单位相继建立，出版生物分类、区系和多样性及资源论文近千篇、专著百卷。包括《中国动物志》（无脊椎动物、脊椎动物）、《中国海藻志》《海洋科学集刊》、西沙群岛、南沙群岛海域综合调查报告专著等多卷，成果丰硕。黄宗国和林茂主编的《中国海洋物种多样性》和刘瑞玉2008年主编的《中国海洋生物名录》全面反映了全中国海域的生物种类、区系多样性概貌。深海生物多样性的研究也陆续开展起来，热液、海山、冷泉生物不断地被发现。人类对海洋的过度开发导致生物多样性降低，对海洋生物多样性的保护研究成为海洋生物多样性研究的主要热点之一。

研究对象 海洋生物多样性主要研究如下内容：①物种多样性。指物种水平的生物多样性，是所有层次多样性的基础，主要是从分类系统学和生物地理学角度对一定区域内物种的状况进行研究。②遗传多样性。指种内基因的变化，包括种内不同种群间和同一种群内的遗传变异，是物种以上各水平多样性的最重要来源。③生态系统多样性。指生物圈内生境、生物群落和生态过程的多样化以及生态系统内生境变异、生态过程变化的多样性。2000～2010年全球海洋生物普查计划的重点是海洋生物多样性，进一步推动了海洋生物多样性的研究。

面临的威胁 由于人口的增加、科学技术的不断进步和人类生活水平的不断提高，海洋生物多样性与陆地生物一样面临着威胁。这些威胁除自然因素外，主要来自人类活动的干扰。这些干扰因素包括海洋生物资源的过度利用，海洋自然环境的破坏、污染，生物入侵、全球变化等。

保护措施 ①树立正确的生态观，停止继续损害海洋生物多样性的行为，切实保护海洋环境，防止海洋污染对海洋生物的危害。②建立海洋自然保护区，保护珍稀、濒危的物种，并为海洋生物提供栖息、生存和保持进化过程的良好场所。③异地保护，对于许多稀有物种或因过度开发、病害、生境破坏或外来种入侵等人类严重干扰而处于濒危状态的物种，就地保护往往不是一种切实可行的措施，而通常需要将这些物种转移到受控的条件下加以保护。异地保护可为保护对象提供比自然野生条件下更为适宜的生存条件，同时为科研人员提供较方便的生物学研究条件，还可以采取较有效的繁殖措施以维持物种的持续存在。④进行退化生态系统的恢复。生物多样性的丧失与生态系统的退化密切相关，退化生态系统的恢复应按照生态学原则、社会经济技术原则和美学原则等进行。其中生态学原则是最为重要的，它包括生态演替原则、食物链和食物网原则、生物多样性原则等。⑤加强生物多样性的调查、监测，经常了解多样性变动情况，以便采取有效保护措施。⑥加强海洋生物多样性保护的国际合作。

保护意义 维护生物多样性不仅可以提供人类所必需的各种食品、药物和各种工业原料，同时还具有保护人类生存环境的功能。海洋是人类食物的重要来源之一。人类消费的高质量的蛋白约有20%来自海洋的鱼、虾、贝等海产品。有些国家这一比例更高。海洋每年提供的海产品总量（包括动物和大型海藻）达1亿吨左右，大部分可被人类直接食用，少部分加工作为养殖动物的饵料。随着海洋药物开发利用技术的不断成熟和完善，人们已经越发意识到海洋生物是一个巨大的潜在的药材宝库，并相继开发出了一系列的疗效显著的海洋药物。如从荔枝海绵提取物中发现自然形成的阿拉伯糖苷的化合物，在此基础上开发了抗病毒药物阿拉伯糖苷A和C。某些大型海藻，如**褐藻**、**红藻**和**绿藻**等是重要的食品化工原料，褐藻除被用于家禽家畜饲料外，还可以作为土壤改良剂、化肥，并且其含有的藻蛋白酸盐有广泛用途，是制造食品、医药品的重要原料。

从宏观的角度看，全球气候变化是全球变化的重要内容。大气二氧化碳浓度不断提高，导致温室效应，这是关系人类生存环境的重要问题。海洋生态系统能通过生物泵的作用吸收大气中的二氧化碳，直接参与全球气候变化的调节过程。从局部区域看，沿海是人口密集和经济较发达的地区，也是容易遭受海洋灾害、海水侵袭的地区，而沿海海草床、红树林和珊瑚礁等生态系统却有抵御**风暴潮**、保护海岸的作用。此外，海洋生物多样性的保护还可保障提供休闲旅游、科研和教育等各种服务于人类的功能。（李新正　马　林）

**海洋生物多样性保护** marine biodiversity conservation　对海洋中所有生物物种、基因及其所处的生态系统的保护和合理利用。

**多样性衰退**　生物多样性主要包括遗传（基因）、物种、生态系统多样性3个层次。海洋生物多样性也面临着人类活动的干扰和全球气候变化等因素的威胁。自1950年之后，海洋浮游植物种数显著下降，其丰度也呈现出下降的趋势，而这一趋势与全球气候变化密切相关；厄尔尼诺现象、强烈的暴风雨、火山爆发、大量的沉积等自然灾害使得珊瑚的生长繁殖受到干扰，而破坏性渔猎、珊瑚开采和工程建设、废水污染和不合理的海岸旅游开发等各种人类活动的干预加重了珊瑚礁生态系统的严重衰退。《2008年世界珊瑚礁现状报告》指出，全球有19%的珊瑚礁被破坏或完全丧失功能，围垦使得中国红树林生态系统的分布面积减少了2/3，许多洄游鱼类的生活受到航道工程施工的影响，使得鱼类的繁殖遇到阻碍，鱼群数量减少。

海洋是生物多样性的宝库。已知的海洋生物有21万种，其中包括1万多种海洋植物和藻类、15万多种已知的海洋鱼类。大量的海洋无脊椎动物和真菌以及栖息于海水和海底的许多功能未知的细菌和病毒，据估测可能有几百万种。海洋生物多样性是人类生存与可持续发展的重要物质基础，不仅可为人类提供所必需的食品、药物和工业原料，还能够维护环境的稳定。保护海洋生物多样性就是保护人类的生存环境。

**保护措施**　主要有以下几方面。

国际海洋生物多样性保护　1972年，美国颁布的《国家海洋自然保护区法》对各类海洋保护区域保护措施进行了极其详细的法律规定，为保护诸如珊瑚礁、历史沉船、独特的水生生物栖息场所等海洋资源提供了法律依据，这也是美国海洋生物多样性得到良好保护的重要原因之一。1973年，美国颁布《濒危物种法》，大大降低了物种灭绝的速度。1980年，美国国会通过了《鱼和野生生物保护法》，要求每个州制定包括非猎物在内的鱼和野生生物的保护管理计划。2000年，美国出台海洋保护区总统令。这些相关法律都对美国海洋生物多样性保护起到了重要保障作用。

由于法律法规的不完善和工业污染的影响，尽管采取了诸多措施，俄罗斯的生态恶化趋势并未得到缓解，且其海洋生物多样性受到的破坏也愈加严重。例如，水生生物资源的密集利用和严重扩散的水污染，导致俄罗斯远东地区滨海边疆区南部的沿海海域污染日益严重。其中，金角湾是彼得湾化学品和微生物污染最严重的区域，海湾内个别地区石油和碳氢化合物浓度严重超标，几乎没有生物存活。自2003年以来，为了抑制日益严重的生态危机，保护生物多样性，俄罗斯出台了《国家生物多样性保护战略》《俄罗斯生物多样性保护国家行动计划》等法律性文件，还专门设置了"生物多样性保护处"，并加入《生物多样性公约》，尽一切努力保护本国的生态环境以及生物多样性。

中国海洋生物多样性保护　①制定国家战略，将海洋生物多样性的保护和利用纳入国家管理。20世纪80年代，中国制定了一系列法律法规，在政策层面保护海洋生物多样性资源。例如，《中华人民共和国野生动物保护法》（自1989年3月1日起施行）、《中华人民共和国渔业法》（自1986年7月1日起施行）规定野生生物资源属于国家或集体所有，规定县级以上人民政府渔业行政主管部门应当对其管理的渔业水域统一规划，采取措施，增殖渔业资源。《国家重点保护野生动物名录》（自1989年1月14日起施行）中属于Ⅰ级保护的海洋生物有儒艮、白鱀豚、中华白海豚、中华鲟、红珊瑚等，属于Ⅱ级保护的海洋生物有文昌鱼、玳瑁等。

1992年6月5日，联合国环境与发展大会签署了《生物多样性公约》。这是一项保护地球生物资源的国际性公约，于1993年12月29日正式生效。中国是该公约的签约国。为了更好地履行《生物多样性公约》，中国发布了《中国生物多样性保护战略与行动计划（2011—2030年）》，提出了中国生物多样性保护的总体目标、战略任务和优先行动。

②加强海洋生物多样性调查，重视宣传教育。加强生物多样性的调查、监测，了解多样性变动情况，以便采取有效保护措施。建立和完善海洋生物多样性保护的信息网络，开展对重要目标生物多样性状况及生态环境的长期动态监测，不断积累和完善珍稀濒危动物种数据库、经济动植物种数据库、生态系统数据库、遗传多样性数据库等，为科研活动奠定基础，为科学管理提供决策依据。重视宣传教育，不断提高全民保护意识，倡导人们主动抵制破坏海洋生物多样性的行为，并对蓄意破坏海洋的行为进行惩处，切实保护海洋环境，防止海洋污染对海洋生物多样性的危害。

③将就地保护及异地保护作为生物多样性保护的主要措施。建立**海洋自然保护区**，就地保护珍稀、濒危的物种，为海洋生物提供栖息、生存和保持进化过程的良好场所。中国已建立海洋自然保护区160处。对于许多稀有物种或因过度开发、病害、生境破坏或外来种入侵等人类活动干扰而处于濒危状态的物种，可将这些物种转移到受控的条件下加以保护，也就是异地保护。例如，建立海洋馆、水族馆、保护基地和繁育中心。从20世纪90年代起，中国的海洋馆、水族馆迅速发展。异地保护可以为保护对象提供比自然野生条件更为适宜的生存条件和更为方便的科学研究条件，以采取有效的繁殖措施维持物种的存在。

④开展信息技术交流和国际合作。中国已逐渐开始加强海洋生物多样性保护的国际合作，这便于各国之间就有关生物多样性保护和可持续利用进行信息的交流。例如，2000年，中美两国积极推进中美海洋与海岸带综合管理合作项目，同意通过建立生态基线评价，制定环境和生态监测网，以促进中国北部湾生态环境的建设工作。在多边合作方面，南麂列岛国家级自然保护区和山口红树林国家级自然保护区分别在1999年和2000年加入了世界人

与生物圈保护区网络，并在该网络框架下开展了海洋及海岸生物多样性保护教育培训等方面的合作。（田 华）

**海洋生物多样性指数** marine species diversity index 应用数理统计方法求得表示海洋生物群落种类和个体数量的数值，是海洋生物群落研究中的重要参数。常采用α、β、γ多样性指数来评价群落的物种多样性状况。α多样性指数用以测度群落内的物种多样性，β多样性指数用以测度群落的物种多样性沿着环境梯度变化的速率或群落间的多样性，γ多样性指数则是一定区域内总的物种多样性的度量。其中，α多样性指数使用最为广泛，它包含两方面的含义，即物种丰富度（表征群落中所含物种的多寡）和物种均匀度（表征群落中各个种的相对密度）。丰富度指数包括格里森指数、马加利夫指数、门希尼克指数和蒙克指数等；均匀度指数包括皮尔洛指数、哈伊普指数、阿拉塔洛指数、赫尔伯特指数等；而辛普森指数、香农－威纳指数、布里渊指数、麦金托什指数则是评价物种丰富度和物种均匀度的综合指标。此外，α多样性指数还包括用于分析物种优势度的伯杰－帕克指数及分析物种多度分布规律的费希尔指数等多种测度方法。

例如，有甲、乙、丙3个海洋生物群落，各群落中个体数都为100。甲群落物种数目为1；乙群落物种有A、B两种，每种各50个个体；丙群落物种数目也为2，记为C、D两种，C种99个个体，D种1个个体。显然，甲群落的物种丰富度小于乙、丙两群落。以香农－威纳指数计算上述3个群落的海洋生物多样性指数。香农－威纳指数计算公式：

$$H' = -\sum_{i=1}^{s} P_i(\log_2 P_i)$$

式中$H'$为群落的香农－威纳指数；$P_i$为种$i$的个体数占总个体数的比例；$S$为总种数。经计算，甲、乙、丙3个群落的香农－威纳指数分别为0、1、0.081。可见，群落甲的海洋生物多样性为零，群落乙的海洋生物多样性大于群落丙。在物种丰富度相同的情况下，不同物种的个体分布越均匀，物种多样性越高。（田 华）

**海洋生物功能群** marine biota functional group 在海洋生态系统中作用和地位相同或者相近的生物类群的集合。

研究简史 功能群，又称同资源种团，即将一些具有相似生态学功能或在生态系统中占有相似生态位的物种归为一类。它以生态学标准为基础，把生物类群划分为具有共同功能特征（功能群）或利用相同资源基础（种团）的类群。生态系统的变化会明显地反映在这些功能群的类型及组成上，而这些反应往往比个体及种群的反应更为重要。功能群是一组物种或有机体的集合，它们在一个群落中具有相同的特性。理想情况下，生命形式将执行基于域力的等效任务，而不是共同的祖先或进化关系。这可能会导致类似的结构否决同源性的可能性。更具体地说，这些生物产生类似于居住系统外部因素的作用。由于这些生物中的大多数都有一个生态位，因此假设它们需要类似的结构才能达到最大的适应力是切实可行的。这里的适应力指的是成功繁衍后代的能力，以及通过避免食肉动物和分享食物来维持生命的能力。

海洋生物种类繁多，几乎包括所有的营养方式和生态学过程。不同种类之间、不同种类与高营养层次之间存在着不同的联系方式，构成了极端复杂的海洋食物网。要以单个种类进行海洋生态系统能量流动及与之相联系的生源要素的生物地球化学循环的研究是十分困难的。海洋生物功能群可以只有一个生物物种组成，但往往是由多个具有类似生态地位和作用的物种共同组成。根据关键种的种群动力学很难估测浮游动物在海洋生态系统中的作用，原因是海洋生物物种组成、生物量和生产力的时空变化显著。而且，如此之高的物种多样性和生境多样性使得很难以关键种进行食物网结构和功能的模拟。

全球海洋生物多样性的变化是当代人们所关注的热点问题。海洋生物多样性的改变将对海洋生物资源、海洋生物地球化学循环等产生重要影响。海洋生物多样性的变化在很大程度上能够反映海洋生态系统的变化，但是人们很难了解海洋生态系统向哪个方向发展：在一些区域海洋生物多样性降低了，而在另一些区域却上升了，一些生物消失了，但另一些生物却出现了或者增加了。这种变化的后果是什么、如何评估这种变化的生态效应，单从生物多样性的变化是解决不了这些问题的。要以单种进行生态系统能量流动及与之相联系的生物地球化学循环的研究是十分困难的。从海洋生物网和生物地球化学循环的角度来看，一种生物的数量变化会导致其他生物种类的数量变化，甚至导致整个食物网的变动，从而影响到海洋生物地球化学循环的改变和海洋生态系统结构与功能的变化。但并不是所有生物的种类和数量变动都会对海洋生态系统产生很大的影响，这在很大程度上取决于这些生物在海洋生物网、海洋生物地球化学循环和整个海洋生态系统中的作用与地位。

海洋学家希望能够找到一种快捷、准确、连续的方法来研究食物网和生源要素传递的状态和动力学变化。因此，海洋生物功能群的概念逐渐被发展起来并应用到了海洋生态系统食物网和生物地球化学循环模型的研究中。智利学者H.E.冈萨雷斯等和西班牙学者J.鲁伊斯等的模型就是既考虑了食物网的复杂性，又考虑了模型的易操作性，因而能很好地对能量流动进行模拟。但由于生态系统过程极其复杂，再加上主要以显微镜计数浮游动物的方法，因此要达到快速、准确地对海洋生态的结构和功能进行模拟，还有相当的距离。不过，随着浮游动物图像扫描分析系统（ZooSCAN）、SIPPER和其他计算机可视技术的发展，使得对浮游动物快速分类、鉴定和计数成为可能，再加上自动化技术的不断进步，因此在不久的将来生态学家有可能对海洋食物产出的关键过程进行快速而准确的模拟。

生态地位与意义 通过海洋生物功能群可以有效地了解各类海洋生物的食性，并将生态位相似的物种归并为一个营养级物种，从而简化食物网的复杂性，使得海洋生态系统研究更加有效、准确。

在中国参与的**全球海洋生态系统动力学研究计划**（GLOBEC）中，人们想探究在黄海和东海生态系统中，过去发生过什么、现在正在发生着什么和将来要发生什么。其中一个关键问题是如何理解浮游动物在海洋生态系统中的作用，更为重要的是理解鱼类生产力与浮游动物生物量和次级生产力之间的关系。在国家973项目“黄、东海生态系统动力学与生物资源可持续利用”和“中国近海生态系统食物产出的关键过程及其可持续机理”中确定了浮游动物功能群在食物生产中的调控作用及其可持续机理的研究目标，并将浮游动物分为六个功能群：水母类（Medusae）、海樽类（Salps）、毛颚类（Chaetognatha）、大型磷虾类（Giant crustacean）、大型桡足类（Large copepods）和小型桡足类（Small copepods）。浮游动物功能群的组成、季节变化和空间分布模式的长期变化，尤其是在气候变化和人类活动的影响下的变化，将是今后海洋生态系统研究的重点。

（陶振铖）

**海洋生物监测** marine biological monitoring 利用海洋生物个体（或机体某一部

分）、种群或群落对海洋环境变化所产生的反应来阐明海洋环境污染状况，从生物学角度为海洋环境质量的监测和评价提供依据。1916年，德国学者首先发现多毛类小头虫（*Capitella capitata*）可作为海洋底质污染的指示生物，由于用生物监测环境污染，具有综合性、直观性、简便性和经济性等优点，因而逐渐受到重视。进入20世纪50年代之后，随着海洋污染日趋严重，有关生物污染监测的研究也得到了较快的发展。70年代以来，水污染的生物监测成了活跃的研究领域。1977年美国材料与试验协会（ASTM）出版了《水和废水质量的生物监测会议论文集》，内容包括利用各类水生生物进行监测和生物测试技术，概括了这方面的成就和进展。同年，非洲的尼日利亚科学技术学院用远距离电报记录甲壳动物的活动电势监测烃类、油类以及其他污染物的室内试验也取得初步结果。海洋污染的生物监测，已由采用单种生物个体数量的变化，发展到用各种生物指数揭示群落种类组成的变化；由采用个体形态、生理和生化变化的指标，进展到用染色体等亚显微结构的变化；由局部水域的生物监测，发展到地区以至全球的生物监测。

海洋污染的生物监测手段主要包括：①利用海洋指示生物来监测。如根据海洋生物的出现和消失、数量的多少等来监测海洋水体的污染状况。②利用海洋生物群落结构的变化来监测。海洋水体状况发生变化，海洋生物群落结构也会发生相应的改变。在有机物污染严重、溶解氧很低的水体中，海洋生物群落的优势种只能由抗低溶解氧的种类所组成；未受污染的水体中，海洋生物群落的优势种必然是一些清洁水体种类。在利用指示生物和群落结构监测海洋水体污染时，还引用了生物学指数和生物种的多样性指数等数学手段，简化监测的方法。③水污染的生物测试。即利用海洋生物受到污染物的毒害所产生的生理机能的变化，测试海洋水体污染的状况。这种方法可以测定水体的单因素污染，对测定复合污染也能收到良好的效果。测试方法分为静水式、半静态和流水式生物测试。

巴西圣保罗州海岸拉杰德桑托斯海洋公园的水下自动珊瑚礁监测仪

根据已有的研究成果，常用于海洋污染监测的生物学指标见表。

用海洋生物监测环境污染，首先要根据监测目的、污染物和时间、空间条件，仔细地选择生物种类或生物指标；其次是进行条件试验，确定观察的指标与环境污染之间的关系，以及海洋环境、生物体本身内外因素的影响；然后按计划进行监测。鉴于海洋环境的复杂性，以及生物本身的适应性和多变性，用生物监测环境污染应当与化学、物理方法相配合，才能取得满意的结果。

（汝少国）

海洋污染生物监测中常用的生物学指标

| 类型 | 生物学指标（⋆为优先推荐指标） |
|---|---|
| 生化效应 | 混合功能氧化酶、金属硫蛋白、溶酶体稳定性⋆、甾类化合物、能荷、血液化学、初级生产力、牛磺酸/甘氨酸比值⋆ |
| 遗传效应 | 染色体畸变、诱变性测定 |
| 生理效应 | 呼吸作用、摄食率⋆、机体状态指标⋆、生长指标⋆、氧/氮比值⋆ |
| 形态和病理效应 | 腮畸变、肝脏结构、配子发生周期、肝脏占体重百分比⋆、溃疡⋆、鳍糜烂⋆、瘤形成或肿瘤⋆、不对称性⋆、早期发育阶段 |
| 行为效应 | 回避实验、翻正反射 |
| 生态效应 | 群落生物量⋆、丰度⋆、多样性⋆、分布变化⋆、种群密度⋆、生长率⋆、生殖（生殖腺占体重百分比）、种群结构⋆ |
| 生物测试 | 双壳类和棘皮动物幼虫⋆、微型藻类生物测试⋆、水螅体生物测试⋆ |

注：引自海洋污染科学问题专家组（GESAMP），第11届会议报告*Report of the 11th Session of GESAMP*, 1980年。

**海洋生物可利用痕量元素** marine bioavailable trace elements　海洋生物，尤其是海洋浮游生物，在生长过程中所必需的痕量元素，通常又称痕量营养盐。主要包括铁、锰、锌、镍、铜、钴、镉、钼、钒、硒（Fe、Mn、Zn、Ni、Cu、Co、Cd、Mo、V、Se）等痕量元素。

尽管传统观点认为氮、磷、硅（N、P、Si）等常规营养盐是海洋生物生产力的主要限制因子，但过去数十年的海洋学研究发现，一些痕量元素也同样会限制海洋中的生物生产力，或者调控海洋浮游生物种群结构，表明这些痕量元素是生物可利用的营养要素或痕量营养盐。

概念　作为常规营养盐，N、P、Si等生源要素一直被认为控制着海洋生物生产力。但在南大洋、东赤道太平洋及亚北极海区却呈现出高营养盐低叶绿素（HNLC）的特征，说明存在着常规营养盐之外的因素限制着这些海区的生物生产力。随着痕量元素洁净海水采样和分析技术的发展，以及痕量营养盐生理生态效应研究的深入，美国海洋学家J.马丁提出了“铁假说”，即极低含量的铁是HNLC海区生物生产力的限制性因子，在此背景下，地球历史上海洋中铁的供给与大气二氧化碳（$CO_2$）浓度以及气候变化紧密耦合。此后在HNLC海区进行的一系列“铁施肥”实验证实了这一假说。进一步的研究发现，这些痕量营养盐不仅在HNLC海区限制着生物生产力，在贫营养海区也通过调控固氮作用以及浮游生物的其他新陈代谢过程来影响生物生产力及生态系统的组成与功能。显而易见，痕量营养盐在全球海洋生物生产力与生态结构中占据着重要的调控地位。

由于海洋痕量元素低浓度及在采样、分析过程中易受玷污的特点，早期的数据往往存疑。自20世纪70年代开始，洁净采样分析技术开始出现；同时，具有高灵敏度的现代分析仪器也在不断发展，海洋化学家开始获取可信但为数不多的海洋痕量元素含量与分布的数据。正是这些早期的研究结果引发了上述对于海洋痕量营养盐的生物可利用性及其生理生态与气候调控作用的研究。为了进一步扩大海洋痕量元素生物地球化学循环研究的深度与广度，21世纪初，各国相关海洋化学家联合推动成立了国际痕量元素及其同位素海洋生物地球化学研究计划（GEOTRACES），以深入了解包括海洋痕量营养盐在内的痕量元素及其稳定同位素的全球分布模式及其主控过程，探索其对海洋生态系统及全球气候变化的影响机制。

主要研究内容　海洋生物可利用痕量元素的研究主要集中在痕量营养盐的生理生态调控作用及生物地球化学循环两个方面。研究已证实痕量营养盐可通过金属酶体系等调控细胞的生物化学反应及新陈代谢，进而在宏观上参与诸多海洋生物地球化学过程，并扮演着重要的角色。一些重要的海洋生物地球化学过程及参与这些过程的关键痕量元素列于表1。其中，铁元

**表1 海洋中重要的生物地球化学过程及参与这些过程的关键痕量元素**

| 生物地球化学过程 | 关键痕量元素 | 生物地球化学过程 | 关键痕量元素 |
|---|---|---|---|
| 固碳作用 | Fe、Mn | 甲烷氧化 | Cu |
| $CO_2$浓缩、吸收 | Zn、Cd、Co | 有机物再矿化 | Zn、Fe |
| 硅藻的硅吸收 | Zn、Cd、Se | 有机氮生物利用 | Fe、Cu、Ni |
| 颗石藻钙化 | Co、Zn | 有机磷生物利用 | Zn |
| 固氮作用 | Fe、Mo | 挥发性组分的形成 | Fe、Cu、V |
| 硝化/反硝化作用 | Cu、Fe、Mo | 光合色素的合成 | Fe等 |

素较为广泛地参与到这些过程中，成为痕量营养盐中最主要的海洋生物生产力限制元素。

海洋中痕量营养盐的含量与分布受到其来源与相关海洋生物地球化学过程的共同控制。除了Mo和V之外，这些痕量营养盐的含量都在纳摩尔甚至更低水平，通常表层海水中这些痕量营养盐的含量要低于深层海水，反映了表层海水中强烈的生物吸收以及颗粒物的清除作用。这些痕量营养盐的水柱分布模式以营养盐型或清除型为主，再次体现了生物过程对海洋痕量营养盐化学行为的主导作用。浮游植物体内元素的化学计量学关系如表2所示，Fe、Mn等元素是浮游植物最需要的一些痕量营养盐，而表层水中的低含量也导致了它们对浮游植物生长的限制作用。

**表2 海水与浮游植物体内主要痕量营养盐的含量与分布**

| 元素 | 含量/$nmol \cdot kg^{-1}$ | 浮游植物体内元素与C的摩尔比/$10^{-6}$ | 水柱分布模式 |
|---|---|---|---|
| Fe | 0.02～2 | 3～40 | 营养盐型 |
| Mn | 0.08～5 | 2～30 | 清除型 |
| Zn | 0.05～9 | 1～40 | 营养盐型 |
| Co | 0.004～0.3 | 0.1～3 | 清除型 |
| Cd | 0.001～1 | 0.2～8 | 营养盐型 |
| Cu | 0.5～4.5 | 2～6 | 营养盐型 |
| Ni | 2～12 | 2～17 | 营养盐型 |
| Mo | 约105 | 0.05～0.8 | 保守型 |
| Se | 0.5～2.3 | 1～2 | 营养盐型 |

意 义　随着GEOTRACES计划的推动，海洋痕量营养盐的重要性不断得到认识，其在海洋碳、氮循环以及食物网能流与物流中都起着重要的调控作用。通过对固碳作用的调节，海洋痕量营养盐对大气$CO_2$储量有着明显的影响，因而表现出显著的气候效应。痕量营养盐与生命活动具有紧密的耦合关系，该耦合关系贯穿于整个地球历史中，不仅塑造了海洋中痕量营养盐的分布与化学行为，也对海洋生态系统的演化和发展不断地做出调整。痕量营养盐与生命活动的相互作用同样将在未来的海洋中继续存在。因此，痕量营养盐的海洋生物地球化学循环过程以及它们在过去及未来历史中的变化仍将是海洋学未来研究的主要议题之一。（蔡毅华）

**海洋生物粒径谱**　marine biological particle size spectrum　海洋生物的数量或者生物量与生物颗粒大小之间的对应关系。即海洋生物在不同粒径的分布状况。粒径谱理论认为海洋水体中的生物从最小的微生物到最大的鲸都可看作水体中的颗粒，并以统一的相应球型直径（ESD）表示其大小。若把粒度级按一定的对数级数排序，这种生物量在对数粒级上的分布就称为粒径谱。粒径谱可以在一定程度上反映出一个海区的海洋生物群落组成等生态特征。

研究简史　粒径谱最早是由R.W.谢尔顿和T.R.帕森斯于1967年提出的。他们先将生物按照大小（或体重）分为几个粒级，然后算出每一粒级的生物量，由此便得出一条反映生物量与粒径大小关系的曲线，称为粒径谱。自从粒径谱理论提出之后，人们才逐渐发现，粒径大小与生物乃至整个生态系统的代谢与功能息息相关。

特点和种类　在海洋生态系统中，生产者主要为微型的单细胞藻类，植食者的摄食方式是吞食，其他各营养级的肉食者也大多如此。海洋中生物的这种摄食特点决定了捕食者的个体通常要比被捕食者的个体大。每一对捕食者与被捕食者的关系都有一些共同的特点，就是随着营养层次的升高，生物的个体变大，生命周期增长。同时，随水体内各营养层次的升高，个体密度减小，但是相邻营养级的总生物量并不像能流那样呈指数式下降。

海洋中的所有生物，包括微生物、单细胞藻类、浮游动物和鱼等，都可视为水体中的悬浮颗粒。如果将它们相应的球形直径按照对数级排列，则会发现各对数级上的生物量相近或存在着线性的关系。粒径基本上反映了从低营养级到高营养级的生物量和能量等各种关系。研究不同粒径上的生物量分布就会发现一定规律：①个体小的生物生命周期短、增殖速率快、产量大。②个体大的生命周期长、增殖速率慢、产量小。如果将粒径采用相应球形直径并用对数级数排列，则各粒度上的生物量存在着线性关系。伴随生物大小和生物量表示方式的不同，也出现多种粒径谱变型。如丰度粒径谱、颗粒粒径谱、生物量谱等，以上统称为粒径谱。

在生物海洋学中习惯于用以10为底的对数级数划分海洋生物，如毫微微级（femot）的粒径为0.02～0.2微米，微微米级（pico）为0.2～2微米，毫微级（nano）为2～20微米，微级（micro）为20～200微米，中级（meso）为0.2～20毫米，巨级（macro）为2～20厘米，宏级（mega）为20～200厘米。但在粒径谱研究中，一般采用以2为底的对数级数，这样获得的信息更多。当系统中各营养阶层处于平衡状态时，这种线性关系最清楚。某种浮游植物的突发性的“暴发”，在粒径谱上可以形成一个孤立的峰，但在其他粒度级上不可能有反映。因为生态系统在长期进化中适应的是一种平均状态，不可能对局部和暂时的变化做出反应。如同一个正常运转的工厂，某工段上的产量突然增加而其他工段不可能跟上一样。粒径谱上这种波动恰恰是反映了生态系统内的动态变化，它可以告诉人们在生物生产过程中哪个粒度级上存在着过剩，而哪个粒度级上存在空缺。平衡状态下的粒径谱又可以告诉人们各粒度级生物的量的关系。

生态作用与意义　随着粒径谱概念产生，传统的捕食者和猎物之间的关系也被打破了。它摆脱了具体一对一对的捕食与被捕食的关系，而是从总体上宏观地研究生态系统中不同粒度成员之间量的关系。因而，粒径谱被认为是从宏观上或总体上了解海洋生态系统的最简便的方法。

粒径谱在海洋生态学研究中已经被广泛地应用于海洋生态系统的群落结构、不同粒级间生物量、能量的分配与流动的分析等方面，并可用来对不同生态系统的特点进行比较。例如，可以利用已知某粒度级上的生物量和产量去推算别的粒度级上的生物量和产量。1982年，谢尔顿等曾根据圣劳伦斯湾8～80微米浮游植物的生物量和产量推算了鲱鱼和鳕鱼的产量，这是确定最大维持可捕量的重要依据的案例。

（陶振铖）

**海洋生物区系**　marine biota　生存在某海域内各个种、属和科等生物的自然集合。它是在一定地理条件下、经历了一定历史时间后形成的。

区系类型　海洋生物区系分为海洋动物区系和海洋植物区系。

海洋动物可以按自然地理区域、栖息地的共性和温度性质等原则来进行划分。以海洋哺乳类和鸟类为依据可以将海洋动物区系分为北极冷水区、北太平洋温水区、北大西洋温水区、印度洋－太平洋暖水区、大西洋暖水区、南方温水区和南极冷水区。中国海洋动物区系属于印度洋－西太平洋区。

按照距离大陆远近来划分，可以将海洋动物区系划分为：①沿海带。包括6个区，分别为印度－波利尼西亚区、热带大洋区、北极区、北温带区、南温带区和南极区。②远海带。包括4个区，分别是北极区、大西洋区、印度洋－太平洋区和南极区。③深海带。包括印度洋－太平洋区、大西洋区和北极区3个区。

海洋植物区系比海洋动物区系要贫乏得多，结构较简单，分为北方海洋区、热带海洋区和南方海洋区。在海藻的区系研究中，曾呈奎等认为海藻区系的性质决定于海流和水温，将海藻的区系划分为5个区系：寒带区系（30℃；适温范围25～＞30℃）。

局限性　鉴于大陆架浅海和深海自然条件的差异很大，浮游生物和底栖生物对温度、海流、水团等环境因子的反应很不相同，要做出一个统一的海洋生物区系方案是不现实的。因而，现在流行的方案是按各自的特点分别进行区划。

海洋动物区系的划分非常困难，主要原因有：①大多数等级较高的分类类群分布广泛，常常是世界性分布，不依靠属、种分不清，然而大多数海洋动物属和种的分布区研究得还很不够。②大洋动物的各级类群在其分布上很不相同，以哪个类群为分区的依据还有很多争议。③由于海洋存在着垂直带的分异，使分区显得更加复杂化，因此要想做出一个适合整个海洋各带的海洋生物区系是不可能的。

（李新正　马　林）

**海洋生物群落**　marine biomes　在相同时间内共同生活在特定海洋生境中的所有生物种群的集合。一般来讲，群落中的生物种群之间都有直接或间接的相互作用，并且与群落内部种群的作用程度要大于外部种群。组成群落的种类从微生物到大型哺乳动物不等，而组成因生境类型和纬度而异。潮间带群落生物量大而多样性较低，越往深海，丰度逐渐降低而多样性增加。在相似生境中，低纬度区域组成复杂、多样性高，而高纬度区域组成简单、多样性低。红树林（图1）、珊瑚礁（图2）、马尾藻海都属于海洋中特殊的生物群落类型，这些生物的食物来源是共生的化学合成细菌。

海洋生物群落的命名可以根据生境，

图1　红树林生物群落

图2　珊瑚生物群落

如软泥生物群落；也可以根据种类组成，如浮游植物群落。珊瑚礁生物群落和红树林生物群落既可以认为是生境，也可以认为是特征种命名。

研究简史　对海洋生物群落的认知与技术能力有关。史前遗迹中就有人类食用海洋生物的证据。在古希腊和中国春秋时期的史料中就有对潮间带海胆的研究。水体中微小生物的认知则是较晚的事情。1777年丹麦学者米勒开始用显微镜观察微小的海洋浮游生物，1828英国外科医生J.V.汤普森制作了第一顶浮游动物网，开启了对海洋生物群落的系统性研究。洋底热液生物群落的发现是在1977年。1883年莫比乌斯提出了生物群落（Biocoenosis）的概念，并限定生态群落（Community）与生物群落有相同的意义。美国布朗大学的M.D.伯特尼斯在2001年出版了《海洋生态与保育》（*Marine Community Ecology and Conservation*），详细介绍了岩石潮间带、软泥、盐沼、海草、珊瑚礁、海藻场、水体、浮游植物和深海热液喷口9个典型海洋生物群落。虽然尽数海洋中生物群落是不可能完成的任务，但通过这些可以大致了解海洋生物群落和其生态学。

群落的组成和丰度　生物群落的种类组成决定于所处生境的特征。海洋生境最基本的分类是水体和海底沉积物。水层生物悬浮在海水中生活，并且构成了海洋生物量的绝大部分。浮游植物和光合微生物生活在有光照的上层海水中，是几乎所有其他海洋生物的食物来源。对于水体中的生物而言，最大的挑战就是如何保持漂浮，不至于从上层水体下沉到深海中。体型极小的生物可以通过增加表面突起，提升摩擦阻力，对抗下沉。然而，多数动物则要借助于特殊的器官，如鹦鹉螺的气室、鱼类的鳔等。开放海域生物群落的分布主要由水深决定，因为光照强度和食物来源都与水深相关。在近岸，除了水深，还受水平的盐度、浑浊度等多个梯度的影响。浮游植物和光合微生物生活在有光照的表层海水中，是几乎所有其他海洋生物的食物来源。对于异养生物而言，决定它们分布的原因还包括食物的分布。

对于群落的丰度而言，最重要的决定因素是食物供给，也就是初级生产力水平。虽然生活在海底，底栖生物生物量的分布与海洋表层叶绿素的分布趋势非常接近。初级生产力高的地方，底栖生物的丰度也高。近岸的底栖生物，营养的来源更加复杂。由于足够的光照能够抵达海底，初级生产者除了水体中的浮游植物，还有底栖藻类、大型藻类和直接从底泥中吸取营养的高等植物海草。底栖动物除了以这些初级生产为食，还可以利用陆地初级生产力随径流进入海洋的部分。在外海，食物来源完全依靠上层水体的生产力，以尸体、粪便等颗粒沉降到海底的部分，因此通常生物量较低或极低。

群落研究的意义　一些全球分布的典型海洋生物群落通常会以生境类型命名，如河口生物群落、潮间带生物群落、海湾生物群落等。也可以根据宏观生境特征分成海岸带和浅海底栖生物等群落。不同海域相同类型海洋生物群落的对比，可以促进对彼此的研究。一方面是因为相似生境类型导致了相似的生态等位种，另一方面纬度、面积等差异有会导致具体种类的差异。

对于特征不甚明显的群落，可以通过数学方法对站位或者种类组合进行聚类分析，划分出生物群落，再以优势种或特征种给群落命名。这样就可以指示不同的水团环境。例如黄海的浮游动物有几十种，很难直接比较调查站位间的差异。通过聚类分析划分群落之后，就可以根据优势种和差异中区分近岸群落和外海受暖流影响的群落。

（张光涛）

**海洋生物生产过程**　marine biological production process　海洋生态系统中，生命活动介导的物质循环和能量流动。包括有机物及能量的生产、消费、传递、沉降和分解等过程。海洋生物生产主要包括3个重要的方面：①***海洋生产力***。包括***海洋初级生产力***、***海洋次级生产力***和海洋终级生产力。②营养结构。包括经典水层食物链和微食物环。③能量转化效率。

海洋生物生产主要经历两个过程，即植物性生产过程和动物性生产过程。海洋生态系统中浮游植物等初级生产者同化有机物，在多数情况下经过初级生产、二级生产、三级甚至四级生产，达到终级生产环节，为顶级生产者提供食物和能量。各级生产力的转化通常是通过**海洋食物链**和**海洋食物网**的渠道来完成的。

在海洋生态系统中，从有机物、细菌或浮游植物开始，经植食性动物至各级肉食性动物，依次形成摄食者与被食者的营养关系，进而形成海洋食物链。物质和能量经过海洋食物链的各个环节进行转换与流动。海洋生态系统中有两条经典的食物链，分别是牧食食物链（浮游植物—浮游动物—鱼类）和碎屑食物链（以碎屑为起点）。海洋生态系统中，除了上述经典食物链外，溶解有机物通过细菌二次生长形成异养细菌——原生动物-后生动物的摄食关系，构成**微食物环**。在微食物环中，异养细菌在有机碳的转换过程中起关键作用，同时也说明异养细菌不仅是分解者，也是“生产者”。相对陆地食物链，海洋食物链较长，经常达到四至五级。由于海洋食物链的许多环节是可逆的、多分支的，加上碎屑食物链、植食食物链和腐食食物链的相互交错，因此在海洋中，用食物网更能确切表达海洋生物之间的营养关系。

在自然界中，一个单纯的食物链几乎不存在，而总是由许多长短不同的食物链相互交错，形成一个复杂的食物网。不止如此，即使是食物网之间也经常有交错，相互联系。海洋食物网是海洋食物链的扩大与复杂化，它表示在食物链中各种生物的营养层次多变的情况下，形成的错综复杂的网络状营养关系。科学家为了研究方便起见，提出了“简化食物网”的概念，即将取食同样的被食者并具有同样的捕食者的不同物种。例如，都捕食虾的鱼类和乌贼，而这些鱼和乌贼都被海鸟捕食，或相同物种的不同发育阶段归并在一起，作为一个“营养物种”。以“营养物种”来描绘食物网结构，就是“简化食物网”。

食物网的控制机理包括**海洋生态系统上行控制**、**海洋生态系统下行控制**两种类型。上行控制是指较低营养层次（如浮游植物）的种类组成和生物量对较高营养层次（如植食性浮游动物和鱼类）的种类组成和生物量的控制作用，即资源控制。初级生产者（浮游植物）的生命周期短，繁殖快。初级产品如不迅速被次级生产者（浮游动物）利用，将形成积累，产生水华，严重时将形成赤潮。初级产品通过浮游动物迅速转化是维持初级生产力、高级生产力和高生态转换效率的重要条件。下行控制是指较高营养层次（捕食者）的种类组成和生物量对较低营养层次（被捕食者）的控制作用，即捕食者控制。浮游动物通常对初级生产力的高低做出反应。当初级生产力高时，为了提高转换效率，经常是大型桡足类如哲水蚤属占优势，相应的浮游动物捕食者的粒径也加大。这种加大粒径、减少营养级的响应称为功能响应。或者当大型浮游动物的种群数量不能做出及时响应时，迅速增加小型浮游动物（如小型枝角类）的个体数量，以达到迅速转化的目的，即数量响应。

在进行生态系统能流途径的研究时，首先要确定各类消费者在食物网中的位置。对特定种群在食物网中营养层次的测定，包括食性分析法和稳定同位素法两种方法。其中，食性分析法比较适用于较高营养层次的消费者，稳定同位素方法是基于在生物学传递过程中较重的同位素会滞留而产生富集的原理。为了更准确地研究海洋生态系统中的能量流动，海洋学家又提出了粒径谱和生物量谱的概念。粒径谱、生物量谱理论为人们提供从总体上宏观地研究不同海洋生态系统的状态、动态及其机制和影响因素的简便、实用的途径，同时也可以比较不同类型生态系统的差别，甚至估计生产力和鱼产量。

生态系统食物网中各营养级之间的传递效率（生态效率）是研究能流过程在食物网传递的重要因子。要研究生态效率，首先要了解消费者的能量收支。消费者获得的食物能量（摄食能，$C$）有一部分未被消化吸收而是以粪团形式排出（排泄能，$F$），其余的是被消化吸收的能量，即同化能（$A$）。同化的能量中少部分消耗于代谢反应，产生尿素尿酸排出体外（排泄能，$U$），还有部分消耗于氨基酸未被结合为消费者蛋白质的脱氨作用、食物消化和代谢过程以及活动的能量，这3类称为总代谢能，统一以呼吸消耗（$R$）体现，剩余的能量才构成消费者生物的生长量（生长能，$G$）。消费者的能量收支模式可表示为：

$$C=F+U+R+G$$

从整个生态系统的层次进行能流分析，应包括生产者吸收的太阳能（输入生态系统的能量）以及这些能量在各个营养级的输入与输出量值的分析。进行生态系统层次能流分析的基本原则即为各营养级的能量收支与整个系统的能量收支是平衡的，也即生产者固定的能量与生产者、消费者呼吸消耗的总能量应该是相等的。

研究海洋生态系统的生物生产过程具有重要的意义。首先，海洋生物生产过程决定了生物资源的产生、发展和转变。人类一旦掌握了生物生产过程和机制，就可以预测生态系统的牧产潜能，调整资源的生产结构，维护资源的再生，达到持续利用的目的。其次，海洋生态系统与环境、气候变化过程是紧密耦合的，如**海洋生物泵**作用对于海洋与大气中$CO_2$的利用情况，直接影响着温室效应。（李超伦）

**海洋生物污损** marine biofouling 海洋环境中的动物、植物和微生物大量栖息或附着在船舶和水下设施上，使其性能下降或损坏的现象。海水中生长的污损生物物种多样，数量庞大，附着污损过程复杂，给浸入海水环境中的设备设施的正常服役带来危害。海洋生物污损是自人类从事海事活动以来就要面对的问题，也是海洋开发面临的难题之一。

污损过程 海洋生物的附着污损有一定的规律性，海水温度、海水盐度、光照强度、水体污染程度、材料结构、船舶航速等都会影响海洋生物污损。污损形成过程通常包括以下4个阶段：①条件膜（有机膜）的形成。海水中游离的蛋白质、多糖及生物细胞代谢产物等有机分子可在数秒或数分钟内通过物理吸附、静电相互作用在基底表面附着，形成一层基膜。②微生物膜的形成。条件膜为海水中的细菌和藻类提供附着生长条件，可在数小时内形成多种生物膜，并进一步形成密集的微生物群落，形成微生物膜。③微型污损生物群落的形成。在浸海几天的时间内，微生物膜内的细菌进一步生长繁殖，会分泌形成胞外聚合物（EPS），并进一步吸引原核生物、动物幼虫及藻类孢子等附着并发育，形成微型污损生物群落（microfouling）。④大型污损生物群落的形成。在微生物膜及或微型污损群落基础上，处于浮游期的大型污损生物幼虫（如藤壶、贻贝、多毛纲动物等）选择固着在微污损群落生物膜上，经过一到数周的进一步变态发育，形成以硬壳钙质生物为主的大型生物污损群落（marofouling）。

污损危害 海洋生物污损造成的危害包括：①增加船舶阻力。船底粗糙度增加25微米，可造成燃料消耗增加2%～3%，船速下降1%。②加速金属腐蚀。污损生物会加快电化学腐蚀的过程和速度。③堵塞管道。包括沿海的工厂（特别是火力发电厂）、海上平台、海上电站和深海热交换器等。④损坏海洋仪器。污损生物可造成仪器传动机构失灵、信号失真、性能降低。⑤影响水产业。污损生物对水产业的危害主要表现在对养殖网箱、定置捕捞网衣等的网孔的堵塞，与养殖贝类争夺附着基和饵料，以及玷污养殖海带、紫菜和裙带菜的叶片等，造成产量降低、品质下降。⑥影响海洋生态环境。可增加$CO_2$、$SO_x$等的排放量，造成外来物种入侵，如美国有200种外来物种与航运有关，其中30%的物种入侵完全归因于生物污损。

防治措施 ①涂刷防污涂料。传统防污涂料的防污机制是靠防污剂不断从漆膜中渗出，在结构物表面形成一个有毒薄层，排斥或杀死企图停留在漆膜上的污损生物的孢子或幼虫。环保型防污涂料是借助材料表面特殊的结构（化学结构及微观结构）实现防污目的，包括自抛光防污涂料、亲水（水凝胶）防污涂料、疏水（超疏水）防污涂料、仿生防污涂料等。②电解海水生成次氯酸盐。海水中含有大量氯离子，利用特种电极通入直流电，将海水电解生成次氯酸钠，海水中低浓度的次氯酸钠就能使污损生物的细胞组织破坏，使幼虫、卵、孢子等死亡或失去附着能力。③人工或机械清除法。通常是利用正常停机期间进行人工或机械清除，被清除的主要对象是一些较大的无脊椎生物。随着自动化和智能化技术的发展，水下机器人污损清除技术也逐渐发展，由最初的潜水员操作的水下清除向水下自动化清除装置发展，清洗技术由最初的高压水技术向空化射流技术发展。④采用防污材料制作结构物法。根据结构物的性能要求，选用合适的金属或合金制成结构物，利用结构物本身具有的毒性，阻碍污损生物的附着。如可利用铜或铜合金在海水中发生缓慢腐蚀并释放对海洋生物有毒性的铜离子的原理来保护海洋水下设施免遭生物污损。

（李 霞）

**海洋生物学** marine biology 研究海洋中的生命现象、过程及其规律的科学。是海洋科学的一个重要学科，也是生命科学的一个重要分支。

它研究海洋里生命的起源和演化、生物的分类和分布、发育和生长、生理、生化和遗传，特别是生态。目的是阐明生命的本质、海洋生物的特点和习性及其与海洋环境间的相互关系、海洋中发生的各种生物学现象及其变化规律，进而利用这些规律为人类生活和生产服务。

研究简史 公元前4世纪，古希腊亚里士多德在《动物志》中记述了170多种海洋生物，按现代分类包括有海绵动物、刺胞动物、蠕虫、软体动物、节肢动物、棘皮动物、原索动物、鱼类、爬行类、海鸟、海兽等10多个主要动物类群，其中海洋鱼类就有110多种。公元前3世纪左右刊行的中国《黄帝内经》中，已有用乌鲗（即墨鱼）和鲍鱼治病的记录。公元前2～前1世纪成书的《尔雅》，不但记载有海洋动物，而且还有海洋藻类。公元初，古罗马S.C.普利尼乌斯的《自然历史志》记录了170多种海洋生物。中国明代屠本畯的《闽中海错疏》(1596）记载有200多种海产生物。以上为海洋生物学的萌芽阶段。

随着自然科学和航运事业的发展，海洋生物学进入科学的研究阶段。1674年，荷兰A.van列文虎克最先发现海洋原生动物。1777年，丹麦O.F.米勒应用显微镜观察北海的浮游生物。19世纪前期，C.G.埃伦贝格在海洋中发现硅鞭藻类。英国C.R.达尔文对他在1831～1836年“贝格尔”号船航海中采集的蔓足类和珊瑚类，进行了出色研究。德国J.米勒于1845年使用浮游生物网，采集和研究海洋浮游生物。英国E.福布斯在19世纪中叶先后提出海洋生物垂直分布的分带现象，按深度将爱琴海分成8个带；发表《英国海产生物分布图》；出版《欧洲海的自然史》。德国V.亨森于1887年提出浮游生物的概念，并对海洋浮游生物开展了定量研究。1891年，德国E.海克尔提出游泳动物和底栖生物两个概念。上述3个生态类群的概念至今仍广为应用。1908～1913年，丹麦C.G.J.彼得森的工作奠定了海洋底栖生物定量研究的基础。1946年，美国C.E.佐贝尔的《海洋微生物学》奠定了海洋微生物主要是海洋细菌的研究基础。瑞典S.埃克曼的《海洋动物地理学》(1935、1953)、美国J.W.赫奇佩斯等主编的《海洋生态学和古生态学论文集》(1957）和H.B.穆尔的《海洋生态学》(1958）等，都促进了海洋生物学的发展。

19世纪下半叶开始，各国竞相派出海洋考察船、设立滨海生物研究机构，海洋生物的研究工作日益兴盛。其中，最有名的海洋考察是英国“挑战者”号考察船历时三年半（1872～1876）的环球调查。学者们采集了大量深层和中层生物，出版了50卷巨著，所记载的生物的新种达4400多个，使当时已知的海洋生物种数翻了几番。世界上很多著名的海洋研究所的前身都是海洋生物研究室、野外站或者海洋生物研究所。最古老的海洋生物研究机构是意大利那不勒斯（那波利）海洋生物研究所，成立于1872年，1874年正式开放。1888年，英国海洋生物学会成立了普利茅斯海洋研究所。美国于1888年在大西洋海岸的伍兹霍尔建立了海洋生物研究所；1891年在太平洋海岸创建了海洋生物实验室，后来发展为海洋生物研究所，随后拓展为斯克里普斯海洋研究所等。它们至今仍是世界上最活跃的海洋生物研究中心。特别是伍兹霍尔和斯克瑞普斯两个海洋研究所的工作，对海洋生物学的发展起了重要的作用。

20世纪60～70年代，由于电子计算机、信息论、控制论和微量化学元素测定等数理化新成就、新技术的应用，海洋生物学的研究发展到新的阶段。如英、日学者利用生物工程技术研制出控制海洋鱼苗性别的方法；美国发射海洋卫星调查海洋鱼群的数量和种类变化等。该阶段的特点是：①海洋生物学研究出现大综合趋势，海洋生态系研究兴起。如对珊瑚礁生态系、上升流生态系的研究。②实验生物学研究大力开展，并与生产实践密切联系，进行水产增养殖研究，海洋水产生产农牧化已成为重要的发展方向。③向深海和远洋两个方向发展。研究深海和远洋生物的生命活动、代谢规律和演变及其资源，如对南大洋磷虾资源的调查和利用；美国等国学者在深海海底，发现独特的化能自养的细菌和动物等组成的海底热泉生物群落，它们组成了一个与陆地、淡水以及绝大部分海域迥然不同的物质循环和生态系统。④海洋生物药物研究兴起。自50年代后期在柳珊瑚中发现有价值的药用成分后，沿海各国纷纷从海洋生物中寻找药物，已知的海洋药用生物已有1000多种。

中国对海洋生物的科学研究始于20世纪20年代，之后曾活跃一时。30年代初在厦门组织了全国性的中华海产生物学会，30年代中期海洋生物研究中心逐渐转移到青岛。30年代后期至40年代，中国海洋生物研究基本处于停顿状态。1950年中国科学院在青岛成立海洋生物研究室，1957年发展为海洋生物研究所，1959年拓展为海洋研究所。随后，中国科学院、教育部、国家水产局和海洋局系统以及一些省市，先后建立海洋生物的研究机构，开展全国性的海洋调查、渔场调查、海洋水产养殖和栽培，以及实验生物学和海洋生物学基础理论的研究，取得了许多较高水平的成果。

研究内容与分科 海洋生物学研究的内容极为丰富，且随着海洋调查手段和开发技术的改进而不断地发展。可以说生物学的各个领域——分类、形态、区系分布、生态、生理、生化、遗传等，在海洋生物学中均有相应的发展。但研究程度相差甚远，海洋生态的研究较为成熟，已形成海洋生态学。

海洋生物分类学　以界、门、纲、目、科、属、种系统研究各种海洋生物的地位，目的是了解海洋生物的资源和进化系统。200多年来，生物学者基本上遵循C.von林奈的两界说（1735），把海洋生物划分为海洋植物和海洋动物两大类。随着分类学的发展，科学家们认识到这个分类法有不少缺点，如真菌和大多数细菌并不营光合作用，却被归入植物。所以，20世纪50～60年代，学者们提出了多界说，其中具有代表性的是R.H.惠特克的五界说（1969）。惠特克把生物分为原核生物界、原生生物界、植物界、真菌界和动物界。但他的分类存在一些自相矛盾和明显不合理的地方。至于一些学者把海洋生物划分为海洋植物、动物和微生物也不妥当。因为海洋微生物只是众多微小生物的总称，并不从系统发育角度体现生物之间亲缘关系，而且它包含有原核和真核生物，单细胞和少数多细胞生物，细菌以及一部分真菌、植物和动物，十分庞杂，不能与动、植物并列。因此，将海洋生物划分为海洋细菌、海洋真菌、海洋植物和海洋动物。

海洋生物中，现知种类最多的是海洋动物，有16万～20万种，分布在动物界的数十个门类中。海洋植物10 000多种，主要是低等的植物——海洋藻类，高等的海洋种子植物仅有100多种。海洋真菌不足500种。海洋细菌的种类较多。

海洋生物形态学　研究海洋生物外部和内部形态的特征及其规律，是海洋生物学和海洋生态学研究必不可少的一部分。海洋与陆地相比具有很大的特殊性，尤其是深海的强大压力和黑暗无光，使海洋动物、细菌等在外部和内部形态上的多样性和特殊性十分明显。这些特征和规律是无法从研究陆栖生物中得到的。

海洋生物区系分布　研究生物在海洋中的分布及其规律，阐明海洋生物区系的特点及其与海洋环境的关系。它不但与海洋渔业生产直接相关，同时为**海洋生态学**、**海洋地质学**、**物理海洋学**、**海洋化学**等研究提供依据。如生活在海洋中的动物种数大大地少于陆地和淡水，但其门类之多又明显地超过陆地和淡水，这说明海洋环境比陆地和淡水要稳定得多。热带亚热带海岸的红树林能延伸到北美百慕大群岛、日本的九州，说明了海洋暖流的作用。

海洋生态学　研究海洋生物之间及其与周围环境的相互关系。它和人类的生活、生产直接相关。海洋个体生态、种群生态、群落生态、生态系的研究是海洋生态学研究的基本层次。海洋个体生态和群落生态研究得较好的是海洋浮游生物和海洋底栖生物；海洋种群生态研究得较为充分的是海洋游泳生物中的鱼类。**海洋生态系统**以**河口生态系统**、**上升流生态系统**、**珊瑚礁生态系统**及**海湾生态系统**进展较快。海洋古生态学是研究古代海洋生物之间及其与地史时期海洋环境的相互关系，60年代以来随着石油、天然气等的大力开发和**深海钻探计划**（DSDP）的实施，发展很快。

食物是生态学基本的课题之一。对**海洋食物链**和**海洋食物网**、**海洋生产力**的研究，也是海洋生态学的重要研究内容。

海洋生物生理、生化和遗传研究　分别研究海洋生物机体各部分的生理机能、化学组成和代谢、遗传特性及其变化规律。由于人类对海洋资源的需求激增，海洋生物在经济上、科学上的价值也愈益重要，因而这些方面的研究都已有不同程度的进展。

生物海洋学　研究生物作为海洋组成部分而产生的各种海洋现象，如海洋浮游生物的“昼夜垂直移动”等现象在时间和空间上分布的特征。这是海洋生物学所特有的一个分支学科，发展较快。

研究意义　海洋是生命的发源地。地球上生命30多亿年的发展史，其中85%以上的时间是完全在海洋中度过的。要研究生命的起源和演化问题，离不开海洋生物学的工作。

海洋中生物门类，主要是动物门类的多样性远远超过陆地和淡水，其中许多门类的动物只能生活在海洋中。要了解整个生物的分类系统及其演化过程，必须研究海洋生物学。

海洋占地球表面面积的71%，又是众多工业废料的汇集地。海洋生态学的研究不但有利于保护生物的生存环境，而且直接关系到海洋生物资源的开发和利用。

海洋生物具有一些特有的生理机能和生化特点，如海洋鱼类和哺乳类的游泳能力、回声定位和体温的调节，已成为仿生学的重要研究内容。

在国民经济建设中，海洋生物学也占有重要地位。海洋生物是人类食品的重要来源，现可供食用的海洋藻类已达近百种，如海带、紫菜，可供食用的海洋动物则更多。全世界所消耗的动物蛋白质（包括饲料用的鱼粉），有12.5%～20%（鲜品计算）来自海洋。海洋生物是工农业和药物原料，如由海藻中提取的琼胶、卡拉胶、褐藻胶已分别用于食品、酿造、涂料、纺织、造纸和印刷工业；已从海洋生物体中提炼出各种酶和激素、多肽类、多糖类、脂酸等，制作神经毒素、麻醉剂、止血剂、降压剂、抗生物质、抗生素、抗癌物质等药物。珍珠、红珊瑚、角珊瑚等海洋生物，是名贵的装饰品和工艺原料。红树林和海草具有护堤防浪等作用，它们的生长区是理想的海洋水产生产农牧化的基地。不少海洋生物还具有观赏的价值。

也有一些海洋生物对人类是有害的，如船蛆、蛀木水虱等海洋钻孔生物，贻贝、牡蛎、藤壶等海洋污着生物。

问题和展望　海洋生物学是随着调查的开展和手段的改进而发展。20世纪60年代以来，随着新技术和新成就的运用，海洋科学出现了飞跃。相比之下，海洋生物学的发展不如海洋科学的其他学科快，其中一个重要原因是调查手段和工具仍较落后陈旧。因此，海洋生物学的发展亟待调查和实验手段、仪器的革新。

资料表明，世界人均海洋渔业产品的消费量在下降，而且传统的渔场和传统的渔业资源出现了捕捞过度的问题。亟须改变当前传统的狩猎式捕捞方法，对海洋生物实行系统的科学管理和开采。大力开发远洋和深海的海洋生物资源，特别是2000米以下的动物资源；注意开辟新的渔业资源，尤其是食物链级次较低的种类，如南大洋的磷虾。同时，大力发展浅海水域的养殖业，早日实现海洋生物农牧化的大面积生产。

海洋生态学研究是海洋生物学最为重要也是最为活跃的一个领域。为科学地开发、利用和发展海洋生物资源，满足人类的需求，应更有力地促进海洋生态学在理论和应用方面的进一步发展、了解各个海域的生物组成、种群结构和数量变动规律、群落的构成和更替、生态系的结构和功能及其物质的转换和能量的循环，以确保生物资源（种群密度）能持续地高产，预报生物数量和环境变化的方向，保持生态平衡。同时，促进海洋生物学其他领域（分类、生理、生化、遗传等）的发展。

从海洋生物中寻找新药已成为海洋生物学研究的一个重要方向。随着海洋药物研究的深入，海洋生物增殖和养殖事业的发展，分子化学、生物工程的理论和手段的引入，不但能出现造福于人类的新药、养殖新品种，而且将促进海洋分子生物学、海洋生物工程学的建立和发展。

对海洋生物，尤其是对海底热泉化能自养细菌和动物，及其生态系等的深入研究，将推动生命起源和演化问题的研究。

（曾呈奎　刘瑞玉　徐恭昭　撰　孙　休　修订）

**《海洋生物质量》** *Marine Biological Quality Standard* 在一定的时间和空间范围内对海洋生物体内主要有害物质的容许水平所做的规定。为维护海洋生态平衡、评价海洋环境质量、保障人体健康，制定《海洋生物质量》标准，它与《海水水质标准》《海洋沉积物质量》及其他的环境标准相配套，构成海洋环境质量标准体系，是衡量环境污染与否的法定尺度，为海洋的监控和防护提供科学的法规依据。

在20世纪90年代左右，中国制定的《全国海岸带和海涂资源综合调查简明规程》和《第二次全国海洋污染基线调查技术规程》中曾对贝类、软体类、甲壳类、鱼类等海洋生物体内的石油类、总汞、铜、铅、锌、铬、镉、汞、砷等污染物质规定了最高容许浓度。由于海洋生物种类繁多，即使生长在同一海区，因生活习性、栖息环境、生理特性的差异，对不同污染物的吸收和累积能力不同，故尚难以制定适合于各类生物的统一标准。考虑到贝类主要生活在河口、近岸海域，在世界海洋各地均有分布，大多属固着、滤食生活，且对许多污染物有很高的累积能力，尤其是贻贝和牡蛎等贝类已被世界各海洋国家作为污染检测生物。为此，中国2001年发布和实施的《海洋生物质量》(GB 18421—2001）主要适用于天然生长和人工养殖的经济贝类以及用于环境监测的贝类生物。

《海洋生物质量》适用于中华人民共和国管辖的海域。按照海域使用功能和保护目标分为三类：第一类，适用于海洋渔业水域、水产养殖区、海上自然保护区、与人类食用直接有关的工业用水区，相当于《海水水质标准》(GB 3097—1997）一、二类标准，重点保护目标为海洋生物资源和人体健康；第二类适用于一般工业用水区、滨海风景旅游区，旨在保护一般工业用水区和海洋景观，相当于海水水质三类标准；第三类适用于港口水域和海洋开发区，限制人为污染，减少污染对海洋生态系统的危害，相当于海水水质四类标准。对上述三类海域贝类体内的13项要素，包括感官要求、粪大肠菌群、麻痹性贝毒、总汞、镉、铅、铬、砷、铜、锌、石油类、六六六、滴滴涕等分别规定了三类生物质量标准值。并规定了各项要素的采集、贮存和预处理方法及各项要素的分析检测方法。

随着海洋生态环境研究工作的深入，中国的《海洋生物质量》标准中增加甲基汞、有机锡、各形态砷等新型污染物，以及软体（非双壳贝类）、甲壳类、鱼类和大型海藻类等海洋监测生物迫在眉睫。

（孙　霞　刘华雪）

**海洋生物质量评价** marine biological quality assessment 按照一定的原则和方法，对贝类、鱼、虾和藻类等海洋生物质量进行的评定。海洋生物质量评价通常与**海水水质评价**同时进行，共同用来评价海洋环境质量，为海域环境规划管理及污染防治提供科学依据。欧洲联盟及许多沿海国家大多制定了海洋生物质量标准。

2001年，中国颁布了国家标准《海洋生物质量》(GB 18421—2001)，对海洋贝类（双壳类）质量评价标准做了详细规定，主要分为三类：第一类适用于海洋渔业水域、海水养殖区、海洋自然保护区、与人类食用直接有关的工业用水区；第二类适用于一般工业用水区、滨海风景旅游区；第三类适用于港口水域和海洋开发作业区。评价指标主要有大肠菌群，麻痹性贝毒，汞、镉、铬等重金属，石油烃，六六六、滴滴涕等农药杀虫剂。鱼、虾、藻经济生物的质量，可参考《中国海岸带和海涂资源综合调查报告》中的生物残毒标准、《第二次全国海洋污染基线调查》提出的标准，也可参照农业行业标准《无公害食品　水产品中有毒有害物质限量》。

以2007～2010年大亚湾海域贝类生物质量评价为例，按《海洋生物质量》，可用单因子污染指数法进行评价。经计算，2007～2010年大亚湾海域贝类体内汞元素全部符合《海洋生物质量》第一类标准；贝类体内镉和砷元素全部符合《海洋生物质量》第二类标准；2008～2010年所有检测贝类体内的铅含量全部符合《海洋生物质量》第二类标准，但2007年贝类体内铅的平均含量仅符合《海洋生物质量》第三类标准。与历史资料相比，大亚湾海洋生物质量基本处于较稳定状态，铅等个别指标较高可能与该海域重金属含量的背景值有关。

（田　华）

**海洋生物种群动力学** population dynamics of marine organisms 研究海洋生物种群规模和年龄结构，在生物和非生物环境压力下，随时间动态变化的细分学科。一般是用数学公式或者模型表征其丰度与时间的函数关系，对于变态发育的物种则必须考虑其种群结构，即发育期组成。

研究历程　在200多年的发展历程中，根据应用场景和复杂程度可分为单一种群和多个种群的动力学模型。前者不考虑种间作用，又可分为资源无限的指数增长模型和资源限制的逻辑模型。后者则综合考虑捕食和竞争等种间相互作用。最早且有广泛影响的海洋生物种群动力学研究是利用生命表法研究**藤壶**种群动态，但它还是与陆地生态学一样采用观察和统计的方法，而且藤壶不像其他种类随**水团**运动，可以用传统生态学方法进行研究。20世纪70年代计算机技术的应用是一个分水岭。之前的研究都是利用实验或者观察实现数量和生产量与环境因子线性关系的过程模拟，计算能力的提升使得生物过程叠加到模拟的水动力过程中成为可能，种群动力学模型也真正具有模拟和预测能力。

研究现状　模拟种群动力学效果最好的类群位于经典食物链的两端，浮游植物和鱼类，而对于承上启下的浮游动物类群的努力最多，却仍有很多不尽如人意的地方。根据物理（湍流扩散、光透射、沉降）与生物过程（初级生产、呼吸、死亡、营养盐吸收）模拟的浮游植物水华，粒级结构与量值已经基本可以做到与实测结果一致，但这并非严格的“种群”动力学，而是把所有浮游植物当作一个“种”。鱼类生活史周期长、死亡率较低，通过0时刻的丰度、出生率、死亡率、迁入和迁出计算1时刻的丰度准确率相对较高。以桡足类为例，浮游动物的发育期可以多达13个，可以通过种群结构模型和个体基础上的种群模型（IBMs）模拟某个种类形态、生长及发展的变化，以及在物理条件影响下的迁移轨迹。只有研究比较充分的种类才有足够的数据支持模型研究，如北大西洋的飞马哲水蚤和黄海的中华哲水蚤。

除了生物本身的复杂生活史和水团运动，海洋生物，尤其是浮游动物种群动力学模拟的难度还在于复杂的营养关系。多数的海洋生物并非以特定的生物为食，而是随机摄食动、植物和碎屑，甚至包括自己的卵和幼体。这就给确定食物或者捕食者来源和数量带来极大的不确定性。因此，摄食、生长、生理过程的参数化对未来种群动力学模拟至关重要，而且自然条件下的参数相对于实验参数更加重要。

另外，很多海洋生物有在特定阶段休眠的特性，即生长和发育停止，如浮游甲藻的孢囊和桡足类的休眠卵。对于这些种类，只有确定了休眠的起止条件才能实现数值模拟。这一点在北大西洋的飞马哲水蚤和黄海的中华哲水蚤研究上体现最充分。始自20世纪90年代的大西洋飞马哲水蚤研究计划积累了大量的现场数据，阐明了越冬等关键过程，是飞马哲水蚤种群动力学研究取得巨大成功的重要基础。对中华哲水蚤而言，生殖、生长、摄食等关键参数的测定，度夏机制的阐明都是实现种群动态数值模拟的重要前提。

研究意义　海洋生物种群动力学顾名思义是以海洋生物为研究对象，其特征主要在于复杂的生活史周期和海水流动性导致的迁入和迁出。其目的是描述并最终预测在非生物环境、食物和捕食压力下种群丰度、分布和生产力的变化，可以用于资源评估和生态系统演变等方面的研究，是海洋生态系统动力学研究的重要内容。（张光涛）

**海洋生物种群及数量调查技术**　investigation technology of marine biological population and quantity　在海洋生物的种群结构、分布情况、数量和生物多样性等方面进行调查过程中使用的技术。海洋生物主要由海洋微生物、浮游生物、游泳动物、底栖生物以及潮间带生物等组成，由于它们的个体大小、生存生活位置以及生活习性等不尽相同，因此对它们进行调查时采用的技术也需要根据实际情况进行选取。要想对海洋生物种群及数量进行调查，首先需要使用相应的采样设备（如微生物采样器、浮游生物采样器、底栖生物采样器等）获取海洋生物样品；然后对样品进行提取、分类、计数、鉴别种类等；最后根据采集到样品获得的数据，结合相关分析评估算法或规范，对采样区域的海洋生物种群及数量进行科学评估。（王杭州）

**海洋生物资源过度开发**　overexploitation of marine biological resources　人类在对海洋生物资源的开发利用过程中的活动，破坏了海洋生物资源的群落结构，导致海洋生物资源不能通过自身的繁殖、发育、生长和新老替代等自我调节达到动态平衡，从而导致海洋渔业资源衰退、海洋生物多样性减少、一些海域出现无生物区的现象。海洋覆盖了近71%的地球表面，是全球生命支持系统的一个基本组成部分，也是环境的重要调节器，海洋是地球上一切生命的发源地，拥有丰富的生物资源，是地球生物多样性最丰富的区域。

资源利用　海洋生物资源又称海洋水产资源。指海洋中蕴藏的经济动物和植物的群体数量，是有生命、能自行增殖和不断更新的海洋资源。其特点是通过生物个体和种群的繁殖、发育、生长和新老替代，使资源不断更新，种群不断补充，并通过一定的自我调节能力达到数量相对稳定。

海洋生物资源中有大量的动植物，特别是鱼类等资源是人类优质蛋白质的来源。海洋渔业在保证人们食物安全、改善食物结构方面具有无法替代的重要作用。以海洋来源为主的水产品为全球人口提供了至少20%的人均动物蛋白摄入量。联合国粮食及农业组织2004年的报告显示，鱼蛋白在世界动物蛋白总供应量中的份额从1992年的14.9%上升到1996年16%的峰值，2001年接近此峰值（15.9%）。在一些沿海国家和地区，海洋渔业在其经济社会发展中扮演着重要的角色。自1990年以来，世界捕捞渔民和养殖渔民数量年均增长2.6%。2002年，全世界从事捕捞和养殖渔业的劳动力约3800多万人。海洋渔业对沿海国家的社会、经济发展具有举足轻重的作用。

由于陆地资源的开发利用日趋极限及陆地生存环境的日益恶化，人类的生存和发展受到严重威胁，于是人们将可持续发展的希望寄托于海洋。随着社会的发展，人类必然会越来越多地依赖海洋。

开发状况　世界海洋环境与生物资源利用面临严重危机，渔业发展是一把双刃剑：一方面，渔业的发展为人类提供了丰富的优质蛋白质和各种生物原料，并提供了就业机会，推动了经济发展和社会进步；另一方面，渔业的发展不同程度地破坏着海洋生态系统和环境，并反过来对渔业的发展造成不利影响。以前人口较少时对水产品的需求有限，未超过渔业资源的承载能力；对渔业资源环境的干扰程度也有限，作业区域局限在近海水域，捕捞工具主要为传统性的渔具且在近海水域作业。19世纪下半叶以来，由于动力渔船、新型网材料、侦察鱼群技术和渔获冷藏技术的应用，捕捞能力得到了大大提高，并可到外海作业。水产品市场的开发，以及交通的便捷也促进了对渔业资源的开发和利用程度。特别是第二次世界大战后，科学技术的提高有力地推动了渔业的发展，作业船只大型化，渔船数量迅速增长，渔业资源出现了过度开发的情况。人们终于认识到，海洋渔业资源不是取之不尽、用之不竭的。从世界范围看，资源的过度捕捞、捕捞能力的大量过剩、兼捕物的抛弃、毁灭性捕捞渔具和方法的使用、栖息地的退化，以及人口过快增长等问题，已经严重制约着渔业资源的可持续利用。海洋生物资源利用超过其再生量是海洋生物资源开发中存在的主要问题。由于盲目追求产品数量、不断增加对海洋捕捞业的投入、过度的开发使得渔业结构发生了重大变化，一些主要的经济鱼类严重衰退甚至濒临绝迹，取而代之的是营养层次低、生命周期短的鱼类。优质鱼类占总渔获量的比例已由20世纪60～70年代的50%左右下降到现在的不足30%。

治理措施　对海洋生物资源过度开发不仅使海洋生物资源减少，还会使有些海洋生物种类灭绝，对海洋生物资源进行合理的保护与管理尤为重要。①加大科技投入，推广有利于资源和环境可持续利用的先进技术。实现海洋资源的可持续利用，必须依靠科学技术。这些技术包括海洋资源综合利用、重复利用、多层利用技术等。这类技术的开发、推广和应用有助于提高海洋资源的利用效率，减少浪费和废物排放率，有利于海洋资源的保护和增殖。为此，要建立健全海洋科技投入机制、科技成果向生产力转化的动力机制与效益机制。②优化海洋产业结构，实现海洋产业结构的优化升级。不同的海洋产业结构对海洋资源的依赖程度和对环境的影响程度不同。从海洋第一产业、海洋第二产业到海洋第三产业，对海洋资源的依赖程度和对环境的影响程度逐渐减弱。应根据海洋资源与环境的特点，对海洋产业结构进行调整，逐步降低第一产业的比重，提高第二、第三产业的比重，在实现海洋资源与环境可持续利用的过程中实现海洋产业结构的优化升级。③海洋立法是沿海国家管理海上活动（包括海洋资源可持续利用和环境保护等活动）的基本措施，在维护国家海洋权益、管理和保护海洋资源方面起着极其重要的作用。为健全海洋法规体系，中国已经颁布了《中华人民共和国海洋环境保护法》和《中华人民共和国海域使用管理法》等多部法律法规，沿海各省市也制定了一些地方性法规。在总结经验的基础上，应加强立法步伐、制定海洋立法规划、积极参与国际立法活动，加强海洋执法队伍建设，逐步建立多功能的海上执法管理队伍。（崔鹏飞）

**海洋生物自净能力**　marine biological self-purification capacity　在海洋生物作用下，使海洋环境中的污染物浓度下降、毒性减轻或者消失的能力。影响海洋生物净化过程快慢和程度的主要因素有污染物的性质，生物的种类及丰度，温度、光照、营养盐、溶解氧等环境条件。

海洋生物自净主要包括藻类生态系自净和微生物自净等。藻类生态系自净与藻类生长、死亡、食物链传递等过程有关，是氮、磷等富营养化物质和重金属等有毒污染物的主要生物去除途径，藻类通过生长吸收污染物，经死亡沉降或经食物链，以渔业资源形式将污染物从海水中移出。微生物自净与微生物代谢、降解过程有关，是海洋污染物危害的重要生物缓解或去除途径。微生物数量大、种类多、分布广，特异性和适应性强，不仅以有机物为其营养来源，而且可通过氨化、硝化、反硝化、解磷、解硫及固氮等代谢作用将有害物质分解为二氧化碳、硝酸盐、硫酸盐等，进而净化水质。一些微生物能降解石油、有机氯农药、多氯联苯以及其他多种有机污染物，还有一些微生物能转化汞、镉、铅、砷等金属。

评价海洋生物自净能力，一般要考虑好氧微生物对入海有机物的分解能力（化学需氧量和生化需氧量）、水体的溶解氧含量、浮游植物量等。由于微生物降解有机污染物和藻类呼吸作用需消耗溶解氧，当水体中溶解氧含量和浮游植物量较高时，则表明环境的生物自净能力强。

海洋容积巨大，生物资源丰富，生物自净能力相对较大。但由于海洋动植物的新陈代谢和微生物降解有机污染物时，要消耗水中的溶解氧，因此在全球海洋的近海和河口区出现了多个缺氧或低氧区。为了避免海水缺氧甚至无氧状态，保持海洋的生物自净能力，应有效控制入海污染物的总排放量。（张越美　高会旺）

**海洋生源活性气体**　marine biogenic active gas　溶解在海水中的除惰性气体以外的生物成因气体。包括溶解氧（$O_2$）、二氧化碳（$CO_2$）以及甲烷（$CH_4$）、氧化亚氮（$N_2O$）、二甲基硫（DMS）、卤代烃、一氧化碳（CO）、氢气（$H_2$）、非甲烷烃、有机胺等微量气体。它们在海洋的生物化学过程中产生，其含量分布及变化与海洋中的化学过程、物理过程、生物过程和地质过程有关，故其含量的时空变化比较大。所有这些气体在海洋中的含量、分布、来源、在海洋和大气界面上的通量等，都是海洋化学所研究的问题。在这些气体中，对$O_2$研究得比较多，其次是$CO_2$。至于微量生源活性气体（$CH_4$、$N_2O$、CO、DMS等），由于其对大气环境和气候的影响，已受到广泛关注。

生物活动在海洋生源活性气体产生和消耗中的作用：浮游植物能够利用光合作用将$CO_2$转化为$O_2$和有机质，为海洋中的生物提供$O_2$和碳源。此外，浮游植物和其他海洋生物又能通过呼吸作用消耗$O_2$生成$CO_2$。底栖生物对表层沉积物的扰动，使得$O_2$能够进一步参与沉积物中一些金属和生源要素的氧化还原反应，对底层海水和沉积物中的化学组成以及生物群落结构产生不可忽视的影响。浮游植物和有孔虫类在光合作用和钙化作用中利用$CO_2$作为碳源，导致海水表层的$pCO_2$降低，并使海洋和大气中的$CO_2$达到平衡，因此以大气$CO_2$的形式导致碳的输入。浮游植物在食物链中被浮游动物、细菌或病毒分解，释放出$CO_2$，并重新被浮游植物吸收利用，参加碳的再循环。$CH_4$在海洋中的平衡主要由$CH_4$产生菌和$CH_4$氧化菌的代谢活动决定。在缺氧条件下，$CH_4$含量比较高，因为细菌可以将$CO_2$和CO还原为$CH_4$。$CH_4$氧化古菌对厌氧条件下$CH_4$的氧化具有重要作用。冷泉区的甲烷在甲烷氧化菌和硫酸盐还原菌参与下会发生缺氧甲烷氧化反应（AOM），AOM作用是$CH_4$消耗的一种重要途径。$N_2O$主要是通过透光层底部的硝化作用和深层水中的硝化、反硝化过程产生并交换到上层水体中。硝化作用是由微生物将铵盐（$NH_4^+$）氧化为亚硝酸盐（$NO_2^-$）并进一步氧化为硝酸盐（$NO_3^-$）的过程，反硝化作用是反硝化细菌在缺氧条件下还原$NO_3^-$，释放出$N_2$或$N_2O$的过程。海洋中$N_2O$的生成必须保证在缺氧而非完全无氧的状态下进行，低氧条件下，部分$NH_4^+$会被氧化成$N_2O$而不是$NO_2^-$。海洋产生的$N_2O$大部分释放到大气中，只有很少一部分会在缺氧的环境中继续被消耗。海洋中的浮游植物、大型海藻是β-二甲基巯基丙酸内盐（DMSP）的主要来源，其他海洋生物如细菌、浮游动物、病毒等在DMS的产生、迁移转化和降解过程中也起到重要作用。DMS可以由浮游植物在生长过程中由细胞内的DMSP主动释放，同时也可以由DMSP经过浮游动物摄食、菌类降解、病毒感染降解为DMS。

海洋是生源活性气体$CH_4$、$N_2O$、DMS等的重要储库，全球海洋释放的$CH_4$和$N_2O$分别占大气中总来源的约5%和25%，向大气排放的DMS占全球天然硫排放总量的60%以上。$CH_4$和$N_2O$是仅次于$CO_2$的温室气体，它们单个分子的温室效应能力是$CO_2$的23和310倍，二者的贡献约占温室效应的20%以上。DMS在大气中很快被氧化成非海盐硫酸盐（nss-$SO_4^{2-}$）气溶胶并参与云凝结核的形成，从而产生负温室效应。卤代烃是大气中重要的痕量温室气体和臭氧层破坏者，对全球气候及环境的影响造成广泛的潜在危害，而海洋是大气卤代烃的重要来源。有机胺作为少有的碱性气体在大气新粒子生成中起关键作用，从而对大气气溶胶的浓度和特性产生影响，海洋生物活动是海洋大气中有机胺的重要来源。另外，海洋还是大气CO的净源，大洋每年释放CO中C的量为（3.7～220）$\times10^{12}$克/年，约占大气中CO的总量的1.5%～7%。与$CH_4$相比，非甲烷烃类（包括乙烷、丙烷、异戊二烯等）也是海洋释放的一类温室气体，非甲烷烃类的全球海–气交换通量为（2～50）$\times10^{12}$克/年。

全球海洋释放的$CO_2$、$CH_4$、$N_2O$、DMS等生源活性气体对全球气候变化及温室效应影响极大，近岸陆架海域又是全球海洋释放生源活性气体的主要海域，受到学术界的广泛关注。（杨桂朋）

**海洋石油污染**　marine oil pollution　石油及其炼制品（汽油、煤油、柴油等）在开采、炼制、贮运和使用过程中泄漏进入海洋环境而造成的污染。

来源　海洋环境中的石油污染主要来源于陆源和海源的排放。陆源主要包括市政污水处理厂、工厂企业、港口码头、油库基地等海岸设施，海源主要包括船舶溢油、石油开采泄漏、海底管道溢油等。

变化　石油入海后即发生一系列复杂变化，包括扩散、蒸发、溶解、乳化、氧化、微生物降解、沉积，以及沿着食物链传递等过程。①扩散。入海石油在重力、惯性力、摩擦力和表面张力的作用下，在海洋表面迅速扩展成薄膜，进而在风浪和海流作用下被分割成大小不等的块状或带状油膜，随风漂移扩散。扩散是降低局部海域石油污染的主要过程。②蒸发。石油在扩散和漂移过程中，轻组分通过蒸发逸入大气，其蒸发速率随分子量、沸点、油膜表面积、厚度和海况不同而不同。蒸发作用是决定石油污染物从海洋中消失快慢的一个重要因素。③溶解。低分子烃和某些极性化合物会溶入海水中。正链烷在水中的溶解度与其分子量成反比，芳烃的溶解度大于链烷。溶解作用和蒸发作用尽管都是低分子烃的行为，但它们对海洋环境的影响却不同。④乳化。石油入海后，由于海流、涡流、潮汐和风浪的搅动，容易发生乳化作用。乳化有两种形式：油包水乳化和水包油乳化，前者较稳定，常聚成外观像冰激凌状的块或球，较长期在水面上漂浮；后者较不稳定且易消失。⑤氧化。海面油膜在光和微量元素的催化下发生自氧化和光化学氧化反应，氧化过程是石油化学降解的主要途径，其速率主要取决于石油烃的化学特性。⑥微生物降解。在天然环境中存在一些具有降解石油烃类的微生物，已发现超过700种菌类能够参与降解石油烃类，在海洋中细菌和酵母菌为石油的主要降解者。微生物降解石油的速度与油品特性和海洋环境中的溶解氧含量有关。⑦沉积。海面的石油经过蒸发和溶解后，形成致密的分散离子，聚合成沥青块，或吸附于其他颗粒物上，最后沉降于海底，或浮于海滩。在海流和海浪的作用下，沉入海底的石油或石油氧化产物，还可再上浮到海面，造成二次污染。

主要危害 ①对界面过程的影响。石油在海面形成的油膜能阻碍大气与海水之间的气体交换，影响海面对电磁辐射的吸收、传递和反射。海面和海水中的石油会溶解卤代烃等污染物中的亲油组分，降低其界面间迁移转化速率。②对生物的危害。油膜减弱了太阳辐射透入海水的能量，会影响海洋植物的光合作用。油膜玷污海兽的皮毛和海鸟羽毛，溶解其中的油脂物质，使它们失去保温、游泳或飞行的能力。石油污染物会干扰生物的摄食、繁殖、生长、行为和生物的趋化性等能力。严重的石油污染还会导致海洋中个别生物种丰度和分布的变化，从而改变群落的种类组成。石油烃对海洋生物的毒害，主要是破坏细胞膜的正常结构和通透性，干扰生物体的酶系，进而影响生物体的正常生理、生化过程。③对水产业的影响。海洋石油污染会改变某些经济鱼类的洄游路线；玷污渔网、养殖器材和渔获物；受石油污染的鱼、贝等海产食品，难于销售或不能食用。

防治措施 认真执行有关防止海洋石油污染的法规，加强环境管理，严格控制沿岸炼油厂和其他工厂含油污水的排放，制止海洋活动过程中非法排放含油污水。改进油轮的导航通信等设备的性能，防止海难事故。对海上溢油事故要采取紧急措施，如应用围油栏等把浮油阻隔包围起来，防止其扩散和漂流，并用各种机械设备尽量加以回收；对无法回收的薄油膜或分散在水中的油粒，可以喷洒各种低毒性的化学或生物消油剂。 （马启敏）

**海洋食物链** marine food chain 在海洋生物群落中，从有机物、细菌或浮游植物开始，经植食性动物至各级肉食性动物，依次形成的摄食者与被食者的营养关系。物质和能量经过海洋食物链的各个环节所进行转换与流动，是海洋生态系统中物质循环和能量流动的一个基本过程。

*海洋浮游植物*和底栖植物是最主要的初级生产者。它们为浮游甲壳动物、软体动物、鱼类提供食料。植食性动物被一级肉食性动物所食，如海蜇、箭虫、海星等。一级肉食性动物又被二级肉食性动物（大型鱼类和大型无脊椎动物）所食。随后，它们再被三级肉食性动物（凶猛鱼类和哺乳动物）所食，依此构成海洋食物链。

类别 海洋食物链包括牧食食物链和碎屑食物链两种基本类型。经典海洋牧食食物链是由物质和能量由浮游植物至浮游动物最终到达鱼类，其大致可划分为大洋食物链、近岸（陆架）食物链、上升流区食物链3种类型。碎屑食物链则是以海洋生物尸体残骸、粪便等颗粒有机物为起点的食物链。

特点 食物链的组成成分中不包括分解者和非生物成分，只反映生产者与消费者之间由于捕食和被捕食而发生的联系。任何一条食物链都开始于生产者，结束于最高级消费者。食物链中的捕食关系是长期自然选择形成的、不会倒转，因此箭头一定是由上一营养级指向下一营养级。

海洋食物链较长，经常达到4～5级。而陆生食物链通常仅有2～3级，很少达到4～5级。海洋食物链的许多环节是可逆的、多分枝的，加上碎屑食物链、植食食物链和腐食食物链相互交错，网络状的营养关系比陆地的更多样、更复杂。因此，在海洋中用食物网更能确切表达海洋生物之间的营养关系。

物质和能量的传递 食物链只表示有机物质和能量从一种生物传递到另一种生物中的转移与流动方向，而不表示每一营养层所需的有机物和能量的数量（即生物量和热量）。这些量的大小须视不同摄食者对所摄食食物的实际利用效率，或者说依被食者向摄食者的转换效率而定。食物链每升高一个层次，有机物质和能量就要有很大的损失。食物链的层次越多，总体效率就越低。因此，从初级生产者浮游植物、底栖植物或碎屑算起，处于食物链层次越高的动物，其相对数量越少。相反，处于食物链层次越低的动物，其相对数量越多。这便构成了生物量金字塔和能量金字塔。 （杨 光）

**海洋食物网** marine food web 在*海洋食物链*各种生物的营养层次多变的情况下，形成的错综复杂的网络状营养结构。海洋生态系统中又存在微食物环，即海洋中的溶解有机碳被细菌利用，细菌被原生动物摄食，原生动物被浮游动物摄食，所有这些生物又产生溶解有机碳使得碳在这个环形的回路中循环利用。

特点 在海洋生态系统中，一种生物往往摄食多种生物，而它本身也为多种生物所食。因而每种生物在一个海域中是处于不同食物链的不同环节，或者说处于不同的营养层次之中。因此海洋食物链在通常情况下，比陆地食物链具有更多环节。实际上，无论是陆地还是海洋里，生物之间的食物链并非是那么单纯，而是极为复杂的。正是出于这一点，生物学家赞成使用海洋食物网概念。海洋食物链所表达的是在各个营养级发生转变的摄食关系，然而，海洋食物链的营养级在时常产生逆转和分枝，而用食物网的概念去描述，能将复杂的海洋生物摄食模式准确反映出来。这样，整个海域中各种生物彼此之间的食物关系就形成了一个错综复杂的网络结构。

在自然界中，一个单纯的食物链几乎是不存在，而总是由许多长短不同的食物链相互交错，形成一个复杂的食物网。不止如此，即使是食物网之间也经常有交错，相互联系。例如，北极熊不只捕食海豹一种生物，还捕食鱼类，大虾有时也摄食尚未长大的小鱼。此外，很多动物在生长过程中的不同阶段，会发生食性的改变。例如有些种类的海龟在小的时候只吃植物，而长大之后则主要捕食动物。因此，在食物链中经常处于不同的营养层次。现在应用食物链这一概念时，已经概括了食物网的含义。

科学家为了研究方便，提出了“简化食物网”的概念，即将取食同样的被食者并具有同样的捕食者的不同物种。例如，都捕食虾的鱼类和乌贼，而这些鱼和乌贼都被海鸟捕食，或相同物种的不同发育阶段，归并在一起作为一个“营养物种”。以“营养物种”来描绘食物网结构就是“简化食物网”。

食物网的上行控制和下行控制 上行控制。较低营养层次（如浮游植物）的种类组成和生物量对较高营养层次（如植食性浮游动物和鱼类）的种类组成和生物量的控制作用，即资源控制。初级生产者（浮游植物）的生命周期短，繁殖快，初级产品如不迅速被次级生产者（浮游动物）利用将形成积累，产生水华，严重时将形成赤潮。初级产品通过浮游动物迅速转化是维持高级生产力、初级生产力和高生态转换效率的重要条件。

下行控制。较高营养层次（捕食者）的种类组成和生物量对较低营养层次（被捕食者）的控制作用，即捕食者控制。浮游动物通常对初级生产力的高低做出反应。当初级生产力高时，为了提高转换效率经常是大型桡足类占优势，相应的浮游动物捕食者的粒径也加大。这种加大粒径、减少营养级的响应称为功能响应。或者当大型浮游动物的种群数量不能做出及时响应时，迅速增加小型浮游动物（如小型桡角类）的个体数量，以达到迅速转化的目的，即数量响应。

在海洋生态系统中的作用　生物的生命活动需要能量。没有能量的流动与转化，就没有地球上的生命，也就没有海洋生态系统了。海洋生态的能源来自太阳，光合作用固定的能量成为进入生态系统可利用的基本能源。而这些能量只有通过食物链和食物网才能不断地流动和转移，使得生态系统的各种功能过程得以正常运行。

物质循环是生态系统持续存在的基本条件之一，通过食物网和微生物的分解作用，使碳、氮、氧、氢等元素在生态系统中不断地循环。

海洋生物生产力是海洋生态系统的基本功能之一，是海洋生物通过食物链和食物网，经同化作用生产有机物的能力，是海洋生态经济系统的重要物质来源，也是形成海洋产业结构的前提条件。

（杨　光）

**海洋世界遗产**　marine world heritage　因特有的海洋价值列入世界遗产名录的自然景观与文物古迹。海洋世界遗产是获得国际认可的具有全球重要价值的海洋保护区域，被誉为“海洋王冠上的宝石”。2005年联合国教科文组织世界遗产中心启动“世界遗产海洋计划”，旨在建立强有力的全球海洋保护网络。2010年第一届世界遗产名录海洋遗址管理人大会确认，海洋世界遗产须符合以下两个条件：①至少满足世界自然遗产准入标准中的一条。②满足“完整性”和“真实性”的要求，并有一套健全的保护与管理体系。

海洋世界遗产以1981年澳大利亚大堡礁海洋公园获准列入《世界遗产名录》为开端。截至2018年底，共有49项海洋世界遗产通过评审列入《世界遗产名录》，其中自然遗产45项，自然与文化双重遗产4项。每一项都历经多年的严格筛选，或者具有最为壮观的自然现象、特殊自然美和审美价值，或者是地球历史重要阶段的杰出例证（包括生命记录、地貌演变中重大的正在进行的地质过程、重要的地貌及地形特征），或者代表沿海和海洋生态系统以及动植物进化与发展的重要生态和生物过程，或者是保护生物多样性的重要自然生境。世界上面积最大的两个海洋世界遗产为基里巴斯的菲尼克斯群岛保护区和美国的帕帕哈瑙莫夸基亚国家海洋保护区，于2010年列入《世界遗产名录》。越来越多的海洋国家开始重视海洋世界遗产的申报工作，新纳入《世界遗产名录》的遗产都不乏海洋项目。中国作为世界遗产大国，尚未拥有海洋世界遗产，但中国在海洋地质、海洋生物多样性、海洋生物栖息地等方面具有世界遗产所强调的突出普遍价值，具有较大的申报海洋世界遗产的潜力。

（管长龙　万芳芳）

**海洋噬菌体**　marine bacteriophage　海洋环境中侵染原核微生物宿主（细菌和古菌）的病毒。包括侵染蓝细菌的病毒。现已分离的绝大多数噬菌体是有尾双链DNA病毒。因为海洋病毒的宿主中细菌和古菌的数量最多，因此噬菌体应该是海洋病毒的主要组成。人们关于海洋病毒生态作用的认识多建立在对噬菌体的研究上。

生态分布　对于海洋病毒分布的研究遍布海洋中的各种区域，包括寡营养大洋、河口区域、海底热泉、极地海域、海底沉积物等。考虑到宿主的相对数量以及研究方法的限制，大部分海洋病毒丰度的研究中得到的是海洋噬菌体的丰度。表层海水中浮游病毒/噬菌体的丰度通常能达到$10^7$个/毫升，是海洋细菌和古菌丰度的5～25倍。浮游病毒/噬菌体丰度会随着海区营养状况以及海水深度的变化发生变化。在生产力高的近岸环境，其丰度可以达到$10^8$个/毫升。随着海水深度的增加，浮游病毒/噬菌体的丰度有逐渐减少的趋势。通常在深海病毒/噬菌体丰度仅有$10^4$～$10^5$个/毫升，而接近海底时，由于营养物质丰富，细菌、古菌及其他宿主的丰度增加，病毒/噬菌体的数量也随之达到了一个较高的水平，在海底沉积物中病毒/噬菌体的丰度为$10^8$～$10^9$个/毫升。海洋病毒/噬菌体丰度在季节尺度上的变化很大，甚至可以达到4～5个数量级的差异。通常在冬季最低，夏秋季最高，这与其宿主丰度的变化有直接关系。

生态特性　在海洋中，病毒和噬菌体数量受生产和降解的共同影响。现有大部分关于病毒生产和降解的生态学研究是基于噬菌体的。噬菌体生产力指在单位体积单位时间内新噬菌体颗粒释放到海水的量，可以用来指征噬菌体的活性以及其侵染宿主情况，而降解通常指单位体积单位时间内噬菌体颗粒减少的量。细菌和古菌病毒（噬菌体）的生产力受海区、采样时间以及水层深度的变化幅度影响。总体而言，噬菌体的生产力随着海水深度的增加会逐渐减小。表层（5米）海水中噬菌体的生产力范围平均为$10^7$～$10^9$个/（毫升·天），5～200米海水中噬菌体生产力平均为$10^5$～$10^8$个/（毫升·天），而深海水（1000～2000米）中则降为$10^2$～$10^5$个/（毫升·天）。病毒/噬菌体颗粒释放到水体中之后，就会受到各种环境和生物因素的影响而产生降解。病毒/噬菌体颗粒一般在富营养的近岸水域降解较快，在贫营养的开阔大洋降解较慢。通常情况下，噬菌体降解率在10%/时以下，而在深海环境中噬菌体降解率则更小。如在北大西洋的深层海水中（900～4000米）病毒降解率仅不到0.5%/时。太阳辐射是引起噬菌体降解的最重要因素；温度也会影响噬菌体的降解，研究表明降解率会随着温度的升高而升高。除此之外，微生物的分泌物如各种酶和原生动物的摄食也是导致噬菌体降解的直接影响因子。

在海洋中的作用　作为海洋环境中数量最多的生命形式，海洋噬菌体深刻影响着海洋的生态过程和生物地球化学循环。

对宿主死亡率的影响　几乎所有的海洋生物都能被一种或几种海洋病毒感染。病毒感染是引起海洋微生物死亡的主要原因之一。在海洋中，平均每一秒钟有$10^{23}$次噬菌体感染发生，每天平均有20%的海洋微生物被病毒/噬菌体感染裂解。噬菌体对海洋细菌造成的死亡率占细菌总死亡率的10%～50%，与浮游动物捕食引起的细菌死亡率几乎相当。而在一些不利于原生动物生存的环境（如深海及沉积物），噬菌体引起的细菌死亡率甚至高达50%～100%。病毒/噬菌体对浮游植物/蓝细菌死亡率也有着较大的影响。据估计，1%～30%的蓝细菌死亡率是由噬菌体裂解引起的。噬菌体对自养和异养微生物的裂解对海洋初级生产力以及营养物质的循环具有非常重要的影响。

对宿主群落结构和多样性的影响　已存在一系列关于噬菌体调节海洋微生物群落结构机制的假说。人们普遍接受的是“kill the winner”假说。该假说认为，浮游噬菌体在环境中能够随机吸附并感染宿主微生物，且感染频率的高低与宿主细胞的密度大小密切相关。当环境中宿主微生物的密度较高时，它们与噬菌体的接触频率增加，因而被噬菌体感染裂解的概率较大。噬菌体通过对优势宿主微生物的侵染完成自身的增殖，并控制特异物种的过度繁殖，从而为其他弱势微生物类群提供一定的生存机会，进而调节和维持微生物群落结构的组成和多样性。随着海洋噬菌体研究的逐渐深入，人们对不同生境中噬菌体调节海洋微生物群落结构机制的认识也不断扩展。新近提出的“piggyback the winner”假说认为，当环境中宿主微生物的密度升高时，噬菌体对宿主的侵染倾向于从裂解性向溶源性转化，降低优势宿主微生物的裂解死亡率，从而进一步巩固其在微生物群落中的统治地位。

对海洋生物地球化学循环的影响　噬菌体通过裂解宿主引起大量海洋微生物死亡，并释放出细胞碎片和胞内物质。噬菌体裂解宿主释放出来的碳、氮、磷等营养元素，会被未受侵染的异养细菌重新利用，从而使得大部分物质和能量在微生物生态系统中再循环，最终被呼吸消耗掉，产生无机营养物质，形成一个氧化有机物质、再生无机营养的环。噬菌体裂解微生物的直接作用就是刺激细菌的呼吸作用和对营养元素的矿化作用，增加浮游细菌和浮游植物的生物量向溶解有机碳库的流量，减少能量向更高营养级的运输，也减少颗粒物质向深海的沉降。除了裂解产物，噬菌体颗粒本身含有的碳、氮、磷元素也能参与生态系统中主要营养元素的地球化学循环。

意义　海洋病毒/噬菌体是海洋生态系统中数量最多的生物类群，其多样性丰富。通过对宿主的侵染和裂解作用，海洋病毒/噬菌体能够将微生物数量控制在生态系统的承载能力范围内，影响和调节微生物的群落结构和多样性。同时，病毒/噬菌体能够通过控制辅助代谢基因的表达来调控宿主的代谢。例如，噬藻体在裂解过程中能够编码表达光合作用基因，帮助维持侵染过程中的光合作用，促进病毒的繁殖。此外，病毒裂解释放出的营养物质会被未受侵染的异养细菌所利用产生二氧化碳并释放出无机的氮和磷，无机的氮和磷又会被初级生产者利用，进而促进溶解有机物循环和营养物质的转换，是海洋生物地球化学循环的重要推动力。

（蔡兰兰　张　锐）

**海洋疏浚的环境影响**　environmental impact of marine dredging　在海洋疏浚工程施工期间悬浮物洒漏、疏浚物再悬浮对海洋水质的不利影响，以及工程实施后对底栖生境乃至海洋生态系统产生的不利影响。

环境影响　疏浚工程所造成的污染主要集中在施工期，会影响海水水质环境和海洋生态系统。①对海水水质的影响。施工过程中施工船舶洒漏的颗粒物及施工机械搅动海底产生的再悬浮颗粒物，会增加海水的浊度，导致溶解氧含量和水体透光率下降，同时泥沙中携带的有毒有害物质也可能会扩散，降低海水质量。如中国南海海港疏浚淤泥的悬浮物中铅（Pb）、镉（Cd）和锌（Zn）等金属含量超标，这些金属对鱼类和浮游甲壳类生物都具有急性毒性效应。②对海洋生态系统的影响。疏浚工程造成的水质污染会影响鱼类、浮游生物和底栖生物的生长繁殖。例如，悬浮颗粒会黏附在浮游生物体表，影响其正常的生理功能，特别是当浮游动物吞噬了较大的悬浮颗粒时会引起其内部消化系统紊乱，存在致死风险。光线透过率低、溶解氧减少会降低浮游植物的光合作用水平，影响其类型和数量，降低该海域的初级生产力水平。悬浮颗粒还会随鱼类的呼吸而进入其鳃部，损害呼吸器官。此外，悬浮颗粒还会影响鱼卵和仔鱼的存活。对于底栖生物而言，疏浚过程对海底的扰动会摧毁建设区域内底栖生物的栖息地，影响其生存。

防护措施　为降低疏浚工程对海洋环境的危害，实现环境保护的目的，可以采取以下措施：①提高施工效率，缩短施工期限。将施工时间尽量缩短可以有效减少对海洋环境的损害。②合理安排施工时间。尽量避免在海洋生物的繁殖期施工，同时考虑潮位和流速，缩小悬沙的扩散范围。③疏浚土的综合利用。将疏浚土用于吹填造陆、筑堤护岸等，既节约资源又保护环境。④规范施工。在挖泥、运输、弃土或吹填过程中，根据疏浚对周围环境保护目标影响程度，结合环保要求做好防污措施。⑤对受损的海洋生物进行增殖放流。放流受损生物的幼苗可以缓解疏浚工程对海洋生物资源造成的危害。

（汝少国　赵　飞）

**海洋输出生产力**　marine export production　海洋初级生产过程中产生的、沉降至真光层（通常在100～150米）以下的那部分有机碳量。见*海洋新生产力*。

**海洋数据**　oceanographic data　测量或观测海洋要素得到的数据。海洋数据是海洋调查、观测的初步成果，反映了海洋要素空间分布和时间变化的重要信息。它是海洋科学研究、开发利用、环境保护、环境预测和科学管理的必要依据。根据政府间海洋学委员会的定义，海洋数据不但包括海洋观测数据，还包括基于海洋观测数据的派生数据和利用客观分析方法得到的格点分析场。海洋观测数据收集包括海洋现场方法和海洋遥感两种手段。海洋数据的种类按照学科，可以分为海洋物理数据、海洋化学数据、海洋生物数据、海面气象数据、地球物理和地质及地球化学数据、海冰和冰川数据、二氧化碳数据等。

（韩桂军）

**海洋水质预测**　marine water quality prediction　通过水质模型定量表达海洋水质要素未来的时空变化规律。海洋水质预测在近海排污口选址、近海污染控制和沿海建设项目布局优化等方面具有重要的应用。

预测方法　海洋水质模型主要以物质守恒原理为基础，模拟水质要素随海洋中的物理、化学和生物生态等过程的变化。根据模型所描述的空间结构，海洋水质模型可分为箱式模型、一维模型、二维模型和三维模型。①在混合强烈且面积较小的海湾，水质要素空间分布较均匀，可采用箱式模型进行预测。②海洋中一维模型主要指垂向一维。③宽浅型水域且潮混合较强烈，各要素垂向分布较均匀的河口、海湾、近岸海域，可采用二维水质模型进行预测。④其余情况，如海面溢油、温排水扩散、泥沙输运等，三维模型更能描述这些过程的本质。根据海洋水质模型所考虑因素，模型可分为单变量模型和多变量耦合模型。海水水质影响因素多且复杂，水质模型参数要进行率定，计算结果要有可靠的实测数据来校验。

水质模型控制方程（组）一般没有解析解，可利用有限元、有限差分或有限体积数值方法求解。

预测内容　污染物进入海洋后受物理、化学和生物等过程的影响，从而导致污染物质的迁移、稀释和降解。海水水质变化虽然受控于诸多因素，但在海洋生态环境问题突出的近岸和近海环境，决定水质变化的主要过程是物理过程（海水的对流和扩散），其次是化学、生物过程等。

在实际研究中，中国的水质预测指标主要参考国家标准《海水水质标准》(GB 3097—1997)进行确定，包括溶解氧（DO）、化学需氧量（COD）、生化需氧量（BOD）、无机氮、磷酸盐、重金属、石油类、水温等主要水质要素。

发展趋势　随着海洋环境研究的不断深入和计算机性能的提高，以及先进海洋监测设备的应用，海洋水质模型也向精细化、精确化方向发展。主流的海洋水质预测模型大多为三维模型，包含较为完善的物理、化学和生物过程等，并且向集成化、并行化、大规模计算方向发展。国际上使用广泛的海洋水质预测模型有美国麻省大学海洋科学与技术学院的非结构有限体积法海洋模式（FVCOM）、美国弗吉尼亚海洋科学研究所的环境流体动力学代码（EFDC）模式以及区域海洋建模系统（ROMS）等。在实际应用中，要根据研究问题的需要和资料的可获取情况，合理选择水质模型和模型参数。

（张学庆）

**海洋丝状真菌** marine filamentous fungi 在自然条件下或海水培养基上以丝状菌丝生长或繁殖的真菌。该类真菌产生多细胞的菌丝，菌丝不断生长并相互缠绕在一起，进而形成菌丝体或子实体。

依据第10版《真菌辞典》(*Dictionary of the Fungi*)，“filamentous”的含义是“线状、丝状”，同时也指“光合共生体（地衣）中由共生真菌的菌丝与细胞包裹形成的丝状物”。因此，海洋丝状真菌既包括除酵母以外的子囊菌和担子菌，也包括早期分化的真菌类群，如壶菌、毛霉等。营无性生殖或有性生殖，可产生无性分生孢子或有性孢子。

1848年，研究者从海草的根茎中分离获得了第一株海洋丝状真菌。根据世界海洋物种登记册（WoRMS）的数据，截至2019年3月，合格发表的海洋丝状真菌物种近2000种。该类真菌能在多种海洋基质类型上生活，如海洋动植物（海绵、海葵、海草、海藻、红树植物等）、沉积物、漂流木、海水等。同时，其分布也极其广泛，如潮间带、浅海、深远海和南北极等环境均有报道。洋流、海水温度、溶解氧以及营养物质等因素均对其地理分布产生影响。高通量测序研究显示，深海环境中的丝状真菌可能通过由单营养型向多营养型（腐生－致病－共生）转换的方式来适应深海的寡营养环境。此外，在深海环境中经常出现的种类，如格孢菌目（Pleosporales）真菌，被认为具有对低温和高渗透压的适应性或耐受性。

作为出色的分解者，海洋丝状真菌可以有效分解细菌等微生物无法胜任的海洋漂流木、动植物残体等，为其他海洋生物提供碳氮营养源，被视为海洋生态系统碳氮循环过程中的重要一环。此外，有些种类也会充当破坏者的角色。如镰刀菌属（*Fusarium*，图1）、曲霉属（*Aspergillus*，

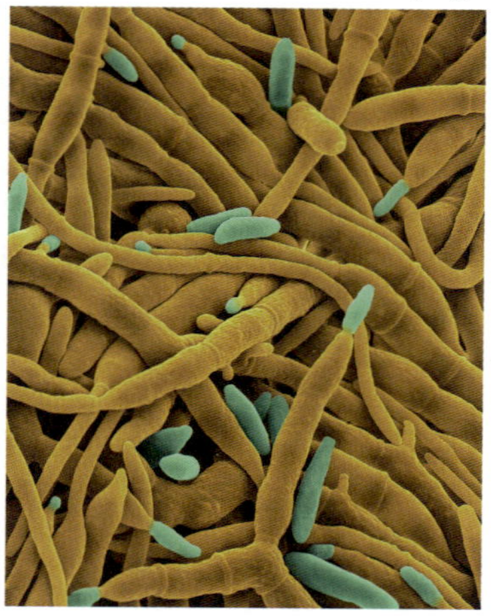

图1 电子显微镜下的镰刀菌

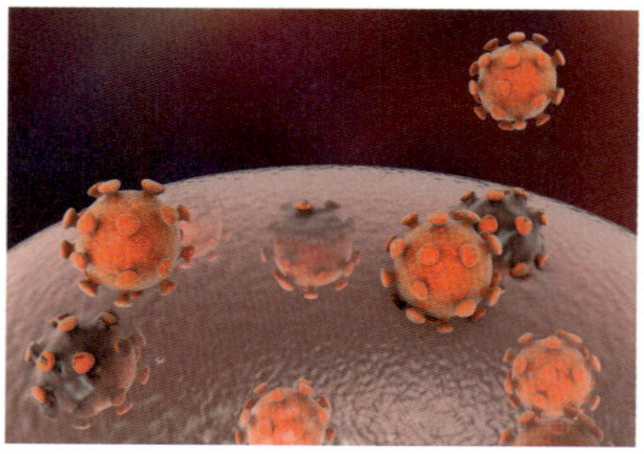

图2 电子显微镜下的曲霉

图2）的种类可以导致海洋哺乳动物、甲壳动物和鱼类的疾病。聚多曲霉（*Aspergillus sydowii*）已被鉴定为海扇珊瑚的病原菌，对珊瑚生态系统有破坏作用。海洋丝状真菌为适应低温、寡营养、高渗透压等海洋环境，逐步形成了特殊的代谢途径，具备产生新型生物活性代谢物的巨大潜力，是重要的国家战略资源。21世纪初，从海洋丝状真菌中分离获得大量的结构新颖的次级代谢产物，这些化合物显示出良好的抗肿瘤、抗细菌或抗真菌等生物活性，具有重要的医用或农用开发价值。

（李 伟 包振民）

**海洋酸化** ocean acidification 由于海洋吸收大气中过量二氧化碳（$CO_2$）使海水逐渐变酸的现象。

产生原因 在工业时代到来之前，大气中碳的变化主要是由自然因素导致的，这种自然变化造成了全球气候的自然波动。从工业革命开始，人类开采使用煤、石油和天然气等化石燃料，并砍伐了大量森林，至21世纪初已经排出超过5000亿吨二氧化碳，这使得大气中的碳含量水平逐年上升。海洋与大气在不断进行着气体交换，排放到大气中的$CO_2$最终都会溶于海洋，导致海洋酸化。

主要危害 海水酸性的增加将改变海水的化学平衡，使依赖于化学环境稳定性的多种海洋生物乃至生态系统面临巨大威胁。

对海洋物种的影响 海洋酸化会严重影响海洋生物正常的繁衍生长，威胁种群的生存和发展。一方面，海洋酸化会威胁、抑制钙化生物的生存。海洋酸化会导致海洋中的碳酸根离子不断减少，而碳酸根离子是很多海洋生物（如螃蟹、扇贝、珊瑚等）形成外壳的重要材料来源，海洋酸化将严重威胁这些钙化生物的生长发育。科学家预计，到2030年酸化的海水会对海洋软体动物产生腐蚀作用，导致海洋软体动物的数量减少或在部分海域消失。另一方面，海洋酸化还会损害鱼类的感知系统。嗅觉、听觉、视觉等感知系统能帮助海洋鱼类高效觅食、寻找安全栖息地和躲避捕食者，一旦遭到破坏，将直接威胁鱼类的生存。

改变污染物的生态效应 海洋酸化会改变污染物的生物利用度，加剧暴露和生物积累，并增强生物体生物水平从基因到生态系统的影响。汞及其他金属（如铝、铁、锌、铜和铅）通常在酸化水生环境生物利用度更高，利用度的增加解释了暴露于酸化海洋中的双壳类动物中镉积累增加的原因；酸化的海水还可能引起生物上皮损伤导致镉更容易渗透或降低排镉能力，导致镉在海产品中富集。

影响有毒藻类 海洋酸化可以改变有害藻华的丰度和化学成分、增加贝类毒性，从而对人类健康产生影响。已发现受海洋酸化影响的毒素和产生它们的藻类包括麻痹性贝类毒素、神经性贝类毒素以及短毒素。海洋酸化会导致藻类生长速度增加，加速有毒藻类的产生。除了有害的微生物藻类，细菌还可以通过释放毒素引起疾病。

影响气候 海水酸化导致大陆架的珊瑚虫大量死亡、珊瑚礁逐渐消失，造成低地岛国（如基里巴斯和马尔代夫）更容易为暴雨所侵害；海水酸化可导致气候进一步变暖，海水酸碱度的降低导致二甲基硫化物浓度的下降，海洋生物排放是大气硫元素的最大天然来源；大气中的硫元素能够增强大气对辐射的反射率，从而降低地球表面温度。有研究表明，2100年海洋生物对硫元素的排放将下降18%左右，而这将额外引起显著的辐射强迫，地球温度将上升0.23～0.48℃。

防治措施 海洋酸化的影响已经扩大到全球，成为人类社会可持续发展的重大隐患。对此，各国纷纷做出响应，防治对策主要集中在3个方面：①加快推进科学研究，为海洋酸化的认知与应对提供支撑。②促进相关法律制度协调运行及其与人类命运共同体理念的融合，为全球性问题的解决提供指导和保障。③推行“保护、减缓、适应”的策略，因地制宜地在实际应对中将负面影响降至最低。

（雷 坤 崔 亮）

**海洋探测技术** marine survey technology 利用各种现代化技术对海洋环境和目标进行调查与探测的技术。海洋探测技术在维护海洋权益、开发海洋资源、预警海洋灾害、保护海洋环境、加强国防建设、开辟新的发展空间等方面发挥十分重要的作用。海洋探测技术主要可分为海基探测技术、海洋遥感技术和水下探测技术。

海基探测技术　主要采用科学考察船、浮标等设施装备进行海洋环境要素探测、海洋各学科调查和特定海洋参数测量。科学考察船可以搭载多种先进的测量设备进行综合性的海洋探测作业，具有探测全面、范围灵活等优点。浮标探测技术集计算机、通信、能源、传感器测量等技术于一身，具有分布面广、测量周期长等优点。

海洋遥感技术　采用星载或机载的探测传感器为载体，通过光、电、声波等信息探测海洋，已成为海洋环境监测的重要手段。星载遥感技术采用海洋卫星为载体，具有观测范围广、重复周期短、时空分辨率高等特点，可以在较短时间内对全球海洋成像，可以观测船舶不易到达的海域，以及普通方法不易测量或不可观测的参量。机载遥感技术采用固定翼飞机和无人机为传感器载体，具有机动灵活、探测项目多、接近海面、分辨率高、不受轨道限制、易于海空配合而且投资少等特点。

智能仿生鲨鱼无人潜水器

水下探测技术　以水下传感器网络、载人或无人潜水器为载体，通过水下光学探测、声波探测、磁重力测量和钻探取样等技术手段进行海洋资源调查、海底矿藏开发、地形测量等领域的作业。水下传感器网络是传感器、数据处理单元和无线通信模块的节点通过自组织方式构成的网络，具有低成本、灵活等优点。无人潜水器与载人潜水器相比，具有造价低和安全等特点，能长时间在压力很大的海底工作，具有较高的自主能力与智能化水平，而载人潜水器在体积、耗能方面要求较高。水下探测技术包括**水下光学探测技术**、**水下声学探测技术**、**水下电磁波探测技术**、**水下化学探测技术**、**重力梯度测量技术**等。（黄　慧）

**海洋碳循环** ocean carbon cycle　碳及其化合物在海-气界面、陆-海界面、海水-沉积物界面及海洋内部的迁移转化过程。作为地球气候系统的重要组成部分，碳循环涉及碳及其化合物在大气、陆地、海洋等圈层之间及圈层内部的迁移转化，其核心是跨圈层、多尺度碳通量，研究重点在于降低碳通量估算的不确定性，厘清人为干扰，揭示调控过程和机理，以便更准确地预测出未来地球气候系统的变化趋势。工业革命以来，海洋碳汇逐渐增强，这有利于减缓全球变暖。但未来全球升温可能会减弱海洋的溶解度泵，削弱海洋碳吸收能力，导致留存于大气圈的$CO_2$占比增加，进一步加剧全球增温。

海洋是地表系统最大的碳储库，表层海洋的碳储量约为918PgC（1PgC=$10^{15}$gC），中、深层海洋的碳储量则高达37 200PgC，海洋总碳储量约是大气的50倍、陆地的20倍。海洋碳储库中的微小变化会对大气$CO_2$浓度产生显著影响。海洋对大气$CO_2$的调控作用是海洋碳循环研究的核心内容。海洋中碳的主要存在形式包括溶解无机碳（DIC）、**溶解有机碳**（DOC）、颗粒有机碳（POC）及颗粒无机碳（PIC）等，其间不同碳组分之间的迁移与转化共同构成海洋碳循环。DIC是海洋中碳的主要存在形式，占比约98%，其中，碳酸氢根（$HCO_3^-$）占比约为90%，储量为34 600PgC，其次是碳酸根（$CO_3^{2-}$）约3000PgC，占比约为8%，剩余的381PgC是游离$CO_2$（aq，溶解态）和未电离的碳酸（$H_2CO_3$）；DOC是海洋中最大的有机碳库，储量约685PgC，仅次于DIC，与大气$CO_2$储量相当。POC储量为13～23PgC，100米以浅PIC的储量约27TgC（1TgC=$10^{12}$gC）。海底沉积物的碳储量为150PgC。

海水溶解无机碳体系，也称为溶解$CO_2$体系或碳酸盐体系，包括游离$CO_2$（aq）/$H_2CO_3$、$HCO_3^-$和$CO_3^{2-}$三种形态，这三种形态可相互转化，处于动态平衡。在短时间尺度，海-气界面时刻发生着$CO_2$的交换。从长时间尺度来看，在工业革命前，因为接收陆地岩石风化输入的碳，海洋整体向大气释放$CO_2$以保持碳收支平衡，而这部分释放的$CO_2$又被陆地吸收，因此大气$CO_2$浓度保持不变。自工业革命以来，人类活动排放的$CO_2$导致大气$CO_2$浓度急剧上升，海洋从大气吸收的$CO_2$整体大于其释放量。在海-气$CO_2$分压差的驱动下，大气$CO_2$通过海-气交换进入海洋，不同于其他气体，当$CO_2$溶解于海水后会与水发生反应，打破海水碳酸盐系统原有的平衡，导致游离$CO_2$（aq）/$H_2CO_3$、$HCO_3^-$和$CO_3^{2-}$三种形态的浓度发生相应的变化。这样的动态平衡构建了海水碳酸盐缓冲体系，即部分进入海洋的$CO_2$会转换成其他形态，从而使海水$CO_2$分压升高的程度低于非缓冲体系。这些通过海-气交换进入海洋的$CO_2$大部分积累在海洋上层，如果将这部分DIC输送至深层，便可长时间与大气隔绝，实现碳封存，同时促进上层海水进一步吸收大气中的$CO_2$。海洋碳泵包括溶解度泵、生物泵和碳酸盐泵等，承担了输运、转化与储碳的任务。

在北大西洋、南大洋等中高纬度海区，表层海水与冷空气接触，温度不断降低，另外，海表结冰的盐析作用使海水盐度增大，两者共同驱动表层高密度海水的形成，与此同时，由于$CO_2$在海水中的溶解度随温度的降低而增大，高密度海水在形成过程中可从大气吸收大量$CO_2$，当表层海水密度增大到一定程度，便会携带吸收的大气$CO_2$下沉直至深海，这便是溶解度泵的运行机制。另外，海洋中的浮游植物可以吸收、利用海水中的游离$CO_2$和$HCO_3^-$进行光合作用，将无机碳转化为有机碳。这些生物体在死亡后由于重力作用沉降至深层海洋，部分有机碳在沉降过程中被微生物矿化分解，转化为无机碳重新释放到周围水体中，部分（在开阔大洋约为1%或更少）可沉降至海底并最终埋藏到沉积物中，这就是生物泵的工作原理。另有许多生物会进行钙化作用，利用海水中的$HCO_3^-$和钙离子合成碳酸钙，形成壳体或骨骼。碳酸盐泵是控制海洋碳循环的另一重要过程。海水的碳酸盐系统具有一定的缓冲作用：一方面，$CO_2$进入海水使$HCO_3^-$和$CO_3^{2-}$之间的比例发生变化而减缓pH的降低；另一方面，海水中碳酸盐沉淀的形成会放出$CO_2$，在海底沉积物中有大量的碳酸盐，因此借助于深海碳酸盐的沉积与溶解，就可以调节大气的$CO_2$浓度。换言之，深海碳酸盐溶解会从大气吸收$CO_2$；而其沉淀则会释放$CO_2$，这就是“碳酸盐泵”。

工业革命以来，日益加剧的人类活动从很多方面改变了碳循环的过程和速率。据估计，人类活动所释放的$CO_2$释放量在过去60年增长超过两倍，已从20世纪60年代的平均释放量4.5±0.7$GtCyr^{-1}$（1GtC=$10^{15}$gC，$yr^{-1}$为每年）升高至2021年的10.9±0.9$GtCyr^{-1}$，累计排放的$CO_2$总量为470GtC（1960～2021）。其中，约有26%的$CO_2$通过海-气交换进入海洋、31%被陆地吸收，剩下43%留存于大气，使得大气$CO_2$分压从工业革命前的280ppm（百万分之一）上升到2022年的420ppm，驱动全球变暖。随着大气$CO_2$浓度的升高，海洋每年所吸收的$CO_2$量也呈增加趋势。海洋碳汇量从1980～1989年的－2.0±0.7$PgCyr^{-1}$增加到2012～2021年的－2.9±0.4$PgCyr^{-1}$。（孟菲菲）

**海洋碳源与碳汇**　ocean carbon source and sink　海洋碳源与碳汇通常都是相对于大气$CO_2$而言，从大气吸收$CO_2$的海区称为碳汇区，反之则为碳源区。海洋是地表系统最大的碳储库，碳储量是大气的50倍，其中98%以溶解无机碳（DIC）的形式存在。溶解无机碳体系，又称**碳酸盐体系**，包括游离二氧化碳（$CO_2$）/未电离的碳酸（$H_2CO_3$）、碳酸氢根（$HCO_3^-$）和碳酸根（$CO_3^{2-}$）3种形态，其中，只有游离$CO_2$可与大气进行交换。

海洋与大气的交界面是地球系统中物理、化学过程活跃的界面之一，在此界面上时刻进行着物质（水蒸气、$CO_2$等）和能量（动量、热量等）的交换。海－气$CO_2$交换通量由复杂的物理和生物地球化学过程所驱动，测量方法包括放射性碳同位素$^{14}C$示踪法、稳定碳同位素比值法、海－气$CO_2$分压差法、涡动相关$CO_2$通量直接观测法等。

最常用的是海－气界面$CO_2$分压差法。该方法通过测定海水混合层和大气混合层之间的$CO_2$分压差（$\Delta pCO_2$），应用液膜扩散模式（见图，由经典的界面双膜扩散模式忽略气膜而得）和菲克（Fick）定律，估算海区的$CO_2$海－气通量。计算公式如下：

$$F=k\times K_H\times \Delta pCO_2$$

$$\Delta pCO_2=pCO_2^{water}-pCO_2^{air}$$

式中$F$是$CO_2$在海－气界面上的净通量，$k$是界面气体传输速率，又称活塞系数，受海面风、流、浪等因素的影响；$K_H$是$CO_2$在海水中的溶解度，是温度、盐度和压力的函数，温度越高，$CO_2$溶解度越小；$pCO_2^{water}$和$pCO_2^{air}$则分别代表表层海水和大气$CO_2$分压，两者间的差别（即$\Delta pCO_2$）决定了海－气$CO_2$通量方向。如果$\Delta pCO_2$大于零，即表层海水$CO_2$分压高于大气，海洋为碳源；反之海洋则为碳汇。大气和海水$CO_2$分压的测定方法相对成熟，关键在于气体交换系数$k$的获取，但直接测定难度大，已有的研究大多假定$k$为风速的函数，但在不同海区运用不同

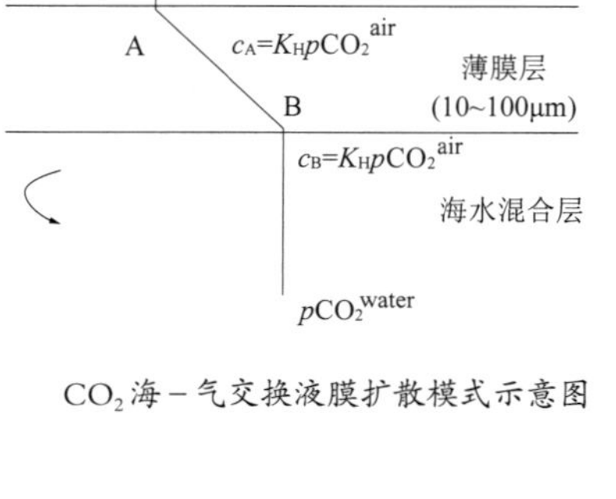


$CO_2$海－气交换液膜扩散模式示意图

方法得到的气体交换系数与风速的函数关系式多达十余种。因此，当估算海－气$CO_2$通量时，根据现场测定风速，选择不同函数计算$k$，将引入一定的估算不确定性。

表层大洋二氧化碳图集（SOCAT）集成来自科考船、商船船载海水$pCO_2$实测数据以及浮标等$CO_2$传感器数据；由超过100位成员组成的国际海洋碳研究组对实测数据进行质量控制后每年公开发布更新数据集；最新数据集收录了1957～2021年全球表层海水$pCO_2$的观测数据，数据量达到3300万条（2022）。总体而言，高纬度海区通常是汇，中纬度海区有的是源有的是汇；赤道附近的低纬度海区大多数是源。以SOCAT数据集为基础，通过大数据技术构建的大洋$pCO_2$格点数据，以及相关的数据同化、模式研究得到了快速发展。根据最新数据集和模式估算，现在海洋每年可从大气吸收2.9GtC。

近海连接陆地和大洋，面积仅占全球海洋总面积的7%～10%，有机碳生产却占比30%～50%，有机碳埋藏率占比更是高达80%，从而在全球碳循环中扮演着重要的角色。近海受人为活动和全球变化双重影响，其中的物理与生物地球化学过程远比大洋复杂，除了海－气界面，还存在受陆－海、近海－大洋界面过程的影响，碳通量及其调控过程均具有高度的时空变异性，碳源汇研究难度更大。从全球集成研究结果来看，近海整体是大气$CO_2$的汇，最新的基于观测数据的集成结果表明，近海陆架系统的碳汇量为$-0.25\pm0.05GtCyr^{-1}$，其中的碳吸收量主要集中在高纬度地区。需要指出的是，大部分近海的碳源汇性质可在不同的空间和时间尺度上不断转换，从而影响到全球近海的碳源汇格局，因此，季节和年际变化对近海碳通量估算很重要，可引入较大误差，但没有足够的数据进行准确评估。

河口是位于陆地与近海之间的半封闭水体，上溯感潮河段，下至入海口或陆架。广义的河口包括河流主控型河口、滨海平原河口、峡湾、潟湖等。河口接收大量源自河流、盐沼以及人为排放的无机碳、有机碳和营养盐，支持了河口高的微生物呼吸作用。而受河流泥沙输入和河口水动力过程影响，河口上游通常浊度较高，水体透光率不佳，初级生产力较低，因此河口通常被认为是异养生态系统。从21世纪初的研究结果来看，河口主要向大气释放$CO_2$，通量估值范围在0.1～0.3$PgCyr^{-1}$。虽然河口面积仅占全球海洋面积的0.3%以下，但却可以抵消约10%开阔大洋的碳汇量，对全球碳循环具有重要影响。

滨海湿地生态系统，包括红树林、盐沼和海草床，通过高效的光合作用和快速的沉积物碳埋藏从大气中持续吸收$CO_2$并进行固定。研究表明，红树林和滨海湿地单位面积的固碳速率是热带森林速率的10倍，单位面积储碳量也是它的3～5倍。另外，与森林的碳固持不同，滨海“蓝碳”除了红树林等碳汇，还有大量的碳固定在水下的土壤沉积物中，由于底层沉积物的低氧环境抑制了碳的周转，因此碳库比较稳定。　（孟菲菲）

**海洋特别保护区**　marine special protected area　具有特殊地理条件、生态系统、生物与非生物资源及海洋开发利用特殊要求，需要采取有效的保护措施和科学的开发方式进行特殊管理的区域。与海洋自然保护区的禁止和限制开发不同，海洋特别保护区旨在坚持保护与开发并重、保护优先的原则，通过统筹协调，有效保护海洋生态环境，科学开发海洋资源，维护海洋权益。

分类　中国国家海洋局（今自然资源部）2010年发布实施的《海洋特别保护区管理办法》规定：“根据海洋特别保护区的地理区位、资源环境状况、海洋开发利用现状和社会经济发展的需要，海洋特别保护区可以分为海洋特殊地理条件保护区、海洋生态保护区、海洋公园、海洋资源保护区等类型。”“具有重大海洋生态保护、生态旅游、重要资源开发价值、涉及维护国家海洋权益的海洋特别保护区列为国家级海洋特别保护区。除前款之外的其他海洋特别保护区列为地方级海洋特别保护区。”

根据上述原则，针对不同的目的，可以建立不同类型的海洋特别保护区。①在具有重要海洋权益价值、特殊海洋水文动力条件的海域和海岛建立海洋特殊地理条件保护区。②为保护海洋生物多样性和生态系统服务功能，在珍稀濒危物种自然分布区、典型生态系统集中分布区及其他生态敏感脆弱区或生态修复区建立海洋生态保护区。③为保护海洋生态与历史文化价值，发挥其生态旅游功能，在特殊海洋生态景观、历史文化遗迹、独特地质地貌景观及其周边海域建立海洋公园。④为促进海洋资源可持续利用，在重要海洋生物资源、矿产资源、油气资源及海洋能等资源开发预留区域、海洋生态产业区及各类海洋资源开发协调区建立海洋资源保护区。

发展　海洋特别保护区是具有中国特

色的一种海洋保护区类型，是国家海洋局（今自然资源部）在海洋保护工作中的一种管理创新。海洋保护区的选划工作始于2002年，同年5月福建宁德建立了中国第一个地方级海洋特别保护区——福建宁德海洋生态特别保护区。2004年5月国家海洋局批准建立了首个国家级海洋特别保护区——浙江乐清市西门岛海洋特别保护区，标志着中国海洋特别保护区建设与管理进入一个新的时期。2005年国家海洋局出台《海洋特别保护区管理暂行办法》，经过不断补充完善，2010年形成了《海洋特别保护区管理办法》，明确了管理职责及管理要求，将海洋特别保护区划分为重点保护区、生态与资源恢复区、适度利用区、预留区4个功能分区，并将海洋公园纳入海洋特别保护区的体系中。同时，辽宁、山东、江苏、浙江等省相继出台了海洋环境保护管理办法或条例，积极选划建立海洋特别保护区。2006年5月16日浙江省发布的《浙江省海洋特别保护区管理暂行办法》，作为第一部地方性海洋特别保护区专项管理文件，对浙江省海洋特别保护区建设与管理做出相关规定。此外，还发布了《海洋特别保护区分类分级标准》（HY/T 117—2008）、《海洋特别保护区功能分区和总体规划编制技术导则》（HY/T 118—2010）两项海洋行业标准，以及《海洋特别保护区选划论证技术导则》（GB/T 25054—2010）一项国家标准。

自中国建立第一个海洋特别保护区以来，海洋特别保护区经历了跨越式发展。截至2023年，已有各类各级海洋特别保护区111处，其中国家级海洋特别保护区71处，总保护面积约7.1万平方千米，在渤海、黄海、东海和南海均有分布。在2019年《关于建立以国家公园为主体的自然保护地体系指导意见》中，海洋特别保护区并入自然公园类，是以国家公园为主体的自然保护地体系中的重要补充类型。实践证明，海洋特别保护区是保护海洋生态环境的有效途径。（张朝晖）

**海洋天气学** marine synoptic meteorology
*海洋气象学*的一个重要分支，亦为天气学和海洋科学的交叉学科。主要研究与海洋有关特定天气现象和天气过程的物理本质及演变规律，以及沿海及海上天气分析预报原理、天气预报方法的学科。

研究意义　人类科技的不断发展使上天下海成为可能，海洋占据了全球表面积70%以上，对海洋的开发和利用是不可避免的。伴随着人类从近海走向远海，海上航行、渔业捕捞、海上钻井平台的施工等重大活动都需要对海上各种天气提前做出预报和预警。观测分析海上发生的各种天气现象，理解其活动和发生发展演变规律，进而做出准确的预报和预警，对人类走向深海远海提供了重要的支撑和可能。

研究内容　由于地球表面大气运动的连续性特征，海洋天气学的研究对象不仅仅局限于海上的大气，而是整个地球大气，研究内容是海上大气中发生的各种天气现象及其演变规律。主要包括3个方面：①揭示和发现与海洋有关的大气环流、天气系统、天气过程等大气运动现象，例如*热带气旋*、*海雾*、*海上爆发性气旋*、*海上大风*、海上对流活动以及海陆热力对比形成的季风等天气系统和天气现象，并综合归纳其运动规律。②研究海上不同尺度的天气系统的结构、发生、发展、移动等演变特征，各天气系统之间及其与海洋之间的相互作用等物理过程和机制。③研究海洋天气的预报方法，制作未来的海上短期天气预报。

研究历史　天气学的研究是基于对下垫面的观测和高空探测而发展起来的，因此其发展同观测手段和技术革新以及理论突破都是密切相关的。海洋天气学的发展最早起源于航海事业的发展。很早以前，人们就开始利用季风、信风等来服务于航海。随着15～16世纪航海时代的来临，航海记录逐渐丰富，人们根据航海日志开始绘制海面风场和海流分布图。后来随着自动气象站的发明，各种航船的自动气象观测为现代海洋天气学的发展提供了重要支撑和发展基础。同时，沿海地区由于渔业捕捞等方面的需求，沿海气象台、海岛站、海上浮标的气象观测也日益增多，为海洋天气学的观测预警提供了可能的支撑。

20世纪30～40年代以后，随着瑞典气象学家C.-G.A.罗斯贝为首的芝加哥学派创立了大气长波（行星波）理论，天气学与动力气象学相结合，使得原本仅限于陆地上的极锋学说气旋波发展模型得以向海上扩展，海上爆发性气旋、极地低压等天气过程的研究得到迅速发展。60～80年代，日本气象学家松野太郎、美国气象学家R.S.林德恩和澳大利亚气象学家和海洋学家A.E.吉尔建立的热带大气波动理论是对大气长波理论的极好补充，为热带天气分析和热带大气环流等方面的研究提供了理论指导，极大地促进了热带海洋天气学的发展。

20世纪60年代以后，天气学和动力气象学更加紧密结合，由于高速电子计算机的使用，全球数值天气预报模式得到快速发展，同时，随着卫星遥感技术的广泛应用，大范围全天候的海上天气监测成为可能。由于气象卫星提供了人烟稀少地区（如海洋、两极、高原和沙漠地区）的大量气象观测资料，热带气象学得到迅速发展，人们对海上天气现象和过程的认识也不断加强，热带气旋、海上爆发性温带气旋、海上大风、海上强对流、海雾等海上高影响灾害性天气系统的准确监测和预警系统越来越完善，现代海洋天气预报精度将会不断提高。

研究方法　传统的天气学研究方法是依赖于全球大范围同步观测的气象要素制成的天气图进行天气图综合分析，随着信息化时代的到来，海洋天气学也进入了一个崭新的发展阶段。气象资料的采集、分析已逐步自动化，统计预报、数值模式方法得到了广泛的应用。随着大数据分析的迅猛发展，基于人工智能分析的智慧气象也开始发展，未来，人工智能分析将成为天气分析的重要手段。

学科特点　海洋天气学是一门理论与实践紧密结合的应用学科，它的发展始于水产养殖、捕捞及航海等对天气预报的需求，因此，准确的海上天气预报是该学科的主要目标。由于控制大气运动因子的复杂性和大气运动本身的随机性，天气预报还不能像日月星辰位置的预报那样准确，但短期的天气预报精度已大大提高，基本实现了应用的需求。

海洋天气学是一门区域性较强的学科。由于大气的流动性，各地天气变化有着十分密切的关联，即使有许多普遍性的规律，由于地理因素不同，不同地区的天气也有各自的特色。因此在天气学的研究中，既要考虑大气整体的运动规律，又要考虑地理、地形、海陆分布、洋流特征及海洋热状况等区域性因素的重大影响。

天气学的发展是以气象观测资料为依据的，所以，海洋气象观测是其发展的基础。然而海上观测的缺乏是阻碍海洋天气学快速发展的短板，但大气环流的连续性和无界性为海洋天气学的发展提供了很好的理论依据，全天候大范围的卫星遥感监测资料以及数值预报模式也为海洋天气预报提供了有效的工具和手段。另外，下垫面海洋的变化及其热力动力作用，包括海-气相互作用，在天气预报中都不可忽视。

发展方向　①天气学和动力气象学以及数值天气预报的日趋结合，使海洋天气学由半定性的研究向着更加精确和理论化的方向发展，全天候、大范围的天气预报向着精细化、定量化和自动化的方向发展。②卫星气象学、雷达气象学在天气学中的应用，以及飞机、火箭、定高气球等探测手段和多普勒雷达等新技术提供的各种非常规资料的运用，再加上海上浮标、舰船等的海上观测资料和大数据的挖掘及分析，使海洋天气学朝着更加综合的海-天-空一体化和智能化方向发展。③多源遥感探测和许多大规模的国际联合试验，获得了大量低纬度地区和极地的资料，使以研究中纬度地区为主、理论最成熟的经典天气学向着全球天气变化的方向发展，特别是热带海上和北极的天气系统发展规律研究及预报，对未来海上丝绸之路沿线经济发展和北极航道的服务等都有重要的应用价值。（黄　菲）

**海洋天然产物**　marine natural product　海洋生物的代谢物。其中的蛋白质、核酸、多糖等大分子物质有专门的研究，不在此列。这里主要指分子量较低、结构特殊的次级代谢物。它们具有各种生物活性，如有的是在生物体内能调节个体各细胞间的功能的激素，有的是在生物同种或异种内通过海水介质而相互作用的化学传讯物质，即信息素。信息素可以诱导生物的交配、逃避、洄游、识别、告警等行为。对释放信息素的生物有利的，称为利己信息素；对接受传讯物质一方有益的，称为利他信息素。有的代谢物为含卤化合物和含氮化合物，它们往往有毒，为化学防御信息素，并有抗菌、杀虫、降血脂、抗肿瘤、抗癌等药效，这些天然产物，也是*海水有机物质*的组成部分。

研究简史　现代海洋产物的研究始于20世纪30年代，少数科学家已经注意到了海洋天然产物的发展潜力，但是由于20世纪40年代末至50年代正是磺胺药物和抗生素药物发展的黄金时代，人们对海洋天然产物的发展潜力普遍认识不足，加之海洋天然产物结构又比较复杂、测试条件尚不成熟，这些研究并没有引起足够的重视。到50年代末至60年代初，随着人类生活和科技水平的提高以及合成药物暴露出来的一些严重后果，特别是以“反应停事件”为代表的合成药物的致畸、致癌等不良反应，使人们越来越关注环境污染、生态平衡以及与化学致畸、致癌的关系，在西方发达国家产生了“回归自然”的“绿色浪潮”。特别是随着1964年河鲀毒素结构鉴定的完成和1969年美国科学家从加勒比海柳珊瑚（*Plexaura homomalla*）中分离得到质量分数高达1.4%的前列腺素（15R）-PGA2，极大地激发了科学家对来自海洋的生物活性物质的兴趣，被认为是推动海洋药物发展的契机，从而促进了对海洋生物次生代谢产物的研究。60年代末至70年代初，海洋天然产物的研究出现了一个小高潮，“从海洋中获取药物”的概念开始逐渐被接受。70年代海洋天然产物的研究对象主要是萜类化合物（包括卤代的单萜、倍半萜、二萜、二倍半萜）以及一些卤代的$C_{15}$-乙酸原类化合物，大量含卤素原子的萜类有机物从海洋生物中不断地被发现，改变了以往认为卤代有机化合物在自然界中很少存在，甚至认为卤代有机化合物均有毒的不正确看法。

到20世纪70年代后期特别是从80年代开始，随着各种二维核磁技术以及软离子质谱技术（如FAB-MS/MS和FD-MS/MS）的逐渐应用和成熟，大大加快了对海洋天然产物研究的进程，使得一些结构比较复杂的海洋天然产物的鉴定成为可能。80～90年代，海洋天然产物的研究在发达国家开始进入黄金时代，一些结构复杂的海洋天然产物（如聚醚类、多肽类、大环内酯类、生物碱类、前列腺素类、多糖类和长链脂肪族化合物）完成了结构鉴定和生物活性研究，其中不乏相对分子量超过2000甚至3000的超级碳链化合物。由于这些海洋天然产物新颖的化学结构和独特专一的生物活性，许多国家都把开发利用海洋资源作为一项基本国策。美国、日本、新西兰、澳大利亚和一些欧洲国家在海洋天然产物研究方面比较领先。在2007年由新西兰科学家J.W.布伦特和M.H.G.芒罗编著的《海洋天然产物词典》（*Dictionary of Marine Natural Products*）中记载了截至2006年年中共发现的3万余种海洋天然产物。另外，仅2006年和2007年就分别发现新的海洋天然产物779个和961个。

经过多年的发展，全球已批准上市了13个海洋药物，其中绝大多数来源于海洋动植物。海洋活性化合物的发现是海洋药物研发的源头。中国平均每年发现200多个海洋新天然产物，并发表了大量论文，已经处于国际领跑位置。中国的海洋动植物资源丰富，从中已发现了一批具有药用开发潜力的药物先导化合物及候选药物。其中，海绵和珊瑚等无脊椎动物中活性化合物的发现和研究处于国际先进水平。然而，多数海洋动植物资源的药用潜力尚未充分挖掘，如海洋蓝藻等研究处于起步阶段，亟须开展海洋生物复杂化学体系中新颖结构活性分子快速发现研究，并拓展对微量活性分子的研究，以提升海洋动植物资源药源分子的储备能力。

基本分类　已分离出的海洋天然产物，按不同的化学结构，可归为萜类化合物、甾体化合物、非异戊二烯化合物、芳香族化合物、含氮化合物等。

萜类化合物　以异戊二烯单元头尾连接起来的化合物。有单萜（$C_{10}$）、倍半萜（$C_{15}$）、二萜（$C_{20}$）、三萜（$C_{30}$）等，多数萜含有卤素，属于有化学防御传讯作用的信息素或抗生素等。如红藻凹顶藻是含萜种类最多的海洋生物，从软珊瑚分离的二萜具有抗癌活性。

甾体化合物　从鱼类、海绵、甲壳动物、棘皮动物和海藻等海洋生物中已分离出100多种3-羟基甾体化合物。一种生物往往可含数种甾醇。这类物质属于信息素或具有药效。例如，雌蟹在蜕皮前放出的蜕皮激素，是一种甾醇，能引诱雄蟹在旁边保护自己蜕皮，蜕皮之后，进行交尾；海星所含的皂角苷，是含硫酸基和糖的甾酮，有细胞毒性、溶血性和抗病毒等药物活性。

非异戊二烯化合物　多数是在脂肪酸的生物合成或代谢过程中生成的非异戊二烯结构的一类化合物，其中有的为含炔化合物、脂肪类化合物、含硫化合物等。从官能团、分子骨架上看，它们都与陆地生物来源的该类化合物截然不同。从网翼藻、水云等的雌配子体释放出的信息素，能吸引雄性配子体进行交配。凹顶藻和柳珊瑚分别所含的脱溴海兔素和前列腺素都具有显著的药物活性。

芳香族化合物　从海绵、海藻（特别是凹顶藻、松节藻、多管藻等红藻）等海洋生物中，可分离出多种溴代酚化合物。例如，从松节藻科海藻、海绵、蠕虫等分离出的三溴代酚、二联酚醚、三联酚醚等；从海绵中分离出溴代吡咯化合物等。它们都具有不同程度的抗菌活性，可作为药物。

含氮化合物　海洋生物的次级代谢物中，有许多含氮化合物，其中有结构较简单的特殊的氨基酸。例如，从红藻分离出的海人草酸，是有效的驱蛔虫剂；从海带分离出的海带氨酸，具有降血脂和降血压的药效。还有许多海洋动物所含的结构较复杂的有毒的含氮化合物，如从河豚分离出的河鲀毒素是该生物的防御信息素。常用其研究神经系统的兴奋现象，并用它作为癌症后期缓解疼痛的药物。从沙蚕分离出的沙蚕毒素含氮和硫，对鱼有毒，具有杀虫性能，已根据其化学结构合成出有效的稻田杀虫剂。石房蛤以膝沟藻为饵，从这两者都分离出石房蛤毒素，其毒性与河鲀毒素相似。从日本骏河湾的日本东方螺中分离出的骏河毒素是一种防御传讯物质。

研究方法 色谱法是利用不同的物质在流动相和固定相不同的平衡分配系数进行分离的方法。柱色谱根据填料不同，可分为硅胶、键合相硅胶、氧化铝、聚酰胺、葡聚糖凝胶、大孔树脂和离子交换柱色谱。上述固定相有各自的特性，可分离不同类型的化合物。

聚酰胺吸附色谱 原理是半化学吸附/氢键作用。通过分子中的酰胺羰基与酚类、黄酮类化合物的酚羟基或酰胺键上游离氨基与醌类、脂肪酸上的羰基形成氢键缔合而产生吸附。常用于酚类、黄酮类化合物的分离，另外对生物碱、甾体、糖类等化合物的分离也有广泛的应用。吸附规律：形成氢键的基团越多，吸附越强；易形成分子内氢键，吸附减弱；分子芳香程度高，吸附增强；在水中易吸附，在醇类吸附力减弱。常用洗脱剂为甲醇－水。

大孔树脂吸附色谱 原理是吸附性和分子筛。树脂吸附作用是依靠它和被吸附分子（吸附质）之间的范德瓦耳斯力，通过它巨大的比表面进行物理吸附，使有机化合物根据有吸附力及其分子量大小可以经一定溶剂洗脱分开而达到分离、纯化、除杂、浓缩等不同目的。分子筛是由于自身多孔性结构的性质所决定的。影响吸附的因素有：①树脂表面性质。②化合物性质。③洗脱剂。洗脱剂极性越小，洗脱能力越强。④pH影响。⑤温度。低温不利于吸附。应用于苷与糖类的分离、生物碱的精制，在多糖、黄酮类、三萜类化合物的分离方面都有很好的应用。

凝胶色谱 分子筛原理按分子由大到小顺序出柱。凝胶孔径一定，分子大的先流出，小的后流出。常用的有葡聚糖凝胶以及羟丙基凝胶，网孔大小由交联剂的数量和反应条件决定，交联剂越多，网孔越密，孔径越小。

离子交换树脂 原理是当样品水溶液通过交换柱时，溶液中的中性分子及不与离子交换树脂上的交换基团发生交换的离子将通过柱子从柱底流出，而具有可交换的离子将与树脂上的交换基团进行离子交换并被吸附到柱上，随后改变条件，并用适当溶剂从柱上洗脱下来

硅胶氧化铝柱色谱 物理吸附，由于不同极性的物质在硅胶柱上的吸附力不同而得到分离，整个过程是吸附、解吸附再吸附再解吸附的过程，特别是无选择性吸附，吸附有解吸附的过程可逆，可快速进行，故应用最广，可用不同极性溶剂进行洗脱。

键合相硅胶柱色谱 以C-18反相硅胶应用最为普遍，它对极性和非极性化合物均可适用。其优点是减少了样品被破坏的危险不可逆吸附较少等。

生物合成途径 主要有以下5个途径。

醋酸－丙二酸途径 以乙酰辅酶A、丙酰辅酶A、异丁酰辅酶A等为起始物，丙二酸单酰辅酶A起到延伸碳链的作用。这一途径主要生成脂肪酸类、酚类、醌类、聚酮类。

甲戊二羟酸途径和脱氧木酮糖磷酸酯途径 由乙酰辅酶A出发，生成甲戊二羟酸，再进一步生成焦磷酸二甲烯丙酯、焦磷酸异戊烯酯等异戊烯基单位，经过互相连接以及氧化、还原、脱羧、环合或重排等反应，最后生成具有C5单位（异戊烯基单位）的化合物，如萜类及甾体化合物就是通过这个途径生成的。

莽草酸途径 生成具有C6-C3骨架的苯丙素类、香豆素类、木质素类、木脂体类。莽草酸通过苯丙氨酸生成桂皮酸，是桂皮酸的前体物质，所以过去一直把桂皮酸途径命名为莽草酸途径。

氨基酸途径 氨基酸脱羧成为胺类，再经过甲基化、氧化、还原、重排等一系列化学反应转变为生物碱的过程。多数生物碱类成分由此途径生成。芳香族氨基酸（苯丙氨酸、络氨酸、色氨酸）来自莽草酸；脂肪族氨基酸（鸟氨酸、赖氨酸）来自三羧酸循环及糖分解途径中形成的α-酮酸经还原氨化后生成。

复合途径 许多二次代谢产物由上述生物合成的复合途径生成。即分子中各个部分由不同的生物合成途径产生。常见的复合生成途径有以下几种：①醋酸－丙二酸－莽草酸途径（黄酮类）。②醋酸－丙二酸－甲羟戊酸途径。③氨基酸－甲羟戊酸途径。④氨基酸－醋酸－丙二酸途径。⑤氨基酸－莽草酸途径。

研究意义 海洋天然产物的化学结构的多样性和特异性，是陆地生物所不能比拟的。通过对它们的结构及其对生物的生理行为的研究，可进一步了解海洋生物在同种之间和异种之间赖以相互依存和相互联系的化学物质基础。从这些特殊的化合物在各种生物中的分布状况，可探求生物演化的化学特征，并可作为生物化学分类的依据。为开发利用海洋的药物资源，沿海国家先后设立专门的研究机构，对海洋天然产物进行大量的药物筛选工作，已确定了一些比较有效的抗菌、杀虫、抗肿瘤和抗癌的化合物，为制备新药物提供了新途径。

（张大海　韩　箫）

**海洋铁假说** ocean iron hypothesis 关于铁元素限制高营养盐低叶绿素（HNLC）海区浮游植物生长和初级生产力的假说。由美国海洋学家J. 马丁在20世纪90年代初提出。铁假说认为，高营养盐低叶绿素（HNLC）海区中，铁是浮游植物生长和初级生产力的限制因子，进而影响了海洋吸收大气二氧化碳（$CO_2$）的能力；如果往海洋添加额外铁，可以促进浮游植物生长，消耗掉水体过量的氮和磷，加速碳从海洋表层向更深层的转移，最终降低大气中$CO_2$的含量，减缓温室效应。

早在20世纪20年代人们就注意到，在南半球的夏季海区、太平洋的亚北极、北冰洋以及东赤道上升流海区，这些海域营养盐浓度较高，但却没有暴发浮游植物藻华，生物量很低，这些海域被称为高营养盐低叶绿素（HNLC）海区。20世纪30年代，英国生物学家J. 哈特推测，缺铁可能是海洋中HNLC海区的形成原因，但是该观点并没有引起进一步的研究。直到20世纪80年代，J. 马丁对海水痕量金属分析的结果支持了HNLC海区缺铁理论。1988年，美国学者J. 格里宾首先发表文章，表达了通过海洋添加铁可以抑制温室效应的观点。

铁假说提出后，科学家们在实验室和现场进行了大量的加铁验证实验。实验室结果证明了加铁能够大大促进浮游植物的生长。在现场海区，科学家开展了10多次加铁实验，大多数的实验证实了铁假说的理论，即加铁区的浮游植物的生长和初级生产力得到了显著增强，水体中的硝酸盐和磷酸盐被消耗，降低了海洋上层$CO_2$分压。但是大部分的实验结果也表明，铁施肥对颗粒碳从海洋上层到深层的输出效果非常有限。现场观测结果也显示，由于不同类群的浮游植物对铁敏感程度及铁的利用形态不同，加铁会导致硅藻的大量增长，但其他浮游植物生长则受到抑制，海洋生态系统的群落结构和食物链（网）结构发生改变，进而可能对整个海洋生态系统产生无法预估的影响。此外，加铁虽然显著降低了海水的$CO_2$分压，但是会产生其他温室气体（如二甲基硫）。因此，对于提出采用大规模铁施肥实验来增加海洋碳汇的思路需谨慎，应开展更多的科学实验研究。

（黄邦钦）

**海洋通用技术** marine general technology 应用于海洋环境，支撑海洋装备在海洋环境中正常工作运行的具有通用性、基础性、专业性、安全性和可靠性的一类技术的统称。

海洋通用技术是一类技术的统称，而非某一种技术。从名称上看，海洋通用技术是一个相对的概念，它与海洋专用技术（如海洋声学技术、海洋光学技术、海洋电学技术、海洋磁学技术等）相对应。理论上讲，应用于海洋环境中，不属于海洋专用技术并且满足下述“五性”要求的技术，都可以归属于海洋通用技术的范畴。海洋通用技术的特点：①通用性。体现在该技术可以在多种不同类型的海洋装备中使用，适用的海洋装备种类越多、通用性越强。②基础性。体现在该类技术在所有或者大部分海洋装备中都要用到，如海洋材料技术，在各种海洋装备中都要用到。③专业性。体现在该类技术是针对海洋环境的特殊性而设计，需要适应高盐度、高湿度、温度波动大、强腐蚀性、高压力等恶劣条件。④安全性。体现在此类技术在设计和应用过程中，必须确保高度的安全性，以应对海洋环境中可能出现的各种紧急情况和风险。⑤可靠性。体现在此类技术能够适应海洋环境条件，在规定的使用寿命内完成既定功能。

海洋通用技术是人类在认识海洋、开发海洋、利用海洋和保护海洋过程中应用和发展起来的一系列技术门类，具有重要的基础和保障作用，是一个国家科技实力和工业发展水平的综合体现。在海洋油气、矿产物等资源开发、海洋环境保护、海洋科学研究、海洋经济发展以及国防安全保障等各领域均有重要意义，是实现中国海洋强国战略目标的重要基础。

（王杭州）

**海洋同位素示踪** ocean isotopic tracing 利用海洋中固有的各种同位素作为示踪剂，揭示包括物质来源、海洋混合与循环、海洋界面过程、环境演变等多种海洋学过程的机制与速率。

同位素指具有相同质子数和不同中子数的原子，是自然界元素组成的重要特征之一。同位素广泛分布于地球各个圈层，并参与生态系统的物质循环和能量流动。自然界的同位素可分为放射性同位素和稳定性同位素两类。不同同位素因具有不同的物理、化学属性，成为探究物质来源，追踪生物地球化学循环的理想示踪剂。

稳定同位素示踪　包括以下3种。

海洋有机质来源的碳、氮同位素示踪　在海洋生态系统中，颗粒有机质的碳（$^{13}C$）、氮（$^{15}N$）同位素组成与浮游植物的同化吸收有着密切的联系。浮游植物光合作用吸收无机碳和营养盐时通常会优先富集轻同位素（$^{12}C$和$^{14}N$），即发生同位素分馏现象。当同化吸收进行得越剧烈，底物被消耗得越彻底，所合成的有机质就越富集重同位素（$^{13}C$和$^{15}N$）。因此，有机质的碳、氮同位素组成在一定程度上可以反映生物生产力的水平。除此之外，有机质的碳、氮同位素组成还受到物质来源的影响。陆源有机质（包括陆地土壤和陆生$C_3$植物）和海洋自生有机质在同位素组成上存在显著差异，前者一般较后者富集轻同位素。

食物网结构的碳、氮同位素示踪　生态系统中生物有机体的同位素组成由其所摄食的食物决定。根据消费者稳定同位素组成与食物同位素组成相接近的原则，可以鉴别食物网中特定物种的食物来源。由于有机质在食物网营养级传递过程中碳同位素的分馏较小（一般介于0‰～1‰），因此，消费者的$\delta^{13}C$值主要反映的是食物来源的特征。与碳同位素不同，氮稳定同位素则更多用于确定食物网中不同物种所对应的营养级。

微生物代谢过程的硝酸盐氮、氧同位素示踪　氮是自然界中化合价态最多的一种元素（－3价至＋5价），这就决定了生态系统中氮迁移转化过程的多样性和复杂性。微生物代谢在海洋氮循环中扮演着重要的角色，如生物固氮作用、浮游植物同化吸收、硝化作用、反硝化作用和厌氧氨氧化作用等，均与生物过程密切相关。作为海洋中生物可利用氮最主要的形态之一，硝酸盐参与了氮循环的诸多环节，并成为连接各个氮转化过程的重要纽带。硝酸盐稳定同位素示踪海洋氮转化过程的原理在于，一方面不同微生物代谢具有显著的同位素分馏差异；另一方面，不同微生物代谢的氮、氧同位素分馏系数的比值（$\alpha^{18}O : \alpha^{15}N$）也具有一定的差异。

放射性同位素示踪　包括以下4种。

颗粒动力学过程的$^{234}Th$-$^{238}U$不平衡和$^{210}Po$-$^{210}Pb$不平衡示踪　近海是陆地与开阔大洋相互作用强烈的耦合地带，在全球海洋碳的源汇格局中扮演着重要角色。受高生物生产力和大量陆源物质输入的影响，近岸水体中悬浮颗粒物浓度通常比开阔大洋高出2～4个数量级，因而近海海洋颗粒动力学研究一直备受研究者的青睐。$^{234}Th$（$t_{1/2}$=24.1日）和$^{210}Po$（$t_{1/2}$=138.4日）是具有强颗粒活性的两种天然放射性核素。由于各自的半衰期远远短于其母体，$^{234}Th$和$^{210}Po$在自然衰变条件下会与各自的母体$^{238}U$（$t_{1/2}=4.5\times10^9$年）和$^{210}Pb$（$t_{1/2}$=22.3年）达到放射性久期平衡（即放射性活度相等）。然而，强的颗粒活性往往导致$^{234}Th$和$^{210}Po$优先被水体中的颗粒物吸附并清除迁出，从而产生放射性活度低于母体的现象，该现象称为$^{234}Th$-$^{238}U$不平衡和$^{210}Po$-$^{210}Pb$不平衡。$^{234}Th$-$^{238}U$不平衡和$^{210}Po$-$^{210}Pb$不平衡已成为研究海洋颗粒动力学的重要手段之一。

海底地下水输入的镭同位素示踪　海底地下水排泄是近岸海域陆地与海洋物质交换的途径之一。研究表明，地下水每年向海洋输送的淡水占地表水输入量的6%～10%，而输送的化学物质比例可高达50%。自然界中镭同位素包括$^{223}Ra$（$t_{1/2}$=11.4日）、$^{224}Ra$（$t_{1/2}$=3.66日）、$^{226}Ra$（$t_{1/2}$=1600年）和$^{228}Ra$（$t_{1/2}$=5.75年）4种核素，它们的主要来源为沉积物和岩石中钍同位素的衰变。地下水中Ra的放射性比活度一般比地表水高1～2个数量级。在高离子强度的海水中，Ra的颗粒活性和生物可利用性相对较弱，它们在海水中的含量高低主要取决于自身的放射性衰变和水体的混合，因而成为研究近岸海底地下水输入的良好示踪剂。通过Ra同位素的放射性活度，结合质量平衡模型或端元混合模型，可以对近岸海底地下水输入的贡献及停留时间进行定量分析。

有机地球化学过程的放射性碳（$^{14}C$）示踪　$^{14}C$是自然界碳元素中唯一具有放射性的核素，其半衰期（$t_{1/2}$）为5730年，可用于千、万年时间尺度的地球化学过程研究。应用C/N比值、$\delta^{13}C$值、特征性生物标志物等传统地球化学指标来指示海洋有机质来源时，往往存在端元特征值变化范围大，互相重叠，且无法区分出化石源老碳等诸多不足，而有机碳的$^{14}C$同位素组成恰好弥补了这一缺点。通过加速器质谱仪测定$^{14}C$丰度，结合生物标志物的分离/富集技术，发展出了单体分子放射性碳同位素的分析技术，并被广泛运用于海洋有机物迁移、转化、保存机制、微生物代谢途径，以及持久性有机污染物等研究领域。

沉积年代学的$^{210}Pb$、$^{137}Cs$示踪　受到大量陆源物质输入、较高生物生产力、较浅水深的影响，近海海域往往具有快速的沉积速率，通常落在0.1～10厘米/年水平，高出开阔大洋1～2个数量级。因具有与近岸沉积速率相匹配的半衰期，$^{210}Pb$（$t_{1/2}$=22.3年）和$^{137}Cs$（$t_{1/2}$=30.14年）成为测定百年尺度内近海沉积物年代的最理想放射性核素，并被广泛应用于近岸海域沉积历史的反演。

（郭肖伊）

**海洋湍流** ocean turbulence　一种紊乱的、无秩的和随机的海水运动。海水运动与其他流体运动一样，可分为层流和湍流两类。海水的湍流运动是一种紊乱的、无秩的随机运动。海洋湍流整体呈现时间的间歇性、空间的斑片状特征。研究表明湍流运动依然符合纳维－斯托克斯流体动力学方程，但由于其方程的强非线性，至今仍得不到湍流问题的普适解析结构。湍流研究方法主要采用平均纳维－斯托克斯方程的直接数值求解、大涡模拟、拟谱方法、统计方法、物理模拟和非线性方法、分形等方法。

能量特征　湍流具有较强的能量耗散性，因此海洋湍流的生消因素在海洋研究中受到广泛关注。在考虑稳态及忽略空间输运的情况下，湍流的生消主要受控于平均流的剪切（湍流动能生成）、浮力通量及黏性耗散。平均流的剪切与雷诺应力相互作用，可使平均流动能减少，进而增加湍流动能，它为湍流动能的源项（生成项）。黏性耗散可导致湍流动能的减少，它为湍流动能的汇项。浮力通量既可以是湍流动能的生成（源）项也可以是湍流动能的耗散（汇）项，这取决于海水的层结稳定性。当海水层结不稳定时，浮力通量为正值，湍流动能增加，此时表现为湍流动能的源项；当海水层结稳定时，浮力通量为负值，湍流动能减小，此时表现为湍流动能的汇项。

加拿大纽芬兰的大西洋湍流

谱特征　湍流运动是典型的随机运动，针对其个体的测量是无意义的，因此海洋研究中更多地关注湍流运动的统计特征与规律，在谱空间上常用于描述湍流运动的有动能谱、温度谱（盐度谱）和压力谱；而在物理空间上常用于描述湍流运动的有脉动量相关函数和结构函数。动能谱、温度谱（盐度谱）和压力谱对于各向同性湍流，湍流动能谱在波数空间包括惯性子区和耗散子区。在惯性子区，大小$K$和耗散率$\varepsilon$遵从柯尔莫戈洛夫的$K$-5/3律；在耗散子区，动能谱迅速减小。1970年，内史密斯基于观测数据拟合出了经验性的湍流动能谱和耗散谱，即内史密斯谱。湍流温度谱在波数空间分为惯性子区、黏性对流子区和黏性扩散子区，在惯性子区仍遵从$K$-5/3律，在黏性对流子区遵从$K$-1律，在黏性扩散子区温度谱迅速减小。1959年，G.巴彻勒给出了湍流温度梯度谱，即巴彻勒谱。内史密斯谱和巴彻勒谱在海洋湍流混合的测量和计算中有着非常重要的作用。（田纪伟）

**海洋外来生物入侵**　invasions of marine aliens　某种生物被引入一个新的海域繁衍和扩散，对海洋生态和经济造成不利影响或损害的现象。新引入外来生物物种，被称为外来物种，或非本地物种，包括其卵、孢子、配子、幼体和成体。

入侵途径　引入的外来物种对当地的生态、经济发展的作用，包括有益和有害两个方面。当外来物种造成不利影响或损害时，即称为入侵种。海洋外来生物的引入，主要是人为有意和无意引入，少量为自然传播的结果。

无意引入物种　主要是通过船舶压载水和水产养殖引种时附带引入的。世界海洋任何一个时刻大约有4500种生物通过压舱水旅行，它们大多携带细菌、病毒、有害鞭毛藻、动物幼体等。压舱水的底部沉积物也大多含有孢囊、病原体。中国沿海一些有害赤潮藻类，如**米氏凯伦藻**、**塔玛亚历山大藻**等，被认为是通过压舱水带入的。1993年，中国由外来入侵的白斑病毒引起的养殖对虾白斑综合病，导致中国养殖对虾减产70%，经济损失很大，其病毒就是随对虾引种时带入的。

此外，一些外来生物可通过海流、海上漂浮物、海洋垃圾、船体附着等途径扩散和传播。例如，原产于中美洲热带海域的沙筛贝（沙饰贝），1992～1993年入侵福建东山和厦门马銮湾后，覆盖了这些海域养鱼网箱、塑料筏子、绳缆及码头沉子等养殖设施，密度可达5740～34 360个/米$^3$，严重影响当地渔业生产和生态系统，因争夺饵料，当地菲律宾蛤仔、翡翠贻贝贝类养殖产量大幅度下降。

有意引入物种　主要是通过水产养殖引种，其次是观赏物种和宠物。海水养殖业中引入的新的鱼、虾、贝、藻等物种，部分在养殖过程中逃逸或遭人类遗弃进入自然海域，这些引入种一般对环境具有较强的耐受能力，通过生态位竞争、杂交等方式对生态环境及本地种造成巨大的影响，成为海洋入侵种。一些引入的观赏种被有意或无意释放到环境中，也可能生长扩散成为海洋入侵种。例如，从亚得里亚海引到美国加利福尼亚水族馆的绿藻（*Caulerpa taxifolia Agardh*），通过释放孢子到当地海洋生态系统中，逐渐成为优势种并导致土著海洋植物大规模消亡。此外，有些物种的引入初衷是科研或者海岸保护。例如，米草属植物最初被认为是保滩护岸、防浪促淤的优良滨海植物，自1920年开始被从原产地美国和英国引入法国、德国、丹麦、中国、荷兰、新西兰、爱尔兰和澳大利亚等国家，后来已发展为世界公认的海洋入侵植物。

防治措施　科学、合理引进外来生物物种，是发展经济、改善生态环境的一条重要途径。但未经充分论证、试验、随意引进而成为入侵物种，将成祸害。防治措施包括：①需要完善海洋外来生物引进的政策和法规，加强外来生物和压舱水的管理。②需对海洋外来生物进行入侵风险评估。要对拟引进种开展生物学、生态学、遗传学的基础研究，进行早期预测和引进生物种的监测、生态效应评价。③提高海洋外来入侵生物的防控技术。研制压舱水生物灭杀技术和设施，减少无意引入外来生物的风险。④重视海洋入侵生物的监测，建立海洋外来生物的信息库。⑤加强海洋入侵生物的公众宣传与国际间外来生物入侵信息交流。（王大志）

**海洋微生物**　marine microorganism　以海洋为正常栖居环境的微生物。海洋占地球总面积的71%，是一个十分独特的生态环境，包罗了高盐、高压、低温（尤其是深海）、低光照、寡营养等特点，还有无光照以及局部高温的极端环境。海洋微生物大部分都是适应了极端环境的极端微生物。据估计海洋微生物可达0.1亿～2亿种。已发现的类群主要包括**海洋病毒**、**海洋古菌**、**海洋细菌**、**海洋真菌**。海洋微生物提供地球近一半的初级生产力，影响气候变化，参与物质和能量循环，并且为现代工业生产提供了重要的药物资源和酶资源。

生态功能　海洋微生物种类丰富、数量庞大，并且赋有复杂而重要的生态功能。它们无时无刻不在参与着海洋中碳、氮、磷、硫等的生物地球化学过程。研究表明海洋微生物群落能在磷浓度不断波动的海水中生存，从而证明海洋微生物对磷的代谢利用及磷的循环具有促进作用；海洋微生物群落能在含高浓度二氧化碳的海水中生存，并参与营养循环。海洋微生物对于海洋中其他生物的生存代谢也具有重要的作用。研究人员在微生物中克隆得到了与海绵相关的聚酮合酶基因簇。这些功能基因的发现是在微生物多样性探索的基础上实现的。微生物群落对海洋生态环境的稳定有调控作用，不同微生物的群落结构有所差异，其所起的作用也不尽相同。海洋微生物对于海洋环境的保护和污染物的治理具有重要的作用。有学者在深海石油富集区域发现具有降解石油能力的微生物，并证实海洋微生物群落能高效降解石油等污染物。此外，研究表明微生物对有害赤潮藻具有重要的调控作用。随着赤潮危害的加重，寻找一种有效调控赤潮的手段成为当务之急。亦有研究人员发现某些微生物能够杀死藻细胞。郑天凌等研究发现微生物对赤潮藻的生长有重要的影响，微生物多样性对于赤潮的调控具有不可忽视的作用。

海洋微生物的生物活性研究　海洋的特殊环境（如高盐、高压、低温、低营养或无光照等）造就了海洋微生物种类的特殊性，使其具有能产生不同于陆栖微生物的活性物质。已有近万种新的海洋天然产物被发现，这些海洋天然产物具有抗癌、消炎、抗氧化、细胞毒、免疫调节等活性，已成为世界药物研发的热点。有的药物已进入临床实验阶段或已进入临床，并取得了丰硕的成果。各国研究人员正加紧从海洋微生物中分离具有抗菌、抗病毒和抗肿瘤的活性物质，海洋必将成为寻找新药的重要资源库。

不同海洋生境微生物多样性的研究　海洋生境指海洋生物（个体、种群或群落）生活地域的环境。根据其特征大致可以分为近海、远海及极地生境。海洋微生物的物种多样性决定了其代谢产物的多样性，海洋环境是新型生物活性物质的源泉。开展海洋微生物多样性的研究，对于了解微生物的生态功能和开发微生物资源有着十分积极的作用。海洋微生物多样性的研究一直是国内外学者研究的热点。海洋环境中绝大多数微生物都是处于未可培养的状态，研究者对于未可培养微生物，大多是从分子生态学的角度出发,对其进行研究。海洋微生物在不同的海洋生境具有各自不同的特征及功能，根据不同的海洋生境对海洋微生物进行研究，对于海洋微生物的开发和利用具有重要的意义。海洋微生物在海洋环境中是以群落的形式存在的，利用分子生物学的方法，根据遗传信息的差别，可将它们分为不同的类群，从而对海洋微生物，尤其是未可培养的微生物资源进行探索和开发。　（周宁一）

**海洋微塑料**　marine microplastics　海洋中直径小于5毫米的塑料碎片或颗粒，是海洋环境的一类新污染物。20世纪90年代，在描述南非海滩调查结果时，有的学者提出了“微塑料”一词。2004年，R.C.汤普森在描述沉积物和水体中的小型塑料碎片时，首次阐述了微塑料的概念。由于微塑料污染是海洋生物和人类健康的潜在威胁，因而引起了世界的关注。2014年《联合国环境规划署年鉴》将海洋塑料污染列为近十年中最值得关注的十大紧迫环境问题之一，并指出海洋微塑料污染亟待关注和研究。2015年4月，联合国海洋污染科学问题专家组（GESAMP）发布报告，将微塑料对海洋生物的危害程度视与大型海洋垃圾的危害等同。2016年，联合国第二次环境大会报告强调，应从国际法规和政策层面推动海洋微塑料的管理和控制。2017年6月，联合国在纽约召开的首次海洋大会强调指出，微塑料已成为海洋新的威胁，并被称为“海洋中的PM2.5”。

主要来源　海洋微塑料的来源，一是大型塑料垃圾进入海洋后，经过物理、化学或生物的层层分解，由大变小，由小变微，从而形成微塑料；二是来源于洗涤剂、生活护肤品中的微塑料颗粒，以及工业原料中的微型颗粒和树脂颗粒。塑料材质主要有聚氯乙烯、聚乙烯、聚酰胺3种，前二者的性质十分稳定，进入环境后需要几十年甚至更长时间才能完全降解。据估计，迄今海洋有超过1.5亿吨的塑料垃圾，全球每年还有大约800万吨的塑料倒入海洋，相当于每1分钟向大海倾倒1卡车的塑料垃圾。

调查方法　海洋微塑料的调查方法大致是：合理设置调查位点，由于在用网采样时，一些尺寸小于网径的微塑料容易在采样中遗漏，且小网径在水中拖网过程中容易堵塞网孔，因此可大体积进行采水，作为网采的补充；通过在样品中添加密度较重的溶液，以及采用密度分离的方法可将微塑料从样品中分离出来。海洋生物的采样方法因生物种类不同，可用不同网具。在鉴定塑料聚合物种类的过程中，除了显微镜观察、计数外，还需运用光谱仪来鉴定聚合物的种类。

分布　世界海洋从近海、大洋到极地，从水体到沉积物，都受到不同程度的塑料垃圾的污染。据澳大利亚和英国科学家联合调查，在南太平洋一个无居民小岛（亨德森岛）估计有近3800万片塑料垃圾，总共达17.6吨，且每天还有大约1.3万片新的塑料碎片被冲上岸。中国学者自2014年起分别开展了长江口及临近海域、南海部分海域、香港水域、珠江口沉积物、东南沿海城市入海河口、黄海和东海表层水体微塑料污染状况调查。国家海洋局（今自然资源部）2016年启动了近海微塑料监测，2017年分别开展了中东太平洋、西北太平洋、印度洋、北极和南极微塑料调查。通过调查和监测，获得了调查海域微塑料

海洋生物学家在南大西洋收集的被微塑料污染的浮游生物样本

的污染现状，并进一步认识到受大尺度大气和大洋环流相互作用的影响，塑料垃圾进入海洋后会向大洋中央积聚，在亚热带环流区形成漂浮塑料的聚焦区。

主要危害　已有不少调查和室内试验证明，海洋微塑料能通过摄食或滤食等途径进入扇贝、牡蛎、贻贝等海洋生物体内。据报告，中国东海、黄海的桡足类、水母、箭虫等浮游生物体内大多能检出微塑料。在澳大利亚、新西兰附近的南半球地区，绝大多数海鸟体内可能都有塑料碎片。人们担心微塑料会成为海洋动物的饵料，可能会阻塞动物的肠道，进而影响其生理、行为和生存。微塑料还会沿着食物链转移到高营养级的动物，如鱼类、鸟类和海兽。据报道，英国捕获的鱼中有1/3体内都发现了微塑料，且已有研究表明人们在进食被污染的海产品时也会摄入塑料微粒。但有关微塑料对人类健康的危害程度尚有待深入研究。

问题与对策　①海洋微塑料是一类新的污染物，其组成、种类复杂多样，全球在采样、分选方法、测定等方面还缺乏统一的检测技术和方法指南，且已有的方法效率较低、可比性差，需要加强高效、便捷、廉价、安全方法的研发，并标准化。②微塑料对海洋生物和人体健康的危害研究尚属起步阶段，认知还很不足，亟待加强调查研究。中国正在积极采取措施。2017年，国家海洋局（今自然资源部）依托国家海洋环境监测中心成立了海洋垃圾和微塑料研究中心，以加强研究工作。③减少或防止塑料垃圾入海，涉及生产、消费多个环节，需要多个部门、公众的共同努力，这需要加强宣传教育，更需要政府出台政策加强管控。④由于世界各沿海国家都面临微塑料污染的威胁，加强国际合作与交流很有必要。　（李道季　彭谷雨）

**海洋微型生物**　marine nannoplankton　一类个体极其微小的单细胞浮游藻类。一般个体小于20微米且具有较大的浮力或较大的吸收率、生长率、呼吸率和光合作

用率。

研究简史　比尔斯于1982年发表综述性文章认为，荷兰学者A.van列文虎克可能是最早研究微型浮游生物的人，他在1674年即在荷兰海岸进行了这方面的观察。研究者将微型浮游动物的研究历史分为三个阶段：第一个阶段是1880～1920年。1889年，V.亨森主持了著名的“国家”号科学考察船的浮游生物调查。第二个阶段是1920～1960年。在这一时期，对微型浮游动物的海上调查和研究非常少。海洋的传统食物链（浮游植物—浮游动物—鱼类）被广泛接受，因而在指导思想上将微型浮游动物忽略了。这一时期的重要发展是H.乌特穆尔于1958年发明倒置显微镜法来研究微型浮游动物。这种方法让微型浮游动物自然沉淀，从而达到浓缩的目的。第三个阶段是1960年之后。在20世纪60年代，人们重新意识到微型浮游动物的重要性，在各个海区研究了微型浮游生物（或其主要组分纤毛虫）的群落结构和丰度。“微型生物食物网”概念的提出是这一时期的重要成果。以往的认识认为，传统食物链（traditional food web）是海洋中的主要能流途径。现在认为，微型生物食物网具有与传统食物链相同的重要性。中国的微型浮游生物研究最早开始于1964年，由金德祥于1965年对厦门及附近水域的海洋微型浮游生物作了初步调查。

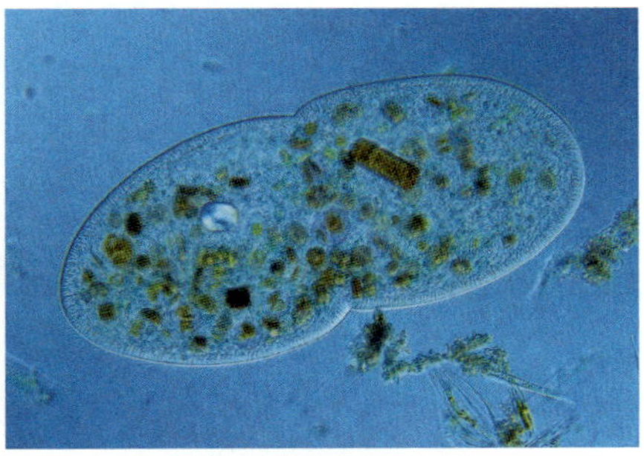

光学显微镜下的纤毛虫

划分标准　微型生物的粒级本身是一个由人为设定的粒级范围。国际上通用的标准一般把20微米以下的定义为微型生物。包括2～20微米的微型生物（nanoplankton）和0.2～2微米的微微型生物（picoplankton）。

生态地位与作用　海洋微型生物虽然个体极小，但是数量极大，且功能特殊。作为微食物环中非常重要的组成部分，海洋微型生物在海洋生态系统乃至全球变化中处于举足轻重的地位，它们在全球尺度上起着营养循环和气候调节的作用。海洋微型浮游生物占全球初级生产力的三分之一左右，它们又常常是海洋动物幼体，尤其是一些经济动物幼体的基础饵料，因此与海洋渔业和水产养殖业密切相关。

在全球变暖的气候背景下，微型生物碳循环研究变得现实而又迫切，其中微型生物储碳过程与机制研究将成为海洋学和微生物学等领域研究者协同创新的契机，引领中国海洋碳循环领域继续深入研究。另外，微型浮游动物的研究被列入一些重大海洋研究计划。1990年，海洋研究科学委员会（SCOR）为全球海洋通量联合研究计划（JGOFS）制定的监测方法中就包含了微型浮游动物的生物量和摄食压力的研究。著名的北海生态系统模型也将微型浮游动物作为重要的组成部分。

（陶振铖　赖艳娇　谭晔辉）

**海洋卫星**　ocean satellite　主要用于海洋水色、海面温度、海冰、海流和海平面高度等观测，为海洋和海洋生物资源开发利用、海洋环境监测、海洋科学研究等领域服务而设计发射的地球观测卫星。海洋卫星是在气象卫星和陆地资源卫星的基础上发展起来的，属于高分卫星。利用海洋卫星可以经济、方便地对大面积海域实现实时、同步、连续的监测。海洋卫星是海洋环境监测的重要手段。

发展简况　美国是世界上首个发展海洋卫星遥感技术的国家，在1978年发射了世界上第一颗海洋卫星SEASAT-A。1991年，欧洲空间局发射ERS-1卫星，星上装有微波散射计、雷达高度计和微波辐射计等遥感器。1992年，美国和法国联合发射TOPEX/POSEIDON卫星。星上载有一台美国NASA的TOPEX双频高度计和一台法国CNES的POSEIDON高度计，用于探测大洋环流、海况、极地海冰，研究这些因素对全球气候变化的影响。1997年8月1日，美国国家航空航天局发射了世界上第一颗专用海洋水色卫星“SeaStar”。2002年5月和2007年4月，中国海洋水色卫星海洋一号A和海洋一号B分别成功发射（见**海洋一号卫星**）；2011年8月，中国海洋动力环境卫星（见**海洋二号卫星**）成功发射；2016年8月，中国以海洋应用为主的高分三号卫星成功发射。从太空监测海洋已成为世界各国探索海洋的重要方式。

特点　与陆地卫星和气象卫星相比，海洋卫星具有以下特点：①海洋水色卫星遥感器的信噪比和灵敏度比陆地卫星高数倍。海洋卫星上的中分辨率成像光谱仪观测海洋水色的通道信噪比为880，而最新的陆地卫星8号（LANDSAT-8）的业务型陆地成像仪信噪比为130。②海洋卫星需要细分波段，波段多而狭窄。海洋卫星上的中分辨率成像光谱仪波段宽度为10～15纳米，而业务型陆地成像仪的波段宽度为20～200纳米。③海洋卫星有效载荷类型多，各有效载荷需电磁隔离。综合观测型海洋卫星一般携带光学成像类仪器、微波主动散射计、被动辐射计、雷达高度计或合成孔径雷达，对整星的电磁兼容性要求高。④海洋测高卫星轨道定位精度要求高。⑤海洋卫星时间分辨率无法满足需求。观测海洋要求全天候、全天时探测，海面风场、浪场、潮汐、风暴潮、溢油、漂浮海冰等，低轨道海洋卫星还难以满足这些观测要求。未来静止轨道海洋卫星将解决这一问题，但静止轨道海洋微波遥感器研制难度较大。⑥合成孔径雷达在海洋观测中的应用逐渐成熟。

分类　海洋卫星按用途可分为海洋水色卫星、海洋地形卫星和海洋动力环境卫星。①海洋水色卫星。主要用于探测海洋水色要素，如叶绿素浓度、悬浮泥沙含量和有色可溶有机物等，此外也可获得浅海水下地形、海冰、海水污染以及海流等有价值的信息。美国于1997年8月发射的SEASTAR卫星是一例。②海洋地形卫星。主要用于获得海面风场、海面高度场、浪场、海洋重力场、大洋环流和海表温度场等海洋动力环境参数。美法合作于1992年8月发射的TOPEX/POSEIDON卫星和GFO卫星是较精确的海洋地形探测卫星。③海洋动力环境卫星。主要用于探测海洋动力环境要素，如海面风场、浪场、流场和海冰等，此外，还可获得海洋污染、浅水水下地形和海平面高度信息等。欧洲空间局于1991年7月和1995年4月相继发射的ERS-1和ERS-2是这类卫星中最具代表性的。此外，除了海洋卫星以外，还有不少海洋探测器搭载的卫星，但功能主要是海洋水色、海表拓扑和海洋动力环境等方面。

发展趋势　海洋对全球气候和环境的影响越来越受到重视，对世界各国经济、军事的影响越来越密切，世界各国对海洋卫星的投入不断加大，卫星平台、载荷技术、地面设备以及数据处理技术不断进步，海洋遥感卫星观测的精度与时空分辨力不断提高。

海洋卫星有三大发展趋势：①提高观测精度与时空分辨率。卫星的观测精度与时空分辨率是衡量卫星观测与应用能力的重要指标。日益增长的海洋研究水平和海洋应用能力对海洋卫星观测精度与时空分辨率提出了更高的要求，而遥感技术的进步则不断提高着上述指标以满足应用需要，这一直是海洋卫星的发展方向。②定量遥感。定量化应用是海洋卫星数据应用的特点。由海洋卫星数据生产的叶绿素、悬浮泥沙、海温、海面高度、海面风场和海浪场等遥感产品，都属于定量化反演应用的范畴。可靠完善的定标技术和检验手段是确保高质量海洋卫星数据产品的关键。为此，在国际上海洋卫星都建有定标与真实性检验场，专门用于海洋遥感载荷的定标和数据产品的真实性检验，如用于雷达高度计绝对定标的定标场就有美国的HARVEST石油平台、法国南部的科西嘉岛和希腊的加夫多斯岛3个专用定标场。同时，遥感载荷的星上定标单元日益完善、外定标技术日趋成熟，定标精度不断提高。③发展新型海洋遥感载荷。世界各国都在积极发展海洋遥感载荷技术，使得海洋卫星可观测要素不断增加，测量精度不断提高，拓展卫星应用领域，有力推动卫星应用水平。（方圣辉）

**海洋温水种生物** marine temperate water species 生活适温范围在4～20℃、其自然分布区月平均水温变化幅度较宽（0～25℃）的海洋生物。包括冷温带种（cold temperate species，生长生殖适温范围为4～12℃的温水种）和暖温带种（warm temperate species，生长生殖适温范围为12～20℃的温水种）。中国北部的渤海和黄海海域属暖温带海区，生物区系的成分有许多温水种。温水种发源于中纬度的温带海域，向南北两方面分布。中国海域是西北太平洋某些温水种分布的南界。以贝类为例，冷温带性质的贝类包括加州扁鸟蛤、栉孔扇贝、虾夷扇贝等，主要分布于长江口以北的黄渤海海区，属于北太平洋的远东亚区。长江口附近是它们分布的南界。暖温带性质的贝类如皱纹盘鲍、中国蛤蜊等，是分布在北太平洋区远东亚区南半部的种类，分布的北界为日本海或鄂霍次克海南端。（李新正　马　林）

**海洋文化** marine culture 人类缘于海洋而生成的文化，亦即人类缘于海洋而创造和传承发展的物质的、精神的、制度的、社会的文明生活内涵。海洋文化的本质是人类与海洋的互动关系及其产物。海洋文化的产生与发展始终与人类对海洋的认识、对海洋资源的利用与开发实践活动相伴随。人类的海洋渔业生产和生活形成海洋渔文化，海上航行形成航海文化，跨海商贸形成海商文化，港口生活形成港市文化，涉海祭祀活动形成海洋信仰文化，海洋审美活动产生海洋艺术文化，涉海军事活动形成海洋军事文化等。

海洋文化的历史源远流长。在原始社会，人类就学会了制作独木舟和利用海洋生物资源为生。例如，在世界很多区域发现的贝丘遗址，作为古代人类居住遗址的一种，以包含大量古代人类食余抛弃的贝壳为特征。贝丘（日本称贝冢）大都产生于旧石器时代后期至新石器时代，丹麦、英国、法国、意大利、西班牙、葡萄牙以及北非、美洲都发现了贝丘遗址；中国的河北、江苏、福建、台湾、广东和广西的沿海地带，以及辽东半岛、长山群岛、山东半岛及庙岛群岛等也有大量分布。

随着社会的发展和进步，人类认识和利用海洋的能力逐渐提高。在沿海区域和海岛上生活的人们"靠海吃海"，利用"渔盐之利、舟楫之便"，与海洋发生越来越密切的关系，形成了具有海洋特色的生产方式、生活方式和思维方式。

内涵结构　按照社会生活方式的表现形态，海洋文化的内涵结构有海洋物质文化、海洋精神文化、海洋制度文化和海洋社会文化。海洋物质文化指的是面向海洋、开发利用海洋资源和环境的生产、贸易和消费的物质生活面貌。海洋精神文化，指的是面向海洋、开发利用海洋资源和环境的思想意识、价值观念、精神导向与审美情趣等精神思想体系。海洋制度文化，指的是面向海洋、开发利用海洋的行政制度、法规政策与组织管理等。海洋社会文化，指的是面向海洋、开发利用海洋的社会生活，包括社会聚落、人伦关系、衣食住行、风俗习惯等。

文化特征　地域性是海洋文化的主要特征之一。如中国古代的燕文化、齐文化、吴越文化、东夷海岱文化、百越文化等。中国现代海洋文化中，具有代表性的有辽东湾文化、渤海湾文化、山东半岛海洋文化、海州湾文化、宁波－舟山海洋文化、闽台海洋文化、潮汕文化、粤港澳文化、海南岛－南海文化等。这些地域性海洋文化，各自的特色又有具体的小空间地域性差异，如山东半岛海洋文化中，北部的莱州－莱州湾文化与南部的青岛－胶州湾文化等，其特色就有明显的地域性差异；海南岛－南海文化中，北部的北部湾文化与南部的南沙群岛文化等，其特色就有明显的地域性差异。

空间分布　从整体上看，中国海洋文化大体可分为北部沿海海洋文化、南部沿海海洋文化和岛屿海洋文化。北部沿海海洋文化范围涵盖黄渤海的辽宁、天津、河北、山东、江苏沿海，这一区域早期的海洋文化是古代东夷人所创造的，也是华夏文明源头之一。这些地区考古中发现的北辛文化、大汶口文化、龙山文化和岳石文化等均有着浓重的海洋色彩。因此东夷文化又被称之为"东夷海岱文化"。南方海洋文化主要源于华夏先民族群之一的百越族创造的百越文化。而现代的泉州海洋文化、潮汕文化、闽粤文化等都是南部沿海海洋文化的代表。岛屿是被海水包围的陆地。岛屿的这一地理特征使其文化具有更加鲜明、凸显的海洋特色。不同地区各海岛上的风俗习惯、文化艺术、神话传说、宗教信仰及历史演变等均有自己的特色，形成丰富多彩的岛屿海洋文化。

学术研究　海洋文化学是当代海洋人文学的重要分支，主要包括海洋文化基本理论研究、海洋文化史研究及海洋文化与社会发展研究。海洋文化基本理论包括海洋文化的概念内涵、海洋文化的本质特征、海洋文化的形态、海洋文化的运行机制研究，以及海洋文化精神、海洋文化方式、海洋语言文学艺术、海洋民俗等大类的中观研究。海洋文化史研究包括中国和世界海洋文化通史、断代史、专门史及其专题研究。专题史研究包括海洋意识和海洋观念的演进、古代近代海洋传说信仰、古代近代沿海社会及其生活方式、古代近代海洋科技发明、古代近代海上交通和对外经济文化交流等。海洋文化与社会发展研究包括对外开放与沿海文化的发展战略研究、推进海洋文化建设及实现海洋观念与时代需求接轨的措施和方法研究、沿海海洋文化形象设计、海洋文化传统在现代化海洋文化建设中的转换、批判继承与创新研究等。（赵成国）

**海洋文化遗产** marine cultural heritage 人们在长期认知海洋和开发利用海洋的实践过程中所创造的历史文化遗产、民俗文化遗产的总称。包括海洋物质文化遗产和海洋非物质文化遗产。狭义的海洋文化遗产指海洋历史文化遗产，即从远古时代传播至今的、包括物质和非物质的海洋文化观念、形态与模式的生活遗存。

在联合国教科文组织制定和通过的《保护世界文化和自然遗产公约》《保护非物质文化遗产公约》中，物质文化遗产（又称有形文化遗产）包括历史文物、历史建筑、人类文化遗址；非物质文化遗产包括被各群体、团体或个人视为其文化遗产的各种实践、表演、表现形式、知识和技能及其相关的工具、实物、工艺品和文化场所，例如神话、歌谣、谚语、音乐、舞蹈、戏曲、曲艺、皮影、剪纸、绘画、雕刻、刺绣、印染等艺术和技艺以及各种礼仪、节日、民族体育活动等。据此，海洋文化遗产可分为海洋物质文化遗产和海洋非物质文化遗产。

**海洋物质文化遗产**　主要包含海洋生产、商贸遗迹遗址遗物（如渔场与船具网具、盐场与盐灶、盐具等遗址遗迹遗物、海关遗址遗物），航海遗迹遗址遗物（港口、灯塔、渡口、码头、弃船、沉船、船货），海防军事遗迹遗址（防御设施设备、海战场、沉没舰船、炮弹），涉海建筑遗址（殖民建筑、防灾建筑、纪念建筑、名人故居坟冢），海洋原始部落、古海城等。

**海洋非物质文化遗产**　主要包含海洋民间信仰（如妈祖信仰、观音信仰、龙王信仰），海洋节庆（如谢洋节、开洋节），涉海生产生活的知识和技能（如航路及航海术、海图、生产加工技艺、服装制作技艺、饮食烹饪技艺、造船工具及技艺、捕捞技术及工具制作等），涉海文学（如散文、小说、诗歌、楹联、碑刻、谚语、民谣、渔歌、传说等），海洋艺术（如音乐、舞蹈、绘画、戏剧、戏曲等）。

中国的海洋文化遗产极为丰富，已经列入中国国家级非物质文化遗产名录的海洋非物质文化遗产如下。

古渔雁民间故事　产生和流传于辽宁省盘锦市大洼区辽河口海域的二界沟一带，以渔业文化为基础的地方民间传说故事。主要包括古渔雁始祖崇拜、古渔雁海神崇拜、古渔雁龙王崇拜、古渔雁祭祀和庆典、古渔雁渔具的起源和演变等。2006年列入第一批国家级非物质文化遗产名录。

渔民开洋节、谢洋节　是中国沿海地区一种特殊的民俗活动，主要流传于浙江省的象山县、岱山县和山东省的荣成市、日照市、即墨区等地，其他沿海、岛屿省市地区也有。开洋节是渔民在每年春季鱼汛来临、渔船出海捕捞时节举行的一种祈求平安、丰收的民俗活动，谢洋节则是渔船出海平安归来后渔民为感谢大海恩赐而举行的一种民俗活动。作为表达渔民内心祈望的一种精神性活动，开洋节、谢洋节以祭祀为核心，以民间文艺表演为主轴，含有多种文化内容，同时表现出娱神和娱人的特性。浙江象山和岱山渔民开洋节、谢洋节2008年列入第二批国家级非物质文化遗产名录。

渔民号子　中国沿海、岛屿地区渔民的传统民歌，属于各地船渔工号的总称，是渔民、船工世代相传民间口头音乐，它与渔船、运输船作业和渔（船）民在海上和岸上劳动时息息相伴，是中国的代表性民间劳动号子之一。浙江舟山群岛渔民号子2008年列入第二批国家级非物质文化遗产名录。

舟山锣鼓　是浙江省舟山群岛传统民间艺术的代表，以锣、鼓、钹及唢呐为基调，间以丝竹，音响宏壮，旋律激荡奔放，气氛极为热烈，具有鲜明的海岛特色。中华人民共和国成立后，这一民间艺术经过加工改进慢慢地搬上了舞台。2006年列入第一批国家级非物质文化遗产名录。

《南海航道更路经》　又称《更路经》《更路簿》《更路传》，是海南省文昌、琼海等地渔民各家族、船帮自古以来自编自用、世代相传的航海"秘本"，即记录航海知识的手抄本小册子，或是一张手绘的航海地图。在文昌、琼海等地，渔民传抄《更路簿》可追溯至明代，一个罗盘加一本《更路簿》（图1、图2），让中国渔民在没有精确的航海图标和卫星定位系统的时代，顺利前往南海作业，并下南洋进行交易。2008年列入第二批国家级非物质文化遗产名录。

图1　海南省东部的琼海小镇潭门展示祖传的《更路簿》

图2　配合《更路簿》使用的罗盘

临高渔歌　是流传于海南省临高县渔民中的一种汉族民歌种类，具有鲜明的地方文化色彩和浓郁的乡土气息，是海南省汉族民间歌谣中的典型代表，也是中国富有艺术魅力的地方渔歌种类之一。2011年列入第三批国家级非物质文化遗产名录。

海洋动物故事　是主要以口耳相传的方式，长期在沿海、海岛流传的传统民间传说故事，这些故事情节构思奇特，体现了沿海、海岛群众的生存智慧和审美观念。浙江省温州市洞头区海洋动物故事，2011年列入第三批国家级非物质文化遗产名录。

汕尾渔歌　是广东汕尾各地沿海的传统民歌，主要在疍船渔民中传唱，具有浓郁的海洋气息，广泛而深刻地反映了沿海劳动人民的渔业生活。汕尾渔歌运用海陆丰方言歌词，以对歌的形式，表达复杂的思想感情。2014年列入第四批国家级非物质文化遗产名录。　（赵成国）

**海洋文学**　ocean literature　以语言文字为工具，形象化地反映人类海洋生活的客观现实、表现作家对于人类心灵与海洋客观世界本质的语言文字艺术。文学题材表现形式之一。

海洋文学概念探讨　赵君尧在2007年第1期《职大学报》上发表的《海洋文学研究综述》一文，认为朱学恕在《大海洋》诗刊创刊号上发表的《开拓海洋文学的新境界》一文，在中国最早提出了"海洋文学"这一概念。陈思和在2000年第11期《学术月刊》发表《试论90年代台湾文学中的海洋题材创作》一文中，则认为朱学恕在《开拓海洋文学的新境界》一文中尽管提出了"海洋文学"的概念，却没有界定海洋文学，因此他从海洋所具有的特点进一步提出了海洋文学应有的如下内涵和概念。①多彩的人生，情感的海洋。②内在的视听，思想的海洋。③灵智的觉醒，禅理的海洋。④真实的水性，体验的海洋等。借助审美视角介入了海洋文学的概念。

与此同时，段汉武在2009年1月出版的《宁波大学学报》（人文科学版）第22卷第1期上发表的《〈暴风雨〉后的沉思：海洋文学概念探究》一文中，比较系统地梳理了海洋文学这一概念。段汉武认为比较有代表性的主要有两种：①龙夫在2004年《海洋世界》第7期发表的《大海的倾诉：日本学者论海洋文学的发展》一文在研究日本海洋文学时对"海洋文学"的界定是："所谓海洋文学，通常是指以海洋为题材或根据在海上的体验写成的文学作品。但笔者认为这样的作用还称不上基于世界共识的'海洋文学作品'。真正意义上的海洋文学是：主题与海洋密切相关、并受海洋特性支撑的文学作品。"②杨中举在2004年《译林》第6期发表的《从自然主义到象征主义和生态主义——美国海洋文学述略》一文的界定是："什么是海洋文学？我认为，那种渗透着海洋精神，或体现着作家明显的海洋意识，或以海或海的精神为描写或歌咏对象，或描写的生活以海为明显背景，或与海联系在一起并赋予人或物以海洋气息的文学作品都可以列入海洋文学的范畴。"段汉武在对龙夫、杨中举所界定的"海洋文学"概念进行比较后，对海洋文学概念进行了较为科学的界定，即“以海洋为背景或以海洋为叙述对象或直接描述航海行为以及通过描写海岛生活来反映海洋、人类自身以及人类与海洋关系的文学作品，就是海洋文学”。

海洋文学的体裁　包括海洋诗歌、海赋、海洋散文、海洋小说、海洋剧本等，是海洋文化的重要表现形式。海洋文学以不同文学体裁，着力表现人物的性格特征与内心情感，描摹典型的海洋自然环境，再现一定时期和一定地域的人类的海洋社会生活。海洋文学具有文学作品所特有的虚构性、想象性、多义性、象征性、哲理性等特征。

海洋文学代表作品　外国海洋文学主要包括：古希腊史诗有《奥德赛》；纪实文学作品有美国作家H.梅尔维尔的《白鲸》、J.伦敦的《海狼》、海明威的《老人与海》，法国作家雨果的《海上劳工》，英国作家J.康拉德的《黑暗之心》，日本作家小林多喜二（1903～1933）的《蟹工船》；童话有丹麦安徒生的《海的女儿》；航海冒险小说有法国作家J.G.凡尔纳的《格兰特船长的儿女》《海底两万里》《神秘岛》等，美国作家J.F.库珀的《舵手》《红色海盗》《陆地与海洋》《海狮》，英国作家R.M.巴兰坦的《珊瑚岛》、R.L.斯蒂文森的《金银岛》，美国作家马克·吐温的《哈克贝里·费恩历险记》，斯里兰卡作家M.魏克拉玛辛诃的《蛇岛的秘密》等，都是外国海洋文学中具有代表性的优秀作品。

中国的海洋文学历史悠久，题材丰富，从《山海经》到现代小说，有许多优秀的作品，如元代李好古的杂剧《沙门岛张生煮海》、明代吴元泰的《八仙出处东游记》、罗懋登的《三宝太监西洋记通俗演义》、清代蒲松龄的《夜叉国》和《罗刹海市》、当代作家阮章竞的《金色的海螺》、陆俊超的《九级风暴》、邓刚的《迷人的海》、翟晓光的《红海洋》等，都是海洋文学中的代表性作品。

在中国古代海洋文学作品中，海赋的数量较多。海赋是中国古代文学中专门以赋体形式来描摹大海自然景象、歌咏人类对海洋情感的文学作品。其中，最早的咏海名赋是东汉班固的《览海赋》，传神地写出了大海烟波浩渺的万千景象。“建安七子”之一王粲的《咏海赋》，气韵生动地抒写了大海的辉煌和大度。三国时期曹操的《观沧海》将人生抱负与对大海的歌咏融为一体。此后，晋代潘岳的《沧海赋》、木华的《海赋》、东晋孙绰的《望海赋》、庾阐的《海赋》、唐代卢肇的《海潮赋》、宋代吴淑的《海赋》、明代王亮的《观海赋》、肖崇生的《航海赋》、郑怀奎的《海赋》等，或侧重描写大海的浩瀚气势，或铺陈大海的物产丰富，或叙写海怪精灵，都是中国海洋文学的海赋名篇。有些作品虽然没有直接冠以“海”字，但同样以赋体的形式描摹了海景，歌咏了海洋，如宋代苏轼的《飓风赋》、清代林昌彝的《碧海掣鲸鱼赋》等。这些海赋不但歌咏了海洋的壮阔和雄奇，还为后人提供了宝贵的海洋资料，如卢肇的《海潮赋》就涉及大海潮汐与太阳的关系，提出了有关潮汐的14个问题，并做了回答，具有一定的科学价值。

（丁玉柱）

**海洋污染**　marine pollution　人类直接或间接把物质或能量引入海洋，使海洋环境的性质发生变化，产生直接或潜在的降低海水水质、毁坏海洋资源、损害生态系统、妨碍正常开发利用保护海洋的各种活动、危害人类健康和破坏优美景观的现象。外来物质或能量进入海洋，如果量少、不构成危害，通常称为“沾污”。而如果量大、构成危害则称为“污染”。非人类活动导致物质或能量引入海洋，不属于海洋污染研究的内容。

特点　海洋污染自20世纪50年代以来，逐渐受人关注，现已成为人类共同关注的一个重大问题。海洋污染的主要特点如下：①污染物复杂多样。最先引起关注的污染物，如石油、放射性物质、重金属、有机氯农药和氮、磷等富营养物质，其防治虽获得了较大的进展，但尚未得到有效的管控。而新的污染物，如聚氯联苯、四氯二噁英、多环芳烃、烷基酚类化合物、邻苯二甲酸二丁酯、三丁基锡等持久性有机污染物和环境激素、抗生素又大量出现。海洋固体废弃物，尤其是塑料、微塑料污染又成为世界海洋新的污染物。2017年6月联合国海洋大会强调指出，微塑料已成为对海洋新的威胁，并称为“海洋中的PM2.5”。②污染物来源众多。除了主要来自陆地河流、工业和城镇污水直接排入和近岸雨水冲刷泄入外，还有来自大气输运以及海洋开发产出的大量污染物。自20世纪60年代以来，每5～10年就发生几起海上严重的油污染事故。如2011年6月渤海湾“蓬莱19-3”油田溢油事故，污染了渤海6200平方千米，对该海域生态、渔业造成了重大损失。2010年4月墨西哥湾的“深水地平线”海上钻井平台爆炸，导致11名工作人员死亡，约440万桶原油泄入海中，震惊世界。③污染已遍及整个海洋。受污染的海域已由近海扩大到远洋，由海洋上层扩大到大洋底部。如日本2011年福岛核事故，其泄漏的放射性物质已于3年后通过海流输运到美国东海岸；在北极的海兽体内可检出有机氯污染物；在太平洋深渊测出了微塑料等。④污染物难消除。有许多污染物进入海洋后消除很难，如放射性锶-90、铯-137，有机氯农药、微塑料等，要几百年的时间才能够去除。⑤对海洋生态系统、经济发展和人类健康构成严重威胁。在日本，因海洋污染引起的水俣病造成万人受害、千人丧生的悲剧；多数持久性有机污染物具有“致癌、致畸、致突变”的三致效应；而每起重大海上油污染事故，造成的经济损失可达几亿、十几亿甚至几百亿美元。

防治措施　①防治海洋污染需要各海洋国家共同行动。各沿海国家除了保护好各自管辖海域、防止污染外，还应承担防治海洋污染的国际义务。人类与海洋是生命共同体，因为世界海洋是相通的，地球只有一个海洋。污染物入海后并不受国家管辖海域国界的约束，而是随海流输运、扩散。为此，各沿海国家应切实履行国际、区域性有关防治海洋污染的公约、协定，加强国际合作。②海洋污染的产生，究其根源是人类对待自然不够尊重，生产和生活方式不够科学所致。因此，需普及公众对海洋环境保护的意识，提倡尊重自然、陆海统筹、调整经济结构、改变粗放型生产方式、节约资源、提高生态文明意识和行为。③深入开展有关海洋污染防治的科学研究，尤其是污染对海洋生态系统、人体健康影响的研究，建立和完善全球、区域、国家海洋污染监测、监视网络，加强减轻、消除海洋污染的技术、方法研究。④制定和完善有关防治海洋污染的法规、标准，严格执法，提高对违法者的惩罚力度，是防止海洋污染的有力保障。

（李永祺）

**海洋污染科学问题专家组**　Group of Experts on the Scientific Aspects of Marine Pollution; GESAMP　由联合国环境规划署、联合国粮食及农业组织、联合国教科文组织、世界卫生组织、世界气象组织、国际海事组织和国际原子能机构发起的科学顾问团体。成立于1969年3月，是为联合国提供海洋环境保护的科学建议的咨询机构。

人员组成　专家组由16位专家组成，他们在相关研究领域具有独特的个人能力。自成立以来，专家组每年都发表有关海洋环境方面的研究报告。研究和评估通常是由专门的工作小组完成，小组成员大多不是海洋环境保护科学联合专家组的现任成员，而是联合专家网的成员。

主办单位　1969～1970年，主办单位为国际原子能机构。1971～1976年，主办单位为联合国。1977～2005年，主办单位为联合国环境规划署。2006～2009年，主办单位为联合国工业发展组织。2010～2016年，主办单位为联合国开发计划署。2017年以来，主办单位为国际海底管理局。

基本任务　①为组织和政府提供权威的、独立的、跨学科的、支持海洋环境的保护和可持续利用的科学建议。②补充、整合区域和主题的结果评估和科学研究，支持全球海洋环境的评估。③为海洋环境保护的设计和执行评估提供科学和技术指导。④为特定主题相关的海洋环境状况调查、保护、管理提供科学的评价、分析和建议。⑤为海洋环境的监测、评估、相关联合国机构提供概述、总结，为改善、更好的整合和协调相关活动提供建议。⑥识别新的和新兴的海洋环境退化问题。

主要职责　①参与海洋污染科学问题专家组的会议。②参加海洋污染科学问题专家组项目工作，包括审查工作参考、项目简报、报告草案。③促成共识声明和新兴问题的识别。④参与特别任务小组、通信组和工作组。（赵全民）

**海洋污染生态风险**　ecological risk of marine pollution　随着营养盐、重金属、农药、微塑料等污染物在某个海区的高度富集，严重影响某个种群、生态系统或景观等不同层次的生态功能，导致某些要素的健康、生产力、遗传结构、经济价值和美学价值等出现降低或减小的风险，甚至危及生态系统的安全和健康。

富营养化生态风险　工农业生产、居民生活过程中产生的大量氮、磷等营养元素随河流排入海洋，在海湾、河口区发生富集，当海水中营养盐浓度升高到一定阈值，将导致某些海洋细菌、藻类等快速增殖、形成“赤潮”(图1）的风险大大增加。随着水体富营养化程度的日趋加剧，近海赤潮灾害频发，并增加了海水“缺氧区”形成的风险，还会引起生态系统中物种关系的改变，导致食物网结构的简单化以及海草场、珊瑚礁等重要海洋生境的丧失。

持久性有机污染物生态风险　持久性有机污染物通过陆源排放、大气输送等方式入海，通过海流运输和生物迁徙实现远程迁移，并通过食物链在生物体内积累、放大，引起生物体生殖、免疫、内分泌等生理功能紊乱，甚至引发癌症、后代畸形或基因突变。

图1　土耳其泰基尔达马尔马拉海的赤潮

石油污染生态风险　由于船舶泄漏石油、海上油井事故、陆源排放等原因，大量的原油或石油产品进入海洋，对受污染海区的海洋鱼类、贝类、海鸟等生物的生存造成极大威胁。海面漂浮的大量油膜会大大降低海水的透光度，严重影响浮游植物的光合效率，导致海洋初级生产力的降低，直接影响海洋食物网的能量供应（图2）。溢油的存在还会影响海洋生物的觅食、躲避天敌、交尾繁殖及鱼类洄游等习性，改变生物群落原有的结构，导致海洋生物群落的衰退。

图2　威尔士米尔福德港海岸被石油覆盖

微塑料污染生态风险　在工业生产过程中大量的微塑料颗粒被排入海洋，同时人们在海水养殖、水上娱乐等活动中丢弃的大量塑料垃圾经长时间破碎，也被分解成微塑料颗粒。这些微塑料颗粒一旦被海洋生物吞食将无法消化、难以排泄，最终导致浮游动物、鱼类和海鸟等生物因营养不良而死亡。另外，微塑料颗粒还能吸附高于正常含量数百万倍的毒素（如重金属、放射性核素），其连锁反应可通过食物链被逐级放大，产生严重后果。

重金属污染生态风险　工业污水未经深度处理直接排放并进入海洋，导致大量的重金属元素在近岸海区不断沉积。这些重金属可以直接对底栖性海洋生物产生毒害作用，还可通过再悬浮、氧化还原和有机质降解等过程，重新进入上覆水，对海洋水体造成“二次污染”，严重威胁海洋生态系统健康。

放射性污染生态风险　放射性污染主要来源于核武器爆炸、核工业和核动力船舰的排污。放射性核素可被海洋生物富集，并通过射线的辐射作用对海洋生物和人类产生危害。

热污染生态风险　随着临海城市核电设施、电厂等不断被投入建设，运行过程中产生大量的温排水，导致近海局部海区的水温上升、溶解氧含量下降，影响海洋生物的正常新陈代谢，甚至导致种群结构变化。

噪声污染生态风险　大量船舶航行产生的噪声，会干扰海洋动物的集群、洄游、捕食和信息交流，并导致海洋动物的生理紧张，引起与内分泌有关的消化、代谢、生殖等生理异常。

生物污染生态风险　环境中的一些细菌、酶、真菌、病毒等活体生物及其代谢产物，一旦被人或动物误食或吸入体内，将导致中毒或疾病，即生物污染。海洋环境中的生物污染对原有生物群落和生态系统的稳定性可能造成极大威胁，导致群落结构变化、生境退化、生物多样性下降、病害频发甚至导致原有生态系统崩溃。（李爱峰）

**海洋污染生态化学**　marine pollution eco-chemistry　运用化学原理，阐释海洋污染对生物体的作用机理，并提出可能的调控途径的学科。由环境科学与海洋化学、海洋生态学等相互渗透而形成的交叉学科。该学科特别关注人类活动及全球变化对海洋环境的影响，侧重于对复合污染条件下典型化学污染物的宏观生态化学过程及微观分子反应机理进行研究。

学科由来　自2000年以来，随着海洋科学、环境化学和生态学的迅速发展，以及在各个层次水平上的不断交叉和融合，逐渐形成了一门崭新的学科——海洋污染生态化学。海洋污染生态化学作为一门新兴边缘学科，既是海洋环境化学的分支，又是**海洋环境科学**的重要组成部分。与之相关的学科数目众多，涉及自然科学、社会科学、管理科学、经济学等诸领域。作为一门处于形成之中且不断发展的新兴边缘学科，正在逐渐完善其基本理论，同时通过学科交叉和再融合，在使其自身成熟的过程中，促进或带动海洋环境化学及其他分支学科的发展，推动海洋环境科学的发展与学术创新。

基本内涵　海洋污染生态化学涉及三大基本要素，即海洋环境、生物体和化学污染物，它们之间存在复杂的相互作用，主要包括以下3个层次：①海洋环境中化学污染物对生物体的毒害作用，包含化学毒理机制与模式。②生物体对海洋污染的反馈和适应性反应，包含存活适应、健康保持和可持续性。③生物体对海洋污染的调控，包含对废物的处理、对海洋生态环境的修复和污染控制。

海洋污染生态化学研究须理清以下8个基本关系：①海洋多圈层关系，厘清化学污染物的来源和归趋。②海洋多尺度关系，厘清化学污染物在海洋环境中的迁移转化过程。③宏观与微观的关系，从生态系统、群落、种群、个体、细胞到分子层面阐明作用机制。④单一与复合的关系，主要是多种污染物的生态化学过程。⑤进化与退化的关系，即目标生物对化学污染物的适应性反应。⑥急性与慢性的关系，主要是海洋生态化学毒理。⑦长期与短期的关系，重点关注化学污染物的海洋生态效应。⑧原位与异位的关系，解决海洋污染的生态化学调控途径。

研究内容　海洋污染生态化学的研究内容主要包括以下5个方面：①化学污染物在海洋环境中的迁移转化及其微观生态化学过程，重点研究化学污染物在海洋环境中的赋存、行为、迁移转化与归宿，以及在生物体和生态介质中的微观生态化学过程。②化学污染物的海洋生态效应与毒理及海洋生态风险评价，注重在整体上对化学污染物长期和慢性影响进行研究，强调生态毒理学机制。③全球变化的海洋生态化学，主要是温室气体在全球尺度上或区域水平上的化学作用机理与化学变化过程的研究，特别是全球$CO_2$浓度升高对海洋环境中宏观生态化学过程影响的研究更受重视。④海洋生态系统中化学污染物的分析与监测，主要包括源的特性及污染物释放速率，化学污染物进入生态系统的数量与分布特征，化学污染物进入生物体的数量和形态等。⑤海洋污染控制生态化学，主要包括海洋污染物多圈层化学过程的生态调控机制、海洋污染区域的化学修复及其生态化学机制等。

发展趋势　随着海洋环境污染的加剧，以及由此导致的海洋不良生态效应由个体向种群、群落、生态系统等高层次水平的不断扩展，海洋污染生态化学在认识这些复杂问题、治理环境污染的过程中得到了发展。海洋污染生态化学作为一门新兴边缘学科，今后若干年内，将持续解决基础理论研究大大落后于现实需求的问题。受人类活动及全球变化影响，海洋污染生态化学今后要特别注意全球变化与海洋生态环境问题相结合，侧重于对复合污染条件下海洋生物圈典型化学污染物的宏观生态化学过程及微观分子反应机理进行研究。

由于海洋污染生态化学是一门应用学科，它不仅直接渗入到海洋环境管理与生态风险的评价中，在海洋污染防控技术方面也有它独特的实际应用。例如，在国家生态安全、人体健康、海洋环境规划、海洋牧场及渔业可持续发展、海洋绿色药物设计和生物多样性保护等方面已发挥了不可替代的重要作用。　（李克强）

**海洋污染生态学**　marine pollution ecology　研究污染物在海洋环境中的迁移、转化过程及其对生态系统结构与功能的影响，同时关注污染物监测与生态修复技术研发的学科。是*海洋环境科学*的重要分支。该学科以受污染的海洋生态系统为研究对象，为认识和评估污染物对海洋生态系统健康的影响提供必需的基本科学知识。

学科由来　自20世纪40年代之后，越来越多的人工合成的化学品在工农业生产和居民生活中被广泛使用，最终通过降水、地表径流等途径被排入海。另外，在海洋船舶运输和石油开采过程中，大量的石油类污染物被泄漏进入海洋生态环境。这些污染物在海洋环境中不断迁移、转化，在水动力条件较差的生态系统中出现高度富集，严重威胁海洋生物的健康，导致生态系统的结构失衡，功能锐减甚至丧失。为保护海洋生态系统健康，有效治理海洋污染、预防灾害事件的发生，人们开始关注污染物在海洋生态系统中的迁移转化过程、污染物沿食物链的富集规律及生态环境的修复技术等，逐步发展成为一门新的分支学科——海洋污染生态学。

研究内容　海洋污染生态学的研究内容主要包括以下3个方面：①过程研究。包括污染物在海洋生物体内的吸收、转运和富集等生物过程，污染物对海洋生物的毒害作用与致毒机制，海洋生物对抗污染物的解毒、抗性和适应等过程与机理。②生物防治与修复。海洋生物通过生命活动过程对体内积累的污染物进行代谢转化，可达到减轻其毒害作用的目的。因此，利用海洋生物的钝化、吸纳或降解污染物的能力，可实现海洋污染的生物防治与修复。③污染监测与评估。生物的生长状况可以综合反映海洋环境质量，选择对水质或底栖环境敏感的海洋生物作为指示或监测生物，用于海洋生态环境中污染状况的监测与评估。

研究方法　海洋污染生态学的研究方法，是把海洋生态系统作为一个整体来研究生物与环境之间的相互关系，反映海洋生态系统的受污染程度与过程机制，但具体研究过程中常将其分解为不同单元进行研究。总体来讲，海洋污染生态学的研究方法主要包括以下几个方面：①野外调查。通过开展野外调查可获得生物与受污染环境之间相互关系的第一手资料，详细记录污染物种类、生物生长状况，并注意采集具有代表性的样本。②模拟试验。因野外干扰因素过多，野外调查资料通常不能真实反映自然条件下的动态变化过程，需要通过水生生物急性、亚急性、慢性毒性试验，室内大型潮间带模拟试验，海洋污染动力模拟试验等室内模拟系统开展研究。③多学科交叉。通常借助化学、生物化学、植物学、动物学、分子生物学等多学科的研究手段，对某个典型的海洋生态系统开展针对性较强的研究工作。

发展趋势　随着不同学科的交叉渗透，海洋污染生态学的发展呈现出以下趋势：①向宏观和微观两极分化，宏观上追求采用大规模的生态系统模拟装置更真实地反映自然生态系统的变化；微观上追求采用分子生物学或生物膜监测技术，反映污染物对海洋生物的毒害作用机制。②污染物的种类越来越多，复合污染生态学成为学科研究的热点和难点。③新材料、新化合物的污染生态效应得到密切关注。④研究目标更聚焦于食品安全、生物安全和生态安全等问题。　（李爱峰　高会旺）

**海洋污染事故应急监测**　emergency monitoring for marine pollution accident　在海上发生有毒有害物质泄漏事件时，第一时间有针对性地组织现场监测的行为。海洋污染事故应急监测主要测定事故污染的程度、波及的范围和后果，以便及时采取措施，减少和控制海洋污染损害；同时为因事故发生的海洋污染纠纷调查处理提供依据。

主要环节　为给海洋生态环境灾害风险防控和应急响应提供及时有效的信息服务，对经常发生的海洋污染损害性事件应预先制定应急监测计划，包括应急监测的工作原则、工作内容、工作程序，以及相应的监测人员、设备条件保障等，以保证一旦发生海洋污染损害性事件能够及时反应。海洋环境监测部门接到应急监测任务后应立即做出反应，向当事人了解事件发生的过程（包括事件发生的时间、地点、原因、方式、污染物种类、数量、影响范围、已造成的后果等），及时收集有关资料，掌握事发海区及其周边的环境条件、水动力特征等因素，对污染物的迁移速度和方向、影响区域和对海洋环境和资源可能造成的影响等进行初步分析和判断，在此基础上对原定的应急监测计划进行适当的调整，迅速开展应急监测工作。在开展应急监测工作过程中应随时向政府有关部门通报监测情况及海洋污染损害性时间的发展趋势，监测任务结束后应提交相关报告，对造成经济损失的还应开展经济损失评估工作，并提交评估报告。

基本要求　重大污染损害事故的应急监测、跟踪监测，有效支撑了事故应急处置、环境影响和损失评估等工作。不同类型的海洋污染事故有不同的监测要求。

海上溢油事故的监测要求　海上溢油事故监测主要指沿海和海上石油开采、贮存和运输过程中的石油泄漏事故的监测。由于溢油事故突发性强、危害大，事发的时间和地点往往不可预见，制定一个全面的溢油应急预案是保证实现应急监测的基本保证。海上溢油事故监测的基本要求为：①布站。溢油事故应急监测站位设置的数量与密度及具体方法应以事故类型和等级而定，通常的布站方法是以溢油点为中心作同心圆、网格－断面式或反射型布站。②记录内容。现场观测的内容包括：船舶或平台等设施的状态、准确地点、水深、油类排放方式、油类通过指定地点的宽度和厚度、采集油样等；飘油带的宽度、长度、厚度、漂流方向，表层流等；油膜的覆盖范围、形状、色泽、厚度等；岛礁、海滩和水产养殖的受污情况等。以上均应以录像、摄影及现场描述等方式记录。③监测项目。主要有风向、风速、气温、气压等；水温、盐度、水深、表层水流、透明度、水色、海况等；溶解氧、酸碱度、化学需氧量、水体中油类等；沉积物类型、沉积物氧化还原电位、沉积物中油类等；浮游生物、底栖生物、鱼类试捕等。④编制监测通报和监测报告。根据溢油监测结果编制动态通报和监测报告。溢油动态通报是在溢油应急监测过程中，随时向上级部门、当地人民政府及有关方面通报溢油污染动态和预测发展趋势的主要报告形式，包括文字报告、录像和现场照片等；监测报告是应急监测完成后关于整个监测工作的总报告，其中包括文字报告、有关图集、监测数据汇编、录像带等。

渔业污染事故的监测要求　渔业污染事故指人为地将某种物质或能量引入渔业水域，造成渔业水域内的生物死亡、数量减少，或影响生物繁殖、生长，以及造成该生物有毒有害物质积累、质量下降等，对渔业资源和渔业生产造成损害的事实。各级渔业行政主管机构（渔政）是渔业污染事故的处理部门，各级渔业环境监测机构是渔业污染事故调查处理的技术支撑单位。渔业污染事故监测的基本要求为：①渔业污染事故基本上属于一种突发性的事件，一旦接到报案，应立即向当事人（或委托方）详细调查了解案发的全过程，尽快赶赴事发现场。②在出发前应对渔业污染事故进行判断分析，以便初步确定本次污染事故的调查方法与技术路线。③现场调查是渔业污染事故调查鉴定中最重要的基础性工作，现场调查的结果不仅是渔业环境监测机构出具《渔业污染事故调查鉴定报告》的主要依据，也是渔业行政主管部门（渔政）处理渔业污染事故的重要依据。因此在进行渔业污染事故处理工作中必须及时开展现场调查，认真做好现场调查中的每一项工作（见图）。

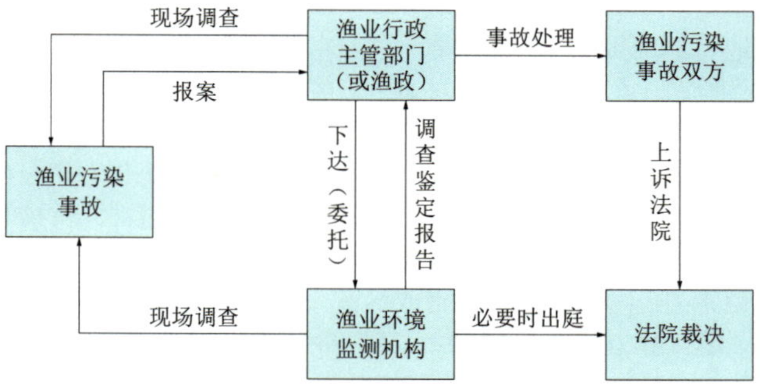


渔业污染事故调查处理流程

（王　鹏　于永海）

**海洋污染物**　marine pollutants　因人类活动而进入海洋，使海洋环境的正常组成和性质发生改变，并对生物和人类产生直接或者间接不良影响的物质。当这些物质在特定的海洋环境中达到一定数量或浓度并且持续一定时间时，才成为海洋污染物。如果数量或浓度低于海洋环境标准容许值，或者短暂存在，不会造成海洋环境污染，则不成为海洋污染物。

分类　海洋污染物种类繁多，根据它们的物理、化学性质及其对海洋造成污染的方式大致可分为以下类型：

石油及其制品　包括原油和从原油分馏出的溶剂油、汽油、煤油、柴油、润滑油、石蜡、沥青等，以及经裂化、催化重整而成的各种产品，主要在开采、运输、炼制及使用等过程中流失而直接排放或间接输送入海；是当前海洋中量大、面广，且易被感官觉察，对海洋生物能产生有害影响，并能损害优美的海滨环境的主要海洋污染物。

（非）金属和酸、碱　包括铬、锰、铁、铜、锌、银、镉、锑、汞、铅等金属和磷、硫、砷等非金属以及酸、碱等。主要来自工、农业废水和煤与石油燃烧而生成的废气。这类物质入海后往往是河口、港湾及近岸水域中的重要污染物，或直接危害海洋生物的生存，或蓄积于海洋生物体内而影响其利用价值。

农药　主要包括农业上大量使用的含汞、铜以及有机氯等成分的除草剂、杀虫剂，以及工业上应用的与有机氯农药性质相似的多氯联苯等。有机氯农药和多氯联苯的性质稳定，能在海水中长期残留，对海洋的污染较为严重；并因它们疏水亲油易富集在生物体内，对海洋生物危害尤大。

放射性物质　由核武器试验、核工业和核动力设施释放出来的人工放射性物质，主要包括铈-114、钚-239、锶-90、碘-131、铯-137、钌-106、铑-106、铁-55、锰-54、锌-65和钴-60等。其中以锶-90、铯-137和钚-239的排放量较大，半衰期较长，对海洋的污染较为严重。

有机废物和生活污水　属于成分复杂的污染物，包括来自造纸、印染和食品等工业的纤维素、木质素、果胶、糖类、糠醛、油脂等以及来自生活污水的粪便、洗涤剂和各种食物残渣等。造纸、食品等工业的废物入海后以消耗大量的溶解氧为其特征；生活污水中不仅含有寄生虫、致病菌，还含有氮、磷等营养盐类。

固体废物　主要包括工业和城市垃圾、船舶废弃物、工程渣土和疏浚物等。据估计，全世界每年产生各类固体废弃物约百亿吨，若1%进入海洋，其量也达亿吨。

海洋微塑料　尺径小于5毫米的塑料颗粒笼统称之为微塑料，属于21世纪初才被全球共同关注的海洋污染物之一。据调查，在北大西洋、太平洋表面以及深海均存在微塑料碎片污染。

废热　由电力、冶金、化工等工业排出的热废水，可导致局部海区水温上升，使海水中溶解氧的含量下降和影响海洋生物的新陈代谢，严重时可使动植物的群落发生改变，对热带水域的影响较为明显。

过量营养盐　由于人类活动导致水中氮磷含量增高或过量，引起水体富营养化，为水华/赤潮暴发提供了物质条件。

新型有机污染物　溶解在水中却没有被检出或者检出水平显著低于预期，对人类有潜在威胁的化学品。主要包括被滥用的药物（如可卡因、安非他明、四氢大麻酚等）、阻燃剂（如四溴双酚A、多溴二苯醚等）、汽油添加剂（如二烷基醚、甲基叔丁基醚等）、工业添加剂（如螯合剂EDTA、芳香族磺酸盐等）、个人护理品（如杀生剂、避蚊胺、麝香等）、药物（如阿司匹林、双氯芬酸、抗生素类药物等）、类固醇和激素（包括雌酮、雌二醇、己烯雌酚等）、表面活性剂及其代谢产物（如烷基乙氧基化物、烷基酚、烷基酚羧化物等）、全氟化合物，以及一些新的类别如纳米材料、二噁烷、游泳池消毒副产物等。这些化学品在环境中的存在水平、检出的频率或者来源未知，然而会对人类健康和生态环境带来潜在威胁。随着现代分析手段的改进和发展，各种污染物检测能力的提高，以及新的致毒机理的发现，新合成化合物的制造和使用等，使得新型污染物的种类不断发生变化。

**特点**　由于海洋的特殊性，海洋污染物与大气、陆地污染物不同，其突出特点表现如下。

污染源广　不仅人类的海洋活动（如石油开采、水产养殖等）可以导致污染物直接排入海洋，而且人类在陆地上的生产、生活和其他活动所产生的污染物，也将通过入海排污管道（沟渠）、江河径流、大气扩散和雨雪等降水形式，最终汇入海洋。

持续性强　海洋是地球上地势最低的区域，不可能像大气和江河那样，通过一次暴雨或一个汛期使污染物转移或消除；污染物一旦进入海洋后很难再转移出去，不能溶解和不易分解的物质在海洋中越积越多，往往通过生物的浓缩作用和食物链传递，对较高营养级生物甚至人类造成潜在威胁。

扩散范围广　全球海洋是相互连通的一个整体，进入局部海域的污染物可以通过海流、大气作用等输送到其他海域，甚至有的后期效应还会波及全球。

防治难、危害大　重金属、有机污染物等能够发生一定的积累，并沿食物链传递，对海洋生态系统甚至人类健康带来威胁，而且形成污染后需要长期治理才可能消除影响，且治理费用大，造成的危害会影响各方面，特别是对人类健康的影响更是难以预防。

**主要危害**　石油、固体废物等海洋污染物造成的海水表面不透光或海水浑浊严重影响海洋植物（浮游植物和海藻）的光合作用，从而影响海域的生产力，并对鱼类等其他生物产生间接影响。石油污染在海洋表面形成面积广大的油膜，阻止空气中的氧气向海水中溶解，同时石油的分解也消耗水中的溶解氧，造成海水溶解氧降低，对海洋生物产生一定危害，并祸及海鸟和人类。重金属和有毒有机化合物等有毒物质在海域中累积，并通过海洋生物的富集作用，对海洋动物和以此为食的其他动物造成毒害。由于营养盐过量引发的赤潮（海水富营养化的结果）造成海水缺氧，导致海洋生物死亡。海洋微塑料与海洋中的浮游生物等大小相似，很容易被海洋生物摄食或吞噬。海洋微塑料不仅自身含有有害物质，而且还会吸附水体中的污染物（如重金属、有机污染物等），因此不仅对误食它们的海洋生物造成物理伤害，还可能带来更严重的化学毒性危害。另外，海洋污染物导致海洋环境质量下降，对滨海旅游业产生巨大影响。因此，长期以来海洋污染一直是国际社会所面临的重大挑战。

海洋污染物在大陆架海域浓度较高，虽然大陆架海域只占海洋面积的百分之十，但要承受90%的污染总负荷。个别海域由于滞留时间长，水体交换能力差，大量污染物排入海洋后，导致海水的温度、盐度、透明度、酸碱度、生物种类和数量等性状发生改变，对海洋的生态平衡构成危害。总体而言，海洋污染物的主要危害表现为：①局部海域水体富营养化，赤潮频发。②生物多样性降低，敏感物种不断消失，食物链结构呈现简单化的发展趋势。③水产品质量下降，重金属和有机污染物通过食物链传递，对海洋生态系统产生危害，并危及人类健康。④破坏海滨旅游景区的环境质量，使之失去应有服务功能。

（王丽平　雷　坤）

**海洋污染物的迁移转化**　migration and transformation of marine pollutants　海洋污染物在物理、化学和生物过程的共同作用下发生的空间位置移动，或由一种化学形态向另一种化学形态转化的现象。迁移与转化是两个不同的概念，但迁移过程中往往伴随发生形态转变，反之亦然。

**迁移转化过程**　海洋环境是由海洋本身（水体、沉积物、生物体）与邻近的大气、陆地、河流等部分组成的复杂系统。污染物在海洋环境中的迁移转化过程，主要有物理过程、化学过程和生物过程，它们之间并不是独立存在，而是会发生叠加作用。①物理过程。污染物在海－气界面间的蒸发、扩散和沉降，在海水中的扩散和随海流的搬运，以及在海水中的重力沉降等。②化学过程。污染物与其他物质发生化学作用，如氧化、还原、水解、络合、分解等，使污染物在海洋环境的单一介质中迁移或由一相转入另一相。这一过程中常常伴随着污染物形态的转变。③生物过程。污染物经海洋生物的吸收、代谢、排泄和分解，以及碎屑沉降作用和生物在其运动过程中对污染物的搬运，使污染物在生物和水体之间迁移，或从一个区域转到另一个区域，以及在海洋食物链中的传递。

**污染物在海洋环境各界面的迁移**　主要有以下5种不同界面的迁移。

大气－海洋界面　大气沉降是陆源污染物入海的重要途径之一。微量重金属元素（如汞、铅等）、营养要素（如氮、磷、铁等）、挥发性石油烃和持久性有机污染物（POPs）等都可通过大气沉降入海，它们可富集在海洋微表层中（小于0.1毫米厚度的薄层）或直接向深层输出。大部分物质在气－海界面都在两个方向上进行迁移，而微表层在这一过程中起着支配作用，当微表层气泡破碎时，污染物就可以从海面回到大气。在全球海洋尺度上，大气沉降往往是某些污染物的主要入海途径，如铅和汞的大气沉降量大于河流入海量。另外，海洋生源气态污染物或颗粒物（如二氧化碳、甲烷、海盐气溶胶等）也通过气－海交换作用向大气输送。

河流－海洋界面　河口海域是受人类活动影响最大的区域，也承纳了大部分经由河流入海的污染物。河－海界面物理混合过程较快，且由于酸碱度、盐度等环境因素的明显改变，化学过程也较为复杂。每年经河流进入海洋的淡水量约$4\times10^{13}$立方米，包括溶解态和颗粒态金属及有机污染物在内的悬浮物质和溶解盐类约$2\times10^{13}$千克，其中约18%是溶解盐类，82%是悬浮固体物质。

河流区域的溶解态和悬浮态污染物的形态，取决于污染物的理化性质和复杂环境因素的相互作用。例如，环境酸碱度、盐度、氧化－还原状况、有机物和胶体的含量等都对污染物的迁移有影响，且随不同河口和地理环境而异。许多河口海域的氧化－还原电势和溶解氧含量在水平和垂直方向上都有差异，这就使变价元素在同一海域的不同部位有不同的价态（如三价砷离子$As^{3+}$和五价砷离子$As^{5+}$，三价铬离子$Cr^{3+}$和六价铬$Cr^{6+}$等），迁移能力也随之发生变化。一些重金属离子可以被河流中胶体或颗粒物吸附，或被河口区的氢氧化物胶体吸附，或在海水电解质作用下产生絮凝、沉降而富集在河口沉积物中。另一些重金属离子形成氢氧化物沉淀。腐殖质等有机物和有机污染物（如洗涤剂）可以改变胶体和颗粒物质的电势和离子交换性能，盐度可以影响絮凝作用的速率，从而影响污染物的迁移和归宿。一般说来，与淡水一道进入海湾和河口的颗粒物质，大部分都集聚在河口海域和沿岸沉积物中，只有少部分可以被搬运到远海或深海。

颗粒物–海洋界面　颗粒物质不仅在污染物自河流向海洋输送中有主要作用，而且在污染物向海底的迁移过程中也起着重要作用。在河口海域，一方面颗粒物可以吸附离子或分子态污染物使之从水体转入沉积物；另一方面吸附了污染物的颗粒物质在河口海域，由于颗粒物表面积缩小或吸附平衡改变，或与海水中高浓度的钙、镁离子交换，被吸着的污染物离子或分子也可以解吸，从颗粒物重新进入水体。海洋中大多数颗粒物的粒径范围为1～100微米，它们在水中的沉降速率与粒径大小成正相关。据测定，粒径为100微米的石英球在10℃时的沉降速率为0.7厘米/秒。海洋颗粒物质的主要成分是无机碎屑和生物尸体、粪便、骨骼，它们的丰度决定于海洋环境中无机物质的量以及生物的数量与活动。颗粒物沉降过程中，还伴随着对海水中溶解元素的吸附和解吸作用。

沉积物–海洋界面　沉积物是大多数海洋污染物的最后归宿和储藏库。在这个界面发生着复杂的物理、化学和生物过程，其中氧化还原作用比较显著。到达海底的颗粒态污染物可由于底层流和波浪作用再悬浮而回到水体，或被底层流搬运而再迁移，迁移的污染物在底层流减弱后可以在另一地点再沉积。表面沉积物中有机结合态污染物可被氧化、分解而进入间隙水。进入沉积物的部分污染物经长期的成岩作用，可以最终埋藏在深层沉积物中。由于间隙水中的污染物向上覆水的扩散，而形成对水体的“二次污染”。沉积物的缓慢积蓄过程还受到底栖生物（如掘穴动物）扰动作用的影响，从而改变底栖的理化环境，如改变溶解氧含量和氧化还原电势，而且还可以泵吸海水，增强沉积物–间隙水间的交换作用。底栖动物对某些污染物的摄入、积累和排泄作用也是污染物的一种重要迁移过程。

生物–海洋界面　海洋生物通过不同的方式从海洋环境中吸收和积累污染物，并经同化和转化、在海洋食物链中传递，以及向体外的排泄等作用，构成了污染物的生物迁移转化过程。海洋生物对许多种重金属元素和有机氯农药的浓缩系数可达$10^3$～$10^5$。污染物进入生物体后，有的不经过同化作用，也没有改变形态即向体外排泄，有的经过同化作用改变了形态再排泄。如有的生物吸收有毒的离子态金属，排出无毒或低毒的有机结合态金属。底栖生物，如贻贝科和牡蛎科对重金属、烃类和农药都有较大的积累作用，已被用来作为海洋污染的指示生物。

研究意义　研究海洋污染物的迁移转化过程，不仅可以了解污染物在海洋环境中的输送途径、迁移转化过程和最终归宿，还可以了解海洋污染物对海洋水产资源的影响，为海洋倾废区域的选择提供依据，为海水水质标准的制定、海洋环境影响评价和海洋环境管理等提供科学依据。

（高会旺）

**海洋污染物的生物毒性作用**　biological toxicity of marine pollutants　海洋污染物通过不同途径进入生物体后，在生物体内积累、传递、富集而对不同生物组织水平和不同生物功能层次造成的不利影响。海洋污染物对生物的毒性作用，在生物化学和分子水平上主要体现在酶的数量和活性的改变，以及对蛋白质、核酸、脂质等生物大分子的化学性损伤等。在细胞和器官水平上，主要体现在细胞膜、细胞器结构与功能的改变，以及组织的损伤与坏死等。在个体水平上，主要体现在死亡、行为改变、繁殖下降、生长和发育抑制、疾病敏感性增加和代谢率变化等。在种群和群落水平上，主要体现在优势种、耐污种、敏感种的变化以及由此导致的群落组成、结构与多样性的改变。具体来说，海洋污染物对浮游植物的毒性效应主要表现在影响浮游植物的生长代谢、抑制光合作用、减少细胞色素、阻碍细胞分裂速率、导致细胞畸变以及改变浮游植物的群落组成；对浮游动物及鱼、贝等养殖生物的毒性效应则表现在影响多个细胞、组织、器官的生理功能，严重扰乱海洋动物的运动、摄食、消化、吸收及代谢等正常生理活动。此外，一些海洋污染物还会麻痹鱼、贝等养殖生物的神经系统，影响其生理机能，使其孵化率大大降低，甚至根本不发育或是导致畸形等。海洋污染物通过食物链的传递及富集，被人类摄食后会对人体健康产生威胁。如重金属形成的化合物半衰期较长，在体内不易分解，有蓄积性，可引起急性或慢性中毒反应，还可能产生致畸、致癌和致突变作用，容易引起神经系统、骨骼系统和消化系统等多种脏器损害；有机氯农药通过食物链进入人体后会造成中枢神经及肝脏、肾脏的损害，并能产生致癌作用；多环芳烃也是强致癌物质，会

图1　被污染的珊瑚

图2　一只海豚因海水污染而死亡

损伤生殖系统，易导致皮肤癌、肺癌、上消化道肿瘤、动脉硬化、不育症等。

影响海洋污染物对生物毒性作用的因素主要包括：污染物的种类及其物理化学性质，生物种类及其不同的生理状态、年龄、发育阶段，污染物作用时间，水质条件和多种污染物的综合作用等。

（甄　毓）

**海洋污染物的生物积累**　bioaccumulation of marine pollutants　生物通过吸附、吸收和摄食，从周围环境中（包括水相和食物相）摄入污染物，从而使生物体对污染物产生净吸收的现象。生物体内某种物质的含量，即积累水平，取决于生物对该物质的吸收和排出这两个过程的净效应，吸收速率如果大于排出速率就发生生物积累。生物积累的程度用蓄积系数（BAF）表示，其数值等于生物体内的污染物含量除以环境中的污染物含量。不同生物种类以及同一种生物的不同器官和组织对同一种物质的积累情况可能差别很大。如对于有机氯农药滴滴涕（DDT），藻类的蓄积系数可达500，鱼类可达2000～3000，而食鱼鸟类可达10万。

相关的现象包括生物浓缩和生物放大。生物浓缩指生物体内的污染物仅来源于溶解相的吸收，可用生物体内的污染物浓度和周围水环境中该污染物含量的比值进行量化。生物放大指生物体内污染物的含量随着营养级的增高而显著增加的现象，即生物体内的污染物含量和其食物相中该污染物含量的比值大于1。某些生物可以特异性地蓄积某些污染物，如牡蛎

能从海水中大量积累铜以致牡蛎肉呈现绿色，称为“绿色病”；褐藻能大量积累锶，但这种海洋生物特异性蓄积的机理尚有待深入研究。 （潘进芬）

**海洋污染物的生物有效性** marine pollutants bioavailability 在海洋环境中，污染物通过生物体的主动吸收和被动吸附而穿过生物膜进入生物体的量占污染物总量的份额，通常以百分数表示。无论是水环境还是沉积环境，污染物的生物有效性都与污染物的存在形态密切相关，包括物理状态、化学态（有机络合或无机络合）、价态和化学异构态等。如对于金属元素，海水中自由离子态的金属通常比络合态具有更高的毒性；而海洋沉积中金属的有效性也和其在酸溶态、可还原态、可氧化态及残渣态中的含量相关，前三种形态的金属具有较高的生物利用性，而人类污染来源的金属多存在于这三种形态中，从而具有较强的潜在生态毒性。残渣态作为存在于矿物晶格中的化学形态，因具有非常低的生物可利用性，而很难甚至不能被生物所利用、对环境无影响或影响微弱。

（潘进芬）

**海洋污染物的生物转化** biotransformation of marine pollutants 海洋污染物通过生物的合成和代谢作用，改变其形态或使其转变为另一种物质的过程。海洋中的污染物经过生物转化，有的可以转化为低毒或无毒物质（生物降解），有的则使其毒性增强，甚至对生物产生致畸、致癌效应（生物活化）。

一般分为两个连续的作用过程，即过程Ⅰ和过程Ⅱ。在过程Ⅰ中，污染物在有关酶系统的催化作用下，通过氧化、还原或水解反应改变其化学结构，形成某些活性基团或进一步使这些活性基团暴露。在过程Ⅱ中，在另外一些酶系统催化作用下，通过结合反应，使过程Ⅰ反应产物与细胞内的某些化合物结合，生成极性强且利于排出的结合产物。

海洋中存在大量微生物，它们在海洋污染物的生物转化和清除方面起到了至关重要的作用。微生物可以降解、转化、累积多种污染物，如碳氢化合物、多氯联苯（PCBs）、多环芳烃（PAHs）、药用物质、放射性核素及重金属等。如石油的清除主要依赖于海洋微生物的降解；海洋重金属的甲基化和去甲基化主要也是在微生物作用下进行的。

生物转化是海洋污染物迁移转化的重要环节。基因组学、宏基因组学、蛋白质组学、生物信息及高通量数据分析技术的应用，为研究生物转化过程提供了先进的方法。 （王 艳）

**海洋污染物来源** marine pollutants sources 向海洋环境排放污染物，以及对海洋环境产生有害影响和危害的设备、场所或生产生活活动。海洋污染物通常指以不适当的浓度、数量、形态等进入海洋，进而对海洋环境产生污染和破坏的物质或能量。

污染源种类 根据污染物入海方式或途径，海洋污染物来源分为*陆源入海污染源*、*海上污染源*和*海洋大气污染源*。

*陆源入海污染源* 海洋中绝大部分的污染物来自陆域的排放。工农业生产、城镇生活等人为活动，以及水土流失等自然活动产生的大量污染物，通过地表径流、入海排污口、地下径流和地下水汇入海洋。

*海上污染源* 海上生活和生产活动直接或间接向海洋输入过量物质或能量，造成海水利用价值降低、海洋生态破坏、海洋活动（捕鱼等海洋资源利用）受阻的各种污染物来源。主要包括沿海港口和船舶污染源、海上石油污染源、海水养殖污染源、海上倾废污染源、拆船行业污染源等。

*海洋大气污染源* 大气沉降对海洋环境的影响主要表现为氮、磷营养物质及重金属等污染物的输入，主要通过干沉降（如沙尘暴、霾）和湿沉降（如降雨和降雪）两种方式对海洋造成污染。

调查与监测 海洋污染物来源的调查与监测方式通常包括现场调查、数理统计分析与示踪技术。入海河流的常规监测指标有悬浮物、化学需氧量、亚硝酸盐氮、硝酸盐氮、氨氮、总氮、总磷、油类等。市政排污口的监测指标有悬浮物、化学需氧量、生化需氧量、氨氮、总氮、总磷、盐度、溶解性无机氮、溶解性无机磷等。工业排污口污染源排放的污染物种类差异较大，应对污染源排放的污染物进行筛选，在监测一般污染物的同时重点关注特征污染物。例如，电镀工业排污口监测指标为化学需氧量、氨氮、总磷、活性磷酸盐、六价铬、氰化物、挥发酚、铅、镉、铜、锌、汞等。水产养殖污染源的监测，通常采用化学分析和物料平衡相结合的方法进行监测和核算。对船舶污染源的监测，需了解船舶类型、吨位、数量、各种船舶的配备、属地、年均航次、船上人员数量及人均污水产生量、年实际航行天数等，有时也需现场采样监测。大气污染源的监测通常采用以集尘缸为主的干沉降采样和以雨量器采集法为主的湿沉降采样的方法来实施。

防治措施 世界各国应采取措施，防止、减少和控制污染物对海洋环境的污染损害。严格实施企业污染物排放总量控制，加大对重点行业、企业排污监管力度，防止未达标排放、偷排等违规排放行为的发生；培育污染治理产业，发展循环经济，推进清洁生产，逐步使产业结构向低能耗、高技术、高产值方向发展。①强化非点源污染的防治。加强农村生活污染控制和城镇环境综合整治，加快建设污水收集和处理系统等基础设施，大力推进雨污分流，提高污水处理效率。对畜禽养殖进行规范管理，达标排放。积极发展生态农业，建立新型农业生产体系和技术体系，科学合理施肥和使用农药，减少农药、农膜污染。②实施生态恢复工程，减少水土流失量。中国为加强水土保持规划和设计，1991年颁布实施的《中华人民共和国水土保持法》以“预防为主，全面规划，综合防治，因地制宜，加强管理，注重效益”为原则，目的是逐步退耕还林还草、对入海河流进行全流域综合整治。③加强对船舶的防污管理，建立健全港口船舶污染物接收处理系统。制定有关船舶油污强制保险和油污赔偿基金制度。船舶运输过程中要依据法律法规，严格禁止排放有毒有害污染物，建立流动污染源应急处理体系，防治海上事故对海洋环境造成的污染。④控制海水养殖规模和海洋倾废。进一步完善海水养殖区的环境管理与规划措施，合理控制养殖物种和养殖区规模，逐步提高海水养殖业清洁生产水平，建立和打造良性的海洋养殖环境。合理规划海洋倾倒区，严格执行海洋倾废管理条例。利用疏浚泥进行吹填造陆、修建人工养滩护岸和人工生态湿地，以减少疏浚泥的排放，保护海洋生态环境。⑤加强宣传教育，提供公众海洋环保意识。普及海洋环境保护知识，增强公众海洋环境保护观念和法制观念，提高其环境保护的责任感和紧迫感。⑥健全法律法规，强化监督管理。建立完善的入海污染物排放总量和监测预警制度，明确污染物减排方案，优化海洋环境信息共享平台，修订和完善海洋环境保护的法律法规，加强环境保护执法力度。

（郎印海）

**海洋污染物食物链传递** food chain transfer of marine pollutants 海洋污染物被海洋生物取食后，沿食物链从低营养级生物向高营养级生物、由海洋生物向非海洋生物的传递过程。*海洋食物链*是直接或间接地将生物群落各营养级上的生物物种与无机环境联系到一起的重要媒介。海洋污染物进入生物机体后，经过生物体内的代谢，一些污染物被代谢成无毒的物质排出体外，另一些污染物或污染物的代谢产物会通过摄食与被摄食的关系沿食物链从初级生产者向次级和高级消费者传递。污染物在传递过程中，除对本营养级生物造成危害外，还可能通过生物积累作用对高营养级生物的生长、繁殖、生存等带来巨大影响。如甲基汞就是一种典型的可以生物富集并能在食物链中进行生物放大的污染物。在海洋中，通过生物放大作用，鱼体内甲基汞的浓度可达水体中浓度的$10^4$～$10^6$倍（见图），这样的鱼被人或者其他陆生动物捕食，就进入非海洋生物中并产生危害。

海水中汞为0.0001ppm ⟹ 浮游植物含汞0.01～0.02ppm ⟹ 浮游动物含汞0.02～0.05ppm ⟹ 小鱼含汞0.1～0.3ppm ⟹ 肉食性鱼类含汞1～2ppm

甲基汞在海洋食物链中的生物放大作用

影响海洋污染物在食物链中传递效率的因素主要包括：①污染物自身的理化性质。如脂溶性、水溶性污染物在生物体组织中有不同的分布规律，因此摄食部位的不同会带来不同的传递效率。②与污染物共存的食物的影响。如翡翠贻贝和蛤对不同食物（硅藻、甲藻、绿藻等）的同化率有很大差异，与绿藻（如小球藻）结合的金属同化率通常最低。③生物个体生理特征。如鱼类对重金属的同化率要比桡足类动物的低。④前一营养级生物对污染物的代谢。如某些藻毒素进入贝类体内，对贝类本身无害，自身排除毒素也需要很长时间，但染毒的贝类被人食用后会导致食用者中毒。　（甄　毓　高会旺）

**海洋污染物削减**　marine pollutants reduction　通过各种政策、管理和技术手段削减进入海洋的各种污染物数量，以落实陆源入海污染物总量控制，提高海洋环境质量，实现海洋生态环境良性循环。按污染物的来源划分，海洋污染物削减可分为大气沉降入海污染物削减和陆源入海污染物削减。大气沉降入海污染物削减主要需要提高经济发展水平、将工农业增长方式由粗放型增长向高效集约型增长调整，减少各种污染物向大气中的排放，进而削减污染物通过大气沉降进入海洋的数量。陆源入海污染物削减可操作性更强，主要通过对陆源入海污染物进行总量控制来实现，其技术步骤主要包括污染源调查与评价、水动力、污染物扩散和水交换数值模拟、海域环境容量计算、污染物总量控制方案制定，以及环境经济损益分析等环节。

当一个污染物削减区域的允许排污总量确定之后，可以有多种总量分配方案使之满足总量削减目标。由于各种污染源的生产方式、生产工艺、生产设备、能源和资源利用率、治理水平及管理水平不同，污染源之间的排污现状差别很大。海洋污染物削减的核心问题是各个排污单位或排污源之间如何科学、合理、公平地分配污染物削减量。应根据排污地点、数量和方式，对各控制区域不均等分配环境容量资源。根据污染源排污总量削减的优先顺序和技术、经济可行性，不均等分配技术、经济投入，实现最小投资条件下的最大污染物削减。政策制定过程中需考虑到区域间在经济、环境、资源和管理等方面存在的差异性。

建立和实施重点海域排污总量控制制度是削减陆源入海污染物的有效手段，更是《中华人民共和国海洋环境保护法》的明确要求。中国部分沿海省市相继在“海洋环境保护规划”等规划文件中明确了重点污染物的削减指标，对保护海洋环境、提升海洋环境质量起到了积极的促进作用。　（于永海　姜　峰）

**海洋污染源评价**　assessment of marine pollution source　以一定海域的污染源调查分析为基础，以判别主要污染物种类、源强及其来源为目的的评价。海洋污染源评价对象主要是废水污染源，评价结果将作为区域污染源控制和治理的依据。常用的评价方法是等标污染负荷法，其过程大致分为污染源调查分析、等标污染负荷计算、主要污染物和污染源判别3个步骤。

污染源调查分析　陆地和海上的人为活动均会向海洋排放污染物。陆地上的城市污水和工农业生产废水可通过河流输送入海，某些临海单位的废水则直接经由排污管道或沟渠入海，所排放的污染物包括重金属、酸碱、化学耗氧量、农药、石油类等。海域入海污染源包括海水养殖污染源、港口和船舶污染源、海上石油污染源、拆船行业污染源等，所排污染物有石油类、化学耗氧量、重金属、悬浮物等。

海洋污染源调查分析的任务是确定每个污染源的源强，即污染物绝对排放量（由废水排放量和污染物排放浓度决定）。在陆域入海污染源中，河水或废水的年排海量需要通过不同季节的流量计算得到，其中的污染物浓度可按照中华人民共和国国家海洋局颁布的《江河入海污染物总量及河口区环境质量监测技术规程》《陆源入海排污口及邻近海域环境监测与评价技术规程（试行）》进行监测得到。海域污染源的源强可由实测结果计算得到，也可采用经验公式法或类比分析法确定。根据中华人民共和国交通部颁布的《港口工程环境保护设计规范》，港区生活污水和生产废水应优先考虑纳入市政污水处理系统，此时不存在污废水直接排海问题；如果港外无接收系统时，港区应自建污水处理系统，此时必须确定经处理后的出水排放量及其污染物浓度。煤码头堆场的雨水量可根据径流系数（取0.1～0.2）、多年最大日降雨深的最小值、汇水面积的乘积得到；码头地面冲洗水量指标取每次3～5升/米$^2$。含煤污水的悬浮物浓度通过实测得到。船舶在换装油品时的洗舱油污水量，宜按船舶载油容量的1%～3%确定；石油类浓度，应按实测数据确定，无实测资料时可取3000～6000毫克/升。油船排入接收设施的含油压载水量，可按单艘船载重吨的12%～24%确定；港区年压载水中的油量可按公式（1）计算：

$$Y_a = Y_s C \times 10^{-6} \quad (1)$$

式中$Y_a$为年压载水中油量，吨；$Y_s$为年压载水量，可取港口年货物发送量的2%～5%，吨；$C$为压载水中的油类浓度，毫克/升，应按实测资料确定，无实测资料时可取1000～3000毫克/升。

渔港不同于货运港口，其废水主要是渔船产生的机舱含油污水和生活污水。由于对渔船污染物排放监管力度普遍较弱，大多数渔港的渔船污染物都直接排放到渔港。因此，通常用渔船机舱含油污水的发生量代替含油污水排放量，用生活污水发生量代替生活污水排放量，分别按公式（2）和公式（3）计算：

$$Q_1 = T \times W \times \frac{\eta}{365} \quad (2)$$

$$Q_2 = T \times n \times q \quad (3)$$

式中$Q_1$、$Q_2$分别为渔船机舱含油污水和生活污水的发生量，吨/日；$T$为渔船在渔港的平均停泊天数，日；$W$为停泊渔船的总吨位，吨；$\eta$为渔船含油污水年产生量占渔船吨位的比率，取0.1；$n$为停泊在渔港的渔民总数，单位为人；$q$为渔民的日均生活污水发生量，取每人0.07吨/日。

浅海和滩涂养殖中，残饵、粪便会向周围海水中释放总氮、总磷，其排放量常采用生物分析法（竹内俊郎法）进行估算：首先计算氮磷的环境负荷量，方法是从饵料的营养成分中扣除蓄积在养殖生物体内的量，然后根据养殖生物体的产量计算得到污染物排放量。

等标污染负荷计算　对于一个区域内

的第$n$个污染源，其中第$i$种污染物的等标污染负荷（$P_{ni}$）表示为污染物的日绝对排放量（日废水排放量×污染物的浓度）与评价标准的比值，其含义为将污水稀释（或浓缩）到污染物浓度达到评价标准时的日排水量。第$n$个污染源的等标污染负荷（$P_n$）为该污染源所排各种污染物的$P_{ni}$值之和。一个区域的等标污染负荷（$P$）为所有污染源的$P_n$值之和。同样，一个区域中某污染物$i$的等标污染负荷总量（$P_{i\text{-total}}$）为区域内所有污染源的第$i$种污染物$P_{ni}$值之和。公式如下：

$$P_{ni}=(q_{ni}/C_{0i})\times 10^{-6} \quad (4)$$

$$P_n=\Sigma_{i=1}^{j}P_{ni} \quad (5)$$

$$P_n=\Sigma_{n=1}^{k}P_n \quad (6)$$

$$P_{i\text{-total}}=\Sigma_{n=1}^{k}P_{ni} \quad (7)$$

式中$q_{ni}$为第$n$个污染源第$i$种污染物的绝对排放量，单位为吨/日；$C_{0i}$为污染物$i$的评价标准，单位为毫克/升。根据中华人民共和国国家标准《污水综合排放标准》（GB 8978—1996）的要求，排入二类海域的执行一级排放标准，排入三类、四类海域的执行二级排放标准。

主要污染物和污染源判别　首先采用公式（8）、（9）、（10）分别计算某污染物相对于某污染源、区域内所有污染源的等标污染负荷比（$K_{ni}$或$K_{i\text{-total}}$），以及某污染源相对于所有污染源的等标污染负荷比（$K_n$）。然后按等标污染负荷比的大小分别对所有污染物、污染源进行排序。最后按污染负荷比由大至小累加，以累加值大于（含等于）80%时的污染源或污染物作为主要污染源或主要污染物。

$$K_{ni}=(P_{ni}/P_n)\times 100\% \quad (8)$$

$$K_{i\text{-total}}=(P_{i\text{-total}}/P)\times 100\% \quad (9)$$

$$K_n=(P_n/P)\times 100\% \quad (10)$$

不同类型污染源排放的污染物种类和数量各不相同，对环境的影响必然存在差异。通过计算等标污染负荷，可以使不同类型污染源和不同种类污染物在同一尺度上进行比较，为筛选一定海域中的主要污染源和主要污染物奠定基础。　（孟范平）

**海洋污染指示生物**　indicator species of marine pollution　对污染物富集能力强或敏感性高，能通过其特性、数量、种类或群落的变化，指示某一海洋环境因子特征或海洋环境质量优劣的生物。

指示动物在海洋污染监测中应用广泛，其中双壳类动物因个体易于辨认、污染物蓄积能力强、对污染物具有敏感生理生化响应而受到重视。20世纪70年代开始实施的国际性、区域性“贻贝监测计划”，主要根据紫贻贝、地中海贻贝、加州贻贝、翡翠贻贝、美国牡蛎、菲律宾蛤仔、文蛤等双壳类的体内污染物含量，对海水、沉积物中重金属、氯代烃类、多氯联苯等的污染程度进行评价。20世纪末至21世纪初，欧洲学者提出利用双壳类中多种生物标志物的响应联合指示海洋污染水平，由此建立的综合指数方法已在某些海域综合污染评价中取得良好应用效果。

指示植物在海洋污染监测中也得到了应用，主要是通过水生植物（藻类等）的种群、群落变化判断海水的污染性质和程

沙滩上的贻贝

度。发光细菌是海洋污染生物监测的代表性微生物。正常情况下，经胞内荧光素酶催化，细菌中的黄素单核苷酸由还原态转化为氧化态，并释放出蓝绿色荧光。污染物暴露下，荧光素酶活性受抑，荧光强度随污染物浓度增加呈线性降低，据此可对有毒污染物进行定量分析。　（孟范平）

**海洋无脊椎动物**　marine invertebrates　身体背部没有脊柱（脊椎骨）的海洋动物。是海洋动物中门类和物种数最多的类群。

形态　从体型大小来看，轮虫最小的个体只有40微米左右，肉眼无法看到，需借助显微镜才能看清，而软体动物门的大王鱿体长可达20米。

从外部形态来看，营浮游生活的海蜇、水母类生物（图1），具有发达的中胶层形成的半球状身体；营底栖生活的双壳类动物，体表覆盖着由外套膜分泌的坚硬的贝壳；而虾蟹等甲壳动物则具有几丁质的外骨骼，形态差异非常大。

从内部结构来看，不论是消化系统、循环系统还是神经系统都涵盖了从简单到复杂多种阶段。例如，多孔动物门消化道上不具有口及肛门，腔肠动物和扁形动物只有口没有肛门，到了纽形动物则开始有了口与肛门的分化。

图1　海月水母

种类　海洋无脊椎动物包括32个门，分别为多孔动物门（Porifera）、扁盘动物门（Placozoa）、中生动物门（Mesozoa）、刺胞动物门（Cnidaria）、异涡无肠动物门（Xenacoelomorpha）、栉水母门（Ctenophora）、黏体动物门（Myxozoa）、扁形动物门（Platyhelminthes）、颚胃动物门（Gnathostomulida）、纽形动物门（Nemertea）、腹毛动物门（Gastrotricha）、线虫动物门（Nematoda）、线形动物门（Nematomorpha）、轮虫动物门（Rotifera）、棘头动物门（Acanthocephala）、动吻动物门（Kinorhyncha）、铠甲动物门（Loricifera）、鳃曳动物门（Priapulida）、环节动物门（Annelida）、星虫动物门（Sipuncula）、螠虫动物门（Echiura）、软体动物门（Mollusca）、节肢动物门（Arthropoda）、缓步动物门（Tardigrada）、苔藓动物门（Bryozoa）、内肛动物门（Entoprocta）、环口动物门（Cycliophora）、帚虫动物门（Phoronida）、腕足动物门（Brachiopoda）、毛颚动物门（Chaetognatha）、棘皮动物门（Echinodermata）和半索动物门（Hemichordata）。其中**腕足动物**、毛颚动物、**棘皮动物**、**半索动物**等是海洋中特有的门类。

分布范围　海洋无脊椎动物广泛分布在世界各地各种海洋环境中，从潮间带到深海海底，从热带的珊瑚礁到极地海域，都有分布。其生活方式也多种多样，有的营自由生活，也有的依附宿主营寄生生活。

据不完全统计，世界范围内海洋无脊椎动物有17.4万余种，中国海域约有1.3万种，其中软体动物门和节肢动物门中甲壳动物亚门的种类最多。为了与栖息环境和生活方式相适应，海洋无脊椎动物的体型大小、外部形态及内部结构也多种多样，千差万别。

意义与价值　海洋无脊椎动物与人类

图2　龙虾

的生活、生产关系非常密切。有些可以直接食用，如软体动物中的牡蛎（*Ostrea*）、贻贝（*Mytilus*），甲壳动物亚门中的龙虾（*Panulirus*，图2）、对虾（*Penaeus*）、梭子蟹（*Portunus*）等，味道鲜美且含有丰富的蛋白质、脂肪和各种维生素；有些可以用作药材或者从中提取活性物质，以用于药物的开发研究，如鲍（*Haliotis*）的贝壳石决明、金乌贼（*Sepia esculenta*）的内骨骼海螵鞘；有些可用于制成工艺品，如珊瑚。

（于海燕　包振民）

**海洋物理化学** marine physical chemistry 应用物理化学的理论、观点和方法，研究海洋中的化学问题和生物地球化学过程的学科。海洋化学的理论核心。研究范围包括海水、悬浮颗粒物、沉积物、微表层和沉积物间隙水等海洋体系，研究内容为以上体系的化学组成、物理化学性质、化学结构，以及与其他环境体系（大气、洋底、河口、洋底火山、海洋生物等）界面间发生的一切物理化学过程。

**发展概述** 海洋物理化学相关的先驱性工作早在20世纪初已有报道。M.H.C.克努曾和V.W.埃克曼分别于1901年和1908年提出计算海水条件密度的公式，首次将海水的密度、温度、盐度和压力以一种数学方程式的形式联系起来。海洋中二氧化碳－碳酸盐体系是复杂的平衡体系，控制着海水的酸碱度，决定了海洋沉积物的沉积过程等，虽已研究了几十年，但直到50年代末才初具雏形。1959年在纽约召开的国际海洋会议上，瑞典的L.G.西伦做了题为“海水物理化学”的演讲。此后，“海水物理化学”这一名称便被广泛采用。初期的研究对象主要是海水，逐渐推广到海底沉积物和海洋的其他界面，研究范围不断扩大，逐渐发展成为成熟的理论体系。60年代初，西伦、R.M.加勒尔斯等把化学平衡理论应用到海洋中，研究海水中元素的存在形式，建立海水化学模型，为海洋物理化学的建立和发展奠定了基础。在这以后一段时间内，海水化学模型（包括微量元素的溶存形式）的研究成了海洋化学中众所瞩目的一个研究内容。自60年代以来，人们又把电化学、化学动力学、胶体化学和表面化学、量子和统计化学的理论和实验方法应用到海洋中，不仅研究海洋水体，而且涉及海洋悬浮颗粒物、海洋微表层、海洋沉积物等，形成了完整的海洋化学研究分支。

**学科特点** ①所研究的海水体系是地球上极其复杂的化学平衡体系之一（图1）。②所研究的化学过程，许多是陆地上少见的低浓度（1毫克/千克以下）物质的化学过程。③视海水为多组分电解质溶液，对其活度系数理论已有较深入的研究。④海水是具有胶体化学特性的水溶液，其中存在着一定量的固体悬浮颗粒物，海水中“微量元素－有机物质－固体粒子”的相互作用及其液－固分配理论的研究、海洋表面微层化学和海洋表面微层多层模型的提出及其在海－气相互作用和海－气界面物质通量计算中应用等，是海洋物理化学研究的新动向。⑤在海洋中进

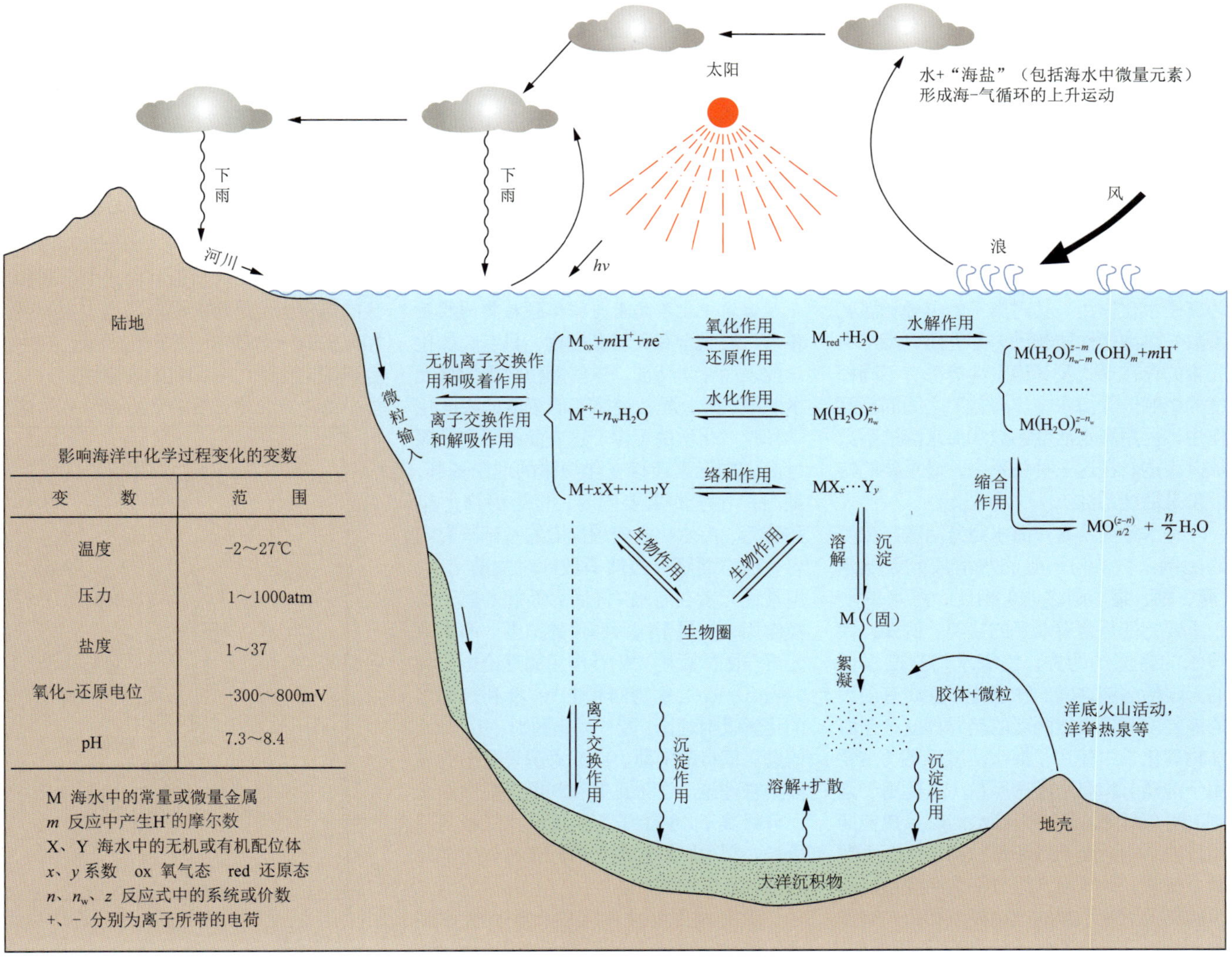

图1　海洋的化学平衡体系示意

行的化学反应的压力范围很宽，在1大气压至1000大气压左右，在现时大洋研究不断深入的过程中，必须考虑化学过程的压力效应。

**研究内容** 海洋物理化学的基本内容包括海水活度系数、海水化学模型、海水中微量元素在悬浮颗粒物上液–固分配的理论、压力和温度对海洋中化学平衡的影响、影响海水pE和酸碱度的化学过程、海洋光化学、海洋中化学过程的动力学研究、海洋中元素的逗留时间、海洋中生物地球化学过程原理和机制、海洋化学微观研究等。海水各组分之间存在着错综复杂的相互关系，如果把海水划成海盐和水两种组分，则主要考虑3种关系：①水分子之间的相互作用，即液态水的结构问题。液态水理论众说纷纭，例如，扭变氢键模型（连续体理论），它假设水变成冰时，氢键变得易弯曲、扭变和变形，但尚未拆开，氢键扭变可用经典统计方法处理；笼合体模型，它假设液态水成为一种似笼合体，即许多带氢键水分子形成的五边形十二面体笼子组成的网络，笼子空腔中包藏着水分子，但它们不与笼结构键合；闪动簇团模型，它将液态水视为氢键结合的水分子的“闪动簇团”在略为“自由”的水中游泳的混合体，这一模型与分配函数联系起来，可用统计力学方法计算热力学性质，经再三改进后，计算得出的自由能、内能、熵和热容等值，与实测值基本一致。后面两种理论均属混合型模型理论。②海水中海盐（即离子）与水的相互作用，称为离子水化作用。其对离子的电导和温度系数、热力学性质和动力学性质、海水中元素的存在形式及其稳定性等都有不同程度的影响。③海水中“海盐”之间的相互作用，可用海水活度系数和海水渗透系数加以表达。在这三种关系中，最重要的特征量是活度系数。

**海水活度系数** 海水组分活度与浓度的比例系数。与一般的水溶液或天然水（河、湖、泉、雨之水）相比，海水的一个重要特征是含有众多的盐类。例如，大洋水的盐度约为35，使海水与盐度极低的无限稀溶液之间的物理化学性质有很大的差异。为了表达两者的差异程度，在海洋物理化学中使用了海水活度系数（主要用于溶质）和海水渗透系数（主要用于溶剂）两个概念。其中，海水活度系数包括组分的平均活度系数和单独离子活度系数两个概念。计算海水组分平均活度系数和单独离子活度系数的理论模型和公式有多种，如离子缔合理论、特殊相互作用模型、斯卡特查尔德公式、水化模型、静电模型（包括戴维斯公式）、簇积分展开理论、皮策公式等。虽然使用离子选择性电极可求得单独离子的活度系数，但其精确值的测定和理论计算，特别是对海水这样的高盐度体系，尚未彻底解决。在实际工作中，可用特殊相互作用公式，如斯卡特查尔德公式和皮策公式等计算海水的活度系数。

**海水化学模型** 用于计算海水中元素的存在形式。元素的存在形式是元素海洋地球化学的一个研究内容，又是影响海水中元素迁移变化过程和规律的一个重要因素。它对海水组成分析、海水中微量元素提取机理、海水微量元素与悬浮颗粒物相互作用以及海洋环境保护等，均是需要考虑的前提。1962年，加勒尔斯和M.E.汤普森为研究海水中常量元素的溶存形式，提出了离子对模型。后来这种海水化学模型的应用范围推广到微量元素和有机物质，并提出络合物模型、HSAB（软硬酸碱）模型、活度系数模型和微观结构参数模型等。在海水中微量元素的存在形式方面，存在着不同模型结论不同的情况。例如文献上一般报道的U（Ⅵ）在海水中的溶存形式为$UO_2(CO_3)_3^{4-}$，但一些学者经实验和理论计算证明了主要的存在形式为$UO_2(OH)_3^-$，次要形式为$UO_2(CO_3)_3^{4-}$。此外，有机络合物的重要性日渐重要，例如铜、锌等的有机存在形式占总分配50%以上（甚至达到90%），考虑了有机络合物生成以及固体配位体的存在，固体微粒–有机物–无机物三元络合物的海水化学模型的研究，已有了一定的研究进展。

**海洋中化学元素与固体颗粒物的相互作用** 海水含有大量颗粒物，具有胶体化学或表面化学特征。这些颗粒物上微量元素的液–固分配，遵循着低浓度的界面化学和胶体化学的规律。这方面的研究是探讨海洋中元素迁移变化规律的理论基础，是河口化学的重要内容，也是海洋污染和防污、海水化学资源提取的基础研究内容。这方面研究虽然多数针对微量元素，但常量元素在海水–洋底界面间的离子交换作用，也属于这种作用的范围。海水中元素与固体颗粒物相互作用的理论主要有3种：①R.O.詹姆斯和T.W.希利等提出的化学吸附理论。②W.施图姆、P.W.欣德勒、J.A.戴维斯、J.O.莱基等提出的表面络合理论。③张正斌和刘莲生提出的表面分级离子/配位子交换理论。三者各有所长，都可以解释海洋中颗粒物与化学元素的相互作用现象。

**温度和压力对海洋中化学平衡的影响** 海洋往往被人们形容为一个恒温箱，在不同的季节，温度的垂直变化很少超过30℃，这是生命可能起源于海洋的一个重要条件。但温度的这种周期性变化，足以使海水的一些物理化学性质，如溶解氧含量等发生显著的变化。另一方面，海洋存在着压力变化。从表层的1大气压到最深洋底的1000大气压左右，这种压力变化影响着海洋中各种化学平衡。温度和压力对海水的活度系数、海水中元素的存在形式以及固体粒子的性质作用等有不可忽视的影响，而且对海洋中的氧化还原作用、海水扩散系数和溶度积等，亦有一定的影响。

**海洋中的氧化还原作用** 海水中元素的化学模型，除了与海水中的无机配位体、有机配位体和海水的酸碱度3个因素密切相关外，还受海水体系的氧化还原环境影响。海洋化学上使用pE作为衡量体系氧化还原能力的量度，它被定义为：$pE=-\lg\{e\}$。e代表电子，{e}代表电子活度，即pE为电子活度的负对数。表层海水pE的理论最高值为12.5±0.2，这是假设体系达到氧化还原平衡的理论值。实际海水情况绝非如此简单，各家见解不一。pH和pE都对海水中元素的溶存形式有显著影响，故用海洋中元素的pE-pH图来研究元素的存在形式（图2），由此可判断在具体的海水条件下，元素处于何种氧化还原状态。海水中具有氧化还原态变化的元素主要有H、O、C、N、Fe、Mn、S、Cr、I等，它们在各种状态（含氧、缺氧等）海水中的存在形式，对海洋生物和海洋地质等有重要的参考价值。海水中金属和合金的电化学位是研究海洋环境中金属腐蚀和保护的一个基本的物理化学量，其中纯金属的电化学位有明显的规律性。

**海洋中化学过程的动力学研究** 这方

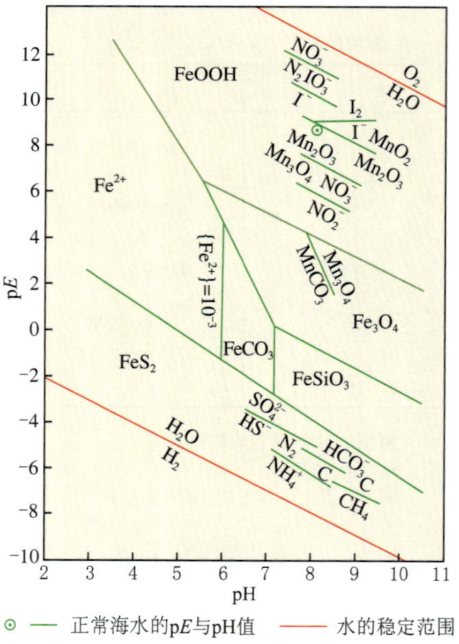

图2 铁系和其他元素的pE-pH图

面的研究比较复杂。例如，存在于海水中的多种配位体和络合物，对金属在海洋中的腐蚀反应及磷酸盐、硅酸盐、碳酸盐等的沉淀溶解反应的过程和速率，都有明显的影响。此外，海水中固体的成核作用、晶体的生长、物质的水化和脱水作用、无机物和有机物的氧化还原作用、吸附和解吸作用等化学反应的速率，也往往在一定条件下对某些化学过程有关键性的影响。还有一些化学过程，如某一无机物、有机物或核素的反应过程，同时受到大洋表层流、深层环流、大洋湍流或者近岸海域和河口海湾的潮流、密度流和港湾环流等的显著影响。因此，成功地研究现场海洋中化学过程动力学的范例很少。然而海洋中一些重要体系，如碳酸盐体系中的一些重要反应的速率和机理，已有比较深入的研究。包括：①$CO_2$在海水中溶解和垂直迁移。其中起控制作用的是$CO_2$穿过界面和$CO_2$的水合作用和脱水反应：

$$CO_2+H_2O \rightleftharpoons H_2CO_3 \rightleftharpoons H^++HCO_3^-$$

$$HCO_3^- \rightleftharpoons H^++CO_3^{2-}$$

其中第一步的速率很小，故成为控制整个过程速率的关键，其他均相化学反应则均较快，关键反应的反应级数和反应速率常数已经测定。②碳酸钙的沉淀和溶解。对$CaCO_3$而言，世界大洋上层大部分是饱和或过饱和的，而下层往往是不饱和的。海水恰好饱和的深度称饱和深度。在饱和深度以下受动力学因素影响，在2000米或更深处，沉积物中$CaCO_3$的丰度锐减，此处的深度称为补偿深度。

海水中元素的逗留时间　研究海底矿物的一个重要的海洋物理化学参数（见**逗留时间**）。

海洋化学微观研究　从海洋中物质的原子与分子的结构出发，用量子化学的理论与方法，利用物质的某些结构参数或通过大量实验结果和自然现象的归纳，或通过理论上的演绎，从定性和定量两方面来研究海洋化学问题。海洋物理化学的发展，对海水化学资源开发、海洋污染和防污染、海水腐蚀和防腐蚀等实验性较强的分支的发展，起到了积极的推动作用。

（张正斌　王江涛）

**海洋物理自净能力**　marine physical self-purification capacity　在物理过程作用下，使海洋环境中的污染物浓度降低的能力。这些物理过程包括对流、扩散、吸附、沉淀或挥发等。海洋物理自净能力存在着较大的时空差异，在近岸或水交换滞缓的海湾较小，并随着水深和余流流速的增加而增大。

影响海洋物理自净能力的因素主要包括**海流**、**潮汐**、波浪，以及湍流扩散等动力学过程。海洋物理自净能力可直接由单位时间内污染物浓度的变化量来衡量，也可间接由物理过程的强弱来衡量，如流速的大小、扩散系数的大小等。对流输运、**湍流与混合**、沉降、上浮和海-气交换是海洋污染物受动力影响的主要过程，因此污染物的输运通量、混合通量、海-气交换通量和海底沉积通量也可以在某种程度上表示海洋物理自净能力的大小。

污染物进入海洋水体之后，在海洋动力过程的作用下，首先向其周围环境迁移和扩散，使得排放源附近海域的污染物浓度因对流和扩散等作用而降低，人们笼统地把这一现象称为稀释，稀释的程度通常用稀释比表示，但这一比例随海洋动力作用的强弱以及与排放源的距离而不同。实际上在海洋中这一现象主要由两个过程来控制，一个是对流，在海流的作用下污染物会被带离排放源；另外一个是扩散，污染物会从高浓度的水体转移到低浓度水体中，这两个因素共同作用，就使得污染排放源附近海域的污染物浓度下降。在以潮流占优的海湾和河口，污染物的物理自净能力主要由海流所控制。另外，某些海洋污染物，如石油及其化学组分除了受到海流的影响外，还会通过扩散、乳化、沉积和海面蒸发等物理过程而自净。

在海洋中的某些特殊区域，海洋物理过程不具有净化污染物的能力，相反能够导致污染物累积和浓度的升高，如固体垃圾能够在岸边聚集，各大洋中心区域均存在“垃圾带”等。这些区域的物理过程包括海水从四周流向中心的辐合运动（如北太平洋涡旋），也包括周期性潮汐运动将固体垃圾推向岸边并被阻留的聚集效应等。为充分利用海洋的物理自净能力，入海排污口应选择在余流流速较大，流向指向外海的区域，而且应该避开海洋环流的涡旋区域和辐合区域。

（高会旺）

**海洋细菌**　marine bacteria　能够在各种海洋环境中生长繁殖的细菌。个体直径一般在1微米以下，多呈球状、杆状、螺旋状、柄状或梭状；有细胞壁，无细胞核，有鞭毛或无鞭毛。

研究简史　19世纪中叶分离出第一个海洋细菌，1865年又分离出海洋奇异贝氏硫细菌。深海细菌的研究于1884年开始。但在相当长的时间内，一直停留在描述、分类的水平上。1946年，美国C.E.佐贝尔以海洋细菌为主要内容的《海洋微生物学》专著的出版，促使海洋微生物的研究进入以生理、生态为基础的阶段。1959年以后，苏联学者A.E.克里斯连续出版了研究深海微生物的著作，提出微生物海洋学的研究设想。1961年国际海洋微生物学讨论会的召开，标志着以海洋细菌为主要内容的海洋微生物学成为独立的学科。60年代以来，代表性的专著有美国学者E.J.F.伍德1965年出版的《海洋微生物生态学》，J.M.西伯斯1979年出版的《海洋微生物》等。随着基因组测序技术发展，海洋微生物进入分子生态学研究阶段；深海调查技术的发展推动了对深海热液区、冷泉区、超深渊与深海海底极端环境微生物多样性与功能的研究。

中国海洋微生物学的研究起步于1960年前后。薛廷耀教授于1956年在中国科学院海洋生物研究室（中国科学院海洋研究所前身）建立了中国第一个海洋微生物研究室，最早研究的是硫杆菌及海洋小球菌。他还编译出版了《海洋细菌学》，系统阐述了海洋细菌学基础知识。

种类　海洋中有自养和异养、光能和化能、好氧和厌氧、寄生和腐生，以及浮游、附着和共生等类型的细菌。研究发现越来越多的细菌是混合营养型，既氧化有机物，也氧化无机物获取能量；有的既化学氧化产能，也捕获利用光电子能量；并且还发现电营养微生物，即可以利用热液硫化物、海底沉积物等环境中的电子或来自其他微生物的电子，通过胞外电子传递获得胞外电子与能量。海洋细菌的物种多样性丰富，有大量未培养新种。海洋异养细菌中，常见的可培养属有：海杆菌属（*Marinobacter*）、盐单胞菌属（*Halomonas*）、假交替单胞菌属（*Pseudoalteromonas*）、交替单胞菌属（*Alteromonas*）、假单胞菌属（*Pseudomonas*）、食烷菌属（*Alcanivorax*）、芽孢杆菌属（*Bacillus*）、弧菌属（*Vibrio*）、赤细菌属（*Erythrobacter*）、海源菌属（*Idiomarina*）、微杆菌属（*Microbacterium*）、冷杆菌属（*Psychrobacter*）、海旋菌属（*Thalassospira*）、黄杆菌属（*Flavobacterium*）、微球菌属（*Micrococcus*）和链霉菌属（*Streptomyces*）等。

分布与来源　细菌在海洋中分布广、数量多，是海洋微生物中的重要成员。在近海水体中，好氧光合细菌和异养菌都很丰富，沉积物中各种厌氧有机物降解细菌较为丰富；在大洋表层水体中，光合细菌丰度较高；在阳光到难以到达或不能到达的弱光层与无光层水体中，化能异养的有机物代谢细菌较多；在以化能自养的深海生态系统中，各类化能自养菌比较丰富。

热液区中硫氧化、氢氧化、金属氧化以及甲烷氧化（甲基营养）等化能自养细菌相对较多；而在冷泉生态系统中，甲烷为细菌的主要能量来源。大洋钻探发现，即使在海底下2500米的深部环境中也存在着活的化能自养细菌。

**生理特性**　海洋生态系统中有多种不同的环境，温度、酸碱度、能量来源等差别较大。高盐、高净水压、高温、低温、酸、碱和寡营养等，因此其生理特性迥然不同。

嗜盐性　海洋细菌最普遍的特性。海水中含有各种盐类和微量元素，一般海洋细菌可以生长在2%～8%氯化钠的盐度中。

嗜冷性　绝大多数海洋细菌都具有在低温下生长的特性。在海洋中，90%以上水体的温度是在5℃以下。某些中温细菌，虽然其最适生长温度为20℃左右，但也能在低温下缓慢生长，这些细菌称为耐低温细菌。那些生长温度不超过15℃最高生长温度低于20℃的细菌称为嗜冷细菌；那些在0℃左右也可以生长，但最适生长温度高于20℃的细菌称为耐冷菌。嗜冷细菌对热反应极为敏感，它们在基因表达的转录调控、细胞膜脂肪性组成以及蛋白质结构等方面具有适应低温的特点，主要分布于极地、深海和高纬度的海洋中。

嗜压性　海洋中水深每增加10米，静水压力便递增1大气压。海洋最深处的静水压力可超过1000大气压。整个海洋约有一半水深超过3800米，静水压力为380～1100大气压。深海嗜压细菌具有适应高压而生长代谢的能力，并能在高压环境中保持酶系统的稳定性。其嗜压的机制涉及细胞的多个方面，是个多因子协同的过程，现仍在研究中。

寡营养性　深海中营养物质较为稀少，某些浮游型的海洋细菌适应于低浓度营养的海水。20世纪60年代以来，美国学者H.W.詹纳施采用连续培养技术，在恒化器中研究海洋细菌对低营养的反应、对有机化合物的吸收与利用等，取得较接近于海洋中实际状况的成果。

趋化性与附着生长　海水中营养物质虽然较为稀少，但海洋中各种固体表面和不同性质的界面上却吸附积聚着较为丰富的营养物。绝大多数海洋细菌都具有运动能力，某些细菌还具有沿着某种化合物的浓度梯度而移动的能力，这一特点称为趋化性。某些专门附着于海洋动植物体表面而生活的细菌，称为海洋附生细菌（也发现有一种细菌依附于另一种细菌表面生长的现象）。海洋细菌附着生长的特性，对于海洋生物和非生物固体表面膜的形成起着重要作用，如海洋物体表面污着生物的形成就是在这个基础上发展起来的。

另外，海洋细菌的多态性特点也是常见的。在同一株细菌的纯培养中，往往可观察到多种形态的细胞。少数几个海洋细菌属还具有发光的特性，发光细菌通常可以从海水和新鲜的鱼虾体上分离到。

**在海洋生态系中的作用**　海洋经历着剧烈的变动而又不断地保持着动态平衡，始终富有生命力和生产力，海洋细菌在其中起着重要的作用。当海洋生态系的动态平衡遭受某种破坏时，海洋细菌以其敏感的适应能力和极快的繁殖速度，迅速形成异常微生物区系，积极参与氧化、还原活动，调整和促进新动态平衡的形成和发展。

在海洋氮循环中的作用　海洋氮循环的基本途径与陆地相仿。固氮菌可以从海洋中分离到，硝化细菌广泛分布于海洋表层沉积物与溶解氧最小层氧化还原界面上。在海水中，硝酸盐的含量随着靠近海底沉积物的距离而逐渐增加，因此硝化作用在大陆架和近岸海域较为明显。海洋中的硝酸盐主要通过这一途径产生。反硝化作用在有机物来源丰富、溶解氧浓度低的内湾和河口海域较为强烈，反硝化细菌在一定条件下影响海洋中可利用状态的氮。

在海洋硫循环中的作用　在有机物丰富的厌氧水域，硫酸盐还原细菌降解有机物还原硫酸盐，产生大量硫化氢，污染大片海湾与滩涂。硫化氢在有氧或无氧的环境中，可由各种硫细菌、硫氧化细菌逐步氧化，形成各种硫氧化物或单质硫。

在海洋磷循环中的作用　细菌分解海洋动植物残体，并释放出可供植物利用的无机态磷酸盐。磷也是海洋微生物繁殖和分解有机物过程所必需的因子。

在海洋食物链中的作用　海洋细菌多数是分解者，有一部分是生产者，因而具有双重性，参与海洋物质分解和转化的全过程。在厌氧条件下，有机物质分解的最终产物是甲烷、氢气或小分子有机酸等。在有氧条件下，有机物质的分解彻底，终产物是二氧化碳。在海洋中，有机物降解细菌的代表性菌群有多种：含氮有机化合物分解者，分别有液化明胶、多肽、氨基酸、角质化蛋白以及分解尿素等细菌；碳水化合物分解者分别有分解各种糖类（单糖、寡糖）、淀粉、纤维素、木质素、琼胶、褐藻酸以及甲壳素等细菌。另有降解烃类化合物以及利用芳香化合物（如酚等）的细菌。海洋细菌分解有机物质的终极产物，如氨、硝酸盐、磷酸盐以及二氧化碳等，都直接或间接地为海洋植物提供营养。可见，它们在海洋无机营养再生过程中起着重要的作用。海洋细菌自身增殖的生物量，也为海洋原生动物、浮游动物以及底栖动物等提供直接的营养。除异养细菌外，某些海洋细菌具有光合作用的能力。另一类海洋化能自养的细菌，从氧化氨、亚硝酸盐、甲烷、分子氢、硫化氢金属离子等还原性物质中，取得能量而增殖。如在海底热泉的特殊生态系中，硫氧化细菌是利用硫化氢作为能源而进行有机碳的初级生产。由于深海是典型的非光合作用区，其生物区系的构成有其独特性，化能自养细菌在深海生态系食物链中的作用已引起重视。

在海洋动物植物体表和动物消化道内，存在着特异的微生物区系。如弧菌等是海洋动物消化道中常见的细菌，分解甲壳素的细菌也能在肉食性动物消化道中发现。利用各种多糖类的细菌常是海藻体表的重要菌群，如褐藻酸降解菌是海带上的优势菌群。细菌的代谢产物，如抗生素、氨基酸、维生素和毒素等，是促进或限制某种海洋生物生存和生长的因素。某些浮游生物与细菌之间存在着相互依存的营养关系，如细菌为浮游植物提供必需的维生素等营养物质，浮游植物分泌有机物，为某些细菌提供能源和碳源。

**意义**　海洋细菌参与降解各种海洋污染物和毒物的过程，有助于保持海洋生态系的平衡和促进**海洋自净能力**。海洋细菌是产生新抗生素、氨基酸、维生素和其他生理活性物质的重要生产者。细菌参与海洋的沉积成岩作用，如参与硫矿和深海锰结核的形成等，在海洋成油、成气的过程中，细菌起着重要作用。海洋细菌可直接作为海洋经济动物的饵料。细菌参与各种海洋物质的氧化腐蚀和破坏过程，某些海洋细菌是人体或海洋生物的致病菌。海洋细菌产生的氨和硫化氢会危害海洋生物养殖，海洋益生菌也可以用来改善养殖环境、清除海洋环境污染。

（邵宗泽）

**海洋细微结构**　oceanic fine structure and microstructure　海水的物理化学特性（如温度、盐度、密度和流速等）在垂直方向的小尺度搭配和排列（结构）。又可分成细结构和微结构。海洋细微结构是伴随着海洋仪器的进步而逐渐观测到的。早期海洋观测只能给出海洋的粗结构。20世纪30年代，机械式深温计（BT）问世，第一次观测到充满细小变化的不光滑温–深曲线。70年代末，更精密的调查仪器——能够测量海水电导率（Conductivity）、温度（Temperature）和深度（Depth）的高精度CTD剖面仪问世，它能更细致地记录到尺度为厘米量级的垂向结构。大量观测表明，发生在铅直方向的变化非常丰富，充分体现了海水物理结构的复杂性。这些变化不仅体现在物理参数上的差异，还体现在流速上的差异。60年代，科学家在地中海的温跃层中投放染料，观测到不同水层中染料在水平方向的迁移速率不同，迁移快的水层和迁移慢的水层相间叠置，表明不同水层的流速不同。进一步证实了在垂直方向上除了有混合层、跃层等较大尺度的结构外，还普遍存在大量较小尺度的变化。值得注意的是，虽然海洋中存在微结构，这些微结构也是在静力稳定性的条件下存在的。一旦发生静力不稳定，细微结构将被破坏。

美国海洋学家W.H.蒙克于1981年根据大洋水体特性将垂向结构分成3种尺度：①垂向尺度大于100米的称为粗尺度结构。②垂向尺度介于1～100米的为细结构。③垂向尺度小于1米的为微结构。一般将温、盐、密度跃层这样的垂向变化划入粗尺度结构的范畴。对于浅海水域或上层海洋，以100米作为细结构尺度的上限偏大，将跃层厚度的1/*e*定为细结构上限。在实际分析时，要根据海洋深度、跃层厚度等特征量来选定细结构尺度的上限。现在学界对细结构尺度范畴的确定尚无严格定义，存在一定的人为任意性。实际上，海洋的细微结构差异是由不同的物理过程决定的，细微结构的铅直范围体现了物理过程的作用范围，在划分时要充分注意。

海洋细微结构主要有两类：①不规则细微结构。在海洋中，温盐剖面图上经常看到不光滑的曲线，这些像“毛刺”一样的变化就是不规则细结构，很像垂直方向上随机分成的“片层”结构。从统计学上说，若细结构符合“片层”模型，则其概率分布应符合泊松分布。然而大量观测资料分析结果表明，细结构的概率分布不符合泊松分布。对于尺度更小的不规则微结构，它随深度的分布具有更强的随机性。研究表明，细结构主要是海洋中线性内波作用的结果。线性内波可引起等温面、等盐面和等密面间隔的增大或缩小。等密面间隔增大处变化较平缓，间隔缩小处变化较剧烈，形成了温度、盐度、密度等的细结构。不规则的细结构大都与内波有关，由于内波在很大的范围内传播，其引起的细结构有一定的空间一致性。有些细结构是随着内波而存在的，也会随着内波的消失而消失。这种情况下观测到的细结构是观测过程与内波过程不一致形成的数据效应。还有一些细结构是内波破碎导致的湍流混合形成的，是不可逆的细结构。②规则细微结构。在海洋中有时存在非常规则的细微结构，其中最有代表性的就是温盐阶梯，也称双扩散阶梯。双扩散阶梯显然是很规则的现象，阶梯的高度和宽度有很好的关联性，在水平范围内有很大空间均匀性。这种双扩散现象是在湍流比较弱的情况下发生的现象，主要是因为温度和盐度的扩散系数不一致形成的（见**双扩散**）。规则的细微结构另一可能成因是海水的混合增密。由于海水状态方程的非线性，温度和盐度不同的两种海水混合后的密度大于原来两种海水的密度平均值，这就是混合增密现象。在重力作用下，密度增大的海水会下沉引起垂向对流（称为混合沉降），改变原来的层结状态，产生新的细微结构。除了温度和盐度剖面的规则细微结构之外，还有流速的细微结构，即不同水层的流速不一致，这会导致从侧边界输入性细微结构。

大量的观测表明，海水状态参数铅直分布的细微结构，并非个别海区或个别水层的特殊现象，而是海洋中普遍存在的重要特征。导致海水细微结构的原因主要有上述的内波运动起因、双扩散起因、混合增密起因和侧向输送起因。在自然条件下，海水状态参数铅直分布的细微结构往往是多种过程或效应联合作用的结果，需要进一步地观测、实验和理论研究。

人们非常关心海洋细微结构的稳定性，一旦发生不稳定，细微结构就不能长时间存在。细微结构的稳定性也可以用理查森数（*Ri*）来表征，*Ri*越大，流动越稳定；在强梯度薄层中，理查森数的量级为1，呈稳定层结状态。在双扩散阶梯层内理查森数较小，海水大体上处于中性稳定状态。当*Ri*小于0.25时，流动变得不稳定，从而发生海水混合。研究还表明，细微结构的强度越高，流动越易出现不稳定。

海洋细结构改变浮力频率*N*的垂向分布，使内波的垂向结构变得更复杂。细微结构对声波在海洋中的传播也有很大影响，使声散射增强，引起局地声强的急剧改变，使海洋中的声能传播图像变得更杂乱。更为重要的是，细微结构以及生成细微结构的海洋过程是海洋大—中—小尺度过程的组成部分，是海洋能量级串中的重要环节。此外，海洋细微结构的观测和研究，对于估计通过海洋跃层的垂直热交换速率有重要的意义。　（赵进平）

**海洋新生产力**　marine new productivity
由新生氮（在海洋真光层中再循环的氮为再生氮，由真光层之外提供的氮为新生氮）源支持产生的初级生产力。新生产力的概念最初由美国海洋学家R.C.达格代尔和J.J.戈林于1967年提出。这个概念是建立在氮（N）源划分基础上的。他们认为，进入初级生产者细胞内的任何一种元素都可划分为新结合的和再循环的两类，但并非每一种元素的这种划分都能够用实测来实现。其中，N是构成细胞的主要元素，又相对稳定，而且氮/碳（C）比、氮/磷（P）比也相当恒定，所以，用N描述初级生产者的生长比其他元素（如C、P）更精确些。此外，N常常是海洋环境中的限制性营养元素，因而建立在N源基础上的生产力更具有实际意义。根据上述观点，在真光层中再循环的N为再生N，或称再循环N，主要是铵态氮（$NH_4^+$—N），而由真光层之外提供的N为新生N，主要是硝态氮（$NO_3^-$—N），由新生N源支持的那部分初级生产力称之为新生产力，而由再生N源支持的那部分初级生产力称为再生生产力。新生产力与再生生产力之和就是总初级生产力。新生产力主要反映从真光层之外的营养物质补充的比例，再生生产力主要反映真光层营养物质循环的效率。新生产力和再生生产力的比例结构不同是各个生态系统的结构及其运转特征的表现。

R.W.埃普利和B.J.彼特森明确指出，新生N主要来源包括上升流或梯度扩散、陆源供给（如径流等）、大气沉降或降水以及生物固氮作用。再生N来自真光层中生物的代谢产物（如氨态N、尿素N、氨基酸N等）。特别是他们提出了*f*比（新生产力$P_n$与总初级生产力$P_G$的比值）：

$$f=\frac{P_n}{P_G}\times 100\%$$

根据这个定量关系可以对海洋新生产力的水平做出评估。

同时埃普利和彼特森将新生产力与向底部的碳输出，即输出生产力联系起来，赋予了新生产力以生物地球化学循环方面的含义。另外还提出了颗粒态营养元素输出真光层之前的循环次数*r*与*f*比的关系，即：

$$r=(1-f)/f$$

表示新生产力占总初级生产力的比例越大，营养颗粒越容易沉降到透光层下方。

输出生产力指初级生产过程中产生的、沉降至真光层（通常在100～150米）以下的那部分有机碳量。输出生产力通常是以有机碳量来表征。部分输出生产力会转移至大于1000米的深海，但是仅有不超过1%的部分会沉积至海底。输出生产

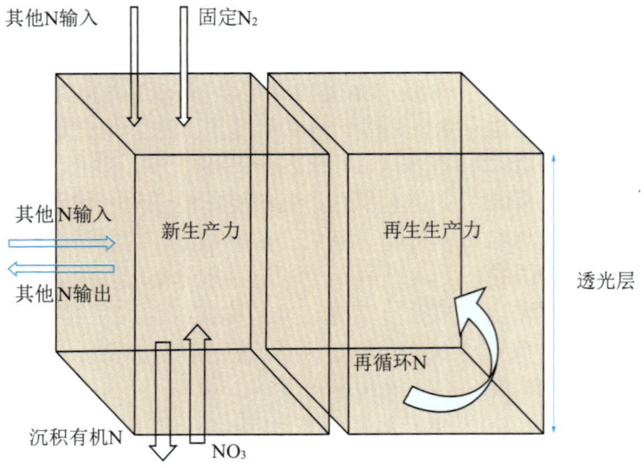


新生产力和再生生产力示意图

力的测定主要通过真光层底部设置沉积物捕获器收集沉降下来的颗粒有机物完成。输出生产力能够反映表层浮游植物的现存量和初级生产量。通常情况下，输出生产力占初级生产力比例的25%以下。在近海上升流等区域，输出生产力的比例往往更高，而在大洋等寡营养海域，输出生产力的比例更低。

1985年，T. 普拉特等在更广泛的意义上定义新生产力为真光层群落净生产力，即真光层有机物质的积累率和输出率之和。进而阐明了新生产力与输出生产力的量值关系。通常二者并不相等。在季节尺度上，当真光层生物量变化为零时，这个季节的平均输出生产力等于平均新生产力。在一年或更长的时间尺度上，可认为二者是相等的。

新生产力的研究方法有10多种，其中比较常见的有$^{15}N$法、沉积物捕获器法、$^{234}Th/^{238}U$不平衡法、物质通量模型法、$f$比推算法和遥感法。海洋新生产力的研究具有极为重要的理论意义和实际意义，新生产力的研究有助于从更深层次阐明海洋生态系统的结构和功能，对阐明全球碳循环过程具有重要的意义，同时海洋新生产力是海洋渔业持续产量的基础。

（李超伦）

**海洋悬浮颗粒物** marine suspended particulate matter; marine SPM　以悬浮状态存在于海水中的颗粒物质。包括因重力小于或等于海水浮力而永久悬浮的颗粒物，也包括因受到水平流或上升流等外力影响而短暂悬浮的颗粒物。大部分海洋SPM以聚集体的形式存在，是一系列不同粒径的无机矿物颗粒和有机生物颗粒的混合物。

来源和分布　海洋中的无机SPM主要是岩石风化、土壤侵蚀或采矿、采煤等人为活动产生的颗粒，通过河流输入或沿岸废水排放进入海洋。岩石风化产生的矿物颗粒主要是一些铝硅酸盐矿物（如黏土矿物和长石）和石英（即二氧化硅）。海洋中也会产生一些自生矿物，如碳酸盐、硫酸盐、铁锰氧化物、黄铁矿等，或者一些生物壳体也会形成无机SPM。有机SPM包括来自陆源输入的一些陆地高等植物的碎屑，但更多的是来自海洋微型生物（如浮游植物、浮游动物和微生物）的活体细胞或死亡之后的残骸或碎屑。在一些浅水区域，潮流和风的共同作用可能引起海底沉积物的再悬浮，也会增加SPM含量。一些人类活动，如海底疏浚、拖网和海洋工程建设等也可能影响SPM含量。大气粉尘的长距离输运也会给开放大洋海域带来外来的SPM，但多为事件性的输入。

全球海洋共约有$10^{16}$克SPM，即100亿吨SPM，全球海水SPM含量平均只有10～20纳克/升。高含量的SPM主要存在于河口及其邻近海域，而外海，特别是一些寡营养海域的SPM含量较低。在深海大洋，随深度增加，SPM含量迅速降低。

收集和测量方法　从海水中收集SPM主要是通过离心或过滤的方法。

离心法只适用于SPM含量较高的小体积水样，且受离心力大小影响会存在不同程度的损失。

过滤分为采水之后过滤和原位过滤两种。前者适用于SPM含量高的水体，只需要采集少量体积水样就可以得到足够数量的颗粒物用于测量和分析；而后者适用于SPM含量低的水体，多在一些深海环境应用。原位过滤方法是将过滤器和滤膜事先放置在装置上，随缆绳下放到一定深度后，利用泵抽水直接在原位过滤，经一定时间后再回收得到滤膜上的颗粒物。原位过滤方法一次可以过滤几十升至几百升，甚至上千升的水样。

滤膜在过滤样品之前称重，过滤样品之后经干燥处理后再称重，根据差值可以计算得到收集的颗粒物质量，再根据过滤体积可以得到SPM含量。

根据分析收集到的颗粒物的不同参数，选用不同的滤膜。例如，如果仅为了得到SPM含量，或要用滤液分析营养盐等浓度，一般采用孔径0.45微米的醋酸纤维滤膜。0.45微米是用来区分颗粒相和溶解相的常用孔径。如果颗粒物要用于有机物的分析，则需采用玻璃材质的滤器和玻璃纤维滤膜，一般采用GF/F型号的滤膜，其孔径约0.7微米。如果颗粒物要用来分析微生物群落组成，则常采用聚碳酸酯材质的滤膜，其孔径为0.2微米。

还有一些间接的方法可测量SPM含量，如通过光学散射或透射的方法。一些商品化的激光散射透射测量仪可以实现原位的SPM含量和粒径分布的测量。

应用　SPM浓度是衡量海水水质和透明度的重要指标，又称浊度。海水的SPM浓度增加会影响光的穿透深度，进而影响海洋光合生物的生产力。但高SPM往往也会增加营养盐的含量，对海洋初级生产力有促进作用。海洋SPM也是将元素从海洋表层输运到深海的载体，是深海生物的能量来源。在输运过程中，海洋SPM可能会经历絮凝、聚集、解聚、被摄食、分解或溶解等，这些过程在调节海水的化学组成方面发挥了重要作用。一些溶解态元素可能因此被吸附在SPM上，随着SPM的沉降而被从水体中清除，而SPM中赋存的一些元素在SPM分解或溶解过程中可能再次释放到水体中，实现其再生和循环。

（姚　鹏）

**海洋雪** marine snow　在深海中，由有机物所组成的碎屑像雪花一样不断沉降的现象。简称海雪。海洋雪主要由有机物碎屑所组成，起源于海洋上部透光层有机物的生产活动。主要包括死亡和腐烂的动植物（浮游生物）、粪便颗粒及其黏附的细菌等。海洋雪看起来像雪花一样的白色绒毛。海洋雪的大小差别很大，多为50～1000微米，但也有更大的厘米级颗粒。

已有证据表明当浮游植物水华衰落时，大量的有机聚集体内部的营养物质快速再生对其维持比周围海水更高的生产力水平有重要意义，所以海雪被称为“海洋中漂浮的沙漠绿洲”。同时许多在深海的动物靠过滤水中的海洋雪或者食用海床上的海洋雪为生。美国国家海洋和大气局的科学家曾测量过这其中的可用物质，发现其中有大量的含碳化合物和含氮化合物能够被深海中的食腐动物所利用。因此海洋雪可以被视作深海和底栖生态系统的基础。因为阳光不能到达这里，深海生物严重依赖海洋雪作为能量来源。在较浅的水域，物质因为分解程度较低而变成泥泞的“泥”覆盖在海底，在这里，它们会被生物进一步地分解。深海海底约3/4都被这种厚厚的、光滑的软泥所覆盖。这些软泥每100万年能够增厚6米。

海洋雪因为上面附着有微生物群落从

而得到微生物学家的重视。最近研究发现，被海洋雪运输的细菌可能和以前从海底分离出的细菌交换基因。在这样广大的区域里也许存在尚未被发现的适应高压、低温的物种，能够应用于生物工程或者制药。

海洋雪的产量随光合作用强度和洋流存在季节性地波动.在春季上层生产力强度高时海洋雪的通量也会升高，因此一些深海动物的繁殖周期与此同步。在全球碳循环中，海洋雪的作用可能在一定程度上减轻温室效应：大气中以二氧化碳形式存在的碳被浮游植物固定，随后以海洋雪的形式被传送到洋底，在很长时间内不会再进入大气。大洋温度的不断上升可能引起海水的进一步分层，并导致深海碳储藏率的下降。（李超伦）

**海洋衍生污染物** marine derived pollutants 海洋中的污染物经过化学转化、光降解和生物降解等过程，形成的与原污染物化学性质不同的污染物。海洋衍生污染物主要来源于排入海洋中的污染物。这些污染物（如烃类、芳香烃或羧酸类污染物）经过取代（包括卤代、硝化、磺化、酯化、水解等）、加成、消去、缩聚、氧化与还原、显色等化学反应而形成不同于母体的新的化合物，其物理化学性质由被取代的原子或官能团所决定。按照官能团含氧与否，可分为含氧衍生物（主要包括芳香醇、醚、酰卤、酰基化合物、胺等）和其他衍生物（主要包括杂环化合物、腈化物、重氮化合物、磺酸和聚合物等）。

海洋衍生污染物有以下3个特点：①毒性更强。发生取代反应并改变原有的原子或原子团的衍生污染物，与其母体化合物的性质有较大的差异，甚至会较母体化合物对海洋环境有更强的毒性。例如，酰卤化合物是羧酸分子中羧基上的羟基被卤素原子所取代而形成，其毒性往往高于酰胺化合物。②在环境中停留时间更长。例如，残留在海洋动物体内的杀虫剂双对氯苯基三氯乙烷（DDT），较易代谢为1,1-双（对氯苯基）-2,2-二氯乙烯（DDE），其半衰期约为8年，亲脂性更强，更易于生物累积。③危害更大。相比于母体化合物，由于其毒性和稳定性更强，因此海洋衍生污染物更易对海洋生物乃至人体健康造成危害，危害全球海洋生态系统的结构和功能。

对于海洋衍生污染物，由于相关研究数据的缺乏，尚无具体的防控政策和法规。为了降低海洋衍生污染物的危害，需从以下3个方面进行防控：①加强污染源的治理，控制入海排污总量。从源头上减少海洋污染物，这是控制海洋衍生污染物的最直接和最有效的手段。②建立海洋环境综合整治体系，推动海洋生态环境的治理，从海洋的管理、使用、保护、净化等多方面着手，建立生态用海的工作格局，积极探索海洋资源开发利用与生态保护并行的长效机制。③加大海洋污染物环境行为和归趋的科学研究，为海洋衍生污染物的治理和控制提供理论依据。（郑浩）

**海洋演化** oceanic evolution 地质历史时期大洋盆地、大洋环流、海洋化学、生物生产力以及生物地理等历史和影响的变化过程。

海洋起源 海洋是覆盖在固体地球圈层之上的水圈的一部分。由于地球演化早期强烈的构造活动，有关水和海洋起源的地质证据难以保存。研究认为水、大气圈和海洋的起源早于陆壳和洋壳的分异。西澳大利亚的锆石研究表明地球上最早的花岗岩形成于距今44亿～31亿年，其氧同位素组成显示花岗岩形成于较低温的地表环境，且含沉积岩组分。一般认为地球海洋至少在40亿年前就在原始地球表面稳定存在。关于地球上水的起源，有自生和外生成因说。自生说包括：①早期地球因重力分异作用分化出了圈层，氢氧气体上浮到地表后通过各种物理及化学作用生成水。②玄武岩溢流后冷却形成原始地壳的过程中冷凝出水。③地球深部岩浆中富含的水。④火山喷发释放水。⑤地球内部矿物脱水分解出部分水。外生说包括：①球粒陨石冲击地球过程中带来水。②太阳风带来氢（H）、碳（C）、氧（O）等原子核，这些原子核经化学反应后变成水分子。

太古代海洋演化 在地质发展史中最古老的时期——太古代（距今40亿年至25亿年），海洋在地球表面占有绝对优势，陆地面积相对较少，海洋中散布着孤零的海岛，地壳处于十分活跃状态，海洋因地壳强烈的升降运动而变得深浅多变。另外，当时大气圈以氢气（$H_2$）、二氧化碳（$CO_2$）、甲烷（$CH_4$）等还原性气体为主，因此这一时期海洋中完全无氧。约在24亿年之前，大气含氧量快速上升，海洋也因此发生重大变化，出现了表层氧化、中层富硫、深层缺氧富铁的分层状态。

元古代海洋演化 元古代（距今25亿年至5.41亿年）海洋仍然占据地球表面的大部，地壳运动依然剧烈。元古代晚期，北方劳亚古陆和南方冈瓦纳古陆的面积扩大了许多，出现了若干大片陆地。在9亿～6亿年前的新元古代，地球上发生了全球性的冰川作用，海洋结冰，甚至赤道地区也完全被冰雪覆盖，致使地球变成了一个冰冻雪封的“雪球”。有关此次事件的成因众说纷纭，如“大气$CO_2$浓度降低假说”：地球造山运动引起的地表大面积剥蚀和沉积作用，化学风化和有机物的沉积消耗大量大气中的$CO_2$，导致“冰室效应”，全球气温大幅降低，海洋成冰。而当整个地球被冰雪覆盖时，大气中$CO_2$浓度升高，最终“温室效应”融化了“雪球地球”，在融化的时候整个海洋温度可能达到了50℃以上。

古生代海洋演化 板块构造运动在古生代（距今5.41亿年至2.51亿年）的海洋演化中起了重要作用。在前古生代，地球表面仍然是汪洋泽土，海洋占有绝对优势。在志留纪末期的地壳运动——加里东运动之后，陆地面积开始不断扩大。到了晚古生代，由于海西运动，世界范围内只有横亘东西的古地中海地槽和环太平洋地槽还是海洋，其余均隆起成为陆地。在晚二叠纪（约2.5亿年之前），诸大陆大部分组合为联合古陆，导致世界大洋即泛古洋的形成。泛古洋从北极到南极跨越全球，在赤道上延伸了300经度，两倍于现代太平洋的宽度。泛古洋的环流系统可能比现代大洋简单得多，巨大、简单循环的环形洋流一直存在于南北半球，被信风驱动的赤道流可能不受阻碍地通过了地球周长的85%。

中生代海洋演化 在最近2.5亿年的地质历史上，全球地理的最大变化是联合古陆逐步解体，大西洋和印度洋形成，自此，各发育中的洋盆内出现了分隔的环流系统。中生代早期，也就是大西洋开放的最初阶段，大西洋几个浅的海盆之间存在着局部屏障，与世界大洋的联系受到限制。当时南大西洋与印度洋以及太平洋的唯一联系是穿过由福克斯海台形成的浅水屏障。侏罗纪泛古陆分离成劳亚古陆和冈瓦纳古陆，形成特提斯水道，使得泛古洋的西向赤道流变成一个环地球水流。

到白垩纪，北太平洋内形成了一个双环形洋流系，正在变宽的北大西洋内形成了一个单一的、大的环形洋流。相比于现代，白垩纪海洋较为温暖和稳定。当时，较高的海平面和高纬度少冰导致全球太阳辐射反照率比较低，海洋保热能力高。因此海洋由一个温暖的表层和一个下伏的巨大而冷的深层水所组成，并且具有相当活跃的径向深层水环流。

白垩纪中期，大洋底层水多次处于贫氧乃至缺氧状态，造成富有机质黑色页岩在各大洋盆广泛分布即白垩纪大洋缺氧事件，该缺氧沉积的优质烃源岩形成了世界上一半以上的油气资源。大洋缺氧事件的确切机制尚存在争议，然而有一点是清楚的，即深海沉积物中保存异常数量有机质的先决条件是稳定的水团分层。

晚白垩纪以后，缺氧沉积物的沉积作用变得稀少，海洋缺氧状况的缓解或许是由于洋盆持续扩大，从而开放大洋环流增强造成的，也可能是由于气候变冷、海平面下降和海洋环流加剧造成。白垩纪海洋另一个明显的特征是微体浮游生物四大门类（浮游有孔虫、钙质超微化石、硅藻和放射虫）都发生了重大的演化辐射，造成大洋生物群落结构的根本改变。在白垩纪，丰富的颗石藻类和浮游有孔虫是全球海洋广大区域沉积物的重要建造者。硅藻和硅鞭藻出现得稍晚，在晚白垩纪首次出现。白垩纪沉积的重要标志是全球大洋中首次出现碳酸盐和硅质生物沉积物的双重分布。

新生代海洋演化　在新生代（约6600万年以前）初期的古新世，南极大陆还未发育明显的冰川作用，澳大利亚和南极洲联结在一起。南极区海水表层温度比较高。热带特提斯海流经过狭窄的北部水道和印度以西海区继续向西流动。北大西洋和北冰洋较小规模的表层水交换可能已经开始，比较温暖的水经拉布拉多水道进入北冰洋盆地。

始新世，澳大利亚开始离开南极洲向北漂移，两大陆间形成海洋。这是新生代唯一重大的大陆分离，它对海洋演化产生了深远影响。始新世末期，深海充满冷水，形成冷水圈；亚南极区、热带太平洋区以及北大西洋深海温度可能下降了4～5℃。推测此时南极底层水开始形成，类似现代大洋的温盐环流系统开始发育。另外，在始新世和渐新世交替期间，所有大洋的**碳酸盐补偿深度**大幅度急速下降。

渐新世的世界大洋发生了众多变化，最终使全球大洋环流格局从白垩纪、始新世的形式转变为现代模式。这些变化包括：①渐新世特提斯海东部几乎完全关闭，因而严重限制了特提斯海流和赤道环流的西向流动。②澳大利亚离开南极洲继续向北移动，到晚渐新世早期，澳洲大陆的拖曳尾部与塔斯曼隆起已越过南极洲的维多利亚陆地，环南极海流开始形成，将南极洲隔离在一个冷水圈内，降低了从赤道向南极的经向输热效率，区域间的温度梯度增大。③南美洲和南极洲之间的德雷克水道开放，导致环南极流的形成，继而引起南半球环流和沉积格局的重大改组。深部的环南极流开始侵蚀塔斯马尼亚以南的海底沉积物；塔斯曼海北部的底层水活动减弱并改变方向，在新西兰以东形成了深的**西边界流**。这些形成于晚渐新世的深海环流格局，一直持续到现在。渐新世初的气候变冷在南极洲形成了广泛的冰川环境，早渐新世亚南极表层水的温度已下降到7℃左右，与现代海温相当；晚渐新世南极有大量冰载冰川碎屑的证据。

到大约2千万年前的中新世，全球洋盆已基本上呈现出现代的格局。渐新世环南极流的发育造成了南极洲的热隔离，逐步导致在中新世南极冰盖出现和海冰的扩展。中中新世是海洋演化的又一个关键性阶段。这一时期巨大部分南极冰盖的形成导致洋底温度的进一步下降，到晚中新世，海底温度可能接近冰点。另外，中中新世，冰岛海岭下沉至海平面以下，连通了冷的北冰洋与热的大西洋，从而使其与世界大洋联结在一起，导致了全球深水环流的根本改变。中新世末期，南极洲冰川活动的加剧导致全球海平面大幅下降；海平面的下降造成了地中海在距今600万～500万年前与世界大洋分离，地中海变成一系列内陆湖，沉积了巨厚、分布广泛的蒸发岩地层，即地中海盐度危机，几乎使地中海海洋生物完全灭绝，甚至晚中新世海平面的下降可能造成了日本海与太平洋的隔离，可能曾将日本海变成一个巨大的淡水湖。晚上新世（大约300万年前），北半球冰盖形成，之后北半球冰盖持续波动，形成全球气候典型的冰期—间冰期旋回。

在第四纪，增强的冰川作用致使海洋环流模式和强度等大规模波动，同时幅度高达100米的海平面变动使得海洋生物生产力、深海生物沉积速率以及深海溶解等作用出现显著波动。另外，由于持续较低的海平面和冰川侵蚀作用，使得陆源沉积物被大规模搬运至洋盆中，海洋的演化呈现出一个新的阶段。（李铁刚）

**海洋药物**　marine drug　以海洋生物为药源、以海洋生物活性成分为基础开发的用于防治人类各种疾病的有效药物，包括传统海洋中药和现代海洋西药。海洋特殊的水体环境与陆地环境相比有着巨大的差异，其高盐、低温、高压、缺氧、寡营养、低光照或无光照等特征，导致海洋生物有着独特的代谢方式和生化过程，产生了大量结构新颖的活性次级代谢产物，是海洋药物开发的源泉。

海洋生物产生的次级代谢产物，又称海洋天然产物，是开发药物的化合物基础。已发现的海洋天然产物的化学结构类型丰富多样，包括萜类、生物碱、肽类、聚酮、聚醚等，许多化合物具有陆生天然产物不存在的新奇骨架，多卤素取代，富含手性中心，结构特异而复杂。海洋天然产物的生物活性也多样、独特，这是由其栖息环境所决定的。海洋生物之间存在着紧密而复杂的化学生态关系，许多固着生长、缓慢移动的弱小动物，如珊瑚礁中的海绵、海鞘、软珊瑚、海兔等无脊椎动物，往往依靠化学防御策略生存。正因如此，海洋天然产物普遍显示了强烈的抗肿瘤、抗菌、抗病毒、抗炎、免疫调节、驱虫、镇痛、抗老年痴呆等药理活性，或与酶及受体有特异性结合，从而成为药物发现的巨大资源。

国际现代海洋药物的研究始于20世纪40年代，兴起于60年代初。欧盟于1989年启动海洋科学和技术计划（MAST），重点从海洋生物资源中寻找新药。1994年之后，美、日、英、法、俄等国分别推出“海洋生物技术计划”“海洋蓝宝石计划”“海洋生物开发计划”等项目，投入巨资发展海洋药物。2014年，英国及13个国家的25个研究所和商业集团启动了“药物海洋”国际化项目，以期从海洋极端环境中寻找和开发海洋新药。对海洋药用生物资源的开发正逐步向深远海及极端环境进发。2000年之后，国际海洋药物进入了高速发展期。

截至2017年，国际上已发现3.5万种海洋天然产物，成功开发上市13种海洋药物。代表性例子有：来源于海洋污泥真菌的抗菌药头孢菌素（Cephalosporins），来源于海绵特异核苷的治疗白血病药物阿糖胞苷（Cytarabine）和抗单纯疱疹病毒药物阿糖腺苷（Vidarabine），来源于芋螺毒素的镇痛药齐考诺肽（Ziconotide），来源于海鞘的治疗软组织肉瘤药物曲贝替定（Trabectedin），来源于海绵的治疗转移性乳腺癌药物甲磺酸艾日布林（Eribulin），以及来源于海兔毒素的治疗淋巴瘤的抗体-药物偶联物本妥昔单抗（Adcetris）等，为治疗人类重大疑难病症做出了巨大贡献。

中国是很早利用海洋生物（传统海洋中药）治疗疾病的国家之一，但对现代海洋药物的研究到20世纪70年代末才开始。中国海洋大学管华诗院士依据传统中药昆布的治疗作用，利用褐藻海带中的海藻多糖，经过分子修饰，于1985年成功研制了中国第一个现代海洋药物藻酸双酯钠（PSS），成为防治心脑血管疾病的常用药物，开创了中国药学研究新领域，催生了海洋药物学新兴学科。

海洋药物显示了强劲的发展势头，已

成为药学研究最具活力的领域。海洋药物研究与开发具有投入大、周期长等特点。海洋药物的发展受到许多因素的限制，样品采集困难、天然产物微量存在、化学结构复杂、难以合成获得大量药源等，制约了海洋药物的发展。未来对海洋药用生物资源的开发，将从近浅海向深远海、极地等特殊和极端环境领域拓展，海洋药源微生物正逐步成为海洋药物研究开发的热点，基因组、蛋白组、代谢组等组学技术渗透到了海洋药物研发领域。中国酝酿启动了“中国蓝色药库开发计划”，海洋药物进入“有序开发、梯次产出”的时期。

（王长云）

**海洋一号卫星** HY-1 Satellite 中国海洋水色观测卫星。海洋一号（HY-1）卫星用于观测海水光学特征、叶绿素浓度、海表温度、悬浮泥沙含量、可溶有机物和海洋污染物质，并兼顾观测海水、浅海地形、海流特征和海面上大气气溶胶等要素，掌握海洋初级生产力分布、海洋渔业及养殖业资源状况和环境质量，了解重点河口港湾的悬浮泥沙分布规律，为海洋生物资源合理开发利用、沿岸海洋工程、河口港湾治理、海洋环境监测、环境保护和执法管理等提供科学依据和基础数据。

HY-1A和HY-1B为科研试验星，分别于2002年5月15日和2007年4月11日发射升空，星上载有1台10波段的海洋水色水温扫描仪（COCTS）和1台4波段的海岸带成像仪（CZI）。后续业务星HY-1C/D卫星工程采用上、下午卫星组网，可增加观测次数，提高全球覆盖能力。HY-1C卫星于2018年9月7日发射升空。HY-1C/D卫星增加紫外观测波段和星上定标系统，提高了近岸浑浊水体的大气校正精度和水色定量化观测水平；加大海岸带成像仪的覆盖宽度并提高空间分辨率，以满足实际应用需要。增加船舶监测系统，获取船舶位置和属性信息。HY-1卫星轨道高度782千米（标称值）。HY-1C星降交点地方时10∶30±30分钟，HY-1D星降交点地方时1∶30±30分钟。海洋水色水温扫描仪星下点分辨率≤1100米，海岸带成像仪分辨率≤50米，紫外定标谱段分辨率≤550米，可见近红外谱段分辨率≤1100米；海洋水色水温扫描仪幅宽≥2900千米，海岸带成像仪幅宽≥950千米，紫外成像仪幅宽≥2900千米，星上定标光谱仪幅宽≥11千米。

（宋清涛）

**海洋仪器试验技术** marine instrument testing technology 在实验室、模拟环境以及实际海洋环境中对各种海洋观测、监测和作业仪器设备进行性能测试、校准和验证的方法和技术。其目的是确保这些仪器在真实的海洋环境中能够可靠、准确地运行，提供高质量的数据支持海洋科学研究和工程应用。

发展简史 20世纪初期，海洋仪器试验技术的初期发展主要集中在简单的机械和电气设备上，如温度计、盐度计和早期的声呐设备。这些设备通常在实验室中进行基本的校准和测试。随着电子技术和材料科学的发展，20世纪中期至末期，出现了更加复杂和精密的海洋观测仪器，如电导率-温度-深度仪、多波束声呐和浮标系统。此阶段的试验技术逐渐扩展到实验室外的模拟环境和有限的海上试验。进入21世纪，现代海洋仪器试验技术涵盖了实验室测试、仿真测试和实际海上试验三个层次。通过先进的传感器技术、数据采集系统和远程监控手段，确保仪器设备在各种海洋环境中的高可靠性和准确性。

工作内容 在受控环境中，对仪器的基本性能（如精度、响应时间、稳定性等）进行测量和校准。使用标准参考物质和校准设备，确保仪器的基本参数符合设计要求。在专用的模拟设备中，模拟真实海洋环境（如压力、温度、盐度等）对仪器进行测试。通过模拟试验，评估仪器在各种极端条件下的性能和可靠性。将仪器设备实际部署到海洋环境中，进行现场测试和验证。监测其在真实海洋条件下的性能，记录数据并进行分析，确保仪器在实际应用中的准确性和可靠性。

试验设备 ①试验室测试设备。包括精密校准仪器、环境模拟舱、恒温恒湿箱等，用于基本性能测试和校准。②模拟测试设备。包括高压模拟舱、海水模拟系统、波浪模拟器等，用于在受控环境下进行模拟测试。③海上试验平台。包括试验船、浮动平台、固定平台等，用于实际海上试验。配备数据采集和传输系统，实时监控和记录仪器性能。④数据采集与分析系统。包括传感器、数据记录仪、远程监控和传输系统，用于采集、传输和分析测试数据，评估仪器性能。

应用 见**仪器设备海上试验**。

（陈家旺）

**海洋艺术** maritime arts 包括海洋绘画、海洋音乐、海洋雕塑、海洋影视等的艺术创作。海洋艺术是以海洋环境、海岛海岸、海洋动物、海洋植物、海洋人物、海洋民俗、海洋历史等海洋元素为基本素材，运用音乐、雕塑、影视等艺术形式表现海洋生活，再现典型海洋环境中各类海洋人物，塑造海洋艺术形象，诠释人与海洋关系，海洋与人的艺术本质的艺术作品。

海洋绘画 属于绘画艺术范畴，是以各种海洋元素、海洋人物、海洋动植物等为表现对象，运用色彩、明暗、线条、造型等各种绘画艺术手段和各种绘画技巧来描绘海洋自然景象、刻画各类海洋艺术形象、体现人与海洋的本质关系的海洋题材绘画作品。如中国元代王蒙（1308～1385）的《丹山瀛海图》，俄罗斯I.K.艾瓦佐夫斯基的《九级浪》、I.I.希什金的《芬兰海滨》，P.毕加索的《沐浴》《地中海风景》等。海洋绘画从类型上可以分为海洋水墨画、海洋油画、海洋水粉画、海洋版画、海洋工笔画、海洋写意画、海洋抽象画、海洋素描等，具有各种绘画风格。

海洋音乐 属于音乐艺术范畴，是用有组织的音构成听觉意象来表达人们的思想感情与海洋现实生活、海洋社会生活和海洋精神生活的一种艺术形式，是运用旋律、节奏、调式、和声、复调和曲式等音乐语言歌咏海洋、塑造海洋听觉意象、抒发人与海洋情感的声音艺术。在共性上，海洋音乐具有音乐的普遍性特征，而在个性上，海洋音乐又具有其特殊性，如模拟海浪起伏的“强-弱-弱”的3/4拍圆舞曲节奏。代表性海洋音乐如王立平作词和作曲的《大海啊，故乡》，由胡宝善作词和作曲、王传流作词的《我爱这蓝色的海洋》，俄罗斯音乐家N.A.里姆斯基-科萨科夫取材于著名的阿拉伯民间故事集《一千零一夜》的交响曲《天方夜谭组曲》，法国音乐家A.-C.德彪西的《海》，德国音乐家J.L.F.门德尔松-巴托尔迪的《芬格尔岩洞序曲》，波兰音乐家F.F.肖邦的《C大调夜曲》等。

海洋雕塑 指运用雕、刻、塑的创制方法，采用各种可塑材料（如石膏、树脂、黏土等）或可雕、可刻的硬质材料（如木材、石头、金属、玉块、玛瑙、铝、玻璃钢、砂岩、铜等），创造出具有一定空间的可视、可触的海洋艺术形象，借以反映海洋社会生活、表达艺术家对自然海洋以及人与海洋本质关系的审美感受、审美情感、审美理想的艺术。海洋雕塑的作品是具有一定海洋寓意、海洋品质象征或海洋审美形象的、具有一定空间造型的艺术作品。包括：①海洋神话形象雕塑，如意大利17世纪著名雕塑家G.L.贝尼尼的《海神之子》雕塑。②海洋文学形象雕塑，如丹麦哥本哈根的《海的女儿》青铜雕塑。③海洋人物雕塑，如厦门鼓浪屿的郑成

丹麦哥本哈根的《海的女儿》青铜雕塑

功雕塑，更多的是海洋城市景观的海洋动物雕塑。

此外，随着海洋文化越来越进入大众视野，还出现了不少以海洋为主题的影视作品。如由皮克斯动画工作室制作，并于2003年由华特迪士尼发行的美国动画电影《海底总动员》；2012年在中国中央电视台第8频道首播的反映海上女神妈祖生平事迹的电视剧《妈祖》等，都是海洋影视艺术的代表作品。（丁玉柱）

**海洋异养细菌** marine heterotrophic bacteria 海洋生态系统中的重要分解者与消费者。它们以海洋中不同来源的各类有机碳为碳源，靠氧化有机物获得能量、少数能利用光能获得能量，进行生长繁殖。这类细菌前者被称为化能有机异养细菌(chemoorganoheterotrophs)，后者被称为光能有机异养细菌(photoorganoheterotrophs)。

研究简史 1979年，中国科学院海洋研究所研究人员于青岛近海开展了褐藻酸降解菌的研究与石油烃降解菌的研究。1983年，王文兴等从青岛太平角及即墨沿海养殖场水样及泥样中分离出弧菌属(*Vibrio*)、假单胞杆菌属(*Pseudomonas*)、不动杆菌属(*Acinetobacter*)、棒状杆菌属(*Corynebacterium*)、微球菌属(*Micrococcus*)等的细菌。

进入21世纪，中国从近海到深海，开展了大量的海洋细菌多样性调查研究。获得了各类降解有机物的化能异养细菌。报道了中国第一个海洋烷烃降解细菌新物种：柴油食烷菌(*Alcanivorax dieselolei*)。中国成为海洋细菌新种的主要贡献国，其中主要类型就是化能有机异养菌。在此基础上，中国科学家还开展了各种有机物降解机制的研究，包括蛋白质、多糖等天然生物大分子以及难降解环境污染物等。

种类组成 海洋细菌中，多数是化能有机异养细菌。海洋有机异养菌种类非常丰富，包括了几乎所有陆地微生物的种类，而且还有大量类群尚未培养。常见的海洋有机异养细菌多属于变形菌门的α-、β-、γ-变形菌纲，厚壁菌门(Firmicutes)的芽孢杆菌纲(Bacilli)与梭菌纲(Clostridia)，特别是芽孢杆菌纲(Bacilli)的芽孢杆菌目(Bacillales)；拟杆菌门(Bacteroidetes)的黄杆菌纲(Flavobacteria)，黄杆菌纲中的黄杆菌科(Flavobacteriaceae)；放线菌门(Actinobacteria)棒杆菌亚目(Corynebacterineae)等。海洋中常见的化能有机异养细菌相对于化能有机自养细菌容易培养。

海洋光能有机异养细菌具有原始光能合成体系，大多数含有光合色素，可利用光能作为能量来源，海洋光能有机异养细菌主要包括好氧不产氧光合异养细菌(AAPB)、含视紫质的变形细菌(proteorhodopsin; PR)和一些含有光合色素的有色异养细菌(PHB)。其中，来自海洋的AAPB主要有α-变形菌纲的赤细菌(*Erythrobacter*)和玫瑰杆菌属(*Roseobacter*)细菌。

分布和特性 海洋异养细菌在各种海洋与海底环境中广泛分布。从表层海水到深层海水，从近海到远洋，从海山到超深渊，从海底表层沉积物到地下深部，都有存在。它们能利用上层光合作用的有机物，也能利用陆源来源的有机物。从呼吸类型上看，海洋异养细菌分为好氧菌、厌氧菌和微需氧菌。已报道的海洋细菌多为好氧细菌。在大部分海洋水体及海底表层沉积物中，以好氧降解菌分布为主。在有机物降解过程中消耗大量氧气，造成微环境甚至局部海洋环境缺氧，如悬浮颗粒物内部、沉积物深部、河口区域等，厌氧降解菌成为主角。因此，在近海缺氧区及大洋水体的氧最小层，厌氧降解在上层光合作用产物及陆源有机物的矿化中起着重要作用。大洋表层及深层水体中的异养菌以自由生长或悬浮颗粒物附着形式存在。随着水深加大，水体中悬浮颗粒物聚集形成**海洋雪**，其表面及内部居住着各种异养细菌。相对于水体，沉积物中难降解有机物及相应的降解菌相对丰度较高，例如大洋沉积物中的脱卤球菌目细菌等。

海洋异养菌还倾向依附藻类生长，称为藻际细菌，主要利用藻类的光合作用产物与代谢产物进行异养生长。海洋动物的体表以及消化道内，也有大量的异养菌定植，对海洋动物的健康与生长起到重要作用；也有一些异养菌，如鳗弧菌，是海洋动物的重要病原细菌。

海洋光能有机异养细菌主要分布在海洋上层水体中，以自由生长为主。

生态功能与代谢机制 化能有机异养能够分解生物大分子，如将糖类、脂类和蛋白质分别水解成简单化合物（葡萄糖、脂肪酸与甘油、氨基酸），并能进一步将其氧化成二氧化碳与水。异养菌通过呼吸作用或/和发酵途径来代谢有机物：异养发酵菌往往是兼性或专性厌氧菌，其ATP产生与底物磷酸化耦合，产生乙酸、$CO_2$或硫化物等。这些菌主要是首先通过各种水解酶将大分子链切断，然后再在进一步水解，以及脱硫、脱氨等转化产生$H_2S$与$NH_4^+$，或彻底氧化。

石油烃也是海洋环境中广泛分布的有机物。海洋石油降解菌在烃的去除与海洋环境自净中起着重要作用。它们通过单加氧酶或双加氧酶作为起始加氧，对烃类降解氧化，可以将各种烷烃、芳烃彻底降解成$CO_2$。与陆地相比，海洋中有特殊的石油烃降解菌。一旦海上溢油，这些菌迅速成为优势菌。

海洋异养菌也是有机硫的关键降解者，它们可以降解浮游微藻、大型藻类等真核生物合成的二甲基硫化物(DMS)，从而可以减少其从海洋向大气的释放量。

深海水体中还有一类广泛存在的海洋异养菌，它们可以降解一种特殊的有机含氮化合物，三甲基胺-N氧化物(TMAO)。TMAO是海洋生物常见的一种渗透保护剂，海水中普遍存在。TMAO降解菌在大洋环境中也普遍存在，TMAO在寡营养的大洋水体环境中为微生物提供了氮源营养。反过来，TMAO降解菌在有机氮降解与氮循环中发挥着一定作用。

塑料在海洋中的累积对海洋生态环境造成了重要影响。已报道的海洋塑料降解菌有*Arthrobacter*、*Bacillus*、*Kocuria*和*Pseudomonas*等。此外，漂浮的塑料为海洋微生物提供了一个居住所，上面附着生长着多种异养菌，可达40多个属。

意义 海洋中有机物来源多样，是一个巨大的碳库，海洋异养菌的代谢过程在全球碳循环中起着决定性作用。海洋有机物的生物矿化影响着全球海洋生态系统与全球气候的变化走势。各种海洋异养菌在这一过程中发挥着重要作用。另一方面，海洋异养菌在各种有机污染物降解与环境自净过程中发挥着不可替代的作用。（邵宗泽）

**海洋溢油量估算** estimation of marine oil spill volume 对因事故或者自然过程进入海洋的溢油量大小进行估计和推算。据发生溢油地点的不同，海洋溢油量分为海上溢油量及海底溢油量两类。

**海上溢油量估算** 海上溢油主要指发生在海面附近溢油事故导致的油品泄漏。海上溢油量估算又可分为两类：①根据对事故发生状况的了解发展出来的较为实用和有效的海上溢油量估算。当油轮或轮船受到某种损害，如碰撞或搁浅时，可根据其装载能力和损坏程度对溢油量进行估算；输油期间的溢油事故，如果泵率和开始漏油至闭泵时间间隔已知，则总溢油量可利用最大泵率与漏油时间之积来估算。②对进入海洋中的油类物质量直接估算。通常应用到海上溢油发生时的溢油量估算。海上溢油量估算有溢油密度、油膜厚度和溢油面积3个重要影响因素。总的来说，溢油密度相对稳定，但溢油进入海洋后，在重力和风浪的作用下，油膜会不断扩散。由于海洋环境条件的复杂性，溢油面积和油膜厚度均会发生复杂的变化。在溢油量固定的情况下，油膜的面积不断扩大，油膜的厚度不断减小，而且各处油膜的厚度不尽相同，因此根据海面油膜来估算溢油量，必须知道各种厚度油膜的面积进行加权求和，才能得到总的现场溢油量。

溢油面积估算　方法包括现场估测、数值模拟预测、利用航空遥感和卫星遥感评估等。①现场估测。现场估测溢油面积可以采取船舶、飞机等现场巡航的方式，根据目测和各种摄录像设备来获取溢油污染的范围信息，这种信息一般局限于某一小范围内，汇总所有小范围的污染情况即可得到总体的溢油情况。②数值模拟预测。借助海洋环境数值模式中的相关模块也可以获得溢油面积。该方法所预测的往往只是海面溢油可能到达的区域，而不是实际到达的范围，但这种方法获得的溢油面积对溢油污染的处置、影响评价等均具有极大的参考价值。③利用航空遥感和卫星遥感评估。利用飞机携带的紫外、可见、近红外、短波红外、热红外、亚毫米波、微波遥感和激光遥感等各种原理的传感器进行的航空遥感，可在空中大范围监测海洋溢油面积，是海洋环境监测的重要手段之一。标准的航空传感器包括机载侧视雷达、红外和紫外扫描仪、微波辐射计、航空摄像机、电视摄影机以及与这些仪器相匹配的具有实时图像处理功能的传感器控制系统。

油膜厚度估算　包括油色目测法、遥感法、溢油扩展模型法等。①油色目测法。根据不同厚度的油膜对不同可见光谱段的反射率不同，因而呈现不同的颜色。该方法是根据油膜色彩与油膜厚度的对应关系，并结合船舶现场调查情况来进行计算的。②遥感法。遥感技术也可以进行溢油油膜厚度的估算，已经从20世纪80年代的可见光和红外遥感、微波遥感，发展到当前将多种遥感技术耦合使用来获取油膜厚度。③溢油扩展模型法。通过建立溢油扩展的数学模型来估算。

海底溢油量估算　海底溢油主要是由于管道破损、沉船、开采不当、油气井井喷、平台或钻井装置倾覆及海底地层破裂等造成的大量石油从海底附近进入海洋。海底溢油受油源、油品、水动力条件等影响，去向较为复杂，大部分溢油形成悬浊液、乳浊液或被颗粒物吸附而进入海水；部分溢油形成油膜漂浮在海面；还有一部分溢油聚集于岸边；高比重的油基泥浆和原油混合物直接沉降到海底。海底溢油类型有输油管道溢油、生产平台和探井溢油、沉船溢油、海底底层溢油等，不同类型的海底溢油，溢油量估算方法也不同。

输油管道溢油估算　输油管道破裂导致的溢油量估算，主要是基于仪器探测数据与实际记录数据，考虑数值模型进行估算。管道溢油泄漏源有两种：①小孔泄漏。孔径一般不超过5毫米，油呈一个个油滴从孔中溢出，溢油量的估算公式为：

$$Q=t\times A\times v \tag{1}$$

式中$Q$为孔口溢出油品量，立方米；$t$为溢油时间，秒；$A$为漏油孔口面积，平方米；$v$为孔口油品流速，米/秒，可通过声学分析或粒子图像测速分析获得。②输油管道完全破裂。这时主要采用输油管道溢油量估算模型（POSVEM）来计算溢油量，其中包括泄漏计算模块和近场计算模块，二者要用必要的数据库通过一个图形界面连接起来。

生产平台和探井溢油估算　生产平台和探井的井喷失控事故发生时，可按石油勘探生产设施最大溢油量来进行估算。如对于利用泵组进行生产的井组，溢油事故一旦发现可立即停泵，停止溢油，在此期间的释放量为最大溢油量。对于探井和在压力下生产的生产井来说，则可用油井的日产量与井喷事故持续时间相乘获得最大溢油量。

沉船溢油估算　沉船溢油指船舶沉底后，油品从船舶油箱等破裂处溢出。溢油量是每一时刻的油品溢出速度在溢油口长度上的积分。计算公式如下：

$$Q=\int_L v\mathrm{d}L \tag{2}$$

式中$Q$为任一时刻溢出量；$v$为溢出速率，其采用流体体积法追踪界面；$L$为溢油口长度。溢油初期的溢出速率最大，之后溢出速率逐渐减小，至溢油后期的溢出速率趋于零，即溢油量随时间逐渐增加，但增加幅度逐渐减小。

海底底层溢油估算　海底地层破裂溢油发生后，因往往不能在第一时间发现，被发现时一部分溢油已进入海水；一部分形成油膜漂浮在海面；一部分被海流输送到海岸；一部分被回收；高比重的油基泥浆和原油混合物直接沉降。其中，漂浮在海面的油膜可根据海面溢油量的估算方法获得。回收的溢油量根据实际回收情况获得；在离岸较远且海洋水动力较弱的区域，抵达海岸的溢油量相对较小。因此这类海底溢油主要考虑进入水体和沉积物中的油量进行估算。但对这两种溢油量的估算并不成熟，大致采取在一定的范围内布点取样，测得油类浓度，然后加和积分得到总体的溢油量，其取样范围包括水体、沉积物表面和沉积物内部，可分别获得水体中的溢油量、沉积物表面油量和沉积物埋藏油量。

（马启敏　孟庆佳）

**海洋优控污染物**　marine priority pollutants　海洋中危害大、难降解、出现频率高、分布范围广，且需要重点监测和有针对性控制的有毒有害物质。这些污染物主要由人类活动产生并通过河流、排污口、大气沉降等输送入海，主要包括化学污染物、放射性物质、病原体等微生物等。其中，化学污染物主要可分为富营养化物质、重金属、持久性有机污染物、农药、饲料添加剂（抗生素、激素、防腐剂等）、新型污染物（微塑料、微纳米颗粒、新型有机物）、高盐物质、致变致畸致癌等特殊化学污染物等。海洋优控污染物具有危害大、范围广、难防治等特点，某些兼具难降解、易富集等特点。因此，需要投入大量的人力、物力、财力和科学技术等，才能控制、减缓或消除这类污染物的危害。其中，科学制定海洋优控污染物排放清单，是国家海洋环境安全保障的重要技术支撑，也为深度参与全球海洋环境治理提供关键技术支撑。

针对海洋优控污染物需要重点定期监测，根据污染物主要的赋存形态、富集区域，开展水体、生物体、沉积物等监测。1989年4月，国家环境保护局（今生态环境部）提出要针对14类68种有毒污染物优先监测，其中有机物13类，包括挥发性卤代烃类、苯系物、氯代苯类、多氯联苯、酚类、硝基苯类、苯胺类、多环芳香烃类、酞酸酯类、农药、丙烯腈、亚硝胺类和氰化物；其余为无机物，包括砷、铍、镉、铬、铜、铅、汞、镍和铊及上述9种重金属的化合物。

（郑　浩）

**海洋油气开发的环境影响**　environmental impact of marine oil and gas development　在海洋油气资源勘探、开采和输送过程中，因占用海域、油气泄漏、固体废弃物排放、施工噪声等对涉及海域的水质、生态系统及其他环境因素产生的影响。海洋油气开发过程主要包括3个方面：①海底油气资源的勘探。在油气勘探的过程中会产生大量如钻井泥浆、钻井碎屑等固废污染以及机械废水、冲洗污水和生活污水等废水污染，而污染物中的氢氧化钠（NaOH）、碳酸钙（$CaCO_3$）、氢氧化钾（KOH）等物质会改变海水的酸碱度（pH），钙离子（$Ca^{2+}$）会增加海水的硬度。有研究表明，海上石油勘探常用的方法——地震爆破会增加海水的浑浊度，爆炸产生的高温高压气体以及巨大的声波会使大量海洋生物受到影响甚至出现死亡。②海底油气的开采。在开采过程中，排放的采出水是造成海洋环境污染的主要来源。在加拿大东部海域斯科舍大陆架海洋石油开采站点进行的研究表明，开采过程中排出的采出水会与周围的海水混合，使镉（Cd）、铬（Cr）、铜（Cu）、铁（Fe）等重金属由溶解态转为颗粒态，传输能力降低，毒性增强。③海洋油气的输送。在油气的海陆运输过程中所产生的废水废气也会对海洋环境造成污染。

此外，在海洋油气开发时，漏油、溢油、井喷等突发性事故频频发生，泄漏的石油给海洋环境造成了巨大的负面影响。首先，石油在海面形成的油膜能阻碍大气与海水之间的气体交换，影响海面对电磁辐射的吸收、传递和反射。长期覆盖在极地冰面的油膜，会增强冰块吸热能力，加速冰层融化，对全球海平面变化和长期气候变化造成潜在影响。其次，石油会对生物体产生危害：①油膜减弱了太阳辐射透入海水的能量，会影响海洋植物的光合作用。②油膜玷污海兽的皮毛和海鸟羽毛，溶解其中的油脂物质，使它们失去保温、游泳或飞行的能力。③石油污染物会干扰生物的摄食、繁殖、生长、行为和生物的趋化性等能力。受石油严重污染的海域还会导致个别生物种丰度和分布的变化，从而改变群落的种类组成。④沉降于潮间带和浅水海底的石油，会使一些动物幼虫、海藻的孢子失去适宜的固着基质或使其成体降低固着能力。最后，泄漏的石油会改变某些经济鱼类的洄游路线；玷污渔网、养殖器材和渔获物；受石油污染的鱼、贝等海产食品，难于销售或不能食用，对水产养殖业造成严重影响。 （汝少国 于 淼）

**海洋油污染事故微生物处理技术** microbial treatment technology of marine oil pollution 以海洋油污作为碳源，通过海洋污染环境的原生石油烃降解微生物或人为添加高效石油降解微生物，清除因事故产生的海洋油污的一种生物处理方法。海洋油污染事故微生物处理技术不会引起二次污染，可以和其他能够加快生物自然降解的添加剂结合使用。与传统的物理化学方法比较，生物修复法具有经济花费少、对环境影响小、遗留问题少、最大限度地降低污染物的浓度、修复时间较短、就地修复、操作方便等特点，是国内外科研工作者关注的热点领域，在石油污染的治理中具有广阔的应用前景。

微生物种类 降解石油的微生物有200多种，细菌主要有假单胞菌属（*Pseudomonas*）、棒状杆菌属（*Corynebacterium*）、微球菌属（*Micrococcus*）、产碱杆菌属（*Alcaligenes*）等，放线菌主要是诺卡氏菌属（*Nocardia*），酵母菌主要是解脂假丝酵母（*Candidalipolytica*）和热带假丝酵母（*C. tropicalis*），霉菌有青霉属（*Penicillium*）和曲霉属（*Aspergillus*）等。此外，蓝细菌和绿藻也都能降解多种芳烃。石油烃降解微生物的主要种类见表。

石油烃降解微生物属名

| 细菌 | 真菌 | 藻类 |
|---|---|---|
| 无色杆菌（*Achromobacter*） | 枝顶孢属（*Acremonium*） | 双眉藻（*Amphora*） |
| 不动杆菌（*Acinetobacter*） | 曲霉菌（*Aspergillus*） | 鱼腥藻（*Analaena*） |
| 产碱杆菌属（*Alcaligenes*） | 金色担子菌（*Aureobasidium*） | 隐球藻（*Aphanocapsa*） |
| 节核菌属（*Arthrobacter*） | 假丝酵母（*Candida*） | 小球藻（*Chlorella*） |
| 芽孢杆菌属（*Bacillus*） | 芽枝霉属（*Cladosporium*） | 衣藻（*Chlamyclomonas*） |
| 色杆菌（*Chromobacterium*） | 德巴利酵母（*Debaryomyces*） | 细柱藻（*Cylindrotheea*） |
| 棒状杆菌（*Corynebacterium*） | 镰刀霉（*Fusarium*） | 杜氏藻（*Dunaliella*） |
| 产黄菌属（*Flavobacterium*） | 地霉属（*Geotrichum*） | 念珠藻（*Nostoc*） |
| 微球菌属（*Micrococcus*） | 胶霉属（*Gliocladium*） | 颤藻属（*Oscillatoria*） |
| 微杆菌属（*Microbacterium*） | 从梗孢属（*Monilia*） | 翅线藻（*Petalonema*） |
| 分枝杆菌（*Mycobacterium*） | 被孢霉属（*Mortierella*） | 紫球藻（*Porphyridium*） |
| 诺卡氏菌（*Nocardia*） | 毛霉菌（*Mucor*） | |
| 假单胞菌属（*Pseudomonas*） | 青霉菌（*Penicillium*） | |
| 八叠球菌属（*Sarcina*） | 红酵母菌（*Rhodotorrula*） | |
| 沙雷氏菌（*Serratia*） | 酵母属（*Saccharomyces*） | |
| 螺旋状菌属（*Spirillum*） | 掷孢酵母（*Sporobolomyces*） | |
| 链霉菌属（*Streptomyces*） | 球拟酵母属（*Torulopsis*） | |
| 弧菌（*Vibrio*） | 木霉属（*Trichoderma*） | |
| 黄单胞菌属（*Xanthomonas*） | 轮枝菌（*Verticillium*） | |
| 放线菌属（*Actinomydetes*） | | |

应用技术 石油烃的微生物降解可以将海洋油污及其碳氢化合物从污染地去除，但生物降解的效果对每种海洋油污都不同，其影响因素比物理化学方法中的要多很多。这些因素包括油污自身的性质和自然条件，如油污的类型、事故发生的地点、周围环境，以及季节环境因素（温度、氧气、营养物质、水分、盐度和酸碱度）和当地的微生物群落的组成和活跃性等。

石油的自然生物降解过程速度较慢，可采取多种措施强化这一过程，常用的技术包括：①投加表面活性剂，增加石油与海水中微生物的接触面积。投加高效降解石油的微生物，增加微生物的种群数量。②投加N、P等营养源，促进土著微生物对石油的降解。③添加能高效降解石油污染物的微生物。

海洋油污染事故微生物处理技术主要以施加营养为主，缺乏同其他几种技术的交叉和融合。同时，由于微生物处理技术面对的是多相、非均质的复杂系统，涉及微生物学、工程学、生态学、地质学、化学等多个学科的知识，其作用机理仍需进一步探究。 （包木太）

**海洋游泳生物** marine nekton 在水层中能够不受海流影响、自由迁移的海洋生物。它们都具有发达的运动器官，多数为肉食性动物。

研究简史 19世纪末，德国E.H.哈克尔首先提出了“游泳生物”一词。20世纪初，奥地利O.阿贝尔第一次把隶属不同门类、具有不同体型、在行动上有一定趋向性的水生生物归并为游泳生物。20世纪30年代以后，科学家逐渐对海洋游泳生物的形态功能、生物力学以及生物声学方面进行研究，后期随着新技术的应用，海洋游泳生物的研究进入新的阶段。

种类　游泳动物来自3个门，分别是脊椎动物门、软体动物门和节肢动物门。脊椎动物门游泳生物最多，包括几乎所有的海洋鱼类和海洋哺乳动物和几种爬行动物（海龟、海蛇等）。软体动物门的头足类生物（章鱼、枪乌贼等）虽然没有游泳器官，但可以通过头下部的漏斗喷水做快速后退式游泳。节肢动物门中的大型十足目甲壳动物也被认为是游泳动物，如龙虾、虾和蟹。鱼类、甲壳类、头足类等游泳生物，它们的整个演化过程都在海洋环境中进行，故属于原水生生物。海洋哺乳类由于其祖先在陆地上生活了相当长的时期，后来重返海洋的，因而属于次水生生物。

分布与洄游　游泳生物分布极广，从寒冷的两极海域到热带赤道各海域都有分布。通常在温度较高的热带和亚热带海域鱼类的多样性高，而在温带及低温的极地海域鱼类多样性低。

游泳生物在水体中的分布取决于其各自的生态习性。海洋底栖性游泳生物的分布范围可以从沿岸到数千米水深；用肺呼吸的真游泳生物（海洋哺乳类）多分布于1000米以上的水层，潜水的下限是2000米左右。

很多海洋游泳动物有定向的周期性运动现象，称为洄游。海洋游泳动物通过洄游完成其生活史中的一些重要环节，包括繁殖发育、索饵生长、越冬等。

特性　海洋游泳动物通过特有的体型、器官等方式来适应海洋中不同生境的游泳生活。生活在大洋中的多数种类如金枪鱼和海豚等，通过其典型的流线型体型来减少水流阻力从而快速游动；有的物种（海豚）能通过真皮中的嵴间液体适应水流的压力变化，从而消除湍流，高速前进；鲸类可通过“声呐”来进行回声定位和导航；一些深海中的鱼类通过特有的发光器在深海进行捕食和躲避敌害；南极的鱼类通过血液中的抗冻蛋白来保证其体液不冻结从而在低温下正常生活。（杨　光）

**海洋有机地球化学**　marine organic geochemistry　研究海洋中有机物质的起源发生、分布、性质、相互作用、组成、命运与归宿的学科。这一学科结合了海洋学、有机地球化学和地球化学等多个学科的知识，致力于理解海洋中有机物质的来源、演化及其在地球系统中的作用。研究海洋有机地球化学对于理解地球系统中碳循环、气候变化、生态系统健康等方面具有重要的科学意义。

研究内容　①有机质的起源和成因。研究海洋中有机质的生物合成、非生物来源，以及地球化学特征，揭示有机质多元化的起源、输入、封存机制。②有机质的分布和运输。调查有机质在水柱中的垂直和水平分布，以及其在海洋环境中的运输过程，为理解海洋动力学提供数据支持。③有机质的化学性质。利用先进的仪器技术和分析方法，深入研究有机质的分子结构、组成、功能群和同位素组成等化学性质。④生物地球化学循环。研究有机质在海洋中的生物地球化学循环，包括微生物参与的分解、降解和合成过程。⑤全球碳循环中的角色。研究海洋有机质命运与归宿在全球碳循环中的作用与意义，包括其对大气二氧化碳浓度的影响以及与其他元素循环的相互作用。

研究意义　海洋有机地球化学研究对全球气候系统的理解至关重要。有机质作为碳的主要存储库之一，其在全球碳循环中的角色直接关系到大气中二氧化碳的浓度和气候变化。深入研究有机质的来源、演化和分布，有助于更精准地估算海洋对全球气候的调控效应。同时，了解海洋有机质的动态行为对维护和管理海洋生态系统的健康至关重要。有机物质在海洋中的生物地球化学循环直接影响海洋生物的生态位、生命周期和分布。通过研究有机质的生物转化过程，可以揭示海洋生态系统对环境变化的适应能力，为保护海洋生物多样性提供科学支持。（包　锐）

**海洋有机化学**　marine organic chemistry　利用化学的原理和方法来研究海洋环境中有机物质的来源、组成、分子结构、性质、分布、通量、循环及测定方法的海洋化学分支学科。海洋中的有机物质主要是无氮有机物、含氮有机物、类酯化合物和复杂有机物四大类（见**海水有机物质**）。海洋化学所研究的有机物主要来自海水中海洋生物的代谢物（见**海洋天然产物**）、分解物、残骸和碎屑等，它们是海洋中固有的；还有一部分是陆地生物和人类活动生成的有机物，通过大气或河流带入海洋。就其在海水中的存在状态而言，可分为溶解有机物、颗粒有机物、挥发性有机物、胶体有机物四类。

发展简史　早在1892年，K.纳特雷尔就测定过海水中溶解态脂肪酸的含量；1909年A.皮特尔又测定了海水中溶解有机物的含量，这是海水有机物最早期的研究工作。到了20世纪30年代，A.克罗伊和B.T.达茨科等研究了海水中溶解有机碳的含量分布，这才开始了对海水有机物的系统研究。从此之后，许多学者致力于分析各海区的有机碳、有机氮和有机磷的含量分布。从50年代，为了配合水域生物生产力的研究，对个别的天然有机产物和人造有机污染物的分布，进行过大量的研究。自70年代以来，这方面的研究取得了较大的进展。1977年在爱丁堡召开的国际学术会议上，讨论了海洋有机化学的概念和发展方向。1981年，E.K.德斯马等发表了《海洋有机化学》专著。海洋有机化学的发展，与水域生产力、元素地球化学、生物地球化学、沉积成岩作用的理论研究、海洋生物资源利用等有密切的关系。80年代，人们进一步研究了溶解有机物的形成、化学结构、氧化降解动力学、各界面上的通量、归宿，研究溶解有机物对海洋生态学、元素地球化学和沉积成岩作用的影响，并更广泛和深入地研究海洋生物次级代谢物的分离、化学结构、生理活性和潜在的抗菌、抗肿瘤等药效。海洋生物地球化学已成为海洋化学和物质全球循环研究的中心。在海洋物质循环中有机物是与生物关系密切的物质之一，因此关于它在元素生物地球化学循环中的作用已成为海洋化学家热门的研究领域之一。

**有机物的含量分布**　由于大洋中大部分有机物的化学组成尚不清楚，在研究海水有机物分布时多以溶解有机碳、颗粒有机碳分别代表溶解有机物和颗粒有机物。溶解有机碳通常在深度100米以浅海水中含量较高，有季节性变化，用湿法测得的含量，高时可达1.3毫克碳/升。随深度增加，含量降低，在深度超过300米的海水中，含量几乎没有明显变化。有些海区的溶解有机碳含量，可低至0.2毫克碳/升。在海洋沉积物间隙水中，溶解有机碳的浓度很高，可达100～150毫克碳/升。海水中颗粒有机碳含量为20～200微克碳/升，多数为数十微克碳/升。在上层海水中，颗粒有机碳的含量大约只有溶解有机碳的1/10；而在深水中，则只有1/50。近岸海域颗粒有机碳的含量可比大洋水高1～2个数量级。一般而言，初级生产力高的海域中颗粒有机碳含量也高，如在秘鲁沿岸上升流区，其含量在夏季可大于100微克碳/升。海水中挥发性有机碳的含量为总有机碳的2%～6%。河口海域的生物生产力高，海水中有机物的含量普遍高于大洋，尤以颗粒有机碳为甚。

大洋中总有机碳的平均含量约为1毫克碳/升，因而整个海洋中的有机碳总量达$1.5\times10^{12}$吨，与陆地上的煤、泥炭和表层土壤（0～30米深）中的有机碳总量属同一个数量级，超过海洋生物总量的500

倍，而且所含有机物种类之多，远远超过海洋中的无机物。

**溶解有机物** 主要成分是浮游植物的分泌物、动物的分泌物和排泄物、死亡生物自消解和受细菌分解过程中的产物等，包括从低分子到高分子的、种类繁多和结构复杂的有机化合物。此外，进入海洋的有机污染物，有的也溶解于海水中。

溶解有机物所包含的化合物，种类很多，已被分析确定的很少。以东北太平洋为例，已确定的化合物仅占溶解有机物总量的10%左右，主要为氨基酸类、碳水化合物、类脂化合物、维生素类、有机污染物等。

氨基酸类 包括各种酸性的、中性的和碱性的氨基酸。溶于海水中的氨基酸类有游离氨基酸，也有肽和蛋白质等结合氨基酸，它们在大洋海水中的总含量为5～90微克/升，但在近海或生物生产力高的海域，总含量可高达400微克/升。海水中氨基酸类化合物，无论游离的或结合的，都以甘氨酸、丝氨酸、丙氨酸、鸟氨酸等的含量居多。

碳水化合物 包括单糖类和多糖类。在溶于海水的碳水化合物中，后者的含量通常高于前者。大洋中的碳水化合物，已确定的有葡萄糖、半乳糖和甘露糖等各种己糖，鼠李糖、木糖和阿拉伯糖等戊糖，还有糖醛酸等。糖的总含量为200～600微克/升。个别糖的含量只有几微克/升至几十微克/升。

类脂化合物 溶于海水中的类脂化合物包括分子中碳原子数为10～22的饱和及不饱和的游离脂肪酸，以及烃类、甘油酯、磷脂、蜡酯和甾族化合物等。各种类脂化合物在海洋中的分布不同，例如，北大西洋海水中的总脂肪酸含量为13～60微克/升；墨西哥湾海水中的类脂化合物含量为溶解有机碳的15%～20%；南大洋水中的类脂化合物含量较多，占溶解有机碳的40%～55%。海水中甾醇类的含量较低，通常只有数微克/升。

维生素类 已定量测定过维生素$B_{12}$、维生素$B_1$和生物素的含量，它们在深度为0～100米的大洋水中的平均含量分别为0.1、0.8和1.8微克/升，在近岸海水中的含量较高。

有机污染物 随着近代工业和农业的发展，海水中带入了相当数量的有机污染物。据1972年资料，多氯联苯（PCBs）在北大西洋表层水中平均含量达$3.5\times10^{-2}$微克/升，直至3000米深处还能测出。农药DDT在海水中的分布也很广泛，经由大气传播，在南极海域中都能测到。随着对DDT的使用量减少，海水中的含量一般低于$10^{-3}$微克/升。此外，海洋还受到石油烃类、微塑料的污染。

海水中已测定的溶解有机物，还有尿素、核苷酸、腺苷三磷酸和其他含氮化合物，并且有微量的生物体次级代谢物，如激素和化学传讯物质（信息素）等。其余的溶解有机物，虽然化学组成仍不清楚，但已了解到其中60%～80%的物质，是能抵制氧化和细菌分解的腐殖质类化合物。它们是碳水化合物、氨基酸、脂肪酸、芳烃、酚和醌等有机化合物经过复杂的化学过程和生物化学过程而形成的一类性质稳定的高分子量复杂有机物。腐殖质中木质素含量较高，而且多在海水盐度小于10的水域中发生沉淀。近岸大量底栖褐藻分泌到海水中的多酚化合物，能与碳水化合物和蛋白质等聚合成腐殖质，使近岸的溶解有机碳含量增高；还能逐步转变成大分子有机聚合物，进入食物链，成为滤食性动物和食碎性动物的食物。根据是否溶于酸，可将腐殖质分为溶于酸的富里酸（FA）和不溶于酸的腐殖酸（HA）两类化合物。富里酸的分子量较低，大约80%的分子量小于1500，而且脂肪酸的含量较高。海洋沉积物中的腐殖酸，在一定条件下，有可能形成石油。

**颗粒有机物** 通常指悬浮在海水中的直径大于0.5～1微米的有机物，但实际上包括从胶粒至细菌聚集体和浮游生物体等物质。

河口海区海水中的颗粒有机物主要是河流和风从陆地带来的。大洋中的颗粒有机物主要来自海洋生物的排泄物和生物体分解而成的碎屑。在大洋的颗粒有机物中，通常结合着40%～70%的硅、铁、铅、钙等无机物。

颗粒有机物水解之后，可生成各种氨基酸、叶绿素、碳水化合物、类脂化合物和三磷酸腺苷等。颗粒氨基酸在海水中的含量为0.03～13.7微摩/升，其含量在不同海域差异较大，受径流输入、营养盐含量以及藻类等多重因素的影响。从三磷酸腺苷的分析值，可推知颗粒有机碳中约有3%属于活的生物体。颗粒有机物为食物链的重要一环，它从浅层逐渐下沉，直至海底，为底栖动物所捕食，大部分都进入沉积层。

**挥发性有机物** 蒸气压高、分子量小和溶解度小的有机化合物，包括一些低分子烃、氯代低分子烃、氟代低分子烃和DDT的残留物等，其中以甲烷含量最高；其次是$C_2$～$C_4$的烃类，如乙烷、乙烯、丙烯等。它们能在风力、波浪等动力条件下蒸发，逸入海洋上空的大气中。

**有机物的影响** 溶解有机物、颗粒有机物和挥发性有机物在海洋中经历着错综复杂的相互转变，大部分有机物最终被氧化成二氧化碳，后者又经浮游植物吸收，通过光合作用而重新变成有机碳，形成了有机碳在海洋中的循环（见图），而且在海水有机物的储存、输入和损失之间，有一定的比例关系。在这三类有机物中，溶解有机物对海水的性质和海洋生物的影响最为突出。

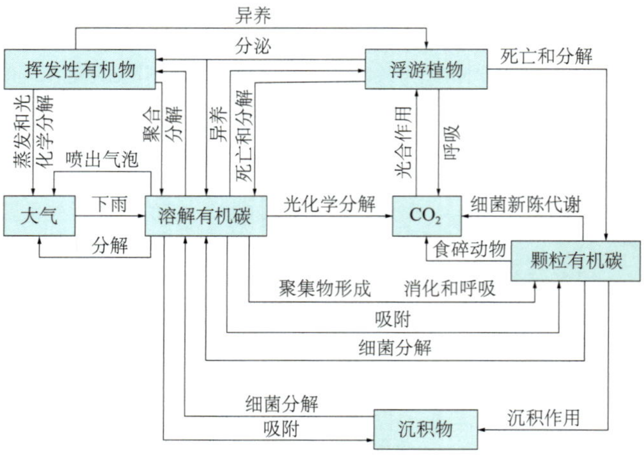


有机碳在海洋中的循环

溶解有机物在海水中的含量虽低，但它和海水的物理性质和化学性质有很大的关系，且对海洋生物的生长和繁殖有重要的作用，主要表现如下：①对海色的影响。有机物被无机悬浮物吸附后，增加了悬浮物的稳定性，从而使海水的颜色加深和透明度降低。②提高一些成分在海水中的溶解度。海水中碳酸盐之所以呈过饱和状态，其原因之一是有机物被吸附在碳酸钙微晶表面上，阻碍晶体的生长，故悬浮在海水之中而不沉淀，可使碳酸盐的含量超过通常的溶解度。溶解有机物的存在，也能提高其他一些难溶的金属盐类和烃类在海水中的溶解度。③对生物过程和化学过程的影响。无机悬浮物上所吸附的有机物，能进一步吸附和浓缩细菌，在颗粒表面上进行生物化学过程，使被吸附的有机物降解和转化。另外，有机物的氧化还原作用，影响海洋环境的氧化还原电位，也影响着海水中的生物过程和化学过程。④对海－气交换的影响。有机物在海洋微表层富集，其含量超过海水中含量的10～1000倍，有促使微表层起泡的性能，且能降低海－气交换的速度。溶解有机物与气泡作用，可使表层水中颗粒有机物的含量增加；反过来，颗粒有机物也可分解生成溶解有机物。两者之间相互转化并达到平衡。⑤对多价金属离子的络合作用。溶解有机物中的氨基酸和腐殖质等物质，含有各种活性官能团，能通过共价键或配位键与多价金属离子发生络合作用，形成有机络合物。例如，使铜离子等有毒重金属离子的毒性降低，甚至转化成无毒的物质；阻碍磷酸盐和硅酸盐等物质沉淀，延长它们在水体中的停留时间，以便它们更好地被生物利用，从而对海洋生态系有重要的意义。另一方面，海水中的许多重金属是由河流带来的。当河水流入河口海区时，形成的金属有机络合物，因水体的酸碱度和盐度发生急速的变化而逐渐沉淀下来。从这一点来说，河口区对重金属污染物有自然的净化能力。⑥对生物生理过程的作用。近岸底栖的褐藻分泌出大量的多酚化合物，根据其在海水中含量的多少，对生物的生长有促进或抑制作用。溶解有机物中存在微量的信息素，它们是一些海洋生物所分泌的，能支配生物的交配、洄游、识别、告警、逃避种内的和异种之间的各种生物过程的成分。

（宫海东　张正斌　杨桂朋）

**海洋有机污染物**　marine organic pollutants　河口和近海中对海洋生物和生态系统产生危害的有机物质，有的具有急性或慢性毒性。

分类　海洋有机污染物主要分为天然有机污染物和人工有机污染物两类。海洋天然有机污染物包含石油烃、糖类、蛋白质、油脂、氨基酸、脂肪酸酯类、藻毒素等，它们是世界海洋近岸和河口水域普遍存在并最早引人注意的一类污染物。海洋人工有机污染物包含排放入海的多氯联苯、有机氯农药、多环芳烃、有机磷农药、有机锡、抗生素等。

主要来源　海洋中的有机污染物主要通过生活污水、工业废水、农牧业排水和地面径流进入海洋。来源多为工业、农业、交通及生活污染源。

海洋天然有机污染物来源　海洋天然有机污染物主要来源于日常生活中“三废”（废气、废水、废渣）的无序排放，如农牧业排水和地面径流污水中过量的有机物质（碳水化合物、蛋白质、油脂、氨基酸、脂肪酸、酯类以及纤维素、木质素等）和营养物质（氮、磷等）。

海洋人工有机污染物来源　多溴联苯类、邻苯二甲酸酯类以及多氯联苯类等有机物一般来自工业污染源，有机氯类、有机磷类、除草剂、杀虫剂、抗生素等主要来自农业污染源。二噁英主要来源于垃圾焚烧。

主要危害　主要有以下两方面危害。

海洋天然有机污染物危害　过量的天然有机污染物入海会造成如下危害：①覆盖、遮光。天然有机污染物部分漂浮或悬浮于海面，提高海水的混浊度，影响海洋植物的光合作用和鱼类的洄游，破坏产卵场。②引起海水溶解氧降低，导致海洋生物生长受抑制。过量有机物在微生物降解过程中会消耗大量溶解氧。例如，每生产1吨纸浆所排出的木质素的降解过程要消耗200～500千克氧气，即可以耗尽20 000～70 000吨海水中的氧。大量有机物排放入海，改变海水溶解氧分布，导致生物区系组成简单化，耐污生物大量生长，干扰或破坏海洋生态平衡。③致病、致毒。过量有机物排入海洋，成为各种细菌和病毒的养料而使之大量繁殖，进而影响人类健康。如在土耳其的伊斯坦布尔，由于有机污水中病菌大量繁殖，市民面临伤寒、肝炎、大肠杆菌、痢疾和肠胃炎的威胁。具有毒性的糠醛，还能使鱼的鳃和肝出血，导致其死亡。含短纤维的造纸废水能使对虾苗死亡。④富营养化。人为过量排放有机物入海，可加剧水体营养富集，导致生物区系组成简单化，藻类大量繁殖，诱发赤潮，干扰或破坏海洋生态平衡。过量的有机物质还能使紫菜患癌肿症。⑤有些有机物附着力很强，例如纤维素等黏稠物，能使海洋动物窒息而死。⑥藻类产生的藻毒素等天然有机污染物，对海洋动物、人类可直接产生毒性作用。

海洋人工有机污染物危害　海洋人工有机污染物由于不易降解、可长时间存在于海洋环境中，所以又被统称为**海洋持久性有机污染物**。它们可以长期滞留在海洋中，具有高毒性、持久性、积聚性、高流动性。对于海洋生物具有致死性、致畸性，并可以通过食物链富集严重威胁人类健康。

治理方法　有机污染物是海洋污染物的主要物质类型，海洋有机污染物的常规处理方法有吸附法、萃取法、凝固法、磁性分离法、湿式氧化法、声化学氧化法和生物修复法等。

对天然有机污染物提前加以处理或使排放量不超过排入海区的环境自净能力，就能对其有效控制。对人工有机污染物的源头控制和削减则是降低其危害的主要手段。

（邹景忠　李锋民　高会旺）

**海洋有孔虫**　marine foraminifera　海洋中原生动物门肉足纲的生物。有孔虫的细胞质分化为外质和内质。外质围绕着壳并且伸出根状或丝状的伪足，主要功能是运动、摄食、消化食物、清除废物和分泌外壳。内质中具有一个或数个细胞核。有孔虫的壳通常形成多房室，房室间隔板有孔相通，因此得名有孔虫（图1、图2）。

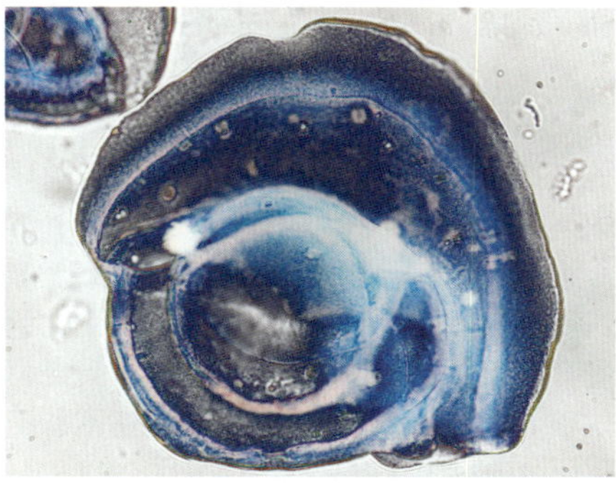

图1　亚得里亚海的一种有孔虫

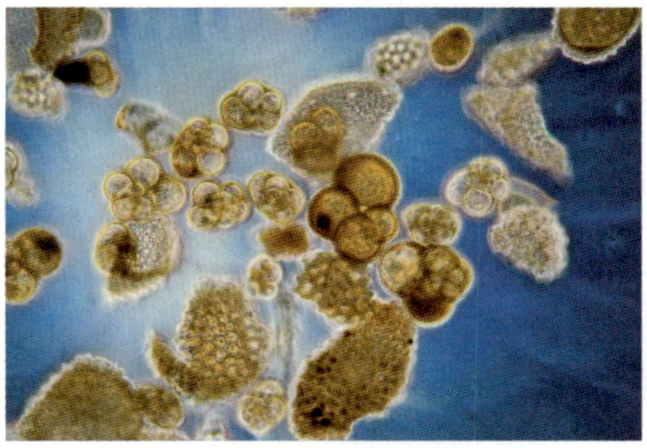

图2　西印度群岛的有孔虫

研究简史　有孔虫化石的研究始于20世纪60年代的深海钻探计划、海洋钻探计划及综合海洋钻探计划。有孔虫从寒武纪（距今5.7亿～5亿年）到现代均有发现，已记载的有34 000多种，占已知原生动物种数的一半以上。

种类组成　现生的有孔虫约有4600种，如抱环虫（*Spiroloculina*）、编织虫（*Textularia*）、企虫（*Elphidium*）等属的种类。根据对温度的适应性，有孔虫可分为暖水种和冷水种两大类群。

分布　有孔虫主要生活于海洋环境，广布于潮间带到深海区。大多数种类营底栖生活。少数种类营浮游生活，出现于较高盐度的大洋中。

特性　一般具自身分泌的特丁质、钙质或硅质外壳，亦可胶结外界的物质形成外壳。有孔虫的生殖方式有无性生殖和有性生殖两种。有性生殖的种类，一般有世代交替现象。

在海洋生态系中的作用　石灰质的有孔虫目生物化石由其生活的古代海洋元素

组成。可通过测定其氧气中稳定同位素的比例去重组古代气候，以及利用测定碳中稳定同位素的比例去重组碳循环的历史及古海洋生产力。

意义　有孔虫化石在地层学调查中可作为非常可靠的指示物。各个地质时期的有孔虫，种类演化明显，化石保存较好，常被用作确定地质年代的标准化石和古沉积环境的指相化石。（包振民　郑守仪）

**海洋有色溶解有机物**　marine chromophoric dissolved organic matter　海洋中重要的具有光学活性、成分复杂的混合物。其来源和迁移转化过程能够影响海洋中多种物质的行为和归宿，在全球物质循环（特别是碳循环）中发挥着重要作用。

作用　有色溶解有机物（CDOM）能够吸收紫外线和可见光，保护水生生物免受有害紫外线辐射，同时通过吸收光合有效辐射来影响初级生产。例如，在富营养化浮游植物丰度很高的沿海地区，CDOM对水下光照强度的限制控制着海草的生长范围，而在阳光过强可能导致珊瑚白化的环境中，CDOM又能为珊瑚礁提供重要的防晒保护。CDOM降解产生的营养物质和低分子量有机物，为浮游生物的生长和新陈代谢提供物质支持。此外，CDOM可通过光化学降解产生痕量气体（如一氧化碳和二氧化碳），从而影响全球气候变化。再者，CDOM能够与金属相互作用形成有机金属复合物，在有毒重金属和有机污染物的迁移和转化过程中发挥重要作用。不仅如此，海色卫星遥感可提供CDOM分布，用于研究河流羽流、上升流和涡流环流。上涌区和涡流可以通过次表层水向上输送引起的CDOM增加来识别，次表层水的浓度通常比表层水高一个数量级。

来源　海洋中的有色溶解有机物来源众多，主要分为外源输入和海洋自生产。①外源输入。包括河流输入、雨水、地下水和陆生植物。近岸海域CDOM主要来源是淡水输入。因此，在许多近岸海域，CDOM与盐度之间普遍存在负相关关系。②海洋自生产。包括浮游植物和大型植物的生产、细菌生产、病毒裂解、浮游动物释放以及沉积物再悬浮。在实地研究中，叶绿素和CDOM之间的实时相关性和藻类大量繁殖后的滞后相关性都证明了浮游植物的影响。沉积物孔隙水中CDOM含量也很高，在发生再悬浮事件时，它可能是一个重要来源。

去除　微生物降解和光降解是改变和去除海洋有色溶解有机物的重要途径。微生物可以通过胞外酶和细胞表面氧化的分泌物直接摄取有机质，或者通过矿化过程将有机质分解为铵盐、磷酸盐和二氧化碳等重新释放到周围环境中。此外，CDOM的光化学过程可以生成一系列自由基和许多化学性质活泼的产物，这些产物与其他物质相比具有更强的反应活性，它们能迅速参与到其他反应过程中，从而影响海洋真光层的生物化学循环过程。再者，CDOM的光降解是海洋中某些活性气体的来源之一，它们由海洋排放到大气会对气候变化产生一定的影响。

分布　通过实地观测或海洋遥感推测，对全球有色溶解有机物的分布进行了评估。在沿海地区和大陆架中，CDOM丰度高，表明在这些系统中，陆源输入是CDOM的主要来源。在外海，CDOM在高纬度海域和上升流海域（沿岸和赤道）含量较高，与生产力和富含CDOM的深层水上涌有关。亚热带涡旋区的CDOM含量最低，因为那里的生产力低、水体分层强、光化学去除率高。大洋中CDOM的分布体现了表层光化学降解、中层微生物生产和水团混合之间的平衡。在海冰卤水中，CDOM一方面来自原本海水的浓缩，另一方面由卤水中的微生物群落产生。CDOM是海冰的重要光学成分，对海冰透射率的季节和空间变化起着重要作用。（张　婧）

**海洋鱼类**　marine fishes　终生生活在海洋中的用鳃呼吸、用鳍运动的变温脊椎动物。见***海洋脊椎动物***。

**海洋原生动物**　marine protozoa　无细胞壁能运动的单细胞的真核微小的海洋动物。

研究简史　海洋中原生生物界（Protista）原生动物门（Protozoa）的生物。该类生物为最原始、最简单、最低等的单个细胞真核生物，又称单细胞动物。荷兰A.van列文虎克于1674年首次观察到原生动物（主要为纤毛虫）并进行形态学描述，H.贝尔和卢森弗于1754年发现了阿米巴的存在，G.A.戈尔德富斯1817年首次提出“原生动物”（protozoa）一词，但把腔肠动物也包括了进来。直至1845年，C.T.E.von西博尔德对原生动物才给出正确的定义。

形态　原生动物的身体微小，通常必须借助显微镜才能看到。其结构包括细胞膜、细胞质和细胞核三部分。原生动物的细胞膜通常坚韧而具有弹性，能使虫体保持一定的形状，故又称表膜。有些种类的体表还具有外壳。细胞质通常可划分为外质和内层，其中肉质由复杂的胶状基质及其内所包含的各类细胞器组成。有的种类细胞质中具有骨骼。原生动物的细胞器功能上类似于高等动物的器官，能够完成其一切生命活动，又称类器官。原生动物通常只具有一个细胞核，少数多个；有些原生动物具有两种细胞核，即大核和小核。

种类　原生动物种数繁多，数量巨大。已知有6.5万多种，现生种约占一半，其中多数为海洋种类。海洋原生动物的主要类群为有孔虫（*Foraminifera*）、放射虫（*Radiolaria*）、腰鞭毛虫（*Dinoflagellata*）、丁丁虫（*Tintinnida*）和硅质鞭毛虫（*Silicoflagellata*）。

分布范围　海洋原生动物广泛分布于各大海区，营浮游或底栖生活，是水生生态学系统中微食物环的重要组成部分，具有重要的生态学地位。①该类生物在海洋生态系统中在碳源回收，以及能量从低营养级（如细菌、微型浮游植物）向高营养级（包括后生动物及其幼虫）传递中起着重要的枢纽作用。②原生动物在海洋生态系统中维持/改良水质环节肩负着“清道夫”的作用，同时又因其生活史简单、对环境变化反应迅捷并且采集方便，可作为水质评价的指示者。③浮游原生动物也为鱼类提供了大量饲料，一些危害性种类可以引发海洋“赤潮”。另外，有些寄生原生动物，如粘孢子虫、小瓜虫、车轮虫等危害鱼类，引发各类鱼病。

生态习性　它们自身即是一完整的有机体，并以其各种特化的细胞器，如鞭毛、纤毛、伪足、吸管、胞口、胞肛、伸缩泡、射出体等，来完成如运动、摄食、营养、代谢、生殖和应激等生理活动。原生动物的生命周期通常包括生殖期和孢囊期。大多数原生动物无性生殖用二分裂法。鞭毛虫是纵分裂，纤毛虫是横分裂。吸管虫在体内或体外生出许多芽体（出芽）。有些多核的原生动物如胶丝虫、多核变形虫偶尔会分裂成2至数个小的、仍是多核的个体（原生质团分割）。（包振民）

**海洋原索动物**　marine protochordate　介于海洋无脊椎动物与海洋脊椎动物之间的一类动物。原索动物均系海产，包括***尾索动物***，如海鞘（Ascidia）；***头索动物***，如文昌鱼（Branchiostoma）。过去属于原索类的半索动物，现多数学者主张放入无脊椎动物内。（成庆泰）

**海洋原位观测站**　ocean in-situ observatory　一种布置于海底的，长期、定点、离线的海洋观测系统。又称海底观测站。根据海洋观测系统的一般组成方式，海洋原位观测站通常由传感器和支撑平台数据处理单元（通常是固定在海底的重块）组成。有时支撑平台十分简单，甚至只是一个架子。海底原位观测站作为一种离线的原位观测系统，用于对某一科学现象的定期定点观测比较有效。这种观测站，区域性很强，完成的任务也比较有限。一般来讲，数据的采集是自容式的，将数日乃至数周、数月、数年的数据存储在支持系统的数据存储单元之中。一旦任务完成后，回收整个观测站，或者通过某种非接触式数据传输系统取回数据，才能得到观测数据。因此海洋观测站也是一种间接观测系统。当然，这种观测站也可以像美国新世纪天文台（NeMO）系统一样，通过水声通信技术把观测数据传到水面，并通过卫星传回大陆，实现海底的直接观测。

海底原位观测站形形色色，根据不同任务选用不同的观测器或传感器组进行设计制作，其系统结构相差不大。它有以下4个基本特点：①观测站地点固定、任务明确，观测内容比较聚焦。②观测站独立工作于海底，无须其他支撑系统。③观测站的工作站由于受电池容量和存储单元容量大小的限制，工作时间一般不会太长。④观测站构成组分一般以观测器和数据采集器为主。此外，观测站常常配备有近距离无线通信接口，以供人们对观测站的工作状态实施定期巡检，或定期获取观测数据。无线通信接口可以是电磁式的，如电感耦合链接（ICL），也可以是光学式的，如基于激光的中短距离通信器。

（黄豪彩）

**海洋源气溶胶**　marine aerosol　直径为0.003～100微米且源于海洋的微小粒子与周围气体所形成的相对稳定的悬浮体系。气溶胶是由不同相态的微粒均匀地分散在气体中所形成的相对稳定的悬浮体系。气溶胶体系包括气体和微粒。气溶胶体系中的微粒，通常又称颗粒物，是指动力学直径在0.003～100微米的液态、半固态或固态粒子；气溶胶体系中的气体包括常见气体（如空气）和痕量气体（如二氧化碳、挥发性有机物等）。海洋源气溶胶颗粒物主要包括海盐和有机物。海盐颗粒物主要成分一般和海水组分类似，主要是氯化钠，还包含$K^+$、$Mg^{2+}$、$Ca^{2+}$、碳酸根、硫酸根等无机物；有机物组分较为复杂，主要包括多糖、脂肪酸、表面活性剂、蛋白质、胞外聚合物等，其来源主要与海洋表层浮游生物和微生物（细菌、古菌和病毒等）的生物代谢有关。

*粒径分布*　海洋源气溶胶颗粒物的粒径分布：如果无明显的陆源颗粒物输入，在边缘和开阔海域颗粒物主要源于海洋；颗粒物数浓度通常在100～300个／厘米$^3$；其数谱分布（不同粒径颗粒物的数目浓度）通常呈三模态分布（爱根核膜、积聚模和粗模态），其中粗模态占总质量的90%以上，但只占数浓度的5%～10%。

*形成机理*　在风和浪的共同作用下，海洋可以向大气直接释放大量的气溶胶。海面在风的吹刮下形成风浪，海面气泡破裂或波峰被风直接撕裂会在海洋上空产生飞沫。散到空中的气溶胶在重力和大气湍流的作用下，较大的颗粒重新落回海面，较小的则上升到高空并长时间悬浮。

海洋飞沫按生成机制不同，主要分为膜滴、射滴、裂滴。**波浪破碎**将空气卷入水中形成大量气泡，随着气泡上升，露出海面的部分蒸发变薄导致气泡破裂形成膜滴。同时，气泡破裂时，在海面上留下空穴，压力作用会在海面产生向上的喷射水柱，喷射水柱不稳定，破碎形成射滴。当海面风速大于5米／秒时，风直接将波峰撕裂形成小液滴吹散在海面上空，称为裂滴。其中，具有表面活性的有机物主要集中在气泡壁，以膜滴的形式进入大气，溶解有机物一般以射滴或裂滴的形式进入大气。另一个重要形成途径是由气相向颗粒物的转化过程（均相成核与非均相成核）形成（又称二次源），主要是指从海洋排放到大气中的痕量气体被氧化形成新的颗粒物，或氧化产物凝结到已有的颗粒表面导致其增长形成的二次颗粒物。

*影响因素*　海洋源气溶胶的数量和组成除了与海－气界面环境因素（如风速等）相关外，还与海洋表面的生物活动（如浮游植物的生长周期、异氧细菌的丰度等）密切相关。

*意义和影响*　海洋是全球生物地球化学循环和气候系统的重要组成部分，通过海－气界面与大气间进行物质交换，包括气体和颗粒物。海洋是大气颗粒物的重要自然来源之一，全球排放量为$1\times10^{16}$～$3\times10^{16}$克／年。

海洋源气溶胶颗粒物能够直接影响全球辐射平衡。颗粒物能够散射或吸收太阳辐射，削弱到达海洋表面的太阳辐射，进而改变海水表面温度。颗粒物是云凝结核和冰核的重要来源之一，能够影响或控制海洋大气中不同类型云的形成、发展和消亡，改变云的特性，因而改变云的辐射效应以及降水过程，进而影响水循环、生物地球化学循环和气候变化。

海洋源气溶胶是海洋大气边界层中的主要反应物和反应媒介。海洋源气溶胶既可以为化学反应（特别是非均相化学反应）提供良好的反应界面；也可以自身作为反应物参与大气化学反应。海洋源气溶胶直接或间接影响或控制大气化学过程，以及影响海洋大气组分和沿海地区的空气质量。

（汪冰冰　薛　姣）

**海洋灾害**　marine disaster　由于海洋自然条件发生异常或激烈变化，超过人们的适应能力，从而导致海上或滨海地区的人员伤亡、财产损失和环境、资源的损害。主要包括**风暴潮**、（地震）**海啸**、风暴海浪、海冰、**海雾**等突发性较强的灾害，以及**海岸侵蚀**、海湾淤积等缓发性的灾害，也包括人类活动严重影响海洋自然条件改变所引发的灾害，如沿海区域地表水干涸和地下水超采等所造成的海咸水入侵沿海地下含水层、海平面上升、沿海土地盐渍化，以及海洋污染所导致的赤潮灾害及其他生境或生态灾害等。有些海洋灾害，如严重风暴潮，还会影响到深入陆地多达70至百余千米的地方。这当然还不包括渊源于海洋的热带气旋（台风、飓风）登陆后，深入陆地多达千余千米所造成的危害和海洋影响大气导致陆上天气异常所造成的灾害等。

*风暴潮*　灾害居海洋灾害之首，世界上绝大多数因暴风引起的特大海岸灾害都是由风暴潮造成的。孟加拉湾1970年一次飓风风暴潮，曾夺去了恒河三角洲一带30万人的生命，100多万人无家可归。1922年8月2日中国汕头地区特大风暴潮，曾使7万人丧生。中国历史上还曾发生过死亡10多万人的风暴潮，即清康熙三十五年（1696）上海地区台风风暴潮。1969年美国墨西哥沿岸“卡米尔”飓风风暴潮增水曾达7.5米，这是自有仪器验潮以来记录到的世界第一位风暴潮。中国于1980年8007号台风（国际编名Joe）期间，曾记录到5.94米风暴潮，居世界第三位。历史上，荷兰曾不止一次被海水淹没，靠防潮大堤保护的土地占其国土总面积的3/4。

*海啸*　是世界许多国家滨海地区的猛烈海洋自然灾害之一。全球各大洋均有这类由海底地震、海底或海岸火山喷发、大陆或海岛海岸山体滑坡等引起的海啸发生，但因全球90%的海底大地震发生在太平洋，尽管并不是所有海底地震都能产生海啸，无疑太平洋沿岸是海啸灾害的多发区。该地区平均每18个月就要发生一次破坏性海啸。此外，地中海沿岸和印度洋、大西洋的一些海岸也是海啸灾害的多发区。印度尼西亚是海啸灾害最严重的区

域，1883年8月27日喀拉喀托火山爆发，产生40米高海啸，导致巽他海峡两岸3.6万人丧生。2004年12月26日印度尼西亚苏门答腊西北的海底地震引起大海啸，夺去了印度洋沿岸20多万人的生命，这一次海啸的死亡人数不但突破了全球海啸灾害的纪录，并且超过此前历次海啸灾害死亡人数的总和。日本也是海啸灾害最严重的国家，其次为美国、俄罗斯、菲律宾等国。中国是一个多地震的国家，但其大陆海岸为大陆架及群岛链环绕，从而免受横跨大洋海啸的劫难，但从北到南，尤其是台湾地区，则多次遭到局地海啸的袭击。

风暴海浪　强风和暴风引起的风暴海浪，是海洋上发生最频繁的海洋灾害。即使在造船和航海技术已经十分发达的今天，波高十数米的海浪仍是海上航行和作业的大敌。每年因风暴海浪翻沉的船只不下1万只，数万吨级的巨轮和庞然大物海上钻井平台亦常有倾覆。海冰和冰山是高纬度航行的严重的威胁之一。

风暴潮、海浪、海平面上升和沿岸人类活动等，又是发生海岸侵蚀、海湾淤积、土地盐渍化、海咸水浸染等灾害的直接原因。海洋生境或生态灾害往往与全球或局部环境损坏联系在一起，如赤潮、海上溢油事故引起的灾害等。

随着沿海人口的高度集中和沿海经济、海洋产业的飞速发展，20世纪80年代以来中国海洋和海岸灾害的经济损失明显增加，有的年份达到数百亿元。海洋灾害经济损失约占中国全部自然灾害经济损失的10%。但海洋灾害相对经济损失，即中国海洋灾害经济损失与沿海带及主要海洋产业之和的比值，却由20世纪80年代的0.71%降低到90年代的0.65%，海洋减灾效益明显。（杨华庭）

**海洋灾害公报**　bulletin of marine disaster　由国家或地方政府部门编制并向社会公众公布的能够反映海洋灾害发生及影响情况的刊物。内容一般包括统计时段内所有造成灾害影响的海洋灾害发生、发展和导致的损失情况，以及海洋防灾减灾领域的重要活动，具有权威性、指导性和新闻性。海洋灾害公报的发布可使政府和社会公众全面了解海洋灾害影响情况，积极采取有效措施减轻海洋灾害影响，促进沿海地区经济社会可持续发展。根据海洋灾害公报内容的不同，可以分为不同区域的海洋灾害公报，例如，介绍中国海洋灾害发生及影响情况的报告为《中国海洋灾害公报》。

《中国海洋灾害公报》(*Bulletin of China Marine Disaster*)是由国家海洋局（今自然资源部）编制并发布的反映中国（不含香港特别行政区、澳门特别行政区和台湾地区）年度海洋灾害发生及影响情况的报告，一般于次年3月发布上一年度中国海洋灾害公报。《中国海洋灾害公报》的编制历史可以追溯到1989年。主要内容包括风暴潮、海浪、海啸、海冰、赤潮、绿潮、海平面变化、海岸侵蚀、海水入侵及土壤盐渍化、咸潮入侵等海洋灾害发生、发展情况和灾害损失情况，并将当年度国家和地方发布的防灾减灾相关法规、制度、规范以及在技术方法方面取得的突出成果等以专栏形式进行展示。历年《中国海洋灾害公报》的整体框架和内容在保持连续性的同时，会根据当年度海洋灾害特点进行调整。（贾　宁　刘　强）

**海洋再生生产力**　marine regenerated production　海洋中由再生氮源支持的那部分初级生产力。见海洋新生产力。

**海洋藻类**　marine algae　海洋中各种藻类的总称。包括红藻、褐藻及绿藻等大型藻类和硅藻、甲藻、隐藻、黄藻、金藻等微型藻类。中国有海藻3000多种，其中大型海藻有1000多种，微型海藻有2000多种。根据藻类共同的特征，可以将藻类定义为：以叶绿素a作为光合作用的主要色素。没有真正根、茎、叶的分化。用单细胞的孢子或合子进行繁殖的低等植物。

海藻有单细胞、群体和多细胞。海藻的大小差别很大，从直径几微米到几米，最大的长达60米以上，因此可以根据藻类植物体的大小分为微型藻类和大型藻类。海藻形态有丝状体、叶状体、囊状体和皮壳状体等。有些海藻的外形虽然有类似根茎叶的形态，但不具备高等植物那样的内部构造和功能。藻体除固着器外，表皮细胞都能进行光合作用，释放氧气，相当于高等植物的叶的功能，所以，藻类植物的藻体亦被统称为“叶状体”。海藻细胞有两种基本类型：原核和真核。原核细胞缺少膜包裹的细胞器（质体、线粒体、细胞核、高尔基体、鞭毛），存在于蓝藻（因在进化上更接近细菌，又被称为蓝细菌）中。其余的藻类都是含有细胞器的真核细胞。海藻细胞含有各种各样的色素，不同的色素组成标志着进化的不同方向，是分门的主要依据之一。海藻的色素主要有3类：叶绿素、胡萝卜素和类胡萝卜素、藻胆蛋白。全部有色藻类都含有叶绿素a；藻胆蛋白只在蓝藻、红藻和隐藻门中发现。

根据生活习性，海藻可以分为两大类：①附着、定生生活的物种，只能分布在潮间带、浅海。②在海水中漂浮生活的海藻物种。藻类可以自养，也可以异养。自养型一般使用无机物作为碳源。自养型是可以利用光能作为能量源的化学自养。异养型藻类则是利用有机物作为碳源。异养型可以是使用光能作为能量源的光合异养，也可以是通过氧化有机物作为能量源的化学异养。

海藻的生殖方式多种多样，无性生殖方式有分裂生殖、孢子生殖和营养（出芽）生殖。有性生殖方式依据配子的体形可分为：①同配生殖，指形状和大小相同的配子融合。②异配生殖，指形状相同但大小有差异的配子融合，这种融合只能在大配子（称为雌配子）和小配子（称为雄配子）之间进行。③卵式生殖，指形状、大小和性表现都不同的配子融合。由雌性不动配子即“卵”细胞，与雄性游动或不动配子即“精子”相结合。海藻的生活史复杂多样，主要依据孢子体世代和配子体世代的形态特征和生态习性，减数分裂发生的时期，孢子的种类和特性，可以分为五种类型：①单倍体优势生活史，如衣藻属（*Chlamydomonas*）。②等世代交替生活史，如石莼属（*Ulva*）。③不等世代交替生活史，这种生活史包括两种类型：一种是由大型孢子体和微小配子体组成，如海带属（*Saccharina*）；另一种是由大型的配子体和微小的孢子体组成，如紫菜属（*Pyropia*）。④三世代型生活史，只见于红藻，如江蓠属（*Gracilaria*）。⑤二倍体优势生活史，如马尾藻属（*Sargassum*）。

海藻分类主要依据是所含的光合色素、储存的物质、鞭毛的数目和类型、生殖的方式等。藻类学家对藻类的分类有各种不同意见。中国藻类学者认同把藻类分为12个门，即蓝藻门、红藻门、隐藻门、黄藻门、金藻门、甲藻门、硅藻门、褐藻门、原绿藻门、裸藻门、绿藻门、轮藻门。除了轮藻门只能在淡水中生活外，其他11个门都有海生种类。

海洋藻类是海水中有机物质重要的原始生产者，每年产生有机碳的数量远高于陆生高等植物。早在2000年前，人们的

海洋中各色海藻

祖先就有关于大型海藻经济价值的论述。在《本草纲目》和各沿海县的县志中记载了许多经济海藻，如食用的紫菜、药用的鹧鸪菜、制胶用的石花菜、工业用的海萝等。微藻在保健、药用和饵料方面的价值也受到人们的广泛关注，如二十二碳六烯酸（DHA）、二十碳五烯酸（EPA）等对人类非常有益。海藻不但给人类提供了食品、保健品、药品、工业原料和新能源，而且在全球气候调控和环境修复中发挥着巨大的作用。但是人类活动对海洋的影响也造成了一些海藻灾害，如浮游微藻暴发产生的赤潮、浒苔暴发形成的绿潮，以及漂浮铜藻暴发形成的金潮等。（包振民）

**海洋噪声污染** ocean noise pollution 由于船舶航行、油气资源开发和声学探测等人类活动在海洋中产生的声音，干扰了海洋动物的捕食、繁衍和相互通信等生物活动，对海洋生态环境产生一定危害的现象。在海洋噪声场中声波来源广泛，既有自然声源，也有人为声源；不同声源场产生不同频率和声级的噪声，同一频率范围的噪声可能由一个或多个声源产生。

产生原因　波浪、海流和海洋生物活动等自然因素产生的声音，是海洋中的自然声音。随着人类探索、开发和利用海洋的活动日益增多，因船舶航行、油气开发、声学探测、海上工程建设等导致的人为声音已经将海洋中的自然声音掩盖了，形成了人为海洋环境噪声。船舶螺旋桨空化、动力机械和船体周边湍流等产生的航运噪声是海洋环境噪声的主要来源；油气开发噪声则来自勘探气枪声、设施建设钻井声和油气采输声，其中气枪声被称作海洋中最响亮的噪声，可在几千千米外听见；用于目标探测的军用声呐则是另一个强噪声来源；在港口、桥梁等近海工程建设时的打桩声、水下爆破声、航道疏浚机械声及近海风力发电场风机运行噪声等，也是人为海洋环境噪声的组成部分。

主要危害　海洋动物需利用声波进行导航定位、通信、个体识别、避障、捕食等，人为海洋环境噪声会严重干扰动物这些活动，导致它们的生物行为和生活规律发生改变。人为噪声对海洋生物的影响取决于其频率范围、强度和作用时间，持续性低声级噪声，如远方航运噪声、近海风力发电场运行噪声等，会使海洋动物尤其是鲸等海洋哺乳动物的听觉灵敏度减弱，而阵发性高声级噪声，如水下爆破声、气枪声等则会使海洋动物的听力暂时性或永久性缺失，甚至使其声学器官遭受物理伤害。近海持续的航运噪声、强烈的油气开发活动噪声除了影响海洋哺乳动物的觅食、繁殖和迁移外，还会造成海产品捕获量的下降。

防治措施　国际社会已经认识到海洋环境噪声污染的危害，已经制定并完善有关海洋声学环境保护的法律和标准，加大了监测和管理的力度。同时发展推广螺旋桨优化等减震降噪技术，建造运行效率高、整体噪声低的大型船只；合理规划海洋地质勘探活动，使其远离海洋生物栖息地；采取低噪声的施工方法并设置隔声屏障，以期减小海洋环境噪声污染所带来的影响。（林　巨）

**海洋珍稀濒危物种** rare and endangered marine species 受到自然或人为因素的影响，野生种群数量及其分布范围已缩减至难于维持生存延续，在不久的将来面临很高绝灭概率的海洋物种。

内涵　濒危物种等级划分国际上较为通用的是世界自然保护联盟（IUCN）的濒危物种等级体系，划分为灭绝（EX）、野生灭绝（EW）、极危（CR）、濒危（EN）、易危（VU）、低危（NT）6个等级。从野生动植物管理学角度讲，海洋珍稀濒危物种是指《濒危野生动植物种国际贸易公约》(*Convention on International Trade in Endangered Species of Wild Fauna and Flora*; CITES）附录所列海洋物种及国家和地方重点保护的海洋野生动植物。主要包括鸟类如短尾信天翁、白腹军舰鸟，哺乳类如儒艮，海洋爬行类如棱皮龟、湾鳄，鱼类如中华鲟、矛尾鱼，无脊椎动物如鹦鹉螺、部分珊瑚虫；部分裸子植物和被子植物。除了国际上管理组织和科学机构公认的珍稀濒危海洋物种之外，还有一些国家内部认为需要进行保护以防止其被过度开发，维护其管辖范围内的生态系统稳定的海洋物种，也可划定为海洋珍稀濒危物种。

1989年，中国首次公布了《国家重点保护野生动物名录》，涉及海洋野生动物34种（类）。1998年，发布《中国濒危动物红皮书》，列举了多种中国濒危海洋动物，包括海鸟13种、海洋爬行类8种、鱼类7种、海洋哺乳动物4种。2004年，发布《中国物种红色名录》，显示中国海洋濒危物种数达556种，包括23种造礁珊瑚、58种虾蟹、66种棘皮动物、53种海参、270种鱼类及5种海洋维管束植物等。濒危物种中包括多种国家Ⅰ级保护动物，如中华鲟、大砗磲、鹦鹉螺、绿海龟等。2021年，新调整的《国家重点保护野生动物名录》正式公布，调整后的《名录》共列入野生动物980种和8类。其中，686种为陆生野生动物，294种和8类为水生野生动物。

夏威夷绿海龟

成因　使海洋生物成为珍稀濒危物种的原因主要分为自然因素和人为因素。①自然因素。由于一些不可逆的短时间迅速产生的自然现象，造成某些海洋物种的数量减少，难以继续维持其种群发展。这些自然现象主要有地震、海啸、火山爆发等突然性的自然活动，使生物没有时间去适应这一自然变化。此外，个别物种本身分布范围集中，种群数量少也是辅助因素。②人为因素。主要有对海洋物种的过度捕捞杀害，使其种群数量急剧减少，很难恢复到维持正常繁衍的水平。另外，在海洋生态系统中，一个物种数量的减少，往往会对其他物种产生影响，如鳕鱼是海豹的主要觅食目标，其数量的减少也会对海豹数量造成影响。

保护措施　①应加强对现有海洋珍稀濒危物种及其栖息地的保护，减少捕捞和工农业污染对相关海域的影响，减少人为因素对珍稀濒危物种的干扰。②通过研究海洋珍稀濒危物种的生活习性和繁殖情况，做好人工繁殖保育工作。③在沿海地区加强宣传教育，提高全民保护海洋珍稀濒危物种的意识，健全海洋珍稀濒危物种保护的政策法规，实行严格监管，杜绝对珍稀濒危物种的进一步伤害。（汝少国）

**海洋真光层** marine photic zone 海洋中有阳光透过、光合作用得以发生的水层。在真光层中，浮游植物或其他海洋植物可以充分利用阳光进行光合作用，是水柱中支持净初级生产力的部分，海洋真光层大约有200米深。真光层的厚度随着季节、纬度、水体的浊度以及日光强度变化而变化。真光层内的光合作用产生大量氧气供海洋生物使用，同时存在的浮游动植物为其他海洋生物提供了充足的食物。因此，虽然真光层是海洋光巨大水体中很小的一层水体，但是却是最活跃的水层。

真光层光学特征　真光层又称透光层

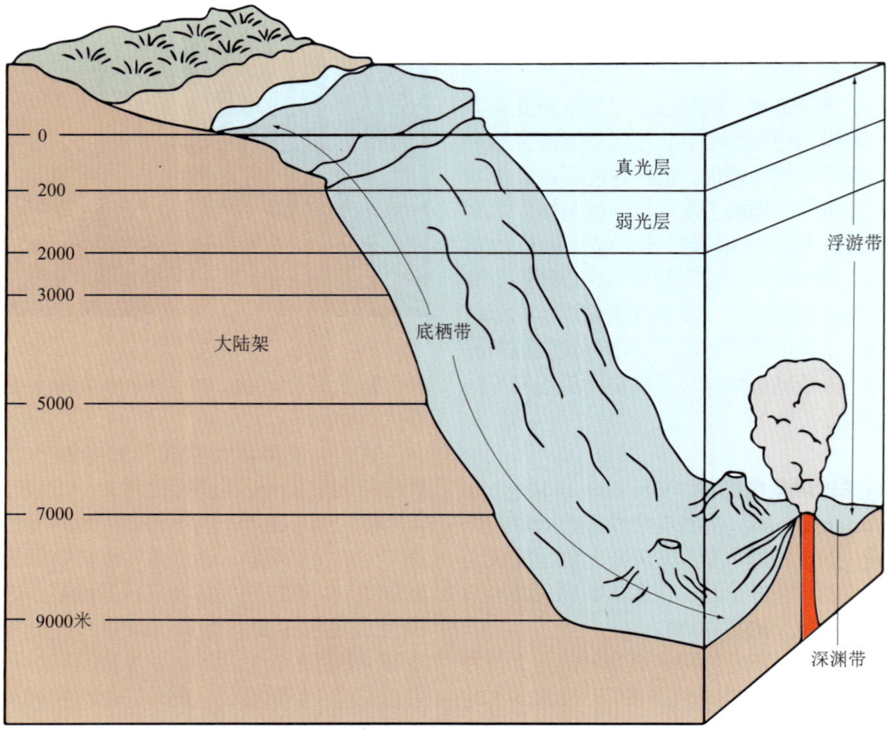


海洋中的光区分层

或阳光直射层，是浮游生活区的最上层水体，大约占据25%的海水。通常来说，太阳光中有一半以上的光波被1米内的海水吸收，即整个红光光谱都被此区域吸收。当阳光到达10米水深时，整个黄光光谱也被吸收，只剩下20%的光线仍然可见。大多数海洋生物不会生活在这个区域。50～70米深的地方，所有的绿光都被吸收，在这个水层中发生的光合作用都只能使有机体保持生命，没有额外的光能作为能源来供给生命生长和繁殖。从这到大约100米的深度，只有0.5%的阳光可以利用——包括蓝光到紫光的光谱。任何光合生物都不可能在这里生存下来，而阳光到达200米水深，只剩下表面光线的0.005%，几乎完全黑暗。

真光层生物多样性　真光层区域的温度范围在0～38℃，压力在1～20标准大气压（101.325～2026.5千帕）。海洋真光层生物多样性极为丰富，主要包括浮游植物、微型浮游动物、大型浮游动物、超大型浮游动物及游泳动物。

随着生命的演化，真光层中的动植物也发生了许多变化，以进一步适应周围的环境。例如，大多数生活于此的植物或藻类形成了独特的身体结构，以便轻松地支撑它们的重量并漂浮在海洋中，或者牢牢固定于合适的环境中。此外，生活在真光层的大多数动物都形成了顶部深色、底部浅色的遮蔽色以躲避捕食者。此外，多数鱼类具有流线型的身体和丰富的脂肪以在不同深度生存及快速游动。　（王敏晓）

**海洋真菌**　marine fungi　有共同习性，能在海水中繁殖和完成生活史，又能在海水培养基上良好生长的真菌。它们适应海水的酸碱度，耐高渗透压能力较强，一般寄生于海藻和海生动物上，或者腐生于浸没在海水中的木材上，也可生长在含盐的湿地、沼泽地、滩涂以及海底沉积物中。专性海洋真菌仅在海洋环境中生存，它们全部浸没在海水中或偶尔如此；兼性海洋真菌通常为陆生或淡水生，但能在海水中生存以及产孢。

海洋真菌可分为海藻寄生菌和动植物残体、木材及海底沉积物上的腐生菌。在海藻上的寄生种类有根肿菌属、破囊壶菌属、链壶菌属、水霉属、隔孢球壳属和球座菌属等。常见的海水木材腐生菌有暗球腔菌属、海花冠菌属、树球壳属、鱼雷孢属、假嗜盐丛赤壳属、白冬孢酵母属和腐质霉属等。海底沉积物中的腐生性种类包括枝孢属、德福里斯孢属、地霉属和葡萄穗霉属等。

海洋真菌主要为子囊菌、少量壶菌、卵菌和极少数担子菌。多数已知种类仅发现它们的孢子阶段，更多的种类有待发掘和认识。海洋子囊菌有分解纤维素的能力，子囊孢子常具有含酸性多糖的附属丝，有利于黏附在新基质上；仅发现无性阶段的类群孢子多为暗色。许多海洋真菌难以培养，认识其特性只能靠观察海水样品，并对其rDNA进行序列分析。

（陈庆涛　庄文颖）

**海洋植物**　marine plants　海洋中具有叶绿素、能进行光合作用生产有机物的自养型生物。它们是海洋中最重要的初级生产者。其门类甚多，从低等的无真细胞核藻类（即原核细胞的蓝藻门和原绿藻门），到具有真细胞核（即真核细胞）的红藻门、褐藻门和绿藻门，乃至高等的种子植物等13个门，共1万多种。它们的形态复杂，个体大小有2～3微米的单细胞金藻，也有长达60多米的多细胞巨型褐藻；有简单的群体、丝状体，也有具有维管束和胚胎等体态构造复杂的乔木。

海洋植物以藻类为主。海洋藻类都是简单的光合营养的有机体，其形态构造、生活样式和演化过程均较复杂。它们介于光合细菌和高等植物——维管束植物之间，在生物的起源和进化上占有重要的地位。海洋种子植物的种类不多，都属于被子植物，没有裸子植物。通常分为红树植物和海草两类。它们和栖居的多种生物，组成沿岸生物群落。海洋植物还包括一类藻菌共生体——海洋地衣。它们的种类不多，见于潮汐带，尤其是**潮上带**；其中大西洋沿岸多于太平洋沿岸。

传统上隶属于海洋植物的海洋细菌和海洋真菌，已随细菌和真菌的单独成界而分离出去（见**海洋生物学**）。

（曾呈奎　张峻甫）

**海洋致病菌污染**　marine pathogenic bacteria pollution　能够在海洋环境中生存、繁殖，并能侵染人类或海洋生物，引起宿主感染甚至发生疾病传染的细菌造成的污染。海洋致病菌以浮游、附着、寄生等多种形式存在于海洋环境中。海洋致病菌污染的主要途径是致病菌随着未彻底消毒处理的医院污水、城市生活污水、工业废水、农业退水和养殖污水的排放进入海洋。入海后的大部分致病菌因不适应海洋环境而很快死亡，只有部分存活甚至可以繁殖，成为疾病的传染源。

产生原因　海洋致病菌以弧菌（*Vibrio*）最为常见，主要有鳗弧菌（*V.anguillarum*）、溶藻弧菌（*V.alginolyticus*）、哈维氏弧菌（*V.harveyi*）、副溶血性弧菌（*V.parahaemolyticus*）、创伤弧菌（*V.vulnificus*）、霍乱弧菌（*V.cholerae*）等；常见的海洋致病菌还有假单胞菌（*Pseudomonadaceae*）、链球菌（*Streptococcus*）、爱德华氏菌（*Edwardsiella*）等，其他细菌如巴斯德氏菌（*Pasteurella*）、发光杆菌（*Photobacterium*）、

诺卡菌（*Nocardia*）等也可引起海水养殖鱼类疾病。霍乱弧菌等能生存于水体、沉积物和贝类等海洋生物中，副溶血性弧菌是沿海水域和鱼、虾、贝等海洋生物体内的正常菌群，假单胞菌是海水和沉积物中的常见菌，也是鱼、虾、贝等海洋生物体内的正常菌群。

主要危害　海洋致病菌污染可造成人类和海洋生物严重的健康危害。人类可因食用生的或未煮熟的染菌海产品及接触受污染的水体后引发疾病，副溶血性弧菌能引起急性胃肠炎，是沿海居民食物中毒的最常见病原菌。

海洋生物的致病菌以弧菌为首，副溶血性弧菌在环境条件改变时可大量繁殖而引起生物病害或死亡；鳗弧菌感染的鱼类会出现严重贫血、体表及脏器出血、皮下组织水肿等；爱德华氏菌可引起鱼类出现肠道脱出、眼球浊化，甚至肝、肾出血或肥大；链球菌常引起鱼类中枢神经损坏、脑膜炎等症状。

鉴定方法　传统的鉴定方法是以大肠菌或粪大肠菌群数作为评价海洋环境中病原菌污染程度的间接指标，免疫学鉴定技术、分子生物学技术和流式细胞仪技术在海洋致病菌监测和鉴定中的应用研究在不断深入，将这些技术相结合是未来的主要发展趋势。

防治措施　海洋致病菌污染的防治关键在于严格控制相关行业的污水排放质量，杜绝含病原菌的医疗污水、生活废水和养殖废水未经消毒处理即排放入海；人类避免食用生的或未煮熟的染菌海产品及接触受污染的水体是防止人类受到感染或发病的有效手段；防止和控制海洋污染、加强海洋环境监测、保护海洋生态环境是预防海洋生物受致病菌侵害的主要途径。

（白　洁）

**海洋中色素**　pigment in the sea　海洋中能够选择性地将特定波长的光吸收或反射的物质。色素能够赋予物质颜色。常见的色素包括有机的天然色素、合成色素以及无机色素。由于合成色素和无机色素与人类活动密切相关，除了极少数受人类活动影响显著的沿岸区域，这两类色素在海水中无法检出。色素研究是海洋科学，特别是海洋环境科学、海洋化学、海洋生物地球化学、海洋资源化学研究的重要方面。对海洋色素的深入研究，有助于更好地掌握海洋环境状况，更加准确地了解和预测全球气候变化的情况，也有利于提高海洋色素资源化利用的水平。

特点、种类和作用　色素在海洋中普遍存在，既存在于海洋生物体中，特别是浮游植物体内，也存在于海水和沉积物中，是影响海水颜色的重要因素。绝大多数海洋环境中的色素是天然色素，通常属于脂类化合物，与海洋生物活动密切相关，其产生、降解、迁移、转化等受到多种不同物理、化学、生物过程的控制。海洋中的色素主要存在于真光层中，许多色素是浮游植物光合作用的关键物质，称之为光合色素。在浮游植物体内，光合色素往往与蛋白质结合，捕获光能并通过原初反应将其转化为活跃的化学能。在海洋中，最典型的光合色素是叶绿素a。叶绿素a不仅能够捕获光能，一部分处于特殊状态的叶绿素a作为光合作用的反应中心色素，还能够将光能用于激发自身的电子，并将被激发的电子通过光合电子传递链传递到辅酶Ⅱ，实现原初反应。失去电子的叶绿素a通过夺取水中的氧或者其他电子供体中的电子得以恢复。此种过程不断重复进行，将光能转化为电能再转化为化学能，从而使浮游植物实现对光的有效利用。

除了叶绿素a，海洋藻类还能够产生其他色素，以更好地捕获光能，称为集光色素或者天线色素。这类色素在光合作用中只能捕获或传递光能，而不能够转化光能。在海洋环境中，光穿过海水的能力是有限的，射入海水的光量随着水深的增加而减少。海洋中的藻类能够产生多种不同的色素以捕获不同波长的光，从而更加有效地利用有限的光能。这些色素主要包括3类：①叶绿素类色素。如叶绿素b，叶绿素$c_1$、$c_2$和$c_3$，去镁叶绿素，二乙烯基叶绿素等。②类胡萝卜素类色素。这类色素还可以分为胡萝卜素类（α、β和γ-胡萝卜素）和叶黄素类（岩藻黄素、多甲藻素、玉米黄素、叶黄素、新叶黄素、硅甲藻黄素、硅藻黄素、虾青素、紫黄质、蓝藻叶黄素等）两类。③藻胆素类色素。如藻红素、藻蓝素、别藻蓝素等，它们与蛋白质结合，形成藻红蛋白和藻蓝蛋白。

除了海洋藻类，海洋动物也能产生色素。例如，海洋甲壳类动物能够产生角黄素（属于叶黄素类色素）等色素。在复杂的海洋环境中，海洋生物能够不断调整自身的色素组成和含量以适应周边环境的变化。

除了进行光合作用，海藻色素的另一个重要的生理功能是保护藻类避免紫外光的伤害。例如，由蓝细菌合成的伪枝藻素属于脂溶性芳香族生物碱色素，具有很强的紫外吸收能力，对保护蓝细菌免受紫外光的伤害有重要作用。此外，海藻产生的很多色素具有抗氧化、抗炎、抗突变、抗癌、抗肥胖、抗过敏以及保护心脏、神经系统、肝脏等生物活性，从而具有一定的药用价值。例如，虾青素具有抗过敏、抗癌、抗氧化、保护心脏等功效，成为一种具有高附加值的保健品，并且实现了商品化生产。

组成和含量　在海洋中，不同的海洋浮游植物体内产生的色素，特别是光合色素的组成和含量有着显著的差异，具有不同的色素组成特征。例如，甲藻普遍含有的多甲藻素，角毛藻和金藻含有19-丁酰基氧化岩藻黄素和19-己酰基氧化岩藻黄素，绿藻含有叶绿素b却不含有19-丁酰基氧化岩藻黄素，盐藻含有叶黄素和玉米黄素，小球藻含有叶黄素却不含有玉米黄素，而蓝藻以玉米黄素、β-胡萝卜素、叶绿素a为主等。由于这些差异，光合色素作为重要的生物标志物，其数据能够较好地反映研究海域现场浮游生物种类和组成的变化，在海洋科学特别是海洋环境科学研究中得到广泛的应用。在海洋赤潮研究中，对海水中光合色素定性、定量分析的结果对于追踪赤潮藻类的变化和赤潮的影响范围、影响程度和影响时间有重要意义。叶绿素a是海洋浮游植物体内普遍存在的主要色素成分，通常用来代表研究海域浮游植物的生物量，其变化趋势能够反映浮游生物总生物量，以及海洋初级生产力的变化趋势。

研究手段　研究海洋中色素的主要手段包括两大类。①利用海洋遥感技术，估算海水中浮游植物色素的浓度，并结合计算机、人工智能等技术，在较大的范围研究海洋初级生产力、海洋浮游植物的生物量和群落结构的时空分布及发展变化等。但是，基于遥感技术研究海洋中的色素，对其组成和浓度的估算只能局限于表层海水。②对海洋表层以下海水色素的研究，仍然主要基于取样检测的方法。分析海水中色素的主要手段包括高效液相色谱（HPLC）、超高效液相色谱（UPLC）、光度法等。其中HPLC是最常用最成熟的方法，对不同色素有较好的分离效果，检出限低、精密度高。而荧光法能够实现对叶绿素浓度的现场直接测量，操作简便，能够快速获得现场实时数据，但不能获得不同色素的浓度数据。

分布　对不同深度海水样品的分析结果表明，在次表层海水中，叶绿素浓度迅速升高，形成叶绿素浓度的极大层。在大洋中，叶绿素浓度的极大层往往出现在几十米水深，被称为深层叶绿素最大层。叶绿素最大层的形成与海水的光照和营养盐浓度的垂直变化有关。通常，在表层海水中，光照较为充足，但营养盐浓度较低。随着水深的增加，光照强度减弱，但营养盐浓度会升高。海洋浮游植物通过平衡光照和营养盐条件，使自己处于最优的生长环境，从而形成具有较高初级生产力和生物量的叶绿素浓度最大层。浮游植物的生产是海洋中色素的主要来源，也是影响海洋中色素时空分布的关键因素。此外，颗粒物的吸附与沉降、浮游植物的死亡下沉、色素的降解、浮游动物的捕食、微生物的分解、海水的运动等，也是影响海洋中色素分布的重要因素。（丁海兵）

**海洋种子植物** marine spermatophytes 以种子进行繁殖的海洋植物，海洋中最高等植物类群。种子植物（spermatophytes）又称显花植物，是最高等植物类群。种子植物有两个基本特征：①有维管组织（韧皮部和木质部）。②能产生种子并可用种子繁殖。种子植物又分为裸子植物和被子植物。裸子植物的种子裸露，无果皮包被，而被子植物的种子有果皮包被。种子植物有20余万种，是地球表面绿色植物主体。种子出现与花粉管产生密切相关。花粉管将精子输送到卵旁，使受精不受水限制。种子植物孢子体发达，高度分化，占绝对优势；而配子体极为简化，不能离开孢子体独立生活。海洋种子植物是海洋中的高等植物，能开花结果。海洋种子植物种类不多，只有红树植物和海草，一般不包括盐沼植物。

红树植物　红树植物是热带和亚热带海滩特有的木本植物，常形成红树林。红树植物主干有限生长，有丰富的支持根扎入泥滩，另有气生根露出于海滩，一般分布于潮间带。红树有保护海岸、滩涂的功能，能滋养鱼虾蟹，可用作建材、制药、造纸和制革等。

红树植物被认为是从陆地返回海洋的，已演化出一系列适应海水生长的形态构造特征：①特殊根系抗风浪、适应松软缺氧泥滩。②幼苗在母体果实中萌发（胎萌），胚体伸长呈棒状，成熟掉落后漂浮于水面远播，或扎入泥滩定居。③叶片角质层加厚，气孔下陷，有贮水组织和盐腺系统。④树皮富含单宁，抗海水侵蚀能力强。红树植物可形成成片红树林。涨潮时，树干被淹，树冠可见。落潮时，红树林则是海滩森林。

红树林边缘和潮汐偶然到达的河岸生长的一些植物是否归属红树植物尚存争议。因此，红树植物的科、属、种数没有确切统计。一般认为已知红树植物有18科23属80种。东南亚分布最广，达65种，而美洲东、西岸和西非海岸种很少，分别为11种、9种和9种。中国有16科19属30种，分布于浙江、福建、广西、广东、海南和港澳台地区。海南岛种类较多，有15科28种。向北逐渐减少，福建只有6科7种。福建以北较不适合红树生长。中国的红树植物中以红树科的木榄（*Bruguiera*）、红树（*Rhizophora*）、角果木（*Ceriops*）和秋茄（*Kandelia*）等属为主，最高的是红树科海莲（*Bruguiera sexangula*）和海桑科海桑（*Sonneratia caseolaris*），高达15米，分布最南的是海南三亚的红树（*Rhizophora apiculata*），分布最北的是台湾地区和福建的秋茄（*Kandelia candel*），分布最广的是灌木桐花树（*Aegiceras*，又称蜡烛果）。

海草　海草是一类沉水海洋单子叶植物，分布于热带和温带沿海，是重要的初级生产者。海草床为海洋动物和鸟类提供重要的繁殖和栖息地。有些干海草保温和隔音性能优良，可用于建筑。海草还含有众多生物活性物质。特别值得一提的是，海草是陆地作物耐盐性机制研究的重要材料和耐盐性遗传改良的重要基因源。

与红树植物一样，海草也是从陆地返回海洋的，有适应海洋环境的结构特征：①根状茎发达，个体交织生长；②叶片直立、漂浮，柔软呈带状，横切面圆柱状，内有气腔。③花着生叶丛基部，雄蕊（花药）和雌蕊（花柱和柱头）高出花瓣，花粉念珠状，黏结成链，海水媒授粉。海草属于沼生目（Helobiae），有两科13属74种。眼子菜科（Potamogetonaceae）包括大叶藻属（*Zostera*）、虾形藻属（*Phyllospadix*）、麟毛草属（*Lepilaena*）、波喜荡属（*Posidonia*）、二药藻属（*Halodule*）、丝粉藻属（*Cymodocea*）、针叶藻属（*Syringodium*）、全楔草属（*Thalassodendron*）、根枝草属（*Amphibolis*）、川蔓藻属（*Ruppia*）；水鳖科（Hydrocharitaceae）花粉粒呈圆球形，包括海菖蒲属（*Enhalus*）、泰来藻属（*Thalassia*）、喜盐草属（*Halophila*）。中国沿海有8属，其中海菖蒲、泰来草、喜盐草、丝粉草、二药草和针叶草等6属喜暖水，分布于广东、广西沿海；而鳗草属和虾形草喜温水，主要分布在辽宁、河北和山东沿海，矮大叶藻（*Zostera japonica*）可南伸到福建和香港沿海。

生态环境变化和人类活动影响使很多海草床（场）退化消失。海草床（场）修复和重建越来越受到重视，已经有很多修复和重建尝试。另外，海草红树的相关研究，如基础生物学、因组学、进化等，也越来越深入。（包振民）

**海洋重金属污染** marine heavy metal pollution 由于人类活动将重金属输入海洋，对海洋生态系统和人体健康产生危害的行为。环境研究中的“重金属”多指“有毒金属”，即对生物有明显毒性的金属或类金属元素，即汞、镉、铅、铬、锌、铜、钴、镍、锡和砷等生物毒性显著且不易被微生物降解的元素。虽然这些元素在海洋中（0.05～50毫摩尔/升）与生物体内［通常低于1微克/千克（干重）］的含量通常很低，但是对生物有较强的毒性。

来源　海洋中的重金属既有天然来源，又有人为来源。天然来源包括地壳岩石风化、海底火山喷发和陆地水土流失等，这些重金属通过河流输入、大气沉降等途径进入海洋，构成海洋重金属的本底值。人为来源主要包括工业和矿山废水排放、农药的流失以及煤和石油燃烧等，这些重金属进入海洋可能导致海洋中重金属浓度的累积并产生毒性效应。进入海洋的重金属随着物理、化学及生物过程在海洋中发生迁移转化。海水中胶体颗粒、悬浮物、泥土细粒、浮游生物等能吸附金属元素，而后通过重力沉降进入底泥。底泥中的金属，如汞在微生物的作用下可转变为甲基汞或二甲基汞，其生物蓄积性和毒性大大增加。

分布　一般重金属在河口及沿岸水域的浓度高于外海，并且因为人为污染的程度不同而变化显著；在远离人为污染的大洋开阔海域，其分布在垂向上可分为三类：保守型（如铯、钼）、营养盐型（铜、锌、镉、铬、钒、硒、银、砷、铁、镍）和清除型（铅、锰、钴、锡、汞）。保守型元素，从表层到底层均匀分布，其浓度与盐度的比值恒定；营养盐型元素，因为参与生物地球化学循环而呈现出在表层耗尽、深层富集；清除型元素，容易吸附于颗粒物上进而随着颗粒的沉降而从表层水中移除，导致浓度随着深度而降低。

主要危害　重金属在环境中不能被生物降解，在生物体内能和蛋白质及酶等发生相互作用，使它们失去活性，从而使生物中毒。海洋中的金属还可能经过海洋生物的富集作用，通过食物链传递危害人体健康。例如，人食用了铅污染的水产品，会出现神经系统及消化系统障碍；孕妇食用甲基汞污染的水产品，甲基汞还可侵入胎儿脑组织，导致先天性水俣病引起胎畸形。

分析方法　无论是水体中还是沉积物中，金属的生物有效性及毒性都与其存在形态相关，而不是仅仅取决于金属的存在总量。如水相中，溶解有机碳（DOC）能和金属镉形成稳定的络合物，从而直接穿过细胞膜进入细胞，提高水蚤（*Daphnia magna*）对镉的体内吸收；甲基汞对生物的毒性也高于离子态汞。沉积物中的金属可根据加拿大学者泰西耶等1979年提出的五步连续提取法分为5种结合形态，即金属可交换态（可交换态）、碳酸盐结合态（碳酸盐态）、铁（锰）氧化物结合态（铁/锰态）、有机质及硫化物结合态（有机态）、残渣晶格结合态（残渣态），其中残渣态金属几乎不具有生物有效性。

检测重金属元素可采用的分析方法主要有原子吸收法、电感耦合等离子体原子发射光谱法、电感耦合等离子体质谱法、冷原子吸收分光光度法、阳极溶出伏安法等。自20世纪70年代起，超净技术的发展实现了海水中金属含量的准确测定。重金属在环境中的污染程度，还可以通过指示生物的行为变化和生理指标等进行评价，例如牡蛎肉体颜色的改变可以反映海水中铜离子的污染程度。

环境的金属污染程度的评价，通常采用化学监测评估与生物潜在危害评估相结合的手段。化学检测评估是采集环境中的各个金属元素，用化学手段测定其含量并和环境背景值做比较得到单元素的富集因子，同时综合所有元素的富集情况得到环境的污染负荷指数，两者结合进行综合评估、判定环境污染情况；生物潜在危害评估是利用基于生物效应的沉积质量标准［平均效应中值熵法（mERMQ）］分析评价复合金属污染的潜在生态危害。

因为金属污染物不可降解，有些元素（如汞）随着食物链传递中营养级的增加还具有生物放大效应，所以比有机污染治理更加困难，多采用物理、化学以及/或生物治理修复法。中国近岸海域存在着重金属污染的现象，主要体现在沉积物中。

（潘进芬　江文胜）

**海洋重力测量**　marine gravity survey　使用海洋摆仪和海洋重力仪查明地球质量中的异常质量的分布状况的工作。最先是由荷兰物理学家F.A.韦宁·迈内兹于1923年使用海洋三摆仪在潜水艇中进行的。此后，在沿海浅水域常使用海底重力仪，利用遥测装置在海面上进行观测。这种重力仪的结构与陆地重力仪类似，观测精度也较高，但由于遥测等技术问题不易解决，观测时间较长、效率低，随后逐渐被淘汰。第二次世界大战后，美国、联邦德国、苏联、日本等国家研制出的海洋重力仪安装在船上，能在走航中进行重力测量。由于这种仪器探测方便，工作效率高，已广泛用于海洋重力测量。

海上重力测量技术远较陆地测量复杂。由于在风、海流、浪涌和潮汐的作用下，船只随着海洋表面水体作周期性或非周期性的运动，发生纵倾和横摇，以及航速和航向的偏差，都对船上重力仪附加以相当强的水平干扰加速度和垂直干扰加速度。

测量原理　地球上的一切物体都要受到地球的吸引力和地球自转所产生的惯性离心力的作用。两者的向量和即为重力。重力测量即测定地球上重力加速度（重力测量中，习惯以单位质量的质点所具有的重量定义为重力加速度，通称重力）或其增量。从理论上讲，海洋重力测量主要是查明地球质量中的那些异常质量的分布状况，而异常质量仅相当于地球质量的极小部分，产生的重力异常不过是全部重力的百万分之几，因而要求重力测量仪器必须有足够的灵敏性和很高的精确度。

测量仪器　有海洋摆仪和海洋重力仪两大类。早期的海洋摆仪缺点是结构复杂、笨重低效、抗震性差、资料整理冗繁，因而逐步为重力仪所取代。海洋重力仪按工作条件的差别分为海底重力仪和船上重力仪。船上重力仪以弹性系统结构划分，有力平衡型（又分直立型和旋转型）和振弦型。船上重力仪的结构原理是通过弹簧的伸缩量、水平摆杆的偏角、振弦的频率变化等测定重力的相对变化。同陆上重力仪相似。

船上重力仪是在船只行进中连续测定重力加速度的相对变化。船只的水平干扰加速度和垂直干扰加速度，以及震动等对仪器有很大影响。此外，船向东航行时，船速增大了作用在重力仪上的地球自转向心加速度，而向西航行时，船速减小这种向心加速度。这种导致重力视变化的作用称厄缶效应或厄特沃什效应。这个效应的大小与航向、航速和船只所处的地理纬度有关。克服和消除上述各项干扰效应始终是提高观测精度的关键。

测量方法　海洋重力测量分为路线测量（断面测量）和面积测量两种方式。路线测量的主测线应尽量垂直于区域地质构造线或地形走向线的方向。面积测量的测网密度根据任务和条件确定。

测量方法基本上采用走航式的连续观测。海洋重力测量与陆上重力测量相比，有它的特殊要求：①需要在港口码头建立重力基点；②需要准确的船只运动参数（航向、航速、位置）；③要求船只沿着航线（测线）尽量保持匀速直线航行。另外，还要求仪器适于不同深度海区和任意航速下的观测。当配有卫星导航系统时，船只可昼夜连续工作。

测量精度与计算　海上重力测量的精度普遍比陆地低，近海的海底重力仪观测精度（以均方误差表示）为±0.2～±0.8毫伽，远海区为±3～±5毫伽，深海远洋区更低。其主要原因是测点位置的测定误差很大（几百米至几海里不等），以及厄缶校正的偏差。海洋重力仪上的水准器的水平位置、仪器的格值、阻尼的时间常数、仪器的零点漂移（掉格）等应经常进行检查测定，这对提高重力测量成果的质量将起很大作用。

海洋重力测量的精度，除了受重力仪的误差影响外，很大程度取决于海上导航定位的精度。因而近海区要尽量用高精度的定位方法，远洋应采用精度较高的综合卫星定位系统定位。海洋重力仪的观测重力值的计算公式通常为：

$$g=g_0+\mathrm{K}\Delta S+\delta g_{\mathrm{E}}+\delta g_{\mathrm{t}}$$

式中$g_0$为重力起算点（基点）的绝对重力值；K为重力仪格值；$\Delta S$为消除了海上各种扰动加速度影响同基点间重力仪读数差；$\delta g_{\mathrm{E}}$为厄缶改正；$\delta g_{\mathrm{t}}$为仪器零点漂移改正。

观测重力值经空间改正、布格改正、均衡改正，并引入正常重力场改正（减去正常重力值），可分别计算出空间异常、布格异常和均衡异常。自由空间异常、布格异常、均衡异常，这三种异常是可以相互换算的，由此还可绘制出相应的重力异常平面图或剖面图。（陈邦彦　莫恭政）

**海洋主体功能区规划**　marine major function area planning　根据不同海域资源环境承载能力、现有开发强度和发展潜力，统筹考虑相邻陆域地区的经济社会发展，确定海域主体功能，并按照主体功能定位调整完善区域政策和绩效评价，以实行分类分区指导和管理的一种海洋空间规划。规划将中国海洋国土按开发内容，分为工业与城镇建设、农渔业生产、生态环境服务“三种功能”。按开发方式，分为优化开发区域、重点开发区域、限制开发区域、禁止开发区域“四类分区”。

海洋主体功能区规划是对海洋国土空间开发方向和开发时序的统筹调控，是国家实施国民经济调控的重要手段。主体功能区被确定为生态文明建设的首要任务之一，在优化国土空间开发保护格局中被赋予基础制度的地位，海洋主体功能区战略将成为指引中国海洋国土空间有序发展的长期性和稳定性的重大战略。

考虑到政策实施有效性和可操作性，海洋主体功能区规划构建了国家级和省级两级体系。国家级海洋主体功能区规划范围是内水、领海、专属经济区和大陆架及其他管辖海域；省（自治区、直辖市）级海洋主体功能区规划的范围为对应人民政府依法管理的海域。中国海洋主体功能区规划是中国海洋空间开发利用保护的战略性和指导性规划，规划按照不同海域的自然属性和法律地位，以内水、领海和海岛，专属经济区和大陆架及管辖的其他海域分别阐述主体功能定位和发展方向，并对推进实施海洋主体功能区规划的各项政策及其制度进行安排；省级海洋主体功能区规划以县级行政区管理海域为海洋主体功能区分区的基本单元，明确管理海区内各单元的海域主体功能定位、发展方向及配套政策。

2015年8月20日，中华人民共和国国务院印发了《全国海洋主体功能区规划》。该《规划》包括：规划背景、总体要求、内水和领海主体功能区、专属经济区和大陆架及其他管辖海域主体功能区、政策措施5个部分。《规划》提出，到2020年主体功能区布局基本形成之时，形成“一带九区多点”海洋开发格局、“一带一链多点”海洋生态格局、以传统渔场和海水养殖区等为主体的海洋水产品保障格局、储近用远的海洋油气资源开发格局。2016年，中国沿海省（自治区、直辖市）全面启动了省级海洋主体功能区规划的编制工作，至2017年底，辽宁、天津、山东、广东等省市海洋主体功能区规划已发布实施，其他沿海省份海洋主体功能区规划编制审查基本完成。 （黄 杰 于永海）

**海洋装备供能技术** energy supplying technology of marine equipment 高效、安全、环境友好和经济的提取、转换、运输、储存和使用能量，在避免对人类、自然和环境产生副作用的同时，实现对海洋装备高效率供能的技术。海洋技术中常见的供能技术包括*长程高效动力传输技术*、*长效高密度电池技术*、*水下电能节能管理技术*和水下原位供电技术等。

长程高效动力传输技术在*海底观测网络*、*遥控式无人潜水器*（ROV）等技术有应用。在海底观测网络技术中，把低压380伏交流电升压变流为10千伏高压直流电；然后，采用单极金属回路方式，通过海底电缆把10千伏高压直流电远距离输送到海底接驳盒中；最后，通过接驳盒内部的高压－低压DC/DC转换器，把10千伏高压直流电的电压降低，转换成48/24/12伏低压直流电，供各种水下设备工作使用。

长效高密度电池技术为海洋作业的、不直接连接电缆的水下装备进行供电，如*自治式无人潜水器*（AUV）等。在海洋装备上广泛使用的电池中，锂离子电池的整体性能较其他电池好。

水下电能节能管理技术确保水下复杂的机电装备和海底观测网络系统等海洋技术装备的电压和电流稳定在一定的允许范围内，以保证装备的正常工作。当系统因为负载过大，电压超出低极限值时，能量管理和控制系统必须马上动作，使得电压值恢复到允许范围之内。同时海洋装备常采用低功耗电路设计，能量管理与控制系统能使得电路系统在不用时进入“休眠”模式，需要时进行唤醒，可节省大量的电能。

水下原位供电技术包括基于海洋能发电和自带电池供电两种模式。基于海洋能发电的水下原位供能技术，充分利用海洋中的各种海洋能，如波浪能、海流能、温差能获得电能，给水下装备供电。自带电池供电一般采用锂电池进行供电，由于电池电量有限，要求水下原位设备的电路设计采用低功耗设计方式。

（陈 鹰 杨 柯）

**海洋资源** marine resource 海洋所固有的，或在海洋内外应力作用下形成并分布于海洋地理区域内的，在现在和可预见的将来，可供人类开发利用并产生经济价值，以提高人类当前和将来福利的物质、能量和空间等。

**概念** 海洋资源的概念，无论从语义时间还是从语义构成上都有“广义”和“狭义”之分。在语义时间上，海洋资源的概念并不是一成不变的，而是具有鲜明的时代特征。人类认识、开发、利用海洋自然资源（海洋社会资源）的广度和深度，随着人类社会生产力的提高和科学技术的发展而增加。“广义”上的海洋资源是指整个人类发展过程中（过去、现在和未来）所能利用的一切海洋资源，即构成海洋系统的一切物质、能量和功能；“狭义”上的海洋资源仅指人类发展的现阶段所能利用的一切海洋资源，即构成海洋系统的一部分物质、能量和功能。在语义构成上，“广义”上的海洋资源包括海洋自然资源和海洋社会资源，“狭义”上的海洋资源则仅指海洋自然资源。海洋自然资源是自然资源的重要组成部分，是以海洋为依托，在海洋自然力下生成广泛分布于整个海域内，能够适应或满足人类物质、文化及精神需求的一种被人类开发和利用的资源，包括能在海水中生存的生物、溶解于海水中的化学元素和海水中所蕴藏的能量以及海底的矿产资源，是人类经过努力可以开发和利用的自然资源，是构成人类生存和发展的基础。海洋社会资源是指人类在生存、发展和开发海洋活动中所需的人力资源、所创造和积累的物质形态的资本资源、非物质形态的其他社会资源。海洋社会资源是一个内涵十分丰富的概念，是以人力资源为核心的、依附于海洋自然资源所创造的人类海洋社会资源体系，涉及人类及其海洋知识与海洋财富的许多方面和领域，对海洋自然资源的认识、开发和利用，对人类的发展起到非常重要的作用，主要包括开发海洋自然资源的劳动力资源、信息资源、技术资源、资本资源、设备资源和管理资源等。在海洋资源中，海洋自然资源独立于海洋社会资源，海洋社会资源依赖于海洋自然资源，海洋自然资源的开发促进海洋社会资源的发展，反之，海洋社会资源的发展也将促进海洋自然资源的开发。

**分类** 海洋资源有多种分类方法。按照属性可分为海洋社会资源和海洋自然资源；按照形态可分为有形海洋资源和无形海洋资源；按照海洋资源的枯竭性特征可分为可再生海洋资源和不可再生海洋资源；按照海洋资源所处地理位置还划分为海岸带资源、大陆架资源、海岛资源、深海与大洋资源、极地资源。从海洋资源的自然本质属性出发，又可划分为海洋物质资源、海洋能源和海洋空间资源三大类。

*海洋物质资源* 海洋自然系统能够直接提供给人类的一切有用物质，包括海水本身，以及溶解于其中的化学物质、沉积/蕴藏于海底的各种矿物资源和生活在海洋中的各种生物体等。因此，海洋物质资源可进一步划分为海洋水资源、海洋化学资源、海洋生物资源（含海洋药物资源）和海洋矿产资源。

*海洋能源* 泛指存在于海洋中依附于海水存在的能源，主要包括5个类型：潮汐能、波浪能、海流能、海水温度差能（简称温差能）和海水盐度差能（简称盐差能）。与石油、天然气、煤炭等通过燃烧产生和利用能量的方式不同，海洋能源有自己独特的存在方式与形态，是可再生的，所以，通常也把海洋能源称为“海洋新能源”或“海洋可再生能源”。

*海洋空间资源* 是人们在海洋系统中进行海洋活动时利用海洋系统中物质客观存在，或运动的三维区域场所的所在。海

洋空间资源内涵极为丰富，它不仅指海洋本身的大气、海面和海底，还包括以海岸带和领辖海域的岛屿甚至内陆腹地。海洋空间资源是人类开发海洋活动的载体和资源基础。海洋空间资源分为5种类型，包括海洋运输空间资源、海洋生产和生活空间资源、海洋储藏和倾废空间资源、海洋文化娱乐设施空间资源和海洋通信电力输送空间资源。（仲 佰）

**海洋资源环境承载力** marine resource environment carrying capacity 在一定时间和空间范围内，在保障海洋生态环境健康、维持海洋资源可持续利用的前提下，海洋资源和生态环境所能承载各种涉海社会经济活动的最大能力。海洋资源环境承载力由承载体（海洋资源和生态环境）、承载对象（涉海社会经济活动）、承载率（承载状况与承载能力的比值）三大基本要素构成，是以资源—生态环境—社会经济耦合系统为基础定义的综合承载力。

概念释义 海洋资源环境承载力包含3层含义：①海洋的资源供给能力。指在海洋资源可持续利用、海洋生态环境不被破坏的前提下，海洋资源的种类、数量、供给量和价值量等对区域内生产、生活和发展的支撑能力。主要体现在海洋产业发展规模上，是海洋资源环境承载力的基础。②海洋的污染物容纳能力。指海洋生态环境维持其稳态效应能力时，所能承受的海洋开发利用活动的限度或阈值，如海洋对污染物质的容纳能力。是构成海洋资源环境承载力的另一重要内容，是海洋资源环境承载力的关键。③海洋资源、生态环境与社会经济协调发展。一方面，海洋能够为人类经济社会生活提供丰富的物质资源，推动海洋产业的发展；另一方面，各类涉海社会经济活动会增大海洋资源环境系统的负担。因而，协调发展应当体现在海洋资源环境承载力之中。

评价方法 海洋资源环境承载力是评判沿海地区人口、资源、生态、环境与社会协调发展与否的重要标识。评价研究是在理论研究的基础上，综合考虑海洋资源环境现状以及与人类的社会经济关系，通过构建一个合理、完善的评价指标体系，利用综合评价法、生态足迹法、状态空间法、系统动力学方法等手段，定性或定量估算海域实际承载能力，确定沿海社会经济发展速度、结构及其规模，提出海洋资源环境保护的对策措施等。

2006年10月，国家海洋局、科学技术部、国防科学技术工业委员会、国家自然科学基金委员会联合印发《国家“十一五”海洋科学和技术发展规划纲要》，其中首次提出“海洋综合承载力”，这是对海洋资源环境承载力概念的一次重大发展。根据国家发展改革委员会的统一部署，国家海洋局于2014年组织开展海洋资源环境承载能力研究，所制定的海洋资源环境承载能力监测预警技术方法被纳入《资源环境承载能力监测预警技术方法（试行）》（2016）。该方法明确提出了海洋资源环境承载力评价内容和技术流程（见图），利用基础评价、专项评价与过程评价相结合的方法，科学识别海洋资源环境承载力的状况和超载成因，对海洋资源超载区实行限制性措施，将人类社会经济活动限制在海洋资源环境承载力的范围之内。该方法对中国海洋资源环境承载能力监测预警方法的统一和推进具有重大意义。

（于 格 孙 雪）

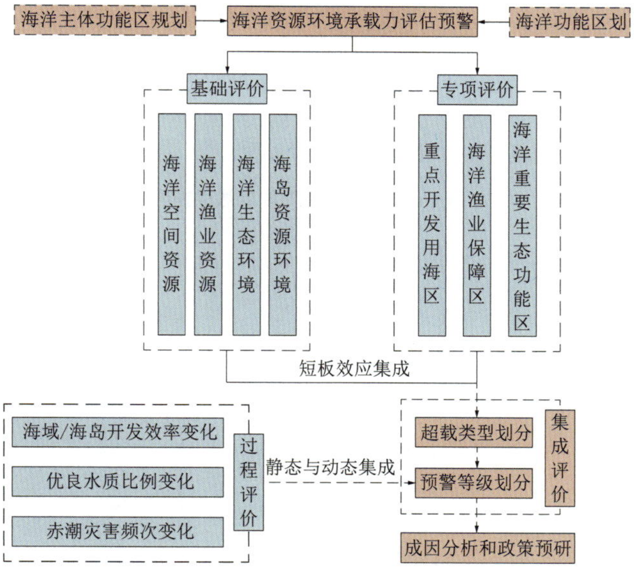

海洋资源环境承载力监测预警技术路线

**海洋自净能力** marine self-purification capacity 海洋通过其自身的物理、化学和生物等过程使水体中污染物浓度降低乃至消失的能力。海洋自净能力是制定污水排海标准、确定**海洋环境容量**和进行海域环境目标管理的重要依据。海洋自净能力通常可分为物理自净能力、化学自净能力和生物自净能力，与自净能力相对应，海洋自净过程也可分为物理净化过程、化学净化过程和生物净化过程。

物理净化过程 污染物在对流、混合、稀释、扩散和沉淀等物理过程作用下，能够使排放源周围海洋水体环境中的悬浮体、胶体和溶解性污染物质的浓度降低，固态污染物质也可在水动力较弱的地方经沉降作用逐渐沉入海底，从而使水体得以净化。影响海洋物理净化过程的因素包括潮汐、环流以及海面风场、污染物质进入海洋的位置和形式等。

化学净化过程 由于氧化还原、化合分解、吸附凝聚、交换和络合等化学反应，从而使水体中的污染物浓度降低或物质转化。如海洋中的有机污染物，可经氧化还原作用最终生成二氧化碳和水等；在特定化学条件下，金属污染物的离子价态会发生改变并进而影响它们的化学性质和迁移转化。影响海洋化学净化过程的因素包括海水的酸碱度（pH）、氧化还原电势（Eh）、温度及污染物的化学组分和形态等。

生物净化过程 海洋生物（如微生物和藻类等）的代谢作用可吸收、降解或转化海洋环境中的污染物，从而使水体中污染物浓度降低。如藻类吸收水体中的营养盐，降低近岸海域的富营养化水平；微生物可降解海洋中的石油、有机氯农药、多氯联苯等有机污染物；海洋生物吸收和富集汞、镉、铅、砷等金属污染物，从而降低它们在水体中的浓度。影响海洋生物净化过程的因素包括海洋中溶解氧的含量、生物量及群落结构等。

物理净化过程、化学净化过程和生物净化过程相互影响，在海洋环境中同时发生，或在某些特定情况下相互交错进行。一般地，海洋自净以物理净化过程为主导，但在水交换滞缓的近海和海湾，海洋自净是一个漫长的过程，化学和生物净化过程也可能占有重要的地位。（高会旺）

**海洋自然保护区** marine nature reserve 以海洋自然环境和资源保护为目的，把包括保护对象在内的一定面积的海岸、河口、海湾、岛屿、滨海湿地或海域划分出来，进行特殊保护和管理的区域。包括海洋和海岸自然生态系统、海洋生物物种、海洋自然遗迹和非生物资源海洋地质遗迹等3个类别16个类型。

发展 美国是世界上最早建立国家自然保护区的国家。美国黄石国家公园于1872年建立，开创了国家保护区建设的先河。1916年，美国创建了世界上最早的国家自然保护区专业管理机构——国家公园服务局（NPS），标志着自然保护区管理规范化的开端。1962年世界国家公园大会首次提出“海洋自然保护区”这一概念，虽然其发展落后于陆地自然保护区，但随着对海洋环境重视程度的提升，发展势头迅猛。1886年澳大利亚建成世界上第一个海洋类型的自然保护区——新南威尔士州皇家公园。20世纪70年代初，美国率先建立国家级海洋自然保护区，并颁布《海洋自然保护区法》，使建立海洋自然保护区的行动法制化。澳大利亚、俄罗斯、丹麦等国家也纷纷设立海洋自然保护区。

1963年在渤海建立的蛇岛自然保护区，是中国管辖海域建立的第一个与海洋有关的自然保护区。1988年国家海洋局

**表1　中国国家级海洋自然保护区名录（截至2023年）**

| 序号 | 保护区名称 | 地点 | 主要保护对象 | 建立时间/年 | 面积/公顷 | 序号 | 保护区名称 | 地点 | 主要保护对象 | 建立时间/年 | 面积/公顷 |
|---|---|---|---|---|---|---|---|---|---|---|---|
| 1 | 辽宁丹东鸭绿江口滨海湿地国家级自然保护区 | 辽宁东港 | 沿海滩涂湿地及水禽候鸟 | 1997 | 81 430.00 | 19 | 福建厦门珍稀海洋物种国家级自然保护区 | 福建厦门 | 中华白海豚、文昌鱼、白鹭等海洋珍稀濒危物种 | 2000 | 7588.00 |
| 2 | 辽宁蛇岛－老铁山国家级自然保护区 | 辽宁大连 | 蝮蛇、候鸟及蛇岛特殊生态系统 | 1994 | 9072.00 | 20 | 福建漳江口红树林国家级自然保护区 | 福建云霄 | 红树植物、湿地水鸟、东南沿海优良经济水产种质资源 | 2003 | 2360.00 |
| 3 | 辽宁大连斑海豹国家级自然保护区 | 辽宁大连 | 斑海豹及其栖息地 | 1997 | 561 975.00 | 21 | 福建闽江河口湿地国家级自然保护区 | 福建福州 | 重点滨海湿地生态系统、濒危动物物种和丰富的水鸟资源 | 2014 | 2260.00 |
| 4 | 辽宁大连城山头海滨地貌国家级自然保护区 | 辽宁大连 | 地质遗迹、古生物化石及海滨喀斯特地貌 | 2001 | 1350.00 | 22 | 广东惠东港口海龟国家级自然保护区 | 广东惠州 | 海龟及产卵繁殖地 | 1992 | 1800.00 |
| 5 | 辽宁辽河口国家级自然保护区 | 辽宁盘锦 | 珍稀水禽及湿地生态系统 | 1988 | 80 000.00 | 23 | 广东内伶仃岛－福田国家级自然保护区 | 广东深圳 | 猕猴、鸟类、红树林等 | 1988 | 921.64 |
| 6 | 天津古海岸与湿地国家级自然保护区 | 天津 | 贝壳堤、牡蛎滩古海岸遗迹、滨海湿地 | 1992 | 35 913.00 | 24 | 广东珠江口中华白海豚国家级自然保护区 | 广东珠海 | 中华白海豚及其生境 | 2003 | 46 000.00 |
| 7 | 河北昌黎黄金海岸国家级自然保护区 | 河北昌黎 | 海岸自然景观及生态环境和资源 | 1990 | 33 438.00 | 25 | 广东湛江红树林国家级自然保护区 | 广东湛江 | 红树林生态系统及生物多样性 | 1997 | 20 279.00 |
| 8 | 山东滨州贝壳堤岛与湿地国家级自然保护区 | 山东滨州 | 贝壳堤岛和滨海湿地 | 2006 | 43 541.54 | 26 | 广东徐闻珊瑚礁国家级自然保护区 | 广东徐闻 | 珊瑚礁及其生态系统 | 2007 | 14 378.50 |
| 9 | 山东荣成大天鹅国家级自然保护区 | 山东荣成 | 大天鹅等珍禽及生境 | 2007 | 10 500.00 | 27 | 广东雷州珍稀海洋生物国家级自然保护区 | 广东湛江 | 白蝶贝等珍稀海洋生物及其生境 | 2008 | 46 864.67 |
| 10 | 山东长岛国家级自然保护区 | 山东长岛 | 鹰、隼等猛禽，其他鸟类和海洋生物及其栖息地 | 1988 | 5015.20 | 28 | 广东南澎列岛国家级自然保护区 | 广东南澳 | 海洋生态系统及海洋生物 | 2012 | 35 679.00 |
| 11 | 山东黄河三角洲国家级自然保护区 | 山东东营 | 新生湿地生态系统及珍稀濒危鸟类 | 1992 | 153 000.00 | 29 | 广西山口红树林生态国家级自然保护区 | 广西合浦 | 红树林生态系统 | 1990 | 8000.00 |
| 12 | 江苏盐城湿地珍禽国家级自然保护区 | 江苏盐城 | 珍稀野生动物及其赖以生存的滨海湿地生态系统 | 1992 | 247 260.00 | 30 | 广西合浦儒艮国家级自然保护区 | 广西合浦 | 儒艮及海洋生态系统 | 1992 | 35 000.00 |
| 13 | 江苏大丰麋鹿国家级自然保护区 | 江苏大丰 | 麋鹿及滨海湿地生态系统 | 1997 | 2667.00 | 31 | 广西北仑河口国家级自然保护区 | 广西防城港 | 红树林生态系统 | 2000 | 3000.00 |
| 14 | 上海崇明东滩鸟类国家级自然保护区 | 上海崇明 | 以鸻鹬类、雁鸭类、鹭类、鸥类、鹤类作为代表性物种的迁徙鸟类及其赖以生存的河口湿地生态系统 | 2005 | 24 155.00 | 32 | 海南东寨港红树林国家级自然保护区 | 海南海口 | 红树林生态系统 | 1986 | 3337.60 |
| 15 | 上海九段沙湿地国家级自然保护区 | 上海浦东 | 河口沙洲地貌和鸟类等 | 2005 | 42 020.00 | 33 | 海南大洲岛海洋生态国家级自然保护区 | 海南万宁 | 海岛生态、金丝燕及生境、海洋生态系统 | 1990 | 7000.00 |
| 16 | 浙江南麂列岛国家级自然保护区 | 浙江平阳 | 海洋性鸟类、海洋贝藻类、野生水仙花及生态环境 | 1990 | 20 106.00 | 34 | 海南三亚珊瑚礁国家级自然保护区 | 海南三亚 | 珊瑚礁及其生态系统 | 1990 | 8500.00 |
| 17 | 浙江象山韭山列岛海洋生态国家级自然保护区 | 浙江象山 | 大黄鱼、鸟类等动物及岛礁生态系统 | 2011 | 114 950.00 | 35 | 海南铜鼓岭国家级自然保护区 | 海南文昌 | 珊瑚礁、地质地貌、热带季雨矮林、野生动物等 | 2003 | 4400.00 |
| 18 | 福建深沪湾海底古森林遗迹国家级自然保护区 | 福建晋江 | 海底古森林遗迹和牡蛎海滩岩及地质地貌 | 1992 | 3100.00 | | | | | | |

（今自然资源部）制定了《建立海洋自然保护区工作纲要》，之后开展了大规模的海洋自然保护区建设。国务院各有关部门不断加强海洋自然保护区的建设和管理，截至2023年，中国管辖海域内已建立各类海洋自然保护区160处，其中国家级海洋自然保护区35个（表1），保护面积约1.8万平方千米，包括儒艮、斑海豹、中华白海豚等珍稀、濒危海洋生物物种，红树林、珊瑚礁、滨海湿地等典型生态系统，海洋自然历史遗址等多种类型的保护区。沿海11个省、自治区、直辖市均有海洋自然保护区分布，并初步形成了海洋自然保护区的网络体系。

分类　根据主要保护对象，中国国家标准《海洋自然保护区类型与级别划分原则》（GB/T 17504—1998）将海洋自然保护区分为3个类别16个类型（表2）。

**表2　海洋自然保护区类型划分表**

| 类别 | 类型 |
|---|---|
| 海洋和海岸自然生态系统 | 河口生态系统 |
| | 潮间带生态系统 |
| | 盐沼（咸水/半咸水）生态系统 |
| | 红树林生态系统 |
| | 海湾生态系统 |
| | 海草床生态系统 |
| | 珊瑚礁生态系统 |
| | 上升流生态系统 |
| | 大陆架生态系统 |
| | 岛屿生态系统 |
| 海洋生物物种 | 海洋珍稀濒危生物物种 |
| | 海洋经济生物物种 |
| 海洋自然遗迹和非生物资源海洋地质遗迹 | 海洋地质遗址 |
| | 海洋古生物遗迹 |
| | 海洋自然景观 |
| | 海洋非生物资源 |

海洋自然保护区分为国家级和地方级。国家级海洋自然保护区是指在国内、国际有重大影响，具有重大科学研究和保护价值，经国务院批准而建立的海洋自然保护区。地方级海洋自然保护区是指在当地有较大影响，具有重要科学研究价值和一定的保护价值，经沿海省、自治区、直辖市人民政府批准而建立的海洋自然保护区。

法律及标准体系　《中华人民共和国海洋环境保护法》规定："国务院有关部门和沿海省级人民政府应当根据保护海洋生态的需要，选划、建立海洋自然保护区"，"凡具备下列条件之一的，应当建立海洋自然保护区：①典型海洋生态系统所在区域。②高度丰富的海洋生物多样性区域或珍稀、濒危海洋生物物种集中分布区域。③具有重大科学文化价值的海洋自然遗迹所在区域。④具有特殊保护价值的海域、海岸、岛屿、湿地。⑤其他需要加以保护的区域"。1995年颁布的《海洋自然保护区管理办法》，进一步明确了保护区管理职责、管理要求等。此外，根据《中华人民共和国自然保护区条例》《自然保护区类型与级别划分原则》等相关法律、法规，制定了《海洋自然保护区类型与级别划分原则》《海洋自然保护区管理技术规范》（GB/T 19571—2004）等标准体系。

2019年6月，中共中央办公厅和国务院办公厅印发了《关于建立以国家公园为主体的自然保护地体系的指导意见》，按生态价值和保护强度高低将自然保护地分为国家公园、自然保护区和自然公园3类，海洋自然保护区在新的体系下重新定位，将在以国家公园为主体的自然保护地体系中发挥重要的基础作用。（张朝晖）

**海洋钻孔生物**　marine boring organisms　穿凿岩石、木船、木竹建筑、红树、珊瑚礁以及贝壳等海洋中物体的海生生物。海洋钻孔生物是海洋底栖生物的一部分，世界各海域都有分布。它们中有的是为免受其他动物侵害而钻洞穴居，有的为摄食被穿凿的物体而钻孔。

研究简史　在海洋中，钻孔生物对人类的危害很大，如船蛆（*teredo*）会严重破坏木船和海洋中其他木竹设施。所以，远在使用木筏和小船过海的时代，人类就对它们有所认识。但真正的科学研究，是从1730年荷兰木质堤岸遭受船蛆的破坏以后开始的。1733年，G.塞利乌斯首先确定了船蛆属于软体动物，报告了其种类，并提出用煤焦油防除的方法。1913年左右，由于船蛆进入旧金山海湾港口，几年时间便造成空前的破坏，损失达到2500万美元。这又进一步促进了对船蛆的研究。21世纪初，美国东北沿岸和德国波罗的海沿岸也遭受船蛆的快速繁殖侵害。甲壳类中的蛀木水虱（*Limnoria*）也是海港、码头木质建筑的破坏者。据美国C.E.莱恩估计：每年由于蛀木水虱的破坏所遭受的损失达数百万美元。因此，对它们的种类、分布、钻木习性、营养生理等也做了很多研究工作。

种类及其危害　钻孔生物包括海藻、海绵动物、苔藓动物、环节动物的多毛类、软体动物的双壳类、节肢动物的甲壳类和棘皮动物的一些种类，其中以双壳类和甲壳类最为重要，危害最大。海绵类中的穿贝海绵（*Cliona*）、多毛类中的某些才女虫（*Polydora*）和一些苔藓动物，常穿凿扇贝、牡蛎、珠母贝等经济贝类，使其生长受到影响。棘皮动物中的球海胆（*Strongylocentrotus*）等能用坚硬的棘穿凿珊瑚礁等。软体动物中的住石蛤（*Petricola*）、缝栖蛤（*Hiatella*）、石蛏（*Lithophaga*）、开腹蛤（*Gastrochaena*）以及海笋科（Pholadidae）中的许多种类都能穿凿岩石、珊瑚礁和贝壳等，对岩石堤岸、珊瑚礁和经济贝类的养殖有危害。海笋、石蛏穿入贝壳穴居，但不以所穿凿的对象为饵料。船蛆科（Teredinidae）除滩栖船蛆（*Kuphus*）以外的种类和甲壳类的蛀木水虱、团水虱（*Sphaeroma*）、跳水虱（*Chelura*）等都穿凿木材，并以木材为饵料。

船蛆科　海洋钻孔生物中研究最多的生物。属于软体动物的双壳类，约有60多种。中国沿海已发现19种。由于长期钻在木、竹中生活，船蛆的贝壳已经退化，仅剩下很小一部分包裹在身体前面，成为钻洞的工具。船蛆有柔软而细长、形似蛆虫的身体，身体末端有两个细长的管子（进水管和出水管）。在水管的基部，有一对其他双壳类动物所没有的石灰质的铠。船蛆在正常情况下活动时，铠回缩体内，水管伸到木穴外，海水和一些微生物、有机碎屑由进水管流进体内，而排泄物、生殖产物则经出水管排出体外。船蛆一旦受到敌害威胁、惊扰或感到外界环境不适时，水管便立即回缩，铠伸出体外并堵塞洞口，以自卫。

一些学者认为，船蛆用化学方法钻木，即由足部分泌出一种物质将木材溶解后钻入；有的学者认为，船蛆用机械方法钻木，即以足为支点，用带有齿的贝壳左右旋转，摩擦木材，将木材锉下而钻入。船蛆贝壳表面生有细密的齿纹，与木材被凿的纹路相一致，是机械方法钻木的一个有力证据，但并不排除船蛆兼用化学方法分解木材。

船蛆是滤食性的动物，以海洋浮游生物和有机碎屑为食料，也吃木材。船蛆穿凿木材的深度可达20～30厘米，有的种类可达1米，而且常常密集。船蛆的幼体营浮游生活，幼体在海水中散布并寻找适宜的基底（质），附着后钻入木材。船蛆钻入木材后生长很快，大量的钻入会破坏木材结构，使船只或构筑物解体破损，常造成很大损失。一块长12厘米、宽9厘米的木材，在青岛夏季放入海中一个月，就钻入上千条船蛆。

海笋科　属于双壳类，分布广泛，中国南北沿海均有分布。常穴居于泥沙滩，钻孔于风化的岩石、石灰岩或木材中。幼虫时钻入穴内，终生不再移动。如生长在中国塘沽新港防波堤石灰石上的吉村马特海笋（*Martesia yoshimurai*），在一块约1000立方厘米的石块中曾找到108个个体。除钻石的种类外，也有钻木的种类，如马特海笋（*Martesia striata*）广泛分布在热带和亚热带，危害程度有时比船蛆还严重。食木海笋（*Xylophaga*）生活于水下35～3000米，不但钻木材，偶尔也钻入海底电缆、塑料或其他海洋中的物体。

甲壳类　蛀木水虱、团水虱、跳水虱等，常着生于港湾和码头的木桩、护木以及其他木质设施上，终生在木材表层穿凿，破坏海里的木质结构和船只。它们同船蛆内外夹攻，使木材很快坏损。蛀木水虱个体较小，最大的有5毫米，广泛分布在中国沿海，已知有54种，其中有21种以海藻为食，5种以海草为食，其余28种均钻食木材。试验也证明蛀木水虱以木材为主要食料，但木材能否满足蛀木水虱的需要尚未肯定。团水虱一般体长10毫米上下，在中国长江口以南各省沿海分布很广，时常穴居于沿海桥基木桩中，危害桥梁。

**防治措施**　一般用煤焦油压入木材的方法防除钻孔生物的破坏，此法已使用100多年，有一定效果。涂刷防污漆对钻孔生物也有防除的效果。但油漆脱落后仍不免受害。中国民间用火熏烤船底或用铁锅碎片钉入船底等办法，对防除船蛆也有成效。20世纪50年代末期，中国科学院海洋研究所经过研究提出"56防治船蛆法"，在一定程度上解决了防除船蛆的问题。有研究表明，使用铬化砷酸铜（CCA）可以有效地防除船蛆和蛀木水虱。中国也发明了一种防治团水虱和船蛆的药物。

海笋一般只钻石灰岩，对坚硬的花岗岩很少钻入，所以在建港、筑堤时应避免使用石灰岩。

（齐钟彦　马　林　李新正）

**海域富营养化评价**　eutrophication assessment of coastal waters　对海域富营养化发展过程和状况进行定量化描述。通过选取能够表征海域富营养化水平和程度的评价指标，应用相应的富营养化评价模型和方法，评估海域所处的富营养化程度或等级，了解海域的富营养化进程。海域富营养化评价是富营养化防控的重要依据，能让管理者准确、全面掌握近海富营养化的程度、范围和发展趋势，制定科学合理的防控措施。

海域富营养化评价是一个新兴的研究领域，随着人们对海域富营养化认识的不断深入，评价方法也不断改进。

单因子评价法　是以淡水湖泊富营养化评价方法为基础的单因子评价方法。单因子评价法可分为物理参数法、化学参数法和生物学参数法。①物理参数法。主要利用温度、水色和透明度等与藻类生长相关或能够反映藻类生长状态的水体物理参数的变化来评价水体富营养化。②化学参数法。利用水体的总氮（TN）、总磷（TP）、化学需氧量（COD）、溶解氧（DO）等与藻类增殖有直接关系的化学参数来评价水体富营养化。③生物学参数法。利用藻类现存量或叶绿素a、浮游植物种类、多样性指数、藻类增值潜力（AGP）等反应水体中藻类增殖的生物因子对水体富营养化进行评价。

综合指数评价法　是以营养质量状态指数（NQI）、富营养化指数（E值）、多因子营养指数（TRIX）为代表的综合指数评价方法。随着对近海富营养化认识的深入，人们渐渐发现近海与淡水富营养化过程存在较大差异，仅仅通过单因子评价近海富营养化远远不够。因此，在20世纪70～80年代，发展形成了一批综合多个物理、生物、化学因子的海域富营养化评价方法，其中最具代表性的是NQI、E值及在单因子（TSI）方法基础上发展而成的TRIX方法。

利用软计算和统计学方法建立的评价法　由于近海生态系统的复杂性和非线性，仅仅选取某几个特征因子、通过上述简单方法对海域富营养化进行评价往往难以做到客观和准确。随着软计算（如人工神经网络分析、模糊逻辑等方法）和统计学方法的发展，人们将该技术应用于海域富营养化多因子间的复杂性和非线性分析，逐渐建立起一些基于软计算和多元统计学（如主成分分析、聚类分析等）的海域富营养化评价方法。

基于概念模型的综合评价体系　上述3种海域富营养化评价方法都是建立在早期近海富营养化概念模型（营养盐"负荷–响应"模型）的基础上，只是不同的方法在选取评价参数、响应因子以及采用的数值分析方法上有所不同。这些方法均称为第一代富营养化评价方法，具有评价因子简单、评价过程方便等优点。人们逐渐认识到早期的"负荷–响应"富营养化概念模型不能完全适合近海富营养化的形成和特点。在此基础上，进行了一系列的发展和改进，逐渐形成了国际上普遍使用的"压力–状态–响应"的近海富营养化第二代概念模型。该模型以营养盐负荷作为信号，但是在其响应方面不仅考虑了浮游植物生物量等直接响应，还考虑了营养盐循环、食物网结构等间接响应，更适合于近海富营养化的特点。在此基础上，也相应形成了第二代近海富营养化评价理论与方法，即"压力–状态–响应"评价模型。与早期的评价方法不同，该评价模型在全面考虑海域的人类活动压力、海域的系统状态及人类未来的管理响应等基础上，对海域富营养化进行更为综合和系统的评价。

（俞志明）

**海域使用论证**　sea area use demonstration　针对项目用海的分析论证内容，提出项目用海是否可行的论证结论。海域使用论证工作的根本作用在于对项目用海的科学性和合理性进行评估，为行政审批提供决策依据和技术支撑。海域使用论证对于合理开发海洋资源、保护海洋生态环境、维护国家海洋权益和广大用海者的合法权益、促进海洋经济的可持续发展，都具有十分重要的现实意义。①海域使用论证是海域宏观调控的"切入点"。②海域使用论证是合理配置海域资源的"过滤器"。③海域使用论证是全面协调用海关系的"减震阀"。

海域使用论证的主要内容包括：项目用海必要性分析，项目用海资源环境影响分析，海域开发利用协调分析，项目用海与海洋功能区划及相关规划符合性分析，项目用海选址、面积、期限等合理性分析以及海域使用对策措施分析。海域使用论证工作分为准备工作、实地调查、分析论证、报告编制和报告评审5个阶段。

（金玉休）

**海月水母**　*Aurelia aurita*　隶属于刺胞动物门（Cnidarina）钵水母纲（Scyphozoa）洋须水母科（Ulmaridae）海月水母属（*Aurelia*）。是中国近海暴发的致灾水母种类之一。海月水母有不同的亚种，广泛分布在北纬70°～南纬40°的人类活动影响较严重的富营养化的海湾、河口等沿岸海域，也是水族馆或实验室全世代人工养殖成功的大型水母之一。海月水母的生活史杂，生态类型多样，在不同的亚种之间存在区别。生活史过程具有有性世代和无性世代的世代交替，即水母体浮游生活可通过有性生殖释放浮浪幼虫形成水螅体，水螅体可以通过约7种方式进行无性繁殖。繁殖方式较之其他钵水母多样。水螅体营附着生活通过无性繁殖产生新的水螅体和碟状体（由碟状体发育成水母体）。该水母适应性广泛，在多种生境都有它的种群，丰度和

海月水母

生活史特征在不同种类之间的差异非常明显。同一个种群的丰度、生长和繁殖期的年际变化也比较大。海月水母毒性较小，几乎很难检测出毒性，对海滨浴场的游泳者基本不会造成威胁。海月水母是核电站、火力发电厂、淡化水厂和滨海化工厂的进水口发生水母暴发最常见的种类。它的暴发会导致这些工程设施的冷却水系统被堵塞，导致安全事故发生。

（张　芳　周名江）

**海蜇**　salted jellyfish; *Rhopilema esculentum* 刺胞动物门（Cidaria）钵水母纲（Scyphomedusae）根口水母目（Rhizostomeae）根口水母科（Rhizostomatidae）海蜇属（*Rhopilema*）暖水性大型水母。

形态　海蜇体形呈蘑菇状，分伞体部和口腕部。伞体部为上半部，呈近半球形，最大个体伞径可达100厘米。体色多样，有红、白、淡蓝和黄等。内伞有环肌，外伞表面光滑。口腕部为下半部，由内伞中央下垂的圆柱状（口柄）所组成。口柄下端纵分成8条口腕，每条口腕又分成三翼。在口柄基部，从辐位生出翼状物，称为肩板（共8对）。

分布　分布较广。在中国沿海，自北到南均有分布，在日本西部、朝鲜半岛南部和俄罗斯远东等地沿海也有分布，属于地方种群。

生态习性　海蜇生活在近岸水域，幼体栖息于河口咸淡水交汇处的海区。成体阶段略向深水移动。海蜇自泳能力很弱，能在不同水层做垂直移动。海蜇以食小型浮游动物为主，主要有桡足类、枝角类、介形类、涟虫类及端足类等，也食卤虫和贝类的浮游幼体和硅藻。在自然海域，海蜇的水平移动是受潮流的影响，而垂直移动是受到光照、声响的刺激，甚至是感知到风暴潮来临本能的向下移动。如此敏锐的感觉器官，却无法感知到食物的存在，不能向食物丰富的水域移动，随着潮流而动的海蜇，在饵料生物丰富的水域生长迅速，消耗大量饵料。在自然海域出现海蜇的高密集区是浮游动物高丰度的水域。

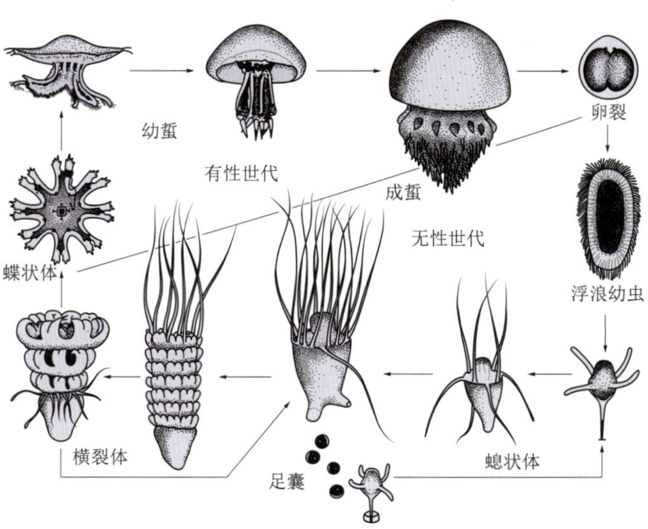


海蜇生活史

繁殖　海蜇为一年生水生动物，生活史由有性繁殖的水母体和无性繁殖的螅状体行世代交替组成（见图），有性世代为受精卵发育至浮浪幼虫，无性世代为螅状体经横裂生殖产生的碟状体。海蜇螅状体适宜温度为15～30℃，适宜盐度为14～20；海蜇碟状体适宜温度为15～20℃，适宜盐度为20～26；海蜇水母适宜温度为16～28℃，适宜盐度为12～35，最适盐度为23～28。成熟的水母体在夏、秋季进行有性繁殖，产生受精卵，孵化、发育为浮浪幼虫。浮浪幼虫附着于基质后，变态为螅状体。螅状体长成后，越冬至翌年春季，进行横裂生殖，产生碟状体。碟状体长成幼水母，发育达到性成熟，进行有性生殖。秋末、冬初，完成生殖后死亡。水母型营浮游生活，水螅型营固着生活。水母型雌、雄异体，怀卵量数千万粒，卵沉性，在海水中受精。

资源利用　海蜇捕捞网具主要有专捕海蜇的锚张网、漂流三重刺网、定置网、草绳架子网和手抄网等。

养殖概况　1981年，中国辽宁省海洋水产科学研究院陈介康、丁耕芜、吴敬南等学者以海蜇生活史为基础，解决了海蜇育苗和养殖的关键技术，实现了大规模的池塘养殖和海域放流增殖。当海水温度达15℃时开始投苗养殖，9月中下旬水温开始下降时收获。如在辽宁沿海进行控温培育海蜇苗种，实施多茬轮放轮捕，捕大留小，再次投苗放养，亩产高者达500千克。

价值　海蜇经济价值高，可食用。一般用食盐和明矾加工后销售。海蜇还可入药。（董　婧　王　彬　孙　明　谭克非）

**亥姆霍兹海洋研究中心**　GEOMAR Helmholtz Centre for Ocean Research Kiel　德国开展现代海洋科学从海底地质学到海洋气象学的所有相关方面跨学科研究的机构。亥姆霍兹海洋研究中心坐落于德国北部的基尔市，其前身是德国莱布尼茨海洋科学研究所（IFM-GEOMAR）。该研究所于2004年1月由海洋研究所（IFM）和海洋地球科学研究中心（GEOMAR）合并成立，并由联邦政府和州政府共同出资，2012年1月由德国莱布尼茨科学联合会转入德国亥姆霍兹联合会。截至2024年，该所拥有约1000名科技人员。为欧洲三大领先海洋研究机构之一。

亥姆霍兹海洋研究中心和英国**国家海洋研究中心**、**法国海洋开发研究院**并称国家海洋研究中心“G3集团”。

组织机构　亥姆霍兹海洋研究中心设置了董事会、管理委员会、科学顾问委员会、研究部门、行政部门、设备中心、特别项目和研究组。

其中，研究部门包括海洋环流与气候动力学、海洋生物地球化学、海洋生态学和海底动力学等四大研究部门。

研究领域　海洋环流与气候动力学：基于对气象、地质和海洋学要素的海洋模拟和数值模式，从不同的时间尺度研究气候。

海洋生物地球化学：着眼于海洋生物地球化学过程中各部分间的相互作用。这些分量包括大气中的物质、沉积物以及包括人类在内的生物有机体。该部门特别关注大气/海洋界面和沉积物/海洋界面，以及能够引起辐射强迫的元素和化合物。

海洋生态学：旨在“了解海洋生态系统对人类行为和自然变化的敏感性，关注气候变化和海洋生物资源的过度开发”。开展生态系统在发生结构性变化之前承受压力强度的研究。

海底动力学：研究主要集中在“重塑海洋岩石圈的形成过程以及这些过程对环境的影响，如气候和自然灾害”。

与高校的合作　亥姆霍兹海洋研究中心与基尔大学密切合作，培养未来的海洋学家。除此之外，亥姆霍兹海洋研究中心还与世界各地的其他大学开展合作项目，为学生和教师制订特别计划，旨在尽早激发他们对海洋科学的兴趣。

与其他研究机构的关系　亥姆霍兹海洋研究中心与一些积极从事海洋技术和科学工作的小公司也进行着合作，部分公司是中心前员工创立的。

此外，亥姆霍兹海洋研究中心还积极参与多个国家的国际委员会和战略联盟，如德国海洋研究联盟（KDM）、德国气候联盟（DKK）和全球海洋观测伙伴联盟（POGO）。

研究船队和其他海洋仪器设备　亥姆霍兹海洋研究中心拥有两艘海洋调查船。

该研究中心还有多种潜水器。JAGO是德国现存的唯一载人潜水器，重达3吨，可潜至400米深度。遥控式无人潜水器（ROV）KIEL 6000能够下潜到6000米深。此外还有自治式无人潜水器（AUV）Abyss等。（陈学恩）

**韩国海洋科学技术院**　Korea Institute of Ocean Science and Technology; KIOST　韩国系统开发、研究、管理和利用海洋及海洋资源，培养海洋领域优秀人才，进一步促进海洋科技发展，提高海洋国际竞争力的综合性海洋科学和技术研究机构。成立于2012年7月1日，位于韩国京畿道安山市，由原“韩国海洋研究院”改编更名，具备独立法人资格。2018年7月在釜山市建立新院区，主管部门由韩国教育科学技术部改为国土海洋部。该机构是依据2011年12月31日公布的《韩国海洋科学技术院法》成立的，该院将致力于构建海洋领域产学研合作平台，更多地涉猎科学技术之外的诸如管理、维权和资源开发保护等更加宽泛的领域，在海洋经济和海洋科技发展以及其他方面发挥重要的作用。通过国家集中资助，提高韩国的海洋科技竞争力，推动韩国的海洋科技迈向一个新的台阶。该机构的成立及为其专门立法，体现出海洋问题纳入韩国国家意志和战略。

其直属科研部门包括：海洋环境与气候研究部、海洋资源研究部、海岸带和海洋工程部、海洋管理研究部。下设海洋政策研究所、南海研究所、东海研究所、济州岛研究所。共建的国际合作机构有：中韩海洋科学共同研究中心、韩·秘鲁海洋科技共同研究中心、KIOST-NOAA（美国国家海洋大气局，National Oceanic and Atmospheric Administration）实验室、KIOST-PML（英国普利茅斯海洋实验室，Plymouth Marine Laboratory）等。

该院研究领域涉及应对气候变化和海洋环境、海洋新资源开发、海洋工程技术、海洋空间管理和海洋安全技术。尤其侧重海-气相互作用的监测和预测、海洋环境监测和管理技术、战略矿产资源产业化、海洋和极地新资源开发、海洋能源的商业化、港口和海洋结构技术、海洋机器人和装备技术、海洋卫星系统和核心回收技术、海洋国防和安全技术、海洋灾害伤害减少技术、海洋空间综合管理政策等。（管长龙）

**寒流**　cold current　水温比流经海域的海水温度低的海流。一般来说，从高纬度流向低纬度的海流是寒流，而由低纬度流向高纬度的海流是暖流。寒流与其流经海域的当地海水相比，温度低、含盐量少、透明度低。在向中低纬度流动过程中，寒流不断与周围海水混合交换，温度和盐度逐渐升高，上层密度变小，寒流中的海水与当地水之间形成密度变化急剧的水层-密度跃层，这对水下舰艇活动影响较大。值得注意的是，寒流的温度并不一定都比暖流的低，如**加利福尼亚海流**（太平洋东部的寒流）的水温就比北太平洋海流（属于中高纬度的暖流）的水温高些。

当**北大西洋流**和**北太平洋流**自西向东流到东岸后，大部分从较寒冷的中高纬度海域折向较低纬度处，形成较强的寒流，即大西洋的**加那利海流**、**本格拉海流**和太平洋的加利福尼亚海流、**秘鲁海流**以及印度洋的**西澳大利亚海流**。与**西边界流**相比，它们的流幅宽广、流速小，而且影响深度也较浅。

当这些寒流流向赤道进入信风带时，近岸的风小而海上风大的不均匀风场造成表层海水离开海岸远去的辐散情况，这时，下层富有营养盐的海水会不断上升，浮游生物丰富，鱼虾群集，形成了海洋生产力高的世界闻名渔场。这些寒流区域由于处在冷下垫面上的大气特别稳定，空气中的水汽得不到相应的补充，湿度减小，成为世界上降雨量最小的区域。（丁　杨）

**航道工程**　waterway engineering　开辟航道和改善航道航行条件的工程。航道工程以延长通航里程、提高航道标准、改善通航条件、保障航道畅通为目的，通过采取各种工程措施实现。

建设目的　航道指在水域内供船舶及排、筏航行的线路。水上运输所规定或设置的船舶通道，要求有足够的深度和宽度，流态适合船舶航行，通常分为内河航道、外海航道和河口出海航道。

内河航道工程建设应统筹兼顾航运与防洪、灌溉、水力发电等方面，进行综合治理与开发，以谋求获得最大效益。陆地开挖的航道称为运河，用于沟通不同水系的河流、湖泊和海洋，克服地理上的障碍，缩短运输距离，与天然河流航道和外海航道共同构成四通八达的航道网，以调节资源、交流货物、促进社会经济的发展。

主要任务　航道工程规划的主要任务，是根据货流和运输组织确定航道网的布局及航道等级，拟订航道开发方案并论证其在技术上的可行性，研究航道开发建设的意义和价值等。航道工程设计的主要任务，是根据航道通航标准和自然条件，拟订航道开发和治理方案，确定航道路线和尺度，提出工程措施方案并论证其合理性等。

通航标准　航道的通航标准根据航道类型和等级制定，以确保船舶航行的安全，内容包括航道的基本尺度、通航保证率和水流条件等。①基本尺度。基本尺度包括航道深度、航道宽度、通航净空、转弯半径等。航道深度指在设计最低通航水位下航道范围内的最小水深；航道宽度指在设计最低通航水位下具有通航水深的宽度；通航净空包括净空高度和净空宽度，净空高度是设计最高通航水位到跨越航道建筑物底部的垂直距离，净空宽度是航道底面以上建筑物墩、柱间的最小水平距离；转弯半径是弯曲航道中心线的曲率半径。②通航保证率。指在规定的航道水深条件下，能够通航的时间与日历时间的比值。③水流条件。是关于航道流速和流态的规定。

工程措施　开辟航道和改善航道航行条件的工程措施主要有疏浚、整治、渠化、径流调节等，应根据工程目的和地质、水文等自然条件合理选用。

疏浚　是采用挖泥船或其他机具进行水下挖掘土石方的工程措施，在航道工程中应用于开挖新航道和运河、拓宽和浚深原有航道，以改善航行条件或航道升级、清除航道上的水下障碍物等。疏浚工程的规划、设计包括确定挖槽断面尺度、疏浚土处理、选择浚深方式和机具、疏浚对水动力和生态及环境的影响分析等。

整治　通过在河床、海床中修建专门的整治建筑物以及采取裁弯、切嘴、炸礁等工程措施，调整河槽、河岸、海岸形态，改善水流条件，提高航道尺度。整治建筑物主要有丁坝、顺坝、锁坝、导堤、护岸等。丁坝坝身与水流方向成较大角度，主要用于束狭水流、调整流向和保护河岸。顺坝坝身与水流方向接近平行，能够起到调整岸线、引导和束缚水流的作用。锁坝是封堵支汊、串沟的拦河坝，主要用于调整流量，加强通航汊道水流。坝顶过水的丁坝、顺坝、锁坝等称为潜坝。导堤主要用于导流，使水流或潮流集中，以刷深航槽，且能阻挡沿岸漂沙淤积航槽。护岸用以抵御水流顶冲、淘刷、波浪冲蚀，保护岸坡。

渠化　以航运开发为主要目的，在天然河流上修建拦河闸坝和通航建筑物，以壅高上游水位，形成集中落差，减缓水流速度，增加航道水深。一般分为连续渠化和局部渠化。①连续渠化。是在河流上建造一系列闸坝，将整条河流分成若干不同水位的梯级河段（简称渠化河段），其下一级闸坝的回水与上一级闸坝的水位相衔接，并满足通航标准所规定的水深要求，从而使整条河流成为彼此衔接的渠化河流。②局部渠化。只对局部河段进行渠化，两段渠化河段之间还有一段天然河段，各个渠化河段互不衔接。航道渠化能从根本上改善河流的航行条件，同时也是综合利用水资源的一种重要手段。

径流调节　在河流上游建造水库，通过汛期蓄水、枯水期放水进行流量调节，以满足下游航道水深的要求。（鲁子爱）

**航运的海洋环境影响**　marine environmental impact of the shipping　船舶因任意排放、海难事故等方式，向海洋中输送污染物造成海洋环境恶化的情况。

船舶污染分类　①排放性船舶污染。主要来自机舱含油舱底水的排放、加装和转驳燃油、滑油作业、（燃油油渣、残油及废油）和机舱污油垃圾的处理以及油轮的含油压载水和洗舱水的排放。据国际海事组织估计，全世界每年随机舱舱底水排入海洋的油类多达数万吨。由于这些含油污水的排放，造成大片港口水域长期被石油污染，导致海水水质被破坏，严重危害水产养殖业发展。②事故性船舶污染。主要指运输船舶尤其是油轮发生碰撞、搁浅、触礁等严重的船舶事故而导致所载燃油部分或全部溢入海中造成的燃油污染。如2002年西班牙"威望号"油轮在距终点海岸30英里（约48.3千米）西班牙的加利西亚处遭遇了严重的结构性故障，泄漏大量原油。船舶溢油严重地危害了海域生态环境，石油会影响海鸟进行热调节与其飞行能力，造成大批海鸟死亡；会影响海洋动物的生存。有研究表明，石油中的多环芳烃对幼鲱鱼、拟银汉鱼属、鲤科鱼和鲑鱼具有高毒性，毒性作用包括出血、脊柱畸形、生长迟缓和死亡。

预防措施　航运诱发的海洋环境污染可通过限制船舶污染源的产生和排放来加以预防与控制。要彻底消除船舶污染源是不现实的，但只要采取有效的预防和控制措施，可以将船舶对海洋的污染损害减到最低限度。

①应提高自身防污意识。船员要提高对海洋环境污染的危害性的认识，时刻保持防污的警惕、严格防范污染事故的发生。航运公司要加强防污法规的宣传教育，帮助船员了解防止污染、保护海洋环境的重大意义。②严格遵守有关法律法规，加大执法力度。各级立法部门应对制定的法律、规章、标准进行认真的研究、修改和完善。环境部门应加强对港口、码头的环境影响评价以及竣工验收工作，确保其环保设施的同步建设。港监、船检应把好船舶设施的检验关，定期对防污设备完好情况进行检查，加强对化学危险品运输船舶的管理。在重要港口规划建设化学危险品运输船修理、洗舱的固定场所等。③制定污染应急计划。港务监督管理部门应制定本地区的《溢油应急计划》，船上也应制定《船上油污应急计划》，以便发生溢油事故时，各部门协调配合，以最快的速度制定出最佳的溢油处理方案。（汝少国）

**河北昌黎黄金海岸国家级自然保护区**　Changli Golden Coast National Nature Reserve, Hebei　以海岸自然景观及所在海区生态环境和资源为主要保护对象的国家级自然保护区。保护区于1990年获得批准建立，是中国首批5个国家级海洋类型自然保护区之一。

地理位置　位于河北省秦皇岛市昌黎县东部沿海，地理坐标东经119°11′37.80″～119°37′9.21″、北纬39°25′20.99″～39°37′24.37″。总面积334.38平方千米。

保护对象　海岸沙丘是保护区内的特色地貌，其规模、气势和连续性在中国独树一帜，是世界罕见的海岸地貌景观，也是研究海洋动力和海陆变迁等海岸地貌过程的天然实验室。保护区海岸由海滩、多道沙堤、风成沙丘组成，其砂粒磨圆度高、分选性好，含有海生贝壳碎片和微体生物化石。海岸由海向陆方向，有砂质海滩、沿岸沙堤、海岸沙丘链、半固定沙荒地等地貌。保护区海滩为典型的沙丘开敞式岸滩，以坡缓、沙软、潮平、浪小、水清而著称，有"沙漠与大海的吻痕"之美誉。20世纪50～60年代，保护区内营造了海岸防护林。构成防护林的刺槐、杨树、紫穗槐等主要植物群落，在防风固沙、改良水土、涵养水源、改善局地气候、提供鸟类栖息地、增加生物多样性等方面发挥了重要作用。

保护区南端的滦河现代河口三角洲为沉积类型发育完全、地貌组合独特的河口原生湿地生态系统，被地貌学界认定为典型的现代弧状三角洲和天然的地学实验室。七里海潟湖是中国典型的封闭式现代潟湖，具有重要的保护价值和科研价值。

保护区所在区域属于暖温带半湿润大陆性季风气候，光照充足、四季分明、降水丰沛、雨热同季。特殊的自然环境造就了保护区丰富的自然资源。鸟类有鸥类、鸭类、鹬类等168种，其中有国家重点保护鸟类黑嘴鸥等68种；海洋生物有桡足类浮游动物53种，以鳗鱼、黄鲫鱼等为主的游泳生物78种，以及毛蚶等浅海底栖动物150余种。保护区是中国文昌鱼分布密度高的地区之一。被誉为"活化石"的文昌鱼，属于国家Ⅱ级保护动物，是保护区底栖动物的优势种，在浅海10～12米等深线附近，其栖息密度达到1035个每平方米。保护区还是"世界珍禽"黑嘴鸥的主要栖息繁殖地之一。

重要作用　保护区的建立，对保护自然资源、研究海洋动力学和海陆变迁、保护海洋生态环境和生物多样性，以及发展海滨旅游业具有重要意义。（张朝晖）

**河控三角洲**　fluvial-dominated deltas　指以河流作用为主发育而成的三角洲。河控

图1　欧洲多瑙河三角洲

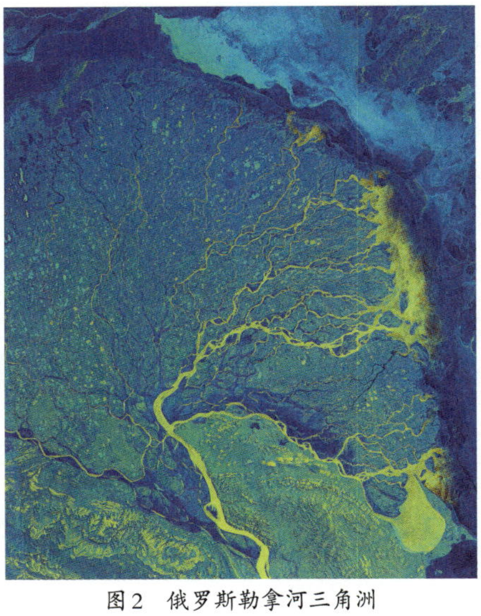

图2　俄罗斯勒拿河三角洲

图3　美国密西西比河三角洲

三角洲的主体是分流河道和河口沙坝，其沉积环境具有波能低、潮差小和滨外坡度低等特点。河控三角洲较为常见，如欧洲多瑙河三角洲、俄罗斯勒拿河三角洲、美国密西西比河三角洲等。

分类　河控三角洲按形态可分为鸟足形三角洲和舌形三角洲两类。鸟足形三角洲是以河流作用为主的极端类型，河流输入的泥沙量大，三角洲向海推进快、延伸远，有较发育的天然堤和分支河道，分支河道和指状砂体向海延伸长短不一，形似鸟爪，如美国密西西比河三角洲。舌形三角洲河流输入的泥沙量相对较少，同时波浪和潮汐改造作用有所增强，导致三角洲砂体受海水冲刷、改造和再分配而形成席状砂层，但河流输入的沉积物数量仍高于波浪和潮汐的侵蚀量，使三角洲呈向海突出的舌形或半圆形，如俄罗斯勒拿河三角洲、黄河三角洲等。

沉积相及沉积特征　根据沉积环境和沉积特征，可将河控三角洲沉积相划分为3个亚相，即河控三角洲平原亚相、河控三角洲前缘亚相、河控前三角洲亚相。沉积特征自下而上分别为：①下部为前三角洲沉积和浅海沉积，一般为暗色，反映富含有机质的泥质沉积特点。②向上为三角洲前缘沉积，发育受海水扰动的浅色前缘砂体。③最上部为三角洲平原沉积，广泛发育沼泽，表现为深灰色至黑色的暗色沉积层，有时夹有浅色砂体（分流河道）。

（徐继尚　李广雪）

**河口环流**　estuarine circulation　盐水和淡水在河口地区交汇时发生的各种环流系统或流旋。潮汐河口是径流与海洋的交汇地带，也是发生淡、盐水混合作用的水域。由于径流与海水密度的差异，使得河口在水平轴向及垂直方向上形成密度梯度，进而产生表层净向海、底层净向陆的环流。20世纪50年代之后，对河口水域淡、盐水流的混合及其环流做了一系列的实测资料分析和模型试验研究，在理论上已取得显著进展。

20世纪初叶的海洋学家通过现场观测已经注意到，河口水域存在表层密度较小的淡水向海运动、底层密度较大的海水向陆运动的现象。1934年，加拿大H.B.哈奇通过水槽实验成功反演了这种特殊的环流形式，但是对其根本的动力机制仍然知之甚少。至20世纪50年代前后，美国学者结合观测资料与理论分析相继对河口盐、淡水混合导致的水流运动特征进行了探索。1952年，美国普里查德根据詹姆斯河河口的观测资料发现该河口也存在较为明显的两层水流结构，并将其与水平密度梯度建立联系，进而从动力机制的角度提出了基于物理学的数学模式，指出“重力环流”在“河口环流”中占据主导地位。1990年，英国辛普森等提出“潮汐应变”概念来描述河口中所存在的“应变致涨落潮混合不对称”的现象，后来研究者不断指出，这种混合不对称会影响响应的动量输移过程，进而形成与“重力环流”形式类似的余环流并增强“河口环流”。

由于各个河口的动力条件和边界条件不同，盐水和淡水混合之后产生的环流情况便互有差异，一般分为以下三种类型。

高度成层型。相当于弱混合型，上层淡水和下层咸水呈现明显的分层，上层淡水向河口运动，下层盐水因补偿效应而向河道里延伸，形成明显的盐水楔，从而形成一个微弱的垂向环流。美国密西西比河口的西南水道属于此种类型。

部分混合型。相当于缓混合型。潮汐作用加强时，促进底层的盐水和上层的淡水混合，从而形成了盐度逐渐变化的水带。由于下层盐水大量掺入上层，向海水流净值可以达到径流量100倍以上，形成了较强的垂向环流。例如，美国的詹姆斯河口，上层的下泄流量为径流量的20倍，下层作为补偿的上溯水量为径流量的19倍。中国的长江口和珠江口的伶仃洋，也属于此种类型。

均匀混合型。相当于强混合型，多见于潮汐作用强和宽度对深度比值较大的河口。由于潮汐作用强，上下层混合充分，故盐度的垂直梯度极小，而纵向梯度却很明显。根据河口宽度，还可进一步分为：①断面盐度差异型。当河口相当开阔时，由于科里奥利力作用，向海的径流在各层都偏向河道右侧，而补偿的向陆的径流则偏向左侧，形成了水平环流。英国的泰晤士河口、中国的钱塘江河口，都属于这种类型。②断面均匀混合型。若河口处河道不宽，则湍流不仅能使盐水和淡水在垂直方向上均匀混合，也能使其在侧向均匀混合。即盐度只存在纵向梯度，整个断面的水流净值指向海洋。美国的毕斯凯塔瓜河口近似于此种类型。

以上各种环流的类型，都明显受径流和潮流的比值所控制。此比值往往随时随地改变，使同一河口在不同时间里，或同一时间在河口的不同河段中，出现不同的类型。河口几何形态对环流的类型也有重要的影响。

（丁　杨）

**河口混合**　estuarine mixing　盐水和淡水在河口地区交汇时发生的混合过程。20世纪50年代以来，对河口混合做了一系列的实测资料分析和模型试验研究，在理论上已取得显著进展，这对于理解河口环流、河口盐水入侵，以及河口治理和疏浚等有指导作用。

由于各个河口的动力条件和边界条件不同，盐水和淡水的混合情况便互有差异。一般来说河口混合可分为以下3种类型：①弱混合型。发生在潮差较小、潮流较弱而径量相对较大的河口。盐淡水间分层明显，淡水从上层下泄，海水沿底上溯，界面随涨落潮周期性移动。②强混合型。发生在潮差较大、潮流作用较强而径流相对较弱的河口。盐淡水间强烈混合，垂直方向较为均匀。③缓混合型。潮流和径流作用都较明显，盐淡水混合程度中等，无明显盐淡水界面，而是盐度适当变化的过渡带，水平和垂向都存在密度梯度。

河口的河水进入海洋，混合在一起

上述各种混合主要受径流和潮流的比值所控制，同时受气候等因素影响。同一河口，由于径流、气候等季节性变化，河口混合类型也将发生变化。如长江河口，洪季径流量大，呈缓混合型；枯季径流量小，季风影响下水体垂向混合强烈，呈现强混合型。

（丁平兴）

**河口溶解物质保守行为**　conservative behavior of estuarine dissolved component　河流输送的溶解物质在河口区经历了复杂的物理混合和生物化学迁移，常用溶解组分的浓度对淡–咸水混合保守参量（如氯度或盐度）的关系来考查其在河口混合过程中的保守/非保守行为。

这一原理由P.S.利斯于1973年提出并进行了详细论述。该方法以现场观测资料为基础，做出溶解组分浓度对盐度或氯度的变化关系曲线，再将其与淡-咸水混合的理论稀释线进行比较。若关系曲线与理论稀释线基本吻合，则认为该组分在河口混合过程中是保守的，被称为保守成分。保守成分在河口混合过程中对化学、生物过程是保守的，其行为属于保守行为。若关系曲线偏离了理论稀释线，则认为该组分在河口混合过程是非保守的，称为非保守成分。非保守成分在河口混合过程中通过化学、生物过程发生添加或清除，其行为属于非保守行为。关系曲线的数据点如果落在理论稀释线上方，则表示混合过程中存在净添加作用，反之则表示存在净清除作用。添加作用可能因为悬浮颗粒物的解吸、生物的排泄和矿化作用等，清除用可能因为悬浮颗粒物的吸附、絮凝、沉降，或者成岩（如硅酸盐）、生物吸收利用等而发生。添加或清除现象也可能因为支流的稀释或污染源的输入等而出现。（陈洪涛）

**河口溶解物质非保守行为** nonconservative behavior of estuarine dissolved component 河水与海水在河口交汇混合过程中化学组分因化学变化或生物吸收等作用而添加或清除的行为。见**河口溶解物质保守行为**。

**河口生态系统** estuarine ecosystem 位于有陆地径流输入的半封闭沿岸水体中的生态系统。河口生态系统的陆界在**潮上带**湿地的边缘，以感潮或者盐水入侵界限为边界。由于大河冲淡水的影响可远至陆架以外，因此河口生态系统的外界在不同研究中也有差异，但至少应该包括整个冲淡水羽状锋。具体到每一个河口，其环境特征受到地貌、河流径流量、潮汐、波浪等多个因素的影响。

特征　河口生态系统融淡水、海洋、湿地生态系统为一体，是全球陆-海相互作用最强烈的区域。该生态系统受到陆地和海洋的双重影响，前者包括径流和泥沙输送，后者包括潮汐、波浪和盐水入侵等，因此营养盐丰富，生产力水平和生物多样性高。通常作为重要的渔场和受人类活动污染较重的生态系统受到广泛重视。

全球的河流每年向海洋输送35 000×$10^9$吨的淡水，其中携带了20×$10^9$～22×$10^9$吨的泥沙和沉积物，因此潮汐河口一般都

河口生态系统景观

存在河口最大浑浊带其含沙量比上下游高几倍乃至几十倍，且有规律地在一定范围内迁移，许多重金属元素、有机物以及营养盐滞留于此。通常，最大浑浊带以内初级生产和光合作用受到光限制，而最大浑浊带以外则更容易受到营养盐供应的限制。中国主要的河口根据径流量和输沙量区分：黄河径流相对较大而含沙量极高，长江径流丰沛含沙量低，珠江径流十分丰沛而含沙量极低。

功能　大河影响下的陆架边缘海是河流、陆地、海洋和大气共同作用的关键界面区域。它以全球海洋7%的面积产生了30%的初级生产力和90%的渔获量，埋藏约占全球海洋80%的有机质。大河三角洲河口又是陆架海中生物生产力水平最高的区域。它承接了河流输运的陆缘物质，并通过沉积、转化和再矿化等控制作用决定着陆源物质向外海的输送。河口生态系统是海洋贝类的重要栖息地，鱼、虾、蟹等主要海洋经济生物的产卵、育幼及索饵场所。中国长江口传统生产凤尾鱼、刀鲚、银鱼、鳅鱼、白虾等经济种类的河口性鱼、虾类，也是中华绒螯蟹的传统产卵场，产量相当可观。

环境保护　除了与其他海域共同面临的人类活动压力，河口生态系统的特性环境问题主要来自污染和水利工程。流域内的工、农业污染物汇入河流并集中在河口入海，造成了比其他海域更加严重的富营养化和污染问题。根据统计，入海的污染物年度通量与径流量关系不明显，而与社会发展历程高度吻合。水利工程建设使泥沙在库区沉积增加，而入海通量减少。同时，库区水体透明度增加，硅藻利用和沉降了更多的硅酸盐。三峡水库蓄水后，硅藻降低引起长江口浮游植物总丰度降低，进而引发浮游动物总丰度降低和底栖动物增加，其中增加最明显的是鱼类和大型甲壳动物。（张光涛）

**河口水化学组成** chemical composition of estuarine water 河水和海水混合水体中的化学组分。河口为咸淡水交汇处，是典型的地表水从淡水过渡到咸水的过渡性环境，不但物质通量相当大，而且化学变化和物理变化复杂，各种成分的浓度存在显著的变化梯度。可分为保守成分和非保守成分两类。前者在混合过程中没有溶出或转移，后者则因化学变化或生物吸收而发生溶出或转移。因此，它们的浓度与盐度的关系不同。在一维双端元稳态体系中，最简单的分布情况是保守组分的浓度随盐度呈线性变化。对于非保守组分，其浓度随盐度变化会有一定的损失或添加。由于各河口的地理条件和水文条件不同，河水和海水交汇的情况也有各种不同的类型，其水化学组成也存在较大差异。

河口水化学组成存在以下特点：①离子强度。从低离子强度介质向高离子强度介质过渡。②酸碱度。存在着从低酸碱度向高酸碱度的过渡。③盐度。变化剧烈，有梯度性、周期性和季节性。④悬浮颗粒物。河口水域中的悬浮物对金属元素和有机物的迁移起重要作用。这些颗粒物主要来源于河流、毗邻的湿地以及再悬浮事件，含量较高，它们可通过离子交换、吸附-解吸、吸收作用以及沉淀-溶解等过程控制河口中物质的化学形态，尤其是对重金属和疏水性有机污染物有明显影响。⑤溶解氧（DO）。河口区的水体和沉积物中均含有很丰富的有机物质，细菌活动活跃。在较深的峡湾河口，夏季可能形成温跃层，使得底层水的溶解氧水平较低。⑥常量组分。海水的主要成分包括$Na^+$、$K^+$、$Ca^{2+}$、$Mg^{2+}$、$Sr^{2+}$、$Cl^-$、$SO_4^{2-}$、$Br^-$、$HCO_3^-(CO_3^{2-})$、F和$H_3BO_3$，这些成分之间往往具有相对稳定的比例关系，但在河口区，由于河水输入的影响，恒比规律可能不再适用。⑦生源溶解气体。生源溶解气体包括$CO_2$、$CH_4$、CO、非甲烷烃类、$N_2O$、二甲基硫（DMS）、羰基硫化物（COS）、挥发性卤代有机物和一些生源挥发性金属。河口是一些关键温室气体（如$CO_2$、$CH_4$等）的源和汇。⑧有机物。河口有机物包括来自淡水、海水的各种天然和人为的外来输入有机物和河口内自生的有机物。在河口区，特别是毗邻人口比较集中的河口区，水体中有机物的含量往往远高于外海水。⑨营养盐。人类活动产生的大量氮、磷通过河流、点源和面源输送到河口，导致河口营养盐浓度显著高于外海，造成河口水生态系统易出现富营养化问题。（姚庆祯）

**河口水质监测** estuarine water quality monitoring 使用可靠的采样和检测手段，监视和测定河口区域水体质量要素的代表值。河口水质监测的目的是了解河口区域水环境现状和变化趋势，检验污控措施的

效果，为评价水生生物栖息地及制定海洋环境保护政策提供依据。河口水质监测要素主要包括溶解氧、化学需氧量、氨氮、无机氮、总氮、活性磷酸盐、总磷、硅酸盐、汞、砷、镉、铬、铅、铜、锌、石油类等。

河口是位于河流-海洋交互区的水体，因其特殊的地理位置、水动力条件和物质基础，不仅是商业、旅游业和海洋开发的重要活动区域，也是食物、幼鱼、营养盐和污染物质汇聚的中介媒体。河口区水体以其盐度多变的性质成为介于地表水与海水过渡地带的“第三种水”。河口段上游起点一般定位于海洋动力影响的终结点，该处河水盐度接近上游来水；河口段下游终点则通常是河流动力影响的终结点，该处盐度接近海水。

在河口水质监测工作中，地表水环境与海洋水环境的监测和评价均自成体系，而对过渡地带的河口区域缺乏针对性的监测与评价方法。中国河口水质监测多参照《海洋监测规范》(GB 17378—2007)、《江河入海污染物总量监测技术规程》(HY/T 077—2005)和《河口生态系统监测技术规程》(HY/T 085—2005)等海洋监测标准。《江河入海污染物总量监测技术规程》规定在河流入海污染物监测断面，化学需氧量、硝酸盐和氨氮选择地表水检测方法。《河口生态系统监测技术规程》规定以盐度2为界，分别选择地表水和海水检测方法。但在水体性质上，河口海域与地表水和海水均不相同，导致了这些方法的适用性不强。不仅如此，同一监测项目采用不同的监测方法时，监测结果也存在不同程度的差异，这为河口水域环境质量的评价带来很大的不确定性。

在河口水环境管理中，中国主要依据《地表水环境质量标准》(GB 3838—2002)与《海水水质标准》(GB 3097—1997)。两个标准在使用中存在河海划界不清、评价指标和评价标准难以有机衔接等问题，导致河口水域环境质量评价结果缺乏客观性、科学性和可比性。

针对入海河口独特的自然环境特性，建立权威的专门针对河口区的水质监测技术方法、制定能够满足水体使用功能并有效维护水体生态系统健康的河口水质环境质量标准、确定科学评价方法、实现监测数据与评价结果的可比性等，是河口水质监测和生态系统管理急需解决的问题，只有这样才可为河口区环境管理提供科学支撑。 （李　瑾）

**河口整治结构**　estuary regulation structure　为改善水流条件、稳定河岸、维持河槽通航和行洪畅通等而修筑的结构物。根据整治目的和河口条件，可采用修筑*护岸*、*导堤*、丁坝、顺坝、水闸等方法。

护岸是在河口、海岸地区，对原有岸坡采取的砌筑等加固措施，用以防止波浪、水流的侵袭、淘刷和在土压力、地下水渗透压力等作用下造成岸坡崩坍。护岸一般采用斜坡式或陡墙式（包括直墙式）。斜坡式护岸大多用块石筑成，在坡面和顶部用大块石或混凝土块体做护面层，以防止波浪、水流淘刷。在滨海城镇或兼有系靠船只需要的河口岸段常建造陡墙式或直墙式岸壁，采用砌筑石墙、混凝土重力墙、钢筋混凝土扶壁式挡土墙或板桩墙等结构。护岸工程除承受波浪、水流作用外，陡墙式岸壁还要承受土压力作用。由于护岸的顶部与地面平齐，还将受到来自岸内侧地下水渗透压力的作用。为了减小岸壁内侧水压力，可在内侧采取排水措施，包括在护岸壁后填筑排水滤层、护岸壁上开排水孔，内侧回填土尽可能采用排水性能好的沙质土。根据河口水流情况，在护岸坡脚采取必要的加固措施。

导堤、丁坝、顺坝等是河口整治过程中最常用的堤坝建筑物，用以调整水流方向，改善水流对河床、河岸、海床、海岸的作用，按对水流的作用分为实体、透水堤坝，按与水位关系分为潜没、淹没、不淹没堤坝，按建筑材料分为轻型、重型堤坝。选择堤坝形式应结合整治工程的要求、水流条件、波浪条件、河岸演变特点、取材条件、施工条件、工程投资等全面考虑确定。

导堤布置在河口拦门沙航道的一侧或两侧，用以集中与归顺水流，增大水流输沙能力，刷深航槽，并能防止外海漂沙进入河口。导堤可用单道、双道甚至多道。丁坝布置与岸线大致垂直，用以束窄河床，挑引和集中水流，刷深航槽，拦截泥沙使之淤积于坝两侧。顺坝布置与岸线或水流大致平行，用以引导与规顺水流，冲刷航槽。顺坝也常和丁坝共同使用。潜坝是坝顶低于潮位的整治建筑物，布置在河口段涨落潮河槽明显分离的河床，对其中某一河槽采用潜坝滞流，使涨落潮流路趋于一致。

工人正在进行河道护岸配套设施施工

水闸是为挡潮排涝、御卤蓄淡，改善工农业和人民生活用水，在沿海一些中、小河口潮区界内修建的建筑物，多无通航要求。由于建闸改变了河口水沙条件，闸的上、下河槽都可能发生泥沙淤积，闸下游淤积的主要原因是筑闸后径流量、潮流量都减小，潮波发生变形，有时异重流和风壅水也发生一定影响。而淤泥质海岸沙源丰富，则是闸下普遍发生淤积的重要原因。河流挟沙较多时，闸上游河段也将发生淤积。筑闸后发生的淤积直接影响航运，影响河道的泄洪排涝，还影响生态环境，规划设计筑闸时必须审慎。 （郑金海）

**河口治理**　estuary governance　根据排洪、航运、灌溉、围垦等需要，充分开发利用河口资源，采用整治、疏浚和其他措施改造河口的工程。河口系指河流与受水体的接合地段，接受水体可分为入海河口（潮汐河口）、入湖河口、入库河口、支流河口和内陆沙漠内的“干旱三角洲”河口等。其中入海河口又依据陆相径流和海相潮汐作用的对比关系分为4类：①强潮海相河口。以钱塘江口为代表。其特点是潮差大，潮流强；泥沙主要来自口外海滨，平面呈显著的喇叭口状，咸水对泥沙运动影响不大，强潮将泥沙推向口内形成沙坎。②弱潮陆相河口。以黄河口为代表。其特点是潮差小，潮流弱；泥沙主要来自陆域，河口改道频繁，形成扇形三角洲，各汊道口门附近多有拦门沙。③湖源海相河口。以黄浦江口为代表。其特点是径流经上游湖泊调节，变幅小，潮差中等；泥沙主要来自口外海滨，河床沿程变化小，河线比较弯曲，口外形成拦门沙。④陆海双相河口。以长江口为代表。其特点是潮流和径流相互消长，力量相当，流域来沙和海域来沙都较丰富充沛，潮流段放宽率介于强潮海相和湖源海相河口之间，河线比较顺直。

通常所说的河口治理是指入海河口的治理。对于入海河口，从平面淤积形态特征来看，又可分为两类。当河流来水含沙量较大，而潮汐不是很强，潮流和沿岸流不能将陆相来沙带走时，在河口区就形成淤积体，并凸进受水体，形成许多放射状的汊道，而各汊道又会形成沙滩，如此逐渐发展下去，就形成扇形的分汊河口及三角洲河口，如黄河口、长江河口、珠江河口等。反之，当河流来水的含沙量较小，河口区又有较强的潮流和沿岸流可以将泥沙带走时，往往会形成单一的、河道向口外方向逐渐放宽而水深逐渐增大的喇叭口形的河口，称为三角港，如钱塘江河口。

河口的冲淤演变是水流、泥沙与河床相互作用的结果。潮汐河口在径流、潮流共同作用下，形成周期性的往复水流；海水与河水相遇后，又发生盐水与淡水两种不同密度水体的混合，使河口水流流场更为复杂，河床演变常常复杂多变。因此河口河床的自然演变往往不能符合人类开发利用河口的要求，如河口淤积将影响排洪或航运，需要进行治理，才能满足排洪和航运的要求。

河口治理应遵循“综合开发、综合治理”的原则，遵循河口河床的演变发展规律，因势利导。河口治理通常采用下列一种或两种以上工程措施。①疏浚。在河口地区用机具挖除水下土石方，开辟、维持航道，取得所需水深，或者为泄洪排涝扩大河槽过水能力。疏浚工程的规划、设计包括通道挖槽定线、确定挖槽断面尺度、泥沙处理和选择挖泥机具等。②导流。在河口整治区通过布设导堤、丁坝、顺坝、潜堤（坝）等建筑物，改变水流流场、控制水沙分配、调整河床冲淤部位等，通常称为河口整治工程。导流工程的规划设计包括整治线确定、建筑物平面布置和类型及结构型式的选择。河口地区波浪、水流、泥沙运动等自然条件复杂，整治方案一般需经物理模型试验验证后实施。③爆破。如河口拦门沙范围较小，且拦门沙前缘较陡，可自其外侧前缘陡坡处开始，以此向陆域方向爆破，使拦门沙淤积体逐渐向深海方向崩塌并形成底层异重流，流入深海区。④筑闸。为挡潮排涝、御卤蓄淡，改善河口区的用水，在中、小河口潮区界内修建水闸。由于建闸改变了河口水沙条件，闸的上、下河槽都可能发生泥沙淤积，直接影响航运和河道的泄洪排涝，还影响生态环境，规划设计筑闸时必须审慎。⑤改道。对因淤积严重而出现汊道和尾闾摆动的河口，可采用人工改道方法，将河口流路引向新的行水区域。（郑金海）

**河鲀鱼** puffer fish 泛指鲀形目中的鲀科鱼类。特别是东方鲀属鱼类的统称。俗称河鲀。河鲀鱼又称河豚鱼。中国各地叫法不一。南澳称乖鱼，汕头称花河鲀、包公，江浙称小玉斑、大玉斑、乌狼，胶东称挺巴、气鼓子鱼，河北称腊头鱼。

形态　鲀科鱼类体粗短，亚圆柱形；或体侧面观呈卵圆形，侧扁。尾柄圆锥形，或长圆锥形，或侧扁形，或平扁形。体侧下部两侧常具一明显的纵行皮褶。头和背部颇圆宽或稍侧扁。上下颌骨与齿愈合成4个牙板，具中间缝。鼻孔有或无，如有，则每侧具1个或2个。鳃孔小，侧位，位于胸鳍前方。体具由鳞演化变成的小刺或光滑无刺。背鳍一个。臀鳍一个，常与背鳍相对生长，几同形，均无鳍棘。胸鳍侧位。无腹鳍。尾鳍新月形或亚圆形，截形，凹形。体腔大。鳔大，呈圆形，肾形，椭圆形，或后部分化为两叶。有气囊。内脏和血液有剧毒，有些种类的肌肉和皮肤也有毒。

种类　根据已正式发表的记录，在中国沿海和内陆河川、湖泊水域，鲀科鱼类共有14属，包括东方鲀属（*Takifugu*）、圆鲀属（*Sphoeroides*）、光兔头鲀属（*Laeviphysus*）、兔头鲀属（*Lagocephalus*）、窄额兔鲀属（*Stenocephalus*）、腹刺鲀属（*Gastrophysus*）、扁尾鲀属（*Pleuranacanthus*）、丽纹鲀属（*Torquigener*）、宽吻鲀属（*Amblyrhynchotes*）、凹鼻鲀属（*Chelonodon*）、瓣鼻鲀属（*Boesemanichthys*）、扁背鲀属（*Canthigaster*）、单孔鲀属（*Monotreta*）、叉鼻鲀属（*Arothron*）。其中，东方鲀属在中国分布最广、种类最多，已正式发表的记录共有22种，包括铅点东方鲀（*T.alboplumbeus*）、墨绿东方鲀（*T.basilevskianus*）、双斑东方鲀（*T.bimaculatus*）、晕环东方鲀（*T.coronoidus*）、暗纹东方鲀（*T.fasciatus*）、菊黄东方鲀（*T.flavidus*）、斑带东方鲀（*T.guttulatus*）、星点东方鲀（*T.niphobles*）、横纹东方鲀（*T.oblongus*）、弓斑东方鲀（*T.ocellatus*）、圆斑东方鲀（*T.orbimaculatus*）、豹纹东方鲀（*T.pardalis*）、斜斑东方鲀（*T.plagiocellatus*）、斑点东方鲀（*T.poecilonotus*）、紫色东方鲀（*T.porphyreus*）、假睛东方鲀（*T.pseudommus*）、网纹东方鲀（*T.reticularis*）、红鳍东方鲀（*T.rubripes*）、密点东方鲀（*T.stictonotus*）、花斑东方鲀（*T.variomaculatus*）、虫纹东方鲀（*T.vermicularis*）、黄鳍东方鲀（*T.xanthopterus*）。

分布　鲀科鱼类起源于暖水性热带海域，随种的分化演变，向温冷水海域和内陆淡水水域扩散分布。多数鲀科鱼类栖息于热带、亚热带和温带的暖温水性的泥沙、岩礁和珊瑚礁沿海水域，少数种分布于寒带的冷水性海域，栖息水深范围不超过200米。其中，不少东方鲀属鱼类可进入大江河口，少数东方鲀则进入江河湖泊，达到性成熟的暗纹东方鲀在春季上溯进入长江和鄱阳湖等水域产卵繁殖。扁背鲀、叉鼻鲀属鱼类常见于热带亚热带珊瑚礁浅水海域，花鳍兔头鲀则遨游于外海上层开阔水域。

食性　鲀科鱼类为杂食的肉食性鱼类，摄食多种有孔虫、海绵动物、苔藓动物、多毛类、贝类、头足类、甲壳类、蛇尾类、海胆类以及鱼类，亦摄食藻类及珊瑚类等。鲀科鱼类遇到外部刺激，遇敌害，或自身需要时，身体成倍地膨胀，体表皮棘竖立，呈现出刺猬状体形，以此威慑捕食者，阻止被咬食或顺水漂流。一旦离开捕食者，即迅速吐出水或气体，同时逃逸。也有时从口中用力喷射水柱，冲刷泥沙，以此寻觅食饵。

繁殖　鲀科鱼类常在产卵场以群体参与受精方式繁殖，常为一条雌鱼在多条雄鱼追逐配对下一次排卵，然而雄鱼则在几次追逐雌鱼配对的过程中分批排精，受精卵黏附于海底砾石、岩礁、珊瑚礁、海藻等自行孵化成幼鱼。

河鲀毒素　河鲀毒素是一种毒性甚大的生物毒素，其致死量为0.5～1.0毫克，单位毒力约为氰化钾的1200倍，分子量为319，分子式为$C_{11}H_{17}N_3O_8$，提纯物为无色、无味、无嗅的结晶体。河鲀毒素的毒作用机制为阻碍神经传导的钠通道，从而麻痹呼吸神经，使人畜呼吸困难而死亡，尚未研究开发出对河鲀毒素有效的解毒剂。因此，解毒的方法只能是及早发现，及早呕出，及早灌胃，及早排除有毒物质。只要不被中毒致死，治愈之后不留后遗症或过敏疾患。

河鲀毒素过去被认为是鲀科鱼类自身代谢生成的特有的生物毒素。研究表明鲀科鱼类特别嗜好含有河鲀毒素的食饵，将毒素吸收、浓缩、并储藏于肝脏和体内其他部位。到了生殖期，在肝脏储藏的毒素，转移到卵巢使鱼卵有毒，以此防止受精的黏性卵被敌害摄食。有些鲀科鱼类受到危害时，从体皮肤分泌出毒素，威胁敌害，使其不得靠近侵袭或麻醉致死。

意义与价值　中国是鲀科鱼类资源较丰富的国家，尤其是东方鲀属和兔头鲀属鱼类，在中国沿海分布很广，产量丰富。东方鲀属鱼类的鱼肉肥嫩鲜美，素有“天下第一鲜”的美誉，民间就有“拼死吃河鲀”之说。早在明代李时珍在其名著《本草纲目》中记载：“河鲀有大毒，味虽珍美，修治失法，食之杀人。”鲀科鱼类不仅具有较高的实用价值，而且河鲀毒素具有很高医用价值。随着中国沿海渔业捕捞过度，东方鲀鱼类产量锐减，沿海有些地区已开始养殖红鳍东方鲀、假睛东方鲀，长江中下游地区也开始养殖暗纹东方鲀等经济种类。（包振民）

**赫崇本** He Chongben（1908-09-30～1985-07-14） 中国物理海洋学家、海洋教育家。生于辽宁凤城，卒于青岛。1932

年毕业于清华大学，曾在天津河北工学院（今河北工业大学）、清华大学、昆明西南联大等校任教。1943年赴美进修，1947年以《利用统计方法分析北美大气形成》论文获美国加州理工学院哲学博士学位。曾在美国斯克里普斯海洋研究所工作。1949年春回国后，历任山东大学教授，中国科学院海洋研究所兼任研究员，山东大学海洋学系主任，山东海洋学院（今中国海洋大学）教授和教务长、副院长，兼该院海洋研究所所长、河口海岸带研究所所长和名誉所长，国家科委海洋组副组长。中国海洋湖沼学会副理事长，《海洋与湖沼》副主编、《中国海洋湖沼学报》（英文版）和《中国科学》编委等。在发展中国海洋科学事业，包括制定海洋规划、开展**全国海洋综合调查**工作、培养海洋科技人才、建立海洋机构等方面均有重要贡献。与曾呈奎合作，在中国首次讲授综合性海洋学课程，指导年轻教师教学和科研，亲自为他们修改大量论文和专著；曾负责筹建中国自行设计、建造的"东方红"号海洋综合调查实习船，指导并参加中国第一次全国海洋普查等。发表有关水团研究与调查方法研究等方面的论文。

（文圣常　刘安国）

**赫斯，H.H.**　Harry Hammond Hess（1906-05-24～1969-08-25）　美国海洋地质学家、地球物理学家。生于纽约，卒于马萨诸塞州伍兹霍尔。毕业于耶鲁大学，

1934年在普林斯顿大学任教，1948年成为该校教授，1950年担任该校地质系主任。他在海沟重力、岛弧造山作用、洋壳与蛇绿岩套的研究方面均有重要贡献。第二次世界大战期间他在美国军舰上任军官，通过回声测深发现太平洋海底存在众多的平顶海山，并将它命名为盖奥特。1962年，他在《洋盆的历史》中提出海底扩张的概念，指出在大洋中脊轴部地幔物质上涌，形成大洋地壳；随着中脊轴部新洋壳不断形成，先成的洋壳向洋中脊两侧扩张，最后在海沟地区俯冲返回地幔。海底扩张说复兴了A.L.魏格纳的大陆漂移说，奠定了板块构造说的理论基础。

（喻普之）

**褐潮**　brown tide　由**抑食金球藻**等海金藻类（pelagophytes）快速增殖形成有害藻华的现象。

原因种　褐潮最早发现于美国东海岸。1985年，纽约长岛大南湾发生了由抑食金球藻形成的褐潮，由于褐潮期间藻细胞密度极高，最大密度高达1毫升溶液中计数出有$3.0\times10^6$个细胞，导致海水呈棕褐色，因此被称作"褐潮"。除抑食金球藻外，在墨西哥湾得克萨斯州沿岸海域，还有另外一种海金藻（*Aureoumbra lagunensis*）形成褐潮的报道。褐潮通常在六七月份出现，有时秋、冬季也会有小规模褐潮发生。

分布地区　抑食金球藻形成的"褐潮"主要分布在美国东海岸，并呈现出由北向南逐渐扩展的趋势。在纽约长岛大南湾等海湾，褐潮已经连续多年暴发，成为一种常态化的海洋生态灾害。另外，在大西洋南部南非的萨尔达尼亚湾（Saldanha Bay）海域，也发生过抑食金球藻形成的褐潮。

主要危害　尚未有研究发现抑食金球藻能产生毒素等有害物质，对人类健康尚未发现明显的危害效应。但是，由该藻形成的褐潮对海洋生态系统和生物资源具有显著危害，是一类典型的生态系统破坏性有害藻华。在美国东海岸罗得岛州纳拉甘西特湾，褐潮导致大量紫贻贝（*Mytilus edulis*）死亡；在纽约长岛皮克尼克湾，褐潮造成海湾扇贝（*Argopecten irradians*）大量死亡，扇贝资源衰退严重；受"褐潮"暴发及过度捕捞等因素影响，纽约大南湾的硬壳蛤（*Mercenaria mercenaria*）年产量从20世纪70年代的3000吨衰退到不足百吨，降低了97%。此外，褐潮对海草床生境也会造成严重破坏。由于褐潮期间藻细胞密度很高，造成遮光效应，影响大叶藻（*Zostera marina*）生长，导致海草床退化，也会危及依赖海草床生境的贝类生物资源。在新泽西州沿海海湾的海草床恢复工作中，移植海草的成活率受到褐潮的显著影响，在没有褐潮的年份，水体透光率显著上升，海草成活率也明显提高。

在中国，褐潮现象最早于2009年夏在河北省秦皇岛沿岸海域发现。藻华发生期间，养殖的海湾扇贝（*Argopecten irradians*）出现了摄食率降低、生长停滞及大量死亡现象，造成了重大的经济损失。自2009年开始，类似藻华连年出现。2010年，藻华面积达3350平方千米，造成经济损失人民币2亿多元。通过对褐潮暴发期间浮游植物样品中色素的检测和构建的真核生物克隆文库分析，发现藻华期间浮游植物样品中的色素以19-丁酰氧基岩藻黄素、岩藻黄素、硅甲藻黄素和叶绿素a为主；在克隆文库中，抑食金球藻基因片段占有重要优势，这表明抑食金球藻是该海域藻华的主要原因种。2012年，在山东沿海桑沟湾海域，也发现了类似的褐潮现象。河北省秦皇岛沿岸海域的褐潮在中国是首次记录，也是在太平洋沿岸海域首次发现的褐潮现象。

（陆斗定）

**褐藻**　brown algae; *Phaeophyceae*　分类学上属于棕色藻门（Ochrophyta）褐藻纲（Phaeophyceae）的藻类。

形态　因含有大量的类胡萝卜素（岩藻黄素等）及褐藻单宁酸类物质而呈现出特殊的棕褐色，而被称为褐藻。褐藻没有单细胞或群体类型，主要为丝状、假薄壁组织或薄壁组织。薄壁组织种类的细胞间具有胞间连丝或小孔。褐藻细胞壁通常至少由两层组成，由纤维素构成细胞壁骨架成分，而细胞壁无定形成分主要由褐藻酸和岩藻多糖组成。褐藻酸是褐藻特有的细胞壁组分，存在于褐藻的细胞间隙及细胞壁中，其主要成分为β-1,4键连接的多聚甘露糖醛酸和多聚古罗糖醛酸所构成的高分子化合物。岩藻多糖（fucoidin; FPS）是一种特有结合硫酸基团的水溶性多糖，是α-1,2、α-1,3和α-1,4连接的L-岩藻糖-4-硫酸酯，又称褐藻多糖硫酸酯或褐藻糖胶。褐藻的质体（又称色素体，功能与高等植物的叶绿体相同）具有环带，具有两层质体内质网膜，质体内质网外膜与细胞核外膜相连，或不相连，质体DNA为环状，细胞具有眼点或无眼点，无蛋白核或仅在某一时期出现蛋白核，色素包括叶绿素a、叶绿素$c_1$和叶绿素$c_2$、墨角藻黄素、紫黄素。游动细胞的2根鞭毛通常位于体侧，不等长，1根向前，1根向后；具有4个微管构成的鞭毛基体，但是没有条纹鞭毛基体；鞭毛具有螺旋过渡区，并且过渡区具有至少6个螺旋；没有副鞭毛杆。褐藻在有性生殖过程中可产生性诱导物质，多数属于不饱和（至少含有一个双键或三键）的碳氢化合物，能调配有性生殖过程中细胞的活动，调节精子囊中游动精子的暴发性释放，由雌性配子或卵吸引雄性配子（精子）进行受精过程。

种类　褐藻全部为大型藻类，没有单

细胞或群体体制类型。褐藻的生活史中存在着配子体和孢子体的形态、大小，构造复杂性、显著性，生活时间期限以及能否独立生活等方面的差异，可根据其藻体大小及形态差异。将其生活史分为同形世代交替（等世代交替，isomorphic alternation generations）和异型世代交替（不等世代交替，heteromorphic generations）两种世代交替类型，这两种生活史类型中均存在着单倍体和二倍体核相的交替。而墨角藻目的褐藻，在生活史中只出现二倍体（2n）类型的藻体，生活史中只有核相交替而没有世代交替，为单体型二倍体生活史。

图1　大型褐藻

图2　洁净海水中的褐藻

生态习性　褐藻多数为海生种类，仅有少部分种类为淡水藻类。大部分种类生长在冷温带沿海的**潮间带**及**潮下带**区域，并以大型藻体及群落成为上述区域的优势生物类群（图1、图2），尤其是在北半球的大陆架，褐藻群落的规模优势更为明显。（刘　涛）

**黑暗食物链**　dark food chain　在深海无光的热液、冷泉环境中，化能自养微生物作为初级生产者，而各种生物通过一系列捕食关系彼此联系起来的序列。又称深海食物链。深海黑暗食物链与普通食物链最大的区别是其能量来源不是太阳能，初级生产者也不是进行光合作用的植物，而是化能自养微生物。这些化能自养微生物利用热液、冷泉流体中硫化氢、甲烷、氢气等化合物的能量固碳，是整个黑暗食物链存在的基础。

发现简史　1977年，美国“阿尔文”号潜水器在东太平洋加拉帕戈斯裂谷进行海底地热异常调查，地质学家们意外发现在水深2500米深的热液喷口周围生长着大片包含管状蠕虫、贻贝和蛤类的特殊生物群落。深海几乎没有阳光，静水压力达数百标准大气压（1标准大气压＝101.325千帕），大多数的喷口又喷溢硫化物、甲烷等还原物质，因而缺乏氧气。P.朗斯代尔提出热液生物可能是通过化学合成来生存。G.H.劳通过研究喷口贻贝类碳同位素值和管状蠕虫、大白蛤的硫同位素值支持了这一观点。C.M.卡瓦诺首先发现了管状蠕虫的软体组织和大白蛤的鳃中共生着大量化能自养细菌。因此证明，喷口生物区的食物链基础是化能自养细菌和古菌。它们利用喷口流体中富含的硫化氢、甲烷进行氧化还原反应获得能量。管状蠕虫、双壳类、甲壳类、腹足类等大型生物与化能自养细菌形成共生关系，从而更容易地获得食物。

初级生产者　黑暗食物链的初级生产者是化能自养微生物，分为化能自养细菌和化能自养古菌。黑暗食物链最重要的生物过程就是微生物通过化学作用把$CO_2$转化成有机碳。在这个化学合成过程中，化学代替光能，以$CO_2$或$CH_4$为碳源，无机化合物为电子供体（如$H_2$、$H_2O$、$S^{2-}$、S、$S_2O_3^{2-}$、$NH_4^+$、$NO_2^-$、$Fe^{2+}$或$Mn^{2+}$等）。从全球范围看，热液、冷泉区普遍存在的化能自养微生物的化学反应主要有4条。无氧环境下，甲烷厌氧氧化古菌与硫酸盐还原菌形成伙伴关系，发生如下反应：

$$CH_4+SO_4^{2-} \longrightarrow HCO_3^-+HS^-+H_2O$$

无氧环境下，硫氧化细菌发生如下反应：

$$2H_2S+CO_2 \longrightarrow (CH_2O)+H_2O+2S$$

有氧环境下，甲烷氧化细菌发生如下反应：

$$CH_4+O_2 \longrightarrow (CH_2O)+H_2O$$

有氧环境下，硫氧化细菌发生如下反应：

$$CO_2+H_2S+O_2+H_2O \longrightarrow (CH_2O)+H_2SO_4$$

环境中的各种化学物质的组成与浓度会影响实际的反应情况，此外某些微生物还可以通过氢气氧化，氨氧化，铁、锰等金属离子氧化过程获得能量。

消费者　已发现的热液区和冷泉区独有的物种数已超过100种。初级消费者包括与细菌共生的或以细菌为主要食物的动物，主要有管状蠕虫、贻贝、蛤类、多毛类、腹足类、铠甲虾、阿尔文虾等。次级消费者主要有鱼类、螃蟹、章鱼、冷水珊瑚等。高级捕食者往往不是专性生活在喷口区，而是被喷口附近极高的生物量吸引而来的机会主义者。（王敏晓）

**黑潮**　Kuroshio　北太平洋副热带环流系统中的**西边界流**。它与北大西洋中的湾流齐名，同是世界大洋中的著名强流。黑潮具有流速强、流量大、流幅狭窄、高温高盐等特征。“潮”即水流，因其水色深蓝，远看似黑色，故而得名。

起源和途径　黑潮起源于太平洋北赤道流在菲律宾群岛以东的一个北向分支。它沿着吕宋岛东岸向北流动，越过吕宋海峡后，紧贴着台湾岛东岸继续北上，经苏澳和与那国岛之间的水道进入东海，然后便沿着东海陆架外缘和陆坡向东北方向流动。当到达日本奄美诸岛西北部附近海域时便转向东流，通过吐噶喇海峡流出东海，进入日本以南的太平洋海域。嗣后，沿着日本南部沿岸流向东北，在本州铫子附近离开日本海岸向东流去，成为**黑潮延伸体**（或续流）。若按照其所在的地理位置来划分的话，狭义的黑潮应由源区黑潮、东海黑潮和日本以南黑潮组成，而广义的黑潮还应包括黑潮延伸体。源区黑潮位于吕宋岛和台湾岛以东、东经130°以西海域，流经东海和日本以南海域的黑潮分别被称为东海黑潮和日本以南黑潮，而黑潮续流则指离开日本海岸继续向东流的那一段，最东可达东经160°附近。从地理范围看，整个黑潮系统南北跨越15个纬度（北纬20°～35°），而东西则跨越40个经度（东经120°～160°）。

分支　黑潮在运移过程中，因受地形、季风、中尺度涡旋等外界因素的影响而时常向边缘海域入侵，形成分支。例如，黑潮在流经吕宋海峡时，常以分支或流套的形式入侵南海，形成南海分支；黑潮在流经台湾岛东北部时入侵东海陆架，形成**台湾暖流**；在日本九州岛西南部海域，大部分黑潮水转向东流，而少部分则流向北，进入对马海峡，成为**对马暖流**。这些分支的强弱变化对中国南海、东海、黄海及日本海的环流结构、水文状况和生态系统皆有重要影响。

研究历史　对黑潮的调查活动最早可追溯到1914年，但大范围且较系统的海洋调查则始于20世纪中期。自1965年以来，除相继实施了多个与黑潮有关的大型国际计划，如世界大洋环流实验（WOCE）、气候变率及可预测性计划（CLIVAR）、Argo全球海洋观测网、专题国际合作研究计划（黑潮及邻近海域的合作研究计划）和中日合作调查研究项目（中日黑潮合作调查研究项目、中日副热带环流合作调查研究项目）外，中国、美国、日本等国家还独自实施了多个黑潮研究计划和项目。这些研究计划和项目的实施，获取了大量的调查资料，增强了黑潮的数值模拟能力，推动了黑潮研究的深入开展，取得了一大批重要研究成果，从而对黑潮的空间结构、时空变化和变异机制有了较深入的认识和了解。

空间结构　黑潮具有地转流或准地转流性质。因此，黑潮的流幅、厚度、流速、流量等要素皆存在着很大的区域性差异，即黑潮的空间结构是相当复杂的。在吕宋岛以东海域，黑潮的厚度在500～600米，平均流速为0.5～1.0节（1节＝1.852千米/时），最大流速在1.5～2.0节，平均流量约为19Sv（1Sv＝1×10$^6$米$^3$/秒）。黑潮进入吕宋海峡后转向西北，其西边缘最西可达东经121°附近，平均流速为1.0节，最大流速可达3.0节左右。在台湾岛以东海域，黑潮流幅为130千米（平均流速大于或等于10厘米/秒的主流宽度作为流幅），厚度约为500米，平均流速在1.0～1.5节，最大流速高达3.0节或以上，平均流量达30Sv。进入东海后，黑潮逐渐变宽、增厚，但流速变慢。但在吐噶喇海峡，黑潮变厚、流速增大，厚度可达800米，平均流速在1.5～2.0节，最大流速高达3.0节，平均流量为27Sv。到达日本以南海域时，黑潮流速增强，流量增大，但其路径却复杂多变，有时呈平直型流动，而有时则会发生大弯曲现象，即黑潮流轴向南移动，远离日本海岸，呈U形或V形分布，并在远洲滩外伴生大冷水团。

时空变化　黑潮的流轴、流幅、厚度、流速、流量、热盐结构等，都无时不在变化之中，变化周期为几小时、几年甚至十几年不等。其中，黑潮流量的季节、年际和年代变化尤为突出，而且也存在着显著的区域性差异，即黑潮流系的时空变化特征是十分显著的。在吕宋岛以东海域，黑潮的平均流量一般在12～31Sv，并有春强、秋弱的季节变化和3～7年的年际变化。在台湾岛以东海域，黑潮的平均流量一般在20～33Sv，但流量的变化较为复杂，除有约100天的季节内振荡外，还有夏强、秋冬弱的季节变化和2～5年的年际变化。在东海的PN断面，黑潮流量基本服从正态分布，主要集中在19～33Sv，流量不仅存在着夏强、秋弱的季节变化、2～8年的年际变化和约25年的年代际变化，还有明显的线性递增趋势，在1956～2005年流量增加了8.7Sv。在吐噶喇海峡，黑潮流量一般在20～38Sv，但有夏强、秋弱的季节特征和4年的年际变化。在日本以南海域，黑潮流量一般在27～85Sv，并有夏强、冬弱的季节变化，但其年际变化则与**黑潮大弯曲**有关。黑潮沿着日本南岸运移的路径主要分为非大弯曲（平直）型和大弯曲型两种情况。通常，这两种路径可能都会持续几年到十几年的时间，但它们的过渡时间却较短，为2～3个月。在黑潮出现大弯曲期间，流量增大；反之在非大弯曲期间则流量减少。平均而言，前者较后者多10Sv左右。

海洋中的黑潮

展望　虽然已对黑潮进行了大量的调查研究，但这些研究大都局限于某一海域，如黑潮源区、东海、日本以南海域和黑潮延伸体，而很少从全流域的角度对黑潮的结构特征、时空变化、变异机理及其影响进行全面而系统的调查研究。另一方面，由于缺乏大范围、长期的海流观测资料，以往有关黑潮流量、热盐输送量及其水交换的分析结果，大多是根据水文观测资料和数值模拟得到的，这些都需要大量的实测流资料加以验证。可以预见，黑潮仍是未来国际海洋学研究的热点课题之一。（尹宝树）

**黑潮大弯曲**　Kuroshio large meander　当黑潮流经日本南部海域时，其路径存在大规模变化。有时，黑潮沿着日本南岸向东流动，有时则会离开平行海岸的位置，向南发生大弯曲，日本又称其为“大蛇行”。此时，黑潮路径呈现“U”或“V”字形。黑潮大弯曲是黑潮长周期变动中最突出的现象，日本海洋学家**宇田道隆**在1937年首次对该现象进行了报道。（王　强）

**黑潮延伸体**　Kuroshio extension　**黑潮**在北纬35°、东经141°附近与日本海岸分离，进入北太平洋直至东经160°附近，形成的狭窄向东射流。黑潮延伸体是北太平洋副热带反气旋式环流系统的重要组成部分。其平均状态呈现两个准静止大弯曲形态，其脊线分别位于东经144°和150°。此外，黑潮延伸体还随时间不断变化，最引人关注的是，其存在两种模态：强的稳定模态和相对弱的不稳定模态，这两种模态之间的振荡周期大约为十年，已有研究表明，黑潮延伸体的这种准十年振荡对天气、气候和渔业等均有重要影响。（王　强）

**痕量元素及其同位素海洋生物地球化学研究计划**　An International Study of the Marine Biogeochemical Cycles of Trace Elements and Isotopes; GEOTRACES　聚焦海洋环境中含量水平极少的金属元素及其同位素在海洋环境中的分布与转运过程的国际计划。该计划于2010年正式启动，由国际海洋科学研究委员会（SCOR）资助运行，其国际项目办公室设在法国图卢兹的空间地球物理与海洋学研究实验室（LEGOS）。首任科学指导委员会主席为美国的B.安德森教授和英国G.亨德森教授，现任共同主席为美国K.卡肖蒂教授和英国M.罗汉教授。

GEOTRACES计划的主要科学任务是甄别和量化控制关键痕量元素及其同位素在海洋中分布的过程和通量，并研究其与环境变迁的关系。GEOTRACES计划中所涉及的研究内容包含：①痕量元素及其同位素在海洋界面的通量与过程，如海-气界面，河-海界面，沉积物-水界面等。②痕量元素及其同位素在海洋内部的循环过程，如生物摄取与再生、颗粒物吸附与解吸、向海底的沉降与降解、随洋流的输运等。③古海洋学示踪物的发展与确立，如对水柱过程、沉积过程等示踪物的优选。

GEOTRACES计划的孕育可追溯到2000年4月在挪威卑尔根举行的全球海洋通量联合研究计划（JGOFS）的研讨会，在该会议上确认建立GEOTRACES计划。2006年8月，GEOTRACES科学计划报告发布；2008年GEOTRACES计划科学参数互校航次实施，目的是确保痕量金属数据的可靠性以及实验室之间的可比性；2010年，GEOTRACES计划正式启动，已有美国、中国、英国、德国、法国、荷兰、日本、印度等国家参与加入该计划。中国启动GEOTRACES相关研究计划相对较晚但却正在迎头赶上，2014年厦门大学开始建设痕量金属的研究力量，2019年5月完成了中国的第一个自主实施的GEOTRACES断面调查航次（GP09航次）。未来GEOTRACES计划发展将进一步与生物海洋学相结合，即更加关注痕量元素与海洋生命及海洋生态过程的互作机制。针对这一方向，已酝酿BioGeoSCAPES国际计划。

GEOTRACES计划的组织架构可分为科学指导委员会、国际计划办公室以及国际数据中心3部分。其中科学指导委员会又细分为标准与互校、参数定义、数据管理以及执行4个分委员会，共同负责计划的实施并对各国开展GEOTRACES计划提供科学指导，共有24位来自不同国家的海洋科学家组成。国际计划办公室是计划日常运作与后勤事务的协调中心，促进各国GEOTRACES项目之间的交流，同时也是海洋科学界与公众交流的主要窗口。国际数据中心的主要目标是将GEOTRACES的核心数据整合成全球数据集。它负责数据编纂、质量控制以及将GEOTRACES航次中获得的数据进行归档。国际数据中心根据GEOTRACES的数据管理政策，使参与GEOTRACES计划的海洋科学家以及整个海洋科学界能够更加方便地访问这些数据集。

GEOTRACES计划自实施以来，始终坚持以数据质量至上为宗旨，除组织数据互校航次外，还要求各国的断面航次实施中设立互校站位，以便不同航次数据的相互校对。GEOTRACES计划的实施，从海盆尺度揭露了痕量金属的分布特征，并估算了不同来源对海洋痕量金属的贡献，如大气输入、陆架侧向输运、海底热液等。在海洋内部，痕量金属的生物地球化学循环过程的认识也得到了进一步提升。自计划实施以来，推动了建立公共数据库、培养青年研究学者、构建国际科研群体和能力建设等方面的工作，相关研究成果已经发表了一系列研究论文，其中多篇发表于国际著名期刊《自然》和《科学》杂志。

（周宽波　蔡毅华）

**红珊瑚**　red coral　海洋腔肠动物，分类上属于腔肠动物门。珊瑚虫纲八放珊瑚亚纲软珊瑚目硬轴珊瑚亚目红珊瑚科。红珊瑚科划分为红珊瑚属（*corallium*）、半红珊瑚属（*hemi corallium*）和侧红珊瑚属（*pleuro corallium*）三个属。又称浓赤珊瑚、撒丁岛珊瑚。已发现红珊瑚科物种有29种，其中红珊瑚（*Corallium rubrum*）最常见。被列为国家Ⅰ级保护动物。

观赏和药用价值　红珊瑚虫外胚层所分泌的骨骼质地坚密、色泽鲜艳，呈淡粉红色至深红色，常作宝石或雕刻材料，与珍珠和琥珀并列为三大有机宝石。在古代，红珊瑚就被视为祥瑞幸福之物，代表高贵权势，是幸福与永恒的象征。中国古代皇帝的朝珠即由红珊瑚制成。红珊瑚也可入药，有定睛明目之功效。

形态特点　红珊瑚营群体生活。个体直径一般为0.5毫米～2厘米，每个个体具有8个羽状触手。隔膜8个不成对，隔膜肌向腹生长，隔膜丝单叶状。仅有一个口道沟，位于腹面。红珊瑚虫的软体由中胶层和内胚层、外胚层二层细胞组成，其中外胚层能够分泌骨骼。骨骼多在体内，或由体内发生后伸向体表；骨骼成分为碳酸钙，骨质坚硬。

分布　红珊瑚适宜生活在硬底、流急、无沉积物（特别是无陆源性沉积物）、水清、低光照、低温（8～20℃）的海域。红珊瑚在全世界主要分布于：①大西洋沿海。包括爱尔兰南部、法国比斯开湾、西班牙加那利群岛、葡萄牙的马德拉群岛。②地中海海域。包括撒丁岛附近的海域、意大利半岛南部海域、阿尔及利亚和突尼斯等国，红海、毛里求斯也有红珊瑚分布的记载。③东南亚海域。主要为中国台湾海域、琉球群岛、菲律宾海域、日本南部岛。④太平洋中心。夏威夷群岛到中途岛的区域均有红珊瑚出产。此外，澳大利亚、新西兰一带海域也产红珊瑚。中国红珊瑚主要分布在台湾北部和东部沿海、澎湖列岛、台湾浅滩南部、南海诸岛。

生活习性　红珊瑚生长缓慢，寿命长，从幼虫附着后10～12年才性成熟。每年夏季产卵，其浮浪幼虫是负趋光性。多数为雌雄异体，其生殖腺位于隔膜上，生殖细胞来源于内胚层的间细胞。在生殖时期，将生殖细胞排到体外，在海水中受精，或在胃腔中受精，发育中经过浮浪幼虫，再发育成成体。

保护措施　红珊瑚具有极高的收藏和观赏价值，暴利驱动下遭到长期非法猎捕。仅2014～2015年中国海警就连续破获多起特大非法猎捕红珊瑚案件，共查获红珊瑚224.41千克，估值超亿元。非法猎捕导致红珊瑚数量急剧减少，建立红珊瑚自然保护区并不断完善保护区管理的法律法规，是红珊瑚保护的重要举措。此外，还应加大科研投入，实现红珊瑚的人工移植、保护和修复。

（赵　飞）

**红树林**　mangrove　在热带和毗邻热带的亚热带海滩和海岸，主要由红树科植物组成的一种特殊的植被类型。见**海洋种子植物**。

**红树林生态系统**　mangrove ecosystem　热带和亚热带海湾河口泥滩盐渍化沼泽上以盐生森林植物群落为主要初级生产者的生态系统。多分布在低能海岸潮间带上部，受周期性潮水浸淹，由红树植物为主体的常绿灌木或乔木组成（图1）。同时，由于红树林区内潮沟发达，吸引深水区的动物和陆地鸟类来此觅食栖息，生产繁殖。

组成　红树林生态系统是世界上初级生产力高的海洋生态系统之一。乔木植物

图1　泰国克拉比的红树林生态系统

生产力在1.1～24.1吨/（公顷·年），凋落物的产量存在纬度梯度，0°～10°范围内最高为10.4±4.6吨/（公顷·年）。凋落物支持了复杂食物网结构和极高的生物多样性。例如，广西山口红树林区就有111种大型底栖动物、104种鸟类、133种昆虫和159种藻类。红树林生态系统还具有强大的固碳能力，不仅植物的光合作用能够固定二氧化碳，泥滩中的厌氧菌还能在光照条件下利用$H_2S$为还原剂，还原$CO_2$制造有机物。

全世界有80～90种红树植物物种，是稀有的木本胎生植物。它们具有呼吸根或支柱根组成的强大根系；种子可以在树上的果实中萌芽长成小苗，然后再脱离母株，坠落于淤泥中发育生长；具有良好的拒盐、泌盐功能。全球红树林大致分布在南、北回归线之间，最北可达北纬32°，最南可达南纬33°。

功能　红树林可以直接作为工农业原材料，生态系统中其他生物资源量也很高，还可以从它们及生态系统中特有的微生物中提取具有药用价值的活性物质。早在古希腊亚历山大大帝时期，行军的过程中就注意到红树林的出现往往意味着附近的海洋中有丰富的鱼类资源。同时，红树林植物和它们密集交错的根系减缓了水体流速（图2），增加水体中悬浮颗粒沉降，不但起到保护土壤及造陆护堤作用，还可以净化水质。已经有研究表明，一些红树植物的根能富集某些放射性核素，减少海水的放射性核素污染。

图2　水下红树林根系上的海洋生物

生态保护　与其他生态系统一样，红树林也面临面积减少的困境。除了针对红树的过度砍伐，道路、码头、养殖池等建

设也是毁林的重要原因。同时，考虑红树的生理适应性，污水排放、石油污染、垃圾和固体废弃物，以及暴雨冲刷，也是红树林生态系统破坏和面积减少的重要原因。

中国已建立32个红树林自然保护区，并有海南东寨港、广东湛江等多处红树林湿地被列入国际重要保护湿地名录。从生态保护上仍然任务艰巨。首先，虽然红树林是中国保护比例高的自然生态系统之一，但区域不均衡明显。福建省和海南省受到保护红树林面积比例分别为94.0%和80.9%，而红树林面积最大的广西壮族自治区（被保护红树林面积）仅为该区红树林总面积的39.5%。其次，红树林修复有天然林与人工林两种方式，人工林成活率和保存率高，与外来树种无瓣海桑有直接关系。（张光涛）

**红树林生态系统退化** mangrove ecosystem degradation 在人类活动和气候变化影响下，红树林生态系统出现植物生长抑制、面积萎缩、生物多样性下降、生态服务功能降低的现象。

生态服务功能 红树林生态系统是热带、亚热带海岸潮间带或河口处重要的生态系统，主要由红树科植物（灌木或乔木）及其伴生植物、藻类、动物、微生物及非生物环境因子共同组成。红树林的主要生态服务功能包括：①作为初级生产力生产有机物。②抗风消浪，造陆护堤。③固定二氧化碳（$CO_2$）和释放氧气（$O_2$），维持大气$O_2$平衡，减少温室效应。④提供动物栖息地，已记录红树林生态系统中栖息着各种动物13门26纲44科655种。⑤营养物质循环与养分积累。⑥降解污染物与防治病虫害。红树林可吸收二氧化硫（$SO_2$）、氯气（$Cl_2$）等其他有害气体，亦可净化水体中的汞等重金属元素、农药等。通过鸟类等动物与环境的复杂生态关系，还能有效地防治海岸生态环境病虫害。

退化现状 据报道，世界上将近50%的红树林已被人类活动所改变或毁灭，据联合国粮食及农业组织估计，2000年全球红树林面积已不到$1.5\times10^7$公顷。据资料记载，1957年中国拥有红树林42 000公顷，2016年红树林面积为20 700公顷，减少了一半左右。现有的红树林群落还表现出活立木株数减少、死亡率增高、郁闭度降低等退化现象，围塘养殖与海堤建设等人为活动也导致红树林资源减少，原滩涂生境破坏，地形地貌改变，使得系统的完整性缺失，稳定性降低，生物多样性减少，部分红树植物濒临灭绝，红树林生态系统服务功能大幅下降。

退化原因 造成红树林生态系统退化的主要原因如下。

人类活动的破坏 包括砍伐、污染物排放，尤其是将红树林生活区域用于工业、房地产开发、水产养殖。据估计，虾类养殖造成的红树林森林面积被破坏约占四分之一。此外，红树林被破坏的因素还包括转移其淡水来源的活动，如过度采集地下水、大坝建设，以及在潮滩上建造道路和排水渠等。

海平面上升 红树林生态系统主要分布于潮间带、潟湖或珊瑚礁上，对海平面上升极为敏感。海平面上升使红树林淹水时间和频率增加，影响红树林的生长和发育，同时使红树林不得不向陆地一侧后退。红树林生态系统能积聚泥炭和淤泥，这使它们有可能适应海面的上升。如果海平面的上升速度高于沉积速度的话，将出现某些红树林植被的重新分布，当平均潮高超过基质上升速度，则红树林将减少。研究发现海平面上升会影响广西海岸带红树林生态系统脆弱性空间，2010年红树林栖息地已受到较显著影响，高潮滩红树林面积减少60%以上，预测到2025年红树林栖息地面积会继续减少。

气温上升 红树林物种在温度敏感性上有相当大的差异。专家认为气温高于25℃时，某些红树林物种的叶形成速率可能下降，超过35℃，红树林根的结构、苗的发育、光合作用将受到很大的负面影响，这意味着如果温度上升过高，可能对位于赤道附近的红树林不利，它们可能会向高纬度迁移。

降水量变化 盐度是决定海岸和河口的红树林物种分布的主要因子。降雨量直接影响潮间带水域和沉淀物的盐度，如果降水量减少，土壤的盐度就会增加，红树植物就会出现组织内盐水平增加和有效水量减少，导致单位叶面积的净同化速率的减小，最终生长减慢。

敌害生物影响 海区污染导致敌害生物泛滥，影响脆弱的红树林群落。如中国海南东寨港国家级红树林自然保护区由于团水虱暴发，在红树植物根部蛀蚀成密集孔洞，破坏根系结构。专家们认为虾塘养殖废水的排放和海鸭的养殖造成水体富营养化，导致团水虱大量暴发。在新英湾红树林自然保护区，因红树林中常见的攀缘类伴生植物鱼藤（*Derris trifoliata*）迅猛繁殖覆盖，抑制原有红树林群落植物进行光合作用，导致红树林植物个体数量急剧下降。

外来物种影响 互花米草（*Spartina alterniflora*）是影响中国红树林最严重的海洋入侵物种，直接危害中国红树林的生态健康。此外，耐水淹、速生的外来红树植物无瓣海桑（*Sonneratia apetala*）和拉关木（*Laguncularia racemosa*）被引进中国，被大量用于红树林造林，也对本土红树林植物的生态安全带来了风险。

防治措施 红树林生态系统退化的防治工作应从政策、科研、技术、应用等方面着手。中国红树林分布区域现有各级各类自然保护区共计52处（不含港澳台），保护红树林面积共15 944公顷。其中，国家级自然保护地内的红树林有9800公顷，占全国红树林面积的34%；地方级自然保护地内的红树林有614公顷，占全国红树林面积的21%。同时，还应加强红树林的保育工作，建立种质资源保育基因库和苗圃基地，加强红树林的动态监测，研究生态恢复技术等。（汝少国）

**红树林生态修复** mangrove ecological restoration 采取一定措施使退化、受损、毁坏的红树林生态系统结构和功能逐渐恢复的过程。红树林是生长在热带、亚热带海岸潮间带的木本植物群落，由红树植物和半红树植物、藤本植物、草本植物和附生植物组成，在净化海水、抵挡风浪、保护海岸、改善生态状况、维护生物多样性和沿海地区生态安全等方面发挥着重要作用。

修复措施 水产养殖建设养殖塘、为获取木材进行采伐、为获取土地围垦造陆、水污染等是红树林生态系统退化、受损、毁坏的主要原因。防止污染和生态破坏是减缓红树林退化的主要措施，而人工栽培是恢复红树林的主要手段。在适宜地区大面积造林是恢复红树林生态系统的主要措施，红树林生态修复的目标包括稳定植被覆盖和生态系统恢复两方面。

孟加拉国是世界上最早进行红树林造林和造林面积最大的国家，1966～1973年开始小规模造林；中国从1991年开始把红树林造林和经营技术研究列入国家科技攻关研究专题。

栽植技术 红树林修复栽植技术的关键问题包括宜林地选择、树种选择、栽培技术、管理与维护。

宜林地选择 宜林地的选择必须考虑潮位、浸水时间、潮速、海流速度、土壤和海水盐度、种苗特性等。中潮带和高潮带最适合红树林生长，低潮带浸水时间过长，除先锋树种外，多数不易生长。

树种选择 红树林的树种很多，在选择造林树种时，应结合宜林地的状况优先考虑乡土树种。在红树林保护区外一些立地条件恶劣的滩地可用无瓣海桑作为先锋树种，应禁止外来树种引入保护区的核心区。

栽培技术 红树林的种植方法可分为胚轴插植法、人工育苗法、直接移植法和无性繁殖法4类。①胚轴插植法。从野外直接采集繁殖体种植。胚轴插植法具有成本低、操作简单等特点，是中国主流的造林方法，但受繁殖体成熟的时间限制，通常每年只有1～2次。②人工育苗法。大多在种植前使用容器育苗，待苗木培养一定的时间后，连带容器出圃用于造林种植。人工育苗法成本较高，但在一定程度上能提高造林成活率，已逐步成为一种主流的造林方法。③直接移植法。从红树林中挖取天然苗来造林。直接移植法成活率较低，在没有成熟繁殖体的季节、种苗短缺或补植时才使用该法。④无性繁殖法。以发展组织培养为主，之外还有扦插、萌生枝造林等，但该技术还处于研究阶段。

管理与维护 在种植红树林幼苗后，需要进行看护、补植和病虫害防治。在红树林未成林地时，需要派驻人员巡逻监督，防止人畜或漂浮物进入，当幼林遭到人为破坏、自然灾害而受损死亡，需要使用规格较大的种苗补植。对于非保护区内的大面积人造幼林，重要的是提高苗木对逆境环境、人为干扰抗性，增加其生长速度和成活率。

研究方向 危害人工红树林的生物因素主要包括真菌病害、藤壶、昆虫和蟹类等，如何高效、环保解决这些问题，一直是重要的研究方面。红树林生态修复不是单纯营造人工红树林，更重要的是提高造林质量，恢复多层次、多种类、立体防护效能的红树林。营造健康的红树林湿地生态系统，开展红树林生态系统结构、功能的保护和恢复研究将是以后的研究重点。（蔡悦荫）

**红藻** red algae 一种真核藻类。藻体除少数单细胞类型外均为多细胞。一般高几厘米至几十厘米，有的可达1米以上。

形态 植物体外形多样，除少数是单细胞或群体外，绝大多数为多细胞体，其中有由简单的单列细胞或多列细胞组成的丝状体，或由许多藻丝组成的圆柱状、亚圆柱状、叶状、囊状或壳状，分枝或不分枝的宏观藻体，其中少数种类钙化。藻体直立或匍匐，基部由假根状分枝丝体或多细胞盘状固着器固着于基质上。由藻丝组成的藻体有两种类型：①单轴型。藻体中央有一中轴丝，由它向周围各方生出侧丝组成皮层。②多轴型。藻体中央是由许多中轴丝组成的髓部，再由它向各方生出侧丝组成皮层。红藻的细胞有细胞壁，分为内外两层。外层由琼胶和卡拉胶等胶质组成，因种类而异，内层为纤维素。细胞壁内面是原生质薄层。细胞间有明显的纹孔联结。多数红藻的营养细胞是单核的，少数为多核。色素体形状常随种类而异，如红毛菜纲（Bangiophyceae）的色素体为星状，内含有一蛋白核；真红藻纲（Florideophyceae）的色素体一般为带状或盘状。在叶绿体内有非聚生的光合层，即类囊体。类囊体中含有叶绿素a、叶绿素d、叶黄素、胡萝卜素，以及大量的藻红蛋白和藻蓝蛋白。常因其含量不同，使藻体出现不同的颜色，鲜红色、粉红色、紫色、紫红色或暗紫红色等。光合作用产物为一种多糖类——红藻淀粉，小颗粒状，附着在色素体表面或存在于细胞质中。

分布 世界广泛分布，包括极地，是水生环境的重要成员。绝大多数为海产，少数生于淡水。海产种类生长的深度可达200米，在潮间带则多生于岩石的背阴处、石缝或石沼中，也有少数喜生于暴露的风浪大的岩石上。淡水产种类大多固着于泉水溪流中岩石或其他基质上。

繁殖 红藻的生殖类型分为营养繁殖、无性生殖和有性生殖。红藻不同于其他藻类（除蓝藻类外），缺乏具有鞭毛的生殖细胞。少数红藻可以进行营养繁殖，营养细胞直接分裂或藻体本身断裂后再生。无性生殖是由藻体产生的单孢子或四分孢子直接萌发为新个体，四分孢子囊的分裂方式可分为十字形、层形或四面锥形。此外，少数种类还产生双孢子、多孢子或副孢子，它们是四分孢子的同种异形物。红藻门的有性生殖均为卵式生殖。红藻的雄性生殖器官是精子囊，每个囊中有一个精子；雌性生殖器官称为果胞，是一个烧瓶状的单细胞，内有一个卵，其上端延伸为丝状突出体，称为受精丝。精子释放后，能被动地随水流动，到达受精丝并贴附其上。受精过程系精子附着处壁融化，精子核进入受精丝，到达果胞内与卵核结合为合子。受精后的合子直接分裂或间接通过辅助细胞形成产孢丝，由产孢丝再形成果孢子囊，许多果孢子囊集生成为果孢子体，又称囊果。囊果有的由雌配子体分裂而成的果被包围，常具有1～2个囊孔；有的不具果被。红藻的绝大多数种类都有三个世代的藻体进行世代交替，即孢子体世代、配子体世代和果孢子体世代。配子体产生单倍的精子和卵，二者结合为合子，形成双倍的果孢子体，寄生于雌配子体上，产生双倍的果孢子。果孢子萌发成为孢子体，孢子体在四分孢子形成时进行减数分裂，四分孢子萌发成雌、雄配子体，雌雄同体或异体。

红藻中有一些营养丰富、味道鲜美的食用种类，如紫菜、麒麟菜、海萝等。还有一些重要的经济物种可作为药材、肥料、饲料、藻胶原料、印染、糊料、涂料等。

（夏邦美 撰 王广策 王旭雷 谢树莲 修订）

**弧后盆地** back-arc basin 岛弧或火山弧与大陆之间的深海盆地。又称边缘盆地。水深2000～5000米。与海沟、岛弧组成沟弧盆系。弧后盆地在世界许多大陆边缘均有分布，以西太平洋边缘的最为典型。

特征和分类 大多数弧后盆地具大洋型地壳，如南海海盆地壳厚仅5000～8000米。有的盆地地壳稍厚，属于过渡型地壳或变薄陆壳，如东海冲绳海槽。边缘盆地内堆积着陆源、火山碎屑或远洋沉积物，厚度不一，在百米至数千米之间。基底熔岩多类似于大洋盆地的拉斑玄武岩，或略带有岛弧熔岩的特点。盆地内多见正断层、地堑等引张构造，盆缘常有陡崖。多数弧后盆地热流值较高，可达2微卡/（厘米$^2$·秒）以上。一些弧后盆地内已发现条带磁异常，但与大洋盆地的相比，强度一般较弱，线性布局不很清晰。深海钻探、拖网采样等资料表明，弧后盆地都比较年轻，大多形成于新生代。

按地质和地球物理特征，可将弧后盆地分为四种成因类型。①边缘海盆地及弧间盆地。由于弧后微型扩张，一个火山岛弧与大陆分裂，形成以洋壳为底的海盆，称为边缘海盆地，以日本海和太和盆地为代表；一个火山岛弧经向分为两个火山弧，中间的洋壳盆地称为弧间盆地，以西南太平洋汤加-克马德克岛弧后的拉岛海盆为代表。②前陆盆地。在大陆型地壳上，属于陆缘延伸部分，具挤压特征的弧后盆地。以中国台湾海峡为代表。该盆地的基底由前寒武纪、古生代和早中生代的变质岩和海相碎屑沉积物组成。上部盖层由白垩纪至古近纪浅海相、滨海相和陆相以及新近纪和第四纪海相和陆相沉积所组成。位于台湾山脉东部的变质移置地体在新近纪末迁移至并增生于台湾山麓地带上，并在西部台湾山脉和雪山山脉产生指向西的推覆构造，从而使得原先的边缘海盆地受挤压剪切而转化为西部台湾海岸平原和台湾海峡的前陆盆地。前陆盆地一侧发育起来的推覆构造是陆内俯冲（A型俯冲）的一种标志。在此过程中通过重叠的断层而使地层增厚，并发生褶皱。前陆盆地常有油气生成和储集。③弧后转换断层盆地。

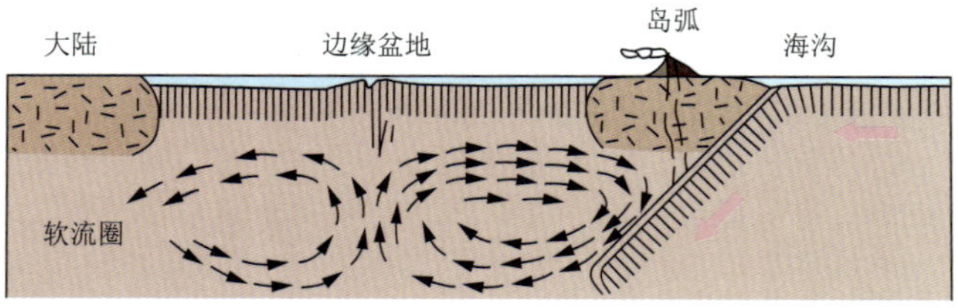

弧后盆地（边缘盆地）剖面示意图

弧后沿转换断层走向水平运动形成的盆地。以北美加利福尼亚湾为代表，其中以浊流沉积和浅海沉积为特征，发育有三种类型地壳，即大陆型、过渡型和大洋型地壳。④弧后硅铝层上裂陷盆地。弧后大陆岩石圈下的地幔物质上拱和弧后微型扩张作用而形成的拉张型盆地。以中国东部弧后盆地为代表，包括松辽盆地、下辽河盆地、渤海盆地、华北盆地、苏北和南黄海盆地。这些盆地以具有陆壳结构和高热流为特征，往往以生长断层为边界形成地堑或箕状构造和地垒相间的复杂构造，显示其拉张的特点。

成因　板块构造理论认为，由于板块俯冲作用使岛弧裂离大陆或岛弧本身分裂而形成弧后盆地。弧后硅铝层上裂陷盆地、边缘海盆地及弧间盆地等都是这种弧后扩张的产物。前陆盆地则是原先的边缘海盆地因受后期挤压而转化为挤压性盆地。另外，弧后的剪切应力作用则可形成加利福尼亚型的弧后转换断层盆地。

关于弧后扩张的动力机制，尚有不同见解。一些学者认为板块俯冲引起热地幔主动地呈底辟上涌，或引起次一级的地幔上升流，可成为弧后扩张的动力。另一些学者注意到太平洋东缘的俯冲作用并未形成边缘盆地，俯冲带的存在还不是弧后扩张的充分条件。他们认为弧后扩张可能与上覆板块和俯冲板块之间耦合不紧密有关。（金性春）

**湖泊或浅海试验**　lake or shallow-water testing　在湖泊、河流或人工浅水环境中进行的测试方法。旨在研究、评估水上和水下设备在相对浅水环境中的性能及行为的试验方法。该试验技术为水上和水下设备的开发、校准和性能优化提供重要的试验数据和验证手段。

发展简史　浅水试验技术最早应用于小型船只和简单水上设备的测试。这些试验通常在自然湖泊或河流中进行，主要目的是评估设备在相对静止和浅水环境中的基本性能。20世纪中叶，随着水上和水下设备的复杂化，浅水试验逐渐引入了更多的测量技术和环境控制手段，如流速控制、波浪生成和环境模拟。现代湖泊和浅水试验技术集成了先进的传感器技术、数据采集与分析系统，以及仿真与数值模拟技术。试验环境不仅限于自然水体，还包括专门设计的人工浅水池，能够更精确地模拟各种水动力条件。

工作原理　湖泊或浅水试验通过在自然或人工浅水环境中模拟特定的水动力条件，对测试对象进行性能评估。试验过程中，通过控制水流速度、波浪特性和其他环境参数，使用高精度测量设备实时采集数据，并通过数据分析评估设备在浅水环境中的行为和性能。

试验设备　①试验水体（自然湖泊、河流或人工浅水池）。用于进行试验的水域或水池，通常具备可调节的水深和面积。②流速控制系统。用于调节和控制水体中的流速，模拟不同的水流环境。③波浪发生器。生成可控波浪，模拟不同类型和高度的波浪条件。④测量与监控设备。包括水流计、波浪仪、力传感器、位置传感器等，用于实时监测和记录试验数据。⑤数据采集与分析系统。包括数据记录仪、计算机和数据分析软件，用于采集、存储和分析试验数据。

应用　①船舶和小型船只测试。评估小型船只在浅水环境中的操纵性、稳定性和抗风浪能力。②水下机器人和无人机。测试和验证水下机器人和无人机在浅水环境中的导航、探测和操作性能。③水质监测设备。研究和评估水质监测设备在浅水环境中的测量精度和可靠性。④水生植物和生态系统研究。模拟浅水环境，研究水生植物的生长、分布和生态系统变化。⑤工程结构物测试。测试和评估浅水环境中的工程结构物（如桥墩、护岸等）的水动力性能和结构强度。（陈家旺）

**浒苔资源化技术**　enteromorpha resoure utilization technology　利用多效降解、生物提取与制备等方法，实现浒苔资源综合利用的无害化处置技术。自2008年以来，中国青岛海域频繁出现大规模浒苔，传统的填埋方式对浒苔的处理效果不佳，并且对浒苔这种海洋生物资源没有进行有效的开发和利用，因此中国研究人员提出了浒苔无害化处理及资源化利用技术。

浒苔资源化技术主要集中在生物质肥料制备、生物质能开发、食品研发、动物饲料研发等方面。①生物质肥料制备。通过对鲜浒苔进行降解、浒苔粉的加工制备、浒苔活性物质提取等方式，高效利用浒苔中的多糖及活性物质，制备浒苔系列肥料。②生物质能开发。通过热解法和发酵法等技术，将浒苔中的生物质能转化成生物油、乙醇和沼气。③食品研发。通过冷冻干燥、隔水高压蒸煮、酶碱结合等技术，对浒苔中的叶绿素、膳食纤维等营养成分进行提取，用以制备浒苔精粉、浒苔饼干、浒苔罐头等浒苔系列食品。④动物饲料研发。通过微生物发酵将浒苔制成青储饲料，添加于动物基础饲料中，用以促进养殖动物生长。

浒苔资源化技术的关键问题，是高效生物转化和高值化综合利用。通过资源化利用技术，实现浒苔的无害化处置和高效值利用，对保护中国海洋环境、缓解生物资源短缺具有重要意义。（单俊伟　王建艳　米铁柱）

**互花米草**　smooth cordgrass; *Spartina alterniflora*　潮间带滩涂生长的一种禾本科米草属多年生草本植物。原产于美国东南部海岸，是中华人民共和国生态环境部列出的中国第一批外来入侵物种之一。

引种简史　中国于1979年在广西北海合浦县山口镇、党江镇分别引种了0.67公顷和0.27公顷互花米草的南方高杆生态型，1980年试种成功，随之推广到广东、福建、浙江、江苏和山东等沿海滩涂种植。经过几十年的人工种植及自然传播，至2008年，中国沿海滩涂北至天津北塘口南至广西山口保护区均有互花米草分布，种群总面积达34 451公顷。

植物特征　互花米草分为高杆、中杆和矮杆3种不同的生态型。根状茎及根系发达，常密布于地下30厘米深的土层内，有时可深达50～100厘米。茎秆粗壮挺拔，高1.50～3.50米，粗0.50～1.50厘米。叶互生，长披针形，叶片具盐腺。花期8月中旬到9月中旬，圆锥花序，种子通常在8～12月成熟，颖果长0.80～1.50厘米。互花米草除通过种子进行有性繁殖外，还可通过根状茎与断落植株进行无性繁殖，繁殖力极强。

生长状况　由于互花米草根系发达、耐盐碱、耐潮汐淹没、繁殖力强，曾被认为是保滩护岸、促淤造陆的最佳植物。中国1979年引入后，曾取得一定的经济效益，但因其密集生长，常形成单种优势群落，其生长繁殖已处于失控状态，在许多地方变成了害草。表现在：①侵占滩涂养殖用地，破坏近海生物栖息环境。②淤塞航道，影响船只通行。③影响海水交换能力，导致水质下降。④威胁本土海岸生态

宁德市蕉城区飞鸾镇互花米草整治现场

环境，致使大片盐沼植物消失。

治理措施　国内外已对互花米草的防治开展了大量研究，但仍缺乏十分有效又经济的防治方法。常用的物理或机械防除法是采用人工或特殊机械装置，对米草进行拔除、刈割、挖掘、遮阴、水淹、火烧、割除、碾埋等，限制其呼吸或光合作用，遏制其生长。上海崇明东滩在互花米草扬花期采取多次刈割和水淹方式，可切断米草的有性生殖途径，有效抑制当年及未来几年的营养生长，取得了比较好的控制效果，但控制成本较高。化学防除方法是施用草甘膦（glyphosate）、咪唑烟酸（imazapyr）、乙酸、咪唑啉酮（arsenal）、盖草能（gallant）等除草剂。生物防治方法则有用食草昆虫光蝉（*Prokelisia marginata*）或玉黍螺（*Littoraia spp.*）等啃食米草，或用麦角菌（*Claviceps purpurea*）感染米草，来限制米草的生长与繁殖。生物替代技术则是根据植物群落演替的规律，利用本地植物取代外来入侵植物。为有效控制米草，需进行综合防治，将上述各项技术有机结合，初期采用机械、化学方法，在长期治理过程中采取有效生态学治理技术，结合天敌及有竞争力的本土植物，使加速米草的自然演替达到新的生态平衡。（王　蔚）

**护岸**　revetment　在河口和海岸地区，对原有岸坡采取砌筑等加固的工程措施。护岸用以保护岸坡免受波浪、水流的侵袭和淘刷，防止在土压力、地下水渗透压力作用下造成的岸坡崩坍。

护岸与海堤都是为了防浪、挡潮，保护陆上农田、城镇，不同的是，护岸是对原有岸坡加以保护，维持岸线稳定；海堤是在地表以上修建的挡水建筑物，主要功能是防止暴潮、洪水的淹没泛滥。

面向日本濑户内海的护岸

护岸工程按平面布置和抵御波流作用的方式不同，可分为直接护岸和间接护岸两种类型：①直接护岸又称消极护岸，它不回避也不改变作用于海岸地区的波浪和水流的冲击，只是根据这些动力的大小和性质，直接在岸坡上构筑护坡、护墙等防护建筑物，形成能抵御波浪、水流侵蚀的人工海岸。②间接护岸又称积极护岸，通过在沿岸地区修筑各种整治建筑物，改变作用于岸坡上的波浪和水流的方向及它们的内部结构，或局部影响泥沙的冲淤平衡状态，促使岸滩淤积，达到原有岸线免受波流侵蚀或者形成新的稳定岸线的目的。

护岸建筑物型式与海堤相似，按其外坡形式可分为斜坡式、陡墙式（包括直立式）及由两者结合的混合式。护岸坡顶通常为陆地表面，不能满足防浪要求时，需在坡顶加设防浪墙。城镇地区的护岸除保证岸坡稳定外，还应考虑城镇防汛、交通、环境绿化、旅游、生态等要求。（鲁子爱）

**化能合成生态系统**　chemosynthesis-based ecosystem　深海无光环境下，化能自养微生物利用无机物中的能量把无机碳转化成有机碳所支持的生物群落及其生活环境的统一整体。主要包括**热液生态系统**、**冷泉生态系统**、鲸落生态系统等。热液、冷泉从地下喷出的流体含有甲烷、硫化氢、氢气、氨气、重金属离子等，而鲸尸分解产生大量硫化氢。化能自养微生物通过介导这些化学物质的氧化还原过程获得能量，把二氧化碳等无机碳转化成糖类等有机碳，是化能合成生态系统的基础。相比于热液、冷泉以外的深海洋底区域主要依靠海洋上层颗粒有机物沉降作为食物来源，热液、冷泉生态系统的能量来源就是喷发流体中的化学物质，因此具有生物量大、特有种多的特点。化能合成生态系统中的大型生物，如贻贝类、阿尔文虾等通过与化能自养微生物形成共生关系更好地获得食物。

化能合成生态系统的发现　1977年，世界上第一个载人潜水器美国“阿尔文”号在墨西哥湾加拉帕戈斯裂谷发现了热泉和大量奇怪的海洋生物。几乎同时，哈佛大学C.M.卡瓦诺提出，可氧化硫化氢或硫单质的化能合成细菌是大型管状蠕虫在深海无光环境下繁茂的原因。之后卡瓦纳设法证明了该设想，通常认为这是首次发现并证实化能合成生态系统。

化能合成反应　无氧环境下，甲烷厌氧氧化古菌与硫酸盐还原菌形成伙伴关系，发生如下反应：

$$CH_4+SO_4^{2-} \longrightarrow HCO_3^-+HS^-+H_2O$$

无氧环境下，硫氧化细菌发生如下反应：

$$2H_2S+CO_2 \longrightarrow (CH_2O)+H_2O+2S$$

有氧环境下，甲烷氧化细菌发生如下反应：

$$CH_4+O_2 \longrightarrow (CH_2O)+H_2O$$

有氧环境下，硫氧化细菌发生如下反应：

$$CO_2+H_2S+O_2+H_2O \longrightarrow (CH_2O)+H_2SO_4$$

此外，某些微生物还可以通过氢气氧化，氨氧化，铁、锰等金属离子氧化过程获得能量。（王敏晓）

**化学古海洋学**　chemical paleoceanography　主要通过地球化学手段研究古海洋温度、盐度、含氧量、元素含量、同位素组成、海水酸碱度和碳酸盐补偿深度等的古海洋学分支学科。

研究历史　化学古海洋学的发展与古海洋学的发展密切联系。20世纪70年代，**深海钻探计划**（DSDP）获得了质量较好的深海沉积岩芯，同时，稳定同位素质谱分析技术取得重大发展，古海洋学产生并飞速发展。质谱技术的发展使得利用氧同位素测定古海温的精度大为提高。1983年，首届国际古海洋学会议在瑞士召开。1986年，《古海洋学》学报在美国创刊，标志着古海洋学作为一门新学科的完全成熟。随着相关技术的进步，化学古海洋学逐渐由经验研究向理论研究方向发展，通过学科交叉由定性研究向定量研究发展。

古海洋温度　对古海洋温度的研究主要包括氧同位素和长链不饱和烯酮$U_{37}^{K}$。

氧同位素　1947年，H.C.尤里提出二氧化碳-水-碳酸盐系统的分馏和海水存在相关性。当碳酸钙从水溶液中沉淀进入生物壳体时，会发生如下同位素交换反应：

$$\frac{1}{3}CaCO_3^{16}+H_2O^{18} \rightleftharpoons \frac{1}{3}CaCO_3^{18}+H_2O^{16}$$

该反应的平衡常数与温度有关，因而在碳酸钙与海水体系达到同位素交换平衡时，碳酸钙的氧同位素是温度的函数。温度升高时，生物壳体中$^{18}O$的丰度$\delta^{18}O$下降。但并非所有的生物壳体都能满足与海水达到平衡，如有藻类共生的珊瑚的氧同位素与海水并不平衡，$\delta^{18}O$偏负。有孔虫以及软体动物壳体与海水平衡，可以较好地重建海水温度。需要注意的是，在蒸发和降水过程中氧同位素会发生分馏。因而在冰期时，$^{16}O$更容易在蒸发过程中分馏进入大气并在大陆形成冰盖，使得海水$\delta^{18}O$向正值偏移，从而使得生物壳体中$\delta^{18}O$偏正。利用氧同位素反演古温度时需要考虑冰期效应导致的海水同位素组成改变。

**长链不饱和烯酮$U^{K}_{37}$** $U^{K}_{37}$是反映**长链烯酮**不饱和程度的指标，与长链烯酮生成时的表层海水温度线性相关。大洋中的长链烯酮主要由浮游植物赫氏艾密里藻（*Emiliania huxleyi*）和大洋桥石藻（*Gephyrocapsa oceanica*）产生。在藻类生长过程中通过调整其生成的长链烯酮的不饱和度，改变细胞膜流动性，以适应环境温度变化。$C_{37}$烯酮的不饱和度与海水表层温度有良好相关性，温度越高，$C_{37}$烯酮不饱和度越低。含有2、3、4个不饱和键的$C_{37}$长链烯酮分别表示为$C_{37:2}$、$C_{37:3}$、$C_{37:4}$。S.C.布拉塞尔定义了计算古海洋温度的$U^{K}_{37}$指标：

$$U^{K}_{37}=\frac{(C_{37:2}-C_{37:4})}{(C_{37:2}+C_{37:3}+C_{37:4})}$$

由于$C_{37:4}$在中低纬度海域的沉积物和颗粒物中检出较少，F.G.普拉尔和S.G.韦克厄姆将公式简化为：

$$U^{K'}_{37}=\frac{C_{37:2}}{C_{37:2}+C_{37:3}}$$

P.J.米勒等分析了南大西洋东部的149个表层沉积物中的烯酮含量，$U^{K'}_{37}$和海水表层温度之间相关性良好。因而米勒等利用印度洋、大西洋、太平洋南北纬60°之间370个表层沉积物的$U^{K'}_{37}$与年平均海水表层温度进行校准，得到了温度（$T$）和$U^{K'}_{37}$之间的定量关系：

$$U^{K'}_{37}=0.033T+0.044$$

$U^{K'}_{37}$能够弥补由于水深过深时因有孔虫壳体溶解而产生的氧同位素古温度记录缺失的问题，是反演古温度的有效指标。但$U^{K'}_{37}$的应用受到温度范围、生物种类的局限。当温度高于29℃时，$C_{37:3}$含量过低无法检出。当温度低于5℃时，颗石藻数量较少，无法产生足够量的长链烯酮。

**古海洋盐度** 对古海洋盐度的研究主要包括沉积磷酸盐法、微量元素法、脂类氢同位素等。

**沉积磷酸盐法** 20世纪60年代，B.纳尔逊发现海相沉积物中主要含有磷灰石，非海相土壤中主要含有磷铝石、红磷铁矿、羟磷灰石，并通过对现代河流、海洋沉积物分析发现，利用磷酸钙/（磷酸铁+磷酸钙）计算得出的“磷酸钙比值”与盐度呈线性关系。然而，G.米勒通过分析黏土岩、现代河流沉积物、现代大西洋和地中海沉积物，认为沉积磷酸盐法存在局限性：①河流输运的外来碎屑并非局部沉积，可能无法体现采样地点水体的特性。②磷酸铁在还原环境下会形成硫化铁，释放硫酸盐，使得磷酸钙相对含量偏高。③有机质矿化生成的磷酸钙会增加磷酸钙的相对含量。

**微量元素法** 自然界水体中硼元素的含量与水体盐度有线性关系，可以利用黏土矿物中的硼元素含量指示黏土矿物形成时的古盐度值。20世纪60年代，C.T.沃克提出利用伊利石中的硼含量（又称校正硼含量）定量测定古盐度。除硼元素外，锶（Sr）、钙（Ca）、镁（Mg）及其含量比值也可用以估算古盐度。之后，古生物学家发现，在海洋和内陆湖泊中的钙质介壳生物的壳体中，Mg和Sr的含量与水体盐度有关。随着元素分析技术的发展，研究者可以定量测定微体化石中的Mg、Sr含量。20世纪80年代，A.R.希瓦斯等通过野外采样以及培养不同种属的介形类生物并分析其壳体中微量元素，得出介形类壳体中Sr、Ca与水体盐度之间关系，可以重建海洋和淡水古盐度。

**脂类氢同位素** 2005年，S.斯考滕等最早在*E.huxleyi*和*G.oceanica*培养实验中发现，氢同位素在烯酮分子中和水体中有分馏现象，盐度每升高1‰，合成的烯酮中氢同位素氘（D）的丰度δD会相应升高3.3‰。随着进一步研究，发现脂肪酸氢同位素同样与盐度存在相关性。这可能是由于盐度增高会使得细胞的胞内外水交换受到抑制，进而在细胞内富集D。另一种观点认为，盐度会使得脂质合成的氢来源改变，盐度增加会使得细胞合成脂类更多利用相对富D的胞内水，而不是更贫D的还原型辅酶Ⅱ（NADPH）和氧化型辅酶Ⅱ（NADP）。对于生物标志物胞内转化的研究还有待进一步深入。水体本身的氢同位素作为有机质合成的最初来源会影响脂类氢同位素，温度、光照、生物种属等因素也会不同程度影响脂类氢同位素。脂类氢同位素已应用于古海洋盐度的重建。

**古海洋酸碱度** 20世纪90年代，硼同位素（$^{11}B$）作为古pH指标开始应用于古海洋学研究中。海洋生物碳酸盐（如珊瑚、有孔虫）中的硼同位素受到海水pH控制，因而可以用生物碳酸盐中的$\delta^{11}B$来推测古海水pH。A.桑亚尔等根据冰期和全新世的有孔虫样品中$\delta^{11}B$值估测末次冰期至全新世期间太平洋和大西洋的表层及深层海水pH变化。结果表明，末次冰期时深层海水的pH比现代高0.3±0.1个单位。

**古海洋碳酸盐补偿深度** 海洋碳酸盐补偿深度（CCD）是碳酸盐沉淀与溶解达到平衡的深度。在此深度以上的海底沉积物以钙质为主，在此深度以下以硅质沉积物等非钙质沉积物为主。CCD是影响深海沉积物分布的重要因素。CCD在大洋中的平均水深为4000～5000米。洋中脊平均水深为2000～3000米。根据海底扩张学说，新生洋壳从洋中脊产生后向洋中脊两侧移动，水深不断增加。洋壳位于CCD以上时，碳酸盐沉积较为丰富。随着洋底扩张，当洋壳深度位于CCD以下时，将形成硅质软泥或深海黏土。在深海钻探中，钙质沉积物顶部或非钙质沉积物底部的年龄，即为洋底扩张经过CCD时的年龄。

**应用** 利用地球化学手段分析海洋沉积物可以得到丰富的古海洋学信息。有孔虫壳体氧同位素值可以用来指示极地冰盖消涨、古海水温度、盐度。有孔虫壳体的碳同位素可指示海洋生产力、二氧化碳含量等碳循环信息。有孔虫壳体中的镉/钙比值，硅藻壳体中的钡/钙比值，浮游植物产生的菜籽甾醇、甲藻甾醇等生物标志物都可用来反映古生产力。化学古海洋学提供的古海洋学信息为古气候、古环境研究提供了资料基础。（肖晓彤）

**化学海洋学** chemical oceanography 研究海洋各部分的化学组成、物质分布、化学性质和化学过程的科学。化学海洋学的研究对象是海洋中物质的成分与其化学性质，包括海水中的溶解态、胶体和颗粒形态的各种化学元素、生命和非生命物质。

**发展概述** 化学海洋学的研究史也是**海洋化学**的研究史。1942年，挪威海洋学家H.U.斯韦尔德鲁普等的《海洋》一书中首次使用了“化学海洋学”这个名称。化学海洋学的建立和发展对认知海洋中化学元素的来源与归宿、含量与赋存形式，以及其变化的机制和规律等具有重要的推动作用。基于对海洋观测资料的解译和实验数据的分析，化学海洋学伴随着人类对海洋认识的不断深入也得到了快速发展。自20世纪40～50年代，人们已经逐步刻画出了海洋中主要化学元素在海盆尺度的空间分布格局。70年代以后，水下载人和非载人深潜技术对洋中脊和裂谷区的观测提升了人们对深海物质循环过程的认知。在同一时期，卫星遥感技术在海洋科学中的应用使得人们能够在海盆的尺度观测海洋表层的水色变化，并且反演出叶绿素的分布。60～70年代开始利用β-计数法测量海洋中的$^{14}C$，之后发展出同位素加速器质谱分析技术，由此认识到有史以来人类活动排放的$CO_2$占海洋中溶解$CO_2$含量的1/4～1/3，已经影响到上层海洋100～1000米的深度。

伴随着对海洋的探索和考察以及样品采集和分析技术的提升，化学海洋学的研究广度和深度都处在不断地发展之中，并与其他学科不断交叉融合，产生了一系列推动化学海洋学发展的标志性成果，主要包括：①常量元素之间的恒定比例法则。②海水化学平衡理论。③生态动力学模型。④雷德菲尔德比值。⑤稳态体系与箱式模型。⑥海底热液与化学物质循环。⑦海洋学中的示踪技术。⑧海洋温室气体与反温室气体对全球气候变化的影响。⑨高营养盐低叶绿素海区的“铁假说”。⑩海洋酸化理论等。

自20世纪中叶以来，国际大型研究计划的兴起和实施显著推动了化学海洋学的学科发展。例如：①70年代实施的海洋断面地球化学研究计划（GEOSECS），利用断面观测的资料认识海洋中的物质循环和周转，促进了同位素技术在海洋科学中的广泛应用。②90年代的**全球海洋通量联合研究计划**（JGOFS），探究了全球海洋尺度的碳循环与通量问题，凸显了海洋在气候变化和全球碳循环方面的重要作用。③20世纪末开始的**表层海洋-低层大气研究计划**（SOLAS），旨在认识表层海洋与低层大气之间的物质交换对气候变化的作用，促进了痕量与温室气体的分析方法的发展和数值模拟技术的提升。④21世纪初开始实施的海洋生物地球化学与生态系统的整合研究计划（IMBER），通过探究海洋生物地球化学过程与生态系统耦合及其对全球变化的响应与反馈，提升了整合生物地球化学同全程食物网耦合作用研究的能力。⑤2010年正式实施的**痕量元素及其同位素海洋生物地球化学研究计划**（GEOTRACES），利用新的痕量元素及其同位素的采样、示踪和分析技术认识海洋中的生物地球化学问题，能够在海盆尺度揭示痕量元素的生物地球化学循环同海洋初级生产力之间的密切联系。

**发展方向** 化学海洋学主要研究海洋环境中各种物质的含量、存在形式、化学组成、分布及其迁移变化规律，以及控制海洋物质循环的各种过程与通量，特别是海-气、海-底、海-陆和海-生等界面的地球化学过程与通量，可用“含量、迁移、过程、分布、通量”来概括其研究内容。化学海洋学的主要学科发展方向如下：

海洋生物地球化学 20世纪后期，在研究海洋在全球碳和其他物质循环中所起作用的JGOFS计划期间，生物地球化学过程的重要贡献业已取得学术界共识。在此后的SOLAS和IMBER中，海洋生物地球化学逐渐发展为相对独立的学科，它的研究内容也被进一步丰富和深化，其目的是全面认识海洋中的化学物质循环对气候和人类活动的响应以及海洋生态系统的可持续发展方式。

20世纪90年代以来，生物泵在海洋碳循环过程中的重要性被逐渐认识。围绕海洋生物泵的效率以及“铁假说”，国际上开展了十几次大尺度的“海洋施肥”现场实验。该研究主要目的是认识“天然铁施肥”对海洋碳循环以及海洋对大气二氧化碳（$CO_2$）吸收的作用程度。除了$CO_2$外，海洋释放的其他生源活性气体甲烷（$CH_4$）、氧化亚氮（$N_2O$）、挥发性卤代烃（VHC）和一氧化碳（CO）等会加剧全球温室效应的进程，而海洋释放的二甲基硫（DMS）气体则对气候的变暖具有负反馈作用，可减缓、抵消温室效应的影响。国内外学者已对世界各个大洋和近岸海区中的DMS、$CH_4$、$N_2O$、VHC和CO等生源活性气体的生产过程、浓度分布、时空变化、海-气通量及其气候效应进行了综合研究，初步阐明了控制这些生源活性气体在上层海洋与低层大气中迁移转化的关键物理、化学和生物过程，但对其在海洋中的生物地球化学循环过程及其海-气通量的准确计算等方面还有若干亟待解决的科学问题。

观测与实验技术 对海洋环境变化的预测、海洋生态系统的评价和对海洋重大科学规律的认识很大程度上得益于长期、连续的观测资料。国际上化学海洋学观测技术的发展呈现以下4个方面的特征：①观测参数多样化和业务化。由早期以项目驱动的研究性调查观测，发展为系统和持续的常规化观测和业务化监测。②观测平台多元化。由早期单一船舶平台发展为船舶、卫星和锚系浮标等多元平台。③观测方式立体化。由早期单一大面调查，发展为由点（如锚系和浮标）、线（如断面和大面）、面（如海面遥感）相结合的立体监测。④观测手段高科技化。早期调查除水文要素采用传感器外，其他生态与环境要素都通过采集水样后经实验室分析来测定。在传统技术和方法的基础上，化学海洋学的观测广泛地采用高新技术，对传感器快速数据采集的能力的依赖性很强。实施观测的支撑平台也从船基走航式拓展到海面卫星遥感、拖曳式。原位化学传感器也成为深海观测网络中不可或缺的重要组成之一。应用比较广泛的重要传感器包括溶解氧传感器、硫化氢传感器、甲烷传感器、pH传感器、海水二氧化碳分压传感器以及营养盐的监测系统。

环境变化的记录 在全球变化研究中，化学海洋学的分析技术手段被广泛地应用到对过去环境变化的认识和反演工作之中。其中生物标志物概念的提出及应用已经成为化学海洋学的活跃研究领域。

对海洋中所记录的过去环境变化的信息的认识，多数的实验材料来自沉积物的柱状岩芯、珊瑚的骨骼、极地和高纬度地区的冰芯钻孔等。在化学海洋学领域对于这些实验材料使用的分析技术主要涉及常量与痕量元素（如重金属元素和稀土元素及其比值）、轻/重元素的稳定同位素（如碳、氧、铅等）、放射性同位素（如铀、钍、镭等）、温室气体（如$CO_2$与$CH_4$等）以及有机地球化学的生物标志物（如烯酮类化合物、色素物）等。

放射性同位素分析技术的改进和在海洋科学中的应用，极大地提高了对于过去环境变化的年代学记录的精度。应用于同位素年代学研究的主要核素包括适用于短期（≤100年）变化的$^{7}Be$、$^{210}Pb$和$^{137}Cs$等，以及适用于100～1000年尺度年代学测量的核素$^{32}Si$等。随着同位素加速器质谱技术的引入，利用$^{14}C$对环境变化的年代记录时间上限已可达数万年。在更长的时间尺度，“事件”的时间可以利用铀-钍系的核素进行测量。

海洋环境问题 海洋中的环境问题更多地集中在近海，因而也与人类的活动和生存之间有较为直接的联系。例如，海洋中的环境污染事件主要有赤潮、溢油和倾废等。海洋中的污染物大部分来源于陆地上的生产与生活过程中排出的废弃物，集中在城市和居民区附近。偶发性的海上石油平台和油轮事故可引起石油渗漏和溢出，造成严重海洋污染。除了直接的污染物向海洋排放之外，工程建设和渔业生产（如围垦和滥捕等），以及自然环境的变化（如全球气候变暖和海平面上升），都会使海洋生态环境遭到破坏和改变。21世纪以来，难降解污染物对海洋环境的影响受到日益广泛的关注，对有机氯农药、多氯联苯、阻燃剂、抗生素、微塑料等污染物在海洋中的分布、迁移等方面的研究成为海洋环境化学研究的热点。

**展望** 化学海洋学的发展趋势是从描述性的学科维度朝向定量化的方向发展，尽管这样一个过程比较漫长且受制于许多因素。同时，化学海洋学研究的问题也随着学科的发展在不断深化。伴随着学科之间的交叉和新的学科生长点的不断涌现以及分析测量技术的进步，化学海洋学的研究内容也不断地丰富。尽管如此，化学海洋学的基本研究命题，如化学元素的赋存形式与循环、生态系统中的物质流动以及环境变化的记录等，仍然具有生命力。在全球变化背景之下，化学海洋学的研究又被赋予新的内涵，包括海洋酸化、低氧现象、上层海洋与低层大气的生物地球化学过程、生物地球化学与全程食物网的耦合作用等成为化学海洋学新兴的研究课题。

海洋科学未来的发展需要通过应用新的技术手段和方法，不断加强学科的基础建设得以实现。研发新技术并应用于海洋科学是下一阶段发展的关键。由于海洋的持续变动性，需要大范围、高密度和长时间尺度的资料积累。构建长期观测平台和发展相应的原位观测技术，提高采样平台的水准，提高数据采集体系的时间和空间分辨率是海洋科学，尤其是化学海洋学学科发展的当务之急。针对上述问题的解决途径主要包括：①构建公用的高水平海上实验平台、海底原位观测系统和相应的保障体系。②加强对技术和装备研发的支持力度并使其同科学研究的需求相结合。③组织和强化国内与国际的采样、观测、分析流程与方法的互校活动。④加强大数据、人工智能技术在化学海洋学研究中的应用等。

（杨桂朋）

**环礁** atoll 围绕海洋中的潟湖呈环形生长的**珊瑚礁**。潟湖直径一般在2～3千米，大者可达100千米。环礁有的有全封闭潟湖，如中国西沙群岛的羚羊礁环礁；有的以潮汐通道与外海相通，如西沙群岛北礁环礁有1个潮道，而永乐环礁则有7个缺口。环礁礁坪上有灰砂岛和礁岩岛，统称珊瑚岛。

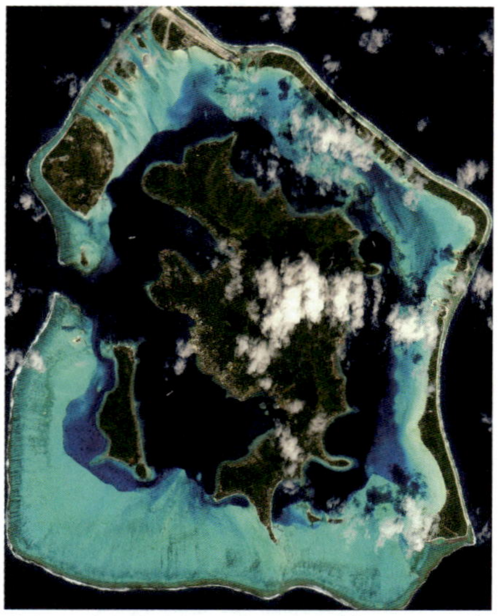

南太平洋法属波利尼西亚社会群岛波拉波拉岛为环礁岛

全球有环礁330多座，主要分布在太平洋西南海域、印度洋的热带海域及加勒比海地区。中国南海的中沙大环礁、马绍尔群岛的夸贾林环礁和印度洋马尔代夫群岛的苏瓦迪瓦环礁为全球三大环礁。其中，中沙大环礁的直径最大，达141千米。陆架环礁建造在大陆架或海台上，基底为陆壳或陆架沉积物。中沙群岛是南海最大的陆架环礁；南海环礁发育在大陆坡上，基底为过渡型地壳，与大洋环礁不同；西沙群岛宣德环礁坪上的永兴岛是南海最大的灰砂岛，面积达1.86平方千米。

（刘世东　李广雪）

**环球型遥相关** circumglobal teleconnection pattern 大气对流层上层大尺度环流异常在中纬度出现沿纬向绕地球的大气遥相关波列。该遥相关型是大气对流层上层大尺度环流自然变化经验正交分解的第二模态。在北半球夏季（6～8月），主要表现为与中纬度副热带西风急流相关的纬向5波数波列。该波列的5个正异常中心分别出现在西欧、巴基斯坦、朝鲜半岛、中太平洋（北纬40°，西经160°）和北美陆地区域（见图）。这样的大气遥相关波列主要是通过波导的形式传播，**罗斯贝波**传播的主要路径集中在西风急流区，因此也称之为西风急流波导。

形成过程　夏季环球型遥相关：研究指出，出现在北大西洋或西欧地区的大气环流异常可以进一步导致亚洲副热带急流区的环流异常，在和印度夏季风相互作用之后，又形成了从巴基斯坦经东亚和北太平洋到达北美的遥相关波列。从北半球春夏季开始的印度洋海温一致增暖的海盆一致模（即**印度洋海盆模**）也是导致夏季北半球中纬度大气出现环球型遥相关波列的重要原因之一。因此，该波列与**厄尔尼诺–南方涛动**现象有着密切的关联。通过海洋—大气之间的正反馈过程，印度洋的海盆一致增暖会导致印度夏季风增强、降水增多，进而使得南亚上空大气中出现新的异常热源。这个异常的加热场会在其西北侧、中西亚上空激发出异常高压，并导致向下游方向传播的大气波动，最终形成环球型大气遥相关波列。此外，还有研究证实，印度夏季风是串联环球遥相关和厄尔尼诺–南方涛动现象的“导体”。当印度夏季风和厄尔尼诺–南方涛动现象之间存在相互作用时，厄尔尼诺–南方涛动现象会通过调控印度夏季风和夏季环球型遥相关的变化来进一步影响中国北部的气候变化。

除了印度西北部的中心是斜压环流占主导之外，夏季环球遥相关的每一个中心都呈现出正压的结构。因此关于夏季环球型遥相关和印度夏季风之间的相互作用存在以下两种可能：①异常的印度夏季风会激发出异常的中–西亚高压以及位于其下游一直拓展到北太平洋以及北美洲的罗斯贝波波列。②北大西洋上空急流出口区所激发的波列也会导致中–西亚高压的出现，并进一步影响印度夏季风的强度。总而言之，夏季环球型遥相关波列与印度洋海温异常所导致的印度夏季风异常之间的相互作用是维持北半球夏季环球型遥相关的根本机制。

冬季环球遥相关：在北半球冬季（12月至次年2月），位于亚洲上空的西风急流是一个非常强的波导。同样，北大西洋上空以及南半球的急流也都是传播大气波动的重要通道。

急流入口区的涡度异常会导致一连串的大气波动被困在西风急流中。通过诊断分析，科学家们证实，这一连串的波动以准静止的罗斯贝波形式存在，并会在地中海上空的对流层上层造成异常的辐合运动，进一步影响**北大西洋涛动**。以此为联结，北大西洋涛动和东亚的气候年际变化产生密切的关联，在北大西洋涛动正位相的年份，西风急流中携带的异常波动会导致东亚陆地表面气温增暖。

意义和影响　环球型遥相关波列对于中纬度的天气和气候都有显著的影响，特别是对于西欧、欧洲与俄罗斯交界处、印度、东亚和北美陆地区域的降水和地面气

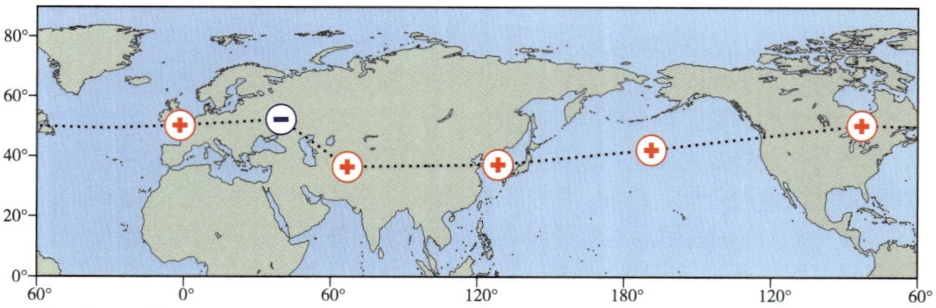


GS（2021）3595号

北半球夏季环球型遥相关波列6个中心的示意图

温都有着重要的调控作用，并且对预测上述北半球中纬度区域的天气和气候变化具有重要的指示意义。（刘秦玉 王 海）

**黄岛长吻虫** acorn worm; *Saccoglossus hwangtauensis* 半索动物门肠鳃纲柱头虫目玉钩虫科（Harrimaniidae）的一种。虫体柔软细长呈蠕虫状，成体长约30厘米，身体分为吻、领和躯干三部分。吻长度为领长度的3.37～8.5倍，所以得名长吻虫。躯干部仅分为鳃生殖区和腹（尾）区。鳃生殖区前端与领部后缘相接，背面生殖翼间有两条色淡的低隆起，其外具有鳃孔90对左右，肝盲囊非褶叠状排列。腹区圆柱状，表面平滑。吻、领和鳃生殖区前半部淡橘黄色，鳃生殖区后半部和肝盲囊绿褐色，再往后褐色素减少，至尾为淡黄色。黄岛长吻虫行动缓慢，穴居于中潮区和低潮区的泥沙中。穴居的深度通常为20～50厘米，以泥沙中的有机质及微小生物为食。主要分布于中国山东青岛胶州湾附近海域。该种在分类上介于无脊椎动物和脊索动物之间，对研究动物的系统进化具有重要的价值，因分布数量稀少，被列为国家一级保护动物。（包振民）

**黄海大海洋生态系项目** Yellow Sea Large Marine Ecosystem Project; YSLME 由全球环境基金（GEF）资助、联合国开发计划署（UNDP）管理，由中、韩两国共同实施、围绕黄海大海洋生态系的国际水域项目。黄海大海洋生态系作为全球64个大海洋生态系之一，为沿岸国提供了丰富的海洋生态系统产品和服务。

行动目标 为了减轻黄海大海洋生态系面临的环境压力，提高生态系统承载能力，强化黄海的长期区域管理机制，由中、韩两国在黄海区域共同实施了本项目。项目的总体目标是减轻黄海周边国家经济快速发展给黄海生态环境造成的压力，促进黄海生态系统的可持续发展，并通过实施区域战略行动计划提升黄海大海洋生态系的承载能力和管理能力。

通过项目的实施，中、韩两国科学家和政府部门对黄海大海洋生态系有了新的科学认识，并制定黄海大海洋生态系可持续利用的《战略行动计划》。《战略行动计划》确定了11个区域战略行动目标，针对供给服务、调节服务、文化服务、支持服务等规划了32项管理措施。二期项目主要围绕《战略行动计划》所设计的目标和管理措施开展应用与示范，以保护、恢复和发展黄海生态系统承载力，改善黄海生态系统的服务功能，实现黄海区域的和谐可持续发展。

主要问题 通过跨边界诊断分析和联合调查航次，进一步明确黄海大海洋生态系面临的威胁，主要问题包括：①与污染相关的问题。包括富营养化、污染物累积，以及对人体健康的影响。②与生态系统相关的问题。包括低营养阶层的生物量或丰度的变化、种类组成的变化、赤潮的增加、底栖生境的变化等。③与生物资源有关的问题。包括传统商业种类的捕获量下降、低质种类的捕获量增加和养殖活动的改进等。④与生物多样性相关的问题。包括生境退化或丧失、污染改变生境条件、淡水输入变化影响区域的生境改变、生物资源过度开发、外来物种引入、地方优势种萎缩等。⑤与管理相关的问题。包括以生态系统为基础的黄海区域管理体系尚未形成、黄海的保护与可持续利用缺乏总体规划、管理基础能力有待进一步提高等。

实施进展 截至2023年，黄海大海洋生态系项目共实施了两期。第一期项目全称为“减轻黄海大海洋生态系环境压力”。时间为2005～2010年。总经费为2942万美元，其中GEF经费1429万美元、UNDP经费130万美元、其他配套1383万美元。第二期项目全称为“黄海大海洋生态系战略行动计划的实施：恢复生态系统产品和服务、强化地区长期环境治理框架”。时间为2014～2017年。总经费为2.33亿美元，其中GEF经费756万美元、UNDP经费169万美元、其他配套2.24亿美元。黄海大海洋生态系项目在中国由国家海洋局（今自然资源部）负责组织实施，在韩国由韩国海洋水产部负责组织实施。（王守强）

**黄海基准面** Yellow Sea datum 以中国山东青岛验潮站多年黄海潮汐资料为依据，计算所得的黄海平均海平面高度。是中国现行的高程基准面。中国于1956年规定以黄海（青岛）的多年平均海平面作为全国统一高程基准面，称“1956年黄海高程系统”，该系统是中国第一个国家高程系统。但由于计算该基准面所依据的青岛验潮站的资料（1950～1956）较少等原因，中国测绘主管部门决定重新计算黄海平均海面，以青岛验潮站的潮汐观测资料（1952～1979）为计算依据，称“1985国家高程基准”，并用精密水准测量位于青岛的中华人民共和国水准原点，得出1985年国家高程基准高程和1956年黄海高程的关系：1985年国家高程基准高程＝1956年黄海高程－0.029米。1985年国家高程基准已于1987年5月开始启用，1956年黄海高程系同时废止。1956黄海高程水准原点的高程是72.289米。1985国家高程系统的水准原点的高程是72.260米。（钟贻森）

**黄海冷水团** Yellow Sea cold water mass 位于黄海中部洼地深层和底部的巨大水团。存在于夏秋季节，覆盖海域面积13万平方千米，拥有5000亿立方米的水体。又称黄海中央水团。冬半年由于水体强烈混合，使该水团从表至底形成均一水层。夏季，由于表层盐度降低，加之增温剧烈，形成强烈跃层，跃层之下的水体仍然保持冬季水体特征，黄海冷水团所在海域温跃层仅位于海面下20～30米。黄海冷水团夏季底层水温在4.6～9.3℃，近底层水的溶解氧不低于每升5毫克。

黄海冷水团以成山头至长山串连线为界，被分成南、北两个部分，并在南、北黄海分别有冷中心——南黄海冷水团和北黄海冷水团。南黄海冷水团与北黄海冷水团相比，温盐度均略高。北黄海冷水团中心位置较稳定，约位于北黄海中部偏西，多年平均位置在北纬38°14′、东经122°12′附近，水深大于50米范围内，最低水温多年平均为5.81℃，变动范围为4.03～7.36℃。盐度多年平均为32.20‰，变动范围为31.80‰～32.77‰。南黄海通常有东、西两个冷中心，其年际变化略大于北黄海，且西部冷中心的变化比东部更明显。黄海冷水团所盘踞的区域，特别是其边缘部分，夏季形成气旋式密度环流。环流速度自冷中心向外逐渐增大，最大值为20～30厘米/秒，出现在冷水团的外缘等温线密集之处。黄海冷水团的边界在水平方向上也有年际变化。黄海冷水团的顶界与季节性跃层是一致的，因而随跃层而有短周期扰动、日变化、月变化以及年变化，但比水平方向上的变化小得多。（鲍献文）

**黄海暖流** Yellow Sea Warm Current 中国近海环流体系中的一支重要暖流。是对马暖流在济州岛东南分成两支，左支转向西北，由济州岛西南进入南黄海而形成的。黄海暖流的移动路径基本沿着黄海海槽由南向北流动，但是在北上的过程中，由于受到沿岸流或气象要素的影响，其暖流的性质可能在某种程度上被削弱。黄海暖流流速一般较小，通常为0.05～0.06米/秒，流速较大时也不过0.10～0.15米/秒。黄海暖流存在明显的季节变化。秋季黄海南部近底层已出现较为稳定的北向余流，黄海水温分布亦显示出暖水舌的雏形，表明黄海暖流在秋季已经开始出现。冬季黄海暖流发展成熟，势力达到最强，不仅在近底层表现为一支稳定的北向流，在表层及次表层北向流亦是主要流态，形成明显的高盐暖水舌。春季高盐暖水舌依然存在，但舌轴已明显东移，且流速也已经变弱，流向由冬季的偏西北向转为北向。夏季黄海海槽的余流呈现东南向，表现为黄海冷水团的环流结构，表明黄海暖流已经消失。黄海暖流水被视为黄海唯一的外海水源，具有高温、高盐、低溶解氧的水文特征，其形成、消长以及变化会对渤海和黄海的水体交换乃至整个海域的水文环境产生至关重要的影响。

（宋德海）

**黄海暖舌** Yellow Sea Warm Tongue 在南黄海，**黄海暖流**将高温高盐海水呈舌状向西北偏北方向伸向黄海所形成的。黄海暖舌舌轴的走向与黄海暖流的路径大体一致，是探测黄海暖流的直接证据和重要依据。（丁 杨）

**黄海气旋** Yellow Sea Cyclone 黄海海面上生成或发展的锋面气旋。是一年四季黄海上均可出现的一种重要天气系统。又称黄海低压。它常常伴随海上大风和强降水，直接影响海上船舶航行和渔业捕捞作业的安全。它还往往东移，给朝鲜半岛和日本西部等地带来大风和强降水等灾害性天气。

黄海气旋形成的天气形势是：在地面天气图上，中国江南出现一静止锋或倒槽；在高空天气图上，在淮河流域和黄河中下游维持着伴随锋区的东北—西南向低槽。当有强冷空气影响时，锋面上或槽内就形成气旋。这类气旋常常位于高空长波槽前，而温度槽落后于高度槽。槽前后明显的冷暖平流及正涡度输送有利于气旋发展迅速。有的气旋在向东移动过程中逐渐减弱，而有的则移到日本海或西北太平洋上后继续加深，最终并入阿留申低压系统。有部分黄海气旋会在短期内剧烈发展加深，形成爆发性气旋。这类气旋常导致黄海、渤海和东海北部出现猛烈的偏北大风。

黄海气旋的生命周期从几小时至几天，长者超过十天。其中心移动速度每小时几千米至几十千米。黄海气旋全年均可出现，月平均数为1.8个。冬、春季出现最多，其中2～6月较为集中，占全年总数的58%；12月最少，平均仅为0.9个。

黄海气旋一般具有明显的冷暖锋结构，在卫星云图上呈“逗点”形状。黄海气旋移动的主要路径是经黄海南部和东海北部向东偏北方向移动，在韩国西南部沿海再分成两条主要路径，一条向东北方向移向日本海西南部，另一条为向偏东方向经过日本西南部。也有少数不规则路径，甚至出现停滞、打转等现象。

江吉喜于1998年根据110例天气图以及相应的部分卫星云图，分析概括出黄海气旋在陆地上形成移入黄海、东海北部发展和在海面上形成发展的3种主要云型。①冷锋云系与倒槽云系结合型，是黄海气旋形成发展的主要型式，约占近72%。②静止锋云系中的波动型，是黄海气旋形成发展的第2种型式，约占26%。③低涡云系东移发展型，约占2%。它是由西南涡沿长江流域东移发展，在江淮或长江下游一带演变成锋面气旋的。

黄海气旋的绝大多数是在江淮或黄淮地区生成后移动到黄海海域后发展而成的，它们的形成和发展与高空急流和西风槽活动密切相关。极锋急流（或其分支）与副热带急流（或南支急流）在江淮地区东部（或黄海南部）一带汇合，形成一条强西风带，在其最大风速中心上风方入口区大气的斜压性很强，为黄海气旋形成和发展提供了有利的条件。（傅 刚）

**黄海沿岸流** Yellow Sea Coastal Current 一支流经山东和江苏沿岸的盐度较低的**海流**。它自渤海湾起，沿山东北部向东，直达成山角，绕过成山角后进入黄海南部，到达长江沿岸，并能越过长江浅滩，侵入东海，是一支具有寒流性质的洋流。黄海沿岸流一共分为3部分，包括黄海北岸沿岸流、黄海西岸沿岸流、黄海东岸沿岸流。

*黄海北岸沿岸流* 又称辽南沿岸流。分布在辽东半岛南岸的近岸海域，自鸭绿江口向西，流向渤海海峡北部。它是由多种海流成分组成的流动。冬季，表现为密度流和风海流混合的流动；夏季，表现为密度流和坡度流混合的流动。黄海北岸沿岸流的流速和流幅都具有明显的季节变化：夏季，流速较大，流幅窄；冬季，流速较小，流幅宽。这种变化与鸭绿江的径流量和黄海北岸风的季节变化有关。该沿岸流在流动过程中，由于受地形影响，流速逐渐增大。在长山列岛东侧，流速小于西侧，东侧表层至10米水深处，流速在15厘米/秒以下，西侧流速可达30厘米/秒左右。

*黄海西岸沿岸流* 一支以低盐为特征的海流。上接**渤莱沿岸流**，沿山东半岛北岸东流，绕过成山角后，大体上沿40～50米等深线的弧形南下，在北纬32°附近转向东南，并越过长江浅滩而侵入东海，其前锋可达北纬30°附近。黄海西岸沿岸流在成山角以北的路径几乎终年不变，无论冬季还是夏季，沿岸流均自西向东流；到成山角附近，流速可达30厘米/秒以上；在成山角以南，流路不明显，进入海州湾后，流速减小；在北纬34°以南、东经122°以东海域，由于苏北沿岸流的汇入，流速达25厘米/秒，冬季向南流动，夏季向北流动。黄海西岸沿岸流的成因冬夏两季不同，冬季，该沿岸流因表层低盐水受偏北风的作用，在山东半岛北岸堆积而成、由盐度差形成的，表现为坡度流和密度流混合的产物。夏季，该沿岸流主要是作为黄海冷水团密度环流的边缘而出现、由温度差形成的，表现为密度流和风海流混合的产物。

*黄海东岸沿岸流* 一支低盐浓度海流，分布在朝鲜半岛西海岸海域。该沿岸流沿20～40米等深线由北往南流动，流至北纬34°附近转向东或东南进入济州海峡，其流速由北往南逐渐增大。冬季和春季，该沿岸流的流速在3～10厘米/秒，流向为偏南方向。（边昌伟）

**黄海沿岸水团** Yellow Sea coastal water mass 由河川淡水入海与近岸海水混合后形成的，以低盐（一般均低于30.0‰）和温度因地域不同而差异较大为共同特点的黄海沿岸海域的水团。因地理位置差异，黄海沿岸水团习惯上分为以下4个水团：辽东沿岸水和渤莱沿岸水构成渤海沿岸水；北黄海沿岸水主要是鸭绿江的冲淡水，分布在辽东半岛南岸和朝鲜半岛北部西岸，又称辽南沿岸水；西朝鲜沿岸水位于沿岸30米等深线以内；苏北沿岸水分布在海州湾到长江口北岸20～30米以浅水域。

它们的共同特点是低盐，一般均低于30.0‰，鸭绿江河口外和苏北沿岸还要低。它们的温度因地域不同而有较大差异。

（鲍献文）

**黄河冲淡水** Yellow River diluted water 黄河径流入海后，与海水交汇、混合而在河口附近形成盐度低于26‰的混合水体。由于黄河入海径流密度比海水密度低、泥沙含量高，冲淡水漂浮在底层海水之上向海扩展，水体浑浊，在外观上呈黄色，与外海清澈的海水形成明显的锋面。

黄河冲淡水是河流携带的淡水、泥沙和营养物质进入海洋的通道，对河口动力、沉积和临近海域的生态系统均有重要影响。黄河冲淡水向海扩展的方向、路径和范围受多种因素的共同控制，如黄河入海径流量、潮流和风等。

与长江等其他世界大河相比，黄河入海径流量低，冲淡水的扩展范围也相对较小（见**长江冲淡水**）。黄河洪季（每年7～10月份）平均径流量约为2800米$^3$/秒，冲淡水通常向东或东北方向扩展，至距离河口约10千米的范围；而在枯季黄河径流量较低，冲淡水的扩展范围也相应减小。受流域人类活动的影响，黄河入海径流量急剧减少，仅在调水调沙期间入海径流量较高（最大可达4000米$^3$/秒），在河口形成较大规模的冲淡水。

尽管黄河口潮差较小（约1.2米），潮流对黄河冲淡水扩展也有明显的影响。在落潮期间，冲淡水携带大量泥沙入海，并向东北方向偏转，可扩展至离河口5～7千米；在涨潮期间，受涨潮潮流的顶托作用，冲淡水沿岸向南偏转，扩展范围明显收缩。

黄河口附近海域受季风影响显著。夏季盛行偏南风，黄河入海径流量高，冲淡水多向东或东北方向偏转，离岸扩展范围较大；冬季盛行偏北风，入海径流量低，冲淡水离岸的扩展范围明显缩小，多向南或东南偏转，并沿岸向莱州湾方向扩展。受风和入海径流的共同影响，黄河冲淡水具有明显的季节性变化特征。

除上述因素之外，黄河频繁改道引起的河口位置变迁、泥沙快速沉积导致的河口地形变化等因素对黄河冲淡水的扩展也有重要影响。（王厚杰）

**混合式无人潜水器** hybrid unmanned underwater vehicle 结合**遥控式无人潜水器**（ROV）和**自治式无人潜水器**（AUV）或自治式水下滑翔机（AUG）的特点，自带能源，有时携带光纤微缆，具有自主控制、远程遥控或水下滑翔等多种作业模式，可在海洋环境下实现较大范围搜索、定点观测以及水下轻作业的一种潜水器系统。

发展简史 2000年，美国**伍兹霍尔海洋研究所**开始研制的集遥控式无人潜水器和自治式无人潜水器特点的混合式无人潜水器海神号（Nereus），历时9年研制成功，作业深度达到11 000米，是世界上最大深度的潜水器，曾经在2009年5月31日成功下潜到马里亚纳海沟海底，并在海沟进行了科考作业，现已遗失在马里亚纳海沟中。混合式无人潜水器“海神”号拥有两种工作模式，与AUV一样在海底自由航行和发挥观察作用，同时通过加装光纤微缆使得自身具有ROV的功能，从而可进行水下遥控作业。

2007年美国蒙特雷湾海洋研究所（MBARI）开发的“特提斯”号（Tethys）AUV，是融合了AUV和AUG元素的新型混合式无人潜水器。Tethys结合螺旋桨驱动器和浮力驱动器的优点，增加漂流的模式，增大续航能力，并且能携带多种传感器，进行长时间作业。2009年12月，Tethys在美国莫斯兰丁近海完成了第一次自主航行。

技术优点 混合式无人潜水器的优点是下潜深度和活动范围大、吊放相对简单、远近粗细作业兼顾、可进行大范围搜索和近目标观察取样等轻作业，弥补了ROV活动范围小、AUV无法进行机械手精细作业或水下滑翔机无推进能力等劣势。其缺点是依靠自带能源进行作业，因此其作业能力较弱。

技术特点 以海神号和特提斯号为例说明。海神号在处于ROV模式时通过一根粗细相当于头发丝直径3倍左右的光纤与母船相连，光纤为ROV和母船提供高连接速度，以传输高质量图像视频至母船。同时也能传输实时的操作命令到ROV，以实现精确控制。海神号使用轻质陶瓷材料作为耐压舱保护电子元器件并提供浮力，以代替较重的金属耐压舱和玻璃微珠浮力材料。能源上，它自身携带可充电的锂电池组，每个电池组里包含2000多块电池。

特提斯号AUV结合了AUV和AUG的功能特点。运动控制上，采用类似于AUG的重心控制功能，将AUV的电池组装在AUV内部的一个架子上，通过电池组位置的调整来控制AUV的俯仰角度，控制幅度可达±30°。“特提斯”号AUV装有浮力调节系统，能够调整自身浮力，使得平常的操纵有更高的效率，在水中航行时处于低能耗状态。它的螺旋桨由电机通过磁耦合直接驱动，其余传感器安装在它的耐压壳体内。通信上它效仿AUG，通过铱卫星天线在岸站上控制。（张大海）

**混合雾** mixing fog 先由空中水滴蒸发增大空中水汽含量以后，再与平流来的空气发生混合形成于海面上的雾。**海雾**的一种。

分类 混合雾可以分为冷季混合雾（冷空气与海面暖湿空气混合成雾）和暖季混合雾（暖空气与海面冷湿空气混合成雾）。

形成 混合雾形成期间既有两种空气的混合作用，也有降水水滴的蒸发作用，是这两种物理过程共同作用下的产物。两种恰在饱和状态下的空气，在一定温湿条件下，混合后的平均水汽量比其平均温度所相当的饱和水汽量大些，一定会出现过饱和现象，发生凝结。两种未饱和空气发生混合，一种是平流过来的冷的未饱和空气，另一种是在暖水面上的饱和或者接近饱和的空气。另外，海－气界面的不稳定性和浮力作用引起垂直混合，充分混合与辐射冷却的结果可以导致混合空气的饱和。冷空气平流经过暖水面，在浮力导致的湍流混合作用下生成低云，低云云顶长波辐射冷却和垂直混合等物理过程导致云底高度下降至海面，形成海雾。由于这类冷空气平流至暖海面，与暖湿空气混合形成的雾，常常发生于冷季，所以称为冷季混合雾。

降水有可能是产生空气饱和或者相对湿度增加的一个重要原因。海上风暴产生降水的水滴蒸发，使空气中的水汽接近或达到饱和状态，冷季与来自高纬度地区的冷空气混合形成冷季混合雾，暖季与来自低纬度地区的暖空气混合则形成暖季混合雾。

分布 典型的冷季混合雾出现在北大西洋和北太平洋的副极地海区。这里冷季正是冰岛低气压和阿留申低气压鼎盛时期，低气压区内降水在下降过程中不断蒸发或升华，增加近海面大气层的水汽量。同时，周围冷空气（特别是极地冷空气）不断卷入低气压区内，便与因蒸发或升华作用使得海面上接近饱和空气发生混合凝结而成雾。南半球副极地海面低气压区内降水所产生的蒸发作用，增大其海面空气湿度，待与周围冷空气（特别是南极流入的冷空气）混合，也发生冷季混合雾。冷季混合雾不局限于副极地海区，符合条件的海区都可以产生。夏季巴伦支海的雾具有暖季混合雾的性质。中国近海，如福建沿海1～3月常出现冷季混合雾，4～6月常出现暖季混合雾，暖季混合雾发生前多有降水。（张苏平）

**火山岛** volcano island 大洋中露出海面的火山地形。见**大洋岛**。

J

**机械振荡式波浪发电装置**　mechanical oscillating wave energy converter　通过利用振荡浮子实现波浪能收集，并利用振动本身将波浪能转换为电能的装置。

特点　优势体现在与波浪直接接触，能量转换次数少，多利用振动本身转换电能，所以能量转换效率较高；振荡浮子波浪发电装置的单体占用面积小，对波浪场的影响小，对海洋水动力环境的影响一般可忽略不计；振荡浮子形式灵活，还可以结合波浪水文条件进行点阵化设计排布，整个组合型装置的总功率与浮子个数的多少有关，结构形式多样。同时，受水深条件的限制小，特别是在超过40米的深水区也可以正常工作。

组成　由波浪能吸收装置、能量传动装置和电力输出装置组成。波浪能吸收装置型式各有不同，多为漂浮体式部件，其功能是随波浪运动从而产生动能。能量传动装置是将波浪能吸收装置收集的动能转换为机械能，可采用液压或机械传动系统。电力输出装置与能量传动装置相连，将机械能转换为电能，多采用直线电机或液压马达发电系统。

工作原理　通过波浪能吸收装置（多为漂浮体式部件），将波浪能转换为吸收装置的动能；通过液压传动装置驱动液压马达，或通过螺杆及齿轮装置输出旋转机械能；再驱动发电机转换为电能。

分类　机械振动式波浪发电装置可以分为吸收体的单自由度运动、多自由度组合运动以及多吸收体组合等形式，实现波浪能的吸收。　（史宏达）

**基岩海岸**　rocky shore　由基岩组成的海岸。又称岩石海岸。

特征　基岩海岸较陡峭，并同陆地山丘相连，岬湾相间分布，岸线曲折且曲率大。海湾形状多样，数量多，但通常较小。由于波浪和海流的作用，岬角处侵蚀下来的物质和近岸海底的物质被带到海湾内堆积起来。从地貌上看，基岩海岸山峦起伏、奇峰林立、怪石峥嵘，海水直逼崖壁。附近多岛屿、礁石，反映地质构造的特征及其分割程度。基岩海岸一般岸滩狭窄、岸坡较陡、水深大，许多岸段5～10米等深线逼近岸边。因此，许多基岩海岸及其相邻港湾可选作大、中型港址。

地貌景观　受波浪、**潮汐**的侵蚀及其他风化作用，基岩海岸发育了独特的海蚀地貌——海蚀崖、**海蚀台**、**海蚀柱**、海蚀洞、**海蚀穴**、海蚀阶地等。另外，基岩海岸在长期的内外动力地质作用下，如波浪对斜坡底部的冲刷侵蚀、**风暴潮**的掏洞侵蚀、地下水的渗流侵蚀、雨水的坡面冲刷、温度湿度交替及风化作用引发的坡面与坡顶开裂、地震作用引发的坡体松动，加之海岸带开发、人工开挖等，构成了单一因素与多因素组合的极端环境效应，从而诱发了大量的滑坡、坍塌、崩塌、洞穴破坏等。

分类　根据海域部分的特征和海岸岩石结构构造与成分的差异，基岩海岸可以分为3个亚类。

砾砂粗粒底质的基岩海岸此类海岸的主要特征在于海岸岩石或为致密块状的碳酸盐岩、玄武岩，或为定向构造发育的片麻岩，岩石较容易风化和侵蚀，常碎裂为块状碎屑物。海域以**沿岸流**和潮汐作用为主，陆源碎屑物质的供应有限。因此底质粗，多块状砾砂。岸坡窄，水下地形常见沙脊或沙坝。此类海岸主要分布在大连葫芦岛和广东雷州半岛的玄武岩区。

沙砾石台地海岸由第三纪或固结较好的第四纪沙砾石台地组成。礁石、岬、湾较少，岸线较平直。岸坡稍宽，水下地形地貌以岸坡浅滩为主，底质岩性为各类砂。陆滩湿地有时可见红树林。此类海岸仅局限分布于雷州半岛东西两侧与广西北海。

水下岸坡或台地的基岩海岸主要以花岗岩等侵入岩体为海岸，陡崖、岬、湾众多，岸线弯曲。岸坡较窄，水下地形地貌多为岸坡或台地，底质岩性一般以粉砂居多，颗粒粒度较均匀，沙滩常可辟为海泳胜地。此类海岸在中国分布较广，但以山东半岛南部和浙南、福建和广东沿海最为发育。

中国分布　基岩海岸在中国的漫长海岸带上分布广泛。在杭州湾以南的华东、华南沿海都有分布；而杭州湾以北，基岩海岸则主要集中在山东半岛和辽东半岛沿岸。中国的基岩海岸长度约5000千米，约占整个大陆海岸线总长的30%。此外，在台湾岛和海南岛，基岩海岸更为多见。

研究意义　基岩海岸约占世界岸线的80%，其侵蚀产物也是近岸沉积物的重要

广西北海涠洲岛基岩海岸

组成部分。但是基岩海岸的侵蚀是一个不可逆过程，一旦被侵蚀，则无法恢复，因此对基岩海岸的研究历来受到人们的重视。基岩海岸轮廓分明，线条强劲，气势磅礴，不仅具有阳刚之美，而且具有变幻无穷的神韵。基岩海岸上常有突出的海岬，岬、湾相间，绵延不绝，使海岸线十分曲折迤逦。基岩海岸最为壮观的景象还是从海上奔腾而来的巨浪在悬崖峭壁上撞出冲天水柱，发出阵阵轰鸣，给游客雄奇壮美之感。因此基岩海岸也是一大旅游资源。　（权永峥　李广雪）

**基于生态系统的海洋综合管理**　marine ecosystem-based management; MEBM　遵循海洋生态系统内在规律，通过正确的海洋生态系统管理方法，对海洋开发活动进行全面管理，以保护海洋健康和维持其生态系统服务功能。2002年8月26日至9月4日，在南非约翰内斯堡举行的联合国可持续发展世界首脑会议上通过了《约翰内斯堡行动计划》，提出了“基于生态系统的方法保护和管理海洋”的理念。

基本内容　基于生态系统的海洋综合管理属于海洋综合管理和海洋生态系统管理的交集范畴，兼顾了海洋生态系统管理维护生态系统的结构和功能，以及海洋综合管理维护人类可持续发展的双重功能，克服了以往海洋综合管理对生态系统服务功能关注不够、海洋生态系统综合管理过于强调生态保护而对人类社会发展需求重视程度不足的弊端。基于生态系统的海洋综合管理作为一种新的管理理念，迅速地被世界各海洋大国应用于海洋管理领域，并成为海洋、海岸带综合管理的原则。

基于生态系统的海洋综合管理的基本特征是在管理活动中综合考虑生态、经济、社会和体制等各方面因素的综合管理；核心目标是维持海洋生态系统的健康和可持续利用；根本要求是遵循海洋生态系统内在规律，保持生态系统动态平衡和服务功能。

管理职能　基于生态系统的海洋综合管理主要通过海洋规划、行政、立法和监督等管理行为，对人类开发、利用海洋生

态资源过程中生态系统保护和生态服务价值体现，以及对生态系统的可持续发展进行综合管理。在这种理念支持下的海洋综合管理，充分考虑生态系统的自然属性，具有海洋生态环境保护与修复、海洋空间规划与布局、海洋资源利用管理、海洋监察执法管理和海洋公共事务服务等多种职能。

主要方法　基于生态系统的海洋综合管理主要包括海洋立法、行政管理和经济措施等管理方法：①海洋立法。构建海洋生态立法，形成生态管理的立法体系。②行政管理。依靠国家行政机构的行政管理，实现海洋综合管理的科学化、合理性发展。③经济措施。通过奖惩结合来保证生物多样性发展，通过高科技技术投入实现海洋生态化发展。（李滨勇）

**基准面**　datum　由潮汐数据表示的用于海岸及海洋工程中高程测量和水深测量的起算面（零面）。一个国家和地区必须要有一个统一、科学和稳定的潮汐基准面，这对测绘、制图、海岸建设、环境保护、地震监测、地壳升降以及海洋学、气候学等各学科的研究都有重要的意义。中国常用的潮汐基准面有以下4种。

平均海平面　某海域特定范围内，一定期间海面高度的平均值。平均海平面根据分析的时程不同，分为日平均海面、月平均海面、年平均海面和多年平均海面。日平均海面是一天之中24个小时潮高值的平均值，一月之中全月日平均海面的平均值作为月平均海面。全年月平均海面的平均值为年平均海面。多年（至少19年以上）的平均值为多年平均海面。多年平均海面的高度对于固定地点而言，可以认为是消除了各种随机振动和短周期振动、长周期振动之后的稳定状态，因此可以作为一个地区或国家统一的高程系统的基准面。1956年以前，中国各地区的测绘部门采用的基准面不统一。之后，中国统一采用“黄海平均海平面”作为陆地高程的起算面，它是青岛验潮站多年的每小时潮位观测记录的平均潮平面。

海图深度基准面　潮汐可能到达的最低潮面，通常用其作为海洋深度测量的基准面。由于潮位的升降，实际海面大约有一半时间低于平均海平面。为了保证航海安全，海图中标出的深度最好近似于最小水深，即在绝大部分时间内，实际水深大于海图水深。确定海图深度基准面的理论主要有可能最低潮位面、实测最低潮位面和平均大潮低潮面。1956年以后，中国统一采用“理论深度基准面”作为海图深度基准面，它是用八个分潮（$M_2$、$S_2$、$N_2$、$K_2$、$K_1$、$O_1$、$P_1$、$Q_1$）进行组合计算获得的理论上潮汐可能到达的最低潮面，因此又称为“理论最低潮面”。

潮高基准面　潮汐表中，潮位预报采用的基准面称为潮高基准面。它与海图深度基准面不一定一致。任何时刻某海区某处的实际水深，就等于海图深度加上这两个基准面之间的差值和该海区潮汐表上的潮位预报值。在新的地区建设港口或海岸工程时，为了计算方便，可以取潮高基准面与理论深度基准面相一致。

筑港零点　有些历史悠久的港口，其建设初期规定了一个测量的基准面，该港口的高程测量都以这个零点为基准，所以称其为筑港零点，又称当地零点。通常它是当地验潮站的潮高起算面（水尺零点），但有时两者之间也有差别。

在进行港口工程建设前，必须搞清楚上述几种基准面的关系，并将各种标高换算到同一基准面上。通常是以当地理论深度基准面或当地筑港零点作为统一的基准面。（李华军　董　胜）

**畸形波**　freak wave　在海面随机波列中突然出现的异常大波浪。又称异常波。畸形波具有突发性、瞬时性和强破坏性特点，并且具有明显的强非线性特征。

概念形成过程　早期航海活动中流传的各种怪异巨浪的故事是畸形波的最早记录形式。1965年有学者对海洋巨浪的传说进行总结，提出了畸形波概念。畸形波是一个明显大于周围其他波浪、具有很大波高或者波谷的短峰波，它与相邻的波浪之间几乎没有相关性。畸形波有一个很大的波峰或者深谷。1987年，有学者从外部特征的角度介绍了一个包含三个条件的畸形波的定义：①畸形波波高大于两倍的有效波高。②畸形波波高大于两倍的前后两个波的波高。③畸形波的波峰高度占总的波高比重不低于65%。随着畸形波量化定义的不断发展，其涵盖范围不断扩大。研究者一般采用波高大于2倍或者2.2倍有效波高的单波作为畸形波的判定标准。

基本特征　畸形波是一种强非线性波。它区别于**孤立波**，存在时间很短，很快消失；不同于驻波，波形随时间变化；不同于海啸，与地震等因素无必然联系。畸形波的基本特征可归纳为：①畸形波是波列中的一个突出单波或者连续几个大波（三姐妹波），但它不是一种独立的异常波浪现象，在其发生前后，经常伴随着深谷和连续大波等异常波浪现象。②畸形波具有较大的波高，且明显高于相邻的波浪。③畸形波波峰尖瘦，波谷平坦，呈现出明显的峰－谷不对称特征，部分畸形波的波峰还呈现出一定程度的水平不对称特征。④畸形波的波面表现出较强的非线性。⑤畸形波的前坡很陡、升高很快，存在时间较短。⑥畸形波发生前没有明显的预兆，在恶劣海况或平静的海况背景下均可能发生。⑦畸形波发生于所有海域，遍布世界各大海域，不管是深海还是近海。⑧在风暴和一般天气下都有畸形波被发现，但前者较多。

观测方法　由于畸形波持续时间短，发生时间和位置不确定，所以很难获得完整、全面的观测记录。畸形波的观测记录一方面来源于海上工作人员的见闻和船舶事故，另一方面来源于长期设立的观测台站、石油平台、锚碇浮标的观测数据和合成孔径雷达（SAR）的遥感数据。欧盟自2000年开始实施“MAX wave”计划专门寻找海洋中的畸形波，并通过SAR遥感影像发现了一些海洋畸形波。

生成机制假说　海洋畸形波存在于海洋的各个角落，包括深水区、浅水区、强流区和弱流区等。畸形波生成机制分为两类：一类是线性生成机制，另一类是非线性生成机制。早期畸形波生成机制的研究集中在波浪的线性机制上。具有不同频率、方向特性的波浪成分同一时空点的聚集产生畸形波，另外是由于空间分布不均匀的水流或者地形形成的波浪能量聚焦。畸形波非线性生成机制主要是波浪的调制不稳定性。能够理论解析畸形波的方程包括非线性薛定谔（NLS）方程、科特韦格－德弗里斯（KdV）和完全非线性水波方程。畸形波在外观上表现为多样性，生成环境也不尽统一，由于大部分理论方程都有局限性，因此畸形波生成机制尚不明确。

研究意义　畸形波是一种瞬时存在、具有强非线性和不对称性的灾害性波浪，波高巨大。畸形波具有突发性，发生的时间与空间位置难以被准确预测，一旦发生，对船舶和海洋结构物的安全可造成极大的威胁。畸形波的实际测量数据非常

巨浪袭击英国阿伯丁港口入口处的防波堤

少，因此对其生成机理分析很困难，在生成机理不明确的情况下，畸形波的预报难度很大，因此对畸形波的研究具有很高的理论意义和工程应用价值。

（李华军　董　胜）

**激浪带**　surf zone　自波浪开始变形产生破浪至波浪到达海岸边之间的地带。激浪带的下边界随波浪的情况不同而有所变化，大的波浪在离岸远的地方就开始破碎，小的波浪会到达离岸近的地方才破碎；这一过程同时也受到潮汐情况和风暴变化的影响。当波浪破碎后，其高度减小，但依然向岸移动，冲至上边界即海岸倾斜面，上冲的海水形成了激流。海水随后向海退却，形成逆流。激浪带的水深一般在5～10米。

激浪带是一个基于波浪运动的动力特征产生的定义。在波浪向岸运动的过程中，当水深减小至波长的一半，波浪开始触及海底，波周期不变而波高加大，波峰的向岸运动速度开始大于波谷的速度，最终波峰超过波谷而破碎，向前倾倒或崩解为水花和气泡。激浪带即为波浪发生破碎的地带。

澳大利亚大洋路的海浪

激浪带是海滩和近岸系统的一个重要组成部分。海水以推进波形式向岸运动，到达激浪带后，波浪会发生破碎，这一过程会释放水体携带的能量，在激浪带形成近岸流，并造成沉积物的输运。近岸流包括平行海岸流动的**沿岸流**和向海的离岸流。沿岸流在激浪带最强，向岸、向海迅速减弱；沿岸流搬运的泥沙量是波浪所搬运的做横向往复运动的泥沙量的10%。离岸流又称**裂流**，是一种向海方向快速移动的强劲海流。当波浪在激浪带破碎后，海水受后续海浪推挤，沿着与沙滩平行的方向移动，最终汇集成一道强大的水流退回海中。裂流在激浪带能冲刷出1～2米的深沟，沟内填充矿物及介壳碎片组成的粗粒滞留沉积。

（李广雪　宫钏彰）

**极地冰层钻进技术**　polar ice core drilling technology　在极端寒冷的极地环境中，使用专门设计的钻进设备对冰层进行钻探，以获取冰芯样本或进行其他科学研究的高难度工程技术。极地冰层钻进技术是一项专门针对地球两极冰盖区域的高难度科学钻探活动，它利用特制的钻探设备和技术手段穿透厚厚的冰层，以获取珍贵的冰芯样本。这些冰芯不仅记录了地球古气候和古环境的宝贵信息，而且对于理解全球气候变化、海平面变化和生物地球化学循环等科学问题具有不可替代的价值。

在极地冰层钻进过程中，首先需要克服极端低温、强风、冰裂隙和不稳定的冰层地形等自然条件的挑战。钻进设备必须设计得足够坚固耐用，以抵御恶劣环境的影响，并且要具备高效的热交换系统，以保持钻头在低温下的正常工作。钻进过程中，操作人员需要精确控制钻探速度和钻头的温度，以防止冰层融化或冰芯样本的损坏。

极地冰层钻进技术的关键环节包括冰层厚度和结构的预探测、钻进路径的规划、钻进设备的部署和钻进过程的实时监控。在钻进过程中，通常会采用连续取芯的方式，通过特殊的取芯筒和内管将冰芯样本连续不断地提取到地表。这些冰芯样本随后被仔细包装和保存，以供后续的实验室分析。

除了科学研究，极地冰层钻进技术还涉及复杂的物流支持和现场作业管理。由于极地地区交通不便，物资补给和人员轮换都需要精心规划和协调。此外，极地作业还需要严格遵守环境保护规定，确保作业活动不对脆弱的极地生态系统造成破坏。

极地冰层钻进技术不仅对全球气候变化研究具有重要意义，而且也是人类探索地球极端环境、挑战工程技术极限的重要体现。随着全球变暖和极地地区战略价值的日益凸显，极地冰层钻进技术将继续发挥其在科学研究和国际合作中的重要作用。

（陈家旺　孙瑜霞）

**极地船舶**　polar vessel　在低温多冰、气候恶劣的两极地区进行科学考察、资源开发和商业航行等活动，并适应两极航行的船舶。极地船舶与普通船舶在作业环境、工作方式、设计建造要求等方面均有明显区别；极地地区的运输、钻井、建造和生产条件具有极大挑战性，表现在极地运输距离远、气候恶劣、海冰多、天空黑暗、生态系统脆弱。因此，极地船舶对设计和建造要求很高，技术含量高、风险性大，是极地考察、航运、资源开采的关键基础装备。主要有以下类型：极地油船、极地LNG船、极地散货船和集装箱船、极地海洋工程、极地破冰船、极地重载甲板运输船等。

极地油船　受到极地资源开发和运输带动，极地油船的破冰等级和载重量有明显增大趋势。截至21世纪初，常见的极地油船是1A冰级（PC7）的阿芙拉型油船，未来波罗的海油船载重吨位将可能从10万吨级提升到27万吨级，同时伯朝拉海也需要7万吨级极地穿梭油船。芬兰阿克北极公司结合吊舱，推出了采用双动技术的新船型。瑞典史丹纳散装货轮公司开发了26.65万吨具有1A冰级的B-Max型原油船。

极地LNG船　LNG运输成本高于石油运输，但北极天然气和液态天然气储量巨大，极地LNG船将得到快速发展。2012年，希腊液化天然气船东公司运营的LNG船“鄂毕河”号抵达日本气田，成功完成世界首次北极东北航道LNG运输。俄罗斯亚马尔项目已建造一批破冰LNG运输船，具有ARC7（PC3）的破冰能力，可以在1.5米厚冰中以3～5节速度持续航行，每船可装载17万立方米液化天然气。

极地散货船和集装箱船　针对加拿大海上补给和矿石运输需求，为矿区运输贵重矿石和补给的灵便型散货船，以及用于铁矿石出口的好望角型散货船面临极大需求。“Norilskiy Nickel”号是世界上首艘采用双动技术的极地集装箱船，由芬兰阿克北极公司设计，该船已于2006年交付，为极地货物运输提供了一种低成本的解决方案。

极地海洋工程　极区的低温环境和恶劣气候条件对海洋工程结构提出巨大挑战。在极区作业的主要海洋工程装置包括钻井平台、浮动式生产、**浮式生产储油卸油装置**（FPSO）、钻井船和供应船等，一些极区还安装了油船装载设备（TLU）、驳船、FPSO冰区系泊装置、海底生产装置等一些特殊设备。

极地破冰船　该类型船包括常规破冰船、多用途破冰船、科考船等。极地破冰船具有良好的冰区航行能力、破冰能力和冰区操作性。该类型船一般吨位大、主机功率大，船首采用特殊钢材，形状逐渐前倾，船首、船尾、水线处额外加强。同时，

中国“雪龙2”号极地科考破冰船

安装冰角和冰刀保护螺旋桨，配备可替换的桨叶，布置多个水密舱壁等。

极地重载甲板运输船　该类船型主要在极地海域进行重载甲板货的运输，向极地或者冰区运送作业车辆、重载物资，并且兼具较强的破冰能力。中国2015年建造的重载甲板运输船“PUGNAX”号，总长206.3米，宽43米，深13.5米，设计吃水7.5米，设计载重量为24 500吨，破冰厚度1.5米，冰区等级达到俄罗斯规范中的最高冰区等级，可常年在极地冰区航行。机电设备及甲板面设备能在−50℃的环境下正常工作，是全球仅有的可常年在北冰洋海域运输的重载甲板船。

（田育丰）

**极地工程**　polar engineering　在北极、南极及其周围的高纬度海域进行海洋资源开发和航道空间利用所采用的各种工程设施和技术措施。极地工程是海洋工程的重要组成部分。与一般海域环境条件相比，极地海洋环境更为恶劣，突出特点是温度低、风力大以及海冰条件复杂。恶劣的自然环境对极地工程提出了更为严苛的技术要求。除了应用海洋基础科学和传统工程技术，还需要综合利用冰力学与冰工程学、低温材料力学、遥感遥控、激光、水声和空间技术等，并在此基础上形成了极地科学。截至21世纪初，人类在极地的活动主要包括科学考察、油气开采、渔业捕捞和航道利用等。

发展概况　北极地区蕴含丰富的油气资源，自1962年苏联发现塔兹湾气田开始，北极圈内已发现61个大型油气田。北极地区油气资源总储量约4120亿桶石油，其中78%为天然气和液态天然气。世界上约22%的未开发油气资源蕴藏在北极地区，其中包含30%的天然气资源、20%的液态天然气资源和13%的石油资源。同时，北极地区对环境和气候变化具有重要影响，从而具有十分重要的科学考察价值。中国自1999年开始已先后多次派遣极地科考船赴北极考察，并于2004年在挪威斯匹次卑尔根群岛建立永久性科研基地——黄河站。另外，随着全球气候变暖，北极海冰消融，北极航线有望开通。北极

北极黄河站

新航路包括俄罗斯沿岸的“东北航线”和加拿大沿岸的“西北航线”，这些新航路的开通，中国各港口经北极航道到北美东海岸将比传统航线减少约3000海里航程，从长江以北港口到西欧、北海和波罗的海等地港口的航程将减少一半左右。南极地区除了丰富的油气资源和科考价值外，渔业资源具有更大的开发空间。南极海洋生物资源丰富，其中以磷虾资源最为可观，每年预计可捕获的磷虾资源量可达1.5亿吨，相当于全球的渔获总量。

极地工程分类　极地工程面临的最特殊、最重要的环境条件是海冰，通过理论分析、数值模拟、现场测试和室内模型试验等方法研究冰力学与冰工程学，是极地工程应用和发展中的关键性技术问题。具体问题包括各种类型雪与冰的物理力学性质、海冰作用于工程结构上的静冰载荷极值和引起的冰激振动、海冰对所在海域动力场的影响等。极地工程主要包括冰区船舶和冰区海上平台。

冰区船舶　泛指航行于冰区的船舶，在设计中考虑冰区因素的船舶基本上可以纳入冰区船舶的范围。在冰区船舶中，破冰船是专门设计用来破冰、在冰区进行救助和领航；其他的冰区船舶是在基本用途之上，结合了在冰区航行的相应要求，通过船型设计与结构加强，使船舶具备一定破冰和冰区航行的能力。

冰区海上平台　泛指在冰区作业、考虑抗冰设计并具备抗冰能力的海洋平台。冰区海上平台会采取不同的抗冰措施，常见的抗冰设计包括安装抗冰锥体、将平台形状设计为锥形或带有斜面。中国常为冰区导管架平台安装抗冰锥体起到抗冰作用，抗冰锥体型式包括正锥、倒锥和正倒锥组合等。在北海等靠近北极圈的寒冷海域，常使用锥形平台或大型沉箱平台作为抗冰结构型式。

（田育丰）

**极地观测**　polar observation　针对极地的特殊环境，依托科学考察船的船基观测、浮冰的冰基观测、卫星遥感的空基观测和极地海床基观测等手段开展的极地调查与研究。极地海洋环境正在发生着快速变化，气候变化的影响在极地地区比世界其他任何地区更为明显。如北冰洋大部分海域和南极半岛邻近海域的海水升温、北冰洋夏季海冰覆盖面积的减少和淡水输入的增加，对区域性气候、碳通量和生态系统产生深远影响。为加强对这种变化的了解和预测，世界上南、北极相关国际组织极为重视对极地海洋的长期观测。南极科学委员会（SCAR）正在推行南大洋观测系统计划（SOOS），以应对以下6个方面的科学挑战：①南大洋在全球热平衡和淡水平衡中的角色。②南大洋翻转流的稳定性。③海洋在南极冰架稳定中的角色以及未来对海平面上升中的贡献。④南大洋碳吸收的未来变化及后果。⑤南极海冰的未来变化。⑥全球变化对南大洋生态系统的影响。在北极，北极理事会（AC）联合国际北极科学委员会（IASC）推行了规模庞大的北极持续观测网计划（SAON），其中包括北冰洋综合观测系统计划（IAOOS）。

尽管国际上海洋观测技术已日趋成熟，但由于极地的极端环境条件恶劣，许多观测技术有待更进一步的突破。加之极地支撑后勤保障能力的制约，极地海洋观测系统建设明显滞后于其他海域。2019年3月12日，中国已完成首个极地海洋观测站建设，由自然资源部北海局承担的南极长城站海洋站的验潮站建设任务已经完成，标志着中国极地区域首个业务化海洋观测站正式开始运行。

（黄豪彩）

**极地环境保护**　polar environmental protection　为保护南北极环境和生态系统、合理利用南北极自然资源、防止极地环境的污染和破坏、维护南北极海洋生态系统安全而采取的各项行政、法律、经济、科学技术等措施。南极和北极资源丰富，地理位置独特，生态环境脆弱，是对气候变化最敏感的区域。全球变暖造成北极海冰覆盖面积的减少，威胁北极熊等北极动物的生存；全球变暖也导致南极冰盖表层以及边缘的局部融化，原企鹅的栖息地遭到破坏，迫使企鹅不断地往高处迁移。同时，随着人类在南北极活动的日益频繁，极区自然环境和生态系统正面临着人类活动带来的威胁和干扰。

鉴于极地生态环境的脆弱性及其对全球气候变化响应和反馈的敏感性，国际社会为保护极地生态环境采取了多项措施。①为保护和保存南北极地区的生物资源而专门指定特定区域，确定为南北极保护区。1973年，美国、加拿大、丹麦、挪威和苏联为保护北极熊的生存环境签署了《北极熊及生境养护国际协定》。2010年5月，南奥克尼群岛南大陆架海洋保护区正式建立，这是南极地区设立的首个海洋保护区，也是国际社会在公海上设立的第一个海洋保护区。2016年10月28日，南极海洋生物资源养护委员会为专门保护南极海洋生态系统，在南极设立全球最大的海洋保护区——罗斯海地区海洋保护区。②建立极地环境保护组织和政府间论坛。

包括南极洲和南大洋联盟、南极研究科学委员会、北极理事会等，保护南北极地区的环境，参与极地环境外交与全球环境谈判，促进国际极地环境保护事业的发展。③订立有法律约束力的多边、双边国际条约。主要有《联合国海洋法公约》《人类环境宣言》《联合国气候变化框架公约》《京都议定书》《生物多样性公约》《国际捕鲸管制公约》。除此之外，具体针对北极环境保护的国际条约及北极八国国内法主要有《保护臭氧层维也纳公约》《关于消耗臭氧层物质的蒙特利尔议定书》《卡塔赫纳生物安全议定书》《保护毛皮海豹条约》《北极熊保护协议》《养护和管理阿拉斯加–楚科奇北极熊数量协定》《保护北极和亚北极候鸟协议》《保护北极候鸟及其生存环境协议》《2020年前俄罗斯联邦北极地区国家政策原则及远景规划》《美国北极政策》《北极地区国家战略》《北极水域污染防治法》《北极船舶污染防治法规》《北极水域污染防治条例》《北极环境保护战略》《综合性海洋政策》《欧盟与北极地区》《发展中的欧盟北极政策：2008年以来的进展和未来的行动步骤》。由美国、加拿大、芬兰、丹麦、挪威、冰岛、瑞典以及俄罗斯八个环北极国家组成的政府间论坛——北极理事会是北极最大的区域性组织，在北极环境保护中处于核心地位。南极环境保护形成了相对完善的法律体系，主要由《南极条约》《关于环境保护的南极条约议定书》和专门性的环境条约如《保护南极动植物议定措施》《南极海豹保护公约》《南极海洋生物资源养护公约》《南极矿物资源活动管理公约》等组成，该法律体系对南极的环境保护做了全面规定，在南极环境保护中起到了重要作用。

极地是地球上人类活动稀少的区域，它为人类保存了一块处于相对原始状态的土地，同时也为人类记录了地球的演化和气候的变迁等诸多极其重要的信息，因此保护极地环境是每一个地球人的责任和义务。（厉丞烜　陈　颖）

**极地资源勘探开发**　polar resource exploration and development　对北极、南极及其周围高纬度海域蕴藏的油气资源和生物资源等进行调查评估和开采利用过程。一般特指对极地油气资源的勘探和开发。美国地质调查局（USGS）于2008年发布《环北极资源评估报告》，评估结果显示北极地区待发现石油储量约900亿桶，占世界待发现石油资源量的13%；天然气1669万亿立方英尺（1立方英尺≈28.32升，约47.26万亿立方米），占世界待发现天然气资源量的30%。IHS Energy公司于2009年公布北极地区已发现石油储量600多亿桶，天然气储量约1136万亿立方英尺（1立方英尺≈28.32升，约32.17万亿立方米），凝析油储量约80亿桶，总油气当量约2570亿桶。除常规油气资源外，受到广泛关注并被认为极具开发潜力的天然气水合物广泛分布于南北极大陆及其毗邻海域的沉积岩中。天然气水合物是由具有相对较低分子质量的气体（如甲烷、乙烷、丙烷、二氧化碳、氮气等）在一定温度和压力条件下与水形成的一种内含笼形结构的固态类冰状物质。自然界中，它所包含的气体分子多以甲烷为主（90%），又称甲烷水合物，俗称可燃冰。两极地区存在大面积的永久冻土层，具有天然气水合物形成的温度和压力条件，已在北极和南极地区分别发现19处和5处天然气水合物矿点。

极地资源勘探开发尚未进入实质阶段，在实施过程中面临很多挑战。

环境问题　极地恶劣的气候条件要求结构和设备能够适应低温环境。同时，极地环境极为脆弱，地震勘探作业遗留的痕迹可能会存在数十年。这就要求在极地资源勘探开发中，必须采取有效措施，减小人类活动对极地环境的影响，避免油气资源对环境的污染。

勘探技术　极地地区由于冰川的长期冲蚀和沉积，地貌特征十分复杂，导致常规勘探技术的应用变得非常困难。可控源电磁（CSEM）技术在深水油气勘探中发挥了巨大作用，有效降低了深水勘探的钻探风险，具有应用于极地勘探的发展潜力。另外，美国ION公司的控制冰下拖缆地震采集技术，以及俄罗斯和马来西亚共同研发的新型磁力断层摄影检测技术均有望应用于极地勘探。

钻井技术　极地地区生态环境脆弱、温度低、暴风雪猛烈，还伴有强海流、浮冰、冰山和永冻层等，极大增加了钻井作业的风险，使得适于极地恶劣环境钻井作业的钻井船和钻井平台数量非常有限。2007年11月，韩国三星重工建成世界上第一艘适于极地作业的钻井船。瑞士泛洋钻探公司建造了“极地先锋”号钻井平台，在挪威巴伦支海Skrugard油田服役。荷兰豪斯曼公司设计了适于近北极地区作业的半潜式钻井平台——JBF北极圈号钻井平台。埃克森美孚公司在北极作业中使用了砾石岛、冰岛、沉箱固定岛、混凝土岛以及“莫利帕克”号钢制沉箱平台作为钻井设施。

固井技术　极地地区的固井作业面临极大挑战。水泥凝固过程中，水泥成分发生水化反应放热，可能导致永冻层融化，在钻孔周围产生液态水，从而令之前坚硬、稳定的土层变得疏松、不稳定。为解决这一问题，常使用专门为低温永冻层设计的水泥，在固化时放热很低。

运输技术　极地地区冬季航道结冰，阻碍油气输运。这就要求解决航运技术和破冰技术问题，发展冰区船舶，特别是破冰船，从而组成破冰船队。破冰船除用于运输船的领航外，也可以发挥值守船作用，破坏平台周围海冰，减小作用于结构的冰载荷。另外，气垫船与气垫平台是极地地区短途运输的重要工具，可以发挥冰上运输或破冰的作用。（田育丰）

**棘皮动物**　echinoderm　棘皮动物门动物的统称。幼虫两侧对称、成虫多五辐射对称、具钙质的内骨骼和水管系、具围血系统的后口动物。在海洋中营附着底质或贴地生活，是无脊椎动物中最高等的类群。

形态　因表皮一般具棘而得名。全为海产。成体多为辐射对称，具独特的水管系统。体中有与消化道分离的真体腔，体壁有来源于中胚层的内骨骼，幼体两侧对称，发育经过复杂的变态。口从胚孔的相对端发生，属后口动物，在无脊椎动物中进化地位很高。

外形差别很大。例如，海星和蛇尾类呈星形或五角形，背腹扁平，体轴很短，口面朝下，管足沿着腕（辐部）做放射状排列；海胆和海参体轴延长，辐部和间辐部结合，体呈球形或圆筒形，管足作子午线状排列；海百合形似植物，腕游离且多具羽状分枝，口和肛门都向上，反口面具长柄或卷枝供附着用。

从外形上看，虽然各纲动物差异很大，但其基本构造十分一致。成体多为五放辐射对称，由管足排列表现出来。根据管足的有无，身体区分为有管足的辐部（或步带）和无管足的间辐部（或间步带）。内部器官，包括水管系统、神经系统、血系统和生殖系统，均为辐射对称，只有消化道除外。由于辐射对称，身体有口面和反口面之分。

骨骼很发达，由许多分开的碳酸钙骨板构成。骨骼外包表皮，皮上一般带棘。海胆骨骼最为发达，骨板密切愈合成壳；海星类、蛇尾类和海百合类的腕骨板成椎骨状；海参类骨骼最不发达，变为微小的分散骨针或骨片。

成体体腔主要被消化系统和生殖系统占据。水管系统由体腔的一部分——水腔演变而成。移动、摄食、呼吸和感觉全都要靠它来完成。典型的水管系统自筛板开始，经过石管，通至围绕口部的环管和伸至辐部的辐管。辐管上有小分枝分到管足。管足基部有坛囊，末端有吸盘，内充海水，靠肌肉伸缩来移动身体。

神经系统、血系统和水管系统都有1个围绕食道的环，并从环上向各辐部分出1条主枝。棘皮动物有3种神经系统：①口面神经系统。或称外神经系统。在表皮内或表皮下，包括围绕食道的神经环与伸入各辐的辐神经，为现代棘皮动物的主要神经，各纲都有，而且多半发达（海百合纲除外）。②下神经系统。在口神经里边，排列与口神经完全相同。③反口面神经系统。或称内神经系统。在反口面皮肤下，在海百合类中比较发达。血系统位于神经系统和水管系统中间，在海参和海胆中比较发达。

消化系统较为简单。海星和蛇尾类的消化系有一大囊状胃，肠直走，不弯曲；海星常有从胃向各腕伸出的1对称为幽门盲囊的消化腺。其他各纲的消化管多为一长而弯曲的管子，由肠系膜连于体壁。蛇尾和某些海星无肛门，凡是不能消化的东西均从口里吐出。海百合的口和肛门全朝上，许多歪形海胆肛门常在体后部或口面。没有明显的排泄器官，排泄功能由变形游走细胞负责。

呼吸系统不发达。海星的皮鳃和海胆的围口鳃可增加呼吸的能力和面积。某些海参有特殊的呼吸器官，被称为呼吸树。

分类　现生棘皮动物分为5个纲：海百合纲、海参纲、海星纲、海胆纲和蛇尾纲。现生约7000种，中国已发现500多种。

分布范围　广泛分布于世界各海洋。

生态习性　重要的底栖动物，多为狭盐性动物，在半咸水或低盐海水中少见或偶见。体外无特殊的覆盖层，但具有特别的水管系统。身体所含水分可以随外界盐度的高低而自由渗透，这使它们在垂直分布上适应的幅度更广，从潮间带到万米深的海沟中具有分布。对水质污染很敏感，在被污染了的海水中很少见到它们。再生力一般很强，如果腕、盘或其他外部器官发生损伤或断落，都能再生。某些种类常有自切现象。少数种类可行无性裂体繁殖。

栖息环境多种多样，岩岸、珊瑚礁和各种不同的石底、沙底、泥沙底中都有它们栖息。主要为底上生活，匍匐于海底。有些种营底内生活。还有少数营固着生活或浮游生活。自由生活的种类能够缓慢移动。摄食方式多样。除板蛇尾外，棘皮动物没有寄生的种类。吸口虫类是专门寄生于海百合类的特殊多毛类。少数螺类寄生于棘皮动物，有的为外寄生，有的为内寄生。甲壳类与棘皮动物营寄生或共生的都有。隐鱼是著名的寄生在海参泄殖腔内的动物。寄生于棘皮动物体内的还有纤毛虫、扁虫和圆虫。

繁殖　多为雌雄异体，但雌雄个体在外形上常无区别。生殖细胞释放到海水中受精。幼体在初发生时形状相同，均有纤毛环，消化道分为3部分，以后则随纲而异，发育成4种不同类型的幼体，即耳状幼体（海参）、羽腕幼体（海星）、蛇尾幼体和海胆幼体。海百合类幼体呈桶形，称为樽形幼体，与浮游的纽鳃类的海樽十分相似。幼体为两侧对称，营浮游生活。

生态地位与作用　有些棘皮动物是珍贵食品，如海参、海胆卵。某些蛇尾类常是底栖鱼类的饵料。海星有些种类喜吃贝类，常危害贝类养殖业。

在海洋生态系统内，棘皮动物在某些底栖动物群落中常为优势种。在深渊海底的底栖动物生物量中，棘皮动物最高可占90%。在研究海洋动物地理学上，棘皮动物常是很好的指标种。某些吞食性种类能够大量搬运腐败物质，从而减少海底微生物的活动；某些钻石的种类对海岸线造成破坏。棘皮动物化石种类甚多，有的石灰石地层全部由分解了的海百合骨骼构成，在地质学上占有一定地位。在实验胚胎学等基础理论研究方面，海胆卵是很好的实验材料之一。某些棘皮动物具有毒腺或毒液，有可能通过研究发展成药物。从几种海参分离出的海参素和黏多糖具有抗癌活性。

（廖玉麟　肖　宁）

**记忆缺失性贝毒**　amnesic shellfish poisoning; ASP　由海洋硅藻——拟菱形藻产生的一类氨基酸类毒素，化学名称为多莫酸，经双壳贝类等滤食性动物积累而进入食物链，误食后可引起人体中枢神经系统海马区、丘脑区与记忆有关区域的损伤。又称记忆丧失性贝毒、失忆性贝毒或健忘性贝毒。最早发现于1987年11月，在加拿大爱德华王子岛发生的一次大规模硅藻赤潮造成了至少3人死亡、上百人中毒患病的严重后果。中毒者症状奇特，主要表现为腹痛、腹泻、呕吐，并伴有记忆丧失、意识混乱、不能辨认家人及亲朋好友等严重精神症状，严重者陷于昏睡状态，其中12人病愈后记忆丧失长达18个月之久。经研究发现，中毒物质为软骨藻酸或称多莫酸（domoic acid; DA），DA是一类低分子量的氨基酸类毒素，其分子式是$C_{15}H_{21}NO_6$，分子量为311.33。DA能与人类中枢神经系统大脑海马体的谷氨酸受体结合，引起神经系统麻痹，并能导致大脑损伤；轻者引起神志不清和记忆丧失，重者引起死亡。

最初发现DA主要来源于一种赤潮硅藻多列拟菱形藻（*Pseudo-nitzschia multiseries*），这是人们第一次发现硅藻会产生毒素，拟菱形藻从此引起了越来越广泛的关注。DA由拟菱形藻（*Pseudo-nitzschia*）产生后，经过双壳贝类等滤食性动物积累并进入食物链，进而影响海洋生物和人类的健康。1987年发现DA来源于拟菱形藻后，不断有拟菱形藻赤潮产生软骨藻酸而引起危害事件的报道。全球已报道的拟菱形藻种类有35种以上，其中已报道能够产生软骨藻酸的种类已达13种以上，最常见的产DA种类是多列拟菱形藻和澳大利亚拟菱形藻，同时还发现一种菱形藻种类*Nitzschianavis-varingica*也会产生DA。

（高亚辉　周名江）

**季风**　monsoon　近地面层大范围盛行风向随季节显著变化甚至相反且气候特征明显不同的现象。它主要是由海陆热力对比的季节性差异造成的。古老的季风概念属于气候学范畴，但是现代季风认为，不同季节冬、夏季风盛行期间所对应的季风环流和天气系统、天气过程均有所不同，且是个动态演变过程，并不是静止的气候平均状态，因此也把季风作为一种天气现象来进行研究。另外，即使是季风的气候平均态特征，也存在着多时间尺度的热力和动力气候演变过程，进而衍生出现代季风研究的新学科分支——季风动力学。

人们对现代季风的认识，包括以下3点内涵：①季风是大范围地区的盛行风向随季节改变的现象。这里强调“大范围”是因为小范围风向受地形影响很大。②随着风向变换，控制气团的性质也产生转变。例如，冬季风来时空气寒冷干燥，夏季风来时空气温暖湿润。③随着盛行风向的转换，将带来明显的天气气候变化。因此季风区往往在夏季风来临时常高温多雨，冬季风控制下则寒冷干燥，故人们往往将季风和降雨联系在一起，认为“季风既是风又是雨”。明代郑和下西洋就完全借助于季风的作用。现代，由于降水对农作物生产和人们的生活息息相关，在研究季风时人们更多地关注季风降雨（旱涝）而不是风。

形成原因　最早把季风当作一个科学问题来研究的是英国学者E.哈雷。经典的季风成因学说认为，季风形成的主要原因是海陆热力差异。由于海陆间热效应的季节性差异，导致其地面气压差的季节变化：冬季，大陆比海洋冷，大陆上为冷高压，近地面空气自大陆吹向海洋；夏季，大陆比海洋暖，大陆上为热低压，近地面空气自海洋吹向大陆，因而形成冬夏风向相反的季风系统。海陆热力差异造成的风向变化反映了季风的本质。若只考虑海陆热力是季风的唯一成因，则在所有的海边都应该有季风，而且高纬度（温度年较差比低纬大）季风比低纬度显著。但实际情况正好相反，最显著的季风气候在亚洲—非洲的低纬地区。同时，从海陆分布推算西南季风厚度不超过2000米，而中国西南地区季风的实际厚度达5000～6000米或更高，故难以单纯地由海陆热力差异解释季风的成因。

太阳辐射加热的季节变化也是季风形成的重要原因。在表面均匀的地球上，行星风带基本上是纬向的，地表太阳辐射地理分布的季节变化引起行星风系的季节变化。在两支行星风带交替的区域，行星环流发生季节性转移，盛行风往往近于反向，这种现象被称为行星季风，以低纬地区（北纬30°～南纬30°）最为显著。在东半球的低纬地区（从东非经南亚到东亚以至西太平洋），东临全球最大的太平洋暖池、西接全球最大的大陆——欧亚大陆，最大的海陆热力对比和行星风带季节性位移的作用一致，造成了全球最显著的季风气候区。

大地形的作用也是季风形成的重要原因。青藏高原对季风环流的影响既有热力作用又有动力作用。冬季青藏高原是冷源，高原低层形成冷高压，盛行反气旋式环流，其东南侧盛行北—东北风，与东亚冬季风一致。夏季高原是热源，低层形成热低压，盛行气旋式环流，与西太平洋副热带高压配合，不仅使其东侧的西南季风增厚，而且使夏季风更加深入中国华北以至东北地区。亚洲季风区不仅有全球最大的海陆热差异，还与行星季风相一致，更有全球最大的青藏高原的热力动力作用相叠加，造成了东亚和南亚成为全球最显著的季风区。另外，美洲西部的落基山脉对美洲季风的形成也有重要贡献。

**季风的分类** 按季风区所处的地理位置划分，世界上季风分为亚洲季风、非洲季风、美洲季风、澳大利亚季风。其中，跨赤道的东亚-澳大利亚季风还可合称为**亚澳季风**，亚洲季风还可分为印度（南亚）季风、东亚季风两个子系统，而东亚季风又包括南海季风、西太平洋季风、东亚副热带季风等几个子系统。

按气候区域来划分，季风可分为副热带季风和热带季风。东亚季风区可分为南海—西北太平洋的热带季风区和中国东部沿海—韩国—日本一带的副热带季风区。热带季风即经典的夏季盛行西南季风，冬季盛行东北季风；副热带季风则是夏季盛行东南季风，冬季盛行西北季风。

按空间尺度划分，季风可分为行星季风和天气尺度季风。

按季风热力性质划分，季风可分为夏季风和冬季风。

由于各季风区都受太阳辐射年循环的调制作用，季风是个全球尺度的系统，维持着大气环流随季节的变化，即**全球季风**。全球季风可分为冬-夏季风、春-秋季风。

**季风的进退** 夏季风一般经历建立（爆发）、活跃、中断和撤退4个阶段。东亚的夏季风最早爆发于中南半岛—南海一带，从5月上中旬开始，分别向西北和东北或北方推进，推进速度快，到7月下旬趋于稳定。通常在8月到达最北位置，之后开始回撤，路径与推进时相反，在偏北气流的反击下，自北向东节节败退。东亚季风的进退表现为爆发式建立和逐步式撤退的特征。

**季风区的客观划分** 关于季风区的客观划分，尚无统一的标准。根据季风的定义，通常确定季风区的客观定量指标有两种方式，一种是根据盛行风向的季节性反转，另一种是根据季风降水的干湿变化。

风向反转 苏联气象学家赫洛莫夫1957年规定，凡地面上冬（1月）夏（7月）盛行风向之间至少差120°且季风指数（I）达到一定百分率的地区为季风区。I=（F1+F2）/2，式中F1和F2分别为1月和7月盛行风向频率的百分数。规定：I>60%为明显季风区，40%<I<60%为季风区，I<40%为具有季风倾向的地区。亚洲、非洲和澳大利亚的热带和副热带地区为连成一片的全世界最大的季风区，其中东亚的海上，南亚、东非和西非属明显季风区。南亚为热带季风区，冬季盛行东北季风，夏季盛行西南季风，冬夏季风期间干湿分明，夏季风期间为雨季，冬季风期间为旱季。东亚季风区比较复杂，南海—西太平洋一带为热带季风区，冬季盛行东北季风，夏季盛行东南季风，东亚大陆—日本一带为副热带季风区，冬季北纬30°以北盛行西北季风，以南盛行东北季风；夏季盛行西南季风或东南季风。夏季雨量丰富，冬季雨雪较少，但干湿季没有热带季风区明显。

拉梅奇基于赫洛莫夫的工作，进一步把以下四个判据作为定义季风的标准：①1月和7月的盛行风向变化至少达到120°以上。②1月和7月的盛行风向频率超过40%。③合成风的月平均风速至少达3米/秒。④每两年中一个月内在5°×5°经纬度矩形范围中出现气旋—反气旋转换的次数平均少于1次。东亚、东南亚、南亚、西亚、澳洲北部以及东非西非大范围地区都是季风区，特别是印度、中南半岛和中国都是世界上最著名的季风区（图1）。

干湿变化 季风不仅有盛行风向随季节反转的特征，还表现为干湿随季节的反转特征，因此，季风区也常常用干湿反转的区域来定义。有学者提出用降水的季节反转作为指标，来确定全球主要的季风区。由于全球季风具有冬-夏季风和春-秋季风两种模态，因此不同学者定义季风区的指标不完全统一，但均考虑降水的年较差要大于一定的阈值，同时雨季的降水量要占全年降水量的较大比重。以冬-夏季风为例，降水的年较差$P_{ar}=P_{sum}-P_{win}$，$P_{sum}$指夏季（北半球6～9月，南半球12～3月）的总降水量，$P_{win}$指冬季（北半球12月～次年3月，南半球6～9月）的总降水量；雨季的降水率MPI=$P_{ar}/P_{tar}$，其中$P_{tar}$是年总降水量。当一个地区满足$P_{ar}>240$毫米且$MPI>40\%$时，该地区属于典型的季风区，由此得到全球冬-夏季风区的分布。类似的，春-秋季风主要是由于10～11月和4～5月之间干湿的反转，当一个地区满足$P_{ar}>120$毫米且$MPI>20\%$时，该地区属于典型的春-秋季风区。由于太

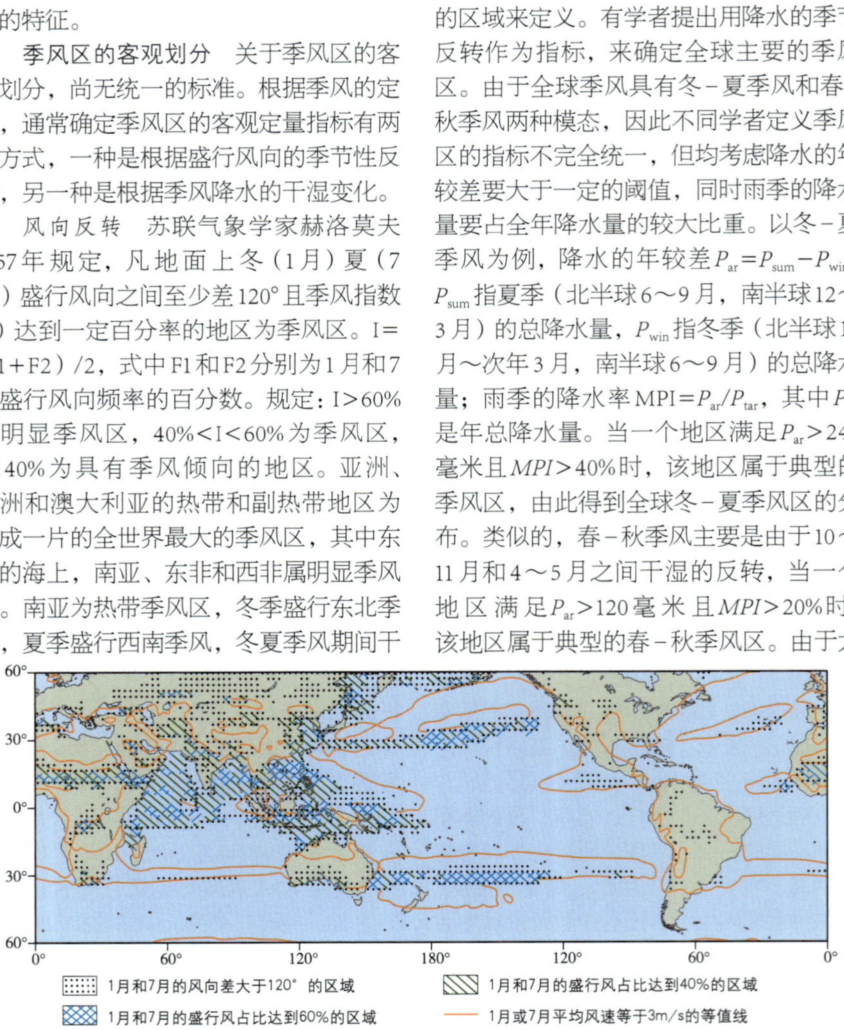


GS（2021）3595号

图1 世界季风区的分布

阳一年两次过赤道，赤道地区的降水是半年周期而非一年周期，因此并不符合季风的定义，因而从降水指标确定的季风区不包括赤道地区（图2）。

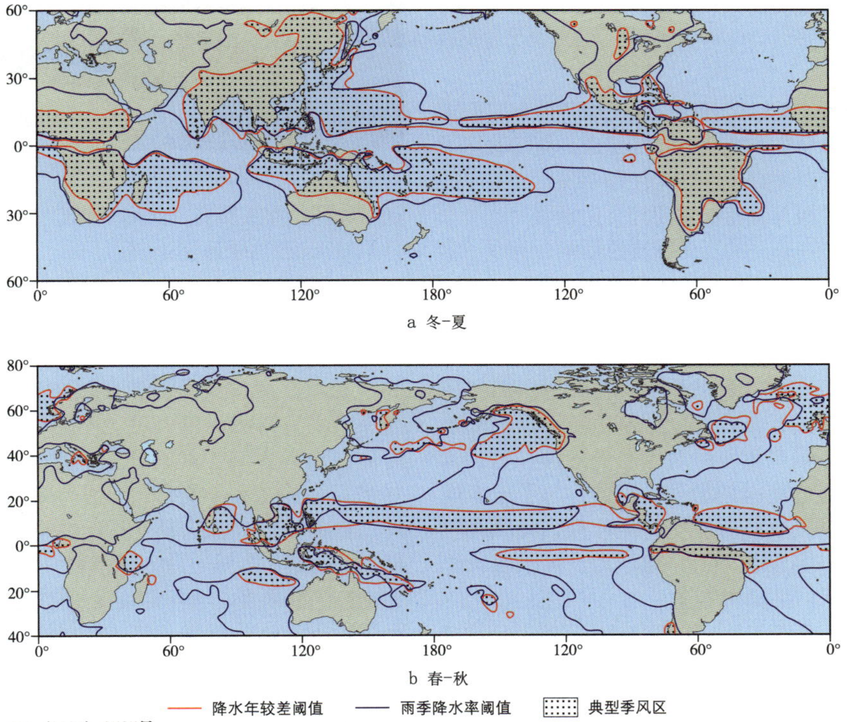


GS（2021）3595号

图2　季风降水指标区域的分布

**季风气候**　有季风的地区，都可出现雨季和旱季等季风气候。夏季一般受来自海洋暖湿气流的影响，冬季主要受来自大陆干冷气流的影响，因此，季风气候的主要特征是冬季干冷夏季暖湿。在盛行风向发生季节性转变化的同时，云、雨和天气系统等都随着发生明显的变化。夏季时吹向大陆的风，将湿润的海洋空气输送到内陆，它往往在那里被迫上升成云致雨，形成雨季；冬季风自大陆吹向海洋，空气干燥，伴以下沉气流，天气晴好，形成旱季。由于大部分季风气候具有雨热同季的特征，对农业生产，尤其对水稻一类高产粮食作物更为有利，所以南亚、东南亚、中国、朝鲜和日本等地，都是水稻集中产区。但由于夏季风和冬季风更替的时间和强度等年际变化很大，这些地区易遭受水旱灾害。（黄　菲）

**季风槽**　monsoon trough　热带季风区气压场上等压线气旋式曲率最大的地方，在北（南）半球等压线呈逆（顺）时针方向弯曲。

特征　通常它与流场上的季风辐合带［即热带（赤道）辐合带的一种］相对应，故又称季风辐合带。其狭义的定义仅仅指北半球夏季北印度洋到南海一带出现的南半球越赤道西南季风与北半球偏东风辐合形成的气压最低、气流辐合的区域，在气压场上表现为槽线，在流场上表现为辐合线。

形成　北半球夏季大陆形成热低压，同时，南半球的澳大利亚大陆处于冬季形成冷高压，与南印度洋到西太平洋的副热带高压一起形成南半球的副热带高压带，于是，气流从南半球的高压向北半球的低压流动。由于运动过程中地转偏向力的作用，使得在南半球副热带高压北部的气流向左偏转，形成东南季风，越过赤道后气流向右偏转，并与海陆因素形成的西南风汇合，形成地球上最强大的季风——西南季风。西南季风在北半球热低压的诱导下大举北上，与加强的西太平洋副热带高压（简称副高）/伊朗副高南部的偏东风交汇形成北半球季风槽，即印度季风槽和南海北部—西北太平洋季风槽。

位置　由于西南季风强大而且副高位置偏北，使得季风槽平均位置远离赤道，在北纬20°附近。有的年份，季风槽在热带气旋的诱导下最北端甚至能越过北纬30°，与中纬度冷空气交汇在东亚地区形成大面积的强降水天气。

天气　季风槽属于赤道辐合带的一种，南北半球气流交汇于此，使得槽内水汽充裕，多与强对流上升运动和对流降水天气相对应。因此，很多西太平洋和南海的热带气旋产生于季风槽内的热带云团中。

变化　季风槽一般是连续的，但有时会出现断裂。如季风槽内有热带气旋移动到断裂处往往会令热带气旋发生移动方向的改变，突然北上或者转向等。而且在有的年份适当条件下，南北半球均会出现一条季风槽（双重季风槽），并且在一个半球，在适当的条件下也会出现多条季风槽的现象。（黄　菲）

**季风云团**　monsoon cloud cluster　发生在季风辐合带内的热带对流云团。位于热带洋面上东北信风和西南季风所构成的辐合区内，且偏于西南季风一侧，水平范围大于7个纬距、生命史在1天以上，在卫星可见光云图上显示为白亮密蔽云区。

特征　季风云团是热带云团中的一种，它是指发生于热带印度洋和东南亚一带的与季风有关的云团，也是热带云团中规模最大、持续时间最长的云团。冬季位于北纬5°～10°，自6月中旬开始，随着夏季风的推进爆发性地向北发展，8月推进到北纬20°～30°。由于这种云团和西南季风活动有明显联系，故称季风云团。它是地球上规模最大的云团，南北宽可达10个纬距，东西长达20～40个经距。在这种云团中，经常发生季风低压，自孟加拉湾侵入印度东北部和缅甸，造成该地区的特大暴雨。

发展　当季风云团在热带洋面上维持并遇到合适的环境条件时，可以发展成热带低压、热带气旋。季风云团发展、加强的主要标志是：云团的东南部位有向西南方向伸展的大范围对流云带，云团的边缘有向四周两个象限以上的流出云羽。前者表示低空有充沛的水汽供给，后者表示高空有辐散场叠加。季风云团是赤道辐合带（ITCZ）云带的主要组成部分，是辐合带降水的主要成员。（黄　菲）

**季节内振荡**　intraseasonal oscillation　热带大气30～60天的一种季节内气候变率。由中国气象学家谢义炳（1917～1995）以及美国国家大气研究中心的R.马登和P.R.朱利安发现，也被称为马登-朱利安振荡（MJO）。一般认为，季节内振荡是一种大气环流和深对流之间的大尺度耦合现象，在热带表现为在印度洋和太平洋一种向东传播的降水异常信号，在中纬度也会发生。

特征　前人总结季节内振荡有以下特征：①季节内振荡是发生在全球范围内的大气现象，以热带地区更为显著，但不论是中高纬度还是热带地区，季节内振荡都呈现出明显的区域分布特征。②季节内振荡是一个相对“宽带”的现象，周期范围为20～90天，但30～60天周期特征占优势。③热带大气季节内振荡的波谱特征与传播特征和中高纬度大气季节内振荡不同：热带季节内振荡以纬向1波的东传为主；而中高纬的季节内振荡纬向1～4波都很重要，具体而言，夏半年2～3波更重要，中纬度季节内振荡向西传播，高纬度季节内振荡冬半年向西传、夏半年向东传。④垂直结构上，热带季节内振荡表现为“斜压”结构，风场和位势高度场在对流层上层和下层呈反相分布；而中高纬季节内振荡则更多地表现为对流层上下一致的正压结构。⑤中高纬季节内振荡和热带季节内振荡在波谱特征、地域特性、传播特性、结构特征上均有所不同，其产生机制也不同。

总的来说，季节内振荡最早在热带大气中被发现，热带大气中的季节内振荡也最强，因此有关热带大气中季节内振荡的机制研究较多，主要可分为积云对流加热的反馈机制理论、蒸发–风反馈结合积云对流加热的反馈机制理论等。研究结果表明，不考虑海洋作用的单纯大气模式难以再现真实的季节内振荡图像；而与此同时，考虑海–气相互作用的研究结果却取得了较好的进展，因此，人们开始关注海–气相互作用在季节内振荡形成和发展中的作用。

*影响* 季节内振荡对印度洋太平洋局地以及全球气候都有重要影响。首先表现在对季风的影响。研究发现，北半球夏季季节内振荡对印度和西非夏季风有重要影响，同时也会影响北美夏季风。通常在季节内振荡造成异常降水前5～10天北印度洋会出现海温暖异常，而之后随着季节内振荡向东移动到热带太平洋海区，会造成亚洲夏季风在七月爆发。

其次季节内振荡还会影响热带气旋的形成。众所周知，热带气旋多发于5～11月份北太平洋和北大西洋海区，但在不同的年份其强度会有所差异。观测发现，季节内振荡通过改变大尺度环境对于台风的强度有重要影响。与季节内振荡有关的下沉运动不利于热带风暴和台风的形成，反之，季节内振荡造成的上升运动是热带风暴和台风发展的有利条件。随着季节内振荡向东传播，台风的易发区域也随之从西太平洋移动到东太平洋乃至大西洋海盆。

季节内振荡还与**厄尔尼诺–南方涛动**（ENSO）有关系。一方面ENSO循环对季节内振荡的强度有重要的调制作用，在厄尔尼诺事件中，季节内振荡强度会减弱甚至消失，而在拉尼娜事件中，季节内振荡会有所加强。另一方面，季节内振荡是厄尔尼诺事件的重要触发机制，季节内振荡事件造成的**赤道西风爆发**现象能造成厄尔尼诺事件的发展，反之，季节内振荡抑制对流造成的东风异常会造成拉尼娜事件的发展。

（郑小童）

**祭海** sea sacrifice 渔民用各种方式祈求出海平安和捕鱼丰收的仪式。祭海表达了渔民对美好生活的向往和期盼，是海洋民俗中极其独特而重要的文化事项。

在长期的历史发展过程中，形成了富有特色的祭海活动和祭海节。

*祭海起源* 古代，科学技术落后，民众对自然的认识能力不足，面对茫茫大海产生一种敬畏感，再加上出海打鱼的渔民经常在海上遇到危险，自然而然地慢慢产生一种对大海的崇拜和对掌管大海的海神的敬仰。因此，为了出海的安全以及能够有更好的收获，渔民往往在出海之前举行祭海活动，祈求海神能够保佑平安和丰收。

*祭海活动* 祭海对渔民来说是一项神圣庄严的活动，因此祭海之前都要认真准备祭祀用品和装饰渔船，祭祀活动一般在港口举行，船上渔民不能讲不吉利的话，不许打碎饭碗，不许吵架，否则要受重罚。渔民用净水洗净放供品的祭盘，然后把三牲祭品放入盘内，端到船上，或在船头供祭龙王，或在船尾的圣堂舱供祭船神。之后，船老大点燃香烛，三敬酒，跪拜祈祷。祷词均是吉利之语，大意是希望龙王和船神保佑汛中平安无事，喜获丰收。此时，码头上渔船油漆一新，排列成阵，桅樯高耸，披彩挂红。狮子和龙灯盘舞，鞭炮和螺号齐鸣，欢送出海的人们在码头上雀跃欢呼。祭毕，船老大把祭品中的一杯酒和少量碎肉、糖、盐、鱼等抛入海中，以谢龙王和船神，俗称“行文书”，或叫“酬游魂”。最后，全船人举杯痛饮“祭海酒”。

虽然祭海活动根据地区的不同规模有所差异，但是祭海活动的内涵不变，都是希望海神保佑，出海平安。

*祭海节* 田横祭海节是中国北方规模最大的祭海节，位于山东省青岛市即墨区，相传已有500多年的历史，时间为每年公历3月18日前后三天。祭海前一天，渔民们将海边的龙王庙打扫一新，悬挂大红灯笼，摆香炉、祭案，贴对联，披红挂彩。同时在龙王庙前的海滩上扎松柏龙门，在其上悬挂匾额，挂满彩灯，张贴大红对联。各船船主忙着将旌旗猎猎的渔船开到村前海湾，船头面向大海，一字排列，将

中国田横祭海节举行盛大的开船仪式

渔具和网具摆放整齐，然后下锚定位，等待第二天正式举行祭海仪式。

祭海仪式当天，渔民们以船为单位在龙王庙前的海滩上开始摆供。当地人认为祭海的时辰越早越好，有占先发财的说法。祭海仪式开始，良辰吉时到，当主祭人宣布祭海仪式正式开始后，一时间，鞭炮齐鸣，人们开始焚烧香纸，并把写好的“太平文疏”点燃，磕头朝拜，随着鞭炮声各船船主开始往空中大把抛撒糖果，海滩上众人便争着抢糖果，有谁捡的糖果多，当年即交大运的说法。渔民也崇信谁的鞭炮声势大，持续时间特别长，谁的船一年渔业即兴旺发财。因此祭海多是千、万响的大鞭炮。有的船家把几挂鞭绑在大木杆上同时燃放，熙熙攘攘，热闹非凡。

韩国主要的祭海节为法圣浦端午祭。它始于朝鲜时期，在每年的农历五月举行，因为5月既是盛产小黄花鱼的时期，又是漕仓的漕运时期，这期间举行丰渔祭和龙王祭来消除灾祸、祈求海上安宁和丰渔。

日本每年7月中旬在青森县与北海道隔海相望的大间町举行“大渔祈愿祭”及“天妃样行列”，祈愿渔业丰收及海上安全。大间作为日本最高级金枪鱼的产地而闻名于世。

*祭海活动的传承和发展* 随着时代的推移，祭海活动在保持自己原有内涵的同时，也增添了许多时代内容，如田横祭海节中的关于妈祖以及祭海活动的摄影展览等，这些与时俱进的内容，让祭海活动更加贴近人们的生活，同时祭海活动与旅游观光融合，成为地方经济发展的推动力。

（赵成国）

**寄居蟹** hermit crabs; *Pagurids* 十足目寄居蟹总科动物的概称。

*分类* 全世界已知有陆寄居蟹科、寄居蟹科、活额寄居蟹科、门螯寄居蟹科、拟寄居蟹科及螯盖寄居蟹科6科125属1120余种，其中活额寄居蟹科21属430余种。常见的有大寄居蟹（方腕寄居蟹）、

艾氏活额寄居蟹和下齿细螯寄居蟹。中国有180余种，多数为暖水种，黄海有少数冷水种。

形态特征　外形介于虾和蟹之间，多数寄居于螺壳内。古时称为寄居虫，也曾称为寄居虾、海寄生和巢螺等。体形长，分头胸部及腹部。头胸部具头胸甲，但不覆盖最后胸节。头胸部前部较狭窄，钙化较强，后部扩展较宽，角质或完全膜质，有明显的颈沟，颈沟后的部分常不钙化。腹部长，曲卷或直伸，少数种宽短，除少数种类外，一般体躯左右不对称，腹部较柔软，可卷曲于螺壳中。尾节也常不对称。眼柄基部有眼鳞。第一触角柄常折叠，第二触角柄基部多具一棘。第三对颚足的基节或相邻接，或左右分离。螯肢一对，具强壮的螯，为取食、御敌用。第一、二对步足较长，爬行用的第三、四对步足一般很小，有角质褥，可支撑着螺壳内壁，使体躯稳定。雄性生殖孔在第四对（末对）步足的基节上开口。雌性生殖孔在第二对步足的基节上。腹肢退化，两侧多不对称，常常只存在于一侧。雌性较发达，作抱卵用。尾肢和尾节左面常较右面发达，有粗糙的角质褥。这种特化了的尾扇可以用来钩住螺壳内部，使其不致被拉出。

大寄居蟹体形很大，大螯长度超过10厘米，两螯表面和边缘生有许多刺状突起，步足上有刺。艾氏活额寄居蟹左螯不动指外侧面的隆起具大刺和突起，可动指外侧面具2行大刺。下齿细螯寄居蟹在螯足的长节下面内缘有一列齿，后端一齿特大，能够摩擦发声。

生物学习性　多数寄居于螺壳内，当体躯逐渐长大时，能随时调换较大的空螺壳。生活在潮间带的种类常行动活泼，在深海的种类较迟钝。以小的或死的动物为食。陆栖种为杂食性。雄性常比雌性大。为了争夺雌性，两雄常相争斗。平时多在海边或浅水内爬行，如遇危险，即缩入螺壳内，并以螯足塞住螺口。少数穴居的或寄居在角贝和蠕虫直管内的种类，腹部不弯曲。常与其他动物共生，如艾氏活额寄居蟹的大螯上常着生海葵，另有些种类寄居在海绵动物或腔肠动物体内，由于这两类动物能继续生长，因此寄居蟹可以不必常调换新居。

经济价值　大的可以食用，特别是大螯的肉味很鲜美；小的可作家禽饲料或钓饵。可作中药，如活额寄居蟹有活血化瘀的功能。被作为休闲观赏的甲壳动物。可以帮助清洁海滩。

（王复振　董聿茂　马　林）

**加勒比海流**　Caribbean Current　大西洋热带海区的一支暖流。温暖的加勒比海流由北赤道暖流和圭亚那海流交汇而成，向西流动穿过加勒比海，然后向北穿过尤卡坦海峡，最后向东流出佛罗里达海峡形成佛罗里达海流。加勒比海流平均流速为0.38～0.43米/秒，每秒流量约为$2.75\times10^7$立方米。其表层流速为0.28～0.83米/秒，主轴流速可达1.39米/秒，在尤卡坦海峡最快可达1.67米/秒。该海流流速随深度增加而减小，水深大于1500米处流速小于0.05米/秒。每秒通过尤卡坦海峡进入墨西哥湾的流量约为$2.6\times10^7$立方米，其中仅有$0.6\times10^7$立方米是来自较深的中层底层水，其余均为表层水和次表层水。该海流的另一个重要特征是会在委内瑞拉和哥伦比亚沿岸250米以浅海域引发上升流。

（宋德海）

**加利福尼亚海流**　California Current　北太平洋东南部寒流。北太平洋环流的一部分，是阿留申洋流的延续。位于北纬48°～23°，在加拿大英属哥伦比亚省南部海岸开始，沿北美西岸加利福尼亚海岸由北向南流，最后在墨西哥的下加利福尼亚州外海汇入北赤道流。表面流速一般小于25厘米/秒。该海流中的温度和盐度因海水涌升、日照和水流季节等不同而有所变化。自寒流的北端至南端，温度和盐度的变化范围分别为9～26℃和32.5‰～34.5‰。当夏季海水涌升时，将丰富的营养物带至表面，使大量的浮游生物和海生动物繁殖生长，这使得这片海域成为良好的渔场，亦造成加州沿海地区特有的地中海型气候。

（荣增瑞）

**加那利海流**　Canary Current　北大西洋东部的寒流。命名来自加那利群岛。北大西洋顺时针流系的一部分，为北大西洋洋流的南分支。位于葡萄牙海外，自北向南流，沿非洲西北岸向西南方向经加那利群岛至塞内加尔，然后转向西，最后汇入大西洋北赤道流。此海流系来自大陆的沿岸风引起海水涌升造成的，流幅宽400～600千米，流速2千米/时，盐度36‰～36.8‰。海水涌升导致该海域水温较低，对非洲西岸撒哈拉沙漠的气候起降温作用。涌升的海水同时把有丰富养分的水带向上，使非洲西岸形成优良渔场。

（荣增瑞）

**间冰期**　interglacial period　第四纪大冰期中两个冰期之间的阶段。间冰期具有气候相对温暖、冰川退缩、海面上升等特征，时间跨度为数万年。第四纪初期，北半球冰盖急剧扩张，山地冰川发育，气候变冷，海面下降，进入大冰期气候。第四纪大冰期伴随着气候变冷、大气环流改变、地表植被带向赤道方向移动、动物迁徙、土壤地带性增强。冰期气候的起源可能与地球表面接受太阳辐射量变化、大气中二氧化碳（$CO_2$）含量变化、大洋环流改变等因素相关。现在关于发生第四纪大冰期气候的原因还不清楚。在第四纪大冰期气候的大背景下，由于地球绕太阳运转轨道发生了变化，并且这种变化存在着数万年和数十万年甚至更长时间的周期，使南北半球和不同地区接受太阳辐射量发生变化或者地表对太阳辐射的反馈作用等，地球气候发生冷暖旋回变化，在相对寒冷的时期称为冰期，其间的温暖阶段称为间冰期。在过去260万年的第四纪期间，根据深海沉积物氧同位素的记录，可以划出52个冰期—间冰期旋回，每个间冰期时间跨度为2万～6万年。在间冰期，还存在万年时间尺度的古气候气候冷暖干湿波动，同时发生海面和大气成分变化。通过对陆地黄土堆积、湖泊沉积、冰川和洞穴石笋等研究，揭示出明显的冰期—间冰期古气候旋回，并且可和深海沉积记录良好对比，证实海洋和陆地以及南半球和北半球同时进入冰期和间冰期气候。关于间冰期的成因，传统上认为是地球运动轨道变化引起的地表接受太阳辐射量变化驱动的，随着研究的深入，有学者认为大气$CO_2$含量和大洋环流的热量传输对间冰期形成也起到关键作用，甚至是决定性作用。在第四纪中期距今100万年前后，冰期—间冰期旋回的幅度和频率都发生了转型，从以约4万年为主的周期变成了以约10万年为主的周期，变化幅度也显著增大。

现在所在的全新世是最新的间冰期，开始于1.1万年以前。在这期间，温度相对于距今7.3万～1.1万年的末次冰期升高5～12℃，甚至更高；海面上升超过100米；大气中$CO_2$体积分数升高$80\times10^{-6}$～$100\times10^{-6}$。由于工业化后大量化石燃料的消耗，大气$CO_2$体积分数已经较末次冰期升高了$220\times10^{-6}$；由于人类活动排放的温室气体，可能延长现在间冰期的时间。间冰期的大气增温，使末次冰期北美的北美劳伦泰德冰盖、北欧的斯堪的纳维亚冰盖和北半球大量的山地冰川消失殆尽，海洋温盐环流增强。前一个间冰期被称为末次间冰期，格陵兰岛地区冰盖消失；在亚洲表现为季风环流增强，季风带来丰沛的降水到半干旱和干旱地区，使中国的黄土高原和北部的沙漠地区植被覆盖度增强，古土壤发育增强，对应于黄土堆积中典型的第一层古土壤最底部的土壤层S1，其中毛乌素、浑善达克、科尔沁和呼伦贝尔沙地等被茂密的植被和土壤覆盖；在青藏高原地区，冰川大量消融，湖面普遍升高，山地树线上移。

也有学者把地球历史上曾经发生过的前寒武纪晚期冰期、石炭-二叠纪大冰期和第四纪大冰期之间的阶段，称为间冰期。但由于对第四纪以前冰期的认识有限，其间的时间跨度超过亿年，存在多个地史阶段，在此使用间冰期的概念意义不大。

（鹿化煜）

**鉴真东渡** The Sea Journey of Jianzhen to the East 中国唐代高僧鉴真东渡日本弘扬佛法的事件。鉴真（687～763），俗姓淳于，扬州江阳（今江苏扬州）人。唐神龙元年（705），依光州道岸律师受菩萨戒，开始了严格的修行。曾到洛阳、长安等地观光参拜，师从一批名僧研习佛法，又受具足戒（僧侣最高戒律，表示修行的戒条已全部具备），究学三藏，对于律藏造诣尤深。天宝元年（742），日本学问僧荣睿、普照入唐，邀请他去日传戒，鉴真以“是为法事也，何惜身命”的无畏精神，慨然应允，从此开始了历时12年的东渡壮举。自天宝元年开始至天宝七载，鉴真先后五次率众东渡，但均因天时、人事不利而失败。尤其是第五次遭到恶风怒涛的袭击，在海上漂了14天，最后漂到海南岛的振州（今三亚市崖城镇），返途经过端州（今肇庆）时，日本弟子荣睿病故，鉴真哀恸悲切，加上炎热，突发眼疾导致双目失明。但他东渡弘法之志弥坚，于天宝十二载（753）第六次东渡，最终到达了日本九州，次年二月至平城京（今奈良西）。

鉴真坐像

鉴真东渡促进了日本佛教的发展，在中日文化交流史上写下了光辉的一页。鉴真赴日后即宣教传律，为圣武天皇、皇后、皇太子及400余人受戒，主持佛法事务，在奈良兴建唐招提寺，作为受戒传律的基地。除了携带大量佛教经典、佛教艺术品的同时，还携带了大量有关雕刻、建筑、绘画、医药、文学、书法等方面的书籍和资料，向日本全面输入唐文化。鉴真及弟子大都擅长书法，赴日时携带王羲之、王献之父子书法真迹，影响所及，至今日本人民犹热爱中国书法艺术不衰。当时日本的佛典多从朝鲜传入，口授、手抄，错误在所难免，据《续日本纪》记载，天皇曾为此委托鉴真校正经疏错误，日本药物学界、饮食业、酿造业等也认为其某些技艺为鉴真所授。

（陈琳琳 马卫星）

**江蓠** Gracilaria; *Gracilaria* 红藻门江蓠科的一属。

形态 江蓠藻体丛生、直立，软骨质，线状或圆柱状，具有三级分枝，互生、偏生或二叉式分枝，基部有盘状固着器。野生状态下高20～50厘米，栽培时可达数米。枝径2～3毫米，有的物种（如粗江蓠）枝径可达5毫米。顶端尖细，生长点在枝条顶端。藻体鲜红色或红褐色，藻体颜色随生态条件发生变化，如有时在基部颜色偏绿。适宜生长温度为12～23℃。

种类 江蓠（属）属于红藻门（Rhodophyta）、真红藻亚纲（Florideae）、江蓠目（Gracilariales）、江蓠科（Gracilariaceae）。江蓠科包括14个属，其中江蓠属（*Gracilaria Greville*）有187个种，龙须菜属（或称拟江蓠属）（*Gracilariopsis*）有24个种，是江蓠科拥有种数最多的两个属。

分布 江蓠在热带、亚热带和温带海域分布广泛。中国的江蓠海藻资源丰富，多分布于中国东海和南海沿岸，已命名的有30余种，适宜栽培的有原产于北方的龙须菜（*Gracilaria lemaneiformis*）（此种被认为是龙须菜属*Gracilariopsis lemaneiformis*），南北方均有分布的真江蓠（*Gracilaria vermiculophylla*），多分布在东海与南海的粗江蓠（*Gracilaria gigas*）和脆江蓠（*Gracilaria chouae*），大量分布在台湾及华南地区的细基江蓠（*Gracilaria tenuistipitata*）、细基江蓠繁殖变种（*Gracilaria tenuistipitata* var. *liui*）、菊花心江蓠（*Gracilaria lichevoides*）和芋根江蓠（*Gracilaria blodgettii*），其中龙须菜、真江蓠和细基江蓠是最为优质的江蓠栽培种类。

繁殖 野生状态下，龙须菜可在大约一年的时间完成其生活史。其经历互相交替的三个世代，为多管藻型（*Polysiphonia*-*type*）生活史；其中单倍的配子体和二倍的四分孢子体在形态上相似，在未成熟期难以分辨，另外还有附生在雌配子体上的果孢子体（2n）世代。四分孢子体成熟后会在皮层细胞中形成呈“十”字形分裂的四分孢子囊；放散的四分孢子发育成雌、雄配子体，雄配子体产生的不动精子在水流的作用下到达雌配子体形成的果胞；果胞经过受精作用后进一步发育成囊果，也就是附生在雌配子体上的果孢子体。囊果发育成熟后，成百上千的果孢子被放散出来，萌发生长为四分孢子体。

意义与价值 龙须菜藻体的含胶量极高，可达20%～30%，所产琼胶质量也可以和石花菜相媲美。由于石花菜养殖困难，自20世纪50年代江蓠栽培从无至有发展迅速。70年代探索出江蓠的半人工育苗技术和网帘夹苗栽培，80年代全浮筏栽培技术的成功应用，极大地促进了江蓠栽培发展。2009年后，江蓠作为全球琼胶原料的比重由10年前的63%上升为80%。而超过90%的江蓠产自中国，另有少部分产自越南和智利。龙须菜在中国的栽培历史悠久，为海藻栽培产业中规模最大且栽培最为成功的物种。因此在中国民间所指江蓠主要指龙须菜，有着龙须菜体现江蓠属物种特性的认识，成为江蓠中较为特殊的物种。

（隋正红 周 伟）

**江苏大丰麋鹿国家级自然保护区** Dafeng Milu National Nature Reserve, Jiangsu 以麋鹿及滨海湿地生态系统为主要保护对象的中国国家级自然保护区。位于江苏省盐城市大丰区境内的黄海之滨，东南与东台市蹲门滩涂接壤，南与江苏省新曹农场毗邻，西与大丰林场及上海市川东农场相连，东北是浩瀚的大海。总面积2667.00公顷。主要保护对象为麋鹿及滨海湿地生态系统。保护区始建于1986年。1995年被列入人与生物圈自然保护区保护网络。1997年晋升为国家级自然保护区。2002年被列入《国际重要湿地名录》。2003年被列入东亚—澳大利亚鸟类保护网络成员。

保护区位于亚洲东方、太平洋西岸最大的湿地——南黄海西岸滨海湿地，主要湿地类型包括滩涂、季节河和部分人工湿地。滩涂地势辽阔，河荡众多，形成了中国东部沿海南北动植物的广阔通道，成为众多水生动植物聚集的良好场所。属于亚热带与暖温带的过渡气候，年平均气温14.5℃，平均年降水量751毫米，平均年日照时数2325.4小时，无霜期299天。保护区为鸟类迁徙停留、栖息越冬及水生植被繁茂的区域。保护区内除有千余头麋鹿外，另有兽类27种，鸟类204种，两栖类和爬行类21种，鱼类156种，昆虫599种，棘皮动物10种，环节动物62种，腔肠动物6种，浮游动物98种。其中，国家Ⅰ级保护野生动物有麋鹿、白鹳、白尾海雕、丹顶鹤，国家Ⅱ级保护野生动物有河麂等41种。

江苏大丰麋鹿国家级自然保护区是世界上占地面积最大、野生麋鹿种群数量最多，并拥有最大麋鹿基因库的麋鹿自然保护区。保护区已成功举行了3次麋鹿野放试验，野生麋鹿数量达到235头，并在野外出现了子三代，结束了全球千年以来无完全野生麋鹿群的历史，为人类拯救濒危物种提供了成功的范例，使中国野生动物保护事业进入了一个新的领域。

（张朝晖）

**江苏海洋大学** Jiangsu Ocean University 一所理工学科专业基础扎实、致力服务海洋高质量发展的应用研究型特色高校。是江苏省唯一一所海洋大学。校训是严师尊道，明德至善。

学校位于江苏省连云港市。始建于1985年，前身是淮海大学（筹），1989年教育部批复为淮海工学院。1998～2002年，原江苏盐业学校、连云港水产学校和连云港化工高等专科学校相继并入。2019年6月，学校更名为江苏海洋大学。

学校设有苍梧校区、通灌校区、宋跳校区和墟沟校区4个校区，总占地146余公顷。有20个学院，开设70个本科专业，覆盖工学、理学、管理学、文学、农学、法学、经济学、艺术学、教育学和医学等10个学科门类。现有7个一级学科硕士学位授权点和12个专业硕士学位授权点。截至2024年9月，在校生2.2万余人，其中本科生2万余人、硕士研究生2100余人。教职工1700余人，其中专任教师1391人，正高级专业技术人员155人、副高级专业技术人员417人，具有博士学位教师637人。4位教师入选2023年“全球前2%顶尖科学家榜单”。

学校建成“海洋科学与技术”“海洋资源与环境”“海洋工程与装备”“海洋经济与文化”“海洋生物与医药”等5大涉海学科群，拥有省重点学科4个。工程学、植物与动物科学学科进入ESI全球排名前1%。以海洋技术、海洋科学、水产养殖学等为代表的涉海类专业及专业方向25个，形成“海洋生物与医药”“海洋工程与装备制造”“海洋信息技术与智慧应用”“土木与港海工程”等海洋特色专业集群。拥有3个国家级特色专业、2个国家级专业综合改革试点项目，28个专业入选教育部一流专业建设“双万计划”，7个专业通过教育部工程教育专业认证，6个专业入选江苏省产教融合型品牌专业建设点。

学校建有博士后科研工作站1个，拥有自然资源部滨海盐沼湿地生态与资源重点实验室、江苏省海洋生物资源与环境重点实验室、海洋智能装备国际联合实验室等省部级及以上涉海重大科研平台27个。建有江苏省海洋经济研究中心、江苏海洋经济与“一带一路”重点研究基地、江苏省“一带一路”法律服务中心、江苏海洋发展研究院等智库平台。获省部级及以上科研奖项60余项，其中国家级科学技术奖2项。学校办有3个学术刊物，即《江苏海洋大学学报（自然科学版）》《江苏海洋大学学报（人文社会科学版）》《江苏海洋》。

（卢　娟　包家官）

**江苏盐城湿地珍禽国家级自然保护区** Yancheng Rare Birds National Nature Reserve, Jiangsu 以丹顶鹤等珍稀野生动物及其赖以生存的滨海湿地生态系统为主要保护对象的国家级自然保护区。位于江苏省盐城市所管辖的射阳、大丰、滨海、东台、响水5个县（市）的沿海滩涂地段。北起灌河口，南至新港闸。地理坐标为东经119°53′45″～121°18′12″、北纬32°48′47″～34°29′28″。总面积247 260.00公顷。

发展简史　1983年成立的盐城珍禽自然保护区，是中国最大、第一个沿海滩涂湿地保护区；1992年晋升为国家级自然保护区，同年加入联合国教科文组织世界生物圈保护区；1996年成为“东北亚鹤类保护网络”成员；1999年成为“东亚－澳大利西亚涉禽迁徙网络”成员；2002年被列入《国际重要湿地名录》；2007年保护区范围有所调整，并更名为江苏盐城湿地珍禽国家级自然保护区。

自然环境　保护区广袤的滩涂湿地、淤积淤长型海岸带和浩瀚无垠的芦苇、碱蓬及米草群丛等植被，构成了丰富多样的滩涂湿地生态系统，成为东南亚、澳大利亚与西伯利亚苔原南北候鸟迁徙的重要停歇地，是以丹顶鹤为主的鹤类及其他众多水禽在寒带和温带迁徙、繁殖、越冬的重要场所。

生物资源　保护区内物种丰富，包括被列入《国家重点保护野生动物名录》的Ⅰ级保护动物丹顶鹤、白头鹤、白鹤、白鹳、黑鹳、中华秋沙鸭、遗鸥、大鸨、白肩雕、金雕、白尾海雕、白鲟12种，Ⅱ级保护动物獐、黑脸琵鹭、大天鹅、小青脚鹬、鸳鸯、灰鹤、鹊鹞、斑海豹等67种；有53种鸟类被列入《世界自然保护联盟濒危物种红色名录》。保护区还是丹顶鹤、黑嘴鸥、獐、震旦鸦雀等濒危物种的关键栖息地；每年来保护区越冬的丹顶鹤近千只，占全世界野生种群的60%以上，占中国越冬种群的90%左右。每年在保护区繁殖的黑嘴鸥有1000多对，占世界种群20%～40%，其中有600～1500只黑嘴鸥在此越冬；在保护区滩涂上，獐的数量可达1000多只，约占中国野生种群的40%。

重要作用　保护区是丹顶鹤的第二故乡，中国最大的海涂湿地类型的自然保护区，是科研实验室、科普基地、物种基因库、鸟类的天堂、天然博物馆和最美湿地。保护区的建立，对提高区域生物多样性、改善区域环境质量及区域经济与自然的协调发展发挥着重要作用。

（张朝晖）

**“蛟龙”号载人潜水器** Jiaolong Manned Submersible 中国第一台自行设计、自主集成研制的载人潜水器。

研发历程　2002年6月，科技部正式批准设立国家“十五”863计划“7000米载人潜水器”重大专项。中国大洋矿产资源研究开发协会作为业主，具体负责项目的组织实施；中国船舶重工集团公司第702研究所、中国科学院声学研究所、中国科学院沈阳自动化研究所等研究机构，成为项目研制的骨干力量。

2010年8月26日，科技部在北京召开新闻发布会，“蛟龙”号载人潜水器3000米级海试取得成功，实现了中国深海装备技术的跨越式发展，标志着中国继美、法、俄、日之后，成为世界上第5个掌握3500米以上大深度载人深潜技术的国家。

技术指标　“蛟龙”号载人潜水器主要技术指标包括：长8.2米，宽3.0米，高3.4米；空气中重量不超过22吨；有效负载220千克（不包括乘员重量）；最大下潜深度7000米；速度为最大2.5节，巡航1节；载员3人；生命支持，正常时为3×12人时，应急时为3×84人时；正常水下工作时间为12小时。

技术特点　“蛟龙”号载人潜水器主要技术有4个特点：①在世界上同类型的载人潜水器中具有最大下潜深度7000米，这意味着该潜水器可在占世界海洋面积99.8%的广阔海域使用。②具有针对作业目标稳定的悬停定位能力，这为该潜水器完成高精度作业任务提供了可靠保障。③具有先进的水声通信和海底微地形地貌探测能力，可以高速传输图像和语音，可探测海底的小目标。④配备多种高性能作业工具，确保载人潜水器在特殊的海洋环境或海底地质条件下完成保真取样和潜钻取芯等复杂任务。

海试 2009～2012年，“蛟龙”号接连取得1000米级、3000米级、5000米级和7000米级海试成功。2012年6月27日，“蛟龙”号在马里亚纳海沟下潜至7062米，证明“蛟龙”号载人潜水器集成技术的成熟，标志着中国深海潜水器技术成为海洋科学考察的前沿与制高点之一。

科学任务 “蛟龙”号载人潜水器可以执行的主要使命包括两方面：①运载科学家和工程技术人员进入深海，在海山、洋脊、盆地和热液喷口等复杂海底进行机动、悬停、正确就位和定点坐坡。②有效执行海洋地质、海洋地球物理、海洋地球化学、海洋地球环境和海洋生物等科学考察。“蛟龙”号已经执行了158次下潜任务，成功搭载50余名科学家下潜，发现了深海多种生物，采集了丰富的生物与地质标本。

（唐立梅）

**铰接塔平台** articulated tower platform 属于顺应式平台，塔柱型结构，用于单点系泊、装载终端、控制塔、海底安装和早期生产设备等油气生产环节。又称浮力塔式平台。该平台对波浪等外载荷有较大的顺应性，可以降低高水平流体动力荷载的作用，适用于水深100～500米海域作业。铰接塔平台的性能介于固定式和浮体海洋平台之间，对海工支持船的依赖度低。与半潜式平台相比，该平台针对边际油田有更好的开发经济性和抗风险性，其规模、成本都远低于半潜式平台。

发展概况 1963年，第一个铰接塔平台建成。1968年，在比斯开湾水深100.6米处建造和安装了比例为1:1的铰接塔实验平台，进行了3年可靠性试验。截至1990年，世界上最大的单点系泊终端是铰接塔式的，该装置安装于澳大利亚西北海岸的帝汶海域，设计的生存条件是有效波高9米，风速47米/秒，流速2米/秒；运行环境条件：有效波高3米，风速14.5米/秒，流速1米/秒。世界上第一座用于实际采油工程的Baldpate铰接塔平台于1998年6月建成，其位于墨西哥湾Garden Bank的260区，水深503米，塔高580米，设计油井数量18口，它是世界上第一座没有钢索、铰接安装在海床基础上的顺应式平台。2000年，顺应式铰接平台Petronius在墨西哥湾海域建成，水深535米，开发成本为5亿美元，塔体自重43 000吨，顶部模块重7500吨，设计油井数量21口，日生产能力为6万桶原油和1亿立方英尺（约$2.83\times10^6$立方米）天然气。2006年，顺应塔平台Benguela-Belize在西非安哥拉第14区海域投入使用，有效排水量43 500吨，是世界上有效排水量最大的顺应塔式平台。

组成 铰接塔平台的基本组成为地基、万向接头、压载舱、塔柱、浮力舱及甲板。其中，塔柱通过万向铰接头连接在海底基础上，塔柱上有钻井和采油装置，塔柱水面以上有浮力舱，海底基础以上有压载舱。浮力舱和塔柱提供足够的浮力和摇摆恢复力矩，依靠平台自身的巨大浮力力矩使塔柱顺应海浪作用而摇摆，从而减轻波浪的冲击载荷。此外，海底采用铰接，使海底的弯矩得以释放，塔柱结构抗弯的要求显著降低，使塔柱截面积减小。塔柱结构有两种：圆柱形和钢架结构。铰接塔已经发展了多种结构形式，包括单铰塔和多铰塔。

平台特点 平台的固有周期远大于高海情下波浪的有效周期，一般不会发生波浪作用下的摇摆共振。另外，铰接塔平台的一个突出特点是塔柱上的浮力舱接近水面，波浪载荷常为惯性控制。21世纪初，铰接塔平台的技术得到了较大的发展，垂直方向有双铰接或三铰接，甚至更多的铰相连接；也有在水平方向上相互平行的多腿铰接平台，可适应更大水深作业。

（唐友刚）

**结构试验** structural test 采用先进的加载设备和传感器，以及数据采集与分析测试系统，对海洋工程及海洋技术装备的结构进行的静载、动载加载和测试。具体而言，结构试验通过对海洋工程结构采用加载等方式，测量结构内力、变形、转角、频率、振幅等物理量，用以检验结构是否满足设计要求。根据试验研究目的，结构试验主要分为科学研究性试验和生产鉴定性试验。按结构的受载性质可分为静力试验和动力试验。按时间长短可分为长期观测试验和短期观测试验。按试验结构尺寸可分为实物试验和模型试验。按结构允许破损与否可分为破损试验与非破损试验等。

典型的海洋工程和海洋技术装备结构试验系统包括多点协调加载系统、疲劳试验系统、六自由度摇摆试验台、深海环境模拟试验装置等。结构试验的未来发展需要提高加载设备的自动化程度，需要研发各种功能齐全、体积小、重量轻、量程多样、灵敏度高、频响范围宽、使用安装方便、性价比良好的新型智能化传感器，还需要结合“虚拟仪器”和“柔性测试”等新概念技术。

（司玉林）

**金枪鱼** northern bluefin tuna; *Thunnus thynnus* 鲈形目鲭科金枪鱼属的一种。又称鲔、北方黑鲔、蓝鳍金枪鱼等。体呈纺锤形，强大，粗壮。体最高处位于第一背鳍基中部。第一鳃弓鳃耙34～43，第二背鳍高于第一背鳍。胸鳍短，仅伸达第一背鳍的2/3处下方，不伸达两背鳍之间。肝的腹部表面有辐射纹，肝中叶等于或长于肝左叶或右叶，有鳔。椎骨18+21。背部深蓝色，腹部银白色。第一背鳍黄色或蓝色；第二背鳍褐色，并略带红色；臀鳍和小鳍暗黄色，边缘黑色。成体尾柄中央隆起脊黑色。

主要分布于北太平洋和北大西洋（地中海）亚热带和温带海域。通常在100米水深的水层中，一般水温为3～30℃。

喜快速游泳的温带大洋性中上层鱼类，具有高度的洄游特性，喜集群。捕食鱼类、头足类和甲壳类等。北大西洋的产卵场位于地中海（6～8月）和墨西哥（5～6月），北太平洋的产卵场位于日本南部至菲律宾外海（4～7月）和日本海（7～8月）。北大西洋西部群体的性成熟度年龄为8龄，东部群体的性成熟度年龄为4～5龄，最高年龄为25～30龄；北太平洋群体的性成熟度年龄为4～5龄，最高年龄为10岁以上。

蓝鳍金枪鱼在所有金枪鱼中体形最大，有记录的叉长304厘米，重679千克，通常渔获物叉长200厘米。蓝鳍金枪鱼的生鱼片的价格最高，也有时被做成罐头，是一种经济价值很高的鱼。捕捞渔具主要为围网和延绳钓。《世界自然保护联盟濒危物种红色名录》将蓝鳍金枪鱼列为极危（CR），其处于被过度开发状态。

（戴小杰）

**津克维奇，L.A.** Lev Aleksandrovich Zenkevich（1889-06-16/04～1970-06-20） 苏联海洋生物学家。生于俄国伏尔加格勒州列宁斯克市，卒于莫斯科。1916年毕业于

莫斯科大学，1935年获博士学位，1947年起担任苏联水生生物协会主席，1953年为苏联科学院通讯院士，1968年为苏联科学院院士。率领

过“佩尔塞”号进行海洋综合考察、多次率领“勇士”号（1949、1950、1953、1966）和“库尔恰托夫院士”号（1968）进行深海调查。他的工作奠定了苏联海洋底栖生物、海洋生物地理和深海生物研究的基础。他提出的从生物量估算水域生产的概念，仍然是估算大洋水域生产力的依据之一。他和别人合作在黑海进行的沙蚕移植驯化研究，在提高水域生产力方面取得明显的效果。他发表的论文和专著共250余篇，主要有《海洋动物与生物生产力》（2卷，1947、1951）、《苏联诸海域及其动、植物区系》（1956）、《苏联海洋生物学》（1965）、《大洋深处的生物学》等。曾获苏联国家奖金、列宁奖金、列宁勋章等。是印度国际生物学会会员、丹麦自然科学协会会员、英国海洋生物学会名誉会员。

（刘瑞玉）

**近岸沉积** coastal sedimentation　靠近海岸水深大致为0～20米的**海洋沉积**。由于近岸区备受河流、波浪、**潮汐**、**海流**的影响，所以在**海洋沉积环境**中，近岸是侵蚀、搬运、沉积最活跃的地区，在沉积特征上表现多样化。

沉积类型　海滩沉积　以波浪沉积作用为主，沉积物主要为沙，形成沙滩和各种沙体（如沙丘、沙坝等）。在基岩出露的海岸，以砾石、岩块为主，可形成砾滩。海滩沙以石英居多，其次有长石、云母和一些重矿物，在化学风化强烈进行的地区，海滩沙几乎全是石英。在波浪的反复淘洗筛选下，颗粒一般分选和磨圆较好，并使某些重矿物（如锡石、磁铁矿、独居石等）富集成矿。在热带和亚热带地区，海滩沉积物则主要由珊瑚和生物介壳等组成。

潮滩沉积　以潮汐沉积作用为主，可分硅质碎屑潮滩沉积和碳酸盐潮滩沉积两类。前者靠岸部分以悬浮质沉积为主，一般为泥质沉积，水平层理、泥裂发育；中部悬浮沉积作用和推移质沉积作用交替出现，沉积物为泥沙混合，多具波状、透镜状层理及压扁层理；近低潮线部分以推移质沉积作用为主，沉积物为沙，具良好的磨圆和分选，常见人字形双向交错层理。显然潮滩自高潮位向低潮位沉积物粒度由细变粗，依次呈现泥滩、泥沙混合滩和沙滩的序列。另外，潮滩上多有潮沟，大潮沟底常为砂、介壳和泥砾，小潮沟底主要为泥。在热带和亚热带，潮滩上珊瑚、软体动物、钙藻大量繁殖和沉积，从而发育为碳酸盐沉积的潮滩。

潟湖沉积　以潮汐和河流沉积作用为主，可分3种类型：①温湿地区潟湖。以陆源沉积物占优势，潟湖的深水部分主要为细粒的粉砂和泥，富含有机质，生物扰动强烈；而在潟湖的边缘一带和进出口附近主要为沙。②干燥地区潟湖。以砂质沉积占优势，在远离河口的地点，湖水盐度增高，往往形成盐和其他蒸发物。③热带潮湿地区潟湖。钙质沉积显著增加，沉积物多由珊瑚、贝壳和细粒化学沉积的碳酸钙组成。

三角洲沉积　为河流、海洋综合作用产物。河流挟带大量泥沙入海后，由于淡水和海水的混合，使流速、盐度、酸碱度等物理化学条件骤然改变，随之发生大量的沉积，其速率甚大。**三角洲平原相**沉积物一般为粉砂和泥，发育水平层理，沉积物的粒度和构造在短距离内可变化很大。**三角洲前缘相**主要为砂和粉砂，向海方向有变细趋势，沉积构造以交错层理为主。**前三角洲相**以粉砂、泥为主，水平层理发育，但往往受到生物强烈扰动破坏。三角洲沉积富含有机质，同时存在砂体，所以古代一些油气田就产于三角洲沉积中。

沉积特点　近岸沉积特点一般为：沉积类型多，沉积速率大，沉积物粒度比河流的细、比浅海的粗，具有良好的分选和磨圆，沉积构造多样。主要类型包括以下几种。

分布　中国有漫长的**海岸线**，几乎各种近岸沉积均有分布，例如辽东半岛、山东半岛、闽浙和台湾沿岸均有沙滩或砾滩分布；渤海湾和苏北沿岸有典型的潮滩沉积；三角洲沉积以长江和珠江三角洲为代表；华南沿岸有较好的潟湖沉积和珊瑚礁沉积。

研究意义　近岸沉积的调查研究，可为海港建设、沿海军事工程、滩涂开发利用、寻找滨海砂矿等提供地质资料；研究现代近岸沉积对普查油气资源具有指导意义。

（严钦尚　徐志明）

**近海工程** offshore engineering　在海岸带以外、浅海范围内（主要在大陆架）进行海洋资源开发和空间利用所采用的各种工程设施和技术措施。近海工程是海洋工程的重要组成部分。与海岸环境相比，近海海洋环境的特点是水深较大、波浪较大、水中压力较高、温度较低、能见度较差、地震和台风出现频率较高以及距陆地较远等。严酷的自然条件对近海工程提出了比海岸工程更为复杂的技术要求。除了应用海洋基础科学和传统的土木工程、船舶工程、机械工程、电子工程等技术措施外，还需要综合利用遥感遥控、激光、水声、新材料、深潜和空间技术等。20世纪50年代以前，人类在近海的活动仅限于航海、捕捞鱼虾和开采少量海底表层的沉积矿。60年代后，随着海上石油和天然气开采迅速向大陆架海域推进以及海洋资源开发和空间利用规模不断扩大，与之相适应的近海工程成为发展迅速的工程之一，为开辟新的海洋产业群打下了基础。

分类　近海工程种类繁多，因远离陆地，一般多建成岛状，主要有**人工岛**、**海上平台**、水下潜体等型式。①人工岛是人造的海上岛屿。②海上平台是具有若干水平台面的空间结构，固定或系泊于海底，或与悬浮在一定水深处的半潜体相连，有的还可随需要转移。③水下潜体是潜在水下坐落于海底的结构物。这些工程设施可用于进行各种海上生产作业或其他活动。如日本在神户填筑的人工岛开辟为海上城市，法国、荷兰、瑞典和美国等国也已建成数个大型人工岛，中国香港、澳门、上海、海南、福建等地区也建成了海上城市或海上机场等大型的人工岛。沙特阿拉伯、美国、委内瑞拉、英国、中国等许多国家在海上建造了固定式平台或系泊平台，钻采海底石油和天然气，还建造了可迁移的坐底式、自升式、半潜式和钻井船等移动式平台，用于海上勘探、施工、维修、生产等作业（图1、图2）。美国为迪拜地区修建了容积为8万立方米的水下储罐，储存从海底开采出来的石油；日本在沿海设置了人工鱼礁和海流涌升潜堤用于发展渔业等。此外，传输矿产、动力的海底管道、海底电缆、海上系泊设施以及适应深水开发的水下生产系统（如海底挖掘

图1　石油钻井平台被拖入大海

图2　中国海洋石油总公司在渤海PL19-3油田的钻井平台

机、水下机器人、海底采油装置）等，也都属于近海工程的范畴。广义的近海工程还包括其他与近海开发利用有关的技术和装备，如用于近海资源勘探、海底采矿、海洋能利用、海水淡化和海水元素提取、海洋环境污染防治以及海上施工（包括深潜水作业、打捞和救助）等的技术和装置。

*发展趋势*　近海工程发展迅速，但有关的工程技术规范还不够完善，海洋环境原始资料的获取也较为困难。海洋中高压、腐蚀、风、波浪、海冰、海流、地震等会威胁工程结构安全，固定式建筑物地基要求有较好的持力层，浮式结构物的系泊问题，各种构件节点受力后的静、动态响应等，都需要在工程设计与施工过程中予以重视。应尽可能压缩近海工程的规模，选择技术先进、效率高、体积小的装备，并要考虑原料和产品的快速运输等问题。近海的空间广阔，海洋生物类群众多，海底矿产资源丰富，海洋能蕴藏量大，是海洋开发利用的重点海区。在这一海区的资源开发已涉及海洋生物资源开发、海底矿产资源开发、海水化学资源开发、海洋能开发和海洋空间利用等各个领域，近期内仍将以开发海底石油和天然气为主。近海的空间利用随着人口密集及工业发展将日益为人们所重视，主要包括海上运输、海上城市、海上机场、海上工厂、海底隧道、海底军事基地等方面。而海水元素提取与海洋能利用等产业尚待其技术和设备进一步完善，才能进入商业开发阶段。

（唐友刚　田育丰）

**近海面大气波导**　atmospheric duct near sea surface　海面以上大气边界层中受大气温度、湿度等要素的影响，电磁波的传播路径发生弯曲，使电磁波被限制在一定厚度的大气层内传播。它是蒸发波导和表面波导的统称。当大气温度、湿度等要素在垂直方向上满足一定条件时，电磁波会被限制在一定厚度范围内，如同在导管中传播一样，这种异常传播现象称为大气波导传播现象，形成大气波导传播的大气层结被称为大气波导。大气波导分为表面波导、悬空波导和蒸发波导。近海面大气波导的存在会使能量损耗减小，传播距离增加，从而形成雷达等电子仪器的“超视距探测”和“电磁盲区”现象，会对涉海探测、通信系统产生重要影响。

**折射率**　为了表示电磁波在地球曲面大气中的传播特征，引出修正折射率。

$$M=\frac{77.6}{T}(p+4810\frac{e}{T})+0.157z$$

式中$M$为大气修正折射率；$T$为温度，开尔文；$p$与$e$分别为气压与水汽压，百帕；$z$为海拔高度，米。

根据大气修正折射率$M$垂直梯度的不同，将电磁波在大气中的折射分为如下几类（见表、图1）。

**大气折射基本类型及其对应的大气折射率的垂直梯度**

| 折射类型 | $\frac{dM}{dz}/(km)^{-1}$ |
|---|---|
| 负折射 | >157 |
| 无折射 | 157 |
| 次折射 | 118～157 |
| 标准折射 | 118 |
| 过折射 | 0～118 |
| 临界折射 | 0 |
| 陷获折射 | <0 |

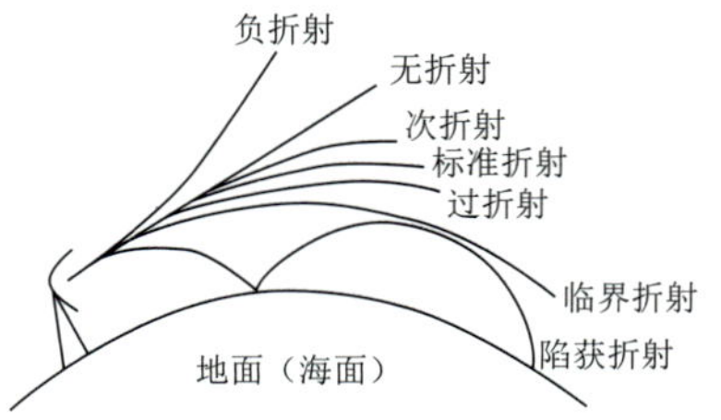


图1　大气折射基本类型

满足$\frac{dM}{dz}<0$的大气层结被称为陷获层，是大气波导发生必不可少的条件。在陷获层中，电磁波发生陷获折射，在传播过程中会向下弯曲，曲率半径小于地球半径，部分电磁波会被“陷获”在某一大气层结层中，形成大气波导传播。

**波导类型**　根据大气修正折射率垂直廓线的形状，大气波导可分为3种基本类型：表面波导、悬空波导和蒸发波导（图2）。

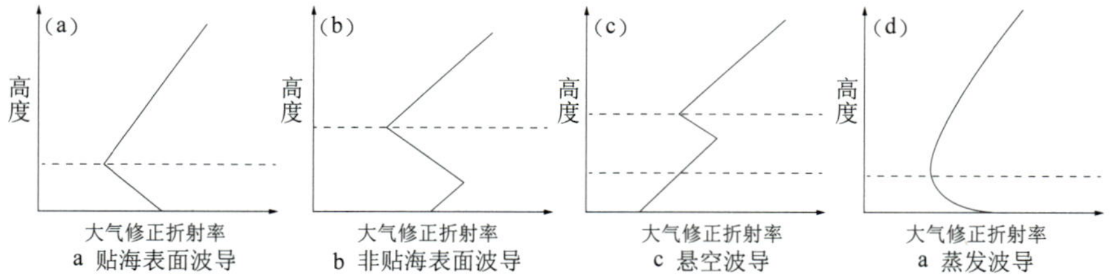


图2　大气波导分类示意图（虚线以下或虚线之间为大气波导层）

近海面大气波导包括表面波导和蒸发波导。

*表面波导*　一种下界面接海的大气波导。表面波导的特征是波导顶的大气修正折率小于海面处大气修正折射率，表面波导一般发生在300米以下高度的大气边界层中。它有两种形式，一种是贴海表面波导，其特点是陷获层下界接地（图2a）；另一种是非贴海表面波导，其特点是波导层由一个陷获层叠加在一个大气修正折射随高度增加的贴海基础层之上构成（图2b）。无论表面波导的陷获层是否贴海，表面波导的厚度均为波导顶高度，波导层底为海面。

*悬空波导*　一种下界面不接海的大气波导，又称抬升波导。悬空波导的特点是波导顶的大气修正折射率大于海面处的大气正折射率，它是由一个馅获层叠加到一个大气修正折射率随高度增加的非贴海基础层之上而构成（图2c），一般发生在3000米以下高度的对流层大气中。

*蒸发波导*　多发生于海面大气边界层中，是在海上出现频率最高的一类大气波导（图2d）。

描述蒸发波导的主要参数有两个，即蒸发波导高度和蒸发波导强度。大气修正折射率最小值所对应的高度为蒸发波导高度，海表面与蒸发波导高度处的大气修正折射率之差为蒸发波导强度。蒸发波导高度一般低于40米。

**形成机制**　对流层标准大气中大气修正折射率随高度增加，大气波导的出现意味着相反的大气层结——大气修正折射率随高度减小。前人通过研究提出了5种有利于大气波导形成的气象过程，分别是：蒸发过程、平流过程、下沉增温过程、辐射冷却过程和锋面过程。海上平流过程、下沉增温过程、辐射冷却过程和锋面过程易形成表面波导。蒸发波导形成原因是，海面蒸发导致近海面很小高度范围内的大气湿度随高度锐减，使大气修正折射率从海面向上迅速减小。由于海面蒸发时刻都在进行，因此蒸发波导在海上几乎时刻存在，是三类波导中最为常见的大气波导，常以15米左右的高度出现在海上。

**传播条件**　大气中存在大气波导层结并不等同于可以实现大气波导传播。研究发现，电磁波形成大气波导传播必须满足4个条件：①存在大气波导层结。②电磁波的波长小于最大陷获波长$\lambda_{max}$，或频率高于最低陷获频率$f_{min}$。③发射源位于大气波导层内。④发射仰角小于临界仰角$\theta_c$。统计表明，中国低空大气波导主要影响频率在30兆赫兹以上的电磁波，穿透角一般不大于0.4°，极限频率最小值可低至数兆赫兹，穿透角最大值可达0.8°。

分布特征 近海面表面波导、蒸发波导的时空分布均有一定的规律。全球波导的高发区多集中于大陆西侧、大洋东部的海域，波导高度最大值在远离海岸的大洋上，发生概率和波导高度存在季节变化和日变化，其中陆上日变化比海上明显。

表面波导发生的概率存在季节变化和日变化：春季发生概率最高，冬季最低；一天之内的发生概率下午较高，上午较低。中国近海表面波导出现概率与东亚季风活动紧密相关，夏季渤海、黄海、东海近岸海域低空波导的发生概率明显增加。中国海域表面波导发生概率不超过40%。

不同海域蒸发波导的出现概率呈现出明显的日变化和季节变化。中国海域蒸发波导的出现概率整体上早晚较高，为85%～90%，中午较低，为80%左右；秋季、冬季出现概率最高，约为91%，春季最低，约为85%。黄、渤海蒸发波导出现的概率随季节变化较大，冬季最低为10%～20%，秋季最高为60%～70%。

在中国海域，蒸发波导高度主要集中在10～12米，季节变化、日变化较为明显：蒸发波导高度在一年之内夏季较高，在一天之内中午较高。渤海、黄海海域的蒸发波导高度4～6月最高，可达20～30米；在东海和南海海域，蒸发波导高度年平均为13～15米，在南海蒸发波导高度受季风影响，3～4月最小，11月最大。

蒸发波导高度、蒸发波导强度的分布受海陆分布影响很大。在远离陆地的外海，蒸发波导高度水平分布相对均匀，而近岸海区经常受到来自大陆干燥气团的影响，温、湿等要素与外海环境相差很大，蒸发波导高度分布也与外海有明显不同：西北太平洋蒸发波导高度的分布总体上是近岸低、外海高；南海海区在离岸100千米以内区域蒸发波导高度的空间变化和日变化非常大；阿拉伯海沿岸海区蒸发波导高度比外海高。海陆热力性质差异导致的海陆风会对蒸发波导的分布和日变化产生影响。在东海和南海近岸海域，年平均蒸发波导高度在海风情况下高于陆风。

（高山红）

**近海倾废区选划** delimiting of coastal dumping area 为合理利用海洋环境，综合考虑经济、环境和社会效益等因素，对可用于废弃物倾倒的近海区域进行选择和划分。人类向海洋成规模地倾倒废物（简称倾废）始于工业革命时期。随着社会的发展，人类向海洋倾废的数量和废弃物的有毒有害性都在增加。

法律法规 为遏制次生现象出现，1972年在伦敦召开的关于海上倾倒废物公约的政府间会议上讨论通过了《防止倾倒废物及其他物质污染海洋的公约》(简称《伦敦公约》)，该公约1985年对中国生效。

中国制定了相关的法律法规规范海洋倾废，履行公约。按照《中华人民共和国海洋倾废管理条例》(2017修订）规定，海洋倾倒区由主管部门商同有关部门，按科学、合理、安全和经济的原则划出，报国务院批准确定。从2018年起，生态环境部负责海洋倾废活动的管理。

废弃物特性 近海倾废是海洋倾废中经常采用的方式，而倾废区的选化是十分重要的一环。近海倾废区域的选划，首先需考虑倾倒物的特性，主要包括：①废弃物的成分和数量。所倾倒的废弃物主要成分和数量。②废弃物的形态。包括固态、泥浆、液态、气态。③废弃物的性质。包括可溶性、比重、气味、需氧量、营养物，是否有病毒、细菌、寄生虫、酵母等存在。④毒性。⑤持续性。⑥在水中的化学过程。能否产生毒物或造成二次污染。⑦包装及包装方式。⑧倾倒方式。

选划原则 海上倾废区域的选划，还要考虑以下环境因素：①倾废区必须远离各种主要经济鱼、虾类的产卵区、越冬区、饵区，以及海兽区、贝藻类养殖区和各种徊游通道。②倾废区应远离生物群落繁衍良好的海区，同时还要远离在生物学、海洋学、物理学、化学、地质学等方面有重要科研价值的海区。③应避免在已进行的或将要进行的海底资源开发区域倾倒废弃物。④避开海上其他的合理开发利用的海区，如海水发电、海盐和医药化学元素的提取以及海水淡化区等。⑤应避开已经铺设或将要铺设的各种海底电缆、海底管道、海底工程等，距离在3海里以上。⑥远离海上自然保护区、风景区、旅游区、疗养区、浴场等，以及各种海洋特殊保护区，对于有保护价值的海底障碍物、海底地形也要适当远离。⑦为了海上航行的安全，保证海上航道畅通无阻，应避开正在使用或将要使用的航道、水道。⑧应易于航行和倾倒作业，水体流向一般应流向开阔海域。⑨水质应处于良好状态，无污染物的输入，水体的交换应有利于海区的净化。⑩应考虑地质、地貌、地形、底质特点及地震因素对倾废区的影响，避开海区地震带或地震活动频繁区至少150海里。⑪能够有利于监视、监测，有利于进行其他的科学试验活动，最好能被电子导航装置监视。⑫必须预测倾废后环境可能产生的变化，包括废弃物对水体、海底、海滨、海岸线、风景区、旅游区、娱乐区、海产区、海底资源开发区等的影响。

基本要求 应该严格控制海洋倾废区的数量，且当倾倒量超过$5\times10^6$立方米时，应开展海上倾倒实验，主要是了解倾倒物入海后的沉降、扩散和迁移的变化状况，据此计算倾倒物的沉降速率、扩散系数，以及它们的迁移方向和速度，为数学模型的建立提供较为准确的特征参数，也用于验证数模分析结果。倾废区选划应进行比选分析，对倾倒量在$10^6$立方米以上的倾废区选划，应对两个（含）以上的预选区进行比选，列出比选主要条件和原则，从而得到最优倾废区。

（娄安刚）

**近海养殖的海洋生态风险** marine ecological risk of offshore cultivation 因近海养殖使养殖区域的海洋生态系统存在发生不确定性事故或灾害的可能，由此导致近海养殖区生态系统结构和功能的损伤，从而危及近海生态系统的安全和健康。

风险分析 海洋生物资源的过度开发利用导致海洋渔业资源锐减，但随着世界人口的增长，全球对水产品的需求逐年增长，带动了近海养殖业的迅猛发展。据统计，全球的海水养殖每年以10%的速度增长。然而，大规模发展近海养殖也为海洋生态系统带来诸多风险。①对水环境的风险。海水养殖对水环境的影响主要是导致水体各种理化因子的改变。如养殖放养密度不合理，养殖生物大量的排泄物和残饵经过长期积累，超过环境的承载力就会导致局部水域海水中氮、磷元素增加，水体富营养化严重；长期进行大规模网箱投饵养殖，由于受有机碎屑、各种沉淀物等的影响，水体透明度会有所下降，酸碱度（pH）也会下降；在近岸养殖区域，由于大量的有机物的氧化分解，溶解氧被大量消耗，会导致养殖区溶解氧含量降低。②对底质的风险。大量研究表明水产养殖底泥中碳、氮、磷的含量和耗氧量要明显高于周围水体沉积物。残饵和排泄物在底质堆积，促使了微生物活动的加强，也加速了营养盐的再生。同时，微生物活动的增强也增加了氧的消耗，在缺氧条件下加速了脱氮和硫还原反应，产生硫化氢（$H_2S$）和氨气（$NH_3$）等有毒物质。③对海洋生物的风险。养殖水体是一种人工生态系统，主要靠人工调节能力来维持生态系统平衡。养殖对象一般是单种群，即使混养也不过两三个种群，为追求高产，部分生物因子被人为强化，而另一部分则被削弱甚至去除，造成了物质循环的部分路线受阻或被切断，使得生态系统变得脆弱，容易失调。

防治措施 发展近岸海水养殖，必须遵循可持续发展的原则。防治措施主要有以下几种：①实行多元立体综合养殖。利用种间优势，多层次立体化，种间相互促进，构建良好的生态环境的生态养殖模式。②发展海洋牧业化。通过构建人工鱼礁、海底森林等生态工程，为海洋生物提供更多的栖息地和繁殖场所，促进海洋生物多样性的恢复和发展。③轮换养殖海区。通过科学规划和管理养殖区域的选择、轮换周期和养殖密度等关键因素，在提高养殖效益的同时，促进不同海域之间的生态交流和物质循环，增强整个海洋生态系统的稳定性和韧性 （汝少国）

**鲸** whale 鲸偶蹄目的大型海兽。终生在水中生活的兽类。鲸类有许多适应水生生活的表型：①借皮下厚脂肪层而不是用毛皮隔热。②前肢转变成一对桨状的鳍肢，可完成转向和保持运动时的稳定。③后肢消失，用水平的尾叶推进。鲸类善潜水和耐低氧，具有改进了的循环系统和呼吸系统。

分类 须鲸类都称为鲸，现存有14个物种，如弓头鲸、北太平洋露脊鲸、灰鲸、小须鲸、布氏鲸、塞鲸、蓝鲸、大村鲸、长须鲸、大翅鲸等。在中国广西涠洲岛附近海域发现的布氏鲸是一个近岸分布的须鲸群体，初步估计，种群规模为40～70头。属于齿鲸类的有76个物种，大多称为海豚，如**中华白海豚**、瓶鼻海豚、飞旋原海豚等。有一些体型较大的齿鲸也被称为鲸，如抹香鲸、小抹香鲸、柏氏中喙鲸、一角鲸、白鲸、虎鲸、伪虎鲸、短肢领航鲸等。

种群动态 齿鲸类中的白鳖豚和长江江豚生活在长江中下游，都是中国的特有种。但2006年以后再没有在长江中发现白鳖豚，提示白鳖豚已经灭绝。根据2012年全江段考察的结果，估算长江江豚的数量已下降到了1000头左右。中华白海豚的分布西起东印度洋，东达西太平洋，中国分布在浙江、福建、台湾、广东、广西和海南的沿岸海洋。中华白海豚生活在沿岸水深小于10米的海域，大多数种群受到海洋沿岸人类活动的影响，种群数量显著下降。中华白海豚湛江种群和珠江口种群是世界上的两个大型种群，但珠江口的中华白海豚种群受到人类活动的影响已经处在危险之中。因此，湛江雷州湾海域承担着中华白海豚最重要的避难所的重任。

保护措施 须鲸类的所有物种都曾是捕鲸业的捕猎对象。到20世纪中叶时，过度捕猎使露脊鲸、灰鲸、蓝鲸等几乎灭绝，大翅鲸、长须鲸、塞鲸等数量急剧下降。1982年，国际捕鲸委员会（IWC）决定暂停商业性捕鲸。 （周开亚）

**卷浪** roller wave 凸起型的**波浪破碎**。在流体力学里，波浪破碎指波浪的振幅达到一定的高度突然发生破碎，这个过程会引起大量波的能量转化为正扰动动能。波浪破碎一般是非线性的过程。一般说来有四种波浪破碎形式：喷射型破碎、凸起型破碎（也就是卷浪）、平铺型破碎和冲浪型破碎。

西班牙塔里法海滩上的卷浪

当海洋地形比较陡峭或者深度突然变化的时候易出现卷浪。卷浪的波峰比喷射型破碎时的波峰高，因而一次性释放的能量也更大。卷浪可以在其下方包住大量的空气，从而在破碎的时候发出很大的声响，这种声响很容易被海滩上的人们听到。岸边的风向条件对卷浪的发生也有一定的影响。 （王东晓）

# K

**颗粒沉降通量** sinking flux of particulate matter 单位时间内在单位面积上沉降的颗粒物总量。海洋中的颗粒物负载了多种常量的生源要素（如碳、氮、磷和硅）和大量痕量元素及其同位素，在元素的生物地球化学循环中发挥了重要作用。颗粒物的沉降是将元素从海洋表层带入深层，促进元素再生和循环，为次表层和深层生物提供能量，并形成海底沉积物的重要过程。在开放大洋中，颗粒物中有机碳（POC）的沉降是生物泵的重要过程，也是颗粒沉降通量研究的重点。

测量方法　颗粒沉降通量的直接测量需要在一定时间内收集经过固定截面的颗粒物，常用的收集装置为沉积物捕获器。采用锚系链将沉积物捕集器放置在特定深度，沉积物捕集器就可以按照提前设定的时间序列收集沉降的颗粒物。沉积物捕获器一般为漏斗状，适用于颗粒沉降通量较低的海域，也有些采用直筒收集，适用于沉降通量高的环境。漏斗（或直筒）底部连接一个收集瓶，在设定的时间（一般为几天到几周）内收集沉降下来的颗粒物，然后马达转动到下一个收集瓶，开始新一轮收集。全部收集完毕之后（布放时间一般为几个月到十几个月），回收沉积物捕集器，然后通过离心或过滤的方式可以获得收集的颗粒物，干燥之后称重得到颗粒物质量，然后根据收集时间、捕获器收集口截面积可以计算颗粒沉降通量。一些沉积物捕获器还配有倾斜角度实时记录器，可以对颗粒沉降通量进行倾斜校正。

分布　在全球大洋，已布放超过600套沉积物捕集器进行POC沉降通量的观测，有些观测点已连续工作超过20年，如大西洋的百慕大海洋通量观测站（BATS/OFP）、南美洲卡里亚科盆地观测站（CARIACO）等。依托这些观测，对海洋POC沉降通量的垂直分布和水平变化有了比较深入的认识。从表层到深层，POC沉降通量呈指数降低，在表层500米以上，POC沉降通量变化很大，近岸较高而深海较低。全球平均的POC沉降通量从上层100米处的约160毫克/（米$^2$·日），迅速降低到500米处的30毫克/（米$^2$·日），在1000米深处，只有6毫克/（米$^2$·日）。在1000米以下，POC沉降通量变化很小，平均只有3毫克/（米$^2$·日）。

海洋生物泵　海洋生物泵是浮游植物通过光合作用将大气中的无机碳转化为有机碳（即初级生产过程），之后在食物网内转化、混合、沉降，再将碳从真光层输送到深层的过程。因此，常用POC的沉降通量来估算初级生产力的大小和评估生物泵效率。海洋生物泵是全球碳循环的重要组成部分，调节着上层海洋POC向下层海洋的传输，对维持大气$CO_2$浓度具有重要作用。

海雪　在深海中颗粒物像雪花一样不断沉降，被称为海雪。这些颗粒物主要源于海洋上部真光层的有机物生产和分解活动。海雪的组成主要包括无机矿物颗粒、浮游生物死亡之后的残骸或碎屑、动物排泄物颗粒、微生物等。“雪花”多是较小的颗粒通过含有多糖的黏性物质粘在一起形成的大的聚集体，又称透明胞外聚合物。（姚　鹏）

**颗粒有机碳** particulate organic carbon; POC 海水经0.7微米孔径的玻璃纤维滤膜过滤后存留在滤膜的有机碳。颗粒有机碳包括浮游生物细胞及其非生命体碎屑，细菌聚集体和胶粒等物质，具有宽阔的粒径谱分布，以及多样的形态和反应活性。是一个操作定义。在分粒级研究中通常将粒径为1～10微米称为“小粒级”，10～53微米称为“中粒级”，大于53微米称为“大粒级”。大粒径的颗粒有机碳可以通过物理作用或者生物降解作用分解成小粒径颗粒物；小粒径的颗粒有机物，尤其在透明胞外聚合物（TEP）浓度高的表层海洋，可以凝聚成大粒径的颗粒有机物或海雪（marine snow）。

颗粒有机碳还可以根据沉降速度分为悬浮颗粒有机碳和沉降颗粒有机碳。20世纪60年代海洋学者提出海洋悬浮颗粒有机碳浓度的测定方法，采样方法后经改进主要分为瓶采过滤和原位泵抽滤，随着海洋光学测量和水色遥感技术的提升，又提出了基于水色遥感的悬浮颗粒有机碳浓度反演算法。沉降颗粒有机碳的采集主要是通过沉积物捕捉器进行的。除了采样方式的不同，两者的化学组成、化学活性、生物效应、循环时间尺度及参与的生物地球化学过程都不相同。

开阔大洋海水中颗粒有机碳浓度范围一般为0.1～2微摩碳/升。近岸海域中颗粒有机碳的浓度可比大洋水高1～2个数量级。河口区域的颗粒有机物主要是由河流和大气输入的陆源物质；大洋中的颗粒有机碳主要来自海洋生物的生产、排泄物以及生物体死亡分解而成的碎屑。在大洋的颗粒有机碳中，通常包含着大量的硅、铁、铅、钙等无机物。颗粒有机碳在海洋的迁出过程主要受控于微生物矿化分解，同时也会在细菌、病毒与原生生物的作用下与溶解有机物进行相互转化。

沉降颗粒有机碳是通过海洋生物泵机制将大气二氧化碳输出至深海进行碳埋藏的主要载体，悬浮颗粒有机碳不主动沉降，但可以通过混合层泵等物理作用被输送到深海。海洋沉降颗粒有机碳的输出通量是评估全球碳收支的重要参数之一，最新研究表明全球大洋沉降颗粒有机碳输出通量约为$5.7\times10^9$吨碳/年。对颗粒有机碳含量、组成、来源和输出过程及机制的研究，有助于提升对海洋环境工程固碳和增汇潜力的评估，是碳中和研究的重要环节之一。（李骁麟）

**可燃冰开发** development of flammable ice 开采和利用可燃冰的过程。可燃冰是一种清洁能源，分布广，储量大，可作为石油及天然气等的替代能源，对于缓解能源危机有重大意义，具有广阔的应用前景。但可燃冰的开发仍存在成本较高、风险较大、对环境造成威胁等问题。

可燃冰存在方式　①占据大的岩石粒间孔隙。②以球粒状散布于细粒岩石中。③以固体形式填充在裂缝中。④大块固态水合物伴随少量沉积物。美国地质调查局预测，全球可燃冰所含有机碳的总量相当于已知煤、石油和天然气的2倍，剩余天然气储量的128倍。科学家估计，海底可燃冰的储量够人类使用1000年，被誉为“未来能源”“21世纪能源”。中国可燃冰主要分布在东海海域、东北冻土地带、南海海域。其中，中国南海北坡是可燃冰富集区，预测储量约194亿立方米，相当于陆上石油、天然气资源量总数的一半。

勘探方法　主要有地震勘探法、地球化学法及地质勘探法3种。

开发方式　①二氧化碳置换法。把二氧化碳通到天然气水合物储层中，借助合成二氧化碳水合物释放的热量来分解天然气水合物。②加热法。把热水、蒸汽以及热盐水或者其他热流体从地面泵入水合物地层中，通过微波加热或者电磁加热，使温度提升、水合物分解。③添加化学试剂法。借助在井孔向水合物储层泵入化学试

用于开采可燃冰的中国“蓝鲸1号”在山东烟台海域试航

剂，如丙三醇、盐水甲醇，调整水合物构成的相平衡因素，降低水合物稳固温度，使水合物获得分解。④降压法。通常是在水合物层以下的游离气聚集层中减小天然气压力或者构成天然气空腔，促使天然气水合物呈现不稳定状态，同时分解成水与天然气。⑤综合法。综合利用降压法和热开采技术的优点，先用加热法分解天然气水合物，后用降压法提取游离气体。

（万德成）

**克努曾，M.H.C.** Martin Hans Christian Knudsen（1871-02-15～1949-05-27） 丹麦海洋学家、物理学家。又译克努森。生于丹麦菲英岛海斯马克，卒于哥本哈根。1890～1896年在哥本哈根大学学习，1899年起在该校任教，1912～1941年为教授，其间曾任校长。1909～1945年先后任丹麦皇家文理科学学会的会员和干事。1930～1936年任国际物理海洋学协会（IAPO）主席，1933～1947年为国际海洋考察理事会（ICES）副主席。1895～1896年参加丹麦“因格拉夫”号海洋调查时，建立了海水氯度测定法；1900年前后，在他的领导下确定了海水氯度和海水盐度的定义，建立了两者间的关系以及与海水密度的关系；1901年发表《水文常用表》，该表在国际上使用了近70年；1908～1945年负责制备国际标准海水，1938年用纯银作为标准海水的永久标准，提出了氯度的新定义。在物理学上，研究空气动力学理论和稀薄气体的导热性和辐射效应等，以他名字命名的术语有“克努森扩散”“克努森数”和“克努森层”等。曾获隆德大学荣誉博士学位、A.阿加西奖、丹麦一级勋章等。

（刘安国 蓝 健）

**孔隙水采样技术** pore water sampling technique 利用采样工具对海底孔隙水样品进行采集的技术。赋存于海底松散或半松散沉积物之间孔隙中的水体，称为孔隙水。对海底沉积物孔隙水的原位采集及分析，是在深海海域快速、高效探查天然气水合物（可燃冰）等资源的有效手段。

孔隙水的提取主要有两种途径：①非原位孔隙水采样，即采集沉积物之后带回实验室通过压榨、离心和真空过滤抽提等手段进行孔隙水的采样。②原位孔隙水采样，即对沉积物孔隙水进行原位采样，主要集中于潮间带、湖泊、沼泽地的孔隙水采集，采用的技术是离心、压滤、透析、泵吸等方法。对于海洋特别是深海，由于压力、腐蚀等原因，技术难度高，能够进行孔隙水原位采样的仪器或设备比较少见。

中国地质科学院、广州海洋地质调查局和四川海洋特种技术研究所联合研制了深海沉积物孔隙水原位气密采样器，可实现海底沉积物孔隙水样品的原位气密采集。该采样器的最大工作水深超过4000米，沉积物采样深度不低于5米，孔隙水采集间距0.5米，每个层位水量不少于100毫升。采样器由多个采样瓶串接而成柱状，底部加锥头。上部分主要由计算机控制桶、电池桶、平衡桶、配重铅块组成。各个采样瓶的采水关闭控制，是通过引线管里的引线连接水下计算机和进水阀进行控制。采样器下水前，先对采样瓶进行逐个抽真空，通过船上绞车钢缆连接吊入海中，靠自重贯入深海沉积物中，利用采样器内外压差，使不同层位的沉积物孔隙水通过过滤层进入采样器，完成孔隙水的原位高效采集。

（王杭州）

**跨海桥隧工程** bridge and tunnel engineering across the sea 在海上建造的桥梁工程与海底建造的隧道工程的统称。跨海桥梁指横跨海峡、海湾等海上的桥梁。这类桥梁的跨度一般都比较长，短则几千米，长则数十千米，所以对技术的要求较高，是顶尖桥梁技术的体现（图1）。海底隧道指在联络横跨海峡、海湾之间的交通，而又不妨碍船舶航运的条件下，建造在海底之下供人员及车辆通行的海底建筑物（图2）。

跨海大桥的类型通常包括梁式桥、刚构桥、悬索桥、斜拉桥以及组合体系桥。

图1 中国浙江舟岱大桥

图2 港珠澳大桥海底隧道

对梁式桥与刚构桥而言，跨海大桥与一般的大跨在跨度上相对来说要大一些，桥墩的间距由设计选定，设计初期确定跨度，进而确定桥墩间距。跨海大桥中一般跨的间距与河道的差不多，但主航道宽一些。悬索桥又称吊桥，指以通过索塔悬挂并锚固于两岸（或桥两端）的缆索（或钢链）作为上部结构主要承重构件的桥梁。其缆索几何形状由力的平衡条件决定，一般接近抛物线。从缆索垂下许多吊杆，把桥面吊住，在桥面和吊杆之间常设置加劲梁，同缆索形成组合体系，以减小活载所引起的挠度变形。斜拉桥又称斜张桥，是将主梁用许多拉索直接拉在桥塔上的一种桥梁，桥塔嵌固于海底基床上，由承压的塔、受拉的索和承弯的梁体组合起来的一种结构体系。其可看作拉索代替支墩的多跨弹性支承连续梁。其可使梁体内弯矩减小，降低结构高度，减轻结构重量，节省材料。

海底隧道的开凿施工主要有4种方法：①钻爆法。即主要用钻眼爆破方法开挖断面而修筑隧道及地下工程的施工方法。用钻爆法施工时，将整个断面分部开挖至设计轮廓，并随之修筑衬砌。②沉管法。即在海底建筑隧道的一种施工方法。沉管隧道就是将若干预制段分别浮运到海面现场，并一个接一个地沉放安装在已疏浚好的基槽内。③掘进机法。用特制的大型切削设备将岩石剪切挤压破碎，然后通过配套的运输设备将碎石运出。④盾构法。暗挖法施工中的一种全机械化施工方法，它是将盾构机械在地中推进，通过盾构外壳和管片支承四周围岩，防止发生往隧道内的坍塌，同时在开挖面前方用切削装置进行土体开挖，通过出土机械运出洞外，靠千斤顶在后部加压顶进，并拼装预制混凝土管片，形成隧道结构的一种机械化施工方法。

跨海桥隧工程中，结构的耐久性是关键，因而需要高耐久性的材料，有效阻止氯离子等有害物质的侵蚀，增加混凝土保护层厚度，确保钢筋不发生锈蚀。

（杨树桐）

**跨接管线** jumper pipeline 两个水下组件间运输液（气）体的各种管道的合称。常用于水下采油树、水下管汇、水下基盘以及输油管线间的连接，也可以连接其他水下结构，如管道末端管汇、管道终端和立管基座。除了将井中开采的物品运输到井外，它还可以作为水、化学药品等注入井中的管道。跨接管是深水水下生产设施的重要组成部分。

水下跨接管线根据其管线材料可以分为刚性跨接管和柔性跨接管。

刚性跨接管 刚性跨接管根据其构造主要有“M”和“U”两种形式，也有水平“Z”形等，其连接距离一般在15～40米。刚性跨接管的形式主要根据所连接海底设备的相对位置来决定。当水下设备都安装完毕，测量它们之间的距离，并根据测量得到的距离选择合适的跨接管尺寸以及形式。在安装跨接管之前，必须精确测量海底设备之间的距离和方向，跨接管需要按照此长度严格进行制造。如果在连接之前没有准确地测量两个海底设备的距离，或者其中的一个海底设备有所移动，在安装之后，如果需要对其中的一个设备进行移动或回收，需将海底设备拆开重新进行安装。刚性跨接管的材料主要是高强度碳钢和双金属复合材料，制造工艺较柔性跨接管简单，总成本低，所以刚性跨接管在水下生产系统中较为常见。

柔性跨接管 柔性跨接管一般由连接器、鹅颈管、旋转法兰、端部装置、反力环和限弯器等构成，通常为小口径。水下柔性跨接管通常用于水下构件之间运送流体。也可用来把柔性立管从船上分割开来，以有效地解决由于浮体的移动而引起的失效。柔性跨接管的优点为长度灵活，能够适应海底的不规则地形，允许井口间距及方向有所变化，安装方便，疲劳设计寿命优秀，耐硫化氢等腐蚀性能好；缺点为易膨胀，随着水深和管径的增加，造价会非常昂贵。 （万德成）

**快速加强台风** rapidly intensifying typhoon 在24小时内中心附近最大风速增值超过30节（15.4米/秒）的台风。在中国近海，由于*热带气旋*生命史较短，也将12小时内中心附近最大风速增加超过10米/秒的台风定义为快速加强台风。热带气旋的快速加强过程通常会持续1～2天。从外部环境来看，快速加强阶段热带气旋通常会经历高海温、高海洋上层热含量和弱垂直风切变的环境；从内部条件来看，热带气旋高层的反气旋环流要足够强，这样才能够将眼壁区上升的空气迅速辐散出去。

约有20%的热带气旋在其生命史中会经历至少一次快速加强过程，在达到台风级别的热带气旋中，此比例达到60%左右。西北太平洋每年大约有5个热带气旋会经历快速加强过程。

快速加强台风生成数量的季节变化呈单峰分布，超过90%的快速加强台风生成在7～11月份，其中以9月份最多，这比热带气旋生成数量的峰值（8月份）延迟一个月。由于热带气旋在秋季的生成位置偏南，大气低层涡度偏大，垂直风切变偏小，上层海洋热含量偏高，11月份的热带气旋约有50%会经历快速加强过程，这个比例是全年最高的。8～9月份因为热带气旋生成位置偏北，此比例仅为20%～30%。

快速加强过程主要发生位置位于菲律宾群岛以东至塞班群岛之间的海区，南海中北部也会有少量达到条件的热带气旋。生成最集中的海区位于东经135°、

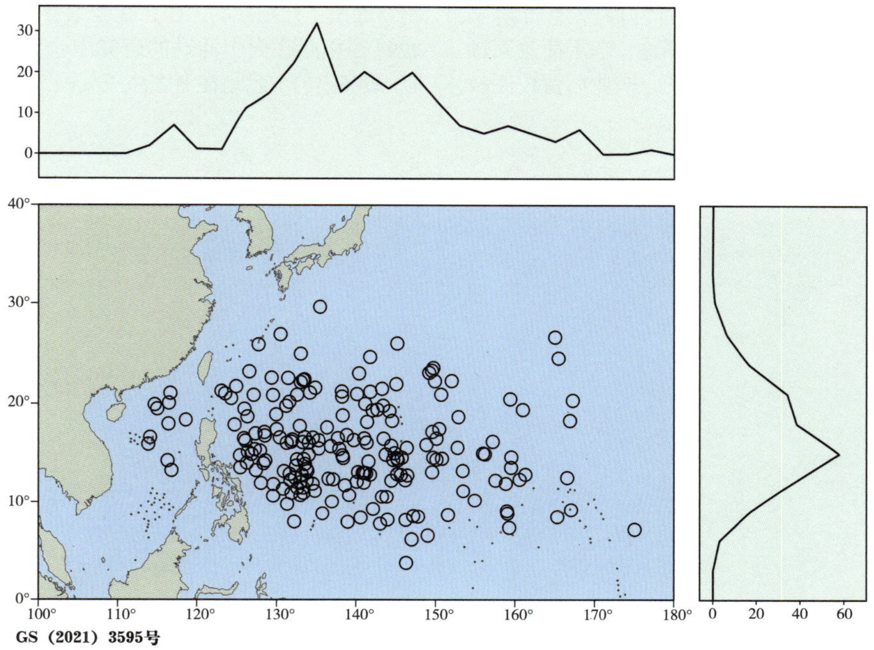


图1 1979～2018年西北太平洋快速加强台风生成位置（黑色圆圈）的空间分布及随经度（上）和纬度（右）的分布（基于中国气象局上海台风研究所发布的热带气旋最佳路径数据）

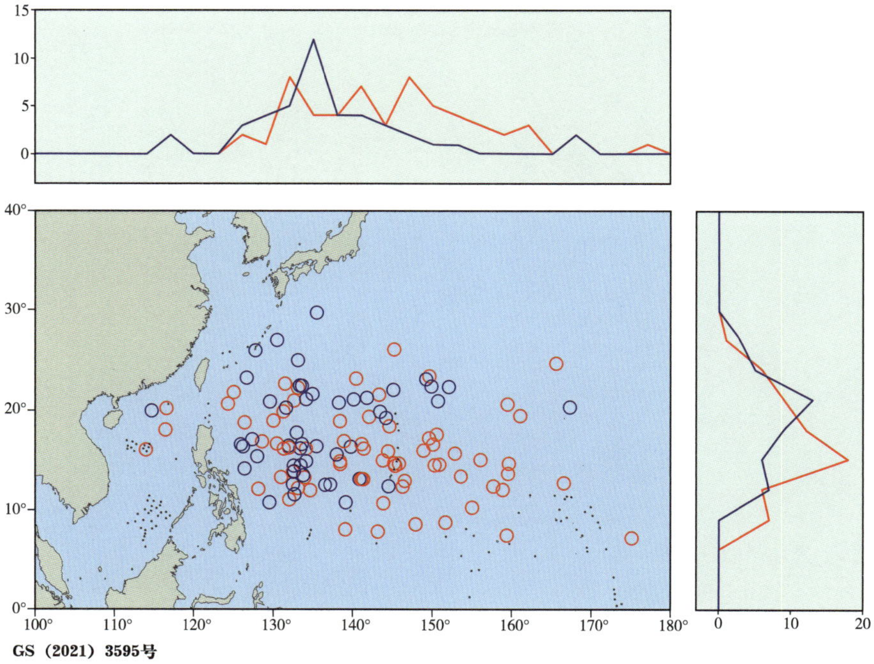


图2 厄尔尼诺与南方涛动事件冷（蓝色）暖（红色）位相期间西北太平洋快速加强台风生成位置（圆圈）的空间分布及随经度（上）和纬度（右）的分布（基于中国气象局上海台风研究所发布的热带气旋最佳路径数据）

北纬15°附近（图1）。

厄尔尼诺（El Niño）发展年秋季，由于大气环流会在西北太平洋的东南象限提供较好的涡度、湿度条件和较小的垂直风切变，东南象限快速加强台风生成数量会的高于长期气候平均，与此同时，快速加强台风的生成数量也会略多于平常年份。拉尼娜（La Niña）年则相反（图2）。

（许士斌）

**奎年，P.H.** Philip Henry Kuenen（1902-07-22～1976-12） 荷兰海洋地质学家。生于苏格兰东部的邓迪，卒于荷兰莱顿。早年在莱顿大学学习，毕业后留校任教，

1926年任该校副教授。1934年后在格罗宁根大学任教，1946年任教授。以开创20世纪50～60年代海洋地质研究的新局面而闻名，在沉积构造、盐丘、火山锥和地层褶皱的模拟实验方面做了开拓性的工作，在珊瑚礁、海底峡谷和海底火山活动的研究中也有贡献。最突出的贡献是在海底浊流沉积方面。浊流说创立于20世纪30年代，但直到50年代初期，才由他用实验模拟高密度浊流的流动特点，再现了浊流沉积物的主要结构特征，证实了递变层理的浊流成因。而后又联系海底峡谷的成因，论证了深海的浊流活动和浊积岩的分布规律，并在此基础上，对阿尔卑斯山的巨厚复理石沉积提出了深海浊流成因的解释，动摇了“大陆上无深海沉积”的传统观点。奎年著述很多，以1950年出版的《海洋地质学》为著名。这部著作与F.P.谢泼德的《海底地质学》及M.V.克列诺娃的《海洋地质学》，标志着海洋地质学的建立。

（何起祥）

# L

**拉布拉多海流** Labrador Current 来自北冰洋南部沿拉布拉多半岛南下的洋流。流经加拿大北极群岛和拉布拉多半岛东岸。又称拉布拉多洋流、拉布拉多寒流。拉布拉多海流为巴芬岛洋流、西格陵兰洋流的伸延。拉布拉多海流是一支**寒流**，是除东格陵兰寒流外北冰洋寒流的主要来源。寒冷的拉布拉多海流向南，与温暖的墨西哥湾流在纽芬兰大浅滩相遇，冷水潜于温水之下，造成全球富饶的渔场之一。拉布拉多海流向南流时挟带冰块，流域范围限于大陆架上，深度略大于600米，水温在0℃以下，盐度30‰～34‰。每年春夏，该海流带来的巨大冰块和低温水体，给沿海造成浓雾，阻碍航行。（边昌伟）

**朗缪尔环流** Langmuir circulation 在强风作用下，出现在海洋表层的螺旋形环流。从海表来看，朗缪尔环流是与风向基本一致（有15°～20°夹角）的波浪条纹。在海洋表层，是许多对的螺旋线形成顺时针方向的反气旋环流与逆时针方向的气旋环流，造成海表面交替的辐合与辐散。

特征 朗缪尔环流的深度在4～6米，水平间隔为10～50米。在特殊情形下，水平间隔可达上百米，深度可达混合层深度的两到三倍，长度可达数千米。在水平方向可以增加10厘米/秒的流速，在垂直方向可以增加向下流速几厘米/秒，甚至可以达到20厘米/秒。

形成 朗缪尔环流只出现在有风浪的海面上，因为海洋表面可以抑制小型波浪的产生。其形成条件必须是风速大于3米/秒，并且在强风出现后的数十分钟内。但是具体成因尚未有定论。

作用 朗缪尔环流可以将海表的波浪能转化为湍动能，从而增强海洋的混合能。同时朗缪尔环流可以产生**海洋内波**，并且将混合层内的动量传递到海洋内部。因此朗缪尔环流是影响海洋混合过程重要的因素。（张荣华）

**浪控三角洲** wave-dominated delta 海洋波浪作用远大于河流和潮汐作用发育而成的**三角洲**。河口的沉积物被波浪掀起，在**沿岸流**的作用下，在三角洲前缘重新分布，沿河口两侧形成平行于海岸分布的一系列沙坝、海滩、**障壁岛**、沙嘴等地貌，向陆一侧可形成半分封闭的潟湖、沼泽。三角洲一般呈尖形、扇状和弓形。典型的浪控三角洲有西非塞内加尔河三角洲、巴西圣弗朗西斯科河三角洲、尼罗河三角洲等。

尼罗河三角洲

浪控三角洲沉积的垂向层序为下细上粗的反旋回层序：底部是含生物扰动的前三角洲细颗粒沉积层；向上过渡为泥、粉砂和砂的互层沉积，并具有波浪冲刷沟槽、递变纹理和交错层理；再向上演变成具有平行低角度纹理的海滩砂和沼泽沉积；顶部一般都出现三角洲平原的沼泽和分支河道沉积。浪控三角洲砂体变化快，经常给近岸工程设施安全构成危险。（徐继尚　李广雪）

**雷德菲尔德比值** Redfield ratio 从浮游生物到深层海洋中普遍存在的碳（C）、氮（N）、磷（P）及氧（O）的原子摩尔数比。简称Redfield比值。美国海洋学家A.C.雷德菲尔德在1934年首先指出浮游生物胞内的有机C：N：P和海水中的无机C：N：P平均比例均趋近于140：20：1（后修正为106：16：1），且1摩尔无机碳的产生基本伴随等量摩尔数氧的消耗。由此雷德菲尔德肯定了前人提出的海洋中无机营养盐环境基本上是生物活动的结果。虽然在海洋个别环境中存在着与上述比例的偏差（如某些1000米以下的深层海水中等量氧的消耗对应硝酸盐较高），但总体来说Redfield比值在海洋中是适用的，在淡水和陆地生态系统中也大致成立。

海洋C：N：P比值趋近于106：16：1是多种过程（如浮游植物的营养盐吸收、细菌分解、生物固氮、反硝化等）相互作用的结果。尽管浮游植物胞内Redfield比值在不同环境下可能存在较大差异，但根据浮游植物合成蛋白质（氮富余）及核酸（磷富余）以满足光合作用和营养盐吸收的需求，Redfield比值似乎是最佳配比。

全球海洋的氮库存总量主要受生物固氮和反硝化反应两大过程的控制，而磷库存总量主要受淡水径流和沉积物埋藏的控制。由于磷存量变化的时间尺度（10万年）要大于氮存量的时间尺度（2千年），在海洋环流的千年尺度上决定海洋中氮磷比的主要因素为生物固氮和反硝化。相对于太平洋而言，大西洋较为磷限制（氮磷比较高），主要原因可能是大西洋的铁供应相对较为丰富，能够支持较高的生物固氮速率；或者由于赤道太平洋的环流体系导致低氧层面积较大，反硝化过程较为活跃，从而导致氮磷比较低。固氮生物的铁需求可能是决定这两种过程相对重要性的关键因子。

在水体污染控制中，Redfield比值既可用于诊断何种营养盐限制初级生产，亦可用于帮助诊断何种营养盐会导致水体富营养化从而提高污染控制效率。美国学者J.C.戈德曼等认为由于海洋浮游植物胞内氮磷比例接近于16：1，因此即使是在极贫营养的海洋中，浮游植物的生长受营养盐限制的可能性也很小。（陈炳章）

**棱皮龟** leatherback turtle; *Dermochelys coriacea* 龟鳖目棱皮龟科棱皮龟属的一种。别称革龟、七棱皮龟、舢板龟、燕子龟。

形态 头大，颈短。头宽133～220毫米。上颚前端有两个大三角形齿突，其间有一凹口，承受下颚强大的喙。头、四肢及身体均覆以革质皮肤，无角质盾片。体背具7行纵棱，腹部有5行纵棱，因而得名。四肢桨状，无爪。前肢特别发达，前肢前缘长720～1010毫米，后肢前缘长298～480毫米，前肢为后肢长的两倍多。尾短，尾与后肢间有皮膜相连。幼龟体表及四肢均覆以不规则的多角形小鳞片。最大的分布在背甲和腹甲。此外，头背与头侧亦具有对称的鳞片。成体则鳞片消失，代之以革质的皮肤。成体背暗棕色或黑色，杂以黄色或白色的斑点。腹部灰白色。幼龟背灰黑色，身体上的纵棱和四肢的边缘为淡黄色或白色。腹部白色，有黑斑。

分布 分布区域广泛，北面可以到达美国阿拉斯加和挪威，南面可到非洲的厄加勒斯角和新西兰的最南端（见图）。

生态习性 成年棱皮龟主要以水母为食。棱皮龟是深潜的海洋动物之一。个体被记录潜水最深达1280米。典型的潜水持续时间在3～8分钟，潜水时间不长于30～70分钟。由于棱皮龟有大面积的附着脂肪的皮质进行保护，使得其可以与周围的水环境保持较高的温差。研究表明，

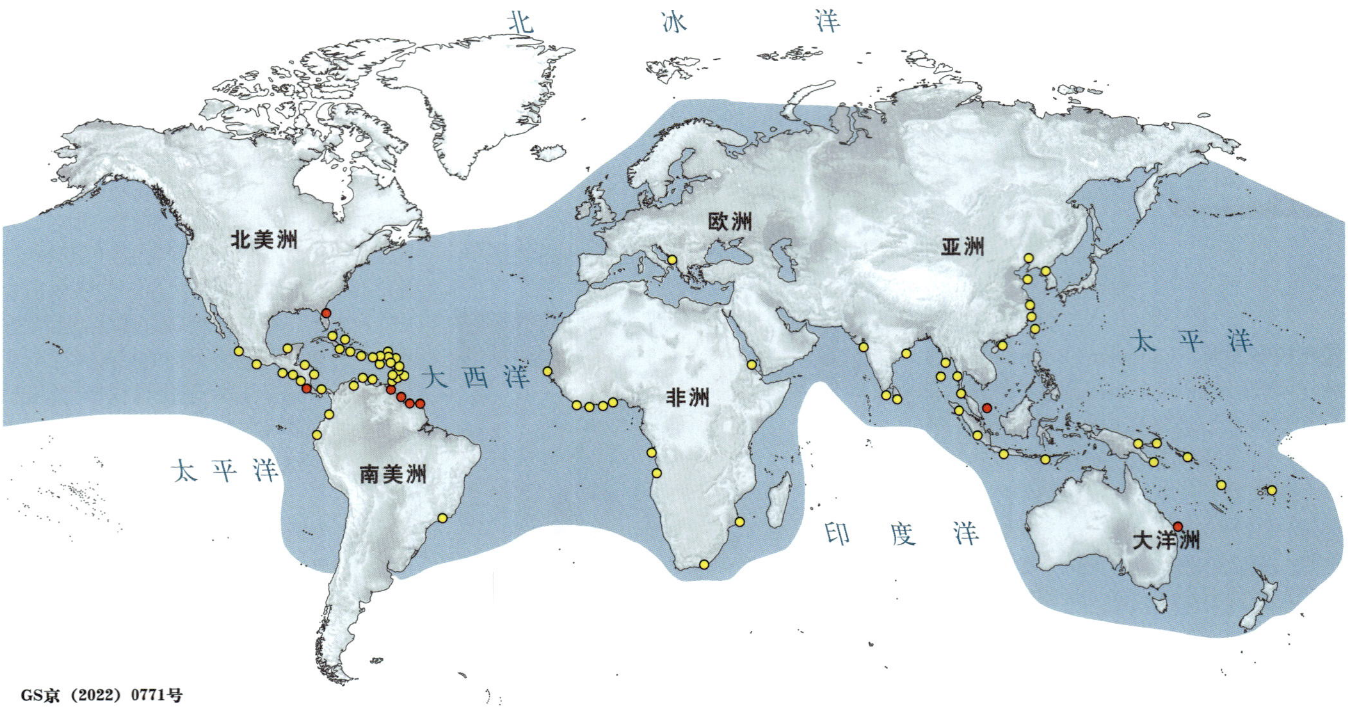


棱皮龟分布图

成年棱皮龟的体核温度与水环境温度的温差可达18℃以上。雄性棱皮龟进入海洋后，就不会离开水域；而雌性在海上交配完后，会在夜间上岸筑巢产卵。在交配的过程中，雄性会使用头部对雌性进行咬和摩擦等行为，以提高雌性的接受度。天敌为螃蟹、巨蜥蜴、浣熊、狗、土狼、鸟类、鼬类，以及从小鹭到大海鸥的水鸟。

棱皮龟容易摄食塑料海洋垃圾，哪怕少量的垃圾都有可能阻塞棱皮龟消化道致其死亡。当塑料替代肠道中的食物时，会影响营养物质的增加，致使营养稀释，从而影响其生长。摄食海洋废弃物还会减缓营养物质的增加导致性成熟的时间增加，这可能影响未来的繁殖行为。

繁殖　雄性每年都可以交配，而雌性2～3年才能交配一次。一个雌性个体在繁殖季里最多可以产下9窝卵，而每窝卵的个数平均在110枚左右。

经济价值　海龟板与掌有滋阴潜阳、柔肝补肾、清火明目的功效，主治阴虚内热、阳亢眩晕、目赤目暗，以及肝硬化、气管炎、风湿性关节炎等。

种群动态　许多人类活动间接伤害了棱皮龟的种群。作为食物链的中上层物种，棱皮龟有时被误捕（仅在东太平洋，20世纪90年代平均每年意外捕获的雌性棱皮龟有1500只），会严重伤害整个食物链的正常运转。

（杜　宇）

**冷抽吸效应**　cold suction　热带气旋导致的埃克曼抽吸会引起海洋上层的上升流，抬升海洋温跃层，冷却上层海洋的机制。

研究历史　关于热带气旋引起的上层流场运动于20世纪60～70年代兴起，比较有代表性的是1981年J.F.普赖斯给出了跨路径方向流场结构，人们逐渐认识到，台风能造成强烈的上升流运动，并将深层冷水带至表层。

形成　热带气旋的风场是逆时针旋转的，它的风应力作用会推动表层海水形成朝外的埃克曼输运，导致水体辐散，迫使下层海水补充，引起上升流，形成冷抽吸作用。

分布　这一现象出现在热带气旋路径上，大致在热带气旋最大风速（大风圈）半径以内。它的强度和热带气旋强度、移速及初始海洋层结有关。一般热带气旋强度大、移速接近局地惯性周期、初始海洋层结弱时冷抽吸的效果强。本质上，冷抽吸的强度决定于热带气旋对海表的涡度输入。冷抽吸的效果可从海表至几百米甚至更深的海洋，但深度越深，强度越弱。在上升流两侧，会有补偿的下沉流导致的海水变暖，但分布不如上升流集中。

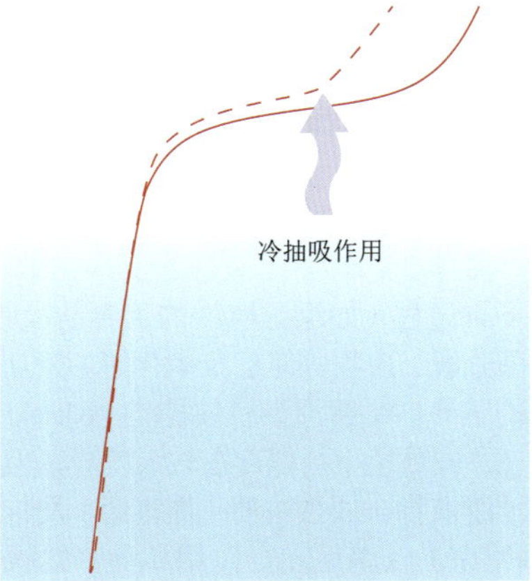


冷抽吸作用示意图

作用　冷抽吸过程会使水体上翻，冷却上层海洋，减少热带气旋热泵作用进入海洋次表层的暖水。上升流过程也会将深层营养物质带至海洋表层，故热带气旋过后一般有表层浮游生物的迅速增长。冷抽吸伴随的上升和下沉流过程是热带气旋调整上层海洋物质分配的重要一环（见图）。

（张　翰）

**冷泉生态系统**　cold seep ecosystem　富含甲烷、硫化氢等组分的流体持续或间歇性溢出或喷出海底所形成的，以化能合成作用为初级生产力的生态系统。冷泉是海底流体体系的重要组成部分，是海底下伏沉积体与上覆水体之间物质与能量交换的重要场所，也是地球浅部圈层碳释放和固定的重要通道。自20世纪80年代首次发现以来，海底冷泉系统就一直是海洋地质和生物学研究的热点。

冷泉生态系统指化能自养微生物利用冷泉流体中富含的硫化氢、甲烷和其他碳氢化合物为能量来源固碳所支持的生物群落及其生存环境的总和。冷泉生态系统是化能自养生态系统的一种。冷泉经常会形成卤水池。冷泉生态系统的大型生物主要有管状蠕虫、贻贝、铠甲虾、阿尔文虾、腹足类等。它们通常与甲烷氧化菌、硫氧化菌等化能自养微生物形成共生关系获得生存所需物质能量。

冷泉生态系统的发现与分布　1983年，科研人员在墨西哥湾佛罗里达陡崖3200米深的海底首次发现了海底冷泉特征及冷泉化能自养生物群（冷泉生物群，chemoautosynthesis-based communities）。已知冷泉主要分布于墨西哥湾、大西洋、地中海、东太平洋和西太平洋等大陆边缘（continental margins）和俯冲带（subduction zones）等区域，并受到板块俯冲（plate subduction）、盐底辟（salt diapirism）、重力压实（gravity compression）和天然气水合物分解等多种地质学过程的影响。

东海和中国南海部分海域（如台湾及海南岛周围）也存在多个冷泉生态系统。尽管起步较晚，但在广大科研工作者的努力下，中国的深海探测水平实现跨越式的发展。随着“蛟龙”号载人潜水器、“科学号”考察船等配套深海探测平台的投入使用，中国科研人员逐渐获得许多新突破新认知，并在国际冷泉生态系统研究领域占据了一席之地。

冷泉生态系统的演替　当一个冷泉出现的时候，最先利用这种深海能源的是微生物。细菌聚集在喷口附近形成菌席（bacterial mat），它们利用甲烷和硫化氢的氧化过程获得能量。微生物对甲烷的利用会形成碳酸钙，随着自生碳酸盐岩的形成，为其他底栖生物提供附着基。随后出现的是贻贝床和管虫滩，即成片的贻贝和管虫的聚集体。深海贻贝通常来自深海偏顶蛤属（*Bathymodiolus*）。它们不能像普通贻贝一样过滤海水中的食物，而是在鳃部与化能自养细菌形成共生关系，进而利用细菌提供源源不断的食物。管状蠕虫也会与化能自养细菌形成共生关系，并且通过血液为共生菌输送固碳需要的氧气、二氧化碳和硫化氢等化学物质。当冷泉处于消亡阶段时，贻贝会开始死亡，管状蠕虫会变成冷泉区的优势种。当冷泉完全消失时，管状蠕虫也会死亡，最终冷水珊瑚会占据暴露的碳酸岩。（王敏晓）

**冷泉碳酸盐岩**　cold seep carbonate　冷泉流体由深部向上渗漏过程中，在海底附近经甲烷氧化古细菌和硫酸盐还原细菌共同作用下发生缺氧甲烷氧化反应，引起环境碱度的升高从而形成的沉淀物质。冷泉碳酸盐岩是海底浅埋藏渗漏型**天然气水合物**产出的理想场所，是指示现代海底发育或存在天然气水合物的有效标志之一。其不仅可以揭示冷泉渗漏的微环境信息，同时对于了解全球气候变化、全球碳循环和寻找天然气水合物等也有一定的帮助。

形态　根据冷泉碳酸盐岩的产状，分为泥晶丘、微生物礁、结核、泥火山、**泥底辟**、硬底、烟囱、胶结物和小脉等。最为常见的是化学自养生物碳酸盐岩丘，主要由化学自养生物碎屑和多期次的化学自生碳酸盐胶结物组成。这种冷泉碳酸盐岩丘物质主要来自海底冷泉流体系统，通过化学和生物化学沉积作用形成。在物质来源、形成环境、形成作用等方面与传统海水来源碳的碳酸盐岩建隆不同。在冷泉口附近，以甲烷为能源的微生物可形成微生物席，甚至还可形成高达数米的微生物礁和泥晶丘。

分类与矿物成分　根据样品形成环境可将其分为结核和胶结物两大类，并依据外貌形态、固结程度、孔隙度和颜色等几个参数进一步细分，将结核分为块状结核和短柱状结核两类，将胶结物分为块状胶结物、烟囱状胶结物和柱状胶结物三类。南海北部采集的冷泉碳酸盐岩样品呈结壳状、结核状、烟囱状、角砾状、块状等。块状碳酸盐岩结核的主要碳酸盐矿物为白云石，同时还含有黄铁矿等自生矿物和石英、云母、钛铁矿等陆源碎屑物质；短柱状碳酸盐岩结核主要的碳酸盐矿物为菱铁矿，同时还含有针铁矿等。各类碳酸盐岩胶结物中矿物组成基本相同，但是含量不同，主要的碳酸盐矿物为方解石和高镁方解石，同时还含有长石、石英、云母等陆源碎屑物质；部分样品中还发现了文石矿物。碳酸盐岩结核中白云石和菱铁矿的出现反映了它们较深的沉积环境，可能在甲烷形成带附近。冷泉碳酸盐岩具有较轻的碳同位素组成特征，在西沙海槽海域、神狐海域、东沙海域和台西南海域，碳酸盐岩碳同位素变化范围大，反映了相关的碳源。同时冷泉碳酸盐岩的氧同位素同样显示了较大变化范围，可能与富集氧同位素（$\delta^{18}O$）的地层水和天然气水合物分解水有关。但是由于冷泉碳酸盐岩和甲烷渗漏系统以及出现冷泉系统地质背景的复杂性，冷泉碳酸盐岩与天然气水合物的关系、冷泉碳酸盐岩沉淀过程中的微生物地质作用和冷泉碳酸盐岩的年代地层学研究仍是今后值得进一步研究的问题。（王秀娟）

**离岸堤**　offshore breakwater　建在离海岸一定距离的水域，不与岸线相衔接的防护建筑物。通常是为消波、促淤，防止海岸和滩地侵蚀等而修建的顺坝（其轴线与岸线基本平行）。为防御波浪、泥沙、冰凌入侵港区水域而建的离岸堤称为岛式防波堤。

离岸堤沿岸滩可连续布置，也可间断布置，离岸堤较长时，内侧可设格堤（与离岸堤基本垂直，间距为离岸堤至岸距离的2～5倍），以免沿离岸堤产生水流，冲刷已经淤积的泥沙。用于海岸防护的离岸堤一般离岸60～100米，用于促淤的离岸堤一般离岸较远。

根据堤顶高程的不同，可将离岸堤分为出水堤和潜堤。出水堤消浪效果好，并在堤后形成波影区（掩护区），有利于波影区淤积沙咀成长，达到保堤保滩的目的。但堤身承受较大的波浪力作用，对结构稳定性要求比较高。潜堤在高潮时淹没，消浪效果稍差，但有利于底部含沙量比较高的水体越堤沉积，促淤效果较好。潜堤顶高程直接影响堤的消浪能力和促淤效果，应根据具体情况和要求确定。（鲁子爱）

**离岸增养殖工程**　offshore enhancement and aquaculture engineering　在离海岸线较远处养殖增殖水产品，使渔业资源得到增加的人为工程。包括养殖和增殖资源两部分。养殖指从育苗、养成到收获完全在人的管理之下所进行的生产活动。增殖指通过人工措施，如放流苗种，建立人工鱼礁改造渔场环境等，使资源得到增加的活动。随着社会经济的发展，食物需求总量将显著增长，食物消费结构将发生根本变化，水产品需求总量将显著上升。有限的内陆水土资源将难以担负水产品生产总量持续增长的负荷，开放水域的离岸深水养殖已受到越来越多人的关注，许多国家都开展了离岸增养殖的相关工作。发展离岸增养殖工程对于保障水产品供给、开发蓝色国土资源、实现海洋水域资源的合理利用与有效开发具有重大意义，已成为国际公认的海水养殖新方向与趋势。

**装备设施**　离岸增养殖工程的装备设施主要包括筏式养殖设施装备、网箱养殖设施装备、深海养殖平台等。

筏式养殖设施装备　筏式养殖是世界水产养殖主要的生产方式之一。在许多国家，针对养殖对象，形成了多种工程化水平较高的设施模式，其设施及器件的标准化、系列化程度很高，配以机械化的作业装备，具有很高的生产效率。针对不同的养殖要求，形成了不同的设施模式。筏架的主要形式包括平台式、浮绳式、半潜式等。从20世纪50年代以来，中国的海带筏式养殖技术已趋完善和成熟，已经发展成为涉及藻类、贝类等多品种的筏式养殖。

网箱养殖设施装备　网箱可分为普通网箱和深水网箱。普通网箱主要用于沿海内湾，结构比较简单。因其受养殖容量的限制，对环境影响很大，养殖规模受到控制。为了寻求更好的水质环境、减少养殖系统对水域环境的影响，各种大型的钢结构网箱应运而生，设置在开放性深水区域开展养殖生产。深水网箱设施结构可靠、安全性强。网箱设施的研发基于养殖生物生理学和网箱设施水动力学研究，形式多样，结构可靠，具有沉浮功能与很强的抗风浪能力。系统装备配备全面，自动化程度高。此外，先进的深水养殖网箱配有先进的自动投饵系统、伤残死鱼收集器、监控系统、洗网机及配套装备。网箱设施向抗风浪、大型化、自动化、利用新材料、增强环境保护、升级配套设施等方向发展。

深海养殖平台　高度的集约化养殖与规模化生产平台，可以长时间脱离陆上基地进行生产作业，是包括设施、饲喂、操作、管理等全过程的系统技术与装备，具有完整体系的生产平台。大型固定式养殖平台和大型移动式养殖平台均属于深海养殖平台，固定式养殖平台是指通过导管架、桩基、重力式基础等底部支撑结构固定于海底的养殖平台，移动式养殖平台是指可根据作业需要，能从一个地点转移到另一个地点进行作业的养殖平台。随着养殖设施不断向外海发展，深海养殖平台逐渐脱离陆上基地，向深远海发展，并进一步走向装备工程化。

**发展趋势**　离岸增养殖工程正在向养殖设施系统大型化、养殖环境生态化、养殖地域面向外海发展，以及养殖过程低碳化等趋势发展。

养殖设施系统大型化　规模化生产是深海网箱养殖发展的必由之路，大型化则是规模化生产为提高生产效率对设施装备的必然要求。国外先进的网箱养殖生产系统中，网箱设施已达到相当的规模。随着中国深水网箱产业的发展、产业生产规模的不断扩大，大型网箱养殖设施及配套系统已成为产业发展之必需。

养殖环境生态化　养殖生产对生态环境的负面影响已越来越为社会所关注，普通网箱养殖产业的发展已受到制约，深水网箱的问题会随着产业规模的扩大而逐渐显现，增强网箱养殖设施系统对环境生态的调控功能，将成为兼有渔业资源修复功能的系统工程，并对消减近海海域富营养化发挥积极作用。

养殖地域向外海发展　当海洋的自然生产力不能满足人类增长与发展的需要时，海洋生产力必然由“狩猎文明”——海洋捕捞，向“农耕文明”——海洋养殖转移。海洋养殖的主要领域在广阔的外海，网箱养殖是海洋养殖的主要单元，网箱养殖设施系统需要具有向外海发展的能力。

养殖过程低碳化　充分利用创新技术，采用风能、太阳能、潮流能和波浪能技术，高效利用洁净、绿色、可再生能源，摆脱网箱动力源完全依赖石油作为燃料的困境，实现网箱生态、环保养殖。

**中国的离岸增养殖工程**　为了推进中国海洋强国建设，中国工程院启动了“海洋生物资源工程发展战略研究”，提出了中国离岸养殖工程发展策略。按照进入深海，构建符合“安全、高效、生态”要求，开展集约化、规模化海上养殖生产体系的发展定位，以近海生态工程化网箱设施系统、深海网箱养殖基站、海上养鱼工船为重点，通过技术研发与集成创新，提升深水抗风浪网箱设施的整体性能，形成开放性海域深水网箱设施生态工程化构建技术体系；突破深海大型网箱设施结构工程技术，形成深海养殖基站构建技术体系；研发专业化游弋式海上养殖平台，建立养鱼工船技术体系；研发机械化、信息化关键装备，形成海上集约化、规模化养殖全面配套的装备技术。通过集成示范，不断完善技术体系，构建技术规范，形成较为完善的深海养殖设施技术体系与装备配套企业群，不断推进海上养殖设施向深水、远海发展。

中国应以深水网箱为重点，优化网箱结构，研发大型深水网箱，在此基础上构建深海养殖基地。在网箱深海养殖的基础上，依托远海岛礁或原钻井平台发展深远海养殖基站，以及以老旧大型船舶为平台，构建大型养殖工船，同时研发安全可靠的大型养鱼工船，构建游弋式海上渔业平台，完善设施系统供给、流通条件，以全面适应海洋工况规模化养殖生产的需要。

（董　胜）

**立柱式平台**　spar platform　立柱式平台的概念最早用于海洋开发工作中的辅助系统而不是直接生产系统，如承担储油和装卸浮标、信号中继站和海洋科研站等任务。20世纪80年代以后，立柱式平台被广泛应用于深海石油开发工程，具备了钻探、生产、海上原油处理、石油储藏和装卸等各种功能。

发展概况　立柱式平台已经发展了三代，包括经典立柱式平台（classic spar）、桁架立柱式平台（truss spar）和多柱立柱式平台（cell spar）。

1996年，Kerr McGee公司建成世界上第一座经典立柱式平台，平台主体由一个单柱圆筒组成，90%的主体结构浸没于水中。2001年，第一次将桁架立柱式平台的概念应用于Nansen Truss Spar，其特征为用桁架结构取代经典立柱式平台主体的封闭式圆柱结构，在桁架结构分段之间的一系列水平板即垂荡板，可以增加平台运动的附连水质量和水动力阻尼，减小平台的垂荡运动。另一方面，立管从垂荡板的开孔穿过，垂荡板为立管的导向框架，减小了立管的跨度，显著降低了立管的弯曲变形。典型的多柱立柱式平台由6个小圆柱围绕一个中心圆柱组成，主要优点是降低了建造大尺度柱体的难度，建造和安装费用亦可相应减少。2004年7月，第一座多柱立柱式平台Red Hawk Cell Spar开始运营。

技术组成及特点　立柱式平台从结构上分为三部分，即平台主体（hull）、平台上部结构或上部模块（topside）、系泊/立管系统（包括锚固基础）。平台主体由硬舱（upper hull - hard tank）、中段（mid - section）和软舱或者叫龙骨舱（lower hull - soft tank or keel tank）构成，其中硬舱主要提供平台浮力，支撑整个平台的重量；软舱主要用于压载，调整平台整体的重心。

与其他深海平台比较，立柱式平台的重心远低于浮心，具有良好的稳性；吃水较深，对立管形成良好的保护；运动响应对水深变化不敏感，更适宜于在深水海域应用。

在墨西哥湾作业的Horn Mountain立柱式平台，2002年8月由BP石油公司安装在墨西哥湾，该平台主体直径32.3米，主体高度169.1米，作业水深1653米，主体重量13 272吨，主体下安装了桁架结构和垂荡板，可以有效减小平台的垂荡运动。红鹰号多柱立柱式平台于2004年建成安装，该平台主体直径19.5米，高度170.7米，主体重量6532吨，作业水深1615米。

在立柱式平台的系泊系统中，海底的锚固方式主要有打桩、吸力锚、大抓力锚三种。采用较多的锚固方式是打桩和吸力锚。系泊线材料有全部为锚链、锚链－钢缆－锚链混合系泊线、锚链－尼龙缆－锚链混合系泊三种。采用尼龙缆系泊可以减小平台系统的重量，提供的浮力可以减小，从而可以降低浮力结构的尺度，节省钢材。2004年，建成第一个尼龙缆取代传统钢缆系泊的Mad Dog立柱式平台，作业水深4420英尺（1347米），采用11条系泊缆定位。该平台的尼龙缆绳由英国的Marlow Ropes公司负责制造，总长度约为84 000英尺（25 609米），临界断裂应力达

到了4260千磅（1932吨）。（刘利琴）

**利文流** Leeuwin Current 南印度洋东边界的一支暖流。该海流沿澳大利亚西海岸向南运动，绕过利文角进入澳大利亚南部海域，最远可到达塔斯马尼亚。利文流强度存在明显的季节性变化，夏季（11月至次年3月，对应北半球冬季）受到强烈西南风的影响，强度最弱；冬季（3月至11月）由于西南风较弱，海流强度最强。流域海水的蒸发对澳大利亚西南部地区的降水具有很大贡献。利文海流水深较浅，约为300米，平均流速约为0.5米/秒。

（宋德海）

**砾石堤** gravel beach ridge 位于海岸带沙滩、砾滩的外缘，由激浪流将沙或砾石堆积在高潮线附近而形成的一种沿岸堤。又称砾石质滩脊。砾石堤的延长方向与岸线平行，高数米，长数百米至数千米。砾石堤是堤式海滩的组成部分，其前缘是砂质海滩，可以单一出现，也可成为一组大致平行的堤出现。

形成发育 砾石堤的主要物质来源是洪水期自山区搬运入海的砾石，在持续而定向的大风浪期间，砾石比较集中地被激浪流再搬运到海滩，在海滩外缘形成长堤。在中国东部、辽东半岛和山东半岛的许多微弯海湾的湾顶，常保存数条砾石堤，这是因为这里的原始水下岸坡坡度较大，暴风浪期间一部分上移的海滩砂被侵蚀走，另一部分在岸边沉积成堤状脊。堤内虽无潟湖水域，但可见低洼沼泽，特大潮时可被淹没。通常，沿岸堤沉积物由中、粗砂组成，有时含少量贝壳碎屑，砂较纯，由于暴风浪期间滩脊的向陆迁移，其下伏土层往往从滩脊向海侧出露。在辽东半岛东岸，分布着高3～5米的砾石堤，砾石磨圆好，砾石主要来源于近岸海底和岸边的岩滩。另外，当砾石比较坚硬、较难风化时，湾内的砾石长期滚动而形成鹅卵石。中国舟山群岛朱家尖岛为典型的鹅卵石滩，鹅卵石以黑色玄武岩为主，小如鹌鹑蛋，大如鸡蛋，远望乌黑，故称之为“乌石塘”。

意义 砾石堤最初形成时堤顶高度可反映最大风浪的高度和海面升降的变化，形成后期常常遭到侵蚀破坏，它的发展可以反映一个具有大量砾石来源以及定向风浪作用为主的海湾环境。

（牛建伟 李广雪）

**《联合国海洋法公约》** *United Nations Convention on the Law of the Sea* 海洋法中最重要的国际公约。被称为“海洋宪章”。

第三次联合国海洋法会议1982年4月30日通过，1994年11月16日生效。中国于1996年5月15日批准了这一公约。

《联合国海洋法公约》除序言外，有正文17部分，共320条、9个附件和1个最后文件，涉及12海里领海宽度、200海里专属经济区、海峡通行权利、大陆架的界限、国际海底的勘探和开发制度以及海洋环境保护、海洋科学研究等问题。其确立的基本制度有：①确定12海里领海宽度，并同时确保其他国家在沿海国领海内的无害通过权。②允许沿海国为开发海洋资源、保护海洋环境及管理海洋科学研究等目的设立200海里专属经济区，但不得限制其他国家在该区域的合法活动；所有国家，不论是沿海国或内陆国，在本公约有关规定的限制下，享有第87条所指的航行和飞越的自由，铺设海底电缆和管道的自由，以及与这些自由有关的海洋其他国际合法用途。③建立基于自然延伸原则的大陆架制度，规定了结合科学标准、地质标准及距离标准确定大陆架外部界限的方法，设立解决200海里外大陆架外部界限的大陆架界限委员会，并对200海里外大陆架资源的利益分享问题作了规定。④对国家管辖范围以外的海床洋底建立专门的国际开发制度，并设立国际海底管理局以管理作为“人类共同继承财产”的国际海底区域及其资源；各国有义务在合理条件和基础上，顾及各方合法权益，促进海洋开发技术的发展和转让。⑤确认航行自由、飞越自由等传统的公海自由原则，并根据科学技术的发展补充了新的公海自由原则，但同时又对公海生物资源的养护和管理做了专门规定，对公海传统的公海自由和新的公海自由原则做出限制。⑥确保各国的船舶和飞机在世界上各群岛水域和用于国际航行的海峡不受阻碍地航行或飞越的权利，同时对群岛国制度和海峡沿岸国的权利做了规定。⑦在扩大沿海国权利的同时，也确保了内陆国出入海洋的权利。⑧确立进行海洋科学研究和海洋技术转让的规则；专属经济区内和大陆架上的科研活动要征得沿海国的同意。⑨对海洋环境的保护和保全做了全面的规定，使各国承担保护海洋免受各种污染源污染的义务。⑩推动各国和平解决海洋争端，规定了强制解决争端的各种程序，并设立国际海洋法法庭。

1982年4月30日《联合国海洋法公约》在联合国总部获得通过

《联合国海洋法公约》是第三次联合国海洋法会议历经9年艰苦谈判，经过不同利益集团之间的斗争和妥协所取得的结果，基本反映了当时国际社会在海洋问题上所能达成的共识。公约有关领海宽度、群岛水域、专属经济区、大陆架、国际海底区域等规定，体现了国际海洋法的最新发展。虽然公约中有不少条款是不完善的，甚至有严重缺陷，但无可否认的是，公约对海洋法领域的几乎所有问题都做了规定，它是当代国际外交的一次突出成就，是一个比以往国际条约更广泛的多边条约。它体现了世界各国特别是广大发展中国家的共同愿望，是当代国际社会关系海洋权益和海洋秩序的基本文件，确立了人类利用海洋和管理海洋的基本法律框架，标志着新的海洋国际秩序的建立。

（周忠海 杨泽伟）

**联合国千年生态评估** Millennium Ecosystem Assessment; MA 联合国于2001年6月5日启动的一项为期4年（2001～2005）的国际合作项目，首次对全球生态系统开展了多尺度综合评估，旨在评估全球生态系统的健康及与人类福祉的关系，推动生态系统的保护和可持续利用。“千年生态系统评估”由世界卫生组织、联合国环境规划署和世界银行等机构联合组织开展，来自世界95个国家的1360多名专家参与其中。主要针对以下问题开展评估：①生态系统变化的速度和范围。②生态系统变化对生态系统服务功能及对人类福祉的影响。③生态系统及其服务在今后50年内的可能变化。④为保育生态系统并改善其对人类福祉的贡献所应采取的对策。

评估结果于2005年发布，包括5个技术报告和6个综合报告，对全球生态系统及其提供的服务功能（如洁净水、食物、林产品、洪水控制和自然资源等）状况与趋势给出了评估结果，并提出了恢复、保护或改善生态系统可持续利用状况的对策。

“千年生态评估”的主要意义在于：①丰富了生态学的内涵，明确提出了生态系统的状况和变化与人类福祉密切相关，将研究“生态系统与人类福祉”作为现阶段生态学研究的核心内容和生态学发展的新方向，推进了生态学的发展。②阐述了评估生态系统与人类福祉之间相关关系的框架，并初步建立了多尺度、综合评估它们各组分之间相互关系的方法。③首次在全球尺度上系统、全面地揭示了各类生态系统的现状、未来变化的情景和应采取的对策。（郝林华）

**两囊幼虫** amphiblastula larva 海绵动物门钙质海绵纲中如毛壶（*Grantia*）、樽海绵（*Aycon*）以及少数寻常海绵纲如糊海绵（*Oscurella*）等动物发育过程中的幼虫阶段。这些海绵动物的受精卵经过卵裂形成囊胚（blastula）。此时动物极的小细胞向囊胚腔内生出鞭毛，另一端的植物极大细胞之间形成一个开口，因此这个阶段的囊胚称为口道囊胚。随后的发育中，口道囊胚由开口翻转出来，原来向内的一面变成向外的一面，动物极小细胞的鞭毛向外，植物极的细胞没有鞭毛，形成上半球长有鞭毛而下半球没有鞭毛的中空囊状幼虫，这个发育期称为两囊幼虫阶段。两囊幼虫从母体的出水口游出，在海水中浮游生活一段时间后，下沉到水底，有鞭毛的小细胞内陷形成内层（胃层），大细胞外包形成外层（皮层），并以小细胞陷入的开口处附着在其他物体表面，发育成新的海绵体。

因为其他多细胞动物在发育到两层细胞的原肠胚（gastrula）阶段时都是植物极细胞在内层、动物极细胞在外层，而两囊幼虫的进一步发育过程中是动物极小细胞陷入里面形成内层，植物极大细胞形成外层，与其他动物完全不同，因此海绵动物胚胎发育中的这种特殊现象被称为逆转现象。

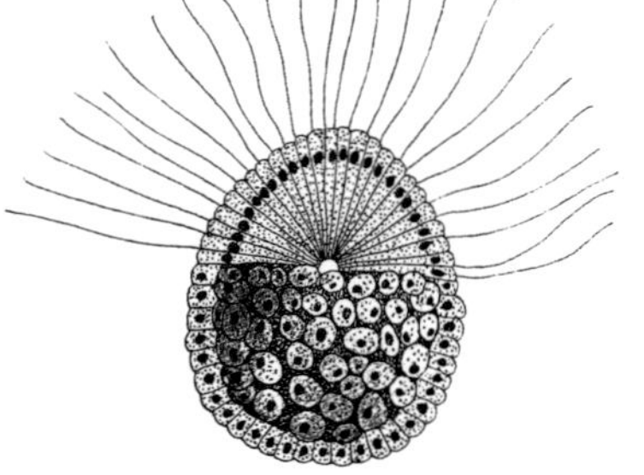

两囊幼虫手绘图

其他一些海绵发育过程中同样存在逆转现象，但形成的幼虫是体内为实心的实胚幼虫（parenchymula larva）。

因为海绵成体营固着生活，而两囊幼虫形成后可离开母体在海水中自由游动一到几天后再下沉附着，可在一定程度上寻找比母体所在位置更适宜的生活环境，避免局部水体密度过大，扩大其种群的生存空间，有利于种群的延续，是动物进化过程中长期自然选择的结果。（朱丽岩）

**辽东沿岸流** Liaodong Coastal Current 流动在辽东湾沿岸的海流。渤海沿岸流分为辽东沿岸流和**渤莱沿岸流**，它们主要受到季风、**黄海暖流**以及入海径流的影响，是辽东湾内环流的一部分。从渤海海峡北部入侵渤海的黄海暖流余脉，西伸到渤海西岸附近，受海岸阻挡而分成南、北两支。北支沿辽东湾西岸北上，与那里的沿岸流相接，而辽东湾的低盐水则沿辽东湾东岸南下，构成辽东湾顺时针的环流。在秋、冬、春三季（此三季多偏北风）均为此种路径。到了夏季，特别是8月，黄河入海径流量骤增，这时辽东湾东岸盛行东南风，而西岸却吹东北风，迫使辽东湾湾顶沿岸低浓度盐水沿西岸南下，而黄海暖流余脉的北支便沿辽东湾东岸北上，此时，构成辽东湾逆时针的环流。也就是说，辽东湾的沿岸流，一年有两次方向上的改变。夏季，沿岸流为西北和西南向，其余季节均为东南向或西南向。辽东沿岸流，不仅在路径上有季节变化，在海湾性质上也有差异。冬季，低浓度盐水沿水舌南下，属非密度性质流，且流层深度较深；夏季，带有密度流性质，流速为15厘米/秒左右，且流层较浅。（边昌伟）

**辽南沿岸流** Liaonan Coastal Current 辽东半岛南岸自鸭绿江口向西南方向流动的一支**沿岸流**。系北黄海气旋式环流的一个组成部分。它主要由鸭绿江的径流组成，其季节变化主要取决于鸭绿江的径流量和辽南一带的风。辽南沿岸流的特点是流向较为稳定，夏季流速稍大，流幅较窄；冬季流速较小，流幅较宽（见**黄海沿岸流**）。（荣增瑞）

**辽宁丹东鸭绿江口滨海湿地国家级自然保护区** Dandong Yalu River Estuarine Wetland National Nature Reserve, Liaoning 以河口湿地和珍稀动植物为主要保护对象的国家级自然保护区。保护区始建于1987年，1997年晋升为国家级自然保护区。1999年被列入东亚—澳大利西亚涉禽迁徙保护网络，2004年与新西兰米兰达缔结为姊妹保护区。面积81 430.00公顷。

地理位置 位于辽宁省东港市，东起鸭绿江口的文安滩岛，西至东港与庄河市交界处，北起鹤大公路，南临北黄海。地理坐标为东经123°31′11″～124°09′40″、北纬39°40′50″～40°40′27″。

保护对象 保护区地处东北和华北动植物区系交会地带，既保留了原始滨海湿地和海洋生态系统的完整性，又保持了东北地区南部动植物种类的丰富性和多样性，是一座永久性的生物基因库。保护区内有野生植物337种，其中野大豆是被列入《国家重点保护野生植物名录》的国家Ⅱ级重点保护植物。鸟类资源丰富，记录有242种，其中留鸟22种、夏候鸟107种、冬候鸟5种、旅鸟108种；被列入《国家重点保护野生动物名录》的国家Ⅰ级重点保护动物有丹顶鹤、白枕鹤、东方白鹳、黑嘴鸥等8种；国家Ⅱ级重点保护动物有30种，包括大天鹅、白额雁、小杓鹬等；有世界濒危鸟类黑嘴鸥和斑背大尾莺；被列入《中日候鸟保护协定》的有121种，被列入《中澳候鸟保护协定》的有43种。另有鱼类88种、两栖类3种、哺乳类6种、底栖动物74种、浮游动物54种。

重要作用 鸭绿江口滨海湿地国家级自然保护区的建立，为全球提供了一个永久性的滨海湿地天然本底和野生生物的基因库，具有重要的经济、社会和环境价值。从全球环境的角度来看，该保护区所代表的是温带湿地生态系统，其结构、功能和生产力等方面的研究有非常重要的意义；保护区位于中国海岸线的最北端，是北迁涉禽在中国的最后停歇地，湿地为众多的水禽、涉禽提供了丰富的食物、清洁的水源和安全的隐蔽地，每年5～6月，有大量鸟类在这里停歇；沼泽、滩涂是该保护区的重要组成部分，具有蓄水调洪、调节气候、净化水质等功能。保护区内湿地的存在，使保护区内的动、植物和水生生物得以大量的繁殖和生存，保护区已成为东北亚重要的鸟类栖息和迁徙站，对维护中国北方乃至朝鲜等邻国的区域生态平衡具有重要作用。（张朝晖）

辽宁丹东鸭绿江口滨海湿地国家级自然保护区迎来大批候鸟停留觅食

**裂流**　rip current　强而窄的离岸水流。它能从波浪破碎区一直延伸到破波带以外。裂流通常由补偿流、裂流颈和裂流头3部分组成。裂流能将波浪向岸输送的水体带出，在特定的近岸地形下，它可以作为近岸水体向海排放的主要媒介。

简史　美国海洋地质学家F.P.谢泼德最先于1936年提出了裂流这个概念，将裂流与水底回流区分开来。他指出，水底回流是靠近水底的分散的流动，在破波带内无处不在，且流速较小；而裂流是强而窄的水流，通常集中在水柱的上部。1941年谢泼德等第一次在加利福尼亚州南部海滩进行了现场观测。此后，裂流逐渐得到更多现场观测的验证，一些学者还通过实验研究了裂流。

特点　裂流的强度与入射波和海岸地形有关。实地观测和实验观测都指出裂流强度随入射波波高增大而增大，特别是随沿岸波高变化增大而增大，后者产生波浪增水沿岸梯度，驱动产生向裂流汇集的沿岸流，增大裂流的流量。海岸沿岸沙坝具有增大波浪破碎，增大向岸质量输移流的作用，因而其存在将导致裂流强度的增大。裂流流速有时高达2米/秒，延伸的离岸距离可达500米以上。它能在风暴时期将大量的泥沙输送到离岸较远的地方，引起岸线的后退。它较强的流速也会把游泳者推离近岸而造成人身危害，美国救生联合会10年的调查显示，在众多由天气引发人身事故的原因中，裂流高居第二位。同时，裂流对近岸水体的交换和污染物的输移扩散也有重要作用。

危险的裂流

对近岸地形变化的意义　裂流具有以下地形特点：①通常与海滩上的沟槽有关，表明裂流能延伸到水柱的底部并能对水底泥沙形成冲刷。②许多裂流出现在呈韵律型（相互连接的向岸凹的弧形岸线）的海岸线上，当没有持续的沿岸流存在时，裂流会从弧形岸线的中央向外移动。③裂流能从海岸的突出部分产生，包括岬角和人造建筑物（如突堤、丁坝等）。

（李华军　董　胜）

**磷钙土**　phosphorite　主要由碳氟磷灰石、氯磷灰石、羟磷灰石和氟磷灰石等组成的类磷灰石矿物。又称磷块岩。分布于低纬度、缺少碎屑沉积物、水深小于1000米的岸外浅滩、**大陆架**、陆坡上部以及海山或海台上，并在富含营养盐的上升流区广泛分布，常呈结核状、粒状、板状或块状产出，结核的大小不一，通常为几厘米，大者可达80厘米，呈淡褐色，断面多呈鲕状或层状构造，常与文石、方解石、白云石、蒙脱石、长石、沸石、石英等矿物和生物碎片相伴生，有时伴有水云母和水云母-蒙脱石混层矿物。

发现　1873～1876年，“挑战者”号考察船在非洲南端厄加勒斯浅滩、秘鲁-智利大陆边缘和西班牙陆架3处首次发现了海底的磷块岩结核和磷酸盐化的灰岩碎片。进入20世纪后，随着深海钻探计划（DSDP）、**大洋钻探计划**（ODP）的推进和*海底矿产资源*调查技术的进步，相继在大西洋、印度洋和太平洋发现了新的磷钙土分布区，包括在海山上陆续发现的磷钙土。

成因　磷钙土的成因假说有多种，涉及磷的来源、富集过程、磷钙土的沉积作用和沉积环境等多方面。“生物成因”假说认为磷钙土通过粪化石沉积、海草和动物分解、动物分泌液沉淀、大量死亡动物残留物与骨骼中溶解的磷酸盐和磷酸盐物质发生再沉积，然后经过改造和富集等复杂过程而形成，即从鱼类等死亡后生物释放出磷酸盐成分开始，这些成分进一步沉淀到海水-沉积物界面的沉积物中形成磷钙土。“上升流-成岩作用沉淀-低海平面改造”假说认为磷钙土的形成经历7个基本过程：①向海洋供给磷。②溶解的磷聚集到深水。③深水循环到浅水。④磷在海底富集。⑤磷灰石在海水中溶解度发生变化。⑥磷灰石沉淀。⑦磷灰石富集。“物理化学沉淀”假说认为磷钙土是在正常海盆条件下，磷酸钙通过富含磷的海水化学沉积而成。“化学成因”假说认为磷钙土是灰岩经过磷酸盐化作用而成。此外，亦有“火山-热液成因”等假说的提出。

形成环境及分布　磷钙土主要产出在海底表层沉积物中，广泛分布在非洲西南海域、美洲西海岸、美国东海岸沿线、澳大利亚与新西兰近海及北太平洋中部，水深达数百至数千米的陆棚、大陆坡、海山和海台等氧化-亚氧化环境中，可分为大陆边缘型与海山型磷钙土，主要分布在：太平洋东部陆缘区、西部陆缘区、海山与深盆区，大西洋东部陆缘区、西部陆缘区、海山与盆岭区，以及印度洋陆缘区、海山与深盆区。

形成年代　分布在海山与深水海盆区的磷钙土即海山型磷钙土，其形成时代相对较老，主要为白垩纪至新近纪；大陆边缘型磷钙土则形成于白垩纪至第四纪时期，且以新近纪至古近纪为主。磷钙土在大于100万年的古老地质时期与小于50万年的地质时期均可形成。

储量　磷块岩中五氧化二磷（$P_2O_5$）含量可达41%。全球大洋$P_2O_5$总计约200亿吨，随着大洋矿产资源调查工作的深入进行，磷钙土的资源量将会增加。

磷钙土的价值　随着现代工业、农业对于磷肥及磷酸盐相关化工产品需求的增长，加之陆地磷矿资源的消耗日益增加，使得海洋中的磷钙土资源得到高度重视。同时，磷作为海洋生物地球化学重要的研究对象，磷钙土的成因模式分析能揭示全球范围内磷的循环和生态学效应，是一种极为重要的海洋非金属矿产资源。

（曾志刚　朱博文）

**领鞭毛虫**　*Choanoflagellate*　隶属于原生动物门鞭毛纲动鞭亚纲（Zoomastigina）。其结构特征是在领鞭毛虫体前端鞭毛基部，有一领状结构围绕着鞭毛，后端具细胞质突起形成的“柄”，用于附着其他物体上营固着生活。

研究简史　领鞭毛虫的领与海绵的领细胞在结构和功能上的相似性，导致提出存在共有离征这一假说。二者均具有代谢二氧化硅及利用伸缩泡排除细胞内水分的能力。领鞭毛虫的进化有可能源于后生动物的逆行进化，也可能产生由固着生活方式的进化压力，以及相似滤食方法的策略而导致的汇聚性进化（异体同功）。

分布范围　已有记载的种类不多，在海洋和淡水生境中均有分布。如原绵虫分布于种类淡水体中。

生物学特性　领鞭毛虫是鞭毛纲中截然不同的一支，具单生鞭毛，通过细胞顶部周围的一圈触手状细丝引起水的流动，将细菌诱捕进入细胞中的食物泡。有些领鞭毛虫在细胞周围形成一个精巧的篮子状的壳。附着性的领鞭毛虫可以在某些表面

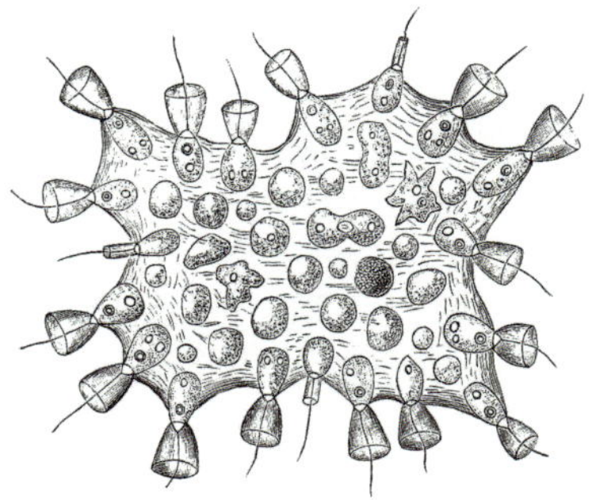

《剑桥自然史》绘制的领鞭毛虫

上形成稠密的群落。在基于rRNA方法构成的系统发育树中，领鞭毛虫似乎与动物的亲缘关系最近，并且与海绵中发现的摄食细胞相似。

意义与价值　领鞭毛虫是世界大洋悬浮细菌最重要的滤食者之一，在海洋微食物网中能量和物质由细菌向更高营养级传递中起着重要作用。如果领鞭毛虫的细胞排布模式能被证实，那么这样的群体可能成为单细胞动物和后生动物之间具备桥梁作用的有机体。　（包振民）

**领海**　territorial sea　邻接沿岸国陆地领土及**内水**的海域，是一条与海岸平行的延伸到离海岸一定距离的海水带。领海属于沿岸国的领水，受沿岸国主权的支配，而且沿海国主权扩展于领海以上的空间及其海底和底土。1982年《**联合国海洋法公约**》第2条规定："沿海国的主权及于其陆地领土及其内水以外邻接的一带海域，在群岛国的情况下则及于群岛水域以外邻接的一带海域，称为领海。"

宽度和界限　指从测算领海的基线起至其最外沿线之间的距离。领海的外部界限是一条其每一点同基线最近点的距离等于领海宽度的线。依据《联合国海洋法公约》的规定，每一国家有权确定其领海的宽度，直至从按照基线量起不超过12海里的界限为止。

依据《中华人民共和国领海及毗连区法》第3条的规定，中华人民共和国领海的宽度从领海基线量起为12海里；领海基线采用直线基线法划定，由各相邻基点之间的直线连线组成；领海的外部界限为一条其每一点与领海基线的最近点距离等于12海里的线。

基线　指沿海国测算其领海、毗连区、专属经济区和大陆架宽度的起算线。领海基线包括正常基线、直线基线和混合基线3种。正常基线即沿岸低潮线，是沿海国海岸在海水处于低潮时，海水与海岸自然形成的一条分界线。在国际实践中，正常基线多用于那些海岸比较平直的情况。直线基线是沿海国在海岸的陆地上、岛屿上或礁石上选定的特殊点作为基点，将这些点用直线连接起来即为直线基线。混合基线即将正常基线和直线基线混合交替使用。各国可根据本国的利益和具体情况，交替使用上述规定的任何方法以确定基线。在确定一国的领海基线和领海外部界限之后，这两条线之间的领域，就是该国的领海。

法律地位　国家主权扩展于其领海，是海洋法上的习惯国际法规则。第三次海洋法会议上通过的《联合国海洋法公约》对领海主权再次予以确认，由此，国家对其领海享有主权，不仅是国际习惯法规范，而且是国际条约法规范。

领海主权是指国家对其领海所享有的最高统治权，是国家主权在其领海的体现。领海主权及于领海的上空、水域、海床和底土，国家在其领海上行使主权与其在领陆上行使主权，原则上应该没有本质区别。然而，基于海域与陆地的不同性质以及领海制度是随着时代进步逐步发展而来的历史事实，领海主权在具体内容上与领陆主权不尽相同，而且前者往往会受到国际法条约的一些限制。因此，尽管领海原则上被视为国家领土的一部分，受沿海国主权支配，但其并不能够完全与领陆主权相等同。

领海主权的内容一般包括：①开发和利用领海内资源的专属权利。②对领海上空进行管制的专属权利。③管制沿海航运及贸易权的权利。④制定并颁布有关领海事务的规章的权利。⑤在领海内采取国防安全措施的权利。⑥在领海内实行司法管辖的权利。　（周忠海　罗国强）

**留足迹机制**　footprinting mechanism　将副热带大气异常的"足迹"通过局地海－气相互作用保留下来影响热带的一种机制。该机制是韦蒙特等在一系列有关副热带太平洋大气异常信号如何影响**厄尔尼诺－南方涛动**（ENSO）现象的研究工作中提出的。

留足迹机制的物理本质是海面风－蒸发－海表温度正反馈机制，与气候背景的风有密切的关系，因此，在太平洋上留足迹机制有明显的季节选择性。北太平洋副热带东部大气中的风场异常可以影响局地的海面蒸发和海表温度异常；在东北信风盛行的海域，这种副热带海表温度异常可以导致其西南侧海域的海面风异常；通过一连串的风－蒸发－海表温度的相互作用将副热带的异常信号带到热带太平洋海区，从而造成热带和赤道附近海表热通量和海表温度的异常。有人称其为移动的海面风－蒸发－海表温度机制。

留足迹机制是热带外大气异常的足迹留下来到达热带的一个重要途径；该机制可以进一步导致赤道西部太平洋的纬向风异常和厄尔尼诺与南方涛动事件的发生，也是激发热带太平洋年际变化的中部厄尔尼诺与南方涛动的主要机制。因此，依据更多的观测资料分析和数值模式研究留足迹机制的作用，将会为预测气候的年际变化奠定基础。　（刘秦玉　李　春）

**琉球海沟**　Ryukyu Trench　位于琉球群岛东侧北纬22°～30°，东经123°～132°范围内的**海沟**。北起九州岛东南，南至中国台湾岛东侧，长达2250千米。海沟北段与中段为北东—南西走向，南段变成近东西走向。海沟中段较深，大于7000米，最深点7507米，而北段与南段一般只有5000～6000米。北段受奄美海台、大东海岭等斜交的海底隆起地形的影响，被分隔成两段孤立的海盆。特别是最北的位于奄美海台与九州－帕劳海岭之间部分，海沟形态已不明显。海沟中段地形横剖面显示，陆侧斜坡在2000～2500米深处，发育海台，陆侧斜坡平均坡度8°，洋侧斜坡平均3°，海沟沟底与洋底相对深度只有1000～2000米。琉球海沟陆侧斜坡有浅源地震和中深源地震，但未发生过震源深度超过300千米的深源地震。琉球海沟是菲律宾海板块（也可以看成太平洋板块中的一个较小的板块）向欧亚板块俯冲形成的，并且与琉球岛弧、冲绳海槽构成典型的沟弧盆系，对中国东海的构造和地貌发育具有重要影响，同时构成了太平洋板块与欧亚板块的一段分界线。　（仲　佰）

**龙虾**　lobster　十足目龙虾科动物的统称。

分类　全世界约60种，中国海区分布有17种。龙虾属共有22种，中国已发现9种。

形态特征　大形海产爬行虾类。因生活时外形像神话中的龙而得名。甲壳坚厚，外表常有棘刺，因此又称棘龙虾。体呈粗圆筒状，背腹稍平扁。最大的体重可达4～5千克，长30厘米以上。头胸甲发达，坚厚多棘，前缘中央有一对强大的眼上棘，但无额角；前侧角腹缘与口前板及胸部腹甲板愈合，形成封闭的鳃室。腹部较短而粗，后部向腹面卷曲，尾扇宽短，腹部急剧弯曲时有很强的拨水能力，可使身体迅速倒退。

第一触角稍细而短小，触鞭分枝较柄部稍长（龙虾属）或稍短（脊龙虾属）。第二触角柄部多棘单枝，无鳞片；触鞭粗大，覆以众多的小棘。第三对颚足短小、曲折，外肢有或无。五对步足简单，呈圆柱状，末节爪状，雌性第五对步足掌节末端的突起与指节形成一小的亚螯。腹肢退化，第一对全缺，仅有第二到第五对，失去游泳能力，雄性单肢，雌性虽为双肢，但仅抱卵用。尾肢宽而短，与尾节构成发达的尾扇。

生物学习性　主要生活于热带沿岸浅海的礁岩间，白昼潜伏于岩缝间或石下，夜间觅食活动较多，行动缓慢，具带刺的坚甲，可保护自己免遭捕食。多为杂食性，捕食多毛类、贝类、甲壳类等底栖动物。

生活史特征　性成熟的雌体成熟蜕皮后交配产卵，产卵量几十万至百万粒。受精卵抱于雌体腹肢间。卵粒圆形，橙色，在25～30℃水温条件下约12天可孵化。繁殖期间一次产卵孵化后可再次抱卵。

初孵化的幼体为叶状幼体，体躯宽短，极度平扁，略呈叶片状，腹部短小，漂浮生活于海水上层，发育缓慢，常借洋流输送，分布到遥远的海域。例如，密毛龙虾自非洲东海岸分布到美国加利福尼亚州沿岸，横越印度洋和太平洋的广阔海域，主要是借洋流输送而扩散的。叶状幼体经过几次蜕皮，有时可长达几个月之久，变态为龙虾幼体期。这时始沉于海底，但仍有游泳能力，当变态与母体形态相同时才完全行底栖生活。

经济价值　主要分布于热带海域，是名贵的海产品。产量最大的是美洲龙虾，分布于加勒比海和美洲大陆的大西洋沿岸，以古巴为最多，洪都拉斯、尼加拉瓜、巴哈马及美国等国家也有分布。日本龙虾广泛分布于西太平洋，日本产量最大。东南亚、印度、巴基斯坦有杂食龙虾。中国以中国龙虾产量较大，其次有波纹龙虾、锦绣龙虾和密毛龙虾。欧洲和非洲的大西洋、地中海沿岸主要有脊龙虾属的种类。岩龙虾属的种类也是重要经济龙虾类，分布于南半球。非洲岩龙虾产于南部非洲沿岸；绿岩龙虾主要产于澳大利亚沿岸；红岩龙虾主产于新西兰。

人工养殖始于20世纪70年代。包括中国在内的不少国家已进行养殖。龙虾的蛋白质含量较高，磷的含量也丰富，不但可食用，亦可入药，壳还可制成工艺品。

（刘瑞玉　马　林）

**隆庆开海**　Open the Sea Ban in Longqing Years　明代隆庆年间，明穆宗朱载垕决定在福建开放海禁，允许漳泉两府商人出海贸易的政策变革。明朝建立以后，一直奉行海禁政策，严重影响了沿海地区民众生计。嘉靖倭乱平定之后，针对沿海地方治安及民生问题，部分有识之士向明政府发出开海的呼声，请求允许商人出海通商。隆庆元年（1567），朱载垕即位，时任福建巡抚的涂泽民再请开放海禁，其奏议得到朝廷批准，由此形成开海局面。

隆庆开海为有限度的开放政策，开海港口仅限于漳州月港一个，开放出海商人则仅限于福建漳、泉两府，其他省份沿海地区仍沿袭海禁旧制。开海后，逐渐形成了制度化的贸易管理规章措施。凡欲出洋贸易的商民，需要在所在里邻勘报保结，再从所在道府领取船引（即合法出海贸易的凭据），船引中填写船员姓名、年貌、户籍、所带货物、前往地、回籍日期等信息，每艘出海贸易船只均需领取船引，领得船引的海商则须交纳引税。明政府最初对沿海商民出洋贸易申请船引并无数量等方面的限制，其后随着贸易的不断发展，至万历十七年（1589），将船引数量限制在88张，后又增至110张。明政府对出洋贸易的目的地及货物种类都做了明确的规定和限制，目的地只限于大致相当于今东南亚的“东、西洋”地区，禁止与日本的贸易往来，硝黄、铜铁等违禁物禁止携带出海。明政府设督饷馆负责对出海商人征税，除了引税，出海商人还需缴纳水饷、陆饷及加增饷等饷税。

隆庆开海的目的，在于通过有限地开放，更好地贯彻“海禁”政策。但客观上，开海为明朝政府带来数量可观的贸易税收，大量白银流入中国。据学者万明测算，至17世纪，每年从月港流入中国的白银年均可达100万两。白银大量流入的同时，中国的生丝、纺织品、陶瓷、漆器等商品源源不断输送至东南亚港口，开海扩大了海外市场对中国商品的需求，在很大程度上活跃了晚明时期中国尤其是东南沿海地区社会经济的发展。

（李　尹）

**鲁北沿岸流**　Lubei Coastal Current　由黄河、海河等入海径流和外海水混合而成的*沿岸流*。具有低盐且冬季低温的特性，水色浑浊。鲁北沿岸流上接渤海沿岸流，沿山东半岛北岸东流，经成山角南下。鲁北沿岸流基本流向比较稳定，但流速冬强夏弱，但基本流向比较稳定。在成山角附近，除少部分汇入**黄海暖流**外，绝大部分继续向南或西南流动。成山角以南，因进入宽阔海面，势力减弱，流速减小。

（荣增瑞）

**陆架沉积**　continental shelf sedimentation　分布在大陆架区域的海底沉积。也是水深约为20～200米范围内的沉积物。见**浅海沉积**。

**陆架拦获波**　continental shelf trap wave　能量显著集中在大陆架上的一类沿岸传播的长波。又称陆架陷波。其中频率低于惯性频率者，称为陆架波；频率高于惯性频率者，称为边缘波。

陆架波　当海面上一个气压系统的移动速度比当地海洋中长波的传播速度小得多的时候，海面对于气压变化的反应近似于静压反应，即海面大气的压力降低（升高）1毫巴（100帕斯卡）时，海面上升（降低）约1厘米。但是，1962年B.V.哈蒙分析澳大利亚东岸的验潮资料时发现：在扣除了静压反应后的水位谱的分析结果中，显示有周期约5天和9天的两种波动。两年后，A.鲁宾逊以一个简单的动力学模型对上述波动做了解释。由于这种波动的能量显著地部分集中于大陆架上，鲁宾逊便称它为陆架波。陆架波的周期在数天以上，属于低频波；因其波长超过数百千米，比陆架区域水深（数百米）大得多，故属于长波。陆架波呈单向传播。在北半球的一个背海面陆的观察者会发现，陆架波总是向左传播的；而在南半球则相反。应指出，鲁宾逊所研究的陆架波的波型，为陆架波在低频段的极限情况，其相速正比于陆架宽度和惯性频率之积且和波长无关，故为非弥散波。其实，陆架波在一般情况下是弥散波。再者，鲁宾逊研究的陆架波是无水平辐散的。当陆架宽度和**罗斯贝变形半径**相比不再是小量时，海面的水平辐散效应是应该考虑的。并且，波在这种情况下的传播速度，将由于重力效应的修正而减小。对于无辐射陆架波来说，气压效应和静压效应相比是微不足道的；但如果考虑辐散陆架波，则这两种效应可能具有相同的量级。一般说来，风效应对陆架波的贡献大于气压的效应。

边缘波　1846年，爱尔兰物理学家G.G.斯托克斯在关于流体动力学理论研究的一个报告中，把岸界当作平直的，而把水下地形假定为一个半无限宽的均匀斜坡，从而导出了一种在陆架上沿岸传播的前进波。它的振幅随着离“岸”距离的增加而依指数规律衰减。在距离“岸边”约一个波长处，振幅几乎衰减殆尽。故英国力学家H.兰姆于1945年在其所著的《海体动力学》一书中，将这种波命名为“边缘波”。虽然边缘波的能量显著地集中于“岸”附近区域的这一特征，类似于陆架波，但它们的性质不同：边缘波是一种**惯性重力波**，其频率高于惯性频率，而陆架波则否。斯托克斯边缘波的传播速度，正比于重力加速度和底坡的正弦之积的平方根，反比于波数的平方根。因此，边缘波为弥散波，其群速大小为传播速度的一半；并且，对于确定的波长而言，两列反向传播的斯托克斯边缘波的频率相等，从而相速和群速皆分别相等，具有对称性。

1956年，W.H.蒙克及其合作者在一项研究中指出，曾在美国东海岸陆架上由4次飓风所诱发的水位余振（见**风暴潮**）就是边缘波。其实，海洋中的许多动力学现象，如海啸、风暴潮等，都能在陆架上诱发边缘波。1951年，C.H.埃卡特推广了斯托克斯的边缘波解。1958年，R.里德和日本的梶浦钦二郎首先探讨了地球自转对边缘波的影响，并指出在这种影响作用下的边缘波，不再具有上述斯托克斯边缘波的对称性，即反向传播的两列波的相速各异：在北半球，对于一个背海面陆的观察者而言，向右传播的边缘波的相速大于向左传播者；在南半球则相反。应指出，在边缘波的动力学理论研究中，仅当边缘波的波长不太大时，才能不考虑陆架外缘的影响，而采用半无限宽的陆架模型。1968年，L.A.米沙克对于有限宽陆架上的边缘波的研究结果表明：边缘波的波长和陆架宽度的比值不超过某一极限值。

*应用* 陆架拦获波的研究结果，广泛应用在陆架环流动力学及诸如上升流、沿岸流、风暴潮、海底沉积物推移等一系列近岸海区的动力学现象的研究中。特别是有关各种尺度的拦获波的相互作用及其和平均流动的相互作用、不规则的海底地形和岸界、海水层化、湍流混合过程等因素对各种拦获波的影响等，已成为浅海动力学研究中的重要课题。（冯士筰）

**陆架生态系统** continental shelf ecosystem 陆架区内包括从海岸线到200米等深线，或者陆坡边缘坡度小于0°06′区域的海洋生态系统。因为0～200米是通常认为的光合作用带，所以陆架生态系统代表了海洋中可以全水体进行光合作用和物质循环的区域。生态系统内的物质存在水平方向上的输运，但不存在一旦沉降到深层就无法再生进入真光层的问题。

*环境特征* 全球大陆架海域平均水深约150米，平均跨度78千米，但跨度范围从0到1500千米不等。一般随着水深增加，上层水体透明度增加，悬浮体粒径减小。陆架区也包括一系列大小不一的半封闭陆架海（如北海和中国黄海），在一些内陆架也有水深超过200米的海沟，这些都会导致特殊的生态系统结构。随着纬度和环境变化，也会在小范围内演化出一些特殊的生态系统类型。

由于海底地形复杂和强的陆海相互作用，陆架生态系统的水动力环境复杂多变。从米级尺度的湍流到全球尺度的洋流都会对该系统造成影响。水体垂直层化和上升流等海洋现象也比较常见。因此，该生态系统的生物组成很难用统一的特征进行描述。因为其水深的缘故，通常底栖动物丰度较高，水体和海底的生物、化学耦合过程也更加强烈。

*生物生产力* 由于陆缘物质的输入，多数陆架生态系统是海洋中生产力最高的区域。陆架生态系统包括海底和水体两种生境类型，分别被底栖生物、浮游和游泳生物所占据。全球大陆架总面积2710万平方千米，约占海洋总面积7.5%，但世界上渔获量90%来自该水域。全球66个大海洋生态系也绝大多数位于大陆架，其中就包括了中国的黄海和东海陆架生态系统。同时，高生产力水平也决定了陆架生态系统是全球重要的碳库。

陆架生态系统的生产力的区域差异和陆海梯度的变化主要与入海河流有关。从水体生态系统上讲，从河口到外海，依次是初级生产力光限制的河口区、富营养高生产力的陆坡和贫营养的开放海域。底栖动物群落则依次表现为因扰动强烈缺乏大型动物、因高沉积速率而产生的复杂群落和外海因沉积速率过低而生物稀少。中国的陆架生态系统也是因为长江和珠江而形成的类似梯度。

*开发历史和生态保护* 人类利用陆架渔业资源的历史悠久。早在美国建国前，欧洲的渔船就在纽芬兰渔场捕捞作业。当时仍十分丰富的资源量支持了欧洲强大的渔业经济。持续的捕捞给全球陆架渔场造成明显的过度捕捞。过度捕捞的态势在发展中国家仍在持续甚至加剧，而发展中和发达国家一起通过倾废和污染给陆架生态系统带来了更大的压力。

1982年《**联合国海洋法公约**》通过以后，陆架生态系统多作为领海和专属经济区置于主权国家的管辖之下，科研活动也受到限制。这多少与过度捕捞和污染形式的加剧有些矛盾。考虑到前述的环境复杂性，生态系统层面上的模拟和管理，以及所需的科学支持必须得到重视。

（张光涛）

**陆架碎屑沉积** shelf detritus sediment 以固体的形式从陆地向海洋输入的陆源碎屑。又称陆源碎屑沉积。陆源碎屑主要指来自陆源区的母岩经过物理风化作用（机械破碎）所形成的碎屑物质。沉积盆地中已沉积的碳酸盐沉积物，经波浪、潮汐等水流作用冲刷、破碎、磨蚀、搬运、再沉积而形成的颗粒称内碎屑。而来自盆地之外，从老地层内剥蚀搬运而来的碳酸盐岩碎屑才属于陆源碎屑。

陆架碎屑沉积的主要特征是气候分带性较明显：在高纬度地区，主要以砾石、砂等陆源碎屑物质为主，分选较差，以机械风化作用为主；中纬度地区，砂、粉砂等细粒陆源物质增多，沉积物分选及磨圆度较好，生物碎屑沉积物含量增大；在低纬度地区，由于化学风化作用加强，泥和黏土矿物含量相对增大。

在靠近陆地的海域，陆源碎屑是海底沉积物的主要组成部分。由于陆源碎屑是陆地岩石、土壤和生物体经风化作用改造的产物，因此，陆源碎屑沉积的矿物、元素、同位素和有机分子等化学组成记录了来源地区的物源特征和化学风化程度，可用于追踪沉积物的物质来源，了解来源地区的气候环境特征，还可以追踪沉积物搬运路径、洋流变化等方面的信息。

（于晓果 边叶萍）

**陆架碳酸盐沉积** shelf carbonate deposit 主要分布在现代低纬度海区的陆架和大洋区的浅水碳酸盐台地上的碳酸盐沉积。在中低纬度区，世界上有不少碳酸盐沉积陆架区。根据组成成分不同，可分为陆源碎屑的陆架碳酸盐沉积和碳酸盐与陆源碎屑混合的陆架碳酸盐沉积。

碳酸盐沉积物由形成于海底的粒状或泥状碳酸盐矿物及其集合体组成，可以通过生物作用形成，也可以从过饱和碳酸盐的水体中直接沉淀而成。碳酸盐岩组分主要由颗粒、泥、胶结物、晶粒、生物格架5类结构类型组成。还有一些次要的结构组分，如陆源物质、其他化学沉淀物质、有机质等；也有一些派生的结构组分，如孔隙等。

由于大量的陆源碎屑物会抑制碳酸盐的发育，所以陆架碳酸盐沉积一般分布在离岸较远的外陆架，那里陆源碎屑沉积物较少，主要是生物碎屑，如有孔虫、介形虫、藻类和软体动物等碎屑。

现代碳酸盐分布的主要特点是呈带状分布，平行于大陆架边缘，以砂屑沉积为主，其中部分属于晚更新世－全新世早期沉积。如中国南海西北部、美国东海岸外、墨西哥湾、澳大利亚西北海区和阿尔及利亚岸外等地区。

现代陆架碳酸盐沉积还以“藻脊”形式出现在大陆架边缘。主要由各种藻类及其他生物如珊瑚藻，大型底栖有孔虫、苔藓虫和珊瑚等的骨架及其碎屑所组成。如美国东南岸外、中美洲东部、加勒比海、加利福尼亚、西非岸外和西印度等低纬度海区。（于晓果 边叶萍）

**陆坡沉积** continental slope sedimentation 主要分布在大陆坡的海底沉积物。即水深在200～2000米的沉积物。见**半深海沉积**。

**陆源入海污染物总量控制** total amount control of land-based source pollutants 依据海域的主体功能和环境容量，控制陆源入海污染物总量，以促进海洋环境质量改善，实现海洋生态环境良性循环的措施。陆源入海污染物总量控制要经过一套科学的技术步骤来实现，主要包括污染源调查与评价、水动力、污染物扩散和水交换数值模拟、海域基本功能和环境容量计算、污染物总量控制方案制订以及环境经济损益分析等环节。

科学合理的陆源入海污染物总量控制方案主要基于*海洋环境容量*进行总量控制，根据目标海域的污染物排放总量情况、环境质量状况、水动力和污染物扩散特征以及计算得到的目标海域环境容量，在海洋环境容量没有剩余的情况下，由污染源可控性入手，从非点源削减、点源优化两个角度出发，设置不同的情景条件，通过数值模拟等手段检验各种情景的结果，从而最终确定污染物总量控制方案。

陆源入海污染物总量控制的具体途径有：①通过提高农业发展水平，从提高肥料利用效率等途径削减非点源污染。②采用工程措施，人工分流、拦截和收集重点排污口周边的非点源污染源，进行集中处理，实现非点源点源化，进一步削减非点源污染。③对点源污染进行集中处理，确保达标排放。④采用工程措施，将水动力条件差、水交换能力低的海域的点源排污口向外海调运，减少此海域的污染负荷。污染物总量控制过程中常用的概念有削减量和削减率，削减量是实际排污量减去允许排污量得到的应减少排污量，削减率定义为削减量占实际排污量的百分比。

陆源入海污染物总量控制技术流程为：总量控制区域边界的确定；实施总量控制的海域水质调查与评价；总量控制指标识别及水质目标确定；陆源污染物入海量调查评估；污染物允许排放量计算；污染物削减总量分配；排污总量控制成效考核。

陆源入海污染源主要特征包括：①污染源数量大、类型多、分布广。②入海排污口设置门槛较低，监管不够。③有些入海排污口设置不合理等。

2017年底国家海洋局（今自然资源部）印发的《关于率先在渤海等重点海域建立实施排污总量控制制度的意见》提出，2018年率先在大连湾、杭州湾、象山港、罗源湾、泉州湾、九龙江—厦门湾、大亚湾等重点海湾，以及天津市、秦皇岛市、连云港市、海口市、浙江全省等地区，全面建立实施总量控制制度；渤海其他沿海地市全面启动总量控制制度建设。2019年，渤海沿海地市全面建立实施总量控制制度，其他沿海地市全面启动总量控制制度建设。2020年，中国沿海地市全面建立实施重点海域排污总量控制制度。

（于永海　姜　峰）

**陆源入海污染源** land-based sources of marine pollution 陆地上因生产、生活或其他活动产生的污染物直接或间接进入海洋，对海洋造成污染和危害的场所、设施和装置等。海洋污染物主要来自陆源入海污染源的排放，通过这一途径入海的污染物主要包括氮磷营养盐、石油类、重金属和有机污染物。

基本类型　陆源入海污染源一般分为：①*海洋点源污染*。入海河流的污染主要来自流域内人类的各种活动产生的废水，如工业和生活废水。②*海洋面源污染*。随着沿海地区城市化和工业化的快速发展，大量面源污染物以地表径流和地下渗漏的方式输送至近岸海域，对海岸带环境造成了很大的冲击。

主要来源　陆源入海污染源主要来自工业污染、生活污染、农业污染和水土流失。①工业污染。工业废水中污染物的组成与生产行业、产品和工艺直接相关，不同行业所产生的污染物差别很大，因此工业污染物最为复杂（见表）。工业污染排放的化学需氧量（COD）、动植物油等进入海洋环境后能较快降解，而进入海洋中的重金属容易通过沉淀、吸附和络合等生物化学作用得以固持或去除。海洋中的多氯联苯、二噁英等持久性有机污染物则很难发生降解，这些污染物的累积会对生态环境造成严重影响。②生活污染。人们日常生活产生的污水中含有无机氮、无机磷等无机物，淀粉、糖类、脂肪、蛋白质和尿素等有机物，以及种类繁多的病原体和致病菌。生活污水排海后会使水环境质量恶化，危害生态系统和人体健康。③农业污染。中国农业生产过程中化肥的平均利用率约为40%，未经农作物吸收的氮、磷元素一部分被土壤吸附，另一部分则通过地表径流、农田排水进入水环境。农业生产中大量使用的农药，通常仅有1/3被植物吸收或滞留于土壤，很大一部分以径流方式经江河湖泊汇入海洋。此外，畜禽养殖业产生的大量未经处理的畜禽粪便进入地表水，最终也汇入海洋，造成海洋污染。④水土流失。水土流失将大量土壤连同其中的溶解态物质（氮、磷等营养物质）搬运至地表径流中。同时，发生于农田的水土流失也将化肥和农药带入河流湖泊或水库，最终汇入海洋。

监测工作　对陆源入海污染源的监测可以分为两类：①监督性监测。即定期检查污染源排放的有害物质含量是否符合规定的污染物排放标准的要求。②研究性监测。对污染源排放污染物的种类、排放量、排放规律进行监测，有利于查清污染的主要来源，预测污染发展的趋势，制定污染控制措施，改善环境质量。

陆源入海污染源的监测内容分为以下3个方面：①陆源入海排污口监测。内容包括污水流量、污染物浓度和污水综合生物毒性。检测指标通常为酸碱度、硝酸盐氮、亚硝酸盐氮、大肠杆菌群、挥发酚、盐度、化学需氧量、悬浮物、氨氮、总氮、总磷、石油类及汞、镉、铅、砷、六价铬等。②入海河流水质监测及相应入海口海水水质监测。监测内容主要包括水温、酸碱度、溶解氧、高锰酸盐指数、总氮、总磷、五日生化需氧量、氨氮、化学需氧量、石油类、铜、锌、硒、砷、汞、镉、六价铬、铅、挥发酚、氟化物、氰化物、硫化物、硝酸盐、亚硝酸盐、盐度、电导率、阴离子表面活性剂等。③农业面源和地表径流等非点源水质监测。监测内容主要包括总氮、总

**工业生产过程中产生的污染物**

| 工业类型 | 产生的污染物 |
|---|---|
| 钢铁工业 | 酸类、悬浮物、COD、挥发酚、氰化物、六价铬、锌、氨氮 |
| 有色金属工业 | 酸类、COD、悬浮物、氰化物、重金属 |
| 火力发电 | 热能、余氯 |
| 石油加工及炼焦业 | COD、油类、硫化物、挥发酚、多环芳烃、苯并（a）芘、苯系物 |
| 氯碱工业 | 碱类、酸类、汞、悬浮物 |
| 医药工业 | COD、$BOD_5$、油类、总有机碳、悬浮物、挥发酚 |
| 电镀工业 | 酸类、重金属、氰化物 |
| 造纸及纸制品业 | 碱类、COD、$BOD_5$、挥发酚、悬浮物、色度、硫化物、木质素、油类 |
| 纺织染整业 | 色度、COD、$BOD_5$、悬浮物、总有机碳、苯胺类、二氧化氯 |
| 屠宰及肉类加工 | COD、$BOD_5$、悬浮物、动植物油、氨氮、大肠菌群、细菌总数 |
| 发酵及酿造工业 | COD、$BOD_5$、悬浮物、色度 |

磷、化学需氧量、悬浮物、氨氮及汞、镉、铅、砷和六价铬等。

防治措施　为加强对陆地污染源的监督管理，防治陆源污染物污染损害海洋环境，主要采取以下措施：①加快河道截污进度，开展生态修复工程。实施河道截污整治是减少**污染物入海通量**最直接、最有效的方法。同时，对各入海河流进行生态修复，通过河流湿地建设及沿岸景观设计来改善河流水文水质条件并恢复生物物种多样性，依靠河道的生态自然修复来改善入海河流的水质。②加快污水处理厂升级改造，强化尾水回用。污水处理厂尾水携带大量氨氮及磷酸盐进入海洋，造成近岸海域环境的污染。污水处理厂升级改造后，严格控制各类污染物的达标排放，并将污水处理厂尾水作为中水用于景观水体的补充水源，以及城市绿化和道路喷洒等。③控制海岸带面源污染。为了保护近岸海洋环境免受污染，根据控制、预防、转移或降低非点源污染的原则，从源头降低潜在的非点源污染，并预防其进入受纳水体，以达到源头控制的目标。非点源污染控制的最佳管理措施（BMPs）包括工程措施和非工程措施。其中，非工程措施以源头控制为基本策略，将污染物的产生量控制在最低限度，是降低污染负荷最直接有效的办法；工程措施以控制地表径流过程中的污染物为主要对象，通过延长地表径流污染物停留时间、减缓地表径流流速、降低下渗速率、提高物理沉积和生化降解率，实现去除污染物的目标。④提高公众海洋环保意识。通过增强公民的环保意识，树立牢固的海洋保护观念，动员公众自觉参与海洋环境保护。实现海洋环境保护的长治久安，从而可以使人类社会、经济与海洋环境保护可持续发展。（郎印海）

**绿潮**　*enteromorpha prolifera disaster*　在特定的气候和海域环境条件下，海水中绿藻等海藻暴发性增殖或高度聚集而引起的一种有害生态现象。是一种海洋生态灾害，对海洋生态环境、社会环境以及渔业生产和海水养殖都会造成严重影响。

概况　绿潮在世界各地均有发生。20世纪70年代，欧洲就开始多次暴发绿潮灾害；同一时期，日本富营养化水平较高的沿岸海域多次发生绿潮；美国大规模绿潮暴发出现在80年代中期。中国黄渤海、东海和南海的多个近岸海域也曾发生过不同规模的绿潮灾害。2008年5～8月，黄海海域暴发大规模浒苔绿潮，浒苔聚集海域的最大分布面积达3.3万平方千米，引起黄海海域绿潮的主要是浒苔属的种类。

世界上形成绿潮的种类主要是绿藻门的石莼属、浒苔属、硬毛藻属和刚毛藻属等大型藻类，其中，石莼属、浒苔属是世界各地暴发绿潮的常见种类。中国常见的引发绿潮的种类有7种，即浒苔、肠浒苔、扁浒苔、管浒苔、曲浒苔、条浒苔和长石莼。

成因　世界上有关研究普遍认为，全球气候变化、局部海域水温升高、近岸海域富营养化和藻华机会种的适应性是绿潮频繁发生的重要原因。①海洋气候和环境的影响。20世纪中叶以来，太平洋海水表层温度一直呈上升趋势，中国东、黄海海水表层水温也随之呈上升趋势。研究表明，日本受黑潮暖流影响的太平洋西部沿岸绿潮现象频发，而受寒流影响的日本海域绿潮则很少发生。中国黄海海域每年在5～6月份气温升高，适宜浒苔的快速增殖，在季风和表层流的作用下，容易形成聚集而暴发绿潮。②海水的富营养化影响。随着沿海工农业发展、城市化的进程以及水产养殖业的兴起，许多近海海域富营养化程度不断加强，为浒苔快速生长繁殖创造了有利因素，也是绿潮暴发的物质条件。③绿潮种类一般具有寿命短、生长快、扩张力强和对营养盐的高亲和力。绿潮种类的生态幅较宽，例如浒苔适应范围分别是盐度16～40，温度10～30℃，光照强度6～10微摩/（米$^2$·秒）。在一般生物量的海水中，浒苔的日生长速率一般为10%～37%；在条件适宜的富营养化海水中，浒苔的日生长速率很高，浒苔幼苗的日生长速率可为80%，条浒苔相对日生长率可达92.94%。④生物学和生态学机制。浒苔生活史具有两种类型，一是有相同孢子体和配子体两个世代交替构成，为同世代交替；二是雌雄配子不经过结合，直接单性繁殖发育成配子体，完成生活史循环。浒苔还可以营养繁殖，细胞经过有丝分裂或断裂发育成新藻体。另外，浒苔具有特殊管状结构，当浒苔脱离附着基后，浒苔的管状内充满了光合作用产生的气泡，浒苔的浮力得以增加，可以漂浮在海里生活，而且漂浮状态下的浒苔生长率大于沉水状态/固着的状态，形成绿潮漂流聚集。⑤漂移路径。根据中国多年卫星遥感图像、航空遥感图像和船舶跟踪监测调查资料分析显示，黄海海域浒苔一般是由长江口以北的黄海中南部海域向黄海北部海域漂移，过程中不断地快速增殖。并依赖于风、流等条件，在青岛、烟台或威海等城市的近海和岸滩聚集或堆积。浒苔从南到北的漂移路线与季风方向基本一致。

危害　①消耗水体中的溶解氧。当绿潮暴发时，一方面，浒苔暴发性增殖会消耗大量氧气，同时也严重抑制浮游植物制造氧气；另一方面，浒苔覆盖水面阻隔空气中氧气进入水体，从而导致水体中溶解氧严重不足，长时间出现缺氧或者亚缺氧状态，使渔业环境质量持续恶化。②降低生物多样性。当水体中的浒苔形成绝对优势种群时，抑制了水体中有益浮游生物的生长繁殖，阻碍了其他藻类光合作用。③产生有毒有害物质。死亡浒苔沉入海底腐烂，会大量消耗氧气，释放氨氮，使水中硫化物浓度上升，对海洋生物产生毒性，将严重危害养殖生产。④影响渔业生产和渔业资源。绿潮暴发与消亡过程破坏渔业生态系统的平衡和秩序，干扰和影响食物链的上行和下行效应，对处于不同营养层级的渔业生物资源产生影响。绿潮暴发直接影响渔船作业，降低捕捞效率，增加生产成本。绿潮对海水养殖的影响主要是侵占养殖水域空间，造成养殖水体缺氧，释放有毒有害物质，诱发养殖病害，干扰养殖生产活动和增加大量清理成本等。

防治措施　①要从根本上阻断绿潮发生的基础条件，通过种质鉴定和遗传溯源技术发现其大规模聚生地，控制外源营养物质的过量输入，增殖藻食性动物以及营养竞争性藻类，转变其单一生物群落结构的生态系统，使系统能量、物质输入和产出达到均衡状态，保持良好的海域环境质量。②要加强绿潮发生机制的研究，进一步开展绿潮生物学、生态学、海洋学、气象学等方面的综合性研究，掌握绿潮发生的机理机制。利用卫星遥感、空中巡察、海上监测等多种技术手段监视和监测绿潮的动态，开展适时预警和提出防范预案。③是推进绿潮的资源化利用。大规模绿潮暴发产生的大量海藻生物质，也是一种具

图1　青岛湾浒苔引发的绿潮

图2　绿潮暴发的海面

有开发前景的海洋生物资源，世界上许多国家已经开发出并正在进一步开发绿藻产品。大型绿藻的优先开发方向是提供新鲜海洋蔬菜，提取特殊活性物质，制造海藻饲料和海藻肥料，转化成生物质能和提供清洁能源等。（夏 斌 陈碧鹃）

**绿色港口** green port 既能够提供安全、高效的客货转运服务，又符合特定的生态和环境保护要求，对生态环境和人类生存无害或危害极小、资源利用率高、能源消耗低、与自然和谐的港口。绿色港口的规划建设，应将港口发展与资源利用、环境保护及生态平衡有机地结合起来，做到和谐统一、协调发展、持续发展的良好状态。在设计中需要考虑的资源和环境问题主要有下列几个方面：①减少不可再生资源耗费和节约资源。②提高能源利用效率，使用可再生能源。③减少环境污染，保护地球的自然生态环境。④提高港口建筑物的适应性、灵活性，保障室内环境质量等。

绿色港口不可能对构成资源和环境的所有方面都做出全面合于生态的回应，绝大多数都是根据地区的资源条件、气候特征、文化传统、经济和技术水平对某些方面的问题进行强调和侧重。

绿色港口对保护自然生态环境有明确的目标和要求。建立可操作的、科学的评估体系，检测绿色港口的目标实现程度，是推广和规范绿色港口发展的重要手段。20世纪90年代之后，许多国家研究制定自己的标准和评估体系，对指导绿色港口设计、建设、引导行业转向绿色可持续发展起到积极的推动作用，这些体系在评估内容、评估方法、量化指标等方面虽然各有特点，但基本上都是以减少对自然环境的影响、节约资源能源为目标。中国于2013年颁布实施的《绿色港口等级评价标准》，将港口的绿色发展程度设置为3星级、4星级和5星级3个等级，由理念、行动、管理和效果4类项目、9项内容、23个指标构成比较全面的评价体系。

国际上表征港口绿色发展程度更多地由经济环境效益这一综合性指标来体现，普遍接受由世界可持续发展工商业联合会提出的计算公式：经济环境效益＝产品

厦门港海润集装箱码头全智能化改造工程

或服务的价值/环境影响。

美欧等西方发达国家在绿色港口建设方面已取得很大进展。例如，美国洛杉矶与长滩两港联合实施的“圣佩罗湾洁净空气行动计划”、纽约与新泽西两港联合实施的“洁净空气措施和港口空气管理计划”；荷兰鹿特丹港实施的“里吉蒙地区空气质量行动项目”；澳大利亚悉尼港实施的“绿色港口指南”等。这些行动都使港口环境质量有了很大改进，提高了港口环保绿色度。

中国绿色港口建设逐渐高速发展。21世纪之后，先后出台了一系列关于节能、减排、防止污染等方面的规定，以减少污染物排放和处置为核心，加强技术和管理创新，严格控制硫氧化物、氮氧化物、颗粒物等排放量，并采取机械动力“油改电”、室内动力及照明，充分利用太阳能、互联网＋、无人化全自动码头、疏浚土再利用等措施，积极推动港口绿色发展。（封学军）

**绿藻** *Chlorophyta* 绿藻门藻类的统称。

形态 绿藻一般具有含纤维素的细胞壁，含1个或多个细胞核。多呈绿色，色素体有轴生的星形、片状，侧生的带形、粒状、网状、杯状等多种形状，内含叶绿素a、b及叶黄素、胡萝卜素等光合色素。大多数绿藻的色素体内还含有淀粉核，光合作用的产物以淀粉为主。绿藻的游动细胞具有2根或4根等长鞭毛，在鞭毛着生的基部一般有2个伸缩泡。

海滩上密布的绿藻

种类 绿藻种类繁多，有微观和宏观等多种类型。按外部形态可分为：非游动的单细胞（如小球藻）或群体（如雪藻、栅藻）、游动的单细胞（如莱茵衣藻、盐藻和红球藻）或群体（如团藻）、膜或叶状体（如石莼、浒苔）、丝状体（如橘色藻、水绵、丝藻）、异丝体（如轮藻）及管状多核体（如管藻、刚毛藻）等多种类型。

分布 多分布在淡水中，少数生活在咸水、海水甚至盐水中。淡水除极少绿藻呈特定区域性分布外，多数呈现全球性分布，在热带与亚热带水域的海洋绿藻较类似，与在寒冷海洋水域的绿藻种类存在明显差异。绿藻在物种、形态、繁殖方式、生物代谢途径和遗传上都存在多样性、复杂性和特殊性。

生态习性 在水中，绿藻主要为漂浮生长，也有些附生于水中其他植物体或固着于岩石上，还有一些绿藻寄生于其他植物体内。绿藻也广泛散布在土壤、沙漠甚至大气中，某些绿藻与真菌共生形成地衣，还有一些绿藻与动物营共生。海产的绿藻大多生长在潮间带的沿岸岩石上。

繁殖 绿藻能光合自养，某些种类也可在异养或兼养条件下繁殖。绿藻存在多种繁殖方式，如营养繁殖、无性生殖、有性生殖和结合生殖等。其中，无性生殖常常产生游孢子，但有的种类产生不动孢子，某些物种在不良环境条件下还可形成休眠孢子或厚壁孢子；某些单细胞的物种可通过细胞二分裂或出芽方式行营养繁殖，而星状体和一些多细胞的绿藻则通过藻体断裂方式营养繁殖。很多绿藻存在有性生殖，配子的形成和构造与游孢子都很相似，但数目比游孢子多，个体较小。有性生殖有多种方式，如同配生殖、似配生殖及卵配生殖等，其中某些丝状绿藻的有性生殖还具有特殊的梯形接合和侧面接合的方式。在绿藻中，很多种类的生活史存在复杂的世代交替现象。

养殖概况 国际上许多国家，规模化人工培养的绿藻门的小球藻、盐藻、扁藻和红球藻等单细胞种类，因含有丰富的蛋白质、多不饱和脂肪酸、类胡萝卜素（β-胡萝卜素、虾青素、岩藻黄素）等营养和功能活性成分，因此可广泛用于营养保健品、功能饲料及水生生物鲜活饵料生产。大型绿藻石莼等已经开始用于水产生态养殖，借助其吸收无机氮磷的能力，降低养殖水体富营养化程度，或调控水体微生物菌群。

小球藻 属绿藻纲绿球藻目小球藻科小球藻属，是人工培养最多的单细胞绿藻。小球藻种类繁多、生态类型多样，在淡水和海水中均有分布，常见的有蛋白核小球藻（*C. phyrenoidosa*）、椭圆小球藻（*C. ellipsoidea*）和普通小球藻（*C. vulgaris*）。

盐藻 属绿藻中的真绿藻纲团藻目盐藻属。为单细胞盐生杜氏藻（*Dunaliella salina*）的简称。已发现有10余种，多生活在富含氯化钠的盐湖、盐池和海水等高盐度水体。盐藻无细胞壁，胞外有1层有弹性膜，其形态随环境渗透强度变化或随藻体运动而发生很大差异，如有球形、卵圆形、梨形等不同细胞形态。盐藻前端有两根等长鞭毛。藻体前部有1个大的眼

点，细胞内有1个杯状色素体，近基部有1个较大的淀粉核。广盐性藻类，在3.2～3.5摩/升盐浓度时藻体β-胡萝卜素含量最高；盐藻能在0～38℃内生长，其最适生长温度为25～28℃；而β-胡萝卜素含量随温度升高而增多，在35℃时单位细胞含量最高。细胞较大、直径在10～20微米的盐藻生长相对较慢，但在逆境条件下可大量累积β-胡萝卜素，其中富含9-顺式、13-顺式等多种异构体，适宜于功能性营养产品开发；而细胞较小仅有几微米的盐藻虽不积累大量β-胡萝卜素，但生长较快且不含细胞壁，适宜作为水产动物育苗的开口饵料。

红球藻　绿藻门团藻目红球藻属红球藻科雨生红球藻（*Haematococcus pluvialis*）的简称，为单细胞淡水藻类。红球藻生活史复杂，主要有游动和不动两个阶段，有游动细胞、不动细胞、游动孢子和不动孢子4种类型。在缺氮强光等逆境条件下，红球藻可大量积累虾青素，是已知自然界累积虾青素最多的生物，一般占细胞干重2%～4%，最高可达6%。红球藻虾青素在亚分子构型上含有全反式、13-顺式、9-顺式，以及量少且尚未确定结构的多种异构体。红球藻生活史不同阶段的细胞在繁殖方式、生长速率和虾青素积累能力不同，通常细胞繁殖速率快时虾青素并不大量累积，而虾青素大量积累时细胞生长繁殖速率却很低。生产中多采用基于细胞周期的二步串联培养开发模式，第一步优化培养参数，控制细胞在游动细胞阶段使其快速繁殖，先获得充足生物量；第二步改变培养参数，诱导游动细胞转化为不动细胞，再大量累积虾青素。

扁藻　绿藻纲团藻目衣藻科扁藻属（*Platymonas*）。又称四爿藻。主要根据细胞前端的凹陷将其重新归属于绿色鞭毛藻纲绿色鞭毛藻目绿色鞭毛藻科的四爿藻属（*Tetraselmis*）。扁藻在淡水和海水中均有分布。扁藻细胞为椭球形，有细胞壁，背腹稍扁，腹面上有一条腹沟。在细胞前端中央及陷处伸出4根鞭毛，分成2组，每组2根。色素体呈杯状，内有1个淀粉核。在靠近细胞的前端，色素体的旁边有一个眼点。细胞大小一般为15～17微米长，7～10微米宽，4～5微米厚，鞭毛短于细胞体，为9～12微米。扁藻适应性强，其常见种亚心形扁藻（*Platymonas subcordiformis*）在7～30℃均能生长繁殖，最适温度为20～28℃；盐度耐受范围为8‰～80‰，最适盐度范围为30‰～40‰；光照强度耐受范围为1000～20 000勒克斯，而最适光照强度为5000～10 000勒克斯；pH耐受范围为6～9，最适范围为7.5～8.5。繁殖方式为无性生殖，细胞纵分裂形成2个，少数情况下为4个子细胞，环境不良时形成休眠孢子。扁藻适应性强，生长繁殖迅速，其富含多种维生素和脂肪酸，营养价值高，无毒性和其他副作用，在中国沿海各省均有人工培养，主要用于水产育苗。扁藻是虾、蟹、贝类及其他海产品动物早期幼体的优质饵料。（刘建国）

**罗斯贝变形半径**　Rossby deformation radius　在研究海洋大气中大尺度大气运动时引入的物理量或常数。简称变形半径。其表征的是一种水平运动特征尺度。即当流体运动在这个尺度或者大于该尺度时候，地球旋转的效应是主要的，要大于浮力或者重力的作用，因此运动表现为准二维的运动。气象学家罗斯贝在研究大尺度大气运动时最早引入这个物理量。

由于海洋大气均表现出明显的层结，因此在垂向上可以分为不同的模态，而对应于不同垂向模态，均存在与其对应的罗斯贝变形半径，并且以正压和一阶斜压为主。正压罗斯贝变形半径可以写成：

$$R_{d,0}=\sqrt{gH}/f$$

式中$g$为重力加速度；$H$为垂向特征尺度；$f$为垂向科氏参数。以纬度45°为例，水深为4千米的海洋，罗斯贝变形半径约为2000千米，而对于40米的水深，其量值约为200千米。

在大气中，一阶斜压罗斯贝变形半径（$R_{d,1}$）一般是垂向运动尺度的100倍。以对流层顶为特征高度，$R_{d,1}\approx1000$千米，这是高压和低压天气系统的最显著空间特征尺度，又称天气尺度。

在海洋中一阶斜压罗斯贝变形半径随纬度变化剧烈。在赤道附近，$R_{d,1}$大约为200千米，而在高纬度地区则减小到10千米左右。这种特征尺度的变化与海洋中尺度涡的半径是一致的。（王东晓）

**罗斯贝波**　Rossby wave　一种远远小于惯性频率$f$的低频波，由于地球自转和曲率，地球上的流体（大气或海洋）受到随纬度变化的科里奥利力影响，产生的一种非常慢的大尺度振荡。在实际海洋中，由于罗斯贝波的波长很大（百千米量级），其难以被完整观测到，直到卫星高度计的出现。卫星高度计证实了海洋罗斯贝波的存在。相比于波长，罗斯贝波在垂直方向上的运动十分微弱，因而可以认为它只是一种水平流系，流向基本与波向垂直。罗斯贝波的传播方向始终偏向西方，其传播机制，可用位涡守恒的原理来解释。罗斯贝波的传播速度很慢，与相应的长重力波相比，小几个量级，需要耗费数月来跨越大洋海盆。（王东晓）

**螺旋桨推进技术**　propeller propulsion technology　通过螺旋桨桨叶的旋转，将发动机、电动机的旋转运动转化为推力的推进技术。螺旋桨推进技术是应用最广的潜水器、船舶等的推进技术。

螺旋桨由桨毂和若干片螺旋状的桨叶构成。桨叶以均匀的角度间隔固定在桨毂上，桨毂与船只的艉轴相连。从船尾向船首方向看时，能看到的桨叶叶面称为压力面，另一面称为吸力面。螺旋桨旋转时，压力面一侧的流体与吸力面一侧的流体之间会产生压力差，从而使得流经螺旋桨的流体得到加速。流体动量变化带来的反作用力作用于潜水器，进而推动潜水器运动。

螺旋桨推进技术的起源可以追溯到19世纪以前。1752年，瑞士物理学家、数学家、医学家D.伯努利第一次提出了螺旋桨比以前存在的各种推进器优越的报告。在高速蒸汽机出现后，螺旋桨取代了包括明轮在内的各种机械推进装置，逐渐得到了普及。

在螺旋桨推进技术的发展过程中，人们一直致力于提高螺旋桨的效率、减震性能以及抵抗空泡效应的能力，并在上述需求的推动下，发展出各种新型螺旋桨。例如，丹麦科学家卡普尔研制的卡普尔螺旋桨可以明显提升推进效率，有良好的节能效果。1978年前后开发出的大侧斜螺旋桨则可以在很大程度上降低船体的震动，减小噪声并降低燃油消耗。尾流收缩叶梢有载螺旋桨利用尾流收缩原理提升螺旋桨推力，与常规桨叶相比可以减少15%左右的燃油消耗。此外还有阿内森表面桨、毂帽鳍螺旋桨、桨舵一体化螺旋桨、自重构变形桨叶螺旋桨等新型螺旋桨类型，均在不同的应用领域拥有独特的优势。

螺旋桨是应用最广的机械推进器，广泛用于潜水器、船舶、潜艇等。21世纪以来，螺旋桨设计升力面理论的应用日益完善，基于纳维-斯托克斯方程的螺旋桨设计与计算方法也已经被逐步开发并应用于工程设计中。可以预见螺旋桨推进技术在将来会以更快的速度得到发展。（樊　炜　张祝军）

**落潮时**　ebb tide　落潮阶段的时间间隔，即在一个潮汐周期内海面自高潮位下降到低潮位时所经历的时间。落潮时，在**半日潮**海区约6小时12.5分；在**全日潮**海区为12小时25分。（周　磊）

# M

**妈祖** Mazu 以中国沿海地区为中心的一种民间信仰。又称天妃、天后、天上圣母、娘妈等。妈祖是以中国东南沿海为中心的海神信仰，也是中国影响最大的航海保护神，是历代船工、海员、旅客、商人和渔民共同信奉的神祇。妈祖是口述历史、地方信仰和民间习俗的核心人物，她的信徒遍布中国沿海地区。传说中，妈祖于10世纪出生在福建省莆田市的湄洲岛，因试图营救船难幸存者而丧命，为了纪念她奉献生命帮助以捕鱼维生的乡亲，当地居民着手修建寺庙，口耳相传，渐渐转化成为女神象征。

妈祖信俗以崇奉和颂扬妈祖的立德、行善、大爱精神为核心，以妈祖宫庙为主要活动场所，以习俗和庙会等为表现形式。该信仰产生在特殊的生态环境之下，与海洋渔业生产及其海事活动密切相关。渔民出海捕捞时，逝于海浪者不可计数，希望有海上守护神庇佑自己安全。妈祖正好适应了人们的希求。她能言人间祸福、济困扶危、治病消灾，顺应了人们的愿望。民间在她死后立庙祭祀，出海前要先祭妈祖，祈求顺风和安全，在船舶上立妈祖神位供奉。

在湄洲岛，每年举行两次正式庙会，当地居民、农民和渔民用丰盛的海洋祭品祭拜，其他较小型的仪式则在世界各地超过5000座妈祖庙与私人处所举行，居民献花、点蜡烛、烧香、放爆竹并在傍晚点起妈祖灯，祈求怀孕、和平、好运、解决麻烦。

妈祖是集无私、善良、亲切、慈爱、英勇等传统美德于一体的精神象征和女性代表。纪念妈祖是重要的文化活动，已深深融入沿海居民的生活，对妈祖的信仰和纪念是促进家庭和谐、社会和谐以及这些社区居民的社会认同感的重要文化纽带。该民俗信仰传播到世界20多个国家和地区，为两亿多民众所崇拜并传承。2009年，联合国教科文组织将妈祖信俗列入《人类非物质文化遗产代表作名录》。

第十四届福建湄洲妈祖文化旅游节开幕

（陈晓蓉）

**麻痹性贝毒** paralytic shellfish poisoning; PSP 有毒藻类产生的一类对神经系统具有麻痹作用的四氢嘌呤类化合物，因积累有此毒素的贝类被人们误食后引起麻痹性中毒而得名。最早在北美洲石房蛤（*Saxidomus* sp.）中发现。麻痹性贝毒毒素包括石房蛤毒素（saxitoxin; STX）及其衍生物，可以确定化学结构的麻痹性贝毒毒素成分至少有57种。根据毒素化合物取代基的不同，可以将常见的麻痹性贝类毒素分为氨基甲酸酯类毒素（carbamate toxins）、*N*-磺酰胺甲酰基类毒素（*N*-sulfocarbamoyl toxins）、脱氨甲酰基类毒素（decarbamoyl toxins）和脱氧脱氨甲酰基类毒素（deoxydecarbamoyl toxins）等几类。

大部分麻痹性贝毒毒素是水溶性的，呈碱性，容易用酸提取，但也有部分毒素成分有苯环等取代基而具脂溶性特征。麻痹性贝毒毒素在常温下比较稳定，但其中的某些基团，如$C_{11}$位羟基磺酸盐基团会发生空间异构化。当滤食性贝类在摄食有毒藻后，能够将藻体中大量存在的β异构体（如膝沟藻毒素GTX3和GTX4、*N*-磺酰胺甲酰基类毒素C2等）转变成更加稳定的α异构体（如膝沟藻毒素GTX1和GTX2、*N*-磺酰胺甲酰基类毒素C1等）。不同的麻痹性贝毒毒素之间也可以发生转化，如在酸性条件下，*N*-磺酰胺甲酰基类毒素能够水解转化成毒性更高的氨基甲酸酯类毒素。

麻痹性贝毒毒素的毒性很强，其主要成分石房蛤毒素的毒性是眼镜蛇毒的80倍。通常情况下，当人摄入10～300微克的石房蛤毒素即会表现出中毒症状，摄入0.15毫克即可致死。麻痹性贝毒毒素的毒性作用机理在于选择性阻断神经细胞膜上钠离子（$Na^+$）通道，由于麻痹性贝毒毒素上的胍基和羟基基团与钠离子通道具有强烈的亲和性，能够阻断钠离子通道，阻止钠离子内流，使正常的动作电势无法形成，进而抑制神经传导，对人体神经系统产生麻痹作用，导致各种毒性效应，作用机理与河鲀毒素非常相似。人类在误食沾染麻痹性贝类毒素的海产品后，会出现嘴唇麻木、指尖和脚趾刺痛、头晕、恶心、呕吐和肌肉无力等症状，严重者出现运动无力、头晕眼花和胸闷，甚至因呼吸麻痹而窒息死亡。

基于麻痹性贝毒毒素的毒性作用机理和化学结构特征，已发展起许多监测和分析方法。最常用的监测方法是小鼠生物测试法，将提取的毒素对小鼠进行腹腔注射，根据小鼠死亡时间判断毒性大小。但是，这种方法花费高、重现性差、可比性低，因此基于免疫监测、细胞毒性监测和受体监测等各种替代性的监测方法也在研发之中。高效液相色谱法（HPLC）是最为常用的麻痹性贝毒毒素分析方法，该类方法基于对麻痹性贝毒毒素在碱性条件下氧化生成的荧光物质进行检测，已发展起柱前衍生或柱后衍生的多种方法。液-质联用技术也开始逐渐应用于麻痹性贝毒的分析。

麻痹性贝毒毒素主要由淡水中的蓝藻和海洋中的甲藻产生。在海洋环境中，能够产生麻痹性贝毒毒素的甲藻主要有亚历山大藻属（*Alexandrium*）的部分有毒藻种，以及链状裸甲藻（*Gymnodinium catenatum*）和巴哈马梨甲藻（*Pyrodinium bahamense* var. *compressum*）等。其中，亚历山大藻属中的有毒藻种最为常见，不但其营养细胞能够产生麻痹性贝毒毒素，在环境条件不利于亚历山大藻生长时，形成的休眠孢囊也存在毒素，其细胞内毒素含量甚至超过营养细胞。当有毒藻类的营养细胞或孢囊被滤食性海洋动物摄食后，麻痹性贝毒毒素会在生物体内累积，但毒素的累积情况因种而异。在贻贝和扇贝等软体动物中，毒素的累积速率较快，而在牡蛎中的累积相对较慢。麻痹性贝毒毒素开始时通常在贝类消化系统各器官中累积，随着时间延长，毒素可以被再分配到水管、外套膜、肾脏、生殖腺或腮中。贝体内毒素的排出过程也因种而异，贻贝可以在两周内排出体内所含的毒素，而扇贝体内的毒素可以保留几个月甚至数年。

误食积累了麻痹性贝毒毒素的贝类往往会导致中毒事件发生。有关麻痹性贝毒中毒事件的最早记录为发生在1927年美国洛杉矶事件。世界范围内有记录的麻痹性贝毒中毒事件达数千起，造成数百人死亡。为保护海产品消费者健康，许多沿海国家和地区设定了贝类中麻痹性贝毒毒素的食用安全标准，通常将80微克STX当量/100克贝组织作为麻痹性贝毒毒素的预警标准。随着全球**有害藻华**问题的不断加剧，麻痹性贝毒在沿海各国的分布也在不断扩展。在中国沿海，也已发现了亚历山大藻（*A.fundyense*）、太平洋亚历山大藻（*A.pacificum*）[以往常常根据其形态特征鉴定为**塔玛亚历山大藻**（*A.tamarense*）或链状亚历山大藻（*A.catenella*）]、微小亚历山大藻（*A.minutum*）、奥亚历山大藻（*A.ostenfeldii*）和产毒涡鞭毛藻（*G.catenatum*）等有毒藻种。（于仁成　周名江）

**马里亚纳海沟** Mariana Trench 世界最深的**海沟**。位于太平洋西部，大体在东经140°～140°50′，北纬10°～25°范围内，呈明显的半圆弧形伸展。它与马里亚纳群岛走向大体平行，并在构造上构成一对“沟、弧”体系。该海沟向北伸延是伊豆－小笠原海沟，向南伸延是雅浦海沟、帕劳海沟，它们共同构成了菲律宾海板块与太平洋板块之间的海沟系。马里亚纳海沟长约2550千米，平均宽度70千米，海沟深度很大，最深点位于“勇士”号海渊处，深达11 034米，是苏联“勇士”号测到的现今所知的世界大洋最深点。海沟横剖面呈“V”形，沟坡陡峭。1960年“的里雅斯特”号潜水器创下载人潜入此海沟10 916米深的纪录。潜水器调查表明，那里分布着黄褐色硅藻软泥沉积，还发现形状类似比目鱼的鱼类生存。海沟纵向地形剖面亦有较大起伏，一些东西向的中太平洋海峰直插海沟，把海沟分割成数段。（李广雪）

**马廷英** Ma Tingying（1899-03-18～1979-09-15）中国海洋地质学家、古生物学家。字雪峰。生于辽宁金县（今大连市金州区），卒于台湾台北。1927年和1929年先后毕业于日本东京高等师范、东北帝国大学，1936年获东北帝国大学博士学位，同年回国。历任中国地质调查所研究员兼中央大学教授（1936～1939）、中国地理研究所研究员兼海洋组主任（1940～1945），创办台湾省海洋研究所，并任所长（1946～1950），以及台湾大学、台湾地区中国文化大学教授等。一生致力于研究珊瑚化石的生长节律、古气候和大陆漂移。还是最早研究中国海域石油，并预言中国海域蕴藏着丰富石油资源的学者。主要贡献：①发现古今珊瑚的生长节律和生长率及其与赤道变化、海水温度的关系。②运用海相地层的珊瑚化石详细论述了寒武纪和奥陶纪以来每一个地质时期的气候与变迁。③是中国在国内开展大陆漂移理论系统研究的先驱。从20世纪40年代开始，依据海相化石系统地论证了大陆漂移说，列出了古今各大陆的相对位置和漂移程序，进而解释岛弧、火山和海平面变动的原因，以及其他各种海洋构造。④1956年提出邻近中国的东海、南海有良好的储油层，以及相关的石油生成理论。撰有100余篇论著，重要的有《造礁珊瑚的成长率及其与海水温度的关系》（1937）、《大陆漂移及亚洲东缘现在的漂移速度》（1957）、《由珊瑚礁年生长值看三大洋发展史》（1959），以及巨著《古气候与大陆漂移之研究》（1～19册，1943～1966）等。（孙关龙）

**码头** wharf 供船舶停靠、货物装卸和旅客上下使用的水工建筑物。按照用途可分为货运码头、客运码头、客货（运）码头、渔码头、轮渡（滚装）码头、工作船码头、军用码头、修船码头和舾装码头等。货运码头又分通用码头和专用码头（专业化码头）。专业化码头一般配备机械化和自动化程度高的专用设备，用以装卸石油、矿石、煤炭、散粮、集装箱以及液化气等大宗稳定的货物。

码头按平面布置可分为顺岸式、突堤式、墩式和岛式等。顺岸式码头前沿线与自然驳岸线平行或成较小的角度。突堤式码头前沿线与自然驳岸线垂直或成较大的角度。墩式码头为非连续结构，一般由靠船墩、系船墩、工作平台墩、引桥、人行桥等组成。岛式码头是离岸较远的孤立式建筑物，多用作石油、天然气码头，通过管线与陆域联系。

码头按断面形式有直立式、斜坡式和混合式。直立式码头前侧为直墙，便于船舶停靠和作业。斜坡式前方断面呈斜坡状，下部设可随水位变动的作业平台或趸船，通过斜坡道上的缆车与岸上联系。混合式有上部直立式下部斜坡式的半直立式和上部斜坡式下部直立式的半斜坡式两种。由可变坡引桥进行趸船与岸上直接联系的码头称为浮码头。

码头按结构型式分为重力式、板桩式、高桩式和混合式等。重力式码头由沉箱、方块等构件形成直立墙体，依靠本身自重力保持稳定。板桩码头由进入地基的连续板形构件和锚碇结构组成，依靠板桩墙在地基中的嵌固作用和锚碇结构保持稳定。高桩码头由基桩和桩台组成，通过基桩将码头荷载传给地基。混合式码头根据实际条件和使用要求等对上述基本型式进行组合而成，如桩基重力式、高桩板桩式等。

码头建筑物依据用途、靠泊等级以及自然条件等进行设计建造。（鲁子爱）

**毛汉礼** Mao Hanli（1919-01-25～1988-11-22）中国物理海洋学家。生于浙江诸暨，卒于山东青岛。1943年毕业于浙江大学、1947年8月赴美国加利福尼亚大学斯克里普斯海洋研究所进修海洋学，1951年获博士学位。曾任斯克里普斯海洋研究所副研究员。1954年回国，历任中国科学院海洋研究所副研究员、研究员、副所长。1980年当选中国科学院学部委员（院士）。曾任国际海洋物理科学协会（IAPSO）中国委员会主席、中国海洋湖沼学会副理事长、中国海洋学会副理事长、《中国大百科全书·大气科学 海洋科学 水文科学》海洋科学编辑委员会副主任，《海洋学报》《海洋与湖沼》副主编等。在开展中国**全国海洋综合调查**、海洋环境与资源开发研究、培养海洋科学人才方面均有重要贡献。参加和主持了1957年“金星”号的“渤海湾及北黄海西部海洋综合调查”，参加和领导1958～1960年的中国全国海洋综合调查，以后又参加并领导“中国海温、盐、密度跃层”“东海北部气旋型（冷）涡”“黄、东海环流和浅海动力学”等专题研究。1957年他与日本海洋学家吉田耕造合作，提出的“大尺度上升流理论”迄今仍被广泛引用，他与同事在中国首次提出了浅海跃层的研究方法；对渤海、黄海、东海的水文特征和水团，对长江口和杭州湾的咸淡水混合扩散问题，均有较详尽研究。主要著作有《海洋科学》（1955）、《海洋水文物理学研究》等。曾翻译H.U.斯韦尔德鲁普的巨著《海洋》（1、2、3卷，1958）和J.普劳德曼的名著《动力海洋学》等。（袁业立）

**帽贝** limpet 属于软体动物门腹足纲帽形腹足目（Patellogastropoda）。因其贝壳侧面观呈帽状而得名。贝壳通常长24～30毫米，宽21～25毫米，高6～10毫米，侧面呈帽状，俯视则为卵圆形，壳顶位于壳中偏前端，壳表具有放射肋及同心生长轮（见图）。放射肋的粗细及明显程度因种类不同而各异。壳内面多为白色，具珍珠光泽。帽贝软体部无栉状鳃（ctenidia），

岩石上的帽贝

部分类群有本鳃，大部分类群在外套膜与足间具有外套鳃。头部有两个可动触角，触角根部各有一微小的黑色眼点，能感光。

世界范围内已知帽贝1000多种，广泛分布于世界各地海域，包括潮间带及深海。生活在潮间带的种类主要附着在大型水生植物、石灰岩及珊瑚藻上，或者其他贝类的壳表。深海地区的种类则栖息在深海热泉的喷口、鲸骨或者海底木头等表面。它们利用黏液和腹足使自己附着在基物上，并利用腹足的波浪状肌肉移动捕食，多以藻类为食。

帽贝是腹足纲最原始的类群之一，是研究腹足纲进化演化的重要材料。此外有些种类也可以食用或者用于动物饲料的生产加工。

传统分类学家将帽贝分成笠贝科（Acmaeidae）、帽贝科（Patellidae）和无鳃贝科（Lepetidae）3科。随着分子技术和系统发生学的不断完善与成熟，帽贝的分类取得重大进展，被重新分成Eoacmaeidae、帽贝科、Nacellidae、栉齿贝科（Pectinodontidae）、无鳃贝科、Neolepetopsidae和Lottiidae 7科。帽贝的系统分类、分子发育以及历史地理学研究仍是国际上的研究热点。（于海燕）

**帽状幼虫** pilidium larva 部分纽形动物门动物的幼虫阶段。因为典型的帽状幼虫外观像有耳瓣（纤毛叶）的帽子而得名（见图）。耳瓣的边缘遍生纤毛。口位于虫体下方。反口面顶端有1束长的纤毛，称为

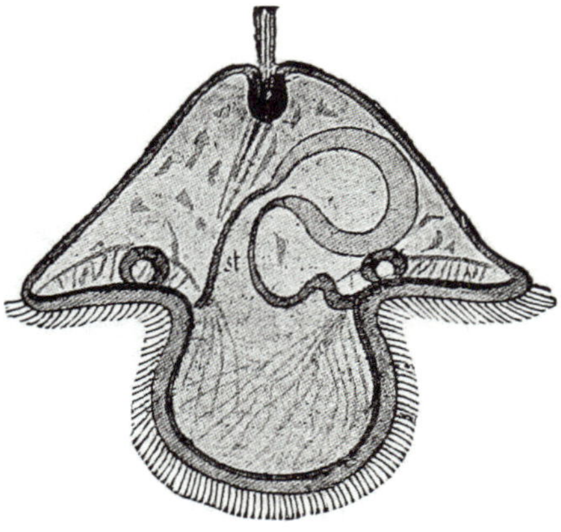


帽状幼虫手绘图

顶纤毛束，有感觉功能，其下是脑板。帽状幼虫可以通过纤毛摆动收集单胞藻等细小颗粒的食物，在海洋中漂浮生活一段时间后，经变态成为幼体纽虫。

纽形动物已有记录的有一千余种。多数营海洋底栖生活，常见于潮间带和浅海沿岸海域，生活在岩石石块下、海藻固着器中、珊瑚和其他固着动物（如海绵、藤壶、贻贝等）集群的空隙间，或者穴居在泥、沙及砾石中，还有的生活于自身分泌的黏性管中或占据其他动物的栖管。纽虫多数雌雄异体且卵生，经过螺旋卵裂直接发育或间接发育。帽状幼虫存在于异纽目（Heteronemertea）和古纽目（Palaeonemertea）Hubrechtidae科的动物，大约450种。

（朱丽岩）

**梅雨锋** meiyu front 6月中旬到7月上旬，从中国长江流域至日本中南部常会出现一条东—西走向长达数千千米的大气的温度锋面（即相当位温的水平梯度较大）。该锋面附近多为持续的连阴雨天气和条带状的对流云系，由于该季节正值江南梅子的成熟期，故将此时的连阴雨天气称为梅雨，相应的相当位温锋面称为梅雨锋。日语称为“baiu front”，含义与梅雨锋类似。

机制 梅雨锋实质是湿润的季风气团（或称热带海洋性气团）和比较干燥的变性极地气团在北纬30°～45°交汇形成的过渡带。不同气团的热力和湿度对比可以用低层大气的相当位温（或假相当位温）体现。

梅雨锋的典型大气环流特征 对流层高层：梅雨期间南亚高压从高原向东移动并控制江淮流域，在对流层上部形成辐散层，进而为气流抬升提供了有利条件。高压北侧西风急流加强并引导青藏高原附近的天气尺度扰动向下游传播；对流层中层：500百帕西北太平洋副热带高压脊线稳定在北纬20°和25°之间，高压西部的西南风引导自孟加拉湾和南海的暖湿空气与偏北气流在长江中下游交汇，有利于锋生并为降水带来了丰沛的水汽；对流层低层：梅雨锋在大气低层常表现为静止锋，锋面附近存在低层风场切边和低压槽。西南低空急流常常出现在静止锋的南侧，为暖湿空气的抬升提供触发机制。因此，雨带多位于低空急流和700百帕风场切变线之间。

影响 梅雨锋位于高空急流入口区底部，青藏高原附近的天气扰动常沿梅雨锋和急流向东传播并发展成中尺度对流复合体或中尺度对流系统，在下游的长江淮河流域、韩国和日本中南部形成强降雨。另外，梅雨降水存在着从小时直至年际的多时间尺度变化，如1991年江淮流域梅雨持续56天左右，长江下游、太湖、淮河等地区出现了暴雨天气和严重的洪涝灾害，受灾面积之广、持续时间之长、受灾程度之重均为历史罕见。由此可见，梅雨锋及其降水对东亚地区的天气和气候具有重要影响。

（刘敬武）

**《美国海洋政策》** *Marine Policy for America* 第一部关于海洋政策的专著。1977年，美国特拉华大学海洋政策研究中心（the University of Delaware's Center for the Study of Marine Policy）主任G.J.曼贡教授著，由美国列克星敦图书希思出版公司于1977年出版，原文为英语。中文译版由海洋出版社于1982年3月1日出版，译者为张继先。

本书是在伍德罗·威尔逊国际学者中心开始创作的，中间因作者行政任命而多次中断，最后在特拉华大学海洋研究学院完稿。本书共分7章内容，旨在对美国在国家安全、商船、渔业、海床矿物和海洋环境污染诸方面的海洋政策演变提出总的看法，书中叙述了某些需要在政治上决定的问题和争论点，并提出在选择美国海洋政策时必须兼顾国内因素和国际因素及重视海洋事务教育的看法。

《美国海洋政策》以充分的历史文献资料为依据，以美国国家海洋政策的整体目标为线索，从军事、经济、海洋法和科学技术等各方面，全面叙述了美国海洋政策200年的历史演变、现状和问题，同时全面阐述了美国海洋政策（包括防卫、交通、渔业矿产资源和海洋污染等方面）的历史演变情况和现行的政策法令内容，对世界各国及联合国有关海洋政策做了论述。该书是当时同类著作中较为有代表性的专著。

（管长龙）

**蒙克，W.H.** Walter Heinrich Munk（1917-10-19～2019-02-08） 美国地球物理学家、海洋学家。生于奥地利维也纳，卒于加利福尼亚州。1932年移居美国，1939年加利福尼亚大学毕业，同年入斯克里普斯海洋研究所，在所长H.U.斯韦尔德鲁普指导下研究海洋。1947年获博士学位，1954年任教授，1956

年为美国国家科学院院士，1959年后一直任加利福尼亚大学地球物理学和行星物理学研究所所长。他从事海浪、风海流、海洋湍流、海洋声学和地球自转方面的大量理论研究；和斯韦尔德鲁普共同提出海浪预报方法，斯韦尔德鲁普返回挪威后，他继续研究关于风海流西向强化理论和外洋深海潮汐的实测；为理论海洋物理学做出杰出贡献。提出利用声学方法在大范围海域测量海洋动力特性的“海洋声学层析术”，为海洋声学界广泛应用。1993年用水声方法测量海水温度变化，用以分析全球范围海洋变暖现象。在地球物理学上，研究地球自转的摄动影响。他把自己毕生的研究工作归纳为地球谱学，它是一门收集长时间的序列，并对它进行高分辨率、高可靠性的谱分析学科。鉴于他在地球自旋和海洋波浪方面的成果，1985年2月获美国最高科学奖——全国科学奖，还曾获H.U.斯韦尔德鲁普奖（1966）、伦敦皇家天文学会的金质奖章（1968）、美国海洋技术学会的海洋科学与工程一等奖（1969）、W.M.尤因奖（1976）、A.阿加西金质奖章（1976）等。他主持加利福尼亚大学地球物理学和行星物理学研究所工作20多年，培养出一批优秀学者。

（刘安国）

**锰结核开采** manganese nodules mining 对由铁或锰的氢氧化物以一个核心凝固而产生的海底岩石凝固物进行挖掘的过程。又称多金属结核开采。锰结核主要分布在水深3000～6000米的深海底，以海洋里鲨鱼的牙齿、鱼骨、海底火山的喷出物为母体，凝聚海水里的金属微粒而形成的颗粒。结核的成长是所有地质学现象中最慢的过程之一，以每几百万年1厘米计，锰结核一般直径为5～10厘米。锰结核中锰约占25%，铁约占14%，此外还有多种有色金属。锰结核的总体资源量十分丰富，21世纪初叶的调查估计总储量约为3万亿吨，以当时的世界消费水平计算，将海底所有的锰结核开发，锰可供人类使用3.33万年，镍可供使用2.53万年，钴34万年，铜980年，同时锰结核总体资源仍然在以每年1000万～1500万吨的速度增长。

开发深海锰结核面临着技术、经济、政治方面的多重风险。20世纪50年代，西方发达国家先后提出了连续绳斗法开采系统、自动潜浮穿梭式采矿车开采系统和管道提升扬矿开采系统。70年代后，相关研发活动达到高潮，以美国为首的三个跨国财团，采用水力提升和气举式采矿系统，成功在5000米水深的太平洋水域采出1500吨锰结核。结合国内外的研究成果，矿浆泵水力提升和气举泵提升是现实可行、最具前景的扬矿方法。同时，由于矿浆泵提升效率比气举泵提升效率高数倍，矿浆泵提升将会成为深海矿产资源商业开采的最佳扬矿方法。

锰结核样品

中国于20世纪70年代开始着手大洋锰结核的勘探调查。1990年将大洋锰结核资源勘探开发作为国家长远发展项目，给予专项投资。在大洋协会的统一规划组织领导和协调下，通过“八五”“九五”“十五”3个五年计划的努力，在开采技术的研究方面取得了巨大成就，研制出自动行走水力式集矿机，缩短了与发达国家间的研发差距。

（万德成）

**孟加拉海底扇** Bangladesh Submarine Fan 世界大洋中最大的海底扇。又称孟加拉深海锥。位于印度洋北部孟加拉湾海域。它在地貌上呈巨大的冲积锥状体，由于西边受到印度半岛和印度洋中脊北支限制，东边受中印半岛和90°东海岭限制，使其南北向伸延近3000千米，远远超过东西向宽度（1000千米）。地理坐标大体在南纬5°～北纬20°、东经81°～94°30′范围之内。总面积达200万平方千米，北部最大厚度超过12千米，总体积达500万立方千米。孟加拉海底扇是海底浊流作用的产物，沉积物来自恒河—布拉马普特拉河。由于中新世中期以来喜马拉雅山大幅度急剧隆起，剥蚀侵蚀作用非常强烈，现代剥蚀速率达70厘米/千年以上，造成该河的年入海泥沙量多达21.8亿吨，占全世界河流入海泥沙量的12%。这些入海物质少部分形成恒河—布拉马普特拉河三角洲，大部分通过河流延续的**海底峡谷**向更远的海底输送。孟加拉海底扇上有庞大的根系状海底谷系，浊流沿着它们不断输送沉积物，冲积成庞大的海底扇。海底扇宏观地形呈由北向南缓缓倾斜，除海底谷系外，没有大的起伏。只是南部有些海山分布，是洋壳基底上的火山突起。海底扇表层沉积物大部分为陆源泥质沉积，只是向南部边缘逐渐变为钙质软泥。

（仲 佰）

**米氏凯伦藻** *Karenia mikimotoi* 属于甲藻门（Dinophyta），裸甲藻目（Gymnodiniales），凯伦藻属（*Karenia*），为世界广布种，常见于温带和热带近海水域。米氏凯伦藻为单细胞，营游泳生活。细胞近圆形，背腹扁平。上锥部为半球形或宽圆锥形，下锥部的底部中央有明显的凹陷，右侧底端略长于左侧。细胞核卵圆形，位于细胞左下方，色素体10～16个。

米氏凯伦藻为有毒藻类，能分泌溶血性毒素和鱼毒素，通过破坏鱼类鳃组织或其他途径造成海洋生物死亡。最早于1935年在日本京都Gokasho湾被发现，是日本近岸水域主要的有害**赤潮**藻之一，曾导致鱼类和贝类的大量死亡。日本自1965年长崎发生大规模的米氏凯伦藻赤潮以来，日本西部沿海地区便时有这种赤潮发生。随后，米氏凯伦藻在欧美多处海域引发赤潮。

米氏凯伦藻是中国近海致灾最严重的肇事藻种之一，先后在中国近海多次引发赤潮，造成海产养殖业的重大经济损失。1998年3月中旬至4月中旬，在广东珠江口的桂山岛、外伶仃岛和香港海域发生了持续近30天的大面积米氏凯伦藻赤潮，造成了大批养殖鱼、贝类死亡，粤港两地因此造成的经济损失达4.5亿元。

（陆斗定 周名江）

**密度跃层** pycnocline 因为海水的密度随深度增加而突然变大，海水密度在垂直方向上突然变大的水层。通常情况下，海水的密度变化主要取决于温度的变化，除了有大量淡水流入的河口区域和盐度垂向梯度特别大的个别海区以外，海洋中的密度跃层大体上是和**温度跃层**重合的。

海水的密度跃层能够阻断其上下层海水的对流。在强密度跃层存在的海域，由于密度跃层阻断了上层向下层的溶解氧输入，以及下层向上层的营养盐供应，导致海洋生物不易生长和繁殖，形成海洋沙漠。

密度跃层对于潜艇作战极为重要。当跃层密度变化较大，而潜艇的负浮力不大时，潜艇可以像潜坐在海底一样潜坐在密度跃层上，这种密度跃层又被称为“液体海底”，在世界不同海域不同深度都有存在。海水密度跃层也是声音传播的高速公路，声波沿密度跃层传播速度快、衰减小、传播距离远。声波传播遇到密度跃层时会发生折射，因此密度跃层之下是潜艇躲避声呐探测的隐蔽场所。

（魏泽勋）

**棉兰老流** Mindanao Current 一支介于棉兰老岛和棉兰老涡之间稳定的南向流，是西向的北赤道流在棉兰老岛以东分叉所形成的。

棉兰老流有2～3个流核，在棉兰老岛以东200千米以内，水深600米以上，其最大速度在海表面附近，超过1米/秒。

在季节尺度上，西北太平洋海洋环流与气候实验（NPOCE）项目的潜标数据表明，棉兰老流春夏强，秋冬弱。其季节变化规律和东亚季风密切相关。

在年际尺度上，棉兰老流的变化规律是否和厄尔尼诺–南方涛动（ENSO）事件有关，没有统一的结论。

水团分析结果表明，棉兰老流沿棉兰老岛向南到达该岛最南端以后一部分向西进入苏拉威西海，另一部分折向东加入哈马黑拉涡和北赤道逆流。（胡敦欣）

**棉兰老潜流** Mindanao Undercurrent 位于菲律宾棉兰老岛以东、南向的**棉兰老流**之下的一支北向潜流。由中国学者胡敦欣和崔茂常首次发现，是世界上唯一一个由中国人发现、命名，并在国际上获广泛承认的洋流。

多个航次水文资料的地转流计算结果表明，棉兰老潜流存在2个流速核，速度都超过5厘米/秒，近岸（约100千米）位于700～1300米层，离岸位于250～600米层。

西北太平洋海洋环流与气候实验（NPOCE）项目的潜标数据证明了棉兰老潜流的存在和稳定性。持续4年的声学多普勒流速剖面仪（ADCP）观测表明，棉兰老潜流流速在冬夏季节较强，春秋季节较弱，呈现半年变化的信号。同时，棉兰老潜流还具有很强的季节内变化，周期为60～70天，最大振幅可达10厘米/秒。

关于棉兰老潜流的起源主要是根据**水团**特性进行推测。水团分析结果表明棉兰老潜流来自南太平洋，可能与新几内亚沿岸潜流越过赤道向北的一个分支相关。（胡敦欣）

**面盘幼虫** veliger larva 由软体动物门早期的幼虫担轮幼虫发育而成。面盘幼虫因为具长有纤毛的游泳器官——面盘（velum），游泳时，纤毛摆动如轮盘而得名。面盘幼虫依靠纤毛摆动在水中游动，并且形成水流收集食物颗粒。

在腹足类动物中，担轮幼虫的口前纤毛环向外发展成2个具有长纤毛的半圆形游泳器官，称为面盘。同时，幼虫出现足、眼和触角等结构。由于不等生长，贝壳呈螺旋状增长，接着内脏团开始出现扭转现象。

双壳类的面盘幼虫结构基本上与腹足类的相似，但因为没有扭转，幼虫通常是对称的。

面盘幼虫继续发育，称为后期幼虫。这一时期的幼虫开始时面盘仍然存在，随着变态面盘消失，幼虫沉降改营底栖生活。面盘幼虫在下沉底栖时，对底质具有选择性，如贻贝的面盘幼虫首先选择丝状或线状底质（如丝状藻类）附着，且对不同材质的丝状底质还有进一步的选择性（见图）。（朱丽岩）

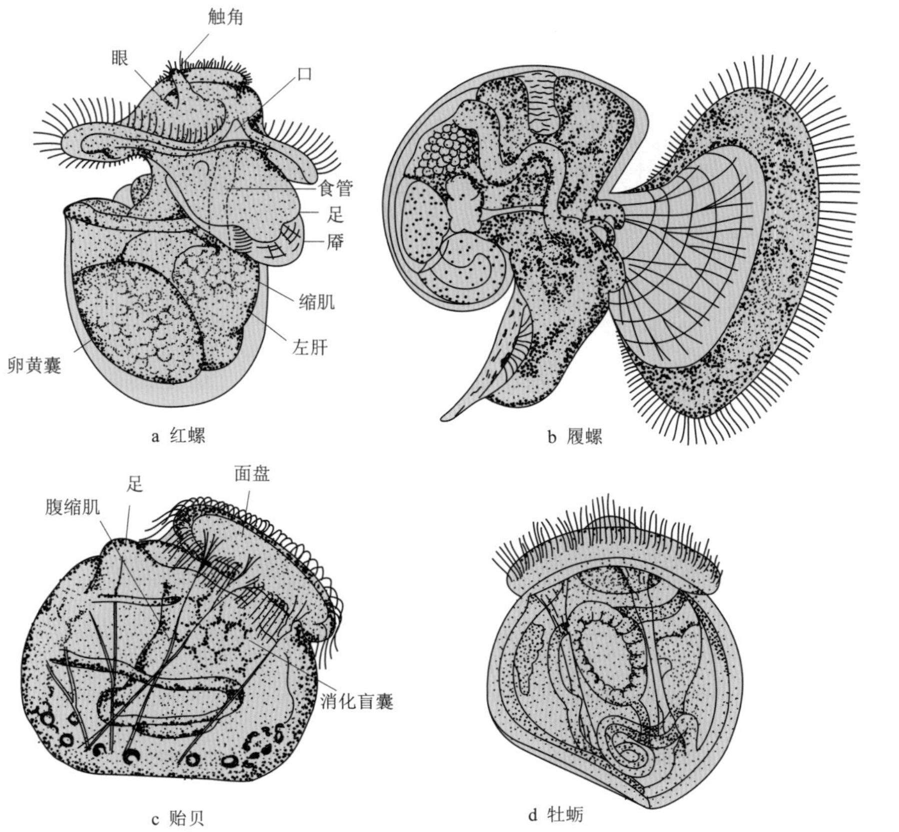

不同生物的面盘幼虫图

**模态水** mode water 存在于海洋跃层内的具有低位势涡度性质的特殊水体，具体表现为温度、盐度及密度的垂向均一性，形成一个明显与周围海水不同的“模态”。

研究历史 1959年，沃辛顿第一个从北大西洋副热带海洋观测资料中发现在每个冬天次表层都会出现厚度达到300米温度大约18℃的水，之后，日本科学家也在西北太平洋副热带环流黑潮南部的发现次表层温度为16～18℃的水团。1979年，南大洋副极地模态水的发现，以及副极地模态水在气候系统中的吸热作用的报道都导致了科学家对模态水研究的关注。中国学者有关北太平洋副热带模态水的年代际变化、海洋涡旋影响模态水形成和输运，以及南大洋副极地模态水在全球变暖背景下增加的研究成果在对模态水的研究中做出了重要贡献。

分类 模态水与主跃层的强温、盐、密度垂向梯度形成鲜明对比，在表示水团性质的温–盐图中这种水体的相对丰度大，它携带有生成地冬季大气异常的强迫信号，可随海洋环流被输送到其他海域，通过改变模态水所在地海域的海洋层结，进而影响所在海域的气候变化。因此，在地球气候系统中，模态水是海洋具备长期记忆性的一种水团，它广泛存在于各个大洋的跃层中。模态水根据其形成位置，可分为副热带模态水和副极地模态水。

副热带模态水的潜沉与浮露过程 模态水形成区一般是在冬季混合层水平分布非均匀的海域。西边界流从热带向极地方向流动，当其离开大洋西边界冬季放热时会产生深混合层及强的混合层深度的锋区，该区是副热带模态水的主要形成区。

海洋上混合层的低位涡水在冬季副热带海域季节密跃层“通风”的条件下（部分密跃层与海洋上混合层底相交）可以进入季节性密跃层与永久性跃层之间，这种上混合层水潜入密跃层的过程称为海洋潜沉过程。与潜沉相反的过程是海洋浮露过程，也是海洋密跃层中的水进入海洋上混合层的过程。通过海洋潜沉过程可以形成副热带模态水，从而将上混合层得到的气候变化信号存储在海洋的密跃层中；通过浮露过程可以将海洋次表层异常信号带出密跃层并影响上混合层，进而可能影响到海－气之间的热量交换。除此之外，潜沉与浮露过程也是二氧化碳等温室气体在全球的循环过程中的重要环节，与全球海洋生态系统的演变有联系。

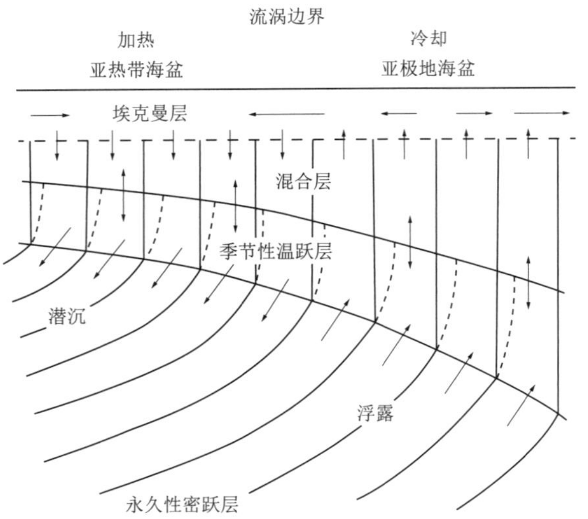


潜沉和浮露过程示意图

潜沉与浮露速率主要受3个因素影响：①垂向抽吸的影响（由海面风应力驱动的水平流量并产生辐聚辐散）。②混合层深度季节变化空间分布不均匀的影响。受冬季深对流活动的影响某些海域混合层深度在晚冬时最深，形成较强的混合层深度的水平梯度和密跃层"通风"现象。之后，深的混合层又会在早春迅速变浅，使冬季的深混合层被早春迅速形成的季节性密跃层"盖帽"；这部分处于季节性密跃层与永久性密跃层之间的水体一部分可能会在第二年混合层冬季再次加深时卷入到混合层中，一部分能随海流被输运到其他不通风的海区进而发生永久性潜沉。③跨混合层深度锋面的平流效应。跨混合层深度锋面的平流效应是由于海洋大尺度水平环流和冬末混合层深度的水平梯度相结合引起的。跨混合层深度锋面的海洋水平平流如果自深（浅）混合层向浅（深）混合层方向输水则发生浮露（潜沉）。

海洋涡旋进入混合层深度锋区也会产生潜沉和浮露过程，一般来说海洋涡旋对应的流速比起气候平均海流速度快，因此海洋涡旋对模态水的形成也有重要贡献。

副极地模态水的形成与分布　全球最深的混合层主要位于北大西洋和南大洋的副极地海域，如在南大洋副极地锋面的北侧，冬季混合层深度可以达到700米。副极地海域由于深对流形成的深混合层中的低位涡水是北大西洋副极地模态水及亚南极模态水的来源。与副热带的模态水相比，副极地模态水更深，温度更低，密度也更大。北大西洋副极地模态水的分布与东北向的北大西洋洋流以及气旋式的伊尔明格海环流和拉布拉多海环流有关。在北大西洋洋流的分叉处，北大西洋副极地模态水可以与副热带模态水一样向南潜沉到副热带海区，而处于北大西洋洋流东北部分支的副极地模态水则可随北大西洋洋流进入挪威海。在南大洋，亚南极模态水形成于亚南极锋面的暖水侧冬季的深混合层，在背景西风导致的北向埃克曼输运下，向北潜沉到副热带环流圈中。与环南大洋冬季混合层深度的分布相一致，最厚的亚南极模态水主要位于南印度洋东侧以及南太平洋海盆，而南大西洋到西印度洋这一部分海域的亚南极模态水厚度较薄。

副极地混合层深度的变化会导致副极地模态水的变化。副极地海域混合层深度取决于强对流，除了风的混合和海洋的失热可以形成强对流之外，冰的融化也可以改变水的密度进而影响强对流和副极地模态水的形成。

（刘秦玉）

**莫霍面**　Mohorovicic discontinuity　地壳与上地幔的分界面。全称莫霍洛维奇间断面。又称莫霍界面、莫氏面、M面。1909年10月8日，地震学家A.莫霍洛维奇在克罗地亚萨格勒布地区的地震研究中发现地震波速度在33千米深度附近发生激变，即出现间断面，纵波的速度从7.0千米/秒左右突变增大到8.1千米/秒左右，横波速度从4.2千米/秒突变增大到4.4千米/秒。后经观测证实这一间断面不仅在欧洲，而且在全球都普遍存在。莫霍面不仅是物理从刚性到塑性突变的界面，还标志着化学成分和晶体结构的变化，推测此界面可能是基性岩（玄武岩）与超基性岩（橄榄岩类）的化学界面。地质上将莫霍面以上的部分称为地壳，以下的部分称为地幔。莫霍面深度不一，一般大洋较浅，为5～15千米，平均为7千米；大西洋和印度洋为10～15千米；太平洋中部只有5千米；岛弧地区为20～30千米。大陆一般为30～40千米，平均为33千米；高山地区最深，在中国青藏高原及天山地区深达60～80千米。

（许东禹）

**莫里，M.F.**　Matthew Fontaine Maury（1806-01-14～1873-02-01）　美国海军军官、海洋学家、海洋学的奠基人之一。生于弗吉尼亚州的斯波特瑟尔韦尼亚，卒于弗吉尼亚州列克星敦。1825年加入海军，1826～1830年参加环球航行，1836年晋升为上尉，1839年因车祸致残，1842年负责"航海地图和航海仪器库"（美国海军天文台和水道测量处前身）工作，1868年后一直担任弗吉尼亚军事学院教授。他非常重视海洋与气象的相互关系，是最早研究这个问题的学者，在海洋学与气象学上都有重要贡献：①1847年发表世界主要风区图，并根据收集的海风和洋流资料编制了用于导航的风和海流图。依据导航图可以缩短航海的时间（如从纽约到旧金山的航海日数可缩短1/3）。并且使航海图上所载的海洋与气象记录趋于完善。②促使第一届国际海运会议于1853年在布鲁塞尔召开，会议决定在航海日志中要统一记载气象和海洋的数据，建立起国际航道测量局。③1854年刊行《北大西洋水深图》，绘制了包括海深达7300多米的等深线，为敷设大西洋海底电缆提供了有价值的资料。还绘制过太平洋、印度洋的海图。④1855年出版名著《海洋自然地理学》，它系统地叙述了海流、风、盐度、温度、海洋与大气的关系等，是近代海洋学的第一部著作。同年还出版《航路指南》，有助于航行在北大西洋上的船只避碰。⑤建立大气环流模式，最早记载了墨西哥湾流等现象。还改进海洋测深仪等。

（刘安国）

**墨西哥湾流**　Gulf Stream　从墨西哥湾发源的洋流。又称佛罗里达海流。北大西洋副热带环流系统的西部边界流。也指湾流系统的起始段，即从佛罗里达海峡中间的基韦斯特到北卡罗来纳州的哈特勒斯角这一段湾流。

（袁东亮）

**默里，J.**　Sir John Murray（1841-03-03～1914-03-16）　英国海洋学家、海洋科学奠基人之一。生于加拿大安大略省科堡，

卒于英国西洛锡安。1851年移居苏格兰，后入爱丁堡大学学习。1868年参加了斯匹次卑尔根岛与扬马延岛附近北冰洋海域的生物采集和海洋学调查，1872～1876年参加了著名的**英国“挑战者”号考察**，1882～1894年领导了苏格兰海域海洋生物学考察，1910年以70岁之高龄与挪威生物学家J.约尔特共同领导了北大西洋调查。在“挑战者”号环球考察中，他负责仪器装备、测量绘图、生物学和海底沉积物调查等工作，并做出重要贡献。在考察队领导人C.W.汤姆孙于1882年去世以后，他负责整理和编辑出版了《H.M.S.挑战者号航行科学成果报告》(1880～1895)，共50卷。这是海洋科学发展史上具有划时代意义的巨著。他与A.F.勒纳尔分析了“挑战者”号采集的大量底质样品，合著成《深海沉积》(1891）一书；他们首次发现了深海生物软泥和红黏土，提出的深海沉积分类至今仍有意义。因此，默里被认为是海洋地质学的创始人。他还是把海洋浮游生物研究与海洋渔业调查紧密结合的先驱；对珊瑚礁进行了深入研究，特别是对有关环礁和堡礁的成因提出了独创的见解；发现了温度假潮现象等。主要著作有《珊瑚礁和珊瑚岛的结构与成因》(1880)、《大洋深处》(1912，与J.约尔特合著)、《海洋》(1913）等。鉴于他的功绩，英国皇家学会授予他名誉学位和金质奖章。

（刘瑞玉）

**牟勒氏幼虫** Müller's larva 一些海产的扁形动物门涡虫纲（Turbellaria）动物发育过程中经历的幼虫阶段。涡虫纲是扁形动物中主要营自由生活的一个类群，多数种类生活于海水中，少数在淡水，极少数种类在陆地的湿土中。在海洋中生活的部分多肠目（Polycladida）的涡虫在个体发育过程中经过牟勒氏幼虫阶段。该幼虫的身体呈卵圆形，背面前端有眼，腹面有口（图1、图2)。有8个用于游泳的纤毛瓣，1个在腹面口前方，1个在背面正中，另外6个对称地列于身体两侧，2对偏腹面，1对偏背面。它们在海水中漂浮生活几天后，经过变态发育而成为营底栖生活的小涡虫。

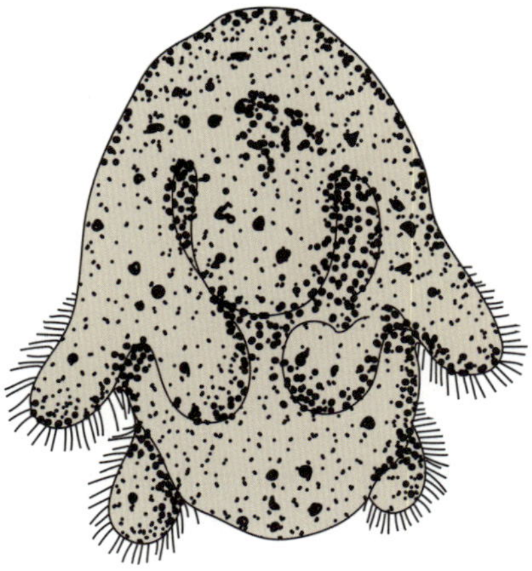

图1 牟勒氏幼虫背面

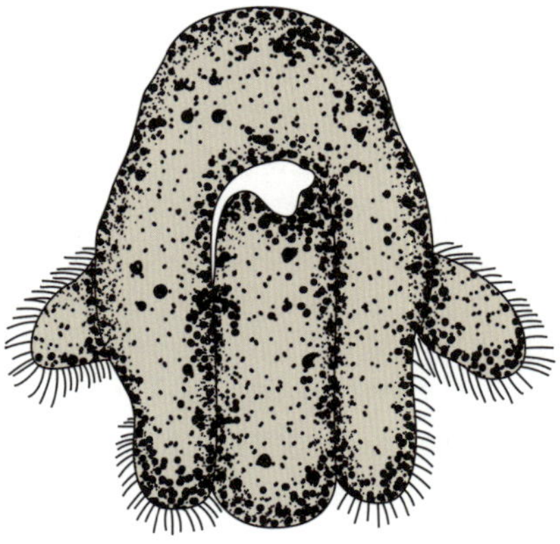

图2 牟勒氏幼虫腹面

中国北部沿海潮间带常见的薄背涡虫（*Notoplana humilis*）虽然同为多肠目动物，但在其发育过程中所经历的幼虫背腹扁平，前端较宽，向后逐渐变窄呈倒梨形，与前面描述的牟勒氏幼虫有一定差距，与其成体更为相似，但会经历1周左右时间的浮游生活，再逐渐沉入水底与成体一样营底栖生活。可见涡虫的间接发育幼虫在形态上还是有较大的差别。

（朱丽岩）

N

**南半球环状模** Southern Annular Mode; SAM 南半球热带外地区环流变化的主导模态。表现为中纬度地区和高纬度极区的海平面气压或位势高度的反向变化“跷跷板”结构，垂直方向南半球环状模近似正压。科学家们由不同的变量、不同的数据来源、不同的计算方法、不同的时间尺度得出了不同的SAM指数。主要分3种，第一种是通过对赤道外地区的位势高度进行主成分分析，得到的第一模态作为SAM指数。由于SAM近似正压，一般选取南半球中高纬度300百帕位势高度异常进行经验正交函数分解，第一模态的空间分布代表SAM的空间分布特征，其时间序列称为SAM指数。当采用海平面气压场或700百帕位势高度场进行经验正交函数分解时，其时空分布称为南极涛动（AAO）。第二种方法是利用基于站点数据的南纬40°和65°标准化的纬向平均大气压之间的差值来定义。第三种方法是利用基于格点数据的南纬40°和70°的标准化纬向平均大气压之间的差值来定义SAM指数。

特征 SAM描述了南大洋中纬度和高纬度大气压之间的反向变化。一般规定，当SAM指数为正时，中纬度地区会产生异常高的海平面大气压，高纬度地区则会产生异常低的海平面大气压；当SAM指数为负时，则相反。SAM有明显的季节变化，南极的冬季强夏季弱。20世纪50年代以来，SAM有异常增强的趋势（南极的夏秋季节尤为明显），这种长达数十年持续的变化趋势可以从新西兰、塔斯马尼亚岛、非洲南部的树木年轮生长信息中提取出来。还有研究表明，20世纪50年代以来这种异常增强的趋势主要与臭氧的损耗有关。

机制及影响 SAM的变化受臭氧、温室气体的共同影响。研究表明，热带的厄尔尼诺－南方涛动（ENSO）系统通过遥相关作用也会影响到SAM的变化。SAM的变化通过调节西风带的位置、强度对南半球的气候、树木年轮的生长、森林大火及末次冰期气候都有重大影响。研

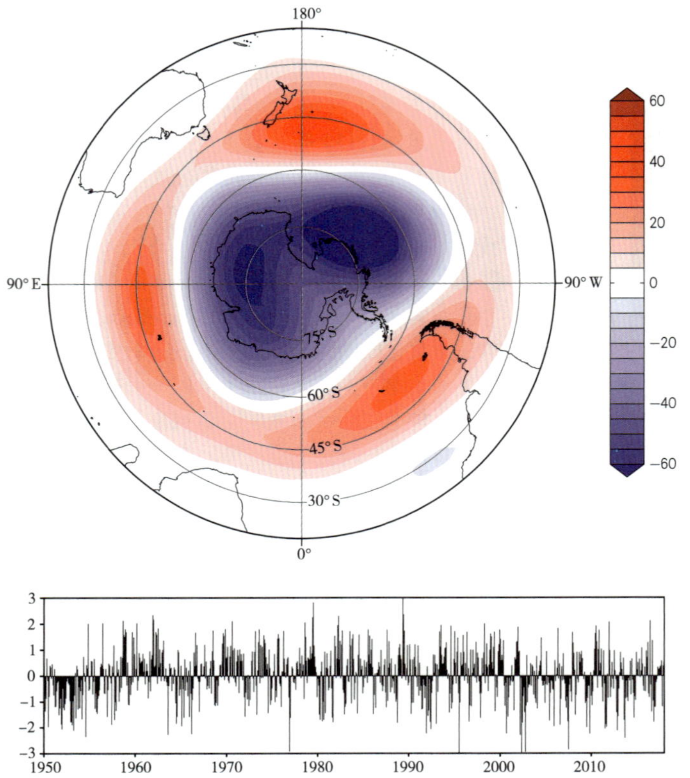


GS（2021）3595号

南半球中高纬度300百帕位势高度异常场的经验正交函数分解第一模态的空间分布（上）和时间序列（下）

究表明，SAM的变化会影响南极洲、澳大利亚、阿根廷、塔斯马尼亚岛、新西兰南部等地区的温度，对南美洲南部、新西兰、塔斯马尼亚岛、澳大利亚、非洲南部等地区的降水也有重大影响。

（苏 洁）

**南海季风环流** South China Sea monsoon circulation 海流路径、方向和强度随季风变化而异的中国南海上层环流。中国南海处于亚洲季风区，冬季南海盛行东北风，上层环流呈气旋式运动，从台湾海峡和巴士海峡开始，经广东近海、中南半岛沿岸和巽他陆架南下，通过卡里马塔海峡和加斯帕海峡而进入爪哇海。夏季南海盛行西南风，上层环流为反气旋式运动，自爪哇海开始，经卡里马塔海峡和加斯帕海峡进入巽他陆架，然后沿中南半岛海岸北上，经海南、广东近海流入台湾海峡和巴士海峡。南海季风和南海季风环流还引起南海沿岸上升流的季节变化，夏季越南东岸、南海北部陆架海区为上升流，而冬季吕宋岛西岸为上升流结构，这些上升流对海洋渔场的形成具有重要作用。

（袁东亮）

**南海冷舌** cold tongue in the South China Sea 冬季南海西南部出现海表温度低于26℃以下的冷中心现象。

特征 在气候平均意义下，南海冷舌出现位于巽他陆架东坡附近。可以用冷舌指数表征其强度和变化，冷舌指数定义为12月至次年2月南海西南部区域（北纬5°～10°，东经106°～111°）平均的海表温度异常。

冷舌指数年际变化与东亚冬季风的年际变化有关，且受到厄尔尼诺－南方涛动（ENSO）的影响。在厄尔尼诺事件的成熟阶段，南海地区冬季风减弱，南海冷舌也较弱。南海冷舌的年际变化影响着局地海洋大陆的冬季风和降水（见图）。

成因 冬季南海盛行东北季风，陆地地形对局地风速产生影响。东北风通过位于中国台湾岛和菲律宾之间的吕宋海峡，在南海的海面上空形成急流，并在北纬11°越南南部沿岸受中南半岛东部沿岸南北走向的安南山脉的阻挡作用，导致了南海东南海盆上空风应力旋度为正，驱动了海盆尺度的气旋式海洋环流和沿着越南沿岸向南的海洋西边界流。在冬季，这支强的西边界流将北部冷的沿岸水向南输送，到达越南东海岸南端。因此，在东亚冬季风建立过程中，南海西侧海温逐渐降低。尽管冬季太阳辐射减少，并且海面失热增加也会对冷舌的建立有所贡献，但南海西边界流的冷平流引起的表层海温冷却作用更大，冬季南海向南的西边界流对表层海温的冷平流效应是冷舌形成的最主要机制。

南海冷舌的出现不仅使得南海成为冬季热带西太平洋－印度洋暖池（海表温度高于28℃）中的一个“豁口”，对局地的天气、气候有重要的影响，而且冬季风驱动之下的南海西边界流的持续冷平流效应也会影响整个南海的海表温度及海洋生态环境，使得南海的生态环境与临近的热带印度洋和西太平洋有所不同。该现象也是一个典型的海洋－大气－陆地相互作用的

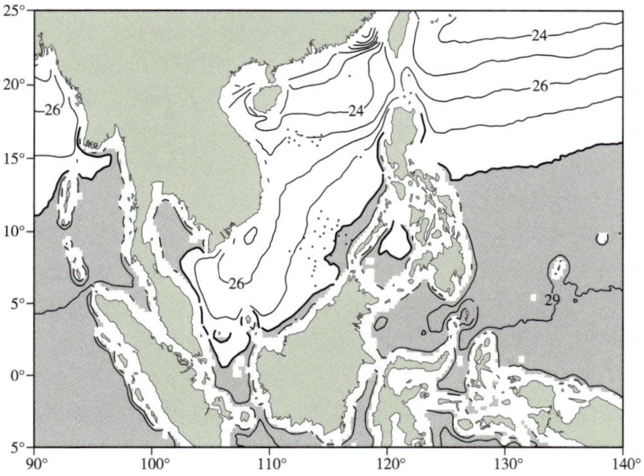

a 海洋表面温度(等值线，单位为℃，温度在28℃以上的区域用阴影表示)

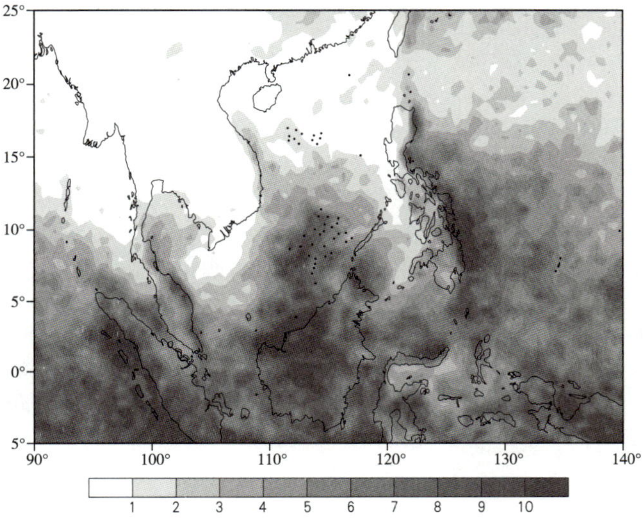

GS（2021）3595号　b 降雨率(单位为毫米/日)

1998～2006年热带降水测量卫星观测的海洋表面温度和降雨率

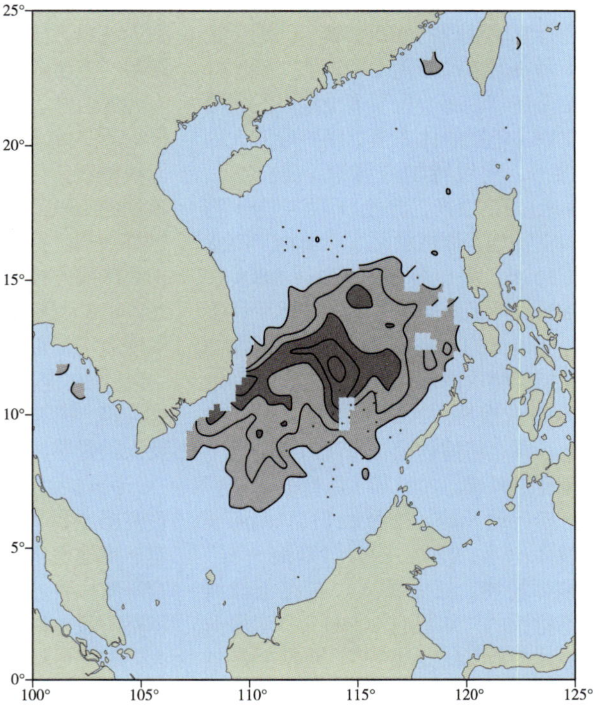

GS（2021）3595号

等值线间隔是0.5℃，浅灰色和深灰色分别表示海洋表面温度小于28℃和27℃的海域

1999年8月3～5日热带降水测量卫星资料刻画的海洋表面温度

现象。（刘秦玉　姜　霞）

**南海冷丝** cold filament in the South China Sea　在北半球夏季，靠近越南沿岸的南海中部出现温度达到26℃以下的冷海温现象。

特征　在气候平均意义下，南海冷丝最早出现于6月越南南部沿岸地区，在7月、8月向东扩展到南海中部大部分地区；西南—东北走向的冷丝在8月份达到最大强度（温度最低）。与冷丝事件相联系的是在7月份南海出现海盆尺度的冷海温。直到8月，南海大部分海域的海表温度比6月份低0.5℃（见图）。

通常用6～8月南海（北纬10°～13°，东经110°～118°）区域的海表温度异常作为表征该冷丝强弱指数。研究表明，该冷丝强弱年际变化取决于夏季西南风的年际变化，与*厄尔尼诺－南方涛动*（ENSO）有关。

成因　北半球夏季西南季风爆发后，由于安南山脉的阻碍作用使得其南端的风速加大，在越南西海岸形成一支强的离岸西南风急流。这支急流不仅引起越南南部海岸地区的上升流，降低了表层海温，而且可以直接通过加大海面蒸发作用引起海表温度降低；该西南风急流在南海南部形成的反气旋海洋环流，通过向东的地转流输送冷的沿岸水，维持该冷丝的持续，直到夏季西南风的消失。（刘秦玉　姜　霞）

**南海一号** South China Sea I　1987年在中国广东省阳江市东平港以南约20海里处南海上下川岛海域海底发现，并于2007年实现整体打捞出水的一艘木质古沉船。“南海一号”首尾略有残缺，但较为完整，残长22.95米，宽9.85米，船内舱室最深2.7米，全船分为15个舱室，用隔舱板进行分隔，排水量约800吨，载重量约400吨，船上满载着外销瓷器等各类货品和生活用品，考古鉴定为800多年前南宋时期海外贸易商船，是在环中国海域发现的沉船中年代最早、船体最大、保存最完整的中国远洋货船，是保存在“海上丝绸之路”航道上的珍贵文化遗产。

水下考古发现　1987年8月，广州打捞局与英国海上探险和打捞公司组成的中英联合打捞队在广东省台山市上下川岛海域寻找东印度公司沉船“莱茵堡”号时，意外发现了位于海面下20多米深处有被淤泥覆盖着的沉船凝结物，并打捞出金链、瓷器等一批珍贵文物，送交广东省文物考古研究所。广东省文物局初步考证该船沉没在宋元时期，并命名为“川山群岛海域宋元沉船”。1989年冬，中国历史博物馆（今中国国家博物馆）中国水下考古队成立，对该船展开水下考古调查，并由中国历史博物馆馆长、中国水下考古事业创始人俞伟超将该船命名为“南海一号”。这次水下考古调查进一步确定了沉船所在位置，绘制了沉船样貌图。但由于海况和资金问题，此后对“南海一号”的水下考古中断了近十年。1999年在陈来发等香港人士的募捐支持下，“南海一号”水下考古得以再次展开。至2001年，中国历史博物馆水下考古队与广东省文物考古研究所对“南海一号”进行了精确定位。2002年3～5月对海底沉船进行打捞，打捞出金、银、铜、铁、瓷类文物4000多件，其中绝大多数保存完好如新，是十分罕见甚至绝无仅有的文物珍品。当时根据探测情况估计整船文物有6万～8万件。

整体打捞　如何将这艘年代久远并装载有大量珍贵文物的古沉船尽可能完整地考古发掘出来是一个巨大的难题，2003～

2004年广东省提出并多次论证了整体打捞再进行室内处理的创新方案。区别于世界水下考古习惯的原地发掘方法，整体打捞方案是在“南海一号”沉没地点淤泥覆盖、文物（包括船体本身）保护难度大的特殊性下，使用特制的沉箱（长35.7米、宽14.4米、高7.2米，分上下两部分）将沉船、文物与其周围淤泥、附着物、海水等（长30米、宽10多米、高3～4米）按照原状一次性吊浮起运，然后整体平移到专门为此设计的广东海上丝绸之路博物馆中，保持沉船周围环境条件不变，然后进行室内考古发掘。2005年12月28日，广东海上丝绸之路博物馆在阳江市海陵岛十里银滩开工兴建。2007年1月“南海一号”整体打捞行动开始，12月22日，“南海一号”整体出水，12月28日，“南海一号”完成整体打捞，正式移入广东海上丝绸之路博物馆的“水晶宫”（图1）。“南海一号”整体打捞成功，完成了世界上最具难度的水下考古实践，为水下考古提供了新经验。

图1　装载“南海一号”的沉箱被拖入“水晶宫”

保护与考古发掘　“南海一号”入住的“水晶宫”为广东海上丝绸之路博物馆的2号展区，南北两侧采用巨型玻璃幕墙封闭，内部空间28 800立方米，专门用于保存“南海一号”，其水质、温度和环境都和“南海一号”原来所处海底位置的环境完全一样。“南海一号”在这里边保护边发掘边对公众展出。船上发现的部分珍品文物在博物馆3号展区的珍品展厅可以看到。

“南海一号”入住“水晶宫”后，先期经历了2009年8～9月的第1次考古试掘和2011年3～5月的第2次考古试掘，发现了隔舱板和船舷板，基本确定了船首和船尾的准确位置等信息，为“南海一号”整体发掘奠定了基础。2013年11月28日，国家文物局启动了“南海一号”的全面发掘工作，至2014年5月15日，进入船体正式发掘阶段。2015年1月28日，沉船表面的淤泥海沙贝壳等凝结物被逐层清理，船舱内发现超过6万件层层叠叠、密密麻麻的南宋瓷器和其他物品，数量多、品类珍。除了大量瓷器，金属器的发现也颇为引人注目，已经出水的鎏金龙纹手镯、金腰带、方楞金环等金饰形制宽阔粗大，带有异域色彩，历经800多年仍旧金光闪闪。已发现的金属器中还有一些铜制品和上万枚铜钱，包括汉代的五铢钱到宋高宗主政期的绍兴元宝，以及较大宗的铁锅和铁钉等铁器。另外，考古人员还清理出个别饰纹华丽的精美漆盒、木梳等用品。根据2019年8月国家文物局介绍，船舱货物已清理完毕，实际发掘文物超过18万件，其中以铁器、瓷器为大宗，还有丰富的金、银、铜、铅、锡等金属器，竹木漆器，玻璃器及人类骨骼、矿石标本、动植物遗存等。

经过考古识别，“南海一号”上的珍贵瓷器主要产自江西景德镇窑、浙江龙泉窑、福建德化窑、福建闽清窑和福建磁灶窑等宋代著名窑口（图2）。许多瓷器异域风格明显，青白釉铺首执壶瓷器、喇叭口大瓷碗等呈现出浓郁的阿拉伯风情，属于定制外销瓷，船上发现的具有异域特色的宽大金器等生活用品则说明其主人是外国人。综合考证认为，“南海一号”是一艘南宋时期的福船，应是在离开福建泉州地区去往海外贸易，航赴新加坡、印度等东南亚地区或中东地区的途中沉没的。对“南海一号”的考古研究和整体保护仍在继续进行中。

图2　“南海一号”沉船出水的福建德化窑白瓷器和福建磁灶窑绿釉器

价值与意义　截至2020年，“南海一号”整船文物已发掘出超过18万件，文物价值巨大，船只与船货更是浓缩了南宋时期整个时代背景，展现了宋代繁盛的海外贸易体系，负载的历史信息庞大。它为研究中国造船史、航海史、海外贸易史、社会文化史等提供了难得的实物资料，具有特别重要的历史价值、科学价值与艺术价值。沉船位置处在海上丝绸之路航线上，对于海上丝绸之路的保护、发掘和复原也具有特别意义。未来随着“南海一号”考古发掘研究不断进展，将有更多历史谜团得以打开。文物界专家认为，“南海一号”的价值和影响力将不亚于西安秦始皇兵马俑。

打捞、发掘“南海一号”的过程对中国水下考古学科的建设还起到了巨大推动作用。保护沉船文物的挑战使中国水下考古从无到有不断成长，“南海一号”所在的广东海上丝绸之路博物馆的建成则改变了之前中国缺乏水下考古博物馆的历史，成为中国乃至亚洲唯一的大型水下考古博物馆。“南海一号”已经成为中国水下考古里程碑式的标志。（朱建君）

**南极底层水演化**　evolution of Antarctic Bottom Water　南极底层水受到海洋通道开闭以及南极冰盖消长控制的过程。是影响新生代气候变化的重要因素之一。现代南极底层水（AABW）是位于南极大陆附近海底的一层低温、高盐、高密度，富含溶解氧气、二氧化碳和营养物的水团。狭义的南极底层水仅指局限于环南极盆地，在与其他水体混合前根本没从南极扩展出来。其形成于南极大陆架，由冷的高密度南极陆架水和暖的轻密度环极水混合下沉到深部而成。而广义的南极底层水也称为南极底流，包括狭义的南极底层水流出南极后与其他水体混合而成的南源底层水，能从南极环极流的北缘深部扩散到主要的洋盆，影响可达大西洋的北纬40°和太平洋的北纬50°。

始新世中期南极洲周边冷水下沉形成南极底层水雏形（proto-AABW），随后proto-AABW在距今3200万～3100万年、3500万～3440万年以及3800万～3700万年期间加强变厚并影响上覆暖咸水体，将其向低纬度推移。渐新世早期南极环极流的形成隔绝了热量向南极传送，这一过程促进了渐新世南极冰盖发育，于是冰盖下冷的高密度南极陆架水和暖的轻密度环极水混合下沉到深部正式形成AABW。由于密度较高，AABW难以穿过德雷克海峡成为环流。这些高密度的AABW水体主要限制在深的环南极盆地。威德尔海和罗斯海是AABW的主要来源。

在始新世/渐新世之交，AABW并没有输入太平洋。在距今3800万～1700万年期间，AABW才开始进入太平洋深部。在中新世中期（距今2000万～1600万年），由于南极东部冰盖的形成和印尼通道的关闭，AABW对太平洋的影响一度终止。距今约1700万年，南极冰雪圈的扩张使AABW的生产速率以及对其他大洋的影响加强，以致全球深部大洋温度降低。

第四纪以来，AABW的演化与冰期—间冰期旋回相关。一般来说，AABW在冰期早期达到最强，加上期间北大西洋深层水变浅形成北大西洋中层水，冰期时大洋深部被AABW占据。在间冰期，随着南极冰盖消融，AABW强度开始下降。另外在南极千年尺度冷事件中，AABW随着大西洋经向翻转环流的停止而加强，并可能促进南极变暖以及期间大气$CO_2$分压上升。（熊志方）

**南极环极流演化** evolution of Antarctic Circumpolar Current 南极环极流受到海洋通道开闭以及南半球西风带变化控制的过程。是影响新生代气候变化的重要因素之一。南极环极流（ACC）又称**南极绕极流**。现代南极环极流是全球唯一连接主要洋盆，且流动路程最长、输运体积最大的东向流动的洋流。南极环极流主要由中到低纬度的西风来驱动，因此原名**西风漂流**，但是西风漂流掩饰了该洋流的浮力驱动组分。另外，当南极环极流扩展到海床之外时，其路径也受**海底地形**的影响。与均一的洋流不同，南极环极流是达到深部的带状喷射系统，其将安静水体分为几个锋带。

南极环极流雏形（proto-ACC）在约3700万年前德雷克海峡开始打开后形成，此时proto-ACC仅存在于表层水体中。ACC的具体形成年代尚存在争议。一般研究认为ACC形成是由3500万～3000万年前塔斯曼海道的打开所致，因而形成于始新世/渐新世之交（距今约3400万年）。此时，海洋以及大气带状环极流的形成阻隔了热量向南极输送并导致南极冰盖发育。另一些研究认为ACC形成于渐新世晚期（距今2500万～2300万年），主要归因于德雷克海峡的深部打开，那么ACC的形成可能并不是导致南极始新世/渐新世之交变冷的主导因素。在距今约2400万年，ACC的形成或者加强引起了中新世第一次冰期（Mi-1冰期），这次事件也代表了渐新世的结束、中新世的到来。

第四纪以来，ACC的演化与冰期—间冰期旋回相关。冰期时南极冰盖到达陆架边缘，海冰区域扩张，于是ACC向北移动。如在末次冰期最盛期，古海洋记录显示ACC纬度向北移动了约5°～6°。同时，大气、海洋的纬向温度差异增大，并导致驱动ACC的南半球西风带风力增强，使ACC的流速在冰期时变快。另外在南极千年尺度暖事件中，ACC会伴随南半球西风带向南移动。（熊志方）

**南极磷虾** antarctic krill; *Euphausia superba* 一种生活在南大洋水域的磷虾。又称大磷虾、南极大磷虾。南极磷虾是南大洋生态系统的关键物种，为鲸鱼、海豹、鱿鱼、冰鱼、企鹅、信天翁等生物提供了重要的食物来源。

形态 磷虾在外形上与人们所熟悉的对虾等甲壳动物相似，但个体一般比较小。南极大磷虾的体长可以达到6.4厘米，湿重达到2克。

在水中游动的南极磷虾

分布及生物量 南极磷虾在整个南极海域分布不均匀，其70%的生物量主要集中于南大洋大西洋扇区。1977～1986年，由十几个国家参加的庞大十年计划“南极海洋系统与资源的生物学研究”，曾经在1980～1981年和1983～1984年的南极夏季进行过两次大规模的海上考察与实验。科学家使用声学设备对南大洋八分之一的海域进行过调查，得出的结论是南极磷虾的生物量为5.6亿～10亿吨。由于该调查只对八分之一的海域进行了声学调查，考虑到南极磷虾生物量的年际变化很大、磷虾具有斑块状分布的特点、调查区域的代表性以及声学探测设备目标强度的准确性等各方面的原因，这个数字未必准确。2008年，德国和美国的科学家根据20世纪在南大洋对南极磷虾进行拖网调查的数据、南极磷虾声学探测数据，再结合南极磷虾的生长模式等进行综合分析后得出的结果显示，南极磷虾的生物量在3.42亿～5.36亿吨之间。尽管仍然存在不确定性，但是这个数值已经算是比较可靠的了，甚至可以说是一个比较高的估计值。南大洋生物资源保护组织专家们的态度是：在没有完全弄清楚南极磷虾的资源数量的情况下，我们宁可将南极磷虾的评估量说的少一点，这有利于对南极磷虾资源的保护，因为一旦南极磷虾资源遭到破坏，整个南大洋生态系统都会遭遇灭顶之灾。

生态习性 南极磷虾以浮游植物为主要食物，尤其是细小的硅藻（约20微米）。南极磷虾亦可以捕食桡足亚纲、端足目及其他细小的浮游动物。南极磷虾主要的产卵季节主要发生在南大洋的夏季，在大陆架之上及深海海洋的上层区域产卵。雌性每一次会产6000～10 000个卵。磷虾卵的孵化是在下沉（一二千米或者更深一些）过程中进行的。具体地说，磷虾产卵后，其卵就开始往下沉，边下沉边孵化。当磷虾卵三五天后下沉到一二千米的深度时孵化也就完成。孵化后的磷虾边变态发育，边向上缓慢移动，当到达真光层时成为能够直接主动摄食的幼体。下沉到上升时间总共为三四周。

意义与价值 南极磷虾是整个南大洋生态系统的基石。同时南极磷虾生物量巨大，被认为是地球上数量最大、也是最后一个动物蛋白库。磷虾渔获产品主要被用来作为海水养殖动物的饵料、垂钓和制作保健品“磷虾油”的原料，在日本、俄罗斯和菲律宾等国家南极磷虾被直接食用。

自从科学家认识南极磷虾的巨大生物量之后，他们就一直在探索如何将南极磷虾作为一个具有商业开发价值的捕捞对象。南极磷虾的渔业开采起始于20世纪70年代，在80～90年代的鼎盛时期每年的捕获量曾经达到50万吨，其中90%被苏联捕获。中国的南极磷虾产业龙头企业暂时主要集中在山东、辽宁、上海等地。辽宁远航渔业以加工虾丸、虾肉肠等食用产品为主，技术也在迅速提高中。上海南极磷虾企业以出口贸易为主。中国的南极磷虾产业发展势头良好，将成为世界主要南极磷虾产业发展地之一。（杨 光）

**南极绕极流** Antarctic Circumpolar Current; ACC 自西向东横贯太平洋、大西洋和印度洋的全球性环流。南大洋中最重要的**洋流**，也是全球唯一能够环绕全球的洋流。它环绕南极大陆自西向东穿过大西洋、印度洋和太平洋的南部。

南极绕极流是海洋中最强大的洋流，深度可达2000～4000米，宽度可达2000千米。南极绕极流上层由强大的西风驱动，在南纬40°～60°的平均风速是15海里（27.78千米）到24海里（44.45千米），最强的风通常在南纬45°～55°，也被称为**西风漂流**，因为盛行的西风和洋流都是向东的。（徐永生）

**南森，F.** Fridtjof Nansen（1861-10-10～1930-05-13） 挪威北极考察家、自然科学家和政治活动家。生于克里斯蒂安尼亚（今奥斯陆）附近大弗罗恩，卒于奥斯陆附近的吕瑟克。1880～1882年就读于皇家弗雷德里克大学（今奥斯陆大学），1887年获博士学位。领导过多次北极探险和北大西洋海洋探险。1888年远征格陵兰，徒步横越格陵兰腹地冰层。1893～1896年进行北极探险，乘坐自己设计的能防止冰块撞碎的船只“前进”号，由挪威最北端的瓦尔德岛出发，随北冰洋的浮冰漂流，经过新西伯利亚群岛折向西北。在北极附近的法兰士约瑟夫地群岛度过整整一个冬季后，继续漂流返回挪威，历时33个月。这次漂流证实了北极的块冰群不受风向影响而向西漂流的假说，对北极研究有重大科学价值。

1897～1906年，他任皇家弗雷德里克大学动物学教授，发表许多有价值的研究成果。1905年挪威–瑞典联盟解散前后，曾积极参与民族独立运动，赴英国宣传挪威的立场。挪威独立后，于1906～1908年出任挪威驻英国首任公使。1908年以后一段时间，曾任皇家弗雷德里克大学海洋地理学教授。第一次世界大战结束后，主要从事人道主义救济活动。1920年，任国际联盟难民与战俘事务专员，两年内完成了近43万名战俘的释放、遣返工作，安排150万俄罗斯难民和大量希腊难民重新安居。在他的倡议下，国际联盟于1922年向第一次世界大战后流散各处的无国籍难民发放国际通用身份证，被称为南森护照。1922年获得诺贝尔和平奖。他将所得奖金捐献给国际难民救济事业。1931年在日内瓦成立南森国际难民救济局。

主要著述有《爱斯基摩人的生活》(1891)、《极北地区》(1897)等。

（斯　文　撰　郭子林　修订）

**内潮**　internal tide　由天文潮因素（海水的潮汐、潮流运动和天体引潮力等）引发的**海洋内波**。内潮主要由潮流和地形共同作用产生。在内潮的产生过程中，海底不平坦的地形、海水的中尺度涡动和海水密度的垂向分布等诸多因素都有影响，有的甚至是决定性的影响。在**大陆架**及浅海产生的内潮在全球分布最广，强度和影响也最大，研究得也较多。内潮主要由潮流和地形共同作用产生。内潮形成的充分条件是：海底地形有垂直高度变化，海水有潮流运动。一般在陆架坡折处、岛礁和海峡等海底地形变化剧烈的地方产生的内潮都具有线性或弱非线性的特点；而在其传播过程中，当非线性效应与频散效应达到某种平衡时就会有内孤立波从中裂变产生（或衍生出来）。这种**内孤立波**在一个潮周期内以单个、一组或几组的形式出现，是一种强非线性内潮波。线性或弱非线性内潮的振幅可比同地的海面潮汐（表面潮）振幅大数倍到数十倍，但波长量级只有几十千米，传播距离仅限于几个波长的范围。相比之下，内孤立波的振幅和传播距离却要大得多。伴随内孤立波出现的短时强水平流动、剧烈的垂向波动、底流增强和内孤立波破碎产生的混合等，对海上石油等资源的开采设施、水下潜艇、海洋环境等都有不容忽视的影响。因此，内潮尤其是浅海内孤立波的研究受到了海洋科技工作者的普遍关注。

（王东晓）

**内孤立波**　internal solitary wave　发生在海洋**密度跃层**中具有孤立子波性质的非线性大振幅波动。内孤立波是内波的一种，它通常是由强流通过陡峭海底地形所激发产生的，并由于非线性效应和频散效应两者的平衡而在传播过程中能够保持波形不变。

概念形成过程　内孤立波实质上是存在于海面几十米以下海水密度梯度最大的水层中的**孤立波**。1834年，苏格兰土木工程师S.J.罗素发现并命名了位于流体表面的孤立波。1969年齐根拜因在大陆架海域发现海洋中的内波具有非线性的孤立波特征，并将此类波动称为“内孤立波”。内孤立波深藏海洋下面而不易被人们发现，伴随着卫星遥感技术的发展而被逐渐发现和受到重视。

基本内容　内孤立波一般以3种常见方式出现，即单个孤立波、多个孤立波组成波包和多个波包组成波群。内孤立波通常以波群形式传播，其特征半倍波长从几百米至几千米、周期为10～30分钟，波包与波包之间的典型距离约为数十至100千米。内孤立波在卫星遥感图像上显示为海面上成群或成组的波状亮暗条纹。

研究意义　内孤立波往往携带巨大的能量，并在传播过程中导致海面海水强烈辅聚和产生突发性的强流，严重时可导致石油钻井平台的剧烈摇晃，因而对海洋工程、潜艇的军事活动等都会造成严重威胁。内孤立波在传播、破碎、与粗糙的海底地形摩擦等中小尺度过程引起水体强烈的水平或垂向混合，促进营养盐和叶绿素等物质输运，进而影响浮游动植物的生态环境。因此，内孤立波对海上从事科研活动、军事活动和资源开发活动都会造成影响，这正是研究内孤立波的作用所在。

（李华军　董　胜）

**内水**　internal waters　陆地领土之内的水域和领海基线向陆一面的全部水域。一国的内水应包括港口、河流、湖泊、运河、内海、封闭性海湾和泊船处等。1958年《领海及毗连区公约》第5条及1982年《**联合国海洋法公约**》第8条均规定：“领海基线向陆一面的水域构成国家内水的一部分。”

内水是一国领土的重要部分，和国家陆地领土具有同样的法律地位。各国对其内水享有完全的和排他的领土主权，有权拒绝外国船舶进入其内水。一国对驶入其内水或在其港口内的外国商船和船员享有刑事和民事管辖权，但是只要不妨碍和危及沿海国的安全、良好秩序和利益，一般不行使这两种管辖权。船内船员纪律及事项，主要由船旗国负责。一般而言，沿岸国不干涉船长对其船员行使内部纪律的权力。如果船上的人所犯罪行不影响沿岸国的公共秩序或其居民，沿岸国通常让船旗国当局去处理。对遇难船只通常给予一定程度的优待，如沿岸国不对它们征收超过服务费用的港口税与同类性质的捐税。外国军舰如经允许进入一国港口，应遵守沿岸国的航行法令和卫生规则，但沿岸国当局在未获得舰长或船旗国有关当局同意时，不得登上外国军舰，或在舰上执行任何命令。如果外国军舰有违反沿岸国法律或危害沿岸国安全的行为，沿岸国有权令其离境。

中华人民共和国对其内水具有完全的、排他的领土主权。任何外国船舶未经许可，不得进入中国的内水。任何国际组织、外国组织或个人未经许可，不得在中国内水内从事科学研究或水上作业等活动。获准进入中国内水的外国船舶，应遵守中华人民共和国的法律、法规。

（周忠海　黄志雄）

**泥底辟**　mud diapir　以泥质为核的、密度较小的高塑性低黏度的岩石（如岩盐、石膏或泥岩等）向上流动、拱起，甚至刺穿上覆岩层所形成的穹隆或蘑菇状底辟构造。有的侵达海底的泥底辟又称泥丘、泥火山。泥底辟的直径可为几米至几千米。

泥底辟广泛分布在**大陆架**、**大陆坡**和边缘海盆中。如墨西哥湾、黑海、里海、地中海都发现大量泥底辟。在海底水下三角洲现代沉积层中也常见泥底辟。当水下三角洲不断向前进积时，高密度的河口沙体沉积，将超覆在前缘相的低密度淤泥质沉积之上，两者形成密度倒转剖面。在泥质排水不利情况下，当不断加载产生的剪切力超过淤泥质抗剪强度时，泥质沉积层将发生褶皱变形，或者向上挤入上覆沙层，形成核状构造和穿刺构造。在中国的滦河口、黄河口、长江口、珠江口水下三角洲，都发现了现代沉积中的泥底辟和泥火山。在东海大陆坡、南海莺歌海盆地、珠江口盆地外侧、北卫滩南、台西南盆地、曾母盆地及万安盆地都发现了泥底辟。

泥底辟是一种潜在的灾害地质因素，特别是埋深较浅的泥底辟。海洋钻井平台遇到泥质底辟时，可能影响桩基稳定，影响套管安装和管线布设，甚至发生井喷，造成严重损失。当其受到外力或地震作用时，往往会产生泥火山或泥流。在海上油气田勘探开发中，必须查明泥底辟状况，以采取合理的避让或可行的防护措施。

（刘锡清）

**暖流** warm current 海水的温度比流经海域的水温高的*海流*，主要见于赤道至南北20°～30°纬度范围内。一般从低纬度向高纬度流的海流是暖流，从高纬度向低纬度流的海流是寒流。但暖流的海水温度不一定都比寒流的高，如北太平洋海流（属中高纬度的暖流）的水温就比加利福尼亚海流（属中低纬度的寒流）的海水温度低。海洋中的暖流蕴藏着巨大的热能，可以使沿岸增加湿度并提高温度，更有助于生物的生长与发展。

大洋西侧沿大陆坡由低纬度向高纬度流的海流是暖流，如太平洋的*黑潮*和*东澳大利亚海流*，大西洋的湾流和*巴西海流*，其中最主要的是湾流与黑潮，分别是世界海洋中第一和第二大暖流。湾流是北大西洋的*西边界流*，由大西洋中的北赤道流和南赤道流中越过赤道的北分支混合而成。湾流的宽度为100～150千米，表层流速可达200～300厘米/秒，最大流速偏向流轴左侧，流量可达$10^8$米$^3$/秒，影响深度可达海底。黑潮是北太平洋的一支西边界流，是北赤道流北向分支的延伸，它沿菲律宾东岸向北流动，在台湾以东进入东中国海。黑潮强流带宽75～90千米，流速最大可达200厘米/秒，影响深度可达1千米。

大量的暖水向高纬度输运，将对高纬度海区的海况和气候产生巨大影响，如处于北纬55°～70°的加拿大东岸，年平均气温为－10～0℃，而同纬度的欧洲西部海岸，年平均气温则高达0～10℃。另外，暖流区域是大气温暖的下垫面，加上蒸发较强，空气湿润而不稳定，雨量丰富，使流域沿岸的农作物受益很大。湾流和黑潮向北达到较高的纬度处，便折向东流入盛行西风带所生的北大西洋海流和北太平洋海流中，并在那里遇到向南流动的*拉布拉多海流*和*亲潮*，发生海水强烈的交换混合，形成了著名的渔场。

海冰下的暖流

（边昌伟）

**挪威海流** Norwegian Current 北大西洋暖流的分支，有时也被认为是墨西哥暖流的延伸。挪威海流从苏格兰北部进入挪威海，在流入巴伦支海前沿挪威海岸向东北流动。该海流平均盐度大约为34.5‰，次表层南端温度可达8℃，北端温度为4℃，对挪威和北欧的气候调节起到了重要作用。海流流速大约为0.25米/秒，流动过程中分离出向西运动的涡旋，并与往西南方向流动的东格陵兰岛海流相遇，两支流动于交汇处进行热量混合并形成了著名的北海渔场。

挪威海流

（宋德海）

# P

**庞加莱波** Poincare wave 一种在重力和地转惯性共同作用下，在均匀水深中传播的自由平面波。又称斯韦尔德鲁普波、旋转重力波。通常庞加莱波指满足一定水道边界的全部波动。根据求解线性旋转浅水动力方程，庞加莱波具有$\omega^2=f_0^2+gH(k^2+l^2)$的频散关系，其中$f_0$为科氏参数、$g$为重力加速度、$H$为水深、$k$和$l$为水平波数，可以看到庞加莱波的频率$\omega$总是大于科氏参数$f_0$。庞加莱波的传播特征主要依赖于波长与**罗斯贝变形半径**的比值，它的极限情形包括如下两种。①短庞加莱波。当水平波长与罗斯贝变形半径相比是小量时［$K^2\gg f_0^2/(gH)$，$K^2=k^2+l^2$］，频散关系退化为无旋转情形，此时波动不受地转惯性影响，称为“短庞加莱波”，具有$\omega^2=gH(k^2+l^2)$的频散关系，为非频散的浅水波。值得注意的是，短庞加莱波的波长仍然必须大于水体深度，否则将不能满足浅水近似。②长庞加莱波。当水平波长与罗斯贝变形半径相比是大量时［$K^2\ll f_0^2/(gH)$，$K^2=k^2+l^2$］，庞加莱波的频率$\omega$近似为常数，且等于$f_0$，流体质点将在其自身惯性的作用下进行惯性振荡，称为“长庞加莱波”。

海洋中庞加莱波的能量传播特征为：短庞加莱波以群速极大值$(gH)^{1/2}$随时间向外移动；而长庞加莱波则以非常小的群速落在短庞加莱波的后面。 （王东晓）

**抛载技术** unloading technology for underwater vehicle 潜水器发生危险时，可迅速抛弃上浮压载，使其产生一定的抬首力矩和正浮力，从而避免潜水器沉没，达到自救目的的技术。也可用在海洋装备完成作业后，实现自主返回。对于**载人潜水器**来讲，抛载技术是现代潜水器应急救生系统的重要组成部分。由于潜水器自身携带的能源有限，紧急情况时启动应急抛载装置可实现可弃压载的抛弃，不必消耗能源就可以使潜水器获得正浮力浮上水面。下潜前，可弃压载一般通过某种特定的固定方式悬挂于潜水器上，可弃压载可以是铁块或铅块，也可以是一定数量的铁丸。

机械脱除技术的驱动方式种类繁多，常见的有单一的手操、电磁、液压驱动，也有这三种相互组合的驱动方式，还有不太常见的爆炸螺栓等方式。从系统可靠性而言，单一的驱动方式突显优势，特别是手操驱动更能给人心理安全感，但单一驱动方式有自身的局限性，国内外载人潜水器采用较多的是组合式驱动方式。所有可弃压载系统都可以应用于载人潜水器，只是根据可靠性指标、潜水器自身特点以及潜水深度来选取最合适的抛载系统。而**自治式无人潜水器**与载人潜水器最显著的差别是没有工作人员，因此涉及手动操作的应急抛载装置在无人潜水器中均不能采用。常用于无人潜水器的可弃压载系统一般采用电磁控制、爆炸螺栓、熔断式抛载、程序设定等控制方式。 （杨　柯）

**喷水推进技术** water jet propulsion technology 利用推进泵喷出高速水流所产生的反作用力推动船舶或潜水器前进的技术。推进泵是喷水推进系统的主要构件，它将水从吸水口吸入，并以高速通过喷嘴喷出，使潜水器向喷射相反的方向运动。

喷水推进装置最早于1661年由英国T. 图古德和J. 海斯发明。但直到1839年才由英国M. 思凡发明出了较为成熟的喷水推进装置。1914年，吉尔设计出一种底板式喷水推进系统，其上带有一组合式倒车机构。1946年，芝加哥学者研究出世界上第一个喷水推进舷外机。1962年，苏联首先使用了三级轴流泵和二级轴流泵。1968年，美国研制了采用单机双吸离心泵的深浸自控水翼艇。1977年，肖特公司成功研发了另一种改进的底板式推进装置——泵喷射推进器。20世纪50年代早期，汉密尔顿开始研制尾板式喷水推进器。80年代，英国、美国、法国在核潜艇上应用了喷水推进的降噪技术。21世纪之后，发展的计算机多点控制则实现了喷水推进系统操纵性的进一步提高。

与**螺旋桨推进技术**相比，喷水推进技术的优点主要在于良好的推进效率、抗空泡能力以及操纵性。在喷水推进系统中，喷水泵的叶轮工作在流场较为均匀的泵壳中，能够有效地利用来流冲压，使其在高速范围内较螺旋桨有更好的抗空泡性能，因而可以达到更高的推进效率。喷水推进系统的方向调整无须改变主机转速，主要依靠偏折喷水推进泵射出后的高速水流完成，拥有优异的操纵性和动力定位性能。不但可以原地回转，在双机双泵的条件下甚至可以实现横移。此外，系统工作平稳，噪声低，工况适应能力强也是喷水推进系统的突出优点。但在航速低于30节（约55.56千米/时）或叶轮直径不受限制的条件下，喷水推进的效率一般较螺旋桨低。同时，喷水推进系统进水口的功率损失问题也尚未能得到完善的解决。此外，在浅水水域航行时，还需要考虑喷水口的堵塞与泥沙吸入问题。

喷水推进是高速水中运载器中最常见的推进系统。2008年，喷水系统的设计输出功率已超过20 000千瓦，推进泵效率可达90%左右，系统总推进效率可达60%以上，航速可达108千米/时。除了常规喷水推进系统外，一类利用金属燃料与水反应，产生高温水汽驱动涡轮或直接喷出产生动力的水冲压发动机，也进入了应用研究阶段。新型的喷水推进技术能为潜水器和船舶、特别是军用舰艇带来令人满意的性能，正在得到越来越多的关注和研究。 （樊　炜　张祝军）

**皮卡德，A.** Auguste Piccard（1884-01-28～1962-03-24） 瑞士高空和海洋科学探险家、应用物理学家。生于巴塞尔，卒于洛桑。1907年毕业于瑞士联邦理工学院，1909年获自然科学博士学位。1922年聘任为比利时布鲁塞尔大学教授讲授应用物理学，1954年从布鲁塞尔大学退休回瑞士。毕生热衷于开拓性的科学探险，亲自设计、研制蕴藏技术革新的探险装备（工具），对科学探险充满自信，以无畏的勇气投身于被当代人视为“畏途”的探险。在高空与深海探险两方面均取得开创性成果。早年研究宇宙线，决心在极具危险的同温层进行观察和实验，先后成功地研制三种气艇（气球），其技术特点各不同。第一次，1930年装备了可充填压缩空气的气密座舱（密封增压舱），克服了以往载人气球在进入平流层时即会致命的危险。这一创新技术迄今仍在飞机中广泛使用。第二次，1931～1932年研制具极强升力的“FNRS-1”号飞艇（气球），这种飞艇不必充满气体即可升空。第三次，研制配备有无线电座舱的气艇。他研制气艇（球）的升空高度不断创纪录。1931年5月27日，A. 皮卡德与P. 基普弗上升到15 781米的超低压高空，其气压为平均海面气压的1/10。当返回地面时，在瑞士苏黎世和比利时布鲁塞尔受到凯旋式欢迎。1932年，皮卡德父子上升到16 940米高空，1934年10月23日，其孪生兄弟J.-F. 皮卡德偕妻上升到17 500米高空。

高空探险成功后，A. 皮卡德以世界最深的马里亚纳海沟（约11 000米）为目标进行开创性的载人深海探险活动。在深潜艇研制上进行技术革命：为在深水下自由活动，必须革除以往的缆索悬吊方式，而浮体，特别是观察舷窗等必须能耐巨大高压和低温，对呼吸及排气装置、电气与科学仪器都有新的构思与技术措施。为使浮体有足够的浮力，浮体装满汽油。浮体腹下的吊舱有两个功能，一是观察，二是压载，由电磁阀控制，到海底时开启卸载。与水面联络用声呐，水下活动靠螺旋桨。因第二次世界大战延误，1948年研制成“FNRS-2”号潜水器，同年11月13日无人驾驶成功地深潜1373米后（水深为1400米）返回。此后又研制两艘潜水器。其中“FNRS-3”号（后转让给法国）于1954年2月由两位法国科学家下潜至4050米。另一艘“的里雅斯特”号潜水器，于1953年8月由A.皮卡德和其子*J.皮卡德*在意大利蓬扎岛海岸外下潜至3099米。当时A.皮卡德69岁。（刘安国　蓝　健）

**皮卡德，J.** Jacques Piccard（1922-07-28～2008-11-01）瑞士海洋工程学家、深海探险家、经济学家和应用物理学家。*A.皮卡德*之子。生于比利时布鲁塞尔，卒于瑞士。1943年毕业于瑞士洛桑法语区新校，曾在日内瓦大学研究经济、历史和物理学，1946年获硕士学位。第二次世界大战期间，1944～1945年在法国第一陆军服役。先后在大学、私人教育机构工作，20世纪60年代前后出任美国一些私人深海研究机构科学顾问，1966～1971年在纽约格鲁曼飞机工程公司工作。曾协助其父研制“的里雅斯特”号潜水器。1953年随其父乘“的里雅斯特”号深潜至3099米；1960年1月23日又与美国海军上尉D.沃尔什乘“的里雅斯特”号成功地深潜到世界海洋最深的太平洋的马里亚纳海沟10 916米，开创人类有史以来载人深潜的新纪录。以此为契机，他发明了浅水探海的观光艇，载客40人，通过侧窗可水下观察，深度通常不超过90米。其设计的第二艘小型浅水探海艇可潜航一个多月。1966年，利用浅水探海艇指导美国海军从佛罗里达下潜，在水下漂航到新斯科舍，成功地对斯特里姆湾流进行了研究。
（刘安国　蓝　健）

**皮耶克尼斯正反馈** Bjerknes positive feedback 一种用来解释热带太平洋海表温度纬向差异与海面气压之间链式耦合并相互促进的正反馈，最早由著名的挪威籍美国气象学家J.皮耶克尼斯在20世纪60年代提出，用来解释*厄尔尼诺–南方涛动*现象中海面温度异常与低层大气环流异常之间的相互促进过程。在20世纪60年代之前，关于厄尔尼诺和南方涛动的观测和动力解释都很少，学界也没有将二者联合起来研究。直到60年代末，皮耶克尼斯仅仅通过表征南方涛动的海平面气压资料和少数岛屿站点观测的海温资料，提出了厄尔尼诺和南方涛动其实是通过海–气相互作用而紧密地联系在一起的猜想。他认为：沃克环流受热带太平洋纬向海温梯度驱动，底层赤道东风的加强伴随着赤道海洋上升流的加强，导致赤道东太平洋海温异常降低，这又会加剧东西太平洋的温度梯度，进而又加强沃克环流，促进赤道东太平洋海温进一步降低，形成拉尼娜。另一种情况下，沃克环流的减弱也会进一步减弱底层东风，同时也减弱赤道海洋上升流，因此赤道东太平洋变暖，并且加热其上空的大气并降低局地海平面气压，这样就减小了热带太平洋纬向的海温梯度，从而导致沃克环流减速，进一步加剧赤道东太平洋的变暖，形成厄尔尼诺。因此，皮耶克尼斯提出的这种海–气相互作用反馈机制给热带东太平洋初始的海温异常发展提供了一个永不停止的动力。20世纪80～90年代，许多的观测和数值模式的模拟均证实了皮耶克尼斯的猜想，并将海温和沃克环流的变化与赤道东太平洋上升流和温跃层深度的变化联系起来，丰富了皮耶克尼斯描述的海温与沃克环流之间相互作用的动力细节，同时修正了皮耶克尼斯猜想中的一些不合理的部分，使之成为一个完整理论。为纪念皮耶克尼斯在该方面的突破性贡献，后人将该理论称为皮耶克尼斯正反馈。这种反馈机制直到21世纪初依然是海–气相互作用尤其是ENSO研究的基础理论。（谢瑞煌）

**平顶海山** guyot 孤立的、平顶的海底火山。又称桌状山。见*海山*。

**平衡潮** equilibrium tide 从静力学平衡的角度出发，假设地球表面都被海水覆盖，而且海面在任何时刻都能够保持与重力和引潮力的合力处处垂直的理想化的海洋潮汐。见*潮汐静力学理论*。

**平均海平面** mean sea level 在一定时期内，对验潮站观测资料进行滤波之后运算得到的海平面高度值。该值取决于选取的时间段，平均海平面可包括日均、月均、年均和多年平均海面。取足够长时段计算求得的平均海平面能完全消除各种周期性和非周期性振动，这种理想海面称为海平面。它是陆地高程的基准面，由此算起的高程即为海拔高程。

要实现上述“在足够长的时段确定出理想的海面”是难以做到的。一般取近似值，如取验潮站18.61年或19年每小时潮位资料的平均值来代表该站的海平面。海平面拥有极为缓慢的长期趋势变化，也能够反映验潮站地层升降的变化，同时它还具有相对稳定的特点。因为它既消除了不同时间尺度的波动，也消除了年周期和月球轨道升交点西退对潮位的影响。米顿周期和沙罗周期与此相近，其影响基本上也被消除掉。以中国山东省青岛市海军验潮站为例，采用1952～1979年每小时潮位，按5种常见的低通滤波公式作滑动运算，得到青岛验潮站海平面值分别为2.428米和2.429米。考虑完整年周期，取2.429米作为青岛的海平面，并将其定为“1985年国家高程基准”。

由1980年观测的中华人民共和国水准原点网、备用水准原点网共同平差推算，得出青岛中华人民共和国水准原点高程为72.260米。根据上述水准原点，辐射全国确定出20 245个一等水准点的精确高程值，据此控制并统一了全国高程。1987年5月16日，经国务院批准，由中国国家测绘局（今自然资源部）公告全国采用“1985国家高程基准”。它是测绘、制图、防洪、防潮、海上航行、海岸带开发、地震监测和地壳升降等科学研究都需要参照的基准，对从事生产建设和国防建设具有重大意义。（张召儒）

**平流反射振子** advective-reflective oscillator 利用赤道中太平洋的风生海流和波动反射激发的海流的共同驱动暖池东边界的东伸西退来解释*厄尔尼诺–南方涛动*循环的理论。热带中太平洋存在海水质量的辐合，造成了质量、温度和盐度锋，该锋面可视为暖池的动力东边界，其东侧是持续的西向海流（北赤道流和南赤道流），其西侧是断断续续的东向流系（如北赤道逆流和西风爆发激发的海流）。这样一个边界所处的经度很容易被其两侧海流的强弱所打破，例如风应力异常导致的异常表层埃克曼流（量级较小），海洋*罗斯贝波*和*赤道开尔文波*导致的异常流，以及海洋波动在东西边界上反射导致异常流，这些异常的海流是推动暖池东边界东伸西退的主要动力。在一次厄尔尼诺事件中，西风异常在其东侧海洋中激发温跃层下沉性海洋开尔文波向东传播并伴随着东向的异常海流，在其西侧海洋中激发温跃层上升性海洋罗斯贝波向西传播并在赤道上伴随着东向的异常海流；这些异常的海流增强暖池东边界西侧的东向平均流，从而推动其向东运动，暖池得以扩展并加热赤道东太平洋，导致厄尔尼诺逐渐加强；几个月后，下沉性开尔文波达到东边界并发生反射，在赤道外形成下沉性罗斯贝波向西传播，同时伴随着异常的西向赤道流，而上升性的海洋罗斯贝波达到西边界反射成为上升性的赤道开尔文波，伴随着异常的西向赤道流；因此，波动反射后的异常赤道流将加强暖池东边界东侧的西向平均流，促使前期向东移动的暖池边界重新向西移动，暖池退缩至赤道中太平洋，同时赤道东太平洋海水逐渐恢复至其气候平均温度，表征这一次厄尔尼诺事件的结束。当拉尼娜发生时，异常东风激发的波动以及波动反射而产生的异常赤道流的方向和作用近乎与厄尔尼诺相反。（谢瑞煌）

**平流冷却雾** advection cooling fog 暖湿空气被海面风平流输送到冷海面上形成的雾。又称冷海雾。海雾的一种。

形成 空气与海面之间有感热和潜热交换，一般来说，气温高于水温时，以空气输向海面的感热交换居主要地位。相对暖湿的空气平流到冷海面，气温和海表温度之间产生了温度梯度，感热通量由大气向海洋输送，空气失去热量冷却，慢慢达到饱和并凝结成雾。在平流冷却雾的形成过程中，海面蒸发作用有时也不可忽视。平流冷却雾是全球海雾的最常见类型。

在平流冷却雾（也包含其他类型的海雾）的生成维持过程中，来自雾顶的长波辐射冷却降温和雾层中的湍流混合也起了重要作用。在雾层之上往往存在相对湿度明显下降的情况，即存在所谓干层。春季黄海海雾过程中往往干层比较明显，导致雾顶长波辐射冷却效应较夏季海雾更强。由于强烈的长波辐射冷却效应，在海雾生成期，降温成为主导因素，在海雾盛期甚至出现海表面气温低于海表面水温的时段，与英国北海的哈雾（haar）类似。夏季黄海海雾生成过程中，降温和增湿往往同时存在，雾层之上相对湿度仍然比较高，雾顶长波辐射冷却效应相对较弱，在海雾过程中海表面气温一般高于海表面水温。

分布 平流冷却雾的发生具有非常明显的区域性特征，千岛群岛以东的西北太平洋、北大西洋上纽芬兰海域、加利福尼亚外海海域及苏格兰东北部海域的哈雾多是平流冷却雾。世界大范围开阔洋面的平流冷却雾多发区的一个共同特点，就是位于冷暖海流导致的海表温度锋的冷水一侧。暖湿气流越过海表面温度锋到达冷水面，迅速冷却成雾。在近岸及外海，沿岸流、上升流和潮混合等导致的冷水面也是海雾多发区。如美国西岸的加利福尼亚海域的多雾与上升流有关。平流冷却雾也是中国近海常见的海雾类型。黄海海域在春夏季经常有一个冷的沿岸流自北向南流去。朝鲜半岛西岸也有冷的沿岸流从鸭绿江口流向济州海峡，是该海区春夏季多雾的一个原因。冬季中国近海的沿岸流可以抵达南海，有利于广东沿海海雾发生。山东半岛东端的成山头近海海雾特别多，被称为“雾窟”，一个重要原因是潮混合导致的冷水面。这些冷水面为该地区海雾的形成提供了冷下垫面条件。与季节有关的天气系统影响下的风场，为海雾的发生提供暖湿平流，因此，每个区域的海雾又具有明显的季节性。

中国山东荣成的平流冷却雾

危害 平流冷却雾比较浓，雾区范围大，持续时间长，能见度低，多发生在海上，可以随风扩展到陆地上，无论在海上还是在沿岸地带，都因其恶劣的能见度对交通运输、海洋捕捞、海洋开发工程、军事活动等造成不良影响。据统计，海上船舶之间的碰撞事故80%是因低能见度引起的。而雾水中的盐分对建筑物的侵蚀也是不可忽视的，对海上生命财产安全和海域清洁水源环境构成了严重的威胁（见图）。（张苏平）

**平流雾** advection fog 暖湿空气移至较冷的下垫面上，其下部水汽因冷凝而形成的雾。见海雾。

**平流蒸发雾** advection evaporation fog 冷空气流经较暖海面而成雾。又称暖海雾。

形成 由于暖水面蒸发比较大，在其上方近海面形成暖湿空气团。较冷的未饱和空气平流到暖水面，与原来在暖水面上的暖且饱和或者接近饱和的空气混合而成雾。海面蒸发向空中输送水汽，但因湍流交换又向空气输送热量，前者由于增加空气的水汽压有利于雾生，后者由于大气吸收热量温度升高，提高了空气的饱和水汽压，有利于雾消。当蒸发作用大于输热（感热输送）作用，便利于形成海雾。只要空气不饱和，自然界的液态水就会不断蒸发。只有液态水温度高出其上的空气温度时，才可能形成蒸发雾，而且高出的温度越多，蒸发量越大。

空气中的饱和水汽压主要是温度的函数：温度越高，饱和水汽压越大；反之亦然。由于暖水面上的空气存在着较大的温度垂直递减率，即靠近水面的空气温度高，远离水面的空气温度低，因而靠近水面的空气饱和水汽压大，远离水面的空气饱和水汽压小。靠近暖水面的薄层空气温度高，饱和水汽压大，有利于水分蒸发；较大的温度垂直递减率增强了大气的不稳定性，有利于蒸发的水汽通过湍流上传。由于远离暖水面的空气温度低，饱和水汽压小，因而空气中的湍流源源不断地把暖水面蒸发的水汽输送至温度较低的上层空气中后，空气很容易达到饱和而形成雾。

在平流过来的干冷空气（一般来自大陆）比海面温度低很多的条件下，导致海面强烈蒸发，使空气中的水汽达到饱和状态而形成的蒸发雾，由于蒸发强烈形成大量水汽，又称蒸汽雾，这类雾发生时，海上往往有偏北大风。干冷空气平流使雾滴向上迅速减少，大风和强湍流运动导致雾气上下翻腾，看上去海面烟雾升腾，像“沸腾的水面”，因而海上蒸汽雾又被称为海烟或寒烟。

西班牙太阳海岸的平流蒸发雾

分布 极地冷空气平流到暖海面上，可以形成大范围的平流蒸发雾。冬季冷空气从岛屿或岸滨流向其周围暖海面上也可以形成平流蒸发雾（见图）。冷季在美国加利福尼亚州沿海的暖海面，偏北大风影响下常出现平流蒸发雾。从两极区域流出的冷空气到达其邻近暖海面上或在巨大冰山附近的水域上时，均可生成蒸汽雾。深秋初冬，开阔的有一定深度的湖面上也容易出现蒸汽雾。（张苏平）

**平（停）潮** slack tide or still tide 潮汐上升到最高点或下降到最低点后短暂的稳定现象。当潮汐达到高潮的时候，在一段时间内，海面既不上升也不下降，海面保持一段时间稳定的现象，称为平潮。与之相对应的，当潮汐达到低潮的时候潮位不升也不降，则称为停潮。平潮和停潮的时间长短因地而异，尤其与潮汐类型密切相关，一般为几分钟或几十分钟，最长可达一二小时以上。（周　磊）

**破冰船** icebreaker 专门用于在冰区为其他类型船舶破碎坚固的冰面、开辟水道的船舶。随着冰区海洋作业的日益蓬勃发展，现代破冰船肩负的任务越来越广泛和重要，冰区船队也在不断扩大。俄罗斯、加拿大和美国等经济较发达的国家都拥有一支强大的破冰船队。其中，美国有4艘破冰船；加拿大冰区范围广阔，拥有6艘破冰船；大部分海域位于冰区的俄罗斯拥有最庞大的破冰船队，共有20艘破冰船，其中包括7艘核动力破冰船。

结构特点　破冰船的整体船型和船首局部线型与其他船舶不同，破冰船横向相对较宽而纵向较短，整体呈现出短而粗的外观。破冰船通常在船首处吃水很浅，船首较狭窄而坚固，具有平缓的角度，整体呈倾斜形状。船首这种设计型式便于冲击冰层时爬至冰层上，依靠自身重力压碎冰层，从而达到破冰目的。短而粗的独特船型使得重量更加集中，提高破冰效果，同时可以降低船体上爬时受到的应力和变形。由于船首需要直接参与冲击冰层，船首部位的外壳通常都有特别的加厚措施。船舷、船尾和水线等部位经常与海冰接触，这些部位的外壳也必须加厚。

破冰船分类　破冰船的破冰方法一般有连续式和冲撞式两种。在连续式破冰方法中，国际上定义的最高级别破冰船要求能够在1.5米厚的冰层中稳定穿行，航行速度可达3～5海里/时。这种破冰方法在波的尼亚湾、芬兰湾以及俄罗斯和加拿大的部分地区有较多应用。在冲撞式破冰方法中，船首先以较快速度上爬至冰层上，当冰层在重力作用下破碎后，船体再次平浮于水面，随后破冰船倒退一段距离并加速向前行驶，利用自身巨大惯性再次上爬至冰层上，如此循环往复，不断重复压碎式破冰。当冰层硬度较大、具有不规则边缘或厚度较厚时，一般无法使用连续式破冰方法，只能采用冲撞式破冰方法。

图1 “北极星”号破冰船

图2 “桑普”号破冰船

发展过程　破冰船由于适用范围和功能限制，与其他船型相比发展较晚。世界上第一艘破冰船“City ice boat NO.1”于1837年建造于美国的费城，是一艘蒸汽机驱动叶轮的船只。苏联于1959年设计建造出世界上第一艘核动力破冰船“列宁”号。中国在极地海域航行的破冰船“雪龙”号，于1993年3月在乌克兰赫尔松船厂建成下水，中国购进后又进行了改装。世界上设计建造破冰船能力最强的国家多为环北冰洋的几个国家，针对破冰船的设计建造已形成初步的规范。美国海岸警卫队的“北极星”号破冰船（图1）是世界最强破冰船，它能以3节航速连续破1.8米的厚冰，如果用“倒车冲撞”法，可破6米厚的冰。“桑普”号破冰船（图2）长75米，重3540吨，是全球唯一的观光破冰船，“桑普”号乘客量可达150人，每年12月至次年4月，在芬兰与瑞典之间的波斯尼亚湾北部结冰的水域行驶。

（田育丰）

# Q

**企鹅** penguin　不会飞翔但是善于游泳和潜水的中、大型海洋鸟类。属于鸟纲（Aves）企鹅目（Sphenisciformes）企鹅科（Sphenisciformes）。企鹅背部为深色的蓝黑或蓝灰，腹部白色。企鹅一般比较肥胖，具有厚厚的皮下脂肪，较厚的羽毛高度特化成鳞片状，能防止海水浸润；前肢特化为桨状，用于划水；后肢较短，位于躯体后方，趾间具蹼；可以直立行走，姿态左右摇摆，也可以用腹部贴冰面滑行。

**研究简史**　"penguin"是肥胖的鸟的含义，又因为它们经常在岸边站立远眺，好像在企望而得名。葡萄牙航海家V.达·伽马和F.de麦哲伦在他们的探险航行中（分别为1497～1498年和1519～1522年）最早描述了南非和南美的企鹅。然而，大部分企鹅种类是18世纪随着人类寻找南极大陆而对南大洋进行探索时才逐渐为世人所了解。人们对企鹅潜水、繁殖、行为和进化等进行了大量研究。

**种类和分布**　世界上总共有1目1科6属18种，全分布在南半球。大部分企鹅生活在南纬45°～60°，主要分布于南极洲、新西兰、澳大利亚南部、非洲南部和南美洲（北至秘鲁和加拉帕戈斯群岛，图1）。其中以新西兰地区的种类最为丰富，南极洲海岸和亚南极海岛上生活的企鹅数量最多。南极与亚南极地区有8种，其中在南极大陆海岸繁殖的有2种。加岛环企鹅（*Spheniscus mendiculus*）是唯一可以生活于接近赤道附近的岛屿上的企鹅。从根本上而言，它们适于在较冷的气候下生活。即使是热带地区的企鹅也主要出现在海洋寒流存在的区域，如受沿南美西海岸活动的洪堡洋流影响的区域和受南非周围本吉拉洋流和厄加勒斯洋流影响的区域。

王企鹅属（*Aptenodytes*）包括两种体型最大的企鹅，即帝企鹅（皇企鹅，图2、图3）（*A.forsteri*）和王企鹅（*A.patagonicus*）；阿德利企鹅属（*Pygoscelis*）包括阿德利企鹅（*P.adeliae*）、白眉企鹅（巴布亚企鹅、金图企鹅）（*P.papua*）和南极企鹅（帽带企鹅、纹颊企鹅）（*P.antarctica*）3种。阿德利企鹅是数量最多的企鹅，可在南极见到大规模的群体，游荡于南极有浮冰的水域，多以磷虾为食；角企鹅属（*Eudyptes*）种类最多、分布最广，头一般为黑色，并有黄色羽冠，外型区别不明显，分类较有争议，包括凤冠企鹅（黄眉企鹅）（*E. pachyrhynchus*）、斯岛黄眉企鹅（响弦角企鹅）（*E.robustus*）、翘眉企鹅（竖冠企鹅）（*E.sclateri*）、白颊黄眉企鹅（史氏角企鹅）（*E.schlegeli*）、长冠企鹅（长眉企鹅）（*E. chrysolophus*），以及争议较大的冠企鹅（凤头黄眉企鹅）（*E.chrysocome*）。见于新西兰、澳大利亚、南美洲等地；企鹅属（*Spheniscus*）又称环企鹅属，有4种，是分布最靠北的企鹅。南非企鹅（*S. demersus*）又称黑足企鹅或斑嘴环企鹅，见于南非沿海；秘鲁企鹅（洪氏环企鹅）（*S. humboldti*）见于秘鲁一带的南美洲西海岸；南美企鹅（*S.magellanicus*）又称麦氏环企鹅，见于南美洲南部海岸；加岛环企鹅见于赤道附近的加拉帕戈斯群岛；黄眼企鹅属（*Megadytes*）只有黄眼企鹅（*M. antipodes*）1种，分布于新西兰南岛一带；白鳍脚企鹅属（*Eudyptula*）有2种，即小企鹅（*E.minor*）（小蓝企鹅或小鳍脚企鹅）

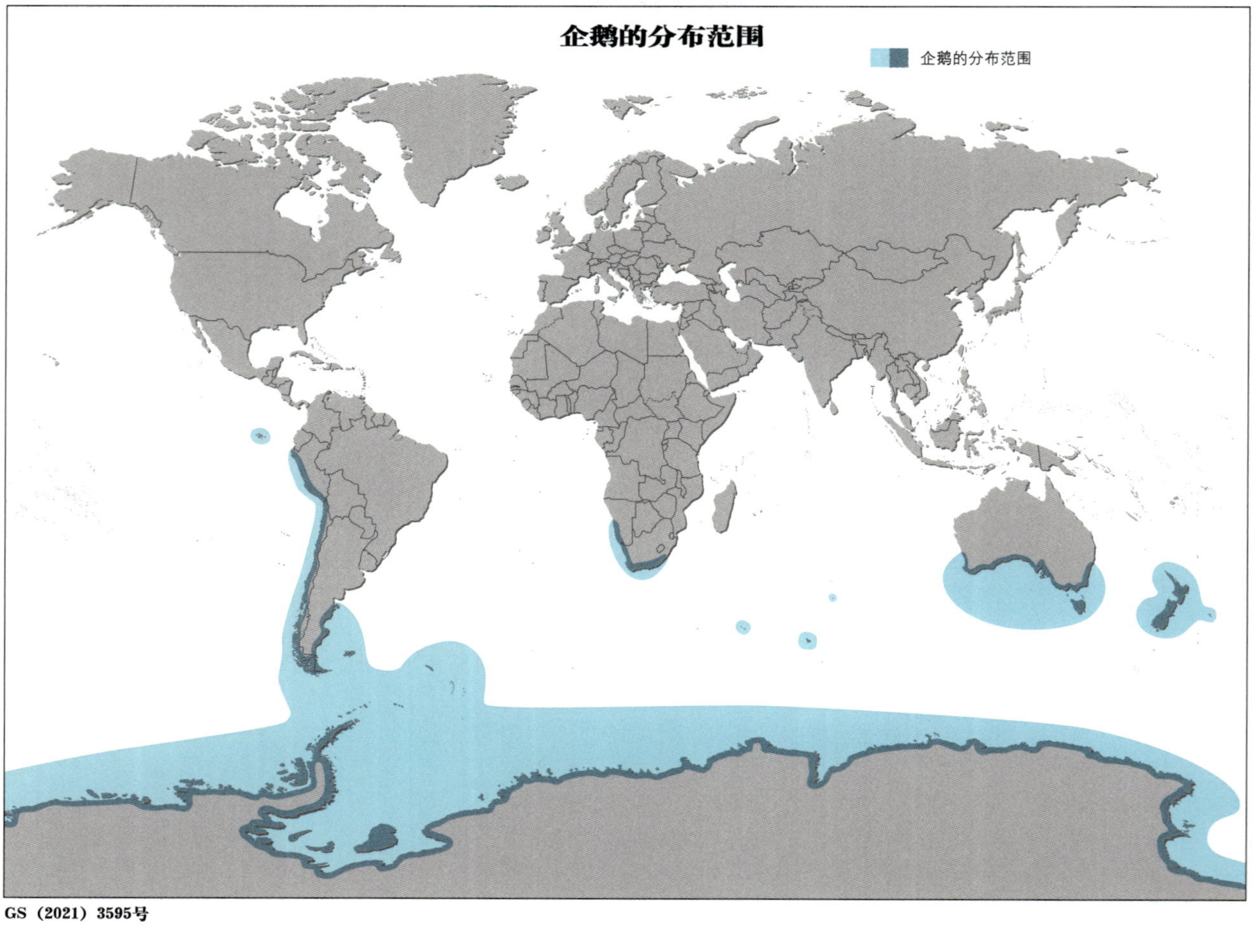


图1　企鹅的分布范围

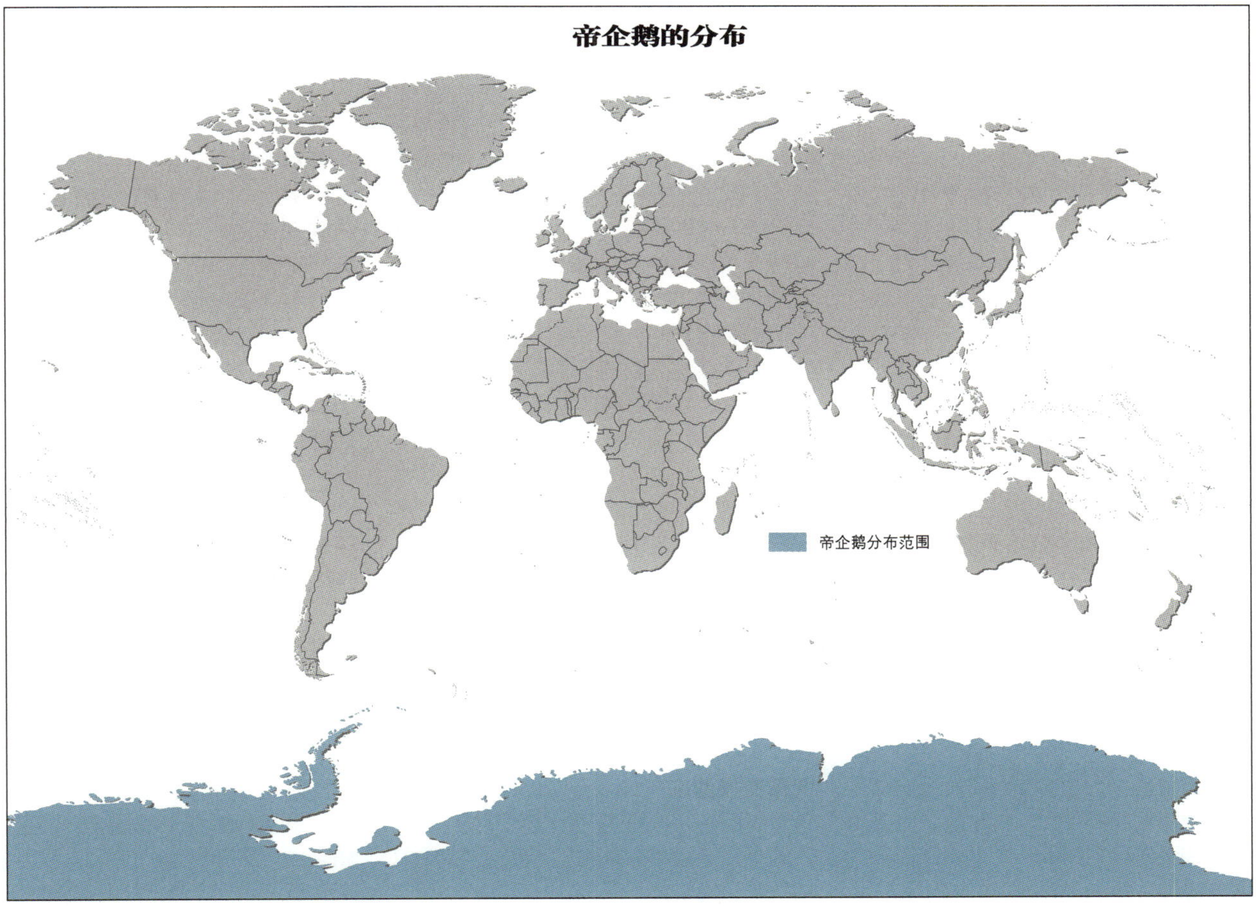


GS（2021）3595号

图2　帝企鹅的分布范围

图3　帝企鹅

和白翅鳍脚企鹅（*E.albosignata*）。它们均是小型企鹅，小企鹅分布于澳大利亚到新西兰一带；白翅鳍脚企鹅分布于新西兰南岛东部，有人也把它视为小企鹅的一个亚种（*E.minor novaehollandiae*）。

特性　游泳和潜水　企鹅是最适应在海洋生活的鸟类。皇企鹅、阿德利企鹅和斑嘴环企鹅正常的游速为5～10千米/时。企鹅在临时性的突然加速，尤其是做“海豚式游泳”，以此暂时性地跃离水面时，速度会更快些。不同种类之间，企鹅潜水持续时间差别很大，从0.5～1.5分钟到18分钟不等。潜水深度也同样相差巨大，如帝企鹅的潜水深度范围在45～530米；阿德利企鹅的潜水深度范围则为20～170米。

保温　企鹅具有较厚的皮下脂肪层，加上羽毛紧密以及一套高度发达的血管“热交换”系统，从而从根本上减少热量的散失。所有企鹅都具有储存大量脂肪的能力，尤其是在换羽期来临前，因为在换羽期它们所有的时间都待在岸上，不能捕食。有些种类，包括帝企鹅、王企鹅、阿德利企鹅等在求偶期、孵卵期和育雏期也会出现长时间的禁食以保持热量。为了保温，企鹅要在冷水中仍保持活跃；在陆地繁殖时，也可以通过集群的方式进行保温。

繁殖　南极大陆、大部分亚南极和寒温带的企鹅在春夏季节繁殖。繁殖行为在繁殖群内部和繁殖群之间高度同步。帝企鹅的繁殖周期则相当独特。它们秋季产卵，雄鸟负责孵化，冬季在漆黑的南极大陆冰上育雏，从冬末至春季。这样，雏鸟在海冰再次出现之前的夏季便可以独立生活。绝大部分企鹅都是高度群居的，无论在陆地上还是在海里。集群的企鹅求偶行为和配偶辨认行为异常复杂，体型最大的2个种类——王企鹅和帝企鹅不筑巢，站立孵卵，卵以及随后的雏鸟由袋状的腹部皮肤褶皱层所遮盖和保暖；其他种类都筑有某种形式的巢，巢材为就地取材。帝企鹅和王企鹅为一窝1枚卵，其他企鹅种类通常一窝2枚卵，卵的颜色为白色或浅绿色。

生态作用和意义　企鹅是海洋生态系统的重要组成部分。企鹅一般以甲壳类、鱼、乌贼为食。**南极磷虾**是阿德利企鹅、南极企鹅、白眉企鹅等的首选食物，随着须鲸的大幅减少和可捕食的磷虾大量增多，生活在南极的企鹅，特别是南极企鹅的数量反而得到了相当程度的增长，因而企鹅数量的多少可以作为气候变化和过度捕捞的指标种。企鹅不会飞翔，因而它们通常选择偏僻处进行繁殖。企鹅的卵和雏鸟会遭到贼鸥、鹱和其他食肉鸟类的掠食。在海上，虎鲸、海豹和鲨鱼也会捕食企鹅。在南极以外，栖息地丧失、人类捕捞、外来物种竞争以及气候变暖，构成对企鹅生存的主要威胁。（刘　云）

**气候变化的海洋生态效应**　marine ecological effects of climate change　由气候变化造成的海洋环境变化并可引起生态系统结构和功能发生改变的现象。气候变化往往与人类活动密切相关，工业革命以来，人类活动导致了全球温度升高、二氧化碳浓度升高、区域气候模式震荡，造成海水温度升高、海平面上升、海洋酸化，促使海洋生物从基因到生态系统水平发生改变，影响海洋生态系统的结构和功能。

2019年9月25日，联合国政府间气候变化专门委员会（IPCC）在摩纳哥发布《气候变化中的海洋和冰冻圈特别报告》。报告指出，由于温室气体排放，全球平均气温已经比工业化前升高了1℃，海平面上升的平均速度是每年3.6毫米，比20世纪快了两倍多。报告预测，“假如温室气体排放量持续强劲增长”，到2100年，海面的上升幅度可能将超过1米。

**影响** 海洋环境对全球气候变化的响应包括全球大洋和区域海洋的温盐变化、热含量变化、海平面升降以及海冰融化等物理响应，也包括海水酸度、含氧量等化学响应和海洋生物迁移、生物多样性减少等生物响应，其中气候变化引起的海洋生态系统结构和功能的变化主要分为以下几个方面。

*浮游植物* 全球变暖导致表层海水升温，浮游植物的种类和分布会随之发生改变，一些暖水种向两极扩布，或者藻华发生时间提前，降雨量的增加可能导致沿岸水中浮游植物的群落结构和生产力发生改变，气候变化会导致混合层深度变浅、海水层化加剧，将造成深层水营养盐向表层水的输送减少，表层水中浮游蓝细菌、鞭毛藻和浮游甲藻的丰度增加，“微生物环”逐渐取代“经典食物链”。

*浮游动物* 表层海水温度升高，对不同种类浮游动物生长的影响有所不同，从而使浮游动物的种群数量和群落结构发生改变；海水温度的改变会导致浮游动物个体大小的变化；海水温度的改变还会导致浮游动物的空间分布发生改变；海水层化加剧，可能导致浮游动物丰度下降、水母暴发频率增加。

*基岩海岸生态系统* 气候变化可能引起降雨量发生改变，影响沿岸海水的盐度和浊度，进而对潮间带的植物和动物产生影响，导致沿岸生态系统的物流和能流发生改变。而气候变化引起的风暴潮发生频率和强度的改变可能导致基岩海岸生物的丰度和群落结构发生重大变化。

*海洋生物基因水平到生态系统水平* 温度是影响生物功能的重要因子之一，全球气候变化下的海水温度变化主要引起海洋生物个体基因表达、繁殖和发育、群落结构的改变和物种演替。不同温度区系即便是同一物种，其基因表达也有所不同。环境压力下的基因选择，可能导致寿命较短的生物种群的等位基因频率发生快速的改变。同时，温度的改变，可能导致群落粒级结构和生物量的改变。温度变化驱动浮游生物繁殖高峰的改变，可能导致浮游食物网的破坏，从而影响一些经济鱼类的产量。温度上升已经并继续改变着海洋生物的物种分布格局，加速海洋生物病虫害暴发并可能引起部分海洋物种面临日益严重的灭绝危险。

**防护措施** 为应对气候变化对海洋生物和生态系统的影响，一方面，人们需要加强研究，提高对海洋物理过程变化导致的生态后果的预测水平；另一方面，需要密切监测海洋生态系统的演替与退化，并采取有效的调控措施，以减缓气候变化的影响。全世界范围内，减少二氧化碳的人为排放，使人为因素导致的气候变化降到最低限度，这是当前应对气候变化的有效方法之一。此外，政府的管理和调控是应对气候变化影响的最有力保障。

（汝少国　王　军）

**气体交换速率** air-sea gas transfer rate 单位时间内，与海－气界面两侧某气体物质的单位等效浓度差相应的海－气间该气体物质交换的量。

*概念* 按照海－气界面的滞膜模型及菲克第一定律，海－气间气体物质的交换通量与界面上分子扩散层内该气体的浓度梯度成正比，比例系数是气体在分子扩散层内的扩散系数。由于海－气界面的分子扩散层往往只有10～100微米厚，很难测量其中的浓度梯度。在实际应用中经常能获取的是海面以上湍流混合层内的气体摩尔分数，以及海面以下湍流混合层内的气体浓度或分压，进而可以通过热力学换算得到海－气界面两侧的该气体等效浓度差。又由于气体扩散系数与海－气界面分子扩散层厚度的比值具有速率的量纲，因此，人们将该比值称为气体交换速率，并在实践中发展出多种方案来估算这个气体交换速率。

*内涵* 气体交换速率主要表现为水平风速和施密特数的函数。其中施密特数是一个无量纲的标量，定义为水的运动黏性系数与气体分子的扩散系数之间的比值，对于特定气体，施密特数与水温、盐度有关。海面风速的大小和持续时间会影响分子扩散层的厚度，从而影响气体交换速率。通常而言，海面风速为0～3米/秒时，气体交换速率几乎保持在一个恒定的水平；当海面风速为3～13米/秒时，气体交换速率随着风速加大而迅速增加；而当海面风速进一步加大时，海面越来越不稳定，实测气体交换速率与风速之间呈现出越来越发散的关系。

*意义* 海洋是大气中各种气体成分的重要的自然源和汇，气体交换速率是影响海洋和大气中痕量气体成分时空变动的重要因素之一。据估算，海洋每年净吸收的二氧化碳相当于人类每年因化石燃料使用、水泥生产和土地利用改变等而排放到大气中二氧化碳的22%～26%，极大地缓解了全球温室效应。然而气体交换速率的不确定性造成海－气二氧化碳通量评估的不确定性，如何降低这方面不确定性，是海洋碳循环研究仍面临的诸多挑战之一。

（翟惟东）

**千岛寒流** Kuril Cold Current 沿千岛群岛向西南流的北太平洋西北部寒流。见*亲潮*。

**千岛－堪察加海沟** Kuril-Kamchatka Trench 位于太平洋西北边缘，北起堪察加半岛堪察加河口以东海域，南至北海道襟裳岬海域，与千岛群岛平行，呈北东—南西方向延伸的*海沟*。海沟北端与阿留申海沟呈锐角相接，南端与日本海沟呈120°角相接。海沟长2200千米，平均宽120千米，是世界大洋最宽的海沟。最深点深达10 542米，位于北纬44°15′，东经150°34′。海沟地形横剖面呈“V”字形。陆侧斜坡平均7°，上部平均坡度5°～6°，下部达15°～20°，由很多阶地构成，发育与斜坡垂直或斜交的*海底峡谷*。洋侧斜坡坡度较缓，也有规模较小的阶地存在。海沟轴部水深自北而南加大。沟底存在或宽或窄的堆积平坦面，最宽处达20千米。在千岛群岛和堪察加半岛上，存在一个与海沟轴平行的火山列，两者相距240千米，火山列北段活动强烈。海沟轴部存在一个－180～－240毫伽（1毫伽＝$10^{-3}$厘米/秒$^2$）的重力负异常带，陆侧斜坡上多浅源地震（0～60千米深），千岛群岛和堪察加半岛上则多中源地震（60～300千米深），更偏向大陆一侧发生深源地震（大于300千米）。

（于晓果　边叶萍）

**前三角洲相** prodelta facies 位于三角洲同期沉积的末端，平面上为三角洲前缘向海方向延伸的区域。垂向上对应三角洲底积层。前三角洲分布面积广，海底地貌特征为一平缓的斜坡，沉积作用多发生在浪基面（波浪能够影响到的最大深度）以下，水动力环境稳定，是河流所挟带的悬浮物质发生沉积的主要场所。主要发育暗灰色黏土和粉砂质黏土地层，仅含有少量由河流带来的极细砂夹层，沉积速率较低，生物扰动作用强烈。前三角洲沉积物粒度较细，类型单一，沉积构造不明显，主要为水平纹理和块状层理，有时可见透镜状层理，发育较多的生物扰动构造和潜穴，另外，由于河口区水体盐度变化大，发育广盐性生物属种，沉积物中含有较多生物化石。前三角洲的暗色泥质沉积物，富含有机质，而且其沉积速度和埋藏速度较快，故有利于有机质转化为油气，可作为良好的生油层。（李广雪　王丽艳）

**钱塘江涌潮**　tidal bore of Qiantang River　发生在中国杭州湾钱塘江口的潮水暴涨现象。又称钱塘涌潮、海宁潮。涨潮时段，涌潮滚滚，波涛汹涌，排山倒海而来，涛声传闻十数里。

中国西汉辞赋家枚乘最早描述一处涌潮景象时说道：“疾雷闻百里，江水逆流，海水上潮……波涌而涛起。”东晋葛洪（284～364）指出：“涛水者潮……乍入狭处，陵山触岸，从直赴曲其势不泄，故隆崇涌起而为涛。”北宋燕肃指出，发生涌潮的另一原因是存在水下沙洲的缘故。

中国沿海的潮波主要是由太平洋传入的，浙江杭州湾一带首当其冲。加上杭州湾呈喇叭形，致使潮差增大，在杭州湾北岸澉浦可高达9米。杭州湾连接钱塘江口，为典型的漏斗形状，水域变浅变狭，单位体积海水的势能增加。从东海传入杭州湾的潮波，在这里和河水相遇，波面受到较大的阻力，使潮波波峰的前沿出现破碎现象；遇水下沙坝，有时迫使涌潮分成“东潮”和“南潮”两支，继续向河口推进，并在浙江省金华市尖山镇和嘉兴市海宁附近发生潮波的折射、反射和交汇，在凝聚点能激起十余米高的水柱。破碎的潮峰呈现出滚滚白浪，高度达1～3米，并以4～

游客在钱塘江边观看涌潮胜景

8米/秒的速度传播，在个别地段潮位短时间内骤涨2米以上。每年农历八月十八日前后，恰逢临近秋分的大潮，加上东海沿岸正值雨季，平均海面升高。若遇强劲的东风或东南风，则风助潮势，涌潮景象蔚为壮观。（周　朦）

**潜航员**　aquanaut　驾驶操作载人潜水器的专业人员。由于载人潜水器载员有限，通常只有3人，一般配置1～2名潜航员，国际上只配备1名潜航员，中国的“深海勇士”号载人潜水器也只配备1名潜航员，这就需要潜航员具备全面的专业知识。在中国第一代潜航员的培养过程中，摸索出了一条重要的经验，就是安排他们全程参与潜水器研制、组装、试验、陆上联调、水池试验和所有海试任务，充分了解和掌握潜水器的科学知识。

培养一名合格的潜航员，一般需要大约四年的时间才能从训练阶段进入独立完成深海航行任务阶段。受训的潜航员需要接受系统的心理、生理和专业知识培训，包括潜水器的检修、维护和驾驶，水面支持设备的使用，身体和心理的训练和监测等。合格的潜航员应拥有优秀的心理素质和良好的身体机能，并具备扎实的专业基础与过硬的综合技能，掌握过硬的工程技术维修维护与设备操作技术。

2012年6月24日，中国“蛟龙”号载人潜水器潜航员叶聪在7000米深的西太平洋马里亚纳海沟作业

潜航员一般分为实习潜航员、正式潜航员和首席潜航员三种，是根据潜航员的下潜次数、积累的下潜时间和工作完成质量来决定的。（黄　滨　陈　鹰）

**潜水器技术**　underwater vehicle technology　研究潜水器总体设计集成、主体外形、机械结构、总体控制、姿态控制、导航、定位与双向通信、能源供给等各个分系统结构和功能，生产制造测试各种潜水设备，完成开发利用海洋等作业任务过程中所使用各项技术所形成的总称。

分类　潜水器包括载人潜水器（HOV）、无人潜水器（UUV）和其他深海勘查设备（见水下作业工具）。

发展简史　1775年，美国发明了第一台潜水器“Bushnell's Turtle”，该装置是一个依靠操作员使用手摇螺旋桨在水下移动的椭圆形设备。1776年，“Bushnell's Turtle”在纽约港对英国军舰进行攻击，并成功移动至军舰底部，但最终因为水流过大而宣告失败。

关键技术　潜水器的关键技术主要有水下环境感知与地图构建技术、水下路径规划与安全避障技术、水下轨迹跟踪控制技术、水下目标探测与识别技术、潜水器故障诊断与容错控制技术等。

水下环境感知与地图构建技术对于潜水器水下作业至关重要。水下环境信息的获取与感知是其智能决策的前提，应用潜水器自身携带的环境感知传感器识别出环境中的障碍物、自由航行区域，进而构建一有无障碍物的水下环境二维和三维离散地图。

水下路径规划与安全避障技术可使设备具有自动规划水下航行路径功能，且能够有效避开障碍物，实现高效水下作业任务。

水下轨迹跟踪控制技术主要包括路径跟随与轨迹跟踪两个方面，是深海潜水器研究的一个重要方面。

水下目标探测与识别技术是潜水器水下作业智能决策的前提，主要包括水下目标信息获取和水下目标信息处理与识别算法。

潜水器故障诊断与容错控制技术可以提高深海潜水器系统的可靠性，是潜水器研究的关键技术之一。主要包括两个研究方向：一是潜水器的结构可靠性，取决于潜水器机械、材料、密封等诸多技术；二是潜水器控制系统的可靠性技术。

技术指标　潜水器作为一个水下运动平台，其机敏性是重要的技术指标，主要表征潜水器在水下运行时的机动性和敏捷性，指潜水器改变航行速度、航行方向和航行场所的有效性和快速性。

潜水器的机动性指潜水器在保证稳定性的前提下改变航行速度、航行方向和航行场所的能力。主要包括速度机动性、方向机动性和场所机动性3个方面。速度机动性指潜水器的最高运行速度以及零速悬停的能力；方向机动性是指潜水器的转弯半径；场所机动性表示潜水器在空中、海面、水中和海底运行的能力。

潜水器的敏捷性指潜水器改变航行速度、航行方向和航行场所的快速性。速度敏捷性指潜水器加速或减速的能力；方向敏捷性涉及角速度，以及潜水器的转弯半

径等量；场所敏捷性指潜水器改变场所需要的时间。

应用领域　潜水器技术的应用领域主要包括海洋资源的研究和开发、深海搜索与救助、未来战争等。（张大海）

**潜水器水面支持系统**　ROV surface support system　负责潜水器布放回收、维护维修、指挥控制、支撑通信定位等作业的综合性水面支持后勤保障系统。潜水器水面支持系统是各种水下观测和作业设备实现其功能应用的水面依托，是水下设备的后勤保障。水面支持系统一般由潜水器母船、船上的布放回收系统和其他各种辅助设备构成。

潜水器母船　在潜水器水面支持系统中，支撑载人潜水器的系统要求最高，大深度的载人潜水器，都配备有专门的工作母船。载人潜水器母船是载人潜水器开展深海科学考察的重要技术支撑平台。

载人潜水器母船作为特殊用途的船舶，其船型也比较特殊。从外形看，其多为阶梯造型，与大型海洋科学考察船相似；从工作上看，要求有全景式的驾驶室、较大面积的工作甲板及具备海上调查能力的各种甲板机械，甲板上需要装备运输载人潜水器的轨道；从布置上看，应在船尾配备布放回收系统、机库及配套的各种吊机等，舱室内应有各类实验室、潜水器作业指挥室、潜水器维修车间、仪器仓库、样品储藏间等；从船舶搭载人数上看，需要搭载包括潜航员、具有潜水能力的科学家及潜水器保障人员等在内的人员，需要有足够的居住与活动空间以及救生设备。综上所述，载人潜水器母船的设计要综合考虑以满足各方面的需求。

布放回收系统　主要指船尾的A型架、艉甲板起重主吊、右舷液压折臂辅助吊、同轴缆绞车、辅助收放绞车等，负责潜水器的布放回收。辅助设备系统一般包括载人潜水器机库、遥控式无人潜水器（ROV）或自治式无人潜水器（AUV）控制室、声学通信系统、超短基线定位系统等设备，主要用于完成潜水器在母船上的系固存放、转运和日常维护，以及布放回收声学定位系统等。布放回收系统与辅助设备协同作业，组成了潜水器布放、回收、存放等的水面支持系统作业流水线。

（黄　滨　司玉林）

**潜水钟**　diving bell　配备在潜水作业母船上的一种钟形压力容器，是运送潜水员从甲板居住舱到海底作业，工作结束后回到甲板居住舱的运载设备。潜水钟主要用于开式钟潜水、邦司潜水和饱和潜水等。潜水钟是最早用于水下作业和探索的设备之一。根据用途不同，潜水钟可分为水下观察用和作业用两类：水下观察用潜水钟主要用途是作为观察员的载具，观察员乘坐潜水钟往返于水下与甲板之间，潜水钟内一般为常压；水下作业用潜水钟用于下放及接收出钟巡潜的潜水人员，通常带有加减压系统。根据结构形式不同，潜水钟还可分为开式和闭式两类：开式潜水钟又称湿式潜水钟，是指底部开口，钟内上部可形成气体空腔的潜水钟，常用于中浅水深潜水，常与轻潜水装备配套使用；闭式潜水钟是指钟体密闭，可与甲板加压舱对接的潜水钟，通常设计成圆柱形或球形，钟底部有一个通道供潜水员出入，通过钟脐带同水面的潜水工作母船连接，闭式潜水钟通常是饱和潜水系统或邦司潜水系统中

图1　水下工作的潜水钟

图2　浮出水面的潜水钟

图3　新式潜水钟

的一部分。为了提升水下作业效率和安全性，潜水钟正朝着轻便型、机动型、自带推进器型等方向发展。（司玉林）

**浅地层剖面探测技术**　shallow seismic profile technology　一种基于水声学原理、连续走航式探测水下浅部地层结构和构造的地球物理勘探技术。浅地层剖面探测技术利用水下浅部地层介质界面的声波反射特性差异实现测量。探测船在走航过程中，设置在船上或其拖曳体上的换能器向水下铅直发射大功率低频脉冲的声波，抵达水底时，部分反射，部分向地层深处传播，由于地层结构复杂，在不同界面上都有部分声波被反射。根据反射界面的特性和深度不同，在船上接收到回波信号的时间和强度也不同。对回波信号进行放大和滤波等处理后，送入记录器，就可以在移动的干式记录纸上显现不同灰度的点组成的线条，清晰地描绘出地层的剖面结构。

浅地层剖面探测技术的主要工具为浅地层剖面仪，它是利用声波探测浅地层剖面结构和构造的仪器设备。又称浅地层地震剖面仪。是在超宽频海底剖面仪基础上的改进。由水下单元（湿端）、甲板单元（干端）和系统软件等组成。浅地层剖面仪的精度主要受三方面因素的影响：①海底地质构造状况，尤其是海底底质类型特性。这一因素决定了仪器所能勘测的深度范围。海底底质是砂、岩石、珊瑚礁和贝壳等硬质海底，会严重制约声波穿透深度，限制仪器勘探的深度。例如，浅地层剖面探测深度砂质海底小于30米，泥质海底可达100多米，两者存在巨大的差异。②处于系统带宽范围内的外界声源信号。包括低频船只机械噪声和环境噪声等在内的噪声源都可能串入接收系统，造成干扰信号图像。③船只的摆动。为获得具有良好效果的浅地层剖面探测数据资料，调查船走航过程中应尽量保持匀慢速稳定行驶，而船速和航向若不稳定造成船只摇摆，就会使拖鱼不能保持平稳状态，造成图像效果不佳。

浅地层剖面探测技术以声学剖面图形反映浅地层组织结构，具有很高的分辨率，能够经济高效地探测海底浅地层剖面结构和构造，广泛用于港口建设、航道疏浚、海底管道布设以及海上石油平台建设等方面。（樊　炜　张祝军）

**浅海沉积**　shallow-water sedimentation　主要分布在大陆架区，水深大致为20～200米范围内的海底沉积。又称陆架沉积。浅海沉积物主要来自大陆，但在一些低纬度海区和外陆架，也可见到自生的碳酸盐沉积和生物沉积。

类型　浅海沉积物主要由陆源碎屑组成，根据粒径大小及级配状况可划分为砾石、砂、粉砂、泥或黏土等主要类型。美籍加拿大海洋地质学家K.O.埃默里按

成因将浅海沉积物划分为以下5种类型：①陆源沉积物。大陆岩石风化和侵蚀的产物，被河流、风、冰川等搬运。入海的沉积物，如砾石、砂、粉砂等。②残留沉积物。较早时期形成而残留于现今海底的沉积物，其形成与冰后期的海侵有关。残留沉积所显示的早期沉积环境（如滨岸、陆上环境）与现代所处的浅海环境截然不同。③自生成因沉积物。从海水中沉淀，通过化学作用而形成的沉积物，如海绿石、磷酸盐等。④生物成因沉积物。主要来源于生物体，大部分由钙质物质组成。⑤残余沉积物。指下伏岩层遭受风化而就地形成的沉积物。埃默里认为，现代陆架面积的70%，被残留沉积物所覆盖。有的学者则对残留沉积物的概念提出了修正，将受到改造过的残留沉积物，另称为变余沉积物。

分布　物质来源状况和搬运方式对陆架沉积物的分布有重要影响。在陆源物质十分丰富的开阔陆架上，主要为粉砂质泥。由于受海流，特别是沿岸流的影响，陆源物质的强沉积区多半局限在一定范围内（如离岸几十海里的范围内）。如果陆架狭窄，整个陆架区往往被现代陆源物质所覆盖。若陆架宽阔，现代陆源物质尚不足以覆盖整个陆架区，则残留沉积物可直接出露于海底。

砂质沉积是浅海陆架上最常见的沉积类型，主要分布在平坦而开阔的陆架上和海底浅滩、海湾入口处及其外侧附近。泥质沉积主要来源于河流的悬移质，多分布在大河口外面、半封闭海湾内、开阔陆架的低凹部分及有大河注入的内陆架上。砾石沉积主要见于海峡内、岩石岬角外面以及基岩裸露的海底附近。碳酸盐沉积主要分布在陆源沉积速率较低和纬度较低的陆架上，如美国东南岸外、澳大利亚西北海区等。有少量碳酸盐以“藻脊”形式出现在陆架边缘，是由各种藻类及有孔虫等生物遗体组成。

浅海沉积物的分布常受区域性特点与纬度分带的影响。陆源砂和粉砂广布于中纬度海域，在低纬度海域往往被钙质生物沉积所代替，冰川搬运的物质主要出现在两极地区。自高纬度海域至低纬度海域，随着化学风化的增强，沉积物中长石的含量减少，石英的含量增多。自生成因沉积物多出现在上升流地带的陆架外缘（主要在大洋东缘）。

影响因素　影响浅海沉积物形成和分布的因素十分复杂。主要有：①陆缘沉积物。水动力条件。主要是波浪和水体的流动，是沉积物搬运的重要营力。②物质来源状况。陆源物质可通过河流、冰川、海岸侵蚀等途径输入浅海区。③生物作用。生物骨骼与遗壳参与沉积物的组成；生物体对沉积物的扰动，形成一些特殊的结构与构造。④化学作用。特别是在海水与淡水的混合区，对细粒物质的沉积起主导作用，而在一些低纬度海域，可与生物作用一起形成碳酸盐等沉积。⑤陆架的轮廓、宽度与海底地形要素。⑥海平面变动过程。⑦气候的影响。可形成沉积物的纬度分带。见海洋沉积。

中国海域的浅海沉积　濒临中国大陆的各海域具有广阔的浅海陆架区。上述浅海沉积的各种成因类型在中国陆架海均有分布。在渤海、黄海及东海、南海的近岸海区主要分布着粉砂和泥质沉积物，局部海区有砂质沉积，但在东海和南海的外陆架上则以砂质沉积为主。因此，可把中国浅海沉积划分出形成时期各不相同的两种沉积类型：①由现代黄河、长江等河流搬运入海的细粒碎屑物质。②残留沉积物。前者主要分布在50～60米等深线以浅的内陆架区，而后者则主要分布在外陆架。在内陆架上有时也可有残留沉积的出现。

（秦蕴珊）

**浅海环流**　shallow-water circulation　浅海中除潮流之外的规模较大的海水流动系统。通常把浅于200米的海域称为浅海。浅海上持续刮风，海水密度分布不均，降水或陆地径流，都能形成浅海环流。除此之外，有的浅海环流是深海海流进入浅海的分支。

浅海环流在本质上与深海环流没有区别，但仍然有它的一些特点。①底摩擦效应对海流的影响。相对于深海环流，浅海环流距离海底更近，海底摩擦对海流的作用不可忽略。底摩擦的存在将海流的一部分动能转变为热能，降低了流速。一般认为，底摩擦力和海流流速成一定关系。②季风、降水、蒸发、陆地径流、结冰和融冰等季节因素的影响。季风对大陆边缘的浅海海流有很大的影响。例如，中国浅海的浙闽沿岸流，因受季风的影响，冬季可携带长江等河流冲淡水经台湾海峡进入南海，但夏季这支海流几乎消失，从阿拉伯湾至非洲西海岸的某些浅海区域，季风也会使海流呈现季节性变化。降水、蒸发和径流的季节性变化，都会影响表层的海水运动。结冰和融冰的变化，则影响着浅海环流的消长。例如，如果冬季结冰严重，春季融冰之后，流速就比较强；反之如果冬季结冰不严重，春季融冰之后，流速就比较弱。③潮流的影响。由于非线性效应及海底与海岸的摩擦作用，潮流在浅海会产生非周期性流动，称为“潮汐余流”，其流速从每秒几厘米至几十厘米，亦可看成浅海环流的一部分。④海流规模的限制。浅海环流的速度、分布宽度和深度，都比深海环流小得多，输送的水量也少得多，但是它与军事、航海、工业、渔业、泥沙运动、资源开采、污水排放和沿海居民生活密切相关。例如，河口区泥沙的远距离输送，主要依靠海流。正确掌握和利用海流的特点，可以减少海洋污染。

（宋德海）

**浅水分潮**　shallow-water constituents　潮波传入浅水区域后，在底摩擦、岸边界等地形的影响下会发生变形与干涉，由此导致的分潮。浅水分潮的周期一般较短，包括倍潮和复合潮。线性潮波在浅水中传播时发生变形，变形后的潮波可以认为是原潮波和一些次生高阶谐波叠加而成的。次生高阶谐波中，角频率为原某线性潮波的整数倍的浅水潮波，称为倍潮。次生高阶谐波中，角频率为原某两个线性潮波角频率的和或者差的浅水潮波，称为复合潮。在浅海地区，某些浅水分潮例如M4、MS4的振幅可以超过20厘米，推算潮位必须考虑浅水分潮。

（张召儒）

**浅水铺管工程**　lay pipeline engineering in the shallow water　在水深小于300米范围的海域内进行的海底输油管道、海底输气管道、海底输水管道等的铺设。浅水铺管主要采用铺管船法。铺管船是一种专门用于海上管道铺设的特种工程船舶，管道制造及铺放中的各种主要作业都能在船上进行。施工开始，由运输驳船将做好内外涂层（包括加重层）的单节或双节管运到现场，再由铺管船上吊机将其吊放到管道堆放场地；铺管时一根根进入流水作业线，在作业线上进行焊接、检验、涂装、下水等工作，在船上一根一根接下去，通过船体的一侧或中央滑道，一边铺设一边前进。

铺管船的种类很多，通常有漂浮式铺管船、带托管架铺管船、张力式铺管船、卷筒式铺管船和半潜式铺管船等。铺管船适用于长距离外海管道或外海油田管道的铺设。铺管速度快，对海洋环境适应性较强，一般在3米波高时仍可进行铺管作业；若遇大的风浪或特殊情况时，可以临时弃管中断作业，待风浪过后再返回继续作业。但铺管船铺管需要有一系列机具与船舶配合，如用于拖带、运输、测量、定位、交通联络、潜水等的工作船舶。带托管架

带托管架的铺管船

的铺管船其托管架一般长度为60～100米，管道焊接后通过托管架导引下水，直至放置到海底。随水深变化，托管架的角度通过吊臂上的钢丝绳的收放进行调整，以避免管道下水过程受到较大弯曲发生损伤。铺管船有自航和非自航两种，自航铺管船随管道铺设，依靠自身的动力向前移动；非自航铺管船配备数千米长的钢缆，一般钢缆向前抛出1～2千米的距离，通过绞车卷缆，实施铺管船向前移位，保证铺管的连续作业。（张若瑜）

**腔肠动物** coelenterate 体呈辐射或两辐射对称，仅具二胚层，为最原始的后生动物。

形态 腔肠动物体壁外层为外胚层（又称外皮层），内层为内胚层（又称内皮层），两者之间有由胶质组成的中胶层。外胚层包括多种不同的细胞，有上皮肌细胞、感觉细胞、刺细胞、神经细胞和间细胞；内胚层围成身体的整个内腔，有酶腺细胞和营养细胞。体内腔又称消化循环腔，腔肠一端为口，他端闭塞，无肛门。本门另一个独有特征是体壁中有刺细胞，所以又称刺胞动物。

腔肠动物有水螅型和水母型两种基本体型。水螅型体呈圆筒状，一端为附着基盘，另一游离端有口和触手，体中央有消化循环腔。一般水螅型的身体呈辐射对称，比较高等的珊瑚虫为二辐射对称。多数为群体，少数为单体。在群体类型中，有一体二态和一体多态现象。前者如薮枝虫，有营养体和生殖体两种不同形态和功能的个员，后者如帆水母的水螅体，有浮囊体、营养体、生殖体和指状体等不同形态和功能的个员。水螅体主要营底栖固着生活，极少数营漂浮生活。水母型体呈伞状或盘状，周缘有触手，凹入面的中央有口。体由内伞、外伞、中胶层、消化循环腔、垂管、辐管、环管、缘触手、生殖腺、缘膜和感觉器官等构造组成。体呈辐射对称或四辐射对称。营浮游生活。

神经系统 基本上是由两个或多个细长突起的神经细胞彼此互相联络疏松的网状，称为神经网。有些种类只有一个神经网，存在于外胚层；有些种类有两个神经网，分别存在于内胚层和外胚层；还有些种类（如海笔）在中胶层也有神经网。这些神经细胞又与内胚层的感觉细胞和皮肌细胞相连系。感觉细胞接受刺激，通过神经细胞的传递，使皮肌细胞的肌纤维收缩产生动作，因此这种结合形成神经肌肉体系，能对各种外界刺激（光、热、化学的、机械的、食物的）产生有效的反应。由于刺胞动物没有神经中枢，神经细胞的传递一般没有固定的方向，所以又称弥散神经系统。刺胞动物的刺细胞、腺细胞等还保存了独立反应的功能，受到刺激时，不必通过神经系统，能立即发生一定的反应。

骨骼 主要为外骨骼，具有支持和保护功能。多由几丁质、角质和石灰质构成。前两种物质如水螅的芽鞘，帆水母的浮囊体，后者如石珊瑚的钙质骨骼。此外，在很多珊瑚虫中具有骨针或骨轴，它们存在于中胶层，或突出于体表面。

生殖 腔肠动物有无性和有性两种生殖方法。无性生殖存在于水螅型或水母型，先从母体长出两胚层的芽体，然后逐渐形成器官，脱离母体，营浮游生活或附着生活。有性生殖（雌雄异体或雌雄同体）是在性成熟后精子和卵直接由口排出，在海水中受精，发育经过浮浪幼体，以后进入附着生活。但有些种类的精子由口排出，游到雌体的消化循环腔与卵受精，然后排出体外，如**海月水母**、**海葵**。上述两种生殖方法往往出现在同一种的生活史中，即水螅型世代用无性出芽生殖方式产生水母型世代，而水母型个体脱离母体，长大成熟以后，又以有性生殖方式产生水螅型个体，两个世代互相交替完成整个生活史。

共栖和共生 在腔肠动物中很普遍。如有疣海葵附生在寄居蟹和寄居蟹所栖息的螺壳上，寄居蟹借海葵的刺细胞作防御，而海葵则可以随寄居蟹移动以扩大活动范围，得到更多的食物。水母类也有共栖现象。如水母虾生活在海蜇口腕之间，有些幼鱼栖息在霞水母、根口水母、海月水母和金黄水母等内伞口腕之间，这些虾和幼鱼都受到水母的保护，而水母也得到幼鱼和虾的帮助发现敌害。腔肠动物和单细胞藻类之间也有不少共生的例子。例如，黄藻（Amphidinium chattonii）在帆水母体内共生；另一种黄藻（Synbiodinium microadriaticum）在钵水母（Cassiopeia）体内共生；还有多孔螅、海葵、软珊瑚和造礁珊瑚的体内也有单细胞藻类共生。这些藻类能利用腔肠动物体内的代谢产物（如二氧化碳），而腔肠动物可以利用这些藻类的光合作用产生氧来呼吸。

进化 一般认为腔肠动物起源于一个与浮浪幼体相似的祖先，因为腔肠动物的个体发育都要经过浮浪幼体时期，外面是外胚层细胞，具纤毛可以游泳，里面充满内胚层细胞，没有口。这种原始浮浪幼体式的祖先产生了触手之后，进化成原始的水母型的个体。它和硬水母的辐状幼体很相似。这种辐状幼体直接发育为水母型，但有的在发育过程中还会不断以出芽的方法产生辐状幼体。有的沉入水底，经出芽生殖形成水螅型群体。有的水螅型群体继以出芽的方式产生水母型。所以，腔肠动物的3纲中，水螅虫纲是最原始的，因为它们没有口道，腔肠中没有隔膜，性细胞是由外胚层产生的。钵水母纲和珊瑚虫纲，可能是水螅虫纲的硬水母向不同方向进化的结果。钵水母纲的水母型发达，复杂化，向漂浮生活发展。珊瑚虫纲的水螅型有了高度的分化，产生了口道、隔膜、性细胞是由内胚层产生的，较进化，而水母型逐渐退化，最后消失，向固着生活发展。

经济意义 腔肠动物中的较小种类可作鱼类食饵，与发展渔业有关。珊瑚骨骼（如红珊瑚）可作工艺品，造礁珊瑚可堆积成岛屿供人居住（如中国的西沙群岛、印度洋的马尔代夫群岛、南太平洋的斐济群岛），古珊瑚和现代珊瑚可形成储油层，对寻找石油有重要意义。生长在海边的珊瑚礁可作天然海堤，以防护海浪的冲击，但也有的发展成暗礁，成为航行的阻碍。中国渤海和福建、浙江沿海盛产海蜇，盐渍后成为食品。有些种类可作药用，如海蜇的提取液可治疗原发性高血压病；有些群海葵可提取一种具有抗癌活性的海生内毒素。有些浮游水母类可作为海流指示生物，对探索渔场位置有好处。但是，有些大型水母（如霞水母、根口水母）在大量出现时，会阻塞或破坏渔网，影响捕捞作业。有的海葵混于渔获物中，人食后可能中毒致死。（许振祖）

**“乔迪斯·决心”号钻探船** JOIDES Resolution **大洋钻探计划**（ODP）以及**综合大洋钻探计划**（IODP）中所使用的一艘钻探船。1983年，**“格洛玛·挑战者”号钻探船**退役。1985年，“乔迪斯·决心”号接替它开始执行大洋钻探计划（ODP）。该钻探船比前者功率更大，稳定性更好，钻探深度更深。船长143米、宽21米，配有45米高的钻塔，船载的直立起重机出水高度61.6米，是提升能力达400吨的世界最大升降补偿装置。钻探能力为9150米。除同样拥有重返钻孔技术外，船上还装备12台由计算机控制的推进器和船的动力系统对船体进行定位。

该船拥有1400平方米的7层实验室，可供沉积学、岩石学、古生物学、地球化学、地球物理、物性和古地磁等方面的分析研究。实验室配备电子扫描显微镜、最新的X射线荧光计、X射线衍射仪、气相色谱仪、热解分析仪等先进仪器等。船尾部设置地球物理实验室，可提供单道地震反射剖面研究，船楼顶部是监视钻孔的井下测量实验室。

该船装备有大量专业勘探设备，它能对特殊的海底位置进行准确的定位，同时能按照相关的深海大洋钻探设计要求在水深从75～6000米的海底进行深度达8385米的钻进。还装备有船载的起重机，其运行最大距离为19.3米。船载主动和被动提升补偿系统（AHC/PHC）可以在钻井和取芯时相对船身提升4.9米。钻探取芯系统由3部分组成：取芯钻头、内岩芯管和外岩芯管。开始执行IODP以来，海洋地壳的取芯钻探技术得到了持续的发展。它可针对不同的使用条件，使用研发的一系列取芯方法和工具，主要包括：超前式活塞取芯器（APC）、旋转式取芯器（RCB）、伸缩式取芯管（XCB）、超前式金刚石取芯器（ADCB）、孔底马达驱动式岩芯管（MDCB）和保压取样器（PCS）。最深钻孔（太平洋标段148，504B、E孔，长度2111米）、最浅海域（太平洋西北部标段143，长度37.5米）、最深海域（太平洋西部标段129，长度5980米）、最长取芯长度（太平洋东南部标段175，长度8003米）、全部航次岩芯长度32 182米和取芯长度222 007米。

“乔迪斯·决心”号钻探船从1985年1月（第100航次）到2003年9月，第210航次结束，完成钻探时间为6591天、航行总里程达355 781海里（1海里≈1.852千米），在669个站位上钻了1797个钻孔，取芯总数为35 772个。 （李小文　莫　杰）

**切萨皮克湾环境修复** environmental restoration of the Chesapeake Bay　为遏制日益恶化的切萨皮克湾海洋生态环境问题，美国联邦政府组织相关部门从1983年开始实施的一项海湾污染防治、生态保护、环境修复综合工程。切萨皮克湾位于美国东海岸中部，是大西洋由南向北伸入美洲大陆的海湾，水域面积5720平方千米，平均水深8.5米，最大水深53米，湾口宽19千米，东岸海岸曲折、地势较低、多岛屿和沼泽，西岸多半岛和溺谷，有萨斯奎哈纳河、波托马克河、詹姆斯河等150多条河流注入，流域面积16.80万平方千米，流域内拥有19.92万公顷湿地和大量的河流小溪。

污染起因　从20世纪50年代开始，随着切萨皮克湾及海岸流域的开发利用强度增大，海湾的水质严重恶化、鱼类产量急剧下降，主要突出海洋环境问题包括富营养化、夏季缺氧加剧、有毒物质污染、水生植物减少、水生动物繁衍和生长环境破坏。切萨皮克湾环境问题的主要根源为陆地污染物的大量输入，陆地污染源一方面为点源污染，主要来自各城市的污水处理厂的排放，进入海湾的34%的氮和23%的磷来自污水处理厂；另一方面为非点源污染，进入切萨皮克湾的大部分营养物质，66%的氮和77%的磷来自非点源污染，主要来源于流域内大量的围栏育肥地、牧场、农田等，经雨水冲刷进入河流，最后注入海湾。

修复措施　为了综合整治切萨皮克湾海洋环境，1983年美国国会批准了切萨皮克湾环境整治项目。美国联邦政府成立了由环境保护署、国防部、国家海洋大气局、内务部、农业部和交通部等十多个部门共同组成联邦机构委员会，由环境保护署担任主任；并成立了由35个成员单位组成的切萨皮克湾环境整治执行委员会，执行委员会由马里兰州、弗吉尼亚州、宾夕法尼亚州和华盛顿特区4个州（市）长、环境保护署署长和流域委员会主任组成。

为了达到2000年进入海湾的氮和磷至少削减40%的目标，1988年开始，美国联邦政府制定和组织实施了深化切萨皮克湾环境整治措施，主要包括：①制定和实施禁止使用含磷洗涤剂的规定。②对污水处理厂进行技术改造。③采用免耕法、等高耕作，修建粪便储存设施以及采用农田最佳耕作法等措施减少农田营养物流失。

按照降低营养盐输入量40%的目标，整治项目办公室将目标具体量化为每年减少氮进入量33 566吨、磷3810吨，同时将任务指标落实到3州1市的主要河流，确定了各地区的具体任务指标。各州市据此层层召开地方政府、农场、污水处理厂、地方规划官员、各流域治理负责人的会议，分别落实各地区的任务，制定了本地区各县镇、各流域减少营养盐输入量的任务、具体办法和对策。

在已取得明显进展的基础上，2009年11月美国总统下令开始了新一项为期15年的切萨皮克湾修复工作计划，确定了去除有毒物质、降低污染恢复水质、恢复和维持栖息地多样性、维持流域生态系统健康、保护海岸自然景观、养护渔业资源、推进公众参与、增强环保意识、加强环境管理等10个修复目标。

效果及评价　1991年通过专家评估，切萨皮克湾环境整治委员会认为，切萨皮克湾的环境整治在改善水质、生物栖息条件方面取得了重大进展。切萨皮克湾经过1984～1994年的环境整治，水生植物和水草生长面积比1984年增加了75%；美洲西鲱鱼由1980年的不到3000条增加到1992年的10.5万条，马里兰州和弗吉尼亚州水域的岩鱼数量已增加到历史最高水平，进入切萨皮克湾的点源污染物中的磷比1985年下降41%。2017年中期评估表明，污染负荷削减已达到60%预定目标，2025年完成所有的实施计划后，污染负荷消减将达到100%。 （索安宁）

**亲潮** Oyashio　北太平洋西北部*寒流*。自堪察加半岛沿千岛群岛向西南流。又称千岛寒流、堪察加寒流。一般认为它起源于白令海和鄂霍次克海，沿堪察加半岛海岸和千岛群岛南下。冬季，在北风作用下，白令海的冷水沿堪察加半岛东岸流向西南与亲潮汇合；夏季，偏南风盛行季节，白令海冷水进入，亲潮则受到抑制。亲潮最低水温常出现于千岛中部，夏季8月表层为7～8℃，比附近低2～3℃；下层400米处水温只有0.3℃，比北部堪察加外海低3～4℃。由此可见，冷水来源不是堪察加东面，而是由于鄂霍次克海的冷水流出以及上升流影响所致。向西南流动过程中，中途与从普苏尔海峡、择捉水道流出的鄂霍次克海水混合，大大增加其流势。在北纬40°附近的日本北海道附近，宽度达130～145千米，中心在100～200米深处，亲潮前端呈手指状出现多个分支，每个分支宽40～50千米，流速20～60厘米/秒。与*黑潮延伸体*相遇，一部分东流，另一部分冷而低盐的海水沉于*黑潮*之下继续南流，形成亲潮潜流，又称亚寒带中层流。在日本南部继续下潜，在潮岬外海位于水深800米处，到了台湾东部，又上升到400米处。在亲潮与黑潮汇合处形成强冷锋面，是著名的浓雾区。这个锋面一般是冬季南进，夏季北退。亲潮具有密度流和补偿流性质，流量约为$15\times10^6$米$^3$/秒。

亲潮水温低，含氧量高，营养盐多，近似绿色。它与水温高、含氧量低、深蓝色的黑潮汇合后，形成北海道渔场。该渔

场寒暖流交界面很明显，是理想的渔场，但海雾较多，影响航海安全。（丁 杨）

**邱大洪** Qiu Dahong（1930-04-06～ ）中国海洋工程专家。生于上海。1951年毕业于清华大学土木工程系。历任大连理工大学教授、海岸和近海工程国家重点实验室主任、海洋工程研究所副所长、土建勘察设计研究院总工程师等职。1991年当选为中国科学院学部委员（院士）。主要从事海岸工程、港口工程和近海工程中的应用基础和工程设计方面的研究和技术工作。在波浪理论和实验研究方面，对浅水区椭圆余弦波理论的工程应用、不规则海浪和椭余波对常见海工结构作用力的实用计算法、波浪在海床中的渗流与海工结构的相互作用等进行了理论和实验研究。从20世纪50年代末起，参加或主持大连渔港、大连新港、秦皇岛油港、连云港集装箱码头、深圳赤湾港集装箱和散粮码头、海南岛油码头等许多重点工程的设计、研究和施工。进行混凝土海上采油平台的可行性研究，预应力钢筋混凝土大管桩式新型码头研究，所提出的双排管桩新结构在连云港建成试验工程段得到应用。

1973年，担任大连新港码头工程的主要技术负责人，此项工程设计和研究，获得1978年全国科学大会奖和70年代优秀设计金奖。1983年为开发南海北部湾的石油资源，他主持、组织了100多名教师和工程技术人员进行14项专题实验研究，编制17项专用计算机程序，主编6册可行性研究报告。这项成果于1986年获国家教委科技进步奖一等奖。1988年被评为国家级有突出贡献的科技人员。

发表论文50余篇，编有专著《波浪理论及其在工程上的应用》及高校教材《港及港工建筑物》等。（仲 佰）

**秋刀鱼** pacific saury; *Cololabis saira* 硬骨鱼纲（Osteichthyes）颌针鱼目（Beloniformes）竹刀鱼科（Scomberesocidae）秋刀鱼属（*Cololabis*）一种。

形态　秋刀鱼体纤细延长，呈棒状，侧扁。吻呈镰状。眼较大。口前位，下颌稍长于上颌。背鳍与臀鳍位于身体后方，无硬棘，其后方均具有小离鳍；腹鳍位于体中央之略后方；尾鳍深开叉。体被细圆鳞。侧线近腹缘。背部呈深蓝色，腹部呈银灰色，吻端与尾柄后部略带黄色，体侧中央有一银蓝色纵带。背鳍、小鳍、尾鳍均呈灰褐色，胸鳍浅灰色，臀鳍和腹鳍呈白色。

分布　秋刀鱼属在太平洋有两种，分别是分布于北太平洋的秋刀鱼和南美秘鲁的大吻秋刀鱼（Cololabis adocetus）。秋刀鱼广泛分布于北太平洋及其沿海区域，是太平洋重要的经济鱼类，是日本、韩国、俄罗斯，以及中国台湾地区的传统重要捕捞对象。

生态习性　秋刀鱼属于冷温水性表层鱼类，适宜温度10～24℃。白天一般生活在50米以上水域，夜间移动到表层。一般在白天和日落前后摄食，夜间几乎不摄食。秋刀鱼是典型的浮游动物食性，主要以桡足类、端足类、鱼卵、仔鱼和磷虾为饵料。

洄游　秋刀鱼为洄游鱼类，洄游范围很大，以适应越冬和产卵。一般认为秋刀鱼有4个种群，从西向东看分别有日本海种群、西北太平洋种群、北太平洋中部种群及加利福尼亚种群，其中以西北太平洋种群的资源量最高、利用最多、产量最大。西北太平洋秋刀鱼在冬季产完卵后北上进行索饵洄游。主要索饵场在千岛群岛东南的亲潮水域。9月左右沿着日本东侧沿岸南下进行越冬洄游，次年1月左右到达日本以南产卵场进行产卵。

繁殖　秋刀鱼全年都有产卵，主要的产卵季为秋季和冬季。属于多次排卵型，一次产卵量为1500～5000粒。卵粒为椭圆形，长径为1.7～2.2毫米，短径为1.5～2.2毫米。卵粒密度比水大，主要依附在以马尾藻为主的浮游藻类上。产卵最适水温为14～20℃，受精后10～14天可孵化。秋刀鱼性成熟很早，一般孵化后270天左右可达性成熟，最早性成熟体长为220毫米。秋刀鱼的生命周期很短，一般在2龄以内，耳石的第一个透明带在冬季形成。1龄鱼的平均体长可以达270毫米，平均体重为80克。

资源利用　秋刀鱼为亚太国家的重要经济鱼类，世界年均产量约为40万吨。日本从20世纪初就开始捕捞秋刀鱼，韩国捕捞秋刀鱼也很早但产量较低。20世纪80年代末，苏联和中国台湾地区也相继开发秋刀鱼。2000年以后中国台湾地区产量迅速增加，于2014年产量超过日本跃居第1位。中国大陆于2013年正式开发秋刀鱼远洋渔业，产量增长迅速。秋刀鱼具有较强的趋光性，其主要作业方式为舷提网。日本和俄罗斯主要在近岸渔场捕捞，其他国家和地区则在外海渔场生产。秋刀鱼生命周期短，其资源量受环境影响波动较大。1958年世界产量最高达57.5万吨，1969年最低仅为6.3万吨。日本的资源评估报告显示，西北太平洋秋刀鱼的资源量在200万～300万吨。2015年，秋刀鱼正式纳入北太平洋渔业委员会（NPFC）管理之下，这对秋刀鱼资源的保护和有效利用可起到关键作用。

价值　秋刀鱼体内含丰富的蛋白质和脂肪等，其粗脂肪含量高于很多其他海水鱼类。口感好且味道鲜美，可以做生鱼片食用，也常用于盐烤。价格便宜，也可作为金枪鱼钓渔业的饵料鱼。

（田永军　刘世刚）

**区域海洋环境评价** regional marine environmental assessment 对特定海洋区域的水文动力状况、海水水质、海洋沉积物质量、海洋生物质量和海洋生态现状等进行的系统性分析与评价。随着科学和技术的发展，人类开发海洋资源的规模越来越大，对海洋的依赖程度越来越高，同时海洋对人类的影响也日益增大。在进行区域性海洋开发建设过程中，需进行区域海洋环境评价，对区域性海洋开发建设活动进行充分论证，制定具有针对性、有效性和技术经济可行性的区域海洋环境保护措施和管理方案，以减轻区域海洋开发建设活动对海洋环境的破坏，维护海洋环境健康和海洋资源的可持续利用。

区域海洋环境评价主要包括：①海域的潮汐、波浪、潮流等水文动力状况评价，海域地形地貌与冲淤状况评价，以及对海洋自然灾害的历史记录和统计数据进行评价。②海域的海水水质、海洋沉积物质量和海洋生物质量评价。③海域的海洋生态现状评价，并阐明重要的海洋生态系统和特殊生境、海洋自然保护区和珍稀濒危生物，以及重要经济生物产卵场、索饵场、越冬场、洄游通道的分布特征状况。

区域海洋环境评价要依据与评价海区相关的海洋功能区划、海洋经济发展规划、海洋环境保护规划、海岛保护规划、海洋生态红线区划，以及涉及本区域的江河流域综合整治规划、自然保护区和海洋保护区规划、生态保护和建设规划等。

（金玉休）

**全国海岸带和海涂资源综合调查** National Comprehensive Survey of Coastal Zones and Tidal Flat Resources 1979年8月经国务院批准于1980～1985年在中国首

次进行的大规模海岸带综合普查。简称全国海岸带综合调查。1980年3月，国务院有关部委和沿海10个省、自治区、直辖市联合成立了全国海岸带和海涂资源调查领导小组，并聘请教授和研究人员负责调查的技术指导和成果审定工作，严恺任组长，陈吉余、宋达泉任副组长。1982年4月，技术指导组审查并通过了《全国海岸带和海涂资源综合调查简明规程》，并先后成立了水文气象、地质地貌、海洋生物、土地利用、化学环保、社会经济、土壤植被和林业、制图8个专业组。沿海10省、自治区、直辖市也都设有相应的组织协调机构。

在这次调查之前，从1958年起，在辽宁、山东等地开展了局部地区的海岸带调查；1960年9月，国家科委海洋组制定了全国海岸带综合调查计划，由各省、自治区、直辖市分期、分批实施。但规模不大，并于1966年中止。80年代的这次调查目的是：初步查清中国海岸带的自然环境要素和社会经济条件。各种资源的数量、质量和分布，并做出综合评价，特别是对开发潜力巨大、开展工作十分艰难的黄河三角洲海域、陆域进行调查研究，填补了中国环境、资源综合调查中的空白区域，为全国各地不同性质与特点的海岸带综合利用和海岸带管理提供基本资料和依据。调查的范围从海岸线向陆侧延伸10千米，向海延伸至10～15米等深线以内的海域，总面积约35万平方千米。调查项目包括海岸带的水文、气象、地质、地貌、海洋化学、生物、生态环境、土壤和土地利用、植被和林业以及社会经济等12个专业内容。海上和潮间带调查一般采取断面和大面站观测；陆上调查一般采用点面结合、路线调查。在一些地区应用了航空遥感技术，并进行了综合开发试验。

这次调查中共有15 000人参加，使用了100多只船。取得大量资料、标本、照片以及录像和影片。成果主要有3项：①综合调查资料汇编。②图集，包括1∶50 000至1∶200 000万的地形图（包括水下部分）、地质图、地貌成因类型图、海底沉积物分布图、矿物分布图、海洋水文要素分布图、海岸气候图、环境污染状况图、开发利用规划图等成果图和资源图。③全国海岸带综合调查报告（包括开发利用设想方案）。

（苏胜金　刘安国）

**全国海岛资源综合调查** National Comprehensive Survey of Island Resources　1988年1月30日～1996年5月中国首次对海洋岛屿进行的全国性、大规模、多学科的资源调查。由宋健倡导，李绪鄂任全国海岛资源综合调查小组组长，陈耀邦、严宏谟、张延喜、刘潮明任副组长。领导小组办公室挂靠在国家海洋局。1989年2月通过了《全国海岛资源综合调查简明规程》，作为海岛调查的基本技术标准和要求。其基本任务是考察全国海岛自然环境要素和自然资源的类型、数量、分布特征等基本资料；此次调查的海岛是指大潮高潮时露出海面以上面积在500平方米以上的岛屿的数量（不包括海南岛和台湾、香港、澳门等所属岛屿），但有特殊意义的岛礁不受此条件限制。重点查清乡级以上海岛的社会状况，结合海岛的开发和保护、管理法规与政策，积极推动海岛建设。调查的范围：海岛陆域调查范围包括全部海岛；海域调查范围从高潮线至20米或30米等深线以内。调查内容包括：气候、地质、地貌、土壤、植被、林业、生物、海洋水文、海水化学、环境质量、土地利用、社会经济与海岛量算等。海岛调查的步骤与方法分4个阶段进行：条件准备、外业调整（1991年底）、内业整理（1992年开始）和开发试验（1993～1995）。参加调查的人员超过13 000人，其中科技人员6700多人。动用调查船250艘（次），海上作业3000多船（日），调查面积21万平方千米（其中海域面积19万多平方千米），布设断面3545条，海上测点14 612个，陆上测点31 065个。调查的主要成果：撰写各种综合调查报告、专业报告和专题报告655册，调查资料汇编2518册。完成《全国海岛资源综合调查报告》《全国海岛资源综合调查资料汇编》《全国海岛名录》等成果。

海岛调查成果表明，中国海岛及其周围海域蕴藏着丰富的生物资源、港口资源、旅游资源以及其他类型的自然资源，开发潜力巨大。

（蓝　健　刘安国）

**全国海洋综合调查** National Comprehensive Ocean Survey　1958年9月～1960年12月进行的中国近海海域综合调查。根据1956年制定的“国家12年科学发展远景规划”要求而开展的中国第一次大规模的全国性海洋综合调查。调查工作由国家科委海洋组组织和领导。参加的单位有中国人民解放军海军、中国科学院、教育部、中国气象局系统的60多个单位。1958年5月，成立了全国海洋综合调查领导小组，律巍任组长，赫崇本、曾呈奎、王云祥任副组长；下设海洋调查办公室和技术指导、资料分析以及器材保证等小组，并分设黄海和渤海区、东海区以及南海区调查领导小组。参加调查的科技人员以山东大学海洋系（今中国海洋大学海洋与大气学院）师生为主体共600余人。调查分3个阶段：1958年9月至年底，在各海区进行试点调查；1959年1月至年底，4个海区全面进行外业调查；1960年1月起转入内业，整编资料。

这次调查的目的在于通过对中国近海系统全面的综合调查，编绘海洋学（海洋物理、海洋化学、海洋生物和海洋地质地貌）图集、图志；编写调查报告、学术论文；制订海洋资源开发方案；建立海洋水文气象预报、渔情预报，为国防和海上交通建设提供海洋环境基础资料。

这次调查的范围包括了中国海的大部分区域。1958年9～12月，首先在北纬28°以北的渤海、黄海和东海海区布设了47条调查断面，333个大面积巡航观测站和270个连续观测站；之后在南海海区（含北部湾中越第一次合作调查区域）内布设了36条断面，237个大面观测站和57个连续观测站。在浙江和福建沿海的两个海区内布设了8条断面和54个大面观测站，进行了8个月的探索性大面调查。东海区台湾地区附近海域和南海区大片海域未能进行调查。观测项目包括海洋水文气象方面的水深、水温、盐度、水色、透明度、海发光、海浪、气温、湿度、气压、风、云、能见度等；海洋化学方面的溶解氧、磷酸盐、酸碱度；海洋生物方面的浮游生物分层和垂直取样，底栖生物取样和底质采样；海洋地质方面的表层取样、管状取样、悬浮体取样和连续测深。

这次调查共获得各种资料报表和原始记录9.2万份，图表（各种海洋要素平面分布图、垂直分布图、断面图、周日变化图、温盐曲线图、温深记录图等）7万多幅，样品（底质表层沉积物样品、底质垂直样品、悬浮体样品等）和生物标本共1万多份。1964年出版了《全国海洋综合调查资料》共10册，《全国海洋综合调查图集》共14册。在调查中使用的中国制定的统一调查规范，经国家科委海洋组修改和补充，于1961年正式出版，名为《海洋调查暂行规范》。通过这次调查，第一次取得了中国近海一年以上的系统海洋资料，初步了解了中国近海海洋水文、化学、生物、地质等要素的基本特征和变化规律，为进一步进行海洋科学研究和开发利用海洋打下了基础。

（陈德源　刘安国）

**全球变暖** global warming　工业革命以来百年尺度上观测中的全球表面平均温度持续上升的现象。多种观测发现，自20世纪以来，全球平均温度显著上升。与之对应的海平面的上升，陆地冰雪和海冰的大量融化，海洋热含量的增加等现象也是全球变暖的主要标记。现在认为，全球变暖现象主要受人类活动影响，工业革命以来排放的大量温室气体造成的温室效应是全球变暖的主要原因。理解、预测以及应对全球变暖是气候变化研究领域的热点问题。

**观测事实**　根据2013年发布的政府间气候变化专门委员会（IPCC）第五次报告，全球平均表面温度自1880年以来的100多年中上升了0.85℃。在1906～2005年的100年里，地球平均表面温度增加了0.74±0.18℃（0.07±0.02℃/10年），而后50年的增暖速度则达到这一速率的两倍（0.13±0.03℃/10年，图1）。在1979年之后的卫星资料也证实了这一结果，全球温度的增暖速率达到0.12～0.135℃/10年。此外，全球变暖现象还在其他方面得到验证，如海平面的上升，冰雪的大量融化，海洋热含量的增加，大气湿度的提高以及其他现象。

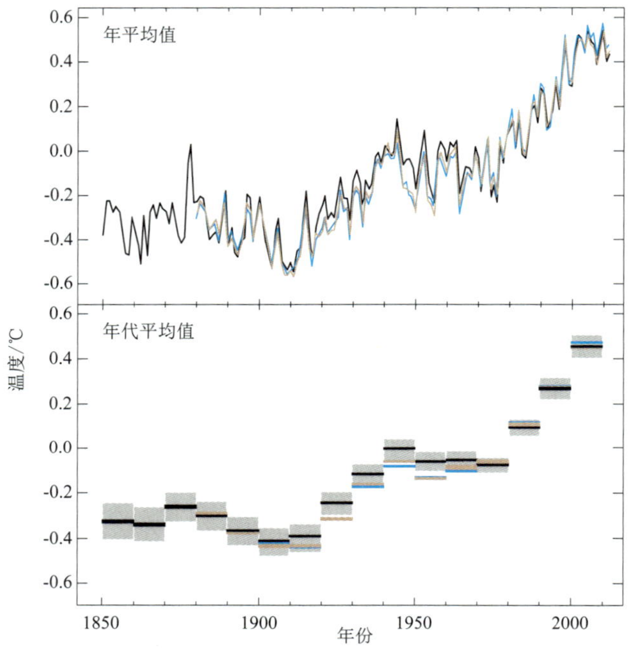

图1　全球年平均温度异常（该异常指扣除1960～1990年全球年平均温度）

全球变暖现象具有显著的区域特征。自1979年以来，陆地升温（0.25℃/10年）大约是海洋升温（0.13℃/10年）的两倍，这主要是因为海洋巨大的热含量以及海洋的蒸发效应。此外自工业革命以来南北半球的温差有所加大，特别是20世纪北极温度的上升速度是其他地区的两倍。

全球变暖现象导致全球平均温度在近年来屡创新高。美国海洋大气管理局的报告显示，2016年全球平均气温为14.84℃，比20世纪平均水平高出0.94℃，是1880年有气温统计以来的最高纪录。

**成因**　主流的学术观点认为，全球变暖与人类活动紧密联系。大气中的温室气体（包括水蒸气、二氧化碳、甲烷、臭氧等）对于大气长波具有吸收作用，有效提高了地球表面温度，这也就是所谓的温室效应。20～21世纪百余年的全球变暖现象普遍被认为是人类社会工业化以来大量使用化石燃料向大气中排放的温室气体（主要为二氧化碳、甲烷、臭氧等）。温室气体的增加有效地增强了温室效应，进而导致全球平均温度上升。

工业革命初期，全球大气的二氧化碳浓度约为280分率（ppm），而到2015年已经全面突破400ppm，甲烷的含量也提升150%以上，这都是过去80万年的最高值。据估算，20世纪末21世纪初的20年间有大约3/4的大气二氧化碳增加量来自人类活动，约半数化石燃料燃烧释放的二氧化碳无法被植被和海洋吸收而留在大气当中。

除了温室气体之外，人类活动排放的气溶胶、火山喷发排放的气溶胶、太阳活动和地球轨道变化等外部强迫因素以及气候系统内部变率都对气候变化有一定影响。但工业革命以来的全球变暖现象主要是温室气体增加的结果，这在气候模式模拟中得到了验证。需要指出的是，全球平均温度并非一直随温室气体的增加而上升，1998～2013年的15年里大气温室气体浓度显著增加，但全球平均温度几乎没有变化。这也是人们所说的**全球变暖停滞**现象。研究认为，这种现象与气候系统的内部变率有关。

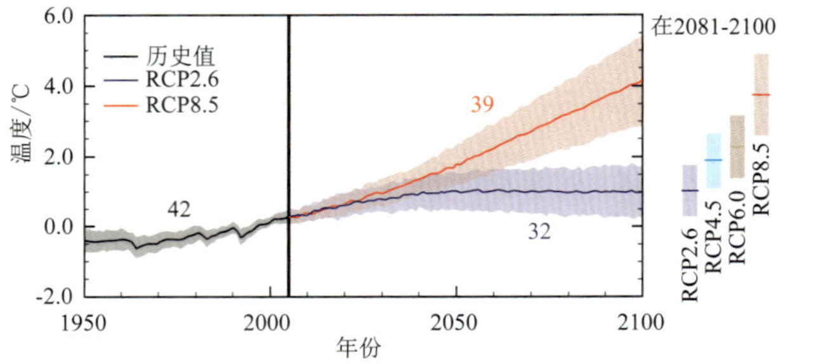

图2　全球平均地表温度异常（该异常指扣除1986～2005年全球年平均温度）

IPCC第五次报告中总结了气候模式对未来气候的预测结果：在低排放情景下，全球平均温度在21世纪末将上升0.3～1.7℃，而在高排放情景下则会上升2.6～4.8℃（图2）。未来温室气体排放的情况将成为全球变暖幅度的关键。

**影响**　全球变暖对地球系统有重要的影响，包括极端天气气候事件的变化，海平面的上升，生态系统的变化，以及对人类社会的影响。有些影响已经逐渐显现出来。

全球变暖会造成全球气候系统显著的区域变化。全球变暖下陆地的增温要高于海洋，因此在北半球高纬度地区的陆地增暖最快，而在南大洋和北大西洋海区增温则较小。全球变暖下的降水变化也有显著的区域特征，在干旱的副热带地区降水会减少，而在赤道地区和副极地地区降水则有所增加，这也就是所谓的“湿更湿”理论。而在海洋上的降水则会在海温增暖多的地方增多，遵循“暖更湿”理论。

全球变暖还会造成极端天气和气候事件的显著变化，如极端高温事件的增多。对于热带气旋，尽管台风的强度没有显著的变化，但超强气旋数量和危害会有所增加。对于海－气耦合模态，尽管全球变暖对其动力过程的影响比较复杂，但极端厄尔尼诺和**印度洋偶极子**事件的发生频率也会上升。这些都会对气候系统有重要的影响。

海平面高度的变化是全球变暖的另一重要影响。由于海洋热含量的上升以及冰盖和冰川的融化，海平面高度在20世纪90年代之后加速上升。根据IPCC第五次报告估算，在高排放情景下到21世纪末，全球海平面高度会上升52～98厘米。海平面高度的上升会造成沿岸的洪水增加以及岛屿的减少，尤其是对岛屿国家有重要影响。需要指出的是，如果考虑全球变暖对格陵兰冰盖和南极冰盖融化的长期效应，全球海平面上升的高度将会大大增加（图3）。

全球变暖，尤其是大气中二氧化碳的增加会导致海温上升和海水酸化，进而影响全球海洋的生态系统。自1750年以来，全球海洋表层的酸碱度下降了约0.1。对于陆地生态系统而言，春季花期会在全球

图 3　冰岛的冰川逐渐融化

变暖下显著提前，并且动植物的生存范围会向极地和高海拔地区扩展。此外一些特殊的物种会受到影响，如珊瑚会由于海水酸化和海温上升而大量死亡。总的来说，研究发现全球变暖会导致物种的灭绝和生态系统多样性的减少。

此外全球变暖还可能导致气候系统的突变，例如大西洋经向翻转环流的减弱或停止。这些突变会导致气候系统在短时间内发生不可逆转的巨变。另外，永久冻土层的融化会快速释放出大量甲烷和二氧化碳等温室气体，并加速全球变暖的速度。

全球变暖造成的温度和降水的变化，也会对人类社会有显著的影响。粮食产量（小麦、玉米等）会受到全球变暖的影响，尽管某些区域产量会有所增加，但由于极端气候事件的增多，造成全球的粮食经济损失会有所上升。全球变暖导致的极端高温天气的增多会提升相关死亡率，同时社会冲突也会加剧。另外海平面上升会导致岛国和低海拔沿海地区的人类栖息地受到严重影响，造成大量的经济损失和社会问题。

应对　全球变暖会在多方面影响地球系统和人类社会，正确应对全球变暖成为人类社会面对的重要问题。为了减缓全球变暖造成的危害，最重要的一个应对手段就是减少人类向大气的温室气体的排放，同时增加大气二氧化碳的吸收能力。能够采用的手段包括节能减排、提高能源使用效率；推广使用的可再生能源（风能、太阳能）、核能等低碳能源技术，以及通过多种手段（如植树造林）提高碳捕捉、吸收和储存的能力。在减缓全球变暖的同时，人类社会还需要致力于适应全球变暖的影响。这需要政府和民间的各方努力，来应对相应的极端天气或气候事件、迎接可能带来的有利改变或机遇，以及处理造成的结果。减缓和适应全球变暖是相辅相成的，在不加以减缓的情况下将超出人类的适应范围。

2015年签订的《巴黎协定》计划将21世纪末的增温幅度（相对于工业革命前）控制在1.5℃或2℃之内，以降低气候变暖对人类生存造成的损失。这需要在短期内（2030年之前）大幅降低温室气体的排放。如何完成这一目标，尽量降低气候变化造成的影响，是人类社会所面对的重大问题。

（郑小童）

**全球变暖停滞**　global warming hiatus　全球平均温度在一段时期内增暖不显著的现象，特指1998～2013年这15年全球平均温度变化不大的现象。又称全球变暖暂停、全球变暖减速。

观测事实　20世纪以来，全球平均温度在温室气体增加的背景下显著上升，即所谓的“全球变暖”现象。而在1998～2013年，全球平均温度上升幅度只有0.05℃/10年，大大低于过去60年的平均上升幅度0.12℃/10年。此外，全球变暖停滞现象并非只在20世纪末发生，20世纪40年代末到70年代也发生了一次类似的现象。随着2014～2016年全球平均温度屡创新高，一般认为，此次全球变暖停滞现象已经结束。

需要指出的是，全球变暖停滞只表现在全球大气表面温度的变化上，但海洋热含量等其他全球变暖指标仍然表现出明显上升的趋势。其他全球变暖现象在此期间也依然显著，例如海平面的上升以及北极海冰的加速减少。

成因　由于1998～2013年这15年观测到的温室气体浓度仍不断上升，因此这一现象无法用传统的全球变暖理论解释，人们对全球变暖停滞现象进行了大量的研究。主流观点认为，全球变暖停滞是由气候系统内部多年代际自然变率引起的，在这其中，海洋动力学引起的气候系统能量分配起到了重要作用。例如，1998年以后，热带东太平洋显著变冷，这一现象能造成热带信风的加强，增强赤道中东太平洋上升流进而使次表层海洋能量吸热加强，造成了表面温度的增加减缓。使用观测的热带中东太平洋海温驱动气候模式可以准确地模拟出此次增暖停滞的现象（见图），而这与**太平洋年代际振荡**（IPO）造成的1998年热带中东太平洋变冷以及信风加强有关。此外还有研究认为，北大西洋和南大洋的海洋环流的内部自然变率，如**大西洋多年代际振荡**（AMO）、**北大西洋涛动**（NAO）等也能将大量的热量带到深层海洋，进而造成表面温度的增暖减缓。

还有研究认为，全球变暖停滞是由于观测数据采样的缺失和不准确造成的，对观测数据结果进行订正之后发现，1998～2013年的全球平均温度增暖幅度会显著上升。此外，火山喷发也是造成增暖停滞现象的潜在可能原因。全球变暖停滞的成因以及对未来全球变暖停滞和加速的预测，是气候变化研究的热点和难点问题。

（郑小童）

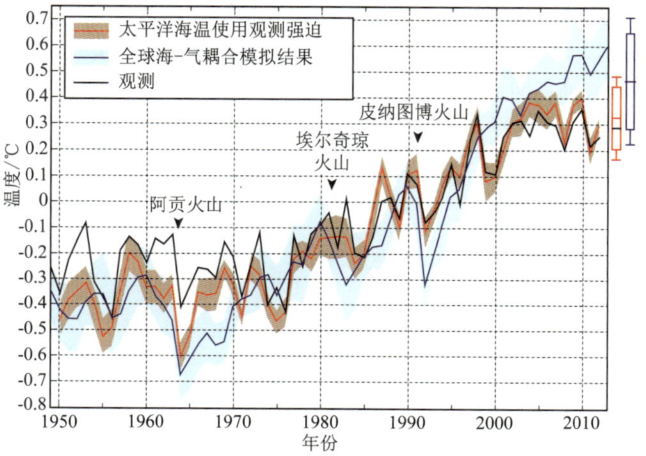


全球年平均温度异常（该异常指扣除1980～1999年全球年平均温度）

**全球海洋观测系统**　Global Ocean Observing System; GOOS　由联合国、世界气象组织与国际科学协会理事会共同参与建设的全世界海洋观测系统。

组织概况　GOOS成立于1993年，由联合国教科文组织政府间海洋学委员会（IOC）负责牵头组织，世界气象组织（WMO）、联合国环境规划署和国际科学协会理事会共同参与其建设管理。GOOS目标是建立统一协调的全球海洋观测系统，免费提供海洋观测数据和产品，帮助成员国，尤其是发展中国家和小岛屿国家，可持续利用海洋资源，保护海洋生态系统，提高应对气候变化和海洋灾害的能力。在观测区域方面，GOOS包含东北亚海洋观测系统等13个区域观测系统，各区域观测系统负责业务运行和数据共享，GOOS为区域观测系统提供协调和技术指导。在观测方法方面，GOOS设有Argo浮标、漂移浮标、锚系浮标、潮位站、科考船搭载观测、志愿船搭载观测等观测网络，2017年12月通过GOOS观测项目支持中心共享了4230个Argo浮标、1843个漂移浮标、332个锚系浮标、61条科考船观测线路、252个潮位站、1912个志愿船搭载的气象和水文观测设备的数据。

管理架构　GOOS下设1个执行委员会、3个专家委员会和1个观测协调小组，并由

IOC海洋观测与服务秘书处、IOC和WMO联合观测项目支持中心（JCOMMOPS）以及GOOS项目办公室3个常设机构负责日常管理和运行。GOOS执行委员会负责制定战略规划和管理专家委员会，物理海洋和气候专家委员会、生物地质化学专家委员会、生物和生态专家委员会负责梳理各领域观测需求、进行系统评估和为执行委员会提供技术支持，观测协调小组负责协调观测系统运行、数据管理和能力建设。IOC海洋观测与服务秘书处全面负责协调系统建设、运行和管理工作，JCOMMOPS负责观测网络业务运行支持、状态监控和数据共享，GOOS项目办公室负责具体项目管理、协调和执行。

观测框架　GOOS观测框架主要分为需求分析、海洋观测、数据和产品3个部分。需求分析需要根据如何解决存在的社会问题和海洋科学研究发展需要，权衡全球不同区域的观测需求，制定合理的基本海洋变量，确定观测部署、运行、维护和发展方向。海洋观测是观测框架的核心，基于全球海洋观测网络，利用成熟的海洋观测技术，保证海洋观测的连续性和质量要求，评估技术可行性和成熟度，制定全球统一的标准规范，协调全球和区域观测系统运行，推广最佳实践应用案例。数据和产品是观测结果的输出和应用，通过数据汇集、同化、质控和共享，为海洋生态保护、海洋防灾减灾、应对海洋气候变化、保障海洋经济安全、全球海洋治理等方面提供服务，并利用数据和产品应用评估，为需求分析提供反馈，实现需求分析、海洋观测、数据和产品间良性循环发展。

观测要素　GOOS观测围绕基本海洋变量开展，根据观测手段技术成熟度、费用和应用价值进行综合评估，GOOS专家委员会确定了30种基本海洋变量，涉及物理海洋、生物、地质、化学、生态等多个学科领域。基本海洋变量包括海洋状态，海表面压力，海面高度，海面温度，海表面下温度，海表面海流，海表面下海流，海面盐度，海表面下盐度，海表面热通量，溶解氧，营养盐，物质追踪，无机碳，海洋微粒，氮氧化合物，溶解有机碳，水色，浮游植物数量和种类，浮游动物数量和种类，鱼类数量和分布，海龟、鸟类、哺乳动物数量和分布，硬珊瑚分布和构成，海草分布，大型藻类分布，红树林分布，微生物数量和种类，底栖无脊椎动物数量和分布。

服务领域　GOOS主要为应对气候变化、业务化海洋服务和海洋健康发展3个方面提供服务。在应对气候变化方面，GOOS通过监测海洋温度、热通量和海平面变化为气候变化提供依据，并向联合国气候变化框架公约提供参考报告。在业务化海洋服务方面，GOOS通过监测风暴潮、海啸和灾害性海浪等海洋灾害，为海洋渔业、交通运输、生产养殖、矿产开发、生物制药等行业提供服务。在海洋健康发展方面，GOOS通过监测海洋酸化、溶解氧和动植物分布等要素，了解海洋健康状况，为解决人类活动、气候变化、过度捕捞和海洋污染导致的海洋生态问题提供技术支撑。　（王　辉　逄仁波）

**全球海洋生态系统动力学研究计划**　Global Marine Ecosystem Dynamics Programme; GLOBEC　为促进对全球海洋生态系统及其主要子系统的结构与功能的认知，理解海洋生态系统对物理驱动的响应，从而提高人类预测海洋生态系统对全球变化响应的能力的研究计划。该计划是1991年由海洋研究科学委员会（SCOR）和政府间海洋学委员会（IOC）联合发起的研究海洋生态系统对全球变化响应与反馈的科学计划，1995年成为全球变化项目国际地圈－生物圈计划（IGBP）的核心计划之一，正式运行于1999～2009年。

聚焦的科学问题为：①多尺度物理环境和过程如何驱动海洋生态系统的大尺度变化。②海洋生态系统结构与功能之间的关系，特别是营养动力学通道变化及营养质量变化在食物网中的作用。③发展适于生态动力学研究的观测技术体系，以物理－生物－化学耦合模型定量全球变化对资源动态的影响，提高对未来影响的预测能力。④甄别、定量反馈机制，确定变化的海洋生态系统如何影响整个地球系统。

GLOBEC研究计划得到来自100个国家的科学家的响应，并通过19个国家项目（表1）、11个多国合作项目（表2）和7个区域项目得以实施（表3），2010年统计共发表相关论文3300篇，期刊专辑34个，最终在牛津大学出版社出版专著《海洋生态系统与全球变化》(*Marine Ecosystem and Global Change*)，　对GLOBEC的源起发展、主要成果和未来展望进行了总结。SCOR、IOC、IGBP以及国际海洋考察

**表1　GLOBEC国家项目**

| 国家 | 持续时间 | 项目简称 | 联系人 |
|---|---|---|---|
| 巴西 | 1998～2002 | DEPROAS | Belmiro Castro(bmcastro@usp.br) |
| 加拿大 | 1996～1999 | GLOBEC Canada | Brad de Young(bdeyoung@physics.mun.ca) |
| 智利 | 1997～2009 | FONDAP-Humboldt | Ruben Escribano(rescribano@udec.cl) |
| 中国 | 1997～2016 | China GLOBEC Ⅰ, Ⅱ, Ⅲ / IMBER | Qisheng Tang(ysfri@public.qd.sd.cn) |
| 法国 | 1999～2009 | PNEC GASCOGNE | Francois Carlotti(carlotti@com.univ-mrs.fr) |
| 德国 | 2000～2009 | GLOBEC Germany | Juergen Alheit(juergen.alheit@io-warnemuende.de) |
| 意大利 | 2001～2004 | SINAPSI | Marco Zavatarelli |
| 日本 | 1997～2016 | Japan GLOBEC/IMBER | Yasunori Sakurai(sakurai@fish.hokudai.ac.jp) |
| 韩国 | 1998～2009 | Korea GLOBEC I,II | Im Sang Oh(ois@storm.snu.ac.kr) |
| 墨西哥 | 1997～2009 | IMECOCAL | Tim Baumgartner(tbaumgar@cicese.mx) |
| 荷兰 | 1993～2002 | Several | George Fransz |
| 挪威 | 2002～2005 | ECOBE,CLIMAR,ADAPT | Webjorn Melle(webjorn@imr.no) |
| 秘鲁 | 2003～2009 | GLOBEC Peru | Renato Guevara-Carrasco(rguevara@imarpe.gob.pe) |
| 葡萄牙 | 1999～2009 | PELAGICOS,PO-SPACC,SURVIVAL | Miguel Santos(amsantos@ipimar.pt) |
| 西班牙 | 2001～2009 | GLOBEC Spain | Fidel Echevarria(fidel.echevarria@uca.es) |
| 土耳其 | 1997～2005 | Black Sea GLOBEC | Sengul Besiktepe(Sengul@ims.metu.edu.tr) |
| 乌克兰 | 1997～2005 | Ukraine GLOBEC | Victor Zaika(vzaika@ibss.iuf.net) |
| 英国 | 2000～2009 | SAHFOS,Western Channel Observatory,OUEST_FISH | Philip Williamson(p.williamson@uea.ac.uk) |
| 美国 | 1994～2010 | US GLOBEC(including programmes on Georges Bank,North East Pacific and Southern Ocean GLOBEC) | Dale Haidvogel(dale@imcs.rutgers.edu) |

**表2 GLOBEC多国合作项目**

| 项目简称 | 起止年份 | 合作国家和组织 | 联系人 |
|---|---|---|---|
| BASIN | 2007～ | 欧盟及美国、加拿大 | Peter Wiebe(pwiebe@whoi.edu) |
| BENEFIT | 1997～2007 | 南非、纳米比亚、安哥拉、挪威、德国 | Neville Sweijd(NSweijd@csir.co.za) |
| ECO-UP | 2005～2008 | 法国、安哥拉、纳米比亚、南非、毛里塔尼亚、摩洛哥、塞内加尔、智利、秘鲁 | Pierre Fréon(pierre.freon@ird.fr) |
| ENVIFISH | 1999～2001 | 欧盟、安哥拉、纳米比亚、南非 | Leo Nykjaer(leo.nykjaer@jrc.it) |
| IDYLEI | 2001～2004 | 法国、南非 | Pierre Fréon(pierre.freon@ird.fr) |
| LIFECO | 2000～2003 | 挪威、德国、英国、丹麦 | Michael St.John(michael.st.john@uni-hamburg.de) |
| NATFISH | 2002～2004 | 挪威、摩洛哥、毛里塔尼亚、塞内加尔、意大利 | Leo Nykjaer(leo.nykjaer@jrc.it) |
| OFCCP | 2001～2004 | 美国、墨西哥、澳大利亚、法国、新西兰、日本、美洲国家金枪鱼委员会 | Patrick Lehodey(plehodey@cls.fr) |
| SARDYN | 2002～2006 | 葡萄牙、西班牙、希腊、英国、挪威、法国 | Carmela Porteiro(carmela.porteiro@vi.ieo.es) |
| TASC | 1996～1999 | 挪威、英国、丹麦、冰岛、德国、法国、ICES | Kurt Tande(kurtt@nfh.no) |
| VIBES | 1997～2000 | 法国、南非 | Pierre Fréon(pierre.freon@ird.fr) |

**表3 GLOBEC区域项目**

| 项目名称 | 时间 | 参与国家和组织 | 主席（2010年） |
|---|---|---|---|
| 气候对海洋顶级捕食者的影响 Climate Impacts of Oceanic Top Predators(CLIOTOP) | 2005～2014 | 美国、澳大利亚、法国、西班牙、新西兰、日本等 | Patrick Lehodey (plehodey@cls.fr)and Olivier Maury(maury@ird.fr) |
| 亚北极海域生态系统研究 Ecosystem Studies of Sub-Arctic Seas(ESSAS) | 2005～2014 | 美国、加拿大、挪威、德国、丹麦、俄罗斯、日本等 | Geoge Hunt(glhunt@uci.edu)and Ken Drinkwater(kendrink@imr.no) |
| 鳕鱼与气候变化 ICES-Cod and Climate Change(CCC) | 1993～2009 | ICES参与国家 | Geir Ottersen(geir.ottersen@bio.uio.no)and Kai Wieland(kwi@natur.gl) |
| 气候与生态系统动力学整合 Integrating Climate and Ecosystem Dynamics(ICED) | 2008～2017 | 英国、西班牙、美国、法国、澳大利亚、德国、荷兰、俄罗斯、巴西、比利时、加拿大 | Eugene Murphy(iced@bas.ac.uk) |
| 气候与容纳量 PICES-Climate Change and Carrying Capacity(CCCC) | 1993～2009 | 日本、中国、韩国、俄罗斯、加拿大、美国 | Hal Batchelder(hbatchelder@coas.oregonstate.edu)and Michio Kishi (Kishi@salmon.fish.hokudai.ac.jp) |
| 小型鱼类与气候变化 Small Pelagics and Climate Change (SPACC) | 1993～2009 To be continued as SPACC II from 2010 | 西班牙、法国、德国、日本、智利、秘鲁、塞内加尔、毛里塔尼亚、葡萄牙、美国、墨西哥等 | Dave Checkley(dcheckley@ucsd.edu)and Car van der Lingen(Vdlingen@deat.gov.za) |
| 南大洋GLOBEC Southern Ocean(SO)GLOBEC | 1991～2009 | 美国、澳大利亚、英国、德国、国际捕鲸委员会 | Eileen Hofmann(hofmann@ccpo.odu.edu) |

理事会（ICES）、北太平洋海洋科学组织（PICES）等联合资助了GLOBEC计划的组织协调活动，成立了由各国相关学科引领者组成的科学指导委员会（SSC）和4个工作组（WG），定期研讨相关科学主题和发展方向，SSC成员领导申请各国政府的研究项目和多国合作项目，以得到实质的、持续的研究经费；其国际计划办公室（IPO）组织了3次开放科学大会、发布了16期新闻通讯、建立了基于网络的数据获取途径、组织暑期学校等，及时交流分享GLOBEC的研究成果和技术。这个组织架构有效地保证了全球相关学科研究群体长期保持聚焦于一系列特定的科学问题，培养了该领域大量的青年研究人才，这个模式和经验被后续IMBER等国际计划所使用。中国科学家成立了中国GLOBEC工作委员会，唐启升院士任主席，自1995年起开始海洋生态系统动力学前期预研，1997年以来在国家自然科学基金委和科技部持续重点支持下，开展了渤海、黄东海、南海生态系统动力学与生物资源可持续利用基础研究，成果向资源管理应用、海洋生态环境预测和生态灾害预警/防治转化。GLOBEC计划结束后在研项目并入新的IGBP核心计划——**海洋生物地球化学和生态系统综合研究计划**（IMBER）。

GLOBEC基本是1个自然科学计划，聚焦于理解气候变化对海洋生态系统影响，项目中期加入了人类活动影响要素，为社会提供了对海洋生态系统的先进认知和科学信息，一部分成果最终应用于政策和决策的制定中，依此形成海洋环境保护两个重要原则：谁提议实施海洋环境管理措施谁负责论证其带来的生态后果（即谁动议谁举证）和必须基于生态系统来管理海洋开发活动。

通过该计划的实施促进了生态学理论的进步，认识到海洋生态系统变化和种群补充是多尺度过程的综合效应，生态系统的控制不仅有上行、下行机制，更多的是两者同时控制的蜂腰理论；海洋暖化、酸化和低氧等引起生物群落的演替和生态系统弹性与适应性的改变，人类活动与气候变化多重压力使海洋生态系统存在发生巨变的极大可能；区域GLOBEC研究则揭示了食物网中功能多样性的重要意义。GLOBEC选择食物网中各营养层关键种进行研究（如大西洋飞马哲水蚤、鳕鱼，黄东海的中华哲水蚤、鳀鱼等），同时研究其栖息地、竞争者和捕食者以确定生态系统演变的驱动机制，由此衍生出关键种与环境及食物网其他要素关系的研究方向。GLOBEC引领了海洋生态系统研究范式的转变，学科交叉基础上的物理-生物-化学耦合模型成为综合研究的标准工具，新的海洋生物声、光采样，探测手段不断涌现，利用海豹携带温盐深测量仪（CTD）为代表的长期监测得到的原位资料揭示了不同生物种群分布、行为与环境的关系，这些都是生态系统演变机制研究的有力技术支撑。

海洋生态耦合模型能力不断提高，已实现了区域长期气候变化对某关键种影响的模拟和预测（如圭亚那上升流区气候变化对浮游动物生物量长期影响模拟、北大西洋鳕鱼资源补充量的预测等），实现了以嵌套的动力降尺度思路结合政府间气候变化专门委员会（IPCC）气候情景预测未来区域生态系统状态，海洋生态模型数据同化技术催生了海洋生态环境预报业务化。如何在模型中包含人类活动效应，如何建立不仅包含关键种，而是针对从微生物到顶级捕食者整个生态系统的生态模型还有不小的挑战。

GLOBEC计划是围绕理解一个既定的科学问题设计的，这个传统的科学研究视角已经改变，科学研究要求越来越紧密地与公众面临的问题相结合，今后需要针对事实不清、风险更大、决策更紧迫的问题设计具有挑战性的研究计划和方案，以给予社会更大的回报。（魏　皓）

**全球海洋通量联合研究计划**　Joint Global Ocean Flux Study; JGOFS　由海洋研究科学委员会主持的，研究大气、大洋表层和大洋内部区域，季度至年际碳通量及其对气候变化影响的国际海洋科学研究计划。全球海洋通量联合研究计划是一个多学科交叉的国际合作项目，是国际地圈－生物圈计划(IGBP)的首批核心研究计划之一。

在国际科学理事会（ICSU）的科学委员会海洋研究科学委员会（SCOR）支持下，全球海洋通量联合研究计划于1987年在法国巴黎举办的一次规划会中正式启动。1988年1月在美国迈阿密成立了JGOFS委员会。1988年9月在荷兰海牙召开了第二次会议，讨论了有关JGOFS的科学计划和国际合作计划的协调和实施等问题。1989年9月在美国夏威夷召开第三次委员会会议，确定了国际JGOFS科学计划和协调各成员国JGOFS合作研究计划。

其主要科学目标，是从区域到全球和从季节到年际的尺度上，准确地评估和理解控制大气、表层海洋和海洋内部之间碳通量的过程以及它们对气候变化的敏感性，揭示海洋生物地球化学过程对气候变化等人为干扰的响应，进而提高对海洋生物地球化学过程的全球尺度预报能力。至1988年秋，全球海洋通量联合研究计划在百慕大和夏威夷附近设立了长期的海洋时间序列观测项目，并在第2年启动了多国参与的北大西洋水华实验。

中国为全球海洋通量联合研究计划做出重要贡献，在世界上率先开展了陆架海洋通量研究。1989年2月19日，全球海洋通量联合研究中国委员会于青岛成立。该委员会隶属于中国海洋研究委员会，其主要职责是根据世界和中国JGOFS工作的要求，组织、协调中国海洋科学各学科领域，共同制订和实施中国JGOFS计划，同时对外代表中国参加JGOFS国际机构及其他相应组织的有关活动和组织，参加有关全球海洋通量联合研究计划的国际合作研究。来自中国的国家自然科学基金委员会、国家教育委员会（今教育部）、中国科学院和国家海洋局（今自然资源部）的13位专家学者组成了第一届委员会，中国科学院海洋研究所胡敦欣研究员任第一届委员会主任委员，王凡研究员担任秘书长。中国国家自然科学基金委员会适时设立的“东海陆架边缘海通量研究”重点项目等重要研究项目，对全球海洋通量联合研究计划的实施起到了重大作用。中国科学院、国家海洋局和国家教育委员会等部门为推进中国参与全球海洋通量联合研究计划做出了重要贡献。

（胡石建　王　凡　姚庆祯）

**全球季风**　global monsoon　全球降水和低空大气风场随季节显著变化甚至发生反转的气候现象。是全球降水和低空大气风场对年周期的太阳短波辐射强迫响应的主要模态。季风气候不仅以近地面盛行风向随季节变化相反为主要特征，而且以一年之中夏季多雨冬季干燥的对比为主要特征。因此关注季风气候应该更强调季风降雨，它不仅对大气环流和水循环过程起重要作用，而且连系着外部辐射强迫与大气环流。全球七大季风区都受太阳辐射年循环的调制，全球大气质量又是守恒的，因而季风应该是个全球尺度的系统，它维持着大气环流随季节的变化。从更广阔的视角看季风，其本质上是风和降水在全球大气－陆地－海洋这一耦合系统中对太阳辐射强迫年循环变化的响应，因此从全球季风的角度来研究季风的变化是非常有必要和有意义的。

分类　全球季风包含了两个主要模态，即冬至夏至模态和春分秋分不对称模态，也就是冬－夏季风和春－秋季风两种模态，这两个模态都是耦合的气候系统对太阳辐射强迫季节变化的响应。冬－夏季风模态的方差贡献约70%，是全球季风的最主要模态，空间上（图a）主要反映了两半球热带副热带地区冬、夏季风降水的反对称分布特征，以及冬、夏跨赤道风向反转的低空季风环流分布。该模态主要反映了12月～次年3月与6～9月冬、夏半年之间季风风向的差异和干湿的季节差异（图c）。

春－秋季风模态约占总方差贡献的

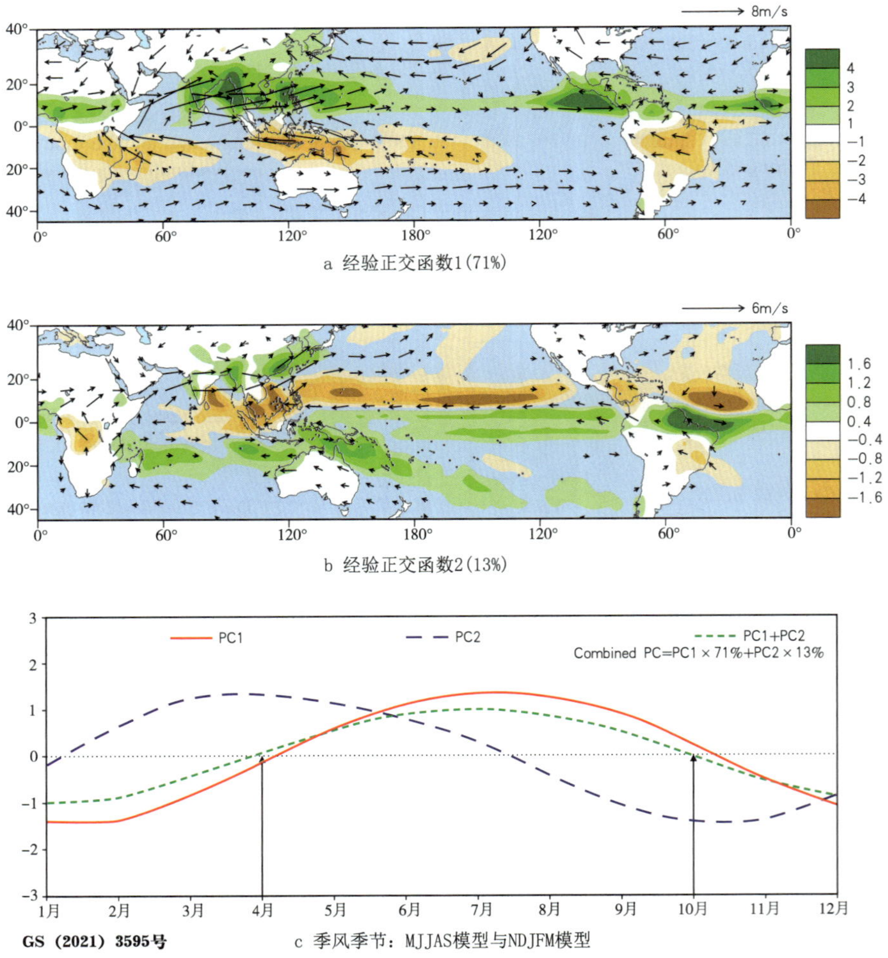


a 经验正交函数1(71%)

b 经验正交函数2(13%)

c 季风季节：MJJAS模型与NDJFM模型

气候月平均降水和850hPa风场MV-EOF前两个主模态（a）（b）的空间分布和时间序列（c）

10%～20%，空间上（图b）依然体现了季风降水的全球性特征和南北半球随季节的反对称特征。但该模态不再是以赤道为对称轴，而是大体上以太平洋到大西洋的赤道辐合带（ITCZ）为对称轴，其南北两侧降水呈东西向带状分布并且位相相反。而在亚澳季风区则从澳大利亚北部到孟加拉湾—中国南海，直到青藏高原东侧—华南沿海一线呈现出干湿相间的分布特征。时间变化序列PC2（图c）主要反映了北半球春（4～5月）、秋（10～11月）季之间低空环流和降水之间的差异，它体现的春、秋季节干湿和风向的反转特征，是典型的春－秋季风。

这两个模态都反映了季风年周期的季节变化，都属于季风模态，注意到冬－夏季风模态占绝对优势，但不排除个别地区存在着显著的春－秋季风。将这两个季风模态按方差贡献加权合成起来，就得到了图c中合成曲线（绿色虚线）。它给出了全球季风的季节划分，北（南）半球的夏（冬）季风时段为5～9月，南（北）半球的夏（冬）季风时段为11月～次年3月，4月和10月则为冬、夏季风的转换过渡时段。

变 化　由于20世纪后半叶开始全球变暖加剧，且陆地和高原上增暖更快，减弱了海陆热力差异对比，进而应该使季风减弱。但降水是个复杂的水循环过程，全球季风区的总降水量并没有显著的减少趋势。对于冬－夏季风，1979～2017年全球冬－夏季风降水振幅存在显著的增加趋势，这主要由于夏季全球季风区海上的降水增加所导致，与热带太平洋上厄尔尼诺的发展有关。春－秋季风的降水振幅则主要表现出显著的年际振荡特征，与秋季热带太平洋上拉尼娜的发展有关。

（黄　菲）

**全球有害藻华的生态学和海洋学研究计划** Global Ecology and Oceanography of Harmful Algal Blooms; GEOHAB　由海洋研究科学委员会（SCOR）和政府间海洋学委员会（IOC）共同发起成立的、跨学科研究合作的有害藻华国际研究计划。成立于1998年，计划执行15年（1998～2013）（后延长一年至2014年结束）。全球有害藻华的生态学和海洋学研究计划具体运作是在GEOHAB科学指导委员会（SSC）指导下完成的，在计划开始初期，该委员会首先完成了科学计划和实施计划的制订。

GEOHAB是一项国际合作计划，主要任务是协调区域性和全球性有害藻华的研究合作，而不是一项财政资助计划。任务包括：发展和制定一些有害藻华研究的标准方法，并开展相应的培训和推广，促进资源共享，更有效地使用资源，共享研究资料并实现管理的标准化。GEOHAB还同时寻求各国和国际组织的多种途径对有害藻华研究的财政支持。除此之外，还引领不同国家具有不同科学背景的科学家们进行学术交流，通过组织正式或非正式的研讨会、工作小组会议和开放科学大会等多种形式来实现。

GEOHAB的核心实施方法是比较研究，包括从细胞到生态系统水平上的比较研究，通过对不同种类和不同地理来源的有害藻华原因种及其相对应的生态系统的比较研究，揭示有害藻华发生的生态学和海洋学机制。以生物、化学和物理过程的重要相互作用作为焦点，培育多学科在广泛尺度上的联合攻关，通过运用统一的方法，进行比较研究，识别引发赤潮发生机制和基本过程的异同点。

在GEOHAB框架下，确定了5个核心研究计划和一个区域研究计划，分别是：上升流生态系统中的有害藻华、富营养化生态系统中的有害藻华、海湾生态系统中的有害藻华、层化水体中的有害藻华、底栖生态系统中的有害藻华和亚洲的有害藻华。

无锡市映月湖的有害蓝藻藻华

中国是该计划的主要成员之一，在GEOHAB国际计划框架下，先后立项并完成了两项973有害藻华研究项目（2002～2006，2001～2005）。华东师范大学张经是GEOHAB科学指导委员会的首批专家，中国科学院海洋研究所周名江和暨南大学吕颂辉随后也分别担任GEOHAB科学指导委员会专家。

（吕颂辉）

**全日潮** diurnal tide　一个太阴日之内潮汐只有一次高潮和一次低潮。潮汐类型之一。也可指分潮类型，即某一分潮在大约一个太阴日内只有一次高潮和一次低潮。常见的全日分潮包括太阴太阳赤纬全日分潮（用K1表示）、太阴主要全日分潮（用O1表示）等。有时也指某一区域的潮汐类型，当该区域的K1、O1分潮振幅和与M2、S2（见**半日潮**）分潮振幅和之比大于3时，称该区域为全日潮区域。K1是潮汐中最主要的全日潮组分之一，代表了一种由月球和太阳的引潮力共同作用产生的潮汐现象，K1分潮的速率为15.041°/时，周期为23.934小时。O1是月球赤纬效应的体现，潮汐中最主要的全日潮分量之一。O1分潮的速率为13.943°/时，周期为25.819小时。

全日潮是潮汐研究的基础之一，是潮汐现象中最显著和基本的成分之一。周期性的水位变化不仅影响着海岸线的形态演变，还直接影响着沿岸的生态系统和人类活动；对航运和海洋工程有着重要影响；对海洋混合和能量传递有显著影响；是研究海洋环境和海洋动力学的重要基础工作。

（钟贻森）

**裙带菜** *Undaria pinnatifida*　褐藻门褐子纲海带目翅藻科裙带菜属一种。

形 态　体长1～1.5米，宽0.5～1米，褐色或黄褐色，分为叶片、柄和固着器3部分。柄两侧有较宽的皱褶，称为孢子叶。叶片中部有中肋，两侧为羽状深裂片，薄且柔软。裙带菜孢子体幼期叶片呈卵形或长形，单条，在生长过程中逐渐出现羽状分裂，叶片中部有明显的中肋，有黑色小斑点，为黏液腺。藻体成熟时，固着器和叶片之间伸延出折叠状的孢子叶。叶片呈黄褐色，宽60～100厘米，长100～150厘米，明显地分化为固着器、柄及叶片3部分。

分 布　为太平洋西岸所特有，从中国浙江的渔山岛起，经黄海、日本海到日本北海道附近均有分布。主要生产国为韩国、日本和中国。中国的主要产区在山东、辽宁大连和浙江沿海。

生态习性　为温水性**潮下带**海藻，裙带菜生长于低潮线以下至水深5米的岩石上，耐风浪。中国裙带菜野生群体主要分布在浙江的舟山群岛和嵊山岛附近，属于一年生植物，比海带能耐受更高的温度，一般耐温15～20℃，水温在13～15℃时快速生长。裙带菜主要依靠叶片从海水中吸收氮、磷和钙等生长所必需的营养元素，在体内进行合成、利用和转化。裙带菜光合作用合成的主要产物是褐藻酸和藻聚糖等多糖类，其生殖方式主要依靠游孢子来繁衍后代。

裙带菜常规生活史与海带的常规生活史过程一致（图1）。中分孢子体和配子体两个世代。孢子体成熟后放散出游孢子，游孢子附着后发育成雌、雄配子体，配子体成熟后产生卵和精子，卵受精后萌发成为孢子体（裙带菜叶体）。

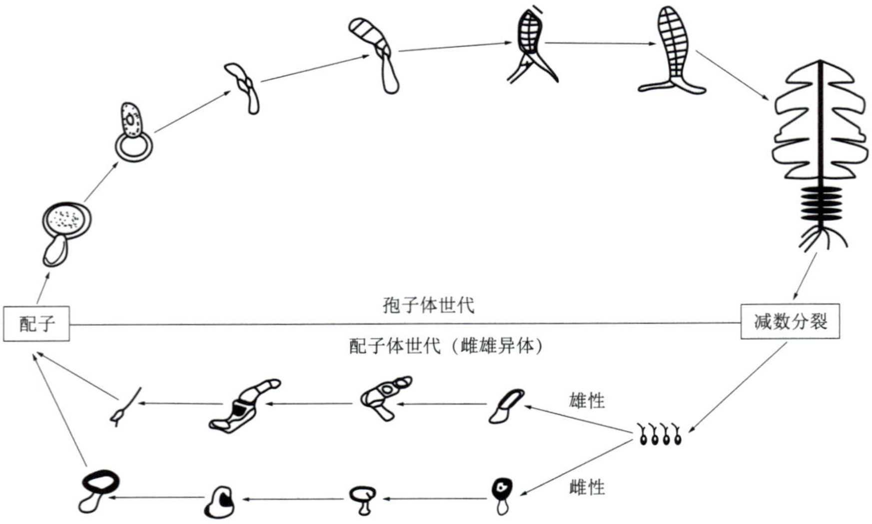


图1 裙带菜常规生活史

图2 凉拌裙带菜

图3 干裙带菜

大型经济藻类。供食用，味道鲜美，可淡干、盐干或烫腌加工（图2、图3）；也可入药，有软坚散结、消肿利水等功效。20世纪60年代开始人工养殖。养殖过程分为育苗和养成两个阶段。育苗具体参见人工选育的品种有裙带菜“海宝1号”、裙带菜“海宝2号”。此外，还可与海带间养或者在海底自然增殖。

（王民生 逄少军）

R

**热泵效应** heat pump effect 热带气旋导致海洋表层热量输入至次表层的一种机制。热带气旋的强风会使*海洋混合层*加深，使海洋表层变冷、混合层底部的次表层变暖，表层冷异常和混合层底部的次表层暖异常的值几乎是相等的。

研究历史　20世纪60～70年代，人们即认识到热带气旋造成海表混合层加深的过程。到了2001年，美国气象学家K.A.伊曼纽尔提出热泵的概念，指出它是热带气旋影响海洋热结构和全球热输送的重要过程。之后，大量相关研究相继出现。

形成　热带气旋的风应力作用会对混合层输入大量的动能，使得海表混合增强，混合层加深。加深过程的本质是由混合层底流的剪切不稳定将热量重新分配给混合层底下方的海水夹卷至混合层内，导致混合层加深。

分布　这一现象主要出现在热带气旋沿途，离热带气旋的最大风速半径（大风圈）越近强度越强，且略微偏向热带气旋路径右侧。它的强度和热带气旋强度、移速、初始海洋状况有关，一般热带气旋强度大、移速慢、初始海洋层结弱时热泵的效果强，一般会将混合层增加几米至几十米，有时甚至达到百余米。

作用　由于次表层不直接与海表接触，因而热泵效果引起的次表层暖水会在海洋中停留相当长时间，并随着大洋环流输送至全球。由于世界上每年发生的热带气旋数量不少，因而热泵作用累积输入进海洋的热量是比较可观的。虽然这部分热量的具体量值仍在争论之中，但学术界普遍认为，它能增加一部分向极地和赤道的热量供给，有学者甚至探讨它作为古气候时期太平洋永久厄尔尼诺（Permanent El Niño）形成原因的可能性。（张　翰）

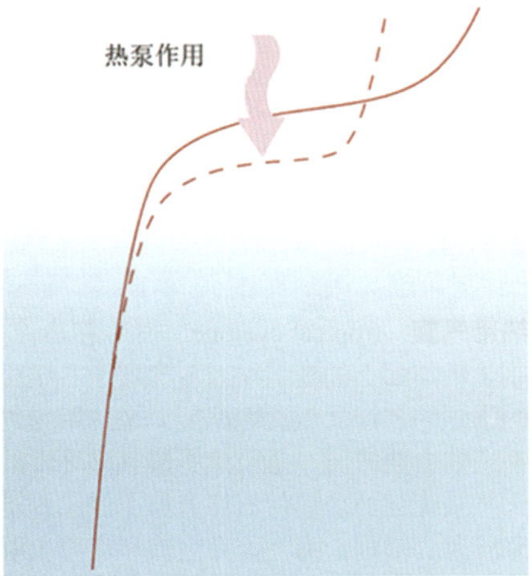


红实线（虚线）为台风来之前（后）海洋垂向温度剖面

热泵作用示意图

**热带东风波** tropical easterly wave 出现并活动在副热带高压南侧对流层中下层的东风气流里的热带波动。在副热带高压南侧的对流层中下层的东风气流里，常存在一个低压槽或气旋性曲率最大区域，呈波状形式自东向西移动，这种波动就是热带波动。

分析表明，东风波的最大振幅有的在对流层低层，有的则在中层，其起源可能是对流层上部冷低压在中低层的反映，亦有可能是由于西风槽伸入热带而形成，还可能是赤道辐合带中的扰动伸入东风气流的结果。

在东风波的基本模态中，东风波的槽前为下沉运动，槽后为上升运动。东风波的垂直伸展高度一般在6～7千米，有的可达对流层顶，最大强度出现在500～700百帕，波槽随高度略向东倾斜。东风波的波长为1000～1500千米，但有的可达4000～5000千米。但在盛夏季节在中国华南地区，可出现与上述模态完全不同的东风波。它出现在西南季风之上的热带东风气流中，因为西南季风的高度可达5千米左右，因此这种东风波出现在5千米以上甚至对流层顶，而在8～12千米高度上为最强。因为这种东风波风速随高度是增强的，所以在槽前低层辐合、高层辐散，在槽后低层辐散、高层辐合。

较强的东风波在卫星云图上具有较强的涡旋状云系。地面有明显的负变压中心和天气相配合，发展迅速。波槽附近可分析出闭合低压，有的甚至可以发展成台风。较弱的东风波则表现为一团小范围的云系西移，在地面天气图上不易被分析出来，在气压场、风场和天气方面均没有明显的反映，常在1～2天消失。（傅　刚）

**热带海－气相互作用** tropical ocean-atmosphere interaction 发生在热带海洋与大气之间的质量、能量和动量的交换，以及这些交换对海洋和大气的各种物理特性的改变过程。

特征　热带大气将热带三个大洋（热带太平洋、热带大西洋、热带印度洋）和南海联系在一起，加上热带的海峡和通道构成了一个统一的热带海－气相互作用系统。由于各个大洋和南海都具备各自独特的性质，热带海洋大气相互作用过程表现为既有各自独立的特征，又有密切联系。

机制　太阳几乎终年直射热带地区，海洋吸收太阳短波后通过感热和潜热对大气加热，因此，热带对流活动旺盛；另外，赤道又是南北半球的分界线，独特的赤道地球流体动力学成为热带海－气运动及相互作用的理论基础。

在热带太平洋和热带大西洋，低层大气运动向西运动，底层风通过摩擦力作用于海洋表层，直接驱动风生洋流向西流动，同时携带海洋表层暖水向西汇聚，在大洋的西边界处堆积形成海温较高的暖池，而大洋的东边界处由于表层海水的损失，海洋次表层冷水上升加以补偿，形成温度较低的冷舌。暖池区高温海水的蒸发给大气提供物质和热量，使低层大气受热膨胀压强减小，而冷舌区海水蒸发弱，底层大气较冷，压强也更大，由此形成水平方向的气压梯度力，维持着低层大气和表层海水由冷舌向暖池的运动。表层海洋的流速慢，又给底层大气提供摩擦力，这是热带海－气相互作用中的动量交换过程。因此，来自海洋的热量是热带大洋上空大气运动的直接动力。由于海洋热力差异和大气对流强弱的存在，暖池上空对流云浓厚，能有效阻隔太阳辐射到达海面，这将反过来阻碍高温海区的海水进一步升温。受热带西太平洋暖池上空大气受热辐合上升的驱动，赤道印度洋上常年盛行西风，将热带印度洋的高温暖水推向东部，形成印度洋暖池。由此可见，在热带海－气相互作用中，海洋主要通过提供热量和水汽的方式驱动大气运动，而大气主要通过风应力给海洋提供动量，驱动风生洋流来改变海洋的海水质量和能量的分布，以及云量对辐射的调节。（谢瑞煌）

**热带海洋上空积云对流** cumulus convection over tropical ocean 热带海洋上因为对流产生的积云，因大气受热不均匀而发生的小尺度局地对流现象。是热带海洋上一种重要的中小尺度天气现象。对流云在其发展过程中受大气层结、凝结潜热释放、云内外空气的混合（夹卷过程）、环境气流状况等的多因素影响，其中的动力学和热力学关系十分复杂。

热带对流层低层的层结一般是条件性不稳定的，而在4000米以上的中上层层结是稳定的。从大气热平衡考虑，在热带地区必须有热量从低层运往上层，然后再往极地输运。为了把热量从低层（穿越稳定层结区）运往上层，必须通过深厚的热带积云对流来完成。在热带太平洋和大西洋上、摆动于南北纬10°之间的热带辐合带为热带积云对流的产生和发展起着重要的作用。据观测，在热带地区，这种强烈发展的积云单体的水平范围平均为3～4千米，而其高度可达10千米以上，形如巨塔，故又称云塔。在一个大范围的低层辐合区中，对流上升和补偿下沉相间排列，于是就出现一个个云塔，组成一个积雨云群区。

云塔中空气的层结是不稳定的。由于云中空气不断上升，水汽不断凝结，释放大量潜热，因此，云中气温总比环境温度高。同时在空气对流上升时总要把四周未饱和的较冷空气卷入云内。在此卷入过程中伴有混合与蒸发两种过程，从而导致云内气温降低，对流强度因此减弱。卷入云内的冷空气越多，对流越易中止，致使积云消失。积云从生成、发展到消亡的生命期约为半小时。

云塔的消失过程就是云内的高温空气与环境低温空气的混合过程。在一个低层辐合区中，云塔的产生和消失将逐渐使该区域整层空气的温度升高。热带辐合带处于热带的高温洋面上，低层空气的温度接近于洋面水温，同时又含有大量的水汽，所含的感热和潜热都大，故相当位温较高。由于气块在上升过程中相当位温具有保守性质，云内各层空气的相当位温均与洋面的值相同。此时积云对流的不断生消，会造成辐合区中的气柱具有较高的位温值。热带海洋上空积云对流的这种作用，是热带风暴的形成和维持的重要机理。

（傅　刚）

**热带海洋与全球大气计划**　Tropical Ocean Global Atmosphere Program; TOGA　为确定季节到年际时间尺度上热带海－气耦合系统的可预测性、认识这种可预测性所包含的机理、以建立支持气候预测观测系统的计划。热带海洋与全球大气计划是世界气候研究计划（WCRP）发起的一项为期10年（1985～1994）的国际合作项目。厄尔尼诺－南方涛动（ENSO）现象是TOGA研究的焦点。由于缺乏对其物理过程的认识以及对热带海洋的观测，TOGA之前ENSO现象是不可预测的。为此，TOGA在热带太平洋建立了先进的立体观测系统，包括验潮仪、漂流浮标和调查船等，特别是部署了覆盖整个热带太平洋的锚系浮标（TAO）阵列。1992年11月至1993年2月，TOGA在热带西太平洋暖池区进行了为期4个月的强化观测，即海－气耦合响应试验（COARE）。该试验深化认识了西太平洋暖池区与ENSO有关的重要的大气和海洋过程及其相互作用。除了观测系统，TOGA还发展了热带太平洋ENSO的新理论并建立了ENSO的季节预报模型。

（罗义勇）

**热带南印度洋穹隆**　dome in the tropical southern Indian Ocean　热带西南印度洋海区（南纬5°～10°，东经50°～80°）存在的一个温跃层相对于热带印度洋海盆内其他海区较浅的区域。又称温跃层脊。热带南印度洋穹隆形成与该海域候态表面风场具有一个顺时针的风应力旋度有关。由于此处的温跃层较浅，海表温度（SST）的年际变率较大，对印度洋海－气耦合系统有重要影响。由于这一穹隆区位于印度洋塞舌尔群岛附近，因此也被称为塞舌尔穹隆（见图）。

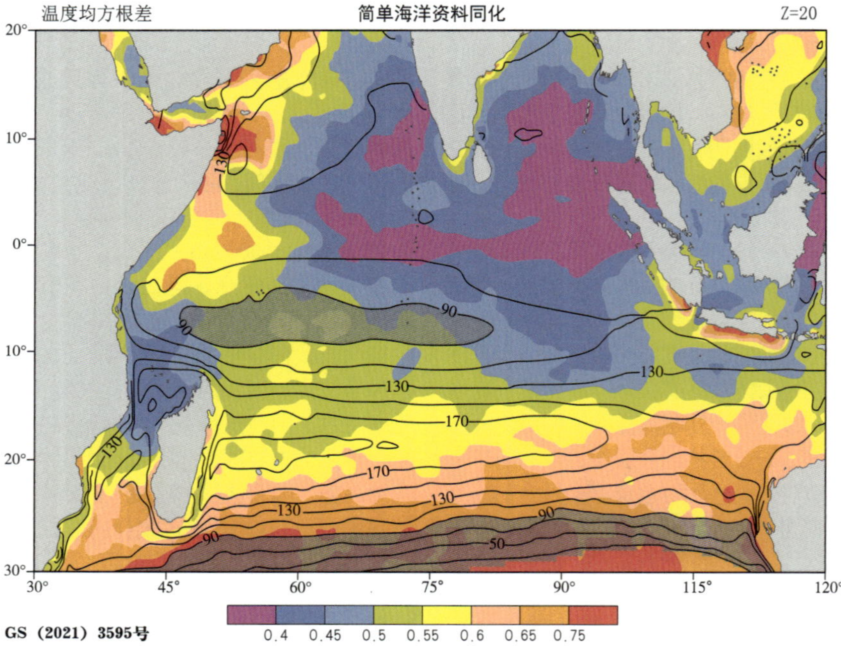


GS（2021）3595号

热带印度洋20℃等温线深度（等值线）和海表温度年际变化标准差（填色）的空间分布，其中等温线深度小于90米处用阴影表示

成因　热带南印度洋的温跃层穹隆与热带印度洋气候态风场的分布紧密联系。在南纬10°以南的印度洋海区常年受信风（东风）控制，而在赤道海区则表现为弱西风。这样在南纬10°和赤道之间的海区就存在一个顺时针风应力旋度。这一赤道以南风应力顺时针旋度的抽吸作用导致热带印度洋温跃层在这里较浅。由于造成的海洋罗斯贝波向西的堆积效应，西南印度洋的温跃层达到最浅。

气候影响　由于温跃层穹隆区的温跃层深度较浅，因此这一海区次表层海温的异常信号能够有效地影响SST的变化，进而影响周边气候。这里的SST年际变化信号是除了索马里和苏门答腊－爪哇岛沿岸之外最强的。温跃层穹隆在印度洋海盆增暖模态及其“电容器”效应发展过程中扮演重要角色：当厄尔尼诺或印度洋偶极子发生时，赤道印度洋的东风异常会产生南印度洋逆时针（即反气旋式）的风应力旋度，这会在局地有效产生温跃层的下沉信号。这个信号在次年春季传播到穹隆区后，会导致局地海温异常升高，形成整个海盆海温增暖的极大值，激发出局地对流以及越赤道的反对称风场。在印度夏季风爆发后，这一反对称风场异常减弱了印度夏季风，从而造成了北印度洋在厄尔尼诺次年夏季的二次增暖，将印度洋海盆增暖模态延续到夏季，强化了印度洋“电容器”效应。

除此之外，南印度洋穹隆区的海温异常对台风、季节内振荡等高频海洋气候事件也有明显的调制作用。在穹隆区海温异常增暖时，这些气候信号的强度明显加强。

（郑小童）

**热带气旋**　tropical cyclone　发生在热带、副热带洋面上的有组织对流和暖中心结构的强烈的非锋面气旋性涡旋。是热带天气系统的主要成员，是自然界最具破坏性的天气系统之一。热带气旋会给所经之地带来狂风、暴雨，海上伴有巨浪和海洋上混合层、温跃层（密跃层）的剧烈变化，局地海表温度的冷却，常以冷抽吸效应和热系效应的形式表现；临近海岸的热带气旋还会导致沿岸**风暴潮**等现象。热带气旋不仅影响热带天气和海洋，还常常侵入中纬度海域，影响范围大，严重威胁经济社会和人民生命安全。

热带气旋的空间范围通常以系统最外围近似圆形的闭合等压线直径长度表示，一般为600～1000千米，最大的可达2000千米，最小的只有100千米甚至更小。

不同地区对热带气旋有不同的称呼。西北太平洋沿岸的中国、韩国、日本、越南、菲律宾等地，习惯上称当地的风力达到12级及以上的热带气旋为"台风"，而北大西洋、东北太平洋、南太平洋西经140°以西等地区则习惯称为"飓风"，北印度洋和南印度洋地区惯用"气旋风暴"称呼风力达到8级及以上的热带气旋。西北太平洋上的台风会出现**双台风效应**、**快速加强台风**和**双眼壁台风**现象。

分级　1989年，世界气象组织规定，以热带气旋中心附近10分钟平均最大风力作为热带气旋强度分级的标准（表1）。

世界各国和有关国际组织对于热带气旋分级标准和名称并不相同，表2列出了世界上几个主要国家和国际组织关于热带气旋的分类等级标准。中国采用的是2006年6月15日实施的国家标准《热带气旋等级》（GB/T 19201—2006），中心附近最大平均风速指热带气旋底层中心附近2分钟平均的最大风速。

形成的必要条件　国际上，气象学者们比较一致地认为，热带风暴等级及以上的热带气旋的形成须有以下4个必要条件。

海水的表面温度不低于26.5℃　广阔的高温洋面不断向低层大气输送热量和水汽，使低层大气的层结稳定度大大降低，这种不稳定的暖湿空气一旦得到初始扰动的外力抬升，其中的水汽便凝结，释放的大量凝结潜热会促使扰动对流的发展，使空气块湿绝热上升，造成从地面到十几千米高度的温度都比四周空气暖，从而保证台风暖心结构的形成，并使暖心结构和垂直环流得以维持。实测资料表明，26～27℃的海温是热带气旋形成的第一临界温度，低于这一临界温度，热带气旋不可能发生，29～30℃是第二临界温度，达到这一临界值的海域，热带气旋发生、发展的概率最大。

存在低层初始扰动　热带气旋发展成为台风，需要大气低层有持续不断的质量、动量和水汽的输入，低层初始扰动的存在提供了动力条件。若大气低层初始扰动区域有较强的辐合气流，同时在300百帕或200百帕高空有较强的辐散气流（北半球辐散气流顺时针方向旋转，南半球逆时针旋转），且高空辐散气流超过低层辐合气流，则造成对流活动不断发生，有利于积云对流增热的不断积累，致使暖心形成和地面气压不断降低。这种初始扰动多源于热带辐合带和东风波，热带辐合带中的涡旋发展成的台风约占总数的85%，东风波发展起来的约占15%。

地转参数大于一定数值　地球自转偏向力有利于气

**表1　热带气旋强度的分级标准**

| 名称 | 代号 | 近中心最大风力等级 | 风速 |
|---|---|---|---|
| 热带低压 | TD（tropical depression） | 6～7级 | 22～33节 |
| 热带风暴 | TS（tropical storm） | 8～9级 | 34～47节 |
| 强热带风暴 | STS（severe tropical storm） | 10～11级 | 48～63节 |
| 台风 | T（typhoon） | ≥12级 | ≥64节 |

注：1节=1海里/时≈0.5144米/秒。

**表2　几个国家关于热带气旋的分类等级标准**

| 国家、地区气象机构 | 热带气旋等级名称 | 中心附近最大风速 | 风力 |
|---|---|---|---|
| 中国国家气象局（NMC） | 热带低压TD（tropical depression） | 10.8～17.1 m/s | 6～7级 |
| | 热带风暴TS（tropical storm） | 17.2～24.4 m/s | 8～9级 |
| | 强热带风暴STS（severe tropical storm） | 24.5～32.6 m/s | 10～11级 |
| | 台风TY（typhoon） | 32.7～41.4 m/s | 12～13级 |
| | 强台风STY（severe typhoon） | 41.5～50.9 m/s | 14～15级 |
| | 超强台风 super TY（super typhoon） | ≥51.0 m/s | ≥16级 |
| 日本气象厅（JMA） | 热带低压TD（tropical depression） | 22～33 kn | 6～7级 |
| | 热带风暴TS（tropical storm） | 34～47 kn | 8～9级 |
| | 强热带风暴STS（severe tropical storm） | 48～63 kn | 10～11级 |
| | 台风T（typhoon，强度"强"） | 64～80 kn | 12～13级 |
| | 台风T（typhoon，强度"非常地强"） | 81～102 kn | 14～15级 |
| | 台风 T（typhoon，强度"猛烈"） | ≥103 kn | ≥16级 |
| 美国国家海洋大气局（NOAA） | 热带低压TD（tropical depression） | ≤33 kn | 6～7级 |
| | 热带风暴TS（tropical storm） | 34～63 kn | 8～11级 |
| | 一级飓风（category 1，简写CAT.1） | 64～82 kn | 12～13级 |
| | 二级飓风（CAT.2） | 83～95 kn | 14～15级 |
| | 三级飓风（CAT.3） | 96～113 kn | 16～17级 |
| | 四级飓风（CAT.4） | 114～135 kn | |
| | 五级飓风（CAT.5） | >135 kn | |
| 印度气象局（IMD） | 低气压（depression） | 17～27 kn | 5～6级 |
| | 深低压（deep depression） | 28～33 kn | 7级 |
| | 气旋性风暴（cyclonic storm） | 34～47 kn | 8～9级 |
| | 强气旋性风暴（severe cyclonic storm） | 48～63 kn | 10～11级 |
| | 强气旋性风暴伴有飓风核心（severe cyclonic storm with hurricane storm） | ≥64 kn | ≥12级 |

注：表中不同国家风速所取的平均时间不同。中国——2分钟平均，日本——10分钟平均，美国——1分钟平均，印度——3分钟平均。

旋性涡旋的产生，只有在足够大的地转偏向力作用下，低层的辐合气流才能由径向风速转变为切向风速，逐渐形成北半球沿逆时针方向、南半球沿顺时针方向旋转的大气涡旋，并随着低层大气辐合的加强、气旋性旋转的风力迅速增加而达到台风的强度。在初始风速很小的情况下，地转偏向力大小取决于地转参数（$f=2\omega\sin\varphi$）的大小。在赤道上地转参数为零，赤道两侧5°以内地区地转参数非常小，所以这些地区即使有热带扰动存在，也易被辐合气流所填塞而无法形成强的水平涡旋。只有在离赤道5°以外的地区，热带扰动才有得以加强发展成台风的有利条件。

弱的对流层风速垂直切变　对流层风速垂直切变的大小反映对流层中风随高度的变化情况。对流层风速垂直切变小，说明风速随高度变化不大，对于同一个空气柱而言通风不良，水汽凝结释放的潜热不易流散，可始终加热同一个有限范围的空气柱，利于形成台风的暖心结构，从而促使台风形成。如果对流层中风速垂直切变大，则通风良好，潜热会迅速向外流散，则暖心结构很难形成，则热带扰动不易发展成为台风。例如，在孟加拉湾和阿拉伯海，盛夏低空盛行强西南季风，高层有强东风存在，风的垂直切变较大，因而那里的台风发生数很少；但在春秋两季，风速垂直切变小，台风发生数相应增多。南大西洋和东南太平洋热带气旋极少，对流层风速垂直切变大可能也是原因之一。

热带气旋的生命史　指热带气旋自发生、发展到最后消亡的全过程。对于中心风力≥12级的强热带气旋（台风）来说，其生命史通常可分为以下4个阶段。①形成期。由最初形成低压环流到中心附近最大风力达到6级（或中心气压达到1000百帕）的阶段。在该阶段，热带扰动中积雨云增多，地面气压缓慢下降，风力开始增强。②发展期。积雨云不断增多，中心部分温度不断上升，地面气压不断下降，风力不断增强，直到中心气压达到最低值，近中心最大风速达到最大值。③成熟期。中心强度不再加强，中心气压不再降低，风速不再增大，但大风和雨区范围逐渐扩大，直到大风范围达到最大。④衰亡期。台风登陆减弱填塞或进入中高纬度而转变为温带气旋。一般而言，热带气旋的生命期为3～8天，最长可达20天以上，最短仅1天。夏秋两季热带气旋的生命期较长，冬春两季则较短。

空间结构　成熟的热带气旋的内部气象要素，如气压、温度、风和云等常环绕热带气旋中心呈近似于圆的对称分布。由于热带气旋涡旋的直径一般在600～1000千米，垂直高度可伸展到对流层上部，个别可达平流层下部（15～20千米），其垂直尺度与水平尺度的比值约为1∶50，因此，可把热带气旋近似看作对称性的扁圆柱状的气旋性涡旋。

通常根据热带气旋区内低空风速大小的分布，可将热带气旋分为外圈、中圈和内圈3个区域（见图）。

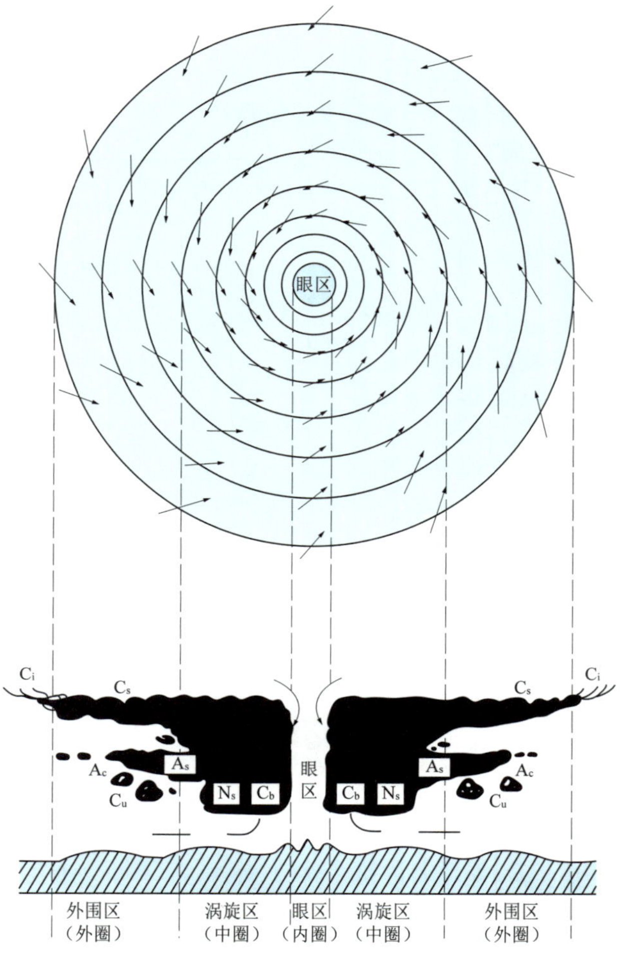


热带气旋中气压、风、云、降水分布示意图

外圈　又称外围区，风力由热带气旋边缘向内增大，一般在8级以下，呈阵性。当接近热带气旋低压环流外缘时，气压开始缓慢下降，风速渐增；高空出现辐辏状卷云、卷层云和日月晕环，夜间星光闪烁，大气能见度良好。当风力增大到5～6级时即进入外圈。

进入外圈后，气温升高，湿度增大，天气闷热。气压继续下降，离气旋中心越近，气压下降越快，水平气压梯度越大，风速增大越快。云层逐渐增厚，天色越来越黑，出现高层云、高积云，低空有被称为“飞云”或“猪头云”的塔状层积云和浓积云随风向前疾驶。出现高层云时，开始下雨，并逐渐增大。

中圈　又称涡旋区，风力一般在8级以上。进入涡旋区，风力向热带气旋中心急速增大，并在热带气旋眼壁处达最大，最大风速一般可达60～70米/秒，有时甚至超过100米/秒，气旋中心附近围绕眼区的最大风速带，宽度平均为10～20千米，与环绕眼区的云墙区相重合，是热带气旋破坏力最猛烈、最集中的区域。

在涡旋区内，进入8～9级风圈后气压急剧下降，天空被浓厚灰暗且不规则的雨层云所遮蔽，开始降大暴雨。雨层云和外圈的多种云系组成的螺旋云带旋向热带气旋眼壁。进入10～12级风圈后，即进入热带气旋云墙区，那里水平气压梯度迅速增大，气压几乎直线下降，每小时可下降10～30百帕。在10～12级风圈内，大气的对流上升运动强烈，产生浓厚乌黑高大的积雨云，这些积雨云常组合成宽几十千米、高达8～9千米的环状垂直云墙，成为热带气旋眼壁，云墙下倾盆大雨，大气能见度恶劣，是热带气旋中最大降水所在之处。热带气旋的暴雨强度是各类暴雨系统中最强的，一次热带气旋过程可能造成300～400毫米的特大暴雨，有的甚至超过1000毫米。

内圈　又称热带气旋眼区，直径一般为30～40千米，最大的可达200千米，小的只有10千米，多呈圆形，也有呈椭圆形或不规则形状的。在热带气旋发展初期，眼区形状一般不规则，范围也较大。而当热带气旋强烈发展时，眼区范围逐渐缩小成圆形，并呈轴对称分布。

进入眼区后，气压降到最低，不再明显下降。风速向中心迅速减小，微风甚至静风；暴雨立刻停止，低云基本消散，天空豁然开朗，有时可见蓝天，夜间星光明亮。

从热带气旋眼区向外穿出去时，往往会观测到气压开始急剧上升，风力迅速增大，风向和进入眼区前相反，暴雨又起，即遭遇到了眼区后部涡旋区的恶劣天气，只是时间上要短一些。以后再是眼区后部外围区天气，天气状况的演变顺序与前部外围区相反，当气压上升到接近月平均气压后开始稳定，风速减小，降水停止，热带气旋的天气基本结束。

**常规移动路径** 热带气旋历史资料表明，每个热带气旋的具体路径存在差别，但世界大洋上热带气旋的主要常规路径还是具有一定的规律性。在北半球，大部分热带气旋走西行、西北行或顺时针抛物线转向型路径。在南半球，则走西行、西南行或逆时针抛物线转向型路径。

在西北太平洋，热带气旋的常规移动路径大致有如下3类。

西行路径 热带气旋经过菲律宾或巴林塘海峡、巴士海峡进入南海，西行到中国海南岛或越南登陆，有时，进入南海西行一段时间后会突然北抬到中国广东省登陆。该路径约占西北太平洋热带气旋总数的19%。自初春至夏秋，西行路径的纬度逐渐北抬，从夏秋至冬季，该移动路径的平均纬度又向南撤。沿此路径的热带气旋对中国华南沿海地区、南海和越南影响最大。

西北路径 热带气旋从菲律宾以东向西北偏西方向移动，先在中国台湾地区登陆，以后穿过台湾海峡再在福建省登陆；或者向西北方向经琉球群岛在江浙一带登陆，最后在内陆上消失。此类路径约占西北太平洋热带气旋总数的27%。沿此路径的热带气旋对中国华东地区影响最大，对内陆也有不同程度的影响。

抛物线路径 热带气旋从菲律宾以东或中国台湾以东海面或日本以南洋面向西北移动，再转向北上，然后转向东北方，路径呈抛物线状。这条路径若转向点靠近中国大陆时，则对中国东部沿海地区影响最大。

西北太平洋热带气旋的移动路径存在明显的季节变化。11月至次年5月，热带气旋在北纬16°以南西行进入南海中南部或在越南南部登陆，或是在东经130°以东的海上转向北上。6月和10月，热带气旋西行路径位置偏北，主要在北纬15°～20°；转向路径的转向点渐向西移到东经125°附近。在7～9月台风季节，登陆路径多在此期间出现，同时转向路径的转向点明显偏西、偏北。除常规路径外，热带气旋还可能走成如停滞、打转、蛇行、突然折向、回旋、摆动等异常路径，这些异常路径基本出现在热带气旋转向前。

热带气旋的移动速度平均为20～30千米/时。对于转向热带气旋而言，转向后移速要比转向前快一些，有时可达80千米/时以上，转向时移速最慢。就发展阶段而言，加强阶段时移速慢，减弱阶段时移速要快一些。就纬度而言，热带气旋在低纬度的移速往往慢于在高纬度的移速。热带气旋路径异常时，常常移速会减慢，甚至停滞。

**热带气旋的警报** 受热带气旋影响的国家，会以不同的形式发布热带气旋警报。2012年，中国气象局颁布了《台风业务和服务规定》，对台风警报的发布标准给出了详细规定。根据《国家气象灾害应急预案》的要求和中国中央气象台气象灾害预警发布办法（气发〔2010〕89号）的规定，中央气象台的台风警报按照以下标准进行发布：①台风蓝色预警。预计未来48小时将有热带风暴（中心附近最大平均风速8～9级）登陆或影响中国沿海，发布台风蓝色预警。②台风黄色预警。预计未来48小时将有强热带风暴（中心附近最大平均风速10～11级）登陆或影响中国沿海，发布台风黄色预警。③台风橙色预警。预计未来48小时将有台风（中心附近最大平均风速12～13级）登陆或影响中国沿海，发布台风橙色预警。④台风红色预警。预计未来48小时将有强台风（中心附近最大平均风速14～15级）、超强台风（中心附近最大平均风速16级及以上）登陆或影响中国沿海，发布台风红色预警。

（傅 刚）

**热带与热带外海－气相互作用** tropical and extratropical air-sea interaction 发生在热带与热带外海－气之间的能量、动量和质量的交换，以及这些交换对海洋和大气的各种物理特征的改变过程。热带与热带外的海－气通过海洋环流、大气环流相互联系和相互影响，热带海洋与大气耦合系统的变化和变率可以影响热带外海洋与大气耦合系统的变化，而热带外的海洋与大气耦合系统的变化也可以通过大气桥和海洋通道影响热带海洋与大气耦合系统的变化。

热带海洋异常通常以热带太平洋、热带大西洋、热带印度洋和南海的海－气耦合模态的形式出现。每个海－气耦合模态都对应有大气中的对流异常现象，对流异常所对应的大气加热异常会通过大气桥影响热带外大气环流，进而影响热带外天气、气候和热带外的海洋异常。热带外海洋通过各自海盆中的动力调整将异常信号的能量的再分配，影响海洋环流和温度的变化。热带外海洋的变化又可以通过以下过程影响热带海洋：风－蒸发－海表温度机制、海洋潜沉与平流机制、海洋内部通道以及沿岸开尔文波机制等物理过程；这些物理过程构成了热带与热带外海－气相互作用。热带与热带外海－气相互作用还存在季节差异。

在地球系统总能量守恒的约束下，由于存在热带－热带外相互作用和海－气之间的相互作用，大气与海洋的经向热输送之间存在相互补偿的强约束关系。因此，热带与热带外海－气相互作用不仅对全球能量平衡和海洋生态环境起重要的作用，而且对全球天气和气候异常也有重要影响。

（李 春 刘秦玉）

**热点** hot spot 形成与板块边界无关的且来自上地幔中相对固定的火山的岩浆源。热点概念是由加拿大地质学者J.T.威尔逊于1963年提出。热点通常发育于岩石圈板块内部，地形隆起，以高热流和基性熔岩流喷出为特征。热点在地表上的位置是相对固定的，当上覆板块移经热点时，在热点处形成活火山，当板块移离热点时，活火山因为岩浆来源中断而熄灭，而在热点上产生新的火山，但下伏板块并没有海底扩张作用发生。太平洋中部的夏威夷群岛或火山链向西北方向延伸到皇帝海岭或火山链，总长6000千米，据同位素年代和微体古生物年代测年，东南夏威夷火山链的基拉韦厄、冒纳罗亚和冒纳开亚火山至今还在活动，而西北的皇帝火山链等许多岛屿已经不存在火山活动，而且岛屿年龄（基拉韦厄火山，生成于距今100万年以内）从东南向西北（底特律海山，生成于距今8000万年左右）方向依次越来越老。上述火山链被解释为太平洋板块向西北运移过程中通过下伏固定热点留下的迹线，反映了板块运动的方向，也可据此计算出板块运动的相应速度。W.J.摩根于1972年明确提出热点是下地幔对流的表现，即热点是地幔柱的地表表现。现在大洋的许多海底高原、海台是由热点产生。热点在太平洋、大西洋和印度洋海山和洋中脊都有分布，在大陆也有出现，如美国黄石公园、中国的峨眉山。已知全球共有122个热点：大陆内部有69个，大洋内有53个，其中15个在大洋中脊，9个在洋中脊附近，29个在大洋盆地内。

（许东禹）

**热盐环流** thermohaline circulation 由于海洋表层受热冷却不均、蒸发降水不均所产生的温度和盐度变化，导致大洋海水密度分布不均匀而形成的海洋环流系统。与风生环流相比，热盐环流的流速较小，且活动区域主要集中在大洋的深层。热盐环流与大洋水团的形成和分布密切相关。在两极海域，随着纬度的增高，上层海水急剧冷却，密度增大而下沉。现代大洋热盐环流的一个显著特征是北大西洋有深水形成而北太平洋没有。大西洋湾流等海流从热带向极地流动，海水在北大西洋北部变冷下沉，成为大洋中层、深层和底层水的主要来源，同时在深层向南流动，并跨越赤道且一直到达南大洋。它的一部分在南大西洋、南印度洋及南太平洋上升至海洋表层；另一部分流向印度洋及北太平洋并上升至表层，自热带太平洋向西穿过印度洋，汇合成一支温暖且盐度低的洋流，绕过非洲南部，最后到达大西洋一直向北，从而形成一个闭合的环流。

在热盐环流跨越海盆的路径上，海水的物理性得到了交换。尤其是在北大西洋海域，海水表层向北，深层向南的传送，不断地将低纬度地区赤道附近的热量和盐度低的海水带到中高纬度的海域，从而缓和了北半球中高纬度地区温度的变化，维持着全球气候系统的平衡。（王 凡）

**热液采样技术** hydrothermal sampling technology 利用采样工具或器具对海底热液进行采集的技术。热液采样技术是现代海洋科学研究与海底资源勘探工作中的重要内容。由于两者采样高度的相似性，这里只对热液采样技术展开介绍，冷泉采样技术与之类似。

对热液的研究手段基本可分为两类：获取热液样品之后带回实验室进行分析，以及直接进行物理与化学量的原位测量。21世纪以来，虽然对热液的原位测量取得了许多进展，如利用化学电极能对酸碱度（pH）、硫化氢（$H_2S$）以及氢气（$H_2$）等化学量进行原位测量。但由于化学传感器的探头通常是离子选择电极，即通过工作电极和参比电极之间的电势差直接反映待测组分的浓度，一个工作电极只能测量一个参数，就其测量精度和探测参数范围来说都无法取代传统的“采样－实验室分析”的方法。

针对深海热液的取样，国际上已开发了一系列的热液采样设备，这些采样设备通常都依靠载人潜水器（HOV）或遥控式无人潜水器（ROV）进行取样。例如，美国的“阿尔文”号载人潜水器通常使用Major采样器来采集热液，其采样原理与注射器类似，采样前活塞位于采样腔内部样品入口处，采样时利用弹簧拉动活塞把样品抽取到采样腔内。由于Major采样器不具备气密性，即不能保证样品中的所有气体成分保存在采样器内，美国华盛顿大学后来研制出一种勒普顿气密热液采样器。采样前先把采样腔抽成真空，采样时利用机械手上的触发缸打开采样阀，然后样品在压力的作用下自动注入采样腔内。美国伍兹霍尔海洋研究所研制的杰夫（Jeff）气密等压热液采样器利用压缩氮气来保持样品的压力。

中国在深海热液采样设备的研制方面起步较晚。浙江大学研制的气密海水采样器（CGT）经过十多年的研究，已广泛应用于国内外的热液科学考察活动，包括美国的“阿尔文”号载人潜水器、美国“杰森Ⅱ”号遥控式无人潜水器、中国的“蛟龙”号载人潜水器和“深海勇士”号载人潜水器等。

气密式热液采样器有机械触发式、液压触发式和电控触发式3种不同触发方式，它们均是由触发机构组件、采样阀组件和采样筒组件组成，所不同的是触发机构组件工作触发的方式不同。（王杭州）

**热液硫化物** hydrothermal sulfide 硫化物含量在60%以上，矿物颗粒大小较均匀，彼此相连，具有块状或带状构造的热液产物，是一种海底多金属矿产资源。又称多金属硫化物、块状硫化物。富含铜、锌、金、银等有用元素，主要由黄铁矿、黄铜矿和闪锌矿组成，其次含磁黄铁矿、白铁矿、斑铜矿、纤锌矿等矿物，常与硫酸盐、氧化物、氢氧化物、硅酸盐等矿物伴生。

分为3种类型：①铜－锌型；②铅－锌型；③铁－铜－锌型。在洋中脊，热液硫化物相对富集铁、锌和铜，其金、银含量分别达6.7ppm（百万分率）和1000ppm；在弧后盆地，则相对富集钡、锌、铜、铅、砷、银和金，其金、银含量则分别高达50ppm和1.1wt%（重量百分率）。

一般特征　海底热液硫化物具多种产出形态，包括烟囱体、丘状体、脉体、网脉体和角砾等。其中，烟囱体的大小变化较大，形态各异，如尖塔状、蜂窝状、圆柱状、蘑菇状等，可具凸缘。单个烟囱体可高达数十米，矮则几厘米，直径从厘米级到米级变化，通常具有一个或众多流体通道，这些通道可被后期沉淀的矿物所充填。在热液区，可见烟囱体合并或分支，多个烟囱体常聚集成群，构成烟囱体群，其分布达300米×1000米的规模。热液丘状体的大小也不一，高度从不足1米至几十米，直径从小于1米至上百米，在丘状体上往往分布着烟囱体或烟囱体群。热液脉体多存在于蚀变的岩石中，分布在丘状体之下或海底面以下的深部。在热液硫化物堆积体中，流体通道周围可见矿物和化学分带现象，构成环带构造、条带状构造、通道构造、多孔构造、晶洞构造、瘤状构造、胶状构造、脉状构造、网脉状构造、块状构造和角砾构造等。在显微镜下，热液硫化物常表现出交代结构、叶片状结构、乳滴状结构、镶边结构、树枝状结构和粒状结构等。此外，烟囱体的矿物组成有一定的分带性。例如，在烟囱体顶端所取的样品，其外壁由硬石膏组成，而与热液流体接触的内带，则为晶粒粗大的黄铜矿或黄铁矿。在部分封闭的烟囱体顶端，其主要由闪锌矿、黄铁矿和黄铜矿带交替组成，最外层富含重晶石和非晶质的二氧化硅。烟囱体底部的黑色细粒沉淀物中含闪锌矿、磁黄铁矿、黄铁矿及微量的黄铜矿、纤锌矿和自然硫。在烟囱体周围的海底上，则覆有富含氧化铁和氧化锰的含金属沉积物。

成因　富含硫酸根（$SO_4^{2-}$）的海水，在海底沿着玄武岩的裂隙下渗，至洋壳深处，水温升高，$SO_4^{2-}$还原为低价硫，并将洋壳中的金、银、铜、锌、铅、镍、锰、铁等金属元素滤出，形成富含金属离子的热液流体。其间，岩浆物质也可注入热液流体中。然后，这种酸性的热液流体沿着裂隙返回海底。当热液上升、冷却并与海水相遇时，随着物理化学条件的改变，自流体中金属元素沉淀，就可以形成热液硫化物，且热液流体与海水的混合作用，导致了热液硫化物组构在空间上的变化。

资源潜力　海底热液区中，热液硫化物堆积体的资源量，其吨位在100万到1亿吨之间。综合大洋钻探计划（IODP）曾在太平洋胡安德富卡洋脊北部有沉积物覆盖的中谷热液区，对热液硫化物堆积体实施钻探作业，结果显示该区有800万～900万吨的热液硫化物。另外，IODP也曾对位于大西洋洋中脊北纬26°、水深3650米处的跨大西洋地质路线（TAG）活动热液丘实施钻探作业，当钻进125米后，发现海底表面约有热液硫化物270万吨，海底面以下约有热液硫化物120万吨（为网状脉）。根据全球1万千米洋脊、岛弧和弧后扩张中心出露的热液硫化物堆积体，估算其含有$6\times10^8$吨的热液硫化物，其中，铜和锌的含量约为$3\times10^7$吨。迄今，在海底发现的热液硫化物堆积体，其规模远小于加拿大基德克里克（1.35亿吨）或葡萄牙内维什－科尔沃（2.62亿吨）的块状硫化物矿床。

2011年11月18日，国际海底管理局与中国大洋协会签订了《国际海底多金属硫化物矿区勘探合同》，标志着中国大洋协会继2001年在东北太平洋国际海底区域获得7.5万平方千米海底多金属结核勘探合同区后，获得了第二块面积为1万平方千米，具有专属勘探权和商业开采优先权的国际海底多金属硫化物合同矿区。

（曾志刚　张玉祥）

**热液生态系统**　hydrothermal ecosystem　由深海热液喷口及周围生物所组成的生态系统。热液喷口可简单理解为海底有高温流体喷出的特殊地质学结构。相对于深海的大部分地区，海底热液喷口周围生物繁茂。大量化能合成细菌或古细菌形成了生态系统的初级生产者，巨型管虫、蛤、帽贝、虾等构成了消费者。

热液的发现　1949年，科研人员在对红海进行考察时，发现了一个异常的热卤水水柱，后来证明其温度达60℃。热卤水和大量金属泥浆混合后从一处海底裂谷散发出来，但并无生物在其中生存。

1977年，海洋地质学家在加拉帕戈斯裂谷附近发现海底热液喷口。

1978年，科研人员在东太平洋隆起处发现高温热液“黑烟囱”，其喷口处温度有380℃，对黑烟囱壁进行分析发现其主要成分为铁硫化物。

热液形成原因及分布　热液通常由板块运动等地质活动造成，主要分布于洋中脊、火山弧前弧后扩张中心或火山热点地区（如夏威夷群岛）等易受岩浆活动影响的区域。此外，部分区域虽远离扩张中心，但受放热的水岩反应或岩石圈残余热量驱动也可能产生热液系统。

热液喷口倾向于沿地球板块边界分布，尽管它们也可以在板块内部如火山喷发区附近发现。截至2009年，大约有500个已知的活跃海底热液喷口区域。其中大约一半是在海底观察到的，另一半则是通过水下探测器或沉积物分析得到的。

热液的主要理化特征和类型　热液是含有硫化氢、重金属等多种强化学活性的高温热气溶液。热液喷口处的温度梯度大，一般达60～464℃。由于高静水压力和高温，热液喷出后以液体或超界流体（介于气体和液体之间形式）形成存在。热液烟囱的初始阶段开始于石膏的沉积。铜、铁和锌的硫化物随后在烟囱间隙中沉淀，使得热液喷口慢慢变小。有记录发现热液喷口烟囱可以每天以30厘米的速度增长。

岩浆成因热液。岩浆结晶过程中从岩浆中释放出来的热水溶液，最初是岩浆体系的重要组成部分，含$H_2S$、HCl、HF、$SO_2$、CO、$CO_2$、$H_2$和$N_2$等挥发组分，具有很强的形成金属络合物并使其迁移活动的能力。这些热液渗入岩体或围岩裂隙中继续冷却，对其改造，其金属矿物释出、结晶、沉淀，形成岩石蚀变和矿脉。

变质成因热液。岩石在进化变质作用过程中释放出来的热水溶液。岩石遭受进化变质作用时，伴随矿物的脱水反应，脱水变质的强度成正比，变质成因热液也具有很强的溶解迁移金属络合物的能力。

建造水热液。沉积物沉积时含在沉积物中的水，因此又称封存水，在沉积物固结成岩过程由于深埋作用及其他成岩反应被加热形成热液。建造水广泛见于油田勘测过程中。

大气水热液。包含雨水、湖水、海水、河水、冰川水和浅部地下水下渗至深部被加热形成热液。加热的大气水广泛的参与热液体成矿作用。在岩浆流体成矿系统中早期成矿以岩浆流体为主，但中晚期常有不同比例的大气水混入。

热卤水。含有盐类沉积的海相、潟湖相、海陆交互相或陆相沉积物在埋深过程中，受地热和压力的影响，使其中各种形式的水和盐分释放而形成或由下渗的海水在地热异常区被加热而形成的热液。

地幔初生水热液。地幔源挥发分流体，其最初来源可以是核幔脱气，也可以使大洋岩石圈俯冲到上地幔中脱气，是在地幔中形成的一种高密度的超临界流体。挥发成分以水和二氧化碳为主。

热液生态系统生物群落　传统上认为生命的存在离不开太阳光能，但是深海生命根本就接触不到阳光，因此他们必须依赖水流中的有机物或者是从热液流体中流出的物质。一些海洋生物学家曾认为热液生物只能依靠海雪生活，但是却无法解释大量生物在热液喷口周围存在的原因。

太平洋热液喷口附近的巨型管状蠕虫

热液喷口区可以维持如此巨大的生物量是因为有化能合成作用的细菌来提供能量和食物。热液流出的液体含有丰富的溶解性化学物质可以供给化能合成菌群生存。这些细菌可以利用氧化硫化物、甲烷等产生有机物，进而支撑环节动物、须腕动物、腹足类、甲壳动物、双壳贝类等生存繁衍。有意思的是，热液生态系统依赖于热液喷口的持续喷发，看似独立于阳光而生存，但是其中一些生物仍依赖于光合作用产生的氧气以生存。

（王敏晓）

**人工岛**　artificial island　在近岸浅海水域中人工建造的陆地。人工岛是一种海洋空间利用的重要方式，可用于修建深水港、海上机场、海上城市，可供近海油气开发、海底矿产开发、水产品加工、废品处理等充当基地，亦可用作大型火力电站或核电站站址以及危险品仓库等。

古代人工岛　世界上最早的人工岛出现在公元前300年左右，七大奇迹之一的法罗斯岛灯塔就建造在埃及亚历山大港附近的一座人工岛上。在中国，明代嘉靖（1522～1566）年间已有建造人工岛的文字记载。江苏北部滨海淤积平原上，散布着很多高数米至十多米的墩台。这些数以百计的墩台过去是为渔业、盐业和军事的需要，修建在潮间带的海滩上，涨潮时耸立于海涛之中。墩台按其作用不同分为渔墩、潮墩、烟墩3类。渔墩是渔民在海上捕捞或养殖时作为候潮、贮存淡水与食物、整理渔具或工具、躲避暴风雨的临时活动场所；潮墩或盐墩为盐民在海上作业时，躲避大潮和风暴以保障生命安全的场所，周围种植柳树、榆树固滩和消减风浪；烟墩或烽火墩为海上防卫的信号台，是保卫海防的一种军事设施。此类古代人工岛离岸较近，功能简单，规模甚小。

现代人工岛　现代人工岛用途广泛，可用于兴建停泊大型船舶的开敞深水港，起飞着陆安全、不对城市产生噪声污染的机场，建造易于解决发电冷却和污染问题的大型电站或核电站，以及修建石油与天然气加工厂、海上选矿厂、冶炼厂、水产加工厂、造纸厂、废品处理厂和危险品仓

图1　迪拜棕榈岛

图2　中国海南日月湾人工岛

库等。人工岛还可以建造海上公园、海上旅游基地，甚至新的海上城市（图1、图2）。

发展 自20世纪60年代之后，全世界的海上人工岛工程项目多达400项，较大型项目50项。工程水深一般20～100米，少数达1000米；离岸最近的100多米，最远的达150千米。日本神户人工岛、东京湾人工岛、马六甲人工岛为此类海洋工程的典范。法国、荷兰和瑞典等国根据本国经济发展的需要，在北海南部建起了面积约33平方千米的大型人工岛供人们进行海洋综合开发利用。为了开发浅海的油气资源，中国于20世纪90年代初开始，在渤海埕岛油田兴建了第一座浅海人工岛。随着科技的发展，各种新的人工岛建造技术不断涌现，最具代表性的是德国希伯尔兹提出的利用日光能把海水中的矿物质变成石灰石的"矿物增生"建筑技术。

类型 人工岛按结构类型可分为固定式或漂浮式两类：①固定式人工岛。最常见的是填筑式人工岛，其他还有桩式和重力式结构。②漂浮式人工岛。又可分为浮体式和半潜式两种。

人工岛工程 人工岛的位置一般选在靠近大陆的海域，水深宜在20米以内，掩蔽较为良好，邻近有充足的土、石料可供应，如有可利用的岩质小山岛更为经济。人工岛工程主要包括：①岛身填筑。人工岛工程按其外围防护工程的结构型式，通常可分为斜坡围堤、桩壁围墙和桩基沉井3类。②环岛护岸。人工岛防护设施主要有斜坡堤和直墙堤两种型式，桩壁和沉井都属于环状直墙。斜坡堤和直墙堤需注意加强堤底脚防护和防浪墙。③岛陆交通。人工岛除了需布置相应的储存设施外，还应建立岛陆之间的专用输送通道，必要时还需布置直接对外输送的设施。常用的岛陆交通运输设施有连桥、隧道、轮渡等。 （董 胜 董国海）

**人工浮岛** artificial floating island 漂浮于海洋或其他水面，为人类提供生存拓展空间。人工岛的一种。

发展历史 早期，乌鲁斯人将芦苇作为制造人工岛的原材料，他们将芦苇捆扎在一起，建成岛屿、房屋；密克罗尼西亚的南马都尔和苏格兰凯尔特人的湖上居所均被认为是人类早期所建的人工浮岛。

日本在1995年发生阪神大地震之后，进入人工岛研发的活跃期。这是因为需要建耐震性较高的防灾基地。如采用人工浮岛的建设形式，将与酥软地基或水深无关，可以达到设计要求。这也是人工浮岛研发的主要背景之一。

世界上首个真正意义上也是全球最大的人工浮岛于2010年2月6日在韩国首尔亮相。首尔的3座浮岛总面积接近2万平方米，与水上舞台、盘浦大桥构成新的河岸景观，是集合水上活动、展示、表演等功能的人文空间，不仅是全世界最大的浮岛，也有全球唯一的水上会议中心。

实际应用 人工浮岛的应用有以下3个方面。

抢险处置 人工浮岛可用于抢险处置。在日本福岛核电站泄漏事件中，日本东京电力公司调集静冈市的人工浮岛，用以转移福岛第一核电站的低放射性污水。

废物利用 人工浮岛可用废物建造。海洋中有大量的塑料垃圾，可将其用来建造人工浮岛。荷兰科学家计划从太平洋中收集4400万公斤漂浮的塑料瓶和其他塑料垃圾，然后用它们建造一个面积大如夏威夷的"人工岛"。

海洋避难 人工浮岛可成为人类新的海上避难所。由于气候变暖造成冰山融化等因素，全球海平面上升。未来陆地面积减少，为了让人类不遭受灭顶之灾，法国建筑设计师设计了一艘名为"丽丽派德"（Lilypad，百合花瓣之意）的人工浮岛，可供5万人同时居住，作为未来版的诺亚方舟。

拓展空间 人工浮岛可拓展人类在地球上的生存空间。地球上四分之三的面积是海洋，大型海上人工浮岛将会成为有效利用和开发海洋空间及资源的重要可靠手段，建设海上城市是解决人类居住问题的重要途径。

战略基地 人工浮岛还可作为海上移动的军事战略基地。可建设浮岛式航母，作为军事基地支援海上作战，具有重要的战略意义。

浮岛构造 从大的方面分，人工浮岛可分为干式和湿式两种。水与植物接触的为湿式，不接触的为干式。干式浮岛因植物与水不接触，可以栽培大型的木本、园艺植物，构成良好的鸟类生息场所。这种大型的干式浮岛一般是用混凝土或是用发泡聚苯乙烯做的。湿式浮岛又分有框架和无框架两种。有框架湿式浮岛，其框架一般可以用纤维强化塑料、不锈钢加发泡聚苯乙烯等材料制作；无框架湿式浮岛一般是用椰子纤维编织而成，对景观来说较为柔和，又不怕相互间的撞击，耐久性也较好。

大小和形状 一块浮岛基本构造单元的大小一般来说边长1～5米不等，考虑到搬运性、施工性和耐久性，边长2～3米的比较多，形状上四边形的居多，也有三角形、六角形或各种不同形状组合起来的。

水下固定设计 水下固定形式要视地基状况而定，常用的有重量式、锚固式、桩基式等。另外，为了缓解因水位变动引起的浮岛间的相互碰撞，一般在浮岛本体和水下固定端之间设置一个小型浮子的做法也较为多见。

布设规模 海上浮岛的布设规模因目的不同，规模也不同，还没有固定的公式可套。研究结果表明，提供鸟类生息环境至少需要1000平方米的面积，若是以净化水质为目的，除了小型水池以外，相对比较困难，专家认为覆盖水面的30%是很必要的；若是以景观为主要目的的浮岛，至少应在视角10°～20°的范围布设。

（董 胜）

**人工海水** artificial seawater 人工配制的与天然海水成分接近的混合物溶液。由于天然海水的复杂性与多样性，在实验室进行某些物理化学测定或者生物培养实验时，常采用人工配制的海水代替天然海水。人工海水通常不含悬浮物和生物物质，也不会出现正常海水的碳酸钙过饱和现象。海水中溶解有80多种元素，其中以钠、钾、镁、钙、氯、硫酸根、碳酸根等离子含量较多，同时含有多种营养元素（如磷、氮、硅、铁、铜、钼、碘）等，这些元素以各种无机物和有机物的形式存在于海水中。依据海水组成恒定性原则，以海洋化学、化学平衡和电解质理论为指导，根据国际标准海水常量成分，精确计算海水各组分，根据需要向纯水中添加不同的化学成分，可配制成不同功能的人工海水。

发展概述 人工海水的发展历史可以追溯到19世纪末，海洋科学处于起步阶段，开始尝试在实验室中模拟天然海水的环境。瑞典化学家S.A.阿伦尼乌斯是最早进行海水模拟研究的科学家之一，他通过实验发现，海水的导电性与其中的离子浓度有关，这为后续人工海水的制备提供了理论基础。早期的人工海水制备主要关注盐度的模拟，以NaCl为主要成分。随着研究的深入，逐渐认识到天然海水中还含有多种其他溶质。因此，后续的人工海水制备开始注重这些成分的添加。1940年，J.莱曼和R.H.弗莱明研发了最早的人工海水配方（表1），包含了所有11种常量成分，盐度为35，在比色法中用来稀释标准溶液，一直沿用至今。1946年，中国海洋生态学家朱树屏成功研制了"朱氏人工海水"（表2），这个配方加入了N、P、Si、Mn和Fe等浮游植物必需元素，可以用于

**表1　莱曼和弗莱明的人工海水配方**

| 盐类 | 浓度/g·$kg^{-1}$ |
|---|---|
| NaCl | 23.939 |
| $MgCl_2$ | 5.079 |
| $Na_2SO_4$ | 3.994 |
| $CaCl_2$ | 1.123 |
| KCl | 0.667 |
| $NaHCO_3$ | 0.196 |
| KBr | 0.098 |
| $H_3BO_3$ | 0.027 |
| $SrCl_2$ | 0.024 |
| NaF | 0.003 |
| 加水至1kg | |

**表2　朱氏人工海水配方**

| 盐类 | 浓度/g·$kg^{-1}$ |
|---|---|
| NaCl | 23.477 |
| $MgCl_2$ | 4.981 |
| $Na_2SO_4$ | 3.917 |
| $CaCl_2$ | 1.102 |
| KCl | 0.664 |
| $NaHCO_3$ | 0.192 |
| KBr | 0.096 |
| $H_3BO_3$ | 0.026 |
| $SrCl_2$ | 0.024 |
| NaF | 0.003 |
| $NaNO_3$ | 0.050 |
| $Na_2HPO_4$ | 0.005 |
| $Na_2SiO_3·9H_2O$ | 0.010 |
| $MnCl_2$ | 0.0002 |
| $FeC_6H_5O_7·3H_2O$ | 0.000 54 |
| 加水至1 kg | |

**表3　凯斯特等的人工海水配方**

| A. 重量分析的盐 | 浓度/g·$kg^{-1}$ |
|---|---|
| NaCl | 23.926 |
| $Na_2SO_4$ | 4.008 |
| $CaCl_2$ | 1.102 |
| KCl | 0.667 |
| $NaHCO_3$ | 0.196 |
| KBr | 0.098 |
| $H_3BO_3$ | 0.026 |
| NaF | 0.003 |
| B. 容量分析的盐（用摩尔法标定），近似（体积）摩尔浓度 | |
| $MgCl_2·6H_2O$ 1.0 mol/L | 1.297 g Mg/kg |
| $CaCl_2·2H_2O$ 1.0 mol/L | 0.406 g Ca/kg |
| $SrCl_2·6H_2O$ 0.1 mol/L | 0.0133 g Sr/kg |
| C. 加水至1 kg | |

**表4　马丁的人工海水配方**

| 盐类 | 浓度/g·$kg^{-1}$ | 相当于1 kg溶液中含 |
|---|---|---|
| NaCl | 24.7 | 钠0.478 mol<br>镁0.064 mol<br>氯0.550 mol<br>硫酸根0.028 mol |
| $MgCl_2·6H_2O$ | 13.0 | |
| $Na_2SO_4·10H_2O$ | 9.0 | |
| 水 | 954 | |

实验室的生物实验，在已有的24种人工海水中列首位并被广泛使用。美国海洋生物学家J. R. 泰勒在20世纪50年代提出了包含43种成分的人工海水配方，在当时被认为相当准确。1967年，D.R.凯斯特等研发了另一种人工海水配方（表3）。1972年，D.F.马丁只考虑了4种主要成分，研发了更简单的海水配方（表4），简单的配方可以为化学反应提供跟海水接近的支持电解质和离子强度。进入21世纪后，随着分析化学和海洋学的发展，人工海水制备更加精细和准确。

种类　人工海水可以根据其制备方法和成分的不同，分为多种类型。包括：①简单盐类混合液。最早的人工海水类型，主要由NaCl等简单盐类组成，用于模拟天然海水的盐度。在海水化学成分的分析中，为了使溶液具有跟海水接近的离子强度，会使用这种简单的人工海水配方。如在测定海水中硅酸盐时，使用的人工海水配方为：31克NaCl和10克$MgCl_2·7H_2O$溶于1升去离子水，贮存于聚乙烯瓶中；在测定海水常量成分的离子对时，会使用与海水具有相同离子强度的高氯酸镁溶液等。另外，还有表4提供的人工海水配方，既可提供跟海水接近的支持电解质，又摒除了其他成分的影响。这类简单配方在海洋化学上仍有较大的应用空间。②复合盐类混合液。在人工海水中添加更多的盐类成分，如$MgCl_2$、$CaSO_4$等，以更准确地模拟天然海水的化学环境，用于研究更复杂的化学反应过程。③营养盐增强型人工海水。除了模拟天然海水的常量组分外，还添加了营养盐（如硝酸盐、磷酸盐等）以及其他特殊需要的物质（如微量元素、维生素等），以满足海洋生物的生长需求。这种人工海水常用于海洋生物养殖和水族馆等领域，如普遍使用的朱氏人工海水。④有机物质增强型人工海水。不仅模拟了天然海水的无机盐类成分，还添加了有机物质，如腐殖质、氨基酸、蛋白质和糖类等，这些物质可为海洋生物提供能量和营养物质，以更全面地模拟天然海水的化学环境。这种人工海水在海洋生态修复和科学研究等领域有一定的应用。需要注意的是，不同种类的人工海水在制备方法和成分上存在差异，因此在应用时需根据具体情况选择合适的类型。

应用　人工海水在生产和科研中有多种用途，包括用于模拟天然海水的环境，为贝类、鱼类、虾类等海洋生物提供适宜的生长环境，为海洋生物养殖业服务。用于展示各种海洋生物，让人们能够近距离地欣赏和了解海洋的奥秘，为海洋科普服务。在海洋生物学、海洋化学、海洋生态学等领域的研究中，人工海水被广泛应用于模拟不同的海洋环境，可以更深入地了解海洋生态系统的运行机制和变化过程。在海洋工程领域，人工海水则用于测试海洋材料和设备的耐腐蚀性。此外，随着全球气候变化和海洋环境问题的日益突出，人工海水在海洋环境保护和修复方面的应用也逐渐受到重视。　　（谭丽菊）

**人工上升流**　artificial upwelling　通过人为放置工程装置，形成自海底到海面的海水流动，把底部富营养盐海水输送到海洋真光层，以促进海洋生产力提升，增加海洋碳汇的技术。输送到表层的营养盐可有效增加初级生产力、改善渔场生态环境并提高海洋碳汇的能力，同时也能降低海水表面温度，在一定程度上抑制海洋自然灾害。人工上升流弥补了自然上升流地域性、季节性的局限，通过选择适合海域并合理设置技术参数，可以人为地改善海域环境，促进渔场产能提高，并可使其作用海域成为海洋碳汇区。

研究历史　美国海洋学家J.D.艾萨克斯等在1976年提出了波浪能驱动的人工上升流技术。在艾萨克斯等人研究的基础上，C.刘等于1995年成功研制出一种波浪泵驱动的人工上升流装置，由一个浮台和一根长管组成，长管带有一个单向阀门。当整个浮台在波浪中做上升运动时，单向阀关闭；做下降运动时，单向阀开启，这样保证了深层海水向上提升。在波高1.9米，波浪周期为12秒的情况下，能产生0.45米$^3$/秒到0.95米$^3$/秒的提升流量。

2003年，日本学者提出采用大型海洋平台方案，以水泵抽水的方式实现海底营养盐的提升，并将其称为“拓海（TAKUMI）”装备，其浮体部分由一个控制室、一根表面水吸入管、上下水泵舱和叶轮组成。深层海水由水泵抽取上来后，经叶轮和周围海水混合后，从水平方向排出。TAKUMI有直径1米的涌升管，长度约为200米。使用柴油发电机供电，用泵使深层海水上涌。但这套设备能实现的深海水流量只有约1.2米$^3$/秒，提升效率也仅约7.5%。

2004年5月，日本的椿本等使用永久盐泉式的人工上升流技术在太平洋热带区域马里亚纳进行了海试试验和相应的数值模拟研究，试验结果和数值模拟结果能较好地吻合。他们使用280米长的柔性塑料管作为涌升管，提升流量大概为45米$^3$/天。由于提升流量比较低，要想在这样的区域建立海洋牧场，需要布置大量的涌升管。并且这种技术适用的范围比较狭窄，它对海域的温度、盐度分布要求苛刻，要求表层的海水高温高盐，深层海水低温低盐。因此这种永久盐泉式的人工上升流技术只能在热带或者亚热带的某些区域实施。

2005年，中国台湾大学梁乃匡等提出了气举式人工上升流技术，该技术通过浅层注气的方式，将涌升管上部的营养盐海水提升至表层，然后持续带动深层海水向上运动，以此提高人工上升流区域的初级生产力，为渔业生产带来增产，改善海洋环境。但梁乃匡的气举上升流装置采用的是纯柔性管的设计，在恶劣海况下的生存性较差。

2006年，日本的长松太雄等还将V型结构用于人工上升流。首先通过橡胶或者网幕抵挡海流的水平流动，使海流向固定方向集中，之后在目标位置布置V型结构体，利用V型结构体对海流的阻挡使海流上升，形成人工上升流。

美国海洋学家A.怀特等于2008年在夏威夷的欧胡岛使用商业化波浪泵，在开放海域中研究装置的工作时长与海洋资源之间的关系。该次实地海试将深层海水快速地提升到海水表层（300米深度下提升时间<2小时），但最终由于海洋环境中的动应力使得波浪泵材料组件失效而终止。

挪威的T.A.麦克利曼等在2009年为了抑制挪威海湾的有毒藻类生长，促进贻贝类的养殖，采用开式气泡幕人工上升流，使用气泵向深层注入气体的方式带动水流上涌形成人工上升流。实验得到的数据表明注入的气体体积（1标准大气压下）与提升的上升流的体积比达到88%，但由于气泵压力的限制，该种方式只适用于浅海海域。

2010年，日本的中山哲严等提出一种可在海底堆砌砂石形成一个有坡度沙丘的方法，通过这种方式改变水平流动洋流的流向，使其产生竖直方向分速度，形成人工上升流的新思路。

2010年，中国浙江大学研制出气举式上升流试验装备，并于2011年和2012年在千岛湖进行了两次湖试。湖试结果表明，气举式人工上升流能够提升主气流量十倍甚至几十倍的湖水流量，但同时也发现了纯柔性涌升管的缺陷。纯柔性的涌升管在水下由于外部水压高于管内混合气液的水压，因而会产生严重的变形，从而阻碍管内的上升流。因此后来改进了闭式涌升管系统，提出了“上刚下柔”的涌升管结构，通过在刚性管底部注气，可以很好地防止整个涌升管被压瘪。该装置于2014年9月在东极岛海域进行了一周左右的海域试验。海域试验证明了气举式上升流的可靠性以及这种涌升管在恶劣海洋环境中的生存能力。

**技术原理** 根据上升流实现方式的不同，海洋人工上升流可以分为人工鱼礁式、水泵式、温盐泵式、波浪泵式、气泡幕式、气举式。

人工鱼礁式上升流 属于人造海底山脉的一种，主要通过对海底地形进行改造，选择在近海岸较深水域中投放大型结构，在海流的作用下产生上升流。其局限性在于十分依赖海底的地形并且可控性不够，形成的上升流大小取决于洋流大小。这种方式逐渐被其他方式所取代。

水泵式人工上升流 直接运用电力水泵将深层海水抽至表层排放。水泵式人工上升流装置由浮体、水泵和涌升管3个主要部分组成。浮体上装有供能设施和大功率水泵，并为整个装置提供支撑。浮体的下端连接着几十米甚至上百米长的涌升管。为了减小洋流对涌升管的冲击，涌升管一般采用软管以增加柔性。电力水泵能够大量提升深层海水，但其耗能、耗资巨大，成本高且效率低下。

温盐泵式人工上升流 又称永久盐泉人工上升流。其基本原理是立管里的深层冷海水在上升过程中，会被逐渐加热到周围海水温度，从而使其相对浮力增加。只要温度差和盐度差一直存在，就能形成自下而上“永久”的深层海水流动。该方式的优点在于几乎无能耗，但仅适用于某些热带和亚热带海域，而且提升的深层富营养盐海水量很少，效率低，很难达到海洋牧场工程的需求。

波浪泵式人工上升流 最早于1976年提出，其基本原理为在放置于水表的浮筒下垂直安装一根长管，长管中安装有一个单向阀，浮筒随波浪垂直向上运动时阀关闭，浮筒随波浪垂直向下运动时阀打开，深层海水可以单向达到表层。该方式所提升的深层海水流量与波浪高度、周期、泵的效率相关，其有效工作时间比其他方式短。虽然该方式结构简单、价格低廉、性能可靠、采用绿色可持续能源，但其流量有限，达不到浮游植物成长的营养浓度，无法满足海洋生产力提升要求。

气泡幕式人工上升流 运用空气泵直接将空气注入几十米深的海水中形成气泡幕，随着气泡幕上升，周围的底层营养海水会被携带到上层。气泡幕式人工上升流在挪威峡湾开展过海上应用，用于解决当地的海洋生态环境问题。但由于受气泵压力的限制，该方式只适用于浅海海域。

气举式人工上升流 可用海域范围更广。其基本原理是，将空气注入海中涌升管的上端某处，利用气泡与水的混合液相对于海水较轻，管内上端部分的海水在气泡浮升的动能带动作用下向上涌升，下端部分的海水则会向上流动替补，从而将海中深层富含高营养盐的海水依次提升至上层。该方式可以更高效地提升深层营养盐海水，并且其能耗较低，可利用可再生能源进行供能。

**环境效应** 人工上升流工程对作业海域的影响是吸收还是排放二氧化碳是一个具有争论性的问题。借鉴国内外对自然上升流的碳循环体系的研究显示，由于自然上升流系统的地域、环境以及对流特性的不同，导致了部分上升流系统为吸收大气二氧化碳的汇，而部分系统是释放二氧化碳的源。从作用机制角度分析，人工上升流工程对局部海域吸收或释放二氧化碳的作用机制由两种方向相反的过程机制组成。一方面，上升流不仅带来了深层水高浓度的营养盐，也将深层水高浓度的无机碳带到了表层。高浓度的营养盐通过光合作用促进了样本海域浮游植物的生长，加强了海域生物泵吸收二氧化碳的功能。但另一方面，深层水高浓度的溶解无机碳带到表面水后会向大气释放二氧化碳，这种物理泵的释放作用强度又受到深层与表层海水之间温差等因素的影响。因此，在上述两种相反的过程机制的共同作用下，样本海域在人工上升流工程的影响下，对大气二氧化碳的吸收或释放作用及变化规律尚不可预测。浙江大学的研究结果表明，人工上升流通过选择适合海域并合理设置技术参数，可以使其作用海域成为海洋碳汇区。

（樊 炜 张祝军）

**人工下降流** artificial downwelling 通过人工系统引发海洋中自上向下的水体流动，即人为提高水动力混合的技术。人工下降流系统由发生系统（能量转换器、海洋立管）和辅助系统（搭载平台、流体控制系统、环境监测和预警系统等）构成，根据能量转换器的不同类型可分为温差能式、风能式、波浪能式和潮流能式4种。

形成自上而下的水体流动，增加海洋垂向的水动力混合。

温差能式人工下降流　主要应用在温差能丰富的近海海域。日本在滋贺县东近江市海湾投放了一台系统额定功率为5千瓦，密度流流量为1.2米$^3$/秒的“拓海”号人工密度流系统。该系统利用海水温差能发电，驱动叶轮转动将表层与底层海水分别抽入混合层，是上升流与下降流系统的结合。由于温差能发电需要在陆基建站，该下降流系统需要安装在近岸海域，限制了其应用范围。

风能式人工下降流　主要应用在风能密度较高的海域。瑞典BOX项目中投放于By Fjord的风力电泵式下降流系统利用风能发电，所产生的电能驱动电泵工作将表层海水抽至底层形成下降流，可产生达1米$^3$/秒的下降流流量。系统采用浮式结构安装，移动性较强，但是难以抵御强大风浪。据估计，装置的建造、维护成本约为200万欧元。

波浪能式人工下降流　可应用在波浪能资源丰富的海域。浮式波浪能下降流系统通过浮台上的小型蓄水池将波浪能转换为海水重力势能，进而驱动下降流形成。由于波浪能在海洋中无处不在，该系统可在远海海域长时间连续运行，因此相比其他下降流系统具有更广的应用范围。由于制造成本较高，该类系统仍处于试验阶段，尚未工程化。

潮流能式人工下降流　可应用在潮流能丰富的近海海域。浙江大学研制的潮流能式人工下降流系统通过改变潮流流速，将潮流动能转换为上下管口的压差能驱动下降流的形成。装置采用与人工鱼礁相结合的坐底式结构，简单可靠，可定期回收维护，有望实现大规模布放。为防止在潮流作用下系统侧翻，该系统管径和长度较小，限制了下降流流量。

（樊　炜　张祝军）

**人类活动的海洋生态风险**　marine ecological risk of human activities　陆源污染、渔业捕捞、海水养殖与海岸工程等人类活动对海洋生态系统及其组分产生不良效应的概率与程度。大规模的海洋捕捞、养殖、资源开发、工程和倾废等人类活动对海洋环境乃至全球环境（如气候等）演化的节律、规模和方向已经产生许多影响，给海洋生态系统带来许多负面效应甚至不可恢复的污染和损坏。

风险来源　①陆源污染。主要是高化学需氧量有机物、无机氮、无机磷、石油类、重金属、农药以及合成的持久性有机物等陆源污染物排放入海。据统计，渤海每年承受来自陆地约28×10$^8$吨污水和70×10$^4$吨污染物，引发赤潮等生态灾害。2015年中国海域共计发现赤潮35次，累计面积2809平方千米，海洋环境灾害突出；美国切萨皮克湾由于大量营养物质输入导致生态系统中底栖双壳类资源贫乏，有害藻类大量繁殖。②过度捕捞。是破坏海洋生态平衡、损害海洋生物资源的重要原因。由于过度捕捞，传统经济鱼类资源不断衰减。2006年，联合国调查数据显示全球范围内的渔业资源中，52%被完全开发，20%被适度开发，17%被过度开发，7%被基本耗尽，1%正在从耗尽状态中恢复。过度捕捞还导致了生物多样性降低以及群落结构的改变，如捕鲸业的发展导致了南极磷虾的数量大幅度增加，进而引起了整个南大洋食物网的改变。在加勒比海的一些珊瑚岛上，一些食草类动物被过度捕捞后，整个岛屿被大型海藻占领，抑制了珊瑚虫的生长。③不合理的海岸工程。盲目的围垦，降低了纳潮量，加速了淤积过程；围海造地、环海公路工程，以及盐田和养殖塘修建等活动使大量滨海湿地永久丧失其自然属性，成为生物群落较为单一、生态功能较为低下的人工湿地。海洋生态系统遭受破坏之后，恢复十分困难，特别是有些区域的生态系统被破坏之后，很难再恢复到原来的状态，只能建立新的生态系统。另外，围垦、填海造陆以及其他海洋工程，造成近岸海域生态环境恶化，使得海洋生物资源衰减。④固体废弃物排放入海。主要包括船舶废弃物、城市垃圾、工程渣土以及疏浚物等，严重损害近岸海域的水生资源和生物栖息生境，破坏海洋自然环境，有碍沿岸景观。海洋固体垃圾中有50%～80%为塑料，这些塑料垃圾除了人们用肉眼可以看到的，还有一些微小塑料垃圾——微塑料（直径小于5毫米的塑料颗粒）。微塑料化学性质稳定，可长时间受海洋动力过程影响而远距离迁移，当微塑料被入侵生物、有害藻类或污染物附着后，即可成为它们的传播载体，造成生物入侵和污染，也可能被生物误食造成伤害。

风险特征　因海洋的流动性、空间上的广阔性以及变化性等特点，人类活动引起的海洋生态风险不同于陆地环境风险，主要表现在如下方面。

难以预测评估　由于海洋空间广袤，人类技术水平有限，使得在一些海洋开发活动中存在认识与监测上的盲点，难以准确预测人类在海洋开发中的生态风险。2011年，日本受9级特大地震影响，福岛第一核电站的放射性物质发生泄漏，在核电站周围检测到的放射性物质包括碘-131和铯-137。2017年，中国环境保护部在黑龙江省饶河县、抚远市、虎林市的三个监测点仍能检测到极微量的碘-131。

影响范围广　由人类活动引起的海洋环境风险一旦发生，在时间上和空间上都会造成广泛的影响，甚至是全球尺度。时间上的广泛性表现在某一生态风险不仅对当前有影响，其影响甚至会延续数十年。如1989年阿拉斯加油轮泄漏事故造成的海洋生态破坏至今没有完全恢复；另外，墨西哥湾溢油事件带来的影响至少需要数十年的时间才能消除。空间上的广泛性表现在某一生态风险的影响会随着海水流动、洋流到达更远的海域，甚至影响到海域周围的滩涂、陆地。2006年，中国山东长岛海域发现大面积的原油污染，造成当地养殖的许多栉孔扇贝、贻贝、海参等海珍品的大量死亡，在其后的一两个月内，同样的油块在河北、天津等地的海滩也被发现，油污范围几乎遍布了整个渤海。

治理难度大　由人类活动导致的海洋生态风险，难以在短时间里得到有效的治理。一方面，海洋环境流动性强，洋流、飓风等客观条件不受控制，在一定程度上限制了人类的治理行为。另一方面，人类开发海洋的各种技术还处在不断发展进步中，治理技术发展不完善，因而会在风险发生时难以第一时间给予有效治理。例如，微塑料在海水、沉积物、海滩和生物体介质内均有存在，并已经蔓延至全球海域，从近岸到大洋，从赤道到两极，从表层海水到深海，均发现有其存在，并且因其颗粒小，因此治理难度很大。

防治措施　在海洋开发与保护并重的时代，人类活动对近海生态系统的影响不容忽视，亟须采取一系列全面而有力的措施，以确保海洋资源的可持续利用与生态系统的健康稳定：①政策制定。坚持可持续发展的战略方针，确保海洋资源的长期可用性和生态系统的稳定性。②政府管控。应正视由于人类活动造成的海洋生态风险，有效控制造成海洋生态风险的各种因素，以一种更加健康的方式进行海洋利用与开发活动，合理控制渔船数量和捕捞量，采取休渔、禁渔措施，推动捕养结合模式，由单纯的天然采捕向海洋农牧化转变，实现海洋生物资源的可持续利用。③技术研发。引入和发展更为直观、科学的海洋生态系统评价技术和手段，以便更准确地评估人类活动对近海生态系统的影响，为合理开发提供科学依据；并在了解海洋环境自然演化规律的基础上，通过不同规格的现场调查、室内研究模拟，探索人类活动对海洋环境影响的途径、机制和规律，更好地评价人类活动对海洋的生态风险。最终通过以上多个维度的协同努力，构建一个既满足当代需求又不损害后代利益的海洋可持续发展模式。（汝少国）

**人类来源二氧化碳** anthropogenic carbon dioxide 超出工业革命前大气浓度水平的二氧化碳，以及这些超高的二氧化碳进入海水引起海洋溶解无机碳升高的变化量。

概念 人类每年因化石燃料使用、土地利用改变和石灰生产等活动排放的二氧化碳有一半左右存留在大气中，形成大气中的人类来源二氧化碳；另一半则被海洋、陆地生物圈和岩溶过程所吸收，转化成有机碳和溶解无机碳，这些超出自然平衡的碳通过各种途径进入海洋深处，最终导致海洋中有些海域的溶解无机碳含量比工业革命前有所升高，这个升高量就是海洋中的人类来源二氧化碳。由于海洋环流的差异，世界上各个海域的人类来源二氧化碳含量及其入侵深度都不尽相同。海洋中的人类来源二氧化碳在北大西洋储量最大，已经可以在3000米以深的洋底附近检测到，而在北太平洋，则人类来源二氧化碳的储量较低，并且只能在1500米以浅检测到。

内涵 海洋深处的人类来源二氧化碳主要来自溶解度泵和生物泵两个过程。溶解度泵发生在高纬度的深海水形成区，海表辐射降温促使海水吸碳并且变重下沉，从而将超过工业革命前溶解水平的人类来源二氧化碳通过动力过程输送至海洋内部。生物泵则首先在海表通过初级生产过程利用溶解无机碳合成颗粒有机碳、溶解有机碳，以及碳酸钙颗粒，然后通过颗粒物沉降过程将碳从海表输送至海洋深处，最后这些颗粒碳在海洋深处发生矿化分解、碳酸钙溶解等过程，释放出人类来源二氧化碳，在那里储存起来。20世纪80年代以前，海洋吸收人类来源二氧化碳的份额比较大，工业革命以来将近一半的人类来源二氧化碳被蓄积在海洋中。但是这个吸收份额已有所下降，据估算，1980～1999年海洋每年吸收的人类来源二氧化碳的份额下降为1/3左右，而2011～2020年的这一份额已经下降到22%～26%。

意义 大气中蓄积的人类来源二氧化碳可以解释全球变暖的绝大部分原因，而海洋吸收的人类来源二氧化碳则在很大程度上缓解了温室效应，但同时也引起海洋酸化。据估算，2020年全球海洋上层的平均pH已经比工业革命前下降0.13，相当于氢离子浓度升高37%。相应地，海洋上层的游离二氧化碳浓度升高了46%，而碳酸根离子的浓度则下降了23%。这意味着海洋中需要形成钙质骨骼的生物物种将面临巨大的生存压力。（翟惟东）

**日本海沟** Japan Trench 位于西太平洋，日本东部的海沟。位于北纬34°30′～42°00′、东经141°00′～145°00′，略呈弧形，南北向延伸。北端起自北海道襟裳岬外海，与**千岛－堪察加海沟**呈120°角相接；南端至房总半岛外海，大约以同样角度与伊豆－小笠原海沟相接。长约800千米，平均宽度100千米。深度比太平洋大部分海沟要浅，唯南部超过8000米。最深点深达8412米，位于北纬36°04′，东经142°41′。在三陆外海，日本海沟与岛坡的界线位于水深2400～3400米处，与洋底界线位于5500～6000米处。海沟陆侧斜坡陡，可达到4°～8°，洋侧斜坡缓，仅1°～2°。陆侧斜坡常见多级平坦面，构成阶地。如三陆外海水深4700～4800米的阶地面宽16千米，向南逐渐变窄。洋侧斜坡突出特点是发育与海沟轴延伸方向一致的狭长凹地，三陆外海在6800米左右至少有5条凹地（水深7100米、6700米、6300米、6200米、5800米附近），其中有两条延伸达90千米。地震剖面测量表明这些凹地为断裂成因，属裂谷性质。日本海沟沟底宽平的地方甚少，大部分横剖面呈"V"形。地球物理测量资料表明，**莫霍面**在海沟轴部位于海面以下12～14千米，而在陆侧斜坡之下增加至26千米。（仲 佰）

**日高孝次** Hidaka Kōji（1903-11-04～1984-08-15） 日本物理海洋学家。生于宫崎县佐土原市。1926年东京帝国大学毕业，同年入中央气象台从事海洋物理学工作，1933年获博士学位。曾任神户气象台技师、东京帝国大学讲师，1942年起任教授。1962年创立日本东京大学海洋研究所，为首任所长，1964年退休。1948～1967年连任日本海洋学会会长。还是日本海洋学会学术名誉终身会员、日－法海洋学会名誉会员、东京大学名誉教授、日本学士院会员。日高躬身于海洋事业，曾在"春风丸"调查船上参加海洋调查工作1000天以上；1971年以私人财产为基金，创设"日高海洋科学振兴财团"，奖励优秀海洋学者。他主要从事物理海洋学研究，在黑潮系研究、海流动力计算、海潮的振动与海流研究、涌升流的海洋力学研究等方面都有重要贡献，尤其是对风生海流理论的研究。曾获（日本）帝国学士院奖（1934）、摩纳哥阿尔伯特大公奖（1966）、日本海洋学会奖（1970）。著有《海流》（1958）等。（刘安国）

**溶解氧饱和度** dissolved oxygen saturation degree 水中的溶解氧浓度与在该海水的温度、盐度及一个大气压下的溶解氧饱和浓度的比值，用百分比表示。用百分比表示，100%表示刚好饱和，<100%表示不饱和，>100%表示过饱和。

溶解氧是海洋中一切好氧生物（包括微生物）生存的物质基础之一。溶解氧饱和度是衡量水体溶解氧相对丰富程度的重要参数。开阔大洋表层海水的溶解氧饱和度约为103%。如果海洋发生浮游植物藻华，则溶解氧饱和度升高，达到110%甚至更高；反之，在人为活动影响较大的近岸海区，受有机质降解、硝化作用等耗氧过程影响，表层水的溶解氧饱和度则低于100%。在垂直方向，溶解氧饱和度随深度的增大而降低，在中层（500～1000米）达到最低值5%～60%（大西洋高，太平洋低），称为溶解氧极小层，随后随深度的增大溶解氧饱和度逐渐升高。北大西洋深层水的溶解氧饱和度与表层水接近，而北太平洋深层水的溶解氧饱和度为60%～70%。在太平洋东北部和印度洋东北部溶解氧极小层的溶解氧饱和度甚至低至0。在中低纬度海区，次表层存在溶解氧饱和度的极大值，可达110%。这是由于次表层浮游植物光合作用产生氧，但由于位于混合层以深，与大气隔绝，不能释放到大气，因此在次表层积累所致。

理解海洋里溶解氧饱和度的空间分布，首先要知道海洋里溶解氧的来源和消耗过程。表层和次表层的溶解氧主要来源于两个途径：①空气中的氧气通过海－气界面进入表层海洋。②真光层（有光层，海洋中只有上层100多米是有光的）中的浮游植物光合作用产生。在大部分海区，由于海水在垂直方向是分层的，上层水密度小，而深层水密度大，因此空气中的氧气只能进入表层海洋，而不能进入深层海洋。只有在部分高纬度海区（如北大西洋和南大洋部分海区），表层海水因温度低、盐度高而密度大，该海区高溶解氧饱和度的表层水下沉，这是全球海洋深层水中溶解氧的唯一来源。在真光层以深，海洋中的溶解氧没有来源，只有耗氧呼吸的消耗。因此随着水团的运动，有机物不断矿化降解耗氧，导致溶解氧饱和度逐渐降低。（郭香会）

**溶解氧浓度测量技术** dissolved oxygen concentration measurement technology 测量海水中溶解氧浓度的技术。溶解氧通常有两个来源：一个来源是水中溶解氧未饱和时，大气中的氧气向水体渗入；另一个来源是水中植物通过光合作用释放出的氧。

溶解氧浓度测量技术按照测量原理主要分为两种：一种是碘量法，另一种是溶解氧仪法。

碘量法通过滴定的方式测量溶解氧浓度。在碱性溶液中，二价锰离子被水中的溶解氧氧化成三价和四价锰离子。在酸性溶液中，三价和四价锰离子将碘化物氧化成游离的碘。以淀粉为指示剂，用硫代硫酸钠标准滴定溶液进行滴定，根据滴定液的消耗量计算水中溶解氧的含量。碘量法因易于操作且成本低而被广泛应用，但是该方法中反应试剂硫酸锰溶液溶解缓慢，实验周期较长，并伴有大量沉淀，故可采用氯化锰替代硫酸锰。

溶解氧仪法使用覆膜酸性胶体电解质原电池式氧传感器，来实现水中溶解氧浓度的测量。传感器由一小室构成，室内有两个金属电极，其阴极采用银电极，阳极为适当的其他金属。室内充有电解质，用选择渗透性薄膜（如聚四氯乙烯）将小室封闭与外界分隔，水和可溶解物质离子不能透过渗透膜，而氧和一定数量的其他气体及水性物质可透过这层薄膜。利用原电池作用或外加电压使电极间产生电势差，促使阳极金属离子进入溶液。如果负极有氧存在，则发生还原反应产生电流。电流的大小与一定条件下水中氧的分压有关，而水中氧的分压与水中溶解氧的浓度成正比。当氧气分压变化时，渗进膜内的氧气量也相应改变，探头电流也按比例改变，进而反映出水中溶解氧的浓度。

溶解氧是重要的水质指标，在海洋环境监测、海洋渔业生产等领域，是反映水体情况的重要参量。溶解氧浓度测量技术对于海洋环境保护和海洋资源利用，具有重要的意义。

（樊 炜）

**溶解有机碳** dissolved organic carbon; DOC 能透过<0.7微米孔径滤膜的有机碳。实际上，海洋中的有机碳是一个从小粒径（小分子）到大粒径连续分布的、复杂的有机混合物，出于研究目的的不同可以采用不同的过滤分离技术筛选不同粒径范围的有机碳进行研究。是一个操作定义。经过0.7微米孔径滤膜过滤的溶解有机碳包含部分细菌和几乎全部的病毒体，而经0.2微米孔径的滤膜过滤后的海水可除去大部分细菌，通过切向超滤技术可进一步区分“胶体态”（1纳米～0.2微米）和“真溶解态”（<1纳米）有机碳。

概念 早期有关溶解有机碳含量的测定一般是采用湿法化学氧化法（如过硫酸盐）和紫外氧化法，20世纪70年代海洋学家建立了高温催化氧化法测定溶解有机碳的方法。然而，因仪器分析空白的问题，部分实验室在使用高温催化氧化法测定溶解有机碳浓度时产生高估的结果，引起了学界对海洋溶解有机碳浓度和储库大小的争论。之后通过国际不同实验室间对测定方法的互校，从采样到分析步骤的优化，逐渐提升了使用高温催化氧化法分析溶解有机碳方法的准确性，海洋学界自90年代起陆续获得了不同开阔大洋海区较为准确的溶解有机碳浓度分布特征。高温催化氧化法是分析海洋溶解有机碳浓度的常用方法。

开阔大洋的溶解有机碳浓度处于较低的范围内（35～80微摩尔碳/升），在大洋真光层（<100米）中由于颗粒有机物（包括浮游动、植物）的释放和降解，溶解有机碳的浓度较高，并呈现季节和地域差异；真光层以下，500～1000米的上层海水由于微生物的利用和降解，溶解有机物碳浓度随深度的增大而减小；在1000米以深的深海中，溶解有机碳随深度减少的趋势变缓，并逐渐保持在相对稳定的浓度水平（35～45微摩尔碳/升）。在海洋沉积物间隙水中，溶解有机碳的浓度较高，可达200～600微摩尔碳/升。

意义 海洋储藏了大量溶解有机碳，其中大于95%难以被微生物降解利用，被称为**惰性溶解有机碳**（RDOC）。由于其难以被降解的特性，RDOC在海水中长期积累并形成了一个巨大的碳库，对于海洋储碳以及缓解全球气候变化可能起着重要的作用。海洋溶解有机碳是地球上最主要的碳储库之一，总量约为$662\times10^9$吨碳，与大气二氧化碳的碳库储量相当，对全球碳收支的平衡有重要的调节作用。溶解有机碳的循环还调控着其他重要的海洋生物地球化学过程：痕量金属或放射性核素的溶解或络合的动力学过程；海洋中可见和紫外光的吸收过程；微生物食物环的运转；营养盐的矿化再循环过程等。有关溶解有机碳的分子组成以及惰性形成机制是当前海洋学领域的热点和难点问题。

（李骁麟）

**柔性波浪发电装置** flexible type wave power generator 波浪收集体由柔性材料制成，波浪传播带动柔性体运动，实现能量收集及转换为电能的装置。

组成 由柔性波浪收集体、能量传动装置、发电机组和辅助设备组成。波浪流动使柔性波浪收集体发生体积变化，收集体内的气体或水流动产生动能，驱动能量传动装置产生机械能驱动发电机发电。

代表性装置 主要有海蟒装置和薄膜式装置。①海蟒装置。该装置是英国科学家F.法利和R.雷尼共同发明的，装置长约182米、宽约6米，由橡胶制成。工作原理为：首先将装置锚系在海床上，同时使其橡胶管道内充满海水，每当有波浪经过时，弹性极强的橡胶管就会随之上下摆动，橡胶管内部就会产生一股水流脉冲。随着波浪幅度的加大，脉冲也会越来越强，并汇集到尾部的水轮发电机组，发出的电能通过海底电缆传输。该装置适用于距离海岸1.6～3.2千米远、36～91米深的水下。②薄膜式装置。装置由薄膜体及能量输出系统组成，能量输出系统则可选用轮机、压电式设备等。该类装置的工作原理为：通过波浪的传播使薄膜体变形，将波浪的动能转变为薄膜体上下运动的机械能，驱动下部链接的压电设备，利用压电效应产生电能。

（史宏达）

**柔性立管** flexible riser 深水油气田开发中连接从水下生产系统向浮式生产系统输送油气的导管。由金属和聚合物材料构成的多层复壁管道。

发展简史 20世纪70年代，柔性立管开始应用于巴西加罗帕、北海邓肯油田。凭借愈加复杂的横截面形式，柔性立管适用范围从温和海域延伸至恶劣海域，对极端海流、波浪具有良好的整体顺应性。最大应用水深已达8000英尺（约2438.4米），最大承受压力10 000磅/平方英寸（约68.9476帕斯卡），最高水温超过66℃。

组成 柔性立管的横截面有5个主要层和4个次要层：①主要层从内向外依次为骨架、聚合物内护套、压力铠装层、拉力铠装层和聚合物外护套。②次要层有中间护套、抗摩层、抗屈曲层和绝缘层。设计时应保障流动完整性，避免腐蚀、“鸟笼”现象等局部破坏。按照生产工艺分为黏结性和非黏结性，非黏结形式允许层间滑动，多用于动态、长距离应用；黏结形式多用于静态、短距离应用。因此，柔性立管多代表非黏结柔性管。

布局形式 柔性立管具有多种布局形式：①悬垂段。应用较多的是波浪形和S形，分别由装配合成泡沫制成的一定数量的浮力模块和一个由缆索系泊约束的中水浮拱提供额外浮力，解耦了触地点和浮体运动，保持触地点稳定，提高了强度和疲劳耐久性。②触地方式。分为懒惰和陡峭，区别在于以近乎垂直或者平行海床的形式触地，陡峭形需要装配额外的设备，如海底固定基础、弯曲加强器等。

（郭海燕）

**儒艮** dugong 潜栖性海洋哺乳动物。分类地位上属于哺乳纲兽亚纲海牛目儒艮科儒艮属。又称海牛、人鱼、美人鱼、南海牛。儒艮被《世界自然保护联盟濒危物种红色名录》(*The IUCN Red List*) 列为易危物种（VU）。

形态特点 体型似鲸，呈纺锤形，身体的后部侧扁，体重可达500～600千克，成体平均长约2.7米。头部较小，略呈圆形。上唇略呈马蹄形，口向腹面张开。唇有粗短刚毛，吻上及左右侧有浅纵沟，可以抓住植物送入口中。雄性门齿略外露。眼小，无耳郭，耳朵很小。无背鳍，体末有扁平的尾鳍，鳍肢胸鳍状，与尾鳍一起用于游泳。乳房位于鳍基外侧。睾丸在腹腔内。成体背部深灰色，腹部稍浅。幼体呈淡奶油色。全身有稀疏细软短毛。

在浅水域生活的儒艮

分布 间断分布于印度洋、太平洋的热带及亚热带沿岸和岛屿水域，以及海湾和海峡内的水域。在中国主要分布于北部湾的广西沿海、广东和海南岛西部沿海以及台湾南部沿海。儒艮为海生草食性兽类，多在沙泥底质多海草的浅海滩涂生活。有时随潮水进入河口，取食后又随退潮回到海中，很少游向外海。

生活习性 行动缓慢，性情温顺，视力差，听觉灵敏，平日呈昏睡状。喜成群活动，常数头在一起。以海藻、水草等多汁水生植物为食。它们主要是用其大而可抓握的吻来摄食。有时它们会留下一条啃食过的痕迹，当退潮时海草林露出水面即可见到。儒艮一般白天或晚上皆会进食，但在人类活动频繁的地区则多半在晚上觅食。每天可消耗40～50千克的水生植物。觅食海藻的动作酷似牛，一面咀嚼，一面不停地摆动着头部，所以又有“海牛”一名。

儒艮性成熟的年龄在9龄或9龄以上。雄性在9～15龄达到性成熟。雌性在10～17年时怀第一胎。妊娠期约13个月，每胎产1仔。新生的儒艮体长为1～1.5米，重约20千克。幼仔的哺乳期18个月左右。前后两次产仔的时间间隔为3～7年。

保护措施 世界上现存的儒艮大多分布于澳大利亚北部沿岸，在20世纪90年代中期估计有4220头儒艮。中国的儒艮分布区狭窄，数量稀少，在广西和海南沿海偶有零星发现，已被列为国家Ⅰ级重点保护动物。儒艮资源的减少与近海海水污染、滩涂围垦及过度捕捞有着密切的关联，加强沿海环境综合整治，禁止非法捕捞，同时建立自然保护区是保护儒艮的重要举措。中国在广西合浦建有儒艮保护区一处。

（赵 飞）

**入海排污口监测** monitoring of seawedge discharge into the sea 对入海排污口的排海污水流量和污水中各种污染特性指标进行取样、分析，并记录其动态变化的过程。入海排污口是由陆地向海域排放污水的排放口，包括污水直排口、排污河、污水海洋处置工程排放口等，是陆源污染物进入海洋的重要途径。对入海排污口进行监测可以掌握排海污水量和污水中污染物的动态变化，为陆源入海排污口的管理提供依据。

根据入海排污口的污水排放强度、邻近海域海洋功能区的环境保护要求、对当地社会和环境的影响程度和海洋管理需求，分别对其实施重点监测、一般监测和统计监测。①重点监测。对年排放污水量1亿吨及以上的入海排污口应实施重点监测。以下各情形也应实施重点监测，包括对年排放污水量100万吨及以上的入海排污口，排海污水对当地社会和环境影响较大；排海污水中污染物的毒性相对较严重，特别是对人体健康有较大影响；排污对邻近海洋功能区的环境影响较为显著；所排污水对邻近海域环境污染和生态破坏有较大影响。②一般监测。对年排放污水量1万吨及以上，能够采集有效水样，且不在重点监测范围内的入海排污口实施一般监测。③统计监测。对未纳入重点监测和一般监测范围的入海排污口实施统计监测。

入海排污口监测点位应布设在其入海口处，且应保证所采污水样品不与海水混合。入海排污口监测点位布设应遵循以下原则：①污水直排口的采样点位均应设在该排污口的入海口处，采样时采样点位不能受到潮水的影响。②排污河的采样点位设在该排污河不受潮水影响的入海口附近河段。③污水海洋处置工程排放口的采样点位设置在陆上处理设施出水口或放流管竖井中。

监测点位的布设数量应满足以下要求：①一般在入海口的污水主流道的中心点布设1个采样点位。②水面宽度≤50米的排污河在中泓线（河道中沿水流方向各横断面水流最大流速点的连线）布设1个采样点位。③水面宽度50～100米的排污河在近左、右岸有明显水流处各布设1个采样点位。④水面宽度>100米的排污河在左、中、右有明显水流处各布设1个采样点位。

监测时间及频率：实施重点和一般监测的陆源入海排污口，监测频率一般为每年4～6次，且保证每个季度至少监测1次。实施统计监测的入海排污口，一般每年监测1次。

对于实施重点监测和一般监测的陆源入海排污口，监测内容包括污水流量、污水水质和污水生物毒性。其中污水水质监测项目一般包括盐度、酸碱度、化学需氧量、悬浮物、氨氮、硝酸盐-氮、亚硝酸盐-氮、生化需氧量、总氮、活性磷酸盐、总磷、石油类、汞、镉、铅、铜、锌、铬、砷、总有机碳和海洋主管部门实施重点监管的其他监测项目。对于实施统计监测的入海排污口，监测内容包括污水入海量、主要污染物入海量（主要污染物至少包括化学需氧量、氨氮、总氮、总磷等）、邻近海域功能区类型等。

（石金辉）

**软骨鱼类** cartilaginous fishes; *Chondrichthyes* 动物界（Animalia）脊索动物门（Chordata）脊椎动物亚门（Vertebrata）软骨鱼纲（Chondrichthyes）的鱼类。中国古代称软骨鱼类为鲛（鲨鱼）、鲼（鳐类）、海鹞（魟类）等。明代屠本畯的《闽中海错疏》称鲨为鲉。

形态 软骨鱼类内骨骼全为软骨。角质鳍条，歪型尾。口腹位，鼻孔腹位。体被盾鳞或棘刺或裸露，牙齿可不断更换。头部侧面或腹面具鳃裂，通常具喷水孔。无鳔。雌雄异体。雄性具有鳍脚，体内受精。游离型卵巢，直接发育。卵大而少，卵生、卵胎生或假胎生。

分类 软骨鱼类最早出现于上泥盆纪，由无颌类经盾皮鱼类演化而来。其中裂口鲨具有许多软骨鱼类的原始性特征，演化出鲨鱼、鳐鱼等。另一类软骨鱼类缓齿类演化出现代银鲛类。现生软骨鱼类可分为板鳃亚纲（Elasmobranchii）和全头亚纲（Holocephali）等2个亚纲，共13目60科180属约994种。中国有软骨鱼类2亚纲13目48科11属250余种。

分布　软骨鱼类广泛分布于北纬80°至南纬55°间的印度洋、太平洋、大西洋，自表层至3000米深海、自沿岸至大洋中心都有分布。多分布于热带、亚热带海域，缺乏寒带种类。

食性　除姥鲨、鲸鲨、前口蝠鲼等软骨鱼类为浮游生物食性外，多数软骨鱼类为肉食性，以贝类、头足类、甲壳类以及鱼类，甚至海洋鸟类、哺乳动物为食。

繁殖　软骨鱼类体型大小不同，其性成熟周期和性周期（繁殖周期）也不同。小型软骨鱼类性成熟周期和性周期均为1年左右。大型软骨鱼类性成熟周期往往长达5年甚至10年以上，其性周期也往往为2～3年甚至更长，因此平均每年产幼鱼数量较少。

意义与价值　在20世纪至21世纪初，随着人类海洋生物科学与技术的发展，以及生活水平的提高，软骨鱼类被大量捕捞，主要加工鱼翅以及生产胶原蛋白、鱼肝油、硫酸软骨素等产品。

由于海洋环境污染的日益严重和人类的过度捕捞，引起软骨鱼类资源严重衰退，物种生存受到严重威胁。根据世界自然保护联盟（IUCN）和《濒危野生动植物种国际贸易公约》(*Convention on International Trade in Endangered Species of Wild Fauna and Flora*; CITES）2019年公报，已知有40种软骨鱼类处于极危状态（CR），52种处于濒危状态（EN），112种处于易危状态（VU），115种处于近危状态（NT），占软骨鱼类的约28%。软骨鱼类受人类资源利用影响种类接近100%。

（姜国良　吴志强　包振民）

**瑞典“信天翁”号考察**　Sweden Albatross Expedition　瑞典国立海洋研究所所长H. 彼得松率领12名科学家乘坐“信天翁”号船于1947～1948年进行的深海考察。

这次考察历时15个月，航程13万千米，重点进行了大西洋、太平洋、印度洋赤道无风带的深海观测，以补充英国“挑战者”号考察船无法在无风带区域进行深海观测的空白。“信天翁”号考察观测了南北纬度20°以内的赤道海流系，研究了深海的光学性能。同时使用活塞式柱状采样器，可取长23米的岩芯，发现深海沉积层中有第四纪气候变动旋回的记录；利用地层剖面仪调查了大洋沉积物的厚度；用放射性同位素测出沉积物的生成年代和沉积速率。此外，在浊流、底水化学、海底地壳热量测定等方面也有所贡献。“信天翁”号考察，为深海地球物理研究开创了先例。

（胡敦欣　周秋麟）

# S

**塞舌尔–毛里求斯海台** Seychelles-Mauritius Plateau 印度洋中的海底高地。又称马斯克林海台。位于马达加斯加东北部，北起塞舌尔群岛，南至罗尼旺，分布范围为东经54°～63°、南纬4°～21°，呈新月状。延伸约2000千米，浅水区域的面积超过11.5平方千米，水深8～150米。其与**深海平原**的边界处，水深急剧下降至4000米。是印度洋上的第二大海台（印度洋中最大海台为凯尔盖朗海台）。

塞舌尔–毛里求斯海台的北部包括塞舌尔和阿加莱加群岛，由属于冈瓦纳古超级大陆碎片的花岗岩构成，与周围的**洋壳**迥然不同，被认为是洋盆中的奇特现象；南部由沿着查戈斯–拉克代夫洋脊分布的火山**热点**组成。众多的浅滩为曾经的**火山岛**（毛里求斯和罗尼旺），或**珊瑚礁**（卡加多斯–卡拉若斯）下沉或遭受剥蚀至海平面之下而成。

（仲　佰）

**三角洲** delta 在河口区由于流速减缓，水流所携带的泥沙堆积而形成的冲积平原。因其外形类似希腊字母Δ得名。世界上大三角洲主要分布在入海河口，因此入海河口三角洲是三角洲的主要研究对象。

研究简史 古希腊学者希罗多德约在公元前450年首次采用“三角洲”一词描述尼罗河河口的冲积物堆积形态。1885年，美国G.K.吉尔伯特研究美国邦纳维尔湖，提出由顶积层、前积层和底积层组成的三角洲沉积图式。20世纪60年代之后，三角洲的形态学、沉积学和水动力学研究日趋深入，其中密西西比河口三角洲的研究堪称典范。

沉积结构 三角洲由水下三角洲和水上三角洲两部分组成。水下三角洲位于低潮线以下，包括前三角洲和三角洲前坡两个单元。①前三角洲位于三角洲的最外带，主要由黏土和细粉沙组成，坡度平缓，地形平整，是三角洲的前缘地貌单元。②三角洲前坡主要由较粗的粉沙和沙组成，分选性好，口门附近沉积物最粗，向海逐渐变细；主要地貌形态为汊道河口沙坝、潮成沙脊和汊道间凹湾。水上三角洲又称三角洲平原。以最大高潮线为界，分为上三角洲平原和下三角洲平原。前者完全脱离了潮汐的直接作用，地貌形态主要有泛滥平原、天然堤、决口扇等。后者处在河流和海洋动力交互作用的环境，其宽度取决于潮差大小和底坡坡降，主要地貌形态有河口边滩、河口沙嘴、河槽、潮滩和波浪塑造的滩脊。三角洲平原特征主要有：①沉积环境复杂，平原的形态结构、沉积物岩性和构造都有显著的变化。②河槽分汊，各汊道水流能量减小，使三角洲岸线在一个较大的扇形区内向海推展。③主汊道的迁移使三角洲平原的岸段向外扩展发育出次一级三角洲，称亚三角洲。7000年中，密西西比河已塑造7个亚三角洲。

类型 三角洲的发育受制于许多因素，主要取决于入海河流挟沙能力与海洋动力（波浪、潮汐、沿岸流等）对入海泥沙再搬运能力之间的对比关系。随着入海泥沙量的减少和海洋再造营力的增强，依次形成下列三角洲类型：①扇形三角洲。形成于入海河流含沙量高、河道分汊并经常改道、口外海滨水深较浅的河口区，由泥沙均匀向海堆积而成，如中国黄河、滦河三角洲。②鸟足形三角洲。形成于入海河流含沙量较高、河流作用占优势的河口区。所堆积构成的沙嘴，平面形态似鸟足而得名，以美国密西西比河三角洲最为典型。③舌形三角洲。形成于入海河流含沙量较高、汊道众多的河口区，其河口沙坝经波浪改造连接而成，如俄罗斯勒拿河三角洲。④尖嘴形三角洲。发育于入海河流含沙量不多，波浪作用较强的河口区，由主流河口堆积突出于海中形成，如埃及尼罗河三角洲。⑤弓形三角洲。发育于入海河流含沙量不多、有潮汐作用的河口区，由河口附近沙体堆积为向海凸的弓形，如非洲尼日尔河三角洲。⑥河口湾形三角洲。发育于潮汐作用和波浪作用强烈的喇叭状河口区，由河口湾被河流泥沙充填而成，如南亚恒河三角洲。

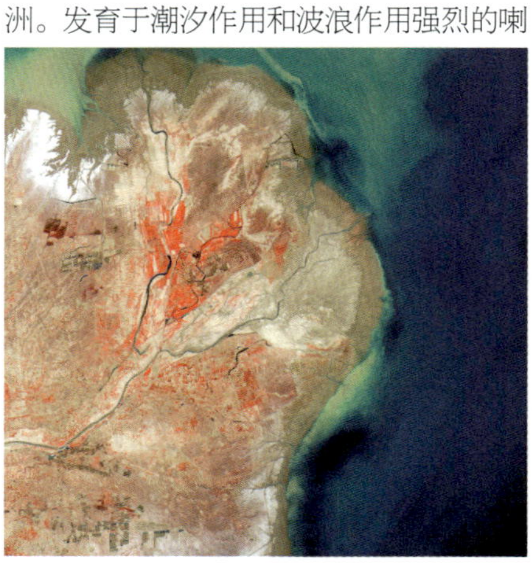

图1 中国黄河三角洲

图2 美国密西西比河三角洲

图3 俄罗斯勒拿河三角洲

根据作用于三角洲前缘的海洋作用效率，三角洲又可分为高建设性三角洲和高破坏性三角洲。根据河流、波浪和潮汐作用的相对重要性，三角洲又可分为径流型（河控三角洲）、波浪型（浪控三角洲）和潮汐型（潮控三角洲），以及它们之间的过渡类型：径流–波浪型三角洲、径流–波浪–潮汐型三角洲和径流–潮汐型三角洲。此外，根据三角洲的活动性，还可以分为活动三角洲和废弃三角洲。

研究意义 三角洲地区绿野沃土，营养盐类富集，蕴藏丰富的水土资源和生物资源，且内外交通都较为便利，具有极大的开发价值。但是，三角洲的生态环境比较脆弱，容易遭到人类活动的破坏，必须注意保护。此外，三角洲是地球表面主要的沉积区之一，古三角洲沉积层往往是油、气藏的重要储存场所。

（贺松林　尤联元）

**三角洲沉积** delta sedimentation 河流挟带的沉积物在入海口或湖泊口沉积形成的三角形堆积体。三角洲沉积体向前推进的过程中形成三层不同特征的垂向层序，从上到下依次为顶积层、前积层和底积层，每一层都有不同的层理、结构、颜色和生物组合。

顶积层 位于三角洲沉积的上部，对应**三角洲平原相**，由冲积、湖积、沼泽堆积和**潮间带**的交互沉积组成，河道充填沉积是典型代表。包括上和下三角洲平原两部分。上三角洲平原是高潮线以上的陆地平原，发育分流河道，其间分布湖泊和沼泽；下三角洲平原是高潮线与低潮线之间的潮间地带，在汊河向海增长的过程中，部分汊道向水下延伸，发育沙嘴和沙坝，分流河道之间有海湾分布，这些沉积环境形成的沉积的顶部属于下三角洲平原沉积。顶积层常见下粗上细的结构层序，有明显的水平微层理和交错层理，夹有湖泊或沼泽堆积形成的黏土和泥炭。**河控三角洲**发育过程中，上、下三角洲平原具有向海推进的沉积叠伏特征。

前积层 水下三角洲倾斜前坡堆积，对应**三角洲前缘相**，是三角洲沉积的主体。沉积物以粗颗粒河口沙坝（拦门砂、潮道沙脊或浪成沿岸沙坝等）沉积为主，有黏土夹层，发育斜层理和波状层理，沉积颗粒自下而上由细变粗，最粗的沉积物一般出现在前积层的中上部。砂质颗粒一般为河床、河口沙坝堆积；黏土质为河口侧缘浅水海湾堆积，含较多有机质。由于沉积物在自身重力作用下顺坡滑动，在沉积层中可形成各种弯曲和揉皱滑坡特征。

底积层 位于前积层之下，对应**前三角洲相**，为三角洲底层的海相沉积。沉积物粒度细，以黏土、亚黏土为主，常见洪水扩散粗颗粒夹层，富含有机质，多水平层理，常有生物扰动构造，含有大量海相化石；沉积物粒度垂向变化不大。向外过渡为沉积速率相对较慢的大陆架浅海沉积。

三角洲向海推进且物源较充足时，剖面上三角洲呈明显的反旋回叠加层序，即从下到上依次为前三角洲带—三角洲前缘带—三角洲平原带，其中前三角洲带与三角洲前缘带组成反韵律，而平原部分为正韵律；这种情况主要发生在海退沉积地层发育的时候，砂体不断向海推进。当海进时，三角洲发生退积，垂向剖面出现正旋回，即自下而上为三角洲平原—三角洲前缘—前三角洲，这时河口坝不发育，主要为水下分流河道沉积，三角洲容易改造为席状砂；如果海侵进一步加大，三角洲可能会停止发育，而被海相泥所覆盖。但总的来说三角洲多以海退地层组合类型为主，这种类型三角洲易形成大的油气田，是油气盆地分析的重要研究对象之一。

不同类型的三角洲沉积序列特征有所不同，其中河控三角洲的沉积序列在地质历史中最容易保存，而且研究得较为详尽和深入。**浪控三角洲**的沉积序列常常与海岸砂的沉积序列相似不易区分。

（李广雪　张　洋）

**三角洲海岸** delta coast 在三角洲地区广泛发育的**海岸**。在有大河入海的岸段，河流带来的大量沉积物在河口处堆积，能使陆地向海延伸数十千米以上。河流是三角洲海岸形成的主导因素，波浪、**潮汐**及其他海洋动力作用对其进行改造，共同影响着此类海岸类型的形成和发育。

环境特征 入海河口既有河流动力作用，也有海洋动力作用；既有物理过程，又有咸淡水混合等化学过程。其中，径流和**潮流**结合形成的双向水流，河流入海时不同水体混合将引起的密度、盐度、生物和化学等一系列复杂反应，波浪、潮流对河口地区的沉积和地貌塑造作用等，共同控制着三角洲海岸的发育和演化。一般情况下，河流起主导作用的大河河口，海岸表现为特征明显、规模较大的三角洲沉积地貌；而以波浪或**潮流**等海洋动力作用为主导的海岸，三角洲常被波浪、潮流作用改造。

中国分布 **河控三角洲**的海岸一般呈扇形、鸟足状、喙状和三角湾状，主要为辽河、海河、黄河、滦河、六股河、闽江、韩江、漠阳江、鉴江、南流江等河口。**潮控三角洲**的海岸一般为潮汐通道型落潮流三角洲海岸，大多数分布在南海北部的广东、广西和海南沿岸以及山东的黄海沿岸地区。如山东的双岛港、朝阳港，广东的珠江、甲子港、河北港，海南的清澜湾、港北湾等三角洲海岸。

长江三角洲海岸 由长江在入海处冲积成的三角洲海岸。包括江苏东南部、上海以及浙江省东北部海岸。由于入海口的流速减小，物理、化学环境的改变，使得大部分泥沙在河口地区逐渐沉积下来，最终形成一个尖角形的三角洲海岸。江南和江北的古沙嘴是冰后期最高海平面稳定后逐渐发展起来的，到距今约2000年北岸沙嘴伸到廖角嘴，南岸沙嘴随长江主流向东南延伸与钱塘江沙嘴相连。

黄河三角洲海岸 广义的黄河三角洲海岸指的是北至中国天津、南至废黄河口的海岸；狭义的黄河三角洲海岸指1855年以后，黄河入海物质在山东省利津县以下堆积而成的三角洲。黄河三角洲是世界上淤进速度最快的地区，其海岸是中国最年轻的三角洲海岸，海岸线平缓。黄河尾闾由于泥沙淤积，河床变高，排洪不畅。或因为其他人为原因，黄河入海水道经常改变，历史上平均8年改道一次，因此黄河三角洲海岸也经常改变。

珠江三角洲海岸 位于中国广东省东部海岸，是西江、北江和东江共同冲积成的大三角洲海岸与东江冲积的小三角洲海岸的总称，其东岸段（深圳以东）及西岸段（崖门以西）主要为基岩、砂质海岸，海岸呈倒三角状，海岸还在向南海延伸。珠江三角洲海岸的发育演变经历了缓慢淤积阶段和快速淤积阶段，其中主要是受海平面变化和人类围海造田等工程活动的影响。 （李广雪　权永峥）

**三角洲平原相** delta-plain facies 三角洲发育中的陆上沉积部分。垂向上对应三角洲顶积层。岩性主要以粉砂和粉砂质黏土为主，古河道充填堆积经常构成三角洲平原相的骨架。它包括高潮线以上的上三角洲平原和高潮线至低潮线之间的下三角洲平原，可进一步细分为分流河道、天然堤、决口扇、沼泽、湖泊和分流间湾等沉积环境。

分流河道 陆上河流所挟带的沉积物在河口处的多级分汊河道内发生的沉积。具有一般河道的沉积特征，受河流冲刷作用影响该沉积层与下伏地层呈侵蚀接触，河床底部为砂质滞留沉积，含有较多的泥砾、鹅卵石以及植物碎屑，向上逐渐过渡为砂质、粉砂、泥质粉砂、粉砂质泥沉积。沉积层常表现为平行层理、槽状或板状交错层理以及波状交错层理。

天然堤 洪水期河水漫过分流河道的河岸，其挟带的泥沙沿着河床两岸堆积，最终形成平行于河床走向的沙堤。洪水期间粗颗粒物质最先在河道内沉积，而粉砂、粉砂质黏土等较细颗粒沉积物则随河水溢出，并在河道两侧发生沉积。沉积层中常发育水平层理和波状交错层理，同时也可见波痕、植物碎屑、生物潜穴以及干裂等沉积构造。

决口扇 洪水期河水冲决天然堤，河水所挟带的沉积物在决口处堆积形成的扇形沉积体。沉积物主要以细砂、粉砂为主，粒度较天然堤沉积物粗，具有小型交错层理、波状层理和水平层理，发育冲刷-充填构造，常见有河水带来的植物碎屑。

沼泽 是一个周期性被洪水或海水淹没的低洼地区。沉积物主要为暗色细颗粒、泥炭或褐煤沉积，表现为块状层理和水平层理，常夹有洪水沉积的粉砂薄层，生物扰动强烈。

分流间湾 三角洲向海推进过程中，在分流河道河口砂体之间较低洼地区发育的泥质沉积体。岩性以细颗粒为主，夹粉砂、细砂，具有水平层理、生物扰动构造，受海水作用影响地层中可见海相化石。

（李广雪 王丽艳）

**三角洲前缘相** delta-front facies 由三角洲前缘斜坡堆积迁移形成，是三角洲的主体。垂向上对应三角洲前积层。河流注入海洋后，流速骤降，挟带的沉积物大量卸载，经河流、波浪、潮汐分选作用而形成的砂质沉积层，可细分为水下分流河道、水下天然堤、水下分流间湾、分流河口沙坝、远沙坝、前缘席状砂等。

水下分流河道 陆上分流河道的水下延伸部分，也称为水下分流河床。以砂、粉砂为主，发育交错层理、波状层理以及冲刷充填构造。

水下天然堤 陆上天然堤的水下延伸部分，为水下分支河道两侧的砂脊。沉积物为极细的砂和粉砂，主要发育波状层理，有少量冲刷充填构造、虫孔、植物碎片。

水下分流间湾 河流挟带的细颗粒物质入海后在水下分流河道之间相对低洼的地区沉积所形成的泥质沉积体。岩性以黏土为主，含少量粉砂和细砂。具有水平层理和透镜状层理，可见浪成波痕、生物遗迹，生物扰动强烈。

分流河口沙坝 河口区地形和潮汐影响下，河流流速降低，挟带的泥沙快速堆积，并在横向环流作用下不断发生垂向加积，最终出露水面。沉积物主要以砂、粉砂为主，发育有楔状交错层理、“S”形前积纹理和水平纹理，偶见波痕，化石较少。

远沙坝 位于河口沙坝前较远的部位，沉积物以粉砂为主，含少量黏土。沉积构造以水平纹理为主，含较多的植物碎屑，多生物扰动痕迹。

前缘席状砂 三角洲前缘的河口沙坝在水动力作用下重新分配，在其侧翼沉积形成的面积大的砂层，分选好，具有平行纹理和水流线理。

（李广雪 王丽艳）

**沙坝沉积** sand bar deposit 海滨外侧海中所有长条形沙质堤状堆积地貌的统称。沙坝是由波浪运动产生的进流和退流迁移砂粒形成的平行于海岸的长条状垄岗地形。高潮线附近的沙坝称*沿岸堤*，低潮线附近的称水下沙坝。泥沙垂直运动和平行海岸运动都可形成滨外沙坝。

滨外沙坝一般由分选优良的砂组成，有的地区完全由软体动物介壳、鲕粒、珊瑚礁等钙质沉积构成，其中碎屑物通常受到强烈磨损，且种类复杂，既有近岸生活的属种，也有深水生活的个体。沉积构造以低角度的交错层理为主，板状、槽状交错层理也很常见。

沙坝的下伏层一般为滨海－浅海相泥质沉积层。当波浪能够越过沙坝顶部，并推动沙坝不断向岸移动，沙坝将超覆在潟湖沉积层上，甚至在沙坝的前缘出露黑色潟湖淤泥。*潟湖沉积*在沙坝外缘出露是海岸侵蚀后退的可靠标志。在海进过程中形成的沙体，其下伏层为陆相，上覆浅海相，与海退过程中形成的沙坝完全相反。

大型沙坝通常是由许多相互平行的沙堤组成，它一方面接受海底或相邻岸段不断提供的物质，使之向海增宽，风的吹扬作用和来自潟湖方面的沉积又使沙坝向岸增宽。

（于晓果 边叶萍）

**沙蚕** sand worm 环节动物门（Annelida）多毛纲（Polychaeta）沙蚕目（Nereidida）沙蚕科（Nereididae）动物的总称。沙蚕为两侧对称、分节的长柱体，后端稍细具肛须。沙蚕虫体分为头部、躯干部和尾部。头部由口前叶、围口节和吻组成。口前叶

沙蚕形态

上有眼点、触手和触角；围口节两侧有4对触须，围口节腹面是口；吻为消化道富肌肉的口腔和咽，经口外翻而成；吻前端具1对大颚，吻表面平滑或具齿或软乳突，齿或乳突的排列方式，是重要的分类依据。躯干部是由形态相似的体节组成。通常在每个体节两侧各有一个疣足，疣足分为双叶型疣足、亚双叶型疣足和单叶型疣足。多数沙蚕，除体前部两对疣足为单叶型疣足外，其余皆为双叶型疣足。疣足具背、腹须，在疣足的背、腹叶上，生有形态多样的刚毛，为沙蚕分类的重要依据。虫体最后一节或几个无疣足的体节，形成肛节。沙蚕科的多数种在生殖前发生明显的形态变化，称异沙蚕体。

全世界沙蚕科共发现39属677种，中国近海有20属112种。沙蚕多喜栖息于有淡水流入的沿海滩涂、潮间带中区到潮下带的沙泥中，深海也有分布。沙蚕有很高的经济价值，除可食用和用作钓饵外，还可以从其体内提取有用的药物等。

（包振民）

**沙滩生态修复** beach ecological restoration 对受破坏或消失的沙滩，通过人工措施恢复沙滩景观、改善海岸带生态环境及海岸防护功能的过程。生态修复是对遭到退化、损伤或破坏的生态系统进行人工恢复的过程。沙滩生态修复包括沙滩形态修复和沙丘植被修复。

沙滩形态修复 利用回填补沙（沙滩喂养）及修筑人工岬头、离岸潜堤等工程，恢复沙滩形态。沙滩是从低潮线向上直至地形上显著变化的地方（如海崖、沙丘等），包括后滩、前滩及与海滩发育过程密切相关的水下部分。沙滩形态修复主要依据平衡剖面理论和静态平衡岸线理论。在进行沙滩形态修复时，需进行长期充分的现场观测进行泥沙来源评估、背景侵蚀率估算及水动力环境监测，结合周边健康发育沙滩的环境条件监测，作为制定沙滩修复方案的重要依据。

沙滩形态修复的关键要素包括填沙粒径、填沙坡度、滩肩高度、滩肩宽度等。①填沙粒径。结合原天然沙滩的沉积物粒径及级配分析，一般选择原沙滩沉积物中值粒径1.0～1.5倍沙进行回填补沙。②填沙坡度。修复沙滩的坡度，可以依据平衡剖面定义或参考周边健康沙滩坡度确定。③滩肩高度。滩肩前沿高程通常与自然情况下健康沙滩滩肩顶高程一致，自然滩肩高程由现存和历史记录的相似水文条件下沙滩剖面调查确定；当缺少当地或附近的天然优良沙滩剖面数据时，滩肩前沿高程＝平均高潮位＋一定重现期波浪爬高值。④滩肩宽度。滩肩宽度取决于修复的目的，常受经济、环境等影响。对于满足旅游要求的沙滩，根据沙滩的实际使用功能对滩肩宽度有一定的要求，以满足游人亲海需求，可以参考国际通用优良沙滩主要地貌因子等级表确定。

沙滩喂养最接近自然过程，对海岸生态环境影响较低，是国际上普遍接受的沙滩“软防护”措施之一，但对于动力环境较强的沙滩，仅依靠沙滩喂养很难保证沙滩形态修复成功，造成沙滩使用寿命低，再养护成本增大。因此，通常与人工岬头、离岸潜堤等“硬防护”措施相结合，实现点、线、面全方位的修复效果。

沙丘植被修复 通过人工培育形成的

沙丘，利用人工栅栏或在沙质海岸上种植固沙植物（如灌木等）不断捕获沙源，形成沙丘并防止其流失。海岸沙丘植物分布在海陆交错带，在岸线防护和维持沙丘的稳定性方面发挥了重要的水文、生态、美学和社会经济服务功能。海岸沙丘植物具有较强的生理生态适应性，可以应对土壤盐分较高、水分较少、养分瘠薄、沙埋、沙丘移动吹蚀、海风盐雾盛行和日灼等恶劣的生境条件。

海岸沙丘天然植物种类相对匮乏，种群单一，优势种明显，层次结构简单，外貌季相变化明显，微生境差异导致植物群落斑块化突出。在大多数海岸沙丘植被系统中，优势植物是一年生到多年生的草本植物，但在热带海岸也有小范围的雨林植物分布。海岸沙丘植物群落的分布格局、演替过程、沙丘的稳定与岸线的防护具有密切关系，但生境的恶劣性和种源的特有性、贫乏性，使这些地区的植被系统极易受到干扰破坏且恢复困难。

生态学家仅对地球上部分地区海岸沙丘植物群落的物种组成、分布格局、演替动态有了初步了解，在生物入侵、人类活动逐渐加剧和全球变化的前提下，海岸沙丘植被系统的重要性日益凸显，保护和恢复工作刻不容缓。需要加强以下4方面工作：①通过了解不同海岸沙丘的环境特点及其植被分布，反映海岸沙丘的脆弱性，并借此对其进行分析、分类和评价，从而为沙丘植物群落的恢复重建工作提供借鉴。②通过探讨不同演替进程中，各种环境要素的量化范围和群落对其的适应阈值，了解植物群落在哪种生境条件下会发生质变，推算群落波动的幅度和演替方向等。③了解不同尺度和微生境下植物生理、生态和分子水平上的适应机制，区分植被功能群在该生境下的分布域，预测未来该区域植被的分布格局，指导引种恢复工作。④采用高科技手段筛选适生植物，并在沿海沙丘带上进行实验，跟踪监测植物群落的演替模式、生境效应和延续时间，促进海岸沙丘植被的迅速恢复。

（孙家文）

**砂质海岸** sandy coast 以波浪作用为主发育而成的、由大于0.1毫米粒级的砂组成的较窄的海岸。经常分布在岬角之间的海湾内。沉积物在波浪和**沿岸流**作用下产生横向与纵向移动，形成海滩、滩脊、岸外沙坝和水下沙坝等各种堆积地貌，并在海滨发育风成沙丘。根据影响砂质海岸的动力因素和地貌特征的不同，从岸向海可以划分为**海滨**和滨面两个地貌单元，其中海滨包括后滨和前滨，滨面包括内滨和外滨。

影响因素 影响砂质海岸形成和发育的因素有波浪、**潮流**、粒径、物源、原始地形等。海滩的演变与沿岸波浪特征、泥沙补给和水体渗透性质等因素密切相关。当激岸浪的向岸流速大于离岸流速时，海滩物质供应量大于被搬走量，海滩发育；反之，离岸流速大于向岸流速时，海滩物质侵蚀量大于供应量，海滩横剖面呈凹形。海滩物质一般上部较粗，滩坡坡度较大；下部物质较细，滩坡平缓。由于激岸浪及其冲流和回流的反复作用，使海滩沉积物分选良好。

动力分带 砂质海岸动力作用以波浪为主，**波浪破碎**所产生的动力效应使海滩在横向方向上由海向岸依次出现破波带、**激浪带**和冲洗带。①破波带。波浪在此破碎，对海底发生较强的侵蚀作用，在海底挖出沟槽使水体产生向海加速度，挟带沉积物向海运动，在向海一侧形成沙坝。②激浪带。位于破波带的向岸侧，延伸到前滨的中部。水体以推进波形式向岸运动；并产生向海的**裂流**和平行海岸的沿岸流。沿岸流在激浪带最强，向岸、向海迅速减弱；沿岸流搬运的泥沙量是波浪所搬运的做横向往复运动的泥沙量的10%。裂流在激浪带能冲刷出1～2米的深沟，沟内填充矿物及介壳碎片组成的粗粒滞留沉积。③冲洗带。推进波最后一次破碎形成冲流和回流，冲洗带就是受到冲流和回流交替作用的地段。水流以冲流形式沿滩面上冲，重力、摩擦、水下渗使上冲流减速和停止，终止点沉积砂脊。前滨坡度、渗出水量、回流水量决定回流速度，一般细滩面回流速大，粗滩面回流速小。

沉积特征 砂质海岸沉积物分选好，以跃移运动方式为主，推移和悬移次要。粒度大小由物源、波能、海滩坡度决定。横向上，粗粒物质主要分布在破波带，由破波带向岸和向海都变细；前滨的冲洗带上部粒度较下部粗；坡度大的海滩颗粒粗。

中国砂质海岸的分布 中国的砂质海岸多以中细砂为主，分布范围较广，但又相对集中，沿海的各省市均有砂质海岸分布，但从全局看主要集中分布在辽东

图1 中国山东烟台砂质海岸

图2 中国河北秦皇岛昌黎黄金海岸

半岛、山东半岛和华南海岸3个区域。其中，黄渤海砂质海岸线长达1000多千米，分布总面积700平方千米；华南地区，仅广东和海南两省，砂质岸线就长达1861千米，闽南、两广和海南省分布总面积有2378平方千米。

中国不同地域砂质海岸的发育地形多样，黄渤海沿岸地形比较平缓开阔，砂质海岸地貌多分布于沿海的中小平原海岸（如昌黎海岸）、开阔台地海岸（山东半岛西北岸）和岬湾（山东半岛北岸）之间；华南地区，砂质海岸受基岩岬角的影响分布零散，多发育于岬角海湾之间，规模较小。典型的砂质海岸多分布于河流入海口两侧，中国东部平原地区河流众多，给海岸风沙提供了丰富的沙源。在渤海沿岸分布着中国最典型的温带海岸沙丘，该区域的砂质海岸主要发育于大蒲河口—滦河口。闽南地区海岸风沙多分布在闽江口以南。晋江、九龙江入海口的东南、东北岸也有分布。广东省的砂质海岸以韩江三角洲附近最为发育。

（马妍妍 李广雪）

**鲨鱼** shark; *Selachomorpha* 软骨鱼纲鲨形总目鱼类的总称。又称鲛鱼。

形态 鲨鱼中只有30余种个体较大，其中最大的为鲸鲨，长达20米；其次为姥鲨，长达15米；最小的为宽尾小角鲨，性成熟个体雄鱼长15厘米，雌鱼长20厘米。内骨骼完全由软骨组成。鳃孔5～7对，位于头的两侧。鼻孔腹位或前位。胸鳍前缘游离，与体侧和头侧不愈合。眼侧位，眼缘游离。体被盾鳞或光滑。背鳍2条。肩带的左半部与右半部在背面分离，不连于脊柱。雄鱼腹鳍里侧具一交配器的鳍脚。具泄殖腔。体内受精。肠短，具螺旋瓣。心脏具动脉圆锥。有些深海鲨类体表具发光器官。例如，乌鲨皮肤上有很小而分散的发光器官，达摩鲨腹面及尾鳍发出绿光，小角鲨体侧有分散而小的发光器官。

种类 全世界共有9目34科105属约513种，中国有9目25科61属133种。真鲨科和猫鲨科种类多，刺鲨科、乌鲨科和

角鲨科次之。鲨形总目包括的9个目分别为：①六鳃鲨目。全世界共有2科4属6种，中国有2科4属5种，例如扁头哈那鲨。②虎鲨目。全世界共有1科1属9种，中国有2种，如狭纹虎鲨。③鲭鲨目。全世界共有7科10属16种，中国有7科8属11种，如噬人鲨（又称大白鲨、姥鲨）。④须鲨目。全世界共有7科13属43种，中国有6科6属12种，如鲸鲨、日本须鲨、条纹斑竹鲨及豹纹鲨等。⑤真鲨目。全世界共有8科51属280种，中国有7科31属71种，如阴影绒毛鲨、侧条真鲨、灰星鲨、路氏双髻鲨、尖头（大吻）斜齿鲨等分布于中国沿海地区，光尾鲨及锯尾鲨分布于中国东海至南海水深400～1000米的深海区。⑥角鲨目。全世界共有6科51属约127种，中国有5科13属42种，大部分为深海种，如叶鳞刺鲨、铠鲨、蒲氏霞鲨、乌鲨及黑异鳞鲨等，短吻角鲨见于中国沿海地区。⑦锯鲨目。全世界只有1科（锯鲨科）2属7种，中国有2属2种，如日本锯鲨。⑧扁鲨目。全世界只有1科（扁鲨科）1属（扁鲨属）约23种，中国有4种，如星云扁鲨、日本扁鲨。⑨棘鲨目。全世界只有1科1属2种，中国只有1种，即笠鳞棘鲨。

分布　广泛分布于印度洋、太平洋和大西洋的南纬55°～北纬80°。大多数种类集中在赤道、热带和亚热带海区。在海中垂直分布和水平分布的范围极广，可自表层至1800米以下的深海。中国的绝大多数种类属热带和亚热带种。

生态习性　几乎全是肉食性的，只有鲸鲨、姥鲨以浮游动物为食。噬人鲨、鼬鲨捕食海兽和海龟等，也袭击人类。星鲨食贝类及甲壳类。达摩鲨具有可吸吮的唇，借此吸附于大鱼和鲸的身上，用大牙咬下它们的肉。

繁殖　为体内受精，生殖类型有：①卵生型。如须鲨、猫鲨和鲸鲨。②卵胎生型。如角鲨受精卵在雌体子宫内，胎儿借巨大的卵黄营养发育，产出仔鱼。③胎生型。如灰星鲨、双髻鲨等，其胎儿与母体发生血液循环上的关系，营养物质通过卵黄囊胎盘经脐带血管进入胎儿体内。

经济价值　为次要经济鱼类，其中星鲨和白斑角鲨产量较高，其次为鼠鲨、真鲨、扁鲨等。日本、印度尼西亚、印度、巴基斯坦及中国台湾地区渔获量高。肉可食用，肉质因种而异。皮可制皮革，也可制取鲨皮胶，是制明胶和止血海绵的原料。肝具有滋补强壮、明目的功效。角鲨肝油富含不饱和脂肪酸和角鲨烯，有类似红细胞摄取氧的功能，能改善、活跃人体内的生物氧化还原反应，促进体内能量代谢，提高细胞免疫力功能，增强机体的耐力和应激能力。

危害　鲨鱼中有27种有攻击人的记录，属于危险鱼类。如噬人鲨、锥齿鲨、双髻鲨、灰鲭鲨等对游泳者和潜水工作者危害较大。（陈明茹）

**山东滨州贝壳堤岛与湿地国家级自然保护区** Binzhou Shell Dike Island and Wetlands National Nature Reserve, Shandong　以贝壳堤岛与滨海湿地为主要保护对象的国家级自然保护区，属海洋自然遗迹类型自然保护区。位于山东省滨州市无棣县城北60千米处，渤海湾西南岸，地理坐标为东经117°46′58.00″～118°05′42.95″、北纬38°02′50.51″～38°21′06.06″，总面积为43 541.54公顷。1999年无棣县人民政府批准建立县级“无棣县海洋古贝壳堤自然保护区”，2006年经国务院批准晋升为国家级自然保护区。

保护区内有两列平行于海岸线的新、老贝壳堤。第一列（古贝壳堤）位于保护区南部，埋深0.5～1米，距今5000多年；第二列（新贝壳堤）位于保护区北部，属于裸露开敞型，距今2000～1500年，该贝壳堤仍不断生长。两列贝壳堤之间的湿地和向海的潮间湿地与潮下湿地组成了世界罕见的贝壳堤岛与湿地系统。无棣贝壳滩脊海岸，规模宏大，是世界罕见、中国独有的，国际上称为海沼沙脊海岸，是全世界保存最完整且唯一新老并存的贝壳滩脊，是研究黄河变迁、海岸线变化、贝壳堤岛的形成等环境演变以及湿地类型的重要基地。保护区还是东北亚内陆和环西太平洋鸟类迁徙的中转站和越冬、栖息、繁衍的场所，在中国海洋地质、滨海湿地类型和生物多样性研究工作中占有极其重要的地位。

山东滨州贝壳堤岛与湿地国家级自然保护区

保护区内物种丰富，发现的野生珍稀动物达459种。保护区内有文蛤、四角蛤、扁玉螺等贝类和鱼、虾、蟹、海豹等海洋生物50余种；有落叶盐生灌丛、盐生草甸、浅水沼泽湿地植被等各种植物共350种，其中仅酸枣、麻黄、黄芪、五加皮等特产中药材就有40多种，还有珍稀濒危植物野大豆等；湿地里有豹猫、狐狸等6种野生哺乳动物，有东方铃蛙、黑眉锦蛇等两栖爬行动物8种，鸟类45种，包括国家Ⅰ级保护动物大鸨、白头鹤，国家Ⅱ级保护动物大天鹅等。主要景观有北海渔歌、海钓基地、贝海拾趣、盐场采风、生态科普中心、禽鸟乐园等。

自然保护区建立后，贝壳堤岛和滨海湿地实现稳定恢复，贝壳堤岛不断生长发育，区内植被覆盖面积扩大了一倍，海岸侵蚀和湿地退化得以控制，野生动物觅食、繁衍、活动场所得到了有效保护，野生动物数量明显增加，对促进经济、社会可持续发展具有重要意义。（张朝晖）

**山东荣成大天鹅国家级自然保护区** Rongcheng Whooper Swan National Nature Reserve, Shandong　以大天鹅和典型滨海湿地生态系统为主要保护对象的中国国家级自然保护区。位于山东省荣成市成山镇境内，地处胶东半岛最东端，地理坐标为东经122°23′～122°35′、北纬36°58′～37°25′，主要由朝阳港、马山港和八河港3个潟湖组成，总面积10 500.00公顷。2000年，山东省政府批复成立荣成天鹅湖省级自然保护区，2007年晋升为国家级自然保护区。

保护区地处山东半岛最东端丘陵海岸，三面环海，海岸线曲折，海岸湾岬相连，属暖温带季风型湿润气候，有芦苇沼泽、滩涂、浅海和潟湖4种湿地类型。沙坝-潟湖体系属中国少有的典型沙嘴型湾顶潟湖，其中马山港是中国现存完整、典型的潟湖之一。地处暖温带落叶阔叶林区，主要植被类型为沙生植被、盐生草甸、水域植被、灌丛等。

保护区大面积的浅海滩涂、丰富的湿地植被和水生生物资源，为鸟类的繁衍生息、迁徙越冬提供了优良的栖息环境，使得保护区成为鸟类南迁北移的重要中转站和越冬场所，是世界上已知最大的大天鹅越冬种群栖息地（图1、图2）。保护区内大天鹅主要以丰富的浅海大叶藻为食，昆虫、裙带菜及海韭菜等也是其食物来源，每年有近万只大天鹅来此越冬，被誉为“东方天鹅王国”。保护区内有国家Ⅰ级保护鸟类东方白鹳、黑鹳、中华秋沙鸭、大鸨、白头鹤、金雕6种；国家Ⅱ级保护鸟类大天鹅、黄嘴白鹭、鸳鸯、白额雁、灰鹤、小杓鹬等17种；属于《濒危野生动植物种国际贸易公约》保护物种17种；《中澳候鸟保护协定》保护鸟类36种；《中日候鸟保护协定》保护鸟类94种。大天鹅为保护区主要保护对象，每年11月中

大天鹅飞临山东荣成大天鹅国家级自然保护区

旬至次年3月中、下旬在保护区内居留。保护区的景观属于海陆过渡带，独特的地质、地貌、气候等因素，使得区内生物种类繁多，动、植物珍稀奇特，形成多层次、多类型的生态旅游资源，具有显著的生态系统多样性和特殊的保护与科研价值。

保护区漫长的海岸和众多海湾、潟湖、海滩、岛屿、丘陵，为海洋水生生物和陆生生物的生存创造了有利条件。保护区的建立，为保护生物物种多样性、改善生态系统脆弱性、促进旅游经济的发展具有重要作用。（张朝晖）

**珊瑚** coral 海生无脊椎动物腔肠动物门的一纲。珊瑚有单体和群体之分，群体珊瑚可形成珊瑚礁。珊瑚虫软体顶部具许多中空的触手，绝大多数珊瑚具外胚层分泌的钙质外骨骼。根据骨骼的性状，可将其分为皱纹珊瑚、六射珊瑚、床板珊瑚和日射珊瑚等。

珊瑚可靠的化石记录出现在奥陶纪中期，也有专家认为寒武纪就开始出现了。自出现以来，珊瑚一直就是正常浅海海洋生态系统的重要组成部分，特别是较暖水的海洋底域，直至现今海洋中低纬度温暖较浅水地区发育了较多的珊瑚礁。珊瑚以及珊瑚礁的发生和发展是地球区域环境演变以及重大地质和生物事件的指向标，对其进行深入研究具有重要的理论和现实意义。许多种类的珊瑚分布广泛，生存时限短，是划分、对比地层的重要标志。珊瑚还有明显的生长节律，深入研究其细密生长纹，还可探索地史时期一天、一月、一年的精确时长，进而研究地球自转、公转等的频率。因此，珊瑚素有“生物钟”的美誉。研究它在各地质时期的分布规律及其演变，对于了解古气候、区域地质构造演变、古地理变迁、生物古地理区系划分及其演变均具有重要价值。（詹仁斌）

**珊瑚岛** coral island 生长于热带海域火山岛周缘的珊瑚礁不断上长形成的岛屿。见**大洋岛**。

**珊瑚礁** coral reef 热带和亚热带浅海中以造礁珊瑚骨骼为主骨架，辅以其他造礁及喜礁生物的骨骼和壳体所构成的多孔、疏松的生物堆积体。珊瑚礁是**生物礁**的一种。造礁珊瑚具有分泌碳酸钙形成外骨骼的功能，它们世代交替生长，构成礁体。

资源 现代热带、亚热带浅海中，珊瑚礁是一个具有极高生物多样性和资源生产力的生态系统，为沿海居民提供丰富的海洋水产品、海洋药物原材料、旅游休闲收益，成为地方和国家经济的重要财富。珊瑚礁中蕴藏着丰富的矿产资源，礁灰岩是石油和天然气良好的生、储层。珊瑚礁世代交替生长，记录了大量地质历史时期气候变化和海洋环境的信息，是海洋环境和生态系统的检测器。

问题 由于开发过度、环境污染、疏于管理和保护，加上厄尔尼诺事件频发，珊瑚礁遭到严重破坏。据全球珊瑚礁监测网络提交的报告，到20世纪末，由于白化和其他死亡事件，全球已损失珊瑚礁27%，包括水深40米处和生长了1000多年的礁体。预计未来10～30年将再损失30%。这对西南太平洋、印度洋和加勒比海等地的珊瑚礁岛国来说，是很大的威胁。中国从台湾至南海广泛分布的珊瑚礁，面临同样的危机。

世界著名珊瑚礁 主要有澳大利亚大堡礁（见**堡礁**）、中美洲大堡礁、佛罗里达礁、中沙群岛等。

中美洲大堡礁位于从尤卡坦半岛顶端的伊丝拉岛至洪都拉斯海湾群岛省附近的一片珊瑚礁，长约1000千米。包括伯利兹堡礁保护区、科苏梅尔礁国家公园、圣卡安生物圈保护区等多个保护区，是西半球最大、世界第二大的堡礁群。

佛罗里达礁，长约300千米，从佛罗里达半岛东南角靠近迈阿密处，一路南行并向西弯曲，直到最底端的西礁岛。

大堡礁北部巴布亚新几内亚某岛屿的水下生态景观

中沙群岛是中国南海诸岛四大群岛之一，长约140千米，宽约60千米，主要部分由隐没在水中的三座暗沙、滩、礁、岛所组成，从东北向西南延伸，略呈椭圆形。包括南海海盆西侧的中沙大环礁、北侧的神狐暗沙、一统暗沙及耸立在深海盆上的宪法暗沙、中南暗沙、黄岩岛等。几乎全部隐没于海面之下，距海面10～26米，只有黄岩岛南面露出了水面。中沙群岛自古以来就是中国神圣不可侵犯的领土。（刘世东 李广雪）

**珊瑚礁生态系统** coral reef ecosystem 由造礁石珊瑚生物群体形成的底质、覆盖的水体和其中生存的生物共同构成的**海洋生态系统**。具有很高的生产力和物种多样性。尽管珊瑚礁的面积不到地球表面积的0.5%，但其中却生活着25%的海洋生物物种。珊瑚礁是地球上由造礁生物建造的最大固体结构（澳大利亚大堡礁长度超过2000千米）。全球海洋鱼类近1/3分布于此，以珊瑚礁为隐蔽、捕食繁殖和育幼场所。事实上，珊瑚礁孕育的生物多样性甚至超过了热带雨林。

类型 根据外形，C.R.达尔文在1842年将现代珊瑚礁分为3种类型：岸礁、堡礁（离岸礁）和环礁。后人又另分出台礁、塔礁、点礁和礁滩4类。造礁石珊瑚被分成印度洋－太平洋和大西洋－加勒比海两大区系，前者的属数和种类均高于后者，因而珊瑚礁大多数分布在印度洋－太平洋上。中国的珊瑚礁从台湾岛一直分布到南海，南海诸岛的珊瑚岛礁最多。

特征 珊瑚礁的类型并不代表珊瑚礁生态系统的类型。相反，根据珊瑚生长所需的环境条件，珊瑚礁生态系统具有相似的环境特征：①较高的温度和强烈的阳光，满足与其共生的虫黄藻光合作用需求。②强烈的波浪或海流，带来营养和氧气。③低浑浊度，避免悬浮颗粒吸收辐射能量，干扰珊瑚的滤食过程，甚至埋葬珊瑚。④合适的盐度，水体盐度太低珊瑚就会死亡。⑤可附着的硬基质。由此产生了“达尔文悖论”，即类似的海域通常不是高生产力区。后来的研究表明，生产力不高是珊瑚礁生物群落的高吸收和生长效率过滤了流过水体中的营养物质并在本地循环的结果。

退化和保护 根据珊瑚礁生态系统的环境特征，任何对上述环境不利的过程都会影响珊瑚礁健康和数量。富营养化导致的浮游植物生物量的增加会降低海水的透明度，生长迅速的物种在珊瑚礁上大量生长并通过生物侵蚀作用对珊瑚礁结构产生破坏。除此之外，敌害生物（海星）、渔业生产活动、海水温升高、海洋酸化、海平面上升等都会导致珊瑚礁生态系统退化。一项关于珊瑚礁生态系统的调查表明，已经有30%的珊瑚礁受到严重破坏，到2030年这一比例会升高到60%。另一项研

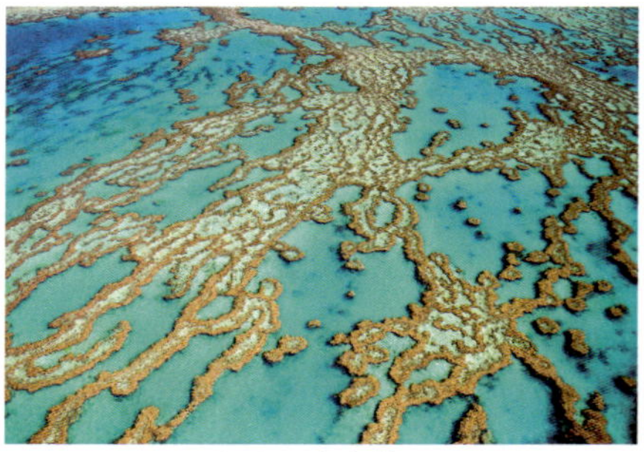
大堡礁海域景观

究估计，超过1/3的主要造礁珊瑚物种濒临绝灭，这将给整个珊瑚礁生态系统带来严重的后果。

在这些退化诱因中找出主要因素有助于对珊瑚礁生态系统开展更加有效的保护，而实际情况是这些因素是共同作用且相互促进的。红海的研究表明，过度捕捞和富营养化导致珊瑚礁退化，而这种负面作用会因为全球变暖和海水酸化变得更加严重。澳大利亚，尤其是西海岸的珊瑚礁一般认为面临的人类活动威胁最小，但仍然没有逃过退化的厄运，飓风、白化和敌害生物的发生频率和影响范围都很大。

珊瑚礁生态系统是全球海洋生态系统中生物多样性最高的地方，生态和经济价值巨大，全球范围内也投入了相当大的努力进行珊瑚礁保护。澳大利亚大堡礁是全球最知名的珊瑚礁生态系统，该国科学家也在此进行了很多创新性的工作。中国的珊瑚礁研究可追溯到20世纪30年代，80年代以后，开展了大量研究工作（见**珊瑚礁生态修复**）。（张光涛）

**珊瑚礁生态系统退化** coral reef ecosystem degradation 在多种自然和人为压力下，珊瑚礁生态系统出现面积缩减、结构失衡、生态服务功能下降的现象。

珊瑚礁生态系统是热带、亚热带海洋中的代表性生态系统，其结构组成包括造礁石珊瑚生物群体形成的底质、覆盖的水体及栖息其中的生物群落。

珊瑚礁生态系统的生态服务功能 ①维持生物多样性。珊瑚礁生态系统是全球生物多样性最丰富、初级生产量最高的生态系统之一。据估计全球珊瑚礁面积约为全球海域面积的0.1%～0.5%。已记录的礁栖生物达9.3万种，约占海洋生物总数的30%，包括多毛类、软体动物和超过2500种鱼类。健康的珊瑚礁系统每年每平方千米渔业产量达35吨，全球约10%的渔业产量源于珊瑚礁地区，在印度洋-太平洋等发展中国家则可高达25%。②维持生态平衡。珊瑚礁生物的迁移、生物化学过程和营养物质循环对于维持和促进全球碳循环及钙平衡有重要作用。③生态旅游观光。珊瑚礁是重要的生态旅游基地，据1994年统计大堡礁每年的旅游收入约为6.82亿澳元，1990年加勒比海礁区的旅游收入达89亿美元。④海洋药物及工业原料开发。海藻、海绵、软体动物和某些珊瑚体内含有高效抗癌、抗菌的化学物质，有广阔的药物开发潜力；珊瑚骨骼在医学上可用于骨骼移植；很多海藻可用来提取琼脂和胶等工业原料；珊瑚礁系统内的碳酸钙常被用作建筑材料。⑤海岸线保护。珊瑚礁具有重要的防浪护岸效应，为海草、红树林以及人类提供安全保障。

珊瑚礁生态系统的退化现状 20世纪90年代之后全球珊瑚礁持续衰退。珊瑚礁生态系统的退化主要表现在：①珊瑚礁面积缩减。2008年的研究估计，全球19%的珊瑚礁已经消失，另外17%可能会在随后的10～20年丧失，只有46%的珊瑚礁处于健康状态，其中东南亚80%的珊瑚礁处于危险状态。中国由于沿岸开发、污染和过度捕捞，沿岸珊瑚覆盖率下降了80%以上。②珊瑚礁生态系统结构失衡，出现白化、钙化障碍、病害、生长受抑、生物多样性降低等。据2004年研究，大堡礁在过去40年中活珊瑚平均覆盖率由40%下降到20%，长棘海星暴发和白化事件不断上升。中国三亚鹿回头风景区内的珊瑚覆盖率从20世纪60年代的80%～90%下降到2018年的21.83%，其中生活的经济鱼类物种数大幅减少。③珊瑚礁生态系统服务功能下降。如加勒比海珊瑚礁已被世界自然保护联盟列入世界10大濒危生态系统，其珊瑚礁发生灾难性退化，活珊瑚平均覆盖率由1977年的50%下降到2001年的10%。当地2/3的珊瑚礁捕捞业、潜水旅游业和海岸防护服务业因此缩减，导致每年3.5亿～8.7亿美元的经济损失。

主要退化原因 气候变化、海水酸化、病害、富营养化、栖息地破坏、水污染、过度捕捞等因素是造成珊瑚礁生态系统退化的主要原因。①海水表面温度升高。全球持续变暖，海水表面温度升高导致的珊瑚礁白化是造成当前珊瑚礁生态系统退化的最主要原因。研究表明，礁区温度只要持续几周高出珊瑚生长极限温度1～2℃就可以导致珊瑚礁白化。②海水酸化。海洋每年吸收了人类活动产生的33%的$CO_2$，从工业革命时期以来海洋表面海水酸碱度下降了0.1。海水酸化明显降低了珊瑚有效钙化的能力，导致珊瑚骨骼疏松，礁体增长缓慢，降低珊瑚面对疾病、白化和风暴等灾害的抵抗性，而且还会影响到栖礁生物的生存能力。③人类活动。陆源污染、沿海建设海洋工程，导致珊瑚栖息地高浊度；过度捕捞珊瑚礁生态系统内的渔业资源、非法人为破坏珊瑚、非法贩卖珊瑚、制作珊瑚礁制品，以及过度旅游开发活动都会造成珊瑚生态系统的破坏。

防治措施 世界环境与发展大会发表的《21世纪议程》已明确将珊瑚礁生态系统列为被“保护和保存稀有或脆弱的生态系统”之一。主要保护措施有：①普及珊瑚礁生态系统知识，增强人们的保护意识。②建立保护区，保护珊瑚礁生态环境和生物多样性。1975年澳大利亚的大堡礁成为世界上第一个珊瑚礁保护区。中国已有两个珊瑚礁国家级自然保护区，分别是广东徐闻珊瑚礁国家级自然保护区和海南三亚珊瑚礁国家级自然保护区。③开展珊瑚礁修复的研究和实践工作。④加强对珊瑚礁的长期动态监测。（汝少国 王军）

**珊瑚礁生态修复** coral reef ecosystem restoration 采取一定措施，协助退化、受损的珊瑚礁生态系统结构与功能逐渐恢复的过程。珊瑚礁生态修复技术主要包括珊瑚移植、园艺式养殖珊瑚（提供移植对象）、人工鱼礁、底质稳固和幼体附着、培育新品种等。

珊瑚移植 该技术成本较低，可以较快速增加珊瑚的数量，是运用较多的修复技术。应根据珊瑚退化的原因，选择适宜生长的海区进行移植。例如，海水温升过快致使珊瑚白化，可将尚未白化的珊瑚移到水温较低，且又适宜生长的海区；受人工采挖破坏的珊瑚生长区，可以移植成熟的珊瑚进行幼虫补充。

园艺式养殖珊瑚 可在温室内培养，或在特定的海区对珊瑚断片或幼虫进行培养，待珊瑚生长到一定大小时，再将其移植到退化的珊瑚礁区。园艺式养殖可培养出大量移植个体，并可在移植过程中最大限度地减少对珊瑚的组织损伤，有助于被移植的珊瑚适应新的环境和繁殖，提高修复的成功率。由于珊瑚的繁殖速度慢、培养成本高，利用养殖箱培养的珊瑚主要应用于可控条件下的珊瑚礁生态系统修复方法研究。

人工鱼礁 是协助珊瑚建立发育基底的重要手段。借助人工鱼礁进行珊瑚礁的生态修复，既可以将人工礁投放于珊瑚礁区，也可以在珊瑚礁附近区域建造人工鱼礁，形成新的珊瑚礁。选择合适的水域创造微型地形地貌，在适合珊瑚生长的环境中投放人工鱼礁，在礁体表面增加微型孔洞等能够促进幼虫的附着，表面结构复杂的礁石是吸引珊瑚幼虫附着的重要因素。人工鱼礁是通过建立一个稳定、抵抗风浪、提供庇护所的岩体结构，促使珊瑚的附着、生长和繁殖。但人工礁体中底栖海藻易于快速繁殖、抢占珊瑚生存的空间，影响珊瑚的生长和抑制幼虫补充，影响珊瑚礁生态修复的效果，因此借助人工礁修复珊瑚礁需要相关生态因子的平衡。

底质稳固和幼体附着　通过补充浮游幼虫到珊瑚礁区实现珊瑚礁生态修复。完成幼虫的补充包括幼虫漂流、幼虫附着和变态、幼虫生长3个连续的阶段。可通过化感作用，使浮浪幼虫漂流至合适的地方进行附着，移植的珊瑚和原位珊瑚杂交产生的幼虫，在细菌和珊瑚藻分泌的化学物质吸引下，进行附着和变态。

培育新品种　除了通过人工干预进行珊瑚礁生态修复外，提高珊瑚对环境的耐受能力和恢复潜力也是珊瑚礁生态修复的重要内容。如通过珊瑚驯化与选择性繁育建立混合基因库，培育具有新基因和新表现型的珊瑚；协助珊瑚共生虫黄藻进化培育新系群珊瑚共生体；改变珊瑚-共生微生物系群结构，提升珊瑚对环境的耐受力等。从本质上提升珊瑚的修复能力是珊瑚礁生态修复的重要发展方向，但这些修复技术和推广可能性还处于实验室试验阶段。由于珊瑚礁生态修复工程成本高，成功推广的珊瑚礁生态修复案例很少。

（蔡悦荫）

**扇贝**　scallop　软体动物门珍珠贝目扇贝科（Pectinidae）贝类的统称。

形态　贝壳较大，近圆形。背缘直。壳顶近背缘中部。前后具耳，除少数种类外，多数种前后两耳不等。一般右壳前耳下方具有足丝孔，其腹缘具数枚小栉齿。贝壳表面常有各种形状的放射肋，肋上具有鳞片或小棘。生长纹细密而规则。壳色多种多样，鲜艳美丽。贝壳内面色浅而略具光泽，常有与壳表对应的内肋，肌痕较明显；内韧带褐色，位于三角形的韧带槽中。外套缘厚，有发达的外套眼和触手，无水管。

分布　广泛分布于世界各大洋。中国，南北沿海地区均有分布，以热带海域种类最为丰富，已发现23属50余种。

生态习性　通常生活在**潮下带**至百米左右的浅海区，但也少数种（拟日月贝亚科）生活在较深的海底。生活方式也有不同。有的以足丝附着在岩石、石块、珊瑚礁或其他物体上；无足丝的种可自由生活在海底表面，或微埋于泥沙中；还有个别种能生活在珊瑚动物群体中。闭壳肌特别发达，善游泳，能利用闭壳肌的伸缩开合两壳，在水中做上、下、左右蝶式游泳。营附着生活的种足退化而足丝发达。属滤食性动物，被动摄食，主要以浮游生物、细菌和有机碎屑为食。

繁殖　因种而异。通常在5～10月性腺成熟，分雌雄异体和雌雄同体两种类型。雌雄异体者的精子和卵子都排放至海水中受精和发育，雌雄同体者通常是先排精子而后排卵子。

经济价值　在中国，北方常见的有栉孔扇贝和虾夷扇贝，以及从国际上引进并已开展大规模养殖的海湾扇贝；南方常见的有华贵栉孔扇贝和长肋日月贝等。扇贝肉味鲜美，营养丰富，闭壳肌肥大，经加工干制后，称为“干贝”或“带子”，是名贵的海珍品。贝壳美丽，丰富多彩，可供观赏或做装饰品，是雕刻工艺的原材料。有的种已成为药物研究开发的重要对象。

（张素萍）

**上海崇明东滩鸟类国家级自然保护区**

Chongming Dongtan Birds National Nature Reserve, Shanghai　以鸻鹬类、雁鸭类、鹭类、鸥类、鹤类等迁徙鸟类为代表性物种，以它们赖以生存的河口湿地生态系统为主要保护对象的国家级自然保护区。位于长江入海口，崇明岛的最东端。南起奚家港，北至北八滧港，主要由团结沙外滩、东旺沙外滩、北八滧外滩、潮间带滩涂和周围水域组成。地理坐标为东经121°50′～122°05′、北纬31°25′～31°38′。总面积24 155.00公顷。

发展简史　保护区成立于1998年。1999年被正式列入“东亚—澳大利西亚涉禽保护区网络”。2000年被列入《中国重要湿地名录》。2002年被列入《国际重要湿地名录》。2005年晋升为国家级自然保护区。

自然环境　保护区由长江径流夹带的巨量泥沙在河口区沉积而成，是长江口规模最大、发育最完善的河口型潮汐滩涂湿地，其南北狭、东西宽。区内潮沟密布，高、中、低潮滩分带十分明显，是亚太地区迁徙水鸟的重要通道，也是多种生物周年性溯河和降河洄游的必经通道。

俯瞰上海崇明东滩鸟类国家级自然保护区

生物资源　崇明东滩记录的鸟类有290种，其中鹤类、鹭类、雁鸭类、鸻鹬类和鸥类是主要水鸟类群。已观察到的国家重点保护鸟类共39种，占崇明东滩鸟类群落组成的15%。其中，被列入《国家重点保护野生动物名录》属Ⅰ级保护鸟类的有东方白鹳、黑鹳、白尾海雕和白头鹤4种；被列入《国家重点保护野生动物名录》属Ⅱ级保护鸟类的有35种，如黑脸琵鹭、小青脚鹬、小天鹅、鸳鸯等；被列入《中国濒危动物红皮书》的鸟类有20种。除此之外，保护区还列入《中日候鸟保护协定》的物种156种，列入《中澳候鸟保护协定》的物种54种，濒危鸟类占鸟类总数的15%。保护区内稀有鸟类黑脸琵鹭，种群数量极少，全球仅1500余只。保护区除了拥有种类繁多的鸟类外，还拥有其他丰富的生物资源。在现有的10种兽类、94种鱼类和70多种大型底栖动物当中，有国家Ⅰ级保护野生动物白鱀豚和中华鲟，有经济特产种类大闸蟹和素有“软黄金”之称的鳗苗，还有泥螺、日本沼虾、海瓜子等经济动物，这些动物的重要生活（如觅食、繁殖、幼体育肥等）都依赖这一特殊水域。崇明东滩现已查明的物种还包括两栖爬行动物16种、浮游动物19种和昆虫103种。

重要作用　上海崇明东滩鸟类国家级自然保护区是亚太鸟类迁徙路线的重要组成部分，是水生生物的产卵场和洄游通道，在调节气候、净化水质、抵御**风暴潮**等自然灾害方面发挥着重要作用。

（张朝晖）

**上海海洋大学**　Shanghai Ocean University　以海洋、水产、食品学科为特色，上海市与国家海洋局、农业农村部共建的多科性应用研究型大学。校训是1914年订立的“勤朴忠实”。学校前身是张謇、黄炎培等创办于1912年的江苏省立水产学校。曾先后更名为第四中山大学农学院水产学校、“中央大学”农学院水产学校、上海市立吴淞水产专科学校、上海水产专科学校等校名。1952年升格为上海水产学院。1972年南迁集美，更名为厦门水产学院。1979年回沪复校。1985年更名为上海水产大学。2008年更名为上海海洋大学。在中国率先创办养殖科（1921）、航海专科（1924）、远洋渔业专科（1925）、水生生物（1952）等专业。

学校现有浦东新区沪城环路校区和杨浦区军工路校区，设有12个学院（部）、

46个本科专业与方向；4个博士后流动站、4个一级学科博士学位授权点，14个一级学科硕士学位授权点，8个研究生专业学位授权点；1个国家重点学科，3个上海高校高峰高原学科，3个上海高校一流学科，9个省部级重点学科；拥有国家远洋渔业工程技术研究中心、国家工程实验室——船舶压载水检测试验室，以及30余个教育部、农业农村部重点实验室等研究机构。

上海海洋大学校园一隅

截至2024年，全日制本专科生12 000余人、研究生6200余人；教职工1500余人，其中教学科研人员800余人，具有高级专业技术职称近500人，拥有全职国家级各类人才38人次（其中在职享受国务院特殊津贴人员9人）、省部级各类人才228人次。

2000～2016年，学校共获国家科技进步奖二等奖7项、国家级教学成果奖二等奖2项。学校办有学术期刊《水产学报》《上海海洋大学学报》《渔业学报》(*Aquaculture and Fisheries*)。 （宁　波）

**上海九段沙湿地国家级自然保护区** Jiuduansha Wetland National Nature Reserve, Shanghai　以河口型新生湿地生态系统、发育早期的河口沙洲地貌及其发育过程、重要经济水产动物种质资源、珍稀濒危的水生动物和鸟类种群、水生动物产卵和育肥生境等为主要保护对象的中国国家级自然保护区。保护区位于长江口拦门沙河段，地理坐标为东经121°46′～122°15′、北纬31°03′～31°17′，东西长43.6千米，南北宽约25.9千米，总面积为42 020.00公顷，于2000年成立，2005年7月晋升为国家级自然保护区。

九段沙湿地由上沙、中沙、下沙和江亚南沙4个沙洲组成，是长江中最年轻的冲积河口型沙岛，被称为上海最后的“处女地”，也是中国唯一仍基本保持原始河口沙洲地貌及其发育过程的重要地区。保护区不断淤积的广袤滩涂，为动植物提供了良好的栖息、觅食环境，是江海洄游动物的必经之路，也是东亚—澳大利亚鸟类迁徙的重要通道。保护区现有高等植物49种，主要为海三棱藨草、芦苇等；底栖动物125种，如缢蛏、泥螺、虾、蟹等；鸟类193种，其中国家Ⅰ级保护鸟类有东方白鹳、白头鹤、遗鸥3种，Ⅱ级保护鸟类有小天鹅、黑脸琵鹭、红隼、苍鹰、普通鵟、白头鹞等21种，琵鹭、小天鹅、黑尾鹬、小青脚鹬、黑嘴鸥和震旦鸦雀6种鸟类被列入《中国濒危动物红皮书》；118种鸟类被列入《中日候鸟保护协定》，51种鸟类被列入《中澳候鸟保护协定》，16种被列入《世界自然保护联盟濒危物种红色名录》。鱼类133种，其中历史上曾有记录的国家级保护鱼类有中华鲟、白鲟、花鳗、胭脂鱼和松江鲈鱼5种。

上海九段沙湿地国家级自然保护区上沙部分区域

九段沙湿地国家级自然保护区为各种生物提供了优越的栖息环境，不仅具有丰富的生物多样性资源，而且具有天然水质净化场的功能，上海一部分排入长江口的污水、尾水被九段沙丰富的植物和微生物有效清除；是典型的生态敏感区，具有极其重要的监测和研究价值；也是开展生态科普考察、教育的良好场所。 （张朝晖）

**上混合层卷吸作用** upper mixed-layer entrainment　海洋中上混合层与深层的交换过程。在上层海洋，风强迫和不稳定浮力强迫可以引起强烈的湍流运动，形成垂向温度、盐度和速度分布较为均匀的上混合层。混合层和深层的交换通过“卷挟作用”实现，分为两种过程：一种是随着湍流过程的加强，混合层加深，将混合层以下的水卷入混合层，称为“卷入”(entrainment)；另一种是湍流过程减弱，混合层随之变浅，混合层的水进入以下深层，称为“卷出”(detrainment)。

卷入过程　主要发生在低纬度和中纬度的大部分海域秋冬季节，其表层海水温暖，下层水温较低，混合层加深将混合层底较冷海水卷入混合层，对上混合层起到冷却作用。太阳的热量通过海-气界面源源不断地输入海洋，冬季风增强不断搅拌上层海水并造成失热，从而形成海洋上混合层加深，海水的密度在混合层内部沿铅直方向的分布比较均匀，但是在上混合层底部，有一个密度垂直梯度较大的跃层，风加强，混合层逐渐加深，直到达到统计平衡状态时为止。

卷挟过程的参数化　基于海洋上层存在垂直分布较均匀的上混合层这一观测事实，将混合层作为整体来处理，并通过混合层内湍动能的收支平衡计算跨越混合层底的卷挟速度。这一参数化方案主要包括KT、湍流封闭、KPP及浪潮流耦合参数化等混合方案。由于上层海洋变量的垂直梯度远大于水平梯度，KT模型假设影响混合层变化的主要是局地垂直过程。当上层海洋获得风应力搅拌输入的动能和不稳定浮力强迫时，混合层内湍动能增加，被卷入过程所增加的势能平衡；当风强迫减弱，上层海洋在稳定的浮力强迫下，混合层变浅，以满足混合层内湍动能与势能的平衡，混合层内海水向温跃层卷出。

卷挟作用与上升（下降）流的区别　卷挟作用和上升（下降）流之间有着物理概念上的本质不同。卷挟是指海水穿越混合层底所带来的通量，由于混合层底随时间和空间的不断变化，因而挟卷速率并不能反映海水的垂直运动速度；而上升（下降）流则是在几何坐标系中对欧拉流场的描述，表示海水在垂直方向的流速。除非存在卷挟过程，上升流本身不会引起混合层温度的变化。在混合层厚度稳定的情况下，上升流与卷挟过程平衡，两者有一定关联。上升流将营养物质从较深层海洋向上层输送，而卷挟过程只能将混合层底部的营养盐带到海表面。

海洋上混合层与埃克曼层的区别　前者是由于风浪搅拌或者垂直对流形成的海洋上层的密度均匀层，后者由垂直湍流混合系数决定，可以小于混合层厚度。

在海洋热盐环流中的作用　极地海区的表层水受冷，通常通过混合层的卷出过程下沉，成为底层水或深层水之后，并逐渐铺展开来向低纬度海区移动，然后在低纬度海区上升。这种上升的速度本来很小，但由于卷挟作用，会使深层冷水的上升速度增大，穿越了温跃层而进入上混合层，在那里受热而升温，然后从上层返回极地，形成**热盐环流**。 （袁东亮）

**上升流** upwelling　表层流场的水平辐散，使表层以下的海水垂直上升的流动。这种流动将海洋下层冷而重，且通常营养盐丰富的海水带到海洋表层。上升流区海水通常温度较低，且叶绿素浓度较高。相反，因表层流场的水平辐合，使海水由海面垂直下降的流动，称为**下降流**。上升流和下降流合称为升降流，是海洋环流的重要组成部分。它和水平流一起构成海洋（总）环流。

形成 上升流的产生与风、地转偏向力和埃克曼输运相关。在北半球，当风沿着与海岸（位于风向的左侧）平行的方向较长时间地吹刮时，在地转偏向力的作用下，风所形成的风漂流使表层海水离开海岸，便引起近岸的下层海水上升，形成了上升流；在远离海岸处则形成了下降流，它从下层流向近岸，以弥补近岸海水的流失。在南半球，也有相应的情况发生。

类型 上升流至少可以有4种类型。①沿岸上升流。②海洋内区大尺度风场驱动的上升流。③与**中尺度涡**相关的上升流。④与地形相关的上升流。

分布 上升流主要分布在以下4处。①在岛屿的背风侧，伸入海洋的海岬背风面、暗礁周围和北半球较强的逆时针流旋中，以及水团的边界处，都会产生局地的上升流。沿岸上升流是最著名的上升流，这种上升流的成因上面已经叙述。世界上最强的上升流，是在索马里和阿拉伯半岛东面的**海岸带**；中国的台湾和海南岛近海及东海的某些海域，也有上升流发生。②大洋海面的辐散区，也大多是上升流区。如在大洋赤道附近的海域，因风漂流作用，北赤道流和**赤道逆流**之间产生水平辐散，次层水上升至海面，形成了上升流；而在赤道逆流和南赤道流的北半球部分之间产生水平辐合，使表层海水向次层下降而形成下降流。另外，在南赤道流的北半球部分和南半球部分之间，次层水又上升至海面而形成上升流。③南大洋也存在着大量的上升流。在南极洲周围盛行的西风，会驱动大量海水向北移动，由于在南美与南极半岛之间没有宽广的陆地，因此可以将很深的海水带到海洋上层，从而形成上升流。④在一些离岸的海岛、海脊和海山附近也会产生局地或者断断续续的上升流，这些主要是由于深层海流的倾斜所造成的。⑤在台风的作用下，台风中心的表层海水产生辐散，使其下层海水上升，形成了上升流；在台风边缘则形成下降流。

加州洋流系统中的上升流

变化 上升流的强度依赖于风的强弱和季节变化的影响，同时也受到海水的垂直运动和流场的不稳定性的影响。在一些海区，上升流是季节性事件，从而导致了诸如浮游植物春季暴发等周期性事件。**厄尔尼诺–南方涛动**现象可以影响赤道太平洋的信风变化，从而进一步影响秘鲁沿岸的上升流强度，对此海区的初级生产力和鱼类产量具有重要的影响。

作用 上升流把深水区大量的海水营养盐（磷酸盐、硝酸盐等）带到表层，因此，上升流显著的海区多是著名的渔场。如南美洲的秘鲁渔场就是世界著名的四大渔场之一。（张荣华）

**上升流生态系统** upwelling ecosystem 在海域内有持续底层海水涌升现象（上升流）存在的生态系统。通常作为重要渔场而广为人知。据估计全球海洋一半的渔获量来自近岸上升流生态系统。底层海水涌升不仅带来丰富的营养盐，也会降低表层海水的温度，因此该生态系统内的食物网结构显著不同于其他海洋生态系统。

类型 上升流生态系统可以分成近岸型和大洋型两个主要类型。近岸型主要是表层水在风和地球自转等影响下离岸运动，导致下层海水逐级向岸边涌升，而大洋型可以由风驱动表层海水加速运动或者海山等障碍物导致底层水上升产生。在上升流生态系统，以中低纬度大洋型初级生产力增加最显著，因为表层升温容易产生稳定的密度跃层，阻碍下层再生营养盐进入真光层。在极区因为表层光照和温度的限制，即使有增量营养盐补充，初级生产力的增加也小得多。

研究简史 早在20世纪90年代，在东太平洋寻找抹香鲸的船长就描述了秘鲁上升流区聚集的鱼群和大量的棱皮龟。1955年H.U.斯韦尔德鲁普提出水体垂直层化对底层再生营养盐重新进入真光层的物理阻碍，是大洋生态系统低初级生产力和低渔获量的主要原因。因为底层矿化再生的营养盐难以进入上层，而光合作用只有在太阳光能及的真光层内才能进行。J.H.赖瑟在1969年对上升流生态系统内的高渔获量进行了量化解释，把高渔获物和影响食物网的物理、化学和生物过程联系在一起，提出了上升流区高渔获量的原因：①高初级生产力。②大型浮游植物可以直接被鱼类捕食。③营养级数量减少降低了能量传递过程中的损失。虽然后来上升流生态系统一直是研究的热点，但基本理论尚无重大突破。

食物网结构特点 上升流生态系统独特的食物网结构是外海深层再生营养盐的持续补充驱动的，使这里具有比普通陆架和大洋区更高的初级生产力。这些额外的营养盐补充也不同于近岸区的陆源输入，首先补充是以无机形态的营养盐为主，其次是氮、磷、硅的比例更加接近雷德菲尔德比值，也就是说更加平衡。

上升流生态系统内不仅新输入的营养盐支持的新生产力高，再生营养盐支持的再生生产力水平也大大超出平均水平。根据现有研究结果，上升流生态系统内的新生产力$f$比为0.3～0.8，均值约为0.5。再生生产力的营养盐来源主要是真光层内的生物活动，异养细菌、原生动物、浮游动物和鱼类在捕食和代谢过程中产生的大量营养盐。

如果说高初级生产力和新生产力$f$比是上升流生态系统成为渔场的基础，那么大型链状和集群硅藻在浮游植物群落中占优势则是直接原因。大型硅藻可以更加有效地吸收较高浓度的营养盐，更重要的是可以被鲱科鱼类直接捕食，从而降低通过食物链传递造成的能量损失。与微型浮游植物相比，大型化还有两个主要优势。①微型浮游植物沉降速率低，难以进入真光层以下，从而更加容易被表层流带出上升流生态系统。大型细胞则更容易沉降，即便不能被捕食的部分，也连同其包含的营养物质一起沉积在生态系统内。②微型浮游植物的捕食者多是小型浮游原生动物，后者世代更新周期几乎与前者一样短，因此初级生产力受捕食者控制作用更强，极难形成水华。大型浮游植物的捕食者包括桡足类、磷虾和鱼类，生活史周期长达几周甚至几个月，因此在浮游植物水华期捕食者丰度增长显著滞后，而运动能力较强的捕食者（这里主要是鱼类）能够追寻斑块分布的浮游植物。

中国也有很多面积不等的上升流生态系统，主要分布在长江口及以南的海域。其中，南海的上升流比较多，成因包括沿岸风生上升流、离岸地形上升流、热带气旋产生的短期上升流等。这些上升流生态系统与竹荚鱼、鸢乌贼等的渔场分布关系密切。

脆弱性 因为上升流生态系统对全球渔获量的贡献，其潜在的自然脆弱性也更加值得关注。①该生态系统易产生底层缺氧。大型硅藻沉积后，好氧微生物对有机物的降解和反硝化作用都会大量消耗氧气。较高的再生营养盐补充也从侧面说明水体中生物的呼吸作用是比较强的。涌升的底层水中溶解氧的含量本来就很低，四个东部边界流和东非沿岸流区都有巨大的低氧区分布，一般认为是由狭窄上升流区初级生产力增加驱动的。这些低氧或者无氧区内，会有厌氧微生物的集中分布，通过反硝化作用将氮盐变成氮气，在全球氮循环中的作用同样不容小觑。②上升流生态系统易受气候变化压力的影响。一方面气候变化导致的海面风场变化能够导致上升流强度增加，另一方面也可能对生产力和渔业资源产生负面影响。这一点上，以秘鲁上升流区秘鲁鳀产量与厄尔尼诺的关系最为人熟知。厄尔尼诺期间，温度和营养盐跃层深度增加，上升流携带得实际上是高温、低营养盐的海水，从而导致渔获量降低。在加利福尼亚上升流区，更多的底层冷水入侵到近岸浅水区，也会加剧当地的缺氧程度。（张光涛）

**绍卡利斯基，Yu.M.**　Yuly Mikhailovich Shokalsky（1856-10-17/5～1940-03-26）苏联海洋学家、地理学家、制图学家。生于彼得堡，卒于列宁格勒（今圣彼得堡）。

毕业于海军学院。曾在地球物理观象总台和海道测量局从事科学研究工作，1882年开始在海军学校任教，历任海军学院（1910～1930）和列宁格勒大学（1925～1940）教授，苏联地理学会主席和名誉主席（1917～1931），苏联科学院通讯院士（1923）、名誉院士（1939）。他还是许多国家科学院的通讯院士和科学团体的名誉成员。主要从事海洋学、地理学、制图学方面工作，拟订并组织领导了黑海的海洋综合调查研究工作，从事过苏联北方航路的开发和利用研究，参加筹备了第二次国际极年的工作，主持了苏联高程测量资料汇编和俄罗斯地貌图、世界大地图的编制，与A.A.契洛一起制定了一套完整的测绘工作方法。主要著作有《海洋学》（1917，1959）、《物理海洋学》（1933）等。其中《海洋学》曾荣获苏联科学院奖金、巴黎科学院奖金。（翁学传）

**蛇绿岩套**　ophiolite suite　一组由蛇纹石化超镁铁质岩、基性侵入杂岩和玄武质熔岩构成的岩浆岩套。又称蛇绿岩。1827年，法国地质学家A.布龙尼亚尔提出。G.施泰因曼（1926）强调蛇绿岩套与放射虫硅质岩和黏土岩等深海沉积的紧密共生关系，三位一体。1972年，彭罗斯会议把蛇绿岩套定义为从超镁铁到镁铁质岩的特殊集合体，指出它不应作为一种岩石名称或填图时的一个岩石单元来使用。

一个发育完整的蛇绿岩套从下向上包含下述岩石序列：①超镁铁质杂岩。由含量不等的方辉橄榄岩、二辉橄榄岩和纯橄榄岩组成，具有变质组构并或多或少已蛇纹石化。②辉长质杂岩。通常具堆晶结构，包括橄榄岩和辉石岩，变形较下覆超镁铁质岩弱。③镁铁质席状岩墙杂岩。④镁铁质火山岩。常具枕状构造。与蛇绿岩套共生的岩石包括：上覆条带状硅质岩、薄层页岩夹层和少量灰岩组成的深海沉积；与纯橄榄岩共生的豆荚状铬铁矿，以及富钠长英质侵入岩或喷发岩等。蛇绿岩套各成员之间通常成断层接触，所以上述层序往往不完全或者是失序的。

由于蛇绿岩套的层序与洋壳地震剖面一致，深海沉积相当于大洋层Ⅰ，枕状熔岩、变质枕状熔岩和岩墙群分别相当于层ⅡA、ⅡB和ⅡC，辉长岩和更下部层序对应层Ⅲ。对纽芬兰岛湾和特罗多斯等地蛇绿岩套岩芯的地震波速测定证明与洋壳的速度剖面相匹配（见图）。所以一般认为蛇绿岩套代表洋壳和大洋地幔岩组合。这样大陆内部出露的蛇绿岩套就代表地质时期曾经存在过的洋盆残余。对它们分布和演化的研究可据以再造地质时期已消失的大洋。

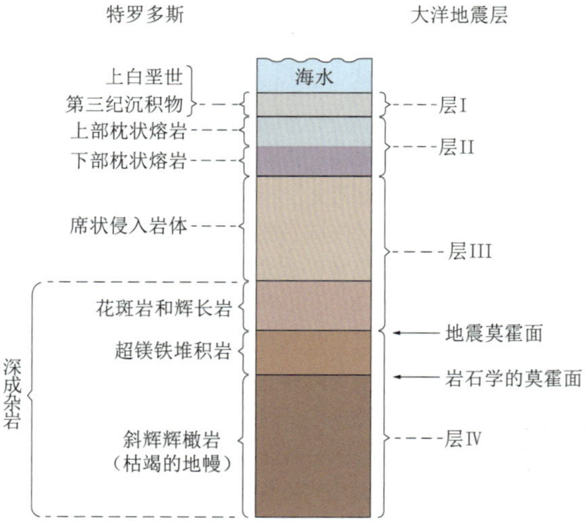


特罗多斯蛇绿岩套和大洋地震剖面的对比

蛇绿岩套可以在多种地球动力学环境中生成，如大洋中脊、弧前和弧后盆地或小洋盆等。但是由于多数蛇绿岩的岩石化学不同于大洋盆地的洋脊玄武岩（MORB），R.G.科尔曼（1984）提出现在保存在大陆上的蛇绿岩套多在下述两类构造环境中产出：①在为陆壳环绕的小洋盆中生成，成异地体推掩到特提斯或古大西洋被动陆缘的原地浅海沉积上面，称特提斯型蛇绿岩，它的层序相对未受扰动。②产在北美西部环太平洋的移置地体中，与远海沉积、复理石及安山质火山岩流共生，沉积物没有源自北美克拉通的证据，这类蛇绿岩套通常层序不全，已变质和失序，称科迪勒拉型蛇绿岩，其生成环境与岛弧有关。由于后期强烈的构造改造，造山带中的蛇绿岩套多已支离破碎，与混杂堆积共生产生的蛇绿混杂体是鉴别消减带和古板块缝合带的重要标志。

蛇绿岩套在中国各主要造山带中都有出露。对西准噶尔、天山、雅鲁藏布江带、秦岭、赣东北和台湾纵谷等地时代从10亿年到新生代的蛇绿岩系已做了大量基础地质研究并出版了一系列专著。但是在它们所代表洋盆的规模和演化历史方面仍存在很多争论。（马文璞）

**蛇纹石化**　serpentinization　超基性岩在中低温热液交代作用下，由橄榄岩、辉长岩或白云岩等转变成蛇纹石的过程。1933年，美国科学家H.H.赫斯等认为蛇纹石化是岩浆中的橄榄石与含水熔浆相互作用形成蛇纹石的过程。蛇纹石化是一种热液蚀变作用，在此作用下，纯橄榄岩、橄榄岩及其他超基性岩中的富镁硅酸盐矿物如橄榄石、辉石或角闪石转变为蛇纹石或被蛇纹石交代。在蛇纹石化过程中，除形成大量蛇纹石之外，还可能伴有钛铁矿、铬铁矿、水镁石、滑石以及含镁、铁的碳酸盐等的形成。蛇纹石化可分为四阶段：①弥漫型蛇纹石化。原生相发生弥漫性水化，橄榄石第一个完全蛇纹石化相，然后是斜方辉石和单斜辉石。此阶段期的主要蛇纹石族矿物是利蛇纹石，橄榄石假象呈网状结构。利蛇纹石组成核心，外环为纤蛇纹石，滑石亦可成为外环。②纤蛇纹石形成。这一阶段在张裂隙中发生广泛的纤蛇纹石的结晶作用，纤维垂直脉壁。③叶蛇纹石形成不规则剪切带。厚1～1.5厘米，叶蛇纹石交代纤蛇纹石。④第二世代纤蛇纹石形成。晚期张性脉

魁北克蛇纹岩——由一种或多种蛇纹岩类矿物组成的岩石

被第二世代纤蛇纹石充填，切割以前形成的结构，约占10%。蛇纹石化作用在洋底变质作用和**蛇绿岩套**地区有广泛分布。蛇纹石化常能形成石棉、滑石、菱镁矿和硼镁矿等非金属矿床。蛇纹石也可作耐火材料。（许东禹）

**设计波高** design wave height 海洋工程建筑物和它们的各个部分设计时所选用的波高值。设计波高的标准包括两个方面：①设计波高的波列累积频率标准。②设计波高的重现期标准。

设计波高的波列累积频率标准指设计波高在波列中所占的位置。在同一海况条件下，海面上会出现大小不等的一系列波，其量值悬殊。最大的波高可为最小波高的几倍甚至数十倍。最大波高有时为波高平均值的2～3倍。这样，选择哪一个波高作为海洋工程设计参数，对于结构安全就显得非常重要。设计波高多以某一累积率的波高作为选取标准。根据海洋建筑物的等级、设计对象的重要程度，选取不同累积率的波高作为设计波高。累积率以$F$（%）表示，如$F$等于1%、4%和13%等对应的波高分别以$H_1$%、$H_4$%和$H_{13}$%表示。波列累积率反映了在较短时间内（以十几分钟计）波高的统计分布规律。这种分布规律不具备气候的特征，只反映当时当地波浪的随机性质。设计波高的累积频率标准主要反映波浪对不同类型建筑物的不同作用性质。

设计波高的重现期指某一特定波列累积频率的波浪，平均多少年出现一次（或多少年一遇）。它代表波浪要素的长期（以几十年计）统计分布规律。在考虑海洋建筑物的重要程度和使用年限时，波浪的重现期就成了它的设计指标。重现期以$T_R$表示，单位为年，与频率$P$（%）的关系互为倒数。需要指出的是，所谓重现期或多少年一遇，是指某一波高重复出现的时间间隔的平均数，即平均重现间隔期。设计波高的重现期标准主要反映建筑物的使用年限和重要性。（李华军 董 胜）

**设计潮位** design tidal level 海洋工程建筑物设计时采用的水位。它不仅直接关系到海洋建筑物的高程，而且影响建筑物类型的选择和结构计算。海洋工程的规模、等级和使用情况不同，选用的设计潮位也不同。海洋工程的设计潮位通常包括设计高（低）水位和极端高（低）水位。由于海底底质的限制，有的港口水深有限，但可以利用高潮位进行超过设计潮位吃水的大型船舶进行港口装卸作业，这就需要确定该港口的乘潮水位。

设计高（低）水位指海洋建筑物在正常使用条件下的高（低）水位。对于港口工程而言，在设计高（低）水位范围内，要保证各种设计船舶的安全靠泊与装卸作业，同时满足码头结构以及地基基础的稳定与强度要求。各国采用的确定海港设计高（低）水位的标准并不相同，有的国家采用平均大潮高、低潮位，有的国家则采用潮位历时某一累积频率对应的潮位。中国《港口与航道水文规范》规定：对于海岸港和潮汐作用明显的河口港，设计高水位应采用高潮累积频率10%的潮位，简称高潮10%；设计低水位应采用低潮累积率90%的潮位，简称低潮90%。如已有历时累积频率统计资料，其设计高、低水位可分别采用历时累积频率1%和98%的潮位。对于汛期潮汐作用不明显的河口港，设计高（低）水位应分别采用多年历时1%和98%的潮位。为了确定设计高（低）水位，在进行潮位累积频率统计时，应有多年的实测潮位资料或至少完整一年逐日每小时的实测潮位资料，其推算需采用两种方法：①绘制潮位历时累积频率曲线。②绘制高潮或低潮累积频率曲线。

极端高（低）水位指港口建筑物在非正常工作条件下的高（低）水位。该水位是由台风、寒潮、低压、地震、海啸所造成的**增减水**与天文潮组合而成的，其重现期是以几十年来计算的。当出现这种水位时，不要求港口建筑物能正常使用，但却要求非靠船作业时，码头在各种荷载作用下，各部分结构和地基仍有必要的安全度。中国《港口与航道水文规范》规定，采用年频率统计的方法推求50年一遇的高（低）潮位作为极端高（低）水位。为了确定极端高（低）水位，在应用频率分析方法进行统计分析时，要求应具有不少于20年的年最高、最低潮位实测资料，并需调查历史上出现的特殊水位。

乘潮高（低）水位指结合海洋工程及设计要求，在乘潮水位累积频率曲线选取某累积率相应的水位。乘潮水位包括乘潮高水位和乘潮低水位。在河口港建港时，考虑加大浅水段水深与乘潮相结合的航道整治方案，需要高潮位的累积频率曲线来估计乘潮高水位；有些工程项目要求在低潮干出的间隙旱地作业，就需要计算乘潮低水位。乘潮水位的累积频率统计方法是：当乘高（低）潮作业持续时间$\Delta t$确定后，在潮位过程线上量取各潮峰（或潮谷）前后历时$\Delta t$的潮位值，统计不同潮位级数内出现的次数，做出乘潮作业水位累积频率曲线，结合工程设计要求，选取某累积率相应的水位作为乘潮高（低）水位。（李华军 董 胜）

**深层水团** deep water mass 海洋中层之下、底层以上的**水团**，其厚度比其他水层都大。全称大洋深层水系诸水团。北大西洋深层水团既是大西洋的重要水团，且其扩展远达印度洋和太平洋。它的形成具有多源性：既有拉布拉多海和伊尔明格海表层水冬季的下沉，也有格陵兰及挪威海盆低温水的流入，穿越丹麦海峡溢流而入的低盐高密度水对北大西洋西北部深层水有明显的贡献，经冰岛-法罗水道溢入者盐度偏高使北大西洋东北部深层水盐度有所增加。有人还把北大西洋深层水团再分为上、中、下3层，上深层水盐度较高，中深层水溶解氧高，厚度最大的下深层水则因受南极底层水团向北散布的影响而硅含量高。南极底层水团北上后，在大洋底因受大西洋中脊影响而部分翻转混合变性，遂成为下深层水的重要来源之一。

印度洋深层水团的多源性也相当明显。印度洋南部深层水带有南大西洋深层水的明显烙印，显然与南极绕极流携运的南大西洋深层水进入印度洋有关。印度洋北部深于2000米的水层中没有当地边缘海表层水直接下沉，但有中层高盐水混入，致使深层水盐度升高。孟加拉湾和阿拉伯海底层富含有机质的沉积物，则导致印度洋北部深层水营养盐增加而溶解氧降低。来自塔斯曼海的深层水在2000米上下沿南纬30°～40°向西扩展至厄加勒斯流海域后，则因掺入了上覆的南极中层水而呈现相对低盐的特征。

太平洋的深层水团，厚度可达3000米，体积宏大而温盐性质相当均匀，水温变幅只有1.1℃，盐度变幅仅为0.1‰。因为与印度洋南部深层水性质非常相近，故有人将它们合称为深层共同水，其平均水温为1.5℃，盐度为34.7‰，体积占世界大洋海水的30%，无疑是全球大洋中体积最大的水团。在太平洋范围，其体积则占44%，更显独大。由于北太平洋亚极地海域上层海水盐度很低，降温增密尚不足以下沉到深层，故一般认为太平洋深层水是由南印度洋的深层水进入太平洋向北继而增温降盐的最终产物。然而太平洋东北部的深层水硅含量很高而氧含量很低，与太平洋南部的绕极深层水的特征（低温、高氧、相对低硅而高盐）有明显差异，故推测北太平洋也有部分深层水在当地形成，其高硅、低氧或与底层水上翻混合有关。（李凤岐 李 磊）

**深海保温采样技术** deep-sea temperature-remain sampling technology 深海采样器返回途中至与实验室装置连接前，保持采样器内壁温度与采样环境温度相同或相近的技术。

被动保温采样技术 保持样品本身温度、不加外部热源的采样技术。

保温材料 海底的服役环境恶劣，需要具有更高性能的保温材料：低导热系数、较高的耐静水压能力，耐腐蚀能力强，长时间服役条件下具有较好的保温性能，便于施工和生产，在预制和敷设时具有足够高的强度。根据结构不同，保温材料可分为实心保温材料、发泡保温材料和复合型保温材料。根据基体材料不同，可分为有机类保温材料、无机类保温材料以及金属类保温材料。实心保温材料主要由单一材料组成，没有经过任何的物理加强和改性；发泡保温材料是以高分子材料为基本成分，通过物理或化学方法填充大量气泡制得；复合型保温材料是将不同类型的空心微珠添加到高分子材料中而成型的兼具优异抗压性能和保温性能的复合材料。

保温结构 应用较多的保温结构是管中管保温结构。管中管保温结构从内到外分别为钢制内管、保温层以及钢制外管。该管中管保温结构具有较高的防护可靠性，能够有效减少钢制内管的热变形，减小其热应力，对保温材料的抗压强度无要求。

主动保温采样技术 主动保温采样技术是在采样器外部增加电加热装置，通过温度反馈控制，实现高温保温。

（杨 柯）

**深海保压采样技术** deep-sea gas-tight sampling technology 在深海环境中保持高压取样筒体的压力不变的技术。高压筒体保压主要包括高压筒体的压力补偿、体积补偿、样品转移过程中的压力保持等方面。

压力补偿 通常采用蓄能器产生压力进行补偿的方法来实现。蓄能器又称蓄压器，是一种既可蓄能又能释放液压能的耐压容器。作为主要液压辅件，蓄能器在液压系统中获得广泛使用。它在适当的时机将系统中的能量转变为压缩能或位能储存起来，当系统需要时，又将压缩能或位能转变为液压或气压等能而释放出来，重新补供给系统。当系统瞬间压力增大时，它可以吸收这部分的能量，以保证整个系统压力正常。利用这样的性能，在采样器上安装蓄能器，可以达到压力补偿的目的。

体积补偿 由于取样筒体的体积变形或系统泄漏而产生的体积变化，会导致压力的变化。这时，取样筒体可通过体积补偿来达到保压作用，高压取样筒体可通过活塞改变体积进行体积补偿，从而达到保压的目的。

样品转移过程中的压力保持 样品转移时的保压措施主要有两个方面：一是可采用截止阀来避免样品转接时接口处样品的泄漏而导致降压；二是在转移机构中采用等体积转移的技术，使样品在转移过程中保持原来的压力。 （杨 柯 陈 鹰）

**深海保真采样技术** deep-sea property-remain sampling technology 获得原状或低扰动（保压、保温）海底沉积物的技术。深海保真采样技术可以为海洋资源环境研究提供最真实的样本。深海保真采样技术主要包含两个重要方面：①**深海保压采样技术**。在深海环境中保持高压取样筒体的压力不变的技术。高压筒体保压主要包括高压筒体的压力补偿、体积补偿、样品转移时接口的压力保持等方面。通常采用蓄能器产生压力进行补偿。②**深海保温采样技术**。深海采样器返回途中到与实验室装置连接前，保持采样器内壁温度与环境温度相同或相近的技术。保持采样器内温度基本不变。深海保温采样技术主要包括保温材料和保温结构。海底的工作环境恶劣，需要具有更高性能的保温材料，要求这些材料具有低导热系数和较高的耐静水压能力，且耐腐蚀能力强，长时间服役条件下具有较好的保温性能，便于施工和生产，在预制和敷设时具有足够高的强度等。应用较多的保温结构是管中管保温结构。

（杨 柯）

**深海长柱状保压采样技术** deep-sea long-column pressure-retaining sampling technology 通过专用的采样器（长柱状重力活塞采样器等）快速贯入海底沉积物，利用内部活塞或负压机构将沉积物样品吸入采样筒内，并在取样过程中保持样品内部原有的压力，以确保样品的原位特性不受破坏，从而获得连续、未扰动的深海沉积物柱状样本的技术。深海长柱状保压采样技术是一种专门用于在深海环境中采集并保持沉积物或岩石样本原始压力状态的调查方法。这项技术的核心在于使用一系列精密设计的采样器，这些采样器能够在深海高压环境下稳定工作，通过机械或液压驱动快速穿透沉积物层，同时利用密封系统保持样品的原位压力。采样过程中，采样器内部的活塞或负压机构将沉积物吸入特制的采样筒内，形成连续的长柱状样本。这些样本随后被安全地回收至海面，进行进一步的分析和研究。

深海长柱状保压采样技术的应用对于理解深海地质结构、沉积环境、气候变化以及生物地球化学循环等科学问题至关重要。它不仅能够为海洋科学研究提供宝贵的第一手资料，还能为海底资源的勘探和开发提供重要的数据支持。随着深海技术的不断进步，这项技术在揭示地球深海奥秘、评估海底资源潜力以及推动海洋科学发展方面发挥着越来越重要的作用。

结构 长柱状重力活塞式保真采样器主要由三部分组成：①重力活塞式取样触发机构。包括平衡板、杠杆、主缆、重锤缆、重锤、释放缆和活塞等部件，用于释放整个采样器，且取样完毕可回收采样器。②保真采样筒。包括保真筒体、衬筒、密封舱和活塞4个部分。保真筒体由数段耐海水腐蚀的高强度不锈钢管装配而成；衬筒由数段透明塑料管组成；密封舱内置翻板阀机构来对长柱状下刀头进行封装；活塞安装在衬筒内，用于对长柱状岩芯进行抽吸，在取样完成时与保真筒体形成密封副。③附件与取样结构。主要包括导流机构、下封口冲洗机构、集气集水接口、大容量蓄能器等。导流机构用于减少采样器自由落体时的水阻，尽量使采样器垂直插入沉积物；下封口冲洗机构用于抵消密封舱在采样管回收过程中其坐落在海底表层时形成的负压影响；集气集水接口是预留的分析测试接口，主要用来了解样品中甲烷气体和其他溶解气体的组分，另外接口还可用于释放保真筒内的高压，便于尽快取出样品分析；大容量蓄能器主要用于快速补偿保压采样器取样过程的压力损失。

工作原理 深海长柱状保压采样技术的工作原理涉及使用专门设计的采样器，这些采样器通常配备有能够抵抗深海高压环境的坚固结构。在采样过程中，采样器被下放到海底，利用重力、液压或机械驱动等方式穿透沉积物层。一旦采样器达到所需深度，其内部机制会触发，封闭样品管，从而采集到长柱状的沉积物样本。为了保持样品的原位压力，采样器通常配备有能够承受高水压的密封系统，确保样品在回收至海面的过程中压力不会丧失。此外，一些先进的采样器还可能配备有实时监控设备，如海底电视摄像头，以辅助精确定位和监控采样过程。样品被成功采集后，通过缆绳或自主上升系统回收至科考船上，进行进一步的分析和研究。这项技术的应用对于理解深海地质历史、评估海底资源潜力以及研究地球气候变迁等具有重要价值。 （陈家旺 孙瑜霞）

**深海沉积** deep-sea sedimentation 主要分布在大陆边缘以外的大洋盆地内，水深大于2000米的深海海底沉积。深海沉积物主要是生物作用和化学作用的产物，还包括陆源的、火山的与来自宇宙的物质。其中浊流、冰载、风成和火山物质在某些洋底也可以成为主要来源。由于海底自生矿产资源主要产于深海，而且古海洋学、古气候学的发展也有赖于深海沉积物的研究。因此，深海沉积的研究日益受到重视。

类型 深海沉积物的主要类型：①生源沉积物。统称深海沉积（生物软泥），指含生物遗体超过30%的沉积物。主要有两种：钙质软泥，为钙质生物组分大于30%的软泥（生物组分以碳酸钙为主），包括有孔虫软泥（抱球虫软泥）、白垩软泥（颗石藻软泥）和翼足类软泥；硅质软泥，为硅质生物组分大于30%的软泥，生物组分以非晶质二氧化硅为主，包括硅藻软泥和放射虫软泥。②非生源沉积物。主要有褐黏土、自生沉积物、火山沉积物、浊流沉积物、滑坡沉积物、冰载沉积物和风成沉积物。

分布 不同的沉积类型，其分布不同。①钙质软泥。主要分布在大西洋、西印度洋与南太平洋，覆盖大洋面积约45.6%。平均分布水深约为3600米。以有孔虫软泥分布最广，颗石藻软泥次之，翼足类软泥主要由文石组成，易于溶解，分布很窄，主要存在于大西洋热带区水深小于2500～3000米的地方。②硅质软泥。覆盖大洋面积约10.9%。硅藻软泥主要分布在南、北高纬度海区（南极海域与北太平洋），平均水深约3900米。放射虫软泥主要分布在赤道附近海域，平均水深约为5300米。③褐黏土。又称红黏土或深海黏土。为生源物质含量小于30%的黏土物质。因含铁矿物遭受氧化而呈现褐色至红色。在大洋中所占面积约为30.9%，主要分布在北太平洋、印度洋中部与大西洋深水部位。平均分布水深为5400米。由于分布水深较深，生源物质大部分被溶解，所以非生源组分占优势。主要成分是陆源黏土矿物，此外还有自生沉积物（如氟石、锰结核等）、风成沉积物、火山碎屑、部分未被溶解的生物残体及宇宙尘等。④自生沉积物。沉积或早期成岩过程中由化学作用形成的各种物质。主要有锰结核、蒙脱石和氟石等。锰结核的分布十分广泛，但其成分随地而异。蒙脱石与氟石在太平洋与印度洋较多，大西洋稀少。⑤火山沉积物。来自火山作用的产物。主要分布在太平洋、印度洋东北部、墨西哥湾与地中海等地。⑥浊流沉积物。由浊流作用形成的沉积物，常夹于细粒深海沉积物中。主要分布在大陆坡麓附近，在太平洋北部和印度洋周围发育。⑦滑坡沉积物。由海底滑移或崩塌形成。主要分布在大洋盆地的边缘及一些地形较陡的海域。⑧冰载沉积物。大陆冰川前端断落于海中形成的浮冰挟带着来自陆地和浅水区的碎屑物质，漂移到远离大陆的深海地区。当浮冰融化，碎屑物质沉落海底，便形成冰载沉积物。主要分布在南极大陆周围和北极附近海域。⑨风成沉积物。为风力搬运入海的沉积物。主要分布在太平洋和大西洋南纬30°和北纬30°附近的干燥气候带及印度洋西北海区。风成沉积物一般不单独列为深海沉积的一个类型。

此外，在深海沉积物中发现的宇宙尘，因其数量较少，一般也不单独列为一种沉积物类型，但对深海宇宙尘的研究具有重要的价值。

概括地说，深海沉积物分布的状况是：各大洋中以钙质软泥和褐黏土为主，钙质软泥主要分布在碳酸盐补偿深度（CCD）以上的海岭和高地上，褐黏土则见于深海盆地；硅质软泥和冰川沉积物主要分布在南、北极附近海域；放射虫软泥主要分布在太平洋赤道附近；自生沉积物分布在太平洋中部和南部以及印度洋东部；浊流沉积物分布在洋盆周围；火山沉积物散布在各地并在火山带附近富集。

影响因素 影响和控制深海沉积的因素除物质来源外，搬运营力和沉积作用也有重要影响。在深海区，搬运沉积物的营力主要有大洋环流、浊流和深海底层流等。在局部海域风与浮冰的搬运也有重要作用。环流将细的陆源悬浮物与生源物质带至深海，在底层流活动强烈的大洋边缘，常顺流向形成窄长的沉积体。在底层流活动弱的地区，沉积物均一地覆盖于海底。由于洋盆中生物、物理和化学条件因时因地而异，控制各类沉积物的因素也不同。影响钙质沉积物的主要因素有：生物的供应、水深、深水循环状况等。虽然钙质生物死亡后在下沉过程中大部分被溶解，但生产力越高，在海底堆积的生物残体的绝对量就越多，所以钙质软泥主要分布在热带和温带生产力高的海域。此外，碳酸盐补偿深度对钙质沉积物的分布也有重要影响。影响硅质沉积物的主要因素有：硅质生物的供应量，硅质骨骼的溶解程度等。例如，在南、北两极附近海水中含有丰富的硅藻，因此，硅藻沉积物广布于高纬度海域。

深海沉积物的沉积速率极其缓慢，一般为0.1～10厘米/千年。由于受陆源物质的影响，从洋盆边缘到中心，沉积速率由大变小，而且，不同的沉积类型，甚至不同的洋底部位上其沉积速率也有很大的差别。钙质沉积物的沉积速率为1～4厘米/千年；硅质沉积物的沉积速率为0.1～2厘米/千年，深海黏土的沉积速率最低，小于0.1～0.4厘米/千年。 （秦蕴珊 高 良）

**深海船载钻探技术** deep-sea shipboard drilling technology 通过在科考船上操作的钻探设备，对深海海床进行钻孔取样，以获取海底岩石、沉积物等地质信息的一种海洋地质勘探技术。深海船载钻探技术是一种集成在科考船上的高精度海洋地质勘探方法，它允许科学家在深海环境中对海床进行直接钻探，以获取宝贵的地质样本和数据。这项技术的核心是一套复杂的钻探系统，包括但不限于钻塔、钻杆、钻头、取样工具以及相关的控制系统和监测设备。通过这些设备，科考船能够在海上定位后，将钻探设备下放到指定的海底位置，进行精确的钻探作业。

深海船载钻探技术的实施过程涉及多个阶段。首先，科考船根据预先设定的勘探目标和地质数据，航行至特定的海域。其次，利用船上的导航和定位系统，精确确定钻探点的位置。接下来，操作人员会根据海底地形和地质条件选择合适的钻头和钻探参数，启动钻探设备进行钻孔作业。在钻探过程中，钻杆会逐渐深入海底，钻头破碎岩石或穿透沉积物，同时，钻杆内部的通道用于收集岩芯或沉积物样本。

为了确保样本的完整性和科学价值，深海船载钻探技术特别强调保真取样。这意味着在钻探、取样以及样本回收的整个过程中，都需要采取措施减少对样本的扰动，保持其原始的地质和化学特性。此外，实时监测和数据记录也是深海船载钻探技术的重要组成部分。通过船上的传感器和数据采集系统，操作人员可以实时监控钻探进度、钻杆状态、海底地质条件等信息，确保钻探作业的顺利进行。

深海船载钻探技术的应用范围非常广泛，它不仅可以用于基础科学研究，探索地球的深海地质结构和演变历史，还可以服务于资源勘探，如油气资源、矿产资源的调查，以及环境监测，如海底地质灾害的预警和评估。随着深海技术的不断进步，深海船载钻探技术在推动人类对深海世界的认知和利用方面发挥着越来越重要的作用。 （陈家旺 孙瑜霞）

**深海大生物保真采样技术** fidelity sampling technology for deep-sea macro-organisms 在深海环境中保持采样器内深海原位温度、压力、溶解氧含量等原位条件，维持所诱捕的深海中肉眼看得见的大生物体内多种物质的生物活性以及代谢途径的采样技术。深海大生物研究已从观测阶段进入实验阶段，热点问题包括基因多样性、极端环境适应机制及其原位活性与生态功能等，非保真方法已经无法满足开展这类研究的需求。因此，发展深海大生物保真采样技术，获取高质量大生物活体样本对于继续推动中国深海生物研究、深海生物勘探和生物科学考察具有重要意义。

研究简史 1969年，英国女王大学机械系建立了国际上首个深海宏生物保真采样–转移–实验系统。该采样系统配备有球阀、蓄能器、深度计、压力传感器，利用样品舱内的诱饵诱捕深海宏生物。该采样系统共进行了6次海上试验，分别在1400米和2000米深度完成两次保压采样。

1977年，美国斯克里普斯海洋研究所建立了一种新型的深海生物保真采样系统（PRAT）。PRAT依靠配重到达海底，释放器下端与配重相连接，上端通过弹簧与采样活塞相连进行采样门的关闭。PRAT采用了活塞式气体蓄能器和被动保温层用于减小回收过程中的舱内的压力和温度变化。该系统在5700米深度捕获片脚类活体生物并利用船载培养系统维持其生命长达9天；还在马里亚纳海沟获取了一只片脚类生物样本。

1979年，美国圣地亚哥大学建立了一种面向深海鱼类的保压采样器，其目的是研究深海鱼游泳运动中生物膜的结构和功能。在海底采用了两种方法对鱼类进行捕获：①使用一根系有20个诱饵的12米长绳吸引鱼类。②在入口附近的捕获机构上涂化学发光物质吸引鱼类。该系统在750米和1200米深度分别捕获了一条剑鱼和一条鼠尾鱼。

2005年，美国蒙特雷海湾研究中心提出了一种深海生物捕捉–呼吸率测量系统。该采样系统载着陆器到达海底进行生物捕获和呼吸测量。其采用外置鱼钩的方式进行诱捕。鱼钩被触发后解除限位，卷簧转动一定的角度解除翻板阀限位。翻板阀端面的橡胶密封圈与舱体端盖形成密封。该系统采用活塞式气体蓄能器和外覆保温材料的温压维持模块。深海生物捕捉–呼吸率测量系统在1430～1500米深度处进行了7次采样作业，成功测量了2条鱼的耗氧速率，将其保压回收至甲板后分别维持了48小时和84小时的存活。

2002年，日本海洋技术研究中心研制了名为高压水族馆深海生物采样–培养系统，用以研究深海宏生物在高压下的活动状态。该系统借助潜水器上的液压泵将生物吸入样品管后，潜水器将其放置到一个球形压力舱中。采样系统最深在水深1171米捕获了一条深海鱼，并在水族馆培养系统中培养了64天。

2008年，法国皮埃尔和玛丽居里大学主导研制了一台基于潜水器的宏生物保真采样系统，同时又研制了配套的生物的转移–培养系统。一方面通过基于压力调节阀的高压液体压力补偿技术提高了压力补偿的安全性，另一方面提供了深海宏生物取样—转移—试验全过程装备的设计和使用范例。

2021年，中国浙江大学研制了万米级宏生物保真取样系统。该系统搭载着陆器到达海底，采用充油电机及和直线传动机构完成生物采样，系统配备有可用于全海深的电池和电子舱，通过预先编程的工作模式在海底实现自动诱捕取样。该取样系统采用活塞式蓄能器进行压力补偿，未应用保温技术，在马里亚纳海沟获取了片脚类生物保压样品。

关键技术 深海大生物保真采样技术的关键技术主要有深海高压密封技术、保真采样温度维持技术和保真采样压力维持技术。

深海高压密封技术 深海大生物保真采样器必须具备一个足够大的生物入口，并装备大口径密封部件。球阀和翻板阀被广泛用作深海宏生物保真采样器的封口装置。球阀是最早应用于深海宏生物采样的密封机构，分为固定式球阀和浮动式球阀两类，主要结构包括阀体、阀座、球体、阀杆以及驱动装置等。随着作业压力和密封口径的增大，阀座和球体的尺寸将显著增加，关闭球阀所需的驱动力也随之增大。适用于较浅的水域。翻板阀密封机构通常由触发机构解除阀体的限位，由弹簧或卷簧机构使密封板旋转，压紧保压筒端部的密封圈，并形成初始压缩力。翻板密封结构相比于球阀较为简单，但密封可靠性低于球阀，且回收后不便于开启。活塞密封是YAYANOS团队专门为深海宏生物保压采样系统PRAT设计的密封结构，依靠活塞上的密封圈和保压舱内壁之间的挤压实现密封。相比于球阀和翻板阀密封，采样杆活塞密封结构更加紧凑，重量更轻。

保真采样温度维持技术 深海大生物生活在低温环境中，采样器内维持生物原位温度可以极大提高生物活性及存活率。大生物采样器多采用被动式保温结构维持样品的原位温度，即外覆由低导热系数材料（如聚氨酯、聚氯乙烯、聚丙烯等）制成保温层，以减小样品舱与外界海水的热量交换。主动式保温暂无大生物取样的实际应用，该方式是将干冰、液氨等制冷剂运输到样品周围，吸收热量并维持样品的低温，或者结合热电冷却器（TEC）和自动控制系统维持原位温度。

保真采样压力维持技术 压力维持技术主要分为被动补偿技术和主动式液体补偿技术。①被动补偿技术。通过充入具有一定压力的惰性气体实现补偿功能。其补偿压力损失的基本原理是利用气体和海水的在压力降低时的体积膨胀量不同。从结构上来看，蓄能器可分为活塞式、隔膜式、皮囊式和金属波纹管式。②主动式液体补偿技术。采用向样品舱内充入海水的方式。主要分为两种方式，一种采用往复式柱塞泵向样品舱内注入海水，实时补充舱内的压力。另一种将超高压海水与样品舱间设置开关阀，压力降低时打开开关阀。

（陈家旺）

**深海高压模拟试验** deep-sea high-pressure simulation testing 在实验室中模拟深海高压环境，以测试和评估各种海洋设备、材料和生物样品在极端压力条件下的性能和反应的技术方法。该试验技术旨在了解和验证对象在深海环境中的适应性和稳定性，确保其在实际应用中的可靠性和安全性。

发展简史 深海环境的高压条件一直是科学研究的难题。早期的研究主要集中在简单的压力容器中模拟较低的水深压力，以研究基本的物理和化学反应。20世纪中叶至末叶，随着海洋科学和工程技术的发展，出现了更为先进的高压模拟设备，能够模拟更大深度的海洋压力环境。此阶段的研究逐渐扩展到海洋生物、材料和设备的高压适应性测试。21世纪，现代深海高压模拟试验技术涵盖了更加精密的高压设备、自动化控制系统和实时数据采集与分析技术，能够精确模拟深海环境中的复杂压力条件，进行全面的测试和评估。

工作原理 深海高压模拟试验的工作原理是通过高压舱（压力容器）和控制系统，模拟深海环境的高压条件。高压舱内的压力通过液压系统或气压系统逐步增加，达到预定的深海压力水平，同时配备温度控制系统，以模拟深海环境中的低温条件。传感器和数据采集系统实时监测和记录试验对象在高压环境中的性能和反应。

试验设备 ①高压舱（压力容器）。主要用于模拟深海高压环境的核心设备，能够承受和维持高达数千个大气压的压力。②液压系统或气压系统。用于控制和调节高压舱内的压力，确保试验过程中压力的稳定性和可控性。③温度控制系统。用于调节和维持高压舱内的温度，模拟深海环境的低温条件。④传感器和数据采集系统。包括压力传感器、温度传感器、应变传感器等，用于实时监测和记录试验数据。⑤控制与监测系统。计算机控制系统和远程监控系统，实现对试验过程的实时控制和数据监测。

应用 ①海洋设备测试。评估深海探测设备、采样器、潜水器等在高压环境中的性能和可靠性，确保其在实际深海作业中的稳定性和安全性。②材料研究。研究和测试各种材料在深海高压条件下的物理和化学性质变化，开发适用于深海环境的高强度、耐腐蚀材料。③生物研究。模拟深海高压环境，研究深海生物的生理和生态适应机制，探索极端环境对生物体的影响。④海洋资源开发。评估深海矿物和天然气水合物等资源在高压条件下的特性，指导深海资源的勘探和开发。⑤环境保护。研究深海环境中的污染物在高压条件下的行为和影响，提供科学依据支持深海环境保护。（陈家旺）

**深海工程** deep-sea engineering 在海洋深水海域进行海洋资源开发和海洋空间利用等所采用的各种工程设施及技术措施。深海工程是海洋工程的重要组成部分。与近海环境相比，深海海洋环境的特点是水深更大、流速更高、波浪（包括重力波以外的内波和畸形波等）形式复杂、水压力高、能见度差、地震和台风出现频率较高以及远离陆地等。研究工作涉及海洋基础科学、船舶工程、土木工程、机械工程、电子工程等，此外还需要综合利用遥感遥控、激光、水声、新材料、深潜和空间技术等。20世纪50年代以前，人类在近海的活动仅限于航海、捕捞和开采少量海底表层的沉积矿。70年代后，人类进入深海资源开发和深海空间利用阶段，引领深海工程发展的是海上深海油气的开采。1978年，美国壳牌石油公司在312米水深海域安装了第一个导管架采油平台，掀开了人类向深海开发资源的篇章。与之相适应的深海工程成为发展最迅速的工程类别之一，人类进入深海资源开发和深海空间利用的新纪元。

发展概况 深海工程发展迅速，主要面向深海资源开发和海洋空间利用。自1978年在312米深海安装了导管架平台后，深海采油装备发展迅猛，为了降低工程造价和安装难度，研发了漂浮式采油平台，1990年后产生了作业水深600～1200米的张力腿平台，1996年在588米水深安装了立柱式采油平台。深海采油装备作业已经达到2500米水深。深海油气的运输采用海底管道或者通过**单点系泊**定位在海上的**浮式生产储油卸油装置**（FPSO）。1977年首次发明了FPSO技术，在油轮上进行原油处理后，输送到小的穿梭油轮运输到海岸。在4000～6000米深海中，发现了多金属类结核矿藏。1978年，法国提出了穿梭艇式采矿系统方案。随后，美国和德国等提出了管道提升式系统，已经从5000米以上的深海提取出多金属结核，深海开采多金属结核矿已经成为深海工程的重要方向。在水深1500米海域，发现了天然气水化合物，又称可燃冰，其能量密度为天然气的2～5倍，具有重要开采价值。60年代，美国和苏联开始研究开采技术。2013年日本首次开采出可燃冰，但仅持续了6天便停止出气。2017年5月，中国在南海开采出可燃冰，成为世界上掌握此项技术的领先国家。

深海空间利用技术包括潜水器和深海空间站。1928年，美国C.W.毕比设计了球形潜水器，该潜水器先后潜入244米和1375米的水下，被认为是潜水器的开端。1960年，美国研制出万米级潜水器，成功潜入世界上最深的马里亚纳海沟。20世纪70年代，中国开始研究深潜器，至2020年中国的**载人潜水器**已经下潜超过10 000米水深海域，标志着中国潜水器技术进入世界先进国家行列。深海空间站是人类利用海洋空间的创新工程概念。60年代，美国提出了水下工作站的概念。1969年美国研制成功用于海底作业的NR-1号潜水器，属于深海空间站的雏形。90年代，俄罗斯和挪威研制成功核动力深海空间站，为水下设施安装维护提供作业平台。2011～2015年，中国立项研究深海空间站，至2019年已经研制出小型深海移动空间站模型，并且完成多次海上试验。

尽管人类已经在深海工程方面取得了巨大成就，但是由于深海海洋环境参数的获得十分困难，对于深海海洋环境载荷的把控还很不够。海洋中高水压、腐蚀、风、波浪、海流、地震等会威胁深海工程结构的安全。深海工程结构通过锚泊系统和动力定位系统，保持深海工程结构的定位。深海结构锚泊系统包括锚固基础和系泊索。锚固基础涉及土与“锚”结构的相互作用，要求锚固基础具有可靠的持力层。浮式结构物的系泊索承受浮体运动和风浪流的作用，必须具有足够的强度和耐久性。深海工程结构遭遇台风等恶劣海况，结构构件节点受力后的静、动态响应等，都需要在工程设计与安装过程中予以高度重视。深海工程具有技术高、风险高、投资高的特点，应尽可能压缩深海工程的规模，选择技术先进、效率高、体积小的装备。深海工程的建造、运输及安装过程也存在很大风险，应尽量减少在海上的安装作业工作量，以便降低风险和费用。深海工程发展的历史还很短暂，大量的基础理论和工程技术问题还需要进一步深入研究，工程技术规范还不够完善。

分类 深海工程种类繁多，因远离陆地和水深等，一般建成可移动式或漂浮式结构型式。按照功能的不同，深海工程可以分为油气钻探和生产、深海油气输送和处理、深海采矿、深海海底资源勘探、深海水下设施安装维护等。

油气钻探和生产 深海油气钻探和生产需要深海工程装备，主要包括**半潜式平台**、**张力腿平台**和**立柱式平台**。半潜式平台可以在海上移动，在不同的海域钻井进行油气资源勘探，作业时通过锚泊系泊和动力定位保证稳定性。中国建造的海洋石油“981”钻井半潜式平台作业水深达到3000米以上，最大钻井深度可达12 000米。张力腿平台通过带有张力的系泊腿连接结构到海底，此种结构适合于安装在600～1200米水深海域采油，在美国墨西哥湾已经安装张力腿平台。立柱式平台通过系泊索连接上部结构到海底，此种结构适合于安装在500～3000米水深海域采油，美国墨西哥湾已经安装多座立柱式平台进行油气生产。

深海油气输送和处理 深水平台生产的原油在平台上处理后，输入海底管道输送到陆地，铺设海底管道采用深水铺管船，海底管道铺设水深已经达到3000米。另一种输送原油的方式是利用FPSO，深水油轮通过系泊索在海上定位，在油轮上处理原油，并将其输入停靠的小型油轮上运走，由此维持油田的连续生产作业。

深海采矿 深海采矿包括多金属结核矿开采和可燃冰开采。深海采矿和开采可燃冰的难点是如何通过数千米水深的海域将开采物运输到水面以上。采矿过程为集矿机将储存在海底结核采集起来，经过脱泥、破碎，经软管输送到水下中间平台的中继料仓里，然后由给料机将结核给入扬矿主管道，由提升泵将其提升到水面采矿船上。由于多金属结核分布在4000～6000米深的洋底，全部开采过程必须采用遥控，开采效率还很低。可燃冰开采包括钻探船钻孔打井，在孔中放入双层管道，在内管注入温水，外管回收可燃冰。可燃冰开采时易发生汽化泄漏，造成井喷，排出的可燃冰引起温度升高，加剧气候变暖，破坏海洋大气环境。因此，各国对于可燃冰的开采持谨慎态度。

深海海底资源勘探 采用潜水器进行深海海底资源勘探，潜水器包括**载人潜水器**和**无人潜水器**，潜水器在海中一般以10节左右的速度自主航行，携带机械手，可以潜入万米级的海底，抓取海底资源样本，供分析实验使用，由此可以发现大洋洋底的珍稀资源。

深海空间站 开发海底资源包括石油资源和矿物资源，需要人们在深海或者海底停留更长的时间，深海空间站的建立，将使人们在深海中长时间工作、往返海底和水面成为可能。深海空间站包括生命保障系统、电力系统、通信系统、科研试验室及资源开发系统等。

深海工程是20世纪70年代兴起的，正处于蓬勃发展阶段。与深海工程有关的新结构形式、新装备会不断涌现出来。广义的深海工程还包括深海渔业、深海海洋能利用、深海旅游、海洋环境污染防治等技术和装置。深海海域的空间广阔，海底矿产资源丰富，海洋生物类群众多，海洋能源蕴藏量大。国际上深海资源开发虽然以海底石油和天然气为主，但是已经逐步涉及海底矿产资源开发、海底可燃冰开发及海洋生物资源开发等领域，深海将向人类提供生存和发展所依赖的能源和多种资源，开发深海资源和深海空间利用已经成为21世纪人类科技开发和生产活动的重要领域。 （唐友刚）

**深海火山碎屑沉积** deep-sea volcanic clastic deposit 火山岛屿及海底火山喷溢出来的岩浆及其携带组分经过冷凝、破碎后形成的固体物质。它们涵盖了从粉尘到巨型岩块的粒度范围，往往聚合在一起形成如火山凝灰岩、火山集块岩等类型的岩石，或者掺杂在其他沉积物中。大陆火山喷发的火山灰经风输运到深海为数甚少。一层火山灰（厚几厘米至几十厘米）代表一次火山喷发。火山灰层主要由直径0.01毫米左右的具有弯曲的外形的火山玻璃和长石、角闪石、钛铁矿、石英、黑云母、磷灰石等组成。通常洋盆中心沉积物中以基性火山物质为主，洋盆边缘和岛屿附近的沉积物中以中酸性火山物质为主。

在太平洋的一些地区，未经蚀变或蚀变较轻的火山碎屑，常常形成纯净的火山碎屑层。如果火山喷发物进入大气层，可大面积分布；但如果是海底火山喷发，其分布区则很有限。海底蚀变作用以及火山物质与其他类型沉积物的混合作用，可导致沉积物的均一化。熔岩型火山沉积物，大多是安山质到流纹质，这是因为爆破式喷发作用和这种物质相对高的抗蚀变性所致。基性火山沉积物通常见于局部地区，并且相对于酸性物质来说容易变成自生矿物。玻璃质火山碎屑的蚀变反应，可能是大洋底近表层沉积物中所发生的硅酸盐的蚀变反应中最重要的一种。

（于晓果 边叶萍）

**深海铠甲虾** deep-sea squat lobsters 海洋甲壳动物中生物多样性最高的类群之一。广义上包括铠甲虾总科和柱螯虾总科，在分类学历史上两者曾归为一个总科。铠甲虾总科的铠甲虾科、刺铠虾科和拟刺铠虾科在世界范围内有900多种，柱螯虾科总科在世界范围内有200多种。

形态特征 深海铠甲虾包括铠甲虾总科和柱螯虾总科，其共同特征是身体呈虾型，头胸甲上下扁平，额角通常非常明显。腹部亦扁平，折叠在头胸甲之下，左右对称，分7节，其中尾节具有尾肢。螯足呈螯状，第一至三步足正常，第五步足退化。铠甲虾总科的第二触角柄由4节组成，缺少触角鳞片，尾节具有缝合线。柱螯虾总科的第二触角柄节由5节组成，具有触角鳞片，尾节简单，无缝合线。

生物学特性 深海铠甲虾是具有代表性的深海甲壳动物，无论是在深海的沉积相平原、海沟、海山，还是在热液、冷泉、鲸尸等还原性生态系统中，都有它们的分布。它们多栖息在深海沉积层中，或者藏身在岩石缝隙中，许多种被发现与深海柳珊瑚和海绵共生，如柱螯虾科中的折尾虾属（*Uroptychus*）中的部分种。铠甲虾类是海底生态群落中的主要类群，有些种更是在区域生态环境中形成优势种，如西太平洋热液、冷泉中的柯氏潜铠虾（*Shinkaia crosnieri*）。 （董 栋 李新正）

**深海黏土** abyssal clay 在深海中，以陆源黏土和粉砂为主要组分（>60%）的黏土。又称褐黏土、红黏土。因为被铁锰氧化物（$Fe^{3+}$、$Mn^{4+}$、$Mn^{3+}$）所染，呈黄、红、褐等色。与陆源黏土的区别是自生组分（钙十字沸石、铁锰氧化物等）及鱼骨的含量必须超过10%。与钙、硅质生物沉积的分界是含生物骨屑低于30%。深海黏土的物质组成较复杂，主要为以蒙脱石和伊利石为主的黏土矿物，还含有石英、长石、角闪石等陆源碎屑矿物，钙十字沸石、铁锰结核、橙玄玻璃等自生矿物（沸石和铁锰结核可自成一类沉积物），钙质和硅质的生物残骸，鱼类的牙齿和耳骨以及陨石等物质组成。重矿物可达30%～40%。化学组分中铁、锰、镍、钴、铜、铅等金属元素高于其他深海沉积物，而有机质的含量非常低。

深海黏土主要分布于三大洋中远离陆地、深度最大的部分海域。一般处于水深4500米以下，**碳酸盐补偿深度**（CCD）和非晶质二氧化硅补偿深度以下的强氧化环境中。覆盖着热带－亚热带区102.2百万平方千米，占整个太平洋洋底面积的49%、大西洋的8%和印度洋的18%。

深海钻探揭示，自晚侏罗世以来，大洋中都有深海黏土的沉积，沉积层厚度不大，太平洋中平均厚约200米，大西洋和印度洋中较薄，向洋缘或火山物质分布区及海底山脊下变厚，这是由于这些地区物质供应较多的缘故。在崎岖不平的洋底上，沉积层厚薄不一。通常从洋盆边缘到中心，陆源物质供应量减少，厚度减薄，颗粒变细，黏土矿物、沸石、铁锰结核等增加，有机碳含量减少。在大洋中心的深海黏土表层分布有大量的铁锰结核，成为一种海洋的矿产。 （于晓果 边叶萍）

**深海平台** deep-sea platform 在深海海域实施海底油气等资源勘探和开采的海洋工程结构物。

发展概况 根据国际上流行的浅海和深海的划分标准，水深小于500米为浅海，大于500米为深海，1500米以上为超深海。传统的海洋平台多为固定式，自重和造价随水深的加大而大幅度增加，其工作水深一般不超过500米。对于深海石油的勘探和开采，主要使用浮式平台。浮式平台中，半潜式平台可以作为移动式钻井平台进行勘探或开发井钻井作业。半潜式生产平台、张力腿平台以及立柱式平台为三类主要的浮式生产平台，工作时处于漂浮状态，由系泊系统对平台进行定位，进行深水海上油气开发。这类平台的成本不会随水深增加而大幅增加，适合于深海油气开发。

人类从20世纪50年代开始探索新型深海采油平台，随着海上油气生产向更深的海域推进，以张力腿平台、立柱式平台为代表的深海平台型式日益受到广泛的重视和发展，研究热点主要在于寻求更为经济有效的结构型式，以适应极深海油田或极深海边际油田开发的需要。

半潜式平台 又称立柱稳定式钻井平台，是大部分浮体没于水面下的一种小水线面的移动式钻井平台，由坐底式钻井平

张力腿石油钻井平台

台演变而来，依靠自身重力和浮力的平衡以及悬链线系泊来保证整个系统的稳定。

张力腿平台　主要由中央柱、提供浮力的浮筒、系泊的张力筋腱和锚固基础组成，其浮体绝大部分浸没于水中，浮力大于自身重量，二者的差为张力腱系统的张力，整个平台通过张力腱实现系泊定位。平台固有周期小于波浪主要能量范围，从而实现了很好的运动性能。

立柱式平台　又称Spar平台，由中央柱、浮力舱、压载舱、系泊线及锚固基础等组成，系泊线采用锚链或者张紧的尼龙缆。与其他深海平台比较，立柱式平台的重心远低于浮心，具有良好的稳性；吃水较深，对立管形成良好的保护；运动响应对水深变化不敏感，更适宜于在深水海域应用。

（刘利琴）

**深海平原**　abyssal plain　深海底部坡度小于1/1000的平坦区域。为**大洋盆地**重要组成单元，是地球表面最平坦部分。可延展达几百至几千千米。深海平原通常位于**大陆隆**与**深海丘陵**之间，水深3000～6000米，有时深达6500～6900米。其顶面呈近水平状或波状起伏。覆有较厚的沉积层，系不规则的原始地形（如深海丘陵）被大量沉积铺盖成的。其中浊流挟带来的沉积物在塑造深海平原中起重要作用。在印度洋，分布在澳大利亚西部和东南印度洋海岭东部的西澳大利亚盆地属波状的深海堆积平原，水深一般为4000～6459米。洋底表层是厚400～600米的沉积盖层，直接覆盖于带有微弱切割原始地形的粗粒玄武岩基底之上。分布在澳大利亚北部和**爪哇海沟**之间的北澳大利亚盆地，也是一个深海堆积平原，盆地内沉积层厚达600～900米，下面覆盖着具有复杂原始地形的声波基底，相当于玄武熔岩层。深海钻探资料证明，这两个盆地在白垩纪以后都有频繁的浊流活动。

深海平原在各大洋都有发现，但以陆源物质供应充分且无边缘海沟拦截的大西洋最为多见。深海平原也见于地中海、墨西哥湾、加勒比海及西太平洋边缘海，如南海深海盆地。

（范时清）

**深海丘陵**　abyssal hills　大洋底部高度小于**海山**的水下丘陵或山冈。简称海丘。一般分布于水深3000～6000米处，高出周围洋底数米至数百米。单个的海丘底部宽数千米，侧翼坡度为1°～15°，外形多属圆形、椭圆形，有的呈长条状延伸。海丘上有两个或多个峰顶。少数海丘散布于**深海平原**之上。不少深海平原向大洋中脊方向，随着沉积层减薄而逐渐过渡为深海丘陵。

深海丘陵基岩裸露，有的覆有薄层沉积。一般认为，深海丘陵与埋藏在深海沉积盖层下的原始地形面相当。通常由小型盾形火山和岩盖构成，是大洋型地壳（**洋壳**）层二（基底层）的反映。在大西洋，深海丘陵平行于大洋中脊，呈条带状绵延。印度洋也有深海丘陵发育。在太平洋，由于其周缘有若干**海沟**拦截，陆源物质难以到达**大洋盆地**，故深海丘陵很发育。例如，在西北太平洋盆地和东北太平洋盆地，都有不少地方为锯齿状浅割切的（幅度100～300米）丘陵地形所占据。在西太平洋的边缘海“南海”的中央深海盆（平均水深为4000米），海丘及由海丘群组成的海底丘陵，分布在南海中央深海盆的“北海盆”（水深3800～3900米）和“南海盆”（水深4000～4200米）的南部以及中部，各海山之间的平坦海底上突出的小隆起，隆起幅度为100～300米，少数达400～500米。隆起的延伸范围可达100～150千米。

（范时清）

**深海软泥**　abyssal ooze　钙质或硅质生物组分超过30%，或两者相加超过50%时的深海沉积物。又称生物软泥。主要由从大洋沉淀下来的细粒悬浮物、胶体物质以及生物残骸沉积物等组成。根据其种类，软泥又可分为硅质软泥和钙质软泥。

**硅质软泥**（主要成分为二氧化硅）的形成与具有硅质外壳的硅藻、放射虫等生物密切相关，主要分布在赤道太平洋、太平洋西北部、南极洲和白令海等海域，形成赤道、南半球高纬、北半球高纬三个条带状分布。

**钙质软泥**（主要成分为碳酸钙）的形成与具有钙质外壳的有孔虫、颗石藻等有关，其分布主要受碳酸钙补偿深度影响，呈斑块状分布，垂向的分带性更为明显。

生物软泥的堆积取决于海洋浮游生物的生产力、生物残骸在下沉过程中的溶解以及到达海底后被掩埋的速度。

（于晓果　边叶萍）

**深海生态系统**　deep-sea ecosystem　在深海中有共同栖息地的各种生物和其所在环境的统一体。海洋通常可以依据水深和光照情况分为3个部分：200米以浅的海洋上层、200～1000米的海洋中层和1000米以深的海洋深层。海洋深层又可以依据环境的差异进一步分为1000～4000米深的狭义海洋深层、4000～6000米深的深渊层和6000米以深的超深渊层。其中，1000米以深的海洋系统又称为深海（广义深海指200米以深的海洋系统）。受海洋探测技术所限，人们对海洋的认知多集中于200米以浅的近海区域，对深海的了解非常有限。深海有着极高的静水压（深度每增加10米水压增加约一个大气压），水温终年维持在2～4℃，同时黑暗无光，长期以来被认为是生命的“荒芜”地带。然而，自19世纪以来，研究表明在深海中存在着显著的生物多样性。由于不能进行光合作用，深海生态系统中没有光合作用的植物，没有植食性动物，只有碎食性和肉食性动物、异养微生物和少量滤食性动物。人类已发现的深海生态系统包括**海山生态系统**、**热液生态系统**、**冷泉生态系统**、**深渊生态系统**、海底火山生态系统、海底湖泊生态系统、鲸落生态系统。

深海探索的历史　19世纪前，科学家普遍认为生命体极少能在深海生存。但19世纪70年代苏格兰自然历史学家和海洋动物学家C.W.汤姆孙等在环球科考中发现了大量深海生物的存在，逐渐改变了人们的传统观点。

1951年，英国船只“挑战者2”号在关岛附近发现了海底最深的裂口，该裂口最深处约在海平面下11 000米，后被命名为“挑战者深渊”。

1977年，由美国国家科学基金会资助的一群海洋地质学家乘坐“阿尔文”号载人潜水器在加拉帕戈斯裂谷海底热液喷口附近发现**化能合成生态系统**。

1983年美国科学家C.K.保罗及其同事在墨西哥湾的佛罗里达陡崖下3200米处发现冷泉。

深海分区　①半深海地带。半深海区在海洋中层以下，从1000～4000米。这一层没有阳光可以到达，因此又称为“午夜区”。鱼类很难在这个水层生活，因为低氧、高压、低温以及缺乏营养物质。生活在半深海区的生物只能靠从上层水中沉降下的碎屑维生。从真光层中大约有20%的食物可以沉降到海洋中层，但只有5%的食物可以沉降到半深海区。②深渊带和超深渊带。深渊带在4000～6000米的海水深度，此处是永久黑暗的。在这里生存的生物只有化能合成营养的细菌以及相关的捕食者。超深渊在海洋6000米以下。超深渊带的最深点在马里亚纳海沟，此处深度为10 911米，压力为1100标准大气压。

深海生态系统中能量的来源 ①海洋雪。在海洋真光层中充满了颗粒有机物（POM），特别是在沿岸和上升流区。然而大多数POM是小而轻的，这些粒子通过水柱进入深海可能需要几百到上千年，这个时间已经足够使POM被矿化及在食物链中再次吸收。而一些POM可以重新聚集成更大的颗粒，沉降速率更快，沉降的过程好像雪花飘落，称为海洋雪。海洋雪是生活在深海极端环境中生命的重要食物来源。②海底鲸类尸体。对于深海生态系统而言，鲸鱼的死亡是最重要的事件。死鲸可以将数百吨的有机物带到海洋底部。③化能合成营养。化能合成营养来源主要包括两类生态系统，一类是热液，另一类是冷泉。1977年，美国加州圣地亚哥斯克里普斯海洋研究所的科学家们于加拉帕戈斯裂谷首次发现了热液喷口的存在。已知的热液喷口主要分布于板块的边界，如洋中脊、火山弧前弧后扩张中心或火山热点地区等易受岩浆活动影响的区域。冷泉则是海底富含硫化氢、甲烷和其他碳氢化合物的区域，通常分布于大陆边缘和俯冲带等区域，并受到板块俯冲、盐底辟、重力压实和天然气水合物分解等多种地质学过程的影响。冷泉周围同样也存在大量以甲烷及硫化氢为能量来源的化能合成细菌，从而为整个冷泉生态系统提供能量及有机物质。

（王敏晓）

**深海有机质采样技术** deep-sea organic matter sampling technology 采集深海沉积物中的有机物质样本，以便研究这些有机质的组成、分布以及对海洋生态系统和全球碳循环贡献的技术。深海有机质采样技术是一项专门针对海洋深处沉积物中有机物质的采集活动，它对于理解海洋生态系统的功能、评估海底资源潜力以及全球碳循环具有极其重要的意义。这项技术通常涉及使用遥控操作的深海取样设备，如深海钻机、抓斗或者吸管采样器等，这些设备能够穿透深海沉积物，收集未受扰动的沉积层样本。

在采样过程中，深海有机质采样技术要求设备具备精细的操作能力和高度的稳定性，以确保采集到的样本具有代表性且未被污染。这些样本中含有的有机碳、生物标志物以及其他有机化合物，可以为科学家提供关于古代海洋环境、气候变化和生物生产力的线索。

此外，深海有机质采样技术还需要考虑到深海环境的特殊性，如高压、低温和完全黑暗的条件，这些因素都可能对采样设备的设计和操作提出挑战。因此，采样设备往往需要具备特殊的材料和构造，以适应深海的极端环境。

采集到的样本随后会被仔细地保存和运输到实验室，进行化学、生物和地球化学分析。通过这些分析，科学家可以评估有机质的类型、含量、来源以及它们在地质时间尺度上的演变过程。这对于揭示地球历史上的气候变化、海洋生物多样性的演变以及海底沉积物作为碳汇的潜力具有重要意义。

（陈家旺 孙瑜霞）

**深海原位微生物培养技术** deep-sea in-situ microbial cultivation technology 在深海原位的高压、低温、寡营养、黑暗等极端环境下，富集培养海洋微生物的技术。深海原位微生物培养技术事实上为科学家们提供了一个深海实验室，可以利用陆地实验室无法模拟的开放深海环境，开展深入的科学研究工作。

深海原位微生物培养技术主要是利用深海的自然条件进行试验，将培养基置于富集装置内，投放到深海热液区域进行为期一周至数周的原位培养，随后取回装置分析所附着的微生物群落，从而了解深海的生态系统。原位富集培养是研究深海微生物的常用方法，能够科学有效地研究深海微生物的生长及代谢状况。由于冷泉生物活性低、繁殖缓慢，培养周期需一年甚至数年，所以原位富集培养不适用于冷泉区域的研究。同时，原位培养装置受到海底环境和动物活动的影响极易损坏，且无法进行海底维修，因此冷泉区域应用难度较大。另外，原位富集培养不能直接观察微生物生长的动态过程。

2016年5月11日，科考队员冲洗回收的深海水体原位微生物培养系统

2016年5月，中国科学家在西南印度洋顺利回收了在海底工作了近两个月的深海水体原位微生物培养系统。该系统每隔100米左右布置一套由控制室、培养室组成的深海实验设备，共四套，互相之间用绳索连接，布放在深海3200米处。这是中国自主研发的首个深海水体原位微生物培养系统。

（孙 丹）

**深海钻探计划** Deep-Sea Drilling Project; DSDP 20世纪60年代中期开始的一项全球性大洋钻探计划。是在大洋和深海区进行钻探，通过获得的海底岩芯样品和井下测量资料来研究大洋地壳的组成、结构、成因、历史及其与大陆关系的一项海底地球科学研究计划。

简史 1957年，美国科学家W.H.蒙克和H.H.赫斯倡议用深海钻孔穿过**莫霍面**，以研究地幔的物质组成，这就是“莫霍计划”。该计划于1961年在美国加利福尼亚湾外试钻，接着在墨西哥岸外钻到了玄武岩，以后虽因多种原因而中途夭折，但为深海钻探积累了经验。

1964年，由美国**斯克里普斯海洋研究所**等5个单位联合发起组成“地球深层取样联合海洋研究机构”（JOIDES），并提出了深海钻探计划，1965年在美国东海岸的布莱克海台试钻成功。1966年6月，斯克里普斯海洋研究所从美国自然科学基金会接受任务，筹备开展一项以浅层取样为目的的深海钻探计划（DSDP），技术上受JOIDES指导。由有动力定位设备的“格洛玛·挑战者”号钻探船负责钻探。

1968年8月，**“格洛玛·挑战者”号钻探船**首航墨西哥，深海钻探计划正式开始。它用5年半的时间完成了三期钻探计划。由于该计划执行以来取得了显著成果，因而苏联、联邦德国、法、英、日等国相继加入JOIDES，深海钻探计划进入国际合作的新时代，即大洋钻探国际协作阶段（IPOD）。IPOD是深海钻探计划的第四阶段，它继续沿用DSDP的航次和编号，1975年12月第45航次开始了IPOD的钻探活动，重点研究洋壳的组成、结构和演化。

成就 从1968年8月11日开始至1983年11月计划结束。深海钻探取得的大批资料弥补了近代地质学在深海地质方面的空白，验证了**海底扩张说**和**板块构造说**的基本论点，提供了中生代以来古海洋学的第一手资料，推动了**海洋地质学**的发展，对近代地质理论和实践做出了卓越的贡献。深海钻探计划的主要成果有以下几方面。

验证了海底扩张和板块构造说 20世纪60年代初、中期，海底扩张说和板块构造说先后问世，许多地质学家疑信参半。深海钻探计划开始实施恰与这些新思想的出现同时。因此，验证这些思想就成为该计划的首要任务。

证实了海底扩张与洋壳生长。深海钻探计划证实大洋地壳确实比陆壳年轻得多，最老的岩石未超过1.7亿年。钻探得出的年龄证明，F.J. 瓦因等根据海底扩张思想对海底磁异常条带做出的年龄预测基本上是正确的。随着远离大洋中脊，洋壳年龄呈线性增加，上覆沉积物底部层位时代逐渐变老，沉积层逐渐增厚。

海底在扩张过程中伴随着冷却沉降，导致洋壳的埋藏深度自脊顶向两侧逐渐增大。1971年和1973年J.G. 斯克莱特据此从理论上提出洋壳深度与年龄的关系曲线。大西洋和太平洋的钻探成果证实了这一曲线的可靠性，从而可以根据斯克莱特曲线推算古海底的深度。

被动大陆边缘的深海钻探成果，进一步论证了陆壳引张变薄，以至完全裂开，形成新洋壳的演化过程。一些幼年海洋就是大陆裂开后初始海底扩张作用的产物。在红海，23B航次证实，近240万年来，该海盆以每年0.9厘米的速度扩张。加利福尼亚湾的钻探表明，湾内的轴部盆地是近400万年的海底扩张形成的。

证实了俯冲增生和构造侵蚀作用。板块构造理论认为，在俯冲过程中，大洋板块上的深海沉积物和火成岩被刮落下来，沿海沟内壁不断增生，构成混杂的增生楔形体。新的物质不断自下方楔入，将老的混杂岩体逐一向上顶举，理应产生一套上老下新的序列。深海钻探果然在美国西岸外的阿斯托里亚海底扇和阿拉斯加海沟发现了由变形沉积物组成的增生楔形体。在中美海沟，见到沟壁上方为中新世地层，根部为更新世地层。汤加海沟、帝汶海沟、新赫布里底海沟等地的钻探结果，也可以用增生楔形体模式解释。

但是，深海钻探也证明，实际情况要比原来的设想复杂得多。**日本海沟、马里亚纳海沟**等均未发现足够规模的增生楔形体。事实迫使人们另做解释，于是有“陆壳下曳”或“构造侵蚀作用”模式的提出。在这样的活动边缘，沉积物随板块潜入地幔，陆壳因洋壳的俯冲拖曳而下挠，并常因壳下侵蚀作用而使陆壳变薄。

获取了边缘盆地（又称弧后盆地）的资料。边缘盆地的性质和成因，是地球动力学中争论较多的问题。根据板块构造理论，岛弧陆侧的边缘盆地，是弧后扩张作用的产物，下伏着扩张新生的洋壳，其年龄应比岛弧洋侧的俯冲洋壳年轻。深海钻探在边缘盆地内确实发现了较年轻的洋壳，如在珊瑚海盆地钻到玄武岩，在马里亚纳弧后的菲律宾海钻到了始新世以来的洋壳；而马里亚纳弧东侧太平洋的年龄为晚中生代；有一个钻孔穿入洋壳600米，发现其成分与正常的大洋中脊玄武岩一致。但也遇到许多复杂的情况，如在第勒尼安海中，钻穿了200米的拉斑玄武岩，其成分介于典型大洋中脊玄武岩和板块内部大洋岛玄武岩之间。

揭示了中生代以来的板块运动史。深海钻探结果揭示了联合古陆破裂解体的过程。1.65亿年前，非洲与北美分离，形成北大西洋；1.25亿～1.10亿年前，非洲与南美分离，南大西洋形成；0.95亿年前，欧洲与北美分离，大西洋向北延伸。第三纪欧、非之间进一步会聚挤压，特提斯海消亡，其残余构成东地中海。西地中海是晚近时期张裂形成的，巴利阿里海底玄武岩的年龄只有几百万年。

在太平洋，DSDP在东太平洋海隆的扩张中心发现了新生洋壳。向西，洋壳逐渐变老，在日本海沟和马里亚纳海沟以东，钻到了白垩纪和侏罗纪的洋壳。通过对条带磁异常的测年工作，取得了有关中生代海底扩张的详细资料。

在印度洋和南大洋的钻探，取得了解释海底磁异常所必需的地质依据。资料表明，大约1.27亿年前，印度从澳大利亚－南极洲裂出，印度洋开始形成；0.53亿年前澳大利亚与南极洲分裂。

阐明了洋底玄武岩的性质　深海钻探表明，洋壳的层2主要由拉斑玄武岩组成。这些玄武岩广布于各大洋洋底，具枕状或角砾状构造，大离子亲石元素和轻稀土元素的含量很低，化学成分极相类似。它们形成于大洋中脊轴部，称大洋中脊玄武岩。深海钻探还在洋盆内海底火山和火山岛揭露了另一种玄武岩类型，称大洋岛玄武岩，为板块内部火山活动的产物，其大离子亲石元素和轻稀土元素含量较高。对夏威夷－皇帝海岭的钻探发现，自东南向西北方向，海底火山和火山岛的年龄逐渐变老，深度逐渐加大。这不仅证实了**热点**假说，而且在海岭地区验证了斯克莱特曲线，证实了深海底大幅度垂直运动的存在。

为古海洋学的建立奠定了基础　深海钻探取得了各大洋海底沉积物的完整剖面，其中的微体化石和超微化石为年代学和古海洋生态环境的研究提供了依据。深海沉积物的性质取决于多种因素，其中最重要的是**碳酸盐补偿深度**（CCD）的变化。正是这些沉积记录，揭示了近2亿年来的古海洋的演变史，为古海洋学的建立奠定了基础。

深海钻探发现了一些特殊的沉积物，如广泛分布的白垩纪中期黑色页岩和中新世的红黏土。它们标志着古海洋化学性质的巨大变化。白垩世中期黑色页岩在大西洋分布最广，也见于北太平洋及澳大利亚以西的印度洋部分地区，富含有机质，是大西洋沿岸许多重要油田的生油层。它反映当时海水曾处于停滞缺氧状态。

碳、氧稳定同位素技术在深海沉积物研究中的应用，为重建古海洋温度史奠定了基础。资料表明，第三纪以来，总的气候趋势是变冷的。最大的几次变化，发生在始新世末渐新世初（3800万年前）、中中新世（1400万年前）和晚上新世（300万年前）。根据沉积物中的冰载碎屑，南极局部开始出现冰川是在4500万～4000万年前；渐新世初，南极附近出现大规模海冰；中中新世进一步形成南极冰盖；500万～400万年前，南极冰盖的范围要比现在大得多。北半球的冰盖迟至300万～240万年前的上新世晚期才开始出现。

深海钻探在古海洋环流方面的发现具有深远的意义。南大洋的钻探表明，环南极洋流最早只能出现在渐新世，可能在渐新世末中新世初德雷克水道打开时，才形成完整的环南极洋流。

证实了地质历史上的偶然事件　地质历史上曾不止一次出现区域性的或全球性的偶然事件。这些事件发生在极短的时间内，引起了急剧的环境变化，并保存在沉积记录中。深海钻探资料为这些变化提供了证据，如地中海变干事件和白垩纪末期生物绝灭事件等。

除上述贡献外，深海钻探计划在全球性地层对比、成岩作用、地震火山形成机理、深海钻探技术以及海底矿产资源等方面，也有新发现、新进展。研究表明，大洋边缘的深海区拥有可观的油气资源。深海锰结核和**多金属软泥**也有很高的经济价值。　（何起祥）

**深海钻探技术**　deep-sea drilling technology　在水深大于300米的海域进行矿产开发、钻探工程的技术。在深海钻探过程中多用钻探船进行钻探，钻探船配备了计算机自动调节和固定船位的动力定位设备。在钻井过程中，需要在海底安装确定钻孔位置的声呐反射器，以及提取岩芯的液压活塞取芯装置。

**发展概况**　19世纪末叶，美国采用木质平台在加利福尼亚沿岸海域开采海洋石油。之后40多年间，由于受技术条件限制，各国都只在海边采用简单设施设备打井和采油。20世纪30～50年代，墨西哥湾和波斯湾相继发现大油（气）田，海上石油（气）勘探和开发工程开始有较快发展。1947年美国在6米水深的浅海建造了第一座岛状导管架桩基平台，1954年又建成第一艘可迁移的自升式钻井平台，使海上勘探和开发活动的范围进一步扩大。60年代后，出现了新型的勘探装置及大型钻探船舶（图1）。与此同时，能源需求剧增，导致海上石油和天然气工业产生一次飞跃，海上石油（气）勘探和开发进入自然条件更复杂的近海海域，可在3000多米水深海域钻井采油，海底管道的敷设深度达到3000米。中国沿海的石油（气）勘探开始于1959年，1967年首次在渤海钻采到石油，1972年自行设计建造了第一艘自升式钻井平台，1975年又在渤海建成第一座多功能的综合性平台。中国自行建造的自升式钻井平台HY941，可在300英尺（约91.44米）的水深海域钻井。2011年7月中国制造的半潜式钻井平台海洋石油“981”（HY981）开始海上钻井作业，其可在3000米水深海域进行钻井作业，能抵御200年一遇的台风；选用DP3动力定位与锚泊组合定位系统。

图1　深海钻探船

**海上油气生产过程**　海上油（气）的生产分为勘探和开发两个阶段。海上勘探与陆上一样也分普查和详查两步。普查是从地质调查研究入手，主要通过地震、重力和磁力等地球物理方法寻找油（气）构造，其中以地震测量法最为常用（见**海洋地球物理测量**）。勘探是在普查基础上选择井位，钻取岩芯，对已发现的油（气）构造做进一步核实，确定地质储量，以做出资源评价。开发过程包括钻生产井、采油（气）、处理、存储及输送等环节。其中，把开采出来的油（气）全部送往岸上处理、存储并外输的系统称为全陆式集输贮运系统，一般只适合于离岸较近、井底有足够压力的油（气）田；各生产环节部分置于海上、部分置于陆上的称为半海半陆式集输储运系统，适合于离岸较远、规模较大的高产油（气）田；全部环节都在海上进行的称为全海式集输储运系统，一般只适合于离岸很远的深远海油（气）田开发。

**海上油气勘探及开发工程实施**　按其工作性质分为勘探设施、钻采工程设施和集输储运工程设施3类。

**勘探设施**　供普查用的专门设施主要有地震勘探船、重力和磁力勘探船及飞机等。仪器安装在船或飞机上，按预定测线勘探。供勘探时打钻井的设施，除近岸浅水区的个别情况下用固定平台外，多采用移动式平台。其中坐底式钻井平台仅适用于5～30米水深；自升式钻井平台适用于10～110米水深，是世界上应用最广、拥有数量最多的一种钻井平台；半潜式钻井平台采取锚链系泊时，一般能适用于30～300米水深，采取索、链结合型或全索型系泊时，工作水深可达1500米。动力定位系统在海上油气勘探工程设施广泛应用，它是用装在钻井船底部的检波器接收设在海底的声学装置发射的信号，来测定钻机相对于井口的位置，由计算机根据输入的位置坐标和环境信息控制全方位推进器的功率分配，以约束钻井平台保持在井口上方的容许范围内，有动力定位系统的钻井平台已可用于3000米以上深水中作业（见**海上平台**）。

海上钻探的工艺与陆上类同，但需要用一根隔水套管隔开海水、引入钻具和导出泥浆。半潜式与船式平台的钻井设备上安装有消除平台运动影响的升沉补偿器，还备有一套再进入井口的水下器具，包括井口盘、导向索或水下声学装置、水下电视等，以便在重返井场时将设备再导入海底井口。所有钻井平台均可用于打勘探井和生产井。

**钻采工程设施**　供在海上钻生产井和开采油（气）的工程设施主要有4种类型：①人工岛。这种设施在近岸浅水中使用较经济。②固定式平台。是主要采用的一种工程类型。为了控制更大的油（气）藏面积，在一个平台上除打一口直井外，往往还要打多达几十口的斜井或水平井。由于其造价随水深成倍增长，这种类型在深水中使用有时不经济。③浮式采油（气）平台。将井口安装在浮式平台的甲板上，井口至海底之间以立管相连，依靠系泊锚链或张力腿限制平台的位移。与勘探用的浮式钻井平台一样，也备有保证安全作业的水下器具，这种平台能适用于3000米水深作业。④海底采油（气）装置。采取钻水下井口的方法，水下井口安装在海底，开采出来的油（气）用管道直接送往陆上或浮式采油（气）平台。水下井口一般为安装于海底的湿式采油装置。

**集输贮运工程设施**　供开采出来的石油（气）集中、处理、储存和外输的工程设施，分为以下4部分：①装有集油（气）、处理、计量以及动力和压缩设备的平台。这类平台的结构形式与上述钻采平台相同。为减少平台数量和便于管理，有时把这些作业环节和钻采、储存等环节合并在同一个平台上进行，使之成为多功能的综合性平台。也有单独设置的燃烧废气的火炬平台和生活平台。②储油设施。对于全海式或半海半陆式系统，由于受海洋自然环境影响和运输条件的限制，需在海上设储油设施，其容量要与油井日产量、穿梭油轮外输周期和能力、环境条件等相协调。主要形式有系泊式和固定式两种。前者如贮油船、贮油浮筒等。后者又分两种：一种是设在固定平台上的贮罐，容量较小；另一种是坐落于海底的水下贮罐，具有一个伸出海面之上的作业甲板，容量一般较大。如北海埃科菲斯克油田的钢筋混凝土水下油罐，底部直径92米，贮量达1万立方米（100万桶）。为了减小罐壁内外压力差，水下贮油罐常采取油水置换工艺。③海底输油（气）管道（图2）。通过它把整个海上油（气）田的生产系统联系起来。根据输送的油（气）性质和环境条件，分单层管和双层管两种。后者内管输油（气），外管作为保护套，内外管之间的环形空间充填隔热保温材料。为了防止事故和延长使用年限，管道外部包有防腐绝缘层和混凝土防护层（兼作配重），而且在浅海区、通航区或渔场常将其埋置于海底表面以下一定深度。海底管道的铺设一般采用漂浮法、牵引法和铺管船法等，对于深海大油（气）田海底管道的铺设则多用敷管船进行。④油（气）外输码头。有单点系泊装置和常规的海上码头两类。单点系泊装置是一个用锚链系泊在海上的浮筒，浮筒与海底管道之间用橡胶软管或金属的弯曲硬管相连，浮筒与船舶之间用水面漂浮软管相连，船舶缆索系在浮筒顶部转盘的缆臂上，可随风、浪、海流自由旋转，始终处于最小阻力位置，具有适应性强、安装迅速并能搬迁等优点。海上码头分固定式和浮式两种。前者建于沿岸；后者往往就是贮油船，兼作靠泊来船码头之用。

图2　黑海海底管道

安全保障技术　海上石油（气）勘探和开发不仅耗资巨大，而且存在一定的危险。其原因如下：①风暴、海浪、冰凌及地震（海啸）等自然因素产生的破坏或井喷。②操作不慎、管理不善或设计建造不周等所致。如1969年春，中国“渤海2号”钢质桩基固定平台被特大冰凌推倒；1977年，埃科菲斯克油田一条海底输油管线突然失去控制，造成严重漏油事故；1980年3月，挪威“亚历山大·基尔兰”号五立柱半潜式钻井平台在北海工作时，因其中一根立柱的连接构件疲劳断裂，导致整个平台倾覆。所以，应详细审核方案，确保工程质量，定期对工程设备作预防性维护，并加强对水文气象和地震的预测预报。（刘利琴）

**深海座底式钻进技术**　deep-sea seated drilling technology　通过将钻探设备放置在海底并固定于海床，以实现对深海沉积物或岩石的稳定钻进和取样，从而获取深海地层详细地质信息的一种海洋地质勘探技术。又称深海钻机采样技术。深海座底式钻进技术是一种先进的海洋地质勘探手段，专门设计用于在深海环境中进行精确的地质取样和钻探作业。这项技术涉及将一种自推进或遥控操作的座底式钻机放置在海底，并利用其底部的固定装置牢固地附着在海床表面。一旦就位，钻机便开始其钻进作业，通过旋转钻头穿透沉积物或岩石层，同时保持钻杆与海底的垂直或特定角度。

在钻进过程中，钻杆内部的取样管会收集钻探产生的岩芯或沉积物样本。这些样本被密封在取样管中，以保持其原始状态，避免受到外界环境因素的干扰。深海座底式钻进技术的关键优势在于其能够在深海高压和复杂地形条件下稳定作业，实现高精度的地质数据采集。

此外，该技术还具备实时监控和数据传输功能，允许操作人员在船上或远程控制中心实时接收钻探数据和视频反馈，从而对钻探过程进行精确控制。这种技术的应用不仅限于地质科学研究，还扩展到了海底资源勘探、海洋工程建设、环境监测和考古研究等多个领域。

深海座底式钻进技术的成功实施，依赖于高度集成的自动化控制系统、精密的机械设计、先进的材料科学以及对深海环境的深入理解。随着深海探索技术的不断进步，这项技术在揭示地球深海奥秘、评估海底资源潜力以及推动海洋科学发展方面发挥着越来越重要的作用。

（陈家旺　孙瑜霞）

**深潜器**　deep-sea submersible　对深海大洋的遥控探测、现场观察和取样的载人或无人设备。是深海海洋地质调查的重要工具。又称潜水器。20世纪70年代之后，深潜器的工作范围遍及全球大陆坡深水区和深海大洋区域，以及＞6000米深的洋盆、海渊和海沟，获得大量的地质构造、沉积物、地球化学、地球物理、矿产和生物样品与相关的资料信息，取得许多重大的地质发现，如海底热液硫化物“黑烟囱”及其高温高压极端环境下存活的微生物群落就是20世纪地球科学领域的最重大发现（见**潜水器技术**）。（莫恭政）

**深水铺管工程**　deep water pipe-laying engineering　在水深200～3000米的海底进行的管道铺设工程。管道输送油气已成为海洋油气输送的主要方式之一，促进了深水海底管道铺设技术和海底管道建设的发展。

深水铺管方法　基于对环境条件、设备成本、水深、管道长度和直径等因素的考量，铺管方法可分为以下4种。

拖曳铺管（pull/tow）　在近海浅水区铺设海底管道时，通常采用拖曳铺管法。管道一般在陆上组装场地或浅水避风水域中的铺管船上组装成规定的长度，然后用起吊装置将管道吊到发送轨道上，再绑上浮筒和拖管头，用拖船将管道拖下水，按预定的航线将管道就位、下沉，最后将各段管道对接，完成管道铺设全过程。拖管法已经发展为4种方式：浮拖、水面下拖行、离底拖和底拖。

“S”形铺管（S-lay）　“S”形铺管法是技术最成熟、应用最广泛的深水铺管法。“S”形铺管法一般需要在船尾部增加一个很长的圆弧形托管架，管道在重力和托管架的支撑作用下自然弯曲成“S”形曲线。这种铺管法一般需要安排一艘或者多艘起重抛锚拖轮来支持铺管作业。管道在托管架的支撑下，自然地弯曲成“S”形曲线，由于是在一个水平线上作业，不仅安全稳定，而且效率高。

“J”形铺管（J-lay）　主要应用于深海区域的管道铺设，是最适于深海进行管道铺设的方法，该方法用于刚性的管道时效果最佳。由于铺设过程中管道几乎是垂直进入水中，管道形状呈现大J形而得名“J”形铺管法。“J”形铺设法主要有两种形式，一种是钻井船“J”形铺设法，还有一种是带斜形滑道的“J”形铺管法。

卷筒铺管（reel-lay）　一种新型的铺管法。这种铺管法是将管道在陆地预制场上接长，然后卷在专用滚筒上，送到海上进行铺设施工的方法。该方法的优点是99.5%的焊接工作可以在陆地完成，海上铺设时间短、成本低，每段管道可连续铺设，作业风险小。

深水铺管流程　海底管道的铺设包括两个过程，一是将大量管段组装成完整的管线，二是沿着所需的路线安装该管线。以“S”形铺管为例，详细流程为：①准备阶段。包括铺管船就位、安装托管架、吊装海管、海管起始连接以及安装起始封头。②海管焊接。将海管一根一根地焊接在一起，然后下放到海底。③海管入水。铺管船向前移动，海管入水，直到海管管端到达着泥点。④平铺海管。将海底管道铺设至立管安装位置附近。⑤连接立管与海管。结束海管平铺段作业后，水下测量平铺段海管与立管的距离，定制膨胀弯，水下连接膨胀弯。⑥海管清管、试压与排水。完成所有管线连接后，需要进行清管试压工作，清洗管内壁，测量管线是否有屈曲变形。⑦海管保护与固定。海管沉放到海底后，波浪、海流以及附近船舶抛锚都会危及海管的安全，影响最为严重的是渔业活动，因此需要采取一定的保护措施，包括采用挖沟机挖沟掩埋、采用水泥垫块、固定压块保护等。⑧海管修复。在海管发生堵塞、泄漏、失效等情况时，首先要进行清管作业，对管线进行疏通，之后通过焊接或法兰、卡箍等方式完成连接。

深水铺管安装设备分类　包括以下3种。

半潜式装置　半潜式装置是管道铺设的稳定平台，具有良好的气候适应性，可铺设管道直径宽，适用于深水作业。半潜式装置造价昂贵，需要较多的工作人员，一般为200～400人，同时需要驳船运送管道。

铺管船　最常见的管道铺设安装设备，多用于海底输油管道、输气管道、输水管道的铺设。铺管船根据水深分为深水（200～3000米）铺管船和浅水（200米以内）铺管船两种。深水铺管船大多为自航式，采用动力定位，最新的为DP3级；浅水铺管船大多为非自航式，也称为驳船，采用锚泊定位。铺管船船体是铺管设备的载体，铺管设备有张紧器、A/R绞车、船舷吊、坡口机、对口器、无损检测设备（X射线或AUT）、退磁器、加热器、辅助作业线、主作业线、移管机构、托管架、电焊机等。铺管船上配有吊机和铺管作业线，管路铺设主要通过铺管作业线完成。消防水系统可以对火灾进行预警和控制，并可以清洗船甲板。与一般货轮（如集装箱船、散货船、化学品船）不同的是，铺管船的上层建筑一般位于船的首部，并配有直升机甲板。

拖驳船 是一种成本很低的管道安装设备，但管道支线制造长度有限制，只能用于直管的安装，安装时需要临时浮力。

（万德成）

**深拖系统** deep-tow system 调查船后部拖曳的各种深海地质、地球物理综合观测仪器的组合。组装在一个仪器架或拖曳式航行器上的深拖系统，由旁侧声呐、窄射束（4°）精密回声测深仪、地层剖面仪、磁力仪、立体照相机、连续测温装置及底质或生物采样器等地质、地球物理观测仪器构成。可进行水深、地形地貌、地震、地热测量，以及海底摄影和采样等综合性观测。船用拖曳技术是国际海洋地质调查的重点前沿技术之一。深拖系统通常是由水面上的母船用嵌装电缆沿离海底10～100米的高度上缓慢拖曳进行观测。广泛用于海底管道检修，特别适用于进行区域性大面积的海底地形地貌、海底**热液硫化物**、**多金属结核**和**天然气水合物**等矿产资源勘查。

根据探测目标的不同，拖曳体在水中的深度不尽相同，拖曳体是由光学和声学探测系统组成。光学探测系统主要由海底电视、照相系统组成，工作深度可达6000米以上。能够实时传输海底电视图像信号，可现场观察海底矿藏露头和海洋生物的活动情况。声学探测主要由测深、侧扫声学系统组成，如侧扫声呐、**多波束测深系统**和浅地层剖面仪等，工作深度也在6000米以上，可高精度地探测深海底地形、地貌和浅地层结构。美国的TowCam和日本的DeepTow深拖系统研制居世界领先。TowCam的数字照相与多岩石取芯拖曳系统是一种具有岩石取芯能力的数字深海照相系统，安装有海鸟SBE25温盐深测量仪（CTD）、自录式磁力仪等设备。DeepTow的主要任务是进行深海海底地形、地质（热液）、资源、海洋物理、中深层生物调查等。

中国深拖系统主要应用于大洋多金属矿产资源勘查。1999年由上海交通大学水下工程研究所研制了6000米深海拖曳观测系统，安装有水下电视摄像机、照相机、测高仪等设备。该系统用于“大洋矿区”考察，获取海底多金属结核分布的图像和照片。其后，中国科学院声学研究所研制了深水声学拖曳系统，工作水深4000米，安装有高分辨率测深侧扫声呐，可在近海底工作获得高分辨率的海底地形地貌和温盐深等数据。它的测深覆盖范围600米、侧扫覆范围800米，垂直航迹分辨率5厘米，最小可检测高度10厘米。该系统在大陆架勘查和大洋科考中发挥了重要作用。中国“大洋一号”科考船配备有6000米深拖光学系统、4000米深水声学拖曳系统和3000米海底摄像连续观测系统等。

（莫恭政）

**深渊生态系统** abyssal ecosystem 生存于海洋中深度4000～6000米的区域中的生物及所在环境的统一体。深渊具有黑暗、高压、低温及寡营养的特点，孕育了深海端足类、腹足类、双壳贝类及深海鱼类在内许多独特的生命形式。

深渊生态系统的生物量与周围洋流或从上层水团中的食物量有直接关系。生物泵被认为是将有机物（如颗粒有机碳或溶解有机碳）从大气循环到表层海洋并最终到达深渊海区的主要驱动力。深渊生物大多依赖上层海区下沉的营养物质（称为**海洋雪**）以维持生存。这些营养物质包括沉积物、藻类、上层海洋生物的粪便以及鱼类尸体等。从空间上看，只要上层海洋中的营养物质可以有效地输出到深渊生态系统，深渊生物便可以保持良好的丰度。然后，单靠海洋雪并不能为深渊生物提供足够的营养物质来支持其生存。研究发现，某些深远区域仍存在冷泉热液等特殊环境。这些区域具有大量的硫化氢、甲烷等还原性物质，能进一步支持化能自养微生物生存并产生能量和有机物，维持其他底栖生物的生存。

随着深海探测技术的不断发展，深渊科学成为国际海洋科学的前沿，对深渊生态系统的探查也不断展开，并持续地改写着人们对深渊生命的认知。而随着“蛟龙”号、“深海勇士”号等载人和无人潜水器的研制成功及投入作业，中国深渊科学发展也有长足进展，逐渐达到国际一流水平。

（王敏晓 李超伦）

**神经性贝毒** neurotoxic shellfish poisoning; NSP 短凯伦藻（*Karenia brevis*）分泌产生的一类具有神经毒性的脂溶性聚环醚类天然化合物，易积累于贝类，接触后会对多种海洋动物和人类造成毒害。1880年首次在佛罗里达西海岸被记录，随后在墨西哥湾、佛罗里达东海岸及北卡罗来纳海岸被发现。短凯伦藻能产生两类脂溶性毒素，溶血毒素和神经性毒素。神经性毒素（brevetoxins）是一类脂溶性的聚环醚类天然化合物，已有十多种结构被鉴定，主要是短裸甲藻毒素-1（ptychodiscus brevetoxin-1; PbTx-1）、短裸甲藻毒素-2（ptychodiscus brevetoxin-2; PbTx-2）和短裸甲藻毒素-3（ptychodiscus brevetoxin-3; PbTx-3）等。神经性毒素无臭无味，对热和弱酸稳定，常规的食物制作程序不能除去神经性毒素。这类毒素的中毒机制是由于对细胞膜中的钠离子的作用，导致膜电压改变并延长了钠通道保持激活的持续时间。人类中毒包括胃肠道和神经系统中毒症状，其症状与**西加鱼毒**类似，但毒性比西加鱼毒和**麻痹性贝毒**轻，导致中毒者面部、喉咙及消化道烧灼痛，产生高烧、冷战、眩晕、恶心、呕吐、肌肉疼痛、瞳孔扩散等。当短凯伦藻赤潮暴发时，通过波浪作用形成的气溶胶能灼伤人类及其他哺乳动物的呼吸道，导致呼吸道哮喘样症状。中毒导致的衰竭一般在几天之内能够恢复。扇贝、牡蛎、蛤、鱼、海鸟、海龟、海牛、海豚和鲸等海洋动物也会受到神经性贝毒的毒害。短凯伦藻在中国广东沿岸、海南大亚湾和台湾大鹏湾等海域都有分布。

（刘仁沿 周名江）

**生物采样技术** biological sampling technology 对海洋生物样品进行采集的技术。海洋生物大小不一、种类繁多，从个体大小上看，小到微生物，大到大型海洋哺乳动物；从生活在海洋中的空间位置来看，从海水表面到海底沉积物都有分布；从生活习性来看，有些喜欢单独生活，有些喜欢群居。针对不同的海洋生物采集样品，需要采用不同的采样技术。常见的生物采样器有**浮游生物采样器**、**底栖生物采样器**、**微生物采样器**、**附着生物采样器**及其他生物采样器5种类型。无论是何种类型的生物采样器，都必须解决以下几个问题。

生物样品的富集 海洋生物都具有生命，多数生物具有一定的移动能力，尤其是各种鱼类、虾类、蟹类等，为样品的收集带来难度。此外，海洋生物在海洋中的生物量（或浓度）通常不是很高，要想达到所需的样品量，通常需要进行富集。就富集的方式来看，一般可以分为定点式和移动式两种。定点式富集通常需要将采样器放置采样点一段时间进行富集。所获取的样品对于采样点附近的生物情况具有较好的代表性，但是通常需要耗费较长的时间。移动式富集是将采样器在采样区域移动进行富集。获取的样品对于采样区域的生物情况具有较好的代表性。

生物样品的储存 海洋生物是活体的，因此在样品储存时应尽可能保持活体状态，即使不能保持活体也不能使样品变

质，以免影响样品的代表性。此外，针对能够移动的生物样品，还需要考虑防止逃逸等技术。（王杭州）

**生物地球化学** biogeochemistry 研究由于生物活动而引起地壳中元素迁移、转化、富集、分散，以及由此引起生物繁殖、变异、衰减等规律的学科，特别关注生物与环境相互作用、相互影响以及物质在生物与环境之间不断循环的过程与机制。全球生物地球化学循环研究的是元素及其形成的各种化合物在生物圈、水圈、大气圈、岩石土壤圈之间的迁移和转化过程。生物地球化学研究涉及物理、化学、生物、地质、环境、工程等诸多学科，是典型的交叉学科。

发展概述 生物地球化学是在综合研究的基础上产生的。19世纪，英国化学和植物学家C.多布尼首先进行了生物地球化学的相关研究。1926年，苏联矿物学家V.I.维尔纳茨基发表了《生物圈》一文，提出生命是塑造地球的一种地质力，被视作生物地球化学的创始人。在20世纪70年代，生物地球化学研究出现了一些重要进展，是生物地球化学研究发展的第二个阶段，其标志是环境生物地球化学研究取得了长足进步。1971年，美国生态学家E.P.奥德姆清晰地解释生物地球化学循环的概念，指出生物地球化学循环是化学物质包括原生动物体内的所有组成元素，在生物圈内从环境到生物体再从生物体返回环境的特定运转途径，并将生物地球化学循环分为两类，一类是大气圈和水圈中呈气态物质的循环，另一类是地球表壳贮库中沉积物质的循环。在这期间国际上召开了几次生物地球化学或与之相关的国际会议，如水地球化学与生物地球化学会议（1972）、第四届国际环境生物地球化学会议（1979）等，并出版了一系列会议论文集。这个时期还发表了大量的学术论文及几部有影响力的专著，如W.E.克伦宾的三卷本《环境生物地球化学与地质微生物学》（1978）和《微生物地球化学》（1983）、S.O.尼雷古的二卷本《环境生物地球化学》（1976）、J.E.扎伊奇的《微生物的生物地球化学》（1969）等，这些专著系统阐述了环境生物地球化学及微生物地球化学，总结了生物地球化学研究领域自20世纪20～30年代创立以来的研究成果，并为以后的系统研究打下了基础。

20世纪80年代以来，国际大型研究计划的兴起使生物地球化学成为科学家们关注的焦点，其代表是1982年提出、1990年正式开始实施的国际地圈－生物圈计划（IGBP），侧重研究物质的生物地球化学循环，其目标是阐述和了解、掌握控制地球系统及其演化的物理、化学和生物过程，以及人类活动在其中的作用，核心目标是为定量评估整个地球的生物地球化学循环和预测全球变化建立科学基础。已实施的IGBP的核心计划包括全球大气化学计划（IGAC）、全球海洋通量联合研究计划（JGOFS）、过去的全球变化计划（PAGES）、全球变化与陆地生态系统（GCTE）、水循环的生物方面计划（BAHC）、海岸带陆－海相互作用计划（LOICZ）、全球分析、解释与建模计划（GAIM）、全球海洋生态系统动力学研究计划（GLOBEC）和痕量元素及其同位素海洋生物地球化学研究计划（GEOTRACES）等。

20世纪末至21世纪初，生物地球化学有了进一步的长足发展，1989年德国生物地球化学家E.T.德根斯的专著《生物地球化学展望》出版，S.S.布彻等1992年出版《全球生物地球化学循环》专著，V.V.多布罗沃尔斯基1994年出版《世界土地的生物地球化学》专著，T.芬切尔1998年出版《细菌生物地球化学》，韩兴国等1999年出版《生物地球化学概论》，周启星与黄国宏2001年编著了《环境生物地球化学及全球环境变化》，V.N.巴什金与R.W.豪沃思2002年出版《现代生物地球化学》等，这些著作系统总结了全球生物地球化学20世纪后期的发展成果，为生物地球化学的进一步发展奠定了基础。

研究特点 生物地球化学研究具有3个显著特点：①多层次的时空布局。针对研究生物圈及大气间的物质交换时，不论实验测定还是数学模拟所存在的空间尺度不匹配的问题，进行不同空间尺度的多层次的布置研究，实验技术手段多样化，包括单叶片过程测定、单枝叉测定、地面采样箱、铁塔涡流相关（微气象法）、系留气球、高空气球、航测和卫星遥测、野外考察、实时现场观测等。模拟空间也相应由微宇宙、样方推广至区域乃至全球。在过程动态研究中，时间尺度由昼夜、季节、年延伸至世纪乃至地质年代。②涉及多个生态类型。与20世纪80年代以前的循环研究相比，当前全球物质循环分为寒带、中纬度、热带、海洋及极地五个区域来进行，同一区域内不同生态系统的元素循环在实验站点上进行，而不同生态系统间的过渡则在设置的过渡样带来进行。③与气候变化和全球生态环境变化及反馈密切相关。国际地圈－生物圈计划中，物质循环研究不仅研究人为活动造成的通量变化，而且研究气候变化对元素循环的反馈。

研究内容 生物地球化学重点研究生物圈中各种化学物质的来源、存在数量和状态，生物活动的特性，各种物质的生物地球化学循环及迁移转化规律，环境中化学物质对生物体和人类健康的影响等问题。生物地球化学学科由四个基本概念构成，即生物地球化学的量、流、群和场。这四个概念从不同角度解析生物与环境的关系，并确定了生物地球化学的方法论。

生物地球化学量 研究目标是探索生命及其生存的无机环境（即地壳、土壤、海水等）在元素组成上的丰度关系，这种关系可能源自生命起源与进化过程，并决定了当前生命对环境化学状态的依赖性。生命是无机元素在宇宙特定条件下不断演化而产生的，生命进化长期以来受制于环境，地球物理、化学条件的不断变化既造就了当前生命的形态和组成，也导致了大量物种的不断灭绝。研究表明，地壳丰度较高的元素大多在生命体中也有较高丰度，并成为生命的必需元素；地壳丰度较低的元素大多在生命体中含量也较低；海水中最主要的元素氢和氧也是生物体中最主要的元素，为生命起源于海洋的学说提供了有力的证据。元素丰度在生命和无机环境两个领域的相似性归因于生物进化的结果。例如，原始的脊索动物文昌鱼选择了铁构成它的血红蛋白载氧体系，而它的近亲海鞘选择了钒来运载血氧。由于铁在地壳和海水中的丰度远高于钒且铁在血液中的载氧效率也高，文昌鱼赢得了进化优势，最后发展成高等脊椎动物。生命与环境在生物地球化学量上的这种制约关系，是决定生命健康与发展的基本法则之一。

生物地球化学流 生物与环境的联系是以化学元素在生命－无机环境界面的交换为基础的。通过化学元素在生态环境中的不断流动与转化，新鲜物质和能量输入生物体，生物新陈代谢产生的废物回归环境。追踪一个或多个化学元素的迁移与转化过程，会清楚地观察到生物与其所生存环境如何组成一个整体，形成生态系统。元素的流动会将其末端和起点连接起来，构成一个生物地球化学循环。由于只有部分化学元素会在有意义的时间尺度内实现循环，因此生物地球化学循环仅是生物地球化学流的一个特例。随着全球对气候变化关注度的不断提高，二氧化碳（$CO_2$）、甲烷（$CH_4$）和氧化亚氮（$N_2O$）等温室气体的来龙去脉、源汇格局、迁移转化过程等成为各方面的研究焦点。由于这几种主要温室气体都是碳循环或氮循环的重要产物，因而碳和氮的生物地球化学循环成为全球生态环境研究的焦点，也成为生物地球化学流重要的研究方向。

生物地球化学群　当化学元素在环境或生物体迁移转化时，它们大多以化合物的形式存在，意味着化学元素往往只有结伴成群才对生物体有意义。例如，碳和氮在植物生长中的依存关系与叶绿素的形成密切相关；铜在血液中的存在有助于促进机体对铁的吸收，而镉和铅却对生物体内的铁有拮抗作用；含硫有机化合物在水体的存在会大大限制许多重金属的运移等。化学元素在生态环境中所呈现的群组行为对于形成生物与环境的特定关系至关重要，这种群组行为可由原子结构和化学键理论进行预测。通过热力学、化学反应动力学、络合物化学及量子化学等研究这类群组现象，是生物地球化学研究的一个重要方面。

生物地球化学场　生物地球化学流描述元素如何在生态环境体系中迁移转化，而生物地球化学场要回答是什么力量导致元素在生态系统中运动。在一个特定的时空位置上，任何化学元素都处在物理位移和化学形态转化的多维动向之中，这些动向受不同环境因子控制。主要的环境因子包括重力、辐射、温度、湿度、压力、酸碱度、氧化还原电位、环境介质的流动及相关化学物质的浓度梯度。这些环境因子在不断进行时空变化，形成一个动态的力场，任何一个置身其中的化学元素都会在这种多维力场的驱动下，或发生物理位移，或发生化学形态转化，或者两者同时发生。对这些动态力场和化学元素迁移转化过程的研究，也是生物地球化学研究的一个重要方面。

以上4个基本概念分别描述了生物地球化学学科的主要研究方向：生物地球化学量研究生物与环境在长期进化过程中形成的特定丰度关系，这种关系决定了生物的产生与进化过程、当前生命体的元素化学组成及其对环境化学状态的依赖性；生物地球化学流追踪化学元素在生态系统中（生物体与环境之间）的迁移转化，描述和解释生命和环境如何通过物质及能量交换而形成一个对立统一的整体；生物地球化学群研究原子结构或化学键如何控制多种元素在生命体的共同存在及相互制约作用，以及同一化学元素在不同化合状态下，对生命体所具有的不同意义；生物地球化学场是驱动化学元素在生态系统中迁移转化的各种环境因素的综合表达，其时空变化是各种元素运动的前提条件。生物地球化学的量、流、群、场4个概念经纬交织构成了生物地球化学的学科主题，并演绎出生物地球化学研究的方法论。

生物地球化学循环　是生物地球化学研究的核心，是对生物地球化学量、流、群、场4个方面研究的综合与总结。地球上的生物化学循环包括无机物、有机物和能量的循环3个方面，无机物的循环主要涉及碳、氮、磷、硫、硅以及多种微量元素在大气、水体、地壳和生物体之间的分布、交换、迁移和转化；有机物的循环则进一步涉及生物的繁殖、生长、死亡、分解过程，以及有机物质在生态和环境之间的分布、迁移与转化；能量循环则是不同形式的能量在生物体和环境之间的转化、转移与传递。生物地球化学循环研究涉及4个基本方面：参与循环的物质的储库；参与循环的元素的存在形态与形式；参与循环的物理、化学、生物、地质等过程；参与循环的物质的来源和去向。

生物地球化学与人类健康　生物地球化学研究与人类健康密切相关。在地方病研究方面，生物地球化学研究起到了非常重要的作用。例如，中国有些山区农村的地方性克山病、大骨节病和甲状腺肿等，通过生物地球化学研究发现是某些化学元素（如硒、碘等）在水土中含量过低造成的，通过在当地饮用水、食盐中添加相应的微量元素，这些地方病都得到了解决。工业革命以来，工业污染将许多本来在地球表面含量甚微的元素（如汞、镉等）和其他难降解有害物质带入环境后，人和环境在化学元素丰度上的平衡关系遭到破坏，引发癌症和其他新的疾病；通过生物地球化学研究，有助于充分掌握这些疾病的发生原因，为最终解决这些疾病提供路径。同时，生物地球化学研究能够制定更加科学的大气、水、土壤环境污染控制与治理策略，从而减少污染物对人类健康的影响。

研究意义　生物是地球演化的巨大的质营力，在生命产生以后，地球上几乎所有重大现象和过程都离不开生物地球化学作用。例如，大气圈的形成与耗损、土壤圈的形成与退化、水资源的变化、全球气候变化、环境污染与治理等。生物地球化学的研究将为生物圈的开发利用和保护、环境保护以及智慧圈的建立和发展提供重要的科学依据，也为工农业生产水平的提高、卫生保健和预防医学发展，以及资源的勘探和合理开发利用等做出巨大的贡献。

（丁海兵）

**生物地球化学循环**　biogeochemical cycle

各种元素沿着特定的路线在环境与生物体之间周而复始的流动过程。生物地球化学循环的核心是生物有机体经由生命活动从其生存环境的介质中吸取元素及其化合物，通过生物化学作用转化为生命物质，同时排泄部分物质返回环境，并在其死亡之后又被分解成为元素或化合物返回环境介质中的循环。还包括从一种生物体（初级生产者）到另一种生物体（消费者）的转移或食物链的传递及效应。

生物体内的化学成分总是在不断地新陈代谢，周转速度很快。由摄入到排出，基本形成一个单向物流。在生物体重稳定不变的条件下，向外排出多少物质，必然要从环境再摄入等量的同类物质。虽然新摄入的物质一般不会是刚排出的，但如果把环境中的同类物质视为一个整体，这样的一个物流就可以视为一种循环。物流可能只是某个生物与环境之间的交换，也可能是由绿色植物开始，通过复杂的食物链再返回自然界。农业施肥和畜牧喂饲等是生物地球化学循环中的人工辅助环节。

生物需要的液态物质就是水及其中溶解的营养物。但水流只能由高而低单向流动，即从高海拔流向低海拔，最后汇于海洋。水分蒸发为气态后才能随气流返回内陆，原来溶于水中的物质大部分不能随同返回。气态物质的活动性最大，特别是陆地生物生活于空气中，摄取和排放气态物质都很方便。自然界中的水、碳、氮、硫、磷等重要物质的循环，基本是以液、气两种物态运动的。以溶液方式运动的营养物（如磷）大量以沉积物的形式贮存在土壤和岩石中，这类物质的循环又称为沉积型循环。

水的生物地球化学循环　水是生态系统中生命必需元素得以不断运动的介质。地球上的水时刻都在运动，不断地从一个系统输出，进入另一个系统。陆地水、大气水和海洋水通过固体、液体和气体的三相变化，不停地进行着交换和运输，这种变换形成了水循环的独特性。陆地上的淡水分布很不均匀，有地区差异，也有季节年度差异。淡水分布不匀，再加上工业大量用水和水质污染等，这都使淡水资源问题日益突出。

水分的垂直移动主要表现为：①太阳辐射的热力作用使水面及土壤表层的水分蒸发。②植物根系吸收的大量水分经叶面蒸腾。③空中的水汽遇冷后又凝结降落。空中气态水的周转速度很快，一般持水量不大。水分的水平移动在空中表现为气态水随气流的移动，在地面表现为液态水自高向低的流动。所以，水循环的动力就是太阳辐射和重力作用（图1）。

在全球范围内，海面的蒸发量大于降水量，一部分水降到大陆；陆地的降水量

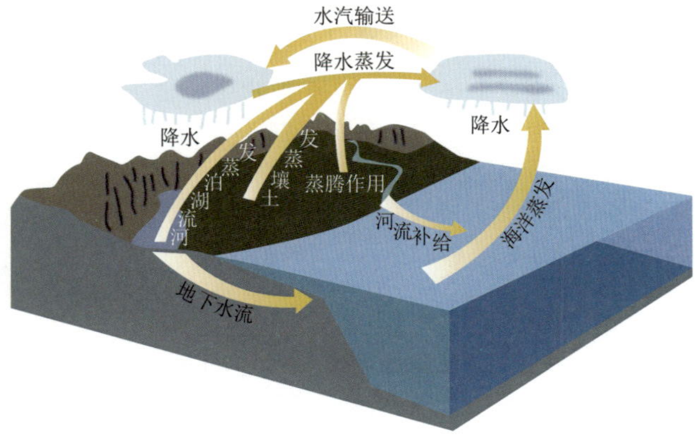


图1　水的生物地球化学循环

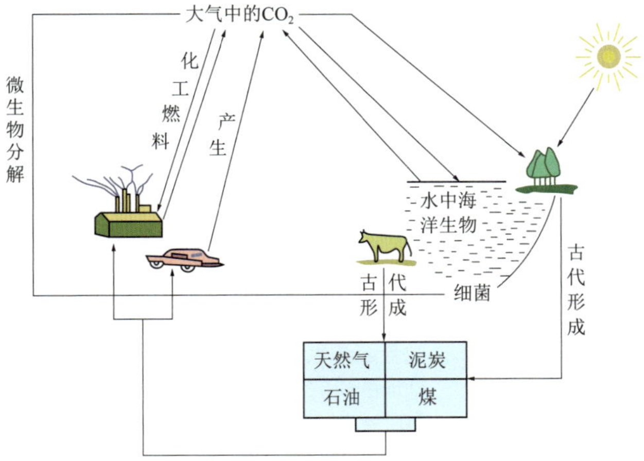


图2　碳的生物地球化学循环

大于蒸发和蒸腾量，多余的水流经地表和地下返回海洋。整个过程即为水的全球循环。

碳的生物地球化学循环　碳是构成一切有机物的基本元素。绿色植物通过光合作用将吸收的太阳能固定于碳水化合物中，这些化合物再沿食物链传递并在各级生物体内氧化放能，从而带动群落整体的生命活动。因此碳水化合物是生物圈中的主要能源物质。生态系统的能流过程即表现为碳水化合物的合成、传递与分解。

自然界有大量碳酸盐沉积物，但其中的碳却难以进入生物循环。植物吸收的碳完全来自气态二氧化碳（$CO_2$）。生物体通过呼吸作用将体内的$CO_2$作为废物排入空气中。翻耕土地也使土壤中容纳的一部分$CO_2$释放出来，腐殖质氧化产生的$CO_2$更多。燃烧煤炭和石油等燃料也能产生$CO_2$。特别是工业化以后，以这种方式产生的$CO_2$量逐渐增大，甚至超过来自其他途径的$CO_2$量。大气中的$CO_2$一方面因植物的减少而降低了消耗，另一方面又因上述燃料使用量的增加而增多了补充，所以浓度有增加的趋势。但海水中可以溶解大量$CO_2$并以碳酸盐的形式贮存起来，因此可以帮助调节大气中$CO_2$的浓度（图2）。

氮的生物地球化学循环　虽然大气中富含氮元素（79%），植物却不能直接利用，只有经固氮生物（主要是固氮菌类和蓝藻）将其转化为氨（$NH_3$）后才能被植物吸收，并用于合成蛋白质和其他含氮有机质。在生物体内，氮存在于氨基中，呈−3价。在土壤富氧层中，氮主要以硝酸盐（+5价）或亚硝酸盐（+3价）形式存在。土壤中有两类硝化细菌，一类将氨氧化为亚硝酸盐，另一类将亚硝酸盐氧化为硝酸盐，两类都依靠氧化作用释放的能量生存。除与固氮菌共生的植物（主要为豆科）可能直接利用空气中的氮转化的氨外，一般植物都是吸收土壤中的硝酸盐。植物吸收硝酸盐的速度很快，叶和根中有相应的还原酶能将硝酸根逆行还原为$NH_3$，但这需要供能。土壤中还有一类细菌为反硝化细菌，当土壤中缺氧而同时有充足的碳水化合物时，它们可以将硝酸盐还原为气态的氮（$N_2$）或氧化二氮（$N_2O$）。从进化的角度看，这一步骤极为重要。否则大量的氮将贮存在海洋或沉积物中（图3）。

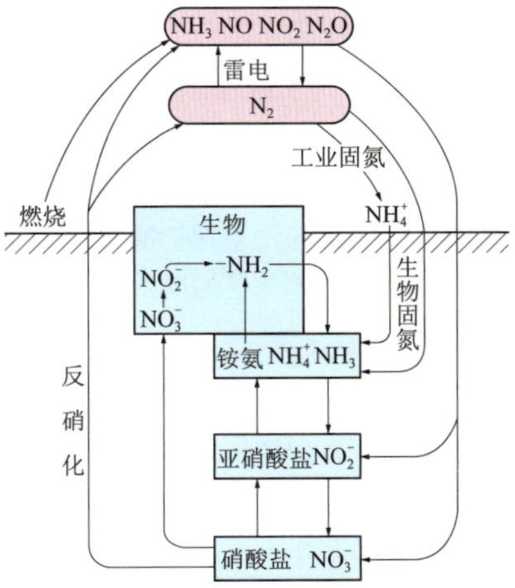


图3　氮的生物地球化学循环

硫的生物地球化学循环　硫主要以硫酸盐的形式储存于沉积物中，以硫酸盐溶液形式被植物吸收。但沉积的硫在土壤微生物的帮助下却可转化为气态的硫化氢（$H_2S$），再经大气氧化为硫酸（$H_2SO_4$），复降于地面或海洋中。与氮相似的是，硫在生物体内以−2价形式存在，而在大气环境中却主要以硫酸盐（+6价）形式存在。因此，在植物体内也存在相应的还原酶系。在土壤富氧层和贫氧层中，分别存在氧化和还原两种微生物系，可促进硫酸盐与水之间的相互转化（图4）。

磷的生物地球化学循环　磷主要以磷酸盐形式贮存于沉积物中，以磷酸盐溶液形式被植物吸收。但土壤中的磷酸根在碱性环境中易与钙结合，在酸性环境中易与铁、铝结合，都形成难以溶解的磷酸盐，植物不能利用。而且磷酸盐易被径流携带而沉积于海底。磷质离开生物圈即不易返回，除非有地质变动或生物搬运，因此磷的全球循环是不完善的。磷与氮、硫不同，在生物体内和环境中都以磷酸根的形式存在，因此其不同价态的转化都无须微生物参与，是比较简单的生物地球化学循环。

磷是生命必需的元素，又是易于流失

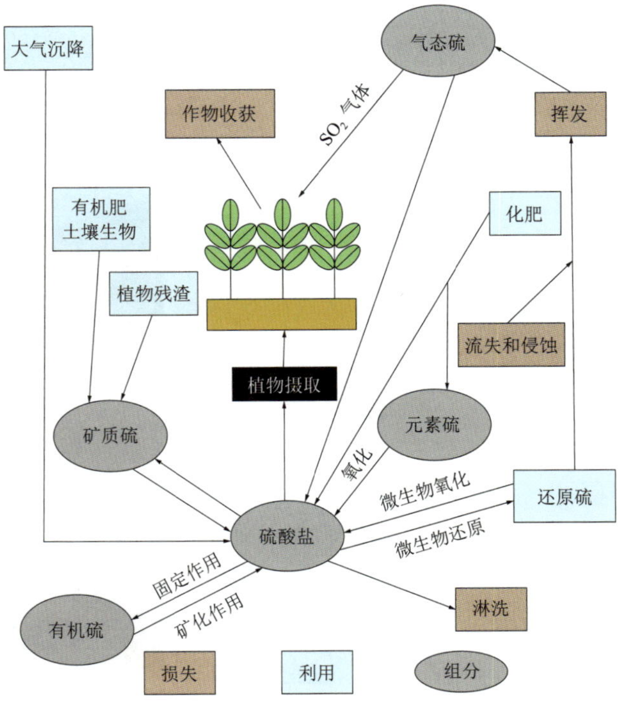


图4　硫的生物地球化学循环

而不易返回的元素，因此很受重视。据观察，某些含磷废物排入水体后竟引致藻类暴发性生长，这说明自然界中可利用的磷质已相当缺乏。岩石风化逐渐释放的磷质远不够人类的需要，因此应该合理开采和节约使用。同时应注意保护植被，改造农林业操作方法，避免磷质流失（图5）。

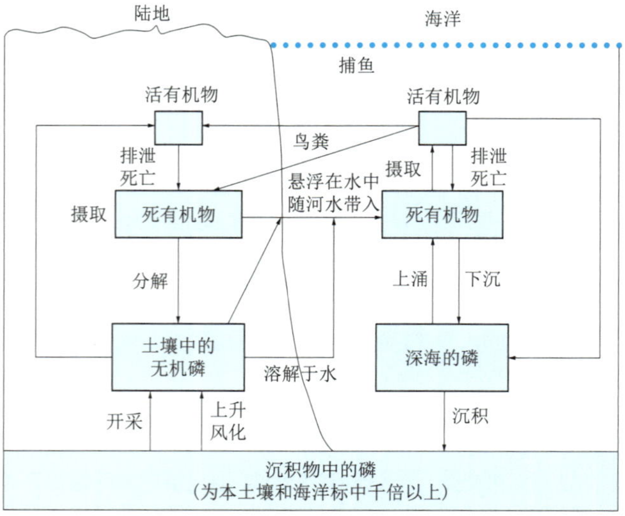


图5　磷的生物地球化学循环

**其他元素和化合物的生物地球化学循环**　除前述几种重要元素和化合物外，被植物根系吸收乃至随食物进入动物体内的化学物质还有许多，大致可分为生物必需的营养物质和非必需的化学物质两类。前一类包括钙、钾、钠、氯、镁、铁等元素和维生素等化合物，它们在生物体内的浓度常有一定限度，是由生物体本身调节的；后一类如汞、铅等逐渐受到重视，因为非必需物质达到一定浓度时可能造成机体功能紊乱，甚至破坏机体结构导致中毒。环境污染是造成这类中毒的主要原因。上述物质的循环常包括多生物环节。例如肠道微生物能制造动物体需要的某些B族维生素，它们又依靠肠道内的废物为生，形成一种人体内循环。再如生物对自己所需的营养物质有一定的浓缩本领，能把分散于环境中的低浓度营养物质浓缩到体内。但很多非必需物质也常一同被浓缩，如果不能及时将其降解或排泄掉，便可能引起中毒。这类物质积累在生物体内并沿食物链传递，其浓缩系数逐级增加，到顶级肉食动物体内便会达到极高的浓度（图6）。

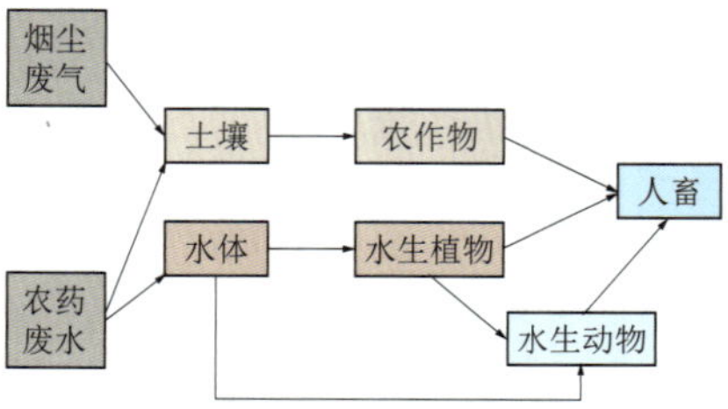


图6　有毒物质的生物地球化学循环

（孙儒泳　林光辉）

**生物海岸**　biological coast　主要由生物构建的海岸。为热带和亚热带地区特有的海岸类型，主要包括红树林海岸和珊瑚礁海岸。红树林海岸分布在热带和亚热带的潮滩上。红树林耐盐、繁茂，根系发达，树冠茂密，既抑制了风暴潮对海岸的侵蚀，又阻滞涨落潮水流，促使泥沙堆积，岸滩淤涨，也是海洋生物繁衍的优良场所。在低海岸平原上，生长有陆生植被；潮上带沼泽上灌木丛生；潮间带泥滩为红树林沼泽；潮下带为浅水泥滩，红树林的一些先锋种可率先生长。这几个植被景观带，随着岸滩淤涨而由陆向海方向演替。中国的红树林海岸主要分布在广东、广西、海南沿海，福建和台湾南部沿海也有分布，尤以海南岛的红树林最为繁茂。

珊瑚礁海岸由造礁珊瑚、有孔虫、石灰藻等生物残骸构成。珊瑚礁可分为*岸礁*、*堡礁*和*环礁*等类型。岸礁通常紧贴海岸发育，在近岸海域形成一片宽阔浅水地带，随着珊瑚礁加宽，海岸线向海方向推移。堡礁的延伸方向与岸线几乎平行，外缘坡度很陡，它与海岸之间被潟湖分隔开来。环礁在平面上呈环形，围绕着一个潟湖水域。珊瑚礁有削弱波能及保护海岸的作用，也是鸟类和其他生物在海域栖息的场所。珊瑚岛礁还可以作为海运补给与救捞基地、海洋研究基地、海洋开发基地或海防前哨。中国珊瑚礁海岸主要分布在南海诸岛、海南岛沿海、雷州半岛南部沿海、澎湖列岛和台湾南部及其邻近岛屿。

图1　中国广西北海海岸红树林航拍

图2　巴西马塞约珊瑚礁海岸鸟瞰

（张　弛）

**生物海洋学**　biological oceanography　研究海洋中的生物如何随着海洋环境的改变而变化、海洋中的各种生命活动又是如何对海洋环境产生影响的一门学科。生物海洋学是海洋学研究的一个重要组成部分，是海洋学研究的核心内容之一，与***物理海洋学***、***海洋化学***、***海洋地质学***共同组成海洋学研究的主体。它们之间相互联系、相互交叉。生物海洋学的一个重要特点是多学科交叉研究。

生物海洋学的研究范围非常广泛，从微生物到鲸鱼、从浅海到深海、从近岸到大洋，既包含海洋生物多样性的研究，也包含海洋生物生产过程以及生物地球化学循环的研究。在研究尺度上，从微观尺度可以达到分子水平，如光合作用、呼吸和生源要素的循环；从宏观尺度上可以达到全球海洋生态系统水平，如全球气候变化对海洋生物分布格局、生物生产过程和生物多样性的影响等。

在研究方法上，生物海洋学在很大程度上要开展多学科交叉研究，需要多学科知识的交汇和积累。不仅要在实验室内进行模拟试验，更重要的是要进行海上现场观测和取样以及现场实验，以便能够真正了解和模拟生物在海洋中的种类组成、分布格局、生物生产过程以及它们受到哪些环境因素的调控等。对于很多通过观测无法解决的问题，要借助于数学模拟的方法开展研究。

在研究手段上，借助各种先进的实验和观测手段开展研究，包括光学、声学、分子生物学、卫星遥感技术，以及固定式、漂浮式和拖曳式海洋生物与环境综合观测系统，通过这些先进的手段获取海洋生物时空变化方面的信息，也采用潜水器等对深海生命、海底热液系统的生物进行观测与研究。与物理海洋学和化学海洋学相比，生物海洋学在自动观测方面的手段相对缺乏，很多的研究是基于科学考察船的综合观测。

生物海洋学与海洋生物学之间有交叉也有所区别。海洋生物学传统上主要是对海洋生物个体水平上的研究，重点强调的是生物学的问题，包括海洋生物分类、行为、生理和其他方面的生物学问题。与此相对应，生物海洋学强调的是将海洋与生命作为一个系统来进行研究的。

生物海洋学与*海洋生态学*的关系：海洋生态学是生态学的一个分支，研究生物与环境之间的关系，研究范围比较具体。根据研究的对象不同，海洋生态学可以分为个体生态学、种群生态学、群落生态学和生态系统生态学等。生物海洋学的研究范围、包含的内容远远超出海洋生态学的范围和内容。生物海洋学研究海洋中的一切生命形式、生命活动以及与海洋环境之间的相互作用关系。生物海洋学不仅涵盖了海洋生物学和海洋生态学的相关研究内容，而且还有很多的拓展和延伸。例如，全球气候变化对海洋生物多样性的影响、海洋生物在碳等生源要素循环中的作用、海洋酸化对海洋生态系统的影响、海洋中溶解氧变化对海洋生态系统演变的影响、海洋生物与海洋富营养化、海洋生态系统演变与生态灾害、人类活动对海洋生态系统的影响、海洋极端环境中的生命过程与深部生物圈等。（孙　松）

**生物礁**　biogenic reef　海洋中由造礁生物和附礁生物原地堆积而成的在地形上呈隆起状态且具有抗浪结构的海相碳酸盐沉积体。生物礁按照造礁生物类型，可划分为藻礁、海绵礁、层孔虫礁、厚壳蛤礁、*珊瑚礁*等。按生物礁的形态和形成的位置和规模，可划分为*岸礁*、*堡礁*、*环礁*、塔礁、点礁等。

形成　生物礁的形成过程可概括为定植、拓殖、泛殖和统殖等阶段。①定植阶段。早期造礁生物在最底层形成基底，使礁体能够固定下来，之后枝状藻类、苔藓虫、珊瑚虫、软体海绵等其他生物开始在定植的生物之间生长。②拓殖阶段。是造礁生物的初期繁殖阶段，生物礁以生物种类少为特征。③泛殖阶段。向上和侧向生长形成生物礁的主体，生物数量和种类达到顶峰，抗浪的块状、穹状和叠层状的造礁生物占统治地位，同时波浪、潮汐等水流对原生骨架进行改造形成礁角砾、碎屑。④统殖阶段。又称消亡阶段。生物突然变成少数几种属，数量大大减少，形成层状生物碎屑碳酸盐沉积。上述过程为生物礁发育的一般过程，礁体的具体发育情况还取决于当时当地的情况。

造礁生物　造礁生物的类型很多，在地质历史上有一定的演化规律。古杯动物造礁主要在早寒武世，石海绵类在中－晚奥陶世为多，苔藓虫造礁主要在志留纪，层孔虫多见于泥盆纪，叶状藻类在晚石炭－早二叠世繁盛，串管海绵和纤维海绵类在二叠纪、中三叠世较为发育，六射珊瑚多在中三叠世至侏罗纪，厚壳蛤类造礁多在白垩纪，而各种钙藻的造礁时限较大，在二叠纪、中三叠世、侏罗纪、第三纪均有发育。不同生物形成的生物礁既有其共性，也有其特殊性。在晚近地质时期，珊瑚礁比较发育。它们是由珊瑚虫骨骼构成的。不同生物的造礁能力各有不同，在造架能力、黏结能力和障积能力等方面，都各有所长。有的生物能够造架，但需要其他附生生物黏结才能成礁。有的生物具有双重本领，既是造架生物，又是黏结生物。不同生物骨骼的强度不同，抗波浪的能力也不一样。抗波浪能力弱的生物礁保存的概率就比较小。因此，生物礁的规模有大有小，大的可长达几十千米或上百千米，小的范围只有几十米。

分布　主要位于台地边缘，形成长几十千米至几百千米的礁带，也可出现在台地内部，但规模小并多呈零散状分布，中国生物礁分布较为广泛，时带上，从晚震旦世到侏罗纪均有分布，从地理上生物礁主要发现于四川、云南、贵州、山西、湖南、湖北等地。

意义　生物礁具有很高的孔隙度和很强的渗透率，是石油和天然气的良好储集层。二叠纪是地球发展史上重要的成礁期。当时，海水温暖而又清澈，喜欢生活在浅海的各种钙藻和海绵动物大量繁殖，形成了巨厚的礁体。在全世界已经发现了许多二叠纪的生物礁油气田，在美国得克萨斯、新墨西哥州等地就发现和开发了二叠纪的礁油气田100多个。俄罗斯的乌拉尔地区，已开发了与二叠纪生物礁有关的油气田30余个，产量也极为可观。二叠纪以后，受生物大绝灭事件的影响，海洋中造礁生物种类减少，整个中生代再也没有出现过那样大规模的、能够形成和储集油气资源的生物礁。

中国科学家通过几十年不懈的努力，发现中国西南地区二叠纪生物礁中有着丰富的油气资源，有的油气井日产天然气100万立方米。20世纪80年代之后，中国科学家把寻找生物礁的目光从二叠纪扩展到其他地质时代，并且在许多不同时代的生物礁中找到了储量极其可观的石油和天然气。在珠江口地区，已发现生物礁含油气构造（或油气田）多个，有的已经投产。

由于礁通过生物建造，含有丰富的生态信息，因此是海洋底栖生物生态研究的天然实验室。礁的形成需要水暖、水浅、水清等特定的环境条件，其沉积特征可以反映古水深、古盐度、古气候。此外，礁相沉积中还有煤炭、铝土矿、锰和磷以及铜、铅、锌等多金属层控矿床。礁区具有丰富的渔业、水产资源，堡礁和环礁的潟湖可作为天然避风港，许多国家将礁区辟为旅游场所。其中珊瑚礁生态系统不仅为人类提供食物、药物、旅游资源与海岸带防护等功能，是人类赖以生存和发展的生命支持系统，而且对全球气候调节和生态系统平衡起着较重要的作用。

但由于自然变化和人为干扰，珊瑚礁生态系统状况总体呈退化趋势。由于气候和环境的变化，过度捕捞，城市和工业向礁区排污，珊瑚生境遭到破坏，使得珊瑚礁白化，全球珊瑚礁也出现严重退化，影响了珊瑚礁生态系统平衡，导致直接的经济损失，表现为：①导致生态退化，如加勒比海地区珊瑚礁生态退化达80%。②损失大量珊瑚骨骼，影响珊瑚礁生长和新珊瑚移居。③白化前后造礁优势物种发生改变。④破坏礁栖生物生存环境，改变礁栖生物的组成结构。⑤大范围的珊瑚礁白化死亡，给人类带来巨大的经济损失，直接威胁到海岸和海岛人民的生存问题。因此，必须尽可能保护珊瑚礁和海洋环境，防止破坏性开发珊瑚礁区的各种资源。珊瑚礁白化后若其生活环境有所改善，珊瑚礁又可恢复到原来的景象。但从恢复过程来看，完全恢复大范围白化的珊瑚礁需要几年到几十年时间。频繁的人类干扰活动如过渡捕捞、旅游等影响恢复进程，此外，一些食珊瑚动物如棘冠海星的繁殖对珊瑚白化后的恢复也有负面影响。

（刘世东　李广雪）

**生源硅**　biogenic silica　硅质生物通过复杂的无机聚合过程形成的无定形硅氧化物。又称生物硅。生源硅的化学式为水合二氧化硅（$SiO_2 \cdot nH_2O$），地球上存在最为广泛的生物矿物之一。在海洋环境中，生源硅主要指由硅藻、硅质鞭毛虫、放射虫及海绵骨针等海洋生物形成的无定形硅。这些生物从海水中吸收硅酸盐，将其转化为二氧化硅以构建它们的骨骼或壳体（即生物体的硬质部分），在自然界中以结晶离子共价固体（如盐）的形式存在，不同于由碳酸盐和磷酸盐组成的生物矿物。

概念　在不同的地质时期，全球生源硅的主要贡献者为放射虫（寒武纪/奥陶纪—全新世）、硅藻（白垩纪—全新世）和硅鞭毛虫（白垩纪—全新世）。在侏罗纪及之前的地质时期，放射虫是海洋中最主要的生源硅生产者；而在现代海洋环境中，硅藻成为最主要的生源硅生产者，其在全球范围内贡献了海洋总初级生产力的约40%，是现代海洋及过去约5000万年来海底生源硅沉积的主要部分。除硅藻之外，放射虫是现代海洋生源硅的最大生产者，分布广泛，在赤道地区最为丰富。如在赤道太平洋水域，每立方米可观察到约16 000个放射虫。以硅藻为主的硅质生物一旦死亡，其在海水沉降的过程中硅质骨骼将不断溶解，使深层海水中富集硅酸盐，而未溶解的部分则被埋藏在海底沉积物中。含有大量硅质生物残骸的深海沉积物通常被称为**硅质软泥**，主要由硅藻和放射虫的硅质碎屑组成，但也包括其他硅质生物，如硅质鞭毛虫和海绵骨针。硅质软泥主要分布在南北半球的高纬度海域，尤其在南大洋形成一条横跨200千米的条带。此外，在营养盐丰富、生产力高的**赤道上升流**部分海域，也会存在区域性的硅质软泥。这其中，硅藻软泥主要分布于高纬度地区和一些大陆边缘，而放射虫软泥则主要分布于赤道附近海域。

意义　硅质生物在全球碳循环中发挥关键作用，如硅藻可通过光合作用将大气和海洋中的二氧化碳合成为颗粒有机碳，同时其硅质壳体可载带这些有机碳向深层海洋输送并最终埋藏至沉积物中，进而影响不同时间尺度下大气中的二氧化碳浓度。部分硅质生物或其碎屑在深海沉积物中得到保存，其积累效率与上层水体中的初级生产力密切相关。生源硅与有机碳之间的密切联系，以及生源硅较有机物更高的保存潜力使得生源硅沉积记录在古海洋学和古气候学研究中具有重要意义。硅质生物微体化石，记录了长时间尺度的浮游生物/原生生物群落演替过程，这一生物过程至少从早古生代起一直调节着海洋的硅平衡：放射虫（寒武纪/奥陶纪—全新世）、硅藻（白垩纪—全新世）和硅质鞭毛虫（白垩纪—全新世）分别是不同地质时期海洋中生源硅的主体部分，各自影响全球的硅生物地球化学循环。同时，海底生源硅的积累也为示踪数百至数百万年时间尺度内海洋输出生产力提供了大量有价值的信息。

硅酸盐在海水中的平均停留时间为15 000～17 000年，这一相对较短的停留时间使得海洋硅酸盐的浓度和通量对冰期/间冰期的气候变动较为敏感，因此，生源硅沉积记录还是反演和评估气候变化的极佳参数。此外，湖泊和海洋沉积物中生源硅的氧同位素（$^{18}O/^{16}O$）和硅同位素（$^{30}Si/^{28}Si$）可记录地质历史时期气候变化和营养盐循环的相关信息。鉴于生源硅在全球碳循环中的重要作用，尤其在一些缺乏生源碳酸盐沉积的海域（如南大洋），测定其氧、硅同位素具有重要意义。

（张周凌　曹知勉）

**声波多普勒海流探测技术**　acoustic Doppler current detection technology　利用声波脉冲在随流体流动的泥沙、浮游生物等物质上产生的多普勒频移对流体的流速进行测算的技术。能够真实反映流场的情况，并且不会对流场产生任何扰动。用于在水下测量流体在不同水层的三维流速和流向。水下的换能器发射频率为$f_0$的声波脉冲，声波脉冲在遇到水中悬浮物质后发生散射，回波经换能器转换处理之后测得其频率为$f_r$。由于声源（或接收器）与散射体之间有相对运动，声波产生多普勒频移，$f_0 \neq f_r$，记其差值，则有：

$$f_d = f_r - f_0 = \frac{2v}{c} f_0$$

式中$v$为声源（或接收器）与海水在单一波束方向上的相对速度；$c$为海水中的声速，与海水的温度、盐度等因素有关，通常情况下约为1500米/秒。已知发射声波频率，测量出回波频率，则可根据上式计算出海水在此波束方向上的矢量速度。然后根据换能器的倾角，合成多个方向上的矢量速度，得到海水在三维方向上的矢量速度。在实际工程应用中，通常利用3个换能器进行海水流速的测量和合成，1个换能器用于对测得数据进行校验。

（杨　柯）

**施托梅尔，H.M.**　Henry Melson Stommel（1920-09-27～1992-01-17）　美国物理海洋学家。生于特拉华州威尔明顿，卒于马萨诸塞州波士顿。1942年毕业于耶鲁大学。历任耶鲁大学教员（1942～1944），伍兹霍尔海洋研究所研究人员（1944～1959）、马萨诸塞理工学院（1959，1963～1978）和哈佛大学（1960～1963）教授，1961年起为美国国家科学院院士、伍兹霍尔海洋研究所高级研究员。还是苏联科学院外籍院士。主要贡献是提出大洋环流理论，阐明大洋环流的结构和机制。尤其是1948年提出以β效应阐释大洋环流西向强化的理论，是现代物理海洋学中广泛引用的经典理论之一。提出全球环流模式，对深海环流研究做出了创造性贡献，他预言沿着大西洋边界存在着流向赤道的深层边界流，在1957年春北大西洋联合调查中得到了证实。在国际印度洋调查、洋中动力学试验等许多大型的海洋调查和试验计划中都做出了贡献。他的百余篇著作，几乎涉及物理海洋学的所有方面（理论和观测），对物理海洋学的一些基本问题，在T-S关系的来源和意义、位涡度守恒、主温跃层形成机制、大洋涡旋和湾流等方面都有深刻的研究。主要专著有《湾流》（1958）、《黑潮》（与吉田耕造合编，1972）等。他是哈佛大学（1961）、哥德堡大学（1964）、耶鲁大学（1970）和芝加哥大学（1970）的荣誉博士，先后荣获H.U.斯韦尔德鲁普奖（1964）、“信天翁”奖（1966）、A.阿加西奖（1979）、国家科学勋章等。

（管秉贤　刘安国）

**湿地海岸**　wetland coast　繁殖有珊瑚礁或者大片草本，甚至乔、灌木植物的*海岸*。湿地海岸是一个生态学概念，包括红树林海岸、珊瑚礁海岸和淤泥质湿地海岸。

红树林海岸　在热带和亚热带的潮滩上，生长着耐盐、繁茂的红树林植物群落，构成了特殊的生物海岸。由于红树林植物的葱郁树冠，特殊的根系，以及林间的枯枝落叶，既抑制了**风暴潮**对海岸侵蚀，又阻滞涨落潮水流，促使泥沙堆积，岸滩淤涨。在低海岸平原上，生长有陆生植被；**潮上带**沼泽地区灌木丛生；**潮间带**泥滩为红树林沼泽；**潮下带**为浅水泥滩，红树林的一些先锋种可率先生长。这几个植被景观带，随着岸滩淤涨而由陆向海方向演替。在海南岛和雷州半岛，有些接受玄武岩风化壳细小物质沉积的海湾和潟湖，是红树林最繁茂的地方。

珊瑚礁海岸　由造礁珊瑚、有孔虫、石灰藻等生物残骸构成的海岸。珊瑚礁可分为岸礁、堡礁和环礁等类型。岸礁通常紧贴海岸发育，在近岸海域形成一片宽阔浅水地带，随着珊瑚礁加宽，海岸线向海方向推移。堡礁的延伸方向与岸线几乎平行，外缘坡度很陡，它与海岸之间被潟湖分隔开来。环礁在平面上呈环形，围绕着一个潟湖水域。

中国南海的东沙群岛、西沙群岛、中沙群岛、南沙群岛及其南端的曾母暗沙大都是环礁类型的海岸（见图）。台湾海峡澎湖列岛的64个岛屿中，大多有堡礁发育。

淤泥质湿地海岸　淤泥质湿地海岸多是由于河流带来丰富的粉砂和黏土以及部分砂堆积在海岸，并受强盛的潮流作用冲淤而形成的。中国淤泥质湿地海岸主要分布在渤海湾西岸、辽东湾以及黄海辽阔平

中国西沙群岛永兴岛

直的江苏海岸线。各带的特点如下。

潮上带　禾草草甸，分布在海堤外平均大潮高潮位以上，仅风暴潮可淹，面积130平方千米。宽度在射阳、大丰和东台等地的淤涨岸段最大达5千米，一般2～3千米，在其北面侵蚀后退岸段则不足1千米。海相淤泥质，土壤已退盐。近岸植被以白茅为主，伴生紫苑、獐毛草和大穗结缕草，全部覆盖湿地；远岸部分或宽度小的岸段，植被主要是大穗结缕草和伴生獐毛草，覆盖度80%。鸟类有200多种，有国家Ⅰ级保护动物丹顶鹤等11种、Ⅱ级保护动物36种，中日候鸟保护鸟类134种。

潮间带　根据潮汐的影响，可分为高潮区、中潮区和低潮区，不同区域的沉积物和植被类型各有差异。①高潮区盐篙草甸。分布在大潮高潮位与小潮高潮位之间，大潮高潮时海水可淹没，平常高潮时仍可出露，面积近460平方千米，宽2千米左右。侵蚀岸段则在其外缘出现被风浪重新改造形成的低矮的贝壳堤，贝壳堤外为狭窄的粉沙滩或泥滩。植物以盐篙为主，伴有篙属和大穗结缕草，低洼处有芦苇。壤质土上的植被覆盖率达60%，黏质土上则不足15%。鸟类多。围垦线常定在这种草甸的外缘。②中潮区互花米草沼泽。分布于小潮高潮位与小潮低潮位之间，每个潮汐周期均有部分时间被海水淹没，一般是没有植被的中位泥质光滩，宽度在淤涨岸为1千米，在侵蚀岸则不足100米或无。喜盐、耐淹的植物可生长。引种西半球温带的大米草有助于促淤，增加土壤有机质和提供饲料。江苏曾种植了210平方千米，但已普遍退化，并逐渐被**互花米草**所代替。各种弹涂鱼很多，贝类多，游禽也多。③低潮区低位光滩。分布于小潮低潮位以下，大部分时间被潮水淹没，是完全没有植被的粉砂淤泥质光滩。宽度在淤涨岸段为5千米，在辐射沙洲可超过20千米，在侵蚀岸段多在4千米以内。有机质含量较少。软体动物繁生。部分已辟为文蛤、缢蛏等的养殖场。游禽多。

（权永峥　李广雪）

**湿地生态修复**　wetland ecological restoration　通过自然恢复、人工修复等手段，恢复、改善或重建受损、退化湿地生态系统结构和功能的过程。

**湿地环境**　湿地指有长期或季节性薄层积水、间隙性积水，以及生长沼生或湿生植物的土壤过湿地段，陆地、河口和海洋系统中各种沼生、湿生区域，也包括低潮时水深不超过6米的水域。湿地具有调节气候、净化水质、保护生物多样性等多种功能，然而全球湿地生态系统正面临着严重的破坏和退化。

**修复方法**　湿地生态修复方法主要包括保护受损湿地生态系统使其自然恢复，以及通过生态技术或生态工程对退化、消失的湿地进行人工修复及重建。

自然恢复　主要依赖于停止或减少对湿地的干扰，让湿地生态系统依靠其自我调节和自组织能力逐渐恢复。

人工修复　涉及的技术和方法主要包括：①水文及水质修复。通过调整水位、恢复自然水流，修复湿地的水文条件并采取截流净化等措施减少或消除湿地接收的陆源污染物，改善湿地水质，确保湿地有足够的水量和优良的水质来维持湿地生态系统的健康。②植被恢复。根据系统生态学和群落生态学理论，设计和引入当地适应性强的湿地植物，以促进湿地植被的恢复和重建。③湿地基质修复。通过改良湿地基质结构，改善湿地土壤营养状况，提供湿地植物适宜的生长环境，促进湿地植被的恢复。④生物多样性保护。通过保护和恢复湿地中的关键物种、栖息地和生态过程，提高湿地的生物多样性，促进湿地生态功能的恢复。

**基本要求**　湿地生态修复需要科学合理的修复技术和方法，包括对湿地的水文、土壤、植被和生物群落等进行修复前的综合评估，还需要考虑社会和经济因素，使修复工作与当地社会的发展需求相协调，确保湿地生态修复的有效性。此外，还需要考虑湿地生态修复后的监管和评估，确保修复成果能够持续发挥效益。总之，湿地生态修复需要政府、科研机构和社会各界的共同努力，形成一体化保护－修复格局。

（田伟君）

**石莼**　sea lettuce; *Ulva*　绿藻门石莼科一属。

形态　石莼藻体绿色，呈片状。石莼属也具有中空的圆柱体形态。该形态先前被认为是浒苔属（*Enteromorpha*）所特有的。具有中空的圆柱体形态的藻类统一被划分为石莼属。石莼的叶片体由两层细胞构成，每个细胞内部都含有一个朝向细胞外部的大型杯状叶绿体。基部由营养细胞延伸形成假根丝，形成固着器。固着器为多年生，并且在每年春天都会增殖形成新的叶片。石莼属藻体内任何部位都可发生细胞分裂，但所有的分裂都发生在垂直于藻体表面的平面内。

**种类**　石莼属有30余种。中国约有6种。多数种类分布在温带至亚热带海洋中。生长在高潮带至低潮带和大干潮线附近岩石上或石沼中。常见种类有孔石莼、石莼、蛎菜、裂片石莼等。幼嫩的孔石莼与石莼是很好的食品，俗称海白菜，也可制清凉饮料。石莼入药有下水、利小便的作用。老藻体还可作家畜或家禽的配合饲料。

海白菜

**繁殖**　石莼为同形世代交替生活，包括配子体世代和孢子体世代。

无性生殖　由孢子体边缘的营养细胞开始形成孢子囊。孢子囊在形成的过程中，边缘细胞叶绿体移往细胞的一边，同时细胞向外生出小突起。细胞第一次分裂时的分裂面与叶状体垂直，为减数分裂；第二次分裂面与第一次垂直，分成4个细胞，如此继续分裂，每一孢子囊产生8～16个游孢子。孢子成熟后由囊上突起小孔逸出，游孢子具4根鞭毛，离开母体后，游动片刻，即附着在岩石上，失去鞭毛，分泌细胞壁，1～2日内开始萌发。萌发成配子体。

有性生殖　由配子体形成配子囊。配子的形成与游孢子相似，但不发生减数分裂。每一配子囊产生16～32个配子，成熟的配子亦由囊上突起的小孔逸出。配子离开母体后，不久即进行接合。接合的配子来自不同配子体，同一配子体产生的配子是不交配的。配子的大小或者相等，或者一个比另一个稍大。结合后的合子2～3天内开始萌发，细胞核开始有丝分裂。第一个细胞分裂后，其中一个细胞发育成假根，而另一个最终形成叶片，长成孢子体。在某些种类中，配子还可以通过单性生殖发育成新的藻体。

石莼属海藻能充分利用环境，当条件适宜时它能快速定居并生长。这主要源于它的快速生长率及在间歇性营养供应的水体中吸取和储存营养的能力。石莼属海藻

能快速适应营养急剧供应的环境，因此它们能在许多受人类活动影响和营养丰富的地区大量繁殖。（包振民）

**实时地转海洋学观测阵列计划** Array for Real-time Geostrophic Oceanography; ARGO(Argo) 可为气候、天气、海洋学及渔业研究提供实时海洋观测数据的海洋观测系统。“实时地转海洋学观测阵列”，通俗称“全球Argo实时海洋观测网”，而“实时地转海洋学观测阵列计划”则称“国际Argo计划”。在国际Argo计划实施初期，“Argo”曾用大写英文字母“ARGO”表示；后来，国际Argo指导组为了强调该海洋观测网与美国、法国联合发射的新一代“Jason”卫星高度计两者之间的特殊关系，强烈建议使用“Argo”作为该计划的名称。“Argo”一字最早出现在希腊神话中。传说Argo（阿尔戈）是一艘神船，那些称呼Jason（杰森）的勇士们乘上这艘神船则无往而不胜，完成了其史诗般的海上航行。现在人们用“Argo”和“Jason”来比喻海洋观测网与卫星高度计两者之间的相互关系，强调“Jason”卫星高度计需要先进的“Argo”海洋观测网的配合才能成功完成它的历史使命。

国际Argo计划设想用5～10年时间，在全球无冰覆盖的深海大洋中每隔300千米布放一个由卫星跟踪的自动剖面浮标，总计为3000个，组成一个庞大的全球Argo实时海洋观测网，旨在快速、准确、大范围地收集全球海洋0～2000米上层的海水温度、盐度和浮标的漂移轨迹等资料，以提高海洋和气候预报的精度，有效防御全球日益严重的气候灾害给人类造成的威胁。

概况 Argo计划自1998年提出后，迅速得到世界上众多沿海国家的响应和支持，并成为全球气候观测系统（GCOS）、全球海洋观测系统（GOOS）、气候变率及可预测性计划（CLIVAR）和全球海洋资料同化试验（GODAE）等大型国际观测和研究计划的重要组成部分。为此，专门成立了国际Argo（科学）指导组（AST）、Argo资料管理小组（ADMT）、Argo信息中心（AIC）和Argo计划办公室，以及全球Argo资料中心（GDACS）等非政府组织来具体实施该计划，且所有组织的负责人和成员均由Argo成员国的科学家担任。尽管Argo是一个由非政府组织发起并实施的项目，但也得到了全球海洋观测大会的认可；同年，联合国政府间海洋学委员会（IOC）还专门做出决议（XX-6：Argo计划）；之后，IOC大会又发布了“关于在Argo计划框架内布放剖面浮标的XX-6号决议的实施原则（EC-XLI.4）”，重申并确认了XX-6号决议的有效性，以支持Argo计划的组织实施。第4届世界气候变化纲领大会、第20届联合国政府间海洋学委员会（IOC）大会和第13届世界气象大会等也都认为，Argo计划是一个十分重要的项目。

2007年10月，在美国、日本、法国、英国、德国、澳大利亚和中国等30多个国家和团体的共同努力下，国际Argo计划已经在全球无冰覆盖的开阔大洋中建成由3000多个Argo剖面浮标组成的实时海洋观测网（简称“核心Argo”）。这是人类历史上建成的首个全球海洋立体观测系统。2012年11月，该计划已经在全球海洋上获得了100万条0～2000米水深的温、盐度剖面，比过去100年收集的总量还要多，且观测资料无条件免费共享。2013年，国际Argo计划又开始从“核心Argo”向“全球Argo”（即向季节性冰覆盖区、赤道、边缘海、西边界流海域和2000米以下的深海海域，以及生物地球化学等领域）拓展，最终将建成至少由4000个Argo剖面浮标组成的覆盖水域更深厚、涉及领域更宽广、观测时域更长远的真正意义上的全球Argo实时海洋观测网。伴随着深海（大于3000米）型剖面浮标和测量生物地球化学要素（如酸碱度、溶解氧、营养盐和叶绿素等）的剖面浮标问世，“深海Argo”（即“Deep-Argo”）和“生物地球化学Argo”（即“Bio-Argo”或“BGC-Argo”）等子计划及其相应的子观测系统应运而生。截至2016年12月底，各国在全球海洋布放的Argo浮标数量已经超过12 000个（海上活跃浮标的数量也已达到了3887个），累计获得了约150万条温度和盐度剖面。海量观测资料已经应用到世界众多国家的业务化预测预报和基础研究中，并在应对全球气候变化及防御自然灾害中得到广泛应用，取得了一大批调查研究成果。

中国加入Argo计划 中国于2001年10月正式加入国际Argo计划，成为继美国、法国、日本、英国、韩国、德国、澳大利亚和加拿大之后第9个加入该计划的国家。中国Argo计划的总体目标是在邻近的西北太平洋和印度洋海域建成一个由100～150个Argo剖面浮标组成的大洋观测网，使之成为Argo计划的重要组成部分，同时能共享到全球海洋中的全部Argo剖面浮标观测资料。同年，在国家科技部的资助下启动实施了“中国新一代海洋实时观测系统—— Argo大洋观测网试验”项目（简称中国Argo计划），正式拉开了实施中国Argo计划的序幕。到2016年12月底，中国在太平洋和印度洋累计布放了近380个Argo剖面浮标，维持了一个由100多个浮标组成的中国Argo大洋观测网。这些源源不断的、覆盖全球海洋的高分辨率、高质量和长时间序列Argo资料，已在中国海洋和大气等领域的业务系统和基础研究中得到广泛应用。随着“21世纪海上丝绸之路”国家战略的实施以及国产北斗剖面浮标的研制成功和北斗剖面浮标数据服务中心（中国杭州）的建成并投入使用，中国Argo计划将会在全球Argo实时海洋观测网的建设和维护，特别是太平洋、印度洋和南海等区域海洋观测网建设中发挥更大的作用。（许建平）

**世界大洋环流试验** World Ocean Circulation Experiment; WOCE 大型国际合作计划——世界气候研究计划（WCRP）的主要项目之一。旨在运用多种手段研究全球尺度的大洋环流及其所输送的热量和淡水等对气候的影响，获得建立海-气系统模式所需的资料。具体的目标包括：①估算全球尺度的热、盐和淡水通量以及它们的季节和年际变化。②海洋环流及温度和盐度对大气强迫的响应特征。③长时间尺度上影响气候系统的水团的形成、通风和输运过程。④确定气候观测系统中必要的海洋参数。⑤开发适用于气候观测系统经济有效的技术。WOCE规划始于20世纪80年代初，1990年开始实施，观测持续到1998年，资料分析和数值模拟等研究于2002年底结束。包括中国在内的30多个国家参加了该试验。WOCE是历史上首次在短时间内对全球大洋进行调查并把海洋学带入全球尺度上分析和模拟，成为全球海洋学研究的新时代。

（罗义勇）

**市舶司** Office of Oversea Trade (Shibo Si) 中国古代机构名。最早见于唐开元二年（714），以右卫威中郎将周庆立充任市舶使，设在广州，主要职责是管理外国商贾及船舶，收购舶货，征收关税，掌管对外贸易等事。又称押蕃舶使、监舶使、结好使。或由岭南节度使兼任，或由皇帝派宦官充任。安史之乱后，由于吐蕃、大食相继崛起，陆上丝绸之路受阻，唐朝的对外贸易主要依靠海路，除广州之外，交州（治所在今越南河内）、扬州也相继设置了市舶使。开成元年（836），广州刺史、岭南节度使卢钧，奏请皇帝以岭南监军使兼领市舶使，自此遂多以监军宦官任之。至宋代，随着造船和航海技术的进步，海外贸易得到空前发展，朝廷多次派使臣赴海外招徕外商来华贸易，置市舶司管理其事。机构也扩大到沿海各主要贸易口岸，除广州、扬州外，明州（治所在今浙江宁波）、杭州、温州（治所在今浙江温岭西）、秀州（治所在今浙江嘉兴）、福州、泉州等处也皆有设置。其主管官员亦有变化，称福建提举市舶司、广南提举市舶司、两浙提举市舶司、密州板桥（今山东胶州）市舶司等，亦有将数处合并的情况，如南宋就有所谓闽浙市舶司。其间废置变化颇多。元、明、清诸朝均有沿袭，改称市舶提举司，长官称提举，数量比宋代有所减少。此外，职掌详略亦各不同，元代掌发放船舶出海公检、公凭，检查出海船舶及管理口岸船只，抽取税收等事；明代掌管理海外诸国朝贡、对外贸易和税收事宜，亦有以太监提督此事的。清初通商口岸仅有澳门一地，康熙二十二年（1683）扩大到广州、漳州、宁波、云台山（治所在今江苏连云港）四口通商，但乾隆时期仅保留了广州一处通商。鸦片战争之后，口岸扩大，国家设税务司、总税务司，掌管海关事务。

（杜文玉）

**试验场背景数据库** test field background database 试验场所在地所处的物理、化学、生物等环境背景的数据集合及其管理系统。为了更好地开展海上试验，试验场通常需要建立一个多学科海域背景数据库。这个数据库应包含一个较长历史时期内某海域物理、化学、生态等方面的时间序列数据，为试验的顺利开展和试验数据的准确获取提供基础。（孙 丹）

**受损海洋生态系统** damaged marine ecosystem 在人类活动及自然因素影响下，结构和功能发生改变、正常生态平衡被破坏的海洋生态系统。海洋生态系统受损后会发生一系列的变化，主要包括物理、化学环境和生物群落等，基于受损生态系统的主要表现、受损原因和区域特征等，制定综合整治措施和保护计划。

基本类型 根据生态系统受损后的表现，将受损海洋生态系统划分为3种类型：①结构受损型。在自然或人为因素作用下，生态系统的结构首先受到破坏，主要表现为生态系统的组成成分发生变化，随后引起生态系统过程受阻、功能失调等其他后续后果。②功能受损型。包括自身功能和服务功能受损。前者为成分及其生态过程功能受损的生态系统；后者是由生物组分自身产生的、生物组分与其周围的非生物环境相互作用的过程中产生的产品和服务受到损害，主要表现为不能为人类提供较好的海洋供给服务、海洋调节服务、海洋文化服务和海洋支持服务。③混合受损型。兼有结构受损和功能受损两种类型特点，生态系统受损往往表现为结构和功能上同时发生变化，这种类型最为常见。

主要特征 受损海洋生态系统的基本特征主要包括：①海洋环境遭到破坏。工业、生活、农业等陆源污染，海洋油气开采、航运、海上事故等海源污染，以及近海养殖污染等导致有毒有害污染物浓度增加、营养盐浓度过量，海洋的物理、化学环境遭到破坏；重金属、持久性有机污染物等在生物体内发生累积并能经食物链级联放大，导致海洋生物质量下降。②物种多样性降低。因过渡捕捞、海洋环境污染等，导致关键物种或敏感物种数量减少甚至消失、优势种群结构发生明显变化及生物多样性降低。③食物链或食物网结构简单化。海洋食物链的缩短或营养链的断裂，导致单链营养关系增多；生态系统中各物种的自我调节能力下降，极易受外来物种的影响，进而使整个生态系统简单化、稳定性变差、自我调节和恢复能力下降。④赤潮等生态灾害时有发生。赤潮是危害比较大的生态异常现象。在特定的环境条件下，海水中某些浮游藻类、原生动物或细菌暴发性增殖或高度聚集，导致局部海域出现高叶绿素a、高化学耗氧量，致使渔业和水产资源受到破坏；一些赤潮会分泌赤潮毒素并沿食物链传递，间接对人体健康造成威胁。

受损原因 海洋生态系统的受损原因主要包括：①海岸侵蚀。沿岸泥沙亏损和海洋动力加强，海岸带的陆源物质供应不断减少，海岸不断受到侵蚀。②海岸湿地被围垦及占用。大片沿海滩涂、湿地被围垦作为城市建设用地、养殖区或工业开发区，部分城市的海岸线被用于房地产开发、旅游事业等。③过度捕捞。过度的捕捞导致某一个环节生物量（如鱼类）的减少，导致下一个相连环节生物数量的减少，使沿岸的生物种类减少，生产力下降，经济鱼类资源衰退。④污染。倾倒工业废料、生活垃圾、生活污水、油田和油船泄漏等都会造成海洋污染。大量工业和生活污水、固体废物，不合理的海水养殖加剧沿海区的富营养化程度。⑤全球气候变化、海洋酸化。与厄尔尼诺现象相关的大尺度大气与海洋环流的变异、暴雨和风暴潮、海洋酸化等，都会对海洋生态系统产生一定影响。

受损类型 根据海洋生态系统受损原因，受损类型可分为5种：①突发性受损。指海洋生态系统受到特别强烈的干扰，受害时间短、速度快，局部受损程度严重，受损后系统恢复能力弱，系统靠自然恢复的时间长。②跃变式受损。指海洋生态系统在受到持续干扰作用下，最初并未表现出明显的损伤，随着干扰的持续，破坏性进一步累积，达到一定程度后突然剧烈变化的一种形式。③渐变式受损。指海洋生态系统受到干扰的强度较均衡，变化的速度较缓慢、受损程度呈逐渐加重趋势，但系统本身的恢复基础较好。④间断式受损。指海洋生态系统因周期性的干扰而受到损害的一种形式，当干扰存在时，系统受损；当干扰停止时，生态系统就开始逐步恢复。⑤复合式受损。指海洋生态系统在受损过程中，经历了两种以上受损形式。

损后表现 海洋生态系统受损后的演变规律：①受损始于生态系统结构的改变。生态系统的内部结构（垂直结构、水平格局和营养结构）受到破坏，生态系统组分（特有种或关键物种）减少或消失。②生态系统过程受阻或功能衰退。因系统结构的改变，造成系统物质循环和能量流动等发生相应变化，导致生态功能减弱或丧失。③关键组分和过程的状态决定着生态系统的恢复进程。一个具有自我维持能力的生态系统才是真正健康的生命系统，具有这种能力的关键是生态系统的完整性，它强调的是生态系统的整体特性和健康状态。

受损的海洋生态系统会造成以下后果：①围填海、陆域污染及过度捕捞等使传统渔业资源衰退，取而代之的是小型低值品种和低营养级的品种比重增加。②因海水养殖业高速发展缺乏科学的总体规划，导致近岸海域水环境恶化、病害频发、水产养殖产量逐年下降，同时由于病害给沿海渔民造成极大经济损失。③水质变差、生物资源衰退对滨海旅游业产生一定影响。④海洋生态系统的氧气生产、气候调节和水质净化能力都有所下降。

案例分析 切萨皮克湾是美国130个海湾中最大的一个，位于美国东海岸的马里兰州和弗吉尼亚州。海湾长为314千米，宽度最窄处5.5千米，最宽处56千米，平均深度6.4米；水面面积5720平方千米，流域面积16.6万平方千米。整个流域中包括150多条支流，其中最长、最主要的河流是萨斯奎汉纳河，南北纵贯宾夕法尼亚州，切萨皮克湾50%以上的淡水来自该河。切萨皮克湾的岸线蜿蜒曲折，长达6440千米，比美国西部海岸线还要长。切萨皮克湾流域地区是美国的重要经济发展和旅游热点地区，还是美国重要的渔业生产基地之一。然而在20世纪70～80年代，切萨皮克湾的水质严重恶化，鱼类产量急剧下降，生态系统受损主要表现为：①富营养化。由于大量使用化肥、城市污水处理标准较低等原因，导致湾内水体中氮磷浓度增高，藻类快速生长，水质急剧恶化。②夏季缺氧情况加剧。在海湾中部12米水深的水域缺氧时间由原来仅在7～8月份出现提前，延长至5～9月份，缺氧期大大拉大。③有毒物质污染。湾内水体和沉积物中重金属和有毒有机化合物含量增加。④水生植物减少。营养物质严重过剩，促进海洋浮游生物和耐污植物生长加快，减少了水下光线到达的深度，消耗大量溶解氧，影响某些水生植物和水生动物的生长。⑤水生动物繁衍和生长环境破坏。由于海湾岸线和各支流严重的水土流失，泥沙覆盖，水质恶化，海湾中牡蛎产卵栖息地面积锐减，牡蛎产量大幅度下降；长期以来建设的河坝、涵洞等水利工程，改变了河道产卵鱼洄游障碍，大部分地区的淡水洄游鱼产卵量下降，加上过度捕捞，影响了鱼群的生存和繁衍。

基于长时间、大规模的调查研究，美国环境保护署及参加单位提出了综合整治切萨皮克湾的建议。1983年，美国国会批准了切萨皮克湾整治项目。该项目由美国环境保护署联合马里兰州、弗吉尼亚州、宾夕法尼亚州、切萨皮克湾流域委员会和联邦政府的十几个部门共同实施。经过十年的整治工作，海湾环境的综合整治取得了明显成效，一些突出问题开始得到治理和解决，被美国环境保护署作为国土综合整治和环境保护的典型。

（王丽平　雷　坤）

**舒莱金，V.V.** Vasily Vladimirovich Shulejkin（1895-01-13/01～1979-04-25） 苏联海洋物理学家。生、卒于莫斯科。1916年莫斯科高等技术学校毕业，1918年起在该校任教，1923～1929年任教授，1929年成为苏联科学院通讯院士，1929～1943年先后组建了苏联科学院黑海水文物理工作站、海洋水文物理实验室和莫斯科大学海洋物理教研室，1942～1945年在海军航道测量局，1945～1947年在克雷洛夫海军学院工作，1946年成为苏联科学院院士，1947～1950年任苏联水文气象管理局局长，1948～1957年任由他组建的乌克兰科学院海洋水文物理所所长。是苏联海洋物理学的奠基人之一，提出了海洋热量平衡理论，预言科拉海深层热流的存在，提出了海-气-陆地相互作用的理论，研究了该系统的振动现象和风吹过岛屿尖角的增速效应，以新的实验数据推动了海浪理论研究，研究出从厚水层射出光的光谱曲线理论公式等。代表性著作是《海洋物理学》(1933、1968)、《海浪理论》(1956)。曾获斯大林奖金、列宁勋章等。

（韩忠南　杜碧兰）

**双壳类** bivalves 一类常见的软体动物。包括人们熟悉的河蚌、蚬、牡蛎等。多数为海生，少数生活在淡水中。分类上属软体动物门（Mollusca）双壳纲（Bivalvia），因其身体常具两枚大小相等的贝壳而得名。又因其肉足两侧扁平形似斧头、其外套腔中多发育瓣状鳃，曾分别被称作斧足纲（Pelecypoda）和瓣鳃纲（Lamellibranchia），但依据生物命名优先原则，应采用命名最早的双壳纲。

贝壳一般左右对称，壳形变化多样；左右壳的铰合板上有交错排列的铰齿和铰窝，两者相互嵌合。铰齿和铰窝的种类、数量、形状和排列等特征常被作为双壳类重要的鉴别特征。多具鳃，营呼吸功能；循环系统为开放式循环；排泄系统为一对肾；神经系统由脑神经节、足神经节及脏神经节组成。多为雌雄异体，个体发育过程中有担轮幼虫阶段。

关于双壳类的分类仍未有统一认识。N.D.纽厄尔在1969年主要依据齿型的不同，将双壳纲分为古栉齿亚纲（Palaeotaxodonta）、隐齿亚纲（Cryptodonta）、翼形亚纲（Pteriomorphia）、古异齿亚纲（Palaeoheterodonta）、异齿亚纲（Heterodonta）和异韧亚纲（Anomalodesmata）等6种主要类型。随着分子系统学研究的快速发展，双壳类的分类仍在不断修订之中，有学者提出将双壳纲划分为原鳃超目（Protobranchia）、本鳃超目（Autobranchia）和隔鳃超目（Septibranchia）三大类，并对每一大类进行进一步划分。

化石记录从寒武纪一直延续至今。

（詹仁斌）

**双扩散** double diffusion 将一团暖而咸的水体放置到冷而淡的水体中，这团水体将首先变冷，一段时间后才会变淡的现象。扩散是物质或能量从高浓度向低浓度扩展的现象。在海洋中，有分子运动引起的扩散和湍流运动引起的扩散。分子扩散是由海水的物理性质决定的，而湍流扩散是湍流运动的结果，比分子扩散快几个量级。只有在湍流运动微弱且非常平静的海洋中，分子扩散的作用才变得明显。虽然海水中的很多物质都会发生扩散，但影响海水密度的物质有两种：温度和盐度。然而，温度和盐度的分子扩散率是不同的，海洋的分子热扩散系数$\alpha$为$1.4\times10^{-7}$米$^2$/秒，而盐度的分子扩散系数$\beta$为$2.0\times10^{-9}$米$^2$/秒，温度的扩散通常比盐度扩散快百倍以上。将一团暖而咸的水体放置到冷而淡的水体中，这团水体将首先变冷，一段时间后才会变淡。这种现象称为双扩散。双扩散的主要结果有两种：**盐指**和**温盐阶梯**。

**盐指** 相对暖而高盐的水层位于相对冷而低盐的水层之上时，在界面处发生盐度较大的水向下呈指状扩展的现象。

**温盐阶梯** 相对暖而高盐的水体位于相对冷而低盐的水之下时，将发生温盐阶梯现象。温盐阶梯是指在垂直剖面上温度和盐度曲线都呈阶梯形状，阶梯的高度一般在1～2米，有些垂直梯度较大的地方，阶梯的高度要大一些，观测到的最大阶梯可达25米，有些海域还发生大小阶梯交错发生的现象。每个阶梯之间的温度差为0.004～0.012℃。温盐阶梯发生的典型海域是北冰洋。北冰洋的上层是低温、低盐的北极上层水，水层厚度为200～300米。其下是从大西洋进入北冰洋并下沉的高温、高盐的北极中层水，也称为大西洋水，广泛分布在加拿大海盆250～800米的深度，具备了温盐阶梯发生的条件。在温盐不同的两层水体的界面上，界面之下的高盐海水会因失热较快而冷却下沉，失去的热量加热了界面之上的低盐海水，使其因受热较快而上升，形成局部的双扩散对流。在界面处，其上因浮力对流而变得均匀，其下因重力对流而变得均匀，形成阶梯型结构。由于失热和受热的量通常不大，对流的高度也不大。因此，实际的温盐阶梯是由很多阶梯衔接而成的。在双扩散阶梯发生的海域，密度层化很强，严重抑制了海水向上的热传导，使海洋深处的热量不能有效地进入海洋上层。

**双扩散的运动性质** 双扩散现象是以分子扩散为基础的运动形式，但并不限于分子运动状态。海洋中的雷诺数（惯性力与黏性力比值的量度，它是一个无量纲数）往往超过湍流的阈值，大都处于湍流运动状态。双扩散现象存在的物理基础是垂直方向上湍流运动非常微弱。导致湍流运动微弱的原因是海洋的层化，密度跃层的存在抑制了湍流运动，使得密度结构整体上非常稳定，也使得湍流运动各向异性。双扩散现象的普遍性表明，在垂直方向湍流运动比较弱的区域，就可以发生双扩散现象。（赵进平）

**双台风效应**　binary typhoons effect　两个热带气旋距离足够近时，二者会围绕对方逆时针方向（北半球）自转，从而出现停滞、摆动或打转等异常路径。这种现象最早由日本气象学家藤原咲平在水流实验中首先观测到，因此又称藤原效应。西北太平洋双台风现象平均每年出现3次左右，绝大多数发生于7～10月份热带气旋频发的时期。当双台风效应出现时，由于气旋性流场的作用，两热带气旋围绕二者连线上的轴心点进行气旋式旋转。轴心并非一定在两个热带气旋连线的中间位置，而是取决于二者的质量和能量对比。当两个热带气旋强度相似时，二者相互作用显著，互旋现象明显，如1964年台风凯西（Kathy）和台风玛莉（Marie）发生双台风效应时产生显著的互旋路径（图1）。当二者一强一弱时，较强的热带气旋会支配着较弱的热带气旋的路径，如2009年台风

图2　台风芭玛（左）和强台风茉莉（右）

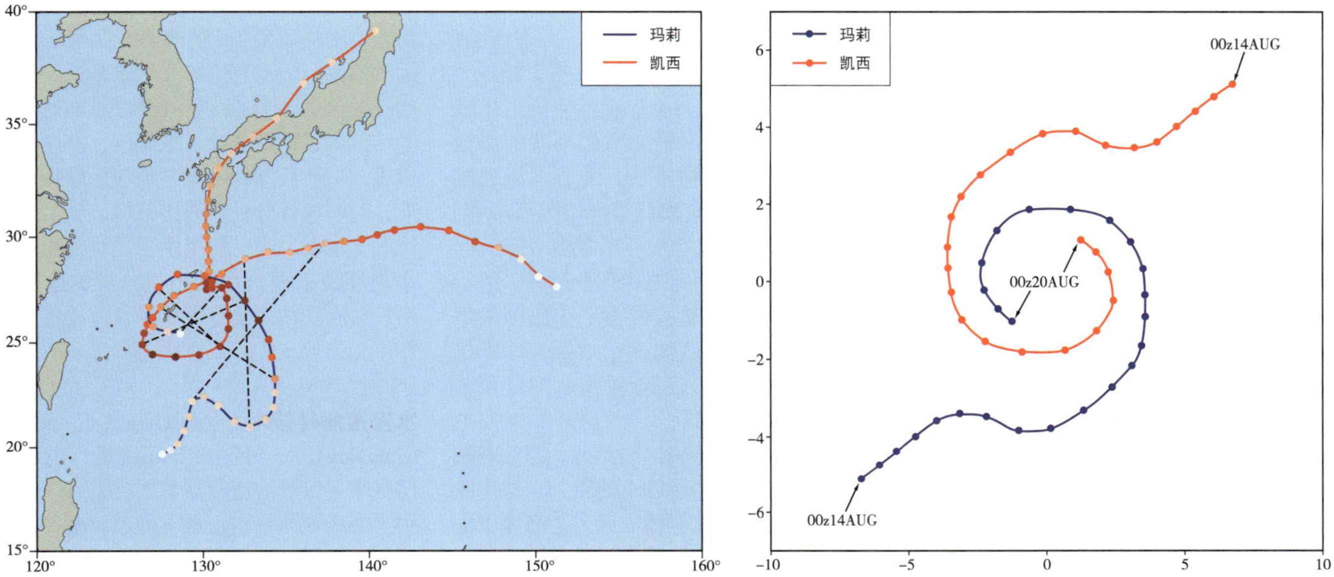


GS（2021）3595号

图1　1964年台风凯西和台风玛莉的路径（左）及二者在互旋过程中的相对位置（右）

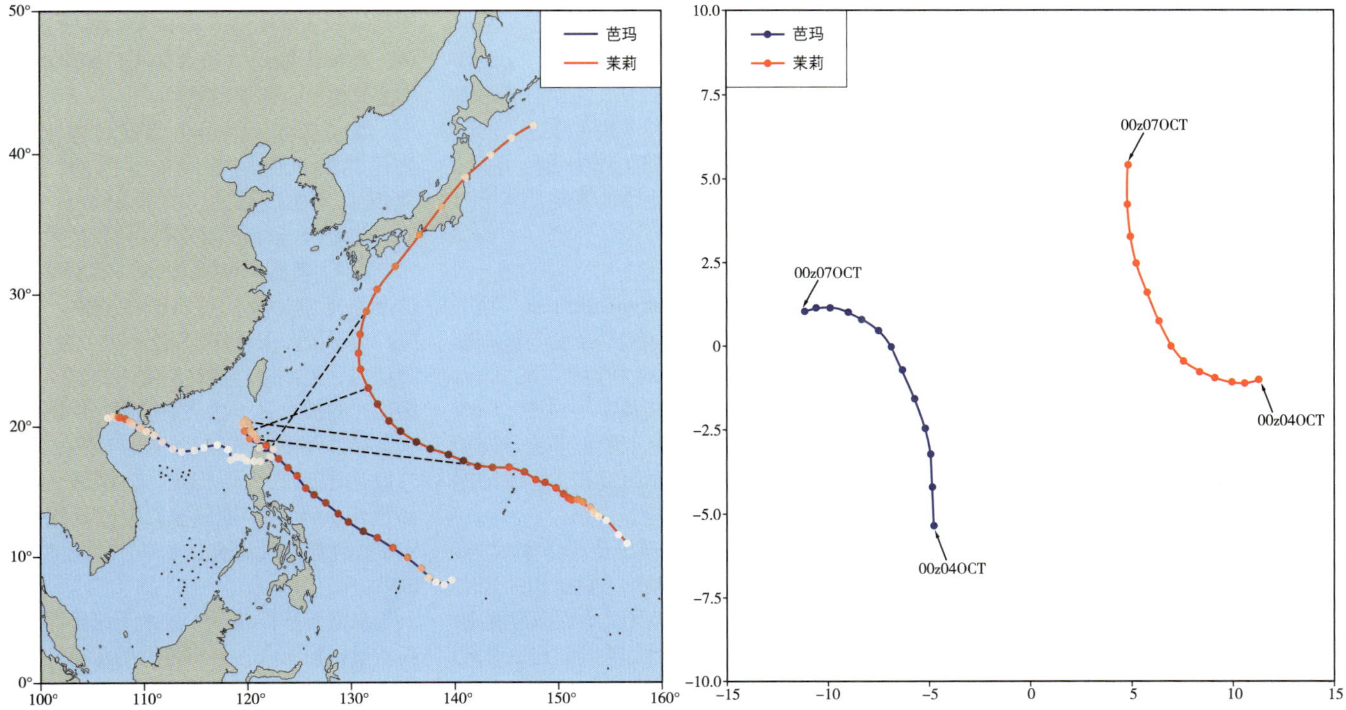


GS（2021）3595号

图3　2009年台风芭玛与强台风茉莉的路径（左）及二者在互旋过程中的相对位置（右）

芭玛（Parma）因与强台风茉莉（Melor）发生双台风效应（图2），其行进方向受到茉莉的影响，从而出现了折返路径（图3）。因此，双台风效应是造成热带气旋异常路径的重要原因之一。双热带气旋的相互作用会因受外围大尺度天气系统更强的影响、其中一方减弱或被合并而结束。

（许士斌）

**双眼壁台风** double eyewall typhoon 在发展过程中会出现两层同心眼壁（内眼壁和外眼壁）的热带气旋。眼壁是指最接近热带气旋中心（风眼）的环形对流雨带，该区域是热带气旋内风力最强、降水量最大的区域，有深厚的对流系统，云团从对流层底部一直伸展到对流层上层。

双眼壁台风的内眼壁与外眼壁之间存在清晰环状区域（又称其为“沟壑”），该区域中存在缓慢下沉的空气，降水量极少。足够显著的沟壑是也定义双眼壁台风的重要特征。

眼壁的维持依赖于由螺旋云带向内的能量和水汽输送。当热带气旋出现双眼壁结构之后，外眼壁会切断内眼壁维持所需的水汽和角动量供应，因此，内眼壁会逐渐消失，此过程称为眼壁置换过程。大约75%的双眼壁台风会在外眼壁形成后20小时内完成眼壁置换过程（50%左右）或者外眼壁结构被破坏（25%左右），只有10%的双眼壁结构能够维持30小时以上。双眼壁的形成机制尚存在较大的争议。

一般而言，热带气旋形成双眼壁结构时并不是其发展最强的阶段，在完成眼壁置换过程之后其强度往往会进一步加强。

西北太平洋是双眼壁台风集中出现的海区之一，每年有6～7个热带气旋会经历双眼壁阶段，占总数的30%左右。强度越强的热带气旋出现双眼壁的概率也越大。

（许士斌）

**水池试验** water tank testing 在控制环境中模拟水动力条件，以测试和评估海洋工程设备、船舶、潜水器和其他水下系统的性能和行为的试验方法。水池试验旨在提供受控、可重复的试验条件，以便研究水下设备在实际环境中的性能、稳定性和安全性。又称水槽试验。

发展简史　水池试验技术起源于20世纪初，最早用于船舶设计和模型测试。最早的水池试验设施主要用于验证船体设计的流体动力学性能。20世纪中叶，随着海洋工程和水下技术的发展，水池试验技术得到了显著的发展。此阶段的试验设施扩大了规模，并引入了波浪、流速和其他环境因素的模拟，适用于更广泛的研究领域。现代水池试验技术涵盖了复杂的多参数模拟系统、高精度测量和数据采集系统，以及先进的数值模拟和试验结合方法。试验内容扩展至海洋能设备、潜水器、浮动平台等领域。

工作内容　水池试验通过在专门设计的试验水池中模拟不同的水动力环境，包括静水、波浪、潮流等，来研究和测试水下设备的性能。试验过程中，通过控制水池中的流体动力参数，使用高精度测量设备采集试验数据，并通过数据分析评估设备在不同条件下的行为和性能。

试验设备　①试验水池。大型水池，通常具备可调节水深和容量，用于模拟不同的水动力环境。②波浪发生器。生成可控波浪，模拟不同类型和高度的海浪条件。③流速控制系统。调节水流速度和方向，模拟海流、潮流等环境因素。④测量与监控设备。包括水下摄像机、流速计、压力传感器、力和位移传感器等，用于实时监测和记录试验数据。⑤数据采集与分析系统。包括数据记录仪、计算机和数据分析软件，用于采集、存储和分析试验数据。

应用　①船舶设计与测试。评估船舶模型在不同水动力条件下的阻力、稳定性和操纵性能，优化船体设计。②海洋工程设备测试。测试和验证海洋结构物（如浮动平台、海上风电设备、海底管道等）的水动力性能和结构强度。③水下机器人和潜水器。研究和评估水下机器人、自治式无人潜水器（AUV）和遥控式无人潜水器（ROV）的操作性能和稳定性。④海洋能设备。测试波浪能、潮流能和海洋热能设备的能量捕获效率和结构可靠性。⑤环境模拟与生物研究。模拟特定水动力条件，研究水下环境对海洋生物的影响及其行为特征。

（陈家旺）

**水动力学试验** hydrodynamic test 利用各种试验仪器测量水体流动及其与被测设备相互作用的各种水动力学参量的试验。目的是研究海洋技术装备在不同流体环境下的水动力学性能，从而验证理论分析和数值计算结果，为科学研究和工程设计提供科学的试验数据。

19世纪60年代，英国造船学家W.弗劳德首先提出船模试验的方法，以决定实船在航行时所受到的水阻力，后又对船舶推进、操纵以及横摇性能进行试验，水动力学试验概念自此延伸而来。开展水动力学试验一般在各种海洋工程水池中进行。其理论基础包括相似理论（几何相似、运

1955年11月11日，英国特丁顿海军水下测试研究实验室的旋转梁和环形通道等水动力测试设备

动相似、动力相似）、波浪理论、流体作用力、附加质量、固有周期、阻尼、浮力运动理论、振动理论等。试验测量仪器包括流速仪、波高仪、六自由度运动分析仪、力传感器、加速度计、陀螺仪、高速摄像机等。试验数据的处理方法包括数据预处理、时域统计分析、频谱分析、交叉谱分析等。水动力学试验提供了一种在实验室水池环境下进行水动力学分析的试验方法，在海洋技术装备发展中发挥着重要的作用。

（司玉林）

**水密接插件技术** water-tight connector technology 一种在水下环境进行电能及信号水下传输的连接器使用技术。广泛应用于海洋观测仪器、水下通信、潜艇、声呐、潜水器、海洋资源开发设备、海洋观测网络等系统。水密接插件根据传输的内容不同，分为专门输电的接插件、专门传信的接插件和兼有输电传信功能为一体的接插件。其中传信还分电信号和光信号两种，如果传输光信号，且同时输电的话，则为光电复合水密接插件。

水密接插件最早由美国湿地与海洋公司在20世纪50年代初推出的，其成型技术为橡胶模压。20世纪60年代后期，为配合当时著名的深海开发技术计划（DOTP），美国研制成功1800米水深的大功率水下电力及信号水密接插件。20世纪80年代后，随着水下设备的大量应用，对动力、控制信号传输的要求更高，水密接插件的技术又一次飞速提高。中国深海水密接插件技术研究由于起步较晚，与西方发达国家的水平相比，差距较大。自20世纪90年代中期以来，中国对深海水密接插件技术的研究、开发、应用才初见成效。

水密接插件属于干式水下连接器，由高质量材料组成，具有良好的水密性，是海洋技术系统中最为重要的部件之一，负责水下的动力以及信号的连接和传输功能。它既要保证正常情况下的动力传输和

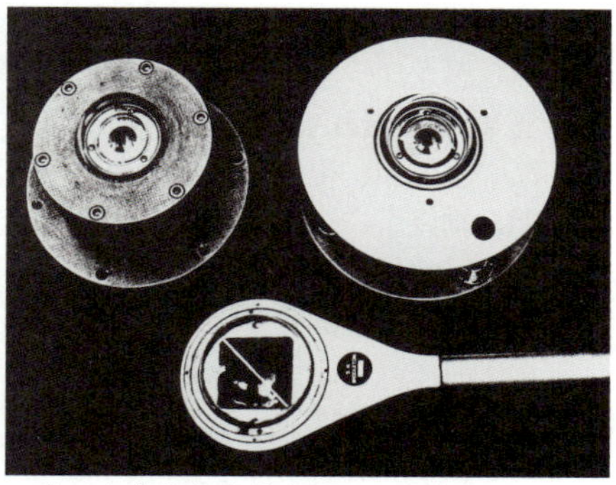

使用水密接插件技术的水下辐射测量仪器

通信可靠性，又要在电缆遭到破坏的情况下保证设备安全，所以水密接插件本身必须具备优良的电气性能和可靠的水密性能以及优异的耐海水腐蚀性能。这种连接器直接影响设备的功能，甚至影响整个系统的安全。（黄　滨）

**水声成像**　underwater acoustic imaging　通过记录水下物体的辐射或散射声场，经过转换、重构或反演处理，获得其外形或内部结构可见像的方法与技术。由水声学、现代电子技术、计算机技术以及现代信号信息处理理论和技术等融合发展而形成。声成像起源于19世纪末20世纪初法国物理学家P.朗之万和S.J.索科洛夫在压电陶瓷和声呐方面的研究，20世纪60年代以后，声全息、声层析等技术相继出现。水声成像可追溯到1985～1991年，M.J.白金汉团队对美国海洋环境成像系统的研究和实验。

水声成像按照工作原理主要分为主动和被动两种方式。主动水声成像指由专门的声呐设备发射声波，通过处理目标物体的反向散射回波进行成像的技术。被动水声成像指不主动发射探测声波，仅通过记录水中发声物体的辐射声场或背景噪声在无声物体上的散射声场，经过一定的处理得到物体结构可见图像的技术。无论是主动还是被动方式，都是把辐射或散射声场的物体当作无数点声源，应用换能器阵列和波束成形等技术，对声源进行定位，再将定位到的声源组成图像，实现水声成像。另外，也可按照声呐波束与载体运动方向的关系将水声成像分为同向成像和径向成像。同向成像即波束方向与载体运动方向相同，如前视声呐；径向成像即波束方向与载体运动方向垂直，如侧扫声呐等。

德国“卡尔斯鲁厄”号巡洋舰声呐合成图像

在军事上，由于主动式发声的成像声呐不利于自身隐蔽，多数采用被动成像，可用于水雷探测、港口防卫中对蛙人与潜器的探测等。在民用上，主要使用主动水声成像，常用于水底地形成像、海底掩埋物体搜寻、大坝与桥墩水下结构检测、沉船与失事飞机等水下搜寻与打捞；高精度的成像设备也在养殖业中用于判断鱼的种类和数量；在科考中用于冷泉、气体泄漏等探测任务。典型的应用水声成像成熟产品有多波束测深仪、侧扫声呐、浅地层剖面仪、水下三维成像声呐等。（瞿逢重　魏　艳）

**水声扩频通信**　underwater acoustic spread spectrum communication　在水中采用特定的技术手段扩展原信号的频谱宽度后进行通信，在接收端再用与扩频时相对应的方式进行解扩，提取出信息。水声扩频通

海上用无线移动设备进行扩频

信技术在20世纪末开始应用于**水下声学通信技术**中，美国的R.阿蒂斯较早地研究了水声扩频通信。美国东北大学电气与计算机工程系教授M.斯托扬诺维奇等人对水声扩频均衡方式提出了有效的解决方法。中国有使用带宽50赫兹的通信系统，距离可达31千米，系统误码率为0.008，但通信速率仅为6.3比特/秒。

水声通信中，尤其是远距离通信，信道环境多变，各种噪声干扰大。由此，带来的优点是能够提高接收增益、稳定性高、可在极低信噪比下实现通信。因此，水声扩频通信适用于低信噪比、远距离的水声通信场景。水声扩频通信的通信距离通常可达几十千米，可进行多用户通信，保密性好，但缺点是牺牲了频谱效率，通常通信速率较低。常见的扩频方式有直接序列扩频、跳频扩频以及调频扩频，其中直接序列扩频是利用扩频码（如伪随机序列）对原信息符号进行扩频。（瞿逢重　魏　艳）

**水声通信节点技术**　technology of underwater acoustic communication node　一种将信息经过一系列处理后，在水下通过声电相互转换实现信息发射与接收的通信技术。该技术可以实现在水下以声波为信息载体的无线通信。水声通信节点技术的使用目的为实现水下设备间无线通信、组网等任务。适用于水声通信。

发展　水声通信节点技术起源于1914年的水声电报系统。1945年，美国海军水声实验室研制的第一款水下电话是比较原始的水下通信节点。2016～2019年，水声通信节点已能实现数千米范围内几千到十几千比特每秒的信息传输速率。水声通信节点是水声网络的重要组成部分，该技术在水下无线网络技术中有着至关重要的意义。

技术方式　水声通信节点技术可分为结构、电气和软件三方面子技术。结构方面子技术主要涉及体积、重量、耐压、水密、防腐等技术；电气方面子技术主要涉及高数据处理能力、存储、低噪声、低功耗、效率等技术；软件方面子技术主要涉及编码解码、调制解调、信号检测、信号同步、信号估计、工作模式转换、网络协议等方面技术。

应用　水声通信节点技术的应用：①在军事方面，水下无人作战平台如潜艇，可通过该技术实现相互之间的信息传输；可实现对水下航行器的监测、导航与遥控信号的传输；对广阔海域的监控、探测和预警。②在民用方面，可用于对海洋环境传感器数据的传输，为水上人员与潜水员或打捞作业人员提供通信连接，提高效率和安全性。③在科研方面，该技术为海洋科学考察、海洋资源调查等活动保障其数据传输，是水下仪器遥控的技术核心。（瞿逢重　魏　艳）

**水声网络**　underwater acoustic network　以声波为信息载体，由多个拥有水声信号收发能力的水声通信节点组成的分布式、

多节点、大面积覆盖水下三维区域，可对信息进行采集、处理、分类和压缩的水下无线网络。美国伍兹霍尔海洋研究所于1994年开发了由传感器、无线中继浮标和水声调制解调器组成的水声局域网。美国海军空间与海战系统司令部（SPAWAR）和海军研究署于1998年开始对广域海网进行试验，2000年网络节点已达到17个。美国康涅狄格大学水声网络实验室对水声网络进行了系统的研究；新加坡国立大学结合静态节点和水下自主机器人构建了水下传感器网络架构。在国家自然科学基金委员会、国家"863"计划的支持下，中国的一些研究单位如中国科学院声学研究所、中国船舶重工集团第七一五研究所、哈尔滨工程大学、浙江大学、厦门大学与西北工业大学等单位均对水声网络进行了理论研究、样机研制和湖海试验。

一个典型的水声网络可由水下固定节点/移动节点、水面浮标和岸基信息处理站/中心组成。水下固定节点/移动节点通过水声通信链路信息互通，同时也可以将信息传输给水面浮标，再由水面浮标通过地上无线通信链路将信息传递给岸基信息处理站/中心。

水声网络具有大规模、自组织、动态性的特点，广泛应用于如实时海洋环境信息监测和灾害预警、快速海上石油勘探、水下航行器的实时控制等海洋探索领域，也在各国海防建设中起到重要作用。

（瞿逢重　魏　艳）

**水师**　navy　中国古代和近代的水上军事武装力量。又称舟师或水军。

沿革　商代后期，商王武丁曾派人乘船追捕逃亡海上的奴隶。武王伐纣渡孟津，是中国史籍中关于舟船用于军事运输的最早记载。春秋时期，由于生产力的发展，特别是铁器的使用，造船技术和造船能力得到空前的提高，临江傍海的诸侯国都出现了造船业，其中以吴、越最为发达，为适应水网地区作战的需要，南方的吴国、越国、楚国和面临东海的齐国，都先后改装和建造战船，抽调官兵进行水上作战训练。秦汉时期，统治者对水军的建设重视起来，水军已颇具规模。汉代最著名的战舰是楼船，《史记》《汉书》中有楼船将军、楼船校尉、伏波将军、戈船将军、横海将军、横海校尉等记载。汉武帝刘彻曾创建了一支训练有素、装备精良、拥有10多万常备兵员的大型楼船水师。宋代，中国兵器的发展进入了一个新的历史时期，其主要标志是火药应用于军事以及火器的创制与发展，南宋战船已装备了弓射火箭、火球、霹雳炮、突火枪等。

元明两代是水师发展的鼎盛期，这一时期的造船业发展迅猛，为水师提供了大量性能优越的战船。元代从至元十一年至二十九年（1274～1292），共造各种兵船1.79万艘，其中海船9900艘。明代永乐元年至十七年（1403～1419），共造海船2749艘，并具备了水密隔舱、罗盘、计程法、测探器、牵星板以及线路的记载和海图的绘制等先进技术。这些战船按活动区域划分，有远洋船、近海船和内河船；按任务划分，有战船、巡船、马船、粮船、水船等。此时，火器的发展也进入一个崭新阶段。元军对火器进行了改进，将宋军使用的火器和阿拉伯人使用的火器及欧洲的钢铁锻造技术结合起来，形成了最早的"火炮"，并装备在战舰上。明代在发展火炮的同时，还制造了火枪。元明两代其他种类的火器也有不同程度的进步，除水陆通用的喷筒、火毬、火箭以外，还有水上作战专用的火桶、子母舟、联环舟、水雷等。由于水师装备的发展，特别是元代对外扩张和明代抵御外敌入侵的需要，元明两代的水师作战，已由过去主要在江湖而逐渐转向海洋，而且规模越来越大。明代的水师与海防建设同步发展。明代兵制采用卫所制，在沿海地区遍设卫所，除由步、骑兵驻守外，还配备有数量不等的战船，并设置了若干水寨，由水军驻守。平时，水军定期出海巡逻会哨；战时，配合陆军作战，共同御敌。这种水陆配合，重点守卫，具有一定纵深的海防体系，对抗击倭寇起了一定作用。

清代是中国历史上海战水战最多的一个朝代，前有清初武力定鼎，后有列强入侵环伺，其水师与前朝相比发生了很大变化。

清代水师　清代前期建立的是以陆基为主的海防体系，即以海口露天炮台为主，近海小型战船为辅的水陆相维体系，海岸兵力分散布置。水师有内河和外海之分，奉天、直隶、山东、福建为外海水师，江西、湖南、湖北，以及黑龙江、吉林为内河水师。其余江南、浙江和广东则兼有两种水师。清政府赋予水师的海防任务比较简单，主要是消灭海盗和国内敌对武装，查缉出海商人、渔民的违例行为和物品，维持沿海地区的治安秩序。同时也担负反击入侵的任务，但是没有把它长期地放在重要地位上。作为国家的经制水师，清代水师又分为八旗水师和绿营水师，这些水师并非近代意义上的海军，也并非独立军种，而是附属于八旗、绿营之内的一个专业兵种，其发展大体上经历了3个阶段：首先是康熙朝的初创期，此时建立的有吉林、黑龙江、旅顺八旗水师营；其次是雍正朝的发展和完善时期，共设立天津、江宁、乍浦、福州四营；再次是乾隆朝时期，增设了广州八旗水师一营，至此最终完成了清代八旗水师的建设。他们是清代前期水上力量的重要组成部分，直到清末近代海军兴起之后，八旗水师逐渐退出了历史舞台。

第一次鸦片战争后，这种星罗棋布、水陆相维的海防体系受到严重挑战和破坏，受西方海防、海权、海洋观念的影响，为适应近代海防战争的需要，清政府开始着手建设南洋水师、福建水师、北洋水师和广东水师等近代化海军力量，其中最有代表性的是北洋水师。

北洋水师　清末建立的一支近代化水师，同时也是清朝建立的四支近代水师中实力最强、规模最大的一支。主要军舰25艘，辅助军舰50艘，运输船30艘，官兵4000余人。1875年光绪特命北洋大臣李鸿章创设北洋水师，通过总税务司R.赫德在英国订造4舰炮船。1879年，向英国订造了两艘撞击巡洋舰"扬威号""超勇号"。1880年，向德国船厂订造铁甲舰"定远号""镇远号"。1880年在天津设立负责海军事务的机构——海军营务处。1881年，先后选定在旅顺和威海两地修建海军基地。1881年，派丁汝昌（1836～1895）统领北洋海军。英国琅威理、德国式百龄先后担任海军训练。又设立北洋水师学堂，修筑旅顺和威海卫军港。北洋舰队各主要战舰舰长及高级军官几乎全为福州船政学堂毕业，大部分还曾赴英国海军学院留学实习。中法战争后李鸿章加速购置舰船，扩充北洋水师。1885年，总理海军事务衙门设立，李鸿章遣驻外公使分别向英国、德国订造了两艘穹甲巡洋舰"致远号""靖远号"与两艘装甲巡洋舰"经远号""来远号"。1888年12月17日，北洋水师正式成军，同日颁布施行《北洋水师章程》。从此，中国正式拥有了一支当时东亚第一，世界第九的海军舰队。1894年7月25日，日本联合舰队不宣而战，在丰岛海域突然袭击北洋护航舰队，甲午战争爆发。同年9月17日，黄海海战，北洋舰队损失5艘军舰。1895年，在威海卫之战中，北洋舰队孤立无援，困守刘公岛长达月余，抵住了日本联合舰队7次进攻，而援兵不至，最后全军覆没。

（马树华　景菲菲）

**水团**　water mass　内部性质相对均一性且与外部呈现显著差异性的宏大海水水体

的集合。换言之，水团是源地和形成机制相近，具有相对均匀的物理、化学和生物特征及大体一致的变化趋势，而与周围海水存在明显差异的宏大水体。

“水团”一词，是B.海兰–汉森于1916年首先用于海洋学中的。1929年，A.J.M.德凡特参照大气科学中气团的定义，首次给出了水团的定义。

*形成和变性* 世界大洋及其附属海的绝大多数水团，都是先在海洋表面获得其初始特征，此后因混合或下沉、扩散而逐渐形成。初始特征的形成，主要取决于水团源地的地理纬度、气候条件和海陆分布以及该区域的环流特征。水团形成之后，其特征因外界环境的改变而变化，终因动力或热力效应而离开表层，下沉到与其密度相当的水层。通过扩散及与周围的海水不断混合，继而形成表层以下的各种水团。

因所处区域环境、气候条件的变化，或者由于和性质不同的水团持续混合，水团的特征将发生变化直至丧失其典型特征，这一过程就是水团的变性。依其原因不同，变性过程一般可分为区域变性、季节变性和混合变性3种。

*核心、边界和海洋锋* 水团的均一性是相对的。实际上，在同一水团内的不同区域，海水的物理、化学及生物等特征也有一定的差异。然而，总有一部分水体最能代表该水团的特征而且变性最小，此即水团的核心。核心位置变动的趋向，一般能反映水团扩展的动向。由核心向外，水体渐次变性，至不再具有原水团特征之处，即为该水团的边界。在两个水团的交界处，由于性质不同的海水交汇混合，往往形成具有一定宽(厚)度的过渡带(层)。如果这两个水团的特征有明显的差异，其过渡带（层）中海水的物理、化学、生物甚至运动学特征的空间分布，都将发生突变。海水特征参数的梯度明显增大的水平混合带，称为**海洋锋**。著名的南极锋，就是南极表层水团和亚南极水团的边界。在大西洋和太平洋的西北部，也有相应的极锋。广义的海洋锋，可指海洋中海水任何一种性质的不连续面。在海洋锋区，由于海水混合增强，生物生产力增高，往往形成良好的渔场。

*水系* 世界大洋中的水团因各具可予识别的典型特征而划分出来，但若仅依其某一种特征而归类，则可与该种特征类同的水团集合为水系。如依盐度而论，河口近岸的水团多为低盐水系，相对而言外海为高盐水系；若依水团所在水层划分，则有表层水系、次表层水系、中层水系、深层水系和底层水系。

*大洋水团的分布和特征* 在世界大洋的中纬度区域，五层水系比较典型。在各大洋的不同海域，各层水系又可再分为几种不同的水团：①***表层水团***。大洋表层的海水在大气的直接作用下，通过内部的混合及与相邻水体的相互作用，形成了一些表层水团。不同洋域的表层水团厚度不一且分别具有比较明显的区域特征，这与海流的性质、海面气候的区域特征及海–气之间的热量和水量交换有关。中纬度海域的表层水团，还有很明显的季节变化。②***次表层水团***。位于表层水系之下，其间以跃层为界。次表层的厚度，一般为200～300米，而在大洋的西部边界处，厚度达最大值。例如在北大西洋的马尾藻海区内，厚度可达900米。依水团形成过程和特征的不同，可把次表层水系再分为中央水团、亚南极水团和亚北极水团等。③***中层水团***。位于次表层水系之下深达1000～1500米的水层。源于高纬和中、低纬度海区的中层水团，分别以低盐度和高盐度为突出的特征。低盐者如南极中层水团和北太平洋中层水团，高盐者如红海水团和地中海水团。④***深层水团***。位于中层水系之下到4000米深的范围内，厚度比其他水系都大。北大西洋深层水团主要由从挪威海盆中溢出的海水与中层水和底层水混合而形成。在它向南运动的过程中，由于上层与地中海水团混合，故显出高盐度和贫氧等特征。印度洋的深层水团和大西洋相似，也具有高盐度和贫氧等特征，它是由底层水和中层高盐度的红海水团混合而形成的。太平洋深层水团的盐度较低，介于中层水和底层水之间，特别是其氧含量比中层和底层都低。一般认为它是由大西洋水团经印度洋移来后变性而成的。⑤***底层水团***。由南极大陆架一些海区的南极底层水团散布形成。南极底层水团主要源地在威德尔海和罗斯海，普里兹湾也能形成部分底层水。它进入绕极流后，有一部分向北运动，散布于各大洋的底层，在大西洋向北可达北纬45°，在太平洋影响可达北纬50°，在印度洋也可到赤道以北。在北极海区中形成的北极底层水团，由于受格陵兰–设德兰海岭和白令海峡的影响，仅局限于大西洋和太平洋的北部。

（李凤岐　李　磊）

**水团T-S图** T-S diagram of water mass 海洋学中研究**水团**混合和温–盐结构等的常用分析图。通常包括温–盐曲线图和温–盐点聚图两种。B.海兰–汉森在1916年最先应用这种图解。在温–盐坐标系中，将同一测站各层的水温与盐度所决定的点，按水层顺序连成曲线，即得温–盐曲线（T-S曲线）。若将各站和多层的水温和盐度所对应的点，画在同一张温–盐坐标图中，便得到温–盐点聚图，又称温–盐关系图（T-S关系图）。因为海水在大气压力下的条件密度$\sigma_T$或条件比容$V_T$，只随温度和盐度而变化，故可在温–盐坐标系中同时给出$\sigma_T$（或$V_T$）的等值线。

温–盐图解主要应用于以下3个方面：①研究水团的划分及混合。丹麦J.P.雅科布森在1927年指出：当温度和盐度分别均匀的两个水团（在T-S图解上，各用一个点表示）互相混合时，在T-S图解中是呈线性反比关系的。这一结论奠定了用温–盐图解方法定量分析水团的基础。B.Б.施托克曼等从海水的温–盐扩散方程出发，建立了温–盐图解的解析理论，提出一种分析水团的重要方法——浓度混合分析法（又称T-S分析法），即可根据温–盐曲线弯曲的形状，确定参与混合的原始水团的个数、各水团核心的温度和盐度、水团之间的边界等，进而计算各水团的混合组成的比例。在实际的海洋中，由于混合和下沉运动等作用，不存在完全均匀的水团。所以一个水团在温–盐图解中往往不是一个点，而是散布在一段温–盐曲线附近的一个点集或曲线族的集合。因而，根据温–盐点集或温–盐曲线族的疏密散布的情况，也可以推断参与混合的原始水团的个数、它们的温–盐特征值和边界。②水团的追踪和溯源。海洋中的等$\sigma_T$面可以称为“准等熵面”，当水团沿等$\sigma_T$面交换或混合时，位温和熵的变化可达最低值。因此结合等$\sigma_T$面，对比分析不同水团的温–盐关系，有助于弄清水团的来龙去脉。③温–盐图解的频率分析。在温–盐图解上统计海水特征相对于水温或盐度的频率分布，可以计算相应水团的体积比例，分析其散布趋向及体积输送。

在早期的海洋研究中，为应对海洋现场调查资料的欠缺，根据实测资料画出的平均温–盐曲线，用内插法计算所需水层的水温和盐度值。为了避免海水密度的烦琐计算，也可在绘有$\sigma_T$等值线的温–盐图解中，依实测站点的水温和盐度数值查算相应的条件密度值。

（李凤岐　李　磊）

**水下岸坡** offshore slope 平均低潮线以下波浪作用仍然起作用的浅水斜坡地带。其下限位置在波浪基面，即波浪开始扰动海底泥沙之处，这个界线随波浪作用的强度而变化，一般来说，是在水深相当于波长的1/2处，该区域为浅水波浪长期作用的地带，也是波浪能够强烈扰动海底泥沙的浅水域。

沉积特征　水下岸坡海底坡度一般较大，沉积物在波浪、潮流和沿岸流等水动力作用下处于活动状态，侵蚀和堆积作用都较为强烈。沉积物粒度由浅水向深水逐渐变细，一般由砂向粉砂和泥质粉砂过渡，发育交错层理、板状层理、波状层理和水平层理等。水下岸坡上也有潮沟发育，往往是潮坪上潮沟的延伸，单个潮沟的规模比潮坪上大，主要垂直岸线，少数与沿岸流共同作用下形成，与岸线平行或斜交。

地貌类型　根据沉积物分布、来源及侵蚀和堆积作用相对强弱情况，并结合近岸水动力作用，水下岸坡地貌分为沙坝-潟湖、现代河口水下三角洲、水下堆积岸坡、水下侵蚀-堆积岸坡、水下侵蚀岸坡、现代潮流沙脊群、潮控三角洲、海湾堆积平原、水下堆积台地及水下浅滩等地貌类型。（马妍妍　李广雪）

**水下表面覆盖层保护防腐技术**　underwater surface coating protection and anti-corrosion technology　在金属表面喷涂防腐蚀涂层、防污涂层，以及采用钛合金、镍合金、铜合金等进行金属包覆层保护的一种技术。防腐蚀涂料通常被称为“油漆”，是一种化工产品，由以颜料、树脂或油类为主的多种物质制成。应用于海洋环境的涂料在抗渗析性、抗电渗析性、耐化学性、耐附着性、耐磨损性、耐化学腐蚀性、缓蚀性能、易施工性、抗霉菌性和抗细菌性、易于修补和修整、抗老化性以及装饰性等

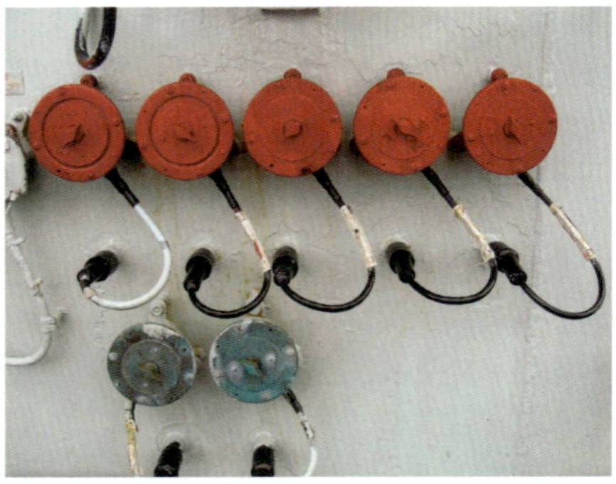

图1　船上新涂装防腐材料的阀门部件

图2　船体底部涂刷防腐材料

方面都有严格的要求。防污涂料作用从本质上讲就是提供一个在规定的有效期内无生物附着的涂层表面。防污涂料的开发要点是开发适当的防污剂或防污剂组合，通过一定的配方设计达到有效控制、缓慢释放防污剂的目的。无论是在装备表面涂装防腐蚀涂层还是防污涂层，都要根据具体的材料特性、工作环境、承载条件和防护要求等，遵循一定的工艺流程，这样才能发挥涂层的作用。如典型的船舶涂装工程的工艺流程，一般可分为5个步骤进行：①钢材及相关合金的预处理，底漆保护及部分表面加工防腐。②分段涂装及在预舾装后的涂装处理。③船台涂装。④码头涂装。⑤舾装件涂装。（黄　滨）

**水下材料防腐技术**　underwater material anticorrosion technology　对在海洋环境中的金属材料及其制品采用各种不同的防腐蚀措施，以延长金属制品的使用寿命，保证装备的安全和顺利运行的技术。海水本身是一种强的腐蚀介质，同时波、浪、潮、流又对金属构件产生低频往复应力和冲击，加上海洋微生物、附着生物及它们的代谢产物等都对腐蚀过程产生直接或间接的加速作用。

海洋工程中常用的金属材料有碳钢、铸铁、不锈钢、铜合金、铝合金、钛合金和镍合金等。其中碳钢和铸铁耐腐蚀性能最差，可与涂层和阴极保护等联合使用。涂层常见的有防腐蚀涂层、防污涂层，以及采用合金进行金属包覆层保护。阴极保护用于海水全浸条件下防止金属腐蚀，该方法被使用得越来越多。

材料在海洋环境下发生的腐蚀，往往

牺牲附着在水下金属部件上的锌阳极以减少腐蚀

不是单单某一种因素作用的结果，而是多种因素共同作用、多种腐蚀行为同时发生的过程，这样往往会加大对材料的破坏性。提高材料的防蚀方法很多，除涂装上述有机涂料外，在装备表面涂装锌、铝、银等金属在有些场合同样可以起到防腐蚀作用。同时也可以通过在金属中加入铬、钇等合金元素来提高合金材料的抗腐蚀性能。未来还可能运用纳米技术、再制造技术、复合表面工程技术以及热工智能技术等新技术，为材料的防蚀开拓更为广阔的空间。（黄　滨）

**水下传感技术**　underwater sensing technology　在水下感受被测量的物理信息（如压力、位移、振动、温度、声音、光强等）的技术。水下传感技术由于使用环境特殊和检测对象的不同而与陆上应用的传感技术有所不同，但基本原理仍然一致。能将检测感受到的物理信息，按一定规律变换为电信号或其他所需形式的信息输出，以满足信息的传输、处理、存储、显示、记录和控制等要求，它是实现自动检测和自动控制的首要环节。

水下传感是通过传感器实现，传感器是将外界信号转换为电信号的装置，它由敏感元器件（感知元件）和转换器件两部分组成。敏感元器件品种繁多，就其感知外界信息的原理来讲，可分为：①物理类。基于力、热、光、电、磁和声等物理效应。②化学类。基于化学反应的原理。③生物类。基于酶、抗体和激素等分子识别功能。通常依据其基本感知功能，敏感元器件可分为热敏元件、光敏元件、气敏元件、力敏元件、磁敏元件、湿敏元件、声敏元件、放射线敏感元件、色敏元件和味敏元件10大类。

海洋领域的检测要素主要包含：①物理海洋信息。②海洋地质信息。③海洋地球物理信息。④海洋化学成分。⑤海洋生物信息。⑥水下声学探测信息等。针对这些检测要素需用到多种传感技术。（林　渊）

**水下磁力探测技术**　underwater magnetic detection technology　探测水下磁异常的技术，为海洋地球物理调查的一项重要技术。海洋以及海底存在的天然磁场主要是地磁场，由于地磁场对海底矿床、海底油气管线、电缆等的磁化作用，导致海洋地磁场产生了畸变，这种畸变与正常场的差值称为磁异常。水下磁力探测的基本原理是通过船舶以及海底拖体、潜水器搭载磁力仪的方式，测量这些由海底矿床、管线引起的空间磁异常，从而反演解释海底矿床等的位置信息。海洋磁力探测技术在光缆路由调查、海底油气管线调查、海湾大桥、海底隧道工程等海洋工程中的可行性已得到验证，在找寻海底磁性物体等方面也得到了运用。

现代海洋磁力仪按工作原理可以分为质子旋进式、欧弗豪塞式和光泵式三种类型。质子旋进式磁力仪通过测量质子旋进频率$f$，根据地磁场与质子旋进频率的关

系$T=23.4874f$，得到地磁场$T$的大小。欧弗豪塞式磁力仪是基于质子旋进式磁力仪基础上发展而来的，在多方面与质子旋进式磁力仪相比有很大改进，其带宽更大、耗电更少，且其灵敏度高一个数量级。光泵式磁力仪基于塞曼效应（原子在外磁场中发光谱线发生分裂且偏振的现象）原理，利用拉莫尔频率与环境磁场间精确的比例关系测量磁场大小。（林 渊）

**水下电磁波探测技术** underwater magnetotelluric sounding technology 通过观测海底大地自然电磁场源，估计海底岩石电性分布，进而推断海底地质构造的探测技术。又称海洋电磁法、海洋大地电磁探测。

发展简史 20世纪50年代初，俄罗斯科学家A.N.吉洪诺夫和法国科学家L.卡尼亚尔提出一种通过持续观测地表电磁场得到地壳至上地幔电阻率分布的方法。该方法成为大地电磁法测量的基础。欧美国家从20世纪70年代始对海底大地电磁探测技术与仪器进行研究，并且根据当时的实验结果给出了海底大地电磁探测可解决宏观地质问题的科学评价。80年代中期，由美、加、日和澳等国十多所大学联合发起的EMSLAB计划，用几十台海底大地电磁仪对美国西岸海区进行勘查，以了解该区域地壳板块的演化历史。90年代末期，来自美、法、日等国的科学家揭示了东南太平洋海区古洋脊的非对称电性结构。中国地质大学（北京）在中国首次对海底大地电磁进行了系统的、全面的研究，并于2000年7月成功进行了中国首次海底大地电磁探测海洋试验，在东海采集到百米水深的大地电磁数据，为该技术在中国的应用迈出了重要的第一步。并在2005年7月揭示出被测海区地下数十千米的岩石电性结构，标志着中国的海底大地电磁探测技术已接近国际先进水平。

探测方式 最早的海洋电场观测曾采用拖曳法，即将电极拖在船尾进行电场测量。该方法由于所测得的电场与船的运动速度和水流速度有关，信号噪声较大，解释起来也比较困难，已较少使用。现一般采用洋底固定的观测方式。由海洋科考船将多台测量仪器投放到预定地点，各台仪器按设定的统一时间同步完成数据采集。在数据采集完毕后，通过声学释放器回收设备。由于海底大地电磁场信号微弱，容易受到海洋电磁噪声的污染，为获得高质量的信号，可采用带远参考站的测量方式。远参考站一般设在陆地，通过卫星与科考船保持联系，与海底设备同步进行数据采集。

测量仪器 海底电场和磁场的测量分别有两种方式。两种磁场测量方式分别为悬丝磁力仪和磁通门磁力仪。两种电场测量方式分别为盐水电桥和长导线。电磁测量一般采用分离仪器，仪器安装在可承压100～1000个大气压的密封容器内。

作用 水下电磁波探测技术是海域地质调查、深部地质构造研究和海洋油气资源勘探的重要地球物理方法之一，也是获得深部洋壳电性结构的唯一方法。在遇到碳酸岩礁以及火山岩盖等地震波探测方法受限的地形时，水下电磁波探测技术是一种重要的补充探测手段。

（樊 炜）

**水下电能节能管理技术** underwater energy-saving management technology 确保水下复杂的机电装备如**自治式无人潜水器**（AUV）、**遥控式无人潜水器**（ROV）和海底观测网络等的电压和电流在各种干扰下发生的变化处在一定的允许范围内的技术。以**海底观测网络**为例，网络是要为水下观测设备提供平稳的、安全的电能。海底观测系统的负载是不确定的，随着负载的变化，电缆中的电压和电流也会随着变化。能量管理和控制系统可确保电压和电流在一定的允许范围内变动。当系统因为负载过大，电压超出低极限值时，能量管理和控制系统必须马上动作，通过调节海岸能量供给点的输出电压或抛弃负载的方式，来使电压值变化恢复到允许范围之内。所以，在海底观测网络的整个工作过程中，能量管理和控制系统必须一直监测电缆上输送的电压和电流值，决定是否要升高或降低源电压值，抑或抛弃负载，以使整个电缆网络的电压和电流变化值都处于一个允许的范围之内。

水下电能节能管理技术的工作逻辑是电能管理模块实时监测系统各部分的电压和电流值，当电流或电压发生异常时，为优先级最高的功能模块供电，优先级低的功能模块暂时处于休眠状态，需要使用某个功能模块时再进行唤醒。电能充足时，各个功能模块正常工作。（杨 柯）

**水下防生物附着技术** underwater anti-biofouling technology 防止海洋生物（藻类、贝类等）附着在水下结构和船体上，以减少维护成本和提高性能的一系列方法和材料的应用。它的历史可以追溯到古希腊时期。很多传统行业或者装备都需要用到防生物附着技术，如造纸工业、食品加工业、冷却塔、水下结构、船舶、海洋渔业养殖及淡水处理设备等。海洋中生长着众多生物，其中至少有上千种生物会附着在海洋装备上，对装备造成不利影响。水下防生物附着技术主要有物理法和化学法两种方法。

物理法包含4类：①气泡屏障法。这是早期阻止海洋生物附着的方法，但是可靠性不够，因此很少采用。现在多与化学法结合使用。②涂层法。在基体材料表面涂覆可剥性涂层，当海洋生物附着时，涂层一层一层剥落，阻止生物附着，有效期可达5年。③超声波法和射线法。采用20～200千赫兹（KHz）频率的超声波来驱赶海洋生物，防止生物附着。利用锝-99同位素产生β射线防止海洋生物附着相当有效，持续有效期超过2年，但对健康和环保有潜在威胁。④其他物理法。利用温度、磁场、电场、电流、水力、液膜层、强力水波等物理方法，来防止海洋生物附着。

化学法包含3类：①毒品渗出法。利用工业防护所使用的化学品和有机毒物将附着海洋生物杀灭，影响海洋生态，有效期一般为1～5年。②生物法。利用自然防护中无毒化学品来排斥附着生物、脱附附着生物、防附着生物迁移，有效期较短，以月计。③电化学法。将装备外壳当作阴极，通过镀铂钛阳极得到氯气，氯气水解生成次氯酸，能高效地防止海洋生物附着，有效性可达10～15年。（黄 滨）

**水下非接触式连接技术** underwater contactless connection technology 不通过缆线等直接传导的方式进行水下电能传输的技术。由于不需要复杂的密封结构保证电路系统与环境的隔离，也不需要太大的安装力确保金属电极的接触，因此这一连接技术更适合水下环境的应用。

电能的传输方式除直接传导方式之外，电磁感应是主要的形式，如电力变压器等。这种传输方式的优点在于电源侧和负载侧的电路完全隔离，通过线圈之间的电磁耦合将电能以非接触的方式进行传输。两侧电路可独立封装，对接后封装结构不发生改变。近代电力电子技术的发展，为高频电力系统（如开关电源）提供了高电压、大电流的开关器件，可以进行大功率电能转换与运输。另外，软开关技术使开关系统的频率进一步提高，解决了开关元件高频开关损失大的问题，大大提高磁性元件的能量密度，使系统集成度提高，体积、质量降低。水下非接触式电能传输技术是在此基础上发展起来的，作为一种替代传统接触式插拔接口的电能传输方法，适用于深海水下恶劣环境，以及电源侧与负载侧具有相对运动的场合。由于不存在直接的电气连接和物理接触，其安全性、可靠性比接触式输电要高得多；且磨损小，使用寿命长，甚至可以免于维修。另外，非接触对接方式使系统对制造工艺要求大大降低，系统制造成本远远低于湿插拔接插件。因此，以这种技术替代湿插拔接插件技术是海洋技术领域发展的必然趋势。 （黄 滨）

**水下高光谱成像技术** underwater hyperspectral imaging technology 利用水下高光谱成像系统获取水下目标物高空间分辨率与高光谱分辨率信息的成像技术，是新兴的水下光学探测手段之一。通过对水下光谱图像进行分析，可以同时获取目标物的空间图像特征与光谱特征。

光谱特性 指不同成分或结构的物质具有独特的吸收光谱、发射光谱、散射光谱、荧光光谱、光谱反射率等特性。例如，荧光光谱特性指当物质受到某特定波段的辐射激发时，会将相应的光谱能量转换为其他波段的光谱辐射出来。光谱反射率为物质表面所反射的光谱辐射能量与入射的光谱辐射能量之间的比值。物体表面的颜色会随着照明条件或观测条件发生变化，属表观量；与颜色不同，物体表面的光谱反射率并不随外界照明条件或观测条件的变化而变化，是物质的本征属性，也被称为物质的“光谱指纹”，可以用于分析物质的成分、结构等信息，从而实现较准确的物质分类，也可用于对目标物的数量、分布进行探测和统计。获取光谱特性的重要手段之一就是高光谱成像技术。

高光谱成像技术 兴起于20世纪80年代，其核心是将反映空间几何关系的二维空间信息与代表被测物体辐射属性的一维光谱信息相融合，获得光谱图像立体数据（又称光谱数据立方体）。高光谱成像技术将图像传感器的空间表示和光谱仪的分析能力相结合，在可见光、近红外、短波红外以及中红外等电磁波谱范围内，为每一个图像像素提供数十乃至数百个窄波段的光谱辐射信息，从而产生一条完整连续的光谱特性曲线。高光谱成像技术已经广泛应用于遥感、农业、食品、生物医学、刑侦、生态、海洋等领域。

水下高光谱成像的主要工具 其主要工具为水下高光谱成像仪，其核心是同时实现水下高空间分辨率的光学成像和高光谱分辨率的光谱分光技术，一般可分为推扫式、滤光片式、快照式水下高光谱成像仪等几种类型。

推扫式水下高光谱成像仪 主要由成像透镜组、狭缝、色散元件（光栅或棱镜）、图像传感器、水下耐压密封舱等组成。成像透镜组将入射光束汇聚并穿过狭缝，狭缝对成像光束进行空间滤波、仅容许单线成像光束继续传输至色散元件，色散元件将入射的复色光色散为窄带单色光并投影至图像传感器。图像传感器一般是二维平面结构，其每一行用来接收不同波段的单色光能量（即光谱维），每一列用来接收单线的空间图像信息（即空间维），因此单张图像就包含了一个空间维度和一个光谱维度的信息，即空间单线的高光谱数据。通过空间推扫和同步图像采集，就可以获取两个空间维度和一个光谱维度的信息，即光谱数据立方体。

由于采用色散元件作为光谱分光器件，其分光效果较好，可以实现纳米级的光谱分辨率。但是，该成像方式结构较复杂，对搭载平台的姿态稳定性较高，一般需要一个稳定的推扫平台或载体以获取高光谱数据，或者根据平台载体的位姿信息对原始数据进行校正和拼接，才能获得比较准确的光谱图像数据。

滤光片式水下高光谱成像仪 利用滤光片选择性透射的原理，图像传感器每次只采集一个窄波段的二维空间图像。通过改变滤光片的透射波段，可以逐个波段进行成像（即波段扫描），从而得到所有波段的光谱图像，构成光谱图像数据立方体，因此这种光谱成像方式也被称为凝视型光谱成像。改变滤光片透射波段的方式可以是电机驱动滤光轮转动以切换不同的滤光片，也可采用波段可调滤光片（如圆形可变滤光片、声光可调谐滤光片、液晶可调谐滤光片）进行切换。

该成像方式的原理比较简单，系统结构并不复杂，可以根据实际需要灵活地选择不同波段的滤光片。但是，因为波段切换需要一定时间，所以该成像方式不适合拍摄快速变化或运动的目标，而比较适合拍摄水下静止或缓变物体，或根据被拍摄物体的特征光谱波段进行单波段拍摄。

快照式水下高光谱成像仪 无论是推扫式还是滤光片式水下高光谱成像仪，均采取了以时间换空间或者以时间换光谱的方法来获取光谱图像立体数据，不能通过图像传感器的单次曝光同时获得二维空间信息和一维光谱信息。快照式水下高光谱成像仪则不一样，其图像传感器的像元表面集成了不同透射波长的窄带滤光片，如马赛克阵列、瓷块阵列等，通过单次曝光成像就可以同时获取被拍摄物体的二维空间信息和一维光谱信息，因此大大简化了光谱成像仪的结构，更适用于水下动态目标的光谱成像。虽然该技术还存在空间分辨率和光谱分辨率较低、图像传感器加工工艺较严苛等问题，但是随着微光学、图像传感、机器视觉、人工智能算法等技术的快速发展，相信这些问题也会得到很好的解决。

水下高光谱成像技术的特点 相比于使用卫星高光谱遥感或机载高光谱对地表浅层水体的测量，水下高光谱成像可以在水体环境中进行水下原位光谱成像。由于仪器离海底或者水下目标物更近，因此可以达到毫米级的空间分辨率，从而提供更精细的物体空间形态及光谱信息。相比于彩色成像或多光谱成像，水下高光谱成像可以获得更高的光谱分辨率，例如，光谱分辨率可以达到十纳米甚至纳米量级，因此在400～700纳米的可见光范围可以提供数百个光谱波段。相比于光谱仪，水下高光谱成像具有“图谱合一”的特点，不仅能看到光谱，更能看到光谱在不同空间点的分布，融合了光谱探测和成像观测的双重特点。

水下高光谱成像技术的难点 ①水体（包括水分子、水中悬浮颗粒物、水中溶解物质等）对不同波段的光谱能量具有选择性的吸收、散射等衰减作用，且衰减程度随水下传输距离呈指数衰减，不仅导致光的能量整体减弱、能量在不同波长的相对分布发生变化，而且由于水体的散射，光的传输路径也会发生变化，导致水下光场后向散射显著增强，并且图像像素点之间串扰严重。②自然光难以穿透深层水体，水下环境通常是弱光或微光环境，水下高光谱成像又将光谱波段细分到纳米级别，因此需要足够功率的水下宽光谱照明光源对每一个窄光谱波段提供辅助照明。然而，人工光源所产生的光场在水下空间分布不均匀，照度随水下相对距离和角度发生变化，而水体的吸收和前后向散射则进一步加剧了这种不均匀性，对高光谱数据的准确获取造成严重的影响。③水下动态环境对水下高光谱成像也会造成较大的挑战，通过波长扫描或者空间扫描的方式采集高光谱数据，需要一定的成像时间，而水流引起的晃动或者搭载平台自身的运动会给不同时刻光谱图像的配准或拼接造成了一定的困难。尤其是对于推扫式水下高光谱成像仪，对水下推扫轨道或潜水器载体的稳定性要求较高。④由于水下光线传输的复杂规律，原始水下高光谱数据并不能反映水下物体表面真实的光谱特性，甚至原有的特征会因为水体影响而被削弱，因此水下高光谱数据的校正复原工作也是必不可少的，包括空间维度的平移、旋转、模糊等校正，以及光谱维度的光谱衰减能量补偿。此外，由于水下环境的限制，空气中常用的高光谱数据校正方法、距离测量方法等无法直接应用到水下环境，也值得进一步深入研究。

总之，水下高光谱成像技术可以为海底测绘、深海矿产资源勘探、珊瑚礁保护、海洋生态环境监测等应用提供高效、定量的技术支撑。水下高光谱成像技术所带来的不仅是图像数据量的增加，而且是图像与光谱信息量数十乃至数百倍的显著提升。随着水下高光谱成像系统光谱分辨率的不断提高，许多隐藏在狭窄光谱范围内的光谱特征属性会被发现，使得水下目标物精确定量分析和深层次细节提取成为可能。（宋 宏 刘洪波）

**水下高清光学成像技术** underwater high-definition optical imaging technology 以光为信息获取的载体，力图克服水体环境对成像的干扰，获取水下环境、目标物高清晰度光学图像的技术。由于水中颗粒物散射、水体对光的选择性吸收等因素的影响，水下图像往往模糊不清、色彩失真。利用水下高清光学成像技术，可以在一定程度上提升水下图像的清晰度与色彩保真度。

水下光学成像系统一般包括水下照明模块、水下相机模块、水下图像处理模块等。①水下照明模块。为水下成像提供照明光源，是成像系统的重要组成部分。②水下相机模块。一般由光学镜头和图像传感器组成，获取原始的水下视频或者图像。③水下图像处理模块。通过去雾、去噪、色彩平衡、超分辨率等算法，在软件层面对拍摄的水下原始视频或数字图像进行分辨率提升、色彩校正等。

根据成像原理的不同，水下高清成像技术可分为基于偏振成像、基于结构光、基于水下距离选通的水下高清成像技术等。虽然技术方法不同，但是其核心思想都是对目标物反射的信号光与水体颗粒散射光进行区分，降低水体颗粒散射对成像的影响，提高图像信噪比。例如，水下偏振成像技术采用偏振光对水下目标物进行照明，并利用水下目标物反射光与水体颗粒物散射光在偏振特性上的差异将两者进行区分，在成像端滤除水体颗粒物的后向散射光，保留目标物的反射光，从而提高水下图像的清晰度。水下结构光成像技术采用结构光进行照明，通过减小“照明-成像”公共区域，降低水体颗粒物的散射噪声，提高图像清晰度。水下距离选通成像技术则采用脉冲光进行照明，利用目标物反射光与水体颗粒物散射光到达图像传感器时间先后的差异对两者进行区分，提高图像清晰度。

尽管水下高清光学成像技术已被应用于水下运载器、**载人潜水器**、海底着陆器等水下平台，在一定程度上提高了水下视频和图像的清晰度，但水体颗粒后向散射等因素仍然极大地制约着水下图像的清晰度和水下光学探测距离，值得进一步深入研究。（宋 宏）

**水下观测网络** underwater observatory network 将能耗很低、具有较短通信距离的水下观测器节点部署到指定海域，利用节点的自组织能力进行组网，网络中的节点利用传感器实时观测、采集网络分布区域内的各种监测信息，通过具有远距离传输能力的水下节点将实时监测信息送到水面基站，最终传递给观测者。根据水下传感器类型的不同，可获取不同的观测信息。水下观测网络在海洋数据采集、环境监测、灾害预防、辅助水下导航定位、海洋资源勘测、分布式战术监测以及水下目标的探测、跟踪与定位等领域都有重要应用。水下观测网络一般是移动式的海洋观测网络，与固定式海洋观测网络互为补充。固定式海洋观测网络的主要形式为海底观测网。

水下观测网络以**自治式无人潜水器**（AUV）、**遥控式无人潜水器**（ROV）为移动节点，并依靠水下声学网络实现各节点的通信。水下观测网络具有如下优点：①并行探测使得水下观测效率明显提高。②冗余观测数据使得观测精度得以提高。

从20世纪末开始，水下观测网络引起了各国的极大关注，欧美各国等开展了研究计划。如美国1993年提出的自主海洋采样网（AOSNs）、海网（Seaweb）水下声学网络。中国对水下观测网络的理论和技术的发展给予了高度重视，清华大学的国家高技术研究发展技术（“863”计划）课题“分布式可扩展水声传感器网络研究”，以及中国海洋大学的国家重点基础研究发展计划（“973”）基金项目等都对水下传感器网络进行了深入的研究。（林 渊）

**水下光纤通信** underwater optical fiber communication 以光为信息载体，以光纤为光载体，实现水下对象之间通信的技术。光纤强度一般大于或等于100kpsi（6894.757MPa）。当水下传输距离过大时，需要用光纤连接器将各段光纤连接在一起，并将发射光纤输出的光能量最大限度地耦合到接收光纤中去。光纤连接器是光纤通信系统中各种装置连接所必不可少的器件，也是使用量最大的光纤器件。在实际的光纤通信线路中，为了保证光纤的可靠性，必须用几层保护结构包覆光纤，包覆后的缆线即为光缆，所以光纤是光缆的核心部分。光缆铺设在海底时，可用于跨海电信传输。

光纤按传输模式分为单模光纤和多模光纤。单模光纤纤芯直径只有几个微米，加包层和涂敷层后也只有几十微米至125微米，纤芯直径接近光波的波长。多模光纤纤芯直径为15～50微米，纤芯直径远远大于波长。多模光纤传输性能较差，频带较窄，传输容量也比较小，距离比较短。根据光纤的折射率沿径向分布函数不同又进一步分为单模阶跃光纤、多模阶跃光纤和多模梯度光纤等。

使用光缆的水下光纤通信基本没有时间延迟，且价格低、保真度高、频带宽、通信速度快。但由于光缆埋在海底，受到的压强较大，且海水具有腐蚀性，所以铺设、维修困难。（黄 慧）

**水下光纤照明技术** underwater optical fiber lighting technology 通过光纤导体的传输，将光传导到水下目标区域进行照明的技术。光纤是光导纤维的简称。光纤在高速通信领域有非常广泛的应用，在照明领域的应用也比较多。

光纤主要是由玻璃材料制成。其核心具有较高的光学折射率，而外壳的光学折射率较低。光经由高折射率的介质以高于临界角的角度进入低折射率介质时会产生全反射，因此光能够在核心中传输较远距离。

光纤照明系统一般由发光器、光纤等部分组成。发光器主要包括光源、反射器、滤光器等。光源发出的光经反射、滤光后被导入光纤，光纤将光束传送到预定的照明区域。为了提高光纤耦合效率，光源的发光点应尽量小，近似于点光源。反射器一般采用非球面反光镜。根据需要，可采用不同颜色的滤光片获得相应的光谱输出。光纤照明技术具有以下特点：①不带电、不发热、安全性好。②可将光线导向不同的地方，可塑性好。③无电磁干扰。④柔软且体积小、易加工、易设计、易安装。

光纤照明技术已被用于景观照明等场景，但是在水下探测、科考等领域的应用尚不多见。然而，由于光纤照明技术实现了光电分离以及光源与照明区域的分离，因此在水下照明有着广泛的应用前景。例如，采用光纤照明技术，可以对水下特定区域的目标进行精细化观测，这不仅可以减小水下装备的能量损耗，只将光能引向需要观测的区域，而且可以减小水中颗粒物对光的散射，避免一般水下照明和成像系统中常出现的图像模糊、雾化等情况，提高水下图像的清晰度。（宋　宏）

**水下光学成像技术** underwater optical imaging technology　水下光学技术典型的应用之一，采用主动光源结合成像设备对水下环境和物体进行探测与感知的技术。少量场景中采用被动光学成像，其光源为太阳光。与空气中的常规成像技术相比，水下成像会受到水体的强散射以及吸收衰减效应的影响，需要通过软硬件的改进来提高成像质量。水下光学成像技术主要有距离选通技术、同步扫描水下激光成像技术、常规光学成像和水下全息成像技术等。

距离选通技术　一种通过控制快门的开闭时间以解决后向散射等杂散光影响的水下光学成像技术。距离选通成像系统通常采用脉冲激光照明，使被观察目标反射回来的辐射脉冲刚好在摄像机感光元件的曝光时间内到达摄像机并成像，而在其他时间，摄像机的选通门（快门）保持关闭，阻挡悬浮颗粒物的后向散射等杂散光的影响，从而增加和提高成像系统的探测距离和清晰度。

同步扫描水下激光成像技术　一种基于水的后向散射光强相对中心轴迅速减小的原理，解决后向散射影响和成像距离近等问题的水下光学成像技术。同步扫描水下激光成像系统采用窄光束的连续激光器，同时使用窄视场角的高灵敏度接收器，使得被照明水体和接收器的视场只有很小的交叠区域，从而减小探测器所接收到的水体悬浮物产生的后向散射光，进而提高了系统的信噪比和作用距离。

水下全息成像技术　一种利用干涉原理记录水下物体光波信息，利用衍射原理再现水下物体光波信息的水下光学成像技术。干涉记录过程通过干涉方法把光的相位和振幅分布转换成光强分布，以电荷耦合器件（CCD）作为记录介质接收光强分布信息，并以离散数字形式存储于计算机；再现过程基于衍射原理用于记录过程中参考光波相同的光波再现全息图，并利用数字图像处理的方法消除零级衍射像，从而便于人眼观察和满足各种测量要求。

水下光学成像技术具有探测目标直观、信息容量高等优点，在水下目标侦察、海底资源勘探和海洋地理工程等领域具有广泛而重要的应用价值。成像距离是其最重要的发展瓶颈。机器学习与图像重构等算法的发展、非视线成像等成像原理的提出，促进了水下光学成像技术的发展，产生了诸如基于压缩感知理论的水下成像（水下软距离选通成像）等水下光学成像技术，并扩大了水下光学成像技术的应用领域。

水下光学成像技术需要水下光学校正技术辅助。（黄　慧）

**水下光学传感技术** underwater optical sensing technology　利用光信号对水下环境、物体或物理/化学/生物量进行探测或者测量的技术。水对光波的散射和吸收可造成光在水中的传播过程中严重衰减，水下光学传感技术面对的问题十分严酷。水下光学传感技术主要包含水下光学成像技术和水下光谱分析技术。

水下光学成像技术　包含摄影摄像技术、偏振成像技术、体元扫描成像技术、水下距离选通激光成像技术、条纹管水下激光三维成像技术、水下激光全息成像技术。

摄影摄像技术简单地将通常的成像系统进行密封处理后在水下使用。例如，水下摄像机、水下监控设备、水下摄像箱等，在较清澈的水体、面积不大的范围内，可以获得质量较好的图像和动态影像。

偏振成像技术是利用物体的反射光和后向散射光偏振特性的不同来改善成像的分辨率。当线偏振器的偏振方向与光源的偏振方向垂直时，则接收到的物体反射光的能量远大于光源的散射光能量。

体元扫描成像技术又称同步扫描成像技术，它是利用激光的窄光束与窄视场接收器在目标区交会，交会体元目标进行同步扫描，由于瞬时视场很小，所以光源与接收器必须在扫描角度上同步。这种技术的优点是大幅度降低了后向散射的影响，且只需要一台激光器及一台接收器进行大视场成像。

水下距离选通激光成像技术是使用脉冲激光器，用非常短的激光脉冲照射物体，光学传感器快门打开的时间相对于照射物体的激光发射时间有一定的延迟，并且快门时间很短。在这段时间内，传感器只接收从物体返回的光束，而大部分后向散射光比信号光到达传感器时间早，快门尚未开启，因而不被接收到，以此消除大部分后向散射光的影响。

条纹管水下激光三维成像技术使用脉冲激光为发射光，接收装置是时间分辨条纹管。工作原理为发射器发射一个偏离轴线的扇形光束，然后成像在条纹管的狭缝光电阴极上。用平行板电极对从光电阴极逸出的光电子进行加速、聚焦和偏转。同时垂直于扇形光束方向有一个扫描电压能够实时控制光束偏转，这样就能得到每个激光脉冲的距离和方位图像。

水下激光全息成像技术将全息照相应用于水下，系统主要包括具有支撑装置的防水增压密封舱、带有电源装置的激光器、全息干板固定支架、全息光学元件和控制系统。已成功应用于海洋浮游生物和微粒探测。

水下光学成像技术发展方向主要是：进一步提高当前光学成像系统的质量，结合多学科多领域技术向生物、化学传感器领域延伸。共焦系统的应用可在提高分辨率的同时，有效削弱后向散射，因此这一领域的研究将成为热点之一。

水下光谱分析技术　利用每种物质特有的吸收光谱、发射光谱、散射光谱和反射率光谱来分析物质的组分和含量，可实现对深海目标物的原位、实时、连续、无接触测试，并且同时获得多种物质成分的信息。包括拉曼光谱分析技术和激光诱导击穿光谱分析技术等。

拉曼光谱分析技术是基于非弹性光散射效应能反映被检样本的分子组成和结构方面信息的原理发展而来，适用于海底热液喷口、冷泉区等极端环境下甲烷、硫化物的探测及孔隙水化学分析，已成为深海原位探测化学传感器发展热点。

激光诱导击穿光谱分析技术是一种利用高能激光与物质材料作用瞬间产生等离子发射光谱来进行化学元素分析的一门新兴技术。脉冲激光经过聚焦后，照射到待测物质表面产生等离子体羽束，在等离子体冷却湮灭的过程中，等离子体中被激活的原子会发射出与物质相关元素的特征光谱。建立一套基于激光诱导击穿光谱分析技术的深海原位探测系统，可实现在正常环境和极端环境下，对深海液体和沉积物中钾（K）、钠（Na）、钙（Ca）、铁（Fe）、锰（Mn）等金属离子的探测。（林　渊）

**水下光学技术** underwater optical technology　在水面以下（水体内部或海底），以光为信号载体，对环境、物体、物理量、化学量、生物量等进行探测或测量，或者利用光信号进行通信的技术总称。水下光学技术包括水下光学探测技术和水下光学通信技术两大类。

原理　光信号从信号源出射后，经过水体发生变化，被信号接收设备接收，信号经过处理和分析后，输出信号用于映射水体信息或者信号源信息，从而实现对环境、物体或物理/化学/生物量进行探测或者测量，或者实现水下对象之间的通信。水体的光学特性产生于水体中包含的悬浮体，有机物等对光的散射、吸收和衰减，因此光学信号的变化可用于水体及信号源的分析。

图1　水下摄像机在洪都拉斯罗阿坦捕捉鱼的影像

图2　利用光学技术检测船体的水下机器人

工具　可分为水下光学探测与水下光学通信工具两类。其中水下光学探测工具包括水下摄像机、水下光谱成像仪、水下荧光仪、水下拉曼光谱系统、水下激光诱导击穿光谱探测系统、光学图像识别系统等。水下光学通信工具主要为蓝绿波段激光通信系统以及红光波段激光通信系统，用于实现船只与潜水器之间或者潜水器相互之间的通信。

随着信号处理技术的发展，越来越多的水下光学信息采用深度学习等方法进行信息挖掘和分析，推动了水下光学技术的发展，拓展了其应用范围。

评价　水下光学技术是海洋技术的重要组成部分，是人类认识海洋、开发海洋的必需手段之一。水下光学技术的工作距离主要因为海水的吸收、悬浮物的干扰等因素受到限制，但是一般而言，在其正常工作范围内，水下光学技术仍然有着高速、直观、精确的特点，是适合可视化表达的一种技术。（黄　慧）

**水下光学校正技术**　underwater optical correction technology　对水下光学探测时受到的光能量衰减影响、光折射畸变和光辐射系统自阴影效应等问题进行校正的技术。光能量衰减影响主要由光在水介质中传播时受到强吸收和散射等因素所引起，从而会出现颜色偏差、图像模糊和对比度低等问题。光折射畸变主要是带防护罩的成像系统在水下探测时，光线会经过水、玻璃和空气3种折射率不同的介质而发生折射现象，从而对水下图像造成畸变影响。光辐射系统自阴影效应主要是因为水下光学系统测量水体向上辐亮度和辐照度时由测量系统阴影导致的误差。

水下光能量衰减校正　主要包括基于光谱测量的水下图像颜色补偿校正技术以及基于激光扫描的水下图像颜色补偿校正技术。基于光谱测量的水下图像颜色补偿校正技术利用光谱成像系统测量不同波长的光在水下相同距离下的衰减系数以进行相应的补偿校正，从而校正光能量衰减。基于激光扫描的水下图像颜色补偿校正技术与基于光谱测量的补偿校正技术类似，通过对红绿蓝三个激光原色在水下的光束衰减进行补偿校正后转换至SRGB颜色空间中，实现水下图像颜色的补偿，从而校正光能量衰减。

水下光折射畸变校正　主要采用水下相机标定算法修正折射效应对水下图像产生的畸变影响，更加准确地表征水下成像过程。水下相机标定算法通常采用相机在相同条件下采集的水上和水下的棋盘标定板图像进行对比、校正以及匹配的方式建立图像变换修正模型以消除水下成像的多介质折射效应。

水下光辐射系统自阴影校正　常见于光源为太阳光的应用场景。常用后向蒙特卡罗模拟自阴影误差，并结合入射太阳光与仪器的水平方位角、入射太阳光与入射光天顶角之间的关系，采用多光谱校正的方法进行光辐射系统自阴影校正。（黄　慧）

**水下光学探测技术**　underwater optical detection technology　侧重于利用光信号对环境、物体或物理/化学/生物量进行水下探测或者测量的技术。主要包括**水下光学成像技术**、水下光谱分析技术、水下目标探测技术，以及水下光学盐度、浊度等常用水下物理的测量技术。水下光学探测工具包括水下摄像机、水下光谱成像仪、水下荧光仪、水下拉曼光谱系统、水下激光诱导击穿光谱探测系统、光学图像识别系统等。

水下光学成像技术通过距离选通、激光扫描和全息成像等技术来改善水中强散

水下摄像机录制鱼群游动

射以及吸收衰减效应对光学成像的影响，获得便于人眼观察和满足各种测量要求的图像。水下光谱分析技术主要采用水下荧光、水下拉曼光谱、水下激光诱导击穿光谱等仪器进行水下物质和水体成分分析。水下目标探测技术主要采用激光雷达、水下光学图像识别系统等载体进行目标观测。水下光学盐度、浊度等的测量技术主要采用水下光学盐度计、光学浊度计等传感器载体进行相应参量的测量。（黄　慧）

**水下光学通信技术**　underwater optical communication technology　以光为信息载体，通过水下信道传输信息，实现水下对象之间的通信。如实现船只与潜水器之间，或者潜水器相互之间的通信。水下光学通信技术主要包括光源发射、探测接收、信道设计等技术。编码处理后的数字信号被调制到光源发射器上进行发射传输，通过信道传输后被探测器接收，信号经过转换、放大、解调等处理，最终恢复光源，实现通信。

根据光传输的介质不同，水下光学通信可大致分为**水下光纤通信**和**水下无线光通信**两大类。水下光纤通信以光纤为光的载体，在通信过程中基本没有时间延迟，且成本低、保真度高、频带宽、通信速度快，但是在海底铺设和维修较为困难。水下无线光通信主要包括水下无线激光通信和水下无线发光二极管（LED）通信，突出优点是数据传输率高，但是由于水对光信号的吸收严重，所以有着衰减快、通信距离短的局限性。

水下光学通信一般具有以下特点：①光的传输速率快、延时小。②信息容量大。③不受外界电磁波干扰。除此以外，无线光通信还具有无须传播介质、方向性（对于激光通信而言）和保密性强等优点，因此水下光学通信技术适用于水下物体（如潜艇）之间的通信，其在军事领域的应用较为广泛，通过布设大量节点可以获取海洋环境时空变化观测资料。水下光学通信技术可以为立体化、长时序、网络

化、大空间尺度的海洋探测与感知提供技术支撑。 （黄 慧）

**水下光学图像识别技术** underwater optical image recognition technology 对水下光学图像目标进行检测识别的技术。水下光学图像识别技术主要包括水下图像预处理与水下图像识别两个过程。

水下图像预处理 是对水下图像目标识别处理的一项关键技术，旨在解决水下图像颜色丢失、照度不均、对比度低、噪声多等问题。水下图像颜色丢失问题主要由光在水下传播受到的散射和吸收等衰减影响引起，可通过颜色补偿校正技术进行色彩复原；照度不均与对比度低等问题可通过直方图均衡化与规范化等图像预处理方法解决；噪声多问题可通过图像空间域或频域的滤波等预处理方法进行解决。

水下图像识别 以图像的主要特征为基础，通过不同层次的图像特征信息加工实现图像内容的理解从而识别对象，主要包含模板匹配和模式识别等技术方法。模板匹配基于先验知识确定模板，再根据图像的特征建立匹配准则，通过判断与模板的一致性进行识别。模式识别是一种从大量信息和数据出发，在专家经验和已有认识的基础上，利用计算机和数学推理的方法，对形状、模式、曲线、数字、字符格式和图形自动完成识别、评价的过程。模式识别包括两个阶段，即学习阶段和实现阶段，前者是对样本进行特征选择，寻找分类的规律；后者是根据分类规律对未知样本集进行分类和识别。

（黄 慧）

**水下滑翔机** underwater glider; UG 依靠改变自身的净浮力和姿态进行锯齿状的下潜上浮的海洋滑翔机。其具有能耗低、造价低、作业时间长、航程远、噪声低的优势。水下滑翔机可应用于大范围不间断的海洋勘测，采集大量的海洋环境数据，为人类建立丰富的海洋样本库。

发展简史 水下滑翔机的概念最早由美国海洋学家H. 斯塔莫提出。美国已投入使用的水下滑翔机主要有3种，分别是华盛顿大学研制的海洋滑翔机、斯克里普斯海洋学院研制的喷雾滑翔机、韦勃研究小组研制的斯洛克姆电气滑翔机。除了美国之外，其他国家也对水下滑翔机投入了大量的人力物力。1992年，日本东京大学成功研发水下滑翔机ALBAC并在苏古拉海湾进行测试，该机型没有浮力驱动系统，只能做一次剖面滑翔运动。日本九州大学和日本海洋地球科学技术中心研制了装载有压载舱的混合型水下滑翔机，机翼为可自由装卸的水动翼，可以按照锯齿形轨迹方式航行。日本九州大学应用力学研究所研制的蝶形水下滑翔机BOOMERANG和LUNA通过调节耐压壳体内部两活塞改变浮力，通过调整重心位置控制姿态实现滑翔运动。法国新技术实验室研制的混合型滑翔机STERNE在2005年已进入模型设计和试验阶段。2012年3月，法国ACSA滑翔机公司推出了海洋探索流线型无翼水下滑翔机，其有效载重舱被设计成很多可更换的模块。中国天津大学和中国科学院沈阳自动化研究所都开展了水下滑翔机的研究工作，研制的自治式水下滑翔机（AUG）已经逐步进入市场投入商用。

工作原理 在预设程序控制下，通过浮力驱动单元，使AUG的浮力小于重力，开始下沉，同时通过调整重心位置，使其头部向下倾斜。借助海水在水平翼和垂直尾翼产生的作用力，实现向前与向下方向滑翔运动。到达预定深度后，通过浮力驱动单元，使AUG的浮力大于重力，实现系统运动由下降到上升的转变。同时通过调整重心位置，使其头部向上倾斜，实现向前与向上方滑翔运动。在稳定滑翔过程中，测量海洋环境参数。

系统组成 主要由前导流罩、主舱和尾导流罩三大部分组成。其中前导流罩内由充电接口、电源开关及指示灯和程序下载及调试接口组成，主舱由姿态调节机构、浮力调节机构、控制电路及传感器系统和电池组组成，尾部导流罩由全球定位系统及无线通信天线、防水舵机及尾舵、深度传感器和浮力调节机构的外油囊组成。 （张大海）

**水下化学探测技术** underwater chemical sensoring technology 利用化学传感器或化学分析器对水下目标水体直接进行测量及分析的技术。又称海洋原位化学探测技术。水下化学探测技术是一种能对海底表面或近海底进行长期、定点、连续、多要素同步测量的水下观测技术。

作业方式 水下化学探测技术采用特定的传感器或分析器对目标水体的特征进行分析。这些传感器或分析器通常以系留浮标、海底三脚架、自治式无人潜水器（AUV）和遥控式无人潜水器（ROV）等为载体，停留在目标水体处实施观测。根据作业方式的不同，可分为吊放式、拖曳式和固定式。采集到的数据可储存在本地，也可通过无线或有线系统进行实时传送。

探测工具 水下化学探测技术的核心工具是化学传感器或化学分析器。可探测的成分有溶解气体、各种离子、微量金属元素、营养盐和有机物等。

化学传感器 主要有电化学传感器和光纤化学传感器等。电化学传感器有极谱氧微电极传感器、电势微电极传感器和伏安微电极传感器。光纤化学传感器有氧气微光纤传感器、酸碱度微光纤传感器、二氧化碳微光纤传感器和有机物光纤传感器等。在电化学传感器发展中，微电极化是近年来其主要发展趋势。光纤化学传感器因其使用寿命长、易操作、耐盐腐蚀等特点日益受到重视，将有可能取代电化学传感技术而成为水下化学探测技术的主要手段。

化学分析器 其所采用的分析技术大体可分为两类：连续流动分析技术和流动注射分析技术。连续流动分析技术是指在分析过程中连续吸取某一样品或标准溶液，即时与反应剂混合，并通过检测池进行检测。流动注射分析技术是指在反应剂混合和检测前，连续注射样品进入某一载流中。化学分析器研制系统的集成化、小型化是其今后主要发展方向。

发展前景 与传统的采集目标海水或沉积物样本再运送到船只或岸上实验室进行分析的化学探测方法相比，水下化学探测技术具有样品污染小、数据连续性高、观测时间长等优势，对海洋资源探测、海洋环境监测保护以及深海科学研究都具有十分重要的意义。该技术已较多地应用于深海海底边界层监测、海底天然气水合物勘探以及海底热液观测等领域。

（樊 炜）

**水下激光诱导击穿光谱探测技术** underwater laser-induced breakdown spectroscopy technology 在水下将一束高能激光聚焦到被分析材料的表面产生瞬态等离子体，通过对等离子体中原子和离子的特征发射光谱进行研究可以判定样品中所含化学元素及其浓度的技术。

原理 水下激光诱导击穿光谱探测将足够高能量的脉冲激光光源聚焦到目标位置，使聚焦点物质瞬间电离、汽化，形成高温等离子体，等离子体在形成后会迅速冷却，其中的电子与离子重组时会发射出特定波长的光谱，这些光谱包含了水体中物质所含元素的特征信息，通过采集发射光谱，分析等离子体中原子和离子的特征光谱，从而分析元素的种类和含量。每种元素有特定的激光诱导击穿光谱，即特征光谱。

分类 水下激光诱导击穿光谱探测

技术可用于金属元素、非金属元素等的探测，适用于固态、液态、气态目标的探测。按光谱采集方式，该技术可分为时间积分和时间分辨水下激光诱导击穿光谱技术。时间分辨探测光谱通过在不同的时间延迟后探测等离子体发射的光谱。时间积分探测光谱在等离子体的整个生命周期内，收集其发射的光谱，对光谱信号进行积分以提高信噪比。

特点 该技术具有无须样品处理、实时、多组分同时探测、宽动态范围、离子体特征光谱复杂、光谱干扰等特点，可以开展原位、快速探测。该技术可用于水体金属离子痕量测量与深海岩石矿物的化学成分分析等，可联合水下拉曼光谱探测技术等开展联合探测。（黄 慧）

**水下阶地** submarine terrace 由于海平面升降变化而淹没于水下的阶状平台，是平坦的顶面和倾斜的边坡组成的海底地貌形态。水下阶地往往平行于*海岸线*分布，呈长条状。在中国西沙、南沙海域广泛分布有多级水下阶地。水下阶地的成因和海平面变动相联系，并在不同时期受海水作用侵蚀而成。其形成条件主要是气候变化和新构造运动，通常把前者称水动型变化，而把后者称地动型变化。每级阶地都代表海平面较稳定的时期。有时，一些阶地形态并不十分明显，以至于不同学者所确定的阶地有很大不同。开展水下阶地发育演化历史研究不仅要进行地形识别、特征性研究，更要在年代学数据和精细地形数据基础上科学联系不同区域水下阶地，从而探究古气候变化和构造运动过程。

（刘世东 李广雪）

**水下接驳技术** underwater junction technology 将多个观测设备在水下连接并实现对各种观测传感器所需电能和信息集中控制和管理的技术。形成的硬件统称为接驳盒。对于*水下观测网络*来讲，电能可从陆地岸基站通过骨干网以直流高压电流形式输送到水下布置的观测系统。由于各个观测传感器所需电能情况不同，不能直接统一使用光电缆传来的电能，还需要进行电能变压处理，因此中间必须得有一个转换和分配的环节。同时，由于水下布置着许多观测传感器，每时每刻都有大量的观测数据要输送到陆地上的岸基站，岸基站也会发送各种控制指令给各个观测传感器，岸基站系统不可能与各个观测设备直接进行通信，中间也需要有一个过渡环节，对信号的传输和通信进行处理和调度。水下接驳技术就是在水下观测网络中，完成这个中间环节。

应用水下接驳技术来完成这些电能和数据信号集中、转换和处理的装置，称为接驳盒（JB）。接驳盒一般由主控模块、信息传输与管理模块、电能传输与管理模块等组成。接驳盒的主要功能有对来自岸基站的高压直流电能进行降压、对电能实施控制和管理、下发岸基站的控制指令信息、上传观测传感器采集的数据信息以及管理观测传感器等。接驳盒是*海底观测网络*中水下节点的主要组成部分和重要的子控制中心。水下接驳技术是海底观测网络技术中的重中之重，通常由接驳盒（包括主、次接驳盒）、观测设备插座模块等来实现这项工作。

主接驳盒直接与岸上通入水中的主干缆（电缆及光缆）相连。根据网络类型不同，输入电压为2千伏、10千伏，或者更高，输出电压通常为375伏、220伏等。主接驳盒可以和下一层的若干个次接驳盒相连，有时也直接与观测设备插座模块相连。主接驳盒与次接驳盒及观测设备插座模块以光纤或者电缆进行通信。主接驳盒的上行通信速率可达千兆，下行接口通信速率一般在百兆量级。

次接驳盒介于主接驳盒与观测设备插座模块之间，为观测设备插座模块提供接口。输入电压为375伏，输出电压有375伏、48伏两个规格。次接驳盒及观测设备插座模块以光纤或者同轴电缆进行通信。次接驳盒的上行通信速率一般为100兆字节（Mbs）量级，下行接口通信速率为10/100Mbs量级。

观测设备插座模块是专门为观测传感器或相关设备提供不同的低压直流电能（如9伏、12伏、15伏、24伏、48伏等），以及观测设备所需的不同通信接口的模块。观测设备插座模块的网络位置介于观测传感器与接驳盒之间。每个插座模块只有一个输入端，但有多个输出端。插座模块的输入端与接驳盒的一个输出端相连，而观测传感器则与插座模块的输出端相连。每个插座模块可以同时联结、支撑多个观测传感器。使用时，将观测传感器直接插入插座模块，无须中间环节。观测设备插座模块可以有两种不同系列：系列Ⅰ的输入电压为375伏，直接与主接驳盒连接，输出电压为9伏、12伏、15伏、24伏、48伏；系列Ⅱ的输入电压为48伏，与次接驳盒相连，输出电压为9伏、12伏、15伏、24伏、48伏。

在海底观测系统中采用接驳盒技术，为整个海底观测系统的设计、安装、运行和维护，都提供了极大的便利。这主要表现在以下3个方面：①为信号的处理、控制和管理在海底提供了一个集中的站点。②为次一级的接驳盒、观测设备插座模块甚至观测传感器提供接口，可以借助于*遥控式无人潜水器*（ROV）在海底接驳盒上直接对这些次一级的设备或模块进行热插拔。③为海底观测网络电能的低功耗输送、转换、分配与管理提供了可能性。

（黄豪彩）

**水下可调谐滤波分光** underwater wavelength-tunable filtering 利用可调谐滤光片对入射光束进行滤波，从而获取水下目标波段信息的方法。其使用的滤光片是一种对光的不同波段具有选择性吸收的光学元件，用来选取所需的光谱辐射波段。常见的有轮转滤光片、液晶滤光片或者声光可调滤光片等几种类型。按照光谱特性分类，又可以将滤光片分为带通滤光片、截止滤光片等。其中带通滤光片的主要参数有中心波长、半高全宽和透射率等，截止滤光片的主要参数有截止波长和透过率等。

在水下高光谱成像系统中，一般将可调谐滤光片放置于水下目标物和图像传感器之间的光路上，从而获取水下目标物特定波段的图像，并通过改变滤光片透射波长的方式来获取不同波段的光谱图像。利用可调谐滤波分光技术制造的水下高光谱成像仪结构简单、可获得较高的图像空间分辨率，但需要通过切换滤光片的透射波长来获取不同波段的图像，因此较适宜在静止状态下对水下目标物进行光谱成像。如果水下目标物或者水下高光谱成像仪处于运动状态，则需进行较精细的光谱图像配准和拼接以保证光谱图像的质量。

（宋 宏）

**水下空间站** undersea space station 在海底建立的一种类似太空空间站的基地。又称深海空间站。水下空间站可以实现人员的驻留，长周期、全天候地进行水下工程作业、资源的探测与开发及其他用途。

发展简史 美国于1969年建成的世界上第一座水下空间站NR-1型，主要用于军事用途，曾参与对“挑战者号”航天飞机残骸的回收和对“不列颠尼亚号”沉船残骸的搜索工作。俄罗斯在20世纪90年代也联合挪威等国，研制了三型具有核动力的水下空间站，主要功能为运送人员、设备部件和作业工具等，同时可为水下设施的检查和维修提供作业平台。中国水下空间站的建设起步较晚，2012年5月中国的“深海空间站”——小型深海移动工作站模型首次亮相。2013年11月，中国首个实验型深海移动工作站完成总装，进行了水池试验。2015年10月，首次成功实现自治式潜器与深海空间站对接的关键技术验证，为未来中国深海空间站的发展迈出了关键的一步。

**技术特点** 水下空间站是一个复杂而庞大的系统，涉及流体、结构、机械、材料、通信、控制、电子等内容，并大量涉及上述学科的交叉与集成。其技术难点包括：水下空间站的设计、安装、建造技术，各部分系统集成技术，遥测控制技术，应急响应技术等。水下空间站能突破载人潜水器“仅数小时观察探测”的限制，能以更长时间、更大有效容积、更大有效载荷、更大范围进行深海作业；同时，能够携带功能广泛的作业潜器与工具，在比潜艇深得多的水下（1000～1500米）进行深海工程作业，且不受海面恶劣风浪环境的影响。

**系统组成** 水下空间站主要包括水面支持系统与水下支持系统两大组成部分。水面支持系统一般为深水平台或浮式结构，主要功能是提供水面支持，实现水上水下信息交流沟通。水下支持系统为水下空间站的主要组成部分，可分为干式工作区、湿式工作区、作业生产区等部分。

干式工作区 干式工作区包括供工作人员日常生活的生活区，由为水下空间站提供能源的水下电站、提供热源的水下热站以及对水下空间站进行总体监控和接收传输信号的控制中心组成。

湿式工作区 湿式工作区包括对各类生产控制信号进行分配，对各类水下作业的设备如**遥控式无人潜水器**（ROV）、**自治式无人潜水器**（AUV）等进行控制，对各类化学制剂进行分配的生产控制中心，以及电力分配系统和热源分配系统。

作业生产区 作业生产区是各类进行实际生产操作设备的总称，如海底管道、海底资源开采系统等。

**用途分类** 根据各国公开资料显示，水下空间站可以实现对水下设备的安装、维护与回收，进行海底地质调查，进行海洋研究，探测深海油气资源及钻井等用途。也可根据任务属性分为军事、科研和民用用途。

**发展趋势** 水下空间站是国际深海装备技术发展的前沿，也是衡量一个国家船舶科技水平的重要标志之一，能够将人类的活动空间有效地移向深海。未来，中国将建成可在水下长期“驻扎”的深海空间站，可与水下运载器对接，运送物资和人员，能够长周期、全天候在深海区域直接操控作业工具与装置，进行水下工程作业、资源探测与开发，以及海洋科学实验研究。 （万德成）

**水下拉曼光谱探测技术** underwater raman spectroscopy technology 一种利用拉曼散射效应对水下物质进行光谱分析的技术，通过不同分子结构与组成产生的不同拉曼光谱来探测水中物质成分的技术。

原理 当光子与物质相互作用时，部分光子与物质分子发生非弹性碰撞，导致光子能量发生变化，产生拉曼散射光，即拉曼散射效应。通过测量光子与物质内部分子产生能量交换后的拉曼散射光强度与光子频率的位移关系，获取拉曼光谱。通过分析拉曼散射光的波长和强度，可以获得物质分子振动、转动等信息，从而对物质进行定性和定量分析。

水下拉曼光谱探测技术利用激光照射物体，然后测量散射光的拉曼光谱，可用于对深海中的固体、液体、气体分子进行非接触式、非破坏性、高灵敏度的辨别。拉曼光谱可以对多种物质进行同时辨别，不需要试剂，同时水体自身的背景拉曼散射微弱，从而使得该技术适用于水下的原位、长期测量。高性能固态激光光源、光纤技术、半导体探测器的飞速发展，使得该技术可以实现水下原位测量，适用于海洋环境与资源探测。

分类 由于水体对紫外和近红外的强吸收，水下最常见的为可见光拉曼光谱探测技术。按光谱探测系统结构分类，水下拉曼光谱探测技术可分为色散型拉曼光谱探测和傅里叶变换拉曼光谱探测。色散型拉曼光谱探测通过光栅或棱镜等分光器件将拉曼散射光分散成光谱，然后使用探测器进行探测。傅里叶变换拉曼光谱仪使用迈克尔逊干涉仪进行分光，通过傅里叶变换得到拉曼光谱。

特点 水下拉曼光谱探测技术可分析分子结构等，具有高灵敏度、无损检测、实时、多组分同时探测、抗干扰能力强等特点，适用于微量分析。水下拉曼光谱探测技术不仅可以开展原位、快速探测，还可联合显微成像系统、激光诱导击穿光谱探测技术等开展联合探测，用于天然气水合物探测等领域。 （黄　慧）

**水下连接技术** underwater connection technology 水下系统之间、部件之间的连接技术。进行电能、信号的传输。水下连接技术根据传输的内容不同，可分为电气连接、光纤连接、光电复合连接等。随着应用要求的多样化以及对水深、工作可靠性要求的提高，水下连接技术是海洋技术中的一个研发的重点和热点。

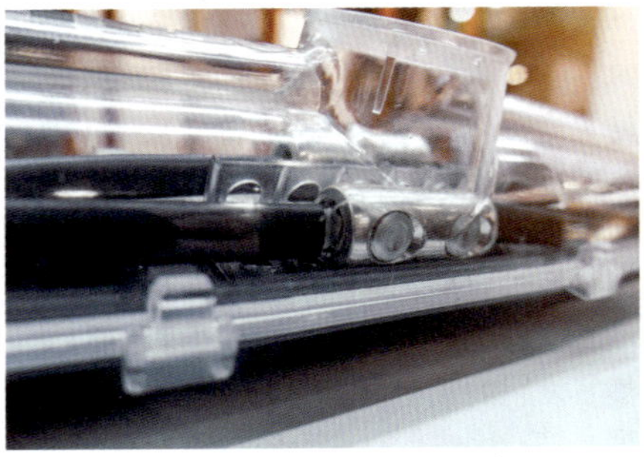
水下电缆连接处的防水保护装置

水下连接器一般可分为干式和湿式两种类型。干式连接器多采用橡胶密封等方法，在陆上连接之后投入水中使用。水密接插件是其中最具代表性的一种，在海洋技术系统中得到广泛的应用。湿式连接器可直接在水下进行插拔作业，又称湿插拔技术，对于某些应用场合十分有用，如海底观测网络建设。 （黄　滨）

**水下声学传感技术** underwater acoustic sensing technology 感受水下声信号并转换成电信号或光信号等作为信息输出、测量和记录的技术。水下声学传感技术包括水声换能器技术和光纤水听传感技术。水下声学传感技术在军事领域、资源勘探、水声物理研究等方面都得到了广泛的应用。

水声换能器技术是水下各种发射、接收测量声信号传感器的总称，它将水下的声信号转换成电信号（接收换能器或水听器），或将电信号转换成水下的声信号（发射换能器）。按照不同的机电能量转换原理，水声换能器可以分为电动式、电磁式、磁致伸缩式、静电式、压电式和电致伸缩式等。20世纪中叶开发的压电陶瓷是经过高压直流极化处理之后才具有压电性的，属于电致伸缩材料，是当今压电换能器的主流，尤其在超声换能器领域有极其广泛的使用价值。水声换能器是声呐的重要组成部分。在水声工程中，换能器技术处于一个基础性的地位。换能器技术的进步可带动声呐系统技术水平的提高。

光纤水听传感技术即用于检测水声的光纤传感技术。按其原理，光纤水听传感器可分为调相型（干涉型）、调幅型（强度型）、偏振型（光纤光栅型）等。光纤传感器因具有极高的灵敏度且不受水流静压力和频率的影响、足够大的动态范围、可以进行远距离测量、本质的抗电磁干扰能力、无阻抗匹配要求、系统“湿端”质量轻、结构的任意性、方便构成大规模阵列等优势，以应付来自潜艇静噪技术不断提高的挑战，适应各发达国家反潜战略

的要求，被视为国防技术重点开发项目之一。（林 渊）

**水下声学定位技术** underwater acoustic positioning technology 在水下利用多个水听器接收目标的辐射声波，根据接收到信号的时间差或相位差，采用特定的技术得到目标的方位和距离，以此来实现对目标的定位。简称水声定位。

起源 水声定位起源于20世纪50年代，美国华盛顿大学应用物理实验室为美国海军在达博湾建成的三维坐标跟踪水下武器靶场中，使用四个坐标已知的固定在海底的水听器，对鱼雷进行轨迹跟踪。70年代末至80年代初，美国华盛顿大学应用物理实验室研制出一种便携式长基线定位系统，可在深6000米、面积150平方千米的海域内进行目标定位，精度可达10米。90年代，佛罗里达亚特兰大大学海洋工程系研制出的便携式短基线跟踪系统精度可达15厘米。挪威的康斯伯格公司于1997年推出的高精度长程超短基线定位系统，最远定位距离可达10 000米，精度优于50厘米，可同时跟踪5个目标。

分类与特点 水声定位根据其定位基线尺度可分为长基线、短基线和超短基线定位。其中**长基线定位**的基线长度在100～6000米，**短基线定位**基线长度在1～50米，**超短基线定位**基线则小于1米。

长基线定位系统由定位目标上的问答机和海底应答器阵组成，其定位通过测量目标到相对/绝对位置的已知海底应答器的相对距离，利用距离交汇的方法计算出目标坐标。长基线定位系统能实现独立于水深的高精度定位，但其成本很高、布放难度大，常用于岸基定位。超短基线定位系统由三个以上换能器组成固定位置关系的小型基阵和被定位应答器组成，根据测量目标的方位角和斜距进行定位。对于潜水器来讲，配合罗经和全球定位系统，得到潜水器的大地坐标及俯仰角，进而测算出待定位目标应答器的位置。短基线定位系统与超短基线定位系统类似，其阵元间距稍大，也可使用多阵元测得的多斜距值交汇得到目标距离。测量精度方面相比而言，长基线定位系统较高，短基线定位系统次之，超短基线定位系统较低；在体积上，长基线定位系统较大，短基线定位系统次之，超短基线定位系统较小。

应用 水声定位最先应用于军事，后由于海洋开发、勘探和资源开采的需求逐步应用于各类商用和民用工程。水声定位可为海底勘探设备，如遥控式潜水器和自主式潜水器等提供定位导航服务，使其能够准确地在水下目标地点进行作业。（瞿逢重 魏 艳）

**水下声学技术** underwater acoustic technology 在水下使用声波进行通信、定位、探测和导航的技术。

发展简史 近代水下声学技术，可追溯1826年瑞士物理学家J.D.科拉东和法国数学家C.-F.斯图姆在日内瓦湖测量水中声速的一次巧妙实验。他们通过敲击一个水下的钟，同时点燃火药，在远处船上观察火药闪光同时按下秒表，并记录水下钟声的传播时间，计算出水下声速。1912年，豪华游轮“泰坦尼克”号的沉没促进了声学导航、定位技术的发展。同年，美国科学家R.A.费森登设计并制造的一种新型动圈换能器，是第一台水下发信和回声测探设备；1914年，他研制的水下声学设备可探测2000米外的冰山，其对电动势水声换能器的研发和使用标志着水下声学技术的诞生。第一次世界大战时，协约国为对付德国潜艇，大力发展了水声设备。1918年，法国物理学家P.朗之万研制了压电式换能器，并应用真空管放大技术，实现了中远程目标探测，开创了近代水下声学技术。

适用范围 水下声学技术用于水下声波可到达并可检测的区域。“声波可到达”指的是声波可传播到的地方，即不被隔声物体遮挡可到达的区域（通常称为“声影区”）。“可检测”指的是承载信息的声波在接收机的软硬件处理后能够被检测出。如通信或探测距离太远时，声波物理上能够到达，但因能量衰减了太多，信号的信噪比已不足以满足检测要求，类似这种情况不适合水下声学技术。通信信号普遍适用距离为几千米至几十千米；低频探测信号可达到数百千米至上千千米，高频探测主要用于成像、测流等。

技术原理与方式 水下声学技术是以声波为信息载体，通用器件是水声换能器，根据不同的应用场景搭配不同的电子电路和软件算法构成不同用途的水声系统。①**水下声学通信技术**。主要器件称为水声通信机，通过水声通信机收发信号实现数据传输。②**水下声学定位技术**。分为主动和被动两类，主动方式需要主动发射声波信号，通过记录分析目标物体反馈的信号判断出目标的距离和方位。短距离定位器件有超短基线，军用中远距离定位设备有拖曳阵声呐、岸基长基线等。③**水下声学探测技术**。同样分为主动和被动方式，基本原理是记录和分析目标物体的辐射和反射声场。水下声学探测工具种类繁多。④水下声学导航技术。导航是基于定位和探测的衍生技术，有时需要用到通信。

应用 水下声学技术的应用：①在军事上，可用于水面舰艇、潜艇、无人潜器或监测潜标间的通信；目标潜艇、水雷和蛙人等水下目标的探测；鱼雷和潜器等水下航行器的定位与导航。②在国民经济发展中，水下声学技术可帮助捕鱼船探测鱼群的种类、数量、大小、密集程度和方位，极大地提高捕鱼作业的效率。③在开发海洋资源的过程中，水声设备可用于探测海底资源、检测气体泄漏和无人潜器的定位导航、科考图像等数据的实时传输。（陈 鹰）

**水下声学探测技术** underwater acoustic detection technology 以水下声学为基础，利用水声仪器进行水下探测的技术。是水声技术的主要研究内容之一。水下声学探测技术主要包括被动探测技术、主动探测技术和水下通信组网探测技术。

被动探测技术 被动探测技术是指声呐被动接收舰船等水中目标产生的辐射噪声和水声设备发射的信号，以测定目标的方位和距离的技术。它由简单的水听器演变而来，它收听目标发出的噪声，判断出目标的位置和某些特性，特别适用于不能发声暴露自己而又要探测敌舰活动的潜艇，是应用广泛的技术之一。该技术主要利用水听器及其阵列接收目标自身辐射噪声或信号，如潜艇辐射的螺旋桨转动噪声、艇体与水流摩擦产生的流噪声以及各种发动机机械振动引起的辐射噪声等，同时结合信号处理技术以提取有用信息，如目标信号特征、方位、距离和深度等。由于被动探测系统本身并不发射信号，所以具有较强的隐蔽性。水听器及其阵列构成了被动探测的硬件基础，而被动声呐系统则是水听器及其阵列的主要安装平台，其形式、尺寸及安装方式等都对信号接收产生直接影响。信号处理部分则构成了软件基础，决定了信息提取的有效性，是被动声呐系统的大脑。硬件和软件基础共同决定了被动探测技术的性能。典型被动声呐平台主要包括岸基平台、舰船与潜艇平台以及航空飞行器平台，其包含的水听器主要有标量的声压水听器和矢量水听器两种，阵列形式可分为线型、面型和立体型，实际中可依据不同的应用环境选择不同的阵型。

主动探测技术 主动探测技术是指声呐主动发射声波“照射”目标，而后接收水中目标反射的回波时间，以及回波参数以测定目标参数的技术。有目的地主动从系统中发射声波的声呐称为主动声呐。所涉及的范围很广，所探测的目标有潜艇、蛙人、无人潜水器、水雷、沉船等，所使用的频率有几百赫兹、几千赫兹、几十千赫兹、几百千赫兹等。随着潜艇减振降噪技术的发展，使得潜艇辐射噪声大约以每年平均1噪声（dB）的速度降低，给被动探测技术带来了很大挑战，同时促使主动水声探测技术得到了足够的重视和充分的发展。在主动水声探测技术的发展方面，低频大功率探测技术和不断涌现的新式探测技术如双/多基地探测技术、前向散射探测技术和多输入多输出（MIMO）探测技术等形成了主要的技术发展脉络。主动探测技术自诞生以来，就一直向低频大功率方向发展。低频大功率探测技术逐渐成为探潜的主流技术之一，其核心之一是低频大功率发射换能器技术。双/多基地探测技术和前向散射探测技术具有一定的类似之处，均可归类为收发分置声呐探测技术。双/多基地声呐探测技术强调声呐发射部分和声呐接收部分相互分离甚至远离，而前向散射探测技术则进一步要求大分置角下对目标进行探测。MIMO声呐即采用多输入多输出体制的探测声呐，其可分为分布式MIMO声呐（类似于多基地声呐）和密布式MIMO声呐（类似于单基地声呐）两种。分布式MIMO声呐采用与多基地声呐类似的广域布阵方式获得空间分集增益，从多个不同方向照射、接收目标回波，并通过联合处理抑制目标闪烁。密布式MIMO声呐采用与单基地声呐类似的布阵方式，利用正交发射波形获得波形分集增益，从而在一定条件下改善对目标的探测性能。

水下通信组网探测技术　将水面和水下各种探测平台连接成水声探测网络，对获取的多源信息进行融合，是海洋声学目标探测技术发展的一个重要途径。海洋声学目标探测中，水声通信网络将多探测平台互联，为不同探测平台间目标特征信息的交互建立传输通道，同时也为各个探测平台提供地理位置与时间信息。水声通信网络技术是实现水下目标多源声学信息融合探测的关键技术之一。

面对海洋环境安全保障的迫切需求，构建由主被动探测节点组成的分布式水下探测网络，进行多源声学信息融合，是提升水下目标探测能力的有效途径，也是水下声学目标探测技术发展的重要思路之一。（杨　柯）

**水下声学通信技术**　underwater acoustic communication technology　以声波为载体在水中进行信息传递的通信方式。简称水声通信。

起源　水声通信最初主要应用于军事领域，随着人类对海洋资源的开发和利用，水声通信也逐渐在民用工程中得以应用。水声通信的历史可追溯到1914年水声电报系统的成功研制。世界上第一个具有实际意义的水声通信系统是美国海军水声实验室于1945年研制的水下电话，采用单边带调制技术，工作频带为8.4～11.3千赫兹，主要用于潜艇间通信。早期水声通信多采用模拟形式。20世纪70年代以后，随着数字技术的发展，水声数字通信技术得到了快速发展，从起初主流的幅移键控、频移键控和相移键控到90年代中期后新应用的多载波调制技术、码分多址扩频技术、扫扩频技术、空间分集技术、水下通信网络以及双工通信技术等。

原理　水声通信的基本工作原理是首先将文字、语音、图像等信息，通过电发送机转换成电信号，并由编码器将信息数字化处理后，换能器又将电信号转换为声信号。声信号通过水这一介质，将信息传递到接收换能器，这时声信号又转换为电信号，解码器将数字信息破译后，电接收机才将信息变成声音、文字及图片。水声通信按工作原理可分为**相干水声通信**和**非相干水声通信**。

分类与特点　水声通信按作用距离可分为短程（小于1千米）、中程（1～10千米）、远程（10 200千米）和超远程（大于200千米）通信。水声信道是十分复杂又具有特点的信道。水声信道与有线信道、无线信道、光纤信道并列为四种信道。

水声通信被视为水下通信的主要手段，通信速率达到kb/s量级，水声通信系统的主要框架类似于空气中的无线电通信系统，与无线电通信相比，水声通信具有传播距离远、穿透能力强、抗干扰能力强等优点。水声通信的缺点是：①频段低带宽窄。频段通常是几千赫兹至几十千赫兹，带宽通常只有几千赫兹至十几千赫兹。②多普勒干扰严重。由于声速在水中的传播速度远小于电磁波在空气中的传播速度，因此由通信平台的运动引起的多普勒频移更加明显。③长时延。由于声波在水下的反射多，信道时延长，导致符号间干扰严重。④时变性强。水下信道环境受位置、地形、风浪、水流、水温、水压等众多因素影响，时变性更强。这些都是水声通信需要解决的问题。

评价指标　用于评价水声通信系统性能的主要指标有：①误码率（又称误比特率）与信噪比的关系，描述该水声通信系统在某一信噪比下的误码率。②数据率与通信距离的积，单位是千比特/秒·千米。③带宽效率与通信距离的积，单位是比特/秒/赫兹。

应用　①军事方面。水声通信在对潜艇、无人潜水器和蛙人进行战场指挥等方面起着重要作用。②民用方面。水声通信可用于水下水文、水质和环境监测数据观测时的信号传输。③科研方面。可用于对潜水器或其他传感器进行控制和数据传输，如水下测量设备采集数据的回传、水下图像传输、语音传输和水声局域网应用等多方面。其具体的设备包括船用水声通信机、水下通信浮标、水下应急通信设备、潜水员水下电话等。（瞿逢重　魏　艳）

**水下湿插拔技术**　wet-mate water-tight connector technology　一种适用于在水下环境中直接插拔机械连接器插头与插座的连接技术。水下湿插拔技术可分为电气连接、光纤连接和光电复合连接三种技术。

水下湿插拔技术自20世纪60年代开始发展，到90年代后期，第一代商用水下湿插拔光纤连接器诞生。水下湿插拔插合的工作原理是充油与压力平衡。水下插拔连接器由插头和插座两个充油密封舱组成，密封舱的前端有橡胶密封塞，插针排列在密封塞后。连接时，首先把密封舱的前端紧密地贴合在一起，相互挤压，把橡胶塞外的水挤出，接着继续挤压密封塞，使两个腔内的绝缘油相导通，最后弹簧被压缩，插头密封舱内的插针经密封通道与插座密封舱内的插孔连接在一起。拔出过程正好相反。这样就能保证连接或拔出时接插件一直处于绝缘油中。

水下湿插拔技术在海洋技术系统中大量应用，可减少系统维护费用，延长系统的使用寿命，特别是为海洋技术系统的升级改造换代提供了最有力的技术支持。通过使用水下湿插拔连接器，水下系统中某一部件的增加与减少只要通过**遥控式无人潜水器**（ROV）在水下操作即可完成，无须将整个系统打捞出水面，大大减少了操作时间和成本，为在一些离岸较远或深海区域的系统方便地集成与维护提供了可能。在通信行业中，这种连接技术也可以使得海底通信网络系统建设时预留多个接口，以适应未来新的宽带要求。

（黄　滨）

**水下推进技术**　underwater propulsion technology　利用机械能、化学能、核能等在水下产生推进力，推动鱼雷、潜艇或其他水下装备在水中运动的技术。水下推进技术的发展起源于鱼雷、潜艇等军事应用领域的需求，水下推进技术的发展与鱼雷、潜艇推进技术的发展几乎是同步的。先进的水下推进技术具有良好的动力特性、安全性与隐蔽性，对海洋军事发展有重要意义。

**能源** 水下推进技术通过不同的原理方法，将系统能量转化为推进力。根据推进系统所采用的能源类型，其可分为机械储能系统、热储能系统、化学能系统和有缆电力系统四类。

机械储能系统 利用载体内储存的机械能，如飞轮系统，提供水下推进所需的动力。机械储能系统拥有较高的能量密度，一般见于早期的鱼雷。1880年前后生产的豪威尔鱼雷可通过内部储存的机械能以25海里/时（46.3千米/时）的速度行进约800海里（约1481.6千米）。

热储能系统 通过载体内储存的热能提供水下推进所需的动力。热能储存的媒介一般是液态的金属或液态金属盐，如氢化锂等，当媒介由液态向固态转化时会放出热量。利用穿过媒介的热管可以将热量导出，用于加热水蒸气，进而驱动螺旋桨等动力机构的运行。

化学能系统 利用所搭载的化学燃料进行化学反应所产生的能量来提供动力。化学能系统可以大体分为两类：原电池系统和绝热系统。

以原电池为动力的水下推进系统在第二次世界大战前后已开始使用。当时的原电池系统多为铅酸电池系统，此后陆续发展出效率更高的氧化银锌电池系统、铝-氧化银电池系统以及镁-海水电池系统等。自第二次世界大战以来，原电池系统的效率已提高了将近10倍。

绝热系统通过燃烧剂和氧化剂之间的剧烈化学反应，为水下推进系统提供动力。所使用的燃烧剂和氧化剂也称为液体推进剂。最早的液体推进剂为柴油，并在此基础上衍生出多种烃类化学燃料推进剂。之后陆续开发出以高氯酸羟胺和奥托燃料为基础的双组元液体推进剂以及由过氧化氢和烃类燃料组成的双组元推进剂。其中奥托燃料拥有良好的安全性与可控性，因而广受青睐。此外，21世纪还开发出水基金属燃料，应用于超空泡鱼雷中。水基金属燃料以水基金属为燃料，海水作为氧化剂和冷却剂，具有体积小、反应可控、生成气体无杂质等优点，且有很高的能量密度，是实现高速推进的最佳途径。

有缆电力系统 采用电缆将电力传输至水下载体，以提供推进力。有缆电力系统最早见于19世纪70年代的鱼雷中。受当时绝缘材料性能的限制，鱼雷只能在小范围内以很低的速度进行巡航。遥控式无人潜水器（ROV）系统采用了有缆电力系统。

**动力机构** 动力机构将系统的能量转化为载体前进的动力。动力机构的形式多样，主要类型包括螺旋桨推进系统、喷水推进系统以及仿生推进系统等。

螺旋桨推进系统 螺旋桨是潜水器等中最常见的动力机构。螺旋桨推进系统通过桨叶的旋转将角动能转化为推力。在螺旋桨旋转时，桨叶的前后会产生压力差，推动水流向后运动，并将由此产生的反作用力作为推力。螺旋桨可以用发动机或电动机进行驱动，动力一般通过传动轴或传动系统连接至螺旋桨轴，为螺旋桨提供动力。螺旋桨推进系统原理简单，可靠性高，但运行噪声较大，在有隐蔽性需求的场合应用受到限制。

喷水推进系统 由进口、混流式泵叶轮、定子和出口喷嘴组成。其中泵是喷水推进系统的主要构建，负责将水流吸入，并通过出口喷嘴高速排出，利用进出水流的动量差产生推力。喷水推进系统能提供较大的航速，因此较常用于大型鱼雷或高速舰船中。

仿生推进系统 模拟水下生物的游动方式进行工作。该类系统尚处于研究阶段，一般见于潜水器或水下机器人研制中。研究较为广泛的是仿鱼水下推进方式，而该方式又可细分为身体/尾鳍推进模式和中央鳍/对鳍推进模式。1994年，美国麻省理工学院通过模仿金枪鱼研制了世界上第一条机械金枪鱼“Robotuna”，利用尾部和尾鳍的摆动实现游动。英国埃塞克斯大学研制的小尺寸机械鱼仅用一台伺服电机就可实现可控的三维运动，现放置于伦敦水族馆进行展览。

**展望** 水下推进技术在相关技术，如能源等技术的发展下不断推进。其中能源方面依然以化学燃料驱动为主，但在潜艇隐蔽性的需求驱动下出现了斯特林发动机、闭式循环柴油机、闭式循环涡轮机、燃料电池等不依赖空气的动力装置，克服了常规潜艇水下连续潜航时间短的缺点。潜水器则要求水下推进技术节能、高效，这样可使潜水器在水下工作时间更长久。此外，随着仿生推进技术的发展，水下推进技术有望在低噪声、高效率方面实现突破，对海洋应用以及海洋军事产生更加重大的影响。

（樊 炜 张祝军）

**水下无线光通信** underwater wireless optical communication 以光为信息载体，以水为光载体，实现水下对象之间通信的技术。主要包括水下无线激光通信和水下无线发光二极管通信等技术。水下无线光通信的突出优点是数据传输速率高，可高达1千兆比特每秒，但因为水对光信号的吸收很严重，所以传播距离受限。浑水中的浮游生物和悬浮粒子会对光产生散射，进一步缩短通信距离。

水下无线激光通信主要由发射系统、水下信道和接收系统3部分组成。水下无线光通信的机理是将待传送的信息经过编码器编码后加载到调制器上，从而转变成随着信号变化的电流来驱动光源，即将电信号转变成光信号，然后通过透镜将光束以平行光束的形式在信道中传输；接收端由透镜将传输过来的平行光束以点光源的形式聚集到光检测器上，由光检测器将光信号转变成电信号，然后进行信号调理，最后由解码器解调出原来的信息。水下无线激光通信的优点有：①传输速率高。②光波频率高，信息承载能力强。③抗电磁干扰能力强。④保密性高。⑤收发设备尺寸小，重量轻。然而，水下无线激光通信也有通信距离短和瞄准困难等缺点。

水下无线发光二极管通信利用发光二极管高速点灭的发光响应特性，将信号调制到发光二极管可见光上，从而传输信息和指令。无线发光二极管通信系统分为发射部分和接收部分，发射部分包括发光二极管可见光发射系统及其驱动电路、信号输入和处理电路，接收部分包括接收光学系统、光电探测器、信号处理和输出电路。水下无线发光二极管通信有如下特点：①不受外界电磁波干扰。②具有较高的保密性。③发光二极管灯发光效率高、能耗低、绿色环保。④调制性能好、响应灵敏度高。⑤无须无线电频谱认证。⑥体积小、受温度影响小、易于安装、价格低。然而，发光二极管发射角大，使得发射方向性差、能量发散，缩短了传输距离。水下无线发光二极管通信具有很大的发展前景，将为水下光学通信提供一种全新的高速数据接入方式，已经引起了广泛关注和研究。水下无线发光二极管通信已经在实验室里实现了超高速的数据传输。

水下无线光通信具有较高的数据传输速率、较少的链路延迟和较低的实现成本。高传输速率能保证许多实时应用的实现，例如水下视频传输。水下无线光通信的发展也面临一些挑战，包括水体对光信号有严重吸收、散射和衰减，光收发器的错位会导致水下光链路断开，特别是海面的随机运动容易导致连接问题，水下无线光通信系统的实现需要可靠的水下设备，特别是电池的可靠性和设备功耗的效率。

（黄　慧）

**水下线缆技术** underwater cable technology　在海水中或海底连接各种线缆，用以控制安装、连接设备、输送电力等的技术。常见的水下线缆有电缆、光缆、光电复合缆、脐带缆等。这些线缆用于不同的通信和能源传输需求，如电缆用于传输电力，光缆用于高速数据传输，而光电复合缆则结合了传输电力和数据的功能。其中，脐带缆最具代表性。水下脐带缆是连接水面系统和水下系统，或者连接水下系统之间，实现通信和动力的连线。脐带缆的主要类型有热缩管脐带缆、钢管脐带缆、动力电缆脐带缆和综合功能脐带缆。

脐带缆一般由功能单元和加强单元组成。功能单元由管子、电缆、光缆等组成，加强单元则由聚合物层、聚合物填充和碳棒或钢丝组成。

脐带缆是由一种螺旋技术组装而成的。首先形成一个环状束，用一个压制热塑护层将环状束包裹起来，根据需要缠绕两层或多层螺旋走向相反的钢丝进行铠装加固，然后用一个护层包裹起来，此外还包含可以起到绝缘和保护作用的聚合物护套，可以填充空白位置和固定其他管线位置的填充物，以及具有可以增加轴向刚度和强度能力的铠装钢丝或碳棒。

脐带缆的设计一般包括组件设计、截面设计、局部分析和整体设计与分析等。它需要考虑的设计因素有海洋环境条件、水深、功能元件数量、压力、电力负荷需求、回路设置、终端装置、附件、设计寿命、材料选择、动态和静态缆长度、安装条件等。

（黄　滨）

**水下压电传感技术** underwater piezoelectric sensing technology　应用在水下的利用压电材料的压电效应测量物理量的传感技术。压电传感技术的工作原理是基于某些晶体受力后在其表面产生电荷的压电效应。广义地讲，凡是利用压电材料各种物理效应构成的种类繁多的传感器，都可称为压电传感器。常见的压电材料有石英晶体、人工合成的多晶体陶瓷（如钛酸钡、锆钛酸铅等）以及有机高分子聚合物聚偏二氟乙烯（PVDF）。

压电传感技术的水下应用主要为水声换能器，水声换能器是水下各种发射、接收测量声信号传感器的总称，它将水下的声信号转换成电信号（接收换能器或水听器），或将电信号转换成水下的声信号（发射换能器）。由压电陶瓷构成的水声换能器是当今压电换能器的主流，水声换能器在军事领域、资源勘探、水声物理研究等方面都得到了广泛的应用。随着材料科学的进步，以PVDF为典型代表的高性能压电高分子聚合材料被用来制作高灵敏度水听器，在潜艇舷侧阵设备中具有广泛的应用价值和应用前景。

（林　渊）

**水下移动观测技术** underwater mobile observing technology　在水下进行移动的、多点观测的海洋技术。水下移动观测技术是在所关注的海域或地点，一般利用各种载体（如潜水器），搭载相应的海洋观测传感器，构成观测系统，实施一定范围内的海洋观测。

水下移动观测技术主要有以下几种：基于水面船只的海洋观测技术、运用漂流浮标的海洋观测技术以及搭载潜水器的海洋观测技术。例如，基于水面船只的海洋观测技术，是海洋观测历史上使用最早、对海洋事业贡献最大的一种观测技术。其基本方法是利用水面船只（科学考察船或调查船）作为支撑，把传感器布放到水中进行观测。这种观测技术，可以将传感器从水面下放到海底，再从海底拉回水面，实施一个垂直剖面的观测。如观测海水中的水温垂直分布、观测温跃层的位置或观测一个海域中的海水含氧量的分布情况等。更多的情况是把传感器挂在缆上，放置在一定深度，并随着调查船航行，开展这一航程中的科学观测，获得设定深度下一条线上的科学观测数据。这种观测方式，也称为走航观测。

（黄豪彩）

**水下移动目标观测技术** underwater moving object observation technology　通过声、光、电磁等手段对水下移动目标进行观测、跟踪、信息获取的技术。常用于如海洋生物、水下漂浮物、潜水器、蛙人和潜艇等水下目标的观测与跟踪，既用于民用领域，又多用于军事领域。对于渔业、水下珍稀物种保护、维护国家领海海域安全、支撑海洋科学研究等均具有重要的意义。

*水下声学技术*是发现、观测水下移动目标的一项重要基础性海洋技术。水体对电磁波、光波是有较强隔离作用，但对声波具有较好的传导性能，因此水下声学技术具有较多应用，其中水下移动目标的观测，则是水下声学技术的重要应用领域。声呐是水声学中应用最广泛、最重要的一种典型装置，它是一种利用声波在水下的传播特性，通过电声转换和信息处理，完成水下探测和通信任务的电子设备。声呐常用来探测移动目标的方向、距离和速度，同时也可用来识别目标的性质，如在远洋渔业生产中用于判断鱼群多少、大小和种类。

（黄豪彩）

**水下阴极保护防腐技术** underwater cathodic protection technology　通过电化学的方法，将需要保护的金属结构极化，使其电势向负向移动，以达到在海洋环境中处于阴极，即被保护状态的一种技术。阴极保护防腐技术核心是在电解质环境中，将金属的电势向负向移动，以达到免蚀电势。阴极保护防腐技术是应用最广泛也是最成功的一种金属防腐蚀技术，通常分为牺牲阳极保护技术和外加电流保护技术。工业中常用的牺牲阳极有镁及镁合金、铝及铝合金、锌及锌合金3种，特殊情况下也有铁阳极和锰阳极，但是应用的不多。外加电流保护是将外设直流电源的负极接至被保护金属结构，正极和安装在金属结构外部并与其绝缘的辅助阳极相连接。电路接通后，电流从辅助阳极经电解质溶液至金属结构形成回路，金属结构阴极极化而得到保护。

船底螺旋桨旁用于阴极保护防腐技术的阳极

1824年，英国化学家H.戴维首次在英国海军舰船上采用锌保护铜包皮外壳，牺牲阳极阴极保护技术开始研究开发；1890年，美国发明家T.A.爱迪生对海船首次使用外加电流阴极保护试验；经过近200年的发展，阴极保护防腐技术作为防金属腐蚀的一种经济、成熟、可靠的有效方法被广泛应用。中国的*海底观测网络*工作中，采用了阴极保护方法来解决驳盒的材料防腐问题。

（黄　滨）

**水下荧光探测技术** underwater fluorescence detection technology　利用物质内部原子受到外界激发光照射时释放出电子能量（荧光）进行水下物质探测的技术。通常采用特定波长的光源激发荧光物质，然后通过探测器捕捉荧光信号。

原理　荧光现象是当某种物质自发或在特定波长的激发光照射下，电子从激发态向基态跃迁的过程中发出光的过程。物质发出的荧光信号具有特定的荧光特性，包括荧光衰减时间、特征波长和强度等，这些特性取决于荧光物质的种类、结构和周围环境。在水下环境中，特定波长的光照射到荧光物质时，会激发其发射出特征性的荧光光谱信号，通过采集荧光信号，并将其转换为电信号，以光谱形式存储，通过分析物质的荧光光谱，可对水下物质或生物进行定性和定量分析。

物质的荧光特性常用其激发荧光光谱和发射荧光光谱来表示。激发荧光光谱是当探测器的接收波长一定时，被接收到的荧光强度随激发波长变化的曲线，而发射荧光光谱是当激发波长一定时，荧光强度在不同发射波长上的分布。激发荧光光谱和发射荧光光谱是荧光物质的特征光谱，是鉴别不同物质的依据，也是定量分析的基础。水中叶绿素、微生物群落等具有荧光特性，因此，结合水下荧光探测技术设计的设备可以实现上述物质和目标的原位精准测量。

分类　按是否有激发光源可以分为水下自发荧光探测技术和水下诱导荧光探测技术。①水下自发荧光探测技术。一种基于水下生物结构或物质自身荧光特性的探测方法，不需要外部光源激发，如细胞藻红蛋白等，这种荧光通常具有特定的光谱特征。自发荧光广泛存在于细胞和组织中。②水下诱导荧光探测技术。通过外部光源激发水体荧光物质，探测其发射的荧光信号，即利用特定波长的光照射荧光物质，使其激发出荧光光谱，荧光光谱的频谱、强度和寿命等特性可以用于分析水体的物质组成。水下诱导荧光探测技术可以检测到低浓度的荧光物质，甚至达单分子水平。在深海热液喷口等极端环境中，诱导荧光探测技术可以用于探测矿物和微生物的相互作用过程。

按信号分析方式可以分为水下时间分辨荧光探测技术和光谱分辨荧光探测技术。①水下时间分辨荧光探测技术。通过测量荧光衰减时间即荧光寿命区分水体不同荧光物质，特别是区分背景荧光和目标荧光。荧光分子在激发后返回基态过程中发射的荧光信号的衰减时间，即荧光寿命。水下时间分辨荧光探测技术通过使用高频脉冲光源和高精度探测器，能在纳秒级的时间尺度上，测量并分辨背景和目标的荧光衰减时间，从而区分背景荧光和目标荧光，提高抗干扰能力。②光谱分辨荧光探测技术。基于物质吸收特定波长的光并发射出特定波长荧光的原理，使用光谱仪采集荧光光谱，通过分析水体荧光光谱，提取光谱指纹特征，识别或测量水体不同荧光物质。光谱指纹特征包括荧光的波长和强度等，从而区分不同的荧光物质。光谱分辨荧光探测技术的典型应用场景包括海水中叶绿素和有色可溶解有机物的测量。

特点　水下荧光探测技术具有灵敏度高、无损检测、实时、无须样品制备以及能够进行定量分析等优点，相比于传统的水样采集后实验室分析等，水下荧光探测技术可以开展原位、快速探测。水下荧光探测技术还可联合显微成像系统、拉曼光谱仪、声学多普勒流速剖面仪等开展联合探测，可用于海洋生态环境监测、水质监测等领域。水下荧光探测技术通常需要已知组分的荧光信号先验知识。（黄　慧）

**水下油气生产系统**　subsea oil & gas production system　从水下井口到生产处理设施上第一个登陆关断阀止和生产处理设施外输关断阀至海管登陆关断阀之间，所有水下油气生产、集输、外输、分配、分离、增压、海管连接（管道组件）、水下设备间跨接（跨接管及水下连接器）、水下注入（注水、注气、注化学药剂等）等水下设备及其控制系统及设备、保护系统及设备，以及支撑结构组成的碳氢化合物生产系统设备组成的整体总称。海底管道不包括在水下油气生产系统的范围内。水下油气生产系统是20世纪60年代发展起来的，它利用水下完井技术，结合固定式平台、浮式生产平台等设施，组成不同的海上油田开发形式。水下油气生产系统可以避免建造昂贵的海上采油平台，节省大量建设投资，受灾害影响较小，可靠性强。随着海上深水油气田及边际油田的开发，水下油气生产系统得到了广泛应用。水下油气生产系统的建造和运营费用基本上不随水深变化而变化，对于深水区域多趋向于使用水下油气生产系统。但对于给定的水深和位置，海洋平台的费用受井口数目的影响较小，使用海洋钻井平台相对更为经济。

设施组成　水下油气生产系统由水下设备和水面控制设施组成。按照功能可分为井口及采油树系统、管汇系统及连接系统、水下控制及脐带缆系统。

作业流程　油气井中的生产流体通过水下井口头和采油树汇集到管汇，然后通过海底管道上的终端设备进行集输，最后由立管输送至水面设施。在整个生产过程中，由水面设施的主控站通过水下脐带缆系统及控制设备，对生产过程进行检测、控制和化学药剂的注入。

技术特点　水下油气生产系统的井口和采油树位于海底，优点是水下生产系统不会像水面生产系统（如海洋平台）受到海面风浪流和水深的影响。不足之处在于，水下生产系统不能直接进行操作，必须通过移动的钻井单元进行钻井，操控也必须通过脐带缆远程控制，持续操作性显然比平台式生产系统复杂得多。（万德成）

**水下油污探测技术**　underwater oil-spilling detection technology　利用声学、光学、化学等手段，对水中沉潜油、海底面油污进行探测和识别的技术。借助水下油污探测技术，能够识别水下油污的位置和分布范围，及时掌握油污的运动规律，一方面为水下油污应急处置提供技术支持，另一方面也为海洋生态环境损害评估提供科学依据。

探测手段　水下油污探测应用较多的手段，主要包括现场采样、声学探测、光学探测和化学传感器4种。

现场采样　主要是利用采水器或者沉积物采样器对水样或沉积物样品进行采集，然后通过质谱荧光的方式或紫外分光光度法进行实验室室内分析，获取油污信息。该方法较为传统，被现行的海洋监测规范所采用，但是存在人为误差大、监测范围有限等缺点，一旦遇到恶劣海况难以进行样品采集。

声学探测　声学探测油污的原理，是利用声波在遇到海水、底质和溢油时的回波反射强度不同，根据声学设备接收到回波记录，借助图像识别的方法实现对水中沉潜油或海底面油的探测。油污探测相对成熟的声学设备主要是多波束与侧扫声呐。多波束可以用来探测沉潜油和海底面油，其工作频率一般为10～500千赫兹，多波束发射一次声波，可以获得固定角度上的后向散射强度信息。利用多波束进行油污检测优势明显，其探测范围较大，探测效率高，不受水体能见度限制，但多波束的后向散射图像质量通常较差，需要有经验的人员对图像进行解译。在实验室中，对于油污的聚集区探测可以取得良好的效果。而侧扫声呐主要用来探测海底面油，其工作频率一般在100～1600千赫兹，侧扫声呐发射声波，按时序接收回波强度，其扫测的距离从几十米至几百米范围不等。利用侧扫声呐进行油污检测优势明显，其图像的对比度更高，获得的图像更加清晰；但受作业模式的影响，其扫测的效率稍低。在实际的油污探测工作中，国外相关机构已利用侧扫声呐取得了良好的效果。

光学探测　水下光学探测是利用可见光或者辅助光源照射水中的油污，对其进行直接观测的方法。光学探测的工具主要为水下摄像机和水下照相机。由于光在水中传播时会发生吸收和散射现象，从而使得光能在水中快速衰减，因此水下成像作用距离很小。受水体能见度的影响，探测距离一般在几到十几米范围内。在进行油污探测时，主要利用潜水员目视或手持水下摄像机，或者将水下摄像机搭载在水下观测平台上进行。水下摄像机和水下照相机的外壳多以铝合金或钛合金为主，耐压深度基本都在几百到上万米之间，完全能够满足油污探测的需要。在传输方式上，可通过同轴电缆、光纤或网线进行传输，从而满足视频大数据的实时采集。对于遥控式无人潜水器（ROV）和水下光学摄像拖体，可以通过脐带缆或拖缆将水下影像实时传递到数据采集甲板单元；自治式无人潜水器（AUV），则需要在任务结束后通过无线通信下载或直接将数据读取后对油污影像进行判读。

化学传感器　由于石油类的主要成分是碳氢化合物，以饱和烃为主，其中含有少量芳香烃。因此，利用化学传感器探测油污主要是监测水中的甲烷、多环芳烃等，相应的化学传感器主要为甲烷或多环芳烃探测传感器。其原理主要是溶解态的甲烷分子通过硅胶膜进入检测室，利用红外吸收光谱法测定甲烷气体浓度，然后将与浓度相关的红外光转换成电信号输出。对甲烷浓度的探测范围在0.1～50.0微摩/升，分辨率可达0.01微摩尔，且传感器壳体的耐压深度可达千米级，完全能够满足油污探测的要求。利用传感器探测能够快速获取油污信息、精度高、检测阈低，并且具有广泛的适用性，既可以进行现场探测，也可以安装在浮标或潜标上进行长期定点在线连续监测，还可以进行剖面测量或者搭载在ROV、AUV上进行移动探测。

综合评价　国内外对水下油污的探测技术尚处于探索阶段，还不能够解决复杂海况下的水下油污探测。利用声学设备探测溢油范围大、效率高，但缺乏相关的溢油图像识别软件，对油污的识别解译还有待进一步提高。利用光学探测水下溢油速度快，可立刻获取溢油信息，且探测误判率低。与声呐成像相比，近距离光学成像能在细节上更为清晰，但光学探测只适合于近距离，且受水体环境扰动和水下目标物图像识别的影响，光学探测技术还无法实现对水下溢油的实时追踪探测。化学传感器具有较好的适用性，但是传感器需要定期进行校准检定或更换，否则容易产生漂移，从而影响数据的准确性。此外，水下特殊环境对传感器的要求比较高，油污的浓度太低、海水腐蚀和生物附着等情况都会影响化学探测的精度，所以化学探测手段适合小范围内溢油的定性探测和判定。因此，发展溢油探测声呐，并将声呐、水下摄像机、水下照相机和化学传感器集成在一个水下平台上，可以综合发挥各种手段的优势，有效提升溢油综合探测的效果。（王培刚　马　龙）

**水下照明技术**　underwater lighting technology　水下光学技术的重要组成部分，为水下作业提供重要支撑的技术。例如，对于水下观测与探测、成像、摄像，在水下必须使用水下照明设施才能得到足够的光强，以保证观测与摄像任务的完成。

水下照明系统常用的光源有发光二极管（LED）、激光、卤钨灯等。随着光电子技术的快速发展，LED和固体激光（如半导体激光器）在水下照明系统的应用越来越普遍，这主要是因为LED和半导体激光器具有体积小、重量轻、所需供电电压比较低（伏量级）、发光效率高等优点。除了光源以外，对光源的封装也是非常重要的一个技术。封装首先考虑的是对光源的防水密封性能，同时兼顾体积、重量、可靠性、成本等因素。（杨　柯）

**水下直升机**　autonomous underwater helicopter; AUH　一种融合直升机概念，具有海底至海底工作模式和高机动性能的新概念自治式无人潜水器。

技术特点　传统的无人潜水器通常只适合于海洋上层水体的观测与作业，由水面船体布放回收，一般出于防止危险等各种原因避免接近海底。水下直升机与陆上直升机特点类似，能在海底实现自由起降，并具有定点悬停、全周转向等优点，还能实现海底工作站点之间的往返，主要适合于长期在海底进行作业。

工作原理　水下直升机是基于直升机原理、结合新技术提出的新概念，它是自治式无人潜水器（AUV）家族的一名新成员。它的驱动、导航、控制和通信等部分的工作原理与AUV相仿。由于在海底水体里工作，其外形一般采用碟形结构而不采用常规的鱼雷式结构。由于它通常用于海底作业，其导航方式常常采用超短基线方式，同时，要考虑比较恶劣的海底水声环境，设计相应的导航通信系统。水下直升机通常具备在海底的无线充电传信能力，以适应在海底的长期作业要求。而碟形结构，能够帮助AUH更好地实现在海底的无线充电传信。

中国北海石油公司的水下直升机

发展趋势　水下直升机是AUV发展的前沿方向之一，旨在解决海底作业尚无有效的潜水器这一问题。水下直升机的导航技术和通信技术，是其重要的亟待解决的关键科学问题。水下直升机的出现，能够实现很多以前不能完成的任务，如把现有海底观测网络的“点”观测功能拓展成为“面”观测功能、水下石油管道的常规巡检、水下分离式观测站的组网等。中国浙江大学牵头的水下直升机国家重点研发计划项目已正式启动。（陈　鹰　张大海）

**水下作业工具**　underwater operation equipment　潜水员或水下作业机械等在水下进行各种工作时所使用的器具。按驱动方式可分为如下4种类型：①手动工具。借用陆用的手动工具在水下作业，但作业效率低，水下维持时间短，潜水员体力消耗大。②电动工具。用电力来驱动，在所有动力工具中其实际能耗率最低，可以在各种水深下作业，但要求电动机对海水完全密封，需要复杂的电缆绝缘系统、开关、插座及其他部分。潜水员要有很好的防电击保护措施，需要减速器降低电动机转速，所以比相应的液压工具重5～10倍，体积也大好几倍，在水下使用很不方便，工作可靠性差。③气动工具。用压缩空气来驱动，常采用开式系统，压缩空气做功后直接在水下排放，因而噪声大，放出的气泡会影响潜水员的视线，甚至会导致潜水员恶心和呕吐，若海水进入气动元件，会使

图1　2011年，杭州宇航机电工程公司研制的水下作业型机器人

图2 对拱门和救援船等水下作业设备的检查修理

工具的可靠性和寿命大大降低，因此需要频繁的维护，并且随着潜水深度的增加，平衡水深的压力也随着增加，耗气量剧增，能耗很大，工具的效率急剧降低，设备的体积、重量也急剧增加。在水下动力工具中，气动工具体积、重量最大，效率最低。因此，气动工具一般仅在50米水深以上的区域使用。④液压工具。是以矿物油的压力能作为动力来驱动工具，与电动及气动工具相比，具有使用寿命长、性能可靠、能均匀调速、不需要减速装置、单位功率重量轻、体积小、输出功率大、输出平稳等优点，已广泛应用于中浅深度作业，并开始用于大深度到极限深度作业，在水下作业中使用最多。（孙 丹）

**水下作业机械手** underwater manipulator 一种模仿潜水员在水下进行各种工作的工具。机械手是一种能模仿人手和臂的某些动作功能，用以按固定程序抓取、搬运物件或操作工具的自动操作装置。它可代替人的繁重劳动以实现生产的机械化和自动化，能在有害环境下操作以保护人身安全，其特点是可以通过编程来完成各种预期的作业，构造和性能上兼有人和机械手机器各自的优点。机械手主要由手部和运动机构组成。手部是用来抓持工件（或工具）的部件，根据被抓持物件的形状、尺寸、重量、材料和作业要求而有多种结构形式，如夹持型、托持型和吸附型等。运动机构使手部完成各种转动（摆动）、移动或复合运动以实现规定的动作，改变被抓持物件的位置和姿势。运动机构的升降、伸缩、旋转等独立运动方式，称为机械手的自由度。为了抓取任意位置和方位的物体，一般需有6个自由度。自由度是机械手设计的关键参数，自由度越多，机械手的灵活性越大，通用性越广，结构也越复杂。一般专用机械手有2～3个自由度。水下作业机械手系统主要用于海底取样、配合水下作业工具进行水下作业等，位于潜水器本体的前端，一般有两个。通常，右舷机械手为作业型机械手，较为灵活，

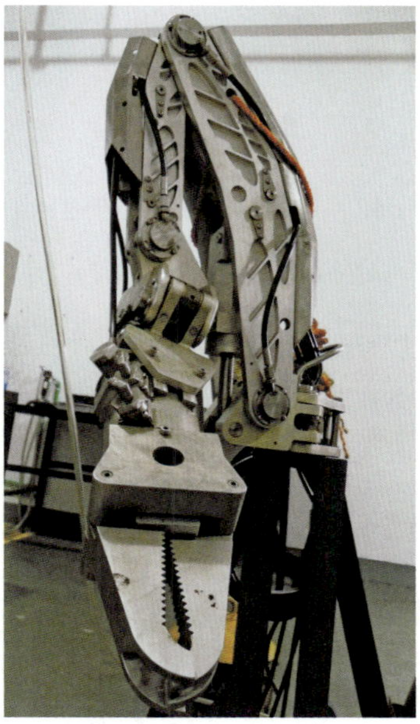

图1 2011年10月31日，杭州宇航机电工程公司研制的水下作业型机械手

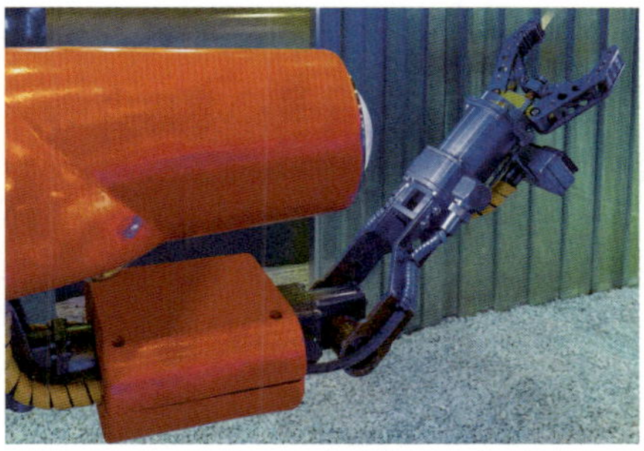

图2 用于水下工作的机器人机械手

作业精度高，自由度相对较多，一般5～7个，控制系统多采用主从式电液伺服控制。左舷机械手主要作为定位型机械手，较为简单，但臂力强大，能可靠实施潜水器悬浮作业的定位功能，并可兼顾部分作业任务，其自由度一般较少，一般为3～5个。按驱动方式，机械手可分为液压式、气动式、电动式、机械式。（孙 丹）

**水质采样技术** water sampling technology 为了测定反应水体的某些参数（如温度、盐度、无机物、溶解矿物质、溶解气体、生物量、化学量等）所使用的水体采样技术。采样技术除了技术本身之外，还包括采样方法，只有将两者相结合，才能准确获得待测水体的质量。

水质采样方法 瞬时采样与混合采样 瞬时采样是指从水体中不连续的随机采样。适用于组分比较稳定或者组分在很大的时间和空间尺度上变化不大的水体。混合采样是指在同一采样点上以流量、时间、体积等为基础，按照已知比例混合水体进行采样。一般适用于静态水体。

周期采样与连续采样 前者是指在固定时间间隔下进行样品采集，后者是指连续进行样品采集。

单层采样与分层采样 单层采样是指对水体的单个层位进行采样，适用于水体组分在整个空间分布都比较稳定的情况。分层采样是指对水体的多个层位进行采样，适用于由于采样层位不同水体组分也不尽相同的情况。

人工采样与自动采样 分别是指采用人工方式和自动化方式进行水样的采集。

水质采样器的主要技术要求 ①具有良好的注充性和密封性。水质采样器的结构要严密，开闭装置可靠，且不易被堵塞，海水与水质采样器中水交换应充分迅速。②材质要耐腐蚀、无污染、无吸附。③结构简单、轻便、易于冲洗、易于操作和维修，采样前采样器中不能有残留样品，样品转移方便、无损、无污染。④能够抵抗恶劣海上气候的影响，适应广泛的海洋环境条件下，如在深海高压低温环境、热液口的高温高压等极端海洋环境条件下操作。（王杭州）

**斯克里普斯海洋研究所** Scripps Institution of Oceanography 美国太平洋海岸的综合性海洋科学研究机构。位于加利福尼亚州拉霍亚。1903年，办报人E.W.斯克里普斯和他同父异母姐姐艾伦创建圣迭戈海洋生物研究站，从事海洋生物研究；1912年归属加利福尼亚大学，1925年由大学董事会以主办人姓氏定名为斯克里普斯海洋研究所，开始全面研究海洋。挪威海洋学家H.U.斯韦尔德鲁普博士于1936～1948年任所长。该所是世界上从事海洋研究、研究生训练和公众服务的最大、最古老的海洋研究所。

研究所下设气候研究部、地球科学研究部、综合海洋部、海洋生物研究部、物理海洋研究部、大气科学研究中心、云化学和气候中心、海洋生物多样性和保护中心、海洋生物技术和生物药物中心、观测模拟预报中心、观测系统科学联合中心、海洋观测联合研究所、物理海洋实验室，以及供博士学位教学用的研究生院等。拥有4艘海洋学研究船、1个研究平台、多用途的岸上和船上计算机系统及海洋专业图书馆，以及深海钻探计划岩芯总库和供免费参观的水族馆等。

该所研究课题涉及海-气相互作用、气候预报、地震和地质、海洋动物和生物物理、海洋化学、海岸侵蚀、海洋食物链、海洋有机物生态系、洋盆历史、海洋与全球变化、海洋生物技术和生物药学、海岸资源、海洋和大气研究的技术支撑等300多项。该研究所曾主持和参加了深海钻探

计划，提出了有划时代意义的波浪模式，发现了赤道潜流，在海洋科学各个方面取得突出成果。出版物有《斯克里普斯海洋研究所通报》《斯克里普斯论文汇编》等。

（仲　佰）

**斯韦尔德鲁普，H.U.**　Harald Ulrik Sverdrup（1888-11-15～1957-08-21）　挪威海洋学家、气象学家，现代海洋科学奠基人。生于松达尔，卒于奥斯陆。1914年毕业于克里斯蒂安尼亚大学（今奥斯陆大学），1917年获博士学位。历任卑尔根大学地球物理研究所教授（1926～1931）、美国华盛顿卡内基研究所副研究员（1928～1939）和加利福尼亚大学海洋学教授和斯克里普斯海洋研究所所长（1936～1948）。1948年回奥斯陆组建挪威的奥斯陆北极研究所，首任所长；1949年兼任奥斯陆大学地球物理学教授。还曾任国际物理海洋学协会（IAPO）主席、国际极地气象学会（ICPM）主席、国际海洋考察理事会（ICES）主席等职。他躬身于海洋事业，1918～1925年两次参加由R.阿蒙森组织的“莫德”号北冰洋漂流探险调查，历时8年，在地球物理特别是海洋气象观测方面取得极其重要成果，出版了主要由他执笔的5卷探险报告。1931年，参加H.威尔斯金指挥的“鹦鹉螺”号北冰洋潜水探险，任科学考察学术主任。1949年，以61岁高龄出任由挪威、英国、瑞典三国学者组成的南极探险队队长。第二次世界大战期间，他在研究水声问题、海浪预报和海流图的绘制等方面取得辉煌的成果，并协助W.H.蒙克提出海浪预报方法。他发表论文200多篇，包括海流推算的密度计算法、海水蒸发、涌升流、波浪和海流等方面的研究。其主要著作有《气象学家的海洋学》(1942)、《波浪与激浪》(1944)、《海洋》(与M.W.约翰孙、R.H.弗莱明合著，1942)。《海洋》巨著在海洋科学发展史上起了划时代的作用。他还培养出蒙克、R.雷维尔等一批世界著名的海洋学家，包括中国的一些海洋学家。

（刘安国）

**斯韦尔德鲁普平衡**　Sverdrup balance　埃克曼漂流流量的散度和地转流流量的散度相平衡。对于大洋中部海区的大尺度定常运动来说，海水南北向的体积输运由风应力旋度所决定，具体表达为：

$$\beta M_y = \frac{1}{\rho}\mathrm{rot}_z\overrightarrow{\tau_s}$$

其中 $\beta M_y = \int_{-h}^{0} v\mathrm{d}z$ ，为经向流速 $v$ 自参考水深 $-h$ 到海表面的垂向积分；$\rho$ 为海水密度；$\mathrm{rot}_z\overrightarrow{\tau_s} = \frac{\partial \tau_{ys}}{\partial x} - \frac{\partial \tau_{xs}}{\partial y}$ ，为风应力的旋度。此式即为斯韦尔德鲁普方程，由于该式还表示埃克曼漂流流量的散度和地转流流量的散度相平衡，因此该式又称斯韦尔德鲁普平衡。

（袁东亮）

**四海海神**　gods of the four seas　四海海神记载于《山海经》中，即东海海神禺虢、南海海神不廷胡余、西海海神弇兹、北海海神禺疆。四海海神早期为人面鸟身，后与中国方位神相融合，逐渐人格化，是中国先民早期的海神信仰。

海神起源　涉海民众最经常打交道的就是大海，船只成为渔民必不可少的生存工具，为了获得鱼盐之利，渔民不得不经常出海。而无边无际的大海捉摸不定，常有风暴之灾。因此，当时没有先进技术的渔民，面对险象环生的大海，产生了敬畏之感。寻求神灵的保佑，海神信仰就此诞生。

发展演变　中国先民认为，中国居于世界的中央，四周都是无边无际的大海，因此，在创造海神时，与方位相结合，创造了4个方位的海神，但在不同时期，四海海神的名称和形象并不完全相同。根据最早记载海洋神话的《山海经》，东海海神是禺虢，他是黄帝的儿子，人面鸟身，耳朵上挂着两条黄色的蛇，脚底下也踩着黄色的蛇。北海海神叫作禺京，他是黄帝的孙子、东海海神的儿子。是人面鸟身，耳朵上挂着两条青蛇，脚下也踩着两条青蛇。南海海神为不廷胡余，拥有人的面孔，是唯一记载不是鸟身的海神，耳朵上挂着两条青蛇，脚底踩着两条红蛇。西海海神为侖兹，也是人面鸟身，耳朵上挂着青蛇，脚下踩着红蛇。

早期海神的形象特征主要是人面鸟身。为什么选择鸟和蛇呢？人们可以通过一则神话故事来猜测，这则神话故事就是精卫填海，精卫鸟填海不停的故事，反映出沿海人民征服大海的事迹。因此在创造海神形象时，选择了人面鸟身。同时，蛇在古代被认为是有魔力的动物，同时沿海地区湿热，所以经常有蛇出没。就不难理解在早期的海神信仰中有蛇的形象了。

唐代四海海神与方位神相互融合，出现新的四海海神的名字，分别为南海之神祝融，东海之神句芒，北海之神玄冥，西海之神蓐收。汉代时，祝融、句芒、玄冥、蓐收等古代传说中的方位神，仍被视为四海海神。与此同时，民间对海神的信仰趋于人格化，开始出现给海神取名字，以及出现海神夫人的现象。随着时间的推移，民众对海神的信仰越来越重视，元代则不仅对四海海神的祭祀日期、地点都做了规定，而且还重新对四海海神加以封号，分别为“东海广德灵会王、南海广利灵孚王、西海广润灵通王、北海广泽灵佑王”。

（赵成国）

**似海底反射层**　bottom simulating reflector; BSR　天然气水合物层具有与海底大体平行、与海底反射波极性相反、与周围地层斜交的反射界面。似海底反射层是识别海域天然气水合物重要的找矿标志之一。

类型　许多地区的天然气水合物层BSR振幅强、连续而容易识别，也有一些地区因为构造沉积十分复杂，BSR振幅弱、不连续且不易识别。中国南海北部珠江口盆地发育了大量峡谷，沉积层横向变化较大，BSR表现较为复杂，局部BSR与地层斜交，而有些位置BSR就与地层平行。世界不同盆地发现的BSR特征也不一样，例如美国墨西哥湾的多种类型BSR，有连续BSR、不连续BSR和羽状BSR。羽状BSR是由于海底沉积物中局部热流体活动，导致沉积物中温度变化差异，BSR在埋藏深度上变化较大。韩国郁陵盆地的浊流-半深海沉积层中，发现了大量的“气囱”反射结构，被认为是水合物的形成造成地层纵波速度增加而形成上拱反射特征。“气囱”现象在水合物地区相对普遍，韩国钻探证明了在水合物稳定带内的“气囱”指示了相对高富集水合物存在，在烟囱内发现的水合物饱和度高达70%，含水合物层电阻率较高，达上千欧姆·米，纵波速度也出现明显增加。地层侵蚀（或沉积）与矿物相变会形成BSR假象，如硅藻类沉积中的蛋白石A到蛋白石CT的成岩变化也能产生与海底起伏平行的反射，也切穿了海底沉积层，类似BSR，但是具有正极性的特点，又称伪BSR，这是BSR解释中的一个误区。BSR作为水合物稳定带的底界容易识别出来，但却很难识别出天然气水合物层的顶界。

分布与成因　BSR广泛分布在各大洋的深水盆地中，通过大量二维和三维地震资料，能够从地震剖面识别出BSR。关于

BSR成因存在这两种不同认识。有学者认为BSR是下伏地层含有游离气造成的。也有学者认为BSR是由于上覆地层含有天然气水合物，为一个具有高纵波速度层，而下伏地层含有少量的游离气时，纵波速度较低，该反射是上下界面物理参数的差异造成的。在勘探初期，常通过研究BSR寻找水合物的分布情况。但是在没有BSR的地方，人们通过大洋钻探也发现了天然气水合物，有些岩性变化地层异常特征与BSR完全一致，而在这些地层并没有发现天然气水合物。由于BSR不是一个地层界面，BSR埋藏深度受温度、压力和气体组分差异控制，与海底沉积物的地温梯度、海底温度和水深等有关，并且天然气水合物的形成可能导致BSR至海底间的沉积层固结而呈均质，内部波阻抗差减小，因而，BSR至海底间呈现空白带、弱振幅带的特征，但是大量钻探表面，地层出现BSR且其上方存在振幅空白时，地层含水合物饱和度一般较低。人们发现水合物成藏是一个复杂过程，与流体运移、储层特性、气源等有关。（王秀娟）

**苏北沿岸流** Subei Coastal Current 起源于中国江苏省连云港海州湾附近，沿岸南下至长江口以北，然后离岸转向东南越过长江浅滩进入东海北部的沿岸流。在南下过程中，一部分海水与**黄海暖流**构成一个气旋式环流；另一部分南下至长江口附近，与**长江冲淡水**混合。混合后的海水，一部分在济州岛以南汇入**对马暖流**，大部分则随同黄海暖流北上。冬季因风场稳定、风力较强，助力了沿岸流的发展，沿岸流的势力比夏季要强。在沿岸流增强的同时，因补偿缘故，北上的黄海暖流也加强。（荣增瑞）

**苏纪兰** Su Jilan（1935-12-31～ ） 中国物理海洋学家。湖南攸县人。1957年毕业于台湾大学土木工程系。后留学美国，先后获弗吉尼亚理工学院硕士学位

（1961）、美国加州大学伯克利分校博士学位（1967）。曾任纽约州立大学布法罗分校工程科学系副教授、夏威夷地球物理研究所海啸中心研究员，1977年获佛罗里达大西洋大学海洋工程系终身教授。1979年回国，在国家海洋局第二海洋研究所工作，先后任副教授、研究员、所长。1991年当选中国科学院学部委员（院士）。1993年当选联合国政府间海洋学委员会副主席、1999年当选主席。20世纪80年代起致力于中国近海河口的水文环流特性系统研究。首先发现并成功模拟了潮流不对称对长江口最大混浊带形成的重要作用；提出了长江冲淡水次级锋面概念及其对杭州湾悬移质输送的重要影响。系统研究了中国近海环流，提出偏北风是冬季黄渤海暖流形成的主要动力机制；提出了黑潮南海分支是黑潮诱生环流一部分且与周期性中尺度涡密切相关的新见解；还论证了南海暖流与台湾暖流的关系。率先系统提出了浙闽沿岸上升流机制及其与沿岸锋之间的关系。此外还率先从理论上获得多港池湾共振频率，提出模拟潮致底质冲淤的有效办法，系统提出中国近海陆架波的特性。

1996年，因中日黑潮合作调查研究中方成果，获国家科技进步奖二等奖。撰有《东中国海陆架环流的单层模式》（合著）、《南海环流的一个两层模式》（1995）等论文90余篇，著有《中国海洋生态系统动力学研究》（2000），主编《海洋科学和海洋工程技术》（1998）等。（刘安国）

# T

**塔玛亚历山大藻**　*Alexandrium tamarense*　甲藻门(Dinoph-yta)、甲藻纲(Dinophyceae)、膝沟藻目(Goneaulacales)、亚历山大藻属(*Alexan-drium*)。一种有毒、有害的单细胞藻类。1925年发现于英国普利茅斯(原名塔玛膝沟藻),和链状亚历山大藻、芬迪亚历山大藻合称塔玛复合体,之后发现区分这3种藻类的形态学特征并不稳定,因此后2种是塔玛亚历山大藻的同种异名。基于核糖体序列的系统发育结果显示,来自全球的塔玛亚历山大藻可分成5个不同的类群,因此塔玛亚历山大藻是一个隐含种。这5个类群最初用数字来表示(Ⅰ～Ⅴ),之后正式对它们进行了命名,即链状亚历山大藻(对应Ⅰ类群),地中海亚历山大藻(对应Ⅱ类群),塔玛亚历山大藻(对应Ⅲ类群),太平洋亚历山大藻(对应Ⅳ类群),澳大利亚亚历山大藻(对应Ⅴ类群)。5个类群都能通过有性生殖产生椭圆形的休眠包囊,类群之间表现出生殖隔离。

链状亚历山大藻和太平洋亚历山大藻总是产生**麻痹性贝毒**,包括石房蛤毒素(saxitoxin; STX)、新石房蛤毒素(neosaxitoxin; NEO)、膝沟藻毒素(gonyautoxin; GTX)等,而地中海亚历山大藻和塔玛亚历山大藻从不产毒,澳大利亚亚历山大藻部分株系产毒。

链状亚历山大藻分布在北冰洋(格陵兰、楚科奇海)、北大西洋(加拿大、丹麦、法国、爱尔兰、挪威、英国、美国)、北太平洋(美国加利福尼亚、华盛顿、阿拉斯加,中国黄海、渤海,韩国,日本,俄罗斯)、南太平洋(智利)、南大西洋(阿根廷、南非)。该种在美国阿拉斯加、缅因湾、智利、阿根廷、韩国、日本引发赤潮。

太平洋亚历山大藻分布在地中海(法国、意大利、西班牙)、北太平洋(中国东海、南海,日本,新加坡,韩国,俄罗斯)、南太平洋(澳大利亚、新西兰)、南极洲。该种在地中海(法国)、新西兰、澳大利亚、东海(中国)引发赤潮。

地中海亚历山大藻分布在地中海(希腊、意大利、法国、西班牙)。

澳大利亚亚历山大藻分布在澳大利亚、日本。

塔玛亚历山大藻分布在北大西洋(爱尔兰、西班牙、瑞典)、地中海(法国、意大利、西班牙)。　(顾海峰　周名江)

**台湾海洋大学**　Taiwan Ocean University　中国台湾一所具有海洋、海事、水产专业特色,教学、科研并重的综合性大学。是台湾地区"奖励大学教学卓越计划"重点大学和"五年五百亿发展国际一流大学及顶尖研究计划"建设大学,对台湾地区航运产业及海洋科技高级人才的培育做出贡献。建于1953年。位于中国台湾地区基隆市,时为海事专科学校。1979年改制台湾海洋学院。1989年升格为台湾海洋大学。校训为诚朴、博毅。

截至2024年,学校拥有3个校区,7个学院,22个系,12个独立研究所,4个校级教学中心,28个硕士班,20个博士班,13个在职硕士班。优势学科领域有航运、航管、河工、造船、海洋、食品、养殖、渔业、海洋生物等。学校在英国《泰晤士报》高等教育专刊2011～2012世界大学排行榜中位列全球四百强。

学校设立了海洋中心,研究领域以海洋科学与水产生物科技为核心,包括分子生物、细胞生物、海洋化学、海洋生物多样性、海洋生物个体、海洋环境生态、海洋资源、海洋族群动态、系统演化等。学校办有《海洋学刊》,是科学引文索引(SCI)和工程索引(EI)收录期刊。

(董双林)

**台湾暖流**　Taiwan Warm Current　东中国陆架海的主要环流之一。位于长江口以南、浙闽近海沿岸的外侧,一支由西南流向东北具有高温高盐特性的海流。台湾暖流流速为20～30厘米/秒。夏季,台湾暖流水可划分为上下两层,即台湾暖流表层水和台湾暖流深层水,台湾暖流表层水是**黑潮**表层水和台湾海峡水的混合,而台湾暖流深层水主要来自台湾东北黑潮次表层水的入侵。冬季,台湾暖流水则主要来源于黑潮。台湾暖流与50～100米等深线的走向一致,除表层(0～5米)可能受偏北季风的影响向南流动以外,全年均向北流动,甚至在东北季风强盛时期也是这样。夏季台湾暖流表层水的前锋可达北纬31°附近,而深层水可以继续向北延伸。冬季台湾暖流的流速相对较小,但是整体流向仍然指向东北。台湾暖流对东海陆架大部分区域的物理环境有着重要影响。

浙闽沿岸海域,浮游生物以暖温带种为主,受台湾暖流影响的区域还出现亚热带和热带种。台湾暖流在舟山群岛附近与长江入海径流所形成的沿岸流相汇,形成明显的锋面,由此形成中国大陆最大的舟山渔场。　(边昌伟)

**太平洋-北美型遥相关**　Pacific-North American teleconnection pattern　北半球冬季大气500百帕位势高度场出现的自中东太平洋到北美大陆区域的遥相关波列。该波列的正位相表现为以夏威夷岛为中心的位势高度正异常、以阿留申群岛为中心的位势高度负异常、以北美山间地区为中心的位势高度正异常以及美国东南部上空的位势高度负异常;负位相与之相反,北太平洋表现为高压脊的形式,而整个北美大陆的高空则存在一个低压槽。该波列是太平洋和北美热带外大气年际变化的主要模态之一,由美国华盛顿大学J.M.华莱士教授于1981年第一次提出。

形成过程　太平洋-北美型遥相关波列主要是由热带中东太平洋大气加热(对流活动)异常所导致的。研究表明,热带中东太平洋的对流加热异常主要是**厄尔尼诺-南方涛动**现象所引起的,所以厄尔尼诺-南方涛动现象是导致太平洋-北美型遥相关波列形成的主要机制。以厄尔尼诺发生时为例:赤道中东太平洋出现海表温度异常,降水增多、对流活动加强,这会在大气中释放更多的非绝热加热。在热带地区,赤道两侧大气中会出现异常反气旋,并进一步导致位势高度异常正负交替变化从而形成了大气中的遥相关波列。有一条射线路径恰好把太平洋-北美型遥相关波列的各个中心连接起来,这条射线从赤道太平洋出发先朝向极地方向,经过北太平洋然后向东到达加拿大西北部,最后又折向赤道方向抵达大西洋西部和墨西哥湾(见图)。

太平洋-北美型遥相关波列与北半球气候背景的大气环流场也有密切的联系。由于热带对流的年际变化和北半球气候背景的大气环流场都有明显的季节变化,因此该波列存在着明显的季节变化。在北半球冬季,太平洋-北美型遥相关波列的空间尺度和强度是最大的,位于阿留申群岛上空的低压异常范围可以延伸到北太平洋的最北端。在春季,这个低压异常的强度迅速减弱,范围缩小至阿拉斯加湾上空;但是位于夏威夷附近的副热带中心却会在春季达到最大值。太平洋-北美型遥相关波列在入夏的6月和7月近乎消失,随后从晚夏到秋季又会重新出现。在这段时间内,该波列位于中纬度的中心会大幅增

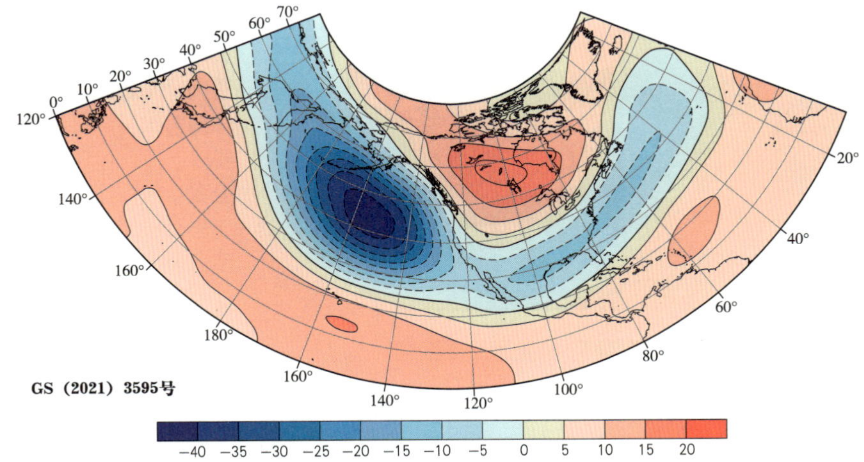


1950～2010年北半球冬季（12月至次年2月平均）500百帕位势高度异常场对厄尔尼诺指数（Niño3.4）的回归

强，并进一步地以波列的形态自东北太平洋放射出去；夏威夷附近的副热带中心此时相对较弱。

意义和影响　通过太平洋–北美型遥相关波列的桥梁作用，热带太平洋海表温度的变化可以显著地影响北美洲气候的年际甚至是年代际变化，包括气温和降水等要素。当厄尔尼诺–南方涛动现象处于正位相时，热带太平洋的异常所激发的该波列会导致加拿大和美国西部出现暖异常以及美国中南部和东南部出现冷异常。相应的降水异常则表现为阿拉斯加湾和美国西北的太平洋沿岸降水增多，而美国内陆的中西部地区降水减少。太平洋–北美型遥相关波列对东亚西风急流强度和位置的变化也有重要的调控作用。当该波列处于正位相时，有助于东亚西风急流加强，急流的出口会向美国西部东移；而负位相时，急流则会向西侧回缩，更靠近东亚，并对北太平洋中高纬度的天气活动造成阻碍作用。对于北太平洋的海温而言，这样的大气遥相关波列可以导致阿留申低压的异常，进而引起北太平洋海表面热通量和埃克曼输运的改变，最终影响北太平洋海表温度的异常变化。

（刘秦玉　王　海）

**太平洋经向模**　Pacific meridional mode　热带东太平洋呈现出的赤道海区海水异常变冷（增暖）而赤道外海区海水异常增暖（变冷）的海–气耦合模态。**厄尔尼诺–南方涛动**（ENSO）现象中热带太平洋海表温度异常在纬向（东西方向）上相反，太平洋经向模对应的热带太平洋海表温度异常在经向（南北方向）。因此，太平洋经向模对应的异常海面风是由赤道吹向赤道外海水增暖区（见图）。

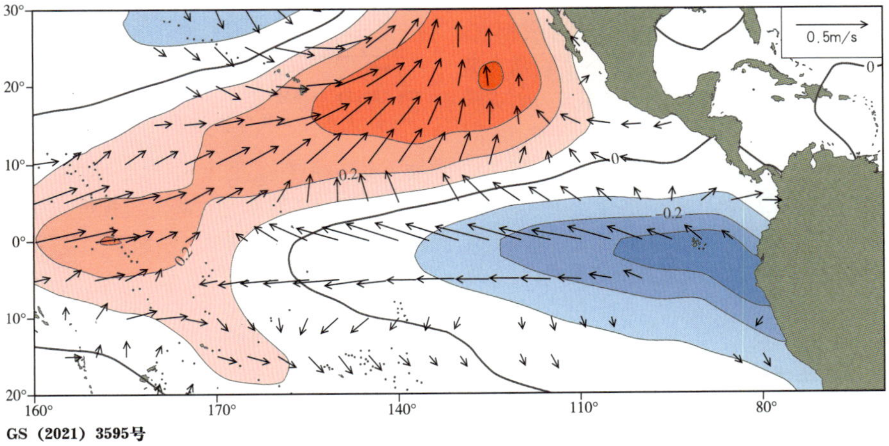


太平洋经向模（正位相）所对应的海温（等值线间隔：0.2℃）和海面10米风场的分布

空间分布　通过线性回归方法去除热带东太平洋（东经160°～西经60°，南纬20°～北纬30°）受ENSO影响的海温和低层风矢量部分之后，对剩余部分使用最大协方差分析或者奇异值分析，就可得到太平洋经向模，其空间分布如图。异常的暖海温从美国加利福尼亚州沿岸向赤道中太平洋延伸，呈现东北—西南走向，同时赤道东太平洋冷舌区海温异常降低。相应地，异常海面风由赤道向赤道外，而且降水在异常暖海面上增加，在冷舌区减少。

形成机理　前一年冬季，如果北太平洋出现气旋性环流异常，异常的西南风出现热带北太平洋东南海域，减弱美国加州沿岸的东北信风，海面蒸发变弱，海水温度升高，进一步加强正异常海温西南侧的西南风异常，进而减弱气候背景的信风；这个正反馈过程导致最初冬季在美国加州沿岸的异常暖海温向西南方向扩展，并在春夏季（5～7月）达到最强。这种通过风速变化影响蒸发量进而影响海表温度的过程，就是所谓的“风–蒸发–海温”（WES）机制。同时，异常暖海温在其南侧激发南风，增强局地的东南信风，风速增强即增强海面蒸发也增强沿岸上升流，促使冷舌区海水温度降低。由于该模态可在春季于赤道中太平洋激发海温和海面风场异常，而这样的赤道异常可在春夏季被局地的海–气相互作用放大，并且发展成ENSO事件。因此，太平洋经向模被认为是ENSO的前期征兆。但是，太平洋经向模既可以在ENSO年发展也可在非ENSO年发展。

（谢瑞煌）

**太平洋磷虾**　*Euphausia pacifica*　磷虾目磷虾科磷虾属的一种。又称北太平洋磷虾。

形态　成体（见图）体长11～25毫米，眼呈球形，额角很短，背甲下缘具1对侧齿，向前伸展不超过眼柄基部。背甲胃区稍隆起，背甲侧缘中部具一齿，腹部无背末刺及棱。第一触角柄部第一节背末缘具一突起，呈叉状，第二节长于第三节，第三节具一棱。雄性交接器的基突末部为较长的顶叶，末端钝圆。

分布范围　北太平洋温带种，分布范围向北沿北太平洋漂流分布到北纬40°～50°，向南沿北美洲西海岸分布到北纬25°，在中国分布在黄海和东海。

生物学特性　生活于近海暖温带海区，也常出现在外海水交汇区，在东海和黄海

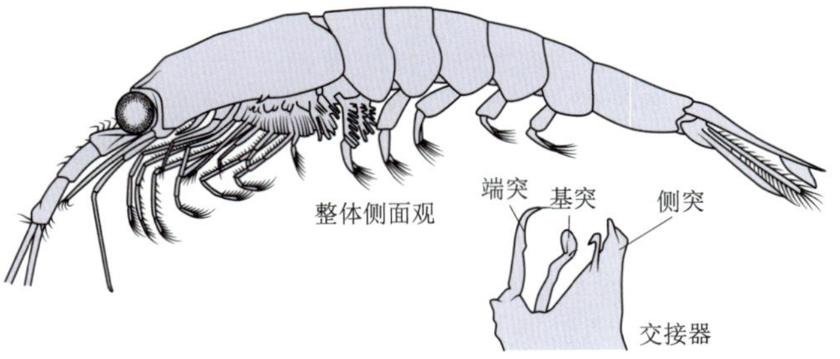


太平洋磷虾

南部是主要优势种，数量多。喜低温高盐环境，营浮游生活。

在南海及黄海，太平洋磷虾在3～6月都具有产卵行为，4月份达到产卵高峰期。单个雌体的最大产卵量为617个，出现在4月份。8月、9月和12月在南海及黄海均未发现太平洋磷虾的产卵行为。太平洋磷虾具有二次产卵行为，并且第一次产卵量要高于第二次。

发育是间接发育，由卵开始，要经过12个幼体期，分别是2个无节幼体期、1个后期无节幼体期、3个原溞状幼体期和6个溞状幼体期，然后发育到未成体，最后发育到成体。

生态地位与作用　一种营养价值较高的虾类，具有潜在的开发利用前景。虾粉中的粗蛋白、氨基酸含量丰富，蛋白质含量高达65%，和鱼粉的蛋白质含量相当，但价格比鱼粉便宜。虾粉中的矿物质含量丰富，尤其是硒含量达到0.4毫克/100克干样，且重金属含量低于饲料行业规定的限量值。太平洋磷虾是**海洋食物链**（网）中连接初级生产和高级捕食者的中间环节。许多经济鱼类都以它为食，使其成为所在海域的鱼类等上层捕食者的主要饵料。

（马　林）

**太平洋年代际振荡**　Pacific Decadal Oscillation　发生在太平洋海区海表温度（SST）10年及其以上时间尺度的准周期变化。1997年将北纬20°以北的北太平洋海表温度异常做经验正交分解后的第一主模态称为太平洋年代际振荡，该振荡的正位相的空间特征：中北太平洋海表温度冷异常，且被从阿拉斯加海湾沿北美大陆西海岸到热带中东太平洋的SST暖异常包围（称该现象为“马蹄形海表温度异常”）；大气场对应于北太平洋的阿留申低气压系统加强和位置偏东，热带太平洋的信风松弛；负位相相反。最强信号在中纬度北太平洋中西部（见图）。

机制　北太平洋年代际振荡的机制存在争议。主要有以下3种不同的观点：①大气强迫场的随机变化可以驱动海洋的长期变化。②中纬度不稳定海-气相互作用机制：黑潮延伸体区域SST异常通过海-气相互作用增强，引起大气环流的异常，伴随大气风应力旋度的变换；风应力旋度的改变激发海洋罗斯贝波；海洋罗斯贝波经过几年时间到达海洋西边界，改变副热带西边界流向极地的热输送，从而改变黑潮延伸区SST异常的符号，整个过程大约需要10年。③热带与热带外的相互作用：热带暖SST异常通过大气环流遥相

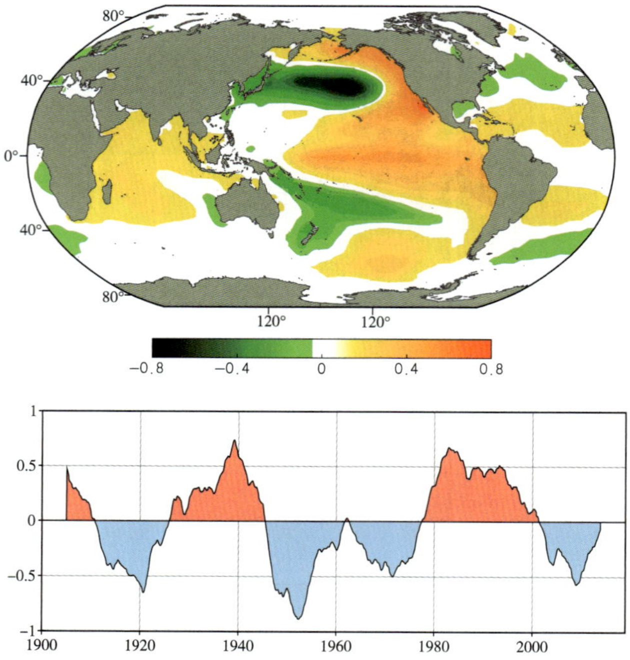


GS（2021）3595号

太平洋年代际振荡的空间分布（上）和时间序列（下）

关驱动中纬度南、北太平洋的冷SST异常，中纬度冷SST异常通过潜沉过程进入海洋温跃层，然后随平均温跃层环流到达热带太平洋，在热带太平洋通过海水的垂直上翻使热带太平洋SST变为冷异常；热带冷SST异常再通过大气环流进行相反的过程。对于以上3种观点都能找到反对的理由。

影响　太平洋年代际振荡的不同位相及其位相转换不仅对北太平洋局地气候和生态系统产生年代际时间尺度的影响，而且对亚洲和北美洲气候产生年代际尺度的影响，对气候的年际变化和全球增暖也具有调制作用。太平洋年代际振荡不仅可以影响**厄尔尼诺-南方涛动**（ENSO）事件发生的频率和振幅，而且影响ENSO事件的类型，进而影响全球天气、气候。太平洋年代际振荡对延缓全球变暖的增温幅度也有调制作用。

（李　春）

**太平洋-日本型遥相关**　Pacific-Japan teleconnection pattern　在北半球夏季，以大气位势高度异常形式存在的自热带西太平洋菲律宾以东到热带外远东区域的大气遥相关波列。又称东亚-太平洋型遥相关。日本学者新田于1987年定义一个云量指数，通过其与北半球500百帕位势高度的相关分析，发现了这一大气遥相关波列，将其称之为“太平洋-日本型”遥相关。中国学者黄荣辉（1942～　）等于1987年、1992年同样证实了菲律宾附近的对流活动可以激发大气的遥相关响应，并将其称之为“东亚-太平洋型”遥相关波列。该遥相关波列起始于菲律宾以东的西太平洋洋面，以位势高度场“负-正-负”异常的形式一直可以向热带外延伸到中高纬度地区（见图）。

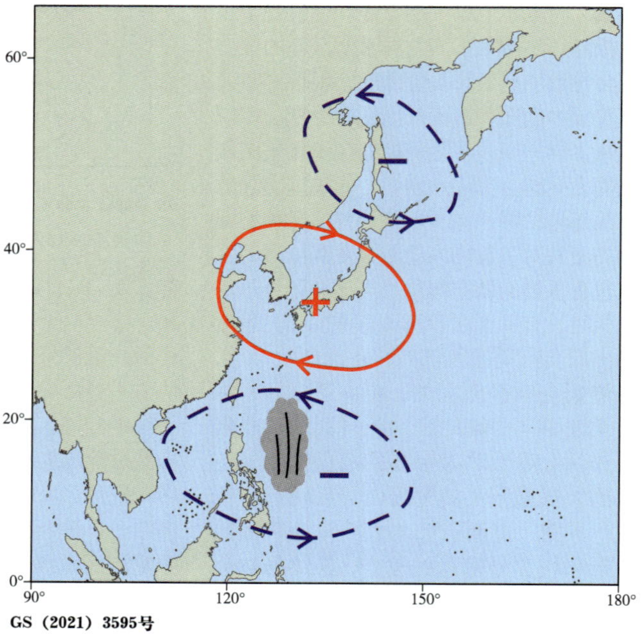


GS（2021）3595号

太平洋-日本型遥相关波列示意图（负/正代表位势高度异常）

形成过程　在北半球夏季（6～8月），西太平洋地区的降水存在着很强的年际变化。当热带西太平洋的海表面温度偏暖时，就会导致菲律宾附近对流活动增强、降水增多。由此可以激发向北的位势高度异常为“负-正-负”型的遥相关波列，一直传播到日本上空。

在分析太平洋-日本型遥相关波列的结构和形成机制时，科学家们发现，与菲律宾附近对流活动对应的非绝热加热异常为该波列提供了有效位能。此外，通过正

压和斜压能量之间的转化，该波列也可以从气候平均态中获得动能和有效位能。还有研究工作表明，该遥相关波列和印度洋的海表温度一并可以构成一个耦合模态。通过向西传播的**罗斯贝波**，该波列可以影响印度洋的海表温度异常，而印度洋的海表温度异常又可以通过对流层的开尔文波来增强该波列。这种与海洋的耦合增强了该遥相关波列的振幅、延长了其在时间上的持续性。

意义和影响　当热带西太平洋海表温度偏暖，菲律宾附近对流活动加强时，形成“负－正－负”型波列，受该遥相关波列影响，西北太平洋副热带高压比正常年份偏北，这会使中国的江淮流域、日本和朝鲜半岛降水偏少，易发生干旱。反之，在出现“正－负－正”型波列时，中国的江淮流域、日本和朝鲜半岛降水增多，易出现洪涝灾害。此外该波列还可以显著地影响东北亚阻塞高压的年际变化和西北太平洋副热带高压的位置变化以及西北太平洋台风数量的变化等。

该遥相关波列与印度洋海表温度相互作用所形成的海－气耦合模态有很高的可预报性，对东亚－西北太平洋的季节气候预测具有非常重要的意义。

（刘秦玉　王　海）

**太阳潮**　solar tide　由太阳引潮力引起的*潮汐*。太阳和月球一样，也会引起潮汐，称为太阳潮。被吸引天体某部分受到的引力与该天体中心同样质量的部分受到的引力之差称为引潮力（又称起潮力）。太阳或月球对地球上同一点所产生的引潮力，与太阳或月球的质量成正比，而与它们同地球之间的距离的立方成反比。因此，太阳的质量虽然是月球质量的2700万倍，但月球同地球的距离只有太阳同地球距离的1/390，所以月球的引潮力为太阳引潮力的2.25倍。在朔日和望日发生大潮，因为那时月球、太阳和地球几乎在同一直线上，太阴潮和太阳潮彼此相加，以致涨潮特别高，落潮特别低。上下弦的时候发生小潮，因为那时月球和太阳的黄经相距90°，太阴潮被太阳潮抵消了一部分。

（周　朦）

**太阴潮**　lunar tide　由月球的引潮力引起的*潮汐*。一个太阴日（月球连续两次上中天的时间间隔）长约24小时50分，在这期间地球表面上同一点发生两次涨潮，两次落潮，因此连续两次涨潮的间隔时间约为12小时25分。

（周　磊）

**碳泵**　carbon pump　将不同形式的碳从海洋表层输送到海洋深层的一系列过程机制。海洋碳泵过程与现代气候变化、地球历史上的环境变化和生命演化密不可分。例如，现代大气二氧化碳（$CO_2$）浓度上升和海水酸碱度的波动，以及历史上“雪球地球”、数次生命大爆发和生物大灭绝，都与海洋碳库在地质时间尺度上的存量消长以及相应的海洋碳泵过程改变有关。海洋科学研究中常提到的碳泵理论主要包括溶解度泵、碳酸盐泵、生物泵和微型生物碳泵，各个碳泵体系之间相互关联，在海洋固碳、储碳过程中发挥着重要作用。

溶解度泵　海洋环境中的溶解度泵主要由$CO_2$在海水中的化学平衡以及海洋中的物理输运过程所介导。这个过程主要发生在高纬度海区，在冷空气和强风的驱动下，温度较低、盐度较高的高密度海水在重力作用下向海洋深层下沉，在这个过程中，高密度水团携带$CO_2$进入深层水体，参与大洋热盐环流。由这一过程吸收的$CO_2$能够进入千年尺度的碳循环，实现对大气$CO_2$的封存并构成海洋储碳过程。

碳酸盐泵　主要由海水$CO_2$体系平衡、海水中碳酸盐析出和沉降等过程控制。海洋中的碳酸盐泵不仅受到热力学过程调控，也受海洋中生物过程的影响。由于碳酸盐的析出过程会释放等量的$CO_2$进入海水，因此也被称为碳酸盐反向泵。例如，浮游生物颗石藻的细胞壁可以结晶碳酸钙（$CaCO_3$），这一类钙化过程向水体中释放了$CO_2$，只有当碳酸盐发生沉积时，碳酸盐泵才能完成储碳。

生物泵　主要作用对象是有机碳，包括颗粒有机碳在海洋水体中的形成、转化，以及从水体向沉积物转移的过程。海洋真光层的浮游植物通过光合作用固定$CO_2$，形成有机碳并通过食物链传递，借助生物体的沉降作用，把有机碳输送到海洋深处，从而实现将一部分碳长期封存在海洋中的效果。海洋真光层浮游植物光合作用的年均净初级生产量约为$5\times10^{15}$克，但由于形成的颗粒有机碳在沉降过程中被不断降解转化，输出到真光层以下的颗粒有机碳仅约占表层初级生产力的15%，而最终能够沉降到沉积物的有机碳仅占初级生产力的0.1%。

微型生物碳泵　海洋中微生物对碳的转化过程。在颗粒有机碳的转化过程中，微型生物会将活性的有机碳转化为相对惰性的溶解有机碳。惰性溶解有机碳的化学活性低，不容易被降解，因此能够实现千年尺度上的海洋储碳效果。

（包　锐）

**碳的深海封存**　sub-seabed $CO_2$ storage　将工业或自然中的二氧化碳封存到深海及海底地质结构中的技术。

研究简史　1977年，C.马尔凯蒂提出二氧化碳海底封存的概念，并设想将二氧化碳注入地中海，再利用洋流将二氧化碳转移至大西洋的海底。1995年，近藤裕司在实验室中，将液态二氧化碳封存在35兆帕的压力下，经长时间观测仍能保持稳定。1997年，平井一夫研究了海水的流速、压力和温度对在深海中的二氧化碳溶解速率的影响。2000年，P.G.布鲁尔观察到在液态二氧化碳与水的交界面处可迅速形成稳定的水合物，并通过海洋试验，验证了二氧化碳海底封存的可行性。2010年，焦念志提出了微生物碳泵的概念，阐释了海洋储碳的一个新机制，利用微型生物活动把溶解有机碳从活性向惰性转化，从而构成了海洋储碳。

机理与分类　深海碳封存是利用海水压力以及海底岩石盖的阻隔使二氧化碳与大气隔离。根据封存机理的不同，可分为海洋水柱碳封存与海底沉积物碳封存两种。

海洋水柱碳封存　将捕获后的二氧化碳压缩后直接注入海洋。捕获到的二氧化碳可以气态、液态、固态或者水合物－海水混合物的形式释放。当二氧化碳被注入浅层海水（深度小于500米）时，大部分二氧化碳以气态或液态存在，其密度小于水，释放后会上浮并逐渐溶于海水中，成为全球碳循环的一部分。当二氧化碳被注入深层海水（深度大于3000米）时，由于液态二氧化碳比水更容易被压缩，其密度大于水，因此将逐渐下沉至海底，并在海床的低洼部分形成二氧化碳“湖”。“湖”表面的液态二氧化碳与海水之间会快速形成二氧化碳水合物薄层，从而起到隔离与封存二氧化碳的作用。此外，还可以利用颗粒灰岩使液态二氧化碳与海水形成稳定乳状体后将其沉入海中，乳状体的密度比海水大，因此只需在一定深度下（一般不小于500米以防止乳状体发生自然分解）释放即可，无须将其送入深海，能够降低运送成本。

海底沉积物碳封存　将二氧化碳注入并封存于海底深层地质结构中，利用岩盖对二氧化碳进行隔离。该技术与陆地二氧化碳地质封存类似。但与陆地封存相比，海底沉积物碳封存更具优势。当封存的二氧化碳由于海底岩层的地热升温从盖层的孔隙中逸出时，孔隙中的海水能够起到类似盖层的阻隔作用，从而规避了陆地碳封存中存在的二氧化碳逸出地表的风险。此外，在低温高压的深海环境下，二氧化碳极易形成水合物。水合物填充于沉积物孔隙中，能够降低其渗透率和孔隙度，从而进一步抑制二氧化碳的泄漏。

**作业方式** 当以液态或气态封存二氧化碳时，通常采用船只或海底管道将二氧化碳输送至预定封存地点，再将其注入海洋水体或海底沉积物中。为节约成本，采用沉积物碳封存时常利用废弃的石油输送管道和油田实现二氧化碳的输送和封存。当以固态封存二氧化碳时，需要快速生成二氧化碳水合物，同时解决其输送问题。二氧化碳水合物的生成分为三个阶段，气体溶解、晶核形成以及晶体生长。通过搅拌、添加表面添加剂等方式可以促进水合物的形成。采用颗粒状的石灰石可以让液态二氧化碳与海水形成密度大于海水的稳定乳液，能够以较低的成本将二氧化碳注入更深的水体，一定程度上解决了二氧化碳的输送问题，并且不容易引起海水酸化，但额外使用的石灰石会增加制备的成本。

**环境风险** 海洋碳封存的主要风险来自二氧化碳的直接注入或泄漏引起的海水酸化对气候以及生态环境的影响，但其影响范围和严重程度尚未能完全掌握。此外，随着时间的迁移，海洋的混合作用可能使得封存的二氧化碳失去隔离状态而到达表层水体并进入大气，从而抵消碳封存的效果。从总体上看，海底沉积物碳封存可能带来的风险远小于海洋水柱碳封存。海洋碳封存行为受现行海洋公约中关于海洋环境保护规则的约束，基本取向是同意一定条件下的二氧化碳海洋地质（沉积物）封存。

**前景展望** 碳的深海封存是一种二氧化碳捕集与封存技术，正逐步发展为控制温室气体排放的重要手段。随着中国经济的快速发展，二氧化碳排放量有进一步增加的趋势。碳的深海封存是中国应对气候变化的战略性技术之一，具有良好的发展前景。

（樊 炜 张祝军）

**碳酸盐补偿深度** carbonate compensation depth; CCD 海洋中碳酸钙（生物钙质壳的主要组分）输入海底的补给速率与溶解速率相等的深度面。又称碳酸钙补偿深度、方解石补偿深度。它是海洋中的一个重要物理化学界面。海水表层碳酸钙是饱和的。随着水深增大，由于温度降低，二氧化碳（$CO_2$）含量增加，碳酸钙溶解度增大，至某一临界深度，溶解量与补给量相抵平衡，这一临界深度就是碳酸钙补偿深度。

**特征** 碳酸盐补偿深度（CCD）在海底沉积物分布特征上有明显反映，浅于这一临界深度的海底，广布白色碳酸钙沉积，在这一深度之下，缺失钙质沉积（为硅质沉积或褐黏土）。因此，CCD犹似海底雪线，是海底沉积物最重要的相界面。有时把这一深度的连线称作碳酸盐补偿线（CCL）或碳酸盐补偿面（CCS），简称碳酸盐线。至于***碳酸盐溶解跃面***，是指海洋中碳酸盐物质发生急剧溶解的深度带，也就是海底沉积物中钙质壳保存完好与遭受溶蚀破坏之间的分界面，其位置一般在CCD之上，或大体相同的深度上。由于翼足类、浮游有孔虫壳和颗石藻的抗溶能力不同，又可区分出不同的溶跃面，其中翼足类溶跃面最浅，有孔虫溶跃面次之，颗石藻溶跃面最深。

**影响因素** CCD的位置是碳酸钙物质供给速率和溶解速率的函数，而这两者又取决于海水肥力、生物生产力、温度和$CO_2$含量（$CO_2$分压）。在深海区，当海水肥力和生产力高时，碳酸钙供给速率超过溶解速率，CCD变深，如赤道辐散带高生产力区，CCD往往超过5000米。但是，靠近大陆的上升流区，尽管肥力和生产力也高，由于陆源物质的稀释作用，以及大量生物活动导致$CO_2$含量的增高，使碳酸盐溶解速率明显增大，因而CCD从洋内向洋缘变浅。由于碳酸钙溶解度随温度升高而降低，故CCD自赤道向两极升高。现代海洋中CCD平均约4500米，其中大西洋最深，平均为5300米，太平洋最浅，平均只有4400米，印度洋为4500～5000米。

**地质时期的碳酸盐补偿深度** 现代CCD是根据海水中碳酸钙含量的实测资料和现代钙质沉积物的分布来确定的。地质时期CCD的深度，则根据研究区沉积岩芯中碳酸盐和非碳酸盐沉积物之间发生相变的年代，并按板块构造模式中的海底年龄-深度曲线予以确定。在曲线中海底年龄越老，其水深越大。

在地质时期，CCD屡有波动。白垩纪较浅，平均约3000米。第三纪始新世时CCD仍较浅，在太平洋和印度洋分别为3200米和3600米。早渐新世时，由于南极大陆周围出现海冰，开始形成南极底层水，在世界大洋内产生温盐循环，造成海水中$CO_2$减少，导致CCD下降，至渐新世中期达最深值。中新世初期开始，CCD复又上升，至中新世中期达到最高峰。距今约1000万年以来，CCD再度下降。第四纪期间，随着冰期、间冰期的更替，CCD频繁变动。在太平洋，冰期时CCD下降，间冰期时CCD上升。由于控制因素的不同，大西洋的情况恰好相反，更新世CCD变动旋回（***碳酸盐旋回***）可与氧同位素升降旋回相对比。由于CCD的波动状况中包含着海洋古深度、海平面和洋流动态及生物生产力等环境和气候变化的信息，因此它是研究古海洋和古气候的有用手段之一。

（许东禹）

**碳酸盐溶解跃面** carbonate lysocline 海水碳酸盐溶解速率显著增加的深度。又称碳酸盐溶跃面。随着深度增加，海水中溶解的碳酸越来越多，碳酸盐的饱和度越来越低，从表层海水沉降的固体碳酸盐逐渐溶解。到达一定深度，碳酸盐的溶解速度明显增加。在全球不同海域，溶跃面深度有所不同，太平洋的比大西洋的浅，极地的比赤道的浅。组成生物壳体的矿物的溶解度不同，溶跃面也不同。深海碳酸盐的溶解度随低镁方解石（$MgCO_3<4\%$）—高镁方解石（$MgCO_3>4\%$）—霰石递增，所以翼足虫的溶跃面浅于有孔虫。

碳酸钙的溶解度会随着温度下降和压力增加而增加，所以，在低温深海区，碳酸钙处于不饱和状态，海水开始溶解钙质壳体。在溶跃面之上，碳酸钙溶解率低，钙质壳体不断沉降形成碳酸盐沉积。在深水区，钙质壳体的沉降速率低于碳酸盐溶解速率，碳酸盐将无法沉积形成沉积物。溶跃现象是由于水深越大，压力就越大，温度越低，$CO_2$含量越高，相应的溶解度也越高，所以洋流和水温变化常引起溶跃面的变化。

一般在溶跃面之下，生物的钙质外壳明显被溶解，仅保留难溶部分。生物成因物质的缓慢沉积、高静水压力、高$CO_2$分子压力等均有利于海洋生物体中方解石和文石的溶解，甚至硅质骨骼也部分溶解。一般情况下，溶跃面与碳酸盐补偿面（CCS）趋于一致，但也有例外；有时，它和构成北大西洋深层水与南极深层水之间界面的温（度）跃层亦相一致。因此，在地质学中常将其与碳酸盐补偿面一起用于说明海洋水文特征和沉积环境及沉积机制。碳酸钙从深海沉积物中完全消失的深度，称为***碳酸盐补偿深度***（CCD）。

（于晓果 边叶萍）

**碳酸盐体系** carbonate system 海洋中的无机碳以碳酸及其电离产物的形式存在，包括溶解二氧化碳［$CO_2(aq)$］、碳酸（$H_2CO_3$）、碳酸氢根（$HCO_3^-$）和碳酸根（$CO_3^{2-}$），不同组分间相互转化，处于动态平衡，从而构成海水中的碳酸盐体系（或称二氧化碳体系），是天然水体中最复杂的化学平衡体系之一。海水碳酸盐体系与大气$CO_2$［$CO_2(g)$］密不可分。当表层海水的$CO_2$分压高于大气$CO_2$分压，海洋向大气释放$CO_2$；反之，如果表层海水的$CO_2$分压低于大气$CO_2$分压，海洋则从大气吸收$CO_2$。经此海－气交换过程，海水碳酸盐体系原有的平衡被破坏，并重新达到新的平衡：

$$CO_2(g) \longleftrightarrow CO_2(aq) \quad (1)$$

海水碳酸盐体系不同组分间的转化还与海水中的氢离子（$H^+$）、钙离子（$Ca^{2+}$）等离子浓度有关，主要包括$CO_2$与水结合生成$H_2CO_3$，$H_2CO_3$在水溶液中发生二级解离平衡以及碳酸钙（$CaCO_3$）的沉淀与溶解平衡：

$$CO_2(aq) + H_2O \longleftrightarrow H_2CO_3 \quad (2)$$

$$H_2CO_3 \longleftrightarrow H^+ + HCO_3^- \quad (3)$$

$$HCO_3^- \longleftrightarrow H^+ + CO_3^{2-} \quad (4)$$

$$Ca^{2+} + 2HCO_3^- \longleftrightarrow CaCO_3(s) + CO_2(aq) + H_2O \quad (5)$$

上述化学平衡受到海水温度、盐度和压力的影响。此外，海洋生物的光合作用、呼吸作用（有机物分解）会改变海水的总$CO_2$浓度，从而也会影响该平衡体系，导致各组分的浓度发生相应的变化。

海水碳酸盐体系主要包括4个可测定参数，即酸碱度（pH）、总溶解无机碳（DIC）、总碱度（TA）和$CO_2$分压（$pCO_2$），分别从不同的角度表征了碳酸盐体系的特性。测定其中任意两个参数，并结合一定温度、盐度及压力下的碳酸第一、第二级表观解离常数和$CO_2$溶解度系数即可计算出其他两个参数及碳酸盐体系各组分的浓度。

海水是一个缓冲体系，其缓冲能力主要由海水碳酸盐体系决定。当与海水平衡的$pCO_2$增加10%，海水DIC浓度仅增加1%左右，此即**二氧化碳－碳酸盐体系缓冲因子**（RF）。桑德奎斯特等于1979年进一步将二氧化碳－碳酸盐体系缓冲因子定义为一定温度、盐度和碱度下的海水均质缓冲因子，表示为：

$$RF = [(\partial pCO_2/pCO_2)/(\partial DIC/DIC)]_{T,S,TA} \quad (6)$$

二氧化碳－碳酸盐体系缓冲因子高时，海洋吸收的$CO_2$多以游离$CO_2$的形式存在，从而表层海水的$pCO_2$显著提高，并阻碍$CO_2$进一步吸收，海域对大气$CO_2$升高的缓冲作用弱；反之，海域对大气$CO_2$升高的缓冲作用强。

在一定盐度和碱度条件下，二氧化碳－碳酸盐体系缓冲因子与$pCO_2$呈正相关而与温度呈负相关。自工业革命以来，随着海洋吸收人类活动释放$CO_2$量的增加，海水碳酸盐体系的化学缓冲能力逐渐降低。大洋表层的二氧化碳－碳酸盐体系缓冲因子介于8～15，赤道附近海域值较低，而高纬度海域值较高，即高纬度海域碳酸盐体系的缓冲能力低。因此，在大气$CO_2$升高和海洋酸化的全球变化大背景下，高纬度海域是全球海洋中最“脆弱”的区域。

（曹知勉）

**碳酸盐旋回** carbonate cycle　大洋沉积层中碳酸盐含量的周期性变化。1947～1948年瑞典“信天翁”号环球考察在热带太平洋沉积中发现碳酸盐冰期旋回，之后碳酸盐地层学成为识别冰期/间冰期沉积最为简捷的方法，甚至用浅地层剖面或测井技术就可以划分冰期旋回、对比深海地层。

碳酸盐旋回是多重因素叠加影响的结果：①钙质生物生产力的变化。②其他碎屑物质的稀释作用。③深海碳酸钙溶解作用。周期性的气候、环境变化不可避免地导致钙质生物生产力发生波动，从而引起碳酸盐沉积通量的变化；陆地侵蚀作用所导致的陆源物质输入、火山活动引起的火山物质输入以及非钙质生物生产力变化会引起其他碎屑物质的增减，从而对海洋生源碳酸钙形成不同程度的稀释。此外，由于深海碳酸钙补偿深度和海水溶解能力的变化，碳酸盐颗粒从沉降过程直至埋藏前均会遭受不同程度的溶解，这是决定生物碳酸盐能否保存以及保存程度的重要因素。

碳酸盐旋回主要有两种类型：一种是主要由陆源碎屑稀释作用控制的碳酸盐旋回，名为大西洋旋回或者稀释旋回，其碳酸盐曲线与有孔虫氧同位素曲线形态相近，冰期碳酸钙含量低，而间冰期含量高；另一种是在热带太平洋及其边缘海普遍存在的、冰期碳酸盐含量高而间冰期含量低的碳酸盐旋回，被称为太平洋旋回。对于太平洋型碳酸盐旋回的形成原因仍有争议，一种“生产力模式”认为冰期时表层海面海水生产力高，使得钙质生物骨架向洋底的供应加强；另一种“溶解模式”认为太平洋水体中碳酸盐饱和度会随冰期旋回发生变化而引起溶解作用强度相应波动。

（于晓果　边叶萍）

**藤壶** barnacle　无柄目藤壶亚目动物的统称。

形态　无柄蔓足类，壳两侧对称，体形为1个平截的圆锥体，外壁由一定数目（通常为6个）的钙质板（包括峰板、吻板和1～3对侧板）不同程度或整个愈合覆盖结合而成。壳板的中间部分较厚，两侧延伸部分较薄。覆盖邻板的延伸部分称为辐部，被邻板覆盖的延伸部分为翼部。圆形壳口有2对盖板，可以开闭。软体部分包被于壳内，蔓足可从盖板开口伸出，捕食浮游生物。基底通常宽阔，固着或一部分固着在适当的物体上，为钙质或膜质。软体部分由头部皮肤在钙质板内扩展成外套膜包被体躯。胸部有6对双枝型蔓足，腹部退化，偶有尾附肢。口器包括上唇，成对的触须、大颚、小颚及第二小颚。雌雄同体，雄性交接器发达。

分类　通常人们所指的藤壶主要是常见的小藤壶科、笠藤壶科及藤壶科中的类群。

小藤壶科　壳板4、6或8片，无管，吻板具翼部。上唇膨鼓，不成缺刻。大颚有3或4齿，切缘下部栉状。第二蔓足末端有特化刚毛，第三蔓足与第六蔓足相似。交接器无背突。常见的种有东方小藤壶、白条地藤壶等。

笠藤壶科　壁板4或6片，内有多排（或一排）纵管，吻板有幅部，幅部发达或狭窄；有或无管；基底通常为膜质；大颚下角有栉齿或粗锯齿，上唇不膨鼓；交接器无背突。常见的种有鳞笠藤壶、中华小笠藤壶等。

藤壶科　壁板4或6片，或壳板完全融合，吻板有幅部。壁板内面与其幅部常具纵管。基底通常钙化。上唇不膨鼓，有中央缺刻。大颚4或5齿，下角磨碎型。第三蔓足近似第二蔓足。交接器具背突。常见种有纹藤壶、钟巨藤壶等。

生态习性　生活在潮间带及潮下带，甚至深海。常成群附着于岩石及水下建筑物上。小藤壶科多栖于潮间带岩石上。藤壶科栖息于从潮间带、潮下带到深海。

繁殖　繁殖期长，中国北方常见种，如纹藤壶繁殖期为半年（5～10个月），而南方的一些种（如网纹藤壶）全年都可繁殖，大部分种在温度高的7月份为附着高峰期。附着后的藤壶在2～3个月可长成最大体积。潮间带种生活力很强，能耐受长期周期性干燥。

危害　附着在船底时，能使航速减低；附着在浮标上，能降低浮力；附着于管道内，可缩小管道通路；在海产养殖业中，能占据某些水产养殖对象的有效附着面，污损养殖架伐和绳索，加快水下金属的腐蚀等。

（任先秋　马　林）

**梯烷脂** ladderane lipid　由多个环丁烷线性连接而成的、具有独特梯形排列结构的类脂化合物。由厌氧氨氧化菌合成产生，并能在细菌死亡后的碎屑中存在，因此可以将其作为指示厌氧氨氧化菌及厌氧氨氧化活动的生物标志物。由于厌氧氨氧化活动主要在缺氧环境中进行，因此梯烷脂也被应用为指示低氧/缺氧环境的生物标志物。

研究历史　梯烷脂存在于厌氧氨氧化菌的厌氧氨氧化体膜（主要）以及其他膜结构上。梯烷脂的应用和发展与厌氧氨氧化的研究密切相关。20世纪90年代，A.马尔德和A.A.范德格拉夫等在荷兰的一家污水处理厂的反硝化流化床中首次证实了厌氧氨氧化过程的存在，并利用同位素手段确定了厌氧氨氧化过程的反应式：

$$NO_2^- + NH_4^+ = N_2 + 2H_2O$$

M.S.M.杰滕等于1998年对厌氧氨氧化污泥进行富集培养试验，并利用分子生物学手段16sRNA测序，发现了占细菌总数70%以上的优势种，为厌氧氨氧化菌。

$NO_2^-$首先在厌氧氨氧化菌的厌氧氨氧化体上通过亚硝酸盐还原酶（NR）的作用转化为羟胺（$NH_2OH$），随后通过联氨水解酶（HH）的作用与$NH_4^+$反应生成肼（$N_2H_4$），最后通过联氨氧化酶（HZO）的作用转化为$N_2$。厌氧氨氧化中间产物羟胺和肼都是易通过生物膜扩散的分子，因此研究者推测是特殊的膜结构阻止了中间产物的渗出。J.S.辛宁赫·达姆斯特等于2002年首次通过核磁共振质谱解析了这种特殊膜脂的结构，并根据其独特梯形排列结构将其命名为“梯烷脂”。海洋中的厌氧氨氧化过程最早于2002年在丹麦的近岸沉积物中使用同位素法被证实存在，随后M.M.M.库伊佩斯等于2003年首次使用梯烷脂定性指示了海洋中低氧海域的厌氧氨氧化强度。后来的研究表明，在有氧环境中也能检测到厌氧氨氧化活动及梯烷脂，但是厌氧氨氧化活动的强度及梯烷脂含量在大洋低氧及缺氧海域有明显高值。

结构　梯烷脂中的梯烷环丁基结构空间构型张力大，拥有独特的碳碳键角和扭转应变，碳原子上的配体不能使用正常的键角来成键。仅在厌氧氨氧化菌的磷脂膜上发现此种结构膜脂。梯烷脂的存在使得厌氧氨氧化体膜脂较厚，致密度强，能在自然条件下有效对小分子化合物进行拦截。因此在厌氧氨氧化反应的过程中，有害的中间产物肼及羟胺无法通过致密的膜脂向外排放，从而对细胞其他结构进行保护。梯烷脂根据其是否含有完整磷脂头基可分为核心梯烷脂和完整梯烷脂。

核心梯烷脂由3～5个环丁烷基团、链状烷烃结构和甘油醚或酯链接组成（图1），其主要结构以环丁烷排列状况及链状烷烃长度作区分，生物膜脂上梯烷脂主要以完整梯烷脂形态存在，并在细菌失活死亡后迅速失去极性首基，剩下更稳定的核心结构。完整梯烷脂由核心结构以及甘油骨架sn-3位点结合的脂质头基官能团组成，主要极性头基官能团有磷酸胆碱（PC，图2a）、磷酸乙酰胺（PE，图2b）、磷酸甘油（PG，图2c）等。

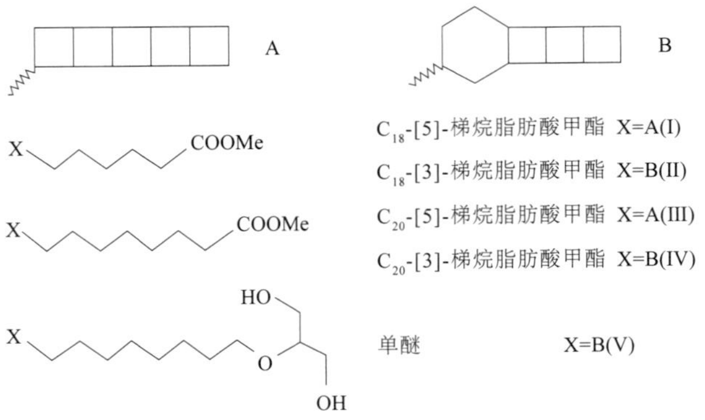


图1　核心梯烷脂结构

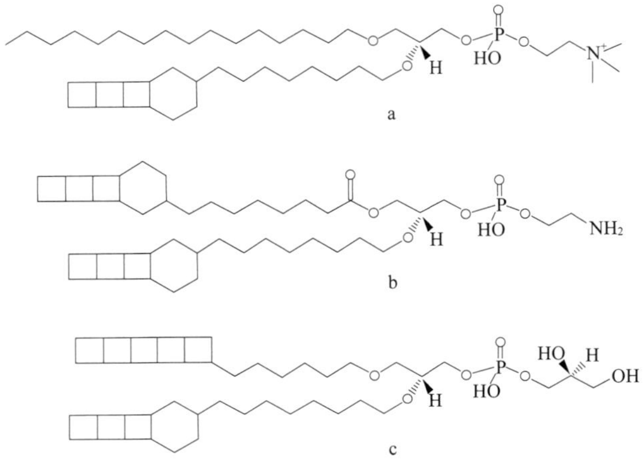


图2　完整梯烷脂结构

指示意义及应用　完整梯烷脂指示活体厌氧氨氧化菌的丰度及厌氧氨氧化活动的强度。核心梯烷脂相对完整梯烷脂结构更稳定、易于提取，同样能指示正在进行的厌氧氨氧化活动，且能对长时间尺度的厌氧氨氧化活动进行研究，重建古环境中的富营养化情况以及低氧/缺氧事件。此外，厌氧氨氧化菌随生长环境温度变化可以改变自身膜脂链长，从而维持细胞膜流动性的性质，环境温度降低时，膜脂上所合成的梯烷脂链长一般较短，温度较高时所合成的梯烷脂链长一般较长。基于此性质，J.E.拉塔里等提出了核心梯烷脂的$NL_5$指标，即基于梯烷脂链长与温度的存在的关系对梯烷脂合成的环境温度（T）进行定量估算，公式如下：

$$NL_5 = \frac{C_{20}-[5]-\mathrm{ladderaneFAME}}{C_{20}-[5]-\mathrm{ladderaneFAME}+C_{18}-[5]-\mathrm{ladderaneFAME}}$$

$$NL_5 = 0.2 + \frac{0.7}{1+e^{-\left(\frac{Temp-16.3}{1.5}\right)}}$$

（肖晓彤）

**天津古海岸与湿地国家级自然保护区**

**Tianjin Ancient Coast and Wetland National Nature Reserve**　以贝壳堤、牡蛎滩古海岸遗迹、滨海湿地为主要保护对象的国家级自然保护区。位于中国渤海湾西岸、天津市的东部，范围涉及天津市的大港、津南、东丽、塘沽、汉沽、宁河6个区县的部分区域，地理坐标为东经117°14′35″～117°46′34″，北纬38°33′40″～39°32′02″，总面积35 913.00公顷。始建于1984年，1992年晋升为国家级自然保护区，是中国唯一以古海岸遗迹为保护对象的国家级海洋类型自然保护区。

东端的四道贝壳堤，与美国路易斯安那州贝壳堤、南美苏里南贝壳堤一起被称为世界三大著名贝壳堤。四道贝壳堤是由潮汐、风浪将近海海底贝壳搬运、堆积、波筑而成，其走向基本平行于海岸线。四道贝壳堤的总跨度约36千米，自西向东（即由陆向海）依次分别称为第Ⅳ道、第Ⅲ道、第Ⅱ道、第Ⅰ道贝壳堤，序数越高，形成的年代越早。贝壳堤的年代标志着渤海湾西岸古海岸线的大致位置，是古海岸及海陆变迁的重要佐证和珍贵遗迹。

牡蛎礁是保护区另一地质遗迹，位于天津滨海平原海河以北，宁河区、宝坻区境内潮白河与蓟运河下游地带，其分布集中在宝坻南部、宁河中部及东部地区，最典型地段是宁河区表口村的牡蛎礁核心区。牡蛎礁是死牡蛎和活牡蛎的天然堆积体，形成于距今7000～3000年，由长重蛎和近江重蛎组成，剖面堆积层次清晰，最厚的可达5米，这在西太平洋各边缘滨海平原实属罕见。牡蛎礁堆积掩埋的过程也反映了该地区的海陆变迁史。

七里海湿地是保护区中的宝地，位于宁河区西部，距渤海约15千米，是在约7000年前的古海湾基础上，逐渐演化而成的古潟湖型湿地，占地面积约89 000公顷。七里海湿地特色突出，是中国北方面

天津古海岸与湿地国家级自然保护区风光

积最大的具有古海岸特色的湿地，负氧离子丰富，有京津“绿色肺叶”的美誉，已被列入国家重点湿地名录。湿地水面宽阔，动植物资源丰富，为许多珍稀和濒危野生动物提供了良好的栖息、繁殖地。其中，国家一级重点保护鸟类10余种，世界濒危鸟类红皮书中的濒危鸟类6种，亚太地区具有特殊意义迁徙水鸟名录中的鸟类5种。七里海湿地不仅是生物多样性的典型地区，同时还具有泄洪、滞洪、抵御旱涝、调节气候、沉积和降解污染物、保留养分、积蓄水分等功能。（张朝晖）

**天然放射性衰变系** natural radioactive decay series　天然重放射性核素的递次衰变系列。简称天然放射系、天然衰变系。在天然放射性核素的系列中，每一种核素衰变为下一种核素，直至生成一种不再发生衰变的稳定核素。

地壳中存在的质量数较大的放射性核素形成3个天然衰变系：钍系、铀系、锕系。这些衰变系的母体核素半衰期都很长，和地球年龄（约$4.6\times10^9$年）相近或更长，因而能够在漫长的地质年代后保存下来。放射系中的核素大多具有α放射性，少数具有$\beta^-$放射性，通常都伴随有γ辐射。这3个放射系的建立和阐明，是20世纪初到30年代末放射化学和核物理学的主要成就。研究天然放射系所取得的经验，后来在研究人工放射系和裂变产物衰变链中得到了广泛的应用，对放射性化学研究仍具有指导作用。

钍系　从$^{232}$Th开始，经过10次连续衰变，最后到稳定核素$^{208}$Pb。该系所有核素的质量数都是4的整数倍，即$A=4n$，所以钍系又称$4n$系。母体$^{232}$Th的半衰期为$1.40\times10^{10}$年。子体半衰期最长的是$^{228}$Ra，半衰期5.75年。所以钍系建立起长期平衡，需要几十年时间。钍系核素的性质见表1。

**表1　钍系核素的性质**

| 核素符号 | 衰变方式 | 半衰期 | 释放能量/MeV | 产物核 |
|---|---|---|---|---|
| $^{232}$Th | α | $1.402\times10^{10}$a | 4.081 | $^{228}$Ra |
| $^{228}$Ra | $\beta^-$ | 5.75 a | 0.046 | $^{228}$Ac |
| $^{228}$Ac | $\beta^-$ | 6.15 h | 2.124 | $^{228}$Th |
| $^{228}$Th | α | 1.9126 a | 5.52 | $^{224}$Ra |
| $^{224}$Ra | α | 3.6319 d | 5.789 | $^{220}$Rn |
| $^{220}$Rn | α | 55.8 s | 6.404 | $^{216}$Po |
| $^{216}$Po | α | 0.15 s | 6.906 | $^{212}$Pb |
| $^{212}$Pb | $\beta^-$ | 10.64 h | 0.57 | $^{212}$Bi |
| $^{212}$Bi | $\beta^-$ | 60.54 min | 2.252 | $^{212}$Po |
| | α | | 6.208 | $^{208}$Tl |
| $^{212}$Po | α | 300 ns | 8.955 | $^{208}$Pb |
| $^{208}$Tl | $\beta^-$ | 3.058 min | 4.999 | $^{208}$Pb |
| $^{208}$Pb | 稳定 | | | |

铀系　从$^{238}$U开始，经过14次连续衰变，最后到稳定核素$^{206}$Pb。又称铀镭系。该系所有核素的质量数都是4的整数倍加2，即$A=4n+2$，所以铀系又称$4n+2$系。母体$^{238}$U的半衰期为$4.47\times10^9$年。子体半衰期最长的是$^{234}$U，半衰期$2.46\times10^5$年。所以铀系建立起长期平衡，需要几百万年的时间。铀系核素的性质见表2。

**表2　铀系核素的性质**

| 核素符号 | 衰变方式 | 半衰期 | 释放能量/MeV | 衰变子体 |
|---|---|---|---|---|
| $^{238}$U | α | $4.468\times10^9$a | 4.27 | $^{234}$Th |
| $^{234}$Th | $\beta^-$ | 24.10 d | 0.27 | $^{234}$Pa |
| $^{234}$Pa | $\beta^-$ | 6.70 h | 2.19 | $^{234}$U |
| $^{234}$U | α | $2.455\times10^5$ a | 4.86 | $^{230}$Th |
| $^{230}$Th | α | $7.54\times10^4$ a | 4.77 | $^{226}$Ra |
| $^{226}$Ra | α | 1600 a | 4.87 | $^{222}$Rn |
| $^{222}$Rn | α | 3.8232 d | 5.59 | $^{218}$Po |
| $^{218}$Po | $\beta^-$ | 3.094 min | 0.259 913 | $^{218}$At |
| | α | | 6.114 68 | $^{214}$Pb |
| $^{218}$At | α | 36 ms | 7.262 54 | $^{214}$Po |
| $^{214}$Pb | $\beta^-$ | 26.8 min | 1.019 237 | $^{214}$Bi |
| $^{214}$Bi | $\beta^-$ | 19.9 min | 3.269 857 | $^{214}$Po |
| | α | | 5.621 19 | $^{210}$Tl |
| $^{214}$Po | α | 162.3 μs | 7.833 46 | $^{210}$Pb |
| $^{210}$Pb | $\beta^-$ | 22.23 a | 0.063 487 | $^{210}$Bi |
| | α | | 3.7923 | $^{206}$Hg |
| $^{210}$Bi | $\beta^-$ | 5.012 d | 1.161 234 | $^{210}$Po |
| | α | | 5.036 47 | $^{206}$Tl |
| $^{210}$Po | α | 138.4 d | 5.407 45 | $^{206}$Pb |
| $^{206}$Pb | 稳定 | | | |

锕系　从$^{235}$U开始，经过11连续衰变，最后到稳定核素$^{207}$Pb。由于$^{235}$U旧称锕铀，故称锕系，又称锕铀系。该系所有核素的质量数都是4的整数倍加3，即$A=4n+3$，所以锕系又称$4n+3$系。母体$^{235}$U的半衰期为$7.04\times10^8$年。子体半衰期最长的是$^{231}$Pa，半衰期$3.27\times10^4$年。所以锕系建立起长期平衡，需要几十万年的时间。锕系核素的性质见表3。

**表3　锕系核素的性质**

| 核素符号 | 衰变方式 | 半衰期 | 释放能量/MeV | 衰变子体 |
|---|---|---|---|---|
| $^{235}$U | α | $7.04\times10^8$ a | 4.678 | $^{231}$Th |
| $^{231}$Th | $\beta^-$ | 25.52 h | 0.391 | $^{231}$Pa |
| $^{231}$Pa | α | 326 70 a | 5.15 | $^{227}$Ac |
| $^{227}$Ac | $\beta^-$ | 21.772 a | 0.045 | $^{227}$Th |
| | α | | 5.042 | $^{223}$Fr |
| $^{227}$Th | α | 18.7 d | 6.147 | $^{223}$Ra |
| $^{223}$Ra | α | 11.43 d | 5.979 | $^{219}$Rn |
| $^{219}$Rn | α | 3.98 s | 6.946 | $^{215}$Po |
| $^{215}$Po | α | 1.781 ms | 7.527 | $^{211}$Pb |
| | $\beta^-$ | | 0.715 | $^{215}$At |
| $^{211}$Pb | $\beta^-$ | 36.1 min | 1.367 | $^{211}$Bi |
| $^{211}$Bi | α | 2.15 min | 6.751 | $^{207}$Tl |
| | $\beta^-$ | | 0.575 | $^{207}$Pb |
| $^{207}$Tl | $\beta^-$ | 4.77 min | 1.418 | $^{207}$Pb |
| $^{207}$Pb | 稳定 | | | |

应用　从与人类关系紧密的河口、港湾等近岸水体到开阔海洋，天然放射系均有广泛的应用。镭同位素和氡同位素可示踪多种时空尺度的海洋环流与海水混合过程，$^{234}$Th/$^{238}$U、$^{210}$Pb/$^{226}$Ra和$^{210}$Po/$^{210}$Pb等核素对可以用于颗粒动力学研究，$^{234}$U、$^{230}$Th、$^{226}$Ra、$^{210}$Pb等核素可用于海洋放射性年代学研究，研究沉积物的年龄和沉积速率。（郭肖伊）

**天然气水合物** gas hydrate　由水分子和天然气分子在高压低温环境条件下形成的冰态、结晶状笼形化合物。又称可燃冰。天然气水合物是自然界中天然气存在的一种特殊形式，主要分布在一定水深（通常大于300米）的海洋地下和永久冻土带。在自然界发现的水合物多呈白色、淡黄色、琥珀色、暗褐色亚等轴状、层状、小针状结晶体或分散状结晶体。从所取得的岩芯样品来看，水合物主要以以下方式赋存：①以球粒状散布于细粒沉积物或岩石中。②占据粗粒沉积物或岩石粒间孔隙。③以固体形式填充在裂缝中。④块状水合物伴随少量沉积物。

资源与环境　天然气水合物被认为是

一种巨大的高效清洁能源。据科学家估计，全球天然气水合物的资源总量换算成甲烷气体为$1.8\times10^{16}$～$2.1\times10^{16}$立方米，有机碳储量相当于全球已探明矿物燃料（煤炭、石油和天然气等）的两倍。海洋天然气水合物资源量十分巨大，通常是陆地冻土带的一百倍以上。天然气水合物的显著特点是分布广、储量大、高密度、高热值，1立方米天然气水合物可以释放出164立方米甲烷和0.8立方米水。因此，天然气水合物，被认为将是21世纪替代能源。同时，天然气水合物的分解也可能触发海底自然灾害。水合物分解产生沉积层液化，导致海底滑坡、重力流和海啸等地质灾害，对海洋工程造成毁灭性的破坏作用；由于天然气水合物引发地层失稳、溢流、井涌和导管下沉等，也能造成深水钻井地质灾难。天然气水合物的分解释放大量的甲烷气体，甲烷可能是全球气候变暖、冰期终止和海洋生物灭绝的重要原因之一，海底天然气水合物的分解对全球气候的变化以及海洋生态环境产生重大影响。

水合物结构　水合物的基本结构特征是主体水分子通过氢键在空间相连，形成一系列不同大小的多面体孔穴，这些多面体孔穴或通过顶点相连，或通过面相连，向空中发展形成笼状水合物晶格。如果不考虑客体分子，空的水合物晶格可以被认为是一种不稳定的冰。当这种不稳定冰的孔穴有一部分被客体分子填充后，它就变成了稳定的气体水合物。水合物的稳定性主要取决于其孔穴被客体填充的百分数，被填充的百分数越大，它就越稳定。而被填充的百分数则取决于客体分子的大小及其气相逸度，可以按照严格的热力学方法进行计算。已发现的水合物晶体结构（按水分子的空间分布特征区分，与客体分子无关）有Ⅰ型、Ⅱ型、H型3种。结构Ⅰ、结构Ⅱ的水合物晶格都具有大小不同的2种笼形孔穴，结构H则有3种不同的笼形孔穴。一个笼形孔穴一般只能容纳一个客体分子，在压力很高时也能容纳2个像氢分子这样很小的分子。客体分子与主体分子间以范德瓦耳斯力相互作用，这种作用力是水合物的结构形成和稳定存在的关键。Ⅱ型和H型水合物比Ⅰ型水合物更稳定。

研究简史　人们从开始认识天然气水合物，已有200年的历史。早在1810年就发现水合物，但天然气水合物的晶体结构直到20世纪50年代才得以确定。第一个阶段（1810～1934）为实验室探索研究。在这一阶段，科学家完全受一种好奇心的驱使，在实验室确定哪些气体可以和水一起形成水合物，以及水合物的组成，最具代表性的是英国皇家学会会员H.戴维在1810年首次人工合成了氯气水合物，随后法国、美国等许多国家的化学家也成功地合成了系列气体水合物，引起了各国化学家对其化学组分和物质结构的激烈争论，历经百年。但人们对自然界的水合物仍知之甚少。第二阶段为天然气水合物应用发展阶段（1934～1993），这一阶段的研究重点是工业界对管道水合物的预测和抑制技术。第三阶段（1993年至21世纪）是天然气水合物全面研究时期。天然气水合物作为人类未来的潜在能源在世界范围内受到高度重视、水合物生成/分解动力学等基础研究取得重大进展、天然气固态储存等新技术的开发取得重大突破、动力学抑制剂取代传统热力学抑制剂的研究不断深入，天然气水合物和全球环境变迁之间的关系受到关注，形成了以基础研究、管道水合物抑制技术开发、天然气固态储存和水合法分离气体混合物等新型应用技术开发，天然气水合物资源勘探与开发，温室气体的水合物法捕集和封存等为基本方向的气体水合物研究格局。大洋钻探对海洋水合物研究意义非凡，包括1968年开始实施的**深海钻探计划**（DSDP）、1985年正式实施**大洋钻探计划**（ODP）、2002年业已实施的**综合大洋钻探计划**（IODP），已覆盖了世界上许多大陆边缘天然气水合物的重要远景地区，天然气水合物研究和普查勘探被推向一个崭新阶段。在国际很多地区通过钻探发现天然气水合物，如西伯利亚、马更些三角洲、北斯洛普、墨西哥湾、日本海、日本南海海槽、孟加拉湾、印度大陆边缘、南中国海北坡等地相继发现了天然气水合物。

分布　海洋天然气水合物一般分布在海底300米深度范围内的浅层沉积物中，从已钻遇水合物的海区来看，主要集中在3类构造背景：①**被动大陆边缘**。如美国大西洋布莱克海台、墨西哥湾盆地、挪威大西洋被动陆缘、美国阿拉斯加陆坡、印度西南被动陆缘克里希纳－戈达瓦里盆地等。②汇聚大陆边缘弧前盆地。如美国俄勒冈外水合物脊、加拿大卡斯凯迪亚俯冲带、日本南海海槽、新西兰希库朗伊盆地等。③边缘海盆地。如日本海东南缘上越盆地、韩国郁陵盆地、南中国海、鄂霍次克海等。最近，在北极海域也发现丰富的天然气水合物，因此，天然气水合物在海洋中分布十分广泛，从赤道到极地海域大量富集。

形成机制　天然气水合物存在于低温、高压环境下，但是随着高分辨率二维/三维地震成像资料和天然气水合物随钻测井、电缆测井及取芯资料的日益增多，人们在海洋天然气水合物的形成、富集和分布规律研究等方面取得了重要进展，提出了天然气水合物成藏系统的概念。天然气水合物成藏系统类似于现在指导常规油气勘探的油气成藏系统。天然气水合物成藏要素有：①水合物形成的温度压力条件。②气源。③可用淡水。④适合水合物生长的沉积储层。⑤气体运移。⑥成藏需要的时间。形成水合物的甲烷及其他气体主要通过3种方式运移：①扩散。②溶解水中与水一起运移。③气体相在浮力作用下运移。扩散方式运移气体速率非常慢，在大多数情况下扩散运移的气体不能形成水合物，饱和度较低。溶解气或者气体相水合物通过对流方式运移气体是水合物形成的一种重要的水合物气源。生物成因和热成因气体都能形成水合物，水合物的富集程度（饱和度）与含水合物层的沉积物有关。

研究现状和趋势　由于天然气水合物具有重要的战略意义和巨大的经济价值，各个国家制定了不同水合物研究战略、研究计划。日本的水合物研究计划“21世纪水合物研究开发计划”（MH21），其研究内容包括资源的评估、开采与模拟、环境影响3个研究方向。美国甲烷水合物计划的首要目标是调查野外的天然气水合物藏。但是，鉴于深海和极地研究的高昂花费和可用的资金，主要工作计划包括：①墨西哥湾水合物联合工业计划（JIP）。②美国能源部（DOE）和BP石油公司的阿拉斯加北坡计划。③美国矿产管理局（MMS）、美国国家海洋大气局（NOAA）与美国能源部建立了墨西哥湾海底监测站。韩国、印度和中国等国家均制订大型的研究计划。美国和日本已经分别制定了试采与商业开采时间表。日本在2013年进行第一次试验开采，2017年5～6月计划进行第二次试验开采，中国在2017年5月进行了水合物试验开采。

（仲　佰　王秀娟）

**通风温跃层**　ventilated thermocline　上层通过与混合层的物质交换直接发生海－气相互作用的跃层。在通风温跃层的层化模型中，通风过程可以分为两步。在高纬度海区，水体从混合层进入到其下的水层，这个过程叫作通风。根据斯韦尔德鲁普关系，各层水体将向南流动，较高密度层水体潜没到相邻的较轻水体之下，这一过程叫作潜沉。

从某种程度上来说，基于主温跃层发

展起来的温跃层理论解决了上层大洋风生环流的相关问题，但是无法描述大洋次表层的运动，换句话说，它无法回答若给定海面风应力强迫，海洋层化或者位势涡度如何在次表层建立起来这一问题。在通风温跃层这一概念出现之前，人们试图用引入垂向扩散或建立理想流体温跃层方程来解决这一问题。然而，对于前者而言，由于假定垂向扩散起到至关重要的作用，垂向扩散项在动力学方程中成为主要分量，这为方程求解带来一个极具挑战性的困难——对于这一非线性方程组，现有的数学工具无法构建与之对应的边界值问题，更不必说对其求解。一个可行的方法是基于李群变换下的群不变解，寻找给定微分方程的相似解。相似解的缺陷在于，尽管它们满足温跃层方程组，但是却并不满足斯韦尔德鲁普约束这一边界条件，故而从本质上而言，并不能准确地描述风生环流的准确结构；更重要的是，由于在求相似解过程中，位势涡度的函数关系是预先给定的，因此相似解其实并没有清楚地回答“给定海面风应力强迫，海洋层化或者位势涡度如何在次表层建立起来”这一问题。理想流体温跃层理论将垂向扩散项作为小量处理，认为主温跃层是由于负风应力旋度引起的埃克曼抽吸向下挤压海水所形成的，并在鉴定位势涡度是密度和伯努利方程的线性函数这一假设下，给出了温跃层的解析解。但是，这个解同样不能满足斯韦尔德鲁普约束，也不能满足东边界条件，且下边界设定为无限深海洋。

事实上，伊瑟林早在1939年便提出了海洋通风这一概念。在高纬度大洋中，很多等密度面露出海面，直接暴露在大气中（称之为露头）。在风应力强迫下，露出海面的等密度层开始运动，混合层水体沿等密度面向下潜沉并进入到次表层以下。伊瑟林提出的通风过程被很多观测所证实，这种埃克曼抽吸引起的温跃层通风不仅不需要假设垂向扩散起重要作用（这也与观测相符，实际海洋中垂向混合的确很弱），而且避开了东边界的阻断。后来，物理海洋学家H.M.施托梅尔大胆地假定只有冬季的混合层海水才能够进入主温跃层，从而避开了大气强迫存在季节循环，给出了混合层海水潜沉过程的理论模型。这时，通风温跃层中通风和潜沉这两个物理过程均已完备，在位涡均一化理论的成功基础上，路登、J.佩德洛斯基和施托梅尔很快便建立了通风温跃层的分层模式，将上层海洋分为在不同纬度露头的等密度层，其最上层由埃克曼抽吸驱动，潜沉后水体保持其位势涡度并向南运动。需要指出的是，通风温跃层的分层模式仅针对大洋内区，不包括西边界流区。

通风温跃层理论和位涡均一化理论共同构建了中纬度大洋风生环流的理论框架，是现代风生大洋环流理论的重要基石。它的基本结构可以分为大洋顶层的埃克曼层，通过埃克曼抽吸将混合层水体带入主温跃层；埃克曼层之下的地转流区则由大洋内区的通风温跃层、靠近东边界的阴影区（该区中水体是无运动的）和靠近西边界的流池区（通过位涡均一化或其他过程而不是通风来建立位势涡度）。

通风温跃层的局限性在于，它远离西边界和回流区，是基于线性斯韦尔德鲁普关系的动力学理论，不包含摩擦项和非线性平流项。因此，通风温跃层理论无法应用于摩擦起主要作用的西边界流区，以及非线性平流项起重要作用的回流区。

（魏泽勋）

**同位素分馏系数** isotope fractionation factor 两种物质A和B之间元素Y的同位素分馏系数$\alpha_{A-B}$是指物质A中元素Y的重、轻同位素原子数之比除以物质B中相应的同位素原子数之比，即：

$$\alpha_{A-B}=(nY^*/nY)_A/(nY^*/nY)_B$$

式中$nY^*$和$nY$分别是元素Y的重同位素$Y^*$和轻同位素Y的原子数。同位素分馏系数表示同位素分馏的程度，反映了两种物质之间同位素相对富集或亏损的大小。当$\alpha_{A-B}>1$时，表示A物质比B物质富集重同位素；当$\alpha_{A-B}<1$时，表示A物质比B物质富集轻同位素；当$\alpha_{A-B}=1$时，表示两种物质之间没有同位素分馏。

影响因子 ①温度和压力。分馏系数对温度的依赖特征有很多种，从较简单的随温度升高而单调减小的方式到显示极大值、极小值甚至$\Delta^{18}O$值的符号改变所呈现的复杂分馏曲线。一般来说，对于气体分子在低温下分馏系数与$1/T$成正比；高温下与$1/T^2$成正比，分馏系数通常以$10^3\ln\alpha-1/T^2$的图解出现。②晶体结构。同位素的性质在很大程度上取决于晶体结构，这是由于具有不同结构的基团反映其具有不同的相互作用。晶体结构效应在一定程度上不是非常重要，但在某些时候却表现得非常突出。在同一物质的三种不同状态之间，重同位素倾向于富集在较紧密或有序度较高的物态中。例如，对于$H_2O$的氢氧同位素分馏，在平衡共存时的D和$^{18}O$富集顺序为：冰＞水＞水蒸气。

实际应用 含氧矿物在地质作用中普遍存在，矿物－水之间的氧同位素分馏效应很强，因此$^{18}O/^{16}O$的比值是很理想的测温介质。氧同位素测温可以应用在各种地质环境的0～1200 ℃的温度范围。公式为：$10^3\ln\alpha_{矿物-水}=a(10^6T^{-2})+b$。若能直接测定成岩成矿残留水体的$^{18}O/^{16}O$比值（例如矿物气－液包裹体），在符合一定的条件下可直接计算$\alpha$值，代入公式求$T$。

（林贤彪）

**同位素古海洋学** isotope paleoceanography 利用同位素地球化学指标，研究不同地质历史时期海洋环境变迁及气候演化的分支学科。在海洋中，海水含的一些元素的同位素丰度受到环境变化的影响，这些信号被生物光合作用、新陈代谢等活动记录并保存之后，可以作为古海洋环境变化的档案。通过分析海洋沉积物中有孔虫、放射虫、钙质化石、硅藻、介形虫等微体化石以及有机质的同位素（碳、氮等）的丰度变化，可以揭示不同地质历史时期海洋温度、盐度、气候、生态系统等的变化，从而帮助科学家们重建地球历史上海洋环境与气候的变化，并对地球气候系统的演变进行研究。在同位素古海洋学中，被广泛使用的是碳同位素和氮同位素。

碳同位素古海洋学 碳同位素包括稳定碳同位素（$^{12}C$和$^{13}C$）以及放射性碳同位素（$^{14}C$）。自然界中$^{12}C$和$^{13}C$的丰度分别为98.89%和1.11%，而$^{14}C$的丰度极低（约$10^{-12}$）且具有放射性，半衰期为5730年。碳同位素之间的分馏（即相对比值变化）受到生命过程和环境变化等因素的影响。因此，可以通过沉积序列中不同载体的碳同位素比值变化探究海洋中的碳循环过程及其与海洋环境演化的关系。

海洋沉积物中无机碳同位素 海洋沉积物中有孔虫壳体的碳同位素在古海洋研究中应用较为广泛。有孔虫是一类生活在海洋中的微小生物，具有生命周期短，生长速度快等特征，其钙质外壳主要由生源碳酸钙组成。根据栖息环境可以分为浮游有孔虫和底栖有孔虫两种类型。浮游有孔虫主要生活在海洋真光层，少数种生活在海洋中上层水体中，其钙质壳体在生物体死亡后能够很快沉降至海底并在沉积物中保存下来（碳酸钙补偿深度以浅的海域）。浮游有孔虫壳体的稳定碳同位素比值（$\delta^{13}C$）可靠地记录了其生活水体中溶解无机碳（DIC）的$\delta^{13}C$变化。由于海洋浮游植物在进行光合作用时会优先利用$^{12}C$，造成海洋上层水体中溶解无机碳中$^{13}C$的富集。因此，通过浮游有孔虫壳体的$\delta^{13}C$可以反映不同历史时期海洋生物泵的强度变化。底栖有孔虫壳体$\delta^{13}C$则记录了底层海水溶解无机碳的$\delta^{13}C$信号，因此，在古海洋学中常用底栖有孔虫δ$^{13}$C的变化探究大洋水团交换以及环流模式的变化。鉴于浮游有孔虫生活深度明确，浮游有孔虫壳体的放射性碳同位素含量（$\Delta^{14}$C）是用来约束海洋沉积序列年龄框架的最佳材料之一。例如，Globigerinoides ruber是生活水体最浅的浮游有孔虫种（海洋的混合层），其丰度在中低纬度海区较高，是对海洋沉积物进行$^{14}$C定年的最佳材料。底栖有孔虫种类繁多，可分为表生种和内生种，其中表生种壳体的$\Delta^{14}$C被用来示踪**底层水团**的逗留时间。此外，通过浮游和底栖有孔虫壳体$\Delta^{14}$C的联合使用，能够提供水体通风时间的变化记录。

海洋沉积物中有机碳同位素　海洋沉积中的有机物质包括海洋来源和陆地来源两大类。这些有机物的碳同位素记录了海洋和陆地生态系统的生命活动和碳循环过程。海洋沉积物中有机碳的δ$^{13}$C被应用于区分有机碳的来源。一方面，海洋有机碳和陆地有机碳的碳源不同。海洋浮游植物光合作用过程吸收的碳主要来自表层海水中的无机碳（δ$^{13}$C约为1.5‰），而陆地植被光合作用的碳源是大气中的二氧化碳（工业革命之前大气二氧化碳的δ$^{13}$C约为−6.4‰）。因此，海源和陆源（以$C_3$植被为例）有机碳的δ$^{13}$C数值具有明显的差异，分别为−24.0‰～−18.0‰和−30.0‰～−23.0‰。另一方面，海洋浮游植物与陆地植物进行光合作用的途径不同。海洋浮游植物绝大多数是$C_3$植物。陆地植物既有$C_3$植物，又有$C_4$植物还有景天酸代谢植物。不同类型陆地植物进行光合作用的途径不同，从而导致同位素分馏的差异。此外，在以海源有机碳占主导的区域（远离陆地的开阔大洋），沉积物中有机碳的δ$^{13}$C也被用来反映大气二氧化碳δ$^{13}$C的变化历史，其依据是大气碳库与表层海洋碳库之间的碳同位素处于动态平衡。伴随着加速器质谱（AMS）技术的发展，海洋沉积物中有机碳的放射性碳同位素得以被用来指示有机碳的来源和过程。一般而言，海源有机碳的$^{14}$C丰度高，陆源有机质的$^{14}$C丰度低。因此，从双碳同位素（δ$^{13}$C和$\Delta^{14}$C）的视角可以定量/定性区分2个及以上的有机碳来源。例如，基于双碳同位素可以定量评估新鲜海源有机碳、陈化陆源有机碳以及古老化石有机碳的贡献，这是单一碳同位素手段无法实现的。此外，在水动力环境较为活跃的区域，总有机质的$^{14}$C丰度不但受到来源的影响，还受到选择性降解和老化等传输动力过程的影响。然而，不同历史时期海洋和陆地生态系统有显著的变化，这对基于现代固定端元应用总有机质的碳同位素手段探究碳循环过程提出了挑战。伴随着分析技术方法的进步，单体有机分子的碳同位素（δ$^{13}$C和$\Delta^{14}$C）为解决上述问题提供了新视角。由于单体有机分子来源的专一性，通过单体分子双碳同位素联合使用，可以更准确地示踪不同来源、不同环境背景下有机碳的源汇过程，极大地推动了对古海洋碳循环过程的认知。

氮同位素古海洋学　氮元素是氨基酸、核酸等生物分子的重要组成成分，也是海洋浮游植物生长的限制性营养元素，在生物生产力和生命演化过程中发挥着重要作用。自然界中，氮同位素主要包括$^{14}$N和$^{15}$N两种稳定同位素。氮同位素比例（即δ$^{15}$N）的变化受到海洋微生物活动以及海洋氧化还原环境的共同影响，如生物固氮作用、硝化作用、反硝化作用和厌氧氨氧化作用等。不同的过程会导致氮同位素比例发生不同的变化，从而反映了海洋中生物的活动和氮循环的变化。大气中的$N_2$是地表最大的氮库，大气中$N_2$的δ$^{15}$N几乎为0。气体$N_2$通过生物固氮作用进入到海洋氮循环体系中，为海洋带来偏负的δ$^{15}$N信号。反硝化以及厌氧氨氧化过程则会造成硝酸盐的δ$^{15}$N偏高。在高纬度高营养盐低叶绿素海区，表层水体硝酸盐过剩，浮游植物优先利用$^{14}$N，也会造成水体中硝酸盐δ$^{15}$N偏正。一部分海洋生态系统产生的有机物记录了水体中δ$^{15}$N信号后被沉降并保存在沉积物中，成为氮同位素古海洋研究的主要载体。

根据上述基本原理，氮同位素在古海洋学中的主要应用是依托沉积物中总氮（以有机氮为主）的δ$^{15}$N。在东赤道太平洋和阿拉伯海等反硝化盛行海区，沉积物总氮δ$^{15}$N被用来反演水体反硝化强度，结果显示冰期背景下大洋反硝化活动减弱。在非反硝化盛行海区，沉积物总氮δ$^{15}$N被用于示踪（低纬海区）固氮强度变化、（高纬海区）营养盐利用率，以及有机物的源汇过程等。由于沉积物总氮的δ$^{15}$N还可能受到无机矿物氮玷污以及沉积过程中早期成岩作用的影响，因此其所反映的古海洋氮循环信息具多解性。伴随测定技术的发展，新发展起来的浮游有孔虫壳体键结δ$^{15}$N，因其来源明确（记录了海洋上层水体氮同位素信号）并且不受沉积过程的影响，成为研究古海洋氮循环过程的利器。例如，南大洋的浮游有孔虫壳体键结δ$^{15}$N记录为古海洋学的冰期铁施肥假说提供了直接的证据，完美解释了冰期大气二氧化碳下降的原因之一是沙尘增加提升了南大洋的生物泵强度。与浮游有孔虫壳体键结δ$^{15}$N特点相似，也有研究者开发了珊瑚骨骼键结氮同位素技术方法。例如，南海和北大西洋的珊瑚骨骼键结δ$^{15}$N记录揭示了人为源氮排放显著干扰了海洋氮循环系统，这为制定人为源氮排放政策提供了科学依据。

（李大伟）

**同位素海洋化学**　isotope marine chemistry　研究海洋各储圈中同位素(或核素，包括天然放射性同位素、人工放射性同位素和稳定同位素）的来源、含量、分布、存在形式、迁移变化规律及其同位素化学在海洋学中的应用的学科。见**同位素海洋学**。

**同位素海洋学**　isotopic oceanography　利用同位素化学的原理和技术研究海洋中的物理、化学、生物和地质等各种作用和过程的科学。主要研究内容包括：①海洋环境中的稳定同位素、天然与人工放射性同位素的来源、含量、存在形式、分布和去向。②生物地球化学作用与示踪。③物质来源、海洋混合与循环、海洋界面过程。④环境演化指示。⑤海洋研究相关的同位素测量技术等。与同位素地球化学和海洋化学等学科相联系，相似名称有同位素海洋化学（isotope marine chemistry）和海洋同位素地球化学（marine isotope geochemistry）。

同位素海洋学伴随着同位素化学的发展以及在海洋学研究中的应用而不断发展和演化，研究内容广泛，既包括海水与相关水体、海水中的溶解及颗粒态成分、海洋生物和沉积物，也涉及海洋与河流、大气、岩石等相互作用。

海洋中的稳定同位素包括海洋中水的氢、氧稳定同位素，溶解、颗粒态成分及沉积物、生物体中的无机和有机碳、氮、硫等稳定同位素，非传统稳定同位素，以及放射性成因稳定同位素等。主要根据同位素分馏原理和结果探究海洋中的作用与过程，如水团鉴别与示踪、元素生物地球化学循环与生态效应、物源指示及环境变化等。

海洋中的放射性同位素包括天然放射性衰变系列中铀、钍、镭、氡、钋和放射性铅等核素，宇宙成因放射性核素如$^{14}$C、$^{3}$H等，核试验、核活动输入海洋环境中的人工放射性核素等。主要有根据半衰期、母子体之间的衰变不平衡、来源特性等，研究沉积速率与年代、海水年龄与大尺度混合速率、海流示踪、海底和海－气界面扩散速率、物源指示、放射性污染，以及用放射性核素标记进行海洋过程研究等许多方面。

海洋研究中的同位素测量技术包括海洋同位素研究样品的采集、处理，测试样制备，以及同位素质谱技术、放射性探测技术的应用等。（李　铁）

**头索动物** cephalochordate; *Cephalochordata* 现存最原始的脊索动物。位于脊索动物系统树基部。头索动物无真正的头，习惯也称无头类。脊索纵贯全身，向前一直延伸到身体背神经管的前方，这在所有脊索动物是仅有的现象，故而被称为头索动物。

形态　头索动物身体呈长纺锤形，左右侧扁，两端稍尖，无头与躯干之分。文昌鱼是头索动物典型代表，其体长因种类而异，常见成体长4厘米左右，个别种类如产于美国圣迭戈湾的加州文昌鱼体长可达10厘米。

文昌鱼

文昌鱼皮肤由单层柱形细胞的表皮和冻胶状结缔组织的真皮两部分构成，表皮外覆有一层带孔的角皮层。透过文昌鱼半透明的表皮，可以看见下方的肌肉。肌肉分节现象明显，肌节呈“>>”形，尖端指向身体前端。身体两侧肌节交错排列，肌节之间有肌隔。文昌鱼沿身体背部背中线全长有一纵行皮皱，也称背鳍，和身体末端较扩大的尾鳍彼此相连。尾鳍腹侧又和它前方的臀前鳍连在一起。这些鳍都不成对。文昌鱼背鳍和腹鳍都由纵向排列的一系列充满胶质的鳍隔或鳍条隔组成。鳍隔其实是被隔膜分开的体腔。

文昌鱼体前部2/3的背面较狭窄，腹面较宽平，横断面略呈三角形，体后部（1/3段）横断面为侧扁椭圆形。体前端有眼点，为视觉器。文昌鱼口位于身体前端腹面，周围有触须环绕。触须作用在于罩住口腔，像筛子一样，防止粗物流入口内。文昌鱼口腔壁背部中线处一凹陷，称哈氏窝（Hatschek's pit），可能和脊椎动物脑垂体具有同源性。

文昌鱼口后面为咽部。咽部约占消化管全长的1/2。咽的两侧有许多鳃裂。鳃裂外面是围鳃腔。围鳃腔是由胚胎发育时期消化道下方的表皮和体壁向下延伸，最终左右两边相互连接起来而形成的空管。身体腹面两侧的围鳃腔下垂形成腹褶。腹褶与臀鳍交界处有一腹孔，也称围鳃腔孔；腹孔的后面，在尾鳍与臀鳍交界偏左处有一肛门。

文昌鱼脊索纵贯全身，有一层坚韧的脊索鞘包围，是原始的中轴骨骼。脊索背面是稍短的神经管，这是原始的中枢神经系统。神经管分化程度很低，仅前端略膨大，称为脑泡。神经管已有原始的背根和腹根神经分出。

文昌鱼消化系统由口、咽、肠和肛门组成。肠为一条直管，其前段约在全长1/3处腹面向左前方凸出形成一个盲管，称为肝盲囊，能分泌消化液，被认为与脊椎动物肝脏具有同源性。消化道咽部腹面有一条纵沟，成为咽下沟，又称内柱。内柱沟壁有腺细胞和纤毛细胞，是一种被动摄取食物的结构。系统演化上，内柱被认为与脊椎动物甲状腺具有同源性。

文昌鱼循环系统属于封闭式循环，即血液完全在血管内流动，与脊椎动物血液循环方式基本相同，但比较原始。文昌鱼没有心脏，只有能搏动的腹大动脉，位于鳃裂下方。血液无色，也没有自由流动的血细胞。

文昌鱼排泄器官含有90～100对原肾管，位于咽壁背方的两侧。原肾管是短且弯曲的小管，其一端以具纤毛的肾孔开口于围鳃腔，另一端以一组特殊的有管细胞紧贴特殊的血管，血管壁将有管细胞与体腔上皮分开。有管细胞具有细的内管道，其中有一长鞭毛，它的盲端膨大呈球状。血管分支在原肾区域特别丰富。鳃条的体腔外缘血管和舌状鳃条的鳃外血管到原肾处分成网状，称为“脉球”。原肾就是从这些分支多且活动慢的小血管里把血液中的代谢废物靠渗透作用吸入有管细胞，由鞭毛的摆动驱使废物经开口进入围鳃腔，再靠水流排出体外。有趣的是，低等脊椎动物鲨鱼胚胎时期肾的形态和文昌鱼十分相似。

分类　头索动物只包含一个纲，即狭心纲（Leptocardii），又称头索纲（Cephalochordata）或文昌鱼纲（Amphioxi），仅文昌鱼目（Amphioxiformes），现存2个科：文昌鱼科（Branchiostomidae）和偏文昌鱼科（Epigonichthyidae）。文昌鱼科只有文昌鱼1属（*Branchiostoma*），记录有24种；偏文昌鱼科一般认为也只有偏文昌鱼1属（*Epigonichthys*），记录有6种。偏文昌鱼属名也曾使用*Asymmetron*，但由于*Epigonichthys*使用较早，根据命名法优先原则，偏文昌鱼属名应使用*Epigonichthys*。偏文昌鱼的显著特点是只在身体右侧有生殖腺。

分布范围　文昌鱼广泛分布于热带和温带海域。在世界各地的海滨，特别是北纬40°至南纬40°之间的区域，都发现有文昌鱼。中国文昌鱼资源非常丰富，南起海南岛到广东汕头和湛江、香港、广西合浦、福建厦门、台湾地区，再到北方山东青岛、烟台、威海和河北昌黎，均发现有文昌鱼。

生物学特征　文昌鱼是一类不善于运动的海洋动物，通常身体钻到海底沙中，把头露出来。文昌鱼是滤食动物。水从口流入，经鳃裂到围鳃腔，再从围鳃腔孔排出体外。在水流进出的过程中，文昌鱼进行着呼吸和摄食作用。围鳃腔急剧收缩时，能把水喷得很远。有时文昌鱼还能关闭围鳃腔孔，由口将水喷出，从而把不适宜的食物从围鳃腔吐出去，类似人的咳嗽反射。

文昌鱼行有性生殖，为雌雄异体。生殖腺平均26对，按体节排列在围鳃腔壁的两侧并向围鳃腔内突入。文昌鱼缺乏生殖导管，成熟的生殖细胞穿过生殖腺壁进入围鳃腔，随水流由围鳃腔孔排到体外，在海水中行受精作用。在繁殖季节卵巢呈橘黄色，精巢呈白色。除此之外，雌雄个体并无外形上的差异。

系统演化　头索动物如文昌鱼成体具有脊索动物所特有的脊索、背神经管、咽裂和肛后尾，其胚胎发育过程如原肠形成和神经胚形成等也与脊椎动物相似。同时，头索动物摄食、排泄等机能又跟无脊椎动物的类似；其胚胎发育过程中身体前部的中胚层是以体腔囊的方式所形成，与棘皮动物及半索动物相同。所以，头索动物是从无脊椎动物进化到脊椎动物的中间过渡型动物，是研究脊椎动物起源与演化的珍贵模式动物。（包振民）

**头足类** Cephalopoda　软体动物门（Mollusca）头足纲（Cephalopoda）中所有种类的总称。

分布　头足类分43科146属，现有786种，均为海洋种类。从寒带海域到热带海域，从近岸到远海，从表层到6000米以下深海，都能见其踪迹。但是，在盐度较低的水域较罕见。在43科中，有重要经济价值的有柔鱼科（Ommastrephidae）、枪乌贼科（Loliginidae）、乌贼科（Sepiidae）和蛸科（Octopodidae）等。中国海域已发现的有134种。

形态特征　身体分头、足（颈）和胴（躯干）3部分。头部的两侧有1对极发达的眼，顶部中央有口。足特化为腕和漏斗，多数种类有8只或10只腕，环列在头前和口的周围，多数种类的腕上有吸盘，漏斗位于足基部的腹面。胴部呈圆锥形、盾形、卵圆形等，多数种类的两侧、周围或中部有肉鳍。仅极少数种类具外壳，多数种类有内壳。不同种类个体大小差异极大，如大王乌贼（*Architeuthis dux*）包括腕在内，长达20多米；微鳍乌贼属（*Idiosepius*）的体长不到2.5厘米。

生活习性　多数种类的皮肤有色素细胞，在攻击、伪装、休息或防卫时，可呈现不同体色。一些种类有墨囊，能放出墨汁，用于防卫和避敌。除鹦鹉螺和章鱼类外，许多种类有发光器，能发冷光。头足类能利用喷射水流形成的反作用力进行运动，也可以用肉鳍游动，还能够爬行。鹦鹉螺常聚成群，章鱼类也有群聚现象。柔鱼类、枪乌贼类和乌贼类每年都要进行生殖、索饵和越冬洄游。此外，头足类还有垂直移动的习性，通常是白天活动在海水的中下层，夜间移动到海水的中上层。

生殖习性　头足类为雌、雄异体，且异型，通过交配进行繁殖。交配时，雌性与雄性有追尾现象。因繁殖季节不同，柔鱼类和枪乌贼类的种群，还分成春生群、夏生群、秋生群和冬生群等不同的繁殖群。章鱼类能产几十个至10万个卵；乌贼类产200～300个卵，一般50～100粒卵黏成一丛；枪乌贼类产几千个卵。头足类卵较大，最大的直径可达15毫米。卵一般产于沿海，单个或成团附于海底物体上，多数种类包在膜内。膜为胶质、透明（章鱼类、枪乌贼类），或革质、不透明（乌贼类）。乌贼类产卵时，雌性常群集，在相同的海区产卵。产卵后，有的种类的母体随即死亡；有的母体携带卵丛，至孵化后死亡；有的母体不死亡。章鱼类有护卵习性。头足类为直接发育，新孵化的幼体与成体相似。沿岸的中、小型头足类寿命一般为1年，偶或2～3年。研究发现，章鱼的智力相当高。

摄食习性　属凶猛、掠食性动物。柔鱼类主要捕食磷虾类、端足类、虾类和小型鱼类等；枪乌贼类主要捕食毛颚类、磷虾类、桡足类、毛虾和幼鱼等，且同类残食；乌贼类主要捕食虾类、蟹类和幼鱼等；章鱼类主要捕食双壳类、蟹类和虾类等。

资源利用　世界头足类资源非常丰富，相对来说，开发利用略有不足。柔鱼类用钓钩、流刺网或拖网捕捞；枪乌贼类用拖网捕捞、围网捕捞、滚钩捕捞或陷阱捕捞；乌贼类用三角网、墨鱼笼或拖网捕捞；章鱼类用陷阱网、拖网、系在一起的陶罐捕捞，亦可用钓钩或红螺壳钓捕捞。头足类可鲜食、晒干或浸在橄榄油内制成罐头，此外，还有广泛的医药用途，能提取鱼肝油、降压药物，制作止血药物等。头足类是大型鱼类、海鸟、抹香鲸和海豹等的重要饵料。鹦鹉螺是中国Ⅰ级保护动物。（程济生）

**透明海洋**　transparent ocean　通过集成应用现代海洋观测技术、信息技术和预测预报技术，实现海洋的状态透明、过程透明和变化透明。透明海洋以海洋观测物联网为基础，预测海洋资源、环境和气候的时空变化，是中国实施海洋强国战略所面临的迫切任务，将为国家海洋事业和经济社会发展提供全面精准的海洋信息服务。实施透明海洋战略，加强海洋观测技术装备开发，加快海洋观测体系建设，应当成为中国海洋科技创新的一个重要方向。

研究意义　透明海洋计划的重要性体现在以下3方面：①构建深远海水下环境安全保障体系、维护海防安全与海洋权益都需要实时、准确地获取和评估海洋多学科环境信息并建立可验证的四维海洋数值模型，实现海洋和海底状态、过程和变化的“透明化”。②西太平洋－南海－印度洋（以下简称“两洋一海”）蕴藏着丰富的油气和重要经济鱼类资源，这些资源的形成机理及开发过程均需要对海洋动力过程和海底构造有全面了解。③两洋一海是影响东亚天气和气候变化的关键海区，也是灾害多发地带，建设透明海洋可以提高对台风、季风、厄尔尼诺，以及地震、海啸等海洋地质灾害的预测能力，从而为应对气候变化、气候谈判和防御海洋、气象及地质灾害提供重要的决策依据。

透明海洋在海洋资源开发、海洋生态环境保护、海洋科技创新和海洋权益维护方面，都发挥不可替代的作用。

技术关键　①海洋观测技术突破。着重加强海洋观测系统关键设备与技术研发，特别是水下移动观测平台技术，形成核心自主产品，提升观测能力。②海洋观测网拓展。建设立体海洋观测网，着力提高观测网的时空分辨率，从单一观测拓展为多要素综合观测，形成长期、立体、实时、多学科的观测网。③海洋观测理论突破。深入开展西太平洋－南海－印度洋环境、气候、资源的协同研究，力争在海洋环境多尺度变化机理及气候资源效应等方面取得重大原始创新。④预测体系构建。逐步有序构建起西太平洋－南海－印度洋气候预测系统以及针对国家具体要求的区域预测系统，即多层次、多学科、多目标的预测体系。

发展趋势　新一代信息技术、能源技术、材料技术与海洋观测技术装备的结合，推动了海洋观测技术向综合化、立体化、网络化、实时化跃升。海洋观测技术正在与现代信息技术、人工智能技术、物联网技术加速融合，成为海洋科技格局中竞争最为激烈、发展最具活力的创新领域。围绕构建透明海洋物联网技术体系这个主线，在天空、水面、水下和海底四个空间层次布放智能观探测装备，开展海洋多层次、多维度、多平台的智能协同、互联、一体化立体感知关键技术与装备研发，构建面向全球海洋环境与目标感知的海洋物联网技术体系，建立海洋智能模拟与大数据分析中心，基于海洋大数据开展综合应用与信息服务，建立透明海洋综合应用示范区，使中国海洋环境的观测感知能力从百米级提升到千米级、观探测参数从物理海洋为主拓展到多学科主要参数、模拟仿真空间分辨率达到百米级、全球大洋及特定海域实现智能模拟/回溯/预测预报，最终实现透明海洋。（黄豪彩）

**涂料防护技术**　coating protection technology　采用有机涂层和无机涂层将海洋装备被保护表面与侵蚀介质隔绝的技术，是常用的防腐技术。防护技术采用的涂料主要包括防腐蚀涂料和防污涂料。防腐蚀涂料是一种化工产品，称之为“油漆”，由颜料、树脂或油类为主的多种物质制成。涂料将海洋装备与空气、水分、海水、阳光等腐蚀性介质隔开，既能防止并抑制对材料的腐蚀，又能保证装备正常工作并延长使用寿命，减少因腐蚀造成的各种损失。防污涂料从本质上讲就是提供一个在规定的有效期内无生物附着的涂层表面。现已存在多种防污原理，但是最实用的还是使用防污剂来抑制生物附着。防污涂料的开发最重要的是开发适当的防污剂或其组合，通过一定的配方设计达到有效控制、缓慢释放防污剂的目的。（杨　柯）

**屠本畯**　Tu Benjun　中国明代生物学家。字田叔，浙江鄞县（今宁波）人，生卒年不详。曾任太常典簿、辰州知府、福建盐运司同知等。平生喜读书，学识渊博，著有《海味索隐》《闽中荔枝谱》《野菜笺》《离骚草木疏补》《瓶史月表》等。突出的贡献是在海洋生物方面，代表作为《闽中海错疏》（3卷，成书于明万历二十四年，1596）。他在《闽中海错疏》中，记述福建沿海海产动物200多种（包括少数淡水种类）。在海产动物中，以海洋经济鱼类为主，还有海产软体动物、节肢动物和棘皮动物等。他所记载的海洋动物，基本上按自然分类的原则进行分类，记述的内容包括动物的名称、形态、生活习性、地理分布和经济价值等；记述的方法与现代动物志相近，因而该书被认为是中国现存最早的一部地区性海产动物志。

（孙关龙）

**湍流与混合** turbulence and mixing 一种发生在连续介质中紊乱的、无序的和随机的运动。海水混合的重要形式。连续介质中运动的失稳是产生湍流的主要机制，在连续介质湍流脉动运动（搅拌）引起的不同组分的重新分布，这一构成称为湍流混合。海洋湍流混合对维持海洋热力学平衡具有重要的作用，它是调控大洋经向翻转环流的关键因素，同时对海洋物质和能量输运、生态环境及全球气候变化均具有重要作用。

（田纪伟）

**拖网或拖曳式沉积物采样器** trawler or towing sediment sampler 船舶在航行过程中采集海底沉积物或底栖生物样品的装置。主要由拖曳缆绳、采样铁框架和网篮等构成。①拖曳缆绳。用于将装置连接到船舶上，并保证装置随船舶拖动。②采样铁框架。是样品进入装置的通道。通常具有较高的强度，以防止拖动过程中装置出现损坏；同时具有一定的重量，以保证拖动过程中装置能够沉在海底。③网篮。主要用于过滤和收集所需样品，按材质可以分为金属和非金属网篮。金属网篮通常用于收集硬度及重量较大的样品，如岩石样品；非金属网篮通常由塑料或复合材料制作而成，强度比金属网篮稍弱、重量轻，主要用于底栖生物等样品的采集。拖网采样器不能做定点采样，只能用于沉积物和底栖生物的概略调查。

（王杭州）

# W

**湾流延伸体** Gulf Stream extension 湾流系统自纽芬兰大浅滩向东的延续部分。又称北大西洋暖流。湾流延伸体是大西洋北部势力最强的暖流，是墨西哥湾暖流的延续。处在欧洲以西，北美洲以东。北大西洋暖流的流量随墨西哥湾暖流的强度变化而变化，其流量值为$2\times10^{11}$～$4\times10^{11}$米$^3$/秒。 （袁东亮）

**腕足动物** lamp shells 腕足动物门动物的统称。

形态 因其头顶突出部生有许多被称为腕足的触手，故名腕足动物，属于触手冠动物。腕足动物是具真体腔的海洋无脊椎动物，由2枚外壳包裹体躯，或以外壳掘沙而营底埋生活，或借柄状肉茎附着在外物上而营终生附着生活。

包裹动物体躯的外壳由腹壳和背壳组成。腹壳一般大于背壳。壳表光滑，但通常有生长线、放射沟、刺等装饰构造。壳内有若干肌痕。背腹两壳或以动物体的柔软组织黏合在一起，或借其齿槽装置铰合在一起。背壳内面有一钙质腕骨，用以支持触手冠。触手冠分为6个类型：盘冠型触手冠、裂冠型触手冠、褶冠型触手冠、双冠型触手冠、捻冠型触手冠和螺冠型触手冠。腕骨分化程度较高，与触手冠类型密切相关；不同种类的腕骨形态不同，触手冠的类型也不同，故腕骨的形态特征和触手冠形态类型是腕足类分类单元之间的重要分类依据。肉茎系两壳后端或肉茎孔伸出的圆柱形结构，是腕足动物露出体外的唯一器官，内端固着在腹壳上，外固着在外物上。

动物体呈袋状。外套系体壁的叶状延伸，外表面分泌背腹两壳，并把两壳连接在一起，内表面分泌腕骨用以支持位于外套腔内的触手冠。体壁由表皮、结缔组织、肌纤维、神经网和腹膜构成。真体腔分为前腔、中腔和后腔。除后肾开口外，体腔为封闭系统，但当两壳开启时，外套腔与海水相通。消化管由口、食道、胃、肠组成，或终于肛门向外开口，或终于盲囊而开口于体腔，有1对消化腺。神经系统由1个较小的食道上神经节和1个较大的食道下神经节构成。循环系统由背血管和若干膨大的心囊组成，2对后肾兼有排泄及生殖导管2种功能。除体壁肌纤维外，还有发达的闭壳肌、开壳肌和调节肉茎活动的肌肉。

分类 几乎全系化石，现生种只有300多种，在中国仅发现8种。腕足动物是古老的动物类群之一，最早出现于5亿年以前的寒武纪，分类体系尚未取得一致。传统分类将腕足动物分为2纲：①无铰纲。壳内后部无铰合装置，壳质为磷酸盐和甲壳素，无腕骨，消化管终于肛门向外开口。幼虫期长，消化管、触手冠和成体肌肉（至少大部分）在动物附着以前就已出现，幼虫不经变态或外套倒转。②具铰纲。壳内后部具铰合装置，壳质为碳酸钙，有腕骨，消化管终于盲囊，开口于体腔内。幼虫期短，附着后即行变态，外套发生倒转、前移，幼虫附着后才出现消化管、触手冠和成体肌肉。无铰纲含4目，即舌形贝目、顶孔贝目、小圆货贝目和神父贝目，包括约10个总科。具铰纲含7目，即正形贝目、扭月贝目、五房贝目、小吻贝目、石燕贝目、长身贝目及穿孔贝目，包括约30个总科。此外，顾脱贝目的外壳为钙质，外形与具铰纲正形贝目的早期代表相近，但又无铰合装置，被认为是两个纲之间的过渡类群之一。有人把这些过渡类群独立为始铰纲，又把具腕骨的小吻贝目、石燕贝目和穿孔贝目分出成立腕铰纲，于是为腕足动物设置了无铰纲、始铰纲、具铰纲和腕铰纲的4纲分类框架。

有人提出将无铰纲和有铰纲提升为2个独立的动物门类来对待，但这一意见尚未被动物学界所接受。有人将腕足动物门分为2个亚门，即海豆芽亚门和小吻贝亚门，前者相当于无铰纲而后者相当于有铰纲，两亚门的分类框架已获得许多学者的首肯。

腕足动物的现生种类很少，绝大多数种属都已绝灭，分类系统主要依据化石种外壳的构造特点建立。已描述2300属3万多种。在中国所辖海域已发现8种，其中4种属于海豆芽亚门（包括1种在世界各大洋都有分布的大西洋深海盘壳贝），4种属于小吻贝亚门。

虽然在寒武纪前的地层里发现近似腕足动物化石的报道越来越多，但确切的腕足化石产在早寒武纪。整个寒武纪都以无铰纲占优势。从奥陶纪开始，属于小吻贝亚门的腕足动物逐渐取得优势，整个腕足动物门的分异度和丰富度显著增加。此后，腕足动物在古生代成为海底的主要居住者之一。在古生代末期，许多重要类群迅速灭绝了。在中生代，穿孔贝目和小吻贝目成了优势类群，个体数量很多。新生代的腕足动物不多，现生种类还不到100属，有300余种。

生态学特性 腕足动物全系海产，从北极至南极的海区，从潮间带至水深5000米以下的深海海底，都有它们的代表。生活在**潮间带**的种类为数极少，分布于深渊海底的种类也不多，绝大多数种类栖息在大陆架浅海海底。腕足动物在冷水水域种类较多，热带性种类很少。有铰纲腕足动物常有聚生现象，即一种或数种腕足类个体常聚集在一起，如酸浆贝。大部分腕足类属于底上动物。它们直接以腹壳或借肉茎固着在岩石、贝壳等坚硬的基质上营固着生活，通常背壳在上，腹壳在下，水平横卧在基质上。但**海豆芽**（*Lingula*）和舌壳贝（*Glottidia*）两属的成员可借肉茎收缩或借外壳上下活动筑穴而营钻穴生活，故属于底内生物。腕足类与其他具触手冠动物一样，借触手的纤毛运动摄取食物，通常的食物有硅藻、放射虫、软体动物幼虫、海藻碎片等。

无论是化石类群还是现生类群，腕足动物按其对生活环境的适应能力分为广适性腕足类和狭适性腕足类两类：前者如仿盘壳贝（*Discinisca*）和某些贯壳贝（*Terebratalia*），它们可生活在有岩石露头的任何海底；后者如海豆芽，它们只生活在泥沙质潮间带海底。

腕足动物虽有雌雄同体的种类，但绝大多数为雌雄异体；少数种类有育卵习性，但大多数行体外受精。

（刘锡兴 刘会莲）

**汪品先** Wang Pinxian（1936-11-14～ ） 中国微体古生物学家，海洋地质学家。江苏苏州人。1960年毕业于莫斯科大学地质系，1981～1982年获洪堡奖学金，在德国

基尔大学从事研究。先后在华东师范大学和同济大学任教，历任同济大学海洋地质系主任、同济大学海洋与地球科学学院教授、海洋地质教育部重点实验室主任。1990年当选为伦敦地质学会名誉会员，1991年当选为中国科学院学部委员（院士），2002年当选为第三世界科学院院士。曾任国际海洋研究

科学委员会副主席、中国海洋研究委员会主席、中国科学院地学部副主任等职。

汪品先长期从事海洋微体古生物与古海洋学研究，是中国微体化石埋藏学研究的开拓者。20世纪70年代，以微体化石为载体系统地进行古环境研究，完成了中国第一口海上油井的微体古生物分析，揭示了中国各海区新生代钙质微体化石的分布格局及其控制因素，提出了识别海相、咸水湖与淡水相的标志；引进多种定量古生态研究方法，推动中国微体古生物研究朝定量古生态方向发展。80年代中期起，致力于中国古海洋学研究，做出开拓性贡献。首次发现了南海等西太平洋边缘海在冰期与间冰期旋回中环境与沉积变化的古海洋学放大效应。1988年，以他为主筹备、发起了首届“亚洲海洋地质国际会议”，先后主持政府间海洋学委员会“西太平洋古地理图”工作组、国际海洋研究科学委员会“亚洲季风演变的海洋记录”工作组，推动中国古海洋学的发展，受到国际上的重视。他提出的在南海追溯东亚古季风史的项目建议书，在1997年大洋钻探国际竞争中获全球第一，被采纳为大洋钻探计划（ODP）第184航次，于1999年成功实施，并任首席科学家。这是在中国海区首次进行深海科学钻探，也是首次由中国人设计和主持的大洋钻探航次。该航次建立了西太平洋海区最佳深海地层剖面，发现了碳循环长周期，是对古南海研究的重大贡献。

汪品先领导和执行了多项国家重点基础研究发展规划、国家自然科学基金重大项目和教育部重大科技项目。在国内外学术刊物上发表论文百余篇，专著及论文集十余种，其中1985年的《中国海洋微体古生物学》论文集、2000年主编的《大洋钻探计划初始报告》第184卷等在国内外受到高度评价。曾获国家教委科技进步奖一等奖（1985）、国家自然科学奖四等奖（1987）、二等奖（2000），中国科学院科技进步奖一等奖（1998）以及何梁何利基金科学与技术进步奖（1998）。

（何起祥）

**往复流** reversing current 潮流以大致相反的方向交替流。每次逆转前出现憩流。往复流通常发生在河流和海峡中，其中流动的方向或多或少地限于某些通道。当运动朝向岸边或向上流动时为涨潮，而当处于相反方向时为退潮。（刘海龙）

**微生物采样器** microbiological sampler 对海洋中的微生物进行采样的装置。微生物采样器主要包括微生物采水器、沉积物采样器和柱状采样器等。微生物采水器用于采集海水中的微生物样品，有佐贝尔采水器、复背式采水器和无菌采水袋等。常用的佐贝尔采水器由机架和采水瓶两部分组成，将其沉放到预定深度时，投放下坠铁块敲击杠杆后部，杠杆前端挑起，将玻璃管击断，使海水进入采水器瓶内从而完成采样。复背式采水器由一个厚壁橡皮球附加在颠倒采水器上构成，采水器颠倒时，把球口上的塞子拉下，海水进入橡皮球中。无菌采水袋由无菌塑料袋和采水机架组成，采水袋沉放到预定采水深度时，使锤或切刀将水嘴打开，海水流入。沉积物采样器和柱状采样器可用来采集底质中的微生物样品。（王杭州）

**微食物环** microbial food loop 有机碳通过海洋异养细菌的“二次生产”形成的有机碳→异养细菌→原生动物的传递，最终原生动物被浮游动物摄食再次传递返回经典食物链的过程。海洋中的有机碳大部分以溶解有机物的形式存在，另外还包括无法被动物直接摄食的小颗粒有机物，如细胞裂解碎片等。微食物环的概念最早由F.阿扎姆等在1983年提出。海洋生态系统中，除了浮游植物→大型浮游动物→鱼类的经典食物链外，还存在以原生鞭毛虫为主的微型异养浮游动物通过摄食异养细菌，进而被个体较大的原生动物（主要是纤毛虫）所利用的食物链。在微食物环中，异养细菌在有机碳的转换过程中起关键作用，同时也说明异养细菌不仅是分解者，也是“生产者”。微食物环是海洋生态系统中重要的物质和能量过程，是传统食物链的有效补充。

微食物环包括多个不同营养模式的生物，食物链的环节数甚至可以超过经典食物链。科学家发现海洋中还存在着很多与异养细菌相似的自养生物，包括微微型浮游植物和一些蓝细菌。这些自养生物可被鞭毛虫摄食。鞭毛虫包括混合营养型和异养型，混合营养型鞭毛虫可以根据环境条件的变化选择营养模式。最终鞭毛虫被个体较大的原生动物（主要是纤毛虫）所利用，进而被大型浮游动物所摄食进入经典食物链中。可以看出，微食物环内部的营养关系不是一条线，而是形成了一个相对独立的食物网结构。1988年，希尔等提出了微型食物网的概念。

海洋微食物环在海洋生态系统物质循环和能量流动中起着非常重要的作用。在海洋生态系统的物质循环中，营养物质在微食物环中的更新更快。微食物环中的细菌、原生动物、浮游植物，相比于经典食物链，都具有个体小、世代周期短的特点，具有更高的营养物质更新效率。在海洋生态系统的能量流动过程中，海洋初级生产产品中的溶解有机颗粒物只有通过被异养浮游细菌摄食进入微食物环中，才能被更高营养级的动物所利用。同样海洋中大量的微微型浮游植物也只有通过进入微食物环才能被大型浮游动物利用，进而进入经典食物链。（李超伦）

**微小原甲藻** *Prorocentrum minimum* 属于甲藻门（Dinophyta）、甲藻纲（Dinophyceae）、原甲藻目（Prorocentrales）、原甲藻属（*Prorocentrum*），中国沿海常见的一种赤潮生物。细胞壳面卵形、三角形或冠心形，细胞长14～23微米，宽10～15微米，细胞下端一般圆状，上端轻微凹陷，侧面观双凸透镜状，细胞上端鞭毛区有3个顶刺，细胞表面有许多小刺，具刺丝胞孔。叶绿体两个，盘状，侧生，细胞核球形至椭圆形位于后端。不同区域野外采集的样品细胞外形可能有差异，但基本的形态分类保守特征一样。

该种为世界广布种，近岸或内湾半咸水生，在美国切萨皮克湾、德国波罗的海近岸海湾常引发**赤潮**。在中国海域也有多次形成赤潮的记录，如1977年8月在天津市大沽口近岸水域发生过此种赤潮，水体种微小原甲藻的细胞密度高达$1.6\times10^8$～$7.2\times10^8$个/升，波及范围达560平方千米，持续20日之久。（陆斗定 周名江）

**围海工程** coastal reclamation works 在沿海修筑海堤围割部分海域，再利用向内抛填或自然促於形成的陆地。围海工程的目的是挡潮防浪，控制围区水位，满足农垦、制盐、蓄淡、水产养殖、工业用地及发电、交通航运、海岸防护等要求。根据实际需要，还要兴建相应的专用建筑物，如水闸、船闸、潮汐电站、抽水站、鱼道等。

中国早在汉代就有小规模的围海。唐代与宋代时，江苏、浙江沿海的农业和盐业日益发达，围海规模逐渐扩大，出现了百里长堤。围海事业发展较快的国家有荷兰、日本、朝鲜等，如荷兰的须德海围海工程、三角洲计划、瓦典海计划，日本的有明围垦、谏早围垦、利根川堵口工程等。

围海工程按其所在位置不同，可分为顺岸围海、海湾围割和河口围海3类。

顺岸围海是在较平直海岸（包括河口沿岸）的潮间带范围内围海。所围面积一般不大，海堤堤身较低。虽然多数为淤泥质滩地，由于滩面露出水面时间较长，土质稍硬，故此类围海工程中的软基筑堤、堵口闭气和海堤防浪等问题较易处理。中国已建围海工程项目中，顺岸围海所占比例较大。

海湾围割是在海湾口门或湾内适当部位筑堤堵海。口门港道深、地基软、吞吐潮量较大，筑堤技术问题较复杂。荷兰须德海工程、中国厦门杏林海堤均属此类。

河口围海是在河口或河口岔道上筑坝挡潮围海。潮汐河口受径流和潮流共同作用，河床演变显著，在河口筑坝涉及航运、水利、水产多方面的利益，必须十分慎重。在潮差大的大中型河口筑坝，施工的困难也较大。荷兰三角洲工程与法国朗斯潮汐电站均属河口围海工程。

**海堤**是围海工程的主体，直接承受风浪、风暴潮、急流的作用，工程量一般比较大。围海工程中，软基筑堤和堵口闭气是海堤施工的重要技术问题。

软土地基的抗剪强度很低，要采取有效措施，才能建造一定高度的海堤而不至于塌陷。常用技术措施有：①堤身两侧加筑压载，防止堤身滑塌。②采用水平沙垫层、沙井、碎石桩、塑料排水插板等措施加速地基固结，增加抗剪强度和地基承载力。③分期间歇施工，使软土地基有足够的时间消散孔隙水压力，增大抗剪强度。④改善海堤上部结构，减轻海堤自重等。

修建海堤时，为了施工安全，在堤线上常预留一个或几个口门让潮水自由吞吐，这种口门称为龙口。待海堤填筑出水达一定高度时，封堵这些龙口，称为堵口。堵口常采用抛石截流的方法，在龙口抛投大块石或人工块体、填石竹笼、填石铁丝笼等进行缩窄和封堵，最后形成一道截流堤。堵口截流要先进行水力计算，通过模型试验搞清龙口水力特性，确定合理堵口顺序和施工方法。荷兰曾采用浮运水闸式沉箱到龙口定位沉放的堵口方法。但定位沉放需较长的平潮时间，只能在潮差较小的海域中使用。堵口截流后，龙口段截流堤是透水的，堤身较单薄，应及时进行"闭气"加固。闭气是用黄土、砂、海底黏土等材料截断堆石堤内的渗流。由于潮汐影响，堆石堤内的渗流是双向的，又是在水中抛土，必须满足堤身、地基和渗流稳定的要求。

荷兰科伦沃德滩的水闸鸟瞰

促淤是围海工程常采取的工程措施，目的是使滩面在围堵前更快淤高，减少围成后的填筑量。促淤一般采用丁坝、顺坝等建筑物，也可以在滩面种植红树林、大米草等植物，采用长丁坝与潜顺坝相结合的布置，促淤效果较好。开始围海筑堤时，常以原有促淤丁坝和顺坝为基础，加高加宽，可以给施工带来方便。

水闸也是围海工程的重要建筑物，用以挡潮、排涝、泄洪和控制堤内水位。在堵口过程中，还可起分流作用，减少内外水位差。有些堵口难度较大的工程常设置专门的分流闸，堵口后分流闸填埋在堤中。

（汪龙腾　许星煌）

**围填海造地生态环境影响**　influence of sea area reclamation on ecosystem and environment　将自然海域通过筑堤围割填成陆地的人类海洋开发活动对海洋环境的影响。许多陆地资源贫乏的沿海国家和地区都非常重视利用滩涂、海湾围填海造地，以缓解土地供求矛盾、扩大社会生存和发展空间。

**围填海造地情况**　在一定历史时期，围填海造地可为土地资源短缺的沿海国家和地区提供一定的土地开发空间，带动更多的发展机遇，如发展农业、提供大量城市用地、保证港口陆域用地、创造巨额财政收入及经营利润、美化城市等。荷兰近800年来围填海造地面积相当于国土面积的五分之一；日本在过去的100年中围填海造地1200平方米，沿海城市约有三分之一的土地是通过围填海造地获得的；新加坡围填海造地100多平方千米，世界最大、最壮观的机场之一——樟宜机场，裕廊工业区等地都是在围填海造地基础上建设的；韩国仁川国际机场、釜山港都是围填海造地建设而成的。

**环境问题**　但随着人类对自然认知能力的提高，一些大规模围填海引发的生态环境问题逐渐浮出水面，主要表现在以下8个方面。

*滨海湿地面积减少，生态服务功能退化*　围填海造地侵占和破坏了大面积的滩涂、盐沼、红树林等滨海湿地，降低滨海湿地的物质生产功能，导致其提供的碳储存功能、气候调节、水文调节、防灾减灾、污染净化及提供生物栖息地等生态服务功能丧失。许多湿地鸟类栖息地和觅食地消失，湿地鸟类受到严重影响。

*降低海洋环境容量，加剧海洋环境污染*　围填海造地大量占用海湾的海域空间，使得海洋潮差变小，潮汐的冲刷能力降低，港湾内纳潮量减少，海湾内海水交换能力变差，降低了近岸海域水环境容量，削弱了海水净化纳污能力，加剧海水富营养化风险，增加大规模赤潮事件发生概率。大规模围填海造地发展海水养殖及建设港口码头、临海工业区、滨海城镇都不同程度地增加了生产和生活污水入海量，也是导致沿岸水质，尤其是排水口附近水质恶化的重要原因。农业围垦的土地大量使用化肥、农药及排放的污染物，也严重污染了海洋环境。

*破坏海洋生境，造成海洋生物资源衰退*　沿海滩涂是各种鱼类繁衍、大量海洋生物栖息、海鸟等野生动物觅食、珍稀动植物生长的场所。围填海造地占用滩涂和近岸海域，改变了海域的自然属性，完全破坏了海底底质环境，绝大部分海洋底栖生物被掩埋、覆盖而死亡，改变或彻底破坏了潮间带和底栖生物群落的栖息环境，导致生物种群数量减少甚至濒临灭绝，围填海造地附近海区生物种类多样性普遍降低，优势种和种群结构也发生改变。围填海造地也使许多鱼类的产卵场、索饵场和苗场被破坏，鱼类生境缩小或消失，渔业资源受损。围填海造地工程建设期悬浮污染物浓度增加，海水透明度下降，抑制浮游植物的光合作用和生长，导致附近海域初级生产力下降。同时悬浮泥沙会黏附在浮游动物体表或者阻塞鱼类等游泳动物的鳃，导致它们大规模窒息死亡。

*改变海岸带地貌，加剧生态灾害风险*　海岸带系统，尤其是滨海湿地系统，在防潮削波、蓄洪防涝等方面起着至关重要的作用，是内陆地区良好的屏障。大规模围填海造成红树林、珊瑚礁、海岸滩涂、盐沼湿地等典型生态系统减少、甚至消失，改变了原始岸滩地形地貌，湿地调节径流的功能大大下降，海岸带抵抗洪灾、风暴潮、海啸和海水入侵等自然灾害的能力受到削弱。

*近岸海岛消失*　海岛是近海生态系统中的重要组成部分，在维护海洋生态健康、促进海洋经济发展、保障国家权益与安全等方面发挥着重要的作用。围填海造地活动使众多海岛陆地化而失去了自然的海岛属性。

*重要海湾萎缩，海岸线急剧缩短*　世界许多沿海发达城市都依海湾而建，因海湾而兴，这些海湾不但孕育了美丽的城市，也是海洋生物的关键生境。同时海岸线长度是海岸空间资源的一个基本要素，也是海岸带生态系统的重要支撑。中国大

部分的围填海造地工程均位于海湾内部，其直接后果就是海湾面积大幅萎缩，海岸线经截弯取直后长度大幅度减少。

破坏海岸带独特的自然景观　良好的海岸自然景观具有很高的美学价值和经济价值，很多滨海城市也因此而成为热点旅游城市，产生巨大经济效益。围填海造地破坏了海岸与海底的自然平衡状态及一些珍贵的海岸景观和历史遗迹。围填海造地后，人工景观取代自然景观，降低了自然景观的美学价值。同时，为了降低工程造价成本，许多围填海造地工程的填海材料都是就地取材，取海岸后缘的山体或土体直接作为填海材料，这样往往造成海岸原始景观的破坏。

改变沿岸水动力条件，造成海岸侵蚀和港口淤积　随着淤泥质浅滩围填海的不断向海推进，起围高程一降再降，滩面潮水流被切断，堤外新淤面积不断增加，使得港口淤积，潮滩航道变浅、变窄，造成港航资源的破坏。（索安宁）

**尾索动物**　urochordata　动物界一门。过去定为脊索动物门尾索动物亚门。20世纪70年代及以后，划入无脊椎动物，成为尾索动物门。因尾部中轴有明显的脊索得名。尾索动物身体包在一种被称为被囊的结构中，所以又称被囊动物。体表粗糙坚硬的被囊，使身体得到保护并维持一定的形状。被囊为体壁细胞分泌的被囊素所形成，其成分接近于植物的纤维素。在动物界，被囊素极为罕见，至今只见于尾索动物和少数原生动物。海鞘是最常见的尾索动物。

形态　海鞘附生在海中岩礁、贝壳、船底或附着海藻上，行固着生活。从胚胎发育上看，出水管位于背面，因此，相对的一面便是腹面。

从入水管孔通入消化道的前端，是一个呈囊状的宽大的咽部。咽壁开孔，形成对称的鳃裂，海鞘借此得以呼吸。围绕咽部是围鳃腔，汇集穿鳃裂而出的水流，经出水管孔排到体外。

入水管孔的下方，有一片筛状的缘膜，其作用是滤除粗大的食物，只容许水流和细小食物进入咽部。咽部内壁有纤毛。背壁和腹壁各有一沟状构造，分别称为背板和内柱，能分泌黏液黏着食物。食物被黏成小颗粒后即随纤毛推动的水流进入胃和肠中。消化后的食物残渣，经出水管孔排出体外。

海鞘神经系统不发达，只在入水管孔和出水管孔之间有一个神经节。循环系统也很简单，在胃的附近有一个称为心脏的结构，血液行开放式循环。体壁中有肌肉，不发达。

种类　尾索动物分为尾海鞘纲、海鞘纲、樽海鞘纲和深水鞘纲4纲，共记载种类3050余种，中国产65种。尾海鞘纲也称幼形纲，形似蝌蚪，终生具脊索和神经管，鳃裂1对，为一群终生营浮游生活的小型种类。全球现生种类分1目3科，共67种。中国沿海有住筒虫科和住囊虫科2科，共记载25种。海鞘纲形态大小不等，幼体形似蝌蚪营浮游生活，变态后发育为成体营单体或群体固着生活，被囊厚，多鳃裂。全球记载有近2900种，中国只记载74种。樽海鞘纲体呈桶形，大小不等，被囊透明，其上有环状肌肉带。生活史中有世代交替现象，记载有3目，共82种。深水鞘纲为新发现的深海小型肉食性种类，成体保留了背神经管，咽短而小，鳃腔很大，内有3对宽大的鳃裂，单体生活，体长20～60毫米，分布于深海，捕食线虫及小型甲壳动物。仅有1目1科3属，共8种。

生物学特征　尾索动物主要分布于温带和热带海洋，一般以单体或者群体营固着生活，少数种类营自由生活。它们是滤食动物，水流通过入水管孔进、出水管孔出，从而摄取食物和实现气体交换。

海鞘可行出芽生殖，也可行有性生殖。海鞘为雌雄同体，但卵子和精子并不同步成熟，所以通常不会发生自体受精情况。

海鞘幼虫外形似蝌蚪，尾部发达，其中有一条典型的脊索，脊索背面有一条直达身体前端的神经管，咽部有成对的鳃裂。它们有短期自由游泳生活时期，接着用身体前端的吸附突起黏附到其他物体上，尾部随后逐渐萎缩直至消失。除留下一个神经节外，神经管和脊索完全消失，完成逆行变态。

系统发生　尾索动物成体身体除去鳃裂以及局限于尾部的脊索外，已看不出脊索动物其他特征。传统认为尾索动物位于脊索动物系统进化树基部，是最原始的脊索动物。基因组序列分析表明，头索动物最原始，而尾索动物和脊椎动物亲缘关系更近，是姐妹群。（张士璀　赵盛龙）

**卫星遥感海洋生态环境监测**　satellite-remote-sensing marine environmental monitoring　利用卫星遥感技术对海洋环境要素开展的环境监测。卫星遥感可以获取与海洋生态系统有关的环境要素，如悬浮物、透明度、浊度、水温、盐度等。

用于海洋生态环境监测的卫星技术主要包括如下类型：水色遥感，利用光谱辐射计主要提供生物参数（浮游植物生物量、初级生产力等）、地质参数（悬浮体浓度、粒径分布等）、化学参数（可溶有机物、颗粒有机碳和无机碳等）；红外遥感，利用红外辐射计提供海表温度参数；微波遥感，利用多波段微波辐射计提供海面温度和海面盐度等参数。另外，用于陆地环境监测的高分辨率可见光遥感也常用于近岸海域的生态环境监测。水色遥感和红外遥感的发展已有30多年的历史，是最成熟的海洋卫星遥感技术，可以提供高质量的业务化产品，其空间分辨率在几百米至几千米，时间分辨率在几小时至几天之间。这些卫星遥感技术在海洋水质监测、海洋环境灾害监测及海洋生态系统监测、生物地球化学循环研究等方面有广泛的应用。

海洋生态系统监测是发展水色卫星遥感技术的初始动力。水色遥感可以大规模获取海洋浮游植物生物量、生产力以及种群组成等信息。基于长时间序列的遥感观测数据，可以研究局部海域至全球尺度上海洋生态系统的变化及其影响机制。近海及河口区域海洋环境时空变化显著，传统以船为主的观测方式，难以满足大范围、长时间监测的需要，而卫星遥感具有高的时间和空间分辨率，因此是监测近海及河口生态环境变化的理想手段。赤潮、绿潮及溢油等是常见的海洋生态环境灾害，卫星遥感技术是大面积动态监测这些灾害的重要技术手段，可以获得海洋生态环境灾害的分布、规模及其发展趋势等信息。对于赤潮监测，可以同时给出生物量及种群类别信息，提早发出赤潮预警，为政府相关机构及时采取决策提供依据。

（张亭禄）

**温差能发电**　ocean thermal energy conversion　利用海洋不同水层的温差所蕴含的热能进行发电的技术。海岸温差能发电，在海岸地区采用热机组成的热力循环，将海洋温差能转换为电能。

根据所用工质及流程的安排，温差能发电装置的热力循环分为闭式循环、开式循环和混合式循环等。

闭式循环　使用低沸点物质，如氨、氟利昂等作为工质，在一封闭回路中完成热力循环，又称中间介质法。海洋温差闭合式循环方式有朗肯循环、卡林那循环、上原循环等。闭合循环的特点是系统处于正压下，工质蒸汽密度大，体积流量小，通流部分尺寸不致过大。但其蒸发器和凝汽器需用表面式换热器，体积巨大，消耗大量金属，维护困难。

开式循环　以水为工质，凝结水不返回循环中，又称闪蒸法或扩容法。闪蒸器和凝汽器结构简单，维护方便；冷凝器可使用混合式换热器，若用表面式凝汽器，则可副产淡水。开式循环系统中闪蒸汽和冷凝器之间的压差和焓降都非常小，这就要求冷水管直径、透平的径向尺寸较大。

混合式循环　综合了开式循环和闭式循环系统的优点，混合循环与闭式循环类似，差别仅在于蒸发器部分。混合式循环避免了开式循环系统低效率、低容量的缺陷，仍可产出副产品淡水。

海洋温差发电还有可能采用其他热力循环，如雾滴（或泡沫）提升循环。其原理是利用表层和深层海水之间的温差所产生的焓降来提高海水势能。（史宏达）

**温度跃层**　thermocline　位于海面以下垂向温度变化显著的跃层。层内温度的垂向梯度最大，并将上层的薄暖水层和下层的厚冷水层分开。又称温跃层。温跃层又分为不受季节影响的主温跃层、与上层海洋季节变化密切关联的季节性温跃层、与海洋昼夜变化密切关联的昼夜温跃层，以及位于大洋深处的深渊温跃层。

主温跃层　又称永久性温跃层。位于100～800米深度，是大洋热力结构的主要特征，常年存在于大洋次表层并不随季节变化。主温跃层强度和深度随地理位置不同有很大变化。在赤道海域，主温跃层较强、较薄，其上界的深度也较浅。由于低纬度盛行东风，驱动上层暖水向西堆积，主温跃层沿赤道自西向东逐渐变浅。在中纬度海域，由于亚热带负的风应力旋度所产生的向下推动力，主温跃层逐渐加深，强度变弱，厚度增加。在北大西洋（北太平洋）亚热带流涡的西部，主温跃层深度可达800（500）米。在高纬度，主温跃层重新变浅。在北半球，代表主温跃层的等密度面沿着亚热带和亚极带之间的边界露出海面；在南半球，主温跃层沿着南极绕极流的北部边缘露出海面。可见，极地海域不出现主温跃层。或者，从另一个角度来看，在这两种情况下，主温跃层表现为强烈的海洋锋面，并伴随着以纬向流动为主的强海流系统出现。

主温跃层的温度随地点不同有显著变化。例如，赤道西太平洋主温跃层温度约为21℃，并向东逐渐递减为18℃。在中纬度海域，主温跃层温度更低，在北太平洋为8～10℃，而北大西洋为10～12℃。

主温跃层强度也随地理位置不同而不同。在亚热带流涡区，主温跃层垂向温度梯度量级为2～4℃ /100米；在赤道西太平洋约为10℃ /100米，赤道东太平洋约为20℃ /100米。

大洋主温跃层的这种水平变化，主要由大洋风生环流和局地年平均的海－气能量交换强度所决定。

主温跃层是位于海面以下温度和密度有巨大变化的薄层，它将变化缓慢的深海与变化迅速的上层海洋分隔开来。主温跃层的结构与上层大洋环流密切相关。主温跃层深度的差异，从某种程度上反映了不同海域风应力的差异与海洋层化的差异，在风生环流的讨论中，主温跃层深度的平方与层化成反比。基于主温跃层特征所发展的约化重力海洋模式和连续层化海洋模式是研究上层海洋环流诸多变化及其动力机制最有力的研究工具之一。

主温跃层的存在，对海洋深层中的声传播有重大影响。海洋中的深层声道处于主温跃层的下界附近（约1000米深处）。主温跃层强度和深度的变化，对海洋中水声探测和通信均有重要影响。

季节性温跃层　主要发生在中高纬度海区，其深度和强度具有明显的季节性变化。季节性温跃层在春季和夏季形成并发展，深度一般在50～100米；在秋季和冬季，由于海洋表层冷却和强风搅拌，上层混合均匀，混合层加深，季节性温跃层消失。

在低纬度海区，季节性温度差异不足以形成明显的季节性温跃层，这时主温跃层较为接近海洋表层，其上界深度在100～150米，并直接成为上混合层的下界。

昼夜温跃层　又称周日温跃层。是由于海洋上混合层中温度的周日变化所导致的。进入海面的太阳辐射能，大约有90%在海面厚约10米的水层中被吸收，因此只要海洋表面在白昼有足够的热量输入，周日温跃层便可在任何纬度的海域中形成。白昼形成的跃层，在午后增强并加深，其温度阶跃一般可达1～4℃，而厚度则主要取决于海表风力的搅拌混合强弱，一般可达10～20米。夜间，由于海面向上辐射热量，海洋表层温度下降，密度增大，白昼形成的温跃层消失。昼夜温跃层的深度阶跃，正比于海面在一天内收入的总热量，反比于其厚度（深度）。一般而言，由于春季海面得到的热量多于失去的热量，昼夜温跃层对上混合层的加热和季节性温跃层的形成有一定贡献；秋季，海面的净热通量向上，海面冷却导致的对流运动往往能贯穿整个上混合层，从而对上混合层及季节性温跃层的加深有重要作用。值得一提的是，在晴朗而平静的夜间，海面由于辐射冷却，往往会形成一个厚度仅约1厘米的“逆温层”。这时，海面的温度可能比其下1厘米处的温度低零点几度。（魏泽勋）

**温室气体**　greenhouse gas　大气中由自然或人为产生的能够吸收地球表面、大气和云层中长波辐射，从而造成地球近地层增温的气体。主要包括水汽（$H_2O$）、二氧化碳（$CO_2$）、甲烷（$CH_4$）、氧化亚氮（$N_2O$）和臭氧（$O_3$）等，此外还有许多人造温室气体（如含氟、氯的卤代温室气体等）。海洋研究领域广泛关注与人为活动有关的温室气体，自工业革命以来大气中这些气体浓度持续增加。

二氧化碳　在大气中的存留时间（寿命）可达几十年或上百年，是影响地球辐射平衡的主要温室气体。大气中$CO_2$主要来源于化石燃料燃烧、土地利用变化以及工业过程排放等人为活动排放。这些人为排放到大气中的$CO_2$大部分被陆地和海洋吸收，其余的仍滞留在大气中。海洋每年吸收$CO_2$约$2.9 \pm 0.4 \times 10^9$吨碳，约占大气中人为排放$CO_2$的26%。海洋吸收大气$CO_2$主要有3种机制：①生物泵。海洋通过浮游植物的光合作用而吸收$CO_2$。海洋中的浮游动物又摄食浮游植物。这些生命系统所产生的有机碎屑沉降在海洋中，部分将分解并作为营养物回到海水中，但也有一些（大约1%）到达深海或海床在那里被沉积而不再进入碳循环，这称之为生物泵。生物泵的净效果是减少表层海水中的碳含量使得它可以从大气中获取更多的二氧化碳以恢复表层平衡。②溶解度泵。属于物理泵。驱动力来自海洋缓慢的环流及冷水中$CO_2$溶解度高于温暖水体。在高纬度海域，特别是北大西洋和南大洋，冷的、密度较大的水团在沉降至海洋内部前吸收大气的$CO_2$，这些沉降的水团为其他海域的上升流所平衡。上升海水到达海洋表层时变暖，$CO_2$溶解度降低，因而部分$CO_2$会释放回大气中。其综合效应是将大气$CO_2$泵入海洋内部。③碳酸盐泵。海水中还存在复杂的碳酸盐系统。大气$CO_2$浓度升高并溶入海水，会降低海水的pH，但是海水的碳酸盐系统会起一定的缓冲作用，即$CO_2$进入海水使海水中$HCO_3^-$和$CO_3^{2-}$之间的比例发生变化而减缓pH的降低。海水中形成碳酸盐沉淀会释放$CO_2$，而海底沉积物中有极大量的碳酸盐，因此借助于深海碳酸盐的沉积与溶解，就可以通过海水调节大气的$CO_2$浓度。深海碳酸盐溶解会从大气吸收$CO_2$，而其沉积则会释放$CO_2$，这就是碳酸盐泵。

甲烷　在大气中的存留时间约12年，百年尺度上其单分子全球温室效应潜能是$CO_2$的28倍。主要排放源是湿地、农业生产（主要是水稻种植）、反刍动物饲养、白蚁、海洋（包括海底天然气水合物泄漏）与天然气开采和使用等，主要是大气光化学过程。海洋每年释放约（6～12）×$10^{12}$克$CH_4$，占大气总来源的2%～4%。海洋中溶解$CH_4$主要来源包括陆地径流输送、底部沉积物的释放、沉降颗粒物和浮游动物的粪球颗粒物内产甲烷古菌产生、甲基化合物降解产生、浮游植物产生和有机物光化学产生等。海洋中溶解$CH_4$主要通过海－气界面交换释放到大气中和通过微生物氧化被消耗。

氧化亚氮　在大气中的存留时间约为116年，其单分子的辐射效率是$CO_2$分子的300多倍。主要自然排放源是海洋和土壤中的生物过程，人为排放源是农业（含氮化肥使用）、生物质燃烧、工业过程和反刍动物饲养等。全球海洋每年释放$N_2O$为（2.5～4.3）×$10^{12}$克氮，约占大气总来源的20%。海洋中溶解$N_2O$主要来源包括陆地径流输送、生物过程产生（如硝化过程、硝化菌－反硝化过程、反硝化过程）等，主要通过海－气界面交换释放到大气中和通过反硝化过程被消耗。

卤代温室气体　含卤素原子（氟、氯、溴）的温室气体总称，主要包括氯氟碳化物（CFCs）、氢氟碳化物（HFCs）、氢氯氟碳化合物（HCFCs）、全氟化碳（PFCs）和溴代烃（哈龙类）等。主要由人类活动产生并排放（如制冷剂、发泡剂和溶剂等的使用）。以海洋中的挥发性卤代烃为例，其主要有人为源和天然源。人为源指人类进行生产、生活、活动产生的卤代烃，经过河流及湖泊的输送或者海－气交换最终进入海洋。天然源主要包括海洋和陆地生物、微生物、藻类经过生物作用或者化学作用合成释放以及火山爆发等自然过程释放。　（张桂玲）

**温斯迟，C.**　Carl Wunsch（1941-05-05～　）美国物理海洋学家。生于纽约布鲁克林。1966年获美国麻省理工学院地球物理学博士学位，导师是世界物理海洋学家H.M.施托梅尔。温斯迟自1967年起一直执教于麻省理工学院，一直到2013年退休。从事海洋学研究半个多世纪，温斯迟的研究成就颇丰。他于1976年被授予Cecil and Ida Green教授头衔，1978年当选美国科学院院士，1979年当选美国艺术与科学院院士，2002年当选伦敦皇家学会院士。1990年获得美国地球物理协会和美国海军颁发的莫里斯·尤因奖章，2000年获得亨利·施托梅尔奖章，2006年获得美国地球物理协会颁发的威廉·鲍威奖章，2015年获得沃尔特·蒙克奖章。

温斯迟的研究工作涉及物理海洋的多个领域，尤其在海洋观测方面贡献较多。他在20世纪70年代与W.H.蒙克合作开创了声学断层摄影技术，首次用遥感技术探索海洋；在20世纪90年代组织实施了迄今为止世界最大规模的观测计划——世界大洋环流试验（WOCE），首次使人类得到真正全球范围的水文观测结果；他作为科学家代表在20世纪末推动了以海面高度起伏为观测目标的TOPEX/Poseidon卫星高度计划，使人类对大尺度海水流动的中尺度特征有了首次全球范围的认知；他还将逆方法（inverse method）从地球物理学引入物理海洋领域，大大提高了由水文观测数据推算海洋大尺度流动的准确度，使准确估计各种物质在海洋中的输运通量成为可能。

温斯迟已经发表了近250篇学术文章以及4本海洋学著作，包括与蒙克合作的《海洋声学层析成像》（*Ocean Acoustic Tomography*），以及由他所著的《海洋环流反向问题》（*The Ocean Circulation Inverse Problem*）。温斯迟还是整个物理海洋学领域公认的良师，在几十年的教学生涯中，他引导并帮助了很多年轻学者成为物理海洋学领域的后起之秀和中坚力量。　（张　钰）

**文圣常**　Wen Shengchang（1921-11-01～2022-03-20）　中国物理海洋学家，中国海浪学科开拓者。生于河南光山，卒于山东青岛。1940年进乐山中央技艺专科学校，同年秋考入在四川乐山的武汉大学机械系，1944年毕业。大学毕业后，曾在成都航空委员会飞机修理厂任职，并被派往美国进修，1947年回国。1952年在哈尔滨军事工程学院任教授，1956年应邀到山东海洋学院任教授，历任系主任、副院长、院长，物理海洋研究所所长。曾任世界大洋环流实验（WOCE）中国委员会副主席。1993年当选中国科学院院士。

文圣常致力于海浪理论及应用研究，在理论上，他证明经零阶矩和峰频率无因次化后的风浪频谱为两个不同成长阶段的谱的线性叠加，并依此导出解析形式的风浪谱。还以解析方法导出风浪方向谱，其中能量相对于方向的分布同时取决于频率和风浪成长阶段。他提出了新的混合模式，解决了当时国际盛行的第三代海浪数值预报模式存在的困难。文圣常的风浪谱理论在海洋、海岸和港口工程中得到应用。研究成果曾获国家科技进步二等奖（1985）、三等奖（1997），国家自然科学奖，何梁何利奖（2000）。他的专著有《海浪原理》（1962）、《海浪理论和计算原理》（1984）等。　（刘沛清）

**稳定氮同位素**　stable nitrogen isotope　在自然界中稳定存在，不会发生放射性衰变的氮同位素。包括氮-14（$^{14}N$）和氮-15（$^{15}N$）两种形式。稳定氮同位素中以氮-14占天然氮的绝大部分，丰度为99.636%，氮-15丰度为0.364%。

氮-14是非常少见的质子和中子数都是奇数的稳定核素（都是7个），而且是唯一一个成为该元素最丰富同位素的奇－奇核素。每个质子和中子都贡献了自旋±1/2，形成了自旋为1的氮-14核。氮-14是天然存在的放射性同位素碳-14的来源。在高层大气中，一些宇宙射线促使氮-14发生核反应形成碳-14。

氮-15在自然界中丰度较低。形成氮-15的反应包括氧-15的正电子发射和碳-15的β衰变。氮-15是所有同位素中中子俘获截面最小的核素之一。与具有整数自旋的氮-14不同，氮-15的自旋不是整数（3/2），因此氮-15可以由核磁共振分析检测到（氮-15核磁共振波谱法）。

氮-15示踪技术是研究生态系统氮循环的一个方法，具有示踪、指示和整合等多项功能，测定生态系统各组分的氮同位素丰度可以为量化氮转化过程速率、指示氮的来源和去向及其解释发生的机制，从而加深对生态系统尺度上氮循环的认识和提升氮管理能力。　（辛　宇）

**稳定碳同位素**　stable carbon isotope　在自然界中稳定存在，不会发生放射性衰变的碳同位素，包括碳-12（$^{12}C$）和碳-13（$^{13}C$）两种形式。碳-12的相对丰度是98.9%，是自然界中最普遍的碳同位素，而碳-13的相对丰度是1.1%。稳定碳同位素在大气、海洋、陆地等环境及所有生物体内以相对固定比例存在，碳-12和碳-13的相对比例在环境中的微小变化是研究地球环境变化和生物地球化学循环的重要工具。

碳同位素分馏　指在自然过程中，由于物理、化学或生物作用，导致自然物质中碳的不同同位素（主要是$^{12}C$和$^{13}C$）的相对比例发生变化的现象。这种分馏作用贯穿于碳循环的各个环节，如植物通过光合作用吸收二氧化碳、生物体进行呼吸作用、水体的蒸发，以及各种物理、化学和生物反应等，均会影响碳同位素的组成。在无机碳循环中，同位素交换反应会使诸如碳酸盐之类的无机盐富集较重的同位素。在有机碳循环中，动力学分馏效应会使生物生成的有机物中富集较轻的同位素，导致生态系统和大气二氧化碳之间存在明显的碳同位素分馏。此外，不同光合作用路径的植物在固定二氧化碳时对碳同位素的选择性吸收也存在差异，导致$C_3$和$C_4$植物体内稳定碳同位素组成呈现不同。因此，碳同位素分馏作为一种重要的研究手段，极大地提高了人们对碳元素生物地球化学循环及其动态变化的认识。

影响分馏的因素　以海洋为例，自然界中碳同位素比例受多种因素影响，主要包括：①温度。温度的变化会影响碳同位素在不同相态和物质之间的分配。②生物作用。生物通过光合作用偏好摄取轻的$^{12}C$，从而导致其体内$^{12}C$的比例高于环境水体。③无机化学过程。如碳酸盐沉淀和溶解过程中也会发生碳同位素的分馏，通常情况下导致重同位素$^{13}C$在碳酸盐中相对富集。④混合和扩散过程。海水中不同来源的碳通过混合和扩散过程也会影响碳同位素的比例。这些复杂过程相互影响，塑造了海洋中碳同位素的分布模式，也为人们理解海洋碳循环、生物生产力和全球气候变化等关键过程提供了认识路径。

应用领域　稳定碳同位素在海洋科学领域应用广泛，为深入理解海洋碳循环、生物地球化学过程及古海洋环境变化提供了重要手段。通过测量海水、海底沉积物以及海洋生物中的稳定碳同位素组成，能够追溯海洋碳的来源、转化和归宿，进而揭示海洋系统中碳循环的动态过程。①海洋碳循环研究。通过研究溶解无机碳的同位素构成，可以洞察海洋如何吸收大气二氧化碳以及碳在表层和深部海水之间如何交换，这对于评估海洋作为碳的源汇关系以及全球气候变化具有重大意义。②生物地球化学过程研究。稳定碳同位素有助于揭示生物活动对碳循环的影响，例如光合作用、呼吸作用和营养物质同化等过程中的同位素分馏现象，由此可更深入地理解海洋生物在碳循环过程中的作用。③古海洋学研究。通过分析海洋沉积物、微体化石或珊瑚骨架中的碳同位素组成变化可以推断历史时期海洋生产力、水温的变化以及大气二氧化碳浓度的变化，从而为理解地球的气候变化提供重要线索。④海洋有机碳来源分析。海洋沉积物和生物标志化合物的稳定碳同位素可以用来识别海洋有机碳的来源，为评估人类活动和环境演化对海洋陆源和海源有机碳的贡献提供了独特的视角。

测定方法　分析方法主要包含质谱法、核磁共振法和光谱法，其中质谱法尤其是同位素比值质谱仪（IRMS）因其高灵敏度和精确度，被广泛认为是测定稳定碳同位素最常用且最有效的方法。质谱法的基本原理是将样品转化为含目标元素的纯净气体（如$CO_2$），然后通过电离过程产生离子束，在电场和磁场的作用下，不同质荷比的离子被分离，通过法拉第杯检测各同位素的丰度。随着元素生物地球化学循环研究的深入，联合使用的技术如元素分析仪-同位素比值质谱（EA-IRMS）和热分析-傅里叶变换红外光谱-气相色谱-质谱（STA-FTIR-GC-MS）等，极大地促进了稳定碳同位素分析的效率和准确性，提供了更多探索碳循环过程的可能性。

（庄光超　毛士海）

**稳定同位素标准**　stable isotope standard　用于稳定同位素分析的参考物质。这些参考物质具有明确的同位素组成，由此可以通过比较样本与标准物质用于稳定同位素分析的参考物质。这些参考物质具有明确的同位素组成，由此可以通过比较样本与标准物质的同位素比值来准确测定样本的同位素组成。通过使用稳定同位素标准，可以跨实验室、跨研究领域进行比较，确保数据的一致性和可比性，对于提高科学研究的精确度和可靠性至关重要。这些标准被广泛应用于地球科学、环境科学、生物学、化学等领域同位素的分析，是确保同位素测量数据具有可比性和准确性的基础。

常用的稳定同位素标准　①碳同位素标准（VPDB）。用于碳同位素（$^{12}C$和$^{13}C$）分析的国际标准。最初以美国南卡罗来纳州皮迪地区发现的一种特定天然化石拟箭石（Belemnite）的碳同位素组成作为基准。VPDB标准通过一系列定义良好的化学物质来维护，以确保全球范围内碳同位素分析结果具有一致性。②氧同位素标准（VSMOW）。维也纳标准平均海水是氢和氧同位素分析的国际标准，代表全球海水的平均同位素组成，被用于氢（$^{1}H$和$^{2}H$）和氧（$^{16}O$和$^{18}O$）同位素的测量。VSMOW在水文学、古气候、环境科学和地球科学研究中广泛应用。③氮同位素标准（AIR）。以大气中氮气的同位素组成为基准的氮同位素分析的国际标准。大气中氮气的氮同位素组成在全球范围内高度均一，能够确保全球数据的一致性。④硫同位素标准（VCDT）。硫同位素分析的国际标准。最初以美国迪亚布洛峡谷（Canyon Diablo）陨石中陨硫铁（troilite）的硫同位素组成为基准。该国际标样代表地球和太阳系的平均硫同位素组成。由于原始CDT标样的不均一性及稀缺性，VCDT是通过制备参考材料IAEA S-1（硫化银）来获得，该材料被证明是均值的。

同位素标准物质认证　同位素标准物质的认证是一个相对复杂的过程，旨在确保同位素标准物质在全球范围内的准确性，以便研究人员可以依靠它们进行精确的同位素比例分析。同位素标准物质的认证涉及多个步骤，包括同位素的制备、纯度分析、同位素比值的精确测定以及与已认证标准的比较。认证机构包括国际原子能机构和美国国家标准与技术研究院。同位素标准物质可以从上述机构获得。

精密度和准确度　对稳定同位素测试结果的评估包括两个方面，即精密度和准确度。二者是科学测量中普遍存在的概念，它们对分析结果的可靠性产生影响。精密度指在一定测量条件下，多次测量中各测量值间的离散程度。准确度指多次测量中测量值的估值与其真值的偏离程度。另外，测量过程中会产生误差。系统误差是由测量系统的缺陷（如仪器校准不准确、操作方法有偏差等）引起的，其影响是一致且可预测的，因此可以通过校正来减少。随机误差则是由无法控制的因素（如环境变化、仪器噪声等）引起的，其在每次测量中的影响是随机的。

为了提高测定的准确性，可以采取多种策略。首先，定期进行仪器的校准和维护，确保测量设备的准确性。其次，采用标准化的操作流程和方法，减少操作过程中的人为误差。使用高质量的标准物质和对照样本可以帮助校正系统误差。实施质量控制程序，如进行重复测量和使用盲样，可以识别和量化随机误差。通过这些综合措施，可以有效地提高稳定同位素测量的可靠性。

展望　随着科学技术的进步及对复杂环境与生命过程研究的需求不断增加，迫切需要更准确的稳定同位素标准和先进的同位素测量技术。这种改变将增强稳定同位素分析的准确性和适用性，促进对复杂科学难题的解决。此外，随着数据分析方法的改进和国际合作的加强，同位素标准的全球一致性和易获取性也将得到增强，这不仅能提高科研工作的质量和效率，还将为更好地回答科学问题提供可靠的依据。 （庄光超 毛士海）

**稳定同位素稀释法** stable isotope dilution method 通过稳定同位素添加来测定化学元素含量的方法。是测量某些化学元素含量最为精确的方法之一。

将富集稳定同位素的元素用作标记元素加入待测样品中，样品中的待测元素与标记元素均匀混合。通过测量混合样品中待测元素的同位素比值并结合标记元素的同位素比值，可以计算样品中待测元素的含量。同位素比值用稳定同位素质谱仪进行测定。其核心计算方程为：

$$R_m=\frac{A_X C_X w_X+A_S C_S w_S}{B_X C_X w_X+B_S C_S w_S} \quad (1)$$

式中$R_m$为加标记元素后待测元素的同位素比值；$A_X$和$B_X$分别为样品中待测元素的同位素A和B相对于所有同位素的原子分数；$A_S$和$B_S$为用于标记的元素同位素A和B的原子分数；$C_X$和$C_S$分别为样品和标记物质中的元素质量浓度；$w_X$和$w_S$分别为待测样品和标记物质的重量。解方程（1）即可得出待测元素的浓度：

$$C_X=\left(\frac{C_S w_S}{w_X}\right)\times\left(\frac{A_S-R_m B_S}{R_m B_X-A_X}\right) \quad (2)$$

稳定同位素稀释法不需要定量化的化学分离就可以实现同位素比值的精确测量，并精确地计算出待测元素的浓度。稳定同位素稀释法适用于微量或痕量元素浓度的测定或基质比较复杂样品中元素浓度的测定，是一种内标法。广泛应用于物理、化学、生命科学、环境科学、地球化学与海洋学等领域。在海洋科学领域除了用于微量或痕量元素的浓度定量分析以外，在碳氮等生源要素的转化速率测定方面也应用广泛。其原理是借助稳定同位素稀释，将所研究的碳氮转化过程的底物或者产物使用富集的稳定同位素进行标记后，让其参与碳氮转化过程，然后根据产物或者底物的富集同位素被稀释的程度，计算所关注的碳氮转化过程速率。典型案例如，基于$^{13}C$和$^{18}O$标记所进行的海水初级生产力的测定，基于$^{15}N$标记进行的有关氮同化、矿化、硝化和反硝化等速率的测定等。 （宋国栋）

**乌贼** cuttlefish 软体动物门（Mollusca）头足纲（Cephalopoda）鞘亚纲（Coleoidea）乌贼目（Sepioidea）乌贼科（Sepiidae）。主要经济种类有金乌贼（*Sepia esculenta*）、虎斑乌贼（*Sepia pharaonis*）、拟目乌贼（*Sepia lycidas*）、无针乌贼（*Sepiella maindroni*）等。乌贼胴部呈盾形；肉鳍为周鳍型。腕吸盘4行，雄性左侧第4腕茎化，触腕穗吸盘数行至数十行，吸盘不特化成钩。不具腺体发光器。内壳发达，石灰质。

分布于除南北美洲两岸以外的温带及热带地区，限于大陆及大陆斜坡上，大多于沙泥底质，但有些种类生活于珊瑚礁中。

乌贼为经济种类，尤其是中、大型种类。主要以捕食甲壳类、双壳类、腹足类及鱼类为主。大多靠近海底生活，许多种类性成熟时，雌雄颜色模式不同，有交配前舞。

自20世纪80年代中后期以来，由于捕捞过度等原因，中国乌贼资源量日趋衰退，已濒临枯竭的危险。开展养殖、增殖放流进行资源修复势在必行。同时，乌贼生活周期短（通常1年）、生长快，营养价值高等特性，已成为海水养殖业中引人关注的种类。主要养殖种类有金乌贼、无针乌贼。

乌贼营养丰富，富含优质蛋白质、维生素和微量元素。其内壳（海螵蛸）有止血、收敛的功效；墨汁不仅是良好的止血药，还可保护造血干细胞，有抗辐射和癌细胞作用，被誉为“黑色食品”。其干制品（俗称墨鱼干、乌贼干）和产卵腺的腌制品（乌鱼蛋）都是有名的海珍品。 （郑小东）

**污染物海洋环境行为** marine environmental behavior of pollutants 污染物进入海洋后的迁移、转化、沉积和埋藏，以及进入海洋生物链后的转化、蓄积、传递和扩大等过程。海洋环境是一个复杂的生态系统，其中存在着海底沉积、水体循环、生物食物链等多种复杂的过程，这些过程在海洋污染物的迁移与转化中扮演着重要的角色。

污染过程 污染物在环境多组分间（主要指海洋环境中的水、沉积物和生物体）的分布，不仅包括其在环境空间的浓度分布，而且包括污染物的不同形态在不同相态之间的分配。污染物的形态指环境中污染物的外部形状、化学组成和内部结构的表现形式，主要包括价态（如$Cr^{3+}$）、化合态（如有机汞和无机汞）、结构态（如同分异构体、多环芳烃的结构）和络合态（如络合态铜和游离态铜）等。

迁移 指污染物在海洋环境中发生的空间位置移动及其引起的富集、分散和消失的过程。进入海洋环境中的污染物可以在水、沉积物和生物不同相界中迁移，甚至进行长距离输送。污染物的长距离传送，往往使污染由局部性扩散到区域性甚至全球性。

污染物在环境中主要发生机械迁移、物理-化学迁移和生物迁移。机械迁移指污染物由于重力、海流等动力驱动而发生的位置移动。物理-化学迁移是污染物在环境中迁移的最重要形式，包括溶解-沉淀、吸附-解吸、氧化-还原、水解、络合、化学分解、光化学分解和生物化学分解等。生物迁移则指通过生物的吸收、代谢、生长、死亡等生命活动过程所实现的迁移。

转化 指污染物在环境中通过物理、化学或生物作用，由一种物质变成另一种物质的过程。包括物理转化、化学转化、生物转化。①物理转化。主要指蒸发、渗透和吸附过程。②化学转化。主要指氧化还原、水解和光化学反应。③生物转化。主要指生物的吸收和代谢作用。污染物转化一方面将有毒物质转化为无毒物质或易降解物质，如有机磷农药中的对硫磷和马拉硫磷，因水解作用使其酰胺键和脂键断裂而失去毒性；另一方面污染物经过转后毒性增强或形成难降解化合物，如芳香环发生二聚化反应生成毒性更强的多环芳烃物质。

循环 指污染物通过生物的合成和矿化作用，其形态、化学组成和性质等周而复始地发生迁移、转化、分散、富集等过程。合成作用指生物将吸收的环境化学物质转变为生物体本身的有机物质的过程；矿化作用指生物通过代谢作用将有机物质转化为无机物质或简单的有机物的过程。

生物行为 海洋生物对污染物的首要作用是摄取，其行为包括转运、转化、积累和放大。

转运 生物对污染物进行吸收、分布、排泄和蓄积等，使污染物在生物体内发生位移的过程。生物转运的首要过程是污染物的跨膜转运，因此污染物的毒性往往与其跨膜转运的能力密切相关。①吸收。指污染物通过各种途径透过生物机体的生物膜进入体液的过程。②分布。指污染物被吸收进入体液后，经循环系统、输导组织或其他途径分散到机体各组织、细胞和器官的过程。③排泄和蓄积。污染物的排泄指进入机体的污染物及其代谢转化产物向体外运输的过程。有毒有害物质（尤其是持久性有机污染物）通过食物链蓄积于食物链中较高级成员，使得有害物质浓度大大高于环境浓度。持久性有机污染物具有收放性，即可以通过食物链逐级放大，营养级越高蓄积越高，而对位于生物链顶端的人类来说，其毒性比之最初放大了数倍。

转化　污染物在生物体内各种酶的催化作用下发生化学结构和性质的变化，转化为新物质的过程。生物转化主要包括两个反应过程：①过程Ⅰ。通过氧化反应、还原反应和水解反应，使污染物引入活性基团，或者使污染物活性基团暴露。②过程Ⅱ。又称结合反应，使具有活性基团的污染物与内源性化合物结合，生成水溶性化合物的过程。

生物富集指生物机体或处于同一营养级上的许多生物种群，从周围环境中蓄积某种元素或难分解化合物，使生物体内该物质的浓度超过环境中的浓度的现象，又称生物浓缩。生物富集程度的大小与物质本身的性质以及生物和环境等因素相关。一般来说，同一种生物对不同物质的浓缩程度会有很大差别，不同种生物对同一种物质也会有很大差别。

积累　生物在其整个生命周期或代谢活跃期间通过吸收、吸附或吞食等各种过程，从周围环境中蓄积某些元素或难分解化合物，以致随着生长发育，浓缩系数不断增大的现象。任何有机体在任何时候，机体内某种元素或难分解化合物的浓缩水平取决于摄取和消除两个相反过程的速率，当摄取量大于消除量时，就发生生物积累。不同种生物，同一种生物的不同器官和组织、不同的生长发育阶段对生物积累有很大的影响。

放大　在生态系统中同一个食物链上，由于高营养级生物以低营养级生物为食物，某元素或难分解化合物在生物体中浓度随营养级的提高而逐步增大的现象。深入研究生物放大作用，特别是鉴别出食物链对哪些污染物具有生物方法的潜力，对于研究污染物在环境中的迁移转化规律，确定环境中污染物的安全浓度、评价化学污染物的生态风险和健康风险等都有重要的理论和现实意义。

常见污染物　持久性有机污染物（POPs）是海洋中常见污染物。POPs指在环境中持久性存在的有机污染物，通常具有高毒性、持久性、生物积累性和亲脂性。常见的POPs有杀虫剂（如DDT）、工业化合物（如多氯联苯）和一些工业副产品（如二噁英和呋喃类化合物）。

POPs高毒性体现在导致生殖问题、免疫系统损害、激素干扰和致癌效应等方面。人类短期高剂量暴露于POPs，可引发皮肤损伤、皮肤黑化和肝功能改变等。POPs化学性质稳定，不容易被降解，具有较长的半衰期，因此它们在环境中持久存在。POPs可以被进行长距离运输，在某些没有使用过或生产过POPs的地区也可发现其存在，使POPs污染问题成为一个全球性的环境问题。陆源POPs可以通过河流输送进入海洋，也可以通过干/湿沉降及气-液/气-固界面交换等过程再次沉降到海洋中。进入海洋水体中的POPs，由于其高亲脂疏水性，容易被水体中悬浮的有机颗粒或黏土矿质所吸附；在一定条件下，被吸附POPs可以解析到水体中。POPs的高亲脂性还使其容易被海洋生物吸收，与脂类物质形成稳定结构，持久性使其蓄积于生物体的脂肪组织中长期存在，并沿食物链传递或放大，对生物和人类具有潜在的危害性。

（王丽平　刘瑞志）

**污染物海洋生态效应**　marine ecological effect of pollutants　入海污染物对生物个体、群落和生态系统的影响。污染物入海途径包括河流、直排口、大气沉降以及海上倾废活动等。污染物的种类有营养盐类、有机污染物、石油及其产品、持久性有机物和农药、重金属、放射性物质等。污染物入海后，在物理、化学和生物过程的共同作用下，可以在不同水域或介质中再分配。例如，随海水运动从某个海域转移到其他海域；在重力或水动力作用下沉积于海底；被生物吸收而进入生物体或随之转移到他处；在生物活动影响下而发生化学转化；长时间存留于水体中。

当污染物的入海总量超过海水的自净能力时，会对生物个体、群落和生态系统产生影响，导致生态系统结构失调，功能衰退，并可能触发赤潮、绿潮、水母暴发等生态灾害。

污染物对生物个体的影响　海洋中的重金属、石油烃和农药等有毒污染物，会对海洋生物个体的生化代谢、生理行为以及生长繁殖产生不良影响，并进一步能使生物产生“三致”效应，即致病、致癌、致畸。

重金属能阻碍大分子生物合成，干扰生物代谢活动，损害酶、蛋白质和核酸的结构。如重金属污染能抑制浮游植物的光合作用，降低海洋基础生产力，进而减少动物的饵料来源。

海洋表层的油膜首先会通过阻碍海-气界面的气体交换、降低水体中的光合有效辐射，而影响海洋生物对溶解氧的吸收和浮游植物的正常光合作用。其他影响还包括，油膜中的芳烃类物质会破坏藻类的叶绿素；石油类物质黏附在鱼鳃黏膜上使鱼呼吸困难，失去生理平衡，甚至窒息而死；海鸟羽毛沾染油块将失去飞翔能力而溺水死亡。低沸点的石油饱和烃，能干扰、麻痹和损害动物的运动与定位神经中枢，破坏生物的趋化性与化学通信机能，改变水生生物的洄游路线，严重影响生物的索饵、群聚、求偶、产卵、避敌等行为。有研究表明，当水体中的油类物质浓度达到10毫克/升时，就会使幼鱼、幼虾的血液循环受阻，发育出现异常。

污染物对生物种群-群落的影响　污染物通过破坏海洋生物的栖息环境，或直接使生物体受损，或使种群数量减少，优势种更替或种群消失，从而降低生物类群的多样性。实验表明，低浓度的铜（Cu）、汞（Hg）、镉（Cd）和多氯联苯（PCBs）能改变初级生产者的种类组成，进而改变食物链的类型。许多海洋生物对重金属、有机氯农药和放射性物质具有很强的富集能力，可以通过食物链（网）的积累、放大和转移等，干扰或破坏更高营养层次生物类群的正常生长和繁殖等生理活动。

由于海洋底栖生物的移动性差，对环境因子变化具有较高的敏感性，常被用于判断污染对海洋生物种群的影响。受渤海周边河流入海的影响，渤海湾近岸海域中大型底栖生物群落的种类多样性大多低于离岸较远的海域；长江河口外存在严重低氧区，含氧量最低值达1毫克/升，此低氧区的存在对该水域底栖生物群落也产生了影响；在辽东湾，底栖生物丰度与底层水中溶解氧含量之间呈显著正相关，而有机污染物耗氧是海洋中溶解氧降低的重要原因。但需要指出的是，海洋中生物群落的变化大多是污染等多种环境因子之间相互作用的结果。

污染物对生态系统的影响　海洋污染物的长期作用或高浓度污染物的短期作用，都会导致生物个体、群落与生态系统等不同层次的生态效应，产生综合性的连锁反应。海洋污染事件发生后，污染物质往往不会停滞于某一海域，而是会在海面风场、海洋环流的影响下向其他区域漂移，从而形成区域性的污染，并在生态系统层面上产生影响。如2011年的墨西哥湾溢油，对海湾及其湿地生态系统造成了毁灭性的破坏；2013年的日本福岛核事故，对周边海域乃至北太平洋产生不同程度的影响。

污染物对海洋生态系统的影响，可以概括为对生态系统结构及功能的影响。污染物会影响生态系统正常的食物链，导致生态系统平衡破坏，对海洋生态系统生物多样性和遗传多样性产生影响，导致物种数量和资源量减少，生态系统结构和功能遭到破坏。例如，严重的石油污染不仅对水层生态系统产生影响，沉降到海底的油污也会对海洋生物栖息地造成破坏，导致敏感生物的灭绝，从而改变底栖生态系统的结构。随着生态系统结构的变化，海洋生态系统的物质供应、食品生产、环境调节、废物处置、休闲娱乐等生态服务功能也将受到极大的损害。（高会旺　张　歌）

**污染物入海后的沉积过程**　deposition process of marine pollutants　污染物入海后，在物理、化学、生物作用下发生在海洋底边界的沉淀和积聚过程。污染物入海后的沉积过程是使污染物由水体转移至沉积物的重要过程。

污染物入海后的沉积过程包括化学沉淀、絮凝沉降、重力沉降等，常伴随吸附解析、氧化还原、生物富集、生物降解等过程。多数入海污染物通过悬浮颗粒物或胶体颗粒的吸附—絮凝—沉降等一系列过程迁移至海洋底边界，完成沉积。海洋中的金属类污染物，容易被有机物、悬浮物或沉积物所吸附、络合或共沉淀，绝大部分将迅速转入沉积物，并最终在沉积物中蓄积，使沉积物成为重金属等化学物质的主要存储库。（史　洁）

**污染物入海后的化学过程**　chemical process of marine pollutants　污染物入海后，通过化学作用而发生的组成和结构变化、迁移和转化等过程。化学过程会引起污染物组成和结构的变化，决定了污染物在环境中的存在形式、富集状况和潜在危害程度。

污染物在环境中的迁移常伴随着形态的转化。无机污染物以简单的离子、络离子或可溶性分子的形式，在海洋环境中通过一系列的化学作用（如溶解-沉淀、氧化-还原、水解、络合、螯合和吸附-解吸等）实现迁移转化。有机污染物除上述作用外，还可以通过化学降解、光化学降解和生物化学降解等作用实现迁移转化。在海洋环境中，化学过程引起的污染物结构组成变化通常比物理过程和生物过程更普遍，主要受光照、温度、盐度、酸碱度、溶解氧、氧化-还原环境、生物活动等因素影响。例如，海洋环境中的金属离子可在一定的氧化-还原条件下，因电子得失发生化学性质的变化，如三价铬和六价铬、三价砷和五价砷的转化，其毒性强度在不同价态下存在较大的差异。（陈洪举）

**污染物入海后的生物过程**　biological process of marine pollutants　污染物入海后，通过海洋生命活动而发生的富集、迁移和转化等过程。生物过程是影响污染物在海洋中分布及其毒性效应的重要过程之一。

海洋生物从环境中吸收或通过食物链蓄积难分解的污染物，导致体内污染物浓度超过周围环境，这个过程称为生物富集。不同海洋生物对污染物的富集作用有区别，如藻类对重金属具有较强的富集作用，贝类容易富集重金属和有机污染物等。污染物可以随着生物的迁移进行水平和垂直迁移。在水平迁移方面，浮游生物和游泳生物在吸收污染物以后，可以分别通过随海流运动的携带和迁徙、洄游等行为实现对污染物的被动和主动迁移。此外，海洋生物的垂直移动可以影响污染物在垂向不同水层间的迁移，海洋生物产生的粪粒、碎屑和卵等有机颗粒的沉降也会携带污染物向深层迁移。污染物进入生物机体后，随着生物的代谢、生长和死亡等过程，可在酶系统的催化作用下发生转化。同一种污染物可以进行不同形式的转化，形成不同的代谢产物并产生不同的生物学效应。生物转化可以使污染物的毒性升高引发毒性效应，或在机体内将污染物降解，降低、消除毒性。在海洋环境保护中，可以利用生物降解作用，降低污染物对海洋生物或生态系统的损害。（陈洪举）

**污染物入海后的物理过程**　physical process of marine pollutants　污染物入海后，在海水运动作用下发生的对流、扩散和沉降等过程。在近海海域，潮流是主要的海水运动形式，污染物入海之后，会在潮流的作用下通过对流过程输运到其他海区；而在开阔大洋，污染物的对流输运主要受到海流的控制。污染物在入海口处的浓度一般较高，入海后在扩散作用的影响下，其浓度从入海口往外逐渐降低。扩散作用主要包括分子扩散和湍扩散，在海洋中占主导作用的是湍扩散过程。海洋上层受到风等动力因子的作用，因此是污染物受到湍扩散作用最强的区域；海底的湍扩散作用主要受到潮流切变的影响；而海洋内部，湍扩散过程通常以内波破碎引起的混合为主。此外，颗粒状的污染物入海之后由于自身的重力，还会在海洋中沉降；同时，沉降到海底的颗粒态污染物也会在底应力较大时通过再悬浮过程重新回到水体当中。污染物入海后，发生的对流、扩散和沉降等物理过程不是孤立存在的，而是几种过程同时起作用。（史　洁）

**污染物入海通量**　flux of pollutants into the sea　一定的区域范围内，某种污染物在单位时间内通过大气沉降输入途径或河流输入途径进入海洋生态系统的量值。

**大气沉降入海通量**　研究内容主要集中在氮、重金属、磷等沉降通量，不同污染物的采集、测定和计算方法有所不同。

氮沉降通量　大气氮沉降作为近岸海洋生态系统的重要营养源，其数量的急剧变化将严重影响生态系统的生产力和稳定性。大气中的氮以多种形式存在并通过多种途径沉降入海，包括随雨雪下降的“湿沉降”，即溶解态的铵（$NH_4^+$）、硝酸根（$NO_3^-$）等。吸附在气溶胶及大气颗粒物的“干沉降”，包括颗粒态$NH_4^+$、$NO_3^-$和有机氮等。气液交换，主要包括氨（$NH_3$）、硝酸（$HNO_3$）、氮氧化物（$NO_x$）等成分。

大气湿沉降样品的采集通常用自动或人工采样器把雨、雪和雾等收集于塑料（聚乙烯）容器中。大气干沉降样品的采集通常用滤器采样、撞击采样和代用面采样方式。干湿沉降样品均经孔径为0.45微米的有机微孔滤膜过滤后，测定其滤液的成分。硝酸盐、亚硝酸盐、铵盐可以采用离子色谱法和分光光度计法进行测定。通量的计算是用测定浓度与样品体积之积除以采样面积，通常采用的单位是千克/（千米$^2$·天）。

重金属沉降通量　干湿沉降的重金属样品的采集方法同氮沉降，在样品的预处理中直接将滤膜连同样品一起进行消解，然后用原子吸收法进行测定。通常采用的单位是毫克/（米$^2$·年）。

**河流污染物入海通量**　河流入海污染物种类　排入海洋的污染物主要有重金属、有机污染物、营养盐（氮和磷）、石油类等。

河流入海污染物通量　某种污染物入海通量的计算公式如下：

$$W_i = \sum C_i \times Q_i$$

式中$W_i$为第$i$种污染物入海通量，单位为吨；$C_i$为第$i$种污染物在入海口的浓度，单位为毫克/升；$Q_i$为该河流年均径流量，单位为亿立方米。（胡　泓）

**污染物入海途径**　entry of pollutants into the sea　污染物通过海气、海底、陆海等界面进入海洋的路径。主要包括大气沉降、河流输入、海洋倾倒、海洋污染事故等。

大气沉降　通过大气干、湿沉降输入海洋的物质主要包括3类：①微量重金属和地壳元素。包括自然源和人为源的铝（Al）、铁（Fe）、铬（Cr）、锌（Zn）、铅（Pb）、磷（P）、硅（Si）等。②含氮物质。大气中的含氮物质有多种存在形式，其中溶解态的有铵（$NH_4^+$）、硝酸根（$NO_3^-$）、亚硝酸根（$NO_2^-$）和可溶性有机氮等。大气沉降氮的来源除了一小部分来自雷电过程中氮气（$N_2$）的转化外，主要是来自工业生产中化石燃料燃烧产生的氧化性氮氧化物，以及农业生产产生的还原性氮化物。③有机化合物。如多环芳烃（PAHs）和多氯联苯（PCBs）等，这类物质具有相对较长的大气滞留时间，在大气中的传输范围广，常常能达到半球和全球范围。

河流输入　全球每年有43.5万亿立方米的河流入海径流量，因此河流是许多天然风化产物和人类生产、生活活动产物从陆地进入海洋的主要通道和途径。河流输入的污染物主要包括重金属、有机化合物、无机化合物、油类物质等。另外，河流输入为河口及近岸海域提供大部分的营养盐，有利于维持海洋的初级生产力，但营养盐过剩也会有负面影响，如引起富营养化现象，并可导致浮游植物大量繁殖，产生生态灾害和水体缺氧等。

海洋倾倒　对陆地和海洋工程产生的渣土和疏浚泥沙采用海洋倾倒的方式进行处理，海洋倾倒可将大量污染物带入海洋，从而对海洋浮游生物、鱼类和底栖生物产生一定影响。

海洋污染事故　海洋污染事故包括海上石油钻井平台泄漏、井喷事故、港口油库爆炸事故、油轮溢油事故以及化学品泄漏事故等。这些突发性的海洋事故会使大量的油类物质和危化物质进入海洋，对海洋生态系统的破坏性影响包括：影响光合作用、消耗海水溶解氧、对生物的毒性作用、影响海-气交换以及对近岸及海滩生态环境造成严重破坏等。　（胡　泓）

**无肠目动物** *Acoela* 扁形动物门涡虫纲无肠目动物的统称。无肠目的分类地位在国际上一直存有争议。传统看法认为无肠目隶属于扁形动物门（Platyhelminthes）涡虫纲（Turbellaria），是扁形动物门中最原始的类群。随着分子生物学技术的发展，学者们通过系统基因组学数据分析，认为无肠目与纽涡虫目（Nemertodermatida）应脱离扁形动物门，组成无肠动物门（Acoelomorpha），在进化树上位于两侧对称动物的基部。又有学者认为，无肠目应当与异涡虫动物门（Xenoturbellida）合并成为异涡无肠动物门（Xenacoelomorpha），归属于后口动物（Deuterostomia）。

无肠目动物身体两侧对称，呈卵圆形或者长圆形，体长1～12毫米，通常约2毫米。虫体前段具有平衡囊、额腺等感觉器，口位于近中央的腹中线上，有时具一简单的咽，无消化管，有一团来源于内胚层的营养细胞，能够进行吞噬和消化。无原肾管，神经系统不发达，为原始的神经网。生殖细胞直接来自实质细胞，没有明显的生殖腺。生殖时，生殖细胞排列成精巢或者卵巢。无生殖导管，无卵黄腺，卵为内卵黄卵，螺旋卵裂，直接发育。

无肠目动物约有16科700种，以海产种类为主，广泛分布于温带、亚热带和热带海域。以摄取藻类、原生动物等为食，部分依赖于体内共生的藻类，还有少数营寄生生活，生活在棘皮动物肠道中。

作为最原始的两侧对称三胚层动物类群，无肠目动物的分子系统学研究以及分子起源问题已经引起国际上科学家的关注与重视，其研究结果对于了解后生动物的进化及系统发育具有重要意义。　（于海燕）

**无潮点** amphidromic point 观测到的潮波或潮波中某一分潮，其振幅为零或极小的点。**半日潮**的主要分潮（M2）共有6个无潮点，其位置从南而北，分别位于圣弗朗西斯科（旧金山）西面、科隆群岛（加拉帕戈斯群岛）西面、圣诞岛东南、所罗门群岛附近、复活节岛和新西兰东北。全日潮的主要分潮（K1）的无潮点共有4个，分别位于北纬25°、东经175°，南纬5°、西经170°，南纬10°、西经140°和南纬45°、西经160°附近。无潮点主要是潮波受到引潮力和地转等因素的影响而生成的，在河口水域因入射潮波与反射潮波相互抵消亦可导致无潮点。　（刘海龙）

**无节幼虫** nauplius larva 甲壳亚门动物发育过程中最早出现的幼虫期。多数甲壳动物的变态发育要经历多个幼虫期，而最初孵出的幼虫不分节，长有3对附肢（2对触角，1对大颚），背面前部有一个眼点，营浮游生活，称为无节幼虫（见图）。甲壳类动物种类繁多，不同类群的发育过程也有所不同，无节幼虫的形态除蔓足类外，其余基本相似。

鳃足类的无节幼虫。鳃足类动物卤虫（*Artemia*）由受精卵孵化出无节幼虫呈卵圆形，具有第一、第二触角和大颚3对附肢，主要用第二触角游动。蜕皮后即成为后无节幼虫，身体稍延长，后部出现不明显分节。

蔓足类的无节幼虫。藤壶等蔓足类动物的无节幼虫形态特殊，其背甲略呈三角形，前端两侧各具1个棘突，体后端有

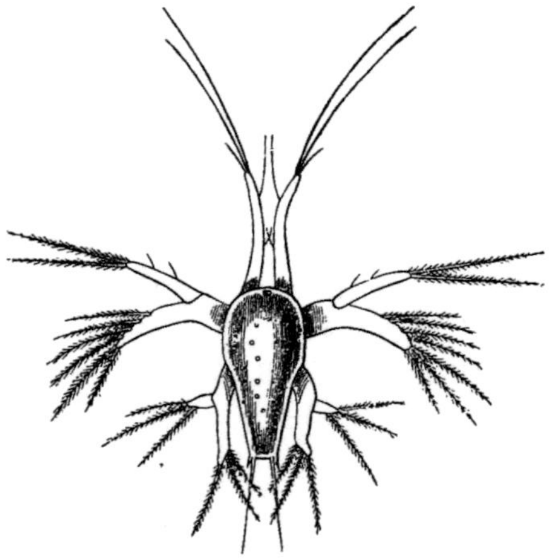

无节幼虫图

1个长的尾刺。背面前部中央有1个单眼。具有3对分节的附肢。此幼虫进一步发育为腺介幼虫（Cypris larva）。

桡足类的无节幼虫。桡足类动物的无节幼虫呈卵圆形，具有1个单眼和3对附肢。一般分为6期，各期的区别在于个体大小、附肢刚毛数和尾刺数。再进一步发育为桡足幼体（Copepoda larva）。

磷虾类无节幼虫。磷虾的无节幼虫形态上与桡足类无节幼虫相似，具有1个单眼，3对附肢和不分节的卵圆形身体，但是个体较大，发育到末期身体开始伸长，出现了背甲。其后再发育为节胸幼虫（Calyptopis larva）和带叉幼虫（Furcilia larva）。

十足目长尾类无节幼虫。长尾类动物的无节幼虫身体卵圆形，不分节，具1个单眼、3对附肢，尾部有成对的尾棘。其后发育为溞状幼虫（Zoea larva）和糠虾期幼虫（Mysis larva）。　（朱丽岩）

**无人潜水器** unmanned underwater vehicle; UUV 无人驾驶、靠遥控或自动控制在水下运行，完成水下各种作业任务的系统。又称水下机器人。1953年，法国D.雷比科夫制造出世界上第一台**遥控式无人潜水器**“POODLE”。20世纪70年代，随着海上石油开采的兴起，无人潜水器的发展掀起了高潮，开发出一批能在不同深度进行多种作业的潜水器。1995年，日本研制的“海沟”号遥控式无人潜水器成功地探测了马里亚纳海沟，水深为10 911.4米，进行了试样采集及拍摄等考察活动。

中国无人潜水器的开发起步较晚，中国的科研机构自20世纪70年代开始，就开展了无人遥控潜水器的研制，进行海底调查、水下取样、检测维修，以及海上救助打捞等水下遥控作业。2012年之后，在国家“863”计划的支持下，中国研制成功“海马”号遥控式无人潜水器、“潜龙”号自治式无人潜水器和“海燕”号水下滑

翔机等代表性的无人潜水器。

无人潜水器主要有遥控式无人潜水器（ROV）、**自治式无人潜水器**（AUV）、**混合式无人潜水器**（ARV）、自治式水下滑翔机（AUG）、**水下直升机**（AUH）、**仿生无人潜水器**（BUV）等。不同种类的潜水器用途不尽相同，即使同一种类的潜水器也因其功率、续航力和用途不同，特别是其所携带的探测作业工具不同，而具有不同的应用目标和应用范围。（张大海）

**无人潜水器定位与导航技术**　positioning and navigation technology of unmanned underwater vehicle　为潜水器提供执行任务所需的位置、姿态、方向等导航定位信息的技术。是潜水器设计中的关键技术之一。在复杂海洋环境作业时，潜水器的定位与导航不仅关系到作业任务完成的成功与否，甚至影响潜水器安全与生存。

潜水器现有的水下定位与导航技术，有水下声学定位与导航（包括长基线、短基线、超短基线、逆超短基线及多普勒测速声呐导航等）、惯性导航与定位、利用声波影和光学等的视觉导航与定位等，各有优缺点。潜水器水下定位与导航最常用、最有效的方法是航位推算法、水下声学法、惯性导航法及其组合方式。

航位推算导航是一种低成本的导航方法，它可实时定位及给出载体平台当前和将来的位置，因此航位推算法在潜水器导航中占有至关重要的地位。航位推算导航系统的主要缺陷是各个时刻累计的误差导致潜水器导航系统长期的漂移。

航位推算导航系统或惯性导航系统与全球定位系统（GPS）构成组合导航系统，通过使潜水器周期性地浮出水面，并采用GPS对其位置进行修正，从而提升航位推算导航系统或惯性导航系统的导航精度。这种方法常用于水下滑翔机的导航。如用于军用潜艇，则不利隐蔽。用于一般深海作业的潜水器，却存在着需要额外时间和能源的问题。此外，当在海冰区域使用时，由于冰层的阻碍作用也使这种方法难以实现。

水下声学导航则根据声学信号在海洋中的良好传播特性，采用声学发射器作为导航信标，由潜水器向声学信标发射声信号并接收该信标返回的声信号，测得声信号的往返时间，若已知信标的坐标和当地的声速，就可计算潜水器与信标间的相对距离，从而推算潜水器的实时位置。其缺点是作用距离有限，安装维护成本高，易受人为或自然的干扰。

海洋地球物理导航（海洋磁导航、重力导航、海底地形匹配导航），其误差不随航行时间或航行距离的增加而积累或发散，具有精度高、不受时间限制、无须升出水面、隐蔽性强、完全自主等优点，是潜水器较理想的辅助导航手段。组合导航系统是潜水器定位与导航技术的发展趋势。而信息融合、多传感器数据处理以及地球物理辅助导航，也正式成为潜水器定位与导航技术研究领域的热点。

（樊　炜　张祝军）

**无人潜水器控制技术**　control technology of unmanned underwater vehicle　针对遥控式无人潜水器（ROV）、自治式无人潜水器（AUV）、自治式水下滑翔机（AUG）在内的多种潜水器的运行控制、姿态控制需求和路径规划需求，利用微处理器、工控机等平台实施多任务实时控制的技术。根据运行平台分类有遥控式无人潜水器控制技术、自治式无人潜水器控制技术、自治式水下滑翔机控制技术等。①遥控式无人潜水器控制技术。针对遥控式无人潜水器远程有缆的特点，利用电力载波技术远程同步传输能量与信息，因遥控式无人潜水器供能充足可携带较多数量推进器，遥控式无人潜水器多采用过驱动矢量推进控制技术控制。②自治式无人潜水器控制技术。自治式无人潜水器需要自行携带电池完成自身能量供给，因此推进器数量较少，多采用欠驱动推进技术控制，且因无缆线提供信息，多采用声学技术通信和定位。③自治式水下滑翔机控制技术。通过控制调整浮力和倾斜角获得推进，能量消耗少。根据任务不同分为姿态控制技术、路径规划技术等。①姿态控制技术。对潜水器姿态和航行状态进行具体调整的技术，根据控制律原理不同分为PID控制技术、模糊控制技术、滑膜控制技术等多种不同类型姿态控制。②路径规划技术。结合导航技术，为潜水器规划一条前往目标点的最优路径的技术，多采用同步定位与建图（SLAM）、快速扩展随机树（RRT）等算法。（刘　勋　陈　鹰）

**无震海岭**　aseismic ridge　几乎不发生或很少有火山、地震活动的海底山系。是与具有明显火山和地震活动的大洋中脊（又称活动海岭）截然不同的海岭类型。又称不活动海岭。

特征　无震海岭为长形隆起，绵延700～5000千米，宽250～400千米，高出洋盆2000～4000米，局部露出海面成为**大洋岛**，如夏威夷群岛。无震海岭地形一般起伏不大，顶面较平坦，两坡较陡，横断面呈不对称状。它们与大洋中脊不同，主要分布在岩石圈板块内部，构成相对稳定，很少或几乎不发生现代火山活动和地震，没有大洋中脊中常见的裂谷和转换断层。重力异常一般呈正的空间异常，布格异常与周围洋盆相比较低。磁异常与洋盆的条带磁异常不同，呈线状、等轴状或不规则形状，说明无震海岭的成因不同于正常**洋壳**，故无法根据磁异常得出海岭的年龄。海岭的热流值大体与周围洋盆相当或略高，一般在1.2～2.0微卡/（厘米$^2$·秒）。

构成无震海岭的岩石与大洋中脊玄武岩有所不同。无震海岭的岩石种类较多，有拉斑玄武岩、碱性玄武岩及其他碱性岩类和中酸性岩等。这可能是由于其岩浆源不同于大洋中脊玄武岩，以及岩浆的分异程度较高所致。

地震资料表明，无震海岭的地壳厚度较周围洋盆大得多，一般可达20千米。无震海岭多属大洋型地壳，具有3层结构：第一层为深海沉积层，主要为碳酸盐沉积和火山碎屑沉积；第二层为火山岩层；第三层为大洋层。一些无震海岭是大量玄武岩覆于洋壳基底之上的产物，如皇帝海岭、夏威夷海岭、卡内基海岭，但还有些无震海岭的地壳属性不明。另一些无震海岭具有大陆地壳性质，由花岗岩质岩石构成，地壳厚度较大，可达30千米。这种海岭露出海面构成岛屿者，称作微大陆，如塞舌尔群岛，它们可能是古陆的残余部分。

分布　无震海岭在世界大洋分布很广，常以火山链的形式出现，较典型的有太平洋的夏威夷海岭、皇帝海岭、莱恩海岭、土阿莫土海岭、吉尔伯特海岭和土布艾海岭；印度洋的东经90°海岭、马斯克林海岭、凯尔盖朗海岭；大西洋的鲸鱼海岭和里奥·格兰德海岭以及北冰洋的罗蒙诺索夫海岭。

成因假说　关于无震海岭的成因有不同说法。有人认为它是地壳断块垂直运动产生的地垒构造；另一些人则认为是海底火山沿裂隙喷发的产物。J.T.威尔逊于1963年提出“热点假说”，认为在上地幔岩浆源之上存在一些热点，这些**热点**的位置相对于板块移动是固定不变的，从热点不断上涌岩浆物质，喷出到海底形成火山，当热点上的岩石圈板块发生移动时，原先形成的火山随着板块移离热点而冷却下来，在热点处又形成新的火山。这样，从热点生成的火山随着板块运动而迁移，形成一列火山脊或火山链，构成无震海岭。W.J.摩根于1972年根据地震、重力和热流资料，进一步验证了威尔逊的热点说。认为在热点下有一种地幔深部物质的圆柱状上升流——地幔柱，这种地幔柱导致热点处的重力值和热流值升高，能把岩石圈抬起或穿透，形成熔岩流和火山-无震海岭。深海钻探结果证实了威尔逊的热点假说。如太平洋皇帝海岭最北段的明治海山最老沉积物年龄为7000万年，往南推古海山火山的年龄为6700万年，再往南仁德海山为5600万年，应神海山为5500万年，皇帝海岭与夏威夷海岭转折处火山年龄为4000万年，中途岛火山年龄约为2000万年。说明上述火山年龄由北向南由老变新的递变规律，表明岩石圈板块及其上的火山是从南往北漂移过来的。

（林复旦）

**伍兹霍尔海洋研究所** Woods Hole Oceanographic Institution; WHOI　美国大西洋海岸的综合性海洋科学研究机构。位于马萨诸塞州伍兹霍尔。其前身是1888年在伍兹霍尔建立的海洋生物研究所，1927年由美国国家科学院海洋学委员会开始筹建海洋研究所，1930年成立。当时该所由洛克菲勒基金会和卡内基基金会资助并设理事会领导，仅在夏季工作。哈佛大学动物学教授H.B.比奇洛博士任所长。第二次世界大战期间大量接受海军任务，改为全年工作，研究力量迅速加强。战后由国家科学基金会和海军研究署资助。1957年后，积极参与国际印度洋考察、国际海洋考察十年等国际海洋科学活动，研究课题广泛，涉及海洋基础学科和海洋工程各个方面。在海洋生物学研究，北大西洋洋流、墨西哥湾流与西部边界流以及大涡旋的研究，深海大环流模拟等方面取得重大成果。1960年底，开始颁授海洋学博士学位的研究生课程，前期课程限于自然科学，后与马萨诸塞理工学院、哈佛大学等合作增设海洋政策和管理、海洋资源的利用、权益和归属等方面课程。该所现在设有应用海洋物理和海洋工程、海洋生物学、海洋地质学和地球物理学、海洋化学和地球化学、物理海洋学5个研究室，3艘研究船和“阿尔文”号潜水器，此外还有海洋与环境放射中心、海-气相互作用和海洋大气科学中心、海洋哺乳动物研究中心、海洋政策研究中心、海洋和人类健康研究中心等。（仲　佰）

**物理海洋学** physical oceanography　研究海水运动和海洋物理性质的科学。研究内容十分广泛，包括海水各种时空尺度的运动形式及其演变规律，海洋的动力和热力过程导致海洋中各种物理场的形成、分布和变化规律及机制，海洋中的能量与物质输运，海洋物理过程与其他海洋过程之间的相互作用，以及海洋与其他地球圈层的相互作用。

海洋作为物理、化学、生物等多系统的统一体，其中海水的运动具有特殊的意义，海洋的各系统间，甚至系统内的物质和能量交换主要是靠海水的运动来实现的，同时运动着的海水不断地与大气、海底和海岸发生相互作用。海洋的这种特性决定了以研究海水运动为宗旨的物理海洋学是海洋科学中最基础性的学科，构成**海洋化学**、**海洋生物学**、**海洋地质学**等学科的基础，与大气科学、水文学、环境科学等学科密切相关，可为港口航道与海岸工程学、船舶与海洋工程学等学科提供支撑。

简史　物理海洋学的全貌初现于19世纪末至20世纪初，由于英国“挑战者”号的环球海洋调查，人们获得了大量关于海洋物理性质和海流的现场观测资料。基于此，人们相继发现世界大洋的主要海流系统，并注意到海水层化、地球旋转和湍流混合的重要作用。物理海洋学学科的确立是以1942年挪威海洋学家H.U.斯韦尔德鲁普等的巨著《海洋》为标志，这也标志着物理海洋学学科建设和科学研究的重心从欧洲转移到了美国。1971年，《物理海洋学杂志》(*Journey Physical Oceanography*; JPO）的创刊标志着物理海洋学已成为一个较为成熟的学科。20世纪末21世纪初以来，随着众多大型国际海洋观测计划的成功实施，以及一系列以海洋为目标的卫星观测计划的相继登台，对全球上层海洋进行大范围、高精度、准同步的实时观测已经成为可能，观测到了大量前所未知的现象，使得物理海洋学取得了飞跃式的进展，大大地提高了人类对海洋的认知和预报能力，并为海洋和地球系统耦合模式的发展提供了数据基础。

主要代表人物　1905年，V.W.埃克曼提出了风漂流理论，成为海洋环流理论的起点。1947年，斯韦尔德鲁普提出了大洋内区风生环流理论，奠定了大洋环流理论的基础，还与美国海洋学家W.H.蒙克一道开创了海浪预报方法。美国物理海洋学家H.M.施托梅尔和蒙克相继提出了基于底摩擦和侧摩擦的西向强化理论，初步构建了完整的正压风生环流理论。

基本内容　主要研究方向为：①海洋热盐结构，包括锋面、温跃层和**水团**等。②海水大尺度运动，包括海洋总环流、**风生环流**、**热盐环流**、边界流、绕极流、行星波动等。③海-气相互作用，包括海-气交换、海洋在气候系统中的作用、**厄尔尼诺-南方涛动**、海平面变化等。④海水中小尺度运动，包括潮波、内波、**中尺度涡**、**海啸**、**海浪**、**海洋湍流**、海洋混合等。⑤陆架海动力学，包括**上升流**、**沿岸流**、**风暴潮**、河口动力学等。

理论基础及研究方法　理论基础为物理学、流体力学、地球物理流体动力学、数学物理方法等。研究手段有观测研究、理论分析与数值模拟和实验室实验。观测方式为现场观测（船基、岸基、海床基和浮标等）和遥感观测（可见光与红外、微波等）。观测要素主要为温度、盐度、流速和海面起伏等。物理海洋学的发展很大程度上取决于观测手段的不断进步。由于计算机的飞速发展和大量观测数据的获得，海洋数值模式正在海洋过程研究以及海洋和气候预报中发挥越来越重要的作用。海水运动的某些特征可以抽象成为流体力学问题在实验室进行实验研究（海-气界面过程、地球旋转效应、层结作用等）。分析海洋观测数据的方法论基础为随机过程、统计分析和误差分析等。

展望　由于海洋具有巨大的热容量，记忆了全球气候变化的长期信号，并对全球气候系统起到了巨大的调节作用，因此物理海洋学在今后得到关注的主要研究方向与领域将是那些与海洋在气候系统中作用有关的物理过程，如海洋环流的多尺度相互作用、海洋的能量收支及热力约束、海洋环流在气候系统中的作用、中小尺度海洋涡旋、海洋深层环流、海洋与台风相互作用、热带印-太暖池的低频变异、南大洋深层/底层水的形成与变异、极地海—气—冰相互作用过程、海洋环境与气候系统的可预测性等。（管长龙）

# X

**西澳大利亚海流** West Australian Current 南印度洋东部的**寒流**。简称西澳寒流。西澳大利亚海流是**西风漂流**北支，由南半球西风漂流到达东经90°～105°后沿澳大利亚西海岸转向而成，沿澳大利亚西岸向北流动。受西风影响强烈，冬季弱，夏季强，流速25～30厘米/秒，盐度35.5‰～35.7‰。部分海水向西北流，在南半球的热带海域汇入印度洋南赤道海流，其余部分流向东北消失在帝汶海。

印度洋的西澳大利亚海流与大西洋的**本格拉海流**和太平洋的**秘鲁海流**都是**南极绕极流**的分支，都属于大洋东边界流，与西边界流相比，它们流幅宽、流速小，影响的深度也浅。（边昌伟）

**西北太平洋环境保护行动计划** Action Plan for the Protection, Management and Development of the Marine and Coastal Environment of the Northwest Pacific Region 通过对西北太平洋海洋和沿岸地区环境资源进行合理开发、利用和管理，使该区域人民长期受益，同时实现保护人类健康、生态完整与地区可持续发展的行动计划。该行动计划是联合国环境署区域海行动计划之一。开始于1994年，成员国有中国、韩国、日本及俄罗斯，地理范围覆盖东经121°～143°、北纬52°～33°的海洋和海岸带区域。

西北太平洋环境保护行动计划陆续确定了7个优先项目，分别为：①建立综合数据与信息管理系统。②调查国家立法、目标、策略和政策。③近海与沿岸及相关淡水环境监测和评价项目。④海上溢油污染防备与应急反应项目。⑤建立区域行动中心和协调处。⑥海洋环境保护公众宣传教育项目。⑦保护海洋环境免受陆上活动污染项目。根据优先项目设置了4个区域活动中心和1个区域协调办公室，分别为：数据和信息网络区域活动中心，设于中国生态环境部中国－东盟环境保护合作中心；污染监测区域活动中心，设于俄罗斯符拉迪沃斯托克的俄罗斯科学院远东分院太平洋地理研究所；海洋环境应急响应区域活动中心，设于韩国大田韩国材料和机械研究院下属的船舶和海洋工程研究所；特殊监测和海岸环境评价区域活动中心，设于日本富山西北太平洋区域环境合作中心；区域协调办公室，在日本富山和韩国釜山成立区域协调办公室，即一个办公室，两处办公地点。

区域活动中心和区域协调办公室在各自的职责范围内，根据总体目标和具体目的逐步设计和开展相关工作，具体体现在4个方面：①促进了中国、日本、韩国和俄罗斯的政府官员和专家之间在海洋环境保护方面的数据、信息和经验交流，加强了互相了解，为4个国家之间的进一步合作打下了一定基础。②通过联合演习、研究、培训等活动，提高了4个国家之间的官员和专家的能力，这将有益于成员国的海洋环保工作。③通过海洋溢油和有毒有害物质泄漏应急方面的工作，加强了4个国家海洋环保应急合作的能力。④通过相关活动和宣传材料，提高了4个国家公众的海洋环保意识。（孟庆佳）

**西边界流** western boundary current 沿大洋海盆西边缘大陆坡流动的狭窄的经向海流。通常所说的西边界流多指的是副热带西边界流，如著名的**黑潮**、湾流、阿古勒斯海流等。当各大洋赤道流向西抵达大洋边界时，一小部分汇入**赤道逆流**，其余大部分沿着副热带的西边界向高纬度方向流动，被称为副热带西边界流。由于源自赤道流，副热带西边界流具有高温高盐等水文特征，成为近岸水系和大洋水系的边界。同时，相对于大洋内区的环流而言，西边界流具有显著的流速大（最大流速超过1米/秒）、流幅窄（最窄处限制在靠近西边界的约1个经度内）和流层厚（最大厚度超过1000米）的特征。1948年，美国著名物理海洋学家H.M.施托梅尔提出科氏参数随纬度变化是西向强化的必要条件，奠定了西边界流的理论基础。副热带西边界流在副热带高纬度一侧脱离边界而转向东流动，流速减弱，流幅变宽，流层变薄，成为副热带环流的一部分。由于受到南大洋南极绕极流的影响，南半球的西边界流在脱离边界时，伴随着强烈的回流和涡旋等中尺度运动。

世界大洋主要的副热带西边界流包括北大西洋西岸的湾流、南大西洋西岸的巴西海流、北太平洋西岸的黑潮、南太平洋西岸的东澳大利亚流以及南印度洋西岸的厄加勒斯海流等。

湾流表面流幅最窄处介于100～150千米之间，流的厚度最大可达4000米左右，表面流速可强达2.5米/秒，流量可高达150Sv（1Sv=1×10$^6$米$^3$/秒），其脱离海岸而形成的向东流动的延伸体，称为大西洋湾流延伸体。

黑潮表面窄处的流幅约150千米，流的厚度最大可达3000米左右，表面流速最强约为200厘米/秒，流量可达65Sv，其脱离海岸而形成的向东流动的延伸体，称为**黑潮延伸体**。

厄加勒斯海流厚度最大可达2000米左右，表面流速可达2米/秒，流量最高可达80Sv。厄加勒斯海流在脱离非洲大陆南端后，先向西流，后折向东流，在南纬38°～40°形成东向的“厄加勒斯回流”。

**巴西海流**相对较弱，其厚度一般限制在600米以内，流量在5～20Sv。巴西海流在南纬36°附近脱离边界，与北向的马尔维纳斯海流汇聚形成巴西－马尔维纳斯汇流区并在此分汊，其中一支形成位于南纬36°～45°东北向的南大西洋流。

东澳大利亚流是南赤道洋流的南分支进入珊瑚海后形成的，该海流沿澳大利亚东岸进入塔斯曼海，其主干在南纬32°以南减弱并开始消散，到塔斯马尼亚岛岸外折向东，然后北流成为塔斯曼海流。

除了为人所熟知的诸多强大的副热带西边界流外，热带和副极地环流中也存在着向赤道流动的西边界流，如热带北太平洋的**棉兰老流**、副极地北太平洋的**亲潮**、热带南太平洋的新几内亚沿岸流、热带印度洋的索马里海流与副极地北大西洋的**拉布拉多海流**等。（王　凡）

**西边界潜流** western boundary undercurrent 普遍存在于各大洋西边界流之下的次表层反向海流，如黑潮之下的吕宋潜流、**棉兰老流**之下的**棉兰老潜流**、新几内亚沿岸流之下的**新几内亚沿岸潜流**、东澳大利亚海流之下的**大堡礁潜流**和**东澳大利亚潜流**、厄加勒斯海流之下的**厄加勒斯潜流**等。该类潜流在20世纪80年代之后才陆续被发现，改变了关于大洋环流垂直结构的传统认识，把大洋环流研究从“二维”风生环流推进到“三维”阶段。有研究表明，西边界潜流通常具有较强的季节内变化特征，可能和海洋内部不稳定性导致的不同类型涡旋活动有关。（胡敦欣）

**西风漂流** west wind draft 在盛行西风的作用下，中纬度大洋形成的几乎常年都向东运动的**海流**。北半球大洋的西风漂流，即为北太平洋漂流和北大西洋漂流。南半球的西风漂流位于南大洋，环绕南极大陆，称为**南极绕极流**。南极绕极流为世界海洋中最强的海流，也是典型的西风漂流。①太平洋西风漂流。是由盛行西风所维持的海流，它分别构成了南、北半球副热带环流的南缘和北缘。北太平洋的西风漂流又称北太平洋漂流；南太平洋的西风漂流是南太平洋区域的南极绕极流的表层部分。太平洋西风漂流达到大洋东岸，一部分沿着南、北美洲海岸向赤道方向运动，形成大洋东部的海流，即北太平洋的加利福尼亚海流和南太平洋的**秘鲁海流**，构成副热带环流的东翼，从而完成了南、北太平洋副热带环流的闭合循环。②大西洋西风漂流。分南、北大西洋西风漂流。北大西洋西风漂流，即北大西洋漂流，它的一个重要的水源是来自湾流延续体。南大西洋的西风漂流是南大西洋区域的南极绕极流的表层部分。大西洋西风漂流到达大西洋东岸，一部分沿海岸向赤道方向运动，形成大洋东部的海流，即北大西洋的加纳利海流和南大西洋的**本格拉海流**，构成副热带环流的东翼，完成了南、北大西洋副热带环流的闭合循环。（王 凡）

**西加鱼毒** ciguatera fish poisoning 鱼类（主要是珊瑚礁鱼类）因大量摄食有毒藻类（主要是有毒底栖甲藻）而在体内积累的大分子聚醚神经毒素。又称雪卡毒素。西加鱼毒毒性非常强，比河鲀毒素强100倍，是已知的危害性大的藻类生物毒素之一。已发现3类西加鱼毒素，即太平洋西加鱼毒素、加勒比海西加鱼毒素和印度洋西加鱼毒素。

西加鱼毒素主要由附着在热带、亚热带珊瑚礁底栖生态系统中的冈比甲藻（*Gambierdiscus* spp.）产生，通过食物链的传递，经草食鱼类、肉食鱼类而最终影响人类的健康。通常西加鱼毒仅限于热带和亚热带海区珊瑚礁周围摄食剧毒冈比甲藻和珊瑚碎屑的鱼类，能够积累西加鱼毒素的鱼类大约有400种。

西加鱼毒素是一组热稳定、亲脂性的高度氧化梯状聚醚，分子量一般在1000～1150。该毒素主要存在于珊瑚鱼的内脏、肌肉中，尤以内脏中含量为高。西加鱼毒素是电压依赖性钠离子（$Na^+$）通道的新型激动剂，与钠离子通道受体靶部位Ⅵ结合，能增加可兴奋细胞膜对$Na^+$的通透性，产生强去极化，致使神经肌肉兴奋性传导发生改变，影响对温度的感觉，使中枢神经对体温的调节不敏感。

现已证实西加鱼毒主要流行于加勒比海地区及位于北纬35°～南纬35°的印度洋和太平洋地区。据统计，世界范围内平均每年因食用染毒珊瑚鱼类而发生的西加鱼毒中毒人数达5万多人，中国南部沿海的福建、台湾、香港、广东、广西和海南地区西加鱼毒中毒事件时有发生。在上述地区采集的热带鱼体内也检测到相关毒素。针对中国海南岛西加鱼毒产毒藻调查发现，有三种冈比藻——太平洋冈比藻（*G.pacificus*）、澳大利亚冈比藻（*G.australes*）和加勒比冈比藻（*G.caribaeus*）具产毒潜力。（吕颂辉 周名江）

**西太平洋振子** western Pacific oscillator 为西太平洋局地海-气相互作用过程能够激发海洋开尔文波东传，引起厄尔尼诺与南方涛动的位相转换的理论。是**厄尔尼诺-南方涛动**循环理论的一种解释机制。这一理论弥补了延迟振子理论过重地依赖于在西边界的海洋**罗斯贝波**反射引起的负反馈过程，提出西太平洋局地海-气相互作用在厄尔尼诺-南方涛动循环中也能起到负反馈作用。

在厄尔尼诺事件的发展过程中，赤道上的西风异常会抑制赤道上升流，产生表层暖水在赤道辐聚，产生向东传播的暖开尔文波，同时在副热带辐散，产生西传的海洋冷罗斯贝波。西传的冷罗斯贝波传播到副热带西北太平洋引起局地的冷海温异常，进一步激发当地的大气异常反气旋。异常的反气旋在赤道西太平洋产生东风异常，激发冷的开尔文波东传，削弱东太平洋的暖信号，使厄尔尼诺向拉尼娜转换。

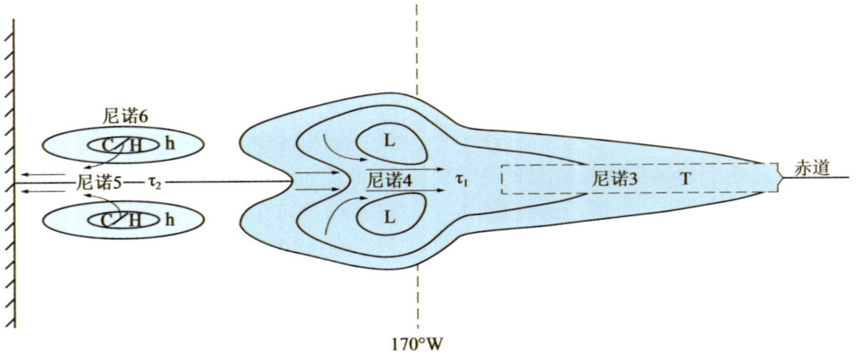

西太平洋振子理论示意图

这种由西太平洋局地海-气相互作用产生ENSO位相转换过程，就是所谓的西太平洋振子理论（见图）。（郑小童）

**希曾，B.C.** Bruce Charles Heezen（1924-04-11～1977-06-21） 美国海洋地质学家。生于艾奥瓦州文顿，在冰岛以南的雷克雅内斯海岭潜水考察时殉职。1948年毕业于艾奥瓦州立大学，1955年在哥伦比亚大学拉蒙特地质研究所任职，1957年获博士学位，1964年担任教授。20世纪50年代，他和W.M.尤因首次发现大西洋中脊、印

度洋中脊和东太平洋海隆首尾相连，构成环绕全球的大洋中脊体系；首次发现沿中脊顶部延伸的大洋裂谷系。上述发现为海底扩张说和板块构造说的问世迈出了最重要的一步。1952年，他运用浊流说解释1929年纽芬兰大浅滩地震引起的海底电缆折断事件，为海底浊流的存在提供了有力论据。他最早认识到深海底流在塑造洋底地形和沉积物中的重要作用，在1966年首先提出等深线流的概念。他与M.撒普合作绘制的世界洋底立体地形图，已在全世界广泛应用。他还在研究海底峡谷、深海平原、大地构造和地震等方面做出了杰出贡献。希曾撰有300多篇论著，主要有《洋底》（1959，与尤因、撒普合著）、《深海面貌》（1971）等。（喻普之）

**潟湖沉积** lagoon deposit 潟湖环境下形成的沉积物。潟湖中植物常呈环状分布，边缘部分是芦苇，内侧为藻类分布带，中部为无植物生长的明水带。潟湖通过潮流通道与外海联系，潮流通道两端分别形成涨潮和落潮三角洲。

潟湖沉积特征：①低能环境。潟湖中波浪作用微弱，沉积物以细粒陆源物质和化学沉积物为主。②盐度变化范围大。**障壁岛**的遮挡、潟湖水体的蒸发以及淡水的注入等都将引起潟湖含盐度高于或低于正常海水，这是潟湖沉积环境的一个重要特点。③广盐性生物发育。盐度的变化，引起了生物群的变异，与正常盐度的海洋相比，潟湖中生物群的种属和数量都急剧减少，且个体小，壳壁薄，以广盐性生物最为发育。

在潮汐区的潟湖若有足够的沉积物不

断补充，可逐渐发展为**潮坪**；地壳的升降和气候的改变，将使河流挟带大量泥沙倾入潟湖，则潟湖可转化为**三角洲**；滨海平原上潟湖的淡化和淤塞，可进一步发展为滨海沼泽；当潟湖因地壳上升和障壁岛发展而与海洋完全隔绝，在缺乏淡水注入的干旱气候条件下，蒸发量大大超过补给量，潟湖则逐渐发展为盐湖。

潟湖的发育一般经过4个阶段：海湾–潟湖、半封闭潟湖、封闭潟湖、埋藏潟湖。由潟湖的发育阶段可知，潟湖沉积下伏海相层，向上海相性程度逐渐减弱，最后转化为淡水湖泊，上覆陆相层，这是海退过程所形成的海岸潟湖的共同特点。海进过程中所形成的潟湖，其上覆和下伏层与海退潟湖恰好相反，下伏层有的为古地面如长江三角洲，有的为冰积层，有的为基岩。上覆层为浅海相。

（于晓果　边叶萍）

**下降流**　downwelling　与**上升流**对应，表层流场的水平辐合，使海水由海面垂直下降的流动。上升流和下降流合称为升降流，是海洋环流的重要组成部分。它和水平流一起构成海洋总环流。在下降流海区，由于没有营养盐的向上输送，从而导致了上层海洋营养盐匮乏，因此在这些海区初级生产力一般较低。

形成　与上升流类似，在沿岸海区，风驱动海水向海岸运动形成了下降流。在海洋内区，逆时针的反气旋环流形成了表层海水的辐合，进而使得表层海水向下运动。

分布　下降流大多出现在北大西洋副热带环流区内。在南大洋的最外缘（南纬50°以南），冷的南极水下沉到暖的南太平洋水和南大西洋水以下也可以形成下降流。此外在一些沿岸海区出现的向岸流动也会形成下降流。

作用　下降流能使深层海洋产生类似“通风”过程，即可以将表层高溶解氧的水带到深层，从而供生物生长所需。

（张荣华）

**夏威夷群岛的远程效应**　far-reaching effects of the Hawaiian Islands　信风通过夏威夷群岛后，在群岛的西侧海面通过海–气相互作用将夏威夷群岛对信风的尾迹效应扩展到群岛以西3000千米以外，并导致向东的夏威夷背风逆流（HLCC）。

特征　按常规理论和观测，由岛屿产生的尾迹在近千米范围内就会消失。2001年，谢尚平等利用卫星观测的海面风、海表温度，结合之前的船舶观测海流资料以及数值实验得到的结果发现：在稳定的太平洋信风和北赤道海流的流域内，突出海面的夏威夷群岛和海–气的正反馈作用可以导致长达3000千米的超长尾迹。这个尾迹比地球上已观测到的任何一个海岛尾迹都长许多倍。该尾迹驱动一支来自8000千米以外亚洲海岸的向东流，从而影响海洋表层和次表层温度。这样，由夏威夷群岛激发的海–气相互作用将岛屿地形影响维持在夏威夷群岛以西相当长的距离上。这个发现改变了人们长期以来对于副热带海–气相互作用较弱的理解，提出副热带海–气相互耦合作用要比以往人们想象的强得多。

机制　当稳定的向西的信风与位于太平洋中部海拔在1000米以上的夏威夷群岛相遇时，背风的夏威夷群岛以西海域信风风速减小，北边形成气旋，南边形成反气旋的风异常和从西向东输送暖水的逆流；在风速减弱和逆流出现处出现海表温度正异常，该正异常海温又可以通过导致海面风辐合，进一步减弱海表温度正异常西部的风速和加强逆流，这样会发生一连串的事件，在海洋和大气之间构成一个正的反馈环，该反馈环使得岛屿的效应通过海洋大尺度波动和海流延续到群岛以西的几千千米处。

意义　夏威夷群岛的远程效应揭示了一个在世界地图上几乎难以分辨的小群岛，能在全球最大的海洋——太平洋上产生的一个几千千米的远距离的影响。该现象的发现不仅对海洋环流与气候的研究有重要的学术意义，也将会在渔业资源和海洋矿产的开发和利用等方面有广泛的应用前景。

（刘秦玉）

**先兆波**　precursor wave of storm surge　**风暴潮**来临前在岸边观测到的水位波动。是由热带风暴所引起的风暴潮传到大陆架或港湾时将呈现出一种特有的现象。当台风或飓风等还远在大洋或外海的时候亦即在风暴潮尚未到来之前，人们在验潮曲线中往往已能觉察到潮位受到了相当的影响，有时可观测到波幅达到20～30厘米的缓慢波动。这种在风暴潮来临前在岸边观测到的水位波动，被称为先兆波。先兆波可以表现为海面水位的微微上升，有时也表现为海面水位的缓缓下降。然而必须指出，先兆波并非是风暴潮发生时必然呈现和存在的现象。

（王东晓）

**显著波高**　significant wave height　工程设计中常用的有连续100个波中最大的10个波的平均值为1/10大波的平均波高。波高指相邻的波峰和波谷间的垂直距离，通常以$H$表示。波高的表示方法很多，通常使用几种有代表性的波高，如平均波高、均方根波高、最大波高、有效波高等。

（王东晓）

**现代海洋沉积**　modern marine sedimentation　指沉积物的属性与目前所处的**海洋沉积环境**相一致，处于动态平衡系统之中的**海洋沉积**。又称现代原生沉积。如河口区为三角洲沉积、热带浅海中为碳酸盐岩和礁相沉积、高纬度出现冰川沉积、海底火山周围为火山碎屑沉积等。现代海洋沉积物的主体为陆缘碎屑。主要分布于内陆架，少数分布于外陆架。现代海洋沉积可分为碎屑沉积（由风、水和冰川带来的）、生物沉积（贝壳等生物骨骼）、火山沉积（火山附近的火山碎屑）和自生矿物沉积（磷灰石和海绿石）。

现代海洋沉积特点：①现代沉积物的属性与所处的环境一致。在分布上，高纬度地区，现代沉积为冰运碎屑物，巨大漂砾、冰积砂和泥等堆积成冰积丘状堆积体；中纬度地区现代沉积物为砂、泥沉积；低纬度海区，现代沉积物中钙质含量高，正常盐度浅水区为珊瑚礁，低盐度浅海区为牡蛎礁沉积。②现代沉积的性质与其来源一致。如墨西哥湾现代沉积物主要是密西西比河搬运来的，中国黄海、东海陆架现代沉积物主要是由黄河、长江搬运而来的。③现代沉积的性质与其所处的水动力环境一致。从滨岸向外，随着水深加大，沉积物分带性明显，逐渐变细。④现代沉积物的性质与其所含的生物遗骸性质一致。一般近岸以底栖生物为主，深水区浮游生物不断增加，海峡区水浅，有利于生物栖息，但因水动力较强，生物含量反而稀少。一般海湾区，现代沉积物颗粒细，海草丰富，河流带来养分多，但种类有限。

（于晓果　边叶萍）

**限制性营养元素**　limiting nutrient　限制了海洋浮游植物种群数量增长和初级生产速率的生物必需元素。如海水中的氮（N）、磷（P）、硅（Si）、铁（Fe）、钴（Co）、锌（Zn）等的一种或几种。

氮是浮游植物DNA、RNA、细胞壁、蛋白质和酶的组成部分；磷是浮游植物DNA、RNA和细胞膜的组成部分；硅是硅质生物如硅藻和放射虫细胞壁的组成部分；铁和其他微量金属元素与浮游植物的光合作用、新陈代谢和固氮等过程密切相关。限制性营养元素影响海洋生态系统的结构、初级生产力和生物泵速率。

在20世纪早期，美国海洋学家A.C.雷德菲尔德发现浮游植物的元素比值与深海中营养盐的元素比值惊人的相似，根据利比希最低量法则（Liebig's law of the minimum），海水中硝酸根∶磷酸根（$NO_3^-$∶$PO_4^{3-}$）比值为16∶1被广泛用来判断海水中营养盐的限制状况。随着研究的深入，更多元素（Si、Fe、Co、Zn等）被发现对生物的生长具有限制性作用。

在大洋表层，限制性营养元素的浓度通常在皮摩尔/升（pmol/L）到纳摩尔/升（nmol/L）之间。在西北大西洋的马尾藻海，表层$PO_4^{3-}$浓度为0.2～1.0 nmol/L，比北太平洋ALOHA站低1～2个数量级，是该海域的主要限制性营养元素。太平洋的夏威夷时间序列站（HOT），夏季表层$NO_3^-$浓度为2.7±2.6 nmol/L，显示出氮限制的特征。在大多数高营养低叶绿素（HNLC）海域，溶解态Fe的浓度<0.1 nmol/L，是这些海域的主要限制性营养元素。限制性营养元素的浓度通常随深度的增加而增加，呈现出营养盐型分布。

海水中的限制性营养元素可以通过多种方法来判断。

①生物加富实验。向未过滤的海水中添加一种或多种营养盐，培养一段时间后，测定生物量、叶绿素、$^{14}C$吸收等参数，通过与对照组比较，生长加快组对应添加的元素即为限制性营养元素。

②利用雷德菲尔德比值。浮游植物的光合作用以近似雷德菲尔德比值进行：

$$106CO_2+16HNO_3+H_3PO_4+122H_2O$$
$$=(CH_2O)_{106}(NH_3)_{16}(H_3PO_4)+138O_2$$

当溶解态营养元素浓度之间的比值不同于雷德菲尔德比值时，可能成为限制性营养元素。

③输入系统营养盐的元素比值。海水中的营养盐浓度主要由外源输入和浮游植物吸收决定，当浮游植物吸收比值与外源输入比值不同时，输入较少的元素可能成为限制元素。

④生物地球化学模式。由于有在时间和空间上获取数据的优势，生物地球化学模式被广泛用来研究全球大洋中营养盐的限制状况。

现代观点认为，在短时间尺度上氮是海水中的限制性营养元素，而在较长时间尺度上（如百年到千年），磷是最终的限制性营养元素。在印度洋、亚热带太平洋、热带和亚热带大西洋的大部分区域，氮是除固氮藻外的主要限制性营养元素。在大西洋的热带和亚热带区域，磷和铁是固氮藻的主要限制性营养元素。硅限制会影响硅质生物的生长，并影响海洋有机碳输出。在HNLC海域，包括南大洋、赤道太平洋和亚北极太平洋，铁是主要的限制性营养元素。 （杜川军）

**相干水声通信** coherent underwater acoustic communication 采用相干载波进行解调以利用载波相位信息的水声通信方式。早期的水声通信机多采用非相干水声通信技术，在具有多径效应、时变严重的水声信道中，相干水声通信的实现被认为较为困难。20世纪90年代，美国东北大学电气与计算机工程系教授M.斯托扬诺维奇提出结合锁相环的自适应判决反馈均衡技术，实现了切实可行的相干水声通信。此后相干水声通信成为水声通信领域的研究热点，在理论研究和实际应用中取得了极大的发展。

相干水声通信利用同步后的相干载波进行相干解调，具有高带宽利用率的优势，但是需要克服因水声信道多径效应导致的严重码间干扰，这主要通过信道均衡技术结合信道编码技术来实现。相干水声通信采用相干解调方式，在接收机设计过程中，常常会面临计算复杂度和通信性能的取舍。如今，随着水声通信均衡技术的发展，相干水声通信已经成为一种主流的水声通信方式。

与*非相干水声通信*相比，相干水声通信作为一种更高带宽利用率的通信方式，通信稳定性却不如非相干水声通信；但在近距离、中等距离水声通信中，相干水声通信依然是应用较多的高速水下无线通信方式之一，且在窄带宽水声信道中对于实现高速率水声通信具有重要意义。

（瞿逢重　魏　艳）

**箱式采样器** box grabber 采样筒或采样管横截面形状为方形的沉积物取样装置。主要用于表层底泥样品采集，所采集的底泥样品较完整，并且无扰动。又称箱式取样器。该种采样器主要由支撑架、采样箱、重锤和闭合铲等部分组成。当采样器触及海底时，会自动触发重锤释放，在重锤的带动下采样箱插入到海底沉积物中。在此过程中，支撑架尽量使得采样箱垂直于海底表面向下插入到沉积物中。采样箱插入到沉积物的深度主要由重锤重量和沉积物软硬程度决定。当采样器完成采样并向上提取时，闭合铲自动闭合且将采集到的沉积物样品保存在采样箱中。 （王杭州）

**箱式模型** box model 用于模拟复杂环境系统行为的数学模型。该模型将生态系统简化为一系列"箱子"以描述其相互之间的作用。将研究对象（如海域、大气、湿地等）在空间上划分为一个或若干个独立的箱子，假定箱子内部各种物质均匀混合，并发生各种物理、化学和生物过程，箱子之间及箱子与外边界通过物质交换来连接。由美国生态学家H.T.奥德姆在20世纪60年代提出。箱式模型概念清楚、建模容易，被广泛应用于水体和大气的质量模拟与污染控制中。

特点　箱式模型运行简便，在数学计算中可以方便地应用微分方程，具有比较细致刻画物质物理、化学、生物迁移－转化过程，进而模拟主要状态变量时间变化特征的优点，但缺点是不能模拟空间变化特征。

箱式模型具有6个显著特点：①系统思维。采用系统思维的方法，将环境系统抽象为一系列的"箱子"或"部件"，描述它们之间的相互作用和影响。这种系统性的思维方式有助于从整体上理解环境系统的结构和功能。②综合性。能够综合考虑环境系统中的各种要素和过程，包括生物、地理、化学、物理等多个方面。通过模拟这些要素之间的相互作用，全面反映环境系统的复杂性。③动态性。箱式模型为动态模型，能够模拟环境系统随时间变化的过程。不仅可以描述环境系统的静态结构，还能够预测环境系统的演化趋势和动态行为，从而帮助人们更好地理解环境系统的演化规律。④层次性。可以从整体到局部、从宏观到微观对环境系统进行建模和分析。这种层次性使得模型能够适应不同尺度和不同层次的环境问题研究。⑤可扩展性。箱式模型可以根据需要增加或减少模型中的要素和过程，以适应不同的研究目的和问题需求。这种灵活性使得模型可以针对特定的环境问题进行定制和优化。⑥跨学科性。箱式模型是一个跨学科的研究工具，涉及地球科学、生态学、系统科学、计算机科学等多个学科领域的知识和方法。它的发展和应用需要不同学科领域的专家共同合作，形成综合性的研究团队。

类型　箱式模型主要应用于海洋、大气等连续体物质迁移－转化过程和系统平衡。根据研究对象的复杂程度，可分为单箱和多箱模型。在数学处理上，根据每一个箱子的质量平衡关系，写出其质量平衡微分（差分）方程式，联立求解微分方程组可以求得每一个箱子中的物质浓度。主要包括多介质迁移－转化箱式模型、逸度模型和收支模型等。

多介质迁移－转化箱式模型　污染物进入目标环境后，在大气、水、土、生物等多介质环境中发生各种物理、化学、生物迁移-转化过程。污染物对环境质量的影响主要与污染物在各种环境介质单元中的浓度水平、停留时间等密切相关。多介质迁移-转化箱式模型不仅能够刻画污染物在不同环境介质单元中的各种转化过程，而且能够刻画污染物在不同环境介质单元之间的各种迁移过程，从而确定污染物在多介质环境中的归宿。应用多介质迁移-转化箱式模型，通过数值模拟的方法“再现”水体中污染物浓度或总量的时空变化规律，并结合环境质量标准等，可分析和判别目标环境水质状况。然而，多介质迁移-转化箱式模型却难以甚至不能同时模拟单元介质自身变化过程，特别是海洋和大气环境三维空间上的物质与能量聚散过程。

环境多介质逸度模型　逸度指一种物质离开某一环境介质进入另一环境介质的趋势，由G.N.路易斯在1901年提出作为介质间的热力学平衡标准。在自然环境中，地下水、土壤水分、气体等不同相间的流动通常同时发生，而且它们之间可能存在相互作用和相变现象。环境多介质逸度模型以质量守恒定律为原则，选择逸度作为平衡判断依据，由D.麦凯于1979年基于多介质环境模型框架提出。该模型基于多孔介质力学、土壤物理学和流体动力学原理，模拟和预测物质在自然环境多介质（如水体、土壤、岩石）中的运移和相互作用，包括地下水流动、土壤水分运移、多相流（如水-气、水-油）和污染物传输等复杂环境过程。研究者将传统逸度模型与地理信息系统、污染物排放模型、食物链模型、大气-地表传输模型及人体暴露模型结合，开发了多个基于逸度理论的多介质环境模型，广泛应用于多介质环境中污染物归趋模拟和生态风险评估。

收支模型　基于物质平衡和能量平衡原理，量化和评估社会和自然环境系统中的资源利用、能量流动以及物质循环等过程。这种模型通常将系统划分为资源输入端、产出端和内部循环过程，通过对各个环节的定量分析，从而全面地评估系统中的物质和能量收支状况。在生态环境领域，应用收支模型可以对环境承载能力和生态平衡进行分析，评价环境系统是否处于平衡状态，以及人类活动是否超过了环境系统的承载能力。在海洋科学领域，收支模型与同位素、大数据等技术结合，可以对海洋中的物质和能量流动进行预测分析，广泛应用于全球海平面上升、洋流能量衡算、物质（碳、氮、磷、硫等）收支估算等方面。（李克强）

**偕老同穴**　Euplectella　多孔动物门六放海绵纲一属。因其原腔内有一对自幼进入、长大后仍在其中生长的俪虾与之共生而得名。又称维纳斯花篮。

呈管状、杯状、蘑菇状等。有的种以其基底部的骨针直接固着于基质上，有的种基底部骨针融合呈基网板，形成较长的茎梗部。该科海绵的基须骨针多为锚状骨针，有时也为二辐骨针。主出水口上方可能具有筛板。领细胞层骨针为四辐骨针、三辐骨针和二辐骨针，有时也含少量的五辐骨针和六辐骨针。它们通常个体较大，形成海绵骨骼的基础框架。小骨针形态变化较大，种类较多。

海绵体直立生长，外形如精致的花瓶。顶端为圆形或略呈椭圆形的出水口，出水口上方有筛板覆盖。筛板与体壁上端相接处有锯齿状领。体壁呈圆筒状，由环行骨针和纵行骨针互相交织构成，上有无数小圆孔，称为壁孔。体外壁有形状不同的隆起，称为壁脊。

根据2008年刘瑞玉主编的《中国海洋生物名录》和世界海绵数据库（World Porifera Database）收录的海绵动物名录修订后，中国海域已记录5种偕老同穴属的海绵：①马氏偕老同穴（Euplectella marshalli）。生活在100～200米深的海底。环行骨针和纵行骨针无愈合现象，完全分离，由于互相垂直交叉而构成许多方格，每个方格留下1个或几个壁孔。②欧氏偕老同穴（E.oweni）。生活在中国东海和日本水域，特征与马氏偕老同穴相似。③堂皇偕老同穴（E.imperialis）。一般生活在200～400米深的海底，其环行骨针和纵行骨针完全紧密结合在一起，变成固定的骨骼。④阿氏偕老同穴（E.aspergillum）。生活水深和海域无详细记录。⑤马氏偕老同穴（E.timorensis）。生活在东海130～210米。（龚　琳）

**胁振潮**　co-oscillation tide　从大洋或外海向海湾传来的潮波，迫使海湾的水体协同一致振动的现象。胁振潮的潮差相对于传入的潮波显著增加。最明显的胁振潮现象发生在海湾长度为传入潮波波长的1/4时。近岸地区的**潮汐**通常属于胁振潮。（张召儒）

**谢泼德，F.P.**　Francis Parker Shepard（1897-05-10～1985-04-25）　美国海洋地质学家。生于马萨诸塞州的布鲁克莱恩，卒于加利福尼亚拉霍亚。1920年在哈佛大学获学士学位，1922年在芝加哥大学获博士学位，并留校任讲师，后任教授。1942

年进斯克里普斯海洋研究所做研究工作，1945年任主任地质师，1948年任海底地质学教授，1964年任海洋学教授。他是美国最早从事海洋地质研究的科学家之一，在海洋沉积、海底地形、海平面变化和海底构造等方面都做过开创性的工作，最突出贡献是对海底峡谷的研究。1933～1934年他对加利福尼亚沿海海底峡谷的研究，是美国太平洋海底地质工作的开端；提出部分海底峡谷的形成，与最后一次冰期海平面降低期间河流的下切侵蚀有关。20世纪50年代以来，系统研究了海底峡谷顶端的深度变化，论述了多种海底营力在塑造海底峡谷中的作用。他在1948年出版的《海底地质学》一书是最早系统总结海洋地质研究成果的重要著作之一，与P.F.迪尔合著的《海底峡谷和其他海谷》（1966）一书也有深远的影响。（何起祥）

**新概念无人潜水器**　new-concept underwater vehicle　融合无人潜水器特点和新概念新技术的新型无人潜水器。随着现代科学技术的迅猛发展，无人潜水器所需的材料学、水声通信技术、控制电子技术、视频技术、智能技术等获得重大发展和变革，融合了新技术新概念的无人潜水器的发展也呈现出一些新的特点：①随着新型能源体系不断完善，无人潜航器的能源供给逐渐趋于多样化。②辅战到主战的转变，无人潜水器更注重协同作战和小型集群作战发展。③自主能力有限成为制约无人潜航器发展的主要障碍。新概念无人潜水器

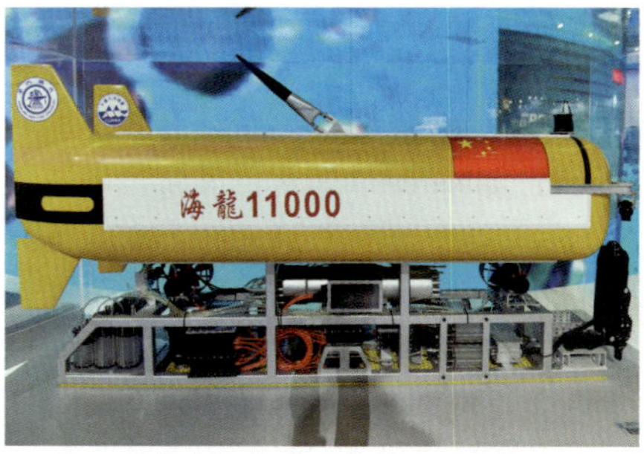


万米级深海遥控式无人潜水器“海龙11000”

开始被广泛研究并应用。新概念无人潜水器主要有融合直升机概念的**水下直升机**和基于仿生学设计的**仿生无人潜水器**等。（张大海）

**新几内亚沿岸潜流** New Guinea Coastal Undercurrent 沿着新几内亚、东起勇士号海峡的上层海洋所存在西边界流即新几内亚沿岸流和新几内亚沿岸潜流。其中表层为新几内亚沿岸流，次表层为新几内亚沿岸潜流。

发现史与基本特征 新几内亚沿岸潜流发现于20世纪80年代，对其基本特征的认识在随后的几十年中逐渐取得进展。E.R.林德斯特伦等基于赤道西太平洋海洋环流研究（WEPOCS）计划于1985～1986年在巴布亚新几内亚以北海域的水文和声学多普勒流速剖面仪（ADCP）观测数据中，发现一支沿着巴布亚新几内亚向西北流动的稳定次表层流，并将其命名为新几内亚沿岸潜流。在新几内亚沿岸潜流之上，还存在一支被称为“新几内亚沿岸流”的表层流。林德斯特伦等于1987年发现新几内亚沿岸潜流的流核位于200米深处，最大流速超过50厘米/秒。新几内亚沿岸潜流自所罗门海经勇士号海峡输送约为8Sv（$1Sv=10^6$米$^3$/秒）的高盐、高溶解氧和低营养盐水。土屋于1991年估算认为新几内亚沿岸潜流中大约4Sv来自南太平洋的南极中层水，其中一部分跨过赤道向北进入棉兰老潜流。

多尺度变化 新几内亚沿岸流在季风等的影响下在北半球冬季会反向流动，但新几内亚沿岸潜流则一年四季流向西北，夏强冬弱。在年际时间尺度上，植木等于2003年分析锚系资料发现，在1997～1998年厄尔尼诺（El Niño）期间，新几内亚沿岸流和新几内亚沿岸潜流都明显增强。桠野等于2007年利用日本TRITON浮标数据分析了新几内亚沿岸潜流的季节内到年际的变化特征。此外，一些数值模拟结果从不同侧面研究或涉及了新几内亚沿岸潜流对赤道太平洋流系的影响。在西南太平洋海洋环流与气候实验（SPICE）的推动下，虽然新几内亚沿岸潜流方面开展了部分观测和数值模拟研究，但主要涉及所罗门海以南的南太平洋海域。 （胡敦欣）

**信天翁** albatross 鹱形目信天翁科的统称。大型海鸟。嘴端呈钩状，鼻孔在嘴的上方成两个管口，和鹱类、海燕合称为管鼻类。翅极长，有些种类如漂泊信天翁是翼展最大的鸟类，双翅展开可达3～4米。

有2属14种，主要分布于南半球，少数生活在北太平洋和赤道地带。常飞离海岸很远，通常远洋航行时才能在海上看到。中国有1属3种，即黑背信天翁、黑脚信天翁和短尾信天翁。

适应大洋生活。一生中大多数时间在海洋上度过，只在繁殖期回到陆地。杰出的飞行家，在大洋的上空遨游，可以几个小时不用拍动翅膀。食物包括小型的鱼类、乌贼和甲壳类动物。通常在海洋表面捡拾死掉的海洋生物，尤其喜欢跟在船只后面捡拾船上扔下的食物。偶尔也会像鲣鸟一样潜水捕食，潜水的深度为6～12米。

信天翁

配偶制度以一夫一妻制为主，对配偶有着极高的忠诚度。寿命可达30～60年。大多数种类在3～4岁性成熟，但往往要数年之后才开始繁殖，通常繁殖年龄在8～15岁。主要在偏远的海岛集群繁殖。在地面上以泥土和草等筑巢。每窝仅产1枚卵，由雌雄鸟共同孵卵和育雏。孵卵期长达70～80天，是所有鸟类中最长的。育雏期也很长，大型信天翁育雏期长达280天以上，即便是小型信天翁，育雏期也需140～170天。 （郑作新 陈水华）

**行星罗斯贝波** planetary Rossby wave 在大气对流层的中上层，气压或流场呈现出波状形式扰动，在北半球会有3～5个波，这种波即大气长波。由于其水平尺度与地球半径相当，又称行星波。1939年，瑞典气象学家C.-G.A.罗斯贝从理论上研究了其性质，并做出卓越贡献。

行星罗斯贝波波速的量级在10米/秒，与风速相当，其传播具有准水平、无辐散的特点。大尺度天气过程与大气长波关系十分密切，所以行星罗斯贝波在大尺度气象研究中，占有十分重要的地位。

大洋平均深度一般只有4千米，而行星罗斯贝波的水平尺度，至少具有百千米的量级，因而行星罗斯贝波在海洋中也是长波，同时也是大尺度海洋调整的关键动力学过程。

行星罗斯贝波的形成机制是大气海洋所具有的位势涡度守恒特征与行星位势涡度随纬度的改变特征的联合效应。当流体受到南北向扰动而发生经向移动时，流体的行星位势涡度发生变化，为了保持位势涡度守恒，必然会产生相对涡度与之平衡，即流体会在经向移动时产生气旋或反气旋式运动，从而形成返回原点的趋势，最终形成周期性的往复运动。行星罗斯贝波的圆频率小于惯性频率（科氏参量），其水平流速场和压强场满足准地转关系。对于线性行星罗斯贝波位相传播只有偏西分量，而非线性的作用能够产生经向分量。行星罗斯贝波的相位主要西传，但是其能量（群速度）与相速度却不一样，有时甚至可以出现东向分量，这种特征称为频散，也就是即便不考虑耗散作用，行星罗斯贝波在其传播过程中其振幅也是不断衰减。

实际海洋大气中，由于密度层阶的存在，会使得行星罗斯贝波在垂向上分为不同模态。其零阶模态为正压行星罗斯贝波，其他高阶模态为斜压行星罗斯贝波。斜压行星罗斯贝波的能量不仅可以在水平向传播，也能出现垂向传播。 （王东晓）

**徐福东渡** Eastern Voyages of Xu Fu 中国秦代徐福率船队渡海求仙药未还的事件。

徐福是秦代的一个齐地方士，司马迁《史记》中记为“徐市”。徐福东渡这一事件最早记载于《史记·秦始皇本纪》中，秦始皇二十八年（前219）东巡至琅琊（今山东省青岛市黄岛区西南），“齐人徐市等上书，言海中有三神山，名曰蓬莱、方丈、瀛洲，仙人居之。请得斋戒，与童男女求之。于是遣徐市发童男女数千人，入海求仙人”。秦始皇三十七年（前210）再次东巡，召见徐福，第二次派徐福率船队东渡出海，寻找仙人仙药。另据《史记·淮南衡山列传》记载，秦始皇派遣徐福“遣振男女三千人，资之五谷种种百工而行。徐福得平原广泽，止王不来。”

徐福东渡的故事在后世文献中无数次被谈论，影响较大的说法认为徐福到达了日本并留在了日本。五代后周和尚义楚在《义楚六帖》中称：“日本国亦名倭国，东海中。秦时，徐福将五百童男五百童女止此国也。”宋代欧阳修的《日本刀歌》也认为徐福给日本带去了百工、五谷和书籍。朝鲜半岛高丽时期的文献中已有日本有徐福祠的记载。清代驻日使馆参赞黄遵宪在诗歌中吟咏避秦男女三千到日本，带去了秦制。

基于徐福东渡事件的相关传说在中国、日本和朝鲜半岛民间广为流传，并有地名、建筑等与之相关。如中国江苏省赣榆有徐福村；日本有徐福墓、徐福祠、徐福宫等多处遗迹；韩国济州岛上的朝天浦和西归浦等地名在来源传说中都与徐福东渡经过有关，且存留有一些相关石刻。浙江、山东、江苏多地的徐福东渡传说，已被列入中国国家级非物质文化遗产代表性项目名录。

徐福故里和东渡始发地也是受到关注的问题。关于徐福故里，一说是山东龙口，一说是江苏赣榆徐福村。关于徐福东渡始发地，一般认为首次渡海的出发地是在山东半岛南端的琅琊或附近海港。琅琊港是当时北方沿海的一个大港，从这里出发可以沿山东半岛航行，经庙岛群岛到达辽东半岛，然后沿朝鲜半岛向东南航行，经过对马岛到达日本九州。徐福第二次出海的始发港，由于史书记载不明而存有较大争议，一说琅琊，一说赣榆，一说秦皇岛。

徐福东渡是东亚文化交流中的重要事件，虽然徐福东渡相关的诸多史实仍旧迷雾重重，但它已深深印刻在东亚各国共同记忆之中，在历史和现实中一直发挥着其独有的文化意义，是绵延两千年的东亚海洋交通交流背景下的一个重要文化符号。

（朱建君）

**许靖华** Kenneth Jinghwa Hsü（1929-07-01～　）瑞士籍华裔地质学家。中国江苏扬州人。生于南京。1948年毕业于中央大学（今南京大学）。同年赴美。先后获俄亥俄州立大学硕士、加利福尼亚大学洛杉矶分校博士学位。美国国家科学院外籍院士、第三世界科学院院士、意大利地中海学院院士、中国台湾“中央研究院”院士、美国地质学会荣誉会员、中国科学院名誉研究员、中国地质科学院名誉顾问，中国同济大学、南京大学、西北大学、华东师范大学名誉教授，曾任瑞士苏黎世联邦理工学院教授、地质研究所所长、地球科学系主任。曾任国际沉积学会（IAS）主席、国际地科联（IUGS）沉积委员会主席、国际地科联海洋地质委员会主席、国际海洋研究科学委员会（SCOR）执委会委员、欧洲地球物理学会（EGS）司库、欧洲第一届地球物理科学联合会第一届大会组委会主席、第一届国际古海洋学大会组委会主席。他还担任过世界上许多著名学术刊物的主编或编委，许多大型国际科学计划和国际合作项目的主席或首席科学家。

在沉积学、海洋地质学、大地构造学等领域，都有卓越的建树和杰出的贡献。50～60年代研究地壳的均衡作用，对地质学的一些基本概念质疑。在壳牌石油公司工作时，提出纵向浊流说，解决了文杜拉盆地的油气勘探问题。他最先应用混杂岩的概念，解决了对美国西海岸弗朗西斯科杂岩近百年的争论，并导致非史密斯地层学的诞生。1967年定居瑞士，研究阿尔卑斯地质，提出了复理石沉积的双盆地模式；白云岩形成的蒸发泵说。60年代后期，参加深海钻探计划（DSDP），在地中海深海区发现萨布哈型的蒸发岩，提出地中海盐度危机和蒸发岩形成的干化深盆地模式；薄壳板块碰撞模式；白垩纪末期地外星体撞击地球导致全球环境恶化最终引起生物大灭绝的假说，并在此基础上尖锐地指出了达尔文主义的三个错误。

许靖华先后发表论文300余篇，专著《地学革命风云录》《古海荒漠》《大灭绝》《大地构造与沉积作用》《物理沉积学》等，并主编《深海沉积》《造山作用》《中、新生代古海洋学》《南大西洋古海洋学》《阿尔卑斯地中海地球动力学》《苏黎世湖第四纪地质》等专著和数卷《深海钻探计划初步报告》。曾获美国经济古生物与矿物学家协会童霍菲奖章、伦敦地质学会的伍拉斯顿奖章、俄亥俄州立大学的鲍诺克尔勋章和奥顿奖。

（汪品先　何起祥）

**旋转流** rotary current　在潮周期过程中，流向沿顺时针或逆时针逐渐改变历经所有角度的潮流。旋转流通常在离岸海域发现，那里潮流方向不受任何障碍物的限制。旋转流旋转源于科氏力，除局部条件改变，否则旋转方向在北半球为顺时针，在南半球为逆时针。旋转流速度通常随潮汐周期变化，在大致相反的方向上存在两个最大值，两个最小值发生时的方向与旋转流发生最大值时的方向大约呈90°差异。

（刘海龙）

**“雪龙”号极地考察船** Xue Long Polar Research Vessel　隶属于中国自然资源部，是中国第三代极地考察船。“雪龙”号极地考察船最初是由乌克兰赫尔松船厂在1993年3月25日完成建造的一艘维他斯·白令级破冰船，中国购入后于1993～2007年先后进行了三次改造。

“雪龙”号总长167米，宽22.6米，型深13.5米，满载吃水9米，自重10 250吨，满载排水量21 025吨，最大航速18节，续航力20 000海里。主机1台功率13 200千瓦，副机3台功率880千瓦，载重10 225吨。全船共7层，可乘载人员130人。“雪龙”号极地考察船属于B1级破冰船，能以1.5节航速在1.1米冰厚（含0.2米雪）环境下连续破冰航行。“雪龙”号配备先进的导航、定位、自动驾驶系统，具有容纳两架直升机的平台和机库，并配备先进的通信系统以及完善的医疗设施和生活娱乐设施。船上设有大气、水文、生物、计算机数据处理中心、气象分析预报中心和海洋物理、化学、生物、地质、气象等一系列科学考察实验室，同时装备声呐、自动采水和高分辨率卫星云图系统，随船配备两架“海豚”和“雪鹰”直升机。

中国“雪龙”号极地考察船

“雪龙”号极地考察船自1994年服役以来，先后31次赴南极、6次赴北极执行科学考察与补给运输任务，足迹遍布五大洋，创下了中国航海史上多项纪录。

（田育丰）

# Y

**亚澳季风**　Asian-Australian monsoon　发生在东亚－澳大利亚北部这一全球最显著的季风区的季风系统。它连接了南北半球跨赤道的两个热带季风区，受太阳一年两次跨越赤道的影响，形成行星风带季节性位移，进而造成两半球典型的跨赤道热带季风，因而该区域的季风被合称为亚澳季风系统。

亚澳季风主要反映了跨赤道南北半球相互作用对季风系统的影响。北半球夏季，东亚大陆包括青藏高原上空为热低压系统，而赤道以南的南半球为冬季时期，澳大利亚上空盘踞着澳大利亚冷高压，南北半球的气压差会导致南半球低空大气向北半球流动，在地转偏向力的作用下气流在南半球向左偏，北半球向右偏，从而形成澳大利亚北部向赤道的东南季风，越过赤道后转为西南季风；北半球的冬季是南半球夏季，则正好相反，形成了亚澳季风环流系统。亚澳季风环流系统体现了跨赤道两半球大规模的季风特征。（黄　菲）

**亚北极水团**　subarctic water mass　亚北极中层水**水团**。太平洋中的亚北极中层水源自**黑潮**与**亲潮**之间的亚北极区，主要是由表层水与深层水混合形成，然后潜沉至亚热带流涡中，遍布北纬40°以南的北太平洋。其形成过程与海－气相互作用几乎没有关系，这是很少见的一种水团形成方式。在太平洋，亚北极中层水以300～1000米深度的盐度极小值为特征，东西方向的盐度梯度较大。在北大西洋，亚北极中层水以较浅的、强度较小的盐度极小值为核心，是由较淡的表层水沿着亚北极锋潜沉，进而在该锋面较暖一侧形成的。（史久新）

**亚南极水团**　subantarctic water mass　形成并主要存在于南大洋亚南极区（亚热带锋与亚南极锋之间的海域）的一个**水团**，位于以盐度极小值为特征的南极中层水之上，厚度可达500米。现在多称为亚南极表层水或亚南极上层水。冬季的温度在4～10℃，夏季升高至14℃。冬季的盐度在33.9‰～34.9‰，夏季由于海冰融化，表层的盐度可以低至33‰。此时，在150～450米会出现一个盐度极大值。盐度也存在水平变化，在太平洋扇区最低，在大西洋扇区最高。水团北部的温度和盐度通常要比南部高。在水团的南部，即靠近亚南极锋的海域，在冬季表层强对流的作用下，会形成非常厚的混合层，这些温度和盐度均匀的水被称为亚南极**模态水**。（史久新）

**亚洲季风**　Asian monsoon　位于南亚、东南亚以及东亚热带副热带地区的全球最显著的季风系统。一般而言，夏季盛行东南风或西南风，多温暖湿润天气，冬季盛行西北风或东北风，多寒冷干燥天气。因而，夏季风也常称为西南季风或东南季风，冬季风常称为东北季风或西北季风（图1）。

**形成**　亚洲季风区受全球最大的海洋（太平洋）和全球最大的大陆板块（欧亚大陆）之间海陆热力差异的影响，还有全球最大的地形——第三极青藏高原的大地形作用，因而形成了全球最显著的季风区。

**亚洲季风子系统**　亚洲季风包含两个主要的季风子系统，即东亚季风和南亚季风（也称为印度季风）。南亚季风主要指位于孟加拉湾、阿拉伯海、印度半岛及南印度洋热带副热带这一广大区域的热带季风系统；东亚季风系统则包括中国东部沿海北纬30°以北地区到日本—韩国一带的副热带季风和南海－西太平洋热带季风两部分，且与印尼－北澳大利亚地区南半球季风系统密切相关，因此东亚季风也常和澳大利亚季风统称为亚澳季风系统。

亚洲季风系统是全球最典型的季风系统（图2），也是全球最复杂的季风系统，不仅涉及热带、副热带季风，还包括跨半球季风系统，季风系统成员非常复杂。夏季风环流系统的低空成员包括：澳大利亚冷性反气旋、南印度洋马斯克林高压、索马里低空越赤道气流、东亚地区向北越赤道气流、印度季风槽或印度低压、南海－

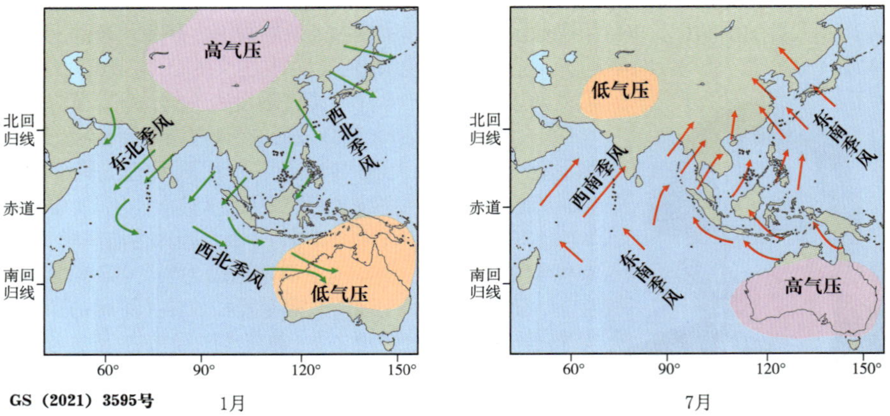

图1　亚洲冬（一月）、夏（七月）季风示意图

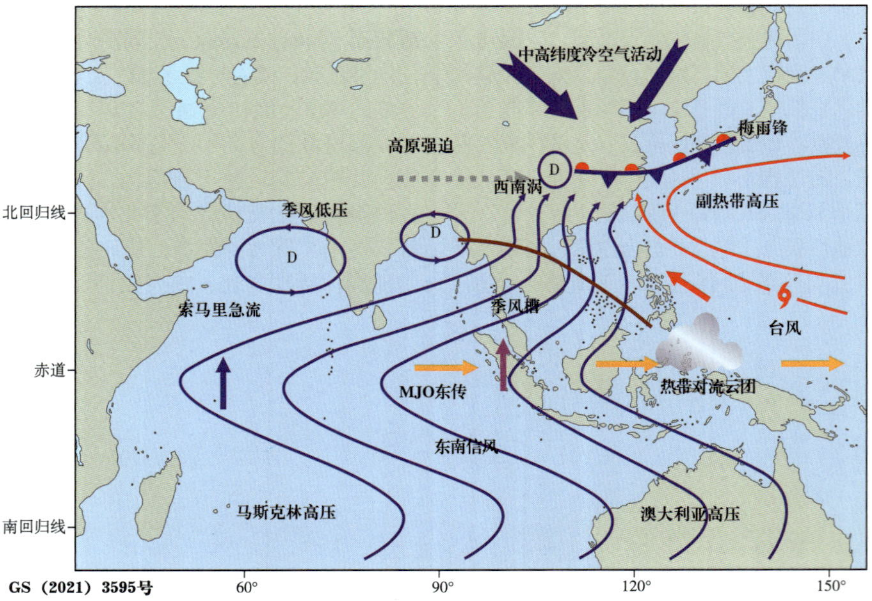

图2　亚洲夏季风系统主要成员及环流示意图

西太平洋赤道辐合带（ITCZ，或称热带季风辐合带、南海季风槽等）、西太平洋副热带高压、梅雨辐合带（或称副热带季风辐合带、梅雨锋等）；高空成员包括：南亚高压、东风急流（含南北两支东风急流）、东亚和南亚地区向南越赤道气流、南半球高空副热带高压脊等。冬季风环流系统的低空成员包括：亚洲大陆冷性反气旋（亚洲冷高压或蒙古冷高压）、向南越赤道气流、南印度洋－印尼－北澳夏季风辐合带或热带辐合带（西北季风与东南信风辐合）以及澳大利亚热低压等；高空成员包括：南半球高空副热带高压脊、向北越赤道气流和北半球高空副热带高压的西部脊。再加上青藏高原大地形在冬夏季不同的热力动力作用，使得该季风系统复杂多变，季风预报十分困难。

东亚季风　东亚季风包括中国东部—韩国—日本一带的东亚副热带季风和南海—西太平洋的热带季风两部分，按区域划分，东亚季风可分为副热带季风、南海季风和西太平洋季风三部分。东亚副热带季风在夏季主要处于西北太平洋副热带高压（简称西太副高）西南侧的东南和偏南气流中，冬季则受寒潮冷高压前部西北气流的影响，夏季盛行东南季风，高温高湿，冬季盛行西北季风，寒冷干燥。从季风降水的角度来看，东亚副热带季风主要反映了从中国长江流域到韩国、日本的梅雨锋降雨，是中高纬度冷空气与热带暖湿气团冷暖交汇的结果。南海－西北太平洋热带季风则在夏季盛行南半球越赤道气流发生偏转后的西南风，在冬季盛行东北风，降水主要是以夏季的热带对流性降水为主，且受到热带季节内振荡和热带气旋等系统的影响。

东亚季风区虽然与印度季风（南亚季风）区连在一起，过去许多学者也认为东亚夏季风是南亚夏季风向东的延伸，但近些年来越来越多的研究认为，东亚夏季风相对于印度夏季风是一个相对独立的季风系统，但是东亚夏季风与南半球的亚澳冬季风有着密切的联系。东亚夏季风盛行时，正是亚澳冬季风的盛行时期，南半球澳大利亚冬季的寒潮爆发往往会引起北半球东亚夏季风的爆发加强。

南亚（印度）季风（South Asian monsoon, Indian monsoon）　南亚季风又称印度季风，因为其主要影响印度半岛的干湿旱涝。每年的6月初夏季风建立起来之后，从阿拉伯海、印度半岛到孟加拉湾盛行显著的西南季风，到10月份冬季风建立以后盛行东北季风，为印度半岛带来夏季的雨季和冬季的旱季，具有显著的热带季风特征，每年分为显著的干湿两季。北侧有青藏高原的阻挡，其南麓的迎风坡地形加剧了夏季风降水的强度，使得孟加拉湾北部的乞拉朋齐成为全球降水多的地区之一。

东亚与南亚（印度）夏季风的比较　东亚与南亚夏季风是相对独立的两个子季风环流系统，它们之间有较大的差异，但它们又同处于亚洲季风系统之内，有相互联系、相互作用的一面。

①印度和中国的降水除少数地区外无明显的相关。印度中部降水仅与中国的华北、西北东部和川北地区显著相关，在北京到石家庄、内蒙古中部到陕西北部的局部地区显著水平达99%，其余地区除零散的测站外，均无显著相关。但印度和东亚同纬度的南海地区对流活动常是反相的。

②印度夏季风是单纯的热带季风，东亚夏季风包含热带季风和副热带季风两部分，影响系统比较复杂。印度夏季风爆发于6月上、中旬，东亚夏季风建立于5月中旬，比印度夏季风早2候左右。

③大部分夏季风低压系统是在东亚季风区发生而后向西传播到印度季风区。例如，76%的孟加拉湾风暴是由起源于南海或西太平洋的低压环流减弱西行到孟加拉湾重新加强发展而形成的。但从水汽输送来看，却是从印度季风区向东亚季风区输送并产生东亚季风降水。

④印度季风区的西南气流向东输送构成东亚副热带季风的一部分。对印度夏季风影响很大的索马里急流的变化同样可以影响到东亚夏季风的变化。

亚洲夏季风的建立　亚洲夏季风通常在五月中下旬（五月第4候，即第28候）开始建立，夏季风最早在孟加拉湾东南部—中南半岛—中国南海一带建立，然后逐步向北、向西和向东推进，西南季风和雨带也逐步推进。通常，东亚夏季风比南亚夏季风的建立早2候左右，因此，东亚夏季风的建立就是亚洲夏季风的开始。判别东亚夏季风建立的指标有很多，主要包括动力、热力和综合指标3类。动力指标以春季西南风的持续稳定建立为标准，包括纬向风由东风转为西风、经向风由北风转为南风，或者二者综合起来的西南风建立，还有海、陆气压差指标等；热力指标包括假相当位温、对流、降水等的突然增强；综合类指标则将动力和热力指标加权综合考虑。由于夏季风的建立意味着“既是风又是雨”的到来，全球显著的季风区多数关注农业生产，关注季风者其实更关注季风降雨的多寡，因此用雨带的建立来定义夏季风的建立得到更多学者的认可。例如，印度夏季风的建立和强度指标就分别是用印度东南角降水量的开始增强和全印度的夏季降水量来表征。

东亚夏季风和南亚（印度）夏季风的建立具有不同的特征。东亚夏季风的建立是突变式的向北推进，每年五月中旬夏季风的建立表现为雨带突然的北跳，之后逐渐向北推进，季风降水呈现出气候季节内振荡（CISO）的特征，与西太平洋副热带高压的季节内北跳相一致；南亚季风的建立则是季风降水从孟加拉湾和阿拉伯海出现后，分别向西北和东北方向渐进式地推进。东亚和南亚夏季风的撤退都比建立要缓慢，在8月份夏季风达到最北以后缓慢南撤。

季风环流　指季风区的垂直经圈环流，是局地哈德莱环流的一部分。

夏季风环流系统　北半球的夏季，南半球正处于冬季，海平面气压场上存在两个永久性和半永久性大气活动中心，即南印度洋的马斯克林高压和澳大利亚高压，与赤道低压带以及北半球夏季的印度低压之间由于压力差形成向北的流动，受地转偏向力（又称科氏力）的影响，在南半球高压的北侧偏转成东南风，分别在索马里和印尼群岛地区越过赤道，继而偏转为西南季风。在这些环流系统的控制下，亚洲季风区存在三支低空西南季风气流，即从南印度洋马斯克林高压北侧辐散出来的东南风越过赤道后转为阿拉伯海－孟加拉湾的西南季风，从澳大利亚冷性反气旋中辐散出来的东南风越过赤道后转向而成的南海－西太平洋热带西南季风，以及由西太平洋副热带高压脊西侧向北转向而成的东亚大陆－日本副热带西南季风。这几支西南季风的北侧是两条辐合带，高层为辐散区，对应着两条季风雨带。西南季风在季风槽（印度季风槽或低压，东亚－西太平洋季风辐合带、梅雨锋）内辐合上升，进入高空的南亚高压，在对流层上层气流辐散，其中向南的气流在高空偏转成东北风，加强了南亚高压南侧的东风急流，并越过赤道后偏转成西风气流，汇入南半球副热带高压（马斯克林高压、澳大利亚高压）中下沉，从而构成了北半球夏季的季风环流圈。这里青藏高原的热力作用更加强了亚洲地区的季风环流。

东亚夏季存在两个闭合的经向垂直环流圈。一个是从澳大利亚反气旋中辐散出向北的气流在南海－西太平洋ITCZ中辐合上升，到高空后转向南流，在澳大利亚上空下沉再回到澳大利亚反气旋中，构成闭合的经圈环流。这个环流圈与热带季风相联系，称为热带季风经圈环流。另一个与副热带季风相联系，从副热带高压脊西侧向北的气流在副热带辐合带中上升至高空后转向南流，在华南沿海副热带高压脊中下沉，构成一个较小的闭合经向环流，称为副热带季风经圈环流。

冬季风环流系统　北半球的冬季，东亚的低空盛行来自蒙古－西伯利亚高压（亚洲高压）前缘的偏北风，低温干燥，风力强劲，此偏北风强烈时即为寒潮。寒潮冷空气向南爆发，一直南下到南海南部的赤道地区印尼群岛一带的赤道辐合带中。在这里，暖湿气流垂直对流上升，凝结潜热释放，形成热带云团，到达高空后向赤道外辐散，加强了冬季位于西太平洋上空的南亚高压。高空南亚高压西侧气流向北运动，受地转偏向力的作用向右偏移形成高空的西南风，西南风偏转成西风后汇入哈德莱环流的下沉支，加强了中纬度低空的寒潮冷高压系统。这样形成了赤道上升中纬度下沉，且高低空水平气流相反的冬季风环流，它与局地哈德莱环流的正热力环流圈相一致。东亚冬季风期间的主

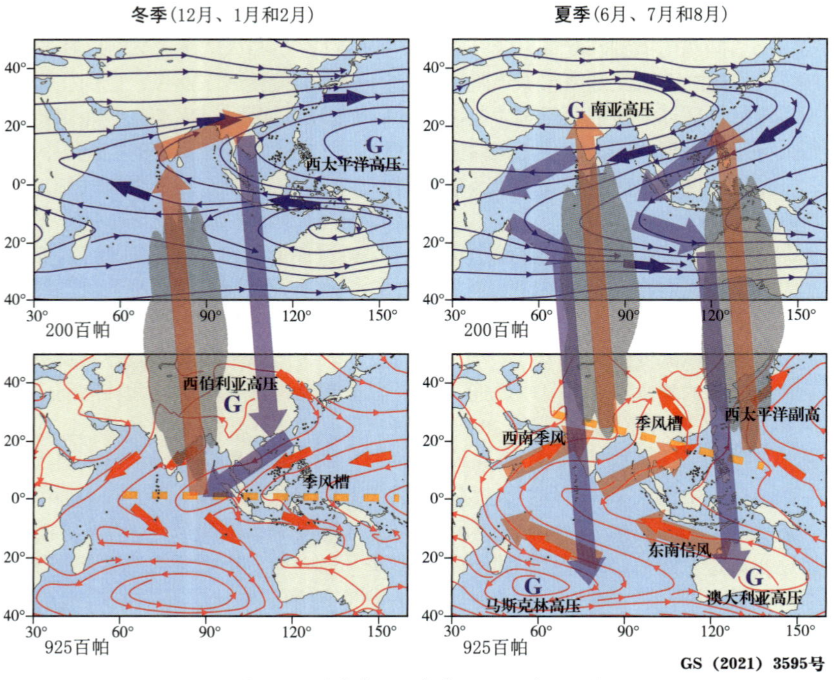

图3　亚洲夏季风和冬季风环流系统示意图

要降水区已由北半球移到赤道及其南侧的印尼地区，这里也是北半球冬季全球最强的降水区（图3）。（黄　菲）

**燕肃**　Yan Su（961～1040）　中国北宋科学家。字穆之，一作仲穆。青州益都（今山东青州）人，后徙曹州（今山东曹县西北）。宋真宗大中祥符（1008～1016）年间举进士，补凤翔府观察推官。任临邛县、考城县知县，越州、梓州、亳州、颍州知州，河南府通判。历任诸州长吏，数典刑狱，擢龙图阁直学士，人称“燕龙图”。喜作诗，善画山水，尤其是古木折竹，为宋代名画家之一。官至礼部侍郎致仕。

燕肃学识渊博，精通天文物理，曾造指南车、记里鼓车。其所创莲花漏是一种刻漏计时器，计时精密，较旧刻漏有很大改进。它由上、下两个水池盛水，上池漏于下池，再由铜乌均匀地注入石壶，石壶上有莲叶盖，一支箭首刻着莲花的浮箭，插入莲叶盖中心。箭为木制，由于水的浮力，便能穿过莲心沿直径上升，箭上有刻度，从刻度就可以看出是什么时刻和什么节气。根据全年每日昼夜的长短微有差异，又把二十四节气制成长短刻度不同的48支浮箭，每一个节气昼夜各更换一支。这种刻漏制作简单，计时准确，设计精巧，便于推广，经过试验之后，宋仁宗于景祐三年（1036）颁行全国使用。

在廉州任职时，燕肃就开始观察雷州半岛一带的海潮状况。到宁波、绍兴时又长期观察了东海的海潮变化，还研究了钱塘江潮涌的形成原因和规律。利用在沿海州县做官的机会，在各地进行观察、试验，并对各地海潮进行了分析、比较，先后用了10年的时间，足迹遍及东南沿海。曾到过广东、浙江等地进行实地观测。1026年撰，写出著名的论著《海潮论》，并绘制《海潮图》，说明潮汐形成的原理。可惜图已失传，文章则保留在《西溪丛语》《挥麈录》《嘉泰会稽志》《咸淳临安志》等书中。（胡　燕）

**岩浆房**　magma chamber　地壳之下储集来自深部地壳或上地幔的岩浆的区域。又称岩浆库。20世纪70年代，在东太平洋海隆北纬9°处发现岩浆房，后来陆续在北纬21°、南纬10°、北纬22°、北纬15°、北纬12°等处的东太平洋海隆下部及加拉帕戈斯海岭西经86°处下方发现岩浆房。

当岩浆熔融量增大时，熔体就地或移动上涌在地壳不同深度聚集成岩浆房。岩浆房的形成和规模与岩浆熔融程度和构造部位及扩张速度有关。板块扩张速度小于0.5厘米/年时，侵入岩浆的水平方向急剧冷却，不能形成岩浆房，而以网状岩脉或岩墙形式凝固。当扩张速度大于0.5厘米/年时，可以形成岩浆房。单个岩浆房可能宽度只有2千米左右，当扩张速度大于5厘米/年时，岩浆房就会更大，上涌得更高。通常快速扩张中心之下的岩浆房是相对稳定的，可存在相当长的时期，约1000万年，但是由于来自软流圈对岩浆房的补给和来自上方的热液渗入，有时宽度会缩小到不足1千米。岩浆房可以出现在**洋中脊扩张中心**、裂谷区、**地幔柱**、**俯冲带**及构造活动等区。一般来说，当岩浆从岩浆房快速移动时，作为火山碎屑流喷发，岩浆房无支护顶板在地表产生破火山口，而根据破火山口大小，可估算岩浆房的直径。（许东禹）

**岩石采样技术**　core sampling technology　借助于专门的机械设备、工具和一整套工艺措施（包括采样器、钻探设备和钻具等）在海底获取岩石样品的技术。通过对岩石样品的研究，达到海洋地质、海洋生物及环境科学研究，海洋矿产资源勘探和海底工程地质勘查等目的。

海底岩石样品的采集技术和装备主要有非可控式采样器和可控式采样器两大类。非可控式采样器有冲击式采样器、压入和射入式采样器、重力活塞式采样器、箱式采样器等，主要应用于疏松的海底地层，钻入地层的深度难以准确控制。对于凸凹不平的海底地质状况，其取芯难度较大。可控式采样器主要指海底岩芯采样钻机，主要用于热液硫化矿、富钴结壳这类与岩石共生、赋存于海山岩石上的海底矿藏的岩芯采样。海底岩芯采样钻机一般按其钻深能力分类：钻孔深度小于5米的统称为海底浅孔岩芯采样钻机，钻孔深度5～50米的统称为海底中深孔岩芯采样钻机，而钻孔深度在50米以上的统称为海底深孔岩芯采样钻机。深海岩芯探测采样钻机的关键技术如下。

稳定支撑及调平技术　使用液压缸驱动直接伸缩式、液压缸驱动向外伸展式、液压马达驱动丝杆螺母机构向外伸展式三

种调平支腿形式。

取芯技术　海底岩芯采样钻机取芯技术有提钻取芯和绳索取芯两种方案。提钻取芯在海底潜孔、中深孔岩芯采样机中应用广泛，具有结构相对简单、设计难度小、对传感器个数和精度要求相对较低、可靠性高、机构便于实现自动控制等优点。绳索取芯主要用于深孔岩芯采样，具有辅助作业时间相对短且作业效率高、对孔壁的护壁作用较好、岩芯质量高等优点。

钻杆钻具接卸存储技术　当钻孔深度大于5米时，大多采用分段取芯技术。当钻探作业过程中发生卡钻事故时，该技术可使孔内钻杆与钻机相脱离，确保钻杆安全回收。

液压系统与压力平衡技术　基本都采用全液压动力头，即实现钻进的两个基本动作：钻杆钻具的回转和进给。

光纤动力复合电缆供电与通信技术　铠装光纤动力复合电缆具有承载、供电和通信三种功能。

下放和回收技术　可靠的下放回收系统能极大地提高海底岩芯采样作业的安全性和作业效率。受母船甲板作业面积、配套装备水平和能力的影响，下放回收设备可分为通用下放回收设备和专用下放回收设备两种。在同一母船上，通用下放回收设备对海底岩芯采样钻机的高度有很大的限制。（孙瑜霞　陈家旺）

**沿岸堤**　beach ridge　由激浪流将沙或砾石以及贝壳碎片堆积在高潮线附近而形成的堤状堆积体。又称滨岸堤、滩脊。属于海滩次一级地貌单元。根据物质来源与海岸动力条件的不同，可分为*砾石堤*、沙堤、*贝壳堤*等。

形成发育　沿岸堤的高度、宽度与延伸的距离会因为坡度与海岸暴露程度不同，入射波浪性质与强度不同等发生变化。如在河口地区由于海岸淤积发展较快，沿岸堤不断适应前进的岸线，而使同一列沿岸堤可在河口地区分叉，形成一组复式沿岸堤。又如海南岛三亚湾因海湾平原逐渐淤积展宽，来自山地的河流在穿越平原时，比降减小而降低了输沙能力，继而影响了现代沿岸堤的发育，比老的沿岸堤规模要小。

分布特征　沿岸堤的延长方向与岸线平行，高数米，长数百米至数千米。沿岸堤是*海岸*的组成部分，其前缘是砂质海滩，可以单一出现（表示岸线的稳定）；也可以成一组大致平行的堤出现，根据新老滩脊的关系、高程、规模、组成物质等，可分析海岸的动态变化。沿岸堤一般两坡不对称，向岸坡陡，向海坡较缓。其最初形成时堤的高度可反映最大风浪的高度和海面升降的变化，形成后期常常遭到侵蚀破坏。

沿岸堤是指示岸线位置的重要标志。沿岸堤的形态敏感地反映着当地海岸动力与泥沙组成条件，它的分布和组合特征可以作为海岸线变化的证据之一。在东海陆架边缘水深120～150米处发现多条古沿岸堤存在，依次找到了末次盛冰期古海岸带的位置。（李广雪　牛建伟）

**沿岸开尔文波**　coastal Kelvin wave　被限制在岸界边缘大约30千米附近的海洋自由非频散波。该波动垂直于岸界海流的速度分量为零，沿海岸方向海流的最大流速在岸界处并向远离岸界的方向衰减。沿岸开尔文波是海洋赤道开尔文波的一种表现形式，其传播速度与不考虑地球旋转效应的浅水重力波速相同，大致为2米/秒。在北半球，岸界（即波动的最大振幅处）总处于沿岸开尔文波传播方向右侧；而在南半球，岸界总在波动传播方向的左侧。沿岸开尔文波和*赤道开尔文波*之间存在紧密联系。研究发现，赤道开尔文波到达东边界后，部分能量会反射为行星和重力波的形式，而其余部分能量会以沿岸开尔文波的形式向两极传播；同样，大洋西边界向赤道传播的沿岸开尔文波到达赤道后，也会转化为赤道开尔文波沿赤道向东继续传播。（郑小童）

**沿岸流**　coastal current　由于斜向入射波或沿岸波高不等等原因，在近岸破碎带内引起的沿岸方向的水流。见*海岸波生流*。

**沿海核电厂温排水利用**　utilization of thermal drainage from coastal nuclear power plant　将沿海核电厂冷却水的多余热量用于人类的生产生活，实现热量的减量排放甚至零排放，从而达到对核电厂温排水余热的充分利用。温排水是将温度高于自然水体水温的水大量排入自然水体的过程。温排水具有水量大、热量大的特点，高于自然水体水温的温度数称为温升。

主要方式　核电站大约有33%的热能转化为电能，其余的热能均变为废热（余热），现阶段余热的利用方式主要包括农业利用和工业利用。①农业利用。主要集中于温室蔬菜种植和水产养殖这两个方面。日本作为最早利用温排水进行水产养殖的国家，从1963年起就运用核电温排水养殖鲍鱼。1997年，广东省大亚湾核电站开始了余热用于农业利用及水产养殖的尝试。余热的农业利用项目包括室外土壤增温、灌溉、温室加热和制冷、农作物干燥、家畜粪便处理及家畜庇护场所的环境温度调节等。②工业利用。包括城市和轻工业生产中的中温和低温的消费需求。工业在生产过程中，多数都需要70～110℃的热能，利用热泵技术将低品位热能转化为高品位热能，进而为需要中温热能的企业提供热源，使工业需求温度高于温排水温度的热用户利用核电温排水成为可能，做到环境效益与经济效益的协调。

利用效益　核电余热利用的经济性主要取决于余热的利用率，余热利用率与经济效益成正比，因此需要关注各种利用途径的余热利用量。农业利用和水产养殖对余热的利用量较小，但可考虑在核电站附近建一个规模较大的温室或者水产养殖场，将这些余热利用设备看作核电厂温排水的冷却设施，用以代替投资巨大的冷却塔或闭式循环冷却方式。不过，单一的工业或者农业方式对核电厂温排水余热加以利用都是不尽合理的，工业结合农业的方式利用温排水能够提高余热利用的效率，在对余热进行利用时选择先工业后农业的利用顺序，能够实现温排水余热的高效利用。

中国核电余热利用　中国在核电余热利用方面开展的研究较少，余热利用量不多，利用率较低，因此需要加大对核电温排水高效利用的研究、实验及试点工作。定期监测核电厂附近海域的温度变化，了解核电厂温排水对附近海域环境的影响，收集原始数据，通过运行前后的水温监测数据的对比评价核电温排水的热污染程度，有利于制定相应的控制措施，建立余热利用方案。中国核电发电量在稳步上升，因此急需对核电余热综合利用生态工程进行研究，结合不同地域的气候条件，实现温排水的高效利用，最大程度减少温排水对环境的影响，从而进一步实现绿色核电、清洁核电。（娄安刚）

**盐层辐射雾**　salt layer radiation fog　由于低空夜间盐层（海浪破碎而形成）的辐射冷却而形成的*海雾*。

形成　海水蒸发携带盐粒到空中（低空），特别是近海浅岸，海浪破碎，浪花中夹着大量盐粒，借空气湍流作用，把盐粒带往湍流混合层顶部，构成海面上空盐层，待风浪平息，夜间由于盐层的辐射冷却，有利于水汽凝结成雾，成为盐层辐射雾（见图）。随着日夜海面温度升降和空气湍流交换强弱，盐层作上下垂直位移，夜里下降可及海面，成为真正的盐层辐射

近海浅岸海浪破碎形成的盐层辐射雾

雾；日间盐层上升，雾也可能转成低云。低空中的海盐是大气气溶胶的一种，其形成源于海洋表面的气泡爆裂时向空中的喷射。盐层辐射雾是因海水蒸发或海浪破碎而在低空积聚的盐粒层上形成的雾，多出现在冷季高纬度海面。夜间盐层的存在加强了对长波辐射的散射作用，使低层空气温度降低到露点温度以下，凝结形成海雾。盐层的存在不仅提供了冷源，还为海雾的形成提供了充足的凝结核，有利于雾的形成。

危害　盐层辐射雾会使大气能见度降低，会直接影响海上航行和港口作业，导致严重的海上或陆地交通事故，其附着在植被上会影响植物的光合作用，对植物的生长有很大的危害。由于盐层辐射雾是以盐粒作为凝结核，其在液滴相中通过二氧化硫酸性气体氧化可促进硫酸盐的形成，使其具有酸性，会对建筑物和植被造成腐蚀。同时含有海盐的雾气被人吸入身体后会影响身体健康，造成一系列呼吸系统疾病，对人类的生活环境和身体健康均有一定的危害。（张苏平）

**盐差能发电**　salinity gradient energy generation　将海水和淡水之间或两种含盐浓度不同海水之间的化学电势差转换为电能的技术。海洋盐差能主要存在于河海交界处，淡水丰富地区的盐湖或地下盐矿也有可以利用的盐差能。在江河入海口建拦水坝、压水塔，并在淡水与海水的界面上安置半透膜，提升海水水位，可推动水轮发电机组发电。

根据工作原理不同，盐差能发电装置主要分为渗透压法、渗析电池法和蒸气压差法等几种不同类型。①渗透压法。利用浓度不同溶液之间的渗透压差发电。这种方法必须通过半透膜才能实现。渗透压是用半透膜把两种不同浓度的溶液隔开时发生渗透现象，到达平衡时半透膜两侧溶液产生的位能差。②渗析电池法。利用不同浓度溶液之间的电势差发电，又称浓淡电池法。渗析是一种以浓度差为推动力的膜分离技术。这种方法必须使用两种不同的膜，即海水阴离子交换膜与阳离子交换膜才能实现。③蒸气压差法。利用不同浓度溶液之间饱和蒸气压的不同来发电。在同样的温度下，淡水比海水蒸发快，淡水一边的饱和蒸气压比海水一边高很多，故水蒸气会很快从淡水上方流向海水上方，安装涡轮发电机后，就可以利用两种不同盐度的海水发电。（史宏达）

**盐度跃层**　halocline　海水盐度出现急剧变化或不连续剧变的阶跃状变化水层。中国规定的盐度跃层强度最低标准为：浅海0.1每米，深海0.01每米。盐度随深度降低虽能使海水密度减小，但由于水温随深度急剧降低所带来的增密效应，使盐度跃层仍能保持其稳定性。盐度跃层主要由于海水盐度混合不均而产生，多出现在河口区域或有大量降水、蒸发和融冰的海区。盐度跃层在南大西洋最明显，跃层上下盐度相差2.5‰，在太平洋和印度洋相差1‰。在中纬度海域，由于表层蒸发大于降水，会发生盐指现象。（魏泽勋）

**盐指**　salt finger　相对暖而高盐的水层位于相对冷而低盐的水层之上时，在界面处发生盐度较大的水向下呈指状扩展的现象。产生盐指现象的原因是界面处温度扩散与盐度扩散不一致，海水的热膨胀系数$\alpha$要远大于盐度扩散系数$\beta$。当暖而高盐的海水向下进入冷而低盐的海水中，首先失去热量，形成比周边水体较重的水体即形成盐指，直到抵达与其密度相当的水层。H.E.赫珀特和P.C.马宁斯于1973年指出，当满足以下条件时，盐指过程就会发生：

$$\frac{\beta\Delta S}{\alpha\Delta T}>10^{-3}$$

式中$\Delta S$和$\Delta T$分别为两水层的盐度差和温度差。公式表明，只要很小的盐度差就能形成盐指现象。

盐指很细，长度为20～30厘米，普遍存在于大西洋、印度洋、地中海等上层盐度高于下层的平静海洋中。一旦有风暴过境，盐指结构就会被破坏。盐指是海洋双扩散现象的形态之一，属于海洋微结构范畴，但是其水平范围可以相当大，是海洋特定水层中运动和物质扩散的主要因素。（赵进平）

**厌氧氨氧化**　anaerobic ammonia oxidation; anammox　某些细菌在厌氧环境下将氨氧化和亚硝酸盐还原偶联，产生氮气和水的反应过程。厌氧氨氧化细菌主要包括浮霉状菌门（Planctomycetes）暂定属*Brocadia*、*Kuenenia*、*Scalindua*、*Anammoxoglobus*、*Jettenia*和*Anammoximicrobium*的菌。在厌氧氨氧化细菌细胞中，有一种有膜结构被称为厌氧氨氧化体（anammoxosome），在厌氧氨氧化体中同时存在含氮化合物的氧化和还原，即同时进行硝化作用和反硝化作用。硝化作用是微生物将无机的含氮化合物氧化成硝酸盐的过程，厌氧氨氧化细菌将无机的含氮化合物$NH_4^+$作为电子供体，将电子提供给电子传递链进行硝化作用；以氧化型的含氮化合物$NO_2^-$作为电子受体进行反硝化作用，将其还原为氮气。具体方式是：$NH_4^+$作为电子供体将电子提供给电子传递链，变成有毒中间体肼（$N_2H_4$），肼再将电子传递给铁氧化蛋白。还原型铁氧化蛋白的4个高能电子被用于质子动势（PMF）的产生，驱动厌氧氨氧化体膜上的ATP合成酶合成ATP。在厌氧氨氧化细菌中，$NO_2^-$不仅作为氨氧化的电子受体用于PMF的产生，同时还是二氧化碳固定的电子供体，二氧化碳通过还原性乙酰辅酶A途径被同化。即$NO_2^-$同时参与同化作用和异化作用。

厌氧氨氧化细菌细胞内分隔成三部分：厌氧氨氧化体、核糖细胞质（riboplasm）及外室细胞质（paryphoplasm）。核糖细胞质含有核糖体和拟核。厌氧氨氧化体的双分子层膜中含有厌氧氨氧化菌独有的梯烷脂（ladderane lipids），能形成渗透屏障，阻止厌氧氨氧化有毒中间物进入核糖细胞质中。

海洋中70%的氮循环与厌氧氨氧化有关，因此厌氧氨氧化对地球氮循环具有重要意义。厌氧氨氧化细菌也是污水处理中的重要微生物。（唐晓峰）

**验潮仪**　tide gauge　观测潮汐水面涨落高度的仪器。潮汐和波浪都反映了水位的变化，因此某些验潮仪的工作原理与相应的测波仪十分相似，其主要区别在于验潮仪中要有消波装置，才能测出水位的缓变分量——潮位。验潮仪有验潮杆声学验潮仪、直接感压式压力验潮仪、浮子式验潮仪、气密引压式和补气引压式压力验潮仪等几种。浮子式验潮仪通过测量验潮井中浮子的垂直位移来记录潮位的变化；其验潮井须与当地最低水位相通，且能较好地消波。在气密引压式压力验潮仪中，海水的压力通过引压钟内密封气体传输到敏感元件，进行测量和记录。补气引压式压力验潮仪通过供气装置使水下感压系统不断放出气泡，保证该系统中的气体压强与它所处深度的水头压强相等，测量气压即可换算成潮位。声学验潮仪在水面以上或水下，用声学换能器向水面发射声波，同时通过声学换能器接收由水面反射回来的回波，换能器与水面的距离等于二分之一的声速乘以反射波与回波的时间差。

浮子式验潮仪结构简单、使用方便、造价低廉，但验潮井的投资较大，因此适用于需要长期测量潮位的沿海区域。其他验潮仪不需验潮井，适用于短期验潮任务。过去使用的仪器以浮子式验潮仪和压力验潮仪为主。声学验潮仪造价低廉，安装方便，维修量小，易于电子化和自动化，已经成为主力。20世纪60年代之后，利用卫星观测技术进行大面积潮汐测量是潮汐观测技术的重要突破。但岸边常规潮汐观测仍然依靠传统的验潮仪。

（周　朦）

**洋底岩石圈**　oceanic lithosphere　海底地球软流圈之上的坚硬刚性外壳，包括地球软流圈之上的地壳和上地幔。又称洋底构造圈。岩石圈和软流圈这些术语最初是由美国地质学家J.巴雷尔于1914年引进到地质学上的。

特性　洋底岩石圈在结构、组成和厚度上与大陆岩石圈有明显的差异。洋底岩石圈的海洋地壳缺少大陆地壳具有的花岗岩层，厚度比大陆岩石圈小得多，最厚也只有70千米，而大陆可达150千米厚。地震波在地球内部传播速度的差异反映出物质的不同状态，因此，根据强度和变形方式的不同，将地球地核之上的地壳和地幔区域分为岩石圈、软流圈和中圈。由地表深延至古登堡面确定的地幔中的低速层（带），包括地壳和约100千米厚的上地幔顶部是大多数地震发生的地方。低速带深度为50～200千米，有更大的韧性或塑性，而称之为软流圈。澳大利亚悉尼大学的K.E.布伦于1967年提出A模型，将地球分成地壳、地幔和地核3个同心圈层，其中地幔又分成上地幔、下地幔；地核又分成外核、过渡层和内核。通过在洋底上地幔进行的地震、地电和地磁等地球物理观测，在洋底60～70千米横波速度开始急剧减慢，较之其上部的50千米处减小近90%，从70～90千米深处电阻开始减小，表明地幔中存在低速层。上述地震速度和电阻减小的深度之上的属于岩石圈，之下的低速层为软流圈。岩石圈具有刚性，而软流圈则具有塑性。上地幔出现横波低速层的原因，可能是地幔物质的温度高或者是岩石部分熔融或上地幔响应深度上的地幔物质部分熔融所致。

组成　洋底岩石圈由上地幔和地壳组成。地壳由硅铝层和硅镁层组成。洋底岩石圈下部，根据地震纵波速度及岩石分析，推测和鉴定出上地幔主要有超镁铁岩－二辉橄榄石、方辉橄榄石、斜长橄榄石、蛇纹岩等。二辉橄榄石由橄榄石（50%～80%）、斜方辉石（10%～40%）及单斜辉石（5%～25%）组成；方辉橄榄石主要由橄榄石（60%～90%）及斜方辉石（10%～30%）组成，少量含量单斜辉石（0%～5%）、尖晶石（0%～3%）；斜长橄榄岩＞2%的橄榄石主要发现在初始大洋裂谷红海、成熟**洋中脊**大西洋洋中脊、印度洋洋中脊的裂谷和断裂带、被动大陆边缘及主动大陆边缘大西洋伊比利亚边缘、西太平洋边缘马里亚纳海沟、汤加海沟等地区；岩石圈上部，即洋壳基底岩石主要有玄武岩，见到有两种主要玄武岩系列：拉斑玄武岩（或钙碱性玄武岩）和碱性玄武岩系列。拉斑玄武岩二氧化硅饱和，为洋底主要玄武岩。碱性玄武岩系列包括二氧化硅不饱和的玄武岩，主要分布在许多大洋岛屿区域。岩石圈上部的岩石玄武岩和辉长岩的矿物有铁镁矿物－橄榄石、辉石（普通辉石、紫苏辉石）、角闪石（普通角闪石）；长石－斜长石系列（钠长石、钙长石）；氧化物－尖晶石，磁铁矿；二氧化硅矿物－石英等。大西洋洋中脊钻孔显示，洋底岩石圈下部的岩石有：蛇纹石占90%～95%、其余的5%～10%为斜方辉石、尖晶石碎片。

板块　地球岩石圈被一些构造活动带分割成若干个不连续的板状块体，叫作岩石圈板块，习惯上简称板块。每个板块的厚度为50～150千米不等，面积也各不相同，而有人将板块按大小分为大、中、小板块或分为巨板块、板块、亚板块和微板块等，法国地质学家X.勒皮雄于1968年将地球岩石圈划分成欧亚板块、太平洋板块、印度洋板块、非洲板块、美洲板块和南极洲板块等六个板块，其中太平洋板块和印度洋板块全由洋底构成。洋底岩石圈板块具有双层结构，下部由上地幔上部组成，其成分相当于橄榄岩，上部为莫霍面以上的地壳，主要由玄武岩组成，与大陆不同，缺少花岗岩层。

形成与演化　一般认为洋底岩石圈形成于洋中脊轴裂谷，随远离裂谷带，年龄增大，地幔物质的冷却与结晶使岩石圈逐渐增厚。根据岩石圈年龄－厚度相关性的分析，关于岩石圈演化有两种不同的模式：一是英国地球物理学家D.麦肯齐于1969年提出的“冷却收缩模式”，二是美国地球物理学家R.L.帕克和D.W.奥尔登堡与吉井于1973年提出的成长模式。冷却收缩模式：假定在通常条件下岩石圈和软流圈的界面都位于距海面相同的深度（如75千米），在该深度界面上温度也恒定，大致为1300℃左右。随着时间的推移，岩石圈自表面逐渐冷却，等温面下降，导致岩石圈物质逐渐收缩。因为假定条件中的底面深度一定，海底表面逐渐下降而表现为海底的深度逐渐增大。成长模式：假设岩石圈和软流圈的界面设定为等于上地幔物质熔融温度的等温面。在大洋中脊，整个温度很高，熔融温度的等温面非常靠近海底，随着时间推移，远离中脊轴的岩石圈因热量垂直向上传导而自海底逸散，等温面逐渐下降，在岩石圈底面，软流圈内熔融物质的一部分因凝固而附着在岩石圈下部，增厚岩石圈。

（许东禹）

**洋脊**　ocean ridge　海底具有不规则或平缓形态，且陡峭两翼的狭长形高地，大多位于水下，偶尔出露于海面。见**洋中脊**。

**洋流**　ocean current　大洋中海水沿一定流路流动的现象。见**大洋环流**。

**洋壳**　oceanic crust　主要由基性、超基性岩构成，位于大洋盆地之下的地壳。又称大洋地壳、大洋型地壳、海洋地壳。它的特征是地壳较薄而致密，缺失陆壳所特有的“花岗岩层”。洋壳主要用地震方法、钻探及拖网采样等方法进行研究。

结构和组分　已有许多人用地震速度求出了洋壳标准结构。洋壳三层结构特征如下。层一：沉积层。厚度变化巨大，大洋中脊顶部往往缺失沉积层或零星分布，随着远离洋中脊沉积层逐渐增厚，有的厚度可达3千米左右。纵波速度一般为1.5～3.4千米/秒，主要由松散沉积物组成或个别由半固结沉积物组成，主要有钙质软泥、放射虫软泥、红黏土以及白垩层和燧石。层二：玄武岩层、火山岩层，又称基底层。广泛分布于洋中脊及洋盆，纵波速度变化较大，随地而异，变化于3.5～6.5千米/秒，多数于4.5～5.5千米/秒。主要由拉斑玄武岩和部分固结沉积物组成。玄武岩常以枕状或席状熔岩形式出现，层二下部有的出现辉绿岩岩床和岩墙，玄武岩氧化铝含量偏高，钙含量低（＜0.5%）。层三：大洋层。各地纵波速度和厚度变化不大而均稳定，分布广泛而稳定，厚度较大（近5千米），构成大洋地壳的主体，因而称为“大洋层”。因为现在的技术还无法钻探洋壳层三，没有采到实际岩石样品，而对层三岩性的认识不统一，但是，根据洋壳的地震泊松比数值为0.27，一般推断层三由辉长岩和角闪岩组成。层三的下界面是**莫霍面**。大洋地壳与大陆地壳主要的

图1　洋壳与陆壳

图2　大洋地壳的火山岩层——西班牙大加那利火山岛海岸的黑色岩石

区别是洋壳的厚度比陆壳小，而且缺失花岗岩层。

洋壳和陆壳转化　**板块构造说**认为，洋壳与陆壳可以互相转化，大陆型地壳区在剪切-拉张作用下，通过裂堑及其进一步发育而转变为大洋型地壳；大洋型地壳在剪切-挤压作用下，通过造山带或岛弧和海沟的形成而发展成大陆型地壳。地壳演化发展的剪切-拉张造洋、剪切-挤压造陆的过程，组成一个完整的构造旋回。一个完整的构造旋回常包括两个构造运动幕：初幕为拉张幕，即造洋幕（thalassogenesis phase），又称前期造洋作用；终幕为挤压幕，即造陆幕（epeirogenic phase），又称后期造陆作用。板块构造说认为地壳是在不断新陈代谢的，从洋中脊处裂缝岩浆上涌，不断形成新洋壳。

（许东禹）

**洋中脊**　mid-oceanic ridge　伴有地震和火山活动的巨大海底山系。又称中央海岭、大洋中脊、大洋洋脊。简称洋脊。它纵贯太平洋、印度洋、大西洋和北冰洋，彼此相连，总长约8万千米，为地球上最长的山系。在板块构造模式中，大洋中脊轴部为海底扩张中心，属于离散型板块边界，它既是巨大的**海底地形**单元，也是重要的**海底构造**单元。

发现与研究简史　19世纪70年代，英国“挑战者”号船环球考察中，利用测深锤测量海洋水深，发现大西洋中部有一条南北向的山脊。1925～1927年，德国“流星”号考察船利用电子回声测深仪对大西洋中脊进行了详细的测绘，证实了中脊的存在。20世纪30年代末，又相继发现了印度洋中脊和东太平洋海隆。50年代晚期，进一步获知这些海岭是相互连接的巨大环球山系。70年代末，由法、美联合实施的法摩斯计划（FAMOUS）与法、墨和美合作进行的里塔计划（RITA），分别对大西洋和东太平洋海隆进行了包括潜水器考察在内的地质、地球物理综合调查，对大洋中脊的地壳性质、火山活动和构造运动有了新的认识。“阿尔文”号潜水器在东太平洋海隆发现了正在喷涌的海底热泉和“黑烟囱”，以及富含铜、铅、锌等金属的热液硫化物矿床。在热液喷口周围还发现了奇异的蠕虫和贝类生物。这些发现不仅对地球科学和生命科学有重大理论意义，而且有重大经济意义。80年代国际岩石圈计划以大洋中脊为主要研究对象，积极进行了海洋岩石圈性质和动力过程的研究。90年代起，“国际洋中脊计划”从物理、化学、生物和地质等多方面进行洋中脊物质、能量循环过程及其资源环境效应的研究。但是，关于大洋中脊形成机制及动力学过程等科学问题尚需深入探讨。

分布　大洋中脊在大西洋的位置居中，走向与大西洋东西两岸大体平行，呈“S”形展布，称为大西洋中脊。在印度洋，洋中脊也大体居中，分成三支，呈“人”字形展布，分别称为中印度洋海岭、西南印度洋海岭和东南印度洋海岭，统称印度洋中脊。太平洋的洋中脊分布偏东，且坡度较大西洋和印度洋平缓，故称东太平洋海隆。三大洋洋脊的南段彼此相连，但北段则伸进大陆或岛屿。东太平洋海隆的北段伸入北美大陆，而大西洋中脊则向北延伸，穿过冰岛，与北冰洋中脊相连。

形态特征　大洋中脊体系环球绵延数万千米，宽数百千米至数千千米，其总面积约占世界大洋总面积的33%，可与全球大陆面积相比。大洋中脊高于两侧洋底，其相对高度为2000～3000米，顶部大部分平均水深在2500～2700米。其地形崎岖不平，常有次一级岭脊与谷地相间排列，并与中脊走向平行延伸。局部露出水面成为岛屿，如冰岛。翼部多由海山群和**深海丘陵**构成。脊顶上覆盖的沉积物极薄或缺失，自脊顶向两翼，随着沉积层逐渐增厚，地形起伏也渐趋平缓，向下变为**深海平原**。总体上讲，大西洋中脊（图1）和印度洋中脊的地形比较崎岖，东太平洋海隆则较宽缓。

裂谷与断裂带　纵向延伸的大洋裂谷和横向展布的断裂带是大洋中脊的最突出的特征。裂谷是沿着中脊轴线的正断层经过显著错断所形成的，伴有地震和火山活动的巨型凹地，又称中央裂谷（图2）。谷宽25～50千米，深1～3千米。裂谷两侧为突起的山脊。中央裂谷是地球上最大的张裂带。正断层的走向与中脊及其裂谷平行，断层面多向中脊轴部倾斜，横断面呈“U”形或“V”形。谷深和谷宽与海底扩张速度有关。慢速扩张的中脊，裂谷深1.5～3千米，断距200余米，谷地外形清晰。大西洋和印度洋中脊大多发育这种裂谷。中速扩张的中脊上裂谷较浅，断距仅50米。快速扩张的中脊一般不见裂谷的痕迹，只有断距小于50米的断崖，如东太平洋海隆。大洋中脊上广泛发育与中脊

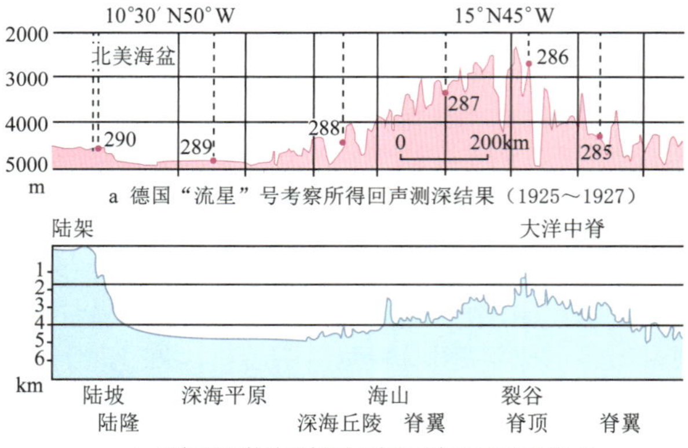


a　德国“流星”号考察所得回声测深结果（1925～1927）

b　现代测出的地形剖面（在下方标出了地形单元）

图1　大西洋中脊及其邻近海底地形剖面

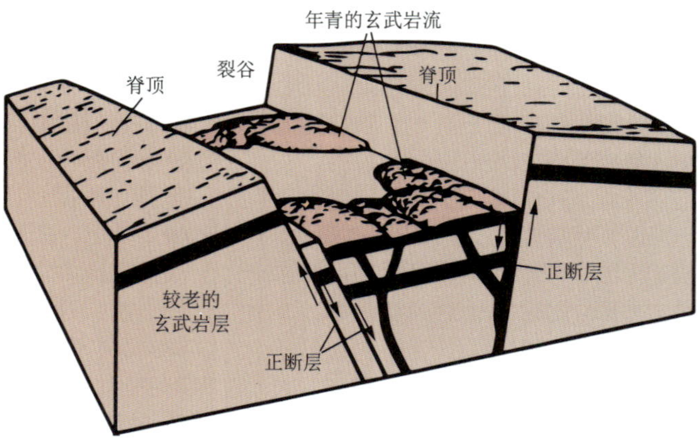


图2　中央裂谷

走向垂直或斜交的横向断裂带，即**转换断层**。这种断裂带地形上表现为海槽、断崖和海岭。海槽的深度可超过相邻的中央裂谷。被断裂带截断的各段中脊呈错开状。

地壳结构 大洋中脊上每年生成约20立方千米的新洋壳。中脊顶部地壳与标准的**洋壳**相比，比较薄，只有2～6千米。洋壳下有异常地幔存在。如北大西洋中脊顶部缺失玄武岩层（层三），而火山岩层（层二）（地震纵波速度为5.0～5.8千米/秒，厚度为2～3千米）直接覆盖在异常地幔上。异常地幔的纵波速度为7.2～7.6千米/秒，小于正常地幔的速度值（8.1千米/秒）。大洋中脊翼部的地壳结构类似于两侧洋盆，但向着脊顶方向，有层三变薄而层二增厚的趋势。在东太平洋海隆顶部，层三连续越过海隆覆于异常地幔之上，层三的厚度减至3千米左右，中脊处沉积层（层1）极薄或缺失，因而造成整个中脊地区地壳变薄，中脊轴部的**莫霍面**抬升。

中脊顶部及裂谷内有裸露的玄武岩，它一般由拉斑玄武岩组成，这种产于洋中脊的拉斑玄武岩叫作大洋中脊型玄武岩，它是洋壳层二的组成岩石。沿着裂谷和断裂带的崖壁常出露洋壳深部岩石，拖网采集到大量辉长岩、辉绿岩、角闪岩、橄榄岩和蛇纹岩等。

地震和火山活动 大洋中脊轴部地震和火山活动频繁，故又称活动海岭，以别于不活动的**无震海岭**。地震主要发生在中脊轴部和中央裂谷，也发生在转换断层带上，它们构成大洋中脊地震带。震级一般不大，为浅源地震，发震机制显示为垂直于中脊走向的引张作用。

现代火山活动通常限于中脊轴部1～2千米宽。此处出露有新鲜的玻璃质熔岩流，沉积盖层极薄或缺失。火山经多次喷发而形成火山链，与中脊走向平行延伸。其形态及喷发周期与海底扩张速度有关。慢速扩张脊轴的中央火山链是不连续的，具有新鲜枕状玄武岩，每5000～10 000年喷发一次；中速扩张的脊轴的火山链比较连续，常见席状玄武岩，每300～600年喷发一次；快速扩张的中脊的火山链是连续的，多为席状玄武岩，每50年喷发一次。一般认为，中脊轴部的火山活动是中脊下岩浆房的岩浆喷出的结果。

热流 大洋中脊热流值大于周围洋盆，并由脊顶向两侧逐渐降低。高热流值见于脊顶或中央裂谷带，热流平均值可达2～3HFU[微卡/(厘米$^2$·秒)]以上。中脊翼部的热流值接近大洋平均值。在脊顶或裂谷带附近实测的热流值高低变化很大，甚至在短距离内便相差几个数量级。可能与热液对流作用有关。大洋中脊通过海水输送着大洋岩石圈1/3的热通量。冷海水顺着脊顶裂隙渗入洋壳内部，逐渐受热，然后以热泉形式从海底排出。潜水器已在东太平洋海隆和加拉帕戈斯海岭观察到多处海底热泉，有的水温达400℃以上。说明大洋中脊脊顶是地幔物质上涌之处，其下有炽热的岩浆房。

重力和磁力异常 大洋中脊重力异常的分布特征是：空间异常与两侧洋盆相近，一般在+20～+40毫伽（1毫伽=$10^{-3}$厘米/秒$^2$），无明显的均衡异常，这表明大洋中脊大体上处于均衡状态。但轴部的布格异常值在+130～+200毫伽，明显低于两侧洋盆的异常值（400毫伽）。这说明大洋中脊之下有低密度层，结合地震探测资料得知，布格异常低值是由低密度的异常地幔引起的。

大洋中脊通常显示出清晰的条带状磁异常，正、负磁异常条带相间平行排列，并以脊顶为轴，其两侧磁条带大致对称。异常幅值在轴部较大，向两侧逐步减小。据海底条带状磁异常的年龄可测出各大洋中脊扩张速度，大西洋和印度洋的扩张速度为1～5厘米/年以上，东太平洋海隆的扩张速度多为5厘米/年以上，有的超过10厘米/年。无裂谷的大洋中脊的扩张速度通常大于有裂谷的中脊。

成因 关于大洋中脊的成因，多数用海底扩张和**板块构造说**来加以解释，认为大洋中脊轴部是海底扩张中心，热地幔物质沿轴部不断上涌形成新洋壳，故脊顶的热流值很高，火山活动和地震频繁。中脊的隆起地形实际上是脊下物质热膨胀的结果。在地幔对流驱动下，新生洋壳自脊轴向两侧扩张推移、冷却，在扩张、冷却过程中，软流圈上部物质逐渐冷凝、转化为岩石圈，致使岩石圈随着远离脊顶而增厚并下沉，于是形成轴部高两翼低的巨大海底山系。

图3 洋脊的水下“黑烟囱”

（李广雪）

**遥控式无人潜水器** remotely operated vehicle; ROV 无人的、通过脐带缆进行供电并实施遥控，通常利用机械手和配套的作业工具进行水下作业的潜水器。

发展简史 1953年，法国D.雷比科夫制造出世界上第一台遥控式无人潜水器，名为“POODLE”，主要用于考古方面的研究。由于技术方面的限制，早期的ROV存在各种各样的问题，如渗水、液压系统经常不能正常工作、噪声大、性能不可靠以及经常需要维修等。1961年，美国军方开发了一款可灵活操作的水下摄像系统“XN-3”，这款系统最终演化成“CURV”ROV。此后美国海军又开发了很多更加复杂的ROV，其中就包括世界第一款便携式小型观察级ROV“SNOOPY”和之后开发的一款全电驱动的“ElectriCSNOOPY”，并在上面安装了声呐和其他传感器。1974年，全球仅生产了20台ROV，包括芬兰的“PHOCAS”、挪威的“SNURRE”、英国的“CONSUB01”以及苏联的“CRAB-400”和“MANTA”。到1982年底，全球已拥有约500台ROV，ROV技术已经发展得相当成熟可靠。20世纪90年代末，ROV已经完全进入成熟期，在全球大部分海洋里都有ROV作业的身影。1995年，日本研制成功“海沟”号遥控式无人潜水器，装备有复杂的摄像机、声呐系统和一对作业机械手。1996年2月，它对世界上最深的马里亚纳海沟进行考察。“海沟”号潜到深为10 911.4米的查林杰海渊（马里亚纳海沟最深处），创造了世界潜深纪录，获得了超高压、低温环境下的海洋微生物样品。由于海沟板块深入日本列岛，利用潜水器可准确地观测板块运动，用它的机械手安置地震仪可观测地震信号。“海沟”号潜水器分为两个部分：与母船通过一次缆相连的中继站，以及通过250米长的二次缆与中继站相连的潜水器。中继站靠母船拖曳，带有摄像机、声呐等。进入21世纪，很多ROV制造商纷纷进入研发观察级ROV和中型ROV领域。在ROV高新技术领域，美国、加拿大、英国、法国、德国和日本等国家处于领先地位。而在商用ROV方面，美国和欧洲国家占据了绝大部分市场。

系统组成 ROV是一个复杂系统，技术密集度高，结构紧凑的高科技系统。它通过脐带缆与水面母船连接，脐带缆担负着传输能源和信息的使命，母船上的操作人员可以通过安装在ROV上的摄像机和声呐等专用设备实时观察到海底状况，并通过脐带缆遥控操作ROV机械手、配套的作业工具进行水下作业。

对于不同用途的ROV系统，其系统组成也有不同，系统的复杂程度与其功能、作业水深密切相关。通常，ROV系统包括以下8个组成部分：ROV本体、中继器、脐带缆、吊放回收系统、甲板操作控制系统、电力传输系统、机械手、作业工具包。其中ROV本体、脐带缆、甲板操作控制系统、电力传输系统为基本配置，其余部分则根据系统规模、作业需求等进行配置。除上述配置以外，还可根据作业任务需求扩展配置其他工具。

分类及用途　按规模可分为小型、中型、大型、超大型；按功能可分为观察型和作业型；按照潜深能力的强弱可命名为XXXX米级ROV；按照运动模式可分为浮游式和着底爬行式（履带、轮式）；按照动力方式可分为液压驱动和电动两种。

小型ROV体积小，重量轻，操纵系统简单，主要用于水下观察，因此多为观察型ROV。

中型ROV空气中重量在几百千克左右，除具有小型ROV的观察功能外，还配有机械手和声呐系统，有简单的作业和定位能力。大型ROV体积大、重量大，空气中重量可达几吨，具有较强的推进动力，配有多种水下作业工具和传感定位系统，如水下电视、声呐、工具包及多功能机械手，具有水下观察、定位和复杂的重负荷水下作业能力，是水下作业尤其是海上油气田开发中应用最多的一类。超大型ROV在空气中的重量可达十几吨乃至数十吨，专业用于水下的特殊作业，如管道埋设等。

（张大海）

**鳐鱼**　rays　属动物界（Animalia）脊索动物门（Chordata）、脊椎动物亚门（Vertebrata）、软骨鱼纲（Chondrichthyes）、板鳃亚纲（Elasmobranchii）、下孔总目（Hypotremata）的鱼类。俗称老板鱼、劳板鱼、魟鯆鱼、锅盖鱼等。中国古代称鳐鱼为文鳐、鯆(鳐类)、海鹞(魟类)等。自古即有记载，如《山海经》、李时珍《本草纲目》、屠本畯《闽中海错疏》等。

形态　鳐鱼鳃裂位于头部腹面，5～7对。体平扁而宽，常呈菱形或盘形，胸鳍前缘与体侧或头侧愈合。背鳍位于尾部后方，形状缩小，魟类和鲼类、蝠鲼类有的种类背鳍还退化或特化为棘。尾成棒状或鞭状，尾鳍退化。胸鳍扩大与体躯组成体盘，为主要运动器官。鹞鲼的吻鳍和蝠鲼的头鳍均由胸鳍前端化而来，为辅助摄食器官。

盾鳞通常是分散的且不均匀分布在背部、尾部和胸鳍上，露在外面的刺一般都较大。分布在眼眶周围、脊椎上方和尾部背面的盾鳞特化为结刺，分别称为眶上结刺、椎上结刺和尾上结刺。鳐鱼牙齿由盾鳞演化而来，在上下颌呈铺石状或颗粒状排布。锯鳐的吻部向前伸出如锯状，吻边

鳐鱼在水中游动

缘均有数十枚强大的锯状齿，也由盾鳞演变而成。

分类　鳐鱼由裂口鲨等原始的软骨鱼类的发展而来。鳐鱼分为锯鳐目（Pristiformes）、鳐形目（Rajiformes，鳐、犁头鳐、尖犁头鳐、圆犁头鳐）、鲼形目（Myliobatiformes，魟、鲼、蝠鲼、牛鼻鲼）和电鳐目（Torpediniformes）共4目22科74属约531种。中国有鳐鱼4目16科45属约85种。

分布　鳐鱼广泛分布于北纬80°至南纬55°间的印度洋、太平洋、大西洋，自表层至深海、自沿岸至大洋中心都有分布。多分布于热带、亚热带地区海域，缺乏寒带种类。与鲨鱼不同，鳐鱼主要营底栖生活，常浅埋在沙中。

食性　除了前口蝠鲼等鳐鱼类为浮游生物食性外，多数鳐鱼类为肉食性，以贝类、头足类、甲壳类以及鱼类为食。

繁殖　鳐鱼类体型大小不同，其性成熟周期和性周期（繁殖周期）也不同。小型的1龄达到性成熟。中型的2～3龄或4～5龄达到性成熟。大型的圆犁头鳐、扁魟、蝠鲼、牛鼻鲼等，性成熟周期长，往往5年甚至10年以上。小型或中型鳐鱼，性周期约为1年，大型的鳐鱼其性周期也往往较长，为2～3年甚至更长。大型鳐鱼性成熟及性周期时间较长，特别是卵胎生、假胎生等生殖方式的鳐鱼，平均每年产幼鱼数量较少。

意义与价值　在20世纪至21世纪初，随着人类海洋生物科学与技术的发展，以及生活水平的提高，人类大量捕捞鳐鱼，主要作为次要海产品食用，并加工鱼翅以及生产胶原蛋白、鱼肝油、硫酸软骨素等产品。因此，跟鲨鱼一样，野生鳐鱼也遭到人类的过度捕捞。

另外，随着各国沿岸经济的迅速发展和资源的开发利用，海洋环境重金属、多环芳烃等污染问题亦日渐突出。这些污染物易于在沉积物内积累，随着食物链进入鳐鱼体内，对鳐鱼消化、循环以及生殖等生理功能造成影响，并且会随着生殖进入卵和幼鱼体内，从而影响受精卵胚胎发育和幼鱼的生长。

由于海洋环境污染的日益严重和人类的过度捕捞，引起鳐鱼资源严重衰退，物种生存受到严重威胁。根据《世界自然保护联盟濒危物种红色名录》和《濒危野生动植物种国际贸易公约》（*Convention on International Trade in Endangered Species of Wild Fauna and Flora*；CITES），已知有27种鳐鱼处于极危状态（CR），59种处于濒危状态（EN），63种处于易危状态（VU），59种处于近危状态（NT），占鳐鱼的约30%。鳐鱼受人类资源利用影响种类接近90%。

（姜国良　吴志强　包振民）

**业治铮**　Ye Zhizheng（1918-04-11～2003-01-03）中国海洋地质学家、沉积学家。生于江苏南京，卒于南京。1941年毕业于中央大学地质系。1946年赴美，专攻沉积学、石油地质学和海洋地质学。1948年获美国密苏里哥伦比亚大学硕士学位。1950年3月回国。历任长春地质学院教务长和地球物理系、地质系和石油海洋地质系主任；地质部海洋地质研究所副所长，南京地矿所所长、研究员；兼青岛海洋地质研究所所长、地质矿产部第四纪地质中心主任，同济大学、南京大学兼职教授。1980年当选为中国科学院学部委员（院士）。曾任中国地质学会和矿物岩石地球化学学会常务理事、中国海洋湖沼学会常务理事、中国海洋地质学会理事长，《海洋地质与第四纪地质》主编、《沉积学报》副主编、《中国大百科全书·大气科学 海洋科学 水文科学》海洋地质学分支主编。是国际地质对比计划IGCP执行局成员（1985～1988）、国际沉积学会国家通讯员（1983～1985）。

早年从事川滇地质调查，对攀枝花铁矿和力马河镍矿进行过研究。从美国回国后，受命筹建长春地质学院，为建立中国地质专业教学体系做出了重大贡献，并亲自编写教材，开设沉积岩石学课程。与此同时，组织领导了中国煤、铝、磷、砂金等沉积矿床的研究。对中国油气地质调查也有重要贡献。20世纪60年代初期，致力于震旦纪碳酸盐岩的研究，率先提出石灰岩的结构成因分类，对藻灰岩的成因和环境进行了深入探讨。

中国海洋地质事业的奠基人之一。从20世纪60年代中期开始，积极推动中国

的海洋地质研究，组织实施了中国第一次较系统的海岸带地质调查。80年代初期，率先开展冲绳海槽的沉积学研究，对海槽晚更新世—全新世沉积的复杂的物质来源和沉积作用进行了深入的研究，详细描述了冲绳海槽浊流沉积物，强调了纵向浊流作用的重要意义。对西沙生物礁沉积作用和全新世风成石灰岩的研究，首次发现了石岛晚更新世的风成砂屑灰岩，提出了风成沉积物的沉积模式，并讨论其古气候意义。又将其应用于四川二叠纪生物礁的比较研究，推动了中国比较沉积学的发展。晚年倡导和组织了中国南海的古海洋学研究，再一次站在科学的前沿，推动了中国海洋地质事业的发展。

著有(或合著)《冲绳海槽晚更新世—全新世沉积物的初步研究》(1983)、《西沙群岛岛屿类型划分及其特征的研究》(1985)、《中国西沙礁相地质》《西沙群岛沉积地质学研究》等文章和专著。

（何起祥）

**液舱晃荡** liquid sloshing in a tank 带有液舱的船舶或浮体在风、浪、流等环境载荷的作用下，激励液舱内具有自由液面的流体产生的一种剧烈自由表面波动现象。液舱内具有自由液面的流体在外部激励作用下可以产生驻波、行进波、水跃、破碎波等不同类型的晃荡波。当外部激励周期接近或等于液舱固有周期时发生的液舱晃荡称为流体共振，具有高度的非线性和随机性。流体共振产生的脉冲压力是一种极端的局部冲击载荷，对舱壁具有相当大的破坏作用，极易诱发舱壁结构变形甚至破损，并可能造成载液船舶的倾覆。

液舱晃荡在船舶工程、水利工程、土木工程、航空航天工程和核工程等领域广泛存在，除空载和满载外，几乎任何一个载液系统在外力扰动下都会发生晃荡现象。要防止其破坏性并加以合理利用，尤其是在海洋或海岸工程中，它可以作为调谐液体阻尼器用于减小海洋平台的结构振动。随着近海油气资源的开发及载液船舶（如浮式液化天然气/石油气船FLNG/FLPG）的大型化，液舱晃荡问题越来越受到重视，成为国际近海和极地工程师协会（ISOPE）、国际海洋油气技术大会（OTC），以及国际海洋、海岸与极地工程会议（OMAE）的研讨热点。

（薛米安）

**液化天然气运输船** liquefied natural gas carrier; LNG carrier 将液化气置于−163℃低温下运输的专用船舶。天然气经过低温处理变成液体装进储罐内，储罐固定在船上，是独立于船体的特殊构造。在该类船舶的设计中，考虑的主要因素是能适应低温介质的材料，对易挥发或易燃物的处理，船舶尺寸通常受到港口码头和接收站条件的限制。12.5万立方米是最常用的尺寸，在建造船舶中最大的尺寸已达到20万立方米。大型LNG船的吃水在11米左右，水面以上的高度大约15米。LNG船属航速较快的船舶，其适宜的营运航速在20节。LNG船的使用寿命一般为40～45年。

主要组成　一般LNG船都是由以下四个主要系统组成的：船舶动力及推进系统、辅助设备系统、货物围护系统、特殊的管路系统。

分类　世界LNG船的储罐系统有薄膜式和自撑式两种。

薄膜式LNG船的围栏系统中的薄膜并不能独立承受货物的重量，需要通过低温隔热层传递给船体本身，由船体本身内部构件来承受货物的重量，此类薄膜式LNG船的液舱为非自身支持的液舱。

液化天然气运输船

自撑式LNG船的液舱完全由自身支持，并不构成船体结构的一部分，是完全独立的液舱，根据液舱的形状分为A、B、C三种形式，A型为菱形，B型为球形，C型为卧式圆筒形。

（张若瑜）

**液压机械手** hydraulic manipulator 以液压作为传动控制装置的机械手。液压机械手通常由液压缸、液压马达、伺服阀、比例阀、液压泵和油箱等部分构成，通常它具有很大的抓举能力（高达几百千克），其优点是能量体积比与能量重量比高、结构紧凑、操作简单、动作平稳、耐冲击、耐振动、防爆性好，但液压元件要求有较高的制造精度和密封性能，对液体介质的压缩性有着较高要求。

阿根廷布宜诺斯艾利斯港装有液压机械手的船只

（孙　丹）

**仪器设备海上试验** marine instrument and equipment testing 在真实的海洋环境中，对海洋观测、监测和作业设备进行性能测试、校准和验证的试验方法。其目的是确保这些仪器和设备在实际海洋环境中能够可靠、准确地运行，为海洋科学研究和工程应用提供高质量的数据和技术支持。

发展简史　早期的仪器设备海上试验主要集中在船舶和简单的测量设备上。随着电子技术和材料科学的发展，20世纪中期至末期，仪器设备海上试验技术得到了显著提升，能够进行更为复杂的环境模拟和性能测试。现代仪器设备海上试验技术涵盖了先进的传感器技术、自动化控制系统、远程监控和数据采集分析系统。试验方法和设备不断升级，能够精确模拟多种海洋环境条件，进行全面的测试和评估。

工作流程　①现场部署。将待测试的仪器和设备部署到预定的海洋试验区域，根据试验需求选择合适的深度和位置。②环境监测。使用多种传感器实时监测海洋环境参数，如温度、盐度、压力、流速、波浪等，确保试验条件符合预设要求。③数据采集与分析。通过数据采集系统记录仪器和设备在试验过程中的性能数据，使用数据分析软件对数据进行处理和分析，评估其在海洋环境中的表现。

试验设备　①试验平台。包括研究船、浮标系统、固定平台和自动化无人系统，用于仪器和设备的部署和回收。②环境监测设备。包括电导率-温度-深度仪、声呐系统、气象站等，用于实时监测海洋环境条件。③数据采集与传输系统。包括数据记录仪、无线传输系统、远程监控和控制系统，实现实时数据采集和传输。④测试仪器和设备。包括待测试的各种海洋观测和作业仪器，如海底地震仪、水下机器人、海洋能设备等。⑤分析与评估系统。包括数据分析软件、仿真与模拟工具，用于对测试数据进行处理、分析和评估。

应用　①海洋观测。测试和验证用于海洋环境监测的仪器，如电导率-温度-深度仪、海底地震仪、浮标系统等，确保其数据的准确性和可靠性。②环境监测。评估用于监测海洋污染、海水酸化、生物多样性等环境参数的设备，确保其长期监测中的稳定性和准确性。③海洋工程。对用于海洋工程的设备，如海底电缆、海上风电设备、海洋平台等，进行性能测试和验证，确保其在海洋环境中的耐久性和安全性。④海洋资源开发。测试和验证用于海洋资源开发的设备，如深海矿物采集设备、油气勘探仪器，确保其在深海环境中的工作性能。⑤技术研发。支持新型海洋仪器设备的研发，通过海上试验提供实际运行数据，优化设计和功能。（陈家旺）

**贻贝** sea mussel 贻贝目贻贝科（Mytilidae）贝类的统称。又称海红、淡菜。

形态 贝壳较轻薄，多数种呈楔形，有的呈卵三角形或圆筒形等。两壳相等，两侧不等。前端细，后端宽圆，背缘弯，腹缘较直。壳表呈黑褐色、绿褐色或褐色，生长纹细密，有的具有各种细放射肋或放射纹。有的壳后端具细黄毛。韧带细长，位于壳顶的后方背缘，为褐色。壳缘光滑或有锯齿状缺刻。铰合部无齿或有粒状小齿。壳内面色浅，多为灰白色。前闭壳肌小或缺，后闭壳肌大。由于营附着生活，足退化，小，呈棒状。足丝收缩肌发达。足丝细软，较发达。

分布 分布广，全球各海区都有不同种类出现。中国南北沿海地区均有分布，已发现20属近70种。

生态习性 多数种为海生，栖息于潮间带和潮下带的浅海底，极少数种生活在淡水湖泊和江河中。以足丝附着在岩石、码头、船底、浮标等物体上，少数种穴居于石灰石或泥沙中。由于幼虫变态附着后通常不再移动，故摄食是被动的，属于滤食方式，由鳃纤毛不断地运动把食物颗粒传送到唇瓣，再由唇瓣送至口中。主要以浮游性单胞藻及有机碎屑为食。

繁殖 雌雄异体，繁殖季与栖息地和水温有密切关系，不同种类的繁殖季节各有差异。在中国北方有春、秋两个繁殖期。产卵量大，繁殖力强，生长快，一年即达商品规格。

经济价值 肉味极佳，可鲜食，也可加工成干制品，称“淡菜”，为营养价值较高的海产品之一。在中国沿海比较常见的有分布于热带和亚热带的翡翠贻贝、分布于寒带和暖温带的紫贻贝和厚壳贻贝等种类，均是重要的养殖和捕捞对象。中国已开展较大规模的人工养殖。

危害 因以足丝附着生活，常附着在船体上可造成船速减慢，大量附着在沿海工厂以海水冷却的管道中时可造成管道堵塞等。（张素萍）

**抑食金球藻** *Aureococcus anophagefferens* 一种单细胞藻。隶属于不等鞭毛门（Heterokontophyta）海金藻纲（Pelagophyceae）。藻细胞近球形，无鞭毛，直径为2～3微米，藻体呈金黄色。该藻原归属于金藻纲（Chrysophyceae），但研究发现其特征色素是19′-butanoyloxyfucoxanthin，含有海金藻特有的甾醇（Z）-24-propylidenecholesterol，并结合核糖体分子信息、生理学以及形态学特征，将其归入海金藻纲（Pelagophyceae）。

抑食金球藻具有独特的生理生态学特征。具有很广的温度适应范围，可在0～25℃中生存，最适生长温度约20℃，生长环境的盐度一般都高于24，适应于低光照高浊度的环境。抑食金球藻偏好利用铵态氮和一系列溶解态有机氮物质，如小分子的尿素、氨基酸、蛋白质、壳二糖和乙酰胺，以及大分子的多肽和蛋白质等；也可以利用一些溶解态有机磷物质；在黑暗条件中，可以从环境中直接吸收利用有机碳，如葡萄糖和氨基酸等。在无机氮营养盐丰富的环境中，抑食金球藻很难成为浮游植物群落的优势种；但无机氮营养盐贫瘠，而有机氮营养盐丰富的环境，抑食金球藻极易成为浮游植物群落的优势种。

抑食金球藻引发的藻华称为*褐潮*。褐潮暴发时海水呈现黄褐色，抑食金球藻密度可高达$10^9$个细胞/升的数量级。1985年，抑食金球藻褐潮首次在美国的大西洋沿岸多处海域暴发。1997年，南非的一个海湾也报道发生过抑食金球藻褐潮。从2009年起，中国渤海秦皇岛近海连续多年暴发抑食金球藻褐潮，随后山东的桑沟湾也发生过抑食金球藻褐潮。褐潮是一种典型的生态破坏型藻华。褐潮暴发时没有产生对人类有害的毒素物质，但可以强烈抑制贝类的摄食活动，造成贝类的滞长和死亡，带来重大的经济损失，但其危害机制仍然不清楚。（张清春 周名江）

**引潮力** tide-generating force 地球上的物体，其所受到的月球引力，与因地球绕地一日公共质心平动所产生的惯性力的合力（见*潮汐*）。任意天体对地球某处的引潮力大小与天体的质量成正比，与地心到天体中心的距离的三次方成反比，还与天体到该处的天顶距有关（天顶距越接近90°，引潮力越小）。海洋受到的引潮力主要来自太阳和月球。太阳质量虽然是月球质量的2700万倍，但月球同地球的距离只有太阳同地球距离的1/390，所以月球的引潮力约为太阳引潮力的2.17倍。引潮力不仅产生了海洋潮汐，而且引起固体地球潮汐（地潮）和大气潮汐（气潮）。（周 磊）

**印度尼西亚贯穿流** Indonesian through flow; ITF 通过印度尼西亚海连接热带太平洋和热带印度洋的低纬环流系统。不仅是热带西太平洋低纬度*西边界流*的一部分，也是全球大洋输送带的一部分。ITF最早由K.维尔特基在1961年提出，作为唯一的洋间低纬度流，其上游是西太平洋暖池，下游是东印度洋暖池，这两个区域是全球温度最高的海区，是大气的加热中心，也是全球降水最高的海域，因此，ITF的变异对厄尔尼诺和东亚季风的形成和发展具有重要的影响。

源地和途径 ITF的水源主要来自太平洋和南海。在太平洋低纬度西边界流附近，北赤道流在北纬14°附近分流为向北的*黑潮*和向南的*棉兰老流*。棉兰老流在棉兰老岛东侧（北纬8°）向南流动，形成逆时针旋转的棉兰老涡。棉兰老流在绕过棉兰老涡以后，一部分向东提供北赤道逆流的水源，另一部分进入苏拉威西海并通过望加锡海峡流入印度尼西亚内海，最终分为三部分，由龙目海峡（Lombok）、翁拜海峡（Ombai）和帝汶通道（Timor）进入印度洋。南太平洋向北的上层海流，沿着新几内亚东岸穿过赤道，大部分顺时针地绕过北纬2°附近的哈马黑拉涡折向东，与来自棉兰老流的东向流汇合，形成北赤道逆流。深层少量的南太平洋水通过马鲁古海和哈马黑拉海，形成ITF的一部分。

ITF除了直接来自太平洋的水源，还有一部分水来自南海，但是流量较小，这支自南海进入印度尼西亚海的海流还被称作南海贯穿流。它的主要流出通道为经卡里马塔海峡进入爪哇海，进而对ITF产生贡献。另外一条通道为经民都洛海峡进入苏禄海，汇入ITF。

观测和水文特征 关于ITF的直接观测较少，历史上对印度尼西亚海的国际合作观测主要有以下几个：①爪哇-澳大利亚动态实验（JADE），由印度尼西亚和法国联合发起的研究项目。该项目始于1989年，止于1995年，其目的是研究印尼贯穿流在其印度洋入口处的体积输送和年际变化，观测的断面选在巴厘岛和澳大利亚之间，在努沙登加拉群岛的各个海峡也有观测。②区域海洋动力学（ROD）海流测量实验（1993～1995），该实验由澳大利亚和东南亚国家联盟共同完成。③阿鲁斯林塔斯印度尼西亚（Arlindo）计划（1993～1994），由印度尼西亚和美国发起，主要针对ITF在望加锡海峡的流量变化进行研究。④INSTANT计划（2003～2006），主要针对ITF出口海峡流量进行观测。2012年以来，在ITF的上游和西太平洋海域，正在进行以中国为主发起的西北太平洋海洋环流与气候实验（NPOCE）观测计划，填补了ITF源区的观测空白。

ITF具有明显的季节变化，夏秋季流量较大，冬春季较小，观测的ITF体积通量年均值为10～15Sv（1Sv=1×$10^6$米$^3$/秒）。在印度尼西亚众多的海峡中，望加锡海峡是ITF的主要流入通道，努沙登加拉层结及输运的国际联合观测计划（INSTANT）表明，望加锡海峡的年均流量约为11.6Sv，利法马托拉海峡年均流量约为2.5Sv。通过卡里马塔海峡从南海进入印度尼西亚海的输运量约为0.8Sv。ITF的3个主要流出通道龙目海峡、翁拜海峡和帝汶通道的年均流量分别约为2.6Sv、4.9Sv和7.5Sv。ITF流量的年际变化非常显著，尤其是ITF流量和**厄尔尼诺-南方涛动**（ENSO）相关明显，通常ENSO暖事件期间，ITF流量较小。（袁东亮）

**印度洋“电容器”效应** Indian Ocean capacitor effect 厄尔尼诺衰退年在热带印度洋出现海盆一致增暖所导致的西北太平洋反气旋异常，南亚高压加强等对东亚气候有重要影响的气候异常现象。在这一自然现象中，热带印度洋充当了先被厄尔尼诺事件“充电”，又自身“放电”影响热带西北太平洋和厄尔尼诺向拉尼娜转换的作用。因此，研究者将热带印度洋比作“电容器”，将该现象称为印度洋“电容器”效应。

机理 在厄尔尼诺发生之后的春季，热带印度洋会出现整个海盆增暖的海温异常信号，此信号是印度洋海温年际变化第一主模态，被称为海盆模态。这一模态在厄尔尼诺峰值阶段出现，可能会一直持续到第二年夏季。在这期间，厄尔尼诺的强迫作用、热带印度洋局地的海洋动力和海-气耦合过程都会对海盆模态的发展和维持起作用。在热带印度洋增暖过程中，其海温变化在整个海盆并不是均匀的。由于**热带南印度洋穹隆**的存在，此处的增暖在北半球春季为极大值，产生跨越赤道的温度梯度（南暖北冷），进而造成降水异常关于赤道的不对称。这一不对称分布会减弱印度夏季风的暴发，造成北印度洋夏季的再次增暖，从而使印度洋海盆增暖一直持续到夏季，并对亚洲气候产生重要作用。由于印度洋海盆增暖是厄尔尼诺强迫的结果，因此其产生的气候效应也被称为印度洋“电容器”效应（见图）。

气候效应 在厄尔尼诺次年的春季之后，热带太平洋海温异常逐渐衰退。此时，印度洋海盆暖异常信号对气候系统，特别是亚洲夏季风环流的作用就显现出来。海盆模态能通过加强南亚高压加强南亚夏季风，同时能够激发**大气开尔文波**维持并加强西北太平洋异常反气旋。西北太平洋异常反气旋对东亚季风有重要影响。1998年，中国1998年百年不遇的长江大洪水就与当年夏季异常的西北反气旋有关，其中，印度洋“电容器”效应扮演了重要的角色。

研究指出，西北太平洋异常反气旋和北印度洋的夏季增暖存在相互作用，二者可以通过海-气耦合过程相互加强，基于这个观点，印度洋“电容器”效应也被称作印度洋-太平洋“电容器”效应。

预报因子 鉴于热带印度洋海温异常的“电容器”效应，气候预测中已经将印度洋海温作为重要的预报因子，来指导东亚夏季风的季节预报。中国国家气候中心和日本气象厅已经将印度洋海盆海温指数作为气候预测的因子应用于气候业务预报之中。进一步认识印度洋“电容器”效应，对于气候预测有重要意义。（郑小童）

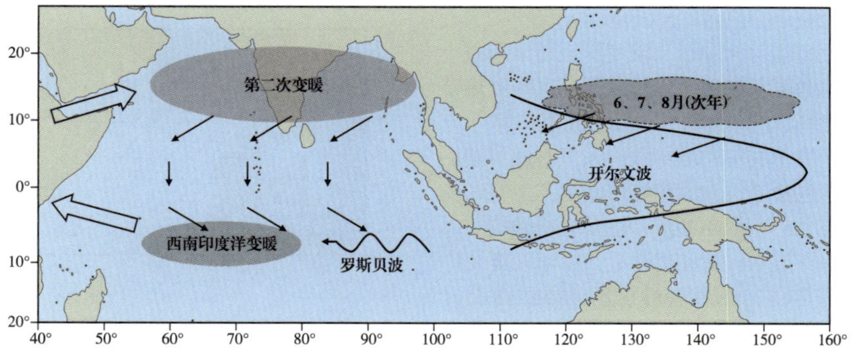


GS（2021）3595号

印度洋“电容器”效应机理示意图

**印度洋海盆模** Indian Ocean basin mode 热带印度洋海表温度全海盆一致性地异常增暖的现象。又称印度洋海盆一致模。

形成机理 该模态是热带印度洋海温受热带太平洋厄尔尼诺的强迫而做出的响应。当厄尔尼诺发展时，沃克环流减弱，热带西太平洋和印度洋的对流减弱，上空

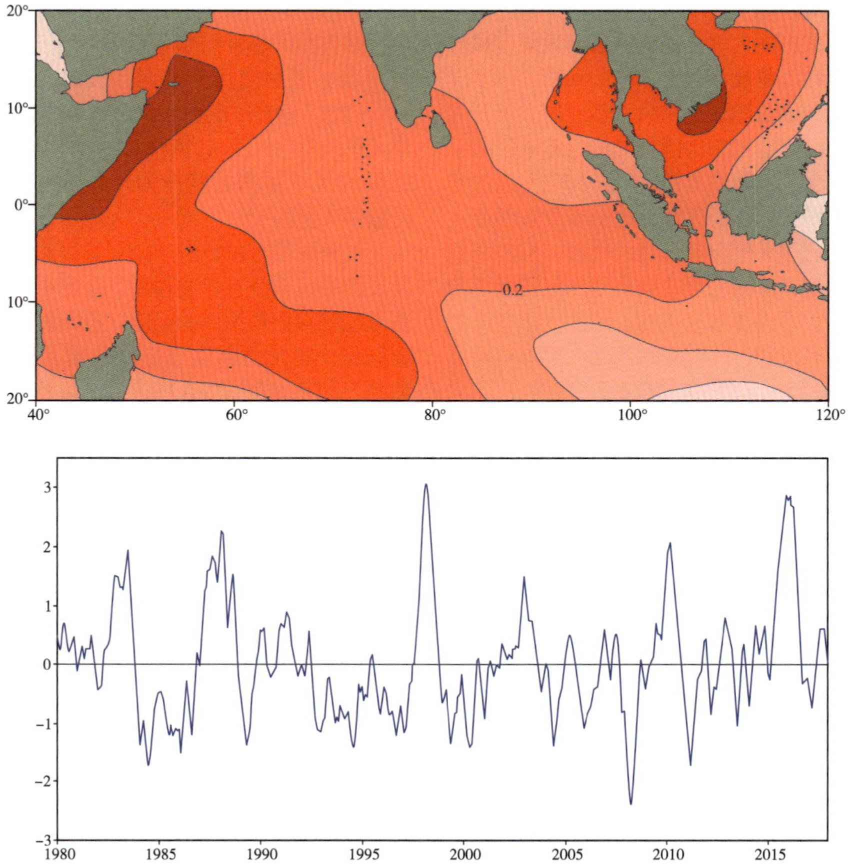

GS（2021）3595号

印度洋海盆模海温异常的经验正交分解第一模态的空间分布（上）和时间序列（下）

云量减小，热带印度洋海面接受更多的太阳短波辐射，同时，印度洋低层风速减小使海面蒸发和潜热释放减弱，这导致热带印度洋大部分海区的海温升高；另一方面，由于厄尔尼诺导致的大气对流层被加热，也会通过大西洋到达印度洋上空，加热整个的热带印度洋，这就是所谓的“**大气桥**”过程。除此之外，热带印度洋局地的海洋动力和海气过程也会导致海温升高。例如，在厄尔尼诺发展阶段，热带东南印度洋低层出现反气旋性的风场，从而在海洋中激发向西传播的下沉性罗斯贝波，波动在3～4个月后（春末）抵达热带西南印度洋，使该海区温跃层变深，海面温度升高，热带西南印度洋降水增加，致使热带北印度洋上空出现异常的东风向热带西南印度洋辐合，并维持至夏季；而在夏季印度季风爆发后，该东风异常减弱西南季风，减少海洋蒸发和对大气的潜热释放，导致热带北印度洋海面温度也升高，这样的一种局地的海洋和大气动力过程将使热带印度洋的海盆模在厄尔尼诺消失后还会持续，有时会一直持续到夏末（见图）。

气候影响　由于印度洋海盆模倾向于与厄尔尼诺共同发生，前一年厄尔尼诺的信号储存在热带印度洋中，并能在厄尔尼诺衰减阶段（夏季）将这部分异常热量释放出来影响大气，这种滞后的效果也被形象地称为**印度洋“电容器”效应**。印度洋海盆一致的增暖可以激发暖性的大气开尔文波沿赤道向东传播，加热近赤道西太平洋的大气，导致异常的低压和向赤道的异常风场；这样的风场将进一步导致西北太平洋低层大气出现异常的辐散，抑制局地的对流，从而加强或维持厄尔尼诺激发的西北太平洋异常反气旋。因此，印度洋海盆模可以通过改变夏季西北太平洋异常反气旋的途径来影响东亚夏季气候。

（谢瑞煌）

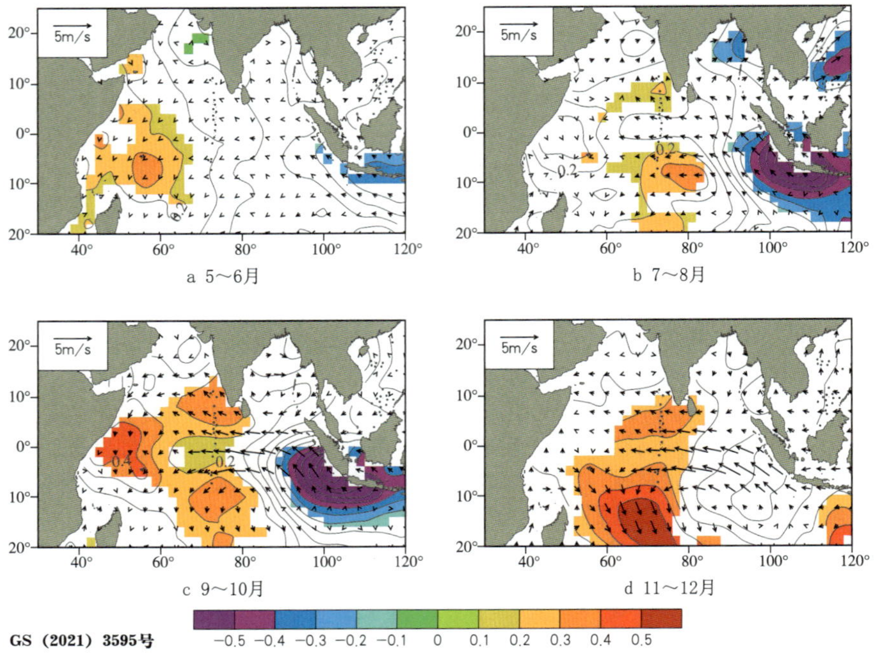


合成的正IOD事件发展过程

**印度洋偶极子**　Indian Ocean Dipole; IOD　热带印度洋海温年际变化的主要模态之一，呈现出海温东西反向变化特征，对印度洋周边海区以及亚洲季风系统有重要影响。

特征　在正IOD事件中，苏门答腊岛和爪哇岛沿岸出现冷海温异常，随后延伸到赤道东印度洋海区，而相对应的赤道西印度洋出现海温异常现象，在赤道上伴随东风异常。这种东西相反的偶极子特征，还表现在降水、海面气压及海平面高度异常场上。负IOD事件基本上与正IOD事件相反，表现出东印度洋偏暖、降水偏多，西印度洋偏冷、降水偏少的特征。与**厄尔尼诺-南方涛动**（ENSO）类似，IOD事件具有显著的季节“锁相”特征，通常在北半球夏季发展，秋季达到峰值，冬季迅速衰退。在IOD的发展过程中，海表温度-海面风-温跃层之间的**皮耶克尼斯正反馈**机制起到重要的作用，因此，IOD事件是典型的热带印度洋海洋大气相互作用产物。通常使用赤道西印度洋（东经50°～70°，南纬10°至北纬10°）和东印度洋（东经90°～110°，南纬0°～10°）海温距平的区域平均之差作为IOD指数来进行监测（见图）。

气候效应　IOD对于印度洋周边区域及亚洲季风系统有重要作用，会影响印度夏季风和东亚夏季风的强度，进而影响东亚气候。正IOD事件会造成印度尼西亚和澳大利亚的干旱和森林火灾，以及东非地区的降水异常和洪水，还会激发大气遥相关波列，造成东亚冬季风的异常变化。此外，IOD与ENSO之间存在紧密的联系，ENSO可以激发IOD事件，反之IOD也对ENSO有反馈作用。

长期变化　观测中，IOD的强度在20世纪有显著加强的现象，特别是在2006～2008年，连续三次IOD事件对印度洋周边气候有显著影响。根据气候模式的模拟，全球变暖下IOD事件的海洋和大气过程都会发生改变，其强度变化不大，但极端IOD事件会显著增多。

（郑小童）

**印-太-东亚型遥相关**　Indo-Pacific-East Asian teleconnection pattern　北半球冬季热带印度洋和热带西太平洋上空大气加热场异常导致对流层上层（200百帕）出现的大气遥相关波列，也是北半球冬季东亚高空大气位势高度年际变化的主要模态。该波列的正位相主要表现为大气200百帕的位势高度异常场呈现出由低纬向高纬的“正-负-正”异常形态分布（图上），即在热带印度洋和印-太交汇区上空位势高度正异常（异常中心在赤道，东经90°附近），在中国东南部上空位势高度负异常（异常中心在北纬30°、东经110°附近），在中国东北部/朝鲜半岛/日本上空位势高度正异常（异常中心在北纬45°、东经140°附近）。

形成过程　北半球冬季热带印-太区域大气中异常加热导致能量在高空北传形成印-太-东亚遥相关波列。而热带降水和大气非绝热加热的异常又取决于热带海表温度异常的空间分布。研究证实，冬季热带印度洋-西太平洋降水出现偶极子型异常时，会在大气中激发出印-太-东亚型遥相关波列（图下）；而该偶极子型降水异常与热带海表温度年际变化最强信号厄尔尼诺-南方涛动模态的变化有着很好的对应关系。该印-太-东亚遥相关波列是除了太平洋-北美遥相关波列之外，另一个热带印度洋-太平洋海-气相互作用影响北半球大气的波列，是冬季热带海洋影响东亚气候的重要途径。

意义和影响　冬季的印-太-东亚型遥相关波列对于东亚地区的气候有着十分显著的影响。当该波列处于正位相时，对应了中国东部高空的气旋式环流异常，这

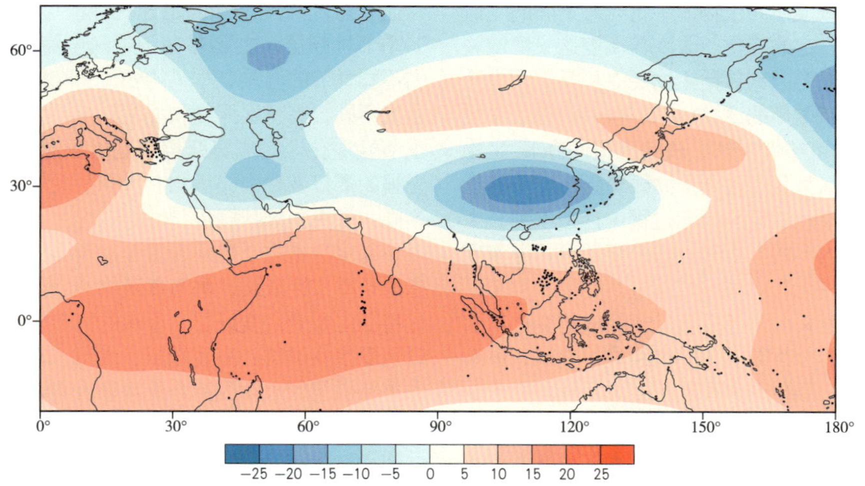


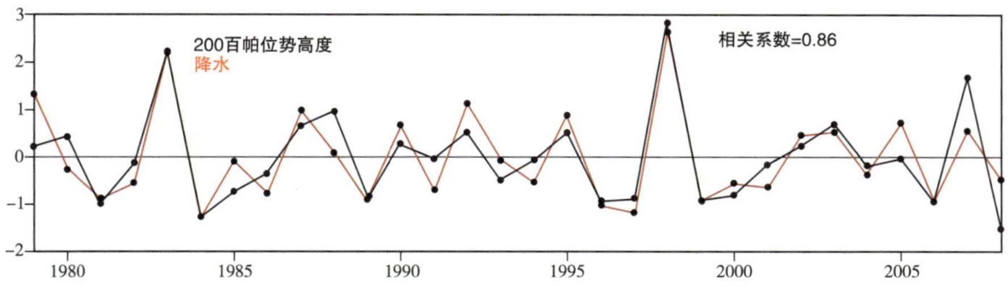


GS（2021）3595号

1979～2008年，冬季200百帕位势高度异常经验正交函数分解第一模态的空间分布（上）和时间序列（下，中黑线）

会导致中国东部沿海出现南风异常，会减弱来自西伯利亚地区冷空气的影响，进而导致中国东部、朝鲜半岛、日本、南海附近地区的气温都是偏暖的。这也是厄尔尼诺现象导致东亚冬季风减弱的重要机理。从降水的角度来看，当该波列处于正位相时，中国东部沿岸的南风异常将会从海上向陆地输送更多的水汽，进一步导致中国东南和华北地区降水增多。

（刘秦玉　王　海）

**英国"挑战者"号考察** British Challenger Expedition　英国海军部与英国皇家学会联合组织的，由英国"挑战者"号船于1872年12月7日至1876年5月26日进行的世界上第一次环球海洋考察。这次考察是近代海洋科学的开端。

"挑战者"号考察船（见图）是一艘由英国皇家海军的木质轻巡航舰改装的考察船，长68米，排水量2 306吨，依靠风帆和蒸汽机的动力推进。船上配备有当时最先进的调查仪器、设备和实验室。英国爱丁堡大学博物学家C.W.汤姆孙任科学考察队队长，考察队员是6名科学家，G.S.内厄斯任船长。航行三年半，航程达68 890海里，对除北冰洋以外的世界各大洋都进行了考察。考察内容包括海洋生物学、海洋地质学和地理学、海洋化学、海洋物理学等。在362个站位上进行了水文观测；在492个站位上做了深度测量；在133个站位进行了深水拖网与采样。采集到大量的海洋底栖生物、海洋浮游生物和深海鱼类标本以及水样和沉积物样品。

"挑战者"号考察船

考察中第一次使用了颠倒温度表。经过测量，了解到海洋深层水温的分布规律；根据海水分析结果，得到世界各海域海水化学成分恒定的重要结论；新发现4400多种海洋生物，其中甲壳类约1000种；发现大量深海动物，证明生物在深海可以承受巨大水压；绘制了大洋盆地的深度和等深线图；首次在大西洋加那利群岛、太平洋塔希提岛和夏威夷群岛附近深海底采到了锰结核，并发现了深海软泥和红黏土。

1880年7月2日成立了"挑战者号出版委员会"，由汤姆孙负责，邀请世界各国著名科学家对考察中所获得的样品和资料进行分析、研究。德国海洋生物学家E.海克尔对这次考察采集到的生物标本进行了10年研究，写成3卷有关放射虫类的论文；海洋地质学家J.默里认真分析考察所取得的12 000个底质样品，写成深海沉积学的经典论著。此后的调查，只是对这次考察的补充，而无实质性的改变。由于此次考察范围广泛，考察翔实，成为世界海洋考察史，特别是深海探险考察史上的里程碑。科学家们整理编辑的海洋学巨著《H.M.S.挑战者号航行科学成果报告》共50卷，于1895年出齐。此次考察的资料，学者们迄今仍在应用。

（艾万铸　刘安国）

**鹦鹉螺** Nautilus　属软体动物门、头足纲、鹦鹉螺亚纲、鹦鹉螺目、鹦鹉螺科。现存2属6种。具卷曲的外壳，壳内面隔片区分为32～36个简单而不等的壳室，鳃2对，具90多条无吸盘的腕，眼简单无晶状体，无墨囊。动物体居于最后一个壳室，称为"住室"，其余壳室可以贮满空气，称为"气室"。动物能调节气室里空气的分量，使身体浮沉于海洋中。壳薄而轻，呈螺旋形盘卷，壳的表面呈白色或者乳白色，生长纹从壳的脐部辐射而出，平滑细密，多为红褐色斑纹。整个螺旋形外壳光滑如圆盘状，形似鹦鹉嘴，故此得名"鹦鹉螺"。鹦鹉螺是喜欢群居而夜出的海洋贝类，平时生活在50～60米深的海底，主要以蟹和虾类为食。鹦鹉螺分布于热带印度西太平洋，在中国分布于台湾东部、海南岛和西沙群岛海域。鹦鹉螺在地球上经历了数亿年的演变，但外形、习性等变化很小，被称作海洋中的"活化石"，在研究生物进化和古生物学等方面有很高的价值。中国沿海仅发现1种鹦鹉螺，该种名为珍珠鹦鹉螺（*Nautilus pompilius*），1758年由林奈命名。

（包振民）

**营养盐** nutrients　生态系统中的初级生产者（主要是浮游植物）维持生长发育与新陈代谢生命活动过程必需的元素。营养盐主要指氮（N）、磷（P）、硅（Si）元素的无机态，有机态也可成为浮游植物生长所需重要的营养来源。海洋中营养盐浓度的时空分布受到物理与生物过程双重调控交互反馈，对于浮游植物类群分布、丰度与生长速率有显著影响。

概念的理解　海水中构成生命体的一些重要元素，如氧（O）、氢（H）、硫（S）、碳（C），含量丰富，但并不能制约生物的生长，即不是生物生长的限制元素。而海水中的营养盐，如磷酸盐、硝酸盐、溶解硅酸盐和痕量金属（如铁等），则是生物生长的限制性元素，其中铁通常被称为微量金属而不是营养盐。在真光层内，营养盐经生物光合作用被吸收，成为生物有机体组成部分。生物体死亡后下沉到真光层以下，有机体被分解、矿化，营养元素最终以无机化合物形式再生返回到海水中，称之为再矿化。海水中营养盐的概念包括以下三个基本内涵。

浮游植物的重要组成部分　氮是构成生物体内蛋白质和氨基酸的主要组分。磷参与细胞的生长与能量传递等一系列重要代谢过程，磷可以形成磷酸酯构成DNA和RNA的骨架；形成ATP分子传递能量，以磷蛋白质、磷脂的形式作为细胞膜的组成部分。通常认为浮游植物优先吸收利用溶解无机氮与磷化合物，但新的研究发现浮游植物也会直接吸收一些溶解有机氮与磷，尤其是在无机氮与磷贫乏的海域。溶解硅酸盐是水生态系统中硅藻、放射虫、硅质海绵和硅鞭毛虫构成硅质介壳的重要元素。

营养盐的存在形态　除了无机态氮盐之外，海水中的溶解态氮包括溶解态$N_2$与有机氮。不同形态氮在微生物的作用下存在复杂的形态与有机－无机转化过程，包括固氮、硝化、反硝化、厌氧铵氧化、硝酸盐异化还原为铵等。海水中溶解态磷包括无机正磷酸盐（$PO_4^{3-}$、$HPO_4^{2-}$、$H_2PO_4^-$）、焦磷酸盐（$P_2O_7$）、多磷酸盐等溶解无机磷以及磷酸酯（80%～85%）、膦酸酯（5%～10%）等溶解有机磷。而颗粒态无机氮包括固定态$NH_4^+$、可交换态$NH_4^+$和$NO_3^-$。颗粒无机磷主要是磷酸盐矿物。颗粒有机氮与磷指生物有机体内与有机碎屑中所含的氮与磷。此外，浮游植物细胞表面存在吸附态磷，而C、N与Si则较少这种现象。海水中溶解硅主要以单分子硅酸$H_4SiO_4$形式存在（>95%），其来源于地表岩石和土壤中硅酸盐矿物的风化和侵蚀。颗粒态硅包括来源于硅藻、放射虫、海绵骨针等的生物硅或称为蛋白石与黏土矿物中的硅即为成岩硅。与N、P不同，除生物硅外，不存在溶解态与颗粒态有机硅。

营养元素间的耦合计量学与雷德菲尔德比值　不同营养盐之间相互联系共同制约着海洋浮游植物的群落结构和生产力强度。美国海洋学家A.C.雷德菲尔德1934年首次发现了浮游生物中C/N/P比例的近乎恒定性以及浮游生物与深层海水中N/P比例的相似性，这一元素比值被称为雷德菲尔德比值，其将浮游生物体内与海水中的营养元素比值关联起来形成一个有机整体。硅藻的生长还需要吸收溶解硅形成硅质介壳。大尺度范围海洋初级生产者生长吸收与有机质分解再生营养盐的平均值基本符合雷德菲尔德比值（C∶Si∶N∶P=106∶15∶16∶1）。但局部海域或不同生物体中营养元素间的比值存在一定的变化。改变与调控这一恒定关系的主要因素包括生物固氮和反硝化去除氮对氮循环的调控；营养盐的可塑性差异（N的可塑性较低，磷的可塑性高），生物体可以替代含P化合物如磷脂；浮游植物在吸收利用营养元素过程中存在差别，生物体内不同有机分子的分配反映了浮游生物的进化与对环境的适应。

意义　营养盐含量和组成的变化常引起浮游生物数量和种类组成的变动，进而影响初级生产力和整个生态系统。由于生源要素循环与海洋初级生产过程和全球气候变化息息相关，生源要素在海洋生态系统的可持续发展中起着重要的作用。

（刘素美）

**营养盐跃层**　nutricline　无机态的氮、磷、硅元素浓度在垂直方向上快速递增形成明显差值间的水层。营养盐跃层以表层水体中营养盐基本被生物消耗殆尽，而跃层以下深处水体因上层的生物在代谢过程中产生的排泄物或其残骸沉降到下层时，经过细菌的分解及矿化重新产生营养盐并积累。当水体中不同层位的营养盐消耗速率低于物理供给与矿化生产速率时，营养盐垂直梯度会被抹平，如上升流区。营养盐跃层一般用跃层的深度、厚度、梯度的变化来表征其特征。营养盐跃层的深度又可以称为营养盐跃层的上界深度，是指下层水体与混合层营养盐的含量超过一定差值时的最浅深度，对于此两者间的差值海洋学中没有统一标准，较多以两者超0.05微摩/升（μmol/L）当量浓度（N）为标准，也有直接以硝氮盐的浓度达到一定的值时（如0.05、0.1、1.0、2.0 μmol/L当量浓度）的层位作为跃层的深度。营养盐跃层的形成与海区的地理位置、环境、气候及生态系统等条件有关。

与温跃层类似，营养盐的跃层按其在垂直方向的分布与变化特征，可以分为3种类型：①主跃层。是指在季节性跃层以下到营养盐浓度达到最大值或近均匀状态时之间的层位，营养盐含量随深度增加而迅速增加的层位。②季节性跃层。主要存在于中纬度海区，因不同季节的温差、季风的变化引起跃层位置不同，其跃层深度和强度具有明显的季节性变化。③周日跃层。是由于温度、光强的周日变化引起生物对营养盐吸收的不同，从而引起跃层周日性的变化。

在水生生态系统中，营养盐跃层一般指的是季节性跃层，季节性跃层的时空变化特征主要受密度跃层、季风的调节，同时也受生物类群、海表光照、水温、水深和季风引起的水体的混合及垂直方向运动影响，另外，不同浓度水团或水体的侧向运输会对跃层的垂直结构产生干扰。一般情况下，夏季营养盐跃层分布较深，冬季营养盐跃层较浅；海盆营养盐跃层较深，近岸水深较浅区域跃层较浅；上升流区，营养盐的跃层也具有相对较浅的特征。

全球开放大洋中营养盐跃层的深度变化范围基本落在0～250米，跃层较深的区域集中于中低纬度区域（北纬10°～40°，南纬10°～40°），靠近赤道附近太平洋区域从西往东，营养盐跃层逐渐变浅，到180°分界线时，跃层基本消失，主要受到东赤道涌升流的控制。其他低纬度区域营养盐跃层的深度基本在20～90米，而高纬度区域几乎不存在营养盐跃层。在开放大洋中，营养盐跃层的深度与初级生产力存在显著的关联性，这是由于海洋表层的叶绿素，受控于存在于营养盐跃层以下的富营养盐水体往海洋表层垂直的输送通量，而营养盐跃层的深度很大程度上决定了输送的通量的位置与大小。一般营养盐跃层越深，营养盐往跃层上界输送越难，

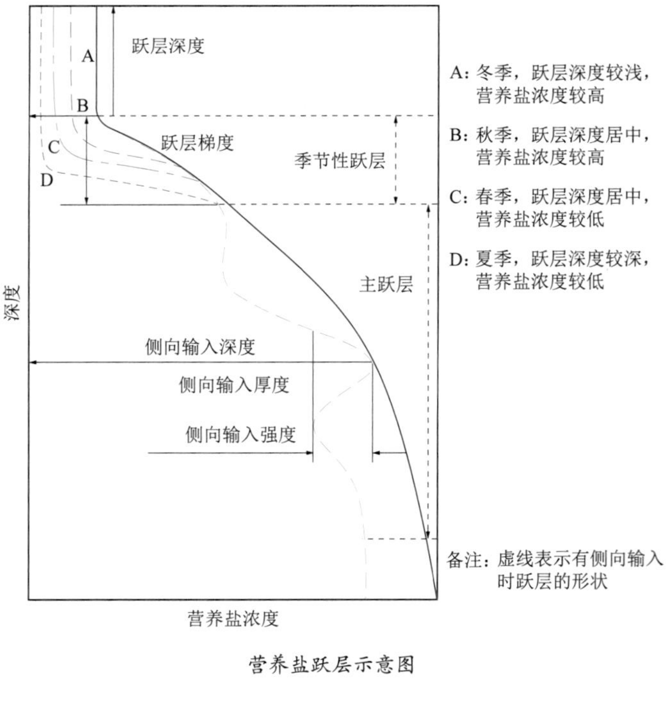


营养盐跃层示意图

生产力较低；反之跃层越浅，输送越易，生产力较高，这也是开放大洋中营养盐跃层深度的分布与海洋初级生产力的分布具有类似性的原因。

营养盐跃层在调控海洋碳循环中扮演重要的角色。海洋中二氧化碳的吸收与释放通量与海洋中硅藻与颗石藻两者间的相对丰度有很大的关联，而这两者的比例与营养盐跃层的深度具有良好的相关性，当营养盐跃层深度越浅，硅藻占的比例会越大，生物泵的效率较高，吸收更多的二氧化碳；反之，当营养盐跃层深度越深，颗石藻占的比例会越大，颗石藻产生的碳酸钙的溶解会增加水体中二氧化碳的分压，从而提高它的释放。（王丽芳）

**营养盐再生** nutrient regeneration 海洋中的异养生物在其生长、摄食等生理过程中将食物中储存的营养盐利用后，把多余的营养盐以溶解态形式释放到水体中的过程。

再生途径　营养盐再生途径包括细菌、病毒、微型浮游动物对沉积物、悬浮物与水体中的颗粒态和溶解态有机质的转化过程。在海洋中，浮游微食物网的营养盐再生过程主要是通过异养生物类群完成。细菌介导的营养盐再生主要表现为有机态向$NH_4^+$和$PO_4^{3-}$等无机态转化，这一过程又称再矿化。微型异养鞭毛虫在摄食代谢过程中对营养盐的再生作用有时会超过细菌，且被其矿化的氮营养盐主要以$NH_4^+$形式存在。海洋浮游病毒可感染浮游细菌及浮游植物导致宿主溶解，细胞中营养元素大部分以有机态释放至海水中，这一过程又称再活化。微型浮游动物对营养盐的再生主要通过摄食—排泄来完成，浮游动物代谢释放的营养盐是海洋浮游植物生长所需营养盐的重要来源。异养原生动物排泄物中，$NH_4^+$和$PO_4^{3-}$是营养盐的主要存在形态，还有溶解有机氮和溶解有机磷，其中溶解有机氮主要包括氨基酸、多肽、尿素、尿酸、次黄嘌呤、二氢尿嘧啶、腺嘌呤、鸟嘌呤等。

研究方法　按照研究的物种或范围不同，营养盐再生的研究方法可分为化学计量法、生物指示法、同位素稀释法与同位素标记法。

化学计量法　以朗伯－比尔定律为基础，测定某一物质在一定波长范围内的吸光度，进而推算出该物质的浓度。主要采用分光光度法测定，包括紫外－可见分光光度法、荧光分光光度法等，分别适用于近海富营养海区或深远海寡营养海区，以浮游动物代谢产物应用最为广泛。

生物指示法　以对营养盐再生过程具有特异性响应的活体生物为指示生物，利用指示生物来测定或推算营养盐再生速率。通常采用细菌介导的营养盐再矿化速率，指示生物体死亡碎屑在向深海沉降过程中降解生成铵盐和磷酸盐的速率。此外，根据浮游动物的营养盐排泄速率，可以推算微型浮游动物的营养盐再生速率。生物指示法具有灵敏、便捷和直观的优势，缺点是难以保证指示生物生理性状的一致性及其与营养盐再生速率之间定量关系的稳定性。

同位素稀释法与同位素标记法　应用稳定同位素技术对营养盐进行标记，采用营养盐加富培养的方法，通过测定培养体系水体/生物体或生物排泄物中稳定同位素的浓度或富集度，估算营养盐再生速率，主要包括$^{15}N$、$^{31}P$、$^{18}O$等稳定同位素。同位素稀释法测定水体/生物体中的稳定同位素，同位素标记法测定生物排泄物中的稳定同位素。该研究方法具有操作便捷、灵敏度高的优点，但同时会受到同位素分馏系数不确定性影响。

研究意义　氮、磷等营养盐是维持海洋生态系统中浮游生物、海洋植物以及其他生物种群生长繁殖所必需的营养物质。营养盐再生是海洋中的氮、磷等营养盐随生物地球化学循环在生物体和环境间循环的关键一环，是海洋生态系统的重要过程，关乎海洋生态系统结构的稳定性，影响生态系统支持、供给、调节和文化服务功能的可持续性。（李克强）

**硬骨鱼类** bony fishes; *Osteichthyes* 内骨骼大部分或全部被骨化、体被硬鳞或被骨鳞包围的鱼类。是一个现生鱼类繁茂的类群，是经济价值重要的动物类群之一，也是人类的重要食物来源。

硬骨鱼类的主要特征是体形变化大，这与其种类多、适应性强、分布广有关。多见侧扁而修长的纺锤形、扁平形、盘形、带形和鳗形等。内骨骼或多或少骨化，膜骨的加入更加促进了骨骼的坚硬程度。体外被骨鳞或硬鳞，有的或被骨板或裸露无鳞。鳃裂外覆已有骨片支持的鳃盖，鳃间隔退化。初生上颚之腭方软骨为次生上颚所代，初生下颚之梅氏软骨外为膜骨所包的下颚代替。鳔通常存在，肠一般无螺旋瓣，心脏无动脉圆锥。雄鱼无鳍脚，尾鳍多为正形尾，肩带连于头骨后方背面。

1949年以前，中国鱼类学者一般采用美国的D.S.乔登系统。中华人民共和国成立后，中国改用苏联学者L.S.贝尔格提出的贝尔格系统或者T.S.拉斯和G.V.林德贝格提出的拉斯和林德贝格系统。中国的鱼类志和《中国鱼类系统检索》基本上是依据后者编制的。1976年，加拿大鱼类学家J.S.纳尔逊所著的《世界鱼类》提出的分类系统为大多数鱼类学者所接受。

硬骨鱼类在分类上由脊索动物门脊椎动物亚门颚口总纲的棘鱼纲和辐鳍鱼纲组成的一个大类群、肉鳍鱼纲的腔棘亚纲和肺鱼亚纲的腔棘鱼目矛尾鱼科的两种矛尾鱼，以及角齿鱼目两亚目组成。其中，棘鱼纲全部为化石鱼类，仅在分支系统中作为后两纲的姐妹群，而现在硬骨鱼类仅有辐鳍纲和肉鳍纲两纲，有46目457科4293属近2.7万种。辐鳍鱼纲由多鳍亚纲、软骨硬鳞亚纲、新鳍亚纲三者和一真骨鱼次亚纲组成，其现生鱼类计有44目453科4289属近2.7万种，是水中生活较繁盛的脊椎动物。中国硬骨鱼种数统计随鱼类分类研究深化而逐年增加，如成庆泰、郑葆珊编的《中国鱼类系统检索》(1987)记载为2670种，孟庆闻、苏锦祥、缪学祖编著《鱼类分类学》(1995)记载为2955种和亚种，伍汉霖等编著《拉汉世界鱼类系统名典》(2012)记载为4515种。两种矛尾鱼分别是非洲拉蒂迈鱼（*Latimeria chalumnae*）和印尼拉蒂迈鱼（*Latimeria menadoensis*）；两亚目现存有6种鱼类，分别是角齿鱼科的昆士兰肺鱼（*Neoceratodus forsteri*）、南美肺鱼科的南美肺鱼（*Lepidosiren paradoxa*）及非洲肺鱼科的虎斑肺鱼（Protopterus annectens）等4种非洲肺鱼。（包振民）

**涌潮** tidal bore 海洋潮汐暴涨现象。又称暴涨潮、怒潮。这一现象在潮差较大的喇叭形河口或海湾处可见。世界上的涌潮至少有15处以上。如南美洲的亚马孙河口，涌潮可高达5米，流速约6米/秒；法国塞纳河口，涌潮高达4～6米；中国钱塘江涌潮，高达9米。

在流体力学中把涌潮看作逆水流传播的水跃，即指海水自由表面从一个高度在很短的距离内跃升到较大的高度。为了研究水跃，引用弗劳德数（$Fr$）：

$$Fr=v^2/gh$$

钱塘江涌潮

式中$v$为水流速度；$g$为重力加速度；$h$为水深。当$Fr=1$时，流场处于临界状态；当$Fr$略大于1时，出现弱涌潮波；当$Fr$远大于1时，则出现强涌潮波。对具体的河口来说，涌潮发生的条件有：①潮差大。②有平缓的河床和宽漏斗形状的河口。钱塘江河口不仅具备这两个条件，河口湾还存在着宏大的水下沙坝，使阻力增大，所以呈现出潮峰旋滚、气势磅礴的景象。

（周　朦）

**涌浪**　swell　风浪离开风吹的区域后所形成或由其他海域传播而来的波浪。风速、风向等风要素的突变，也可能使风区内原来的风浪转变为涌浪。“无风三尺浪”指的就是涌浪。

涌浪与风浪相比，具有较规则的外形，排列比较整齐，波峰线较长，波面较平滑，比较接近于正弦波的形状。涌浪在传播过程中，由于空气阻力和海水的内摩擦作用，加上涌浪传播时波动能量被散布在越来越大的区域内，所以随着传播距离的增加，在单位表面积的水柱内，涌浪的能量和波高都不断减小。涌浪可以看作由许多振幅不等、频率不等、传播方向不同并具有随机初相位的正弦波的分量叠加而成的。在涌浪的传播过程中，这些波分量的波动能量，都要随着传播距离的增加而减小。但是，这些波分量的衰减是有选择性的，频率大的组成波衰减得快，频率小的衰减得慢，随着传播距离的增加，高频波分量所占有能量的比例越来越小，而低频的波分量则相对地越来越起着支配作用，因而在传播过程中，涌浪的外观周期将不断增大。随着周期的增大，波长和波速也相应地增大，而波面的陡度则变得越来越小。另外，因为高频分量具有使波面变得粗糙的作用，所以在涌浪传播的过程中，高频分量能量比例的降低，也导致波面更加规则和光滑。

研究方法　可归纳为两类：①把复杂的实际涌浪抽象成简单的正弦波，进而应用液体波动理论阐明涌浪传播时的特征和变化。②把涌浪引起的有关物理量（如水面铅直位移等）的波动性变化看作随机函数，认为涌浪是由许多振幅不等、频率不等、传播方向不同，且具有随机初相位的正弦波叠加而成，进而利用能量平衡和谱的概念，讨论涌浪要素的变化和涌浪内部结构的变化。20世纪50年代以前，采取前一类方法，后来则越来越广泛地使用后一类方法。

进展　虽然涌浪的研究落后于风浪，但是有些结果能近似地解释实际的涌浪现象。并且可根据风浪的情况，计算涌浪到达给定地点所需的时间及涌浪的波高和周期等要素。这些都被应用于涌浪要素的预报中。20世纪40年代，挪威海洋学家H.U.斯韦尔德鲁普、美国海洋学家W.H.蒙克研究涌浪在宽度一定的静止水域中的传播时，以能量的传播速度等于群速（深水中其值为波速之半）为出发点，得出结论：当涌浪向远处某点传播时，其显著部分是以能量锋的形式向前传播的，其传播速度也等于群速；先到达该点的涌浪波高极小，而波长和周期则很大，当能量锋到达时波高迅速增大，而波长和周期则不断减小，最后达到定常状态。W.J.皮尔逊研究涌浪在宽广水域上的传播时，认为涌浪是由许多传播方向不同的波所组成，利用液体波动中的线性理论，把涌浪的波高和周期等要素的研究，归结为对边值问题的解的讨论，并得出结论：涌浪的主要部分仍然以群速向前传播，但在传播的主方向上有着明显的前沿边界和后沿边界，在主方向的两侧也有着明显的侧边界，在这些边界的内部，涌浪比较显著，而在边界之外，则很不明显，且可忽略不计。皮尔逊诺伊曼－詹姆斯涌浪预报法，就是根据这种概念提出来的。如将涌浪看成是一种满足相位连续方程的波动，则液体波动中关于合成波的许多性质也适合于涌浪，如为波长、周期、波速等的传播速度，而个别波的波长和周期等在传播过程中都要增加。绕射可导致涌浪的能量在传播过程中散布开来，对这方面也做了一些研究。能量的耗散作用是引起涌浪要素变化的重要因素之一，虽然许多学者都对此进行了探讨，但其准确的定量关系仍然是重要的研究课题。

（王东晓）

**尤因，W.M.**　William Maurice Ewing（1906-05-12～1974-05-04）　美国地球物理学家、海洋地质学家。生于得克萨斯洛克尼，卒于得克萨斯加尔维斯顿。就

学于休斯敦的里斯学院（今里斯大学），1931年获博士学位。1929～1930年任匹兹堡大学讲师，后为利哈伊大学讲师、副教授；1944年成为哥伦比亚大学地质学教授，1949年协助该校建立拉蒙特地质研究所（1969年改名为拉蒙特－多尔蒂地质研究所），兼任该所所长（1949～1971）；1972年从该所退休后到得克萨斯大学任教。他将地球物理（特别是地震勘探）技术应用到洋底研究中，在研究大洋地壳的结构和厚度、大洋中脊、深海平原、海底沉积物和浊流等方面都有重要贡献。1935年，在美国东部陆架首次进行海洋地震测量，以后在地中海、挪威海以及大西洋进行地震折射测量，研究地壳与地幔结构。40年代早期，在美国伍兹霍尔海洋研究所研究声在水下的长距离传播，为海军建立起一套供水下长距离监听、侦测用的声学定位与测距系统。他使拉蒙特地质所成为世界上研究海底的第一流研究所；发展、改进了海洋仪器和地球物理观测系统，组织了大西洋、太平洋南部和印度洋的海洋地质与地球物理调查，建立了全球性地震监测系统；与B.C.希曾一起发现洋底存在全球性的大洋中脊；提出地震活动与中脊裂谷有关，以及洋底扩张具有全球规模和幂次性等论点。撰有280多篇论著，主要有《大洋中声的传播》(1948)、《层状介质中的弹性波》(1957）和《洋底》(1959，与希曾、M.撒普合著)。曾从4个国家的大学获得10个名誉称号，从8个国家的研究机构和学会得到26枚奖章及奖状。

（金翔龙　刘安国）

**有害藻华**　harmful algal blooms; HABs　藻类在水体中暴发性增殖，并对生态环境、水生生物和人类健康产生危害的一种生态灾害。在海洋中称为赤潮，淡水中称为水华，科学上统称为有害藻华。有些种类（如甲藻中的亚历山大藻）在水体密度很低的情况下，依然能够产生毒害效应，也被纳入有害藻华的范畴。并非所有有害藻华的原因种都是藻类，少数原生动物种类也能形成有害藻华。

赤潮和水华的名称源自浮游生物（主要是藻类）在短时间内大量繁殖并聚集，导致水体变色的现象。在淡水中主要由蓝细菌引起，故称之为蓝藻水华；在海水中多数由甲藻引起，使水体变红，故称之为赤潮。中国、日本等国家，赤潮这一说法已被长期广泛使用，因此在中国的海洋研究中，通常也使用有害赤潮这一说法。

分类　有害藻华种类从广义上可分为两大类：①产毒种类。能使水生动物富集毒素或致鱼死亡，如产生蓝藻毒素的某些蓝细菌种类，产生麻痹性贝毒、腹泻性贝毒、西加鱼毒和溶血性毒素等的甲藻种类，以及产生记忆缺失性贝毒的少数硅藻种类。②高生物量种类。通过大量生长和繁殖，高度聚集，在死亡降解过程中造成

水体缺氧，导致水生生物死亡，很多藻华生物属于此类。某些种类同时具备这两种特性。

危害　有害藻华的危害主要归纳为四个方面：对人类健康的影响、对水产生物的影响、对水生生态系统的影响、对海洋旅游和娱乐功能的影响等。有害藻华通过多种机制，如产生毒素、造成物理损伤、改变水体理化特征等对人类健康、海洋生物和生态系统等产生危害。有害藻华产生的毒素，会导致水产品的染毒，直接威胁人类健康。

原因　有害藻华发生的原因复杂，主要概括为以下几个方面：有害藻种通过各种途径在全球的扩散；人类活动的影响使海岸带水体中营养盐浓度与结构发生变化；水产养殖业发展迅速，有害藻华所造成的损失更大、危害更易于得到体现；全球气候变化的效应等。此外，科学研究水平的提高也使更多有害藻华及其危害被人们发现。

防治措施　针对有害藻华的减灾和防治措施包括两方面内容：①在探明有害藻华暴发机制的基础上，建立短期和中长期预报模式和方法，减少有害藻华发生的频率及规模，提高预警预报准确性，降低灾害损失。②建立、发展和推广有害藻华应急治理技术，缓解赤潮的危害。

（周名江　吕颂辉）

**有机物降解**　organic matter degradation　有机化合物在环境因素作用下，引起分解或产生化学反应，最终分解为简单无机物的过程。如有机酸的脱羧，多糖、脂类、缩氨酸的水解等。这个过程对于维持生态系统的平衡和稳定具有重要作用。深入研究和了解有机物的降解机制、影响因素和应用价值，对于维护生态平衡、保护环境、治理污染以及推动相关学科的发展都具有重要意义。

海洋环境中的降解形式　①光化学降解。有机化合物在光照条件下发生的降解。太阳光中的紫外线能够破坏有机物的化学键，促使其分解成较小的化合物。光化学降解主要包括光解和光氧化两种类型。光解是指有机物直接吸收光能发生分解，不产生自由基或活性氧。光氧化指有机物吸收光能后产生自由基或活性氧，进而发生氧化还原反应。②化学降解。有机化合物在化学反应的作用下发生的降解。常见的化学降解包括氧化、还原、水解等反应类型。海洋中氧气充足条件下，有机物与氧气发生反应生成二氧化碳和水。这是一种常见的降解方式。③生物降解。有机化合物在微生物作用下发生的降解。海洋中存在着大量的微生物，它们能够分解各种有机物。微生物通过分解有机物质获取能量，同时产生二氧化碳、水等无机物质。生物降解在土壤、水体等自然环境中广泛存在（如石油和塑料的降解等），对于维持生态平衡起重要作用。

影响因素　有机化合物降解是一个涉及多个因素和过程的复杂领域。在海洋环境中，生物学、化学、地球化学过程均可导致有机物降解。它们是环境中有机物质矿化和循环的必经过程。有机物的降解速率取决于有机化合物的性质和环境条件。影响有机物降解的因素有：①有机物本身的分子结构和组成。有机物质降解实质上是有机物被氧化分解并释放出能量的过程，因此，有机物本身的组成和分子结构是影响该过程的主要因素。对海洋有机物质的研究发现，在同一类化合物中短链化合物较长链化合物更易被降解，不饱和的分子较饱和分子更易被降解。②外部环境的氧化还原状态。在氧气较为充足的条件下，有机物分解的氧化剂主要由氧气承担，在氧气消耗殆尽之后，有机物分解的氧化剂则由硫酸根离子、硝酸根离子、三价铁离子和四价锰离子等承担。因此，有机物的降解可分为需氧和缺氧两大类。一般情况下需氧降解的速率和释放的能量比缺氧降解要高得多，并且需氧降解总是优先进行，易于分解的物质在有氧区域内先行分解。例如，在有氧情况下，糖类比蛋白质分解更快，但在缺氧条件下却正好相反。③有机物附着的基质。在有机物降解和转移过程中，许多有机物往往会与矿物粒子等颗粒物结合，而且这种结合往往会阻碍降解的进行。这一作用会把一些易分解的有机物变得稳定从而保存到深层沉积物中，导致颗粒物质含量较高的海域，有机物的降解效率较低。④生物因素。微生物的种类、分布及其含量都会对有机质降解的过程和效率产生明显影响，一种微生物生物量的增加会提高其所消耗的相应有机物的降解速率，微生物总生物量和种类丰度的增加则会提高有机物的整体降解速率，因此生物治理成为降低有机物污染的重要手段，尤其在治理石油污染方面。⑤温度与压力等物理环境因素。温度、压力等物理环境因素会从多个方面影响沉积有机质的降解。由于降解大部分是通过微生物及其酶来进行的，这些因素会直接影响微生物种群和酶的种类及其活性，而且温度、压力也是影响化学反应速率的基本要素。当温度降低时，酶活性、微生物的活性以及化学反应速率都会降低，这必将导致降解效率降低。

（杨红梅）

**淤泥质海岸**　muddy coast　海岸物质主要为淤泥或粉砂质淤泥等细颗粒泥沙组成的海岸类型。又称粉砂淤泥质海岸。

形成和发育　淤泥质海岸的形成和发育需要有大量的细粒沉积物补给、平缓地向海延伸的潮间带和**水下岸坡**以及一定幅度的**潮差**。沿岸泥沙的供给量远大于海洋动力所能搬移的数量，导致海岸前缘的陆架淤浅，波浪能量相应地减弱，从而构成粉砂淤泥质海岸发育的环境。潮汐作用是塑造淤泥质海岸沉积的主要动力，一方面自身在塑造着宽阔的**潮坪**，同时还拓宽了波浪作用带。

动力过程　自**潮下带**至**潮上带**，随着涨、落潮流的变化，各带的主要沉积作用和搬运作用不同。潮下带沉积物以推移运动为主。**潮间带**上的低潮坪主要受波浪、**潮流**推移作用和潜水片流冲刷作用（落潮流）；中潮坪推移作用和悬浮沉降作用交替进行，高潮坪则以悬浮沉降作用为主。潮上带除大潮高潮或**风暴潮**时被水淹没外经常暴露于水面之上，蒸发作用明显。

潮流是淤泥质海岸泥沙输运和扩散的主要动力。1961年，科学家在研究荷兰瓦登海潮滩的泥沙侵蚀和悬浮物质搬移机制时，论述了悬浮物质的沉积受到侵蚀滞后效应和沉降滞后效应两种机制的影响，正是这两种机制使细颗粒的悬浮沉积物逐渐向岸搬运。

侵蚀滞后效应是指潮滩上已沉积的颗粒质点在随后落潮过程中有可能重新被潮流挟带进入搬运状态，颗粒被重新悬浮需要潮流流速超过颗粒起动流速。因落潮流速是逐渐增大的，在颗粒被再悬浮起来的这段时间里，原悬浮该质点的水质点已向海移动了一定距离，即侵蚀滞后距离。

沉降滞后效应是指颗粒沉降到底床上的时刻晚于潮流流速减小到不能悬移搬运此颗粒的时刻。当流速减速后，悬浮物开始沉降，但涨潮流仍会向岸前进，因而悬浮物在沉降的同时还会向岸做水平搬运，实际沉积位置比开始沉降点向岸一段距离。

由于沉降滞后效应和涨、落潮流在时间、速度上具有不对称性（通常涨潮流速大于落潮流速），使得颗粒在每个潮周期过程中都净向陆迁移一段距离，直到该质点不能再被落潮流挟带为止而沉积下来。

沉积特征　在水动力作用下，沉积物的分带性明显。低潮线附近波浪和潮流对海床作用最强，向高潮线和水下岸坡方向的作用逐渐减弱。在低潮线以下至水下岸坡的一定范围内含沙量最大，向外海扩展含沙量逐渐减少；而在潮间带上，水体中含沙量自低潮线向高潮线逐渐减少。由此，自高潮线至低潮线依次存在着淤泥为主沉积带、粉砂淤泥互层带、砂质为主沉积带，沉积颗粒物依次由以悬移质为主转变为以跃移、推移质为主。从岸向海方向依次出现透镜状层理、波状层理和脉状层理。在海平面、水动力和泥沙供应相对稳定的地质时期，在泥沙滞后效应的作用下，潮间带出现加积效应，岸线向海推移，上述的沉积相带逐渐向海迁移。

分类 淤泥质海岸主要有3种类型：平原型，如中国的渤海湾、苏北海岸、辽东湾；河口湾型，如杭州湾海岸；港湾型，如美国旧金山湾以及中国华南的一些港湾。

渤海湾海岸为平原型淤泥质海岸，其泥沙主要来自黄河口，充分反映出河流对淤泥质海岸发育过程起重要作用。15世纪黄河北股断流以后，至19世纪中叶以来，渤海湾西岸大部分是以波浪作用为主要动力的*砂质海岸*，沿岸有绵延的*贝壳堤*。1904～1927年黄河改由套儿河—钓口一带入海，大量泥沙倾注渤海湾，淤泥质海岸才发展起来。

杭州湾海岸是典型的河口湾型淤泥质海岸。钱塘江水清沙少，外海潮波向湾内传播，受地形影响，潮差增大，潮流迅急，使金山和乍浦附近海底形成深槽。杭州湾北岸随着长江三角洲发育向外延伸，导致进入湾内涨潮流增强，北岸西部受到冲刷后退，最终形成现代岸线廓形。长江口扩散而来的泥沙，以及杭州湾北岸受到冲刷而来的物质向湾内输移并沉积下来形成了淤泥质海岸。

辽东半岛东南岸，浙江和闽江口以北的海岸是岸线曲折的港湾型淤泥质海岸，其物质主要来源于海底和邻近河流所输出的泥沙。从鸭绿江输出的悬移质在河口扩散，沿着辽东海岸搬运甚远，可达貔子窝附近，潮滩淤涨很快。大洋河口附近，几十年来淤涨5～6千米。

意义 淤泥质海岸属于生态价值极高的滨海湿地，与砂质海岸、*基岩海岸*相比，地质、生态环境通常更脆弱，无论是自然因素的自身变化抑或人类活动干扰，均可对该类岸段产生明显影响。在自然与人为围垦的共同作用下，淤泥质海岸带正面临着不断加剧的地质灾害（如风暴潮、地面沉降、盐渍化、岸线蚀淤等）。特别是大规模抽取地下水、围海造陆等人类活动，轻易地改变着原本需要数十年、数百年或数千年，甚至更长的自然进程所塑造的淤泥质海岸带的自然状态，引发岸线侵蚀、沿海低地地面下沉、潜水位向陆倾斜、风暴潮与内涝致灾危险增加等，凸显人与自然相互影响的现代地质过程的复杂性和不确定性。中国1.8万千米长的大陆岸线中，约4000千米是淤泥质岸线。淤泥质潮间带在渤海、黄海、东海宽度3～18千米，总面积至少$2\times10^4$平方千米。淤泥质海岸带人口密度大、经济发达。中国三大经济区——珠三角—广州、长三角—上海—苏北、京津冀协同区—天津的大部分或一部分沿海平原为淤泥质海岸带地区。因此对于淤泥质海岸研究不仅具有科学意义，还有很大的经济意义。

（权永峥 李广雪）

**鱼群探测仪** fishfinder 向水中发射超声波脉冲，接收显示来自水中洄游鱼群和海底等反射的回波信号，以探测鱼群为目的的装置。简称探鱼仪、鱼探仪。

原理 探鱼仪的基本原理和测深仪相同。向海底发射超声波脉冲，被目标鱼群等水中的散射体以及海底反射的回波到达换能器，换能器将声压信号转换成电气信号，进行适当的增幅后表示。

在操作面板上设定深度范围、增益等各种参数，发射控制电路产生发射触发脉冲，经发射电路增幅后，通过转换开关驱动换能器。转换开关电路在发射脉冲时，将其切换至发射电路以保护输入微弱信号的接收电路。接收信号经前置放大后被转换成数字信号。对数字信号进行时间增益控制和显示增益控制后在显示器上表示。

分类 按照发射接收波束的方式，探鱼仪可分为单波束、分裂波束、多波束和水平探鱼仪；按发射频率，可分为单频、双频、宽频带探鱼仪。

单波束探鱼仪 单次发射并接收一个波束，一般垂直向下探测鱼群，可测得鱼群所处的深度，粗略判断鱼群大小。

分裂波束探鱼仪 换能器内置若干个阵列，所有阵列同时发射形成一个波束，但每个阵列单独接收目标物反射回来的声波，相比单波束探鱼仪可多获得目标物的水平位置信息。

多波束探鱼仪 换能器由阵列组成，每个阵列单独发射并接收信号。通过记录多个不同方向波束回波信号的时间强度序列并进行处理，进而得到鱼群和海底的映像图像，从而实现对鱼群的探测和定位。

水平探鱼仪 以机械扫描方式和电子扫描方式水平全方位平面方式探测鱼群。用阵列型换能器产生扇形或伞状波束，朝所需要的方向发射探知鱼群或海底地形，可实时测得鱼群的动态和分布，大大提高了渔捞效率。

单频探鱼仪 仅有1种工作频率，探测精度较低，通常在中小型捕捞船上安装用于探测船体附近的水下鱼群。

双频探鱼仪 采用高低两种工作频率，可利用高频信号提高探测精度，利用低频信号增大探测区域。

宽频带探鱼仪 换能器使用宽频技术，得到整个频率带范围内的回波特征，信息量大，可提高目标的判别精度。主要用于水生动物目标的判别、个体大小及生物量的估算。

（童剑锋）

**渔文化** fishery culture 人类在渔业活动中所创造的物质文化、精神文化及制度文化。

文化内涵 渔文化的主要内容包括渔捞、养殖、加工等渔业生产方式以及渔民的生活习俗、民俗信仰等，也包括有关渔业和渔民的社会制度、社会规范、社会组织。它是渔民在长期的渔业生产活动中创造出来的具有流转性和传承性的物质层面、精神层面及制度层面的文化成果总和。

物质层面 指为满足人类生存和发展需要所创造的物质产品及其所表现的一组文化特质，包括衣、食、住、行等方面。如黄渤海及东海的渔民传统服饰特点是以宽大松肥为主，上衣没有纽扣，腰上系一个活结等，这是为了在海上捕鱼作业时方便灵活。中国南海的气候温暖，因此渔民服饰则较为宽松轻薄。再如很多地方的渔船船身每部分都有特别的称呼，新船下水有隆重仪式等。

精神层面 指人类在社会历史实践过程中所创造的一组文化特质，包括习俗、艺术、信仰、心态等方面。如渔船出海的拜祭仪式、开洋节、谢洋节、祭海习俗等。艺术文化方面，有船工号子、渔歌戏曲，也有八仙过海、哪吒闹海、徐福东渡等传说。中国渔民中普遍信仰的有妈祖和龙王等。以祭海习俗为例，比较具有代表性的是开洋节、谢洋节。见*海洋文化遗产*。

制度层面 指人类为自身生存和社会发展的需要而主动创制出来的一组有组织的规范体系的文化特质，包括社会制度、社会规范和社会组织等方面。如当代的休渔制度和渔业转型等。社会规范方面，有各种民俗禁忌，如出海捕鱼父子不同船，在船上不能喝酒，鱼死了叫“鱼条了”，在海中见了死尸要呼“元宝”等。渔民非常讲究团队合作，船老大为一船之长，其他人必须服从指挥。

**文化特征** 渔文化是先民在独特的地域环境和生存状态下，由生活和精神需求而形成的一种心理和文化积淀。①从运作机制来看，它具有交流性与协作性。渔民们只有相互协作、依靠团队的力量才能在浩瀚的大海中有所获取，同时在漂泊中互相交流鱼汛对于渔获的多少有着至关重要的意义，正是这种生产方式形成了渔民注重团队协作和相互交流的意识。②就精神向度而言，它具有兼容性与开放性。面朝大海的劳作方式和外来文化的撞击砥砺，形成了渔文化精神上的开放与兼容。③从审美意蕴来看，它具有精细性和壮美性，这一特征在渔民豪放粗犷的渔家号子、船鼓、渔鼓表演等艺术形式中得到鲜明的体现。

**社会和经济价值** 渔文化的核心精神元素在新时期又有了更新的演进：①传统渔文化中天道酬勤的苦干精神和“众人划桨开大船”的协作精神得到了进一步的加强。②传统的知恩图报、义薄云天的道义之说和忧患意识被赋予时代的特征加以弘扬。③兼容并蓄，勇于进取的特性得到了前所未有的强化。这种精神实质与传统渔文化精神一脉相承，对于人们当下和将来的经济文化建设具有激励作用。

渔业具有极其悠久的历史，渔文化具有丰富多彩的内涵。有中国特色的渔文化逐渐渗透到人们的日常生产与生活中，成为中国海洋文化弥足珍贵的财富，同时，它也是一个巨大的可发掘市场，具有深层开发潜力和大力推广的经济和社会价值，能够推动休闲渔业的发展、促进渔业节庆的弘扬、激发渔业转型和渔村风貌的再造等。

（赵成国）

**渔谚** fishery proverb 沿海、沿江、湖泊或港湾地区的渔民通过生产生活实践中的观察，总结出的具有规律性、参考性、传承性和指导性的谚语。渔谚内容丰富，涉及海上航行、海洋气象、鱼类汛期及习性、渔船渔具等各方面，在传统渔业作业中发挥了巨大的指导作用。

**由来** 广大渔民长年累月从事渔业生产，在长期的生产实践中观察到了鱼类的生活习性、环境及洄游规律，逐渐取得感性和理性的认识，积累了丰富的经验；同时他们又根据日、月、星、辰等星相和风、云、雷、雨等气象现象来预测天气变化，逐步认识和掌握了气候变化的规律。他们把这些经验和规律用朴素、通俗、简洁而又生动的语言加以概括，编成简单易记的顺口溜等，在民间广为流传，成为渔业的谚语。这些渔谚虽然有些缺乏科学的根据和论证，且有一定的时空局限性，但多属于大众语言，富有地方色彩，有浓郁的生活气息，深为广大渔民所喜爱。

**类型** ①信仰习俗类。如反映在渔谚中的海龙王信仰，就产生了大量直接使用“龙词龙语”的“龙谚”。其中有反映海洋气象、鱼类活动的，有与渔业生产相关的，如“三月三，龙王宫里龙门开，鲤鱼跳过白沙滩”。有以“龙”为喻来说明道理的，表现渔民对海龙王敬仰和祈求心理，如“龙王降福，鱼草旺发”。有的反映的是当地的民俗与传说，如“青浜庙子湖，菩萨穿龙裤”。②价值观念类。这些渔谚大都通过鱼类活动的特性映射出某种朴素的哲理与睿智，如“莫看蟹阮血，烤烤也会红（看人不能表面简单）”。有的生动揭示渔民的人生体验、传统观念和思维规律，如在渔船上渔民们最看不惯的是“双脚踏双船”，相似谚语还有“脚踩两只船，人心不安定”。③海洋认知类。在舟山地区同样流传着总结性的描述鱼类知识的渔歌渔谚，如“大潮捕黄鱼，小潮捕鳓鱼”“小黄鱼捕来，大黄鱼听来，带鱼冻来，墨鱼摇来”。与海流潮汐有关的，包括海流、水流、潮汐等内容的渔谚，如长岛地区的《潮汐歌》：“初五二十正晌满，十二十三正晌干。十八九，两头有，初五六，两头凑。”与气象有关的渔谚描写风霜雨雪等内容，如长岛地区的《海浪歌》：“打鱼行船在海上，不见日月观海浪……无风起浪海发光，夜里海上风雨狂……”④生活写照类。有的反映出海时渔民提心吊胆的情景，如“三寸板内是娘房，三寸板外见阎王”。有的反映旧时渔霸、强盗和渔行对渔民的重重压迫与层层盘剥，如“前有风暴，后有强盗”。有的则是反映渔民遇海难后尸骨无存的悲剧，如“嵊山箱子吞，十具棺材九具草”。

**保护和传承** 渔谚是渔民在长期的生产过程中积累下来的经验和生活写照，是反映渔民生产生活等方面的“活化石”，是海洋和渔区社会发展的历史记录，具有很重要的历史价值；同时，作为“口头传统和表述”的范畴，渔谚也是重要的非物质文化遗产。这一极具“海”味的特色渔民文化还缺乏有效的保护，有些甚至已经消亡。应加强对渔谚的挖掘、保护以及传承与发展工作，丰富中国的海洋文化。

（赵成国）

**宇田道隆** Uda Michitaka（1905-01-13～1982-05-10） 日本海洋学家、海洋气象学家。生于高知县。1927年东京大学毕业，1939年获博士学位。曾任神户气象台台长（1942）、长崎海洋气象台台长（1947）、东海区水产研究所所长（1949）、东京水产大学教授（1951）和东海大学教授（1968～1978），1978年后任海洋公园中心研究所所长。还曾任日本水产海洋研究会会长（1962）、日本海洋学会会长（1971～1974）。他开创了近代日本渔业海洋学的研究，发现了“亚热带逆流”“黑潮蛇形”，系统地研究了海洋科学发展史。主要著作有《海洋气象学》（1954）、《海洋渔场学》（1960）、《海况的综合研究》（1966）、《北太平洋的脉动的海况变动与宏观海洋学》（1975）、《海洋研究发展史》（1978）等。

（刘安国）

**原位探测技术** in-situ exploring technology 对被测对象在原来的、自然的部位或位置现场进行探测的技术，即在没有改变被测对象的原始条件或把被测对象从原来的系统中隔离出来的情况下，对被测对象进行自动的测量。在海洋探测领域，原位测量仪器通常以系留浮标、系留潜标和潜水器等作为承体。测得的数据可以存贮在带入海底的数据采集系统的存储器中，系统回收后，在实验室中再将数据导入计算机中进行分析，也可以通过无线或有线的方式进行实时传送。相比于获取样品的探测方式，原位探测获得的是在原位测得的数据而非样品，它不像某些采样方式需要考虑保真的问题。

深海原位探测技术包含以下几项关键技术：①系统封装与集成技术。原位监测系统各个功能模块需要可靠的封装与集成技术，以长期应对严酷的原位环境条件，如极端温度、高压、高腐蚀以及有水的环境条件。②信号传输与存储技术。保证原位探测系统与深海潜水器等承载体进行通信，以及对系统所采集的海量数据可靠存储的技术。③传感器技术。能在恶劣环境条件下实现长期可靠测量的物理化学传感技术，具有灵敏性、稳定性、抗冲击性和微型化等特性。④能量供给技术。能有效满足长期原位探测需求以及在极端环境条件下的供电技术。

水下原位探测技术已广泛应用于海洋环境调查、水合物勘探和深海科考等工作中。例如，中国学者已成功将电化学传感器用于勘查大洋热液硫化物、海底冷泉附近的甲烷羽状流，以及海底边界层甲烷通量的原位测量中。美国和德国的科学家将甲烷电化学传感器安装在海床自治式无人潜水器（AUV）或海底地震检波器上，通过原位测得活跃的甲烷排放量值，开展美国大西洋中部大陆架海底麻坑分布和新西兰北岛东部希库兰吉海岸海底冷泉的研究，获得了许多新的科学发现。这些工作表明，水下原位测试技术获得数据的真实性、准确性远高于常规方法，说明原位探测技术具有科学性、优越性和可行性。

（林 渊）

**跃层** cline 海水状态参数（温度、盐度、密度和声速等）随深度变化最显著（垂向梯度最大）的水层。在层结稳定的海洋中，海水状态参数（温度、盐度、密度和声速等）的垂向分布通常不全是渐变的，而是在海面很薄的一个近乎均匀的上混合层之下有阶跃状的变化。在海洋科学中，将温度、盐度、密度、声速等状态参数具有这种阶跃状变化的水层，称为***温度跃层***、***盐度跃层***、***密度跃层***和声速跃层。其中，温度跃层和盐度跃层可以“独立”出现，而密度跃层和声速跃层则依附温度、盐度跃层而伴生。对于某一海区或某一时段而言，温度或盐度在密度和声速跃层中起主导作用。

通常情况下，海水的密度变化主要取决于温度的变化，除了有大量淡水流入的河口区域和盐度垂向梯度特别大的个别海区以外，海洋中的密度跃层大体上是和温度跃层重合的。跃层的形成与存在可以阻碍其上、下层间的热、盐等物理参量的交换。大洋的上层的风生环流理论便是在跃层的基础上展开的。此外，跃层的存在对水下通信和监测影响显著，对潜艇活动也有重要影响。对跃层的研究是国内外物理海洋研究的核心问题之一，既包括大洋温跃层的理论研究，也包括浅海跃层的分析诊断等。

跃层的特征可以用跃层深度、跃层厚度和跃层强度来描述。有时也用差度来描述跃层特征。差度是指在跃层上、下边界处要素值之差，若下界要素减上界要素之差为负值，则为逆跃层。跃层上界和下界可以用梯度边界法确定。实际分析中可根据 $\frac{\partial T}{\partial z}>\alpha$ 来判断是否是跃层的边界，其中 $\alpha$ 是某临界值。1992年，中国国家技术监督局（今中国国家质量监督检验检疫总局）的海洋调查规范给出了跃层强度的最低标准。但这种标准只是就一般情况而言的。在具体分析中或对个别海区分析时，跃层强度的标准，是要根据实际情况调整的，这在不同海区，或同一海区的不同层次上都可能有差别，经验性比较强。但是要注意，不管如何强度的标准不可取得过小，不然的话，会导致“跃层”比比皆是，而且在随机扰动下生消无常，反而掩盖了跃层分布变化的规律。

（魏泽勋）

**越浪式波浪发电装置** overtopping type wave power generator 利用波浪的势能，使水体由高至低流出，驱动一个或多个水轮机，将势能转换为电能的装置。原理类似于水力发电。

特点 该类装置将较不稳定的入射波浪能转换为蓄水池内水体的势能，再转换为较为稳定的水流动能，波浪能转换率较高；装置活动部件较少，整体稳定性较高，可靠性好；适应各种极端海况的能力较强。

组成 由蓄水设施、水轮机、发电机和辅助设备组成。蓄水设施可人为构造，也可根据海岸地形进行设计。水轮机将水体势能转换成机械能，驱动发电机输出电能。

工作原理 通过由海岸地形或特殊装置形成的聚波坡道，将波浪能转换为水体势能完成能量的一次转换；水体沿出流管道返回大海时，通过低水头水轮机，将水体势能转换为转轴的轴功，完成能量的二次转换；最后发电机将转轴轴功转换为电能，实现能量的三次转换。

代表性装置 有漂浮式波浪发电装置、渐缩水道式波浪发电装置、龙式波浪发电装置、锥型槽波浪发电装置和碟型波浪发电装置等。

（史宏达）

**粤东沿岸流** Eastern Guangdong Coastal Current 以珠江口为界，珠江口以东的广东沿岸流。在南海北部陆架海区的特定地理环境条件下，粤东沿岸流受季风转换引起的整体背景流场的调整影响最大，其次受珠江冲淡水影响较大，且存在季节性差异。同时，吕宋海峡西传的中尺度涡也增加了该流动的复杂性。冬季，粤东沿岸流基本为西南向流，尽管粤东沿岸冬季风强劲，但并不是持续不变的定常风，而是具有频繁天气过程的准周期性变化，因此当东北风松弛或东南风出现时，粤东沿岸流也会暂时转为东北向流；夏季，西南季风和珠江冲淡水对粤东沿岸流影响显著，粤东沿岸流表现为顺岸的东北向流，而且流速较强。

（丁 杨）

**粤西沿岸流** Western Guangdong Coastal Current 珠江口以西的广东沿岸流。受到季风特征及珠江冲淡水入海的影响，粤西沿岸流以西向流为主，冬季西向流最强。夏季由于西南季风的影响，粤西沿岸会短暂出现东向流，但以西向流为主。珠江口以西的粤西沿岸流与珠江冲淡水的扩散路径关系密切，而珠江冲淡水对南海北部陆架海的环流结构和生态环境都有显著的影响。粤西近岸环流对珠江冲淡水携带的低盐水、泥沙和污染物在南海北部浅海和北部湾中的输运有重要的影响。

（丁 杨）

# Z

**载人潜水器** human occupied vehicle; HOV 自带推进动力和观察设备，既能在水面行驶，又能在水下独立工作的载人运载器。载人潜水器一般都用于深海1000米以下、且用于科学研究，区别于一般的军事潜艇，故又称深海载人潜水器，载人深潜器。包括潜航员在内，载员一般不超过3人。

发展简史　载人潜水器出现于20世纪30年代。1930年美国研制出潜水球，下潜至400米，用的是钢缆吊放下潜，既不便操纵又有危险。1946～1948年瑞士物理学家A.皮卡德研制出第一台载人潜水器“弗恩斯”号，在进行一系列下潜试验后于1954年2月在大西洋下潜至4000米。1953年皮卡德研制的第二台带有小型电力推进器的“的里雅斯特”号潜水器，于1960年在太平洋马里亚纳海沟下潜到10916多米深处，创造了世界潜水最深纪录。从60年代起，载人潜水器普遍安装机械手，扩大观测窗口，改善机动性能，安装必要的仪器设备，提高了水下作业能力，如美国“阿尔文”号潜水器。这些潜水器小的重量不到1吨，大的有几百吨。如美国1969年建造的“NR-1”号核动力潜水器就重达400吨，水下自持力达45天。

美国、法国、俄罗斯、日本、中国五国已经研制了大深度的作业型载人潜水器，最大潜深达7000米，即中国的“**蛟龙”号载人潜水器**。这些载人潜水器到达的范围遍及大陆坡、千米之深的海山、火山口、洋脊以及7000米的洋底，充分发挥了科学家在海底现场的主观能动性和创造力，在地质、沉积物、生物、地球化学和地球物理等领域取得了大量的重要发现。

技术特点　载人潜水作业最关注的是提高载人作业效率、增强载人作业能力，同时需要兼顾操控性和舒适性。载人潜水装备的特色技术包括：快速潜浮及水动力综合优化、狭小空间的人机工效及生命支持、耐压结构设计、制造及评估，冗余应急自救，均衡及姿态调节，高压环境的动密封及补偿，低温高压环境的动力，绝缘检测及应力监测，高速水下通信和高精度航行控制等。

系统构成　中国在研制“蛟龙”号时，把整个潜水器划分为十二个分系统：总体性能与总布置、载体结构、舾装、压载与纵倾调节、推进、电力与配电、观察、液压与作业、生命支持、潜浮与应急抛载、控制和声学。载人潜水器有坚固的耐压球壳以供载人，因此对可靠性要求十分高，是载人潜水器制造中的重中之重。动力装置一般采用锂电池作为能源。潜水器一般装有多个推进器，可朝不同方向运动。利用主压载舱、重量调节装置或纵倾调节装置来控制潜水器的稳定。还有氧气供给与二氧化碳吸收的环境控制装置，支撑载人潜水器的生命保障系统。潜水器还根据需要装有罗经、深度计、障碍物探测声呐、高度深度声呐、方位探测听音机和各种水声通信设备，以及供水下作业用的机械手、水下电视和照明设备。

代表性潜水器　20世纪60年代以来，全世界共建造了200多台载人潜水器。但代表当前国际水平的大深度载人潜水器仅有美国的“阿尔文”号，法国的“鹦鹉螺”号，俄罗斯的“和平Ⅰ号”“和平Ⅱ号”“罗斯”号和“领事”号，日本的“深海6500”以及中国的“蛟龙”号和“深海勇士”号。

美国“阿尔文”号潜水器　美国在1961年开始该载人潜水器论证工作。1964年，研制成功了工作深度为2000米的第一代“阿尔文”号载人潜水器。其于1966年，配合CURV有缆遥控潜水器，成功打捞出美国战略轰炸机失落的一颗氢弹。1968年在吊放时沉没，1969年捞起。1974年，“阿尔文”号进行改装，采用钛合金载人球壳，工作深度增至4500米，已进行过4600多次深海科学考察。1968年美国还建造了重达28吨可潜深6000米的“海崖”号载人潜水器，现已退役。2013年“阿尔文”号完成了又一次的升级改造，把原来的4500米级钛合金载人舱换成了6500米级的载人舱，使“阿尔文”号成功升级为6500米级载人潜水器。

法国“鹦鹉螺”号潜水器　法国在1985年研制成功工作水深为6000米的“鹦鹉螺”号载人潜水器。重量为18.5吨，可载3人，水下作业时间5小时，装有两只分别为6自由度和5自由度的机械手以及用作工具箱样品库的采样篮，并配置水体采样器、沉积物采样器、岩石取芯器、温度测定器、液压锤和其他切割工具等，可以进行多种海底样品的采集和其他复杂的作业任务，还能随时获得潜水器所处的精确位置。它具有重量轻、上浮下潜速度快、能侧向移动、观察视野好、可携带一个小型**遥控式无人潜水器**（ROV）等特点。已完成过多金属结核区域、海沟、深海海底生态等调查任务和沉船、有害废料等搜索任务次。

中国“蛟龙”号潜水器　中国2012年研制成功的“蛟龙”号载人潜水器，运用了无动力下潜原理，可在水下工作12个小时。具有针对作业目标稳定的水中悬停定位能力，而一般潜水器在作业时需要找一个固定的支点才能开始工作。2012年6月“蛟龙”号3次超越7000米，最大下潜深度达7062米。

中国“奋斗者”号潜水器　中国研发的万米载人潜水器，2020年10月27日，奋斗者号在马里亚纳海沟成功下潜突破1万米达到10058米，创造了中国载人深潜的新纪录。11月10日8时12分，奋斗者号在马里亚纳海沟成功坐底，坐底深度10909米，刷新中国载人深潜的新纪录。

中国“深海勇士”号潜水器　深海勇士号载人潜水器简称“深海勇士”，是中国第二台深海载人潜水器，它的作业能力达到水下4500米。

发展趋势　随着人类对载人潜水器的广泛认知和对深海深渊的追求，传统载人潜水器由于潜浮速度的限制，海底作业时间极短，带来了一定问题，因此在这一问题上世界各国学者开展了大量研究工作。世界范围内深海技术与装备获得突飞猛进的发展，载人潜水器所需的材料学、水声通信技术、控制电子技术、视频技术、智能技术获得了重大发展和变革，其发展方向主要为：下潜更深、海底工作时间更长、更安全。

（张大海　陈　鹰）

**早期成岩作用** early diagenesis　在水体或沉积物中发生的和有机质降解直接或间接相关的过程。包括沉积物颗粒、孔隙水以及沉积环境水介质之间发生的一系列矿物学、化学、物理、生物的变化。在海洋中，早期成岩始于真光层，在颗粒物沉降过程中持续发生，最终在受生物扰动的表层沉积物中剧烈进行。海洋沉积物中的早期成岩过程是地球系统气－海、陆－海沉积体系的重要环节，其驱动力为有机质的降解。有机质在迁移、降解、埋藏过程中，在微生物作用下被游离氧及氧化态离子氧化分解，随之发生铁、锰等元素的氧化还原以及碳、氮、硫同位素分馏，并伴随有自生矿物的生成。早期成岩改变沉积物和孔隙水的成分及同位素组成，并形成沉积记录，是研究沉积环境和古海洋、古气候的重要依据。

研究历史　海洋沉积物早期成岩作

用的研究起源于20世纪30年代，受到研究手段以及对海底沉积体系认知的限制，一直处于探索阶段。70～80年代，随着深海钻探计划（DSDP）的实施和实验室研究的发展，早期成岩作用在海洋沉积环境改造、全球气候变化研究等方面的重要作用受到了研究者的关注。R.A.伯纳在其1980年发表的论著《早期成岩的理论分析方法》（*Early diagenesis: a theoretical approach*）中使用数学理论发展了成岩模型，包括扩散、压实、孔隙水流动、埋藏平流、生物扰动、吸附、放射性衰变，尤其是化学和生化反应的基本速率方程的推导。伯纳关于早期成岩的研究基于定量速率方程式，与当时该领域占主导地位的定性描述相比是里程碑式的突破，该研究综合分析了陆架边缘海、大洋、非海洋沉积物的数据，阐述了成岩模型在研究沉积物中的重要作用。该研究中严谨的数学模型对实验室模拟和现场调查都有重要指导意义，受到《科学》期刊的高度评价，该理论研究不仅适用于研究沉积过程，也适用于放射性废物处理、石油地质学、环境污染和海底工程等领域的研究。在此基础上，H.D.舒尔茨和M.察贝尔结合更新的数据资料，提出了海洋沉积物、有机质以及铁、锰等元素的早期成岩过程和理论。

氧化还原反应　早期成岩过程中，表层沉积物中30%～90%的有机质被再矿化，随着沉积物深度的增加，反应条件逐渐从有氧过渡到低氧，最终成为缺氧环境。有机质作为主要的电子受体，在有氧环境下，好氧细菌利用自身产生的水解酶和高反应性的含氧自由基将有机质氧化为$H_2O$、$CO_2$等；在缺氧环境下，微生物则会先将有机质水解，通过发酵作用将有机质转化为小分子化合物，最终这些小分子化合物与氧化剂反应生成$H_2O$、$CO_2$等。有机质降解过程中的氧化还原反应主要包括有氧呼吸、硝酸盐还原、铁锰氧化物还原、硫酸盐还原和甲烷生成等。根据反应自由能大小，有机质依次被$O_2$、$NO_3^-$、$Mn^{4+}$、$Fe^{3+}$、$SO_4^{2-}$氧化降解。这一过程随着沉积物埋深的增加而发生，因此在沉积剖面上形成了明显的氧化还原带，依次为氧化带、亚氧化带、硫酸盐还原带、产甲烷带。此外，由于沉积环境的差异，氧化还原带可能出现某个反应的缺失。综上所述，早期成岩的所有过程均和有机质的降解相关。

自生矿物　早期成岩作用在沉积物中会形成自生矿物，包括硫化物和自生碳酸盐岩石。黄铁矿（$FeS_2$）是海洋沉积物中分布最广泛的自生硫化物矿物，主要存在于缺氧环境中，甲烷厌氧氧化作用生成的硫化氢是黄铁矿形成的必要条件。由于海洋沉积物中铁的价态较多，导致黄铁矿不稳定，其形成机理的研究主要基于实验室模拟。碳酸盐岩也是甲烷厌氧氧化作用的产物，通常认为其形成于还原环境。甲烷厌氧氧化作用生成的碳酸氢根离子使孔隙水的碱度升高，促进碳酸盐沉淀。而在表层沉积物中，早期成岩过程的有机质降解会在间隙水中产生过量的$CO_2$，导致碳酸盐溶解。

同位素分馏　早期成岩过程中，沉积物中的物理、化学、生物等反应导致C、N、S等元素的稳定同位素原子或分子以不同比例（δ）分配于各化合物之中。其中，碳元素在早期成岩过程中的同位素特征无明显变化，因为易降解的有机质中$\delta^{13}C$较高，伴随着其在早期成岩过程中的优先降解，会导致沉积物中残余碳元素的$\delta^{13}C$逐渐减小。然而微生物在生长过程中优先吸收环境中的$^{13}C$，会使沉积物中的$\delta^{13}C$增大，因此，总体上沉积物中碳同位素特征无显著变化。易降解有机质中$\delta^{15}N$较高，早期成岩的有机质降解同样会导致沉积物中氮元素的$\delta^{15}N$减小，但微生物生长代谢过程中会富集$^{14}N$，进而导致沉积物中的$\delta^{15}N$显著减小。然而随着沉积氮同位素研究的发展，有学者发现在某些海域早期成岩过程中沉积物的$\delta^{15}N$增加或者无明显变化。硫元素在早期成岩过程中的分馏主要出现在硫酸盐还原反应中，硫还原细菌优先利用$^{32}S$，导致剩余硫酸盐相对富集$^{34}S$。（肖晓彤）

**造礁珊瑚**　hermatypic coral　体内有共生虫黄藻、能造礁的珊瑚虫类。石珊瑚目单体或群体生活，单体最大的直径可达50厘米，如石芝珊瑚。群体中的个体直径仅有几毫米至几厘米不等，为珊瑚虫纲最大一目。造礁石珊瑚具钙质杯状外骨骼，珊瑚虫结构与海葵相似，隔膜成对，但缺乏明显的口道沟。石珊瑚目中的造礁石珊瑚是参与造礁的主要种类，如鹿角珊瑚、脑珊瑚、扁脑珊瑚等。此外，八放珊瑚亚纲中的某些柳珊瑚以及水螅虫纲中的多孔螅也造礁。

造礁珊瑚在它们细胞内有单细胞海藻。虫黄藻共生在珊瑚虫内胚层细胞中，它为珊瑚虫提供氧和碳水化合物，珊瑚虫为虫黄藻提供住处。虫黄藻的存在，不仅保证珊瑚虫的营养供应，而且使其$CaCO_3$骨骼迅速发育，进而形成造礁珊瑚。

在全球可划分为两个动物区系，即印度洋－太平洋区系（Indo-Pacific fauna），该区系石珊瑚有86属1000余种（也有人说500种、800种）；大西洋－加勒比海区系（Atlantic-Caribbean fauna），该区系有26属68种（或25属50余种）。

石珊瑚目（Scleractinia）为六放珊瑚亚纲一目，名称源自该目所具有的坚硬钙质骨骼。骨骼称作珊瑚杯（calyces），由珊瑚虫基部（base）的表皮细胞（epidermal cells）分泌。珊瑚杯被隔片（septa）分割，珊瑚虫可缩入其中得到保护。这种骨骼为珊瑚虫纲中石珊瑚目所独有。已描述石珊瑚目约1300现生种，在生态上分为两个类群：①分布在热带浅海区，以群体为主，而且有一种单细胞双鞭毛藻与其共生，通常是构成珊瑚礁的主要成分，所以称造礁石珊瑚。该类群约有656种，最适水温25～29℃，13℃以下就会死亡；适宜盐度27‰～40‰；生活条件要求洁净的海水，水中陆源物质多而浑浊的河口区不宜生长；要求坚硬的基底，否则不能生存。②分布在深海冷水，以单体为主，没有双鞭毛藻共生，不成礁，所以称深水石珊瑚或非造礁石珊瑚。该类群约有669种，最大栖息深度可达6328米，北冰洋和南极的海底都有分布。

浅滩中的造礁珊瑚

石珊瑚的分类主要依据外骨骼的外部形态和骨骼的附属结构。古珊瑚（六射珊瑚）的分类依据骨骼磨片的微细结构。浅水造礁石珊瑚在印度洋－太平洋区有86属1000余种，其中8～9个是地方属，16个属只有1～2种，余下的属在整个印度洋－太平洋区普遍分布。鹿角珊瑚属已知325种，蔷薇珊瑚属约100种，滨珊瑚属和陀螺珊瑚属各约50种，杯形珊瑚属和石芝珊瑚属各25种。大西洋－加勒比海区只有26属68种。深水石珊瑚在大陆架外缘和大陆坡上部种类很多，估计其种、属数不会小于浅水石珊瑚。大西洋－加勒比海区掌状鹿角珊瑚是大西洋珊瑚礁的骨架生物；印度洋－太平洋区的美丽鹿角珊瑚是优势种。石珊瑚除可作石灰的原料和充作建筑材料外，还可作为经济藻类（麒麟菜和凹顶藻）的养殖基石。此外，石珊瑚中还含有甾醇类、萜类和多肽等，可作药用的天然化合物。

最古老的石珊瑚化石发现于三叠纪中期（约2.4亿年前），同今天的石珊瑚相似。当前最广泛被接受的石珊瑚目分类系统是威尔于1956年创立的，其依据是化石属的共发生与化石和现生种的形态特征，但此分类系统不是系统发生分析的结果。

（张 芳 陶振铖 杨 光）

**曾呈奎** Zeng Chengkui（1909-06-18～2005-01-20） 中国海洋生物学家，中国海洋科学的主要开拓者之一，中国海藻学研究和海带栽培业的奠基人之一，中国海藻化学工业的开拓者之一。

号泽农。生于福建厦门，卒于山东青岛。中国科学院学部委员（院士），发展中国家科学院院士。1931年获厦门大学理学学士学位。1934年获岭南大学研究院理学硕士学位。1942年获美国密执安大学理学博士学位。1942年获该校拉克哈姆博士后奖学金，随后又到美国加利福尼亚州立大学斯克里普斯海洋研究所进修物理海洋学和海洋化学。历任**中国科学院海洋研究所**研究员、副所长、所长、名誉所长，第三至第九届全国人大代表，中国海洋湖沼学会和中国藻类学会理事长、名誉理事长，国际藻类学会主席。

1943年开展了被美国列为战略物资的琼胶原料的生产和加工方法的调查研究。1946年回国工作，担任山东大学教授、植物系主任。1950年和童第周、**张玺**共同筹建了中国科学院水生生物研究所青岛海洋生物研究室——中国科学院海洋研究所前身。它的成立标志着现代中国海洋科学全面、系统规模化发展的开始。

自1930年起就从事海藻生物学的研究。他和助手主要研究成果有：①中国底栖海藻分类区系的研究，为收集中国海藻资源和编写《中国海藻志》提供了依据。②分析了紫菜的生活史，并研究成功紫菜丝状体的大规模培养和半人工及全人工采苗与栽培方法。③海带生物学及人工栽培的研究。由于海带的夏苗培育法、施肥机理和技术、南移栽培及切梢增产法等的研究成功，为中国海带人工栽培事业的发展，以及中国成为世界第一海带生产大国提供了科学依据。④在国际上首先开展马尾藻褐藻胶的提取方法和加工利用的研究，并开展其他藻胶的研究，推动了中国海藻化学及藻胶工业的发展。⑤海藻比较光合作用和光合生物进化的研究，从光合色素的特点阐明藻类进化的途径，提出藻类等光合生物进化的新理论和新的分类系统，并开展西沙群岛的原绿藻和绿藻捕光色素进化的实验研究，受到国际学术界的重视。⑥率先提出和阐明了发展中国蓝色农业，必须走海洋水产生产农牧化的道路，为中国海洋水产生产养殖事业的发展做出贡献，并提出在研究、开发和利用海洋的同时必须切实加强对海洋环境的研究和保护，以利于海洋资源的可持续发展和利用。他倡导像陆地义务种植树木一样在浅海里种植多年生的底栖海藻，以改善和净化不断恶化的海洋环境。

先后发表400余篇学术论文，出版14部学术专著。“紫菜生活史的研究”获1956年国家自然科学奖三等奖，“海带人工养殖原理”获1978年全国科学大会奖，“西沙群岛海洋生物调查”获1987年国家自然科学奖三等奖。在1995年第十八届太平洋科学大会上被授予“畑井新喜志”奖章。1996年获香港“求是科技基金会”颁发的“杰出科技成就集体奖”，1997年获何梁何利基金科学与技术进步奖，2001年获美国藻类学会杰出贡献奖。

（周显铜 展翔天）

**增减水** water level fluctuation 水文气象状况变化（**风暴潮**等）引起的水位变化，是由非天文因素（气压、风、降水和径流变化等）引起的水位异常变化。又称余水位。增减水是气象条件的非周期性变化引起的水位升降，这种升降常造成海平面的短期或突然变化。在中国沿海，由于受不同纬度的天气系统影响，冬季寒潮、春季气旋、夏秋季热带气旋活动频繁，增减水的变化也呈现多样性。在中国北方沿海，海平面出现异常增减水多与寒潮有关，南部沿海海平面出现异常增减水多与热带气旋有较大的关系。

中国沿海增减水的季节变化特征明显，从空间分布看，沿海增减水的变化幅度呈现中间大南北小的区域特征，自长江口至广东沿海，增减水的年变化幅度最大，年变幅平均为5.0～7.5厘米；南海周边及北部湾沿海，增减水的年变化幅度次之，年变幅平均为4.0～5.5厘米；自渤海至黄海沿海，增减水的年变化幅度较小，年变幅平均为3.3～3.5厘米。从时间变化看，1980～2012年中国沿海年平均增减水长期基本没有趋势性变化，但存在2～5年的周期性信号，该信号的震荡幅度为0.1厘米。对沿海月平均增减水序列与尼诺3.4区指数进行相关性分析发现，相关系数为－0.5，该相关系数通过了显著性检验，说明中国沿海的增减水变化与厄尔尼诺事件呈负相关关系。

（王东晓）

**增生楔** accretionary wedge 大洋板块向大陆板块俯冲过程中，大洋上盘板块刮落下来的沉积物及洋壳碎片，连同原地海沟沉积物堆积到海沟陆侧而形成的楔状体。它们位于前弧和海沟之间，宽50～400千米。这些增生楔在太平洋的俯冲带上常见，如日本南海海槽、阿留申弧的米德尔顿岛、印度洋巽他弧的明打威群岛等。D.R. 西林等于1974年提出了增生楔的概念。1975年，D.E. 卡里格等提出增生楔的生长模式，即西林－卡里格模式。

增生楔表现为从前弧至海沟的单一斜坡，也可以构成海沟坡折或外弧脊，海沟坡折陆侧为前弧盆地，海沟侧为下部沟坡。增生楔由一系列以逆断层为界的倾斜的楔片构成，楔片内有复杂的向海沟方向倾斜的褶皱。变形强度向海沟斜坡底部增强。增生楔的组成物质有远洋沉积物、海沟浊积物、大洋岩石圈的基性超基性岩、变质岩等，统称俯冲杂岩。

西林－卡里格模式认为，在大洋板块俯冲过程中，在海沟陆侧依次挤入一个又一个沉积楔，随着板块不断地俯冲，新形成的年轻沉积楔将先形成的老的沉积楔不断向上抬升，从而形成类似叠瓦状的扇形楔形体，即增生楔。

（许东禹）

**张力腿平台** tension leg platform; TLP 典型的半固定、半顺应式平台。主要的深海油气等资源平台形式之一。通过平台总体设计和结构设计，使平台水下结构产生远大于平台自重的浮力，超出平台自重的浮力和作用在平台上的环境载荷由连接于平台主体结构与锚固基础之间的柔性腿承受，使柔性腿处于张紧状态，故称为张力腿平台。

发展概况 根据张力腿平台结构形式进化的不同阶段，可分为第一代张力腿平台和第二代张力腿平台。第一代张力腿平台又称传统类型的张力腿平台。第二代张力腿平台出现于20世纪90年代初期，在继承传统类型张力腿平台优良运动性能和良好经济性的基础上，对结构形式进行了优化改进，使张力腿平台更适合于深海环境，并且降低了建造成本。投入生产实践的第二代张力腿平台共分为三大系列，分别是由美国大洋公司设计的海上之星系列张力腿平台、由MODEC公司设计的

MOSES系列张力腿平台以及由ABB公司设计的延伸式张力腿平台（ETLP）。美国大洋公司设计的马特张力腿平台，中央柱直径25.6米，高度38.1米，由6根张力腿连接到海底定位，2004年安装在墨西哥湾，海域水深860米。

技术组成及特点　张力腿平台一般由平台上甲板、立柱（含横撑和斜撑）、下浮体（沉箱）、张力腿以及锚固基础等5部分组成。平台上甲板位于水面以上，通过立柱与下浮体（沉箱）连接。立柱一般为圆柱形结构或棱柱形结构，其主要作用是为上甲板提供支撑和增强平台主体的结构刚度。平台的浮力由位于水面以下的立柱和下浮体（沉箱）提供。张力腿一般为3个或4个，每个张力腿由2～4根张力筋腱组成，上端固定在平台本体上，下端与海底锚固基础相连。有时增加侧向系缆，以增加平台侧向系泊刚度。

张力腿平台一般垂荡运动的固有周期为2～4秒，纵横荡运动的固有周期为100～200秒。横摇、纵摇运动固有周期均低于4秒，首摇运动的固有周期则高于40秒。整个结构的频率跨越波浪的一阶频率谱两端，可以避免结构和海浪能量集中的频率发生共振。

1954年，R.O.马歇尔率先提出了采用倾斜系泊锁群固定的海洋平台方案，被公认为张力腿平台的鼻祖。1984年，康菲石油公司在欧洲北海157米水深的Hutton油田安装了世界上第一座张力腿平台，其工作水深已达1250米。主要特点包括：①大载荷TLP，造价昂贵，张力筋腱自重过大。②迷你型TLP，运动性能优越，重量轻。③扩展型TLP-ETLP在主体设计上的改进使该平台耗钢量大大减少，属于经济型平台。（刘利琴）

**张玺**　Zhang Xi（1897-01-10～1967-07-10）中国海洋生物学家。生于河北平乡，卒于山东青岛。早年留学法国里昂大学，1931年以论文《普鲁旺萨的后鳃类动物研究》获法国国家博士学位。1932年回国后，历任北平研究院动物研究所研究员、所长兼中法大学教授，云南大学、北京大学、山东大学教授，中国科学院动物研究所研究员兼所长，中国科学院海洋研究所研究员、副所长兼中国科学院南海海洋研究所所长，中国海洋湖沼学会第二届理事长，中国动物学会常务理事，国家科委海洋组成员、水产组成员兼珍珠贝研究组组长等。曾组织、领导了山东胶州湾海洋动物调查、云南滇池环境和动物调查、中国海洋无脊椎动物资源调查等。在海洋生物学和湖沼学方面均有重要贡献。主要从事海洋软体动物和原索动物的研究，其中对经济贝类牡蛎、扇贝、珍珠贝的繁殖、生长和养殖方法的研究，为发展贝类养殖业提供了科学依据；对有害贝类船蛆、海笱的分类和生态研究，为防除这些有害生物提供了科学依据；还最先在中国发现柱头虫，提出中国近海软体动物区系区划的方案。1938～1945年在昆明期间，从事湖泊与淡水动物研究，特别是对滇池做了全面调查，开中国湖沼学研究的先河。发表论文近百篇，主要著作有《贝类学纲要》(1961，与齐钟彦合著）、《中国北部海产经济软体动物》(1965，与齐钟彦、李洁民合著）、《中国经济动物志·海产软体动物》(1962，与齐钟彦等合著）和《南海的双壳类软体动物》(1960，与齐钟彦、李洁民等合著）等。

（刘瑞玉）

**章鱼**　octopus　软体动物门（Mollusca）头足纲（Cephalopoda）八腕目（Octopoda）无须亚目（Incirrata）蛸科（Octopodidae）种类。又称蛸类。

形态　蛸类胴部卵圆形，外套腔口狭。腕上大多具两行吸盘，有的种类具单行吸盘，雄性右侧或左侧第3腕茎化，腕顶端特化为端器，无触腕。闭锁器退化。不具肉鳍。内壳退化，仅在背部两侧残留两个小壳针，不具发光器。

分布　世界各大洋，从北极洋到南极洋，从沿海、珊瑚礁区到深海皆有分布。中国常见的经济种类有短蛸（*Octopus ocellatus*）、长蛸（*Octopus minor*）和真蛸（*Octopus vulgaris*）等。其中短蛸是北方沿海主要经济种类，而真蛸则在南方产量较大。

生态习性　章鱼以捕食贝类、甲壳类，如蟹、寄居蟹等为主，也捕食多毛纲动物、鱼类和其他章鱼，或自相残杀。大部分为浅海性种类，也有少数深海性种类。它们喜欢躲藏于礁石或沉船中，以及沙质或泥底水域。一般长蛸、短蛸都在较深水域内（50米以外）越冬，而春季则在较浅的海域产卵（15米）。夏季温度过高或受河口区洪水影响，近岸海水盐度较低，章鱼将向盐度较高的外海迁移。真蛸喜高盐度，对低盐的耐受力很差。长蛸暂养的适宜盐度范围19～35.4，最适为22.1～33.1。真蛸不适于低温，在7℃以下则迁移至深海，生长最适水温15～23℃，13℃以下会停止生长。暂养长蛸的适宜温度为5～25℃，最适温度为11～20℃；短蛸产卵的适宜温度为15～22℃。种类不同，产卵量相差甚大，从几千个到十余万个不等。卵子分批成熟，分批产出，产出的卵子状如饭粒，常成穗连在一起。

资源概况　渔民利用章鱼在螺壳中产卵的习性，以绳穿红螺壳沉入海底诱捕。章鱼生活史短（一般为12～24月），生长速度快（增长率为13%体重/天），食物转化率高（15%～43%），对人工运输和饲养等环境具有很强的耐受力和适应力，对饲养环境适应性强、繁殖力强和高营养值（蛋白质占70%以上）等特性，已成为头足类中最受关注的养殖对象，具有很强的养殖潜力。

意义与价值　作为底栖种类，位居海洋营养级金字塔的中层，常被一些底栖鱼类如鳗鱼、鳕科鱼类、鲽等大量摄食。鳗鱼和鲨鱼是其最主要的天敌，数量变动对各级海洋生物的数量变动有着直接或间接的影响。在山东、福建的增殖养初具规模，放流工作对资源修复起到一定作用。

蛸类可鲜食，也可干制，其肉质鲜美，营养丰富。除含大量蛋白质外，不饱和脂肪酸、维生素A丰富，可食部分达90%以上。除食用外，在医学上尚有补血益气、收敛生肌的作用。（郑小东）

**张潮时**　flood tide　涨潮阶段的时间间隔，即在一个潮汐周期内海面自低潮位上升到高潮位时所经历的时间。涨潮时，在**半日潮**海区约6小时12.5分，在**全日潮**海区为12小时25分。（周　磊）

**障碍层**　barrier layer　海洋中阻挡热量传输的水层。海洋中的密度层化对湍流运动有重要的抑制作用，**密度跃层**会削弱垂向的动量和物质的输送。广泛存在于中低纬度的密度跃层阻止了热量的有效向下传输，是海洋中的重要现象。

在海洋上层，通常会形成温度、盐度和密度均匀的水层，称为上混合层。其下是温度、盐度和密度跃层。如果某海域海水的运动是以风生混合为主，温度、盐度和密度跃层的深度基本是一致的。而在有些情况下，引起温度变化的因素和引起盐度变化的因素不同，就会导致**温度跃层**、**盐度跃层**和密度跃层的深度不一致。如果温度均匀层的深度比密度跃层深，也就是密度跃层在温度均匀层之内，密度跃层将阻碍跃层之内和之下水体中的热量向上传输。还有一种情况是没有温度均匀层，而是在密度跃层之下存在暖水，密度跃层也阻碍暖水热量向上传输。这两种情况的共同特点是，在密度跃层之下存在暖水层，暖水层的热量受到密度跃层的阻隔而不能向上传输。

有些文献中认为密度跃层就是障碍层，其实密度跃层以下的温暖水层才是障碍层。障碍层的热量不能向上传输，也就不能贡献给大气，对海气热量交换有重要影响。形成障碍层的原因主要有两个：在热带和亚热带，暖水平流决定了海水的温度结构，而河流径流和降雨决定了表层的淡化，导致在温暖水层中出现盐度跃变形成的密度跃层。发现发生障碍层的海域多位于强降水区，净淡水通量是障碍层形成的关键因素。平流暖水的厚度可以达到100米以上，而以淡水为主形成的密度跃层可以只有几十米，在密度跃层下形成很厚的障碍层。此外，在寒带冰区，由于有海冰覆盖，风的搅动很弱，海冰融化的淡水和径流的淡水形成浅而强的密度跃层，通常深度在20米左右。夏季的太阳辐射可以穿透密度跃层，直接加热跃层之下的海水，形成温度极大值，称为次表层暖水。这部分热量被密度跃层封闭而不能释放；到了秋季，这些热量才慢慢释放出来，推迟了海冰的冻结。因此，次表层暖水实际上是障碍层内的现象。

已经在很多海域发现海洋障碍层，在赤道海域、西太平洋的暖池区、北太平洋、印度洋、大西洋、南大洋、北冰洋、南海等均有发现。通常，发生在中低纬度的障碍层厚度较小，只有10米的量级，厚度小于3米的情况认为不存在障碍层。而在南北极海域，障碍层通常很厚，观测到的障碍层最大厚度达到200米以上。

（赵进平）

**障壁岛** barrier island 近岸地区离岸一定距离、平行海岸、高出水面的狭长形砂体，以其对海水的阻挡作用而构成潟湖的屏障。又称堤岛、堡岛。障壁岛是由水下沙坝或沙嘴发展而成，故其下部由沙坝或沙嘴构成基底，上部则由海滩、障壁坪、沙丘三部分组成。海滩位于障壁岛向海一侧，相当于大陆海岸沉积环境，并向滨岸沉积过渡，是向海低缓倾斜的狭长地带，沉积特征与滨海沉积的海滩砂相似；障壁坪居于障壁岛向潟湖一侧，是**潮坪环境**，为一宽缓的斜坡带；沙丘位于障壁岛顶部，出露于水面之上，是由海滩沉积经风的改造作用而成。障壁岛的地形是海洋、陆上沉积作用和侵蚀作用的结果，在捕集沉积物和形成地理景观中，近海植物起重要作用。

岩性 障壁岛的沉积类型主要为中-细粒砂和粉砂，重矿物较富集。颗粒多为化学物质胶结。向海一侧的沉积富含生物贝壳和云母；上部沙丘因风的改造，沙质纯净，颗粒表面呈毛玻璃状，圆度和分选好；障壁坪沉积常掺杂粉砂，粒度比沙丘砂细。

沉积构造 障壁岛具有厚层楔状、槽状交错层理，也可发育低角度板状交错层理，常具有不对称波痕及冲蚀痕迹，可见虫孔。原地生物化石较少，生物介壳多为异地埋藏。障壁岛相砂体形态呈与海岸平行的狭长带状，笔直或微弯曲，甚至具有微弱分支。据对现代障壁岛调查，其长度一般为几千米至几十千米，宽数百米至数千米，厚数米至数十米，剖面上呈底平顶凸的透镜状。

葡萄牙阿尔加维市卡塞拉维哈海滩上的障壁岛

（刘世东　李广雪）

**爪哇海沟** Java Trench 印度洋的深海沟。位于印度洋东北部边缘的苏门答腊岛和爪哇岛的南部岸外，又称印度尼西亚海沟、双巽他海沟。爪哇海沟除东段近东西向外，大部分呈北西—南东向延伸。是世界调查最早的海沟，20世纪20～30年代荷兰探险队就在此进行了海底地形调查。荷兰地球物理学家V.梅因纳斯整理了这里的重力测量值，发现了平行岛弧的海沟负异常带，从而提出了地壳在海沟区俯冲的概念。印度尼西亚弧是典型的双弧，外弧是非火山弧，由一系列小岛和海底山脉组成；内弧为火山弧，包括苏门答腊岛、爪哇岛及塞拉鲁岛、小巽他群岛，构成一列活火山带。海沟6000米以深的地段位于爪哇岸外，长度约2000千米，最深点在南纬10°20′，东经110°10′，深度为7450米，也是印度洋最深点。海沟在此段平均宽度80千米，最大宽度逾100千米。海沟向西北可延伸到安达曼群岛外侧，整个海沟长度达4500千米，是世界上第二长的海沟。爪哇海沟的横剖面地形特征是陆侧斜坡，包括内弧、海槽和外弧，而洋侧斜坡具有边缘隆起带。通过巴厘岛的横剖面，可以看到由于沉积物充填，使内外弧之间的巴厘海槽槽底平坦化，但海沟沟底尚未平坦化。

（仲　佰）

**浙江海洋大学** Zhejiang Ocean University 以海洋为特色，海洋科学、水产、船舶与海洋工程为重点，理学、农学、工学、管理学、经济学、文学等多学科协调发展的一所浙江省属农林类本科高校。校训“海纳百川，自强不息”。1958年创建于中国浙江省舟山市。始名舟山水产学院，李星颉教授为学校创建人之一。1975年，更名为浙江水产学院。1998年，与舟山师范专科学校合并组建为浙江海洋学院。2000年之后，浙江省海洋水产研究所等单位相继并入。2016年，更为现名。

浙江海洋大学有新城和定海两个校区，学校总占地面积约174公顷（其中海域使用面积48公顷）。设有11个学院，以及浙江省海洋水产研究所等科研机构。设有理学、农学、工学、管理学、经济学、文学、历史学和教育学等学科门类，其中海洋科学学科在教育部第四轮学科评估中位列第5，水产学科位列第8。拥有海洋科学、水产、船舶与海洋工程、石油与天然气工程、食品科学与工程、农林经济管理、机械工程、数学和水利工程9个一级学科硕士点，交通运输、农业、教育、旅游管理、药学、资源与环境、土木水利和生物与医药8个专业硕士学位点。设有46个本科专业。有“浙海科1”号和“浙渔科2”号两艘科考船。

截至2024年1月，拥有各类全日制在校学生1.7万余人、教职工1600余人，其中专任教师1200余人。拥有双聘院士6人，国家级人才10余人、省级人才90余人，省级教学、科技创新团队10个。浙江海洋大学科研成果先后获得国家科技进步奖一、二、三等奖及全国科学大会奖13项。近5年，获省部级科技成果奖20项，重要社会力量奖52项。浙江海洋大学主办有《浙江海洋大学学报》（自然科学版、人文社科版），设有海洋出版社浙江分社。

（董学武）

**浙闽沿岸流** Zhe-Min Coastal Current 在东海西岸，自长江口、经杭州湾一带，顺上海、浙江和福建沿岸向南流动的**沿岸流**。浙闽沿岸流起源于长江口和杭州湾一带，由长江和钱塘江的径流入海后与海水混合形成，主要分布在长江口以南浙、闽沿岸，沿途还有瓯江和闽江的径流加入，主要出现在春、秋、冬3季，以冬季最为显著。该流的主要特点是盐度低，具有较强的水平梯度和年际变化，流幅北宽南窄，路径季节变化大。该沿岸流流层较浅，容易受到风的影响，因此该沿岸流的路径和流速都存在明显的季节变化。

浙闽沿岸流是构成中国东南沿海环流系统的一支重要流系，该海流具有低温、低盐和富含营养盐的特征。一方面为近岸海域海洋生物繁衍提供了有利条件，另一方面，浙闽沿岸流输送的污染物对浙闽沿岸海域物质输运和海洋生态环境等都会产生重要影响。　（丁　杨）

**振荡水柱式波浪发电装置**　oscillating-water-column wave power generator　利用振荡水柱，实现波浪能量收集并转换为电能的具有独立功用部件的集合。

特点　波浪能转换系统结构简单，没有任何水下活动部件，而且将空气作为能量载体，传递方便，能通过气室将低速运动的波浪能量转换成高速运动的气流，造价低，可靠性好。

组成　由气室、汽轮机、发电机和辅助设备等组成。气室结构分为单气室和多气室两种，以空气作为能量载体。

工作原理　通过气室将波浪能转换为气流的动能，单向整流或双向汽轮机将气流的动能转换为机械能，最后发电机将机械能转换为电能。

分类　根据运行地点、设计工艺及施工条件的差别，振荡水柱式发电装置可分为：①离岸式（offshore devices）。指装置的运行地点位于深海区域，代表性装置有“巨鲸号”波浪发电装置、复合振荡水柱装置等。②近岸式（nearshore devices）。指装置的运行地点位于近海区域，代表性装置有奥斯普瑞波浪发电装置。③靠岸式（shoreline devices）。指装置的运行地点位于岸边，代表性装置有葡萄牙皮考岛的500千瓦波浪发电装置、英国苏格兰伊斯莱岛的LIMPET500岸式波浪发电装置、中国海洋大学提出的沉箱兼作波浪发电装置等。针对该类装置的研究多数侧重于双向汽轮机及发电设备，需要加强对波浪在气室内的共振问题、波浪与结构相互作用的研究。　（史宏达）

**郑和下西洋**　Zheng He’s Voyages to Western Seas　1405～1433年，郑和率领船队7次出使亚非30多个国家和地区，是中国航海史和外交史上的重大事件。郑和，云南昆阳（今云南晋宁）人，回族。本姓马，初名三保（一作三宝），洪武时净身入宫，又称三宝太监。洪武十八年（1385）随军到北平，入燕王朱棣藩邸。永乐二年（1404），以靖难之役立功，明成祖朱棣赐姓郑，始名郑和。后升为内官监太监。自永乐三年至宣德八年（1433）的28年中，郑和七下西洋，从南京下关宝船厂出发，沿江、浙、闽、粤海岸南下复西行，最远到达非洲东岸肯尼亚的蒙巴萨，访问了亚非沿岸30多个国家和地区（也有西方学者认为郑和曾作环球航行）。宣德八年，在归途中病卒于古里（今印度南部西海岸之科泽科德）。

明永乐时期，国家强盛统一，政府致力于恢复和发展中国与海外诸国的关系，开展大规模的外交活动，从而有郑和下西洋之壮举。前三次主要任务是在东南亚和南亚为明王朝树立“声威”，并为下一步向南亚以西更远的地方航行，建立中途候风转航的据点。后四次主要任务是向南亚以西继续航行，通过开辟新航路，让自古罕通中国的海外国家来贡，“宾服”于中国，为明王朝在海外建立前所未有的功绩和广泛联系。

永乐三年六月，郑和使团第一次下西洋，从太仓刘家港出海，依次访问占城（今越南中南部）、爪哇、旧港（今印度尼西亚巨港）、苏门答剌（今印尼苏门答腊北部）、南浡里（在今苏门答腊岛北部）、锡兰山（今斯里兰卡）、古里等国。郑和使团对古里进行了成功的访问，并在此为船队建立了交通、贸易中心转运站。五年，经中国台湾作短期停留后，九月返回南京。继而二下西洋，统舟师前往爪哇、满剌加（今马六甲）、锡兰山、古里、柯枝（今印度科钦）、暹罗等国访问。

七年七月返国。九月又前往占城、爪哇、满剌加、苏门答剌、阿鲁（今苏门答腊岛日里河流域）、南巫里（南浡里）、锡兰山、小葛兰（在今印度科钦南）、柯枝、甘巴里（今印度泰米尔纳德邦的哥印拜陀）、阿拔巴丹（今印度阿默达巴德附近）、古里等国访问。十年十一月，第四次下西洋，访问占城、爪哇、满剌加、苏门答剌、南浡里、彭亨（今属马来西亚）、急兰丹（今马来西亚的哥打巴鲁）、锡兰山、加异勒（今印度南部的卡异尔）、甘巴里、柯枝、古里、沙里湾泥（今地不详）、溜山（今马尔代夫）、忽鲁谟斯（今伊朗阿巴斯附近）、剌撒（今也门木卡拉附近）、木骨都束（今索马里摩加迪沙）、不（卜）剌哇（今索马里的布拉瓦）、麻林地（今肯尼亚的马林迪）、比剌（今非洲爪达富伊角外的阿卜德库里岛）、孙剌（今地不详）等亚非国家。这次出使开通了中非航路。同年十一月，麻林地遣使来中国献“麒麟”（长颈鹿），显示郑和使团对东非沿岸国家的访问取得了圆满的成功，成为明朝鼎盛时代在外交上取得重大进展的标志。十四年四月，朱棣特立御制弘仁普济天妃宫之碑，以为纪念。同年十二月，第五次下西洋，于十七年七月回国。这次出使期间，明王朝已决定迁都北京，需要各种珍禽异兽来充实内苑，于是随郑和船队带回了忽鲁谟斯国的狮子、金钱豹、西马，阿丹国（今亚丁）的麒麟、长角马哈兽，木骨都束国的花福鹿、狮子，卜剌哇国的千里骆驼、驼鸡，爪哇、古里国的縻里羔兽等。这些珍贵礼品象征着亚非国家同中国的真挚友谊。十九年正月，第六次下西洋，护送忽鲁谟斯、阿丹、南浡里、苏门答剌、阿鲁、满剌加、甘巴里等16国使臣回国，对沿途所经国家和地区又进行了友好访问。郑和使团与海外诸国的贸易往来也有了更深入的发展。宣德五年（1430）六月，郑和奉明宣宗朱瞻基之命，第七次下西洋。主要访问忽鲁谟斯、锡兰山、古里、满剌加、木骨都束、苏门答剌、阿鲁、阿丹、加异勒等20国及旧港宣慰司。郑和在古里逝世后，船队由王景弘统领，于八年七月返回南京。

郑和历次远航，随员均多达两万七八千人，包括行政官员、军事人员、航海技术人员、船舶修造工匠、一般管理人员和办理杂务的人员，以及通事（翻译）和医务人员。船队主体一般由63艘（一作62艘）大、中号宝船组成。大号宝船长44丈4尺，阔18丈；中号宝船长37丈，阔15丈。加上其他类型的船只，如座船、战船、粮船、水船等，每次出使，共乘巨舶百余艘，其中第一次乘208艘，为七下西洋中动用船只最多的一次。

郑和船队在太平洋和印度洋上纵横驰骋近30年，不仅开辟了横渡印度洋直达非洲，以及通往阿拉伯诸国的新航路，而且向南越过南纬4°，在印度洋和南洋的各个海域，分别开辟了多条新航线，对后代的印度洋和南洋航海所采取的航线有很大的影响。新航线的开辟有赖于郑和使团掌握的先进航海技术和所具有的海洋科学知识。其天文航海技术，已由以往海上对星象的占验，发展到牵星过洋，并配合以罗盘定向，测定针路，形成一整套先进的航海术。《郑和航海图》中所注的过洋牵星数据及所附4幅《过洋牵星图》，为后世留下了中国最早、最具体完备的关于牵星术的记载。图为方形，代表一水平方框，分为南、北、东、西四边，共四向，上北下南，左西右东，基本上和今天地图的设计一致，4幅图各有名称和图文，对本图用于何段航程、所牵星座名称及其高度，作一扼要的说明。每边外方之星座位置，代表航行时所观测某星的高度及其方位，星座旁有简要的文字说明，即所谓图注。郑和船队在过洋牵星时，常南北或东西两星同时并用，互相核对。最常用的是通过观测北辰星的海平高度来确定在南北方向上的相对船位，探知船舶所在位置与地点、所过岛屿名称，以及礁险等情况；同时，又记下所经地点测定的罗盘所定方位和所取针路。郑和下西洋所用“针经图式”，就是船队在往返亚非诸国的路程中，不断探明海道而制定出来的。郑和船队以《过洋牵星图》和《针经图式》为依据，将航海天文学与地文航海技术相结合，大大提高了航行方位的精确程度。船队在驶往海外诸国途中，须穿越一些危险的海区，经认真地观察研究，已很好地掌握了印度洋上的季节风以及随之而发生的季节性海流流向的变化规律。船队一般在十月至翌年正月东北季风时节从国内启程；而在西南海洋季风到来的4～6月从印度洋、南洋动身归国。因而船队往返皆处于顺风条件之下，可以最短的时间驶完预定的航程。

郑和下西洋的壮举，建立了亚非国家间的和平关系，提高了中国在国际上的威望。两洲数十个国家沿着郑和所开辟的航路，不远万里，纷纷东来，向明王朝赠送珍贵的礼品。在郑和下西洋时期，仅永乐六年至十八年中，亚非国家中就有渤泥（今婆罗洲）、满剌加、苏禄（今菲律宾群岛南部）、古麻剌朗（在今菲律宾）4个国家的国王亲自来华访问。郑和下西洋时期，明王朝声威远播，实为历代所罕有。另外，郑和下西洋使中国与亚非各国之间的海上丝绸之路得以畅通，把中国与亚非国家间的国际贸易事业推进到一个新的发展阶段。为了满足海外市场的需求，以景德镇为中心的瓷器业，以苏州为中心的丝织业，以松江为中心的棉织业，以芜湖为中心的漂染业等，都有较快的发展，对中国社会经济的进一步发展，起到了促进作用。

郑和下西洋既使亚非各国人民增进了对中国的了解，又使中国人民在认识亚非国家方面大大开阔了眼界，丰富了中国人民对海外的地理知识。郑和使团重要成员马欢著《瀛涯胜览》、费信著《星槎胜览》、巩珍著《西洋番国志》，三书对郑和下西洋所访问的主要国家的情况，都做了翔实而生动的记述。《郑和航海图》对太平洋、印度洋地区的地理知识也有集中的反映。

郑和下西洋规模之大、时间之长、范围之广都是空前的。它不仅在航海活动上达到了当时世界航海事业的顶峰，而且对发展中国与亚非国家间政治、经济和文化上的友好关系做出了巨大贡献，在15世纪初期人类文明发展史上写下了光辉的篇章。

（郑鹤声）

**郑重** Zheng Zhong（1911-10-19～1993-08-22）中国海洋生物学家。生于江苏吴县（今苏州），卒于厦门。1934年毕业于清华大学，后留校任教。1938年赴英进修，1944年获

博士学位，曾在英国阿伯丁大学、牛津大学任教。1947年回国，历任厦门大学海洋系和生物系教授、主任，国家科委海洋组生物学科组成员，中国海洋湖沼学会常务理事、中国海洋学会名誉理事，《海洋与湖沼》《海洋学报》《水产学报》《厦大学报》编委，《台湾海峡》主编，厦门大学学术委员会副主任等。他致力于海洋浮游生物学的教学和研究工作，对海洋浮游甲壳类，特别是对桡足类、樱虾类和枝角类的研究，为中国近海渔业资源的开发利用、海洋浮游生物学的创建和发展做出了贡献。他还对海洋污损生物的生态、海洋鱼类的食性和海洋浮游生物的生态系进行了研究，促进了中国海洋生态学的发展。发表论文约80篇，主要著作有《浮游生物学概论》（1965）、《中国海洋浮游桡足类》（上卷、1965，中卷、1982，与李松、李少菁等合著）。《海洋浮游生物学》（1984，与李少菁、许振祖合著）的英文版由中、德两国出版社共同出版（1989）。还有《郑重文集》（1987）、《海洋枝角类生物学》（1987与曹文清合著，）、《桡足类生物学》（1992，合著）、等。

（李少菁）

**质量相关分馏** mass dependent fractionation 由物理、化学以及生物作用所造成的在一个系统中某元素的同位素以不同的比值分配到两种物质或两相中的现象。例如，水蒸发的时候，水蒸气富集$H_2^{16}O$，而残余水相对富集$D_2^{16}O$和$H_2^{18}O$。产生同位素分馏的根本原因是由于不同同位素之间的质量差异，导致其零点能差异，引起物理化学性质的差异，因此在物理、化学和生物过程中，发生同一元素的各种同位素分别富集在不同物质或不同相态中的现象。同位素分馏主要由质量差异引起的称为质量相关分馏，与质量差异无关的称为**非质量相关分馏**。同位素分馏的程度可用**同位素分馏系数**表示。

质量相关分馏可以分为热力学平衡分馏和动力学非平衡分馏，前者研究同位素交换达到平衡后的状态；后者研究同位素交换反应达到平衡的过程，在这一过程中由于同位素原子或原子团反应速率不同而造成同位素分馏。

质量相关分馏导致同位素在地球系统中的分布和比例发生变化，是同位素地球化学研究的一个重要概念，它涉及同位素在不同环境介质中的分配和分离过程。在大气、水体、岩石、生物体等环境中，同位素的质量相关分馏可以通过各种化学、物理或生物过程引发。例如，在大气中气体分子的扩散速率与其质量相关，导致了同位素的空气分馏现象。在水体中同位素的溶解度、扩散速率以及化学反应速率也会受到同位素质量的影响而发生分馏。因此，同位素质量相关分馏的研究对于理解地球系统中的物质循环、生态系统相互作用以及气候变化等过程至关重要。通过分析不同介质中同位素的组成和分布，可以推断出各种环境过程的发生路径，从而揭示自然界中的复杂现象和规律。

（辛　宇）

**中层水团** intermediate water mass 位于次表层与深层之间的**水团**。在大洋中、低纬度海域，它位于次表层水系之下深达1000～1500米的水层。全称大洋中层水系诸水团。中层水系的水团明显分为两类：源于低纬海域者为**高盐水团**；源于高纬海域者为低盐水团。前者如红海水团和地中海水团，后者如南极中层水团和北太平洋中层水团。

南极中层水团，也有人称为亚南极中层水团，是由南极表层水向北扩展至南极辐合带与周围海水强烈混合后再下沉而形成的，由于盐度很低，对应于盐度垂直向分布的最小值。在南纬60°附近，它迅速下沉至800～1000米深处，一面参与**南极绕极流**而向东运动，一面向北而进入3大洋。在大西洋其势力最强，向北扩展可至北纬20°以北，在太平洋西南部也可达南纬10°以北。北太平洋中层水团又称北太平洋亚北极中层水团（因其源地在北太平洋亚北极海域），由西北辐合带下沉而形成，其远源甚至可追溯到鄂霍次克海北部。因为混入了低盐的亲潮水，致使其盐度居于全球中层水团的最低值，下限达

33.8‰，上限仅为34.3‰。北大西洋的亚北极中层水团势力很弱，印度洋则没有亚北极中层水团。

与太平洋显著不同，印度洋和大西洋既有低盐中层水团，也都有高盐中层水团。西北印度洋中层水团又称红海水团或红海-波斯湾水团，它源于这两个边缘海表层的高盐水（可高达42‰），下沉后散布于次表层和中层，且中层的范围更大，向南可达苏门答腊近海（盐度降至35‰以下）。若依高盐核心层追踪，甚至可抵莫桑比克海峡。大西洋的地中海水团也以高盐为显著特征，其源地在地中海，那里蒸发量远大于降水与径流之和，表层盐度最高可达39.1‰。下沉后通过直布罗陀海峡溢流而入大西洋，又很快下沉再广泛散布于北大西洋中层1000～1500米水层。依其高盐核心层追踪向西可抵海地岛近海，向北可趋爱尔兰海域。

（李凤岐　李　磊）

**中尺度涡**　mesoscale eddy　叠加在海洋平均流场上、寿命为20～200天、具有中等水平尺度（100～300千米），垂向影响深度可达几百甚至上千米的涡旋。这种涡旋能以1～15厘米/秒的速度移动。是20世纪70年代以来相继在世界大洋中发现的。由于这种涡旋空间尺度和时间尺度都小于大洋平均流场的空间分布和时间变化尺度，因此被海洋学家命名为中尺度涡旋。作为大尺度过程与小尺度过程的衔接，中尺度涡旋在能量级串中占有至关重要的位置：受到大气强迫，或由于海洋自身正压或斜压不稳定，中尺度涡从背景流中产生，并从背景场中摄取能量不断成长，从而将能量从大尺度向中尺度传递；而中尺度涡旋的耗散过程，又将能量从中尺度传递到次中尺度或小尺度过程。中尺度涡的发现是人类对大洋环流认识的一个突破性进展，它们使得大洋环流更加复杂、多变，改变了人们对海流的传统看法。

中尺度涡旋按旋转方向分为气旋式涡旋（在北半球为逆时针方向旋转，南半球相反）和反气旋式涡旋（在北半球为顺时针方向旋转，南半球相反）两类。按涡旋的起源或生存方式分为流环和大洋中尺度涡。

流环　起源于大洋西边界的西向强化流。在大西洋的湾流和在太平洋的黑潮中，经常会出现海流弯曲（或蛇行）现象。当海流弯曲到很大程度时，气旋涡旋（冷涡）和反气旋涡旋（暖涡）便脱离母体，形成了直径100～300千米的流环。距环的中心30～40千米处，有流线近似于圆形的快速水流绕轴线运动。其表层旋转的线速率可高达90～150厘米/秒，此速率随深度而降低，但在深400～500米处仍然大于50厘米/秒。通常，涡旋将随海水大约以5千米/天的速度向西南方向移动，持续时间可达2～3年之久，最后被母体海流反射或吸收。涡旋与环绕它的流系在一起，通常可向下延伸到2千米深处，有时可达5千米，因而不出现在大陆架海区上。这类涡旋的特点是有明显的水团特性可供识别，且可大体上测定其生存周期。

大洋中尺度涡　起源于大洋西边界与西向强化流无关的中尺度涡。这种中尺度涡在主跃层中有时可向上跳动几百米，存在的周期从几周到几个月，对大洋中的海流有重要的影响。从20世纪70年代以来，已引起物理海洋学家的高度重视，是物理海洋领域的研究热点。必须在较长时间里直接观测海流的流速，才能清晰地发现大洋中尺度涡。1958年在西经14°和北纬41°处，从邻近船只首次观测到斯瓦洛中性浮标显示的涡旋运动，后又陆续在其他海域证实了这种涡旋的存在。20世纪90年代，受益于卫星遥感技术的发展，人们发现中尺度涡旋在世界海洋中几乎无处不在，它具有2～30厘米的振幅、5～50厘米/秒的旋转速率，向下可延伸到整个水柱。

大洋中尺度涡的特点与流环不同，不具备明显的水团特性，是大洋四周等密度面的气旋式或反气旋式的起伏波动，就像大气中的天气式涡旋那样。

研究意义　中尺度涡的发现不仅对海流动力学，且对海洋热力学、海洋化学、海洋声学和海洋生物学等的发展，都有影响。预先了解涡旋动力学，对于有效地模拟动量、能量、热量、盐量、地球化学物质、营养盐及其他溶质之间的大尺度相互交换，并提供长期天气预报等，都是很重要的。它们具有强大动能，常大于大尺度海流的平均动能，如在北太平洋和大西洋西边界强流区，中尺度涡的动能约为东边界流的10倍。据估计，中尺度涡的动能占据了整个海洋里大、中海流动能的90%以上。中尺度涡通过在等密度面上形成闭合的等位涡线可携带水体一起运动，据估计中尺度涡在全球范围造成的西向水体输运量可以达到$30\times10^6$～$40\times10^6$米$^3$/秒，这一输运在量级上与大尺度的风生以及热盐环流是可比拟的。

（侯一筠）

**中国北极考察**　China's Arctic Expedition　中国政府主导的北极科学调查探索。中国最早的北极科学考察活动发生在1995年，由中国科协主持、中国科学院组织、民间资本赞助，开展中国首次远征北极点的科学考察。考察队一行7人，采用滑雪和狗拉雪橇的方式行进，大约沿东经70°方向，从北纬88°～90°，历时13天到达北极点。沿途进行了海洋探测和冰雪取样，熟悉了冰雪环境和生存技能。此次考察拉开了中国北极考察的序幕，为后续的北极考察积累了经验。

到2018年，国家海洋局（今自然资源部）共组织了9次北极科学考察，北极科学考察工作逐渐常态化。①中国首次北极科学考察。考察时间：1999-07-01～1999-09-09。考察海域：白令海、楚科奇海和加拿大海盆。考察内容：物理海洋学、海冰物理学、海洋地质学、海洋化学、同位素海洋学和海洋渔业资源等。②中国第二次北极科学考察。考察时间：2003-07-15～2003-09-26。考察海域：白令海、楚科奇海和加拿大海盆。考察内容：海洋水文环境、海冰物理学、海洋地质学、海洋生物生态学和海洋化学等。③中国第三次北极科学考察。考察时间：2008-07-11～2008-09-24。考察海域：白令海、楚科奇海和加拿大海盆。考察内容：海洋环境相关的海洋学、海冰学和大气科学等。④中国第四次北极科学考察。考察时间：2010-07-01～2010-09-20。考察海域：白令海、楚科奇海和加拿大海盆。考察内容：物理海洋学、海冰物理学、海洋地质学、海洋生物生态学和海洋化学等。⑤中国第五次北极科学考察。考察时间：2012-07-02～2012-09-28。考察海域：白令海、楚科奇海、东北航道和北欧海。考察内容：海洋水文与气象、海洋地质、地球物理、海洋生物与生态和海洋化学等。⑥中国第六次北极科学考察。考察时间：2014-07-11～2014-09-22。考察海域：白令海、楚科奇海和加拿大海盆。考察内容：海洋水文与气象、海冰、海洋地质、地球物理、海洋生物与生态和海洋化学等。⑦中国第七次北极科学考察。考察时间：2016-07-11～2016-09-26。考察海域：白令海、楚科奇海、加拿大海盆和门捷列夫海岭。考察内容：物理海洋与气象、海冰与冰面气象、海洋地质、海洋地球物理、海洋化学和海洋生物与生态多样性等。⑧中国第八次北极科学考察。考察时间：2017-07-20～2017-10-10。考察海域：白令海、楚科奇海、加拿大海盆、拉布拉多海、巴芬湾、北欧海。考察内容：海洋基础环境、海冰、生物多样性、人工核素和海洋塑料垃圾等。⑨中国第九次北极科学考察。考察时间：2018-07-20～2018-09-26。考察海域：白令海、楚科奇海和加拿大海盆。考察内容：海洋基础环境、海冰、海底地形、生态和渔业资源等。

（李 涛 赵进平）

**中国海洋大学** Ocean University of China 以海洋和水产学科为特色，学科门类较为齐全的中国教育部直属综合性大学。是中国“985工程”和“211工程”重点建设高校之一。2017年9月入选国家“世界一流大学建设高校”（A类）。校训是“海纳百川，取则行远”。学校1924年创建于山东青岛，名为私立青岛大学。学校起初实行董事会制，胶澳商埠督办高恩洪兼任首任校长，聘任梁启超、蔡元培、张伯苓、黄炎培等为名誉董事。之后历经国立青岛大学（1930）、国立山东大学（1932）、山东大学（1951）等办学时期，于1959年发展成为山东海洋学院，1988年更名为青岛海洋大学，2002年更名为中国海洋大学。

学校现有4个校区，其中，崂山校区、鱼山校区和浮山校区共占地160余公顷；西海岸校区规划占地180余公顷，2022年一期建成启用。现辖1个学部、20个学院和1个基础教学中心。截至2024年8月，在校生36 000余人，其中本科生17 800余人、硕士研究生14 900余人、博士研究生3800余人、外国留学生320人。现有教职工4100余人，其中，住鲁院士11人，国家杰青、长江学者特聘教授等国家级人才164人，省部级以上人才610人，连续三届入选全国高校黄大年式教师团队，形成了22个国家级创新团队。

学校坚持科技高水平自立自强，着力打造海洋领域国家战略科技力量。牵头筹建的崂山实验室于2022年挂牌成立，构建高校—国家实验室融合发展体系。主持建设我国地球科学领域首个教育部前沿科学中心（深海圈层与地球系统前沿科学中心），主持海洋领域首个国家自然科学基金委基础科学中心项目（多场多体多尺度耦合及其对海工装备性能与安全的影响机制）。建有全国重点实验室、国家工程技术研究中心等省部级以上各类科研基地平台40余个。拥有全球最高静音等级5600吨综合科考实习船“东方红3”号船等3艘科学考察实习船舶。提出了“透明海洋”“蓝色粮仓”“蓝色药库”等重大科技战略。

截至2024年8月，学校获国家技术发明一等奖1项、二等奖3项，自然科学二等奖2项，科技进步二等奖12项。毕业

图1 中国海洋大学校门

图2 “东方红3”号深远海综合科学考察实习船模型

生中已有16人当选中国科学院或中国工程院院士，4人先后担任国家海洋局局长。参加中国第一次南极考察的75位科学家中一半以上是该学校的毕业生。学校围绕海洋科学各领域，主办《中国海洋大学学报（自然科学版）》《中国海洋大学学报（社会科学版）》《中国海洋大学学报（英文版）》（*Journal of Ocean University of China*）等7种期刊。

（董双林）

**中国海洋湖沼学会** Chinese Society of Oceanology and Limnology; CSOL 中国海洋湖沼科技工作者的群众性学术团体。中国科学技术协会的组成部分。学会办事机构现设在青岛市。主要任务是开展国内外学术交流，编辑学术书刊，推动海洋与湖沼科学的发展，同时普及海洋、湖沼科学技术知识，开展咨询活动，开展和支持对海洋湖沼资源的科技开发和保护，并对国家海洋和湖沼资源的开发利用、发展战略及科学技术政策提出建议。

中国海洋湖沼学会于1950年1月在上海成立，选举秉志为第一任理事长。并先后在北京、上海、青岛、厦门、武汉等地建立了分会。1950年8月，总会由上海迁至北京，理事长改由孙云铸担任。1953年6月又由北京迁至青岛，选举张玺为理事长。截至2024年拥有会员10 900余名，下设28个分会（专业委员会）。曾呈奎、刘瑞玉、秦蕴珊、胡敦欣、相建海、孙松先后继任理事长。

学会成立以来，先后建立了水文气象、海岸河口、海洋化学、水环境、鱼类、贝类和藻类等16个二级（专业）学会和9个省市地区学会。1983年6月，学会和中国科学院海洋研究所一起受国际海藻协会的委托，在青岛召开了第十一届国际海藻学术讨论会。学会同许多国家的有关学术团体保持经常联系和学术期刊交换。

学会还协助自然科学名词审定委员会进行了海洋湖沼方面名词的审译、修订工作，组织了有关专著和知识丛书的撰写以及专题报告会。学会编辑出版的学术期刊为《海洋与湖沼》《海洋湖沼学报》（英文版）、《湖泊科学》以及《中国海洋湖沼科学会议论文集》等。

（邓 昂 张首临）

**中国海洋学会** Chinese Society of Oceanography 中国海洋科技工作者的群众性学术团体。中国科学技术协会的组成部分，国际太平洋海洋科技协会（PACON）的中国分会。1979年7月29日在大连成立。历届理事长为罗钰如（第一、二届）、严宏谟（第三、四届）、扬文鹤（第五届）、王曙光（第六、七届）、陈连增（第八、九届）。学会主要开展海洋科学技术交流、民间国际海洋科技交流以及港、澳、台地区的学术交流活动；参与国家海洋政策、战略、规划和法规的拟定并提供决策咨询；发展海洋高技术并促进产业化；普及海洋科学技术知识；主办《海洋学报》《海洋工程》和《海洋世界》等海洋学术和科普刊物，编辑、出版海洋科技书籍等。有关的学术分会有：海洋环境、海洋工程、海洋地质、海岸河口、海洋物理、海洋化学、风暴潮与海啸、海岸带开发与管理、海洋经济、海水淡化与水再利用、海洋观测技术等。另有专业委员会：海洋遥感、潮汐与海平面、海洋生物工程、海-气相互作用、海冰、海洋调查等。截至2024年，个人会员约180 000人，单位会员300余个。

（刘安国）

**中国极地科学考察站** China polar scientific research station 中国建立在南北极地区的科学考察基地。一般分为越冬站和度夏站两类。越冬站全年运行，拥有多座建筑，提供后勤保障人员、交通机械、通信、医疗、生活、居住、能源供给、实验室保障等条件。站区拥有多种交通和工程机械设备，能满足冬夏不同季节雪面、路面等多种地形环境下，单人及多人的交通运输保障能力。度夏站规模较小，仅在夏季对考察队员开放，在其他季节没有人员留守，只有少量设备开展自动观测。

中国南极长城站 中国建立的第1个极地科学考察站，建成于1985年2月20日，位于西南极的南设得兰群岛乔治王岛

（南纬62°12′59″，西经58°57′52″），站区平均海拔10米。夏季最高气温12℃，冬季平均气温－8℃，最低气温－27℃，空气湿度较大，海风含盐量高，全年大风天数在60天以上。建筑面积约4082平方米，有大型建筑12座，可容纳20人越冬，40人度夏。建有生态动力学实验室、气象观测站、野外观测台等，主要开展极地低温生物、生态环境、气象、海洋、地质、测绘等科学观测和研究。

中国南极中山站　中国在南极大陆上建立的第1个考察站，位于东南极大陆拉斯曼丘陵、普里兹湾畔（南纬69°22′24″，东经76°22′40″），建成于1989年2月26日，站区平均海拔11米。夏季最高气温9℃，冬季平均气温－23℃、最低气温－46℃，全年大风天数约180天，晴天约220天，紫外线辐射强度大。建筑面积约7436平方米，有大型建筑17座，可容纳25人越冬，60人度夏。建有雪冰实验室和极区空间实验室，主要开展极区高空大气物理、南极臭氧、冰雪和大气、海洋、地质、地球化学、地理、环境、人体医学等科研观测和研究。中山站是中国东南极内陆考察必经之地，也是中国航空活动的枢纽，为通往昆仑站、格罗夫山、埃默里冰架区域考察提供有力的航空、地面支撑和应急保障。

中国南极昆仑站　中国第1个南极内陆考察站，也是人类在南极地区建立的海拔最高的科考站。建成于2009年1月27日，位于南极内陆冰穹A地区（南纬80°25′01″，东经77°06′58″），距中山站1258千米，平均海拔4090米，冰厚3500米，年均温度－58℃、最低气温－82℃，紫外线强度大。中国南极昆仑站为度夏站，现有建筑面积约558平方米，包括生活区和科研区，可供20人度夏。昆仑站主要开展冰川学、天文学、地球物理学、大气科学、空间物理学等科学研究，并支撑深冰芯钻探、天文望远镜建设等重大科学工程。

中国南极泰山站　中国第2个南极内陆考察站，2014年2月8日完成主体建筑建设任务。位于东南极冰盖伊丽莎白公主地区域（南纬73°51′，东经76°58′），距中山站约522千米，距昆仑站715千米，海拔高度2621米，冰盖厚度1900米。站区总规划建设面积710平方米，可供20人度夏。主要开展冰川和气象学观测、空间物理学观测，并配置与以上观测系统相匹配的远程通信遥控自动供电系统，可实现部分设备在冬季无人值守情况下连续运行。

中国北极黄河站　中国首个北极科学考察站，建立于2004年7月28日。位于挪威斯瓦尔巴群岛的新奥尔松镇（北纬78°55′，东经11°56′）。夏季平均气温为0℃左右，冬季平均气温为－15℃。中国是第8个在斯瓦尔巴群岛建立北极科考站的国家。主体建筑为一栋两层建筑，总面积为567平方米，包括实验室、办公室、阅览休息室、宿舍、储藏室等，可供18人同时工作和居住，并且建有用于高空大气物理等观测项目的屋顶观测平台，建筑外设有雷达等观测场地。站区配备必需的生活、通信和小型野外考察车辆、橡皮艇等后勤保障装备。黄河站可开展高空物理、大气环境、海洋生态、冰川、卫星大地测量等多学科观测和研究。

中国－冰岛北极科学考察站　2018年10月18日正式开站，位于冰岛北部阿库雷里的凯尔赫（北纬65.71°，西经17.36°）。占地面积158公顷，建筑面积约1400平方米。主要开展极区空间环境、北极生态环境、极区大气和气候学、海洋等科学观测和研究。（张体军　万建华　史久新）

**中国近海海洋综合调查与评价专项（908专项）** National Project of Coastal Environment Investigation and Assessment,908 Project　旨在摸清中国近海海洋环境资源的家底，了解中国近海海洋状况和变化趋势，为国家宏观决策、海洋经济建设、海洋管理及海洋安全保障提供有效的支撑和服务的专项任务。近海是中国海洋经济发展、海防建设、权益维护和防灾减灾的关键区域。20世纪50年代末实施的全国海洋普查，开启了中国的海洋时代，奠基了中国的海洋科学。时隔近半个世纪，中国海洋经济快速发展，海洋开发强度不断加大，近海环境资源发生了重大变化，维护国家安全和海洋权益的形势日趋严峻，低精度、零散、碎片化地掌握海洋信息及其规律，已远远不能满足国家发展和应对管辖海域周边国际形势的急迫需求，国家海洋局（今自然资源部）提出了开展中国近海海洋综合调查与评价的专项建议。2003年9月国务院正式批准中国近海海洋综合调查与评价专项（908专项）立项。为保证专项工作的顺利开展，由国家海洋局及国家发展和改革委员会、财政部有关部门组成专项领导小组负责专项的统筹协调，国家海洋局具体组织实施。专项动用调查船536艘，执行1200多个航次，总航程约300万千米，历时8年，覆盖中国近海约150万平方千米海域，开展了全要素、全覆盖、高精度综合调查研究与评价，构建了第一代中国数字海洋系统。专项产出了一大批原创性成果，已全面应用于国家和沿海11个省市的海洋规划制定与实施，支撑了诸如港珠澳大桥、钓鱼岛及其附属岛屿领海基线划定、南海岛礁领海基点方案制定、“蓝色海湾”和“智慧海洋”等一系列关乎国家海洋经济发展、海洋权益维护和海洋生态文明建设等重大战略工程，成为中国实施经济富海、依法管海、生态治海、维权护海等海洋强国战略的基石。取得了巨大的经济和社会效益，并具有长远的应用价值，为中国海洋科技进步和海洋事业发展做出重大的历史性贡献。

①构建了中国全新的现代海洋调查标准和海－地－空－天一体化调查技术体系，实现了对中国近海海洋环境资源的全学科、全要素、全方位、全覆盖综合认知和系统掌握，全面建成了中国近海高精度的大数据源。新制定国家标准8部、行业标准7部、专项技术规程21部；取得发明专利16项。所获数据总量达260TB，整体精度较20世纪提高1～2个数量级。编制图件6.7万幅，比例尺由1∶100万～1∶50万提高到1∶25万～1∶5万，其中，重要海岛和大陆岸线基础图件的比例尺达到1∶1万，分辨率从原来的十米级提高到厘米级。②集中获得了一批原创性研究成果，历史性地推进了中国近海环流、海洋生态和地质环境演变等基础理论向集成化、体系化的转变，夯实了中国区域海洋学学科理论和知识体系，奠定了中国在国际海洋科学研究体系中独特的优势地位。编撰出版科学专著206部，包括《中国区域海洋学》8部、《中国近海海洋》27部、《中国近海海洋图集》27部、《中国海洋生物图集》10部、《中国海岛志》8部和《中华海洋本草》9部；发表论文3000余篇，其中科学引文索引（SCI）和工程索引（EI）源刊论文500余篇。③完整建立了具有自主知识产权的中国近海环境资源评价技术体系，跨区域分类分级评价了中国近海生态系统和新兴资源等5个核心主题，实现了从单要素、定性评价向多要素、定量评价的飞跃，开启了中国科学管控海洋的新时代。建立评价模型39个，取得软件著作权44项；编制省级以上海洋政策建议书和海洋专报58份。科学测算中国近海可再生能源总蕴藏量达15.8亿千瓦，潜在海水增养殖区面积为171万公顷，海洋环境资源承载力可支撑未来20年海洋经济年均8%以上的增长。④研发建设了技术先进、信息丰富、应用广泛的第一代中国数字海洋系统，创新性地将中国海洋管理决策服务带入数字信息时代，由此孕育了新世纪“智慧海洋”的战略宏图。攻克了多源多尺度海洋时空数据组织与管

理、基于球体模型的海洋信息集成与应用服务等17项关键技术；搭建了全国一体化的海洋数据仓库，建成8个海洋综合管理系统和72个特色应用服务系统；取得软件著作权51项。 （鲍献文 李培英）

**中国科学院海洋研究所** Institute of Oceanology, Chinese Academy of Sciences; IOCAS 中国科学院下属的从事海洋科学研究的国家级研究机构。是中国成立的第一个专业从事海洋科学研究的国立综合性科研机构，也是中国海洋科学的发源地。始建于1950年8月1日，前身为中国科学院水生生物研究所青岛海洋生物研究室；1954年，更名为中国科学院海洋生物研究室；1957年，扩大建制为中国科学院海洋生物研究所；1959年，扩建成为中国科学院海洋研究所。历任所长：童第周（1950～1978）、曾呈奎（1978～1984）、刘瑞玉（1984～1987）、秦蕴珊（1987～1995）、周名江（1995～1998）、相建海（1998～2006）、孙松（2006～2017）、王凡（2017～ ）。

中国科学院海洋研究所的研究领域涵盖海洋生物、物理海洋、海洋化学、海洋地质和海洋腐蚀防控、海洋资源开发利用和海洋药物等各个领域，引领中国海水养殖业的发展，推动海水养殖“三次浪潮”的形成；拥有中国乃至亚洲最大的海洋生物标本馆；建造了中国第一个用于海洋生物科学研究的水族馆；率先开展海洋领域研究生教育；拥有“科学”号等海洋科考船队和中国历史最悠久的海洋生态系统长期观测研究站——胶州湾站。

截至2020年底，该所共有在岗在编职工706人，其中两院院士3人，专业技术人员644人（高级专业技术岗位人员381人）；博士生导师89人（不含兼职），硕士生导师78人。其中，含“千人计划”学者8人，“万人计划”学者6人，国家杰出青年基金获得者7人，国家优秀青年基金获得者6人，国家“百千万人才工程”入选7人。该所设有一级学科博士学位点3个，二级学科博士学位点9个，硕士学位点10个，工程硕士学位点2个，博士后科研流动站2个。在站博士后146人，在读研究生597人。

截至2021年，该所在海洋科学研究领域共取得1900余项科研成果，获得科技奖励600余项，其中国家一等奖6项、二等奖25项，全国科学大会奖15项，国家其他奖36项，省部委一等奖160余项，山东省科技最高奖4项，国际奖17项。发表论文1.4万余篇，出版专著280余部，授权发明专利近1700件。国家一级学会中国海洋湖沼学会挂靠该所，出版学术期刊《海洋与湖沼》《海洋科学》《水生生物学报》《湖泊科学》，以及《海洋湖沼学报》（英文）等。 （王 敏 刘 洋）

**中国科学院南海海洋研究所** South China Sea Institute of Oceanology, Chinese Academy of Sciences; SCSIO, CAS 中国大规模的国家级综合性海洋研究机构之一。直属中国科学院。成立于1959年1月。研究所（图1）重点研究热带边缘海海洋水圈–地圈–生物圈圈层结构及其相互作用特征与演变规律，探讨其对资源形成和环境变化的控制和影响，发展具有南海特色的热带海洋资源与环境过程理论体系和应用技术。以生态安全与绿色发展、海–陆–气相互作用与环境安全、边缘海与大洋板块相互作用和岛礁工程环境保障为战略主题，聚焦生态文明和国防安全建设工程，着力突破海洋领域前沿科学问题和关键核心技术，力争建成国际水平的热带海洋科学研究、人才培养、成果转移转化三高地，从而为发展中国海洋经济和维护海洋权益做出基础性、战略性和前瞻性贡献。

图1 中国科学院南海海洋研究所大门

研究所在热带海洋环境动力与生态过程、边缘海地质演化与油气资源、热带海洋生物资源可持续利用与生态保护和海洋环境观测体系及其关键技术等领域取得了丰富科研成果，发展区域热带海洋科学理论体系，凝聚一批高水平的热带海洋科研与技术创新团队，推动物理海洋、海洋生物、海洋生态、海洋地质等多学科综合交叉发展，提升了中国在区域热带海洋科学研究领域的国际学术地位。

研究所设有热带海洋环境国家重点实验室、中国科学院边缘与大洋地质重点实验室、中国科学院热带海洋生物资源与生态重点实验室、中国科学院应用海洋学实验室、中国科学院海洋微生物研究中心、中国科学院岛礁综合研究中心、中国科学院中国–斯里兰卡联合科教中心，广东省海洋药物重点实验室、广东省应用海洋生物学重点实验室、广东省海洋遥感重点实验室、海南省热带海洋生物技术重点实验室，以及海洋环境工程中心等。

研究所拥有广东大亚湾海洋生态系统国家野外科学观测研究站、海南三亚海洋生态系统国家野外科学观测研究站、海南西沙海洋环境国家野外科学观测研究站、湛江海洋经济动物实验站、汕头海洋植物实验站和南沙海洋生态环境实验站。有“实验1”号（图2）、“实验2”号（图3）、“实验3”号（图4）、“实验6”号（图5）等4艘大型海洋科学考察船和一个淡水码头。拥有仪器设备公共服务中心、海洋环

图2 海洋科考船“实验1”号

图3 海洋科考船“实验2”号

图4 海洋科考船“实验3”号

图5 海洋科考船“实验6”号

境检测中心、南海海洋生物标本馆和海洋信息服务中心。该所牵头，联合广州能源所和华南植物园等24家研究所筹建中国科学院南海生态环境工程创新研究院；联合自然资源部广州海洋地质调查局等50家单位筹建南方海洋科学与工程广东省实

验室（广州）。获科技部批准建设中国—斯里兰卡热带海洋环境“一带一路”联合实验室，国家重大科技基础设施“冷泉生态系统研究装置”申建工作推进顺利。

截至2022年底，研究所设有海洋科学、环境科学与工程2个一级学科培养点，物理海洋学、海洋化学、海洋生物学、海洋地质、环境科学5个二级学科培养点。设有海洋科学和环境科学与工程2个一级学科博士后流动站。

自成立以来，南海海洋所共取得科研成果近800项，获国家、中国科学院、部委和省市级成果奖260项，代表性成果有“热带海洋微生物新型生物酶高效转化软体动物功能肽的关键技术”“热带海洋生物活性物质的利用技术”“南海与邻近热带区域的海洋联系及动力机制”和“南沙群岛及其邻近海区资源环境和权益综合调查研究”等。与40多个国家和地区建立了学术联系与合作，重点发展与欧、美、日、澳等海洋科学发达国家的合作与交流，同时加强与“一带一路”、丝绸之路沿线国家的交流与合作。

研究所是全国海洋科研机构首家获得ISO9001质量体系认证的科研单位，拥有“工程勘察证书（海洋工程勘察综合类甲级）”“测绘资质证书（乙级）”“检验检测机构资质认定证书（包括检验检测机构计量认证）”等。是中国海洋学会海洋物理分会、广东海洋湖沼学会、广东海洋学会等的依托单位。编辑出版《热带海洋学报》（核心期刊）。（陈　忠）

**中国科学院深海科学与工程研究所** Institute of Deep-sea Science and Engineering, Chinese Academy of Sciences; IDSSE, CAS 由中国科学院、海南省、三亚市共建，直属中国科学院的科研机构。简称深海所。2011年筹建。2015年定名为中国科学院深海科学与工程研究所。设有深海科学研究部、深海工程技术部、海洋装备与运行管理中心3个主要业务单位。截至2024年1月，拥有在职职工260人。其中，专业技术岗位215人、职员系列岗位42人、工勤系列3人。职工中具有博士学位的有89人，具有硕士学位的有118人。

深海所致力于在中国临近深海的前沿地区，开展深海科学研究、深海探测等关键技术和装备的研发，建设深海科学与工程的现代化基地、共享开放平台，推动国家深海重大装备在海南的集结，组建以海南为基地、陆海统筹的新时代国家深海科技战略力量。

2014年4月，承担“海斗深渊前沿科技问题研究与攻关”中科院B类先导科技专项，率先开启中国向深渊（水深大于6500米）至全海深范围进军的计划，研制成功“天涯号”等无人深渊深潜科考装备，使中国第一次拥有万米深渊进入和探测的高技术能力；5次牵头组织对世界最深处马里亚纳海沟挑战者深渊的综合科学考察，获得大批万米深渊珍贵样品和数据，开启中国深渊科考万米时代。

2017年8月，组织完成全国产的4500米载人潜水器“深海勇士”号的海试工作，并成为该型载人潜水器的业主单位。以此为开端，组建了一支高水平的潜航员团队。在高海况、复杂海底地质环境、高频次及高强度考验下，“深海勇士”号于南海、西南印度洋、中印度洋和西太平洋马里亚纳海沟等海域共完成660多次下潜。2019～2023年，下潜次数达到100次及以上，并实现一天一潜、两天三潜、四天六潜、夜间下潜、一个主驾带两个科学家下潜的模式，具有高于国际同时运行海况（30节风速/4米浪高）下潜的能力，推进“深海勇士”号实际运行和海底作业能力跻身国际先进水平。

2020年10～11月，组织国内14家单位、300余人次开展全海深载人潜水器“奋斗者”号海试任务，创造了10 909米的中国载人深潜新纪录，并实现全球首次万米海底实时4K视频直播。依托“奋斗者”号全球领先的作业优势，发起并实施了以中国为主导的“全球深渊深潜探索计划”，已完成马里亚纳海沟、克马德克海沟、雅浦海沟、蒂阿曼蒂那海沟、瓦莱比－热恩斯深渊和爪哇海沟等6条全球主要海沟深渊的载人深潜科考，创造多项世界载人深潜作业和科考新纪录，在深渊/深海地质、生命与环境科学领域取得一系列原创性重大发现和科考成果，建立了中国深渊科学学科体系，使中国深渊/深海科学研究进入国际前沿。

深海所将载人潜水器的应用拓展到深海考古等领域。2022年10月，在中国南海海域发现两处大型海底沉船遗址。推测文物数量超过10万件，初步判断为明代正德年间。入选2023年度全国十大考古新发现。

深海所积极探索体制机制创新，致力于打造“立足海南、辐射全国”的深海科技创新“小核心、大网络”协作攻关体系，与国内100多家单位形成实质性的战略合作联盟。积极参与海南省深海技术创新中心建设。逐渐成为国家深海重大装备的集结地。建有大型深海超高压模拟实验装置等岸基支持系统；拥有成体系的深海深渊着陆器；拥有“探索一号”“探索二号”两艘科考船（“探索二号”与海南省深海技术创新中心共有）；作为业主单位，负责4500米载人潜水器“深海勇士”号和全海深载人潜水器“奋斗者”号载人潜水器的运行和维护，服务并支撑多家用户单位在深海科考、深海考古、救援打捞、资源勘探、装备海试应用等方面取得系列重要科考成果。（发　强　夏婷婷）

**中国科学院烟台海岸带研究所** Yantai Institute of Coastal Zone Research, Chinese Academy of Sciences 中国科学院围绕海岸带环境安全、海岸带资源保育与利用和可持续发展管理等重点研究方向，开展多学科交叉研究，为国家海岸带环境安全、资源可持续利用与经济可持续发展提供科技支撑和系统性解决方案的科学研究机构。筹建于2006年，正式成立于2009年12月，是由中国科学院与山东省、烟台市共同筹建的资源环境领域的国家级研究机构。中国科学院烟台海岸带研究所以“认知海岸带规律，支持可持续发展”为使命，面向陆海统筹的海岸带综合治理体系建设的国家战略需求，聚焦环境过程与生态安全保障，打通生态修复与资源利用，实现绿色可持续发展，致力于战略性、前瞻性、颠覆性综合交叉研究，遵循科学与工程结合、自然与社会结合、信息与管理结合的研究思路，为“坚持陆海统筹、发展海洋经济、建设海洋强国”的国家战略实施提供战略科技支撑与综合示范应用。研究所设有中国科学院海岸带环境过程与生态修复重点实验室、海岸带生物学与生物资源利用重点实验室、山东省海岸带环境过程重点实验室、山东省海岸带环境工程技术研究中心、海岸带生态环境监测技术与装备山东省工程研究中心；研究所还拥有中国科学院牟平海岸带环境综合试验站、中国科学院黄河三角洲滨海湿地生态试验站、黄河三角洲盐碱地农田生态系统观测研究站，500吨级“创新一”科学考察船等科研平台。

研究所有环境科学与工程、海洋科学两个一级学科博士培养点和地理学一级学科硕士培养点，环境科学、环境工程、海洋化学、海洋生物学四个二级学科博士培养点，地图学与地理信息系统二级学科硕士培养点，以及环境工程、生物技术与工程两个专业硕士培养点，已形成较为完整的研究生培养体系。

中国科学院烟台海岸带研究所围绕海岸带环境安全、海岸带资源保育与利用和可持续发展管理等研究方向，学科特色鲜明。截至2023年底，中国科学院烟台海岸带研究所在化学、环境生态、动植物学和农学4个学科进入了科学指标数据库ESI前1%，共发表文章5800余篇，其中科学引文索引（SCI）文章3900余篇，SCI论文篇均被引频次在国内海洋领域位居前茅；获授权专利679项，52项实现转化，多次获得烟台市专利创造大户奖励；荣获山东省科技奖3项、海洋科学技术奖8项、海洋工程科技奖13项。（王　德）

**中国南部沿海生物多样性管理项目**　The Biodiversity Management in the Coastal Area of China's South Sea Project; SCCBD　由全球环境基金（GEF）资助，联合国开发计划署（UNDP）执行，中国国家海洋局和浙江、福建、广东、广西、海南五省（自治区）政府共同实施的项目。

资金构成　项目自2005年起实施，执行期为8年，资金总额1237.9万美元。其中，全球环境基金（GEF）资金319.5万美元，地方政府配套资金797.4万美元，美国国家海洋大气局（NOAA）实物配套46万美元，斯道拉·恩索公司现金配套23万美元，美国环境系统研究所公司（ESRI）实物配套52万美元。

实施目的　项目旨在利用海岸带综合管理方面的国际先进理念、经验、手段和工具，在中国沿海4个示范区开展海岸带及海洋生物多样性的养护、可持续利用示范。通过项目实施，利益各方采取创新性和适应性的海洋保护区（MPA）、海岸带综合管理方法，减轻和防止对海岸带生态系统完整性的威胁。其中，利益各方将建立新型合作伙伴关系，采取生物养护手段、利用生物养护信息和实行可持续的生活方式来保护重点区域的海岸带生物多样性。

示范区　项目共有4个示范区，涉及5个省（自治区），分别是浙江南麂列岛国家级自然保护区、福建东山—广东南澳洄游物种通道区、海南三亚珊瑚礁国家级自然保护区和广西壮族自治区山口—涠洲区。

项目评价　项目经过近7年的实践，提前实现了预期目标，使示范区的管理和保护能力得到显著增强，一系列消除生物多样性威胁的示范活动取得明显实效，所形成的经验和成果得到较好推广应用。项目实施期间，国家海洋局与5个示范区所在省（自治区）的人民政府联合签署了《中国南部沿海生物多样性保护宣言》，指出了海洋生物多样性对经济社会发展的重要性，并认为中国南部沿海生物多样性管理项目为实现中国21世纪议程的目标向前迈出一大步，为实现《生物多样性公约》的近期目标做出了实质性的努力。

（张朝晖）

**中华白海豚**　Chinese white dolphin; *Sousa chinensis*　动物界（Animalia）脊索动物门（Chordata）脊椎动物亚门（Vertebrata）哺乳纲（Mammalia）鲸目（Cetacea）齿鲸亚目（Odontoceti）海豚科（Delphinidae）白海豚属（*Sousa*）的一种。中国的最早的发现记录是在唐朝。清朝初期，广东珠江口一带称它为卢亭，也有渔民称之为白忌和海猪。

形态　体粗壮，喙中等长，喙长而窄，与额隆间分界不明显，下颌前端略超出上颌，喙与额隆间已无较深的凹痕为界；额隆中等大小。背鳍较大，近三角形，后缘略凹；背鳍基部形成增厚的脊。鳍肢宽，梢端圆。尾叶宽，梢端圆，后缘中央的缺刻部形成一对交叠的弧形瓣；尾柄具发达的背脊和腹脊。中华白海豚幼体呈深灰色（图1），亚成体呈灰色和粉红色相杂（图2），至于成体则为纯白色，常由于充血而呈粉红色。有些成体有暗色斑点，少数个体在呼吸孔后的颈部有暗色斑点形成的环。

图1　海南岛西南海域的中华白海豚

图2　水面上粉红色的中华白海豚

头骨吻突长而窄，前颌骨稍上凸。上颌骨后缘与上枕脊间有较宽缝隙。下颌联合长，占下颌骨长的21%～28%。每齿列具29～37枚齿（图3）。椎式为：C7，T12～13，L9～10，Ca22～24＝51～53。

分布　中华白海豚分布于太平洋、印度洋和大西洋国家，如中国、缅甸、泰国、

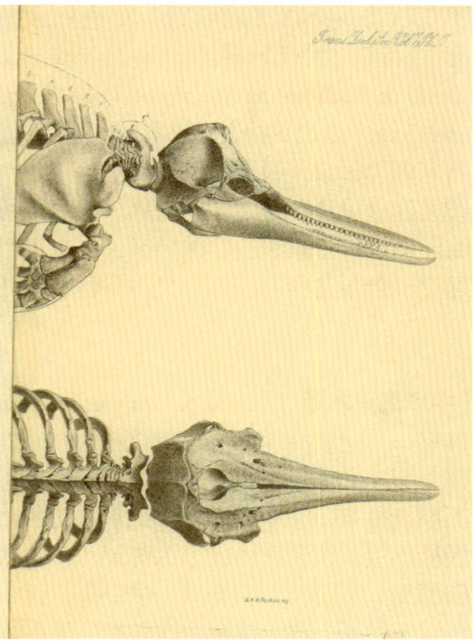

图3　中华白海豚头骨骨架

印度尼西亚、马来西亚、新加坡、印度、阿曼、也门、澳大利亚、巴布亚新几内亚、埃及、埃塞俄比亚、坦桑尼亚、南非、马达加斯加等国家。中国分布于东海南海沿岸及河口内湾。

中华白海豚主要分布于海洋生态系统或淡水生态系统上层（水深0～20米）。主要栖息地为红树林水道、海湾、热带河流三角洲或沿岸的咸水中。中国沿岸的中华白海豚有时进入江河中。珠江口的中华白海豚曾进入珠江到达广州的海珠桥，并曾进入西江约300千米之远。东海北部的中华白海豚曾进入江苏省长江段约220千米。中华白海豚单独或成群，多数为单独或成对的，最大的群约为20头。珠江口伶仃洋的群可达44头。在夏末常做跃水、探头等动作。喜随对拖网渔船活动。常出现在拖网浮子前100～200米处。跟随渔船活动可超过2小时。

食性　主要摄食近岸、河口及珊瑚礁海域的鱼类和头足类，如棱鳀（*Thryssa*）、梅童鱼（*Collichthys*）、叫姑鱼（*Johnius*）、带鱼（*Trichiurus*）、大黄鱼（*Larimichthys crocea*）等。

繁殖　雌性在9～10龄达到性成熟，雄性在12～13龄达到性成熟。妊娠期10～12个月，每胎产1仔，初生体长约1米。寿命25～30年。

生态　中华白海豚栖息地靠近海岸，易受到沿岸地区人类活动的影响。在其分布的许多地方都有被渔业误捕的报道。海岸带的工程建设以及红树林的破坏使其栖息地遭受严重破坏，因此中华白海豚种群数量已显著减少。《世界自然保护联盟濒危物种红色名录》将其列为易危状态（VU），中国哺乳动物红色名录将其列为

濒危状态（EN）。《濒危野生动植物种国际贸易公约》（*Convention on International Trade in Endangered Species of Wild Fauna and Flora*; CITES）将其列入附录Ⅰ。中国将其列为国家一级重点保护野生动物。中国已建立了珠江口中华白海豚、厦门珍稀海洋物种等国家级自然保护区，广东省也建立了若干省级和市级自然保护区。

（姜国良　吴志强　包振民）

**《中华海洋本草》** *Chinese Marine Materia Medica*　记载海洋中药的海洋药物领域首部大型志书。《中华海洋本草》由管华诗、王曙光主编，2009年由上海科学技术出版社出版。该著作由国家海洋局（今自然资源部）资助，中国海洋大学牵头，管华诗院士领衔，在大规模海洋药用生物资源野外综合调查和评价基础上，运用现代药学研究方法获得大量分析数据，结合历史文献资料整编而成。编纂工作历时5年，涉及40余所高等院校和科研机构，300余名专家学者参与编写，汇聚了众多学者的智慧。

全套著作9卷，1400万字，由主篇和副篇构成。《中华海洋本草》主篇（第1～5卷）包括矿物药、植物药和动物药，收录药物613味、药用物种1479种、矿物15种，3100余方。首次阐述了海洋本草的特点，系统总结了中国海洋本草的发展历史和现代海洋药物的研究现状；详细记载了海洋中药的正名、出处、别名、释名、考证、基原、炮制、药性、功效主治、配伍应用、用法用量、使用注意、附方、药论、制剂、现代临床与应用，以及原植物（动物）的异名、别名、形态与生态特征、分布、采收与贮藏、药材鉴别、化学成分、药理毒理等现代海洋药物相关研究成果。《海洋药源微生物》副篇（第6卷）收载了300余株海洋药源微生物及其次级代谢产物的生物学、化学、药理学等信息；《海洋天然产物》副篇（第7～9卷）收载了20世纪初以来全世界发现的2万种化合物的来源、结构（波谱数据）、生物活性等全部数据信息。

该书记载了中国3600年海洋药物的发展历史和成就，融合了传统中医药理论和现代科学技术，为海洋中药和现代海洋药物的研发提供了基础性科学资料，对中国乃至世界海洋药物的发展具有里程碑意义和深远影响。

（王长云）

**中华哲水蚤** *Calanus sinicus*　哲水蚤目哲水蚤目科的一种。主要分布于中国黄海和东海近海区，数量较大，为这些水域的优势种。小型海洋浮游动物，成体（见图）的身体呈长筒形，体长仅2～3毫米。显著的特征是：雌雄第五胸足第一基节的内缘都具齿列（雌性齿数一般为18～22，雄性一般为11～21），齿的基部彼此连接，齿列的近中央部分有明显凹陷，齿边较小。雄性第五胸足左右不对称，左足外枝较右足的长得多。左足外枝第一、二节较狭长，第三节短小，呈锥状；但右足的外枝较短，第三节末端没有达到左足外枝第二节的中央。左足内枝第三节的末端一般不超过外枝第一节的末端。食性为滤食型。滤食水中硅藻、细菌、原生动物及有机碎屑等的悬浮颗粒。在中国沿海的繁殖期一般有3次，时期随海区而异，在东海福建沿岸为：12月至次年1月、2～3月、4月底至5月。中华哲水蚤是许多经济鱼类的主要摄食对象，在渔业生产上具有重要价值。

（郑　重　马　林）

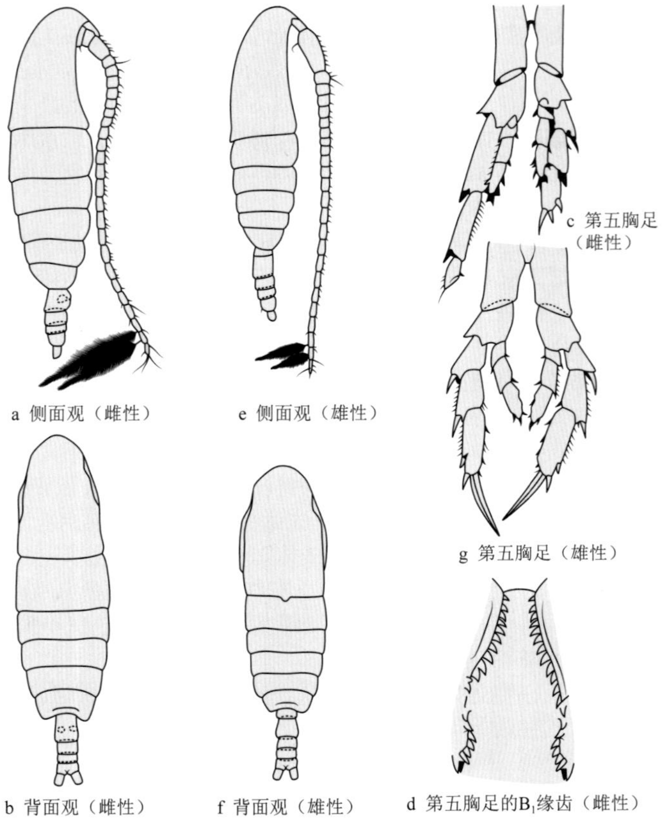


中华哲水蚤

**中太平洋厄尔尼诺**　Central Pacific El Niño　海水升温的最大值位于赤道中太平洋日界线附近的厄尔尼诺现象。其对应的海表温度增暖中心位于Niño 4区（南纬5°～北纬5°，东经160°～西经150°）。简称中太型厄尔尼诺。与东太平洋厄尔尼诺不同，中太平洋厄尔尼诺在21世纪以来频繁发生，因此又称新型厄尔尼诺或日界线厄尔尼诺、厄尔尼诺Modoki（Modoki是日文的罗马语拼法，意为“相似但不同”）、暖池型厄尔尼诺。

发展过程　中太型厄尔尼诺的发展消亡与东太平洋厄尔尼诺较为类似，也有明显的季节锁相现象，即从春末夏初开始出现，冬季达到最强，次年春夏衰减消亡。但是，中太型厄尔尼诺的强度大约为东太平洋厄尔尼诺的一半，其最大增温只有2℃左右。与东太平洋厄尔尼诺不同的是，其初始海温异常最先出现在赤道中太平洋，海温异常在冬季时会扩展至赤道东太平洋，但其海水增暖中心仍位于赤道中太平洋日界线附近。因此，赤道中太平洋的海洋大气有较明显地改变，如赤道中太平洋信风和海流减弱，降水增加。第二个与东太平洋厄尔尼诺不同的特征是，由于赤道东太平洋海温没有明显的上升，热带辐合带不会明显地向赤道偏移，而是局地增强，导致赤道东太平洋上出现吹向热带辐合带的异常南风。因此，即使在中太型厄尔尼诺的盛期中，赤道东太平洋上也没有明显的降水增加现象。第三点不同的特征是，其消亡之后很少会伴随着拉尼娜的发展，因为中太型厄尔尼诺的生命周期中没有伴随着强烈的次表层海水“放电”现象，海洋次表层没有足够的异常冷水供拉尼娜的发展。按普遍认同的分类标准，历史上的1965/1966、1968/1969、1977/1978、1991/1992、1994/1995、2002/2003、2004/2005和2009/2010的厄尔尼诺事件被归类为中太型厄尔尼诺。

机理　中太型厄尔尼诺的发展机理与东太平洋厄尔尼诺的比较类似，也受纬向平流反馈、温跃层反馈和埃克曼反馈的控制。但不同的是，由于中太型厄尔尼诺对应的局地温跃层深度变化很小，而且赤道中太平洋上升流较弱，因此中太型厄尔尼诺受温跃层反馈的作用很小，其发展主要是依赖于纬向平流反馈：异常的西风引发的异常东向海流将暖池区的高温暖水向东输送，由于赤道东太平洋存在异常的弱东风，阻止高温暖水的进一步东扩，因此纬向平流反馈的贡献仅仅存在于赤道中太平洋上。正因为中太型厄尔尼诺受周期较长的温跃层反馈的控制较弱，而受短周期的纬向平流反馈的控制较强，因此中太型厄尔尼诺的持续时间较短（8～11个月），且呈现出准两年振荡的特征。尤其是21世纪的前10年中发生了3次中太型厄尔尼诺事件（2002/2003、2004/2005和2009/2010），其原因尚未确定。（谢瑞煌）

**中纬度海－气相互作用** mid-latitude ocean and atmosphere interaction 发生在中纬度海洋与大气之间的能量、动量和质量的交换，以及这些交换对海洋和大气的各种物理特征的改变过程。由于海洋与大气的运动引起的发生在海－气界面的能量、动量以及质量的交换，对海洋与大气的状态与运动具有相互影响和反馈，进而引起海洋与大气状态和运动的变化，形成海洋与大气的相互作用，如海洋与大气耦合模态的形成和变异等。

机理 在中纬度海洋上，大气环流的随机强迫，通过海洋的红噪声滤波功能，在海洋波动、潜沉和平流等作用下，引起海洋的变化，反馈给大气，通过大气环流变化再强迫海洋，最终将大气随机扰动转化成具有长期“记忆”的海－气耦合模态。大气运动通过风应力引起海水运动，形成海洋中的罗斯贝波涡旋和大尺度海洋环流系统，引起海洋能量再分配和海温的异常分布。另外，海洋能量的再分配和海温异常又可以通过热量的变化引起大气环流的改变，形成海洋对大气的反馈。此外，大气环流异常通过海面风应力驱动海洋环流调制，激发海洋斜压罗斯贝波。该波的向西传播可以导致海洋西边界流及其延伸体流系，后者的南北振荡和加速会影响大气环流变化，通过海－气相互作用造成的海－气耦合模态转化来维持中纬度海－气耦合过程的年代际变化。中纬度海域大气运动引起海水蒸发，水汽进入大气，在合适的条件下会成云，改变大气环流；同时会成云至雨，降水和蒸发会改变海水盐度、密度变化和海洋环流，进而影响海洋与大气环流的改变。不同海盆之间的变化也可以通过“大气桥”将一个海盆耦合模态变化信息传递到另一个海盆，如阿留申低压与冰岛低压的“跷跷板”和北大西洋与北太平洋的海－气耦合共振现象。

除了以上海盆尺度上的海－气相互作用外，中纬度海面风一方面可以通过加强蒸发，降低海表温度；另一方面因为海表温度锋面和海洋涡旋导致的海表温度空间非均匀分布，也会通过影响大气边界层中海面风的辐散（辐合）而导致大气次级环流和对应的降水异常。

特征 中纬度海洋与大气的相互作用的耦合模态在太平洋和大西洋都存在。在北太平洋有**太平洋年代际振荡**（PDO）和**北太平洋环流振荡**（NPGO）两类年代际时间尺度海－气耦合主模态，其对应的大气环流模态分别为阿留申低压（太平洋—北美遥相关的一个活动中心）和北太平洋涛动（NPO）。北大西洋有北大西洋三极子模态，对应大气的**北大西洋涛动**（NAO）模态。

影响 太平洋PDO不仅可以影响**厄尔尼诺－南方涛动**（ENSO）事件发生的频率和振幅，而且影响ENSO事件的类型，进而影响对全球天气、气候。PDO不仅可以影响年际尺度气候变化，也可以影响气候的年代际变化，对全球变暖也有调制作用。NAO可以影响北极海冰的变化，对天气和气候也有显著影响。（李 春）

**中纬度纬向流** mid-latitude zonal current 主要的中纬度纬向流包括两类流动。一类是由西风主导的**西风漂流**，如**北太平洋流**、**北大西洋流**及南半球的**南极绕极流**。另一类是西边界流脱离海岸而形成的向东流动的延伸体，如太平洋的**黑潮延伸体**、大西洋湾流延伸体和印度洋的厄加勒斯回流等。值得指出的是，一些情况下，人们所称的北太平洋流已经包含黑潮延伸体，而北大西洋流与湾流延伸体的关系也类似。（王 凡）

**中央海岭** mid-ocean ridge 伴有地震和火山活动的巨大海底山系。见**洋中脊**。

**重力式码头** gravity quay-wall 由自身及其填料重力保持稳定的结构物构成靠泊岸壁的码头。一般由胸墙、墙身、基础、墙后填料和码头附属设施等组成。

胸墙和墙身是重力式码头的主体结构，它构成船舶系靠所需要的直立墙面，阻挡墙后填料坍塌，承受作用在码头上的各种作用力并将它们传给基础。此外，胸墙还起着将墙身连成整体的作用，并用来固定码头附属设施。基础是墙身与地基的连接部分，承受墙身传来的外力，并将其扩散到较大范围的地基上，同时也保护地基免受波浪和水流的淘刷。墙后填料主要是形成码头地面，为减小作用在墙身上的

迪拜湾的重力式码头

土压力，靠近墙体处常采用内摩擦角较大的石料填筑，称为抛石棱体，在其表层铺设级配石料，称为倒滤层，防止其后填料流失。码头附属设施主要包括防冲设施、系船设施、系网环、爬梯等。

按墙身结构，重力式码头可分为沉箱结构、块体结构、扶壁结构、大圆筒结构和格形板桩结构等。

沉箱是一种巨型钢筋混凝土空箱，箱内由纵横隔墙隔成若干舱隔，在预制厂预制后，运往现场沉放在基床上，再在箱隔内充填沙石料。块体结构的有混凝土方块结构、钢筋混凝土空心方块（无底沉箱）结构和异形混凝土块结构等类型，块体在预制厂预制，运往现场安装。扶壁是由立板、底板和肋板互相连接成整体的轻型钢筋混凝土结构，可采用预制安装结构，也可采用现浇的连续结构。大圆筒是预制的大直径无底薄壁钢筋混凝土圆筒或钢圆筒，直径可达20米以上，运至现场安装后在筒内充填沙石料。格形板桩结构是用板桩围成格形，格仓内用砂、石等材料填充，形成具有承载能力的墙体结构，一般采用钢板桩。（鲁子爱）

**重力梯度测量技术** gradiometry technology 测量重力梯度的技术。重力梯度测量技术为探测地球重力场信息的重要手段，对于高精度惯性制导、地球科学、空间科学和地质科学都有着重要的意义。

重力梯度测量技术已经被认为是一种资源探测的有效手段之一，对基础地质调查研究、地震与海平面监测、油气矿藏等资源勘查等领域具有重要的应用价值。根据工作原理不同，重力梯度测量技术分为基于扭力的重力梯度测量技术和基于差分加速度的重力梯度测量技术两种。

基于扭力的重力梯度测量技术的基本观测量为作用于检测质量的力矩，从而间接获取引力梯度张量的各分量。使用该技术的测量仪包括扭称重力梯度仪和二维簧片重力梯度仪。由于其体积和稳定性的问题，发展相对缓慢。

基于差分加速度的重力梯度测量技

术，以作用于加速度计的引力差为基本观测量，通过两个加速度计测量的加速度之差来获取引力梯度张量的各分量。使用该技术的测量仪包括旋转加速度计式重力梯度仪、基于微电子机械系统（MEMS）的重力梯度仪、静电悬浮加速度计重力梯度仪、超导重力梯度仪、原子干涉绝对重力梯度仪、激光干涉绝对重力梯度仪。由于其自身的高稳定性和高精度，基于差分加速度的重力梯度测量技术得到了迅速的发展和应用。至21世纪初，唯一商用地该类型重力梯度仪是由美国贝尔实验室研制的旋转加速度计式重力梯度仪。

（林　渊）

**皱纹盘鲍**　disk abalone; *Haliotis discus hannai*　原始腹足目鲍科鲍属的一种。又称盘大鲍、盘鲍螺。贝壳较大，呈扁卵圆形，壳质坚实，壳长可达120毫米以上，壳宽80毫米。螺层少，体螺层特大。壳面粗糙，生长线明显，常形成皱褶，有不规则的瘤状或波状突起。从贝壳的顶部开始，有1列突起的呼水孔，其中有3～6个开孔。沿呼水孔列左下侧有1条凹陷的螺沟。贝壳表面多为青褐色、青褐色或深绿色，壳内为银灰色，有彩虹光泽。足部肌肉特别发达肥厚，分为上下足，适宜附着和爬行。

中国沿海分布于从辽宁到江苏连云港附近海域。国际上分布于朝鲜半岛和日本等地。

冷温性种类。生活于低潮线附近至浅海3～15米的岩石间。喜欢栖息于潮流通畅、水清和海藻丛生的环境中。通常以褐藻和红藻为食，有时也吃食有孔虫、多毛类和桡足类等小型动物。幼鲍主要以底栖硅藻为食。雌雄异体。自然环境中繁殖季节在6月下旬至8月，水温17～24℃。

肉味鲜美，营养丰富，为海中珍品。除鲜食外，也可加工成罐头或鲍鱼干，为中国北部沿海重要的经济螺类。已开展较大规模的人工养殖。贝壳即为著名的中药——石决明，可治疗高血压、胃酸过多和失眠等症。此外，还是贝雕工艺品的重要原材料。

（张素萍）

**朱祖佑**　Zhu Zuyou（1909-05-09～1996-12-05）　中国海洋学家。生于浙江海宁。1933年毕业于山东大学，后又毕业于法国巴黎海洋研究所。1957年赴美国华盛顿大学海洋系从事海洋研究，1959年获美国华盛顿大学博士学位。1935年后历任青岛观象台海洋科研究员、科长，抗日战争期间曾在四川省气象所和江西省气象所任

职。1948年以后，历任台湾气象所技正兼研究室主任、台湾大学教授、华盛顿大学海洋系客座研究员；1968年创办台湾大学海洋研究所，为首任所长；还曾兼任台湾师范大学等校教授。任国际海洋研究科学委员会台北“中国”委员会委员、执行秘书（1960～1975），1978年退休，定居美国。

朱祖佑对中国的海洋调查事业和海洋科学研究有重要贡献。他是中国台湾地区海洋科学事业的创始人，也是中国学者最早进行远洋海洋科学考察的组织者。早期参加过中国近海海洋调查，20世纪50年代以后主要从事台湾邻近海域的黑潮研究。参加过国际印度洋调查（IIOE）、黑潮及邻近水域合作调查（CSK），率领过“九连”号在邻近中国的南海和西太平洋调查，是中国最早系统调查研究黑潮的学者。对台湾东岸黑潮的水文、流速结构、流量变动及其与水位变化关系进行了系统深入的工作；从海洋动力学、生态系统观点研究台湾附近海域，发现一些冷水团和上升流现象；对通过巴士海峡的黑潮水与南海水的交换过程以及南海海盆中冷水来源的研究也有贡献。发表过有关黑潮研究论文30多篇。

（苏纪兰　刘安国）

**珠母贝**　pearl oyster; *Pinctada margaritifera*　双壳纲翼形亚纲珍珠贝目珍珠贝科贝类的通称。

形态　贝壳大或中等大，近正方形或不规则的圆形；壳质厚或稍薄。两壳略相等，两侧不等，背缘直，腹缘多呈圆形。壳顶大约位于背缘中部，前后通常有壳耳，前、后耳明显或不太明显。壳色多样，有深褐色、黄褐色、黑绿色、紫褐色等，表面有生长鳞片，有的具不规则的放射带。足丝孔位于右壳前耳下方，足丝较发达。壳内面珍珠层厚，有光泽；壳缘较薄，为棱柱层，易破损。闭壳肌痕明显，马蹄形；铰合部齿有或无，韧带细长，呈褐色，韧带槽较宽。无水管，直肠末端有肛门膜。

分布　广泛分布于热带和亚热带暖海区，在中国只有马氏珠母分布的北限为浙江（南麂岛），其余均分布于福建南部及广东以南海域。

生态习性　营附着生活，足退化，以足丝附着在岩礁、石砾或珊瑚礁间，喜欢栖息于风浪较平静、水流通畅、透明度较大、食物较丰富的内湾潮间带低潮线附近至潮下带60米以内的浅海底，适宜水温范围10～35℃。滤食性贝类，食物以硅藻类为主，还有桡足类及其幼体、有机碎屑、软体动物幼虫或原生动物等。

繁殖　雌雄异体，生殖腺成熟时，通常雌性呈淡粉色，雄性呈乳白色。繁殖季节多在水温较高的5～10月，但因不同种类和个体略有差异。多数受精后20天左右即可变态附着，生长速度较快，繁殖能力强，通常第二年就有生殖能力，存在性转换的现象。

意义与价值　珠母贝肉味鲜美，可食用；贝壳和珍珠除作观赏或装饰品外，还可入药。贝壳研制成珍珠粉可供药用和制造化妆品等；贝壳也是贝雕工艺的原材料，用作镶嵌和螺钿工艺，也可加工成梳子、纽扣等日用品；所产的珍珠经济价值更高，珍珠自古以来被人们视为珍贵的宝物，可药用，可作为装饰品（加工成项链、手链等）。珍珠性寒味甘咸，具有安神定惊、平肝潜阳、明目去翳、清热解毒、收敛生肌等功效。世界上对珍珠的需求量很大，产自中国浙江以南沿海的马氏珠母贝（见图），所产生的珍珠其颜色、质地和光泽度均极佳，故有著名的“南珠”之美誉，在国内外市场上备受青睐。

马氏珠母贝

中国对珍珠贝的采捕和利用已有2000多年历史。中国沿海常见的有大珠母贝、马氏珠母贝、珠母贝和长耳珠母贝等种类，是生产珍珠和人工育珠的优质对象。其中大珠母又称白蝶贝，属国家二级重点保护动物，由于过度捕捞，野生大珠母贝已濒临灭绝。20世纪70年代以来中国南部沿海已对马氏珠母贝和大珠母贝进行人工培育，并取得较好的成绩。

（张素萍）

**主动大陆边缘**　active continental margin　位于板块俯冲边界地带，多强烈地震、火山活动的大陆边缘。又称汇聚型大陆边缘、太平洋型大陆边缘、活动大陆边缘。见**大陆边缘**。

**主动照明成像技术** active illumination and imaging technology 利用人工光源对水下环境进行主动照明和成像的技术。光在水中传输时，其能量随传输距离按指数规律衰减。即便在清澈的海水中，阳光也难以穿透至海面百米以下的区域；而在千米的深海，周围环境更是一片漆黑。此外，由于水体对光的选择性吸收，长波段光谱能量（如红光、黄光）在水中损失严重，而短波段光谱能量（如蓝光、绿光）穿透力较强，因此水下图像一般颜色昏暗且多呈现蓝绿色。在这种情况下，单纯凭借自然光已经难以满足水下光学成像的要求，因此需要使用额外的光源对水下环境进行主动照明，尤其在深海观测等领域，更是离不开水下主动照明。

在实际应用中，一般采用卤素灯、氙灯、发光二极管等光源进行水下环境主动照明。由于发光二极管具有工作电压低、发光效率高、体积小、不易破碎等优点，在水下照明的应用越来越广泛。

值得一提的是，水下主动照明在提供光照的同时，也会产生大量的后向散射光，导致图像模糊，影响成像质量。因此，水下照明成像系统一般采用成像与照明分离的布局，增加光源与相机的距离，减小“照明－成像”重叠区域，以减少后向散射光对成像的不利影响。此外，亦可根据实际需求调整水下照明光源的强度、波长、相位、偏振态、角度、光束形状和水下相机的成像方式等，以提高图像质量。

（宋　宏）

**柱状采样器** columnar sampler 用于采集海底沉积物柱状样品的工具。根据所用动力可分为重力采样器、喷水式采样器、振动活塞采样器、爆发式采样器及水压式采样器等，常用的是重力采样器或振动活塞采样器。

重力柱状采样器根据其系统组成，可以分为带阀和带活塞两种类型。除了带阀或带活塞之外，其他结构类似，主要由采样管、内套衬管和重块组成。内套衬管的主要作用是防止抽取样品时样品受到扰动。根据是采用阀还是活塞来提高采样率分为阀式采样器和活塞式采样器。

阀式采样器　采样管的下端安装有切削型管靴，当采样器下放时有利于提高采样器插入沉积物中的深度。采样管上部安装有球阀，在下放时自动打开便于海水流过，在采样结束并提起时关闭，以防止海水冲刷采集到的样品。采样管管口安装有爪簧，使得采样器在提起时能够保证样品不脱落。

活塞式采样器　在采样时，活塞处于沉积物——海水分界面上。当采样器插入沉积物时，采样管在自重和惯性的作用下插入沉积物中，采集得到沉积物样品。在此过程中，在样品衬筒内部由于活塞的作用会产生一个吸力，进而补偿沉积物样品与衬筒之间的摩擦力，使得采样管中充满沉积物样品。

（王杭州）

**柱状样采集** columnar sampling 利用采集器采取海底表层以下松散沉积物垂直方向一定长度样品的方法。通过对沉积物柱状样品的分析和研究，以了解海底沉积物的历史、沉积规律以及各种因素在垂直方向上的分布和变化。

柱状样品采集器主要有靠自身重力采集和靠振动器提供外力进行采集两种设备。另外还有靠机械动力的钻探采集柱状样品的设备。通常在泥质沉积区采用重力型采样器；在砂质沉积区采用振动型采样器；在深海区域则采用重力活塞采样器。此外在软泥质沉积区取芯较为容易且岩芯较长，在砂质或硬黏土沉积区的海底取芯较短。在同样条件下，一般岩芯采取率最高的是振动活塞采样器，最低的是普通重力采样器，重力活塞采样器居于两者之间。

重力采样器由采样器主体（采样管和配重铅块）、活塞、夹缆释放器、重锤、触发绳等部件组成。一般在浅水海域，适合于底质类型为淤泥质黏土或较软的砂质黏土使用。其重量根据配重的不同，从几百千克到3000千克不等，岩芯管长度2～18米，采样管管径89毫米、108毫米、127毫米等。

振动采样器是利用共振破坏沉积物的黏结力，进而使沉积物产生液化，降低钻具的侧面摩擦阻力，使样品更容易进入衬管中，从而提高样品长度。由于沉积物颗粒的自振频率较低，一般在10～20赫兹，所以中频（12～25赫兹）振动器就是根据这一理论值设计的。由于该设备需要电力驱动马达作业，一般在水深<100米的浅水区应用较多，特别是在沉积类型为黏土质砂和砂质底质条件下，具有较好的采样效果。

国外采样器向两个方向发展。一是某些特殊功能采样器的研制，如英国的卡斯滕采芯器、意大利的能保持海底压力的活塞采芯器、加拿大的自控水下采芯系统以及美国的能直接测量样品密度的采样器等；二是向能采取长岩芯的重型化发展，如法国调查船“马里昂·杜弗兰”号上使用的库伦堡型重型采芯器，重达12吨、样管长60米，在北大西洋采到最长达53米的柱状岩芯。

中国在国家高技术研究发展计划（简称863计划）的支持下，1997年国家海洋局（今自然资源部）第一海洋研究所研制的长岩芯重力采样器，在东海冲绳海槽北部一次获取17.11米长的沉积物岩芯。该所与俄罗斯合作研发的重力活塞采样器，2011年在鄂霍次克海3361米的深海区成功获取10.9米长的柱状样品，这是迄今为止中国自行设计研制的重力活塞采样器在深海获取的最长柱状样品。

（莫恭政）

**抓斗** underwater grabber 用于采集海底表层沉积物样品的常用装置。其结构主要由中心结合轴、两个爪瓣、重锤等构成。采样前抓斗的两个爪瓣在机械锁紧装置的作用下处于打开状态，并用绞车将抓斗吊起使其自由下降到海底。在此过程中，抓斗的两个爪瓣的开口朝向海底。在到达海底之后，爪瓣与海底一旦接触机械锁紧装置自动释放，此时绞车开始提起，靠钢索拉力使两边爪瓣合拢抓起沉积物进入抓斗。该采泥器一般用于定点采样。

（王杭州）

**专属经济区** exclusive economic zone; EEZ 领海以外并邻接领海的一个实行特定法律制度的区域。又称经济海域。该区域的最大宽度从测算领海宽度的基线量起，不应超过200海里。

词源　专属经济区概念的形成最早可追溯至20世纪40年代拉美国家争取200海里海洋权的斗争。1947年，智利总统发表宣言，宣布对200海里范围内的海域和大陆架的主权权利，但不影响公海航行自由。许多拉丁美洲国家纷纷响应智利总统的宣言，宣布对200海里海域的主权权利，同时声明不影响公海航行自由。1952年，智利、厄瓜多尔和秘鲁共同发表的《圣地亚哥宣言》是第一项明确沿海国拥有200海里海洋权益的多边国际性文件。在1958年的第一次联合国海洋法会议和1960年的第二次联合国海洋法会议上，200海里海洋权的问题并没有得到承认。一些沿海国为保护其渔业资源和海洋权益，纷纷宣布建立专属渔区。在专属渔区内，沿海国一般行使对渔业事项的专属管辖权。进入60年代之后，越来越多的国家通过国内立法或宣言宣称对专属渔区或其他海洋区域内的自然资源的管辖权，其中主张200海里海洋权的国家遍布世界各大洲。200海里海洋权问题日益引起国际社会的重视。1972年，肯尼亚向联合国海底委员会正式提出了“专属经济区”的条款草案，主张沿海国对专属经济区内的自然资源享有主权权利，而其他国家享有航行和飞越自由。第三次联合国海洋法会议召开之时，专属经济区的概念不仅获得广大发展中国家的支持，也获得了一些发达沿海国的支持。1998年6月26日，中国通过的《中华人民共和国专属经济区和大陆架法》规定中国的专属经济区为领海以外并邻接领海的区域，从测算领海宽度的基线量起延至200海里。

基本内容 专属经济区不同于公海。公海区域和其中的资源不属于任何国家所有，而专属经济区内的自然资源属于沿海国的主权权利管辖范围。专属经济区也不同于领海，不构成国家领土的组成部分，不受国家主权的完全支配和管辖。专属经济区属于自成一类，实行特定法律制度的区域。《**联合国海洋法公约**》对各国在专属经济区的权利与义务又分两种情况进行规定。①规定沿海国在适当顾及其他国家的权利和义务的基础上，享有专属经济区勘探和开发（包括具有经济性的相关活动）、养护和管理海床上覆水域、海床及其底土的自然资源为目的的主权权利；如人工岛屿、设施和结构的建造和使用等若干事项的管辖权；海洋科考与环境保护的权利。②对于其他国家，在适当顾及沿海国的权利和义务，遵守沿海国按照公约规定和其他国际法规则所制定的不抵触专属经济区制度的法律和规章的基础上，享有航行自由、飞越自由、铺设海底电缆和管道的自由的权利及其他相关国际合法权利。专属经济区界限的划定原则是在国际法的基础上，以协议求得公平解决，并且尊重现行有效的协定。

专属经济区内的渔业管理问题是专属经济区制度的核心内容之一。沿海国在专属经济区内对生物资源的管理责任最主要是确保生物资源得到养护的责任。按照《联合国海洋法公约》的规定，沿海国应决定其专属经济区内生物资源的可捕量。应采取正当的养护和管理措施，确保所捕捞的生物资源不受过度捕捞或过度开发的危害。沿海国有责任确定本国捕捞专属经济区内生物资源的能力。为促进生物资源的最适度利用，沿海国有义务准许其他国家进入其专属经济区捕捞可捕量的剩余部分。沿海国在专属经济区内享有渔业立法和制定渔业规章的权利，也包括实施和执行这些法律规章的权力。只要是涉及生物资源的勘探和开发、养护和管理的事项，沿海国就有权制定和实施有关法律和规章。

意义 专属经济区已经成为国际海洋法中被广泛接受的概念之一，特别是其中关于海洋生物资源养护和管理的规定，对世界海洋渔业管理正在产生深远影响。

（黄硕琳）

**转换断层** transform fault 连接**洋中脊**与洋中脊、洋中脊与**海沟**、海沟与海沟的走向滑动断层，断层错动在其两端突然终止，转换成洋中脊的拉张或海沟的挤压。

简史 1965年，加拿大地质学家J.T.威尔逊首先提出转换断层的概念。至1968年，由于美国学者W.J.摩根等的论述，转换断层成为板块构造理论不可缺少的组成要素。20世纪70年代末，B.E.霍布斯等人对转换断层的含义作了补充：具有转换性质的平移断层可大可小，大者延伸长度可达数千千米，而小者则仅有数十千米，甚至在岩石手标本上都能见到；另外，转换断层并非大洋地壳或大洋岩石圈特有，在大陆上也有广泛分布，如美洲的圣安德烈斯断层、中国的郯庐断层。

特征 转换断层多见于大洋中脊区域，表现为一系列切截洋脊的横向断裂带。沿断裂带两侧，洋脊及其磁异常条带均平移错开，错开幅度达数十千米至数百千米，少数可达数千千米以上。断裂带在**海底地形**上表现为海底岭脊、沟槽和崖壁。断裂带常与洋脊轴线近于垂直，貌似把洋脊错开的平移断层。但由于洋中脊轴部为海底扩张中心，**洋底岩石圈**不断向两侧扩张推移，致使断裂带的活动表现为转换断层性质。

转换断层与一般平移断层的区别在于：①平移断层的活动沿断裂带整个长度发生，而转换断层的错动则局限于脊轴之间的段落（图1中BC段），在与脊轴相交处错动骤然终止。②转换断层与平移断层的错动方向恰好相反，如图1所示转换断层为右旋，平移断层为左旋错动。③平移断层持续活动会使两侧脊轴之间的错开幅度越来越大，转换断层的活动却不能使错开幅度增大。地震资料表明，断裂带地震活动只发生于BC段，BC段以外则为断裂带被动段落（AB、CD段），其两侧海底向同方向推移。此外，震源机制显示活动段落的错动方向与洋脊的视错动方向相反，证实横断洋脊的断裂带确属转换断层性质。既然横向断裂带不是后期形成的错开洋脊的平移断层，它们很可能与洋脊同时或更早形成。

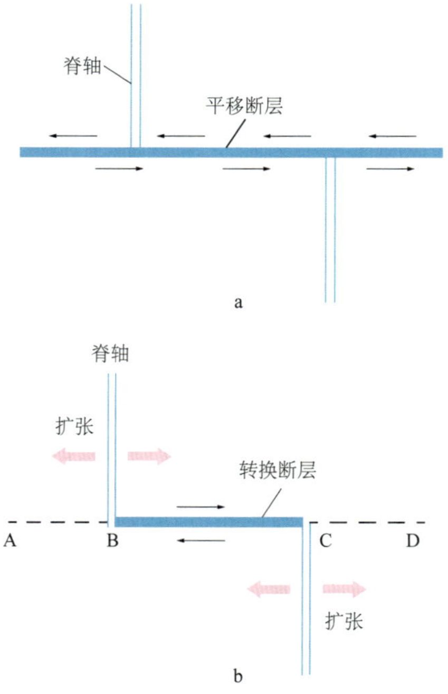

图1 平移断层（a）与转换断层（b）对比

类型 转换断层有多种类型（图2）。横断洋脊的断裂带是最常见的一种，称洋脊-洋脊型转换断层，它们大多展布在洋底，个别出露于陆上，如北美西部的圣安德烈斯断层。此外，还有连接洋脊与海沟的洋脊-海沟型转换断层，以及连接海沟与海沟的海沟-海沟型转换断层。有的转换断层尚兼有拉张或挤压分量，从而又有拉张型和挤压型之别，前者又称泄漏型转换断层。

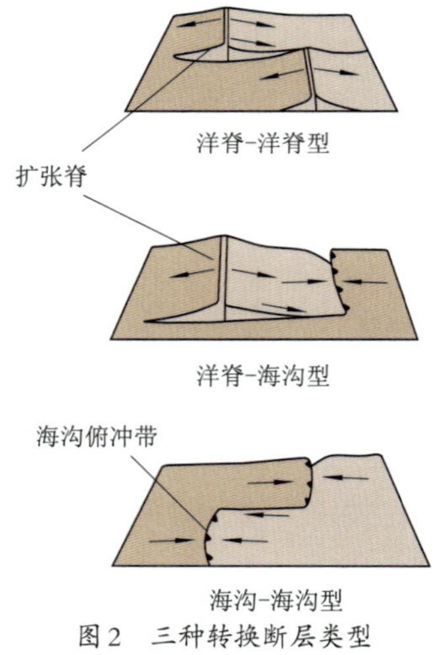

图2 三种转换断层类型

研究意义 转换断层是由海底扩张引起的，断层两侧海底的推移方向就是海底扩张的方向，所以转换断层的发现和验证，为**海底扩张说**提供了重要证据。转换断层概念的提出，还使人们认识到，洋脊与洋脊、洋脊与海沟、海沟与海沟之间都可以由转换断层连接起来，洋脊、转换断层、海沟（或活动造山带）作为地球表面上相互交接的地震带，它们连绵不断，首尾相连，将岩石圈分割成大小不一的板块。转换断层为三种板块边界之一。纯剪切的转换断层，既无新地壳的生长，也无老地壳的破坏，板块体积恒定不变。因此又称岩石圈板块的守恒型边界。可见，转换断层概念的确立，是海底扩张说发展为**板块构造说**的关键一步。

转换断层的走向标出了板块旋转运动的方向。摩根、X.勒皮雄等根据转换断层的走向，求出了一系列板块旋转极的位置，进而描绘了现代板块运动的全球图像。转换断层的走向出现转折，就意味着其邻近板块之间的相对运动方向以及旋转极的位置发生过变化。转换断层乃是板块运动学研究的基本要素。

（仲　佰　许东禹）

**浊流沉积**　turbidity current deposition　由富含悬浮固体颗粒的高密度水流的沉积作用形成的沉积物。浊流多发生于**大陆边缘**地区。其流密度大于周围海水，常受地震、滑坡、暴风浪等因素所触发，在重力驱动下顺坡向下流动，是将陆源物质由浅海输送到深海的重要机制，可在大陆边缘或洋盆区形成浊流沉积物。强大的浊流可折断海底电缆而造成危害。人们广泛运用浊流理论解释**海底峡谷**、**海底扇**和深海砂质沉积物的成因。地质时期形成的古浊流沉积物常成为石油的贮集层。因此，浊流沉积作为一种独特的沉积类型受到广泛重视。

沉积特点　①具有递变层理，自下而上粒度由粗变细，显示由衰减水流沉积而成。递变层是浊流沉积的主体。一般递变层愈厚，其粒度也愈粗。在递变层之上可出现平行纹层。②由于浊流周期性地反复发生，砂质为主的浊流沉积层常与细粒的**深海沉积**或**半深海沉积**呈互层，细粒沉积常常是浊流活动间歇期的产物。单个浊流沉积层厚度不大，一般自数厘米至数米不等，单层浊流层可以稳定地延布于较大面积上；多层重复出现，总厚度可以较大。③每个浊流层的底面与下伏细粒泥质层之间呈突变接触关系，浊流层的顶部，则逐渐过渡为泥质层。浊流层底面发育大量印痕，为浊流沿泥质层之上冲刷而成，或由所挟带的砾石、生物遗体等刻画而成。有的底面印痕为生物扰动所致。④浊流沉积中可有旋卷层理，其形成与局部液化作用有关。⑤深海的浊流沉积中含有生活于近岸和浅海环境的有孔虫和介形虫等微体生物，有时含大的贝壳和植物残体；而在浊流层之间的细粒沉积层中，则不含这类移位或再沉积的浅水生物遗骸，细粒沉积层中可有深海的底栖生物。⑥物质组成以陆源碎屑为主，包括岩屑、石英、长石和云母等，分选中等或较差，有时含海绿石，泥质层中含有黏土矿物及细分散的石英。在局部地区，浊流沉积可由碳酸盐或火山物质组成。⑦浊流沉积多呈长条状或舌状展布，在陆坡外缘常成扇形，其长轴方向垂直于岸线。

现代海底所见的浊流沉积，其形成时代多在全新世之前，之后形成的频率相对减少。

分布　浊流沉积主要分布于：①大陆坡麓部及其相邻的**深海平原**。②在大河口外和海底峡谷口外常形成大型浊积扇，如恒河口外的浊积扇，分布于整个孟加拉湾，延伸2000余千米，其他如密西西比河和亚马孙河口外也有浊积扇。③岛屿外缘的深海区，如夏威夷群岛周围有火山物质组成的浊流沉积。④一些边缘盆地及海沟地带。东海冲绳海槽南部的浊流沉积与半深海软泥呈互层，单个浊流层的厚度一般为几十厘米，具有典型的递变层理，其物质组成与东海陆架沉积酷似，其成因可能与地震和火山活动有关。（秦蕴珊）

**自返式采样器**　self-trans sampler　不用绳索而靠自身重量和气室空气浮力自动降落和起浮的采样装置。又称无缆采样器。主要由采样网、气室浮球和压载物组成，靠自身的重力下沉到海底，使采样管插入沉积物中进行采样。采样完成后压载物自动掉落同时使气室内预装的药物爆炸而充满气体，从而产生浮力使采样器上浮，并使采样器爪瓣合拢获取海底样品。该采样器主要用于多金属结核的调查和采样等场合。（王杭州）

**自然资源部第二海洋研究所**　Second Institute of Oceanography, Ministry of Natural Resources　中华人民共和国自然资源部直属公益性海洋研究机构。简称海洋二所。位于浙江省杭州市。创建于1966年，主要从事中国海、大洋和极地海洋科学研究，海洋环境与资源探测、勘查的高新技术研发与应用。建有自然资源部系统内唯一一个国家重点实验室——卫星海洋环境动力学国家重点实验室和三个自然资源部重点实验室，与浙江省共建有浙江省海洋科学院。此外，还建有海洋检测中心、海洋标准物质中心等技术服务机构和技术支撑体系，在浙江临安建有科技研发基地。

截至2023年，有在职职工400余人，包括中国科学院院士2人、中国工程院院士3人、浙江省特级专家4人、正高级专业技术人员93人、副高级专业技术人员177人。形成了一支院士领衔，杰青、优青、国家高层次人才特殊支持计划等国家级人才领军的高素质科技人才队伍，并入选国家创新人才培养示范基地。是一座学科齐全、科技力量雄厚、设备先进的综合性研究机构，拥有海底科学与深海勘测技术、海洋动力过程与数值模拟技术、卫星海洋学与海洋遥感、海洋生态系统与生物地球化学、工程海洋学5个重大研究领域和19个重点研究方向，基本形成了适应国家需求和立足海洋科技发展前沿的科技创新体系和科研群体。

在浙江舟山长峙岛建有具备服务深海大洋勘探开发能力的装备研发基地。共建有一条4500吨级的海洋综合科考船——“向阳红10”号，该船满足深海海洋科学多学科交叉研究需求，于2014年3月入列国家海洋调查船队。同时，配建的“大洋”号大洋综合资源调查船于2019年12月入列，该船隶属于中国大洋协会，是一艘集多学科、多功能、多技术手段为一体的新一代大洋综合资源调查船，将以舟山基地作为母港进行运营。

海洋二所拥有国家级海洋工程勘察甲级证书、海洋工程设计甲级证书和海洋测绘甲级证书等资质，通过了国家计量认证的资质认定和国际质量管理体系ISO9001：2015标准认证，主编出版海洋综合性国内学术核心期刊《海洋学研究》。

（刘大海）

**自然资源部第三海洋研究所**　Third Institute of Oceanography, Ministry of Natural Resources　中华人民共和国自然资源部直属的国家公益性综合型海洋科学研究机构。简称海洋三所。位于福建省厦门市。创建于1959年，主要从事海洋基础研究、应用研究和高新技术研究，促进海洋科技进步，为海洋管理、公益服务、海洋经济发展及海洋安全提供科技支撑。

截至2023年12月，拥有在编职工422人。其中，有中国工程院院士1人、享受政府特殊津贴专家3人、国家“百千万人才工程”2人、国家高层次人才特殊支持计划入选人才1人、国家优秀青年科学基金获得者1人、自然资源部高层次科技创新人才工程11人、福建省特级后备人才1人、福建省“百千万人才工程”4人、福建省杰青10人、厦门市拔尖人才7人，具有副高级职称以上科技人员250人，具有博士学位人员217人。是1984年国务院学位委员会批准的硕士学位授予单位，拥有海洋科学1个一级学科硕士学位授予点和微生物学与环境科学2个二级学科硕士学位授予点，并与清华大学、中国科技大学等高校联合招收博士研究生，在读硕士、博士研究生360余人，建有博士后科研工作站，在站博士后10余人。

以满足国家战略需求和服务地方经济作为研究所的重要责任，坚持“科学规范、求真务实、优质高效、开拓创新”的质量方针，持续为地方海洋经济发展提供技术支撑与咨询服务。承接的技术服务业务类型包括：海岸带保护与利用规划、海岛保护规划、海洋功能区划论证等规划项目；海洋生态修复方案研究、岸线综合生态整治修复项目可行性研究；海洋环境监测、海洋工程勘察与设计、海洋环境影响评价、海域使用论证、海域价值评估以及海洋工程项目中期评估和后评估等项目咨询。项目立足福建沿海，辐射至海南、广东、广西、浙江、河北等地，领域涉及铁路跨海大桥、航道工程、港口、码头、海底管道、机场和人工岛等重大民生项目，以及核电、风电等重大能源项目。积极为地方自然资源管理需求服务，近20年承担海洋技术咨询项目近4000项。

（刘大海）

**自然资源部第四海洋研究所** Fourth Institute of Oceanography, Ministry of Natural Resources 以中华人民共和国自然资源部管理为主的国家级公益性、综合性海洋科学研究机构。由自然资源部和广西壮族自治区人民政府共建。简称海洋四所。位于广西壮族自治区北海市。

2017年1月获批成立。2017年6月开始筹建，同年10月开工建设。2018年9月在广西北海海洋产业科技园区揭牌。2020年1月正式运行。加挂“中国—东盟国家海洋科技联合研发中心”牌子，与广西海洋发展研究院实行一个机构、一套班子、一体管理。

截至2024年2月，海洋四所共有各类人员149人，其中在编人员77人、全职援建人员1人、柔性引进人员45人、派遣人员与科研助理20人、联合培养博士后4人、联合培养国际研究生2人。其中，高级职称60人、中级职称28人；博士学历68人、硕士学历38人。已初步建成海洋生物生态、海洋大数据应用、海洋卫星遥感应用、海洋资源利用、海岸带相互作用等领域研究团队。

坚持立足北部湾、辐射东盟，以履行国家使命、服务广西向海经济高质量发展为宗旨，在“1+2+N”框架下，聚焦“一中心、两系统、三平台、四领域”开展科研业务工作。①“1+2+N”模式。“1”是以海洋生态系统动力学为核心的一项科学研究；“2”是以海洋生态环境监测与预测技术、海洋大数据和区块链技术及智慧应用为重点的两项技术攻关；“N”是以面向东盟国家海洋科技交流合作、海岸带综合治理、海洋自然资源开发利用与保护修复、海洋灾害监测预警与防灾减灾、海洋经济发展与规划等为突破口的若干项应用服务。②“一中心、两系统、三平台、四领域”。“一中心”指中国—东盟国家海洋科技联合研发中心；“两系统”指东盟海洋数据服务系统和智慧海洋应用系统；“三平台”指自然资源部热带海洋生态系统与生物资源重点实验室、广西北部湾海洋资源环境与可持续发展重点实验室、自然资源部北部湾滨海湿地生态系统野外科学观测研究站；“四领域”是以生态系统动力学与保护修复、海洋生物资源开发利用、智慧海洋应用、向海经济规划与管理为核心的科研业务领域。同时，积极推动海洋领域广西壮族自治区实验室建设。

建所以来，承担了科技基础资源调查专项、重点研发计划项目、国家自然科学基金项目、省部级项目（广西重点研发计划项目、自然科学基金、广西科技基地和人才专项等），在生态系统动力学与保护修复、海洋生物资源开发利用、智慧海洋应用等研究领域取得了系列成果。

（刘大海）

**自然资源部第一海洋研究所** First Institute of Oceanography, Ministry of Natural Resources 中华人民共和国自然资源部直属的事业单位，从事基础研究、应用基础研究和社会公益服务的综合性海洋研究机构。简称海洋一所。位于山东省青岛市。始建于1958年，前身系海军第四海洋研究所。1964年整建制划归原国家海洋局，更名为国家海洋局第一海洋研究所。2018年并入自然资源部，更名为自然资源部第一海洋研究所。海洋一所有崂山和鳌山两个所区。

海洋一所以促进海洋科技进步为使命，服务于海洋资源环境管理、海洋国家安全和海洋经济发展，是国家科技创新体系中的重要海洋科研实体。致力于研究中国近海、大洋和极地海域自然环境要素分布及变化规律，重点研究领域包括海底过程与资源、海洋环境与数值模拟、海洋生态安全与修复、海洋气候与防灾减灾、海洋环境信息与保障、海洋空间管理与规划等。

截至2023年12月，海洋一所有职工486人，院士6人。具有高级专业技术职务人员286人，中级专业技术职务人员144人，初级专业技术职务人员35人。入选国家级人才工程人选31人次，省部级人才工程人选39人次。有多个博士点（共建）、6个硕士点和1个博士后科研工作站。博士后科研工作站于2002年10月设立。2010年2月获批具有独立招收博士后资格。2015年度和2020年度，在全国博士后综合评估中，工作站连续被评为“优秀”等级。截至2023年底，工作站累计招收博士后163名，出站108名。

建所60余年来，牵头组建了青岛海洋科学与技术试点国家实验室的两个功能实验室，建有8个省部级科技创新平台，承办了11个国际合作机构；拥有国际领先的全球级海洋综合科学考察船“向阳红01”号、大洋级海洋综合科学考察船“向阳红18”号及国际一流水平的海洋调查装备和实验测试设备。参与并完成了一大批国家重大海洋专项，以及973项目、863计划项目、国家科技支撑项目、国家自然科学基金项目、国际合作项目和海洋开发项目；获国家、部委和省市级科技奖励260余项；制定推荐性国家标准30余项；授权国家发明专利授权1000余项、国际专利（第一专利权人）12项，为中国海洋科学事业的发展和海洋经济建设做出了重要贡献。

（刘大海）

**自升式平台** jack-up platform 由筒形或桁架腿支撑可升降船体结构，具备油气勘探、开发功能的海上移动式开采设施。自升式平台可以进行地质勘探钻井，或者钻生产开发井，平台主要包括主船体和桩腿两个结构部分。自升式平台通常无自航能力，适用水深为10～150米，多用于滩涂和水深较浅海域作业。自升式平台通过拖航或自航的方式移动至指定位置。自升式平台在开始作业前需通过齿轮、齿条升降系统降下桩腿着地，随桩腿继续上移主船体升起至海面上方一定距离处，随后可以开始作业。当自升式平台需要移位时，通过升降系统将船体降下至水面，桩腿继续上升与海底分离，船体完全漂浮在水面上，通过拖航或自航的方式移动至新的位置。

典型的自升式平台一般由以下几部分组成。

主船体 自升式平台主船体常用于布置各种舱室，安放各种机械设备，提供生产作业和生活的场地，并在拖航过程中提供浮力，从而保证拖航的稳定性。第一座自升式平台“德隆1号”拥有10个桩腿，现在自升式平台多以3个桩腿的三角形和4个桩腿的四边形主船体形状为主。

升降系统 自升式平台升降系统主要包括动力系统、船体上的升降装置和桩腿上的升降装置，主要作用是在钻井作业时保持主船体位置固定，在拖航操作时保持桩腿位置固定。常用的桩腿升降装置有两种：齿轮齿条式和顶升液压缸式。齿轮齿条式升降装置由电动机经减速齿轮驱动；顶升液压缸式则通过连接船体和桩腿的液压缸活塞运动带动桩腿的升降。当主船体漂浮于水面时，通过升降系统使桩腿升降；当桩腿支撑在海底时，则可使主船体升降。

固桩结构　固桩结构也称为载荷传递结构，包括上下导向板、固桩楔块和减震器等设备。固桩结构的主要功能是把主船体与桩腿间的空隙通过楔块固定在一起，从而将主船体的荷载传递至桩腿，进而经桩腿传递至海底地基。

桩腿　自升式平台船体主要依靠桩腿支撑升离水面，使平台处于钻井作业状态。桩腿除支撑平台的全部重量外，还要经受各种环境载荷的作用。自升式平台的桩腿主要有壳体式和桁架式两种形式。壳体式桩腿一般采用3～4根圆柱桩腿，外径为2～6米，通过液压或气动控制升降。桁架式桩腿为桁架结构，一般也是3～4个桩腿，截面可以是三角形或正方形，通常使用齿轮齿条式升降装置。

海上风电厂的自升式平台

桩靴　自升式平台的桩腿底部通常安装有桩靴，多为带尖头的锥形结构。这种结构型式可以增大桩腿与土体的接触面积，减小入泥深度并保持足够的承载力，从而降低拔桩难度，改善平台的移动性。常见的桩靴形状还有矩形，中国渤海12号自升式平台即采用正方形桩靴。

（田育丰）

**自治式无人潜水器**　autonomous underwater vehicle; AUV　无缆的、无人的、自身携带能源，可长时间在水下自主航行，依靠预先编制的程序指令进行自主控制，机动性好，适用于大范围探查的潜水器。又称自治水下机器人。

发展简史　美国是最早开展潜水器研究与应用的国家，其AUV研究纳入了国家相关计划。美国拥有的AUV种类和数量是全球最多的，产品多样化，覆盖了军用和民用多个领域。技术也最为先进：既面向应用，也着眼于未来发展，主导着全球AUV技术的发展。

20世纪50年代末期，美国华盛顿大学开始建造第一台AUV—— SPURV。SPURV在水文调查方面取得了一些成绩。20世纪60年代中期，企业界和军方开始对AUV产生兴趣，但由于当时的技术限制，企业界和军方将重心转移到载人潜水器上。20世纪70年代中期，由于微电子技术、计算机技术、人工智能技术、导航技术的飞速发展，加上海洋工程和军事活动的需要，AUV再次引起国外企业界和军方的重视，但总体上这个时期AUV技术的发展有限。1977年，法国建造了世界上第一台潜深6000米级的逆戟鲸（Épaulard）号AUV。从1981年开始的五年内，逆戟鲸号在水下航行超过805千米，拍下了20万张照片。1980～1996年，学术界对AUV技术的研究空前活跃，AUV不再局限于军事应用，而是广泛应用于海洋资源调查、海底探测等多个领域。1983年，美国海军空间和海战系统司令部（SPAWAR）下水的AUSS AUV主要执行海底搜索和探测使命。20世纪90年代初，美国麻省理工学院（MIT）的AUV实验室开发了系列奥德赛（Odyssey）AUV用于海洋科学与试验。1994年美国**伍兹霍尔海洋研究所**（WHOI）研发的ABE AUV完成了第一次科学考察，从1996年起，ABE AUV已经完成了200多次的下潜作业，平均每次下潜航行16千米，此后该AUV一直用于深海热液考察，直至2010年3月在智利海域调查时丢失。1996年，加拿大国际水下工程公司（ISE）成功应用Theseus AUV在北极冰下铺设光缆，Theseus在600米冰下敷设了220千米光缆。20世纪90年代，AUV技术趋于成熟，逐步开始走向应用，部分AUV实现产品化，也出现了一些商业公司开始生产和销售AUV。1997年，WHOI的REMUS AUV完成第一次科学使命。2001年美国水螅虫公司成立，专门负责REMUS AUV的生产和售后服务，现已转为挪威康斯伯格海事公司销售。HUGIN、REMUS、BLUEFIN等一些中小型AUV已完成产品化，但仅限于面向发达国家的用户。中国、印度等发展中国家有越来越多的科研机构也开始开展对AUV技术的研究。

中国自治式无人潜水器的研究起步较晚。1994年，中国研制成功第一台“探索者”号自治式无人潜水器，工作深度达到1000米。1997年研制成功“CR-01”号自治式无人潜水器，使中国成为世界上拥有潜深6000米AUV的少数国家之一。“CR-01”号长4.374米，重1305千克，最大水下航速2海里/时（约3.7千米/时），续航能力10小时，定位精度10～15米。主要由载体系统、控制系统、水声系统及收放系统4部分组成。它能按预订航线自主航行，在6000米水下进行摄像、拍照、海底地势与剖面测量、海底沉物目标搜索和观察、水文物理测量和海底多金属结核丰度测量，并能自动记录各种数据及其相应的坐标位置。1995年和1997年两次出海调查太平洋多金属结核，获得了大量宝贵资料；2001年与深海采矿系统联合，完成了综合测试任务。

关键技术　自治式无人潜水器的关键技术主要有：运用于深海，具备耐高压材料和动态密封结构；精度更高、误码率更低、作用距离更大的水声设备技术；适应海下或海底极为复杂环境的航行控制、自我保护、环境识别、导航定位的信息技术。

系统组成　AUV系统通常由两部分组成：水面控制台和水下载体。水面控制台通常用于AUV下水前的调试、AUV作业过程中监控（借助声学定位系统或声通信）、AUV数据上传及处理等。水面控制台大小和形式各不相同，通常采用便携式箱体，也可采用小型控制柜。水下载体包括控制/导航系统、能源系统、推进系统和传感器系统等。

应用　AUV技术代表了未来**潜水器技术**的发展方向，是当前世界各国研究工作的热点。AUV既可以用于军事领域也可以用于民用领域，人们之所以如此关注AUV技术，主要在于它的潜在应用价值，尤其是军事方面的价值。

AUV在军事方面的应用主要包括情报收集、水下侦察、反水雷、环境监视等。在民用领域，AUV主要用于海洋科学调查、海底矿产资源勘查、海底地形地貌测量、失事船只或飞机的搜寻、铺设海底光缆、海底管道的检查、水下结构物检查、极地冰下海洋环境调查等。　（张大海）

**综合大洋钻探计划**　Integrated Ocean Drilling Program; IODP　以地球系统科学思想为指导，利用多个钻探平台，以更广泛的钻探领域和更深的钻探深度，对全球海底进行科学目标更为庞大、系统的科学钻探工作。**大洋钻探计划**（ODP）于2003年9月结束，随之而来的是规模更大、国际合作更广、持续时间更长和科学目标更加宏伟的综合大洋钻探计划（IODP，2003-10～2013-9）。

该计划包含3个主题：①深海生物圈和洋底下海洋；②环境的变化、过程和影响；③固体地球循环和地球动力学。对以下8个优先领域开展研究：①深部生物圈；②天然气水合物；③极端气候；④高频气候变化；⑤大陆破裂和沉积盆地的形成；⑥大型火山活动区；⑦21世纪Moho钻孔；⑧汇聚边缘之下的发震带。

IODP在古海洋环境、海底矿产资源、地震成因机理、大洋岩石圈、海平面变化以及深部生物圈等领域进行了比ODP更深入的研究。IODP除“**乔迪斯·决心**”**号钻探船**外，还有日本“**地球**”**号钻探船**和欧盟的特定任务平台（MSP）加盟，使其航次能够进入ODP无法进入的地区，如含油气的**大陆边缘**和极地海冰覆盖区。

IODP的主要科学成就有：①在深海底极端环境下发现若干鲜为人知的生物/微生物群落。②先后从洋底不同海区采到气体水合物实物样品。③海洋沉积记录的分析提供了过去环境变化的重要信息，利用环流模型可有效地再造现今的环境。④地幔动力学和岩石圈再循环在环境变化和自然资源聚集中起着重要作用。⑤发现海洋巨大火成活动区是由巨大的偶发性岩浆事件形成。⑥全球所有地震能量的90%是由俯冲带地震释放的。大多数地震发生于发震带，它是俯冲带中相对较小的一段，在该带俯冲板块与上覆板块相互耦合到一定程度，足以积累弹性应变，并最终以地震形式释放出来。

日本“地球”号钻探船的加盟，为IODP的实施做出了重要贡献。日本IODP的三大科学主题是：①地幔过程和地球系统演化。②地壳作用和地球系统演化。③俯冲带和地球系统演化过程中的动力学及物质循环。8个研究目标为：①钻探西太平洋洋底海台，认识核-幔作用过程。②钻探太平洋白垩纪到新生代沉积物，详细研究地球温室期间的物质循环及从温室环境到冰室环境的转化过程。③钻探大洋岛弧，认识大陆地壳形成过程。④钻探扩张的弧后，认识洋壳岩石圈形成过程。⑤钻探亚洲边缘海及陆坡，认识陆壳-洋壳-大气圈关系。⑥调查增生楔中的碳循环及深部生物圈。⑦调查汇聚板块边缘大地震周期及形成机制、构造及物质循环。⑧研究生存于增生楔环境中极端微生物学。日本成为IODP仅次于美国的重要力量，参与的科学家人数（109人）亦仅次于美国。中国、韩国、澳大利亚、印度和新西兰也先后加入IODP，使其成员国增加至24个。

（莫恭政）

**纵肋织纹螺** *Nassarius variciferus* 新腹足目织纹螺科织纹螺属的一种。又称海瓜子、海螺丝、海丁。中国从渤海至南海都有分布。国际上分布于日本、朝鲜半岛及澳大利亚等地。贝壳长卵圆形，壳质结实，壳长29.0毫米。螺层约9层，缝合线较深。旋部呈圆锥状，体螺层大。各螺层刻有精致的纵肋和细的螺旋纹。纵肋接近肩部为一环结节突起。螺旋纹在贝壳上部较弱，在体螺层基部较发达。纵肿肋常在各螺层不同的部位出现。壳面淡黄色或黄白色，具有褐色螺带，通常在体螺层中部的一条较明显。壳口为卵圆形，内部黄白色。外唇内缘有齿状肋；内唇弧形，上部滑层薄，下部稍厚。前沟短。厣角质，黄褐色，外缘具齿状缺刻。栖息在浅海砂和泥砂质的海底中，从潮间带至潮下带水深40米的海底都有其踪迹。为中国沿海常见的种类。肉味鲜美，可食用。为食腐性动物，体内常季节性积累毒素——河鲀毒素，吃了有毒的织纹螺后会引起中毒，重者可致人死亡。

（张素萍）

**祖博夫**，Н.Н. Николай Николаевич Зубов（1885～1960） 苏联海洋学家、探险家。1885年5月23日（一说11日）生于伊兹马伊尔市，1960年11月11日在莫斯科去世。1910年毕业于海军学院，1937年获博士学位。1932～1941年创立莫斯科水文气象学院海洋学教研室，1944～1948年任海洋研究所所长，1945年被授予海军少将军衔，1953年创建莫斯科大学地理系海洋学教研室。领导过“Н.克涅波维奇”号调查船和“萨得柯”号破冰船的探险活动，从事海冰和海洋观测资料的动力学方法、海水混合增密的计算方法等研究。是提出和研究北极海冰冰情预报的学者之一，研究出处理海洋观测资料的动力学方法和海水混合时增密的计算方法，总结出流冰沿等压线漂移的规律，第一次提出了根据海洋学特征划分海峡类型、按地貌特征划分世界大洋和根据运动方程对海流进行分类的建议，还为海水垂直环流和海洋中层冷水发生的学说奠定了基础。主要著作有《处理海洋观测值的动力学方法》（1935）、《海水和海冰》（1938）、《北极的冰》（1945）、《海水混合增密的计算》（1958）等。

（韩忠南 杜碧兰）

# 字母数字

**f平面**　f-plane　将海水运动近似为发生在与地球表面相切的平面上。科里奥利参数$f=2\omega\sin\varphi$随纬度变化，但在纬度跨度不大的海区，为了理论上研究方便，在不影响反映海水运动主要特征的情况下，常常取科里奥利参数为一常数，即$f=f_0=2\omega\sin\varphi_0$。在这一近似下，海水运动发生在一个与地球表面相切的平面上，在那里科里奥利参数$f$处处都等于切点上的值，该平面叫作f平面。这种近似只适用于纬度跨度不大的海区或者两极附近科里奥利参数$f$变化缓慢区域的运动。（袁东亮）

**pH测量技术**　pH measurement technology　测量海水酸碱度（pH）的技术，是衡量海洋酸化程度的重要技术。根据测量原理，21世纪初应用最为广泛的海水pH测定技术可分为两类：基于玻璃电极的电极电势法和基于指示剂的分光光度法。电极电势法是常用的海水pH测定方法之一，通常以玻璃电极为指示电极，以甘汞电极为参比电极，通过比较标准缓冲溶液和待测样品的电势差来定量测定。在测定海水pH时，可使用人工海水配置缓冲溶液，以尽量减少液接电势差所引起的误差。人工海水的盐度可根据待测样品的盐度调整，一般要求二者的盐度差小于3。

分光光度法是21世纪初发展的新方法，适用于测定浊度较低海水样品的pH。基本原理是向待测样品添加指示剂，通过测定解离平衡后不同形态的指示剂吸光值，结合热力学参数计算pH。适用的pH范围一般为7.4～8.4。分光光度法已成为海洋酸化研究，尤其是海水碳酸盐体系研究测定海水pH的主流方法。

海水的pH能够反映地球化学过程中重要的碳循环系统状态以及生物的生产和呼吸过程，既是海洋监测和调查的基本化学参数，也是海洋酸化的关键表征参数。pH测量技术能够帮助对海洋化学过程和生物过程的理解，为海洋碳循环和海洋酸化研究提供基础数据，因此在海洋监测中具有重要意义。（樊　炜）

**β平面**　beta-plane　既是直角坐标平面，又考虑了科里奥利参量随纬度线性变化的平面。对于大尺度运动来说，地球曲率的影响不应忽视，同时为了在直角坐标系下理论分析的方便，通常选取$y$轴与经圈相切，将科里奥利参量$f$随纬度的变化近似地用$f$随$y$的变化来表达，即$f=f_0+\beta y$。像这样既是直角坐标平面，又考虑了科里奥利参量随纬度线性变化的平面叫作β平面。

将$f$在参考纬度$\varphi_0$附近做泰勒级数展开，取0阶和1阶近似：

$$f=2\omega\sin\varphi\approx2\omega\sin\varphi+2\omega\cos\varphi_0(\varphi-\varphi_0)$$

式中$2\omega\sin\varphi_0=f_0$为参考纬度处的$f$值，$\varphi-\varphi_0$可表示为$r(\varphi-\varphi_0)=y-y_0$，其中$r$为地球平均半径，$y_0$为参考纬度$\varphi_0$处的$y$值。$2\omega\cos\varphi_0$可表示为：

$$2\omega\cos\varphi_0=\frac{\mathrm{d}f}{\mathrm{d}\varphi}|\varphi=\varphi_0=r\frac{\mathrm{d}f}{\mathrm{d}y}|\varphi=\varphi_0$$

取$\beta=\frac{\mathrm{d}f}{\mathrm{d}y}|\varphi=\varphi_0$，表示科里奥利参数$f$在参考维度$\varphi_0$附近随$y$的变化率；$y_0=0$，则得$f=f_0+\beta y$。（袁东亮）

**8.2kaBP冷事件**　8.2kaBP Cooling Event　全新世11.5kaBP以来全球范围遭受的较强的一次冷事件，其气候特征是冷干，持续时间大约为200年。又称新新仙女木事件。大量的古气候资料表明，以温暖湿润为主要基调的全新世气候也有不稳定性，可能已发生过8～9次冷事件，8.2kaBP冷事件就是其中的一次。大西洋经向翻转环流（MOC）的减弱可能是8.2kaBP冷事件形成的原因。北美洲东北部劳伦泰德冰盖残留部分冰川湖水的释放，导致大量淡水注入北大西洋北部，使北大西洋深水形成减弱，从而减弱了大西洋经向翻转环流。

8.2kaBP前后的气候转冷事件早在1983年就已被提出，而后在格陵兰冰芯得到进一步的反映，并作为一个重要的气候事件。这次事件对于北半球大部地区的气候有明显的影响，当时欧洲的中高纬度地区和东亚地区均呈现一种寒冷干燥的气候状态；北美洲2/3的地区降水量减少，风力加强；中美洲、非洲的大部分地区和阿拉伯半岛均以干旱为主；东欧、地中海地区呈现普遍的冷湿气候环境；亚马孙盆地和智利玻利维亚高原呈现低湿的气候状况。南半球则并没有明显受到该事件的影响。（王琳淼）

**981钻井平台**　Semi-submersible Drilling Platform 981　中国具有知识产权的第六代深水半潜式平台，兼具勘探、钻井、完井和修井等作业功能。于2008年4月28日开工建造，2014年7月实施钻井作业。该平台由中国船舶工业集团公司第七〇八研究所设计、上海外高桥造船有限公司承建。该平台入级中国船级社（CCS）和美国船级社（ABS）双船级。

981钻井平台航拍

主要参数　平台长114米，宽89米，面积比一个标准足球场还要大，平台正中是五六层楼高的井架。平台自重30 670吨，承重量12.5万吨，可起降西科斯基S-92直升机。最大作业水深3000米，最大钻井深度可达10 000米。在1500米水深内可使用锚泊定位，大于1500米采用DP3动力定位，即用8个大马力推进器的反作用力抵消风、浪、流等对船体的作用力，达到平衡定位目的。具有自航能力，最大航速可达到8节。

技术特点　981钻井平台拥有多项自主创新设计，平台稳性和强度按照南海恶劣海况设计，能抵御南海200年一遇的波浪载荷，甲板最大可变载荷达9000吨，为世界半潜式平台之最，大大提高了远海作业能力。该平台可在中国南海、东南亚、西非等深水海域作业，设计使用寿命30年。首次采用了最先进的水下防喷器系统，即在传感器感知到全面失电、失压等紧急情况下，自动关断井口以防井喷。

建造意义　中国自行研制的海洋钻井平台作业水深均较浅，半潜式平台仅属于世界上第二代、第三代的水平，国际上深水钻井能力已经达到3052米，而那时中国只达到505米水深。第六代深水钻井平台“海洋石油981”的建成，填补了中国在深水装备领域的空白，使中国跻身世界深水装备的先进水平行列。（唐友刚）

# 大 事 年 表

| | |
|---|---|
| 公元前 4 世纪 | · 古希腊亚里士多德写《动物志》，记述 170 多种海洋动物 |
| | · 古希腊皮西亚斯在东大西洋航海时测量了纬度，记录了大潮与小潮，发现潮汐与月球的作用有关 |
| 公元前 1 世纪 | · 古希腊波西东尼斯在地中海撒丁岛附近海域测深 1800 多米，在加的斯观察到潮差受月球相位的影响 |
| 公元 1 世纪 | · 中国东汉王充在《论衡》中指出“涛之起也，随月盛衰”，阐明了潮汐运动对月球的依赖关系 |
| 公元 2 世纪 | · 托勒密地图上绘制有经纬度，载有大西洋、印度洋 |
| 公元 225～230 年 | · 中国三国时期康泰在《扶南传》中记载了“涨海（今南海）中倒珊瑚洲，洲底有盘石，珊瑚生其上”，阐述了珊瑚礁形成和珊瑚生长的条件 |
| 公元 263 年 | · 中国魏晋时期刘徽著《九章算术》，其中的《重差》（又称《海岛算经》）卷，记述了汉代发明重差法测量和计算海岛的距离和高度 |
| 公元 766～779 年 | · 中国唐代窦叔蒙写《海涛志》，提出“潮汐作涛，必符于月”，制成中国现存最早的《涛时推算图》 |
| 1026 年 | · 中国北宋燕肃撰《海潮论》，指出潮汐的变化“随日而应月”，并正确阐明钱塘江涌潮的成因 |
| 1276 年 | · 中国元代郭守敬首次以海平面为基准，比较不同地点的地势高低 |
| 1405～1433 年 | · 中国明代郑和 7 次出使“西洋”。《郑和航海图》标注了沿途山形、暗礁、浅滩等，载有岛屿 846 个 |
| 1492～1504 年 | · 意大利 C. 哥伦布 4 次横渡大西洋，并到达美洲 |
| 1497 年 | · 意大利 J. 卡博特航行到纽芬兰，发现拉布拉多海流 |
| 1513 年 | · 西班牙 A.de 阿拉米诺斯发现墨西哥湾流 |
| 1519～1522 年 | · 葡萄牙 F.de 麦哲伦率队进行第一次环球航行，证明地球为球形 |
| 1569 年 | · 荷兰 G. 墨卡托发明等角正圆柱投影法，用于航海绘图，称“墨卡托投影” |
| 1595 年 | · 荷兰 J.H. 范 · 林斯霍特编著最早的航海志，叙述了大西洋的风和海流 |
| 1596 年 | · 中国明代屠本畯写《闽中海错疏》，是中国现存最早的地区性海产动物志 |
| 1650 年 | · 德国 B. 瓦伦纽斯在《普通地理学》中归纳了海水温度、海流等资料，并有黑潮记载 |
| 1670 年 | · 英国 R. 玻意耳研究海水的含盐量和海水密度变化的关系，发表《海水盐度的观测与实验》 |
| 1674 年 | · 荷兰 A.van 列文虎克最先发现海洋原生动物 |

| | |
|---|---|
| 1686 年 | · 英国 E. 哈雷研究主要风系与主要海流的关系，在北大西洋测定地磁 |
| 1687 年 | · 英国 I. 牛顿首先用引潮力解释潮汐现象 |
| 1711 年 | · 意大利 L.F. 马尔西利用比重计测定海水，发现深层海水比表层海水重 |
| 1725 年 | · 意大利 L.F. 马尔西《海的自然历史》出版 |
| 1740 年 | · 瑞士 D. 伯努利提出一种潮汐静力学理论——平衡潮理论 |
| 1751 年 | · 中国方观承在《两浙海塘通志》中提出海岸保护与防止海水侵蚀措施 |
| 1768～1779 年 | · 英国 J. 库克最早进行海洋科学考察，在海上精确地测量经纬度，取得温度、海流、海深和珊瑚礁等资料 |
| 1770 年 | · 美国 B. 富兰克林发表墨西哥湾流图 |
| 1772 年 | · 法国 A.-L. 拉瓦锡首先测定海水成分 |
| 1775 年 | · 法国 P.-S. 拉普拉斯首创大洋潮汐动力学理论 |
| 1780 年 | · 瑞士 H.B.de 索绪尔首先在地中海观测到温度梯度 |
| 1795 年 | · 英国海军部设世界最早的水道局，开始测量世界各国海岸 |
| 1799 年 | · 德国 A.von 洪堡发现洪堡海流（又称秘鲁海流） |
| 1802 年 | · 捷克 F.J.von 格尔斯特纳最早提出深水表面波理论 |
| 1819 年 | · 英国 A.M. 马塞特发现海水中 5 种重要溶解成分的含量有近似恒比关系 |
| 1831～1836 年 | · 英国 C.R. 达尔文随“贝格尔”号船考察 |
| 1840 年 | · 英国 J.C. 罗斯在南纬 27° 16′、西经 17° 29′ 海域创 4000 多米的测深记录 |
| 1842 年 | · 英国 C.R. 达尔文《珊瑚礁的构造和分布》出版，提出珊瑚礁成因的沉降说 |
| 1847 年 | · 美国 M.F. 莫里编制了用于导航的风和海流图 |
| 1850 年 | · 英国 E. 福布斯发表《英国海产生物分布图》 |
| 1853 年 | · 第一届国际气象会议在比利时布鲁塞尔召开 |
| 1854 年 | · 美国 M.F. 莫里编制了《北大西洋水深图》 |
| 1855 年 | · 美国 M.F. 莫里《海洋自然地理学》出版，是近代海洋学第一部经典著作 |
| 1856 年 | · 美国 W. 费雷尔在《试论风和大洋洋流》中，论述风生大洋环流的分布及其受地球自转的影响 |
| 1857 年 | · 英国 W. 汤姆孙（开尔文）发表《论流体内温度随压力变化》，论述大洋深层海水的绝热温度梯度 |
| 1859 年 | · 英国 E. 福布斯等著《欧洲海的自然史》出版，是海洋生态学的第一部著作 |
| | · 英国 C.R. 达尔文《物种起源》出版 |

| | |
|---|---|
| 1865 年 | · 意大利 P.A. 塞奇制作透明度盘 |
| 1872 年 | · 意大利那不勒斯（那波利）海洋生物研究所成立，于 1874 年正式开放 |
| | · 英国 W. 汤姆孙（开尔文）设计制造出机械式潮汐预报装置 |
| 1872～1876 年 | · 英国“挑战者”号对海洋进行环球考察 |
| 1874 年 | · 英国 H. 内格雷蒂、J.W. 赞布拉在法国 G. 埃梅的工作基础上，制成颠倒温度表 |
| 1880～1895 年 | · 英国 J. 默里整理和编辑的《H.M.S. 挑战者号航行科学成果报告》（50 卷）出版，为现代海洋科学奠定了基础 |
| 1884 年 | · 英国 W. 迪特马尔证实海水主要溶解成分的含量具有恒比关系 |
| 1885 年 | · 英国 O. 雷诺首先用潮汐水流模型研究英国默尔西河口和利物浦湾的潮汐水流运动 |
| 1886～1889 年 | · 俄国 C.O. 马卡罗夫率“勇士”号在日本海、鄂霍次克等海域进行调查 |
| 1887 年 | · 德国 V. 亨森提出浮游生物的概念，开展定量研究，奠定了海洋浮游生物研究的基础 |
| | · 世界第一个海洋刊物《英国海洋生物学会志》创刊 |
| 1891 年 | · 德国 E.H. 哈克尔提出游泳生物和底栖生物概念 |
| | · 英国 J. 默里和比利时 A.F. 勒纳尔《深海沉积》出版，划出各类生物软泥和红黏土，编制了世界大洋沉积分布图 |
| 1891～1905 年 | · 美国 A.E.R. 阿加西多次率领美国“信天翁”号进行深海调查，著有《“信天翁”号调查报告，1904～1905》 |
| 1893～1896 年 | · 挪威 F. 南森乘“前进”号在北冰洋进行漂流调查，抵达北纬 86° 14′，创当时人类到达最高纬度的记录 |
| 1899 年 | · 丹麦 M.H.C. 克努曾制作标准海水，确立硝酸银的盐度滴定法，并主持确定海水盐度的定义 |
| 1901 年 | · 丹麦 M.H.C. 克努曾《水文常用表》出版 |
| 1902 年 | · 国际海洋考察理事会（ICES）在丹麦哥本哈根成立 |
| | · 挪威 J.W. 桑德斯特勒姆和 B. 海兰－汉森在 V. 皮耶克尼斯研究的基础上提出“动力计算”方法，广泛应用在海流研究和海洋调查中 |
| 1904 年 | · 摩纳哥阿尔贝大公一世《大洋水深图》出版 |
| 1905 年 | · 瑞典 V.W. 埃克曼提出埃克曼漂流理论，设计出埃克曼海流计 |
| 1906 年 | · 英国 L. 尼克森发明第一部声呐仪，主要用来侦测冰山 |
| 1908 年 | · 爱尔兰 J. 乔利最先发现海洋沉积物中铀系的放射性不平衡，为测定海洋沉积物年代奠定了基础 |
| 1908～1913 年 | · 丹麦 C.G.J. 彼得森对北欧海域的底栖生物进行定量研究，划分了生物群落，估算了水域生物量，为海洋底栖生物的研究奠定基础 |
| 1910 年 | · 摩纳哥海洋博物馆落成 |

| | |
|---|---|
| | ·英国J.默里领导北大西洋调查，在调查的基础上与挪威J.约尔特合著《大洋深处》（1912） |
| | ·挪威V.皮耶克尼斯和J.W.桑德斯特勒姆将经典状态方程用泰勒级数展开，编算了成套表格以供查用 |
| 1912年 | ·德国A.L.魏格纳发表了大陆漂移说 |
| | ·英国大型客船“泰坦尼克”号在大西洋与冰山相撞沉没，以此为契机，国际海冰监视队于1913年组成 |
| 1915年 | ·德国A.L.魏格纳《海陆的起源》出版 |
| 1918～1925年 | ·由R.阿蒙森、H.U.斯韦尔德鲁普领导的挪威“莫德”号进行两次北冰洋调查，在地球物理方面，特别是在海洋气象观测方面取得成果 |
| 1922年 | ·中国海军成立海道测量局，进行近海测量与海洋调查 |
| 1923～1932年 | ·荷兰F.A.芬宁·梅因纳斯乘潜水艇在爪哇海沟、波多黎各海沟进行海洋重力测量，发现明显的负重力异常带 |
| 1924年 | ·中国气象学会成立 |
| 1925年 | ·美国斯克里普斯海洋研究所成立 |
| 1925～1927年 | ·德国A.梅尔茨和A.德凡特领导“流星”号南大西洋考察，首先使用电子回声测深仪，揭示了大洋底部起伏不平的轮廓，确认19世纪发现的北大西洋中脊也延入南大西洋 |
| | ·英国“发现-1”号在南大洋海域进行调查，发现磷虾带 |
| 1928年 | ·中国青岛观象台建立海洋科，是中国近现代第一个海洋学机构 |
| 1929年 | ·英国A.霍姆斯系统提出地幔对流说并用它解释大陆漂移 |
| 1930年 | ·美国伍兹霍尔海洋研究所成立 |
| | ·中国在厦门建立中华海产生物学会 |
| 1931年 | ·挪威H.U.斯韦尔德鲁普参加H.威尔斯金指挥的“鹦鹉螺”号北冰洋潜水探险 |
| 1932年 | ·瑞士A.皮卡尔研制出了第一个潜水器“FNRS-1”号 |
| 1932～1933年 | ·苏联O.Yu.施米特指挥破冰船“西伯利亚科夫”号横越北冰洋进行地球物理学等调查 |
| 1934年 | ·美国C.W.毕比和O.巴顿用潜水球下潜到923米，从窗口拍摄了深海生物 |
| 1935年 | ·太平洋科学协会海洋学组中国分会在南京成立 |
| | ·美国W.M.尤因首次进行海洋地震测量 |
| | ·瑞典S.埃克曼发表《海洋动物地理学》 |
| 1936年 | ·美籍加拿大地质学家R.A.戴利用浊流解释海底峡谷的成因 |
| 1938年 | ·美国A.F.斯皮尔豪斯设计机械式深温计（BT） |
| 1942年 | ·美国C.S.皮戈特和W.D.尤里用镭-226（$^{226}Ra$）测定大洋沉积物的年龄和沉积速率 |
| | ·挪威H.U.斯韦尔德鲁普、M.W.约翰孙、R.H.弗莱明的经典著作《海洋》出版 |

| | |
|---|---|
| 1946 年 | ·挪威 H.U. 斯韦尔德鲁普和美国 W.H. 蒙克提出风浪和涌浪的预报方法 |
| | ·苏联 В.Б. 施托克曼提出全流理论 |
| | ·苏联科学院海洋研究所（今俄罗斯希尔绍夫海洋研究所）成立 |
| | ·美国 C.E. 佐贝尔《海洋微生物学》出版 |
| | ·美国 H.H. 赫斯撰文宣布，在第二次世界大战期间他发现太平洋海底存在众多的平顶海山 |
| 1947 年 | ·美国 H.C. 尤里提出测定碳酸钙化石中的氧同位素指示海水古温度的设想 |
| 1947～1948 年 | ·瑞典 H. 彼得松率领瑞典“信天翁”号进行深海调查 |
| 1948 年 | ·美国 H.M. 施托梅尔提出大洋环流西向强化理论，指出 β 效应是其基本成因 |
| | ·美国 W.M. 尤因等发表大西洋水下声道线图 |
| 1948～1950 年 | ·美国 F.P. 谢泼德、苏联 M.B. 克列诺娃和荷兰 P.H. 奎年的海洋地质学著作出版，海洋地质学由此确立 |
| 1949 年 | ·美国 W.M. 尤因在美国哥伦比亚大学创建拉蒙特地质研究所（今拉蒙特－多尔蒂地质研究所） |
| | ·英国国立海洋研究所成立，1973 年与其他机构合并组成英国海洋科学研究所 |
| 1949～1959 年 | ·苏联“勇士”号在太平洋进行深海调查，测得太平洋的查林杰海渊深 11 034 米 |
| 1950 年 | ·中国海洋湖沼学会成立 |
| | ·中国科学院水生生物研究所青岛海洋生物研究室建立，于 1959 年扩建为中国科学院海洋研究所 |
| | ·美国 W.H. 蒙克建立大洋全流模式，从涡度平衡观点说明大洋环流西向强化 |
| | ·荷兰 P.H. 奎年发表一系列浊流实验成果，证实了递变层理的浊流成因 |
| | ·美国使用飞机与多艘海洋调查船协同进行湾流考察，第一次在物理海洋学研究中利用航空遥感技术 |
| | ·美国 W.S.von 阿尔克斯设计完成电磁海流计 |
| 1950～1952 年 | ·丹麦“铠甲虾”号进行深海调查，在菲律宾海沟 10 190 米深处发现多种生物，首次用 $^{14}C$ 测定海洋生物初级生产力 |
| | ·英国 E.C. 布拉德和美国 R. 雷维尔、A. 马克斯韦尔用他们创制的海底热流计作海底热流测量 |
| 1952 年 | ·美国 C.T. 克伦威尔首次在太平洋发现赤道潜流 |
| 1952～1953 年 | ·美国 H.W. 梅纳德和 R.S. 迪茨发现了东北太平洋的大型断裂带 |
| 1953 年 | ·法国 D. 雷比科夫制造出世界上第一台遥控式无人潜水器（ROV），名为“POODLE” |
| 1953～1955 年 | ·中国人工栽培海带成功 |
| 1954 年 | ·美国在太平洋进行的核爆炸试验造成海洋的放射性污染，由此开始了海洋放射性污染的调查与监测 |

| | |
|---|---|
| | ·美国建成第一艘可迁移的自升式钻井平台 |
| | ·《防止海洋石油污染国际公约》在伦敦签署，于 1958 年生效 |
| 1955 年 | ·英国 J.C. 斯沃洛发明中性浮子 |
| | ·美国 C.埃米利亚尼测定有孔虫壳的氧同位素值，得出更新世古温度变动旋回 |
| 1956 年 | ·中国编制第一个海洋科学远景发展规划 |
| | ·中国规定以青岛验潮站多年平均海平面为全国统一的高程基准面 |
| | ·美国 B.C. 希曾和 W.M. 尤因提出纵贯各大洋有一条全球性的大洋中脊和裂谷系 |
| 1957 年 | ·中国第一艘综合调查船“金星”号开始近海调查 |
| | ·国际科学理事会（ICSU）的海洋研究科学委员会（SCOR）成立 |
| | ·美国制订“莫霍计划” |
| | ·美国华盛顿大学应用物理实验室研发了第一台自治式无人潜水器（AUV） |
| 1957～1958 年 | ·国际地球物理年（IGY）实施，进行了包括海洋学在内的多学科观测 |
| 1958 年 | ·美国核潜艇“鹦鹉螺”号完成北极区航行，首次潜航通过北极点 |
| | ·美国 H.M. 施托梅尔《湾流》出版 |
| 1958～1960 年 | ·中国开展全国海洋综合调查 |
| 1958～1961 年 | ·美国斯克里普斯海洋研究所的 V. 瓦奎尔、R.G. 梅森和 A.D. 拉夫在东北太平洋发现条带状磁异常 |
| 1959 年 | ·中国山东海洋学院（今中国海洋大学）建立 |
| | ·12 月 1 日，12 个国家代表在华盛顿签署《南极条约》，1961 年 6 月 23 日正式生效，中国于 1983 年加入 |
| 1959～1965 年 | ·国际印度洋调查（IIOE）实施 |
| 1960 年 | ·联合国教科文组织设立政府间海洋学委员会（IOC），中国于 1977 年加入 |
| | ·瑞士 J. 皮卡尔和美国 D. 沃尔什乘“的里雅斯特”号潜水器深潜到马里亚纳海沟 10 916 米深处 |
| | ·美国发射了世界上第一颗试验性气象卫星 TIROS I 号 |
| 1960～1962 年 | ·美国 H.H. 赫斯和 R.S. 迪茨创立海底扩张说，与大陆漂移说一脉相承，奠定了板块构造说的基础 |
| 1961 年 | ·法国海洋开发委员会（COMEXO）成立 |
| | ·美国在加利福尼亚湾外试钻，为深海钻探计划（DSDP）打下了基础 |
| 1962 年 | ·日本东京大学海洋研究所成立 |
| | ·美国“海中人 -1”号水下实验室首次在地中海进行水下实验 |

1962～1981年 ·美国M.N.海尔主编《海洋》(7卷)

1963年 ·英国F.J.瓦因和D.H.马修斯以海底扩张和地磁场倒转解释海底磁异常条带的成因

·美国A.V.考克斯等提出第一幅地磁极性转向年表

1964年 ·中国国家海洋局(今自然资源部)成立

·美国"阿尔文"号载人潜水器下水，开启了人类在海底的科考活动

1965年 ·加拿大J.T.威尔逊提出转换断层的概念

1966年 ·英国国立海洋研究所 (NIO)和联合国教科文组织共同出版《国际海洋学常用表》，提出电导盐度的定义

·法国在朗斯河口建成世界第一座大型潮汐发电站

1966～1967年 ·日本建造神户人工岛

1967～1968年 ·美国W.J.摩根、D.P.麦肯齐、R.L.帕克和法国X.勒皮雄提出板块构造说

1967～1969年 ·美国B.C.希曾和M.撒普编制出印度洋、大西洋和太平洋海底的地形图

1968年 ·美国J.R.海茨勒、W.C.皮特曼对比世界大洋不同地段的磁异常剖面，将地磁极性转向年表延长至近8000万年前

·美国"格洛玛·挑战者"号钻探船实施"深海钻探计划"(DSOP)

1969年 ·挪威籍美国气象学家J.皮耶克尼斯提出皮耶克尼斯正反馈机制，是厄尔尼诺-南方涛动(ENSO)形成和发展的重要正反馈机制

·联合国有关组织共同组成"海洋污染科学问题专家组"(GESAMP)

1970年 ·深海钻探计划发表第3航次横穿南大西洋的钻探成果，证实海底年龄随远离大洋中脊轴部而变老

·美国国家海洋大气局(NOAA)成立

1971年 ·国际海洋考察十年(IDOE)(1971～1980)实施

1971～1974年 ·法、美实施"法摩斯计划"(FAMOUS)

1972年 ·2月15日，在奥斯陆签署《防止船舶和飞机倾废造成的海洋污染公约》，1974年4月7日生效

·12月29日，79个国家代表签署《防止倾倒废物及其他物质污染海洋的公约》

1973年 ·10月8日至11月20日，政府间海事协商组织 (IMCO)在伦敦通过了《国际防止船舶造成污染公约》

1974年 ·世界卫生组织制订全球水质监测计划

1975年 ·联合国环境规划署建立全球环境监测系统

·"深海钻探计划"进入"大洋钻探国际协作阶段"(IPOD)

1976年 ·美国J.D.海斯等分析深海岩芯的古温度资料，论证南斯拉夫M.米兰科维奇关于第四纪古气候旋回的地球轨道参数说

| | |
|---|---|
| 1977～1979 年 | · 美国、法国和墨西哥联合组织对加拉帕戈斯裂谷和北纬 21° 东太平洋海隆顶部的载人潜水器考察，发现海底热泉、热泉生物群落和正在形成的海底热液矿床 |
| 1977～1980 年 | · 苏联 A.C. 莫宁主编《海洋学》（10 卷） |
| 1978 年 | · 6 月 28 日，美国发射第一颗海洋卫星“SEASAT-A” |
| | · 海洋学常用表和标准联合专家小组（JPOTS）提出 1978 年实用盐度标准的定义 |
| 1979 年 | · 液压活塞取芯技术问世，可在海底取数百米未扰动的长岩芯 |
| | · 中国海洋学会成立 |
| 1980～1985 年 | · 中国进行全国海岸带和海涂资源综合调查 |
| 1982 年 | · 中国颁布《中华人民共和国海洋环境保护法》，1983 年 3 月 1 日正式生效 |
| | · 第三次联合国海洋法会议通过《联合国海洋法公约》，1994 年 11 月 16 日正式生效 |
| 1983 年 | · 历时 15 年的“深海钻探计划”结束，共航行约 60 万千米，钻井逾千口，为板块构造说的发展和古海洋学的创立做出贡献 |
| 1984 年 | · 中国建立全国海洋污染监测网 |
| | · 中国建立中国海洋研究委员会 |
| | · 法国海洋开发研究院（IFREMER）成立 |
| 1984～1985 年 | · 中国“向阳红 -10”号调查船进行南极和南大洋考察 |
| 1985 年 | · 热带海洋与全球大气计划（TOGA）实施 |
| | · 中国在南极建立第一个极地科学考察站——长城站 |
| | · “乔迪斯·决心”号钻探船始航大西洋，揭开了“大洋钻探计划”（ODP）的序幕 |
| 1986 年 | · 开展中日黑潮合作调查研究 |
| | · 国际地圈－生物圈计划（IGBP）启动，1990 年正式实施 |
| | · 《全球禁止捕鲸公约》生效 |
| 1987 年 | · 联合国教科文组织通过《全球海平面联测计划》 |
| | · 中国国务院批准新的国家高程基准面数据，即“1985 国家高程基准”，1988 年 1 月 1 日正式启用 |
| | · 中国在广东阳江海域发现第一个沉船遗址“南海一号”，2007 年打捞出水 |
| 1988 年 | · 中国建立南沙海洋环境监测站 |
| | · 联合国政府间气候变化专门委员会（IPCC）成立 |
| 1989 年 | · 日本“深海 6500”号载人潜水器建成 |
| | · 中国在南极大陆建立第一个考察站——中山站 |
| | · 《中国海洋报》创刊 |

| | |
|---|---|
| | ·中国极地研究所（今中国极地研究中心）成立 |
| 1990 年 | ·中国国务院批准建立首批国家级海洋自然保护区 |
| | ·联合国教科文组织政府间海洋学委员会西太平洋分会在中国杭州成立 |
| | ·世界大洋环流试验（WOCE）实施 |
| 1991 年 | ·中国首次海洋工作会议在北京召开 |
| | ·中国获得 15 万平方千米的多金属结核开辟区 |
| | ·海洋研究科学委员会和政府间海洋学委员会发起全球海洋生态系统动力学研究计划（GLOBEC） |
| 1992 年 | ·《中华人民共和国领海及毗连区法》公布实施 |
| | ·联合国大会通过《联合国气候变化框架公约》，1994 年 3 月 21 日正式生效 |
| 1993～2014 年 | ·海岸带陆－海相互作用计划（LOICZ）实施 |
| 1994 年 | ·联合国第 49 届大会将 1998 年定为“国际海洋年” |
| 1995 年 | ·中国首次远征北极科学考察队到达北极点 |
| | ·中国国家海洋局（今自然资源部）发布《海洋自然保护区管理办法》 |
| | ·气候变率及可预测性计划（CLIVAR）启动 |
| 1996 年 | ·国际全球环境变化人文因素计划（IHDP）实施 |
| | ·《中国海洋 21 世纪议程》公布 |
| 1997 年 | ·美国发射海洋水色卫星“SeaStar” |
| 1998 年 | ·首次出现全球性珊瑚白化 |
| 1998～2014 年 | ·全球有害藻华的生态学和海洋学研究计划（GEOHAB）实施 |
| 1999 年 | ·中国首次北极科学考察队进入北冰洋开展观测 |
| | ·首届世界海洋观测大会在法国召开 |
| 2000 年 | ·国际剖面漂流浮标（Argo）观测网计划启动，被誉为“海洋观测技术的一场革命”，中国于 2001 年正式加入 |
| 2001 年 | ·中国与国际海底管理局签订《国际海底多金属结核资源勘探合同》，首次在国际海底区域获得多金属结核矿区 |
| | ·海洋生物地球化学与生态系统综合研究计划（IMBER）实施 |
| 2002 年 | ·中国发射第一颗海洋水色卫星——海洋一号 A（HY-1A） |
| 2003 年 | ·美国发射了世界上第一颗对地观测激光测高卫星“冰卫星”（ICESat），用于冰川和海冰的高程及厚度变化观测 |
| | ·大洋钻探计划（ODP）结束，综合大洋钻探计划（IODP）开始实施 |

| | |
|---|---|
| 2004 年 | · 中国在北极建立第一个科学考察站——黄河站 |
| | · 中国近海海洋综合调查与评价专项（908 专项）正式实施 |
| | · 表层海洋 – 低层大气研究计划（SOLAS）正式启动 |
| 2005 年 | · 中国首次开展了横跨三大洋的环球海洋科学考察 |
| | · 中国将每年 7 月 11 日定为“中国航海日”，同时也作为“世界海事日”在中国的实施日期 |
| 2006 年 | · 中国海洋发展研究中心在青岛成立 |
| 2007 年 | · 中国发射第二颗海洋水色卫星——海洋一号 B（HY-1B） |
| | · 中国在南海首次钻获天然气水合物（又称可燃冰）实物样品 |
| 2008 年 | · 中国首套 3500 米级遥控式无人潜水器（ROV）海试成功 |
| | · 联合国大会第 63 届会议决定将每年 6 月 8 日定为“世界海洋日” |
| 2009 年 | · 中国在南极内陆建立第一个考察站——昆仑站 |
| | · 首届世界海洋大会在印度尼西亚的万鸦老开幕 |
| | · 世界首座圆筒型超深水海洋钻探储油平台在中国江苏南通建成 |
| | · 中国管华诗主编《中华海洋本草》出版，是中国首部大型海洋药物典籍 |
| | · 欧洲航天局（ESA）研发的全球首颗土壤湿度和海洋盐度卫星（SMOS）发射成功 |
| | · 中国国家自然科学基金委员会设立了“国家自然科学基金共享航次计划”，于 2010 年正式实施 |
| | · 联合国环境规划署等国际组织在联合发布的《蓝碳：健康海洋对碳的固定作用》评估报告中正式提出“蓝碳”概念 |
| 2010 年 | · 东京大学海洋研究所与气候系统研究中心合并，成立新的大气海洋研究所 |
| | · 中国“蛟龙”号载人潜水器在中国南海 3000 米级海上试验中取得成功，2012 年最大下潜深度达到 7062 米 |
| | · 痕量元素及其同位素海洋生物地球化学研究计划（GEOTRACES）正式启动 |
| 2011 年 | · 中国国家自然科学基金委重大研究计划“南海深部计划”启动，是中国海洋领域第一个大型基础研究计划 |
| | · 中国发射第一颗海洋动力环境探测卫星——海洋二号 A（HY-2A） |
| 2012 年 | · 中国国家海洋局（今自然资源部）发布《南海及其周边海洋国际合作框架计划（2011—2015）》 |
| | · 中国首艘自主建造的大洋科学考察船“科学”号正式交付使用 |
| 2013 年 | · 中国国家主席习近平提出建设“新丝绸之路经济带”和“21 世纪海上丝绸之路”（简称“一带一路”）的合作倡议 |
| | · 中国青岛海洋科学与技术试点国家实验室获批，2015 年 6 月试点运行 |

2014 年 · 中国在南极建成科学考察站——泰山站

2015 年 · 中国国家海洋局（今自然资源部）印发《国家海洋局海洋生态文明建设实施方案》（2015—2020 年）

2016 年 · 中国自主研制的 4500 米级**遥控式无人潜水器**（ROV）海试成功

· 美国大型海底观测计划（OOI）正式启动运行

2017 年 · 中国自主研发的“海翼”号**水下滑翔机**下潜 6329 米，刷新了水下滑翔机最大下潜深度的世界纪录

· 中国在南海北部神狐海域试采可燃冰成功

· 联合国教科文组织宣布了“联合国海洋科学促进可持续发展十年”（2021—2030）计划

2018 年 · 中国自主投资建造的第六代深水半潜式钻井平台“海洋石油 982”正式交付，标志着中国深海石油勘探开发高端装备规模化、系列作业能力形成

· 中国发射第二颗海洋动力环境探测卫星——海洋二号 B（HY-2B），与 2020 年发射的 HY-2C 及 2021 年发射的 HY-2D 组网，构成中国海洋动力环境监测网，对全球海洋动力环境监测的海域覆盖能力达到 80% 以上

· 中法海洋卫星（CFOSAT）成功发射，首次实现**海面风场**、**海浪谱**同步观测

· 中国生态环境部、发展改革委、自然资源部联合印发《渤海综合治理攻坚战行动计划》

2019 年 · 中国首座综合性海洋博物馆——国家海洋博物馆在天津建成开放

· 中国第一艘自主建造的极地科学考察**破冰船**“雪龙 2”号交付使用

· 北极气候研究多学科漂流冰站（MOSAiC）计划正式启动

2020 年 · 中国“奋斗者”号**载人潜水器**在马里亚纳海沟成功坐底，坐底深度 10 909 米

2021 年 · 中国首个自营 1500 米深水大气田“深海一号”正式投产

2022 年 · 美国国家航空航天局（NASA）和法国空间研究中心（CNES）联合开发的地表水和海洋地形卫星（SWOT）成功发射

# 条目标题汉字笔画索引

## 说 明

1. 本索引供读者按条目标题的汉字笔画查检条目。

2. 条目标题按第一字的笔画由少到多的顺序排列。笔画数相同的，按起笔笔形横(一)、竖(丨)、撇(丿)、点(丶)、折(乛，包括㇆、𠃊、𡿨等)的顺序排列。第一字相同的，依次按后面各字的笔画数和起笔笔形顺序排列。

3. 以外文字母、罗马数字和阿拉伯数字开头的条目标题，依次排在汉字条目标题的后面。

### 二画



### 三画

## 四画

## 五画



## 六画

## 七画

## 八画

## 九画



## 十画

## 十一画

## 十二画



## 十三画



## 十四画

## 十五画



## 十六画



## 十七画



## 十八画



## 字母 数字

# 条目标题外文索引

(Index of Articles)

## 说　明

1. 本索引按照条目标题外文的逐词排列法顺序排列。无论是单词条目，还是多词条目，均以单词为单位，按字母顺序、单词在条目标题外文中所处的先后位置，顺序排列。如果第一个单词相同，再依次按第二个、第三个排列，余类推。

2. 条目标题外文中英文以外的字母，按与其对应形式的英文字母顺序排列。

3. 为便于检索，部分条目标题外文将人名中的姓放在最前面，用逗号与其他词分开。

4. 条目标题外文中有罗马数字和阿拉伯数字的，排列时分为两种情况：

①数字前有拉丁字母，先按字母顺序再按数字顺序排列；英文字母相同时，含有罗马数字的排在阿拉伯数字前。

②以数字开头的条目标题外文，排在条目标题外文索引的最后。

## A

## B



## C

## F

## G



## H



## I

## J



## K



## L

## M

## N



## O

## V



## W

## X



## Y



## Z



## Others

# 内 容 索 引

## 说　明

1. 本索引是全书条目和条目内容的主题分析索引。索引主题按汉语拼音字母的顺序并辅以汉字笔画、起笔笔形顺序排列。同音时，按汉字笔画由少到多的顺序排列，笔画数相同的按起笔笔形横(一)、竖(丨)、撇(丿)、点(丶)、折(乛，包括亅、乚、く等)的顺序排列。第一字相同时按第二字排列，余类推。索引主题中夹有外文字母、罗马数字和阿拉伯数字的，依次排在相应的汉字索引主题之后。索引主题以外文字母、罗马数字和阿拉伯数字开头的，依次排在全部汉字索引主题之后。

2. 设有条目的主题用黑体字，未设条目的主题用宋体字。

3. 不同概念(含人物)具有同一主题名称时，分别设置索引主题；未设条目的同名索引主题后括注简单说明或所属类别，以利检索。

4. 索引主题之后的阿拉伯数字是主题内容所在的页码，数字之后的小写拉丁字母表示索引内容所在的版面区域。本书正文的版面区域划分如右图。

| | | |
|---|---|---|
| a | c | e |
| b | d | f |

## A



## B

## C

## J

## K



## L

## M

## Q



## R

## X

## 字母 数字

# 外国人名译名对照表

## 说　明

1. 本表收录的人名包括外国人物条目的条目标题和在释文中涉及的部分外国人名（包括本名、简称、习称和笔名等）。按照外国人名的逐段（即人名中的姓、教名、名、父名、夫名、母家姓以及其他各种独立成分）排列法顺序排列，以段为单位，按字母顺序排列。如果第一段相同，则按第二段字母顺序排列，余类推。

2. 人名中英文以外的字母，按与其对应形式的英文字母顺序排列。

例如：ë ě é——e　　ö ø ō ó——o

3. 为便于检索，本表按习惯将某些人名中的姓放在最前面，用逗号与其他部分分开。

例如：Ekman，V.W.　　埃克曼，V.W.

### A

| | |
|---|---|
| Agardh, J.G. | 阿加德，J.G. |
| Agassiz, J.L.R. | 阿加西，J.L.R. |
| Aivazovsky, I.K. | 艾瓦佐夫斯基，I.K. |
| Alexander, L.M. | 亚历山大，L.M. |
| Alexander, W. | 亚历山大，W. |
| Anderson, B. | 安德森，B. |
| Arrhenius, S.A. | 阿伦尼乌斯，S.A. |
| Arx, W.S.von | 阿尔克斯，W.S.von |
| Azam, F. | 阿扎姆，F. |

### B

| | |
|---|---|
| Ballantyne, R.M. | 巴兰坦，R.M. |
| Barrell, J. | 巴雷尔，J. |
| Bass, G.F. | 巴斯，G.F. |
| Batchelor, G. | 巴彻勒，G. |
| Beaufort, F. | 蒲福，F. |
| Beaumont, E.de | 博蒙，E.de |
| Beebe, C.W. | 毕比，C.W. |
| Bell, A.G. | 贝尔，A.G. |
| Benioff, V.H. | 贝尼奥夫，V.H. |
| Bergeron, T. | 伯杰龙，T. |
| Bering, V.J. | 白令，V.J. |
| Bernini, G.L. | 贝尼尼，G.L. |
| Bernoulli, D. | 伯努利，D. |
| Bjerknes, J. | 皮耶克尼斯，J.（子） |
| Bjerknes, V. | 皮耶克尼斯，V.（父） |
| Bouma, A.H. | 鲍马，A.H. |
| Boussinesq, J.V. | 布西内斯克，J.V. |
| Boyd, P.W. | 博伊德，P.W. |
| Brébisson, L.A.de | 布雷比松，L.A.de |

| | |
|---|---|
| Brewer, P.G. | 布鲁尔，P.G. |
| Broecker, W.S. | 布洛克，W.S. |
| Brown, L. | 布朗，L. |
| Buckingham, M.J. | 白金汉，M.J. |
| Bullard, E.C. | 布拉德，E.C. |
| Bullen, K.E. | 布伦，K.E. |
| Burgaud, G. | 比尔戈，G. |
| Bynkershoek, C.van | 宾刻舒克，C.van |

## C

| | |
|---|---|
| Cagniard, L. | 卡尼亚尔，L. |
| Carlo, M. | 卡罗，M. |
| Carson, R. | 卡森，R. |
| Cavanaugh, C.M. | 卡瓦诺，C.M. |
| Chopin, F.F. | 肖邦，F.F. |
| Clark, J.A. | 克拉克，J.A. |
| Columbus, C. | 哥伦布，C. |
| Conrad, J. | 康拉德，J. |
| Cook, J. | 库克，J. |
| Cooper, J.F. | 库珀，J.F. |
| Cromwell, C.T. | 克伦威尔，C.T. |

## D

| | |
|---|---|
| Daly, R.A. | 戴利，R.A. |
| Dampier, W. | 丹皮尔，W. |
| Dana, J.D. | 达纳，J.D. |
| Darwin, C.R. | 达尔文，C.R. |
| Darwin, G.H. | 达尔文，G.H. |
| Davis, G.E. | 戴维斯，G.E. |
| Davy, H. | 戴维，H. |
| Deacon，G.E.R. | 迪肯，G.E.R. |
| Debussy, A.-C. | 德彪西，A.-C. |
| Defant, A.J.M. | 德凡特，A.J.M. |
| DeLong, E. | 德隆，E. |
| Dickinson, W.R. | 迪金森，W.R. |
| Dickson, A.G. | 迪克森，A.G. |
| Dietz, R.S. | 迪茨，R.S. |
| Dugdale, R.C. | 达格代尔，R.C. |
| Dulles, J.F. | 杜勒斯，J.F. |

## E

| | |
|---|---|
| Eckart, C.H. | 埃卡特，C.H. |
| Edison, T.A. | 爱迪生，T.A. |
| Edith, R. | 阿蒂斯，R. |
| Ekman, V.W. | 埃克曼，V.W. |
| Emanuel, K.A. | 伊曼纽尔，K.A. |
| Emery, K.O. | 埃默里，K.O. |
| Eppley, R.W. | 埃普利，R.W. |
| Ewing, W.M. | 尤因，W.M. |

## F

| | |
|---|---|
| Farley, F. | 法利，F. |
| Fell, J.W. | 费尔，J.W. |
| Fessenden, R.A. | 费森登，R.A. |
| Fleming, J. | 弗莱明，J. |
| Forbes, E. | 福布斯，E. |
| Friauf, J.B. | 弗里奥夫，J.B. |
| Froude, W. | 弗劳德，W. |

## G

| | |
|---|---|
| Gaarder, T. | 戈德尔，T. |
| Garrels, R.M. | 加勒尔斯，R.M. |
| Gallert, G. | 加勒特，G. |
| Garcia-Orellana, J. | 加西亚－奥雷利亚纳，J. |
| Gilbert, G.K. | 吉尔伯特，G.K. |
| Gill, A.E. | 吉尔，A.E. |
| Godwin-Austin, R. | 戈德温－奥斯汀，R. |
| Goering, J.J. | 戈林，J.J. |
| Goldberg, E.D. | 戈德堡，E.D. |
| Goldman, J.C. | 戈德曼，J.C. |
| Gonzalez, H.E. | 冈萨雷斯，H.E. |
| Gran, H.H. | 格兰，H.H. |
| Grotius, H. | 格劳秀斯，H. |
| Grube, A.E. | 格鲁贝，A.E. |
| Guieu, C. | 吉厄，C. |
| Guyot, A.H. | 盖奥特，A.H. |

## H

| | |
|---|---|
| Hadley, G. | 哈得来，G. |
| Haeckel, E. | 海克尔，E. |
| Halley, E. | 哈雷，E. |
| Haq, B.U. | 哈克，B.U. |
| Hardy, A. | 哈迪，A. |
| Hart, J. | 哈特，J. |
| Hart, R. | 赫德，R. |
| Hayes, J. | 海斯，J. |
| Heezen, B.C. | 希曾，B.C. |
| Helland-Hansen, B. | 海兰－汉森，B. |
| Helmholtz, H. von | 亥姆霍兹，H. von |
| Henderson, G. | 亨德森，G. |
| Hensen, V. | 亨森，V. |
| Herzig, P.M. | 赫尔齐希，P.M. |
| Hess, H.H. | 赫斯，H.H. |
| Hilgendorf, F.M. | 希尔根多夫，F.M. |
| Hine, R. | 海因，R. |
| Hitchcock, A. | 希区柯克，A. |
| Hobbs, B.E. | 霍布斯，B.E. |
| Hollister, C. | 霍利斯特，C. |
| Holmes, A. | 霍姆斯，A. |
| Holtzman, B. | 霍尔茨曼，B. |
| Humboldt, A. von | 洪堡，A. von |
| Huxley, T.H. | 赫胥黎，T.H. |

## J

| | |
|---|---|
| Jacobsen, J.P. | 雅科布森，J.P. |
| Jeffreys, H. | 杰弗里斯，H. |
| Johnson, D.W. | 约翰孙，D.W. |
| Julian, P.R. | 朱利安，P.R. |

## K

| | |
|---|---|
| Kircher, A. | 基歇尔，A. |
| Knudsen, M.H.C. | 克努曾，M.H.C. |
| Kool, M. | 科尔，M. |
| Krauskopf, K.B. | 克劳斯科普夫，K.B. |
| Krogh, A. | 克罗伊，A. |
| Kuenen, P.H. | 奎年，P.H. |

## L

| | |
|---|---|
| Lamb, H. | 兰姆，H. |
| Lambertini, M. | 兰贝蒂尼，M. |
| Langevin, P. | 朗之万，P. |
| Laplace, P.-S. | 拉普拉斯，P.-S. |
| Latreille, P.A. | 拉特雷耶，P.A. |
| Leeuwenhoek, A.van | 列文虎克，A.van |
| Lighthill, J. | 莱特希尔，J. |
| Linné, C.von | 林奈，C.von |
| Lipinski, M.R. | 利平斯基，M.R. |
| Liss, P. | 利斯，P. |
| Lister, C.B. | 利斯特，C.B. |
| Lohan, M. | 罗汉，M. |
| London, J. | 伦敦，J. |
| Longuet-Higgins, M.S. | 朗吉特－希金斯，M.S. |
| Lonsdale, P. | 朗斯代尔，P. |

## M

| | |
|---|---|
| Madden, R. | 马登，R. |
| Magalhães, F.de | 麦哲伦，F.de |
| Malthus, T.R. | 马尔萨斯，T.R. |
| Mangone, G.J. | 曼贡，G.J. |
| Marchetti, C. | 马尔凯蒂，C. |
| Marshall, P. | 马歇尔，P. |
| Marshall, R.O. | 马歇尔，R.O. |
| Martens, C.S. | 马滕斯，C.S. |
| Martin, J. | 马丁，J. |
| Martin, J.W. | 马丁，J.W. |
| Mason, R.G. | 梅森，R.G. |
| Matthews, D.H. | 马修斯，D.H. |
| Maury, M.F. | 莫里，M.F. |
| McKenzie, D.P. | 麦肯齐，D.P. |
| Melville, H. | 梅尔维尔，H. |
| Menard, H.W. | 梅纳德，H.W. |
| Mendelssohn-Bartholdy, J.L.F. | 门德尔松－巴托尔迪，J.L.F. |
| Meshach, L.A. | 米沙克，L.A. |
| Milankovitch, M. | 米兰科维奇，M. |
| Milne-Edwards, H. | 米尔恩－爱德华兹，H. |
| Mohorovičić, A. | 莫霍洛维奇，A. |
| Moore, W.S. | 穆尔，W.S. |
| Morgan, W.J. | 摩根，W.J. |
| Morgenstern, N.R. | 莫根施特恩，N.R. |
| Munk, W.H. | 蒙克，W.H. |
| Murray, J. | 默里，J. |

## N

| | |
|---|---|
| Namias, J. | 纳米亚斯，J. |
| Nansen, F. | 南森，F. |
| Needham, J. | 李约瑟 |
| Nelson, J.S. | 纳尔逊，J.S. |
| Newton, I. | 牛顿，I. |
| Nielsen, E.S. | 尼尔森，E.S. |
| Niskin, S.J. | 尼斯金，S.J. |

## O

| | |
|---|---|
| Odum, E.P. | 奥德姆，E.P. |
| Oldenburg, D.W. | 奥尔登堡，D.W. |

## P

| | |
|---|---|
| Paine, R.T. | 潘恩，R.T. |
| Parker, R.L. | 帕克，R.L. |
| Parsons, T.R. | 帕森斯，T.R. |
| Pau, K. | 保罗，C.K. |
| Pennant, T. | 彭南特，T. |
| Petersen, C.G.J. | 彼得森，C.G.J. |
| Peterson, B.J. | 彼特森，B.J. |
| Pettersson, H. | 彼得松，H. |
| Phillips, O.M. | 菲利普斯，O.M. |
| Piccard, A. | 皮卡德，A. |
| Piccard, J.-F. | 皮卡德，J.-F. |
| Pichon, X. | 勒皮雄，X. |
| Pierson, W.J. | 皮尔逊，W.J. |
| Platt, T. | 普拉特，T. |
| Price, J.F. | 普赖斯，J.F. |

## R

| | |
|---|---|
| Raff, A.D. | 拉夫，A.D. |
| Rau, G.H. | 劳，G.H. |
| Rayleigh, J.W.S. | 瑞利，J.W.S. |
| Redfield, A.C. | 雷德菲尔德，A.C. |
| Regier, J.C. | 雷吉尔，J.C. |
| Reid, R. | 里德，R. |
| Renard, A.F. | 勒纳尔，A.F. |
| Revelle, R. | 雷维尔，R. |
| Reynolds, O. | 雷诺，O. |
| Rimsky-Korsakov, N.A. | 里姆斯基－科萨科夫，N.A. |
| Robinson, A. | 鲁宾逊，A. |
| Roche, É.A. | 洛希，É.A. |
| Romesser, J.A. | 罗梅瑟，J.A. |
| Roper, C. | 罗珀，C. |
| Rossby, C.-G.A. | 罗斯贝，C.-G.A. |
| Ruiz, J. | 鲁伊斯，J. |
| Russell, J.S. | 罗素，J.S. |
| Ryther, J.H. | 赖瑟，J.H. |

## S

| | |
|---|---|
| Salter, S. | 索尔特，S. |
| Sanders, F. | 桑德斯，F. |
| Sandström, J.W. | 桑德斯特勒姆，J.W. |
| Sars, G.O. | 萨尔斯，G.O. |
| Schultz, H. | 舒尔茨，H. |
| Scripps, E.W. | 斯克里普斯，E.W. |
| Selley, R.C. | 塞利，R.C. |
| Shackleton, N.J. | 沙克尔顿，N.J. |
| Shaw, A.B. | 肖，A.B. |
| Sheldon, R.W. | 谢尔顿，R.W. |
| Shepard, F.P. | 谢泼德，F.P. |
| Sherman, K. | 谢尔曼，K. |
| Shishkin, I.I. | 希什金，I.I. |
| Sivan, M. | 思凡，M. |
| Sloss, L.L. | 斯洛斯，L.L. |
| Sokolov, S.J. | 索科洛夫，S.J. |
| Steenstrup, J. | 斯滕斯特鲁普，J. |
| Steinmann, G. | 施泰因曼，G. |
| Stevenson, R.L. | 斯蒂文森，R.L. |

| | |
|---|---|
| Stokes, G.G. | 斯托克斯，G.G. |
| Stommel, H.M. | 施托梅尔，H.M. |
| Sturm, C.-F. | 斯图姆，C.-F. |
| Sverdrup, H.U. | 斯韦尔德鲁普，H.U. |
| Sykes, L.R. | 赛克斯，L.R. |

## T

| | |
|---|---|
| Talwani, M. | 塔尔沃尼，M. |
| Taylor, G.I. | 泰勒，G.I. |
| Tharp, M. | 撒普，M. |
| Thompson, D. | 汤普森，D. |
| Thompson, J.V. | 汤普森，J.V. |
| Thompson, R.C. | 汤普森，R.C. |
| Thomson, C.W. | 汤姆孙，C.W. |
| Thomson, W. | 汤姆孙，W. |
| Thornthwaite, C.W. | 索恩思韦特，C.W. |
| Tolman, C.F. | 托尔曼，C.F. |
| Toni, G.B.de | 托尼，G.B.de |
| Toogood, T. | 图古德，T. |
| Turner, D. | 特纳，D. |

## U

| | |
|---|---|
| Utermohl, H. | 乌特穆尔，H. |

## V

| | |
|---|---|
| Vacquier, V. | 瓦奎尔，V. |
| Vail, P.R. | 韦尔，P.R. |
| Vening-Meinesz, F.A. | 韦宁·迈内兹，F.A. |
| Vernadsky, V.I. | 维尔纳茨基，V.I. |
| Verne, J.G. | 凡尔纳，J.G. |
| Vézina, A. | 维齐纳，A. |
| Vine, F.J. | 瓦因，F.J. |

## W

| | |
|---|---|
| Wagner, M. | 瓦格纳，M. |
| Walker, G. | 沃克，G. |
| Walker, S.T. | 沃克，S.T. |
| Wallace, J.M. | 华莱士，J.M. |
| Waterbury, J.B. | 沃特伯里，J.B. |
| Watson, S.W. | 沃森，S.W. |
| Wegener, A.L. | 魏格纳，A.L. |
| White, A. | 怀特，A. |
| Wickramasinghe, M. | 魏克拉玛辛诃，M. |
| Wilkins, H. | 威尔金斯，H. |
| Wilson, J.T. | 威尔逊，J.T. |
| Wyrtki, K. | 维尔特基，K. |

# 本卷主要编辑、出版人员


**总　主　编**　杨牧之

**副总主编**
**社　　长**　刘祚臣

**总　经　理**　刘　杭

**主任编辑**　郭继艳　马　蕴

**责任编辑**　马　蕴

**特约编审**（按姓氏笔画顺序）

过茜燕　朱明秀　李　文　李　静　李玉莲

李晓红　林建敏　周雅娟　傅祚华

**编　　辑**　章　莹　龚　婷

**索引编辑**（按姓氏笔画顺序）

马　蕴　梁嫵曦

**美术编辑**　张　磐　章　莹

**责任校对**　梁嫵曦

**校　　对**（按姓氏笔画顺序）

谷玥昕　狄　爽　闵　娇　邵桄炜　徐怀谦

**责任印制**　朱东旭

中国大百科全书

第三版 · 网络版

网址

www.zgbk.com

国家社会科学基金

特别委托项目